EDITION J. BRY AINÉ

BIBLIOTHÈQUE BLEUE

ROMANS DE CHEVALERIE DES XIIe, XIIIe, XIVe, XVe ET XVIe SIÈCLES

PUBLIÉS, SUR LES MEILLEURS TEXTES, PAR UNE SOCIÉTÉ DE GENS DE LETTRES

sous la direction

D'ALFRED DELVAU

PRÉCÉDÉS

D'UNE ÉTUDE SUR LES ROMANS DE CHEVALERIE ET SUR LES ORIGINES DE LA LANGUE FRANÇAISE

PARIS — 1860

LÉCRIVAIN ET TOUBON, LIBRAIRES, 10, RUE GIT-LE-COEUR

BIBLIOTHÈQUE BLEUE

Paris. — Imp. de Bar athé, boulevart Montparnasse, 81.

ÉTUDE
SUR LES ROMANS DE CHEVALERIE
ET
SUR LES ORIGINES DE LA LANGUE FRANÇAISE

A M. F. VIALAY, A PARIS, A SAINT-MANDÉ, OU DANS UN COIN QUELCONQUE DU MONDE.

Où êtes-vous à cette heure, mon cher ami ? Je ne vous rencontre jamais qu'une fois l'an, au printemps, avec les hirondelles, et chacune de ces rencontres-là me porte bonheur. Si j'avais l'honneur d'être dans les petits papiers *du dieu Hasard*, je le prierais de me ménager avec vous de plus fréquentes et de moins rapides entrevues. Mais je suis brouillé, depuis ma naissance, avec ce Dieu-là — et avec quelques autres. Il faut que j'en prenne mon parti !

En quelque lieu que vous soyez, cependant, mon ami, je vous dois le témoignage public de ma vive et sincère sympathie pour votre chevaleresque caractère et pour votre vaillant cœur. Vous qui êtes si souvent venu en aide aux autres, de toutes les façons, vous me permettrez bien de m'acquitter envers vous avec la seule monnaie dont je dispose.

Ce livre est un monument. Je le dis avec d'autant moins de modestie qu'il n'est pas mon œuvre propre, puisque les matériaux principaux m'en ont été fournis par d'autres écrivains, et que je n'en ai été que l'obscur ouvrier, — c'est-à-dire l'humble translateur.

Si ce livre était destiné à l'oubli, je me garderais soigneusement d'inscrire votre nom à la première page. Mais il durera autant et plus que beaucoup d'autres : il est intéressant, d'abord, ensuite il est tiré à des milliers d'exemplaires, double raison pour moi de vous le dédier, afin de multiplier à l'infini les témoignages de ma reconnaissance et de mon amitié.

Adieu donc, loyal et chevaleresque ami. J'espère vous serrer la main aux prochains muguets, — dans un an d'ici. Quant à moi, qui ne me suis tant extériorisé que pour vous saluer cordialement, je vais faire comme les animaux de nos forêts, qui effacent leurs traces à la porte de leur tanière : je vais me retirer en moi.

Les Grimettes, juin 1859.

ALFRED DELVAU.

On enrichit les langues en les fouillant.
JOUBERT.

I

Tout le monde n'a pas les reins assez fermes pour porter sans tressaillement le rude fardeau de la vie. Beaucoup crient grâce à mi-route, les reins cassés et le cœur brisé, et se couchent tout de leur long dans le premier fossé venu — pour y dormir leur somme éternel. Il faut être de la taille de Montaigne et de la santé de Charron pour jouer utilement, durant ce voyage, de cet instrument dont je n'ai jamais pu trouver l'embouchure pour ma part, et qui s'appelle la Philosophie, — « cette science qui faict estat de sereiner les tempestes de l'âme et d'apprendre la faim et les fiebvres à rire. »

Doux oreiller, en effet, pour dormir sa vie, que la philosophie; mais, pour le trouver tel, il faut avoir la tête aussi bien faite que Montaigne. Et la tête du *communi martyrum* est assez mal faite !

Comment se soustraire, alors, aux giboulées désastreuses de la vie ? Comment éviter les heurts douloureux, les contacts malsains, les trivialités écœurantes ?

En se réfugiant le plus souvent possible dans ce Paraclet qui s'appelle le Rêve, — en faisant des contes ou en en lisant.

« Faisons des contes, mes amis, faisons toujours des contes. Tandis qu'on fait un conte, on est gai, on ne songe à rien de fâcheux. Le temps se passe et le conte de la vie s'achève sans qu'on s'en aperçoive. »

C'est Denis Diderot — un malheureux de génie — qui a dit cela. Vous voyez que la fatigue et la douleur ne sont pas d'invention récente, — le mal de ce siècle, comme on a voulu le faire croire. Et avant Diderot, d'autres illustres penseurs l'avaient dit aussi, en des langues différentes, — Job tout le premier. N'est-ce pas Bossuet qui a parlé de « cet insurmontable ennui qui fait le fond de la vie humaine ? » Hélas ! l'homme est en proie à cette vilaine maladie-là depuis qu'il est en proie à cette autre maladie qui s'appelle la Vie, et dont la Mort seule peut le guérir. L'Enfer ne voulait plus abandonner Proserpine depuis qu'elle avait mangé le fameux pépin que vous savez : l'Ennui ne veut pas abandonner l'homme depuis que sa grand'mère Ève a mangé, elle aussi, cet autre fameux pépin non moins diabolique que le premier. Maudits pépins !

Puisque le monde s'ennuie, il faut l'amuser, — bien qu'il soit aussi inamusable que ce maussade vieillard qui s'appelait Louis XIV. Il est vrai que madame de Maintenon s'y prenait assez mal pour distraire ce royal ennuyé, et que les amuseurs de la foule s'y prennent aussi mal que madame de Maintenon. A l'un les homélies du père La Chaise et les austères entretiens de Bossuet. A l'autre, les romans obscènes et les romans bêtes. Maigre nourriture pour des cervelles en appétit de distractions !

Il y en a une autre : les *Contes* et les *Romans de chevalerie.*

« Si *Peau d'âne* m'était conté
J'y prendrais un plaisir extrême. »

Ainsi parlait Jean de la Fontaine, ce grand enfant qui se réfugiait dans le Rêve pour échapper à la Réalité, et qui s'entretenait familièrement avec les bêtes, — pour n'avoir pas à causer avec les hommes.

Faisons-nous donc conter *Peau d'âne*, ô mes amis ! *Peau d'âne* — et surtout *Amadis de Gaule*, *Artus de Bretagne*, *Lancelot du Lac*, *les Quatre fils Aymon*, *Huon de Bordeaux*, *Mélusine*, *Tristan de Léonois*, *Pierre de Provence*, *Cléomades et Claremonde*, *Gérard de Nevers*, *Guérin de Montglave*, *Flores et Blanchefleur*, *la Comtesse de Ponthieu*, *Roland amoureux*, *Doolin de Mayence*, *Eustache-le-Moine*, *Ciperis de Vineaux*, *l'Archevêque Turpin*, *Ogier-le-Danois*, *Fier-à-Bras*, *Galien Réthoré*, *Perceval-le-Galloys*, *Isaïe-le-Triste*, *Messire Clériadus*, *Gérard de Roussillon*, *Gyron-le-Courtois*, *Jehan de Saintré*, *Jean de Paris*, *Gérard d'Euphrate*, *Olivier de Castille*, *Méliadus de la Croix*, *le Chevalier Mabrian*, *Geoffroy à la Grand'dent*, *le Preux Mervin*, *Giglan fils de Gauvain*, etc., etc., etc. La liste en est longue, et je m'arrête ici pour ne pas fatiguer le lecteur par une énumération fastidieuse : mais je la trouve trop courte, pour ma part. Je les ai lus tous aux jours — lointains déjà — de ma rêveuse enfance, et, faute d'autres, je les relis aujourd'hui. Pourquoi n'y en a-t-il pas davantage, hélas ! je les lirais avec tant de joie jusqu'aux heures — proches peut-être — où la nuit descendra sur mes yeux et sur ma vie !

Ce n'est pas mon sentiment seul que je vous donne là. C'est le sentiment de bien d'autres ! Des générations entières se sont nourries de cette lecture — que blâment les gens graves et froids, — et ce n'est pas cela qui les a poussées plus vite dans la tombe, où elles sont descendues, au contraire, sans s'en douter.

Les romans de chevalerie n'ont été dangereux pour personne, — excepté peut-être pour Paolo et Francesca di Rimini, qui se donnèrent le baiser savoureux que vous savez en lisant ensemble *Lancelot du Lac*. Le livre tomba — et Malatesta entra, féroce. Mais, à part ce douloureux accident, les romans de chevalerie n'ont jamais occasionné d'autres. La parodie de Michel Cervantes, elle-même, n'est pas une parodie, et son Don Quichotte est un brave cœur qui se battait contre des moulins comme il se serait battu contre des hommes. Il n'est pas si fou que cela, ce vaillant coureur d'aventures, — ou, en tout cas, il a la folie des nobles cœurs.

II

Qu'est-ce, en effet, que les romans de chevalerie, s'ils ne sont pas une école de grandeur d'âme? Que font, je vous prie, tous ces chevaliers errants, sinon une guerre à outrance aux félons, aux méchants et aux lâches? Le monde ne rêvait pas, alors, il était en marche vers une émancipation qui se rapprochait d'heure en heure, et il fallait bien concourir à ce glorieux travail d'affranchissement. L'humanité commençait à émerger de ses ténèbres ! L'âme commençait à émerger de la matière ! « O noble enfance de l'âme, — s'écrie quelque part George Sand, — source d'illusions sublimes et de dévouements héroïques !.. »

Pour moi, — comme pour tous ceux qui ont lu les romans de chevalerie, — les héros et les héroïnes de ces romans-là ont vécu d'une vie vraie, tout aussi bien que les héros et que les héroïnes de l'histoire et de la réalité. Ils ont vécu mieux encore, puisqu'ils ont toujours pour nos imaginations l'âge que leur ont donné leurs auteurs, et que jamais aucun d'eux ne peut vieillir.

Pour moi, ils ont toujours vingt ans, ils sont toujours beaux, toujours dévoués, toujours chevaleresques, ces héros de romans, et je comprends à merveille qu'ils fussent aimés, Lancelot du Lac, de la reine Genièvre, — Tristan de Léonois, d'Yseult-la-Blonde et d'Yseult-aux-Blanches-Mains, — Olivier, de Jacqueline, — Roland, de Belleaude, — Pierre de Provence, de Maguelone, — Gérard de Nevers, d'Euriant, — Raimondin, de Mélusine, — Urian, d'Hermine, — Guion, de Florie, — Cléomades, de Claremonde, — Huon de Bordeaux, d'Esclarmonde, — Artus de Bretagne, de Jeannette, — Arnault, de Frégonde, — Régnier, d'Olive, etc.

Sans faire le moindre tort à la Biographie-Michaud, il me semble que tous ces types charmants de vaillance et de grâce valent bien les personnages à l'histoire desquels on a consacré tant d'inutiles pages et élevé tant d'inutiles colonnes, — Habacuc, Dagobert, Aboul-Hassan, Phocas, Manco-Capac, Féodor Alexiowitz, Arsace, Artaban, Zabulon, Patisithès, Smerdis, Noureddin, Lélex, Jovien, Gothrun, Frauenlob, Cresphontes, Bodillon, Rufin, Jornandès, Ruben, Tetricus, Dermot, Adherbal, et autres Josaphat. Noms historiques, tous ces noms-là ! Tant pis pour eux et pour nous, alors !

Ils ont vécu, ils sont morts. Ils ont été cadavres, ils sont aujourd'hui poussière, ces hommes célèbres! C'est bien la peine d'en parler, vraiment ! Qu'ont-ils fait de bon, de beau, de grand, d'héroïque, de sublime, en leur vie? Rien. Pourquoi alors font-ils ainsi saillie sur le souvenir public? Parce que le paganisme dure toujours, sous un autre nom, et que, pour rassasier l'appétit d'adoration et d'admiration auquel l'humanité est en proie depuis si longtemps, on a cru nécessaire d'inventer des *hommes célèbres*, de creuser dans un Panthéon gigantesque une multitude de petites niches pour une multitude de petits saints civils et militaires. La foule a le culte des héros, de quelque nature qu'ils soient ; elle adore les statues et les statuettes, et paie volontiers les frais de marbre, de bronze ou de plâtre, — pourvu que ça ne coûte pas trop cher. Cela dispense si bien d'aimer les vivants, l'amour des morts !...

Eh bien ! j'en suis vraiment fâché pour la foule et pour la Biographie-Michaud, mais je n'ai pas le moins du monde le culte des héros de carton. Les héros, d'abord, m'en ont dégoûté, et les salons de Curtius, ensuite. Quand j'en aurai le loisir, je ferai même concurrence, à ce sujet, à l'anglais Carlisle dont le livre a fait un bruit du diable, — en son

temps. Le paganisme pur et simple vaut mieux que ce paganisme déguisé. Cinq mille statues de Dieux et de Déesses ne me déplairaient en aucune façon, parce que les statues des Dieux et des Déesses de la Grèce étaient très bien faites, en très beau marbre et en très beau bronze, et que cela devait faire un grand plaisir aux yeux de les regarder, — surtout les statues des Déesses. Mais vos Dieux bourgeois, vos Dieux habillés, quel plaisir cela peut-il vous faire de les contempler? Quel orgueil avez-vous à citer les noms ridicules que j'ai cités plus haut, et ceux, non moins ridicules, que je n'ai pas cités du tout, à cause de leur trop grand nombre?

Ah! mes héros de romans sont préférables à vos bonshommes *célèbres*, — et ils sont tout aussi célèbres, après tout. Interrogez cet enfant qui passe ; demandez-lui des nouvelles du *Prince charmant* ou de la *Belle aux cheveux d'or*, ou du *Petit Poucet* : il vous en donnera avec plaisir, — car il connaît le *Petit Poucet* comme il connaît son petit frère, car il connaît la *Belle au bois dormant* comme il connaît sa sœur aînée, car il connaît *Riquet à la Houppe* comme il connaît son papa... Interrogez ce vieillard — cet autre enfant — qui passe; demandez-lui des nouvelles de la *Reine Genièvre*, d'*Yseult-aux-Blanches-Mains*, de *Belleaude*, de *Maguelone*, de *Mélusine*, de *Viviane*, de cinquante autres belles filles et belles fées : il battra le rappel de ses souvenirs, et lui, — qui ne se souvient plus de rien au monde, ni de son père, ni de sa mère, ni de ses fils, ni de ses filles, qui tous sont morts, — il évoquera cette légion d'amoureuses et de charmeresses, et son vieux cœur palpitera d'aise et frémira de volupté comme autrefois, aux heures roses de son adolescence, quand il lisait — à deux — ces intéressants romans de chevalerie que nous réimprimons aujourd'hui.

Il ne faut renier rien ni personne dans la vie. Ne renions donc pas nos traditions. Les romans de chevalerie — les romans de la Table-Ronde principalement — ont eu une influence incontestable sur le siècle où ils sont nés et sur les siècles qui sont venus après. On les lisait partout où l'on savait lire, — manuscrits ou imprimés. Le savant Sleeren disait que sans la chevalerie le Moyen-Age aurait été voué au mépris de la postérité : il aurait pu dire la même chose des romans de chevalerie qui étaient le Code par excellence, — le code du bon ton, de la courtoisie, des grands sentiments, de la galanterie, de la vaillance. Quand ce ne serait qu'à cause de cela, il me semble que ces Romans-là ont bien mérité qu'on les sauvât de l'oubli.

III

Ils ont un autre mérite. Ils sont, pour ainsi parler, les étapes de la langue française.

En effet, les premiers romans de chevalerie ne

ressemblent pas — comme style — aux derniers. La langue s'essaye, la langue bégaye, la langue se forme, et l'on peut suivre ses progrès pas à pas, — c'est-à-dire roman à roman.

Bégaiements d'une langue géante, bégaiements prodigieux comme ceux de Gargantua qui, à son entrée dans le monde, « brasmoit demandant a boyre, a boyre, a boyre, » — ce qui dénotait de sérieuses dispositions! Toutes les langues ne parlent pas aussi distinctement à leur début, et celles qui bégaient, d'ordinaire, le font avec l'inintelligibilité du bégaiement. Mais la langue française, — appelée à dominer le monde, à se substituer aux autres langues parlées, — devait avoir une enfance virile, et elle l'a eue.

Il ne faut pas aller chercher bien loin pour en avoir la preuve : les Chansons de Geste et les Romans de la Table-Ronde la fournissent irréfutablement.

Il n'est ici question que de la langue d'Oïl, — le roman du nord, comme la langue d'Oc était le roman du midi. C'est la langue par excellence, la langue nationale, la langue maternelle. N'est-ce pas la France que les trouvères ont chantée d'abord, avant tout et avant toutes, quand les troubadours chantaient les dames, puis les dames, et encore les dames? Les dames, c'est intéressant à chanter, certes, — plus intéressant encore à aimer. Mais la France est la dame suprême, c'est le flanc qui a porté le monde, ce sont les entrailles d'où est sortie la Liberté, — c'est-à-dire l'Intelligence.

C'est donc la France que chantent les premiers trouvères. C'est à la France que sont dédiées les chansons des douze pairs, les Chansons de Geste, — comme celle de Roland, par exemple.

J'ai donné trois extraits de ce merveilleux poëme, à la suite et à propos de *Guérin de Montglave*, — où se trouve le récit émouvant de la défaite de Roncevaux. J'aurais voulu avoir la place et l'autorisation de citer les quatre mille cinq cents vers qui le composent. Mais le peu que j'en ai cité suffit amplement à la démonstration de cette double vérité, à savoir que c'est un poëme national, un poëme français, et qu'il est du x° siècle, — comme les poëmes de Robert Wace.

Je parlais, tout à l'heure, des étapes de la langue française. Il serait intéressant de les signaler une à une, certes; mais il faudrait pour cela des volumes, et je ne dispose que de quelques pages. Et puis, les origines vraies d'une langue sont comme celles d'une nation, à peu près indéchiffrables, et je suis bien forcé de laisser de côté cette quête des sources du Nil pour commencer là où commencent les auteurs de l'histoire littéraire de la France, — c'est-à-dire aux environs du x° siècle.

Avant cette époque, il y a des ténèbres, il y a le *romanum rusticum*, — le roman rustique, la langue vulgaire des Gaules, formée du celtique, du grec et du latin ; puis, après ce roman rustique, une langue qui s'est débarrassée de ses langes primitifs et à laquelle va succéder la véritable langue romane, la mère de la langue française. Le *romanum rusticum* a peu de monuments écrits; le roman du ix° siècle en a davantage. Mais les ténèbres ne s'en font pas moins sur ses évolutions, sur son développement, sur sa formation. Son travail de gestation et de parturition s'est accompli mystérieusement, à l'insu de tout le monde : la langue romane est arrivée à terme, elle est née, — mais on ne connaît exactement ni son père ni sa mère. Elle est née viable, — voilà tout.

Le premier monument, le monument capital de la langue romane, c'est le *poëme sur Boëce*, — sur ce grand homme qui fut persécuté si odieusement par Théodoric, roi des Visigoths, lequel le fit mettre à mort après l'avoir laissé en prison pendant longtemps. Boëce avait composé dans sa prison un *Traité de la Consolation de la Philosophie;* ce fut à propos de ce remarquable ouvrage que fut écrit le poëme qui nous occupe, et où se trouve racontée avec éloquence l'austère vie de ce philosophe chrétien.

Avec éloquence, ai-je dit. Permettez-moi de citer les douze premiers vers : ils ont un double intérêt, comme pensée et comme expression. On y retrouvera des formes tout-à-fait françaises, des formes grammaticales d'aujourd'hui, des idiotismes, à côté de mots grecs, latins, celtes, gothiques, et de désinences romano-méridionales :

« Nos jove omne, quam dius que nos estam,
De gran follia per folledat parlam,
Quar no nos memora per cui viuri esperam,
Qui nos soste, *tan* quan per terra annam
E qui nos *pais* que no murem de fam,
Per cui salves m'esper, pur *tan* qu'ell claman.

Nos jove omne *menam tan mal jovent,*
Que us non o preza sis trada *son parent*,
Senor, ni par, sill *mena malament*
Ni lus vel l'aitre, sis fai fals *sacrament;*
Quant o fait, mica no *s'en repent*
Et ni vers Deu *non fait emendament...*
. . . . *

(Nous tous, tant que nous sommes jeunes, nous ne faisons que des folies et ne commettons que des erreurs, et nous ne nous souvenons point de Celui qui nous fait vivre, nous soutient pendant que nous marchons à travers la vie, et qui nous repait afin que nous ne mourions pas de faim; Celui que j'invoque sans cesse, et par qui j'espère mon salut éternel.

Nous, jeunes hommes, nous menons mal notre jeunesse. L'un trahit son seigneur, son parent, son père, son ami; l'autre fait méchancetés, vilenies et faux serments à foison, et ni l'un ni l'autre ne s'en repentent, ni l'un ni l'autre ne se corrigent...)

Tout cela est d'une haute éloquence et d'un austère langage. Tout cela est digne du philosophe à propos duquel c'est écrit. Le souffle court sur ces vers : c'est la raison qui parle à des fous. Hélas! les fous persistent, — afin de donner prétexte à la raison de persister aussi.

J'ai souligné à dessein certains mots, certaines phrases. *Quar* est la conjonction française *car; pais*, c'est la troisième personne de l'indicatif du verbe français *repaître; parent* est le substantif français *parent; s'en repent* est une construction toute française; *quant* est l'adverbe français *quand; menam tan mal jovent* est une forme grammaticale toute moderne, *mener mal sa jeunesse*, etc., etc. Nous n'en finirions pas si nous voulions citer d'autres idiotismes, d'autres formes grammaticales purement françaises, qui se trouvent dans le courant de ce poëme, telles que : *Guérir son corps et son âme, faire semblant, jeter en prison, tenir pour seigneur, ne faire que mal penser, bâti de foi et de charité, se faire petit*, etc., etc., etc. Je renvoie les curieux au manuscrit de la Bibliothèque d'Orléans.

Après le *poëme sur Boëce*, vient un roman composé par Philoména, « lequel livre contient l'histoire de la prinse des villes de Narbonne et de Carcassonne par Charlemaigne, » — comme le dit Guillaume de Catel, dans ses Mémoires du Languedoc.

Après le roman de Philoména, les Chansons de Geste, les romans de chevalerie, les poëmes anglo-normands, les actes publics, les sermons. Mais le *Romanum rusticum* est loin déjà, la langue d'Oïl est arrivée, dégagée à peu près de ses broussailles latines, avec son cortège d'articles, de déclinaisons, de conjugaisons, d'adverbes, avec sa physionomie, — avec son originalité, en un mot. Sa vieille rivale lutte encore; mais la langue romane du nord est jeune, hardie, aventureuse, — à elle l'avenir, à elle le monde! Les savants seuls entendent le latin; mais personne ne le parle plus. La langue romane, au contraire, devient la langue de la foule, parce qu'elle est devenue la langue des écrivains, des poëtes, des trouveurs. Laissez-la faire, laissez-la grandir à son aise, laissez-la se développer en liberté, et ses allures vont prendre plus de vivacité, plus de hardiesse, plus de grâce encore : elle va devenir la langue de Thibault de Champagne, de Guillaume de Lorris et de Joinville; puis la langue de Christine de Pisan et de Froissard; puis la langue de Monstrelet, d'Alain Chartier, de Charles d'Orléans et de François Villon; puis la langue de Clément Marot, de François Rabelais et de Mathurin Régnier; puis la langue de Jacques Amyot, de Pierre de Brantôme et de Pierre de Ronsard; puis la langue de Michel de Montaigne, de Pierre Charron et d'Etienne de la Boëtie; puis la langue de Malherbe, de Balzac, de Pascal, de Descartes, de Bossuet, de Corneille, de Racine, de La Fontaine, de Molière, de Mallebranche, de Labruyère, de Fénelon; puis la langue de Buffon, de Voltaire, de Jean-Jacques Rousseau, de Denis Diderot; puis la langue des deux Chénier, de Chateaubriand, de Volney, de madame de Staël, de madame de Genlis, de Laclos, de Baour-Lormian et de Luce de Lancival; puis enfin la langue de Victor Hugo, de Lamartine, de Béranger, de Paul-Louis Courier, de La Mennais, d'Honoré de Balzac et de George Sand.

IV

Mais comme je n'écris pas précisément l'histoire littéraire de la France, on me permettra de revenir à mon point de départ, — c'est-à-dire aux romans de chevalerie.

J'y reviens donc.

Les romans, en général, sont beaucoup plus lus que les histoires, et leurs lecteurs sont beaucoup plus jeunes — et plus intéressants aussi, parce que ces lecteurs-là sont ordinairement des lectrices. L'Histoire est une pédante, mal habillée de corps et de visage, rogue et marmiteuse, sombre et maussade, qui ignore la grâce et qui n'a jamais su sourire. La Fable est une fée rayonnante de beauté, une charmeuse court-vêtue, qui conduit on ne sait pas où, dans des abîmes charmants — où l'on oublie la vie. Pour aimer l'une, il faut n'avoir plus ni dents, ni cheveux, ni illusions, ni rien du tout. Ceux qui aiment l'autre sont dignes d'être aimés eux-mêmes. Voilà toute la différence.

Viande creuse, soit. Mais on se contente de si peu, à vingt ans! Vingt ans, n'est-ce pas l'âge où l'on vit « d'amour et d'eau fraîche, » — comme disent ironiquement les vieux et les vieilles qui vivent de tisanes et de racahout des Arabes? C'est une bonne chose, l'eau fraîche! Meilleure chose encore, l'amour! Et les romans, donc?...

Je l'ai dit en commençant : Les contes, les romans, les rêves, sont le Paraclet dans lequel on doit se réfugier pour se soustraire aux trivialités écœurantes et aux réalités monstrueuses de la vie.

Il y a romans et romans. Il y en a qu'on déclare immoraux et qui sont innocents comme des agneaux; d'autres, au contraire, sont tenus pour moraux, qui sont malhonnêtes en diable. La morale est une monnaie comme une autre : chaque époque la frappe à son effigie et lui donne un cours forcé, — jusqu'au jour où cette morale d'or, d'argent ou de cuivre se trouve démonétisée et jetée au grand creuset du bon sens, ou placée dans un médailler comme objet de curiosité. Qui de nous n'a, dans sa tête, une collection plus ou moins riche de morales?

Il est bien entendu qu'ici je ne parle pas le moins du monde de la morale éternelle, — cette lampe sacrée qu'est chargée d'entretenir cette vestale qu'on appelle la conscience humaine. La vraie morale n'a rien à voir là-dedans.

Quelques écrivains chagrins ont condamné les romans de chevalerie comme immoraux, sous les prétextes les plus étranges et les plus puérils, et ce n'est pas de leur faute si les manuscrits et les incunables de la Bibliothèque impériale sont encore intacts. Les lauriers d'Omar ont dû plus d'une fois empêcher de dormir ces sages renfrognés qui blâment les fruits verts parce qu'ils n'ont plus de dents pour mordre après !

Je ne défendrai pas les romans de chevalerie — qui se défendent très bien d'eux-mêmes. Je me contenterai de les annoncer — à ceux qui d'aventure ne les ont pas lus — comme des romans curieux, très curieux, excessivement curieux à tous les titres.

Ainsi, à côté des luttes grandioses, des combats gigantesques, des prouesses épiques, — auxquels prennent part tous les preux du roi Artus et tous les vaillants chevaliers de l'empereur Charlemagne, robustes cœurs dans de solides armures, — il y a toute une série de fées et d'enchanteurs, de belles filles et de nains aimables, Morgane et Obéron, Mélusine et Esterelle, Viviane et Merlin, fabricateurs d'élixirs de longue vie, marchandes de philtres amoureux, sirènes et providences, abîmes et paradis !...

Pour moi, qui revois sans cesse

La lumineuse fleur des souvenirs lointains,

je ne sais pas beaucoup de livres aussi attrayants, aussi merveilleux, aussi amusants, car le rire s'y mêle à la terreur, les grands coups de vin aux grands coups d'épée, les gaberies aux malédictions, les baisers d'amoureux aux incantations fantastiques, — et l'on sort de ces romans de chevalerie comme on sort d'un rêve !...

Je n'aurais pas loin à aller pour chercher et trouver mes preuves : je n'ai qu'à tourner les feuillets au hasard, — assuré d'avance de tomber sur une situation savoureuse à l'imagination.

Connaissez-vous, par exemple, quelque chose de plus frais, de plus gracieux, de plus poétique que le commencement de *Guérin de Montglave* : « C'était à l'issue de l'hiver, à cette époque de l'année où commence le joli temps de primavère, où l'on voit les arbres verdoyer et leurs fleurs s'épanouir, où l'on entend les oisillons chanter si joyeusement, que les cœurs tristes, pensifs et dolents s'en réjouissent eux-mêmes malgré eux, et délaissent, sans s'en douter, leurs fâcheux pensements et leurs vilaines songeries. »

Tout le roman continue sur ce ton et de ce style auquel je n'ai rien changé, par respect pour son éloquente simplicité. Il y a là-dedans une vraie mère et un vrai père, — Mabillette et le vieux duc Guérin. Il faut voir comme elle pleure, la pauvre femme, au départ de ses quatre beaux enfants auxquels son mari vient de reprocher rudement leur oisiveté. Elle voudrait les garder toujours auprès d'elle, « dans son giron, comme s'ils étaient poussins à peine éclos. » Mais le vieux duc, un compagnon de Charlemagne, trouve qu'il est temps « qu'ils aillent leurs erres. » Comme il y a là-dedans un sentiment profond de la famille ! La mère pleure, mais elle se résigne, parce que son mari — « son seigneur et maître » — a parlé. Les quatre fils aiment leur mère, mais ils obéissent, parce que leur père a parlé. Bonne chance, jeunes éperviers !

Les dernières pages de *Guérin de Montglave* sont, à mon estime, un chef d'œuvre. Elles contiennent le récit de la fameuse défaite de Roncevaux, — ce Waterloo de l'empereur Charlemagne. Il y a là trois ou quatre cent lignes qui valent des volumes, et je ne connais pas d'historien qui soit jamais arrivé à cette mâle éloquence, à cette grandiose poésie, qui vous tient le cœur battant pendant tout le temps que dure le récit navrant de cette sanglante bataille.

Les Sarrasins s'avancent, « menant un grand bruit. » Ils sont deux cent mille, — et l'avant-garde de l'armée de Charlemagne, commandée par Roland, a tout au plus vingt mille hommes. Avais-je raison de comparer Roncevaux à Waterloo ?

Les Sarrasins s'avancent. Les compagnons de Roland, un peu effrayés par cette avalanche humaine qui les menace, le supplient de sonner du cor pour que son oncle vienne à son secours.

« — Seigneurs, » — répond l'héroïque Roland, — « Charlemagne est trop loin : il ne m'entendrait pas. Aucun de vous n'a voulu aller vers lui lorsqu'il en était temps encore ; il s'agit de mourir debout, comme de vaillants chevaliers que nous sommes... Mourons donc ici, compagnons, puisque c'est le bon plaisir de Dieu !... »

Ils meurent tous, en effet, les uns après les autres, — mais comme des héros, en luttant jusqu'à leur dernier souffle, en essayant d'éclaircir, du tronçon de leurs vaillantes épées, les rangs des Sarrasins « plus nombreux que les sables de la mer, plus nombreux que les brins d'herbe des plaines. »

Il ne reste bientôt plus autour du preux Roland qu'une poignée de chevaliers, — parmi lesquels Olivier et l'archevêque Turpin.

« Cependant, au bout de quelque temps, en face de ce sinistre champ de bataille, où étaient couchés, endormis pour l'éternité, dix-huit à dix-neuf mille de ses compagnons, le brave Roland se résolut à faire ce à quoi il s'était si obstinément refusé jusque-là : il sonna du cor.

« Le cor disait : Charles, roi Charles, empereur Charles, venez, venez, venez vitement, car aujourd'hui celui que vous aimez le mieux au monde sera mort !...

« Roland sonna par trois fois du cor ; il en sonna avec une telle force qu'une de ses veines se rompit, et que le sang vint écumer en une mousse rosée sur ses lèvres...

« — Compagnon, lui cria en ricanant Marsille, le roi païen, vous avez corné pour néant ! »

Marsille a raison : Charlemagne n'entendra pas le son du cor, — et il ne viendra pas au secours de ses preux. Il faut décidément mourir là, et ils y meurent.

C'est d'abord Olivier, que son fils Galien vient de retrouver.

« Galien s'aperçut alors qu'Olivier changeait affreusement de visage. De vermeil comme feu qu'il était d'abord, il devint tout-à-coup vert comme feuille, puis noir comme charbon.

« — Père! père! s'écria-t-il, vous mourez donc? Ah! cher père, il faut nous quitter ici-bas, je le vois bien... Je prie Jésus-Christ qu'il vous veuille recevoir en sa gloire de Paradis, car vous en êtes plus digne que nuls au monde, vous et vos vaillants compagnons...

« Lors il lui prit la tête en son giron et le baisa plus de cent fois. Olivier était mort.

« — Beau fils, dit à son tour Roland d'une voix qu'on entendait à peine, n'oublie pas de saluer Belleaude en mon nom, et de lui dire que je l'ai aimée jusqu'à la dernière minute de ma vie mortelle... Prie-la de ne jamais se marier... Qu'elle entre dans une abbaye et y consacre sa vie au Seigneur... et à mon souvenir... De cette façon, peut-être pourrons-nous nous revoir encore quelque part... là où vont les créatures qui ont aimé et n'ont pas su haïr... Adieu!...

« — Sire, répondit Galien navré, ne vous inquiétez de rien... je ferai religieusement votre message auprès de votre mie... mais j'ai peur qu'elle ne meure de deuil en l'apprenant, car elle vous aime de bon cœur...

« — Ainsi soit-il! murmura Roland, en se roidissant dans une dernière convulsion.

« Galien se pencha sur lui et le baisa au front : Roland était mort.

« Il alla vers l'archevêque Turpin.

« — Beau fils, râla ce vaillant homme, n'oublie pas de saluer Charlemagne de ma part...

« Et, cela dit, il expira. »

Est-ce suffisamment émouvant, tout cela? Ces rudes hommes d'autrefois savaient-ils mourir?

Savaient-ils aimer aussi? Ah! Jacqueline! Ah! Belleaude! répondez pour moi.

« Charlemagne se rendit au palais, où il manda Belleaude, qui accourut. Le vieux roi l'attira sur sa poitrine, la baisa au front et lui dit :

« — Belle amie, savez-vous de quoi je vous prie? C'est de ne point vous dolenter outre mesure de ce que je vais vous apprendre...

« — Et qu'avez-vous donc à m'apprendre, Sire?... demanda Belleaude, pâle et tremblante.

« — Vous avez perdu Roland, votre ami, et Olivier votre frère, traîtreusement occis à Roncevaux! répondit Charlemagne, en embrassant de nouveau Belleaude.

« Quand elle eut entendu cette cruelle parole, tout le sang de son corps se changea et retourna, et elle tomba tout de son long à terre, morte.

« — Quelle piteuse fin! murmura Charlemagne en contemplant la pauvre Belleaude. Ah! Ganelon! Ganelon! comme je te ferai mourir vilainement!... »

V

Voilà pour *Guérin de Montglave*. Roman « immoral, » n'est-ce pas?

Il y en a encore d'autres! *Mélusine*, *Tristan de Léonois*, *Huon de Bordeaux*, *Pierre de Provence*, *Ogier le Danois*, etc., etc.

Mélusine est un roman fait au XIVᵉ siècle sur la légende populaire, et il a été, pendant longtemps, aussi populaire que la légende. Je ne sais pas si Mélusine est « immorale; » je sais seulement que cette pauvre *serpente* m'a violemment intéressé dans ma prime-jeunesse, et que j'ai souvent envié le sort de son bel ami Raimondin, — malgré le châtiment navrant qui punit sa curiosité.

D'abord Mélusine est fille de fée, ce qui a son charme; ensuite elle est riche comme il n'est permis à personne de l'être; puis, — et c'est ce qui vaut le mieux, — elle est d'une beauté non-pareille, qui ne se flétrit pas un seul instant, malgré les années qui s'accumulent sur sa tête et malgré les enfants qui sortent de ses flancs charmants. Elle est grand-mère, et elle est toujours aussi belle que le jour où Raimondin l'a rencontrée dans la forêt de Colombiers, près de la Fontaine-de-Soif, par une lune « claire-luisante, s'ébattant sur l'herbe en compagnie de deux gentes dames blanches. » Ninon de Lenclos avait trouvé le moyen d'être encore séduisante à quatre-vingts ans; Mélusine, plus favorisée, trouve moyen d'être belle et jeune à l'âge où les femmes sont vieilles et respectables : quoi qu'elle fasse, elle a toujours vingt ans!

Ce roman venge Eve, Pandore, Psyché, Sémélé, — toutes les curieuses profanes et sacrées. Raimondin est heureux; il est aimé d'une femme charmante, il est riche, il est père, il a tout ce qu'on peut désirer de bonheur en ce monde : il faut que la curiosité vienne le mordre au cœur! Pendant vingt ans, il n'a pas songé un seul instant à s'inquiéter de ce que Mélusine pouvait faire le samedi. Mais voilà qu'un jour le soupçon entre dans son esprit, — « soupçon amer comme fiel, ardent comme braise, aigu comme acier! » Il veut voir et savoir !

« Raimondin, pâle et tout en sueur, regarda devant lui, par le pertuis qu'il avait fait, et il aperçut Mélusine toute nue, blonde et merveilleuse de beauté, qui s'ébattait au soleil dans une large cuve de marbre blanc, bordée d'arbres épais sur les ramures desquels chantait un peuple d'oiseaux rares... A un mouvement plein de grâce que fit Mélusine, et qui découvrit la partie de son corps qui baignait dans l'eau de la piscine, Raimondin remarqua avec étonnement que cette partie du corps se terminait en queue de serpent... »

Hélas ! voilà quel était le secret de la pauvre Mélusine : femme pendant six jours de la semaine, elle devenait serpente le septième jour, — pour expier je ne sais quelle faute commise par elle avant son mariage.

Il faut lire les mélancoliques reproches de Mélusine à Raimondin :

— « Mon doux ami, lui dit-elle, Dieu vous veuille pardonner cette faute que vous avez commise au préjudice de notre mutuel repos et de notre mutuel bonheur !... Il le peut, lui qui est omnipotent, lui qui est le vrai juge et le vrai pardonneur, lui, la légitime fontaine de pitié et de miséricorde... Quant à moi, vous savez bien que je vous ai pardonné de bon cœur, puisque je suis votre femme et votre amie... Mais, pour ce qui est de ma demeurance avec vous, c'est tout néant : Dieu ne le permet...

— « Pour Dieu et pitié ! s'écria Raimondin, veuillez demeurer, ou jamais plus je n'aurai joie au cœur...

— « Adieu ! adieu ! adieu ! répondit Mélusine en se penchant vers Raimondin et en l'accolant doucement. Adieu, mon ami, mon bien, mon cœur, ma joie ! Tant que tu vivras, j'aurai, quoique absente de toi, bonheur à te voir et à te rendre heureux..... Mais jamais, au grand jamais, tu ne me verras en forme de femme..... Adieu donc, moitié de mon âme ! Adieu donc, moitié de ma vie !...

« Lors donc qu'il était heure de partir, malgré que tout la retînt là, elle s'élança incontinent hors de la fenêtre sous forme d'une serpente ailée, longue d'environ quinze pieds, au grand ébahissement de la compagnie. »

Voilà pour le roman de *Mélusine*, — tout aussi immoral que *Guérin de Montglave*, comme on voit.

Les puritains se sont escrimés surtout contre *Tristan de Léonois* et contre *Lancelot du Lac*, — et, à cause de cela, je serais tenté de les préférer aux autres, s'il pouvait y avoir des préférences pour ces romans si pleins d'attraits, depuis le premier jusqu'au dernier !

Les puritains en question n'aiment pas les gens qui s'aiment, — et l'on conjugue beaucoup le verbe *amare* dans *Tristan de Léonois* et dans *Lancelot du Lac*. Aimez-vous ! aimez-vous toujours, jeunes hommes et jeunes femmes ! Toute la vie est là.

Je ne suis pas seul de mon avis à ce propos, comme bien vous pensez. M. Paulin Pâris, dans ses Notices sur les manuscrits de la Bibliothèque impériale, fait un grand éloge du *Tristan*. Quant au *Lancelot*, voici ce qu'en dit M. Léon Plée dans son excellente Introduction au *Glossaire français polyglotte* : « Le *Lancelot* est faible d'intrigue, mais d'un style admirable, clair, limpide, incidenté, plein d'une foule de mots fort jolis qui font image et semblent tout nouveaux, soit par leur composition, soit par leur emploi, soit par leur forme elle-même. Un très grand nombre de sentences, d'axiômes amoureux, ont passé de cette œuvre dans les livres qui l'ont suivie. Quelques passages sont imprégnés d'un parfum de gaîté qui donne la meilleure idée de ce que l'on nomme l'ancienne gaîté française. »

Quant aux reproches d'immoralité, néant !

Si ces romans de chevalerie sont licencieux, ils ne le sont qu'à la façon des rossignols.

VI

M. Léon Plée parle du « style admirable » de *Lancelot du Lac*, et de la « foule de mots fort jolis » qu'on y rencontre. Il a raison, et ce qu'il dit de ce roman, il aurait pu le dire aussi des autres. C'est pour qu'on en pût juger à coup sûr que j'ai cité quelques passages de *Mélusine* et de *Guérin de Montglave*.

Car, quoique ce ne soit pas le style primitif dans toute son intégrité, — style plein de saveur, seulement pour les lettrés, — j'ai fait tous mes efforts pour lui conserver sa naïveté, sa grâce, sa bonhomie, son originalité, en un mot. Ai-je réussi ? Les lecteurs prononceront.

Il y avait là un écueil. Ces romans de chevalerie sont intéressants comme fond et comme forme. Même traduits librement, — comme quelques-uns l'ont été par le comte de Tressan, — ils eussent conservé quelques-unes de leurs séductions, celles de leur fabulation ; mais cet accent, ce parfum, cette saveur qu'ils ont dans leur langue du XIIe ou du XIVe siècle, comment la leur conserver ?

A cela je n'ai vu qu'un moyen, à savoir de suivre pas à pas et de traduire mot à mot le manuscrit ou le roman primitifs. De cette façon, si ce n'est pas le vêtement exact du XIIe siècle, du moins ce n'est pas le costume du XIXe siècle. Les vieilles chansons doivent être chantées sur de vieux airs !

Une ou deux phrases entre mille, — comme exemples :

« Quant il vist l'espée que il tenoit à si bonne, il soupire fort, puis dit : Ha espée, que ferés vous des oresmais ! Ne le puis plus céler, je suis vaincus. Lors commence à plourer trop plus durement qu'il ne fist autrefois, et quant il a assés efforcéement pleuré, il dit, etc., etc. »

Lesquelles phrases j'ai traduites par :

« Quand il vit sa vaillante épée, il soupira et dit :

— « Ah ! mon épée, que ferez-vous désormais ? car, je ne le puis plus céler, ma vie est finie !...

« Lors il recommença à pleurer plus amèrement qu'il n'avait fait jusque-là, et quand il eut, etc. »

Le procédé est aussi simple que peu coûteux. Je

j'ai presque toujours suivi avec la même fidélité, — excepté toutefois pour la traduction de quelques endroits indéchiffrables dans les manuscrits. Il a eu pour moi cet avantage de me permettre de conserver une foule d'expressions adorables, tombées à tort en désuétude, et une foule de mots énergiques et pittoresques que je regrette de ne plus rencontrer dans la circulation.

Ainsi, j'ai conservé : *Sonner mot,* pour *parler ; sous ombre de,* pour *sous prétexte de ; souventes fois,* pour *souvent ; toutes et quantes fois,* pour *toutes les fois que ; par ainsi,* pour *ainsi, par conséquent ; à l'accoutumée,* pour *de coutume ; encore que,* pour *quoique ; n'engendrer point de mélancolie,* pour *être d'humeur gaie ; une jeunesse,* pour *une jeune fille ; s'entreconnaître ; entreouïr ; être attaché d'une grosse chaîne ; le vouloir,* pour la *volonté ; marmiteux,* pour *ennuyé ; s'ébahir,* pour *s'étonner ; perturber,* pour *occasionner du désordre ; réconforter,* pour *réjouir ; déconforter,* pour *chagriner ; plaisant,* pour *agréable ; mener mal sa jeunesse ; tenir pour seigneur ; faire semblant ; bâtir de foi et de charité ; trouver bon ; se faire petit ; guérir son corps et son âme ; déambuler,* pour *se promener ; s'esclaffer,* pour *éclater de rire ; gabeler,* pour *railler ; remembrer,* pour *se souvenir ; accoler,* pour *embrasser ; bailler,* pour *donner ; rancœur,* pour *rancune ;* et cent autres formes grammaticales qui datent des premiers jours de la langue d'Oil, et qu'on a cru devoir remplacer depuis, — je ne sais trop pourquoi, puisque ces formes-là suffisaient et qu'elles disaient éloquemment ce qu'elles voulaient dire.

« Toutes les langues roulent de l'or, » dit très bien M. Joubert dans sa magnifique Étude sur le Style. La langue romane surtout, notre langue nationale. Pourquoi la langue française d'aujourd'hui est-elle moins riche que la langue française d'autrefois ? Pourquoi a-t-elle changé son or contre du cuivre ? Ah ! il serait bien temps, à ce qu'il me semble, de la retremper aux sources fortifiantes dont elle s'est éloignée si dédaigneusement. « Rendre aux mots leur sens physique et primitif, — dit encore M. Joubert, — c'est les fourbir, les nettoyer, leur restituer leur clarté première ; c'est refondre cette monnaie et la remettre plus luisante dans la circulation ; c'est renouveler, par le type, des empreintes effacées. Remplir un mot ancien d'un sens nouveau dont l'usage ou la vétusté l'avait vidé pour ainsi dire, ce n'est pas innover, c'est rajeunir. On enrichit les langues en les fouillant. Il faut les traiter comme les champs : pour les rendre fécondes, quand elles ne sont plus nouvelles, il faut les remuer à de grandes profondeurs. »

A ces causes, j'ai respecté les vieux mots — dont beaucoup sont si nouveaux ! A ces causes, j'ai conservé précieusement les vieilles expressions qui ont une éloquence plus vraie que celle de beaucoup d'autres expressions modernes. On ne trouvera pas, dans ces romans, le style fiévreux, exubérant, extravagant, que l'on trouve dans les romans ordinaires ; mais, tout au contraire, un style simple, naïf, — expressif comme amour et comme colère, éloquent comme tendresse et comme fierté. Les beaux sentiments n'ont pas besoin d'oripeaux ; les grandes pensées n'ont pas besoin d'être traduites par des phrases à grelots et à pompons, orgueilleuses comme des mules espagnoles.

VII

Je regrette de n'avoir pu traduire sur l'œuvre première, sur les poëmes romans ou sur les poëmes latins, composés longtemps avant l'invention de l'imprimerie. Je le regrette, parce que ces poëmes-là sont plus beaux encore, plus grandioses, plus éloquents, que les romans en prose. Je parlais tout à l'heure de l'épisode de la bataille de Roncevaux qui se trouve dans *Guérin de Montglave* : c'est un épisode émouvant, certes, et peu d'écrivains sauraient atteindre à ce pathétique. Ce n'est rien auprès du poëme de Thurold, *la Chanson de Roland !* De même pour *Ogier-le-Danois,* de même pour la plupart des autres romans de chevalerie.

Mais je ne pouvais traduire des vers picards ou de la prose latine en prose française ; cela n'atteignait pas le but que s'était proposé l'éditeur de la *Bibliothèque bleue,* qui voulait faire lire aujourd'hui les romans qui ont été lus en Europe jusqu'à la fin du XVIe siècle, — c'est-à-dire les romans en prose, manuscrits et incunables. J'ai donc dû traduire sur les manuscrits et les incunables que possède la Bibliothèque impériale.

Les poëmes sur lesquels ont été faits les romans en prose ne remontent guère au delà du XIe siècle. Ils ont été faits eux-mêmes sur les *Chansons de Geste,* — écrites en mauvais latin, puis dans les divers idiomes qui se formaient alors, — lesquelles *Chansons* célébraient les *gestes,* les faits, les dits, les actions d'éclat, à mesure qu'ils avaient lieu.

C'était l'époque des grandes guerres et des grandes boucheries de nations à nations : c'était le Moyen Age ! Les Wisigoths d'Alaric, les Francs de Clovis, les Huns d'Attila, les Suèves de Radagaise, les Vandales de Genseric, — tous les Barbares ! — envahissaient les Gaules et s'y établissaient petit à petit, de par la loi du plus fort. Puis Charles-Martel vainquait les Sarrasins, Pépin-le-Bref marchait contre les Saxons, Charlemagne guerroyait contre les Lombards, Roncevaux arrivait ! Puis encore, les Gascons, les Normands, les Hongrois, les Allemands, les Arabes, les Croisades ! La terre résonnait comme un tonnerre sous les pas pesants de ces nombreuses armées de conquérants et de conquis !

Il fallait bien chanter tout cela !

De là les trouvères, de là « cette nuée de chanteurs qui, depuis le IXe siècle jusqu'au XVIe, vont nous composant une foule de chants, d'histoires, d'épopées, — admirables inspirations de notre nationalité naissante, que nous avons répudiées au xvii°, pour faire de l'antiquité grecque et latine notre champ de culture poétique. »

De là, enfin, les romans de chevalerie.

VIII

Il y a quatre divisions importantes à établir parmi ces nombreux romans que nous rééditons aujourd'hui. Les uns appartiennent au *cycle de Charlemagne*, les autres sont les *Romans de la Table-Ronde;* puis viennent les *Romans des Neuf Preux* et les *Romans des Amadis*.

Les premiers sont :

La Chronique de Turpin, où se trouvent racontés les exploits de Roland et sa mort à Roncevaux.

Beuves de Hantonne, dont l'action est antérieure au règne de Charlemagne.

Les Quatre fils Aymon, qui reproduisent assez fidèlement les luttes opiniâtres qui s'élevaient entre le prince suzerain et ses grands vassaux, au temps de la féodalité.

Maugis d'Aigremont, qui est consacré au récit des méchants tours que ce « négromant » joue au roi Charlemagne.

Li Reali di Francia, roman italien qui est la traduction d'un texte français, et où sont contenues les origines royales de France, et les traditions fabuleuses relatives à Roland.

Berthe-au-Grand-Pied, qui contient le récit des amours de Pépin-le-Bref, père de Charlemagne.

Guérin de Montglave, qui parle très peu de Guérin de Montglave, et beaucoup de ses quatre fils, Renaud, Milon, Régnier et Girard. Il y a aussi dans ce roman un hors-d'œuvre qui s'appelle la bataille de Roncevaux, — mais ce hors-d'œuvre est tout simplement un chef-d'œuvre.

La Reine Ancroïa, qui fait suite à *la Chronique de Turpin*, et où l'on voit figurer pour la première fois une femme guerrière, une sorte de reine des Amazones. Ce roman pourrait tout aussi bien s'appeler *Guidon-le-Sauvage*, puisqu'il est beaucoup question de ce fils bâtard de Renaud de Montauban. Il est très curieux.

La Chronique du chevalier Mabrian qui fait suite aux *Quatre fils Aymon*, et où commença la fusion des romans Carlovingiens et des romans de la Table-Ronde.

La Conquête du grand roi Charlemagne des Espagnes, qui est le récit des faits et gestes de ce puissant monarque.

La Conquête de l'empire de Trébisonde, qui est le même ouvrage, à peu près, que le précédent.

Huon de Bordeaux, où l'on voit apparaître Obéron, le roi de Féerie.

Doolin de Mayence, où il est encore question des querelles de Charlemagne avec ses grands vassaux.

Gérard d'Euphrate, qui contient l'histoire des amours et des actions d'éclat de ce fils de Doolin de Mayence.

Ogier-le-Danois, où il est souvent question de la fée Morgane, qui protège comme marraine et qui aime comme femme. Ogier est une sorte de Porthos, qui accomplit vaillamment toutes sortes de prouesses, tant guerrières qu'amoureuses. Il y a quelque chose de très saisissant et de très original dans cette fantaisie de l'auteur, qui consiste à faire dormir Ogier, pendant deux cents ans, dans les bras de Morgane, et ensuite à le laisser revenir dans la vie, « où il trouve bien du changement. »

Meurvin, fils de Morgane et d'Ogier-le-Danois.

Galien Rethoré, qu'on devrait intituler *Galien-le-Restauré*, dans lequel Charlemagne arrête le soleil, — à l'instar de Bacchus et de Josué.

Milles et Amys, un roman charmant qui fait pâlir la renommée de tous les Damon et de tous les Pythias de la terre ; c'est le poëme de l'amitié.

Girard de Blaves, fils d'Amys, est la suite naturelle du précédent roman.

Jourdain de Blaves, fils de Girard, est la suite des deux précédents romans.

Puis viennent *Théséus de Cologne*, *Valentin et Orson*, *Gériléon d'Angleterre*, *Ponthus*, *Flores et Blanchefleur*, *Fier-à-Bras*, *Milon d'Anglante*, *Richard-sans-Peur*, *Robert-le-Diable*, *Guillaume-au-Court-Nez* — et beaucoup d'autres, touchant de près ou de loin à l'histoire fabuleuse ou véridique de Charlemagne, le grand empereur d'Occident.

Les romans dits de *la Table-Ronde* sont :

Le Saint-Graal, qui contient l'histoire mystérieuse du saint vase apporté de Rome par saint Joseph d'Arimathie.

La vie et les prophéties de Merlin, contenant les faits et gestes de cet enchanteur célèbre, fondateur de la chevalerie de la Table-Ronde. C'est un roman très extravagant et très intéressant.

Perceval-le-Gallois, histoire du chevalier prédestiné, du *Galaad* vaillant et chaste, chargé d'achever les aventures du Saint-Graal. C'est un des plus curieux romans de la Table-Ronde.

Lancelot du Lac est un des romans les plus charmants de cette série. La reine Genièvre est une bien agréable maîtresse.

Méliadus de Léonois, où se trouvent d'amples renseignements sur tout ce qui se rattache à l'histoire des chevaliers de la Table-Ronde.

Tristan de Léonois, fils de Méliadus. C'est la suite naturelle du roman précédent. J'ai donné plus haut, à l'appui de mon opinion, celle de MM. Paulin-Paris et Léon Pléé.

Isaïe-le-Triste, fils de Tristan et d'Yseult, la blonde reine de Cornouailles, l'amie de la reine Genièvre, la rivale d'Yseult-aux-Blanches-Mains.

C'est dans ce roman qu'il est question d'un des avatars du roi de féerie Obéron, condamné, pour je ne sais quelles peccadilles, à passer un certain temps sur la terre sous des formes laides et mesquines. Pauvre Tronc-le-Nain !

Le Roman fait à la perpétuation des chevaliers de la Table-Ronde. Le titre est long, mais il a l'avantage de dire tout ce que l'ouvrage contient. Entr'autres choses curieuses, on y trouve les noms des trente-deux chevaliers de la Table-Ronde, qui sont : Le roi Artus, — Lancelot du Lac, — Hector des Mares, son frère, — Lyonnel, leur cousin, — Gauvain d'Orcanie, — Agravain, son frère, — Galerie, son autre frère, — Galhéret, son troisième frère, — le roi Méliadus, — Tristan de Léonois, son fils, — Bliombéris de Gannes, — Greux, le sénéchal d'Artus, — Baudoyer, son connétable, — Ségurades, — Sagrémor, — Gyron-le-Courtois, — Galehaut-le-Blanc, fils d'Artus, — le roi Carados, — Hardi-le-Laid, — le Morhoult d'Irlande, — le roi Pharamond, — Palamède de Listenois, — Mordrec d'Orcanie, — Brandelis, — Gyster, — Dinadam, — Amand-le-Beau-Jouteur, — Perceval-le-Gallois, — Bréus-sans-Pitié, — le duc Houel, — Kercadû, son sénéchal, — et, enfin, Arodian de Cologne, chroniqueur, qui assistait aux combats pour les décrire.

Cette liste, je l'ai donnée à dessein : elle m'évite ainsi l'énumération qu'il me restait à faire des autres romans de la Table-Ronde.

Quant aux romans dits des *Neuf Preux*, ils se composent de :

Les Neuf Preux; les Chroniques de Judas Machabéus; Hector; Alexandre-le-Grand; les Trois grands, savoir : Alexandre, Pompée et Charlemagne; la Généalogie, avec les gestes de Godefroy de Bouillon; etc., etc.

Quant aux romans *des Amadis*... Mais nous leur réservons une notice spéciale, placée en tête du volume, également spécial, que nous préparons en ce moment.

Restent maintenant des romans qui ne sont à classer dans aucune des quatre divisions indiquées plus haut : *Olivier de Castille, Gérard de Nevers; les Chevaliers du Soleil, Flores de Grèce, Gérard de Roussillon; Jean de Paris, Pierre de Provence, Mélusine, Cléomades et Claremonde;* etc., etc. Ce sont des romans de chevalerie, très intéressants, voilà tout, et cela suffit pour que nous les publiions, — comme nous publierons les principaux romans de chevalerie des différents peuples, arabes, espagnols, scandinaves.

IX

Dans le cours de cette publication, il m'a été adressé un certain nombre de lettres dans lesquelles on me demandait les noms des auteurs des romans de chevalerie, et dans lesquelles aussi on relevait certaines erreurs d'histoire et de géographie, assez graves, commises çà et là dans les romans.

Je dois déclarer d'abord que j'ai respecté les textes que j'avais sous les yeux, — lesquels contiennent une quantité innombrable d'anachronismes et de parachronismes, de bévues historiques et de bévues géographiques. Je n'avais pas mission de châtier ni d'expurger en aucune façon ces textes manuscrits ou imprimés : j'aurais eu trop à faire, en vérité, — et j'aurais détruit peut-être un des attraits de ces romans, à savoir la fantaisie. Si vous traduisiez le *Paradis-Lost*, de Milton, supprimeriez-vous les passages où il est question de l'artillerie ?

Ainsi, — pour ne prendre que quelques exemples au hasard, — l'auteur d'*Huon de Bordeaux* fait mourir violemment Charlot, fils de Charlemagne, et Charlot mourut tranquillement dans son lit, en 811, trois ans avant son père. Il parle, au VIIIe siècle, de l'abbaye de Cluny, qui ne fut fondée qu'au Xe siècle. Il parle à la même époque, des Cordeliers et des Clairettes, dont l'ordre ne fut fondé que quatre cents ans après. Il place, en Arabie, une Babylone qui n'a jamais existé que dans son imagination; car, jusqu'à présent, je n'ai connu que la Babylone de la Chaldée, sur les bords de l'Euphrate, laquelle n'existait plus au VIIIe siècle. Il invente un *port* de Tauris, ce qui est assez difficile, Tauris étant au milieu des terres, très loin du golfe Persique, etc., etc., etc.

Tous les romans de chevalerie fourmillent de ces erreurs volontaires ou involontaires. Je les ai laissées, comme on laisse aux bouteilles de bon vin les toiles d'araignées et les moisissures qui attestent leur antiquité : c'est aux lecteurs de les enlever en les buvant, — je me trompe, en les lisant.

Je serai plus à mon aise pour répondre au paragraphe des lettres qu'on m'a fait l'honneur de m'envoyer, touchant les noms des auteurs de ces romans, — quoique beaucoup soient anonymes et qu'il me semble, en outre, que les noms importent peu aux œuvres. Savez-vous qui a construit Notre-Dame de Paris ? Jean de Chelles; à ce qu'on prétend : Oui, Jean de Chelles, — ou un autre. Qu'importe ? Notre-Dame est un merveilleux monument : cela suffit.

Je vais dire ce que je sais.

Mélusine est un roman du XIVe siècle, composé par Jean d'Arras.

Judas Macchabéus est de Ch. de Saint-Gelais.

Lancelot du Lac, Perceval le Gallois, Le Chevalier du Lion, sont de Chrestien de Troyes, l'Alexandre Dumas du XIIIe siècle.

Jehan de Saintré est d'Antoine Lasalle, mort l'année de l'avénement de Louis XI; c'est-à-dire en 1461.

Gérard de Nevers est attribué à Gibert de Montreuil, qui vivait au XIIIe siècle.

Anseis de Carthage est de Pierre du Ries.

Le Chevalier au bel Écu est de Guillaume Cler, Normand.

Mérangis de Porlesquez est de Raoul de Houdan, c'est-à-dire du XIIIe siècle.

Florimont a été composé en 1188 par Aimé de Varannes.

Le Saint-Graal est attribué à Hélie de Borron, qui vivait sous Henri II d'Angleterre.

Tristan de Léonois est attribué à Luces de Gast, qui vivait à la même époque et à la même cour.

Berthe-au-grand-Pied, *Buève de Comarchis* et *Cléomades et Claremonde* sont attribués au bel Adenès, ménestrel du duc de Brabant Henri III.

Garin le Loherain est de Jean de Flagy, qui vivait à la même époque qu'Adenès.

Flores de Grèce est de Nicolas d'Herberay, seigneur des Essarts, traducteur des *Amadis*, lequel servait dans les premières charges de l'artillerie sous François Ier et Henri II.

Gériléon d'Angleterre est d'Estienne de Maisonneuve, qui vivait à la même époque.

Les Chevaliers du Soleil sont de Fr. de Rosset, qui vivait au XVIe siècle.

Les Quatre Fils Aymon, *Renaud de Montauban*, *Maugis d'Aigremont*, *Beuves d'Aigremont*, *Doolin de Mayence*, *Ciperis de Vineaux*, sont attribués à Huon de Villeneuve.

Quant à *Artus de Bretagne*, *Pierre de Provence*, *Ogier le Danois*, *Flores et Blanchefleur*, etc., etc., il serait aussi difficile de leur assigner un nom d'auteur qu'une date d'apparition. Ils sont, — voilà tout ce qu'on en sait. Le champ des conjectures est ouvert et chacun a le droit d'y faire sa moisson. Maigre moisson!

Je dois ajouter que les noms d'auteur indiqués plus haut ne sont donnés que sous toutes réserves. Il y a eu pour ainsi dire, pour un seul de ces romans de chevalerie, autant d'auteurs qu'il y a eu de manuscrits. Comment s'y reconnaître?

Ainsi, j'ai donné Chrestien de Troyes, Hélie de Borron, Luces de Gast, comme les auteurs de la plupart des romans de la Table Ronde. Or, ces romans-là avaient été écrits en latin, quelques siècles auparavant, par Rusticien de Puise, — lequel les avait lui-même tirés des fabuleuses chroniques bretonnes de Melchin et de Telezin.

Ce n'est pas tout. Chrestien de Troyes était un trouvère, — c'est-à-dire qu'il n'écrivait pas en prose comme Hélie de Borron et Luces de Gast. Or, *Lancelot du Lac*, *Perceval le Gallois*, *le Chevalier du Lion*, qui lui sont attribués, sont en prose. Comment cela s'explique-t-il? « À peine, — dit M. Léon Plée, dans sa remarquable introduction au *Glossaire français-polyglotte*, — à peine les romans de la Table-Ronde avaient-ils paru dans leur version en prose, que les trouvères s'abattirent sur cette riche mine de contes et de poésies. Chrestien de Troyes fut au premier rang parmi ceux qui versifièrent les chefs-d'œuvre des Borron et des Luces de Gast; il rima en partie le *Lancelot* sous le nom de *Roman de la Charette*, mais il n'eut pas le temps d'achever un ouvrage que termina Godefroy de Leigny; il rima aussi, sous le nom de *Perceval le Gallois*, une partie du *Tristan* qu'acheva Manessier. On lui attribue aussi un roman en vers du *Roi Marc et de la Reine Yseult*, pris au même *Tristan*. Il ajouta d'ailleurs aux romans de la Table-Ronde, le roman d'*Érec et d'Énide*, le roman de *Cliget*, le roman du *Chevalier du Lion* ou les *Aventures d'Ivain, fils d'Urien*. On lui a attribué enfin la traduction en vers du *Saint Graal* et un roman de *Guillaume d'Angleterre*. »

Pour ne pas exposer nos lecteurs à tomber de Charybde en Scylla, je déclarerai au plus vite que les traductions faites aujourd'hui l'ont été, soit sur les manuscrits, soit sur les incunables que possède la Bibliothèque impériale, et que nous n'avons rien emprunté — que le titre — aux déplorables éditions de la veuve Oudot, de Troyes. Imagerie d'Épinal, littérature de Troyes, — cela se vaut. Il y a *Bibliothèque bleue* et *Bibliothèque bleue!* Celle que l'on a connue jusqu'ici était composée de romans parfaitement incohérents et imprimée avec des têtes de clous sur du papier à chandelles. Nous espérons qu'on ne fera aucun de ces reproches là à la nôtre.

X

Me voilà arrivé aux limites extrêmes de cette Étude; le voyage a été long — et peut-être pénible pour ceux qui l'ont fait avec moi. Mais, par bonheur, les romans sont là, derrière cette page, pour réconforter les lecteurs.

Tournez la page!

Comme tous les *ciceroni* du monde, j'ai employé votre temps et le mien à vous parler du monument, — et à vous empêcher d'entrer dedans pour le visiter à votre aise. Et, comme tous les *ciceroni*, je ne me suis aperçu de ma maladresse que lorsqu'il était trop tard pour la réparer. Il ne me reste donc plus qu'à vous demander pardon. Mes intentions étaient bonnes!...

Ah! mes amis, — connus ou inconnus, — faisons et lisons toujours des contes! Tandis qu'on fait un conte, on est gai, on ne songe à rien de fâcheux. Le temps se passe, et le conte de la vie s'achève sans qu'on s'en aperçoive.

ALFRED DELVAU.

HISTOIRE
DES
QUATRE FILS AYMON

CHAPITRE PREMIER.

Comment l'empereur Charlemagne fit chevaliers les quatre fils Aymon, et comment le duc Beuves d'Aigremont tua Lohier, fils de Charlemagne, et, à son tour, fut tué par Ganelon.

Charlemagne, à son retour des guerres de Lombardie, où il avait vaincu Guerdelin-le-Fêne, chef des Sarrasins, tint une grande cour à Paris, aux fêtes de la Pentecôte. Beaucoup y assistèrent : les douze pairs, des Allemands, Anglais, Poitevins, Bérales et Lombards, et entre autres le vaillant duc Aymon de Dordogne avec ses quatre fils, Renaud, Allard, Guichard et Richard. Tous les quatre étaient très beaux et très courageux, Renaud principalement, le plus grand que l'on pût trouver au monde, puisqu'il avait sept pieds de hauteur.

Lorsque toute la cour fut assemblée, le roi dit à ses barons :

— Mes frères et amis, c'est par votre valeur que j'ai fait la conquête de tant de villes, et mis sous ma puissance beaucoup de Sarrasins, particulièrement Guerdelin à qui j'ai fait embrasser la religion chrétienne. J'ai perdu la fleur de la noblesse, par suite du refus de nous secourir que nous ont fait plusieurs de nos vassaux, comme Gérard de Roussillon, le duc de Nanteuil et le duc Beuves d'Aigremont, qui sont trois frères. Ce dont je me plains hautement à vous; car, si ce n'eût été messire Salomon qui nous aida de ses trente mille combattants, ainsi que messires Lambert Berruyer, Geoffroi de Bordeille et Galeran de Bouillon, qui portait notre étendard, nous étions vaincus. Les trois frères m'avaient cependant prêté serment de fidélité; le duc d'Aigremont particulièrement a été déloyal et félon : c'est de lui que je me plains ici. Je vais de nouveau lui demander son concours; s'il me le refuse, j'assemble mes sujets et amis, j'assiége Aigremont dans son duché, je le fais pendre et écorcher vif, lui, sa femme et leur fils Maugis, et je mets son pays à feu et à sang.

Alors le duc Naymes de Bavière se leva et dit à Charlemagne :

— Sire, ne vous courroucez pas ainsi. Envoyez seulement au duc d'Aigremont, votre vassal félon, un messager chargé de vos propositions, et suivant la réponse qui vous sera faite vous verrez ce qu'il vous reste à faire.

Charlemagne répondit :

— Duc Naymes de Bavière, votre conseil est bon, et je veux le suivre.

Le roi se demanda ensuite quel messager il devait choisir. Il fallait à la fois un homme prudent et hardi. Personne n'osa se proposer. Plusieurs étaient de la famille du duc Beuves, comme le duc Aymon de Dordogne, son cousin germain.

Charlemagne irrité jura qu'il détruirait le pays du duc. Appelant ensuite son fils Lohier, il lui dit :

— Mon fils bien aimé, vous ferez ce message. Il y a honneur là où il y a péril. Vous prendrez avec vous cent chevaliers bien armés, et ainsi accompagné vous irez vers le duc Beuves et l'informerez en mon nom que si, à la saint Jean prochaine, il n'est pas rendu à ma cour, j'irai en personne l'assiéger, détruire son duché, faire pendre son fils et brûler sa femme.

— Sire, répondit Lohier, je suis sans crainte, et remplirai fidèlement la mission que vous me faites l'honneur de me confier.

A cette fière et digne réponse, Charlemagne se sentit le cœur remué. Il regretta d'avoir engagé son fils dans une entreprise hasardeuse. Mais il avait dit et ne pouvait revenir sur son dire. Le sacrifice devait s'accomplir.

Le lendemain matin, Lohier et ses chevaliers armés et équipés vinrent prendre congé du roi.

— Sire, dit Lohier, nous voilà prêts à exécuter vos commandements. Donnez-nous, s'il vous plaît, votre bénédiction.

— Mon cher fils, répondit Charlemagne, je te recommande à Dieu et le prie de te protéger, ainsi que les braves serviteurs qui t'accompagnent.

Puis il étendit les mains sur eux, et ils partirent. Charlemagne ne les vit pas s'éloigner sans émotion, à cause de son bien aimé fils.

Les messagers partirent donc. Ils approchaient d'Aigremont, lorsqu'un espion qui les vit et entendit alla aussitôt prévenir le duc Beuves, alors au milieu de ses barons, rendus à sa cour à propos des fêtes de la Pentecôte.

— Seigneurs, dit le duc après avoir entendu le rapport de l'espion, le roi m'estime bien peu de vouloir que j'aille le servir avec tous mes gens, et de m'envoyer son fils aîné pour me faire des menaces.

— En effet, répondirent les barons.

— Que me conseillez-vous de faire en cette occurrence ? reprit le duc Beuves.

Alors un sage et prudent chevalier, nommé messire Simon, se leva et dit :

— Sire, je vous conseille de recevoir honorablement les messagers du roi Charlemagne, parce qu'il est votre seigneur, et que c'est agir contre Dieu et contre raison que de désobéir ouvertement à son seigneur. N'ayez point égard au refus d'obéissance que lui ont fait vos frères Gérard de Roussillon et le duc de Nanteuil. Le roi est puissant et peut vous mettre à mal.

— Mauvais conseil ! répondit le duc. Je ne le suivrai pas. Le roi m'offre la guerre, j'accepte la guerre. Mes trois frères m'aideront ainsi que mes quatre neveux, qui sont tous courageux.

La duchesse demanda à parler.

— Messire Simon conseille bien, dit-elle ; écoutez sa voix plutôt que celle du ressentiment. Obéissez au roi Charlemagne.

Le duc Beuves regarda alors la duchesse d'un air irrité et lui défendit de continuer.

— Messire Simon, dit-il, me conseille d'obéir au roi ; mais voici d'autres fidèles barons qui me conseillent de ne pas obéir, et je leur en sais bon gré. Tant que je serai vivant je n'obéirai à personne qu'à moi. Que le roi Charlemagne me fasse la guerre, je la lui ferai aussi !

Cependant les messagers du roi étaient arrivés en vue du château d'Aigremont. Ce château, situé sur un rocher et flanqué de grosses tours à créneaux nombreux, était inexpugnable. On ne pouvait le prendre que par trahison ou par famine.

— Considérez cette forteresse et le fleuve qui coule à ses pieds, dit Lohier à ses compagnons ; je ne crois pas qu'elle ait sa pareille dans toute la chrétienté ; sa position est admirable.

— Sire, répondit un chevalier nommé Savary, il me semble que votre père a entrepris là une chose bien hasardeuse. Le duc Beuves est très puissant. Il a autant de barons et de gens d'armes que le roi Charlemagne, et, à son tour, il pourrait venir l'attaquer. Il serait mieux qu'ils fussent de bon accord. Le roi votre père triompherait, je n'en doute pas, et s'il a résolu de prendre le duc Beuves et de brûler sa femme, rien au monde ne pourra l'en empêcher. Mais, encore un coup, il serait mieux qu'ils fussent de bon accord. Je vous supplie donc de parler avec douceur au duc Beuves ; il est très orgueilleux, et, à la moindre menace de votre part, il nous ferait un mauvais parti. Nous sommes trop peu nombreux en ce moment pour sortir vainqueurs.

— J'agirai prudemment, répondit Lohier, à cause de vous. Je lui parlerai avec douceur, ainsi que vous me le conseillez ; mais, à la première menace de sa part, je n'écouterai que ma colère, et il en souffrira.

Cela dit, les messagers du roi vinrent s'annoncer devant le château d'Aigremont.

— Seigneurs, qui êtes-vous ? leur demanda-t-on.

Lohier répondit d'un ton ferme :

— Nous sommes les envoyés du roi Charlemagne et nous voulons parler au duc Beuves, votre maître et son vassal.

Au bout de quelques instants, les messagers furent admis dans l'intérieur de la forteresse, et parurent devant le duc, qui les reçut dans la grande salle du palais, en présence de ses barons, de la duchesse et de son fils Maugis, connu déjà comme un habile nécromant.

— Que Dieu garde le roi, dit Lohier en entrant, et puisse-t-il confondre le duc d'Aigremont ! Duc d'Aigremont, le roi mon père vous mande à sa cour, avec cent chevaliers, pour, de là, être envoyé où il lui plaira, et aussi pour lui rendre raison de ce que vous ne l'avez pas accompagné en Lombardie où sont morts Baudoin, seigneur de Melun, Geoffroy de Bordeille et plusieurs autres valeureux hommes. Si vous vous y refusez, vous serez considéré comme coupable de félonie et, comme tel, écorché vif; de plus, votre femme sera brûlée et vos enfants pendus. Telle est la volonté du roi mon père, dont vous êtes le sujet.

Le duc Beuves, irrité, répondit aussitôt :

— Ce langage ne peut être toléré. Je ne tiens du roi Charles ni forteresse, ni château; je ne relève de personne. Charles l'a oublié, puisqu'il vous a envoyés ici pour me menacer!... A mon tour, je menace : j'irai vers Charles, mais avec une armée, et je lui ferai ce qu'il voulait me faire!

Lors, Lohier s'écria :

— Vassal, comment osez-vous répondre ainsi? Ce sont là paroles imprudentes et téméraires dont le roi mon père vous fera repentir, car bientôt vous serez par lui assiégé, pris, pendu et brûlé, et vos cendres jetées aux quatre vents comme celles d'un félon!

Le duc se leva impétueusement et ordonna à ses gens de s'emparer de Lohier et de ses compagnons et de les mettre à mort. Un noble chevalier de la suite du duc Beuves prit alors la parole pour conseiller la modération et engager son maître à reconnaître la suzeraineté du roi Charlemagne.

Le duc l'interrompit brusquement :

— Taisez-vous! — lui cria-t-il. Tant que je serai debout et que je saurai tenir une épée et monter à cheval, je vivrai libre, loin de la dépendance de Charlemagne! Je vais mander mes frères, Gérard de Roussillon, le duc de Nanteuil et Garnier son fils, et, ainsi réunis, nous irons attaquer le roi qui me menace. En quelque lieu que je le rencontre, je lui ferai ce qu'il voulait me faire... Rien ne m'en empêchera! Rien ne m'empêchera, non plus, de faire périr l'insolent messager qu'il m'a envoyé!...

— Je ne vous redoute ni ne vous estime, répondit dédaigneusement Lohier, qui se sentait fils du roi.

— Qu'on se saisisse de lui! s'écria le duc d'Aigremont furieux.

Les barons présents n'osèrent point ne pas obéir : ils tirèrent leurs épées et se jetèrent sur les envoyés de Charlemagne. Alors commença une mêlée affreuse, une boucherie sanglante. Lohier et ses cent chevaliers, inférieurs en nombre mais non en courage, se battirent dans la salle du palais avec un acharnement sans pareil.

Le bruit de cette lutte se répandit bientôt dans toute la ville d'Aigremont, et artisans, bourgeois et artisans, armés de haches, d'épées et de bâtons, s'en vinrent, au nombre d'environ sept mille, au secours du duc Beuves.

Le brave Lohier faisait merveille, tuant et blessant, au hasard de son épée, tout ce qui se présentait pour le prendre.

— Mon dernier jour est venu!... criait-il à ses gens. Je ne reverrai plus le roi mon père. Mais, au moins, que ma fin soit digne de ma vie!...

Et ce disant, il frappa le duc Beuves, qui s'était trop approché de lui. Le duc, plein de colère de le voir encore vivant, courut sur lui et lui porta un si furieux coup que le malheureux Lohier en fut renversé mort à ses pieds. Puis, il lui coupa la tête.

Quand les gens du brave Lohier virent ainsi leur maître à terre, baignant dans son sang, la frayeur les prit au ventre et ils firent mine de se rendre. Le duc, satisfait de la victoire, en fit tuer dix de ceux qui restaient encore vivants et cria aux dix autres survivants :

— Si vous vous engagez, sur votre foi de chevaliers, à rapporter votre maître à son père Charlemagne, je vous laisserai la vie sauve...

— Nous le promettons!... dirent-ils.

— Vous direz au roi votre maître que je ne me reconnais aucunement pour son vassal et que je ne lui donnerai, en conséquence, ni rançon d'argent, ni rançon d'hommes... que, tout au contraire, je vais me mettre à la tête d'une armée de cent mille combattants pour ravager son pays!...

Les dix chevaliers remercièrent le duc Beuves de la grâce qu'il leur faisait et s'engagèrent à rapporter au roi Charlemagne et son fils et les paroles du duc d'Aigremont. Puis ils firent faire une bière, y placèrent le corps de Lohier, et s'en allèrent droit à Paris, un peu attristés, cependant, par la nouvelle qu'ils allaient apporter au roi.

Pendant ce temps, le roi Charlemagne était inquiet et faisait part de ses inquiétudes à ses barons.

— Sire, dit le duc Aymon, si le duc d'Aigremont a mal agi, il vous sera bien aisé d'en tirer une prompte vengeance. Je vous offre, pour ma part, outre ma personne, mes quatre fils : Renaud, Allard, Guichard et Richard, qui sont très courageux et très fidèles.

— Je vous sais bon gré de l'offre que vous me faites, dit le roi, et, pour vous en remercier, je veux que vous m'ameniez vos fils, afin que je les arme chevaliers.

Le duc Aymon envoya immédiatement chercher ses quatre fils et les présenta à Charlemagne qui, appelant son grand sénéchal, lui dit :

— Apportez-moi les armes qui furent au roi de Chypre, tué par moi à la bataille de Pampelune. Je veux les donner à Renaud comme au plus vaillant; ses trois frères auront d'autres armes, aussi bonnes, mais moins illustres.

Le grand sénéchal obéit et revint bientôt avec les armes demandées, tant celles du roi de Chypre, destinées à Renaud, que celles qui devaient être données à ses trois frères. Alors, devant ses barons assemblés, Charlemagne les arma tous quatre chevaliers, selon les formes usitées. Ogier-le-Danois, qui était de leur parenté, voulut chausser de sa main les éperons de Renaud, et lorsqu'ils furent placés, le roi lui donna l'accolade en lui disant :

— Chevalier Renaud, que Dieu vous ait en sa sainte garde! Qu'il vous augmente en bonté, en honneur et en courage! Allez, maintenant!

Renaud s'inclina, monta aussitôt sur son bon cheval Bayard, l'infatigable Bayard, qui courait dix lieues sans être las, et alla faire reluire au soleil son épée et son écu.

Il avait si bonne mine ainsi, que Charlemagne voulut donner un tournoi en son honneur, autant pour lui prouver le cas qu'il faisait de lui que pour se distraire des pénibles songes qui l'obsédaient relativement à son fils Lohier. Les joûtes commencèrent le jour même, en présence de toute la cour; elles eurent lieu entre Renaud et ses trois frères. Ce fut Renaud qui remporta le prix et les applaudissements.

— Dorénavant, chevalier Renaud, dit le roi, vous nous accompagnerez partout. Votre mâle courage, fera merveille sur les champs de bataille comme il vient de le faire dans ces passes courtoises qui vous ont valu l'admiration générale.

— Sire, je vous remercie, répondit Renaud, et je vous promets de vous servir fidèlement et courageusement.

Après les joûtes, Charlemagne rentra dans son palais, toujours en proie à de mortelles inquiétudes au sujet de son fils Lohier. Il se promenait, triste et préoccupé, lorsqu'en se mettant à la fenêtre, il vit venir un messager poudreux, blessé et bien fatigué. Charlemagne descendit en grande hâte, avec le duc Naymes de Bavière et Ogier-le-Danois.

— Qu'est-il arrivé? Parle? Où est mon fils?... demanda-t-il au messager.

— Sire, répondit cet homme, vous avez fait une grande folie d'envoyer votre fils demander obéissance au duc d'Aigremont... Le duc a refusé... Votre fils lui a hardiment reproché sa félonie... Le duc Beuves a ordonné sa mort... Un grand combat s'en est suivi, dans lequel votre fils a été tué par le duc Beuves, ainsi que tous vos messagers, moins dix qui ont eu la vie sauve, à condition de vous rapporter le corps de votre enfant... J'étais de ces dix-là... et bien qu'on ne doive pas se hâter lorsqu'a un malheur à annoncer, j'ai pris les devants et je suis venu vous raconter tout... Je suis épuisé par la fatigue et par le sang que j'ai perdu dans cette longue route...

Le messager ne put continuer. Il tomba en faiblesse aux pieds du roi.

— Grand Dieu! s'écria Charlemagne, tout entier à sa douleur; grand Dieu! vous m'éprouvez bien cruellement! Voilà un malheur auquel je ne pourrai survivre.

Le duc Naymes essaya de consoler le roi.

— Sire, lui dit-il, ne vous abandonnez pas ainsi à la douleur. Faites d'abord enterrer honorablement votre fils, qui est mort dignement, comme il devait mourir, étant fils d'un si digne père. Vous irez ensuite, à la tête d'une armée, attaquer le duc d'Aigremont et ravager son pays.

Le roi écouta ce conseil et voulut le suivre. Il ordonna à ses barons de se préparer pour aller au-devant du corps de son fils, et sitôt qu'ils furent prêts, on partit, Charlemagne en tête, accablé et soucieux, quoique déjà presque consolé par l'espoir de sa vengeance.

Quand la petite troupe fut à dix lieues de Paris, elle fit la rencontre du duc de Naymes, d'Ogier le Danois, de Samson de Bourgogne et de plusieurs autres preux qui, aussitôt la nouvelle de l'arrivée du corps de Lohier, avaient tenu à honneur de l'escorter et s'étaient mis immédiatement en marche, précédant ainsi de fort peu la compagnie du roi Charlemagne.

Lorsque ce dernier eut aperçu la bière qui contenait son fils, il descendit de cheval, alla au cercueil, en souleva la tapisserie qui dérobait le corps mort aux regards des curieux, et, s'apercevant que son malheureux fils avait la tête tranchée, il s'écria :

— Ah! duc Beuves! duc Beuves! Dans quel état vous me rendez mon fils! Que je vous hais de me l'avoir ainsi défiguré!

Il l'embrassa alors, quoiqu'il fut tout sanglant, et lui dit, comme si ce mort pouvait encore l'entendre:

— Mon cher fils, vous étiez un vaillant chevalier et j'ai remercié Dieu souvent de vous avoir donné à moi... Il vous reprend; que sa volonté soit faite! J'ai votre corps; il a votre âme!

Charlemagne remonta à cheval et la bière le suivit, conduite par Thierry l'Ardennois et Samson de Bourgogne, qui l'amenèrent jusqu'à Saint-Germain-des-Prés, où Lohier fut enterré convenablement, comme il convenait à un fils de roi.

Pendant ce temps, le duc Aymon avait réuni ses quatre fils.

— Mes enfants, leur dit-il, vous savez que le roi Charlemagne est irrité à juste titre, parce que notre frère le duc Beuves, votre oncle, a tué son fils Lohier. Il va se mettre en guerre contre lui, mais nous ne le suivrons pas. Allons à Dordogne, et là, si nous apprenons que le roi fait ailleurs la guerre, nous reviendrons prendre notre place auprès de lui. Mais nous ne pouvons tirer l'épée contre le duc Beuves, notre parent.

Cela dit, le duc Aymon monta à cheval, ses fils l'imitèrent et ils se rendirent à Laon, puis, delà, à Dordogne.

Quand la dame vit venir à elle son seigneur et ses quatre fils, elle fut toute joyeuse et accourut à leur rencontre. Son premier soin fut de demander si Renaud et ses frères étaient chevaliers, et ayant appris qu'ils l'étaient, en effet, elle en fut bien heureuse. Ayant ensuite demandé pourquoi ses fils, étant chevaliers, ne restaient pas auprès du roi, le duc Aymon lui répondit que c'était à cause du meurtre de Lohier par le duc Beuves et de la vengeance que Charlemagne comptait en tirer.

La duchesse devint chagrine. Elle pressentit les malheurs qui devaient être la suite de cette rupture, tant pour le duc que pour ses enfants, pour Renaud surtout qui, oubliant qu'il avait été armé chevalier par Charlemagne, s'emporta violemment contre lui. Il y eut alors de graves explications échangées à ce propos entre la duchesse et le duc Aymon, que nous laisserons parler pour revenir à Charlemagne, qui regrettait son fils.

Pendant que le roi se désolait, on vint lui apprendre qu'Aymon et ses quatre fils étaient retournés dans leur pays, ce dont il fut très irrité, et jura qu'il en tirerait vengeance, ainsi que de la trahison du duc d'Aigremont.

Alors, il congédia un certain nombre de ses barons, en leur recommandant d'aller se préparer dans leurs terres, et de revenir avec leurs gens armés aux premiers jours de l'été. Cela fut su du duc Beuves qui, de son côté, fit un appel à tous ses parents et amis, principalement ses frères, Gérard de Roussillon et le duc de Nanteuil, en tout quatre-vingt mille combattants qui se promettaient de défendre valeureusement Aigremont.

Au commencement du mois de mai, les renforts demandés par Charlemagne arrivèrent : Richard de Normandie, avec trente mille hommes; le comte Guichard, avec un nombre égal de gens d'armes; Salomon de Bretagne, avec une armée de Poitevins, de Gascons et de Bourguignons; ces recrues logèrent dans les environs de Saint-Germain et attendirent les dispositions du roi qui ne tardèrent pas à se manifester. Ainsi, l'avant-garde, composée de cinquante mille combattants, se mit immédiatement en marche pour Aigremont, conduite par les preux Richard, Galeran de Bouillon, Guidelon de Bavière, Ysachar de Nemours, Ogier-le-Danois, et Estou, fils d'Obdon.

Après quelques jours de marche, Ogier-le-Danois, qui commandait l'avant-garde, vit venir à lui un messager qui, interrogé, demanda à parler à Charlemagne. On le mena vers le roi qu'il pria de venir au secours de la ville de Troyes, assiégée par le duc Beuves.

— Par saint Denis! s'écria Charlemagne, le duc Beuves fait toujours des siennes... Il le paiera cher!

Et se tournant vers ses barons, il ajouta :

— Barons amés et féaux, volons au secours de Troyes assiégée, et tâchons de nous emparer du duc d'Aigremont.

L'avant-garde se hâta et arriva bientôt à quelque distance de la ville assiégée. Ogier, Richard et Galeran de Bouillon portaient l'oriflamme. Ils rencontrèrent un détachement de l'armée du duc Beuves qui vint droit sur eux. Alors ils laissèrent courir leurs chevaux de part et d'autre.

Gérard de Roussillon, l'un des frères du duc Beuves, s'avança impétueusement avec ses gens à la rencontre de l'avant-garde de Charlemagne, la lance en avant et la colère au front, et enleva une enseigne à un Allemand qui la portait et qu'il frappa à mort en criant : « A moi, Roussillon!... » C'était un appel à ses hommes d'armes qui donnèrent avec furie. Ogier, voyant qu'on faisait un abattis terrible de ses gens, poussa son cheval en avant avec colère, et tua de sa main plusieurs chevaliers de la suite de Gérard de Roussillon, qui, à son tour, tua plusieurs chevaliers de la suite d'Ogier. La mêlée alors devint sanglante. Ce n'était partout que lances brisées, hauberts démaillés, casques fendus, crânes entr'ouverts, bouches vomissant le sang comme des rivières, cris de blessés et râles de mourants.

Au plus fort de la mêlée, le duc de Nanteuil, frère de Gérard de Roussillon, voyant qu'il s'exposait trop aux coups de ses ennemis, accourut pour le dégager et le supplia de revenir sur ses pas, de peur de mal. Le roi Charlemagne arrivait avec son armée et la lutte allait cesser d'être égale. Gérard refusa de se rendre aux avis de son frère; il avait à venger la mort de plusieurs de ses amis et d'un de ses neveux tué devant lui par Galeran de Bouillon. Il se jeta avec une nouvelle ardeur dans la mêlée, en criant : « Aigremont! »

Le duc Beuves arrivait aussi. Le premier chevalier qu'il abattit fut messire Gauthier de Pierrette qui s'était imprudemment aventuré à sa rencontre. Il traversa son écu et sa poitrine d'un coup de sa lance qui alla reparaître de l'autre côté du corps. Après Gauthier de Pierrette, ce fut le tour de Richard de Normandie, un valeureux homme qui, d'abord, blessa le duc Beuves au joint du casque.

— Traître duc Beuves! lui cria-t-il, vous allez mourir, vous avez tué misérablement Lohier, fils de Charlemagne.

Et, en disant ces mots, il lui porta un si vaillant coup sur le casque, que le duc Beuves en fut étourdi. Par bonheur pour lui, la coiffe de ce casque était d'un acier solide : il ne fut pas entamé; l'épée à la main frapper le cheval qui s'abattit. Le duc Beuves, ainsi préservé du coup qui le menaçait, se précipita l'épée à la main en pleine mêlée et tua plusieurs chevaliers et barons. Il faisait des prodiges de valeur, mais les preux du camp ennemi n'en faisaient pas moins que lui, tels que Ogier, Naymes, Galeran de Bouillon, Noël du Mans, le comte Salomon, Léon de Frise, l'archevêque Turpin et Estou, fils d'Obdon, car à cette bataille assistait la fleur de la noblesse française.

Sur ces entrefaites survint Charlemagne qui cria :

— Barons! barons! ne laissez pas échapper ce félonneur! Il ne nous resterait que la honte, s'il nous échappait!

Mettant aussitôt sa lance en arrêt, il s'élança avec une impétuosité toute juvénile à la rencontre de Gérard de Roussillon qui fut renversé par terre et qui eût infailliblement péri si ses frères ne l'eussent secouru. Ogier le Danois, de son côté, faisait rage et abattait les meilleurs chevaliers de la suite de Gérard qui, découragé, s'écria :

— Hélas! j'ai perdu aujourd'hui mes meilleurs amis!... Maudite soit l'heure où le fils de Charlemagne est mort. Maudite, maudite soit-elle!...

Et il s'en retourna dans sa tente, car le soleil était près de se coucher et la journée avait été rude. Il continuait à se décourager, lorsque le duc Beuves le rejoignit tout sanglant, et découragé aussi. Quand Gérard le vit dans cet état, il en eut pitié et tendresse.

— Beau-frère, lui dit-il, vous êtes blessé à mort?...

— Non, répondit le duc Beuves, je suis blessé, mais je guérirai bientôt.

— Je veux vous venger, beau-frère, reprit Gérard. Demain, au lever du soleil, j'irai recommencer la bataille et faire crier grâce et merci à Charlemagne. Nous avons perdu quatre mille hommes d'armes, aujourd'hui; il en perdra demain trente mille.

— Ne faites rien de tout cela, dit le duc de Nanteuil, cela n'amènerait aucun bon résultat. Si vous voulez m'en croire, nous enverrons au roi, le soleil levé, trente de nos plus sages chevaliers qui lui demanderont une trêve, lui promettant que notre frère, le duc Beuves, le récompensera de la mort de son Lohier. Outre que nous sommes les vassaux de Charlemagne, son armée est plus forte que la nôtre et il peut la renouveler plus facilement que nous. Nous ne pourrions lui résister longtemps.

Ce conseil fut jugé bon et on se décida à le suivre. Trente chevaliers furent choisis comme messagers et, au point du jour, chargés de branches d'olivier en signe de paix, ils montèrent à cheval et allèrent vers le roi qu'ils saluèrent d'abord humblement. Puis, l'un d'eux, messire de Brienne, porta la parole de cette façon :

— Sire, je prie Dieu qu'il vous donne bonne et longue vie! Sachez, s'il vous plaît, que les ducs Gérard de Roussillon, Beuves d'Aigremont, et de Nanteuil, nous ont envoyés vers vous comme messagers de paix. Ils vous demandent grâce et oubli au sujet de la mort de votre fils bien aimé, si malencontreusement occis, ce dont ils sont bien fâchés. Particulièrement, le duc Beuves se met à votre disposition, avec dix mille combattants, pour vous servir. Sire, pardonnez! pardonnez! le pardon est la vertu des forts!...

Charlemagne ne répondit pas tout d'abord. Il cacha son visage dans ses mains, afin qu'on ne remarquât pas les émotions pénibles qui l'agitaient, car, en ce moment, il songeait moins à la rébellion de son vassal qu'à la mort de son fils Lohier. Après quelques instants de méditation, il fit retirer les messagers en leur disant qu'il allait délibérer de cette affaire avec son conseil. Les messagers partis, le roi appela en effet auprès de lui le duc Naymes, Ogier le Danois, messire Salomon, Noël du Mans, Ogier de Langet, Léon de Frise et Galeran de Bouillon, et leur demanda ce qu'il fallait faire. Quelques-uns d'entre eux ne voulurent point accorder la trève et conseillèrent de reprendre immédiatement les hostilités. Le duc Naymes conseilla le pardon, et en termes si éloquents, que le roi fit rappeler les messagers du duc Beuves pour leur annoncer son pardon.

— Je pardonne, leur dit il, quoique ce soit d'un mauvais exemple pour les félonies à venir. Le duc Beuves se reconnaît mon vassal; il m'offre son épée, celle de ses frères, et une armée. J'accepte, parce qu'il est mon sujet. Qu'il se considère donc comme pardonné, qu'il vienne au plus tôt me prêter le serment de fidélité et qu'il se mette à ma disposition avec dix mille combattants, pour la Saint-Jean. Allez!...

Les messagers s'en retournèrent vers le camp du duc d'Aigremont à qui ils exposèrent le résultat de leur négociation. Le résultat plut aux trois frères. Gérard de Roussillon proposa même d'aller vers le roi les pieds nus et le corps couvert seulement d'une chemise, ce qui fut accepté par ses deux frères qui, tout aussitôt, se dépouillèrent de leurs habits et, suivis de quatre mille chevaliers, se dirigèrent vers les tentes royales. Admis auprès de Charlemagne, les trois frères s'agenouillèrent humblement et le duc Beuves dit :

— Sire, je suis votre vassal, et je viens vous prêter serment de fidélité. J'ai tué inconsidérément votre fils Lohier; je m'en accuse et m'en repens. Faites de mes frères et de moi ce qu'il vous plaira : nous vous appartenons. Le pardon, sire, est la vertu des grands cœurs. Pardonnez-nous, sire, pardonnez-nous!

Quand Charlemagne vit si humble un homme qui avait été si orgueilleux, si petit, un homme qui s'était si démesurément grandi, il fut touché et il pardonna de grand cœur. Les trois frères s'embrassèrent devant lui en signe de joie et prirent congé, en promettant de revenir à la Saint-Jean prochaine avec dix mille combattants. Le roi retourna alors à Paris, où se tenait la cour.

Aux environs de la Saint-Jean, le duc Beuves, fidèle à la promesse qu'il avait faite, partit avec une escorte de deux cents chevaliers, pour se mettre à la disposition du roi. A ce moment-là, le comte Ganelon, Foulques de Morillon, Harare et Bérenger, causaient avec Charlemagne.

— Comment pouvez-vous accepter les services d'un homme qui a tué votre fils, notre cousin? disait le comte Ganelon. Si vous y consentez, je me charge de vous en venger.

— Ce serait trahison, dit le roi; nous lui avons accordé notre pardon, et il a un sauf-conduit scellé de notre sceau.

— Mais il a tué déloyalement votre fils?

— C'est vrai; mais, encore une fois, je lui ai pardonné... Cependant, agissez à votre guise; cela vous regarde. N'oubliez pas que le duc d'Aigremont est d'une famille puissante, et vous pourriez bien payer cher une attaque contre lui.

— Ma famille vaut la sienne, sire; ne vous en inquiétez point. Puisque vous me laissez faire à ma guise, je pars demain matin avec deux mille chevaliers, et nous vous vengerons!

— Ce serait une trahison!...

— Que m'importe, sire? Il a bien tué votre fils Lohier par trahison!

Charlemagne n'avait rien à répliquer. Il se tut, et, le lendemain matin, Ganelon et ses deux mille chevaliers partirent à la rencontre du duc Beuves et de ses gens. Cette rencontre eut lieu dans la vallée de Soissons.

— Je ne sais ce que cela signifie, dit le duc en les voyant venir. Je flaire là-dessous quelque trahison, car le roi est vindicatif et il est entouré de quelques traîtres, parmi lesquels Foulques de Morillon. J'ai eu un songe fâcheux cette nuit : un griffon planait sur moi, perçait mon écu, dispersait mes armes et me déchirait les entrailles avec ses griffes et avec son bec d'acier; puis, après moi, ceux qui m'entouraient. Je ne sais vraiment pas ce que le ciel me réserve, mais je suis dans une inquiétude extrême.

Le duc Beuves, ayant ainsi parlé, ordonna à chacun de s'armer et de se mettre sur la défensive, ce qui fut exécuté en un clin-d'œil.

Le comte Ganelon et Foulques de Morillon s'avancèrent alors à grands pas, et, venant droit au duc d'Aigremont, ils lui reprochèrent amèrement sa trahison envers Charlemagne, ainsi que le meurtre de Lohier, ajoutant qu'ils étaient venus pour l'en châtier.

— Je ne croyais pas le roi aussi traître, dit le duc Beuves. Puisqu'il en est ainsi, je vendrai chèrement ma vie!...

Alors le combat s'engagea, terrible et sanglant. Ganelon tua Régnier, cousin du duc Beuves, et le duc Beuves tua messire Faucon, ami de Ganelon. Il en tua bien d'autres, car il se battait en désespéré et voulait tomber avec honneur.

— Hélas! disait-il, tout en portant çà et là, parmi les gens du comte Ganelon, des coups désespérés; hélas! où sont mes frères! Où sont mes neveux?... Hélas! cher fils, où êtes-vous à présent?... Que n'êtes-vous ici pour me secourir!... Ah! duc de Nanteuil, Gérard de Roussillon, vous ne me reverrez plus!... Et vous, mes chers neveux, Renaud, Allard, Guichard, Richard, si vous étiez là, je serais sauvé!... Ah! très courageux Renaud, où es-tu, toi surtout, où es-tu?...

Ainsi se lamentait le duc Beuves.

L'issue du combat ne pouvait être longtemps douteuse. Le duc d'Aigremont avait deux cents chevaliers, et comte Ganelon en avait deux mille, et encore, sur les deux cents chevaliers du duc Beuves, les trois quarts étaient déjà moissonnés! Le duc rallia autour de lui la poignée d'hommes qui lui restait.

— Mes amis, leur dit-il, je vois qu'il nous faut mourir ici. Mourons au moins dignement! Nous ne sommes plus que cinquante, mais nous en valons davantage. Il faut vaincre ou mourir ici. En avant!...

La vallée où avait lieu ce combat était une vallée superbe. Le soleil brillait; les oiseaux chantaient. On entendait très distinctement les coups que se portaient les combattants, ainsi que les plaintes des blessés et les blasphèmes des mourants. Les rangs de la petite armée du duc Beuves s'éclaircissaient de plus en plus, malgré le courage que chacun d'eux déployait. Le duc Beuves était toujours debout; il fallait en finir. Un chevalier du comte Ganelon, nommé Griffon de Hautefeuille, vint frapper d'un coup de lance au poitrail le cheval que montait le duc Beuves; le cheval tomba, et le duc avec lui. Le comte Ganelon s'avança alors, et le perça de part en part de sa lance. Puis Griffon de Hautefeuille, à son tour, lui donna un grand coup d'épée et s'écria :

— Voilà la mort de Lohier vengée entièrement!...

Ainsi périt le duc d'Aigremont.

Dix de ses chevaliers étaient encore debout. Ils eurent la vie sauve, à la condition qu'ils porteraient à Aigremont le corps du duc Beuves, ainsi qu'on avait porté d'Aigremont à Paris le corps de Lohier. Ils promirent de le faire.

En effet, ils ramassèrent le cadavre de leur seigneur, le placèrent dans un cercueil et se mirent ne chemin. Quand ils furent à quelque distance du lieu du combat, ils s'arrêtèrent pour se reposer et pour regretter le duc Beuves, qu'ils aimaient et qui s'était vaillamment battu. Le cadavre avaient des plaies énormes qui saignaient abondamment tout le long du chemin. Après ce repos et ces larmes versées, les chevaliers reprirent leur lugubre fardeau. Pendant quatre lieues encore, le cadavre du duc Beuves saigna avec la même abondance. C'était lugubre à voir, cette bière rouge et ce visage blanc qui était dedans.

Quand ils arrivèrent à Aigremont, il y eut grand émoi. La duchesse se pâma: on crut même qu'elle allait passer. Les consolations de son fils Maugis la réconfortèrent un peu.

— Prenez patience, ma mère, lui dit-il. Si Dieu me prête vie, le roi et les traitres qui ont agi ainsi le paieront cher. Mes oncles et mes cousins m'aideront d'ailleurs, et vous savez quel est leur courage.

On enterra honorablement le duc Beuves, que nous allons laisser pour retourner au traitre Griffon de Hautefeuille et à Ganelon qui, avec leurs gens, avaient repris la route de Paris.

CHAPITRE II

Comment Renaud tua Berthelot, neveu de Charlemagne, en jouant aux échecs, et de la guerre qui en résulta.

inrent les fêtes de la Pentecôte. Charlemagne tint sa cour, après avoir fait sa paix avec les frères du duc Beuves. Il y eut là quinze rois, trente ducs et quarante comtes, Guillaume l'Anglais, Galeran de Bouillon, le duc Aymon de Dordogne et ses quatre fils. Charlemagne dit à ce dernier :

— Duc Aymon, je vous aime, ainsi que vos enfants. Je n'oublie pas que je les ai faits chevaliers et qu'ils sont les héritiers de votre vaillance. Je veux que Renaud, particulièrement, soit mon sénéchal...

— Sire, répondit Aymon, je vous remercie du grand honneur que vous nous faites, à mes enfants et à moi. Nous vous servirons loyalement, n'en doutez pas, malgré le meurtre de mon frère le duc de Beuves, à qui vous aviez donné un sauf-conduit et que vous avez laissé assassiner par Griffon de Hautefeuille et par Ganelon. Mon premier mouvement a été la vengeance, à ne vous rien céler ; mais mon frère Gérard vous a pardonné ; je vous pardonne aussi.

— Duc Aymon, reprit le roi, votre frère, le duc Beuves, avait tué mon fils par trahison ; il a été tué lui-même par trahison, mais contre ma volonté : nous sommes quittes. Qu'il ne soit donc plus question de de ces choses et que la bonne harmonie règne entre nous.

— Soit ! dit le duc Aymon.

Quand ce fut au tour de ses quatre fils de répondre au roi, ils le firent en ces termes :

— Vous nous avez fait venir devant vous, nous sommes venus. Mais vous avez fait traitreusement mourir notre oncle bien-aimé, le duc Beuves d'Aigremont, et, à cause de cela, nous ne pouvons vous aimer !

Charlemagne rougit de colère, et s'écria en s'adressant particulièrement à Renaud :

— Malheureux! Je ne sais ce qui me retient de vous faire jeter dans un cachot, indigne que vous êtes de voir encore la lumière du jour !

— Comme il vous plaira, sire ! répondit Renaud avec dignité.

Cela dit, tout le monde se mit à table, excepté le roi, le duc Godefroy et Salomon, qui servirent ce jour-là. Malgré l'abondance et l'excellence des plats, Renaud ne put manger à cause de l'outrage qu'il avait reçu. Il songeait à venger son oncle et lui-même.

Après le dîner, les barons se dispersèrent et cherchèrent des occasions de divertissement ; Berthelot, neveu de Charlemagne, appela Renaud et le convia à une partie d'échecs, sur un échiquier d'or massif. Renaud accepta pour ne pas trahir trop vite son ressentiment et la partie s'engagea. Elle ne dura pas longtemps. Le neveu de Charlemagne était emporté ; il chercha dispute à Renaud, l'insulta et lui fit sang. Renaud exaspéré prit l'échiquier d'or massif et l'envoya à la tête de Berthelot, qui tomba mort à ses pieds. Il se fit alors un grand bruit dans le palais. Charlemagne accourut, vit son neveu étendu et commanda qu'on arrêtât Renaud. Mais celui-ci, aidé de ses frères et de ses amis, se défendit courageusement et tua plusieurs barons qui voulaient s'opposer à sa fuite. Maugis, son cousin, fit un égal carnage, et, à la faveur du tumulte, protégea sa sortie du palais.

Quand Charlemagne vit que sa proie lui échappait, il fit armer deux mille chevaliers pour poursuivre Renaud et ses frères, qui ne s'arrêtèrent que lorsqu'ils furent en un lieu sûr. Cependant, malgré l'avance qu'ils avaient, quelques barons du roi les atteignirent et voulurent les arrêter. Un, entre autres, s'avança sur Renaud en lui criant de se rendre. Renaud se retourna, l'abattit à ses pieds d'un coup de lance, lui prit son cheval et le donna à son frère Allard. Un autre chevalier eut la même velléité et le même sort; il fut tué et son cheval passa aux mains de Guichard. Ainsi fut-il d'un troisième chevalier plus imprudent encore que les deux autres. Désarçonné par Renaud, il reçut de lui un coup mortel et son cheval devint aussitôt la monture de Richard, qui en avait besoin.

Ainsi montés, les trois frères sur les chevaux conquis par Renaud, et Renaud sur Bayard, ils continuèrent leur route, favorisés par les ombres d'une nuit épaisse, et arrivèrent sans encombre à Dordogne, où ils trouvèrent leur mère en larmes. Leur premier soin fut de la rassurer. Elle embrassa tendrement ses enfants, et les engagea à chercher un asile sûr, à l'abri des tentatives du roi. Pour cela faire, elle leur permit de puiser abondamment dans le trésor du duc Aymon, son époux et leur père, et dans le sien propre. Ils prirent tout l'or dont ils croyaient avoir besoin, embrassèrent leur mère qui leur rendit leurs caresses les larmes aux yeux, car elle n'espérait plus les revoir, et ils partirent au hasard. Leur cousin Maugis les accompagnait. Ils entrèrent d'abord dans la forêt des Ardennes, si mystérieuse et si pleine d'enchanteurs, traversèrent la vallée aux Fées et s'arrêtèrent sur les bords de la Meuse, où ils firent construire à la hâte un château remarquable par sa beauté et par sa solidité. Il était dans une situation inexpugnable, défendu qu'il était par la Meuse, qui le baignait d'un côté, et de l'autre côté par des ouvrages d'art qui le mettaient à l'abri des surprises, c'est-à-dire trois murailles épaisses et de larges fossés. La trahison seule pouvait en ouvrir les portes à leurs ennemis. Ils l'appelaient Montfort : c'était, en effet, la orteresse la mieux construite qu'il y eût depuis là jusqu'à Montpellier.

CHAPITRE III

Comme Charlemagne assiégea Montfort, où il fut vaincu deux fois; comme Montfort fut brûlé ; et de la vengeance de Renaud, qui détruisit la plus grande partie des gens de son père.

histoire d'Alexandre-le-Grand ne contient pas de faits aussi mémorables que ceux dont est illustrée l'histoire des quatre fils Aymon. Après que Charlemagne les eut mis au ban du royaume de France, une cour plénière fut tenue à leur intention. Pairs et barons y furent convoqués pour aviser à la répression de la révolte de Renaud. On convint d'aller le relancer dans son château-fort, et, tout aussitôt, une armée se mit en marche, commandée par Charlemagne, et dont l'avant-garde était conduite par le comte Régnier de Montpellier, qui avait une grande haine contre Renaud. Ils partirent de Paris dans ces dispositions, et allèrent coucher à Mont-Lion. Le lendemain, pendant la route, le roi appela autour de lui Guyon d'Aufort, Garnier, Geoffroy, Longeon, Ogier-le-Danois, Richard de Normandie et Naymes de Bavière, et les pria de faire diligence afin de prendre au nid ces quatre aiglons qui s'appelaient Renaud, Richard, Allard et Guichard. Les barons promirent et, pour prévenir l'armée du désir du roi, le duc Naymes fit sonner les trompettes. On arriva à Molins, que l'on nommait Aspes, et, de loin, on aperçut le château de Montfort, qui dominait toute la campagne à une dixaine de lieues à la ronde.

A ce moment, les trois frères de Renaud chassaient aux alentours de la forêt des Ardennes. Richard, le plus jeune des trois, portait un cor que Renaud aimait beaucoup. Avec eux étaient une vingtaine de chevaliers. En s'en retournant à Montfort et en regardant dans la direction de la Meuse, Richard aperçut l'armée du roi. Puis, quelques instants après, le comte Régnier, qui commandait l'avant-garde royale, se montra devant lui. Richard s'avança et lui demanda quels étaient ces gens armés qui chevauchaient sur les bords de la Meuse.

— Ce sont les gens du roi, répondit Régnier, qui viennent assiéger un château que les quatre fils Aymon ont fait bâtir ; et je prie Dieu qu'ils puissent réussir !...

— Je suis fâché de ce que vous dites là, répartit Richard, car je suis ami de Renaud, et je ne puis souffrir que vous en parliez ainsi. Vous l'attaquez, je le défends !...

Et, en disant ces mots, l'impétueux Richard porta un violent coup à Régnier qui tomba mortellement blessé, et dont le cheval devint aussitôt la monture d'un des écuyers de Richard. Les gens de Régnier accoururent pour le défendre ou le venger, en criant : Montjoie, Saint-Denis ! Les frères de Renaud leur répondirent en criant : Montfort ! Tous les gens de Régnier furent mis en pièces, et un chevalier s'en vint à toute bride apporter à Charlemagne la nouvelle de ce désastre. Le roi regretta beaucoup la perte de son avant-garde, et surtout celle de Régnier qu'il estimait comme un vaillant homme de guerre. Il ordonna à Ogier-le-Danois et au duc Naymes de voler au secours de son avant-garde à moitié détruite, et de lui ramener mort ou vif celui des quatre fils Aymon qui avait tué le comte Régnier.

Mais déjà les trois frères et leur escorte étaient rentrés dans Montfort, avec tout le butin qu'ils avaient fait. Renaud, en les voyant ainsi chargés des dépouilles ennemies, les avait embrassés en leur demandant d'où elles venaient, et ils lui avaient appris l'arrivée du roi Charlemagne, la défaite de son avant-garde et la mort du comte Régnier. Renaud, alors, avait fait fermer toutes les portes du château-fort, lever le pont principal, et avait ordonné les préparatifs de défense.

Pendant ce temps, Ogier, après avoir reconnu la position de Montfort, avec trois cents chevaliers, était revenu vers le roi pour lui raconter ce qu'il avait fait et lui demander ce qu'il fallait faire.

— Par Dieu ! s'écria Charlemagne, outré de colère, puisque Richard a tué Régnier, il faut qu'à son tour il soit occis sans pitié ni miséricorde. Quant à son frère Renaud, qui marche sur les traces de son oncle le duc Beuves et qui est aussi déloyal que lui, je veux qu'il soit pris avant peu et pendu, avec son frère, à la queue d'un cheval.

— Cela ne sera que justice, sire, repartit Ogier. Il nous a donné trop de peine pour ne pas en avoir à son tour.

— Sire, dit Foulques de Morillon, Ogier a raison.

Il faut investir le château et nous venger de cette couvée de traîtres.

On sonna de la trompette, l'armée du roi s'ébranla et vint jusque sous les murailles du château de Montfort, dont Charlemagne fit le tour, avec son escorte et à quelques pas duquel il fit arborer son pavillon. Il s'assura ainsi par lui-même de sa position inexpugnable et jugea qu'on ne pourrait s'en rendre maître que par trahison, sans cependant renoncer pour cela à en tenter l'assaut.

— Le château est bâti sur un rocher, dit-il à ses barons. La Meuse le protége d'un côté; de hautes murailles le protégent de l'autre. Il leur est facile de faire des sorties et de nous écraser à l'improviste. Il est sage de ne l'attaquer qu'avec une armée plus considérable. Attendons donc les renforts que je vais envoyer quérir çà et là dans mon royaume, renforts d'hommes et de vivres, car le siége peut durer plus que nous ne le croyons.

— Sire, dit le duc Naymes, vous pouvez faire mieux, il me semble. Ce serait d'envoyer un messager à Renaud que vous sommeriez d'avoir à vous livrer son frère Richard qui a tué le comte Régnier. A cette condition, vous abandonneriez le pays et leveriez le siége de Montfort. Richard aura la tête tranchée pour son méfait. Si Renaud refuse, c'est une guerre à mort engagée entre lui et vous.

— Il me faudrait un messager adroit et dévoué, répondit le roi, et je n'en trouve pas.

— Sire, répondit le duc Naymes, Ogier et moi nous chargerons de cette délicate mission. Nous vous devons bien cela.

— J'y consens et vous remercie, dit le roi; ce dévoûment de votre part n'a rien qui m'étonne et je suis heureux de l'avoir provoqué. Préparez-vous donc à vous rendre au château de Montfort pour porter mes conditions aux fils du duc Aymon qui lui, du moins, nous est resté fidèle.

Ogier et le duc Naymes furent bientôt prêts. Ils coupèrent un rameau vert, en ornèrent leurs mains pour montrer qu'ils étaient messagers de paix et s'en allèrent ainsi, seuls, vers le château, où ils furent introduits et où ils expliquèrent devant Allard l'objet de leur visite. Allard, un peu étonné des conditions qu'ils proposaient, les conduisit vers son frère Renaud, qui seul pouvait se prononcer en cette occurrence.

Renaud reçut fort bien les deux envoyés qu'il connaissait et estimait, et, après les avoir fait asseoir sur un banc, il les pria de lui répéter ce qu'ils avaient dit à Allard.

— Le roi exige, dit le duc Naymes, que vous lui livriez votre frère Richard qui a tué déloyalement le comte Regnier.

— Qu'en fera-t-il, de mon frère Richard? demanda Renaud.

— Il en fera ce qui lui conviendra... probablement il lui fera trancher la tête, comme à un traître... Si vous n'y consentez pas, il vous défie et vous jure une haine à mort, à tous!

Renaud, entendant cela, rougit du maltalent et répondit avec colère :

— Duc Naymes, remerciez Dieu, car si je n'avais pas eu jusqu'ici quelque amitié pour vous, rien ne m'empêcherait, à cette heure, de vous faire couper les bras et brûler la langue pour avoir osé me proposer une si vilaine action. Retournez vers le roi, votre maître, et dites-lui qu'il n'aura jamais mon frère Richard, moi vivant... Quant à ses menaces, j'en fais le cas que je dois en faire : c'est-à-dire que je les méprise et les brave. Partez donc vite, car votre présence me devient à charge. Nous sommes des hommes libres : on ne nous impose aucune condition, aucune condition déshonorante surtout.

Le duc Naymes et Ogier ne firent aucune demeure; ils partirent sans plus tarder, pour rendre compte à Charlemagne du résultat de leur mission.

Charlemagne, irrité, commanda immédiatement l'attaque du château. A la première porte, il plaça Guy, Foulques de Morillon, le comte de Nevers et Ogier; à la seconde, le duc de Bourgogne et le comte Albundes; à la troisième, le vieux duc Aymon, qui, par amour pour Charlemagne, avait consenti à venir combattre ses enfants. Et le siége du château commença.

Il y avait à ce château-fort une fausse porte donnant sur le rocher, par laquelle Renaud et ses frères sortaient à couvert, quand l'envie leur en prenait. Renaud, comprenant qu'il était temps de faire une sortie décisive, appela à lui Samson-le-Bordelais, qui était venu à son secours et avait amené avec lui cent chevaliers, et il dit :

— Amis, il est temps que nos ennemis sachent qui nous sommes. Le roi a pu nous prendre pour des lâches, parce que nous restions à l'abri de nos murailles, comme des renards dans leurs terriers. Montrons-nous à visages découverts !

Puis, allant vers son frère Richard et l'embrassant, il ajouta :

— Vous savez la vilaine action que le roi exige de moi ! Je ne vous aimerais pas comme je vous aime, que je refuserais encore comme je refuse aujourd'hui. Les déloyautés ne sont pas mon fait. Comptez donc que je vous défendrai mieux que moi-même, et que, moi vivant, on ne touchera pas à un cheveu de votre tête !

On sonna alors les trompettes, et les quatre fils Aymon, suivis d'une petite troupe de chevaliers, sortirent par la fausse porte, et tombèrent à l'improviste sur l'avant-garde de l'armée royale avec le fracas d'une avalanche. Pavillons, tentes et soldats, tout fut renversé. Il fallait voir Renaud, avec sa fière mine et sa belle prestance, monté sur le fidèle Bayard qui obéissait avec tant d'intelligence à chacun des mouvements qu'il lui commandait ! Le cheval était digne du cavalier : ils étaient braves tous les deux. Combien se trouvèrent mal de leur rencontre ! Malheur à celui que Renaud voulait abattre ! Bayard volait, l'épée du preux tournoyait, massue aiguë, et la tête désignée d'avance quittait les épaules qui avaient été habituées à la porter !

Cependant le vieux duc Aymon, plus fidèle à son roi qu'à la voix de la nature, et qui avait suivi Charlemagne dans son expédition contre ses quatre fils, le vieux duc Aymon était monté à cheval, et, suivi de ses gens, s'était mis en bataille contre ses enfants.

— Mes frères, cria Renaud en ralliant autour de lui Richard, Allard et Guichard; mes frères, voici notre père qui vient à notre rencontre comme ennemi. Fuyons-le, et allons chercher ailleurs d'autres occasions de nous signaler. Ce n'est pas nous qui devons le frapper !

Cela dit, Bayard tournait bride emportant Renaud, lorsque le vieux duc Aymon survint, frappant d'estoc et de taille, à l'aveuglette, et maltraita fortement les chevaliers de la suite de ses fils.

— Mon père, lui dit Renaud avec douceur, vous faites mal! Au lieu d'être avec nous, vous êtes contre nous. Au lieu de nous secourir, vous nous chargez avec fureur. Vous ne nous aimez plus. Il vous déplaît que nous soyons si courageux devant le roi. Vous faites mal, mon père, vous faites mal. Vous nous avez déshérités ; nous nous sommes réfugiés ici, où nous avons fait élever un château-fort, pour notre abri et notre défense, et vous venez pour le détruire! Vous faites mal, mon père, vous faites mal !

Et, comme le vieux duc poussait son cheval en avant et levait son épée en signe de menace, Renaud ajouta, mais avec fermeté cette fois :

— Mon père, je vous jure que si vous avancez je vous donnerai un tel coup d'épée que vous aurez lieu de vous en repentir.

Le vieux duc connaissait Renaud. Il savait qu'il faisait toujours ce qu'il disait : il n'avança pas. Mieux encore, il recula sans répondre un seul mot qui pût faire croire à Renaud qu'il consentait à rester neutre dans la lutte de ses fils contre Charlemagne.

Le combat se continua de cette façon entre les gens des quatre fils Aymon et les gens du roi. Le massacre fut égal de chaque côté, quoique les chevaliers de la suite de Renaud fussent plus vaillants et plus terribles que ceux de la suite de Charlemagne. Le roi était furieux de voir qu'une poignée d'hommes tenait tête ainsi à son avant-garde, et il brûlait du désir de voir les quatre fils Aymon pris et pendus. Mais les quatre fils Aymon n'avaient nulle envie de se laisser prendre ; ils s'escrimaient avec une ardeur et un courage qui étonnaient ceux qui en étaient les témoins et les victimes. Un instant cependant, à une exclamation de Foulques de Morillon, les gens du roi firent une charge si impétueuse que les gens de Renaud furent obligés de reculer. Allard, qui commandait ces derniers, les rallia aussitôt et les ramena au combat avec une énergie nouvelle. Il y eut beaucoup de chevaliers et d'hommes d'armes tués de part et d'autre ; des parents même tuèrent leurs parents dans la mêlée, car ils se battaient comme des bêtes fauves, et les trompettes sonnaient une façon d'hallali lugubre.

A un moment, Yon de Saint-Omer, baron de la suite du roi, qui montait un superbe cheval, fut emporté dans la direction de Renaud, et abattit en passant un chevalier nommé Guyon. Renaud, irrité de l'audace d'Yon de Saint-Omer, commanda à plusieurs de ses gens de s'emparer de son cheval, qui lui plaisait presque autant que Bayard. Tout aussitôt Guichard, désireux d'être agréable à son frère, donna de l'éperon dans le ventre de sa monture, courut sus à Yon de Saint-Omer, le désarçonna d'un coup de lance et ramena son cheval à Renaud, qui le remercia et lui dit :

— J'avais désiré ce cheval pour vous l'offrir. Gardez-le et montez dessus. De cette façon, moi avec Bayard, vous avec ce cheval, nous aurons des chevaux dignes de nous !...

Renaud, ayant dit cela, retourna dans la mêlée où il se heurta avec son père.

— Mon père, lui cria-t-il, vous êtes décidément contre nous. Vous tuez nos gens et vous nous tuerez probablement tout-à-l'heure aussi, si nous ne nous y opposons pas. A Noël et à Pâques on doit pourtant se réconcilier avec ses ennemis. Vous ne l'avez pas fait. Vous oubliez trop que nous sommes vos enfants ; nous oublierons, à notre tour, que vous êtes notre père.

— Prenez garde d'être pris, répondit le vieux duc, parce que vous serez immédiatement pendus, vous et vos amis.

— Père, père, reprit Renaud avec douceur, laissez-là Charlemagne, et venez avec nous !

— Vous n'êtes que mes enfants, et il est mon roi, reprit le vieux duc.

— Votre roi tombera bientôt, je vous le jure ; venez avec nous, mon père !

— Va-t-en, misérable ! et Dieu te maudisse ! Je suis trop vieux pour commettre une trahison ! cela ne se fait qu'à votre âge! Va-t-en !

— Alors, père, ne vous en prenez qu'à vous de ce qui arrivera !

Cela dit, Renaud enfonça l'éperon dans le ventre de Bayard, et fit voler çà et là les têtes sous sa redoutable épée. Le vieux duc, son père, voyant que ses gens allaient avoir le dessous, brandit son épieu d'une main ferme encore et s'ouvrit un passage, avec sa suite, pour aller regagner le gros de l'armée de Charlemagne. Mais en exécutant cette retraite, l'un de ses chevaliers, Bérard-le-Bourguignon, frappa rudement un ami de Renaud, Simon-le-Bernois, et lui fit mordre la poussière.

Quand les quatre fils Aymon virent que Simon était mort, ils le regrettèrent et résolurent de le venger. Frappant alors avec furie dans les rangs des fuyards, ils en firent un massacre effroyable. Renaud, pour sa part, mit à mal plus de trois cents chevaliers. Allard, que l'exemple de Renaud encourageait, vint se mesurer avec le comte d'Estampes, un homme très courageux et très redouté, qu'il renversa d'un coup de sa lance.

— Bravo, frère ! lui cria Richard en accourant à lui pour l'embrasser. Bravo ! et bénie soit l'heure où vous êtes né! Vous nous avez débarrassé là d'un redoutable ennemi...

Renaud, voyant les gens du roi prendre la fuite, jugea le moment opportun pour rentrer dans le château-fort, et il fit retraite. Ses gens, joyeux de leur journée, ne se le firent pas dire deux fois et prirent le chemin du rocher. Les quatre fils Aymon fermaient la marche.

Charlemagne, qui avait sur le cœur la tuerie épouvantable de son avant-garde, courut à la poursuite des quatre fils Aymon. Mais quand il eut aperçu la grande taille de Renaud, monté sur son fidèle Bayard, il recula instinctivement. Puis, faisant le signe de la croix, il cria aux quatre fils Aymon :

— Je vous défends d'aller plus loin ! Rendez-vous, traîtres !

Les gens des quatre fils Aymon allaient rebrousser chemin, et fondre sur Charlemagne. Renaud les arrêta d'un geste, et leur dit :

— Ne touchons pas au roi !

Et sa petite troupe reprit sa route sans en demander davantage. Au bout d'une heure, elle était à l'abri derrière les murailles du château-fort dont les ponts étaient levés. Chacun se débarrassa de son armure, et prit place autour d'une longue table où des mets abondants furent apportés, avec des vins généreux. On mangea beaucoup, on but de même, car tout le monde était content, hormis les prisonniers que l'on avait faits dans la journée, et parmi lesquels se trouvaient le comte de Nevers et Thierry-l'Ardenois. Après le souper, Renaud remercia Allard d'avoir occis le comte d'Estampes.

Charlemagne, en voyant les quatre fils Aymon retourner chez eux et entrer tranquillement dans leur forteresse, était resté confondu, et avait dit ensuite à ses chevaliers et barons :

— Seigneurs, retirons-nous et retournons à nos tentes. Ces gens-là sont très courageux et nous aurons difficilement raison d'eux. Nous ne pouvons les prendre que par la famine. Mais je me suis juré à moi-même de ne pas partir d'ici avant de les avoir pris : nous les prendrons.

Le siége de Montfort dura treize mois. Les quatre fils Aymon ne se rendirent pas. Ils firent des sorties nombreuses qui coûtèrent cher à l'armée royale, mais on ne put s'emparer d'eux, ce dont Charlemagne enrageait fort. Renaud, cependant, pour faire cesser un état de choses qui devenait fatigant, fit plusieurs propositions de paix par l'entremise des prisonniers qu'il avait dans le château. Il dit un jour à Ogier :

— Je vous prie de dire à Charlemagne que ni lui ni personne ne nous prendra jamais. Nous avons des vivres pour un siége de deux ans, et nous pouvons nous ravitailler dans les sorties que nous faisons. Ainsi, qu'il ne cherche point à avoir de force ce qu'il peut avoir de bonne volonté. Je suis las de cette guerre sans honneur et sans gloire : je veux la finir. Je rendrai Montfort au roi à la condition bien expresse que mes frères, nos gens et moi sortirons sains et saufs et nous retirerons où bon nous semblera.

Ogier rapporta ces propositions à Charlemagne qui les repoussa avec colère, excité qu'il était à le faire par Foulques de Morillon. Cependant plusieurs de ses barons murmurèrent, et il lui fallut bien tenir compte de leur opinion.

— Sire, dit le duc de Naymes, laissez-moi vous donner un bon avis : retournons en France, et, dans un meilleur temps, nous reviendrons assiéger Montfort. Je vous assure que Renaud et ses frères ne sont pas tellement enfermés, qu'ils ne puissent aller chasser dans la forêt des Ardennes quand cela leur plaît ; homme qui peut entrer et sortir n'est pas bien assiégé à ce qu'il me semble. Tel est mon conseil. Je le crois bon et vous engage à le suivre.

Hernier de la Seine prit la parole :

— Seigneurs, voici mon conseil à moi : promettez-moi le château et cinq lieues de terre à l'entour, et je vous promets, moi, qu'avant quelques semaines d'ici je vous rendrai Renaud et ses frères prisonniers !...

Charlemagne répondit :

— J'y consens. Faites !

— Sire, répliqua Hernier, je vous promets de réussir. Donnez-moi un vaillant capitaine, et mille vaillants chevaliers ; je les ferai passer sans bruit sous la montagne et les mènerai devant le château.

— Et une fois là ? demanda le roi.

— Sire, le reste me regarde !

Charlemagne envoya chercher aussitôt Guyon de Bretagne, lui ordonna de choisir mille hommes courageux parmi les plus courageux, et d'obéir à tout ce que commanderait Hernier de la Seine.

Pendant que Guyon de Bretagne réunissait la petite troupe, Hernier de la Seine s'armait, montait à cheval et se dirigeait vers le château de Montfort, où il disait à ceux qui en gardaient la porte :

— Seigneurs chevaliers, accordez-moi l'hospitalité, je vous prie ; autrement je suis mort. Le roi Charlemagne a mis ma tête à prix. J'ai confiance en vous, qui êtes les ennemis de Charlemagne. J'ai entendu beaucoup parler des braves fils Aymon, et surtout du brave Renaud ; s'il veut m'entendre, je lui apprendrai quelque chose qui lui fera probablement plaisir.

Hernier avait l'air de bonne foi. On baissa le pont et on l'introduisit auprès de Renaud, qui l'interrogea aussitôt.

— Sire chevalier, répondit Hernier, j'ai nom Hernier de la Seine. J'étais estimé du roi Charlemagne, mais j'ai eu le malheur de vous défendre lorsqu'il vous accusait de félonie, et il m'a enveloppé dans la vengeance qu'il médite contre vous. J'ai dû fuir pour éviter les effets de sa colère. Si vous me renvoyez, je suis pris et pendu.

— Ami, dit Renaud en lui tendant la main, si ce que vous dites est vrai, je vous dois l'hospitalité, et je vous la donne. Soyez le bienvenu.

L'heure du souper était sonnée. Le traître Hernier se mit à table avec les quatre fils Aymon, qui n'avaient pas la moindre défiance. La chère fut meilleure encore que de coutume, à cause de lui, que l'on voulait fêter comme un hôte, comme un ami ; les vins furent plus abondants encore, et la conversation plus intime. Renaud demanda à Hernier des renseignements sur l'armée ennemie, et Hernier lui en donna autant qu'il en voulut. Puis l'heure du repos étant arrivée, les convives se séparèrent. Les meilleurs mets et les meilleurs vins avaient été offerts au traître chevalier : le meilleur lit lui fut offert dans la meilleure chambre. Mais il n'en profita point. Les soins de sa félonie le tenaient en éveil ; il avait à agir, non à dormir. Par ainsi, aussitôt qu'il supposa que tout le monde reposait dans le château, Hernier se leva, s'arma, descendit, traversa les cours, alla vers le pont-levis, assassina le veilleur qui en avait la garde, en coupa les chaînes d'un coup de hache et le pont s'abattit avec fracas. Pendant ce temps, les chevaliers commandés par Guyon de Bretagne, que le roi avait mis à la disposition de Hernier de la Seine, et qui s'étaient tenus jusque là cachés dans le voisinage, prêts à tout événement, firent irruption dans la forteresse.

Mais si tout le monde y était endormi, la noble bête qui avait nom Bayard veillait. Au fracas du pont il s'était ému, avait rué et henni avec inquiétude, de façon à attirer l'attention de deux des fils Aymon, Allard et Richard. Ceux-ci, en effet, réveillés par ce bruit inusité, étaient descendus et, voyant reluire des armes dans la cour principale du donjon, ils s'étaient hâtés d'aller réveiller Renaud, qui dormait d'un violent sommeil.

— Pourquoi me réveillez-vous ? leur cria-t-il de mauvaise humeur.

— Parce que Bayard a henni et nous a réveillés

nous-mêmes, répondirent ses frères. Alors nous nous sommes levés et avons aperçu dans la cour des hommes d'armes étrangers au château. Nous nous sommes rendus en outre en la chambre du chevalier auquel vous avez accordé si généreusement l'hospitalité hier au soir. Il n'y était plus. C'est lui qui nous a trahis !...

Renaud n'avait que trente chevaliers avec lui dans le donjon : le reste était dans les autres bâtiments, séparés précisément par la cour dans laquelle les hommes d'armes de Guyon de Bretagne avaient fait irruption, et où ils faisaient en ce moment un grand carnage.

Renaud s'habilla et s'arma à la hâte, se mit à la tête de ses chevaliers et chargea vigoureusement les assaillants, bien étonnés, et qui commencèrent à reculer après avoir mis le feu aux bâtiments voisins du donjon.

— La lutte devient impossible ici, dit Renaud à ses frères et amis ; le feu gagne de proche en proche... Nous périrons si nous persistons à rester. Faisons une sortie et faisons-nous tuer les armes à la main, plutôt que de nous laisser enfumer comme des renards.

Un souterrain communiquait du château dans la campagne. C'était la seule issue possible. Les quatre fils Aymon s'y engagèrent avec leur petite troupe, et derrière eux vinrent les gens de Guyon de Bretagne qui comptaient en avoir merci. Ils comptaient mal. Renaud l'invincible, quoique pressé par le nombre, ne perdait rien de sa valeur ; tout au contraire elle redoublait en face du péril. Il se retourna comme le sanglier acculé par les chasseurs, et montra à ses ennemis l'envie qu'il avait de se bien défendre. Le sang coula à flots de part et d'autre. L'abattis d'hommes fut plus considérable du côté des gens de Charlemane que de celui des quatre fils Aymon, à ce point même que, de tous ceux qui étaient venus avec Guyon de Bretagne, il n'en resta bientôt plus que douze.

CHAPITRE IV

Comme Renaud, après avoir détruit les gens de Charlemagne, fit pendre les douze qui étaient restés, tirer Hernier à quatre chevaux, brûler ensuite ses membres et en jeter les cendres au vent. Ce qui en résulta.

râce au désordre, Renaud s'était échappé un instant du souterrain, et avait pu parvenir jusqu'à la porte du château qu'il avait fermée, et jusqu'au pont qu'il avait levé, pour éviter de nouvelles surprises et pour en finir avec tous les traîtres qui s'étaient introduits dans Montfort. Puis, ce soin pris, il était revenu, plus tranquille, combattre à côté de ses frères et les aider dans leur œuvre d'extermination.

Il était temps. Ses frères étaient bien fatigués.

Aussitôt que la troupe des gens de Guyon de Bretagne eut été décimée et réduite à une poignée d'hommes, à la tête desquels combattait Hernier,

Renaud songea à s'emparer de ce traître, et à en tirer un châtiment propre à en dégoûter les autres. Hernier vit bien qu'il était perdu ; aussi recommanda-t-il dévotement son âme à la Vierge Marie, et s'escrima-t-il en désespéré, comme s'il pouvait avoir encore quelque chance d'échapper à ce dénoûment fatal.

Il fut pris avec ses douze compagnons, auxquels, tout naturellement, les frères Aymon ne réservaient pas l'honneur du même châtiment. Les douze malheureux chevaliers furent tout simplement branchés aux fourches patibulaires du donjon, et il ne fut plus question d'eux. Quant à Hernier, ce fut autre chose. On choisit quatre vigoureux chevaux, on fit monter un page sur chacun d'eux, et, cela fait, les quatre membres de Hernier de la Seine attachés solidement, les chevaux tirèrent chacun de son côté et pour son propre compte. Il ne resta bientôt plus rien du discourtois et félon chevalier, sinon des débris sanglants sans aucun nom dans aucune langue. Puis ces débris furent recueillis soigneusement et placés sur un bûcher qui les consuma en moins de temps qu'il ne m'en faut pour le raconter. Ce n'était pas tout. Afin qu'il ne restât rien de ce traître homme, pas même sa mémoire, Renaud ordonna de recueillir les cendres qui provenaient de son corps démembré, et, une fois recueillies, il les fit jeter aux quatre vents du ciel.

Quand Charlemagne apprit ces divers événements, l'insuccès de Hernier, la défaite de ses chevaliers, le châtiment que leur avaient infligé les quatre fils Aymon, il s'écria :

— En vérité, je suis bien maltraité par ces quatre jeunes hommes ! Et c'est moi qui les ai armés chevaliers ? A quoi pensais-je donc ce jour-là ? Ce sont des armes que je leur ai données là contre moi ! Famille maudite que la leur ! Leur oncle, le duc Beuves, a tué mon fils Lohier ; Renaud, l'un d'eux, a tué mon neveu Berthelot que j'aimais si chèrement ; ils viennent encore de me faire un nouvel outrage, en pendant douze de mes serviteurs et en écartelant un de mes barons !... Je ne pourrai donc pas me venger de cette couvée de louveteaux !...

— Sire empereur, répondit le duc Naymes, je vous ai conseillé de ne rien entreprendre de déloyal contre les quatre fils Aymon ; Hernier de la Seine vous a proposé de vous débarrasser d'eux. Vous l'avez écouté et repoussé mon conseil. Mal vous en a pris, comme vous voyez. Une autre fois soyez moins prompt à accepter des propositions malséantes !...

Charlemagne n'avait rien à répondre à cela. Il baissa la tête sur sa poitrine, en proie à la honte de son échec.

Revenons aux quatre fils Aymon.

Les bâtiments annexés au donjon de Montfort, et qui composaient une petite ville, brûlaient encore à la fin de la lutte. La flamme trouvait des aliments en assez grand nombre et elle dévorait tout. Devant ce désastre, les quatre frères se demandaient ce qu'ils devaient faire.

— Frères, dit Renaud, il est impossible que nous restions ici. Abandonnons les richesses que nous y avons entassées, et opérons incontinent notre retraite, afin de n'être pas surpris par les gens de Charlemagne qui, certainement ne vont pas tarder à revenir. Combien sommes-nous encore de vivants chevaliers, céans?

— Environ cinq cents chevaliers et gens d'armes, seigneur mon frère, répondit Allard!

— C'est assez pour tenir tête à l'armée du roi, telle qu'elle est, reprit Renaud. Sur ce, faites sonner les trompettes de ralliement et délogeons. L'Allemagne n'est pas loin d'ici; si le roi nous poursuit, nous irons en Allemagne.

Les quatre frères et leurs gens sortirent de la forteresse. Au moment où ils s'en éloignaient pour toujours, Renaud ne put s'empêcher d'arrêter court son cheval Bayard et de jeter un regard d'adieu.

— Adieu, beau château, dit-il tristement. C'est grand dommage de te voir ainsi détruit, grand dommage, vraiment!

Quand Allard vit son frère si triste, il alla vers lui et lui dit :

— Ne vous attristez pas ainsi, mon frère, vous, le plus vaillant chevalier que je connaisse. Ne vous attristez pas! Les richesses que nous avons laissées là, nous les retrouverons ailleurs, et je vous promets qu'avant qu'il soit deux ans vous aurez un château qui en vaudra plus de quatre.

— Allard, répondit Renaud, je vous remercie de ce reconfort que vous me donnez là! Quoique jeune, vous êtes prudent et avisé : cela ne nuit pas au courage. Placez-vous à l'avant-garde avec Guichard et cent chevaliers ; les chariots seront au milieu, et Richard et moi, avec le reste de nos gens, nous formerons l'arrière-garde.

La petite armée ainsi organisée se mit en marche. Les gens de Charlemagne l'aperçurent, et le roi ordonna aussitôt qu'on la poursuivît, ce qui fut immédiatement exécuté. Charlemagne se mit lui-même à la tête des poursuivants, suivi d'Ogier-le-Danois, du duc Naymes, de Foulques de Morillon et de plusieurs autres barons. Il était très bien monté et avait ainsi de l'avance sur ses compagnons. En quelques instants il fut à la portée de la voix de la troupe des quatre fils Aymon, que cette poursuite acharnée n'étonnait ni n'effrayait.

— Misérables! cria le roi aux quatre frères; avec l'aide de Dieu j'espère vous prendre tous avant la fin de cette journée, et vous faire brancher haut et court à quelques fourches patibulaires.

— Sire, répondit Renaud en faisant aussitôt volte-face, pour parer aux coups et pour en porter; il n'en sera pas ainsi que vous espérez! Vous avez le nombre, mais nous avons le courage. N'invoquez donc pas Dieu ainsi : il n'a rien à voir dans cette affaire. Et d'ailleurs il n'est pas toujours du côté des gros bataillons, vous l'apprendrez à vos dépens.

— Vous serez tous pendus, reprit Charlemagne avec colère, en levant son épée sur Renaud.

Renaud, se voyant ainsi menacé, piqua Bayard et vint droit sur le roi, la lance en arrêt. Sans le sire Hugues, qui fit rempart de son corps à la poitrine de Charlemagne, et qui fut traversé de part en part par la lance de Renaud, le roi avait cessé de vivre et de régner!...

Renaud, son coup manqué, tourna bride et, tout en se défendant courageusement contre ceux qui le poursuivaient, fit opérer promptement la retraite, qui s'effectua en bon ordre. Ses gens et lui, toujours harcelés par l'avant-garde de Charlemagne, firent treize lieues, arrivèrent au bord d'une rivière et la traversèrent rapidement. Il était temps : l'armée de Charlemagne arrivait sur le bord qu'ils venaient de quitter.

— Seigneurs, dit Charlemagne à ses barons, en arrêtant son cheval au bord de la rivière, ce serait folie de poursuivre plus longtemps ce Renaud qui a sans doute le diable avec lui pour nous échapper ainsi sans cesse. D'ailleurs nos chevaux sont très fatigués et nous le sommes aussi.

— Sire, répondirent ses barons, nous nous conformerons à vos ordres!

Alors on déchargea les sommiers et l'on dressa les tentes çà et là, sur les bords de la rivière. Le roi ôta ses armes, on prépara à manger pour l'armée qui n'avait pu le faire de toute la journée, et elle campa là toute la soirée et toute la nuit.

Quant à Renaud et à ses frères, séparés de l'armée de Charlemagne par la rivière et par un bouquet de bois qui dérobait leurs mouvements, ils s'étaient mis en quête d'un endroit où ils pussent se reposer. En cherchant bien, dans les environs, ils découvrirent une belle fontaine d'où sortait une eau limpide et appétissante, et tout autour le cresson poussait avec abondance.

— C'est l'endroit qui nous convient, dit Renaud, ravi; plantons-y nos tentes et laissons-y paître nos chevaux.

— Vous avez raison, mon frère, répondit Allard, cet endroit est délicieux et nos chevaux s'y nourriront bien.

Alors on déchargea les sommiers et on les laissa aller à l'aventure sur l'herbe verte de la prairie. Quant aux chevaliers, ils ne se trouvèrent pas à leur aise, car ils n'avaient rien à manger. Leur seule distraction fut de voir manger leurs chevaux.

Le lendemain, au point du jour, Charlemagne assembla ses barons et leur apprit qu'il avait résolu de retourner à Paris et d'abandonner provisoirement la poursuite des quatre fils Aymon.

— Sire, dit le duc Naymes, ce parti est sage. Les fils Aymon ne sont plus à craindre pour vous. Leur château-fort est incendié; ils sont en ce moment dans la forêt des Ardennes, sans ressources et sans vivres : ils n'en pourront sortir et je pense qu'ils y mourront de faim et de misère.

Cette idée consola Charlemagne.

— Que mille maux leur arrivent donc! exclama-t-il. Cela me vengera de leur insolence.

Et se retournant vers Ogier :

— Prenez avec vous Gérard, Foulques l'Allemand, et aussi Dion de Montdidier, puis vous donnerez le congé aux autres.

— Sire, répondit Ogier, vos ordres seront exécutés.

Quelques heures après, l'armée du roi se dispersa, et chacun des chevaliers retourna dans son pays.

Le duc Aymon fit comme les autres. Il s'en retourna, ne voulant pas suivre Charlemagne à Paris. Il s'en retourna et traversa la rivière, avec ses gens. Au bout d'une heure il arriva vers la fontaine bordée de cresson où ses fils se reposaient, insoucieux des événements.

— Que dois-je faire, seigneurs? demanda-t-il à ses chevaliers-bannerets. Conseillez-moi, je vous en prie. Mes enfans que voici ont combattu le roi Charlemagne, et moi, pour faire plaisir au roi Charlemagne, j'ai combattu mes enfants. Si je les attaque, à présent qu'ils ne se doutent de rien et reposent tranquillement à l'ombre de ces arbres, ils sont perdus, car nous sommes plus nombreux ; ils sont perdus, et j'en serais fâché... D'un autre côté, si je ne les attaque point je deviens parjure envers mon roi, à qui j'ai promis de l'aider dans l'extermination de mes quatre fils rebelles. Conseillez-moi, je vous en prie, seigneurs, conseillez-moi.

— Sire, dit Emofroid, vous devez être fidèle à votre roi.

— C'est bien, répondit le vieux duc ; alors allez de ma part porter défi à Renaud et à ses frères.

— Sire, dirent les chevaliers, vous nous commandez là une chose pénible ; mais nous devons obéir et nous obéissons.

Et ils s'avancèrent vers le lieu où Renaud faisait sa sieste avec ses frères. Ils lui exposèrent l'objet de leur visite ; ils parlaient encore, que le vieux Aymon, bouillant d'impatience comme à vingt ans, se précipita pour commencer la bataille.

— Hélas ! mon père, s'écria Renaud, que faites-vous là ? N'est-ce donc pas assez pour nous d'avoir le roi Charlemagne pour ennemi ; faut-il encore que nous ayons notre père ?...

— Malheureux ! répondit le vieux duc, voulez-vous donc toujours demeurer dans les bois ? A vous tous, vous ne valez pas un fétu ! Défendez-vous, car je viens vous attaquer, et si vous êtes pris, vous périrez dans les tourments, suivant l'ordre exprès de l'empereur Charlemagne, mon maître et le vôtre !...

— Père, répondit respectueusement Renaud, vous avez tort de parler et d'agir ainsi ; mais si vous nous attaquez, nous nous défendrons, et courageusement, je vous en avertis !...

Renaud avait à peine fini de parler que déjà son père fondait sur lui, la lance au poing, et blessait son cheval Bayard.

— Oh ! mon père ! mon père ! dit-il avec douleur.

La lutte commença, vive et acharnée. Les gens du vieux duc étaient supérieurs en nombre, non en courage, aux gens de ses quatre fils. Ils en tuèrent beaucoup, à ce point que des cinq cents chevaliers que Renaud avait en quittant Montfort, il ne lui en resta bientôt plus que cinquante !

Il y a des circonstances où la fuite est aussi honorable que la résistance. Renaud ne craignit pas de fuir, avec sa petite phalange, jusqu'à une montagne voisine, où il se reposa. En chemin, le bon cheval d'Allard fut tué par un homme d'armes du vieux duc. Allard voulut défendre cette vaillante bête qui lui avait rendu tant de services et à laquelle il était fort attaché. Il mit en conséquence l'épée à la main et fit un cercle rouge autour de l'animal, abattu et soufflant son dernier souffle par ses naseaux. A ce compte-là le jeune et brave Allard eût été pris, si son frère Richard ne fût arrivé à temps pour le secourir et le mettre en croupe sur son propre cheval.

Richard et Allard s'en retournèrent, protégés par Renaud qui, monté sur l'infatigable Bayard, harcelait les ennemis qui les poursuivaient.

L'issue de cette affaire ne pouvait être longtemps douteuse. Les gens de Renaud étaient décimés ; de cinq cents il ne lui en était plus resté que cinquante, et maintenant il ne lui en restait plus que quatorze. Renaud pleura les braves gens qui s'étaient fait tuer pour sa cause. Et, d'un autre côté, l'histoire rapporte que le vieux duc Aymon, pris d'un remords subit en voyant ses quatre fils ainsi isolés, ne put s'empêcher de s'écrier, en pleurant aussi :

— Hélas ! mes enfants, que j'ai donc de douleur d'avoir causé votre perte ! Qu'allez-vous devenir, errants et fugitifs comme vous êtes ?... Vous allez manquer de tout, et je ne puis vous secourir !...

Après avoir donné un libre cours à ses larmes, le vieux duc Aymon se retira avec ses gens, fit mettre sur une litière le sire Emofroid, tué par Renaud, et avec ce cortège se dirigea sur Paris où il arriva quelques jours après. Se présentant alors devant Charlemagne, il lui dit :

— Sire, en me retirant, ainsi que vous nous en aviez donné l'ordre, j'ai rencontré mes fils, postés en embuscade de l'autre côté de la rivière sur le bord de laquelle votre armée s'était arrêtée, s'il vous en souvient, et à quelques pas de la forêt des Ardennes. Je leur ai fait sommation de se rendre ; ils s'y sont refusé ; alors je les ai chargés avec mes gens et leur ai tué beaucoup de monde, mais sans parvenir à les prendre. Quant à eux, ils ont fait un grand dégât d'hommes parmi nous, entre autres votre chevalier Emofroid...

— Pardieu ! s'écria le roi avec colère, votre excuse est mauvaise, duc ! Vous n'avez pas pris vos fils rebelles et félons, parce que vous n'avez pas voulu les prendre. Les loups ne se mangent pas entre eux, et les corbeaux ne tuent point leurs petits !... Je connais cela ; ce n'est pas à moi que vous pourrez en imposer !

Le duc Aymon entendant ces dures et imméritées paroles, sentit à son tour la colère le gagner et il répondit fièrement au roi :

— Sire, vous êtes le roi, mon maître, je ne vous tromperais pour rien au monde, puisque, pour vous plaire, j'ai consenti à faire la chasse à mes petits et à les traquer dans les bois comme des bêtes fauves. Votre doute m'est une injure ; je n'accepte le soupçon que lorsqu'il est justifié. J'ai dit la vérité, et qui me soutiendrait le contraire en aurait menti par la gorge !... Que celui-ci qui oserait le soutenir sorte des rangs et vienne à moi : je lui ferai bien voir que l'âge n'a pas encore glacé mon sang, et que mes cheveux blancs valent bien ses cheveux noirs !...

Personne ne sortit des rangs pour ramasser le gant que jetait le duc Aymon qui, incontinent, retourna dans son pays sans prendre congé du roi. On le méconnaissait, on l'injuriait, on le dégradait dans l'estime des autres : il n'avait plus qu'à aller vivre seul avec la duchesse, et à pleurer dans la solitude le crime d'avoir été trop fidèle à son roi.

A son arrivée à Dordogne, la duchesse, remarquant sa contenance renfrognée et maussade, voulut l'interroger ; mais il se déroba à ses embrassements et à sa curiosité. Elle insista avec douceur, le supplia d'avoir fiance en elle comme en Dieu lui-même, et elle obtint enfin le récit de l'avanie qui lui avait été faite à Paris devant la cour assemblée.

— Tout cela à propos de nos chers fils ! dit la duchesse en joignant les mains et en levant les yeux au ciel. Pourquoi aussi, duc Aymon, avez-vous consenti à accepter du roi mission de les poursuivre ? Ils ne vous avaient rien fait! Leur premier crime est d'avoir épousé trop chaudement la querelle de leur oncle, le duc d'Aigremont. Vous ne deviez pas les en punir par la perte de votre amitié, ni surtout par un acharnement inouï à les mettre à mal. Ce sont nos enfants : vous l'avez oublié, souvenez-vous en à présent pour leur pardonner, et vous faire pardonner par eux votre cruauté.

— Dame, vous avez raison, répondit le vieux duc Aymon en hochant la tête d'un air mélancolique. Dorénavant, je vous promets de ne leur faire aucun mal.

CHAPITRE V

Comme après que le duc Aymon eut vaincu ses enfants, ils se retirèrent dans la forêt des Ardennes ; comme ils allèrent ensuite trouver leur mère, qui leur donna de l'argent pour combattre Charlemagne.

Triste était maintenant la position des quatre fils Aymon. Ils étaient sans vivres, sans provisions, sans ressources d'aucune sorte. L'hiver était venu. La neige avait couvert la terre et mangé l'herbe qui pouvait encore servir de nourriture aux chevaux. La maladie, jointe à la misère, abattait chaque jour un de leurs gens. La faim et le froid, quand on ne sait où aller, où frapper pour être secouru, quelles terribles extrémités! Les quatre chevaux des quatre frères, seuls, avaient résisté à ces dures épreuves, à cause de leur mâle courage et merveilleuse sobriété; mais avec le régime de racines auquel la position présente les avait condamnés, ils étaient devenus maigres et pénibles à voir, Bayard excepté, car ce noble animal vivait mieux encore avec des racines que ses trois compagnons n'eussent vécu avec de l'avoine.

Les fils Aymon menèrent pendant un temps assez long cette existence désastreuse. Leurs armures étaient rouillées, leurs harnais étaient pourris ; leurs propres vêtements tombaient en lambeaux. Le poil leur poussait dru sur toute la face; ils étaient devenus méconnaissables, de jeunes, fiers et beaux qu'ils étaient auparavant. Renaud, particulièrement, avec sa barbe épaisse et sa haute taille, avait un air si terrible, que nul n'osait l'approcher. Un jour, cependant, voyant ses frères rôder autour de lui, il leur fit signe de se réunir et de l'écouter :

— Mes amis, leur dit-il, nous sommes plus malheureux qu'il n'est permis à des créatures humaines de l'être. Nous sommes confinés dans cette forêt, où l'herbe même, qui pourrait momentanément nous rassasier, nous manque. Nos chevaux et nous, souffrons des rigueurs impitoyables de la faim et de la froidure. Cela ne peut durer ainsi. Je m'étonne que vous n'ayez pas encore songé à proposer un parti quelconque à suivre sur l'heure.

— Bon frère, répondit Allard, il y a longtemps que ce que vous nous dites, nous nous le sommes dit à nous-même. Mais, à cause du respect que nous vous portons, nous n'avons pas osé jusqu'ici vous entretenir de nos projets. Vous avez parlé, nous allons parler aussi... La position n'est pas tenable, en effet. Il faut sortir de cette forêt au plus vite et tâcher de regagner Dordogne, où se trouve notre mère, la seule personne au monde qui ne soit pas en guerre contre nous. Notre mère ne nous abandonnera pas. Nous prendrons chez elle un peu de repos et de reconfort ; puis, mieux lestés d'argent et de santé, nous irons guerroyer ailleurs et acquérir une gloire impossible à trouver en ce royaume.

— Allard, votre conseil est bon et nous allons le suivre sans plus tarder, répliqua Renaud.

— Très bon, très bon, dirent les deux autres frères.

— Partons, alors !

Ils partirent, la nuit venue, et marchèrent en silence dans les sentiers couverts de neige de la forêt des Ardennes. Ils marchèrent ainsi le lendemain et le surlendemain, si bien qu'à force de marcher ainsi, ils arrivèrent à Dordogne.

En apercevant le château natal, les quatre fils Aymon se sentirent émus. La fatigue du chemin et les misères des jours précédents furent oubliées en un clin d'œil. Allard descendit de cheval et baisa les premières pierres de la route qui conduisait à la demeure de sa mère.

— Nous voici arrivés, dit Renaud en devenant un peu soucieux ; mais peut-être n'avons-nous pas agi prudemment en nous aventurant jusqu'ici sans savoir la parole de notre père, de ne nous faire aucun mal. Notre père est dur au pauvre monde ; il peut nous retenir prisonniers au nom du roi.

— Qu'importe ! s'écria Allard. Nous respirons l'air du pays natal. Nous allons voir des visages connus ; nous allons embrasser notre mère. Cela me suffit ! J'aime encore mieux mourir à Dordogne, prisonnier au nom du roi, que de mourir de froid et de faim dans la forêt des Ardennes, en compagnie des bêtes sauvages ! Marchons toujours ! Je vous jure que personne ne nous reconnaîtra, et d'ailleurs nous y sommes justement aimés et estimés, et notre mère nous protégerait en cas de besoin.

Cet enthousiasme du jeune Allard gagna ses frères. Ils se décidèrent à entrer dans la ville. Tout le monde les regardait, étonné, et l'on disait : « Ces gens ne sont pas de notre religion, bien certainement ! ». Ils arrivèrent ainsi au palais, où ils mirent pied à terre, et, après avoir donné leurs chevaux à garder à trois valets, ils montèrent le grand escalier pour se rendre chez leur père.

Le vieux duc Aymon était à la chasse. La duchesse était dans sa chambre, occupée à lire ses Heures et à penser à ses enfants dont elle n'avait pas reçu de nouvelles depuis si longtemps. De temps en temps elle s'interrompait dans sa lecture et dans sa méditation, pour essuyer une larme qui coulait le long de sa joue. Enfin, en proie à un pressentiment mal défini, elle se leva et descendit dans une salle basse où, précisément, venaient d'entrer les quatre frères qu'elle ne reconnut pas, à cause du désordre de leurs vêtements et de l'état de leurs visages.

— Seigneurs, leur dit-elle avec bonté, que Dieu vous garde !... Qui êtes-vous ? Vous êtes pauvres ; vous avez faim : on va vous servir. C'est le devoir de ceux qui ont, de donner à ceux qui n'ont pas. Le pain que vous romprez tout-à-l'heure, je vous supplie de le rompre en souvenir de mes enfants, qui, peut-être, en ce moment, n'en ont pas à se mettre sous la dent! Dieu vous garde, seigneurs! Dieu vous garde!

La duchesse, à ce souvenir, ne put contenir son émotion ni retenir ses larmes : elle tomba en faiblesse! Renaud, alors, courut à elle avec empressement, et la releva de ses bras robustes.

— Mon fils! mon cher fils! s'écria la duchesse en regardant attentivement Renaud et en reconnaissant une cicatrice qu'il avait au front depuis sa première jeunesse. Mon fils! mon cher fils! Vous qui étiez un des plus vaillants et des plus beaux chevaliers, qu'est devenue votre beauté! Mon cœur vous reconnaît, non mes yeux!

Tout en disant ces paroles et en embrassant Renaud, elle reconnut un à un ses autres fils, tout aussi changés que lui.

— Mes enfants, mes pauvres et chers enfants! ajouta-t-elle en les embrassant comme elle avait embrassé Renaud. Que vous voilà défaits et méconnaissables! Toi, mon Allard, si jeune et si frais, tu ressembles à un revenant! Qui donc a produit ces changements et ces méconnaissances?... N'aviez-vous donc pas avec vous de chevaliers pour vous aider et vous servir?...

— Des chevaliers? répondit Renaud. Notre père en a tué les trois quarts; le reste est mort de faim, de fatigue et de misère!

— Ô mes pauvres enfants! mes pauvres enfants!... répéta la duchesse Aymon, affligée.

Lors elle appela un valet et lui recommanda de bien soigner et panser les chevaux de ses quatre fils, qui en avaient grand besoin. Puis on vint l'avertir que le dîner était prêt. Elle emmena ses enfants pour leur procurer une réfection nécessaire après de si longs jeûnes, et tous se placèrent à la table, à côté d'elle. Comme ils mangeaient avec l'appétit de leur âge et l'aiguillon de leurs privations, le vieux duc Aymon entra dans la salle. Il avait tué quatre cerfs et deux sangliers. En apercevant les quatre frères à la même table que la duchesse, il ne les reconnut point.

— Quels sont, demanda-t-il, ces gens si mal vêtus qui mangent si gloutonnement? Est-ce donc à présent l'habitude de céans de faire asseoir les mendiants à la place des maîtres?...

— Ces gens mal vêtus, répondit la duchesse avec douceur, sont vos fils et les miens, cher Sire. Vous les avez poursuivis longtemps comme bêtes fauves dans la forêt des Ardennes, et, ainsi harcelés et n'en pouvant plus, ils sont venus se réfugier ici. Le trouvez-vous mauvais?

— Malheureux, reprit le vieux duc en se tournant vers les quatre frères qui s'étaient respectueusement levés à son approche; malheureux, vous ne valez pas une obole!... Pourquoi venez-vous me braver jusqu'ici?...

— Mon père, répondit Renaud, nous ne sommes pas venus vous braver; nous sommes seulement venus nous ravitailler auprès de notre bien-aimée mère, parce que nous n'en pouvions plus de faim et de misère. Si vous avez à vous en prendre à quelqu'un, c'est à vous-même, puisque c'est vous qui nous avez contraints à faire ce que nous avons fait. Si vous persistez à nous souhaiter mal, faites-nous trancher la tête et la portez au roi Charlemagne, votre maître. Vous aurez alors bien mérité de lui, si vous avez mal mérité de Dieu!...

Le vieux duc Aymon sentit toute la valeur des reproches de son fils aîné. Il soupira et répliqua, avec moins de rudesse qu'auparavant :

— Il faut partir d'ici! Nous ne pouvons vivre en paix les uns avec les autres. Je ne vous hais point; j'aime seulement mon devoir qui m'ordonne de vous éloigner de moi... J'aurais été fier de vous avouer toujours pour mes enfants, car vous êtes de vaillants hommes, et jamais le roi Priam lui-même n'eut une pareille lignée. J'aurais voulu ne vous causer aucun chagrin, et c'est vous qui m'en causez sans le vouloir. Je suis bien malheureux, en vérité!... Mon Allard! Mon Renaud! Mon Guichard! Mon Richard!... Ah! vous êtes toujours mes enfants, quoique sujets rebelles du roi de France!... Renaud, vous êtes généreux autant qu'Hector : décidez vous-même ce que je dois faire!

— Ordonnez vous-même, mon père, répondit respectueusement Renaud.

— Dame, reprit le vieux duc en s'adressant à la duchesse, donnez à nos enfants tout l'or et tout l'argent dont ils peuvent avoir besoin... Donnez-leur aussi des chevaux et des sommiers en quantité suffisante pour qu'ils n'en chôment point en route... Quant à moi, partagé et déchiré par mon affection et mon devoir, je vais me réfugier dans les bois. C'est là que doivent aller vivre et mourir les gens qui, comme moi, sont en lutte avec les exigences du monde!... Adieu, tous, adieu!...

Et le duc Aymon partit.

La duchesse fut fâchée de son départ; mais, d'un autre côté, la vue de ses enfants la consola. Heureuse de pouvoir agir envers eux à sa volonté, elle leur fit préparer un bain où ils se lavèrent, et leur donna à chacun un manteau d'écarlate fourré d'hermine d'un grand prix et d'une grande beauté. Ensuite elle les mena à l'endroit où était le trésor du vieux duc Aymon, et, le leur montrant, elle leur dit :

— Mes enfants, cette fortune est à vous. Nous n'en avons plus besoin, nous autres vieillards qui n'avons plus de désirs ni de fantaisies. Et d'ailleurs ne vaut-il pas mieux nous dépouiller ainsi nous-mêmes de notre vivant que de nous faire dépouiller brutalement par nos hoirs lorsque nous sommes morts? Cette idée, que les enfants pouvaient s'impatienter de la longueur de nos jours et s'irriter de notre persistance à vivre, cette idée m'a toujours fait frémir. Je veux, mes enfants, que vous ne souhaitiez pas notre mort, à votre père et à moi; c'est pour cela que je vous dis : « Prenez. » Prenez donc, autant que vous voudrez prendre, aux nécessités de votre existence aventureuse. Prenez sans crainte : il m'en restera toujours assez pour aller jusqu'au bout de mon écheveau, aux trois quarts dévidé à cette heure!...

Les quatre frères remercièrent leur mère avec effusion. Ils couchèrent cette nuit là au château; puis, deux jours après, armés et équipés à nouveau, ils prirent congé de la duchesse, suivis de valets pour porter le trésor, et se mirent à la tête de cinq cents hommes armés et équipés à leurs frais.

— Mes enfants, dit la duchesse Aymon en leur donnant à chacun le baiser d'adieu, je voudrais que vous allassiez en Espagne; c'est un bon pays pour guerroyer. Vous y gagnerez de la gloire bien plus sûrement qu'ailleurs.

— Nous vous obéirons, répondirent ses fils en s'inclinant.

Et ils se mirent incontinent en chemin, chevauchant avec grâce et vaillance à la tête de leur petite troupe. Leur mère les suivit longtemps des yeux et, lorsqu'elle ne les vit plus, elle regarda encore dans la direction qu'ils avaient prise. Puis elle pleura de chaudes et amères larmes. Elle se sentait alors véritablement veuve.

CHAPITRE VI.

Comme les quatre fils Aymon firent rencontre de leur cousin Maugis; comme ils arrivèrent ensemble dans le royaume de Gascogne, et de la réception que leur fit le roi Yon.

À peine venaient-ils de sortir de Dordogne, que les quatre fils Aymon rencontrèrent leur cousin Maugis qui revenait de France et qui courut aussitôt les embrasser. Ils se réunirent et marchèrent de conserve, bien armés et bien en ordre, à la tête d'une petite armée de sept cents hommes, dont cinq cents aux quatre fils Aymon, et deux cents à leur cousin Maugis. Sept cents hommes ne passent pas ainsi dans un pays sans causer quelques ravages. Armée d'hommes ou armée de sauterelles, c'est tout un. Les gens des quatre frères et de Maugis firent le plus de grabuge qu'ils purent en traversant la Brie, le Gatinais et l'Orléanais. Le bruit de leurs exploits leur servit de courrier et les précéda dans tous les pays où ils passèrent. Arrivés sur les bords de la Loire, ils la traversèrent et s'en allèrent jusqu'à Poitiers où on leur apprit que le roi Yon était attaqué par les Sarrasins. Ils prirent alors le chemin de la Gascogne et arrivèrent bientôt à Bordeaux où le roi Yon était avec sa cour, et où ils s'empressèrent de choisir des logements.

— Cousin, dit Maugis à Renaud, nous allons aller trouver le roi Yon et lui offrir notre concours pour soutenir ses droits. Il nous acceptera, certainement, parce qu'il est en mauvaise posture et a besoin de grande aide. S'il nous refusait, par hasard, nous irions trouver Bourgons-le-Sarrasin, qui a déjà conquis Toulouse, Montpellier, Saint Gilles, Tarascon et Arles.

— Cousin, répondit Renaud, vous parlez bien; nous ferons comme vous venez de dire.

Alors Renaud, ses trois frères et Maugis se désarmèrent, s'habillèrent fort honorablement, et, suivis d'un grand nombre de chevaliers, s'en allèrent à la cour du roi Yon. Renaud fit un effet prodigieux sur la population de Bordeaux, principalement sur les femmes. Ils arrivèrent ainsi à la porte du palais où le grand sénéchal les reçut avec empressement, séduit par leur belle et fière mine. Quelques moments après, ils étaient introduits auprès du roi.

— Sire, dit Renaud en saluant, nous sommes frères, et Maugis que voici est notre cousin. Nous nous appelons Renaud, Allard, Richard et Guichard, et nous sommes les fils du duc Aymon de Dordogne. Charlemagne nous a bannis de France et déshérités. Nous cherchons un seigneur qui nous soit fidèle et à qui nous puissions l'être. Nous acceptez-vous, Sire?...

— Soyez les bienvenus! s'écria Yon tout joyeux. Vous êtes de vaillants chevaliers, je le vois, et votre aide ne peut que me faire grand bien. Je vous retiens donc volontiers à mon service et je vous promets, foi de roi, que vous n'aurez pas à vous plaindre de moi. Vous êtes déshérités par Charlemagne; je le suis, moi, par Bourgons-le-Sarrasin, qui m'a pris mes plus beaux fiefs et mes plus belles villes : nous nous vengerons mutuellement.

— Sire, répondit Renaud, nous vous rendons grâce et nous vous promettons de mourir à votre service, si vos terres et vos villes ne vous sont pas rendues.

CHAPITRE VII.

Comme Renaud, ses frères et Maugis vainquirent Bourgons-le-Sarrasin, qui avait conquis le royaume de Gascogne, et voulait chasser de Bordeaux le roi Yon, et comme ce dernier, en récompense, donna dame Clarice, sa sœur, en mariage à Renaud.

Toulouse une fois prise par Bourgons, ce Sarrasin dit à ses soudards :

— Seigneurs, m'est avis que le fer doit être battu pendant qu'il est chaud. Les blés sont épais et hauts : ils dissimuleront à merveille notre marche. Bordeaux nous reste à conquérir : allons à Bordeaux !

— Bordeaux ! Bordeaux !... répéta d'une commune voix l'armée de Bourgons, composée de quatre cents hommes déterminés.

Les Sarrasins se mirent en route et, pour se distraire, en attendant le sac de Bordeaux, ravagèrent en passant le pays plat qui se trouve entre cette ville et Toulouse.

Une sentinelle les entendit et donna l'alarme aux habitants qui furent bien étonnés de cette invasion. Renaud monta sur Bayard et alla audevant du roi Yon, effrayé de cette avalanche de Sarrasins.

— Sire, lui dit-il, ne soyez ni surpris ni effrayé. Je ne sais pas le nombre de ces Sarrasins, mais j'ai confiance en mon étoile. Nous vaincrons !

— J'en accepte l'augure, répondit le roi, un peu plus rassuré.

Renaud, accompagné de ses frères et d'une partie de ses gens, sortit alors de Bordeaux et courut sus aux païens dont il défit une bonne partie. Les Sarrasins, étonnés de cette fougue, se débandèrent et commencèrent à prendre la fuite. Leur armée eût été mise en déroute, même, si Bourgons, qui était un païen valeureux, ne l'eût ralliée avec énergie et ramenée sur le lieu du combat. Le soudard ne craignit pas, pour les encourager, de se jeter lui-même audevant des coups que portait d'une main si sûre le redoutable Renaud. Ni l'un ni l'autre de ces deux valeureux hommes ne fut atteint. Bourgons tua seulement quelques chevaliers de l'escorte de Renaud, et Renaud quelques Sarrasins de l'escorte de Bourgons. Puis la mêlée devint plus furieuse, et, avec la meilleure volonté du monde, le chef des païens vit bien que la partie était perdue pour lui. En conséquence de ce, il fit sonner la retraite, et les Sarrasins prirent la fuite.

Quand Renaud vit que Bourgons s'enfuyait lâchement, au lieu de combattre jusqu'à l'extrémité, il éperonna le noble Bayard et se lança à fond de train à la poursuite des fuyards. Quelques instants après, ses frères et amis l'avaient perdu complétement de vue et tous supposèrent, ne le voyant pas revenir, qu'il avait reçu quelque mauvais coup de la part des Sarrasins.

— Mon frère ! mon pauvre frère ! cria Allard, en voulant s'élancer sur les traces de Renaud.

— Vous parlez du vaillant Renaud ? demanda le roi Yon, en intervenant.

— Oui, Sire ; qu'est devenu notre frère ?... Est-il prisonnier ou mort ?... Hélas ! Renaud n'est plus !...

— C'est impossible ! reprit le roi Yon, il m'avait promis de vaincre, mais il ne m'avait pas promis de mourir. Son courage nous est nécessaire encore ! Non, non, Renaud n'est pas mort, je vous en donne l'assurance.

On chercha Renaud partout, parmi les vivants et parmi les morts : on ne le trouva point. On l'appela : il ne répondit pas.

— Sire, reprit Allard, désespéré ; Sire, vous voyez bien que notre brave Renaud est mort ! Qu'allons nous devenir sans lui, maintenant ?... Sire, permettez-moi de le suivre. Je veux savoir ce qu'il est devenu.

— Je vous autorise à le suivre, ami chevalier, répondit le roi ; je fais plus : je vous accompagne.

De fait, Allard et le roi Yon auraient pu patrociner et verbiager moins longtemps, et se mettre plus promptement en quête de l'incomparable Renaud. Mais c'est assez l'ordinaire des hommes, de parler avant d'agir.

Renaud poursuivait les païens fuyards avec tant de précipitation, qu'il les atteignit bientôt et fut en mesure de se faire entendre d'eux.

— Bourgons ! Bourgons ! Lâche Bourgons ! criat-il au chef des Sarrasins qui, en ce moment, courait aussi vite que ses gens. Bourgons ! Il est indigne d'un guerrier de tourner ainsi le dos au danger ! Tu veux donc mourir en fuyant ?....

— Chevalier, répondit Bourgons sans s'arrêter, vous ne m'atteindrez pas et fatiguerez en vain votre cheval.

Renaud piqua Bayard et, en deux bonds, fut aux côtés de Bourgons qu'il contraignit à s'arrêter, en le perçant de sa lance et en le jetant par terre avec une plaie. Bourgons se releva, quoique blessé, mit l'épée à la main et s'avança résolument vers Renaud, qui ne voulant pas abuser de sa position, descendit de cheval et vint à l'encontre de Bourgons.

Quand le cheval du païen sentit les étriers vides, il bondit et s'élança, dévorant l'espace à plein naseaux. Bayard, le noble animal, indigné de cette fuite, bondit sur sa trace, le mordit à la crinière et le ramena, bon gré malgré, pour être, comme lui, spectateur de la lutte engagée entre leurs maître respectifs.

Bourgons était solide, mais outre qu'il l'était moins que Renaud, il avait de plus que lui une blessure au flanc, qui lui enlevait la moitié de sa force. Il fut forcé de crier grâce et Renaud l'emmena prisonnier.

Comme ils s'en retournaient, ils rencontrèrent le roi Yon et les trois fils Aymon, fort en peine de leur frère et ami Renaud.

— Voici Bourgons, Sire, dit ce dernier en présentant le Sarrasin au roi Yon. Je lui ai promis la vie sauve, en votre nom.

— Je vous approuve et vous remercie, valeureux chevalier, répondit le roi ; mais nous étions bien en peine de vous. Nous vous croyions mort ou prisonnier, et nous voyons avec plaisir qu'il n'en est rien. Félicitons-nous et embrassons-nous. Puisque Bourgons est pris, la guerre est terminée et mon royaume est recouvré.

— Sire, reprit Renaud, les Sarrasins ont fondu comme les neiges d'antan ; nous n'avons plus à nous en occuper : retournons, s'il vous plaît, à Bordeaux.

On retourna à Bordeaux où l'entrée des quatre fils Aymon fut un triomphe. Renaud, surtout, était plus roi que le roi. Mais Yon n'en fut point jaloux ; Renaud lui avait retiré une trop grosse épine du pied pour qu'il songeât à autre chose qu'à lui en témoigner publiquement et privément sa reconnaissance. Il lui donna d'abord la majeure partie du butin remporté sur les païens ; Renaud le refusa modestement et le distribua à ses frères et à ses gens. Voyant et admirant cela, le roi Yon lui dit :

— Vaillant chevalier, j'ai une sœur jeune comme un printemps, fraîche comme une rose du matin, belle comme le soleil. Si elle peut vous plaire, je vous demande de l'aimer et de la rendre heureuse.

— Sire, répondit Renaud, ne précipitons rien. J'aime d'avance votre sœur ; mais je ne puis me prononcer à son endroit tant qu'elle ne se sera pas prononcée elle-même au mien. Je n'entends nullement qu'elle fasse partie du butin que vous m'octroyez si généreusement. Je ne veux la devoir qu'à elle-même.

— C'est bien dit, ami Renaud, reprit le roi Yon avec bonté ; mais je dois vous dire, pour vous rassurer, que dame Clarice, ma sœur, a déjà eu connaissance de vos vaillantises et qu'elle les admire, comme faire se doit.

— Alors, nous verrons, Sire, répliqua Renaud, toujours modeste.

Des fêtes splendides eurent lieu dans le palais du roi Yon, tant pour célébrer la prise du chef des Sarrasins que pour honorer les quatre fils Aymon dans la personne de leur frère aîné, le vaillant Renaud. A l'issue de ces fêtes, Bourgons demanda à parler au roi et lui offrit pour sa rançon quatre sommiers chargés d'or et la reddition de la ville de Toulouse. Sur le conseil de Renaud, Yon accepta.

Les quatre fils Aymon vivaient somptueusement à cette cour, où chacun les considérait et les honorait beaucoup. Mais ce régime là ne convenait guère à leur humeur guerroyante, et, le plus souvent, ils échappaient aux fêtes inventées en leur honneur, pour aller chasser les fauves dans les forêts voisines.

Un jour, comme ils revenaient chargés de quatre sangliers tués par eux, ils s'arrêtèrent sur les bords de la Gironde, et virent, de l'autre côté de cette rivière, une montagne où existaient encore les débris d'un vieux château-fort.

— Frère Renaud, dit Allard, il me semble qu'il y avait autrefois une forteresse en cet endroit. Si nous pouvions en relever les ruines, la situation en est si bien choisie, que nous serions là complètement à l'abri des tentatives de Charlemagne. Demandez au roi Yon cette montagne et les ruines qui la couronnent; il ne vous les refusera pas.

— Notre cousin Allard parle d'or, répondit Maugis, et je conseille fortement à Renaud de faire ce qu'il propose.

— J'y songeais déjà, répondit Renaud.

Ces paroles échangées, les chasseurs se remirent en marche, arrivèrent à Bordeaux, et se présentèrent avec leurs quatre sangliers au roi Yon, à qui ils les offrirent. Le roi Yon fut touché de cette marque d'amitié et il les remercia chaudement.

— Sire, lui dit alors Renaud, en revenant de la chasse, nous nous sommes arrêtés un instant sur les bords de la Gironde et nous avons aperçu, de l'autre côté de cette rivière, une montagne couronnée de débris de donjon. Donnez-moi cette montagne : j'y ferai bâtir une forteresse, pour mes frères, mes chevaliers et moi.

— J'y consens de grand cœur, répondit le roi Yon; je sais que vous n'en abuserez pas pour me dominer et faire la loi. Vous êtes un aussi loyal cœur qu'une brave épée. J'ai foi en vous.

— Et vous avez bien raison ! dit simplement Renaud.

Les fils Aymon ne perdirent point de temps. Ils appelèrent les meilleurs maçons et les plus habiles charpentiers du pays, et, sur les plans dressés par Renaud, s'éleva bientôt, comme par enchantement, la plus belle et la plus formidable forteresse qui fut au monde. Le donjon était imprenable, protégé qu'il était par un triple rang de hautes murailles et par l'escarpement même de la montagne au sommet de laquelle il était bâti. Quand les travaux furent terminés, le roi Yon vint les voir et les admira beaucoup, sans jalousie aucune.

— Tout cela est fort beau et fort bien ordonné, dit-il à Renaud. Maintenant, mon ami, quel nom allons-nous lui donner ? car il lui en faut un ?...

— Proposez, Sire, répondit Renaud.

— Eh bien, je la nomme Montauban.

Le nom fut accepté. Lors, le roi fit publier à son de trompe dans tout le pays, que tous ceux à qui il plairait de venir habiter la forteresse de Montauban seraient quittes de tous droits, corvées et sujétions pendant dix années consécutives. Et bientôt, chevaliers, gentilshommes, bourgeois et marchands, arrivèrent en grand nombre à Montauban, comme les abeilles à la ruche; Montauban fut peuplé.

— Maintenant, dit un jour le roi Yon à Renaud, reparlons un peu de ma sœur Clarice. Je vous la veux donner en mariage: cela vous convient-il ?...

— Sire, répondit Renaud, je suis prêt à faire vos volontés, d'autant qu'elles sont douces et bienveillantes, et que, d'ailleurs, jusqu'ici, vous avez fait les miennes.

Ayant entendu cela, le roi Yon monta à la chambre de sa sœur Clarice, et, lui faisant une amicale révérence, il lui dit:

— Belle sœur, je vous ai mariée.

— A qui, Sire? demanda timidement la jeune fille.

— A un loyal et vaillant chevalier, ma belle sœur.

— Et ce chevalier se nomme ?...

— Renaud, fils du duc Aymon de Dordogne.

— Je l'aimais déjà, mon frère, à cause des services qu'il vous avait rendus ; je l'aime maintenant à cause de l'honneur qu'il veut bien me faire... Je vous obéirai avec plaisir, mon cher frère !...

— Puisque l'obéissance vous paraît si douce et si facile, belle sœur, il faut venir avec moi tout de suite, que je vous présente à Renaud.

Lors, il prit la main de sa sœur et vint la mettre dans celle de Renaud, qui attendait dans une autre salle du palais, et qui fut bien heureux. Puis les deux amants, avec le roi Yon, se dirigèrent vers la chapelle du palais, où l'évêque de Bordeaux leur donna la bénédiction nuptiale.

Une fois cette cérémonie-là accomplie, Renaud manda immédiatement ses frères, qui était à Montauban, afin qu'ils pussent assister aux fêtes données par le roi en l'honneur du mariage de Clarice et de Renaud. Ces fêtes durèrent huit jours et huit nuits, et dépassèrent, en éclat et en bonheur, toutes celles qui avaient pu se donner jusque-là dans le pays.

CHAPITRE VIII.

Comme Charlemagne, ayant appris que les quatre fils Aymon étaient à Montauban, somma le roi Yon de les lui livrer, sous peine d'être assiégé ; réponse du roi Yon, et arrivée à Paris de Roland, neveu de Charlemagne, avec trente chevaliers bien armés.

Charlemagne, une fois à Paris, eut envie d'aller en pèlerinage à Saint Jacques en Galice, et, en conséquence, il partit, accompagné d'Ogier-le-Danois, du duc Naymes et d'un certain nombre de barons. Arrivé à Saint Jacques, le roi entra dans l'église, fit ses dévotions et déposa deux marcs d'or sur l'autel. Cela fait, il s'en revint vers Bordeaux, suivi de ses preux, et rencontra la forteresse de Montauban, sur les bords de la Gironde.

— Qu'est ceci? demanda-t-il à un paysan qui passait, d'aventure.

— Sire, répondit l'homme, c'est le château de Montauban, qu'a fait bâtir là Renaud, l'un des quatre fils Aymon.

— Encore cet homme ! s'écria Charlemagne. Je le trouverai donc toujours sur mon chemin. Il faut que cela finisse ! Ogier, et vous, duc Naymes, allez de ma part trouver le roi de Gascogne, et dites-lui que j'entends qu'il me livre au plutôt les quatre fils Aymon, mes ennemis, et qu'il me donne une escorte de chevaliers pour les conduire dans mon pays où ils seront pendus. S'il n'y consent pas, ajoutez que d'ici à trois mois je serai en Gascogne à la tête d'une armée considérable et que je viendrai mettre le siége devant Bordeaux. Allez !

Ogier et le duc Naymes allèrent trouver le roi Yon et s'acquittèrent auprès de lui de la commission dont on les avait chargés.

— Sires chevaliers, répondit Yon, je n'ai qu'à me louer des quatre fils Aymon, à ce point que j'ai donné ma sœur Clarice en mariage à Renaud, l'un d'eux.

Malgré toute l'estime que je fais de Charlemagne, il me répugne de me rendre coupable d'une trahison aussi noire. Dites-lui donc que, plutôt que de les livrer, je consens à encourir sa colère.

— Je vous remercie de ces bonnes paroles, roi Yon, dit alors Renaud, présent à l'entrevue. Ne redoutez pas les menaces de Charlemagne. S'il veut faire le siège de Montauban ou de Bordeaux, il peut venir; mais je vous réponds qu'il regrettera d'être venu. Il parle bien haut, aujourd'hui; il changera de ton avant peu, soyez en certain.

Le duc Naymes et Ogier-le-Danois revinrent trouver Charlemagne, auquel ils exposèrent le résultat de leur mission. Charlemagne, irrité, et jurant en son cœur de tirer une éclatante vengeance de cet affront, reprit avec sa suite le chemin de Paris. Sa cour assemblée, il raconta la dernière avanie du roi Yon et des quatre fils Aymon, et demanda à ses barons ce qu'ils en pensaient. Aucun d'eux n'osa se décider contre Renaud, que l'on redoutait.

— Sire, dit le duc Naymes, si vous voulez m'en croire, vous retarderez jusqu'au printemps l'occasion de guerroyer que vous voulez saisir aujourd'hui. Vos gens sont encore fatigués de votre dernière expédition; quand ils seront plus reposés, vous pourrez alors faire une levée en masse et marcher contre les rebelles. Nous vous suivrons tous de bon cœur.

— Mauvais conseil, répondit le roi, mauvais conseil!

Au moment où il allait manifester véhémentement son opinion, un beau jeune homme entra dans la salle à la tête de trente chevaliers.

— Sire, dit-il, je m'appelle Roland, et suis le fils du duc Milon et de votre sœur. Je viens me mettre à votre disposition.

— J'en suis heureux, beau neveu, répondit Charlemagne en l'embrassant. Bon sang ne peut mentir. Demain je t'armerai chevalier et tu partiras incontinent pour aller combattre Renaud, fils d'Aymon. C'est un adversaire digne de toi!...

— Sire, répondit Roland, je connais ce Renaud, fils d'Aymon; il a tué Berthelot, mon cousin, dont je veux venger la mort.

Le lendemain matin, ainsi qu'il l'avait promis, le roi Charlemagne fit chevalier son beau neveu Roland. Au moment où il lui donnait la colée, survint un messager qui dit :

— Sire, vos gens de Cologne vous saluent et vous font savoir que les Sarrasins ont brûlé, pillé et détruit votre pays; ils vous supplient en conséquence de leur venir immédiatement en aide.

— Sire, dit Roland, s'apercevant que son oncle réfléchissait, mettez-moi à la tête de vos gens et je m'engage à faire lever le siège que les païens ont mis devant Cologne !...

— Mais Renaud ?... fit observer Charlemagne.

— Chaque chose a son heure, répondit Roland. Renaud viendra après !...

— Beau neveu, tu as réponse à tout. Heureux le moment où tu as été conçu !... Je vois que tu seras mon appui glorieux. Je reconnais en toi le sang de ma race !...

Quelques jours après, Roland, muni des recommandations de Charlemagne, partait pour Cologne à la tête d'une petite armée de vingt mille hommes bien armés. La première rencontre fut un triomphe, mais un triomphe sanglant. Français et Sarrasins tombaient comme des mouches et le champ de bataille ressemblait à un immense cimetière dont on n'aurait pas eu le temps d'enfouir les morts. Les chevaux nageaient dans le sang et leurs sabots entraient dans les entrailles décousues et dans les poitrines entrouvertes. Roland menait rondement sa vaillante armée, électrisée par son exemple. Les Sarrasins abvolèrent bien vite, laissant leur chef Escoursaut entre les mains des Français.

— Poursuivons ces lâches ! cria Roland à ses gens.

— Seigneur, dit Escoursaut, je vous supplie d'épargner mes gens. Les prisonniers que vous avez faits et la victoire que vous avez remportée doivent vous suffire. Ils sont déjà assez malheureux de me savoir pris. Accordez leur une trêve et conduisez-moi vers le roi Charlemagne. Je consens à devenir son vassal, et je m'engage aussi pour ma postérité.

La parole du chef des Sarrasins fut écoutée. Roland cessa de poursuivre les fuyards et promit la trêve au nom de Charlemagne, à qui Escoursaut fut amené en grande pompe.

Quand le roi apprit que son neveu était revenu, qu'il avait vaincu les Sarrasins et fait leur roi prisonnier, il monta à cheval et alla audevant de lui.

— Sire, dit Roland en apercevant son oncle et en venant se prosterner respectueusement devant lui, nous vous amenons Escoursaut, chef des païens. Il consent à devenir votre vassal si vous consentez à lui pardonner.

— Beau neveu, répondit le roi, je suis heureux de ce coup d'essai et je t'en félicite : tu deviendras un illustre chevalier. Quant à ce que tu me dis d'Escoursaut, je ne l'accepte pas; c'est un traitre et je n'ai pas la moindre confiance en ses promesses. Qu'on le conduise en prison et que, tout en lui donnant convenablement à boire et à manger, on le surveille activement.

Cela dit, Charlemagne reprit sa route avec ses barons.

— Sire, objecta le duc Naymes, on ne peut nier que Roland ne soit un preux digne de toute votre estime. Il a vaincu les Sarrasins et ce n'était pas une petite affaire. Pourtant, il avait un triste cheval. Que serait-ce donc s'il en avait un bon !... Il serait irrésistible.

— C'est vrai, répondit le roi. Comment ferons-nous pour lui trouver un cheval digne de lui.

— Le moyen est bien simple, Sire: faites publier, au son de la trompette, que vous voulez voir courir tous les chevaux de votre armée et que celui auquel appartiendra le meilleur coureur aura pour récompense une couronne d'or, cinq marcs d'argent et cent pièces de draps de soie. Quand vous saurez ainsi quel est le meilleur cheval de votre royaume, vous l'achèterez et en ferez présent à votre neveu Roland, qui l'a bien mérité.

Le moyen parut bon à Charlemagne qui s'empressa de faire publier au son de trompe, par tout son royaume, qu'une course extraordinaire de chevaux aurait lieu à Paris à la Saint-Jean. C'est ainsi que Renaud l'apprit.

— Charlemagne verra le meilleur tour du monde, dit-il en riant à son cousin Maugis. Je veux me rendre à Paris, monté sur Bayard, et gagner la couronne d'or.

— Ne faites pas cela, cousin, répliqua Maugis, la prudence s'y oppose. Ou, tout au moins, consentez à ce que je vous accompagne. Vous serez plus en sûreté. Nous nous ferons suivre, en outre, par des chevaliers fidèles et déterminés.

— Cela me convient, cousin, répondit Renaud.

Il alla ensuite vers sa femme, qu'il embrassa tendrement en lui disant :

— Madame, l'honneur m'appelle à Paris. Je vous laisse la garde de Montauban, où je reviendrai bientôt, je l'espère.

— Sire, répondit Clarice, vous faites bien de vous en rapporter à moi. Ordonnez seulement à vos chevaliers de ne point sortir du château, et je vous réponds que personne n'y entrera en votre absence, fut-ce le roi mon frère. Allez donc à Paris et que Dieu vous garde !...

Renaud, satisfait de cette assurance, embrassa de nouveau dame Clarice et se mit en route avec ses frères, son cousin Maugis et un certain nombre de chevaliers. Arrivés à Orléans, audelà de la Loire, on leur demanda qui ils étaient et où ils allaient.

— Nous sommes Bernois, répondit Maugis qui parlait pour tous ; nous allons à Paris pour essayer de gagner le prix que le roi a proposé pour la course de chevaux.

On les laissa passer et ils continuèrent leur route tout d'un trait jusqu'à Melun, où ils couchèrent.

— Cousin Maugis, dit Renaud, une chose m'embarrasse. Bayard et moi sommes connus de Charlemagne et de ses barons. Comment faire alors pour entrer en lice ?

Maugis était habile dans l'art des enchantements. Il pila et détrempa une certaine herbe et en frotta Bayard qui, en un instant, de noir et vigoureux qu'il était, devint blanc et comme accablé de vieillesse. Puis de même à Renaud qui, par la vertu d'un élixir dont l'oignit Maugis, fut rajeuni d'une quinzaine d'années. Tous deux étaient méconnaissables.

Cette métamorphose opérée, Maugis et Renaud se dirigèrent vers Paris, laissant à Melun les trois autres fils Aymon et leurs chevaliers. Le jour des courses était arrivé et cela faisait un grand remue-ménage par toute la ville. A la première auberge qu'ils rencontrèrent, Maugis prit sa ceinture un fil de soie, qu'il cira, et dont il attacha une des jambes de Bayard qui, de cette façon, se mit à clocher. Delà, les deux cousins, suivis de Bayard, se rendirent en la prairie de Seine où devait avoir lieu la course.

Charlemagne arriva bientôt avec ses barons, fit placer sa couronne d'or au bout de la lice, avec les cinq marcs d'argent et les draps de soie, et donna le signal aux chevaliers qui devaient courir. Renaud, monté sur Bayard, toujours clochant, se mit en ligne pour prendre part à la joute, au milieu des huées et des brocards de chacun des assistants.

— Oh ! Oh ! voyez donc ce cheval fringant ! criait-on de tout côté en ricanant. Il a peut-être la prétention de remporter le prix !... Pauvre bête ! Elle est plutôt faite pour l'arroi que pour la course !... Et encore, il faut de la vigueur pour tirer l'arroi !... Pauvre animal ! on aura beau l'affoler de coups, on n'en tirera jamais le moindre galop. Cela lui est défendu comme le *Pater* aux ânes !...

Ainsi disait-on de tout côté. Pendant ce temps, Renaud souriait, sans s'émouvoir de ces babioles.

Le signal donné, tous les chevaliers partirent. Maugis, jugeant le moment opportun, se baissa sans faire semblant de rien et délia adroitement le fil de soie qui retenait captif le pied du noble Bayard qui, les naseaux ouverts, l'œil ardent, le cou allongé, partit ventre à terre, à la grande stupéfaction de la foule.

— Bayard, ami Bayard, lui disait Renaud emporté par sa course furieuse et en lui baisant la crinière ; Bayard, ami Bayard, vous savez qu'il faut gagner le prix !

Et Bayard allait comme le vent, comme l'éclair, laissant loin derrière lui tous les chevaux et tous les chevaliers partis quelques minutes avant lui.

— Je n'ai jamais vu cheval courir comme ce cheval blanc, disait le roi Charlemagne, enthousiasmé. S'il n'était blanc comme il l'est, je croirais vraiment que c'est le Bayard de Renaud de Montauban.

Quand Renaud fut au bout de la lice, il arrêta Bayard, se pencha vers la couronne d'or acclampée à un poteau, la prit, la mit sous son bras, dédaigna les cinq marcs d'argent et les cent pièces de draps de soie, et se dirigea à petit pas vers Charlemagne, qui lui dit d'un air bienveillant :

— Arrêtez un peu, l'ami, je vous prie, que je vous félicite. Si vous tenez à ma couronne, vous pouvez la garder ; je vous donnerai en outre, en échange de votre cheval, tant d'argent, tant d'argent, que jamais, quoique vous fassiez, vous ne pourrez être pauvre !...

— Je me soucie de votre argent autant que des neiges d'antan, répondit dédaigneusement Renaud ; et pour ce qui est de votre couronne, je la garde, puisque je l'ai gagnée. Cherchez un autre cheval pour votre neveu Roland : Bayard ne peut être monté que par Renaud.

Cela dit, Renaud parla tout bas à Bayard, qui partit comme une flèche.

— A moi... barons... A mon aide... dit le roi.

On courut après le fugitif. Mais déjà Renaud avait passé la Seine. Arrivé sur l'autre bord, il s'était arrêté pour laisser souffler le brave Bayard. Charlemagne, qui se trouvait sur la rive opposée avec quelques-uns de ses barons, le voyant ainsi arrêté, lui cria :

— Fils d'Aymon, rends-moi ma couronne et je t'accorderai trève pour deux ans.

— Roi Charlemagne, lui répondit Renaud, votre couronne est belle et bonne : je la garde. Elle m'appartient ; je la vendrai pour payer mes chevaliers, m'en réservant seulement l'escarboucle que je placerai au sommet de mon donjon, afin que les pèlerins de Saint Jacques la puissent voir et admirer.

Cela dit, Renaud dit quelques mots à Bayard qui reprit sa course ardente à travers la campagne, jusqu'à un petit bois où Maugis attendait son cousin. Puis ils se dirigea vers Melun, où étaient les trois frères de Renaud, et la petite troupe regagna tranquillement Montauban, où son retour fut fêté comme il convenait.

CHAPITRE IX.

<small>Comme Charlemagne assiégea Montauban, et ce qui en résulta. Comme, ensuite, Roland alla camper dans un lieu nommé Balançon, et ce qui en advint.</small>

Charlemagne était furieux de voir sa proie lui échapper, ainsi que sa couronne. Il assembla ses barons et leur demanda la marche à suivre pour saisir Renaud et ressaisir sa couronne, à laquelle il tenait beaucoup, à cause de l'escarboucle.

— Sire, dit le duc Naymes, calmez votre colère et écoutez-moi. Il ne tient qu'à vous de réduire Yon de Gascogne et de prendre les fils Aymon. Faites assembler tous vos vassaux pour que tous soient prêts à la Chandeleur prochaine, et, après avoir fait de nombreuses provisions de vivres, pour quelques années, vous irez mettre le siége devant Montauban que vous finirez bien par prendre, aidé de votre beau neveu Roland.

Ce conseil fut approuvé, mais quand le roi eut fait part à ses barons de son projet, aucun d'eux ne voulut s'engager envers lui. Tous trouvèrent que la précédente expédition les avait fatigués outre mesure et ils demandèrent du temps pour se reposer. Charlemagne, alors, irrité, jura que, dût-il tout perdre, il irait en Gascogne avec une armée composée exclusivement de jeunes gens.

— Sire, dit le duc Naymes, vous ferez bien de prendre les jeunes gens. Ils en tâteront et verront, comme nous, ce que c'est que ces guerres lointaines dont on ne rapporte rien que des fatigues et des blessures.

— Duc Naymes, répondit Charlemagne, j'augure bien mieux encore des jeunes que des vieux. Les jeunes ont moins de patience, mais ils ont plus de fougue, plus d'audace, j'ose dire plus de courage. Le péril ne les rebute pas; ils vont audevant comme à un rendez-vous joyeux. Mon armée ainsi ravitaillée fera merveille; nous prendrons Montauban; nous vaincrons Yon de Gascogne et nous assujettirons les quatre fils Aymon. Vous verrez!

— Nous verrons, Sire.

Quoique décidé à partir à la Chandeleur, comme il l'avait résolu, Charlemagne eut la prud'hommie d'attendre au temps de Pâques, et bien lui en prit, car la plupart de ses barons se joignirent à lui: Richard de Normandie, Salomon de Bretagne, Dizier d'Espagne, Geoffroi d'Avignon, Bertrand d'Allemagne et l'archevêque Turpin. L'armée se grossit de cette façon de trente mille chevaliers nouveaux. Quand elle fut réunie, Charlemagne appela Roland, lui remit l'oriflamme et lui confia la conduite de tous ses chevaliers qui partirent tout aussitôt et ne s'arrêtèrent qu'à Blois. Quelques jours après, l'armée arrivait sous les murs de Montauban.

— Sire, dit Roland à son oncle, quand donnerons-nous l'assaut?

— Bientôt, beau neveu, bientôt.... Laissez-moi réfléchir un peu. Cette forteresse est très solidement assise, et, avant que nous l'ayons prise, les gens de Renaud auront fortement endommagé mon armée. Je vais tâter d'un autre moyen et envoyer un messager pour poser mes conditions aux quatre fils Aymon.

— Comme vous voudrez, Sire; j'attendrai votre bon plaisir.

Un chevalier fut, en effet, envoyé par Charlemagne à Montauban et introduit immédiatement auprès de Renaud, auquel il dit, avec respect:

— Chevalier Renaud, votre bravoure est connue et je m'incline devant elle; mais vous êtes en ce moment rebelle à Charlemagne, et c'est au nom de ce grand empereur que je viens vous parler. Voici quelles sont les conditions de mon maître et du vôtre: si vous consentez à vous rendre à merci et à livrer votre frère Richard, vous aurez la vie sauve; sinon, votre château sera assiégé, vous serez tous pris et pendus haut et court aux fourches patibulaires de votre propre forteresse. J'ai dit!

— Vos menaces ne m'effrayent pas beaucoup, comme vous voyez, répondit Renaud en riant. Voilà plusieurs fois que Charlemagne me fait cette proposition dont la moitié est inacceptable. A cause des braves gens dont je compromets la vie par un long siége, je consentirais bien à céder Montauban à l'empereur. Mais l'honneur et l'amitié me défendent de livrer mon frère Richard... Voilà mon ultime parole!... Rapportez-la à votre maître et qu'il nous assiége, si cela lui plaît: nous sommes disposés à nous défendre.

Le messager revint vers Charlemagne et lui répéta les propres paroles de Renaud, qui donnèrent un peu de tablature au roi. Cependant il ordonna à ses gens d'avancer de Montauban le plus près possible et de placer sa tente en face de l'entrée principale de cette redoutable forteresse. Dix mille tentes furent bientôt dressées dans l'ordre indiqué.

Lorsque l'armée fut ainsi campée, Roland, qui savait que les intentions de Charlemagne n'étaient pas d'assiéger encore, crut pouvoir s'éloigner un peu de la tente impériale et aller camper, avec ses chevaliers, jeunes comme lui, dans un lieu nommé Balançon, en face de l'autre porte de Montauban, au bord d'une très grande et très profonde rivière. En conséquence il fit mettre sa tente en cet endroit, avec un dragon d'or audessus, en signe de ralliement.

— Cet endroit est admirable, dit-il à sa suite; on découvre tout le pays et l'on peut juger de la bonne position de Montauban, que protégent deux rivières, la Dordogne et la Gironde. Je ne suis plus étonné si les quatre fils Aymon résistent à mon oncle! Jamais nous ne parviendrons à les déloger de là.

— Vous avez tort de parler ainsi, Sire Roland, répondit le jeune Olivier, son plus cher compagnon. Pourquoi ne prendrions-nous pas Montauban? Nous avons bien pris Losanges qui était aussi bien fortifié, et nous avons abattu la grande tour de Constantinople, aussi difficile à aborder que Montauban. Je vous assure, moi, que si les quatre fils Aymon ne se veulent rendre, il leur en cuira.

— Je vous assure, moi, reprit Roland, que s'il en cuit à quelqu'un, ce sera à nous. Renaud est courageux; il est irrésistible, monté sur son cheval Bayard. Ses frères sont courageux aussi; leurs chevaliers les valent bien. Comment voulez-vous donc que nous les mettions à la raison?... Quand vous verrez Renaud en face de vous, mes amis, je vous jure que plus d'un regrettera d'être venu!... Attendons ici les événements, par prud'hommie.

Quand le pavillon de Roland fut tendu, il alla se promener avec Olivier, l'archevêque Turpin et quelques autres barons. Chemin faisant, ils aperçurent un grand nombre d'oiseaux entre les deux rivières.

— Mes amis, s'écria Roland, je propose pour nous distraire, une bonne partie de chasse. Voltons immédiatement et allons quérir nos faucons et nos mulets! Nous nous amuserons beaucoup, je vous le promets. N'est-ce pas votre avis, archevêque Turpin?...

— C'est tout à fait mon avis, chevalier Roland, répondit l'archevêque. Seulement, vous me permettrez de m'abstenir et de rester avec Ogier, sous nos tentes, pour veiller au grain. La jeunesse est enflammée de folie : il faut qu'elle s'amuse. La vieillesse a d'autres devoirs : il faut qu'elle réfléchisse, médite et prie pour ceux qui réfléchissent rarement et ne prient jamais. Je ne vitupère pas contre vous, Dieu m'en garde ; je signale seulement la différence de nos rôles. Allez, beau Roland !

Roland monta lors à cheval, emmena avec lui une trentaine de barons montés sur des mulets, et tous partirent pour aller chasser au faucon, sans souci d'autre chose, pendant que l'archevêque Turpin et Ogier, restés sous leurs tentes, se faisaient raconter par un ancien les détails du siége de la grande ville de Troyes.

Laissons les jeunes chasser et les anciens causer, et revenons aux quatre fils Aymon.

— Frères et amis, dit Renaud, un de nos espions m'apprend à l'instant que Roland et Olivier, avec trente chevaliers, se sont éloignés du camp impérial et sont allés chasser au faucon dans la plaine de Balançon... Il faut les faire repentir de cette imprudence.

Renaud s'arma, ses frères et son cousin s'armèrent aussi et, suivis de quatre mille chevaliers bien armés, ils sortirent de Montauban par une poterne connue d'eux seuls. Un forestier les guidait par les endroits les plus impénétrables de la forêt, de façon à dissimuler leur marche ; il les conduisit ainsi droit à Balançon, en face des tentes.

— Mes amis, s'écria Renaud en montrant le camp ennemi, voyez la belle capture que nous avons à faire !...

— Sire, lui répondirent ses chevaliers avec enthousiasme ; avançons hardiment, car, vous ayant à notre tête, nous irions attaquer l'Enfer !...

L'archevêque Turpin, qui gardait le camp de Roland, leva la tête et vit des corbeaux qui menaient un grand bruit audessus de Montauban.

— Mauvais présage ! s'écria-t-il.

Il regarda ensuite du côté de la forêt et aperçut la petite armée de Renaud. La terreur, alors, s'empara de lui. Il appela Ogier-le-Danois, lui donna l'éveil de la présence des ennemis et le pria de faire sonner les trompettes, ce qu'il fit incontinent, un peu ému lui-même de cette brusque apparition. En un clin-d'œil, l'armée fut en mouvement et prête à repousser les assaillants.

— Ah ! Ah ! dit Renaud. L'éveil est donné ; les gens de Roland sont sur pied ! C'est fâcheux ; mais nous nous en tirerons tout de même. Attaquons-les rapidement. Cousin Maugis, restez dans la forêt avec mille chevaliers : vous ne viendrez que lorsque vous jugerez que nous avons besoin d'être secourus. Sus ! Sus ! Sus ! criait-il. Sus aux Français, mes amis !... Nous vaincrons !...

Et Renaud s'élança en avant. Le premier qu'il rencontra fut Aymeric, comte de Nicol : il le renversa mort d'un coup de sa lance, qui s'en brisa. Mettant alors l'épée à la main, il la fit joyeusement reluire au soleil et courut à la rencontre de nouvelles victimes.

— Sus ! Sus ! criait-il. Où est Roland ? Où est Olivier ? Où est Turpin ? Ces gens qui nous ont appelés traitres, où sont-ils ?...

— Me voilà, Renaud ! répondit l'archevêque Turpin en se précipitant audevant de lui.

— Tiens, Turpin ! cria Renaud en lui rompant le casque d'un vaillant coup d'épée. Tu aurais mieux fait de rester dans ton église, archevêque de malheur !....

— Et toi dans ton nid de pierre, vautour ! répliqua Turpin, revenu de son étourdissement, et appliquant un violent coup de lance sur l'écu de Renaud.

Mais Renaud était solide sur ses étriers et nul, jusques-là, ne les lui avait fait vider. Il passa à côté de Turpin, en riant, et se précipita en plein carnage, suivi de ses frères qui faisaient rage, comme lui. Ogier-le-Danois, monté sur Brouard, le vaillant Brouard, vint à la rencontre de Richard et il le frappa si rudement qu'il le renversa de cheval. Renaud, voyant son frère démonté, accourut vers Ogier, lui porta de violents coups d'épée et, finalement, arrêta Brouard par la crinière, après avoir envoyé son maître rouler à quelques pas delà, dans la poussière. De son côté, Maugis, voyant que tous les bataillons étaient en désordre, jugea le moment favorable pour intervenir ; il sortit donc de son embuscade, vint à Balançon, passa le gué et se jeta en pleine mêlée. Au bout d'une heure de ce carnage, les Français étaient en désarroi. Quant aux gens des fils Aymon, après les avoir poursuivis pendant une lieue, ils revinrent au camp, s'emparèrent de tout ce qui s'y trouvait et revinrent à Montauban, contents de leur journée. Maugis fit distribuer le butin conquis ; après quoi, il monta sur le haut de la tour principale du château et y arbora le dragon d'or, enlevé par lui à la tente de Roland. Toute l'armée de Charlemagne l'aperçut et Charlemagne s'imagina que Roland s'était emparé de Montauban, ce dont il se réjouit fort.

CHAPITRE X

Comme le roi de Gascogne se décida à livrer les quatre fils Aymon à l'empereur Charlemagne.

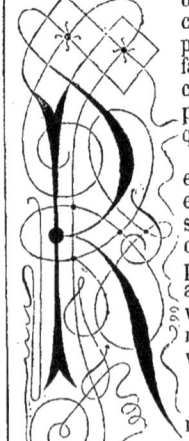

Roland et Olivier revenaient de la chasse très contents : ils avaient pris beaucoup d'oiseaux, et leurs faucons étaient bien fatigués. En chemin, ils rencontrèrent Damprambaut, un de leurs chevaliers, qui venait audevant d'eux.

— Sire Renaud, dit-il, vousavez eu beaucoup de déduict, certes, et je vous en félicite. Mais ces oiseaux que vous avez pris vous coûteront plus cher que vous ne pensez. Pendant que vous vous amusiez, les quatre fils Aymon venaient vous prendre vos hommes et vos chevaux... Vous pouvez voir votre dragon sur la tour de Montauban.

Roland fut très ému de cette nouvelle ; il resta songeur pendant quelques instants ; puis, se tournant vers l'archevêque Turpin.

— Que me conseillez-vous ? lui demanda-t-il. Je n'ose me représenter devant mon oncle, après ce qui vient d'arriver.

— Sire Roland, répondit Turpin, vous n'êtes pas le premier auquel pareille chose est arrivée... C'est une surprise désagréable, voilà tout. Pour vous ré-

conforter, je vous promets qu'avant trois jours vous aurez les gens de Renaud comme il a eu les vôtres.
— Vraiment ?... dit Roland.
— Vraiment, dit Turpin.

Ainsi rassuré, Roland remonta à cheval; Olivier et Turpin en firent autant; et la petite troupe revint vers le camp de Charlemagne, un peu en désarroi, comme bien vous pensez. Au bout de deux jours, pendant lesquels Roland, honteux, était resté sans oser sortir de la tente du duc Naymes, l'archevêque Turpin alla vers Charlemagne à qui il raconta tout. Charlemagne en fut bien fâché et, comme à l'ordinaire, il réunit ses barons pour prendre conseil d'eux sur la conduite qu'il devait tenir. Quelques uns s'abstinrent, le cas étant grave; le duc Naymes seul conseilla d'agir vigoureusement et d'envoyer des messagers au roi Yon, à seule fin de le forcer à livrer les quatre fils Aymon.
— Naymes, répondit Charlemagne, votre conseil est bon et je le veux suivre.

Appelant alors un chevalier, il ajouta:
— Vous allez vous rendre à Toulouse, auprès du roi Yon; vous lui direz que je suis entré en Gascogne avec mes douze pairs de France et à la tête de cent mille combattants. Si cela ne le touche pas, vous ajouterez que s'il ne me livre pas les quatre fils Aymon, mes ennemis, je lui ôterai sa couronne et son royaume et qu'on ne l'appellera plus désormais que « le roi détrôné. » Allez !...

Le messager de Charlemagne partit, alla à Toulouse, fut introduit auprès du roi Yon et lui exposa l'objet de sa visite. Le roi Yon resta quelques instants sans répondre; puis, voyant que le messager attendait qu'il se prononçât, il lui dit:
— Mon ami, ce que vous m'annoncez est tellement grave, que je ne puis prendre sur moi de vous donner une réponse immédiate. Il faut que vous vous décidiez à rester ici une huitaine de jours...

Le messager ayant consenti, le roi Yon le recommanda à son sénéchal, et, suivi de huit comtes, se rendit dans une chambre secrète du palais, dont il fit soigneusement fermer toutes les portes, afin que personne ne pût entendre du dehors ce qui allait s'y dire et faire.
— Seigneurs, dit-il à ses conseillers, voici ce qui arrive. Vous connaissez et estimez les quatre fils Aymon. Il parait qu'ils sont les ennemis personnels de Charlemagne, qui veut les avoir à toute force, et, pour cela, ne craindra pas de me déposséder de ma couronne et de mon royaume, si je ne les lui livre, pieds et poings liés.
— Sire, répondit le chevalier Godefroid, neveu du roi Yon, je suis vraiment surpris. Vous nous demandez conseil sur ce que vous devez faire en cette occurence? Mais, Sire, avez-vous donc déjà oublié ce que nous devons tous et ce que vous devez vous-même aux braves fils Aymon ?... Ce sont nos amis, et, qui plus est, Renaud est votre frère, puisque vous lui avez donné votre sœur. Les livrer à Charlemagne serait une infamie, et de loyaux chevaliers ne conseilleront jamais une infamie. Cherchez ailleurs d'autres conseils et d'autres conseillers !...

Cette bouillante sortie de Godefroid fut applaudie. Le vieux comte d'Anjou, seul, branlant sa tête chenue, n'applaudit pas et parla ainsi:
— Sire, ne vous laissez pas impressionner par l'enthousiasme de votre beau neveu: c'est un feu de paille. Tournez-vous du côté des sages et des prud'hommes. Nous savons mieux que les jeunes, nous autres vieux, ce qu'il convient de faire dans les circonstances difficiles. Nous allons plus lentement, mais plus sûrement. Nous connaissons le prix des choses et des gens. Rien ne nous influence, rien ne nous grise !... Les quatre fils Aymon sont de braves chevaliers, j'en conviens; Renaud est votre frère, je le sais. S'ils n'étaient pas les ennemis de Charlemagne, vous leur devriez, plus qu'à personne, votre amitié et votre protection; mais ils sont les ennemis de Charlemagne et cet empereur est puissant: on ne le brave pas en vain. Par ainsi, livrez lui les quatre fils Aymon!
— Sire, Sire, s'écria Guichard de Bayonne, n'écoutez pas ce cruel conseil du comte d'Anjou. En l'écoutant, vous vous déshonorez, tout simplement !... Nous périrons tous, s'il le faut, mais nous ne livrerons pas les quatre fils Aymon !...
— Sire, dit à son tour le comte Hector, écoutez le conseil du comte d'Anjou: homme sage, conseil sage. Je ne vitupère pas contre les fils Aymon; je les tiens, au contraire, pour de braves et loyaux chevaliers. Mais leur présence en Gascogne compromet trop votre couronne. Ils ont eu le malheur d'attirer sur leurs têtes la colère de Charlemagne; ne l'attirez pas sur la vôtre en les protégeant plus longtemps. Il vaut mieux encore sacrifier quatre chevaliers que de sacrifier un royaume.
— Ami Hector, répondit Yon, je veux suivre votre conseil, qui est celui de mon loyal vassal le comte d'Anjou: je le juge très sage. J'ai du reste l'esprit affiné de mauvaises réflexions et je veux sortir, au plus vite, de l'embarras où je me trouve. Je rendrai donc les quatre Aymon. Pauvre Renaud !...

Le roi, à ce souvenir, poussa un long soupir et tomba dans une mélancolique songerie que respectèrent les barons en se retirant un à un.
— Pauvre Renaud ! murmura-t-il. Il m'a obligé, il m'a secouru, et je vais le livrer, ainsi que ses frères !... Je garderai ma couronne et mon royaume, mais je serai réputé traitre roi, déloyal ami, frère félon, durant le reste de ma vie !... Pauvre Renaud!

Quand le roi Yon eut suffisamment pleuré le sort des quatre fils Aymon, il se fit une raison et appela son chapelain, auquel il dit:
— Ecrivez au roi Charlemagne qu'avant dix jours il trouvera les quatre fils Aymon dans les plaines de Vaucouleurs, revêtus de manteaux d'écarlate fourrés d'hermine, montés sur des mulets, et tenant des roses en leurs mains. Huit comtes de mon royaume les accompagneront. Si, de cette façon, les quatre fils Aymon lui échappent, qu'il s'en prenne à lui, non à moi.

La lettre écrite et scellée, le roi Yon, appela son sénéchal et lui commanda de la porter à Charlemagne.

Le sénéchal monta à cheval, prit avec lui le héraut de Charlemagne, et tous deux quittèrent Toulouse. Quand ils furent arrivés près de Montauban, dans la plaine, ils aperçurent la tente royale et s'y rendirent pour rendre compte l'un et l'autre de leur mission. Charlemagne, ayant lu la lettre du roi Yon, parut très satisfait.
— Votre maître parle bien, dit-il au sénéchal; je vois qu'il comprend à merveille ses intérêts et son devoir. En me livrant mes ennemis il devient mon

ami. Dès aujourd'hui il peut compter sur moi ; j'augmente sa seigneurie de quatorze bons châteaux ! Retirez-vous avec ces paroles de bonne amitié, que vous porterez de ma part à votre maitre, ainsi que les quatre manteaux d'écarlate fourrés d'hermine qui doivent servir à faire reconnaître les quatre fils Aymon...

Ce disant, Charlemagne donna au sénéchal l'anneau d'or qu'il avait au doigt, et après l'avoir congédié, fit appeler auprès de lui Ogier-le-Danois et Foulques de Morillon, auxquels il tint ce langage :

— Je vous ai fait appeler, parce que j'ai un secret à vous confier et que je veux qu'il ne soit connu que de nous trois... Voici ce que c'est. Le roi Yon consent enfin à nous livrer les quatre fils Aymon... Vous allez vous rendre, en conséquence, avec trois cents chevaliers dans les plaines de Vaucouleurs, où ils doivent passer bientôt, et, morts ou vifs, vous me les amenerez !...

— Sire, fit observer Ogier, nous n'avons jamais vu les quatre fils Aymon, qu'armés en guerre ; comment les reconnaîtrons-nous ?...

— Cela est prévu, répondit le roi ; ils seront montés sur des mulets et vêtus de manteaux d'écarlate fourrés d'hermine ; ils tiendront en outre des roses à la main.

— Cela nous suffit, Sire ! dit Ogier.

Foulques de Morillon et Ogier-le-Danois réunirent donc les trois cents chevaliers qu'il leur fallait et sortirent secrètement du camp, pour se rendre dans les plaines de Vaucouleurs. Une fois arrivés, ils s'embusquèrent dans un petit bois de sapins, afin de n'exciter aucun soupçon, et attendirent quelque temps.

Hélas ! pourquoi Renaud et ses frères n'étaient-ils pas instruits de ce qui se tramait contre eux ! Au lieu de mulets, ils auraient pris des chevaux ; au lieu de manteaux d'écarlate fourrés d'hermine ils auraient mis leur solide armure !...

Revenons à Toulouse et au roi Yon.

Le sénéchal revint, porteur d'une lettre de Charlemagne. Yon fit ouvrir cette lettre par son secrétaire et, voyant que sa trahison était acceptée et payée, il se mit à pleurer comme une femme. Puis, redevenant homme et roi, il manda son escorte habituelle de chevaliers et partit aussitôt pour Montauban. La première personne qui se présenta à lui, lorsqu'il entra dans le palais de Renaud, fut Clarice, sa sœur, qui voulut se jeter dans ses bras. Mais il la repoussa doucement, en se plaignant d'un violent mal de tête, et en la priant de lui faire préparer un lit, parce qu'il avait besoin de repos. Le lit préparé, Yon se coucha, sans pouvoir dormir.

— Hélas ! murmurait-il en se retournant çà et là sur sa couche, sans pouvoir ciller les yeux. Hélas ! combien je suis malheureux ! Quelle cruelle alternative ! Perdre ma couronne ou Renaud !... Ma sœur va me maudire !... Livrer son époux !... Livrer de si braves chevaliers qui ne m'ont jamais fait que du bien !... Hélas ! Hélas ! Hélas ! Je ne m'appelle plus Yon ; désormais, on m'appellera Judas Iscariote !...

Pendant que ce pauvre homme de roi se livrait ainsi à l'amertume de ses regrets, Renaud et ses frères, revenus de la chasse, apprenaient la présence de leur beau-frère à Montauban, et, joyeux de cette aubaine, se livraient à des fanfares et à des sonneries à réveiller un mort. Ils ne cessèrent que lorsqu'on vint leur apprendre que le roi Yon, fatigué et malade, avait besoin de repos et de silence.

Le lendemain, Yon se présenta devant les quatre fils Aymon et, sans plus de paroles, les pria d'accepter en présent, chacun, un manteau d'écarlate fourré d'hermine, et de le porter en son honneur. Quand chacun d'eux, pour lui faire plaisir, eut revêtu le manteau, le roi Yon ne put s'empêcher de tressaillir et de pleurer.

— Qu'avez-vous donc ? demanda Renaud affectueusement à son beau-frère.

— Je n'ai rien, absolument rien, sinon que je vous trouve merveilleusement habillés ainsi, répondit le roi Yon en se détournant.

On déjeuna, les quatre fils Aymon de très bon appétit, comme toujours ; le roi Yon, seul, ne fit pas la moindre fête aux plats qu'on lui présenta. Seulement, vers la fin du repas, enhardi par la confiance que lui témoignait Renaud, il lui dit :

— Ami Renaud, j'ai quelque chose à vous confier. J'ai été à Monbodel, où j'ai conféré avec Charlemagne, qui m'accusait de trahison, parce que vous êtes dans mon royaume. J'ai présenté gage devant toute la compagnie, mais personne n'a été assez hardi pour me dédire. Nous avons eu plusieurs paroles ensemble, et à la fin nous avons déclaré la paix aux conditions suivantes, savoir : Que vous irez demain aux plaines de Vaucouleurs ; vous n'aurez pour arme que votre épée ; vous monterez sur des mulets, serez revêtus des manteaux que je vous ai donnés, et porterez chacun une rose à la main ; je vous ferai accompagner par huit de mes comtes, le plus honnêtement qu'il me sera possible. Vous trouverez le roi, le duc de Bavière, Oger et les douze pairs de France. Vous saluerez Charlemagne, lui baiserez les pieds, et il vous rendra toutes vos seigneuries.

— Sire, répondit Renaud, je me méfie de Charlemagne, qui nous déteste.

— Ne craignez rien, lui répondit Yon, il en a fait le serment devant toute sa baronie.

— Que dites-vous, reprit Allard ? Vous savez que Charlemagne a juré notre perte s'il pouvait nous prendre ; je suis surpris que vous continuiez à aller, tout désarmé, vous remettre entre ses mains ; pour moi, je n'irai pas sans armes.

— A Dieu ne plaise, dit Renaud, que je ne m'en rapporte pas au roi Yon !

Puis, se tournant vers ce dernier :

— Sire, lui dit-il, nous irons au lieu marqué, quoiqu'il doive nous en arriver. Pour vous, comme pour nous, j'espère faire notre paix avec Charlemagne !

Le roi Yon quitta alors la salle, et Renaud resta seul avec ses frères et sa femme, qui vint vers lui et l'embrassa bien tendrement en lui disant :

— Je crois en mon frère, mais je ne crois pas en Charlemagne. Mon ami, je vous en supplie, n'allez pas à ce rendez-vous de Vaucouleurs ! Il y a quelque trahison sous roche ! Prenez garde ! Cette nuit, j'ai eu des songes alarmants. J'étais aux fenêtres du palais... Mille sangliers sortent tout-à-coup du bois... et fondent sur vous, armés de leurs terribles boutoirs, blancs ou aigus comme des épées..... Vous tombez percé de coups, et, avec vous, tombe la tour de Montauban... Vient ensuite un traître qui frappe Allard et lui perce le bras... Puis deux anges apparaissent, s'emparent de Richard et le pendent à un pommier..... Voilà mon rêve, mon doux ami!... Je vous supplie de prendre garde et de me conserver votre existence qui m'est si chère!...

— Femme, taisez-vous! répondit brusquement Renaud. Il n'y a que les enfants, les femmes et les fous qui croyent aux songes!... Je ne leur fais nulle créance, pour ma part. Ainsi, ne parlons plus de cela!... J'irai au rendez-vous qui m'est assigné.

— Je n'irai pas, moi, dit Allard.

— J'irai, moi, dit Richard, mais non dans l'attirail convenu... Nous vous suivrons, frère Renaud, mais armés de pied en cap, et vous emmenerez votre glorieux cheval Bayard, qui, en cas de danger, peut nous porter tous les quatre.

— J'y consens, si le roi Yon y consent, répondit Renaud.

Le roi Yon, interrogé, s'opposa à ce projet de Richard, en prétextant l'ordre formel de Charlemagne. Comme, en somme, les quatre fils Aymon n'avaient jamais eu à se plaindre du roi Yon, et qu'ils étaient, pour le moment, à cent lieues de le croire capable d'une trahison, ils se décidèrent à partir dans le costume et dans l'ordre indiqués d'avance, montés tous les quatre sur des mulets.

En chemin, et pour en abréger les longueurs, Allard se mit à chanter des chansons fort gaillardes dont ses frères répétèrent le refrain avec une grande gaîté. Les huit comtes du roi Yon, qui formaient leur escorte et qui savaient toute la trahison dont les quatre fils Aymon allaient être victimes, ne pouvaient s'empêcher de les plaindre, en ce moment surtout où ils chantaient des gaillardises. S'ils eussent osé, même, ils leur auraient conseillé d'entonner plutôt un *de profundis* ou un *Dies iræ*. Un bardit eût certes mieux convenu!...

Renaud, d'abord, comme l'aîné des quatre fils et le plus grave par conséquent, n'avait pas voulu se mêler à leurs chansons, impressionné qu'il était, malgré lui, par le songe de sa femme et par des pressentiments personnels. Cependant, gagné peu à peu par la confiance et par la gaîté de ses frères, il mêla sa voix aux leurs.

La situation de la plaine où cette petite troupe devait s'arrêter, et où elle s'arrêta bientôt, était celle-ci : quatre forêts épaisses l'entouraient, dont la moindre n'avait pas moins d'une journée; quatre rivières profondes la coupaient, la Gironde, la Dordogne, le Noir et le Balançon; quatre chemins partaient de là, dont l'un allait en France, le second en Espagne, le troisième en Gallice et le quatrième en Gascogne, et, dans chacun d'eux, embusqués, se tenaient cinq cents hommes. En outre, pas la moindre habitation à dix lieues à la ronde. Un endroit bien choisi, comme vous voyez, pour une trahison!

Une fois entrés dans la vallée, les quatre fils Aymon descendirent de mulet et firent quelques pas en avant, en explorateurs. Il n'y avait personne. Ce silence les étonna, et leurs soupçons leur revinrent à l'esprit.

— Nous sommes trahis! dit Allard à Richard. Trahis! Et j'ai peur que ce ne soit par Renaud!..... Il voulait se débarrasser de nous, et il n'a trouvé que ce moyen!... Renaud, ajouta Allard en voyant son frère aîné revenir de son côté, vous voyez bien que c'était un piége!... Nous sommes tombés dans quelque embuscade... j'en suis sûr, maintenant... et par votre faute!... Ah! pourquoi n'avez-vous pas voulu m'écouter, lorsque je vous conseillais de ne partir qu'armés, avec une troupe suffisante, et surtout avec votre bon cheval Bayard!... Le roi Yon nous a trahis!...

Au moment où Renaud se disposait à répondre à son frère pour le rassurer, on vit poindre à l'horizon un millier de cavaliers dont les armes reluisaient au soleil.

— Trahis! trahis! répéta Allard, en courant vers Guichard et Allard. Ah! Renaud! Renaud! vous! Qui se serait attendu à cela de votre part!... Richard, Guichard, notre frère nous a trahis; il nous a attirés dans un coupe-gorge... Mais, si le ciel est juste, il périra le premier, victime de sa félonie!

— Pauvre frère! répondit Renaud en souriant tranquillement, sans songer à se défendre; et cependant l'épée d'Allard était levée sur sa tête!

— Frère, lui dit alors Richard, expliquez-vous; car, en effet, il y a ici une trahison; d'où qu'elle vienne, il y en a une!

— Mes chers enfants, je vous plains, répondit doucement Renaud; je vous plains de votre erreur, et je me plains moi-même de vous avoir attirés, sans le savoir, dans un abominable guet-à-pens!... Regardez-moi bien, mes amis, et dites-moi si j'ai le visage d'un traître!...

— Non! non!... s'écrièrent ses frères. Les traîtres se logent sous une autre peau que la vôtre, et nous vous demandons pardon d'avoir un instant douté de vous!...

— Seigneurs, reprit Renaud en s'avançant l'épée haute vers l'escorte de comtes que leur avait donnée le roi Yon; voici des ennemis qui approchent, armés et nombreux; le roi Yon vous a donnés à nous pour nous protéger : allons, haut le cœur, seigneurs!

— Nous n'avons plus rien à faire ici, répondit le comte d'Anjou en essayant de tourner bride; nous avions seulement mission de vous conduire dans la vallée de Vaucouleurs; vous y êtes : restez-y!...

— Traîtres! vous y resterez avec nous! s'écria Renaud en se précipitant sur le comte d'Anjou, qu'il tua d'un premier coup.

Les ennemis aperçus par Renaud à l'horizon, et conduits par Foulques de Morillon, n'étaient plus maintenant qu'à une faible distance des quatre fils Aymon, à cette heure complètement seuls.

— La trahison est complète, dit Renaud à ses frères. Nous sommes entourés d'ennemis nombreux : nul de nous quatre ne sortira probablement vivant de cette vallée, notre tombeau!... Eh bien, alors, serrons-nous fermes les uns contre les autres, et mourons debout, en face du soleil et de la mort!...

Les quatre frères s'embrassèrent d'un commun élan, et chacun d'eux, relevant son manteau sur l'épaule droite, afin de jouer plus librement de leur épée, attendirent résolument le premier choc. Trois cents chevaliers, Foulques à leur tête, se détachèrent et vinrent fondre sur eux, la lance en avant : du premier coup, Foulques blessa profondément Renaud à la cuisse. La pourpre de son manteau en devint plus vive.

— Hélas! s'écria Allard, croyant le coup mortel;

hélas! voilà Renaud perdu! Renaud, notre frère, notre protecteur, notre espérance!...

— Ame faible! lui cria Renaud en arrachant de sa chair le fer de lance qui y remuait encore. Ame faible! pourquoi vous lamentez-vous ainsi?... Songez donc plutôt à vous défendre et à me venger, si je succombe... Et, si le courage vous abandonne, regardez-moi faire, et apprenez à mourir!...

Renaud, en effet, malgré la douleur qu'il ressentait de sa blessure, s'était relevé plus courageux que jamais, avait asséné un violent coup d'épée à Foulques de Morillon, forcé par là de vider les étriers, et s'était emparé de son cheval.

— Regarde-moi faire, Allard! regarde-moi, petit frère, regarde-moi, et juge si la partie est aussi perdue que tu le dis!... répéta Renaud en faisant un moulinet terrible avec sa bonne épée, et en décapitant un chevalier à chaque coup. C'était le tour de Foulques de Morillon, tout à l'heure! A présent, c'est le tour d'Anguenon!... Sus, sus aux traîtres! Montauban! Montauban!

Quand Renaud eut mis à mal onze chevaliers, trois ducs, quatre comtes et un baron, total : une vingtaine de morts, sans compter les blessés, il se retourna pour voir si son exemple était suivi par ses frères. Ils avaient disparu!

— Hélas! murmura-t-il en recommençant son abattis d'hommes, je n'ai plus qu'à mourir vaillamment, maintenant que ces pauvres enfants ne sont plus!...

Au moment où il prononçait ces mots, il aperçut Allard qui, monté sur un cheval conquis à la façon du sien, faisait rage sur les gens de Foulques de Morillon. Allard était blessé, mais cela n'empêchait pas qu'il portât de rudes coups, aidé qu'il était en cela par Richard et par Guichard.

— Diables d'hommes! disaient les Français, en se débandant de tous côtés. Il faut qu'ils soient protégés par quelque pouvoir surnaturel. Ils ne sont que quatre et ils font du ravage comme s'ils étaient mille!

Cependant, tout en se débattant, les gens d'armes du roi, un peu honteux de fuir devant quatre chevaliers, se rallièrent autant qu'ils purent, attaquèrent les fils Aymon avec une énergie désespérée, et parvinrent à les séparer. Richard, alors, se sauva sur un rocher assez escarpé, inaccessible aux chevaux; Allard et Renaud, sortirent de la presse pour se reconnaître un peu, et Guichard, resté seul au milieu des ennemis, se vit entouré et garrotté.

— Renaud, Renaud! cria Allard en voyant emmener son frère. On emmène notre frère! Renaud! Renaud! A la rescousse!

Renaud n'eut pas besoin d'en entendre d'avantage. Il se précipita tête baissée, comme un lion, au beau milieu de la mêlée, à l'endroit même où était Guichard, et en un instant, il le délivra, par suite de l'épouvante qu'il causa à ceux qui l'emmenaient prisonnier. Guichard délié et remis en possession de son épée, les trois frères se mirent à la recherche de Richard, toujours sur son rocher. Avant qu'ils l'eussent découvert, Gérard de Vauvert, cousin de Foulques de Morillon, avait escaladé cette position et, d'un coup de lance, avait fait à Richard une si monstrueuse blessure au ventre que les entrailles lui en sortaient. Puis il s'était mis à crier d'un air joyeux :

— Les quatre fils Aymon ne sont plus à craindre, car je viens de tuer Richard, le plus vaillant d'entre eux! Avec l'aide de Dieu, nous allons prendre les autres et les emmener prisonniers à Charlemagne, qui les fera brancher à Montfaucon!

Mais Richard, quoique épuisé, et tenant ses entrailles dans sa main gauche, se leva et, d'un coup de sa fidèle épée, fit rendre l'âme à Gérard de Vauvert. Cela fait, le brave chevalier, n'en pouvant plus, se laissa tomber par terre en appelant ses frères à son aide. Renaud accourut, et le voyant en ce pitoyable état, il l'embrassa et lui dit d'une voix sincèrement navrée :

— Pauvre cher Richard! mourir à votre âge, quand vous aviez devant vous un si glorieux avenir! quand vous pouviez surpasser en vaillance et Roland et Olivier, et tous les preux les plus vaillants d'entre les vaillants! Pauvre cher frère! Nous n'allons donc plus rester que trois, à présent; trois frères, mais non trois hommes, puisque nous sommes blessés et à moitié morts nous-mêmes.

Pendant ce temps, Guichard et Allard s'étaient rapprochés du rocher où expirait Richard, consolé par Renaud; et, avec eux aussi, s'étaient rapprochés leurs ennemis.

— Richard, demanda timidement Allard à son frère mourant, comment vous sentez-vous? Est-ce qu'il y a quelque espoir que vous en réchappiez?

— Oui et non, répondit Richard d'une voix faible; non, si Renaud est vaincu; oui, s'il est vainqueur. Ma vie dépend de la sienne; s'il succombe, je succomberai. Portez-moi sur ce rocher, qui est une excellente position, et où Gérard de Vauvert n'a pu me frapper que par surprise...

— Prenez notre frère sur votre écu, dit alors Renaud à Allard, et le portez sur le rocher; Guichard et moi nous allons protéger votre retraite.

Ainsi la chose fut-elle faite. Au moment où les trois frères atteignaient le rocher, un gros d'ennemis les entoura en poussant des clameurs de guerre. A la tête de ces nouveaux assaillants se trouvaient Ogier-le-Danois, le comte Cusmar et Morgon d'Afrique. Allard déposa doucement à terre son précieux fardeau, et, l'épée à la main, fit face à ce nouveau danger. De cette façon, Richard était à l'abri des coups.

— Tant d'hommes pour trois chevaliers, cria Renaud, en frappant à droite et à gauche, dans le tas.

— Rendez-vous! leur cria le comte Cusmar.

— Jamais! répondit fièrement Renaud.

Cependant, malgré leurs efforts surhumains, les trois fils Aymon allaient succomber; déjà ils perdaient le plus pur de leur sang par les blessures qu'ils avaient reçues, lorsque Ogier-le-Danois, jugeant à propos d'intervenir, ordonna un répit de quelques instants et s'offrit à parlementer avec ces trois vaillants jeunes hommes. En conséquence, il s'approcha le plus possible du rocher, qu'ils défendaient si courageusement, et leur dit, de façon à n'être entendu que d'eux :

— Mes pauvres cousins, je ne vous veux pas de mal, personnellement, vous le savez. En outre, votre position actuelle m'intéresse; vous êtes blessés; l'un de vous est mourant, s'il n'est déjà mort... Il faut vous rendre!...

— Jamais, répondit Renaud.

— Au moins, reprit Ogier, défendez-vous mieux

que vous ne le faites, mes pauvres cousins... Voyons... écoutez-moi... dans votre intérêt... Reposez-vous un peu et ramassez le plus de pierres que vous pourrez, afin de vous défendre sur votre rocher... Je vais essayer d'obtenir une trève... En attendant les renforts qui vous arriveront sans doute, fortifiez-vous dans la position où vous êtes acculés!... Pauvres cousins! pauvres cousins!...

— Sire Ogier, cria de loin le comte Cusmar, impatienté de la longueur de ces pourparlers; est-ce que vous n'avez pas bientôt fini! Veulent-ils ou non se rendre?...

— Ils ne le veulent pas...

— Eh! bien, alors, attaquons-les et faisons-les prisonniers!... Montfaucon les réclame depuis longtemps!

— Comte Cusmar, au nom de l'autorité que je tiens de Charlemagne, je vous défends de les attaquer!...

— Sire Ogier, le roi sera très content de voir de près ses quatre ennemis, et, en faveur de leurs têtes, il me pardonnera ma désobéissance envers vous!... Au rocher, mes braves, au rocher!

Le signal de l'attaque fut donné.

— Frère, dit Richard à Renaud, en entendant ce signal, coupez-moi, je vous prie, un morceau de ma chemise, afin que je m'en ceigne les entrailles et qu'ainsi je puisse me tenir debout et vous aider à vaincre!...

CHAPITRE XI.

Comme après que Gaudard, secrétaire du roi Yon, eut déclaré à Maugis la trahison faite par le roi, Maugis vint au secours des quatre fils Aymon.

audard, secrétaire du roi Yon, n'avait pu voir sans chagrin le départ des quatre fils Aymon. Il savait, par la lettre qu'il avait été chargé d'écrire à Charlemagne, qu'en allant dans les plaines de Vaucouleurs, ces quatre vaillants chevaliers allaient à la mort. Aussi n'avait-il pu en cacher à Maugis, leur cousin, et lui avait-il tout appris, au risque de ce qui pouvait lui en advenir. Maugis, à cette confession, s'était empressé de réunir secrètement le plus de chevaliers qu'il avait pu, cinq mille environ, et, monté sur le noble cheval Bayard, il avait quitté Montauban. Au bout de quelques journées, il était arrivé sur le lieu même du combat, où ses chevaliers et ses archers avaient fait merveille.

Dire combien de blessés et combien de morts dans cette journée serait impossible! La tuerie fut grande; la plaine fut jonchée de débris d'hommes, de débris de chevaux et de débris d'armes: voilà tout. Au coucher du soleil, beaucoup d'âmes étaient sorties de leur enveloppe charnelle pour aller rendre leurs comptes auprès de leur Créateur, beaucoup d'âmes, beaucoup!

Aussi, quand Charlemagne vit revenir devant lui, sous sa tente, Ogier le Danois, poudreux et couvert de sang, il s'empressa de lui demander si les quatre fils Aymon étaient parmi les morts ou parmi les prisonniers.

— Sire, répondit tristement Ogier, ils ne sont ni parmi les morts, ni parmi les prisonniers. Ils nous ont tué beaucoup de monde et nous n'avons pu parvenir à les tuer... Ils sont blessés seulement...

— Le roi Yon n'a donc pas tenu sa promesse?

— Le roi Yon a tenu sa promesse, Sire; mais il ne pouvait rien contre les mystérieux décrets de la Providence...

— Quatre hommes contre une armée!...

— Ces quatre hommes auraient fini par succomber, malgré leur bravoure, Sire; mais un renfort leur est arrivé fort à propos... Maugis les a secourus et délivrés à la tête de cinq mille chevaliers et de deux mille archers...

— Ainsi, ils m'échappent encore une fois?...

— Oui, Sire...

— Sire Ogier, dit le bouillant Roland, cela est invraisemblable! Notre armée défaite par une poignée d'hommes?... C'est que vous y avez mis de la complaisance, en votre qualité de parent des quatre fils Aymon... Vous pouviez les prendre, sans coup férir, et vous ne l'avez pas fait... Il n'est aucun chevalier qui n'eût agi plus vaillamment que vous!...

— Vous en avez menti par la gorge, Roland, s'écria Ogier, outré de colère; j'ai fait mon devoir, et je ne permets à personne ici d'oser soutenir, moi présent, que je ne l'ai pas fait!... Vous oubliez sans doute, chevalier, et je vous le rappelle, qu'on ne compte que de vaillants hommes dans ma famille... Geoffroy de Danemarck était mon père; Gérard de Roussillon, Dion de Nanteuil et Beuves d'Aigremont étaient mes oncles; l'archevêque Turpin et Richard de Normandie sont mes parents... Dites, à présent, que je ne suis pas d'une souche illustre et que j'ai démérité de l'honneur!... Dites, dites, si vous l'osez!...

Charlemagne s'interposa et les épées rentrèrent dans leurs fourreaux; les épées, non les colères.

— Par respect pour vous, Sire, dit Ogier, je m'abstiens de tirer vengeance immédiate de cet affront. Mais rien au monde ne peut m'empêcher de me souvenir des paroles que Roland a prononcées contre moi, et j'espère pouvoir les lui rappeler un jour en un lieu plus convenable à de pareilles explications. Je ne lui souhaite pas plus de se trouver seul à seul avec moi, que je ne lui souhaite de se trouver seul à seul avec Renaud, monté sur Bayard.

— Vous donnez là trop d'éloges à votre cousin, répliqua ironiquement Roland, pour que je ne fasse pas ce souhait, au contraire, afin de m'assurer par moi-même que Renaud, tout armé et monté sur Bayard, est aussi invincible que vous le dites!...

CHAPITRE XII.

Comme après la défaite des gens de Charlemagne par Maugis, le roi Yon fut pris en habit de moine par Roland, puis secouru par Renaud; et du combat qui eut lieu entre ces deux chevaliers.

Une fois les gens de Charlemagne en déroute, les trois fils Aymon, suivis de Maugis, remontèrent sur le rocher où ils avaient laissé leur frère Richard, et ils le trouvèrent tout pantelant et près de perdre la vie avec son sang.

— Si vous vous engagez, leur dit Maugis, à venir avec moi à la tente de Charlemagne, pour m'aider à venger mon père, je vais guérir votre frère et mon cousin.

Les trois frères promirent. Alors Maugis, descendant de cheval, prit une bouteille de vin blanc, lava la plaie du moribond, réunit très habilement les entrailles, les replaça dans leur emplacement naturel et referma la peau, tout autour, avec un onguent particulier. Cela fait, il mit quelques gouttes d'un élixir infaillible sur les lèvres décolorées de Richard, qui, tout aussitôt, sentit les forces lui revenir avec la vie.

— Grand merci, cousin! s'écria-t-il, joyeux, en se levant.

Maugis fit de même pour Allard, Renaud et Guichard, et cicatrisa, sans qu'il y parût, les blessures qu'ils avaient reçues dans la bataille. Ainsi guéris, les quatre fils Aymon montèrent à cheval et reprirent le chemin de Montauban.

Dame Clarice, aussitôt qu'elle apprit leur entrée dans la ville, s'empressa d'aller au-devant des quatre frères, avec ses deux enfants, Yonnet et Aymonnet.

— Cher Renaud! s'écria-t-elle, en tendant les bras vers son mari.

— Retirez-vous, femme! répondit Renaud, en la repoussant d'un air farouche ainsi que ses enfants.

— Pourquoi cet accueil, mon bien-aimé seigneur? demanda la pauvre dame, étonnée.

— Parce que je ne vous aime plus, dame Clarice...

— Et pourquoi cela, mon Dieu?

— Parce qu'il n'a pas tenu à votre frère que nous ne soyons morts à cette heure... Le roi Yon est un déloyal et traître homme, indigne de l'estime des honnêtes hommes...

— Par la vierge Marie, cher seigneur, je vous jure que je n'ai trempé en rien dans cette trahison et que je l'ignorais!...

— C'est possible, mais vous êtes la sœur d'un traître... Mon amour pour vous est morte en même temps que mon amitié pour lui...

— Oh! mon Dieu! mon Dieu! murmura la pauvre dame en tombant évanouie aux pieds de son mari.

— Dame Clarice, dit Richard en la relevant, ne vous épouvantez pas outre mesure de ce que vous dit Renaud... C'est la première flambe de la colère... elle s'éteindra d'elle-même bientôt, faute de nourriture... Relevez-vous! vous êtes toujours notre sœur et vous êtes toujours sa femme!...

Puis se tournant vers Renaud :

— Cher frère, ajouta-t-il, ne soyez pas dur envers une pauvre femme qui vous aime et qui n'a point démérité de votre amour!... Nous vous supplions de la regarder du même œil qu'autrefois et de songer qu'elle est la mère de vos deux enfants!...

— Je lui pardonne en faveur de vous, dit Renaud, attendri, en allant vers sa femme qu'il embrassa tendrement, à plusieurs reprises.

La joie était revenue sur tous les visages et dans tous les cœurs. Les quatre frères se lavèrent les mains et se mirent à table, où ils mangèrent de bon appétit. Vers la fin du repas, un messager demanda à parler à Renaud et on l'introduisit dans la salle.

— Sire Renaud, dit-il humblement, que Dieu vous ait en sa sainte garde! Je viens de la part du roi Yon...

— De ce traître! s'écria Renaud.

— Ecoutez-moi jusqu'au bout sans vous courroucer, sire chevalier, répartit le messager.

— Ecoutez-le, écoutez-le, cher frère! dirent les trois autres fils Aymon.

— Le roi Yon, reprit le messager, était inconsolable de votre perte, qu'il se reprochait amèrement chaque jour... On vint lui apprendre qu'au lieu d'avoir succombé, vous étiez sortis tous les quatre vainqueurs du piége dans lequel il avait aidé à vous faire tomber... Sa joie fut vive de vous savoir sauvés, mais la crainte de votre juste ressentiment le fit tomber dans une grande mélancolie... Il sortit de Toulouse et alla se réfugier à l'abbaye de Saint-Ladre, où il prit l'habit de moine... Un espion, nommé Pignaut, ayant appris cela, alla incontinent vers le camp de Roland et l'avertit de la chose... Roland, alors, emmena avec lui Ogier-le-Danois, Guidelon, Richard de Normandie, et quatre mille chevaliers, pour se défaire d'abord du roi Yon, et ensuite du valeureux Renaud, que Pignaut lui avait dit devoir être encore avec ses frères au gué de Balançon... Roland entra avec une partie de ses gens à l'abbaye; l'abbé vint au devant de lui en chantant un *Te Deum;* on lui cassa la tête, ainsi qu'au prieur... Puis on chercha partout le roi Yon, qu'on découvrit en prières devant une image de Notre-Dame, et qu'on attacha solidement sur un cheval pour le conduire vers Charlemagne... Alors le roi Yon, ne voyant que cette unique planche de salut, songea à vous, valeureux Renaud, et, malgré ses torts envers vous, ne craignit pas de m'envoyer ici pour implorer votre miséricorde d'abord, votre secours ensuite!... Venez, venez vite, valeureux Renaud... Il serait trop fâcheux que le roi de Gascogne fut pendu!...

— Nous n'irons pas! s'écria impétueusement Allard, lorsque le messager eut terminé son récit. Nous n'irons pas! Que Roland fasse pendre, s'il le veut, le roi de Gascogne! Il fera bien : c'est ainsi que doivent finir les traîtres!

Renaud baissa la tête et laissa échapper quelques larmes de pitié. Les bons cœurs sont toujours les bons cœurs!...

— Mes chers frères, dit-il, j'oublie en cet instant la félonie du roi Yon, pour ne me souvenir que du péril où il se trouve... Nous n'avons pas une minute à perdre, partons!

On se leva, on sortit de la salle du festin et Roland fit sonner les trompettes dans Montauban pour avertir tous les habitants d'avoir à s'armer et de partir avec lui au secours du roi Yon.

— Bénie soit l'heure à laquelle Renaud est né! disaient les femmes, attendries par le dévouement de ce vaillant chevalier.

— C'est notre vrai roi! disaient les hommes, émerveillés tout autant que les femmes.

Renaud monta sur Bayard, et sa petite armée le suivit.

Au bout d'un certain temps, les gens de Renaud et ceux de Roland se trouvèrent en présence.

— Voilà donc ce Renaud que l'on dit imprenable! dit Roland. Nous allons en juger!

— Voilà ce Roland que l'on dit invincible! dit Renaud. Nous allons bien voir!

— Frère Renaud, s'écrièrent les trois autres fils Aymon, songez que Roland est un valeureux homme et que nulle lance ne le peut abattre ! Si vous vous aventurez contre lui, vous êtes perdu, et nous avec vous !

— Si Roland était un chevalier ordinaire, répliqua Renaud, il n'y aurait pas grande gloire à le combattre !... Les grands périls font les grands courages !

Et, piquant soudainement Bayard, il se lança à la rencontre de Roland, qui, de son côté, en faisait autant et venait à la rencontre de Renaud. Une fois arrivés en face l'un de l'autre, tous deux mirent pied à terre et attachèrent leurs chevaux à un arbre voisin.

— Roland, dit Renaud, c'est moi qu'on nomme Renaud, fils du duc Aymon.

— Renaud, dit Roland, c'est moi qu'on nomme Roland, neveu de Charlemagne.

— Je vous connais et estime votre valeur, reprit Renaud.

— Le bruit de vos exploits est venu jusqu'à moi, reprit Roland. Je suis heureux de l'occasion qui m'est offerte de vous voir de près. Les valeureux hommes comme vous ne sont pas communs !...

— Roland, répliqua Renaud, il ne tient qu'à vous que nous finissions cette guerre... Servez-nous d'interprète auprès de Charlemagne... Obtenez que la paix soit faite entre nous et lui, et je consens, pour ma part, à remettre Montauban et à sortir de France pour aller combattre les Sarrazins... Comme preuve de ma reconnaissance et de mon amitié pour vous, je vous donnerai mon fidèle Bayard...

— Renaud, dit Roland, ému de cette générosité, vos offres me touchent, mais je ne puis me charger de les transmettre à Charlemagne, si vous ne vous engagez à lui rendre Maugis...

— Maugis est mon cousin et mon ami, répliqua Renaud ; il m'a secouru, il a guéri mes frères, et surtout Richard, dont les entrailles étaient sorties... Maugis n'est pas un homme à livrer pour obtenir la paix... Tenez, Roland, pour nous prouver notre estime mutuelle, puisque nous ne pouvons autre chose, combattons l'un contre l'autre, sans engager nos gens dans notre bataille. Si je suis vainqueur, vous me permettrez de vous faire les honneurs de Montauban...

— J'y consens pour ma part, répondit Roland ; mais, auparavant, j'ai à prendre l'avis d'Olivier, mon compagnon d'armes.

— Faites, dit Renaud en remontant sur Bayard, pendant que Roland, monté sur son cheval Mélanie, retournait vers ses chevaliers, à qui il exposait la proposition de Renaud.

— N'y allez pas ! dit Ogier.

— N'y allez pas ! dit Olivier. Il vaut bien mieux faire combattre vos gens contre les siens, que de vous exposer à périr l'un et l'autre.

Alors Roland se retourna vers ses gens et leur cria : « Montjoie-saint-Denis ! en avant ! en avant !... » Pendant que de son côté Renaud, voyant ces dispositions, criait : « Montauban !... »

La mêlée fut terrible, les chocs furent désastreux de part et d'autre ; de part et d'autre les hommes tombèrent comme des capucins de cartes. Au plus fort de l'action, Renaud, emporté par l'infatigable Bayard, se trouva sur les flancs de la petite armée de Roland, et assez éloigné de la sienne. Tout en s'escrimant çà et là avec vaillance, il remarqua un groupe de chevaliers qui emmenaient un homme lié sur un cheval : c'était le roi Yon.

— Misérables ! leur cria Renaud en leur courant sus ; laissez-là ce roi que vous êtes indignes de toucher !

— C'est un traître que nous emmenons au roi Charlemagne.

— Il ne vous appartient pas de le juger, et encore moins de l'emmener prisonnier !

Et, tout en disant cela, Renaud fit mordre la poussière à quelques-uns de ces gens, qui abandonnèrent ainsi leur prisonnier, auquel le noble fils Aymon s'empressa de délier les pieds et les mains.

— Roi Yon, lui dit-il, le moment des reproches n'est pas venu. Il s'agit d'agir, non de parler, à cette heure. Vous nous avez trompés ; de cela nous étions disposés à tirer éclatante vengeance. Mais vous nous avez appelés pour vous défendre, et nous sommes accourus..... Puisque vous avez un cheval, gardez-le... Voici une lame... vous pouvez maintenant vous défendre... Regagnez avec moi nos gens, afin de vous mettre en lieu de sûreté.

Le roi Yon obéit sans souffler mot, heureux d'être délivré des griffes de Roland, c'est-à-dire des fourches patibulaires de Montfaucon, que lui réservait si gracieusement Charlemagne. Il piqua son cheval et se lança à fond de train du côté des frères et amis de Renaud. Pour celui-ci, il allait en faire autant, lorsque Roland, qui l'avait aperçu et qui, malgré les conseils d'Olivier et d'Oger-le-Danois, brûlait d'envie de se mesurer avec lui, accourut, avec la rapidité du vent, à l'endroit où était l'aîné des quatre fils Aymon.

— Renaud, lui cria-t-il, arrêtez-vous ! La Serpente coule à deux pas de nous... Cherchons un gué et passons-la..... Sur l'autre rive se trouve un bois charmant, où nous pourrons joûter ensemble sans craindre d'être dérangés. L'affaire vous convient-elle ?

— Elle me convient beaucoup, répondit Renaud, et la preuve, tenez !...

Bayard entra jusqu'au poitrail dans l'eau tiède de la rivière, et, en quelques bonds, il fut sur l'autre bord.

— Je vous attends, Roland ! cria le noble fils Aymon au neveu de Charlemagne.

— Me voici, répondit celui-ci en éperonnant vigoureusement son cheval Mélanie, qui, bientôt, caracola à côté de Bayard.

Roland était plus jeune et plus fougueux que Renaud. Il avait en outre été doué par les enchanteurs d'une vaillance et d'une invincibilité à toute épreuve. Jusques-là, il avait été vierge de défaites honteuses. Il était né pour le succès. Mais Renaud avait pour lui sa haute taille et son haut courage que rien n'avait pu entamer jusques-là, et le courage est souvent la meilleure des armures. Et puis, il faut tout dire, Renaud montait Bayard, un cheval incomparable, tandis que Roland montait Mélanie, une moins noble bête que Bayard.

Les deux vaillants preux piquèrent leurs montures, et, la lance au poing, se ruèrent impétueusement l'un contre l'autre. Roland avait une grosse lance courte dont il espérait beaucoup ; Renaud, une longue lance, qui n'avait l'air de rien et qui était redoutable. Toutes deux se brisèrent dans la violence du choc, et Roland alla s'épater au loin sur l'herbe avec son cheval, tandis que Renaud, toujours solide sur ses étriers, faisait caracoler Bayard, comme si rien ne se fût passé.

— Mauvais roussin! s'écria Roland, dépité, en se relevant et en levant son épée sur Mélanie; je ne sais vraiment ce qui me retient de te trancher la tête pour m'avoir laissé choir sous la lance d'un Gascon!...

— Vous avez tort de menacer ainsi votre cheval, ami Roland, dit Renaud. Il y a probablement beaucoup de temps qu'il n'a mangé, tandis que Bayard a plantureusement avoiné cette nuit. Voilà ce qui fait la faiblesse de l'un et la force de l'autre. Nous allons recommencer la lutte à pied, si vous l'agréez.

Et Renaud mit pied à terre. Aussitôt que Bayard sentit les étriers vides, il courut incontinent sur Mélanie, le mordit, le frappa rudement des pieds de derrière, et faillit lui casser les reins. Ce que voyant, Roland se précipita sur lui l'épée haute, pour le frapper. Mais Renaud l'en empêcha, en lui disant :

— Que faites-vous donc là, ami Roland? C'est contre moi et non contre Bayard qu'il faut user de votre épée. Etes-vous prêt?

— Je suis prêt! répondit Roland en faisant flamboyer Durandal, sa redoutable épée, et en s'avançant rapidement vers Renaud, dont il sépara l'écu en deux morceaux.

Au moment où Renaud, ainsi frappé, allait regimber et rendre la pareille à son adversaire, Maugis, qui avait traversé la Serpente, survint tout-à-coup, et dit à Renaud :

— Renaud, laissez-là ce combat et me suivez!... Richard, votre frère, vient de tomber au pouvoir de nos ennemis... On l'emmène prisonnier.

— Richard prisonnier! s'écria Renaud, avec douleur. Ah! cousin, courons, courons.

Maugis et Renaud laissèrent là Roland, tout joyeux de la capture de Richard, et repassèrent précipitamment la Serpente pour voler au secours de leur frère et cousin, s'il en était temps encore. Hélas! Il était trop tard! Quand Renaud put enfin rejoindre ses frères, il apprit que Richard était déjà trop loin pour qu'il pût raisonnablement songer à le ravoir. Alors il se désola, et avec lui se désolèrent Guichard et Allard.

— Frère, dit Allard, nous avons perdu notre Richard, et cela par votre faute! Pourquoi avez-vous voulu secourir le traître roi Yon? Voyez ce que cela nous coûte!

— Je vais lui donner le châtiment qu'il mérite! s'écria Guichard en brandissant son épée.

— Ne touchez pas à un cheveu de la tête du roi Yon! dit sévèrement Renaud. Je vous le confie, au contraire et le mets sous votre foi de gentilshommes. Conduisez-le à Montauban et veillez sur lui jusqu'à mon retour... Car je vais aller au camp de Charlemagne, pour obtenir, moyennant rançon, la liberté de notre frère Richard...

— N'y allez pas, cousin!, dit Maugis; vous feriez là une démarche inutile et imprudente. Charlemagne tient en ses mains, à cette heure, un des quatre fils Aymon: il ne faut pas qu'il en tienne deux. Ce serait une trop belle proie, en vérité!

— Mais Richard! Qui nous le rendra?...

— Ce sera moi. Retournons à Montauban.

CHAPITRE XIII.

Comme Maugis se rendit déguisé sous la tente de Charlemagne, et ce qu'il entendit. Du refus des barons de pendre Richard, que Ripus consentit à pendre.

Pendant que dame Clarice fêtait de son mieux le retour de son mari et de ses frères, Maugis se rendit dans le logis qu'il habitait à Montauban, se débarrassa de son armure, se déshabilla tout nu, prit une herbe qu'il mangea et devint enflé comme un crapaud. Puis, se frottant d'une autre plante par tout le corps, il devint aussitôt noir comme un charbon. Il était hideux ainsi. Prenant ensuite un grand chaperon, des souliers et un bâton, il sortit de Montauban et arriva au camp de Charlemagne, avant même que Roland et son prisonnier Richard y fussent arrivés.

— Sire, dit-il en se prosternant devant l'empereur, que Dieu vous conserve! Je viens de Jérusalem, Sire, où j'ai adoré le Saint-Sépulcre.... Je passais hier à Balançon, au-dessous de Montauban, lorsque des brigands m'arrêtèrent, me rouèrent de coups et me dévalisèrent... Voyez dans quel état ils m'ont mis! Je demandai quels étaient ces larronneurs: on me répondit que c'était les quatre fils Aymon et leur cousin Maugis...

— Cela ne m'étonne pas, dit l'empereur. Comment vous nommez-vous, bon pèlerin ?

— Je m'appelle Guidon, Sire, et suis né natif de Rennes en Bretagne.

— Ce pèlerin m'intéresse, reprit Charlemagne, en se tournant vers ses barons. Qu'on lui donne à boire et à manger... Nous verrons après ce que nous pouvons faire pour lui!...

Comme le roi parlait, il se fit un grand bruit autour de sa tente. Il en demanda la cause et on lui répondit que c'était son neveu Roland qui lui amenait prisonnier un des quatre fils Aymon. Et, en effet, peu d'instants après, Roland et Richard furent introduits auprès de Charlemagne.

— Ha! Ha! s'écria-t-il tout joyeux de cette capture. Nous en tenons un enfin; ce n'est pas le meilleur, mais il le paiera pour les autres! Tu entends, misérable? tu entends?

— J'entends parfaitement, répondit froidement Richard.

— Tu seras pendu, misérable, tu seras pendu!

— C'est ce que nous verrons.

— Tu le verras aussi bien que nous, et, de nous tous, ce sera encore toi qui seras le mieux placé pour le voir, étant plus haut placé.... Ha! Ha!...

— Ne vous réjouissez pas d'avance, Sire! Tant que mon frère Renaud sera vivant et qu'il pourra monter son bon cheval Bayard, je ne craindrai rien pour moi et ne serai point pendu...

Charlemagne, entendant cette bravade, s'empara d'un bâton qui se trouvait là par hasard et en asséna un coup furieux sur la tête du pauvre Richard qui, heureusement, l'esquiva, et, pour se venger, vint prendre l'empereur par le milieu du corps. Tous deux allèrent rouler à terre. Roland se précipitait pour secourir son oncle et tuer l'audacieux qui l'avait renversé, lorsqu'Ogier-le-Danois lui retint le bras en lui disant qu'on ne frappait pas un prisonnier et surtout un prisonnier à terre. En même temps, il aida au roi à se relever. Richard, qui s'était également relevé, et qui promenait son regard dédaigneux sur les assistants, aperçut dans un coin de la tente son cousin Maugis, silencieux et appuyé sur son bâton.

— Sire, demanda-t-il d'une voix assurée, où serais-je pendu?

— A Montfaucon! En grande pompe! Et ce ne sera pas par la main d'un bourreau vulgaire, oui-dà! Je veux que tu sois pendu de la main même d'un de mes barons. Qui de vous, seigneurs, veut accepter cet honneur? ajouta Charlemagne en se tournant vers sa cour. Ce sera vous, Béranger de Valois!

— Je ne puis, Sire, répondit Béranger; ce serait me déshonorer.

— Ce sera vous, alors, comte Idelon! Je vous ai déjà donné beaucoup; je vous donnerai davantage encore. Voulez-vous ma bonne cité de Melun? Prenez Melun.

— Je ne puis, Sire! répondit le comte Idelon en se retirant.

— Ce sera donc vous, Ogier! On m'a rapporté que, dans les plaines de Vaucouleurs, vous aviez servi bien mollement mes intérêts... Il faut réparer cela par un dévouement éclatant. A vous revient l'honneur de pendre Richard, fils du duc Aymon! Pour vous récompenser, je vous donnerai le duché de Laon, un duché superbe!...

— Je ne puis, Sire, répondit Ogier-le-Danois. Richard est mon cousin : on ne pend pas son cousin!

— Ce sera vous alors, mon beau neveu Roland! Beau neveu, je vous donnerai Cologne et le duché d'Anjou, par-dessus le marché!

— Je ne puis, Sire, répondit Roland, je serais un traître et discourtois chevalier.

— Ce sera donc vous, archevêque Turpin?... Si vous voulez pendre Richard, je vous ferai pape. Pape! cela en vaut la peine, il me semble!...

— Je ne puis, Sire, répondit Turpin; je suis prêtre, je ne puis être bourreau. Mon métier est d'assister les patients, non de les tuer.

— Allez au diable, tous! s'écria le roi, furieux de ces refus successifs. Je trouverai bien quelqu'un pour pendre le misérable rebelle!

Les douze pairs de Charlemagne se retirèrent l'un après l'autre en silence, comme honteux de la proposition qu'il venait de leur faire. Maugis se retira aussi, sans être remarqué, pour aller prévenir Renaud de ce qu'il avait vu et entendu.

Quand Charlemagne se vit ainsi abandonné de ses barons, il appela le chevalier Ripus et lui dit :

— Ripus, vous êtes pauvre; si vous voulez vous charger de pendre Richard, je vous nomme mon chambellan.

— Sire, j'y consens, répondit Ripus; Renaud a tué mon oncle au gué de Balançon, et je ne suis pas fâché d'en tirer vengeance sur son frère Richard... Seulement, promettez-moi, Sire, qu'aucun des douze pairs de France ne m'en saura mauvais gré.

— Vous êtes sous ma protection, Ripus; allez, et ne redoutez rien!... Prenez avec vous mille chevaliers, au cas où Renaud reviendrait avec ses gens pour délivrer son frère, et menez-moi pendre au plus vite ce Richard que je maudis!...

Ripus se retira, fit armer mille chevaliers et alla quérir Richard, à qui on passa incontinent une corde au cou. Puis le cortége vint prendre congé du roi, qui fut bien satisfait.

— Je te l'avais bien dit, Richard, que tu serais pendu! cria Charlemagne au fils Aymon, au moment où il s'éloignait, entraîné par Ripus.

— Je ne le suis pas encore, Sire! répondit tranquillement Richard.

La petite troupe, conduite par Ripus, arriva bientôt à Montfaucon, lieu choisi pour le supplice du malheureux Richard.

— C'est ici, dit Ripus, que je vais venger mon oncle Foulques de Morillon, si méchamment mis à mort par Renaud au gué de Balançon!

— Si vous voulez me délivrer, dit Richard à Ripus, pour retarder un peu le moment du supplice, confiant qu'il était dans le dévouement de Renaud; si vous voulez me délivrer, je vous donnerai cent marcs d'or.

— C'est beaucoup, mais j'aime encore mieux être le chambellan de l'empereur. D'ailleurs, je veux venger mon oncle. Ainsi préparez-vous à mourir!

Richard tourna les yeux du côté de la plaine et, ne voyant rien venir, il perdit un peu d'espoir; cependant, pour retarder encore autant que possible le moment où le chanvre fatal devait lui serrer trop violemment le cou, il dit de nouveau à son bourreau :

— Je vous prie de me laisser dire une prière que j'ai apprise dans mon enfance et qui me facilitera mon passage de cette vie dans l'autre.

— J'y consens, répondit Ripus; mais faites vite. L'empereur attend que j'aie fini pour me remercier.

Alors Richard s'agenouilla, joignit les mains comme lorsqu'il était encore enfant et murmura avec mélancolie :

— Dieu tout puissant qui avez créé toutes les choses de ce monde et qui vous intéressez à chacune de vos créatures, à la plus humble comme à la plus fière, au ciron comme à l'éléphant, au cèdre comme à l'hysope, daignez jeter un regard pitoyable sur votre indigne serviteur! Au nom de votre fils bien aimé, crucifié pour racheter tous les péchés des hommes, délivrez-moi du mal, ô mon Dieu!...

Puis il se releva, réconforté, et dit à Ripus :

— Maintenant, faites votre devoir : j'ai fait le mien.

CHAPITRE XIV.

Comme Bayard réveilla Renaud qui dormait, et de ce qui s'ensuivit.

Bayard, le courageux et noble cheval, avait été instruit et dressé par Maugis le nécromant. Il comprenait merveilleusement ce qui se faisait et disait, non-seulement autour de lui, mais encore à quelques lieues de distance. Son ouïe était la mieux exercée qu'on pût voir, et son flair était extraordinaire. En paissant de ci, de là, dans le pré où son maître venait précisément de se reposer, un peu hors de la ville de Montauban, il entendit et comprit ce qui se passait à une certaine distance, dans la direction de Montfaucon. Alors, comme Renaud dormait, à l'écart, de son bon sommeil d'honnête homme, et n'avait pas l'air de se douter le moins du monde du danger imminent que courait son frère, Bayard vint hennir à plusieurs reprises pour le réveiller. Renaud avait le sommeil dur : il ne se réveilla pas. Il fallait pourtant l'avertir. Bayard aperçut, à quelques pas de son maître, son écu qui reluisait au soleil : il s'avança et donna en plein métal un violent coup de pied qui fit tressaillir le dormeur, puis un second qui le réveilla tout-à-fait.

— Qu'est-ce donc? demanda Renaud en se frottant les yeux.

Bayard, sans répondre autrement, se tourna du côté de Montfaucon, et, involontairement, Renaud suivit de l'œil la direction que prenait Bayard. Il découvrit alors l'horrible vérité. Le temps était serein, et, malgré la distance où il en était, il pouvait voir ce qui se passait à Montfaucon : son frère bien-aimé était déjà sur l'échelle qui menait au gibet, et Ripus le suivait, tenant la corde. Allard, Guichard et Maugis, qui étaient dans les environs, attirés par le bruit qu'avait fait Bayard en frappant sur l'écu sonore de Renaud, arrivèrent en ce moment. Tous les quatre, entraînés par l'aîné des fils Aymon, partirent comme le vent, au triple galop de leurs chevaux, qui dévoraient l'espace. Ripus les aperçut au moment où il passait le nœud coulant à la gorge de Richard, et il se jugea perdu.

— Sire Richard, dit-il en tremblant, j'aperçois Renaud et vos frères qui accourent ici pour vous délivrer. Je ne peux les en empêcher, et m'hâte de jeter au vent ce chanvre indigne de vous. Prenez donc en considération, je vous prie, cette marque de condescendance de ma part, et parlez à vos amis en ma faveur.

— Vous gaussez-vous de moi? dit Richard, qui n'attendait plus rien des secours humains.

— Je n'oserais, répondit Ripus, et la preuve, c'est que je vous supplie de descendre de cette échelle, et que je vous ôte le licou que j'avais eu l'audace de vous mettre... La preuve encore, c'est que voici vos frères : tournez les yeux et regardez !

Richard tourna la tête et aperçut en effet ses frères et son cousin qui couraient au triple galop de leurs chevaux.

— Ah! mon bon frère Renaud! s'écria Richard, les yeux humides de reconnaissance. Je savais bien que, tant que vous seriez en vie, je ne serais pas pendu!

Renaud et ses amis étaient arrivés au pied du gibet, et, malgré la présence de l'escorte que Charlemagne avait donnée à Ripus, ils s'empressèrent autour de Richard et le tâtèrent dans tous les sens pour s'assurer qu'il ne lui était rien arrivé. On s'embrassa de part et d'autre; puis Renaud, apercevant Ripus immobile et tremblant, s'en empara et lui mit au cou le nœud que précédemment Ripus avait mis au cou de Richard. Cela fait, il le grimpa au gibet et l'y accrocha, et, avec lui, quinze de ses principaux chevaliers, afin de lui tenir compagnie dans son voyage pour l'éternité. Quand les tressaillements des suppliciés eurent cessé, Richard revêtit l'armure de Ripus, prit son étendard et monta sur son cheval.

— Mes frères, dit-il, avant de retourner à Montauban, je veux remercier publiquement les barons de Charlemagne, car aucun d'eux n'a voulu servir de bourreau.

— C'est un acte de folie, cousin, fit observer Maugis, en essayant de détourner Richard de ce projet.

— La gratitude est donc une folie, cousin Maugis? Folie, soit! Je serai fou, car j'irai : je l'ai résolu.

— Alors, mon frère, dit Renaud, prenez mon cor, et, en cas où le besoin d'aide se fera sentir pour vous, sonnez-en trois fois : nous accourrons.

Richard partit comme un trait, en ayant soin de baisser la visière de son casque, afin de n'être pas reconnu. Ogier, qui l'aperçut le premier, le prit pour Ripus venant d'accomplir son sanglant devoir, et, dans sa douleur, il piqua des deux au devant de lui, la lance en arrêt.

— Tu as pendu le brave Richard, indigne Ripus, lui cria-t-il. Je vais te châtier de ma main, avant que Charlemagne puisse t'en remercier.

— Cousin, répondit Richard en levant la visière de son casque et en se faisant reconnaître, j'ai l'habit de Ripus, non son visage. Je suis venu ici pour vous remercier d'avoir bien voulu prendre mon parti.

— Dieu soit loué! s'écria Ogier, les larmes aux yeux.

Mais, pendant ce temps, Charlemagne, qui avait également aperçu celui qu'il croyait être Ripus, et qui avait vu Ogier aller vers lui dans de mauvaises intentions, Charlemagne avait mis son cheval au galop, et, en peu de temps, il s'était trouvé en face de Richard.

— La besogne est faite, Ripus? lui demanda-t-il joyeusement.

— Ripus n'est plus, Sire, répondit Richard en se mettant sur la défensive; mon frère Renaud l'a fait évêque des champs. Son corps appartient aux corbeaux, s'ils en veulent, et son âme au diable, s'il en veut!

— Qu'est-ce que cela veut dire? demanda Charlemagne, stupéfait.

— Cela veut dire que je m'appelle Richard, et qu'au lieu d'être pendu, j'ai fait pendre votre émissaire Ripus.

— Oh! oh! fit le roi en poussant son cheval contre celui de Richard et en lui envoyant un coup de lance en pleine poitrine.

— Oh! oh! répliqua Richard, comme pour se moquer, en esquivant le coup et en frappant avec vigueur, tout le poids de son épée, sur le casque de Charlemagne.

Le coup était si bien appliqué qu'il aurait dû, selon toute prévision, fendre en deux le crâne impérial. Par bonheur pour Charlemagne, il avait un casque d'un acier solide : l'épée de Richard glissa dessus et alla s'abattre sur la croupe du cheval, qu'elle fendit en deux. Le cheval de Charlemagne, ainsi frappé, s'abattit et mis bas son cavalier.

— Montjoie-Saint-Denis! cria le roi en se relevant et en fondant avec impétuosité sur son ennemi.

— Montauban! Montauban! cria Richard en sonnant trois fois du cor.

Pendant que Charlemagne et Richard s'escrimaient

ainsi et se portaient des coups homériques, les gens de la suite du roi accouraient d'un côté, tandis que, de l'autre, accouraient Renaud, Guichard, Allard et Maugis. Renaud criait « Montauban ! » Allard « Paraveine ! » Guichard « Balançon ! » qui étaient autant de signes de ralliement. Pendant que les quatre fils Aymon s'attaquaient à Charlemagne et à ses plus proches barons, Maugis, lui, s'attaquait à Montgeon, seigneur de Pierresitre, et le couchait mort à ses pieds; puis après celui-là un autre, et, après cet autre, d'autres encore, d'autres toujours; si bien que cette boucherie n'était pas encore terminée, que le soleil était déjà très bas à l'horizon, aussi rouge que le champ de bataille, qui peut-être lui envoyait ainsi son reflet.

— Si je suis vaincu par un chevalier, murmurait Charlemagne en se défendant courageusement, je suis désormais indigne d'être empereur et roi. Mon épée, sauve ma couronne !...

La nuit était venue, et les combattants des deux camps s'étaient prudemment retirés, chacun de son côté : Charlemagne vers sa tente, les quatre fils Aymon vers Montauban.

— Où donc est Maugis? demanda Renaud en entrant dans son palais.

On ne sut que lui répondre; on n'avait pas vu Maugis, que Renaud croyait avec l'un de ses frères, et dont il ne s'était pas enquis dans le premier moment de désordre inséparable de toute retraite opérée la nuit. Renaud devint tout songeur et il résolut de se lever avec l'aube, afin d'avoir le cœur net de cette absence de son cousin.

CHAPITRE XV.

Comme Maugis, prisonnier de Charlemagne, et condamné à mort, se sauva avec la couronne, l'épée et le trésor du roi, ainsi que les épées des douze pairs de France, et apporta tout ce butin au château de Montauban. Comme ensuite il revint pour chercher Charlemagne et l'emporta sur Bayard.

Maugis, emporté par sa fougue naturelle et par sa haine contre Charlemagne, s'était, sans le vouloir, un peu trop éloigné de ses cousins et engagé trop avant parmi les gens du roi, qui étaient ainsi parvenus à le faire prisonnier ; excellente capture, dont Charlemagne s'était réjoui fort.

Maugis fut conduit sous la tente du roi, en présence de tous les barons intéressés à le voir, à cause de la réputation de nécromant qu'on lui avait faite et qu'il méritait bien.

— Seigneurs et amis, dit Charlemagne, il faut se contenter de moineaux quand on n'a pas rencontré d'alouettes. Les fils Aymon nous ont échappé de nouveau ; mais voici qui nous dédommage un peu de cette malechance. Reconnaissez vous Maugis, le fils du rebelle duc Beuves d'Aigremont et le neveu du duc Aymon? C'est une proie qui a son prix !... Or ça, comme je n'entends pas que celle-là m'échappe comme l'autre, j'ordonne que ce misérable soit pendu incontinent avec la meilleure cravate de chanvre que l'on pourra trouver !...

— Y songez-vous, Sire? fit remarquer le duc Naymes. Pendre cet homme, de nuit? On croira que vous aviez peur de le pendre en plein jour, à cause de ses cousins ! Il ne faut pas que l'on vous suppose accessible à la moindre crainte !

— Vous avez raison, duc Naymes, mais j'ai mes raisons pour en agir ainsi. Maugis est un nécromant et il est bien capable de me porter quelque coup fourré de sa façon, si je n'y mets bon ordre en le faisant pendre haut et court au premier arbre venu, pour servir d'épouvantail aux oiseaux....

— Vous avez peur que je ne me sauve, Sire? dit Maugis en souriant. Si vous y consentez, je vous donnerai des ôtages, pour preuve que je m'en irai pas sans vous dire au moins adieu !...

— Quels ôtages pourras-tu me donner?

— Vous allez voir, Sire, répondit Maugis.

Et, se tournant vers les barons pressés curieusement autour de lui, il ajouta :

— Olivier, duc Naymes, Richard de Normandie, Ogier, archevêque Turpin, Estou, voulez-vous vous porter caution pour moi?... Je vous promets de ne pas m'en aller d'ici sans votre permission.

— Volontiers, répondirent les douze pairs, interrogés. Sire, nous répondons de Maugis.

— Seigneurs, dit Charlemagne, vous vous engagez-là bien imprudemment. Mais cela vous regarde. Je vous remets donc Maugis, à la condition que si je ne l'ai pas demain matin pour le pendre à ma guise, vous perdrez tous vos fiefs et ne pourrez jamais rentrer en France !...

— C'est convenu ! répondirent les barons.

— Je vous remercie, seigneurs, dit alors Maugis. Et puisque vous m'avez fait un plaisir, faites-m'en deux : cela ne vous coûtera pas plus cher. Faites-moi donner à manger, car je meurs de faim.

— Un homme qu'on doit pendre ne doit pas songer à manger ! dit Charlemagne.

— Au contraire, Sire, répondit Maugis en riant ; c'est précisément parce que je dois être pendu demain matin que je désire manger ce soir, puisque c'est la dernière occasion de le faire qui m'est offerte en ce monde.

— Allons, je consens encore à cela, méchant larron ; mais tu vas te placer à côté de moi, à table, afin que je ne te perde pas de vue.

On se mit à table, en effet, le roi d'abord, puis Maugis, à côté de lui, et le souper commença. Mais Charlemagne n'osa ni boire, ni manger, occupé qu'il était à surveiller les mouvements de son prisonnier, dont il redoutait les enchantements. Maugis, en revanche, mangea bien et but d'autant. Après le souper, le roi ordonna à son sénéchal de faire apporter cent torches ardentes, et, se tournant vers Roland, il lui dit :

— Beau neveu, nous allons veiller cette nuit, vous, Olivier et les douze pairs. Faites armer cent chevaliers, que vous allez placer à la porte de notre tente... Et maintenant, qu'on apporte des tables et des échecs et qu'on joue pour se distraire jusqu'à l'aube.

Il ne faut pas nous laisser ensorceler par ce larron de Maugis!

Quand Charlemagne eut parlé, il se mit sur son lit pour se reposer un instant, avec Maugis, d'un côté, et les douze pairs, de l'autre.

— Sire, dit Maugis, où puis-je m'étendre pour me reposer? J'ai besoin de dormir.

— Tu n'as pas besoin de sommeil pour aujourd'hui, puisqu'à partir de demain tu dormiras tout ton saoul!... Prends patience!

— Sire, ce n'est pas d'un chrétien ce que vous me dites-là. J'ai besoin de repos : vous ne pouvez vous opposer à ce que je dorme. N'avez-vous pas des ôtages qui vous répondent de moi?...

— Sans doute, mais abondance d'ôtages ne nuit pas. Tu vas voir!... Holà, sénéchal!

Le sénéchal vint, et, sur l'ordre du roi, mit à Maugis un carcan et une ceinture de fer, reliés entre eux par une forte chaîne qu'on attacha à un solide anneau fiché en terre, avec un cadenas dont on donna la clef à Charlemagne.

— Les chaînes et les carcans ne me sont de rien, dit Maugis; et, puisque vous n'avez pas foi dans la parole de vos barons, je dégage la mienne, et je vous déclare que demain, quand vous me chercherez pour me pendre, vous ne me trouverez plus.

— Nous verrons bien, nous verrons bien, répondit Charlemagne, confiant dans la solidité de la chaîne qui retenait Maugis prisonnier, et dans la vigilance de ses barons.

Maugis attendit patiemment le moment favorable à ses projets. Les barons jouèrent, qui aux dés, qui aux échecs, qui à d'autres jeux, et Charlemagne se relâcha petit à petit de la surveillance qu'il exerçait sur Maugis, pour se livrer aux douceurs de la somnolence. C'était là ce que voulait Maugis. Il se releva doucement et commença son charme : au bout d'un quart d'heure, tout le monde dormait sous la tente du roi, les douze pairs de Charlemagne, et Charlemagne lui-même!... Ce premier résultat obtenu, Maugis fit un autre charme, d'une vertu plus grande encore, sous la puissance duquel tombèrent les chaînes qui le retenaient captif. Une fois libre, il s'avança vers chacun des barons, prit à Roland sa Durandal, à Olivier sa Hauteclaire, et vint vers Charlemagne, toujours endormi, à qui, au préalable, il enleva Joyeuse, sa bonne épée, qu'il ceignit incontinent. Puis il se dirigea vers un grand coffre, bardé de ferrures énormes, l'ouvrit, en tira la couronne et le trésor du roi, et, ainsi chargé, revint vers le lit de Charlemagne, que ces derniers apprêts n'avaient pu réveiller de sa léthargie. Il le secoua alors, après lui avoir fait respirer une herbe particulière qu'il tenait toujours en réserve sur lui, et, voyant qu'il ouvrait des yeux étonnés, il lui dit en souriant :

— Sire, vous ai promis de ne pas m'en aller sans vous parler... Je vous parle : adieu!...

Puis il s'éloigna en toute hâte, enfourcha le premier cheval venu, et prit sa course du côté de Montauban, où il arriva aux premières heures de la matinée.

— D'où venez-vous donc et qu'apportez-vous là? lui demandèrent les quatre fils Aymon, après l'avoir embrassé et lui avoir fait fête comme à un ami qu'ils ne comptaient plus revoir.

— Je viens, répondit Maugis, du camp de Charlemagne, où l'on espérait me retenir de force pour procurer à l'armée le spectacle de ma pendaison... Mais j'ai mis ordre à cette fantaisie royale, et me voilà!... Ce que je vous apporte, c'est la couronne de Charlemagne et les épées de ses douze pairs, ainsi que l'aigle d'or qui sert de point de rappel à la tente royale. Vous placerez cette aigle au sommet de la tour de Montauban, afin que les gens de Charlemagne la voient en venant par ici.

— Cela est bien, cousin Maugis, dit Renaud; mais nous allons avoir maille à partir avec Charlemagne, qui doit être furieux à l'heure qu'il est, et qui voudra se venger sur Montauban du bon tour que vous lui avez joué!

— N'est-ce que cela, cousin Renaud? reprit Maugis.

— Vous en parlez bien à votre aise, cousin Maugis! Mais, avec la meilleure volonté et le meilleur courage du monde, nous ne pourrons longtemps défendre Montauban contre Charlemagne!

— Si je vous amenais Charlemagne prisonnier, cela leverait bien des difficultés, n'est-ce pas?...

— Sans doute; mais c'est folie que de songer à cela! Vous avez enlevé la couronne, ce qui est beaucoup, certes; quant à enlever la tête qui porte d'ordinaire cette couronne, c'est autre chose!...

— Vous doutez? Eh bien, confiez-moi Bayard pour quelques heures, et je vous reviens en compagnie de Charlemagne.

Renaud lutta d'abord; mais Maugis avait l'air si convaincu de ce qu'il disait, qu'il ne put lui résister plus longtemps et qu'il lui confia Bayard. Au bout d'une heure, Maugis entrait sous la tente de Charlemagne, qui s'était rendormi après son départ, le plaçait commodément sur le dos du fidèle Bayard, et, montant en croupe derrière lui, le ramenait triomphant au château de Montauban.

CHAPITRE XVI.

Comme Maugis, après avoir amené Charlemagne au château de Montauban, s'en alla sans rien dire; et où il alla.

Quand Maugis eut remis Charlemagne endormi entre les mains de son cousin Renaud, il resta tout songeur et se sonda les reins pour savoir ce qu'il devait faire désormais.

— Je me suis vengé de Charlemagne, se dit-il. Le duc Beuves d'Aigremont, mon père, avait été assassiné par Ganelon, d'après les ordres du roi. J'avais cette trahison sur le cœur... Hier, quand je me suis trouvé en face de Charlemagne, ayant dans ma main Joyeuse, son épée, j'ai eu un instant la tentation de l'en frapper. Le sang de mon père parlait haut et me conseillait. J'ai hésité : Charlemagne a été sauvé! J'ai compris qu'un loyal chevalier ne devait pas frapper un homme endormi, surtout quand, après tout, cet homme est son roi. Mon bras levé s'est abaissé, et Joyeuse est rentrée au fourreau... J'ai préféré lui jouer ce bon tour, d'emporter d'abord sa couronne impériale, et, ensuite, de l'emporter lui-même!... Quel réveil il va avoir!... Mais j'en ai fait assez : je suis suffisamment vengé ainsi!... Je n'ai plus de devoir à remplir qu'envers moi-même... J'ai à me châtier de mon orgueil et de ma malice. Le monde ne m'intéresse plus : je vais me retirer du monde!...

Cela dit, Maugis sortit du château aux premières lueurs du matin, sans rien dire à personne, et marcha au hasard devant lui, à travers la campagne. Il marcha tant, qu'il arriva à Dordogne, passa le gué et entra dans une forêt dont il suivit machinalement le premier sentier qui s'offrit à sa vue. A force de marcher, il tomba de fatigue au bord d'une fontaine où il se désaltéra. Là, ses réflexions devinrent de plus en plus mélancoliques, et sa résolution de retraite de plus en plus sérieuse. Quand il se releva pour se remettre en route, il aperçut devant ses yeux une façon d'ermitage qui avait l'air d'être abandonné. Il se dirigea de ce côté, vit une chapelle en ruines, autour de laquelle croissaient abondamment des plantes sauvages : l'endroit lui plut. Il tomba à genoux et fit vœu de passer là le reste de ses jours, pour expier, dans les jeûnes et la pénitence, les fautes de sa jeunesse orgueilleuse.

— Mon Dieu! ajouta-t-il en terminant son oraison, faites que Renaud et ses frères puissent enfin se réconcilier avec Charlemagne, et qu'ils soient heureux comme ils méritent de l'être!...

CHAPITRE XVII.

Comme Charlemagne, dépité du tour de Maugis, jura de s'en venger, et, pour cela faire, une fois en liberté, donna l'assaut au château de Montauban.

Au point du jour, Roland, Olivier, Ogier-le-Danois et les autres barons, ne voyant plus ni Maugis, ni Charlemagne, et jugeant bien que la disparition de l'un était le fait de l'autre, montèrent aussitôt à cheval et s'en vinrent en parlementaires auprès des quatre fils Aymon.

Précisément, Renaud était en train de se demander et de demander à ses frères, ce qu'ils devaient faire du roi, qui leur paraissait un hôte bien incommode, quoique endormi.

— Si vous m'en croyez, frère, s'écria impétueusement Richard, nous lui rendrons en coups d'épée ce qu'il m'a donné en coups de bâtons. Nous le tenons : il ne faut point le lâcher; il m'a blessé : il faut le tuer.

— Dans la position où il est, ce serait lâche, répondit Renaud. D'ailleurs il est notre roi.

— Il ne l'est plus, reprit Richard. Lui mort, nous redevenons libres, et pouvons rentrer en France. Lui vivant, la guerre qu'il nous fait continue, avec plus d'acharnement que par le passé. Voilà ce que nous gagnerons à votre générosité. La générosité est une vertu de dupes.

Cette discussion fut interrompue par l'arrivée des barons, qui demandèrent une explication sur les faits étranges qui s'étaient passés durant la nuit. Renaud les reçut fort bien, et, pour leur expliquer en détail le mystère dont ils désiraient avoir la clef, il envoya quérir son cousin Maugis. Mais on vint lui apprendre que Maugis était parti au petit jour, vêtu de haillons, avec une mine triste et renfrognée.

— Maugis a disparu, dit alors Renaud à Roland, et j'en suis bien fâché. C'était un excellent homme, et, en outre, il vous eût volontiers expliqué comment il a fait pour se délivrer et pour enlever Charlemagne... Nous n'y comprenons rien de plus que vous.

— Où est le roi? demanda Ogier.

— Le roi dort encore dans une chambre à part, répondit Renaud. Voulez-vous que nous allions le réveiller?

— C'est notre désir, sire Renaud.

On se rendit à la chambre où Charlemagne avait été déposé, et, à l'entrée de ses barons, le charme qui lui fermait les paupières se dissipa. Il se leva, regarda autour de lui d'un air effaré et, en un instant, il comprit qu'il était prisonnier dans le château de Montauban. Aussitôt il se mit à rugir comme un lion pris dans une fosse et se démena tant et plus pour trouver une issue. Pourtant, il n'avait autour de lui que des visages respectueux.

— Pris dans un piège comme un renard! râlait-il en menaçant du geste et du regard les quatre fils Aymon, immobiles.

Richard se contenait à peine et on voyait bien que le respect qu'il avait pour son frère aîné lui retenait le bras plus que le respect qu'il devait pour le roi. Renaud, devinant les sentiments qui l'agitaient et redoutant leur explosion, vint s'agenouiller aux pieds de Charlemagne, et son exemple fut immédiatement suivi par Richard, Allard et Guichard.

— Sire, dit-il d'un air humble et soumis, vous êtes notre hôte et notre roi. C'est vous dire que vous êtes libre et que jamais aucun de nous, ici, n'a eu la pensée de vous retenir prisonnier. Oubliez les irrévérences de notre conduite passée envers vous, pour ne voir que notre bonne volonté actuelle. Acceptez nos engagements et donnez-nous enfin la paix. Nous vous livrerons Montauban et vous servirons en bons et loyaux chevaliers que nous sommes, partout où il vous plaira de nous envoyer...

— Vous êtes des rebelles et je n'accepterai rien de vous tant que vous ne m'aurez pas livré le misérable Maugis, cria Charlemagne, qui ne pouvait digérer l'humiliation que lui avait fait subir le fils du duc Beuves.

— Sire, répondit Renaud toujours avec respect mais aussi avec fermeté, je vous livre ma personne et celle de mes frères; c'est tout ce qu'il m'est permis de faire. Quant à Maugis, c'est impossible. Il n'est pas dans mes habitudes de commettre des trahisons, et celle que vous me proposez est si monstrueuse que j'en suis offensé. Maugis est notre parent; ensuite il nous a courageusement servis, mes frères et moi. Je ne livre pas mes amis, Sire!

— Je veux Maugis! je veux Maugis! répéta le roi avec les mêmes éclats de colère.

— Vous me demandez l'impossible, Sire. Je considère si bien de mon devoir de vous refuser, que si mes frères bien aimés étaient en ce moment en votre pouvoir, et sur le point d'être pendus, et que la seule condition de leur rachat fût Maugis, je laisserais pendre mes frères et ne vous livrerais pas notre cousin.

— Par saint Denis! vous êtes des rebelles et je vous châtierai tous comme vous le méritez.

— Sire, reprit Renaud, j'ai fait mon devoir d'humble vassal : j'en appelle à tous vos barons. Maintenant, je ne prie plus; j'oublie que vous êtes mon hôte et mon roi et je vous invite à déloger au plus vite de céans.

— Tu me chasses, mauvais garçon?... s'écria Charlemagne, outré.

— Je ne vous chasse pas, Sire, je vous supplie seulement de ne pas vous exposer plus longtemps au juste ressentiment de mes frères, beaucoup moins patients que moi. La preuve que je ne vous chasse pas, c'est que je vous prie de vouloir bien monter sur Bayard pour retourner à votre camp. C'est le seul cheval digne de vous.

Charlemagne descendit dans la cour du château, trouva Bayard tout sellé et piaffant d'impatience, monta dessus et s'éloigna de Montauban en proférant des menaces horribles contre les quatre fils Aymon.

En effet, une fois arrivé sous sa tente, et après avoir toutefois renvoyé à Renaud son vaillant cheval Bayard, il ordonna un branle-bas général et convoqua le ban et l'arrière-ban de son armée pour le siége de Montauban. De nouvelles recrues venaient précisément de lui arriver, entre autres le vieux duc Aymon, revenu vers Charlemagne dans l'espérance qu'il avait enfin amnistié ses enfants.

Les préparatifs d'assaut furent promptement terminés, grâce à l'activité fiévreuse du roi, qui avait à cœur de se venger de l'insolence des quatre fils Aymon. De longues échelles furent appliquées contre les murailles, et d'intrépides chevaliers y grimpèrent pendant que les balistes et les catapultes envoyaient des pierres dans l'intérieur de la ville. Les gens de Renaud se défendirent bien, massacrèrent sans pitié les audacieux qui avaient escaladé les échelles, et détruisirent les engins de destruction appliqués contre les murailles, échelles, balistes et catapultes, à ce point qu'au bout de quelques jours il fallut songer à enterrer les morts et à construire de nouveaux engins. Charlemagne employa ses barons à ce travail important : Roland fut chargé d'en construire sept, Olivier six, le duc Naymes, Turpin et Ogier, quatre, et le vieux duc Aymon trois. Le vieil Aymon, tout affligé, dut obéir.

—

CHAPITRE XVIII.

Des conséquences du siége de Montauban; de la famine horrible qui y régna; et du moyen ingénieux employé par le duc Aymon pour secourir ses enfants.

Charlemagne avait juré qu'il ne partirait pas de Montauban qu'il ne l'eût affamé et réduit à la dernière extrémité. En conséquence de ce, il poussa chaque jour vigoureusement les travaux du siége et entoura si bien la ville, qu'il fut impossible aux assiégés de sortir pour renouveler leurs munitions de guerre et de bouche. La famine devint bientôt horrible dans Montauban, à ce point qu'un lopin de froment se vendait à poids d'or et que les parents se cachaient de leurs parents pour manger leur dernier morceau de pain, afin de n'avoir pas à le partager. On ne rencontrait par les rues que des visages hâves et décharnés, des mères accroupies sur des bornes, avec leurs nourrissons morts de faim entre leurs bras, et des hommes errabondants d'un air farouche, comme prêts à se dévorer les uns les autres, à défaut d'autres aliments : une désolation générale.

La famine était aussi grande dans le palais de Renaud que dans l'intérieur de sa ville. Un matin, dame Clarice dit à son mari en pressant ses deux enfants contre son sein :

— Hélas! mon cher mari, qu'allons-nous devenir?... le cœur me manque tant je me sens de besoin... Mes enfants! mes pauvres enfants!...

— Ne vous désolez pas ainsi, Clarice, car vous me désolez moi-même, répondit Renaud en embrassant sa femme. Et j'ai besoin de toute mon énergie pour parer aux difficultés de notre situation. Nous avons encore une centaine de chevaux : je vais les faire abattre et donner aux plus nécessiteux d'entre mes gens.

Ce qui fut dit fut fait. Les chevaux de réserve furent abattus et les morceaux distribués çà et là à ceux qui avaient les dents aussi longues que l'appétit : le lendemain il n'en restait plus rien, et la faim était aussi extrême que la veille. Il ne restait plus à tuer que les quatre chevaux des quatre fils Aymon.

— Comment faire? dit Renaud à ses frères. Je n'ose vous proposer de vous défaire de vos chevaux : vous y tenez et vous avez raison. Cependant il faut manger! Ma femme a faim, et mes deux enfants aussi.

— Rendons-nous au roi! proposa Richard.

— Tant que nous pourrons aller, nous irons, répliqua Renaud. Nous rendre serait une lâcheté et une folie : une lâcheté parce qu'il ne faut jamais se rendre; une folie, parce que le sort que nous réserverait Charlemagne serait plus fâcheux encore que celui auquel nous sommes réduits. Qui sait ce qui nous arrivera? Ayons fiance en Dieu et en notre étoile, mes frères. On voit bien des choses en un jour! Patientons!

— Nous voulons bien patienter, dit Allard; mais alors, frère, il faut nous abandonner Bayard : il nous a été utile souvent, il nous servira une fois encore.

— Bayard?... s'écria Renaud, les larmes aux yeux; jamais je ne consentirai à cela! Tuez-moi avant de le tuer, cela sera plus humain! Bayard est plus qu'un cheval : c'est un ami. Il a été le compagnon de mes travaux, de mes fatigues et de mes périls; il a partagé ma bonne et ma mauvaise fortune; il m'a été fidèle; il a été vaillant, insensible au mal et à la misère; il m'a fait vaincre là où d'autres auraient été vaincus : me séparer de lui serait un crime de lèse-amitié!...

— Cher mari, dit à son tour la duchesse, je comprends que vous teniez à Bayard; mais ne tenez-vous pas aussi à vos enfants? Vous ne voulez pas que Bayard meure : vous voulez donc, alors, que nous mourions?...

— Cher papa, dit Aymonnet en se pendant aux bras de Renaud, notre maman mourra de faim si vous ne voulez pas sacrifier Bayard!... Bayard est un bon animal, mais notre maman est une bonne maman qui nous aime et vous aime encore plus que Bayard... D'ailleurs, d'une manière ou d'une autre, il faudra bien qu'il meure... Il n'a pas plus à manger que nous... ainsi...

— Cher enfant, dit Renaud, ému, en interrompant Aymonnet, je vous abandonne Bayard...

On descendit à l'écurie et l'on trouva le noble animal à demi couché sur une maigre litière. A l'entrée de Renaud, il se releva, le regarda de son grand œil triste, et poussa un soupir qui voulait dire bien des choses. Le cœur de Renaud en fut brisé.

— Non, s'écria-t-il, jamais je ne consentirai à cet odieux sacrifice. Jamais, jamais ! On meurt avec ses amis, on ne les tue pas pour prolonger sa vie aux dépens de la leur... Chers frères, ajouta Renaud, je vais faire une tentative auprès de notre père, qui est revenu, comme vous savez, au camp de Charlemagne... Je lui exposerai notre misérable situation, et si, comme je l'espère, il lui reste des entrailles humaines, il aura pitié de nous... Jusque-là, promettez-moi de respecter la vie de Bayard?...

Les trois frères promirent, et à la nuit tombante, Renaud sortit secrètement de Montauban et se rendit, sans encombre, à la tente occupée par le vieux duc Aymon.

— Mon père, dit-il en l'abordant, je viens vers vous comme j'irais vers Dieu, si Dieu était visible. Je viens vers vous en suppliant, non en mon nom, mais au nom de ma femme, mes enfants, de mes frères et de mes gens. Montauban est dans la désolation : la faim y règne en reine absolue; on y meurt comme de la peste. Comprenez-vous cela, mon père, mourir de faim? Des femmes, des enfants, des vieillards... J'en suis réduit, pour nourrir ma famille et mes amis, à sacrifier ce noble et vaillant Bayard, à qui je tiens plus qu'à moi-même...

— Renaud, répondit vieil Aymon attendri, je suis toujours le serviteur fidèle du roi; mais je n'oublie pas que je suis aussi votre père, c'est-à-dire le mandataire de la Providence envers vous... Prenez ici tout ce qui sera à votre convenance, sans que je m'en aperçoive... Mon devoir m'ordonne de ne pas vous aider; mes entrailles de père m'ordonnent de vous assister... Faites vite, pour qu'on ne vous surprenne pas... Avez-vous fait?...

— Oui, cher et vénéré père, répondit Renaud, qui avait ramassé ça et là le plus de munition de bouche qu'il avait pu.

— Alors, partez. Partez, mon fils, et que Dieu vous assiste...

Renaud partit comme il était venu, sans être reconnu et, pendant qu'il rentrait à Montauban, le vieux duc Aymon fit appeler son écuyer de confiance et lui dit :

— Renaud, mon fils aîné, vient de venir... Je vous confie cela, parce que vous êtes un honnête homme. Il a emporté quelques provisions; mais cela ne peut le mener bien loin... Il faut aviser aux moyens de lui être utile plus efficacement... Charlemagne m'a chargé de confectionner trois engins destinés à abattre les murailles de Montauban. Au lieu de pierres, nous mettrons dans ces engins du pain et des viandes salées en grande quantité, et, au lieu de recevoir des projectiles de mort, ils recevront des projectiles de vie.

L'écuyer du duc se chargea de cette besogne et il la fit si secrètement, que le lendemain, en le voyant manœuvrer ces engins, qu'on savait fabriqués par son maître, et qu'on croyait chargés de pierres, on trouva cruelle la conduite du vieux duc Aymon, bourreau de ses enfants.

CHAPITRE XIX.

Comme les douze pairs de France, voyant l'obstination de Charlemagne, l'abandonnèrent, et comme, pour les retenir, il consentit à faire sa paix avec les quatre fils Aymon. Départ de Renaud pour la Terre-Sainte.

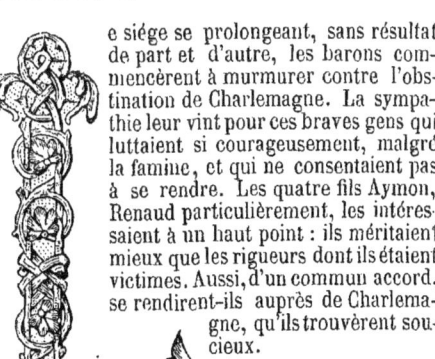

Ce siége se prolongeant, sans résultat de part et d'autre, les barons commencèrent à murmurer contre l'obstination de Charlemagne. La sympathie leur vint pour ces braves gens qui luttaient si courageusement, malgré la famine, et qui ne consentaient pas à se rendre. Les quatre fils Aymon, Renaud particulièrement, les intéressaient à un haut point : ils méritaient mieux que les rigueurs dont ils étaient victimes. Aussi, d'un commun accord, se rendirent-ils auprès de Charlemagne, qu'ils trouvèrent soucieux.

— Sire, dit Roland, nous sommes des preux, faits pour les grandes batailles en pleine campagne, et non pour ces siéges sans honneur et sans profit, où nous remplaçons nos épées par des échelles, et nos lances par des catapultes. Ce métier de charpentier ne me convient pas, pour ma part, et je vous demande la permission de quitter votre service.

— Sire, dit l'archevêque Turpin, je n'ai rien à faire ici, qu'à voir enterrer les morts. C'est un métier sans gloire, je le quitte.

— Sire, dit Ogier le Danois, je veux bien servir le roi, mais je ne veux pas servir la haine. J'épouse votre cause, non votre rancune. Vous haïssez trop les quatre fils Aymon pour que je ne commence pas à les aimer un peu. Comme en restant plus longtemps ici je finirais par me ranger tout-à-fait de leur parti, et par être traître envers vous, je pars afin de rester fidèle envers vous.

Et ainsi des autres barons.

Charlemagne enrageait intérieurement de voir qu'on lui mettait ainsi le marché à la main. Il aurait bien voulu se passer de ses barons, mais il ne le pouvait pas. Faisant alors contre fortune bon cœur, il rappela Turpin, Ogier, Roland et les autres, qui s'en allaient, et leur dit, tout en rongeant convulsivement une demi-lance qu'il avait à la main :

— Restez, seigneurs, restez. Je vois bien qu'il faut que j'en passe par où vous voulez. C'est vous qui me faites la loi, maintenant : c'est nouveau. A cause de l'originalité du fait, je vous pardonne et acquiesce à votre désir. Allez donc quérir les quatre fils Aymon, que je les embrasse et me réconcilie avec eux...

— Nous vous remercions, Sire, dit Turpin, en notre nom et au nom des quatre fils Aymon, à qui nous allons nous empresser de porter cette bonne nouvelle... Les grands cœurs font les grandes choses. Cette générosité vous sera comptée comme une victoire, Sire...

— Attendez, attendez, ne vous pressez pas tant, s'écria Charlemagne en retenant ses barons. Je pardonne aux quatre fils Aymon, mais à certaines conditions.

— Le pardon, pour être complet, Sire, doit s'accorder sans restrictions et sans conditions, dit Turpin.

— C'est possible, archevêque Turpin, reprit Charlemagne, mais je vois les choses avec d'autres yeux que vous... Je hais Renaud, et, tout en lui pardonnant, je veux qu'il expie, par une pénitence, les souleurs qu'il m'a causées. Voici donc à quelles conditions j'accorde la paix : Renaud m'abandonnera son cheval Bayard, qui l'a trop aidé dans ses révoltes contre moi pour que je ne cherche pas à me venger au moins sur lui ; ensuite Renaud, comme punition, ira en mendiant au bout du monde. S'il consent, je consens. Allez lui porter mes propositions : je vous attends.

Le duc Naymes se chargea de la commission et partit incontinent pour Montauban, dont il se fit ouvrir les portes comme envoyé de Charlemagne. Introduit auprès des quatre fils Aymon, il leur exposa à quelles conditions le roi pouvait traiter de la paix avec eux ; les quatre fils Aymon en furent heureux et ils pressèrent Renaud d'accepter. Renaud, pour toute réponse, alla chercher Bayard, l'embrassa tendrement sur les naseaux, lui dit quelques mots à l'oreille et le livra au duc Naymes qui s'en alla dessus.

— Chers frères, j'ai dû accepter les propositions de Charlemagne, bien qu'elles coûtassent à mon cœur, puisqu'il s'agissait de mon vieux camarade Bayard. Je me réjouis de cette paix, beaucoup plus pour vous que pour moi. Je vais partir : aimez-vous les uns les autres pendant mon absence, dont je ne puis fixer la durée. Dieu est grand et bon : il permettra notre réunion un jour ou l'autre.

Après cela, Renaud se fit apporter de la serge violette, s'en revêtit, et, un bourdon à la main, se disposait à partir, lorsque la duchesse, sa femme, se présenta devant lui avec ses deux enfants.

— Cher mari, lui dit-elle les larmes aux yeux, vous nous abandonnez?...

— Chère femme, lui répondit Renaud, la Providence le veut ainsi ; mais je pars tranquille puisque je vous laisse entre les mains de mes frères bien-aimés, qui vous serviront et honoreront comme leur dame et maîtresse.

— C'est bien, dit la duchesse, résignée, en tendant son front à son mari qui y déposa un ardent baiser et s'éloigna après avoir serré la main à ses frères.

Renaud parti, dame Clarice monta à sa chambre, prit toutes ses robes de brocard et de soie lamée, les jeta dans le feu, et, cela fait, se couvrit d'une robe de serge violette, pareille à celle que venait de revêtir Renaud, en jurant qu'elle n'en mettrait aucune autre avant qu'il ne fût de retour.

Pendant que tout le monde, à Montauban, se désolait du départ du brave Renaud, Bayard, son brave cheval, était conduit vers Charlemagne.

— Ah ! ah ! dit-il en voyant arriver ce noble animal. Je n'ai pas le maître, mais j'ai son cheval : je vais donc pouvoir me venger.

Cela dit, il ordonna qu'on conduisît immédiatement Bayard sur un pont voisin et que, de là, on le jetât dans la rivière, après lui avoir, au préalable, attaché une pierre au cou, ce qui fut immédiatement exécuté, quoique avec répugnance, par une dixaine de ses gens.

— Ainsi périsse Renaud ! s'écria Charlemagne en se frottant les mains de contentement.

Mais Bayard ne devait pas mourir encore. Le noble animal, une fois sous les flots, joua des quatre pieds et des dents et finit par se débarrasser des liens qui le gênaient ; alors il reparut à la surface de l'eau, reprit haleine, nagea et regagna la terre ; là, il se secoua allègrement, comme pour narguer ses ennemis, souffla un instant, sentit le vent et disparut comme une flèche aux yeux de Charlemagne, ébahi. On prétend qu'il regagna tant bien que mal la forêt des Ardennes, où il avait vécu avec son maître, et que, depuis cette époque, il n'en sortit plus, quoiqu'on fît pour l'approcher et s'en emparer. La forêt était profonde et elle lui offrait à profusion des abris et de la nourriture. Bayard fit bien de rester là : les forêts sont encore ce qu'il y a de mieux et de plus sûr au monde.

CHAPITRE XX.

Comme Renaud, une fois à Constantinople, rencontra Maugis, et comme tous deux firent le siége de Jérusalem qui fut ainsi délivrée de la tyrannie des païens.

Renaud tint sa promesse : il mendia tout le long de sa route et, après avoir traversé monts et vallées, arriva enfin à Constantinople. Là il logea chez une sainte femme qui le reçut du mieux qu'elle put, lui donna à manger ce que Dieu lui avait envoyé et lui lava les pieds comme elle faisait aux autres pèlerins qu'elle recevait avec la même charité.

— Bon homme, dit-elle à Renaud en le conduisant dans une chambre modeste, mais propre, je ne vous donne pas ma plus belle chambre parce qu'elle est occupée par un pèlerin qui est malade et qui vous empêcherait de dormir.

— Bonne dame, répondit Renaud, je vous remercie de ce que vous faites... Mais, ne pourrais-je visiter ce pèlerin malade? Nous nous devons mutuellement les consolations de l'âme, à défaut des soins matériels que nous ne pouvons pas toujours donner, et peut-être qu'en causant avec ce moribond et en lui parlant de la patrie future où nous allons tous, à petites ou à grandes journées, cela le reconfortera...

— Volontiers, bon homme! dit la sainte femme.

Lors, elle le conduisit dans la chambre où était le pèlerin, qui n'était autre que Maugis.

— Ah! cousin, cousin, s'écria Renaud en se précipitant vers lui et en l'accablant de marques d'amitié.

— Vous ici, Renaud, à tant de lieues de vos frères et de votre famille? dit Maugis, étonné et réjoui à la fois par la présence de son parent, qui lui apportait ainsi un souvenir vivant du pays natal.

— Oui, moi, cousin Maugis, moi-même, répondit Renaud. J'ai fait ma paix avec Charlemagne qui a exigé, en retour, mon brave cheval Bayard et mon départ de Montauban.

— Vous avez fait la paix? dit Maugis, tout joyeux. Ah! cette bonne nouvelle est le meilleur des baumes : elle me guérit! Voyez!

En effet, Maugis qui, jusques-là, était resté au lit, tout endolori, se leva et marcha comme par enchantement.

La sainte femme qui avait donné l'hospitalité à Renaud et à Maugis, les voyant si bien ensemble, jugea qu'ils devaient être de noble extraction et elle prit la liberté de leur demander qui ils étaient, par intérêt pur, non par curiosité.

— Nous sommes, lui dit Renaud, de pauvres gentilshommes bannis de France et condamnés à mendier notre pain sur notre route jusqu'à Jérusalem, en expiation de nos vieux péchés... Nous sommes cousins, ce pèlerin et moi, et maintenant qu'il est mieux portant, nous ferons ensemble le voyage que nous devions faire isolément. La route nous en paraîtra moins longue...

— Je vous crois et vous estime davantage, répondit la sainte femme.

Cela dit, elle s'empressa d'aller chercher des vivres de choix et du vin d'excellente qualité, pour les leur offrir; ils acceptèrent avec plaisir, ce vin étant le premier qu'ils eussent bu depuis leur départ. Après cette collation, l'heure du repos étant sonnée, les deux cousins récitèrent les Grâces et se couchèrent. Le lendemain matin, dès l'aube, ils se levaient, et, après avoir remercié leur hôtesse des bons soins qu'elle avait eus pour eux, ils quittaient Constantinople pour se rendre à Jérusalem.

Bien des jours passèrent; bien des jours et bien des fatigues. Nos pèlerins n'allaient pas vite et ils se reposaient souvent. Mais enfin, à force de marcher on arrive toujours où l'on veut arriver : Maugis et Renaud aperçurent un matin Jérusalem, la ville sainte, qui étincelait dans sa splendeur, illuminée par le soleil.

— Jérusalem! Jérusalem! s'écrièrent-ils, le cœur tout débordant d'admiration et de foi.

Alors ils approchèrent, toujours émus, assez près pour distinguer le temple, la tour de David et une partie de la cité sainte. Ils approchèrent de plus près encore et tombèrent, sans s'en douter, dans un camp qui avait dressé là ses tentes et ses pavillons.

— Qu'est-ce que cela? demanda Renaud à Maugis. Est-ce un camp de Sarrasins ou un camp de Chrétiens?

— Je n'en sais pas plus que vous, cousin, répondit Maugis. Pour le savoir, demandons-le à ce vieillard qui vient vers nous.

Un vieillard s'avançait, en effet, à la rencontre des deux pèlerins.

— Chevalier, lui dit Renaud, dites-nous, s'il vous plaît, à qui appartiennent les tentes que nous voyons semées autour de Jérusalem?

— Pèlerins, répondit le vieillard, elles appartiennent à l'armée des Chrétiens qui assiégent Jérusalem et ne peuvent la prendre.

— Qui donc en est maître en ce moment?

— L'amiral de Perse, qui s'en est emparé par trahison... Vêtu d'un habit de pèlerin, et suivi d'un grand nombre de ses gens vêtus comme lui, il entra dans Jérusalem; une fois entré, il jeta bas ses humbles habits, ses gens l'imitèrent, et tous, l'épée à la main, se précipitèrent sur les troupes qui gardaient la cité et en chassèrent le roi. Le pays se souleva bientôt, et les Persans ne purent jouir longtemps de leur conquête. Ils sont assiégés, mais ils nous coûtent bien cher, car ils font parfois des sorties et nous tuent beaucoup d'hommes. Cela se passerait autrement si nous avions un chef!...

Quand Renaud eut entendu ces paroles, il sourit et pria le vieux chevalier de le conduire, ainsi que son cousin, au milieu de l'armée; ce à quoi le vieillard consentit de bonne grâce, séduit par le parlement que nous avions pour l'air du fils Aymon. Au bout de quelques instants, il les introduisait sous la tente du comte Rames.

— Pèlerins, dit ce seigneur, au nom du Saint-Sépulcre que vous venez adorer, dites-moi la vérité : vous devez être autre chose que de simples pèlerins.

— Sire comte, répondit Renaud, je m'appelle Renaud de Montauban; je suis l'aîné des quatre fils du duc Aymon de Dordogne. J'étais en guerre avec Charlemagne, roi de France et empereur d'Occident; il m'avait offert la paix, à condition que je lui livrerais mon cheval Bayard et que je m'en irais à pied, mendiant mon pain, jusqu'à Jérusalem. J'ai accepté et me voilà. En chemin, j'ai rencontré mon cousin Maugis, fils du duc Beuves d'Aigremont, et nous avons juré de ne plus nous quitter.

— Ah! chevalier Renaud, s'écria le comte Rames, je remercie le ciel de ce qu'il vous a envoyé vers nous, ainsi que votre cousin. Je vous connaissais déjà et je vous admirais. Je vous prie de me tenir pour votre ami!... Vous nous sauverez tous, si vous consentez à vous mettre à notre tête!...

Tous les barons de Syrie arrivèrent en cet instant, et le comte leur présenta Rénaud, devant lequel ils s'agenouillèrent avec empressement, en le suppliant de se mettre à leur tête. Renaud accepta ce commandement et cette responsabilité, et tout aussitôt le comte Rames fit venir de très beaux chevaux, de très beaux vêtements, de très belles armures, de très belles épées, en le suppliant d'accepter le tout pour l'amour de lui. Mais Renaud, toujours modeste, n'accepta qu'un cheval, un haubert, un morion et une épée.

Le comte n'insista pas, et l'on se mit à table pour fêter cette heureuse rencontre. Après le souper, chacun des barons fit allumer autour de sa tente un grand feu de joie dont les flammes furent aperçues, de Jérusalem, par l'amiral de Perse.

— Par Mahom! s'écria cet infidèle, qu'ont donc trouvé ces méchants Chrétiens pour se réjouir ainsi? Ils boivent et chantent sans doute! Qu'ils se réjouissent et chantent, s'ils veulent : c'est leur chant du cygne, car demain ou après demain ils seront exterminés.

Le lendemain, en effet, l'amiral fit une sortie, à la tête de dix mille hommes. Les barons chrétiens firent sonner les trompettes et s'avancèrent vaillamment au-devant des infidèles, qui poussaient déjà des hurrahs de victoire. En tête des Chrétiens marchaient Renaud, Geoffroy et Maugis; en tête des Sarrasins venait le roi Margaris qui portait sur son écusson un monstrueux dragon ouvrant une gueule monstrueuse. Il s'avança hardiment contre Renaud qui, le voyant venir, courut à sa rencontre et le frappa de telle force qu'il lui perça la poitrine avec sa lance. Margaris tomba en vomissant des flots de sang noir.

— Dieu te punit, mécréant! cria Renaud. Va tenir compagnie aux rois tes prédécesseurs!

Le combat s'engagea alors de part et d'autre avec une furie sans exemple; le champ de bataille fut bientôt un immense champ de carnage où râlaient, pêle-mêle, Sarrasins et Chrétiens.

— Par Mahom! s'écria l'amiral de Perse en voyant ses gens abattus par centaines, qui donc a remis du cœur au ventre de ces chiens de Chrétiens? Jamais ils ne se sont aussi bien battus!...

— Sire, lui répondit-on, c'est la faute de ce vaillant chevalier que vous voyez là-bas. C'est lui qui a tué le roi Margaris, et votre cousin Orient, et le neveu de Maybon, et cent autres.

— Quoi! ce chevalier qui a la grande fourche? Par Mahom! je vais percer le ventre à ce grand vilain pour le punir du dommage qu'il m'a causé.

L'amiral de Perse poussa son cheval en avant; mais il ne put aller bien loin : les débris de son armée se repliaient en désordre vers Jérusalem et y rentraient effrayés.

— Oh! oh! dit-il, voyant cela; il n'est pas prudent d'avancer : je resterais seul et je serais pris.

L'amiral alors fit faire volte-face à son cheval et s'échappa, croyant être en sûreté dans Jérusalem. Malheureusement pour lui et pour les siens, Renaud se mit à sa poursuite et entra avec lui dans la ville sainte, suivi de la majeure partie des barons, Maugis en tête. Le massacre continua de plus belle, à ce point que l'amiral, se voyant pour ainsi dire sans soldats, fut forcé de composer avec Renaud de Montauban. Il consentit à évacuer immédiatement Jérusalem, mais à la condition qu'il emporterait son butin avec lui et qu'il ne serait pas inquiété dans sa retraite : ce qui lui fut accordé. L'amiral de Perse partit le soir même et le roi de Jérusalem, délivré, put enfin remercier les barons chrétiens et surtout Renaud de Montauban, à qui revenait tout le mérite de cette victoire.

Les jours suivants on donna une fête en l'honneur du brave fils Aymon et de son cousin Maugis qui, quoiqu'en habit de pélerin et en bourdon, avait fait sa rude besogne et mis à mal beaucoup de mécréants. Le roi de Jérusalem ne tarissait pas en remerciements et en éloges et il aurait bien voulu conserver Renaud toute sa vie auprès de lui. Cependant la chose n'était pas possible : Renaud avait le mal du pays; il songeait à sa femme, à ses enfants et à ses frères. Aussi, au bout de quelques semaines, demanda-t-il au roi la permission de partir, permission que le roi lui accorda les larmes aux yeux et en l'embrassant à plusieurs reprises, ainsi que son cousin Maugis.

— Au moins, dit-il, ami Renaud, acceptez ces chevaux et ces draps d'or en souvenir de moi. On ne récompense pas les dévouements semblables au vôtre, je le sais bien et je n'y songe pas. Les hommes comme vous sont trop au-dessus des richesses pour qu'elles leur fassent envie un seul instant. Je vous demande seulement de conserver ces présents par amitié pour moi et de me faire savoir de vos nouvelles aussitôt que vous serez arrivés, vous et votre cousin.

Maugis et Renaud promirent; mais Renaud, seul, accepta les chevaux et les draps d'or offerts par le roi. Maugis refusa honnêtement, parce qu'il tenait à conserver, par pénitence, son costume de pèlerin, avec lequel il avait si vaillamment combattu. Ce refus n'avait rien de blessant pour le roi de Jérusalem, qui, tout, au contraire, en sut gré à Maugis, en faveur de l'intention.

Le jour du départ arriva, malgré les retardements discrets qu'y mit le roi, et chacun alla, en grande pompe, accompagner Renaud et Maugis jusqu'au port de Japhet, où ils s'embarquèrent au milieu des vivats et des souhaits prolongés des barons chrétiens.

CHAPITRE XXI.

Comme Renaud et Maugis, en quittant le roi de Jérusalem, abordèrent à Palerme, où ils firent encore merveille.

Il semblait que le ciel ne voulût pas permettre à Renaud le retour dans sa patrie, car le vaisseau qui le portait, ainsi que Maugis, fut plusieurs fois battu par des tempêtes et contraint de relâcher çà et là, dans différents ports, pour éviter des avaries et même un naufrage.

Au bout de huit mois cependant, ils arrivèrent en vue de Palerme, sur les côtes de Sicile, et aussitôt que le navire eût touché le port, Renaud commandât qu'on le mît à terre, ainsi que son cousin et les chevaux dont le roi de Jérusalem lui avait fait présent.

Précisément, à l'heure où l'on déchargeait le vaisseau qui avait amené Renaud et sa fortune, le roi de Palerme se trouvait aux fenêtres de son palais, qui avait vue sur la mer, en compagnie de ses barons et des dames de sa cour.

— Qu'est ceci ? demanda-t-il.

— Quelque grand seigneur ou quelque grand pélerin, lui répondit-on.

— Le vaisseau est riche, l'équipage nombreux, les objets qu'on débarque sont rares, à ce qu'il me semble, reprit le roi.

— En effet, dit un baron, ce n'est pas là un navire ordinaire. Il faudrait s'assurer de sa provenance. Nous apporte-t-il des amis ou des ennemis?

— Le meilleur moyen, c'est-à-dire le plus court, est encore d'aller constater cela de nos propres yeux, proposa le roi.

— Nous vous suivons, Sire, dirent les barons.

Tout aussitôt le roi de Palerme descendit, suivi de quelques chevaliers, et vint vers l'endroit où se tenait Renaud qui, en l'apercevant, le salua très courtoisement, devinant bien à qu'il avait affaire.

— Qui êtes-vous, s'il vous plaît, sire chevalier? lui demanda le roi, après lui avoir rendu très gracieusement son salut. Qui êtes-vous et d'où venez-vous? Par ces temps de troubles, il est bon de savoir à qui l'on a affaire, et encore que votre physionomie plaide en faveur de vos intentions, vous ne trouverez pas, je pense, ma curiosité déplacée...

— Rien de plus naturel, Sire, répondit Renaud en souriant.

— Ainsi, vous venez?.... reprit le roi.

— Du port de Japhet, Sire.

— Du port de Japhet!...

— Oui, Sire... Ce vaisseau que nos gens sont occupés à décharger en ce moment, et sur lequel sont des étoffes d'or et des chevaux de prix, parmi lesquels je vous supplierai de faire un choix, ce vaisseau nous a été donné, à mon cousin et à moi, par le roi de Jérusalem...

— Par le roi de Jérusalem?...

— Oui, Sire...

— Vous êtes de sa famille?

— Non, Sire, nous n'avons pas cet honneur.

— Mais alors?...

— Votre étonnement va cesser, Sire, quand je vous aurai dit que nous avons aidé le roi de Jérusalem à reprendre possession de son trône et de sa ville, tous deux conquis par un chef de mécréants...

— Par l'amiral de Perse, peut-être?...

— Précisément, Sire... Nous l'avons vaincu et mis en fuite...

— Oh! oh! Et qui donc êtes-vous, sire chevalier, pour avoir opéré ce miracle?

— Je m'appelle Renaud de Montauban, Sire, et je suis l'aîné des quatre fils du vaillant duc Aymon de Dordogne. Le pélerin que voici est mon cousin Maugis, fils du vaillant duc Beuves d'Aigremont, si méchamment mis à mort par le traître Ganelon... Nous avons été en Terre-Sainte pour obéir à Charlemagne, et, maintenant que cette pénitence est faite, nous retournons dans notre patrie, où nous avons laissé des amis et des parents... Le vaisseau a relâché ici; mais nous comptons repartir bientôt pour donner de nos nouvelles à nos amis...

— Sire chevalier, s'écria le roi tout joyeux, je veux vous retenir quelque temps ici, si vous le permettez toutefois. Je n'ai pas tous les jours un bonheur comme celui que vous me faites en ce moment... Vous êtes le fameux Renaud de Montauban, et vous ne me le disiez pas tout de suite... Ah! Renaud, Renaud, restez avec moi... Vous êtes mon hôte, entendez-vous? Mon palais sera le vôtre, ma cour sera votre cour, et ce que vous demanderez vous l'aurez, persuadé que je suis que vous ne pouvez demander que des choses honorables... Quand vous vous serez suffisamment reposé, nous causerons longuement de vos exploits, et cela me distraiera...

Pendant que le roi de Palerme causait ainsi avec Renaud, un de ses barons s'en vint précipitamment vers lui pour lui apprendre que l'amiral de Perse, à son tour, venait de débarquer à la tête d'une troupe formidable de païens.

— Vous voyez, sire Renaud, comme vous tombez bien, dit le roi. Seul, j'aurais certes du mal avec ces mécréants; mais maintenant que vous voilà, je n'ai plus peur de rien... Je suis sûr de la victoire...

Sur ce, le roi ordonna à chacun de s'armer.

— Je vous fais mon porte étendard, ajouta-t-il en se tournant vers Maugis qui le suivait, ainsi que Renaud.

— J'accepte, Sire, répondit en souriant Maugis. Vous verrez que mon bourdon fait à l'occasion son office d'épée.

— Qui m'aime me suive! s'écria alors le roi Siméon en se précipitant l'épée haute au devant des Sarrasins.

La bataille s'engagea, sanglante. L'amiral de Perse, qui avait compté sur une résistance timide, s'étonna d'avoir affaire à une armée de héros. Ses soldats commencaient à fuir devant ceux du roi de Palerme, électrisés par l'exemple de Renaud et de Maugis.

— Ma foi, dit l'amiral de Perse, je n'ai jamais vu deux chevaliers aussi vaillants! c'est leur exemple qui entraîne les autres... Sans eux, la victoire serait déjà à nous... D'où sont-ils donc?...

En ce moment Renaud s'avança vers lui en criant : « Montauban! Montauban! »

— Par Mahom! s'écria l'amiral en s'enfuyant épouvanté. Par Mahom! ce chevalier a le diable au corps! je l'ai laissé à Jérusalem et je le retrouve ici! Je suis perdu!...

L'armée des mécréants, voyant fuir son chef, ne demanda pas mieux que de l'imiter, d'autant qu'elle était épuisée et qu'elle avait déjà perdu le meilleur de son monde. Chacun des Sarrasins se mit donc à fuir dans la direction du port et regagna en désordre les vaisseaux qui les avaient vomis sur la ville de Palerme.

Renaud et le roi Siméon poursuivirent les fuyards l'épée dans les reins, tuant sans pitié les moins ingambes, comme s'ils eussent été mouches importunes. Quand ils arrivèrent sur le port, ils aperçurent sur son vaisseau l'amiral de Perse qui s'arrachait la barbe, de désespoir d'avoir été vaincu et d'avoir ainsi laissé massacrer son armée.

Le roi Siméon, heureux de cette victoire, embrassa Renaud et Maugis et les emmena dans son palais, où ils reçurent les félicitations et les hommages de toute la cour. Des fêtes furent données en leur honneur, et chacun fit de son mieux pour les amuser et les retenir à Palerme. Mais Renaud voulait revoir sa femme, ses enfants et ses frères : il demanda au roi la permission de partir, permission que le roi lui accorda en pleurant.

CHAPITRE XXII.

Comme Renaud, à son retour, apprit la mort de sa femme, et comme, après cela, il envoya ses enfants à Paris, auprès de Charlemagne, afin qu'il les reçut chevaliers.

Il y eut une véritable fête à Montauban au retour de Renaud et de Maugis. Chacun s'empressait à l'envi autour des deux voyageurs, qui venaient de si loin et qu'on n'espérait plus revoir. Renaud était attendri par toutes ces marques de sympathie ; il sentait son cœur remué délicieusement à ce spectacle.

— Où est ma femme? Comment se porte-t-elle? demanda-t-il tout joyeux à Allard, qui était venu au-devant de son frère avec un empressement particulier.

— Dame Clarice se porte bien, cher frère ! lui répondit Allard, pâle et tremblant.

— J'ai hâte de l'embrasser ainsi que mes deux enfants ! reprit Renaud en entrant dans le palais.

— Ne soyez pas inquiet, cher frère ; dame Clarice n'est pas ici pour le moment... répliqua Allard en pâlissant de plus en plus. Elle est dans le bourg que nous avons fait fermer et fortifier depuis votre départ, en prévision des invasions...

— Dans le bourg?

— Oui, cher frère... Elle est allée porter quelques secours aux nécessiteux et aux malades, selon son habitude quotidienne...

— Renaud, dit à son tour Maugis qui n'avait pas cessé de regarder Allard, Renaud, votre frère vous trompe : votre femme est morte.

— Morte ! s'écria Renaud en chancelant sous cette nouvelle comme sous un coup de foudre. Morte ! Morte ! Morte !

— Eh ! bien oui, cher frère, reprit Allard, soulagé par cette confession ; oui, dame Clarice est morte ! Après votre départ, elle avait jeté au feu ses robes de brocard et tous ses attifets de femme, pour ne porter qu'une robe de serge violette semblable à celle que vous aviez endossée vous-même... La douleur s'empara alors d'elle et ne la quitta plus : elle n'espérait plus vous revoir et se croyait déjà veuve. Elle a voulu aller vous rejoindre dans le monde meilleur où elle vous croyait déjà arrivé, et elle est partie : ses enfants n'ont pas même eu le pouvoir de la retenir !...

— Ah ! Chère femme ! chère femme ! sanglota Renaud en se cachant le visage dans ses deux mains, pour ne pas laisser voir ses larmes.

— Elle est morte comme une sainte, reprit Allard, le sourire de la résignation sur les lèvres, en murmurant votre nom en même temps que celui de Dieu !...

— Ah ! Roi Charlemagne ! roi Charlemagne, je devrais bien vous haïr... car c'est vous qui avez tué ma pauvre femme en m'éloignant d'elle et de mes enfants... Roi Charlemagne, je devrais bien vous haïr...

Comme Renaud disait ces paroles, Aymonnet et Yonnet arrivèrent et s'agenouillèrent respectueusement devant lui. Il les embrassa en pleurant et, les trouvant si grands et si beaux, portraits vivants de la chère morte, il en eût plus de chagrin encore : ils la lui rappelaient trop.

— Mes chers enfants, leur dit-il, vous voilà maintenant grands et forts, beaux et hardis... Vous pouvez désormais voler de vos propres ailes... Quittez donc le nid paternel... Le deuil qui va y régner attristerait trop votre jeunesse. Vous êtes faits pour vivre avec la vie, non avec la mort. Moi je n'ai plus rien à faire en ce monde, qu'à regretter ceux qui ne sont plus. Mon père est mort ; morte est ma mère ; morte aussi est votre mère, ma bien-aimée femme... Je n'ai plus rien à faire en ce monde, plus rien, plus rien !...

Aymonnet chercha à consoler son père, sans pouvoir y réussir.

— Je ne veux pas être consolé, mes enfants, répondit Renaud avec mélancolie. A mon âge, on ne refait pas sa vie : mon rôle est joué, je me retire. C'est à vous de me continuer. Je vous lègue un nom honorable, une réputation sans tache, une gloire immaculée. On m'a appelé le vaillant Renaud : qu'on vous appelle un jour les vaillants fils de Renaud. Là est toute mon ambition. Mes frères bien-aimés, vos oncles, vous aideront de leurs conseils et de leurs bras dans les passages trop rudes de votre carrière, dans les occasions trop difficiles où votre courage vous entraînera. Eux, c'est encore moi ; nous n'avions qu'un cœur à nous quatre : vous le retrouverez entier chez eux, et le temps adoucira ainsi l'amertume des regrets que vous éprouverez de ma perte... Yonnet, vous aurez pour apanage Dordogne, le bien paternel ; Aymonnet, vous aurez Montauban. Maintenant que la paix est faite avec Charlemagne, vous n'aurez plus rien à craindre de son côté ; je vous engage à vous rendre le plus tôt possible à Paris, où il se trouve avec sa cour, afin de lui faire vos soumissions et offres de service. Charlemagne est un grand empereur : il sait estimer les grands dévouements. Allez vers lui, mes enfants...

— Et vous, mon père, dit timidement Yonnet, où irez-vous ?

— Où voudra me conduire la Providence, à qui je m'abandonne sans réserve dès aujourd'hui, répondit Renaud. Ses vues sont impénétrables, et je n'ai pas de comptes à lui demander : elle fera de moi ce qu'il lui plaira. Je ne suis plus qu'une paille livrée aux vents. Si je me heurte quelque part, dans mon chemin, ce sera certainement dans un port de salut, puisque je me heurterai à la mort, notre halte suprême à tous... Avant de m'éloigner pour toujours, cependant, je veux que vous ayez subi les premières épreuves de la chevalerie et reçu le baptême des camps... Demain, vous irez à Paris, en honorable compagnie. Soyez les fidèles serviteurs du roi Charlemagne, et gardez-vous de ceux de ses gens qui n'aiment pas notre famille, ceux de Mantes principalement.

Le lendemain, en effet, Yonnet et Aymonnet, montés sur de magnifiques chevaux et escortés de chevaliers somptueusement habillés, quittèrent Montauban et prirent le chemin de Paris. Une fois dans cette ville, ils s'empressèrent de se rendre au palais, avec leur escorte, afin de rendre leurs hommages à Charlemagne. On les fit attendre d'abord, parce qu'on ne les connaissait pas; puis enfin ils furent admis au baise-main royal.

— Sire, dit Aymonnet, prenant la parole le premier ; nous sommes les deux fils de Renaud de Montauban, votre vassal; nous venons vous présenter, comme nous le devons, nos respectueux hommages, et vous prier de nous accepter pour vos serviteurs fidèles et dévoués.

— Mes enfants, répondit le roi en se levant et en venant leur donner l'accolade, je suis heureux de vous voir. Votre père est un vaillant homme et vous promettez d'être ses vaillant fils. J'aurais aimé à vous voir présentés par lui: le plaisir que je ressens en eût été doublé.

— Sire, dit à son tour Yonnet, notre père se fait vieux, et il nous a priés de l'excuser auprès de vous.

— Ainsi va le monde, mes enfants, reprit Charlemagne, qui se sentait vieillir aussi, quoique empereur, comme un simple manant. Ainsi va le monde! Chacun doit passer, pour faire place à ceux qui poussent.... Les générations remplacent les générations, comme les moissons remplacent les moissons... J'ai vu le temps engranger au cimetière bien des moissons d'hommes, moi aussi... L'heure s'approche où je devrai descendre et aller rejoindre mes aïeux, pour remettre en des mains moins débiles ce sceptre et cette couronne trop lourds pour moi à présent !...

— Sire, continua Yonnet, le vœu de notre bien aimé père est que nous soyons armés chevaliers comme il l'a été lui-même, ainsi que ses frères, c'est-à-dire par votre royale main. Il pense avec raison que cela nous portera bonheur.

— Beaux et fiers enfants, dignes d'un tel père, répondit Charlemagne, je vous armerai chevaliers quand vous voudrez. Seigneurs, ajouta le roi en se tournant vers ses barons, je vous présente les deux fils de Renaud de Montauban, et vous demande, en son nom et au mien, amitié et protection pour eux.

— Notre amitié leur était acquise d'avance, Sire, dit Roland en venant embrasser les deux fils de son rival de gloire.

Après Roland, Olivier; après Olivier, le duc Naymes ; après le duc Naymes, les autres pairs et barons. Tout le monde fit fête à ces deux beaux enfants qui reflétaient si bien sur leurs jeunes visages le courage et la loyauté de leur valeureux père ; tout le monde, excepté les deux fils de Foulques de Morillon, qui avaient sans doute appris de leur père à haïr Renaud et sa lignée.

— Qu'est-ce? dit à demi voix Constant, l'un d'eux. Faut-il faire tant de fête à ces deux fils de traître, qui, à eux deux, ne valent pas une pomme pourrie !...

Yonnet, qui regagnait sa place, entendit cette injure et il sentit la colère lui monter au cœur en même temps que la rougeur lui montait au front.

— Chevalier, dit-il d'une voix vibrante à Constant, vous avez appris là un vilain métier, qui est celui de calomniateur !... Vous vengez mal votre père, tué loyalement par le nôtre. Apprenez, je vous prie, que s'il y a quelque part des traîtres, c'est dans votre famille et non dans la nôtre. En nous appelant aussi outrageusement, vous en avez donc menti par la gorge.... Et voici mon gage !

— J'accepte le gage d'Yonnet et lui envoie le mien en échange, répliqua Rohars, le second fils de Foulques de Morillon. Je soutiens à mon tour que c'est par trahison que Renaud de Montauban a tué notre père !

— Deux contre deux, alors, dit Aymonnet en intervenant ; mon frère contre Constant et moi contre Rohars, avec la permission du roi. Sire, nous vous supplions de nous octroyer cette permission, pour laver de tout soupçon l'honneur de notre père, qui est devenu notre propre honneur.

— Je vous l'accorde à regret, mes chers enfants, parce que vous êtes jeunes et que vous pouvez succomber ; mais je vous l'accorde, parce que je ne veux pas qu'il soit dit que les fils de Renaud ont laissé impunément outrager leur père. Demain je vous armerai chevaliers.

— Nous vous remercions, Sire, répondit Aymonnet en baisant la main de Charlemagne.

— Quelles sont les cautions des fils de Foulques de Morillon ? reprit le roi.

Le traître Ganelon, Béranger, Estou de Morillon, Pineple et Griffon de Hautefeuille s'avancèrent et dirent :

— Nous, Sire.

— Bien. Et quelles sont les cautions des fils de Renaud de Montauban ?

Lors Roland, Olivier, le duc Naymes, Ogier-le-Danois, Richard de Normandie et Estou, fils d'Odon, s'avancèrent à leur tour et dirent :

— Nous représenterons les fils de Renaud, si vous le permettez, Sire ; nous leur devons ce témoignage de bonne amitié.

Le lendemain, à l'issue de la grand'messe, le sénéchal amena au roi Aymonnet et Yonnet, et furent armés chevaliers avec grande cérémonie et grand appareil.

— Maintenant, dit Charlemagne, comme ce que vous allez faire est grave, je vais mander ici votre père et vos oncles, afin qu'ils vous assistent de leur présence.

Et appelant son sénéchal, le roi lui dicta la lettre suivante, adressée à Renaud de Montauban :

« Ami Renaud,

« Vos deux fils, Aymonnet et Yonnet, sont arrivés à Paris, envoyés par vous dans l'intention de me rendre leurs hommages de vassaux fidèles et de se faire armer chevaliers par moi. Ce matin, à l'issue de la grand'messe, ils ont été reçus chevaliers. Je vous dis cela pour que vous soyez content, et que vous vous réjouissiez dans votre orgueil de père.

« Maintenant, j'ai une autre nouvelle à vous donner. La vie est faite de pluie et de soleil, de joies et de douleurs, ami Renaud. Les grands cœurs comme le vôtre sont préparés à tout : c'est pour cela que je n'hésite pas à frapper le vôtre d'un coup sinistre. Ami Renaud, vos deux braves fils, dès la première heure de leur arrivée à ma cour, se sont trouvés en contact avec les deux fils de Foulques de Morillon, un homme que vous n'aimiez pas et que vous avez loyalement tué dans les plaines de Vaucouleurs. Le choc a été ce qu'il devait être entre ces quatre jeunes gens, c'est-à-dire que les étincelles ont jailli. Constant et Rohars ont provoqué Yonnet et Aymonnet, et dans quelques jours ils se battront en champ clos pour soutenir l'honneur respectif de leur nom.

« Dans ce conflit, ami Renaud, je n'ose me prononcer pour vous dire de quel côté sera la victoire. Le ciel est toujours juste ; mais ses décrets sont mystérieux : je ne sais quel parti il entend favoriser. Les fils de Foulques de Morillon ont tort, peut-être ; peut-être ont-ils raison. Si le droit est pour eux, la victoire sera pour eux aussi. Que deviendront alors vos fils ?

« Vous comprendrez, je l'espère, ami Renaud, combien votre présence est indispensable ici, quelles que soient les raisons que vous ayez de rester là-bas, dans votre retraite. Vos fils sont courageux et hardis, mais votre présence doublera leur courage et leur force ; venez donc, afin de n'avoir rien à vous reprocher comme père.

« Je vous attends et je vous aime.

« CHARLEMAGNE. »

La lettre scellée du sceau impérial, un messager partit pour Montauban afin de la remettre à Renaud et à le décider à se rendre à Paris.

CHAPITRE XXIII.

Comme Renaud vient à Paris, se réconcilia avec Charlemagne, et assista, ainsi que ses frères, au combat de ses deux fils contre les fils de Foulques de Morillon ; comme ensuite il retourna avec eux à Montauban.

Un envoyé vint donc prévenir Renaud que le roi le mandait à Paris et lui expliqua pourquoi sa présence y était indispensable. D'abord, il hésita à se rendre à cette invitation, non qu'il se défiât du roi, mais parce que cela dérangeait ses projets de retraite et de renoncement. Puis, l'amour paternel l'emportant sur tous les autres sentiments, il fit diligence et, accompagné de ses trois frères, se rendit à Paris avec le messager royal.

Aussitôt que son arrivée fut connue, les douze pairs de France allèrent au devant de lui, accompagnés de ses deux fils, pour lui témoigner quelle part ils prenaient à son deuil, et le conduisirent en triomphe à Charlemagne, qui parut content de le revoir.

— Renaud, lui dit-il, je vous remercie d'être venu. Vous me prouvez votre confiance en moi et votre tendresse pour vos enfants. L'âge a amorti mes rancunes de roi ; à cette heure, je ne suis plus qu'un homme et je vous serre la main comme à un loyal ami. Vos fils seront réconfortés par votre présence, et ils sortiront vainqueurs de cette affaire, je vous le garantis. Ils sont trop bien vos fils pour être jamais vaincus !...

— J'aime à vous entendre dire cela, Sire, cela me console de bien des choses, répondit Renaud en se jetant aux pieds de Charlemagne, qui le releva avec bonté.

Le jour du combat arriva. Les champions, assistés de leurs parrains et amis se rendirent en l'Ile Notre-Dame, choisie à cet effet, pendant que le roi et une partie de sa cour, se plaçaient sur l'une des tours de Notre-Dame, afin de mieux jouir du spectacle annoncé. Les fils de Foulques de Morillon, arrivés les premiers, attachèrent leurs chevaux à un arbre et s'assirent sur le pré en attendant leurs adversaires, qui ne tardèrent pas à venir. Une fois en présence, les quatre champions commencèrent. Du premier coup Aymonnet tomba. Mais, se relevant aussitôt et saisissant Flamberge, la bonne épée de son père, il en frappa Constant d'un coup terrible sur le morion. Flamberge glissa le long du visage et emporta une partie du menton du malheureux chevalier, dont toutes les dents du bas se trouvèrent par là découvertes, ce qui était d'un effet hideux.

— Traître, fils de traître ! s'écria Aymonnet, ton dernier jour est arrivé !... Ta dernière heure va sonner !

Constant, malgré sa blessure, ne s'avoua pas vaincu. Il jeta à terre son épée et son écu et prit Aymonnet à bras le corps, croyant le terrasser facilement. Par malheur, Aymonnet était adroit, souple et vigoureux : en un instant il coucha Constant sur le pré, après lui avoir enlevé son casque.

— A moi, Rohars, à moi ! souffla péniblement Constant.

Hélas ! Rohars n'était pas dans un meilleur état que son frère. Tout au contraire, l'épée d'Yonnet, quoique d'une trempe moins solide que celle d'Aymonnet, avait fait des entailles monstrueuses sans seulement s'ébrécher. Rohars perdait son sang de tous les côtés.

— Avoue que tu as menti, avoue ! lui dit Yonnet, las de frapper. Avoue que les traîtres sont dans ta famille et non dans la mienne ?...

— Je n'avoue rien, répondit Rohars en essayant de lutter encore.

L'épée d'Yonnet se releva alors et s'abattit sur l'épaule de Rohars qu'elle coupa : le bras tomba par terre.

— Avoue, traître, que tu as menti! répéta Yonnet, fou de colère.

— Je n'avoue rien, répéta Rohars en chancelant, et en perdant des flots de sang.

Yonnet allait frapper encore, lorsque les cris de : « Assez! assez! » se firent entendre de tous les côtés. Les fils de Foulques de Morillon étaient vaincus par les fils de Renaud; Constant était affreusement mutilé et Rohars était tué : c'était assez, en effet.

Charlemagne félicita Aymonnet et Yonnet, et Renaud les embrassa tendrement, après s'être assuré que les blessures qu'ils avaient reçues n'étaient ni graves ni nombreuses.

— Dieu soit loué! s'écria-t-il avec une effusion de reconnaissance. Vous êtes sortis vivants et glorieux de ce combat dont je redoutais de vous voir sortir vaincus et mourants. Vous vous êtes bravement conduits, mes enfants, très bravement : vous continuerez dignement notre race. Et maintenant, mon Dieu, je peux mourir !

— Sire, dit alors Aymonnet à Charlemagne, vous semble-t-il que nous ayons assez fait pour venger l'honneur de notre père?

— Mes enfants, répondit le roi, si votre père est content, je le suis aussi... Vous serez ses fidèles continuateurs, je le vois.

— Et pour vous, Sire, que voulez-vous que nous fassions, demanda à son tour Yonnet.

— Retournez d'abord à Montauban, mes enfants, répondit Charlemagne; je vous appellerai auprès de moi quand il en sera temps. Vous voilà reçus chevaliers; noblesse oblige; je suis sûr que vous ne démentirez jamais la bonne opinion que j'ai conçue de vous deux. On n'est pas impunément le fils de Renaud, auquel je suis heureux de reconnaître une vaillance sans pareille au monde, aujourd'hui que le souvenir de nos discordes particulières s'est entièrement effacé de mon esprit comme du sien, du moins j'aime à l'espérer...

— Sire, dit Renaud en s'inclinant mélancoliquement, je suis venu ici en fidèle vassal et en fidèle ami... Les rancunes passées sont bien passées... Rien ne saurait désormais les faire revivre... Mes fils, du moins, ne m'imiteront point en cela... Quant à moi, j'abdique la vie et je renonce à l'action... Les êtres que j'aimais le plus au monde sont morts : il me reste à peine assez d'années pour les pleurer convenablement.

— Renaud, Renaud, ce projet n'est pas définitif!... A l'âge que vous avez, on n'abdique pas : ce serait s'enterrer vivant...

— Sire, ma détermination est irrévocable... Je me suis juré à moi-même de renoncer au rude et glorieux métier des armes, pour me consacrer tout entier à la méditation, en expiation des éclairs d'orgueil de ma jeunesse : rien ne pourra me détourner de ce but suprême vers lequel sont désormais tendues toutes mes pensées!...

— Allez, ami Renaud, et que Dieu vous ait en sa sainte et digne garde!...

Là dessus, Charlemagne ordonna que Constant fut pendu et le cadavre de Rohars aussi, comme juste châtiment de leur méchanceté, triste héritage de leur père, Foulques de Morillon.

Ce que voyant, Ganelon appela Hardes, Béranger et Malu, gens pervers et traîtres comme lui, qui avaient servi de parrains aux deux frères Constant et Rohars, et il leur dit avec amertume :

— Vous voyez, seigneurs, de quelle façon Charlemagne traite les fils de ses barons!... C'est nous qu'il déshonore en déshonorant ainsi ces deux jeunes gens... Mais, si le ciel est juste, cela ne se passera pas sans vengeance, et nous vivrons assez pour voir cet outrage puni!...

Quelques jours après, Renaud, ses fils et ses frères, retournèrent à Montauban, laissé à la garde de Maugis.

CHAPITRE XXIV.

Comme Renaud partit de Montauban sans mot dire, et du deuil que menèrent ses enfants en s'apercevant de son absence.

Sire Renaud voulut passer avec Maugis la nuit qui suivit le retour à Montauban, parce que son cousin lui avait manifesté son intention de partir, intention qui était aussi celle de Renaud. Maugis pria toute la nuit, et, toute la nuit Renaud remua dans sa tête son projet d'exil volontaire.

Ce que faisait l'aîné des quatre fils Aymon était grave, en effet, et demandait à être mûrement examiné, pesé et retourné, avant d'être mis à exécution. A l'âge qu'il avait, plein de santé et de vigueur, quitter le noble métier des armes pour s'enfouir dans la solitude comme un être inutile; abandonner sa famille, ses enfants, ses frères, son pays, pour aller au devant de la mort, qui vient si bien d'elle-même, c'était une sagesse qui touchait de bien près la folie! Mais nul n'a le droit de blâme sur les actions des autres; les impeccables, seuls, peuvent blâmer les pécheurs : mais où sont les impeccables?

Au petit jour, Maugis prit congé de son cousin.

— Ami Renaud, lui dit-il, je suis heureux de vous voir engagé dans cette voie nouvelle où je me suis engagé moi-même depuis longtemps. Le fardeau des plaisirs mondains est trop pesant pour les épaules du juste; trop pesant, quoique gonflé de vent. Le renoncement aux joies vulgaires n'a rien de méritoire en soi, puisqu'il vous procure, en revanche, les âpres voluptés de la conscience et les austères bonheurs de la contemplation. Nous laissons de côté les guenilles humaines pour endosser les vêtements splendides dont les âmes des forts sont revêtues... Je suis heureux, bien heureux, je vous le répète, de vous voir abandonner les sentiers ordinaires pour suivre la route ardue mais glorieuse qui mène au repos suprême!... Je vous quitte, parce qu'on fait seul ce chemin-là, de peur des distractions et des mauvais conseils... Nul ne doit être témoin de vos luttes, de vos angoisses et de vos chûtes, car vous tomberez plus d'une fois avant d'arriver au but, cher frère... car vous vous déchirerez les mains et vous vous ensanglanterez les pieds avant de savoir marcher droit et sans défaillance d'aucune sorte, je vous en avertis. Les bonheurs trop faciles à atteindre ne sont pas des bonheurs : c'est la lutte qui fait le triomphe... Embrassons-nous donc une dernière fois, cher frère, et séparons-nous tout-à-fait ici-bas, pour nous réunir ailleurs, lorsque le moment en sera venu... Adieu ! Adieu ! Adieu !...

Maugis dit et partit.

Renaud, resté seul, s'accouda mélancoliquement à la fenêtre de sa chambre, qui donnait sur la campagne, et, aux lueurs crépusculaires du matin, il essaya de suivre de ses yeux son cousin Maugis. Il le vit pendant quelques instants engagé résolument dans le premier sentier qui s'était offert devant lui, et marchant de ce pas allègre et tranquille tout à la fois, qu'ont seuls les gens dont la conscience est en paix : cœur tranquille, marche tranquille. Renaud aurait bien voulu le suivre plus longtemps encore du regard, mais les larmes lui arrivèrent tout d'un coup, comme d'une source trop pleine, et un brouillard lui déroba la physionomie exacte des objets. Maugis n'était pas encore hors de la portée du donjon, que déjà Renaud ne le voyait plus. Alors, il se retira précipitamment de la fenêtre, comme pour se soustraire à la domination d'un sentiment trop tendre.

En ce moment une alouette montait en ligne droite vers le ciel, en chantant sa joyeuse chanson matutinale.

— C'est donc là qu'on va ! murmura Renaud en tombant dans une profonde rêverie.

Quand il en sortit, le jour était presque venu, quoique tout le monde dormît encore dans le château. Renaud se secoua un peu, comme un homme qui se réveille d'un rêve, revêtit précipitamment la robe de serge violette qui avait appartenu à sa femme, ceignit ses reins d'une corde grossière, prit son bourdon pour se défendre des chiens, et descendit avec précaution.

A la poterne qui donnait sur la campagne, il réveilla le gardien qui en avait le soin et le pria de lui ouvrir, en lui recommandant de ne pas faire de bruit. Cet homme, reconnaissant son maître et seigneur, malgré l'humilité de son costume, lui demanda sa bénédiction en le retenant par un pan de sa robe de serge.

— Bonhomme, répondit Renaud avec douceur, ce n'est pas à moi de bénir. Adressez-vous plus haut !

— Quand reviendrez-vous, sire chevalier ?

— Je ne reviendrai pas, mon ami... Dans le voyage que j'entreprends aujourd'hui, on marche toujours devant soi ; jamais on ne revient en arrière...

— Permettez-moi au moins d'aller prévenir vos frères et vos enfants... Que diront-ils quand ils ne vous verront plus là, ô mon cher sire ?...

— Ils savent mes projets et n'ont plus qu'à se résigner. Tu leur diras que ma dernière parole, sur le seuil de ma maison, a été pour leur conseiller le bonheur et leur souhaiter la santé...

— Ah ! cher sire, cher sire, quelle désolation dans Montauban !...

— Bonhomme, Montauban se résignera et oubliera. L'oubli est le baume que le ciel tient en réserve pour les afflictions humaines... Il n'y en a pas une qui résiste à cela.

Le gardien baissa la tête sans rien répliquer et ouvrit aussitôt la poterne.

Renaud, avant de franchir le seuil, se retourna involontairement et aperçut deux grosses larmes qui coulaient silencieusement le long des joues du vieux serviteur. Lors, il alla vivement à lui, lui prit les mains dans les siennes et, dans cette étreinte, remarquant qu'il avait oublié de débarrasser un de ses doigts d'une bague d'un grand prix, il l'ôta et la donna à ce brave homme, plus ému du cadeau que de sa valeur.

— En souvenir de moi, vieil homme ! lui dit Renaud.

Puis il disparut.

Quand le jour fut tout-à-fait venu le gardien de la poterne se rendit auprès des trois frères Aymon et leur raconta le départ de Renaud, ce dont ils furent très affligés, bien qu'ils s'attendissent à cela d'un jour à l'autre. Ils allèrent aussitôt prévenir leurs neveux, qui furent bien chagrins de ce brusque départ et qui prirent le deuil, convaincus qu'ils étaient de ne plus revoir leur père bien-aimé.

CHAPITRE XXV ET DERNIER.

Comme Renaud arriva à Cologne, y servit les maçons et fut assassiné par eux, puis précipité dans le Rhin.

Renaud marcha longtemps au hasard, mendiant sur le bord des chemins, entrant dans les chaumières pour y passer la nuit sur une botte de paille, exhortant de sa parole bienveillante et douce les affligés, les malcontents et les désespérés, et payant ainsi du pain de l'âme le pain du corps qu'on lui donnait. Un jour, il arriva à Cologne, comme on bâtissait l'église Saint Pierre. Les maçons ahanaient et suaient à qui mieux mieux pour charrier de lourds moëllons et les placer bout à bout à l'endroit voulu. Renaud, dont l'âge n'avait pas supprimé la force, s'approcha d'eux et, voyant qu'ils n'en menaient pas large à eux tous, il se mit à la besogne, pour les aider.

Ils admirèrent d'abord sa vigueur herculéenne, contents qu'ils étaient de se reposer un peu ; puis, la jalousie les mordant au cœur, ils songèrent à se débarrasser de ce dangereux compagnon, auprès duquel ils n'étaient rien que des soliveaux. Aussi, à la nuit tombante, pendant que Renaud se reposait sur l'aire d'une grange, ils entrèrent sans bruit et l'assommèrent à coup de marteaux, de pelles et de pioches. Cela fait, pour dérober à la justice les traces de leur crime, ils mirent le cadavre du brave chevalier dans un sac et allèrent incontinent le jeter dans le Rhin.

Le lendemain, les habitants riverains furent étonnés de voir flotter sur le fleuve un grand corps soutenu en dessous par des poissons et entouré d'une lueur brillante. Cela leur parut étrange; ils repêchèrent le noyé, sans que la lumière l'abandonnât, et le placèrent dans une bière faite exprès; puis ils l'enterrèrent convenablement, sans savoir qui ils enterraient, tout en soupçonnant bien que ce devait être quelque personnage d'importance. La nouvelle de cet événement arriva aux oreilles des barons du pays qui, pour rendre à ce cadavre extraordinaire les hommages qu'il méritait, l'exhumèrent de l'endroit où il avait été enterré et le placèrent sur un chariot pour le conduire dans les cryptes de l'église cathédrale.

A peine le corps de Renaud eut-il touché le chariot, que les roues se mirent d'elles-mêmes à tourner et le chariot disparut bientôt hors de la portée de la vue. On cria au miracle et, barons et manants, prêtres et bourgeois, tout le monde se mit à courir après ce char fantastique. On courut ainsi jusqu'à une petite ville, nommée Croïne, où il s'arrêta. On comprit que c'était là que le corps mystérieux demandait à être enterré et on l'enterra en grande pompe.

Cet événement fit du bruit, comme vous pensez, en Allemagne, en France et ailleurs. Un pèlerin vint à Montauban et raconta le fait aux trois fils Aymon, en leur signalant la grandeur vraiment extraordinaire du personnage, dans lequel ils n'eurent pas de peine à reconnaître leur bien-aimé frère. Lors ils partirent tous trois et arrivèrent à Croïne, où ils se firent ouvrir le cercueil en présence de l'évêque et des barons de la contrée, attirés là par l'étrangeté des récits qui couraient sur le compte du géant, comme on appelait Renaud. Tous trois, en apercevant ses traits que la mort n'avait pas encore décomposés, tombèrent en faiblesse et Allard murmura :

— Ah! cher frère, par qui nous étions aimés, craints et respectés de tout un chacun, vous n'êtes plus! On vous a assassiné, car autrement vous seriez encore encore vivant... Cher frère, nous ne sommes plus rien désormais, puisque vous n'êtes plus... Nous sommes bien malheureux, bien malheureux, cher et vénéré frère!...... Hélas! qui donc a été assez audacieux pour mettre la main sur lui? On a dû le surprendre dans son sommeil... Nul chevalier, parmi les plus forts et les plus courageux, n'avait pu en venir à bout... Il était sorti vainqueur de tous les dangers où sa témérité et le sort des armes l'avait engagé, et il a péri misérablement, comme un homme vulgaire, sans pouvoir se défendre et se venger!... Hélas! que n'étions-nous là! Cela ne serait pas arrivé... bien certainement... Ceux qui l'ont assassiné ne connaissaient donc pas son grand cœur et sa grande bonté? Il faut le croire, car, sans cela, comment eussent-ils été assez cruels pour le mettre à mort? Ah! les hommes comme lui ne devraient pas mourir; du moins, ils ne devraient pas mourir ainsi !

— Comment s'appelait donc ce frère que vous regrettez tant et dont la mort a été accompagnée de circonstances si merveilleuses? demanda l'évêque à Allard.

Allard répondit en pleurant :

— Il s'appelait Renaud de Montauban, fils aîné des quatre fils du duc Aymon, et il était le plus vaillant chevalier du monde.

— Renaud de Montauban ! répéta l'évêque avec étonnement et avec admiration. Alors, je comprends tout, maintenant, et les miracles qui ont suivi sa mort me sont expliqués! Renaud de Montauban était un grand homme et un vertueux homme; le ciel lui devait une autre fin, sans doute, au point de vue ordinaire où nous nous plaçons tous pour juger les choses humaines; mais, je trouve, au contraire, que celle qui a couronné sa vie est une fin glorieuse, puisque c'est la fin d'un martyr !...

Les trois frères continuèrent à pleurer, et quand leur chagrin se fut un peu passé, ils firent enterrer magnifiquement Renaud dans un tombeau que l'évêque avait fait construire, et où il est encore, à la connaissance de tout le monde.

FIN DES QUATRE FILS AYMON.

HUON DE BORDEAUX

CHAPITRE I

De la mélancolie de Charlemagne et de son projet d'abdication ; intrigues d'Amaury de Hautefeuille à propos des deux fils du duc Sévin.

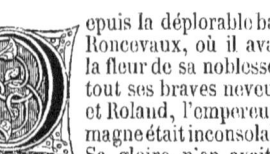epuis la déplorable bataille de Roncevaux, où il avait perdu la fleur de sa noblesse, et surtout ses braves neveux Olivier et Roland, l'empereur Charlemagne était inconsolable.

Sa gloire n'en avait pas été entamée, mais son cœur l'avait été, et les lauriers qui ornaient sa tête blanchie ne l'avaient pas préservé des misères humaines. Il avait souffert comme un simple mortel ; et il s'apercevait maintenant que le poids d'une couronne, ajouté au poids de la vieillesse, était trop lourd pour lui. Aussi, en face de ce néant des grandeurs, avait-il songé à descendre de ce trône conquis et illustré par lui et à remettre en de plus viriles mains le sceptre impérial.

Charlemagne avait deux fils, Louis, qu'on devait appeler plus tard Louis-le-Débonnaire, et Charles, qu'on appelait Charlot. Le premier était aimé de tout le monde, à cause de ses mœurs aimables et douces ; le second n'était aimé que de Charlemagne, et c'était sur la tête de celui-là qu'il eût désiré voir placer sa couronne par ses hauts barons. Mais Charlot s'était si souvent avili par des trahisons et des cruautés inutiles, que lorsque l'empereur réunit son conseil, il s'opposa avec énergie à ce que l'empire lui fût confié et supplia Charlemagne de conserver toujours un sceptre qu'il avait porté si glorieusement et qu'il pouvait porter si glorieusement encore.

L'agitation fut extrême parmi les membres de ce conseil, dont quelques uns étaient les partisans secrets de Charlot, Amaury de Hautefeuille entr'autres. Amaury, cousin de Ganelon et chef de la coupable branche de la maison de Mayence, défendait la cause de Charlot, parce qu'il lui ressemblait par ses mœurs lâches et criminelles. En outre, Amaury avait des raisons de haine particulière contre la maison de Guienne, dont Sévin, le dernier duc, l'avait souvent puni avec sévérité. Il fut enchanté de l'occasion qui se présentait de nuire aux deux jeunes enfants que le duc Sévin avait, en mourant, laissés sous la régence de la duchesse Alix, leur mère. En conséquence, feignant de se rendre à l'avis des barons, il leur dit :

— Seigneurs, je comprends que vous cherchiez à éloigner Charlot de l'empire: il est peut-être trop jeune encore pour un pareil emploi, bien qu'il ait déjà donné des preuves de virilité et de sagesse. Il ne faut pas l'éloigner tout-à-fait, cependant, parce qu'il peut devenir à un moment le glorieux successeur de notre glorieux maître. Il me semble qu'on pourrait éprouver la sagesse et l'aptitude à gouverner de ce prince en lui donnant quelques riches provinces, en dehors de celles de ce royaume, par exemple: l'investiture de la Guienne. Vous savez, seigneurs, que Sévin, le dernier duc, est mort il y a sept ans et que, depuis sept ans, le gouvernement de la Guienne est tombé en quenouille. Le nouveau duc, fils de Sévin, grand maintenant, refuse obstinément de sortir de la forte et riche ville de Bordeaux pour venir rendre à Charlemagne l'hommage que l'on doit à son seigneur souverain. C'est une raison pour châtier cet orgueilleux ; donnez à Charlot l'investiture de la province de Guienne.

Charlemagne applaudit à cet avis d'Amaury-de-Hautefeuille, d'abord parce qu'il voyait bien qu'Amaury était le partisan de son fils, ce qui le réjouissait, ensuite parce qu'il s'agissait de châtier l'orgueil d'un vassal négligent, et que, quoique vieux et prêt à abdiquer, Charlemagne se sentait toujours roi. Mais le duc Naymes de Bavière, qui avait deviné la trame, se leva et répondit:

— Sire, je crois m'être montré assez loyal serviteur et fidèle ami de votre couronne pour me permettre de n'être pas aujourd'hui content des applaudissements que vous donnez à la proposition d'Amaury-de-Hautefeuille. J'ai vieilli sous le harnais, Sire, et je connais les ruses et les embûches de la vie... Qui n'entend qu'une cloche n'entend qu'un son; je ne veux pas vous laisser sous l'impression des fâcheuses paroles d'Amaury, ennemi personnel de la maison de Guienne, ne l'oublions pas. Il vous a parlé du prétendu refus de soumission du duc actuel ; sans chercher à savoir où il a puisé ces renseignements, je dois déclarer ici devant vous, Sire, que jamais vous n'avez eu de plus sincère admirateur que dans la personne du dernier duc Sévin, décédé, et que ses deux fils, qui sont sous la tutelle de la duchesse Alix, leur mère, ont hérité à votre endroit des sentiments respectueux de leur père. Députez donc deux chevaliers à Bordeaux, pour demander à la duchesse régente d'envoyer ses deux fils à votre cour, pour vous rendre hommage et pour vous servir : vous verrez si la mère et les fils refuseront!..,

Charlemagne avait eu trop à se louer jusques-là des excellents conseils du duc Naymes, qui s'était montré constamment son meilleur ami, pour ne pas se ranger de son côté et faire la tentative qu'il lui conseillait de faire. Aussi, dès ce jour même, députa-t-il vers la duchesse Alix deux de ses chevaliers avec mission de ramener les deux jeunes princes, ses fils.

CHAPITRE II.

Arrivée des ambassadeurs du roi à Bordeaux et de la réception que leur fit la duchesse Alix ; départ de Huon et de Girard.

Ces deux chevaliers partirent et se dirigèrent à petites journées vers Bordeaux où les attendait une réception magnifique. Des fêtes leur furent données, comme représentants de l'empereur Charlemagne, et la duchesse Alix tint à honneur de leur prouver que les soupçons qu'on avait pu concevoir sur la fidélité de la maison de Guienne étaient complètement dénués de fondement. Huon, son fils aîné, et Girard, son second fils, accablèrent d'amitiés et de présents les deux ambassadeurs, qui s'en revinrent à Paris la bouche pleine des éloges de ces deux jeunes princes. Le jeune duc Huon, surtout, fut l'objet de leur enthousiasme, et le portrait qu'ils en firent à Charlemagne lui donna une violente envie de le connaître. Ils lui assurèrent qu'avant trois mois Huon et Girard seraient rendus à sa cour.

La duchesse Alix avait les mêmes sentiments d'affection pour l'un et pour l'autre de ses enfants, parce que le cœur des mères ne sait pas aimer à moitié et qu'elles le partagent d'ordinaire en fractions égales pour chacune des créatures sorties de leurs entrailles. Il est rare qu'elles donnent plus à l'une qu'aux autres; quelque soit le nombre de leurs enfants, elles ont toujours assez d'amour et de tendresse à leur fournir : la Nature, toujours prévoyante, leur en loge dans le cœur une provision inépuisable.

Et cependant, des deux jeunes princes de Guienne, l'un était digne de toute son affection, et l'autre ne la méritait guère. Girard était jaloux de son frère ! Malgré sa clairvoyance habituelle, la duchesse Alix ne s'était pas aperçue des sentiments secrets couvés dans l'âme de ce jeune homme à l'encontre de son frère aîné, et, dans son aveuglement, elle les avait réunis l'un et l'autre dans une même caresse, la caresse du départ.

— Mes chers enfants, leur dit-elle, le jour où ils furent suffisamment équipés et dignes de paraître à la cour du roi Charlemagne, j'aurais voulu vous conserver toujours auprès de moi, mère égoïste que je suis! La Providence en décide autrement. Quoique princes de Guienne, vous êtes les tributaires de l'empereur Charlemagne et lui devez vos respects et vos hommages. D'enfants que vous étiez, vous voilà devenus hommes : il ne vous reste plus qu'à prouver, à ceux qui pourraient en douter, que vous êtes faits pour marcher sur les traces du valeureux duc Sévin, votre père et mon époux.

— Nous le prouverons, chère mère ! répondit Huon avec un mouvement de légitime orgueil.

— J'y compte bien, mes chers enfants, reprit la duchesse. Mais ne vous hâtez pas trop, pourtant, de le faire ! Ecoutez moins votre jeunesse que la prudence. La prudence vous déconseillera plus d'une fois ce que votre jeunesse vous aura conseillé. Le cœur est bon chez vous, je le sais ; mais la tête n'a pas encore été mûrie par le soleil de l'expérience. Prenez garde à vous, mes chers enfants ! La vie est un combat, le monde est un champ de bataille : il ne faut s'y hasarder qu'armé et prêt à tout. Vous êtes deux pour lutter et vous protéger : Aimez-vous toujours et aimez-moi aussi un peu, à quelque distance que nous soyons les uns des autres. Je n'ai plus ici bas d'espoir qu'en vous et en Dieu !...

La duchesse embrassa ses enfants avec effusion, leur fit une dernière fois les recommandations qu'elle n'avait pas cessé de leur faire depuis le moment où il avait été question de leur départ, et, au moment où ils montaient à cheval, elle les supplia de passer à Cluny pour y voir leur oncle, abbé de ce monastère. Huon et Girard promirent et partirent.

L'abbaye de Cluny était sur leur chemin ; ils n'avaient pas à se déranger pour obéir au désir que leur avait témoigné la duchesse Alix ; et d'ailleurs, eût-il fallu se déranger, qu'ils n'eussent pas hésité à le faire, pour être agréables à leur mère, Huon surtout.

D'ailleurs aussi, l'abbé de Cluny, leur oncle, était un homme à voir et à consulter. Honnête homme, bon homme, prud'homme et brave homme, vaillant sous sa robe comme d'autres sous leur armure, tel était le frère du duc Sévin. Les pauvres du voisinage connaissaient sa bienfaisance autrement que de réputation : ils l'avaient vu venir à eux bien souvent les mains pleines, et s'en retourner les mains vides et ils le bénissaient comme une Providence visible. D'un autre côté, malgré l'habit paisible dont il était revêtu, on devinait, à son air digne, au feu de sa prunelle, à la vigueur de sa démarche, qu'il n'eût pas laissé impunie une injure contre le nom de sa famille, et que sa crosse se fût vite changée en épée : il était bien le descendant des antiques barons de la Guienne !

Son accueil fut donc ce qu'il devait être pour les fils de son frère : plein d'aménité, de noblesse et de générosité. Il leur offrit d'abord une hospitalité plantureuse, celle d'un prince de l'église à des princes de la terre ; puis, lorsqu'il s'agit de partir, il les combla de présents et s'offrit à les accompagner.

— Cher oncle, dit alors Girard, nous vous sommes reconnaissants de cette offre ; mais, en conscience, nous ne devons pas l'accepter. A quoi bon vous déranger de vos méditations et de vos devoirs ? Nous allons à Paris en serviteurs fidèles de Charlemagne, qui nous recevra avec bienveillance, ainsi que nous l'ont assuré ses deux ambassadeurs. Aucun danger ne nous menace et nous sommes assez forts, mon frère et moi, pour parer aux éventualités fâcheuses de la route, en supposant que nous en ayons à redouter... Par ainsi, mon cher oncle...

— Par ainsi, mes chers neveux, dit l'abbé en souriant et en interrompant Girard, je vous accompagnerai. Vous avez l'âge charmant où l'on ne doute de rien ; moi, j'ai l'âge douloureux où l'on doute de tout, excepté de la miséricorde divine. Vous n'êtes pas les premiers venus pour moi : vous êtes les fils d'un vaillant homme qui, de son vivant, fut un vaillant cœur. Mes devoirs dans ce pays cessent devant cet autre devoir, beaucoup plus impérieux, qui me commande de vous accompagner à Paris, où ma présence peut vous être utile auprès de l'empereur Charlemagne, dont j'ai été, par occasions, le conseiller intime. Nous partirons donc ensemble demain.

Huon et Girard s'inclinèrent et remercièrent leur oncle : ils n'avaient rien à répondre à ce qu'il venait de leur dire d'une façon si amicale et surtout si ferme.

Le lendemain, en effet, l'abbé de Cluny, Huon et son frère se mirent en route, après avoir fait leurs adieux aux amis et aux ouailles du frère du duc Sévin.

CHAPITRE III.

<small>Du projet sinistre que conçut Amaury de Hautefeuille et de l'exécution qu'y donna immédiatement Charlot. Comme ce dernier fut puni de sa félonie par la vaillance du jeune Huon de Bordeaux.</small>

Il faut vous dire que lorsque les députés de Charlemagne étaient partis pour Bordeaux, Amaury de Hautefeuille, le traître ami du traître Charlot, avait envoyé des espions à leur suite. De cette façon il avait su exactement le jour du départ des fils de la duchesse Alix et l'itinéraire qu'ils devaient prendre. Il avait ensuite persuadé très facilement à Charlot de lui confier une troupe de ses gardes, avec laquelle il comptait aller se mettre en embuscade dans le bois de Montlhéry pour les attaquer et, par leur mort, le mettre en possession des grands fiefs de Guienne et d'Aquitaine, tant convoités par lui.

Proposer une trahison à Charlot, c'était lire à merveille dans son âme perverse et flatter ses détestables penchants. Aussi, non-seulement il adopta le plan d'Amaury, mais encore il voulut l'aider lui-même de sa personne à l'exécuter. En conséquence, au jour fixé d'après les avertissements des espions, Charlot se déroba et, suivi de son complice et d'une grosse troupe armée comme lui d'armes toutes noires, il alla s'embusquer dans le bois où les deux frères devaient passer.

Girard s'était amusé, dès les premières lueurs du matin, à faire voler son faucon le long du chemin, et avait ainsi devancé son frère et son oncle. Charlot, en l'apercevant ainsi seul, sans armes, tout baguenaudant et sans défiance, courut au devant de lui au galop de son cheval et, sans prétexte aucun, lui chercha aussitôt querelle. Girard, étourdi par la brusquerie de l'attaque, allait se décider cependant à répondre, lorsque, d'un coup de lance appliqué en pleine poitrine, Charlot le renversa, blessé, de son cheval.

— À moi, frère, à moi! cria Girard d'une voix lamentable, en roulant sur l'herbe du sentier.

A ce cri, Huon de Bordeaux, qui causait respectueusement avec son oncle à quelque distance de là, Huon de Bordeaux tressaillit, piqua son cheval et arriva sur le lieu de la scène. Il aperçut d'abord Girard, étendu par terre et perdant son sang; puis, à deux pas de lui, Charlot qui ricanait et les menaçait tous deux du regard et de la lance.

— Que t'a fait cet enfant, barbare? lui cria Huon, indigné. C'est lâcheté de l'avoir attaqué ainsi sans qu'il pût se défendre!...

— Vraiment, répondit arrogamment Charlot, je compte bien t'en faire autant, afin que tu ne sois pas jaloux... Apprends, auparavant, que je suis le fils du duc Thierry d'Ardennes, auquel le duc Sévin, ton père, enleva trois châteaux... J'ai juré de m'en venger et je te défie!...

— Lâche! reprit Huon, je reconnais bien là la félonie qui règne dans ta race : tel père, tel fils! Lâche, tu abuses de l'avantage que te donnent tes armes; mais sache bien que je ne te crains pas et que le seul sentiment que tu m'inspires est un profond mépris!

Huon avait à peine fini de parler, que Charlot, mettant incontinent sa lance en arrêt et serrant les flancs de son cheval, courut sur le fils aîné du duc Sévin qui n'eut que le temps d'envelopper son bras gauche de son manteau, afin de s'en faire un bouclier. Le choc fut violent, mais le manteau de Huon fut seul percé. Huon, alors, se levant sur ses étriers, frappa à plomb un coup si terrible de son épée, sa seule arme en cet instant, que le casque de Charlot en fut brisé et qu'il eut le crâne fendu jusqu'aux yeux. Le fils de Charlemagne tomba mort sur le gazon.

Au même moment Huon de Bordeaux vit le bois inondé de gens armés.

— C'était un guet-à-pens! s'écria-t-il.

Puis il appela son oncle et les chevaliers de sa suite; tous accoururent, mais personne des gens de Charlot ne sortit des fourrés du bois pour les attaquer. Amaury avait assisté au dénouement du combat, et, comme il n'avait nulle raison de pleurer beaucoup Charlot, et qu'il en avait mille, au contraire, pour se réjouir de la vengeance qu'il allait enfin pouvoir tirer de la maison de Guienne, dans la personne du fils aîné du duc Sévin, il se garda bien de se montrer : c'eût été compromettre l'affaire et brouiller les cartes. Le rôle de témoin lui convenait mieux d'ailleurs, à tous les points de vue, que celui d'acteur. Il laissa donc tranquillement Huon et l'abbé de Cluny secourir et bander la plaie du jeune Girard. Lorsqu'ils s'éloignèrent et reprirent la route de Paris, il alla relever le corps de Charlot, le fit mettre en travers sur un cheval, et suivit Huon au petit pas, et à une certaine distance, de façon à ne pas lui donner l'éveil.

CHAPITRE IV.

De l'arrivée à Paris de l'abbé de Cluny et de ses neveux, et comme l'empereur apprit par Amaury l'assassinat de Charlot par Huon; ce qui en résulta.

Une fois que l'abbé de Cluny fut arrivé à Paris avec ses neveux, son premier soin fut de les présenter à Charlemagne qui s'avança avec empressement vers eux. Girard était soutenu par deux écuyers, à cause de sa blessure. Quant à Huon, qui n'était pas blessé, il refusa d'embrasser les genoux de l'empereur, ainsi que l'exigeait son devoir de vassal, et, comme son oncle et Charlemagne s'étonnaient de ce manque de respect, il s'écria :

— Sire, excusez ma franchise; mais il me coûte de faire aujourd'hui ce que j'aurais fait il y a quelques jours avec plaisir. On nous a tendu une embûche odieuse, à mon frère et à moi, dans le bois de Montlhéry, et cette embûche ne peut avoir été dressée que par vos ordres.

Charlemagne, surpris d'un reproche que son grand cœur ne pouvait mériter, se tourna vers l'abbé de Cluny et lui dit :

— Que signifient donc, l'abbé, les paroles blessantes de votre neveu? Et pourquoi, en outre, son frère se présente-t-il à moi dans un si pitoyable état? Tout ceci est du grimoire où je ne distingue rien qu'un acte de folie et d'irrévérence que je ne saurais tolérer plus longtemps.

— Sire, répondit l'abbé, je comprends que vous ne compreniez pas, parce qu'en effet les paroles de mon cher neveu Huon n'ont aucun sens pour vous, qui n'en avez pas la clef. Cette clef, je vais vous la donner. Nous cheminions ensemble, mes neveux et moi, dans le bois de Montlhéry, nous dirigeant vers Paris et nous rendant à vos ordres, lorsque Girard, qui marchait un peu en avant de nous, poussa tout-à-coup un cri qui nous fit froid dans les entrailles... C'était un lâche chevalier, qui se disait hautement fils du duc Thierry d'Ardennes, qui venait de le blesser d'un coup de lance au moment où il s'y attendait le moins. Huon courut naturellement au secours de son frère, et, d'un coup d'épée, fit mordre la poussière au misérable qui avait si traîtreusement attaqué Girard. Voilà la vérité, Sire. Maintenant, mon neveu Huon croit, à tort, que cette embûche du fils du duc Thierry avait été dressée par vos ordres... Je vous prie de lui pardonner cette folle pensée, Sire... Huon n'a pas encore eu, comme moi, l'occasion d'apprécier l'excellence de votre cœur et la loyauté de votre caractère. Il s'est laissé emporter par l'indignation que lui causait, même encore devant vous, la lâche action de ce chevalier qu'il a si justement tué; mais je vous promets qu'il a regret des vilaines paroles qu'il vient de prononcer et qu'il essaiera de vous les faire oublier par un dévoûment de tous les instants...

— Je comprends tout à présent et je pardonne, reprit Charlemagne avec bonté. Je désavoue hautement ici, devant toute ma cour, l'indigne conduite du fils du duc Thierry et je félicite le jeune duc de Guienne de lui avoir donné la mort : c'était le juste loyer d'une si méchante entreprise. Je suis heureux, l'abbé, que vous ayez songé à me présenter vous-même vos neveux : la réputation de leur père et la vôtre me sont un sûr garant que je n'aurai jamais en eux de plus loyaux et fidèles sujets.

Cela dit, Charlemagne conduisit lui-même les deux frères dans un riche appartement du palais, voulut voir mettre le premier appareil à la blessure du plus jeune et les laissa tous deux sous la garde du duc Naymes de Bavière qui, frère d'armes du feu duc Sévin, regardaient ces deux enfants comme s'ils eussent été les siens.

A peine l'empereur les eut-il quittés, qu'en rentrant dans sa chambre il entendit des cris et aperçut par la fenêtre une troupe armée à la tête de laquelle se trouvait Amaury de Hautefeuille portant un chevalier mort sur les arçons de sa selle.

— Charlot! Charlot! criait le peuple assemblé dans la cour du palais.

Charlemagne, qui avait des entrailles particulières pour son indigne fils, en entendant son nom jeté par la foule avec cet accent désolé, descendit précipitamment l'escalier et poussa un cri douloureux en reconnaissant Charlot dans le chevalier mort qu'Amaury ramenait en croupe.

— Mon Charlot! Mon Charlot! murmura-t-il d'une voix étouffée par les sanglots.

— C'est Huon de Bordeaux qui l'a tué, dit Amaury, en versant des larmes de crocodile.

— Huon de Bordeaux? s'écria l'empereur.

— Huon de Bordeaux, oui! répéta le traître Amaury. Il l'a massacré avant que j'aie pu le défendre... Ordonnez qu'on coure en armes après lui et qu'on le punisse de son abominable crime!...

Charlemagne, furieux, se saisit d'une épée et vola à l'appartement des deux frères, pour en percer le meurtrier de son fils bien aimé. Le duc Naymes courut au devant de lui, l'arrêta un instant, pendant lequel Charles lui apprit le crime dont Huon était accusé.

— C'est impossible, Sire, c'est impossible! s'écria-t-il en s'opposant à ce que l'empereur entrât pour assouvir sa soif de vengeance.

— C'est Amaury qui vient de me l'apprendre, en me rapportant le cadavre de Charlot, affreusement défiguré.

— Sire, Sire, reprit le duc de Naymes, Huon de Bordeaux est un de vos pairs; s'il est véritablement coupable, ce que je me refuse à croire, ne sommes-nous pas là pour le condamner? Votre main royale ne doit pas se tremper dans son sang! C'est à la justice à suivre son cours...

L'empereur, un peu calmé par la sagesse du duc Naymes, le pria alors de prévenir les fils du duc Sévin et l'abbé de Cluny, ainsi qu'Amaury de Hautefeuille, et lorsque tout le monde eut été rassemblé dans la chambre du conseil, il demanda justice à ses pairs contre Huon de Bordeaux.

— Huon a frappé déloyalement Charlot, en l'attendant au coin du bois de Montlhéry, dit Amaury.

— Vous l'entendez, seigneurs! dit Charlemagne. Huon a assassiné mon fils!...

L'abbé de Cluny, indigné du mensonge et de l'accusation d'Amaury, s'avança vers lui et, le regardant avec des yeux pleins de flamme, il s'écria :

— Par saint Benoît! Sire, le traître Amaury ment par la gorge. Si mon neveu Huon a occis Charlot, c'est à son corps défendant; c'est après que Charlot eût blessé Girard, son jeune frère, et sans savoir que ce déloyal chevalier fût votre fils, puisqu'il se disait celui du duc Thierry d'Ardennes. Quoique je fasse partie de la moinerie, je me souviens toujours que je suis né gentilhomme! Par ainsi, j'offre de prouver par mon corps que le récit d'Amaury est un abominable mensonge ; et, je croirai faire œuvre plus pie en punissant ce traître qu'en chantant laudes et matines!...

Huon, qui jusqu'alors avait gardé le silence, stupéfié par la noire calomnie d'Amaury, interrompit bientôt son oncle pour s'écrier, en se tournant vers son accusateur :

— Traître! Traître! Traître! Oserais-tu bien donner ton gage et soutenir le mensonge que tu viens de proférer?...

Amaury de Hautefeuille était doué d'une force prodigieuse. Il méprisait, en outre, la jeunesse d'Huon de Bordeaux. Aussi, à cet appel qu'il lui faisait, n'hésita-t-il pas à lui jeter un de ses gantelets de buffle.

— Voilà mon juge! dit-il dédaigneusement.

Huon se saisit du gantelet et le remit sur-le-champ aux pairs assemblés en leur demandant leur appui.

— Le combat doit m'être octroyé, ajouta-t-il; les hommes accusent, Dieu prononcera. Le bon droit ne peut jamais succomber!

Ainsi mis en demeure de se prononcer, les pairs de France se consultèrent un moment, et le duc Naymes, jugeant qu'en effet cette querelle devait être remise au jugement de Dieu, le combat fut accordé sans que Charlemagne pût y apporter d'opposition.

— Duc Naymes, se contenta de dire l'empereur, je vous confie le jeune Huon de Bordeaux ; vous m'en répondez sur votre tête. Il est votre prisonnier.

CHAPITRE V.

Du combat qui eut lieu entre Amaury et Huon de Bordeaux en la lice de Saint-Germain-des-Prés, et comme le traître ami de Charlot fut tué. Des conditions auxquelles Charlemagne consentit à pardonner à Huon.

Huon, le lendemain, fut armé chevalier par le vieux duc Naymes, qui lui donna des armes blanches bien à l'épreuve.

Le bon abbé de Cluny avait pensé d'abord se fâcher contre son neveu, qui le privait ainsi de l'honneur de se battre pour une si bonne cause; mais bientôt, heureux de lui trouver des sentiments dignes de sa naissance, il l'embrassa, le bénit et courut à Saint-Germain-des-Prés célébrer les saints mystères, tandis que les officiers de cette abbaye en préparaient les lices pour les combattants.

Vers deux heures de l'après-midi toute la cour prit sa place sur les gradins ménagés autour de la lice, Charlemagne parut et ce fut le signal du combat: Amaury de Hautefeuille s'avança contre Huon de Bordeaux.

Amaury, nous l'avons dit, était doué d'une force prodigieuse : il représentait à merveille Goliath, en face de Huon qui représentait David. Mais si Amaury avait pour lui la force, Huon avait l'adresse, l'agilité, la jeunesse et le droit! Quoiqu'en disent les médisants et les sceptiques, le Droit finit toujours par avoir raison de l'Iniquité.

Huon évita donc la plupart des coups terribles que lui porta le féroce Amaury, et celui-ci à son tour ne sut pas se garer de ceux que Huon lui porta. Déjà le sang du traître coulait sur ses armes et rougissait le sable de l'arène ; déjà ses coups, moins précipités, étaient plus faibles, lorsque Huon, redoublant au contraire les siens, le fit tomber sur ses genoux.

— Avoue-toi vaincu, traître! lui cria-t-il.

— Je te crie merci, répondit Amaury... Approche-toi de moi, Huon, pour m'aider à me relever : je vais aller tout avouer à Charlemagne.

Le brave et loyal fils du duc Sévin, plaçant aussitôt son épée sous son bras gauche, s'approcha sans défiance de son ennemi terrassé et lui tendit la main droite pour l'aider à se relever. Mais le traître Amaury, qui avait son projet, s'empara de la main que lui tendait généreusement Huon et, saisissant sa lance, il lui en porta un coup formidable dans le flanc.

Par bonheur les mailles du haubert du jeune duc étaient faites d'un acier solide : elles résistèrent et Huon ne fut que légèrement blessé. Mais, alors sa colère s'accrut de cette lâcheté ; oubliant qu'il fallait qu'Amaury fût vivant pour désavouer sa calomnie, et n'écoutant que sa juste vengeance, il se débarrassa vivement de son étreinte et lui fit voler la tête d'un revers de son épée.

Le duc Naymes et les pairs, qui avaient été témoins de la feintise et de la déloyauté d'Amaury, descendirent dans la lice, firent traîner dehors le cadavre de ce chevalier et conduisirent Huon aux pieds de Charlemagne.

— Dieu a prononcé, Sire, dit le duc Naymes. Amaury avait menti ; Huon s'est aussi loyalement conduit aujourd'hui que l'autre soir, dans le bois de Montlhéry.

Charlemagne ne put voir qu'en frémissant le meurtrier de son fils, bien qu'il lui fut prouvé maintenant que Huon était un vaillant chevalier ; et n'écoutant que son ressentiment et sa douleur, il répondit :

— Huon a tué Amaury, sans doute ; mais cela ne me prouve pas que Huon ne soit pas coupable du meurtre de Charlot. Il n'a rien fait avouer à son délateur : par ainsi, l'accusation d'Amaury subsiste toujours!...

— Ah! Sire, Sire! s'écria le duc Naymes ; la douleur vous rend injuste!

— C'est possible, duc Naymes, répondit Charlemagne. Mais je vois les choses ainsi ; Amaury n'a rien désavoué ; donc Huon est coupable... En conséquence, je suis en droit de confisquer les grands fiefs du duc de Guienne et de le bannir à jamais des terres de la France et l'Empire....

— Ah! vous ne ferez pas cela, Sire, vous ne ferez pas cela!... s'écria le duc Naymes, affligé d'entendre Charlemagne parler ainsi.

— Je le ferai, vous dis-je, je le ferai !

Après de longs débats, cependant, le duc Naymes, les pairs et l'abbé de Cluny firent convenir l'empereur de l'injustice d'un pareil arrêt et parvinrent à lui faire accorder son pardon au jeune duc de Guienne sous telles conditions qu'il voudrait lui imposer.

Huon, alors, se jeta aux genoux de Charlemagne, lui rendit hommage et lui cria merci pour le meurtre involontaire de son fils. L'empereur, tout en se refusant à recevoir les mains du jeune duc dans les siennes, à cause du sang dont il les savait tachées, le toucha de son sceptre et lui dit :

— Duc de Guienne, je reçois ton hommage et je te pardonne la mort de Charlot. Mais, en expiation de ce meurtre involontaire qui me tient si fort à cœur, je t'ordonne de partir sur-le-champ pour aller chez l'amiral Sarrasin Gaudisse.

— Je vais partir, Sire, répondit Huon, en faisant mine de se retirer.

— Attends, ajouta Charlemagne, je n'ai pas fini. Tu te présenteras à Gaudisse au moment où tu le sauras à table ; tu couperas la tête du plus grand seigneur que tu trouveras assis le plus près de lui : tu baiseras trois fois à la bouche, en signe de fiançailles, sa fille unique Esclarmonde, qui est la plus belle pucelle du monde, et tu demanderas de ma part à l'amiral, entre autres dons et tributs, une poignée de sa barbe blanche et quatre de ses grosses dents mâchelières.

Ces conditions parurent exorbitantes aux pairs de France.

— Huon n'en reviendra pas ! dit le duc Naymes.

— Ah! s'écria l'abbé de Cluny, tuer un roi Sarrasin sans lui avoir proposé le baptême!...

— Passe encore, dit un jeune pair, pour la seconde condition : elle est agréable, quoique dangereuse ; mais, en vérité, la demande que Huon est forcé de faire à l'amiral Gaudisse est bien incivile et bien difícile à obtenir !...

L'entêtement de l'empereur à soutenir ce qu'il décidait, était connu. On n'insista pas plus longtemps, et, en outre, comme rien ne paraissait impossible au courage d'Huon de Bordeaux, il répondit respectueusement à Charlemagne :

— Sire, j'accepte les conditions qu'il vous plaît de m'imposer. Je reçois mon pardon à ce prix. Mais, de ce moment, mes Etats sont libres... Je pars pour exécuter vos ordres, comme votre vassal et comme pair de France ; et, comme duc de Guienne, je donne la régence de ma province à la duchesse Alix, ma mère, et à Girard, mon frère.

Là dessus, Huon s'inclina et sortit, suivi du duc Naymes et de l'abbé de Cluny qui étaient désolés de n'avoir pu obtenir quelque modération à la sévérité des ordres de Charlemagne.

CHAPITRE VI.

Comme Huon partit pour remplir les conditions que Charlemagne avait mises à son pardon, et de la rencontre qu'il fit dans une forêt de Syrie.

Huon tint à honneur de sortir de Paris le jour même. Son oncle le suivit ; mais, dès la première journée de marche, le jeune duc, préoccupé de l'exécution des ordres auxquels il s'était soumis, tout rigoureux qu'ils fussent, pria l'abbé de prendre le chemin de Bordeaux avec son frère et de le laisser seul poursuivre sa route.

— J'y consens, dit l'abbé de Cluny, mais au moins, mon cher neveu, promettez-moi, pour vous préparer à votre entreprise périlleuse, d'aller à Rome rendre hommage au Saint-Père, dont votre mère Alix est la sœur, comme vous savez, et lui demander sa bénédiction.

—Cher et vénéré oncle, répondit Huon avec douceur, je vous le promets. Je serais désolé de ne pas faire une chose que vous me demandez en votre nom et au nom de ma mère. Vos prières sont des ordres auxquels je suis heureux d'obéir.

—Vons êtes un bon enfant, neveu Huon, et le ciel vous doit sa protection : le ciel ne fait jamais faillite envers ses débiteurs, vous l'apprendrez.

— J'y compte, cher oncle! reprit Huon en embrassant l'abbé de Cluny et son frère et en prenant congé d'eux.

Pendant que le jeune duc de Guienne s'acheminait à petites journées vers Rome, l'abbé de Cluny conduisait Girard à son abbaye, y passait avec lui le temps nécessaire à la guérison de sa blessure, et, ce temps révolu, se mettait en route pour Bordeaux où il trouvait la duchesse Alix expirante. Comme les malheurs sont toujours ce qu'on apprend le plus vite en ce monde, à cause des gens intéressés à vous les raconter, la duchesse avait appris l'affaire du bois de Montlhéry, la reception de Charlemagne à ses fils, le combat de Huon avec Amaury, les conditions rigoureuses que l'empereur avait mises à son pardon et le départ de son cher Huon pour des pays inconnus. Sa douleur avait été immense ; son cœur avait été percé des sept glaives comme le cœur de Marie, et elle était immédiatement tombée malade. Toutefois, elle espérait, comme baume consolateur, revoir son fils aîné avant qu'il ne partît pour son périlleux voyage; mais en apercevant seulement Girard, accompagné de l'abbé de Cluny, elle avait compris qu'elle ne devait plus compter sur rien, et l'abbé était arrivé juste à temps pour lui fermer les yeux.

Cette mort contrista le vénérable abbé de Cluny, qui estimait profondément la femme de son frère. Il eut lieu d'être contristé bien davantage encore, quelque temps après, par le spectacle pénible que lui donna Girard, le second fils de la duchesse Alix, devenu maître de la Guienne par suite de la mort de sa mère et de l'exil de son frère aîné.

Girard, en effet, qui avait à peine attendu que les cendres de sa mère fussent refroidies pour s'emparer du gouvernement, Girard, plutôt tyran que prince, s'était empressé de chasser les anciens serviteurs du duc et de la duchesse et avait, même, fait essuyer les traitements les plus rigoureux au bon prévôt Guire, maire de Bordeaux, qui avait pris soin de son enfance. Les mauvaises natures ne savent pas s'arrêter à mi-chemin de l'arbitraire et de l'injustice !

Puis, pour achever de se déshonorer, Girard avait épousé la fille de Gibouars de Siville, homme d'une immense richesse, mais en exécration aux honnêtes gens pour les crimes, les exactions et les trahisons dont il s'était rendu coupable pour grossir sa fortune ; et, de ce moment, unis par une communauté de lâchetés et de forfaits, le beau-père et le gendre avaient commencé la série de méchantes actions qui devaient si puissamment contribuer à les rendre odieux dans toutes les belles et vastes provinces situées au delà de la Loire.

Pendant ce temps, Huon de Bordeaux, le digne fils, le seul fils du duc Sévin, traversait les Apennins et l'Italie, se rendait à Rome et se logeait dans un des plus infimes faubourgs de cette ville pour y vivre inaperçu. Au bout de quelques jours de méditations, il se rendit en habit de pèlerin, auprès du pape, à qui il avoua toute sa vie et toutes ses fautes.

— Ah! beau neveu, s'écria le Saint-Père en le relevant, je ne veux pas être plus cruel que Charlemagne, et pour tous vos péchés passés, présents et à venir, je n'oserais pas vous imposer une pénitence pareille à celle qu'il vous a imposée !... Allez en paix, beau neveu, je vais intercéder auprès du Très-Haut pour vous : vous en avez besoin...

Cela dit, le pape mena Huon dans son palais, lui fit quitter ses habits de pèlerin pour en revêtir d'autres plus conformes à son rang, et après cela il le présenta à son peuple de cardinaux et de princes romains comme étant le duc de Guienne, fils de sa sœur la duchesse Alix.

Huon, en partant de Paris, s'était juré à lui-même de ne jamais s'arrêter plus de trois jours dans le même lieu sans y être forcé. Or, il y avait trois jours qu'il était à Rome : il demanda au pape sa bénédiction et partit pour la Palestine, comblé d'indulgences et enrichi de reliques.

Une fois en Palestine Huon visita avec autant de foi que de respect, les lieux témoins de grandes choses ; puis il s'en éloigna et chercha à se rapprocher des bords de la mer, afin de s'embarquer et aller ailleurs, où son devoir l'appelait. Malheureusement il ne connaissait ni le pays, ni la langue que l'on parlait en Syrie. Il se contenta de marcher, un peu à l'aventure, et, tout naturellement, il s'égara dans la première forêt qu'il rencontra devant lui. Pendant trois jours il n'aperçut pas l'ombre d'une créature humaine et ne vécut que du miel et des fruits sauvages qu'il trouva sur les arbres.

Le troisième jour, cependant, s'étant enfoncé entre des roches escarpées, et cherchant un passage, il se trouva tout-à-coup en face d'un homme de grande taille, à moitié nu, dont la barbe et les cheveux déjà gris couvraient la poitrine et les épaules. Etonné, Huon s'arrêta; l'inconnu s'arrêta aussi, en proie au même étonnement, il le considéra pendant quelques minutes avec attention et, s'apercevant, à ses armes, qu'il avait affaire à un chevalier chrétien, il s'approcha de lui et lui dit, dans la langue d'Oc, sa langue maternelle probablement :

— Ah ! bon Dieu, jeune homme, qui pouvez-vous être?... Voilà quinze ans que j'habite ce désert sans avoir vu un seul homme du pays où je présume que vous avez pris naissance.

Huon, sans lui répondre, délaça son casque et vint à lui d'un air doux et riant. L'inconnu le regarda alors avec plus de surprise que la première fois et s'écria :

— Grand Dieu! vit-on jamais une ressemblance plus frappante!...

— Quelle ressemblance ? demanda Huon.

— Ah ! noble chevalier, reprit le solitaire, dites-moi, de grâce, quelle contrée vous a vu naître et de quel sang vous avez reçu le jour?...

— J'exige, répondit Huon de Bordeaux, avant de me faire connaître, que vous me disiez vous-même qui vous êtes... S'il peut vous sembler étrange de me voir, moi chevalier chrétien, sur cette terre étrangère, il ne me semble pas moins étrange, à moi, de vous y rencontrer, vous qui parlez la langue que l'on parle dans la Guienne, mon pays natal.

— Ah! plaise au ciel que mes yeux et mon cœur ne me trompent point, s'écria de nouveau l'inconnu. Seigneur, ajouta-t-il, je me nomme Gérasme et suis frère de Guire, prévôt et maire de Bordeaux. Je fus fait prisonnier dans la bataille où mon cher et illustre maître, le duc Sévin, perdit la vie sans perdre l'honneur. J'ai souffert trois ans toutes les rigueurs de l'esclavage. Ayant rompu mes chaînes et m'étant ainsi soustrait à la poursuite des infidèles, j'habite ce désert depuis quelques années, et vos traits, les premiers qu'il m'ait été donné d'apercevoir, me rappellent ceux d'un maître que j'adorais et que j'ai fidèlement servi, j'ose le dire, depuis mon enfance jusqu'à sa mort!...

Huon, à ce récit, ne sut répondre que par des larmes, en se jetant dans les bras de Gérasme.

— Quoi! s'écria ce dernier, je ne me suis pas trompé? Vous êtes bien le fils du duc Sévin?...

— Je suis son fils aîné, bon Gérasme, murmura Huon, en l'embrassant de nouveau.

— Ah! le ciel me devait bien ce dédommagement, et je le remercie de me l'avoir procuré!...

Cela dit, Gérasme conduisit Huon dans sa cabane et le pria de partager sa modeste provision de fruits secs et de miel, qui composaient son ordinaire.

Huon avait l'appétit de la jeunesse : le déjeuner, quoique frugal, lui parut délicieux.

CHAPITRE VII.

Comme Huon, ayant rencontré Gérasme, serviteur de son père, l'emmena avec lui, et des aventures merveilleuses qui leur arrivèrent en chemin.

Après le repas d'anachorète offert de si bon cœur par Gérasme, Huon de Bordeaux ne se fit pas tirer l'oreille pour raconter ses aventures. Il n'omit rien de ce qu'il savait, et commença par l'arrivée des ambassadeurs de Charlemagne à Bordeaux pour finir par sa visite à son oncle le pape. Gérasme l'écouta religieusement d'un bout à l'autre, sans l'interrompre autrement que pour lui baiser les mains et lui embrasser les genoux.

Gérasme était un bon serviteur. Huon le consulta sur les moyens de conduire à bonne fin son entreprise.

— Mon cher maître, lui répondit-il, l'empereur Charlemagne, que j'honore comme je dois, vous a mis là sur les épaules un rude fagot d'épines : j'ai peur que vous ne vous y piquiez les doigts plus d'une fois. Mais si vous me permettez de vous accompagner, je prendrai pour moi les meilleures piqûres, afin que vous n'ayez pas trop à vous plaindre. Les misères humaines ne m'effrayent point : j'y suis fait depuis longtemps; tandis que vous, jeune, riche et beau, vous n'avez pas encore eu le temps d'en faire l'apprentissage... Mauvais métier que la vie, mon jeune maître, mauvais métier! Malheureusement, on ne peut en changer, de peur d'en rencontrer un pire!... Enfin, ne parlons pas de cela, de peur d'en attrister notre voyage; car, vous consentez à m'admettre pour guide, n'est-ce pas, sire Huon?...

— Certes oui, mon bon Gérasme, s'empressa de répondre Huon.

— La réussite de votre entreprise, mon cher maître, me paraît difficile, sinon impossible, reprit Gérasme. C'est précisément à cause des dangers dont elle est émaillée que je sollicite l'honneur de vous accompagner. Outre qu'il vaut toujours mieux être deux en face de l'inconnu, la connaissance que je possède de la langue sarrasine nous sera souvent utile, dès que nous serons sortis de ces déserts.

Dès le lendemain, en effet, Gérasme et Huon abandonnèrent la cabane où le bon serviteur du duc Sévin avait si chichement vécu pendant si longtemps et se mirent en route pour leur destination. Gérasme servait de guide, et il ne se trompa pas un seul instant. Il fit sortir Huon des rochers et des précipices qui bordaient cette forêt et le conduisit, par l'isthme de Suez, jusque sur les bords de la mer Rouge, qu'il lui fit longer et d'où il le fit passer en Arabie.

A peine étaient-ils entrés sur ce territoire mystérieux, qu'une horde d'Arabes vagabonds les attaquaient, attirés par quelques pierreries qui brillaient au morion de Huon. Le jeune duc se défendit bravement, soutenu par Gérasme qui s'empara des armes du chef de ces brigands, et les offrit à son jeune maître avec empressement.

Cette aventure, et plusieurs autres d'aussi peu d'importance, ayant à peine retardé de quelques heures la marche d'Huon de Bordeaux, il demanda à Gérasme quand il supposait qu'ils pourraient atteindre les États de l'amiral Gaudisse.

— Deux chemins y conduisent, répondit Gérasme; vous ne pouvez être moins de trois mois pour arriver par le passage le moins dangereux. Il vous est possible d'y pénétrer dans moins de quinze jours par un autre chemin ; mais ce ne peut être qu'en traversant un bois si redouté, que je vous conjure de ne pas vous y engager.

— C'est justement ce chemin-là que je choisis, ami Gérasme, répondit Huon en souriant. Outre que j'ai hâte d'obéir aux ordres de Charlemagne, le péril que tu m'annonces a pour moi des séductions auxquelles je ne sais pas résister... Si tu crois ne pas devoir me suivre, ne me suis pas : cela m'affligera, mais je n'ai pas le droit d'exposer ta vie...

— Je vous suis partout ! s'écria Gérasme avec vivacité. Où vous irez, j'irai. Je ne redoutais pas pour moi, mais bien pour vous, les dangers que je vous signalais. Vous voulez aller, allons!

La chose ainsi convenue, Huon et Gérasme se mirent bravement en marche dans la direction de ce bois périlleux, que bientôt ils aperçurent à l'extrémité de la plaine.

— En quoi donc consistent les dangers de cette forêt, ami Gérasme? demanda tranquillement Huon.

— Elle est habitée par Oberon, roi de Féerie, dont le pouvoir et les enchantements sont à redouter, car il retient les chevaliers assez téméraires pour oser y pénétrer, et les métamorphose en lutins ou en bêtes de différente espèce. Par ainsi, mon cher maître, je vous engage à ne pas tenter l'inconnu en vous aventurant dans le bois d'Oberon : il en est encore temps!...

— Allons! s'écria Huon, dont rien ne pouvait ébranler le courage.

Les deux voyageurs s'avancèrent hardiment, non l'un derrière l'autre, mais l'un à côté de l'autre. Des grands oiseaux et des animaux bizarres s'opposèrent d'abord à leur entrée : ils les chassèrent et passèrent outre. Quelques instants après, ils s'étaient enfoncés dans l'épaisseur de ce bois enchanté.

A peine eurent-ils suivi l'une des routes qui y étaient tracées, qu'ils arrivèrent à une étoile formée par des allées à perte de vue. Une seulement paraissait terminée par un palais de la plus belle structure, et dont les toits dorés étaient ornés de girouettes brillantes couvertes de diamants. Une calèche superbe, qui paraissait en sortir, vola au devant de Huon de Bordeaux, comme pour le prévenir.

Huon, sans s'étonner ni s'effrayer de ce qu'il voyait, jeta un regard tranquille dans cette voiture où se tenait un enfant de quatre à cinq ans, de toute beauté, et dont la robe étincelait de pierreries. Il le fit remarquer à Gérasme, dont la frayeur fut extrême, et qui, saisissant les rênes du cheval de Huon, entraîna le duc dans une route opposée à celle dans laquelle ils venaient de faire cette rencontre.

— Pourquoi cette frayeur, bon Gérasme? dit Huon. Cet enfant est charmant et son costume est fort riche ; malgré que sa présence ici soit inexplicable, il n'a rien de bien redoutable en lui!

— Vous vous trompez, cher duc Huon ! si nous avions parlé à ce méchant nain, nous étions perdus. Car c'est un nain, un bien méchant nain que cet enfant !... Il est né sous Jules-César et, comme il a éprouvé, durant sa longue carrière, de grands malheurs, il se plait à s'en venger sur tous les chevaliers qui s'aventurent imprudemment dans ce bois.

— Tu calomnies cet enfant, ami Gérasme, et je t'avoue que je ne m'en éloigne qu'à regret ; il est si beau, ses yeux sont si doux, qu'il me paraît impossible d'admettre qu'une si parfaite créature soit capable de nuire à qui que ce soit!...

— Cette forêt est pleine d'embûches, je vous l'ai dit, cher prince ; plus les apparences sont agréables, plus vous devez vous mettre en défiance...

Huon continua donc à suivre Gérasme qui, ne quittant pas les rênes de son cheval, l'entraîna avec encore plus de vitesse. Tout-à-coup, et sans que rien ne le fit pressentir, un orage affreux s'éleva dans la forêt : les deux cavaliers ne marchèrent plus qu'à la lueur des éclairs. De temps en temps, à travers le fracas du tonnerre, une voix argentine et douce criait :

— Duc Huon, c'est en vain que tu me fuis ! Approche, approche, au contraire, et écoute-moi, duc Huon!...

Huon était étonné d'entendre sans voir. Quant à Gérasme, il n'en courait que plus vite, éperonné par la peur, et il ne s'arrêta qu'à la porte de l'enceinte d'un double monastère de cordeliers et de sœurs clairettes, dont les deux communautés s'étaient réunies, le matin, pour une procession générale de l'ordre, et que l'orage faisait courir en désordre pour rentrer chacune dans sa clôture séparée. Gérasme, se croyant à couvert de la malice du nain au milieu des saintes bannières et de tant de personnes pieuses, s'arrêta pour leur demander un asile, et se jeta de son cheval à terre avec Huon, qu'il força de descendre du sien; mais, à l'instant même, ils furent joints par le nain qui, sur-le-champ, sonna d'un cor d'ivoire pendu à son sein.

Alors le bon Gérasme, moitié figue et moitié raisin, se prit à danser comme un jeune clerc ; saisissant la main d'une vieille nonne qui mourait d'envie d'en faire autant, ils bondirent tous les deux sur l'herbe, et furent imités par moines et nonnains des deux processions, qui se confondirent pour former le ballet le plus étrange que jamais eût été!... Huon, seul, n'avait aucune envie de danser ; mais il se mourait de rire en voyant les ridicules postures et les sauts extravagants de tous ces danseurs improvisés, qui parfois se culbutaient sur l'herbe, sans que leur chûte arrêtât les moines et sans que la modestie pût forcer les nonnains à réparer le désordre de leurs vêtements.

Le nain s'approcha de Huon et lui dit, toujours de sa voix douce :

— Duc de Guienne, pourquoi t'obstines-tu à me fuir? Par le Dieu qui créa le ciel et la terre, je te conjure de me parler!...

Huon, s'entendant conjurer de cette façon, ne craignit pas de répondre

— Seigneur, qui que vous soyez, je suis sans peur et sans défiance et suis prêt à vous écouter et à vous répondre.

— Huon, mon ami, reprit le nain, j'ai toujours aimé ta race et tu m'es cher depuis ta naissance. L'état de grâce où tu étais en entrant dans mon bois, te mettait à couvert de tout enchantement, quand même je ne te voudrais pas le bien que je te veux. Si ces moines, ces nonnains, et même ton fidèle serviteur Gérasme, avaient une conscience aussi pure que la tienne, le son d'ivoire ne les ferait pas danser. Mais, hélas! quel est le moine ou la nonnain qui puisse sans cesse se défendre d'écouter la voix du tentateur ? Et, Gérasme, dans son désert, a souvent douté du pouvoir et de la bonté de la Providence! Tous ces gens-là ont eu des défaillances et des découragements : c'est pour cela qu'ils dansent.

A ces mots, Huon vit redoubler les sauts et les gambades de Gérasme et des deux processions. Il demanda grâce pour eux : le nain lui accorda, et le pouvoir du cor enchanté cessant au même moment, chaque nonnain se dépêtra de son danseur, rajusta sa guimpe et se rassembla sous la bannière de sainte Claire. Les deux communautés s'étant remises en bon ordre, rentrèrent modestement chacune dans son enceinte, et Gérasme, essoufflé, tout en sueur, les jambes brisées, se jeta sur l'herbe en criant à Huon :

— Ah! monseigneur, je vous l'avais bien dit...

Il allait peut-être se livrer à une violente imprécation contre le nain, si celui-ci ne se fut approché de lui en lui disant :

— Gérasme, Gérasme, pourquoi as-tu murmuré

contre la Providence dans ton désert? Pourquoi, tout-à-l'heure, en me voyant passer, as-tu formé contre moi des jugements téméraires?... Avoue que tu méritais bien cette légère punition?... Mais je te connais pour loyal et homme de bien; désormais je veux être ton ami : tu ne tarderas pas, même, à l'éprouver.

Lui présentant alors un riche gobelet vide, le nain ajouta :

— Fais le signe de la croix sur ce vase!...

Gérasme obéit sans hésiter, et sur-le-champ le gobelet se remplit d'un vin délicieux auquel il goûta et qui lui rendit incontinent toute la vigueur de ses belles années, un peu loin de lui déjà!

Pénétré de confiance et de respect pour le nain, Gérasme se jeta à ses genoux; mais il le releva avec bonté et l'ayant fait asseoir à côté de lui, ainsi que le jeune duc Huon, il leur raconta son histoire en ces termes.

CHAPITRE VIII.

Histoire de Tronc-le-Nain, c'est-à-dire d'Oberon.

ules César, le grand capitaine et le grand ambitieux, disputant l'empire romain à Pompée, fut un jour porté par la tempête près de l'île Célée, où régnait en souveraine la fée Gloriande, ma mère. L'île Célée, un nid plutôt qu'une île, ne fut aperçue, c'est-à-dire devinée que par César qui, malgré les instances et les représentations des chevaliers romains embarqués sur son vaisseau, sauta seul dans un esquif, après avoir fait jeter l'ancre, et aborda bientôt à cette Délos flottante. L'esquif parut alors immobile; mais dès que Jules César eût mis pied à terre, il disparut aux yeux des gens de son vaisseau.

Il ne savait pas trop où il était, et il avait peur d'avoir été le jouet d'un songe, d'une hallucination de son esprit. Cependant, comme il était hardi parmi les plus hardis, et qu'il ne savait jamais reculer quand il s'était mis en route, il avança. Il y avait des fleurs partout, et l'air qu'on respirait dans cette île merveilleuse était chargé de parfums enivrants. Jules César s'avança encore. Au détour d'une allée, il se rencontra face à face avec Gloriande, la plus belle et la plus irrésistible des fées, qui venait précisément au devant de lui, telle que l'on peint Vénus lorsqu'elle venait au devant de Mars.

— César, lui dit Gloriande d'une voix mellifue et mélodieuse, je t'attendais. Je ne connais pas de plus grand homme que toi dans le passé et dans l'avenir : c'est pour cela que je t'ai choisi. Tu n'es pas pour rien un descendant d'Énée : je veux te rappeler Didon. Tu resteras ici autant d'heures que tu voudras, et après, tu me quitteras pour aller accomplir tes hautes destinées que je suis heureuse de t'annoncer en ce moment, puisque j'ai le don de lire dans l'avenir. Tu as été un grand capitaine, tu seras un grand empereur... Tu as franchi le Rhin, tu franchiras le Rubicon... Tu as conquis les Gaules, tu vaincras Pompée dans les plaines de Pharsale!

Quand la fée Gloriande eut fini de parler, elle prit César par la main et le conduisait dans son palais, où il la suivit avec transport.

Le lendemain, au point du jour, César regagna en soupirant son esquif; l'île Célée disparut aussitôt; il ne vit plus que son vaisseau qu'il rejoignit tout rêveur et qui, bientôt, leva l'ancre et déploya ses voiles.

Au bout de neuf mois, la fée Gloriande me mit au monde, et elle fut attentive, au moment de ma naissance, à me douer d'une beauté égale à la sienne et d'un pouvoir que je ne pouvais exercer, comme elle, que pour punir le crime et récompenser la vertu.

Mais Gloriande ignorait qu'une de ses sœurs, ayant un pouvoir égal au sien, conservait contre elle une animosité qu'une ancienne querelle avait excitée et dont la belle âme de Gloriande n'avait pas conservé le plus léger ressentiment. Cette vilaine sœur saisit bien cruellement cette occasion de s'en venger.

— Je te doue, dit-elle en me touchant de sa baguette, de ne plus grandir depuis l'âge de quatre ans, d'être hideux pendant trente, et de ne reprendre ton pouvoir et ta charmante figure (que je ne peux t'ôter pour toujours) que lorsque tu auras passé ces trente ans dans la servitude.

Quelque fut le pouvoir de ma mère, quelque fut ensuite le repentir de sa barbare sœur, je fus forcé, par un pouvoir suprême, de remplir ma destinée. Dès que j'eus atteint quatre ans, je devins hideux, et je me trouvai le nain le plus contrefait qu'on ait jamais vu dans aucune cour d'Allemagne. Forcé de m'éloigner de l'île Celée et de cacher ma naissance illustre et mon nom d'Oberon, c'est sous celui de Tronc-le-Nain que je servis Isaïe le Triste et son fils; et ce ne fut qu'aux noces de ce dernier que, les trente ans de servitude étant expirés, ma mère Gloriande et sa sœur vinrent me rendre mon pouvoir et ma beauté; mais elles ne purent rien changer à la petitesse de ma stature. Voilà pourquoi, sous mes apparences d'enfant, j'ai l'expérience d'un vieillard.

CHAPITRE IX.

Comme Oberon, après avoir raconté son histoire à Huon et à Gérasme, prit congé d'eux et leur fit présent de son gobelet et de son cor enchantés; comme ensuite les deux voyageurs arrivèrent à Tourmont, et de la reconnaissance singulière qu'ils y firent.

insi parla Tronc-le-Nain, ou Oberon, roi de féerie, comme vous voudrez. Quelques instants après, il ajouta :

— Je sais quel est le message dont Charlemagne a chargé le brave Huon; c'est ainsi qu'il a déjà fait périr quelques autres chevaliers dont il voulait se défaire. Rien n'aurait pu vous sauver du même sort si vous aviez constamment refusé de me parler; mais, à présent, mon cher Huon, si vous voulez, ainsi que Gérasme, exactement obéir à mes ordres, je vous promets une pleine réussite auprès de l'amiral Gaudisse et de la charmante princesse Esclarmonde. L'entreprise offre des périls; mais je connais votre haute vaillance, qui est celle de votre glorieux père, le duc Sévin : vous sortirez triomphant de cette épreuve, après bien des douleurs toutefois. Le bonheur doit s'acheter : Dieu ne le donne pas.

— Je suivrai vos ordres, aimable Oberon, dit Huon.

— Nous suivrons vos ordres, incomparable génie, répéta Gérasme, émerveillé.

Cette promesse une fois obtenue, Oberon fit présent au duc de Guienne du riche et utile vase dont Gérasme avait déjà fait l'expérience, ainsi que de son beau cor d'ivoire.

— Ce gobelet, cher Huon, lui dit-il, vous sera indispensable pour ne mourir ni de faim ni de soif dans votre périlleux voyage. Il a ensuite cet avantage de ne se remplir de vin que dans les mains d'un homme de bien, ce qui vous servira à éprouver les gens que vous rencontrerez en chemin. Quant au cor, il est également précieux ; en le sonnant doucement, vous ferez danser, comme vous l'avez vu, tous ceux dont l'âme n'est pas absolument pure ; et, selon toute apparence, vous trouverez beaucoup de danseurs. Mais, si vous en sonnez avec violence, songez qu'alors je vous entendrai de cinq cents journées de distance, et que, sur-le-champ, je volerai, moi et mon armée, à votre secours. Prenez donc bien garde d'en abuser, car je vous défends expressément d'en sonner de façon à m'appeler, à moins que vous ne soyez sans défense et dans le danger le plus pressant.

Oberon instruisit ensuite Huon de la route qu'il devait suivre pour arriver dans les états de l'amiral Gaudisse, et de la conduite qu'il devait tenir pour passer les quatre portes qui défendaient l'entrée de son palais.

— Vous devez encore, ajouta-t-il, essuyer bien des traverses et bien des périls, avant que d'y arriver, et je crains bien, |mon cher Huon, que vous ne suiviez pas exactement mes ordres, emporté que vous serez par la turbulence de votre sang et par l'audace de votre jeunesse, et qu'ainsi vous ne vous trouviez dans le cas d'éprouver les plus grands malheurs !...

A ces mots, Oberon, tout en larmes, embrassa Huon et Gérasme, les conduisit tous les deux hors de son bois, leur montra la route qu'ils devaient prendre, leur répéta de nouveau ses utiles recommandations, et, touchant de sa baguette leurs armes et leurs vêtements, les métamorphosa complètement en Orientaux.

— Allez, maintenant, leur dit-il, et que le ciel vous conduise !...

Huon de Bordeaux et Gérasme, ainsi costumés et armés, se mirent incontinent en route. Ils marchèrent plusieurs jours sans passer par des lieux habités. C'est alors qu'ils purent apprécier l'importance du présent que leur avait fait Tronc-le-Nain ; car non-seulement le vase enchanté se remplissait toujours dans leurs mains, mais il leur fournissait en abondance toutes les espèces de vivres qu'ils pouvaient désirer.

A force de marcher ils arrivèrent enfin en vue d'une grande ville, inconnue pour eux ; le jour était sur son déclin : ils entrèrent dans les faubourgs, et Gérasme, qui parlait parfaitement la langue sarrasine, s'informa du caravansérail où, pour une nuit, eux et leurs chevaux pourraient loger.

Un homme, qui paraissait être un des principaux habitants de la ville, voyant les deux chevaliers dans cette espèce d'embarras, s'avança vers eux et les pria fort civilement d'entrer dans sa maison. Huon et Gérasme acceptèrent cette hospitalité offerte de si bon cœur ; ils entrèrent et leur nouvel hôte leur fit les honneurs de chez lui avec une aisance et des attentions qu'ils furent un peu surpris de rencontrer chez un Sarrasin.

Bientôt, comme cet homme s'empressait à les servir et leur présentait le sorbet et le café, en leur parlant la langue sarrasine que Gérasme seul comprenait, un de ses gens laissa maladroitement choir une belle cafetière qui se brisa et dont le contenu rejaillit sur ses jambes, qu'il brûla.

— Cap de Dious! s'écria-t-il avec colère. Cap de Dious! Chétif vassal, tu mériterais bien que d'un coup de pied je te fisse voler sur le minaret de la mosquée !...

Huon de Bordeaux ne put s'empêcher de rire en reconnaissant le langage et la vivacité gasconne. L'hôte, qui n'avait pas cru être entendu par ces étrangers, rougit et montra le plus grand embarras que Huon augmenta encore en lui parlant dans le patois de son pays.

Cependant la confiance s'établit entreeux, surtout lorsque l'on eût apporté la table et que les domestiques se furent retirés. L'hôte et Huon se regardaient curieusement et en souriant, et se mouraient d'envie de se faire des questions. Gérasme les mit bientôt à leur aise, en disant au maître de la maison :

— Eh ! donc, cher hôte, il nous est prouvé que vous êtes de notre pays ! C'est en vain que vous prétendriez nous le céler !...

L'hôte, voyant son origine trahie, et apprenant ainsi que les deux feints Sarrasins qu'il avait accueillis étaient nés, comme lui, sur les bords de la Garonne, leur sauta au cou et les embrassa cordialement.

Huon, que les recommandations d'Oberon commençaient à rendre prudent, se servit du plus sûr moyen d'éprouver la sincérité de son hôte : il tira de son sein le vase qu'il tenaitde la libéralité du roi de féerie et le présenta vide à son compatriote.

— Ouès-à-quo? dit l'hôte en se signant. Je l'aimerais mieux plein!

Il n'avait pas achevé de formuler ce souhait, que déjà le gobelet était rempli. L'hôte, étonné, n'osait le porter à ses lèvres.

— Buvez hardiment, mon cher compatriote, lui dit Huon en souriant ; votre loyauté, votre foi, sont trop éprouvées par ce vase, pour que vous n'en receviez pas le prix !

Devant l'accent de sincérité du jeune duc de Guienne, l'hôte, qui d'ailleurs n'était pas fâché de boire un bon coup de vin, n'hésita plus à porter le gobelet à sa bouche et à le vider d'un trait.

— Vin délicieux ! s'écria-t-il, enthousiasmé. J'aurais été vraiment sot de ne le point goûter !

Le gobelet magique passa dix fois de main en main, de l'hôte à Huon, de Huon à Gérasme, de Gérasme à l'hôte, et ainsi de suite. Les caresses mutuelles redoublèrent, et chacun raconta ses aventures avec volubilité. Quand l'hôte apprit qu'il avait devant lui le fils aîné du duc Sévin, son légitime souverain, il s'inclina respectueusement en lui demandant pardon de ne pas l'avoir reçu plus dignement, et, à son tour, il apprit à Gérasme qu'il avait devant lui son cousin Floriac, son ami d'enfance.

— Où sommes-nous ici? demanda le duc Huon, après ces épanchement successifs.

— Vous êtes dans la forte cité de Tourmont, répondit Floriac ; mais vous apprendrez avec autant de surprise que de douleur, sans doute, que c'est un frère du duc Sévin, votre propre oncle, qui la gouverne.

— Mon oncle! Est il possible ! s'écria Huon, au comble de l'étonnement.

— Oui, duc de Guienne, votre propre oncle, reprit Floriac. Vous avez sans doute entendu raconter dans votre enfance qu'un jeune frère du duc Sévin fut enlevé par des corsaires sur le bord de la mer, avec tous ceux qui l'accompagnaient. J'étais son page alors, et je fus conduit avec lui sur une des côtes de la mer Rouge, où nous fûmes vendus comme esclaves à l'un des petits sultans soumis à l'amiral Gaudisse, auquel nous fûmes envoyés comme faisant partie du tribut qu'il lui payait tous es ans. Votre oncle, que ses gouvernantes avaient un peu gâté, crut en imposer beaucoup à l'amiral en faisant sonner très haut sa haute naissance. Or, l'amiral, en bon musulman, détestait cordialement tous les princes chrétiens; il s'attacha, dès ce moment, à pervertir le frère du duc Sévin, et à le faire renoncer à sa foi. Il n'y réussit que trop facilement!... Votre oncle, séduit par les prestiges des Santons, et aussi, il faut l'avouer, par les plaisirs qui lui étaient promis, jeta le baptême aux orties et se fit musulman. Gaudisse alors le combla d'honneurs et de richesses, lui donna un sérail, lui fit épouser en outre sa propre nièce, et l'envoya comme son lieutenant régner sur cette belle frontière, dont Tourmont est la capitale.

— Je reste confondu ! s'écria Huon.

— Votre oncle, continua Floriac, conservait pour moi la même amitié qu'il avait eue dès son enfance; mais toutes ses caresses et tous ses efforts ne purent réussir à me faire abjurer comme lui. Je craignais cependant son ressentiment; il me pardonna ma résistance, probablement parce qu'il sentit dans son cœur qu'elle était digne d'estime; probablement aussi parce qu'il supposa que le temps ferait ce qu'il n'avait pu faire et que j'arriverais un jour ou l'autre à l'imiter. Il m'appela donc auprès de lui dans Tourmont, dès qu'il en fut le maître; il m'y donna sa confiance, et, fermant les yeux sur mon culte secret, il me permit de conserver près de moi quelques chrétiens que j'ai soin d'entretenir dans leur croyance.

— Ah ! dit Huon, conduisez-moi promptement près de cet oncle coupable. Un prince de la maison de Guienne pourrait-il, en ma présence, ne pas rougir du lâche abandon qu'il a fait de la foi de ses pères?

— Hélas ! répondit Floriac, j'ai bien peur qu'il ne soit sensible ni à vos reproches, ni même au plaisir de trouver en vous un neveu digne de sa haute naissance. Abruti par les voluptés du sérail, jaloux d'un despotisme qu'il exerce souvent avec cruauté, son cœur endurci le portera plutôt à la violence ; il oubliera que vous êtes le fils de son frère, et il répondra par la mort à vos exhortations.

— N'importe, dit le courageux Huon, je ne peux la recevoir pour une plus belle cause ; et j'exige de vous que vous me présentiez à lui, dès demain matin, après lui avoir déclaré ma naissance.

Floriac allait insister; mais Huon l'en empêcha en se hâtant d'ajouter :

— Floriac, je vous en conjure comme chrétien et comme ami, et je vous l'ordonne comme duc de Guienne et le seul souverain que vous deviez reconnaitre.

— J'obéirai, duc, j'obéirai! répondit Floriac en soupirant.

CHAPITRE X.

Comme Huon se présenta à son oncle le Soudan ; du bon tour qu'il lui joua et des conséquences d'icelui.

Floriac se rendit en effet, le lendemain matin, au lever du Soudan et lui fit part de l'arrivée de son neveu le duc Huon de Bordeaux et du dessein de ce prince de se rendre, dès ce même matin, à sa cour.

Le Soudan fut surpris. Pendant quelques instants il hésita à répondre, quoique son parti eût été pris sur-le-champ; mais Floriac le pressant, la perversité de son âme lui suggéra le moyen de dissimuler. Il savait que Floriac aimait trop les chrétiens et les princes de Guienne pour l'aider à trahir son neveu; il feignit donc une joie extrême d'apprendre que bientôt il recevrait dans ses bras l'aîné de sa maison; en conséquence il dépêcha Floriac auprès du jeune Huon. Pendant ce temps, il fit parer son palais; assembler son divan, et, après avoir donné quelques ordres secrets, il alla lui-même au devant de son neveu, qu'il présenta sous son nom à tous les grands de sa cour.

Huon frémit d'indignation et de honte en voyant son oncle le front ceint d'un riche turban vert, surmonté d'un croissant de pierreries. Sa candeur naturelle ne lui laissa recevoir qu'avec peine les embrassements hypocrites que le sultan ne cessait de lui prodiguer.

— Ah! mon père, murmura-t-il, que diriez-vous, si vous aperceviez un prince de votre race sous cet affublement odieux !...

Cependant, l'espérance qu'il eut de trouver le moment de reprocher à son oncle son apostasie, le porta à se prêter, sans trop de dégoût apparent, aux honneurs qu'il lui faisait rendre par toute sa cour. Mais, comme si le Soudan eût deviné les intentions de son neveu, il évita avec adresse de se trouver seul avec lui, et le promena toute la matinée, d'un air riant, dans la vaste enceinte de son palais et de ses jardins.

L'heure du dîner ayant sonné, le sultan prit la main du duc Huon pour le conduire dans la salle du festin. C'était le moment que le loyal jeune homme attendait avec tant d'impatience.

— O mon oncle! lui dit-il tout bas avec un accent de reproche. O prince, frère du duc de Sévin! en quel état ai-je la douleur et la honte de vous voir!...

Le sultan feignit d'être attendri; il serra doucement la main de son neveu et lui répondit à l'oreille :

— Silence, mon cher neveu! Demain matin, je vous expliquerai tout!...

Huon, trompé par l'air de bonhomie que son oncle avait su prendre pour lui dire cela, se consola un peu et se mit à table à côté de lui. Le muphti, quelques cadis, des agas et des santons remplissaient les autres places. Gérasme s'assit au milieu d'eux. Quant à Floriac, qui ne pouvait perdre de vue ses hôtes, il resta debout et ne sortit que de moment en moment pour observer ce qui se passait dans l'intérieur du palais.

Cette précaution de l'honnête Floriac n'était pas hors de saison. Comme on connaît ses saints, on les honore. Floriac connaissait le Soudan et il le savait sujet à caution. Il avait flairé quelque manigance et il ne s'était pas trompé. Un bostangi qui l'affectionnait, et qu'il avait prié d'avoir l'œil et l'oreille au guet, vint au bout d'une demi-heure le prévenir que des gens armés se glissaient dans les cabinets avoisinant la salle du festin.

— Oh! Oh! se dit Floriac, l'affaire se complique! Il y aura tout à l'heure du grabuge, céans!...

Comme il se disposait à rentrer dans le salon pour avertir le duc Huon et Gérasme, il entendit une rumeur violente qui en partait, et voici à quelle occasion.

Tout d'abord, Huon et Gérasme avaient fait honneur au service, et mangé avec l'appétit de la jeunesse et de la conscience. Mais, à mesure que le repas s'avançait, ils s'apercevaient que les vases à boire ne se remplissaient que d'eau, d'une eau très claire à la vérité, mais enfin de l'eau ! Et c'était une découverte pénible pour eux, originaires du pays où les pampres fleurissent si plantureusement!... Gérasme s'en scandalisa le premier tout bas, et sa mine s'allongea d'autant. Huon se mit à rire de la physionomie piteuse de son camarade ; mais bientôt, lassé lui-même, et altéré, il tira de son sein la coupe enchantée qu'il tenait d'Oberon, et incontinent elle se remplit, jusqu'au bord, d'un vin rose et écumeux qu'il but avec infiniment de plaisir. Puis il tendit la coupe à Gérasme, qui l'imita, après avoir fait le signe de la croix. A ce signe abhorré des sectateurs de Mahomet, le sultan et tous les musulmans assis à cette table, froncèrent les sourcils et saisirent leur barbe d'un air consterné. Le duc Huon, feignant de ne pas s'apercevoir de la perturbation qu'il jetait dans cette compagnie d'infidèles, tendit à son oncle la coupe enchantée qui venait de se remplir entre ses mains, et il lui dit :

— Par saint Guillaume ! cher oncle, avalez-moi ce gobelet : c'est du vin de Langon qu'il contient, du vin de Langon excellent, mon oncle ! Vous savez que c'est la boisson qui remplaça pour vous le lait de votre nourrice!... Prenez et buvez ! C'est un cordial tout puissant!...

Le sultan buvait souvent, en secret, des vins de Chypre et de Schiras, en compagnie de ses sultanes, dans les recoins parfumés de son harem ; mais, en public, il ne buvait jamais que de l'eau. Depuis longtemps, il n'avait pas goûté aux excellents vins de son pays natal, auquel il ne tenait peut-être encore que par ce lien-là ; cet appel de son neveu lui fit venir la salive à la bouche : il eut soif de vin de Langon, quoique en public!... Ce vin l'appelait, avec sa généreuse couleur qui étincelait comme une poignée de rubis : il céda à cette extinguible soif qui lui séchait la gorge et tendit une main tremblante vers la coupe enchantée.

— D'ailleurs, pensa-t-il, comme pour se donner à lui-même une excuse, il faut les distraire, pour donner à mes gardes le temps de se réunir et d'arriver ici!...

Il reçut donc la coupe, la porta à ses lèvres, grisé d'avance par la généreuse liqueur qu'elle contenait, et tout aussitôt, elle se tarit et le vin disparut comme par enchantement. Huon et Gérasme, en bons Gascons et bons gabeleurs qu'ils étaient, se mirent à rire de son désappointement.

— Chien de chrétien ! s'écria-t-il alors ; vous osez me braver au milieu de ma cour ! Mais j'en tirerai bientôt vengeance ! Il ne sera pas dit que vous vous serez moqué impunément de moi!...

Tout en disant ces mots, il lança la coupe magique à la tête de son neveu, qui la retint de la main gauche, et, d'un revers de la main droite, envoya rouler à terre le turban du sultan. A cette vue, cadis, agas, santons et muphtis, se levèrent de table en jetant les hauts-cris et en se disposant à venger sur Huon l'honneur du turban outragé. Huon et Gérasme se mirent incontinent en défense et firent voler à coups d'épée les cimeterres de ceux qui les attaquaient. Au même moment, les portes de la salle s'ouvrirent de tous les côtés, et soldats et eunuques armés jusqu'aux dents firent irruption et coururent sur les deux voyageurs.

Heureusement que Huon et Gérasme avaient eu le temps de s'élancer sur une large corniche servant de buffet. De là, n'ayant d'ennemis que devant eux et non derrière, ils se défendirent vaillamment, et firent sauter la tête et les bras aux plus audacieux. Les eunuques tombaient sur les soldats et les soldats sur les eunuques, ce qui commençait à faire un total assez respectable de morts et de blessés. Mais de nouveaux combattants vinrent remplacer ceux qui avaient été mis hors de combat, et la situation devint délicate. Le brave Huon de Bordeaux, égayé par les rasades du vin de Langon, et ne jugeant pas le moment suffisamment opportun pour appeler à son aide son ami Oberon, se contenta de tirer de son cor d'ivoire des sons si doux et si mélodieux, que, tout aussitôt, les soldats, au lieu de continuer à les attaquer, se mirent à danser joyeusement et frénétiquement. Leur ardeur était la même ; elle avait seulement changé d'objet.

Huon et Gérasme, laissés tranquilles, purent jouir à leur aise, du haut de leur corniche, du spectacle le plus bouffon et le plus réjouissant du monde. D'abord eunuques et soldats, santons et cadis, agas muphtis, dansaient seuls, sans vis-à-vis féminins ; mais bientôt les sultanes, attirées par le son magique du cor d'ivoire, et trouvant la porte de la salle ouverte, accoururent en foule et se mêlèrent aux danseurs. La favorite du Soudan s'empara d'un santon qui battait des entrechats à deux pieds de hauteur; mais tout-à-coup les longs habits de l'un vinrent à s'enchevêtrer, et tous deux tombèrent. La barbe du santon se trouva prise dans le carcan de diamants de la sultane ; les babouches de l'une s'embarrassèrent dans le doliman de l'autre ; aucun d'eux ne put se relever. Néanmoins, toujours agités machinalement et magnétiquement par la fureur de danser et par le son du cor que le malin Huon se plaisait à redoubler, ils continuèrent à battre la mesure dans cette position grotesque. Alors le Soudan, qui les aperçut, en conçut à l'instant une jalousie féroce; il battit deux jetés en avant, pour se précipiter sur l'irrévérencieux santon et le châtier de son crime involontaire; mais la fin d'une mesure le força à ne faire qu'une gargouillade qui lui frisa le dos.

Cette danse se prolongea assez pour que les acteurs ne pussent y résister. Huon les vit tomber les uns sur les autres comme autant de capucins de cartes, et lorsqu'il n'en resta plus un seul debout, en état de l'attaquer, il se décida à descendre de sa corniche avec Gérasme, pour se retirer dans la maison de Floriac, où étaient restés leurs chevaux.

CHAPITRE XI.

Comme après la danse des mécréants provoquée par le cor de Huon de Bordeaux, il fallut songer à se défendre sérieusement ; et de l'intervention forcée d'Oberon. Comme ensuite Huon, ayant refusé la souveraineté de Tourmont, se mit en route pour accomplir sa mission ; et des conseils que lui donna une dernière fois le roi de féerie.

On ne peut pas danser éternellement. Le cor enchanté de Huon de Bordeaux cessant de se faire entendre, les agas, les cadis et santons du Soudan, et le Soudan lui-même, cessèrent de danser. Mais ils avaient mis tous un tel acharnement, une telle furie à cet exercice, que de plaisir il était devenu une peine, c'est-à-dire une fatigue. Le repos qu'ils furent obligés de prendre donna le temps à Gérasme et à Huon de faire leurs préparatifs de départ chez Floriac, qu'ils déterminèrent facilement à les suivre.

Cependant le Soudan reprit bientôt ses sens, et, en reprenant ses sens, il reprit sa colère contre son neveu, contre Gérasme et contre Floriac. Il monta à cheval à la tête de sa garde, fit rassembler à la hâte vingt mille hommes de ses troupes, fit fermer les issues des faubourgs de Tourmont et marcha, le fer et la flamme à la main, vers la maison où son neveu devait se trouver et où il se trouvait encore, en effet, prêt à partir.

La première personne, c'est-à-dire la première victime qui se présenta à lui, fut précisément le malheureux Floriac.

— Ah! traître! s'écria le Soudan ; voilà le cas que tu fais de mes bontés! voilà comme tu me remercies de t'avoir épargné une première fois et laisser christianiser en liberté! Tu t'es ligué avec des chrétiens comme toi contre moi !... Mais tu vas me payer cela !

Floriac voulut s'avancer pour faire quelques représentations et s'excuser sans accuser Huon ; le sultan, furieux, ne lui répondit qu'en le frappant d'un coup de masse d'armes qui le renversa, privé de sentiment.

Lors Huon, désespéré de l'état dans lequel se trouvait Floriac, qu'il crut mort, et voyant d'ailleurs qu'il ne lui restait, pas plus qu'à Gérasme, aucune espérance de se dérober au péril, prit le parti d'appeler Oberon à son secours. Il sonna donc de son cor avec violence, et, tout aussitôt, comme par enchantement, le roi de féerie accourut à la tête de cent mille hommes qui firent une horrible boucherie du palais du Soudan. Eunuques et soldats, agas et muphtis, toute l'armée des infidèles fut taillée en pièces ; il ne resta bientôt plus que le Soudan sur le champ de bataille. Huon voulait qu'on l'épargnât ; mais le Soudan, ivre de rage, ne voulait pas être épargné et il se battait en désespéré, sentant bien que tout croulait sous lui et que tout-à-l'heure il n'allait rien lui rester de ses honneurs et de ses richesses, de ses soldats et de ses sultanes. Aussi se précipita-t-il le cimeterre levé sur son neveu ; le coup fut paré par Gérasme qui, d'un revers de son épée, lui enleva la tête et l'envoya rouler à quinze pas de là.

La mort du sultan fit cesser le carnage. Les troupes de Tourmont se soumirent. Floriac, qui n'avait été qu'étourdi par le coup de masse d'armes du chef des mécréants, reprit bientôt ses sens et aida Gérasme dans ses prédictions ; tous les deux, pleins de zèle et de colère, donnèrent aux infidèles, selon l'usage du temps, que le choix entre la hache et le baptême. Les mécréants, ne se sentant pas faits pour le martyre, optèrent tout naturellement pour le baptême et n'hésitèrent pas à reconnaître Huon pour leur souverain. Les esclaves, en somme, ne doivent pas être difficiles sur le choix d'un maître ; quel qu'il soit, c'est toujours un maître et ils sont toujours esclaves.

Huon, qui avait à accomplir le message de Charlemagne, ne put accepter la souveraineté de Tourmont : il la donna à Gérasme qui, pour ne point le quitter, refusa cet honneur suprême dont le jeune duc de Guienne chargea Floriac. Pressé de partir et de se rendre auprès de l'amiral Gaudisse, Huon supplia Oberon de lui permettre de prendre congé de lui et lui demanda ses derniers conseils sur les moyens à employer pour réussir dans la mission périlleuse que lui avait confiée Charlemagne.

Oberon lui répondit en pleurant :

— Ah! mon cher Huon, mon cher Huon! Que je prévois pour vous d'embûches et de périls redoutables, dans lesquels je ne pourrai vous secourir !... Votre témérité, votre courage aveugle, l'oubli de vous-même, vous y feront tomber. Je peux beaucoup, certes, ami Huon, mais je ne peux pas tout, et, pour que ma protection soit efficace, il ne faut pas qu'elle soit contrecarrée par votre audace et par votre courage insensé. Enfin! Allez, je veillerai sur vous, et ce que je pourrai faire, je le ferai ; mais, encore une fois, je ne peux pas tout faire : il faut que vous m'aidiez vous-même par votre docilité à suivre mes conseils, qui sont ceux de la prudence.

— Je les suivrai, je vous le promets, puissant Oberon! s'écria Huon.

— Vous êtes sincère dans vos promesses, ami Huon, je le sais ; mais la jeunesse vous emporte et vous oubliez sans le vouloir. Ce que je vous recommande avant de vous quitter, c'est d'éviter de passer près de la tour d'Angoulafre. Angoulafre est un géant cruel qui m'a dépossédé par surprise de cette tour et qui la conserve par ses enchantements contre lesquels les miens ne peuvent rien. Il ne sera vaincu que par celui qui pourra se couvrir d'un haubert que je conservais dans cette tour et qu'il tient lui-même en sa puissance. Ne vous hasardez pas à l'attaquer ; ce serait du courage perdu : Angoulafre ne peut être vaincu que par le haubert enchanté dont je viens de vous parler, et pour avoir ce haubert, il faut entrer dans cette tour qu'il garde si farouchement. Ne tentez pas l'impossible, je vous en supplie, ami Huon : vous succomberiez, et vous sonneriez en vain de votre cor pour m'appeler!...

Huon, enflammé par les obstacles qu'on offrait à vaincre à son courage, ne répondit à Oberon qu'en lui demandant le chemin de la tour d'Angoulafre.

— Je vous l'avais bien dit ! murmura Oberon avec tristesse. Votre jeunesse l'emporte sur mes conseils! Votre témérité vous parle plus haut que ma prudence !

— Un péril de plus ne peut m'ébranler, reprit Huon. Je me sens né pour les aventures et pour les dangers. Si je dois laisser mes os dans la tour d'Angoulafre, je les y laisserai ; mais il ne sera pas dit qu'on aura signalé en vain à mon courage un obstacle à vaincre, un péril à surmonter. L'imprudent, cher Oberon, ce n'est pas moi, c'est vous, puisque vous m'avez parlé d'une chose que j'ignorais et dont je vous remercie, d'ailleurs, de m'avoir parlé !...

Oberon, voyant que les exhortations les plus sages se briseraient contre la volonté tenace du duc de Guienne, se contenta d'étendre, en soupirant, son bras dans la direction de l'Orient, et, cela fait, disparut aussitôt avec son armée.

CHAPITRE XII.

Comme Huon, s'étant mis en route avec Gérasme, rencontra la tour du géant Angoulafre, et ce qu'il en advint.

Quand Oberon eut tout-à-fait disparu aux yeux d'Huon de Bordeaux, le jeune duc embrassa Floriac, prit congé de lui, monta à cheval avec Gérasme et suivit le chemin que lui avait indiqué Tronc-le-Nain, comme conduisant vers la tour du géant Angoulafre. Au bout de quelques heures de galop, et après avoir traversé un bois de grande étendue, les deux chevaliers arrivèrent dans une plaine au milieu de laquelle s'élevait une immense tour dont la cime orgueilleuse se perdait dans les nuages.

— C'est la tour d'Angoulafre ! s'écria Huon avec enthousiasme.

— Rappelez-vous, cher sire, les recommandations d'Oberon ! murmura Gérasme, qui se les rappelait beaucoup et qui, quoique brave, n'avait pas le même appétit d'aventures que son maître.

Mais Huon ne l'avait pas entendu, et il s'était approché le plus près possible de ce monolithe menaçant dont l'extérieur annonçait bien des mystères.

Cette tour, en effet, était percée çà et là de rares fenêtres, auxquelles n'apparaissait aucun visage humain et qui ressemblaient de loin à des yeux crevés. L'entrée en était défendue par un fossé profond sur lequel était jeté un pont de trois pieds de large seulement, et par deux statues d'airain colossales qui battaient avec rapidité l'air de leurs longs fléaux de même métal et qui gardaient ainsi le guichet de la tour, plus étroit encore que le pont. Le jeu de leurs fléaux était si précipité et si rapproché, qu'un oiseau même n'eût pu passer entre eux sans y briser ses ailes.

Gérasme n'était pas rassuré du tout. Huon, au contraire, était comme grisé par ces obstacles désespérants. Il descendit de son cheval qu'il donna à garder à son compagnon, et s'avança plus près encore de la tour, pour l'examiner plus en détail et aviser aux moyens d'y pénétrer. Il aperçut alors un grand bassin d'airain à l'entrée du pont et il se hasarda à le frapper de son épée. Le bassin rendit un son lugubre très prolongé. Une jeune fille parut à l'une des meurtrières de la tour, poussa un cri en apercevant l'intrépide chevalier et, quelques minutes après, un vent violent sortait du guichet et frappait sur les deux statues d'airain dont les fléaux devenaient ainsi immobiles.

Ce que voyant, Huon s'aventura sur le pont et s'élança dans le guichet.

— Où courez-vous, téméraire ? s'écria la jeune fille en l'arrêtant, pâle et effarouchée.

— Vers l'inconnu, noble pucelle ! répondit Huon dont le cœur était doublé de courage et de galanterie.

— Vous courez à la mort ! reprit la jeune fille, en jetant à la dérobée des regards pitoyables sur l'aventureux chevalier.

— Elle me sera douce, si elle m'est donnée par vous ! dit galamment le duc de Guienne.

— Ce n'est pas moi que vous avez à craindre, mais le cruel tyran qui me retient ici prisonnière...

— Le géant Angoulafre?

— Lui-même... Il dort en ce moment, par bonheur pour vous, car s'il avait été réveillé, vous étiez perdu !... En entendant le bruit que vous avez fait tout-à-l'heure, j'ai tressailli et me suis mise à la fenêtre ; alors, en remarquant la croix qui orne votre bouclier, j'ai jugé que vous étiez un chevalier chrétien et j'ai résolu de vous sauver la vie... Je suis venue ; me voilà... Maintenant que vous êtes averti, fuyez, pendant qu'il en est temps encore !...

— Noble et belle pucelle, je ne suis pas venu ici pour fuir... Maintenant surtout que je vous ai vue et que je vous sais prisonnière de ce monstre, j'ai plus que jamais l'envie de rester pour le combattre et vous délivrer. Les bonnes actions sont trop rares pour qu'on ne saisisse pas avec empressement l'occasion d'en faire une, quand elle s'offre à vous, comme en ce moment... Mais dites-moi, noble pucelle, avant que je n'aille plus avant, par quelle fatalité vous vous trouvez sous la puissance du géant Angoulafre...

— Hélas! le récit de mes malheurs ne sera pas long. Je m'appelle Sibile; je revenais avec Guérin de Saint Omer, mon père, de la visite du Saint-Sépulcre; il me conduisait à Damas, où Gautier-le-Danois, neveu d'Ogier, devait m'épouser: un coup de vent furieux nous poussa sur cette côte maudite; Angoulafre nous aperçut et nous attaqua; mon père et ses chevaliers tombèrent sous ses coups, et depuis trois ans que je suis sa prisonnière, le monstre n'a fait heureusement que de vains efforts pour que je sois aussi sa victime. Ah! Seigneur, vous ne pouvez vous imaginer quel horrible supplice une pauvre princesse souffrirait avec ce géant, si les saints patrons auxquels je fus vouée en naissant ne veillaient sur mon honneur. Il y réussirait, comme la force réussit à opprimer la faiblesse, si, grâce à la protection de mes saints patrons, il ne s'endormait pour six heures toutes les fois qu'il m'a fait frémir sous ses brutales caresses. Vous me voyez encore émue des dernières qu'il m'a fait essuyer : ce monstre a encore quatre bonnes heures à dormir.

— Je vais mettre ces quatre heures à profit, répondit Huon. Mais auparavant, chère cousine, permettez-moi de bénir le ciel de cette rencontre. Sa main est dans tout ceci. Je suis Huon, fils aîné du duc Sévin, le dernier duc de Guienne, et votre cousin germain par conséquent. Vous voyez bien, chère Sibile, que plus que jamais je dois tenter de délivrer la terre du grand Angoulafre!...

Sibile, heureuse de cette rencontre qui lui procurait un défenseur dans la personne d'un parent, n'hésita plus à conduire Huon dans la chambre du géant, qui dormait sur le dos, d'un profond sommeil, et dont le visage farouche semblait toujours menacer la jeune fille.

Surpris malgré lui de l'aspect monstrueux de ce géant, haut de dix-sept pieds, Huon de Bordeaux ne put s'empêcher de tressaillir et de détourner les yeux. Mais sa cousine, que trois ans de captivité et de tête-à-tête avaient familiarisée avec cette horrible physionomie, courut découvrir la gorge du géant, en criant à Huon de lui trancher la tête.

Huon n'était pas chevalier pour rien; il lui répugnait de frapper un ennemi sans défense, bien que cet ennemi fût un monstre. En outre, il se ressouvint fort à propos de la cotte de maille enchantée dont lui avait parlé Oberon et il profita du lourd sommeil d'Angoulafre pour aller à la recherche. Sibile le guida, et le haubert fut bientôt découvert dans un coffre en bois de cèdre qui se trouvait dans une des salles voisines de celle où le géant dormait en ce moment. Huon s'en empara, s'en revêtit, et le merveilleux haubert se trouva aller juste à sa taille.

— Maintenant, belle cousine, dit-il, priez pour moi! Je vais aller réveiller Angoulafre et combattre avec lui.

— Y pensez-vous, cher cousin! s'écria Sibile effrayée.

— J'y pense beaucoup, belle cousine, répéta Huon en se dirigeant vers la chambre du géant, pendant que Sibile tombait à genoux et adressait au ciel une fervente prière.

Ce ne fut pas sans peine que le duc de Guienne parvint à tirer Angoulafre de son état léthargique. Mais enfin, à force de l'appeler, de le défier et de le secouer; même, il le réveilla.

— Chétive créature, cria le géant d'une voix de tonnerre dont les éclats allèrent jusqu'à Sibile, qui en trembla; chétive créature, quelle fatalité te porte à troubler mon sommeil et à courir ainsi à la mort?...

— Monstre, répondit Huon, je viens pour punir tes forfaits. Arme-toi pour me combattre!...

Angoulafre, très étonné de ce courageux langage, regarda Huon avec attention, et sa surprise redoubla en le voyant couvert de la cotte de maille enchantée.

— Par Mahom! s'écria-t-il, il faut que tu sois bien généreux, puisque tu ne m'as pas occis pendant mon sommeil, et que tu as revêtu le bon haubert, qui ne pouvait l'être que par un homme juste et innocent! Va, je te pardonne; il me coûterait trop de t'ôter la vie. Rends-moi ce haubert, et, à ce prix, je te laisserai aller sans te faire aucun mal...

— Remets-moi plutôt ta tour, dit Huon, et la princesse que tu tiens captive; renonce en outre à ton faux prophète; à ces conditions-là je te laisserai la vie!...

Angoulafre fit alors une grimace horrible comme un diable qu'on aurait aspergé d'eau bénite, et, regardant l'intrépide Huon avec un rire amer, il profita du temps qu'il lui donnait pour s'armer, courut dans une chambre voisine, et en sortit, peu de temps après, couvert d'armes étincelantes.

— Je suis prêt! hurla-t-il en brandissant à deux mains une large et longue faulx sur la tête du duc de Guienne.

— Songe à ton âme, païen! répliqua Huon en esquivant le coup.

La faulx, maniée par deux mains puissantes, alla frapper contre une colonne, dans laquelle elle entra jusqu'à trois pieds de profondeur. Pendant qu'Angoulafre faisait ses efforts pour l'en retirer, Huon se précipita sur lui et le frappa d'un rude coup d'épée sur les deux poignets, qui tombèrent à terre. Le géant poussa un hurlement de douleur et, se trouvant ainsi sans défense, il se mit à fuir, précisément dans la chambre où Sibile attendait dans des transes mortelles l'issue douteuse de cette lutte inégale.

En voyant dans cet état le tyran de ses nuits et de ses jours, la menace vivante de son honneur, la jeune princesse voulut s'en venger et avoir part à la victoire de son cousin; elle lança un bâton entre les jambes du géant. Angoulafre tomba en poussant de nouveaux hurlements. Huon, qui le poursuivait l'épée haute, arriva en ce moment et lui coupa la tête.

— Oh! merci, merci, mon Dieu! s'écria la princesse dans un élan de reconnaissance.

Puis, tout aussitôt, elle courut délivrer les chevaliers de son père, qu'Angoulafre gardait précieusement pour les sacrifier, l'un après l'autre, à ses dieux. Quant à Huon, il appela Gérasme, qui fut bien joyeux du résultat inespéré de cette aventure, délivra, de concert avec lui, les anciens serviteurs d'Oberon, prisonniers depuis longtemps, et leur confia la garde de la tour. Ces précautions prises, ces devoirs accomplis, il embrassa sa cousine, la fit embarquer avec sa suite au port voisin, pour la Syrie, et, après avoir arraché du doigt d'Angoulafre l'anneau d'or qu'il savait être un tribut de l'amiral Gaudisse, il monta à cheval et se mit en route.

CHAPITRE XIII.

Comme Huon traversa la mer et arriva à Babylone d'Arabie, où l'amiral Gaudisse tenait sa cour. Comme il mécontenta Oberon, qui ne vint pas à son secours, et de l'échec qu'il en éprouva.

Huon partit. Devant lui était un bras de mer qu'il passa sans vaisseau, par le secours de Malembrun, lutin marin que lui envoya Oberon; trois jours après, il arrivait dans une forêt voisine de la Babylone d'Arabie, où l'amiral Gaudisse tenait sa cour.

A peine était-il entré dans cette forêt, qu'il entendit pousser des cris perçants, qui étaient des cris d'appel. Huon y vola et vit un Sarrasin richement vêtu, terrassé par un lion furieux. Huon fit quitter prise à l'animal, lui coupa la tête et délivra ainsi le Sarrasin.

— Qui que tu sois, dit ce mécréant en se relevant, remercie Mahom qui t'a fait sauver les jours du roi d'Hircanie !...

— Mahom est le faux prophète d'un faux Dieu ! répondit Huon. Je n'ai pas à le remercier; c'est toi, au contraire, à remercier le Dieu des chrétiens qui s'est servi de mon bras pour t'arracher à la mort.

— Ah! c'est là ton Dieu, chien! s'écria le roi d'Hircanie.

— Ah! je vous reconnais bien là, mécréants! s'écria Huon. Vous ignorez la reconnaissance et vous vous vengez des bienfaits par des injures !...

Le Sarrasin répliqua par des blasphèmes plus gros encore que ceux qu'il venait de proférer, et contre Huon et contre la divinité. Huon, outré de colère, fut un instant tenté de se jeter sur lui et de le frapper; mais le sentiment de la justice lui revint à temps : il s'abstint, croyant qu'il ne lui était pas permis d'ôter la vie à un homme à qui il venait de la donner. Il se promit cependant de le punir d'une façon ou de l'autre, si le hasard le ramenait jamais en sa présence.

Puis il partit. Le soir même de cette aventure il arriva dans les faubourgs de Babylone et se prépara, durant la nuit, à s'acquitter, dès le lendemain, de la mission difficile dont l'avait chargé Charlemagne. Les quatre dents mâchelières le préoccupaient moins que les baisers d'Esclarmonde. Le lendemain, couvert de ses armes, muni de son riche cor d'ivoire, de la coupe, et de l'anneau d'or d'Angoulafre, il se rendit au palais de l'amiral Gaudisse, vers l'heure de son dîner; et, dès que le son des trompettes eût annoncé le premier service, il se présenta tout seul à la première des quatre portes qu'il était obligé de passer avant que d'arriver dans l'intérieur du palais.

Cette heure coïncidait précisément avec celle du dîner d'Oberon. Ce roi de féerie était à table ; Gloriand et Malembrun le servaient; ils furent l'un et l'autre surpris de le voir tout-à-coup pleurer et cesser de manger. Ils osèrent lui demander la cause de son affliction :

— Hélas! leur dit-il, ce Huon de Bordeaux, ce chevalier si preux que j'aimais tant, se parjure en ce moment et m'ôte ainsi la puissance et même la volonté de le secourir. Je frémis des malheurs qu'un moment de faiblesse et d'oubli de lui-même va lui coûter !

Dans ce moment même, en effet, Huon venait de se présenter au chef des gardes de la première porte, et, pressé de déclarer s'il était bon Sarrasin, l'accès du palais étant défendu pour tout autre, Huon, le brave et fidèle Huon ne se souvenant plus de l'anneau redouté d'Angoulafre, que les sujets de l'amiral Gaudisse ne pouvaient voir sans se soumettre immédiatement; Huon, hélas! eut la faiblesse d'assurer qu'il croyait en Mahom !... On le laissa passer librement dans la première enceinte. Mais, à peine y était-il entré, qu'il réfléchit sur le mensonge qu'il venait de proférer; son âme loyale sentit toute l'horreur de ce crime; il versa des larmes abondantes, moins parce qu'il devinait bien que son ami Oberon allait l'abandonner, que parce qu'il rougissait d'avoir menti, c'est-à-dire d'avoir fait la chose la plus abominable du monde. Mentir! Le crime le plus odieux, en ce qu'il n'est su de personne que de votre conscience! Pour s'en punir et le réparer autant que possible, Huon cria au portier de la seconde enceinte :

— Fils de louve, je te commande de m'ouvrir au nom du sublime crucifié, l'unique Dieu de la terre !

La pointe de cent piques et d'autant de dards qui s'opposèrent aussitôt à son passage, fut la seule réponse qu'il reçut de cette seconde garde. Huon, se souvenant alors, un peu tard, qu'il était possesseur de l'anneau du géant :

— Tremblez ! cria-t-il aux mécréants. Tremblez et reconnaissez le signe qui doit vous faire tomber à mes pieds !...

En reconnaissant l'anneau donné à Angoulafre par Gaudisse en signe de vasselage, le chef de la garde tomba aux genoux du jeune duc de Guienne, les embrassa, et puis après s'empressa de l'introduire dans la seconde enceinte du palais.

Huon, s'apercevant que cet anneau avait bien le pouvoir magique qu'on lui avait annoncé, n'hésita plus à s'en servir auprès des gardes de la troisième et de la quatrième enceinte, qui le laissèrent passer sans lui témoigner autre chose que le plus profond respect. C'est ainsi qu'il arriva jusqu'au riche salon où l'amiral Gaudisse était à table avec quelques sultans, ses tributaires. Le roi d'Hircanie, que Gaudisse destinait pour époux à la belle Esclarmonde, sa fille, était assis à sa gauche et la princesse était à sa droite.

On se souvient sans doute des trois conditions imposées à Huon de Bordeaux par Charlemagne ; la première était qu'il coupât la tête du plus grand seigneur qu'il trouverait assis le plus près de l'amiral Gaudisse. Or, le roi d'Hircanie était le plus voisin de l'amiral, puisqu'il était à sa gauche ; ensuite, Huon avait des raisons particulières de le choisir comme victime : ce Sarrasin avait été irrévérencieux entre la divinité et méconnaissant envers lui ! Huon n'hésita pas : il tira son épée et d'un coup bien net et bien adroit lui fit voler la tête sans qu'il eût eu le temps de s'en apercevoir... L'amiral Gaudisse, couvert du sang de son hôte, et furieux d'un attentat aussi audacieux, se leva impétueusement de table et ordonna qu'on s'emparât incontinent du meurtrier. Huon, s'apercevant que ces ordres allaient être exécutés, résolut de les conjurer en jetant sur la table l'anneau d'Angoulafre, et en disant :

— Païen, respecte l'anneau de ton seigneur suzerain !...

Gaudisse, surpris, suspendit en effet son ordre et arrêta l'assaut que sa garde s'apprêtait à donner au duc de Guienne, en ajoutant :

— Etranger, qui que tu sois, je suis prêt à t'écouter, puisque tu me présentes l'anneau d'Angoulafre, quoique je ne comprenne pas beaucoup pourquoi tu as coupé la tête au roi d'Hircanie, mon hôte et mon futur gendre ?...

Mais Huon, sans daigner répondre à l'amiral, s'approcha tranquillement de l'adorable Esclarmonde et déposa, aussi chastement que possible, un long baiser sur ses lèvres de roses ; puis, après celui-là, un second, plus long, plus tendre, et peut-être moins chaste que le premier. Ce n'était pas, cette fois, l'envoyé de Charlemagne qui le donnait, par punition ; mais bien le jeune chevalier, galant et amoureux, qui le donnait pour son propre compte. Quant au troisième baiser, car il en fallait trois, il fut si vif, si ardent, si prolongé, que la jeune princesse, plus vermeille que ses lèvres, eut autant l'air de le rendre que de le recevoir. L'amiral commençait à s'impatienter !...

Ce fut à regret que Huon de Bordeaux se décida à parler, puisqu'il était interrogé. Jamais il n'avait fait de sa bouche un meilleur emploi ; jamais ses lèvres n'avaient été si agréablement occupées. L'éloquence des sages est certes une belle chose ; mais elle ne vaut pas celle des fous et des folles de vingt ans, qui ne parlent que pour eux, dans le langage des oiseaux, et qui s'entendent fort bien, si on ne les entend pas. Saint Jean-Bouche-d'Or est une erreur : c'est Jeanne-Bouche-d'Or qu'il faudrait dire !...

Cependant il fallait finir son message, et tout ce que les jeunes pairs français avaient prévu, s'accomplit exactement. L'amiral Gaudisse, déjà très scandalisé des privautés que Huon se permettait envers sa fille, le fut bien davantage encore de la proposition qu'il finit par lui faire, après s'être arraché des lèvres d'Esclarmonde.

— Que j'arrache pour Charlemagne une poignée de ma barbe blanche ! s'écria-t-il. Et, avec cette poignée de ma barbe blanche, mes quatre dents mâchelières ! Et, avec mes quatre dents mâchelières, ma fille unique Esclarmonde !... Cela n'est pas possible ! Je ne le souffrirai pas ! C'est de l'irrévérence ! C'est de l'audace ! C'est de la folie ! Jamais, jamais je ne le souffrirai !...

A cette riposte désespérée de l'amiral Gaudisse, Huon se contenta d'opposer l'anneau d'Angoulafre, et cet anneau fit trop d'effet au chef des païens pour qu'il ne contînt pas un peu l'indignation et la fureur qui le possédaient.

— Chrétien ! s'écria-t-il par une subite inspiration. Chrétien, au nom du crucifié que ton âme adore, je t'adjure de me dire la vérité, rien que la vérité.

— Maudit païen, répondit Huon, tu n'es pas digne de prononcer ce nom divin !... Mais l'adjuration que tu viens de me faire, te garantit la véracité de ma réponse.

— Eh bien ! reprit Gaudisse, je t'adjure donc, chrétien, de me dire ce que fait à cette heure mon suzerain Angoulafre, et par quel hasard tu parais à ma cour avec l'anneau que je lui ai donné en signe de vasselage !...

Huon avait un repentir trop amer de la réponse mensongère qu'il avait faite au portier de la première enceinte du palais de l'amiral, pour continuer à déguiser la vérité.

— Angoulafre n'est plus, dit-il ; mon bras a terminé sa détestable vie, et c'est après lui avoir coupé la tête que je me suis emparé de son anneau !... Ne t'occupe donc plus de lui et songe à obéir aux ordres du puissant empereur Charlemagne.

A peine Huon eut-il prononcé ces mots, que l'amiral Gaudisse, revenu de la terreur que le pouvoir d'Angoulafre avait imprimée dans son âme, cria hautement qu'on s'emparât du traître chevalier, meurtrier de son suzerain et du roi d'Hircanie. Huon, à l'instant, fut investi de toutes parts et contraint de se servir pour sa défense de sa redoutable épée. Les plus téméraires d'entre les serviteurs de l'amiral furent abattus sans peine par lui ; mais, bientôt, d'autres succédant à ceux-là, il dut chercher une retraite sur un retable de marbre du lambris, et, de cette position, fit voler au hasard les têtes et les bras qui s'approchaient trop près de lui. Esclarmonde, éperdue au milieu des combattants, le regardait d'un œil attendri et pitoyable, en soupirant de toutes ses forces, et elle ne pouvait s'empêcher de former des vœux ardents pour qu'il échappât à la mort qui le menaçait, bien que ses vœux fussent contraires à son devoir filial. Mais, y a-t-il bien un devoir qui parle plus haut et plus fort que l'amour dans un cœur de seize ans ? Esclarmonde était la fille de l'amiral Gaudisse ; mais les baisers que Huon lui avait donnés l'avaient fiancée à lui, et la fille devient femme très-vite au soleil de l'amour !...

Huon, voyant entrer sans cesse de nouveaux combattants, plus nombreux chaque fois, et ne pouvant qu'à peine soutenir son bouclier hérissé d'une forêt de dards, eut alors recours à son cor d'ivoire, dont il sonna avec autant de violence que Roland à Roncevaux ; hélas ! aussi vainement !... Oberon l'entendit avec douleur ; mais il n'accourut pas. La faute en était à Huon seulement !

Huon le comprit et se soumit avec résignation au sort qu'il s'était attiré et qu'il sentait bien avoir mérité. Il cessa de se défendre avec la même énergie ; son épée cessa d'être redoutable et elle s'échappa de sa main mal assurée. On se rendit alors facilement maître de sa personne, ou le chargea de chaînes, et l'amiral le fit précipiter dans un profond et noir cachot, en attendant qu'il lui fît subir le supplice d'être écorché tout vif.

CHAPITRE XIV.

Comme Huon, prisonnier, fut visité dans son cachot par la belle Esclarmonde qui lui fit l'aveu de son amour et qu'il initia aux mystères de sa religion. Comme, ensuite, l'amiral Gaudisse, voulant faire subir à son prisonnier le supplice auquel il l'avait condamné, se trouva en face d'un cadavre.

Voilà donc Huon en prison et destiné au plus affreux supplice. L'amiral Gaudisse supposait que les ténèbres, la faim, la soif, l'absence de sommeil, tout enfin redoublerait encore l'horreur de la position du duc de Guienne. Il se trompait, non comme résultat, mais comme moyens.

Huon était affligé, il trouvait son sort cruel, sa situation horrible, mais ce n'était ni à cause des ténèbres, ni à cause de la faim, ni à cause de l'absence de sommeil : Huon souffrait d'avoir menti à sa foi et d'avoir désobéi à son ami Oberon. Il pleura des larmes sincères qui effacèrent l'unique tache de sa belle vie, jusque-là si pure.

Si souvent un seul baiser, que le hasard fait dérober, suffit pour embraser à jamais un cœur sensible, quel pouvoir ne doivent pas avoir ceux que l'amour a donnés et rendus? L'Amour, cet enchanteur éternel, antérieur et supérieur à tous les enchanteurs passés, présents et futurs, veillait, dans le cœur d'Esclarmonde, à conserver les jours de l'aimable et brave chevalier français. Esclarmonde avait été témoin du courage héroïque du jeune Huon, de sa défense désespérée, de sa défaite prévue en face d'un si grand nombre d'assaillants; elle l'avait vu emmener et elle avait appris, en frémissant, le sort qui lui était destiné.

— Nous nous sommes fiancés l'un à l'autre, se dit-elle; je lui dois le bonheur d'aimer : je veux qu'il me doive le bonheur de vivre!...

Sa résolution fut bientôt prise, son plan de campagne amoureuse fut bientôt dressé. Elle avait comme compagne et comme gardienne une vieille femme très sévère; elle essaya d'abord de la corrompre avec des caresses qui eussent attendri un tigre : la gouvernante refusa. Esclarmonde lui donna des pierreries et lui en promit d'autres : la gouvernante consentit à se relâcher de sa surveillance, et Esclarmonde put s'échapper, enveloppée d'un long voile, et se rendre seule à la prison. Là, il s'agissait de corrompre le geôlier : autre obstacle! Esclarmonde ne pouvait lui user envers lui des caresses qu'elle avait essayées envers sa duègne : elles eussent trop réussi! Et Esclarmonde ne devait pas même être soupçonnée, comme la femme de César. L'argent était le seul agent de corruption qu'elle pût employer sans rougir : elle préféra rester princesse et se faire ouvrir d'autorité les portes de la prison. Le geôlier s'inclina respectueusement devant la grâce de son visage et devant la fierté de sa parole : quelques instants après, elle était dans le cachot où Huon de Bordeaux attendait la mort. C'était la vie qui venait!

L'amour est décidément un grand magicien : lui seul opère de véritables miracles. Femme et princesse, jamais Esclarmonde n'eût consenti à souiller ses petits pieds par le contact horrible d'un cachot; jamais elle n'eût consenti, sans effroi et sans dégoût, à respirer l'air mortel qu'on respire dans une prison; jamais elle n'eût consenti à meurtrir ses belles mains au contact des chaînes d'un prisonnier! Mais cette prison était celle d'un chevalier jeune, courageux et beau; mais ce prisonnier était son amant! L'horreur que lui eût inspirée ce lieu, en toute autre occasion, se changea pour elle en joie ineffable : elle accomplissait, pour la première fois de sa vie, un devoir doux à son cœur. Les ténèbres du cachot d'Huon s'illuminèrent de sa présence, et jamais palais ne leur parut aussi splendide à tous deux!...

Nous renonçons, on le comprend, à peindre les transports de ces deux beaux amoureux, lorsque le dernier anneau de la dernière chaîne qui garrottait le duc de Guienne eut tombé. Que ceux qui ont aimé imaginent! Leurs souvenirs leur en apprendront plus que nos paroles.

En recevant la liberté des belles mains d'Esclarmonde; en apprenant, de ses belles lèvres roses, qu'il en était aimé, Huon se sentit défaillir et il jura de lui consacrer la vie qu'elle lui donnait. Il se jeta à ses genoux, les embrassa avec une effusion de reconnaissance amoureuse, et Esclarmonde, oubliant le vol des heures, le laissa ainsi prosterné devant elle, heureuse de son bonheur, et plongeant ses mains blanches dans les longs cheveux noirs de son amant. C'était chaste et délicieux! La lueur discrète d'une lampe, apportée par la jeune princesse, jetait sur cette scène adorable un demi jour favorable à ces épanchements du cœur : Esclarmonde rougissait, mais on ne pouvait la voir rougir!... Ce ne fut qu'en soupirant qu'elle obligea Huon à se relever et à recevoir enfin les secours que sa longue abstinence avait rendus nécessaires. Encore un peu et Huon se fût évanoui beaucoup plus de faim que de bonheur : c'eût été injurieux pour l'amour!

Esclarmonde partit, laissant son amant consolé et réconforté. Mais elle avait trouvé tant de charmes dans les caresses innocentes et chastes qu'ils s'étaient mutuellement prodiguées, que, dès le lendemain, elle revint en jouir et renouveler les mêmes secours.

Cela dura pendant plus d'un mois. Huon profita de ce temps pour catéchiser et instruire la belle païenne sur les mystères de la religion chrétienne. Huon s'était fiancé à Esclarmonde; mais se rappelant qu'ils ne pouvaient être unis qu'à la condition d'être tous deux chrétiens, il s'était décidé à imposer cette condition à son amie, qui s'y était soumise en soupirant. Il est si facile de croire un amant aimé! Ah! tous les idolâtres se convertiraient volontiers, si Dieu leur était annoncé de cette façon-là : aux femmes par des missionnaires jeunes et beaux, aux hommes par des missionnaires jeunes et belles! Esclarmonde, entraînée, séduite, convaincue par l'éloquence persuasive du duc de Guienne, crut bientôt aux grandes vérités proclamées par la bouche de ce brave chevalier, et elle désira le baptême.

L'amiral Gaudisse n'avait pas oublié son prisonnier, comme on pourrait le supposer. Au bout de quinze jours il avait demandé si Huon, affaibli par les souffrances de son état, aurait encore la force nécessaire pour sentir les horribles tourments du supplice qu'il lui préparait, et le geôlier, gagné tout-à-fait par Esclarmonde, lui avait répondu que le duc de Guienne, brisé par ses chaînes, que la faim lui avait fait ronger, était mort depuis deux jours. Un infidèle est naturellement doublé d'un incrédule : Gaudisse avait demandé à voir le cadavre de son prisonnier, et le geôlier lui avait montré celui d'un autre prisonnier, à peu près du même âge que Huon, mort précisément à ce moment-là. Gaudisse s'était alors repenti de n'avoir pas hâté le supplice, et, pour un peu, il l'eût fait subir au cadavre de celui qu'il croyait être Huon de Bordeaux. Sa vengeance lui échappait !...

CHAPITRE XV.

Comme Gérasme vint à la cour de Gaudisse, sous un nom d'emprunt, pour avoir des nouvelles d'Huon de Bordeaux ; comme ensuite y vint aussi Agrapard, souverain de Nubie, et du combat qui eut lieu entre lui et le duc de Guienne.

Sur ces entrefaites, le fidèle Gérasme, inquiet du sort d'Huon, vint à la cour de l'amiral Gaudisse, sous le nom de son neveu Solare, fils d'Yvoirin, amiral de Montbran, son frère. Gérasme parlait très bien la langue sarrasine; Gaudisse, le croyant vraiment son neveu, le reçut avec tendresse, et toute sa cour le combla d'honneurs. Esclarmonde, devinant bientôt que ce Sarrasin cachait un chrétien, l'interrogea adroitement et apprit de lui qu'il était le plus fidèle et le meilleur ami de son amant, après elle toutefois. D'un autre côté, Gérasme, en l'interrogeant aussi, en reçut des réponses qu'elle ne put faire qu'en rougissant, et par lesquelles il apprit qu'Huon était aimé d'elle, mais qu'il languissait dans les horreurs d'une prison. La confiance s'établit facilement entre eux. Esclarmonde ne put peu à peu à se laisser persuader de chercher les moyens de délivrer Huon, et de quitter avec lui la cour de son père, pour se rendre, sous sa garde, à celle de Charlemagne. L'un et l'autre les avaient déjà trouvés ; on équipait secrètement un vaisseau, destiné aux fugitifs et à leur suite, lorsqu'un événement inattendu vint rompre toutes leurs mesures.

Agrapard, souverain de Nubie, et frère du géant Angoulafre, arriva tout-à-coup à la cour de l'amiral Gaudisse, à la tête d'une formidable armée ; ce terrible géant, plus grand encore qu'Angoulafre, venait reprocher à l'amiral de n'avoir pas vengé la mort de son frère, et, en conséquence de ce, le défier au combat et le forcer à se soumettre à un tribut triple de celui qu'il payait à son ancien suzerain.

Gaudisse fut très contristé par l'arrivée d'Agrapard et par les conditions qu'il lui imposait. Il chercha vainement dans toute sa cour un chevalier assez courageux pour épouser sa querelle et la soutenir contre ce redoutable ennemi. N'en trouvant pas, il se mit à maudire les dieux et les hommes, et ne craignit pas de verser des larmes de rage en présence de sa fille Esclarmonde, qui saisit ce moment pour lui faire regretter la perte du vainqueur d'Angoulafre.

— Ah ! s'écria l'amiral avec désespoir. Je l'ai laissé mourir de faim ! Je m'en repens bien aujourd'hui, car il pourrait m'être d'une grande utilité ! Lui seul pourrait me sauver ! Et il est mort ! Ah ! je donnerais volontiers la moitié de mes États pour qu'il fût vivant !...

— Mon père, répondit Esclarmonde, jalouse de la gloire de son amant; mon père, apprenez que le chevalier que vous regrettez tant n'est pas mort.

— Il n'est pas mort ? s'écria Gaudisse tout joyeux, en renaissant à l'espérance de vaincre Agrapard. Mais non, ajouta-t-il avec tristesse, je m'abuse ! Huon est mort : on m'a montré son cadavre !...

— C'était le cadavre d'un autre ! reprit Esclarmonde. Je vous affirme que le brave Huon est vivant, bien vivant, et qu'il n'hésitera pas, si vous l'en priez, à vous défaire d'Agrapard...

L'accent de vérité de sa fille convainquit l'amiral. Il ne balança plus à envoyer chercher le duc de Guienne, qui se présenta devant lui quelques moments après. Gaudisse fut surpris de le trouver aussi frais, aussi plein de force que le jour où il l'avait fait charger de fers ; mais il n'avait pas le temps de rechercher la cause de ce mystère; il était même plus prudent pour lui de ne pas songer à se l'expliquer, le temps pressant, et, avec le temps, le danger.

— Chevalier, dit-il à Huon, le frère d'Angoulafre, si glorieusement mis à mort par toi, est dans nos murs, plein de menaces. Il s'agit de vaincre Agrapard comme tu as vaincu Angoulafre. Si tu réussis à m'en débarrasser, je m'engage à te donner la main de ma fille et à me soumettre comme tributaire à Charlemagne.

Huon ne lui répondit qu'en demandant qu'on lui rendît ses armes : elles lui furent immédiatement rapportées avec le cor d'ivoire et la coupe enchantée. Ensuite, Gaudisse lui ayant fait amener le plus fier et le plus vigoureux cheval de ses écuries, Huon s'élança dessus avec légèreté, sortit de la ville, précédé d'un héraut, et envoya incontinent défier Agrapard, au nom du chevalier qui avait tué son frère Angoulafre.

Le géant, animé par la vengeance et par le désir de soumettre l'amiral Gaudisse, s'avança aussitôt dans la plaine et, en apercevant Huon, il haussa les épaules de mépris pour un si chétif adversaire. Cependant, tout en le dédaignant, il se décida à fondre sur lui, comptant l'écraser comme un éléphant écrase un ciron. Le choc fut terrible de part et d'autre ; les chevaux n'en purent soutenir l'effet et tombèrent avec leurs maîtres, qui ne se relevèrent qu'avec peine. Agrapard porta en vain plusieurs coups de la longue faux dont il était armé ; Huon, plus adroit, évita ces coups-là, prit son temps et, à son tour, il fit si bien jouer son épée, qu'il emporta une partie du casque d'Agrapard, avec l'oreille et la joue du côté droit. Le géant ainsi endommagé jeta un grand cri ; la frayeur s'empara de lui ; il se rendit à Huon et lui cria merci. Huon reçut son épée et le conduisit, couvert de sang et vaincu, aux pieds de l'amiral Gaudisse :

— J'ai tenu ma promesse, lui dit-il ; maintenant que j'ai vaincu votre ennemi, accordez-moi un don.

— Un don? j'y consens, brave Huon! Je ne saurais rien vous refuser en ce moment !...

— Amiral, reprit Huon, je connais trop bien le grand cœur de Charlemagne pour craindre de n'en être pas avoué en interprétant ses ordres. Ce ne sont plus tes dents et ta barbe que je demande de sa part ; c'est ton renoncement à la loi de ton faux prophète et ta soumission à celle du grand crucifié !...

— Ah ! chien de chrétien ! s'écria l'amiral en fureur, je périrais plutôt de mille morts que d'y consentir ! Ote-toi promptement de devant mes yeux, ou je vais te faire couvrir de nouveau de lourdes chaînes dont personne, cette fois, ne pourra te débarrasser !...

— Ingrat et cruel mécréant, répliqua Huon, crains ma vengeance ! Tu menaces et je menace, mais avec plus d'énergie et d'assurance que toi! Je ne te laisse plus qu'un moment pour m'obéir, un seul moment.

L'amiral Gaudisse, qui ne se souciait pas de se mesurer personnellement avec un chevalier qui venait de faire si vaillamment mordre la poussière à un redoutable géant, se contenta d'appeler ses gens pour le faire arrêter et reconduire en prison. Mais Huon ne voulait pas retourner dans son cachot, malgré la compagnie que lui tenait la belle Esclarmonde. Il sonna du cor avec violence, supposant avec raison qu'Oberon, apaisé par son repentir sincère, ne manquerait pas cette fois de venir à son secours, et, en effet, Oberon parut avec son armée. En un instant, les soldats de l'amiral furent désarmés par ceux du roi de féerie, et Gaudisse lui-même fut enchaîné avec les chaînes qu'il destinait tout-à-l'heure à Huon de Bordeaux.

— Obéis et convertis-toi! lui cria Oberon. Convertis-toi, ou tu vas recevoir sans plus tarder la juste punition de ton endurcissement !...

Gaudisse, au lieu de se rendre, se mit à proférer d'abominables blasphèmes dont durent être bien scandalisés les séraphins et les élohims. Une main invisible lui arracha alors son propre cimeterre et lui en porta un coup si violent sur la nuque, que la tête se sépara du tronc et tomba avec fracas aux pieds d'Huon de Bordeaux.

— Prends cette tête, mon cher Huon, dit Oberon, et remplis l'ordre de ton empereur.

Huon obéit avec empressement, arracha un bouquet de la barbe blanche et les quatre dents mâchelières de cette tête coupée, et remit le tout à son protecteur.

— Hélas ! reprit Oberon en versant des larmes, je crains bien, cher Huon, que tu ne puisses conserver ces gages précieux de ta victoire et de ta mission! C'est à moi d'être sage pour toi et de veiller à leur conservation. Je vais cacher ces quatre grosses dents et ce bouquet de barbe blanche dans le flanc droit du bon Gérasme, qui n'en sera nullement incommodé et qui les conservera ainsi jusqu'au moment où tu auras à les présenter à Charlemagne.

Oberon avait à peine prononcé ces mots que les quatre dents mâchelières étaient insérées sous l'épiderme du bon Gérasme, de façon à ne le gêner en rien.

— Maintenant, reprit Oberon, il faut, mon cher Huon, que tu t'engages solennellement à suivre mes ordres ; sinon tu te perdras sans retour et je ne pourrai plus rien pour toi.

— Je vous obéirai, je le jure, cher Oberon. En quoi consistent ces ordres?

— Tu vas emmener la belle Esclarmonde ; mais, avant que d'aller te présenter avec elle à Charlemagne, tu prendras d'abord le chemin de Rome ; c'est de la main du pape que tu dois recevoir la bénédiction nuptiale. Ton union avec cette charmante princesse ne vaudra quelque chose qu'à cette condition. Jusqu'à ce moment-là, garde-toi bien de traiter Esclarmonde autrement que comme ta sœur. Je sais que c'est mettre ton cœur à une délicate et difficile épreuve ; tu es jeune, ardent et léger, c'est-à-dire disposé à me désobéir dans l'accomplissement de cet ordre ; c'est précisément parce que cette épreuve est délicate et difficile que je te l'impose, afin que si tu en sors victorieux, comme d'un combat, tu sois plus fier et plus heureux : tu auras ainsi mérité ton bonheur. Le bonheur s'achète, ami Huon ; plus il coûte cher, plus précieux il est. Des bonheurs vulgaires ont un prix vulgaire. J'attends ton serment.

— Je vous jure, ami Oberon, de conduire Esclarmonde à Rome et de la considérer et traiter jusque-là comme ma sœur !...

Ce serment téméraire une fois proféré, Oberon embrassa le duc de Guienne et disparut avec son armée.

Huon de Bordeaux était maintenant maître de Babylone, une ville superbe, et d'Esclarmonde, une femme qui valait mieux que toutes les Babylones du monde. Mais il ne tenait pas à régner sur les hommes ; il ne tenait à régner que sur le cœur d'Esclarmonde. Aussi abandonna-t-il sa ville, après en avoir remis le gouvernement en des mains sûres ; et tout aussitôt, accompagné de sa fiancée, de son ami et d'une suite nombreuse d'esclaves et de chameaux chargés de richesses, il s'empressa de gagner l'isthme de Suez et la mer Méditerranée. Là, il fit équiper deux vaisseaux, les fit charger des trésors de l'amiral, monta avec sa maîtresse et son ami sur l'un d'eux, le plus richement orné, et sortit du port avec un vent favorable qui les conduisit sur les côtes d'Italie.

CHAPITRE XVI.

Comme après la mort d'Agrapard, tué par Huon, et celle de l'amiral Gaudisse, tué par Oberon, le duc de Guienne, Gérasme et Esclarmonde quittèrent Babylone pour se rendre à Rome. Ce qui se passa durant ce voyage, et comme l'amour fut plus fort que la raison.

Le voyage d'Huon et d'Esclarmonde fut charmant. Les voiles du navire qui les portait s'enflaient doucement sous les haleines empressées et discrètes des Zéphyrs marins, qui semblaient ainsi respecter les jours de la belle princesse et du beau chevalier français, son amant. Cela ressemblait assez à la fuite triomphale de Cléopâtre, après la bataille d'Actium, sur sa galère en bois de cèdre, tendue de voiles de soie rouge. Esclarmonde était aussi belle que Cléopâtre ; elle était, comme elle, une princesse d'Egypte, une charmeresse païenne !

Huon l'admirait et soupirait en songeant à la longueur du temps qui le séparait encore du moment où il pourrait sans honte et sans danger lui dire toute l'ardeur de son amour et entendre l'aveu du sien de ses lèvres empourprées par la jeunesse. Cependant, il n'oubliait pas sa promesse, quoi qu'elle lui coûtât d'efforts à tenir. Aidé du bon Gérasme, il s'occupa à tout préparer pour le baptême de cette adorable infidèle. Un prêtre grec, délivré d'esclavage par lui, se trouvait sur le vaisseau : il déclara Esclarmonde assez instruite pour que cette cérémonie ne fût pas différée.

Hélas ! Esclarmonde était aussi jeune, aussi légère, aussi amoureuse que son impatient amant. Sa foi dans la religion chrétienne n'était pas aussi robuste que sa foi dans cette religion du cœur qui s'appelle l'Amour. Elle s'imagina que son nouvel état lui suffisait pour lever de sa part et de celle de Huon bien des scrupules. Elle ne sut pas se résister à elle-même ; ses yeux devinrent plus vifs, ses regards devinrent plus tendres, et ceux de Huon, qui crut la voir embellir encore, les rendirent bientôt languissants !... Le bon Gérasme s'en aperçut le premier avec effroi. Ce fut bien autre chose lorsqu'il vit Huon prendre, serrer et baiser une main d'Esclarmonde qui, de l'autre main, jouait avec ses beaux cheveux, en lui présentant deux lèvres humides et savoureuses, sur lesquelles les désirs semblaient voltiger !

— Oberon, Oberon, bénédiction du Saint Père ! murmurait Gérasme, comme pour exorciser ce diable irrésistible qui s'appelle l'Amour.

— Amour, amour, don mutuel et sacré de nos cœurs ! s'écriait encore plus fort Huon de Bordeaux, enivré. Eh ! ami Gérasme, Esclarmonde n'est-elle pas baptisée ? Et Oberon ne nous approuvera-t-il pas, quand il ne nous manque qu'une cérémonie, qui ne peut avoir autant de force que nos serments écrits déjà dans le ciel ?...

Huon, on le voit, était plus loyal chevalier que bon casuiste. Gérasme n'était pas plus fort que lui sous ce rapport, et, sans les menaces d'Oberon, il eût trouvé l'argument du duc de Guienne sans réplique. Mais Gérasme connaissait maintenant son nain sur le bout du doigt : il le savait têtu, despotique et rancunier. Aussi redoubla-t-il ses oppositions. Hélas ! il prêchait dans le désert ! Huon et Esclarmonde, enflambés d'amour, enivrés par l'échange continuel de leurs regards chargés de tendresse, n'écoutaient plus, ou presque plus, leur bon ami Gérasme qui s'aperçut alors que l'amour heureux ne connaît pas de bornes. Huon se livra à tous les transports, même à ceux de la colère.

— Hélas ! s'écria Gérasme. Vous voulez donc vous perdre ? Laissez-moi vous arrêter sur le bord de l'abîme que vous cachent des fleurs ! Laissez-moi prendre soin de votre gloire dont vous avez si peu de souci à cette heure !

Et comme Huon ne lui répondait qu'en donnant des marques de la plus vive impatience et de la plus grande irritation, le bon Gérasme ajouta les yeux baignés de larmes :

— Puisque vous voulez, de gaîté de cœur, courir à votre perte, mon cher duc, je vais prendre congé de vous et partir pour la France sur le second vaisseau. Je ne vous verrai plus ; mais Charlemagne apprendra au moins par ma bouche que vous vous êtes couvert de gloire et que vous avez rempli la mission périlleuse dont il vous avait chargé : les gages que j'en porte dans mon flanc serviront pour illustrer votre mémoire et pour prouver combien vous méritez d'être regretté !...

En tout autre temps, Huon n'eût pu voir qu'avec douleur le fidèle Gérasme s'éloigner de lui ; mais, dans ce moment, ce n'était plus pour lui qu'un censeur incommode et qu'un reproche vivant. Il fit promptement approcher le second vaisseau et, quand les deux navires furent bord à bord, Esclarmonde elle-même aida de ses belles mains à baisser le pont sur lequel Gérasme passa pour se séparer d'eux : elle n'avait pas moins hâte que son amant d'être débarassée de ce témoin gênant et odieux !...

Malgré le désir qu'il avait de voir partir le bon Gérasme, Huon, cependant, ne voulut pas le laisser partir seul et il lui donna un grand nombre d'esclaves pour l'accompagner. Gérasme accepta et le vaisseau qui le portait s'éloigna avec vitesse. Huon, alors, fit jeter l'ancre au sien et se plut à le voir rester immobile sur la mer bleue. En un instant, Oberon, le Pape, Rome, la bénédiction nuptiale, les suites de cette infraction aux ordres du roi de féerie, tout disparut aux yeux de l'amoureux Huon qui ne voyait plus qu'Esclarmonde, rien qu'Esclarmonde !

— Maintenant, chère âme, s'écria-t-il enivré, en attirant sa maîtresse dans ses bras, nous sommes libres et nous pouvons nous aimer : nous n'avons que Dieu pour témoin, et Dieu sourit toujours aux amoureux comme nous !...

Esclarmonde rougit et resista pendant quelques minutes, comme une colombe effarouchée qui bat de l'aile à l'approche d'un danger dont elle n'a pas trop conscience. Puis elle s'abandonna tout entière à son amant, heureuse d'aimer et d'être aimée.

CHAPITRE XVII.

Comme une tempête troubla le bonheur d'Esclarmonde et de Huon et les jeta sur une plage sauvage, où ils furent surpris par des Sarrasins qui les emmenèrent prisonniers. De la rencontre de ces Sarrasins avec d'autres Sarrasins et du combat qui en fut la suite.

Tout n'est pas roses ici-bas, et les plus délicieux plaisirs sont souvent doublés des plus affreux malheurs : c'est là le revers ordinaire des médailles brillantes. Au moment où Huon répétait pour la centième fois à Esclarmonde la phrase éternelle que jamais les oreilles féminines ne se lasseront d'entendre, une épouvantable tempête s'abattit sur le vaisseau. Les huniers frappèrent les nues, la quille descendit jusqu'aux enfers, le gouvernail fut brisé, les voiles furent déchirées. L'horreur fut complète.

Huon tenait toujours sa chère Esclarmonde contre sa poitrine et sentait, avec le même plaisir qu'auparavant, son cœur virginal battre d'effroi et d'amour. Esclarmonde tressaillait, rassurée à demi par la présence et par les caresses passionnées de son amant, qui la trouvait plus belle encore à la lueur des éclairs qui déchiraient l'atmosphère.

Cette tempête dura deux jours et deux nuits. Au moment où chacun la croyait sur le point de s'apaiser, elle recommença de plus belle et un coup de vent extrême jeta le vaisseau sur les rochers de la côte où il se brisa avec un horrible fracas. Les gens de la suite de Huon se sauvèrent comme ils purent; beaucoup même ne purent se sauver et eurent les flots pour cercueil. Quant à nos deux amants, toujours entrelacés, ils furent portés par une vague bienveillante sur la plage où ils restèrent quelques instants sans connaissance.

Une fois leurs sens repris, ils s'aperçurent qu'ils étaient seuls, sur une côte déserte et sauvage qui ne leur annonçait rien de bon. Mais le courage leur revint avec le beau temps et ils marchèrent à la conquête d'un gîte hospitalier. Ils eurent beau chercher, ils ne trouvèrent rien. Alors, fatigués et résignés à la mort qui les menaçait, ils se jetèrent dans les bras l'un de l'autre en s'embrassant dans une étreinte suprême : l'amour les consolait de tout.

Au bout de quelques heures, un bruit de voix arriva jusqu'à eux. Ils se crurent sauvés. Huon cacha son intéressante princesse derrière une touffe de roseaux, et courut vers l'endroit d'où partaient les voix qu'il avait entendues. Il aperçut bientôt une troupe de Sarrasins assis en rond, et qui, fatigués par la tempête, avaient abordé dans une anse de cette île. Ils avaient avec eux des provisions et ils mangeaient avec l'appétit qu'ont toujours les gens qui viennent d'échapper à un grand danger. Huon les aborda fort civilement et les supplia de lui donner des secours contre la faim qui le dévorait. L'un de ces mécréants, pris de pitié à l'aspect d'un homme si jeune, si beau et si délabré de vêtements, lui remit deux pains. Huon le remercia avec effusion, et l'amour soutenant le reste de ses forces, il revint en toute hâte vers sa chère Esclarmonde. Ce premier secours leur sauva la vie; leurs forces se ranimèrent; ils osèrent penser que la colère d'Oberon touchait à son terme. Hélas! qu'ils étaient loin de ce bonheur! Combien de nouveaux malheurs se préparaient, en ce même instant, pour eux!...

Les Sarrasins, frappés de l'empressement avec lequel Huon avait emporté les deux pains, imaginèrent qu'il pouvait bien n'être pas seul. Le capitaine prit avec lui quelques gens armés, se glissa avec eux sous les halliers et surprit ainsi les deux amants qui semblaient maintenant aussi heureux que dans un palais. Ce capitaine était un des sujets de l'amiral Gaudisse; il reconnut sans peine la belle Esclarmonde et le vainqueur d'Angoulafre et d'Agrapard : il les fit entourer par ses hommes. Huon presque nu, ne put se défendre ni défendre sa maîtresse : Esclarmonde fut prise par le capitaine des mécréants, qui lui dit:

— Belle princesse, nous vous tenons enfin!... Vous êtes une proie rare que je m'estime heureux d'avoir reconquise! C'est par votre faute que l'amiral Gaudisse, mon maître et votre père, a été tué par ce chien de chrétien : vous aurez à répondre de cette mort auprès de votre oncle Yvoirin, roi de Montbran, à qui je vous conduis!...

— Misérable! s'écria Huon, que plusieurs Sarrasins tenaient en respect.

— Quant à vous, sire chevalier, reprit le capitaine, je ne veux pas tremper mes mains dans votre sang, pour ne pas affliger la princesse, votre amie. Je vous réserve un autre sort. Pour l'instant, il s'agit de vous résigner.

Esclarmonde eut la douleur de voir enlever à son amant jusqu'au reste des vêtements qui le couvraient; elle lui vit lier les mains, bander les yeux et attacher au tronc d'un vieil arbre. Ce spectacle l'impressionna trop fortement : elle s'évanouit, et ce fut dans cet état qu'on la porta sur le vaisseau. Le capitaine, qui espérait une riche récompense du roi Yvoirin, pour cette importante capture, fit tous ses efforts et déploya toute sa galanterie de Sarrasin pour calmer le désespoir de la princesse. Il y réussit à moitié; une prostration absolue succéda chez Esclarmonde à la crise qu'elle venait d'avoir. Alors on dirigea la proue du vaisseau vers le royaume de Montbran.

Mais la mer ne voulait pas être complice de ce rapt, à ce qu'il paraît, car, au bout d'une heure, un vent violent s'élevait et venait s'engouffrer avec un bruit horrible dans la voilure du navire. Les mariniers firent des efforts surhumains, mais inutiles; l'obscurité de la nuit ajouta encore au trouble de la manœuvre, et bientôt le vaisseau fut entraîné vers la côte d'Anfalerne où, pour éviter un naufrage certain, le capitaine fut obligé de relâcher.

L'amiral d'Anfalerne, nommé Galafre, apercevant ce vaisseau qu'il reconnut pour être du port de Montbran, eut la curiosité de le visiter lui-même. Surpris, et très agréablement, de la beauté d'Esclarmonde, il demanda au capitaine d'où lui venait une si remarquable captive. Le capitaine répondit qu'elle se nommait Esclarmonde et qu'il la conduisait à son oncle, l'amiral Yvoirin.

— Belle et princesse! s'écria l'amiral Galafre. Deux titres à mon attention! Je n'ai pas tous les jours une si précieuse occasion. Je la garderais rien qu'à cause de sa beauté; son rang ajoute encore à son prix, comme la monture ajoute à celui du diamant. Elle fera l'ornement de mon sérail!

— Mais l'amiral Yvoirin? fit observer le capitaine, désespéré.

— L'amiral Yvoirin s'en passera! répondit brutalement Galafre.

Le capitaine ne voulait pas lâcher une si belle proie dont il attendait une si belle récompense. Il ordonna à ses soldats de s'opposer à l'enlèvement d'Esclarmonde et de repousser par la violence celle que lui faisait l'amiral d'Anfalerne. Un combat s'engagea alors entre les gens de la suite de Galafre et ceux qui montaient le vaisseau. Le capitaine fut tué et la victoire resta à Galafre, ainsi que la princesse.

Mais au plus fort du combat, le pilote du vaisseau s'était prudemment échappé, et, à l'aide d'une barque légère, s'était éloigné du port d'Anfalerne et dirigé vers celui de Montbran, où il entrait le lendemain. Son premier soin, une fois arrivé, fut de se rendre auprès du roi Yvoirin pour lui faire un récit fidèle des événements.

Yvoirin ne douta pas un seul instant que Galafre, dont les frontières touchaient à celles de ses États, n'eût délivré sa nièce pour la lui remettre à la première réquisition ; en conséquence, dès le lendemain, il lui dépêcha deux chevaliers de sa cour avec mission de réclamer Esclarmonde et de le remercier d'avoir bien voulu la protéger.

Galafre accepta les remercîments ; quant à la réclamation, il la repoussa avec énergie et renvoya les députés avec un refus en règle. Galafre avait le cœur incendié par l'amour qu'il éprouvait pour sa belle captive, et pour rien au monde il n'eût consenti à s'en séparer. Il était à ce point envahi par la passion, qu'il demanda à Esclarmonde, en tremblant comme un jouvenceau, de vouloir bien consentir à l'épouser. Esclarmonde était femme, surtout depuis qu'elle aimait Huon ; elle usa de ruse avec Galafre, de peur qu'il n'usât de violence envers elle.

— Seigneur, lui répondit-elle, les yeux baissés et les joues rougissantes ; seigneur, j'accepterais bien volontiers l'honneur que vous voulez me faire, si je n'avais fait vœu, au plus fort de la tempête, d'être deux ans sans souffrir qu'on portât atteinte à ma pudeur. J'ai été sauvée, je dois respecter et faire respecter mon vœu, qui m'a sauvée...

— Par Mahom ! répondit Galafre, un peu affligé, mais toujours épris, c'est un peu long deux ans, surtout pour moi, qui suis habitué à être aimé à commandement ; mais je vous aime et veux vous le prouver : j'accepte toutes les conditions qu'il vous plaira de m'imposer, quelque rigoureuses qu'elles soient !... Je respecterai votre vœu, belle Esclarmonde !... Par exemple, au bout de deux ans...

— Au bout de deux ans, vous ferez de moi ce que vous voudrez !... répondit Esclarmonde avec une grâce charmante.

Esclarmonde s'engageait à coup sûr, l'ingénieuse pucelle ! Elle savait bien que d'ici là Huon serait parvenu à la délivrer, Huon ou quelque autre. Il arrive tant de choses en deux ans !...

CHAPITRE XVIII.

Comme Oberon envoya Malembrun au secours d'Huon et le fit transporter sur une côte du royaume de Montbran. De la rencontre que Huon fit là de maître Moufflet le ménétrier, et comme tous deux arrivèrent à la cour d'Yvoirin.

Pendant qu'Esclarmonde songeait à se faire délivrer par Huon de Bordeaux, que devenait ce brave et imprudent chevalier, qui avait bien besoin d'être délivré ?

Nu, garrotté, les yeux couverts d'un manteau, et sentant de nouveau les cruelles atteintes de la faim, Huon touchait à sa dernière heure.

— Esclarmonde ! Esclarmonde ! murmurait-il avec désespoir.

Dans le même temps, Oberon était dans un bois, assis au pied d'un chêne et pleurait amèrement. Gloriand et Malembrun, voyant couler ses larmes, se jetèrent à ses genoux pour lui en demander la cause. Oberon leur raconta la désobéissance d'Huon de Bordeaux et le châtiment qui en avait été la suite naturelle. Ils mêlèrent leurs larmes aux siennes, et, sans excuser Huon, ils implorèrent pour lui un peu de cette clémence que les plus pures créatures ne savent pas refuser aux plus viles. Oberon, ne pouvant plus résister, dit à Malembrun :

— Eh bien ! puisque tu m'implores pour ce méchant chevalier qui me cause tant de soucis, veux-tu te soumettre à partager sa punition, si je te promets de lui sauver la vie ?...

— Quelle que soit la condition que vous mettiez à cette grâce, j'y consens d'avance ! répondit Malembrun.

— Tu resteras encore vingt-huit ans de plus lutin, si je viens à son secours.

— Ah ! cent ans s'il le faut, pourvu que j'arrache à une mort affreuse votre malheureux ami, qui est devenu le nôtre !...

— Va donc, puisque tu le veux, dans l'île de Moysant ; songe que je te permets seulement de le détacher, de lui faire traverser la mer et de le porter sur la côte du royaume de Montbran. Là s'arrêtera ta mission. Tu ne lui donneras aucun autre secours, ni aucun conseil. De plus, une fois que tu auras déposé le coupable Huon sur la côte de Montbran, tu lui enlèveras mon vase, mon cor d'ivoire et mon haubert qu'il n'est plus digne de posséder !...

Malembrun embrassa les genoux d'Oberon, courut rapidement vers la mer, s'y jeta et nagea assez vite pour trouver Huon encore en vie. Il s'approcha, lui ôta ses liens, son bandeau, lui enleva le cor, le haubert et le vase d'Oberon, l'entraîna vers la mer, le chargea sur ses épaules, fendit l'onde avec la rapidité d'une flèche, et aborda enfin sur la plage où il le déposa doucement ; puis, sans lui dire un seul mot, l'embrassa, le regarda tristement, l'embrassa encore et se replongea en soupirant dans les flots où il disparut.

Huon avait reconnu Malembrun. Ce secours inattendu lui prouvait qu'Oberon, moins irrité, consentait du moins à lui sauver la vie. Il fut plus sensible à ce bienfait qu'il ne l'avait été aux catastrophes qui étaient venues le frapper. Se prosternant alors sur le rivage, il s'écria :

— Oui, cher Oberon, j'ai mérité d'être puni : je me soumets à ma cruelle destinée ; mais prends soin de celle d'Esclarmonde ! La vie ne peut m'être chère qu'à ce prix. Esclarmonde morte, je n'ai plus besoin de vivre !...

Huon se releva et s'aperçut qu'il était nu. Puis la faim se fit sentir avec énergie ; il dut se mettre en quête d'une nourriture quelconque pour réparer ses forces épuisées. Le pays était habité, il marcha au hasard, presque sûr de trouver des secours contre sa détresse. Au détour d'un bouquet de bois, il vit dans un pré, sur le bord d'une fontaine, un petit vieillard, assez vigoureux encore pour son âge, qui mangeait de bon appétit, le dos appuyé contre une mallette, à côté de laquelle étaient une vielle, une harpe et quelques autres instruments.

Huon s'approcha, et le petit vieillard, effrayé de sa nudité et de son air misérable, s'écria en tremblant :

— Homme sauvage, je te conjure par Mahomet et par Tarvagant de ne me point faire de mal !...

— Hélas ! dit Huon, je suis bien éloigné de vous en faire ; c'est moi qui vous conjure de me sauver la vie.

Le vieillard, rassuré par ce ton suppliant, considéra Huon plus attentivement et il le trouva si beau, si doux, si intéressant, qu'il se sentit à l'instant pour lui une tendre pitié.

— Tiens, mon enfant, lui dit-il, ton état me touche. Prends vite dans cette mallette quelques vêtements pour te couvrir et viens manger avec moi.

Huon se couvrit à la hâte de vieux habits troués et décousus et revint dévorer le peu de mets que le vieillard lui présentait d'un air bienveillant.

— Te voilà bien mal équipé, mon enfant, reprit le bonhomme ; mais ne t'embarrasse pas. Tu me parais fort et honnête, tu peux m'aider : Je me fais vieux ; mes instruments et ma mallette commencent à me peser ; si tu veux les porter et me servir fidèlement, bientôt tu ne manqueras de rien.

Huon, tout en mangeant, jura de le servir comme son maître et comme son bienfaiteur.

— N'as-tu jamais ouï parler, demanda le bonhomme, de maître Moufflet le ménétrier ? C'est moi. Hélas ! si, dans ce moment, tu me vois si mal en point, c'est par un malheur affreux et par la perte de mon maître, l'amiral Gaudisse. Un maudit chrétien de France, que Mahomet confonde ! arriva il y a quelque temps dans sa cour avec un nain bossu ; tous deux le tuèrent, enlevèrent sa fille Esclarmonde, et pillèrent ses trésors. Ce n'est pas tout ; ces méchantes gens détruisirent tous ceux qui ne voulaient pas se faire chrétiens ; je me trouve bien heureux de m'être échappé de leur sabre et de leur baptême avec la mallette de mon valet et mes instruments que j'ai sauvés. Ne t'embarrasse point : à peine serai-je arrivé à la cour du bon roi Yvoirin, que, chantant quelques lais et romances nouvelles, tu verras tous les grands de sa cour me donner tant de robes, de vestes et de ceintures, que tu auras besoin d'un bon dos pour tout porter. Mange, mon ami, prends des forces et du courage !...

Huon plia les épaules en écoutant le vieillard, et il murmura :

— Me voici donc le valet d'un vieux ménétrier ! Oberon, Oberon ! je le mérite bien !...

Lorsque ses forces eurent été suffisamment réparées, le chevalier prit la mallette, la chargea sur son dos avec les instruments et suivit maître Moufflet, qui marchait encore très lestement pour un homme de son âge.

Dès le même soir, ils arrivèrent à Montbran. Moufflet, anciennement connu dans cette ville, fut accueilli par les habitants avec empressement ; chacun lui offrait la table et le logement. Mais Moufflet, qui avait pour son ventre des attentions délicates, Moufflet préféra les cuisiniers et la cuisine du roi Yvoirin. Il n'y avait pas là moins de cordialité qu'ailleurs, mais il y avait plus d'abondance et plus de variété dans les mets. Les vieillards ne savent plus rien aimer que la table, d'ordinaire !

Suivi du duc de Guienne, toujours habillé comme vous savez, maître Moufflet fit son entrée triomphale dans les cuisines royales en jouant de la vielle, et, depuis le maître-queux jusqu'au dernier des marmitons, chacun s'empressa de remplir le coffret d'étain dans lequel il mettait ses provisions. C'était un peu mêlé, à la vérité, et les reliefs s'y heurtaient d'une façon originale, mais la desserte d'une table royale vaut encore mieux, à tout prendre, que le maigre plat d'un pauvre hère.

Huon eut tout naturellement sa part des libéralités de la lichefriterie. Le long jeûne qu'il avait fait ne lui permettait guère de se montrer difficile ; et d'ailleurs, je le répète, ce n'étaient que bons morceaux et bonne victuaille qu'on lui donnait là. Il accepta sans trop de répugnance visible, en jouant le mieux qu'il pouvait son rôle de valet de ménétrier, et en se contentant de murmurer entre ses dents, dans toute l'amertume de son cœur :

— Oberon ! Oberon ! Suis-je assez humilié ?... Te venges-tu assez !...

Les sons de la vielle de maître Moufflet ayant pénétré des cuisines jusque dans l'intérieur du palais, le roi, qui se trouvait probablement en belle humeur ce jour-là, envoya quérir le ménétrier. Moufflet vint et lui raconta la fin tragique de son frère. La tristesse gagna alors Yvoirin ; pour chercher à la dissiper, il dit à maître Moufflet d'accorder sa harpe et de lui chanter quelque romance nouvelle.

Moufflet s'exécuta, et toute la cour fut enchantée de la romance choisie par ce vieux troubadour et de la mélodie simple, naturelle et expressive de son accompagnement. De toutes parts, on lui envoya des turbans, des ceintures, des dolimans, voire des joyaux de prix. Moufflet, très reconnaissant, fit signe à son nouveau valet de rassembler tous ces présents et lui dit à voix basse d'aller choisir parmi ces vêtements ceux qui conviendraient le mieux à sa taille. Les troubadours et les poètes ont été, de tous les temps, entichés d'amour-propre, et maître Moufflet désirait que son valet pût paraître en état de lui faire honneur.

Huon obéit donc et, après s'être vêtu convenablement, il revint prendre sa place à côté de son maître. Sa taille élégante, son air noble, sa physionomie douce, intelligente et fière, frappèrent aussitôt Yvoirin et toute sa cour. La fille unique du roi, presque aussi belle que sa cousine Esclarmonde, ne pouvait détacher ses yeux de lui et elle murmura avec un sentiment très prononcé d'admiration :

— Quoi ! un si beau jouvenceau, de si noble prestance, est condamné à servir de valet à un ménétrier ! Le sort est bizarre ! Il semble bien plutôt fait pour commander que pour obéir.

Cette pitié fut immédiatement suivie d'un sentiment beaucoup plus tendre, et le son de la voix d'Huon, lorsqu'il répondit aux questions d'Yvoirin, acheva de troubler le cœur de la princesse.

— Vassal, que sais-tu faire ? demanda le roi.

— Je sais faire beaucoup de métiers, Sire, répondit Huon, à qui la fierté de son rang revenait à son insu.

— Prends garde, vassal ! reprit Yvoirin. Je n'aime pas qu'on se vante, et si tu parles de choses que tu ne saches pas faire, il t'en cuira durement à l'éprouver.

— Sire, dit Huon, je sais muer un épervier, voire un faucon ; chasser le cerf, voire le sanglier, et corner quand la bête est prise... Je sais encore faire la droiture aux chiens, trancher et découper aux festins d'un grand roi,... Quant aux échecs, j'y joue aussi bien que homme qui vive!...

— Oh! oh! se dit Yvoirin, ce ne sont pas là métiers de valet, mais bien de page et de damoiseau. Or sus, dit-il tout haut, te voilà pris au mot, vassal! Nul, jusqu'à ce jour, n'a pu gagner ma fille aux échecs ; je veux que tu t'éprouves à elle, sous condition que si elle te fait échec et mat tu seras pendu!...

— Ciel! murmura la princesse, tremblant d'avance pour le beau chevalier qui avait déjà maté son cœur.

— Ah! ah! Sire, répondit tranquillement Huon, dites-moi vite quelles sont les conditions de la partie... Ma tête est mon enjeu; quel est celui de la princesse?...

Yvoirin, un peu interloqué par cet aplomb, rêva un instant à l'enjeu qu'il pouvait permettre à sa fille de risquer contre la tête du duc de Guienne, et, se mettant à rire :

— Par Mahom! s'écria-t-il, si tu lui donnes échec et mat, je te ferai délivrer cent besants d'or et je te livrerai la noble pucelle, ma fille, pour esclave durant toute une nuit.

La princesse rougit, mais elle ne fit pas d'objections, et Huon, n'osant en faire de son côté, accepta les conditions. On apporta l'échiquier et la partie commença incontinent, au milieu du plus religieux silence. Tous les regards étaient tendus vers la princesse, qu'on savait très habile, et vers Huon, qu'on s'étonnait de voir si tranquille quand il y allait pour lui de sa tête. Quant à Yvoirin, il était curieux de savoir comment le jouvenceau allait se tirer de là, sûr d'avance qu'il devait être vaincu, et résolu d'avance aussi, s'il était vainqueur, à lui manquer de parole. Les rois ont toujours d'excellentes raisons, raisons d'Etat ou autres, pour ne pas tenir leurs engagements!...

Pendant le premier quart d'heure la partie parut être assez égale ; au bout d'un autre quart d'heure elle cessa de l'être. Huon de Bordeaux, occupé sans cesse de son amour pour Esclarmonde, et quelquefois aussi de la vengeance d'Oberon, avait des sourires galants et des mots aimables pour la princesse, qu'il trouvait fort jolie, mais sans qu'elle pût parvenir à lui occasionner la moindre distraction. La jeune princesse, au contraire, placée en face du chevalier, dont la fraîche haleine se mêlait à la sienne, commençait à se troubler.

La table, en outre, était très étroite, et les genoux des joueurs se touchaient involontairement. Quand Huon s'en apercevait, il retirait respectueusement les siens ; mais la princesse, à son insu sans doute, se rapprochait et le contraignait à un contact délicieux et enivrant pour elle. Son cœur palpitait comme celui d'un oiseau dans la main de l'oiseleur. Bientôt un soupir d'Huon, adressé par lui à sa chère Esclarmonde, à laquelle il ne pouvait se lasser de penser, acheva de tourner la tête de la jeune fille, et quelques minutes après, Huon la faisait échec et mat, un peu étonné lui-même d'un résultat aussi prompt...

La princesse ne fut pas assez hypocrite pour feindre une douleur qu'elle n'éprouvait pas. Elle n'eût pas osé proposer un enjeu pareil à celui qu'avait un peu inconsidérément proposé son père ; mais puisque Huon n'avait pas craint de risquer sa tête, pourquoi, de son côté, eût-elle hésité à risquer son cœur? Huon l'avait gagnée : elle lui appartenait, et elle était heureuse de lui appartenir...

Cela ne faisait pas le compte du roi, qui se mordait les lèvres et ne pensait qu'en frémissant à l'imprudence qu'il avait commise en promettant sa fille comme enjeu au valet d'un ménétrier. Il songea à sortir de cet embarras d'une façon brutale, ou à dégager sa parole par une subtilité royale, lorsque Huon, qui s'apercevait bien des sentiments qui l'agitaient en eut pitié et s'empressa de lui dire :

— Sire, des droits fondés uniquement sur le sort du jeu ne sont pas des droits, et ne peuvent faire le bonheur d'une âme délicate et sensible comme la mienne. Trop de distance sépare de la princesse, votre fille, un pauvre valet de ménétrier, et je vous rends votre parole...

— Cependant, si vous aviez perdu, vous?... demanda la jeune princesse, qui avait peine à dissimuler son secret dépit.

— Oh! moi, c'était différent! répondit Huon en souriant. Si j'avais perdu la partie, j'aurais consenti à perdre la tête.

Peut-être, hélas! qu'en ce moment, la princesse regretta ses distractions !

Quant à Yvoirin, enchanté de la générosité de ce jeune homme, il lui donna deux cents besants d'or, qu'Huon courut présenter à maître Moufflet, heureux de cette aubaine.

CHAPITRE XIX.

Comme, une fois à la cour d'Yvoirin, Huon se battit monté sur un roussin, contre Sobrin, monté sur Blanchardin, et le vainquit. De la mauvaise foi de l'amiral d'Anfalerne, et de ce qui en fut la suite.

Le lendemain, l'aube du jour paraissait à peine, que le son des trompettes fit prendre les armes à l'armée d'Yvoirin. On avait signalé la présence de l'armée de Galafre sous les murs de Montbrau. Yvoirin, on se le rappelle, avait envoyé à l'amiral d'Anfalerne deux députés chargés de réclamer Esclarmonde ; Galafre les avait renvoyés avec un refus qui avait profondément blessé Yvoirin : une déclaration de guerre s'en était suivie.

Devant ces mouvements de troupes, qu'il contemplait les mains vides, le brave Huon se désespérait. Il chercha partout des armes qui lui permissent de se jeter en plein combat pour aider Yvoirin à triompher de l'amiral Galafre et à conquérir Esclarmonde qu'on lui avait dit être dans Anfalerne. Le hasard lui fit découvrir, dans un cellier, de vieilles armes toutes rouillées, mais d'une assez bonne trempe. Il s'en couvrit, et s'empara de même d'une lance en aussi mauvais ordre.

Un vieux Sarrasin se mit à rire, de voir le valet de maître Moufflet aussi singulièrement équipé.

— Par Mahom! lui dit-il, je veux compléter ton armure, mon garçon ; attends-moi !

Ce mécréant monta incontinent dans un grenier et en redescendit, quelques minutes après, tenant en main une longue et lourde épée, plus rouillée encore que les autres armes.

— Tiens, mon enfant ; voilà pour achever de te

rendre ridicule! dit le Sarrasin en présentant cette épée à Huon de Bordeaux.

Huon la prit, le remercia et s'éloigna. Tout en frottant la vieille lame qu'on venait de lui remettre, il aperçut quelques caractères qui y étaient gravés. Il frotta alors avec plus de persistance et, bientôt, il put lire ces mots: *Je suis une des sœurs de Durandal et de Courtain; comme elles je fus forgée par Galan.*

On imagine sans peine quel fut le transport de joie du duc de Guienne, en se trouvant en possession d'une pareille épée. Un cheval lui manquait maintenant; quelques offres, quelques instances qu'il pût faire auprès des palfreniers d'Yvoirin, il ne put obtenir d'eux qu'un vieux roussin bien maigre, qu'on avait abandonné comme inutile dans un pré voisin.

Ce fut dans ce misérable équipage que l'intrépide chevalier ne désespéra pas d'acquérir de la gloire; et pressant de sa cuisse nerveuse les flancs du vieux roussin, qui se soutenait à peine, il parvint à joindre les derniers rangs de l'armée d'Yvoirin. Précisément elle venait de faire halte pour écouter ce que Sobrin, neveu de Galafre, précédé de deux trompettes, avait à proposer. Ce Sarrasin, célèbre par ses exploits et redoutable par sa force, joignait à l'avantage que lui donnait une armure forte et brillante, celui de monter Blanchardin, le plus beau cheval de l'Arabie. Sobrin s'avança d'un air arrogant et s'écria:

— Amiral Yvoirin, crains la colère de Mahom, en faisant couler le sang de tant de vrais croyants pour une cause aussi futile qu'une femme!... Si tu veux m'en croire, tu choisiras un de tes chevaliers pour se mesurer avec moi. S'il est vainqueur, on te remettra ta nièce; s'il est vaincu, tu payeras à Galafre tel tribut qu'il lui plaira de t'imposer. Où est ton champion? J'attends!...

A cet appel il se fit un long silence dans l'armée d'Yvoirin; personne ne sortit des rangs pour accepter le défi de Sobrin, tant on le redoutait. Ce que voyant, Sobrin redoubla ses injures et ses menaces; il était prêt à s'en retourner à l'armée de Galafre, lorsque Huon de Bordeaux, à force d'éperonner son roussin, parvint à le faire avancer jusqu'à la portée de l'insolent Sarrasin.

— Arrête, chevalier! lui cria-t-il. Attends que je te parle!

Sobrin s'arrêta et jeta un regard de souverain mépris sur le pauvre chevalier.

— Apprends, reprit Huon, que bien que tu me voies dans un équipage indigne d'un chevalier, je suis issu d'assez haut lieu pour te combattre. Profite de tous tes avantages : je ne te crains point et je te défie!...

Sobrin ricana; mais trouvant plaisant de punir Huon de sa témérité en présence des deux armées, il s'éloigna un peu, fit une demi-volte et revint avec impétuosité, la lance en arrêt, pour fondre sur le duc de Guienne. Huon, ne pouvant courir à sa rencontre, prit le parti de mettre son vieux cheval en travers, de laisser tomber sa lance et de présenter son écu à celle de Sobrin, dont le coup porta à plomb, brisa l'écu d'Huon et ne fut arrêté que par la résistance du haubert qui fit voler en éclats la lance du Sarrasin.

Il y eut à ce moment une explosion d'enthousiasme involontaire dans les deux armées. Elles voyaient avec admiration que le chevalier mal équipé avait supporté ce coup terrible sans broncher; leur surprise redoubla, ainsi que leur admiration, lorsque Huon fendit en deux le casque et la tête de Sobrin, d'un seul coup de sa vieille épée. Cela fait, le duc de Guienne s'empara des rênes de Blanchardin et, s'élevant sur les arçons de sa selle, il s'élança sur ce beau cheval qu'il fit bondir entre les deux armées.

Une fois son neveu tombé, l'amiral Galafre, qui se voyait ainsi forcé de rendre la belle Esclarmonde, eut la mauvaise foi de désavouer le défi qu'il avait envoyé faire à l'amiral de Montbran; et, faisant sonner la charge, il fondit aussitôt, à la tête de son armée, sur celle d'Yvoirin. Le combat, d'abord terrible, fut bientôt décidé par l'incomparable vaillance d'Huon de Bordeaux qui, monté sur Blanchardin et armé de sa redoutable épée, faisait un grand abattis des gens de Galafre. Au bout d'une heure, l'amiral rentrait honteusement dans Anfalerne avec les débris de son armée et donnait immédiatement des ordres pour mettre sa capitale en état de défense contre l'armée victorieuse d'Yvoirin.

Huon, après la bataille, se retirait modestement chez maître Moufflet, lorsque le roi l'envoya chercher par ses chevaliers. Il obéit et se présenta devant Yvoirin, qui le fit asseoir à sa droite et le remercia de la part qu'il avait prise à la victoire; puis la princesse, sa fille, lui posa sur la tête une couronne de lauriers, en tremblant et en rougissant beaucoup. Elle lui en voulait toujours, à ce qu'il paraît, de la facilité avec laquelle il avait dégagé Yvoirin de sa parole, à propos de la partie d'échecs!...

CHAPITRE XX.

Comme Gérasme, après un pèlerinage au Saint-Sépulcre, relâcha dans le port d'Anfalerne, et du combat qui eut lieu entre lui et Huon de Bordeaux.

Nos lecteurs se rappellent, sans doute, que Gérasme, voyant que ses représentations étaient inutiles, avait pris le parti de se séparer d'Huon et d'Esclarmonde, pour revenir en France. Mais l'amoureux Huon s'était rendu si promptement coupable, que le vaisseau du bon Gérasme avait éprouvé la même tempête que le sien, et le pilote n'étant plus maître de le gouverner à la lueur des éclairs et au fracas du tonnerre, ce navire avait été rejeté sur les côtes de la Palestine. Gérasme, homme très religieux, avait été visiter le Saint-Sépulcre, et, à son départ, plusieurs chevaliers chrétiens l'avaient prié de les recevoir sur son vaisseau pour repasser en France, ce à quoi le bon Gérasme avait volontiers consenti. Il s'en revenait donc avec eux, lorsqu'une seconde tempête, un peu moins violente que la première, l'avait forcé de relâcher dans le port d'Anfalerne, où, à tout hasard, Gérasme était descendu dans la faible espérance d'avoir quelques nouvelles du duc de Guienne et de la belle Esclarmonde. C'était précisément le moment où Galafre fortifiait sa ville en prévision des attaques d'Yvoirin.

Galafre reçut avec honneur Gérasme et les chevaliers qui l'accompagnaient. Il leur demanda leur concours, en leur confiant le sujet de la guerre allumée entre lui et Yvoirin. Gérasme eut peine à cacher sa joie, en apprenant que la belle Esclarmonde était dans Anfalerne, tout en ne doutant pas un seul instant qu'elle n'eût été aussi coupable qu'Huon de Bordeaux.

Esclarmonde, depuis sa nouvelle captivité, feignait d'être malade. Gérasme le sut et il s'annonça à Galafre comme aussi expert dans l'art de guérir que dans l'art de combattre. L'amiral d'Anfalerne, quoique jaloux et soupçonneux comme un souverain asiatique, permit au vieux chevalier de voir sa captive, et même de l'entretenir en particulier. Ce fut par elle que Gérasme apprit l'état funeste où les corsaires de Montbran avaient réduit son malheureux ami. Il était en train de prendre avec elle des mesures propres à assurer son évasion, lorsqu'intervint brusquement le jaloux amiral, que la longue barbe blanche de Gérasme n'avait qu'à demi rassuré et qui tenait à savoir par ses yeux ce qu'il pouvait lui dire pour lui rendre la santé.

— Oh! oh! fit-il en voyant la joie qui brillait dans les yeux d'Esclarmonde, heureuse d'avoir retrouvé l'ami de son amant. Oh! oh! le médecin fait des cures promptes! Vous voilà déjà guérie, belle Esclarmonde...

— La promesse de la guérison est le commencement de la guérison, répondit Esclarmonde qui, en sa qualité de femme, n'était point embarrassée pour trouver réponse à tout. Ce respectable chevalier m'a assuré qu'avant quinze jours je pourrais sortir de ma chambre, et cela m'a réconfortée.

— Je l'en remercie, reprit Galafre, dont les soupçons étaient loin d'être dissipés; mais puisque son rôle de médecin est à peu près inutile maintenant, je vais le prier de reprendre son rôle de chevalier. Chevalier, mon neveu Sobrin a été tué par un des chevaliers d'Yvoirin, monté sur un misérable roussin; tué traîtreusement, sans aucun doute!... Voulez-vous venger Sobrin en allant défier son meurtrier?

— J'accepte, répondit Gérasme.

Galafre et Gérasme sortirent alors, et un héraut d'armes alla immédiatement porter le défi au camp d'Yvoirin. Huon, sans savoir d'où lui venait ce défi, l'accepta sans hésiter et remit son gage au héraut, qui le rapporta au camp de Galafre. La troisième heure du matin du jour suivant fut marquée pour le combat, qui devait avoir lieu au milieu des deux armées.

Le lendemain, à l'heure dite, Gérasme sortit d'Anfalerne, accompagné des chevaliers chrétiens. Les deux armées ennemies se rangèrent en bataille et les parrains d'Huon de Bordeaux le conduisirent en face de Gérasme. Tous deux avaient la visière de leur casque baissée, de façon que ni l'un ni l'autre ne pouvaient se reconnaître.

Les deux chevaliers s'attaquèrent sans se parler, brisèrent leurs lances et se chargèrent à coups d'épées. Leur force était égale, comme leur courage. Ils y allaient tous deux pour l'honneur de la chevalerie! A un moment, l'épée de Gérasme frappa sur la visière du casque de Huon et la releva : Gérasme reconnut son ami. Feignant d'être blessé, il baissa la pointe de son épée et cria merci. Huon, étonné d'une victoire si prompte et d'une soumission si inespérée, s'avança pour savoir ce que cela signifiait : Gérasme souleva sa mentonnière et Huon, à son tour, reconnut la barbe blanche de son respectable ami.

— Gérasme! Mon bon Gérasme! s'écria-t-il en se précipitant dans ses bras.

Les chevaliers chrétiens, de la suite de Gérasme, s'avancèrent et entourèrent les deux amis, qui se tenaient toujours embrassés, ce qui étonnait au plus haut point les deux armées, spectatrices du combat.

— Reconnaissez Huon de Bordeaux, dit Gérasme avec enthousiasme. C'est le vaillant fils du vaillant duc Sévin, notre seigneur et maître! Au nom de Dieu vivant, amis et compatriotes, secondez-nous! Tombons sur ces mécréants; profitons de leur première surprise et tâchons de nous emparer d'Anfalerne!...

Les chevaliers chrétiens consentirent volontiers, malgré leur petit nombre. Ils mirent leurs lances en arrêt, éperonnèrent leurs chevaux, et partirent à fond de train. L'armée de Galafre s'ouvrit sur leur passage; ils arrivèrent aux derniers rangs après avoir tracé un sillon sanglant, parvinrent ainsi jusqu'aux portes d'Anfalerne, entrèrent dans la cité sans défense et levèrent les ponts-levis. Ils étaient maîtres de la place.

L'amiral Galafre, consterné de cet événement, et dont l'armée était en désordre, vit celle d'Yvoirin prête à le charger. Lors, il prit une résolution subite : il commanda à son armée de s'arrêter, ôta son casque, et, s'avançant seul vers Yvoirin, il lui présenta son épée, en lui disant:

— Yvoirin, je me soumets aux conditions qu'il vous plaira de me prescrire. Je suis victime de la trahison de ces infâmes chrétiens, qui, à cette heure, sont maîtres d'Anfalerne. Je vous supplie donc d'unir vos forces aux miennes pour punir ces audacieux et reconquérir ma cité!

Yvoirin accepta les offres de l'amiral Galafre, et, dès le même jour, les deux armées réunies s'occupèrent à former le siège d'Anfalerne et à cerner cette place le plus près possible, de façon à rendre difficile une sortie des assiégés.

CHAPITRE XXI.

Comme Huon retrouva Esclarmonde et du secours que lui apporta le bon Guire, de Bordeaux. Comme ensuite, après avoir délivré maître Moufflet des fourches patibulaires, le duc de Guienne s'embarqua avec Gérasme et les chevaliers chrétiens.

Nous avons vu que les chevaliers chrétiens, ayant à leur tête Gérasme et Huon de Bordeaux, s'étaient emparés de la ville d'Anfalerne, où ils régnaient en maîtres.

On se doute bien que ce qui avait préoccupé l'esprit, et surtout le cœur de l'amoureux Huon, dès qu'il s'était vu dans la ville païenne, c'avait été la princesse Esclarmonde, sur le compte de laquelle le bon Gérasme lui avait donné en chemin quelques détails. Elle seule l'intéressait, et s'il écoutait avec tant d'attention ce que lui disait son ami, c'est parce que son ami lui parlait d'elle et lui répétait pour la centième fois les détails qui la concernaient.

Au bout d'une heure, il était aux genoux de sa chère Esclarmonde, à laquelle il prodiguait les plus vives caresses, rendues avec usure, comme on le suppose aisément. Il crut, comme paroles d'évangile, tout ce qu'elle lui dit sur sa vertueuse résistance et sur la discrétion de l'amiral Galafre. Le véritable amour est ainsi crédule. Il suffisait à Huon qu'Esclarmonde affirmât pour qu'il crût aveuglément. Ce n'est pas l'amour qui a un bandeau sur les yeux, ce sont les amoureux! Et puis, il y avait si longtemps que Huon n'avait admiré la beauté d'Esclarmonde; si longtemps qu'il n'avait entendu l'harmonieuse sonnerie de sa voix; si longtemps qu'il n'avait respiré l'atmosphère parfumée qu'elle portait avec elle!...

La reconnaissance fut d'une tendresse et d'une vivacité charmantes. Le bon Gérasme était là, protecteur de leur vertu; toutes les fois que les témoignages de tendresse que se donnaient les deux amants prenaient un caractère alarmant, il interposait sa barbe blanche et Huon s'arrêtait, respectueux, devant cette barrière qui le rappelait à son devoir.

— Mes chers enfants, disait Gérasme de son bon sourire d'honnête homme; mes chers enfants, ne mangez pas si goulûment : vous vous ferez mal. L'amour vit de peu, et la nourriture abondante l'étouffe, quelque délicate qu'elle soit. Vous vous aimez beaucoup : aimez-vous peu à la fois, afin de vous aimer longtemps. D'ailleurs, j'ai charge d'âmes, moi qui ne suis plus jeune et qui ne sais plus être amoureux : je ne veux pas que vous vous perdiez. Huon, souvenez-vous d'Oberon!...

Après avoir mis bon ordre à la défense d'Anfalerne, Huon et Gérasme se concertèrent sur les moyens de sortir de cette ville et de regagner les côtes d'Italie. Le vaisseau de Gérasme leur en donnait la facilité. Le lendemain matin on leur signala un gros vaisseau qui paraissait maltraité par la tempête et qui louvoyait pour entrer dans le port. Les croix qu'ils aperçurent sur son pavillon leur ayant fait connaître qu'il était monté par des chrétiens, ils envoyèrent à son secours des barques qui le remorquèrent bientôt dans le port.

Un vieillard, courbé par le poids des années, descendit à terre, suivi d'un grand nombre de pèlerins et de plusieurs chevaliers couverts de leurs armes. Quels furent l'étonnement et la joie de Huon et de Gérasme, en reconnaissant dans ce vieillard le fidèle Guire, grand-prévôt de Bordeaux, et frère aîné de Gérasme? Guire leur raconta, les larmes aux yeux, toutes les injustices et toutes les cruautés commises par Girard depuis le départ de son frère, et depuis son mariage avec la fille du méchant Gibouars de Siville, son associé et son complice. Il ajouta que, chassé de Bordeaux et dépouillé de ses biens, il s'était joint à ceux que Girard avait le plus maltraités, pour fuir sa tyrannie; et que, depuis ce temps, il parcourait les cours orientales pour chercher son légitime maître, le duc Huon.

Le nouveau secours d'hommes et d'armes que lui apportait ainsi le prévôt Guire, fut très utile à Huon pour la défense de la place, dont les Sarrasins firent bientôt l'assaut, malheureusement pour eux, car un tiers de leur armée y perdit la vie. Galafre était furieux de cet insuccès, à cause d'Esclarmonde qu'il aimait avec passion et qu'il supposait, avec raison, être devenue la proie des vainqueurs. Mais Yvoirin était encore plus furieux que Galafre. Son amour-propre de souverain oriental souffrait beaucoup d'avoir été battu par des chrétiens commandés par le valet d'un ménétrier. Aussi, comme la vanité des grands de la terre est d'autant plus à redouter qu'elle est immédiatement servie par la vengeance, Yvoirin s'en prit-il au pauvre Moufflet, qui avait amené Huon à sa cour ; et, sans rien écouter de ce que le malheureux ménétrier pouvait alléguer pour sa défense, il fit dresser des fourches patibulaires élevées assez près des murs d'Anfalerne pour que ceux qui défendaient cette ville pussent voir pendre le vieux Moufflet. C'était ingénieux comme cruauté, n'est-ce pas? Et puis, c'était fort bien imaginé.

En effet, Huon de Bordeaux, en voyant dresser ces fourches patibulaires, et en reconnaissant de loin son ancien maître Moufflet entre les mains des bourreaux, n'hésita pas un seul instant à le secourir et à chercher à le sauver. C'était un imprudent, peut-être ; mais, dans ces cas graves, l'honnêteté ne raisonne pas, le cœur ne calcule pas : on se précipite tête baissée au milieu du feu, au milieu de l'eau, en plein péril, pour sauver les jours de ceux qui déjà vous les ont sauvés. Maître Moufflet n'avait-il pas sauvé la vie à Huon de Bordeaux, qui, sans lui, allait mourir de faim?

Huon monta donc sur Blanchardin et, suivi de l'élite des chevaliers chrétiens, il fit une sortie sur les Sarrasins, les mit en désordre, enleva Moufflet, le mit en croupe sur son cheval et rentra avec lui dans Anfalerne. Cela n'avait duré qu'un éclair, et Yvoirin n'avait vu que du feu!...

Le vaisseau du prévôt Guire et celui de Gérasme étaient radoubés et ravitaillés convenablement. On enleva alors les trésors de l'amiral Galafre, qui, dans le cours de son existence de mécréant avait trop pillé pour qu'on ne le pillât pas un peu à son tour; on répartit ces richesses dans l'un et l'autre vaisseau ; Huon monta dans celui de Gérasme, avec la belle Esclarmonde, le vieux Guire et un certain nombre de chevaliers ; le reste des chrétiens monta dans le navire du prévôt de Bordeaux ; on leva l'ancre, les voiles se déployèrent, et bientôt on eut perdu de vue le port d'Anfalerne.

CHAPITRE XXII.

Comme, une fois arrivés à Rome, Esclarmonde et Huon reçurent la bénédiction papale, et partirent ensuite pour la France.

Un vent favorable enflait les voiles des deux navires : au bout de huit jours, il les portait sur les côtes d'Italie. Huon sentait approcher de jour en jour, d'heure en heure, le moment où son union avec Esclarmonde serait bénie et sanctifiée par le pape, c'est-à-dire le moment où rien ne l'empêcherait plus de l'aimer en toute liberté, avec toute la fougue d'une passion grandie par les obstacles ; et pourtant chaque jour, à chaque heure, il faisait de nouvelles tentatives pour se rapprocher d'elle ! Son impatience, et même son dépit, croissait à mesure que décroissait le délai apporté à la consommation de son mariage ! Mais le bon Gérasme et le vieux Guire s'obstinaient à ne le quitter ni jour ni nuit. Tous deux se relayaient pour veiller sur lui et sur sa maîtresse, qui ne témoignait pas moins d'impatience ; et tous deux inventaient, à tour de rôle, de vieux contes et de vieilles légendes enchantées pour parvenir à endormir cette belle révoltée et à lui faire oublier le poids des heures.

On aborda enfin en Italie. Huon ne perdit pas un instant pour se rendre à Rome auprès du Saint Père avec sa chère Esclarmonde. Le pape, averti de l'arrivée de son neveu, courut jusqu'à la porte du Vatican en lui tendant les bras. Mais Huon, en humble pêcheur qu'il était, se prosterna, lui baisa les pieds ; et, les yeux baignés de ces douces larmes que le repentir fait répandre à l'enfant coupable qui retrouve un père miséricordieux, il le conjura d'écouter l'aveu de ses fautes avant qu'il osât toucher le seuil de son palais.

Le pape, tendrement ému par la pénitence publique de son neveu, fit écarter les assistants ; et, après l'avoir entendu, absous et béni de sa main, il l'embrassa en lui disant :

— Allez en paix, maintenant, beau neveu ! Je remercie le ciel de vous avoir fait triompher des infidèles, nos ennemis, et de vos passions, vos ennemis personnels. Il a bien voulu écouter les prières ferventes que je lui ai adressées à votre intention : vous avez réussi là où d'autres auraient échoué. Que son saint nom soit béni ! Allez en paix, maintenant, beau neveu ; vous avez acheté assez cher le bonheur : vous avez le droit d'être heureux !...

Huon lui présenta ensuite sa chère Esclarmonde ; et, le même jour, le chef de l'Eglise, après avoir suppléé les cérémonies du baptême à cette belle païenne, unit sa main avec celle du duc Huon et leur donna à tous deux la bénédiction nuptiale. Après cette cérémonie, tant attendue, le pape donna une fête splendide pour célébrer le retour et le mariage de son neveu, fête à laquelle assista la fleur de la noblesse romaine. Huon et Esclarmonde n'auraient pas demandé mieux que de s'oublier éternellement dans cette Capoue chrétienne, où il leur était enfin permis de s'aimer avec toute l'extravagance de leur âge ; mais le Saint Père savait combien il était important que Huon s'acquittât avec Charlemagne en allant rétablir l'ordre dans ses états, et il fut le premier à presser son départ.

Huon et Esclarmonde partirent donc un beau matin avec le vieux Gérasme et une douzaine de chevaliers. Quant au grand-prévôt Guire, Huon le renvoya à Bordeaux avec une escorte suffisante, pour annoncer son retour à son frère Girard. La petite troupe quitta Rome, traversa les Alpes et arriva bientôt au cœur de la France, à l'abbaye de Saint-Maurice-des-Prés, où Esclarmonde tomba malade, par suite des fatigues de ce voyage.

―――――

CHAPITRE XXIII

Comme Esclarmonde tomba malade à l'abbaye de Saint-Martin-des-Prés, et du complot que forma Girard contre elle et son amant.

Ce fut un temps d'arrêt de quinze jours, que le traître Girard mit à profit, comme on va le voir.

Le vieux Guire était arrivé à Bordeaux, à peu près dans le même temps où Huon et sa femme arrivaient à l'abbaye Saint-Maurice. Il avait prévenu Girard du retour de son frère. Les habitants, heureux de cette nouvelle, avaient signalé leur joie par des prières publiques et par des illuminations.

Girard feignit de partager cette joie ; il combla le grand-prévôt d'honneurs et de présents et le rétablit incontinent dans toutes ses charges et dans tous ses priviléges. On crut à une réconciliation véritable, à un retour sincère à de meilleurs sentiments : on se trompait. Qui a bu boira ; qui a trempé ses lèvres aux sources empoisonnées de la trahison y retournera se désaltérer jusqu'à ce qu'il en meure. Le mal a son influence et sa logique, tout comme le bien : on ne peut guère s'y soustraire, surtout lorsqu'on est aussi avancé dans le vice que l'était Girard.

Ce perfide prince alla donc trouver son inséparable complice, Gibouars de Siville, et le consulta sur les moyens à prendre pour se défaire de Huon et l'empêcher de remplir son message vis-à-vis de l'empereur Charlemagne. Gibouars, fécond en expédients, dit à Girard d'aller promptement trouver son frère à l'abbaye Saint-Maurice, de regagner sa confiance par des caresses et des soumissions, de savoir de lui où étaient renfermées la barbe et les quatre dents mâchelières de l'amiral Gaudisse, et de se déterminer à partir au plus vite pour se rendre à la cour de Charlemagne.

Girard trouva l'expédient ingénieux, et, sans désemparer, il se rendit à l'abbaye Saint-Maurice. La maladie d'Esclarmonde lui donna malheureusement le temps d'arriver avant le départ d'Huon, qui, du reste, n'allait pas tarder à s'effectuer. Deux jours plus tard, et Girard, l'odieux oiseleur, trouvait les oiseaux envolés, bien loin de sa glu, de ses appeaux et de ses lacs !...

Huon, qui avait le cœur sur la main, et qui ne savait pas garder rancune, embrassa tendrement son frère, qu'il n'hésita pas à croire venu à résipiscence. Le traître fit tous ses efforts pour l'entretenir dans ces sentiments-là.

Il lui donna du galbanon à bouche que veux-tu, et des baisers de Judas à n'en plus finir. Pour un peu, Huon aurait accusé le vieux Guire de calomnie ! Tant la méchanceté est ingénieuse à tromper, tant l'honnêteté est facile à duper !...

— Mon cher frère, dit Huon après les premiers moments d'épanchement, je suis heureux de vous revoir et d'apprendre de votre bouche que la Guienne m'attend avec impatience comme son légitime souverain. Cela me prouve que vous ne vous êtes jamais considéré comme autre chose que comme mon mandataire. Vous avez sagement agi, et je vous en remercie, mon cher frère ; la Guienne vous appartiendra un jour, à moins que le ciel ne m'accorde un fils, cas auquel j'espère que vous vous résignerez, comme je le ferais à votre place. Notre mère est morte, c'est le seul chagrin de mon retour. Le reste n'est que joie et bonheur. J'ai épousé la princesse Esclarmonde, que je vous présenterai aussitôt qu'elle sera en état de vous recevoir, et nous partirons ensemble pour Paris, où j'ai à m'acquitter de ma mission envers l'empereur Charlemagne...

— Mon cher Huon, répondit Girard, je suis confus de vos bontés que je ne mérite pas aussi complétement que vous le croyez. Ma jeunesse n'a pas été aussi innocente qu'elle aurait pu l'être... Je n'étais pas assez sage pour remplir dignement les fonctions importantes que votre départ me donnaient à remplir. Vous trouverez sans doute bien des mécontents... mais je compte sur votre indulgence et sur les quelques heureux que j'ai pu faire et dont le témoignage plaidera en ma faveur...

— Votre repentir vous absout, cher frère, dit Huon avec bonté. Et d'ailleurs je n'ai pas été moi-même assez à l'abri du reproche pour me permettre de blâmer personne... J'ai été, comme vous, emporté par ma jeunesse et mené par mes passions... Nul n'est exempt d'erreur en ce monde ! Si je n'avais pas été aussi efficacement protégé que je l'ai été, il m'eût été difficile, sinon impossible, de sortir vivant des périls où je me suis exposé, de gaîté de cœur, pour remplir la mission de Charlemagne.

— Ainsi, reprit Girard, vous avez coupé la tête au voisin de l'amiral Gaudisse ?...

— Oui, au roi d'Hircanie, qui méritait bien ce sort.

— Ainsi, vous avez embrassé sur la bouche, à trois reprises, la belle Esclarmonde ?

— Oui, puisqu'elle est aujourd'hui ma femme.

— Ainsi, vous avez obtenu le bouquet de barbe blanche de l'amiral Gaudisse, et ses quatre dents mâchelières ?

— Oui, c'est le bon Gérasme qui les porte cousues dans son flanc par suite d'un enchantement merveilleux.

Girard tressaillit. Son âme vile et cruelle venait de recevoir un agréable coup : il savait tout ce qu'il voulait savoir !

Deux jours après cet entretien, Esclarmonde se trouvant en état de partir, Girard avertit Huon que la première journée était longue et fatigante, et il lui conseilla avec insistance de partir deux heures avant le jour. Huon remercia son frère de cette attention et fit monter Esclarmonde en litière au moment convenu. Quant à lui, suivi de Gérasme et de ses douze chevaliers, il monta à cheval et fit escorte à sa femme, sans avoir pris la précaution de s'armer, croyant bien n'avoir pas à le faire dans un pays ami comme celui qu'il traversait. Girard seul était armé.

—

CHAPITRE XXIV.

Comme Girard, aidé de Gibouars, se rendit criminel envers son frère et envers le bon Gérasme ; comme, ensuite, il se rendit à la cour de Charlemagne, et se porta accusateur de Huon de Bordeaux.

A deux petites lieues de l'abbaye Saint-Martin-des-Prés, l'escorte dirigée par Huon entra dans un bois où Gibouars se tenait embusqué depuis la veille, avec une troupe nombreuse de brigands armés jusqu'aux dents. Huon et ses chevaliers chevauchaient sans défiance. Au bout de quelques instants les douze chevaliers étaient massacrés, Gérasme et Huon terrassés et garrottés, et la litière d'Esclarmonde entourée par deux ou trois de ces misérables.

Girard jeta alors son masque hypocrite, qui l'étouffait, et montra à son frère toute la noirceur de son âme. Il s'assura que les liens qui le retenaient captif étaient bien solides, ainsi que ceux du bon Gérasme. Huon était en proie à la plus violente douleur : Esclarmonde qu'on lui enlevait, son frère qui le désabusait si cruellement, et Gérasme qu'on martyrisait !

Girard, en effet, avait jeté par terre cet honnête serviteur, lui avait déchiré ses vêtements, lui avait fendu sans pitié le côté et en avait extrait la barbe et les dents mâchelières de l'amiral Gaudisse. Cela fait, le traître commanda à ses gens d'enlever Gérasme et Huon, et de les placer, garrottés, dans une litière fermée, dont Gibouars eut la conduite, ainsi que de la litière qui contenait Esclarmonde, évanouie. Le crime était consommé, du moins en partie. La violence d'abord, la calomnie viendrait ensuite !...

Gibouars eut soin de n'arriver que de nuit à Bordeaux, avec ses prisonniers et sa prisonnière, afin qu'ils ne fussent aperçus de personne, et il les jeta aussitôt dans une prison bien gardée par des misérables à sa solde.

Pendant qu'il accomplissait ainsi son ignoble commission, son digne gendre continuait l'œuvre qu'il avait si bien commencée. On ne s'arrête pas dans le crime ; un meurtre succède à un meurtre, sans que le meurtrier s'aperçoive du plus ou du moins de sang versé. Il n'y a que le premier pas qui coûte dans cette carrière de malheur ! Ainsi, après les douze chevaliers de l'escorte de Huon, vinrent l'abbé, le prieur et le procureur de l'abbaye où le brave duc de Guienne avait reçu l'hospitalité avec Esclarmonde, et entre les mains desquels il avait déposé ses trésors. Girard les massacra, fit élire d'autres moines, séduits par lui, pour les remplacer, chargea dix mulets d'une partie des richesses que son frère avait rapportées d'Anfalerne, et, suivi de deux moines qu'il avait jugés propres à jouer le rôle de faux témoins, il partit. Quelques jours après, il était rendu à Paris, à la cour de Charlemagne.

Ce prince était très magnifique dans sa cour ; il aimait le faste et la représentation ; à cause de cela ses trésors se trouvaient souvent épuisés. Il reçut avec autant de plaisir que de surprise les nombreux et riches présents dont Girard se fit habilement précéder, et il s'empressa de le recevoir au milieu d'une partie de sa cour.

Voyant qu'il était accueilli plus favorablement qu'il n'eût osé l'espérer, à cause des bruits fâcheux qui avaient couru sur son compte et qui avaient dû nécessairement arriver aux oreilles de l'empereur, il n'hésita pas à frapper le grand coup, objet de son voyage à Paris.

— Sire, dit-il à Charlemagne, c'est avec la plus vive douleur que je me trouve forcé de venir accuser moi-même mon frère Huon; mais la fidélité que je vous ai jurée ne me permet pas de vous cacher qu'il n'a pas exécuté vos ordres. Loin d'accomplir la mission dont vous l'aviez chargé, Huon s'est contenté de séduire la fille de l'amiral Gaudisse, et, après l'avoir enlevée, il revenait pour s'emparer de la Guienne et faire révolter cette belle province contre vous... J'ai su à temps ses projets, et je les ai déjoués, parce que mon devoir de vassal a parlé plus haut que mon amitié de frère : j'ai arrêté Huon dans l'abbaye de Saint-Martin-des-Prés, et je l'ai fait conduire dans les prisons de Bordeaux... Ces deux religieux que j'ai amenés avec moi pour vous être présentés, Sire, témoigneront de la vérité des faits que je viens d'avoir le chagrin de vous dévoiler. J'ai ramassé à la hâte ce qui me restait de plus précieux de la succession de mes pères, vous priant, Sire, de le recevoir comme un gage de ma foi, et vous suppliant, en outre, de vouloir bien me confirmer dans la possession du duché de Guienne et de la cité de Bordeaux!...

A beau mentir qui vient de loin. Girard savait cela. Charlemagne, qui détestait Huon, à cause de la mort de son fils Charlot, crut, sans aucun autre examen, la déposition perfide du gendre de Gibouars. Il ne perdit pas de temps et fit assembler le conseil des pairs, en présence desquels Girard se porta de nouveau accusateur de son frère, en invoquant, pour fortifier son allégation, le témoignage des deux moines qu'il avait amenés avec lui dans cette intention.

Plusieurs pairs, et surtout ceux de la perfide maison de Mayence, opinèrent pour la mort, et voulurent que Huon de Bordeaux fût traîné au supplice comme traître et félon. Mais le sage duc Naymes de Bavière s'opposa vivement à ce jugement, qui lui parut un peu trop précipité pour n'être pas inique ; il soupçonna Girard d'une abominable trahison, et déclara qu'on ne pouvait juger un pair de France sans qu'il fût là pour répondre aux accusations et confondre les accusateurs. Alors, le plus grand nombre des pairs, éclairés par cette sage remontrance, conclurent, avec le duc Naymes, qu'il fallait envoyer chercher Huon et l'amener.

Charlemagne était irrésolu ; sa rancune lui conseillait de passer outre ; son équité naturelle lui conseillait de voir et d'écouter Huon. Une fois cette résolution arrêtée, il ne voulut pas attendre l'arrivée du duc prisonnier : il voulut aller lui-même à Bordeaux, suivi de ses pairs ; et, dès le lendemain, en effet, il se mettait en route et se dirigeait à grandes journées vers la capitale de la Guienne.

CHAPITRE XXV.

Comme Charlemagne résolut de se rendre à Bordeaux avec ses pairs, et de la condamnation à mort qu'il prononça contre Huon, Gérasme et Esclarmonde.

En marchant à grandes journées, Charlemagne arriva vite à Bordeaux. Il trouva cette ville prête à se soulever, à cause des rumeurs qui y couraient de la présence de son souverain légitime, le duc Huon, qu'on croyait, avec raison, prisonnier de Gibouars. La présence de l'empereur soumit les esprits : on espéra tout, et les plus notables habitants de cette capitale de la Guienne s'en vinrent en suppliants auprès de Charlemagne, pour lui redemander leur noble maître, qu'ils aimaient à l'égal du duc Sévin, son père. Charlemagne les congédia d'un air sévère, en leur disant qu'il venait pour tenir ses grandes assises et que le sort de Huon était entre les mains de ses pairs.

Dès le lendemain, cet auguste conseil s'assembla. On y fit comparaître Huon, Esclarmonde et Gérasme, qu'on amena de leur prison, pâles, défaits et chargés de chaînes. Rien ne ressemble plus à un coupable qu'un innocent. Le coupable, endurci dans le vice et dans le crime, se présente toujours devant ses juges avec l'assurance que lui donne sa mauvaise conscience. L'innocent, au contraire, troublé par l'appareil solennel de la justice humaine, a des angoisses et des défaillances qui sont interprétées à mal et qui, pour les yeux vulgaires, sont des témoignages éloquents de remords qui n'existent pas. Ainsi fut-il de Huon et de Gérasme. L'un et l'autre étaient accablés de douleur : on prit d'abord leur accablement pour un aveu d'un crime qu'ils n'avaient pas commis. Girard, en les voyant ainsi, défaits et consternés, ne craignit pas de soutenir son accusation de trahison, et les deux moines soudoyés par lui ne craignirent pas de faire le faux serment qu'il leur avait commandé de faire. Puis vint le tour de Gibouars, qui renchérit encore sur la déposition de Girard et des deux moines. Charlemagne et la moitié de ses pairs commencèrent à être décidément convaincus de la culpabilité des accusés traduits devant eux. Huon ne put se défendre qu'en prenant le ciel à témoin de la fausseté de l'accusation de son frère. Esclarmonde versa un torrent de larmes, et ne put qu'à peine former des plaintes qui ne furent pas écoutées. Gérasme, seul, suspendit le jugement prêt à être prononcé, en soulevant sa robe et en montrant d'un geste éloquent la longue plaie qu'avait faite à son flanc le poignard brutal de Girard.

A cet aspect, un long cri d'horreur s'éleva de tous côtés ; le cœur des assistants fut ému de pitié et d'indignation.

— C'est là, dit Gérasme avec force, qu'était le gage de la victoire remportée par Huon sur l'amiral Gaudisse. Je jure par le Dieu vivant et par son fils mort sur la croix, que c'est le misérable qui nous accuse qui, à coups de poignard, a soustrait ce gage de mon flanc. La place des quatre dents mâchelières de l'amiral y est encore marquée, ainsi qu'on peut voir !...

— Sire, dit le sage duc Naymes de Bavière, malgré l'étrangeté du récit de Gérasme, je suis disposé à croire à son accent, qui est celui de la vérité. La place, je l'avoue, était singulièrement choisie ; mais enfin, il n'y a pas à en douter, les quatre dents mâchelières de Gaudisse ont été là, et c'est la violence qui les en a extraites. Ceci prouvé, le reste l'est également, Gérasme innocent, Huon l'est aussi : je me prononce en leur faveur.

De longs débats suivirent cette réponse ferme et loyale du duc Naymes et agitèrent le conseil en différents sens. Le jugement définitif fut remis au lendemain matin.

Huon, Esclarmonde et Gérasme passèrent cette nuit-là dans la prière et dans les larmes.

Tout au contraire, Gibouars et Girard la passèrent à cabaler, à surprendre la religion des pairs, et à faire porter de nouvelles accusations contre Huon.

Le conseil s'étant assemblé de nouveau le lendemain matin, et les avis se trouvant de nouveau partagés, Charlemagne, à qui le souvenir du meurtre de Charlot revenait malgré lui, se crut autorisé, par la prépondérance de son vote, à condamner Huon et Gérasme à être traînés aux fourches que sur-le-champ il fit dresser, et la belle Esclarmonde au bûcher qu'il ordonna de préparer. En vain le sage duc Naymes remontra au roi ce qu'il y avait d'inique et de cruel dans cet arrêt; en vain il lui signala comme mensongère la déposition des deux moines, qui avait entraîné la conscience mal éclairée de la plupart des pairs : Charlemagne ne voulut rien entendre, rien comprendre, rien pardonner. Il fallait que la justice eût son cours ; la justice, c'est-à-dire la soif de vengeance qui le mordait à la gorge au souvenir de son fils et du combat du bois de Montlhéry. Le duc Naymes, indigné, sortit de la salle du conseil avec plusieurs autres pairs, en protestant avec énergie contre l'injustice d'un pareil jugement, dont l'exécution fut renvoyée, séance tenante, à l'après-midi.

Charlemagne, après s'être lavé les mains, comme Ponce Pilate après la condamnation de Jésus, alla se mettre à table avec les pairs dont l'avis était semblable au sien, en attendant qu'il pût jouir de l'affreux spectacle qu'il avait ordonné.

CHAPITRE XXVI.

Comme Oberon vint fort à propos au secours d'Esclarmonde, d'Huon et de Gérasme, avec une armée de cent mille hommes, et de l'étonnement qu'il causa à Charlemagne et à ses preux. Comme ensuite il prit congé du duc Huon, en lui donnant rendez-vous dans son bois enchanté.

Rien, en apparence, ne pouvait sauver Esclarmonde d'une mort horrible, ni Huon d'une mort honteuse.

Les apprêts du supplice se poursuivaient avec vigueur, pendant que Charlemagne et ses convives devisaient joyeusement de choses et d'autres, en mangeant et en buvant.

Heureusement qu'il y avait quelque part au monde, en ce moment-là, quelques créatures qui s'intéressaient aux malheureux qu'on voulait pendre et brûler. Oberon pleurait.

— Ah ! s'écria-t-il, Huon, Huon, que tu paies cher maintenant un moment de faiblesse ! Mais en expiant ta faute aux pieds du Saint Père, tu as reçu ta grâce du ciel : ta pénitence est assez dure, et je puis enfin te secourir !...

A ces mots, Gloriand et Malembrun, chevaliers lutins, se jetèrent aux genoux d'Oberon et le pressèrent de voler au secours de leur cher Huon.

— Je me souhaite, dit solennellement le roi de féerie, dans la ville de Bordeaux, à la tête de cent mille hommes, dont dix mille fermeront toute issue au palais qu'habite l'empereur. Je veux qu'il s'élève une table à côté de la sienne, et que cette table, plus élevée de deux pieds, ait cinq couverts et porte mon cor d'ivoire, mon hanap et mon bon haubert.

Oberon avait à peine formulé ce souhait qu'il s'exécutait à la lettre, sans que rien y manquât. Charlemagne entendit un grand fracas d'armes et, tout-à-coup, une troupe nombreuse s'empara de toutes les issues de la salle, et une table somptueuse s'éleva par enchantement de deux pieds au-dessus de la sienne. Étonné à juste titre, il se leva brusquement, tandis que Gérasme, enchaîné dans un coin avec Huon et Esclarmonde, faisait remarquer au duc de Guienne le cor; le hanap et la cotte de mailles d'Oberon. Bientôt après, un bruit de trompettes et de cymbales se fit entendre ; la grande porte de la salle s'ouvrit à deux battants, et le charmant petit roi de féerie entra d'un air fier, couvert d'une robe éblouissante de pierreries. Sans daigner saluer et même regarder Charlemagne, qu'il coudoya en passant, Oberon alla droit à Esclarmonde, à Huon et à Gérasme dont les chaînes furent en un clin-d'œil remplacées par des vêtements magnifiques. Girard, Gibouars et les deux moines parjures, au contraire, parurent incontinent enchaînés et la corde au cou.

Cette première réparation rendue, Oberon s'assit à sa table sur un trône d'or élevé, fit asseoir à ses côtés ses trois amis et le duc Naymes de Bavière, leur défenseur, prit sa coupe enchantée et la bénit. La coupe se remplit d'un vin délicieux, et après l'avoir vidée, l'aimable nain la passa à Esclarmonde, qui la passa à Huon, qui la passa à Gérasme, qui la passa au duc Naymes. Quand le duc Naymes eut bu le contenu du merveilleux hanap, Oberon le bénit de nouveau et l'envoya plein de vin à Charlemagne par Huon de Bordeaux. L'empereur, confondu par tout ce qu'il voyait, et qui croyait rêver, allongea la main comme on l'allonge dans un songe, s'empara de la coupe, pleine au moment où le duc Huon la lui avait présentée, et la porta vide à ses lèvres.

— Que signifie ceci ? demanda-t-il en fronçant ses sourcils gris et en élevant la voix pour se prouver à lui-même qu'il ne dormait pas et qu'il n'était pas le jouet d'une hallucination, mais bien en face d'une réalité.

— Cela signifie, puissant empereur, répondit

gravement Oberon, qu'il y a quelque chose de plus puissant que toi : la conscience ! Tu viens de t'avouer coupable malgré toi. Les gens sans reproche, seuls, peuvent tenir impunément dans leurs mains cette coupe merveilleuse qui se vide aussitôt qu'elle subit le contact de mains souillées !... Roi, empereur, pasteur de peuples, mandataire de Dieu sur la terre, tu devais être inaccessible aux sordides pensées et aux viles passions qui déshonorent les hommes vulgaires, et tu ne l'as pas été ! Tout au contraire, tu as laissé monter de ton cœur à tes lèvres des sentiments de rancune et des paroles de haine : tu as vengé le père, au lieu de juger comme roi. Les rois ne se vengent pas plus que Dieu : ils punissent quelquefois et pardonnent souvent. Les hommes sont faibles et la rigueur n'est pas bonne envers eux. Mais les rois ne doivent pas être faibles ! Ce n'est pas pour rien qu'ils sont sur un trône : c'est pour être au-dessus de la foule, c'est-à-dire au-dessus des vulgarités et des lâchetés de la foule. Ils doivent tendre sans cesse à grandir et ne jamais essayer de descendre. Quand ils se font foule par leurs passions, ils méritent d'être confondus avec la foule et n'ont plus le droit de remonter les degrés du trône qu'ils ont volontairement descendus. Ils se sont frappés eux-mêmes de déchéance ; ils ont abdiqué : ils n'existent plus !... Tout cela t'étonne et te scandalise peut-être, glorieux potentat ! Tu as cru peut-être un instant que de ce que le ciel est si loin de la terre il ne pouvait pas surprendre tes mauvaises pensées et châtier ta colère injuste ? Détrompe-toi, Charlemagne. La Providence se fait chair, parfois, pour mieux se prouver comme esprit. Reconnais-tu le doigt de Dieu dans tout ceci, roi puissant ?...

Charlemagne, consterné, baissa la tête sans rien répondre. Oberon, alors, apostrophant Girard :

— Traître, lui dit-il, mauvais prince et mauvais frère, déclare ici publiquement l'infâme trahison dont tu t'es rendu coupable !...

Girard, voyant bien qu'un pouvoir surnaturel était prêt à déclarer son crime, n'osa plus avoir recours à la feintise.

— Oui, j'ai menti, dit-il, en accusant Huon de conspiration contre le gouvernement de Charlemagne ; mon frère est un loyal et fidèle vassal.... Oui, j'ai menti en l'accusant d'avoir enlevé la fille de l'amiral Gaudisse et de n'avoir pas rempli les conditions du message dont l'empereur l'avait chargé. Oui, je me suis emparé par ruse et par trahison des gages qu'il rapportait de sa mission.... et j'offre d'aller chercher la barbe et les quatre dents mâchelières de l'amiral païen qui se trouvaient cousues dans le flanc de Gérasme, d'où je les ai extraites avec un poignard.

— Non, non, dit Oberon, ne prends pas la peine d'aller les chercher ; je les aurai bien sans toi. Tu ne sortiras d'ici, ni les traîtres qui t'accompagnent, que pour être traînés tous quatre aux fourches patibulaires que Charlemagne a eu la précaution de faire dresser vis-à-vis de ce palais, en prévision de l'exemple de haute justice qu'on devait faire sur vos personnes... Maintenant, je souhaite sur ma table les dépouilles de l'amiral Gaudisse, le bouquet de barbe blanche et les quatre grosses dents mâchelières.

Les dépouilles de Gaudisse, que Girard tenait si soigneusement cachées, vinrent se placer d'elles-mêmes devant le roi de féerie, qui les prit et les remit à Huon en lui disant :

— Cher Huon, va les porter à ton empereur ; dis-lui que tu t'acquittes envers lui, et prie-le de te rendre tes fiefs et son amitié.

Huon obéit, et Charlemagne, de plus en plus surpris, fut à la fin touché de l'obéissance de ce jeune prince et des périls qu'il avait éprouvés pour accomplir ses ordres.

Il le tint longtemps embrassé sur son cœur, lui pardonna bien sincèrement la mort de son fils et lui rendit tous ses fiefs.

Huon se jeta ensuite aux pieds d'Oberon et le supplia de pardonner à son frère. Tout le monde était attendri, pairs et chevaliers : Oberon fut inflexible.

— Je n'ai pas le droit de pardonner à de pareils criminels, répondit-il tristement. Ce sont des natures endurcies, vouées au mal, nées pour le crime : on doit les supprimer comme bêtes féroces, dans l'intérêt général, afin qu'elles ne puissent plus nuire à personne ni à elles-mêmes. Ces criminels-là ne se repentent jamais et ils meurent dans l'impénitence finale. Dieu est miséricordieux : il aura sans doute pitié de ces âmes perverses... Moi j'ai le devoir d'être inflexible !...

Lors, Girard, Gibouars et les deux moines parjures furent entraînés par la corde qui leur serrait déjà le cou, et on les vit bientôt tressaillir dans l'espace où ils étaient suspendus : ils venaient de commencer leur voyage pour l'éternité.

Charlemagne, revenu de sa première surprise, rendit les plus grands honneurs au roi de féerie et à la belle Esclarmonde.

Oberon lui fit jurer de se mettre en état de boire dans le hanap enchanté, en se réconciliant avec sa conscience, et lui promit, à ce prix, ses services et son amitié.

Huon, comblé de caresses et de présents qu'il reçut de l'empereur, partit, peu de jours après, pour le reconduire à Paris. Oberon prit congé de son protégé et de ses amis en disant :

— Promets-moi, cher Huon, de venir dans quelques années, me retrouver dans mon bois enchanté, centre de mon empire : c'est à toi que je destine mon royaume de féerie. Mais, hélas ! cher Huon, que de périls, de traverses, d'épreuves, n'as-tu pas encore à essuyer jusqu'à ce temps !...

Cela dit, Oberon embrassa le duc Huon en pleurant à chaudes larmes, en prévision, sans doute, des malheurs qui l'attendaient, et, quelques minutes après, tout avait disparu, le nain et son armée.

CHAPITRE XXVII.

Comme après quelques années de tranquillité, le bonheur d'Huon fut troublé par les tentatives de séduction faites sans succès auprès d'Esclarmonde par le duc Raoul, fils de l'empereur Thierry, et de la vengeance qu'il en tira.

uelques années se passèrent, pour Esclarmonde et Huon, dans le bonheur le plus parfait : ils s'aimaient et ils étaient aimés de leurs peuples. Le gouvernement de Huon rappelait avec avantage celui du duc Sevin, son père : quoique jeune, Huon était devenu sage. La beauté d'Esclarmonde était toujours la plus éclatante; seulement le bouton s'était ouvert, la rose s'était épanouie : elle était alors dans toute sa splendeur. Aussi la citait-on partout comme une merveille; à ce point que bien des jeunes hommes, au récit enthousiaste qu'on leur en avait fait, avaient voulu s'assurer, par leurs yeux, de l'existence de cette beauté non-pareille.

Parmi ces jeunes hommes, il faut citer Raoul, duc d'Autriche, fils de l'empereur Thierry. Deux pèlerins lui avaient fait des éloges tels d'Esclarmonde, qu'il n'avait pas hésité à se rendre immédiatement à la cour de Guienne, mais sous un nom d'emprunt.

Ses efforts pour séduire et enlever Esclarmonde furent vains et il s'en alla l'oreille basse, avec sa courte honte, en jurant qu'il essayerait d'avoir par force ce qu'il n'avait pu avoir volontairement. Et, en effet, il s'en retourna droit à Mayence, auprès de son père, et s'occupa activement de rassembler une armée et revenir conquérir la Guienne et la duchesse Esclarmonde.

Huon n'apprit qu'après le départ de ce prince, les tentatives malhonnêtes et les propositions odieuses qu'il avait osé faire auprès de sa femme, se mit à sa poursuite et arriva à Mayence quelques jours après Raoul. Couvert d'armes simples, il se présenta alors devant l'empereur, au moment où il se mettait à table avec son fils et plusieurs grands de sa cour.

— Sire, lui dit-il respectueusement, je vous connais comme le plus prud'homme qui soit dans la chrétienté, aussi viens-je vous prier de vouloir bien prononcer votre jugement sur le cas que je vais vous proposer.

— Je vous écoute, répondit l'empereur Thierry.

— Si quelque chevalier audacieux, reprit Huon, avait cherché à séduire et à enlever la plus vertueuse et la plus aimée des femmes, que mériterait-il de la part du mari outragé ?

— Le mari, répondit l'empereur sans hésiter, a le droit de donner la mort au coupable, partout où il le trouvera, fût-ce aux pieds des autels!

— Je n'attendais pas un autre jugement de votre justice et de votre sagesse, dit Huon.

Et prenant son épée, il fit voler la tête de Raoul sur la table de l'empereur, son père. Un cri général d'horreur s'éleva; on le poursuivit; Thierry lui-même, en proie à la plus violente colère, retrouva la vigueur de ses jeunes années pour courir après le meurtrier de Raoul. Mais Huon avait de l'avance : il se laissa poursuivre en se défendant contre les plus audacieux. Au bout d'une heure, monté sur un excellent cheval, il avait mis entre ses ennemis et lui une distance de quelques lieues. On dut renoncer à l'atteindre.

C'est ainsi qu'il traversa l'empire et la France, et regagna Bordeaux, heureux d'avoir tiré une éclatante vengeance du duc Raoul.

L'empereur Thierry avait à cœur de venger ce meurtre : il rassembla aussitôt une puissante armée, et, sans la moindre opposition de la part de Charlemagne ni des pairs de France, il ravagea la Guienne et vint mettre le siège devant Bordeaux.

Huon, ainsi assiégé, fit quelques sorties heureuses, battit plusieurs fois l'armée de Thierry, mais sans arriver à la tailler en pièces : les progrès du siège furent seulement retardés. Alors, par une inspiration singulière, Huon se décida à s'embarquer pour aller en Asie demander des secours au frère de sa chère Esclarmonde.

CHAPITRE XXVIII.

Du départ de Huon pour l'Asie, par suite du siège de Bordeaux par l'empereur Thierry, et du naufrage de son vaisseau sur la montagne d'aimant.

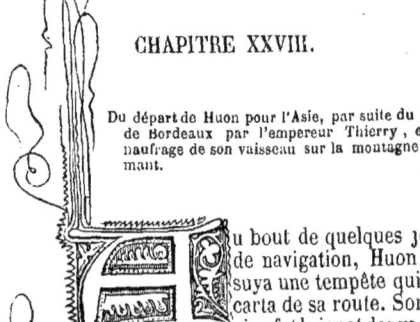

u bout de quelques jours de navigation, Huon essuya une tempête qui l'écarta de sa route. Son navire fut le jouet des vagues irritées, et il crut qu'il n'en réchapperait pas.

Cette tempête s'apaisa pourtant, mais tout aussitôt le vaisseau parut entraîné par un courant rapide, insoupçonné jusque-là. Les vagues s'élevèrent jusqu'aux nues, et, à une certaine distance, on distingua au milieu du courant une sorte de voile blanche d'un effet bizarre. Le pilote, effrayé, abandonna la barre et déclara à Huon que le navire était perdu, entraîné, aspiré qu'il était par le gouffre gigantesque et irrésistible qui joint les eaux du golfe Persique à celles de la mer Caspienne. Tout l'équipage, consterné par cette nouvelle désespérante, se mit en prières sur le pont.

Heureusement, le pilote se trompait; la peur avait troublé ses sens : le danger existait, mais moins terrible qu'il ne l'avait fait. C'était l'heure à laquelle le gouffre achevait de se remplir : les vagues s'aplanirent et le navire passa sur l'entonnoir formé par ce gouffre, comme en tout autre endroit. Seulement Huon aperçut un homme nu qui se débattait au milieu des flots, ayant autour de lui la toile blanche qu'il avait remarquée quelques instants auparavant : il fit alors arrêter le vaisseau pour pouvoir sauver cet homme et l'interroger.

— Qui es-tu, homme ? lui cria-t-il.

— Je m'appelle Judas Iscariote, répondit le naufragé sans se laisser aborder.

— Judas qui a vendu le Christ pour quelques deniers ?

— Judas le traître, oui ! C'est pour cela que j'ai été condamné à subir, jusqu'au jugement dernier, le supplice horrible d'être sans cesse battu par les eaux immenses que le gouffre absorbe et revomit tour à tour !... J'ai été coupable, sans doute ; mais pourquoi le Seigneur ne m'avait-il pas donné, comme à ses autres apôtres, la force de résister à la tentation ?...

— Cette force, dit Huon, tu l'aurais eue, si tu avais aimé ton divin maître ! Foi absente, courage absent ! Tu as été lâche, parce que tu étais incrédule !... Mais, dis-moi, quelle est cette toile blanche que je vois flotter autour de toi ?...

— Hélas ! répondit Judas, elle m'est laissée pour me défendre un peu contre la furie des flots amers, parce que je la donnai jadis pour l'amour de mon maître, et qu'il n'est aucune œuvre perdue quand on l'a faite en son nom !... Mais, ajouta Judas, éloigne-toi de moi, noble étranger ! Je porte malheur à qui m'approche, comme tous les maudits. Dans quelques instants le gouffre va rejeter les eaux qu'il a avalées, et tu périrais infailliblement ! Moi seul, pour mon châtiment, peux m'exposer impunément aux horreurs de cet abîme, qui ne veut pas m'engloutir, malgré mes incessantes prières !... Eloigne-toi, heureux homme qui peux mourir !...

L'avis était bon, et la prudence ordonnait de le suivre. Quoique ce misérable intéressât le cœur pitoyable de l'amant d'Esclarmonde, il n'avait pas le droit de risquer plus longtemps sa vie, ni celle de son équipage. Le pilote reçut l'ordre de mettre toutes voiles dehors, et le vaisseau s'éloigna rapidement de Judas Iscariote. A peine en était-il à cinq cents toises que Huon aperçut sortir du gouffre, à l'endroit même où était toujours le trahisseur de Jésus, un jet formidable de vagues, auxquelles étaient mêlés d'effroyables brandons de feu, comme si cet abîme eût été la porte de l'Enfer. Un courant rapide porta bientôt le vaisseau en avant avec la plus grande rapidité, et le pilote, qui se voyait un danger nouveau succéder à celui auquel il venait d'échapper, abandonna encore une fois le gouvernail, en s'en remettant pour le reste à la grâce de Dieu.

Cependant la force de ce courant inconnu diminuant peu à peu, le navire fut porté dans une mer profonde et tranquille, sans que pilote ni marins pussent reconnaître la route qu'il suivait ; et, pendant plusieurs jours, il fut complètement impossible de le diriger autrement qu'à l'aventure.

Malgré la direction des voiles, le vaisseau fut alors entraîné vers une côte élevée qui venait de surgir tout-à-coup à l'horizon. D'heure en heure, et quelque effort que l'on fît pour le conduire dans un sens contraire, il marcha vers cette côte avec plus de rapidité.

— La montagne d'aimant ! La montagne d'aimant ! s'écria le pilote en montrant du doigt la masse noire qui semblait appeler à elle le navire et son équipage.

Le pilote, interrogé, apprit avec désespoir au duc de Bordeaux le péril inévitable auquel on courait. Il n'avait pas fini de parler, qu'en effet le vaisseau, sillonnant la mer avec une vitesse insensée, vint s'enfoncer au milieu des débris d'un grand nombre d'autres navires, et se briser contre les menaçants rochers dont la côte était hérissée.

Huon, seul inaccessible à la peur, et dans la prévision de ce moment fatal, s'était emparé d'une antenne : il s'en servit pour s'élancer sur les plus proches rochers, au moment même où le navire s'ouvrait en deux sous la violence du choc qu'il n'avait pu éviter. Après être revenu de l'horrible secousse qui avait suivi sa chute, il se releva, marcha longtemps entre des précipices affreux, et parvint enfin dans une profonde vallée où, ne voyant aucune habitation, il ne trouva de ressources contre la faim que des fruits sauvages. Il espérait, en suivant le fond de la vallée, découvrir enfin une issue et pénétrer dans un pays moins stérile et plus ouvert. Mais bientôt, il lui fallut renoncer à cette frêle espérance : la fin de la vallée était close par le demi-cercle que formait une montagne encore plus haute et plus inaccessible que la montagne d'aimant !...

CHAPITRE XXIX.

Comme Esclarmonde, après avoir envoyé sa fille Clairette chez l'abbé de Cluny, se mit à la tête de ses troupes et fut vaincue par l'empereur Thierry. Comme, ensuite, ce prince, épris de la beauté d'Esclarmonde, lui offrit son empire et sa main, et des refus successifs qu'elle lui opposa.

n moment nous laisserons le duc Huon dans cette cruelle position, pour retourner à la belle Esclarmonde, assiégée dans Bordeaux par l'armée de l'empereur Thierry.

Gérasme était resté, commis par Huon à la garde de sa femme. Ce brave chevalier fit des efforts héroïques pour la défendre, elle et sa ville; malheureusement, dans une sortie, il s'aventura trop et fut tué.

Gérasme mort, la garnison de Bordeaux parla bientôt de se rendre. C'était là, en effet, qu'il fallait finir par en venir un jour ou l'autre.

Mais Esclarmonde ne l'entendait pas ainsi. Elle était femme, mère et princesse : trois devoirs, trois raisons d'être courageuse et forte.

Un soir, elle fit venir près d'elle un de ses chevaliers, Bernard, cousin de Huon, et lui confia Clairette, sa fille, avec mission de la conduire à l'abbaye de Cluny et de la remettre entre les bras de son grand-oncle : ce qui fut ponctuellement exécuté, dans la nuit même, par Bernard, à l'aide d'une barque qui sortit secrètement du port et gagna le large sans avoir été aperçue.

Sa fille une fois en sûreté, Esclarmonde se sentit plus libre d'agir. Elle ranima le courage de sa garnison par des paroles éloquentes et prit elle-même les armes pour défendre la brèche.

L'assaut fut donné de toutes parts. Les Bordelais se défendirent vaillamment, encouragés à le faire par l'exemple héroïque de leur duchesse; mais ce fut peine perdue. Les Allemands entrèrent dans leur ville, les passèrent au fil de l'épée, et Esclarmonde fut prise et conduite à la tente de l'empereur Thierry.

Ce prince, quoique vieux, ne put voir sans admiration et sans convoitise les charmes de sa belle captive, et il comprit à merveille les tentatives de séduction qu'avait faites son fils auprès d'elle. Il espéra réussir, lui, vieux et cassé, là où Raoul, jeune et vigoureux, avait échoué. Aimables illusions de l'âge mûr!...

L'esprit et le cœur occupés de cette enivrante passion, l'empereur reprit, peu de jours après, le chemin de Mayence, emmenant tout naturellement avec lui la séduisante duchesse de Bordeaux.

A peine arrivé dans sa capitale, son premier soin fut d'aviser aux moyens de guérir Esclarmonde de son amour robuste et inguérissable pour le brave Huon.

Prévoyant bien, en homme expérimenté, qu'elle ne se rendrait pas à ses vœux séniles tant qu'elle pourrait conserver l'espérance de revoir son mari, il fit tout simplement courir le bruit de sa mort. Un capitaine de vaisseau, nouvellement arrivé d'un long voyage sur les côtes d'Asie, vint déposer que, témoin du naufrage de Huon de Bordeaux, il avait vu le corps de ce vaillant prince rejeté par les flots en courroux sur le bord de la mer.

Esclarmonde reçut cette nouvelle avec un désespoir que rien ne put calmer. Elle n'avait aimé jusque-là qu'une seule créature au monde, son amant, et il lui était enlevé pour jamais! La prison, passe encore : on en revient. Mais de la mort, on n'en revient jamais!... C'était irrévocable : son cœur était veuf!...

Par une hypocrisie bien pardonnable à son âge avancé, le vieil empereur parut prendre un grand intérêt à ce malheureux événement et partager cette douleur dont il était le seul auteur. Il fut longtemps sans oser parler à Esclarmonde de l'amour dont il était dévoré pour elle. Mais, à la fin, n'y tenant plus, ne pouvant plus se contraindre au silence, il saisit un moment qu'il crut favorable pour lui offrir son empire, sa main, son cœur et son amour.

C'était bien des choses : Esclarmonde les refusa toutes, et lui demanda pour unique grâce, de la laisser toute entière à ses regrets.

Thierry, comme tous les vieillards, était tenace : il savait attendre. Il compta sur l'aide du temps, ce grand et cruel maître qui souffle sur toutes les flammes, qui fane toutes les fleurs, qui assoupit toutes les haines, qui efface toutes les affections. Il espéra qu'avec l'aide de cet autre vieillard, toujours jeune, il arriverait à se rendre plus favorables les dispositions de la duchesse de Guienne.

Il attendit donc patiemment, sans pour cela renoncer à entretenir Esclarmonde de son amour. C'était une maigre consolation, pour un vieillard aussi amoureux que lui, mais, enfin, c'était une consolation.

Elle n'était pas du goût d'Esclarmonde qui, un jour, pour échapper à ces persécutions incessantes, résolut de prendre la fuite, quoi qu'il dût en arriver.

Une de ses femmes, dont la fidélité lui était bien connue, fut chargée par elle de gagner le patron d'une barque propre à suivre le cours du Rhin et à voguer sur la mer.

Le patron feignit d'écouter cette proposition et d'y acquiescer, puis, tout aussitôt, il courut la dénoncer à l'empereur.

Huon avait rencontré un Judas sur son chemin, il était juste qu'Esclarmonde en rencontrât un aussi sur le sien, afin que leurs misères fussent semblables, comme leur sort était commun!...

Thierry, à la nouvelle que vint lui apporter le patron que la duchesse croyait gagné, Thierry dissimula, et, au lieu d'empêcher la fuite projetée, il fit semblant de favoriser lui-même les mesures qu'Esclarmonde prit pour sortir la nuit du palais; seulement, au moment où, toute émue, elle mettait le pied sur la barque de salut, il la fit arrêter et reconduire sous bonne escorte dans une tour qui servait de prison.

Un mois se passa avant que le cruel vieillard visitât sa prisonnière. C'était encore un calcul de sa part; il espérait qu'en l'abandonnant ainsi, en apparence, à la solitude et à la crainte d'un avenir sinistre, elle se laisserait abattre et se déciderait à devenir moins inhumaine à son endroit.

Décidément, si les rois sont de profonds politiques en politique, ils ne sont pas de profonds politiques en amour. Ils jugent trop les femmes sur les hommes.

En conséquence, au bout de ce mois d'attente, il se rendit dans la tour où était enfermée Esclarmonde et lui renouvela l'offre de partager avec elle son trône et son cœur.

Tout au contraire de ce qu'il en attendait, Esclarmonde accueillit cette offre avec plus de hauteur et de dédain que la première fois; elle lui fit comprendre, par la façon dont elle refusa, combien peu cet honneur la touchait et combien elle préférait, à défaut de son cher Huon, vivre seule, pauvre et abandonnée, plutôt que de vivre, reine et glorieuse, avec un vieillard qu'elle détestait.

Cette fois, l'empereur, perdant tout espoir et tout sentiment d'équité, sentit la haine faire place à l'amour, et il fit enfermer la princesse plus étroitement encore.

Au bout de six mois, voyant que rien ne pouvait ébranler la constance d'Esclarmonde, il se décida à envoyer un de ses neveux, destiné à lui succéder, recueillir le tribut qu'il avait imposé aux Bordelais et aux autres habitants de la Guienne.

CHAPITRE XXX.

Comme Esclarmonde, condamnée à être brûlée vive par l'empereur Thierry, furieux d'avoir vu son armée détruite par l'abbé de Cluny, fut délivrée par Gloriand et Malembrun.

igoureux étaient les ordres de l'empereur Thierry à son neveu. C'était sa vengeance qui commençait.

L'homme était bien choisi, d'ailleurs. Aussitôt arrivé, il ravageait impitoyablement la Guienne et commettait exaction sur exaction.

Aussi rapportait-il à son oncle un butin considérable, lorsqu'en passant sur les terres de l'abbé de Cluny il fut attaqué par l'abbé de Cluny lui-même qui s'était mis à la tête de ses vassaux et qui l'attendait au passage pour lui faire rendre gorge.

Le neveu de Thierry fut tué par le chevalier Bernard, sa troupe taillée en pièces par les gens de l'abbé et son butin reconquis. Quelques cavaliers allemands, seuls, purent s'échapper et aller porter à l'empereur la nouvelle de ce désastre.

Thierry, furieux de ce nouvel échec, saisit avec empressement cette occasion de satisfaire sa vengeance et la haine que lui avait inspirée Esclarmonde par ses refus obstinés.

Il fit assembler son conseil et obtint de lui qu'il condamnât, par représailles, la duchesse de Bordeaux à être brûlée vive, comme complice de l'attentat de l'abbé de Cluny.

Ce galant monarque y mettait encore des formes : il eût pu faire brûler Esclarmonde sans assembler son conseil ! Mais, comme on sait, les rois ne sont pas fâchés de mettre leur responsabilité à couvert, et il leur semble que ce n'est pas eux qui ont été cruels quand ils ont ordonné à leurs ministres de l'être. Comme si la tête qui conçoit n'était pas plus coupable que le bras qui exécute !...

Cette cruelle sentence de Thierry allait recevoir son exécution, lorsque le roi de féerie, ému par la pitié et par la tendresse qu'il conservait pour Huon de Bordeaux, envoya Gloriand et Malembrun au secours d'Esclarmonde.

Ces deux fidèles émissaires du bon Obéron, sous la forme de deux chevaliers couverts d'armes étincelantes, parurent dans la plaine où l'on avait dressé l'appareil du supplice.

Ils taillèrent en pièces le détachement qui voulut s'opposer à leurs premiers efforts ; ils renversèrent le bûcher, délièrent Esclarmonde, et la conduisant devant l'empereur Thierry stupéfait :

— Apprends, lui dirent-ils, à respecter une princesse innocente et vertueuse, qu'Obéron prend sous sa garde !... Fais-lui rendre les soins et les honneurs qui lui sont dus ; et sois sûr de périr par la mort la plus funeste au moment où l'on oserait attenter à sa vie ou à son honneur !...

Ces mots dits, Gloriand et Malembrun parurent étincelants de lumière, s'élevèrent de terre et disparurent dans le vague des airs...

L'empereur Thierry connaissait la puissance d'Obéron : il n'osa résister à ses ordres. En conséquence, dès ce moment même, il changea d'allure et de langage envers sa captive ; il la fit conduire dans un de ses palais, éloigné de celui qu'il habitait, et ordonna qu'elle y fût traitée selon son rang, sa naissance et sa beauté.

Le cœur d'Esclarmonde, en face de cette protection visible de la Providence, sentit l'espérance reverdir en son cœur et y pousser d'énergiques racines.

Elle se rattacha de cette façon à la vie, en songeant à sa chère fille Clairette, qui grandissait en grâce et en beauté à l'abbaye de Cluny, et à son cher Huon, qu'elle se refusait maintenant à croire mort, comme on le lui avait dit.

Une des femmes qu'on avait placées près d'elle pour la servir, vint encore confirmer les soupçons de son cœur au sujet de son mari. Touchée de la douceur, de la grâce et des larmes qu'Esclarmonde ne pouvait s'empêcher de répandre de temps en temps, elle entra un matin dans son oratoire et elle lui dit :

— Chère princesse, rassurez-vous et ne pleurez plus un mort qui vit toujours, je l'espère. Sœur du capitaine de vaisseau qui vous annonça le naufrage du duc Huon, je sais par lui que ce ne fut que par les ordres exprès de l'empereur qu'il parla ainsi et vous fit ce mensonge qui vous a brisé l'âme... Je vous jure, comme mon frère me l'a juré lui-même, qu'il ignore absolument quelle est la destinée de votre époux.

A cet aveu, parti de lèvres sincères, Esclarmonde embrassa tendrement la femme qui venait de lui faire ce récit et se jeta aussitôt à genoux pour remercier la Providence, dont le doigt apparaissait encore en cette occasion.

CHAPITRE XXXI.

Ce que Huon découvrit, après bien des recherches, dans l'île de la montagne d'aimant, et du moyen ingénieux qu'il prit pour en sortir.

Voilà Esclarmonde un peu réconfortée. Mais pendant qu'elle se rattrapait, naufragée de l'amour, à cette faible branche que lui avait tendue une de ses suivantes, et qu'elle resongeait avec plus d'ardeur à son cher Huon, que devenait ce naufragé plus sérieux ?

Huon était toujours dans l'île de la montagne d'aimant. Après avoir épuisé ce qui lui restait de forces pour gravir ces rocs impassibles qui lui fermaient l'horizon de toutes parts, il reconnut avec désespoir que toute issue manquait et qu'il était enterré vivant dans cette immense tombe de granit.

A force de recherches, cependant, il aperçut au haut de la montagne un beau château qui paraissait inhabité, les ronces et les halliers ayant presque rempli l'étroit chemin qui y conduisait.

Cette vue lui donna de nouvelles forces, ainsi que la faim, qui le talonnait. Il tenta de nouveau l'assaut de ces rochers escarpés ; il s'accrocha avec ses ongles aux parois rugueuses que pouvaient présenter çà et là leurs flancs, et, après une ascension douloureuse, il parvint enfin jusqu'à cet étrange château.

Il entra : tout était désert.

Il y passa huit jours, pendant lesquels il se nourrit tant bien que mal, mal surtout, de quelques fruits sauvages arrachés par lui aux arbres d'un jardin qui paraissait être depuis longtemps en friche.

Le neuvième jour, il découvrit une trappe avec cette inscription : « *Quiconque osera pénétrer sous cette trappe, l'âme souillée de quelque crime, y trouvera la mort; mais l'homme dont la conscience est tranquille peut y descendre avec confiance.* »

Huon était inaccessible à la crainte ; en outre, il croyait à bon droit être dans les conditions exigées par l'inscription : il leva la trappe.

Un escalier, plus commode qu'il n'eût pu le soupçonner, le conduisit dans un riche salon rempli de toutes sortes de provisions et de mets délicieux ; des mains invisibles s'empressèrent aussitôt de le servir, et, lorsqu'il eut convenablement réparé ses forces, il se sentit doucement entraîné dans une chambre somptueusement meublée, où le sommeil acheva de le rétablir en son état naturel.

Huon passa quelques jours dans ce château et dans les pièces où se renouvelaient à propos les provisions qu'il venait d'épuiser.

Il ne manquait de rien, que de liberté, car il était prisonnier dans son île. En outre, la solitude lui pesait !

Un matin, comme il regardait du côté de la mer, cherchant toujours un moyen pour sortir de ce lieu solitaire, il aperçut au loin un gros vaisseau qui, entraîné rapidement vers la montagne d'aimant, vint tout-à-coup se briser avec un horrible fracas contre les rochers qui en formaient la base.

Peu de moments après, une barque surchargée de monde parut s'approcher beaucoup plus lentement ; il remarqua même que les passagers, connaissant le danger, avaient prévenu la violence du premier choc, en opposant leurs avirons, et que, quoique la barque eût chaviré en abordant, ils descendaient heureusement sur le rivage de l'île.

Huon accourut à leurs secours, et, jugeant à leurs costumes qu'ils étaient de différentes nations, il leur demanda quelle était leur croyance.

Une partie de l'équipage porta la main à son turban et s'écria :

— Allah ! Allah ! Allah !...

Un vieillard vénérable, se jetant à genoux avec le reste de l'équipage, répondit :

— Nous croyons en l'Homme-Dieu qui, pour nous sauver, consentit à boire une éponge de fiel, à se laisser couronner d'épines et planter des clous dans les mains et dans les pieds !...

A ces mots, Huon embrassa le vieillard, qui ajouta :

— Mon fils, je suis l'évêque de Milan. Je revenais du Saint-Sépulcre avec ces braves gens que vous voyez, lorsque notre vaisseau se mit à dériver par une tempête affreuse ; j'ai pu sauver mon équipage et une partie de celui d'un vaisseau turc qui a été submergé sous nos yeux...

Huon consola l'évêque de Milan, lui conta son aventure et lui fit espérer le secours céleste. Ensuite il le conduisit au château, suivi de ses plus fidèles serviteurs, qu'il renvoya, au bout d'une heure, chargés de vivres pour ceux qui étaient restés sur le rivage.

Après avoir fait lire à l'évêque l'inscription qu se trouvait tracée sur la trappe mystérieuse, il lui conseilla d'exhorter les Turcs à recevoir le baptême.

L'évêque approuva ce dessein, et, tout aussitôt, il se mit à catéchiser les mécréants, ses compagnons. Son âge avait de l'autorité, sa parole avait de l'éloquence : quelques-uns de ces infidèles se laissèrent gagner aux vérités nouvelles qu'il leur enseignait. Dix d'entre eux persistèrent dans leur foi, et ce ne fut que la faim qui leur arracha des promesses d'abjuration, qu'ils se promirent bien de ne pas tenir.

On leur donna, en conséquence, des vivres comme à leurs camarades, plus sincères qu'eux ; mais, à peine ces dix hommes eurent-ils porté à leurs lèvres les aliments qu'on venait de leur octroyer, qu'ils tombèrent foudroyés.

Le lendemain, un griffon monstrueux s'abattit sur un des cadavres de ces dix mécréants, le prit dans ses puissantes serres, et l'emporta dans les airs.

Le lendemain et le jour suivant, le griffon reparut et emporta chaque fois un mécréant.

Alors Huon de Bordeaux conçut un projet audacieux, comme seul il était digne d'en concevoir, avec son goût pour les aventures.

Malgré la présence de l'évêque de Milan et son commerce affectueux et agréable, Huon continuait à sentir le poids de la solitude.

Il se voyait condamné à vivre éternellement dans cette île étrange, sans communication possible avec le reste de la terre.

Il était jeune, il avait, quelque part au monde, une femme adorée, une fille idolâtrée, un royaume à gouverner ; et puis, la sève des passions nobles et généreuses bouillonnait en lui : il se sentait fait pour les conquêtes et les grandes batailles !

Il résolut donc de sortir de cette île, et, pour cela faire, voilà le moyen qu'il imagina.

Il avait remarqué que, dans ses trois visites aux Turcs morts, le griffon s'était appliqué à choisir, chaque fois, celui qui lui paraissait le plus fort : probablement parce qu'il représentait un plus copieux repas pour lui !...

Alors, malgré les représentations de l'évêque de Milan, Huon de Bordeaux se couvrit de deux cottes de mailles solides, plaça son épée nue le long de sa cuisse, et s'étendit, la face contre terre, parmi les cadavres qui restaient encore et dont, selon toute apparence, le griffon reviendrait faire sa proie.

En effet, le griffon revint, et, comme l'avait bien prévu Huon, il le choisit comme une meilleure proie, le prit dans ses longues serres et l'enleva.

CHAPITRE XXXII.

Des suites de l'enlèvement de Huon de Bordeaux par le griffon, et comme, après avoir été abandonné sur une haute montagne, il eut à se défaire de trois autres griffons qui l'attaquaient. Comme ensuite il découvrit la fontaine de Jouvence, et partit pour revenir chez lui.

Durant quelques heures, Huon ne vit que le ciel et la mer. La hauteur à laquelle s'élevait le griffon était prodigieuse, et le duc de Guienne éprouvait un vertige insurmontable. Joignez à cela la douleur cruelle que lui faisait éprouver les griffes d'acier du monstre fabuleux qui l'enlevait et qui, à chaque minute, entraient plus avant dans sa chair, à travers les mailles, serrées pourtant, de son double haubert.

Toutefois, malgré les souffrances sérieuses qu'il ressentait, Huon ne perdit ni sa présence d'esprit, ni son courage, et malgré son éblouissement, il se décida à regarder la route que le griffon suivait dans son vol gigantesque.

Au bout de quelques heures, il aperçut une montagne dont le faîte se perdait dans les nuages, et, le vol de son conducteur redoublant d'impétuosité, il fut en peu d'instants porté sur ce faîte, où le griffon le laissa tomber assez doucement, pour reprendre son vol vers une autre montagne qui s'élevait à quelque distance de là.

Huon se remit bientôt du léger étourdissement occasionné par sa chute. Il commençait même à parcourir le sommet de cette montagne pour tâcher de se reconnaître, lorsque trois autres griffons, d'une taille moins effrayante que le précédent, vinrent fondre sur lui, les ailes déployées.

Huon reçut l'un de ces trois redoutables ennemis sur la pointe de son épée, et le fit tomber mort. Quant aux deux autres, ils s'acharnèrent avec rage contre lui, essayant de rompre de leur bec acéré les mailles des hauberts dont il était revêtu, afin de lui déchirer la chair et de lui dévorer les entrailles.

L'intrépide Huon, qui ne connaissait pas la peur, se releva avec force et s'escrima contre eux de telle sorte, qu'au bout de quelques instants il était parvenu à s'en débarrasser.

Mais ce fut une autre affaire ! Aux cris formidables que ces monstres poussèrent en mourant, le grand griffon accourut à tire d'ailes et fondit sur Huon, avec la rapidité d'une flèche, pour l'enlever. Huon soutint bravement ce premier choc et d'un coup d'épée habilement porté, il lui coupa une patte, puis l'autre, puis la tête, malgré les efforts désespérés du monstre dont l'agonie fut sanglante pour le duc de Guienne.

Les coups de bec du grand griffon avaient fait l'ouvrage de coups de poignard. Les cottes de mailles de Huon avaient été déchirées en plusieurs endroits, et le sang du brave chevalier coulait abondamment par ces déchirures.

Par bonheur, le combat avait cessé, le grand griffon était mort. Huon, épuisé par la fatigue et par le sang qu'il perdait, se traîna vers une fontaine qu'il aperçut à quelque distance.

Cette fontaine était ombragée par des arbres couverts des fruits les plus appétissants du monde ; l'eau qui en sortait était pure et les cailloux sur lesquels elle roulait avec un doux murmure brillaient comme autant de diamants.

Huon délaça son casque, puisa de l'eau de cette fontaine avec le creux de sa main et la porta à ses lèvres.

Tout aussitôt son sang cessa de couler, ses blessures se fermèrent et ses forces se trouvèrent réparées comme par enchantement ; elles redoublèrent même lorsqu'il eut mangé les fruits des arbres merveilleux qui ombrageaient cette fontaine miraculeuse.

Il se leva, se secoua, reprit pour ainsi dire possession de lui-même, et se mit à parcourir le sommet de la montagne.

Jamais la nature ne lui avait paru si plantureuse et si belle.

Les fleurs croissaient sous ses pas et embaumaient l'air tout à l'entour.

Les arbres penchaient devant lui leurs branches chargées de fruits savoureux, comme pour l'inviter à y mordre avec les dents de l'appétit et de la jeunesse.

Huon, dans son enthousiasme, se crut de bonne foi transporté dans l'Eden dont, hélas! nous avons été chassés pour longtemps, dans la personne de notre aïeul Adam, et par suite de la gourmandise de notre grand'mère Ève!...

L'amant d'Esclarmonde ne sortit de ce ravissement que pour écouter une voix mélodieuse comme une flûte de cristal, qui venait de l'appeler par son nom.

— Huon, dit la voix, rends grâce au ciel qui, pour récompenser ton honnêteté et ta vaillance, t'a fait parvenir à la fontaine et à l'arbre de Jouvence, dont les hommes parlent sans cesse avec envie, et que peu d'entre eux connaissent, parce que peu d'entre eux méritent de la connaître... On t'octroie en ce moment l'inappréciable faveur de cueillir trois pommes, trois seulement, de cet arbre merveilleux; chacune de ces pommes a le pouvoir de rendre les forces et la beauté de la jeunesse au vieillard le plus accablé du poids des années et des maladies : sache les employer utilement, car une fois que tu t'en seras servi, elles ne se renouvelleront pas. Les faveurs comme celles-là ne se prodiguent pas!... Maintenant, fais une provision des autres fruits de ce jardin enchanté, et, cette provision faite, descends sur ta droite, par ce sentier que tu vois d'ici et qui te conduira sur le bord d'une rivière; monte sur l'esquif que tu trouveras amarré sur le rivage; abandonne-toi, plein de confiance, aux soins paternels de la Providence, et je te promets que tu reverras un jour ta Clairette et ton Esclarmonde bien-aimées!...

Puis la voix cessa de parler; Huon n'entendit plus qu'une harmonieuse vibration de l'air, qui semblait ainsi continuer les paroles dont ses oreilles étaient pleines et que son cœur avait précieusement recueillies.

Il se prosterna alors et remercia à voix haute l'Auteur des êtres et des choses, le grand ordonnateur des mondes, qui veille avec tant de sollicitude sur sa création et sur ses créatures, quoique les hommes semblent ou fassent semblant de l'ignorer, et qui a autant de regards de tendresse pour la fourmi perdue dans l'herbe, que pour l'empereur tapi sur son trône.

Il se releva ensuite, prit le sentier indiqué, arriva au bord de la rivière et aperçut en effet une petite nauf amarrée. Une petite nauf qui valait certes plus cher que les galions qui font la traversée d'Amérique, car elle était enrichie d'or, d'ivoire et de pierreries!

Huon n'hésita pas à s'embarquer, confiant dans son étoile et dans la promesse de la voix qu'il venait d'entendre. Il sauta dans l'esquif et s'abandonna au cours de la rivière qui, d'heure en heure, lui parut augmenter de vitesse.

Au bout de deux jours de cette agréable navigation, le lit de la rivière lui parut se rétrécir de plus en plus, jusqu'à l'arcade d'un canal souterrain où l'esquif vogua plus rapidement, et où le jour disparut bientôt à ses yeux.

Huon resta une semaine entière dans cette obscurité, vivant des fruits savoureux qu'il avait cueillis sur les arbres de la montagne enchantée, et songeant, pour se distraire, à son Esclarmonde et à sa Clairette.

Le neuvième jour, la barque s'étant arrêtée dans un tournant, le chevalier fut très surpris que l'eau paraissait comme éclairée d'une lumière qui n'était pas la lumière du jour. Sa curiosité s'éveilla ; il chercha à connaître la cause de cette phosphorescence étrange, et bientôt il s'aperçut qu'elle venait des cailloux du fond de la rivière, peu profonde à cet endroit-là.

Il se pencha, plongea son bras dans l'eau et en ramena une poignée de ces cailloux brillants, puis une autre poignée, puis une autre encore, de façon à remplir le fond de sa petite nauf.

Cela fait, il donna un fort coup d'aviron et la barque rentra dans le courant, qui l'entraîna plus rapidement que jamais.

Il avançait toujours au milieu des plus opaques ténèbres qu'illuminaient seuls les cailloux qu'il avait ramassés.

Bientôt il entendit au-dessus de la voûte qui couvrait le canal, un murmure effroyable, tel que celui des vagues agitées et des torrents roulant du faîte des montagnes.

Un autre que lui eût conçu de l'épouvante. Huon avait le courage et la foi, tous deux à l'épreuve : il continua à avancer. Et il fit bien, car, à mesure qu'il avançait, les ténèbres s'éclaircissaient, et le tumulte s'apaisait.

Quelques heures après, l'esquif que montait le duc Huon sortait de ce canal prodigieux et entrait dans une mer profonde et tranquille, qui était la mer Persique. Les voiles de l'esquif, carguées jusqu'alors, se déployèrent et s'enflèrent d'elles-même, et le second jour, au lever du soleil, Huon de Bordeaux abordait dans le port de Tauris.

CHAPITRE XXXIII.

Comme Huon, après avoir abordé à Tauris, rencontra le chevalier Bernard ; de la réception qui lui fut faite par le vieil amiral de ce pays, et du miracle qu'il opéra en faveur de ce chef de mécréants.

Tauris était la capitale d'un riche pays gouverné par un vieil et puissant amiral. Son port était large et bien abrité; le commerce y paraissait florissant; la population y était nombreuse.

Aussi, à l'aspect de la nauf éblouissante montée par Huon de Bordeaux, un grand concours de peuple et de mariniers accourut en poussant des cris d'admiration. Quelques étrangers étaient parmi eux, le chevalier Bernard et deux chevaliers bordelais, ses amis.

Le chevalier, on ne l'a pas oublié, était le cousin de Huon de Bordeaux. C'était lui qu'Esclarmonde avait chargé de conduire Clairette à l'abbaye de Cluny. C'était lui, enfin, qui avait aidé l'abbé, oncle de Huon, à tuer le neveu de l'empereur Thierry, lors de son retour de Guienne.

A l'instigation de Clairette, Bernard était parti, suivi de deux chevaliers, à la recherche du mari d'Esclarmonde, et c'est de cette façon qu'il se trouvait à Tauris, près de s'embarquer, n'ayant rien appris dans cette ville touchant son cousin.

En l'apercevant au moment où il ne comptait plus le revoir, Bernard vola à sa rencontre, et, pendant quelques instants, ils se tinrent tous deux étroitement embrassés.

— Mon cher Bernard! disait Huon, les larmes aux yeux.

— Mon cher Huon! disait Bernard avec le même attendrissement.

— Et Esclarmonde? comment l'avez-vous laissée? Dans quel état? Et Clairette? Est-elle aussi belle que sa mère?...

— Esclarmonde est prisonnière de l'amiral Thierry... Mais rassurez-vous, cousin Huon : elle est traitée avec tous les honneurs dus à son rang, à son sexe et à sa beauté!... Quant à Clairette, elle grandit tous les jours en grâce et en bonté, élevée qu'elle est par cet excellent éducateur qui s'appelle l'abbé de Cluny...

— Ma chère Esclarmonde!... Prisonnière!... Pourquoi suis-je parti?

— Maintenant que vous voilà retrouvé, cousin Huon, vous la délivrerez facilement; et, d'ailleurs, vous nous permettrez bien de vous aider dans cette bonne œuvre, n'est-ce pas?...

— Chère Esclarmonde! murmura Huon, qui était devenu tout songeur et tout mélancolique.

Pendant ces épanchements des deux cousins, on avait été prévenir l'amiral du débarquement de cette nauf merveilleuse et on lui avait donné, tout naturellement, la curiosité de s'assurer du fait par ses propres yeux. En conséquence, il envoya immédiatement quérir le duc Huon, qui obéit et se rendit auprès de lui.

— Vassal, lui dit-il, tu me parais étranger, et d'une religion différente de la mienne?...

— C'est vrai, seigneur.

— Si tu veux être reçu dans mes Etats, commence par me payer le tribut que tu me dois!.....

— Seigneur, rien n'est si juste, et je m'y suis préparé!...

Tirant alors de son aumônière une escarboucle et une émeraude d'une grosseur prodigieuse, Huon les présente à l'amiral et lui dit :

— Cette escarboucle, seigneur, a la propriété de garantir celui qui la porte de toute espèce de poison et d'enchantement; cette émeraude permet à son possesseur de ne rien craindre du péril, soit du fer, soit du feu. Daignez, seigneur, les accepter toutes deux pour mon premier hommage.

L'amiral, qu'une longue expérience rendait connaisseur dans les ouvrages de la nature, comme dans le commerce des hommes, admira la richesse de présent et crut y voir quelque chose de surnaturel.

Ce vieillard vénérable, qui rendait ses sujets heureux depuis près de quatre-vingts ans, en était littéralement adoré, chose rare! car ce ne sont pas toujours les meilleurs princes qui ont les meilleurs sujets.

Sa justice, ses mœurs, étaient célébrées dans toute l'Asie : il ne manquait, à tant de vertus réunies, que d'être éclairées par les lumières de la religion chrétienne.

— Noble étranger, répondit-il à Huon, le présent que vous me faites vaut plus que les quatre meilleures cités de mes Etats; je désire le reconnaître d'une manière efficace... Venez avec moi, ouvrez-moi votre cœur, et croyez, de ce moment, que votre confiance vous acquérera l'ami le plus zélé!...

Huon éprouva aussitôt, pour ce vénérable vieillard, ce sentiment secret qui nous prévient et nous attache : il n'hésita pas à lui raconter toutes ses aventures.

L'amiral fut attendri et émerveillé; il ressentait pour Huon la sympathie que Huon ressentait pour lui : leurs âmes étaient sœurs, quoique leurs croyances religieuses fussent ennemies.

— Ah! que ne suis-je encore en état de porter les armes! s'écria-t-il. Je vous conduirais moi-même à Mayence, à la tête de cent mille hommes, pour délivrer la femme qui vous est si chère et dont la captivité fait couler vos larmes!... Les glaces de l'âge m'empêchent seules de prendre le commandement de l'armée que je vais assembler pour marcher sous vos ordres.....

— Ah! seigneur, dit Huon en se jetant à ses genoux, vous pouvez faire encore plus pour mon bonheur... Votre vertu vous rend l'égal des plus vertueux chrétiens, et cependant vous restez au-dessous des plus vulgaires, à cause de votre aveuglement religieux... Vous adorez un Dieu qui ne peut rien; j'adore un Dieu qui peut tout! Voyez les miracles qu'il a faits en ma faveur, moi qui ne suis que son indigne serviteur!... Songez à ceux qu'il ferait pour vous, si vertueux, si honnête, si hospitalier, si grand!... Les miracles ne lui coûtent rien, et si vous tourniez vos regards et vos vœux vers lui, en lui demandant de vous rendre la jeunesse, la santé et la vigueur que vous n'avez plus, il vous les rendrait!... Croyez et vous serez sauvé!...

L'amiral, surpris des promesses ambitieuses que Huon de Bordeaux osait lui faire, ne balança pas à lui promettre qu'il embrasserait la religion chrétienne si l'un de ces miracles s'accomplissait.

— Faites assembler toute votre cour, dit alors le duc Huon, et les principaux chefs de votre armée, c'est en leur présence que je vais implorer pour vous les bienfaits du Dieu dont ils vont connaître toute la puissance.....

Le vieil amiral n'hésita plus. En un clin d'œil,

toute sa cour et un grand nombre de ses sujets furent rassemblés.

Il monta avec Huon sur une estrade assez élevée, de façon à ce que tout le monde pût voir ce qui allait se passer.

Toute l'assemblée était haletante ; on avait entendu parler d'un miracle, et, de tous temps, les miracles ont eu le privilége d'impressionner vivement la foule.

Huon se prosterna, fit une prière mentale ; puis, se relevant, il présenta à l'amiral une des trois pommes qu'il avait cueillies sur l'arbre de Jouvence, et il lui dit :

— C'est au nom du sublime crucifié que je vous la présente... Mangez et croyez !...

— L'amiral prit la pomme, la mangea, et, sur-le-champ, ses rides s'effacèrent, ses dents reparurent, sa barbe et ses cheveux blancs reprirent leur couleur primitive, ses forces lui revinrent : il avait trente ans !

Le miracle était évident pour tout le monde : tout le monde cria au miracle.

— Si je peux faire cela, moi, indigne serviteur d'un Dieu omnipotent, dit Huon de Bordeaux à l'amiral, jugez de ce que ce Dieu lui-même peut faire !...

L'amiral était trop heureux d'être jeune pour hésiter plus longtemps à embrasser une religion à laquelle il devait un si beau cierge : il demanda à l'instant même à être baptisé, puisque le baptême était le premier acte, l'acte le plus important de cette religion.

Après l'amiral, les grands dignitaires de sa cour ; après la cour, le peuple.

Le peuple avait vu ; pour lui il n'y avait pas de preuves plus irrécusables de la préexcellence de la religion chrétienne sur la religion mahométane, que ce qui venait de s'accomplir en faveur de l'amiral de Tauris.

Mahomet promettait bien des choses à ses élus, mais ses promesses ne devaient recevoir leur exécution qu'après la mort, et c'était un peu trop éloigné et un peu trop vague ; tandis qu'ici, on pouvait toucher le miracle du doigt. Le peuple est volontiers imitateur ; il est troupeau : il suit.

Le peuple de Tauris fit ce qu'avait fait son chef : il se convertit. Probablement avec l'espérance de jouir, comme son chef, des bénéfices de cette conversion.

Le baptême de tant de gens dura quelques jours, on le comprend.

Quand les derniers païens eurent été chrétiennisés, l'amiral de Tauris, plein de reconnaissance pour Huon de Bordeaux, rassembla incontinent une armée formidable pour aller délivrer la belle Esclarmonde.

CHAPITRE XXXIV.

Comme, pendant la traversée, Huon se fit descendre dans une île d'un aspect sinistre ; et de ce qu'il y rencontra.

Sitôt que fut prête la flotte que l'amiral avait sur la mer Noire, son armée s'embarqua, avec une quantité suffisante de munitions de bouche et d'armes de toute espèce, et on mit le cap vers la forte ville d'Angorie, dont le peuple était le plus cruel ennemi des chrétiens.

L'amiral avait ses raisons pour en agir ainsi : il voulait profiter de son voyage pour semer sur sa route les vérités nouvelles que Huon de Bordeaux lui avait enseignées, et les répandre, avec l'eau du baptême, sur la tête de tous les mécréants.

Mais un coup de vent ayant approché le principal vaisseau de la flotte d'un rocher élevé qui servait de promontoire menaçant à une grande île d'un aspect sombre, Huon demanda ce que c'était, et on lui apprit que cette île était appelée le Désert d'Abillant, et que nul chrétien ne pouvait en approcher sans perdre la vie.

Vous connaissez Huon de Bordeaux : c'en fut assez pour animer son zèle et son courage, et, malgré les remontrances et les prières de l'amiral, il s'embarqua sur une chaloupe et se fit descendre sur le bord de cette île si mal famée.

A peine y fut-il arrivé qu'un nouveau coup de vent éloigna la flotte, qui gagna forcément le large ; et sa chaloupe s'étant brisée contre les rochers, Huon demeura seul en ce lieu sinistre, sans autre ressource que son courage et sa foi en son étoile.

Il employa le reste du jour à gravir cette montagne, et, quand la nuit fut venue, il la passa sous l'anfractuosité d'un rocher qui lui avait paru propre à lui servir d'abri.

Rien ni personne ne troubla son sommeil. A la pointe du jour, il se leva et se mit en marche.

Une heure après, il avait atteint l'extrême sommet de la montagne, qui formait une vaste planimétrie.

Il la parcourut quelque temps sans rien voir d'extraordinaire. Mais, à force de s'avancer, en quête d'aventures, il aperçut bientôt un gros tonneau bardé de fer, qui roulait avec autant de bruit que de rapidité sur cette plaine. Il s'approcha pour le voir rouler de plus près. Lors, il en entendit sortir des gémissements affreux, et, rencontrant sous ses pieds un lourd maillet de fer, il s'en servit pour arrêter ce tonneau fantastique.

Une voix plaintive s'écria :

— Qui es-tu, toi qui suspends pour un instant mon supplice ?...

— Je suis un homme, répondit Huon, et, comme tel, je m'intéresse à ton sort, qui me paraît fort à plaindre. Dis-moi, à ton tour, qui tu es, et comment je peux te donner du secours...

— Prends ce maillet de fer, dit la voix avec plus de force, et brise ce fatal tonneau, où je souffre comme un damné depuis tant d'années... Une fois délivré par toi, je te promets, en récompense, de te tirer de cet horrible désert où jamais n'est arrivé le son de la voix humaine...

— Comment t'y prendras-tu? demanda Huon, chez qui le courage n'excluait pas la prudence.

— Je te ferai descendre par un sentier à gauche, jusqu'au bord de la mer, où nous trouverons un démon qui m'attend depuis longtemps, et qui nous fera traverser, dans son esquif, le bras de mer qui nous sépare de la terre ferme...

— Mais, reprit Huon, tu ne m'as point répondu jusqu'ici sur ton sort, sur ton nom, sur le pouvoir qui te retient prisonnier dans ce tonneau...

— Ah! dit la voix avec un frémissement douloureux. Je suis le malheureux Caïn...

— Caïn! s'écria Huon, épouvanté par cet aveu.

— Oui, Caïn !... J'ai tué mon frère Abel, parce qu'il était le préféré de mon père et de ma mère... Voilà de cela quatre mille ans... et, depuis ce temps, je roule, en expiation de mon crime, dans ce tonneau hérissé de pointes ardentes qui me déchirent et où grouillent des serpents qui me mordent sans que je puisse jamais mourir!... Mais je puis être délivré... Tu m'as promis de me secourir... Sers-toi du maillet de fer... dépêche-toi, je souffre comme un damné !...

Huon, épouvanté, lâcha le tonneau qui, roulant avec plus de rapidité que jamais, le mit bientôt hors de portée d'entendre les hurlements et les imprécations de ce fratricide.

Il ne négligea pas, cependant, les renseignements qu'il en avait reçus ; et, prenant le maillet de fer sur son épaule, il descendit au bord de la mer.

Le démon était, en effet, à la place indiquée, attendant Caïn. Huon monta dans sa chaloupe qui lui fit traverser le bras de mer et aborder sur une côte voisine d'Angorie.

Une fois qu'il eut touché terre, il se retourna pour remercier son nautonnier ; le démon avait disparu. Ce dont Huon ne fut réellement pas fâché.

CHAPITRE XXXV.

Comme Huon retrouva l'amiral de Perse, et comme ensuite il s'en sépara à Marseille pour reprendre le chemin de l'abbaye de Cluny. Du miracle opéré par sa seconde pomme, et de la reconnaissance de son oncle et de Clairette.

Nous venons de le dire, Angorie n'était pas éloignée de la côte où venait de descendre Huon : il s'y rendit et y arriva précisément au moment où l'amiral de Perse, son ami, se disposait à donner l'assaut à cette place.

Huon se mit à la tête des troupes et les conduisit à la brèche, sur laquelle il arbora de sa main l'étendard de la croix.

La ville emportée, le reste du pays soumis, l'amiral de Perse eut le chemin libre pour se rendre à Mayence avec Huon de Bordeaux.

Les troupes se réembarquèrent donc et les vaisseaux firent route vers leur but définitif. Au moment où ils touchaient Marseille, il prit au duc de Guienne la fantaisie de s'arrêter là. En conséquence, il remercia l'amiral, prit congé de lui, et, suivi de son cousin Bernard, de ses deux chevaliers et d'un mulet qui portait une partie de ses pierreries, il descendit à terre.

Le lendemain la petite caravane quitta Marseille et prit la route de Cluny. Huon avait laissé croître sa barbe. Quand il fut à l'avant-dernière journée de sa marche, il fit rester Bernard et sa suite en arrière, et se présenta, sous l'habit d'un pauvre pèlerin à la porte de l'abbaye.

L'abbé de Cluny était hospitalier, surtout envers les plus pauvres, envers lesquels sa charité se faisait la plus ingénieuse du monde, pour que rien, en elle, ne pût froisser les malheureux qui y avaient recours.

Seulement, depuis le départ de Huon de Bordeaux pour les pays inconnus dont il n'était pas encore revenu, à ce qu'il supposait tout naturellement, cet homme de bien demandait pour récompense à chaque pèlerin qu'il assistait, de lui raconter tout ce qu'il avait vu et entendu dans le cours de son pèlerinage ; espérant ainsi obtenir, à la longue, quelques nouvelles de son cher neveu. Un homme ordinaire peut vivre et mourir inconnu; mais Huon de Bordeaux était un chevalier d'un trop grand renom pour qu'il pût être vivant dans un coin de l'univers créé sans y être connu comme ami ou comme ennemi.

Jusque-là aucun des pèlerins interrogés par l'abbé de Cluny n'avait pu, cependant, lui donner le moindre renseignement sur le sort de son neveu.

Lorsque Huon, parfaitement déguisé, eut été assisté par lui avec sa bienveillance accoutumée, il ne manqua pas de l'interroger, comme il avait fait des autres.

Huon, attentif à déguiser sa voix, et plus encore à cacher l'émotion qu'il éprouvait en revoyant cet oncle si cher, accablé par le poids des années qui avaient abondamment neigé sur sa tête, Huon lui raconta quelques-unes de ses aventures, sous un autre nom que le sien, bien entendu; et, quant au neveu qu'il regrettait et dont il souhaitait si ardemment le retour, il lui affirma qu'il l'avait rencontré à Tauris, et que, par parenthèse, il avait été témoin oculaire du miracle du rajeunissement opéré par lui sur l'amiral de Perse.

Le bon abbé et ses religieux, qui étaient tout oreilles, et écoutaient avidement le récit du faux pèlerin, commencèrent à douter de sa véracité et le prirent dès ce moment pour un aventurier impudent.

Huon soutint la vérité de son récit, en leur disant :

— Ce miracle que je vous garantis pour vrai, s'il n'est pas tout-à-fait vraisemblable, arriva par la vertu d'une pomme à peu près semblable à celle que voilà... Plût au ciel que celle-ci pût produire le même effet sur monseigneur l'abbé ! Jamais elle ne pourrait être mieux employée... et je serais heureux, pour ma part, d'avoir pu ainsi récompenser de l'hospitalité patriarchale qu'il m'a accordée et qu'il accorde chaque jour aux pauvres vagabonds de mon espèce...

Le vieil abbé sourit, prit la pomme, seulement pour l'examiner, mais sans croire un instant à sa vertu ; et il fut très étonné du parfum délicieux qu'elle répandait.

— Je ne sais pas, dit-il, si elle rajeunit effectivement, comme vous me l'assurez, mon ami ; mais je sais bien qu'elle donne appétit de la manger. Si les dents que je n'ai plus existaient encore pour quelques instants, je n'hésiterais pas à la croquer... Les fruits qui sentent si bon ne peuvent pas être de méchants fruits, et les maléfices ont une odeur repoussante qui devrait préserver les faibles d'y succomber...

Huon pressa l'abbé de Cluny de manger la pomme qu'il lui avait présentée ; il y mit tant d'instance, que le bon vieillard ne put s'y refuser. Il mordit dans ce fruit savoureux avec les dents de la foi.

Quel fut son étonnement et celui des religieux, lorsqu'ils eurent aperçu un changement aussi soudain que celui que l'amiral de Perse avait éprouvé !

L'abbé de Cluny avait non-seulement retrouvé les dents dont il regrettait tout à l'heure si amèrement l'absence, mais encore ses cheveux, sa santé, sa vigueur, sa jeunesse d'autrefois : il avait trente ans !...

Son premier mouvement fut de s'agenouiller et de remercier le ciel ; le second fut, après s'être relevé, de regarder attentivement le pèlerin, son bienfaiteur, et de se jeter dans ses bras, en s'écriant :

— Ah ! mon cher neveu, tout autre que vous aurait-il pu me faire un si grand sacrifice !...

Des cris de joie, de surprise et d'admiration s'élevèrent alors de toutes parts.

La belle Clairette accourut à ces cris ; elle vit Huon de Bordeaux, tendrement embrassé par l'abbé de Cluny ; son cœur parla ; elle ne douta plus que ce pèlerin ne fût son père : alors elle se jeta à ses genoux et les mouilla de larmes abondantes.

— Mon père ! mon cher père ! s'écria-t-elle, en mêlant aux mots de tendresse qu'elle lui adressait, des actions de grâce à la Providence qui lui rendait un père adoré et longtemps attendu.

Huon, dont les entrailles avaient été délicieusement remuées à la vue de sa Clairette et au son mélodieux de sa voix d'ange, la releva, l'étreignit à son tour avec passion, et la couvrit de baisers, dont la moitié au moins, il faut le dire, étaient adressés à Esclarmonde.

On ne raconte pas des moments comme ceux-là. On laisse le soin de les imaginer, aux voyageurs qui ont eu cet accueil après quelques années d'absence. Rien qu'à cause de l'ivresse ineffable que l'on éprouve à revoir les créatures qu'on avait abandonnées pour courir le monde, on se ferait voyageur ! Ceux qui n'ont jamais quitté le foyer familial ignorent cette suprême jouissance, cette indescriptible volupté du retour : il faut les plaindre !...

L'abbé de Cluny, rajeuni et regaillardi, voulut prendre la résolution de rassembler ses troupes, de demander au roi de Bourgogne le secours que tout suzerain devait à ses grands vassaux, lorsqu'ils étaient injustement attaqués dans leur personne ou dans leurs possessions, et de marcher, à main armée, à Mayence, pour redemander Esclarmonde à l'empereur Thierry.

Mais Huon, pénétré de confiance dans les secours d'une Providence qui semblait l'avoir toujours conduit et qui l'avait tiré des plus grands périls, supplia son oncle de le laisser partir seul pour Mayence, sous son même habit de pèlerin ; il lui demanda, en outre, de ne faire avancer les troupes qu'il allait rassembler, que sur la frontière qui séparait la France de la Germanie.

CHAPITRE XXXVI.

Comme Huon arriva à Mayence; et de son entretien avec l'empereur Thierry. De l'emploi qu'il fit de sa dernière pomme. Son entrevue avec Esclarmonde ; leur retour dans leurs États.

uon, dès le lendemain, partit effectivement seul, n'ayant d'autre arme que son bourdon, et muni seulement de quelques légères provisions, ainsi que de deux pierres précieuses et de la troisième pomme qui lui restait des trois qu'il avait cueillies sur l'arbre de Jouvence.

Il marcha, marcha, marcha, s'arrêtant seulement le temps nécessaire à son repos. Bientôt il arriva à Mayence.

C'était précisément la veille d'une grande fête. Huon apprit, dans le faubourg où il s'était logé, que l'empereur Thierry devait la célébrer solennellement, avec une magnificence inusitée, tant par la pompe qui devait y être déployée, que par les bienfaits dont cette fête devait être l'occasion.

Ainsi, on disait, entre autres choses, qu'il s'était fait une loi d'accorder ce jour-là un don, tel qu'il pût être, au premier qui se présenterait sous ses yeux dans la chapelle, à la fin de son oraison.

Que de gens, alors, prirent leurs précautions pour être là les premiers! Il n'y avait qu'un favorisé, et il y avait dix mille compétiteurs!...

Une des deux pierres apportées par Huon, avait le pouvoir de rendre invisible celui qui la portait à nu sur son sein. Huon la plaça sur sa poitrine, devint aussitôt invisible et put ainsi franchir les flots pressés de la multitude qui encombraient les issues du palais de l'empereur, et parvenir dans la tribune même où Thierry devait faire son oraison.

Après quelques instants d'attente, qui parurent des siècles à bien des gens, l'empereur arriva, soutenu par deux chambellans.

Pauvre vieillard couronné! il avait vu passer devant lui bien des générations d'hommes, et il était resté debout, comme un chêne séculaire qui n'attend plus que le coup de foudre qui doit le réduire en poussière. Ce n'était plus un empereur; c'était son ombre.

Thierry se plaça donc dans sa tribune, s'agenouilla à grand'peine sur les coussins dorés et fit son oraison, dans laquelle il demanda sans doute au ciel de prolonger le plus possible encore son agonie terrestre.

Ce débris d'empereur n'était pas encore soûl de vivre!

Une fois son oraison faite, il ordonna à ses gardes d'ouvrir les portes et de laisser pénétrer jusqu'à lui ceux qui avaient quelque chose à lui demander. Huon saisit ce moment; il ôta de son sein la pierre qui le rendait invisible, prit l'autre pierre dans sa main qu'il éleva, et, se jetant aux genoux de Thierry :

— Sire, lui dit-il, l'homme le plus malheureux vous requiert le don que vous avez promis d'accorder, et, en reconnaissance, vous offre celui-ci...

L'empereur, ébloui par l'éclat et la beauté de l'escarboucle que Huon tenait à la main, et dont il reconnut à l'instant le prix et les propriétés merveilleuses, releva le duc de Guienne et lui dit :

— J'atteste le ciel, pèlerin, qu'il n'est rien que je ne t'accorde, quoi que ce soit que tu me demandes.

— Sire, s'écria Huon en se jetant une seconde fois à ses genoux, commencez donc par me pardonner le sang que j'ai versé et tous les griefs que vous pouvez me reprocher...

— Pèlerin, répondit l'empereur, ta demande m'étonne; mais je veux être fidèle au serment que j'ai fait... Poursuis donc en toute liberté : je te pardonne, quoi que tu m'aies fait... Mais apprends-moi donc ton nom, afin que je me rappelle en quoi tu peux m'avoir offensé...

— Ah! Sire, dit le pèlerin, je suis ce malheureux Huon de Bordeaux, dont vous avez conquis et ravagé les Etats et dont vous retenez l'épouse prisonnière. Rendez-moi Esclarmonde, Sire; rendez-moi mes Etats; oubliez le crime que Raoul avait commis et la punition que le ciel lui a infligée par ma main; et recevez-moi, ainsi que tous mes sujets, au nombre de vos serviteurs les plus fidèles!...

L'empereur Thierry, frappé d'avoir à ses pieds ce grand prince, qu'il ne pouvait s'empêcher d'estimer comme un héros, et touché, en outre, de la confiance qu'il avait dans sa générosité, releva le duc Huon, autant que ses faibles bras pouvaient le lui permettre !

— Oui, oui, duc de Bordeaux, lui dit-il, tout est effacé, dans mon souvenir, des mauvaises choses qui y plaidaient contre vous... je ne me souviens plus aujourd'hui que de votre vaillance et de votre honnêteté... et je vous accorde tout ce que vous venez de me demander...

A ces mots, l'empereur s'avança au milieu de la chapelle, appuyé sur le bras de Huon; il le fit connaître à ses grands vassaux, étonnés de la présence de ce pèlerin, que personne n'avait vu passer, et il le baisa sur la bouche en leur présence, en signe de réconciliation.

— Ah! Sire, s'écria Huon, attendri par cette soumission du vieillard, sur laquelle il n'osait pas trop compter d'abord. Ah! Sire, que votre belle âme est bien digne de la grande récompense que le ciel vous destine! et que je suis heureux d'être la main qu'il a choisie pour vous donner cette insigne récompense!... Prenez, Sire, et mangez sans crainte! ajouta Huon en présentant à l'empereur la troisième pomme qu'il avait conservée jusque-là.

Le vieillard couronné reçut de ses mains tremblottantes ce fruit miraculeux et le porta sans hésiter à ses lèvres. Tout aussitôt, en présence de sa cour stupéfaite et émerveillée, il se redressa, reprit les couleurs de la santé, les apparences de la vigueur et redevint jeune, lui, le vieillard de tout-à-l'heure, qui avait déjà un pied dans son sépulcre impérial!...

Rendre grâces au ciel, embrasser Huon, le prendre par la main, et le conduire sur-le-champ, d'un pas ferme et léger, au palais où languissait la belle Esclarmonde, fut le soin dont Thierry s'occupa dans ses premiers transports de reconnaissance.

Ils arrivèrent à ce palais, où des cris de joie leur avaient servi de messagers.

Esclarmonde, surprise, vint au devant de l'empereur qu'elle ne reconnut pas, et son cœur palpita en voyant un pèlerin accourir vers elle et se précipiter dans ses bras.

— Cher Huon! s'écria-t-elle, en pâlissant.
— Chère Esclarmonde! s'écria Huon.

L'empereur les vit chanceler tous deux; il les

soutint sans les séparer, comprenant tout ce qu'il y avait de délicieux dans cet évanouissement mutuel, provoqué par un bonheur trop vif et trop inattendu.

Les larmes de ces vrais amants coulèrent en abondance d'une source trop pleine, et leur voix étouffée se refusa à exprimer leurs transports enivrants !

Voulant ensuite réparer en partie les maux qu'il avait fait souffrir à ces heureux époux, Thierry les pria de lui permettre de les accompagner jusqu'à l'abbaye de Cluny.

Huon et Esclarmonde y consentirent et le départ s'effectua presque aussitôt.

Une fois à Cluny, l'empereur y manda tous les officiers qu'il avait établis à Bordeaux et dans la Guienne, pour leur faire prêter serment de fidélité à leur légitime souverain ; puis, au bout de quelque temps, après avoir juré à Huon l'alliance la plus sincère et la plus durable, il se décida, quoique à regret, à retourner à Mayence.

CHAPITRE XXXVII ET DERNIER.

Comme Huon de Bordeaux et Esclarmonde allèrent retrouver Oberon dans sa forêt enchantée, et du don que celui-ci leur fit de son royaume de féerie.

Quant à nos deux amants, ils retournèrent de leur côté à Bordeaux, pour reprendre de nouveau possession de leur duché.

La charmante Clairette les accompagnait, tout naturellement ; et, tout naturellement aussi, le brave chevalier Bernard accompagnait Clairette...

Mais, à peine eurent-ils reçu les hommages de leurs anciens sujets, que Huon se souvint de la promesse qu'il avait faite à Oberon, de l'aller voir dans son bois enchanté, quand le cours de ses malheurs et de ses aventures serait terminé.

Il se décida immédiatement à partir.

Esclarmonde qui partageait la reconnaissance de son mari pour le roi de féerie, voulut le suivre dans ce dernier voyage.

En conséquence, un beau matin, ils se mirent en route, après avoir pris, toutefois, les mesures nécessaires pour assurer le repos de leur duché et le bonheur de l'aimable Clairette, qui avait déjà choisi le chevalier Bernard pour son chevalier.

Ils passèrent les mers et s'en allèrent par monts et par vaux à la recherche du chemin de la forêt enchantée, que Huon finit par retrouver.

Ils s'y engagèrent sans crainte, comme bien vous pensez.

A peine Oberon les vit-il arriver, qu'il se fit porter au devant d'eux.

— Je vous attendais, mes amis, leur dit-il en les embrassant ; je vous attendais pour vous remettre mon royaume de féerie... Il m'est enfin permis de quitter ce monde périssable pour me rejoindre à l'Etre des êtres !...

Il y avait une grande mélancolie dans ces paroles du bon Oberon. Sans doute, il était bien fatigué. C'est si lourd, la Vie !...

Il ne perdit donc pas un moment pour faire prêter à Huon et à Esclarmonde le serment que leur devaient tous les lutins et tous les génies qu'il s'était assujetti depuis longtemps ; il les revêtit ensuite de toute sa puissance, et, cela fait, il s'endormit du sommeil des justes.

FIN DE HUON DE BORDEAUX.

POÉSIES DU SEIZIÈME SIÈCLE

AVRIL

Avril, l'honneur et des bois
    Et des mois ;
Avril, la douce espérance
Des fruits qui, sous le coton
    Du bouton,
Nourrissent leur jeune enfance.

Avril, l'honneur des prés verds,
    Jaunes pers,
Qui d'une humeur bigarrée,
Emaillent de mille fleurs
    De couleurs
Leur parure diaprée..

Avril, l'honneur des soupirs,
    Des zéphyrs,
Qui, sous le vent de leur aile,
Dressent encor ès forêts
    De doux rets
Pour ravir Flore la belle.

Avril, c'est ta douce main
    Qui, du sein
De la Nature, desserre
Une moisson de senteurs
    Et de fleurs
Embaumant l'air et la terre.

Avril, l'honneur verdissant,
    Florissant,
Sur les tresses blondelettes
De ma dame, et de son sein
    Toujours plein
De mille et mille fleurettes.

Avril, la grâce et les ris
    De Cypris,
Le flair et la douce haleine.
Avril, le parfum des dieux,
    Qui, des cieux,
Sentent l'odeur de la prairie.

C'est toi, courtois et gentil,
    Qui, d'exil,
Retire ces passagères,
Ces arondelles qui vont,
    Et qui sont
Du printemps les messagères.

L'aubépine et l'églantin,
    Et le thym,
L'œillet, le lis et les roses
En cette belle saison,
    A foison,
Montrent leurs robes écloses.

Le gentil rossignolet,
    Doucelet,
Découpe, dessous l'ombrage,
Mille fredons babillards,
    Frétillards,
Au doux chant de son ramage.

C'est à ton heureux retour
    Que l'amour
Souffle à doucettes haleines,
Un feu croupi et couvert
    Que l'hiver
Recélait dedans ses veines.

Tu vois en ce temps nouveau
    L'essaim beau
De ces pillardes avettes
Volleter de fleur en fleur
    Pour l'odeur
Qu'ils mussent en leurs cuissettes.

Mai vantera ses fraicheurs,
    Ses fruits meurs
Et sa féconde rosée,
La mousse, et le sucre doux,
    Le miel roux
Dont sa grâce est arrosée.

Mais moi je donne ma voix
    A ce mois
Qui prend le surnom de celle
Qui, de l'écumeuse mer,
    Vit germer
Sa naissance maternelle.

        Rémi BELLEAU.

BAISER

Quand ton col de couleur de rose
Se donne à mon embrassement,
Et ton œil languit doucement
D'une paupière demi close,

Mon âme se fond du désir
Dont elle est ardemment pleine,
Et ne peut souffrir à grand'peine
La force d'un si grand plaisir.

Puis quand s'approche de la tienne
Ma lèvre, et que si près je suis ;
Que la fleur recueillir je puis
De ton haleine ambrosienne,

Quand le soupir de ces douleurs,
Où nos deux langues qui se jouent
Moitement folâtrent et nouent,
Evente mes douces ardeurs,

Il me semble être assis à table
Avec les les dieux, tant suis heureux,
Et boire à longs traits savoureux
Leur doux breuvage délectable.

Si le bien qui au plus grand bien
Est plus prochain, prendre tu me laisse,
Pourquoi ne permets-tu, maitresse,
Qu'encore le plus grand soit mien ?

As-tu peur que la jouissance
D'un si grand heur me fasse dieu,
Et que sans toi je vole au lieu
D'éternelle réjouissance ?

Belle, n'aie peur de cela,
Partout où sera ta demeure,
Mon ciel, jusqu'à tant que je meure,
Et mon paradis sera là.

        Joachim du BELLAY.

SONNET

Voyez, amants, comment ce petit dieu
Traite nos cœurs. Sur la fleur de mon âge,
Amour tout seul régnait en mon courage,
Et n'y avait la raison point de lieu.

Puis quand cet âge, augmentant peu à peu,
Vint sur ce point où l'homme est le plus sage,
D'autant qu'en moi croissait sens et usage,
D'autant aussi décroissait ce doux feu.

Orès mes ans tendant sur la vieillesse
(Voyez comment la raison nous délaisse),
Plus que jamais je sens ce feu d'Amour.

L'ombre au matin nous voyons ainsi croistre,
Sur le midi plus petite apparoistre,
Puis s'augmenter devers la fin du jour.

        Joachim du BELLAY.

PIERRE DE PROVENCE

CLÉOMADES ET CLAREMONDE

CHAPITRE PREMIER.

De qui Pierre de Provence était fils ; du tournoi qu'on donna en son honneur, et des velléités aventureuses qu'il eut, par suite des conseils d'un vieux chevalier. Comme, après cela, il prit congé de sa mère et partit pour la cour de Naples, attiré par la renommée de courtoisie de cette cour, et aussi par la réputation de beauté de la belle Maguelone.

Quelque temps après l'émancipation chrétienne de la Gaule, le comte Jehan de Cerisel, heureux époux de la belle d'Albara, donnait des lois à la Provence, et faisait louer sa sagesse et bénir sa bonté par ses nombreux et fidèles sujets.

Un fils unique, gage de l'amour le plus tendre, faisait la joie et la consolation du comte et de la comtesse de Cerisel. Ce fils, aux premières heures de sa naissance, avait reçu le nom de Pierre, en souvenir de l'humble pêcheur du lac de Génésareth, devenu le prince des apôtres ; ce qui était un bon patron pour un jeune homme noble, destiné aux nobles aventures ; car saint Pierre, malgré son triple reniement, n'avait pas hésité à tirer l'épée hors du fourreau dans le jardin des Oliviers, et à couper l'oreille de Malchus, l'un des serviteurs du grand-prêtre Caïphe. Il en portait les attributs pour armes parlantes, et des clefs peintes sur son bouclier et brodées sur ses vêtements, lui servaient de devise et de parure. Lui aussi devait un jour tirer l'épée pour la défense des justes, et faire des folies chevaleresques en l'honneur des opprimés !...

Le jeune Pierre, à peine sorti de l'adolescence, joignait à tous les agréments de la jeunesse une force prématurée, une taille élevée, des yeux pleins de feu, une démarche altière et l'appétit des grandes choses. C'est ainsi que s'annoncent d'ordinaire les héros.

Le comte et la comtesse de Cerisel, fiers de ce rejeton de leur race, qui promettait de l'illustrer davantage encore, crurent le moment arrivé de l'initier à la chevalerie, et, en conséquence, ils appelèrent à leur cour les princes de leur sang et les chevaliers les plus distingués de leurs états. Les fêtes brillantes eurent lieu à cette occasion et, au bout de quelques jours, Pierre fut armé chevalier par Henri de Provence, son oncle.

Pour donner plus d'attrait et une sorte de consécration à cette grave cérémonie, on organisa un tournoi où Pierre jouta tout naturellement avec les plus experts et les plus courageux et où tout l'honneur du triomphe lui revint, comme pour pronostiquer la brillante carrière qu'il avait à parcourir. Sa mère voulut lui poser sur la tête la couronne qu'il avait si bien gagnée, et il la reçut avec la même joie et le même orgueil que si elle lui avait été remise par une dame d'amour.

On l'embrassa, on le félicita, on le combla de prophéties plus ou moins exagérées, mais toutes sincères; on ne craignit pas de lui prédire les aventures les plus étonnantes et les triomphes les plus éclatants. Un vieux chevalier provençal, couvert de blessures honorables qu'il avait reçues en portant, pendant quarante ans, la bannière de son souverain, vint embrasser le jeune comte et l'admirer avec une cordiale franchise ; puis, les entrailles émues pour lui comme pour son propre fils, il ne craignit pas de lui parler avec cette fière liberté que la vraie vertu donne aux vieillards pour l'inspirer à la jeunesse.

— Sire Pierre, lui dit-il, chaque âge a ses devoirs : à partir d'aujourd'hui vous commencez à en avoir de sérieux. Vous avez rempli à merveille ceux de prince et de damoiseau. A peine avez-vous reçu l'ordre de la Chevalerie, que les palmes de la victoire et de l'honneur vous sont acquises; mais ce ne sont encore que les prémices de celles que vous devez conquérir un jour. La maison paternelle, où vous amolliraient des caresses trop douces, n'est plus faite pour vous dès cette heure. Les grands hasards belliqueux et les douces fortunes d'amour vous attendent. N'avez-vous pas entendu hier ce chevalier italien vanter la valeur et la courtoisie qui règnent dans la cour de Naples, ainsi que les incomparables charmes de la belle Maguelone, héritière de ce beau royaume après la mort de son père, le bon roi Maguelon ? Les plus illustres et les plus vaillants princes de l'Europe travaillent à mériter la main de cette adorable princesse. C'est à cette cour que votre vieux serviteur voudrait vous voir porter vos pas. C'est là que, triomphant des rivaux les plus audacieux ou les plus aimables, par votre valeur et par votre courtoisie, vous pourriez vous signaler dignement, mieux encore qu'à la cour de votre digne père. La belle Maguelone est une conquête précieuse, qui doit tenter le cœur de tout vaillant gentilhomme; peut-être, en cachant quelque temps votre haute naissance et en ne faisant briller que les dons naturels dont vous êtes orné, parviendrez-vous à vous en faire aimer. Conquête difficile, mais, par cela même, glorieuse !

— Ah! mon cher Castellanos, s'écria le prince en embrassant le vieux chevalier pour la bonne inspiration qu'il lui soufflait là ; je veux suivre à l'instant vos conseils! Vous avez raison : je me sens né pour les grandes aventures, pour les nobles périls, pour les fortunes éclatantes... Je n'attendais que le moment d'être armé chevalier pour partir... Mais j'ignorais encore de quel côté, en quel coin du monde je devais aller... Le portrait charmant qu'on a fait cent fois devant moi de la princesse Maguelone était gravé depuis longtemps dans mon cœur en traits de feu : vous venez de me décider. Je n'hésite plus : j'irai à Naples... lorsque j'en aurai obtenu l'autorisation du comte mon père et de la comtesse ma mère, ce qui me sera peut-être bien difficile, hélas!...

— Il est vrai, reprit le vieux Castellanos, que vous êtes l'unique rejeton et l'unique espérance de vos vénérés parents... Il est vrai que, dans le premier moment, le cœur déchiré par votre résolution, ils vous répondront par un refus. Mais, ne désespérez pas. Leur tendresse égale leur équité : ils comprendront, à votre insistance, que c'est un devoir pour vous d'aller acquérir de la gloire, et que c'est un devoir pour ceux de ne pas s'opposer à votre départ. Ils seront les premiers à vous presser d'aller continuer leurs nobles aïeux sur les champs de bataille de l'Europe...

Tout ce que le vieux chevalier avait prévu arriva, lorsque, le lendemain de cet entretien, le jeune Pierre eut confié à son père et à sa mère ses projets de départ. L'un et l'autre s'opposèrent d'abord avec toute l'énergie de leur tendresse pour ce fils adoré ; puis, petit à petit, leur résistance mollit devant les paroles respectueuses et fermes qu'il leur répondit, en alléguant l'honneur de leur illustre nom et l'impérieux besoin qu'il éprouvait de l'illustrer encore par des actions d'éclat.

— Partez donc, cher fils, lui dit la comtesse de Cerisel avec une douce mélancolie ; partez donc, puisqu'aussi bien il est dans notre rôle, à nous autres mères, de nous voir arracher tôt ou tard le fruit de nos entrailles, fille ou garçon, fille pour l'abandonner aux bras d'un époux, garçon pour le livrer aux hasards des combats !... Nous ne sommes mères que pendant de courtes années, celles pendant lesquelles ces enfants, nés de notre sang et nourris de notre chair, se développent et grandissent sous nos yeux avides et inquiets !... Et encore, pendant cette rapide période, que de secousses! La mort n'est-elle pas là qui guette cette innocente proie et qui souvent nous l'arrache, comme plus tard nous l'arracheront le mariage ou les combats chevaleresques?... Non, en vérité, non ! nous ne sommes vraiment mères, et mères heureuses, que pendant que ces enfants remuent dans notre sein... Ils sont trop bien là, nous les protégeons trop bien là pour qu'ils puissent périr !... En tout cas, nous péririons ensemble !... Partez donc, mon cher fils, puisqu'ainsi le veulent la loi du monde et la volonté du ciel !... Partez, mais revenez-nous vite, glorieux et vivant, vivant et heureux surtout !...

Ainsi parla la comtesse de Cerisel, en remettant trois anneaux d'or à son fils, avec prière de ne jamais s'en séparer, quoi qu'il arrivât. Puis elle l'embrassa avec la tendresse passionnée d'une mère encore jeune.

Pierre, alors, reconnaissant de tant d'affection, fléchit respectueusement les genoux, baisa les belles mains de sa mère et lui demanda sa bénédiction, ainsi que celle de son père.

— Sois courageux, honnête et bon ! lui dit le comte, en étendant ses mains au-dessus de sa tête et en le bénissant.

CHAPITRE II.

De l'arrivée de Pierre de Provence à Naples ; de sa victoire dans les joutes données en cette ville, en l'honneur du prince de Spolette ; et de son émotion en présence de la belle Maguelone.

Au bout de quelques jours, Pierre de Provence quitta la cour de son père, suivi d'un seul écuyer et d'un sommier chargé d'or. Quinze jours après, il était à Naples, sans avoir rencontré la moindre aventure sur son chemin.

Précisément, le roi Maguelon venait de faire proclamer, à son de trompe, un tournoi en l'honneur de Henri Caprana, souverain de la marche d'Ancône et de Spolette. Cette nouvelle, on le comprend, réjouit d'aise le cœur du jeune prince provençal : c'était un début !

L'usage était alors, dans toutes les cours de l'Europe qui donnaient de semblables fêtes, l'usage était alors d'admettre à l'honneur de combattre, tout étranger, quel qu'il fût, pauvre ou riche, sans l'obliger à déclarer son nom et sa patrie, mais pourvu seulement qu'il fût armé et monté comme tout chevalier devait l'être. C'était ce qu'on pouvait appeler l'hospitalité de l'épée.

Pierre de Provence sentit toute l'importance du rôle qu'il allait jouer pour la première fois, car le tournoi donné par son père et où il avait été vainqueur, ce tournoi ne comptait pas pour lui. Il considérait celui-ci comme un véritable début. Et les débuts sont tout dans la vie ! C'était sans doute pour cela que les anciens Romains attachaient tant d'importance à sortir de leurs maisons, le matin, un pied le premier plutôt que l'autre : la journée s'en trouvait influencée en bien ou en mal. Qu'est-ce donc que la vie, si ce n'est pas une grande journée ?...

En conséquence, le jeune prince se prépara pendant toute la nuit à paraître avec avantage à ce tournoi, qui devait avoir une influence décisive sur sa vie. Il pensa à sa mère, et aussi à Maguelone, qu'il ne connaissait pas, mais qu'il lui semblait aimer déjà, et qui devait se trouver, tout naturellement, à cette fête brillante. Vaincre d'abord ; ensuite, vaincre devant elle !...

Cette veillée des armes lui fut favorable : elle ne lui donna pas du courage, il en avait une provision suffisante ; elle lui donna une confiance en lui qu'il n'aurait peut-être pas eue en toute autre circonstance. Aussi, fut-il admis d'emblée dans la lice, lorsqu'il se présenta devant les juges du camp, séduits par son air distingué et par la grâce avec laquelle il maniait son cheval.

Bientôt le roi de Naples et sa fille, l'incomparable Maguelone, parurent au balcon qu'on avait préparé pour eux ; et à leur suite vint la cour, aussi nombreuse que brillante. Le signal fut donné et les joutes commencèrent.

Henri Caprana rompit la première lance avec un chevalier espagnol : l'honneur de cette première joute fut égal entre eux. Le second chevalier qui se présenta perdit ses étriers, et laissa tomber sa lance sans toucher Caprana. Mais cette lance, en tombant, fit trébucher le cheval que montait le prince de Spolette, qui fut ainsi désarçonné. Désarçonné ne voulait pas dire vaincu, puisqu'en somme Henri Caprana avait été renversé par son cheval et non par son adversaire ; cependant celui-ci, par une subtilité qui faisait honneur à son imagination beaucoup plus qu'à sa loyauté, prétendait garder pour lui seul l'honneur de la joute. Les juges de la lice, qui avaient moins d'imagination et plus d'équité, lui refusèrent cet honneur, qu'il persista à réclamer. Devant cette évidente mauvaise foi le prince de Spolette refusa de jouter une seconde fois avec lui aussi bien qu'avec tout autre, et comme Achille, se retirant pour bouder sous sa tente, il se retira dans la loge royale, à côté de Maguelon et de Maguelone.

Le chevalier qui avait la prétention de l'avoir vaincu, resta seul dans la lice, en disant bien haut et bien orgueilleusement que Caprana lui cédait la place de tenant et qu'il la soutiendrait contre tous les chevaliers étrangers. Pierre de Provence, que sa sympathie entraînait vers le prince de Spolette, résolut alors de châtier l'insolence et de rabaisser la superbe de celui qui prétendait abuser de sa retraite ; il s'avança. Mais avant qu'il eût pu se mettre sur les rangs, deux autres chevaliers s'étaient présentés dans la même intention que lui et avaient été renversés dans la poussière de la lice.

Pierre sentit redoubler son ardeur et son envie de se mesurer avec cet arrogant chevalier qui, fier de ses deux victoires, incontestées celles-là, se promenait en provocateur dans la lice, en appelant du geste et de la voix des adversaires dignes de lui. En conséquence, il poussa son cheval en avant, et les passes commencèrent.

Tous les regards étaient fixés sur ces deux combattants, qui intéressaient à un point de vue différent : le premier, à cause de son arrogance, le second à cause de ses allures tranquilles et des clefs qu'il portait sur son armure. Au bout de quelques instants, Pierre envoyait rouler sur la poussière cheval et cavalier, et, après avoir salué respectueusement la cour et les juges du camp, il allait s'emparer de la place de tenant, dont cette belle joute le rendait maître.

Ce fut en vain qu'un grand nombre de chevaliers se présenta pour lui disputer cette place si vaillamment conquise ; tous furent obligés de lui céder le laurier, et les acclamations générales confirmèrent le jugement qui le déclarait vainqueur.

Le bon roi Maguelon, en face de ce succès, voulut en connaître l'auteur.

— Prince, dit-il à Henri Caprana, allez-moi quérir, s'il vous plaît, ce brave chevalier inconnu qui porte des clefs sur son armure, sans doute les clefs symboliques avec lesquelles il compte ouvrir les portes de la gloire. Je veux le féliciter et le remercier de l'honneur dont il a illustré cette fête que vous auriez également illustrée vous-même, n'avait été ce vilain chevalier qui vous a si déloyalement chicané votre victoire...

Le prince de Spolette s'inclina, descendit du balcon royal et alla avec empressement vers Pierre de Provence qu'il prit par la main et qu'il conduisit devant la cour assemblée. Pierre, alors, délaça son casque, et l'agitation de la lutte faisant briller son teint des plus vives couleurs, sa jeunesse et sa beauté donnèrent de la surprise et de l'admiration à toute la cour de Naples. Ce ne fut qu'un cri, mais un cri flatteur, qui dut chatouiller agréablement l'orgueil du fils du comte de Cerisel. Le roi, surtout, fut enthousiasmé, et il le présenta lui-même à la princesse sa fille, pour recevoir de ses belles mains le prix qu'il venait de remporter.

Les destinées sont certainement écrites quelque part au ciel. Il y a des âmes-sœurs qui se cherchent et se rencontrent. L'impression de ce premier moment fut égale pour l'incomparable Maguelone et pour le jeune prince de Provence. Leurs yeux devinrent plus brillants dès que leurs regards se rencontrèrent ; mais bientôt un trouble secret, qu'ils n'avaient jamais éprouvé jusque-là, les leur fit baisser à tous deux. A peine Maguelone put-elle poser la couronne d'une main tremblante sur la tête de Pierre. Pierre, éperdu, la baissa jusque sur les genoux de Maguelone ; et, n'osant plus jeter sur elle qu'un regard timide, il ne put la remercier que par un soupir.

— Chevalier, lui dit le roi Maguelon avec bonté, je suis trop heureux de votre succès pour ne pas m'intéresser complétement à vous et vous prier de me dire et votre nom et votre naissance, qui, l'un et l'autre doivent être dignes des actions d'éclat par lesquelles vous débutez dans la chevalerie...

— Sire, répondit respectueusement Pierre, ma naissance n'a rien d'intéressant, mon nom n'a rien d'illustre : je ne suis qu'un pauvre chevalier français en quête d'aventures glorieuses, voilà tout.

— C'est bien dommage ! ne put s'empêcher de s'écrier Maguelone d'un air attendri, mais un peu triste.

— Ah ! dit le bon roi Maguelon, noblesse et modestie vont si bien ensemble, que je soupçonne ce chevalier de nous cacher qu'il est du plus haut lignage... Mais je ne l'en estime que davantage : mieux vaut à la vertu de s'honorer de ses actions que du nom de ses aïeux. Tout annonce en lui vaillance et gentillesse. Chevalier aux clefs, vous irez loin, je vous le prédis ; et je serais fier de vous avoir pour fils !...

Pierre de Provence prit respectueusement congé du roi, sans oser regarder Maguelone, qui ne cessait pas de le regarder, et il se retira, avec sa couronne et son trouble, dans l'humble asile qu'il avait choisi en arrivant à Naples.

CHAPITRE III.

Ce qui arriva de la rencontre de Pierre de Provence et de la fille du roi de Naples ; comme, ensuite, Maguelone, après deux jours d'attente, imagina un moyen très simple de revoir l'aimable chevalier français.

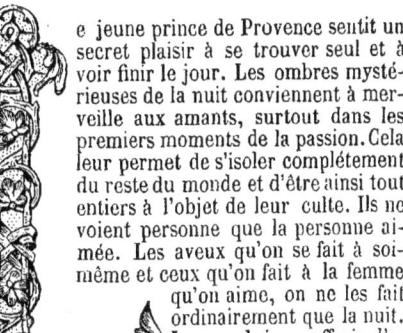

Le jeune prince de Provence sentit un secret plaisir à se trouver seul et à voir finir le jour. Les ombres mystérieuses de la nuit conviennent à merveille aux amants, surtout dans les premiers moments de la passion. Cela leur permet de s'isoler complétement du reste du monde et d'être ainsi tout entiers à l'objet de leur culte. Ils ne voient personne que la personne aimée. Les aveux qu'on se fait à soi-même et ceux qu'on fait à la femme qu'on aime, on ne les fait ordinairement que la nuit. Le grand jour effraie l'amour.

Pendant que Pierre s'abandonnait tout entier à ces rêveries pleines de charme, sans oser espérer que l'incomparable Maguelone pût trouver le même charme à penser à lui, la jeune princesse, de son côté, ne pouvait s'empêcher de soupirer en se rappelant la beauté, la jeunesse et la vaillance du chevalier aux clefs.

On le voit, le malin archerot de Cythère avait percé ces deux jeunes cœurs de la même flèche : adorable blessure, dont on ne meurt jamais !... Ni Pierre, ni Maguelone ne dormaient. Tous les deux se retournaient sur leur couche virginale, en murmurant des mots inconnus, premiers bégaiements d'un amour qui allait bientôt parler si haut en eux. Pierre regrettait de n'avoir pas su profiter des marques de sympathie du bon roi Maguelon, pour s'assurer un libre accès dans sa cour, c'est-à-dire un moyen permanent de voir et d'admirer l'incomparable Maguelone. Maguelone, de son côté, pensait, en soupirant de plus en plus fort, qu'il fallait que ce chevalier aux clefs fût aussi froid qu'il était beau, pour avoir été insensible à ses charmes, ou que sa naissance fût bien obscure, pour qu'il semblât avoir renoncé de lui-même à jouir des droits qu'il avait acquis par sa valeur.

Ainsi pensaient ces deux beaux enfants.

Pierre de Provence passa deux jours dans sa triste retraite, sans oser imaginer un prétexte pour reparaître à la cour du bon roi Maguelon ; et ces deux jours parurent assez longs, assez douloureux même à la jeune Maguelone, pour la déterminer à saisir le seul moyen de ramener le chevalier inconnu, le chevalier de ses rêves. La gloire dont il s'était couvert dans le premier tournoi, lui fit présumer que le désir d'en acquérir une nouvelle le ferait reparaître. Les femmes qui aiment sont décidément plus ingénieuses que les hommes !...

L'idée de Maguelone était simple comme bonjour ; mais enfin, c'était un moyen de retrouver son bel inconnu, qui, il faut l'avouer, quoique amoureux, n'avait pas même trouvé un moyen quelconque de se rapprocher de la belle princesse à laquelle il ne cessait de rêver. Rêver, c'est fort bien, assurément ; mais agir vaut encore mieux. On ne prouve guère sa flamme en rêvant toujours : c'est une flamme inféconde qui vous incendie tout seul et ne consume pas un autre cœur que le vôtre. Les femmes ne détestent pas les rêveurs ; elles sont très contentes qu'on pense à elles ; mais elles sont plus contentes encore lorsqu'on leur dit qu'on y pense...

Maguelone s'applaudit donc de son idée, et, sans plus tarder à la mettre à exécution, elle se leva, dès l'aurore du troisième jour, et courut réveiller le bon roi Maguelon.

— Que faites-vous donc, cher père, lui dit-elle, de tant de chevaliers que vous laissez oisifs dans votre cour et qui brûlent sans doute de signaler leur courage et leur adresse ? Il y a trois jours, vous avez fait proclamer des joutes en l'honneur du prince de Spolette ; ne m'aimez-vous donc pas assez pour en faire proclamer, dès aujourd'hui, de nouvelles en mon nom ?...

En disant cela, la charmante princesse caressait doucement les vieilles joues de son père avec ses jolies mains d'albâtre, et lui présentait à baiser un front candide et pur que le hâle des passions n'avait pas encore mordu. Les jeunes filles savent bien ce qu'elles font, quand elles agissent ainsi. Le père qu'elles cajolent est toujours homme, et il se trouve vaincu avant d'avoir essayé de lutter.

Le bon roi Maguelon adorait d'ailleurs l'incomparable Maguelone. Il ne trouva pas étrange qu'elle vînt le réveiller d'aussi grand matin pour lui demander une chose qu'elle eût pu lui demander à un autre moment. Il se contenta de lui répondre, en l'embrassant tendrement :

— Oui, chère fille, tu as raison... et je te remercie d'avoir songé à cela... Je te laisse maîtresse de tout ; ordonne toi-même tout ce que tu voudras dans ma cour, dont tu es, tu le sais bien, friponne, la véritable souveraine !...

Lors il fit immédiatement réveiller le grand-sénéchal du palais, qui avait à peu près le même âge que lui et qui, malgré cet âge, accourut aux ordres de son maître, violemment intrigué par la matinalité inaccoutumée dont ce dernier faisait montre ce jour-là.

A l'aspect de l'incomparable Maguelone qui, dans sa précipitation à venir trouver son père, avait à peine pris le temps de se vêtir, le vieux sénéchal, ébloui et transporté, crut voir Vénus elle-même sortant de l'onde. Il ne manquait en effet que les colombes et la conque de nacre pour que la ressemblance fût complète. Le léger et transparent vêtement dont elle était revêtue jouait assez bien le rôle d'écume. Le vieux sénéchal, à qui le respect commandait de cligner un peu de l'œil et de ne voir qu'à moitié ce qui était devant lui, cligna mal les yeux et put admirer à son aise, pendant le court espace de temps, trop court, hélas ! qu'il lui fut donné de rester là. Il sut même tant de gré à Maguelone de l'agréable impression qu'elle avait faite à son insu sur lui, qui se croyait à l'abri des impressions de ce genre, qu'il lui sourit de son plus aimable sourire et lui baisa la main avec le plus ardent respect.

— Je suis prêt à voler à vos ordres, incomparable princesse ! lui dit-il d'une voix émue.

— Faites savoir à toute la ville, répondit Maguelone en souriant de l'empressement galant du bonhomme, que des joutes vont encore avoir lieu en l'honneur de la fille du roi de Naples, et convoquez, à son de trompettes, le ban et l'arrière-ban des chevaliers qui peuvent se trouver dans cette ville.

— Vous n'avez plus rien à m'ordonner, incomparable princesse ? demanda le grand-sénéchal, qui aurait bien voulu rester encore pour savourer plus longuement l'admiration que lui causait le déshabillé enchanteur de l'adorable jeune fille.

— Non, grand-sénéchal, non. Seulement, faites vite, je vous prie, faites vite !...

Le grand-sénéchal s'inclina respectueusement en signe d'assentiment, et sortit à reculons, pour voir et admirer encore.

CHAPITRE IV.

Des progrès de l'amour mutuel de Pierre de Provence et de la belle Maguelone. Comme ce prince fut une seconde fois vainqueur du tournoi donné par le roi de Naples en l'honneur de sa fille, et du prix qu'il en reçut.

Bientôt le son aigu des trompettes retentit dans toute la ville de Naples. Les hérauts d'armes, couverts de leurs vêtements armoriés, allèrent convoquer les princes souverains. Quant aux autres chevaliers, réveillés dès les premiers rayons du soleil par cet appel des clairons, ils se mirent incontinent à faire préparer leurs chevaux, à faire fourbir leurs armes et leurs armures et à s'habiller le plus splendidement qu'il leur était possible, selon leur rang et leur fortune.

Pierre de Provence, on le pense bien, aimait trop pour dormir. La jeunesse aime les longs sommes et les molles voluptés du repos ; mais les amoureux ne savent pas se reposer : ils ne dorment que d'un œil. Leur cœur veille.

Le bruit éclatant des trompettes n'eut donc pas beaucoup de peine à le réveiller. Il l'écouta d'un air joyeux. Il lui semblait que c'était l'annonce de son bonheur, la proclamation de sa félicité que venaient de faire là les hérauts d'armes, en venant proclamer les joutes nouvelles en l'honneur de l'incomparable Maguelone.

— Je vais enfin la revoir ! s'écria-t-il en s'habillant à la hâte.

— Je vais enfin le revoir ! disait de son côté la princesse, fille du bon roi Maguelon, en s'habillant avec une célérité inaccoutumée.

Touchant accord de deux âmes jumelles, n'est-ce pas ?

Jamais, au grand jamais, il faut signaler cela

comme une chose excessivement rare, jamais la toilette d'une jeune et belle princesse ne fut si courte! Et, cependant, jamais Maguelone n'avait été si belle!

Parée, brillante du feu des diamants, et plus encore des roses de sa jeunesse et de sa beauté, tenant dans la main une chaîne d'or enrichie de pierreries, qui devait être le prix du vainqueur, Maguelone n'attendit pas que son char et ceux de sa suite fussent préparés. Elle marcha du pas léger d'une jeune et blonde déesse, vers les lices, en ce moment fermées. Ses dames d'honneur la suivaient de loin, en murmurant du peu de temps qu'elles avaient eu pour s'habiller et se parer. Sa bonne nourrice, elle-même, qui ne la quittait jamais, arriva toute essoufflée, en lui disant tout bas, d'un air de doux reproche :

— Eh! bon Dieu, ma fille, qu'avez-vous donc aujourd'hui?... Jamais je ne vous vis éveillée si matin! Et cependant je ne vous trouve pas les yeux battus comme aux dames de votre suite...

— Ah! nourrice! nourrice! répondit Maguelone; je n'aurai peut-être bientôt que trop de choses à te dire!...

La princesse était déjà sur son balcon.

Les chevaliers qui se disposaient à combattre, accouraient de toutes parts; mais qui pourrait précéder un amant qui va revoir la femme qu'il aime? Pierre, on le devine, était arrivé le premier à la barrière de la lice, qui n'était pas encore ouverte; et, plus hardi que les autres chevaliers, il l'avait fait franchir à son beau destrier, afin de s'emparer de la place de tenant.

Au même instant, Maguelone s'asseyait sous le dais qu'à peine on avait eu le temps de préparer. Leurs regards se croisèrent tout naturellement, et tous deux tressaillirent des pieds à la tête, comme mus par le même ressort.

Quel moment pour l'amoureux Pierre de Provence, qui reconnut la souveraine de son âme! Quel moment aussi pour Maguelone, qui ne voulut plus dès-lors douter que l'amour n'eût guidé le chevalier aux clefs pour lui faire sauter la barrière de la lice, et pour rompre la première lance en son honneur!...

Le bon roi Maguelon arriva bientôt, avec les retardaires de sa cour, et la joute commença.

Le courage, la force, l'adresse et, par-dessus tout, l'amour du jeune Pierre de Provence rendirent son succès peu douteux. Un, deux, trois, quatre, cinq chevaliers se présentèrent pour lutter avec lui : il les renversa successivement avec une grâce, une aisance, une habileté, une vaillance, qui lui valurent les suffrages et les applaudissements de tout le monde. Les juges du camp le ramenèrent une seconde fois au balcon royal pour recevoir le prix de sa victoire.

— Oh! pour cette fois, sire chevalier aux clefs, lui dit le bon roi Maguelon, vous ne vous déroberez plus aux honneurs qui vous sont dûs!... Il y a longtemps, j'en fais l'aveu, que je n'ai vu chevalier plus brave, plus modeste et plus avenant que vous. Dorénavant, je veux que vous logiez dans mon palais et que vous n'ayez plus d'autre table que la mienne!...

Pierre n'eut garde de refuser. Il voyait dans tout cela la main de la Providence, qui se plaisait à lui aplanir le chemin qui devait le conduire au bonheur. Un regard éloquent de Maguelone lui rendit les ordres du roi plus sacrés et plus doux encore. Maguelone le remerciait d'avoir accepté; elle le remerciait d'avoir remercié son père!

Sautant alors légèrement à terre, Pierre de Provence délaça précipitamment son gantelet de buffle recouvert d'acier, et présenta son bras à la belle Maguelone pour l'aider à descendre du balcon royal, en même temps que d'autres chevaliers, tout aussi galants et aussi empressés à plaire que lui, s'approchaient de la princesse pour remplir le même office. Maguelone ne put s'empêcher de préférer sa main, et même de s'appuyer avec un mol abandon sur son bras.

Ah! quel moment pour l'amoureux Pierre! Comme son cœur fut délicieusement rémué par des sentiments nouveaux pour lui! Comme, de son coté, en remarquant le trouble du chevalier aux clefs, la naïve Maguelone se sentit rougir, pâlir, transir et se pâmer!... Ah! enchantements, ivresses, frémissements des premières heures de l'amour, comme vous rachetez bien, pour l'homme, toutes les tristesses de la vie! Il suffit de vous avoir éprouvées une fois pour que votre souvenir parfume toute une existence, même celle que troublent et ravagent les passions mauvaises! Premières heures de l'amour, vous êtes la joie des dernières heures de la vie!...

Le bonheur de Maguelone faillit cependant avoir sa goutte d'absinthe. Troublée par le trouble contagieux de son amant, elle posa d'un air distrait son pied mignon sur la dernière marche du balcon royal, et glissa sans s'en apercevoir. Elle serait tombée, si Pierre ne l'eût retenue.

Cette chute, qui effraya la princesse l'espace d'un éclair, renforça tout naturellement le bonheur de Pierre de Provence, car il ne put s'empêcher de serrer tendrement Maguelone dans ses bras amoureux; et, de peur qu'elle ne se fût blessée, bien qu'il sût le contraire, il la porta ainsi sur son chariot à coté du bon roi Maguelon, qui, en reconnaissance, l'obligea à y monter avec lui. Le prétexte était heureux!

CHAPITRE V.

Comme Maguelone, n'y tenant plus, éprouva le besoin de confier à sa nourrice le secret de son amour, en la priant d'imaginer un moyen pour découvrir, à son tour, le secret de la naissance du chevalier aux clefs.

Malheureusement, plus l'amour semblait favoriser Pierre de Provence, plus ce jeune et intéressant chevalier devenait timide. Il ne savait pas exactement si Maguelone l'aimait; il s'en doutait seulement un peu. Mais, comme le bonheur dont il jouissait lui venait d'elle, de sa présence, de son commerce, de son sourire, de sa parole, du parfum qu'elle répandait autour d'elle, il se croyait sous un charme magique et il avait peur de le rompre. Adorable apanage de l'amour vrai, que la timidité! Les femmes qui ont trop vécu la dédaignent comme ennuyeuse; mais celles dont le cœur s'ouvre pour la première fois à l'amour, comme une fleur au soleil, comprennent seules quels raffinement de chaste volupté il y a dans cette aimable vertu des jeunes cœurs, dont elle est comme la première enveloppe. Un homme timide est toujours doublé d'un homme, en somme : il ne s'agit que d'attendre. Alors l'enveloppe tombe, la timidité s'évanouit et l'homme reste.

Admis à la cour, à la table royale, aux fêtes qui se succédaient de jour en jour, et qui faisaient de Naples une autre Capoue, Pierre de Provence s'observa scrupuleusement, dans la crainte de perdre, par la plus légère imprudence, le sort enivrant dont il commençait à jouir. Il se contenta d'être aimable, tout en étant réservé, discret et respectueux, et son amabilité fut encore plus remarquée que sa vaillance dans le tournoi. On le recherchait, on l'aimait, on l'admirait, soit qu'il s'exerçât à ces jeux d'adresse, soit qu'il exécutât, avec une grâce particulière, les danses charmantes de son pays. Mais de tous les applaudissements qu'on lui prodiguait il n'était sensible qu'à ceux qu'il lisait dans les beaux yeux de Maguelone.

Il y a une chanson provençale qui dit que l'amour, les premiers jours, a l'air d'un doux enfant qui tette, mais que bientôt il devient grand et fort et ne nous parle plus qu'en maître despotique. Cruel et charmant enfant !... Maguelone l'éprouvait bien ; déjà le sommeil ne fermait plus ses yeux, qui sans doute tenaient à rester toujours ouverts pour pouvoir toujours contempler des traits chéris ; déjà les ténèbres de la nuit ne faisaient qu'augmenter son agitation et multiplier ses soupirs. L'enfant malin ne tettait plus : il grandissait rapidement.

La nourrice de cette jeune et intéressante princesse l'aimait trop sincèrement pour ne pas s'apercevoir du changement survenu tout-à-coup dans ses manières d'être. Toutes les nourrices, en outre, sont aussi curieuses que tendres. Celle-ci vint donc une nuit s'asseoir familièrement sur le lit de Maguelone, et, après l'avoir embrassée, elle la questionna.

Maguelone ne lui répondit pas tout d'abord. Voyant son beau sein agité, oppressé même par quelque grand secret qu'elle n'osait découvrir, la fidèle nourrice insista avec toute l'autorité maternelle que lui donnaient son âge et son état. Maguelone, alors, bien doucement entraînée, se jeta dans ses bras pour y cacher sa rougeur et murmura avec une langueur pleine de séduction :

— Nourrice, j'aime le chevalier aux clefs, si brave, si beau, si tendre, si doux, le vainqueur du tournoi et le vainqueur de mon âme !... Je l'aime, nourrice, je l'aime !...

Cet aveu fait, Maguelone fut soulagée. Elle éprouvait depuis si longtemps le besoin de le faire à quelqu'un !

La nourrice n'était plus jeune : elle n'entendit pas de cette oreille-là, qu'elle avait un peu dure... Elle commença, en conséquence, par lui faire toutes les représentations que doit faire, en pareille occurrence, une mère un peu sévère. Mais Maguelone eut des airs si câlins, des yeux si suppliants, des mots si caressants, que la pauvre nourrice vit bien que toute la sévérité du monde n'y ferait rien, et elle prit le parti de ne lui parler que comme une mère bien tendre et bien faible. C'était par là qu'elle aurait dû commencer !...

— Tu vois, chère nourrice, lui dit Maguelone, à quel point il m'est important de savoir quelle est la naissance du chevalier aux clefs... Crois que mon cœur est assez noble, assez courageux pour éteindre ou ma vie ou mon amour, si ce chevalier n'est pas digne de ma main... Toi seule, chère nourrice, peux éclaircir le mystère qu'il se plaît à nous faire de sa naissance ; et je te conjure, au nom de ton amitié pour moi, de trouver le moyen de lui parler en particulier.

La nourrice résista peu ; son arsenal d'objections et de remontrances était épuisé. D'ailleurs, le sire chevalier aux clefs lui paraissait charmant, et, tout en disant à Maguelone qu'il fallait l'oublier, elle en parlait sans cesse avec enthousiasme. C'était ce qu'on appelle jeter de l'huile sur le feu. Aussi la belle princesse de Naples, heureuse de cet entretien, où il n'était question que de son cher chevalier, le prolongea le plus longtemps qu'elle put, et cela sans grands efforts d'imagination. L'amour chantait encore sa chanson charmante sur les lèvres de corail de Maguelone, que déjà l'alouette chantait au dehors sa chanson matinale. Les premiers rayons du soleil brillaient lorsque la nourrice sortit de la chambre de sa mie, bien déterminée à chercher et à découvrir le mystérieux chevalier aux clefs, afin de savoir de lui le secret que Maguelone tenait tant à savoir.

CHAPITRE VI.

Des moyens qu'employa la nourrice de la princesse pour parler au chevalier aux clefs et des deux anneaux qu'il lui donna en guise d'attachement à Maguelone. Joie mutuelle de ces deux amoureux.

La nourrice de Maguelone savait, nous ne savons comment, que le chevalier aux clefs ne manquait pas de se rendre tous les matins à la grande église de Naples. C'était déjà un renseignement précieux, qui lui permettait de se mettre en relation avec Pierre de Provence sans trop se compromettre par des investigations douteuses. Elle alla à la grande église, bien enveloppée dans sa mante, à l'heure où il avait l'habitude d'y venir, et elle se plaça près du bénitier, supposant avec raison que cette place était la meilleure pour voir entrer et sortir les gens.

Pierre de Provence, en effet, élevé par la plus pieuse des mères, suivait assidûment les offices, et ne manquait jamais d'adresser au ciel une fervente prière pour la réussite de son amour profane. Il avait tous les désirs, sans en distinguer aucun ; cet amour était si pur, si loyal, qu'il n'imaginait pas que la Divinité pût en être offensée ; et c'était de la meilleure foi du monde qu'il demandait chaque jour au Père commun de tous les hommes, comme au Créateur de la félicité la plus pure, de rendre Maguelone sensible. Il ignorait, le naïf amoureux, que Maguelone faisait, de son côté, une pétition semblable, adressée au Roi des rois.....

Pierre arriva à l'église peu de moments après la nourrice, qu'il reconnut facilement et qu'il salua avec empressement, sachant combien elle était chère à sa chère Maguelone. La nourrice lui rendit son salut d'un air doux et riant, et, comme il y avait en ce moment peu de monde dans l'église, elle s'approcha de lui.

— Sire chevalier, lui dit-elle, j'ai grand'merveille que vous teniez toujours votre état et votre naissance si secrets... Tout annonce pourtant que l'un et l'autre sont illustres... mais le bon roi Maguelon, qui fait grand cas de vous, et madame Maguelone, sa fille, qui désire si vivement savoir qui vous êtes, ne l'apprendront-ils pas enfin de votre bouche? Je serais heureuse de satisfaire la curiosité de ma chère fille Maguelone, si vous vouliez vous confier à moi...

Pierre de Provence resta longtemps pensif.

— Ah! ma chère dame, lui répondit-il enfin, je vous dois bien des grâces, ainsi qu'à tous ceux qui me témoignent tant d'intérêt, principalement à l'incomparable fleur de beauté qui a nom Maguelone, celle de tout le monde à qui je désire le plus obéir.

— Eh bien! alors?... dit la nourrice qui vit poindre l'aveu si impatiemment attendu. Votre nom? Votre naissance?...

— Puisque vous voulez bien parler de moi à la belle princesse de Naples, reprit le chevalier aux clefs, je vous prie de lui dire que tout ce qu'il m'est permis d'avouer, c'est que ma naissance est illustre, comme ma lignée. Si cette réponse peut lui suffire, j'en serai très heureux. En attendant, daignez recevoir, comme celle qui l'aimez le plus, cet anneau que je n'oserais présenter à si haute dame qu'elle est...

Pierre, en disant cela, mit au doigt de la nourrice un des trois riches anneaux qu'il avait reçus de sa mère, en partant. Eblouie de ce don magnifique, la nourrice lui promit de le présenter de sa part à Maguelone. Puis elle prit congé de lui et alla rejoindre en diligence la jeune princesse, qui l'attendait dans une fiévreuse impatience.

— Oh! ma chère fille! lui dit-elle en l'abordant; qu'il est gentil, ce chevalier! Que son maintien est sage! Que son parler est doux! Que son noble cœur est généreux! Tenez, mignonne, voyez le bel anneau qu'il a mis à mon doigt, et qu'il eût bien mieux aimé, je pense, placer au vôtre!...

Maguelone, toute rougissante et toute émue, considéra l'anneau pendant quelques instants. Puis :

— Eh bien! nourrice, dit-elle vivement, crois-tu que si riche anneau puisse venir de pauvre homme? Certes, à ce que j'estime, il vient de bien noble créature et de bien haut baron... Ah! chère nourrice, je ne sais plus résister au charme qui m'entraîne à l'aimer!...

La nourrice, alarmée à bon droit des progrès rapides que l'amour faisait dans ce jeune cœur, recommença ses anciennes remontrances, qui, il faut le dire, n'eurent pas plus de succès cette fois que la précédente. Elle parlait encore, que Maguelone ne l'écoutait plus, occupée qu'elle était à s'écouter elle-même. Le cœur des amoureuses jase si gentiment!...

Maguelone s'empara de l'anneau donné à sa nourrice par Pierre de Provence; elle le baisa dévotement un millier de fois et finit par le cacher dans son beau sein de lis et de roses, plus précieux encore que ce bijou, en disant :

— Bonne et chère nourrice! Ou j'aurai le chevalier aux clefs à seigneur et époux, ou close nonnain je me réduirai!...

— Restreignez votre courage, ma fille, répondit la nourrice, et cachez mieux votre amour, bien qu'à nous autres femmes ce soit la chose la plus difficile à céler... Le temps, dit-on, apporte remède à tout; nous verrons!...

Maguelone eût bien désiré d'être éclaircie. L'espérance cependant commençait à naître dans son cœur. La réflexion et la crainte la lui faisaient paraître trop légère; l'amour la forçait à s'y livrer.

— Nous verrons!... se répétait-elle sans cesse. Ah! oui, nous verrons... Si le chevalier aux clefs m'aime, s'il me croit digne de sa main, il ne tardera pas à rompre le silence; il saura bien trouver le moyen de répondre à la première démarche qu'il a dû connaître que je faisais pour lui.

L'amoureux Pierre raisonnait aussi de son côté; car l'amour permet qu'on raisonne, pourvu que ce soit avec lui.

— Cette bonne nourrice, se disait-il, n'est pas venue me trouver sans quelque dessein... Ah! Dieux! Si c'était par l'ordre de sa charmante maîtresse!... Ah! malheureux, reprenait-il ensuite en s'humiliant, peux-tu te flatter que si belle et si haute dame ait daigné penser à toi?... Les insectes regardent bien les étoiles, mais les étoiles ne regardent pas les insectes...

Bien combattu, bien agité par toutes ces idées, Pierre de Provence brûlait, languissait, allait d'une extrémité à l'autre, du paradis à l'enfer, de l'espoir au désespoir. A la fin, il n'imagina pas d'autre remède à ses maux que de chercher la bonne nourrice de la princesse, afin de lui parler et de l'attendrir en sa faveur. En conséquence il passa toute la nuit suivante à rêver au moyen de rencontrer, comme par hasard, cette bonne et fidèle nourrice, qui ne demandait pas mieux que d'être trouvée, et qui avait déjà fourni à dessein l'occasion que Pierre se proposait de chercher.

Il arriva donc tout naturellement ce qui arrivera toujours, toutes les fois que quelqu'un cherchera un autre quelqu'un qui demandera à être trouvé : la nourrice et Pierre se rencontrèrent dans une galerie écartée du palais du bon roi Maguelon.

— Ah! chère dame, dit l'amoureux chevalier, c'est en tremblant que je vous cherche... Ma vie ou ma mort dépend de ce que vous allez me répondre...

— Oh! mon Dieu, qu'avez-vous donc, cher sire chevalier? demanda finement la nourrice, en voyant Pierre rougir et pâlir dans la même minute avec la plus grande facilité.

— Hélas! comment votre message a-t-il été reçu?...

— Trop bien pour notre repos! Ah!... que vous êtes dangereux, vous autres chevaliers gaulois!... Ma pauvre chère maîtresse, jusqu'ici, n'avait souci que de ses affiquets, de son petit chien et de ses petits oiseaux... Ne voilà-t-il pas que vous êtes venu la troubler au point de la rendre dolente et de l'empêcher de clore l'œil!... Ah! sainte Vierge! que serait-ce si vous n'étiez qu'un aventurier comme il en court tant dans le monde!... Ou si vous étiez aussi volage que le sont les chevaliers de votre pays?...

La bonne et prudente nourrice procédait par insinuation : ce moyen oratoire réussit beaucoup. Mille serments proférés avec candeur par une bouche jeune et fraîche que le mensonge n'avait jamais profanée, rassurèrent complétement la vieille dame sur les intentions du chevalier aux clefs : lèvres pures, intentions pures. Mais, lorsqu'elle redoubla ses instances pour savoir son nom et l'aller apprendre à sa maîtresse :

— Non! non! s'écria Pierre de Provence. Un tel aveu ne doit et ne peut se faire qu'à ses pieds... Dites-lui que si j'obtiens la faveur insigne de m'y jeter, je n'aurai plus rien à refuser à celle pour qui j'ai quitté ma famille et mon pays, et dont la volonté sera mon unique loi le reste de ma vie...

En disant ce peu de mots avec chaleur, le chevalier aux clefs passa au doigt de la nourrice le second de ses anneaux, espérant qu'elle en ferait le même usage. L'amour commençait, comme on voit, à donner de l'habileté à notre héros.

— J'aime à vous croire, sire chevalier, répondit la nourrice en le regardant fixement; mais si folle espérance ou désir coupable logeait en votre âme, je le détruirais plutôt que de vous servir!...

Pierre renouvela ses serments avec tant d'ardeur et de vérité, que la bonne nourrice en fut touchée et lui fit espérer de lui ménager le moment favorable de parler seul à Maguelone. Transporté de plaisir et de reconnaissance, le chevalier aux clefs ne craignit pas d'embrasser celle qui lui promettait un si grand bien. Pierre était courageux, nous l'avons dit.

Quant à la vieille nourrice, elle se hâte de regagner la chambre de Maguelone, qu'elle trouva sur son lit.

— Noble et chère fille! lui dit-elle en entrant, ou le chevalier aux clefs serait un monstre de perfidie, ou ce doit être le plus aimable et le plus amoureux de tous ceux de son âge et de son état!... Il vous envoie ce second anneau; mais il persiste à ne vouloir se déclarer qu'à vous...

— Ah! Dieu, que vois-je? s'écria Maguelone, en considérant ce second anneau... Ah! je le reconnais pour être celui qu'il vient de me sembler en songe que le chevalier aux clefs m'offrait lui-même; et, dans le même temps, une voix sembla me dire : « Maguelone, celui-ci sera ton époux et ton ami. » Que ne devrai-je pas à tes soins, chère nourrice, si tu peux me procurer le moment de le voir et de lui parler?...

Tout en parlant, Maguelone passait les deux anneaux dans ses doigts et les couvrait de mille baisers. Heureux chevalier aux clefs!...

—

CHAPITRE VII.

De l'entrevue intime que la bonne nourrice procura à Maguelone et à Pierre, et des aveux mutuels qu'ils se firent.

Dès le lendemain matin, Pierre de Provence courut à l'église, espérant y voir arriver la complaisante nourrice; son espérance ne fut point trompée. Il comptait sur elle et elle comptait sur lui.

— Que fait la divine Maguelone? lui demanda-t-il, en s'approchant d'elle avec empressement. Hélas! comment suis-je en sa grâce?...

— Noble jeune homme, répondit la nourrice, jamais ne fut au monde chevalier plus heureux que vous; car, par votre prouesse et beauté, vous avez conquis le cœur de la plus belle et de la plus noble dame du monde... Elle a reçu vos anneaux; elle les porte à ses beaux doigts pour l'amour de vous. En outre, elle consent à vous voir et à vous parler seul à seul; et moi-même, toute sévère que je devrais être, je consens à ce que vous lui parliez à votre plaisir... Seulement vous allez me jurer incontinent qu'en votre amour il n'y aura que tout honneur, comme il appartient à la noblesse de si haut état, qui doit priser la vertu par-dessus toutes choses...

Pour toute réponse, l'amoureux Pierre de Provence se jeta à genoux, étendit ses bras vers l'autel, et prit le ciel à témoin que sa seule pensée, son seul désir était de s'unir à l'incomparable Maguelone par les nœuds les plus sacrés et les plus durables.

Après un pareil serment, proféré dans un pareil lieu, par de pareilles lèvres, la vieille nourrice qui, quoique vieille, était femme, eût cru commettre un crime en hésitant plus longtemps à croire à la sincérité du chevalier aux clefs. En conséquence, elle s'empressa de lui donner un rendez-vous pour le lendemain, en lui recommandant de se trouver à la petite porte du jardin de la princesse, une heure après son dîner, et dans le temps où, selon l'usage de l'Italie, on fait la sieste. Puis elle s'en alla, en mettant un doigt sur ses lèvres, comme pour prier d'être discret.

Heureux Pierre! Il était décidément aimé par la plus belle princesse de la chrétienté. C'était un petit coin du paradis qui s'entr'ouvrait pour lui. Oh! comme cette recommandation de silence lui pesait! Il aurait voulu pouvoir confier son bonheur à tout le monde, aux passants et aux passantes, aux indifférents et aux envieux, aux pierres et aux plantes, à toute la création. Comme le barbier du roi Midas, il eût volontiers fait un trou dans la terre pour se décharger du doux fardeau qui l'oppressait si agréablement, mais enfin qui l'oppressait. Hélas! des roseaux auraient crû dans cet endroit et auraient répété, comme ceux de Phrygie : « Maguelone aime Pierre! Pierre est aimé de Maguelone!... » Et Maguelone eût été gravement compromise, comme bien vous pensez.

Pierre ne confia à personne son doux secret : il se contenta de se le répéter cent fois à lui-même, et il y trouva un charme tel, que le jour et la nuit se passèrent dans cette aimable occupation, sans qu'il s'aperçût trop du poids des heures ! Heureux ceux qui aiment, et surtout ceux qui sont aimés !...

Le moment enivrant fixé par la nourrice pour l'entrevue des deux amants arriva enfin. Pierre entra d'un air respectueux et timide dans la chambre de Maguelone, dont les joues, en l'apercevant, se couvrirent d'un adorable vermillon. Pendant quelques minutes, ces deux beaux enfants restèrent silencieux, les yeux baissés, l'un en face l'un de l'autre : leur cœur, qui battait à se rompre, leur cœur seul parlait pour eux. Et il disait des choses bien éloquentes!

La jeune princesse de Naples rompit la première ce silence qui menaçait de se prolonger outre mesure.

— Seigneur, dit-elle, de sa voix mellifue, au jeune prince provençal qui ne s'était jamais vu à pareille fête ; seigneur, il est si nécessaire au bonheur de ma vie de savoir quel dessein vous a conduit à Naples, et quels sont les parents dont vous tenez le jour, que je n'ai pas craint de faire une démarche peut être trop hasardée : votre réponse seule pourra la justifier...

— Croyez, noble et excellente dame, répondit Pierre en fléchissant le genou devant Maguelone, aussi dévotement qu'il le faisait devant les statues de la Vierge ; croyez, noble et excellente dame, que le renom de votre beauté et des perfections éblouissantes qui composent votre première couronne, m'a seul déterminé à m'arracher des bras du meilleur des pères et de la plus tendre des mères. Je suis venu avec empressement à la cour de Naples, uniquement pour vous admirer et vous servir.... Seul fils du comte de Provence, neveu du roi de France, j'eusse toujours caché mon nom en venant vous adorer, si l'amour lui-même ne m'eût enfin placé à vos pieds et ne m'eût mis à portée de vous jurer une fidélité plus chère à mon cœur que ma propre vie, et qui ne peut finir qu'avec elle.....

Ah! que Maguelone devint heureuse en ce moment, et comme son bonheur se refléta éloquemment sur son jeune visage !... Comme ses beaux yeux se fixèrent tendrement sur Pierre !... Qu'elle sentit vivement le bonheur inestimable de ne plus trouver entre elle et l'amant qu'une noble et douce égalité ....

— Mon noble frère, lui dit-elle en le forçant à s'asseoir à ses côtés, que Dieu bénisse cette journée, où, comme prince et loyal chevalier, vous me donnez votre foi comme je vous donne la mienne !... Voyez en moi, là, toute votre Maguelone, qui, maintenant, vous sait maîtresse de son cœur et de sa destinée... Je vous aime et vous estime trop pour n'être pas assuré d'avance que vous conserverez chèrement l'honneur de celle qui mourrait plutôt que d'être jamais à un autre qu'à vous...

Aussitôt, détachant de son cou une chaîne d'or émaillée, elle la passa autour de celui de Pierre, et ajouta :

— Mon bel et noble époux, je vous mets, par cette chaîne, en possession complète de l'âme de celle qui, comme fille du roi, vous donne loyalement sa foi... Vous êtes désormais mon seigneur et mon roi...

Et, pour témoignage de sa sincérité et pour signe de fiançailles, la belle Maguelone baisa doucement, de ses belles lèvres, les joues pâles d'émotion de l'heureux Pierre de Provence. Jamais visage plus chaste ne reçut un baiser plus pur... C'était le baiser d'une rose à un lis.

Pierre de Provence, ébloui, fasciné, enivré, embrassa avec un enthousiasme facile à comprendre les genoux de sa maîtresse, et lui présenta pareillement son troisième anneau en foi de mariage. Maguelone le reçut avec joie, et, avec plus de joie encore, le baiser qui l'accompagna : baiser d'une tendresse et d'une douceur infinies, le baiser du lis à la rose.

La bonne nourrice, témoin muet et indispensable de cette scène d'amour, ne se tenait pas d'aise de voir sa chère fille et son charmant amoureux si tendres, si bien appris, si modestes.

— Mes chers enfants, leur dit-elle, c'est à présent que vous avez besoin de toute votre prudence pour dissimuler vos secrets... C'est à présent surtout, seigneur Pierre, que vous avez besoin de toute votre loyauté pour bien garder jusqu'aux cérémonies du mariage, l'honneur de celle qui tant débonnairement, et avec amour et simplesse, vous donne sa foi...

Les amoureux ne sont pas chiches de promesses, on le sait ; ce qui les excuse de promettre si témérairement et si fréquemment, c'est qu'ils sont sincères.

Maguelone et Pierre promirent à la nourrice tout ce qu'elle voulut, à la condition qu'elle s'engagerait, de son côté, à leur procurer de fréquentes occasions de se voir et de se parler.

— A la condition surtout, ajouta Maguelone, que tu me promettras aussi, chère nourrice, lorsque mon cher Pierre sera absent, de ne me parler jamais que de lui !...

CHAPITRE VIII

Comme l'arrivée du comte Henri, oncle du chevalier aux clefs, obligea celui-ci à partir incontinent ; et, comme, voyant cela, la belle Maguelone se décida à fuir avec son amant.

Les deux jeunes amants tinrent fidèlement leur parole, contre l'ordinaire des amants. Et jamais on ne fit un aussi grand sacrifice ! Pierre de Provence, plus respectueux chaque jour, en public, ne donna rien à soupçonner de son bonheur, et, dans les moments heureux que la nourrice lui procura, il ne demanda et n'obtint que de légères faveurs, plus bornées, mais plus enivrantes cent fois que les caresses d'une sœur.

C'est ainsi qu'ils passèrent le premier mois après leur union. La cour de Naples devint alors encore plus brillante par l'arrivée d'un grand nombre de princes qui vinrent avec Ferrier de la Couronne, lequel jouissait presque, dans Rome, de la même puissance et des richesses des anciens dictateurs, et qui, sur le bruit de la beauté de Maguelone, venait à la cœur du roi de Naples pour la lui demander en mariage.

Des tournois brillants furent proclamés. Pierre de Provence en remporta tout l'honneur. Ferrier de la Couronne voulut essayer, à plusieurs reprises, de le lui disputer; mais Pierre, animé par la présence de Maguelone, et piqué secrètement des prétentions de Ferrier, l'étendit si rudement sur la poussière à la dernière joute, que brisé par la chute, il fit craindre pendant près d'un mois pour sa vie.

Malgré cet accident, les joutes continuèrent pendant trois jours. Pierre était près de remporter le prix de la troisième journée, comme il l'avait remporté les deux précédentes, lorsqu'il vit avec surprise entrer dans la lice Henri de Provence son oncle, qui, on s'en souvient, l'avait armé chevalier.

Henri de Provence jouissait d'une réputation de chevalerie très méritée; son arrivée fit sensation, et lorsqu'il s'avança à la rencontre du chevalier aux clefs qui, depuis trois mois, n'avait trouvé personne qui pût lui résister, l'attention générale redoubla : ces deux champions se valaient.

Pierre reçut l'atteinte du comte Henri sur son bouclier sans en être ébranlé. Henri, au contraire, brisant sa lance presque entièrement, perdit les étriers par le contre-coup de ce formidable choc. Pierre alors, mettant la lance en travers, eut plutôt l'air de saluer son oncle que d'avoir voulu le charger. Lorsqu'il fut au bout de la carrière, il appela un héraut d'armes, et le pria de dire au comte Henri que lui, tenant du tournoi depuis trois jours, lui devait de la reconnaissance et se faisait un honneur de lui céder la place. Puis, après avoir donné cet ordre, il sortit des lices et alla se renfermer dans son appartement.

Pierre craignait d'être reconnu par son oncle : il se résolut à partir, et, en conséquence, fit tout préparer secrètement par ses écuyers pour être prêt à le faire dans la nuit suivante.

Deux raisons l'y forçaient : il craignait que reconnu par son oncle, il n'en résultât un éclat compromettant pour la réputation de Maguelone. Ensuite, il avait passé de beaucoup le temps où sa promesse le rappelait à la cour de son père, et il ne voulait manquer à aucune de ses promesses, les considérant toutes, à juste titre, comme sacrées. Il alla donc trouver la nourrice de la princesse, et la pria de faire approuver à Maguelone les raisons pressantes qui le forçaient à s'éloigner momentanément d'elle.

Maguelone, en voyant Pierre sortir de la lice, sans comprendre le motif de cette retraite subite, avait tout naturellement quitté le balcon royal d'où elle avait suivi, avec son cœur et avec ses yeux, les phases diverses des joutes auxquelles son amant avait pris part. Pierre absent, quel chevalier pouvait l'intéresser encore ?

Elle rentra donc chez elle, et bientôt sa nourrice, alarmée et les yeux pleins de larmes, vint lui rendre compte du message du prince provençal, et du parti qu'il se trouvait obligé de prendre. La première expression de la douleur dont Maguelone fut saisie, fut de s'écrier :

— Ah! Pierre! Pierre! je mourrai sans vous!...

Le don de son cœur et de sa foi; la terreur qu'elle eut lorsque le roi son père lui fit entrevoir qu'il n'attendait que le rétablissement de Ferrier de la Couronne pour l'unir à son sort; l'idée cruelle de se séparer d'un amant qu'elle adorait, et dont la tendresse, la loyauté, la modestie, lui étaient si chères : tout fit une impression si vive et si forte sur l'âme de Maguelone qu'elle prit avec courage le parti de suivre celui à qui elle s'était donnée.

C'était délicat, scabreux et charmant. Maguelone ne crut pas devoir avertir sa nourrice de ce projet, dont la bonne vieille n'eût pas manqué de la détourner; elle envoya chercher très secrètement l'écuyer de Pierre de Provence, lui donna ses ordres et le chargea d'un billet pour son maître. Cela fait, elle feignit d'être malade; sa nourrice la coucha, et, après s'être assurée qu'elle était endormie, se retira sur la pointe du pied en soupirant. Maguelone, qui n'attendait que ce moment, se releva tout aussitôt, s'habilla à la hâte, se couvrit d'une mante de couleur sombre et s'en alla, emportant les trois précieux anneaux que lui avait donnés son amant, et quelques autres pierreries de valeur moindre, pour parer aux éventualités de la route. Elle descendit l'escalier, légère comme un oiseau, traversa les corridors sombres du château sans éprouver d'émotion, gagna le jardin, ouvrit une poterne qui donnait sur la route, et tomba dans les bras de l'amoureux Pierre, qui l'attendait.

— Ma chère Maguelone! s'écria-t-il, heureux de la sentir palpiter sur sa généreuse poitrine.

— Mon cher Pierre! s'écria-t-elle, heureuse de palpiter sur la poitrine de son amant.

Ces deux exclamations dites, Maguelone s'arracha, à regret, des bras de Pierre, monta sur la haquenée apprêtée et amenée là pour elle, et tous deux, elle et lui, lui et elle, suivis d'un seul homme d'écurie qui portait des vivres, sortirent de Naples et s'éloignèrent au galop de leurs chevaux. Au lever du soleil, ils étaient à vingt milles de cette ville.

CHAPITRE IX

Comme, pendant le sommeil de Maguelone, un épervier enleva le santal qui contenait les trois anneaux à elle donnés par Pierre de Provence; et comme ce chevalier, en voulant poursuivre l'épervier, s'égara et fut recueilli par un navire arabe.

Pierre de Provence marchait à côté de sa chère Maguelone, et il soupirait de voir cette belle princesse exposée, dans un âge si tendre, aux périls et aux fatigues d'un tel voyage. De temps en temps il passait son bras autour d'elle pour soutenir ses reins et l'empêcher de choir de sa haquenée ; et quelquefois Maguelone saisissait ce moment pour reposer sa tête, la pencher et l'appuyer languissamment sur l'épaule de Pierre. Quelques baisers, toujours chastes, mais aussi toujours enivrants, qu'ils se donnaient et rendaient mutuellement, les consolaient vite de la fatigue qu'ils essuyaient. Avec un pareil viatique, en effet, on irait au bout du monde sans s'en apercevoir !...

L'aube du jour leur fit découvrir de loin un grand bois. Pierre de Provence, qui craignait d'être poursuivi, songea à gagner ce bois le plus vite possible, afin d'y tenir Maguelone cachée jusqu'à la nuit suivante. La précaution était bonne, et d'ailleurs il était temps de se reposer un peu et de se mettre à l'abri de la chaleur du jour. On fit diligence, et bientôt le bois fut atteint.

Pierre sauta à bas de son cheval et vint aider Maguelone à descendre de sa haquenée. Elle le remercia de son empressement par un sourire, et il la remercia de son sourire par un baiser bien tendre appliqué sur ces belles joues en fleur.

L'herbe de la forêt était épaisse et douce; Maguelone était fatiguée : Pierre s'assit et sa belle maîtresse s'endormit la tête appuyée sur ses genoux.

Jamais Maguelone n'avait paru aussi belle à Pierre ! Peut-être parce que Pierre n'avait jamais été aussi amoureux. En tout cas, il était touché au plus haut point de la marque extrême d'amour qu'il recevait d'elle, et des périls très sérieux auxquels elle s'exposait pour lui ! En face de ces marques d'amour, Pierre aurait bien voulu en donner d'autres, plus éloquentes encore : il n'en trouva pas de plus méritoire que de demeurer fidèle au serment qu'il lui avait fait de la respecter... Il est vrai que, ce serment téméraire, il l'avait fait devant la nourrice de Maguelone, et la nourrice n'était plus là pour l'aider à le tenir !... La situation était délicate, vous le devinez bien. Aussi Pierre soupirait-il d'une façon très significative, et baisait-il les beaux cheveux blonds de Maguelone avec une ardeur plus significative encore. Ses lèvres enflammées s'entr'ouvraient pour boire la douce haleine d'une bouche de rose, mais le respect les refermait aussitôt.

Ce combat, qui avait autant de dangers que de charmes, cessa fort heureusement, et malheureusement aussi avec le jour. La nuit vint : les deux amoureux reprirent leur route à travers la forêt, sûrs ainsi de n'être pas inquiétés, et marchèrent vers un port où Pierre comptait trouver un vaisseau pour le porter sur les côtes de Provence. Le jour les ayant surpris avant qu'ils fussent arrivés sur les bords de la mer, ils se retirèrent dans un vallon couvert par des montagnes escarpées.

L'espérance d'être bientôt hors de péril et d'être reçue comme une enfant chérie dans une cour qu'elle savait être spirituelle, aimable et magnifique, faisait étinceler la joie dans les beaux yeux de Maguelone. Elle se plaisait à rappeler à son ami le commencement de leurs amours, et quelque caresse innocente était toujours le prix du tourment qu'ils se plaignaient d'avoir éprouvé. Pierre baisait la chaîne qu'il avait reçue de Maguelone, et Maguelone, de son côté, tirant un petit santal rouge qui renfermait les trois anneaux que lui avait donnés Pierre, aimait à lui dire l'impression qu'ils avaient faite tour à tour sur son âme.

En devisant ainsi du passé, du présent et de l'avenir, avec l'exagération naturelle aux amants, l'heure de la sieste était arrivée, et Maguelone avait peu à peu fermé ses adorables yeux et s'était abandonnée aux bras de son ami, qui l'avait couchée sur un lit improvisé, fait de rameaux parfumés et de longues herbes moelleuses; mais il avait trop bien joui une première fois du plaisir de tenir sa tête sur ses genoux, pour ne pas l'appuyer sur lui une seconde fois.

Rien ne troublait l'âme de Maguelone, et le sommeil le plus profond s'était emparé de ses sens : sommeil d'enfant et de vierge. Pierre admirait les charmes printaniers qu'une gaze légère laissait volontairement ou involontairement entrevoir; il admirait également avec un peu de convoitise cette bouche entr'ouverte à si peu de distance de la sienne, et qui laissait voir l'émail brillant de ses dents et la rougeur de corail qui les enchâssait. Hébé elle-même, Hébé, la déesse de la jeunesse, eût envié ces adorables trésors-là !...

Ah! Pierre ! Pierre, quels transports ! Quel nouveau genre de martyre n'éprouviez-vous pas alors? Et ne méritiez-vous pas de remporter la palme de la pudeur et de la loyauté sur Robert d'Arbrissel lui-même ?...

Quand on ne veut pas succomber aux tentations, surtout à celles qui sont aussi irrésistibles, on cherche à se distraire d'une façon ou d'une autre. Pierre de Provence, qui était un loyal chevalier, mais qui n'était pas un saint, après tout, chercha donc à se distraire un peu et s'amusa à compter les mailles de la chaîne qu'il avait reçue de l'incomparable Maguelone.

— Ah ! se disait-il, que cette chaîne est bien le symbole de celle que mon cœur portera toujours !

Après la chaîne, Pierre, qui avait de plus en plus besoin d'être distrait, s'était mis à admirer les anneaux précieux, dont le présent qu'il en avait fait à Maguelone avait si bien contribué à son bonheur. Hélas ! il ne prévoyait pas à quel point ces anneaux allaient lui devenir funestes !

Il venait de les renfermer dans leur santal rouge et les avait posés sur le gazon, à quelques pas de lui. Un épervier, qui poursuivait un bouvreuil, aperçut ce santal, le prit de loin pour l'oiseau auquel il donnait la chasse, s'abaissa rapidement et, plus rapidement encore, l'enleva. Ses serres percèrent le santal, il voulut en vain s'en débarrasser et alla se poser sur un rocher voisin...

Pierre savait à quel point ces anneaux étaient chers à Maguelone; il forma promptement de son manteau un oreiller pour sa maîtresse, y posa délicatement sa belle tête sans la réveiller, et courut après l'épervier pour lui reprendre le santal et les anneaux. L'épervier, à son approche, s'envola et alla se poser sur un buisson assez éloigné. Pierre le poursuivit. L'épervier vola de buissons en rochers et de rochers en buissons. Le malheureux prince, toujours près de l'atteindre, le poursuivit toujours vainement. De courses en courses, il s'éloigna insensiblement de sa maîtresse adorée et parcourut toute la longueur du vallon...

C'est ainsi qu'il arriva sur les bords de la mer, où il espéra un instant être au bout de ses peines et de sa course haletante. Mais l'épervier s'éleva de nouveau, reprit de nouveau son vol, traversa la mer et alla s'abattre dans une île peu éloignée de la côte, sur un buisson de lianes où ses pattes s'enchevêtrèent, déjà retenues qu'elles étaient par le santal. Pierre, qui le vit se débattre vainement pour se dégager, espéra cette fois pouvoir s'en saisir et lui reprendre les anneaux que lui avait donnés sa mère et qu'il avait donnés à Maguelone. Il s'agissait pour cela de passer dans cette île ; une barque se trouvait par hasard amarrée au rivage : il sauta dedans, dégagea l'amarre, se saisit d'un aviron et rama dans la direction prise par l'épervier.

Malheureusement pour Pierre de Provence, un courant rapide existait en cet endroit : il entraîna la barque à la dérive, bien loin de l'île convoitée ; et, pour compléter le désastre, un vent violent s'éleva tout-à-coup en pleine mer. Pierre vit bientôt la terre disparaître à ses yeux !...

Le désespoir se fût très certainement emparé de lui, sans sa fiance profonde en la protection de l'Etre des êtres.

— Beau cher Dieu, s'écria-t-il, abandonnerez-vous donc la belle Maguelone ?... Hélas ! chétif et déloyal que je suis, je l'ai entraînée hors du giron de son père, où elle vivait tant doucement et tant richement, pour l'abandonner seulette au fond d'un bois, à la merci des mauvaises gens et des vilaines aventures !... Oh ! benoîte et glorieuse Vierge Marie, gardez, je vous en conjure, gardez Maguelone de tout encombre et de tout déshonneur !... Vous savez bien, dame bénie par-dessus toutes, vous savez bien qu'en notre amour il n'y eut jamais volonté désordonnée ni déshonnête !... Vierge des vierges, recours des pauvres et des affligés, sauvez Maguelone aux dépens de mes tristes jours !... Que je meure, s'il le faut, mais qu'elle vive !...

C'est ainsi que le chevalier aux clefs priait et se lamentait, sans songer à son propre danger, sans rien craindre pour sa propre vie, l'honnête et bon jeune homme !... La mer furieuse n'offrait à ses regards attristés qu'une mort certaine ; et quand même elle se fût apaisée, pouvait-il attendre autre chose que la mort dans une frêle barque qui menaçait de s'entr'ouvrir à chaque coup de lame ?...

Il fut ainsi, pendant trente heures, le jouet des éléments en furie. Au moment où il s'apprêtait à mourir résigné, un gros vaisseau qui portait des croissants d'or sur son pavillon, vint à pleines voiles droit sur la barque que montait Pierre de Provence. Le commandant de ce navire fit mettre une chaloupe à la mer et ordonna d'aller au secours du naufragé qui bientôt parut devant lui.

Cet officier était Arabe, et cette nation, terrible contre ses ennemis, exerçait envers les malheureux l'hospitalité dont elle avait reçu l'exemple et le précepte de ses aïeux. L'air noble et le visage loyal de Pierre de Provence, frappèrent le commandant ; la chaîne d'or qu'il aperçut à son cou, et les éperons dorés qu'il vit à ses pieds, lui firent soupçonner qu'il était chevalier : il lui parla avec bonté et essaya de le consoler. Une fois arrivé à Alexandrie, il le présenta au soudan qui, frappé, à son tour, de sa beauté et de sa noblesse, le retint à son service. Pierre fut bien forcé d'accepter et, comme il savait faire contre fortune bon cœur, il s'acquitta de ses fonctions avec grâce et avec zèle. Le soudan lui en sut gré, et son amitié pour lui redoubla. Il lui confia alors des fonctions plus élevées et plus importantes, et, en peu de temps, le chevalier aux clefs devint l'égal de tous ceux qui remplissaient les premières charges à la cour du soudan d'Alexandrie.

CHAPITRE X

Ce que devint Maguelone en s'apercevant qu'elle était seule. Comme elle faillit mourir de douleur, et de l'état dans lequel la rencontra une pèlerine qui revenait de Rome.

Pendant ce temps, Maguelone avait coûté bien des larmes au roi de Naples son père qui, ne pouvant douter que le chevalier aux clefs ne l'eût enlevée, avait envoyé vainement à leur poursuite plusieurs corps de troupes et le plus grand nombre de ses chevaliers.

Hélas ! le bon roi Maguelon eût eu pitié de sa malheureuse fille, s'il l'eût vue au moment où elle se réveilla en jetant des cris inutiles pour rappeler Pierre auprès d'elle !... Effrayée de ne voir autour d'elle que des antres et des rochers, et de n'entendre que l'écho de ses gémissements, elle parcourut en frémissant cette vallée dont tous les aspects redoublaient sa terreur. Alors elle se crut abandonnée par l'amant pour lequel elle avait tout sacrifié, famille, patrie, honneur ! Ce qui la confirma dans cette affreuse pensée, ce fut de ne plus retrouver le santal et les trois anneaux que Pierre lui avait donnés comme des gages sacrés de sa foi. Ses cris redoublèrent avec plus d'intensité encore qu'auparavant : le hennissement d'un cheval lui répondit cette fois et lui prouva que, du moins, ce vallon renfermait une créature vivante. Elle courut vers l'endroit d'où était parti ce hennissement et trouva le cheval de Pierre de Provence attaché à côté de sa haquenée.

— Ah ! s'écria-t-elle, Pierre ne m'a abandonnée que malgré lui !... Si son abandon eût été volontaire, il se fût servi de ses chevaux pour s'éloigner et pour m'enlever les moyens de le suivre !... Mon noble amant, je vous ai calomnié en vous croyant capable d'une félonie !... Je vous en demande pardon... Mais, où êtes-vous, mon noble ami, où êtes-vous ?...

Cette réflexion calma pendant quelques instants l'horrible désespoir de cette intéressante Ariane. Pendant le reste du jour elle parcourut presque toute l'étendue du vallon. Ses recherches furent infructueuses, comme on le pense bien. Elle était bien seule, bien abandonnée, volontairement ou involontairement. Epuisée par la fatigue, et surtout par la douleur, la pauvre Maguelone se traîna vers les chevaux, délia leurs liens, leur dit adieu, et, résolue d'attendre la mort dans ce lieu maudit, elle se jeta sur le gazon en sanglottant. Quelques instants après, elle avait complétement perdu connaissance.

Par bonheur une pèlerine passa en ce moment. Surprise de la magnificence des habits de Maguelone, qu'à sa pâleur extrême elle crut morte ou expirante, elle s'approcha d'elle, lui souleva la tête, lui humecta les tempes avec un peu d'eau fraîche, et peu à peu la fit revenir.

Maguelone, alors, leva vers la pèlerine ses beaux yeux noyés de mélancolie, et lui demanda par quel hasard elle se trouvait dans ce désert, à côté d'elle, et dans ces vêtements-là.

— Belle dame, répondit l'étrangère, je viens de Rome accomplir un vœu que j'avais fait au tombeau des saints apôtres ; j'en suis partie depuis quelques jours, et je gagnais les bords de la mer, dans l'espérance d'y trouver une barque pour me conduire à Gênes, ma patrie, lorsque je vous ai rencontrée !... Je suis heureuse de cette rencontre qui m'a permis de vous être utile.

Jusqu'à ce moment, Maguelone, jeune et amoureuse, n'avait écouté que son désespoir. Son âme virginale méritait bien, cependant, les secours célestes ; un rayon d'espérance ranima son cœur : elle tomba à genoux et pria avec une ferveur qui dut réjouir là-haut les phalanges des chérubins et des chérubines. Elle pria un peu pour elle, et beaucoup pour son amant adoré. Ce ne fut pas sa propre patrone qu'elle invoqua ; ce fut le prince des apôtres, dont son amant portait le nom et les clefs symboliques. Et comme les grandes résolutions sont filles des grandes prières, Maguelone se releva pour embrasser la pèlerine et pour la conjurer de faire avec elle échange de vêtements.

— Je viens d'apprendre de vous, ma sœur, lui dit-elle, que je ne suis qu'à quelques journées de Rome : j'y veux aller pour y faire un vœu, moi aussi !...

La pèlerine résista quelque temps, se faisant naturellement scrupule de troquer ses vêtements de bure grossière contre les somptueux habillements de la princesse. Mais, vaincue par ses instances, par sa voix attendrie, par ses caresses, par ses larmes, elle l'aida, comme elle le désirait, à se couvrir de sa capeline et de son camail. Puis, lorsqu'elle fut ainsi vêtue, elle la conduisit par un sentier, d'elle connu, hors de ce vallon où cette pauvre Maguelone croyait mourir, et la mena jusqu'au chemin frayé qui conduisait dans la direction de Rome.

— Adieu, ma sœur ! dit la pèlerine devenue princesse, par le costume.

— Adieu, ma sœur ! dit la princesse devenue pèlerine, par la robe.

Les deux femmes s'embrassèrent de nouveau et se séparèrent.

CHAPITRE XI

Comme Maguelone, résolue à aller à Rome, arriva dans cette ville, et du vœu qu'elle y fit. Comme, ensuite, elle s'embarqua pour Aigues-Mortes, et de la liaison qu'elle y contracta avec une charitable veuve.

Maguelone, animée par un souffle intérieur, celui qui pousse en avant les âmes honnêtes et les cœurs jeunes, se mit en marche avec une ardeur peu commune. C'était Pierre qu'elle voyait partout, lorsqu'elle se croyait naïvement face à face avec Dieu...

Elle soutint donc à merveille la fatigue des quelques journées qui la séparaient de la ville éternelle. Elle était résolue aux privations les plus extrêmes, aux peines les plus grandes pour mieux mériter le bonheur de sa réunion avec son bien-aimé. Pèlerine, elle devait vivre et agir en pèlerine, non en princesse habituée au luxe, à la mollesse, à la vie douce et facile. En arrivant à Rome elle se retira dans un hôpital destiné aux pauvres voyageurs, et attendit avec impatience le jour pour aller baigner de ses larmes les marches de l'autel du tombeau des apôtres. Saint-Pierre, pour elle, c'était Pierre de Provence !...

Sa prière fut longue et fervente : son âme tout entière passa sur ses lèvres lorsqu'elle demanda au ciel de préserver son amant des dangers et de la réunir bientôt à lui, dans ce monde ou dans l'autre, mais d'abord dans celui-ci. Puis, comme tout bonheur s'achète ici-bas par des sacrifices véritables, elle promit de gagner le sien par des œuvres pies, et de consacrer les jours qui la séparaient de Pierre au soulagement des pauvres, des malades et des affligés.

Pendant trois jours, Maguelone renouvela ses prières et ses vœux sur le tombeau des apôtres. Elle comptait bien y faire une neuvaine ; mais, le troisième jour, ayant aperçu son oncle, le duc de Calabre, dans l'église, et craignant d'en être reconnue, malgré la modestie de son accoutrement, elle se retira promptement dans son hôpital, d'où elle partit avant le jour et gagna les bords de la mer. Là, trouvant un vaisseau prêt à mettre à la voile pour Aigues-Mortes, elle s'y embarqua et fut portée par un vent favorable dans cette petite ville de la vieille Gaule.

En sortant de l'hôpital de Rome, Maguelone avait eu soin de ternir la blancheur de son teint et de ses mains avec une infusion de safran. Innocente enfant ! De blanche comme un lis, elle était devenue jaune comme un chrysanthème, mais elle était toujours restée aussi jeune et aussi belle. La couleur ne lui avait rien ôté de ses charmes : tout au contraire. Et quelle femme, même la plus dévote, peut ignorer qu'elle est belle ?... Elle le voudrait, qu'elle ne le pourrait pas : la première eau tranquille lui en ferait souvenir. Maguelone se doutait bien qu'une belle voyageuse s'expose à quelques risques lorsque son état apparent n'en impose pas. Malgré son déguisement, ses yeux enchanteurs, les perfections inouïes de ses traits, auraient pu lui faire rencontrer bien des dangers : elle tint ses yeux baissés, s'enveloppa le plus qu'elle put dans sa capeline et dans son camail, et, pendant toute la traversée, elle n'ouvrit pas un seul instant la bouche, de peur que la musique de sa voix ne la trahît.

Une fois descendue à terre sans encombre, elle s'informa d'un asile sûr à la première personne qu'elle rencontra sur le port et qui était précisément une bonne et sainte veuve.

— Jeune pèlerine, lui dit-elle avec bonté, je vois, à votre physionomie, que vous êtes née sous un autre ciel que le nôtre... Peut-être êtes-vous malade... Si vous avez besoin de secours, je vous les offre de grand cœur... Suivez-moi donc, mon enfant, et ne vous exposez pas davantage à la galanterie pétulante de nos Provençaux... Prévenir le mal, servir son semblable, c'est accomplir la loi du Seigneur, au service duquel j'ai consacré le reste de mes jours...

— Ah ! ma chère dame, s'écria Maguelone, en lui

prenant la main, qu'humblement elle voulait lui baiser; ah! ma chère dame, vous êtes un ange tutélaire pour moi... Prenez, prenez pitié d'une pauvre Napolitaine que bien des malheurs éloignent du lieu de sa naissance et du sein de sa famille !...

La bonne veuve prit Maguelone par la main et la conduisit dans sa maison. En peu de jours, la confiance et l'amitié s'établirent entre elles, comme entre une mère et sa fille. Ce fut de la veuve que Maguelone apprit que le puissant comte Jehan de Cerisel et la belle d'Albara, sa femme, régnaient sur ces belles contrées ; qu'ils avaient toujours fait le bonheur de leurs sujets dont ils étaient adorés; et que, dans ce moment, toute la Provence partageait la douleur et les alarmes de leurs souverains.

— Ils n'ont qu'un fils, continua la veuve ; et ce jeune prince, nommé Pierre, unit les dons les plus parfaits de la nature aux vertus les plus pures et aux qualités les plus brillantes d'un chevalier. Hélas ! ce prince est parti seul un jour pour chercher les grandes aventures; il devait revenir au bout d'un mois, et voilà un an que le comte Jehan de Cerisel, son père et notre souverain, n'a reçu de ses nouvelles !.....

Maguelone, en écoutant la veuve, avait versé un torrent de larmes; lorsqu'elle eut fini de parler, elle leva les mains au ciel avec un saisissement dont la bonne vieille dame fut charmée, ne l'attribuant qu'à l'excellence de son cœur.

CHAPITRE XII.

Comme Maguelone se décida à aller vivre dans une petite île où elle fonda un hôpital destiné aux naufragés et aux pauvres. De la visite que lui firent le comte et la comtesse de Provence, et des consolations qu'ils en reçurent. Comme, ensuite, le santal rouge et les trois anneaux du chevalier aux clefs furent trouvés dans le ventre d'un poisson monstrueux.

Souvent la jeune et intéressante pèlerine allait se promener sur le port d'Aigues-Mortes avec sa nouvelle amie, la bonne veuve, espérant toujours qu'elle pourrait apprendre quelques nouvelles de son époux par les matelots qui descendaient sur cette côte. A la longue, elle constata que très peu de navires abordaient dans ces parages, et que, par conséquent, elle avait peu de chances pour apprendre les nouvelles que son cœur avait tant d'intérêt à savoir. Alors elle s'informa plus minutieusement, et on lui dit que le port le plus fréquenté de cette mer, où se rassemblaient pour le commerce tous les vaisseaux de l'Italie, de l'Afrique et du Levant, était situé dans une petite île, nommée île Sarrasine, située à une vingtaine de lieues d'Aigues-Mortes.

Tout aussitôt Maguelone forma le projet de s'y rendre; de se servir d'une somme en or assez considérable qui lui restait, pour s'établir dans cette île; d'y faire bâtir un petit hôpital à proximité du port; de consacrer sa vie à y secourir les malheureux, à y soigner les malades, et surtout de conserver sa virginité et son amour pour Pierre de Provence, sa confiance dans la Providence lui faisant toujours espérer son retour.

Les jeunes gens sont impatients : ils ne savent pas remettre au lendemain l'exécution des projets qu'ils ont conçus. Quelques jours après, Maguelone habitait l'île Sarrasine ! Quelques mois après, son modeste hôpital était construit !...

Le ciel n'est pas ingrat envers ceux qui se font les missionnaires de sa charité, les représentants vivants de sa mansuétude. Les mains d'ange de l'incomparable Maguelone firent bientôt des miracles ; des malades furent guéris, des malheureux furent secourus, des affligés furent consolés. La réputation de cette belle hospitalière devint même si grande que le comte Jehan de Cerisel et sa femme firent exprès le voyage pour la visiter et lui demander son intercession en faveur du retour de leur bien-aimé fils.

On imaginera sans peine l'émotion qui s'empara de la sensible Maguelone en recevant les caresses et les prières des parents de son amant. Elle reconnut aisément sur leurs front et dans leurs yeux les traits adorés qui étaient ineffaçablement gravés dans son cœur; elle mêla ses larmes à celles qu'elle leur vit répandre, et ranima leur espoir par des paroles éloquentes et passionnées qui les toucha profondément.

La foi sauve, dit-on. Le comte et la comtesse de Provence étaient sauvés, lorsqu'un événement inattendu vint les replonger dans la douleur et leur enlever, ainsi qu'à Maguelone, le frêle espoir qu'ils avaient jusque-là conservé pour Pierre.

Le comte et la comtesse s'étaient pris d'une vive amitié pour cet ange à figure de femme qui avait nom Maguelone ; et, pour être plus à même de la voir et de l'entretenir, ils avaient résolu de prolonger leur séjour dans l'île Sarrasine, où ils possédaient d'ailleurs un château. Un matin, des pêcheurs provençaux vinrent leur faire hommage d'un thon monstrueux que le maître-queux ouvrit devant eux. Que devinrent le comte de Cerisel et sa femme lorsqu'ils aperçurent dans les entrailles de ce monstre marin un santal rouge qui contenait les trois anneaux précieux donnés par la comtesse à son fils ?...

— Mon fils est mort !... Mon fils est mort !... s'écria la comtesse. Plus de doute, hélas! notre pauvre Pierre a péri dans les flots !... Mon fils ! Mon cher fils !...

Et tout aussitôt la pauvre mère s'évanouit. On la secourut, mais elle ne reprit ses sens que pour jeter des cris perçants et douloureux. Le comte de Cerisel s'efforçait en vain de montrer plus de courage ; il aimait son fils autant que sa femme : ses larmes coulèrent malgré lui sur ses joues.

— O mon héritier! murmura-t-il en étouffant ses sanglots. O mon héritier!...

La mère regrettait son fils; le père regrettait son héritier. C'était bien naturel, n'est-ce pas ?

Le maître-queux, qui s'était aperçu plusieurs fois du pouvoir que l'hospitalière avait sur l'esprit de ses maîtres, alla incontinent la quérir, sans lui expliquer pourquoi sa présence était si indispensable. Maguelone s'empressa d'accourir. Mais avec quel effroi, quel désespoir ne reconnut-elle pas l'étui fatal qui renfermait les anneaux! Loin de rassurer le comte et la comtesse de Provence, elle mêla ses larmes et ses sanglots aux leurs.

Cependant la raison, ou plutôt la foi en la Providence triompha de cette immense douleur.

— Seigneur, dit la jeune princesse de Naples en essuyant ses beaux yeux, ne désespérez point encore!... Celui qui tira son peuple de l'Egypte, après avoir retiré Moïse du sein des eaux, peut vous rendre votre fils : ne vous lassez pas de le prier, il ne se lassera jamais d'opérer des miracles... sa miséricorde est infinie et ses secrets insondables... Il n'a pu vouloir sans motif ce qui vous arrive en ce moment... Vous croyez votre fils mort, parce que vous trouvez dans le ventre de ce monstre les anneaux qu'il ne devait jamais quitter... Cela ne prouve rien ; la vie est pleine d'invraisemblances auxquels les nobles cœurs comme les vôtres ne doivent pas s'arrêter... Votre bien-aimé fils n'est pas mort, j'en ai le pressentiment !...

En prononçant ces paroles d'encouragement, les yeux de la noble et héroïque enfant semblaient briller d'une lumière surnaturelle... Elle ne croyait pas beaucoup à son pressentiment ; mais elle avait besoin d'y faire croire cette mère en deuil et par ce père désespéré. Le comte et la comtesse, frappés d'admiration, n'avaient jamais vu Maguelone si belle et si imposante... Leur âme sentit renaître par degrés un calme mêlé d'espérance, et le temps de retourner dans leur capitale étant arrivé, l'un et l'autre enrichirent de leurs dons l'hôpital fondé par cette modeste enfant. Avant de partir, ils donnèrent l'argent et les ordres nécessaires pour élever en cet endroit une église dédiée au prince des apôtres, en l'honneur de leur cher Pierre. Cela fait, ils embrassèrent Maguelone, se recommandèrent à ses prières, et retournèrent enfin à Marseille.

CHAPITRE XIII

Comme Pierre de Provence obtint du soudan d'Alexandrie l'autorisation de revenir dans sa patrie, et de ce qui lui arriva en route.

Heureusement pour Maguelone que le temps de ses grandes épreuves était presque écoulé.

Pierre de Provence, comblé de dons par le soudan d'Alexandrie qu'il avait servi pendant trois ans avec tant de zèle, venait d'en obtenir la permission de partir pour quelque temps en Provence, sous la promesse formelle de revenir le rejoindre.

Toujours inconnu dans la cour de ce chef de mécréants, Pierre ne voulut confier à personne le secret de son voyage et, dans la crainte que ses richesses ne fissent naître quelque obstacle ou quelque convoitise, il fit faire neuf petits barils, au milieu desquels il mit son or et ses pierreries : les deux extrémités de chaque baril étaient remplies de sel gemme. La précaution était bonne et le moyen ingénieux. Pour plus de sûreté encore, le jeune prince chargea lui-même sur un fort sommier les neuf barils en question, s'habilla d'une façon fort simple avec des habillements levantins, et, une nuit, après avoir pris congé du soudan, il sortit sans bruit d'Alexandrie, conduisant son sommier en main. Vers la fin du jour suivant il avait gagné un petit port de commerce où les navires provençaux faisaient quelquefois relâche pour acheter leurs provisions de dattes et autres fruits de même provenance. Il espérait ainsi en rencontrer un qui se chargerait de le conduire sur les côtes de sa patrie.

Son attente ne fut point trompée : il y avait précisément à l'ancre, dans ce port de commerce, une tartane dont l'origine lui parut provençale. Il en interrogea le patron qui lui répondit qu'il était d'Antibes, où bientôt il comptait se rendre, après toutefois avoir débarqué quelques tonneaux de dattes dans l'île Sarrasine.

Pierre fit alors marché pour son passage et pour le transport de ses neuf barils sur le contenu desquels le patron ne manqua pas de le plaisanter, surtout en voyant le sangfroid avec lequel le chevalier aux clefs prétendait devoir beaucoup gagner sur le sel dont ces tonneaux étaient remplis.

On mit à la voile au bout de quelques heures. La mer était calme et le vent favorable : la navigation ne fut point troublée. Pierre, plein d'espérances, et tout heureux d'avance à la pensée qu'il allait enfin rejoindre sa famille, et pouvoir s'occuper en liberté de sa chère Maguelone, Pierre s'entretenait familièrement avec les matelots de tout ce qui se passait dans sa belle Provence au ciel bleu. Ce fut d'eux qu'il apprit que le comte Jehan de Cerisel et sa femme étaient plongés dans la plus mortelle douleur, et qu'ils auraient peut-être succombé, sans les consolations qu'ils avaient reçues d'une jeune vierge nommée Maguelone, qui desservait un hôpital et qui vivait dans l'île Sarrasine en grande odeur de sainteté.

Maguelone !... Ce nom si cher à Pierre retentit délicieusement dans son cœur. Il ne craignit pas de se faire répéter par les matelots de la tartane les détails qu'ils lui avaient déjà donnés. Mais ces gens n'ayant pu, malgré toute leur bonne volonté, lui rien apprendre de plus particulier, à peine osa-t-il s'imaginer que cette vierge pouvait être celle qui lui était si chère.

Le peu de vent qui portait la tartane étant tombé tout-à-coup, la marche de ce vaisseau s'en trouva retardée d'autant. Puis l'équipage commença à manquer d'eau. Alors le patron fit gagner l'île de Sagones à force de rames, et, une fois près de la terre, une partie de l'équipage descendit pour aller remplir les tonneaux d'eau douce.

Pierre de Provence était un peu fatigué par le roulis de la tartane : il profita de cette occasion qui lui était offerte de se délasser, et il suivit les matelots descendus dans l'île. L'endroit était charmant et intéressant à plusieurs titres : Pierre laissa les gens de la tartane faire leur office, et il s'égara volontairement sous les orangers en fleurs, certain qu'il était de les retrouver à temps et de regagner avec eux le navire mouillé à quelques encâblures de là.

A mesure qu'il s'avançait, Pierre découvrait un charme nouveau à cette île qui ressemblait à une corbeille de fleurs jetée là, au milieu de la mer, par la main prodigue et inépuisable du Créateur. Des massifs de lauriers-roses succédaient à des massifs d'orangers, et, dans tous les buissons, sur toutes les branches, des oiseaux au plumage bariolé chantaient leurs plus mélodieuses chansons. C'était un oasis, l'oasis de ce désert mouvant qu'on appelle la mer...

Bientôt notre chevalier se trouva dans un petit vallon émaillé de fleurs. Le lis des prés, qui s'élevait gracieusement au-dessus d'elles toutes, lui rappela sa chère Maguelone, ce lis vivant, cette belle fleur animée, aussi fraîche, aussi pure, aussi parfumée que les plus belles fleurs. Cette image qui lui vint naturellement au cœur à l'esprit, le fit tomber dans une douce et mélancolique rêverie, qui fut suivie d'un assoupissement involontaire. Grâces à la mollesse et à la fraîcheur du gazon, cet assoupissement se changea insensiblement en un bel et bon sommeil dont rien ne put le tirer. Les mariniers l'appelèrent à plusieurs reprises inutilement : il ne les entendit pas, et ils furent bien obligés de regagner la tartane sans lui. Un vent favorable s'étant élevé quelques minutes après leur retour, le patron, qui craignit, en attendant davantage, de retarder trop son voyage, eut l'air d'ignorer que le passager levantin était encore à terre : il fit mettre à la voile, et poursuivit sans plus de souci sa route.

Dès le second jour, la tartane entra dans le port de l'île Sarrasine. Le patron, un peu embarrassé des neuf barils de sel gemme appartenant au passager levantin, et se faisant d'ailleurs un scrupule de se les approprier, ne crut pas pouvoir faire mieux, pour mettre sa conscience en repos, que de donner ces barils à l'hôpital Saint-Pierre, desservi par Maguelone. Cela fait, l'honnête homme reprit sa route : sa conscience et sa tartane étaient plus légères...

Quelques jours après, Maguelone ayant besoin de sel pour le service de son hôpital, fit défoncer un des tonneaux du passager levantin et vit avec surprise les richesses qu'il contenait. Faisant alors immédiatement défoncer les huit autres barils, elle s'assura que leur contenu était exactement le même.

— C'est un don du ciel ! s'écria-t-elle. Il a béni mon entreprise pieuse et il veut m'encourager encore... Merci, mon Dieu, merci !...

CHAPITRE XIV

Ce que devint Pierre de Provence, en se réveillant dans l'île de Sagones; comme des pêcheurs le trouvèrent étendu sans vie sur le sable du rivage, et le transportèrent dans leur barque, dans l'île Sarrasine, à l'hôpital dirigé par Maguelone.

Que faisait pendant ce temps le malheureux Pierre de Provence?

En se réveillant de son sommeil prolongé, il avait couru vers la tartane et n'avait plus vu que le haut du mât de ce vaisseau qui rayait le ciel, à l'horizon.

Voir disparaître ses richesses n'était rien pour le chevalier aux clefs, on le devine bien. Mais c'était l'espoir de revoir sa patrie et sa famille qui disparaissait avec ce navire!... C'était vraiment jouer de malheur, on en conviendra.

Aussi Pierre reçut-il de cet événement un contre-coup très douloureux. Il songea à sa mère, à Maguelone, à la distance qui le séparait de tout secours humain, à son abandon dans cette île inhabitée, et la fièvre le prit et ne le quitta plus. Il tomba sans connaissance sur le sable du rivage, où il eût certes bientôt perdu la vie, si quelques pêcheurs des côtes de Provence, venus là par hasard, n'étaient descendus à terre dans l'intention de profiter de leur présence dans l'île de Sagones pour y cueillir le kermès rouge, qui y foisonnait. Alors ils avaient aperçu le corps immobile du chevalier aux clefs, et, saisis de pitié, ils l'avaient secouru et porté dans leur barque.

On regagna la pleine mer avec ce fardeau humain, pour aller quérir des secours plus efficaces que ceux qui lui avaient été prodigués dans le premier moment. Le patron de la barque, embarrassé d'un homme qui paraissait toucher à son dernier moment, se ressouvint fort à propos de la réputation de charité qui parfumait pour ainsi dire le nom de Maguelone, la vierge de l'île Sarrasine. Il avait été malade, une fois entre autres, et les soins les plus délicats et les mieux entendus lui avaient été prodigués avec un dévoûment rare et touchant. Convaincu que c'était faire lui-même œuvre pie que d'aider la belle hospitalière de l'île Sarrasine une, ce maître pêcheur mit le cap sur cette île et fit force de rames pour y atteindre au plus tôt. On débarqua, et Pierre ayant repris connaissance, on le prévint qu'on allait le déposer dans l'hôpital Saint-Pierre, consacré aux pauvres malades et dirigé par une belle sainte du nom de Maguelone.

Le fils unique du comte Jehan, ce brave chevalier, ce puissant prince, regarda comme une punition du ciel d'avoir enlevé Maguelone du palais du bon roi Maguelon, son père, l'humiliation qu'il recevait d'être conduit mourant par des pêcheurs dans un pauvre hôpital, dans une île appartenant aux états auxquels il était appelé à donner un jour des lois. Non-seulement il se soumit à ce décret de la Providence, mais encore, en réparation de l'enlèvement qu'il se reprochait comme un crime, il fit vœu, si la vie lui était conservée, de rester un mois entier dans cet hôpital, sans se laisser connaître de personne, et de se priver volontairement, pendant tout ce temps, du bonheur de revoir son père et d'embrasser sa mère.

Bientôt la fièvre de Pierre augmenta, son teint devint livide, ses traits se décomposèrent, à ce point que la fidèle Maguelone, qui lui prodiguait ses soins, ne reconnut pas en lui l'objet de son amour.

Il fut ainsi pendant trois semaines entre la vie et la mort. La vie triompha, aidée qu'elle était et de la jeunesse de Pierre d'une part, et, d'autre part, du dévoûment de Maguelone, qui veillait sur ce pauvre malade comme s'il eût été son frère.

La vie triompha donc ; la santé revint petit à petit, et, avec la santé la force et la connaissance. Pierre regarda, vit aller et venir sa belle infirmière, mais sans se douter qui elle était, à cause des vêtements grossiers et du teint jaune qu'avait Madelone.

Cependant, un jour que Maguelone, en lui rendant ses soins ordinaires, porta par hasard la main sûr son cœur, une vive sympathie l'ayant empêchée de la retirer, ce cœur reconnut son maître, et palpita si vivement, qu'elle en fut émue. Mais surprise, et sans doute scandalisée de se sentir un si tendre intérêt pour cet étranger, elle se retira promptement pour calmer un trouble dont sa modestie et sa vertu sévère lui faisaient un crime. Pierre, en ce moment plus ranimé qu'il ne l'avait été depuis longtemps, la vit s'éloigner avec regret, et jetant sur elle des regards plus attentifs, il fut surpris de la richesse de son buste, de l'élégance de sa taille et de la grâce de sa démarche.

— Hélas! s'écria-t-il, c'est ainsi qu'était ma bien-aimée! Même grâce, mêmes charmes, mêmes attraits!...

Pierre ne se rappelait jamais le souvenir de Maguelone, abandonnée involontairement par lui dans un vallon désert, sans verser des larmes abondantes. En prononçant ces paroles, qui étaient une évocation d'un passé évanoui pour toujours, il pleura donc; et bientôt ses soupirs et ses sanglots ayant redoublé, Maguelone l'entendit et en fut remuée d'une manière toute particulière.

Le soleil venait de se coucher; la chambre était assez obscure en ce moment pour qu'on ne pût qu'à grand'peine distinguer les objets. Maguelone se sentit entraînée vers le lit du prince par un irrésistible penchant, et, tout en croyant ne remplir qu'un devoir de charité, dégagé des impressions profanes, elle soupira comme avait soupiré le malade; puis, venant s'asseoir à côté de lui, elle lui demanda de sa voix la plus douce, avec l'accent de la plus tendre compassion :

— Vous êtes donc bien malheureux, pauvre étranger?...

— Ah! ma chère dame, répondit Pierre, mes peines ne peuvent finir qu'avec ma vie, et je demanderais volontiers au ciel de la terminer avec mes malheurs, si je ne craignais de l'offenser.

— Espérez plutôt en son secours, qu'il ne refuse jamais aux bons cœurs et aux consciences tranquilles, reprit Maguelone avec la même compassion. Si vous ne craignez point de me confier le sujet de vos peines, je réussirai peut-être à les adoucir...

L'un et l'autre, alors, furent plus émus que jamais. En même temps qu'une tendre compassion naissait dans l'âme impressionnable de Maguelone, une confiance également mêlée de tendresse s'emparait du cœur sensible du chevalier aux clefs. Maguelone ne put résister au vif intérêt qui la pressait de savoir l'histoire de ce malheureux étranger; et Pierre, de son côté, ne put résister à la sympathie qui l'entraînait vers cette courageuse hospitalière.

— Ah! madame, dit-il, que vous trouverez peu intéressant et peu digne de votre pitié le plus coupable de tous les hommes, quand vous aurez appris à quel point je me suis rendu criminel.

— A tout péché, miséricorde!... fit observer doucement et onctueusement la belle infirmière.

— Je le crois par moments, et par moments aussi j'en doute... reprit Pierre. Dieu est miséricordieux, je le sais, mais c'est surtout la miséricorde de la femme que j'adore qui me manque... C'est son pardon qui me fait défaut, à cette heure surtout où je vois toute l'énormité de mon crime!... Si vous saviez, madame, si vous saviez!...

Maguelone ne savait pas; c'était précisément pour cela qu'elle voulait savoir. Elle insista donc beaucoup pour que son convalescent lui racontât l'histoire de son crime. Pierre soupira bien fort et reprit :

— Je vivais tranquille au milieu de ma famille, lorsque le bruit de la beauté d'une jeune fille de la plus haute lignée, vint jusqu'à moi... J'étais jeune, j'avais le goût des aventures : je partis, abandonnant sans remords un père et une mère respectés. J'arrivai dans la ville qu'habitait l'incomparable beauté dont la réputation m'avait attiré... Je la vis et je l'aimai : elle était cent fois plus belle qu'on ne me l'avait dit! Une fée n'a pas plus de grâce, de charmes, d'attraits, de séductions chastes et merveilleuses!... C'était un lis, c'était une rose... Son visage ingénu s'éclairait sans cesse de sourires comme d'autant de rayons... Ses yeux ressemblaient à deux étoiles jumelles arrachées au firmament du bon Dieu... Ses cheveux, blonds comme les épis de ma Provence, retombaient en tresses épaisses et soyeuses sur sa poitrine rebondie qui ressemblait elle-même à une pêche double sur le point de mûrir... Elle avait le parfum des fleurs et la saveur des fruits... Mes lèvres ont gardé la trace odorante des baisers que j'ai cueillis sur sa chair savoureuse... Ah! ce souvenir! Ce souvenir!... comme il sent bon, même à la distance où j'en suis!...

— Continuez, je vous en prie, dit Maguelone, que ce récit intéressait au plus haut point, et qui, à mesure qu'il avançait, se sentait tour à tour rougir et pâlir.

— Cette adorable enfant, reprit Pierre, ne demandait qu'à laisser son cœur s'ouvrir à l'amour... Elle avait l'âge printanier où l'on se donne sans marchander, parce que c'est doux et bon d'aimer et d'être aimée, et que les ivresses des sens ne sont excusables qu'à cet âge-là... Je l'aimais : je m'en fis aimer... je mis le feu à cette jeune et impressionnable imagination... Je l'arrachai des bras de son père, qui l'adorait, je l'enlevai d'une maison dont elle faisait la gloire et le bonheur, et où le sort le plus éclatant lui était préparé... Ah! madame, qu'allez-vous penser de moi quand vous saurez que, par une fatalité presque invraisemblable, je fus forcé de l'abandonner pendant son sommeil, et de la laisser seule dans le fond d'une vallée inhabitée!...

Qui pourrait rendre ce que la belle Maguelone sentit en ce moment?... Eperdue, respirant à peine, la bouche entr'ouverte, elle ne put s'exprimer que par des soupirs. Pierre de Provence, occupé de son cruel récit, acheva de s'en faire reconnaître, en lui racontant la malheureuse aventure de l'enlèvement du santal rouge et des trois anneaux qu'il contenait. Maguelone, trop saisie pour lui répondre, et craignant d'ailleurs qu'un état pareil ne fût mortel pour son ami, se contenta de lui serrer la main; puis, s'arrachant d'auprès de lui, elle courut se prosterner sur les dalles de la chapelle pour remercier le ciel de lui avoir rendu son amant.

CHAPITRE XV ET DERNIER

Comme Maguelone, après avoir demandé à Pierre de Provence le récit de ses infortunes, le reconnut et se fit reconnaître à lui. Comme ensuite ils se rendirent tous deux à la cour du comte de Cérisel où leur mariage fut célébré.

n comprend aisément quelle nuit passa cette belle et chaste amoureuse qui se croyait veuve avant d'avoir été femme. Pierre vivait encore! Pierre était à côté d'elle, sous le même toit qu'elle!... Elle allait enfin pouvoir rendre le bonheur à la comtesse de Cérisel et se le rendre à elle-même, ce qui avait bien son charme, convenez-en!

Pendant toute la nuit Maguelone pria avec la plus grande ferveur; seulement, à son insu, elle mêla une image profane à l'image divine, elle songea autant à son ami Pierre qu'au prince des apôtres, son parrain. C'était bien naturel, n'est-ce pas?...

Le lendemain, elle commit une personne de confiance pour prendre soin de Pierre dont l'état de convalescence exigeait encore certains ménagements; puis elle envoya acheter des voiles et des habits magnifiques qu'elle cacha dans un coin secret de son appartement.

Lorsque tout fut préparé, déguisant plus que jamais son visage et sa voix, qui tremblait, Maguelone se rendit auprès du prince provençal, qui lui parut mieux portant que la veille.

— Vous me paraissez, lui dit-elle, avoir assez de forces pour vous lever et pour venir prendre un bain que je vous ai fait préparer et duquel j'attends votre entière guérison. Levez-vous donc et me suivez !...

Cet ordre était donné d'une voix trop douce pour que Pierre de Provence y résistât longtemps. Il se mit incontinent en état de suivre sa bienfaitrice. Quand il fut prêt, Maguelone le prit délicatement par la main, toujours en tremblant, et le conduisit dans sa chambre qui ressemblait à une cellule, tant sa simplicité était grande.

— Implorons avant tout, lui dit-elle, les grâces paternelles du ciel qui n'abandonne jamais personne, pas même ceux qui l'abandonnent. Et puisque vous m'avez raconté une partie de vos infortunes imméritées, achevez de m'instruire, en face de ce Christ d'ivoire, de la disposition où vous êtes pour la pauvre créature que vous croyez avoir perdue...

— Ah! madame, s'écria Pierre avec un transport au-dessus de ses forces renaissantes, mes dispositions sont de mourir mille fois pour elle, et si je ne peux la retrouver pour l'associer solennellement à mon sort, d'abandonner la Provence où je dois régner un jour, pour aller finir ma misérable vie dans les déserts de la Thébaïde.

— Pierre ! s'écria alors Maguelone d'une voix enthousiaste; attends-moi dans la prière; redemande ta Maguelone à celui qui peut tout, même et surtout l'impossible, et ta Maguelone te sera rendue !...

A ces mots, l'héroïque fille, laissant le prince provençal interdit, courut changer ses vêtements grossiers contre des vêtements élégants, dignes de son rang et de sa beauté. Elle effaça les couleurs qui ternissaient et défiguraient son jeune visage, s'enveloppa de voiles brillants et revint dans la chambre cénobitique où elle avait laissé le chevalier aux clefs. Puis, découvrant tout-à-coup son visage illuminé par une joie immense, elle s'écria :

— Pierre! Pierre! cher et malheureux amant!... Reconnais-tu maintenant ta Maguelone ?...

Les grands bonheurs ne s'analysent ni ne se racontent. La langue est impuissante à les peindre, quelque colorée qu'elle soit. Pierre était rendu à Maguelone, Maguelone était rendue à Pierre : voilà tout.

Cette réunion ne devait pas en rester là ; pour être complète, il fallait qu'elle fût suivie d'une autre. Il restait encore quelques jours avant que le mois du vœu fait par Pierre fût révolu : il les passa bien doucement, et toujours avec la même retenue, aux genoux de sa chère Maguelone. Le mois expiré, nos deux amants quittèrent l'île Sarrasine, accompagnés des vœux ardents de la population qui s'y était formée depuis la fondation de l'hôpital Saint-Pierre, et se rendirent à la cour du comte Jehan de Cerisel. Le comte et la comtesse remercièrent le ciel et Maguelone de ce retour inespéré, et, quelque temps après, l'évêque de Marseille bénissait ces deux beaux enfants si dignes d'être heureux.

A ce mariage, qui fut célébré avec toute la pompe imaginable, assista tout naturellement le bon roi Maguelon, que des ambassadeurs avaient été quérir, et qui n'avait pas eu le courage d'en vouloir aux fugitifs. Ceux qui reviennent sont toujours pardonnés : on n'en veut qu'à ceux qui ne reviennent pas.

Quant au soudan d'Alexandrie, comme Pierre s'était engagé solennellement envers lui à revenir à sa cour au bout d'un an, pour reprendre ses fonctions, il ne fut pas assez cruel pour exiger l'exécution de cette promesse téméraire. On lui envoya des présents magnifiques, et, en retour, il envoya un traité d'alliance perpétuelle avec l'heureux Pierre de Provence, qui bientôt devint roi de Naples, par suite de l'abdication faite en sa faveur par le bon roi Maguelon.

Si les méchants ne sont pas toujours punis, on voit que les bons sont toujours récompensés.

— 1492 —

FIN DE PIERRE DE PROVENCE

CLÉOMADES ET CLAREMONDE

CHAPITRE PREMIER

Comme Cléomades, prince espagnol, après avoir voyagé dans différentes contrées pour s'instruire et se former, fut rappelé à Séville par le roi son père, pour assister aux noces de ses trois sœurs. Des présents offerts par les trois prétendants : l'homme d'or, la géline d'or et le cheval de bois.

Ectrive, jeune et belle princesse, héritière de cette riche partie de l'Epagne dont Séville est la capitale, avait accordé son cœur et sa main à Marchabias, héritier du royaume de Sardaigne.

C'était en se signalant dans un tournoi que Marchabias avait mérité ce bonheur ; il y avait fait voir tant de force, de courage et d'adresse, qu'aucun des chevaliers accourus de toutes parts à cette fête héroïque, n'avait pu lui résister. Il avait même fait vider les arçons au redoutable Astur, aussi effrayant par sa taille gigantesque que par sa vaillance, à la hauteur de sa taille ; il l'avait forcé à déposer comme hommage, aux pieds de la reine de Séville, la belle principauté des Asturies. Il avait fait plus encore : il s'était fait un ami de ce rival de gloire !... C'est ainsi qu'après avoir ajouté de nouveaux domaines et une nouvelle gloire à la couronne de l'incomparable Ectrive, il avait mérité de recevoir sa main. Conquérir un royaume, ce n'est rien ; conquérir un cœur, c'est tout.

Dans l'espace de quatre années, le bonheur de ces deux époux fut assuré par la naissance d'un prince et de trois princesses. Le prince fut appelé Cléomades ; les trois princesses furent nommées Hélior, Soliadis et Maxime. Cette dernière surtout parut, dès son enfance, d'une beauté achevée.

Quant à Cléomades, on devine bien que sa naissance avait été saluée avec une joie particulière, et par son père et par sa mère ; unanimité rare et touchante qui prouvait l'accord parfait qui existait entre Marchabias et sa belle compagne, car, d'ordinaire, aux premières heures du mariage, l'homme se souhaite toujours une fille et la femme un garçon, en vertu de je ne sais quelle loi secrète des contraires.

Après que la première instruction eut été donnée à Cléomades dans sa patrie, par des professeurs particuliers, choisis avec un soin minutieux par le roi d'Espagne, on résolut de l'envoyer au loin, pour façonner son esprit et son caractère au contact des mœurs étrangères. Il partit et commença par la Grèce, où il prit le goût des arts et respira les âpres senteurs d'héroïsme qu'y avaient laissées les grands hommes de l'antiquité. De la Grèce, il passa en Allemagne, pour y modeler son esprit sur les exemples vivants donnés par la chevalerie, cette continuation des traditions héroïques, et s'exercer dans les tournois et dans les joutes célèbres qui s'y donnaient fréquemment. Enfin, de l'Allemagne, Cléomades passa en France où il se forma aux exercices de toutes sortes, propres à un grand prince, et fut forcé de reconnaître que ce beau royaume avait des avantages incontestables sur tous les autres royaumes qu'il avait parcourus jusque-là.

Cléomades se préparait à visiter l'Italie, la terre classique des lettres et des arts, lorsque son père crut devoir le rappeler auprès de lui pour quelque temps, tant pour juger des progrès qu'il avait faits dans ses voyages et du profit intellectuel et moral qu'il en avait retiré, que pour assister au triple mariage de ses sœurs Hélior, Soliadis et Maxime, recherchées par trois grands princes.

Les prétendants étaient arrivés ensemble à Séville, où leur renommée les avait précédés. Outre qu'ils possédaient tous les trois de grands royaumes, ils passaient généralement pour de grands clercs dans la science astronomique, voire dans l'art mystérieux de nécromancie. L'un était roi de Barbarie et s'appelait Mélicandus. Le second était roi d'Arménie et s'appelait Bardigans. Le troisième, qui était roi de Hongrie et s'appelait Croppart, était abominablement laid et, de plus, bossu comme une montagne ; pour ajouter encore à ces agréments extérieurs, il avait l'esprit aussi fertile en mensonges, que l'âme féconde en vices, en bassesses et en trahisons. La lame, comme on voit, était bien digne du fourreau !...

Ces trois monarques étaient convenus de se rendre ensemble à la cour de Séville, et d'apporter chacun un présent riche ou bizarre, qui pût les autoriser à requérir un don en échange. Ils partirent donc, arrivèrent à Séville, où ils reçurent l'accueil dû à leur rang et à leurs richesses.

Mélicandus présenta au roi et à la reine d'Espagne un homme formé de l'or le plus pur, tenant à la main une trompe de même métal, et fait avec un art si merveilleux, que l'on ne pouvait machiner une trahison à cent toises de distance, que sur-le-champ il n'embouchât sa trompe, pour en tirer le son le plus terrible et le plus aigu. Ce présent fut admiré comme il devait l'être, non pas seulement à cause de la matière précieuse dont il était formé, mais à cause de l'utilité plus précieuse encore dont il pouvait être à un moment donné.

Bardigans leur offrit une géline et six petits poussins d'or, façonnés avec tant d'adresse, qu'on pouvait les supposer vivants, en y mettant toutefois un peu de bonne volonté. Bardigans les posa à terre, et, tout aussitôt, les petits poussins se mirent à battre de l'aile, à courir, à becqueter çà et là des grains invisibles ; la géline vola tout d'un trait sur les genoux de la reine, se mit à caqueter d'un petit ton bien doux, et, finalement, pondit une perle en son giron.

— Elle en pond une pareille tous les trois jours, fit observer Bardigans.

On se récria à propos de ce second présent, comme on s'était récrié à propos du premier, et on admira leur magnificence, ainsi que l'art surprenant des ouvriers de génie qui les avaient construits.

Vint le tour du vilain bossu. Il présenta un grand cheval de bois assez richement harnaché, mais n'ayant que des chevilles d'acier pour unique ornement à son frontal et sur les épaules.

— Roi, dit Croppart d'une voix grêle et cassée, avec le cheval que je vous offre et qui n'a l'air de rien, on peut s'élever dans les airs, traverser les mers et faire sur terre cinquante lieues par heures !...

L'épreuve de ce coursier fantastique eût été longue et difficile : on préféra croire Croppart sur sa parole, comme on avait cru Mélicandus à propos de sa trompe merveilleuse. La réputation de ces trois princes, comme nécromans, était d'ailleurs connue.

CHAPITRE II

Comme, en échange de leurs présents, les trois monarques étrangers obtinrent de choisir ce qu'ils désiraient à la cour du roi d'Espagne, et comme, naturellement, chacun d'eux demanda la main d'une des trois princesses. Ce qui arriva du vilain roi de Hongrie et de son perfide cheval de bois.

Marchabias et sa belle compagne étaient les souverains les plus généreux du monde ; ils ne consentirent à accepter les présents des trois souverains qu'à la condition que chacun d'eux, en retour, leur demanderait ce qui lui plairait le plus et le mieux.

C'était bien ce qu'attendaient ces trois monarques ; ils n'avaient pas eu l'intention de faire gratuitement des présents aussi considérables : ils saisirent ce moment pour demander la main des trois jeunes princesses. Le roi et la reine d'Espagne, qui s'attendaient, de leur côté, à cette demande, leur accordèrent le don qu'ils requéraient ; mais les jeunes filles, qui ne voyaient pas les choses du même œil que leurs parents, osèrent protester tout bas contre la facilité avec laquelle on les jetait dans les bras de ces inconnus.

Ce n'est pas que les deux aînées de ces princesses repoussassent complétement les prétendants qui étaient devant eux, non. Sur les trois monarques, deux étaient beaux et bien faits, le roi d'Arménie et le roi de Barbarie : elles les eussent acceptés. Mais il n'était pas certain qu'ils leur fussent destinés plutôt que le roi de Hongrie, l'abominable bossu !

Heureusement que leurs transes ne furent pas de longue durée : Mélicandus et Bardigans les choisirent. Alors elles confirmèrent par leurs sourires de vierges rougissantes le don de leurs personnes accordé par leur père.

Le vilain roi bossu devenait donc, tout naturellement, le lot de la plus jeune des sœurs, la plus jeune et la plus belle. Maxime, en voyant cet inique partage, courut toute éperdue et toute en larmes se jeter dans les bras de sa mère. Hélas! sa mère avait promis : elle devait tenir sa parole royale, quoiqu'il en coûtât à son cœur.

— Vous n'avez rien promis, vous, mon frère, dit Maxime en allant vers Cléomades, et vous m'avez mille fois juré de me protéger. Le moment est venu de me prouver votre amour fraternelle : ou délivrez-moi du supplice d'épouser ce monstre, ou donnez-moi la mort !

Cléomades aimait tendrement sa jeune sœur, pour une infinité de raisons : d'abord, parce qu'il l'aimait instinctivement mieux que les deux aînées ; ensuite, parce qu'elle était la plus jeune ; puis, enfin, parce qu'elle était la plus belle. La première raison eût dispensé des autres ; mais, en somme, trois raisons valent encore mieux qu'une, surtout trois bonnes raisons comme celles-là.

Maxime, en effet, était bien l'enfant de quatorze ans la plus jolie, la plus spirituelle, la plus espiègle et la plus mignonne. Elle avait en outre une foule de talents agréables et inutiles ; elle brodait comme une fée, faisait des contes à mourir de rire et chantait les plus adorables chansons du monde.

Cléomades, indigné à bon droit de voir une si mignonne et si délicieuse créature prête à passer dans les bras de l'abominable Croppart, se leva aussitôt à l'appel de sa sœur, et déclara avec fermeté au roi son père, qu'il s'était engagé par serment à défendre la liberté de Maxime lorsqu'il la croirait menacée, et que, le moment en étant malheureusement venu, il s'opposait de toutes ses forces à ce qu'elle devînt la proie du hideux roi de Hongrie.

Croppart, en entendant ainsi faire son éloge, voulut élever la voix pour protester et faire valoir toute la force que le don octroyé devait avoir ; mais sa voix glapissante fut couverte par celle de Cléomades qui dit, après lui avoir lancé un regard froid comme l'acier et terrible comme la foudre :

— Les deux premiers rois, en dehors de leurs qualités personnelles, ont mérité le don qu'ils ont reçu par les dons qu'ils ont offerts... Mais vous, que prétendez-vous donc obtenir par votre vilain cheval de bois et par la fable ridicule que vous avez osé nous débiter pour en rehausser le prix ?... Quand on n'a rien donné, il est outrecuidant d'exiger quelque chose, surtout lorsqu'on est aussi mal servi par la nature que vous l'êtes !...

Le méchant bossu fit de nouveau la grimace à ce portrait peu flatteur dessiné avec énergie par le jeune prince espagnol. Pour s'en venger et se débarrasser ainsi d'un obstacle à ses désirs, il imagina à l'instant même une fourberie aussi noire que son âme.

— Seigneur, répondit-il sans s'émouvoir en s'adressant à Cléomadès, vous traitez bien légèrement les choses sérieuses... Mon cheval de bois vous paraît de peu de valeur, parce que vous ne vous êtes pas assuré de ce qu'il valait... Faites-en l'épreuve : je me soumets à tout, si je vous ai trompé !...

— Oui, oui, j'en veux faire l'épreuve à l'instant même ! s'écria Cléomadès outré de colère.

Et tout aussitôt le jeune prince ordonna qu'on transportât le maudit cheval dans le jardin. Au moment où il donnait cet ordre, et s'empêtrait de lui-même dans les rets de la trahison que lui préparait l'abominable roi de Hongrie, l'homme d'or offert par Mélicandus emboucha vivement sa trompe et en tira un son aigu qui était un avertissement. Malheureusement, comme presque tous les avertissements, il ne fut entendu de personne, à cause de l'intérêt que faisait naître l'essai que Cléomadès allait tenter.

Le cheval de bois fut donc apporté dans le jardin et le fougueux prince espagnol sauta dessus et se mit en selle comme sur un cheval ordinaire. Le cheval de bois resta immobile.

— Vous m'avez trompé, vilain bossu ! s'écria Cléomadès en s'apprêtant à redescendre pour châtier Croppart.

— Tournez la cheville d'acier que mon cheval porte à son frontal, et il marchera, se contenta de répondre le roi de Hongrie, en dissimulant sa joie secrète.

A ce moment encore, l'homme d'or de Mélicandus souffla dans sa trompe, avec plus d'énergie cette fois que la première, et, cette fois aussi, quelqu'un prit garde à son avertissement significatif : ce fut le roi d'Espagne, qui cria à son fils de redescendre au plus vite.

Il n'était plus temps : Cléomadès avait déjà tourné la fatale cheville du frontal. Une minute après, le cheval s'élevait dans les airs avec la rapidité d'un faucon, et son cavalier disparaissait aux regards de tous.

Le roi d'Espagne et sa compagne, alarmés à juste titre de cette disparition subite, et indignés à bon droit de ce qu'ils considéraient comme une trahison, firent saisir le roi Croppart, et le menacèrent de la mort la plus cruelle s'il ne leur rendait leur fils bien-aimé.

— Je n'en suis plus le maître, leur répondit cet affreux bossu avec ce sangfroid que les criminels ont presque toujours dans les grands périls ; le prince Cléomadès ne m'a pas laissé le temps de lui faire connaître les ressorts qui dirigent le vol de ce cheval : son impétuosité est la seule coupable, ne vous en prenez qu'à lui de ce qui arrivera...

L'audace avec laquelle ce fourbe s'excusait, fit impression sur le souverain d'Espagne et modéra sa soif de répression immédiate. Il se contenta de faire garder Croppart à vue dans un appartement du palais, où, d'ailleurs, il fut bien traité. Ensuite, il déclara aux deux autres monarques qu'il était très éloigné de révoquer le don qui leur avait été fait ; mais que, en présence de l'événement imprévu qui le frappait si douloureusement, il était convenable qu'ils ajournassent leur mariage jusqu'au retour de Cléomadès. Ce à quoi Mélicandus et Bardigans se soumirent sans protestation.

CHAPITRE III

Comme Cléomadès, ayant voulu essayer le cheval de bois du vilain roi Croppart, se trouva subitement enlevé dans les airs, où il resta pendant un jour et une nuit. Comme, ensuite, il put manœuvrer à sa guise cette machine ailée et la fit descendre sur la plate-forme d'une tour.

Cependant le courage de Cléomadès n'était point ébranlé par la hauteur prodigieuse à laquelle s'élevait le cheval enchanté du roi Croppart, ni par la rapidité suffocante avec laquelle il fendait les couches d'air diverses de l'atmosphère. Pendant quelques instants il crut que cette machine allait redescendre et le rapporter à l'endroit même d'où il était parti. Mais apercevant sans cesse au-dessous de lui, comme autant de taches vertes ou bleues, de nouvelles contrées et de nouvelles mers, il en conclut avec douleur qu'il s'éloignait de l'Espagne, sans pouvoir soupçonner vers quels pays mystérieux il était entraîné.

La nuit enfin arriva et répandit ses ombres opaques sur la surface de la terre, qui disparut complètement aux yeux attristés du jeune prince. Le vol du cheval enchanté ne se ralentit pas un instant pour cela, tout au contraire ! Il allait, il allait, il allait sans s'épuiser, sans se lasser, sans paraître se douter du fardeau humain qu'il portait. Cléomadès ferma alors les yeux et s'abandonna à sa destinée.

Il est bien entendu qu'il ne ferma pas les yeux pour dormir, la prudence le lui défendait ; il les ferma, pour mieux les ouvrir en dedans, c'est-à-dire pour mieux réfléchir à sa position et aux moyens à employer pour en sortir.

Or, il se ressouvint, pendant cette nuit, que le cheval de Croppart portait sur ses épaules des chevilles semblables à celle qu'il avait sur le frontal. Aussi, dès les premières lueurs matinales, il essaya avec empressement de faire usage de ces chevilles. Il constata alors qu'en tournant celle d'une des épaules à droite ou à gauche, le cheval en suivait la direction, et qu'en employant la cheville de l'autre épaule, cette machine ailée ralentissait son vol et descendait vers la terre.

Cette constatation intéressante une fois faite, Cléomadès fut un peu consolé, et l'espérance commença à verdoyer dans son cœur. Les rayons du soleil levant, réfléchis par les dômes dorés de quelques temples, lui firent supposer qu'il était au-dessus d'une grande ville. Lors, il embrassa les deux épaules du cheval enchanté, et se servant avec adresse des deux chevilles d'acier qui y étaient fichées, il parvint à faire manœuvrer cette machine à sa guise. Bientôt même, il put descendre doucement sur la plate-forme d'une tour très élevée, située au milieu des jardins d'un grand palais.

Cléomades sauta légèrement sur cette plate-forme, y laissa son cheval de bois, et s'occupa à inventorier minutieusement les lieux où il se trouvait. Une trappe couvrait un degré, il la souleva et descendit sans crainte, sans savoir où il descendait. Au bout d'un certain nombre de marches ainsi descendues, il arriva dans un salon décoré avec un goût exquis, décoré surtout d'une table chargée de plantureux débris de festins et de flacons vermeils non encore vidés.

Nous laissons à penser la joie que dut éprouver Cléomades à cet aspect! Quoique l'allure du cheval de bois eût été très douce, il ne laissait que d'être très fatigué par le long temps qu'il avait passé en selle, dans une température humide; beaucoup de fatigue et autant d'appétit.

Rien, donc, ne fut plus pressant pour lui que d'user des biens que le hasard lui envoyait si généreusement : il s'assit, but et mangea. Les sièges étaient moelleux, les reliefs étaient savoureux, les flacons contenaient des vins de Chypre et de Ténédos : la fatigue de Cléomades disparut, et, avec la fatigue, la soif et l'appétit. Jamais ce vaillant jeune homme ne s'était mieux porté!...

Dès qu'il sentit ses forces réparées, Cléomades se dit avec raison qu'il ne devait pas y avoir que ce réfectoire charmant dans cette tour, et que, bien certainement, ses hôtes ordinaires devaient être dans quelque autre appartement. Il était bien élevé : il voulut les remercier de l'hospitalité qu'ils lui avaient accordée, à leur insu.

Le salon dans lequel il se trouvait avait plusieurs portes; l'une d'entre elles était entrebâillée : il la poussa et entra dans une chambre voisine.

CHAPITRE IV.

Ce que Cléomades vit d'abord dans la première chambre de la tour, après s'être convenablement restauré ; puis dans la seconde, puis dans la troisième. Comme il faillit un instant violer les lois de la chevalerie, et préféra se laisser piquer par une abeille.

Un grand vilain géant étendu par terre, parmi des armes de différentes sortes et des brocs d'eau-de-vie de palmier, fut le premier objet qui frappa la vue du jeune prince espagnol, en entrant dans cette chambre.

Cléomades reconnut aisément, aux ronflements largement accentués de ce géant, que l'usage qu'il avait fait des brocs l'empêcherait pour un certain temps de faire un emploi bien sérieux des armes qui jonchaient le parquet, tout autour de lui. C'é-

tait un gardien quelconque, à en juger par l'état d'ivresse dans lequel il se trouvait, et par le trousseau de clefs qu'il tenait négligemment à la main, sans doute pour qu'on s'en emparât avec plus de facilité. Cléomades tira doucement, à tout hasard, une de ces clefs, et la mit dans la première serrure venue. Cette clef allait à merveille : la porte s'ouvrit et donna accès à notre jeune aventurier dans une chambre où étaient rangés trois lits pareils, ornés de rideaux. Pour l'instant, les rideaux étaient relevés, et chacun des lits était occupé par une jeune fille endormie, et dans le costume révélateur qu'ont les jeunes filles en dormant.

Cléomades était jeune, lui aussi; il était vif et ardent. L'eau lui vint à la bouche à l'aspect de ces beaux fruits à peine formés; il eut des désirs impétueux que, fort heureusement, réfrénèrent ses devoirs de chevalier qu'il se rappela au même moment. Les lois de la chevalerie lui prescrivaient, en effet, d'être le protecteur de l'innocence et de la beauté. Or ce rôle-là jurait un peu, à ce qu'il semble, avec celui que l'ardeur de ses sens allait lui faire jouer, au détriment de l'honneur!...

D'ailleurs, l'amour seul, dans cette excitation involontaire, eût pu lui servir d'excuse. Ces jeunes filles endormies étaient certainement charmantes ; mais s'il avait été ému à l'aspect de leurs charmes livrés sans défense à ses regards profanateurs, son cœur n'avait pas été blessé par l'aimable et cruelle flèche de l'archerot de Cythère. Il les considéra pendant quelques minutes avec feu, il admira même avec une certaine complaisance les trésors que ne cachaient plus les voiles de fine toile de la pudeur ; mais bientôt, de peur de succomber à une tentation bien compréhensible à son âge, il s'en éloigna rapidement pour s'approcher d'une porte entr'ouverte qui lui laissait entrevoir une chambre plus élégante et plus somptueuse que celle qu'il était prêt à quitter.

Une porte entr'ouverte est souvent une invitation à entrer. Du moins, Cléomades l'interpréta ainsi, car il entra.

Dans la précédente chambre, il avait vu trois lits et trois jeunes beautés. Dans celle-ci, il aperçut un seul lit et une seule beauté. Les rideaux de ce lit étaient relevés en festons capricieux par des guirlandes de fleurs du plus vif éclat et des plus heureuses couleurs. La jeune fille qui reposait dans ce lit, exactement dans le même costume que les trois précédentes, ne leur ressemblait que par l'âge : quant à la beauté, elle les surpassait, comme le lis superbe surpasse les humbles paquerettes des prairies.

Jamais Psyché ne parut si belle à l'Amour, que cette jeune fille à Cléomades. Il crut voir Hébé, Diane, Vénus, ou n'importe quelle autre divinité païenne. Elle n'avait presque d'autre voile que les opulents cheveux blonds dont les boucles odorantes couvraient ses épaules et son sein.

Pour le coup, Cléomades se sentit pris, non plus d'un désir vulgaire, mais d'un enthousiasme sincère pour cette merveilleuse créature, dont on entendait la respiration égale et tranquille comme celle d'un enfant. Un saisissement délicieux, mêlé de respect, le rendit immobile ; toute son âme passa dans ses yeux ; son état présent lui parut si doux, son bonheur actuel lui parut si vif, qu'il n'imagina pas qu'il pût augmenter. Un mouvement que la jeune fille fit en rêvant, lui prouva le contraire; car ce mouvement mit à nu plus de charmes encore qu'auparavant. Il s'approcha de plus près : un nouveau mouvement lui fit découvrir de nouveaux charmes. C'étaient des trésors que découvrait là ce hardi aventurier !...

Ce fut le premier moment où Cléomadès connut l'amour, le pouvoir tyrannique et charmant que cette passion prend sur une âme, et les sentiments profonds et indéracinables qu'elle inspire. Mais la crainte d'offenser la femme qui était devenue subitement la maîtresse de son cœur et de sa destinée, ne lui permit aucune tentative qui aurait pu la scandaliser si ses yeux eussent été ouverts, au lieu d'être si merveilleusement clos.

Le jeune prince fût peut-être toujours resté dans cette contemplation délicieuse, s'il n'eût aperçu une abeille voltiger sur ce qu'il prenait sans doute naïvement pour un bouton de rose, et s'apprêter à piquer le sein le plus blanc et le plus ferme de la création. Cléomadès alors, s'abusant lui-même, comme tous les amoureux, qui sont d'aimables hypocrites ; Cléomadès crut n'être animé que par l'ardeur de défendre ce qu'il aimait : il vola au secours du bouton de rose menacé. Mais il lui sembla trop téméraire d'y porter la main : sa bouche seule s'opposa à l'atteinte audacieuse de l'abeille qui, ainsi contrariée dans son butinage, le piqua à la joue.

La jeune fille se réveilla en cet instant ; elle jeta un cri en voyant si près d'elle un jeune homme très beau à la vérité, mais qui lui était complétement inconnu. La beauté n'est pas toujours une garantie de moralité, surtout à une heure comme celle-là.

— Jeune téméraire, s'écria-t-elle en s'empressant de jeter le plus de voiles possible sur des charmes qui perçaient toujours, malgré eux et malgré elle ; jeune téméraire, comment et pourquoi vous trouvez-vous ici ?... Etes-vous donc le roi Liopatris, que le roi mon père me destine pour époux ?... Ah ! répondez ! répondez vite ! Si vous n'êtes pas le roi Liopatris, rien ne pourra vous dérober à la mort qui vous attend pour avoir franchi ce seuil que nul autre homme que lui ne peut franchir !...

Interdit, troublé, ému plus qu'on ne saurait le dire, Cléomadès répondit :

— Oui, divine princesse, oui, je suis le roi Liopatris... Par mon adresse, et sous le voile du mystère, toujours si délicieux aux cœurs bien épris, j'ai pénétré jusqu'en ces lieux... j'ai voulu voir cette incomparable beauté qui m'était destinée, et tomber à ses pieds avant de lui offrir ma main... Peut-être même le respect m'eût-il fait retirer en silence, si cette cruelle abeille ne vous eût menacée ; et je ne pouvais parer le coup qu'elle était prête à vous porter, qu'en le recevant moi-même...

Cléomadès, en parlant ainsi, avait les yeux pleins de larmes, et comme ceux de la princesse commençaient à avoir moins de colère, il osa prendre sa belle main blanche pour la porter à sa joue brûlante, afin de lui prouver plus éloquemment encore la vérité de son discours.

La jeune princesse laissa docilement conduire sa main, et elle fut émue en sentant la chaleur et l'enflure subite qu'excitait l'aiguillon de l'abeille sur le visage du jeune prince. Lorsque cette preuve eut été donnée, Cléomadès voulut lui en donner une autre, et il lui baisa amoureusement et respectueusement la main qu'il venait de porter à sa joue.

— Seigneur, dit la princesse d'une voix de moins en moins courroucée, je vous pardonne à peine cette démarche indiscrète, malgré les honnêtes raisons qui vous ont amené à la faire... Mais comme, après tout, elle ne peut porter aucune atteinte à mon honneur de femme et de princesse, je consens à rester quelque temps encore avec vous, puisque aussi bien dois-je m'habituer à cela... Passez donc dans le jardin, et permettez-moi de réveiller mes filles d'honneur, afin de paraître dans un état plus décent que celui dans lequel vous m'avez surprise.

CHAPITRE V

Comme Cléomadès, après être descendu au jardin, fit sa déclaration d'amour à la belle Claremonde, et de ce qui en résulta.

On obéit facilement aux ordres de ce qu'on aime, et jamais l'obéissance ne paraît aussi agréable.

Cléomadès obéit donc. Il sortit un peu à regret de cette chambre parfumée par la présence de la jeune princesse, et descendit dans le jardin, le cœur remué par la plus délicieuse des émotions.

Pendant ce temps, Lyriades, Gayète et Florette, les trois filles d'honneur que le prince espagnol avait trouvées dans leur lit et en faveur desquelles il avait d'abord voulu violer les lois de la chevalerie, se levèrent et s'habillèrent promptement, appelées par la princesse, et vinrent toutes trois dans sa chambre pour procéder à sa toilette.

La jeune princesse leur conta son aventure en rougissant un peu ; puis, petit à petit, comme elles la questionnaient sur son audacieux visiteur, elle sourit et finit par leur avouer que le roi Liopatris, son futur époux, lui paraissait charmant. Elle les pressa en conséquence de l'habiller d'une aimable façon, afin qu'elle pût aller le rejoindre au jardin, où il l'attendait.

Lyriades, Gayète et Florette mirent toute leur science féminine dans cette grave occupation et parvinrent sans peine à parer leur maîtresse, envers laquelle la nature s'était montrée si prodigue d'ornements, qu'il était pour ainsi dire superflu d'en ajouter d'artificiels à ceux qu'avait pu contempler Cléomadès...

Bientôt la princesse descendit au jardin où l'attendait si impatiemment le faux roi Liopatris, qui fut ébloui en la revoyant plus belle encore qu'il ne l'avait vue ! Un berceau se trouvait là : la princesse s'y réfugia, suivie de ses filles d'honneur, qui avaient mission de ne jamais la quitter, et Cléomadès suivit les suivantes.

Cléomadès fut galant, tendre et spirituel. Comme il était un peu gêné par l'ignorance où il se trouvait du nom de sa princesse, il s'arrangea adroitement pour faire jaser Lyriades, Florette et Gayète qui, en leur qualité de suivantes, étaient de délicieuses babillardes. C'est ainsi qu'il apprit que leur maîtresse et la sienne se nommait Claremonde, qu'elle était la fille unique de Cornuant, roi de Touscan, et qu'elle était promise par lui à Liopatris, roi d'Astracan.

Tout cela était bien compliqué. Cléomades se reprocha en secret sa supercherie qui ne pouvait pas avoir un long succès ; mais, emporté par la violence de son amour, il ne songea plus qu'aux moyens de plaire à Claremonde et de l'humaniser en sa faveur.

— Adorable Claremonde ! lui dit-il avec des accents pleins de tendresse et des yeux pleins d'éloquence. Adorable Claremonde ! Il me tarde bien d'être votre époux fortuné ! Vous êtes la souveraine de ma vie et vous serez la souveraine de mon royaume... Vous régnerez sur mes sujets comme vous régnez déjà sur mon cœur !... Ah ! Claremonde ! Claremonde ! Quand donc verrai-je luire enfin le jour bienheureux qui doit unir votre sort au mien et vos lèvres aux miennes !...

L'amour éloquent devient aisément persuasif. Les amants croient bien à leur amour, même lorsqu'il n'est pas sincère ; pourquoi n'y croirait-on pas comme eux ?...

Claremonde, bientôt, commença à ne plus craindre de laisser paraître un penchant qui l'entraînait et qu'elle croyait légitime. Elle répondit avec modestie :

— Seigneur Liopatris, je ne suis pas digne de tant d'éloges et je crains que vous ne vous gaussiez un peu de moi... Le roi mon père vous avait annoncé... je vous attendais... prête à lui obéir... Mais, je vous l'avoue, j'ignorais que l'obéissance fût une si agréable chose !...

— Ah ! Claremonde ! Claremonde ! s'écria Cléomades qui se sentait pousser des baisers aux lèvres.

Lyriades, Florette et Gayète avaient pour mission toute spéciale, nous l'avons dit, de ne pas quitter d'un seul instant leur jeune et belle maîtresse. Cependant, comme elles la supposaient parfaitement en sûreté auprès d'un seigneur aussi respectueusement galant que l'était le faux Liopatris, elles ne craignirent pas de s'éloigner toutes trois un peu sous l'ingénieux prétexte de cueillir quelques fleurs...

Claremonde, toute occupée de l'amour qu'elle sentait naître en son âme, ne s'aperçut pas de l'absence de ses suivantes ; mais Cléomades s'en aperçut parfaitement, et il en profita pour se jeter aux genoux de sa souveraine.

— Claremonde, lui dit-il avec des yeux éloquents au possible, je vous aime et n'aimerai jamais que vous... Mais vous ?

— Moi, je vous aime aussi, Liopatris, et je vous serai éternellement fidèle !... répondit Claremonde, avec une langueur significative.

Au moment où, pâmée, cette belle princesse allait tomber dans les bras amoureux du jeune prince espagnol, les portes du jardin s'ouvrirent avec fracas, et le roi Cornuant s'avança, suivi de sa cour et d'une troupe de gens armés.

—

CHAPITRE VI

Comme le géant, s'étant réveillé, et ayant aperçu Cléomades causer familièrement avec Claremonde, alla prévenir le roi Cornuant, qui accourut tout en colère et condamna à mort le jeune prince. Le moyen que ce dernier employa pour échapper au sort qui l'atendait.

Quel était le motif de cette invasion inopportune ?

Le géant, avec lequel nous avons déjà fait connaissance, avait dormi un peu moins de temps que ne l'avait prévu Cléomades, soit que les libations d'eau-de-vie de palmier eussent été moins grandes, soit que le sentiment du devoir eût été plus grand que l'ivresse. Enfin il s'était réveillé.

Son premier soin, en sortant des ténèbres et des lourdes vapeurs de l'ivresse, avait été de s'assurer que tout était en bon ordre dans l'appartement de la princesse, à la garde de qui on l'avait commis. Ne la trouvant point dans son appartement, et entendant folâtrer les jeunes suivantes dans les allées ombreuses du jardin, il avait vu, par une fenêtre, un jeune chevalier aux pieds de la jeune princesse, et il avait couru promptement en avertir le roi son père.

Cornuant donc s'avance avec une de ces fureurs de père trompé, dont l'explosion est terrible.

— Par quelle fatalité, princesse, demanda-t-il à Claremonde, un étranger se trouve-t-il à vos genoux, sous cette charmille, et vous presse-t-il si tendrement les mains ?...

— Mais, mon père, répondit Claremonde, étonnée de l'étonnement de Cornuant ; mais, mon père, cet étranger n'est pas un étranger, et s'il se trouve ici, à mes genoux, c'est avec votre autorisation... Ne reconnaissez-vous donc plus votre futur gendre, le roi Liopatris ?...

— Traître !... s'écria Cornuant en se tournant vers Cléomades immobile. Traître ! quelle fureur, quelle fatalité a pu te porter à violer cet asile sacré, interdit aux profanes, à pénétrer auprès de la princesse ma fille, à lui adresser la parole, à lui baiser les mains, à respirer le même air qu'elle, et enfin à te faire passer pour Liopatris, avec qui tu n'as aucune ressemblance ?

— Seigneur, répondit respectueusement Cléomades, je comprends votre colère : elle est légitime... Je n'ai rien à vous répondre, qu'à vous prier de plaindre un jeune et malheureux chevalier persécuté par la vengeance des fées... Né d'un souverain d'Europe qui leur avait déplu, elles me condamnèrent, au moment de ma naissance, à me voir exposé tous les ans, pendant trois jours, aux plus affreux périls ; et l'instant où ces périls porteront la crainte en mon âme, doit être celui de ma mort...

— Pauvre jeune homme !... murmura avec une compassion véritable et tendre, la princesse, à qui il importait peu que Cléomades fût ou ne fût pas Liopatris...

— Depuis que j'ai été armé chevalier, poursuivit le prince espagnol, ces cruelles fées me font enlever tous les ans, pendant trois jours, par un cheval de bois qui fend les airs, qui sillonne les mers, me fait parcourir toute la terre, et ne me rapporte dans les états de mon père qu'après m'avoir exposé à d'effroyables dangers auxquels, jusqu'ici, je n'ai pas succombé... Daignez, Seigneur, envoyer sur la plateforme de cette tour : on y trouvera le cheval qui s'y est abattu de lui-même... Accablé de fatigue et de besoin, je suis descendu pour chercher quelques secours... C'est ainsi que je suis parvenu jusqu'à l'appartement de l'adorable princesse, votre fille, qui, en m'apercevant, s'est écrié : « Téméraire ! si tu n'es pas le roi Liopatris, tu n'as pas le droit d'être ici ; je vais appeler du monde et te faire trancher la tête !... » J'avoue, seigneur, que dans le premier moment, cette perspective ne me souriant en aucune façon, le désir bien naturel de conserver ma vie m'a fait recourir à une feinte que je condamne moi-même tout le premier, car c'est mon premier et mon dernier mensonge... Maintenant que j'ai tout dit, je me soumets à tout ce que vous ordonnerez de mon sort !...

Cornuant, très étonné de ce récit, auquel il ajoutait peu de foi, malgré l'accent de sincérité et l'air ferme avec lequel Cléomades le faisait, envoya incontinent des gens sur la plate-forme de la tour : au bout de quelque temps, les serviteurs revinrent, rapportant, avec beaucoup de peine, un grand cheval de bois, massif et mal fagotté, qu'il ne jugea nullement propre aux fonctions que lui avait attribuées le chevalier espagnol.

Tout aussitôt alors, Cornuant, qui se crut joué par un aventurier, assembla son conseil dont l'avis unanime fut que l'inconnu avait mérité plusieurs fois la mort, pour avoir osé parler à la princesse, respirer son air, baiser sa main, et pour avoir faussement pris le nom du roi Liopatris. Le conseil, ayant jugé cela, émit le regret de ne pouvoir faire subir plusieurs morts à ce téméraire inconnu : une seule ne lui suffisait pas, à cet aimable conseil.

En conséquence, on entoura Cléomades, et Cornuant eut la bonté de lui apprendre qu'il n'avait plus que quelques minutes à vivre.

— Je m'y attendais, répondit le prince avec fermeté. Mais, divine princesse, ajouta-t-il en se tournant vers Claremonde, pardonnez-moi de n'avoir pu résister à vos charmes et d'avoir eu recours à cette feinte pour pouvoir les contempler et les savourer plus longtemps... Ce n'est pas trop cher payer le bonheur de les avoir admirés, que de les payer de ma mort... Je regrette seulement d'être si tôt enlevé à l'admiration qu'ils me causent... Mais la mort m'est douce, puisqu'il m'est donné de les voir encore, et que le plus passionné des amants va perdre la vie à vos yeux... C'est ainsi qu'on doit mourir !...

Claremonde était cruellement agitée. Cet inconnu, malgré ou plutôt à cause de son audace, avait fait la plus vive impression sur son cœur, qui déjà le préférait à Liopatris. On n'est pas impunément tendre et séduisant comme l'était Cléomades, et les femmes aiment volontiers ceux qui consentent à mourir pour elles. En entendant le cruel arrêt prononcé par son père, Claremonde pleura, soupira, et, n'osant protester contre la rigueur qu'on se disposait à exercer envers cet aimable inconnu, bien qu'elle en eût la plus grande envie du monde, elle s'enveloppa la tête de son voile et sanglotta comme une Madeleine...

Déjà les satellites du roi s'avançaient et se saisissaient de Cléomades, lorsque ce prince s'écria, avec plus de fermeté que jamais :

— Roi Cornuant, je suis chevalier et je descends d'une illustre souche... Fais-moi mourir selon l'usage de mon pays, où tout chevalier que l'on condamne à la mort, ne la reçoit que monté sur son cheval de bataille... Cette machine, instrument de la vengeance des fées, me paraît suffisante pour sauver mon honneur, celui de la chevalerie, dont je suis membre, et celui des illustres parents dont j'ai reçu le jour !...

Cornuant, quoique homme, père et roi, voyait périr avec peine un si beau chevalier, plus malheureux peut-être que coupable. Il se décida à lui accorder la faveur qu'il lui demandait : on fit monter Cléomades sur le cheval de bois.

Le jeune prince, on le devine bien, ne perdit pas un moment : il porta la main à la cheville d'acier du frontal, et, tout aussitôt, le cheval enchanté s'éleva dans les airs avec une telle rapidité, que ceux qui l'entouraient s'écartèrent effrayés, et qu'à peine Cléomades eut le temps de crier :

— Divine Claremonde, je vous serai à jamais fidèle !...

CHAPITRE VII

Du retour de Cléomades à la cour de son père ; du mariage de ses deux sœurs, et du dépit du vilain roi bossu. Comme Croppart, réfugié dans un village, apprit le nouveau départ de Cléomades.

ien ne peut dépeindre l'étonnement du roi Cornuant et la joie de la princesse Claremonde. Cet étonnement redoubla lorsqu'on vit Cléomades planer quelque temps dans les airs : ce prince ne pouvait se décider à perdre de vue l'incomparable princesse à laquelle son sort était irrévocablement lié, et ce ne fut que lorsqu'elle rentra dans la tour avec le roi son père, qu'il reprit sa route et dirigea son vol vers l'Espagne.

Cléomades connaissait maintenant à merveille les moyens de gouverner son hippogriffe mécanique et de diriger son vol à sa guise. Il s'orienta donc parfaitement, son cheval prit sa course effrénée à travers l'immense plaine du ciel, et Cléomades arriva à quelques lieues de Séville, trente-six heures après son départ.

Il savait le prix et les avantages de cette machine

ailée; aussi, en prévision des services qu'elle pouvait lui rendre un jour ou l'autre, il voulut la dérober aux regards et aux convoitises. Ce fut à cause de cela qu'au lieu de se rendre directement à Séville, il s'arrêta à quelques lieues et descendit dans un petit château de plaisance qu'il avait là. Sa monture une fois soigneusement cachée, il s'empressa de repartir pour Séville et d'aller embrasser son père et sa mère, auxquels son retour inespéré rendit la vie et le bonheur.

Ainsi que le roi d'Espagne s'y était engagé lors du départ de son fils, Croppart fut mis en liberté, et les deux rois Mélicandus et Bardigans purent épouser Hélior et Soliadis, les deux sœurs de la jeune Maxime.

Croppart voulut de nouveau faire valoir ses droits à la main de cette enfant. De nouveau, aussi, Cléomades se déclara le champion de Maxime et offrit au vilain bossu un combat singulier pour terminer leur différend. Croppart allait répondre, probablement quelque fourberie, lorsque la trompe enchantée de l'homme d'or donné par Mélicandus se mit à sonner avec une énergie significative : on repoussa net les prétentions de Croppart, et on l'invita poliment à se retirer de la cour de Marchabias.

Le vilain roi de Hongrie, ainsi réfusé, repoussé, honni et conspué, se trouva fort embarrassé sur le choix de l'endroit où il devait se réfugier pour cacher sa honte, sa colère et sa rancune. Une loi solennelle de la Hongrie exigeait que lorsqu'un roi de ce pays-là s'était rendu coupable de quelque félonie, il s'exilât volontairement pour sept années; cette loi ajoutait que s'il osait rentrer avant ce terme, tout Hongrois avait le droit de le tuer, et que les magnats étaient obligés par serment à le combattre s'il envahissait le territoire à main armée. Or le roi Croppart ne pouvait pas retourner dans ses Etats avant une année ou deux, ce qui prouvait surabondamment qu'il avait sur la conscience un certain nombre de félonies et de trahisons qui l'avaient déshonoré aux yeux de ses sujets.

Ce vilain bossu sortit de la cour de Marchabias, mais sans s'éloigner de Séville. Il se déguisa en médecin indien, se mit à cueillir des simples et à débiter des drogues d'une vertu plus ou moins douteuse, et du village où il s'était réfugié, il surveilla de l'œil et de l'oreille tout ce qui se passait à la cour de Séville. Il avait des projets, le vilain bossu! Des projets ténébreux comme lui.

Sa vigilance de ce côté ne fut pas un seul instant en défaut. Au bout de quelque temps, il apprit que Cléomades était reparti.

Cléomades, en effet, n'avait pu résister au souvenir de Claremonde, que l'absence, au lieu d'affaiblir, avait encore grandi. Il la voyait le jour, il la voyait la nuit, plus belle, plus attrayante, plus irrésistible que jamais. Il avait gardé devant les yeux et dans son cœur les formes divines entrevues par lui pendant le sommeil de cette adorable princesse, et cette évocation continuelle l'obsédait agréablement. N'y tenant plus, il s'était décidé à confier à sa mère le secret de cet ardent amour. La reine était femme : elle comprit qu'il n'y avait aucune digue à opposer à cette lave en ébullition, à ce torrent impétueux, qui menaçait de briser tous les obstacles pour arriver à son but. Elle consentit à laisser retourner Cléomades auprès de sa chère Claremonde, et l'exhorta seulement à se conduire avec prudence. Avec prudence, la jeunesse amoureuse? Cela n'est pas possible. La prudence est la vertu des sages, et l'on n'est jamais sage à vingt ans.

Cléomades était parti.

CHAPITRE VIII

Comme Cléomades partit sur le cheval de bois pour aller enlever Claremonde. Entrevue et départ de ces deux amants.

Cléomades dirigea donc le vol de son cheval enchanté vers le royaume de Touscan, de manière à n'arriver que de nuit près de sa chère Claremonde.

Il arriva enfin. Au lieu de descendre, comme la première fois, sur la plate-forme de la tour, il abattit son cheval dans un petit jardin réservé qui n'avait d'autre entrée que l'appartement de la princesse, et il le cacha sous un vaste berceau de verdure qui se trouvait là fort à propos.

Avec quel trouble mêlé d'espérance, de crainte et d'amour il s'approcha de la porte qui donnait sur ce jardin!... Cette porte n'était point fermée, par un de ces hasards heureux qui n'arrivent qu'aux coureurs d'aventures : il acheva de l'ouvrir sans bruit, il entra, il hésita, il frémit, il s'arrêta sur le seuil. Comment allait-elle le recevoir?... Le respect lui commandait de ne pas aller plus loin; mais l'amour le poussait dans la direction du lit de la princesse dont on entendait la respiration tranquille : Cléomades se laissa pousser par l'amour. Il s'approcha un peu, puis beaucoup, puis davantage encore : le bruit de la respiration de Claremonde devint plus distinct, il s'imagina en sentir déjà la douce chaleur passer de son sang dans son âme. On ne pouvait être plus près du lit qu'il n'en était. Il leva les rideaux avec précaution. Une petite lampe de nuit brûlait sur un trépied de bronze et éclairait la belle dormeuse de sa lumière blonde. Jamais Claremonde n'avait été aussi belle ! Jamais les grâces infinies dont la nature bienveillante avait pétri son corps n'avaient paru plus séduisantes ! Jamais Cléomades n'avait été plus troublé !...

Craignant, d'un côté, l'effet fâcheux d'une première surprise ; de l'autre, voulant prolonger le plus longtemps possible l'enivrement dans lequel le plongeait la vue de ces charmes si innocemment étalés devant lui, Cléomades n'osa réveiller Claremonde. Il chercha un moyen d'arrêter ses premiers cris, et l'amour le lui fit trouver : il colla tendrement ses lèvres ardentes sur la bouche adorée qui semblait l'appeler, et Claremonde, en se réveillant, ne put qu'ouvrir les yeux et reconnaître son amant. Ce ne fut même qu'après s'être assurée que ce n'était point un songe, qu'elle se décida à ouvrir la bouche pour lui parler, et à lever languissamment les bras pour le repousser. La vérité nous oblige à dire qu'elle y mit un certain temps.

— Cruel ! murmura-t-elle d'une voix mouillée par la volupté. Cruel! pourquoi viens-tu de nouveau t'exposer à la mort?... Tu veux donc me faire mourir aussi?... Que prétends-tu donc obtenir de moi, puisque tu n'es pas le roi Liopatris et que ce n'est pas toi que je dois épouser?... Cruel! que t'ai-je fait pour que tu viennes de nouveau troubler ma vie comme tu as troublé mon cœur?... Cruel! que veux-tu de moi?...

— Je veux, répondit le jeune prince enthousiasmé, je veux vous adorer et vous servir toute ma vie... Je suis Cléomades, fils de Marchabias, roi d'Espagne, qui vous attend pour vous nommer sa fille...

— Quoi! s'écria Claremonde, vous êtes ce Cléomades que la Renommée nous a déjà peint comme le plus brave et le plus parfait des chevaliers?

Cléomades, pour toute réponse, lui présenta un bracelet d'un prix inestimable.

— C'est la reine, ma mère, qui vous l'envoie et vous prie de l'accepter, chère Claremonde. Voyez les deux portraits qu'il renferme...

Claremonde ouvrit un ovale de diamants; elle vit, d'un côté, une belle personne revêtue d'habits royaux, avec cette inscription : *Ectrive, reine d'Espagne, heureuse mère de Cléomades*. L'autre portrait était celui d'un chevalier cher à son cœur. Elle lut au bas : *Cléomades, heureux fils d'Ectrive, veut vivre et mourir pour Claremonde*.

La jeune et belle princesse ne sut pas résister plus longtemps à tous ces témoignages d'amour.

— Oui, j'accepte ce don, cher Cléomades, lui dit-elle tendrement, et sans songer à dérober aux yeux avides de son amant les trésors enivrants que chacun de ses mouvements mettait à découvert. Oui, j'accepte ce don : puisse-t-il faire à jamais notre bonheur!...

En disant ces mots, elle baisa le portrait de la reine d'Espagne, sans doute pour la remercier d'avoir mis au monde un fils si accompli; puis elle ferma le bracelet et l'attacha sur son bras nu, plus blanc que la blanche hermine. Cléomades, transporté de joie et d'amour, baisa à son tour le beau bras de Claremonde, sans doute pour la remercier d'être si beau et de lui causer un plaisir si vif.

De baiser en baiser, de caresse en caresse, nos deux jeunes amants eussent fini par oublier bien des choses, l'heure, le danger, le roi Cornuant, et peut-être aussi le devoir. C'est si facile à oublier le devoir, quand on se trouve la nuit dans une chambre parfumée, éclairée par une lueur tranquille, en face de deux beaux yeux qui pleurent des larmes de félicité, et de deux belles lèvres qui chantent le Cantique des Cantiques!... Et puis, il n'y a rien de si dangereux et de si perfide que l'innocence : elle s'ignore et ignore tout, elle va vers le mal comme vers le bien, sans boussole!...

Heureusement qu'ils s'arrachèrent à temps à ce danger mutuel où les exposait leur amour. Ils comprirent que les moments étaient précieux, et qu'il fallait les employer, non plus agréablement, cela n'était pas possible, mais plus utilement. Claremonde apprit à Cléomades que le roi Liopatris devait arriver le même jour, suivi de tous les chevaliers de sa cour, et que rien ne pourrait empêcher son père de tenir la parole qu'il avait donnée à ce prétendant. Cléomades, à son tour, instruisit Claremonde des moyens qu'il avait de la soustraire à ce fatal mariage.

On se laisse aisément persuader par ce qu'on aime. Claremonde consentit à se laisser enlever sur le cheval enchanté et à se laisser conduire en Espagne, à la cour du roi Marchabias. Elle réveilla Florette, Lyriade et Gayète, qui accoururent à sa voix et qui furent bien surprises de voir à ses genoux le jeune chevalier qui avait déjà failli mourir pour elle; mais elles le furent bien davantage quand elles surent que ce chevalier si téméraire était le vaillant Cléomades, prince des Espagnes, dont la Renommée leur avait conté les exploits. Elles ne firent point à leur belle maîtresse des représentations inutiles; elles se contentèrent de la parer de ses plus riches habits; l'une rassembla un écrin de pierreries, l'autre quelques provisions pour le voyage.

Lyriade, cependant, comme la plus expérimentée et la plus méticuleuse, arrêta ses deux compagnes jusqu'à ce que le soleil commençât à s'élever sur l'horizon; et, craignant d'être soupçonnée, ainsi que Florette et Gayète, d'avoir aidé à la fuite de Claremonde, elle pria Cléomades de se montrer, avec sa maîtresse, au roi Cornuant qui, tous les matins, venait se promener dans les jardins voisins du jardin réservé de sa fille.

Cléomades y consentit. Il arrangea délicatement sa chère Claremonde sur la croupe du cheval enchanté et se mit en selle, pendant que Lyriade, Gayète et Florette regagnaient secrètement leurs lits, après avoir reçu de lui la promesse qu'il reviendrait les réunir à leur maîtresse.

Le cheval s'éleva alors petit à petit, et Claremonde ne put s'empêcher d'embrasser étroitement son amant pour ne pas tomber, et de convenir avec elle-même que c'était là une façon bien douce de voyager.

A peine Cléomades se fut-il élevé au-dessus des tours du palais, qu'il aperçut le roi de Touscan se promenant dans les jardins avec une partie de sa cour.

— Sire, lui cria-t-il, je m'appelle Cléomades; je suis le fils unique de Marchabias, roi d'Espagne. Ne soyez point en peine de la princesse Claremonde... La reine ma mère l'attend pour la nommer sa fille, et le roi mon père doit la couronner le jour où elle daignera recevoir ma main... Si le prince Liopatris, qui ne connaît pas comme moi tous les charmes de l'incomparable Claremonde, veut recevoir ma jeune sœur Maxime pour épouse, je la lui offre de franc cœur; s'il se trouve offensé, je suis prêt à lui donner les satisfactions usitées entre chevaliers courtois!...

Cela dit, Cléomades salua de la tête et de la main le roi de Touscan à qui Claremonde, toute en larmes, tendit un moment les bras; mais, au même instant, l'hippogriffe partit rapidement, et cette belle infortunée fut forcée de serrer Cléomades plus fortement et plus tendrement que jamais.

CHAPITRE IX.

Comme Claremonde, un instant quittée par Cléomades, fut surprise en larmes par l'affreux bossu ; et du stratagème que ce dernier employa pour l'enlever, afin de se venger sur elle des dédains des autres femmes.

Il y avait loin du royaume de Touscan au royaume d'Espagne ; aussi les deux amoureux n'arrivèrent-ils à Séville que le lendemain matin. Il est vrai d'ajouter que ce qui contribua un peu à ce retard, ce fut la distraction incessante du jeune prince qui s'amusait à perdre la tête au contact adoré de Claremonde. Et en perdant la tête, il perdait naturellement aussi la route, et était parfois obligé de revenir sur ses pas pour la retrouver. Peu s'en fallut même qu'il ne descendît tout-à-fait dans une des îles qu'il rencontra sur son chemin, afin d'y déposer sa séduisante conquête et de l'aimer là tout à son aise.

Claremonde était très fatiguée par ce voyage en dehors de ses habitudes et par les émotions de toute nature qui l'avaient assaillie : elle pria son amant de lui procurer quelque repos avant de paraître aux yeux de la cour. Cléomades la descendit dans le jardin du petit château de plaisance qu'il possédait hors des murs de Séville, l'installa dans un appartement digne d'elle, et, cela fait, s'empressa d'aller annoncer son arrivée, afin d'engager le roi et la reine d'Espagne à venir au devant de Claremonde, et à lui procurer une entrée triomphale dans leur capitale.

Il quitta donc son adorable maîtresse, vola à Séville, et enchanta son père et sa mère par son retour et par son succès. Heureux de voir leur fils heureux, ces souverains firent atteler des chars magnifiques ; en moins de quelques heures tout fut préparé pour l'entrée de Claremonde, et l'on alla audevant d'elle.

Ce peu de temps, cependant, parut infiniment long à la jeune princesse. Après avoir un peu réparé ses forces avec les provisions dont le cheval de bois était chargé, elle se mit à parcourir le jardin, à manger quelques fruits, à cueillir quelques fleurs dont elle se composa une couronne parfumée.

Claremonde s'était assise sur un tapis de mousse, et, tout en assemblant ses fleurs et en les mariant harmonieusement entre elles, elle chantait les triolets suivants :

Ah ! trop demeure mon ami :
Ah ! dans combien le reverrai-je ?
Qu'il est tendre, qu'il est joli !
Mais trop demeure mon ami.
En lui tout bien est réuni :
Eh ! pourquoi donc ne l'aimerai-je ?
Ah ! trop demeure mon ami,
Ah ! dans combien le reverrai-je ?

Depuis qu'amour est avec moi,
Pas ne me puis croire seulette ;
De lui trop bien louer me doi,
Depuis qu'amour est avec moi.
A ce Dieu plais, puisqu'avec soi
Il m'a prise toute jeunette ;
Depuis qu'amour est avec moi,
Pas ne me dois croire seulette.

Tandis que Claremonde charmait par cette chanson l'ennui de son attente, le vilain roi bossu Croppart était à l'extrémité du jardin, en train de cueillir des simples, afin d'en composer des philtres et des élixirs.

Il s'approcha, regarda à travers l'ouverture de la palissade, et le premier objet qu'il aperçut fut son cheval enchanté, ce qui le fit tressaillir d'aise.

Le second objet qu'il aperçut, et qui le fit plus tressaillir encore, ce fut l'incomparable Claremonde, plus belle que Maxime, très belle pourtant !... Il observa avec plus d'attention, et dans ce moment, Claremonde, cédant à une sorte d'impatience nerveuse, se mit à pleurer amèrement.

— Ah ! cher Cléomades ! cher Cléomades ! où es-tu ?... s'écria-t-elle. Où es-tu, cher et adoré Cléomades ?... Ah ! cruel, m'aurais-tu trompée, lorsque tu m'as dit que tu allais chercher ta famille et revenir avec elle ?... Ah ! cher Cléomades ! accours, accours, si tu ne veux me trouver morte à ton retour !...

Le vilain bossu avait cette espèce d'esprit qui sert aux scélérats. En entendant la fille du roi Cornuant se lamenter ainsi, il conçut immédiatement un plan diabolique qu'il s'empressa de mettre à exécution.

— Belle et noble demoiselle, ne pleurez plus ! dit-il en abordant Claremonde. Cléomades, excédé de fatigue en arrivant au palais de son père, s'est trouvé mal. « Vole, m'a-t-il dit, comme à son conseiller et à son confident intime ; vole auprès de celle que j'aime ; sers-toi de mon cheval enchanté pour la conduire plus promptement à mon secours, car sans elle, je ne puis vivre !... Après m'avoir dit cela, le prince m'a enseigné les moyens faciles de diriger son cheval ; montez-y donc sans crainte avec moi, et je vais vous conduire où vous attend votre amant Cléomades.....

Claremonde était d'une honnêteté trop grande, d'une âme trop naïve, pour croire à la duplicité humaine.

Elle ne savait pas encore que les lèvres peuvent mentir comme le cœur : elle n'hésita pas un seul instant à sauter sur la croupe du cheval enchanté ; Croppart se guinda sur la selle, ses deux longs bras de bossu s'étendirent, il tourna les chevilles d'acier, et Claremonde fut enlevée dans les airs et livrée à la vengeance et à la passion bestiale de son infâme ravissseur.

Elle se fût sûrement précipitée, la tête la première, dans l'espace, si elle eût pu prévoir le danger qui la menaçait !...

CHAPITRE X

Comme Croppart, une fois dans les airs avec Claremonde, voulut prendre quelques privautés; et comme, la princesse se trouvant mal, il fut forcé de la descendre à terre afin de la secourir. Ce qui arriva ensuite.

Jouissant d'avance de sa conquête, Croppart, l'abominable bossu, se vengeait enfin sur quelqu'un des avanies et des affronts qu'il avait essuyés !...

La rapidité furieuse avec laquelle le cheval s'élançait, éblouit d'abord la jeune fille et lui donna une sorte de vertige presque agréable. Mais, au bout d'un quart d'heure, n'apercevant aucune ville, et ne voyant au-dessous d'elle que d'immenses forêts, de larges mers, des lacs, des montagnes, elle commença à redouter un malheur. Un ricanement de Croppart acheva de l'éclairer : elle se sentit perdue !

L'abominable bossu, sans être touché des reproches dont elle l'accablait, avait saisi ses belles mains dans ses mains d'oiseau de proie, et, tout en les pressant amoureusement, il faisait voler son infernal coursier vers les déserts africains, n'osant pas encore diriger son vol vers la Hongrie.

Les montagnes du Tyrol avaient déjà disparu à leurs yeux; l'Adriatique était traversée; ils planaient sur l'Italie, lorsque la princesse, accablée par la douleur, épuisée par la fatigue de la double lutte qu'elle soutenait contre elle-même et contre son ravisseur, jeta le cri le plus déchirant et le plus attendrissant du monde : le froid qui glaça tout-à-coup ses belles mains fit juger à Croppart qu'elle était évanouie.

La peur de la perdre, et l'assurance qu'il avait maintenant, que personne ne pouvait plus l'arracher de ses mains, le détermina à s'abattre et à s'arrêter dans un pré verdoyant qu'arrosait une fontaine jaillissante. En conséquence, il la descendit doucement à terre, la déposa sur l'herbe épaisse et lui fit respirer quelques gouttes d'un puissant cordial qui la rappelèrent à la vie et au sentiment de son affreuse position.

Lorsqu'elle eut complètement repris ses sens, Croppart prit sa voix la moins aigre pour lui avouer qu'il était passionnément amoureux d'elle, et qu'à cause de cela il s'était cru tout permis pour l'enlever; mais que cet enlèvement, en somme, avait pour but de l'élever au rang de reine et de la placer sur le trône de Hongrie, qui était le sien.

Claremonde, à tous ses charmes, en joignait un autre, non moins grand : elle était spirituelle. Elle se crut donc autorisée à ruser et à dissimuler. La tromperie est en effet permise avec les trompeurs, la trahison avec les traîtres.

— Ah! Sire, dit-elle, à quoi pensez-vous! Voudriez-vous donc faire une reine d'une pauvre paysanne qu'un jeune fils de roi, se disant Cléomades, n'a achetée de ses parents que pour en faire à sa volonté?...

— N'importe, répondit Croppart avec un sourire de faune amoureux. Votre beauté vous rend digne des premiers trônes de l'univers !... Une belle femme peut se passer de tout : elle est belle, cela suffit! Ne voulez-vous pas dire aussi que vous n'êtes plus sage? Tant mieux, alors! Vous n'en serez que plus savante, et je n'en serai que plus heureux !...

On le voit, l'aveu que la pauvre Claremonde avait cru devoir faire pour désarmer la lasciveté du vilain bossu, n'avait pas précisément atteint son but. Croppart n'était pas corrompu pour rien !

Bientôt il la requit d'amour, d'une façon moins tendre qu'effrayante. L'adorable enfant, très embarrassée à se défendre des longs bras et des doigts crochus de son ravisseur, vit bien que sa plus sûre ressource était de continuer à feindre.

— Arrêtez, dit-elle à Croppart que la passion rendait de plus en plus hideux. Arrêtez, ou je vais expirer à vos yeux! Oui, je consens à m'unir avec vous, à devenir votre femme, pourvu que vous attendiez le moment de descendre en quelque ville écartée où je pourrai recevoir votre foi et vous entendre me la jurer aux pieds des autels !...

Croppart, séduit par cette feinte, et, tout détestable qu'était son cœur, assez épris pour craindre de se faire haïr, lui accorda une si juste demande. Echauffé par l'ardeur du soleil d'Italie, et surtout par les flammes torrides de sa passion, il courut plonger ses bras dans la fontaine, et y étancher sa soif et son ardeur. Mais cette eau, d'un froid glacial, opéra une réaction trop brusque sur ses sens en ébullition, et bientôt il tomba sans connaissance sur le gazon.

Claremonde, de son côté, vaincue par la lassitude, se laissa aller à une somnolence involontaire, et, au bout de quelques instants, elle était endormie.

CHAPITRE XI

Comme Claremonde et Croppart furent trouvés endormis par les fauconniers du roi de Salerne, et ce qui en résulta. Comme Claremonde, tombée de Charybde en Scylla, fut obligée de simuler la folie.

Ce fut dans cet état que les fauconniers du roi de Salerne trouvèrent Claremonde et Croppart, un type de beauté et un type de laideur, étendus à quelque distance l'un de l'autre, la première, calme et tranquille dans son sommeil, le second, tout haletant et comme déjà en lutte avec la mort.

Ces fauconniers poursuivaient un de leurs tiercelets qui s'était échappé et qu'ils avaient vu s'abattre de ce côté. A bon droit surpris de ce double spectacle, ils jugèrent qu'il y avait là matière à récompense pour eux, et l'un d'eux se détacha pour aller au palais du roi Mendulus, qui régnait alors dans Salerne.

Ce prince, assez bonhomme pour n'être pas haï de ses sujets, mais trop médiocre administrateur pour s'en faire respecter, passait ses jours dans une agréable oisiveté. Il était assez voluptueux de son naturel, et il aimait volontiers les plaisirs qui lui venaient des femmes. A la nouvelle que lui apporta l'un de ses fauconniers, il s'empressa de monter à cheval et de voler vers la prairie où dormaient toujours Croppart et Claremonde, qu'il réveilla pour les interroger.

— Je suis un homme libre, répondit le vilain bossu. Le hasard seul a conduit mes pas dans ces lieux où je me suis endormi... Cette jeune personne que vous voyez est ma femme épousée... Vous pouvez le lui demander : elle ne me démentira point, j'en suis sûr...

La beauté divine de Claremonde avait surpris et enchanté Mendulus. Pour la première fois de sa vie, peut-être, il sentait que ses désirs étaient unis aux sentiments et au respect que la beauté modeste et malheureuse est faite pour inspirer. Il se tourna donc vers elle avec une déférence très appréciable et la requit de lui dire si réellement elle tenait à baron ce bossu...

— Tout au contraire, seigneur, répondit Claremonde, heureuse de rencontrer un protecteur, sans se douter qu'elle tombait de Charybde en Scylla. Tout au contraire, seigneur, je ne le tiens nullement à baron, mais à tyran... Il me persécute comme s'il en avait le droit, et il ne l'est pas, je vous l'affirme... Si, même, vous pouviez me délivrer de ses poursuites, vous m'obligeriez infiniment...

Mendulus, heureux de s'improviser le défenseur d'une aussi remarquable créature, ordonna immédiatement à ses gens d'enlever sur des chariots le vilain bossu et la jolie fille. Le cheval même, quoiqu'on en ignorât l'existence, ne fut pas oublié. On logea dans le palais la belle Claremonde; le cheval fut mis au garde-meuble. Quant au vilain bossu, que Mendulus avait surpris en flagrant délit de mensonge, il expira dans la nuit suivante, étouffé par la violence de sa pleurésie.

Le lendemain, le roi de Salerne se montra très empressé à se rendre chez Claremonde.

— Je viens, noble demoiselle, lui dit-il, vous rendre les hommages que je dois à votre beauté, et vous prier de vouloir bien accepter mon cœur, ma couronne et ma main!...

— Me tenez-vous pour sotte? répondit Claremonde, qui voyait le piège et ne voulait pas y tomber. C'est vous moquer de moi que de m'offrir tant de choses : je ne suis digne d'aucune... Je ne suis pas née, comme vous semblez le croire, de famille louable et connue... Il m'a été raconté dans mon enfance que j'avais été œuvrée par moines et nonnains en pèlerinage... On me recueillit comme enfant trouvée, et quand je fus devenue à point et grandelette, on me donna à femme à un vavasseur, qui gagnant force testons et autre monnaie, par philtres médicinaux et par tours plaisants dont il ébahissait les curieux, monté sur son grand cheval de bois... Il m'avait toujours bien nourrie, bien vêtue, hors hier où, sans raison aucune, il m'a battue et voulait affoler!...

Un tel aveu avait bien de quoi rebuter et dégoûter Mendulus d'une pareille alliance. Mais ce prince n'était pas précisément délicat en amour : il lui suffisait, comme au bossu Croppart, qu'une femme fût belle pour être estimable, et certes Claremonde était belle!... D'ailleurs, il était bonhomme, et cette qualité négative le rendait tolérant pour une infinité de choses. Il assembla, pour la forme, un aréopage de flatteurs, ses amis de table et ses compagnons de plaisir, et obtint facilement leur aveu pour épouser la belle Trouvée. C'est le nom qu'il donnait à la princesse.

Au sortir de ce conseil improvisé, il vint en annoncer le résultat à Claremonde qui fut bien embarrassée en face de ce nouveau péril. Son imagination lui suggéra un moyen qui réussit quelquefois : elle contrefit la folle, et eut l'art d'attribuer cette folie à la joie que lui causait le mariage proposé par Mendulus. Elle se livra à des extravagances sans nombre, les unes douces, les autres furieuses, à ce point que Mendulus, quoique très flatté d'être la cause de ce chavirement de la raison de la pauvre Claremonde, se résolut à travailler activement à sa guérison. En attendant, il songea à la mettre sous la garde de dix des plus fortes et des plus sensées d'entre les femmes. Les premières furent trouvées sans grande peine : on cherche encore les secondes.

CHAPITRE XII.

Comme Cléomades, désespéré de la fuite de Claremonde, sentit le courage et l'espoir lui revenir. Comme, alors, il se mit à la recherche de sa belle maîtresse, et de la rencontre qu'il fit.

Grande était, pendant ce temps, la désolation de la cour d'Espagne. Le roi, la reine et Cléomades s'étaient rendus vainement au petit château du prince, et n'y avaient point trouvé la belle Claremonde. Aucune des recherches tentées ne put mettre sur la trace de cette adorable fugitive ; tout ce qu'on retrouva d'elle, ce fut un de ses gants. Elle était perdue, et perdu aussi était le cheval enchanté. Où étaient-ils tous deux ? On ne le savait point et l'on se perdait en conjectures plus folles les unes que les autres. Cléomades fut désespéré ; son père et sa mère le ramenèrent à Séville dans un état qui leur donna de mortelles inquiétudes.

Quelques jours après, des ambassadeurs de Cornuant, roi de Touscan, arrivèrent ; et la cour de Séville eut la douleur de leur déclarer que leur adorable princesse, enlevée à son amant, était peut-être perdue pour toujours.

Le chef de l'ambassade était un homme sage et savant, doux et bon. Attendri sur le sort de Cléomades, il fut le premier à le consoler.

— Prince, lui dit-il, la vie est faite d'amertumes et de déceptions : heureux ceux qui peuvent vivre à couvert de ces orages et qui n'éprouvent d'autre chagrin que celui de mourir !... Vous êtes jeune, vous n'avez pas le droit de désespérer de Dieu ni de la vie... Vous avez devant vous un large avenir, peut-être rayé de tempêtes, peut-être illuminé de bonheurs !...

— De bonheurs? s'écria mélancoliquement Cléomades. Il n'en est pas pour moi sans Claremonde !..

— Eh bien! allez chercher Claremonde !... reprit l'ambassadeur. C'est, en effet, une princesse digne d'être regrettée, mais plus digne encore d'être cherchée... Au lieu de la pleurer dans votre palais, courez le monde et trouvez-la... Elle est quelque part, vous attendant sans doute !... On finit toujours par trouver, seigneur, les êtres que l'on cherche!... Vous retrouverez Claremonde, j'en ai l'assurance !...

Ce reproche alla droit à l'âme du jeune prince, et il ranima ses forces et son courage. Dès qu'il fut un peu moins malade et qu'il put supporter le poids de ses armes, il s'en couvrit, monta un fier et vigoureux destrier, franchit rivières et montagnes et s'approcha du royaume de Touscan, espérant que quelque heureux hasard y porterait des nouvelles de sa belle princesse.

Cléomades reconnut bientôt les montagnes escarpées dont ce royaume était entouré ; il les traversa au milieu de mille précipices, et la nuit était très obscure lorsqu'il se trouva près d'un château isolé, où la fatigue le força de s'arrêter.

Le pont-levis était levé; Cléomades appela pour qu'on l'abaissât et qu'il pût entrer. A son appel, un homme parut aux créneaux et lui demanda ce qu'il voulait :

— Je requiers l'hospitalité qu'on se doit entre chevaliers! répondit le jeune prince. Je ne sais pas dans quelle contrée je suis; la nuit s'avance; les chemins sont bordés de fondrières et de précipices : il ne serait pas prudent d'aller plus loin. Ouvrez-moi donc, afin que je me repose et prenne de nouvelles forces pour courir à de nouvelles aventures...

— Je suis fâché d'avoir à vous refuser, répondit l'homme. Mais j'obéis aux ordres qui m'ont été donnés... La coutume de ce château est qu'aucun chevalier n'y peut entrer sans laisser ses armes et son cheval, à moins qu'il ne se soumette à combattre seul le lendemain contre deux redoutables chevaliers...

— Une telle coutume est contraire à toute courtoisie !... s'écria Cléomades...

— Vous avez peut-être raison, sire chevalier, répliqua l'homme. Cette coutume n'a pas toujours existé... Elle n'a été établie ici que depuis le meurtre commis par un traître sur le maître de ce château, qui lui avait généreusement accordé l'hospitalité. Ses deux neveux le trouvèrent le lendemain matin, baigné dans son sang et en pleine agonie; il leur fit alors jurer, en expirant, de maintenir cette coutume, qu'il établit et qui vous est imposée !...

Il n'y avait rien à répondre à cela : Cléomades ne répondit rien. Il voulait entrer : le pont-levis s'abaissa, et lui et son cheval entrèrent dans le château, où l'hospitalité leur fut donnée pour la nuit. Seulement, au point du jour, celui qui s'était empressé pour le bien recevoir la veille, vint le réveiller pour lui dire :

— Sire chevalier, vous savez à quelles conditions l'hospitalité vous a été accordée céans?... Le moment est arrivé, ou d'abandonner vos armes et votre cheval, ou de consentir à combattre seul contre les deux redoutables chevaliers qui vous ont été annoncés...

Cléomades ne daigna pas répondre à cette insultante alternative. Il se contenta de se couvrir de ses armes, de prendre une forte lance et de s'élancer sur son bon cheval.

— Je suis prêt ! dit-il.

L'homme, voyant cela, le conduisit incontinent sur une esplanade où la lice était préparée, et où deux vigoureux chevaliers l'attendaient.

CHAPITRE XIII

Comme Cléomades sortit vainqueur de la condition qu'on avait mise à l'hospitalité qu'on lui avait accordée dans un château; et comme il apprit, de la bouche même des chevaliers vaincus par lui, que Gayète, Florette et Lyriade étaient accusées de complicité dans l'enlèvement de Claremonde.

Habitué à ces sortes de rencontres, dont mainte et mainte fois il était sorti vainqueur, Cléomades alla droit à l'un des deux chevaliers, la lance en arrêt. Sa lance se brisa sur l'écu de son adversaire, qui, du choc, fut jeté au loin sur la poussière, avec une épaule démise et une cuisse brisée.

Le second chevalier, en face de cet échec éprouvé par son camarade, devint furieux et s'avança avec impétuosité sur le prince d'Espagne. Seulement, pour ne pas succomber de la même façon, en supposant qu'il pût succomber, il chargea Cléomades à coups d'épée, non à coups de lance. Une lance se brise facilement; une épée tient mieux dans la main !

Le combat fut long et douteux; enfin Cléomades, plus maître de lui, plus adroit et plus courageux, saisit et désarma son adversaire qui, tout aussitôt et de lui-même, ôta son casque et mit à nu son visage! Le prince reconnut alors en lui un des plus braves chevaliers qu'il eût rencontré dans ses voyages; il s'en fit reconnaître à son tour; tous deux s'embrassèrent et s'empressèrent d'aller au secours du chevalier blessé.

— C'est contre le prince Cléomades que nous combattions, lui dit son compagnon en lui montrant l'amant de Claremonde.

— Sire chevalier, répondit le blessé, c'était malgré moi que je soutenais la coutume injuste que vous venez de détruire; et je regretterais peu d'avoir été blessé par un bras toujours victorieux, si je n'avais la douleur de me trouver ainsi inutile à la défense d'une jeune et noble demoiselle, faussement accusée de trahison...

On entra dans le château, pour donner des soins plus efficaces au blessé qui, en chemin, raconta à Cléomades que le lendemain de l'enlèvement de Claremonde, le roi Liopatris était précisément arrivé à la cour de Touscan, et que des chevaliers de sa suite avaient pris occasion de cela pour accuser de trahison Florette, Gayète et Lyriade, comme complices de cet enlèvement...

Ces deux chevaliers confièrent en outre au prince espagnol qu'ils étaient amoureux de Florette et de Lyriade, et qu'ils étaient sur le point de les épouser lorsqu'était arrivée cette méchante accusation de trahison. Le blessé souffrait doublement, et de sa blessure, et de l'impossibilité où il se trouvait maintenant de défendre l'innocente Lyriade.

— Eh! qui doit être plus obligé que moi à conserver la vie de ces aimables filles? s'écria Cléomades. N'est-ce donc pas moi qui suis la cause première de leur malheur actuel? Soyez tranquille, chevalier; je pars avec votre brave compagnon, et j'espère bientôt rendre l'innocente Lyriade à votre amour!...

— Que le ciel vous entende!

— Il m'entendra, chevalier, il m'entendra, parce que je parlerai au nom du droit et de la justice, et que le droit parle très haut! Bon courage et bon espoir!... Vous reverrez votre Lyriade, je vous le promets... Et je voudrais être aussi certain de revoir ma Claremonde!

Cléomades prit congé du blessé et se dirigea avec son compagnon vers l'arsenal du château où il choisit les armes les plus simples, afin de n'être pas reconnu à la cour de Touscan. Les armes choisies, il partit, suivi du chevalier amoureux de Florette.

— Vous me mettez la joie au cœur, sire Cléomades! s'écria le chevalier. Je ne doute plus maintenant du succès de notre entreprise... Florette et Lyriade seront sauvées... Oui, mais Gayète? Elle reste sans défenseur!...

— Nous lui en servirons, répondit vivement Cléomades. Je répandrais tout mon sang, bien que je le doive à Claremonde, plutôt que de laisser périr ces trois intéressantes enfants dont le seul crime est d'avoir trop aimé leur maîtresse!... C'est mon crime aussi : c'est pour cela que je veux les défendre!...

CHAPITRE XIV

Du départ de Cléomades et de l'amant de Florette pour la cour du roi Cornuant, et du combat qu'ils soutinrent contre les trois chevaliers de Liopatris. Comme, par suite de la victoire remportée par le prince espagnol, les trois filles d'honneur de Claremonde furent mises en liberté. Du conseil que donna un vieux chevalier à Cléomades, et du départ de ce dernier pour Salerne.

Ils arrivèrent enfin dans les faubourgs de la ville où résidait le roi Cornuant. L'amant de Florette se rendit seul à la cour de ce monarque, où il déclara, à haute et intelligible voix, que deux chevaliers se présentaient pour combattre les trois accusateurs des filles d'honneur de Claremonde.

Le combat fut accepté, pour avoir lieu immédiatement, et l'amant de Florette alla quérir Cléomades, qui accourut.

Les trois chevaliers de Liopatris se placèrent à une des extrémités de la lice, et, à l'autre extrémité, se placèrent les deux défenseurs des innocentes jeunes filles d'honneur. Les uns et les autres renouvelèrent les protestations et les serments ordinaires, et le juge du camp cria d'une voix forte :

— Laissez aller les bons combattants!...

C'était le signal. Les adversaires s'élancèrent les uns contre les autres. Le plus apparent des trois chevaliers de Liopatris courut seul contre Cléomades, dont la lance, tenue d'une main ferme, lui brisa l'écu et lui perça le cœur. Les deux autres chevaliers coururent ensemble contre son compagnon et lui firent vider les arçons. Mais Cléomades vola à son secours, le sauva d'une nouvelle atteinte et lui donna ainsi le temps de remonter à cheval.

Les deux champions de la beauté triomphèrent. Les chevaliers de Liopatris, épuisés, hors d'haleine, à bout de force et de courage, crièrent merci à Cléomades et lui donnèrent leur épée.

L'amant de Claremonde demanda alors d'une voix ferme que, dans le plus court délai possible, les trois nobles pucelles, injustement accusées par les chevaliers du roi Liopatris, lui fussent délivrées saines et déchargées de leur accusation.

La loi des combats ordonnait qu'il fût fait droit à cette demande : elle fut immédiatement accordée. Les trois jeunes filles furent mises en liberté; leur famille les entoura et les embrassa; on leur amena des palefrois, et sous la conduite de Cléomades, le vaillant chevalier, elles prirent le chemin du château d'où le prince et son compagnon étaient partis pour les délivrer.

A peine tout ce monde fut-il arrivé, que la tendre Lyriade, suivie de ses deux jeunes compagnes, vola au secours du chevalier blessé, à qui sa présence rendit la vie.

Pendant ce temps, Cléomades se désarmait et levait la visière de son casque. Rien ne peut exprimer la surprise et les transports de joie des trois jeunes filles en le reconnaissant. Elles l'entourèrent, elles voulurent baiser ses mains victorieuses, à qui elles devaient leur liberté et leur bonheur; mais bientôt, les larmes que leur présence lui fit verser au souvenir de Claremonde, firent aussi couler les leurs. On se consulta, on chercha ensemble les moyens de réussir à retrouver cette belle princesse si digne d'être aimée.

Un vieux chevalier, que son grand âge empêchait de porter maintenant les armes, et qui remplaçait l'ardeur évanouie de ses jeunes années par une prud'homie et une expérience utile à consulter, prit la parole pour consoler l'amant inconsolable de l'incomparable Claremonde.

— J'ai vu l'an dernier à Salerne, dit-il, un sage astronomien qui voit claires les choses les plus couvertement celées... Il faut aller auprès de lui et lui demander le secours de ses lumières... Il ne vous les refusera pas sans doute, et vous saurez ainsi à quoi vous en tenir sur le compte de l'aimable créature que vous regrettez si amèrement... Partez, jeune homme, partez vite... Les événements se pressent dans la vie, et peut-être que si vous tardiez trop, il serait trop tard!...

3

CHAPITRE XV.

Comme Cléomades prit congé de Gayète, de Florette et de Lyriade, et partit pour Salerne, à la recherche du savant astronomien. Comme, arrivé dans cette ville, il logea chez un hôte bavard qui lui apprit des choses intéressantes.

Au point du jour, Cléomades embrassa Gayète, Florette et Lyriade; il leur fit promettre de venir le rejoindre en Espagne, avec les époux qui leur étaient destinés, au cas où il retrouverait Claremonde; il prit congé des chevaliers qui habitaient le château, et, sans permettre à personne de le suivre, il s'arma et partit.

Montagnes et ravins, rochers et précipices, il franchit tout, traversa tout, escalada tout, avec une résolution et un courage qui prouvaient combien il était digne de retrouver sa maîtresse adorée. Quelques jours après, il arrivait dans les faubourgs de la ville de Salerne.

Une fois là, Cléomades s'informa auprès de l'hôte chez lequel il était descendu, du sage astronomien dont il espérait tirer quelques lumières touchant le sort de sa chère Claremonde.

— Ah! seigneur, répondit l'hôte, nous l'avons perdu depuis un an, et jamais on ne l'a tant regretté, car il eût été d'un grand secours pour calmer la douleur de notre souverain et pour rendre la raison à la jeune beauté dont il est si passionnément amoureux.

— Comment se nomme votre roi? demanda Cléomades.

— Mendulus, répondit l'hôte.

— Et la femme dont il est amoureux?...

— Elle n'a pas de nom; elle a été recueillie par je ne sais qui et vendue à un affreux petit bossu. C'est à cause de cela qu'on l'appelle la belle Trouvée; car c'est bien, en effet, la plus belle fille du monde, et je comprends que notre souverain en soit amoureux, malgré la bassesse de son extraction!...

— La plus belle fille du monde, après Claremonde! murmura Cléomades, en tombant dans une triste et profonde rêverie.

— Vous êtes bien triste, seigneur! fit observer l'hôte, qu'intéressait la physionomie du prince. La mort du vieil astronomien vous contrarie, je le vois... Vous aviez besoin de lui pour savoir quelque chose?... Si le secours de mes faibles lumières peut vous être agréable, je me mets bien volontiers à votre disposition... Je n'ai pas, il est vrai, la sapience du vieil homme que nous regrettons tous; mais, en revanche, je sais sur le bout du doigt tout ce qui s'est passé à Salerne depuis longtemps... Un renseignement, de quelque part qu'il vienne, est parfois utile à entendre... Les petits comme moi en savent quelquefois plus que les grands sur bien des choses... Interrogez-moi, je répondrai sans broncher à toutes vos questions!...

L'hôte ne savait pas seulement sur le bout du doigt tout ce qui s'était passé dans la ville de Salerne depuis nombre d'années : il avait encore sur le bout de la langue les choses qu'il prétendait savoir. Et la preuve, c'est que, s'apercevant que son bavardage avait médiocrement intéressé Cléomades, et que ce chevalier était peu disposé à lui adresser des questions, il s'empressa de faire les réponses, absolument comme s'il avait été interrogé.

— Oui, seigneur, reprit-il, le roi Mendulus, mon noble souverain, est amoureux fou de la plus belle des folles... Il l'épousera, j'en suis sûr, malgré que ce ne soit qu'une fille de peu... Elle est très intéressante, d'ailleurs, très intéressante!... Elle rit, elle chante, elle pleure, tout cela en même temps... Je ne sais vraiment pas comment elle s'y prend pour cela, par exemple!... Ses extravagances rendent Mendulus très malheureux : il donnerait bien la moitié de ses richesses pour pouvoir guérir la belle Trouvée... Oui, je suis sûr qu'il les donnerait... J'ai peur que la folie ne soit contagieuse, et que la belle Trouvée ne passe sa folie à notre souverain!... Voilà déjà quelques mois que cet état dure... Les fauconniers du roi chassaient... Un de leurs faucons s'envole dans une prairie... ils ne le retrouvent pas... seulement il découvrent, à la place, un affreux bossu et une adorable fille qui dormaient profondément à quelques pas l'un de l'autre... Ils courent avertir Mendulus qui s'empresse de venir, sur la foi du portrait que ses fauconniers lui ont fait de la belle dormeuse... Il la trouve encore plus belle qu'ils ne lui avaient dit. Il la réveille, l'interroge, et apprend d'elle qu'elle a été enlevée par ce vilain bossu... Le vilain bossu meurt bientôt, et mon gracieux souverain offre sa main et son cœur à la belle Trouvée, à qui cette proposition tourne immédiatement la tête... Vous voyez, seigneur, que le bonheur peut rendre fou!...

A ce moment du récit de l'hôte, Cléomades, qui l'avait écouté malgré lui, dressa vivement la tête et regarda l'hôte entre les deux yeux, comme pour le prier de continuer.

L'hôte, flatté de l'attention que daignait enfin lui témoigner l'étranger, s'empressa de continuer. Il reprit les choses de plus haut, rappela tout ce qu'il savait, et, finalement, parla du cheval de bois trouvé par le vilain bossu expirant. Il finissait par où il aurait dû commencer, ce maudit bavard!...

— Ah! mon ami! mon ami! s'écria Cléomades en sautant alors au cou de son hôte, qui le crut d'abord fou. Ah! mon ami! mon ami, votre fortune est faite!...

— Pas encore, seigneur, pas encore, malheureusement...

— Je vous dis que votre fortune est faite... et la mienne aussi!... J'ai une panacée infaillible, un secret merveilleux pour guérir presque instantanément la folie la plus compliquée...

— Vraiment?... dit l'hôte joyeux.

— Vraiment oui... répondit Cléomades.

— Alors je vais aller annoncer cette bonne nouvelle à mon gracieux souverain!...

— Attendez!... attendez!... Mes armes pourraient causer quelque ombrage à Mendulus... On ne croit généralement pas à la science qui n'a pas une livrée scientifique... Procurez-moi donc la robe et le bonnet d'un médecin... ainsi qu'une fausse barbe grise que j'appliquerai sur mon visage, trop jeune pour un visage de savant... Cela fait, vous pourrez aller prévenir le roi; ma fortune et la vôtre sont assurées...

L'hôte, de plus en plus joyeux, fournit à l'étranger, avec toute la promptitude imaginable, le déguisement qu'il lui avait demandé; et pendant que Cléomades s'apprêtait il courut au palais de Mendulus et sollicita la faveur d'un entretien particulier.

— Sire, dit-il, il est arrivé hier dans votre belle ville de Salerne, un médecin célèbre dont je ne connais pas le nom, mais qui répond, sur sa tête, de la guérison de votre belle maîtresse... J'ai pensé, Sire, qu'il était de mon devoir d'humble et dévoué sujet de venir vous informer de cet événement qui, en rendant la raison à la belle Trouvée, vous rendra le bonheur...

— Tu as bien fait! s'écria Mendulus. Va quérir immédiatement ce savant homme, et me l'amène!...

CHAPITRE XVI

Comme Cléomades, déguisé en médecin, se fit conduire au palais de Mendulus qui le présenta à Claremonde. Ce qui se passa alors; et comme la princesse, continuant à jouer son rôle de folie, voulut faire disputer le faux médecin avec le cheval enchanté.

Cléomades, muni du gant de Claremonde qu'il avait rempli à la hâte de quelques plantes communes, d'une paire de grandes lunettes et d'une longue baguette noire, se rendit gravement au palais de Mendulus, qui l'attendait dans la plus vive anxiété.

— Arrivez donc, arrivez donc, savant homme!... lui cria ce prince, du plus loin qu'il l'aperçut.

— L'âge et la science sont deux rudes fardeaux, Sire, répondit doctoralement le faux médecin, et je ne peux marcher bien vite!...

Mendulus, tout en pestant contre la lenteur calculée de Cléomades, le conduisit lui-même à l'appartement de Claremonde qui, en les voyant venir tous deux, redoubla d'extravagances. La barbe, l'habit, la physionomie, la démarche solennelle du faux médecin, ne permirent pas d'abord à cette belle princesse de reconnaître son amant. Elle n'avait jeté qu'un coup d'œil sur lui, et, trompée par les apparences, elle était plus occupée que jamais de paraître folle.

— Vous voyez, savant homme, à quel état est réduite cette belle personne! dit Mendulus avec une douleur sincère. Elle pousse souvent ainsi des cris affreux, et roule des yeux aussi hagards que peuvent le permettre leur douceur et leur beauté naturelles... Sa folie me désespère!...

— Sire, répondit Cléomades, ne vous affligez pas plus longtemps : je vais la calmer.

S'approchant alors de Claremonde, il porta son gant sous ses beaux yeux, comme pour le lui faire respirer, mais, en réalité, pour qu'elle le vît mieux.

Claremonde, surprise en voyant son gant, releva la tête et regarda fixement Cléomades qu'elle reconnut. Aussitôt, elle se calma comme par enchantement, prit la main du faux médecin pour s'appuyer et se remettre de ce dernier vertige, et la lui serra avec une tendresse significative. La raison et l'amour lui revenaient avec plus d'ardeur que jamais!

Jamais Cléomades n'avait été autant aimé! Il est vrai qu'il venait comme amant et comme libérateur : double titre, double amour.

— Physicien, magicien, sage homme, dit Claremonde, en affectant encore un reste de folie pour ne pas donner l'éveil à la jalousie et aux soupçons de Mendulus par une guérison trop prompte; ton gant est habile, car il me fait du bien, beaucoup de bien... Je ne sais pas ce qu'il contient, mais il me rend heureuse... Ton gant a plus de science que toi, puisque c'est lui et non toi qui me guérit... Ton gant est habile; mais toi, pauvre vieil homme, tu es aussi fou que moi... Seulement je suis une jeune folle, et tu es un vieux fou, ce qui veut dire que tu es plus fou que je ne suis folle, puisqu'il y a évidemment une provision de folies plus grande dans une tête de soixante ans que dans une tête de dix-huit ans!...

— La fureur est passée, mais la déraison est restée!... fit observer Mendulus.

— Soyez patient, Sire; sachez attendre! répondit Cléomades, qui avait peine à dissimuler le bonheur que lui causait la présence de sa belle maîtresse.

— Tu fais ici l'important, vieil homme! reprit Claremonde, qui avait son projet. Mais je gage que mon cheval de bois en sait plus long que toi!... A propos, je crains bien qu'on ne le laisse mourir de faim dans ce palais... Je voudrais bien qu'on me l'apportât : je le ferais argumenter avec toi... Ah! ah! tu serais vaincu par lui... Il raisonnerait bien, ce bon cheval, surtout s'il pouvait manger de l'avoine de Séville!...

En disant cela, Claremonde levait ses beaux yeux au ciel; tous les traits de son visage avaient repris leur suave accord et leur céleste harmonie, et la présence de son amant colorait ses joues de l'incarnat de la rose.

Mendulus, attendri, mais toujours désespéré de l'entendre déraisonner plus fortement que jamais, saisit les mains du médecin et lui dit :

— Sage homme, guérissez-la, je vous en conjure!... Employez toutes les ressources de votre art pour chasser ces maudites visions de sa chère cervelle!... Guérissez-la, et toute ma fortune est à vous!...

— Je vais, seigneur, faire tous mes efforts, répondit le faux médecin; mais dans ces premiers moments, il faut céder à ses plus légères fantaisies, obéir à toutes ses volontés, et saisir l'instant favorable de lui faire prendre les remèdes que j'ai eu soin d'apporter avec moi...

— Vous avez raison, vous avez raison ! dit Mendulus, qui reprit espoir.

— Belle Trouvée, reprit Cléomades d'un ton bien doux, je ne me refuse point à disputer et à argumenter avec votre cheval... L'ânesse de Balaam parlait bien ; pourquoi votre cheval n'argumenterait-il pas ?... Il m'est arrivé souvent, je le confesse humblement, de soutenir thèse contre de pareils animaux... On ne peut arriver à les convaincre, c'est vrai, mais, en employant beaucoup d'adresse, on peut arriver à les apprivoiser et à les rendre utiles... Faites donc conduire ici votre cheval... je serai très heureux de nouer connaissance avec lui...

— Ah ! pauvre bête que tu es ! s'écria irrévérencieusement Claremonde en éclatant de rire. Ah ! pauvre bête que tu es !... Mon cheval n'est pas ce que tu penses... Il est d'une toute autre nature que ceux que tu as connus... Il ne se laisse point conduire, mais il aime à se faire porter par des ânes comme toi !... Va te chercher toi-même, et reviens, si tu l'oses, disputer avec lui en ma présence !... Quand il t'aura vaincu, j'espère que tu t'en iras bien vite cacher ta honte, et que je ne te reverrai plus jamais !...

Cléomades feignit de ne rien comprendre à cette nouvelle extravagance.

— Sire, dit-il à Mentulus, comment faire ?... Elle a l'imagination frappée d'un cheval... Cela s'est observé quelquefois dans ces sortes de maladies... Ordonnez donc qu'on en amène un de vos écuries...

Mentulus qui se croyait fort habile à deviner les pensées de Claremonde, répondit en souriant :

— Vous n'y êtes pas, sage homme, vous n'y êtes pas !... Je comprends mieux que vous ce qu'elle veut dire...

Alors Mentulus appela quelqu'un de sa suite et ordonna qu'on sortît promptement du garde-meuble le cheval de bois qu'on avait trouvé à côté du vilain bossu, et qu'on le portât en grande hâte dans le jardin.

— Belle Trouvée, reprit-il en souriant et en se tournant vers Claremonde, le cheval que vous demandez pourrait salir votre appartement... Venez avec nous dans le jardin ; il y sera dans quelques instants, et vous pourrez en faire ce que vous voudrez !...

— Ah ! petit roi, mon ami, dit Claremonde avec un sourire enchanteur, tu raisonnes mille fois mieux que ce benêt de physicien, qui ne sait rien de rien... Viens, mon roitelet, viens... Donne-moi le bras et descendons.

CHAPITRE XVII ET DERNIER

Comme le roi Mendulus aida lui-même au succès du stratagème imaginé par Claremonde ; de sa stupéfaction en voyant s'élever dans les airs sur le cheval de bois, la prétendue folle et le prétendu médecin. Retour et mariage de Cléomades et de Claremonde.

Mendulus, enchanté de cette espèce de faveur, et des progrès que semblait faire la guérison de Trouvée, prit avec empressement le bras qu'elle lui présentait, et il le plaça doucement sous le sien, sur lequel elle s'appuya fortement. De l'autre main, qu'elle avait libre, Claremonde saisit l'oreille de Cléomades, qu'elle eut l'air d'entraîner en se moquant.

Toute la cour de Mentulus se mit à rire en voyant un médecin conduit comme un écolier, et on se rangea dans le jardin autour du cheval de bois, qu'on venait précisément d'apporter.

Claremonde, à l'aspect de ce cheval enchanté, dont elle attendait beaucoup, ne put retenir plus longtemps sa joie. Elle courut à lui et l'embrassa à plusieurs reprises, avec une effusion particulière.

— Ah ! mon ami, mon pauvre ami ! s'écria-t-elle avec un accent de compassion très bien joué. Comme te voilà sec et maigre ! On t'a laissé mourir de faim, mon pauvre ami !... On t'a laissé mourir de faim !... Ah ! les vilaines gens !...

Alors elle courut arracher des fleurs, de l'herbe, tout ce qu'elle put trouver, et revint les porter à la bouche du cheval enchanté, sans que l'on s'opposât à cette nouvelle folie. Mendulus avait ordonné expressément que, quoi qu'elle fît, on la laissât faire. Et les courtisans sont, d'ordinaire, très obéissants.

Tout cela avait pour but, on le devine, d'endormir complétement les soupçons de Mendulus et des principaux officiers de sa cour. Trop de précipitation eût tout gâté ; les défiances du roi de Salerne se seraient réveillées, et il eût été difficile, pour ne pas dire impossible, à Claremonde et à Cléomades, d'en arriver à leurs fins. Ils avaient besoin l'un et l'autre, jusqu'au dernier moment, d'être libres dans chacun de leurs mouvements, de n'être gênés dans aucune de leurs actions. Pour cela il fallait qu'ils s'observassent mutuellement, qu'ils ne trahissent rien de leur émotion mutuelle, qui était grande, comme bien on pense : ils jouaient tous deux leur vie et leur bonheur !

Cléomades s'approcha mystérieusement de Mendulus et lui montra une petite bouteille.

— Cet élixir est souverain, dit-il à voix basse ; c'est le moment où il peut produire son effet... Tâchez de le lui faire avaler, et elle sera sauvée !...

Claremonde qui ne perdait de vue aucun des mouvements de son amant, qu'elle savait agir dans le même sens qu'elle ; Claremonde changea aussitôt de folie, sans avoir l'air, toutefois, de s'en apercevoir.

— Grand homme ! s'écria-t-il, en s'adressant au faux médecin. Grand homme ! sage homme ! Prud'homme ! secourez-moi, je vous en prie... Montez avec moi sur ce cheval, et tirez-moi des mains de cette abominable populace dont la vue m'est si désagréable... Si vous ne me secourez pas, je suis capable d'en mourir... Ne cherchez pas ma guérison dans vos flacons... Cherchez-la plutôt dans l'oreille de mon cheval : vous l'y trouverez plus sûrement... M'entendez-vous, grand homme ?...

Cléomades haussa les épaules en signe de pitié, et dit à Mentulus :

— Ma foi, Sire, je commence à désespérer du succès... Sa cervelle est complétement détraquée... Les ressorts de la raison sont décidément brisés... Ma science devient impuissante devant tant de folie...

— Vous avez tort de désespérer, sage homme! répondit le roi de Salerne, qui croyait de plus en plus à la guérison, à mesure que le médecin paraissait y croire de moins en moins. Vous avez tort! Elle déraisonne encore, mais elle est plus calme... C'est un bon signe... Pour ne pas l'impatienter, faites ce qu'elle vous demande... Montez avec elle sur cette machine de bois... Cela ne vous coûtera rien, et cela me fera plaisir...

— Vous y tenez beaucoup, Sire?...

— J'y tiens beaucoup... car j'attends le meilleur effet de cette fantaisie...

— Vous ne vous repentirez pas de m'avoir forcé à y céder?...

— Je ne me repentirai pas... Allez! Allez!... vous dis-je!...

Mentulus vit bien que pour décider tout-à-fait le faux médecin, il fallait lui faire une douce violence. Aussi se décida-t-il à le pousser jusqu'auprès du cheval, c'est-à-dire auprès de Claremonde, qui l'attendait.

— Montez! Montez! répéta Mentulus pour la troisième fois.

Cléomades comprit que le moment solennel était arrivé. Il prit sa chère Claremonde, la souleva et la plaça doucement sur la croupe du cheval. Puis il monta après elle...

Une fois là, il fallait partir, et sans attendre longtemps!

Cléomades tira de sa poche et laissa voir le petit flacon qui contenait l'élixir en question, et feignit d'aller le chercher dans l'oreille du cheval, ainsi que le lui avait recommandé la belle folle. Mais, prenant son temps, il tourna promptement la cheville d'acier, et le cheval enchanté s'élança dans les airs avec la rapidité d'une flèche qui partirait de l'arc d'un Tartare.

Mentulus tomba à la renverse d'étonnement et toute la cour jeta de grands cris de stupeur, pour suivre l'exemple donné par le roi.

Cléomades, faisant planer un instant le cheval enchanté au-dessus de cette foule toute en désarroi, cria au roi d'une voix sonore, qui s'éparpilla un peu dans l'air :

— Mendulus! je suis Cléomades, fils de Marchabias, roi d'Espagne, et celle que tu perds en ce moment est l'incomparable Claremonde, fille du roi de Touscan, et ma fiancée!...

Cela dit, il excita la vélocité naturelle du cheval enchanté qui disparut bientôt tout-à-fait aux yeux de la cour, de plus en plus étonnée.

Ces heureux amants, désormais à l'abri de tout danger du genre de ceux qu'ils avaient traversés, se livrèrent alors sans crainte à toute leur tendresse et au bonheur ineffable de s'être retrouvés.

Le lendemain matin ils étaient à Séville.

Le roi et la reine d'Espagne, après les avoir embrassés, ne voulurent plus différer leur bonheur, et bientôt, en présence de Cornuant, appelé à cet effet, ainsi qu'une partie de sa cour, le mariage de Claremonde et de Cléomades fut célébré en grande cérémonie par l'archevêque lui-même.

Il y eut, à propos de ce mariage, des tournois magnifiques ; on y vit paraître, entre autres, un quadrille de chevaliers tartares, qui s'obstinèrent pendant quelque temps à ne se point faire connaître. Bientôt cependant le mystère qui les enveloppait cessa, et chacun fut heureux de leur serrer la main.

Le chef de ces Tartares était le roi Liopatris. Il était venu à la cour du roi d'Espagne pour tirer vengeance de l'enlèvement de Claremonde ; mais, touché des charmes de la jeune Maxime, il ne pensa plus qu'à l'offre que lui avait faite Cléomades. Il se fit connaître et obtint sans peine la main de cette jeune et aimable princesse qui le trouva très propre à la dédommager de l'horreur que lui avait inspirée le vilain roi bossu.

Gayète, Florette et Lyriade arrivèrent aussi avec leurs amants, et tous ces époux fortunés composèrent la cour la plus aimable et la plus gaie du monde.

— 1510 —

FIN DE CLÉOMADES ET CLAREMONDE.

LE ROMAN DE LA ROSE

(1240 — 1280)

« Cy est le Rommant de la Rose,
Où l'art d'amours est toute enclose. »

Tel est le titre du premier poëme, un peu long, écrit dans la langue que nous avons l'honneur de parler aujourd'hui ; tel est le commencement du premier livre français qui ait eu de la vogue chez nos bons aïeux. Il n'a pas moins de vingt-deux mille sept cent quatre vers dont une partie seulement appartient à Guillaume de Lorris : l'autre partie, supérieure comme nombre, sinon comme qualité, est l'œuvre de Jehan de Meung.

Il nous a paru intéressant de donner ici, — dans cette réimpression de la *Bibliothèque Bleue*, — une analyse aussi succincte que possible de ce *Roman de la Rose*, dont beaucoup de gens parlent et que très peu de personnes connaissent. Il est toujours curieux, d'ailleurs, de dire les sources auxquelles puisent les Modernes, — qui ne le disent jamais, pour les excellentes raisons que vous devinez bien. C'est en effet au *Roman de la Rose* que Mathurin Régnier a *emprunté* l'idée de sa *Macette*, — sa plus belle satire ; au *Roman de la Rose* que le Marino a emprunté l'idée de son poëme de l'*Adone ;* au *Roman de la Rose* que mademoiselle Madeleine de Scudéri a emprunté l'idée de sa *Clélie*. L'idée — et le reste !...

Avant de raconter le poëme de Guillaume de Lorris et de Jehan de Meung, tant attaqué, tant défendu, tant admiré, tant décrié, — il ne sera pas sans quelque utilité de donner une courte notice sur ces deux poëtes, si différents d'allures et de caractère.

Guillaume de Lorris était né à Lorris-sur-Loire, près de Montargis, en plein Gâtinais, vers la fin du règne de Philippe-Auguste, quelques années après la bataille de Bouvines, — c'est-à-dire vers l'an 1218. Guillaume était savant, — chose assez commune à cette époque ; il était, de plus, aimable, — chose rare à toutes les époques, chez les savants, gens renfrognés et marmiteux, d'ordinaire. Il connaissait son antiquité et ses poëtes païens sur le bout du doigt, et il était très heureux de les connaître. Tibulle, Properce, Catulle, Ovide, — Ovide surtout, — étaient ses auteurs préférés. Il devait faire un jour, lui aussi, son *Art d'aimer*, — ainsi que l'indiquent les deux premiers vers qui servent de frontispice, de légende, d'exergue, de tout ce que vous voudrez enfin, au *Roman de la Rose*.

Guillaume de Lorris était aimable : il aima et fut aimé. C'est ainsi que l'érudit devint poëte : sa maîtresse fut son maître ! Une maîtresse de haute lignée et de grand parentage, à ce qu'on a dit, et à ce qu'il ressort des quatre vers suivants :

« Celle pour qui je l'ay empris
C'est une dame de haut pris,
Et tant est digne d'estre amée,
Qu'elle doibt Rose estre clamée. »

On ne devient jamais poëte autrement, n'est-ce pas ?

Guillaume de Lorris fut aimé de son illustre Rose. Malheureusement Madame la Mort — qui ne respecte rien ni personne et qui est souvent jalouse des autres dames — vint un beau soir interrompre une existence qui ne demandait pas mieux de se prolonger encore. Ainsi furent interrompus, vers 1245, ses amours et son poëme.

Ses amours, personne n'osa les continuer sans doute : le cœur auquel s'était marié son cœur porta son deuil jusqu'au tombeau, — je me plais à le supposer.

Quant à son poëme, ce fut autre chose : quelqu'un osa le continuer, — et ce quelqu'un fut Jehan de Meun, ou de Meung, dit *Clopinel*, que Philippe-le-Bel appela, à cause de cela, le *Père de l'Éloquence française*. Il est vrai que ce prince s'occupait beaucoup plus des Templiers que de la Poësie, et qu'il faisait beaucoup plus de cas des richesses de ces chevaliers que de la richesse des rimes perpétrées par Clopinel. Il y a des époques, dans l'histoire littéraire d'un pays, où l'on peut être à bon marché le Père de l'Éloquence !...

Guillaume de Lorris, trop amoureux sans doute, n'avait pu faire que quatre mille cent cinquante vers du *Roman de la Rose*, — ce qui nous paraît déjà très raisonnable. Jehan de Meung, — quoique Clopinel, — alla plus loin, puisqu'il composa pour sa part les dix huit mille cinq cent quatre-vingts vers qui terminent ce célèbre poëme. Dix neuf mille vers! Est-ce que cela ne vous fait pas frissonner?...

Tout n'est pas bon, certainement, dans ce livre, dont une moitié est un éloge des femmes, et, l'autre moitié, une abominable satire — très réussie! — de ce sexe charmant et trompeur en diable, auquel nous devons Aspasie et Marion de Lorme, Lucrèce et Vittoria Colonna... Tout n'est pas bon, tout n'est pas galant, et si Guillaume de Lorris a l'admiration qu'on doit avoir pour les femmes en général — et surtout en particulier, — Jean de Meung, lui, a pour elles une irrévérence de langage, une impertinence d'expression, qu'il ne faut jamais avoir, même avec les femmes inestimables.

« Toutes estes, serés, ou fustes
De faict, ou de voluntè putes,
Et qui très-bien vous chercheroit
Toutes putes vous trouveroit. »

« *Horrible! Horrible! most horrible!* » comme dit Hamlet.

Ces quatre vers, et quelques milliers d'autres que je ne peux citer, sont de Jehan de Meung. Autant Guillaume de Lorris est doux et tendre, autant Clopinel est âpre et mordicant. Le premier est une flûte de cristal, le second est un cuivre infernal.

Voyez le début de Guillaume de Lorris, cet amant passionné de la Nature :

« Au joly moys de May songeoye,
Au temps amoureux plein de joye,
Que toute chose si s'esgaye,
Si qu'il n'y a buissons ne haye,
Qui en May parer ne se veuille
Et couvrir de nouvelle feuille.
Les boys recouvrent leur verdure,
Qui sont secs tant que l'hyver dure,
La terre mesmes s'en orgouille
Pour la rousée qui la mouille,
En oubliant la povreté
Où elle a tout l'hyver esté.....
Les oyseaulx qui tant se sont teuz
Pour l'hyver, qu'ilz ont tous sentuz
Et pour le froit et divers temps,
Sont en May et par le Printemps
Si liez qu'ils montrent en chantant
Qu'en leur cueur s'y a de joye tant,
Qu'il leur convient chanter à force.
Le rossignol adonc s'efforce
De chanter et de faire joye ;
Lors s'esvertüe et se resjoye
Le papegault et la calendre :
Si convient jeunes gens entendre
A estre gays et amoureulx
En iceluy temps doulcereux.
Moult a dur cueur, qui en May n'ame,
Quand il oit chanter sur la rame

Aux oyseaulx les sons gracieux
En ce doux temps délicieux
Où toute riens d'amer s'esjoye... »

Trouvez donc mieux dans Ronsard !...

Ces vers-là sentent bon comme les premiers muguets et les premières jacinthes du mois que chante Guillaume de Lorris. On devine bien que ce poëte-là aimait les bois avec autant de tendresse que les femmes, et qu'ils allaient tous deux, sa maîtresse et lui, assister au Renouveau et saluer le Réveil de la Nature, cœurs battants, mains et lèvres jointes, yeux noyés de douces larmes, cheveux au vent, ceinture dénouée, seins gonflés, poitrines bondissantes, le long des rives ensaulées, par les sentiers verdoyants, par monts et par vaux, au bruit des chansons moqueuses des merles et des gazouillements licencieux des rossignols.

A part certains mots, — malheureusement tombés en désuétude, — tout cela se lit couramment. La *calendre* de Guillaume de Lorris, c'est notre alouette à collier noir; son *papegault*, c'est notre sansonnet bavard; son *botterel*, c'est notre crapaud. Mêmes images sous des noms différents : je les reconnais et les salue au passage avec les mêmes tressautements de plaisir. Les gens découragés, les esprits endoloris, les cœurs faillis, n'aiment guère la Nature, — probablement parce qu'ils ont trop aimé autre chose. Il faut avoir le cœur jeune, les yeux clairs, les sens dispos, l'esprit allègre, pour se plaire dans ces bois ombreux, dans ces forêts enchantées et mystérieuses où viennent expirer les bruits odieux des villes en proie aux convulsions, où l'on entend seulement des battements d'ailes, des jasements d'oiseaux, des susurrements d'insectes, des murmures de ruisseaux, des chœurs d'atômes invisibles, — la respiration grandiose de la Nature.

Là, tout a son accent, sa couleur, sa forme, son charme, son bruit, son parfum, son éloquence. L'insecte bourdonne, l'herbe pousse, l'arbre verdoie, l'air s'attiédit. Le matin, aux premières lueurs du jour, ce sont les notes d'argent que l'alouette égrène comme un chapelet en montant vers le soleil, ce Père des Etres. Puis, c'est la note mélancolique du coucou, ce solitaire emplumé. Puis la note moqueuse du loriot. Puis la note joyeuse de la mésange. A midi, c'est le cri dolent du grillon dans les sillons ; la crécelle monotone du gresset, dans les marécages; le coassement étourdissant de la reinette, parmi les joncs. A la vesprée, l'aube des mouches, c'est l'appel désolé de la chouette ! Puis, dans la nuit silencieuse, c'est la note de cristal du crapaud, — plainte éloquente d'une pauvre bestiole qui se sait laide et qui voudrait ne pas l'être, — à laquelle répondent les fioritures orgueilleuses du rossignol. O heureux ceux qui peuvent vivre loin de ces enfers sociaux qu'on appelle les villes ! Heureux les vagabonds de l'art et de la poésie, qui peuvent se soustraire à la besogne douloureuse de la vie, et aller dormir sous le ciel, dans les grands bois, la tête dans le soleil et les pieds dans le gazon, le cœur tranquille et la conscience muette ! On ne pense plus : on rêve. On ne vit plus : on végète. Je me suis senti quelquefois pousser des feuilles vertes autour du corps, et, quelquefois aussi, je me suis attendu à être respiré par deux belles lèvres rouges et à être cueilli par deux belles mains blanches. J'attends encore !...

Voilà l'aimable impression que causent certains vers de Guillaume de Lorris. Pour Jean de Meung, c'est autre chose.

Jean de Meung est un satirique : il a des choses et des gens à railler. Il ne roucoule pas : il ricane. On lui a reproché son immoralité : il n'est pas plus immoral que Rabelais. Son cynisme, c'est sa force. Il ne faut pas songer à émouder cet arbre touffu ; il ne faut pas songer à châtier ce style plantureux, à expurger ce livre luxuriant : mieux vaudrait le brûler et jeter sa cendre au vent.

De ce que Clopinel pense autrement que Guillaume de Lorris, — au sujet de l'amour et de beaucoup d'autres choses, — ce n'est pas une raison pour qu'il pense mal. Je citais tout à l'heure un passage de l'un ; je vais citer un passage de l'autre.

« Nature, dit Clopinel,

..... Nature n'est pas si sote
Qu'elle face naistre Marote
Tant seulement pour Robichon,
Se l'entendement y fichon,
Ne Robichon pour Mariette,
Ne pour Agnès, ne pour Perrette :
Ains nous a fait beau filz n'en doubtes
Toutes pour tous et tous pour toutes,
Chascune pour chascun commune,
Et chascun commun pour chascune. »

Morale facile, immorale morale, j'en conviens, — mais morale à l'usage de beaucoup de gens. Pourquoi ne pas constater ce qui se fait, et écrire ce qui se dit ?...

Or, la cour de Philippe-le-Bel et de Jeanne de Navarre, sa femme, n'était pas la plus chaste des cours, il s'en fallait de beaucoup. La galanterie y était extrême : c'était de la licence. Nous ne voyons pas, dans notre histoire, d'autre époque qui puisse mieux lui être comparée, que celle de la régence de Philippe, duc d'Orléans, neveu de Louis XIV, de 1715 à 1723.

Jean de Meung, témoin de ces déportements scandaleux, les raconta tout naturellement. S'il eût vécu aux temps fabuleux et invraisemblables de l'âge d'or, il eût trempé sa plume dans une jatte de lait au lieu de la tremper dans autre chose : il eût peint un trumeau au lieu de faire une eau-forte.

Il ne faut donc pas se scandaliser si fort à propos de lui. D'ailleurs, comme le fait très bien remarquer André Thevet, son biographe, « Martial, Ovide, et d'autres poëtes, tant grecs que latins, ont bien autrement gazouillé de l'amour que n'a faict Clopinel. » Voilà Clopinel renvoyé absous.

Il n'en fut pas de même de son vivant. Les dames de la cour, indignées du sans-façon avec lequel Jean de Meung avait parlé d'elles et de leurs mœurs, — surtout dans le quatrain que j'ai cité plus haut, — résolurent de s'en venger. Il les avait flagellées : elles résolurent de le fouetter avec de véritables verges, des scions de franc osier. Attiré par elles dans un rendez-vous, il vint sans défense ; on allait l'exécuter, lorsqu'il s'avisa d'un moyen spirituel pour sortir de ce mauvais pas.

« J'y consens, dit-il, mais à la condition que la plus — *rime du second vers* — commencera... »

Aucune des dames présentes, on le comprend, ne voulut se calomnier à ce point, surtout devant un aréopage féminin, — le plus cruel de tous les aréopages, le seul devant lequel Phryné n'eût pas trouvé grâce. Avouer un amant, passe encore ! Mais avouer des amants, — jamais une femme n'y consentira. Il est convenu, depuis Eve, que, même à soixante ans, une femme ne doit pas avoir eu en sa vie plus d'une indigestion de pomme, — même les femmes qui en ont des indigestions quotidiennes, incessantes. Le dernier amant qu'elles ont est toujours le premier. « Péché caché est à moitié pardonné, » dit un proverbe malhonnête qui assimile ainsi les femmes aux chats. Tout au contraire, pour moi, puisqu'à un péché véniel et mignon, l'amour, on ajoute un péché hideux et mortel, l'hypocrisie. Ne vous cachez donc pas pour pécher, ô charmantes croqueuses de pommes, — ou alors ne péchez plus !...

Jean de Meung fut sauvé !

Peût-être eut-il tort de vouloir se soustraire à cette poignée de verges manœuvrées par les plus belles et les plus blanches mains de la cour du roi Philippe. Beaucoup de gens auraient bien voulu être à sa place, — si l'on en croit les souvenirs de Jean-Jacques Rousseau à propos de mademoiselle Lambercier.

Cent ans après la publication du pamphlet de Clopinel, Christine de Pisan — un *bas-bleu* du règne de Charles V — songea à prendre la défense de son sexe, qui ne se savait pas outragé, et publia ses *Epîtres sur le Roman de la Rose*. Cette défense donne une furieuse envie de lire l'attaque.

Près de cent ans après la publication des *Epîtres* de Christine de Pisan, Martin Franc, un poëte, indigné des insultes prodiguées contre un sexe adorable et adoré, par Jehan de Meung, « *un vilain,* » rompit une lance contre lui en publiant son *Champion des Dames*. Juvénal a parlé pour lui seul quand il a dit : *facit indignatio versum*. Martin Franc eut de l'indignation, mais l'éloquence lui fit défaut. Son poëme est pavé d'excellentes intentions, comme le Purgatoire : on y cherche vainement autre chose, — quoiqu'en dise le comte de Tressan.

Pourquoi défendre un sexe qui ne réclamait pas ? Quel besoin de se faire l'avocat des femmes, — qui se défendent si bien d'elles-mêmes ?

> Povres homs font de moy leur maistre,

fait dire Clopinel à l'Amour, dans un des chapitres du *Roman de la Rose*. Hélas! oui, l'Amour est notre maître, — et nos maîtresses sont bien nos maîtresses. Clopinel avait peut-être des raisons particulières pour médire des femmes, après tout ! Peut-être qu'il avait été abominablement trahi, comme tant d'autres « povres homs, » — quoi qu'en aient dit ses réviseurs du xv° siècle, celui, entre autres, qui a écrit les vers suivants :

> Et puis viendra Jean Clopinel,
> Au cœur joly, au corps isnel,
> Qui naistra sus Loire à Mehung...

On a beau être joli cœur et joli garçon, on n'en est pas moins trompé pour cela.

Et puis, peut-être aussi que Christine de Pisan, Martin Franc, le comte de Tressan et les détracteurs à la suite, s'étaient mépris sur la signification réelle du *Roman de la Rose* et sur les intentions de Jean de Meung. Tout le monde ne pensait pas comme eux, en tout cas. Et la preuve nous en est fournie par Jean Molinet, chanoine de Valenciennes et historiographe de Maximilien Ier, lequel s'imagina, vers la fin du xv° siècle, de *moraliser* cet amusant roman, et de faire d'un livre d'amour un livre de piété.

Ce n'est pas moi qui invente cela, bien entendu. C'est écrit et imprimé depuis longtemps.

> C'est le Roman de la Rose
> Moralisé, cler et net,
> Translaté de rime en prose
> Par vostre humble Molinet.

Pour un peu, cet honnête chanoine eût demandé la canonisation de maître Jehan de Meung, homme « plus angélique que humain, » — comme il l'appelle si dévotement. Je crois que Jean Molinet va un peu loin : Clopinel lui-même eût réclamé...

Les partisans du *Roman de la Rose* lui ont fait plus de mal que ses ennemis, ainsi qu'il arrive souvent. Ce livre original et curieux a été successivement dépouillé de son premier langage et altéré dans les faits, en passant par la main des translateurs et par la plume des copistes, qui l'ont rendu presque méconnaissable à force de vouloir le rendre intelligible. Les femmes, seules, gagnent à être rajeunies. J'aime bien Clément Marot, mais j'aime encore la vérité, — c'est-à-dire le texte même de Guillaume de Lorris et de Jean de Meung. La vieille langue de ces deux poëtes charrie des graviers et des immondices, je le veux bien ; mais elle charrie de l'or aussi, et, en la draguant, on l'a appauvrie.

Elle est plus limpide, dira-t-on, elle est plus claire. Hélas ! l'eau claire n'est que de l'eau claire !...

A ces causes, nous n'avons pas voulu donner une traduction moderne de ce français du xii° siècle, malgré que le *Roman de la Rose* rentrât beaucoup dans le cadre des Romans qui composent notre Bibliothèque Bleue. La prose, cela se pouvait faire ; mais des vers, c'était impossible. Les vers, ce sont des fleurs qu'on doit respirer sur place : lorsqu'on les a coupées, elles se fanent ; lorsqu'on les traduit, ils se décolorent.

La Bibliothèque impériale possède un grand nombre de manuscrits de ce poëme. Les plus curieux sont ceux qui portent les numéros 2739 et 2742, fonds de la Vallière, et surtout celui qui porte le numéro 196, fonds de Notre-Dame, écrit en l'an 1330 : c'est le seul qui porte une date.

Parmi les imprimés, on recherche les éditions in-4°, sans date. Celle qui a servi, depuis, à en faire d'autres, est l'édition in-folio publiée en 1527, par Clément Marot, sur l'ordre de François Ier, et réimprimée in-8° par Galiot-Dupré, en 1529 et en 1537. Elle ressemble au texte de Guillaume de Lorris et de Jean de Meung par tous les points, hormis un seul, qui est essentiel : le style. A cela près, c'est la même chose.

Analyse du Roman de la Rose.

> « Maintes gens dient que en songes
> N'a se non fables et mensonges ;
> Mais on peut telz songes songier,
> Qui ne sont mie mensongier... »

Tels sont les quatre premiers vers du poëme ; tel est le début de l'Amant.

L'Amant feint d'avoir eu, pendant les beaux jours du printemps, aux premières heures du mois de mai, le songe qu'il raconte. Il commence par une peinture vive et animée de cette adorable époque de l'année, « *primavera, primavera, gioventù dell' anno*, — à laquelle la terre ouvre son sein et la femme son cœur. Cette peinture, nous en avons donné un fragment tout à l'heure.

> « Moult a dur cueur, qui en May n'ame,
> Quand il oit chanter sur la rame
> Aux oyseaulx les sons gracieux
> En ce doux temps délicieux
> Où toute riens d'amer s'esjoye... »

Riens, c'est chose ; *amer*, c'est aimer, *amare*. Je regrette, pour ma part, qu'on n'ait pas conservé cette orthographe, d'une si terrible signifiance : aimer, n'est-ce pas chose amère, souvent?...

L'Amant se promène dans une verdoyante prairie, au bout de laquelle se trouve un appétissant verger entouré de murs crénelés, sur lesquels il voit, sculptées, un certain nombre de figures hideuses, dont il fait la description, en donnant à chacune les attributs qui la caractérisent. Celle-ci représente *Haine, Félonie, Vilenie, Convoitise, Vieillesse, Tristesse, Papelardie, Envie, Pauvreté.*

Ces figures étranges et sinistres attristent l'Amant, — il y a bien de quoi. Mais bientôt les pépiements des oiseaux, les enivrantes senteurs qui s'élèvent du verger, l'arrêtent, l'attirent, le séduisent. Il cherche alors les moyens de pénétrer dans ce coin de paradis, et, à force de chercher, il finit par découvrir une petite porte, à laquelle il frappe assez longtemps, en vain. Mais enfin, comme toutes les portes du monde, auxquelles on frappe avec un certain acharnement, finissent toujours par s'ouvrir, — excepté les portes des prisons, ces tombeaux provisoires, et les portes des tombeaux, ces prisons éternelles, — celle à laquelle frappe l'Amant daigne s'ouvrir. Une dame assez belle, très coquettement parée, le reçoit, un miroir à la main. C'est dame *Oyseuse*, — une dame que nous avons rencontrée souvent :

> « Il paroit bien, à son atour,
> Qu'elle étoit peu embesongnée :
> Quand elle s'étoit bien pignée
> Et bien parée et atournée,
> S'y étoit faite sa journée. »

Oyseuse apprend à l'*Amant* qu'elle est une des meilleures amies de *Déduit*, a qui cet appétissant verger appartient, et qui a soin de réunir autour de lui tous les plaisirs qui peuvent tuer le temps et égayer la vie. Elle le présente à ce beau monarque, qui le reçoit au milieu de sa jeune et folâtre cour.

Cette cour s'amusait alors à mille jeux différents, tous plus intéressants les uns que les autres; jeux innocents ou criminels, danses vives et animées, dont Guillaume de Lorris fait une description très émoustillante.

Courtoisie, aimable nymphe de l'âge d'un vieux bœuf, aperçoit l'Amant, vient à lui, le prend par la main et le fait entrer dans la danse, dont *Déduit* lui fait les honneurs, tout en ne perdant pas une seule bouchée des caresses que lui prodigue *Lyesse*, sa bonne amie.

Amour, cet adorable et cruel enfant qui ne pourra jamais vieillir, *Amour* ne dansait pas, lui. Il se contentait d'agiter doucement ses ailes, au son des pipeaux, des musettes et des chalumeaux généralement quelconques. A côté de lui, à la portée de ses mains et de ses fantaisies, sont deux arcs et deux faisceaux de flèches portés par *Doux-Regard*, jeune et beau bachelier qui doit traîner tous les cœurs après soi.

Les cinq flèches qu'on voit dans la main droite de *Doux-Regard*, sont légères, polies, caressantes. Je crois même que la pointe en est en or. De bien aimables flèches, comme vous voyez ! La première et la plus brillante se nomme *Beauté*, la seconde *Simplesse*, la troisième *Franchise*, la quatrième *Compagnie*, la cinquième *Beau-Semblant*. Ces deux dernières sont de peu de portée et de signifiance.

La première des cinq flèches noires que le bachelier *Doux-Regard* porte dans sa main gauche, est armée d'un fer sanglant et rouillé : on l'appelle *Orgueil*. Les quatre autres, qui sont aussi cruelles, s'appellent *Jalousie, Honte, Avarice, Désespérance.*

L'Amant, enchanté de tout ce qu'il voit, fait le portrait de plusieurs des nymphes de la cour d'Amour, qui lui ont fait l'honneur de danser avec lui. Ces nymphes attrayantes, que chacun de nous voudrait bien pouvoir tenir dans un petit coin, s'appellent *Beauté, Richesse, Largesse, Franchise, Joliveté.* L'aimable *Courtoisie*, dont il tient la main dans les siennes, n'est naturellement pas oubliée.

Les danses finies, l'Amant s'enfonce sous les charmilles du jardin, pour en admirer les beautés, ou pour faire n'importe quoi. Mais *Amour* et *Doux-Regard* le suivent à son insu. Il s'arrête près d'une touffe de rosiers : ils s'arrêtent comme lui, près de lui, et se cachent entre les larges feuilles d'un figuier qui est loin d'être aussi stérile que celui de la parabole évangélique. Une des roses du rosier, qui semblait n'attendre pour s'épanouir que la première Caresse du Soleil ou le premier baiser du Zéphir; une de ces roses comme nous en avons tous plus ou moins admiré, plus ou moins cueilli dans le cours de notre vie, est là qui accapare les regards de l'Amant et fixe ses désirs. Il oublie tout pour admirer cette rose; il ne voit qu'elle, ne respire qu'elle. A peine se préoccupe-t-il des flèches dont *Amour* lui perce le cœur; ce n'est qu'à la troisième blessure qu'il soupire et se plaint; et les cinq flèches d'or ont déjà pénétré son sein, lorsqu'il fait de vains efforts pour les arracher.

Amour et *Doux-Regard* rient ensemble, malignement, en voyant les efforts du pauvre Amant pour retirer les flèches qu'il a reçues en pleine poitrine, et dont il ne peut parvenir à arracher les pointes. Il est près de mourir. Cependant il se ranime, reprend courage et s'élance résolûment au travers des ronces et des épines pour cueillir cette rose magique dont son cœur est enivré. Nouveaux efforts, nouvelles blessures. Il se déchire partout. *Amour* en a pitié; mais on sait que la pitié de ce méchant enfant n'est presque toujours suivie que de quelque nouvelle malice : il lance à l'Amant une sixième flèche, *Beau-Semblant*, qui est trempée dans le baume salutaire et doux. Elle calme un peu la douleur des premières blessures. *Amour* et *Doux-Regard* se découvrent alors et s'approchent de lui.

« Vassal, dit *Amour* à l'Amant,

> Vassal : prins estes riens n'y a
> De l'efforcer, ne du deffendre;
> Ne fay pas dangier de toy rendre,
> Tant plus voulentiers te rendras,
> Et plus tost à mercy viendras. »

A ces mots, l'Amant tombe aux pieds d'*Amour* qui reçoit ses mains dans les siennes, et le baise sur la bouche, comme son vassal-lige. Ce baiser est un souverain dictame : il porte la vie, la chaleur et l'espoir dans le cœur blessé de l'amant.

Nous passerons un épisode qui, quoique très agréablement écrit, comme le reste, nous paraît un peu inutile. C'est un hors-d'œuvre imité d'Ovide : l'erreur, la passion et la mort de Narcisse.

Quoiqu'il sente la pointe des six flèches dans son cœur, l'Amant se trouve soulagé par le baume réparateur que porte celle qui se nomme *Beau-Semblant*. Il finit par dire :

> D'une part m'oingt, d'aultre me cuyt :
> Ainsi il m'ayde, ainsi me nuyt.

Ce sera longtemps encore comme cela, hélas ! Miel et vinaigre ! Orties et roses ! Qu'est-ce que l'amour?... On ne le saura jamais !...

Amour, content de la soumission de l'Amant, achève de se l'assujettir, en se servant d'une petite clef d'or pour fermer son cœur, afin que les pointes de ses flèches ne puissent plus en être arrachées. Cela fait, cet aimable despote commence une très longue leçon sur les moyens de réussir à la conquête de la Rose.

Ces leçons sont un véritable art d'aimer, ainsi que nous le disions au début de cet article; et plusieurs des traits rassemblés là par Guillaume de Lorris sont imités d'Ovide et de son Art d'aimer. Quelques autres passages se ressentent un peu du mauvais ton d'un siècle où le goût et la galanterie n'étaient encore qu'à leur aurore.

Prêt à laisser l'Amant à lui-même, *Amour* le console, en lui disant que son absence ne sera qu'apparente et qu'il ne cessera pas de veiller sur lui. Il part en le laissant sous la garde de *Doux-Penser*, de *Doux-Parler* et de *Doux-Regard*, une bien aimable compagnie, comme vous voyez !

L'Amant, affligé du départ apparent de son nouveau maître, recommence à faire des efforts inutiles pour s'approcher de la charmante Rose.

Pendant qu'il gémit de ne pouvoir traverser la haie qui l'en sépare, il aperçoit un jeune homme d'une physionomie très avenante et très modeste, dont la main écarte les ronces, ouvre un passage, lui fait signe et l'appelle près du rosier : c'est *Bel-Accueil*, fils de *Courtoisie*. Il permet à l'Amant d'approcher plus près de la Rose, mais il lui défend de la cueillir, et même d'en témoigner le désir, qui serait coupable au premier chef.

L'Amant ne peut s'empêcher de s'exprimer avec douleur sur la peine qu'il souffre en obéissant à cet ordre ; il ose même avancer une main téméraire vers la Rose...

Hélas ! cette Toison d'or est gardée par un dragon terrible, par un monstre hideux nommé *Dangier*. *Dangier*, qui représente ici le Mari, de l'aveu de tous les commentateurs, *Dangier* s'élance avec fureur vers l'amant, argouante trop ardent, et le chasse de la haie, ainsi que *Bel-Accueil*. La haie se referme aussitôt.

Le fils de *Courtoisie* s'enfuit en tremblant. L'Amant, désespéré de l'accueil du mari, je veux dire de *Dangier*, se retire seul dans un hallier épais, d'où ses yeux peuvent à peine entrevoir l'enceinte qui renferme la charmante Rose. Une grande dame, à l'air noble, aux yeux sévères, s'avance vers lui, place sa main sur sa tête et commence une médisance en règle contre dame *Oyseuse*, contre *Déduit* et son verger, contre *Amour*, contre la Rose, contre *Bel-Accueil*, contre *Beau-Semblant*, contre tout le monde...

Ce personnage grognon et désagréable, vous l'avez reconnu : c'est dame *Raison*. Aussi, à peine l'Amant l'écoute-t-il et daigne-t-il lui répondre. Où a-t-on vu que jamais amants écoutassent la raison!...

> Sy respond l'Amant à rebours,
> A *Raison* qui lui blasme Amours...

Dame *Raison*, indignée du peu de cas que l'Amant fait d'elle, ne tarde pas à le quitter. *Amour* se rend visible un moment, et propose à son vassal affolé d'avoir recours aux conseils d'un jeune garçon honnête et prudent qu'on nomme *Amy* et qu'il lui présente. L'Amant s'empresse vers ce garçonnet, lui peint avec éloquence les tourments qu'il endure, et, ouvrant son sein, le lui fait voir percé par les six flèches d'*Amour*, comme d'autant de glaives. *Amy* calme son désespoir, lui conseille de retourner près de *Dangier* et de chercher à adoucir ce minotaure par ses larmes, par son repentir, par les promesses les plus sacrées de ne s'approcher de la Rose qu'autant qu'il le lui permettra.

Dangier reçoit d'abord très mal l'Amant, on comprend pourquoi. Il lui fait des reproches et des menaces dont l'Amant a l'air d'être bien touché : c'est dans son rôle d'amant en face de ce mari que l'allégorie cache sous la figure de *Dangier*.

Amy joint ses prières à celles de l'Amant. *Franchise* et *Pitié*, deux aimables nymphes, achèvent d'adoucir *Dangier* qui consent enfin à pardonner à l'Amant, et qui, pour le mieux prouver, se retire sans manifester la moindre défiance. *Bel-Accueil*, caché jusqu'alors, se montre, reprend l'Amant par la main et le conduit de nouveau le plus près possible de la Rose. L'Amant la croit encore embellie ; il soupire, il se pâme, il ferme les yeux, ébloui par les charmes qu'elle recèle, par les séductions qu'elle porte en elle ; puis il les rouvre pour les admirer de nouveau ; son cœur bat des pulsations insensées, sa bouche s'entr'ouvre, laisse passer des soupirs brûlants : l'Amant n'en peut plus.

Vénus faisait alors planer ses colombes sur le bosquet embelli par le rosier. Elle aperçoit l'Amant et elle en est attendrie. A ses beaux cheveux, à son teint coloré par la jeunesse, au feu qui brille dans ses yeux, elle croit voir l'image du jeune Adonis qu'elle adore. Elle prend alors l'Amant sous sa protection, le conduit près du rosier, baisse la branche qui soutient et nourrit la Rose : les lèvres de l'Amant impriment un baiser brûlant sur les feuilles de cette branche et y restent collées avec une onction, une volupté ineffable. A ce moment la Rose paraît s'animer d'une couleur encore plus vermeille... On ne sait pas ce qui va arriver, lorsqu'un cri rauque vient troubler cette situation délicieuse de part et d'autre : c'est le détestable *Malebouche* qui l'a poussé en apercevant l'Amant. A ce cri terrible, Vénus remonte sur son char, et ses colombes effrayées partent à tire-d'ailes.

Malebouche, mauvaise bouche, méchante langue, médisance, c'est tout un. Ce misérable ne marche pas seul ; et, en effet, à son cri viennent d'accourir en hurlant trois autres monstres : *Peur*, *Honte* et *Jalousie*. L'Amant est tombé évanoui de douleur au pied du rosier : ces quatre monstres le prennent, l'entraînent, ainsi que *Bel-Accueil*, jusqu'à l'antre où *Dangier* veille sans cesse, et d'où ce cinquième monstre s'élance avec fureur.

Vous devinez bien ce que peuvent la jalousie, la peur, la honte, la médisance, la méchanceté liguées. Les cinq monstres ci-dessus nommés se hâtent d'élever une tour haute et solide, où le téméraire jouvenceau et son fidèle *Bel-Accueil* sont enfermés, après avoir été, au préalable, couverts de chaînes. Les tyrans, quels qu'ils soient, sont ingénieux dans leurs moyens de répression. Comme si ce n'était pas assez de cadenasser l'Amant et son ami dans une tour d'où l'évasion soit impossible, on creuse encore de vastes et profonds fossés tout autour. L'amant, toujours évanoui, ne revient à lui que pour se trouver entre des roches escarpées, couché sur un matelas digne d'un cénobite, c'est-à-dire sur de longues épines qui lui déchirent et ensanglantent les flancs. Baigné de larmes amères, il élève au ciel des vœux inutiles, sans cesser pour cela de songer à sa chère Rose, qui lui vaut toutes ces misères ; il meurt à chaque instant de regret et de douleur, pour renaître, l'instant d'après, beaucoup plus malheureux.

—

Telles sont les ingénieuses allégories renfermées dans les quatre mille cent cinquante premiers vers du *Roman de la Rose*. Poésie facile, agréable, harmonieuse, qui ne serait certes plus appréciée convenablement de nos jours, où on la traiterait avec quelque raison de préciosité. Mais, au milieu du XIIIe siècle, cette poésie-là avait son charme et son utilité, et ce sont ces allégories qui ont formé les poëtes venus à la suite de Guillaume de Lorris et de Jean de Meung, je veux dire Clément Marot, Ronsard et les autres. L'imagination a ses dangers; c'est vrai ; mais elle a ses avantages aussi ; et mieux vaut, après tout, pécher par trop d'imagination que de ne pas pécher du tout, c'est-à-dire ne pas savoir écrire en vers. Ne soyons pas ingrats envers Guillaume de Lorris. « On est toujours le fils de quelqu'un, » fait très judicieusement observer Brid'Oison : Marot, Ronsard et les autres sont les fils de Guillaume de Lorris et de Jean de Meung.

Guillaume de Lorris étant mort, son *Roman de la Rose*, cher à la chevalerie et aux dames de ce temps-là, resta enfermé pendant quarante ans dans le secret des bibliothèques, peu nombreuses alors. Ce ne fut que sous le règne de Philippe-le-Bel, que Jean de Meung reprit l'ouvrage de Guillaume de Lorris et continua son *Roman de la Rose*, en mettant en action les personnages allégoriques imaginés par son prédécesseur.

Au quatre mille cent cinquantième vers, Clopinel reprend donc la plume.

> Cy endroit trespassa Guillaume
> De Loris et n'en fist plus pseaulme ;
> Mais après plus de quarante ans,
> Maistre Jehan de Meun ce Rommans
> Parfist, ainsi comme je trouve,
> Et icy commence son œuvre...

Jean de Meung joint en outre quelques nouveaux personnages aux premiers. Il fait intervenir dame *Nature*, qui parle une langue imagée et énergique, celle que devait parler plus tard Rabelais ; il y mêle quelques actes de chevalerie, en faisant combattre les uns contre les autres les personnages de Guillaume de Lorris et ceux qu'il a inventés ; il fait former en règle le siége de la tour où l'Amant et *Bel-Accueil* sont retenus prisonniers. *Vénus*, *Amour*, *Constance* et *Chaud-Désir* remportent enfin la victoire : *Dangier* est distancé et l'adorable Rose reste sans défense.

Voici comment se termine cet étrange poëme, où il y a un peu de tout, mais où il y a surtout de l'esprit et de l'originalité. Quatre-vingt-quatre vers, ce n'est pas trop long, — surtout si l'on veut bien réfléchir que je pourrais en citer vingt-trois mille !...

> *La conclusion du Rommant*
> *Est, que vous voyez cy l'Amant*
> *Qui prend la Rose à son plaisir,*
> *En qui estoit tout son désir.*
>
> Par les rains saisi le Rosier,
> Qui plus est franc que nul osier,
> Et quant à deux mains m'y peus joindre,
> Tout soueſvement sans moy poindre,
> Le bouton prins à eslochier,
> Car envis l'eusse eu sans hochier.
> Toutes en fis par escouvoir
> Les branches crosler et mouvoir,
> Sans jà nul des rains despécer,
> Car n'y vouloye riens blecer :
> Et si m'en convint-il à force
> Entamer ung pou de l'escorce ;
> Autrement avoir ne sçavoye
> Ce dont si grant désir avoye.

En la fin fis tant, vous en dy,
Qu'un peu de graine y espandy ;
Quant j'eus le bouton esloclné,
Ce fut quant dedans l'euz touchié,
Pour les feuillettes revercher ;
Car je vouloye tout chercher
Jusques au fons du boutonnet,
Comme il me semble que bon est :
Si fis lors si mesler les graines
Qu'ilz se desmeslassent à paines,
Et tant que tout le bouton tendre
En fis eslargir et estendre.
Ce fut tout ce que je fortis,
Mais de tant fu-je lors bien fis,
Qu'oncque nul mal gré ne m'en sçeut
Le doulx, qui nul mal n'en consceut :
Ains me consent et seuffre à faire
Ce qu'il sçet qu'il me doye plaire.
Si m'appelle-il de convenant,
Que luy fais grand désavenant,
Et suis trop outrageux, ce dit,
Si n'y met-il nul contredit,
Que je ne praine, et maine, et cueille.
Rosiers, branches, et fleurs et fueille.
Quant en si hault degré me vi,
Que j'eus si noblement chevi,
Que m'esperance n'est pas fable,
Pour ce que bon et aggréable
Fusse vers tous mes bienfaicteurs,
Comme faire doibvent debteurs :
Car moult estoye à eulx tenuz,
Quant par eulx je suis devenus
Si riche, que pour voir affiche,
Richesse n'estoit pas si riche.

Au Dieu d'amours et à Vénus,
Qui m'eurent aidé mieulx que nulz,
Puis à tout les Barons de l'ost,
Lesquelz jamais Dieu ne forclost,
Des secours aux fins amoureux,
Entre les baisiers savoureux
Rendy graces dix foys ou vingt ;
Mais de Raison ne me souvint,
Qui tant gasta en moy de paine,
Maulgré Richesse la villaine,
Qui oncques de Pitié n'usa,
Quant l'entrée me refusa,
Du senteret qu'elle gardoit,
En cestuy pas ne regardoit,
Par où je suis céans venuz,
Repostement les faulx menus.
Malgré mes mortelz ennemis,
Qui tant meurent arriere mis,
Espécialement Jalousie
A tout son chappeau de soussie,
Qui des Amants les roses garde,
Moult en fait ores bonne garde ;
Ains que d'illec me remuasse,
Car bien eus le temps et l'espace.
Par grant joliveté cueilly
Le fleur du beau Rosier fleury.
Ainsi euz la Rose vermeille,
A tant fut jour, et je m'éveille.

Explicit.

C'est fin du Roumant de la Rose
Où l'art d'amours est toute enclose.

Alfred DELVAU.

L'ABENAKI

Pendant les dernières guerres d'Amérique, une troupe de sauvages abenakis défit un détachement anglais; les vaincus ne purent échapper à des ennemis plus légers qu'eux à la course, et acharnés à les poursuivre; ils furent traités avec une barbarie dont il y a peu d'exemples, même dans ces contrées.

Un jeune officier anglais, pressé par deux sauvages qui l'abordaient la hache levée, n'espérait plus se dérober à la mort. Il songeait seulement à vendre chèrement sa vie. Dans le même temps, un vieux sauvage, armé d'un arc, s'approche de lui, et se dispose à le percer d'une flèche; mais après l'avoir ajusté, tout d'un coup il abaisse son arc, et court se jeter entre le jeune officier et les deux barbares qui allaient le massacrer; ceux-ci se retirèrent avec respect.

Le vieillard prit l'Anglais par la main, le rassura par ses caresses, et le conduisit à sa cabane, où il le traita toujours avec une douceur qui ne se démentit jamais; il en fit moins son esclave que son compagnon; il lui apprit la langue des Abenakis et les arts grossiers en usage chez ces peuples. Ils vivaient fort contents l'un de l'autre. Une seule chose donnait de l'inquiétude au jeune Anglais; quelquefois le vieillard fixait les yeux sur lui, et après l'avoir regardé, il laissait tomber des larmes.

Cependant, au retour du printemps, les sauvages reprirent les armes, et se mirent en campagne.

Le vieillard, qui était encore assez robuste pour supporter les fatigues de la guerre, partit avec eux accompagné de son prisonnier.

Les Abenakis firent une marche de deux cents lieues à travers les forêts; enfin ils arrivèrent à une plaine où ils découvrirent un camp anglais. Le vieux sauvage le fit voir au jeune homme en observant sa contenance.

— Voilà tes frères, lui dit-il, les voilà qui nous attendent pour nous combattre. Ecoute, je t'ai sauvé la vie; je t'ai appris à faire un canot, un arc, des flèches, à surprendre l'orignal dans la forêt, à manier la hache, et à enlever la chevelure à l'ennemi. Qu'étais-tu, lorsque je t'ai conduit à ma cabane? Tes mains étaient celles d'un enfant; elles ne servaient ni à te nourrir ni à te défendre; ton âme était dans la nuit, tu ne savais rien, tu me dois tout. Seras-tu assez ingrat pour te réunir à tes frères, et pour lever la hache contre nous?

L'Anglais protesta qu'il aimerait mieux perdre mille fois la vie que de verser le sang d'un Abenaki.

Le sauvage mit les deux mains sur son visage en baissant la tête, et, après avoir été quelque temps dans cette attitude, il regarda le jeune Anglais, et lui dit d'un ton mêlé de tendresse et de douceur :

— As-tu un père?

— Il vivait encore, dit le jeune homme, lorsque j'ai quitté ma patrie.

— Oh! qu'il est malheureux! s'écria le sauvage; et, après un moment de silence, il ajouta : Sais-tu que j'ai été père!... Je ne le suis plus. J'ai vu mon fils tomber dans le combat; il était à mon côté, je l'ai vu mourir en homme; il était couvert de blessures, mon fils, quand il est tombé. Mais je l'ai vengé... Oui, je l'ai vengé.

Il prononça ces mots avec force. Tout son corps tremblait. Il était presque étouffé par des gémissements qu'il ne voulait pas laisser échapper. Ses yeux étaient égarés, ses larmes ne coulaient pas. Il se calma peu à peu, et se tournant vers l'orient, où le soleil allait se lever, il dit au jeune Anglais :

— Vois-tu ce beau ciel resplendissant de lumière? As-tu du plaisir à le regarder?

— Oui, dit l'Anglais, j'ai du plaisir à regarder ce beau ciel.

— Eh bien!... je n'en ai plus, dit le sauvage, en versant un torrent de larmes.

Un moment après, il montre au jeune homme un manglier qui était en fleurs.

— Vois-tu ce bel arbre? lui dit-il. As-tu du plaisir à le regarder?

— Oui, j'ai du plaisir à le regarder.

— Je n'en ai plus, dit le sauvage avec précipitation; et il ajouta tout de suite : Pars, va dans ton pays, afin que ton père ait encore du plaisir à voir le soleil qui se lève, et les fleurs du printemps.

SAINT-LAMBERT.

POÉSIES DU SEIZIÈME SIÈCLE

CHANSON

Charlotte, si ton âme
Se sent or' allumer
De cette douce flamme
Qui nous force d'aimer,
   Allons, contents,
Allons sur la verdure,
Allons tandis que dure
Notre jeune printemps.

Avant que la journée,
De notre âge qui fuit,
Se trouve environnée
Des ombres de la nuit,
   Prenons loisir
De vivre notre vie,
Et sans craindre l'envie,
Donnons-nous du plaisir.

Du soleil la lumière
Vers le soir se déteint,
Puis à l'aube première
Elle reprend son teint ;
   Mais notre jour,
Quand une fois il tombe,
Demeure sous la tombe,
Sans espoir de retour.

Et puis les ombres saintes,
Hôtesses de là-bas,
Ne démènent qu'en feintes
Leurs amoureux ébats ;
   Entre elles plus
Amour n'a de puissance,
Et plus n'ont connaissance
Des plaisirs de Vénus.

Mais, lâchement couchées
Sous les myrtes pressés,
Elles pleurent, fâchées,
Leurs âges mal passés ;
   Se lamentant
Que, n'ayant plus de vie,
Encore cette envie
Les aille tourmentant.

En vain elles désirent
De quitter leur séjour,
En vain elles soupirent
De revoir notre jour ;
   Jamais un mort
Ayant passé le fleuve,
Qui les ombres abreuve,
Ne revoit notre bord.

Aimons donc à notre aise ;
Baisons-nous bien et beau,
Puisque plus on ne baise
Là-bas dans le tombeau.
   Sentons nous pas
Comme jà la jeunesse,
Des plaisirs larronnesse,
Fuit de nous à grands pas ?

Çà, finette affinée,
Çà, trompons le destin,
Qui clôt notre journée
Souvent dès le matin,
   Allons, contents,
Fouler cette verdure,
Allons, tandis que dure
Notre jeune printemps.

          Gilles DURANT.

ÉLÉGIE

Le plus grand bien qui soit en amitié
Après le don d'amoureuse pitié,
Est s'entre-écrire, ou se dire de bouche,
Soit bien, soit deuil, tout ce qui au cœur touche.
Car si c'est deuil, on s'entre-réconforte ;
Et si c'est bien, chacun sa part emporte.
Pourtant je veux (ma mie et mon désir)
Que vous ayez votre part d'un plaisir
Qui, en dormant, l'autre nuit me survint.

Advis me fut que vers moi tout seul vint
Le dieu d'amours, aussi clair qu'une étoile,
Le corps tout nu, sans drap, linge ni toile :
Et si avait, afin que l'entendez,
Son arc alors, et ses yeux débandés,
Et en sa main celui trait bienheureux,
Lequel nous fait l'un de l'autre amoureux.

En ordre tel s'approche, et me va dire :
Loyal amant, ce que ton cœur désire
Est assuré : celle qui est tant tienne
Ne t'a rien dit (pour vrai) qu'elle ne tienne
Et, qui plus est, tu es en tel crédit,
Qu'elle a foi ferme en ce que lui as dit.

Ainsi Amour parlait, et en parlant
M'assura fort. Adonc en ébranlant
Ses ailes d'or en l'air s'en est volé ;
Et au réveil je fus tant consolé,
Qu'il me sembla que du plus haut des cieux,
Dieu m'envoya ce propos gracieux.

Lors prit la plume, et par écrit fut mis
Ce songe mien que je vous ai transmis,
Vous suppliant, pour me mettre en grand heur,
Ne faire point le dieu d'amours menteur !
Mais, tout ainsi qu'il m'en donne assurance,
En votre dire ayez persévérance :
Croyant aussi que les propos et termes
Que vous ai dit, sont assurés et fermes.

En ce faisant pourrai bien soutenir,
Que songe peut sans mensonge advenir.
Et si dirai la couche bienheureuse,
Où je songeai chose tant amoureuse.

O combien donc heureuse elle sera
Quand ce gent corps dedans reposera !

          Clément MAROT.

STANCES

En quel obscur séjour le ciel m'a-t-il réduit ?
Mes beaux jours sont voilés d'une effroyable nuit ;
Et dans un même instant, comme l'herbe fauchée,
　　Ma jeunesse est séchée.

Mes discours sont changés en funèbres regrets
Et mon âme d'ennuis est si fort éperdue,
Qu'ayant perdu ma dame en ces tristes forêts,
Je crie, et ne sais point ce qu'elle est devenue.

Je vois bien en ce lieu, triste et désespéré,
Du naufrage d'amour ce qui m'est demeuré :
Et, bien que loin d'ici le Destin l'ait guidée,
　　Je m'en forme l'idée.

Je vois dedans ces fleurs les trésors de son teint,
La fierté de son âme en la mer tout émue ;
Tout ce qu'on voit ici vivement me la peint ;
Mais il ne me peint pas ce qu'elle est devenue.

Las ! voici bien l'endroit où premier je la vi,
Où mon cœur, de ses yeux si doucement ravi,
Rejetant tout respect, découvrit à la belle
　　Son amitié fidèle.

Je revois bien le lieu, mais je ne revois pas
La reine de mon cœur, qu'en ce lieu j'ai perdue :
O bois ! ô prés ! ô monts ! ses fidèles états,
Hélas ! répondez-moi, qu'est-elle devenue ?

Durant que son bel œil ces lieux embellissait,
L'agréable printemps sous ses pieds florissant,
Tout riait auprès d'elle ; et la terre parée
　　Etait énamourée.

O bois, ô prés ! ô monts ! ô vous qui la cachez,
Et qui, contre mon gré, l'avez tant retenue,
Si jamais de pitié vous vous vîtes touchés,
Hélas ! répondez-moi, qu'est-elle devenue ?

Fut-il jamais mortel si malheureux que moi ?
Je lis mon infortune en tout ce que je voi ;
Tout figure ma perte ; et le ciel et la terre
　　A l'envi me font guerre.

Le regret du passé cruellement me poingt,
Et rend, l'objet présent, ma douleur plus aiguë.
Mais, las ! mon plus grand mal est de ne savoir point,
Entre tant de malheurs, ce qu'elle est devenue.

Ainsi de toutes parts je me sens assaillir ;
Et voyant que l'espoir commence à me faillir,
Ma douleur me rengrege, et mon cruel martyre
　　S'augmente et devient pire.

Et si quelque plaisir s'offre devant mes yeux,
Qui pense consoler ma raison abattue,
Il m'afflige ; et le ciel me serait odieux,
Si là-haut j'ignorais ce qu'elle est devenue.

Plaisirs sitôt perdus, hélas ! où êtes-vous ?
Et vous, chers entretiens, qui me sembliez si doux,
Où êtes-vous allés ? hé ! où s'est retirée
　　Ma belle Cythérée ?

Ha ! triste souvenir d'un bien sitôt passé !
Las ! pourquoi ne la vois-je ! ou pourquoi l'ai-je vue ?
Ou pourquoi mon esprit, d'angoisses oppressé,
Ne peut-il découvrir ce qu'elle est devenue ?

En vain, hélas ! en vain la vas-tu dépeignant,
Pour flatter ma douleur, si le regret poignant
De m'en voir séparé d'autant plus me tourmente,
　　Qu'on me la représente.

Seulement au sommeil j'ai du contentement,
Qui la fait voir présente à mes yeux toute nue,
Et chatouille mon mal d'un faux ressentiment ;
Mais il ne me dit pas ce qu'elle est devenue.
Il la faut oublier !... ah dieux ! je ne le puis.

L'oubli n'efface point les amoureux ennuis
Que ce cruel tyran a gravés dans mon âme
　　En des lettres de flamme.

Il me faut par la mort finir tant de douleurs.
Ayons donc à ce point l'âme bien résolue ;
Et finissant nos jours, finissons nos malheurs,
Puisqu'on ne peut savoir ce qu'elle est devenue.

Adieu donc, clairs soleils, si divins et si beaux ;
Adieu l'honneur sacré des forêts et des eaux ;
Adieu monts, adieu prés, adieu campagne verte,
　　De ses beautés déserte.

Las ! recevez mon âme en ce dernier adieu.
Puisque de mon malheur ma fortune est vaincue,
Misérable amoureux, je vais quitter ce lieu,
Pour savoir aux enfers ce qu'elle est devenue.

Ainsi dit Amiante, alors que de sa voix
Il entama les cœurs des rochers et des bois,
Pleurant et soupirant la perte d'Yacée,
　　L'objet de sa pensée.

Afin de la trouver, il s'encourt au trépas.
Et comme sa vigueur peu à peu diminue,
Son ombre pleure, crie, en descendant là-bas :
Esprits, hé ! dites-moi, qu'est-elle devenue ?

　　　　　　　　　　　Mathurin RÉGNIER.

LE PREMIER JOUR DE MAI

Laissons le lit et le sommeil,
　　Cette journée :
Pour nous l'aurore au front vermeil
　　Est déjà née.
Or' que le ciel est le plus gai,
En ce gracieux mois de mai,
　　Aimons, mignonne,
Contentons notre ardent désir :
En ce monde n'a du plaisir
　　Qui ne s'en donne.

Viens, belle, viens te promener
　　Dans ce bocage ;
Entends les oiseaux jargonner
　　De leur ramage.
Mais écoute comme sur tous
Le rossignol est le plus doux,
　　Sans qu'il se lasse.
Oublions tout deuil, tout ennui,
Pour nous réjouir comme lui :
　　Le temps se passe.

Ce vieillard, contraire aux amants,
　　Des ailes porte,
Et, en fuyant, nos meilleurs ans
　　Bien loin emporte.
Quand ridée un jour tu seras,
Mélancolique tu diras :
　　J'étais peu sage,
Qui n'usais point de la beauté
Que sitôt le temps a ôté
　　De mon visage.

Laissons ce regret et ce pleur
　　A la vieillesse ;
Jeunes, il faut cueillir la fleur
　　De la jeunesse.
Or' que le ciel est le plus gai,
En ce gracieux mois de mai,
　　Aimons, mignonne,
Contentons notre ardent désir :
En ce monde n'a du plaisir
　　Qui ne s'en donne.

　　　　　　　　　　　Jean PASSERAT.

TRISTAN DE LÉONOIS

CHAPITRE PREMIER.

Comme Isabelle, femme de Méliadus, roi du Léonois, accoucha, dans une forêt, d'un beau garçon que son écuyer et sa demoiselle d'honneur furent un peu empêchés de nourrir. Comme, à ce propos, intervint le célèbre enchanteur Merlin.

Méliadus, roi du Léonois, en Armorique, avait épousé Isabelle, fille de Félix, roi de Cornouailles, et sœur de Marc, fils aîné de Félix, qui succédait, peu de temps après, à son père. Il vivait heureux, aussi heureux qu'un roi peut l'être, lorsqu'enfin Isabelle devint grosse.

Méliadus aimait Isabelle, mais Isabelle aimait plus encore Méliadus, et, à cause de cela, ce fut un immense bonheur pour elle de sentir remuer dans ses entrailles une petite créature qui allait ainsi devenir un gage de leur mutuel amour.

Malheureusement, quelque temps auparavant, une fée du voisinage, qui avait rencontré Méliadus à la chasse, en était devenue amoureuse, l'avait attiré vers elle par mal engin et nécromancie. Méliadus se laissa enlever et séduire, et oublia complétement, pour ses devoirs d'amant, ses devoirs d'époux et de père.

Isabelle, désespérée de la perte de son mari, partit un matin en quête, avec une de ses demoiselles d'honneur et un de ses écuyers nommé Gouvernail. Ils marchèrent pendant un assez long temps, et la nuit les surprit au fond d'une forêt. Les douleurs de l'enfantement se déclarèrent alors avec une telle intensité, que la malheureuse Isabelle comprit bien que cette vie qu'elle allait donner à une créature humaine, allait lui coûter la sienne. Et, en effet, elle accoucha bientôt d'un beau garçon qu'elle eut à peine le temps d'embrasser. La mort arriva vite.

— Cher fils, murmura Isabelle dans les dernières convulsions de son agonie, je t'ai beaucoup désiré, beaucoup attendu, et je m'en vais sans avoir le temps de t'embrasser et de t'admirer... Tu es beau, cher fils ; jamais entrailles de femme n'eurent un si merveilleux fruit... Hélas! je ne pourrai jouir de ta chère vue : le ciel ne le veut pas... Je meurs du travail que j'ai eu de toi, cruel et bien-aimé enfant... Triste je vins ici, dans cette forêt ; triste j'accouche ; en tristesse je t'ai eu ; triste est la première fête que je te fais ; triste je mourrai pour toi ; par ainsi, cher enfantelet, tu auras nom Tristan...

Quand elle eut dit cela, la pauvre Isabelle baisa une dernière fois cette douce créature, et aussitôt qu'elle l'eut baisé, l'âme lui sortit du corps.

Gouvernail et la demoiselle d'honneur furent très embarrassés de ce fardeau vivant que leur laissait là, sur les bras, la malheureuse Isabelle. Ils en prirent soin néanmoins ; ils le réchauffèrent ; ils l'embrassèrent, mais il leur fut impossible de le nourrir, on le comprend bien. Tristan vagissait et criait de toutes ses forces ; la demoiselle d'honneur pleurait ; Gouvernail appelait à son aide tous les saints du Paradis.

Ce fut l'enchanteur Merlin qui vint à son secours.
— Gouvernail, dit-il en apparaissant tout-à-coup aux yeux du bon écuyer, un peu surpris ; je prends cet enfant sous ma protection et je te le donne à élever et à fortifier dans tous les exercices propres à en faire un robuste et vaillant chevalier... Je le destine à être l'un des trois de la Table Ronde. Tu m'as compris, Gouvernail?...
— Je vous ai compris, puissant magicien!... répondit le bon écuyer.

Merlin disparut pour aller rompre l'enchantement qui retenait Méliadus captif entre les bras d'une fée, et Gouvernail plein de courage prit l'enfant, qui ne criait plus, et l'emporta, suivi de la demoiselle d'honneur, qui ne pleurait plus.

Quand ils revinrent tous trois dans la capitale du Léonois, ils y retrouvèrent le roi Méliadus, à qui ils apprirent la mort d'Isabelle, qu'il regretta sincèrement pendant un bon nombre d'années.

CHAPITRE II

Comme après la mort d'Isabelle Méliadus se remaria avec la fille du roi Houël de Nantes, qui eut bientôt un fils qu'elle empoisonna en croyant empoisonner Tristan. Ce qui résulta de cette tentative. Comme, ensuite, le roi de Cornouailles envoya des chevaliers pour tuer Tristan, que sauva le bon Gouvernail

ouvernail, fidèle à la promesse qu'avait exigée de lui le célèbre enchanteur Merlin, éleva avec soin le fils d'Isabelle ; il l'exerça aux armes, et disposa son âme à l'héroïsme et aux vaillantises des preux.

Tristan avait sept ans, lorsque Méliadus, ennuyé de son long veuvage, se décida à épouser la fille du roi Houël de Nantes, dans la Petite-Bretagne, qui était très belle et très cointe, mais surtout très malicieuse et très habile. Il l'aima d'amour et lui fit un enfant, pour son malheur ; car, aussitôt que la nouvelle reine se sentit mère, elle devint marâtre à l'égard du jeune Tristan, qu'elle conçut le projet d'empoisonner.

Mais les perfidies retournent parfois à leur auteur, et souventes fois les méchants se blessent eux-mêmes en maniant des armes perverses. La nouvelle reine, quoique habile et malicieuse, s'y prit bien pour préparer le poison, et mal pour présenter la coupe qui le contenait : il était destiné à Tristan, ce fut son propre fils qui le but et qui en mourut.

A quelque temps de là, elle essaya une seconde fois de consommer son crime. Cette fois encore, elle échoua. Méliadus était présent ; il la vit, pâle et tremblante, porter d'elle-même aux lèvres de Tristan une coupe dans lequel il crut reconnaître du poison : il lui arrêta le bras et s'assura qu'il ne s'était pas trompé. C'était bien du poison.

Méliadus oublia qu'il avait aimé d'amour cette méchante reine ; il ne se souvint en ce moment que d'Isabelle et du fils qu'elle lui avait légué : il fit incontinent assembler tous ses barons, et, de leur avis, condamna sa seconde épouse au feu.

Le jeune Tristan était présent. Il se jeta alors aux pieds de Méliadus et lui dit :
— Sire, mon noble père, pour la première fois de ma vie je requiers un don de votre bonté, si toutefois vous m'en croyez digne...
— Je n'ai qu'à me louer de vous, mon cher fils, et comme je suis convaincu que vous ne pouvez vouloir qu'une chose équitable et honorable, je vous accorde le don que vous requérez, quel qu'il soit.
— Eh bien ! Sire mon père, ce don, c'est la grâce pleine et entière de la reine, votre femme et ma mère...

Le roi se récria d'abord, en songeant à l'énormité du crime de la reine ; puis il réfléchit qu'il avait donné sa parole et ne pouvait ainsi la dégager : il pardonna. La reine eut la vie sauve, mais, de ce moment, Méliadus ne voulut plus avoir aucun commerce avec elle. L'amour était parti, ainsi que l'estime.

Un an après, Méliadus et Tristan chassaient, en compagnie de quelques chevaliers et du bon écuyer Gouvernail, dans une forêt voisine du Léonois. Ils firent rencontre d'un groupe de chevaliers armés jusqu'aux dents, venus là dans de très mauvaises intentions. Un Nain habile dans l'art de divination, avait prédit tout récemment à Marc, roi de Cornouailles, qu'il serait détrôné et supprimé par son neveu Tristan, le fils de sa sœur Isabelle : Marc avait lors juré la mort de Tristan. C'était pour cela que se trouvaient embusqués des chevaliers sur le passage du roi du Léonois et de son fils.

La lutte ne fut pas longue. Méliadus fut désarmé et assassiné en voulant défendre son fils que, fort heureusement, le bon Gouvernail parvint à enlever à temps. Les émissaires du roi de Cornouailles, déçus dans leur espoir, battirent la forêt dans tous les sens pour retrouver trace du jeune Tristan ; mais ce fut en vain : Tristan et Gouvernail avaient pu regagner sans encombre le palais, leur abri.

Méliadus mort, la reine devenant naturellement régente du Léonois, le bon écuyer, qui se remémorait toujours la promesse qu'il avait faite à l'enchanteur Merlin, songea à dérober Tristan à la vengeance que ne pouvait manquer d'exercer sur lui la seconde femme de Méliadus. Il l'enleva donc un soir, bien secrètement, et le conduisit à la cour du roi des Gaules.

CHAPITRE III

Comme, une fois à la cour du roi des Gaules, Tristan devint l'objet de l'attention amoureuse de Bélinde, fille de ce roi ; et du bannissement qui en fut la conséquence.

Tristan devint, dans cette cour, très promptement expert en toutes sortes de sciences et de doctrines, mêmement aux jeux de tables et d'échecs. Ce fut bientôt le plus beau et le plus vigoureux varlet de son âge ; à ce point beau, que Bélinde, fille du roi, ne put le voir sans l'aimer et sans chercher des occasions de le lui dire.

Toute fille de roi qu'elle était, Bélinde était femme : elle trouva l'occasion qu'elle couvait avec habileté depuis quelque temps. Tristan se promenait un jour dans le jardin du palais. Il vit tout-à-coup sortir d'une charmille une gente fille de seize ans qui vint se jeter dans ses bras en le couvrant de baisers brûlants comme braise : c'était Bélinde !

— Tristan ! Tristan ! Je t'aime !... lui dit la princesse entre deux baisers.

Tristan fut bien ému, bien touché, bien tenté. Cette jeune fille, belle et fraîche comme une matinée de mai, cette appétissante princesse qui se jetait ainsi à son cou, dans un jardin, à côté de bouquets de fleurs moins odorantes qu'elle, tout cela était bien fait pour tenter un saint : Tristan résista vertueusement. Il se ressouvint à temps des leçons et des conseils du sage Gouvernail, qui n'avait pas pour rien une tête chenue, et qui, s'étant aperçu des fines menées de Bélinde, en avait averti Tristan, en lui faisant comprendre que les lois de l'honneur ne lui permettaient pas de honnir et villener la maison et la famille du grand roi, son hôte.

Au moment où Tristan se débattait contre lui-même et contre Bélinde, au moment où il allait peut-être succomber à cette irrésistible tentation de la jeunesse, quelques personnes du palais vinrent à passer par hasard. Bélinde, surprise, cria au secours, en disant que Tristan voulait lui faire violence. On se saisit alors du fils d'Isabelle et de Méliadus, et on le conduisit incontinent devant le roi.

Le roi écouta avec attention le récit que les témoins de cet attentat lui en firent, ainsi que la déclaration un peu embarrassée de sa fille. Mais, en face de l'attitude honnête du jeune Tristan, de son maintien digne et de son regard limpide comme l'eau d'une source, qui permettait, pour ainsi dire, de lire jusqu'au fond de son âme, le roi se refusa à le croire aussi coupable qu'on le faisait. Au lieu donc de le rabrouer et de le honnir, il tira son épée hors du fourreau, et la présenta à Bélinde en disant :

— C'est vous qu'il a offensée, ma chère fille, c'est à vous qu'il appartient de le punir... Un pareil attentat veut un châtiment prompt comme lui... Il a blessé votre honneur : percez-lui le cœur !...

Bélinde, éperdue, toute en larmes, se précipita alors aux genoux de son père, lui rendit son épée, et lui répondit à travers ses sanglots :

— Mon père, mon père, je me repens... J'ai agi vilainement en accusant Tristan... Il n'est coupable de rien que d'indifférence... Je vous conjure de lui pardonner et de me percer vous-même ce cœur malheureux que je lui ai donné et qu'il a refusé d'accepter !...

Le roi sourit, releva sa fille et l'attira dans ses bras, en essayant de la consoler. Mais Bélinde était inconsolable. Elle ne voulait rien au monde que le cœur de Tristan, et c'était précisément la seule chose que son père refusait de lui donner !... Tristan était certes un varlet de belle venue et de grâce parfaite ; il avait, certes, toutes les conditions requises pour tourner la tête et le cœur des femmes, qui tournent assez volontiers du reste ; mais la grande nuisance qu'il y avait à dire, aux yeux du roi, moins accessibles à la séduction que les yeux de sa fille, c'est qu'on ignorait la naissance de Tristan. Il pouvait être aussi bien de haut parentage comme de basse lignée : dans le doute, le roi des Gaules crut prudent de le bannir de sa cour.

CHAPITRE IV

Du départ de Tristan pour la cour du roi de Cornouailles, et de la mort de Bélinde. Lettre que cette malheureuse princesse écrivit avant de mourir à son amant, et du brachet qu'elle lui envoya en souvenir d'elle.

Revenir à la cour du Léonois, en Armorique, cela n'était pas possible, à cause de la rancune implacable de la veuve de Méliadus. Rester à la cour du roi des Gaules était moins possible encore, à cause du bannissement formel qui avait suivi le prétendu attentat de Tristan. Il fallait cependant aller quelque part : le sage Gouvernail songea à conduire le protégé de l'enchanteur Merlin à la cour du roi de Cornouailles, avec lequel il avait ménagé sa réconciliation, malgré l'horreur du crime qu'il avait commis en faisant assassiner Méliadus par ses chevaliers. Le roi Marc n'était pas, d'ailleurs, un méchant homme, ce meurtre à part. Il n'avait obéi qu'à un sentiment bien naturel de conservation ; mais on lui avait fait bientôt comprendre le peu de fiance qu'il devait avoir dans le Prophète-Nain, et il n'avait pas hésité à appeler auprès de lui son neveu.

Gouvernail fit donc les préparatifs du départ le plus diligemment qu'il lui fut possible, dans la crainte de nouvelles tentatives de la part de Bélinde, et d'une répression plus sévère de la part du roi des

Gaules. Ce qu'est l'amour chez un jeune homme, on le sait bien ; ce qu'est l'amour chez une jeune fille, on l'ignore. Les éruptions des volcans surprennent toujours.

Hélas! la pauvre enfant ne songeait pas à mal. Elle se mourait de son amour ; ce qui fait vivre les autres, la tuait. Tristan parti, qu'avait-elle à faire, sinon à mourir, puisqu'elle l'aimait et que son père ne voulait pas le lui donner pour époux?...

Bélinde, accablée de remords, désespérée de se voir pour longtemps, pour toujours peut-être, séparée de l'homme qu'elle adorait, songea à terminer ses malheurs en terminant sa vie. Elle déroba l'épée de son père, cette épée avec laquelle on avait voulu un instant qu'elle perçât le cœur de son amant, et elle s'apprêta à la plonger dans son sein. Mais, avant de mourir, elle voulut se donner le douloureux bonheur d'écrire à Tristan ses dernières pensées, afin de lui prouver qu'il avait eu les derniers battements de son cœur.

Voici sa lettre dans toute sa naïveté :

« Ami Tristan, aimé de si bon cœur, sans faus-
« seté aucune, Dieu vous garde et protége !... Que
« prouesse vous croisse, et bonté vous soit amie !...
« Que joie et déduit, honneur et bonnes aventures
« vous fassent compagnie, où que vous soyez !...
« Que grandeur, gloire et vaillance soient en vous!...
« Puissiez-vous en joie et en liesse user votre belle
« vie !... Que le bruit de votre renom de chevalerie
« coure par toute la terre !... Qu'aucun des plus
« hardis et vaillants parmi les chevaliers ne soit crié
« jamais aussi vaillant et aussi hardi que vous, ô
« ami Tristan !... Dieu, qui toujours règnera, vous
« doit et vous procurera meilleure fin que je n'ai, et
« plus joyeuse, car, pour mes premières amours, je
« finirai par angoisses de mort... Mais rien ne peut
« me consoler, ô doux ami, sinon que je mourrai
« de cette même épée dont mon père voulait me
« forcer à vous percer le cœur... Et quand je me
« remémore, doux ami, comment je vous ôtai de
« mort, ne puis vous aimer plus fort... Je prie
« Dieu qu'il ne vous laisse pas mourir avant que
« vous sachiez comment l'amour maîtrise les cœurs
« des vrais amants, et comment meurent ceux qui
« d'amour meurent et qui, de leur amour, ne peu-
« vent trouver merci... Amour !... Je meurs pour
« vous, doux ami Tristan, dont j'aurais tant souhaité
« d'être aimée... Et comme vous êtes éloigné de
« moi, et que vous ne pourrez assister à ma mort,
« je vous envoie ces lettres écrites de ma main, ainsi
« que mon chien brachet, que je vous supplie de
« garder pour l'amour de moi : c'est un des meil-
« leurs brachets du monde, et c'est parce qu'il est
« bon que je vous l'envoie... Adieu, ô mon doux
« ami, adieu !... »

Le sang de Bélinde avait effacé le reste de la lettre.

Tristan, vivement touché de cette malheureuse fin pour laquelle il lui semblait que Bélinde n'était pas faite, versa des larmes sincères et abondantes qui durent consoler l'ombre de cette intéressante désolée. Il mit sa lettre de mort sur son cœur, et le brachet qu'elle lui avait légué lui devint de ce moment si cher, qu'il s'attacha à jamais par ses caresses.

CHAPITRE V

Comme Tristan fut armé chevalier par son oncle et demanda à combattre le Morhoult d'Irlande, pour délivrer du tribut le royaume de Cornouailles.

Une fois à la cour du roi Marc, son oncle, Tristan eut pour unique occupation de se rendre expert en armes et en chevalerie, et de parfaire, par des exercices continuels, l'adresse et la vigueur de son corps. Les occasions ne lui manquèrent pas, non plus, pour faire admirer par les hommes sa force et son habileté, par les femmes sa courtoisie et sa beauté.

Un jour le Morhoult d'Irlande, frère de la reine de ce pays, et un des plus renommés chevaliers de la Table Ronde, arriva en Cornouailles, avec une suite nombreuse, pour demander le tribut au roi Marc.

Marc fut très embarrassé. D'un côté, il ne pouvait payer ce tribut arbitraire; de l'autre côté, pour ne pas le payer, il fallait trouver un chevalier assez hardi et assez fort pour combattre le Morhoult, l'ennemi le plus redoutable du monde. Pas d'argent, pas de chevaliers!

Tristan, qui avait pris conseil du bon Gouvernail, après l'avoir pris de son propre courage, courut se jeter aux pieds du roi pour le tirer d'embarras et lui fournir le second moyen de ne pas payer le tribut au Morhoult.

— Sire, lui dit-il avec cette noble véhémence que donnent la vaillance et le désir de la gloire ; Sire, je viens vous supplier de m'armer chevalier, si toutefois vous m'en croyez digne, et si vous trouvez que, jusqu'à ce moment, mes services vous ont été agréables.

— Oui-dà, beau neveu, répondit Marc, je n'ai qu'à me louer de vous, et je vous accorderai bien volontiers l'ordre de chevalerie dont vous êtes certainement très digne... Mais il me fâche maintenant que cette importante cérémonie ne puisse se faire en plus grande liesse et en plus grand festoiement, à cause du tribut que les gens d'Irlande viennent nous demander...

— Sire, reprit Tristan, c'est précisément à cause de cela que je viens, moi, vous supplier de m'armer chevalier... Je sollicierai ensuite de vous la faveur de combattre le Morhoult.

— Bien dit, beau neveu! J'aime à vous voir ces belliqueuses ardeurs?... Vous êtes d'un bon sang et d'une noble race!... Mais, quoique je sois touché, comme il convient, de cette marque de dévoûment à ma personne, je dois réfléchir avant de me prononcer définitivement; car vous êtes jeune, ami Tristan, et mal pourrait vous en prendre d'oser lutter avec le Morhoult, jusqu'ici invaincu... Bien que le tribut qu'il exige soit cruel et déshonorant, je n'ai pas le droit de m'y soustraire au prix de votre vie...

Le roi Marc parlait d'or. Ces sentiments-là étaient un peu différents de ceux qui l'avaient poussé à faire assassiner son neveu, il faut en convenir; mais la raison avait parlé depuis dans son esprit, et la tendresse dans son cœur, nous l'avons dit plus haut. Au fond, le roi Marc était un bonhomme.

Ce fut donc à regret qu'il accorda à Tristan ce

qu'il lui demandait, après lui avoir donné l'accolade, chaussé les éperons et l'avoir armé chevalier. Il n'y avait pas d'autre moyen de ne pas payer le tribut!...

Le lendemain donc, en présence de toute sa cour et des chevaliers d'Irlande, le roi Marc présenta son neveu comme le champion du royaume de Cornouailles contre le Morhoult et le tribut.

— Qui donc êtes-vous? demandèrent les chevaliers de la suite du Morhoult, en s'adressant au jeune Tristan, calme et modeste devant eux. Qui donc êtes-vous pour oser vous mesurer avec un si puissant prince?...

— Je suis fils et neveu de roi, répondit tranquillement Tristan. Méliadus fut mon père; le roi Marc est mon oncle. Ces titres-là sont-ils suffisants?...

Les chevaliers d'Irlande furent forcés d'admirer cette vaillance et cette beauté qui brillaient sur le visage et dans l'attitude du jeune prince. Le roi Marc l'embrassa avec attendrissement. Le Morhoult accepta alors le défi, donna son gage de bataille, et l'on décida que le combat se ferait dans l'île Sanson, où chaque parti conduirait son chevalier et le laisserait seul.

Le jour fixé arrivé, le combat s'engagea avec une furie remarquable de part et d'autre. Ce n'était pas le premier exploit du Morhoult, toujours vainqueur jusque-là dans ces sortes de rencontres. Il avait eu des adversaires formidables, auxquels il avait fait mordre la poussière, et il lui déplaisait d'avoir affaire à si chétif et si jeune ennemi dans la personne de Tristan. De là sa colère, de là la furie de son attaque.

Tristan combattait pour la première fois. Il avait reçu l'accolade de son oncle, et Gouvernail l'avait embrassé au nom de sa mère et de son père. Il se sentait fort et il se croyait invincible. De là son audace et son impétuosité.

Cependant, contre toute attente, le combat fut long et opiniâtre. Enfin, Tristan, quoique grièvement blessé, parvint à fendre la tête au Morhoult qui, demi mort et du coup et de honte, jeta son épée et se mit à fuir. Un peu après, il se rembarquait et son vaisseau faisait voile vers l'Irlande, où il voulait pouvoir mourir.

Le royaume de Cornouailles était pour toujours délivré du tribut.

CHAPITRE VI

Comme Tristan, pour se guérir de la blessure que lui avait faite la lance empoisonnée du Morhoult, partit pour le pays de Logres. De la tempête qui battit son vaisseau, et comme il échoua sur le rivage du royaume d'Irlande, où il reçut des soins du roi Argius et de sa fille Yseult.

Mais cette victoire avait coûté cher au jeune Tristan. Affaibli par le sang qu'il perdait, par suite du dernier coup de lance du Morhoult, il s'était évanoui sur le sable de la lice qu'il avait abondamment rougi. On vola à son secours, on le ramena en triomphe, on le proclama sauveur du pays de Cornouailles, et, cela fait, on s'occupa de panser ses plaies.

C'est par là qu'on eût dû commencer, car si quelques-unes étaient légères, il n'en était pas de même de la dernière. La lance du Morhoult avait déchiré les chairs et était entrée très avant dans le flanc du courageux chevalier, et cette lance était empoisonnée!...

On comprend tout ce que dut souffrir Tristan, qui souffrait pour la première fois de sa vie. La blessure que lui avait faite la lance empoisonnée du Morhoult était mortelle, ou à peu près. Loin de céder aux remèdes énergiques qu'on employa pour la guérir, elle ne fit au contraire que s'envenimer, et, au bout de quelques jours, les médecins du roi Marc, jetant leur langue aux chiens, déclarèrent solennellement que l'état du jeune Tristan était désespéré.

Il était d'un usage commun, en ces temps-là, que les dames et demoiselles du plus haut parage apprissent un peu de médecine et un peu de chirurgie, afin de pouvoir se rendre, à l'occasion, utiles à leurs pères, à leurs maris ou à leurs amants qui couraient, à tous moments, le danger d'être blessés dans les combats, dans les tournois et dans les joutes. Une demoiselle de la cour du roi Marc, prenant en pitié l'état de Tristan et jugeant qu'il était en danger de mourir, s'il restait plus longtemps sans efficaces secours, lui conseilla d'aller chercher sa guérison dans le pays de Logres.

Il n'y avait pas à hésiter : Tristan demanda à son oncle la permission de s'absenter, et, cette permission octroyée, il s'embarqua. Quinze jours durant, le navire qu'il montait fut battu des vents furieux qui le jetèrent enfin sur les côtes d'Irlande, comme une épave humaine.

Il débarqua donc où il put, et, comme le cœur lui réjouissait de ce que Dieu l'avait mis hors du péril de la mer, il éprouva le besoin de l'en remercier. Lors il prit sa harpe, l'accorda, et commença à jouer si doucement, si harmonieusement, que ceux qui l'entendirent en furent incontinent charmés.

Argius, roi d'Irlande, et la belle Yseult, sa fille, étaient précisément à une fenêtre de leur palais qui avait vue sur la mer. Les sons de la harpe les surprirent d'abord, peu habitués qu'ils étaient sans doute à cet instrument manié d'une si savante façon ; puis, à mesure que Tristan jouait, leur surprise se changea en admiration. Le roi descendit aussitôt pour savoir quel mortel pouvait tirer d'un instrument ordinaire des sons aussi extraordinaires, et il se trouva en présence d'un chevalier blessé qui le salua bien poliment en lui disant qu'il venait d'échouer sur ce rivage et qu'il remerciait le ciel de l'avoir préservé de mort.

Le roi fit transporter Tristan dans son palais et le présenta à sa fille, en lui disant :

— Chère fille, voilà l'auteur de cette tant douce et tant plaisante harmonie qui vient de nous réjouir si fortement les oreilles et l'âme... Il est blessé, comme vous voyez... Je vous le recommande donc, à vous qui êtes si habile dans l'art de guérir.

Tristan était jeune et beau, nous l'avons dit ; et ce n'était pas pour rien que l'infortunée Bélinde s'était enamourée de lui. Ce fut la première chose que constata Yseult, la plus charmante princesse qui fût lors dans l'univers. La seconde chose qu'elle constata ce fut qu'il était dangereusement blessé. A ce double titre, elle s'empressa de lui prodiguer les soins les plus intelligents et les plus affectueux.

Ce n'est pas impunément qu'une jeune fille se fait la garde-malade d'un jeune homme. Tristan, doublement intéressant, comme chevalier blessé et comme aimable chevalier, produisit une double impression sur le cœur virginal de la jeune Yseult, qui n'en produisit pas une moindre sur le cœur non moins virginal du jeune Tristan. A partir de ce moment ils commencèrent à s'admirer, et l'on sait que l'admiration mutuelle, dans la bonne et vieille acception du mot, est le synonyme de l'amour.

CHAPITRE VII

Du tournoi qui eut lieu à la cour du roi Argius et de la victoire qu'y remporta Tristan, quoique blessé, sur le prince Palamèdes, son rival auprès d'Yseult. De la curiosité d'une dame d'honneur de la reine et des conséquences fâcheuses qu'elle eut pour le bonheur de Tristan, qui fut forcé de partir et d'abandonner la princesse, sa mie.

Pendant ce temps, plusieurs chevaliers de la Table Ronde et quelques autres organisèrent un tournoi. Un prince sarrasin, nommé Palamèdes, obtint l'avantage du premier jour ; on le conduisit à la cour d'Argius ; on lui donna une fête où Tristan, un peu remis de la blessure du Morhoult, se fit porter pour être témoin de ce qui s'y passerait. Il savait que la belle Yseult devait y paraître !

La jeune princesse y parut, en effet, dans tout l'éclat de sa beauté dont furent éblouis les chevaliers, chenus ou verdelets, attirés à ce tournoi par l'attrait qu'avaient toujours ces sortes de fêtes, à cette époque essentiellement batailleuse. Parmi eux, plus qu'eux tous, Palamèdes fut ébloui. De là à une déclaration de cet éblouissement à celle qui l'avait causé, il n'y avait qu'un pas : Palamèdes le fit, il avoua à Yseult un amour qui ne devait jamais être que malheureux. Tristan, qui ne perdait pas un seul instant de vue l'adorable fille du roi Argius, fut témoin de cette déclaration formulée très clairement par la pantomime expressive de Palamèdes, et, croyant voir en ce chevalier sarrasin un rival dangereux, il ressentit une douleur profonde, qui n'était autre chose qu'une profonde jalousie. Si, jusque-là, il ne s'était pas dit que, lui aussi, il aimait Yseult, ce mouvement de son âme lui fit connaître à quel point Yseult lui était déjà chère.

Le tournoi devait recommencer le lendemain. Tristan, tout blessé qu'il était, se leva dans la nuit, se couvrit de ses armes et alla se cacher dans une forêt voisine du lieu du combat. Les chevaliers arrivèrent, la cour prit place dans la loge disposée au meilleur endroit de la lice, et le tournoi commença. Tristan apparut alors comme un ouragan, se mit sur les rangs, renversa tout ce qui fit mine de lui résister et s'attaqua enfin à Palamèdes qui bientôt mordit la poussière. Ce prince sarrasin voulut se relever, et, après s'être si mal servi de sa lance, mieux servir de son épée : il ne fut pas plus heureux. Tristan y allait avec une telle fougue que, ce jour-là, il devait vaincre les plus forts et faire reculer les plus courageux : il remporta le prix du tournoi.

Mais, pendant la lutte, sa vieille blessure s'était rouverte : au moment où on le couronnait il perdit à flots son généreux sang. On fut forcé de l'emporter dans ce pitoyable état. Si quelqu'un souffrit en ce moment, ce fut bien Yseult qui croyait déjà Tristan mort...

Cette fois, il s'agissait de le guérir sérieusement. La belle princesse alla elle-même cueillir certaines herbes salutaires, les prépara avec un soin minutieux et en composa un dictame précieux destiné à neutraliser pour jamais l'effet désastreux du poison versé dans le sang de Tristan par la lance du Morhoult. Elle fit si bien, cette jeune enchanteresse, qu'au bout d'un mois le neveu du roi Marc était complètement guéri.

Le jour où elle lui apprit cette bonne nouvelle, en pâlissant un peu, car elle pensait qu'une fois guéri ce chevalier étranger repartirait pour les pays lointains d'où il était venu ; ce jour-là, Tristan devait lui apprendre, à son tour, une autre bonne nouvelle destinée à la faire rougir un peu.

— Aimable Yseult, dit Tristan en se précipitant à ses genoux avec l'enthousiasme d'un homme bien portant, ce que vous avez fait lie à jamais mon sort au vôtre... Vous m'avez sauvé la vie : elle vous appartient. Faites-en ce que vous voudrez... Ne voyez plus en moi que votre esclave, qui sera heureux de mourir sur un signe de votre belle main ou sur un mot de votre belle bouche...

— Chevalier, répondit Yseult, les yeux baissés, et avec une sorte de confusion, réelle ou seulement apparente ; chevalier, vous estimez à trop haut prix le chétif service que je vous ai rendu... Le devoir des femmes est de guérir ceux qui souffrent... Mes modestes connaissances m'ont permis de vous rendre à la santé : j'en suis heureuse... Mais vous ne me devez pas d'aussi ardents remercîments... J'en eusse fait autant pour tout autre que pour vous...

Yseult ne disait pas l'exacte vérité : elle n'en eût pas fait autant pour le prince Palamèdes, par exemple, si le prince Palamèdes avait été mortellement blessé par Tristan. D'où venait cette différence ? Yseult aimait Tristan, comme Tristan aimait Yseult ; voilà tout.

Quant à son nom et à son histoire, le neveu du roi de Cornouailles crut devoir les lui cacher, pour le moment, par prudence. N'était-il pas, en effet, à la cour du roi d'Irlande, et n'avait-il pas tué le Morhoult de cette contrée ?

Quelques jours après l'aveu que Tristan avait fait à Yseult, une gente pucelle de la suite de la reine entra par mégarde, ou par curiosité, dans le cabinet où les armes du brave Tristan formaient panoplie. Elle les examina attentivement l'une après l'autre, et, quand elle arriva à l'épée, elle y constata une brèche considérable qui lui donna à réfléchir. Les femmes ne réfléchissent pas beaucoup, d'ordinaire, de peur de se fatiguer et, par suite, de s'enlaidir. Cette jeune fille ne craignit pas de manquer aux habitudes de son sexe : elle réfléchit beaucoup. Sa conclusion fut que cette épée-là avait servi à ôter la vie au Morhoult.

Elle courut alors chez la reine qui avait précieusement gardé dans un étui le fragment d'acier qu'on avait extrait de la tête de son frère, après sa mort. La reine prit ce fragment, le rapprocha de la brèche faite à l'épée de Tristan et vit qu'il s'y adaptait à merveille.

— L'homme à qui appartient cette épée a tué mon frère! s'écria-t-elle, en proie à la plus grande douleur.

— Il faut en avertir le roi Argius, répondit la suivante dont la curiosité fatale avait amené cette révélation.

La reine suivit ce conseil : elle alla porter ses cris et sa douleur au roi, qui s'assura de la vérité par ses propres yeux.

Argius réunit incontinent sa cour, dames et barons, et envoya quérir le jeune chevalier à qui appartenait cette redoutable épée ébréchée sur un crâne humain.

— Chevalier, lui dit-il, cette épée est bien vôtre, n'est-ce pas?

— Elle est mienne en effet, Sire, répondit Tristan étonné de voir son épée là.

— Comment alors avez-vous osé vous présenter à ma cour, après avoir méchamment mis à mort mon vaillant beau-frère, le Morhoult d'Irlande?...

Tristan ne put s'empêcher de rougir jusqu'aux oreilles, ainsi interrogé et accusé devant tout le monde; et cette rougeur subite le rendit plus charmant encore. Yseult le dévorait des yeux.

— Sire, répondit-il respectueusement, je conviens que cette épée a blessé mortellement le Morhoult d'Irlande, votre très courageux frère; mais je vous atteste solennellement ici que c'est loyalement, dans un combat à armes égales, que j'ai eu le malheur de le tuer. Je ne suis pas venu à votre cour pour vous braver par ma présence... J'étais blessé dangereusement moi-même... On m'avait conseillé de venir dans le pays de Logres pour chercher une guérison douteuse : je me suis embarqué; les vents m'ont été contraires, et j'ai été jeté ici, sur ce rivage, sans savoir où je me trouvais... Vous savez maintenant le reste.

Quand Tristan eut cessé de parler, il se fit un murmure dans l'assemblée, très diversement remuée par cet événement. La reine demandait vengeance pour la mort de son frère ; la belle Yseult frémissait et pâlissait de minute en minute ; mais la majorité de l'assemblée se prononçait ouvertement en faveur d'un chevalier jeune, beau, brave et loyal. La générosité fit taire le courroux dans le cœur du roi d'Irlande.

— Chevalier, dit-il à Tristan, grande est la peine que vous m'avez faite en tuant le Morhoult ; mais grande aussi serait ma peine si je vous condamnais à la mort, bien qu'aux yeux de beaucoup vous l'ayez mérité pour cette action-là... Je vous laisserai donc vivre, pour deux raisons : la première, parce que votre visage respire un parfum d'honnêteté et de courage qui m'attendrit ; la seconde, parce que vous avez été mon hôte. Un homme, quel qu'il soit, nous devient sacré dès qu'il a rompu le pain et mangé le sel avec nous : d'ennemi il nous devient ami, jusqu'au jour où il franchit le seuil de notre demeure.

C'est ainsi que nous entendons les devoirs de l'hospitalité, nous autres, gens du Nord... Il ne sera donc pas touché à un seul cheveu de votre tête jusqu'au jour de votre départ... Mais il convient que ce jour soit proche, et qu'une fois parti vous ne remettiez plus les pieds sur ce sol qui a respecté votre vie quand il pouvait s'arroser de votre sang... Partez donc au plus vite, et surtout, chevalier, ne revenez plus : vous trouveriez la mort, cette fois...

— Sire, grand merci!... se contenta de répondre Tristan, en s'inclinant et en se retirant.

Au moment de disparaître pour toujours, et de monter sur le cheval que le roi lui avait fait bailler, le pauvre garçonnet ne put s'empêcher de regarder une dernière fois la douce et blanche Yseult, qui n'attendait que ce regard pour échanger avec lui sa dernière pensée.

Il fallait partir : Tristan partit, en soupirant beaucoup. Mais il ne partit pas seul. Brangien, jeune dame d'honneur d'Yseult connaissait les plus secrètes pensées de sa belle maîtresse : elle connaissait par conséquent l'amour qu'elle avait pour le vainqueur du Morhoult et la douleur que lui causait son départ précipité. Elle crut lui être agréable en faisant secrètement partir ses deux frères pour servir d'écuyers à Tristan. Et elle fit bien, la bonne Brangien!...

CHAPITRE VIII

Comme Tristan fut forcé de repartir pour obéir à une velléité amoureuse de son oncle. De son arrivée à la cour du roi Artus et de la rencontre qu'il y fit du père de sa chère Yseult.

Yseult pleura, cela va sans dire. Il va sans dire aussi que Tristan regretta sa mie avec toutes les larmes de son cœur. Il regagna le royaume de Cornouailles, complètement guéri de la blessure que lui avait faite la lance empoisonnée du Morhoult, mais non de celle que lui avait faite la beauté sans pareille de la fille du roi d'Irlande. Au moins cette blessure-là avait son charme!...

Une fois qu'il eut embrassé son vaillant neveu, le bon roi Marc exigea de lui un récit fidèle de ses aventures et des moyens employés pour sa miraculeuse guérison. Tristan lui raconta donc comme quoi la brèche faite à son épée par le crâne épais du Morhoult l'avait dénoncé à la cour du roi Argius comme le meurtrier de ce prince, et ce qui avait suivi cette malencontreuse découverte. Il lui peignit ensuite l'adorable Yseult avec cette éloquence, cette exagération involontaire qu'on ne trouve que dans la bouche des amants.

A cet endroit du récit de Tristan, le roi Marc

sourit dans sa barbe grise, et interrompit la narration de son neveu, qui, une fois sur ce chapitre, menaçait de ne pas tarir.
— Beau neveu, lui dit-il, je requiers de toi un don.
— Lequel, cher oncle, demanda Tristan. Quel qu'il soit, mon devoir de sujet et de neveu est de vous l'accorder.
— Jure donc sur les reliques que tu exécuteras fidèlement tout ce que je te requièrerai...
— Je le jure, dit Tristan.
— Eh bien! beau neveu, tu vas te rendre incontinent en Irlande, à la cour du roi Argius, et tu me ramèneras la belle Yseult que je veux faire reine de Cornouailles...

Tristan devait croire sa mort certaine, en osant retourner en Irlande, d'après ce que lui avait déclaré le roi Argius. Mais lié par la foi du serment; plus encore lié par la douce chaîne d'amour, il n'hésita pas un seul instant à obéir à son oncle. Dès le soir même, il s'embarquait pour l'Irlande, après avoir pris, toutefois, la précaution de se couvrir d'autres armes que celles qui lui avaient servi jusque-là.

Une tempête semblable à celle qui avait accueilli son premier voyage, jeta son navire sur les côtes d'Angleterre. Tristan y aborda forcément, ne pouvant aborder ailleurs.

Le roi Artus tenait alors à Cramalot sa cour qu'ornaient les plus valeureux chevaliers; ceux de la Table Ronde, ses compagnons d'armes, et les plus illustres chevaliers du monde, en faisaient les honneurs aux chevaliers étrangers.

Tristan s'y rendit, mais sans se faire connaître. Il prit part à plusieurs joutes et livra même plusieurs combats où il se couvrit de gloire. On parlait de lui avec avantage et avec honneur, et c'était chose méritoire, certes, dans une cour comme celle du roi Artus, la plus célèbre cour de cette époque.

Un jour arriva à Cramalot un vaisseau qui portait Argius, roi d'Irlande, et père de la princesse Yseult. Argius, accusé de trahison à propos d'un meurtre commis dans ses Etats, venait à Cramalot, par ordre du roi Artus, pour se laver de cette grave accusation. Blaaner, l'un des plus redoutables chevaliers de la Table Rode, était son accusateur, et, on le comprend, Argius n'était ni d'âge ni de force à se mesurer avec un pareil adversaire. Sa cause devenait ainsi mauvaise, quoique son innocence fût réelle. Mais que devient, en ce monde, l'innocence qui ne peut se prouver? Elle est imputée à crime, tout simplement. Argius était donc obligé de chercher un champion qui se portât fort pour lui et qui prouvât clairement ce qu'il lui était interdit de prouver.

Or, le serment de la Table Ronde ne permettait à aucun de ses chevaliers de combattre l'un contre l'autre, à moins qu'il n'y eût entre eux une querelle particulière, de nature à ne pouvoir être terminée que par un combat. Argius entendit parler du chevalier inconnu et du renom de vaillance qu'il avait su mériter. Témoin d'un de ses exploits, il s'enthousiasma pour ce courageux homme qui sortait si facilement des passes difficiles, où d'autres eussent infailliblement succombé.

— Chevalier inconnu, lui dit-il en allant vers lui avec empressement, je viens requerir votre assistance. Je suis faussement accusé de trahison, à propos d'un meurtre commis à ma cour et pour la justification duquel le roi Artus m'a appelé ici... Je vous atteste, par tout ce qu'il y a de plus sacré sur terre, que je suis innocent de ce meurtre, et que j'ai pour moi bon droit et sans faillite... Puis-je vous demander de soutenir ma cause? Si vous daignez la prendre en main, je triompherai de cette injuste accusation et de mon injuste accusateur qui s'appelle Blaaner...

— Ah! cher Sire, répondit Tristan, celui à qui vous avez donné la vie sauve a bien le devoir de la consacrer à votre service... Vous m'avez naguère sauvé de malemort : je vous sauverai de la honte de cette criminelle accusation...

— Que me dites-vous là, cher chevalier? demanda Argius, étonné de ce langage auquel il ne s'attendait point. Comment vous appelez-vous donc, vous qui vous rappelez si généreusement les services qu'on vous a rendus?

— Je m'appelle Tristan...
— Le vainqueur du Morhoult?...
— Le vainqueur du Morhoult, à qui vous avez si loyalement accordé l'hospitalité, et qui a été si miraculeusement guéri par la belle main de votre incomparable fille.

— Je vous admire et je vous aime, chevalier Tristan! reprit Argius. Je serai heureux de vous devoir mon honneur, et quoique vous disiez que vous me devez la vie, nous ne serons pas encore quittes... Aussitôt après votre triomphe, je vous promets de vous octroyer tel don qu'il vous plaira de requérir.

— Je vous rappelai votre promesse en temps opportun, se contenta de dire Tristan.

CHAPITRE IX

Du combat que soutint Tristan contre Blaaner, accusateur du roi Argius, et du triomphe qu'il remporta. Comme ensuite il partit avec Argius pour le royaume d'Irlande où, pour être fidèle à son serment, il demanda, au nom du roi Marc, la main de la princesse Yseult. Comme enfin, après avoir été fidèle à son serment, il fut infidèle à son devoir.

Tristan, champion du roi Argius, se battit à outrance contre Blaaner, son accusateur. Ce dernier, épuisé par la longueur de la lutte, couvert de blessures nombreuses, tomba enfin sur ses genoux, et son épée lui échappa des mains.

— Chevalier, cria-t-il à Tristan dans un suprême effort, sans vouloir se rendre; chevalier, usez de vos droits et m'achevez en me coupant la tête...

Le généreux Tristan savait que c'était courroux et excès de grand courage qui faisaient dire de telles paroles à Blaaner. Il ne voulut point profiter des avantages que lui donnait sa victoire, et il lui répondit :

— Ne plaise à Dieu que je coupe le chef à si bon chevalier que vous êtes!... Pour la meilleure cité que le roi Artus ait, je ne le ferais point... non, je ne le ferais point!...

Cela dit, Tristan appela les juges du camp, qui déclarèrent le roi d'Irlande lavé de son accusation.

Puis le noble enfant courut à Blaaner, le prit entre ses bras, le releva et le rendit à ses parents et compagnons qui tous étaient du lignage au roi Ban de Benoist, et conséquemment du même sang que le fameux Lancelot du Lac, dont Tristan désirait beaucoup l'amitié.

Tous ces braves chevaliers, émus de cette générosité, entourèrent lors le neveu du roi de Cornouailles et le menèrent en triomphe à sa tente que l'on venait de pavoiser.

— Maintenant, chevalier Tristan, dit le roi Argius en l'embrassant de bon cœur, je vous supplie de repasser avec moi en Irlande où vous attendent les remerciements de la reine ma femme, et de la princesse ma fille.

Cette proposition convenait trop à l'amoureux Tristan, qui, après quelques façons, consentit à suivre en son royaume le père de la charmante Yseult.

Les remerciements annoncés par Argius ne manquèrent pas au vainqueur de Blaaner. La reine d'Irlande, oubliant la mort du Morhoult, son frère, ne montra au libérateur de son mari qu'une vive et sincère reconnaissance. Quant à Yseult, qui avait appris que son père avait promis un don à son amant, elle se livra à toute la joie que lui causa son retour, sans cependant dépasser les limites assignées par la prudence. Elle était heureuse, la belle enfant !

Tristan, lui, était loin d'être heureux. Il ne revit la princesse qu'avec le désespoir du cruel serment qui le liait. Son grand cœur surmonta enfin la force de son amour. L'honneur lui prescrivait de requérir ce don qui lui devenait par là si fatal : il déclara le serment qu'il avait fait, et demanda, en frémissant, à Argius, la main de la belle Yseult pour le roi de Cornouailles, son oncle. Argius accorda, et Yseult se laissa accorder. Pauvre Tristan !... Pourquoi aussi, au lieu d'être neveu du roi, n'était-il pas roi lui-même ? Loyal Tristan !... Pourquoi aussi, au lieu de demander pour le vieux Marc la main de l'incomparable Yseult, ne l'avait-il pas demandée pour lui-même, plus jeune et plus beau ?

Yseult partit, suivie de quelques dames d'honneur, parmi lesquelles se trouvait la complaisante Brangien, et de quelques chevaliers parmi lesquels se trouvait naturellement Tristan.

La reine avait surpris l'intelligence qui régnait entre sa fille et Tristan. Pour prévenir les suites fatales de cet amour, qui maintenant ne pouvait plus être que coupable, elle avait confié à la fidèle Brangien un philtre, présent précieux d'une habile fée, en lui recommandant de partager ce boire amoureux entre Yseult et le roi Marc, le soir de leur mariage.

Un vent favorable enflait les voiles du vaisseau qui avait l'honneur de porter Yseult et Tristan. Tout leur promettait une heureuse navigation. A mesure qu'ils avançaient vers le pays de Cornouailles, ils avançaient également vers le pays radieux qu'on appelle l'Amour. Le roi Marc était un peu oublié par Tristan, et beaucoup par Yseult, qui ne se sentait pas jeune pour rien, surtout en face d'un beau jeune homme comme Tristan. Ces deux amants se regardaient avec tendresse, et ils poussaient des soupirs qui eussent enflé les voiles de leur vaisseau, si le besoin en eût été. Leurs lèvres brûlaient à l'égal de leurs cœurs. La chaleur était excessive : une soif ardente les dévorait. Yseult se plaignit la première. Tristan, empressé de lui plaire, courut ça et là pour chercher une liqueur propre à éteindre la soif qui consumait sa mie. Il découvrit bientôt un flacon d'une forme particulière que Brangien avait eu l'imprudence de ne pas enfermer. Il s'en saisit et le porta incontinent à Yseult, en la priant de boire. Yseult but et il but après elle. Hélas ! ce flacon était celui que la reine d'Irlande avait recommandé à Brangien : c'était le flacon qui contenait le boire amoureux !...

Comme si ces deux beaux enfants-là avaient besoin de puiser l'ivresse ailleurs qu'en leurs propres cœurs !...

Le flacon vidé, Yseult et Tristan se mirent à se regarder avec plus de langueur et plus de tendresse encore qu'auparavant ; leurs mains se cherchèrent et se trouvèrent ; puis, après leurs mains, leurs lèvres : le roi Marc fut décidément oublié.

La jeunesse et la beauté de Tristan auraient peut-être vainement parlé en sa faveur. Mais, je vous le demande, que faire contre la magie d'une fée ? Comment résister à un philtre enchanté ? Comment, surtout, résister à l'amour, ce grand enchanteur ?..

CHAPITRE X

De l'embarras dans lequel se trouva Yseult le soir de son mariage avec le vieux roi Marc, et du moyen héroïque qu'elle employa en cette occasion la courageuse Brangien. Comme quoi c'est la foi qui sauve.

ubtils, en vérité, sont les amants ! Tristan, pour obéir à la parole qu'il avait donnée, avait eu l'héroïsme de demander pour le roi Marc, son oncle, la main de la blanche Yseult, sa maîtresse ; puis, après l'avoir obtenue, il oubliait que c'était pour le compte du roi de Cornouailles, et cueillait à son profit cette fine fleur de virginité. Peut-être s'imaginait-il n'avoir pas été criminel !...

Yseult et lui arrivèrent à la cour du roi de Cornouailles, qui attendait impatiemment leur arrivée.

— Oh ! oh ! beau neveu ! s'écria le vieux Marc, enthousiasmé par la radieuse beauté de la princesse d'Irlande. Oh ! oh ! tu ne m'avais pas trompé !... Voilà bien, en effet, la plus belle créature du monde, et j'ai grand'hâte de consommer avec elle l'acte légitime et naturel du mariage ! Sa vue fait couler dans mes vieilles veines un sang plus jeune et plus ardent...Cela me ragaillardit tout-à-fait, vraiment !... Eh ! eh ! mignonne, votre gentillesse n'aura pas affaire à un ingrat, j'ose vous le promettre.

Ces éloges étaient certes mérités; et pourtant ils firent rougir la gente princesse. Peut-être aussi que sa confusion venait d'une autre source... Car enfin, ce vieillard s'imaginait bien des choses, une surtout, à son endroit, et ce vieillard se trompait!...

Quoi qu'il en fût, le roi Marc, qui avait l'âge où l'on n'a pas le temps d'attendre, pressa très activement les préparatifs de son mariage avec la séduisante Yseult. Une fête magnifique, unique peut-être dans la vie du roi de Cornouailles, fut ordonnée par lui en l'honneur de son incomparable fiancée, et le lendemain de cette fête, l'union du vieux Marc et de la jeune Yseult fut célébrée.

Célébrée, mais non consommée. Yseult avait trempé ses lèvres dans le boire amoureux et s'était laissée aller à l'adorable ivresse qu'il lui avait procurée. En arrivant à la cour de Cornouailles, elle s'était imaginé pouvoir se soustraire au douloureux honneur qui lui était réservé là, et elle n'avait consenti qu'à regret à assister aux fêtes et aux cérémonies de ses fiançailles avec le vieux roi Marc. Mais maintenant qu'ils en étaient arrivés au fait et au prendre; maintenant que le mariage exigeait son complément naturel, la loyauté de la jeune princesse lui criait qu'elle avait été bien loin et qu'il était temps de s'arrêter.

En conséquence, Yseult, Tristan, Brangien et Gouvernail tinrent conseil sur les moyens à prendre pour sortir de cet embarras. Les deux hommes n'en trouvèrent aucun qui valût quelque chose; Yseult en proposa un qui ne valait rien du tout : Brangien fut la mieux avisée.

Brangien, quoique sensible et souvent adorée, n'avait jamais eu à se reprocher la faute délicieuse qui causait l'embarras d'Yseult. Mais elle aimait sa jeune maîtresse plus que son propre honneur, et cette amitié lui fit passer par-dessus toute considération : Yseult se perdait, il fallait la sauver.

A la fin de la toilette de nuit, au moment solennel si impatiemment attendu par le vieux roi Marc, Brangien prit tous les accoutrements royaux, se parfuma comme on parfumait autrefois les victimes pour les sacrifices, fit sa prière, selon sa quotidienne habitude et se glissa furtivement dans le lit nuptial, où elle attendit le roi Marc, qui ne tarda pas à venir l'y rejoindre, comme bien vous pensez.

Le vieux monarque fut heureux; il s'endormit, continua en rêve l'adorable réalité qu'il avait commencée dans les bras de la fausse Yseult, et, ainsi bercé par les plus ravissants mensonges, il se réveilla plus tard qu'il n'en avait l'habitude. Plus tard, mais cependant encore assez tôt pour ne pas pouvoir constater par ses yeux la substitution dont il avait été victime. Il se leva un peu avant le jour et quitta le lieu de la scène pour aller se féliciter du rôle brillant qu'il y avait joué. Les vieillards, on le sait, ne savent pas rester tard au lit : il leur semble toujours que c'est une anticipation du cercueil, et ils aiment mieux être debout que couchés, même dans les délectables occasions comme celle qui venait d'être procurée au roi de Cornouailles.

Quelques minutes après, Brangien, tourmentée jusqu'à ce moment de tous les sentiments d'une victime, s'élança de l'autel où elle avait été immolée, et courut auprès d'Yseult pour la rassurer sur le succès complet du sacrifice. Elle trouva les deux amants ensemble, aussi rassurés et aussi heureux qu'ils pouvaient l'être. Yseult avait d'abord été agitée par la crainte et par le remords; mais les baisers souvent répétés de son jeune amant avaient chassé ces vilains sentiments-là, et Yseult s'était livrée tout entière au bonheur d'aimer et d'être aimée.

Le vieux roi Marc, après sa promenade matinale dans son jardin, pouvait revenir d'un moment à l'autre, ramené dans la chambre nuptiale par le désir bien pardonnable de contempler au grand jour l'aimable fille qui avait ainsi consenti à transfuser son jeune sang et sa fraîche santé dans les veines appauvries de ce vieil Eson. Il fallait donc qu'Yseult prît les accoutrements de Brangien et qu'elle se hâtât d'aller prendre la place que celle-ci venait de quitter. Il n'y avait plus guère de danger, d'ailleurs, en cela, car Brangien s'était noblement exécutée, et le vieux roi Marc eût été mal venu à exiger davantage.

Ce qui le prouva, c'est que le jour même, enchanté de sa femme, enchanté de lui, enchanté de son neveu, enchanté de tout le monde, le roi de Cornouailles nomma Tristan son grand-chambellan. Honneur insigne, honneur précieux, qui donnait ainsi à Tristan toutes entrées privées chez le roi, voirement chez la reine...

CHAPITRE XI

Comme la jeune reine de Cornouailles récompensa le dévoûment de Brangien, et de ce qui en résulta.

I faut croire que l'ingratitude est dans la nature humaine, puisque les nobles créatures n'en sont pas exemptes.

Brangien avait rendu un important service à sa maîtresse, cela était incontestable. D'aucuns diront peut-être que Brangien en avait été récompensée par elle-même et par le vieux monarque, encore verdelet, et que, dans ces cas-là, les victimes sont de très heureuses victimes; mais ils ne faut pas croire ces médisants esprits-là. Un sacrifice est un sacrifice, quel que soit le sacrificateur. Le roi Marc eût été jeune et beau comme Tristan que c'eût été encore un sacrifice, plus agréable que l'autre sans aucun doute, mais enfin un sacrifice, puisqu'elle ne l'avait pas choisi. Le bonheur n'est réel, quoi qu'en disent les casuistes, que lorsqu'on se donne, et non lorsqu'on se livre. L'amour n'est pas seulement un contact de deux corps, c'est surtout un contact de deux âmes. Où le consentement du cœur est absent, la félicité à son tour est absente. Brangien n'aurait pas recommencé son dévoûment au profit d'une autre qu'Yseult.

Hélas! Yseult était devenue reine! Elle tenait à conserver ce rang, que tant de femmes envient et qu'il est donné à peu de femmes d'obtenir; et, pour le conserver, il fallait éloigner tout soupçon de la part de son vieil époux. Brangien avait son secret : donc Brangien pouvait le révéler un jour ou l'autre, et lui nuire. Cruelle logique des grands de ce monde!

De cette pensée aux moyens de se débarrasser de Brangien, il n'y avait pas loin. Yseult soudoya deux de ses gardes, sous un prétexte quelconque, et les chargea d'enlever la pauvre Brangien et de la conduire dans la forêt du Morois, où ils devaient ensuite la tuer. Excès de prudence impardonnable et cruel, n'est-ce pas?

Brangien fut donc secrètement enlevée et transportée sans bruit dans la forêt du Morois, suivant l'ordre qu'en avait donné la jeune et impitoyable reine de Cornouailles. Mais Brangien était aimable, attrayante et digne d'intérêt. Les deux hommes chargés de la tuer ne s'acquittèrent qu'à regret de cette vilaine commission.

— Eh! chère dame, lui demanda l'un d'eux avant de lever le poignard sur elle, qu'avez-vous pu forfaire à la reine?...

— Hélas! seigneur, répondit-elle avec tristesse, jamais je ne lui fis rien qui pût être imputé à mal, jamais!... Seulement, quand madame Yseult a quitté l'Irlande, elle avait une fleur de lis qu'elle devait porter au roi Marc, et une de ses demoiselles en avait une autre qu'elle ne devait porter à personne qu'à son propre amant... Madame Yseult perdit la sienne, dont elle eût été malvoulue, et la demoiselle lui présenta par moi la sienne qu'elle avait si bien gardée jusque-là... Je crois que c'est à cause de cela qu'elle me fait mourir, car je ne connais pas d'autre raison qui puisse l'excuser de le faire...

Les deux gardes n'entendirent rien à cette énigme. Toutefois, ne pouvant se résoudre à mettre à mort une si douce et si gente créature, qui parlait d'une voix si mélancolieuse et si résignée, ils se contentèrent de l'attacher à un arbre de la forêt. Puis, après avoir ensanglanté leurs épées dans les entrailles de la première bête fauve qu'ils rencontrèrent, ils s'en revinrent au palais d'Yseult à qui ils racontèrent la fin de Brangien et les paroles qu'elle avait prononcées avant de mourir.

— Pauvre chère Brangien! s'écria Yseult à ce récit. Ah! qu'ai-je fait là! Qu'ai-je fait là!... Pauvre chère Brangien!...

Yseult reconnaissait en ce moment toute l'horreur de son ingratitude, toute la noirceur de son action : le remords lui venait!

Lors, désespérée, n'y tenant plus, elle courut dans la forêt du Morois, chercha partout des traces de sa trop fidèle Brangien, afin de pouvoir l'embrasser une dernière fois et demander pardon à son corps de la cruauté qu'elle avait ordonnée contre lui. Brangien n'était nulle part!

En apercevant çà et là, sur l'herbe verte, quelques taches de sang qui paraissaient encore fraîches, Yseult ne douta pas que ce ne fût du sang des blessures de Brangien. Sa douleur, alors, ne connut plus de bornes. Elle s'arracha les cheveux, tira un poignard de son sein et, prête à s'en frapper, elle s'écria en sanglottant :

— Non! non! chère Brangien! Douce et bonne amie! Tendre et innocente victime!... Non, je ne te survivrai pas!... J'ai mérité la mort que je t'ai fait si injustement donner!...

CHAPITRE XII

Comme Yseult, prise de remords, alla à la recherche de sa fidèle Brangien à laquelle elle ne voulait pas survivre, et comme elle fut sauvée de son désespoir par le prince Palamèdes qui, en récompense, lui demanda un don exorbitant.

Au moment où Yseult allait percer son beau sein fait de lis et de roses, un chevalier parut et vola à son secours, en la suppliant de s'arrêter et de ne pas trancher ainsi le cours d'une si belle vie.

C'était Palamèdes, ce prince sarrasin que Tristan avait vaincu au tournoi donné à la cour du roi Argius, et qui avait été si violemment épris des charmes de l'incomparable Yseult.

— Qu'alliez-vous faire, madame? demanda-t-il en tombant aux genoux de la jeune reine de Cornouailles.

— Me punir d'avoir perdu Brangien, ma plus fidèle amie!... répondit Yseult.

— Brangien n'est pas morte, je suis heureux de vous l'apprendre, madame, dit Palamèdes. Je l'ai sauvée à temps de son désespoir et de son abandon, et l'ai conduite dans un monastère voisin où elle est à l'abri contre toutes les vilaines tentatives...

— Ah! courons la chercher, courons! s'écria Yseult, à qui cette nouvelle venait de rendre la vie. Courons! j'ai besoin de la voir, de la serrer dans mes bras, de la presser sur mon cœur et de lui demander mon pardon!...

Palamèdes alla quérir Brangien et la ramena à Yseult qui, en la revoyant, voulut se jeter à ses genoux pour les embrasser. Mais l'aimable et douce Brangien ne lui en donna pas le temps, et elle l'attira sur son cœur avec des transports qui prouvaient bien que tout était pardonné.

Ce qu'elles versèrent de larmes, on l'ignore; mais on peut le supposer aisément, en se rappelant quelles sources inépuisables en ont les yeux des femmes.

— Prince, dit Yseult en s'arrachant avec peine des bras de son amie, et en s'adressant à Palamèdes; prince, c'est à vous que je dois le bonheur dont je jouis en cet instant... Je veux vous en remercier en vous promettant de vous accorder le don qu'il vous plaira de me demander...

Palamèdes, qui ne songeait qu'à une chose, allait la demander à la jeune reine de Cornouailles, lorsque survint tout-à-coup le vieux roi Marc, en quête de sa belle épousée.

— Cher Sire, lui dit Yseult, ne vous étonnez pas de me voir dans cette forêt; étonnez-vous plutôt de me voir encore en vie... J'ai été enlevée ce matin à quelques pas de votre palais, au moment où je prenais le frais, par d'infâmes brigands qui m'ont conduite ici dans des intentions que je m'abstiens de vous dire... J'allais infailliblement succomber, ainsi que ma chère Brangien, que l'on avait enlevée avec moi, dans les mêmes intentions sans doute, lorsque le prince Palamèdes est survenu et m'a délivrée... Je lui exprimais ma reconnaissance au moment où vous êtes arrivé et je lui promettais de lui accorder tel don qu'il lui plairait de me demander...

Les vieillards amoureux sont aussi volontiers crédules que soupçonneux; ils vont aisément d'un extrême à l'autre, comme des vieux fous qu'ils sont. Hélas! où sont donc les sages?...

Le roi Marc ne douta pas un seul instant de la véracité du récit d'Yseult, malgré les invraisemblances qui pouvaient s'y rencontrer. Tout au contraire, il s'empressa de serrer la main du prince sarrasin et de confirmer le don que la reine lui avait promis.

— Qu'exigez-vous, prince? demanda le roi Marc à Palamèdes. Quoi que ce soit que vous me demandiez, je vous l'accorderai, foi de roi et de chevalier!...

— Je vous demande votre femme Yseult, que j'aime depuis longtemps... répondit le prince sarrasin. J'ai l'intention de l'emmener dans mes états, où je la rendrai heureuse, je m'y engage devant vous...

Cette demande était exorbitante, on le comprend. Mais le serment du don octroyé était sacré, à cette glorieuse époque de chevalerie. Le roi Marc avait promis: il dut s'exécuter et laisser enlever la reine par le prince discourtois. Tristan seul eût pu s'opposer à cet enlèvement: mais Tristan était absent. Palamèdes emmena Yseult, et le roi Marc regagna tristement son palais.

CHAPITRE XIII

Comme un chevalier nommé Lambergues se mit à la poursuite de Palamèdes, qui le tua. Comme ensuite Yseult se réfugia dans une tour, du haut de laquelle elle fut témoin du combat qui eut lieu entre le prince sarrasin et son amant Tristan.

Un bon et courageux chevalier nommé Lambergues, qui était depuis quelque temps à la cour du roi Marc, et qui devait aux soins intelligents de la reine Yseult la guérison d'une grande blessure reçue dans un récent combat, apprit l'enlèvement de cette belle souveraine. Il lui devait la vie: il voulut payer sa dette. En conséquence, il se fit incontinent donner ses armes, et, malgré sa blessure à peine refermée, il courut sur les traces du ravisseur qu'il rejoignit à quelques lieues de la forêt du Morois.

— Arrête! Arrête! chevalier discourtois! cria Lambergues du plus loin qu'il aperçut Palamèdes.

Palamèdes fut bien forcé de s'arrêter et de faire volte-face. Le combat s'engagea. Au bout de quelques instants, les blessures de Lambergues se rouvraient, et cet honnête chevalier tombait baigné dans son sang.

Pendant cette lutte dont le résultat était si facile à prévoir, Yseult, qui songeait toujours à son ami Tristan, et qui ne voulait pas appartenir à d'autres qu'à lui, Yseult avait eu le temps de se sauver. La peur donne des ailes: en un clin d'œil elle s'était trouvée sur le bord d'une rivière, à une bonne distance de Palamèdes. Là, elle avait cherché un endroit guéable sans pouvoir en rencontrer. Heureusement, un chevalier passait en ce moment: il la prit en croupe avec lui, traversa le fleuve et conduisit Yseult dans une tour d'un accès difficile, où elle s'enferma précipitamment en apercevant Palamèdes, qui accourait pour la reprendre.

— N'allez pas plus loin, sire chevalier!... cria ce chevalier inconnu au prince sarrasin.

Parole généreuse, mais imprudente. Palamèdes s'avança et renversa l'obstacle qui lui barrait le chemin. Puis, une fois arrivé au pied de la tour où s'était réfugiée Yseult, il vit avec désespoir qu'elle était hors de son atteinte. Peu à peu, sans qu'il s'en doutât, en tournant autour de cette forteresse inexpugnable, une invincible torpeur s'empara de tous ses sens: il s'endormit.

Au bout de quelques heures arrivèrent Tristan et Gouvernail, en quête de la belle reine de Cornouailles. Palamèdes dormait toujours: Gouvernail le prit par son casque et le secoua violemment pour le réveiller.

— Écuyer félon! s'écria le prince sarrasin, en sortant enfin de son profond sommeil. Pourquoi m'arraches-tu ainsi de ma rêverie?... Qui t'en a donné le droit?...

— Palamèdes, répondit Gouvernail, votre rêverie ne vous vaut rien... Voici Tristan qui vous défie...

— Ah! Tristan, Tristan! reprit Palamèdes en apercevant l'amant de la reine de Cornouilles. N'était-ce donc pas assez que tu me ravisses Yseult en Irlande!... Maintenant tu me veux éloigner d'elle, et me la reprendre, à moi qui l'ai gagnée?... Soit! Mais tu ne me la reprendras qu'en me prenant la vie!...

Un combat était inévitable: il s'engagea avec une égale fureur entre les deux meilleurs chevaliers du monde. La tendre Yseult, témoin, du haut de sa tour, des redoutables coups qu'ils se portaient l'un l'autre, craignit que malgré son adresse et sa vaillance, son amant ne vînt à succomber. Elle se hâta en conséquence de descendre, ouvrit la porte de la tour et se précipita toute effarée au milieu des combattants, qu'elle sépara.

— Palamèdes, vous m'aimez, dites-vous? demanda-t-elle au prince sarrasin.

— Certes oui, je vous aime! répondit ce dernier.

— Eh! bien, vous ne refuserez pas de faire ce que je vous commanderai?...

— Dame Yseult, je ferai votre commandement. Ordonnez!

— Je veux que vous laissiez là cette bataille et que vous vous rendiez à la cour du roi Artus. Une fois arrivé, vous saluerez de par moi la reine Genièvre et lui direz qu'il n'y a au monde que deux chevaliers et deux dames, moi et elle, son ami et le mien... Maintenant j'exige que vous ne veniez jamais en lieu où je suis, si ce n'est en Grande-Bretagne quand je m'y trouverai...

Palamèdes fondit en larmes.

— Ah! dame, chère et cruelle dame, s'écria-t-il, je ferai tous vos commandements, quoiqu'ils me coûtent... Vous m'éloignez bien subtilement de vous... Mais, au moins, promettez-moi que si votre cœur change, il ne change pas en faveur de plus indignes que moi...

— Palamèdes, répondit Yseult, puissé-je jamais n'avoir joie si je change mes premières amours!...

Palamèdes comprit et s'éloigna en soupirant. Yseult et Tristan rentrèrent dans la tour pendant que Gouvernail allait faire les préparatifs du départ.

Yseult et Tristan s'adoraient. Le boire amoureux n'avait rien perdu de sa puissance. Ils se prouvèrent mutuellement le bonheur qu'ils avaient à se revoir et à se trouver ensemble, loin des fâcheux et des indiscrets. Tristan, plein de jeunesse et d'ardeur, songea un instant à enlever Yseult pour son propre compte, afin de pouvoir jouir en paix de sa possession. Mais si la voix de l'amour parlait haut dans son cœur, la voix de l'honneur avait aussi son accent irrésistible. Le lendemain matin, à l'aube, il se mettait en route avec sa mie et le bon Gouvernail pour la cour du roi de Cornouailles.

CHAPITRE XIV

Retour de la belle Yseult à la cour du roi Marc, qui devint jaloux de son neveu. Trahison du couard chevalier Andret, à propos de la partie d'échecs entre Yseult et Tristan.

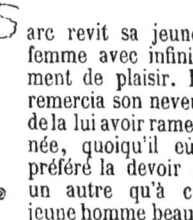

Marc revit sa jeune femme avec infiniment de plaisir. Il remercia son neveu de la lui avoir ramenée, quoiqu'il eût préféré la devoir à un autre qu'à ce jeune homme beaucoup trop beau pour n'être pas aimé de toutes les femmes. Le vieux monarque se rappelait l'enthousiasme avec lequel Tristan lui avait parlé pour la première fois de la fille d'Argius, et il soupçonnait quelque amourette sous roche. D'ailleurs, depuis le départ de Brangien, il ne lui avait pas été possible de retrouver la nuit enivrante qu'il avait passée entre les bras de cette fausse Yseult, et cela le contrariait autant que cela le scandalisait. On devine pourquoi.

Cette jalousie qui mordait de temps en temps le vieux cœur de ce vieux monarque semblait mordre aussi d'autres cœurs plus bas que le sien. La reine était aimée, mais le chambellan Tristan avait des envieux. Il avait grandi vite dans la cour du roi Marc, et cela offusquait certains de ces esprits vulgaires qui se montrent sans pitié pour les esprits élevés. Et puis, en voyant Yseult si amiteuse pour lui, on devinait quelque manigance amoureuse, et on les épiait.

Yseult et Tristan s'observaient bien le plus qu'ils pouvaient ; mais ils étaient jeunes et ardents tous deux deux : imprudents par conséquent.

Un jour, Tristan et Yseult étaient seuls dans la chambre même du roi Marc, auprès d'une table d'échecs. Andret, méchant et couard chevalier, un de ceux qui jalousaient la position du neveu de Marc, s'approcha sans bruit de cette chambre, et regarda par le trou de la serrure. Il vit bien que Tristan et Yseult étaient à côté d'un échiquier, mais il vit aussi qu'ils ne jouaient pas aux échecs. Jouer aux échecs n'a rien de criminel en soi, et Andret ne se fût pas dérangé pour si peu. Or, Andret se dérangea pour aller prévenir Marc qu'on était en train de le faire échec et mat.

— Sire Marc, lui dit Andret, vous êtes le plus crédule et le plus pusillanime roi qui soit, car vous souffrez en votre royaume un homme qui vous bonnit de votre femme!... Vous êtes donc bien recru d'amour, Sire Marc, que vous laissez ainsi en jachères la plus belle terre du monde, qu'un plus avisé que vous songe à fertiliser?...

— Que dis-tu là ? Et quel est cet audacieux?... s'écria le roi Marc en pâlissant de colère. Dis-moi, dis-moi son nom, et je veux te faire voir que je ne suis ni recru d'amour ni rassasié de vengeance!...

— Ne l'avez-vous donc pas deviné, Sire Marc ?... reprit le traître Andret. C'est Tristan, Sire, c'est Tristan!... Depuis longtemps déjà je m'étais aperçu de cette trahison ; mais je n'avais pas tout d'abord voulu vous en prévenir, espérant que ce coupable chevalier viendrait à résipiscence... Il ne s'est pas corrigé... Je le livre à votre juste vengeance, ainsi que sa complice... Vous les trouverez à cette heure, seul à seul, en votre propre chambre...

Le vieux roi Marc prit son épée et courut pour châtier les coupables, après les avoir surpris au nid même de leur trahison. Par bonheur, l'honnête Gouvernail, qui n'avait pas reçu pour rien, de l'enchanteur Merlin, la mission de veiller sur Tristan ; le bon Gouvernail gardait la porte de la chambre royale. Il entendit les cris de colère de Marc et eut le temps d'avertir le jeune chambellan ; mais Tristan eut à peine celui de s'éloigner.

— Vassal ! cria le roi, furieux, en le voyant fuir, et en courant après lui l'épée haute. Vassal, vous m'avez honni de ma femme... Je vous défie !...

Tristan était dans son tort ; en outre, il avait affaire à son oncle. Mais son oncle menaçait en cet instant sa vie : il dut songer à la conserver pour Yseult. Alors, au lieu de fuir, il décrocha une épée qui se trouvait dans une panoplie, s'enveloppa le bras dans son manteau, il courut sus au monarque, qui ne s'attendait probablement pas à cette volte-face.

— A moi, chevaliers de Cornouailles, à moi !... cria-t-il, en se voyant ainsi menacé par un chevalier plus jeune que lui, et surtout plus expert dans le maniement des armes blanches.

Malheureusement pour Marc, si le jeune chambellan n'était pas aimé de tous les chevaliers de la cour, il était aimé de quelques-uns et redouté de beaucoup d'autres. L'appel du vieux roi resta sans effet : Marc fut forcé de s'enfuir. Tristan, qui était de mauvaise humeur, poursuivit son oncle de corridor en corridor, de chambre en chambre, l'atteignit enfin et lui donna sur l'oreille un grand coup du plat de son épée. Marc tomba à la renverse, tout étourdi.

CHAPITRE XV.

Comme Tristan, pour se soustraire aux premiers effets de la colère du roi Marc, se réfugia dans la forêt du Morois, où vint bientôt le chercher une amoureuse missive de sa mie.

Après cette équipée, Tristan jugea prudent de ne pas rester trop longtemps à Cintageul, où se trouvait la cour. Il assembla, en conséquence, quelques chevaliers de ses amis, s'arma et partit avec eux pour la forêt du Morois. La forêt était profonde, inaccessible et dangereuse : le vieux roi Marc ne jugea pas à propos de poursuivre jusque-là son jeune rival, et il se contenta de rester dans sa cité, sans oser en sortir.

Bientôt, cependant, les hauts barons de la cour de Cornouailles, qui se souvenaient du service énorme que leur avait rendu Tristan en tuant le Morhoult et en les délivrant du tribut d'Irlande, représentèrent au roi que l'exil de son chambellan devait avoir un terme. Yseult, de son côté, fit tant et si bien, qu'elle ensorcela le bonhomme et lui prouva, clair comme le jour, que l'avertissement que lui avait donné Andret était un faux avertissement, et que s'il avait pris la peine de venir plus tôt, il se serait assuré, de ses propres yeux, qu'elle et Tristan jouaient innocemment aux échecs et non à aucun autre jeu.

Il faut l'avouer, l'innocence n'a pas toujours l'éloquence de la coquetterie. Les âmes naïves ne savent pas être adroites. Marc se sentit persuadé. Peut-être y mit-il de la bonne volonté !...

Quoi qu'il en fût, il rappela son chambellan, et, un jour, la fidèle Brangien partit sous escorte pour la forêt du Morois, avec une lettre de la belle Yseult qui mandait à Tristan de revenir au plus vite, mais en ayant soin de se tenir en garde contre quelque nouvelle trahison.

Tristan, qui languissait loin de son adorable maîtresse, fut transporté de joie en recevant cette missive amoureuse qui le rappelait auprès d'elle. Il baisa tendrement cette lettre, la relut plusieurs fois avec une ivresse que les vrais amants comprendront, puis il la cacha dans son sein et revint à Cintageul avec Brangien et ses chevaliers.

Son retour fut une fête. Le roi Marc vint au-devant de lui, l'embrassa sur les deux joues en guise de sincère réconciliation, et l'assura que, plus que jamais, il était maître en sa propre maison. Le vieux monarque faisait contre mauvaise fortune bon cœur : au fond, s'il pardonnait beaucoup de choses à Yseult, dont il était affolé, il ne pardonnait rien à Tristan, dont il était toujours jaloux.

Les choses reprirent leur train accoutumé. Le roi Marc, sur l'avis d'Andret, avait interrompu une conversation charmante entre Yseult et Tristan ; Tristan renoua cette conversation aussi souvent qu'il put en trouver l'occasion, et l'amoureuse Yseult s'appliqua ingénieusement à la faire naître.

Mais hélas ! le bonheur des uns fait le malheur des autres en ce bas-monde. Les envieux meurent, mais en laissant une nombreuse postérité. L'envie est immortelle.

Tristan, tout aimable qu'il était, s'était fait des ennemis, nous l'avons dit. Après Andret, dont la dénonciation n'avait pas produit, on l'a vu, tout l'effet désastreux qu'il en attendait, était venu un autre Andret, c'est-à-dire un vil chevalier de Cornouailles, dont Tristan avait tué le frère dans un tournoi. Cet indigne chevalier, trop couard, comme Andret, pour se venger lui-même sur Tristan dont la haute valeur l'offusquait ; cet indigne chevalier était parti pour aller chercher les moyens indirects de se venger, et porter à son ennemi, le plus impunément du monde, le coup le plus sûr et le plus sensible. Il venait précisément de revenir à Cintageul.

CHAPIVRE XVI.

Comme un lâche chevalier, pour se venger de Tristan, amena à la cour du roi Marc une demoiselle inconnue qui portait un cor d'ivoire très indiscret. Comme il fut constaté que toutes les dames cornouaillaises étaient d'une maladresse insigne, et leurs maris d'une bénévolence égale à cette maladresse.

Ce couard chevalier n'était pas revenu seul à Cintageul. Il avait amené avec lui une demoiselle inconnue, qui portait avec elle un cor enchanté doué de propriétés bizarres. Elle fut admise devant le roi Marc, qui admira beaucoup le travail merveilleux de ce cor d'ivoire.

— Sire, répondit l'inconnue, le cor est beau et d'un travail exquis ; mais ce n'est pas en cela qu'il est merveilleux... Réserve ton admiration pour ce qu'il peut te faire connaître...

— Et que peut-il donc faire connaître? demanda le monarque, plein de curiosité.

— Il indique clairement les dames qui ont fait fausseté à leur seigneur et maître, reprit l'inconnue.

— Oh ! oh ! dit le roi, cela devient intéressant et merveilleux, en effet... Mais comment arrive-t-on à faire dire cela à ce cor magique ?...

— Permets-moi seulement de le faire éprouver...

— Je le permets de grand cœur... Mais, encore une fois, comment s'y prend-on ?...

— Voici comme... Tu le feras emplir de vin et le donneras à boire aux dames de la cour... Celle qui aura faussé à son devoir et failli à son honneur, ne pourra toucher de ses lèvres les bords de ce cor d'ivoire sans que le contenu ne s'en répande incontinent sur elle... Quant à celles qui auront gardé soigneusement la foi jurée, elles y pourront toucher impunément et boire tout le vin sans en renverser une seule goutte...

A cette déclaration, il y eut quelques sourires et une grande rumeur dans l'assemblée. Certains regards menaçants se croisèrent avec le regard tranquille de la demoiselle inconnue. Tristan et Yseult, pour leur part, furent sérieusement effrayés de la puissance attribuée à ce cor enchanté. La belle Yseult se connaissait : elle se savait très maladroite, et elle supposait bien qu'elle ne pourrait toucher à ce vase impertinent sans répandre au moins quelques gouttes du vin qu'il contiendrait. Tristan la rassura du mieux qu'il put, et, après lui avoir conseillé de se soustraire à l'épreuve maudite, il s'éloigna, après avoir fait jurer à ses amis de défendre leur belle reine, sa mie, si le roi Marc songeait à attenter à sa vie.

Le vieux roi de Cornouailles fit assembler toutes les femmes des chevaliers de son royaume : toutes se refusèrent d'abord à subir cette épreuve humiliante. Et elles avaient bien raison !... Les dames de la cour de Cornouailles étaient toutes d'une maladresse insigne, et lorsque, le roi insistant, elles furent forcées de porter à leurs lèvres le cor d'ivoire enchanté, elles en répandirent toutes le contenu.

La belle Yseult ne put éviter l'épreuve ; une plus grande obstination de sa part eût donné beaucoup à penser : elle préféra laisser parler le maudit cor, quitte à le trouver impertinent et menteur. Le cor parla, avec la même indiscrétion que pour les autres dames de la cour du roi Marc...

Cette maladresse générale scandalisa beaucoup de monde, mais dans un sens contraire à celui qu'on serait tenté de croire. Tous les courtisans, par faiblesse ou par vanité, feignant de ne pas admettre la culpabilité de leurs femmes, se levèrent bravement contre leur souverain.

— Sire, lui dirent-ils, détruisez votre femme, si vous voulez ou pouvez... Quant aux nôtres, nous ne les détruirons pas pour si chétive raison...

— Bon ! répliqua Marc. Ne voyez-vous donc pas clairement qu'elles vous ont honnis ?...

—Nous ne savons rien, répondirent les courtisans, sinon que ce cor d'ivoire a été formé par magie noire et mal engin... Faites mal à dame Yseult si cela vous plaît ; mais point n'en voulons faire autant aux nôtres...

Le vieux roi Marc n'était pas vieux pour rien. Et puis, il se rappelait toujours, avec un appétit sans cesse renaissant, la savoureuse nuit de ses noces, à laquelle il comptait bien donner une sœur... Yseult était jolie. De peur de la perdre, et, avec elle, le profit de sa beauté, il se prit aussitôt à répondre à ses chevaliers :

— Holà ! beaux seigneurs de Cornouailles ! puisque vous excusez vos femmes, je puis bien excuser la mienne aussi, et je tiens à mensonge impudent l'épreuve de ce cor d'ivoire !...

CHAPITRE XVII

Comme le lâche Andret réussit à faire tomber Yseult et Tristan dans un abominable piège ; du procès qui en fut la suite, et de la double condamnation à mort qui fut la suite de ce procès.

L'orage une fois calmé, Tristan en fut averti par ses amis : il revint à la cour et reprit ses fonctions de chambellan qui lui donnaient tant d'occasions de se rencontrer avec la blonde et belle Yseult.

Andret était malheureux d'avoir échoué une première fois dans sa dénonciation ; malheureux aussi d'avoir vu échouer l'épreuve du cor d'ivoire, infaillible et significative pourtant! Il songea aux moyens de réussir dans le mal qu'il souhaitait faire à ces deux amants, et un beau jour il n'imagina rien de mieux qu'un piège, composé de fers de faux, qu'il plaça aux pieds du lit de la reine...

— Le beau Tristan, pensait-il, ne pourra s'empêcher de chercher à causer secrètement avec la reine, sa mie ; il ne prendra pas, une fois entré dans la chambre royale, toutes les précautions voulues, et, au moment où il voudra franchir les limites au-delà desquelles il n'y a que vilenie pour dame Yseult et pour lui, il aura les pieds pris dans mon piège... ce qui me permettra d'aller chercher le roi Marc et de le rendre témoin d'une évidence aveuglante !...

Andret imaginait bien, comme tous les scélérats. Sa combinaison de fers de faux était d'un succès assuré. Tristan vint, embrassa tendrement la reine, la prit dans ses bras et, en faisant quelques pas que peut-être il n'eût pas dû faire, il alla donner dans le piège traîtreusement tendu par le couard Andret. Ses deux jambes furent atteintes et outrageusement écorchées.

Mais qu'était une pareille blessure dans un pareil moment ?

Yseult, cependant, s'aperçut bientôt que son amant était blessé : elle pansa les plaies faites par le déchirement des chairs, et un baiser de sa bouche charmante en fut le premier appareil. Cela fait, elle le renvoya doucement chez lui, et se leva pour aller le reconduire jusqu'à la porte...

C'était bien ce qu'attendait l'abominable Andret ! En se levant elle rencontre les fers de faux qui maltraitèrent sans pitié des jambes d'albâtre qui portaient le plus beau corps du monde. Elle cria, Brangien accourut, arrêta le sang, et remit la reine dans son lit.

Aucun des deux amants n'osa se plaindre, de peur d'éveiller les soupçons. Hélas! leur silence ne fut pas imité par tout le monde : Andret parla, le roi Marc fut averti et fit arrêter Tristan par des chevaliers cornouaillais qui le haïssaient, le chevalier Bazile, cousin d'Andret, à leur tête.

Tristan fut jeté dans une prison obscure ; et Yseult, sur les adorables jambes de qui on avait constaté des blessures en tout semblables à celles qu'on avait constatées sur les jambes de Tristan, fut conduite dans une tour et gardée à vue.

Le vieux roi Marc, dont la colère et la jalousie étaient extrêmes, se décida à sévir contre ces intéressants coupables avec la plus grande et la plus injuste rigueur.

Leur procès s'instruisit, et les barons de Cornouailles, oublieux cette fois du service que leur avait autrefois rendu le vaillant Tristan, s'accordèrent à le condamner à mort, ainsi que la reine Yseult, sa complice, et le jour de l'exécution de ce cruel arrêt fut fixé au lendemain. L'endroit choisi était une petite colline située à un quart de lieue de Cintageul.

En apprenant cela, le bon Gouvernail et ses amis, qui étaient ceux de Tristan, s'armèrent en silence et allèrent s'embusquer, pendant la nuit, dans les environs de cette colline, afin de fondre, en temps opportun, sur les gens d'armes du roi Marc, les disperser et délivrer l'amant d'Yseult.

Mais le courageux Tristan n'avait besoin que de lui-même en cette occurence, comme en beaucoup d'autres. A peine fut-il hors de la prison, au grand jour et au grand air, qu'il fit un vigoureux effort au moment où l'on s'y attendait le moins, brisa ses liens, assomma deux de ses bourreaux, s'empara de l'épée de l'un d'eux et se réfugia dans une église, lieu sacré.

Le misérable Andret commandait l'escorte qui conduisait Tristan au supplice. Sans respect pour le saint lieu où ce vaillant chevalier s'était réfugié, il ordonna à ses gens d'entrer et de le poursuivre. Ses gens obéirent et profanèrent l'église par leur présence armée et par leurs intentions sanguinaires. Tristan, ainsi acculé, fit jouer avec sa vigueur ordinaire l'épée qu'il avait à la main, et troua les poitrines assez téméraires pour s'approcher trop près de lui. Son épée se brisa : il joua du tronçon comme il avait joué de la lame. Le sang ruissela sur les pavés de l'église, les cris des mourants montèrent jusqu'aux voûtes du saint lieu et retombèrent en pluie de malédictions sur la tête des combattants encore vivants.

En frappant ainsi, désespérément et glorieusement, Tristan était parvenu à se frayer un passage ; mais le nombre des assaillants était grand ; le lâche Andret, qui ne se mêlait pas de trop près à la lutte, avait soin de renforcer de nouvelles recrues les rangs éclaircis de ses hommes d'armes : Tristan allait être écrasé par le nombre !...

Faisant alors un suprême effort, tout en gagnant du terrain et en cherchant à fuir du côté de la mer, il traça autour de lui, avec son débris d'épée, un large cercle rouge qui lui permit de s'échapper. On le poursuivit, il courut plus fort et atteignit bientôt une haute tour penchée sur la mer, dans laquelle il se réfugia un instant pour respirer et haleter. On l'y poursuivit encore : il monta, monta, monta les degrés de cette tour. Les gens d'Andret montèrent les degrés, derrière lui. Une fois arrivés sur la plate-forme, Tristan vit bien que tout était perdu. En haut, le ciel ; en bas, des flots profonds ! Le ciel était trop haut pour qu'il songeât à y arriver : restait la mer. Tristan se recommanda à sa mie Yseult et à son doux Rédempteur, et il se précipita résolûment dans les flots. Les gens d'Andret ne crurent pas devoir l'y poursuivre.

CHAPITRE XVIII

Comme Yseult et Tristan, échappés à la mort, se retrouvèrent dans la forêt du Morois. Comme, ensuite, des émissaires du roi Marc vinrent les y surprendre, enlever Yseult et blesser Tristan.

Yseult n'était pas dans une situation moins intéressante. Il avait été décidé que son supplice suivrait de près celui de son amant, et déjà on la conduisait sur le tertre ignominieux, lorsqu'arrivèrent au grand galop de leurs chevaux les chevaliers amis de Tristan et du bon Gouvernail, qu'avait été prévenir la fidèle Brangien. Les bourreaux furent massacrés, les gens du roi Marc mis en déroute, et la belle Yseult fut emportée au fond de la forêt du Morois.

— Je suis sauvée, mais où est mon Tristan ?... tel fut le premier cri d'Yseult en se trouvant à l'abri des outrages et des menaces de ses persécuteurs.

— Dame Yseult, répondit le bon Gouvernail, ne vous désolez point... Un chevalier tel que mon seigneur Tristan ne meurt pas ainsi... Il a dû échapper, comme vous, aux ennemis qui le poursuivaient...

— Mais où est-il à cette heure ?... reprit la blonde Yseult. Où est-il, mon doux ami ?... Je n'aurai ni repos ni cesse qu'il ne soit dans mes bras, sain et sauf comme je suis saine et sauve... Lui absent, mon âme est toute dépareillée, et je sens que je ne pourrai vivre longtemps ainsi... Allez me le quérir, bon Gouvernail, allez me le quérir !... J'ai soif de sa présence et de sa tendresse !...

Il fallut bien obéir aux clameurs inquiètes de cette belle désolée. Une partie des chevaliers se détacha pour aller à la recherche de Tristan, tandis que l'autre partie restait pour protéger la reine Yseult, en cas de surprise de la part du vieux roi Marc.

A peine l'escorte avait-elle fait quelques pas dans la forêt, après avoir pris congé de la reine, qu'elle rencontrait Tristan lui-même qui venait là chercher un refuge momentané contre les persécutions. Ce furent, on le devine, des cris de joie et des larmes de bonheur : Yseult resta pâmée pendant quelques instants aux lèvres de son amant.

Tristan, alors, leur raconta, en très peu de mots, qu'il s'était réfugié dans une tour ; que, de là, poursuivi par les gens d'Andret, il n'avait pas trouvé d'autre moyen de leur échapper, que de se jeter à la mer ; et que, comme il était excellent nageur, il avait pu gagner une côte éloignée où il avait enfin abordé.

— Mon cœur me guidait, ajouta Tristan en regardant amoureusement sa mie noyée de larmes et plus belle, en cet instant, que jamais. Mon cœur me guidait... J'ai pris le chemin de la forêt du Morois, sûr de vous y retrouver... Grâce au ciel nous voilà de nouveau réunis... C'est dans sa volonté que nous vivions ensemble : ne nous séparons plus, maintenant !...

— Certes, oui, merci Dieu ! répondit Yseult attendrie. Ce projet me plaît beaucoup, mon doux ami ; car j'aime mieux être pauvre avec vous, que d'être bien riche sans vous !...

Après avoir chaudement remercié ses amis du secours efficace qu'ils avaient apporté à Yseult, Tristan les rendit à leurs occupations et à leurs devoirs particuliers, et consentit à vivre seul dans la forêt du Morois, avec sa maîtresse, son écuyer et une fille d'honneur.

Pendant quelques mois, tout alla bien ; ce couple heureux et charmant vécut tranquillement, sans nul souci du roi Marc et du reste du monde. Tristan chassait avec Gouvernail, et revenait chaque fois plus amoureux d'Yseult encore qu'au départ. Cette forêt profonde, avec ses retraites vertes et parfumées et ses sources d'eaux vives où venaient boire les daims et les cerfs, cette forêt était un paradis terrestre.

Hélas ! il paraît que le paradis n'est pas fait pour les hommes, ou que les hommes ne sont pas faits pour le paradis. Un jour, pendant que Tristan était à la chasse avec Gouvernail, quelques misérables mercenaires, gagnés par le vieux roi Marc, entrèrent dans la forêt du Morois et, après des recherches infructueuses, finirent par découvrir l'asile où se tenait seule, en ce moment, la belle Yseult. Malgré ses supplications, malgré ses promesses, malgré ses prières, la pauvre Yseult fut enlevée et conduite à Cintageul, pendant que quelques-uns des gens du roi Marc, venus là pour la surprendre, se détachaient et allaient à la recherche de Tristan, dont la tête était mise à prix.

A force de battre la forêt dans tous les sens, ces misérables s'égarèrent. L'un d'eux, qui était le fils d'un des hommes d'armes tués par Tristan le jour où on le conduisait au supplice, et qui, depuis ce moment-là, épiait l'occasion de venger la mort de son père ; l'un des mercenaires à la recherche de Tristan, s'engagea seul dans une allée au bout de laquelle il trouva une fontaine entourée de frais gazon. Sur le bord de cette fontaine, au murmure tranquille et doux, l'amant d'Yseult dormait, fatigué. L'occasion tant cherchée se présentait enfin !..

Tuer un homme sans armes, c'est déjà lâche ; tuer un homme endormi, c'est la plus déloyale des actions déloyales. Mais un mercenaire n'y regarde pas de si près. Le traître tira une sagette de sa trousse, la fixa sur son arc qu'il banda, et la lança sur le bras gauche de Tristan que la douleur réveilla brusquement.

Tristan, réveillé, était terrible. Il se leva, courut sur son lâche agresseur, le saisit de sa main nerveuse et le jeta sur un tronc d'arbre contre lequel sa tête s'éclaffa. Puis il retira la flèche qui brandissait encore dans son bras gauche, et s'aperçut alors qu'il était empoisonnée.

— Yseult me guérira ! dit-il en se mettant en route pour retrouver sa maîtresse.

Quand il arriva à l'endroit de la forêt qu'il habitait avec sa chère princesse, il entendit des sanglots qui le firent tressaillir. Il entra précipitamment et ne vit que la suivante d'Yseult.

— Dame Yseult, où est-elle ? demanda-t-il plein d'inquiétude à cette fille en pleurs.

— Des brigands l'ont enlevée pour la conduire au roi Marc et la faire mourir !... répondit la suivante.

Tristan, au désespoir, voulut se tuer. L'amour arrêta son bras. Bien qu'il n'eût plus d'espérance à concevoir sur sa réunion avec Yseult, il voulut vivre pour tenter de la revoir ! Mais bientôt, la douleur que lui causa la blessure empoisonnée qu'il avait reçue, l'avertit que la mort allait venir. Gouvernail, dans son dévoûment pour son maître, courut à Cintageul, vit la fidèle Brangien, et lui dit l'état dans lequel se trouvait Tristan.

— Dame Yseult seule peut le guérir, ajouta le bon écuyer en pleurant.

— Hélas ! bon Gouvernail, répondit Brangien, il faut renoncer à l'espoir de voir dame Yseult... Elle est renfermée dans une tour, et gardée très étroitement... Toute communication avec elle est impossible... On sait que je lui suis dévouée, et l'on me surveille...

— Il faut donc que Tristan meure !...

— Les soins et la science d'Yseult peuvent être remplacés par les soins et la science d'une autre Yseult, Yseult-aux-Blanches-Mains, fille du roi Houël... Que Tristan parte donc sans retard pour la petite Bretagne, dont Houël est le roi : sa guérison est à ce prix... S'il attend trop, il mourra... Qu'il parte, qu'il parte, qu'il parte, et qu'il vive pour ma chère maîtresse et la sienne !...

CHAPITRE XIX.

Comme Tristan, d'après le conseil de Brangien, alla chercher la guérison à la cour du roi Houël ; et comme, en cherchant la guérison, il se trouva subitement amoureux de la princesse Yseult-aux-Blanches-Mains.

ouvernail revint dans la forêt du Morois et rapporta à Tristan ce que la fidèle Brangien lui avait dit. Il n'y avait pas à hésiter : Tristan partit pour la petite Bretagne et se rendit, suivi de son bon écuyer, à la cour du roi Houël, où il se fit appeler le Chevalier Inconnu.

Le neveu du vieux Marc avait en lui une grâce, un charme, une séduction à laquelle se prenaient les hommes aussi bien que les femmes, quoique pour des raisons différentes. Les femmes ne voient, d'ordinaire, dans un homme que ce que, d'ordinaire, les hommes voient dans une femme, c'est-à-dire la beauté plastique pure et simple. Pourvu qu'un homme ait la tête d'Antinoüs sur les épaules d'un Bacchus Indien, elles n'en demandent pas davantage ; les voilà amoureuses. Les hommes, au contraire, exigent autre chose : ils les veulent intelligentes, bonnes et courageuses, et, pour eux, un beau corps doit être l'enveloppe d'une grande âme.

C'est précisément cette réunion de doubles qualités qui avait prévenu si favorablement le roi Houël à l'aspect de Tristan, et il s'était empressé de le recommander aux bons soins et à la science de sa fille, Yseult-aux-Blanches-Mains. C'était, disons-le vite, une recommandation superflue : l'amour, plus prompt que lui, s'était chargé déjà de recommander à la jeune princesse le beau chevalier inconnu.

Les belles mains, cause charmante de l'agréable surnom de la nouvelle Yseult, s'occupaient doucement et bien lentement à panser le bras endolori de Tristan. Le moment où il devait recevoir leur secours était toujours attendu par lui avec la plus vive impatience. Tristan avait hâte d'être guéri, et cependant il le voyait sans chagrin s'éloigner de plus en plus le jour de sa guérison. Lorsque cette seconde Yseult le touchait de ses blanches mains, douces comme velours, un trouble ravissant, une agréable chaleur, qui dissipait le froid mortel du poison, lui faisaient croire qu'Yseult lui rendrait la santé ; mais la santé une fois venue, ces soins précieux cesseraient naturellement et, par moments alors, il se souhaitait éternellement à l'article de la mort, afin que la douce Yseult fût éternellement occupée de lui.

Enfin, quoi que dît et pensât Tristan, la guérison arriva, et Yseult se montra si heureuse de le voir hors de péril, qu'il y eût eu ingratitude de sa part à s'affliger et à souhaiter autre chose. Il soupira en pensant qu'il allait être privé des adorables et chastes caresses de ces belles mains blanches, mais il se résigna.

2

A peine Tristan commençait-il sa convalescence, qu'un comte très puissant, voisin des Etats du roi Houël, battit son armée et vint même l'assiéger jusque dans sa capitale.

Houël était désespéré. Il ne voyait pas comment il pourrait s'opposer à cette invasion et la repousser d'une efficace façon, à cause de la pénurie de chevaliers dans laquelle il se trouvait.

— Sire Houël, lui dit le bon Gouvernail qui était là par hasard et qui était témoin de son embarras, ne vous mettez point en peine pour si peu de chose... Si les chevaliers de votre royaume vous font défaut, il y en a d'autres...

— Hélas! ils sont trop loin! répondit Houël, plein de perplexités.

— J'en connais un, Sire, qui est près de vous...

— Lequel?.. demanda vivement le roi.

— C'est le chevalier Inconnu, le plus vaillant et le plus illustre de tous les chevaliers. Le ciel le protége dans toutes ses entreprises, et si vous voulez lui confier le soin de votre gloire, il s'en acquittera à merveille, je vous en réponds...

Houël, heureux de cette assurance que lui donnait le bon écuyer, envoya quérir Tristan, en ce moment occupé à témoigner sa reconnaissance à la princesse Yseult-aux-Blanches-Mains.

— Chevalier, lui dit-il, je vous ai accueilli avec courtoisie et traité jusqu'ici avec aménité... Je ne vous rappelle pas cela pour m'en faire un titre à vos yeux, le ciel m'en préserve! Seulement, je me trouve présentement dans la plus amère des perplexités et votre écuyer vient de m'assurer que vous pourriez m'en tirer avec avantage...

— De quoi s'agit-il, Sire? demanda Tristan. Je suis si pénétré des bontés dont vous m'avez comblé, que je brûle de trouver une occasion de vous en remercier...

— Il s'agit, vaillant chevalier, de délivrer ma ville de la menace armée suspendue au-dessus de sa tête... Le comte mon voisin a envahi mes Etats, a ravagé mes provinces, a rançonné mes sujets, et il a couronné son œuvre en venant mettre le siège devant ma capitale.

— Je vaincrai le comte et vous en délivrerai, Sire, répondit simplement Tristan.

En effet, le neveu du roi de Cornouailles, quoique encore faible, alla s'armer, se mit à la tête d'une petite troupe d'hommes déterminés, fit une sortie hors des murs de la ville, tomba comme une avalanche sur l'armée ennemie qui se débanda, tua le comte, et rentra triomphant dans la ville qu'il venait de sauver. Le tout, en l'espace de quelques heures!

Le roi Houël, tout joyeux, voulut embrasser le vainqueur, qui lui ramenait son fils Phérédin.

— Vaillant chevalier, lui dit-il dans l'élan de sa reconnaissance, vous avez sauvé ma ville : je vous dois tout. Qu'exigez-vous de moi?...

— Rien que votre estime, Sire, répondit modestement Tristan.

— Mon père, dit alors le prince Phérédin, il faut que vous sachiez à qui vous devez le salut de vos Etats... Vous avez devant vous le vaillant Tristan, fils de Méliadus, roi du Léonois, et d'Isabelle, fille de Félix, roi de Cornouailles...

— Tristan, s'écria le roi Houël, heureux d'apprendre cela, je ne puis mieux vous récompenser qu'en vous offrant ce que j'ai de plus précieux au monde, ma bien-aimée fille Yseult-aux-Blanches-Mains... L'acceptez-vous pour femme?...

CHAPITRE XX

Comme Tristan, ayant obtenu en légitime mariage la princesse Yseult-aux-Blanches-Mains, se vit empêché, la première nuit de ses noces, par le souvenir de dame Yseult de Cornouailles.

Comment dire ce qui se passa dans l'âme de Tristan, à cette aimable et foudroyante proposition du roi Houël? Comment raconter les tumultes, les assauts, les tressautements de son cœur?

Jamais galant homme, en effet, ne fut mis à pareille épreuve et ne subit pareille alternative! Tristan adorait toujours la première Yseult, qui lui avait tout sacrifié, repos, honneur et vie; mais les belles et blanches mains de la seconde Yseult l'avaient soigné et guéri d'une blessure mortelle!... Il se rappelait ses bonheurs d'autrefois goûtés bouche à bouche et cœur à cœur avec la jeune femme du vieux roi Marc; mais, au même moment, le remords de ces bonheurs-là venait porter le trouble et la honte dans son âme, il ne les envisageait plus que comme des crimes, il se repentait amèrement de tout ce qu'il avait fait contre le roi de Cornouailles, son oncle après tout!...

O instabilité et inanité des sentiments humains! Le cœur change à mesure que les horizons se déplacent; la conscience se modifie à mesure que les affections s'accumulent. Simple on était au départ, simple de cœur et de conscience; on n'aimait qu'une seule femme, parce qu'on avait la candeur de croire qu'il n'y avait qu'une femme au monde, et aussi parce que cette femme était sans cesse sous vos yeux et sous votre amour. Mais viennent les années, les voyages, les accidents, l'absence; viennent aussi les nouveaux visages et les nouvelles femmes : on oublie, ou, lorsqu'on se souvient, c'est pour condamner, c'est pour brûler ce qu'on a adoré. Loin des yeux, loin du cœur! O instabilité et inanité des sentiments humains! Le délicat et timoré Tristan n'avait pas eu jusque-là cette délicatesse et cette timeur à l'endroit du mari d'Yseult, son oncle et son roi : pourquoi les avait-il maintenant?... Hélas! c'est que, maintenant, il avait besoin d'une excuse pour aimer à son aise la seconde Yseult, Yseult-aux-Blanches-Mains.

D'un autre côté, il faut l'avouer à la louange de Tristan, un fonds de probité lui faisait désirer de pouvoir renoncer à l'amour illicite, au fruit défendu, quelque savoureux qu'il lui eût paru jusque-là. Il pensait même qu'un amour avoué par le ciel pourrait l'enchaîner à jamais, et lui procurer enfin ce bonheur dont toute âme honnête est plus susceptible qu'une autre, parce qu'elle sent mieux le devoir d'être juste et le plaisir d'être innocent.

Cette dernière réflexion et les belles mains d'Yseult le déterminèrent : il lui donna la sienne, et quelques jours après, leur mariage était célébré avec la plus grande magnificence.

Tristan était marié !

Mais, par un juste retour des choses d'ici-bas, l'amour voulut punir l'amant infidèle, dans son infidélité même. Le jour du mariage arriva, et la nuit qui le suit toujours arriva aussi. Tristan et sa femme prirent congé de leurs parents et amis, entrèrent dans la chambre nuptiale, en fermèrent soigneusement la porte, et se couchèrent.

La lampe de nuit brûlait si clair, que Tristan pouvait admirer à loisir la chaste beauté de sa nouvelle mie, et en détailler à son aise les plus secrètes perfections. Yseult était un morceau de prince, le plus savoureux et le plus délicat que l'on se pût imaginer. Elle avait la bouche merveilleusement faite et petiote en diable : la place suffisante pour les baisers, non pour autre chose. Bouche vermeille comme un fruit d'août, avec cette fleur qu'ont aussi les fruits et que le moindre contact étranger enlève pour toujours. Elle avait des yeux pers, de cette nuance charmante et rarissime qui tient le milieu entre le vert et le bleu ; ils souriaient d'un sourire noyé de larmes de bonheur, comme le sourire de la nature par un beau matin de mai. Ses joues étaient recouvertes d'un imperceptible duvet rose qu'on aurait dit dérobé à l'aileron d'un oiselet de Paradis, et l'on devinait bien que, jusqu'à ce moment suprême, elles n'avaient subi d'autres caresses que celles du zéphir amoureux. Ses longs cils bruns se levaient et s'abaissaient tour à tour avec des tressaillements éloquents qui ressemblaient à des battements d'ailes et qui disaient bien des choses, inavouées par les lèvres. Ses sourcils noirs et élégamment arqués avaient la ténuité et la pureté de lignes d'un petit câble de soie brune. N'est-ce pas ainsi que sont faits les séraphins placés à la droite de Dieu le Père ?... Yseult était un séraphin amoureux dans l'attente du bonheur promis.

Tristan la baisait partout avec une ardeur sans pareille, qui devenait aisément contagieuse. Il la baisait et l'accolait avec des tendresses et des mignardises infinies. Mais, par une malechance fatale, quand il lui souvenait d'Yseult de Cornouailles, la mie d'autrefois, il perdait incontinent toute volonté du surplus de ces caresses, et ne restait qu'à la préface de ce divin livre qu'on doit lire à deux jusqu'au bout. L'Yseult qui était en Cornouailles semblait lui défendre de songer trop amoureusement à cette Yseult qui était devant lui : l'ombre faisait tort à la proie.

Ainsi demeura Tristan avec sa femme qui, chaste comme une ignorante et ignorante comme une chaste, finit par s'imaginer qu'il n'y avait rien au delà de ces mignardises, rien au delà de cette préface, et s'endormit de son sommeil de vierge immaculée dans les bras brûlants et sur la poitrine embrasée de son époux. Et Tristan aussi, d'autre part, fatigué de sa lutte impuissante, prit le parti de s'endormir jusqu'au lendemain entre les bras blancs et ronds de la jeune épousée dont le souffle limpide vint rafraîchir son âme altérée.

Le lendemain, de bonne heure, dames et demoiselles s'empressèrent à la porte de la chambre nuptiale et bourdonnèrent comme un essaim d'abeilles jusqu'à ce qu'on la leur ouvrît, pour assister au petit lever d'Yseult et de Tristan. Les regards des unes interrogèrent curieusement le visage de la jeune femme ; les regards des autres interrogèrent indiscrètement la physionomie du jeune homme. Mais, quelque habiles qu'elles fussent, elles ne purent rien deviner et durent s'en tenir aux conjectures, champ très vaste, comme on sait. « Pauvre Yseult ! » dirent les unes, sans trop savoir pourquoi. « Heureuse Yseult ! » dirent les autres, qui se trompaient tout autant.

Tristan, modeste et prudent, n'informa personne des détails de cette première nuit de noce. Yseult-aux-Blanches-Mains, plus innocente, ne se plaignit à personne d'un outrage qu'elle ignorait. Gouvernail, qui supposait tout ce qu'il est permis de supposer en pareille occurence, et qui ne supposait rien de rien de ce qui s'était passé ; Gouvernail fut très heureux, persuadé qu'une belle femme comme dame Yseult-aux-Blanches-Mains ferait aisément oublier une maîtresse encore plus belle peut-être, comme dame Yseult de Cornouailles. Ah ! l'honnête homme que ce bon Gouvernail !...

Tristan resta un an à la cour du roi Houël, son beau-père, et, pendant un an, toutes les nuits qu'il passa avec sa belle épousée ressemblèrent à cette première nuit où le souvenir de sa première mie avait fait tant de tort à sa seconde mie. Yseult-aux-Blanches-Mains crût qu'il en était ainsi de toute éternité, et qu'il n'y avait pas au monde d'autres bonheurs : elle se résigna.

CHAPITRE XXI

<small>Comme le roi Marc apprit le mariage de son neveu et se hâta de l'apprendre à sa femme, qui faillit en mourir. Comme Yseult, dans son désespoir, écrivit à son amie la reine Geniévre pour lui demander conseil.</small>

Tout s'apprend, surtout les mauvaises nouvelles. Celle du mariage de Tristan avec la fille du roi Houël, arriva bientôt en Cornouailles. Le roi Marc, qui la sut le premier, s'empressa, on le comprend, d'aller l'annoncer à sa femme.

— Dame, dame, lui dit-il avec une maligne joie, en entrant dans sa chambre, votre bel ami Tristan fait des siennes !... On vient de m'apprendre son mariage avec la fille du roi Houël, avec la belle Yseult-aux-Blanches-Mains... Bon mariage, à ce qu'on prétend ! La princesse raffole de Tristan, et Tristan raffole de la princesse... Jamais couple ne fut plus uni, ni plus heureux... Ingrat Tristan, il nous a oubliés pour toujours maintenant, pour toujours !... Les flots, les amants et les neveux sont changeants...

Là dessus, le cruel vieillard se retira en se frottant les mains.

La malheureuse Yseult ne put cacher sa douleur. Elle s'enferma avec la bonne Brangien et versa des torrents de larmes.

— Ah ! Tristan ! Tristan ! s'écria-t-elle, navrée. Ah ! Tristan ! avez-vous bien eu le cœur de trahir à ce point celle qui vous aimait plus que soi-même ?... Cruel ami, puisqu'il en est ainsi, puisque je vois que toutes les femmes ont joie de leurs amours, et que, seule, j'en ai douleur et amertume, je n'ai plus qu'à supplier Dieu de m'envoyer bientôt la mort !...

La bonne Brangien essaya de consoler cette belle désolée, veuve de sa plus chère affection. Mais Yseult ne voulait pas être consolée ; il y a d'ailleurs de ces douleurs devant lesquelles l'amitié intelligente doit s'incliner, muette.

Cependant, Yseult-la-Blonde se souvint, dans son désespoir, de l'amitié qui l'unissait à la reine Genièvre, femme du grand roi Artus. On se souvient que, pour sauver Tristan, elle avait envoyé Palamèdes à la cour de ce preux des preux, et qu'elle l'avait chargé de dire à la reine Genièvre, de sa part, qu'il n'y avait au monde que deux chevaliers et deux dames, Genièvre et elle, Tristan et Lancelot ; car, hélas ! quoique chef des chevaliers de la Table Ronde, quoique le plus preux d'entre les plus preux, le puissant roi Artus n'en partageait pas moins le sort marital du roitelet de Cornouailles, le vieux Marc. La foudre n'atteint pas que les grands chênes : elle atteint aussi les arbrisseaux !...

La belle Genièvre aimait donc Lancelot du Lac aussi tendrement que la blonde Yseult aimait Tristan, et cette communauté de situation était doublée d'une communauté de sentiments qui faisait de ces deux charmantes reines deux excellentes amies. Genièvre écrivait souvent à Yseult, et elle ne lui parlait jamais que de Lancelot ; Yseult écrivait souvent à Genièvre, et elle ne l'entretenait jamais que de Tristan ; de sorte que ces deux aimables femmes connaissaient à merveille leurs mutuelles affaires de cœur. Jusqu'ici, aucune d'elles ne s'était plainte de son ami : c'était la blonde Yseult qui devait commencer. Triste honneur, douloureux avantage !...

La reine de Cornouailles écrivit à sa mie Genièvre une longue lettre tracée d'une main tremblante, et presque effacée par ses larmes. Elle lui parla de l'excès de son amour pour Tristan, de ce qu'elle avait souffert à cause de lui, de sa cruelle infidélité, de son mariage, du désespoir où elle était, et, finalement, elle lui demanda conseil sur ce qu'elle devait faire désormais.

Genièvre ne perdit pas un moment pour faire confidence à Lancelot des plaintes d'Yseult, et de l'infidélité de Tristan, dont elle lui peignit toute l'horreur avec l'éloquence qu'une femme en possession d'amant doit et peut porter dans un pareil récit.

Lancelot du Lac n'eut garde de ne pas assurer sa belle maîtresse de l'indignation que lui causait cette notable infidélité du chevalier Tristan ; et, pour lui prouver qu'il était loin de voir d'un œil favorable une pareille conduite, et encore plus éloigné de la prendre pour exemple, il forma à l'instant même le projet d'aller châtier une pareille félonie. La reine Genièvre le remercia de ce beau zèle qu'il montrait pour la sainte et grande cause des femmes outragées par leurs amants, et, au lieu de le retenir, bien qu'elle en eût envie, elle pressa son départ.

Lancelot partit.

CHAPITRE XXII.

Comme Tristan, plein de mélancolie, vit un jour venir à la cour du roi Houël une femme voilée qui l'aborda et lui remit un message de la reine de Cornouailles. Comme, alors, prétextant un voyage indispensable au Léonois, il s'embarqua pour aller rejoindre sa mie des anciens jours.

Bien mélancolique était Tristan ! Malgré lui, malgré la présence délicieuse d'Yseult aux-Blanches-Mains, malgré le sentiment de son devoir actuel, malgré tout enfin, il remontait par le souvenir aux heures heureuses passées dans les bras d'Yseult-la-Blonde, sa première et sa plus chère maîtresse. Peut-être aussi, car il faut tout dire, que les obstacles qui se représentaient chaque nuit lorsqu'il voulait témoigner tout son amour à la fille du roi Houël, étaient-ils pour quelque chose dans ses pensements de regret et dans ses retours de cœur vers la fille du roi Argius. Quoi qu'il en fût, Tristan aimait de nouveau, et avec plus de force que jamais, la belle reine de Cornouailles.

Quand on aime, on éprouve toujours le besoin de confier son secret à quelqu'un : Tristan confia le sien au prince Phérédin, son beau-frère. Il lui avoua que, maîtrisé par la plus vive et la plus irrésistible des passions humaines, et par le boire amoureux dont ses lèvres gardaient encore l'enivrante trace, il ne pensait plus qu'à une créature au monde, qui était Yseult-la-Blonde.

Cet aveu ne choqua pas trop le frère d'Yseult-aux-Blanches-Mains. Il écouta Tristan avec un intérêt croissant, et, lorsque le fils de Méliadus eut fait de main de maître le portrait de sa maîtresse, portrait en buste et portrait en pied, portrait nu et portrait habillé, Phérédin n'eut plus qu'une idée en tête et en cœur : voir cette incomparable merveille de beauté. L'histoire du roi Candaule est de tous les temps.

Les choses en étaient là, lorsqu'un jour, une femme voilée vint à la cour du roi Houël et épia le moment de trouver Tristan seul. Ce moment arrivé, elle l'aborda rapidement et lui dit, à voix basse :

— Ah ! Tristan, Dieu vous garde !...

Bien que la femme eût un voile, le mari d'Yseult-aux-Blanches-Mains la reconnut aisément à sa voix.

— Brangien ! s'écria-t-il, ému, en relevant son voile et en découvrant le doux visage de la fidèle suivante d'Yseult.

— Oui, Brangien, la messagère de votre mie, sire Tristan, répondit-elle, émue comme lui.

— Ah ! Brangien, reprit Tristan en l'embrassant, tout attendri, dites-moi vite comment se porte ma chère mie d'autrefois.

— Mauvaisement, mauvaisement ! dit Brangien. Elle n'a plus ni bien ni joie, la chère âme, depuis qu'elle sait que vous avez épousé autre femme qu'elle, et elle n'en aura plus jusqu'à ce qu'elle vous ait vu... Voici une lettre qu'elle vous envoie par mon assistance...

Tristan prit la lettre en tremblant comme une feuille, et quand il eut aperçu le scel si connu de lui, il le baisa en pleurant, le rebaisa encore, puis il ouvrit la lettre et lut ces quelques lignes éloquentes :

« Ami, doux et cher ami. Oh! venez tôt, venez
« sans demeure, accourez, ami cher, ou soyez sûr
« que votre Yseult, votre amour, désire la mort, qui
« va venir si vous ne venez pas... »

Ce cri du cœur eut son écho dans celui de Tristan, qui se sentit remué outre mesure à la lecture de cette lettre qui lui disait en peu de mots la vie de douleurs et d'afflictions imméritées de la pauvre reine de Cornouailles.

— Chère infortunée ! s'écria-t-il, en effaçant sous ses baisers les caractères que la main d'Yseult avait tracés.

Cette lettre l'appelait ; son amour, surtout, lui disait de partir : il résolut de quitter au plus tôt la cour du roi Houël.

Pour cela faire, sans trop de scandale, il feignit auprès de son beau-père et de sa femme, que Brangien lui avait apporté des nouvelles du Léonois, où sa présence était nécessaire. On le crut sans marchander, et, en l'honneur de lui, on fit fête à la fidèle Brangien qui fut reçue avec amitié par Yseult-aux-Blanches-Mains.

Brangien, en voyant la fille du roi Houël, ne put s'empêcher d'admirer son admirable beauté, et elle jugea tout d'abord que c'était ici une rivale dangereuse pour la reine de Cornouailles. Mais, petit à petit, en gagnant sa confiance, en la questionnant adroitement sur elle-même et sur Tristan, elle en conclut, par ses réponses pleines de candeur et de simplicité, que l'amant d'Yseult-la-Blonde n'avait été qu'à moitié coupable. Brangien ne se trompait pas ; elle fut heureuse de cette découverte dont elle brûlait de faire part à la reine de Cornouailles.

Les préparatifs du départ terminés, Tristan demanda au roi Houël de lui accorder le prince Phérédin comme compagnon de voyage. Houël y consentit. Tristan, Phérédin et la fidèle Brangien s'embarquèrent avec un vent favorable, qui leur promettait une heureuse navigation.

Hélas ! les vents ne tiennent pas plus leurs promesses que les hommes ! Vers le milieu du jour, une tempête s'éleva et ballotta le vaisseau, le menaça du naufrage, et, finalement, le jeta sur les côtes de la Grande-Bretagne.

CHAPITRE XXIII.

Comme Tristan, Phérédin et la fidèle Brangien, après avoir été jetés sur les côtes de la Grande-Bretagne, entrèrent dans la forêt d'Arnantes ; et des diverses aventures qui y arrivèrent.

Nos trois voyageurs débarquèrent tant bien que mal et se mirent à marcher à l'aventure pour découvrir un gîte où passer la nuit. Ils entrèrent bientôt dans une épaisse forêt, où le son d'une cloche, qu'ils entendirent, leur fit espérer de rencontrer des habitants hospitaliers. Ils marchèrent donc dans la direction de cet appel argentin, et ne tardèrent pas à se trouver en face d'un ermite vénérable, qui leur procura les vivres nécessaires et leur offrit le repos dont Brangien, surtout, avait besoin.

— Où sommes-nous, bon ermite, demanda Tristan ?

— Dans la fameuse forêt d'Arnantes, sire chevalier, répondit l'ermite ; ne la connaissiez-vous donc pas ? Nul pays au monde, n'est aussi grand et aussi fécond en aventures que cette forêt...

— Mais vous, bon ermite, qui paraissez instruit de tant de choses, peut-on vous demander qui vous êtes ?... Vous n'avez pas toujours été ermite... vous n'avez pas toujours vécu dans la forêt d'Arnantes...

— Sans doute, sans doute... Je dormais un jour, il y a longtemps, à l'ombre d'un arbre de cette forêt mystérieuse... La demoiselle du Lac passa... Vous connaissez la demoiselle du Lac ?... Elle était adorée du grand Merlin, et ne l'aimait pas... Cela se voit souvent, n'est-ce pas ?... Ce qui ne se voit pas moins souvent, c'est qu'elle le récompensait, par l'ingratitude la plus noire, de la science des enchantements qu'il lui avait apprise et dans laquelle elle excellait... La demoiselle du Lac passa donc un jour, pendant que je reposais endormi au pied d'un arbre. Elle eut la fantaisie d'exercer sa science sur moi ; elle m'enchanta... je changeai de forme, d'âge et d'habit... de chevalier, je devins ermite... Combien de temps resterai-je ainsi ? je l'ignore ; c'est le secret de cette magicienne...

— Pauvre homme ! murmura la bonne Brangien qui avait le cœur le plus pitoyable de la terre.

— Cette dame du Lac, reprit l'ermite, éprise ensuite d'amour pour le grand roi Artus, a trouvé le moyen de l'attirer dans cette forêt, où, par ses enchantements, elle le retient, après lui avoir ôté la mémoire... Tous les chevaliers de la Table-Ronde sont partis de Cramalot pour aller à la quête de leur glorieux chef... Fasse le ciel qu'ils le rencontrent et le délivrent des griffes de velours de la demoiselle du Lac !...

Ce récit intéressa extrêmement Tristan. A ce point que, confiant aux soins de l'ermite la fidèle Brangien et le jeune prince Phérédin, il partit incontinent pour chercher les aventures annoncées.

La forêt d'Arnantes était immense ; il était facile de s'y égarer quand on n'en connaissait pas les carrefours principaux. Tristan ne demandait pas mieux de s'égarer. L'inconnu l'appelait ! Le mystère l'attirait ! Il n'eût pas été fâché de rencontrer la demoiselle du Lac : ce fut l'Amoral de Gales qu'il rencontra.

Tous deux avaient la visière de leurs casques baissée : il leur fut impossible de se reconnaître tout d'abord, et ils s'avancèrent l'un contre l'autre. Le combat furieux qu'ils se livrèrent, la vigueur de leur mutuelle attaque, l'adresse de leur mutuelle parade, finirent par leur inspirer une estime réciproque. Ils s'arrêtèrent.

— Chevalier, dit l'Amoral de Gales le premier, je ne connais qu'un homme au monde qui puisse combattre aussi vaillamment que vous : c'est celui qui vainquit l'abominable géant appelé Nabon-le-Noir... J'ai nommé le chevalier Tristan de Léonois !...

— Il n'y a qu'un homme qui puisse se défendre aussi vaillamment que vous, répondit Tristan en souriant ; c'est celui qui, armé de son écu et d'un bâton d'escrime, vainquit les chevaliers de Norgales dans la plaine de Nabon-le-Noir... Je vous ai nommé, Amoral de Gales !...

Ainsi reconnus et réconciliés, les deux chevaliers firent route ensemble, en causant de leurs mutuelles aventures. Ils marchèrent, marchèrent, marchèrent, et, bientôt, ils arrivèrent sur les bords d'une fontaine ombragée d'un grand sycomore, où ils s'arrêtèrent pendant quelques instants, pour reprendre haleine. A peine étaient-ils installés là, devisant et riant, qu'ils virent venir à eux un animal monstrueux que poursuivait un chevalier.

C'était la plus merveilleuse et la plus hideuse bête qu'ils eussent jamais vue. Elle avait les pieds et les cuisses d'un cerf, la queue battante et puissante d'un lion, le corps d'un léopard et la gueule d'un serpent. Cette disproportion de formes n'était rien auprès du glatissement énorme qui sortait continuellement de cette gueule aplatie et visqueuse ; l'aboiement de vingt chiens braques n'eût pu dominer ou seulement égaler l'aboiement de cette bête, appelée la bête glatissante.

Le chevalier qui la poursuivait avec acharnement, n'était autre que le prince Palamèdes, amant malheureux de la blonde Yseult. L'enchantement de quelque fée l'avait condamné à poursuivre sans cesse cette bête monstrueuse ; à ce point même qu'il n'était plus connu que sous le nom du chevalier à la bête glatissante.

L'Amoral et Tristan voulurent l'arrêter et jouter avec lui. Il les renversa tous deux dans l'impétuosité de sa course, et se remit de plus belle à la poursuite de sa bête.

Nos deux chevaliers, un peu déconfits, se relevèrent et reprirent leur route. Au premier carrefour qu'ils rencontrèrent, ils se séparèrent de bonne amitié. L'Amoral de Gales prit à droite, et Tristan à gauche.

CHAPITRE XXIV

Continuation des aventures de Tristan dans la forêt enchantée, et de la rencontre qu'il y fit du roi Artus, qu'il délivra. Comme, ensuite, il se décida à rejoindre Phérédin et Brangien.

En quittant l'Amoral de Gales, Tristan s'enfonça plus avant que jamais dans la forêt enchantée. Les aventures et les rencontres semblèrent d'abord le vouloir fuir, probablement parce qu'il courait au devant d'elles. Cependant, il y mettait trop d'insistance pour qu'elle ne fût pas récompensée. Bientôt, en effet, il se croisa avec quelques-uns des chevaliers qui étaient à la recherche du roi Artus : il se mêla à eux.

Parmi ces chevaliers se trouvait Treu, le propre sénéchal du chef de la Table-Ronde, qui, en chemin, lui demanda quel était son pays.

— Je suis de Cornouailles, répondit Tristan, pris d'une subite fantaisie.

— Oh ! oh ! répondit Treu d'un air moqueur, c'est bien de l'honneur que vous nous faites-là, sire Cornouaillais ! Avec vous, nous sommes sûrs de réussir dans toutes nos entreprises et de sortir vainqueurs de tous nos combats... Je gage que je connais votre nom, vaillant chevalier de Cornouailles ?...

— C'est bien possible, honorable chevalier, dit modestement Tristan, qui devinait bien l'envie de gaber qu'avait le grand sénéchal du roi Artus.

— Eh bien ! valeureux Cornouaillais, vous vous appelez messire Couard... Ai-je deviné ?...

— Vous avez deviné, grand sénéchal, répondit Tristan en dissimulant un sourire.

On alla coucher dans une abbaye voisine, où le bon Tristan se laissa gaber et railler plus que jamais par Treu, le sénéchal. Si bien que, pendant la nuit, ce dernier complota avec ses compagnons d'aller attendre le chevalier de Cornouailles dans une route, au sortir de l'abbaye, et de se donner ainsi l'amusement de la frayeur qu'ils ne manqueraient pas de lui causer en lui proposant de jouter avec eux. Ce qui fut exécuté à la lettre.

Le matin, en se levant, Tristan ne trouva plus ses compagnons de la veille. Sans s'en embarrasser plus longtemps, il s'arma et partit pour continuer sa quête. Au bout d'un quart d'heure il rencontra l'avantageux sénéchal et ses trois compagnons, tous quatre la lance en arrêt, prêts à combattre.

— Sire chevalier, cria Treu d'une voix de Stentor, il faut vous arrêter ici et jouter avec l'un de nous, à votre choix !...

— Je n'ose, répondit Tristan avec une modestie parfaitement jouée. Jusqu'ici, cet honneur que vous voulez me faire ne m'a pas été proposé... Je ne suis pas habile au maniement des lances et des épées...

— Oui, oui, reprit le gabeleur Treu, vous êtes plus expert aux amusements tranquilles... Je gage que vous ne savez jouer qu'aux échecs !...

— Ah ! je connais autre chose...

— Eh bien ! alors, joutez... joutez !...

— Y tenez-vous beaucoup, seigneurs chevaliers ?..

— Beaucoup, en vérité, beaucoup !...

Alors Tristan, feignant de se décider à regret, et comme un homme vaincu d'avance, mit sa lance en arrêt, éperonna son cheval et courut sur le sénéchal qu'il renversa, puis sur les trois autres chevaliers d'Artus, qu'il renversa également, sans rompre sa lance. Une fois qu'il les vit par terre tous les quatre, hommes et chevaux, il les salua ironiquement de la main et leur cria :

— Seigneurs, souvenez-vous du pauvre Couard, chevalier de Cornouailles !...

Puis il s'éloigna en riant de cette innocente équipée.

Il n'avait pas fait cent pas qu'il rencontra une demoiselle toute éplorée.

— Ah ! sire chevalier, s'écria-t-elle du plus loin qu'elle l'aperçut, accourez pour vous opposer à la plus cruelle trahison !...

Tristan vola à son secours. Mais aussitôt qu'elle eut reconnu, à la forme de ses armes, qu'il était du royaume de Cornouailles, elle reprit :

— Oh ! le beau secours que je vais quérir là !... Un chevalier cornouaillais... J'aimerais autant une femme... elle me serait tout aussi utile !...

Cependant ils arrivèrent ensemble près d'une tour à l'ombre de laquelle croissait un grand pin. Là, étendu, terrassé, était un chevalier dont trois misérables voulaient arracher le heaume, afin de lui couper la tête. A côté de lui, terrassés comme lui, étaient trois autres chevaliers.

Tristan se précipita, tua du premier coup l'un des

trois scélérats qui étaient en train d'arracher le heaume du chevalier, pendant que celui-ci, se relevant, s'attaqua aux deux autres et leur fit voler la tête, aidé du brave Tristan. Une fois vengé, il leva la visière de son casque et laissa tomber sur sa poitrine une longue barbe blanche, qui frappa Tristan de respect.

— Vous êtes le roi Artus? demanda-t-il à ce majestueux chevalier qui semblait si bien fait pour commander aux autres.

— Oui, vaillant chevalier, je suis le roi Artus... Et vous, dites-moi votre nom, je vous en prie...

— C'est un nom trop obscur pour être prononcé devant le grand roi Artus. Je suis heureux d'être arrivé à temps pour vous être utile...

Pendant que ces deux chevaliers devisaient ainsi ensemble, la demoiselle qui avait amené Tristan s'élança sur Artus, lui arracha son anneau, s'empara d'une épée, courut après une autre demoiselle qui fuyait et lui coupa la tête : c'était la fin de l'enchantement du preux des preux.

Artus, ayant ainsi recouvré la raison et la mémoire, offrit à Tristan de l'emmener à sa cour et de l'élever aux plus hautes dignités. Tristan persista à refuser ces offres brillantes et à se faire connaître. Il se contenta d'accompagner le roi, jusqu'à ce qu'il eût rencontré les chevaliers de sa cour en quête de lui.

Ils se mirent donc en marche. Peu de temps après, ils virent venir à eux Hector des Mares, frère de Lancelot du Lac.

— Sire, dit Tristan, je vous laisse avec un bon et brave chevalier, et je pars !...

Artus et son compagnon embrassèrent Tristan et prirent le chemin de Cramalot où ils arrivèrent le soir même.

Quant à l'amant d'Yseult-la-Blonde, maintenant qu'il savait le preux des preux délivré, il n'avait plus qu'à rejoindre le prince Phérédin et la fidèle Brangien : il les rejoignit.

CHAPITRE XXV

Comme Phérédin, Brangien et Tristan prirent congé du bon ermite, se rembarquèrent et arrivèrent en Cornouailles, où Tristan revit sa mie Yseult. Comme, ensuite, pris de jalousie, Tristan se mit à la poursuite de Phérédin, et fut sur le point de mourir de désespoir.

Malgré les enchantements de la forêt d'Arnantes, Tristan retrouva sans encombre le chemin qui conduisait à l'ermitage où il avait laissé la bonne Brangien et le prince Phérédin. On l'accueillit avec joie, et l'ermite, pour sa part, apprit avec plaisir la délivrance du roi Artus. Puis, il fallut songer au départ.

Brangien, Phérédin et Tristan prirent congé de leur hôte et se rembarquèrent. Quelques jours après, ils étaient arrivés dans le royaume de Cornouailles. Là, il s'agissait pour le fils de Méliadus, de voir Yseult sans être vu du roi Marc. Brangien le conduisit, ainsi que Phérédin, dans un château fort appartenant à Dinas, sénéchal de Cornouailles, qui reçut le neveu de son roi avec la joie la plus sincère et qui lui promit de lui procurer un entretien secret avec sa belle mie.

Yseult vint, en effet, le lendemain, et Tristan, en la revoyant, retrouva sa puissance d'aimer qu'il semblait avoir perdue à la cour du roi Houël. Yseult s'aperçut aisément qu'il avait été coupable, mais non infidèle, et elle lui en sut un gré infini. Jamais Tristan n'avait été plus amoureux qu'en ce moment-là.

La belle reine de Cornouailles, tout-à-fait consolée, revint plusieurs fois au château de Dinas, où le prince Phérédin la rencontra naturellement.

Voir Yseult-la-Blonde, c'était l'aimer : Phérédin l'aima. Mais ce prince, comprenant combien il lui serait difficile de déloger Tristan du cœur de son adorable maîtresse, n'essaya même pas de le faire. Il résista vertueusement, tomba malade et se sentit mourir. Lors, il ne put s'empêcher d'écrire à la reine Yseult et de lui apprendre qu'il mourait d'amour pour elle. C'était son unique consolation !

La blonde Yseult, dans un moment de pitié pour l'ami de son amant, ne craignit pas de lui répondre d'une façon honnête et douce, sur la signification de laquelle le prince Phérédin se méprit, et qui lui rendit tout aussitôt la santé et l'espoir. Malheureusement cette réponse d'Yseult s'égara et tomba entre les mains de Tristan.

Tristan se crut trompé. La jalousie la plus terrible s'empara de lui. Il résolut de tuer Phérédin, qui s'échappa. Tristan monta à cheval et courut la forêt pendant deux jours sans s'arrêter, à la poursuite de son rival imaginaire. Il arriva au bord d'une fontaine, descendit de cheval, se livra à son désespoir et s'abîma en un penser si profond, que rien ne put l'en détourner.

Il resta plusieurs jours dans cet état, sans prendre aucune nourriture, défiguré et noirci par le soleil. Il touchait presque à son dernier moment, lorsqu'une jeune demoiselle passa d'aventure en cet endroit, le reconnut, et, touchée de compassion, le tira par le bras, à plusieurs reprises, pour le faire revenir et le sauver.

— Ah! demoiselle, murmura Tristan, vous m'êtes bien dure, et me faites là bien grande vilenie, en me tirant de mon penser !...

Cela dit, avec la plus grande peine et de la voix la plus faible, Tristan retomba dans sa rêverie.

La jeune demoiselle, de plus en plus attendrie de cette douloureuse situation, imagina que Tristan, qu'elle savait aimer beaucoup la musique et jouer supérieurement de la harpe, pourrait bien revenir à lui en entendant le son de la sienne. Elle courut la chercher, et ses beaux doigts blancs firent harmonieusement frémir les cordes. Tristan sortit de sa profonde rêverie ; ses larmes commencèrent à couler ; sa respiration devint plus libre : il tendit une main languissante.

— Ah ! demoiselle, demoiselle, qui venez pour me réconforter, lui dit-il, connaissez-vous le lai de mort ?...

— Non, cher sire, répondit-elle.

— Je le crois bien! reprit Tristan avec un pâle sourire. Mais vous allez l'entendre, si vous voulez me confier votre harpe...

La jeune demoiselle, heureuse du succès qu'elle venait d'obtenir, s'empressa de présenter son instrument au pauvre chevalier, qui le prit, l'accorda, et commença ainsi son lai, interrompu à tout moment par ses sanglots.

> Je fis jadis chansons et lais,
> Amour rendait mes chants parfaits;
> Mais à présent mon art ne mets
> Qu'à faire entendre mes regrets.
>
> Amour, charmante fantaisie,
> Dont j'eus l'âme toujours saisie,
> Toi qui donnes à tous la vie,
> Ah! c'est toi qui me l'as ravie.
>
> L'amour ainsi m'est advenu,
> Tout comme à quiconque a tenu
> En son sein le serpent tout nu,
> Et puis en est à mort venu.
>
> En ma dernière heure te prie,
> Yseult, ô ma douce ennemie,
> Toi qui jadis me fus amie,
> Après ma mort, pas ne m'oublie.
>
> Lorsqu'en terre serai gisant,
> Sur ma tombe on ira lisant :
> « Jamais personne n'aima tant
> « Comme Tristan : il meurt pourtant. »
>
> Fleur de noble Chevalerie,
> Lancelot, dont la courtoisie
> A tant de valeur est unie,
> Satisfais ma dernière envie.
>
> Je te lègue lance et harnois;
> Mais en combats comme en tournois,
> Noble ami, dans tous tes exploits,
> D'Yseult fais respecter les lois.
>
> Toi, Dieu puissant que je réclame,
> Sauve-moi de toute autre flamme
> Que celle dont brûle pour ma dame;
> Donne sauvement à mon âme.

Tristan finit ainsi son lai de mort. Il l'écrivit en le baignant de ses larmes et en le couvrant de ses baisers à l'adresse de sa tant belle mie. Puis, le remettant à la jeune et pitoyable demoiselle, il la supplia de le représenter à Yseult-la-Blonde, et de n'en faire connaître le contenu qu'à Lancelot du Lac, le bel ami de la belle Geniève.

CHAPITRE XXVI

Comme la reine Yseult, désespérée, voulut attenter à ses jours et comme elle en fut empêchée par le vieux roi Marc.

Yseult était désespérée du départ de son amant. Elle apprit que c'était l'innocente lettre qu'elle avait répondue au prince Phérédin qui avait été la cause de ce malheur. Elle chassa sans pitié ce jeune homme, en lui défendant de jamais reparaître devant elle. Quand les femmes se mettent à être cruelles, elles le sont bien. Phérédin s'éloigna, la mort dans l'âme, s'enfonça dans la forêt et y succomba, au bout de quelques jours, de douleur et d'amour.

Yseult envoya sa fidèle Brangien à la recherche de Tristan, afin de le détromper et de le ramener dans ses bras. Brangien chercha, et ne trouva personne.

Tristan n'était pas mort, mais il n'en valait guère mieux. Maigre et défiguré, farouche et désolé, il avait fui, avec la jeune et pitoyable demoiselle, au plus profond et au plus inaccessible de la forêt du Morois. La raison le quittait et le reprenait; mais plus souvent encore, elle le quittait. Folie douce, en somme, dans laquelle il maudissait les femmes et médisait de l'amour.

Par moments, cependant, lorsqu'il se rappelait les belles heures passées aux genoux de son adorée, ses yeux sur ses yeux, ses mains dans ses mains, il se reprochait les blasphèmes que sa bouche ingrate avait proférés contre cet aimable Dieu.

— L'amour, se disait-il en soupirant, c'est une rose; malgré ses épines, on ne peut s'empêcher de la rechercher à cause de son éclat et de son parfum... L'amour, c'est un beau matin qui fait épanouir les fleurs et dont la douce lumière invite les oiseaux à chanter leurs joies et à fêter leur créateur; mais un beau matin souvent suivi d'un orage... Hélas! pourquoi les roses ont-elles des épines? Pourquoi les belles matinées de juin n'ont-elles pas toujours du soleil?

Pourquoi? Hélas! pauvre cher fol! pourquoi la terre n'est-elle pas le Paradis?... Le mal est placé à côté du bien, la peine à côté du plaisir, pour faire contraste...

Pendant que le mélancolique Tristan passait ainsi sa vie dans des alternatives de désespoir et d'espérances, de souvenirs et de regrets, la reine Yseult, de son côté, s'abandonnait aux plus tristes rêveries et aux plus mélancoliques plaintes. La nuit s'était faite pour elle, depuis que son bel ami n'était plus là, devant ses yeux, pour illuminer sa vie de sa présence adorée; et, de même que le rossignol ne chante le plus suavement que dans la nuit, de même Yseult se plaisait à gazouiller sa plainte et son amour, dans les ténèbres actuelles de sa vie. Aussi habile que Tristan dans l'art de faire parler une harpe, elle s'en accompagnait souvent pour mieux chanter.

Un jour, le vieux roi Marc entra doucement dans sa chambre, pendant qu'elle chantait, sur un air nouveau, des couplets qu'elle venait de faire. Uniquement occupée de son bel ami, elle ne prit point garde à son mari, curieusement arrêté sur le seuil.

Voici quel était le lai plaintif de la blonde Yseult :

> Ma voix n'a plus qu'accent piteux,
> Ma harpe que sons langoureux ;
> Dieu d'amour ! les sons gracieux
> Sont faits pour les amants heureux.
>
> Près de toi que j'étais joyeuse !
> Soupirant ma flamme amoureuse,
> Ma voix était harmonieuse,
> Ma harpe plus mélodieuse...

Jusque-là, le vieux roi Marc ne pouvait savoir à qui ces tendres regrets étaient adressés, bien qu'il s'en doutât un peu. Il attendait, dans la plus pénible anxiété, qu'Yseult reprît sa chanson, pour savoir exactement à quoi s'en tenir.

La reine continua :

> Ah! loin de moi, mon cher Tristan,
> Es-tu tranquille, es-tu content?
> Pourrais-tu l'être un seul instant
> Loin de celle qui t'aime tant!...

Gazon fleuri, chambrette obscure,
Témoins de tant douce aventure,
Quand de Tristan seul j'avais cure,
Soyez-les des maux que j'endure...

Le vieux roi Marc, beaucoup trop convaincu, et trop peu maître de lui-même pour se contraindre, se montra alors brusquement et jeta des regards furibonds sur sa jeune femme. Mais Yseult le haïssait trop, elle souffrait trop pour être effrayée ou déconcertée en l'apercevant.

— Vous m'avez entendue, n'est-ce pas ? lui dit-elle avec amertume. Oui, j'aime Tristan, je l'aime, je l'aime, je l'aime !... Sans doute qu'il n'est plus ! Sans doute qu'il est mort pour moi !... Aussi, je ne veux point lui survivre... Un coup, frappé par ma main, dans ce sein tout gonflé de son souvenir, finira bientôt mon supplice en finissant ma vie !...

Il y a vraiment un Dieu pour les amants, comme il y en a un pour les fols et les enfants. Le vieux roi Marc, qui était entré dans la chambre de la reine avec de fâcheuses idées et de féroces projets, en sortit avec des pensées plus douces et plus pitoyables. Les glaces de son cœur se fondirent sous le feu de la compassion. Il craignit sérieusement qu'Yseult ne se donnât la mort. Il appela Dinas, son sénéchal, qu'il savait être estimé de la reine, la lui confia et lui commanda de veiller attentivement sur ses jours.

Aussitôt que Marc eut tourné les talons, Yseult donna libre carrière à ses larmes et à ses confidences.

— Ah! cher Dinas, lui dit-elle, cher Dinas, mon ami Tristan n'est plus... laisse-moi me donner la mort !... Le bonheur n'est plus possible ici-bas pour moi ; je veux aller le chercher ailleurs.

— Eh! madame, répondit le bon sénéchal, quelle certitude avez-vous touchant le sort de votre malheureux ami ?... si un jour, peut-être prochain, Tristan nous est rendu, s'il apprend que vous avez sacrifié vos jours à l'opinion de sa mort et à votre amour, croyez-vous que cet amant fidèle et passionné puisse un instant vous survivre ?...

Cette réflexion pleine de sens arrêta Yseult et calma pendant quelques jours son désespoir. Malheureusement on vint lui apporter de fausses nouvelles sur le sort de son amant ; on assura qu'il était mort, bien mort, et qu'il n'y avait plus le moindre espoir à conserver. Yseult, s'échappant alors des bras du bon Dinas et de la fidèle Brangien, courut dans sa chambre, se saisit d'une épée que Tristan y avait laissée un soir ; elle en appuya le pommeau contre terre, découvrit son beau sein, si digne d'un meilleur sort, et se précipita sur la pointe...

Heureusement, le vieux roi Marc, de plus en plus amoureux de sa femme, s'était caché dans un coin de cette chambre, pour y jouir en secret du plaisir d'entendre le son de sa voix. Au moment où elle allait se précipiter sur l'arme fatale, il sortit vivement de sa cachette, courut vers elle et l'arrêta à bras-le-corps, en tremblant de ce qu'il voyait... Appelant ensuite Dinas et Brangien, après toutefois avoir réparé de ses propres mains le désordre de la toilette de sa femme, il leur reprocha le peu de soin qu'ils prenaient d'elle et la leur confia en leur faisant jurer de ne plus la quitter d'une seule minute.

———

CHAPITRE XXVII

De la vie sauvage que mena Tristan et de la folie furieuse qui s'empara de lui. Ce qu'il fit dans cet état, et comme des bergers, qu'il avait délivrés du géant Taullas, parlèrent de lui avec enthousiasme au vieux roi Marc, qui désira alors le voir.

L'absence, l'isolement dans lequel vivait Tristan, finirent par aigrir son caractère et donner à sa folie une teinte plus sombre et plus terrible. La jeune demoiselle qui, auparavant, apaisait son âme troublée, en jouant de la harpe, comme David devant Saül, n'avait plus maintenant le moindre pouvoir sur lui. Il la quitta même tout-à-fait, un jour, probablement parce qu'elle était femme, et qu'en cette qualité, elle lui rappelait trop la perfide Yseult : et quoi qu'elle fît pour le rejoindre, elle n'y put parvenir, et bientôt elle le perdit complètement de vue.

A partir de ce moment sa vie devint désordonnée comme celles des fauves au milieu desquelles il se complut à dormir, avec cette sécurité que donne seule la folie. Il courut les bois avec l'impétuosité d'un cerf poursuivi par les chasseurs et portant dans son flanc saignant le trait dont il doit mourir. Il déracina des arbres ; il se battit nu contre un ours qu'il avait dérangé dans ses amours ; il enleva des moutons entiers à des pastours et les emporta vivants pour s'en nourrir, tuant et brisant tout ce qui s'opposait à ces actes de fureur et de sauvagerie.

Cet état, fort heureusement, était alternatif ; la raison lui revenait par éclairs ; la raison, ou plutôt une sorte d'instinct. Il se servait alors de sa force, vraiment extraordinaire, pour secourir les malheureux, protéger les faibles et venger les opprimés. Aussi, ces mêmes pastours, qu'il avait effrayés dans un moment de folie furieuse, saisis de compassion à l'aspect d'un pareil désastre physique et moral, s'intéressèrent à lui, le nourrirent et lui construisirent une cabane qui pût le mettre à l'abri des intempéries des saisons rigoureuses et des attaques des bêtes sauvages, bien qu'il ne redoutât ni les unes ni les autres.

Un matin, le géant Taullas, voisin du pays de Cornouailles, traversa la montagne, descendit dans la plaine, et, après l'avoir ravagée, il pénétra dans la forêt du Morois jusqu'à l'habitation des pastours, qu'il attaqua impitoyablement. Ces braves gens, mis en désarroi par cette agression brutale, crièrent à l'aide. Tristan sortit de sa cahutte, cassa un jeune pin, fondit sur Taullas et lui brisa les cuisses. Le géant tomba. Alors Tristan lui enleva son cimeterre, lui coupa la tête et la remit aux pastours.

Ceux-ci, émerveillés de ce triomphe, s'empressèrent de se rendre à Cintageul avec la tête du géant, qu'ils offrirent en présent au vieux roi Marc, lequel fut très satisfait, Taullas étant le géant le plus redoutable et le plus redouté de l'Armorique.

— Qui donc a pu mettre à male mort un si féroce brigand? demanda-t-il aux bergers.
— C'est un fou, qui vit en sauvage dans la forêt du Morois, répondirent les bergers.
— Un fou! s'écria Marc, étonné. Il mérite alors d'être vu de près... Vous allez me conduire auprès de lui... En attendant, partagez-vous ces deniers que vous avez bien gagnés pour la bonne nouvelle que vous venez de m'apporter... Le géant Taullas est mort, et il a été tué par un seul homme, par un fou!... C'est miraculeux!... Allons voir l'auteur de ce miracle; il doit être curieux, si je ne m'abuse!...

Le roi Marc ne voulut pas perdre de temps. Il assembla quelques chevaliers cornouaillais et se rendit avec eux dans la forêt du Morois, où ils trouvèrent un homme aux vêtements en lambeaux, aux cheveux en broussailles, aux ongles longs, à la physionomie farouche. Personne ne reconnut Tristan, et Tristan ne reconnut personne.

On l'emmena à Cintageul, où tout le monde se pressa pour regarder cette créature bizarre qui n'avait presque plus rien d'humain et qui, néanmoins, était capable de grandes choses et de nobles actions, à certaines heures de sa vie. Les hommes le plaignaient, les femmes en avaient peur, et les enfants couraient devant lui, en criant : « Au sot! Au sot! Au sot!... » Pauvres enfants !...

Quand Tristan, un peu ahuri par cette foule compacte et bruyante, fut arrivé dans la principale cour du palais, il s'arrêta et tressaillit, comme si quelque éclair venait d'éclairer subitement les ténèbres de de son âme troublée. La reine Yseult parut; il tressaillit de nouveau, tous ses membres tremblèrent convulsivement; il leva la tête et aperçut sa mie des anciens jours... Ce fut comme une révélation; il poussa un cri rauque, qui déchira les cœurs plus encore que les oreilles, et, baissant humblement et tristement la tête, il la cacha dans ses mains, pour en dissimuler l'affliction.

Mais la reine avait reconnu son amant : elle répondit à son cri par un autre cri, et vint précipitamment à son secours.

Le vieux roi Marc, un peu scandalisé de cette reconnaissance publique, aurait bien voulu s'en fâcher, et réprimer les accès de joie intempestive manifestée par sa femme. Mais il se rappela à temps qu'il avait un malheureux à guérir, non un coupable à châtier : il fit trêve à son ressentiment et donna immédiatement les ordres pour que son neveu reçût tous les soins que réclamait son état. Il alla même, dans sa magnanimité, jusqu'à permettre à la reine de s'occuper de lui, sans trop blesser les convenances, toutefois.

C'était le seul moyen, le moyen par excellence, pour opérer la guérison complète de Tristan. La présence et les soins de sa blonde et douce maîtresse, lui rendirent bientôt, en effet, la raison et la santé. Il redevint plus beau, plus aimable, plus amoureux et plus aimé que jamais... Et, pendant que cette métamorphose s'opérait en lui, une métamorphose semblable, pour les mêmes raisons, s'opérait chez la reine de Cornouailles, à qui la joie d'avoir retrouvé son bel ami rendit en très peu de temps les couleurs, la fraîcheur, la grâce, la gaîté et la santé... A ce point que le vieux monarque, son époux, poussé par les perfides conseils et les misérables insinuations du lâche Andret, prit enfin le parti de bannir Tristan de ses Etats et lui fit jurer de n'y rentrer jamais sans sa permission.

On imagine aisément quelle fut la douleur de ces deux amants, en se voyant séparés de nouveau, si peu de temps, surtout, après avoir été rapprochés et réunis !... Le serment de s'aimer toujours, à distance, ne put adoucir que faiblement l'amertume de cette séparation. Marc fut inflexible, et Tristan dut s'embarquer pour passer dans le royaume de Logres, où il désirait rencontrer Lancelot du Lac, afin de se lier avec lui.

CHAPITRE XXVIII

Comme Tristan, banni par son oncle, s'embarqua pour le royaume de Logres ; des rencontres qu'il fit en chemin et des triomphes qu'il remporta.

n vent favorable contraignit Tristan de s'éloigner promptement d'un pays où il aurait voulu passer sa vie, à cause de la belle Yseult. Il aborda, beaucoup plus vite qu'il ne le désirait, sur les côtes du royaume de Logres, but de son voyage.

En chemin, il fit rencontre d'un chevalier nommé Dinadam, fils d'un roi assassiné et frère du Varlet à la cotte mal taillée, ainsi appelé à cause des vêtements délabrés qui avaient appartenu à son père, et qu'il avait fait vœu de porter jusqu'à ce que sa mort eût été vengée. Tristan jouta contre lui, le renversa, et Dinadam s'avoua vaincu. Il lui dit alors son nom, et, dès ce moment, il s'en fit un ami, avec lequel il voyagea de conserve pendant quelque temps.

Dinadam et Tristan arrivèrent à l'entrée d'un pont, que défendaient deux chevaliers bretons. Dinadam s'avança et dit que lui et son ami étaient deux chevaliers prêts à jouter contre les deux autres.

— Deux chevaliers ! s'écria Hector des Mares, l'un des défenseurs du pont. Deux chevaliers ! Je n'en vois qu'un, et c'est vous... car votre compagnon porte des armes à la façon des gens de Cornouailles, et je ne tiens pas pour chevaliers tous les lâches qui viennent de ce pays...

Dinadam vint rapporter ce propos méprisant à Tristan, qui se contenta de rire de la méprise.

— Allez, ami Dinadam, allez jouter, lui dit-il; nous verrons après...

Dinadam obéit et se présenta aux deux chevaliers bretons. Boort, compagnon d'Hector, courut sur lui et le renversa. Tristan se présenta à son tour pour le venger; mais Boort et Hector des Mares le refusèrent avec dédain. Il voulut les forcer à jouter avec lui; mais ils s'enfuirent en criant :

— Ah! ah! chevalier de Cornouailles, ne nous honnissez pas !... A jamais nous serions honnis si nos armures étaient touchées et souillées par votre lance!...

Tristan rit sous cape, et se plut à poursuivre ces deux chevaliers, les plus renommés d'entre ceux de la Table Ronde. Boort et Hector l'évitèrent.

Sur ces entrefaites survinrent Driam et Bliombéris, tous deux compagnons d'Hector des Mares. Tristan courut contre eux, les renversa, partit avec Dinadam, laissant les quatre chevaliers de la Table Ronde très étonnés de voir deux des leurs renversés par un misérable chevalier de Cornouailles.

— Ouais! dit Hector. Est-ce bien un Cornouaillais?... Jamais pareille aventure ne s'est vue et ne se reverra... Si je ne savais, pour ma part, que le vaillant Tristan de Léonois est enchaîné par l'amour aux genoux d'Yseult-la-Blonde, je croirais volontiers que c'est lui qui vient de nous procurer ce marrisson... Mais, si ce n'est pas lui, qui donc cela peut-il être?...

Pendant qu'Hector des Mares, Boort, Driam et Bliombéris devisaient entre eux au sujet de ce chevalier inconnu, Tristan et Dinadam continuaient leur chemin sans plus se soucier d'eux.

Tristan, du moins, ne s'en préoccupait plus. Quant à Dinadam, qui était loin d'avoir le cœur valeureux et l'esprit chevaleresque de son compagnon, il ne tenait guère à renouveler connaissance avec des chevaliers aussi illustres et aussi vaillants que ceux qui venaient d'être témoins de son insuccès et du triomphe de Tristan. Dinadam n'avait pas précisément peur; mais il n'aimait pas beaucoup les manifestations belliqueuses. Aussi, après plusieurs autres rencontres du genre de celle à laquelle il avait pris part, et où il reçut plus de coups de lance qu'il n'en donna, prit-il le parti de se séparer de son trop vaillant ami.

Tristan reprit donc seul son chemin, qu'il illustra de victoires, et dont la plus méritoire fut la défaite des trente chevaliers embusqués par la dame du Lac pour assassiner le preux Lancelot; défaite qui fit du bruit dans la contrée et arriva aux oreilles de l'amant de la reine Genièvre, qui, de ce moment, rechercha Tristan avec empressement.

CHAPITRE XXIX

Comme Yseult envoya une de ses demoiselles à la recherche de son ami Tristan, avec une lettre bien tendre dans laquelle elle lui disait ce qu'il savait déjà. Du mal qu'eut cette messagère à rencontrer ce chevalier errant; et des tournois auxquels il la fit assister, une fois qu'ils se furent rencontrés.

Éloignée de son doux ami, Yseult passait ses jours dans les plaintes et ses nuits dans les langueurs, que toutes les femmes veuves de cœur comprendront. Elle ne put résister plus longtemps au désir de savoir de ses nouvelles. Elle lui écrivit la lettre la plus tendre du monde, et fit partir secrètement pour le royaume de Logres une de ses demoiselles, nièce de sa fidèle Brangien.

Arrivée dans ce pays, la messagère d'Yseult chercha Tristan, le demanda partout où elle put le demander, sans pouvoir obtenir le moindre renseignement sur son compte. On le connaissait bien, à cause de sa haute valeur qui lui avait mérité une haute renommée, mais on ne l'avait pas vu. Une fois, elle espéra, en rencontrant Palamèdes. Mais ce prince ne savait pas seulement que Tristan avait quitté la cour de Cornouailles, et il fut heureux de l'apprendre, parce que, de cette façon, ce rival préféré était éloigné de la reine Yseult, qu'il adorait toujours. La messagère renonça à cette poursuite chimérique.

Cependant, un jour, en se promenant dans un bois, elle aperçut un chevalier étendu, pâle et amaigri, sur l'herbe épaisse qui entourait une claire fontaine. Un cheval paissait à quelques pas de là, en hennissant par moments d'un air impatienté. Le chevalier, elle crut le reconnaître; le cheval, elle le reconnut tout-à-fait : c'était le beau Passebreul, le cheval de Tristan.

— Tristan! sire Tristan! s'écria-t-elle.

C'était en effet Tristan qui, fatigué de poursuivre en vain un chevalier nommé Bréus-sans-Pitié, s'était reposé et endormi là.

Tristan se réveilla, reconnut la messagère d'Yseult et lui demanda des nouvelles de sa mie. Elle lui donna la précieuse lettre qu'elle désespérait de voir arriver à destination.

— Gente demoiselle, lui dit-il, merci Dieu! Vous me rendez le courage et la vie!... Je languissais loin de ma dame, et ces lignes que sa main a tracées me réconfortent comme ferait sa présence si désirée...

— Maintenant que ma mission est remplie, sire Tristan, je repars pour la Cornouailles, afin de réconforter à mon tour ma bonne maîtresse par les nouvelles que je lui donnerai de vous...

— Avant de partir, gente demoiselle, daignez assister au tournoi que le roi Artus fait préparer près de Cramalot. Vous êtes jeune et demoiselle : vous aimez ces nobles jeux. Ce sera la récompense de votre voyage, en attendant celle que vous destine la belle reine de Cornouailles.

La demoiselle consentit volontiers; Tristan remonta sur Passebreul, et la conduisit chez Persides, bon et loyal chevalier, qui les reçut tous deux avec honneur.

Le lendemain, Persides et Tristan montèrent à cheval. Ils rencontrèrent, chemin faisant, un chevalier, couvert de son heaume, qui, incontinent, courut sur Persides et le renversa. Puis, ce fut le tour de Tristan, contre lequel il courut avec vitesse. L'amant d'Yseult rêvait à sa mie en ce moment-là; il n'était point préparé à combattre; sa lance n'était pas même en arrêt : le chevalier inconnu le porta facilement par terre et poursuivit son chemin assez vite pour que Tristan n'eût pas le temps de remarquer ses armes.

Dinadam, qui arrivait d'aventure en cet instant, et qui avait reconnu le chevalier inconnu pour Tristan, se mit à rire et à gaber d'importance son ami, quoiqu'il l'aimât beaucoup et qu'il lui reconnût une grande supériorité dans le noble métier des armes.

— Ami Tristan, lui dit-il, le maître des joutes qui vient de vous donner cette leçon est le prince Palamèdes... Le saviez-vous?...

Tristan fut très courroucé d'apprendre cela. Il avait été vaincu par un rival détesté!... Il se promit bien, alors, de se venger glorieusement aussitôt qu'il pourrait le rencontrer de nouveau. Puis il rentra au château de Persides pour chercher la demoiselle d'Yseult et la conduire au tournoi d'Artus.

Ce tournoi avait attiré une affluence considérable de dames, demoiselles, barons et chevaliers. Tristan fit placer sa protégée dans les balcons des dames de la reine Genièvre. Cela fait, il entra dans la lice, monté sur Passebreul.

Rien ne put résister à sa force et à sa valeur. Il accomplit les passes-d'armes les plus brillantes, aux applaudissements des spectateurs et surtout des spectatrices. Les combattants se succédaient avec rapidité devant lui : tous mordaient la poussière avant même d'avoir pu se reconnaître. Palamèdes lui-même, par deux fois, fut forcé de vider les arçons et de s'avouer vaincu : Tristan prenait noblement sa revanche!

Tout le monde admirait les vaillantises du neveu du roi Marc. Lancelot lui-même, quoique sûr de sa propre force et habitué aux victoires chevaleresques, admira sans réserve ce rival de gloire, et, par un secret pressentiment, ne voulut point lui disputer l'honneur et le prix du tournoi.

Le roi Artus, séduit, comme tout le monde, par les irrésistibles façons d'agir de ce preux chevalier, se hâta de descendre de son balcon pour venir embrasser le vainqueur. Mais l'amoureux et modeste Tristan, satisfait d'avoir remporté le prix de ce tournoi en présence de la gente demoiselle d'Yseult, s'était échappé avec elle sans qu'on s'en aperçût, et tous deux avaient disparu.

Le lendemain le tournoi recommença, plus animé encore que la veille. Tristan s'y rendit, couvert d'armes différentes, pour n'être point reconnu. Les grands coups qu'il porta, seuls, le décelèrent. Artus et la belle Genièvre ne doutèrent plus que ce ne fût le même chevalier vainqueur dans la première journée.

La haute valeur du chef de la Table Ronde s'en émut. Après Lancelot du Lac et Galaard, ce grand roi passait pour être le meilleur et le plus vaillant des preux. Il alla s'armer en secret, revint sous de simples armes au tournoi et jouta contre Tristan, qu'il ébranla. Tristan, qui ne le reconnaissait pas, lui fit vider les arçons comme à un vulgaire chevalier. Artus se releva, content d'avoir éprouvé Tristan, fit part de son aventure à Lancelot et l'engagea à soutenir l'honneur de la Table Ronde contre ce chevalier Inconnu.

Lancelot hésitait, toujours retenu par ses pressentiments. Artus insista, le pressa : Lancelot s'élança contre Tristan, dont la lance venait de se briser.

La règle de ces sortes de combats était que toutes les fois qu'un chevalier avait brisé sa lance, il devait combattre avec son épée, et ne devait pas refuser à présenter son écu à la lance de son adversaire, malgré les désavantages évidents qu'offrait ce jeu sérieux. Tristan, ferme sur Passebreul, attendit tranquillement Lancelot, dont le coup de lance terrible ne put l'ébranler. Seulement, son écu fut traversé, le bois de la lance se brisa et le fer vint s'enfoncer dans le flanc de l'amant d'Yseult, qui, à son tour, sans s'occuper de cette blessure, riposta par un coup terrible de son épée sur le casque de l'amant de Genièvre. Lancelot fut blessé légèrement, son sang coula et l'aveugla. Tristan, qui le crut blessé à mort, sortit du tournoi pour aller se faire soigner par le fidèle Gouvernail, son inséparable écuyer.

— Ah! Sire! murmura Lancelot à l'oreille du roi Artus, accouru pour le relever ; jamais je n'ai reçu un pareil coup! Jamais je n'ai rencontré un pareil chevalier... Si ce chevalier inconnu n'est pas de la Table Ronde, il mérite bien d'en être!...

— C'est à quoi je pensais en le voyant combattre! répondit le chef des preux.

CHAPITRE XXX

Du serment que firent les chevaliers de la Table Ronde devant le roi Artus, au sujet de Tristan qui, après avoir été deux fois vainqueur s'était dérobé aux honneurs du triomphe. Comme trois d'entre eux, s'imaginèrent d'aller le chercher en Cornouailles, où il ne pouvait pas être.

Qui était donc ce chevalier inconnu? Voila ce qu'on se demandait partout, après le départ de Tristan. Dinadam vint lever tous les doutes, éclaircir tous les soupçons, donner raison à tous les pressentiments, en déclarant au roi Artus que le vainqueur du second tournoi était le même que celui du premier tournoi ; et en déclarant à Hector des Mares, à Boort, à Driam et à Bliombéris, que ce vainqueur des deux journées était le même chevalier cornouaillais qui les avait si fort étonnés par sa vaillance, c'est-à-dire le fameux Tristan de Léonois.

Alors on se rendit avec empressement au pavillon que devait occuper cet heureux chevalier, et on n'y trouva que la gente demoiselle, toute en pleurs, qui déclara que Tristan et son écuyer Gourvernail l'avaient quittée, de peur d'être reconnus.

Chacun se récria sur une telle modestie qui se dérobait à des ovations méritées, et tous les chevaliers de la Table Ronde déclarèrent que jamais plus digne et plus preux compagnon ils ne pouvaient avoir. Le roi Artus qui, de son côté, désirait couronner la haute valeur de Tristan, et qui savait que le roi Marc avait eu l'ingratitude de le bannir, voulut saisir cette occasion de l'attacher à sa maison.

— Jurons tous, dirent les preux, d'aller à la quête du vaillant Tristan, et de ne revenir d'un an dans la cour du roi Artus, jusqu'à ce que nous l'ayons trouvé pour l'amener et l'élire!...

Tous les chevaliers de la Table Ronde firent ce serment et se dispersèrent pour se mettre en mesure de le tenir.

La reine Genièvre, que tout cela intéressait vivement, envoya quérir la gente demoiselle d'Yseult pour l'interroger.

— C'est ma mie Yseult qui vous a envoyée vers son bel ami Tristan, n'est-ce pas? lui dit-elle, en la consolant.

— Oui, reine Genièvre, répondit la demoiselle, que vais-je dire maintenant à ma belle maîtresse, puisque le chevalier Tristan est parti sans me donner commission pour elle?...

— Tristan reviendra, ma mignonne, ne vous désolez pas...

— Hélas! belle reine, vous vivez en liesse et

bonheur, tandis que la reine Yseult vit toute chétive et déconfortée...

Tout en disant cela, la gente demoiselle regardait à yeux couverts le beau Lancelot, présent à cette scène.

Genièvre sourit à l'un et à l'autre, et reprit doucement :

— Je ne serai contente que lorsque les quatre plus loyaux serfs d'amour seront rassemblés... Partez, gente demoiselle, partez, et dites à la belle reine Yseult qu'à elle se recommande son amie et compagne en servage d'amour.....

La demoiselle d'Yseult prit congé de la reine Genièvre et partit pour s'embarquer, accompagnée par Lancelot du Lac.

Pendant qu'elle s'embarquait, trois chevaliers de la Table Ronde, en quête de Tristan, s'imaginèrent que le moyen le plus simple à employer pour le retrouver était d'aller le chercher auprès de sa belle mie, la reine Yseult. Ils ignoraient le serment que Tristan avait fait à son oncle de ne jamais revenir dans ses Etats sans sa permission, et ils ne se mettaient en peine que du serment qu'ils avaient fait devant le roi Artus, de retrouver cet vaillant chevalier et de le lui ramener avant un an.

En conséquence, Yvain, Gahériet, et Treu le Sénéchal, celui là même qui avait manifesté tant de dédain pour Tristan, dans sa précédente rencontre avec lui, se mirent en mesure de passer dans le royaume de Cornouailles.

CHAPITRE XXXI

De l'arrivée à Cintageul des trois chevaliers de la Table Ronde et de la terreur qu'ils y causèrent aux Cornouaillais. Aventure fâcheuse dont fut victime Dinas le sénéchal, à propos de sa maîtresse, et de l'exemple édifiant de fidélité que donnèrent ses deux brachets.

On ne s'attendait pas à Cintageul à l'arrivée de ces trois preux du roi Artus. Ils portèrent la terreur dans l'âme de tous les mauvais chevaliers, ce qui les réjouit beaucoup. Après s'être assurés que leur recherche relative à Tristan serait vaine en ce pays de Cornouailles, Yvain, Gahériet et Treu voulurent, pour se dédommager, combattre avec les chevaliers cornouaillais. Sachant que le vieux roi Marc était obligé d'aller dans l'île Sanson, célébrer le jour où avait été tué le Morhoult d'Irlande, ils s'empressèrent d'aller le défier, ainsi que toute sa cour.

Le vieil époux de la jeune Yseult fut quelque peu embarrassé par ce défi insolent. Il essaya de réveiller le courage de ses chevaliers; mais ce fut en vain. Nul ne consentit à se mesurer avec les preux du roi Artus. Marc fut obligé, pour l'honneur de la couronne, de se présenter en lice tout seul. Il va sans dire qu'il fut porté à terre dès la première atteinte ! Triomphe facile !...

Dinas, le sénéchal du roi Marc, l'ami secret de Tristan, le confident de la reine Yseult, enchanté des éloges que les trois chevaliers bretons donnaient au neveu du roi de Cornouailles, s'empressa de leur donner des fêtes. Yvain, Gahériet et Treu acceptèrent, faute de plus nobles jeux, et en se promettant de s'amuser le plus possible aux dépens des Cornouaillais et des Cornouaillaises.

Le bon Dinas, en s'occupant du plaisir des autres, ne négligeait pas, pour cela, de s'occuper des siens. Il avait un château agréable, habité par une des plus jolies personnes de la cour du roi Marc, et, comme beaucoup d'hommes de son âge, il s'en croyait passionnément et exclusivement aimé, l'égoïste ! Mais le destin avait décidé que nul chevalier de Cornouailles ne jouirait d'un pareil bonheur. Un matin que Dinas s'était armé pour voler près de sa mie, il trouva toutes les portes de son logis ouvertes. L'oiseau charmant s'était envolé pour aller ramager l'amour dans un autre nid !... Oh! quels oiseaux voyageurs que les femmes !...

Dinas s'informa ; un vieux valet perclus, commis maladroitement par lui à la garde de sa maîtresse, lui apprit qu'elle venait de partir avec un chevalier inconnu, et que, non contente de s'être chargée d'effets précieux, elle avait emmené avec elle les deux chiens brachets...

Ces brachets étaient chers à Dinas. Ils étaient de la race d'Hudan, ce beau brachet que l'infortunée princesse Bélinde avait envoyé en mourant à Tristan, et que ce chevalier avait aimé depuis si tendrement, en l'honneur et en souvenir d'elle.

Le sénéchal tenait au moins autant à ses brachets qu'à sa maîtresse, quoique pour des raisons différentes, bien entendu, car ces nobles animaux étaient l'emblème de la fidélité, tandis que sa maîtresse se contentait d'être l'emblème de la beauté. Il partit incontinent, à toute jambe de cheval, rejoignit les fugitifs dans la plaine, et provoqua de la voix et du geste le discourtois chevalier.

Dinas était brave, contrairement aux habitudes des Cornouaillais : il se rendit facilement maître de la vie de son adversaire qui, se voyant sur le point de succomber, demanda un répit d'un instant pour lui dire quelques mots. Le sénéchal y consentit.

— Sénéchal, dit le chevalier, vous êtes incontestablement plus vigoureux et plus vaillant que moi ; mais vous m'estimez assez, je pense, pour croire que je vous vendrai chèrement ma vie... Ne trouvez-vous pas que c'est une insigne folie à deux loyaux hommes comme nous, de verser notre sang pour une querelle que la constance ou la légèreté de cette gente demoiselle doit décider ?...

On n'est jamais sans amour-propre quand on est pris par l'amour. Le pauvre Dinas se crut assez sûr de sa maîtresse pour se soumettre à son choix.

— Prononcez entre nous, belle Aloys, lui dit-il avec un regard plein de tendresse.

L'inconstante Aloys, sans plus hésiter, prit la main du chevalier inconnu et s'éloigna avec lui, après avoir dit adieu à Dinas d'un air cruellement moqueur.

Les deux brachets, eux, avaient reconnu leur maître, l'avaient caressé de leur bonne langue rose, en battant joyeusement de la queue à son intention, et, tout naturellement, ils étaient restés auprès de lui, avec la ferme résolution de ne le pas quitter, sous n'importe quel prétexte.

L'infidèle Aloys s'aperçut, à cent pas de là, que les brachets ne la suivaient pas. Elle les aimait, probablement à cause de la vertu qui lui manquait et qu'ils avaient avec tant d'exagération. Elle força son nouvel amant à aller les demander au sénéchal, qui fut surpris et scandalisé d'une impudence aussi grande. Néanmoins il se contint, et, pour mieux lui prouver son mépris, il dit froidement au chevalier :

— Je consens à te les remettre, si leur instinct n'est pas plus fidèle que le cœur de la parjure qui t'envoie... Appelle les brachets, appelle-les... vois s'ils veulent te suivre, toi qu'ils ne connaissent pas, et me quitter, moi qui les ai élevés, nourris, choyés et aimés...

Le chevalier inconnu appela les deux brachets, mais vainement. Ces nobles bêtes, pour toute réponse, sautèrent au cou du sénéchal, lui léchèrent les joues, les yeux, les mains, et montrèrent leurs crocs blancs et luisants au chevalier, qui se mettait en devoir de les saisir.

Décidément, les bêtes sont faites pour vous réconcilier avec l'humanité, si les hommes sont faits pour vous brouiller avec elle!...

CHAPITRE XXXII

Comme les trois chevaliers bretons quittèrent la Cornouailles sans avoir rencontré Tristan, qui, pendant ce temps, était prisonnier et malade chez un vieux chevalier dont il avait tué les deux fils.

Comme il leur était décidément impossible de retrouver Tristan de Léonois en Cornouailles, par l'excellente raison qu'il n'y était pas, Treu, Yvain et Gahériet retournèrent dans le royaume de Logres, et, chemin faisant, s'arrêtèrent au château d'un ancien chevalier nommé d'Aras. Ce châtelain les reçut du mieux qu'il put, et, au bout de quelque temps, leur avoua qu'il retenait prisonniers Tristan, Dinadam et Palamèdes; Tristan, parce qu'il avait tué ses deux fils dans un tournoi ; Dinadam et Palamèdes, parce qu'ils avaient accompagné Tristan.

Le neveu du roi Marc était alors très malade. La générosité naturelle de d'Aras l'emportant sur son ressentiment, il alla trouver Tristan, le soir même de l'arrivée des trois chevaliers bretons, et lui dit :

— Vous avez fait le malheur de ma vieillesse, en m'enlevant mes deux fils aînés, qui en étaient l'espoir et le soutien... Mais, en somme, ce mal a été involontaire, et je n'ai pas le droit de vous en rendre responsable plus longtemps... Que la volonté de Dieu soit faite! Je vivrai solitaire, et ma vieillesse se passera dans la mélancolie et dans le veuvage d'affections de famille... Je ne vois plus en vous qu'un des meilleurs et des plus vaillants chevaliers du monde... J'espère même y voir le protecteur et l'ami du jeune fils qui me reste encore... Vous êtes libre, seigneur Tristan : allez où vos destinées vous appellent!...

Tristan, touché de la générosité du vieux chevalier, mêla ses larmes aux siennes, regretta bien sincèrement les deux braves gentilshommes qu'il avait loyalement tués, et lui promit de traiter comme son propre fils l'enfant qui lui restait encore. Puis, voulant se soustraire aux recherches des trois chevaliers bretons, il sortit la nuit, et se dirigea vers le pays de Norgales. Deux jours après, il rencontrait Palamèdes, mis en liberté en même temps que lui, et poursuivi par une dizaine de chevaliers chargés de le mettre à mort. Il le secourut généreusement, mit en fuite ses agresseurs, et, à son tour, voulut le forcer à jouter avec lui, jusqu'à ce que mort s'ensuivît, à cause de la rivalité d'amour qui existait entre eux, et qui allumait toujours la colère de Tristan chaque fois qu'il le rencontrait. Il ne voulait pas qu'un autre que lui fût amoureux de la reine Yseult!...

— A Dieu ne plaise, dit Palamèdes, que, le même jour où vous exposez votre vie pour sauver la mienne, je sois assez ingrat pour mettre vos jours en danger!... Je sens, cependant, que nos anciennes querelles, sans cesse rallumées par nos mutuelles rencontres, ne peuvent finir sans le combat que vous me proposez, et que j'accepte, mais pour une autre fois... Dans huit jours d'ici, si vous y consentez, nous nous trouverons près du perron de Merlin, chacun avec deux chevaliers, nos parrains et nos aides!...

Tristan y consentit, et Palamèdes et lui continuèrent à chevaucher ensemble pendant un bon bout de temps. Un chevalier dormait au pied d'un arbre, accablé sans doute par la fatigue et la chaleur du jour : Tristan eut l'indiscrétion d'aller le réveiller, et le chevalier trouvant cela mauvais, monta incontinent à cheval, saisit sa lance et courut sur Tristan, qu'il renversa, Palamèdes vint à son tour, et, à son tour, fut renversé.

— Le chevalier qui nous a vaincus, dit Tristan, n'est pas un chevalier ordinaire... Ou je me trompe fort, ou c'est Lancelot du Lac!...

Cette idée le lui fit suivre; mais le chevalier inconnu avait donné de l'éperon dans les flancs de son cheval, et son avance était trop considérable pour que l'amant d'Yseult pût songer sérieusement à l'atteindre.

CHAPITRE XXXIII

Comme Tristan, ayant pris jour avec Palamèdes pour combattre à mort, jouta avec Lancelot du Lac, qu'il ne reconnut pas; de l'amitié qui fut la suite de cette rencontre glorieuse ; et du départ de Tristan et de Lancelot pour Cramalot.

Le jour fixé pour sa lutte avec Palamèdes arriva. Tristan se rendit au perron de Merlin, lieu désigné, dès la première heure de la matinée. Au bout de quelques instants d'attente, il vit arriver du côté de Cramalot un chevalier armé de toutes pièces, et il ne douta pas que ce ne fût Palamèdes. La lance en avant, il courut au-devant de lui.

Ce chevalier croyant, de son côté, ne pas devoir refuser cette joute, s'avança impétueusement vers Tristan. Tous deux se frappèrent réciproquement avec tant de violence, qu'ils furent renversés sur le sable avec leurs chevaux. Ils se relevèrent en chancelant, et chacun d'eux admira la vigueur prodigieuse de son adversaire. Tristan, de plus en plus convaincu qu'il combattait Palamèdes, quitta sa lance, mit l'épée à la main et attaqua, avec plus d'énergie encore, celui qu'il croyait être son rival d'amours. Leurs écus furent brisés; leurs casques furent entamés; le sang coula des deux côtés, et chacun remarqua que l'épée de son adversaire en était rouge. Ce ne fut qu'après une heure de ce combat furieux, soutenu de part et d'autre avec la même vaillance, qu'ils s'arrêtèrent pour reprendre haleine, un peu épuisés par le sang qu'ils perdaient. Tous deux, appuyés sur le pommeau de leur épée, s'admirèrent sans réserve, et tous deux, pour la première fois de leur vie, se prirent à redouter l'issue d'un combat qui ne pouvait être que mortel, au train dont ils y allaient l'un et l'autre.

Tristan, le premier, se mit en devoir de recommencer. Son adversaire, l'épée haute, vint à sa rencontre. Cependant, ayant de frapper, il ne put s'empêcher de dire à l'amant d'Yseult :

— Sire chevalier, je vous donne de bon cœur le prix sur tous les chevaliers contre lesquels j'ai combattu jusqu'ici... Mais, puisqu'il me paraît que vous voulez combattre jusqu'à ce que mort s'ensuive, je désirerais vivement que nous nous dissions nos noms, afin que rien ne manque à la gloire de celui de nous qui sortira vainqueur de cette lutte acharnée.

Tristan, à cette voix, reconnaissant qu'il ne combattait pas contre Palamèdes, s'empressa de répondre, un peu étonné de sa méprise :

— Sire chevalier, la haute valeur et la chevalerie que je trouve en vous, me font changer la résolution que j'avais prise de taire mon nom... Je suis prêt à vous le dire, si vous me promettez de me dire le vôtre...

— Sire chevalier, reprit l'inconnu, vous n'êtes pas sans avoir entendu parler de Lancelot du Lac : c'est moi !...

— Ah ! sire Lancelot, s'écria Tristan, quoi, c'est vous? Ah ! j'aurais bien dû vous reconnaître, à vos redoutables coups et à votre indomptable vaillance !... Ah! sire Lancelot, vous êtes le chevalier de l'univers dont je désire le plus l'amitié... A mon tour, je suis heureux de vous avouer mon nom, que sans doute vous connaissez : je suis Tristan de Léonois, et je vous rends une épée que je consacre à votre service...

Tristan n'avait pas achevé, que déjà l'amant de la reine Genièvre lui présentait le pommeau de sa propre épée : tous deux baissèrent un genou l'un devant l'autre. Tristan exigea que Lancelot reçût son épée, et Lancelot, à son tour, exigea que Tristan fût armé de la sienne. Ensuite, ils ôtèrent leurs heaumes, et les deux plus vaillants et plus beaux chevaliers de la terre s'embrassèrent avec une admiration complète. Leurs blessures furent oubliées : ils ne sentirent que le plaisir de s'être enfin trouvés, après s'être si longtemps cherchés.

On devine aisément quel fut le sujet de leur entretien.

— Hélas! dit Tristan, vous devez bien aimer ce tant doux et tant cruel dieu d'amour, car il vous sert à souhait et ne sème que fleurs sur votre belle vie!... Quant à moi, chétif, je suis mal récompensé de lui avoir voué la mienne, puisqu'il me tient si durement en son servage éloigné de ma bien chère dame !...

— Ah! bel et doux ami, répondit Lancelot, la joue vermeille du plaisir que lui causait Tristan en faisant allusion à sa belle Genièvre ; ah! très cher sire, l'épine poignante n'ôte pas à la rose sa suave odeur ni son brillant coloris... Aujourd'hui ce sont les épines qui vous font pâlir : plaise au dieu d'amour que bientôt vous puissiez cueillir la rose !... En attendant, ami Tristan, venez avec moi à la cour du roi Artus, qui vous demande, auprès de la reine Genièvre, qui vous souhaite... Presque tous les chevaliers de la Table Ronde ont fait le serment d'employer un an à votre quête et de vous ramener à Cramalot, afin de vous élire pour leur compagnon... Vous ne pouvez vous soustraire à cet honneur que vous méritez si bien, nous le savons tous, et je le sais particulièrement aujourd'hui,..

Tristan voulut d'abord refuser, par modestie. Mais enfin il céda aux raisons pressantes de l'amant de la reine Genièvre : son attachement sincère et profond pour Lancelot le détermina à le suivre à Cramalot.

CHAPITRE XXXIV.

De la présentation de Tristan à la cour du roi Artus par Lancelot du Lac, et de son élection comme l'un des douze chevaliers de la Table Ronde, en remplacement du Morhoult d'Irlande.

Nos deux amis partirent. En chemin, ils firent rencontre de quelques chevaliers de la Table Ronde, qu'une aventure avait rapprochés de Cramalot; mais, comme leur serment relatif à Tristan les empêchait d'y rentrer, ils tournaient leurs pas vers la forêt pour continuer leur quête. En apercevant Lancelot et Tristan, dont les armes étaient brisées et teintes de sang, ils poussèrent une exclamation de surprise.

— Compagnons, leur dit Lancelot en riant de leur étonnement, votre quête est finie !...

Les chevaliers, connaissant aussitôt que le compagnon de Lancelot ne pouvait être que le fameux Tristan de Léonois, s'empressèrent à lui rendre les plus grands honneurs. Ils se réunirent à lui et à l'amant de Genièvre, et tous ensemble arrivèrent à la cour du grand Artus.

Lancelot et Tristan se présentèrent couverts de leurs armes. Lancelot seul ôta son heaume devant Artus qui le reconnut et courut l'embrasser. Un instant après, il lui dit :

— Mais, brave Lancelot, votre quête est donc finie que je vous vois ici ?...

— Oui, Sire, répondit Lancelot, et voici Tristan de Léonois qui m'acquitte...

A cette déclaration, un bruit d'applaudissements s'éleva dans l'assemblée. La reine Genièvre accourut; Tristan ôta son casque et fléchit respectueusement un genou devant elle. Artus le releva aussitôt et l'embrassa.

Les chevaliers de la Table Ronde entourèrent Tristan, Artus et Lancelot, et, sur-le-champ, le roi requit un don à l'amant d'Yseult.

Le souvenir de sa chère mie fit d'abord hésiter

Tristan. Il craignit un engagement qui le séparât à jamais de la belle reine de Cornouailles. La charmante Genièvre et le beau Lancelot le pressèrent : il accorda ce don, qui était de devenir pour toujours chevalier de la cour du roi Artus et compagnon de la Table Ronde.

Alors Tristan baisa la belle main de la belle Genièvre, et fit le premier serment devant Artus, qui montra une grande joie de serrer les mains victorieuses de Tristan entre les siennes. Un cri d'admiration partit de toutes les bouches, et messeigneurs Gauvain, Yvain et Gahériet, tous trois frères et tous trois neveux du roi, s'écrièrent eux-mêmes que, maintenant, Artus avait dans sa maison les deux meilleurs chevaliers de l'univers.

Ensuite, le chef des preux commanda qu'on apportât les reliques, et lorsqu'elles furent là, Tristan de Léonois étendit la main sur elles et jura le serment de la Table Ronde. Ce serment fait, Artus et ses compagnons conduisirent le nouveau preux vers cette fameuse Table, où tant de chevaliers brûlaient d'être admis, et où très peu l'étaient.

Cette table avait été fabriquée par l'enchanteur Merlin, qui y avait employé tout son art. Parmi les sièges qui l'entouraient, il y en avait treize en mémoire des apôtres. Douze de ces sièges seulement pouvaient être occupés, et encore ne pouvaient-ils l'être que par des chevaliers de la plus grande renommée. Le treizième, qui représentait celui du traîtreur Judas, restait toujours vide. On l'appelait le Siége Périlleux, depuis qu'un chevalier sarrasin ayant eu la témérité de s'y asseoir par braverie, la terre s'était entr'ouverte sous ce siége, et l'orgueilleux chevalier abîmé dans les flammes.

Un pouvoir magique, qui subsistait toujours, gravait sur le dos de chaque siége le nom du chevalier qui devait l'occuper. Il fallait, pour obtenir celui qui venait à être vacant, que le chevalier qui s'y présentait surpassât encore en vaillance et en actions éclatantes celui qui l'avait précédemment occupé. Autrement, ce prétendant en était violemment repoussé, comme indigne, par une force inconnue. C'est ainsi qu'on faisait l'épreuve de tous les chevaliers qui se présentaient pour remplacer les compagnons dont on avait à regretter la perte.

L'un de ces douze principaux siéges avait été occupé par le Morhoult d'Irlande, et depuis dix ans que ce preux chevalier était tombé sous le bras victorieux de Tristan, ce siége était vide et le nom du Morhoult y était resté gravé.

Il s'agissait de l'occuper de nouveau. L'épreuve était solennelle, mais son résultat était assuré d'avance.

Artus prit Tristan par la main, et, au milieu du silence et de l'attention générale, le conduisit à ce siége vide... Tout aussitôt des sons harmonieux se firent entendre, sans qu'on pût savoir d'où ils partaient ; des parfums exquis remplirent l'air, sans qu'on pût soupçonner d'où ils émanaient ; le nom du Morhoult d'Irlande s'effaça comme par enchantement, et, comme par enchantement aussi, celui de Tristan de Léonois parut étincelant de lumière !...

La rare et précieuse modestie de l'amant d'Yseult eut beaucoup à souffrir lorsque vinrent les sires clercs chargés du dépôt des annales de la Table Ronde, et que, suivant l'usage, et d'après le serment qu'il avait prêté, il fut obligé de raconter tous les hauts faits de chevalerie qu'il avait accomplis. L'énumération en fut longue, il la fit d'une voix émue, en commettant volontairement plusieurs oublis que les chevaliers présents eurent soin de réparer. Jamais Tristan ne s'était trouvé à pareille fête, et son bonheur eût été complet si cette solennité eût eu pour témoin la seule créature vivante pour laquelle il tînt à être applaudi, c'est-à-dire Yseult, la blonde reine de Cornouailles...

CHAPITRE XXXV

De ce qui se passait, pendant ce temps, à la cour de Cornouailles, et de la résolution que prit le roi Marc d'aller à la recherche de son neveu pour le tuer. Comme en attendant il tua l'un des deux chevaliers qu'il avait emmenés avec lui.

Pendant que Tristan se couvrait ainsi de gloire à la cour du roi Artus, son oncle était en proie à la plus noire jalousie du monde.

Le roi Marc, en effet, ne pouvait plus voir Yseult sans penser que Tristan en était aimé, et exclusivement aimé. Il ne s'expliquait pas pourquoi Yseult, après avoir consenti à être sa femme pendant une nuit, la première nuit de ses noces, s'était, à partir de là, refusé à tout rapprochement de ce genre, qu'elle eût considéré comme monstrueux, son cœur étant tout entier à son bel ami Tristan. Aussi le bonheur de son neveu agitait sans cesse l'âme ulcérée du vieux monarque cornouaillais, qui sentait bien que l'amour lui échappait pour toujours ; l'amour, c'est-à-dire la vie.

Son ancienne fureur se réveilla plus ardente que jamais ; il forma mille projets de vengeance, plus horribles les uns que les autres, et, finalement, s'arrêta au dernier, qui était d'aller, sous un déguisement, dans le royaume de Logres, à la recherche de Tristan, pour le mettre à mort.

Il fit, en conséquence, assembler ses barons, leur déclara qu'il avait voué un pèlerinage devant durer quelques mois, et leur fit prêter serment d'obéir au perfide Andret, son mandataire. Puis, comme il ne pouvait se décider à perdre un seul instant de vue la pauvre Yseult, il choisit deux demoiselles pour l'accompagner, avec Brangien, et partit, suivi seulement de deux chevaliers élevés dans sa maison et sur lesquels il croyait pouvoir compter, Amaus et Berthelay, tout deux frères.

Cette petite troupe se mit en route. Une fois arrivée dans le royaume de Logres, et pendant un moment où il était seul avec Berthelay, le vieux monarque lui dit :

— Chevalier, je vous ai nourri et élevé... Vous me devez l'obéissance et le respect... J'ai lieu de compter sur votre dévoûment... Par ainsi, je dois vous déclarer dans quelles intentions j'ai quitté mon royaume pour venir dans celui-ci... Tristan m'a trompé indignement, je veux me venger de lui et le tuer. Il faut que vous me juriez à l'instant de m'aider dans ce travail !...

— Ah ! Sire ! Sire ! jamais ! jamais ! s'écria Berthelay avec horreur. Comment pouvez-vous avoir conçu le projet d'un crime aussi odieux !... Tristan ! Votre neveu ! Ah ! Sire ! Sire ! jamais !...

Marc ne demandait pas de conseillers mais des complices. Du moment que Berthelay s'imaginait de remplir un rôle qu'on ne lui commandait pas, et qu'il se refusait à remplir celui qu'on exigeait de lui, il devenait dangereux, il fallait le supprimer : Marc le supprima, en lui appliquant brusquement un furieux coup de son épée sur la tête. Berthelay roula, mort, aux pieds du vieil époux de la jeune Yseult.

Sur ces entrefaites arriva Amans ; il vit son frère assassiné, et le roi tenant encore en main l'instrument homicide. Saisi de douleur et d'indignation, il tira son épée et se précipita. La reine Yseult accourut avec ses femmes, et les sépara.

— Par respect pour vous, madame, dit Amans, tout frémissant, je remets pour l'instant mon épée au fourreau... Mais devant vous aussi, je ne crains pas d'accuser le roi Marc de meurtre et de félonie... Il a tué mon pauvre frère désarmé : c'est un crime doublé d'une lâcheté ! J'en tirerai justice, s'il y a un Dieu au ciel !...

— Justice ! Justice ! s'écrièrent les deux suivantes d'Yseult, toutes deux sœurs, toutes deux cousines des deux frères.

— Nous partons à l'instant tous trois pour Gramalot, mes cousines et moi, reprit Amans. Nous verrons le roi Artus et nous porterons notre accusation devant lui...

— J'accepte votre défi, répondit le vieux monarque cornouaillais, à la condition que vous ne trahirez pas mon nom... Si vous me jurez cela, je vous jure, moi, d'être à Gramalot dans six jours et d'y accepter publiquement votre défi !...

Amans jura et partit incontinent avec ses deux cousines. Marc, embarrassé de cette fâcheuse affaire, laissa la reine Yseult avec Brangien dans une abbaye voisine, et partit à son tour pour s'occuper exclusivement des moyens de tirer une prompte vengeance de son neveu Tristan.

CHAPITRE XXXVI.

De la rencontre que le roi Marc fit, en chemin, du chevalier gabeur Dinadam, et des mauvais tours que celui-ci lui joua, en s'apercevant qu'il avait affaire à un Cornouaillais.

A peine le roi Marc eut-il fait une lieue, qu'il aperçut un chevalier armé de toutes pièces. Connaissant la coutume des Bretons, qui ne se rencontraient jamais sans rompre une lance ou deux, et forcé de s'y soumettre, le roi de Cornouailles s'y prépara, quoiqu'à regret. Celle du chevalier qui venait à sa rencontre, était de ne jamais refuser une joute, mais aussi de n'en jamais proposer une, le premier. Marc, voyant cela, prit une assez mauvaise opinion de lui. Dinadam, car c'était lui-même, prit encore une plus mauvaise opinion du roi Marc, en constatant, à ses armes, qu'il était de Cornouailles, le pays le moins estimé comme chevalerie.

Tous les deux, néanmoins, se saluèrent et s'abordèrent. Marc demanda à Dinadam des nouvelles de la cour du roi Artus, et Dinadam lui raconta compendieusement ce qui s'était passé à la réception de Tristan à la Table Ronde. Il éleva jusqu'aux nues les actions, la vaillance et la beauté de son ami, et porta ainsi, sans s'en douter, les atteintes les plus cruelles à l'âme envieuse et jalouse du monarque cornouaillais.

Puis :

— Chevalier, lui dit-il en se gaussant, depuis longtemps je croyais que nous ne verrions plus jamais de chevaliers de Cornouailles en notre vaillant pays de Logres !... Mal y tombent-ils, à moins qu'ils n'aient la patience d'y être gabés à bouche que veux-tu... Il me semble que vous êtes taillé pour cela, beau chevalier !... Or ça, ne pourriez-vous me donner quelques nouvelles du plus chétif et couard roi de l'univers ?... Que fait et dit Marc le honni, je vous prie ?... Fait-il bonne et chère mine, en l'absence de son neveu Tristan, le bel ami de la belle Yseult ?...

Marc trouvait deux inconvénients à se fâcher de ce propos outrageux. Le premier était de se faire connaître ; le second était de se battre : deux périls, dont le dernier n'était pas le moindre. Il le souffrit donc en douceur, et Dinadam qui, à cette mansuétude, reconnut Marc pour un vrai chevalier de Cornouailles, se proposa bien de s'en amuser et de le pousser à bout par les plus cruelles plaisanteries.

Ils firent route ensemble, dissimulant l'un et l'autre leurs sentiments réciproques. Le lendemain matin, Dinadam, apercevant au loin des pavillons tendus, et six boucliers attachés aux branches d'un pin, sur lesquels il reconnut les armes de six de ses compagnons de la Table Ronde, vint vers Marc en jouant l'effroi, et lui dit :

— Ah ! sire chevalier, je suis perdu si vous ne me secourez !... Je viens de reconnaître les armes de mes plus mortels ennemis, et quoique ce soient six des plus redoutables chevaliers du royaume de Logres, la confiance que j'ai dans votre haute valeur, fait que je me décide à les attaquer...

— Gardez-vous-en bien ! s'écria Marc en frémissant. Dans quel péril ne nous jetteriez-vous pas !...

— Je le sais, reprit le malin Dinadam, mais avec vous je ne dois rien craindre !...

Dinadam, cela dit, partit aussitôt, et, du fer de sa lance, arracha du pin les six écus, qui tombèrent avec fracas sur le sol. A ce bruit, les chevaliers auxquels ils appartenaient sortirent de leurs pavillons, tout armés. Le pauvre vieux Marc, comprenant bien que la partie n'était pas égale, et qu'il avait tout à perdre en restant là une minute de plus, maudit de bon cœur son téméraire compagnon, donna des éperons dans le ventre de son cheval, et s'esquiva au plus vite. Dinadam, ôtant alors son casque, se fit reconnaître, et raconta l'aventure, dont les six chevaliers rirent beaucoup, en se promettant d'en rire davantage s'ils parvenaient à mettre la main sur le fugitif.

La chose fut plus facile qu'ils ne l'espéraient et que ne l'espérait aussi le roi Marc ; car, sur le soir, ayant rencontré un page du roi Artus, avec l'infortuné Daguenet, qui, quoique chevalier, ne passait plus à la cour que pour être le fou du roi, ils surent ainsi quel chemin avait pris le Cornouaillais.

Dinadam imagina aussitôt de retenir Daguenet, et il lui proposa de prendre les armes de Bliombéris, l'un des six preux, lequel étant un peu blessé, ne pouvait alors marcher que désarmé. Daguenet, quoique affolé et très faible de corps, avait du courage, et il se souvenait d'avoir autrefois conduit prisonniers à son maître, deux chevaliers cornouaillais vaincus par lui : il accepta de combattre celui-ci.

L'affaire ainsi arrangée, Dinadam pria ses compagnons de se tenir cachés dans un carrefour de la forêt, qu'il leur désigna ; puis il courut rejoindre le roi Marc dans l'endroit où le page du roi Artus lui avait dit l'avoir rencontré.

Marc fut aussi honteux qu'étonné de revoir Dinadam, dont il espérait que les six chevaliers bretons l'avaient défait pour toujours.

— Comment diable vous y êtes-vous pris pour échapper à vos ennemis ? lui demanda-t-il.

— Ces ennemis étaient mes amis, répondit Dinadam. Trompé par leurs armes, je croyais qu'il allait falloir coup férir, soit de la lance, soit du branc d'acier, et j'étais assez embarrassé, à cause de votre absence... Heureusement, la méprise dura peu ; au lieu de nous tuer, nous nous embrassâmes... Ils voulaient que je restasse avec eux ; mais l'attachement que je ressens pour vous m'en empêcha... Je les quittai au plus vite pour vous suivre... et me voilà !...

— Grand merci de cet honneur, dit Marc, en maudissant intérieurement Dinadam.

Ils soupèrent ensemble. Le lendemain, de bon matin, le vieux Marc voulut se rendre à Cramalot. Par malheur pour lui, il en ignorait la route, et, quoique désolé de voyager encore avec l'impitoyable gabeur qui s'offrait à le conduire, force lui fut donc de le suivre jusqu'à ce qu'il pût trouver le moment de s'en séparer à jamais.

Dinadam le mena droit au carrefour où les six chevaliers bretons l'attendaient. Daguenet, seul, se présenta au-devant du roi Marc, couvert des armes de Bliomberis, et le défia à la joute. Marc voulut en céder l'honneur à Dinadam.

— Y pensez-vous ? s'écria ce maudit gabeleur. Jamais vous ne trouverez une plus belle occasion de vous couvrir de gloire ; je ne veux pas vous la ravir. Le chevalier qui vous défie en ce moment, n'est autre que le fameux Lancelot du Lac, le plus redoutable des chevaliers de la Table Ronde !...

Marc frémit, et, plus que jamais, insista pour que Dinadam se réservât pour lui seul le périlleux honneur auquel il voulait l'exposer.

A ce moment, Daguenet s'avança sur eux, en criant comme un fou :

— Couards chevaliers, à la joute ! A la joute !...

Marc n'écouta plus que la peur, et, comme la veille, il enfonça ses éperons dans le ventre de son cheval et s'enfuit à toute bride. Les six chevaliers et leurs écuyers se montrèrent, et firent la huée sur le fugitif, en criant à tue-tête :

— Couard ! Couard ! ô Cornouaillais ! ô couard ! ô coux !...

CHAPITRE XXXVII

Comme Amans demanda au roi Artus le jugement de Dieu contre le roi de Cornouailles, et l'obtint. Ce qui en résulta.

Amans et ses deux cousines étaient déjà arrivés à Cramalot, à la cour du roi Artus, lorsque Marc y arriva, au milieu des huées et de la boue que la populace, instruite de ses précédentes couardises, lui jeta pour le saluer, en le reconnaissant à ses armes cornouaillaises et à son cheval.

Fidèle à la parole qu'il avait donnée au vieil époux de la blonde Yseult, Amans ne le nomma pas au chef de la Table Ronde, en l'accusant du meurtre de son frère. Il se contenta de demander le combat à outrance contre lui ; Artus y consentit et ordonna qu'il aurait lieu le lendemain.

Les deux adversaires se présentèrent dans le champ clos désigné d'avance.

— Je jure, dit solennellement le frère de l'infortuné ; je jure que ma cause est légitime et sainte, et comme j'en appelle au jugement de Dieu, je demande que le meurtrier de mon frère fasse le même serment !...

— Je m'y refuse, répondit Marc d'une voix sombre, qui dissimulait sa peur.

On dut passer outre, et les deux combattants s'avancèrent l'un contre l'autre.

Amans était courageux ; il avait le bon droit de son côté. Marc était lâche ; il avait son crime contre lui. Le ciel était voilé ce jour-là et ne vit rien de ce qui se passait sur la terre en ce moment-là : Amans reçut un coup mortel.

Les juges du camp étaient prêts à livrer les deux demoiselles accusatrices, les cousines du maladroit chevalier, pour qu'elles fussent brûlées vives, selon les lois de ces sortes de jugements ; mais l'un d'eux ayant fait observer que le chevalier vainqueur avait refusé de prêter le serment, on suspendit l'exécution et l'on remit la décision de cette affaire à la sagesse du roi Artus.

En conséquence, Marc et les deux cousines comparurent au pied du trône. Artus interrogea le vieux roi cornouaillais avec cette majesté qui fait souvent trembler les consciences les plus réfractaires. Marc, éperdu, troublé, balbutia et confessa malgré lui le crime dont il s'était rendu coupable, en trahissant le secret qu'il voulait si bien garder.

— Roi Marc, lui dit alors Artus, indigné, vous avez commis là une action déloyale et perverse, indigne d'un chevalier et d'un roi. Vous êtes mon prisonnier, car je suis votre seigneur suzerain et vous relevez de ma justice...

Artus, respectant en Marc la dignité royale, ne voulut pas lui donner d'autre prison que sa propre cour. Il ne pouvait rien pour le malheureux Amans, sinon de le faire inhumer honorablement, ce qu'il s'empressa d'ordonner. Il ne pouvait rien pour les deux cousines, sinon de les confier en bonnes mains, afin de leur faire oublier la catastrophe qui venait de les affliger : il les présenta à la reine Genièvre, en les lui recommandant avec bonté.

— Qu'elles trouvent en vous, chère dame, lui dit-il, la protection et l'amitié qu'elles viennent de perdre... La reine Yseult les aimait, d'ailleurs ; c'est un nouveau titre à l'attention de votre cœur !...

— Pauvres chères filles! s'écria Genièvre en les embrassant toutes deux.

CHAPITRE XXXVIII

Comme la reine Yseult, en l'absence de son époux, occupait ses loisirs et charmait son attente. Ce qui lui arriva, pendant qu'elle se promenait dans la forêt avec Brangien, et comme elle fut heureusement délivrée de la brutalité de Bréus-sans-Pitié.

Pendant ce temps, que devenait la belle et intéressante Yseult? Restée seule dans une abbaye avec sa fidèle Brangien, elle attendait les ordres du roi Marc et des nouvelles du chevalier Tristan. Ni les uns ni les autres ne lui arrivaient, et l'ennui commençait à s'emparer de son âme, surtout à cause de l'absence des derniers. Sa seule distraction consistait à s'aller promener de temps en temps dans la forêt voisine, aux environs d'une claire fontaine dans le cristal de laquelle elle mirait son doux visage pour s'assurer qu'il était encore fait pour attirer et fixer les regards de son bel ami. Quelques arbres croissaient autour de cette fontaine et l'ombrageaient aux heures ardentes de la journée; Yseult prenait un plaisir extrême à graver sur leur écorce le chiffre de son amant entrelacé avec le sien, ainsi que leurs noms et leurs devises réciproques. Quelquefois aussi, pour supporter plus aisément le mortel poids des heures, elle chantait quelques lais amoureux, quelques ballades langoureuses, en s'accompagnant de sa harpe, dont elle maniait les cordes avec un rare talent. Le nom de Tristan montait toujours, en ces occasions-là, de son cœur à ses lèvres, et tout en le faisant trembler de bonheur, il leur donnait une harmonie et une suavité sans pareille. Les oiseaux eux-mêmes, lorsqu'elle chantait, se taisaient pour mieux l'écouter, et quelques-uns, parmi les plus habiles, pour mieux l'imiter.

Un jour, le mélodieux accent de cette voix amoureuse attira jusque-là le chevalier Bréus-sans-Pitié, si digne de son nom. Ce Bréus avait des mœurs abominables, une âme vile, une force brutale, qui le rendaient également redoutable aux deux sexes. Il terrassait les hommes et les femmes, tuait les uns et outrageait les autres, sans plus de souci que d'un fétu ; le tout pour assouvir ses passions bestiales. La voix d'Yseult l'attira, comme le chant de l'oiseau attire l'oiseleur. Il s'approcha plus près avec précaution, pour n'effaroucher personne, et regarda. En voyant Yseult et Brangien, toutes deux jeunes, toutes deux jolies, quoique à des titres et à des degrés différents, son âme impure se prépara à goûter le bonheur des vautours. Bientôt il distingua celle que la nature avait le plus richement garnie d'attraits et de perfection : c'était Yseult-la-Blonde. Ses projets se tournèrent uniquement vers elle...

Yseult chantait un lai.

Ma Brangien, ma tant fidèle amie,
Rappelle-toi Tristan, son doux maintien,
Quand il disait : « Fors la Parque ennemie,
« Nul, chère Yseult, ne rompra mon lien.

« Bien asservi dans son doux vasselage,
« Ton tendre amant ne désire que toi.
« Si prix je veux, c'est pour t'en faire hommage ;
« Si vivre veux, c'est pour garder ma foi.

« Boire amoureux, c'est trompeuse magie ;
« Désirs brûlants, c'est flamme de tes yeux ;
« Nos vœux secrets, c'est douce sympathie ;
« Nos doux liens, c'est bien l'œuvre des Dieux !... »

Bréus-sans-Pitié était à cheval. Animé d'un nouveau transport, il sauta brusquement à terre pour courir sur sa proie comme l'épervier sur la sienne. Yseult et Brangien l'aperçurent et s'enfuirent, épouvantées, Bréus n'en voulait qu'à la première ; il la poursuivit, l'atteignit et la saisit. Yseult poussa un cri perçant et perdit connaissance.

Bréus n'en demandait pas davantage : on a toujours facilement raison d'une femme évanouie ! Il l'enleva comme il eût fait d'un faon de quelques jours et la porta vers son cheval qui, effrayé par le cri qu'avait poussé Yseult, venait de casser sa courroie et de s'échapper : Bréus abandonna un instant son précieux fardeau pour courir après lui.

Pendant que la belle reine de Cornouailles gisait évanouie sur l'herbe, Brangien faisait retentir la forêt de ses cris d'appel. Un chevalier parut. Il avait des armes simples et son écu était couvert d'une housse. Attendri par le désespoir de la fidèle Brangien, il s'approcha d'elle et l'interrogea avec intérêt. Ce fut en vain. Brangien était suffoquée par la douleur : elle ne put lui répondre. Mais il s'aperçut qu'elle avait les regards tournés vers une femme étendue à terre sans connaissance : il courut avec empressement à son secours.

Au même instant revenait Bréus-sans-Pitié, qui avait atteint son cheval et rattaché son mors. Les cris de Brangien redoublèrent en le voyant reparaître. Le chevalier inconnu comprit tout alors, et il n'hésita pas à prendre la défense de ces deux femmes menacées. Il mit sa lance en arrêt et courut à la rencontre de Bréus qu'il renversa. Bréus, feignant d'avoir reçu un coup mortel, resta immobile à la place où il venait de choir, et attendit que le chevalier inconnu se fût éloigné. Quand il vit qu'il descendait de son cheval pour secourir Yseult, il se releva prestement, remonta sur le sien, l'éperonna brutalement et s'enfonça dans le plus épais de la forêt.

Le chevalier inconnu s'était approché d'Yseult. Il souleva doucement sa tête charmante, écarta les cheveux blonds et soyeux qui lui couvraient le visage, la contempla durant l'espace d'un éclair, et tout-à-coup, à son tour, il poussa un cri et tomba évanoui...

Brangien arrivait. Elle ne s'occupa d'abord que de sa belle maîtresse, toujours insensible. Elle alla puiser de l'eau à la fontaine et la lui jeta sur le visage pour que le saisissement la fît revenir à elle. Quelques moments après, en effet, Yseult rouvrit ses beaux yeux et regarda autour d'elle avec un peu d'égarement. La présence de sa fidèle Brangien la rassura ; puis la terreur lui revint en apercevant un chevalier armé, étendu sur l'herbe auprès d'elle.

— Ne vous effrayez pas, chère maîtresse, lui dit Brangien. Celui-là ne ressemble pas à l'autre... L'autre vous outrageait, celui-ci vous a défendue...

— Mais il est blessé, mort peut-être, en me défendant !..., s'écria la compatissante Yseult, en voyant que le chevalier inconnu ne donnait plus aucun signe de vie.

La belle reine de Cornouailles, à ce spectacle, ne put retenir quelques larmes. Heureusement, une plainte étouffée par la visière du heaume, un soupir, un tressaillement, lui firent juger que ce vaillant défenseur n'était pas mort et qu'il avait seulement besoin d'un peu de secours. Aidée de Brangien, elle s'empressa de délacer les attaches du casque, releva prestement la visière et mit à nu le visage du chevalier.

— Tristan !... s'écria-t-elle, en pâlissant et en tombant une seconde fois évanouie sur la poitrine de son amant.

CHAPITRE XXXIX

Comme Lancelot et Tristan joutèrent l'un contre l'autre, et, après le combat, s'embrassèrent et allèrent à l'abbaye où l'amant de la reine Genièvre fut présenté à la reine Yseult.

La coutume de la Table Ronde était que, le surlendemain de la réception d'un chevalier, il allât pendant dix jours à la quête des aventures. Il était permis à ses compagnons de le suivre, couverts d'armes inconnues, et de l'appeler à la joute, sans toutefois en venir au combat. La quête de Tristan l'avait empêché de se trouver au combat du roi Marc. Plusieurs de ses compagnons l'avaient suivi, et presque tous avaient été renversés par lui. Lancelot du Lac voulut faire à Tristan la galanterie amicale de rompre une lance avec lui pendant sa quête. Sans se faire connaître, il se couvrit d'armes blanches comme un nouveau chevalier, et, quoiqu'il eût déjà éprouvé la force prodigieuse de l'amant d'Yseult, il ne prit qu'une lance légère afin de ne pas le blesser.

Lancelot arriva près de la fontaine peu de temps après qu'Yseult et Tristan eurent repris leurs sens. Il vit de loin son ami, pied à terre, la main d'Yseult sur son cœur, et comme il ne connaissait pas la belle reine de Cornouailles, il crut facilement à une trahison amoureuse de la part du nouveau chevalier de la Table Ronde.

— Sire chevalier, lui cria-t-il, il m'appert que vous cherchez de douces aventures et que vous savez à merveille les trouver !...

Tristan, mécontent de se voir raillé et troublé par un chevalier inconnu, quitta la main d'Yseult, qui, s'enveloppant de sa mante, prit avec Brangien le chemin de l'abbaye.

— Chevalier, dit alors Tristan à Lancelot, c'est manquer de courtoisie que de parler ainsi que vous venez de le faire... Maintenant je vais savoir qui vous êtes ; il est probable que vous savez mieux gaber et vous gausser que rompre une lance ou tenir une épée...

Cela dit, l'amant d'Yseult saisit sa lance et sauta sur son cheval. Lancelot, le voyant prêt, s'éloigna et prit le champ nécessaire pour la course.

Lancelot n'avait pas si bien déguisé sa voix, que Tristan ne se fût aperçu que cette voix ne lui était pas absolument inconnue. En outre, ce que l'amant de la reine Genièvre ne savait pas déguiser, c'était la perfection de sa taille, la grâce avec laquelle il maniait une lance et faisait virer son cheval. Tristan le reconnut tout-à-fait dans la demi-volte qu'il fit pour s'éloigner de lui, et il se promit bien de le gaber à son tour.

Les deux valeureux preux laissèrent courir leurs chevaux. Au moment où ils allaient se joindre, Lancelot rompit sa lance sur le bouclier de Tristan : elle vola en éclats. Au lieu de porter la sienne contre Lancelot, Tristan la releva brusquement. Tous deux voltèrent et revinrent l'un sur l'autre, l'un désarmé, l'autre sa lance haute et immobile.

— Sire chevalier, demanda Lancelot, étonné de ce procédé, pourquoi donc méprisez-vous tant, que vous n'avez pas daigné me toucher de votre lance ?...

— Cher sire, répondit Tristan, blesser ce qu'on aime le plus, c'est se blesser soi-même. Or, maintenant que vous voilà désarmé de votre lance, permettez-moi de vous conduire auprès de la reine Yseult, qui vous en donnera une autre de sa belle et douce main...

Lancelot du Lac, enchanté de voir que son ami l'avait reconnu, ne le fut pas moins d'apprendre qu'il allait enfin rencontrer cette charmante reine de Cornouailles dont sa belle mie, la reine Genièvre, l'avait tant et tant entretenu. Il sauta à terre, délaça son casque et embrassa son cher Tristan, qui le conduisit incontinent vers Yseult.

— Incomparable fleur de grâce et de beauté, dit Lancelot en fléchissant galamment un genou devant elle, j'avais déjà appris à vous aimer : je suis admis aujourd'hui à l'honneur de vous admirer... La reine Genièvre est bien belle ; mais je trouve que mon ami Tristan est bien heureux !...

Puis, il lui baisa la main. Mais Yseult, le relevant aussitôt, l'attira doucement à elle et l'embrassa comme le meilleur ami de son amant, et celui dont elle désirait depuis longtemps la présence.

Cela fait, on soupa, et le plus gaîment du monde. Lancelot parla beaucoup de la reine Genièvre ;

Tristan regarda beaucoup la reine Yseult, et, une fois le souper fini, chacun alla se coucher. Lancelot du Lac fut le seul, des hôtes de l'abbaye, qui dormit paisiblement et sans interruptions jusqu'au jour.

CHAPITRE XL

Comme Tristan de Léonois passa trois jours dans les extases amoureuses, et ne s'y arracha qu'à regret, pour se rendre à Cramalot. Comme le roi Artus requit un don du roi Marc, qui l'accorda, et comme l'oncle et le neveu revinrent ensemble.

Il n'est si bonne compagnie qui ne se quitte. Lancelot, d'ailleurs, avait la discrétion qu'il fallait avoir en pareille occurrence. Il avait troublé, la veille, ces deux beaux amoureux en train de se conter leur amour à coups de baisers: il ne voulut pas les troubler une seconde fois par sa présence trop prolongée. Il les savait réunis : cela lui suffisait, puisqu'il les savait heureux de cette réunion. Il prit donc congé d'Yseult-la-Blonde, qui le chargea de dire, de sa part, mille choses tendres à la belle Genièvre, et de l'assurer du désir ardent qu'elle avait de pouvoir se rendre à sa cour, afin de l'embrasser.

Il restait encore à Tristan trois des dix jours qu'il devait employer à sa quête. Mais que pourrait-on chercher encore quand on a trouvé ce qu'on aime? Et n'était-il pas bien permis à ce chevalier couvert de lauriers, de consacrer trois jours à se couronner de myrtes?...

De pareils moments sont trop courts, hélas! Il faudrait pouvoir arrêter dans son vol rapide cet éternel vieillard armé d'une faux, que l'on appelle le Temps, et que rien n'émeut de ce qui se passe ici-bas, ni les joies, ni les douleurs humaines.

Yseult et Tristan passèrent ces trois jours sans s'en apercevoir. Mais la prudente Brangien qui, quoique jeune et jolie, n'avait aucune affaire qui l'empêchât de les compter, Brangien eut la cruauté d'avertir Tristan que son oncle le roi Marc était à la cour d'Artus ; qu'il était temps de l'aller voir, pour ne point lui donner de soupçons ; et, qu'après les dix jours expirés, il devait aller rendre compte de sa quête.

Tristan se rendit avec chagrin à des raisons si pressantes. L'Amour devait céder le pas au Devoir!..

La blonde Yseult, aussi chagrine que lui, pour les mêmes motifs, se décida à grand'peine à se séparer de lui. Elle le serra dans ses bras d'un air pâmé, lui ceignit en soupirant son épée, lui attacha avec distraction ses éperons dorés, et, sans la présence et les conseils de Brangien, la belle Yseult eût été obligée de les attacher une seconde fois.

Tristan partit et arriva à Cramalot avant la nuit. Il ne vit ce soir-là que son ami Lancelot et le roi Artus à qui il rendit compte de sa quête et même de la plaisanterie qu'il avait faite à Lancelot. Ce dernier eut un sourire malin en ne l'entendant parler que de hauts faits de chevalerie.

Le lendemain matin, Artus enferma Tristan dans sa chambre, assembla sa cour et fit appeler le roi de Cornouailles.

— Roi Marc, lui dit-il, je ne veux plus aujourd'hui vous reprocher un acte de fureur que vous devez vous reprocher sans cesse à vous-même... Seulement, en présence de tous mes chevaliers, je vous requiers un don...

Le vieux roi de Cornouailles n'avait rien à refuser à son suzerain qui, dans ce moment, abolissait le crime qu'il avait commis en se battant contre Amans pour une cause injuste, et en refusant de prêter le serment ordinaire aux juges du camp. Il accorda facilement le don.

Lors le grand Artus reprit :

— Pardonnez donc à votre neveu Tristan de Léonois toute la peine qu'il a pu vous causer depuis long-temps, et jurez de le tenir désormais chèrement, comme beau neveu et comme le meilleur chevalier de la terre...

Le roi de Cornouailles promit, et il prêta son serment sur les grands reliquaires qu'Artus fit apporter à cette intention. Ensuite Tristan fut appelé, il vint, on le présenta à son oncle: tous deux s'embrassèrent. Mais c'était une réconciliation plâtrée : Tristan ne renonçait pas plus, intérieurement, à être désagréable à son oncle, en tant que mari, que Marc ne renonçait à être désagréable à son neveu, en tant que roi.

Les chevaliers de la Table-Ronde, présents à ce raccommodement, en jugèrent ainsi, et leur amitié pour Tristan s'en émut ; ils craignirent qu'il ne devînt un jour ou l'autre victime de la perfidie de son oncle, dont le caractère leur était maintenant connu. Lancelot du Lac, surtout, ne put se défendre d'un noir pressentiment, et, pour préserver autant que possible son ami des orages qu'il voyait amoncelés sur sa tête, il attira le roi de Cornouailles dans une embrasure de fenêtre, et lui dit :

— Roi Marc, le roi Artus a parlé : je n'ai pas à revenir sur ce qu'il a fait à votre égard. Vous êtes libre, et vous allez retourner en Cornouailles, où Tristan ne va pas manquer de vous suivre... Tristan, ne l'oubliez pas, est chevalier de la Table Ronde, et, de plus, mon ami cher : à ce double titre, qu'il soit sacré pour vous; ou sinon, la vengeance de ses compagnons, et la mienne en particulier, vous ira chercher au cœur de vos États, et vous en saura châtier cruellement !... Vous êtes averti : allez maintenant !..

La belle reine Genièvre appela Tristan dans son retrait parfumé, où si souvent le beau Lancelot était admis ; là, elle ne lui cacha rien, et de ses tendres sentiments pour Yseult, et de ses tendres sentiments pour Lancelot du Lac; et, finalement, elle lui remit une lettre dans laquelle elle engagea vivement son amie à se réfugier auprès d'elle, dans le royaume de Logres, à la plus petite tentative méchante de la part du vieux roi Marc.

Artus, de son côté, dit à l'amant d'Yseult :

— Cher Tristan, vous êtes maintenant de ma maison, et de la Table Ronde. Votre oncle est si peu digne de vous avoir dans sa cour, que je ne vous vois et ne vous laisse partir qu'avec le plus grand regret... N'hésitez pas, si vous avez à vous en plaindre, à venir rejoindre vos compagnons et vos amis, et croyez, noble et cher Tristan, que je serai toujours de ce nombre.

L'oncle et le neveu partirent, accompagnés des adieux de toute la cour d'Artus. L'horreur qu'on avait pour Marc, l'amour qu'on avait pour Tristan, portèrent même les dames du palais de Genièvre à désirer secrètement que le beau chevalier pût impunément augmenter ses torts envers son oncle...

CHAPITRE XLI

Comme le vieux roi Marc n'eut rien de plus pressé, une fois arrivé en Cornouailles, que de violer le serment qu'il avait fait au roi Artus, de respecter la liberté et la vie de son neveu Tristan ; et comme ce dernier fut délivré, ainsi qu'Yseult, par l'intervention du chevalier Perceval.

Marc et Tristan arrivèrent le soir même à l'abbaye, et la tendre et malheureuse Yseult les reçut avec des sentiments bien différents et bien voilés. La joie qu'elle ressentait à revoir Tristan, elle fut forcée de la cacher soigneusement ; celle qu'elle ne ressentait pas à revoir Marc, elle fut forcée de la montrer et de la faire sonner bien fort, pour que le jaloux barbon y crût un peu. Pauvre Yseult ! Pauvres femmes, dont le rôle est de mentir sans cesse !

Marc ne dormit guère. L'aurore paraissait à peine, qu'il se leva, occupé des moyens de violer impunément le serment qu'il avait prêté entre les mains du roi Artus, malgré la menace de vengeance que lui avait faite Lancelot du Lac.

Agité par ces exécrables pensées, il parcourait les dortoirs de l'abbaye, vides des nonnains, occupées à chanter matines, lorsqu'une vieille religieuse qui avait été trop curieuse quelques jours auparavant, pendant le premier séjour de Tristan dans l'abbaye, le mit au courant des tendres conversations que les deux amants avaient eues ensemble.

Il n'en fallait pas tant pour rallumer la colère à peine éteinte du vieux roi. Il allait incontinent courir sus à son neveu, lorsqu'il réfléchit qu'il était encore dans les Etats d'Artus et qu'il pourrait bien lui en cuire s'il donnait carrière à ses idées de vengeance. Il se contint ; mais, de ce moment, sa résolution fut bien arrêtée de devenir parjure aussitôt qu'il serait en Cornouailles. Cette honnête projet, et la certitude où il était d'être bientôt maître de la vie de son neveu, lui redonna le repos et l'apparente sérénité dont il avait besoin pour mieux tromper les deux amants sur ses véritables intentions.

Yseult, Marc et Tristan s'embarquèrent pour le royaume de Cornouailles, où ils arrivèrent quelques jours après. Marc, fidèle à son projet, afficha envers Tristan la plus absolue confiance et le rendit plus sire que jamais dans son propre royaume et dans sa propre maison...

Toute la cour de Cornouailles s'empressa à célébrer ce retour par des fêtes magnifiques. Dinas, le sénéchal aux brachets, surpassa tous les barons par l'éclat et la splendeur qu'il donna aux siennes. Son château eut l'honneur de recevoir le roi, la reine et le chambellan, ainsi que leurs principaux officiers. Et ce château était digne de cet honneur par l'ingénieuse façon dont il avait été construit par un architecte arabe, qui en avait disposé tous les appartements en forme de labyrinthe ; de telle sorte que, après s'être réunis un temps suffisant sur un terrain commun, la reine Yseult sortait d'un jardin de fleurs, lorsque Tristan sortait d'une bibliothèque.

Malheureusement, le palais du roi Marc n'offrait pas les mêmes avantages à nos deux amants, et, comme ils étaient trop amoureux pour être prudents, le misérable Andret ne tarda pas à les surprendre et à les faire surprendre par le roi de Cornouailles. Tristan fut jeté dans un cul-de-basse-fosse, et Yseult fut une seconde fois renfermée dans la tour.

Vainement toute la cour du roi Marc fit les plus grands efforts auprès de lui pour obtenir la liberté d'Yseult et de Tristan. Gouvernail, voyant qu'il ne pouvait pas même obtenir la permission de voir son élève, comprit qu'il n'y avait plus rien à ménager ; et, tremblant pour les jours de Tristan, il partit secrètement pour le Léonois, afin d'y rassembler au plus vite une petite armée et revenir délivrer le prisonnier.

Sur ces entrefaites arriva à Cintageul le jeune Perceval, chevalier de la Table Ronde. Surpris, à bon droit, de la solitude et du deuil qui régnaient dans cette cité, il interrogea quelques habitants et apprit ainsi d'eux toute la vérité. Alors, sans plus tarder, il se rendit au palais du roi, alla droit à l'appartement de Marc, en ouvrit la porte sans plus de cérémonie, et dit d'une voix haute et ferme :

— Roi parjure et félon, pourquoi tiens-tu enclose la reine Yseult, et enferré en chartre privée le chevalier Tristan?...

Il eût été triste et embarrassant pour le roi Marc d'en dire la véritable raison. Il aima mieux répondre avec outrecuidance :

— Chevalier hardi, je n'ai de comptes à rendre de ma conduite qu'à Dieu et à ma conscience... Et je ne sais pas de quel droit le premier coureur d'aventures venu se permet de m'interroger ainsi ! Depuis quand un roi répond-il à un vassal?...

Perceval avait le cœur chaud et la main prompte. Il tira son épée et s'élança sur le roi. Andret, qui survint en cet instant, voulut défendre son maître : le preux du roi Artus le saisit et le jeta par la fenêtre, sans se soucier de quelle manière il retomberait. Puis, revenant à Marc, un peu ébaubi de tout cela, Perceval le terrassa, lui prit les clefs de la tour et de la prison, et, après lui avoir fait jurer de mieux vivre à l'avenir avec sa femme et son neveu, il courut délivrer ces deux amants.

Marc n'était pas assez aimé de ses sujets, et ceux-ci, d'un autre côté, n'étaient pas assez valeureux, pour qu'ils fussent empressés à le secourir; et les cris du traître Andret, qui s'était cruellement blessé dans sa chute, n'excitèrent personne à venger son injure.

Perceval fit assembler les barons, leur apprit le serment que le roi Marc venait de prêter entre ses mains, et leur fit promettre, à leur tour, de forcer ce prince à tenir ce qu'il avait juré, en les menaçant de la vengeance d'Artus, de Lancelot et de tous les chevaliers de la Table Ronde, s'ils manquaient, eux aussi, à leur parole.

Il n'en fallait pas tant aux timides chevaliers de Cornouailles, pour tout promettre. Ils prêtèrent avec empressement le serment demandé; et le fier Perceval, après avoir baisé la main d'Yseult, et juré fraternité d'armes avec Tristan, quitta Cintageul pour voler aux glorieuses aventures auxquelles il était destiné.

CHAPITRE XLII

<small>Comme le roi Marc viola une seconde fois son serment, à l'égard de son neveu, et comme, cette fois, il en fut puni par la révolte de ses sujets et par l'arrivée, à Cintageul, de l'armée du Léonois, conduite par Gouvernail.</small>

Une fois qu'on a violé un serment, rien n'empêche qu'on n'en viole un autre. Le vieux roi Marc, vindicatif et jaloux, ne pouvait pas plus respecter la parole qu'il avait donnée à Perceval, qu'il n'avait respecté celle qu'il avait donnée au roi Artus. Son premier soin, lorsque Perceval eut quitté ses Etats, fut de charger de nouveaux fers les mains de Tristan. Yseult, seule, fut épargnée, à cause du regain d'amour qui poussait encore dru dans le cœur de ce vieux barbon.

Yseult ne pouvait pousser l'hypocrisie jusqu'à feindre une tendresse qu'elle n'avait pas. Elle se contenta seulement de dissimuler ce qu'elle éprouvait : ce fut tout ce qu'elle put faire pour le roi de Cornouailles.

Ce n'était pas assez pour lui. Il comprit que tant que son neveu vivrait, il n'y aurait pas de sécurité à attendre, et il résolut tout naturellement de s'en débarrasser par un moyen violent. Il ne devait pas trop compter sur ses barons, gens pusillanimes; mais il pouvait compter sur le traître Andret, qui ne pouvait pardonner à Tristan la chute que Perceval lui avait fait faire. Marc chargea Andret de tuer Tristan, et Andret accepta avec joie cette abominable commission.

Par bonheur, Gouvernail avait fait diligence et réuni une armée, composée des fidèles sujets du Léonois. Il arriva bientôt à leur tête, jusque sous les murs de Cintageul.

Dinas, pénétré de l'injustice de la cause de Marc, refusa de prendre les armes pour sa défense. Les barons cornouaillais, de leur côté, trouvèrent moins dangereux de se révolter contre lui, que de s'exposer à être massacrés par l'armée des Léonois. Ils prirent les armes, entourèrent le palais, et saisirent Marc et Andret. Quelques-uns coururent à la prison de Tristan, brisèrent ses chaînes, délivrèrent la reine Yseult; et bientôt l'on n'entendit plus partout que le cri de : « A la rescousse! A la rescousse!... »

L'heure de la punition de Marc et d'Andret avait enfin sonné. Les Cornouaillais révoltés conduisirent le roi à la même prison et le couvrirent des mêmes chaînes qu'il avait osé donner à Tristan. Quant à Andret, il fut déchiré en pièces par le peuple. Puis les barons prièrent la belle Yseult et le brave Tristan de monter à cheval, ce fut à leur suite qu'ils allèrent au-devant de Gouvernail et de l'armée des Léonois.

On devine la joie que manifestèrent ces derniers en voyant Tristan, et l'admiration dont ils furent saisis à l'aspect de la belle Yseult, qu'ils proclamèrent leur reine, par anticipation.

Tristan ne voulut pas rentrer dans Cintageul : sa générosité naturelle lui défendait d'aller braver le roi Marc dans ses fers. Il réunit les barons cornouaillais et leur dit :

— Barons et chevaliers, je n'ai pas le droit à défaire ce que vous avez fait. Vous avez cru de votre équité de me délivrer et d'emprisonner le roi Marc : ainsi soit-il !... Je vous prie et requiers d'accepter le sénéchal Dinas pour gouverneur, pendant tout le temps que durera la captivité de mon oncle, que je vous laisse maîtres d'abréger ou d'allonger, selon que vous le jugerez convenable à vos intérêts et à votre devoir... Je vous demande seulement de me jurer que vous n'attenterez point à sa vie... je ne quitterai point la Cornouailles sans avoir obtenu cette promesse, dont j'ai besoin pour vivre en repos avec ma conscience !...

Les barons cornouaillais firent le serment exigé et acceptèrent le gouvernement de Dinas, qui leur offrait tant de garanties de loyauté. Puis ils prièrent Tristan de se charger du sort de leur intéressante reine, que nul, mieux que lui, ne pouvait protéger.

— C'est affaire à la reine Yseult, répondit Tristan, en rougissant. C'est à elle de se prononcer en cette occurrence : il ne m'appartient pas de violenter ses sentiments et de lui dicter ses devoirs. J'attends sa décision !...

Yseult regarda tendrement son amant, et lui répondit :

— Sire Tristan, jamais plus loyal chevalier ne fut sur terre ; je remets volontiers ma destinée entre vos mains. Où vous irez, j'irai ! Vous m'avez protégée jusqu'ici : protégez-moi encore... Jamais je ne me lasserai d'être protégée par vous !...

CHAPITRE XLIII

Comme Tristan, une fois en Léonois, résolut d'en partir avec Yseult, pour aller dans le pays de Logres, auprès de Lancelot ; et, comme, avant son départ, il maria Brangien et Gouvernail, et fit nommer celui-ci roi du Léonois, par ses barons.

Dinas resta donc maître du royaume de Cornouailles. Tristan et Yseult, accompagnés de Gouvernail et de Brangien, se rendirent en Léonois. Mais ils n'y firent pas un long séjour. Tristan comprit qu'il n'était pas convenable à lui d'offrir en spectacle à ses sujets, l'amour qu'il avait pour Yseult, et celui qu'Yseult avait pour lui. C'était une gêne pour eux : ils résolurent de s'en affranchir, de se réfugier dans le royaume de Logres, et de n'y confier le secret de leur arrivée et de leur séjour qu'à leur loyal ami Lancelot du Lac.

Avant de partir, cependant, ils voulurent faire deux heureux afin que cela leur portât bonheur dans leur voyage. Depuis longtemps, ils s'étaient aperçu que le bon Gouvernail et la bonne Brangien avaient ensemble un air trop tendre, pour ne pas éprouver l'un pour l'autre un sentiment plus vif et plus doux que celui de l'amitié. Le sacrifice que Brangien avait fait à sa chère Yseult, pouvait seul mettre obstacle à ce mariage si convenable d'ailleurs. Mais Gouvernail avait été du conseil secret des deux illustres amants, et il avait contribué lui-même à détruire les scrupules de Brangien à cet égard.

Tristan et sa mie firent donc venir ces deux honnêtes confidents de leurs amours.

— Ami Gouvernail, et vous aussi, bonne Brangien, dit Tristan en souriant, laissez-nous vous éclairer, ma dame Yseult et moi, sur les sentiments respectifs de vos cœurs... Les yeux des amants s'y connaissent, mieux que d'autres yeux, en pareille matière... Ami Gouvernail, vous aimez demoiselle Brangien... Demoiselle Brangien, vous aimez l'ami Gouvernail. Unissez donc vos mains comme vous avez uni vos cœurs... C'est notre vœu le plus cher, à ma dame Yseult et moi !...

La confusion d'abord, puis la joie, firent rougir d'une rougeur sans pareille les belles joues de la bonne Brangien, qui trahit ainsi un secret qui n'en était plus un pour personne. Gouvernail lui tendit sa main loyale, d'un air qui prouvait bien qu'il ne risquait aucun échec à la tendre ainsi : Brangien, en effet, y laissa tomber la sienne, sans hypocrisie, mais en rougissant plus fort encore qu'auparavant.

— Aimez-vous au grand soleil, mes amis, vous le pouvez sans vergogne ! dit Tristan en les embrassant, ainsi que la reine Yseult. Maintenant que j'ai assuré votre bonheur, je vais assurer votre fortune !..

Et, en disant cela, l'héritier de Méliadus passa dans une grande salle voisine, où Gouvernail l'accompagna, et où se trouvaient déjà réunis les représentants des divers Etats de son royaume.

— Seigneurs et vassaux, leur dit-il en leur présentant le fidèle écuyer, voici l'homme le plus sage et le plus vertueux que je connaisse... Ma mère m'a confié à lui, et jamais il n'a cessé de veiller sur moi un seul instant... Je lui dois la vie et le bonheur... et je ne pourrais jamais m'acquitter envers lui, si vous ne m'y aidiez un peu... Je vais partir pour un temps plus ou moins long : acceptez le sire Gouvernail, mon ami et mon plus que père, pour mon représentant auprès de vous... Jurez-lui, comme à moi, foi et hommage... et promettez-moi de le choisir pour votre roi, au cas où je viendrais à périr dans le voyage que j'entreprends aujourd'hui !...

Les barons Léonois n'hésitèrent à accepter Gouvernail, offert qu'il leur était par la main victorieuse de Tristan, le fils de leur roi. Ils lui prêtèrent le serment demandé, et, ainsi rassuré, et sur le sort de son ami et sur le sort de son royaume, Tristan s'embarqua, cette même nuit, avec Yseult, pour le pays de Logres, où ils arrivèrent sans encombre.

CHAPITRE XLIV

Comme une fois dans le pays de Logres, à la recherche du château de Lancelot, Yseult et Tristan rencontrèrent des chevaliers du roi Artus, et comme Tristan fut forcé de jouter avec Dinadam et le sénéchal Treu.

Quand les deux amants furent arrivés, ils se dirigèrent vers le château de la Joyeuse Garde, appartenant à leur ami Lancelot du Lac. Tristan était couvert d'armes dépourvues de tout ornement, et sans aucun panache. Yseult était vêtue d'habits très simples, et enveloppée dans une mante de couleur foncée.

Ils marchaient allègrement, délivrés de bien des tracas, de bien des soucis, de bien des inquiétudes. Leurs visages exprimaient le contentement de leurs cœurs. Le jour était clair, l'air était tiède et imprégné de senteurs forestières, les prairies verdoyaient au loin, les oiseaux chantaient joyeusement, nichés sous les ramures, tout en faisant leurs petits nids pour leurs petites couvées : tout invitait au bonheur et à l'expansion. Tristan ne voulut pas être en reste avec les oiseaux : il chanta ce triolet sur un mode fort tendre, en regardant amoureusement sa belle mie, pendue à son bras, comme le lierre à l'ormeau.

> Avec Yseult et les amours,
> Ah ! que je fais un doux voyage !
> Heureux qui peut vivre toujours
> Avec Yseult et les amours !
> Elle est maîtresse de mes jours,
> Près d'elle ils sont tous sans nuage.
> Avec Yseult et les amours,
> Ah ! que je fais un doux voyage !
>
> A chaque instant que je te vois,
> Dans mon cœur naît trouble agréable ;
> Mon cœur me dit, et je l'en crois,
> (A chaque instant que je te vois)
> Que c'est pour la première fois
> Que tu vas m'être favorable !

A chaque instant que je te vois,
Dans mon cœur naît trouble agréable.

L'aube du jour t'a vu partir;
Yseult, n'es-tu pas fatiguée?
Ce gazon invite au plaisir.
L'aube du jour t'a vu partir;
Ah! ne fût-ce que pour dormir,
Descends, entrons sous la ramée.
L'aube du jour t'a vu partir :
Yseult n'es-tu pas fatiguée?....

Tout en chantant ainsi, et en s'embrassant presqu'à chaque vers, comme pour mieux les scander et prosodier, Yseult et Tristan arrivèrent à l'entrée d'une grande forêt, voisine de la Joyeuse Garde. Là, ils furent étonnés d'apprendre que le roi Artus habitait ce château depuis deux jours, et, qu'en retournant à Cramalot, il s'amusait à voir jouter les chevaliers de la Table Ronde.

Yseult eût désiré rentrer dans la forêt. Elle en pressa Tristan qui, instinctivement, s'était avancé pour assister de plus près à une joute : mais il n'en était déjà plus temps. Le roi Artus les avait aperçus l'un et l'autre, et il eut la curiosité de savoir quelle espèce de gens ils pouvaient être. En conséquence il leur dépêcha Treu le sénéchal, pour leur demander leur nom.

Dinadam, le bon gabeur que l'on connaît, espérant trouver là une occasion de faire quelque nouvelle plaisanterie, partit avec le sénéchal, et tous deux joignirent Tristan au moment où il se disposait à rentrer sous bois.

— Ah! Ah! chevalier, lui cria Dinadam, les joutes vous font-elles donc peur?... Apprenez alors que quiconque ne veut pas jouter, est indigne de servir les dames... Joutez, ou laissez votre mie à plus vaillant chevalier que vous!...

Tristan, qui avait vivement rabaissé la visière de son heaume, de peur d'être reconnu, ne sonna mot devant cette gaberie du plaisantin Dinadam. Il étouffa un rire qui venait de lui monter à la gorge, et se donna une contenance timide et embarrassée.

Le sénéchal, à son tour, questionna Tristan, qui se décida à répondre :

— Seigneur, quoique je sois chevalier, j'ai si maigre fortune et si pauvre chevance qu'il n'est pas besoin d'en parler : mes armes et mon cheval! Cela ne peut faire envie ni ombrage à personne, à ce que j'ose croire... Pour le présent, je chemine avec ma sœur vers une abbaye de nonnains, où elle va s'enclore, ce qui me chagrine beaucoup...

Le sénéchal ne se contenta pas de cette modeste réponse.

— Ignorez-vous donc la coutume du pays de Logres, sur lequel vous voyagez? lui demanda-t-il. Nul chevalier étranger, armé, ne doit passer sans jouter. Or sus, préparez-vous, car vous êtes arrivé à la joute!...

Dinadam, témoin de ces pourparlers, et pensant qu'il aurait facilement raison de ce piteux chevalier, disputa cette joute au sénéchal, comme ayant parlé le premier à Tristan.

L'amant d'Yseult se défendit encore quelque temps ; puis, enfin, il dit à Dinadam et au sénéchal :

— Chevaliers du roi Artus, car je vois bien que vous en-êtes, ce ne serait pas courtoisie de votre part que de me contraindre à laisser ma sœur seulette. Partant, puisque vous voulez m'éprouver, jurez-moi au moins de la garder courtoisement, car je sais que les chevaliers de Logres sont très prompts à gaber le pauvre monde, et à conquêter les nobles et gentes pucelles...

— Nous vous le jurons, répondirent Dinadam et Treu, en s'apprêtant à la joute.

Tristan se prépara, de son côté, et feignit de ne pas savoir bien placer sa lance en arrêt, ce qui réjouit d'avance le bon Dinadam, maître en gaberies. Le sénéchal courut sur lui : il reçut sa lance sur son écu sans en être ébranlé. L'arme du sénéchal vola en éclats. Tristan, à son tour, vira et revint sur lui. Mais, manquant à dessein l'atteinte, il feignit, au passer, d'être prêt à tomber, et, d'un seul coup de son bras, renversa le pauvre sénéchal. Descendant alors de son cheval, il prit Treu par la main, et le conduisit à Yseult en lui disant :

— Belle chère sœur, je vous amène ce chevalier conquis, pour vous garder!...

Cela dit, Tristan remonta sur son cheval, et courut incontinent sur Dinadam, qui s'était imaginé que le hasard seul avait fait tomber le sénéchal, et qui vint sur Tristan en toute assurance.

L'amant d'Yseult reçut le coup de lance du gabeur, comme à la première joute, et laissa tomber la sienne sans vouloir toucher Dinadam. Mais, au passer, il l'enleva de son bras droit hors de la selle, le tint sur le cou de son cheval, opéra une demi-volte et vint déposer Dinadam aux pieds d'Yseult, comme un bouquet qu'il eût cueilli à son intention...

— Chevalier, lui dit-il, que vous semble de la manière de jouter de mon pays?... Or sus, gardez bien ma sœur, car j'aperçois de vos compagnons qui viennent et veulent sans doute me parler!...

CHAPITRE XLV

Comme Tristan continua à jouter avec les chevaliers de la Table Ronde, et comme Lancelot du Lac, qui l'avait reconnu, se laissa vaincre par lui, afin d'être conduit auprès de la belle reine de Cornouailles.

Artus, le preux des preux, avait beaucoup ri au spectacle de ces deux joutes, ainsi que tous les chevaliers de la Table Ronde, surtout lorsqu'après avoir vu l'enlèvement de Dinadam, ils l'aperçurent avec le sénéchal, tenant chacun une des rênes du palefroi de la demoiselle inconnue.

Plusieurs s'avancèrent, pour voir la chose de plus près. Bliombéris, l'un des meilleurs jouteurs, les précéda et dit à Tristan :

— Pourquoi donc, sire chevalier, ne vous êtes-vous pas servi de votre lance?

— Sire, répondit Tristan, c'est que j'ai vu que bon métier m'était de l'épargner, et que grand besoin me ferait-elle avec un chevalier tel que vous... Or sus, prenez garde à moi : je vous défie.

Bliombéris, bien résolu de punir la témérité du chevalier inconnu, courut sur l'amant d'Yseult, qui, cette fois, voulut montrer sa force et son adresse.

Solide sur ses étriers, la lance en arrêt, et tenue de façon à prouver aux moins clairvoyants qu'il savait la tenir, Tristan s'avança à la rencontre du brave Bliombéris et soutint son choc sans en être non plus ébranlé qu'une souche : Bliombéris, au contraire, atteint en plein écu, vida prestement les étriers et alla gentiment rouler sur la poussière.

— Chevalier, lui cria tranquillement Tristan, ayez la courtoisie d'aller garder ma sœur, ainsi qu'il a été convenu, dès le départ de cette joute, avec les deux compagnons qui la gardent déjà...

Bliombéris se releva, un peu marri de sa chute inattendue, et alla, l'oreille basse, se ranger à côté de Dinadam et du sénéchal, heureux maintenant de n'être plus seuls à être vaincus.

Les trois neveux du roi Artus remplacèrent Bliombéris, comme Bliombéris avait remplacé Treu et Dinadam, et comme Bliombéris, ils furent forcés de vider les étriers, d'aller embrasser la terre, et, après cela, de se ranger auprès du destrier d'Yseult.

Dix autres chevaliers de la Table Ronde se présentèrent ; tous dix eurent le même sort. Cela faisait quinze chevaliers autour de la belle reine de Cornouailles ; une garde d'honneur !...

Artus se voyait presque seul. Il appela Lancelot du Lac, qui se hâta d'accourir, et il lui dit :

— Ami Lancelot, l'honneur des chevaliers de la Table Ronde est intéressé à ce que ces défaites successives, vraiment merveilleuses, soient vengées par un succès éclatant : je vous choisis pour jouter contre ce chevalier inconnu.

— Sire, répondit Lancelot à voix basse, ou je me trompe fort, ou mon ami Tristan de Léonois est seul capable d'avoir ainsi abattu vos chevaliers. Je vais, d'ailleurs, m'en assurer en me présentant contre lui... La chose sera facile à constater pour vous comme pour moi, Sire ; regardez bien ! Si ce n'est pas Tristan, je serai blessé, car j'y vais bon jeu bon argent, sans méfiance ni précaution... Si, au contraire, c'est Tristan, comme j'en ai l'assurance, Tristan m'aime trop pour baisser le fer de sa lance contre ma poitrine...

Cela dit, l'amant de la reine Genièvre quitta le roi Artus et vint droit à Tristan, à qui il cria :

— Chevalier, je vais bientôt savoir qui vous êtes... C'est Lancelot du Lac qui vous défie !...

— Tant mieux ! répondit la voix joyeuse de Tristan. Car je ne puis donner meilleur gardien que le vaillant Lancelot à ma sœur bien-aimée...

Ils coururent l'un contre l'autre. Lancelot détourna sa lance et feignit d'avoir manqué l'atteinte. Tristan en avait fait autant.

Le hasard voulut qu'au passer, les tronçons accumulés des lances abandonnées par les précédents jouteurs roulassent sous les pieds du cheval de Lancelot du Lac. L'animal s'empêtra, se cabra, s'empêtra de nouveau, et, finalement, tomba sur l'arène avec le chevalier qui le montait...

Alors Tristan, sautant vitement à terre, courut à Lancelot, le releva, et lui dit tout bas, en lui serrant la main :

— Ah ! ami cher, c'est pour Yseult-la-Blonde que votre Tristan vient de vous conquérir...

— Je m'en doutais bien ! répondait Lancelot, heureux de ne s'être pas trompé, et en se laissant docilement conduire par Tristan auprès de la belle Yseult.

— Sires chevaliers, reprit Tristan en s'adressant aux quinze compagnons vaincus par lui, vous êtes maintenant délivrés, et vous pouvez librement retourner à votre roi. Ce dernier conquis me suffit, ainsi que le second, et je les retiens tous deux pour venir, une journée durant, à la garde de ma sœur bien-aimée...

Dinadam, qui se voyait ainsi désigné et trié des quinze autres chevaliers, voulut disputer sur la valeur des coups échangés pendant la joute.

— Cette joute n'a pas été en règle, s'écria-t-il, aucune des deux lances n'a porté...

— Tais-toi, Dinadam !... lui répondit Lancelot. Tais-toi, Dinadam !... Bien m'a conquis le chevalier inconnu : je me soumets... Imite-moi... Si tu t'y refuses, sache que ce compagnon est de force à t'emporter sous son bras, ainsi que tu ferais toi-même d'un enfantelet...

— Oh ! oh ! se contenta de dire Dinadam, désarçonné par cette gaberie de l'amant de la reine Genièvre.

Il se résigna donc, surtout quand il soupçonna que ce chevalier inconnu pouvait bien être Tristan de Léonois.

— Autrement, se dit-il, est-ce que le vaillant Lancelot, le preux des preux, se serait si facilement laissé vaincre ! Est-ce qu'il se serait laissé amener si facilement sans demander le combat à l'épée !... Il avait quelque raison secrète pour en agir ainsi ; cela est sûr... Et, cette raison, c'est Tristan...

Les chevaliers de la Table Ronde avaient rejoint le roi Artus, et ils lui racontaient ce qui s'était passé, c'est-à-dire le départ de Dinadam et de Lancelot avec le chevalier inconnu qui, aux termes des conventions stipulées par lui au commencement de la lutte, les emmenait tous deux pendant une journée pour la garde de sa sœur.

— Jamais je n'ai reçu un pareil coup de lance ! ajouta Bliombéris.

— Ni moi ! dit Treu le sénéchal.

— Ni moi ! dirent à leur tour les douze autres chevaliers de la Table Ronde.

— C'est bien, c'est bien ! dit en souriant le roi Artus. Le chevalier inconnu est prud'homme autant que vaillant homme... Il sait ce qu'il fait : laissons-le faire... Avant peu nous aurons de ses nouvelles !...

Sur ce, le chef des preux se leva, remonta à cheval et reprit le chemin de Cramalot, suivi de sa cour.

Tristan, Yseult, Lancelot et Dinadam, qui n'attendaient que ce moment pour se retirer, sortirent alors de la forêt, traversèrent la prairie, et allèrent droit au château de la Joyeuse Garde.

Yseult, en arrivant, ôta son voile, et Tristan son casque. Dinadam, enchanté de revoir ce vaillant chevalier, et devinant bien que sa compagne ne pouvait être que la belle reine de Cornouailles, s'empressa de se jeter à ses genoux, en lui disant :

— Demoiselle, je crois qu'il m'est permis de baiser la main de la sœur que j'ai si bien gardée!...

CHAPITRE XLVI

Du bonheur que goûtèrent Yseult et Tristan au château de la Joyeuse Garde, et de la visite qu'ils y reçurent.

Dinadam et Lancelot passèrent deux jours pleins au château de la Joyeuse Garde, en compagnie de Tristan et d'Yseult. Lancelot était beau, brave, spirituel : il plaisait à Tristan autant qu'à sa belle mie. Dinadam était amusant, bon gabeur et bien vivant : il ne déplaisait ni à Yseult, ni à Tristan. Mais ces deux courtois chevaliers comprirent que deux amoureux comme Yseult et Tristan avaient besoin d'être complétement seuls pour être complétement heureux : les oiseaux ne pépient jamais si tendrement que dans leur nid, et jamais il n'y a personne, qu'eux, dans les nids d'oiseaux. Or, les amoureux ne sont-ils pas des oiseaux?...

Lancelot et Dinadam se retirèrent donc discrètement le lendemain du troisième jour, en prenant, toutefois, l'engagement formel de revenir de temps en temps : Dinadam seul, puisqu'il vivait seul, Lancelot avec Genièvre, puisqu'il avait la reine Genièvre pour amie.

Tristan et Yseult restèrent seuls.

Il faut renoncer à peindre l'ineffable bonheur de ces deux amants, que tant de traverses avaient tant de fois séparés et qui se retrouvaient seuls enfin, libres d'entraves, loin des pervers et des ennuyeux. Ils n'avaient rien à se dire qu'à s'aimer, et ce langage des soupirs et des baisers a mille fois plus d'éloquence que les plus éloquents langages de la terre. On s'aime, puis on s'aime encore, puis on s'aime toujours, et, quand on a cessé de s'aimer, on recommence encore, fatigué mais non rassasié. Les derniers baisers ont toujours la même saveur et la même volupté que les premiers ; c'est le seul ragoût dont on ne se dégoûte jamais!...

Vivre ainsi dans une amoureuse contemplation, c'est vivre de la vie des anges, et les anges sont jaloux qu'on vive comme eux, à ce qu'il paraît, puisque leur béatitude est éternelle et que celle des amants terrestres dure l'espace d'un printemps!...

Yseult et Tristan furent heureux pendant quelques mois, qui passèrent comme un songe. Le château de la Joyeuse Garde reçut quelques hôtes qui varièrent, sans les gâter, les plaisirs dont ils avaient joui jusque-là. Dinadam et Lancelot, fidèles à leur promesse, vinrent passer de longues heures avec eux.

Dinadam se plaisait beaucoup dans la société de la belle reine de Cornouailles. Il lui tenait souvent compagnie. Yseult, qui avait appris à le connaître et à l'estimer, le plaisantait souvent, d'une manière aimable, sur son indifférence. Elle attribuait à son défaut de sensibilité les accidents qui lui arrivaient presque toujours dans les combats, quoiqu'il fût brave et preux chvalier. Dinadam se défendait par d'autres plaisanteries, et cherchait à lui rendre celles qu'elle lui faisait essuyer.

Un soir, pendant l'absence de Tristan, Dinadam entra très effrayé chez Yseult.

— Qu'avez-vous donc, cher sire? lui demanda-t-elle en souriant.

— Ah! dame Yseult, dame Yseult, si vous saviez!... Tristan!... Mon pauvre ami Tristan!... Deux chevaliers... Il a été surpris... Il n'a pu se défendre... Ils s'en sont emparés... Ils viennent par ici... Je vais fuir pour éviter le même sort... Et je vous engage, chère dame, à en faire autant...

— Que me dites-vous donc là? demanda Yseult, qui ne pouvait parvenir à démêler le faux du vrai, dans ce langage incohérent du pusillanime Dinadam.

— Ah! dame Yseult, il n'est plus temps! s'écria Dinadam en se réfugiant derrière la reine de Cornouailles et en se faisant petit pour n'être pas aperçu.

Au même instant entraient deux chevaliers couverts d'armes étincelantes. Le premier ôta son casque : c'était Lancelot.

— Reine Yseult, dit-il à la mie de Tristan, complétement rassurée, je vous présente le roi Artus, qui désirait depuis longtemps vous voir...

Le roi Artus, car c'était lui en effet, ôta à son tour son casque, et baisa respectueusement la belle main de la belle Yseult en disant :

— Je comprends que Tristan vous cache à tous les regards, quoique je m'en sois plaint jusqu'ici, belle reine!... Un pareil trésor exciterait trop d'ardentes convoitises!...

Quelques minutes après, Tristan entra, accompagnant la charmante Genièvre.

Cette soirée-là fut une des plus gaies et des plus agréables soirées du monde. On soupa avec un appétit sans pareil, et, lorsqu'il fallut se séparer, on ne le fit qu'à regret, de part et d'autre. Hélas! la vie se passe ainsi en séparations, petites et grandes, tristes et douloureuses! Pourquoi donc faut-il se séparer, lorsqu'on se trouve bien ensemble? Autant vaudrait, presque, ne pas se réunir.

Le roi Artus et la reine Genièvre s'engagèrent volontiers à revenir au château de la Joyeuse Garde. Et, en effet, quelques jours après, Genièvre y revint, mais avec son bel ami Lancelot.

CHAPITRE XLVII

De la mauvaise nouvelle que le roi Artus apprit à Tristan de Léonois, en faisant appel à sa grandeur d'âme. Comme Tristan alors, resté seul, résolut d'aller rejoindre la princesse Yseult-aux-Blanches-Mains.

Au bout de quelque temps, Artus manda l'heureux Tristan à Cramalot. Le chef de la Table Ronde était mélancolique. Il regarda pendant un instant la rayonnante physionomie de l'amant d'Yseult, et, en face du bonheur qu'il y lisait écrit en lettres moulées, il fut sur le point de renoncer à la conversation qu'il voulait avoir avec lui. Mais le sentiment du devoir et de l'équité l'emporta dans l'âme de ce grand chevalier, si digne d'être le premier parmi les forts, les vaillants et les loyaux.

— Ami Tristan, lui dit-il d'une voix douce, mouillée de tristesse, la vie humaine est pleine d'épreuves douloureuses... La parfaite félicité n'est pas dans notre lot ; nous devons au malheur une dîme fatale : tôt ou tard, il faut la lui payer... Le moment est venu pour vous, cher Tristan, d'acquitter cette dette amère... L'amour cesse aujourd'hui pour vous : le devoir commence. Yseult est la femme du roi Marc : il faut la rendre au roi Marc, parce qu'il faut rendre à César ce qui appartient à César... Hésiter, serait faire d'une faute un crime... Vous êtes trop loyal, trop bon, trop chevaleresque pour ne pas être tenté par la grandeur et l'héroïsme du sacrifice que j'exige de vous... J'étais même si sûr de votre assentiment, que, sans vous consulter, j'ai écrit au roi Marc et à l'honnête Dinas, son sénéchal, nommé par vous pour gouverner la Cornouailles pendant la captivité de votre oncle. L'honnête Dinas a rassemblé ses barons et leur a demandé, pour toute récompense, de rendre la liberté au roi Marc... Le roi Marc est libre, à cette heure... Et il consent à reprendre la reine Yseult... à une condition, c'est que le territoire de la Cornouailles vous sera interdit à jamais... Dieu pardonne; mais votre oncle, qui n'est qu'un homme, ne veut pas pardonner... Soyez donc plus grand que lui, mon cher Tristan; froissez votre cœur au profit de votre honneur... J'attends votre réponse...

Tristan ne répondit pas. Il avait l'âme endolorie par la révélation que venait de lui faire le roi Artus. Dans son oubli des choses et des gens, il avait cru possible de prolonger, jusqu'aux confins de leur mutuelle existence, le bonheur dont il jouissait avec Yseult. On exigeait de lui un sacrifice surhumain ; mais il était de taille pour l'accomplir. Il mit ses mains dans celles d'Artus et pleura.

— Vous avez bien fait en faisant ainsi, lui dit-il d'une voix brisée par l'émotion.

Il était résigné.

Le soir même de ce jour, le roi Artus prit sur lui de remplir auprès d'Yseult la douloureuse mission qu'il avait remplie auprès de Tristan. Yseult, femme, résista plus longtemps ; mais Artus parla d'or : son éloquence triompha enfin, parce que c'était l'éloquence du Devoir.

Yseult partit avec Dinadam, chargé de la remettre au roi de Cornouailles.

Tristan resta seul, l'âme éplorée. Il alla souvent sur le rivage où s'était embarquée sa belle mie, interrogeant les flots complices de sa disparition, et interrogeant sans cesse du regard l'horizon, pour tâcher d'y retrouver encore la trace du vaisseau qui l'avait emportée.

Yseult ne revint pas.

Alors une langueur mortelle s'empara du pauvre Tristan, langueur que ne fit qu'accroître le spectacle du bonheur dont jouissaient Genièvre et Lancelot. Pour un peu, tant son cœur était aigri par l'absence de sa belle amie, il eût souhaité que le roi Artus séparât Lancelot de Genièvre, comme il l'avait séparé d'Yseult, au nom du Devoir...

Pour échapper aux navrantes pensées qui l'obsédaient de jour en jour, il songea à retourner pendant quelque temps auprès d'Yseult-aux-Blanches-Mains. Il crut que la présence de cette belle princesse, qu'il se reprochait maintenant d'avoir maltraitée, pourrait l'amener à supporter la vie, qui lui pesait cruellement. Un matin, à l'insu de tout le monde, il s'embarqua, passa la mer, et arriva en vue des côtes de la Petite-Bretagne, où régnait le roi Houël.

CHAPITRE XLVIII

De l'accueil que firent à Tristan le roi Houël et sa fille, et des remords qui lui vinrent dans l'âme. Comme, ensuite, Houël étant mort, et l'un de ses grands vasseaux, Urnois, s'étant révolté, Tristan fit le siège de Nantes et y fut blessé grièvement.

Houël était frappé d'une maladie mortelle; on s'attendait d'une minute à l'autre à le voir passer. La nouvelle de l'arrivée de Tristan lui rendit quelques forces, dont il profita pour l'entretenir de ses projets et lui demander pour le jeune Runalen, son second fils, l'amitié qu'il avait jadis témoignée à Phérédin, son premier enfant.

La princesse Yseult-aux-Blanches-Mains ne montra pas moins d'empressement ni moins de joie à revoir l'ingrat qui l'avait abandonnée :

— Nous vous attendions toujours, Tristan, lui dit-elle avec son doux sourire d'épousée, vierge encore, et en lui présentant à baiser un front d'une pureté et d'une innocence à faire rougir des anges.

Elle ne fit aucun reproche, aucun ! Elle se contenta de demander à l'aventureux chevalier le récit fidèle de son infidèle existence, et la seule chose qui l'eût intéressée à coup sûr violemment, fut précisément la seule qu'il ne lui raconta pas.

— Pauvre bon ami, lui dit-elle en l'embrassant tendrement, et en pleurant toutes les larmes de ses jolis yeux. Pauvre bon ami, comme vous avez exposé souventement votre précieuse vie !... Vous avez été blessé, vous avez souffert, et je n'étais pas là !...

Tristan ne put s'empêcher de boire avec ses lèvres cette rosée de larmes venue du cœur de sa femme. Il eut, en cet instant, la velléité de lui confier son amour pour Yseult-la-Blonde, et la peine qu'il ressentait de son absence ; mais il se contint, et comprit vite tout ce que cette confidence aurait d'amer pour cette belle enfant ignorante des folies et des ivresses de l'amour.

— Pourquoi troubler son âme limpide ! murmurat-il.

Il n'en vit que mieux toute la grandeur du crime qu'il avait commis en s'éloignant de sa femme pour courir après sa maîtresse, et les reproches qu'il s'en adressa intérieurement n'en furent que plus poignants et plus navrants. Mais il est malheureusement plus aisé de reconnaître ses torts que de les réparer. Pour l'un il ne suffit que de l'honnêteté; pour l'autre, il faut de l'héroïsme. Tristan avait été héroïque une fois déjà, en ne protestant pas contre l'arrêt que lui avait imposé le roi Artus, contre la cruelle séparation qu'il avait exigée de lui; et l'on n'est guère héroïque qu'une fois dans tout le cours d'une existence humaine. Tristan rendait justice sincère à la vertu, à la bonté, à la beauté même de cette seconde Yseult; mais, quoi qu'il fît, la première était toujours présente à son âme. L'admiration et la pitié l'intéressait pour l'Yseult-aux-Blanches-Mains; mais l'autre avait partagé avec lui le fatal boire amoureux!... Le cœur et l'imagination de Tristan étaient frappés. Ses pensées, ses aspirations, ses désirs, sa flamme, sa sève, tout volait vers la reine de Cornouailles. Yseult-aux-Blanches-Mains, entre les bras, jeunes et vigoureux pourtant, de son bel ami Tristan, eut encore le même sort outrageux qu'elle avait subi dans les premiers temps de son mariage; ce qui ne l'empêcha nullement de vivre paisiblement avec lui, sans imaginer un seul instant ce que son innocence ne soupçonnait pas.

Le roi Houël mourut, en appelant les bénédictions du ciel sur la tête de son fils Runalen, appelé à lui succéder, et sur celle de sa chère fille Yseult, qu'il croyait complétement heureuse, partageant en cela l'erreur de toute sa cour.

A peine eut-il fermé les yeux, que quelques-uns de ses grands vassaux entreprirent de se soustraire à la souveraineté du jeune Runalen. Urnois, comte de Nantes, attacha le premier le grelot en levant l'étendard de la révolte et en faisant déclarer partout, par un héraut d'armes, qu'il ne reconnaissait pas ce jeune prince pour son seigneur droiturier.

Runalen et Tristan de Léonois rassemblèrent aussitôt une armée, marchèrent contre Urnois, gagnèrent la bataille, et le poursuivirent jusque sous les murs de Nantes. Urnois se renferma avec ses troupes dans cette cité et lutta tant qu'il put contre l'assaillement de l'armée de Runalen. Mais enfin, le siège se prolongeant en pure perte, le fils de Houël et Tristan tentèrent un suprême assaut, dans lequel Urnois fut tué, sur la brèche, de la main même de Runalen.

Nantes n'était pas prise encore; une grosse tour tenait bon, avec sa garnison, qui avait à sa tête le chevalier Lestoc, un des plus braves chevaliers de la Petite-Bretagne. Tristan voulut en tenter seul l'assaut; il prit une échelle et monta : Lestoc lui lança une pierre qui l'atteignit en plein visage, lui déchira la joue et l'étendit sans connaissance dans le fossé. Runalen, courant à sa vengeance, monta sur la même échelle que venait d'abandonner forcément Tristan, et aperçut Lestoc.

— Urnois est mort, lui cria-t-il, tu n'es plus lié par ton serment; veux-tu maintenant me reconnaître pour ton seigneur droiturier!...

— J'y consens, répondit Lestoc en descendant de la tour, le casque ôté, et en venant remettre son épée entre les mains de Runalen.

CHAPITRE XLIX

Comme Tristan, blessé grièvement par Lestoc, fut guéri par les belles mains de la fille du roi Houël; et comme, en récompense, il lui prouva son amour. Ce qui en résulta.

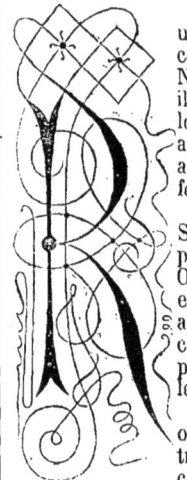

Runalen, après avoir confié le commandement de la ville de Nantes au chevalier Lestoc, dont il connaissait la valeur et la loyauté, s'empressa de se rendre auprès de son beau-frère, qu'il avait vu tomber sanglant dans le fossé.

Tristan était toujours évanoui. Sa blessure était grave et compromettait sérieusement sa vie. On coupa d'abord ses cheveux ensanglantés, on mit un premier appareil, et, dès qu'il eut repris connaissance, on le conduisit près de sa femme Yseult, selon le désir qu'il en manifestait.

Yseult-aux-Blanches-Mains, on le sait, était très savante mire, très habile chirurgienne. Elle constata du premier coup d'œil la gravité du mal; et, dès ce moment, elle ne voulut pas que d'autres mains que les siennes touchassent à son cher Tristan. Ses belles et savantes mains pansèrent la large plaie faite au séduisant visage de son mari par la pierre du chevalier Lestoc; et elles y mirent une telle légèreté, une telle onction, une telle douceur, que Tristan ne les sentit que pour les remercier du mal qu'elles ne lui faisaient pas et du bien qu'elles lui faisaient. Il les baisa plusieurs fois avec une reconnaissance qui finit très vite par devenir une volupté.

Les soins délicats et ingénieux de la princesse Yseult obtinrent le légitime résultat qu'elle était en droit d'en attendre. Le plaisir que Tristan éprouvait à baiser les belles mains qui l'avaient sauvé, devint de jour en jour plus vif, plus suave, plus enivrant. Une grâce intérieure parut agir en lui, à son insu, Yseult sembla même pour quelque temps vouloir triompher du pouvoir magique du boire amoureux. Un matin qu'elle s'applaudissait du succès de ses soins, en voyant se refermer les blessures de son cher Tristan, elle se pencha involontairement et tendrement sur son visage et baisa longtemps sa joue blessée.

Tristan sentit tout-à-coup une douce chaleur se répandre sur son visage à son cœur; son sang circula plus rapidement dans ses veines; une vigueur inconnue lui fut restituée en un instant, de par la magie de cet enivrant baiser : il attira sa jeune femme, troublée elle-même par l'irrésistible caresse qu'elle avait donnée dans un moment d'expansion, et il la lui rendit. Yseult, alors, frémissante et pâmée, tomba dans les bras de Tristan qui, cette fois, oublia complètement la belle reine de Cornouailles.

Hélas! le bonheur s'achète; plus il est grand,

plus il coûte cher. Tristan n'avait pas seulement oublié la reine de Cornouailles : il venait d'oublier qu'il n'était pas assez guéri pour se permettre une telle infraction aux règles de la prudence. Ses blessures, à peine refermées, se rouvrirent et s'envenimèrent rapidement : Yseult-aux-Blanches-Mains reconnut avec terreur que son art allait devenir impuissant à sauver les jours de son cher Tristan, qui lui était plus cher que jamais. Elle comprit qu'elle allait perdre en quelques jours ce qu'elle avait mis quelques années à conquérir...

CHAPITRE L

Comme Tristan, sur le point de mourir, fit sa confession à Yseult-aux-Blanches-Mains, qui consentit à ce qu'il envoyât quérir la reine de Cornouailles.

Dans cette perplexité, un ancien écuyer de Tristan, qui l'avait accompagné à la cour du roi Houël, prit sur lui de rappeler à son maître qu'il avait laissé à Cintageul une maîtresse, plus habile encore qu'Yseult-aux-Blanches-Mains dans l'art de guérir, puisqu'elle l'avait guéri dans un état plus désespéré.

Tristan, qui voulait vivre pour payer à la fille du roi Houël l'arriéré de félicité qu'il lui devait, la fit venir auprès de son lit, prit ses belles mains dans ses mains amaigries, les baisa dévotement, et lui dit :

— Chère Yseult, je veux vivre pour vous aimer... Pour vivre, il faut que je me guérisse... Pour que je me guérisse, il faut que je fasse appel à d'autres soins que les vôtres... Voulez-vous que je doive la vie, et vous le bonheur, à une autre femme, chère Yseult?...

— Je veux que vous viviez, mon beau Tristan! répondit l'intéressante princesse en baissant tendrement son mari au front.

— Si je ne vous disais pas tout, chère Yseult, je serais indigne de votre pitié... Cette femme, qui seule peut aujourd'hui me guérir, est Yseult-la-Blonde, femme du roi Marc, mon oncle, et reine de Cornouailles...

— Vous l'avez aimée?... demanda la princesse, en pâlissant.

— Je l'ai aimée... répondit loyalement Tristan.

— Avant de me connaître?...

— Avant de vous connaître, oui, chère et bonne Yseult!...

— Et... depuis?... demanda la princesse en tremblant.

— Depuis, répondit Tristan en rougissant, je l'ai aimée aussi...

— Ah! Tristan! Tristan!... Tristan!...

— Nous avions bu ensemble le boire amoureux; il me restait encore, sur les lèvres et dans le cœur, des traces de ce délicieux poison, lorsque je suis venu pour la première fois à la cour du roi votre père, et que, pour la première fois, j'ai eu le bonheur de vous admirer et d'être guéri par vous...

— Je ne vous avais pas guéri de votre amoureuse blessure!... On n'en guérit pas, de celles-là, Tristan, on en meurt...

— J'étais lié alors par la douce chaîne d'amours, bonne et tendre amie... Alors, mais aujourd'hui, Yseult, je vous jure, foi de chevalier, qu'il n'y a plus au monde, pour moi, d'autre mie que vous... Peut-être ne voudrez-vous pas croire à cette amour qui s'en vient si tard vers vous : elle est sincère, pourtant!... Je vous aime et n'aime que vous, chère femme!...

— Alors, ami trop aimé, envoyez vite quelqu'un en Cornouailles, pour amener cette blesseuse de cœurs, qui guérit si bien les corps...

— Vous y consentez!... demanda Tristan.

— Je le veux, répondit doucement et tendrement la princesse, qui avait tremblé un moment, et qui ne tremblait plus maintenant.

Il n'y avait pas de temps à perdre. Tristan fit venir un habile navigateur, homme en qui on pouvait avoir confiance, et il lui dit, en lui remettant son anneau :

— Mon brave Gesnes, voici un anneau que je te prie de porter en Cornouailles et de ne remettre qu'à la reine Yseult... Il faut absolument que tu la voie, quoi que dise et fasse son mari, le roi Marc...

— Je verrai la reine de Cornouailles, et lui remettrai votre anneau en mains propres, soyez-en sûr, sire chevalier, répondit Gesnes, qui se disposait à se retirer.

— Attends... ce n'est pas tout, mon brave Gesnes... Ce n'est pas tout !... Lorsque tu seras parvenu à voir la reine de Cornouailles et que tu lui auras remis mon anneau, tu lui diras que Tristan, près de mourir, réclame son secours. Si tu obtiens d'elle qu'elle te suive, mets des voiles blanches à ton vaisseau... Si, au contraire, tout espoir m'est ôté, si la reine de Cornouailles refuse de te suivre et de venir me guérir, mets des voiles noires : elles seront le présage de ma mort prochaine...

Gesnes promit et partit incontinent pour le royaume de Cornouailles.

CHAPITRE LI.

Comme Gesnes, l'envoyé de Tristan, arriva à Cintageul, donna à la reine de Cornouailles l'anneau de son amant, et la décida à partir immédiatement pour la Petite-Bretagne.

Une révolution s'était opérée dans le caractère et dans le cœur de la blonde Yseult, l'intéressante reine de Cornouailles. Ce que lui avait dit le roi Artus, avec l'autorité de son rang, de son âge et de sa raison, avait déposé dans son âme des germes de repentir que l'isolement et l'absence indéfinie de son ami Tristan avaient développés. Elle ne devait plus aimer son amant; mais il lui était permis de ne pas aimer son mari. Elle se considérait comme veuve et livrée à des regrets éternels. Des regrets, et presque des remords!...

Le vieux roi Marc, fatigué de toujours punir, s'était résigné, de son côté, à ne plus exiger d'elle ce qu'elle ne pouvait pas lui donner. Il lui suffisait, d'ailleurs, que son neveu ne fût plus là, auprès d'elle, avec son irrésistible ascendant et sa séduction permanente. Il n'en voulait plus à Tristan, mais il ne lui eût pas permis de mettre le pied sur son territoire ; il consentait à n'être pas heureux, pourvu que son neveu ne le fût pas plus que lui. Les vieillards ont les rancunes persistantes...

Gesnes avait fait diligence. En très peu de temps son vaisseau était arrivé en vue des côtes de Cornouailles. A peine débarqué, il se rendit à Cintageul.

Le roi Marc, par un heureux hasard, était absent.

— Dame Yseult, dit Gesnes en se présentant devant la reine de Cornouailles, voici un anneau que vous devez connaître. Il m'a été remis par le sire Tristan pour vous être remis à vous-même...

— Tristan est mort?... demanda Yseult, épouvantée.

— Il n'est pas mort, il se meurt... Une blessure grave, qu'il a reçue au siége de Nantes, le mène rapidement au tombeau... Il ne peut être guéri que par vos soins...

On est moins timide lorsqu'on ne se sent plus coupable. L'amitié après l'amour est souvent aussi vive que l'amour même, souvent plus dévouée.

— Partons sans plus tarder !... s'écria Yseult, qui eut peur d'arriver trop tard.

Gesnes et elle s'embarquèrent, et le navire cingla vers la Petite-Bretagne. Tous ses mâts avaient des voiles d'une blancheur éclatante.

CHAPITRE LII

Comme Tristan, trompé, par l'ordre d'Yseult-aux-Blanches-Mains, sur la couleur des voiles du vaisseau qui ramenait Gesnes et la reine de Cornouailles, recommanda son âme à Dieu et mourut. Comme Yseult-la-Blonde se jeta sur son corps, l'embrassa, et expira aussi.

Tristan se mourait. Sa blessure devenait de jour en jour, d'heure en heure, plus désespérée et plus noire. Il fallait un miracle pour le sauver, et, ce miracle, la présence de la reine de Cornouailles, seule, pouvait l'opérer.

Comme il ne pouvait aller lui-même sur le port, pour surveiller l'arrivée du vaisseau de Gesnes, et surprendre son arrêt dans la couleur de ses voiles, il avait chargé de cette délicate mission une gente pucelle de quatorze ans, filleule de la princesse Yseult. Cette enfant, il l'avait élevée, il l'avait protégée : il croyait à son dévoûment, il avait le droit d'y croire.

Tous les matins, la filleule de la princesse Yseult se rendait sur le port et interrogeait du regard l'horizon pour tâcher d'y découvrir une voile blanche ou noire; et chaque fois elle revenait au palais, auprès du lit du mourant, lui dire qu'elle n'avait encore rien vu.

Le cinquième jour, cependant, un navire fut signalé à l'horizon, un navire dont toutes les voiles, déployées au vent, étaient d'une éblouissante blancheur. C'était le navire de Gesnes.

La gente pucelle, chargée par Tristan de venir lui annoncer son sort, accourut au palais pour lui dire qu'il était sauvé. Au moment où elle allait franchir le seuil de la chambre où Tristan attendait, une femme, pâle, sombre, terrible, l'arrêta :

— Les voiles sont blanches, n'est-ce pas ? demanda cette femme à la jeune fille.

— Oui, marraine, blanches, bien blanches, bien blanches... Bon ami Tristan est sauvé !... Je vais entrer lui dire...

— Tu vas lui dire que les voiles du vaisseau sont noires, bien noires, bien noires, entends-tu ?...

— Oh ! marraine !...

— Je l'exige ainsi...

La gente pucelle, qui ne comprenait rien à l'ordre que lui imposait sa marraine, n'eut pas le temps de réfléchir : les belles et impitoyables mains de la princesse Yseult la poussèrent dans la chambre du mourant.

— Le vaisseau arrive... sire Tristan... dit-elle d'une voix entrecoupée par l'émotion.

— Ah ! dit Tristan, ranimé par l'espoir... Et les voiles sont...

— Les... voiles... sont... noires... répondit la jeune fille.

— Noires !... répéta Tristan. Noires !... Il faut qu'elles soient noires... puisque ma filleule vient de me le dire... Les enfants ne mentent pas à ceux qu'ils aiment... Noires !...

Poussant alors un profond soupir, Tristan ajouta, en tournant la tête :

— Ah ! douce amie Yseult, je vous recommande à la miséricorde de Dieu !... Jamais plus ne me verrez, ni moi vous... Jamais !... Dieu vous soit en garde !... Adieu, douce amie... Je vous salue...

Il avait à peine proféré ces derniers mots, que le cœur lui creva, et que son âme s'en alla...

En ce moment entra la bonne et tendre reine de Cornouailles.

— Tristan !... s'écria-t-elle avec un accent déchirant. Ah ! Tristan !... Tu ne m'as pas attendue pour mourir... Nous serions partis ensemble...

Elle se jeta sur le cadavre encore tiède de son amant, elle le baisa au front, porta la main sur ce cœur qui avait si longtemps et si tendrement battu pour elle, elle chercha vainement à le sentir palpiter encore... Tout son amour ne put rappeler Tristan à la vie... Alors, elle le serra étroitement contre son cœur, colla sa bouche avide sur ses lèvres glacées, y prit le suprême baiser, et expira...

CHAPITRE LIII

Comme les corps d'Yseult et de Tristan revinrent en Cornouailles où ils furent enterrés par les soins du vieux roi Marc. Du miracle qui eut lieu sur leurs tombeaux.

Selon la coutume observée à la mort des chevaliers de la Table Ronde, celle du vaillant Tristan fut criée partout, et partout ce fut une désolation et un deuil.

— Tristan est mort! Tristan est mort! Tristan est mort!...

Lorsque, selon une autre coutume, on apporta les armes de l'amant d'Yseult pour l'en revêtir, on trouva deux lettres attachées à la garde de son épée. L'une était adressée à l'Apostole de Nantes; l'autre était adressée au roi Marc.

L'Apostole de Nantes ouvrit sa lettre. Il y trouva un humble aveu des fautes de Tristan, et la prière de faire porter son corps au roi Marc avec la lettre attachée à son épée. Ce vénérable prélat, touché jusqu'au fond de l'âme par ce lamentable dénouement d'une tant amoureuse histoire, voulut exécuter lui-même les dernières volontés de cet illustre mort. Par ses soins, le corps de Tristan et celui d'Yseult furent déposés sur un lit de parade et portés dans le vaisseau du bon Gesnes, sur lequel il s'embarqua aussi.

Le roi Marc, de retour à Cintageul, avait trouvé la reine absente. Furieux de savoir qu'elle était encore allée rejoindre Tristan, il rassemblait une armée pour aller porter la guerre dans la Petite-Bretagne. Il apprit l'arrivée du vaisseau de Gesnes, et le motif du voyage. Son premier mouvement fut un mouvement de colère : il voulut s'opposer au débarquement.

— Je ne permettrai pas, s'écria-t-il, que ce déloyal Tristan, dont j'ai reçu tant d'affronts, soit enterré dans mes Etats!...

L'Apostole de Cintageul le pria de recevoir seulement celui de Nantes, qui accompagnait les corps de Tristan et d'Yseult. Le vieux Marc y consentit, et l'Apostole de Nantes vint lui remettre l'épée de Tristan.

Le vieux roi ne put s'empêcher d'être attendri en contemplant cette redoutable épée qui avait tué le Morhoult d'Irlande, et qui lui avait plusieurs fois sauvé la vie et la liberté... Il ne fut pas moins ému en lisant la lettre, attachée à l'épée, dans laquelle Tristan lui demandait son pardon avec la plus grande soumission et la plus grande tendresse, en lui racontant l'histoire fatale du boire amoureux.

— Hélas! murmura-t-il, en versant quelques larmes sincères, pourquoi ne savais-je pas cette aventure?... Je les aurais gardés tous deux auprès de moi, et n'aurais jamais souffert qu'ils se séparassent... J'ai perdu mon neveu... et j'ai perdu ma femme!... Mon pauvre neveu!... Ma pauvre femme!

Lors, il commanda que les deux corps fussent portés à sa chapelle et somptueusement enterrés, comme il appartenait à de si hauts personnages.

Puis il fit faire deux cercueils, qui furent déposés avec la plus grande pompe dans les tombeaux préparés.

Quelque temps après, Gouvernail, que la douleur avait retenu chez lui, vint en Cornouailles pour pleurer son maître et élève. Il alla droit à la chapelle et reconnut aisément le tombeau de Tristan, en voyant Hudan, le fidèle brachet, qui le gardait. Gouvernail s'approcha et caressa le noble animal, qui battit mélancoliquement de la queue, comme pour le remercier d'être venu là, rendre à son maître les honneurs du souvenir. Il remarqua alors que de la tombe de Tristan sortait une belle ronce verte et feuillue, qui s'en allait, par la chapelle, retrouver la tombe d'Yseult-la-Blonde.

— Ils s'aiment encore par delà de la mort! murmura Gouvernail.

———

Par trois fois, le vieux roi de Cornouailles fit couper cette ronce qui servait de trait-d'union entre les deux défunts. Le lendemain elle était aussi belle, aussi verdoyante qu'auparavant, sortant de la tombe de Tristan pour rejoindre sans interruption la tombe d'Yseult... Et ce miracle de l'amour était destiné à se renouveler à tout jamais.

Heureux les cœurs fidèles!...

FIN DE TRISTAN DE LÉONOIS.

HISTOIRE DE
GÉRARD DE NEVERS

CHAPITRE PREMIER

Où il est parlé de la gageure que fit Liziart, comte de Forest, à l'encontre de Gérard, comte de Nevers, en présence du roi Louis VI, et de toute la cour.

Louis VI, dit le Gros, régnait. Après avoir eu beaucoup d'affaires à l'encontre de plusieurs princes et autres rebelles de son royaume, qu'il avait vaincus et soumis, il se reposait enfin, jusqu'au jour où de nouvelles victoires l'appelleraient. Pour ne pas laisser sa chevalerie choir en oisiveté, il fit publier partout joutes et tournois, où, de plusieurs contrées, arrivèrent en abondance ducs et comtes, barons et chevaliers, dames et pucelles, pages et varlets, écuyers et servants.

Le jour de la Pentecôte de l'année 1110, Louis-le-Gros vint à Pont-de-l'Arche, où il tint fête grande et plénière, la plus belle qu'on n'eût vue depuis longtemps. Il y eut des joutes publiques et des réunions intimes où la reine reçut le plus courtoisement du monde des dames et demoiselles de la contrée. On dansa force danses, et l'on chanta force chansons, lais, virelais, et villanelles. La comtesse de Besançon commença. Après elle, madame Aloys, duchesse de Bourgogne; puis une très belle pucelle, sœur du comte de Blois; puis, demoiselle Isabelle, sœur du comte de Saint-Pol, qui était également très belle; puis enfin d'autres dames et demoiselles, comme la fille au seigneur de Coucy, la châtelaine de Saint-Omer, la châtelaine de Duon, et un grand nombre d'autres dont l'énumération nous éloignerait trop de notre matière. Ce que je puis vous dire, c'est qu'elles s'en acquittèrent toutes avec tant de grâce et de bonne façon, que la reine et le roi, les princes et les princesses s'en réjouirent beaucoup.

Là aussi, tout naturellement, étaient de jeunes chevaliers en très grand nombre, attendant leur tour, et applaudissant à belles mains et de bon cœur, les gentes dames et les non moins gentes demoiselles chargées de chanter.

Le roi Louis se leva un instant, regarda par le palais et avisa un jeune damoiseau tenant un épervier sur son poing, avec un air de noblesse tel, qu'il était impossible de ne pas le distinguer de tous les autres, même des plus nobles et des plus beaux. Ce damoiseau menait un grand deuil, et ne portait, par conséquent, d'autre parure que celle dont la nature l'avait pourvu.

— Venez çà, Gérard, lui dit le roi avec bonté. A l'âge et au visage que vous avez, il convient mieux de danser et chanter que de faire toute autre chose... Baillez donc votre épervier en garde à l'un de vos écuyers, et venez nous réjouir céans...

— Sire, répondit Gérard, je sais bien peu danser et bien mal chanter... Mais vous me commandez : je n'ai qu'à obéir, et à faire de tout mon pouvoir pour vous contenter...

Ce Gérard était le fils unique du comte et de la comtesse de Nevers, parents de la maison royale de France, et trépassés l'année d'auparavant, après avoir fiancé leur cher enfant avec sa belle cousine, Euriant de Savoie. Il était parti de sa comté de Nevers pour venir à la cour du roi Louis, lui prêter hommage, d'abord, puis lui demander, comme chef suprême de sa maison, son agrément à son mariage avec Euriant, restée souveraine de la comté de Nevers, en son absence.

Gérard n'avait que dix-huit ans, au plus. Mais, j'ose dire qu'on aurait difficilement trouvé son pareil en force et en beauté : Dieu et Nature, en le formant, n'avaient rien oublié.

Il remit son épervier à l'un de ses écuyers, s'avança vers le groupe curieux, et tout émerveillé, des princesses et des nobles dames qui entouraient la reine de France, et il se prit à chanter un lai amoureux dans lequel il racontait, en termes discrets, les voluptés chastes et infinies qu'il avait goûtées jusque-là et qu'il se proposait de goûter encore avec sa mie Euriant. Il chanta d'une façon si avenante, qu'à l'entendre, le roi, la reine, les dames et les demoiselles, prirent le plus vif plaisir.

— Bien heureuse la mie qui conquêtera ce charmant chevalier!... murmurèrent même quelques-unes.

Le roi Louis prit alors les mains de Gérard dans les siennes, reçut son hommage, et dès qu'il lui eut donné le baiser que tout seigneur donnait à son vassal, il le releva, l'embrassa tendrement et dit, en le présentant à sa cour :

— C'est le fils du comte de Nevers, qui m'a si glorieusement soutenu dans mes guerres, et que la mort a pris, l'an dernier, ainsi que sa compagne la comtesse de Nevers. Je veux honorer la mémoire du père par l'amitié que je montrerai à son fils, aujourd'hui le mien.

Tout le monde applaudit, dames et chevaliers, un seul excepté. Ce fut Liziart, comte de Forest.

— Ce vassal est bien outrecuidant, dit-il à ses voisins en désignant Gérard de Nevers. C'est un enfant, et, comme tous les enfants, il ne doute de rien... Ne vient-il pas de nous dire, dans sa chanson, que sa mie était la plus belle et la plus chaste des femmes?... Et ne nous a-t-il pas mis tous au défi de troubler son bonheur et de réussir à plaire à celle à qui il a plu?... Pauvre enfant, il ne connaît ni la vie ni les femmes!... Je gagerais bien, moi, si j'étais certain que sa mie ne fût pas prévenue, je gagerais bien qu'en huit jours de temps je l'amènerais au point de la soumettre à tous mes désirs et à tout mon vouloir sans en avoir refus... Si je ne le fais comme je le dis, je lui donne ma terre de Forest et de Beaujolais... à la condition qu'à son tour, si je réussis, comme je n'en doute pas un seul instant, il sera tenu de se départir de sa comté de Nevers et de me la laisser...

Ce Liziart, dans l'âme duquel une noire envie venait de sourdre, était grand, maigre, sec, hardi, fort aux armes, mais plus félon et plus rempli de mal engin que ne le fut jamais Ganelon lui-même. Les dames furent choquées de l'entendre parler aussi irrévérencieusement de la mie de Gérard. Le jeune comte de Nevers fut plus choqué encore. Confiant comme il devait l'être en la loyauté d'Euriant, il se leva sur ses pieds, les narines frémissantes, l'œil étincelant, et répondit, de manière à être entendu de tout le monde :

— Sire Liziart, vous présumez trop de l'art de séduire, et la mauvaise opinion que vous avez des femmes vous rend indigne de leurs plus légères faveurs... Pour moi, qui les respecte autant que je les aime, je ne veux pas reculer devant votre bravade... J'accepte donc la gageure que vous voulez faire... Ma comté de Nevers vous sera remise au cas improbable où vous réussiriez dans l'entreprise que vous voulez tenter... Et je vous promets, foi de gentilhomme, que par aucun homme vivant au monde je ne ferai savoir à ma mie les conditions de cette gageure... Vous seul l'en avertirez s'il vous plaît... Moi, je m'abstiens, par respect et par amour pour elle...

— C'est chose entendue, dit Liziart en tirant son gant, comme Gérard venait de tirer le sien.

Le roi était présent. Cette scène s'était passée avec trop de rapidité pour qu'il pût s'opposer à la gageure qui venait d'en être la conclusion. Il ne put donc refuser de recevoir les gages que les deux comtes vinrent lui présenter.

— Qu'il soit fait ainsi que vous le dites, reprit-il. Si dans le délai de huit jours, le comte Liziart a réussi à venir à bout de demoiselle Euriant de Savoie, il entrera en possession de la comté de Nevers... Si, au contraire, il a échoué, c'est Gérard qui entrera en possession de sa comté de Forest et de Beaujolais...

CHAPITRE II

Comment Liziart, comte de Forest, vint à Nevers, et comment il parla à la belle Euriant qui le rembarra vertement.

Il tardait au comte de Forest de gagner sa gageure. Dès le lendemain, il quitta Pont-de-l'Arche, et partit, suivi de quelques chevaliers habillés en manière de pèlerins, et chargés de beaucoup d'or et de pierreries. Ils chevauchèrent ainsi pendant deux jours, et le soir du troisième jour, bien tard, ils arrivèrent à Prémery, situé à quelques lieues de Nevers, où ils soupèrent et, après souper, se couchèrent pour dormir.

Toute la suite de Liziart, bien fatiguée de la chevauchée, goûta sans tarder les délices du sommeil. Liziart, seul, ne put dormir, tant il avait peur de perdre sa gageure, et tant les moyens de la gagner le préoccupaient.

Quand vint le matin, la petite troupe partit de Prémery et arriva à Nevers, droit à l'heure où la belle Euriant revenait du moustier. Le comte de Forest en l'apercevant, descendit avec empressement de son mulet, ses compagnons en firent autant, et tous saluèrent la future comtesse de Nevers, qui leur rendit fort courtoisement leur salut.

— Princesse, lui dit respectueusement Liziart, j'ai un message à vous faire... S'il vous plaît de m'entendre, j'ai grand désir de vous parler de quelqu'un que vous connaissez bien...

Euriant, qui connaissait le comte de Forest, lui fit l'accueil le plus honnête du monde, et le pria d'aller promptement se reposer et de venir ensuite dîner avec elle au palais du comte de Nevers, qu'elle occupait déjà en souveraine. Elle pria un des premiers barons du pays d'avoir soin de lui, et Liziart fut conduit dans un riche hôtel, où on s'empressa de lui être agréable et commode. Ce fut là qu'il s'habilla avec les vêtements magnifiques qu'il avait apportés avec lui ; ce fut de là qu'il se rendit au palais où l'attendait la belle Euriant. Le son du cor annonça son entrée, et, tout aussitôt, fut servi un plantureux festin dont la mie de Gérard fit les honneurs avec une grâce dont tout autre que Liziart eût été touché. Mais Liziart était beaucoup moins préoccupé de ses attraits que des moyens de gagner la comté de Nevers.

Le dîner fini, on sortit de table, et Liziart, prenant Euriant par la main, lui dit :

— Demoiselle, j'ai un message à vous faire, je vous l'ai dit, un message secret de la part de votre ami Gérard... Vous plaît-il de m'entendre ?...

La belle Euriant, ne soupçonnant pas, dans la candeur de son âme, la malice que pourchassait le comte de Forest, se laissa conduire par lui entre deux fenêtres, loin du reste des convives.

— Comte de Forest, dit-elle en souriant de son jeune sourire, je suis prête à vous entendre.

— Ma dame, répondit Liziart d'une voix qu'il essaya de rendre moins rude qu'à l'ordinaire, mais en vain ; ma dame, je me mets complétement à votre merci... J'ai tant entendu parler de vous, de votre beauté que tout le monde va prisant, de votre constant et impérieux amour pour Gérard, que j'ai été pour ainsi dire contraint à vous venir voir, ce dont je me réjouis extrêmement... Quelque chose qui me doive advenir, je ne puis résister à vous faire l'aveu de la peine que j'endure à votre sujet... Je vous aime, je suis affolé de vous, nonpareille Euriant, et si vous ne daignez avoir pitié de moi, ma mort s'ensuivra, j'en suis certain...

Euriant, toute émerveillée de cette plaisanterie faite par un homme qui n'avait pas l'air plaisant du tout, regarda un instant Liziart, puis elle lui dit d'un ton sur lequel il n'y avait pas à se méprendre :

— Ah ! sire Liziart, sachez-moi gré de ma courtoisie qui me défend de vous faire aucune réponse laide et désagréable... J'ignore si vous dites faux ou vrai en ce moment, mais, pour ma part, je vous déclare qu'il vous serait plus facile de prendre la lune qui est attachée au ciel, que de m'arracher du cœur l'amour qu'y a mis mon cousin Gérard, à qui je suis fiancée !...

Le comte de Forest se mordit les lèvres et comprit qu'il n'avait rien à espérer de ce côté. Il se retirait, mortifié, lorsque la vieille Gondrée, gouvernante d'Euriant, lui fit, du coin de l'œil, un signe particulier qu'il comprit à merveille.

— Gondrée me servira cette fois, comme elle m'a servi mainte et mainte fois ! murmura-t-il en sortant.

CHAPITRE III

Comment Gondrée, la fausse vieille, trahit sa maîtresse en faveur de Lizia t, comte de Forest.

ondrée, la gouvernante d'Euriant, était depuis longtemps attachée à la maison des comtes de Nevers. Elle avait été présentée à la mère de Gérard comme une personne pieuse, confite en vertu et de benoîte existence. La respectable comtesse, naïve à son âge comme on ne doit l'être à aucun, croyait à l'honnêteté du costume, sans soupçonner la malhonnêteté des sentiments qui pouvaient battre dessous. Tout froc blanc, gris, noir ou violet, était pour elle un objet de vénération. La vieille Gondrée, couverte de rosaires, d'agnus, de scapulaires, l'avait séduite par son air béat et son maintien claustral ; elle l'avait acceptée comme un ange tutélaire propre à former le cœur de sa nièce à la vertu. Honnête comtesse de Nevers !...

Heureusement que la nature avait doué Euriant d'un caractère sur lequel les incitations de l'hypocrite Gondrée ne devaient avoir aucune prise. Elle avait crû comme une plante salutaire, sans être influencée dans son développement par l'atmosphère malsaine que sa gouvernante avait essayé de faire autour d'elle. Chaste et vertueuse elle était née ; chaste et vertueuse elle avait grandi, sans soupçonner un seul instant la perversité de sa vieille gouvernante.

Gondrée en avait voulu à cette belle enfant de s'être ainsi soustraite, tout naturellement, à l'éducation perverse qu'elle comptait bien lui donner, à l'insu du comte et de la comtesse de Nevers. Elle lui en voulait encore à cette heure, et elle n'attendait qu'une occasion de la perdre dans l'estime de son ami Gérard.

En revoyant Liziart, cette vieille scélérate comprit que cette occasion allait venir. Aussitôt que le comte

Forest eut quitté la salle où Euriant lui avait fait subir l'avanie d'un refus, Gondrée le rejoignit.

— Sire Liziart, lui dit-elle, dites-moi si je me suis trompée : vous adorez Euriant?...

— Vous ne vous êtes pas trompée, aimable Gondrée, répondit Liziart; ce n'est pas aux vieux singes qu'on apprend à faire des grimaces... Je vous dirais que non, que vous me diriez oui... Par ainsi, Gondrée, il faut m'aider en cette occurence comme vous m'avez aidé dans quelques autres...

— Oh! oh! seigneur Liziart, je ne vous ai jamais dépisté de maîtresse aussi jolie... Celle-là est un trésor... Euriant a l'humeur trop farouche pour que j'ose vous promettre aucun accès auprès d'elle, à moins que ce ne soit par surprise... J'aviserai aux moyens de vous faire entrer dans la place; mais, encore une fois, je n'en réponds pas... Il n'y a de brèche nulle part; j'ai bien cherché et n'en ai jamais trouvé... Cette péronnelle est parfaite, je crois, à moins qu'elle n'ait quelque imperfection secrète sur le corps, ce que j'ignore, ne l'ayant jamais vue en chemise...

— Comment, vous, sa gouvernante, ne l'avez jamais nue?... demanda Liziart étonné.

— Non, jamais... Et c'est ce qui me ferait croire à quelque défaut caché, quelque tache, quelque verrue...

— Tant mieux! tant mieux! dit vivement le comte de Forest. Plût au ciel, ma chère Gondrée, que votre pupille eût, en effet, quelque marque secrète que je pusse voir!...

— Voilà un étrange amant! s'écria la mauvaise vieille avec son mauvais rire. Il recherche les tares avec la même ardeur que d'autres mettent à les fuir!...

— Gondrée, vous allez me comprendre, reprit le comte de Forest. J'ai fait une gageure avec le jeune comte de Nevers, l'amant de cette farouche pucelle... Il faut que je la gagne, et vous pouvez m'en fournir les moyens, en me mettant à même de voir Euriant sans qu'elle se doute de ma présence, et de constater sur son beau corps quelque tare dont je puisse me prévaloir auprès de Gérard... Si je réussis, vieille Gondrée, comme à ma comté de Forest et de Beaujolais je joindrai la comté de Nevers, je vous donnerai une somme importante dont vous fixerez le chiffre vous-même, et une de mes terres, que vous choisirez à votre guise...

— Si cela est ainsi, sire Liziart, nous réussirons... Laissez-moi seulement le temps d'y penser... Faites le malade, et demain vous aurez de mes nouvelles...

CHAPITRE IV

Comment la fausse vieille, pour trahir sa maîtresse, fit un pertuis en la paroi de la chambre, afin que le comte de Forest vît Euriant au bain et remarquât l'enseigne singulière qu'elle avait sur sa dextre mamelle.

Après avoir quitté le comte de Forest, l'abominable Gondrée se rendit auprès de sa dame pour l'aider à se déshabiller, l'heure en étant venue.

— Ma demoiselle, lui dit-elle d'un ton de chatemite, en procédant à la toilette de nuit de la belle Euriant; ma demoiselle, je ne puis trop m'émerveiller d'une chose...

— Laquelle, bonne Gondrée? demanda la mie de Gérard, qui était à cent lieues de se douter des vilains projets de sa gouvernante.

— C'est qu'il y a bientôt sept ans que je vous tiens en tutelle publique et privée, de par la volonté de votre chère et vénérée mère, dont l'âme est bien sûrement en paradis à l'heure où je vous parle, et que jamais, au grand jamais, je n'ai pu vous voir dépouillée de votre chemise... D'autres y perdraient, sans doute, à être vues ainsi; mais vous, mignote, vous ne pouvez certes qu'y gagner...

— Maîtresse, répondit doucement Euriant, sachez et tenez pour vérité, que jamais personne, hormis mon cher Gérard, ne m'a vue et ne me verra sans ma chemise, que je gagne ou perde à être vue ainsi... Mon bel ami est la seule créature vivante, après ma mère, qui m'ait aperçue dans cette simplicité... et encore par surprise, un matin qu'il était entré dans ma chambre et qu'il s'était assis sur mon lit, en jouant avec moi, comme nous en avions tous deux l'habitude... Nulle personne au monde, fors lui, ne me fera dépouiller ma chemise... Cela m'a été défendu par mon bel ami Gérard, à cause d'un signe particulier que je porte en mon corps, et que seul il a vu. Nul après lui ne doit voir ce signe... il me l'a fait jurer au moment de son départ pour la cour du roi Louis... Si jamais homme mortel, en vie, pouvait se vanter devant lui d'avoir aperçu ce signe, Gérard croirait que j'ai forfait à mon serment, et notre amour s'en irait en fumée...

— Ma dame, répliqua la fausse vieille, à Dieu ne plaise que vous fassiez jamais chose par quoi vous soyez montrée au doigt, et subissiez de vilains reproches!... Mais vous exagérez les fadaises et vous en faites des monstres... Si vous vous étiez montrée en chemise à mes yeux, et que j'eusse vu cette enseigne que vous avez sur votre beau corps, nul ne l'aurait su, hormis vous et moi... N'en parlons plus!... Il est temps d'aller dormir, ma gente demoiselle... Bonne nuit vous donne Dieu!...

— Et à vous pareillement, maîtresse, dit doucement Euriant, qui avait conservé avec sa gouvernante les appellations respectueuses et enfantines qu'on lui avait apprises sept ans auparavant.

La vieille Gondrée s'en alla, crevant de dépit de ne pas savoir quelle enseigne sa demoiselle portait sur elle, et elle se coucha fort mal à l'aise, tournant et virant dans son lit comme sur un gril ardent.

Le matin, de très bonne heure, elle fit apprêter un bain, puis alla réveiller Euriant, qui s'était plainte la veille d'être un peu fatiguée et qui ne fut pas fâchée de se délasser dans l'eau. Euriant allait se déshabiller, lorsqu'elle aperçut Gondrée plantée comme un peuplier devant elle, l'œil émérillonné par la curiosité.

— Allez, allez, ma mie, lui dit-elle en la poussant doucement hors de la chambre de bain, je veux être seule à me baigner : autrement, je ne me baignerais pas...

La malevieille, qui avait son projet, s'en alla tout en courroux dans la chambre voisine, prit une tarelle et fit hâtivement un pertuis dans un coin de la cloison, afin de voir à son aise sa demoiselle : le pertuis fait, elle y bouta avidement son vieil œil chassieux et regarda.

Euriant était complétement nue, éclairée à flots clairs par le soleil levant qui semblait caresser amoureusement de sa lumière blonde les divins méplats de ce corps marmoréen. Les chairs blanches en paraissaient plus blanches et les chairs roses plus roses. La mie de Gérard se disposait précisément à entrer dans la cuve.

— Oh! oh! murmura la vieille émerveillée. Le seigneur Liziart pourra gagner la comté de Nevers, et, par contre, je pourrai gagner la terre qu'il m'a promise...

Gondrée n'avait pas un moment à perdre, si elle voulait gagner le prix de sa trahison. Elle courut chez le comte de Forest, le réveilla et lui dit :

— Sus! sus! Sire, levez-vous et me suivez!... Maintenant je vous assure que votre gageure est gagnée... Vous aurez la comté de Nevers, vous l'aurez!... Tôt, tôt, levez-vous, sire Liziart!... Je vous montrerai ce pourquoi vous êtes ici venu.

Liziart se leva incontinent, fort heureux d'avoir été réveillé par cette bonne nouvelle, et suivit la vieille Gondrée qui le mena droit au pertuis où il s'accosta et bouta son œil, comme avait fait la vilaine gouvernante.

Euriant sortait précisément de la cuve de marbre. C'était Vénus elle-même sortant de l'onde. Elle fit un mouvement plein de grâce et de chasteté, pour atteindre sa chemise et s'en couvrir au plus vite, comme si elle eût senti sur le satin impressionnable de sa chair, le contact froid et visqueux du regard de Liziart. Mais son geste ne fut pas tellement prompt que l'indiscret comte de Forest ne pût clairement voir, plantée au-dessus de son sein droit, une merveilleuse petite violette du plus vif éclat et de la plus heureuse couleur : une violette près d'un bouton de rose!...

Un autre que Liziart eût senti tout son être frissonner à l'aspect de tant de charmes révélés dans toute leur splendeur, et aurait bu, d'un regard ardent, les innombrables perles laissées sur ce beau corps nu par l'eau de la baignoire... Liziart n'était pas même digne de concevoir des désirs; s'il regardait avec tant d'attention par le pertuis qu'il avait fait à la cloison la tarelle de la fausse vieille, c'était pour mieux saisir les détails du signe charmant que la nature, capricieuse, avait juché sur la mamelle droite de la jeune Euriant. Et la preuve, c'est que, lorsque la chemise eut recouvert cette enseigne, il dédaigna de laisser plus longtemps son œil bouté au pertuis, bien qu'il y eût beaucoup d'autres choses à voir...

— Dame Gondrée, dit-il, en revenant vers la vilaine vieille, vous venez de me sauver de grande perte et de grand dépit... Si vous étiez plus jeune, je vous ferais volontiers dame et maîtresse de toutes mes terres et seigneuries, que sans vous j'eusse perdues... Vous choisirez celle qui vous agréera... elle vous appartient, comme récompense du service que vous venez de me rendre... Dieu vous garde, ma bonne Gondrée! D'ici à peu, vous aurez de mes nouvelles... Dieu vous garde, bonne Gondrée, Dieu vous garde!...

—

CHAPITRE V

Comment Liziart, de retour à la cour, déclara qu'il avait gagné sa gageure et la comté de Nevers ; et comment, pour preuve, il demanda la présence d'Euriant, que Gérard envoya quérir sur-le-champ.

n le devine. Liziart revint vite, avec ses chevaliers, à la cour du roi Louis, qui avait quitté Pont-de-l'Arche et se trouvait en ce moment en la ville de Melun.

Son retour précipité, car il revenait avant le délai de huit jours, fut diversement interprété.

— Il a perdu, disaient les jeunes gentilshommes, qui croyaient comme Gérard à la vertu des femmes.

— Il a gagné, disaient les chevaliers qui avaient vieilli sous le harnois du Dieu de Cythère et qui avaient d'excellentes raisons pour croire à la fragilité des vertus féminines.

Le comte de Forest se promenait avec arrogance, de façon à donner gain de cause aux vieux chevaliers. Gérard n'était pas à Melun, mais à Corbeil, où il chassait avec quelques jeunes damoiseaux comme lui, le faucon au poing. Liziart avait donc beau jeu pour ses fanfaronnades.

Lorsque la cour se trouva réunie, et que le jeune comte de Nevers, de retour de Corbeil, entra dans la salle où se tenaient le roi, la reine, les princes et princesses, il se fit un silence profond. Gérard regarda fièrement de tous les côtés pour apercevoir Liziart dont on lui avait annoncé la présence, et le vit qui se levait et se tournait vers le roi.

— Sire, dit Liziart, votre noble mémoire a sans doute conservé le souvenir de la gageure que nous avons faite il y a quelques jours, moi et Gérard l'Enfant... Enfant je l'appelle, Sire, parce qu'il a bien prouvé qu'il l'était, quand, sur la fiance d'une femme, il a aventuré sa comté de Nevers contre ma comté de Forest et de Beaujolais... Je préférerais mourir, Sire, que d'oser dire devant vous chose qui ne fût véritable... Or donc, que l'imprudent Gérard fasse mander sa mie auprès de vous, sous n'importe quel prétexte, et sans l'avertir en quoi ce soit... En présence d'Euriant et de vous, Sire, je prouverai clair comme le jour que j'ai gagné la comté de Nevers et tout ce qui en dépend.

Gérard voulut répondre à cette perfide accusation. La colère, un instant, lui monta au cerveau. Puis, se réconfortant tout-à-coup en songeant à l'impossibilité d'une pareille victoire obtenue par Liziart sur sa mie, il se contenta de sourire dédaigneusement :

— Neveu, dit-il à un damoiseau qui était à ses côtés, allez, s'il vous plaît, quérir ma mie Euriant, sans lui dire autre chose, sinon que la reine a la bonté de désirer qu'elle vienne à la cour, où sa place est marquée parmi les plus belles et les plus dignes de respect... Allez, beau neveu, et, sur votre honneur, ne lui mandez pas autre chose.

Le damoiseau partit incontinent pour le Nivernais, arriva au château habité par la belle Euriant, et lui fit part des intentions de son ami Gérard.

Euriant était aimée des petits et des grands. Quand on apprit son départ, ce fut un contristement général. Si l'on eût pu soupçonner pour quelle malaventure elle se mettait en route, on se fût énergiquement opposé à ce qu'elle quittât la bonne cité de Nevers où elle avait l'adoration et le respect de tout un chacun. Mais on ne savait pas : on se contenta de pleurer et de l'escorter et de la convoyer pendant quelques lieues hors des murs de la ville. A cette distance-là, Euriant remercia, toute attendrie, l'escorte dévouée qui voulait la suivre plus loin encore, et ne garda avec elle que trois des plus notables chevaliers du pays de Nivernais.

Elle fit grande diligence et arriva le surlendemain, avec sa suite, à Melun d'où le roi et la cour étaient momentanément absents. Euriant n'était sans doute pas fâchée de se reposer un peu et de ne paraître devant la reine qu'avec le teint frais et l'œil limpide. Les plus chastes d'entre les femmes ne sont pas exemptes de coquetterie !...

La fiancée de Gérard se logea donc en un très riche et très bel hôtel qui, lors, était auprès de l'église de Saint-Espes. Elle soupa, se coucha, se reposa, et, le lendemain matin, deux de ses demoiselles la vinrent éveiller, coiffer, vêtir et habiller très somptueusement, ainsi qu'il convenait à sa beauté et à son rang. Je ne vous fais pas le compte de ses habillements et de ses atours : il serait trop long. Mais j'ose vous dire que jamais Hélène, ni Polixène, ni Didon, ni Impéria, ni Poppée, ni même la divine Florence de Rome, n'étaient à comparer, pour le temps où elles vivaient, avec l'incomparable Euriant.

Aussi furent violemment ébahis les chevaliers qui accoururent à foison, jeunes et vieux, Gérard en tête, au-devant de cette fleur de beauté que tous eussent ardemment souhaité de respirer et de cueillir. Tous admiraient à pleine bouche l'exquise délicatesse de toute sa petite personne, et la grâce infinie avec laquelle elle chevauchait sur son palefroi amblant, et faisait des menus sauts parmi les rues.

— Belle mie, lui dit Gérard, je suis très joyeux et très heureux de votre venue !...

— Cher sire, lui répondit gentement Euriant, la longue attente de vous voir m'a été fort ennuyeuse... mais, Dieu merci ! je vous vois : je ne demande plus rien...

C'est en devisant ainsi que Gérard et sa belle mie arrivèrent devant le roi Louis.

CHAPITRE VI

Comment la belle Euriant vint à la cour du roi Louis et comment Liziart soutint qu'il avait eu son plaisir d'elle.

Euriant arrivée, la querelle se pouvait vider en très peu de temps, et la gageure être définitivement perdue ou gagnée par Gérard de Nevers.

Le roi, qui aimait Gérard, et qui était sûr, comme lui, de la fidélité de sa mie, avait voulu donner une grande solennité à la réparation qu'il attendait, et à la confusion dont allait être couvert le comte de Forest. Beaucoup de chevaliers et beaucoup de dames assistaient à ces assises improvisées pour la plus grande gloire d'Euriant, à ce que chacun croyait et espérait, du moins.

Le pari fait entre les deux comtes fut lu publiquement, comme ayant force de traité, selon les lois de la chevalerie, qui donnait cette sanction à toute parole entre chevaliers, lorsque le gage avait été remis de part et d'autre.

La vertu donne du courage. Euriant, indignée de cette gageure, s'écria :

— Ah! Gérard, Gérard, comment as-tu pu te résoudre à compromettre ainsi le nom de la future comtesse de Nevers?... La comté de Forest est à toi ; mais, quelque riche que soit cette seigneurie, peut-elle nous dédommager de ce que tu me fais essuyer en ce moment?...

— Mais, dit tristement Gérard, le comte de Forest prétend, au contraire, que c'est lui qui a gagné la comté de Nevers.....

— Qu'oserais-tu dire contre moi, Liziart? s'écria Euriant en se tournant du côté de son accusateur.

— Rien, répondit Liziart avec son vilain sourire, rien, car je vous ai trouvée trop belle, trop docile et trop tendre pour n'être pas reconnaissant du bonheur que je vous dois...

— Ah! monstre, monstre, monstre! s'écria Euriant, exaspérée, en tirant un poinçon d'or de sa coiffure, et courant vers Liziart pour le lui enfoncer dans les yeux.

Le roi la retint ; et la pauvre Euriant, cédant à la révolution affreuse qu'elle éprouvait, tomba tout-à-coup évanouie. Le comte de Forest profita de ce moment pour dire à Louis-le-Gros :

— Sire, pour preuve de ce que j'avance, je certifie que la mie de Gérard a sous le sein droit une violette parfaitement imitée... Gérard qui m'entend, doit savoir que, pour avoir pu constater cela, il faut que la belle Euriant me l'ait permis. Autrement, comment le saurais-je?...

Deux dames de la cour, en désaccoutrant un peu Euriant pour lui donner de l'air et rendre libre le jeu de sa respiration, poussèrent un cri de surprise et d'admiration :

— Une violette! Une violette! dirent-elles en avançant la main vers le sein droit de la gente pucelle, comme pour cueillir la fleur charmante que la nature s'était plu à faire pousser là.

— Me croira-t-on maintenant?... Ai-je vraiment gagné la comté de Nevers?... dit Liziart, rayonnant, pendant qu'on emportait Euriant, toujours évanouie, et que Gérard, au désespoir, fuyait d'un autre côté en s'arrachant les cheveux.

Les pairs furent forcés de reconnaître que le comte de Forest avait gagné sa gageure ; ils prononcèrent, quoique à regret, que la belle Euriant était coupable et que Liziart était en droit de s'emparer de la comté de Nevers, dont Gérard se trouvait maintenant dépossédé. Liziart ne perdit pas un moment pour en rendre l'hommage-lige ; et, muni de l'acte qui lui fut remis par le grand-référendaire du roi Louis, il partit sur-le-champs pour prendre possession du Nivernais.

CHAPITRE VII

Comment Gérard partit pour fuir la cour et sa mie, et comment Euriant le suivit en la forêt d'Orléans, où il voulut la mettre à mort.

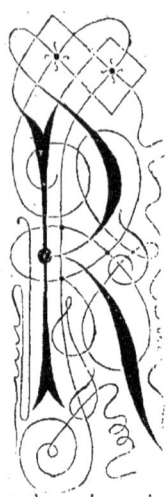

Rien ne retenait plus Gérard. Sa mie lui était infidèle ; il était dépouillé de sa comté : il avait ainsi perdu en un jour l'héritage de ses pères et le bonheur de toute sa vie. Il quitta la cour ; et, couvert d'humbles habits, l'épée au côté, il s'éloigna de Melun au triple galop de son cheval. Une fois en pleine forêt d'Orléans, il s'arrêta, en proie à la plus sombre mélancolie ; et son cheval, ne se sentant plus pressé, se mit à vaguer çà et là, dans les allées solitaires, arrachant les brins d'herbe et cassant les jeunes pousses.

En même temps que lui, partait de Melun la jeune et infortunée Euriant, calomniée par le traître Liziart. Revenue à elle, après un évanouissement assez long, elle avait demandé à grands cris son ami Gérard.

— Hélas ! que demandez-vous là ? lui avait répondu une fille du commun, qui, seule, avait eu le courage de rester auprès d'elle, après la désertion des dames de la cour, indignées de sa trahison. Hélas ! que demandez-vous là ? Gérard, couvert de honte, abîmé de douleur, a perdu sa comté de Nevers ; il a fui celle qui cause sa ruine et qui lui déchire le cœur...

— Ah ! s'était écriée Euriant, ayez pitié de moi !. Le roi s'est trompé ; le comte de Forest est un scélérat... J'atteste le ciel que je suis innocente... Ah ! Gérard ! Gérard ! Comment as-tu pu croire si légèrement que ta fidèle mie était devenue infidèle ?...

La vérité porte un caractère sacré, imposant, irrésistible, auquel personne ne peut se soustraire, excepté aux heures où l'on est aveuglé par la passion. Elle s'était peinte alors avec tant d'éloquence dans les yeux et dans le langage d'Euriant, que la fille qui l'écoutait en avait été touchée et avait consenti à changer d'habits avec elle. Elle l'avait fait descendre par un escalier dérobé, lui avait amené sa haquenée, et lui avait souhaité bien sincèrement une heureuse pour ta voyage. C'est ainsi qu'Euriant, sa capuce baissée, s'était mise sur les traces de son amant, en le demandant à tous les passants, sur sa route. C'est ainsi qu'elle était arrivée derrière lui dans la forêt d'Orléans.

Gérard était étendu sur l'herbe la face en larmes, le corps tressautant, comme un homme près d'expirer. Attirée de son côté par les gémissements éclatants qui lui sortaient de la poitrine, et auxquels répondaient les hennissements pitoyables de son cheval, Euriant se précipita en lui criant :

— Gérard ! mon cher Gérard ! Mon doux et cruel ami !

Le son de cette voix, si connue de ses oreilles et de son cœur, tira ce malheureux chevalier de son abattement.

— Que viens-tu faire ici, parjure ? s'écria-t-il en fureur.

— Mourir de ta main, ou te convaincre de mon innocence, Gérard, répondit la belle désolée.

— Oui, tu mourras, perfide, tu mourras ! reprit Gérard avec emportement. C'est le ciel même qui te livre à ma colère. Je vois qu'on t'a déjà rendu justice en te dépouillant des nobles ornements que tu n'étais plus digne de porter... C'est sans doute la justice du roi qui t'a fait conduire sur mes pas pour te livrer à ma vengeance...

— Ah ! que dis-tu, Gérard ? La fureur peut-elle t'aveugler à ce point ?... Quel autre pouvoir que celui de l'amour aurait pu me conduire sur tes traces ?... C'est ainsi que tu me méconnaissais ! Ah ! j'ai perdu ton cœur, perdu sans retour !... Achève donc de m'arracher une vie inutile et sans objet, désormais !... Je ne peux supporter plus longtemps l'horreur de te paraître coupable... Frappe, Gérard ; éteins d'un seul coup mon amour et ma vie, et que mon dernier soupir soit pour toi...

— Par vous, par votre déloyauté, dit Gérard d'une voix solennelle, j'ai perdu ma comté et mon bonheur... Je suis déshonoré comme vous l'êtes vous-même... Je ne chercherai plus autre femme après vous ; vous ne trouverez plus autre homme après moi... Par ainsi, il faut mourir... Aujourd'hui est votre dernier jour...

La belle Euriant se mit à genoux, résignée, et attendant le coup. Gérard, ôtant de son cœur toute la tendresse et toute la pitié dont jusque-là il avait été rempli à l'intention de la gente pucelle, la prit par les cheveux, tira son épée du fourreau et leva le bras pour frapper...

A ce moment parut un épouvantable serpent, d'une grosseur prodigieuse, qui jetait du feu par les yeux et une fumée infecte par la gueule.

— Ah ! cher sire, s'écria Euriant effrayée, non pour elle, mais pour son amant ; ah ! cher sire, sauvez-vous ! sauvez-vous ! Cette horrible bête vous va dévorer !... Fuyez ! Gérard ! Fuyez ! Quant à moi, puisqu'il me faut mourir, m'importe peu que ce soit par elle ou par vous... La mort est une !... Ce monstre, en me dévorant, ne me fera pas plus souffrir que vous ne me faites... Non !...

Gérard abandonna un instant Euriant pour s'occuper du monstrueux serpent qui s'avançait hâtivement vers lui. Enroulant son manteau autour de son bras gauche, il fit manœuvrer du bras droit sa redoutable épée et la plongea courageusement jusqu'à la garde dans la gueule béante de l'animal, qu'il atteignit au cœur, et qui se roula sur l'herbe en poussant d'épouvantables cris, dont la forêt entière retentit. Puis, la bête morte, bien morte, il retira son épée sanglante, et alla la laver, ainsi que son manteau, couvert de bave, à un ruisselet qui, d'aventure, coulait à quelques pas de là.

Cela fait, Gérard tomba à genoux et se mit à rêver :

— Bon et cher Dieu, murmura-t-il, venez-moi en aide... Comment mettre à mort, maintenant, celle qui m'a sauvé la vie en m'avertissant de la présence de ce merveilleux serpent que je ne voyais pas et qui s'avançait pour me dévorer?... Pour rien au monde, je ne voudrais lui faire le moindre mal... Je n'ai plus qu'à la laisser vivre... et à l'abandonner seule ici, dans cette forêt... Mais les bêtes sauvages lui pourront offrir effroi et peine?... Non... cher et bon Dieu, si vous lui venez en aide!...

La résolution du comte de Nevers était prise. Il revint vers Euriant :

— Euriant, lui dit-il d'une voix adoucie, je te laisse en la garde du Seigneur, en le priant de te pardonner la faute que tu as commise irréparablement à l'endroit de mon cœur... Adieu!...

Lors, pour ne pas se laisser aller à l'attendrissement qui le gagnait, Gérard s'empressa de monter à cheval et de s'éloigner de sa mie, toute éplorée, moins d'être laissée seule en cette déserte forêt, que d'être abandonnée par l'homme en qui elle avait mis sa fiance la plus profonde.

— Malheureuse! Malheureuse! Et maudite soit l'heure où, chétive, je suis née!... s'écria-t-elle en se tordant les bras comme une Madeleine et en s'arrachant sans pitié ses beaux et soyeux cheveux...

CHAPITRE VII

Comment la belle Euriant, abandonnée par Gérard en la forêt d'Orléans, fut rencontrée par le duc de Metz, qui revenait de Saint-Jacques, et emmenée par lui en Lorraine.

Lorsque la belle Euriant fut bien seule et qu'elle eut acquis la douloureuse conviction de son abandon, elle reprit ses meurtrissures contre son gent et faible corps. Ses ongles roses entraient dans les tendres chairs de son jeune sein et de son jeune visage, sur lequel coulaient des ruisselets de sang.

— Ah! chétive, chétive, chétive! s'écriait-elle en se labourant ainsi, à coups d'ongles. J'aurais préféré être décapitée par lui ou dévorée par le serpent... Morte, je ne souffrirais plus... Vivante, la vie m'est poignante... Vivre est odieux pour les cœurs faillis et meurtris... Ah! Gérard! Gérard! ton mépris me tue! Ton abandon m'achève!... A quoi sert l'innocence, alors, ô mon Dieu, puisqu'elle ne vous préserve de rien et qu'elle vous laisse choir dans l'abîme et dans le malheur, comme si elle était le vice!...

Pendant que la belle mie de Gérard se lamentait ainsi, le duc de Metz survint, suivi de quelques-uns de ses chevaliers.

— Oh! oh! qu'est ceci?... s'écria-t-il en voyant pâmée sur le gazon, à côté d'un monstrueux serpent, une gente pucelle aux cheveux en désordre, aux vêtements souillés de sang.

Le duc de Metz revenait tout droit de Saint-Jacques, et il avait dîné à Beaugency. La jeunesse et la beauté d'Euriant l'intéressaient. Il mit pied à terre, et vint s'assurer qu'elle n'était qu'en pamoison.

— Pourquoi cette douleur? lui demanda-t-il avec bonté. Cette bête que voici vous a blessée? Comment vous trouvez-vous en cette forêt, seule?... Attendiez-vous donc votre ami?...

Euriant avait le cœur trop serré pour répondre au duc de Metz. Cependant, au bout de quelques minutes, elle s'y décida.

— Ah! seigneur, murmura-t-elle d'une voix dolente, je vous demande aide et assistance... Secourez-moi, je veux mourir... Donnez-moi de votre épée dans ce cœur brisé... Vous ne sauriez acquérir mérite plus grand auprès de Dieu...

En entendant ces tristes complaintes, le duc de Metz se mit à contempler pitoyablement et tendrement cette gente pucelle qui demandait à mourir avec l'ardeur que tant d'autres mettent à demander à vivre. Il lui sembla que jamais, jusque-là, il n'avait vu et admiré une créature plus belle et mieux formée.

— Si je n'avais peur d'être blâmé de mes gens, se dit-il, enthousiasmé, je la prendrais volontiers pour femme et la ferais duchesse de Metz et de Lorraine. Aux habillements qu'elle porte, il est aisé de croire qu'elle est de haut lignage et de grande parenté... Un roi en ferait grand cas, ainsi que je le fais!...

Le duc de Metz, on le voit, désirait son accointance, et très vivement!...

— Belle, lui dit-il galamment, levez-vous sus!... Levez-vous, sans prendre en vous quelque excusance... Montez sur votre palefroi, et venez avec moi en ma terre et seigneurie de Lorraine... J'ai grande joie en mon cœur de vous avoir trouvée céans... Et jamais, croyez-le bien, plus grand honneur ne vous sera échu... Car à femme je vous prendrai, et duchesse de Metz vous ferai!...

Euriant ne fut pas tentée par ces offres brillantes. Elle n'avait qu'un cœur : elle l'avait donné à Gérard. Gérard n'en voulait plus : elle ne pouvait plus, après lui, le donner qu'à Dieu. Aussi, pour réfréner, autant que possible, les amoureuses convoitises du duc de Lorraine, elle répondit d'une voix plus dolente encore qu'auparavant :

— Sire, à Dieu ne veuille que je consente à l'honneur qu'il vous plaît de me faire!... Vous vous en repentiriez trop... Il faut, puisque vous m'interrogez, que je vous apprenne la vérité en mon fait et de la vie que j'ai menée jusqu'ici... Vie mauvaise et déloyale, sire duc!... Il y a trois ans, je devins femme commune et vénale. Mon père était charreton; il a été pendu et étranglé il y a peu de temps... J'ai été la mie d'un larronneur qui m'aimait beaucoup; tout ce qu'il pouvait dérober au prochain servait à me lotir de robes de soie, d'or lamé et de drap fin fourré de vair ou de petit-gris... La robe que vous me voyez aujourd'hui, il l'avait volée à Orléans, et à peine avais-je eu le temps de m'en revêtir que déjà on nous poursuivait... Mon amant tomba de cheval en entrant dans cette forêt : il fut pris... Quant à moi, malheureuse, je parvins à m'échapper... Voilà la femme que je suis, sire duc; vous n'en tiendriez guère ménage, car je ne suis pas le moins du monde disposée à abandonner la vie dans laquelle j'ai vécu jusqu'ici...

Mais le duc de Metz avait le cœur trop affolé de cette délicieuse créature. Il lui paraissait impossible que les vices dont elle s'accusait lui fussent propres. D'ailleurs, vicieuse ou non, malvivante ou non, il l'aimait et voulait s'accointer avec elle.

— Vos complaintes ne vous servent de rien, la belle, dit-il à Euriant en lui prenant la main et en la conduisant vers son palefroi. De gré ou non de gré, je vous emmène avec moi... Montez donc, et suivez-nous...

Euriant ne pouvait faire grande résistance. Le duc avait avec lui quatre ou cinq chevaliers à sa dévotion, qui, si elle eût fait mine de fuir et regimber, n'eussent pas hésité à l'enlever et la prendre en croupe avec eux. Elle fit une invocation mentale à son ami Gérard, et suivit le duc de Metz.

En chemin les compagnons du duc, qui n'avaient pas le même amour et le même tact que lui, et qui ne voyaient dans Euriant que ce qu'elle avouait tout haut qu'elle était, la regardèrent d'un mauvais œil.

— Sire, dirent-ils au duc de Metz, vous emmenez-là une pauvre femme, une folle, une ébervigée... Gardez-vous bien, surtout, d'en faire une duchesse de Metz... Vous en trouverez cent fois de plus belles et de plus sensées... Laissez-la aller où bon lui semblera...

— Ne parlons pas de cela, seigneurs, répondit le duc d'un ton qui ne souffrait pas de réplique. Je fais ce qui me plaît et n'entends pas qu'on me blâme ainsi que vous l'essayez...

Le voyage se passa ainsi. Huit jours après, le duc pensant à Euriant, Euriant pensant à Gérard, on arriva à Metz en Lorraine, au milieu des acclamations des habitants. Le duc, qui respectait Euriant, et qui voulait qu'on la respectât, s'empressa de la confier à une sienne sœur dont elle fut très vitement aimée, à cause de sa douceur et de sa résignation.

CHAPITRE IX

Comment Gérard se décida à aller secrètement à Nevers, la vielle au cou, les houzettes aux pieds, pour s'assurer par ses yeux du comportement de Liziart.

Gérard de Nevers regrettait amèrement, par moment, l'abandon cruel qu'il avait fait de sa mie Euriant.

— Oh! murmurait-il alors, les yeux pleins de larmes âcres, oh! noble jouvencelle, si gente et si douce, pourquoi m'avez-vous si perfidement déçu dans mon amour?... Vous nous avez tués et ruinés tous les deux, dans nos plus chères affections... Je n'ai plus rien à faire dans la vie, puisque vous n'êtes plus rien pour moi!... Ô femme, créature ondoyante!... Le roi Salomon, si plein de sapience pourtant, fut déçu comme moi! Samson, le plus fort homme qui fût jamais né depuis le déluge, fut trahi aussi par sa femme! Et cent autres encore, empereurs et rois, guerriers et savants, grands cœurs et grands cerveaux!... La femme ne respecte rien, une fois qu'elle s'est embéguinée d'un mâle quelconque, jeune ou mûr, laid ou beau!... Créature ondoyante et décevante! Celui-là est fol, et doit pour fol être tenu, qui veut trop exiger et trop s'assurer en amour!... Nul ne doit essayer ni éprouver la vertu et la constance de sa mie : c'est du sable mouvant que le cœur féminin, on n'y peut bâtir aucune affection solide...

Puis, après ce gros blasphème, le pauvre chevalier se mit à songer aux perfections avouées et secrètes de sa mie, à son pied mignon, à ses mains potelées, à ses joues à fossettes, à sa gorge blonde, à ses lèvres rouges, à ses yeux éloquents, à beaucoup d'autres choses encore. Et, en songeant à cela, il regretta plus vivement d'avoir perdu des trésors qui eussent si bien réjoui ses jours et ses nuits. Pour un peu, il eût rebroussé chemin pour retrouver Euriant, du moins pour essayer de la retrouver.

À force de chevaucher ainsi par monts et par vaux, par prairies et par forêts, Gérard eut l'idée de tirer vers Nevers, dont autrefois il avait été le seigneur et maître.

— Folie ou voix d'en haut, je veux suivre cette idée qui me pousse en avant, s'écria-t-il. Je veux voir de mes yeux comment Liziart se comporte envers ma riche comté du Nivernais, qu'il a si malhonnêtement gagnée!...

Il se mit donc en route dans cette direction et arriva bientôt à la Marche, sur la rivière de Loyre, où était un fort château. Pour n'être pas reconnu, il entra de nuit dans la ville et alla se loger dans un faubourg, en une maisonnette occupée par un vieux ménestrel-jongleur et sa femme, auxquels, jadis, sa famille et lui avaient fait le plus grand bien.

— Sire Gérard!... s'écria joyeusement le jongleur, en voyant entrer le malheureux chevalier et en le reconnaissant aussitôt, bien que la douleur et le costume l'eussent changé.

— Sire Gérard!... répéta la femme, heureuse de la présence de son ancien seigneur et maître, et en s'empressant à lui faire bon accueil.

— Mes amis, leur dit l'amant d'Euriant, ne faites nul bruit de ma venue, je vous en prie... Je ne veux être ici pour personne, vous excepté...

— Sire, répondit le jongleur, âme qui vive ne le saura, je vous le jure!...

Le cheval de Gérard fut remisé en lieu convenable, avec son picotin d'avoine suffisant; et, quand la bête eut pris son repas, les gens songèrent à prendre le leur. La table fut mise, et tous trois, l'hôte, sa femme et Gérard, s'assirent autour. Gérard était jeune; malgré ses chagrins il fit honneur au souper et au lit que lui avaient préparés ses hôtes. Il but, mangea et dormit beaucoup.

Le lendemain, dès l'aube, il se vêtit, se chaussa, et, appelant le ménestrel, il le pria de lui prêter une de ses vieilles robes, un chapelet et un chaperon, parce qu'il faisait au dehors grande pluie et grand vent, et, avec ces différentes pièces de costume, la vielle dont il se servait ordinairement. Gérard savait jouer à merveille de cet instrument, comme de tous autres, luth, harpe, ou psaltérion.

Quand le jongleur eut apporté tout cela et qu'il eut pendu au cou de Gérard la vielle qu'il lui avait demandée, il lui dit en souriant :

— Sire, m'est avis que vous avez été autrefois du métier!...

Quand il eut la vielle pendue au cou et qu'il fut prêt à partir, le jongleur le retint respectueusement, et alla lui chercher ses houzettes et les lui chaussa, parce que le temps était sale, et que les chemins étaient mauvais en diable.

— Maintenant, sire, que le ciel vous garde! Vous allez rencontrer en chemin bien des nécessiteux... Vous allez recueillir une ample moisson de calamités qui attristeront votre bon cœur... Fermez les yeux si vous ne voulez pas voir, cher sire!...

Les chemins étaient mauvais, boueux et malaisés. La pluie tombait fine et drue. Gérard ne se plaignit pas. Il alla bravement son chemin, quoique, jusqu'à présent, il n'eût pas été accoutumé à de pareilles fatigues. Au bout de quelques lieues et de quelques heures il entrait dans la riche cité de Nevers, autrefois si gaie, maintenant si triste.

Gérard, le cœur serré à l'aspect de sa ville natale, mais plus animé que jamais à suivre son projet, s'arrêta dans plusieurs carrefours, et viella du mieux qu'il put, pour attirer l'attention et se faire appeler dans les maisons. Plusieurs fois il entendit des bourgeois se dire l'un à l'autre :

— Ce jongleur vielle bien en vain... Il viellera longtemps avant de trouver homme qui le voulût écouter... Car, depuis la douloureuse perte que nous avons faite de Gérard et d'Euriant, sa mie, nous n'avons plus eu plaisir ni joie... Et chansons, ballades, notes, chants d'oiseaux ne seront plus jamais volontiers écoutés dans Nevers, du moins tant que le traître Liziart sera en vie et qu'il aura cette belle seigneurie en sa garde!...

— Oh! mon Dieu! murmura tristement Gérard.

Il se rendit à l'église Saint-Cyre, où il fit une très benoîte oraison, en supliant le ciel de réconforter et aider sa mie. Puis, cette oraison achevée, il sortit et alla s'asseoir sur un banc de pierre, devant le palais de ses pères, où il se mit à rêver et à vieller ses plus doux airs.

CHAPITRE X

Comment Gérard, la vielle au cou, chanta, devant Liziart, la chanson de Guillaume-au-court-nez; et, tout en se chauffant derrière la cheminée, surprit la conversation de Gondrée et du comte de Forest.

Un chevalier entrait en ce moment.

— Venez, ami jongleur, dit-il à Gérard; vous jouerez de votre métier devant le comte de Nevers, qui s'ennuie et que vous réjouirez!..

— Le comte de Nevers! murmura Gérard en tressaillant. Un autre a pris mon nom! Un autre a pris ma place!.. La demeure de mes pères, d'où je suis chassé, est profanée par la présence de ce Liziart abominé!...

— Allons! montez céans! reprit le chevalier en voyant que Gérard restait immobile à sa place.

— Très volontiers, sire chevalier, répondit l'amant d'Euriant; car j'ai grand froid, et je me chaufferais volontiers... Je suis las d'aller à pied par les boues et par les pluies...

Gérard monta.

— Qu'est ce mendiant? demanda Liziart en apercevant sa victime, pâle de froid et de douleur, de douleur surtout. Il n'est danger que de vilain, et je n'aime pas les vilains... Le diable vous a introduit ici, l'ami; que le diable vous emporte!...

Le comte de Forest ne reconnaissait pas Gérard, grâce aux herbes dont celui-ci s'était barbouillé le visage et les mains. Sa mauvaise humeur ne lui venait pas de la présence du vaillant chevalier, qu'il était à cent lieues de soupçonner sous cet humble costume : elle ne lui venait que de lui-même. Liziart n'était jamais content des autres, parce qu'il n'était jamais content de lui-même : il se rendait justice!...

Gérard attrempa sa vielle, souffla dans ses doigts et se mit à chanter, en viellant d'un son clair et doux, la chanson de Guillaume d'Orange, le marquis au court nez.

On applaudit beaucoup, et, pour récompenser le vielleur, on le laissa s'approcher, comme il voulut, du feu ardent de la cheminée, afin qu'il pût se réchauffer et rêver à son aise. Gérard, une fois près de la cheminée, dans un coin, fut bientôt oublié, et il profita de cette indifférence générale pour ouvrir l'œil et l'oreille tout autour de lui.

Liziart était à table. A côté de lui était cette abominable vieille qui avait nom Gondrée, et qui avait causé tout le mal dont pâtissaient à cette heure Gérard et Euriant. De même qu'il avait reconnu Liziart, Gérard reconnut Gondrée, et il lui sembla, à ses allures, qu'elle était beaucoup trop maîtresse en ce palais pour n'être pas complice, en tout ou partie, du crime de Liziart. Il étudia donc avec attention chacun de ses gestes.

— Comte de Forest, dit-elle tout bas à Liziart, mais de façon cependant à être entendue de Gérard ; comte de Forest, m'est avis que vous ne tenez guère votre parole... Voilà de longs mois déjà que vous êtes en possession du Nivernais, et vous semblez oublier que ce grâce à moi. J'ai trahi ma pupille Euriant à votre intention ; j'ai fait un pertuis à la paroi de la muraille qui donnait dans la salle de bains, afin que vous pussiez voir l'enseigne qu'elle porte au-dessus du sein droit... Cela vous a permis de gagner votre gageure et de déposséder le jeune comte de Nevers... Mais il y avait une condition à ma trahison, et vous me paraissez l'avoir facilement oubliée... Où sont les récompenses brillantes que vous m'aviez promises?...

— Vous avez raison de me rappeler que c'est à vous que je dois d'avoir gagné ma gageure, répondit Liziart, puisqu'en effet, sans votre concours, il m'eût été difficile de faire croire que j'avais eu Euriant à ma volonté pendant une nuit ou deux... Je n'avais pas eu ce bonheur; mais je tenais à passer pour l'avoir eu. C'est vous qui m'en avez fourni les moyens... Je suis donc votre débiteur... Je m'acquitterai envers vous, soyez-en sûre... En attendant, n'êtes-vous pas ici dame et maîtresse?...

Liziart et Gondrée, tout en causant bas, ne disaient pas un mot qui ne fût entendu de Gérard, qui les dévorait tous deux du regard ; et ils ne se doutaient guère l'un et l'autre que chacune des paroles imprudentes qu'ils proféraient là, devant lui, leur seraient un jour bien chèrement vendues. Gérard en savait assez!

Sortant donc sans bruit de sa cachette, tout en viellant doucement de l'air le plus naturel du monde, l'heureux amant d'Euriant gagna la porte en faisant force révérences à droite et à gauche, aux seigneurs attablés à l'extrémité de la salle, et, au bout de quelques minutes, il était en plein air, respirant à pleins poumons.

— Chère Euriant! murmura-t-il attendri et repentant, en songeant à tout ce qu'avait dû souffrir sa belle mie.

Lors, la vielle au cou, les houzettes aux pieds, il se mit à trotter, à courir à perdre haleine jusqu'en la maisonnette du vieux ménestrel qui l'avait recueilli.

— Oh! mes amis, mes amis, que je suis heureux! leur dit-il en arrivant et en embrassant les deux vieux époux accourus à sa rencontre.

— Qu'avez-vous donc fait, et pourquoi êtes-vous sitôt revenu? demanda l'homme, qui ne comprenait rien à la joie du jeune comte, mais qui s'en réjouissait sincèrement tout de même.

— Mes amis, leur répondit Gérard, j'espère bien que vous le saurez à temps, mais non aussitôt que je le voudrais!... Dînons, et après je partirai, car je ne veux pas perdre une minute...

Gérard avait grand'faim, comme on a toujours après les violentes émotions, qui vous creusent profondément l'estomac : il mangea de bon appétit, et but de bonne soif. Puis, le souper pris, il alla se reposer pour être plus dispos le lendemain.

Dès que le jour parut, Gérard, impatient de partir, se leva et s'habilla très hâtivement. Le bon ménétrier avait eu le soin de lui préparer son cheval : le jeune comte de Nevers n'eut plus qu'à monter dessus et à donner de l'éperon pour partir.

— Adieu, cher sire! Puisse le ciel bientôt vous ramener!... s'écria le ménétrier, les larmes aux yeux.

— Dieu vous garde, cher sire! dit la vieille femme, également émue.

Gérard partit, assez en peine du côté par lequel il devait diriger ses pas pour retrouver sa douce Euriant.

CHAPITRE XI

Comment Gérard s'en vint dans un château, en Ardennes, où il ne trouva que désolation. Du réconfort qu'il donna, pour payer son hospitalité.

Gérard, l'enfant pensif, s'en alla ainsi chevauchant par plusieurs contrées, à la recherche de sa mie, calomniée par lui. Il arriva en Bourgogne, où il pensait en avoir des nouvelles : aucune! Il traversa Paris, où était la cour du roi Louis; mais il ne s'y arrêta pas. Il reprit sa quête par l'Ile-de-France et la Picardie, et, finalement, se trouva dans le pays d'Ardennes, sans avoir obtenu un seul indice qui lui permît de retrouver les traces d'Euriant.

Quand il eut chevauché plusieurs journées, il avisa, par une belle vesprée où le soleil se couchait horizontalement, un château qui se découpait en noir sur le rouge du ciel, et qui plongeait ses racines dans l'eau d'une rivière.

Gérard s'arrêta pour le contempler, et jeter un coup d'œil investigateur sur les alentours. Ce château avait un aspect morne et désolé; on devinait, à son voisinage de terres non labourées et de maisons brûlées, que la guerre avait passé par là et qu'elle y passait encore tous les jours.

Gérard s'avança pour aller demander l'hospitalité du souper et du gîte à ce château de sinistre apparence. Deux hommes, montés sur des juments, l'épée au poing, l'air menaçant, gardaient l'entrée du pont et interrogeaient sans cesse la route, devant eux, pour pouvoir donner l'alarme en temps utile, à l'intérieur. Quand Gérard leur fut signalé, ils firent un appel, et aussitôt quatre autres hommes surgirent, bien armés, à pied, et se dirigèrent vers le jeune comte de Nevers, qui les salua courtoisement et leur demanda l'hospitalité pour la nuit.

— Nous vous hébergerons de grand cœur, sire chevalier, lui dirent ces hommes; de grand cœur, mais non de grande fortune. Car nous sommes si harcelés, si opprimés des gens de Galeran, que nous sommes quasiment ruinés... En trois ans, nous n'avons pu semer ni recueillir un muid de blé!... L'hospitalité que vous recevrez ici sera sincère, mais, aussi, elle sera indigne d'un chevalier tel que vous semblez être...

— Seigneurs, répondit simplement Gérard, puisque vous consentez à me recevoir pour cette nuit, je n'en demande pas davantage et vous remercie cordialement...

Le pont-levis s'abaissa, Gérard passa, et les seigneurs qui l'avaient reçu passèrent après lui, et, après lui levèrent le pont, de peur de surprise. Deux d'entre eux le conduisirent au donjon; les deux autres conduisirent son cheval à l'étable, où il n'y avait ni orge ni avoine, fors un peu de foin qu'ils donnèrent à dévorer à la pauvre bête, affamée et fatiguée.

Une fois entré, Gérard alla s'asseoir sur un bahut en désarroi, en attendant que les chevaliers se désarmassent. Tout était pauvre, triste et froid : l'hôtel et ses hôtes. Les murs étaient nus, et les robes des chevaliers ne valaient guère mieux que les murs. Murs lézardés et fendillés, robes rompues et déchirées!...

Quand les conducteurs du jeune comte se furent désarmés et revêtus de leurs misérables vêtements, ils le prièrent de les suivre et le firent entrer dans la principale pièce du donjon, où se trouvaient deux chevaliers et une jeune dame. Les deux chevaliers, pauvrement vêtus comme les introducteurs de Gérard, étaient, de plus, pâles et maigres à faire peur. La jeune dame était avenante et belle; mais elle avait tant jeûné, tant jeûné, tant jeûné, que les os lui saillissaient sous la peau. Il n'est pas besoin d'ajouter qu'elle était aussi misérablement vêtue que les chevaliers.

Cette maigreur et la pâleur de son teint, émurent de pitié les entrailles du jeune comte, qui n'avait pas été admis, jusque-là, à contempler un dénuement aussi profond, un désastre aussi navrant. Cette gente dame avait souffert d'une des plus horribles et des plus laides souffrances de la terre, à savoir : de la faim! La ceinture qu'elle portait était d'un tissu de laine, la boucle et son ardillon étaient de cuivre ou de laiton; par quoi il apparaissait clairement qu'elle n'était pas de grande richesse.

Gérard la salua respectueusement.

— Dieu vous donne honneur et bien, sire chevalier, lui dit la gente dame, d'une voix mélancolique car céans vous ne les sauriez trouver, ce dont je suis très navrée... La gêne où nous sommes pour le moment, nous empêche de vous recevoir comme nous le voudrions. Nonobstant, sire chevalier, j'ai, comme provisions, six pains et dix gâteaux, deux perdrix et quatre pluviers, de plus un baril de vin. A part cela, je n'ai pas d'autres vivres à vous offrir, ce qui me poigne, croyez le bien!... Aussi nous est-il impossible de tenir le siége plus longtemps... Demain, nous attendons l'assaut que doit nous donner la gent la plus vile du monde...

— Dame, demanda Gérard avec intérêt, d'où vient cette guerre qui vous met dans une si piteuse situation?

— Sire chevalier, la vérité est que le seigneur de ces gens qui vont nous donner l'assaut demain, me veut avoir en mariage... Mais, plutôt que de consentir à cette union, j'aimerais mieux être brûlée en un feu d'épines, tant cet homme est laid et hideux à voir; si laid et si hideux, que peur et hideur j'ai toutes les fois qu'il m'arrive de songer à lui. Il m'a mandé par un sien messager que demain, au matin, il fera le siége de mon château... Ce sera le couronnement de mes misères!... Mes terres ravagées, mon père et mes deux frères tués... Ah! vrai Dieu! il faut que je sois née pour le malheur, puisque je ne puis trouver chevalier qui pour moi voulût combattre!... Je n'ai ni parent, ni cousin, ni ami capable de lutter avec ce puissant ennemi qui m'opprime et m'outrage... Ah! sire chevalier, je ne puis vous faire bonne chère et bon accueil... je vous prie de me pardonner... J'ai grand ennui et déplaisir au cœur; mais, pour l'amour de vous et de l'honneur que vous nous avez fait de choisir le château pour hôtellerie, je me mettrai en peine de me réjouir et de vous distraire...

Gérard avait laissé la gente dame se lamenter et parler. Quand elle eut fini, il répondit:

— Dame, quel est cet ennemi qui vous met à mal et veut faire le siége de votre château, après avoir brûlé vos moissons et tué votre père et vos frères?.

— Sire chevalier, répondit-elle, je me reprocherais toute ma vie de vous faire payer si chèrement la maigre hospitalité que je vous offre... Combattre cet ennemi, c'est aller sûrement à la mort, et je n'ai pas le droit de vous y exposer...

— Quel est cet ennemi? demanda tranquillement Gérard, pour la seconde fois. Plus le péril est grand et plus je dois insister... J'ai à me punir d'une méchante action, à me châtier d'une déloyauté commise contre mon gré... Quel est le nom de votre persécuteur?...

— Il se nomme Galeran, répondit la jeune dame, prise de reconnaissance pour ce défenseur que le ciel lui envoyait.

— Demain, à l'aube, j'irai défier Galeran, et, si le ciel est juste, je vous en délivrerai!...

La dame, émue et tressaillante d'espoir, ôta son gant de la main gauche, le remit à Gérard, qui le prit, et elle lui dit:

— Sire chevalier, je mets entre vos mains et en votre garde, ma vie, mon honneur, mon corps et ma seigneurie... et je prie Dieu qu'il vous accorde la grâce de nous ôter du péril où nous sommes!...

CHAPITRE XII

Comment la belle Eugline de Trargis, pour remercier Gérard d'avoir tué Galeran, lui offrit son cœur, sa main et ses richesses; et comme Gérard refusa.

Au point du jour, un héraut d'armes, envoyé par Gérard, alla défier Galeran en combat à outrance, et, quelques heures après, les deux adversaires se trouvèrent en présence, dans une plaine qui bordait le château où le jeune comte de Nevers avait reçu l'hospitalité.

La dame et ses chevaliers montèrent sur le plus haut donjon, pour mieux voir et mieux admirer, et Galeran et Gérard s'éloignèrent en cet instant l'un de l'autre pour prendre leur course.

Lors ils s'avancèrent à l'encontre l'un de l'autre, les lances baissées, les heaumes embrachés, les écus en avant, les éperons au flanc de leurs montures. Leur choc fut celui de la foudre. Leurs lances se brisèrent, leurs chevaux s'abattirent et tous deux, désarçonnés en même temps, allèrent rouler, tout étourdis de leur chute, sur l'herbe de l'arène, qui commença à se rougir. Se relevant ensuite, tous les deux ensemble, l'épée au poing, ils s'attaquèrent, à pied, et avec tant de violence que chacun de leurs coups faisait jaillir des milliers d'étincelles sur l'acier de leurs heaumes.

La lutte fut longue. La sueur et le sang leur dégouttait à l'un et à l'autre sans qu'ils s'en aperçussent, pour ainsi dire, tant était grand l'acharnement qu'ils mettaient à s'entre-détruire. Voyant que leurs épées n'amenaient aucun résultat définitif, ils les reboutèrent spontanément au fourreau et s'empoignèrent à bras le corps. Une heure après, un seul des deux champions se relevait: c'était Gérard de Nevers.

Gérard de Nevers, blessé et chancelant, revint auprès de la gente dame qu'il venait ainsi de sauver de malefortune et de malemort, et lui annonça le succès de son entreprise. Puis, cela fait, il voulut remonter à cheval, et reprendre la quête d'Euriant; mais le sang qu'il perdait de toutes parts ne lui permit pas d'aller plus loin. Il dut rester là pour faire panser ses blessures et rétablir ses forces.

Cela dura une quinzaine de jours, pendant lesquels la jeune dame, reconnaissante, le soigna avec un zèle et une tendresse infinie. Elle lui devait plus que l'honneur, plus que la vie, plus que la fortune: elle lui devait la santé et le bonheur. Galeran mort, elle était délivrée de ses exactions, et pouvait vivre désormais tranquille dans son château restauré et approvisionné convenablement. Ces quinze jours avaient suffi pour donner aux gens et aux choses de céans une toute autre physionomie. Les murs du donjon étaient moins tristes; les visages des chevaliers de la suite de la dame étaient moins pâles et moins maigres. Le jeûne forcé était aboli pour longtemps dans cette maison, grâce au courage du jeune comte de Nevers.

Les femmes pratiquent volontiers la reconnaissance ; c'est un sentiment tendre qui pousse volontiers ses branches folles dans leur cœur, le terrain le plus capricieux du monde. Elles la pratiquent d'autant plus volontiers, lorsqu'il s'agit d'un homme jeune, brave et beau comme l'était Gérard.

Aussi, lorsqu'au bout de ces quinze jours, le vaillant chevalier, presque guéri, voulut partir, toujours inquiet sur le sort de sa mie Euriant, elle le retint en rougissant, en le priant de l'écouter.

— Sire chevalier, lui dit-elle d'une voie émue, je m'appelle Eugline; mon père s'appelait Trargis. Je suis héritière de ses biens, qui sont considérables, et libre d'agir à ma volonté... Je vous ai dit mon nom afin que vous daigniez me dire le vôtre... Maintenant, sire chevalier, ma terre, mes châteaux, tout ce que je possède au monde, je vous l'abandonne pour en faire à votre plaisir... Moi-même me donne à vous pour être votre femme ou votre amie... Pour Dieu, sire chevalier, ne me refusez pas, car je suis née de haut lignage et digne en tous points de votre commerce... Ne me refusez pas!... Ne me refusez pas!...

— Demoiselle, répondit doucement Gérard qui venait de s'apercevoir de l'amour qui s'était emparé du cœur de cette gente pucelle et qui brillait comme une chaste flamme dans ses beaux yeux; demoiselle, le ciel me préserve de vous déplaire par ma réponse, mais je vous dois la vérité et vais vous la dire. J'ai pris une résolution et suivi une voie dont je ne me départirai pas un seul instant pour tout l'avoir de Constantin, le riche empereur de Rome... J'aime une belle enfant que j'ai perdue et que j'espère retrouver... Chaque jour de retard est un jour de douleur pour moi : j'ai toujours peur d'arriver trop tard auprès d'elle!...

A ces paroles, auxquelles elle était loin de s'attendre, Eugline devint pâmée et morne, sans pouvoir parler. De grosses larmes coulèrent silencieusement le long de ses joues.

— Hélas ! pensa-t-elle, je ne le dois ni blâmer, ni mépriser !... Je me suis trompée ; mon cœur m'a contraint à l'aimer ; mes yeux et mes lèvres ont trahi mon amour...

Gérard ne devait, ne pouvait, ne voulait pas rester plus longtemps céans. Il prit respectueusement dans ses mains la main d'Eugline, qui était fort blanche, la porta à ses lèvres, et se retira incontinent. Quelques instants après, le galop d'un cheval se faisait entendre : Gérard s'éloignait pour toujours.

— Hélas! murmura Eugline, en soupirant, et en se mettant à la fenêtre du donjon pour voir jusqu'au dernier moment l'homme à qui elle avait voué sa vie.

—

CHAPITRE XIII

Comment Gérard, toujours à la recherche de sa mie Euriant, arriva à Châlons en Champagne, où il resta longtemps malade, et comment la fille de son hôte, que son sort intéressait, lui donna un épervier.

Il s'en alla, le pauvre chevalier, toujours à la recherche de sa mie, tantôt plein d'espoir et tantôt désolé, chevauchant à travers les plaines et les forêts sans trop savoir où il allait. Un jour il s'arrêta chez un noble bourgeois de la ville de Châlons en Champagne, croyant n'avoir à lui demander l'hospitalité que pour un jour : il y resta quelques semaines, malade, au lit.

En très peu de temps, Gérard devint très pâle et très maigre. Il perdit le boire et le manger, et l'appétit de la mort lui vint au cœur : la vie lui pesa. Il fit plus encore que de perdre le boire et le manger, choses grossières, il perdit le souvenir, cette noble chose! Tout fut oublié, et le présent et le passé, et sa position et celle d'Euriant; d'Euriant elle-même il n'eut plus la moindre souvenance !...

Le bourgeois, son hôte, avait une fille jeune, belle, douce et avenante, tant gente et mignotte que de plus gracieuse on n'eût su trouver dans le pays, même en cherchant longtemps? Un matin, assise en la chambre de son père, voisine de celle où était couché Gérard, elle ouvrait d'or et de soie un drap parsemé de roses et de palmes, et, tout en travaillant ainsi, elle chantait comme chantent toujours les belles travailleuses. Par un hasard peu explicable, le nom d'Euriant appartenant à beaucoup de demoiselles, elle nomma la mie de Gérard dans sa chanson.

Ce nom adoré, jeté dans la cervelle affolée de ce cher garçonnet, y produisit l'effet d'une pierre dans un étang : il y fit du bruit et y occasionna du trouble. Il se leva sur son séant et regarda devant lui, dans le vide, où il lui sembla voir voltiger les images de son passé.

— Hélas! murmura-t-il tout pensif. Le mal que j'ai souffert m'a tourné à grand déplaisir... Voilà longtemps que je suis ici, couché, sans savoir quand je me lèverai, et si je me lèverai autrement que pour me recoucher dans mon cercueil... Que fait ma mie Euriant pendant ce temps?... Où est-elle, la pauvre chère âme?... J'ai perdu sa trace et ne la retrouverai peut-être jamais... Parfois aussi je perds souvenance de mon amour pour elle... J'oublie Euriant!... Mais je ne veux plus l'oublier!.. je veux reprendre sa quête avec plus d'énergie que jamais, aussitôt que j'aurai la force nécessaire, pour me lever et monter à cheval... et je ne m'arrêterai plus que je ne l'aie retrouvée... Rien ne me fera obstacle que la mort !...

Pour se réconforter et se réjouir, Gérard se mit à chanter à perdre haleine une chanson amoureuse qu'il chantait jadis avec sa mie. Si bien que la fille de l'hôte l'entendit et s'imagina que le pauvre chevalier était tombé en frénésie. Lors, elle accourut avec inquiétude, entra et vit Gérard assis sur son lit, pâle, les yeux enfiévrés, le geste désordonné.

— Sire, lui dit-elle doucement en le forçant à se recoucher, vous aggravez votre mal... il vous faut recoucher en attendant le jour prochain où vous serez en état de vous lever... Je vous demande pardon d'être entrée ainsi ; mais en travaillant dans la chambre voisine, j'ai entendu votre voix et j'ai cru que vous souhaitiez quelque chose...

— Belle pucelle, répondit Gérard, votre venue m'est très plaisante et je vous en remercie... Puisque vous vous mettez à ma disposition, je vous prierai de me faire donner à manger... je veux reprendre au plus vite les forces que j'ai perdues...

La jeune fille s'empressa d'obéir à cette fantaisie de malade. Elle alla incontinent lui faire faire un chaudel d'amandes, et, quand il fut fait, elle lui apporta. Gérard trouva ce chaudel fort appétissant : il le prit et le huma avec infiniment de plaisir, ce dont la fille de l'hôte fut très contente. Puis, après ce régal, il dit :

— Gente pucelle, est-ce que vous avez entendu parler d'une demoiselle ayant nom Euriant ?...

— Je ne l'ai jamais ni vue ni connue, sire... Et vous ?...

— Oh ! moi, c'est différent...

— Sire, vous chantiez tout à l'heure, et cela m'a toute troublée.

— C'était pour me réconforter, en pensant à celle que vous avez nommée tout à l'heure dans votre chanson...

— Si je comprends bien, sire, le mal que vous avez si longtemps porté, vous est venu d'aimer ?...

— Le mal et le bien, oui, chère demoiselle... comme tout ce qui vous vient de l'amour...

Alors Gérard, gagné par la douce et loyale physionomie de la jeune hôtesse, lui raconta tout au long son histoire et ses malheurs, qui la firent tour à tour pâlir et rougir. Elle s'intéressait beaucoup à ce jeune homme, cette jeune fille !...

Quand Gérard eut fini, elle lui répondit mélancoliquement :

— Vous avez été bien coupable, cher sire, de vouloir éprouver votre mie ; mais vous en avez été bien puni aussi. Ne recommencez jamais, ni vous, ni d'autres : ces épreuves-là sont trop tristes !...

— Belle, reprit Gérard, vous dites la vérité, et je vous en remercie humblement... Je vous remercie aussi du réconfort que vous m'avez procuré... Vous avez été le vrai médecin de mon mal, et vous m'avez guéri, tant en parlant qu'en chantant... Je vous remercie du fond du cœur, chère demoiselle...

Gérard voulut, à ce moment, prendre la main de la jeune fille : elle la retira vitement, en rougissant.

— Recouchez-vous et guérissez-vous tout-à-fait, sire, lui dit-elle en s'envolant de la chambre comme un oiseau qui craint d'être pris au piége...

Huit jours après, l'amant d'Euriant était sur pied, complétement guéri et prêt à partir pour la quête de sa mie.

Il s'habilla joyeusement, et vint prendre congé de sa jeune et belle hôtesse qui avait les yeux un peu rouges, probablement parce qu'elle avait mal dormi ou bien pleuré.

— Demoiselle, lui dit-il délicatement, je vous serais fort obligé de me faire savoir quelle dépense j'ai faite céans...

— Sire, répondit doucement la jeune fille, je suppose que vous n'avez guère apporté d'argent avec vous, car il y a longtemps que vous êtes parti de votre pays... Il n'y aurait donc pas courtoisie de ma part à retenir vos gages... Je vous tiens pour assez loyal et assez large pour nous rendre cela quand vous en serez requis par nous... N'en parlons donc plus... Seulement, laissez-moi vous faire un don de peu d'importance, que je vous prie cependant de vouloir bien accepter !... J'ai un épervier, on n'en saurait trouver de meilleur ni de mieux affaité : acceptez-le et gardez-le en souvenir de votre hôte et de sa fille...

Il n'y avait rien à répondre, de peur d'offense : Gérard s'inclina en guise d'acquiescement, et la jeune hôtesse s'esquiva pour revenir quelques instants après avec l'épervier, qui était en effet le plus beau et le mieux dressé qu'on pût voir. De plus, il était fort richement harnaché, ce qui ne gâtait rien à son apparence. Ses getz et ses longes étaient filigranés, et son totet, d'or fin, avait un rubis étincelant. C'était un épervier digne d'un prince.

— Prenez-le sans crainte, dit la jeune fille à Gérard, en voyant qu'il hésitait un peu ; corps et avoir, plumes et rubis vous abandonne sans nulle vilaine pensée, sûre que vous accepterez de même...

— Belle et chère demoiselle, répondit Gérard, attendri par ce témoignage d'amitié que cette gente enfant lui donnait, et touché de la façon délicate qu'elle employait pour le lui donner ; belle et chère demoiselle, je suis vôtre, désormais; comptez sur moi en toute occasion : que je meure si je ne me souviens toute ma vie de ma belle hôtesse de Châlons !...

L'épervier accepté, la jeune fille ressortit encore un instant pour revenir avec force draps, force linge, force robes toutes neuves, pour remplacer celles qui étaient vieilles et usées, elle s'en était aperçu...

— Acceptez ceci comme vous avez accepté l'oiseau, lui dit-elle. C'est votre amie qui vous l'offre, et l'on reçoit tout sans honte d'une amie...

Gérard ne répondit qu'en prenant la main de sa jeune hôtesse et en la portant respectueusement à ses lèvres. Il descendit dans la cour où piaffait déjà son cheval, que l'oisiveté et les bons soins avaient notablement engraissé. Lors il ceignit son épée, chaussa ses éperons, et enfourcha la noble monture.

— Adieu, cher sire, lui dit la jeune fille, le cœur tout défaillant.

— Adieu, dit Gérard en la regardant avec reconnaissance et en sentant une larme couler le long de sa joue.

Quelques minutes après, il avait disparu. Sa belle hôtesse rentra toute mélancolieuse : elle avait une provision de tristesse pour bien des jours et bien des nuits, la tendre pucelle !...

CHAPITRE XIV

Comment Gérard vint à Cologne ; des grandes prouesses qu'il y fit et de la grande admiration qu'il y causa.

De la Champagne, Gérard passa en Lorraine, et de la Lorraine il arriva à Cologne, où il descendit en l'hôtel d'un riche, très doux et très débonnaire bourgeois qui avait nom Adam-le-Grégeois.

— Sire chevalier, vous êtes le bienvenu! dit ce bourgeois en allant prendre les mains de Gérard, pour les presser amiteusement dans les siennes.

— Les braves gens portent bonheur aux toits qui les abritent, ajouta la femme d'Adam-le-Grégeois, qui avait été faite par la nature sur le patron de son mari. Nous sommes heureux de vous recevoir, très heureux.

Cela dit, l'homme et la femme conduisirent Gérard dans la pièce où était dressée une table convenablement chargée de viandes et de vins, et tous trois ensemble se mirent à dîner à leur plaisir.

Vers le milieu de leur repas, un varlet vint prévenir Adam que les Sesnes venaient assiéger Cologne, et que déjà ils escarmouchaient dans les faubourgs, dont ils avaient coupé les vignes et brûlé les maisons. Il ajouta que le navire des Sesnes venait de débarquer de nombreuses vivres et beaucoup d'artillerie, et que tous avaient pris position entre la rivière et la porte des Trois-Rois.

Une pareille nouvelle, dite devant Gérard, ne tombait pas dans l'oreille d'un sourd. Gérard était chevalier, et vaillant chevalier. Toutes les fois qu'il y avait un danger quelque part, il devait s'y mêler, pour obéir aux lois de la chevalerie, et aussi aux ardeurs de son jeune sang.

En conséquence, il s'arma à la hâte, prit sa lance et son épée, monta sur son bon cheval de bataille, et courut se précipiter en pleine mêlée, au secours des Colognois, commandés par le duc Milon.

Les Sesnes étaient nombreux, une armée de cent mille hommes!... Ils étaient en outre hardis et valeureux, surtout avec le chef qu'ils avaient et qui, jusque-là, ne les avait conduits qu'à la victoire. Certes ils fussent facilement venus à bout des troupes du duc Milon; mais l'intervention impétueuse de Gérard de Nevers gâta tous leurs plans : ils furent forcés de reculer.

Pendant le combat des gens du duc Milon contre l'armée formidable des Sesnes, les dames, bourgeoises et pucelles de la ville de Cologne étaient sur les tours, dans l'embrasure des créneaux, regardant et attendant, quelques-unes admirant, le plus grand nombre tressautant de peur, l'une pour son mari, l'autre pour son père, celle-ci pour son frère, celle-là pour son amant. Sur la plus haute tour était Eglantine, la fille du duc, et, auprès d'elle, Florine sa chambrière, presque aussi belle qu'elle.

A un coup hardi que Gérard de Nevers porta à un Sesne, Eglantine tressaillit.

— Florine, s'écria-t-elle avec enthousiasme, par la foi que tu me dois, comment trouves-tu ce chevalier? N'est-ce pas qu'il est beau, vaillant et intrépide?... Avec quelle adresse et quelle vigueur il porte ses coups!... Voilà plusieurs fois que je le remarque, et toujours il a excité en moi la même admiration... Ah! plût à Dieu qu'il m'aimât autant que je l'aime!...

— Dame, répondit Florine qui partageait l'enthousiasme de sa maîtresse, ce chevalier est bien digne d'être aimé, en effet!... Quand il m'en coûterait tout ce que j'ai sur le corps de joyaux et d'affiquets, je le donnerais volontiers pour qu'il me tînt entre ses bras!...

A cette exclamation de sa gente chambrière, Eglantine, enflammée comme charbon, regarda fièrement Florine et lui dit :

— Comment donc êtes-vous si abandonnée et si hardie, de vouloir aimer l'homme que mon cœur a choisi?... Ce serait là un mauvais jeu pour vous, ma mie, je vous en avertis, et vous vous brûleriez inutilement à la flamme allumée pour une autre!... Portez, s'il vous plaît, votre amour ailleurs!...

— Vous avez raison, demoiselle, répondit Florine; mais cela n'empêche pas que je voudrais bien être la mie de ce chevalier si valeureux et de si longue haleine dans le combat!...

Pendant que ces gentes pucelles discouraient ainsi, Colognois et Sesnes se battaient avec un acharnement mémorable, et le sang coulait à flots de part et d'autre.

Alors, le duc des Sesnes, témoin du sauvage abattis d'hommes que faisait le vaillant Gérard de Nevers, à lui tout seul, cria à ses gens de lui courir sus et de s'en défaire, afin qu'il ne tuât plus personne.

— Mort ou vif, prenez-le!... Sus! sus! Au chevalier! sus! sus!...

Cet ordre fut suivi. Gérard se trouva environné de tous côtés par des hommes d'armes furieux de l'acharnement qu'il faisait de leurs camarades. De tous côtés, les dards empennés et barbelés lui arrivaient en pleine cuirasse, tirés de près ou lancés de loin. Mais il ne s'en souciait non plus que le sanglier acculé ne se soucie des aboiements et des morsures des chiens acharnés après lui, et, comme le sanglier, il se secouait seulement pour se débarrasser des flèches et des dards empêtrés dans sa cotte de mailles. A l'un il abattait le bras, d'un coup de sa redoutable épée; à l'autre, la cuisse; à l'autre, le chef... On dit que la faux fait le pré. L'épée de Gérard aurait fini par faire de la même façon l'armée du duc des Sesnes; ou plutôt, accablé par le nombre, il eût succombé, si le duc Milon ne fût venu le dégager, et lui permettre d'aller droit au duc des Sesnes pour le punir d'avoir ameuté ses hommes d'armes contre un seul chevalier. Le duc des Sesnes reçut en plein heaume un coup si pesant qu'il en fut renversé : Gérard le releva, lui prit l'épée des mains et le conduisit au duc Milon.

Les Sesnes, privés de leur chef, se débandèrent prestement et s'éparpillèrent dans toutes les directions. Le duc de Cologne avait gagné la bataille!

Gérard s'en revenait, un peu fatigué et blessé, mais joyeux de ce succès. Le duc Milon qui marchait derrière lui, s'aperçut que le sang lui rougissait le flanc droit.

— Vassal, lui cria-t-il, il est temps de vous reposer... car je vois sortir de votre corps un sang clair et abondant qui pourrait bien vous mettre en danger de mort...

— Sire, répondit Gérard, ce n'est pas chose dont je me doive inquiéter...

Malgré cette tranquille réponse, le duc Milon, qui avait conçu une vive estime pour ce vaillant chevalier inconnu, s'empressa, une fois arrivé aux tentes, de le faire désarmer afin de faire constater par un médecin le plus ou le moins de gravité de ses plaies. Aucune, heureusement, n'était mortelle. Gérard ne pouvait rentrer ainsi à Cologne. Le duc Milon le fit placer commodément dans une litière, et chacun s'émerveilla de le voir si jeune, si courageux et si beau.

C'est ainsi que l'amant d'Euriant fit son entrée dans la ville de Cologne. Toute la population était venue au devant de l'armée du duc Milon, et elle l'acclamait avec admiration ; mais c'était surtout Gérard qui accaparait son enthousiasme. Dames, demoiselles, bourgeoises et pucelles, appuyées aux fenêtres, jetaient sur la litière de Gérard de Nevers des monceaux de roses, de violettes et de bien d'autres fleurs, toutes sentant bon, toutes douces au toucher comme au respirer. Le duc Milon, heureux de cette ovation méritée, bénissait l'heure où Gérard était venu demander l'hospitalité à sa bonne ville de Cologne.

Trompettes, clairons et ménestriers, pour ajouter encore à ce triomphe, allaient au devant de la litière, sonnant et cornant leurs plus joyeuses fanfares. C'est dans ce cortège que Gérard rentra chez son hôte, le bourgeois Adam-le-Grégeois, où le duc Milon s'empressa d'envoyer les chirurgiens les plus habiles.

CHAPITRE XV

Comment Gérard de Nevers, blessé, alluma le feu aux quatre coins du cœur de deux jeunes filles, Eglantine et Florine.

Quand Eglantine apprit l'état assez alarmant dans lequel se trouvait le chevalier qu'elle préférait à tous les hommes du monde, son jeune cœur palpita comme celui d'une colombe sous la griffe d'un épervier. Elle eut peur pour les jours de Gérard.

— Ah! murmura-t-elle, je suis la plus malheureuse créature du monde... L'homme en qui j'ai mis tout mon cœur est en danger de mort!... S'il meurt, jamais plus je n'aurai de joie... Moi qui espérais en faire mon ami!... Oh! comme me voilà descendue bas!... Comme me voilà retombée, moulue, du haut de mes songeries amoureuses!... Ah! beau chevalier, beau chevalier, ne mourez pas avant d'avoir appris de mes lèvres le secret de mon cœur!...

Tandis que la fille du duc Milon se lamentait ainsi à l'endroit du beau Gérard, la belle Florine arrivait toute en larmes. Elle avait appris la même nouvelle que sa maîtresse, et comme elle avait les mêmes raisons qu'elle de se désoler, elle se désolait.

— Las ! je suis, disait-elle, la plus chétive et malheureuse créature du monde !... Ce beau chevalier est en danger de mort, et mon cœur en danger de deuil... S'il meurt, je fais vœu de ne plus porter la plus petite tresse de cheveux sur ma tête... Je les ferai tous roguer et raser, et me rendrai dans un monastère où recluse à jamais serai...

La fille du duc Milon, dépitée de voir qu'une de ses chambrières pensait et aimait comme elle, se leva sus, et répliqua :

— Quel malaventure vous émeut !... Pensez-vous donc, ma mie, que si ce chevalier en réchappait, il voudrait vous prendre à mariage?... Etes-vous donc si bien assurée qu'il a à ce point cure de vous et de vos charmes ?... Il ne le voudrait !... Est-ce qu'il aurait, comme avec moi, villes, bourgs et châteaux ?...

— Ma demoiselle, répondit Florine, ne vous courroucez pas ainsi, je vous prie !... Si ce vassal tant avenant revient de maladie en santé et qu'il vous choisisse pour mie, j'en souffrirai, mais n'en sonnerai mot... Si, au contraire, c'est moi qu'il choisit, vous n'aurez pas lieu d'être dépitée et jalouse : c'est qu'il sera indigne de vous, et digne seulement de moi...

— Florine, reprit Eglantine, si le malheur voulait qu'il vous aimât, je ne m'en consolerais jamais..... Comme sans lui je ne puis vivre, je le sens bien, je me percerais courageusement le cœur, plutôt que de le voir passer dans les bras d'une autre femme... Je me rassure, cependant, car beaucoup m'ont dit qu'il était difficile de trouver au monde plus belle pucelle que moi... Aveugle serait celui qui vous donnerait la pomme de beauté, moi présente et vivante !...

— Demoiselle, dit Florine, il n'est nul besoin de vous courroucer ainsi, je vous le répète... Si vous êtes plus belle et plus mignotte que moi, je suis tout aussi savoureuse que vous, et, en outre, moins difficile... Je ne l'exige pas en légitime mariage, comme vous faites ; je me contenterai de l'avoir pour ami pendant autant de jours qu'il le voudra... Je serai heureuse de peu, et ce peu sera beaucoup pour moi... Qu'il vous prenne pour épousée, j'y consens, malgré le chagrin que j'en ressentirai ; mais qu'il fasse de moi à sa volonté et à son plaisir, et puis après qu'il me délaisse, si remercirai l'heure où je suis née... Les joies de la femme sont rares : il faut savoir profiter de celles que le ciel vous envoie... On me tiendra pour folle si l'on veut : toutes les enamourées sont folles, et toutes sont heureuses de l'être...

L'arrivée du duc Milon et de ses barons interrompit cette conversation aigrelette qui menaçait de tourner à mal. La table était dressée : on soupa, et, pendant tout le repas, il ne fut question que des hautes prouesses du vaillant hôte du bourgeois Adam ; ce qui attisa, on le comprend, le feu allumé déjà dans le cœur de Florine et de sa belle maîtresse.

Eglantine, toute rêveuse, se retira de bonne heure pour aller se coucher et penser à son aise à son bel ami inconnu. Elle ne put trouver le repos. Toute la nuit se passa pour elle dans des songeries à perte de vue sur les qualités de Gérard, sur le choix qu'il ferait certainement d'elle lorsqu'il apprendrait qu'il en était si violemment aimé...

— Jamais, murmura-t-elle en se retournant dans son beau lit de pucelle, jamais je ne me serais doutée qu'un homme pût troubler mon cœur à ce point-là !... Et encore, un homme que je n'ai jamais ni vu ni connu, et que je ne désire que pour l'avoir admiré hier pendant le combat des Colognois contre les Sesnes... Il est vrai qu'il était superbe ! Quelle audace ! quelle intrépidité ! quelle vaillance ! quelle adresse !... quels coups formidables !... Je l'aime trop, je le sens bien ; je ne devrais pas l'aimer ainsi : c'est défendu !... Mais, d'autre part, comment l'oublier?... Il s'est emparé de tout mon être : je lui appartiens!...

Incontinent, Eglantine se leva de son lit et se mit à se promener de long en large dans sa chambre, en faisant ses efforts pour chasser de ses yeux et de son cœur l'image obsédante de ce beau chevalier. Mais tant plus elle voulait l'oublier, tant plus son souvenir lui revenait, et Gérard gagnait beaucoup à être chassé ainsi, car chaque fois il était accueilli avec une nouvelle ardeur et un nouvel amour!... Pour tâcher de se distraire, elle essaya une chanson sur sa situation; mais elle n'en put trouver que quelques rimes qui semblaient avoir perdu la raison, comme elle. Elle se résigna alors à se laisser aller à la pente de sa rêverie amoureuse, et, comme un enfantelet qui a mangé du miel, elle s'endormit en passant sa langue sur ses lèvres où elle s'imaginait sentir le contact de celles du beau Gérard.

Florine, qui était couchée dans la chambre voisine, et qui entendait les soupirs et les remuements de sa maîtresse, s'endormit longtemps après elle, en murmurant mélancoliquement :

— Elle chante, et je me meurs de trop aimer! Elle chante et je pleure!... Ah! si le ciel voulait m'exaucer!...

CHAPITRE XVI

Comment Gérard de Nevers vint à la cour du duc Milon, et comment la fille du duc, Eglantine, l'interrogea et l'enjôla, à la grande rage de Florine, la chambrière.

Un mois durant, Gérard resta au lit par suite des blessures reçues en combattant contre les Sesnes. Les soins ni les consolations ne lui manquèrent pas. Adam-le-Grégeois et sa femme étaient pleins d'amitié à son endroit, et ils passaient l'un et l'autre de longues heures auprès du lit du malade pour le distraire en devisant avec lui de choses et d'autres.

En outre, il ne se passait pas de jour que le duc Milon, par reconnaissance pour le libérateur de Cologne, n'envoyât savoir de ses nouvelles, et ne vînt lui-même en personne s'assurer des progrès de sa guérison. Quand il supposa que Gérard pouvait se lever et marcher sans danger de rechute, il le convia instamment à dîner chez lui, ce que Gérard ne put refuser, à cause de la grâce et de la bienveillance mises dans cette invitation.

L'amant d'Euriant vint donc un jour à la cour du duc, où l'attendaient avec impatience Eglantine et Florine, toutes deux parées de leurs plus riches atours. Quand il parut, elles le dévorèrent du regard, sans prendre garde que tout le monde avait les yeux fixés sur elles, et que chacun, par conséquent, pouvait s'apercevoir de l'admiration amoureuse qu'elles témoignaient si hautement et si clairement, Eglantine surtout, pour le vaillant chevalier Gérard. Il y eut à ce sujet, même, des chuchottements et des sourires; mais Eglantine ne s'en embarrassa pas et ne détacha pas un seul instant son regard du visage de l'amant d'Euriant, dont elle souhaitait si violemment devenir la mie.

Gérard s'en aperçut bien un peu, sans en tirer gloire ni avantage. Il était né courtois : il s'avança vers la fille du duc Milon, et la salua très respectueusement, ce qui la fit rougir jusqu'au blanc des yeux.

Lors, Florine, qui avait remarqué le manége de sa maîtresse, s'en vint vers elle et lui demanda avec une nuance d'ironie :

— Dame Eglantine, par sainte Catherine, vous venez de pousser là un soupir d'une belle taille! Est-il de puits ou de fontaine? De puits, à ce que j'imagine, car vous l'avez été quérir bien profond...

Eglantine allait se courroucer, comme son rang le lui commandait, lorsque l'on se mit à table. Elle ajourna sa colère à une autre occasion pour ne s'occuper exclusivement que de son adoration pour Gérard, que cette obsession charmante finit par troubler un peu et qui s'efforça de s'y dérober en ne songeant qu'à sa mie Euriant.

Jamais festin plus splendide n'avait eu lieu à la cour du duc Milon, qui tenait à honneur de festoyer convenablement le vaillant chevalier qui lui avait été d'un si fort secours pour repousser l'armée des Sesnes. Les plats, mets et entremets, se succédaient devant les convives enchantés d'une si riche aubaine; mais, malgré sa courtoisie, Gérard ne toucha à tout que du bout des lèvres. Il était amoureux, et il n'avait pas faim : deux excellentes raisons, la dernière surtout, pour ne pas manger.

Après le dîner, on s'éparpilla çà et là, dans les salles et dans les jardins, pour deviser et jouer aux différents jeux en usage, jeux de dames et jeux d'échecs principalement. Comme Gérard ne se souciait guère de jouer ni de folâtrer, il alla s'appuyer contre une fenêtre qui donnait sur les jardins et se mit à rêvasser langoureusement à sa mie absente, et aux moyens à employer pour la retrouver. Petit à petit, en songeottant à son doux passé, aux belles heures de leur prime-jeunesse à tous deux, à leurs tendres entretiens du soir et du matin, à leurs folâtrements de toute la journée, à leurs projets de bonheur et d'avenir, il se rappela une chanson qu'ils chantaient ensemble autrefois, et il la chanta à voix basse.

Eglantine, qui s'était approchée doucement de lui, se prit à l'écouter en tremblant, et elle se demanda à quelle femme il pensait en chantant cette chanson-là. Comme elle ne supposait pas que Gérard pût en aimer une autre qu'elle, elle se répondit bien vite que c'était elle, et cela la réjouit jusques au fond du cœur.

— Sire chevalier, lui dit-elle de sa voix la plus caressante, ne voulez-vous pas venir ailleurs où vous serez mieux pour chanter et deviser?...

— Bien volontiers, demoiselle, répondit Gérard en s'inclinant courtoisement, en homme qui avait l'habitude des cours.

La jeune princesse le prit alors par la main, le conduisit dans une chambre voisine, où étaient déjà maintes dames et demoiselles de haut parage, et le fit asseoir auprès d'elle, de façon à ce que leurs deux corps se touchassent et à ce que leurs deux cœurs s'entendissent mutuellement battre.

— Sire chevalier, lui dit-elle, il me tardait beaucoup de vous voir afin de vous dire d'abord l'admiration que j'ai éprouvée pour vos merveilleuses prouesses ; et ensuite pour demander de quel pays vous êtes né... Je vous requiers, de droite amour, que vous me veuilliez dire toute la vérité, et je vous promets que, sans contredire, je ferai votre volonté...

Gérard ne voulait pas trahir le secret de son cœur, et, malgré l'admiration qu'il ne pouvait s'empêcher d'éprouver pour la beauté rayonnante d'Eglantine, il se décida à lui mentir.

— Ma dame, lui dit-il, puisque vous daignez m'interroger sur ma vie passée, je vous la ferai connaître en peu de mots... Il y a quelque temps, je rencontrai un marchand assez nice et lourdaud, mais riche en diable, riche à ce point que quatre roussins attelés à un chariot n'eussent pu traîner sa richesse. Il avait une fille : je l'épousai, qu'elle le voulût ou non. Elle s'échappa le plus tôt qu'elle put et alla se plaindre de moi à la justice... J'ai dû fuir ; j'ai fui ; voilà tout !... Comment un si pauvre homme que moi peut-il intéresser une si belle princesse que vous ?...

Eglantine ressentit un grand plaisir de ce feint aveu, parce qu'elle supposa que Gérard, pauvre, accepterait plus aisément que Gérard, riche, les offres amoureuses qu'elle se proposait de lui faire.

— Ami, lui répondit-elle, la dame qui vous a forcé de fuir de votre pays, vous aimait bien peu, bien peu, je le vois, puisqu'elle s'est plainte de vous... Si j'avais le bonheur d'être votre mie, moi, je ne voudrais, pour rien au monde, me plaindre en quoi que ce soit de vous... Non !... non !...

La chambrière Florine, qui voyait et entendait tout ce qui se passait entre la jeune princesse et le jeune chevalier, et qui en enrageait, se prit à murmurer d'un ton aigre-doux :

— Fait-elle sa doucereuse et sa pâmée auprès de lui !... C'est une pitié, en vérité... Elle est si subtile en gestes et en paroles, en regards et en caresses, qu'elle parviendra bientôt à l'enjôler et à l'accaparer, sans qu'il en reste un tantinet pour les autres... Je ne crois pas qu'il y ait sur terre fille ou femme plus savante dans cet art de tromperie et d'enjôlement... Certes, je la trouve bien hardie de tenir parlement avec lui pendant un si long temps !... Bon !... bon !... J'aurai mon tour aussi, et quand je le tiendrai, je ne le lâcherai pas... Plût à Dieu qu'elle eût perdu la parole ou qu'on lui eût coupé la langue !... Cela m'ennuie qu'elle ne laisse point en paix ce jeune chevalier qu'elle doit ennuyer par son infinissable caquet !...

Pendant que Florine jalousait ainsi sa maîtresse, celle-ci continuait à ramager et à caqueter amoureusement avec lui.

— Sire chevalier, lui dit-elle, je vous prie de chanter une chanson, pour l'amour de moi... Cela vous réconfortera ; vous oublierez ainsi votre femme, que j'aurais voulu voir brûler, pour le mal qu'elle vous a causé... C'est une vilaine femme, indigne d'être aimée d'un chevalier tel que vous : n'en parlons plus, et chantez !...

Gérard chanta, à voix haute, pour être entendu de chacun :

Hélas ! hélas ! hélas ! je ne vois pas ici
Celle de qui j'attends et ma joie et mon bien !...

Puis, tout aussitôt, sans plus avoir cure des personnes présentes, Gérard s'arrêta et tomba dans la plus profonde rêverie.

— Sire chevalier, lui dit Eglantine en remarquant que son visage se couvrait de tristesse, vous êtes donc bien amoureux ou bien aimé ailleurs, que vous faites ce mauvais cas de l'amour que je m'évertue à vous offrir ?...

— Je ne fais mauvais cas de l'amour de personne, et surtout du vôtre, demoiselle, répondit Gérard, réveillé de sa songerie. Je m'en garderais bien à cause du respect que je vous dois ainsi qu'au duc, votre père... Mais vous comprenez bien que je ne puis être parjure ; quoique séparé de ma femme, je n'en suis pas moins marié à elle, et je n'entends pas fausser le droit de mariage...

— Vous êtes un fol ! s'écria la gente Eglantine avec un dépit marqué.

Cela dit, Gérard s'inclina et sortit de la chambre.

CHAPITRE XXVII

Comment la vieille gouvernante d'Eglantine composa un poison pour Gérard de Nevers, qui le but.

Eglantine ne pouvait rester là, après le départ du chevalier. La honte la prit. Elle se réfugia hâtivement dans sa chambre, et se jeta toute en larmes sur sa couchette. Le mal d'aimer lui touchait si fort le cœur qu'elle devint en peu d'instants pâle et morne comme une trépassée. Elle sanglota et se pâma, se convulsa et trépigna, se retournant, comme une carpe, cent fois dans un quart d'heure, suant et grelottant alternativement, sans savoir pourquoi... Ses soupirs, je ne les compte pas plus que ses larmes : l'énumération en serait trop longue.

Florine survint.

— Eh bien ! dame, lui demanda-t-elle, dites-moi comment il vous est, notre jeune et beau chevalier ?... Car son départ et le vôtre étaient une feinte : vous ne vous quittiez que pour mieux vous retrouver ici même !... Il a pris les devants afin de venir vous attendre à son aise et faire à propos votre plaisir !... Dites-moi, encore une fois, dites-moi comment il vous est ?... En avez-vous à votre souhait ?... Maintenant que vous ne devez plus être jalouse, je vous serais bien reconnaissante de me le prêter, jusqu'à ce que j'en eusse fait à ma volonté... Je vous aimerais bien, dame Eglantine, si vous lui permettiez de m'aimer un peu !...

Eglantine, à juste titre furieuse de cette gouaillerie intempestive, allait se porter contre sa chambrière à quelque voie de fait indigne d'une jeune princesse comme elle, lorsque, fort heureusement, arriva sur ces entrefaites sa vieille gouvernante, attirée par ses gémissements.

— Qu'avez-vous donc, ma demoiselle ? lui demanda-t-elle en l'examinant avec attention. Vous voilà toute pâle et déchevelée... Quelle maladie est cela...

— Dame, répondit Eglantine, je souffre, mais je ne sais pas de quoi... Je tremble et puis j'étouffe... J'ai trop chaud et puis trop froid... J'ai la main moite et puis je l'ai sèche... Mon cœur tressaute, et puis il cesse de battre... Je souffre; voilà tout ce que je sais.

— Demoiselle, reprit la vieille en souriant, je connais cette maladie-là, sa cause et ses effets : le temps est venu d'aimer, pour vous, voilà votre mal. Il faut donc aimer, afin de ne plus souffrir.

— Ah! nourrice, nourrice, clama Eglantine d'une voix de plus en plus dolente, je sens bien que j'en mourrai!...

— Rassurez-vous, ma fille! Grand dommage serait, en vérité, qu'une si gente créature et si noble princesse mourût de ce mal qu'il est si doux et si facile de guérir. Par tout ce que vous venez de me dire, et par tout ce que j'ai pu voir moi-même, je juge que le chevalier qui vous trouble l'entendement est prévenu par quelque grande passion qui, jusqu'ici, lui donne pour vous l'air de l'indifférence... Laissez-moi faire, ma fille ; je sais la composition d'un breuvage qui lui fera bientôt oublier celle qu'il regrette, et qui le fera tomber à vos genoux, si vous pouvez réussir à le lui faire boire avec vous...

La jeune princesse crut à la magie du breuvage dont lui parlait sa gouvernante.

— Ah! nourrice, lui répondit-elle, si vous faites cela, vous me sauverez la vie!... Préparez au plus tôt ce boire amoureux dont vous avez le précieux secret... Préparez-le sans plus tarder, je vous en conjure!... Pis ne peut m'advenir que malemort, et mieux vaut l'encourir contente, que languissante et souffreteuse, telle qu'amour me tient et me fait!...

— Ma fille, combien de fois faut-il vous dire de vous rassurer? reprit la vieille. J'ai grand désir de vous complaire, et je vous promets, de ma main en la vôtre, que je ferai tant pour vous que, à loisir et à votre aise, aurez de votre chevalier tout le déduit que vous voudrez en tirer. Je vous supplie donc de vous réjouir et non de vous attrister... Car, encore une fois, je sais faire et appointer un poison tel, que lorsqu'il l'aura bu, et vous après lui, rien ne vous pourra plus séparer l'un de l'autre, et vous vous aimerez éternellement tous les deux...

— Ah! nourrice, nourrice, répéta Eglantine en baisant la peau tannée de la vieille à plus de dix places et reprises différentes, hâtez-vous, hâtez-vous!... Je me meurs, vous dis-je, je me meurs!... Et surtout, faites secrètement, afin que ni lui, ni Florine ne s'aperçoivent de rien!...

— Demoiselle, répondit la vieille, tant secrètement je ferai et agirai que ni lui ni Florine ne soupçonneront le maléfice !...

Eglantine embrassa de nouveau sa nourrice et celle-ci la quitta pour descendre au verger où elle se mit en quête d'herbes particulières, connues d'elle seule, destinées à la composition du breuvage amoureux promis à la fille du duc Milon.

La vieille partie, Eglantine ne put se tenir au lit; elle se leva prestement et se rendit incontinent en une haute tour, s'accouda à une fenêtre et regarda çà et là dans les environs pour essayer de découvrir l'objet de ses amours. Gérard, qui ne se savait pas si désiré, ne parut pas, ce dont elle fut bien marrie.

— Je vais chanter, dit-elle ; je vais chanter une chanson haute et claire, si haute et si claire qu'elle finira bien par être entendue de mon bel ami!... Ah! mon corps, comme tu tressailles! Ah! mon cœur, comme tu te trémousses!... Ah! bel ami, venez, venez, venez!...

Quelques minutes après, ayant réfléchi, elle reprit :

— Non, je ne chanterai pas... On m'entendrait et je serais répréhendée de tout un chacun, pour manifester ainsi mon amoureuse ardeur!... Mais, peu me chaut!... On dira ce qu'on voudra : je chanterai... J'aime, je veux être aimée!...

Lors, la belle Eglantine se mit à la fenêtre de la tourelle, et chanta de sa voix la plus caressante sa chanson la plus amoureuse.

Qui sait guérir du mal d'aimer,
Qu'il vienne à moi, car d'aimer meurs...

Gérard n'entendit pas : la vieille nourrice, seule, entendit et accourut avec sa provision de simples qu'elle s'empressa de mixturer et dont elle mêla fort subtilement le jus au vin contenu dans un flacon d'argent placé sur une crédence, dans la chambre de la belle Eglantine.

— Voici le poison, ma mie, dit-elle à sa fille avec son sourire malin ; il attend ses deux aimables victimes...

La première était là; l'autre ne tarda pas à paraître. Gérard de Nevers, en effet, venait prendre congé de la fille du duc Milon, comme il avait pris congé du duc lui-même.

Gérard était vêtu d'un court manteau d'écarlate fourré d'hermine, qui rehaussait encore les grâces naturelles de sa personne. Eglantine en fut comme éblouie; elle mit une main sur ses yeux, et l'autre main sur son cœur : la première, pour dissimuler sa rougeur; la seconde, pour contenir les battements insensés de son cœur.

— Sire, dit-elle, joie et bonne aventure vous donne le Seigneur!...

— Grand merci, demoiselle, répondit Gérard en saluant courtoisement.

De peur que ce bel oiseau ne s'effarouchât et ne prît son vol pour ne plus revenir, Eglantine s'empara de sa main et le conduisit, toujours en rougissant, vers sa couchette, où elle le pria de s'asseoir.

— J'ai à vous parler, cher sire, lui dit-elle.

— Demoiselle, répondit Gérard, je suis prêt à faire et accomplir tous vos commandements.

— Cher sire, reprit Eglantine en tremblant un peu, je voudrais bien savoir à quoi il tient que je ne puisse avoir votre amour!... Je ne saurais m'émerveiller assez de votre persistance à ne pas oublier votre femme, qui vous a si bien oublié, à ce point même que, de votre aveu, elle vous hait à mort!...

— Pucelle, répondit Gérard, il n'est pas en mon pouvoir d'ôter de mon cœur ce que le ciel y a mis... Et quand même je le pourrais, je ne le voudrais pas!...

— Vous devez me tenir pour folle, reprit Eglantine avec dépit ; pour folle et éhontée, car voilà deux fois que je vous ouvre librement et franchement mon cœur, et bien inutilement, hélas!... Il n'est pas dans les coutumes de mon sexe de prier un homme, ainsi que je le fais... Je vois bien que j'ai failli à prendre!... Il me convient désormais de viser autre part... Car, pour vous, je ne crois pas que vous soyez propre au déduit des femmes, et il me faudrait chercher beaucoup avant de trouver à quoi vous êtes bon!...

Quand Gérard vit que les choses prenaient cette tournure, il eut la sagesse de répondre :

— Demoiselle, vous me contraignez tant, qu'il convient que je vous dise l'entière vérité... Sachez donc que j'ai, de par le monde, une belle mie dont je suis aimé et que j'aime de toutes mes forces... Croyez-bien, gente pucelle, que s'il n'en était pas ainsi, je me serais déjà jeté vingt fois à vos genoux pour vous dire quelle admiration ardente j'ai pour votre beauté, et quelle tendre reconnaissance j'ai pour votre amour, que j'aurais partagé avec empressement!... Je n'eusse pas attendu, certes, d'en être requis par vous!... Cet aveu ne doit pas vous choquer, à ce qu'il me semble : il témoigne de ma franchise... Si, aimant déjà une autre mie, je vous eusse dit que je vous aimais, j'aurais fait là une vilaine action, et vous auriez eu le droit de me haïr... De cette façon, si je ne peux avoir votre amour, je compte bien avoir au moins votre estime, qui m'est d'un haut prix!... Maintenant, demoiselle, je m'offre pour être votre chevalier et serviteur, en vous priant de vouloir bien me donner mon congé, car j'ai résolu de ne plus m'arrêter désormais que je n'aie retrouvé la mie que j'ai perdue, il y a longtemps déjà...

L'aveu était loyal, franc et ferme. Il n'y avait rien à répliquer. Eglantine le devina bien et, toute éperdue, elle appela sa nourrice.

— Le coup de l'étrier à ce vaillant et amoureux chevalier, dit-elle à la vieille d'une voix altérée par l'émotion.

La vieille alla vers la crédence, prit le flacon d'argent et le présenta à la fille du duc, qui l'offrit à Gérard en lui disant :

— Que le ciel protége votre voyage, sire chevalier, et vous aide à retrouver votre belle mie !...

Gérard prit le flacon, en versa un rouge bord dans une coupe d'onyx, et la tendit ainsi pleine à Eglantine.

— Je ne boirai qu'après vous, demoiselle, lui dit-il galamment, afin que cela me porte deux fois bonheur !...

— J'ai les mêmes raisons que vous, cher sire, répondit tendrement la pucelle, pour ne vouloir boire qu'après vous... Buvez donc le premier ; je vous en conjure !...

Gérard s'inclina et trempa ses lèvres dans la coupe d'onyx ; puis il la tendit à Eglantine qui s'en empara avec un empressement fébrile, y porta à son tour ses lèvres avec la volupté d'une chatte qui lampe du lait, et but le boire amoureux jusqu'à la dernière goutte. Boire après Gérard, n'était-ce pas le baiser sur la bouche ?... C'était ce baiser, plus encore que le poison préparé par la nourrice, que savourait la gente pucelle.

CHAPITRE XVIII

Comment Gérard, après avoir bu le poison préparé par la vieille, se sentit affolé d'amour pour Eglantine, et ce qui en résulta.

Boire amoureux n'est pas un boire ordinaire ; c'est le plus capiteux des breuvages, philtres, cordiaux, élixirs généralement quelconques composés de main humaine. Gérard ressentit immédiatement les effets de celui que la vieille gouvernante avait préparé à son intention. Il chancela comme un homme ivre, et s'affaissa tout d'un coup, pâmé, sur le lit de la jeune fille, où il resta pendant un assez long temps sans sonner mot ni faire un geste. Euriant était oubliée, et l'image d'Eglantine avait pris la place qu'elle avait occupée jusque-là dans le cœur du fidèle chevalier...

La vieille nourrice, heureuse de l'effet instantané du breuvage composé par elle en faveur d'Eglantine, se mit à sourire en regardant ces deux beaux enfants qui faisaient tant de façons pour en arriver à la plus naturelle et à la plus agréable des choses humaines. Gérard était pâmé, et son œil, humide de volupté, semblait nager dans un océan de bonheurs. Eglantine, au contraire, quoique plus amoureuse que jamais, se tenait droite, fière et dédaigneuse devant son amant, enfin conquis !

— Chevalier, lui dit-elle d'une voix impérieuse, il vous faut partir de céans avant que le duc, mon père, ne vous surprenne dans l'état où vous êtes... Il serait scandalisé, et toute la honte de cette situation retomberait sur moi...

Gérard se leva lentement, regarda la gente princesse avec des regards chargés de tendresse, auxquels elle ne voulut pas prendre garde en cet instant, et murmura en s'inclinant pour prendre congé :

— Dieu vous garde, demoiselle Eglantine !...

Puis il sortit à regret de cette chambre dont l'atmosphère lui semblait chargée de parfums aphrodisiaques et charmants.

— Si je lui disais que je l'aime, dit-il en descendant l'escalier, elle ne me croirait pas, et elle me répondrait que mes désirs ont changé bien vite de direction... Je l'aime, cependant ; car elle est merveilleusement belle, vue ainsi que je l'ai vue tout à l'heure, dans son retrait, où cela sent si bon la jeune fille !...

N'osant pas s'arrêter et remonter les degrés pour retourner auprès de la jeune princesse qui venait de le congédier, Gérard continua à descendre, tout songeur, l'escalier du palais, et il se rendit dans une salle basse, où il trouva Florine, assise et ouvrant un drap d'or et de soie.

— Demoiselle, lui dit-il en la saluant amiteusement, si vous tenez à finir cet ouvrage que vous avez commencé à ouvrer, je vous tiendrai compagnie : voulez-vous ?...

— Sire, répondit Florine, j'ai toujours désiré d'être auprès de vous; il n'est pas de compagnie qui me puisse plaire autant que la vôtre... Par ainsi, restez auprès de moi, je vous en supplie... à moins que ma compagnie, à moi, ne vous plaise pas autant que la vôtre me plaît...

— Votre modestie m'enchante et m'étonne, belle Florine, répliqua Gérard. Pourquoi donc doutez-vous du plaisir que votre commerce peut me causer?...

— Si cela est vrai, cher sire, que mon commerce vous cause peu ou prou de contentement, permettez-moi d'être plus hardie et de vous prier de m'accorder votre amour, et de me dire si vous avez une mie quelque part au monde...Car, autant je serais joyeuse d'être aimée de vous, avec la libre passion que je mets à vous aimer, autant je serais malheureuse de penser que vous me donnez un cœur qui a servi ou sert encore à une autre dame... Sachez, en outre, cher sire, que je n'ai pas pour coutume de me présenter et offrir ainsi que je le fais en ce moment : le ciel m'est témoin que si ce n'avait pas été vous, je me serait tue, de crainte de honte... Mais jamais je n'ai aimé homme vivant, comme je vous aime, jamais!... Jamais, il est vrai, je n'en ai rencontré aucun qui eût votre grâce, votre vaillance et votre bonté!...

— Belle Florine, répondit Gérard, je vous remercie bien sincèrement de tout ce que vous me dites là; mais, comme votre visage, en outre des attraits dont il est si richement garni, respire une loyauté que j'admire, je me hâte de vous apprendre la vérité sur mon fait.

— Et cette vérité?... demanda Florine, pâle et tremblante.

— Cette vérité est que je suis amoureux; mais je n'oserais dire que celle que j'aime, m'aime autant ou plus que je ne fais d'elle... Je l'espère, néanmoins; autrement, ce serait temps perdu et joie perdue, si elle ne m'aimait pas autant que je l'aime!. Elle est si belle à regarder, elle belle, qu'elle ressemble plutôt à une déesse qu'à une femme mortelle... Elle a la bouche plus vermeille et plus savoureuse qu'un fruit, et cela donne à chaque instant la tentation d'y cueillir un baiser... Elle a une chair blanche comme l'hermine et douce comme le velours... Je n'ai pas encore rencontré sa pareille au monde, et je doute fort qu'elle existe... C'est une merveille! En y songeant, l'eau m'en vient à la bouche, et j'ai envie de chanter une chanson en son honneur... Cela me réjouira le cœur...

Le chevalier chanta. Sa chanson finie, Florine murmura avec douleur :

— Ce n'est pas moi qu'il aime!... C'est en vain que je lui aurai fait l'avance de mon amour... J'en suis pour ma courte honte et pour ma longue douleur!... Mais qui aime-t-il? Est-ce Eglantine? Cela ne peut-être... Qui est-ce alors?... Sire chevalier, demanda-t-elle à Gérard, si cela était loyalement possible, je voudrais bien savoir de vous le nom de celle que vous aimez à ce point?...

— Belle enfant, répondit Gérard, c'est la seule chose que je doive vous céler... Ce que je puis vous dire, c'est que je suis très heureux d'endurer tout ce mal pour l'amour d'elle, et que je l'endurerai jusqu'à ce qu'il lui plaise d'avoir merci et pitié de moi...

Cela dit, Gérard se leva et se retira, pendant que la malheureuse Florine s'évanouissait.

CHAPITRE XIX

Comment Gérard et la belle Eglantine s'entr'aimèrent, en vertu du poison que leur avait versé la vieille nourrice, tant et tant que le duc de Milon en voulut faire le mariage.

Gérard ne pouvait plus quitter la ville de Cologne, où le retenait l'amour qu'il avait conçu pour la belle Eglantine, fille du duc Milon. Il lui souvenait très peu de sa mie Euriant, qu'Eglantine avait définitivement supplantée. En revanche il pensait beaucoup aux charmes merveilleux de la jeune princesse de Cologne, qu'il voyait à toute heure du jour, et qu'il aurait bien voulu voir à toute heure de la nuit.

Eglantine le lui rendait bien. Elle avait essayé un instant de jouer à l'indifférence et à la méprisante avec lui, pour essayer de se l'attacher d'avantage; mais la chose n'était pas possible : Gérard était aussi fou d'elle, qu'elle était folle de lui. Elle jeta son indifférence aux orties et se livra à toute la fougue et à tout le charme d'un amour partagé.

Le duc Milon, ainsi que cela se passe d'ordinaire, fut le dernier de sa cour à s'apercevoir de la passion de sa fille pour Gérard de Nevers, mais enfin il s'en aperçut. Il la fit venir et lui reprocha de mettre ainsi son amour en un homme qu'elle connaissait à peine, et qui se contentait seulement d'être un vaillant chevalier.

— Je l'aime, mon père! répondit Eglantine.

Courte et éloquente réponse que les filles feront éternellement à leurs pères, et dont les pères se contenteront à perpétuité.

Quand le duc Milon vit qu'il n'y avait rien à faire, qu'à laisser mourir sa fille en lui refusant son amant, il résolut de le lui accorder pour mari. Mais, auparavant, il fit assembler ses barons, auxquels il exposa le cas.

— Seigneurs, leur dit-il, ma fille aime le chevalier à l'épervier. Le chevalier à l'épervier aime ma fille. Dois-je les marier?

— Mariez-les! répondirent unanimement les barons, reconnaissants des services rendus à la ville de Cologne par le valeureux Gérard.

Tout aussitôt, le duc Milon manda Gérard et Eglantine, qui parurent en rougissant l'un et l'autre.

— Gérard, dit le duc au jeune homme, je vous ai mandé ici pour dire toute votre pensée et exprimer tout votre vouloir... Vous convient-il d'épouser Eglantine, ma fille?...

— Seigneur, répondit Gérard, tel je suis, tel vous m'avez fait : il vous appartient de commander et à moi d'obéir. En cette occurrence surtout, je vous obéirai volontiers...

— Et vous, Eglantine?... dit le duc en se tournant vers sa fille. Il est temps que vous soyez mariée... Les fruits ne se cueillent que dans leur extrême maturité ; mais les fleurs se cueillent à peine ouvertes... Bouton vous êtes : n'attendez pas que rose vous soyez, car alors vous vous défeuilleriez vitement et tristement... Voulez-vous de Gérard pour mari?... Il ne demande qu'à m'obéir, si je lui commande de vous prendre pour femme... m'obéirez-vous aussi volontiers si je vous commande de le prendre pour seigneur et maître?...

— Ah! Sire, répondit vivement Eglantine, puisque c'est votre bon plaisir que les choses se fassent ainsi, j'y consens de tout mon cœur... Je n'aurai jamais d'autre mari que le chevalier à l'épervier : donnez-le moi donc, et plutôt aujourd'hui que demain...

Cette vivacité fit sourire tout le monde.

— Ma fille, reprit le duc, demain matin je convoquerai toute ma baronnie, et vous fiancerai aussitôt, afin que vous puissiez vous épouser et consommer ensemble le mariage dès le lendemain...

— Mon père, répliqua Eglantine, il en sera fait à votre volonté et plaisir... Mais je vous ai entendu dire à vous-même que ce qui pouvait se faire la veille ne devait jamais se remettre au lendemain... Pourquoi ne nous mariez-vous pas aujourd'hui, mon père?

Chacun se mit à sourire de plus belle, de cette ardeur amoureuse si librement et si loyalement avouée. Les femmes qui aiment bien, ne connaissent pas l'hypocrisie. Pourquoi une femme jeune, belle, pleine de santé, d'appétit, de sève, n'avouerait-elle pas tout haut, et en plein soleil, l'amour passionné qu'elle ressent pour un homme jeune, beau et bien portant comme elle?

Quand on eût bien ri de la naïveté d'Eglantine, on cessa de rire, et nos deux amants se retirèrent de la salle pour gagner à la hâte la petite chambre de la princesse, où ils prirent le plus de déduit qu'ils purent. Quelques heures après, Gérard baisa chastement sa belle mie au front, et quitta le palais du duc Milon pour retourner chez son hôte, le bourgeois Adam, fort en peine de lui depuis quelque temps.

CHAPITRE XX

Comment Gérard, pour patienter jusqu'à l'heure de son mariage, prit son épervier et alla voler aux champs où il rencontra l'alouette qui avait au cou l'annelet de sa mie Euriant.

A présent qu'elle lui était accordée, Gérard brûlait du désir de tenir Eglantine entre ses bras. L'attente a toujours été cruel aux véritables amoureux. Cette journée qui le séparait de celle où il devait enfin déposer l'ineffable baiser de l'époux sur les lèvres appétissantes de sa maîtresse, altérée d'amour tout comme lui ; cette journée eut pour lui la lenteur de cent journées : un quart d'heure mettait autant de temps qu'une semaine à tomber dans l'éternité... C'était à n'y pas tenir !...

Pour oublier autant que possible la lenteur désespérante des heures, Gérard imagina d'aller voler aux champs avec l'épervier que lui avait donné sa belle hôtesse de Châlons, afin de le mieux affêter et dresser.

— Voulez-vous m'accompagner? demanda-t-il à Adam-le-Grégeois, qui le regardait aller et venir dans sa maison, avec cet honnête et bienveillant sourire qu'il avait toujours sur les lèvres.

— Volontiers, chevalier, répondit l'hôte, qui faisait tout ce qu'on voulait, et qui, en cette occurrence, devinait bien que Gérard n'aurait pas voulu être avec un autre qu'avec lui.

Lors, ce brave homme fit mettre les selles sur les chevaux, et tous deux, Gérard et lui, montèrent aussitôt dessus. Gérard avait son faucon au poing.

Ils traversèrent ainsi la ville. Gérard voulut voir la demeure qu'habitait sa mie. En conséquence, il s'arrêta à quelque distance, et se mit à examiner avec soin toutes les fenêtres du palais du duc Milon.

Précisément, Eglantine, après avoir vertement tancé et raillé Florine sur son amour vaine pour Gérard, venait de se mettre à la fenêtre de sa chambre, et elle regardait vaguement dans l'espace, en songeottant à mille choses, et surtout à la nuit enivrante qui s'apprêtait pour elle.

— Cher hôte! s'écria Gérard plein d'admiration, en montrant au bourgeois Adam la tour à la fenêtre de laquelle Eglantine venait de se mettre ; cher hôte, ne vous semble-t-il pas voir luire le soleil à cette fenêtre? M'est avis, à moi, que jamais cette tour n'a été aussi belle, aussi radieuse qu'elle l'est depuis quelques instants que je viens d'y apercevoir le merveilleux visage de la fille du duc Milon !... Pour l'amour d'elle, je veux chanter une chanson...

— Nous sommes bien loin pour qu'elle vous entende... fit timidement observer Adam-le-Grégeois.

— C'est vrai ; mais le vent lui portera mes paroles... et d'ailleurs, son cœur les devinera... répondit Gérard.

Les amoureux ont réponse à tout.

Lors, Gérard commença une chanson bien tendre, bien langoureuse, d'une voix claire et sonore comme le chant du coq, que les poulettes aiment tant à entendre.

Sa chanson finie, Adam et lui reprirent leur chemin et se mirent à côtoyer le fleuve, à contre-val. Au bout de quelques instants, Gérard s'arrêta de nouveau, non plus pour chanter, cette fois, mais bien pour entendre chanter une alouette, plus habile musicienne que lui.

Gérard prit un singulier plaisir à entendre cette alouette, qui lui mit en souvenance ses amours si ardemment désirées. Puis, tout-à-coup le chant cessa, et l'oiseau vint s'abattre à quelques pas du jeune comte de Nevers, étonné.

Voyant que l'épervier s'agitait et demandait la chasse, Gérard lui enleva ses longes, lui laissa ses giez et cria : Allez !...

L'épervier, qui avait aperçu l'alouette, fondit dessus avec la rapidité de la foudre. Mais l'alouette, qui avait vu l'épervier, s'envola prestement et le plus haut qu'elle put. Vive elle était ; mais prompt était l'épervier : l'alouette fut prise.

Ce combat en l'air avait intéressé et distrait le jeune et amoureux chevalier. Quand l'épervier lui eût rapporté l'alouette, il la prit, lui jeta la cervelle, comme récompense, et se mit à l'examiner, sans trop attacher d'importance à son examen.

Bien lui en prit cependant. Car il y avait au cou de cet oiseau un annelet très riche qui étincelait beaucoup au soleil, à cause de la pierre précieuse que contenait le chaton.

— C'est étrange ! murmura Gérard en devenant rêveur. Cet annelet ressemble étonnamment à celui que je donnai autrefois à ma cousine Euriant de Savoie... C'est la même pierre... Oui, la même... je la reconnais, à présent... je la reconnaîtrais entre mille... Euriant !...

A ce souvenir, Gérard tressaillit ; sa figure s'assombrit ; son cœur se contracta d'angoisses, et il tomba évanoui. Le bon Adam-le-Grégeois accourut à son secours.

— O terre, ouvre-toi et engloutis-moi ! murmura Gérard en sanglottant au souvenir de sa mie Euriant, abandonnée par lui pour une autre mie.

— Mon très cher seigneur, laissez là votre deuil et vos larmes ! lui dit son hôte, qui ne comprenait rien à cette douleur subite, à propos d'une alouette et d'un anneau. Laissez là vos larmes et vos sanglots, ou daignez me dire la cause de toutes ces doléances, qui m'affligent inutilement si je n'y peux porter remède... Vous êtes si pâle et si amorti, que je n'aurai pas de cesse que vous ne m'ayez dit ce qu'il en est.

— Ah ! mon hôte, répondit Gérard, la cause de ma douleur, la voici : j'aimais autrefois une mie charmante, je l'ai oubliée pour une autre mie...

— Quoi ! reprit l'hôte, vous avez une autre mie qu'Eglantine, la fille du duc Milon, que vous devez épouser demain ?...

— Oui, mon hôte, répondit Gérard ; j'ai une autre mie cent fois plus belle qu'Eglantine... Et je l'ai oubliée !... Ah ! maintenant, c'est bien résolu : je ne me donnerai ni repos ni trêve que je ne l'aie rencontrée et que je ne lui aie demandé pardon de l'abandon dans lequel je l'ai laissée...

— Cher sire, demanda le bon Adam, que va dire demoiselle Eglantine quand cette nouvelle-là lui sera apportée ?... Elle ne voudra jamais d'autre mari que vous... et elle mourra si vous la quittez !...

— Ami, répondit tristement Gérard en appelant son épervier et en le plaçant sur le poing du bon Adam-le-Grégeois, vous porterez, s'il vous plaît, cet épervier à Eglantine, qui l'aime beaucoup... Vous la prierez de le garder pour l'amour de moi... A elle et à son père, vous direz que je les remercie du fond du cœur des grands honneurs et biens dont ils m'ont comblé... Dieu permettra sans doute qu'avant de mourir je puisse aller les embrasser et leur demander pardon...

Cela dit, Gérard embrassa le bon Adam, et sans plus attendre, éperonna son cheval, qui partit comme le vent.

CHAPITRE XXI

Comment le bon Adam-le-Grégeois se rendit à la cour du duc Milon pour remplir sa délicate mission auprès de la belle Eglantine.

Adam-le-Grégeois était un excellent homme, un brave cœur, un esprit solide. Sa jeunesse était loin derrière lui, bien loin, et, quoiqu'il eût toujours le sourire de l'indulgence aux lèvres à propos de toutes les peccadilles humaines, commises par ses voisins et par ses voisines, il ne comprenait plus grand'chose aux histoires amoureuses, aux nuances plus ou moins foncées de la passion, aux mystères du cœur. Peut-être même n'y avait-il jamais rien compris. Sa femme l'avait épousé, il avait épousé sa femme : voilà tout ce qu'il savait de l'amour. Gérard devait épouser Eglantine, fille du duc Milon, et il ne pouvait plus l'épouser : voilà tout ce qu'il savait de la commission dont on l'avait chargé.

Aussi fut-il un tantinet embarrassé. Il avait conçu une vive amitié pour son jeune commensal, auquel d'ailleurs, en sa qualité de Colognois, il devait de la reconnaissance ; mais il lui aurait su un gré infini de ne pas lui confier mission si délicate, partant si difficile. Cependant, comme il ne savait pas bouder contre le devoir, il se décida à rentrer à Cologne et à se rendre à la cour du duc Milon.

Je dois dire qu'il prit, pour s'y rendre, le chemin des écoliers. Il musa et s'attarda, sous une foule de prétextes plus ingénieux les uns que les autres, à regarder couler l'eau du fleuve et les bateaux voguer dessus. Les bateaux étaient rares ; quand il y en avait un de passé, Adam-le-Grégeois attendait qu'il en passât un autre, pour s'assurer du nombre de bateaux qui pouvaient circuler ainsi dans une journée d'un bout du fleuve à l'autre. Si bien que le soleil avait disparu depuis une heure, que cet honnête bourgeois regardait encore couler l'eau et les bateaux. Ce fut le hennissement impatient de son cheval qui le tira de sa contemplation calculée, et l'avertit qu'il était temps de regagner Cologne, et l'écurie. Le cheval avait hâte de manger son picotin, et il ne comprenait pas, le noble animal, que son maître n'eût pas la même hâte de manger le sien.

Hélas ! ce n'était pas l'appétit qui manquait à l'honnête bourgeois. Ses repas étaient réglés méthodiquement, comme toutes les fonctions de sa vie, publiques ou privées ; jamais, jusque-là, il n'avait mangé une heure plus tôt ou une heure plus tard, et sa femme connaissait si bien ses habitudes, qu'il lui suffisait de voir entrer ou sortir son mari pour savoir exactement quelle heure il était. Or, l'heure du souper d'Adam-le-Grégeois était sonnée depuis longtemps, et cet excellent homme était encore à quelques lieues de sa demeure, pensif, l'épervier de Gérard au poing, et regardant, sans les voir, les arbres et les pas de pierres de la route.

La nuit était noire. Adam, qui était la prudence faite homme, se décida à éperonner un peu son cheval pour regagner vitement Cologne. Son cheval, qui n'avait nul besoin de ce stimulant, partit au galop, glissant à travers les ténèbres opaques de la route par son instinct et par son appétit.

Il arriva enfin à Cologne. Mais il était trop tard pour s'acquitter de son message auprès de la princesse Eglantine ; il ne fut pas fâché de ce contretemps : autant de temps perdu, autant de gagné pour lui. Sa femme, d'ailleurs, l'attendait avec une impatience anxieuse ; son devoir de mari passait avant son devoir de messager ; il se rendit tout droit à sa maison, bien résolu de n'en sortir que le lendemain.

Le lendemain, en effet, malgré les souleurs qu'il

éprouvait à chaque instant, en pensant à la réception larmoyante qui l'attendait, il se décida à mettre un pied devant l'autre et à se rendre au palais du duc Milon.

Une grande agitation y régnait. Varlets et dames d'honneur allaient, venaient, se croisaient dans tous les sens d'un air affairé : il s'agissait précisément des préparatifs du mariage projeté entre Eglantine et Gérard. Eglantine palpitait de bonheur à mesure que s'avançait ce moment si ardemment convoité. Elle pressait ses demoiselles, gourmandait ses chambrières, essayait vingt atours différents et les rejetait tous avec une moue boudeuse qui lui allait à ravir. Belle déjà d'une remarquable beauté, elle voulait le paraître davantage encore ce jour-là, pour tourner toutes les têtes et tous les cœurs, et surtout la tête et le cœur de son amant. Si on a le droit d'être fol, une fois dans sa vie, n'est-ce pas le jour où l'on tient dans ses bras sa chimère, femme lorsqu'on est homme, homme lorsqu'on est fmme?...

Eglantine s'attendait à chaque instant à la venue de Gérard. Quand elle aperçut Adam-le-Grégeois, elle alla vers lui avec empressement :

— Où est Gérard ? lui demanda-t-elle.

— Demoiselle, répondit Adam d'un ton navré, la vie est faite de chagrins sans nombre... On se réjouit, et l'on a tort : il faut pleurer... Pleurez, demoiselle, Gérard ne reviendra pas...

— Que me dites-vous là?... s'écria Eglantine en pâlissant.

Le bon Adam lui raconta alors l'histoire de l'alouette et de l'anneau qu'elle portait au cou, anneau qu'avait reconnu Gérard pour appartenir à sa mie.

— Gérard, ajouta-t-il, a juré de ne s'arrêter plus qu'il n'ait retrouvé celle à qui il a donné sa foi et voué sa vie, autrefois, avant de vous connaître... Il m'a quitté en me priant de venir vers vous et de vous remettre cet épervier en souvenir de vous... Daignez l'accepter et ne pas trop vous courroucer contre ce vaillant chevalier qui, malheureusement, n'avait pas deux cœurs à sa disposition...

Eglantine ne voulut pas en entendre davantage. Transportée de fureur, elle se jeta sur l'oiseau que lui avait légué Gérard, et elle allait le sacrifier, victime innocente, à sa vengeance, lorsque son père survint, qui lui arracha l'épervier des mains.

— Qu'alliez-vous faire, ma fille? lui dit-il... Pourquoi tuer cet épervier?...

— Mon père, repartit Eglantine, jamais homme ne m'a tant humiliée que ne m'humilie en ce moment Gérard... Si je veux écraser cet oiseau, c'est qu'il a été cause d'une séparation qui, sans lui, ne fût pas arrivée... Pourquoi a-t-il pris l'alouette?... Pourquoi cette alouette portait-elle au cou un anneau donné à son ancienne mie par Gérard ?...

— Gérard n'est pas mort, répondit le duc Milon ; je vais l'envoyer quérir et nous le trouverons.. Une fois trouvé, sa folie d'autrefois s'en ira, et il te reviendra plus fidèle et plus amoureux que jamais... D'ailleurs, les maris ne manqueront jamais à une belle fille comme toi, et si ce n'est pas celui-là, ce sera une autre...

— Mon père, mon père, clama Eglantine, vous me donneriez l'empereur d'Allemagne ou celui de Constantinople, que je n'en voudrais pas... jamais je n'aurai d'autre mari que Gérard...

— Eh bien ! répondit le duc, je vais envoyer un messager à la quête de ton amant ; il te le ramènera mort ou vif...

Cette assurance réconforta Eglantine. Elle pressa le départ du messager chargé d'aller à la recherche de son bel ami, et quand il fut parti, elle cessa de pleurer.

— Il part un, dit-elle ; puisse-t-il revenir deux !...

CHAPITRE XXII

Comment la belle Euriant, qui était à Metz, en Lorraine, perdit l'annelet que son ami Gérard lui avait donné et qu'il venait de retrouver si miraculeusement à la gorge d'une alouette.

ous avez vu de quelle manière Gérard de Nevers avait délaissé sa mie et comment elle avait été retrouvée, en la forêt d'Orléans, par le duc de Metz.

Le duc de Metz avait une sœur, très aimable et très belle. Il lui avait baillé en garde cette jeune proie conquise d'aventure par lui, et sa sœur s'était empressée d'accepter cette charge, séduite par l'air d'innocence et d'honnêteté de la mie de Gérard.

Euriant était si douce, si gente, si flexible au commandement, que la sœur du duc l'avait bientôt prise en affection véritable, à ce point qu'elle ne pouvait passer une heure sans la voir et deviser avec elle.

Un jour, cette belle prisonnière se trouvait toute seulette en sa chambre, ouvrant d'or et de soie je ne sais plus quel drap ; elle se mit à penser à Gérard, son fiancé du temps jadis, qu'elle croyait mort, blessé, malheureux.

— Hélas ! murmura-t-elle, quand donc le ciel me fera la grâce de revoir mon bel ami Gérard ?... Je ne demande pas beaucoup en demandant de le voir une fois seulement avant de mourir... Oh ! déloyal Liziart, Dieu veuille te confondre ! C'est ta trahison et calomnie qui nous a séparés et éloignés l'un de l'autre !... Comment as-tu pu, misérable, savoir l'enseigne que je porte en mon sein droit?... Qui que ce soit qui t'ait dit cela est un infâme, puisqu'il a brisé deux cœurs soudés ensemble par l'amour et par l'estime... Pauvre Gérard ! Il a cru tout cela ! Où est-il maintenant? Dans quel pays?... Et comment lui faire savoir où je suis moi-même?... Jamais, jamais, jamais ne sonnera pour moi l'heure de notre réunion !...

Comme Euriant disait ces mots, un varlet entra, apportant une alouette qu'il avait prise dans un sillon de blé.

— Demoiselle, dit-il, la voulez-vous prendre ? Elle sera heureuse de vivre avec vous, sous votre souffle et sous votre œil...

— J'accepte, répondit-elle ; cette prisonnière consolera l'autre. Je vous remercie !...

Euriant prit cette bestiole, la caressa, la mit en son giron, la tint sur ses doigts, et la contempla pendant quelque temps avec mélancolie. Une bague qu'elle avait au doigt, celle que devait retrouver Gérard, glissa et s'alla rouler autour du cou de l'alouette qui, effrayée, s'échappa à tire d'ailes.

— Ah! Vierge Marie! s'écria Euriant. C'était un gage de mon ami Gérard!.. Que dira-t-il en ne le voyant plus à mon doigt?... Las! jamais un mal ne vient sans l'autre!... Malheureuse j'étais; plus malheureuse encore je suis, maintenant... Méchante alouette, que je te hais! Si tu reviens, je te ferai mourir!... Ah! qui me rendra l'annelet que m'a donné mon ami Gérard!...

CHAPITRE XXIII

Comment Méliatir, chevalier félon, voulut faire violence à Euriant, et comment, celle-ci ne le voulant pas, il s'en vengea en tuant la sœur du duc de Metz et en mettant son couteau dans la main de la mie de Gérard.

Sur ces entrefaites, survint un chevalier félon de visage et de caractère, appelé Méliatir. Il n'aimait plus Euriant, par force de l'avoir trop aimée, c'est-à-dire d'avoir voulu faire d'elle sa mie.

Quand il s'aperçut qu'elle était seule, il en fut très réjoui, et il la trouva plus belle que les autres fois.

— Demoiselle, lui dit-il, l'œil enflammé de convoitise, je vous aime et prétends être aimé de vous... Apportez-moi votre bouche rose, que je la baise et la savoure!...

— Sire chevalier, répondit Euriant, épouvantée, à Dieu ne plaise que j'aie jamais attouchement ni privauté avec homme tel que vous!...

— Pourquoi donc cela, la belle enfant?... reprit Méliatir, plein de concupiscence, en s'emparant de la taille d'Euriant, et en la jetant brutalement sur un lit qui se trouvait là.

La mie de Gérard, ainsi entreprise, leva prestement le pied droit à la hauteur de la bouche de son agresseur, et cela avec tant de dextérité, qu'elle lui cassa quatre dents, les meilleures, et lui ensanglanta le visage et les mains. Puis, aussitôt qu'elle put se débarrasser des étreintes énergiques de ce misérable, elle s'échappa et courut se réfugier dans les bras d'Ismame, la sœur du duc de Metz.

Méliatir, furieux, la poursuivit, mais sans pouvoir l'atteindre.

— Je ne boirai ni mangerai, s'écria-t-il, que je n'aie tiré vengeance de cette pécore qui se livre aux autres et ne se veut point abandonner à moi!... Elle me paiera avec usure les dents qu'elle m'a brisées, et le sang qu'elle m'a fait couler de la face!...

Pour de pareilles gens, il n'y a pas loin du projet à l'exécution. Méliatir ne voulut pas attendre au lendemain pour châtier cette vertueuse pucelle de sa courageuse résistance. Il se cacha dans la ruelle du lit, où, d'ordinaire, couchaient ensemble, comme deux sœurs, Euriant et Ismame, après avoir affilé un couteau qu'il avait sur lui.

La nuit vint. Les deux pucelles vinrent aussi. Elles se déshabillèrent, se couchèrent, s'embrassèrent et s'endormirent dans les bras l'une de l'autre. Comme il faisait très chaud, cette nuit-là, les draps étaient relevés et permettaient au regard de dévorer les blanches poitrines et les bras potelés de ces deux aimables filles. Méliatir s'approcha, frémissant, leva son couteau et l'abattit sur Ismame, en plein cœur!.. Ismame ne poussa pas un cri, pas une plainte, rien! Elle ne remua ni pieds ni jambes : la mort avait été instantanée.

Cette œuvre faite, Méliatir prit, sans se troubler, la main d'Euriant et lui planta entre les doigts le manche du couteau qui venait de lui servir contre la sœur du duc de Metz. Puis il sortit sans bruit de la chambre.

Le lendemain, demoiselles et chambrières survinrent, ouvrirent les fenêtres pour laisser filtrer le jour, et furent très étonnées de voir la salle inondée de sang, ainsi que les linges du lit où dormaient les deux amies : l'une, d'un sommeil profond, celui de l'innocence ; l'autre, d'un sommeil plus profond encore, celui de la mort.

On alla quérir le duc, en lui disant le meurtre qui venait d'être commis. Il accourut et trouva sa sœur assassinée, et, à côté d'elle, Euriant dormant encore, le couteau dans la main.

— Cette fille est décidément folle! s'écria-t-il. Méliatir, je vous la confie... Faites-la mettre en une prison obscure, où personne ne la voie ni ne lui parle..... Il en sera fait bientôt justice, pour l'exemple!...

CHAPITRE XXIV

Comment Euriant, faussement accusée du meurtre de la princesse Ismame, fut condamnée à être brûlée vive, et comment l'exécution de cet arrêt fut suspendue par l'éloquence du grand-référendaire.

Toutes les apparences étaient contre Euriant, et, dans ce monde, où les jugements humains sont si sujets à l'erreur et à la faillibilité, les apparences sont tout. Le visage de l'innocent, par une bizarre contradiction, a souvent la pâleur et le trouble qu'il ne devrait pas avoir, et que n'a pas toujours le visage du criminel, surtout du criminel endurci dans le crime. Il n'y avait pas que la femme de César qui ne devait pas même être soupçonnée; tous les honnêtes gens sont dans ce cas : comme ils sont habitués à marcher droit dans leur sentier, et qu'on est accoutumé, comme eux, à leurs allures rectilignes, ils se troublent et s'arrêtent interdits quand on les accuse d'avoir bronché. Plus l'accusation est invraisemblable, plus ils s'en trouvent troublés, et alors la foule, qui n'a pas la suprême jugeotte du bon Dieu, la foule interprète à mal ce trouble involontaire : pour elle, les innocents doivent avoir le front serein devant tous les périls et toutes les accusations, et les coupables, seuls, doivent avoir le visage convulsé. Hélas! la foule se trompe grossièrement et fatalement. Si elle ne se trompait pas, elle ne serait pas la foule.

Le duc de Metz appartenait à la multitude par cet aveuglement de l'esprit, par cette inclairvoyance de l'entendement. Il venait de surprendre Euriant tenant encore à la main le couteau ensanglanté qui avait servi à commettre le meurtre : qui pouvait l'avoir commis, si ce n'était pas cette main encore nantie de l'outil féroce qui avait perforé la blanche poitrine de la douce et belle Ismame?...

Et puis, il se rappelait maintenant la confession que lui avait faite Euriant, pour le dégoûter d'elle, lorsqu'il l'avait surprise, toute éplorée, dans la forêt d'Orléans, confession à laquelle il avait refusé d'ajouter foi, devant la chaste beauté de la mie de Gérard.

— Une mie de larronneur! se dit-il, pour se confirmer dans ses soupçons. C'était en effet une mie de larronneur, une gourgandine, une créature de mauvaise vie!... Elle avait eu le cynisme de me l'avouer, et je ne l'avais pas crue; aujourd'hui je suis bien forcé de me rendre à l'évidence... J'ai été bel et bien endoctriné par sa vicieuse beauté... Elle m'avait ensorcelé... Maintenant, je m'aperçois que le vice a sa pente fatale, sur laquelle nul ne peut s'arrêter... Elle avait un amant larron, peut-être meurtrier de coutume : il lui a inculqué ses habitudes... Elle a larronné et tué... C'est bien cette forcenée qui a assassiné ma pauvre sœur... Elle n'a pas eu pitié de sa jeunesse, je n'aurai pas pitié de la sienne ; elle l'a poignardée, je la ferai brûler!...

L'amour que le duc de Metz avait conçu pour Euriant, avec l'espérance de le lui faire partager un jour ou l'autre, s'éteignit dès cet instant dans son âme. Loyal et humain, le duc ne pouvait plus songer qu'avec horreur à celle qui avait fait cette monstrueuse vilenie. En conséquence, après avoir remis Euriant entre les mains du traître Méliatir, pour qu'il la plongeât dans un cachot, en attendant l'heure prochaine de sa punition, il réunit toute sa baronnie.

Un cri général d'horreur et de pitié s'éleva, lorsqu'on découvrit le cadavre ensanglanté de l'infortunée Ismame.

— C'est une femme qui a commis cet épouvantable crime! s'écria le duc de Metz, douloureusement ému. Une femme à qui ma sœur avait donné son amitié!... Elles vivaient ensemble comme plus que sœurs, comme amies de cœur et d'âme... Belles toutes deux, jeunes toutes deux, on aurait cru, à les voir, qu'elles étaient sorties des mêmes entrailles... Par bonheur, il n'en était rien! Ismame était issue de noble souche ; Euriant est d'extraction basse. C'est une fille de robeurs et de Zingaris ; elle avait mené une vie souillée, avant que je ne la rencontrasse ; elle avait été la compagne d'aventures et de vilenies d'un vulgaire larronneur, peut-être beau garçon comme elle est belle fille... J'ignorais cela ; je ne l'ai appris que depuis... Je l'avais recueillie la croyant autre, et je l'avais confiée à Ismame dont je désirais qu'elle devînt la sœur, parce que j'avais projeté d'en faire une duchesse de Metz!... C'est ainsi, seigneurs, qu'elle a payé mon hospitalité : en enfonçant un couteau dans un cœur qui battait d'amitié pour elle!... Elle a tué Ismame pendant qu'elle reposait sans défiance entre ses bras!... Quand on m'a appelé, elle tenait encore dans sa main impitoyable l'outil qui avait servi à l'accomplissement de cette abominable action... J'en appelle à Méliatir...

Méliatir, ainsi directement interrogé en présence de tous les barons lorrains, frémissants d'indignation, confirma de point en point, avec une audace sans pareille, la déclaration du duc.

— Euriant est coupable de félonie au premier chef! ajouta-t-il. La pitié serait une injure à l'ombre de son auguste victime! Elle mériterait plutôt mille morts, et des plus cruelles qui se pussent imaginer!... Il faut se contenter de lui appliquer la loi actuelle, trop clémente et bénoîte pour elle... En conséquence, je demande que cette misérable soit condamnée à perdre sur un bûcher d'épines la vie qu'elle est indigne de conserver... et je réclame l'honneur d'y mettre le premier le feu!...

Toute la baronnie se leva en masse pour déclarer Euriant coupable et la condamner au supplice du feu. Un seul chevalier, le grand-référendaire, suspendit l'arrêt qui allait être prononcé.

— Chevaliers, mes compagnons et amis, dit-il d'une voix grave, je vous adjure de suspendre un instant votre arrêt et de m'écouter avec attention... La vie d'une créature humaine est chose précieuse : Dieu seul, qui la donne, a le droit de la retirer, et les meurtriers méritent châtiment cruel pour si cruel forfait... Mais lorsque, sur des apparences trompeuses, accusatrices, nous nous hâtons de nous prononcer, et nous condamnons à mourir un innocent à la place d'un coupable, nous faisons positivement ce que font les meurtriers : nous assassinons, et Dieu, le juge suprême, nous demande un compte sévère de notre arrêt, au jour de ses solennelles assises... Ne nous hâtons donc pas de condamner... Les matériaux de notre jugement sont imparfaits et vicieux ; nous apprécions avec nos passions, et nous tenons les balances de la Justice avec des mains que font trembler des sentiments de toute nature... Je ne crois pas, pour ma part, à la culpabilité de la jeune Euriant...

— Mais ce couteau trouvé dans sa main?... demanda Méliatir avec une sorte de rage, en s'apercevant que les paroles graves et mélancoliques du grand-référendaire produisaient sur les juges une impression toute différente de celle qu'ils avaient reçue tout à l'heure.

— Oui, répondit le grand-référendaire, c'est là le fondement unique de l'accusation. On a trouvé dans les mains de cette malheureuse un couteau tout dégouttant encore du sang généreux de la princesse Ismame... Oui!... Mais le meurtrier véritable, avant de s'enfuir, ne pouvait-il avoir placé lui-même cet outil de mort dans la main d'Euriant, pour ajouter un crime à un autre crime, et faire accuser cette infortunée du meurtre de son amie Ismame?... Cela s'est vu, ce raffinement de vice et de méchanceté; pourquoi cela ne se verrait-il pas encore?...

Méliatir tressaillit comme si le référendaire eût livré son nom et son crime à l'assemblée. Mais se contenant à grand'peine, il répliqua :

— Si ce n'est pas elle, qui cela peut-il être? Les chambrières n'ont vu entrer et sortir personne...

Quand elles sont venues, aux premières approches du jour, elles ont trouvé côte à côte la victime et son bourreau...

— Toutes deux endormies, fit observer le grand-référendaire. Peut-on admettre, seigneurs, je vous le demande, qu'une femme, créature nerveuse, faible et pusillanime d'ordinaire, ait pu commettre un semblable crime, d'abord, et, qu'ensuite, l'ayant commis, elle se soit tranquillement endormie du sommeil de l'innocence sur le sein même de sa victime?... Une pareille femme serait un monstre, et s'il y a des monstres dans la création, Dieu n'a pas voulu les faire naître parmi ce sexe plein de tendresse!... Les femmes commettent déjà assez de fautes reprochables, crimes amoureux, sans qu'on leur en attribue d'autres qui jurent avec leurs mœurs et avec leur cœur!... D'ailleurs, quel visage a montré cette prétendue meurtrière, lorsqu'on l'a réveillée et qu'elle s'est vue à côté de son amie assassinée?... Son cri de douleur et d'effroi a été sincère; elle s'est jetée avec toute l'énergie de sa tendresse sur le corps à peine refroidi de celle qui avait été son amie et qui allait bientôt devenir sa sœur... Est-ce qu'un meurtrier embrasse sa victime?...

Le grand-référendaire parlait d'or : son éloquence subjugua l'assemblée. Le duc de Metz, éperdu, ne sut bientôt plus ce qu'il devait faire.

— Dans une semblable occurence, reprit le grand-référendaire, il faut s'en rapporter à la sagesse du plus sage... Je vous supplie de suspendre l'exécution de votre fatal arrêt et de vous en référer au comte de Bar, le plus prud'homme et le plus juste des princes de ce temps?... Ce qu'il prononcera sera bien prononcé, quoi qu'il prononce!...

Cette proposition fut accueillie avec grande joie par tous les barons, qui avaient ainsi la poitrine et la conscience déchargées d'un rude poids. D'ailleurs, le comte de Bar, oncle du duc de Metz, était en effet l'arbitre le plus austère et le plus propre, par conséquent, à trancher le nœud gordien de cette mystérieuse et lugubre affaire. On résolut de l'envoyer quérir, et, en attendant son arrivée, on suspendit l'arrêt de mort quasiment prononcé contre l'infortunée Euriant.

Le duc de Metz, quoique violemment prévenu contre Euriant, écrivit à l'instant même au comte de Bar, pour requérir son assistance, et un reste de pitié, peut-être d'amour, lui fit ordonner qu'on prît soin de cette malheureuse enfant, accusée mais non coupable. Une des femmes de la princesse Ismame fut chargée par lui d'adoucir, par sa présence incessante auprès d'Euriant, l'horreur de sa prison.

CHAPITRE XXV

Comment Gérard trouva, couché dessous un arbre, un chevalier à qui on avait enlevé sa femme, et comment il mit à mort les chevaliers qui la lui avaient enlevée.

Que faisait Gérard de Nevers pendant tout ce temps? Il chevauchait à l'aventure, l'annelet d'Euriant sur son cœur, comme scapulaire, et dmandant à chaque heure au ciel de prendre pitié de sa peine et de le rapprocher de plus en plus de sa mie.

Il allait, il allait, par monts et par vaux, traversant forêts et plaines, sous la pluie et le soleil, interrogeant tout le monde et ne rencontrant personne qui pût lui donner petites ou grandes nouvelles d'Euriant de Savoie, aucune! Il y avait là, certes, de quoi être triste et navré, et Gérard était fort triste et fort navré.

Comme il chevauchait ainsi dans une lande immense, forêt de bruyères roses aux agrestes senteurs, il aperçut de loin, sous un gros arbre, un chevalier étendu tout de son long sur l'herbe, et paraissant en proie aux sourdes convulsions d'un cuisant chagrin. Gérard alla devers lui et lui demanda pourquoi il gémissait ainsi. Le chevalier, à cette voix pitoyable, releva un peu la tête et répondit :

— J'avais une femme que je venais d'épouser; je l'emmenais en mon château, avec l'escorte de deux compagnons, lorsqu'un seigneur d'Ardennes, chevalier traître et mauvais, qui demeure près d'ici, et qui me guettait depuis la veille, m'a assailli au débusqué de cette forêt. L'un de mes compagnons fut tué; l'autre prit la fuite. Je me défendis du mieux que je pus, car j'avais à sauvegarder ma nouvelle épousée; malheureusement, épuisé par le sang que je perdais, je tombai sur le sol. Il me ravit alors ma femme!...

— Ami, répondit le compatissant Gérard, je prends la plus vive part à votre ennui. Mais je n'ai ni fer ni acier, comme vous voyez; ma seule arme est mon épée, qui, à la vérité est d'une trempe excellente. Mais, encore une fois, cela ne suffit pas, et si vous pouvez me fournir une armure un peu plus complète, je m'engagerai volontiers à combattre ce traître ennemi et à lui faire rendre la femme qu'il vous a enlevée par surprise...

— Sire, répliqua le chevalier dolent, je serais bien heureux de vous voir tenir cette vaillante promesse... Par ainsi, si vous avez besoin d'une lance, d'un heaume et d'un écu, il vous faut aller vers ce camarade qui gît là-bas, étendu raide mort, et le désarmer de toutes ses armes...

Gérard mit pied à terre, alla vers la lisière de la lande, où commençait la forêt, trouva, en effet, dans la direction indiquée, un chevalier mort, dans l'attitude du combat, et le désarma de ses armes pour s'en armer aussitôt. Cela fait, il remonta sur son cheval, prit congé du chevalier dolent et blessé, et, après s'être fait indiquer par lui la route qu'il devait suivre, il disparut, emportant les vœux du pauvre homme.

Comme il n'y avait pas longtemps que s'était passée l'aventure à laquelle il se trouvait maintenant mêlé, Gérard espéra, en mettant son cheval au galop, rattraper le méchant sire qui avait enlevé la femme du chevalier dolent. Il ne se trompait pas. Au bout d'une chevauchée d'une heure, il arriva en un carrefour de la forêt que bordait la lande, et il aperçut trois palefrois qui broutaient les pousses des jeunes arbres avec une avidité qui prouvait l'ardeur de leur précédente course.

Gérard s'avança. Ces trois chevaux, bride au cou, annonçaient le voisinage de leurs maîtres, les chevaliers ravisseurs. En effet, à quelques pas de là, une femme à demi-nue se débattait sous les étreintes brutales de trois forcenés. L'un lui tenait les bras, un autre lui relevait les vêtements, et le troisième la battait de verges. Elle criait comme une pie, et elle avait raison de crier, en somme, puisqu'elle était couverte de sang, par suite des battures qu'ils lui administraient avec tant de zèle.

— Chevaliers discourtois, leur cria Gérard, ému de pitié et de courroux, on ne châtie pas les femmes innocentes!... Vous faites là une vilaine et félone action!...

Le chevalier qui battait de verges la blanche chair de la pauvre dame, tourna la tête du côté de l'amant d'Euriant, et lui dit avec dédain, sans cesser pour cela de frapper :

— Est-ce pour venger cette gente dame que vous êtes ici venu, vaillant chevalier? C'est mal avisé à vous, alors, car, avant que ayez pu nous échapper, vous paierez le loyer de votre hardiesse en même monnaie qu'elle!...

— M'est avis, répondit tranquillement Gérard, que vous parlez trop bien pour bien agir; la langue fait tort au bras, chez vous, à ce que je vois : je doute fort que vous ayez l'un aussi bien pendu que l'autre... Laissez donc là cette innocente qui ne vous a rien fait, et ne la battez plus, je m'y oppose!...

Les chevaliers, devant cette sérieuse menace de Gérard, abandonnèrent un instant la dame, qui profita de ce répit pour rajuster sa toilette désordonnée, et remontèrent hâtivement sur leurs chevaux en jurant leurs grands dieux qu'ils allaient châtier l'orgueil de Gérard avec des verges d'acier.

Gérard, qui ne s'effrayait pas de si peu, prit du champ et vint fondre la lance en arrêt sur le plus important des trois ravisseurs, le seigneur des deux autres. Son coup fut si rude et si merveilleux qu'il traversa de part en part l'écu et la poitrine de son adversaire, et que le fer de sa lance alla lui ressortir par le dos.

Les deux autres chevaliers, furieux de voir leur seigneur ainsi renversé, ne donnèrent pas à Gérard le loisir de coucher sa lance qu'il avait prestement retirée du corps de son ennemi; ils l'assaillirent tous deux en même temps avec une impétuosité dont tout autre que l'amant d'Euriant eût certainement été ébahi. Celui-ci, à défaut de sa lance, tira son épée et en allongea un coup démesuré au premier qui l'approcha. L'homme tomba. Son compagnon, plus avisé, blessa Gérard à la cuisse, et, pour plus de sûreté, ce bel exploit fait, gagna le large au plus tôt.

La place était vide. Gérard, quoique blessé, s'empressa auprès de la dame, l'aida à se revêtir complétement, et la fit ensuite monter à cheval.

— Ah! sire chevalier, lui dit-elle, les larmes aux yeux, que je suis heureuse de me savoir délivrée; heureuse surtout de l'avoir été par vous!... Dites-moi maintenant, vaillant et généreux sire, où vous prétendez me mener... Bien que j'aie le devoir de vous suivre partout où il vous plaira de me conduire puisque vous m'avez sauvé la vie et l'honneur, je vous serais bien reconnaissante de me rendre à celui qui m'a épousée aujourd'hi même, et à qui j'ai été si brutalement enlevée... Ce serait grande aumône me faire que me dire s'il est vivant ou mort...

— Belle, répondit Gérard, tenez pour certain que je vous mènerai tout à l'heure auprès de votre mari. Je me suis engagé à vous venir délivrer et à vous reconduire à lui : je tiens d'ordinaire mes promesses.

Tout en devisant ainsi, ils arrivèrent bientôt dans la lande, auprès de l'arbre au pied duquel Gérard avait rencontré le dolent chevalier. La dame, en revoyant son mari, qu'elle n'espérait plus revoir, se précipita avec emportement dans ses bras et le combla de mille tendres caresses qui furent le baume le plus salutaire pour ses blessures.

— Encore un amant réuni à sa mie! murmura mélancoliquement Gérard, en contemplant cette scène touchante. Quand donc m'en arrivera-t-il autant?...

— Vaillant sire, dit le chevalier, je remercie Dieu de vous avoir amené vers moi : je vous dois plus que la vie puisque je vous dois l'honneur de ma femme... J'ai tout près d'ici un château où j'ai laissé un mien parent : je vous demande de vouloir bien nous y conduire et d'y attendre, avec moi, l'époque de ma guérison. Je veux, une fois guéri, être votre chevalier et vous tenir compagnie en tous lieux où bon vous semblera.

— Ami, répondit Gérard, ne doutez pas que je ne vous conduise en lieu sûr : c'est mon devoir de chevalier courtois.

Lors, Gérard aida le mari et la femme à monter à cheval, puis il remonta lui-même sur son destrier, et, tous les trois devisant amiteusement, gagnèrent le château où ils devaient trouver des secours efficaces. Là, une hospitalité magnifique les attendait. On voulut retenir Gérard : il se refusa à rester.

— Vous êtes en bonnes mains à présent, dit-il au chevalier blessé; vous avez retrouvé votre mie et votre mie vous a retrouvé. Je n'ai plus rien à faire là où il y a des heureux.

Ses hôtes insistèrent, lui représentant qu'il pouvait bien leur accorder au moins la nuit qui venait, puisqu'autrement il serait forcé de coucher à la belle étoile. Pour ne pas les affliger, il accepta. On le conduisit dans la plus somptueuse chambre du château, en lui souhaitant le sommeil qu'il avait si bien gagné pour réparer ses forces perdues. Il dormit à poings fermés jusqu'au lendemain matin. On lui apporta une soupe au vin, il la mangea avec appétit, et, la soupe mangée, il prit congé de ses amis, affligés de le voir partir. Mais il le fallait : Euriant l'appelait toujours!...

CHAPITRE XXVI

Comment Gérard de Nevers, après nombre d'aventures, vint en l'abbaye de Saint-Avold, où il apprit des nouvelles de sa chère mie.

Il serait assez difficile de suivre Gérard de Nevers dans toutes ses pérégrinations et chevauchades. Ce que nous pouvons dire, c'est que, complétement revenu de l'égarement dans lequel l'avait jeté le philtre préparé par la vieille gouvernante d'Églantine, il ne pensait qu'à réparer le temps perdu. Il alla, il alla, il alla, toujours en quête de sa mie, et, en attendant qu'il la rencontrât, il détruisit force brigands, redressa force torts, abolit force males coutumes établies dans quelques châteaux, punit force chevaliers outrageux et félons pour les belles, et se couvrit de gloire.

Gérard fit plus encore. Le tendre souvenir d'Euriant le rendit insensible à la reconnaissance de plusieurs jeunes Lorraines qu'il avait sauvées d'un péril qu'elles voulaient bien courir avec lui. Jeunes beautés, qui méritez des amants fidèles, gardez-vous de les laisser voyager en Lorraine, dans les Vosges, et principalement sur les bords de la Meurthe et du Madon. Nous ne pourrions même croire que Gérard n'eût pas été séduit, sans l'anneau d'Euriant qu'il portait sur son cœur, et qu'il baisait à tout moment.

Sa dernière aventure l'avait conduit à Saint-Avold; il était descendu dans une riche abbaye de cette ville. L'abbé de ce monastère était homme de naissance; deux de ses frères étaient chevaliers : il recevait magnifiquement tous ceux que le hasard conduisait à son abbaye ; et, quoiqu'il ne connût encore que sous le nom de chevalier à l'épervier Gérard, qui, par reconnaissance, en avait fait peindre un sur son bouclier, la renommée l'avait instruit des grandes actions que ce chevalier venait de faire; et l'abbé s'empressa de lui rendre les plus grands honneurs.

— Je vous presserais, dit-il à Gérard en soupant avec lui, de m'accorder quelques jours, si je n'étais obligé de partir demain matin pour Metz : notre souverain a mandé tous les barons, les abbés et les maires de ses Etats pour y former son parlement, auquel le comte Bar, mon oncle, doit présider ; ce duc se trouvant intéressé personnellement dans la grande affaire qu'on doit y juger, et n'ayant pas voulu porter aucun arrêt sans l'avis de ses premiers sujets.

L'abbé poursuivit, et lui raconta tout ce qui s'était dit sur le meurtre horrible de la princesse Ismame, et l'apparence qui déposait contre celle qu'elle avait admise dans son lit. Il rendit à Gérard un compte fidèle de tout ce qui s'était passé lorsque le duc de Metz avait trouvé cette jeune fille dans la forêt d'Orléans. L'un des frères de l'abbé, qui suivait alors le duc, avait été témoin de cette aventure ; il avait entendu tous les propos qu'elle avait tenus au duc pour le faire renoncer à l'amener avec lui.

— Mais, ajouta-t-il, notre jeune duc la trouvait si jeune et si belle, qu'il ne put croire tout le mal qu'elle disait d'elle-même; il l'amena dans sa cité de Metz, et la remit entre les mains de sa sœur Ismame, tandis qu'il allait défendre sa bonne ville de Dieuze, contre les comtes d'Alsace et de Bitche, qui voulaient s'emparer de ses riches salines.

L'abbé poursuivait ainsi son récit, lorsqu'il s'aperçut que le chevalier à l'épervier fondait en larmes, levait les bras au ciel, et paraissait dans la plus violente agitation. Gérard ne répondit point à ses questions en présence de quelques religieux qui soupaient avec eux : mais prenant le bras de l'abbé d'une main tremblante, il l'entraîna dans son cabinet, où, voyant un oratoire, il le fit asseoir, et se mit à ses genoux.

— Ah! mon père, lui dit-il, daignez m'écouter et me secourir ; mais ce n'est que sous le sceau de la confession que je peux ouvrir mon cœur.

Le bon et vertueux abbé l'embrassa tendrement.

— Consolez-vous, mon fils; et puisse l'Être suprême, qui vous amène au tribunal de ses miséricordes, m'éclairer dans les conseils que je pourrai vous donner !

Gérard lui dévoila son âme tout entière; et l'abbé, touché des dispositions dans lesquelles il trouvait cette âme si pleine de candeur, n'hésita point à répandre sur lui ces grâces du ciel dont il était dépositaire, et lui conseilla de le suivre à Metz, assez bien déguisé pour qu'on ne pût pas le reconnaître.

CHAPITRE XXVII.

Comment Gérard, apprenant le danger que courait sa mie, se rendit à Metz pour lui venir en aide, et comment il se porta son champion, sans se faire connaître.

Gérard avait trouvé bon le conseil de l'abbé de Saint-Avold : il le suivit. En conséquence, le lendemain, il entrait à Metz avec lui sans aucune arme, et ne conserva nulle marque extérieure de la chevalerie que ses éperons d'or, qu'il eut soin même de noircir avec une cire qu'on pouvait facilement enlever. Il cacha de plus sous son pourpoint une chaîne d'or enrichie de pierreries, que son père avait attachée à son cou en l'armant chevalier.

Le lendemain, le son des cloches, le bruit éclatant des clairons et des trompettes annonça l'heure à laquelle le parlement devait s'assembler. Dès que ceux qui le composaient furent dans leurs places, le grand-chambellan parut au nom du duc, et dit, de sa part, qu'il demandait justice du meurtre de sa sœur. Le comte de Bar ordonna de faire comparaître celle que les apparences accusaient. Quatre huissiers, armés de leurs masses, allèrent chercher Euriant. Elle arriva, couverte d'un long voile, les yeux baissés et pleins de larmes; mais on pouvait remarquer, dans son maintien, la noble assurance que donnent l'innocence et la vraie vertu. Après qu'un des premiers légistes eut fait l'exposition des faits, le comte de Bar demanda l'avis des chevaliers, comme à ceux qui tenaient le premier rang dans cette assemblée. Personne, excepté Méliatir, le traître et le criminel, ne voulut croire que si gente et si douce créature se fût portée à pareil excès.

— Seigneurs, dit le sire d'Apremont, le chevalier Méliatir accuse et ne prouve pas autrement que par parole. Il faut qu'Euriant soit relevée de cette accusation infamante, ou que Méliatir, aux risques de son honneur et de sa vie, veuille la soutenir par les armes, cas auquel l'accusée aura, dans le cours de six semaines, à trouver un champion pour la défendre !...

Toute l'assemblée applaudit au jugement que le seigneur d'Apremont venait de porter. On interpela Méliatir, en lui disant qu'il fallait, ou se désister, ou soutenir son accusation par les armes.

Le traître ne méritait pas de sentir le remords, qui l'eût soumis à renoncer à cette noire calomnie; il ne pensa qu'à l'abandon général où devait être une fille inconnue. Son orgueil naturel lui fit croire qu'aucun chevalier n'oserait prendre les armes pour la défendre. Il s'avança dans le milieu de l'assemblée, en regardant d'un air furieux les chevaliers qui venaient de parler.

— Oui, dit-il, je persiste dans mon accusation ; et

je défie, tel qu'il puisse être, celui qui voudra prendre la défense de cette meurtrière!

A ces mots, il alla déposer son gant sur le bureau qu'on avait placé vis-à-vis du comte de Bar.

Quelques moments de silence succédèrent au défi que Méliatir venait de faire; nul chevalier des Trois Évêchés ni des deux Lorraines ne se présenta pour l'accepter: l'innocence d'Euriant ne leur paraissait pas encore assez prouvée. Tout-à-coup un inconnu fendit la presse, s'avança au milieu de l'assemblée, montra ses éperons d'or, releva les pans de son manteau, détacha la chaîne de pierreries qu'il portait à son cou, la porta sur le bureau près du gant de Méliatir:

— Traître, lui dit-il, c'est moi que le ciel envoie pour te punir; je suis chevalier; l'abbé de Saint-Avold répondra de moi.

A l'instant, l'abbé de Saint-Avold se leva, porta la main sur sa poitrine, et jura qu'il connaissait l'inconnu pour être chevalier, et pour être digne de lever le gage de Méliatir, et de lui faire recevoir le sien.

Le comte de Bar et les seigneurs levés avec celui d'Apremont, décidèrent tous que Méliatir devait soutenir son dire, qu'il y avait juste cause de combat, et déclarèrent aux deux tenants qu'ils eussent à se tenir prêts pour le lendemain matin. Sur-le-champ on ramena la prisonnière, qui put à peine jeter un coup d'œil sur son défenseur, lequel lui tournait alors le dos, en parlant au comte d'Apremont.

— Seigneur, lui disait Gérard, ce n'est pas sans raison que la renommée publie vos vertus et votre haute prud'homie; j'atteste le ciel que l'accusée est innocente: j'exposerais mille fois ma vie pour le soutenir; mais le hasard m'a conduit dans ce lieu: je n'ai point d'armes, achevez d'être mon bienfaiteur en m'en procurant; j'espère les porter en votre présence avec honneur!

Jamais Gérard n'avait été plus beau; jamais son air et ses regards n'avaient porté l'empreinte de plus de noblesse et d'audace. Il venait de revoir celle qu'il adorait; il était prêt à combattre pour elle: l'espérance et l'amour brillaient dans ses yeux. Le seigneur d'Apremont en fut également surpris et touché; il le prit par la main:

— Je vais vous conduire au duc, lui dit-il: quel que soit le motif qui vous ait fait entreprendre la défense de l'accusée, il ne peut être que celui d'un homme noble et courageux; et ce prince, dont l'âme est élevée, ne peut que l'approuver. Ne soyez point en peine pour des armes. Damp abbé, dit-il à celui de Saint-Avold, confiez-moi le soin de ce chevalier jusqu'après l'issue du combat: un secret pressentiment me dit qu'il en sortira couvert de gloire.

L'abbé, qui ne pouvait savoir le comte de Nevers en de meilleures mains, se contenta de lui répondre qu'il espérait que le ciel favoriserait un aussi loyal chevalier.

—

CHAPITRE XXVIII

Comment le duc de Metz reçut Gérard; et comment se passa le combat entre ce dernier et Méliatir.

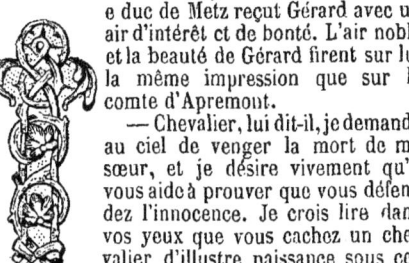

Le duc de Metz reçut Gérard avec un air d'intérêt et de bonté. L'air noble et la beauté de Gérard firent sur lui la même impression que sur le comte d'Apremont.

— Chevalier, lui dit-il, je demande au ciel de venger la mort de ma sœur, et je désire vivement qu'il vous aide à prouver que vous défendez l'innocence. Je crois lire dans vos yeux que vous cachez un chevalier d'illustre naissance sous ces habits simples; mais je diffère à satisfaire ma curiosité jusqu'au moment où je vous verrai revenir victorieux.

Le comte d'Apremont conduisit Gérard à son hôtel, lui donna le choix de ses plus belles armes et du meilleur cheval de son écurie, et prit les mesures nécessaires pour qu'il parût le lendemain avec éclat dans la lice que le comte de Bar faisait préparer.

L'appareil du combat entre Gérard et Méliatir avait un air si funèbre, qu'on ne pouvait le regarder qu'avec horreur. A l'une des extrémités de la lice, on voyait un poteau de fer entouré d'un bûcher d'épines: il était destiné pour Euriant, si son champion était vaincu. A l'autre extrémité, des bourreaux élevaient une potence, et préparaient la claie sur laquelle celui qui succomberait devait être traîné. Les juges du camp, en longs manteaux de deuil, occupaient un échafaud. Le grand pénitencier, placé vis-à-vis d'eux, tenait deux livres: l'un était celui de l'Évangile, sur lequel les champions devaient jurer; l'autre contenait les anathèmes et les imprécations que le ministre devait prononcer contre celui dont l'âme serait assez perverse pour faire un faux serment.

Ni les trompettes ni les instruments guerriers n'annoncèrent ce combat au peuple. La cloche d'un beffroi, destinée à marquer l'heure des supplices, avertit une troupe de pénitents, couverts d'un long sac, d'aller chercher Euriant en sa prison; ils la conduisirent, enveloppée de crêpes mêlés d'étoupes, aux pieds de l'échafaud du grand pénitencier. Les deux chevaliers, la visière baissée, y furent conduits également par leurs parrains. Euriant, interrogée la première, jura qu'elle n'était point coupable, et versa des torrents de larmes au nom de sa chère Ismame. Méliatir, pâlissant sous son casque, et pénétré d'une terreur secrète, persista dans son accusation, en portant une main tremblante sur le livre sacré. Le prêtre, se tournant vers Euriant:

— Acceptez-vous, dit-il, ce chevalier pour votre défenseur?

Elle leva les yeux sur Gérard, et, le reconnaissant alors, quoique son casque fût fermé:

— Ah! Dieu! s'écria-t-elle... Oui, oui, je l'accepte.

A ces mots, elle tomba évanouie. Le parrain de Gérard l'arrêta, le voyant prêt à se précipiter de son cheval pour la secourir. On emporta Euriant à la place qu'elle devait occuper. Gérard prêta son serment, abaissa la visière de son casque pour le prononcer à haute voix. Le prêtre et les deux parrains crurent voir briller un feu céleste dans ses yeux; Méliatir en frémit. Tous deux furent alors séparés et conduits aux deux extrémités de la lice.

Les juges du camp ayant levé leurs bâtons blancs en criant : *Laissez aller!* les deux chevaliers baissèrent leurs lances, et s'élancèrent avec impétuosité l'un contre l'autre. Se rencontrant au milieu de la carrière, leurs lances volèrent en éclats : la force de ce choc et celui des deux boucliers fut si violente, que les deux chevaux mirent leur croupe en terre, et tombèrent avec leurs maîtres, qui restèrent quelques instants étourdis sur l'arène ; se relevant enfin, et tirant leurs épées, ils vinrent l'un contre l'autre, d'une démarche d'abord chancelante; mais bientôt, ayant achevé de reprendre leurs esprits, leurs coups terribles firent frémir les spectateurs. On vit couler le sang jusqu'à leurs éperons, de leurs armes entr'ouvertes; et le combat se soutint près d'une heure avec assez d'égalité. Gérard, ayant alors jeté ses regards sur sa chère Euriant, la vit couverte de larmes, et les bras élevés vers le ciel. Gérard l'implora à son tour :

— Grand Dieu! dit-il, soutiens mon bras, et défends l'innocence!

A ces mots, il précipita ses coups sur son ennemi, l'étonna, le fit reculer, le poursuivit, le frappa sans cesse : il le poussa enfin près de sa chère Euriant; et d'un coup terrible qui le blessa à mort, il le renversa à ses pieds. Gérard le désarma, arracha son casque, le porta aux pieds d'Euriant, et retourna sur Méliatir pour lui faire avouer son crime.

— Je meurs, dit-il : je reçois une juste punition de mes forfaits; appelle les juges du camp...

Ils accoururent; Méliatir avoua la trahison horrible qu'il avait commise, et l'instant d'après il expira...

Il n'était point en usage que les combats livrés pour crimes de félonie, et qui se décidaient par celui que l'on nommait alors le *Jugement de Dieu,* fussent honorés des regards du souverain. Il se tenait ordinairement dans quelque maison voisine, avec ses hauts barons, jusqu'à ce que les juges du camp vinssent lui rendre compte de l'événement. Un des juges alla aussitôt avertir le duc de la mort et de l'aveu du coupable Méliatir. Ce prince accourait avec les comtes de Bar et d'Apremont; ils virent avec horreur le corps du scélérat étendu sur la poussière : mais leur surprise fut extrême, en trouvant le chevalier vainqueur et l'accusée à genoux, à quatre pas l'un de l'autre, se tendant les bras et se criant mutuellement merci. Euriant, ignorant encore que Gérard connût son innocence, et se trouvant coupable de ses malheurs, implorait sa pitié. Gérard, qui l'avait abandonnée dans la forêt, et qui ne pouvait se consoler d'avoir soupçonné sa foi, lui demandait pardon à grands cris. Les seigneurs lorrains et les ducs les entourèrent; quelques-uns des barons qui s'étaient trouvés à la cour plénière de Louis, et présents au pari de Liziart, les reconnurent et les nommèrent. Un sentiment également tendre et généreux pénétra le duc de Metz ; il courut à ces tendres amants, les releva et les réunit dans ses bras. Gérard se jeta une seconde fois aux pieds d'Euriant :

— Je connais ton innocence, s'écria-t-il ; je suis le seul criminel : pardonne-moi, chère Euriant, ou je vais expirer à tes yeux !...

— Ah ! Gérard, Gérard, tout est oublié, puisque tu me trouves digne de toi.

A ces mots, elle passa ses bras à son cou, confondit ses larmes avec les siennes; et tous les spectateurs attendris ne purent refuser leurs larmes à cette réunion si touchante.

Tandis que le duc aide Gérard à reconduire Euriant triomphante dans son palais, les juges du camp donnent au peuple le spectacle hideux du corps sanglant de Méliatir, traîné sur une claie autour de la lice, et pendu ensuite par les pieds.

CHAPITRE XXIX

Comment le duc de Metz, apprenant enfin qui était Gérard, lui conseilla de rentrer en possession de sa comté de Nevers et lui fit ses offres de service à ce sujet; et comment Gérard et Euriant vinrent à Montargis et de ce qui arriva.

Le duc de Metz, trop noble et trop généreux pour rien déguiser à Gérard, lui fit part de la rencontre qu'il avait faite d'Euriant dans la forêt ; de l'amour qu'il avait senti naître pour elle; des offres que cet amour l'avait forcé de lui faire ; et du moyen étrange, mais adroit, dont elle s'était servie pour arrêter ses transports, et pour porter ses barons à s'opposer à ses premiers mouvements. Il finit par lui offrir ses troupes, ses trésors, et jusqu'au service de sa personne, pour rentrer dans la comté de Nevers, et pour obtenir justice de la lâche trahison de Liziart. Le comte de Bar fit les mêmes offres à Gérard, et les seigneurs lorrains offrirent de lever leurs bannières pour une guerre aussi juste.

— Belle, dit alors Gérard à sa mie, voyez comme vertu reçoit sa récompense de noblesse, et comme noblesse engendre toujours vertu. Oui, cher sire, dit-il au duc de Metz, bien est assez que vous m'ayez rendu ma mie ; point n'est juste que vous exposiez vos hommes pour moi : plaise à Dieu et au bon roi Louis, justice me sera donnée. Je r'auray ma comté de Nevers; et c'est de mon corps à celui du traître Liziart que je la plaiderai!

Une fête magnifique suivit le triomphe de Gérard. Le duc le fit revêtir des habits les plus superbes, et des marques de son ancienne dignité. Pour Euriant, quelle que fût la joie qu'elle eût d'avoir retrouvé Gérard, elle ne voulut se couvrir que d'habits de deuil ; et ce ne fut pas sans verser bien de nouvelles larmes qu'elle s'assit à la table du duc, dans la place qu'elle avait vu souvent occupée par Ismame.

Sur la fin du festin, on annonça l'écuyer du comte d'Alost au duc de Metz. Ce jeune écuyer, d'une naissance illustre, reçut le meilleur accueil ; il revenait de la cour de Louis-le-Gros, qu'il avait laissé, depuis quelques jours, avec toute sa maison, à Montargis.

— Sire, dit-il, le comte d'Alost, votre cousin, m'envoie pour vous apprendre que le comte de

Montfort, votre proche parent, vient d'avoir une dispute très violente avec Liziart, comte de Forest et de Nevers, auquel il a fait les reproches les plus vifs sur les lâches moyens dont il s'est servi pour enlever la comté de Nevers au jeune Gérard, qui n'a pas senti les conséquences d'un pari follement hasardé, et qui non-seulement a mis au jeu son héritage, mais aussi la réputation de la belle Euriant de Savoie, sa nièce. Ils en seraient venus aux mains si le roi n'eût interposé son autorité. Tout ce que je peux permettre, leur a-t-il dit, c'est un tournoi dans lequel vous paraîtrez tous deux avec ceux de vos proches qui voudront vous seconder. Ces sortes de combats exercent la noblesse française, sans la détruire. J'y serai présent; et la reine couronnera de sa main le vainqueur. Les comtes de Forest et de Montfort se sont soumis à cette décision; et le comte d'Alost, mon maître, qui se prépare pour paraître à ce tournoi, m'envoie pour vous prier, seigneur, de vous joindre à lui pour soutenir le comte de Montfort.

Le duc de Metz, enchanté de cette occasion de servir Gérard, et de le mettre à portée de punir le comte de Forest, assura le jeune écuyer qu'il serait prêt avant le temps marqué pour le tournoi, et qu'il y marcherait, lui centième, avec les chevaliers lorrains et des Trois Évêchés. Il fit appeler le comte de Raijecourt, son grand-sénéchal, lui commanda de faire préparer cent armures blanches, cent harnais pareils, et de faire exercer cent chevaux blancs pour monter la troupe, dans laquelle il voulait être confondu le jour du tournoi, de façon qu'aucun de ceux qui la composeraient ne pût être reconnu. Ses ordres furent exécutés avec tant de promptitude, que, huit jours après, les cent chevaliers, parmi lesquels le duc de Metz et Gérard étaient compris, se trouvèrent prêts pour marcher et prendre le chemin de Montargis.

Gérard passa la plus grande partie de ces huit jours aux genoux de sa chère Euriant; il ne pouvait se consoler de l'imprudence de l'avoir soupçonnée, et des périls qu'elle avait courus.

— Je te pardonne, mon cher Gérard, disait-elle tendrement; tu n'eusses pas fait ce pari sans la bonne opinion que ton cœur avait de moi. Les apparences se sont toutes réunies contre moi : mon sort était d'en être souvent la victime...

— Ah! chère et fidèle mie, devais-je les croire, ne devais-je pas savoir qu'elles sont presque toujours trompeuses?

Ce fut en lui baisant la main qu'il se souvint de l'anneau que lui-même avait passé dans le doigt d'Euriant le jour de ses fiançailles, et que maintenant il tenait attaché sur son cœur.

— Qu'as-tu fait de ce gage de ma foi? lui dit-il.

— Hélas! répondit-elle, l'aventure la plus malheureuse m'en a privée pour toujours.

— Il est donc perdu sans ressource?

— Ah! dit-elle, il est trop vraisemblable que je ne le reverrai jamais.

Elle lui raconta aussitôt comment l'alouette avait disparu avec ce gage de l'amour le plus tendre, et la douleur qu'elle eut de la voir s'élever dans les airs. Gérard sourit, tira l'anneau de son sein :

— Tu vois encore, chère mie, lui dit-il, combien les apparences sont trompeuses.

A ces mots, il le remit une seconde fois autour du doigt de sa mie, et lui raconta par quel hasard il était entre ses mains; mais il ne lui dit rien des petites aventures dont la chasse de son épervier avait été précédée. Nous osons croire qu'il les avait oubliées. Nous perdons bien facilement l'idée des plaisirs qui n'ont pas effleuré notre cœur; et ces moments, si vifs et si doux, ne nous restent présents que lorsqu'ils ont été le prix d'un véritable amour.

Tout étant préparé pour le départ du duc de Metz, ce prince choisit plusieurs dames de sa cour pour accompagner la belle Euriant; leurs parures, leurs haquenées, furent semblables aux harnais des chevaliers : des loups de velours blancs couvraient leurs traits; et lorsque cette belle troupe fut mêlée ensemble, il eût été bien difficile de reconnaître ceux et celles qui la composaient. Le duc se mit en marche; il séjourna deux jours à Bar-le-Duc, où l'oncle du duc de Metz promit à Gérard de se rendre à Montargis, et de confondre le lâche et traître Liziart, en présence de Louis-le-Gros. Le duc de Metz, en traversant la Champagne et la Picardie, fut reçu par les seigneurs de la Bove, de Nesles et de Grandpré, qui se préparaient à se rendre à Montargis, pour y tenir le parti du comte de Montfort. La troupe de cent chevaliers et des dames vêtues de blanc, excita l'admiration générale de toutes les provinces qu'ils traversèrent avant d'entrer dans celle du Gâtinais. Dès que le duc de Metz fut arrivé jusqu'à Moret, il écrivit au roi Louis, lui rendit compte de son arrivée, du parti qu'il prenait pour le comte de Monfort, et le pria de trouver bon qu'il ne parût point ouvertement à sa cour, et qu'il restât inconnu jusqu'à la fin du tournoi. Louis, plein d'estime pour le duc de Metz, le plus puissant voisin de ses États, lui répondit que, quelque impatience qu'il eût d'embrasser le plus renommé de ses alliés, il se conformerait à sa volonté. Cependant Louis eut soin de faire préparer des logements commodes pour le duc, et de les faire remplir de tout ce qui pouvait être agréable et utile.

Toute la belle compagnie blanche se rendit le lendemain à Montargis; c'était le jour que Louis avait choisi pour faire la revue générale des chevaliers que le comte de Forest et celui de Montfort avaient amenés pour tenir leur parti. Celui de ce dernier se trouva plus nombreux que l'autre de moitié; il fut obligé de faire tirer au sort ceux qui paraîtraient au tournoi : mais le respect que l'on eut pour le duc de Metz et de Lorraine, exempta le prince et sa troupe de ne devoir qu'au sort l'honneur de combattre. Les cent chevaliers blancs furent d'abord choisis; et les cent autres qu'il fallait pour égaliser ceux du parti du comte de Forest, furent tirés de différents quadrilles; les autres furent forcés de demeurer spectateurs.

Ces deux troupes, s'étant mises en ordre de bataille l'après-midi, le roi, la reine, toutes les dames et les anciens chevaliers de la cour se rendirent dans la plaine, où le premier objet qui frappa leurs yeux fut la troupe brillante des chevaliers blancs. Le roi, passant avec les dames dans les rangs de l'un et l'autre parti, visita lui-même les armes courtoises dont ils devaient se servir le lendemain, et leur fit jurer de n'en point employer d'autres. La reine, lorsqu'elle se trouva dans les rangs de la belle troupe du duc de Metz, ne put s'empêcher de dire à ses dames que mieux semblaient-ils angelets issus du paradis que chevaliers. Au moment où la reine passait devant Gérard, un léger coup de vent fit tomber une plume de sa coiffure : Gérard sauta légèrement à terre, ramassa la plume, et, se jetant à genoux :

— Grande reine, s'écria-t-il, permettez-moi de l'attacher sur mon casque ; j'espère que vous la verrez toujours dans le chemin de l'honneur.

La reine également spirituelle et pleine de bonté, lui répondit :

— Gardez-la, chevalier ; quoique votre nom me soit inconnu, vous êtes en trop bonne compagnie pour que je ne la trouve pas bien placée.

Tous les chevaliers blancs s'inclinèrent respectueusement sur l'encolure de leurs chevaux, pour remercier la reine de la faveur dont elle honorait l'un d'entre eux, et Gérard, baisant respectueusement le panache, l'attacha sur son casque et alla reprendre son rang. Euriant ne parut point à cette revue générale, de crainte d'être reconnue par le comte de Montfort son oncle, et d'être obligée de lever son masque en présence de la reine. Cette princesse s'étant retirée, les chevaliers rentrèrent et se préparèrent au tournoi du lendemain.

Le son des trompettes annonça le lever du soleil. La seconde fois que le même son retentit dans Montargis, les deux cents chevaliers de chaque parti montèrent à cheval : l'arrivée de Louis et de la reine sur le balcon royal fut marquée par le même bruit de guerre, et les deux partis entrèrent par deux barrières différentes dans les vastes lices que l'on avait préparées. Le présomptueux Liziart, comptant sur sa force et son adresse, fut le premier qui sortit des rangs en défiant le comte de Monfort. Ce comte, en ce moment, avait été forcé de passer derrière sa troupe pour faire resserrer les sangles de son cheval ; Gérard ne put supporter la présence et l'audace de son ennemi mortel ; il courut sur lui la lance en arrêt. Liziart brisa la sienne sur son bouclier, et Gérard, portant la sienne à la visière, renversa sur le sable le comte de Forest. Le coup fit sauter son casque de sa tête ; et Gérard, le portant au bout de sa lance aux pieds du balcon de la reine :

— Madame, dit-il, daignez recevoir le prix du premier coup de lance que je viens de porter en votre honneur.

La reine reconnut le chevalier, au panache qu'il avait reçu d'elle.

— Sire, dit-elle au roi, de tels présents vous conviennent mieux qu'à moi, et ce chevalier me paraît bien digne que vous l'acceptiez.

Ce brave et chevaleureux prince reçut le casque, détacha de son cou une riche chaîne, et, la passant autour de celui de Gérard :

— Brave chevalier, lui dit-il, le cœur me dit que ce ne sera pas le seul prix que nous aurons à vous donner aujourd'hui.

Gérard se retira d'un air respectueux, et rentra dans la troupe du duc de Metz sans avoir été reconnu. Pendant ce temps, le comte de Montfort s'était avancé ; et, surpris de voir Liziart déjà renversé, sans casque, et dans les bras de ses écuyers qui l'aidaient à se relever, il s'écria :

— Qui de vous, chevaliers, voudra donc m'acquitter du premier coup que je dois en l'honneur des dames ?

Le comte de Briare, proche parent de Liziart, s'avança, courut contre lui, et vola des arçons dès la première atteinte. Les deux tenants ayant donc fait chacun leur joute d'honneur, les deux troupes s'ébranlèrent, coururent l'une contre l'autre, faisant trembler la terre sous les pieds de leurs chevaux. L'air retentit au loin de leur choc terrible : la plupart des lances furent brisées, et le milieu de la lice fut couvert de débris, de chevaliers et de chevaux renversés. Le roi et la reine, suivant des yeux Gérard, qu'ils reconnaissaient à la plume blanche comme à la chaîne qu'il venait de recevoir, le virent porter à terre trois autres chevaliers avant que d'avoir rompu sa lance.

Bientôt un nouveau bruit frappa l'air, et devint encore plus continu par la multiplicité des coups que les chevaliers, l'épée à la main, se portaient sur leurs armes. Rien ne pouvait résister à celles de Gérard : on le voyait s'ouvrir un passage dans les rangs, s'élancer au milieu des troupes les plus serrées, les mettre en désordre ; et, tour à tour, il dégagea le duc de Metz et le duc de Montfort, que ceux du parti de Liziart avaient entourés et faisaient prisonniers. Gérard, s'attachant à ceux qui paraissaient les plus considérables par la richesse de leurs armes, en fit dix d'entre eux prisonniers, et il conduisit l'un après l'autre au balcon de la reine. L'usage des tournois ne permettait point aux prisonniers de rentrer dans la mêlée ; ils ne pouvaient plus s'éloigner du balcon royal qu'ils ne fussent échangés.

Le parti de Liziart allait toujours en diminuant ; bientôt celui du comte de Montfort eut une si grande supériorité, que le roi jeta son bâton ; à ce signal, les juges du camp et les hérauts firent cesser le tournoi, et déclarèrent le parti du duc de Montfort vainqueur.

Les deux troupes s'étant séparées, allèrent se désarmer ; et Louis, ayant assemblé les anciens chevaliers de sa cour avec les juges du camp pour prendre leur avis, il fut décidé tout d'une voix que le parti du comte de Montfort était vainqueur, et que le mieux faisant de l'un et de l'autre côté, et celui qui remportait le premier honneur de cette journée, était le chevalier au panache blanc et à la chaîne d'or.

CHAPITRE XXX

Comment Gérard, après avoir été vainqueur dans le tournoi des cent chevaliers, demanda un combat particulier contre Liziart et le vainquit.

Louis envoya deux hérauts et l'un de ses chevaliers faire compliment au comte de Montfort sur sa victoire, et le prier de se rendre le lendemain au palais à la sortie de la messe, et d'amener avec lui le chevalier au panache blanc, reconnu d'une voix unanime pour avoir remporté l'honneur du tournoi. Le comte de Montfort répondit respectueusement au compliment de Louis, et promit de se rendre le lendemain à ses ordres. Il y parut en effet le matin, sans être armé, avec les chevaliers de son parti, vêtus avec la plus grande magnificence, hors les cent chevaliers blancs, qui restèrent couverts de leurs armes blanches, la visière baissée, et conduisant au milieu d'eux sept dames masquées, dont celle qui paraissait la principale était conduite par le chevalier au panache blanc et par l'un de ses compagnons. Ils se rangèrent en ordre dans un grand salon, où Louis avait fait ordonner au comte de Forest de se rendre, voulant achever d'accommoder et de finir la querelle qu'il avait eue avec celui de Montfort.

Le roi et la reine furent très surpris, en entrant dans le salon, de voir les cent chevaliers blancs la visière baissée, et les dames qu'ils avaient conduites avec eux couvertes de leur masque. Gérard avait alors ôté son panache blanc et sa chaîne : il tenait l'un et l'autre cachés sous son bouclier. Louis, ayant appelé le comte de Monfort, lui demanda l'explication de ce mystère, et le pria de lui faire connaître du moins celui de ses chevaliers dont il avait admiré la valeur.

— Permettez, Sire, dit-il, qu'aucun de cette troupe ne se fasse connaître qu'en présence du comte de Forest; ils n'attendent que ce moment pour porter leurs hommages à vos pieds.

Louis fit aussitôt appeler Liziart, qui parut avec une suite peu nombreuse, presque tous ceux de ses compagnons ayant été trop maltraités la veille pour être en état de venir à la cour. Euriant, en voyant ce scélérat, dont la trahison avait causé tous ses malheurs, serra la main de Gérard, chancela, serait même tombée, si celles qui l'accompagnaient ne l'eussent soutenue. Gérard, transporté de fureur en voyant son ennemi, put à peine s'empêcher de la faire éclater ; cependant il s'avança d'un air respectueux près de la reine, mit un genou en terre; et, tirant la plume blanche cachée sous son bouclier :

— Madame, dit-il, je viens vous rapporter ce panache auquel seul je dois l'honneur du tournoi, et vous demander la permission de le porter le reste de ma vie pour cimier sur mes armes.

La reine prit la plume, la passa dans une riche agrafe couverte de diamants, et la rattacha de sa main sur le casque de Gérard, qui se prosternait à ses pieds. Se relevant aussitôt, il se mit une seconde fois aux genoux de Louis :

— Sire, dit-il, voici la chaîne que je tiens de votre main royale, elle m'attache à Votre Majesté pour le reste de ma vie.

En parlant ainsi, il baisa la chaîne, la remit à son cou, et poursuivit :

— Je suis votre homme, Sire; comme tel, je demande justice à mon maître, et le plus brave prince de l'univers ne peut me la refuser.

A ces mots il se leva, se tourna vers Liziart :

— Comte de Forest, dit-il à haute voix, je t'accuse comme parjure, traître, menteur; et je demande le combat à toute outrance contre toi.

Liziart étonné, mais furieux de l'affront qu'il recevait en présence de Louis et de toute la cour :

— Qui peut te donner l'audace de t'attaquer à moi, lui répondit-il? Fais-toi connaître; mon rang ne me permet pas de mesurer mon épée avec quelque vil aventurier tel que tu me parais l'être!

Gérard, indigné, se préparait à lever la visière de son casque, lorsque le comte de Montfort arrêta sa main ; et sur-le-champ le duc de Metz, le comté de Bar, les quatre chevaliers lorrains que nous avons nommés, s'avancèrent, délacèrent leurs casques, et s'écrièrent avec le comte de Montfort :

— Sire, nous répondons pour le chevalier inconnu, sa naissance est égale à celle du comte de Forest, dont le cœur est aussi lâche et perfide que celui de son adversaire est noble et généreux, ce que nous sommes prêts à prouver de notre corps et de nos biens envers et contre tous.

Louis, au moment où le duc de Metz et de Lorraine ôta son casque, se leva de son siége et vint l'embrasser :

— Mon frère, lui dit-il, l'honneur que vous faites à ce chevalier le rend digne de mesurer son épée avec tous les souverains; et je tiendrais le comte de Forest pour un lâche, ajouta-t-il en regardant Liziart, s'il balançait à défendre son honneur contre le chevalier inconnu.

— Non, je ne balance plus, répondit Liziart avec fureur; je vais le punir à vos yeux : mais je vous déclare en présence de tous, que je renonce à l'hommage que je vous ai prêté, et que je ne voudrais pas tenir de vous un seul éperon !

La réponse audacieuse de Liziart excita parmi les chevaliers l'indignation et le murmure.

— Comte, lui répondit Louis, je ne vous regrette ni ne vous crains ; il m'en coûtera peu pour punir un rebelle de plus : mais songez à vous laver en ce moment, ou bien votre dégradation d'armes servira d'exemple à la chevalerie.

Liziart furieux :

— Qui que tu sois, dit-il au chevalier, ta mort vengera mon injure; attends-moi, si tu l'oses !...

— Oui, je t'attends, répondit froidement Gérard.

Tandis que Liziart allait prendre ses armes, Louis et toute sa cour descendirent dans la vaste place du palais, avec le duc de Metz et toute sa suite. La reine resta sur un balcon qui dominait sur cette place : elle appela les dames blanches auprès d'elle, et prenant par la main celle qu'elle avait déjà remarquée :

— Quoique je ne vous connaisse point encore, lui dit-elle, un tendre intérêt pour vous m'agite en ce moment; je vous crois la cause du combat qui va se livrer : mais, quel qu'en soit l'événement, comptez sur mes soins et sur ma protection.

Euriant embrassa les genoux de la reine en pleurant.

Une rumeur qui s'éleva vers l'une des extrémités de la place, fit tourner les yeux de ce côté. Liziart parut à pied, couvert de ses armes ; et, se souvenant du désavantage qu'il avait eu la veille en combattant à cheval contre le chevalier au panache blanc, il envoya l'un de ses écuyers lui dire qu'ayant le choix des armes et de la manière de combattre, il voulait que ce fût à pied avec la hache et le poignard ; il fit porter en même temps deux de ces espèces d'armes offensives, pour que le juge du camp les visitât et les partageât entre eux.

Gérard fut conduit par le duc de Metz jusqu'au milieu de la place, et le comte de Briare accompagna de même Liziart. Les deux parrains, ayant tous deux la visière levée, se mirent à distance égale des combattants, appuyés sur le pommeau de leurs épées; les juges du camp nommés par le roi s'étant approchés, leur firent prêter serment. Gérard répéta sa même accusation, qui fut suivie du démenti de Liziart; et les juges se retirèrent, en criant à leurs parrains :

— Laissez aller les combattants.

Tous deux s'attaquèrent avec audace. Liziart, plus grand que Gérard, et redoutable la hache à la main, espéra l'abattre sous ses premiers coups guidés par la fureur ; le sang-froid et l'âme tranquille de l'amant d'Euriant lui faisaient attendre le moment de punir son ennemi ; et, lui rompant la mesure à chaque coup, son bouclier n'en était frappé qu'en effleurant : la pointe de sa hache, qu'il portait souvent dans la visière de Liziart, en brisa la grille ; le sang de ce traître coula bientôt sur ses armes, et commençait à l'étouffer sous son casque et à lui faire perdre haleine. Gérard s'en aperçut; et l'attaquant à son tour avec plus de force que dans le commencement du combat, un coup terrible qu'il porta sur le bras de Liziart fit tomber ce bras avec la hache sur le sable qui fut inondé de son sang. Gérard, saisissant alors son ennemi d'un bras victorieux, l'entraîna jusqu'auprès du balcon de la reine ; et ce fut alors que, levant la visière de son casque et portant la pointe de son poignard à celle de Liziart qu'il venait de lever aussi :

— Rends-toi, traître, lui cria-t-il ; avoue tes crimes, et reconnais Euriant et Gérard.

Dans ce même instant, Euriant, qui vit celui-ci victorieux, leva les bras au ciel, arracha son masque, et se jeta aux genoux de la reine qui la reconnut, la releva et l'embrassa. Les approches de la mort inspiraient en ce moment un heureux remords au comte de Forest.

— Le ciel est juste, dit-il d'une voix affaiblie ; achève de m'arracher une honteuse vie : mais pardonne-moi l'affreuse trahison que je n'eusse point exécutée sans le secours de la détestable Gondrée.

Louis s'étant approché, Liziart fit l'aveu de ses crimes en sa présence, et le pria d'investir le comte de Nevers de la comté de Forest, qu'il lui remettait en réparation de son forfait. L'abbé Suger, qui se trouvait présent, fut assez touché du repentir de Liziart pour courir le demander à son vainqueur, qui le remit entre ses bras, où, peu d'heures après, ce coupable comte expira.

CHAPITRE XXXI ET DERNIER

Comment le roi Louis-le-Gros donna à Gérard la comté de Forest et lui rendit sa comté de Nevers. Comment la vieille Gondrée fut brûlée, et comment aussi Gérard prit à mariage Euriant sa mie.

Liziart mort, le roi prit Gérard par la main et lui dit :

— Vaillant et loyal chevalier, dès maintenant je vous rends votre terre de Nevers qui vous avait été ôtée à tort et sans cause... Et, en même temps, je vous mets en saisine et possession de la comté de Forest, laquelle je veux que vous teniez en fief de moi, comme avant vous faisait Liziart...

Gérard ôta son heaume et plia un genou devant son souverain, en signe de remerciment et d'hommage. Louis le-Gros le releva alors, le prit par la main et le mena ainsi jusques à son palais, où l'amant d'Euriant se désarma.

Raconter les grands honneurs rendus à Gérard et à sa mie, serait allonger outre mesure notre matière. Ce que nous pouvons dire, c'est qu'aussitôt après la mort de Liziart, le comte de Nevers envoya deux de ses barons quérir la vieille Gondrée pour lui payer le loyer de son crime.

Ce fut une joie universelle dans le pays quand les deux envoyés de Gérard y divulguèrent le secret de leur mission. Ce fut à qui s'empresserait autour d'eux pour les aider. Le seigneur de Marcilly, le seigneur de Rochefort, le seigneur de Chastellux et quelques autres, tinrent à honneur d'accompagner la vilaine vieille à Montargis, solidement liée sur une mule aussi vieille et aussi méchante qu'elle.

Gérard les remercia de la diligence qu'ils avaient mise dans l'accomplissement de cette mission rigoureuse mais inévitable, et leur raconta brièvement les aventures qui lui étaient arrivées. Après quoi, les seigneurs nivernais lui livrèrent Gondrée, qu'à son tour Gérard livra au prévôt des maréchaux de Montargis, pour en faire prompte et exemplaire justice.

La vieille Gondrée fut brûlée vive, au milieu d'un grand concours de populaire.

Quand toutes ces choses furent faites, le roi Louis, pour honorer davantage encore Gérard de Nevers, envoya quérir la reine et toutes les dames et baronesses du pays, et fit la solennité des noces, en tenant cour plénière pendant huit jours. Hérauts, ménétriers et trompettes crièrent à haute voix : « Largesse au roi Louis-le-Gros!... » Jamais plus dignes fêtes n'avaient couronné une plus digne existence que celle de Gérard et d'Euriant.

Le neuvième jour, la cour quitta Montargis.

Gérard prit congé du roi et de la reine, après les avoir chaudement remerciés des bienfaits et des honneurs qu'ils lui avaient prodigués. Ainsi fit la comtesse Euriant, sa mie. Puis, suivis du duc de Metz et du comte de Montfort, oncle d'Euriant, ils se mirent en route pour Nevers, où ils furent reçus avec de grandes acclamations de joie par les nobles, la bourgeoisie et le menu peuple.

Dix jours après, le duc de Metz et le comte de Montfort laissèrent à leur bonheur ces deux nouveaux épousés qui avaient une lune de miel à savourer. Ce fut vers le deuxième quartier de cette lune que Gérard songea à se rendre en sa comté de Forest pour recueillir les serments de fidélité des nobles hommes de ce pays et les gages d'obéissance des villes et châteaux qu'il renfermait. Cela fait, il revint en sa comté de Nevers, pour ne plus la quitter; ce fut là, au milieu de sujets tranquilles et respectueux et de vassaux fidèles et loyaux, qu'Euriant et lui coulèrent doucement, paisiblement, heureusement, les jours que la Providence leur avait réservés. Deux enfants mâles leur naquirent, tous deux très beaux, tous deux ressemblaient à Gérard autant qu'à Euriant, à Euriant autant qu'à Gérard. L'un s'appela Loys, et l'autre Gérard, et tous deux, croissant chaque jour en force et en beauté, devinrent bientôt les dignes continuateurs de la vaillance et de la gloire paternelles. Gérard put descendre en paix dans le cercueil : il revivait dans ses deux fils.

FIN DE GÉRARD DE NEVERS.

HISTOIRE

DE LA

COMTESSE DE PONTHIEU

Tirée d'un manuscrit du xııᵉ siècle, appartenant à la Bibliothèque Impériale, coté n° 455.

CHAPITRE PREMIER

Comment Thibault de Dommart, neveu du comte de Saint-Pol, épousa la fille du comte de Ponthieu.

u temps jadis vivait le comte de Ponthieu, prud'homme et vaillant homme, marié à une bonne dame qui lui avait donné une fille fort gente, destinée à hériter de leurs grands biens. Au même temps vivait, dans le voisinage, la dame de Dommart, sœur du comte de Saint-Pol, laquelle dame avait un fils, nommé Thibault, destiné à n'être qu'un pauvre bachelier la vie durant de son oncle.

La fille du comte de Ponthieu avait seize ans d'âge lorsque sa mère mourut. Le comte de Ponthieu, encore verdelet, se remaria pour ne pas laisser péricliter sa race, et, de cette nouvelle épousée, il eut un fils qui crût en force, biens et santé, comme un arbrisseau né de bonne terre.

Entre voisins de même rang, sinon de même fortune, les relations se nouent aisément. Au retour d'un tournoi, le comte de Ponthieu fit venir avec lui le jeune Thibault de Dommart, et, après l'avoir hébergé royalement pendant quelques jours, il finit par lui dire, en souriant malignement :

— Thibault, quel joyau de ma terre aimeriez-vous le mieux ?

— Sire, répondit Thibault, je ne suis qu'un pauvre bachelier ; mais, de tous les joyaux de votre terre, je n'en aimerais nul autant que la demoiselle votre fille.

— Je vous la donnerai volontiers, si cela vous peut faire plaisir et à elle aussi. Vous la voulez, il faut qu'elle vous veuille...

La conversation en resta là pour l'heure. Le soir, au souper, le comte de Ponthieu prit sa fille sur ses genoux, la baisa sur ses deux belles joues en fleur, et lui dit :

— Fille, vous plairait-il d'être mariée, aujourd'hui que vous êtes en âge de l'être ?...

— Sire, répondit la pucelle en rougissant de plaisir, à qui ?...

— Fille, à mon bon chevalier, Thibault de Dommart...

— Ah ! sire, si votre comté était un royaume, et qu'il dût venir force rois pour m'épouser, je les laisserais là pour choisir Thibault...

— Béni soit votre cœur et béni son choix, répondit le comte, joyeux, en embrassant de nouveau sa fille dont les vœux répondaient ainsi à ses vœux.

CHAPITRE II

Comment Thibault de Dommart et sa femme, après avoir fait tous leurs efforts pour obtenir un héritier, résolurent de s'adresser, à cet effet, à monseigneur Saint Jacques.

Le mariage se fit. Le comte de Ponthieu et le comte de Saint-Pol y assistèrent, et, avec eux, beaucoup de gentilshommes des environs. Les noces se passèrent joyeusement, au milieu de fêtes dont on parla longtemps dans le pays.

Thibault aimait sa femme, la jeune comtesse de Ponthieu. La jeune comtesse de Ponthieu aimait Thibault de Dommart, son mari. Tous deux jeunes, beaux, frais émoulus de l'adolescence, employèrent bravement les premières années de leur union, à seule fin de se donner un héritier du nom des Ponthieu, qui, malgré cela, s'obtina à ne pas paraître, on ne sait pourquoi. Le ciel ne le voulait pas, sans doute !

Ces deux jeunes épousés étaient très chagrins de cette malaventure, à laquelle ils ne comprenaient rien, ayant travaillé de leur mieux pour amener un résultat contraire à celui qui arrivait.

Une nuit donc, en virant de çà de là dans sa couche, messire Thibault se mit à réfléchir amèrement à cette situation anormale, pendant que sa dame, après y avoir sans doute réfléchi de son côté, dormait d'un sommeil agité et traversé.

— D'où vient donc, murmura-t-il, que j'aime tant cette dame, et que cette dame m'aime d'une égale ferveur, et que nous ne puissions obtenir nul héritier destiné à continuer notre race, et à réjouir notre vieillesse par des grappes de petits-fils pendus à nos jambes et à notre giron ?... Y a-t-il donc là-dessous quelque maléfice ?... Je ne vois que monseigneur saint Jacques qui puisse nous tirer de cette peine, ainsi qu'il a fait jusqu'ici pour tant d'autres qui lui ont demandé juste ce qui nous manque...

La jeune comtesse de Ponthieu se réveilla en cet instant. Thibault la serra tendrement contre sa poitrine, si tendrement même que la dame crut qu'il voulait faire une nouvelle tentative au sujet de ce

qui les préoccupait si fortement l'un et l'autre, et qu'elle s'y prêta de la meilleure grâce du monde.
— Dame, lui dit-il, je requiers de vous un don...
— Lequel, cher sire?... demanda-t-elle, disposée à ne lui rien refuser.
— Est-il bien vrai, tendre dame, que je l'obtiendrai?... Le cœur dément ce que la lèvre promet...
— Dites, cher sire, dites, et quel qu'il soit, ce don, si je puis vous l'accorder, je le ferai volontiers...
— Eh bien! chère dame, donnez-moi congé d'aller en dévotion auprès de monseigneur saint Jacques, afin qu'il nous envoie un héritier!...
— Ce don est on ne peut plus courtois et sage, je vous l'accorde de grand cœur et de grande joie... A une condition, cependant, et je ne suppose pas qu'elle vous doive être rude...
— Laquelle, chère dame?...
— C'est qu'à votre tour, cher sire, vous me donnerez congé de vous suivre en ce voyage que vous comptez entreprendre...
— Je vous remercie d'y avoir songé, chère dame ; je n'aurais point osé, de mon chef, vous le proposer, à cause de la longueur et des périls de ce voyage... Nous partirons ensemble, et le plus tôt que nous pourrons... Je voudrais déjà être en route!...

Le lendemain, les deux jeunes épousés commencèrent leurs préparatifs de départ, dont eut vent le vieux comte de Ponthieu, qui manda aussitôt Thibault auprès de lui.
— Thibault, lui dit-il, vous avez fait vœu d'accomplir un pèlerinage à saint Jacques?...
— Oui, sire, répondit Thibault.
— Je vous approuve. Et ma fille?...
— Elle part avec moi, sire...
— Thibault, de vous c'est bel et bon; mais de la part de ma fille cela me poigne...
— Je n'y puis rien, comte, elle l'a voulu.
— S'il en est ainsi, hâtez-vous, partez!... Palefrois, roussins, sommiers, joyaux et autre avoir, je vous fournirai tout, afin que vous ne manquiez de rien en chemin.
— Grand merci, sire, grand merci!...

Le comte de Ponthieu embrassa son gendre, et Thibault rejoignit sa dame, qui n'avait fait que hâter les préparatifs de leur départ.

Deux jours après, ils se mettaient en route pour faire visite à monseigneur saint Jacques, le saint le plus estimé des pèlerins et des pèlerines.

CHAPITRE III

Comment Thibault et sa femme, après avoir imprudemment envoyé en avant les gens de leur suite, se trouvèrent tous deux fort embarrassés, en pleine forêt, pour prendre la meilleure de deux voies qu'ils avaient devant eux.

Quelques semaines après, le jeune couple approcha de monseigneur saint Jacques, mais sans savoir exactement de quel côté se diriger pour l'atteindre.

Comme il était tard, lorsqu'il arriva dans une ville inconnue de lui, Thibault résolut de s'arrêter dans une hôtellerie et, une fois hébergé, ainsi que sa femme et leur suite, il s'enquit, auprès de l'hôte, du chemin à prendre pour toucher enfin au terme de leur pèlerinage.

— Sire, répondit l'hôte, demain, au petit jour, vous sortirez de notre ville et vous trouverez une épaisse forêt, que vous traverserez... C'est là le plus difficile, car, au bout de cette forêt, se trouve une voie large et belle dans laquelle vous chevaucherez à votre aise.

Thibault remercia, se coucha et s'endormit auprès de sa belle compagne, qui déjà dormait d'un profond somme. Ce n'était pas là, on en conviendra, le moyen de venir en aide à monseigneur saint Jacques; car ce grand saint voulait bien assister les époux dans l'embarras, mais à la condition, cependant, qu'ils s'assisteraient préalablement eux-mêmes. Les saints auraient trop de besogne, en vérité, s'ils étaient forcés de faire la besogne des autres!...

Thibault s'endormit donc. A la pointe du jour il s'éveilla, la tête lourde et le sang pesant. Par ainsi, il résolut de se reposer encore quelques heures.

— Ami, dit-il à son chambellan, qui était couché dans une chambre voisine, lève-toi et fais lever les gens de notre suite. Tu leur indiqueras le chemin à prendre, qui est celui de la forêt, en sortant de cette ville, puis tu reviendras et nous partirons les derniers, ma dame, toi et moi. Je ne me sens pas encore assez vaillant pour mettre un pied devant l'autre... J'attendrai qu'une heure ou deux de bon sommeil m'aient réconforté...

Cela fut exécuté comme il le désirait. Tous les gens de sa suite, fors son chambellan, prirent les devants avec les sommiers et les provisions, après avoir appareillé les palefrois destinés à la jeune comtesse, à Thibault de Dommart et à son chambellan : ils allèrent leur voie.

Peu de temps après, quoiqu'il ne se sentît pas beaucoup mieux, Thibault se leva, fit lever sa femme, et tous deux descendirent. Le chambellan les attendait dans la cour de l'hôtellerie, tenant les palefrois en laisse. On monta dessus et l'on sortit de la maison, puis de la ville.

La matinée était très belle et très riante. Des souffles âpres, des senteurs agrestes et fortifiantes venaient emplir les poumons de nos trois voyageurs, et la jeune comtesse regardait par instants son époux, en soupirant, d'un air qui voulait dire qu'avec une journée comme celle qui s'apprêtait, point n'était besoin d'aller demander à monseigneur saint Jacques ce que Nature pouvait aisément leur donner. Mais Thibault avait son idée arrêtée là-dessus : il voulait tout devoir à monseigneur saint Jacques.

On entra dans le plus épais de la forêt.

— Ami, dit Thibault au chambellan, joue des éperons, et atteins nos gens qui ne doivent pas être bien loin, puisqu'ils n'ont pris qu'une heure d'avance sur nous et qu'ils doivent nous attendre au milieu de la voie... Tu les ramèneras jusqu'ici, où nous allons t'attendre, parce qu'en pareille forêt, vilaine chose est à une dame comme la mienne de chevaucher en petite compagnie...

Le chambellan obéit, piqua des deux et disparut. Thibault et sa femme continuèrent tranquillement leur route jusqu'à un carrefour où aboutissaient deux voies.

— Deux voies! s'écria Thibault, étonné désagréablement. Deux voies!... Notre hôte m'en avait annoncé une seule... Comment faire ?... Dame, laquelle prendre ?...

— La bonne, cher sire, s'il plaît à Dieu !... répondit la gente dame.

Cette réponse n'était pas de nature à éclairer Thibault. Il descendit de cheval pour examiner de plus près les deux routes et tâcher de surprendre quelques indices qui pussent le guider dans le choix qu'il avait à faire. L'une était fausse et l'autre vraie ; mais laquelle fausse, et laquelle vraie ?...

Cette forêt était hantée par des larronneurs qui, pour mieux tromper et dévoyer les pèlerins et les chevaucheurs, avaient aménagé la fausse route au préjudice de la bonne, de façon que le regard y faillît. La bonne était en apparence étroite et malaisée, impraticable aux honnêtes gens. La fausse, au contraire, était large, souriante, avenante et semblait perfidement inviter les passants à la prendre.

Thibault prit cette voie-là, se croyant bien inspiré du ciel.

CHAPITRE IV

Comment Thibault, en croyant de deux voies prendre la meilleure, se trompa, et de la vilaine rencontre qui en fut la conséquence.

omme il arrive presque toujours, lorsque l'on choisit, c'est-à-dire lorsque l'on hésite, Thibault prit précisément la mauvaise voie. Cette belle route si appétissante qui l'avait appelé et qu'il avait suivie, parce qu'il l'avait jugée, par ses abords, large et fleurie jusqu'au bout, cette belle route commença bientôt à se rétrécir et à se faire âpre et pénible.

Thibault, devant les obstacles renaissants sous ses pas comme autant de têtes de l'hydre de Lerne, comprit qu'il s'était fourvoyé, et, sans plus tarder, il se décida à rebrousser chemin.

Il était trop tard. En se retournant, il se trouva face à face avec quatre grands gars, montés sur de grands diables de chevaux, et la lance au poing. Quatre hommes armés, c'était trop pour Thibault qui avait à protéger les jours de la dame ; il volta, décidé à continuer cette mauvaise voie jusqu'au bout. Il se trouva face à face avec quatre autres gars, semblables d'allures aux quatre précédents.

La jeune comtesse de Ponthieu, à l'aspect des quatre premiers, avait poussé un cri étouffé ; à l'aspect des quatre autres, elle pâlit et se pâma sur sa selle.

— Dame, ne vous effrayez point, je vous prie, lui dit Thibault. Cela ne sera rien !...

La comtesse de Ponthieu n'entendait plus.

Puis Thibault salua courtoisement les hommes de sinistre apparence qu'il avait à ses côtés et leur demanda ce qu'ils lui voulaient.

— Vous allez le savoir ! lui répondit l'un de ces vilains gars, en fondant sur lui comme épervier sur bec-figue, et en essayant de lui donner un coup mortel avec sa grande lance.

Thibault para, en baissant le corps sur le cou de son cheval : la lance passa au-dessus de sa tête sans l'atteindre. L'homme revint : Thibault le tua. Mais il en restait sept : Thibault, malgré toute sa vaillance, n'en put tuer que deux en tout, de manière qu'il en restait encore cinq, et cinq qui avaient à venger la mort de leurs compagnons. Thibault fut assailli, son cheval fut percé de coups, et lui-même reçut quelques blessures, dont aucune mortelle, fort heureusement. Le pauvre garçonnet n'avait plus ni épée, ni arme dont il pût se défendre : il succomba sous le nombre. Les robbeurs le dépouillèrent jusqu'à la chemise, lui enlevèrent manteau, housses et éperons, et, de la courroie de sa propre épée, lui lièrent pieds et poings ; puis, dans cet état, nu et meurtri déjà par les coups de lance qu'il avait reçus, ils le jetèrent sur un buisson de ronces sauvages.

Après Thibault, ce fut le tour de sa mie, qui pleurait et se lamentait, ce qui ajoutait encore à ses charmes particuliers. Les hommes aiment beaucoup à voir pleurer les femmes !

Ils la firent descendre de son palefroi, qu'ils tuèrent au préalable, pour qu'il ne prît pas la fuite, et elle avec lui ; puis la dépouillèrent comme ils avaient dépouillé son mari, et ils s'aperçurent avec plaisir qu'elle était encore plus belle qu'ils n'avaient osé l'espérer. Ils avaient jeté le mari sur un lit de ronces ; autre fut leur projet à propos de la femme.

— Seigneur, dit l'un des larronneurs à un de ses compagnons, qui paraissait être le chef ; seigneur, j'ai eu tout à l'heure mon frère tué par son mari : en retour, je la réclame pour en faire ma volonté et mon plaisir...

— Seigneur, dit un second larronneur, j'ai eu mon cousin-germain tué par son mari : en retour, je la veux pour en faire à mon aise et souhait...

— Seigneur, dit un troisième, je n'ai eu ni frère, ni cousin de tué par le mari de cette gente dame, mais j'ai été blessé grièvement par lui : en récompense de ce, je demande à être le premier à en faire à mon contentement...

— Mes amis, répondit le chef, je comprends que vos regards s'allument, et, avec vos regards, vos désirs !... Cette dame est un morceau de roi, en effet... Ne sommes-nous pas les princes de la forêt ?... Emmenons-la donc dans un coin et faisons-en notre régal le plus fraternellement du monde. Elle ne sera ni à celui-ci ni à celui-là : elle sera à tous. Quand nous en aurons fait nos volontés, nous la remettrons dans la bonne voie, en priant le ciel qu'il la conduise saine et sauve au port...

Ce projet convint à tout le monde, excepté à la jeune comtesse de Ponthieu, qui, pâle et les dents serrées, contemplait cette scène d'un air navré.

CHAPITRE V

Comment la jeune comtesse de Ponthieu, mise à mal par quelques forcenés, voulut tuer son mari, qui n'en accomplit pas moins son pèlerinage à Saint-Jacques.

Thibault était toujours sur son lit de ronces. Au bout d'une heure environ, il vit revenir la comtesse de Ponthieu, sa femme.

— Pour Dieu ! dame, lui dit-il, déliez-moi ; car toutes ces ronces m'entrent partout dans la chair et me font effroyablement souffrir...

— Je vais vous délier de la vie, murmura la jeune dame, en allant ramasser sur l'herbe une épée qui avait appartenu à l'un des larrons tués par son mari, et en revenant vers lui, cette épée à la main.

Thibault, qui suivait attentivement les mouvements de sa femme, devina à sa pâleur et à l'étrangeté de sa face le coup qu'elle méditait. Il étendit le bras, pour n'être point tué...

L'épée s'abattit, non sur sa tête, mais sur ses bras, qui furent ainsi déliés.

— Dame, lui dit-il alors gravement, s'il plaît à Dieu, vous ne me tuerez jamais!...

— Certes, répondit la comtesse, et j'en suis fâchée!...

Lors il lui reprit l'épée, lui mit la main sur l'épaule, et la poussant doucement devant lui, il la reconduisit dans le bon chemin, où l'attendaient son chambellan et les gens de sa suite.

— Qu'avez-vous donc, sire? lui demandèrent-ils en le voyant ainsi dévêtu et ensanglanté.

Thibault raconta tout ce qui était arrivé; tout fors le principal, la chose qui lui tenait le plus à cœur, ainsi qu'à sa femme. Il est quelquefois utile de ne pas dire toute la vérité.

Une fois dans la bonne voie, on ne la quitta plus, et l'on chevaucha du plus vite que l'on put jusqu'à la ville prochaine, où l'on arriva à la vesprée.

— N'y a-t-il pas en cette ville quelque maison de religion où l'on puisse laisser une dame? demanda Thibault à son hôte, lorsque tout le monde fut couché.

— Vous ne pouvez pas mieux tomber, répondit l'hôte; il y a précisément une abbaye à quelques pas d'ici. Votre dame y sera bien : la maison a bonne odeur de piété...

— Je vous remercie, dit Thibault.

Le lendemain il se rendit à l'abbaye avec la jeune comtesse de Ponthieu.

— Sainte dame, dit-il à l'abbesse, voulez-vous me permettre de vous confier ce que j'ai de plus cher au monde? Je vais en pèlerinage à Saint-Jacques, pour accomplir un vœu et demander une grâce... Ma dame que voici est fatiguée : elle ne peut aller plus loin. Elle retrouvera, je l'espère, dans votre sainte maison, le repos du corps et de l'âme dont elle peut avoir besoin.

— J'y consens volontiers, répondit l'abbesse.

Messire Thibault remercia et prit congé, après avoir laissé à l'abbaye quelques-uns de ses gens, pour le service de la comtesse de Ponthieu.

Son pèlerinage s'accomplit dévotement, bien qu'il n'eût plus maintenant les mêmes raisons de le faire. En revenant, il reprit la comtesse de Ponthieu en l'abbaye où il l'avait laissée, et la ramena en son pays, en grand honneur et grande joie, comme auparavant, sauf qu'il n'alla plus jamais dormir dans le même lit, avec elle.

CHAPITRE VI

Comment, en interrogeant son gendre sur les aventures de son voyage, le comte de Ponthieu apprit ce qui était arrivé, et comment il résolut de punir sa fille.

Un pareil retour devait être fêté : il le fut. Dames et demoiselles félicitèrent la jeune comtesse de Ponthieu. Le comte de Saint-Pol et le vieux comte de Ponthieu complimentèrent Thibault de Dommart.

Il y eut force danses, festins et réjouissances. A l'issue d'un de ces prandions, le comte de Ponthieu dit au mari de sa fille :

— Thibault, mon beau-fils, vous ne nous avez raconté aucune des aventures que vous avez eues durant votre voyage... Si vous n'en avez pas eu, vous en avez du moins entendues...

— Sans doute, répondit le jeune homme, mais je ne puis vous dire cela en l'oreille de tant de monde...

Le comte, qui était curieux, se leva aussitôt de table, prit le bras de son gendre et le mena dans le jardin.

— Contez, beau-fils, contez maintenant, lui dit-il.

Thibault alors lui raconta tout ce qui leur était arrivé, à sa femme et à lui, mais sans la nommer ni lui non plus.

— Qu'a fait le chevalier de sa dame, après cette aventure? demanda le comte de Ponthieu, que ce récit avait l'air d'intéresser.

— Il l'a ramenée en son pays en grande joie et grand honneur, répondit Thibault; il a vécu avec elle comme auparavant, sauf qu'il n'a plus voulu dormir dans le même lit qu'elle...

— C'est encore un bon homme que votre chevalier! reprit le comte avec une moue méprisante. A sa place, moi, j'eusse branché sans pitié la donzelle... Oui, sur ma foi! beau-fils, je l'eusse pendue à la branche d'un arbre de la forêt, avec les tresses de la ronce ou avec la courroie même qui liait son ami... J'eusse fait cela, vous dis-je, et tout autre l'eût fait à ma place... C'est pour cela que je ne crois guère à la bonhomie de votre chevalier...

— Vous y croirez peut-être, comte, lorsque la dame de ce chevalier en témoignera elle-même devant vous, répliqua Thibault.

— Quoi! fit le comte, étonné. Quel chevalier est-ce donc?

— C'est moi, comte, répondit tranquillement Thibault.

— Vous?... Alors, cette dame, c'est ma fille?...

— Elle-même, comte.

— Thibault, dit le comte de Ponthieu, blême de colère, vous vous êtes vengé, puisque vous me l'avez ramenée.

Tout aussitôt il appela sa fille, qui accourut.

— Fille, lui demanda-t-il, est-ce vrai ce que vient de me raconter Thibault de Dommart?...

— Que vous a-t-il raconté, mon père?...

— Que vous avez voulu le tuer pendant qu'il avait pieds et poings liés et qu'il était gisant, nu, sur un buisson de ronces...

— Oui, sire, répondit la dame.

— Pourquoi avez-vous voulu faire cela?...

— J'ai voulu le faire, sire, et je regrette de ne l'avoir pas fait : voilà tout ce que je puis vous dire.

— C'est bien ; retirez-vous!...

La jeune comtesse de Ponthieu se retira.

— Il faut qu'elle meure!... dit son père d'une voix grave à Thibault, qui s'inclina.

CHAPITRE VII

Comment le comte de Ponthieu, Thibault de Dommart et la comtesse de Ponthieu s'embarquèrent sur une nauf; et comment, une fois en pleine mer, le comte de Ponthieu fit entrer sa fille dans un tonneau, et la jeta après dans les flots.

Deux jours après, le vieux comte de Ponthieu, son gendre et sa fille, s'embarquèrent sur une nauf conduite par quelques mariniers à leur dévotion. On gagna la pleine mer, afin de perdre de vue les côtes, et quand le comte jugea qu'on en était suffisamment éloigné, il fit approcher du bord de la nauf un tonneau d'une forte capacité, en enleva l'un des fonds et pria la jeune comtesse de Ponthieu d'entrer dedans. Elle y consentit, résignée. Quand elle y fut installée, tant bien que mal, le vieux comte remit le couvercle, ferma le tout hermétiquement, et poussa le tonneau dans la mer, en le recommandant aux flots et aux vents...

Puis la nauf se mit à nager rapidement et à regagner la terre, pendant que le tonnelet nageait de son côté, dans une direction opposée. A force de nager ainsi, le tonneau fut rencontré par une nauf marchande, qui venait de Flandres et s'en allait en terre sarrasine pour commercer et échanger.

— Quelle est cette épave? se dit le patron de la nauf, en apercevant le tonneau qui flottait tranquillement sur les flots.

— C'est un tonnelet vide! répondit un marinier. Si nous l'avions céans, il nous pourrait être de quelque utilité; nous n'en avons pas embarqué beaucoup.

On nagea vers le tonneau, on l'atteignit, et, une fois dans la nauf, on le défonça pour savoir s'il contenait ou non quelque chose! Ils furent bien ébahis, on le comprend, en apercevant une femme quasi morte, faute d'air.

La comtesse de Ponthieu n'était pas reconnaissable. Son cou, gracieux et plein d'ondulations charmantes, ordinairement, était à cette heure gonflé démesurément et tuméfié. Ses belles lèvres, rouges de santé, étaient en ce moment rouges de sang jailli. Ses beaux yeux, si doux, étaient alors injectés et retournés. Les mariniers flamands furent sur le point de la rendre aux flots à qui ils l'avaient prise. Mais, par bonheur, l'air vif de la mer, les senteurs salées et salutaires qui chargeaient l'atmosphère, produisirent sur cette jeune femme un effet remarquable et amenèrent en un clin d'œil un changement complet de physionomie. La poitrine s'agita, les narines s'ouvrirent pour boire l'air, le jeu de la respiration s'établit, la vie revint. Les marchands, agréablement étonnés, l'entourèrent pour l'examiner avec curiosité, et ils l'interrogèrent pour savoir d'elle la cause de la position dans laquelle on l'avait trouvée.

D'abord, la comtesse de Ponthieu ne put pas répondre, suffoquée qu'elle était encore. Peu à peu cependant, grâce aux soins qu'on lui porta, la parole lui revint, avec les forces.

— C'est par suite d'une grande aventure et d'un grand forfait que vous m'avez trouvée prisonnière dans ce tonnelet, répondit-elle mélancoliquement.

— Quelle aventure et quel forfait?... demanda le patron de la nauf flamande, qui s'intéressait à cette jeune femme, depuis qu'elle était désenflée.

— Ce serait bien long à vous raconter et je suis bien faible, fit observer la comtesse de Ponthieu.

Le patron de la nauf, quoique homme de mer et commerçant, avait de la courtoisie pour les dames : il n'insista pas, et se contenta bel et bien de cette réponse, très insuffisante cependant.

La femme de Thibault but, mangea, dormit, et reprit ainsi petit à petit possession d'elle-même, c'est-à-dire de sa jeunesse et de sa beauté.

La nauf flamande allait toujours son chemin, pendant ce temps-là. Les jours succédaient aux jours. Elle mouilla enfin dans le havre d'Aumarie, où elle jeta l'ancre. Puis les mariniers qui la montaient abordèrent avec la comtesse de Ponthieu.

— Qu'allons-nous en faire?... se demandèrent-ils un peu embarrassés. Une femme est d'une défaite difficile, en ces pays!...

— Vendons-la! proposa l'un d'eux.

— Ne la vendons pas, dit le patron de la nauf, et offrons-la en présent au soudan d'Aumarie... Cela arrangera merveilleusement nos affaires, et nous obtiendrons ainsi qu'il ferme les yeux sur les côtés illicites de notre petit trafic!... Est-ce convenu, mes compagnons?...

— Convenu! répétèrent les mariniers flamands, dont quelques-uns parlaient la langue sarrasinoise.

CHAPITRE VIII

Comment la comtesse de Ponthieu, sauvée par des mariniers, fut offerte par eux au soudan d'Aumarie qui lui fit apprendre le sarrasinois, l'épousa, et en eut deux enfants.

On conduisit donc la belle comtesse de Ponthieu au palais du soudan, en le suppliant de l'accepter. Le soudan était jeune; il se servit de ses yeux pour voir que la femme qu'on lui offrait en avait de très beaux : il l'accepta avec plaisir.

— Quelle est-elle? demanda-t-il aux mariniers de la nauf flamande.

— Sire, nous ne savons, répondirent-ils; nous l'avons rencontrée voguant en pleine mer dans un tonnelet où elle était mal à l'aise; nous l'avons recueillie et soignée, et nous vous l'avons amenée, à cause de sa beauté sans pareille...

— Vous avez bien fait, dit le soudan en les congédiant, après toutefois les avoir récompensés comme il convenait.

Les mariniers partis, le soudan fit demander à la comtesse de Ponthieu, par ses latiniers, de quel lignage et pays elle était. Elle feignit de ne pas comprendre, afin de n'avoir pas à trahir la vérité. Le soudan fut obligé de s'en tenir aux conjectures, et il les fit assez favorables.

— Cette gente femme est de haut parentage, dit-il. Cela se voit dans son air, qui n'a rien de pauvret, ni d'humble. Seulement, je penche à croire qu'elle est chrétienne, et cela me chagrine.

Lors, il commanda à ses latiniers d'interroger de nouveau sa captive et de lui demander si elle était chrétienne.

— Oui, répondit la comtesse de Ponthieu.

— Je m'en doutais, dit le soudan. Eh bien! qu'elle laisse là sa religion et embrasse la mienne, je l'en récompenserai!...

Les latiniers traduisirent à la comtesse la proposition de leur seigneur. Elle rougit et fut tentée de refuser, tout d'abord. Mais elle n'était pas assez nicette pour ne pas comprendre que mieux valait encore céder à l'amour qu'à la force. Elle répondit qu'elle se déchrétienniserait volontiers pour plaire à son maître, qui fut ravi de cette réponse.

A partir de ce jour, la jeune et belle comtesse fut installée en souveraine dans le palais du soudan, qui, plein d'impatience d'obtenir d'elle, en sarrasinois, l'aveu de son amour, lui donna ses latiniers pour lui apprendre la langue du pays. La comtesse était habile : elle apprit vite, et, le premier usage qu'elle fit de sa connaissance du sarrasinois, fut de remercier tendrement le soudan de ses bons offices.

Le soudan, enchanté, l'épousa incontinent. Un an après, la comtesse accoucha d'un fils; puis, l'année suivante, d'une fille, qui tous deux parlèrent sarrasinois comme père et mère.

CHAPITRE IX

Comment, au bout de deux ans et demi, le vieux comte de Ponthieu, son jeune fils et son gendre, se firent croisés et partirent pour la Terre-Sainte ; et comment, au retour, une tempête les jeta sur les côtes d'Aumarie, où ils furent le point d'être martyrisés.

Deux ans et demi s'étaient écoulés depuis l'abandon en mer qu'avaient fait de leur fille et femme, le comte de Ponthieu et Thibault de Dommart. Ces deux hommes avaient fait là une action grave, que, par moments, ils se reprochaient comme vilaine action. Le père songeait souvent à sa fille, et le mari souvent à sa femme; Thibault, pour sa part, n'osait pas se remarier, quoiqu'il fût certain de la mort de la comtesse, son ancienne mie.

Un jour, n'y pouvant plus tenir, le vieux comte de Ponthieu alla trouver l'archevêque de Rouen et, après s'être confessé à lui, il prit la croix pour se rendre en Terre-Sainte. Thibault de Dommart, voyant son beau-père croisé, fit ce qu'il avait fait; et, à son tour, le fils du comte de Ponthieu voyant que son père et son beau-frère avaient pris la croix, les imita, par amour pour eux.

Tous trois partirent pour les Lieux-Saints, qu'ils visitèrent dévotement en remords de l'action commise à l'encontre de la jeune comtesse de Ponthieu.

Au bout d'un an de ce pèlerinage, ils se décidèrent à revenir, et, pour ce faire, s'embarquèrent au havre de la ville d'Acre, sur une nauf montée par un assez grand nombre de passagers et de mariniers. Une fois qu'ils eurent gagné la haute mer, d'horribles vents vinrent les assaillir, eux et tout l'équipage. Chacun crut à un naufrage prochain, et chacun recommanda son âme à Dieu. Leurs prières furent entendues, à ce qu'il paraît, car bientôt la tempête s'adoucit, la nauf reprit sa route sans trop de malencontre, mais sans trop savoir dans quels parages elle louvoyait.

Le lendemain, au point du jour, la nauf entra dans le havre d'Aumarie, et fut incontinent entourée par des galiotes et autres bateaux sarrasinois, qui la capturèrent. Tous les passagers et mariniers furent conduits devant le soudan, qui les envoya en prison après s'être emparé de leurs richesses. Le comte de Ponthieu et ses deux fils se tenaient si étroitement accolés, en paraissant devant le seigneur d'Aumarie, qu'il ordonna qu'ils fussent mis dans une geôle spéciale, à part des autres passagers.

Quelque temps après, le soudan donna une grande fête en l'honneur du jour de sa naissance. Deux ou trois de ses vassaux lui demandèrent des captifs chrétiens pour les martyriser. Pour leur complaire, il envoya chercher d'abord le vieux comte de Ponthieu, qui vint triste et marmiteux, comme un homme rassasié de la vie.

La femme du soudan sentit son cœur se serrer à l'aspect de son père qu'elle croyait si loin.

— Sire, dit-elle au soudan, je sais parler le français. Si vous le voulez permettre, je vais parler à ce pauvre vieil homme.

— Dame, j'y consens volontiers, répondit le soudan.

L'ancienne mie de Thibault de Dommart s'approcha alors de son père, qui ne la reconnut pas, et elle lui demanda en tremblant beaucoup :

— D'où êtes-vous, pauvre vieil homme? Quel pays vous a vu naître?...

— Dame, répondit le comte, étonné d'entendre une Sarrasine parler sa propre langue, je suis né dans une partie de la France qui s'appelle la terre de Ponthieu, dont j'étais comte à mon départ pour la Terre-Sainte...

La femme du soudan tressaillit. D'abord, elle avait douté; maintenant elle ne doutait plus : ce vieillard si triste était bien son père!

— Sire, dit-elle en revenant vers son mari, donnez-moi ce captif, je vous prie. Il sait jouer les tables et des échecs : il nous apprendra ces jeux-là et nous tiendra compagnie aux heures d'ennui.

— Je vous le donne, chère dame, répondit le soudan, qui ne savait rien refuser à sa femme.

La femme du soudan fit conduire son père dans sa chambre, et elle demanda qu'on le remplaçât par un autre captif; quelques minutes après, les geôliers amenèrent Thibault de Dommart, pâle, maigre et décharné. La femme du soudan tressaillit une seconde fois, et, une seconde fois, elle demanda à son mari la permission de parler encore à ce captif.

— D'où êtes-vous, pauvre homme? lui demanda-t-elle.

— Je suis de la terre de Ponthieu qui appartient au vieux comte, dont j'ai épousé la fille...

— Sire, dit-elle en revenant vers le soudan, je vous demande encore celui-là. Il nous distraira.

— Bien volontiers, répondit le soudan.

Thibault de Dommart alla rejoindre son beau-père, sans rien comprendre à la faveur dont ils étaient l'objet l'un et l'autre.

Les vassaux du soudan commencèrent à murmurer.

— Allez à la geôle et amenez-nous un autre captif, dit le seigneur d'Aumarie à ses serviteurs.

Quelques minutes après, parut le jeune fils du comte de Ponthieu, le frère puîné de la comtesse. Il était pâle et défait, le pauvre garçonnet.

— Sire, dit la femme du soudan en s'adressant pour la troisième fois à son mari, je vous demande encore celui-là : c'est le dernier !...

— Par Mahom! répondit courtoisement le soudan, si j'en avais cent à vous offrir, et qu'ils vous plussent, je vous les offrirais de bon cœur.

Le jeune fils du comte de Ponthieu alla rejoindre son père et son beau-frère.

D'autres captifs furent amenés devant le soudan ; mais, cette fois, comme la comtesse ne les connaissait mie, elle les livra à leurs bourreaux, pour les martyriser à leur aise.

CHAPITRE X

Comment la jeune comtesse de Ponthieu, après avoir sauvé de mort les trois captifs, les sauva aussi de faim et de soif ; et comment, au bout de quelque temps, elle leur apprit qu'elle n'était pas morte, comme ils le croyaient.

Bientôt la comtesse de Ponthieu vint dans sa chambre, où étaient les trois captifs.

— Dame, lui dit le vieux comte en l'apercevant, quand se décidera-t-on à nous tuer ?...

— Ce ne sera pas de sitôt, vieil homme, répondit la comtesse, émue.

— Cela nous poigne, reprit le vieux comte, car nous avons une faim si cruelle que le cœur nous en part !... Voilà quelques jours qu'on a oublié de nous donner à manger, sans doute pour que nous soyons plus faibles et plus humiliés devant le supplice qu'on nous prépare...

La comtesse, remuée jusqu'aux entrailles, courut chercher quelques viandes qu'elle découpa elle-même et qu'elle leur distribua à petites doses pour ne les point étouffer ; puis elle leur donna à boire. Quands ils eurent bu et mangé, les trois captifs eurent plus soif et plus faim qu'auparavant. La comtesse de Ponthieu ne perdit pas courage : elle recommença vingt fois à leur donner à manger, en leur mesurant parcimonieusement les morceaux.

Cela dura ainsi pendant huit jours, au bout desquels la force et la santé revinrent aux trois captifs. La comtesse cessa alors de les traiter aussi maternellement qu'elle l'avait fait jusque-là : elle leur abandonna viandes et boire, pour qu'ils en agissent à leur fantaisie et à leur appétit. Puis, pour distraction à l'isolement et à la claustration dans lesquels ils étaient forcés de vivre, elle leur fit donner des tables et des échecs, ce dont ils furent aises. Ils regrettaient bien encore le pays de Ponthieu, mais ils le regrettaient moins.

C'était plus qu'une distraction que leur procurait là la femme du soudan : c'était un bonheur. Sa venue était attendue par eux avec impatience, son départ salué avec regret. Ils ne connaissaient pas cette femme, du moins ils croyaient ne pas la connaître ; mais c'était la seule créature de ce pays qui ne parlât pas sarrasinois pour eux. Elle avait beau être dame et maîtresse d'Aumarie, elle était leur compatriote puisqu'elle parlait la même langue qu'eux.

Le soudan eut une guerre à soutenir contre un voisin turbulent. La comtesse le sut, et elle alla incontinent trouver les trois captifs. Ils jouaient au moment où elle entra : ils se levèrent avec empressement, le vieux comte excepté, à cause de son âge.

— Seigneur, dit-elle en s'asseyant à quelques pas du vieil homme, vous m'avez dit une partie de votre histoire, mais vous ne m'avez pas tout dit. Je veux savoir le reste.

— Je suis prêt à vous le conter, répondit le vieil homme.

— Je veux savoir le vrai, non le faux, je vous en avertis, et ne croyez pas qu'il soit facile de me tromper !... Je suis Sarrasine, d'abord ; puis j'ai l'art de lire dans les yeux et dans les cœurs. Recommandez donc à vos lèvres de ne pas hésiter, à votre langue de ne pas fourcher, car jamais vous n'aurez été aussi près d'une mort honteuse qu'au moment où vous répondrez faussement.

— Par ma foi ! répondit le vieux comte, je ne farderai pas un mot, pas une chose, je vous le promets.

— Vous m'avez dit que vous étiez le comte de Ponthieu, que cet homme-ci était le mari de votre fille, et ce jouvenceau votre fils ?...

— Je suis en effet le comte de Ponthieu, cet homme-ci est en effet mon gendre, ce jouvenceau est en effet mon fils.

— Votre fille, que ce chevalier avait épousée, qu'est-elle devenue ?

— Dame, j'ai grande crainte qu'elle ne soit morte.

— Comment est-elle morte ?

— Dame, par suite d'une faute qu'elle avait faite, d'un crime qu'elle avait eu la pensée de commettre.

— Quelle faute ?... Quel crime ?...

Lors le vieux comte raconta à la femme du soudan le pèlerinage à monseigneur saint Jacques, de sa femme et de son gendre, pour obtenir, par l'intercession de ce grand saint, un héritier qu'ils ne pouvaient obtenir, ni l'un ni l'autre, par les moyens ordinaires. Il lui dit comment, ayant traversé une forêt encoquinaillée, son gendre avait été attaché nu sur un buisson de ronces, et sa femme outragée vilainement devant lui par cinq abominables soudards. Il ajouta, qu'après le départ de ces misérables, Thibault avait prié sa femme de venir le délivrer et que, sous mine d'aller lui couper les courroies qui le retenaient au buisson de ronces, elle avait tenté de le tuer, ce à quoi il s'était exposé.

— Je sais bien pourquoi la comtesse de Ponthieu voulait tuer son mari, dit alors la femme du soudan, en interrompant le vieux comte dans son récit.

— Pourquoi, dame ?..... demanda ce dernier, étonné.

— Parce que la jeune comtesse de Ponthieu avait grande honte d'avoir été vue par son mari dans l'outrageuse position où ces misérables larronneurs l'avait mise. Une femme ne pardonnera jamais cela, malgré son amour pour son mari, et précisément, même, à cause de son amour pour lui...

— Hélas ! murmura Thibault, les yeux mouillés de larmes amères. Hélas ! quelle faute y avait-il donc pour elle là dedans ?... Pourquoi est-elle morte aujourd'hui? Je lui aurais dit cela et tout aurait été oublié!...

— La croyez-vous morte ou vive? demanda la femme du soudan.

— Nous ne savons lequel des deux, à vrai dire, répondit le vieux comte de Ponthieu. Ce que je sais bien, c'est que nous avons tiré d'elle et de sa faute une bien cruelle vengeance!...

— Oui, bien cruelle!... répéta Thibault.

— Bien cruelle!... répéta le jeune frère de la comtesse de Ponthieu.

— Et si le ciel voulait qu'elle eût échappé à cette vengeance, et que vous pussiez avoir de bonnes nouvelles d'elle, qu'en diriez-vous?... demanda la femme du soudan.

— Dame, répondit le vieux comte, cela me causerait une joie plus grande encore que celle que j'éprouverais à sortir de cette prison!...

— Dame, répondit messire Thibault, je serais plus heureux d'apprendre cela que je ne pourrais l'être à posséder la plus belle femme du monde et le royaume de France avec elle!...

— Dame, répondit le jouvenceau, on ne pourrait certes me donner ou promettre quoi que ce soit dont je fusse tant aise!...

Quand la femme du soudan entendit cela, son cœur se fondit.

— Dieu soit loué et remercié!... s'écria-t-elle, attendrie.

Puis, se tournant vers les captifs :

— Il n'y a aucune feintise en vos paroles? demanda-t-elle.

— Aucune, dame, nous le jurons! répondirent les trois captifs d'une seule voix.

La femme du soudan se prit alors à pleurer de joie et de tendresse.

— Sires, reprit-elle à travers ses larmes, je puis donc vous dire, à cette heure, que vous êtes, vous mon père, vous mon baron, vous mon frère!...

La joie et l'étonnement des trois captifs furent grands en entendant cet aveu inattendu. Ils firent mine empressée de se jeter à ses genoux : elle les en empêcha, en leur disant :

— Je suis Sarrasine, à présent... Je vous prie de garder secret muré sur ce que vous avez entendu, et de vous conduire avec moi comme si vous ne me connaissiez pas autrement. Je vais maintenant vous dire pourquoi je suis venue aujourd'hui vers vous... Le soudan, mon sire, doit aller en une vilaine guerre que lui fait un soudan voisin de son pays. Comme je vous connais bien, j'ai voulu vous procurer l'occasion de guerroyer avec lui et pour lui...

Cela dit, et avant que les captifs eussent pu lui répondre, la jeune comtesse de Ponthieu se retira pour se rendre auprès du soudan d'Aumarie.

CHAPITRE XI

Comment la comtesse de Ponthieu fit combattre Thibault de Dommart contre les ennemis du soudan d'Aumarie; et comment, après cela, elle demanda à ce dernier la permission de s'éloigner de lui.

Arrivée auprès du soudan d'Aumarie, la jeune comtesse de Ponthieu lui dit :

— Cher sire, l'un de mes captifs a entendu parler de la vilaine guerre que vous fait le soudan votre voisin, et de celle que vous allez entreprendre en réponse, et il m'a déclaré qu'il irait volontiers avec vous, s'il en avait la permission.

— Chère dame, répondit le soudan, cela serait imprudent et fol de ma part. Ces captifs sont chrétiens et me peuvent faire fausseté...

— Cher sire, n'ayez crainte! Celui que je vous donne pour aide a deux répondants, les deux autres captifs. S'il vous méfaisait, par hasard, je ferais pendre incontinent ses deux compagnons...

— Puisqu'il en est ainsi, chère dame, je consens à l'accepter comme aide, et je vais commander qu'on lui livre armes, cheval et tout ce qui lui conviendra.

— Cher sire, je vous remercie.

La femme du soudan retourna sur-le-champ en la chambre où l'attendaient impatiemment les trois captifs. Allant droit à Thibault de Dommart, elle lui dit :

— Messire, vous irez combattre avec le soudan contre ses ennemis.

— J'irai, répondit Thibault en s'inclinant.

— Sœur, dit le jouvenceau en s'agenouillant, faites, je vous en supplie, que j'aille aussi avec lui!...

— Non, non, répondit la comtesse de Ponthieu, ce serait une cause de perte!... Venez, messire, ajouta-t-elle en se tournant vers Thibault.

Thibault de Dommart embrassa le vieux comte de Ponthieu, son fils, et suivit sa mie d'autrefois, aujourd'hui celle d'un autre. Quelques instants après, il arrivait devant le soudan, qui augura bien de sa bonne mine et de sa belle prestance.

— Chevalier chrétien, lui dit-il, j'ai foi en vous. Voici des armes, choisissez celles qui vous conviennent le mieux. Quand cela sera fait, vous me rejoindrez et monterez à cheval. Mon armée est prête.

Thibault de Dommart fut armé en peu de temps. Une heure après, il chevauchait avec le soudan et faisait merveille à voir.

Dieu s'en mêlant un tantinet, et le vaillant Thibault s'en mêlant beaucoup, la victoire ne fut pas longue à se décider. Le soudan d'Aumarie mit en désarroi l'armée de son ennemi, après force massacres et sanglantes tueries, dont il fut émerveillé lui-même.

On revint à Aumarie, avec un troupeau considérable de prisonniers et des charretées de butin.

— Par Mahom! dit le soudan à sa femme, en l'embrassant, je n'ai qu'à me louer du chrétien que vous m'avez donné pour aide. Vous aviez raison de m'en répondre comme d'un vaillant homme, car ainsi s'est-il conduit. S'il veut prendre terres chez moi, je lui en donnerai volontiers, en récompense de sa valeur.

— Cher sire, répondit la comtesse de Ponthieu, il ne le ferait mie.

Il se fit un silence de quelques instants, au bout desquels la dame reprit :

— Sire, j'ai une grâce à vous demander... Je sens que si je reste plus longtemps ici, je mourrai...

— Chère dame, répondit le soudan, je ne veux pas que vous mouriez... Par ainsi, quoiqu'il m'en doive coûter, je vous ferai mener où vous voudrez aller. Dites en quel endroit.

— Cher sire, l'endroit m'importe peu, pourvu que ce ne soit pas ici.

— Il sera fait ainsi que vous le désirez.

— Encore une grâce, cher sire! si vous le permettez, j'emmènerai avec moi le vieux prisonnier et le jouvenceau : le premier sait jouer aux échecs, le second distraira mon fils, que j'emmènerai aussi, vous laissant notre fille.

— J'y consens encore, chère dame, puisqu'il le faut... Mais que deviendra le troisième prisonnier, celui qui m'a si vaillamment secondé aujourd'hui?... J'aime mieux que vous l'emmeniez que les deux autres; d'abord, parce que, lui aussi, sait jouer aux échecs; et qu'ensuite il n'est lieu, sur terre ou sur mer, où il ne vous défende courageusement, si jamais vous avez besoin d'être défendue.

— Sire, je veux bien l'emmener avec les deux autres.

— Que votre volonté soit faite, chère dame!...

CHAPITRE XII

Comment la comtesse de Ponthieu, après avoir quitté le soudan d'Aumarie, alla à Rome avec sa famille, puis de là en Ponthieu, où elle resta.

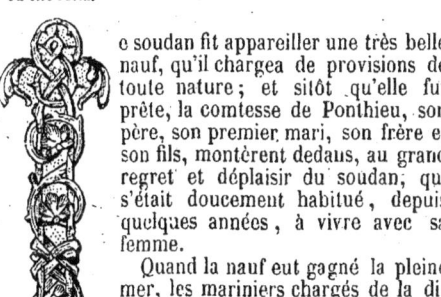

e soudan fit appareiller une très belle nauf, qu'il chargea de provisions de toute nature; et sitôt qu'elle fut prête, la comtesse de Ponthieu, son père, son premier mari, son frère et son fils, montèrent dedans, au grand regret et déplaisir du soudan, qui s'était doucement habitué, depuis quelques années, à vivre avec sa femme.

Quand la nauf eut gagné la pleine mer, les mariniers chargés de la diriger dirent à la comtesse de Ponthieu :

— Dame, le vent nous porte droit à Brandis!...

— Laissez-le nous y porter, répondit-elle, car je sais la langue française et je vous servirai d'interprète là où nous aborderons.

Les mariniers ne sonnèrent mot et mirent le cap sur Brandis. On prit bientôt terre.

— Maintenant, dit la comtesse de Ponthieu aux mariniers, vous pouvez retourner par le chemin que vous voudrez à Aumarie. Lorsque vous serez arrivés, vous irez trouver de ma part le soudan, et vous lui direz que je lui ai enlevé mon corps et mon fils pour toujours, et que les trois chrétiens que j'ai sauvés de ses prisons sont mon père, mon mari et mon frère...

Les mariniers n'avaient aucune réponse à faire à cela, sinon que la comtesse de Ponthieu les chargeait là d'une bien vilaine commission : ils se turent et se résignèrent.

Le lendemain la petite troupe composée du comte de Ponthieu, de son fils, de sa fille, de son gendre et de son petit-fils, se mit en route, avec les provisions dont le soudan avait garni la nauf. Un mois après, elle arriva sans malencontre à Rome.

Le vieux comte de Ponthieu se rendit avec toute sa famille au palais de l'Apostole, à qui tous se confessèrent. L'Apostole, attendri par le récit des traverses que ces honnêtes gens avaient eu à supporter, leur remit leurs fautes, comme Dieu les leur eût remises lui-même. Puis il baptisa l'enfant que la comtesse de Ponthieu avait eu du soudan, et lui donna le nom de Guillaume; ensuite, il remit la comtesse en droite chretienté et la confirma en droit mariage avec son seigneur.

La conscience de chacun se trouva ainsi soulagée d'autant. Il n'y avait plus pour chacun qu'à regarder en avant dans l'avenir, rebrousser chemin dans le passé étant impossible : on songea à accepter le bonheur qui venait, sans s'occuper des éléments dont il était composé.

La famille de Ponthieu quitta Rome, chargée des bénédictions et des indulgences de l'Apostole, et elle remonta dans sa nauf pour se rendre en son pays, où elle arriva saine et sauve. Après quoi, le vieux comte de Ponthieu commanda aux mariniers de retourner à Aumarie, et de porter au soudan la nouvelle de ces divers événements.

CHAPITRE XIII

Comment fut fêté le retour de la famille des Ponthieu; et ce qui arriva à chacun de ses membres.

On fêta le retour du vieux comte de Ponthieu et de la jeune comtesse sa fille, comme il convenait de le fêter. Le comte était aimé de ses vassaux; on croyait sa fille morte : double raison pour se réjouir, puisque tous deux revenaient, l'un d'un voyage lointain dont on ne revient pas toujours, l'autre d'un voyage dont on ne revient jamais.

Quelque temps après son retour, le comte de Ponthieu arma son fils chevalier. A ce propos, de grandes fêtes furent données par lui, auxquelles assistaient plusieurs gentilshommes de la contrée et des contrées environnantes. Parmi ces nobles invités vint un haut seigneur de Normandie, appelé monseigneur Raoul de Prajax.

Raoul de Prajax avait une très gente demoiselle, qui ne demandait qu'à devenir dame. Il l'avait amenée avec lui : Guillaume, le fils du soudan, quoique jeune encore, fut entraîné vers cette aimable enfant et lui dit des choses qui la firent chastement rougir et agréablement rêver. Il l'épousa et devint ainsi sire de Prajax.

Quant à messire Thibault de Dommart, il fut béni du ciel : sa femme, la comtesse de Ponthieu, lui donna deux enfants, deux fils qui crûrent en force, en grâce et en beauté, et qui les récompensèrent ainsi des premières années de stérilité qu'ils avaient eu à traverser. Tout le pays fut dans la jubilation et remercia le ciel, comme d'un bienfait général.

Mais, hélas! les beaux jours sont doublés de vilains jours, les plaisirs sont doublés de peines : le fils du comte de Ponthieu mourut, au moment où son vieux père comptait le plus sur lui comme son successeur et l'héritier direct de son nom. Ce furent les deux garçonnets de messire Thibault de Dommart qui héritèrent de la comté de Ponthieu et de a comté de Saint-Pol.

Quant à la comtesse de Ponthieu, elle vécut en grande pénitence, de même que son mari vivait en grande prud'homie. Elle n'était coupable de rien, certes, mais il lui semblait, à certains tressaillements de sa conscience, qu'elle avait à se faire pardonner quelque chose, peut-être la faute d'un autre : de là la chasteté de ses mœurs et l'austérité de sa vie. Il n'y a rien de si difficile et de si rigoureux envers soi-même que les gens disposés à pardonner aux autres.

CHAPITRE XIV ET DERNIER

Comment le soudan d'Aumarie prit les nouvelles qu'on lui apporta, touchant sa femme et son fils ; et comment, finalement, il se résigna.

Pendant ce temps le soudan vieillissait dans les regrets de la perte de sa femme et surtout de celle de son fils, le jeune Guillaume marié à la fille de monseigneur Raoul de Prajax. On se console d'une femme par une autre, et le soudan s'était consolé de la sienne, après l'avoir attendue pendant longtemps. Mais son fils? Un fils, la meilleure part de vous-même, la vraie chair de votre chair, la moëlle de votre cerveau, le plus pur sang de votre cœur ! Et puis, celui-là promettait si bien de faire honneur à son père, en grandissant !

Heureusement que, pour atténuer l'effet désastreux de cette perte, une fille restait au soudan, celle qu'il avait eue de la comtesse de Ponthieu. Elle était belle, elle fut aimée. Un vaillant Turc, fidèle vassal du soudan d'Aumarie, qui avait nom Malakin de Baudas, vit la gente pucelle et la convoita tant et si bien qu'il finit par la demander à son père. Il l'obtint et l'emmena dans son pays en grande joie et grande pompe. Ce fut d'elle que naquit la mère du courtois sultan Saladin.

FIN DE LA COMTESSE DE PONTHIEU.

A PROPOS DE LA COMTESSE DE PONTHIEU

Les commencements en tout sont malaisés. Cette réimpression de la BIBLIOTHÈQUE BLEUE a soulevé çà et là quelques tempêtes, — des tempêtes de verre d'eau. Elle venait trop à point et s'annonçait trop bien, en effet, pour ne pas mettre la jalousie à l'oreille de quelques confrères dont la bienveillance n'est pas le défaut dominant. On a essayé de trouver des verrues là où il n'y en avait point, et, après avoir battu tous les buissons sans pouvoir arriver seulement à faire lever un oisillon, on s'est rabattu sur les choses les plus puérilement vagues : on nous a accusés d'avoir enflé notre sous-titre d'un chiffre ou deux, et d'avoir, par exemple, annoncé des romans de chevalerie du xiie siècle, qui, à ce qu'on disait, n'en avait pas produit un seul.

Bien que, d'ordinaire, nous n'attachions pas plus d'importance aux accusations fausses que nous n'en attachons aux feuilles d'antan, — qui n'ont d'autre mérite que celui du fumier, — il nous a été désagréable de rencontrer ces accusations-là sur les lèvres et sous la plume de gens érudits, ou, du moins, dont le métier est d'être érudits. Nous avons résolu d'y répondre, comme nous le ferons toujours : avec des preuves. C'est pour cela que nous publions aujourd'hui la COMTESSE DE PONTHIEU, que nous avons traduit, tout exprès pour nos souscripteurs, sur un manuscrit de la Bibliothèque Impériale qui porte le n° 455.

Précédemment, nous avons publié TRISTAN DE LÉONOIS, qui n'est postérieur que de quelques années à la *Comtesse de Ponthieu*, puisqu'il a été écrit en prose latine par Rusticien de Puise sous le règne de Louis-le-Gros, — c'est-à-dire vers l'année 1115, à l'époque de la guerre de ce prince avec Henri Ier, petit-fils de Guillaume-le-Conquérant. Et même, à proprement parler, *Tristan de Léonois* pourrait être considéré comme d'une origine plus ancienne encore, puisque Rusticien de Puise l'avait tiré, avec quelques autres, des chroniques de Melkin et Télésin, auteurs bretons.

Mais comme il y a, de cet intéressant roman, des éditions plus récentes que celle de Rusticien de Puise, et imprimées dans une autre langue, — par exemple, l'édition in-folio de 1489, — les éplucheurs de mauvaise foi auxquels nous faisons allusion ont pu croire qu'il n'y avait pas eu d'éditions antérieures à celle-là. A ce compte-là, les *Odes* d'Horace, l'*Enéide* de Virgile, l'*Odyssée* d'Homère, et tant d'autres chefs-d'œuvre de l'antiquité païenne, ne dateraient que du xve siècle, époque de la découverte de l'imprimerie !

Pour affirmer mieux encore, aux yeux des grabeleurs de mots dont nous parlons, l'existence de romans de chevalerie au xiie siècle (tous les romans dits de la *Table Ronde* sont de cette époque), nous avons traduit la *Comtesse de Ponthieu* dont le manuscrit dormait si tranquillement depuis tant d'années, dans les armoires de la Bibliothèque Impériale, — en compagnie de beaucoup d'autres manuscrits, tout aussi intéressants, qu'on ne réveillera pas de sitôt, probablement.

Nous aurions pu en prendre un autre plus long que celui-ci, nous en convenons ; plus long, mais non plus attrayant et plus étrange. Nous publierons les autres plus tard, à leur heure. C'est déjà beaucoup que d'avoir avancé l'heure de la publication de la *Comtesse de Ponthieu*, que nous réservions pour une livraison spéciale. L'affection de parrain que nous portons à la BIBLIOTHÈQUE BLEUE nous a forcé la main et le choix : on l'attaquait, nous l'avons défendue. Espérons qu'on ne recommencera pas. Espérons-le, dans son intérêt, — et surtout dans l'intérêt de ses contempteurs.

Peut-être diront-ils que ce manuscrit de la *Comtesse de Ponthieu* ne porte aucune date, et qu'alors nous sommes libres de l'attribuer à telle époque qu'il nous plaît.

D'abord, les manuscrits ne portent pas de date, à part un ou deux qui en portent une par fantaisie pure. Rien ne les y obligeait !

Ensuite cette date se trouve répétée à chaque ligne, à chaque mot du roman. Nous ne parlons pas de la traduction que nous en avons faite ; nous parlons du manuscrit original qui nous a servi à la faire. Ce manuscrit commence ainsi :

« El tans passé ét un conte en Pontiu moult amant le siecle. En ce meisme tans enclina le conté de Saint-Pol : n'avoit nul oir de se car, mais il avait une sereur qui Dame fu de Doumart en Pontiu. Ce Dame si avait un fil, Tiebaus avait à non ; oirs fu de le conté de Saint-Pol, mais povres bacelers estoit tant con ses oncles vesqui. Li Quens de Pontiu avoit feme moult boine dame, en cele dame eut une fille. Cele fille cruit et monteplia en moult grant bien et eut bien XVI ans d'age, mais dedens le tierc en q'ele fu née, se mere morut, et li Quens se remaria tant tost, en pau de termine s'eut un fil, et il cruit et monteplia en bien. Li quens, dit monsengneur Tiebaut et si l'appela de se maisnie, et quant il l'ot de se maisnie, si monteplia li quens de Pontiu en moult grant bien. Au repair d'un tournoiement apiela li quens monsengneur Tiebaut si li demanda : Tiebaut, quel joel de ma tere ameriesvous le mex ? Sire, fait Tiebaut, je sui uns povres bacelers, mais de tous les joiaus de vostre tere je n'ameroie tant nul con damoisele vostre fille. Li Quens fu lies et dist : Tiebaut, je le vous donrai s'ele vous veut. Li Quens vint là où li damoisele estoit, et dist : Fille, vous estes mariée s'en vous ne remaint. Sire, fait-ele, à cui ? Fille, fait-il, en men bon chevalier Tiebaut de Doumart. A ! Sire, fait-ele, se vostre conté estoit roiaumes et à moi deust rois venir, si me t'enroie-jo à moult bien mariée en lui. Fille, fait-il, benois soit vostre cuers. Li mariages fu fais. Le Quens de Pontiu et cil de Saint-Pol i furent, et maint aultre preudome... »

Voilà pour le commencement. La *Comtesse de Ponthieu* finit ainsi :

« Or avint que la fille qui démourée fu avoec le soudant cruit en moult grant biauté. Uns turs moult vaillans servoit le soudant ; Malakins de Baudas estoit apelés. Il regarda la bele damoisele et le convoita et dist au soudant : Sire, se jou l'osoie dire pour le hautece dont jou n'ai mie tant con ele, jou le diroie. Dités soulement, fait li soudans. Vostre bele fille, fait Malakin. Je le vous donrai volentiers. Il li dona et cil l'espousa et menà en son païs à moult grant joie et moult grant honeur, et ensi con vérités tesmoingne, de cele fu nee la mere au courtois Salehadin. »

Est-ce que cela a besoin de porter une date, comme un roman du XIX° siècle ? Est-ce que l'époque où la *Comtesse de Ponthieu* fut composée n'est pas écrite à chaque ligne de ce français fantasque et irrégulier, le français du XII° siècle, qui n'avait pas alors plus de fixité que la monarchie, et qui variait de province à province et d'auteur à auteur ?

Est-ce que ce n'est pas là le français de l'Oraison Dominicale du XII° siècle, telle qu'on la lit dans un manuscrit de l'ancienne bibliothèque Saint-Victor de Paris ?

« Sire Pere qui es ès ciaux, saintefiez soit li tuens nons, avigne li tuens regnes, soit faite ta volenté, si come ele est faite el ciel si soit ele faite en tere. Nostre pain de cascun jor nos done hui, et pardone-nos nos meffais si come nos pardonons à ços qui meffait nos ont. Sire, ne soffre que nos soions tempté par mauvesse temptation, mes, sire, delivre-nos de mal. Amen. »

Est-ce que ce n'est pas là le français du fameux roman d'*Aucassin et Nicolète*, que chacun sait être du XII° siècle :

« Nicolete fu en prison si que vous avés oï et entendu en le canbre. Li cris et le noise ala par tote le tere et par tot le païs que Nicolete estoit perdue... Aucasin traist au Vis-conte de la ville, si l'apela. Sire Vis-quens, cavés vos fait de Nicolete ma très douce amie, le riens en tot le mont que je plus amoie ? Avés la me vos tolue ne enblée... moult i ariés peu conquis, car tos les jors du siècle en seroit vo arme en Infer, qu'en Paradis n'enterriés vos ja. En Paradis qu'ai-je à faire ? je n'i quier entrer, mais que j'aie Nicolete ma tres douce amie que j'aim tant... »

Est-ce que cela n'est pas le français du *Vidame de Chartres*, une chanson du XII° siècle :

Quant la saisons del douz tanz s'asseure
Que biaux estez se raferme et resclaire,
Quant toute vint à sa droite nature,
Vient et retrait se trop n'est de male aire,
Lors chanterai que plus ne m'en puis taire,
Pour conforter ma cruel aventure
Qui m'est tournée à grand desconfiture.

J'aim et desir ce qui de moi n'a cure,
Las ! je li dis ! amours le me fist faire.
Or me het pluz que nule créature,
Et as autres la voi si débonaire !
Diex ! pourquoi l'aim quant ji ne li puis plaire.
Or ai-je dit folie sanz droiture,
Qu'en bien amer ne doit avoir mesure.

Est-ce que ce n'est pas là, non plus, le français du *Roman du Rou*, du *Brut d'Angleterre*, du *Roman du duc Richard Ier*, et des autres poèmes de Robert Vace, qui vivait, à ce qu'il nous semble, au XII° siècle, puisqu'il vivait à l'époque du couronnement de Richard-Cœur-de-Lion, — c'est-à-dire vers 1189 :

Willame Lunge Epée fu de haute estature ;
Gros fu par li espauldes, greile par la cheinture ;
Gambes out lunges dreites, large la forchure ;
Nestoit mie sa chair embrunie ne oscure ;
Li tez porta haült, lunge out la chevelure,
Oils dreitz et apersoüt, et dulce regardeüre,
Nez à ses enneniz semla mult fière e dure ;
Bel nez e bele bouche, et bele parleüre ;
Fors fu comme Jehanz e hardie sans mesure
Ki son colp atendi, de sa vie n'out cure.

Est-ce que ce n'est pas là, en un mot, le premier bégaiement de notre langue d'Oïl, — la langue des trouvères, — que tous les cœurs français doivent préférer à la langue d'Oc, — la langue des troubadours?... Patois tant que vous voudrez, mais ce patois nous est cher, à nous autres gens du nord de la France. C'est la langue patriotique par excellence, — la langue des vaincus qui ne veulent plus de la langue de leurs vainqueurs. C'était une façon de se reconquérir, pour ainsi dire, puisqu'en supprimant l'idiome latin et en le remplaçant par un idiome nouveau, on supprimait les traces de l'invasion des légions de César, comme on les supprimait en architecture en remplaçant le cintre romain par l'ogive gothique. Société nouvelle, langue nouvelle, d'ailleurs ; le nouveau monde ne pouvait se servir de la langue de l'ancien monde. Le latin fut définitivement congédié, comme un mauvais serviteur de la pensée humaine, après trois ou quatre siècles d'extermination, après les invasions successives des Vandales, des Goths, des Francs et des Normands !...

Voilà pour la date de naissance du roman que nous publions aujourd'hui, la *Comtesse de Ponthieu*, qui se lit si couramment dans l'original. Nous aimons à croire qu'il n'y a plus de doutes à ce sujet.

Maintenant resterait l'objection qu'on pourrait nous faire, avec la même mauvaise foi, touchant le caractère de roman de chevalerie de la *Comtesse de Ponthieu*. On ne peut plus nier que ce ne soit un roman du XIIe siècle, puisque nous en avons cité un extrait suffisamment probant, et qu'il est facile de s'assurer de l'intégrité de notre texte en consultant celui du manuscrit coté n° 455, en dépôt à la Bibliothèque de la rue Richelieu; mais, comme il faut bien toujours nier quelque chose, on s'est réservé le droit de dire que la *Comtesse de Ponthieu* n'était pas un roman de chevalerie, et que, par conséquent, il ne devait pas faire partie de la collection de notre *Bibliothèque Bleue*.

Dire est facile, prouver est autre chose. Pour éviter à nos deux ou trois détracteurs *lettrés*, — on ne s'en douterait guère! — la peine de nous prouver que la *Comtesse de Ponthieu* n'est pas un roman de chevalerie, nous allons tout simplement leur prouver le contraire, en les forçant à lire ce roman, comme nous les forcerons à lire ceux du XIIe siècle que nous publierons encore, dans la suite.

Supplice aimable, du reste, que celui auquel nous les condamnons là. La fable de la *Comtesse de Ponthieu* est d'une originalité saisissante. Elle pivote sur un sentiment d'une délicatesse si rare, qu'on s'étonne de le rencontrer en ces temps si loin de nous.

Le vieux comte de Ponthieu, en Picardie, marie sa fille au jeune Thibault de Dommart, et ces deux jeunes gens, tous deux beaux, tous deux amoureux, tous deux ardents, se mettent à travailler avec enthousiasme à se procurer un héritier du nom des Ponthieu. Leurs efforts ne sont couronnés d'aucun succès, et le brave Thibault de Dommart se décide à s'en aller en pèlerinage à Saint-Jacques, un très grand saint, à ce qu'il paraît, dont l'intercession est demandée en ces occurrences. Il part, mais sa femme veut le suivre. Il s'y oppose d'abord, à cause des périls du voyage; puis enfin il cède, parce qu'il faut toujours céder aux femmes, — quelque extravagance qu'elles exigent de vous.

Voilà le mari et la femme partis. En route, on traverse une forêt. Une troupe de coquins attaque le *chevalier* Thibault de Dommart, le déshabille et l'attache sur un buisson de ronces, où il ne doit pas être à son aise. Moins à son aise encore doit-il être, lorsque les misérables, après avoir dévêtu sa femme, lui font subir le dernier des outrages.

Lucrèce, après avoir subi le même outrage de Sextus, se tue, — ne pouvant survivre à son déshonneur. La jeune comtesse de Ponthieu, plus femme de toutes les façons que la compagne de Collatin, ne se tue pas, parce que sa religion défend l'homicide de soi-même, mais elle veut tuer son mari, — que sa religion ne lui défend pas d'occire, probablement. Vous voyez ce qu'il y a d'intéressant dans cette dissemblance de mœurs, qui vient de la dissemblance des époques. Autres temps, autres Lucrèces !

Il y a quelque chose de personnel et de délicat dans cette action de la comtesse de Ponthieu. Remarquez bien qu'elle adore son mari; si elle ne l'avait pas aimé, et qu'elle eût purement et simplement désiré un enfant, comme il en désirait un, — uniquement pour avoir un enfant, — elle n'eût pas consenti à entreprendre avec Thibault de Dommart un voyage périlleux : elle se serait contentée de le laisser partir seul, et de rester à la maison dans l'attente de cet héritier, — qui serait peut-être venu.

C'est précisément parce qu'elle adore son mari, que la comtesse de Ponthieu veut le tuer. L'amour vrai, l'amour chaste, est fait de mille riens qui composent un tout charmant, un faisceau de ravissantes tendresses. Si l'on touche à ce faisceau, il se rompt : adieu l'amour !

Thibault de Dommart avait vu, — sans le vouloir, bien entendu. Ce n'était, certes, ni de sa faute, ni de celle de sa femme; mais enfin il avait vu, et les femmes n'aiment pas que leurs maris voient cela. Nous parlons des nobles femmes, — non des femmes vulgaires qui, après pareille aventure, rougiraient peut-être un peu, mais ne songeraient nullement à tuer leurs maris. C'est tout au plus si elles tueraient les misérables outrageurs! La femme n'est pas née pour l'héroïsme, — à part quelques merveilleuses exceptions. Les trivialités et les exigences honteuses de la vie sont d'ordinaire acceptées par elle sans trop de colère et de répugnance : elle possède plus que l'homme la science funeste de la résignation. Quand elle a dit : « Je n'y peux rien ! » elle a tout dit, — du moins elle croit qu'elle a tout dit. La femme tient à vivre, et elle a de la mort, — surtout de la mort violente, — une sainte horreur. Les brutalités l'effraient, et principalement cette suprême brutalité qui s'appelle le mourir. C'est par galanterie que La Fontaine a fait la fable du *Bûcheron* qui se plaint de son fardeau, et qui, après avoir appelé la Camarde pour l'en débarrasser, la renvoie au plus vite en disant qu'il aime encore mieux souffrir que mourir; c'est par galanterie que La Fontaine a mis là un bûcheron, — c'est une bûcheronne qu'il aurait dû mettre. « La misère est brave, » dit le vieux Shakespeare. La misère, oui; mais non la femme devant les misères de ce monde. C'est pour cela que les pauvresses jeunes et jolies se laissent si facilement séduire par des richards vieux et laids. L'homme seul sait souffrir.

Cependant, de temps en temps, surgissent de glorieuses exceptions, comme Hypatie, le dernier disciple femelle de l'école d'Alexandrie; comme Epicharis, la courtisane courageuse qui préféra se laisser ouvrir les veines plutôt que de trahir à Néron le secret d'une conspiration dans laquelle était compromis son amant; comme Jeanne d'Arc, la noble pucelle d'Orléans; comme Jeanne Laisné, l'ennemie de Charles-le-Téméraire, l'héroïne de Beauvais; comme Charlotte Corday, l'héroïne de la Gironde; comme quelques autres encore, dont le courage a été diversement apprécié par les historiens. Mais rares sont-elles, ces héroïnes et ces martyres du cœur, — très rares! Le dévoûment pur, la vertu vraie, ne fleurit que parmi les choses âpres: *per aspera floret...* Hélas! les femmes ne sont que des enfants, des enfants bien extraordinaires, nous le voulons bien, mais enfin des enfants. La seule chose qu'on leur ait apprise, —ainsi que le dit impertinemment et justement Denis Diderot, — c'est à bien porter la feuille de figuier qu'elles ont reçue de leur première aïeule. Tout ce qu'on leur a dit et répété dix-huit à dix-neuf ans de suite se réduit à ceci: Ma fille, prenez garde à votre feuille de figuier; votre feuille de figuier va bien; votre feuille de figuier va mal!.. Ce n'est pas une école de grandeur d'âme que celle où on les envoie, convenez-en.

Maintenant, laquelle des deux femmes vaut mieux, de Lucrèce ou de la comtesse de Ponthieu? laquelle des deux actions est la plus héroïque? Nous ne sommes pas chargés de résoudre cette épineuse question, — de peur de nous y déchirer l'esprit ou de nous faire déchirer le visage: c'est trop scabreux et trop difficile. Et puis on ne sait pas assez les pensées *de derrière la tête* des femmes; on ne connaît pas assez leurs *postscenia vitæ,* les actions secrètes de leur vie, les fils cachés de chacun de leurs mouvements avoués, de chacun de leurs sentiments manifestés. C'est une bouteille à l'encre que le cœur féminin: il ne fait pas bon d'y tenter une exploration, — à cause des ténèbres et du gravier qu'on s'expose à y rencontrer. Lucrèce avait ses raisons d'agir ainsi qu'elle fit après la vilaine démonstration de Tarquin à son endroit; la comtesse de Ponthieu aussi. Ne nous hâtons ni de les blâmer ni de les louer, — de peur de nous hâter de nous tromper.

Il nous a semblé qu'il y avait, pour nos lecteurs, un intérêt à connaître l'autre côté de la médaille de Lucrèce. C'est pour cela que nous avons publié la *Comtesse de Ponthieu.*

Nos lecteurs jugeront et prononceront en dernier ressort.

En outre de ce côté original que nous signalons dans ce roman, — et ce n'est pas là son moindre intérêt, comme bien l'on pense, — il y avait pour nous une autre raison de le publier. Cette raison, nous l'avons dite en commençant, et nous la disons en terminant: la *Comtesse de Ponthieu* est un roman de chevalerie. Thibaut de Dommart est chevalier; le vieux comte de Ponthieu est chevalier; il arme chevalier son petit-fils; il y a des tournois; il y a des combats; il y a de grands coups d'épées; il y a, en un mot, tout ce qu'il y a dans les autres romans de chevalerie. Avec cette différence, cependant, — c'est la seule, et elle n'est pas grande, — que la *Comtesse de Ponthieu* n'a qu'une vingtaine de pages, et que les autres romans en ont davantage.

Nous croyons avoir péremptoirement répondu aux deux ou trois critiques de mauvaise foi qui ont été faites à propos du sous-titre de notre BIBLIOTHÈQUE BLEUE. Nous attendons de plume ferme celles qui pourraient nous être faites encore par les mêmes *lettrés,* — ou par d'autres. Notre collection n'a pas la prétention d'être infaillible; seulement celle d'être faite avec soin et *bonne foi.* C'est quelque chose, à ce qu'il nous semble.

ALFRED DELVAU.

— FIN. —

GUÉRIN DE MONTGLAVE

CHAPITRE PREMIER

Comment, un jour de printemps, le noble duc Guérin fit honte de leur oisiveté à ses quatre fils, en présence de sa femme Mabillette, et leur ordonna d'aller en quête d'aventures.

C'était à l'issue de l'hiver, à cette époque de l'année où commence le joli temps de primavère, où l'on voit les arbres verdoyer et leurs fleurs s'épanouir, où l'on entend les oisillons chanter si joyeusement que les cœurs tristes, pensifs et dolents s'en réjouissent eux-mêmes malgré eux et délaissent sans s'en douter leurs fâcheux pensements et leurs vilaines songeries.

Le noble duc Guérin, un des hommes les plus preux et les plus vaillants de son temps, se trouvait à Montglave, dans son jardin, avec sa femme Mabillette, dame fort plaisante et fort belle, et leurs quatre fils Arnault, Milon, Régnier et Girard, tous quatre très beaux, le dernier surtout.

— Sire, dit Mabillette en regardant ses enfants avec tendresse et bonheur, nous devons bien louer et remercier Dieu de nous avoir donné quatre fils d'une si belle venue... Ne trouvez-vous pas?

— Dame, répondit Guérin avec une impatience mêlée de colère, je ne partage pas votre enthousiasme à l'endroit de ces quatre gars qui poussent comme mauvaise herbe et qui ne me rapporteront aucun honneur qui vaille!... Ils ne me paraissent faits que pour passer leur vie à boire du meilleur, à friander et à se donner du bon temps...

En entendant ainsi parler le duc Guérin, son seigneur, Mabillette n'osa sonner mot. Elle baissa la tête, pour laisser passer l'orage qui grondait au-dessus.

— Venez ici, méchants gars, reprit le duc en appelant ses enfants qui devisaient joyeusement à quelques pas de là, venez ici !... Que pensez-vous donc avoir quand je mourrai?... Vous savez bien que les Sarrasins m'ont exilé de ma terre, et que le peu que j'ai suffira à peine à l'un de vous... Or vous êtes quatre, avec un appétit à dévorer dix héritages.

— Arnault, Milon, Régnier et Girard ouvraient toutes grandes leurs oreilles et tous grands leurs yeux. Leur père continua, en se remémorant son passé :

— Quand je fus en âge d'aller et de voir du pays et des gens, pour en tirer profit et utilité, je quittai la maison paternelle et me rendis à la cour du roi Charlemagne... J'entamai un jour une partie d'échecs avec lui et je gagnai tout son royaume jusqu'à Saint-Quentin... Mais je le lui rendis volontiers, en échange de la terre de Montglave, dont les Sarrasins s'étaient emparés, et je revins au pays, monté bien pauvrement sur un roussin, à l'aide duquel je reconquis la cité et la tour du Montgravier... A l'aide de mon roussin, et surtout avec l'aide de Dieu, mes gars !... Voilà ce que je fis lorsque j'avais votre âge... Et vous ne rougissez pas de vous être engraissés, comme poussins en mue, dans une oisiveté indigne de chevaliers !... Vous ne rougissez pas, grands et forts tels que vous êtes, de passer vos jours dans les cuisines à boire et à manger du meilleur, bombancer et nopcer, au lieu d'endosser un haubert, de chausser des éperons, de vous couvrir d'un morion, et de vous exercer au maniement de la lance et de l'épée ?... Que saurez-vous faire quand je ne serai plus là, vivant, pour vous aider à vivre?... Par saint Martin de Tours! mieux aimerais-je n'avoir point de lignée que d'en avoir une comme celle-ci, qui pousse gloutonnement ses rameaux çà et là, comme la folle vigne, et qui, comme elle, ne produit point de raisins généreux !...

Les quatre jeunes gens baissèrent la tête dans la confusion où les jetaient ces durs reproches du duc Guérin.

— Père, lui dirent-ils d'une commune voix et d'un commun élan, faites-nous délivrer armes et harnois, et de quoi nous mettre en point comme chevaliers : nous ne vous demandons rien de plus que vos ordres et votre bénédiction !...

— Enfants, reprit le duc Guérin, heureux de ce noble mouvement qui lui prouvait que ses fils étaient de bonne race, comme lui; enfants, il ne vous souvient pas, sans doute, des prouesses du roi Alexandre, de Judas Machabée, d'Hector de Troyes, du roi Artus, de Lancelot du Lac, et de quelques autres preux hommes; prouesses dont il sera fait à jamais mémoire... Mais qu'il vous souvienne, au moins, de votre père et des paroles qu'il vient de vous dire !...

— Nous nous en souviendrons, père, dirent les quatre jeunes hommes.

— Or sus, maintenant! reprit le duc Guérin. Il s'agit de vous prouver, mes gaillards !... Vous, Arnault, vous allez partir pour l'Aquitaine, où est mon frère Girard et où vous demeurerez avec lui... Vous, Milon, vous allez vous rendre à Pavie, où est un autre mien frère que vous saluerez de ma part, en me recommandant à sa bonne grâce...Vous, Girard, vous allez vous rendre en France avec votre frère Régnier ; vous saluerez pour moi le roi Charlemagne qui vous fera connétable, et votre frère chambellan, deux nobles offices qu'il vous faudra remplir avec honneur et gloire... Gardez-vous, sur toutes choses, de courroucer le roi, et, en toutes choses, soyez loyaux !...

CHAPITRE II

Comment Mabillette voulut s'opposer au départ des quatre enfants, des deux plus jeunes surtout, et comment ils lui répondirent eux-mêmes.

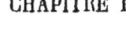

uand Mabillette entendit cela, elle se mit à pleurer à chaudes larmes et courut dans sa chambre pour cacher à tous la douleur qu'elle ressentait.

— Ah ! Guérin, dit-elle, à travers ses sanglots, tu me feras mourir !... Car tu éloignes de moi toute joie et toute consolation, en éloignant mes quatre chers enfants.

— Ma douce dame, lui dit une de ses demoiselles qui l'avait suivie pour la consoler, la voyant éplorée; ma douce dame, ne vous déconfortez pas ainsi !... Il n'y a pas de quoi vraiment; car, par la foi que je vous dois, Monseigneur fait très bien en faisant ce qu'il fait à l'égard de ses enfants. Que vaut, je vous prie, en une maison, un chat qui ne fait que manger et ronronner, et qui ne prend ni rats ni souris ; il ne vaut rien, absolument rien. Par ainsi, ma douce dame, il me semble que vous devez plus regarder à l'honneur et au profit que vous pouvez retirer de vos enfants, qu'au contentement que leur présence peut vous fournir céans, où ils végètent dans l'oisiveté!... Votre amour pour eux doit consister à les éloigner de vous, non à les retenir en votre giron, comme s'ils étaient poussins à peine éclos... Laissez-les donc aller leurs erres, et priez seulement le doux Rédempteur et la benoîte vierge Marie, sa mère, qu'ils les garantissent tous quatre de malencombre et de maléfin... Ils sont grands et forts; ce sont quatre jeunes éperviers qui qui ont trop gardé le nid céans : il est temps qu'ils aillent travailler à bon gîte et conquérir nobles pucelles !...

Pendant que Mabillette pleurait si tendrement sur le sort de ses enfants, ils entrèrent.

— Oh! mes chers enfants, dit-elle en courant vers eux et en les retenant tous quatre embrassés sur son sein, comme lorsqu'ils étaient petiots; oh! mes enfants, ne partez pas, ne me quittez point !... Laissez passer la mauvaise humeur de votre père ; je ferai votre paix avec lui... Ne partez pas, ne partez pas, ne partez pas !...

— Dame, répondit Arnault, j'ai fait vœu à Dieu que je partirais demain au matin, et je partirai.

— Mon frère, dit Milon, je l'ai ainsi juré, et, comme vous, je partirai demain au matin.

— Beaux seigneurs, dit à son tour Girard, il vous est facile de faire ces grands serments-là, et je comprends que vous partiez gaîment pour votre destination. Vivants, nos oncles vous protégeront ; morts, vous en hériterez. Mais mon frère Régnier et moi, nous allons à l'aventure, et mal peut nous prendre de quitter notre pays pour un autre. Toutefois, je partirai comme vous, car je me suis promis de ne revenir en Montglave avant d'avoir villes et terres, soit que je les tienne de la gracieuseté du roi Charlemagne, soit que je les conquiers du tranchant de mon épée.

— Seigneur mon frère, vous dites bien, s'écria Régnier. Sur la foi que je dois à mon père, il ne me reverra, ni ma dame ma mère non plus, que je n'aie conquis, tout seul, cité, ville ou château !...

Quoique toujours dolente, la duchesse, voyant que la résolution de ses enfants était arrêtée, et bien arrêtée, alla vers eux, les baisa au front et leur ouvrit ses coffres pour qu'ils y pussent puiser à loisir tout l'or et toutes les pierreries qu'ils voudraient. Mais aucun d'eux ne voulut rien prendre, excepté la somme nécessaire à leurs dépenses du chemin.

Puis ils se retirèrent, pour se disposer au départ, qui devait avoir lieu le lendemain.

Durant toute la nuit la duchesse ne cessa de pleurer et de supplier son mari de lui laisser au moins Régnier et Girard. Mais le duc Guérin lui répondit :

— Dame, ne me parlez plus de cela ; vous me demandez l'impossible et l'injuste. Si je vous accordais Régnier et Girard, leurs deux autres frères pourraient supposer que nous les aimons moins et que nous ne les pressons tant de partir que pour nous débarrasser d'eux. Par ainsi, laissons-les aller tous les quatre ; il faut que chacun d'eux gagne son pain et mérite son prix. Ils connaissent trop notre maison : besoin est qu'ils voient et apprennent autre chose.

CHAPITRE III

Comment partirent les quatre fils du noble duc Guérin ; et des reproches que Mabillette fit à son mari, qui les avait laissé partir.

Quand vint le matin, les quatre frères se levèrent, et, pendant que leurs chevaux piaffaient d'impatience dans la cour du château, ils se rendirent à la chambre de leur père pour prendre un congé définitif de lui.

Arnault, qui était l'aîné, alla vers le duc, s'agenouilla respectueusement devant lui, et lui dit :

— Sire notre père, je m'en vais en Aquitaine faire votre volonté. Mais, pour Dieu ! sire, si vous avez quelque besoin de moi, demandez-le moi : je vous secourrai et aiderai de très bon cœur. Ayez soin de notre mère, car je vous dis adieu.

Puis, se tournant vers ses trois frères :

— Nous allons nous séparer, leur dit-il ; vous, Milon, pour vous rendre à Pavie ; vous, Girard, et vous, Régnier, pour vous rendre à la cour du roi Charlemagne, qui est le plus grand seigneur du monde. Je suis votre aîné, et, comme tel, je vous dois assistance. Si vous avez métier de moi, faites-le moi savoir : tant que je vivrai je vous secourrai.

Lors, il les baisa tous les trois à la joue et, tous trois, ayant salué leur père et leur mère, se retirèrent et allèrent trouver leurs chevaux.

En les voyant s'éloigner, pour courir les aventures, le duc Guérin, qui se faisait vieux et qui, à cette cause, n'était pas bien certain de les revoir, se sentit le cœur attendri. Mais comme chef de famille, chargé d'avoir de la dignité en toutes les occurrences solennelles, il ne témoigna rien au dehors de son attendrissement.

— Ah ! s'écria Mabillette, les yeux rouges et le cœur gonflé ; vous êtes un véritable antechrist ! Il semble que vous n'ayez point engendré vos quatre fils, et qu'ils ne soient point le produit de votre chair et de votre sang... Vous n'en tenez pas plus de compte que vous ne feriez d'une brebis... Je vous jure bien, cependant, par ma foi, qu'ils sont vos propres enfants !...

— Dame, répondit gravement le duc, je le crois, et c'est précisément parce qu'ils sont mes enfants, que je les ai laissé partir. J'envie leur sort, au lieu de les plaindre. Bien que gouverner mes vassaux et vous prouver de temps à autre ma tendresse, dame Mabillette, soit un genre de vie qui me plaise assez, mieux aimerais-je encore aller chercher les hautes aventures, comme je le faisais autrefois avec mes deux amis le terrible géant Robastre et l'enchanteur Perdigon. Age et mariage, voyez-vous, chère dame, amoindrissent souvent chevalerie. Me voici comme lion apprivoisé. Robastre s'est fait ermite. Perdigon a fait vœu de ne plus avoir affaire au diable, qui cependant lui obéissait comme chien apprivoisé. Notre vie à tous trois n'est plus qu'une espèce de sommeil. Mais, par la vertu de Dieu ! peu de bruit suffirait pour me réveiller de mon nonchaloir, et je crois bien que leurs patenôtres ne tiendraient pas longtemps contre l'ardeur de secourir nos quatre fils, si besoin ils avaient de l'épée de leur père, de la massue de Robastre et des enchantements de Perdigon !...

Cela dit, le duc Guérin quitta Mabillette, qui soupira et pleura longtemps encore.

CHAPITRE IV

Comment les bourgeois de Montglave, ainsi que les dames et demoiselles de cette ville, voulurent s'opposer au départ des fils du duc Guérin ; et de la réponse qu'il leur firent amicalement.

Les quatre frères étaient montés à cheval et s'étaient mis en route. Ils avaient à peine passé le pont du château paternel, que les bourgeois de Montglave, les dames et les demoiselles aussi, vinrent à eux et les arrêtèrent en leur disant :

— Ah ! beaux seigneurs, demeurez ! Demeurez tous ! Pourquoi nous quitter ? Ce que nous possédons n'est-il pas à votre service et à votre plaisir ? Pourquoi aller chercher au loin ce que vous avez sous la main ?...

— Seigneurs, répondit Arnault, nous vous remercions de vos offres et de votre service. Mais il faut que nous partions, de par l'ordre du duc Guérin, notre vénéré père. L'amour que vous avez pour nous, reportez-le, je vous prie, sur lui : il en aura davantage.

Lors il piqua de son éperon le ventre de son cheval qui partit au galop, et ses trois frères l'imitèrent, au grand chagrin des notables bourgeois de Montglave, et surtout des dames et des demoiselles de la ville, lesquelles s'intéressaient fortement à ces quatre beaux jeunes gens dont la fière prestance promettait tant de choses.

Mais il fallait s'éloigner, et les fils du duc Guérin s'éloignaient.

Quand ils furent à une certaine distance du château, dont on apercevait encore très distinctement les pignons, plusieurs fois ils se retournèrent pour le regarder. Il leur plaisait, certes, de courir les aventures, mais ils ne pouvaient s'empêcher de songer à cet asile où s'était écoulée leur jeunesse, ce nid où leur étaient poussées leurs premières plumes.

— Par ma foi! s'écria Girard, c'est là un noble joyau! Notre père l'a conquis à la pointe de son épée, et bien a-t-il fait de nous en éloigner, car, en y restant, nous aurions fini par ne rien valoir. Quant à moi, je n'y retournerai que je n'aie conquis terre ou pays!...

— Nous pensons ainsi, cher frère, répondit Régnier.

Les quatre frères chevauchèrent ainsi pendant un jour plein. Le lendemain, à l'aube, ils se séparèrent. Girard et Régnier prirent un chemin; Arnault et Milon en prirent un autre.

Girard et Régnier partis, Arnault et Milon chevauchèrent encore ensemble pendant douze jours environ, au bout desquels ils se séparèrent, Milon pour aller en Lombardie, Arnault pour aller en Aquitaine.

Arnault baisa son frère à la joue, le recommanda à la protection de Dieu et de ses saints, et le laissa partir. Lorsque Milon eut disparu, il prit son droit chemin pour la cour de son oncle défunt, suivi de son écuyer.

CHAPITRE V

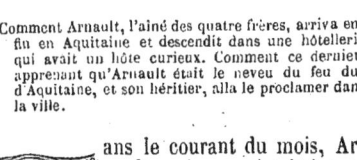

Comment Arnault, l'aîné des quatre frères, arriva enfin en Aquitaine et descendit dans une hôtellerie qui avait un hôte curieux. Comment ce dernier, apprenant qu'Arnault était le neveu du feu duc d'Aquitaine, et son héritier, alla le proclamer dans la ville.

Dans le courant du mois, Arnault arriva en Aquitaine et se logea dans une hôtellerie de la capitale de cette contrée, sans dire qui il était.

Son hôte s'appelait Othon. Comme tous les gens de son état, il était curieux. Il avait une femme, grosse comme un muid et grasse comme une caille. Je n'ajouterai pas qu'elle était curieuse, ce serait inutile : elle était femme et hôtelière.

Othon avait été frappé de la courtoisie et de la noblesse de manières d'Arnault. Il était violemment intrigué en pensant qu'un homme de si bonne mine avait choisi son hôtellerie, où ne venait pas précisément la fleur de la chevalerie du pays. Pour s'assurer de l'état social de cet honorable inconnu, il descendit à l'écurie, où l'unique écuyer d'Arnault était en train d'étriller les chevaux.

— L'ami, dit Othon, dites-moi, sans rien céler, quel est ce damoisel et comment il a nom. Bien qu'il ait petite suite et qu'il me paraisse de petite dépense, il me plaît bien de l'avoir chez moi.

— Cher sire, répondit l'écuyer, je ne vous célerai rien : c'est le duc d'Aquitaine lui-même.

— Le duc d'Aquitaine! Est-il bien possible?

— Cela est comme je vous le dis.

Malgré cette assurance, maître Othon ne voulut pas croire à ce que lui disait l'écuyer. Mais comme cela l'intéressait beaucoup, il se rendit incontinent en la chambre d'Arnault, pour l'interroger.

En voyant paraître l'hôtelier, Arnault lui dit :

— Bel hôte, dites-moi, je vous prie, quel est le seigneur de cette cité.

— Sire, répondit Othon, nous n'avons point de seigneur, fors seulement Hunault, fils du duc Guérin de Montglave, mais non fils de sa femme épousée.

A cette réponse d'Othon, Arnault ouvrit de grands yeux. Il ne se savait pas un cinquième frère!

Cela était pourtant. Au temps de sa prime-jeunesse, avant de se marier avec Mabillette, le noble duc Guérin, qui alors était un innocent jouvenceau, avait rencontré une jouvencelle, moins innocente que lui.

Cette jouvencelle, chambrière de sa mère, était très jolie, très appétissante, et très friande d'amour, surtout. Instruite dans l'agréable jeu par mainte aventure qui ne lui avait coûté jusque-là que de douces larmes, elle avait remarqué les grâces naissantes du jeune Guérin, et avait voulu être la première à en bénéficier. Lors, un soir, elle l'avait guetté et entraîné loin de ses gouverneurs, dans l'endroit le plus mystérieux du parc, où, à la pâle clarté de la lune, cette éternelle complice des forfaits amoureux, elle lui avait donné cette tendre leçon que Daphnis reçut de Licœnion, avec cette différence, que cette aimable chambrière avait été Chloé en même temps que Licœnion.

Un fils avait été la suite naturelle de cette leçon au clair de lune. Et ce fils, nommé Hunault, avait été élevé par le frère aîné du duc Guérin, le duc Girard, qui, en mourant, l'avait reconnu pour son héritier.

Voilà ce que ne savait pas Arnault, et ce que, peut-être, ne se rappelait plus lui-même le vieux duc Guérin de Montglave, en l'envoyant en Aquitaine recueillir la succession du duc Girard.

— Mon hôte, reprit Arnault, par la foi que je dois à Dieu, je vous atteste que je suis le plus proche héritier du duc défunt, puisque je suis son propre neveu, étant le fils du noble duc Guérin de Montglave, son frère puîné. Cette seigneurie ne peut être le bien d'un bâtard comme Hunault : mon père m'a envoyé ici pour la réclamer : je la réclamerai!

En entendant cela, maître Othon s'agenouilla, en signe d'hommage. Mais Arnault le releva avec bonté et lui dit :

— Vous m'avez forcé de vous dire ce que je voulais céler. Gardez-moi le secret jusqu'à ce que je sois à temps de me faire connaître. Célez mon nom et mon arrivée, je vous en prie.

Othon promit; il céla tout ainsi qu'un prêtre qui chante la messe, et, incontinent, la maison fut pleine de gens de la ville qui voulaient voir leur seigneur.

— Où est-il? Où est-il? demandait chacun à

maître Othon et à sa commère. Nous le voulons pour nôtre! Il nous le faut! Nous n'avons plus cure de Hunault, car c'est un faux, un bâtard qui ne vaut rien!...

Ce vacarme força Arnault à descendre pour en connaître la cause.

— Sire, dit un héraut, soyez le bien venu, puisque vous êtes le fils aîné du noble duc Guérin de Montglave, et le neveu du noble duc Girard, dont Dieu veuille avoir l'âme! Notre joie est grande de contempler en vous notre légitime seigneur Venez au palais, votre demeure : vos vassaux vous y attendent.

— Il ira, il ira, je vous l'amènerai! répondit maître Othon, en congédiant la foule qui s'écoula tumultueusement par les rues comme l'eau d'un torrent débordé.

CHAPITRE VI

Comment on prêta foi et hommage à Arnault, en sa qualité d'héritier légitime du feu duc Girard; et comment le bâtard Hunault, faisant contre fortune bon cœur, s'empressa de venir résigner entre les mains d'Arnault ses fonctions de régent.

Hunault était généralement haï, et, à part deux ou trois familles, amies et alliées de sa mère, nul ne supportait volontiers son joug.

Le maire de la ville, surtout, le détestait. Aussi quand on vint lui apprendre l'arrivée du neveu du feu duc Girard, du fils du noble duc Guérin de Montglave, il fut heureux de cette occasion qui se présentait enfin à lui de nuire au bâtard Hunault et de faire éclater la petite révolution qu'il préméditait depuis quelque temps.

En conséquence, il mit sa robe rouge, son chaperon fourré de vair, assembla l'échevinage et le conduisit à l'hôtellerie où logeait Arnault, tout en pensant, à part lui, que ce prétendu duc d'Aquitaine était un fourbe comme il s'en présente quelquefois pour régner à la place d'un autre. Mais faux ou vrai, ce prétendant venait à propos, et le maire était disposé à le reconnaître pour son seigneur et maître, en haine du bâtard Hunault.

Ce maire avait servi pendant ses belles années. Il connaissait le duc Guérin de Montglave dont il avait toujours suivi la bannière. Ce qu'il n'avait pris d'abord que pour une espèce de fourberie dont il voulait profiter, devint une réalité pour lui, lorsqu'il reconnut dans Arnault tous les traits du duc Guérin son père.

— Ah! monseigneur, s'écria-t-il en se jetant à ses genoux, c'est l'ange protecteur de l'Aquitaine qui vous a conduit ici! Vous venez à temps et à propos pour nous secourir.

Arnault embrassa le maire, qui avait fléchi le genou devant lui, et il acheva de se faire reconnaître pour le véritable fils du duc Guérin et pour le légitime héritier du duc Girard son oncle.

Le maire s'empara alors d'une épée rouillée qui parait la cheminée de l'hôtellerie et jura de répandre tout son sang pour défendre Arnault et chasser l'usurpateur Hunault.

— Courons! cria-t-il à ses échevins. Courons! Allons rassembler nos bourgeois en armes et les ramener promptement aux ordres de notre légitime souverain!

Au bout d'une heure, les échevins, les quartiniers, les notables bourgeois de la ville, étaient arrivés à l'hôtellerie de maître Othon et avaient juré foi et hommage au fils aîné du noble duc Guérin de Montglave, comme à leur légitime souverain.

Maître Othon était bien fier! Il se croyait presque le cousin du duc. Jugez donc : un tel honneur!

Après les échevins, les quartiniers et les notables, était venu le bâtard Hunault. Oui, Hunault lui-même!

Hunault avait appris par la rumeur publique l'arrivée du fils aîné du duc Guérin et ses prétentions comme souverain d'Aquitaine. Il en avait été bien dolent et bien marmiteux. Lors, il avait mandé à la hâte les quelques parents et amis qu'il avait pu conserver de par le monde, et, ces parents venus, il leur avait dit :

— Seigneurs, le duc Guérin a quatre beaux fils, neveux du feu duc Girard. Arnault, l'aîné, est arrivé dans nos murs comme souverain légitime de l'Aquitaine. Il nous convient d'obéir, et nous obéirons, ce dont je suis tout confus pour ma part. En même temps il nous faut aviser comment nous pourrons faire pour le décevoir, après avoir fait mine de lui obéir... Allons d'abord à sa rencontre, afin de n'être pas taxés de tiédeur ; faisons-lui beaux semblants et remercions Dieu publiquement de nous l'avoir amené.

Cela dit, le bâtard Hunault et les gens à sa dévotion s'étaient rendus à l'hôtellerie de maître Othon avec l'empressement et la joie extérieure qu'ils auraient mis à aller au devant d'un Dieu descendu du paradis.

Une fois devant Arnault, le bâtard s'était incliné très humblement et l'avait baisé en signe de révérence et d'amitié, devant la foule étonnée d'un si bon accord entre deux compétiteurs. Puis, il lui avait dit :

— Cousin Arnault, soyez le bienvenu! Je vous rends tout ce pays que je ne tenais qu'en dépôt, en attendant son légitime possesseur. Vous voilà : je résigne de grand cœur mes pouvoirs, en vous demandant votre amitié et en vous promettant mon concours dévoué. Mais il est temps de quitter cette hôtellerie indigne de vous et de vous rendre au palais même que j'ai habité jusqu'à ce jour et qui devient tout naturellement votre demeure.

Arnault remercia beaucoup Hunault, le maire, les échevins, les notables. Il n'oublia pas maître Othon et sa ronde petite femme, dans ses remercîments. Puis, lorsqu'il eut suffisamment remercié, il quitta l'hôtellerie et se rendit au palais, escorté par la foule enthousiaste et heureuse d'avoir un nouveau maître.

Elle sera toujours la même, la foule!

CHAPITRE VII

Comment Arnault devint maître de l'Aquitaine et fut adoré de ses sujets et de ses sujettes; et comment Hunault sut s'emparer de sa confiance, en vue de vilains projets.

Arnault devint ainsi maître de la belle Aquitaine. Il était doux, aimable, bon et juste : il fut adoré de ses sujets et de ses sujettes. On avait oublié Hunault.

Mais Hunault n'oubliait rien ni personne. Il avait la patience des gens qui veulent réussir, en bien et en mal. Il attendait une occasion de renverser celui qui l'avait renversé, et, cela, malgré l'affection universelle qu'on lui portait depuis qu'il gouvernait. Hunault ne comptait pas sur l'impossible; il ne voulait pas enlever à Arnault l'amour de ses vassaux : il voulait seulement l'enlever à leur amour.

En attendant cette heure, il s'était mis un masque sur le visage, un masque de respect, d'obéissance, de dévoûment; si bien que l'honnête Arnault en avait été touché.

— Cher Hunault, lui dit-il un jour, dans un moment d'épanchement, je n'oublie pas que le sang du noble duc Guérin coule également dans nos veines. On m'avait mal prévenu à votre égard, ce qui fait que, tout d'abord, je ne vous ai pas donné toute l'amitié qu'à cette heure je vous donne. Je partagerai toujours avec vous et mes biens et ma puissance, pourvu que vous ne vous écartiez jamais de la loyauté que vous avez dû recevoir avec le jour, et que vous m'aidiez, dans la mesure de vos forces, à faire le bonheur des habitants de ces belles provinces !...

— Ce que je pourrai faire, je le ferai, répondit hypocritement Hunault. Mon affection pour l'Aquitaine vous est un sûr garant de mon affection pour vous; mon affection pour vous entraîne forcément mon affection pour l'Aquitaine. Or, on ne nuit pas à ceux qu'on aime, me semble-t-il. J'ai intérêt à vous servir : je vous sers.

Arnault, de ce moment, fut tout-à-fait rassuré sur le compte du bâtard, qui cependant ne l'avait jamais tant haï. Il crut, comme paroles d'évangile, à ses protestations d'obéissance et de dévoûment, et cela le réjouit fort.

— Je suis heureux! murmurait-il souvent, aux heures de rêverie. Plaise au ciel que mes frères aient le même succès dans leurs entreprises! Que fait Milon ? Que deviennent Girard et Régnier ?...

Les vœux d'Arnault étaient pleinement exaucés pour Milon. Son oncle Anseaume, duc de Pavie, en voyant arriver ce fils du duc Guérin son frère, avait remercié le ciel, qui semblait avoir voulu lui donner un fils en lui donnant Milon, et il l'avait présenté comme son futur successeur aux seigneurs de ses Etats.

Voilà pour Milon.

Quant aux deux derniers fils du duc Guérin de Montglave, ils avaient eu une fortune pareille à celle d'Arnault et à celle de Milon.

CHAPITRE VIII

Comment Girard et Régnier, en suivant le cours du Rhône, arrivèrent en la ville de Vienne, dont Girard conçut incontinent l'espérance d'être le seigneur et maître.

En prenant congé de leurs deux aînés, Régnier et Girard avaient suivi le cours du Rhône. Ils admiraient la rapidité de ce beau fleuve, tantôt resserré dans son lit par des rochers et des montagnes à pic, tantôt s'épandant le long des plaines fertiles.

Les clochers nombreux et élevés d'une cité située sur les bords de ce fleuve, frappèrent leurs regards. Girard, émerveillé par la situation et le pittoresque de cette ville, désira immédiatement en être le possesseur.

Rien ne paraît impossible à la jeunesse, lorsque son imagination s'enflamme et que son cœur s'ouvre aux premiers désirs.

— Par ce que nous a dit le noble duc, notre père, s'écria Gérard, je juge que cette belle cité doit être celle de Vienne. Et, par saint Denis! je m'en regarde dès ce moment comme le duc. Il serait bien étrange que Charlemagne, qui perdit son royaume entier aux échecs contre notre père, osât me refuser cette petite partie de ses Etats !...

— Il n'osera pas, cher frère, répondit Régnier, qui ne doutait de rien, non plus que Girard.

Plein de cette idée, déjà réalisée dans sa tête, Girard entra dans Vienne, suivi de Régnier, absolument comme s'il était entré dans sa capitale. A ceux des habitants qu'il rencontra, il parla d'un ton qui les surprit fort, le ton d'un maître.

— D'où vient cet ébervigé? dirent les uns en secouant la tête d'un air qui voulait dire que celle du jeune Girard n'était pas très saine.

— Si nous n'avions pas déjà un maître, dirent les autres, nous accepterions volontiers celui-là, dont la gentillesse et les bonnes façons nous vont beaucoup.

Les deux frères allaient toujours regardant, parlant, critiquant, admirant, à voix haute et claire, comme des gens qui n'ont rien à redouter de l'intempérance de leur langue.

Le commandant de la ville, averti par la rumeur publique de l'arrivée de Régnier et de Girard, et des propos audacieux que ce dernier principalement tenait, alla lui-même pour reconnaître quels étaient ces deux chevaliers gascons qui portaient si loin les plaisanteries inconsidérées de leur pays.

Mais, frappé d'admiration à l'aspect des deux frères, il perdit toute idée de réprimer leurs gasconnades et, plein de courtoisie, il les engagea à venir se reposer dans le château.

— Je m'y rendais au moment où vous vous êtes venu au devant de moi, répondit Gérard. Mon intention était bien de voir en détail la demeure que je dois habiter bientôt en souverain. Puisque vous vous offrez à m'y conduire, j'accepte.

Le commandant s'inclina. Il ne voulait pas contrarier ce prétendant qui portait ses droits écrits sur son visage, radieux de jeunesse, de courage et de loyauté. Il conduisit Girard et son frère au château et leur donna un dîner princier, abondant en vins fins et en mets choisis.

Il avait son intention en agissant ainsi, ce commandant. Il avait vieilli sous le harnois et savait, par expérience, comme l'ivresse monte vite aux cerveaux de vingt ans, sous l'influence d'un vin plus vieux qu'eux encore. Quelques bouteilles de Côte-Rôtie établirent la confiance et la gaîté entre lui et ses deux hôtes, qui lui apprirent bientôt leur haute naissance.

— Fils du noble duc Guérin de Montglave! Ils avaient raison de porter haut la tête! pensa le commandant, qui, alors, eut peur d'avoir été trop familier avec eux, et qui, dès ce moment, prit pour leur parler un ton beaucoup plus respectueux.

— J'ai reçu de mon noble père des instructions précises, reprit Girard. Il m'a envoyé vers Charlemagne pour lui demander d'acquitter la partie d'échecs qu'ils jouèrent ensemble jadis. Charlemagne perdit son royaume; le duc Guérin le lui rendit; à ce titre j'espère qu'il ne me refusera pas le duché de Vienne, à la possession duquel j'ai tous les droits du monde.

— Par ma foi, sire, oui, c'est à bon droit que vous comptez là-dessus! dit le commandant. Notre roi Charlemagne est un prince d'une munificence aussi grande que son équité. Bien me semble que vous n'en serez pas refusé. Pour ma part, je le désire de cœur et d'âme, et, en attendant, je me donne à vous.

— Et moi de même, cher commandant, répondit Girard en avançant son gobelet d'argent contre celui du commandant. Je cours trouver Charlemagne, et j'espère revenir avant peu céans, comme duc de Vienne, vivre et partager avec vous mes biens et mon autorité, pour vous remercier de la courtoisie que vous m'avez faite.

— Ayez fiance, sire, ayez fiance en Dieu et en Charlemagne. Vous réussirez!

Cela dit, le repas achevé, le commandant reconduisit les deux frères jusqu'aux portes de la cité, en leur rendant les plus grands honneurs.

— Quand vous reviendrez, cher sire, leur dit-il en prenant congé d'eux, je ferai encourtiner la grande rue, de la porte par laquelle vous entrerez jusqu'au palais, pour que cette réception soit plus digne de vous et de nous!

Puis il s'inclina et les deux frères allèrent leur chemin, en faisant les plus merveilleux projets de la terre.

CHAPITRE IX

Comment Girard et Régnier, en quittant Vienne, allèrent droit sur Paris; et de la réception que leur fit Charlemagne.

Girard et Régnier prirent le chemin de Paris, où se tenait la cour de Charlemagne, et où ils arrivèrent sans encombre au bout d'une douzaine de jours.

Ils n'avaient pas perdu en route les instructions qu'ils avaient reçues de leur père et les recommandations qu'il leur avait faites. Aussi, leur premier soin, en entrant dans la cité royale, fut de se rendre au palais de Charlemagne, qui était pour l'instant à table avec quelques-uns de ses barons, le duc Naymes de Bavière, Richard, duc de Normandie, et Salomon, duc de Bretagne.

Girard et Régnier, en gens avisés, ne s'arrêtèrent pas à demander le chemin qu'ils devaient prendre pour arriver à l'appartement du roi. Ils entrèrent tout de go dans la première pièce, puis dans la seconde, puis dans la troisième, au grand ébahissement et scandale des huissiers de service, habitués à plus de révérence et de cérémonie.

Les deux frères se préparaient à entrer de cette façon dans la pièce où se trouvaient Charlemagne et ses convives, lorsqu'un huissier tout essoufflé les prit par leurs vêtements et leur demanda où ils allaient céans.

— Eh! ne le voyez-vous pas? répondit le bouillant Girard, en secouant l'huissier pour s'en débarrasser.

— Chez le roi? demanda l'huissier, suffoqué.

— Oui, chez le grand roi Charlemagne; et nous sommes en droit de ne pas attendre à la porte comme d'humbles bacheliers, dit fièrement Girard, en secouant de nouveau l'huissier.

— Mais, quels gens êtes-vous donc?... leur demanda un peu brutalement cet homme, qui s'impatientait.

— Apprends, manant, répliqua Girard, qui s'impatientait davantage encore; apprends, manant, que tu vois en nous le connétable et le grand-chambellan de Charlemagne!...

— Par saint André! s'écria l'huissier, mis hors de ses gonds, je ne vois en vous que deux fols impertinents auxquels je vais donner de cette masse sur les oreilles!...

Joignant, en effet, le geste à la parole, l'huissier leva sa masse et l'abattit sur Girard. Mais ce dernier, agile comme un cabri, se jeta de côté, évita le coup, sauta sur l'huissier, lui arracha sa masse, l'en frappa et l'étendit raide mort à ses pieds.

Le tout, durant l'espace d'un éclair.

— En voulez-vous autant? demanda Girard, d'un air menaçant, en se tournant vers les autres huissiers accourus, trop tard, au secours de leur camarade.

Bien loin d'en vouloir autant, ces prudents hommes tournèrent immédiatement les talons en jetant de grands cris d'effroi qui furent entendus de la salle où dînait Charlemagne.

La porte de cette salle s'ouvrit et le duc Naymes de Bavière s'avança.

Frappé de son air noble et vénérable, Girard laissa tomber sa masse, et, s'approchant d'un air respectueux :

— Seigneur, lui dit-il, Charlemagne pourrait-il souffrir que ses valets osassent menacer dans sa cour les fils de son plus ancien ami? C'est le moins que pouvaient faire deux grands officiers de la couronne!...

Charlemagne lui-même survint à ces derniers mots.

— Seigneurs damoiseaux, leur demanda-t-il en

fronçant le sourcil, qui vous a nommés mes grands officiers ?

— Sire, répondit Girard, c'est celui dont vous êtes trop juste pour ne pas reconnaître vous-même les droits. Avez-vous oublié que le noble duc Guérin de Montglave vous gagna jadis votre beau royaume dans une partie d'échecs !...

— Je ne l'ai pas oublié, répondit Charlemagne d'un ton radouci en examinant avec curiosité les deux braves et gentils hommes qu'il avait devant lui. Je ne l'ai pas oublié : je fus fait par lui échec et mat. C'était un bon joueur, que le duc Guérin ! Un bon joueur et un bon gabeur!

— L'avez-vous payé, Sire? reprit hardiment Girard. Doit-il à votre secours la conquête qu'il a faite de Montglave? Et ce franc et noble prince n'est-il pas bien en droit de vous donner pour connétable et pour grand-chambellan, nous, ses deux fils, qu'il vous envoie pour vous servir et tenir notre fortune de vous?

— Gentil enfant, dit Charlemagne en souriant et en admirant malgré lui la grâce, la hardiesse et la beauté de Girard, vous êtes un peu trop vif et vous traitez un peu trop mes serviteurs comme des chiens galeux... Mais vous êtes le fils du noble duc Guérin de Montglave : à ce titre, vous m'êtes cher, ainsi que votre frère. Votre père est mon ami, et l'un des plus vertueux chevaliers que je connaisse. J'aime et je respecte sa femme Mabillette, votre mère. A ces causes, je vous retiens tous deux dans ma maison, et me charge de l'amende que vous devez à la famille de mon huissier. Vous êtes absous de ce meurtre commis chez moi sur l'un de mes serviteurs !

Les deux jeunes hommes furent, de ce moment, caressés et choyés par Charlemagne et par ses preux qui tous avaient été les amis et compagnons d'armes du vaillant Guérin de Montglave. Régnier était doux; Girard était aimable et fier; tous deux furent aimés du roi, à qui ils parurent vite dignes du sort élevé qu'il leur destinait.

CHAPITRE X

Comment le bâtard Hunault, pour se débarrasser d'Arnault, lui conseilla d'aller demander en mariage la gente Frégonde, fille unique du sultan Floran.

Par ainsi, les quatre fils de Guérin de Montglave se trouvaient dans la position que ce sage père avait prévue, et les prières de la bonne dame Mabillette étaient exaucées. Mais, hélas! la route du bonheur et de la fortune n'est point si aisée à suivre qu'on se l'imagine à vingt ans : les buissons, les pierres, les fondrières sont là qui attendent le voyageur, et, s'il n'est pas sur ses gardes, il se déchire, il se blesse, il tombe et n'arrive ainsi que meurtri et éclopé au terme de sa vie. Les prudents seuls arrivent allègrement à ce but. Où sont-ils, les prudents? Où sont-ils, les infaillibles ?

Arnault, l'aîné des quatre frères, se voyait maître paisible, en apparence, de la belle province d'Aquitaine. On l'aimait à cause de sa bonté, de sa justice, de sa vertu, et de peur que ces excellentes et précieuses qualités, rares chez les princes, ne mourussent avec lui, on le supplia de vouloir bien songer à se donner un successeur, un héritier, fait à son image.

Ce résultat n'était pas difficile à obtenir. Il suffisait de prendre au hasard, parmi les gentes pucelles des nobles familles de l'Aquitaine, la plus noble et la plus gente, la plus douce et la plus saine : avec cela, Arnault eût eu le plus vertueux et le plus beau des héritiers, la santé et la bonté étant les meilleurs engins de cette fabrication.

Mais, au lieu de se consulter soi-même et de se répondre ainsi que je viens de dire, Arnault aima mieux consulter le bâtard Hunault, qui s'était rendu indispensable. Hunault cherchait une occasion de se débarrasser d'Arnault; Arnault la lui fournit lui-même complaisamment.

— Le sultan Floran, lui dit le bâtard, possède de grands Etats assez voisins des vôtres, et cinq ans restent à s'écouler avant la fin des trèves qui sont jurées entre nous. Sa fille unique Frégonde est la plus gente pucelle qui soit au monde. La seule tare qu'elle ait, et encore elle ne l'a pas au visage ni au corps, pétris d'un limon céleste, la seule tare qu'elle ait, c'est qu'elle croit en Mahom. Mais ce maladroit imposteur n'a pas travaillé assez en vue des femmes, pour que les femmes aient une foi robuste en lui et en sa religion. Pour un peu, toutes les mahométanes se chrétienniseraient. Songez-donc : il a promis à tous les musulmans un paradis peuplé de houris, toutes plus belles les unes que les autres, si belles même que les musulmans quittent ce monde sous le plus frivole prétexte pour aller dans l'autre où les attendent ces mystérieuses et ineffables voluptés! Mais aux femmes, Mahomet n'a rien promis du tout, l'inhabile! S'il avait fait espérer aux femmes une récompense aussi agréable que celle qu'il fait espérer aux hommes, il en eût fait des prosélytes zélées de sa religion, plus que des prosélytes, des martyres ! Frégonde est mahométane par tradition; mais il vous sera facile de la démahométaniser!... Facile il vous sera de lui donner des idées plus précises et plus vives sur le paradis que Mahomet ne lui a pas promis, et sur la béatitude qu'elle peut goûter par votre entremise! Une religion qui est prêchée par des apôtres aussi jeunes, aussi aimables, aussi plaisants que vous, doit l'emporter infailliblement sur toute autre religion, persane ou mahométane fût-elle !...

Le bâtard Hunault avait la langue bien pendue. Elle résonna comme un battant d'argent sur une cloche d'or, et Arnault se persuada aisément qu'il ne pouvait faire œuvre plus pie que de convertir une très jolie Sarrasine. En conséquence de ce, il prit à l'instant même le parti d'aller à Beaulande, capitale des Etats du sultan père de la belle Frégonde, et arrêta le jour de son départ.

Hunault fut heureux de voir si bien prendre son amorce amoureuse. Et, pour que son projet réussît complètement, il envoya à Beaulande, dans l'intervalle qui devait précéder le jour du départ d'Arnault un sien complice chargé d'une mission particulière auprès de Floran.

CHAPITRE XI

Comment le bâtard Hunault et le jeune duc d'Aquitaine allèrent à la cour du sultan Floran ; et comment Frégonde devint amoureuse d'Arnault.

Le messager, fait sur le patron de son maître, précéda donc d'un jour Arnault et Hunault à la cour du sultan Floran. Mais ce court espace fut bien employé par lui. Il demanda une entrevue secrète au Sarrasin, et, une fois en sa présence, il lui déclara que les deux princes chrétiens, qui le suivaient de près, ne venaient à sa cour que pour renoncer à leur culte et embrasser le sien.

Floran, réjoui d'avance de cette conversion, qui ne pouvait manquer de lui faire honneur, ordonna des préparatifs inusités pour la réception d'Arnault et d'Hunault.

Le jour où ils arrivèrent, Floran et sa fille Frégonde allèrent au-devant d'eux, richement appareillés l'un et l'autre.

Arnault, en apercevant Frégonde, fut frappé de sa beauté comme d'un trait au cœur.

— Une si gente pucelle en un pareil pays ! dit-il. C'est une contradiction de la nature. Cette fleur de beauté devait pousser en terre chrétienne !... O grand saint Denis ! fais que je tire cette aimable créature des griffes du démon !...

Frégonde, en voyant Arnault, fut frappée de sa bonne mine et de sa fière prestance, comme il avait été frappé lui-même de sa beauté.

— O Mahom ! Mahom ! dit-elle. Puisse ce chrétien se convertir à ma religion et mériter ton paradis !...

Peut-être qu'en ce moment, Frégonde, plus musulmane que jamais, souhaita d'être la houris qui retiendrait Arnault cent ans dans ses bras.

Floran, suivant l'avis secret qu'il en avait reçu du messager d'Hunault, crut ne pouvoir mieux faire que d'ordonner qu'on apportât un riche simulacre de son prophète. Arnault le vit avec peine, mais il ne protesta pas, par respect pour une erreur sincère. Sans compromettre sa foi, il ne voulut point choquer celle du sultan, qui supposa que ce jeune prince n'était pas disposé encore à l'abjuration, et qui se résolut à attendre un moment plus favorable.

Ce qui le décida tout-à-fait à attendre, ce fut l'effet produit sur le jeune duc d'Aquitaine par les charmes nonpareils de la jeune Frégonde ; effet dont il s'aperçut vitement. Dès ce moment, il ne douta plus de l'amener à son but et, pour en avancer le moment, il lui laissa toute liberté de voir sa fille, après l'avoir instruite de ses desseins.

Il sera toujours imprudent à un père de prendre sa fille pour engin de maléfice contre un homme jeune et beau. La femme est toute en cœur, et non toute en cerveau. Où le vent du sentiment la pousse, elle va. Le rôle qu'on lui avait imposé disparaît pour être remplacé par le rôle que ses sens lui imposent. Commander est aisé ; mais obéir est difficile.

Frégonde avait bien promis à son père d'employer toutes les séductions de sa personne en vue de la conversion du jeune prince chrétien ; peut-être même lui avait-elle promis de réussir, et, forte de l'autorisation qu'il lui avait donnée, elle avait recherché avec empressement les occasions de se trouver avec Arnault et de l'entretenir en secret.

Que voulez-vous donc que se disent deux beaux enfants qui n'ont pas encore aimé et qui sont faits pour aimer ?

La première fois, Frégonde parla de Mahomet, et Arnault, par courtoisie, la laissa dire.

La seconde fois, elle en parla encore, mais avec moins d'éloquence : il lui semblait que ce n'était pas là un sujet de conversation bien intéressant pour un prince.

La troisième fois, elle n'en parla plus, mais elle eut envie de parler d'autre chose ; Arnault aussi : la honte les retint l'un et l'autre, et ils passèrent le temps de cette entrevue à se regarder le blanc des yeux. Arnault trouva ceux de Frégonde plus beaux que jamais ; Frégonde en pensa autant de ceux d'Arnault.

La quatrième fois, Arnault et Frégonde n'osèrent plus se regarder ni se parler. Seulement, à leur insu, leurs pieds s'avancèrent, ainsi que leurs mains. Au bout d'un instant, Arnault tenait Frégonde toute palpitante dans ses bras. Au bout d'un autre instant, les lèvres de ces deux beaux enfants se trouvaient fortement et tendrement unies. Le mariage de leurs âmes était consommé.

Arnault rayonnait : Frégonde l'aimait.

CHAPITRE XII

Comment le perfide bâtard s'arrangea pour se débarrasser du jeune duc d'Aquitaine, et l'arrêta au moment où il catéchisait avec le plus d'ardeur la belle Frégonde.

Que deviendrait un amant sans confident ? Son bonheur en serait moins grand s'il ne pouvait le confier à personne. C'est bien agréable, sûrement, de se dire cent fois par heure : « J'aime ! je suis aimé ! » Mais il est bien flatteur encore de le dire aux autres, surtout à ceux qui ne sont pas aimés. Cela leur fait envie ! Et le bonheur d'un homme ne se compose-t-il pas du malheur des autres ? Hélas ! ce n'est pas pour rien que nous sommes sortis du limon ! Il nous en reste toujours quelque chose dans l'âme.

Arnault confia donc à quelqu'un le secret de son bonheur et les progrès de l'amour de Frégonde pour lui. Et ce quelqu'un fut naturellement Hunault.

Le bâtard parut heureux de cette confession, mais non pas dans le sens que supposait Arnault. Hunault fut heureux, non du bonheur de son frère, mais du parti qu'il pouvait tirer de ce bonheur-là.

Dès la nuit suivante, il alla trouver Floran.

— Soudan, lui dit-il, j'avais juré avec toi une trêve de sept ans. Tu sais si je suis resté fidèle...

— Très fidèle, répondit le sultan, très fidèle, ce qui m'étonne de la part d'un chrétien.

— Eh bien ! aujourd'hui, l'honneur me commande de te déceler les pernicieux desseins du duc d'Aquitaine. Tu crois qu'il n'est venu céans que pour embrasser l'islamisme... Je le croyais moi-même, et c'est pour cela que je t'ai envoyé un mien émissaire... Eh bien ! non, Arnault n'avait qu'une idée en tête, à savoir : observer les forces dont tu disposes et les moyens à employer pour te surprendre. Depuis qu'il est venu, une seconde idée a germé dans son esprit. Il a voulu séduire ta fille, et il l'a séduite. Si tu ne t'y opposes énergiquement, il te l'enlèvera et reviendra ensuite ravager tes Etats...

— Par Mahom! que m'apprends-tu là? s'écria le soudan, confondu par tant de perfidie.

— La vérité, soudan, rien que la vérité... Je t'offre un moyen sûr de te venger, en me vengeant moi-même. Demain, j'abjure entre tes mains la foi de mes pères... je prends le turban !... Nous arrêterons Arnault, nous le jetterons en prison, nous nous en déferons ; tu me remettras en possession de l'Aquitaine, qu'il m'a enlevée, et désormais je serai ton plus fidèle allié !...

Floran frémit du danger qu'il croyait avoir couru, et, pour remercier Hunault, il l'embrassa. Puis il convint avec lui d'arrêter le fils aîné du duc Guérin et de le mettre dans les fers. Mais, quoique Sarrasin, Floran ne voulut pas violer le sauf-conduit qu'il avait accordé à Arnault. Il consentit à prêter sa prison au bâtard, mais en lui défendant d'attenter à la vie du duc d'Aquitaine.

Or, pendant qu'Hunault s'occupait ainsi du malheur d'Arnault, celui-ci, de son côté, s'occupait de son propre bonheur. Il était aux genoux de Frégonde et la catéchisait de son mieux. Frégonde se laissait catéchiser sans opposer la moindre résistance.

Ce fut à ce moment qu'intervint le perfide bâtard, à la tête d'une escouade de satellites. Sans donner le temps à Arnault de se mettre en défense, il fondit sur lui, le terrassa, l'enchaîna, et, malgré les cris, les larmes et les supplications de la belle Frégonde, sa mie, il le fit entraîner dans une obscure prison.

— Soudan, dit-il à Floran, qu'il rejoignit aussitôt, garde ce prisonnier jusqu'à l'expiration des trêves. De ce moment, j'embrasse le culte de Mahom et deviens ton allié... Je vais retourner en Aquitaine préparer les peuples de cette riche contrée à suivre la même loi que celle qui est désormais la mienne. Si ton prisonnier survit à la fin des trêves, tu me le remettras alors, et ta parole sera dégagée...

CHAPITRE XIII

Comment Hunault, son crime accompli, revint en Aquitaine ; et comment, le remords lui venant, il s'en confessa à un ermite, qui n'était autre que le géant Robastre.

Hunault, toujours prudent, ne voulut revenir en Aquitaine qu'après s'y être fait précéder par des émissaires chargés de prévenir les sujets d'Arnault de sa disparition, par des mensonges habiles et ingénieux. Il prit, en conséquence, le chemin le plus long et le plus détourné, afin de n'arriver que huit jours après eux, et, pendant les premières vingt-quatre heures, il ne s'occupa que du succès de son horrible trahison.

Le second jour, il eut un songe effrayant. Il entrevit les abîmes où vous plongent les mauvaises actions : il eut peur !

Alors un étrange changement se fit dans son âme. Se repentant, un peu tard, comme toujours, du crime qu'il venait de commettre, et ne pouvant résister à l'horreur qu'il s'inspirait à lui-même, il songea à se défaire d'une existence inutile et odieuse.

Mais au moment où il levait le bras, armé d'une épée, pour se frapper, il entendit les sons d'une cloche qui perçaient l'épaisseur du bois et arrivaient clairs et mélodieux comme une voix jusqu'à son âme ouverte à la repentance.

— Avant de mourir, murmura-t-il, je veux être en paix avec les hommes et avec Dieu. Cette cloche doit être celle d'un ermitage : j'y vais aller pour me prosterner devant un sage et lui demander l'absolution de fautes que je ne puis me pardonner moi-même.

Le bâtard, réconforté par cette pensée, se dirigea, à travers les halliers de la forêt, vers l'endroit d'où il lui semblait que les sons de la cloche étaient partis. Bientôt il arriva à la porte d'un ermitage que décorait une croix.

La porte était entr'ouverte ; mais il n'osait pas entrer : il frappa en tremblant. Son tremblement redoubla à l'aspect du géant qui en sortit.

Ce géant avait une forêt de cheveux, roux, bas plantés sur le front et tout hérissés sur le sommet de la tête. Une barbe, de même couleur, longue et touffue, descendait jusqu'à la ceinture de chanvre qui serrait une robe de bure sur ses reins de taureau. Les yeux étaient perdus dans l'ombre que faisait le front en surplombant la face, et rien ne trahissait leur présence, rien que de fauves éclairs.

— Chrétien, que veux-tu de moi? demanda d'une voix rauque cet étrange ermite.

— Chrétien ? Hélas ! je ne le suis plus ! s'écria Hunault en se précipitant la face contre terre, et en déchirant le gazon de ses ongles et de ses dents.

Hunault se trouvait en face du géant Robastre, fils du lutin de mer Malembrun, si cher au roi de féerie Oberon. Il avait été autrefois le compagnon du vaillant duc Guérin, et il l'avait aidé à reconquérir Montglave. Puis, une fois son ami en possession de son duché, il lui avait dit adieu et s'était retiré dans la forêt où il venait de le rencontrer le bâtard, bien décidé à ne plus se mêler au monde des vivants et à ne plus se laisser prendre aux tromperies et aux promesses décevantes de la vie.

— Chien de mécréant, dit Robastre au bâtard, puisque tu n'es pas chrétien, qu'attends-tu de moi qui le suis ?

— Hélas ! répondit le bâtard, si le repentir le plus amer peut toucher la justice divine, je demande à tes pieds que tu m'écoutes et que tu me donnes l'absolution.

— Ah ! ah ! dit Robastre. Tu veux te confesser? C'est autre chose. Mon ministère ne me permet pas de te refuser. Allons ! rappelle tes esprits. Quelque grand que soit ton crime, plus grande encore est la miséricorde du ciel. Il n'est pas de cœur, si souillé qu'il soit, que sa mansuétude ne puisse laver ! Il n'est pas d'âme, si gangrenée qu'elle soit, que sa bonté ne puisse guérir. Agenouille-toi, pêcheur, et humilie-toi !

Hunault s'agenouilla, frappa sa poitrine sans épargner les coups, et fit un humble aveu de ses fautes, depuis la première jusqu'à la dernière. Cela dura longtemps.

Robastre les lui aurait pardonnées toutes, excepté la dernière. Il avait une mine horrible en l'écoutant raconter la trahison commise à l'endroit du fils aîné de son vieux compagnon le duc Guérin de Montglave.

— Ce coquin-là, pensa-t-il, est bien heureux d'avoir une contrition aussi parfaite. Comme chrétien et comme ermite, je ne puis guère lui refuser l'absolution. Comme homme, j'ai grand'peine à lui pardonner la félonie dont Arnault a été la victime. Il est à craindre qu'une âme aussi gangrenée que la sienne ne retombe bientôt dans le cloaque d'où je vais la tirer...

Robastre était un excellent ami, mais un très mauvais théologien. Il crut que le meilleur parti qu'il pût prendre était de saisir ce moment de sauver l'âme de Hunault, et que le plus sûr moyen était de l'absoudre et de l'assommer.

Lors donc, d'une main il lui donna l'absolution, et de l'autre il lui brisa la tête.

Robastre avait fait tout cela pour le plus grand bien et la plus grande gloire de Dieu, en envoyant une âme au ciel et en purgeant la terre d'un monstre capable des plus grands crimes. Sa conscience était satisfaite, et, sans raisonner davantage sur ce qu'il venait d'exécuter, il ne s'occupa plus que de trouver les moyens de tirer de prison le jeune duc Arnault.

CHAPITRE XIV

Comment Robastre, ayant béni et assommé Hunault, songea à aller tirer de prison le fils de son ancien compagnon le duc Guérin.

Au premier abord, Robastre jugea la chose impossible. Il connaissait et la ville du sultan Floran et les forces dont il disposait.

— Je ne peux faire cette besogne à moi tout seul, dit-il; et quand j'aurai occis quatre ou cinq cents mécréants à coups de barre de fer, je n'en serai pas plus avancé pour sauver le fils de mon vaillant ami... Je serai accablé par le nombre, et j'aurai beau me secouer comme un diable dans un bénitier, je ne pourrai parvenir à m'en débarrasser. Peut-être que je ne ferai que hâter la mort d'Arnault, au lieu de hâter sa délivrance.

Robastre, en sa qualité de géant, n'avait pas un goût très prononcé pour la gymnastique de l'esprit. Réfléchir longtemps lui coûtait. Les choses les plus simples étaient les meilleures pour lui. Il voyait qu'à lui seul il ne pouvait venir à bout de cette difficile entreprise : il renonça à être seul. Et, puisqu'il fallait être au moins deux pour avoir raison d'une armée entière, il songea à requérir l'assistance de son vieux camarade, l'enchanteur Perdigon.

Quoiqu'il ne fût pas meilleur casuiste que théologien, il devina bien, cependant, qu'il y avait quelque chose d'assez anormal dans cette assistance qu'il allait demander, lui chrétien, à un enchanteur dont le pouvoir sentait le fagot. Aussi, pour se tranquilliser, il se dit en lui-même :

— Eh bien, si Perdigon commet un trop gros péché en employant sa magie pour délivrer Arnault, il sera toujours à temps d'en faire pénitence... D'ailleurs, j'aime trop mon ami pour lui refuser le même service que je viens de rendre à ce coquin de Hunault.

Cela dit, Robastre ne perdit point de temps. Il endossa un bon haubert par-dessous son froc, prit un gros bâton noueux, un arbre entier, s'affubla d'une vieille étole déchirée et se mit en chemin pour gagner l'ermitage où Perdigon, lui aussi, avait enterré sa vie passée.

La forêt était longue; mais Robastre avait des jambes de sept lieues. Avant la fin du jour il frappait à la porte de l'asile que s'était choisi Perdigon pour expier en paix les erreurs de sa turbulente jeunesse.

Les deux vieux amis s'embrassèrent.

— Que viens-tu faire céans, ami Robastre? demanda l'enchanteur.

— Requérir ton assistance en faveur du fils aîné du noble duc Guérin de Montglave! répondit le géant.

— Que puis-je donc faire, moi pauvre homme? s'écria Perdigon, qui ne voulait pas être troublé dans la digestion de son passé.

— Toi, pauvre homme, peux faire beaucoup, aidé de moi, autre pauvre homme! répondit Robastre.

— D'abord, de quoi s'agit-il, ami Robastre?

— Arnault, le fils aîné du duc Guérin, a été attiré à la cour du soudan Floran par cet abominable bâtard qui a, du moins qui avait nom Hunault, car il n'est plus aujourd'hui que pâture à corbeaux... Hunault avait machiné contre lui je ne sais plus quelle trahison aussi noire que l'âme de ce coquin... et, finalement, Arnault est à cette heure au fond d'un cachot où il pourrira à coup sûr si nous ne l'en faisons sortir au plus vite...

— Dieu est grand! murmura Perdigon avec une sainte componction.

— Sans doute, sans doute, répondit Robastre en fronçant son épais sourcil roux. Dieu est grand et je suis fort; je suis fort et tu es magicien. Aidés de Dieu, toi et moi, nous réussirons.

— O mon ami, j'ai fait vœu de renoncer aux enchantements et à tous les maléfices généralement quelconques. Le grand œuvre diabolique n'a plus d'attraits pour moi; et puis, cela mène droit en enfer. Je n'y veux point aller : il y fait beaucoup trop chaud...

— O mon ami, ce que je te propose de faire, de concert avec moi, n'est pas une vilaine chose, c'est une bonne action. Moi aussi, ami Perdigon, je tiens à gagner le ciel par une vie exemplaire; moi aussi je hais la température trop ardente de l'enfer... Et d'ailleurs, nous n'avons pas à composer longtemps avec notre conscience : il s'agit de sauver le fils d'un ancien compagnon. Arnault hors de danger, nous retournerons alors à notre sainte vie, si cela nous plaît... Perdigon, Perdigon, ceci est bien différent de tout ce que je t'ai vu faire dans le passé, et si tu raisonnais un peu, tu ne balancerais pas à venir avec moi... Dis, imbécile, ne conviens-tu pas que presque toujours le diable ne t'aida qu'à faire du mal? Et conviens de même que c'est un acte bien méritoire de délivrer Arnault des mécréants, et que, par conséquent, rien ne sera plus plaisant que de forcer le diable à faire du bien !...

Cet argument, auquel Robastre lui-même était étonné d'avoir mis tant de force et de lumière, parut être sans réplique. Du moins Perdigon ne répliqua pas. Il se contenta de dire :

— Par saint Michel! ami Robastre, tu as raison et je me rends! Pars le premier ! Va reconnaître ce qui se passe à Beaulande; feins de t'ennuyer de ton métier d'ermite... De mon côté, je vais essayer si mes conjurations auront toujours la même force ; et bientôt je te rejoindrai, si habilement déguisé, que toi-même tu ne pourras me reconnaître...

Robastre embrassa alors son ami, et, sans plus tarder, prit congé de lui pour se rendre à Beaulande.

CHAPITRE XV

Comment le géant Robastre arriva à la cour du sultan Floran, où il causa beaucoup d'étonnement aux hommes, et beaucoup de frayeur aux femmes, notamment à la belle Frégonde.

n ignorait, à la cour du soudan, ce que pouvait être devenu le bâtard Hunault.

Floran, fidèle à sa promesse, tenait toujours Arnault en chartre privée, et se reposait sur un geôlier spécialement commis à sa garde, du soin de ne le laisser communiquer avec personne, et de ne lui donner par jour à manger que de quoi l'empêcher de mourir.

Arnault, cependant, n'eût peut-être pas alors changé sa prison pour les jardins d'Alcinoüs, roi des Phéaciens. Prison soit! mais prison réjouie et illuminée par la présence de cette gente pucelle qui avait nom Frégonde! Quel antre, même celui de Trophonius, pourtant si terrible; quelle caverne, même celle de Cacus, pourtant si affreuse, ne deviendrait palais, jardin, éden, avec une compagne adorée ?...

Frégonde avait séduit, à force de présents, le gardien de la tour dont la prison d'Arnault occupait le centre. Dès que le chant du muezzin avait donné le signal de la retraite dans le palais de Floran, la belle Frégonde s'échappait, suivie d'une jeune esclave dévouée, chargée de mets et de vins délicieux, gagnait la tour par une galerie souterraine qui communiquait avec le palais, et venait passer une bonne partie de la nuit avec son amant.

Dire les baisers échangés, les joyeux devis, les folles inventions, les merveilleux projets d'avenir et de bonheur, de ces deux chastes amoureux qui oubliaient si bien les dangers, les misères et les catastrophes ordinaires et extraordinaires de la vie ; dire tout cela convenablement serait difficile, et un peu long. Arnault était heureux de tenir sa mie bouche à bouche et cœur à cœur, et Frégonde était heureuse d'être tenue ainsi.

Que peut-on dire qui en dise autant ?

Au bout de quelque temps Robastre arriva à la porte du palais du soudan. Jamais figure plus bizarre, jamais physionomie plus hideuse n'attira la curiosité et les huées de la foule, habituée à juger sur les apparences. Les uns prenaient le bon Robastre pour le Dégial, autrement dit pour l'antéchrist; les autres le prenaient pour un santon du désert.

Ce fut cette dernière ressemblance que le géant préféra, comme la moins injurieuse.

— Mes frères, leur dit-il, souvenez-vous que l'aumône et l'hospitalité vous sont prescrites par la loi, à défaut de la Nature !

A ces mots, prononcés en pur sarrasinois, le riz, le pilau et les pièces de mouton bouilli, lui furent apportés de toutes parts avec empressement, et Robastre fit tout disparaître avec une célérité qui redoubla bien l'admiration stupide que le peuple commençait à avoir pour lui.

Le sultan, à qui la rumeur publique apprit la présence du santon dans les murs de sa ville, l'envoya chercher pour lui faire l'aumône et donner à sa fille le spectacle de cette étrange figure.

Frégonde en fut d'abord épouvantée, comme tout le monde, et elle donna vitement un besan d'or à Robastre pour en être débarrassée.

Mais il n'était pas du tout dans les projets de l'ami de Perdigon de quitter ainsi la maîtresse d'Arnault, ou du moins d'être ainsi quittée par lui. Il voulait lui parler en particulier.

Adoucissant alors autant que la chose était possible, la raucité de sa voix et la férocité de sa physionomie, il se hasarda à faire quelques signes à Frégonde, et, sachant par la confession du bâtard Hunault, qu'elle était chrétienne de cœur sinon d'état, il s'efforça de lui faire voir à la dérobée, sous les pans de sa robe de bure, un rosaire à gros grains qui y était caché.

Frégonde fut quelque temps sans vouloir rien voir ni rien comprendre. Et les gestes du bon Robastre ne servirent qu'à augmenter l'effroi qu'il lui inspirait déjà, malgré le nombre des personnes qui l'entouraient.

Robastre ne se découragea pas; il redoubla ses signes et essaya de les rendre plus éloquents ; si bien que Frégonde aperçut enfin cette croix qui la rassura d'autant plus qu'elle crut lire une prière dans les regards adoucis du géant. Elle comprit qu'il implorait sa protection et voulait être écouté secrètement d'elle.

— Saint homme, lui dit-elle, je me recommande à vos prières. Je voudrais vous consulter...

Lors, tout naturellement, pour ne pas éveiller les soupçons, elle ouvrit un cabinet, invita Robastre à y entrer par un geste plein de grâce, et l'y suivit, accompagnée de son esclave favorite, en prenant la précaution de laisser les deux battants de la porte ouverts.

CHAPITRE XVI

Comment Robastre, étant parvenu à faire comprendre ses signes à la belle Frégonde, celle-ci, moins effrayée, consentit à l'entretenir en particulier et apprit de lui dans quel but il était venu à Beaulande.

Une fois en tête-à-tête avec Frégonde, le bon Robastre lui dit :

— Princesse, vous êtes la plus gente et la

plus cointe pucelle qu'il soit au monde, et vous méritez bien d'aller tout droit en paradis avec le loyal chevalier qui déjà y est peut-être allé avec vous...
Je veux parler d'Arnault, dont vous êtes la mie, ainsi que me l'a appris ce coquin de Hunault, dont Dieu veuille avoir l'âme, s'il en avait une toutefois !

— Vous connaissez Arnault? demanda vivement Frégonde en rougissant comme un pampre à l'automne.

— Je ne le connais pas, mais c'est tout comme, puisque je connais son noble père et sa digne et vertueuse mère, répondit le géant. Je suis venu ici pour l'arracher des griffes du sire votre père, que le commerce de ce coquin d'Hunault a peut-être gâté plus qu'il ne faudrait...

— Vous savez que le sire Arnault est dans un cachot ?... reprit Frégonde.

— Dans un cachot que votre présence doit embellir de temps en temps... répondit Robastre en essayant de sourire galamment, sans pouvoir réussir à faire autre chose qu'une grimace.

— Qui vous a dit cela?... demanda Frégonde en devenant pâle comme un lys.

— Personne, rassurez-vous, gente pucelle! répondit le géant. Mais puisque vous aimez mon ami Arnault, je suppose que vous n'êtes pas restée tout ce temps sans chercher à adoucir l'amertume de sa captivité... Autrement, vous l'aimeriez bien chichement, et je vous crois capable, au contraire, du plus grand dévoûment.

— Vous avez raison, saint homme! dit Frégonde, en prenant confiance en Robastre et en oubliant peu à peu sa laideur.

— Procurez-moi donc, gente pucelle, les moyens de lui parler, et cela très promptement... Rien ne vous sera plus facile que d'en obtenir la permission de votre père, en lui disant que je suis un santon du désert, inspiré par le prophète à venir exhorter son prisonnier chrétien à se soumettre à sa loi...

La conversation avait assez duré. Robastre et Frégonde revinrent dans la salle où se tenait le sultan, à qui sa fille demanda incontinent l'autorisation dont le géant avait besoin. Floran consentit, et, sans perdre de temps, fit conduire le santon à la tour où était renfermé Arnault.

Ceux qui se chargèrent de l'y mener, ne connaissaient que l'entrée par laquelle on descendait dans le souterrain, et ce fut par la porte de fer, qui s'ouvrait sur le haut de la voûte de la prison d'Arnault, qu'ils descendirent Robastre avec des cordes.

CHAPITRE XVII

Comment Robastre, descendu avec des cordes dans le cachot d'Arnault, se fit reconnaître d'Arnault, et, au moment de se retirer, apprit qu'il était également prisonnier.

Arnault n'avait jamais vu le géant Robastre. Il ne le connaissait que par le récit que le noble duc Guérin de Montglave lui avait fait de tous les exploits de ce vaillant et terrible fils de Malembrun.

A l'aspect de cette énorme figure qu'on descendait dans son cachot, il fut assez surpris, et, pour s'assurer de qui c'était, il saisit une torche et l'approcha du visage du bon Robastre. Il approcha trop près : le feu prit à la barbe rousse du géant, dont une bonne moitié brûla en répandant une abominable odeur de roussi dans le cachot.

Le géant, quoique dévot, jura comme un diablotin, à cause de la chaleur cuisante qu'il ressentit, et il étouffa promptement avec sa main ce commencement d'incendie. Puis, une fois sur le pavé du cachot, il courut les bras ouverts, et enleva tendrement Arnault à quatre pieds de terre.

— Fils aîné du noble duc Guérin de Montglave, lui dit-il, prends courage. Je suis Robastre et je viens pour te tirer de céans où il ne doit pas faire bon vivre, malgré la présence de demoiselle Frégonde.

Arnault, agréablement étonné de cette aimable intervention, marqua la plus vive reconnaissance au géant, et il s'apprêtait à lui faire le récit de ses infortunes, dont Hunault était la cause, lorsqu'au nom de ce bâtard, Robastre l'interrompit :

— Mon cher gars, ne crains plus rien de ce félon. Je l'ai mis hors d'état de faire la moindre nuisance à qui que ce soit au monde, même à un moucheron...

— Que me dites-vous là? demanda Arnault.

— Je dis que ce coquin ne méritait pas d'aller en paradis et qu'il doit y être arrivé maintenant, à moins qu'il n'ait été arrêté mi-route à la station du purgatoire... Tu ne comprends pas encore, cher gars, à ce que je vois à ta bouche béante. Je vais être plus clair. Comme il faut faire du bien quand on le peut, même à ses ennemis, j'ai confessé le bâtard Hunault ; après l'avoir confessé, je l'ai absous ; après l'avoir absous, je l'ai assommé. Comprends-tu, maintenant?

— Quoi! vous avez tué le fils de mon noble père !... s'écria Arnault qui, malgré le mal que lui avait fait Hunault, ne pouvait s'empêcher de se dire qu'après tout ils étaient tous deux du même sang.

— Le fils du noble duc Guérin, ce bâtard! Tu es beaucoup trop bon de dire cela. Il n'avait rien qui le prouvât, ni la loyauté, ni la courtoisie, ni la vaillance! C'était un coquin, te dis-je, et les gens de sa sorte n'ont ni père ni mère !... Mais nous bavardons là comme des pies sur un arbre, et nous oublions l'endroit où nous sommes et dont il faut sortir au plus tôt...

Au moment où il disait cela, Robastre entendit fermer les verrous de la porte du cachot. Il était prisonnier comme Arnault, et cela par suite de la curiosité qu'avait eue un jeune icoglan d'écouter sa conversation avec Frégonde, conversation qui avait été rapportée au sultan de Beaulande.

Robastre rugit.

— Nous sommes pris au trébuchet comme de vils animaux! s'écria-t-il. Il ne nous manque plus que d'être enfumés céans comme des renards dans leur trou !...

Un guichet s'ouvrit, et un vilain eunuque y apparut en ricanant.

— Tiens, chien de chrétien, dit-il en lui jetant quelque chose aux pieds, voilà ta pitance, en attendant que tu sois empalé avec tous les honneurs dus à ta fourberie.

— Empalé ! s'écria Robastre. Tudieu, l'ami, crois-tu donc que ce soit une chose si aisée?... Mais donne toujours ce que tu m'apportes... C'est aujourd'hui saint Pacôme, et, d'ailleurs, j'ai bien déjeuné.

Arnault calma le premier mouvement de Robastre, qui mourait d'envie d'arracher le guichet et d'anéantir le vilain noir qui venait de lui apporter à manger.

— Ma mie Frégonde, lui dit-il, se rendra cette nuit dans cette prison... Le geôlier est à sa dévotion, et nous concerterons avec elle le moyen de sortir de céans et de nous emparer de la tour.

Robastre reprit :

— Tu fais bien de m'arrêter... Vois-tu, mon ami, je suis un peu vif, le zèle m'emporte souvent, et je ne peux voir une tête de ces maudits mécréants, que je n'aie envie de l'ondoyer ou de la fendre !...

— Tranquillise-toi, bon Robastre, dit Arnault, j'espère que la nuit ne se passera pas, sans que tu sois à même de faire l'un ou l'autre, l'un et l'autre même, si tu en as l'envie et le temps.

— Cette parole me réconforte, mon gars, et je te remercie de me l'avoir dite, répliqua le géant. Je vais donc patienter ; et, pour attendre plus aisément l'heure de notre sortie, je vais te conter quelques-unes de nos prouesses d'autrefois...

— Volontiers, répondit Arnault, plein de courtoisie.

Robastre, heureux de rencontrer un auditeur docile, se mit en conséquence à raconter à Arnault les faits incroyables qu'il avait exécutés, seul ou avec le concours de son ami Perdigon, pour le compte d'Ogier-le-Danois et de Guérin de Montglave. C'était à faire frissonner !

Dans tout autre moment, peut-être que l'amant de Frégonde se fût fait un véritable plaisir d'écouter les racontages héroïques du vaillant Robastre. Mais, comme pour l'instant il était un peu fatigué et qu'il avait envie de dormir, la monotonie du récit de Robastre lui produisit un effet pareil à celui qu'éprouvent les enfantelets lorsqu'on les berce : il s'endormit.

Robastre, étonné d'abord du religieux silence avec lequel son éloquence était accueillie, s'arrêta un moment pour voir si on protesterait en le priant de continuer au plus tôt.

Arnault, qui avait d'excellentes raisons pour ne pas protester, puisqu'il n'entendait plus et que son âme nageait dans le bleu des rêves, Arnault ne protesta pas.

Presque scandalisé, Robastre allait adresser quelques reproches bien sentis au fils aîné du noble duc Guérin, lorsque, se ravisant, il murmura :

— Il dort peut-être !...

Pour s'en assurer, Robastre parla directement à Arnault, qui était à trop de milliers de lieues de lui pour l'entendre.

— Il dort, décidément, dit Robastre.

Le géant n'avait alors rien de mieux à faire que d'imiter son compagnon de captivité : il l'imita avec d'autant plus d'empressement et de plaisir, que, lui aussi, il était fatigué, probablement pour d'autres raisons que celles de l'amoureux Arnault.

Au bout de quelques instants, Robastre ronflait avec le bruit du vent de novembre dans une forêt de sapins.

Il faut avoir la conscience bien calme, pour faire tant de bruit en dormant !

CHAPITRE XVIII

Comment Robastre et Arnault, prisonniers, furent réveillés par Frégonde, et comment le géant maria les deux amants.

Nos deux dormeurs furent réveillés bien agréablement par la belle Frégonde.

Pour Arnault, c'était la présence de sa mie qui lui causait ce plaisir.

Pour Robastre, qui ne connaissait guère l'amour, c'était la présence de la jeune esclave de Frégonde, laquelle avait apporté une triple provision de victuailles.

Pendant qu'Arnault et Frégonde se précipitaient dans les bras l'un de l'autre et s'accolaient avec une tendresse et une volupté infinies, Robastre se précipitait sur un énorme plat de pilau et l'engloutissait avant d'avoir eu le temps de dire seulement *amen*. Puis, après le pilau, ç'avait été le tour d'une amphore rebondie pleine d'un vin généreux.

— Buvons ce vin, mes amis, buvons ce vin, une des meilleures inventions du bon Dieu... Buvons ce vin et ménageons notre eau, car les mains me démangent et j'espère en avoir bientôt besoin.

En effet, après avoir achevé tout ce qui restait sur la table, Robastre tira son étole déchirée, la plaça à son cou, remplit une urne de l'eau qu'on venait d'apporter et la bénit.

— Mes enfants, dit-il aux deux amoureux, avant que de rien entreprendre, méritons les grâces du ciel, cela ne peut pas faire de mal. Vous, Frégonde, je vous ondoye et je vous marie, parce que je vous suppose chrétienne et femme... Acceptez-vous ?

— Oui, saint homme, répondit la belle pucelle en se mettant à genoux... Je jure d'être fidèle à ce Dieu nouveau comme à mon doux ami Arnault, qui me l'a fait connaître...

— Croissez et multipliez, dit Robastre en étendant ses mains velues sur les deux fraîches têtes qu'il avait devant lui. Croissez et multipliez ! La race des bons, des beaux, des vaillants et des forts n'est pas assez nombreuse... Il faut faire souche, mes amis, semer du grain et bonne graine aux quatre vents du ciel et aux quatre coins du monde... Croissez et multipliez : cela vous sera agréable ainsi qu'à Dieu...

Frégonde était baptisée et mariée.

Arnault et elle se regardèrent alors si tendrement, si tendrement, si tendrement, que Robastre, pour la première fois de sa vie, fit un gros éclat de rire.

— Oui, oui, mes agnelets, je vous vois venir, leur dit-il. Vous connaissez sur le bout du doigt et sur le bout des lèvres vos devoirs de nouveaux épousés et vous voulez les remplir immédiatement. Halte-là, mes agnelets ! Remettons à une heure plus favorable la suite de cette aimable cérémonie... nous n'avons pas le temps présentement... Vous soupirez... je vous devine... Vous me dites que vous avez le temps... Je vous répète que vous ne l'avez pas, moi!... Mettez un frein à votre amoureuse ardeur, mes agnelets...

Arnault soupira de nouveau, mais il consentit à ne pas pousser les choses plus loin. Frégonde fit la moue, et, dans son âme, elle maudit le bon Robastre qui, à son avis, avait trop de sagesse.

Lors, Robastre et Arnault appelèrent le geôlier et lui firent part du projet qu'ils avaient de s'emparer de la tour. Le geôlier, chrétiennisé par Arnault, consentit à tout de bon cœur et leur ouvrit les portes.

— Arnault, dit Robastre, prends cette urne pleine d'eau que je viens de bénir, et suis-moi !

Cela dit, Robastre prit son chapelet de la main gauche, et, de la main droite, il saisit un levier de fer, pesant environ cinquante livres. Puis Arnault et son compagnon marchèrent droit à la chambre où se tenaient trente janissaires armés, placés là depuis la veille, sur les ordres du soudan, pour veiller sur les deux prisonniers.

CHAPITRE XIX

Comment Robastre vint à bout des janissaires, aidé d'un levier de cinquante livres, et, cela fait, ordonna à Arnault d'aller en Aquitaine quérir une armée.

On juge de l'effet terrifiant produit sur les janissaires par l'apparition des deux prisonniers, qu'ils supposaient bien et dûment verrouillés au fond de leur cachot.

Robastre surtout les épouvanta. Outre sa haute taille, sa chevelure en broussailles, ses yeux terribles, sa barbe rousse ravagée par la flamme, il maniait si férocement son levier de fer, que cette arme seule eût suffi pour mettre en déroute les plus aguerris, habitués à manier des zaguaies.

— Armes bas, coquins ! leur cria Robastre d'une voix qui grondait comme le tonnerre. Armes bas, et à genoux devant ce rosaire !

Quelques-uns des janissaires obéirent instinctivement, comme on obéit dans un danger pressant qui ne vous donne pas le temps de vous y reconnaître. Les autres se saisirent de leurs zaguaies et se préparèrent à se défendre, comme se défendent les animaux acculés.

Ils croyaient sans doute avoir bon marché du géant, malgré l'effroi qu'il leur avait inspiré tout d'abord. Ils se savaient en nombre, et le nombre a souvent raison du courage.

Mais Robastre en ayant massacré cinq ou six d'un seul coup de son redoutable levier, les autres, effrayés, jetèrent précipitamment leurs armes et se traînèrent à ses genoux. Robastre, après les avoir baptisés tous avec la promptitude qu'il avait mise à se les soumettre, fit barricader les portes de la tour dont il venait ainsi de se rendre maître, et brava les efforts que Floran pouvait faire pour l'attaquer.

— L'ami Perdigon tarde bien à se moutrer, dit-il à Arnault, mais, enfin, voilà un premier pas de fait : il viendra à temps, j'espère, pour nous aider à faire les autres... Maintenant, mon gars, retourne auprès de ta gente mie, qui doit être à larmoyer en ce moment et qui te croit sans doute occis par ces mécréants... Retourne vers Frégonde, ami Arnault; mais dépêche-toi de l'aimer et de le lui dire... Mettez, s'il le faut, les bouchées doubles, aimez-vous en gros, quitte à vous aimer en détail plus tard, quand vous en aurez le temps... Car il faut que tu sortes de cette tour avant le lever du soleil... Une fois dehors, ne t'amuse pas à regarder en arrière pour voir ce que j'y fais... cours en Aquitaine, rassemble à la hâte une armée et reviens à sa tête balayer ces nuées d'infidèles commandés par le sultan Floran... En attendant ton retour, je te réponds de me défendre vaillamment ici, de façon à dégoûter les plus hardis de l'envie d'entrer...

— Et Frégonde? demanda Arnault, qui ne voulait pas abandonner sa mie.

— Ne crains rien, te dis-je ! Par la vertu-Dieu ! crois-tu donc que ce soit pour me protéger exclusivement que je reste céans ? C'est pour protéger ta compagne, et nul ne la protégera mieux que moi, je t'en réponds !...

Arnault connaissait trop l'aversion du bon Robastre pour toute espèce de contradictions pour hésiter plus longtemps et ne pas voler incontinent à l'exécution de ses ordres.

— C'est pour me secourir qu'il est venu, se dit-il. Je n'ai pas le droit de discuter avec lui sur les moyens à employer : j'obéis.

Il revint vers Frégonde avec laquelle il avait encore une heure à passer.

Une heure, c'était bien peu pour deux jeunes et ardents époux qui ne voulaient apporter aucun retardement à la consommation de l'acte solennel béni par Dieu, représenté par Robastre. Mais, pour ceux qui savent bien employer leur temps, on peut faire encore bien des choses en une heure. Arnault le prouva éloquemment à Frégonde, qui aurait voulu éterniser ce moment, c'est-à-dire cette félicité.

— Ah ! cher cœur, comme je t'aime ! murmurait-elle, pâmée, sur la poitrine de son bel ami.

— Ah ! douce et belle mie, que je t'aime ! répétait Arnault, aussi enivré qu'elle.

Il est probable qu'ils eussent oublié l'un et l'autre, pendant une heure encore, les dangers sérieux qui les entouraient, si la voix rauque de Robastre n'était venue à temps les rappeler à la réalité de leur position.

Arnault embrassa bien tendrement sa belle épousée, et sortit de la tour en soupirant et en priant Robastre de prendre soin de la duchesse d'Aquitaine.

CHAPITRE XX

Comment le sultan de Beaulande vint mettre le siège devant la tour où étaient enfermés Robastre et Frégonde, et des pièges dans lesquels tomba le géant.

Pendant qu'Arnault se dirigeait vers l'Aquitaine pour y ranimer à son service le zèle et la fidélité de ses sujets, sa belle mie était en proie aux plus vives alarmes.

Il y avait de quoi être dolente et effarouchée, en effet. Son amant était absent, et elle était maintenant en révolte avec le soudan son père, qui, à la tête d'un corps nombreux de troupes, icoglans, eunuques et janissaires, venait d'arriver devant la tour pour en faire le siège et en forcer les portes.

— Oh ! oh ! s'écria joyeusement Robastre, en entendant le bruit des voix et des armes qui grondait comme une marée montante au pied de la tour.

Oh! oh! voilà bien de la besogne qu'on me taille là... L'ami Perdigon ne serait pas de trop ici, je le confesse...

Puis il parut aux créneaux.

— Soudan ! cria-t-il à Floran d'une voix formidable, que viens-tu chercher céans ?

— Ma fille et ta tête ! répondit le sultan avec colère.

— Voilà bien des exigences ! reprit le géant. Ce n'est pas pour rien que le Créateur m'a vissé une tête sur les épaules... Quoique laide, j'y tiens, parce qu'une fois celle-là perdue je n'en retrouverais pas une autre, ce qui serait gênant... Ne parle donc plus de ma tête si tu ne veux pas que je brise la tienne, qui me fait l'effet d'être beaucoup moins solide qu'elle n'en a l'air... Quant à cette gente pucelle qui a nom Frégonde et que tu appelles ta fille, je dois te prévenir que depuis quelques heures elle est chrétienne, et, de plus, femme... Je la garde pour Arnault, comme je garde ma tête pour moi. Tu n'auras ni l'une ni l'autre, que tu y tiennes ou non.

Floran, furieux de cette gouaillerie qui lui était doublement sensible, fit un signe à ses archers, qui firent voler une nuée de flèches sur le géant Robastre.

— Tu crois peut-être que je crains les cousins ! cria ironiquement le vaillant compagnon du noble duc Guérin, en se secouant pour se débarrasser des traits qui s'étaient fichés sur son corps.

Les archers ripostèrent par un nouvel envoi de flèches qui n'émurent pas plus que les précédentes l'impassible géant.

L'une d'elles, cependant, étant venue lui piquer le nez, Robastre, impatienté, se décida à descendre de la tour, armé de son redoutable levier.

— Il se cache, le chien ! s'écria Floran, plein de rage de voir que son ennemi échappait ainsi à ses coups.

Il avait à peine prononcé ces mots que le vaillant Robastre ouvrait la porte principale de la tour et tombait à bras raccourcis sur les Sarrasins étonnés.

Le terrible levier fit son office. Il abattit les premiers rangs d'archers et d'icoglans aussi facilement qu'une faulx tranchante abat les épis d'une plaine et les herbes d'une prairie.

L'épouvante fut à son comble.

Robastre aperçut alors Floran, qui, dès les premiers coups, s'était vitement retiré au fond de la colonne que formaient ses troupes. Il voulut s'avancer à sa rencontre, afin de s'en saisir comme d'un otage précieux.

Malheureusement, un ingénieur arabe avait fait tendre à la hâte une cinquantaine de piéges à loups pour s'emparer de ce terrible ermite, comme on s'empare d'une bête fauve qu'on ne peut combattre face à face. Robastre donna au milieu de ces piéges, s'en attacha aux jambes cinq ou six qui l'égratignèrent, l'embarrassèrent, et, finalement, le firent choir tout de son long.

Et avec Robastre tomba le redoutable levier qu'il venait de manœuvrer avec tant de furie et de succès.

— Ah ! Perdigon ! Perdigon ! s'écria douloureusement le géant, en poussant un rauque gémissement. Perdigon, tu m'abandonnes !...

CHAPITRE XXI.

Comment Perdigon intervint au moment où Robastre ne l'attendait plus, et du secours qu'il lui apporta pour le tirer des griffes des Sarrasins. Comment, ensuite, Robastre et Frégonde se mirent en route pour l'Aquitaine.

Perdigon n'avait pas abandonné son vieux compagnon Robastre, car, au moment où ce dernier, n'espérant plus le revoir, était le plus en train de le maudire, une grêle effroyable, mêlée de tourbillons de feu, tomba sur les Sarrasins, en assomma la moitié et mit le reste en désarroi.

Robastre profita de la panique qui venait de s'emparer de ses ennemis ; il brisa les piéges à loup, se releva, reprit son levier, et remercia le ciel du secours qu'il lui envoyait.

Mais, quelques minutes après, reconnaissant son ami Perdigon au milieu des éclairs et de la mêlée, il comprit que c'était le diable qu'il lui fallait remercier, puisque c'était au diable et à ses engins de destruction qu'il devait sa délivrance.

Le bon Robastre avait de la conscience : quoiqu'il n'aimât pas le prince des ténèbres, il fut obligé de s'incliner devant son heureuse intervention.

— Il est fâcheux pour un chrétien d'être le débiteur du diable, murmura-t-il, mais, à qui que l'on doive, on doit payer ses dettes... Prince des ténèbres, merci !... D'ailleurs, c'est autant de pris sur l'ennemi... Je le chasserai aussi facilement, quand je le voudrai, avec mon goupillon, que je chasse les Sarrasins avec mon levier...

Cela dit, Robastre alla vers Perdigon et l'embrassa à plusieurs reprises avec effusion. Puis il le conduisit à la tour.

Une petite cohorte de diablotins les suivit.

— Renvoie ces vilains sires-là, dit Robastre à Perdigon. On a, hier au soir, répandu de l'eau bénite dans la tour : cela pourrait les incommoder...

Robastre n'eut pas plutôt prononcé ces brèves paroles, que les diablotins, qui craignaient l'eau bénite comme peste, disparurent instantanément...

Quelques heures après, Floran, à la tête d'une nouvelle armée, plus nombreuse que la première, vint de nouveau mettre le siège devant la tour.

— Oh ! oh ! dit Robastre. Ces Sarrasins sont incorrigibles !

Et, tout aussitôt, il fit une nouvelle sortie, qui eut précisément le même sort que la première.

La vie et la liberté du vaillant Robastre se trouvaient donc dans le même péril, et Robastre, pour la seconde fois, commençait à douter de son bon ami Perdigon, lorsque cent chevaliers, couverts d'armes noires et brandissant des lances de feu, s'élancèrent sur les Sarrasins, les perçant, les brûlant et les faisant fuir épouvantés dans toutes les directions, au milieu de cris affreux et de hurlements épouvantables.

— Ah ! cette fois encore, Perdigon s'en mêle ! s'écria Robastre, heureux de la déconfiture des Sarrasins.

En conséquence, il s'avançait vers son vieux compagnon d'aventures, qu'il venait de reconnaître à la tête de la troupe infernale, quand incontinent il entendit le malheureux Perdigon s'écrier :

— Sauve-toi, Robastre ! Robastre, sauve-toi !...

Profite du désordre de ces mécréants... Emmène Frégonde en Aquitaine, et rends grâce à ton rosaire... Les diables sont en furie... Hélas! j'ai violé mon serment, ils sont maîtres de moi... je les vois prêts à m'emporter... Fuis, ami Robastre, fuis sans plus tarder!...

Le bon Robastre voulut s'élancer pour lui jeter son étole au cou et l'emporter. Mais le cheval diabolique qui portait Perdigon le prévint par une ruade vigoureusement accentuée, qui fit tomber l'intrépide géant sur les reins.

Quand il se releva, il n'aperçut plus qu'un tourbillon de flamme et de fumée, au milieu duquel Perdigon, l'instant d'après, parut s'abîmer dans un précipice.

Robastre, très ému, presque effrayé même, malgré son vaillant cœur, cria plusieurs fois : *Vade retro !* Cet exorcisme terminé, il se dirigea vitement vers la tour, fit monter Frégonde sur un palefroi, et, son levier sur l'épaule, il prit avec elle le chemin d'Aquitaine.

CHAPITRE XXII.

Comment Robastre et Frégonde, après avoir marché pendant quelques jours, arrivèrent enfin à Vienne, où on leur apprit qu'Arnault était en prison, par suite du procès qui lui était fait par le lignage d'Hunault-le-Bâtard.

On imaginera sans peine l'étonnement de tous ceux qui rencontrèrent l'aimable Frégonde voyageant avec le géant ermite qui avait nom Robastre.

C'était là, en effet, un étrange compagnon de voyage pour une gente pucelle comme elle, qui formait avec lui une antithèse curieuse.

Plusieurs même essayèrent d'abuser de la facilité qu'ils croyaient trouver à s'emparer d'une gente et cointe demoiselle qui n'avait qu'un ermite pour défenseur ; et mal leur en prit. Robastre fut obligé d'en corriger un grand nombre, et la correction fut dure !

Les gens d'Aquitaine portaient mille jugements différents sur les deux voyageurs. Les uns prenaient Frégonde pour une nonnain déguisée, que le directeur du moustier avait enlevée pour lui faire voir du pays, de compagnie avec elle. Les autres avaient des soupçons plus injurieux encore. Aucun d'eux ne s'avisa de la vérité, à savoir que cette coureuse d'aventures était leur légitime souveraine, et que son compagnon était un honnête ermite. La multitude ne s'en rapporte jamais qu'aux apparences. Ayez l'air honnête et soyez fripon à votre aise, on ne vous dira rien. Mais pour peu qu'il y ait quelque chose d'anormal dans votre visage, dans votre costume, dans votre langage, on criera au fou, ou au sot, ou au coquin. La foule est bête !

Robastre et Frégonde arrivèrent ainsi à Vienne, où ils apprirent une nouvelle à laquelle ils étaient loin de s'attendre.

Arnault était prisonnier, et voici comme.

Le corps d'Hunault, que Robastre avait naturellement abandonné aux corbeaux, avait été ramassé par des bûcherons, qui s'étaient empressés de le rapporter en Aquitaine et de le remettre entre les mains de gens du lignage de ce bâtard.

L'un de ces parents-là, qui se nommait Frémont, et qui avait vu avec peine Hunault remplacé par Arnault dans le gouvernement de l'Aquitaine, n'avait rien imaginé de mieux que d'accuser ce fils aîné du duc Guérin du meurtre de son bâtard, et il était parvenu à ameuter contre lui un parti toujours puissant et toujours renaissant, c'est-à-dire celui des mécontents.

Aussi, lorsque le vaillant Arnault était arrivé dans sa capitale pour réclamer le concours actif de ses sujets, il avait été arrêté et jeté en prison, pour y rester jusqu'à ce qu'il se fût lavé du meurtre du bâtard Hunault.

Voilà ce que racontèrent à Robastre et à Frégonde les premiers passants qu'ils interrogèrent, une fois arrivés à Vienne.

Ce que souffrit Frégonde à cette nouvelle, on l'imaginera aisément.

Quant à Robastre, qui n'avait pas le temps de larmoyer, il se rendit incontinent à l'hôtel de la ville et déclara publiquement qu'Arnault était innocent du meurtre dont on l'accusait, puisque c'était lui, Robastre, qui avait assommé Hunault, après l'avoir absous toutefois, afin que son âme pût aller directement en paradis si l'envie lui en prenait.

Cette déclaration, faite de façon à ne pas laisser le moindre doute dans l'esprit des échevins, Robastre ajouta qu'il défiait Frémont et un autre parent du lignage d'Hunault, qui s'étaient portés tous deux comme les accusateurs principaux du fils aîné du noble duc Guérin de Montglave.

— Ils choisiront les armes qui leur conviendront, dit-il. Quant à moi, avec l'aide de Dieu et de mon levier, je me charge de leur faire confesser à tous deux qu'ils en ont menti par la gorge, comme deux chevaliers félons qu'ils sont, et qu'ils ont outrageusement calomnié leur légitime souverain au profit de leurs rancunes de famille...

Les deux parents du bâtard Hunault, heureux de n'avoir affaire qu'à celui qu'ils prenaient pour un ermite, lui demandèrent aussitôt son gage.

Robastre ne se fit pas longtemps prier. Il donna un reliquaire qui contenait une dent œillère de saint Christophe.

— Voilà mon gage, répondit-il. Il en vaut bien un autre, puisque c'est la dent d'un grand saint, le grand saint Christophe... Je demande donc le combat à outrance, et le plus vitement possible... Que les deux accusateurs descendent dans l'arène, armés de toutes pièces, j'y consens... Quant à moi, je ne veux combattre contre eux qu'avec le bâton du grand saint dont je viens de parler... J'ai dit !

Bien qu'il y eût quelque chose d'irrégulier dans le choix de cette arme, que Robastre mettait comme condition, on l'accepta. Seulement le combat fut remis au quarantième jour, laps de temps pendant lequel, selon les usages d'Aquitaine, les agresseurs et les défenseurs devaient rester en chartre privée.

CHAPITRE XXIII.

Comment Frégonde prit le parti d'aller à Pavie requérir l'assistance d'Anseaume, oncle d'Arnault ; et comment le bon Robastre défit les gens du lignage du bâtard Hunault.

Quand Frégonde eut connaissance de la décision des échevins de la ville de Vienne, elle prit aussitôt le parti de se rendre à Pavie, déguisée en pèlerin, afin d'aller requérir l'assistance d'Anseaume, oncle d'Arnault, son bel ami, qui gémissait en prison.

Nulle encombre n'arrêta sa course, malgré la longueur de la route. Elle arriva saine et sauve à Pavie, où elle fut reçue ainsi qu'elle devait l'être par Anseaume et par Milon, à qui elle conta tout, les larmes aux yeux et le cœur gonflé.

Le duc Anseaume et son neveu Milon la rassurèrent, et, peu de jours après, ils partirent avec elle, à la tête de deux mille lances, pour venir délivrer leur frère et neveu Arnault.

Quelque diligence qu'ils firent, ils n'étaient pas encore arrivés quand la quarantaine expira.

La lice était préparée. Robastre et ses deux adversaires parurent.

— Malheureux, leur dit le compagnon de Perdigon, avouez votre trahison, et mettez-vous plutôt à mes genoux, pour faire l'humble aveu de vos crimes, que d'oser les soutenir aux yeux d'un Dieu vengeur !...

— Barbe de bouc, répondit Frémont, ne nous romps pas la tête davantage avec tes exhortations et songe à défendre ton corps si tu tiens à te conserver...

— Oh ! oh ! arrogants que vous êtes ! reprit le bon Robastre indigné. Je vois bien que vous êtes de la même famille que ce bâtard d'Hunault ! Vous avez même cet avantage sur lui, que votre âme est plus noire encore que n'était la sienne... C'était un coquin endurci, mais le remords au moins lui est venu et il est mort en état de grâce... J'ai purifié son âme par l'absolution et je l'ai envoyée en paradis par le chemin le plus court... Quant à vous, puisque vous m'y contraignez, je vais vous envoyer à tous les diables !...

A ces mots, retroussant sa robe de bure, qu'il mit en double sur sa poitrine en guise de plastron, le bon Robastre commença son terrible moulinet avec son redoutable levier.

Les deux parents d'Hunault coururent sur lui la lance en arrêt.

Robastre ne s'émut pas le moins du monde de la furie de leur attaque : il rapprocha seulement les cercles décrits par son levier, de façon à se préserver de toute atteinte. Et cela lui réussit à merveille. Du premier coup les deux lances de ses adversaires se rompirent comme pailles. Du second coup il cassa les reins à Frémont. Du troisième coup il fit voler en éclats l'épée du frère de Frémont, et lui brisa le coude par la même occasion.

Une fois dans ce piteux état, les deux parents du bâtard Hunault ne valaient plus grand'chose. Le vaillant Robastre les terrassa comme il eût fait d'enfantelets à la mamelle et leur fit avouer leur félonie.

Les acclamations retentirent de tous côtés. Le justice de Dieu venait d'éclater !

Cela ne suffisait pas encore à Robastre. Il prit ses deux ennemis par les pieds, les traîna hors de la lice et alla les accrocher aux fourches patibulaires dressées là en l'honneur du vaincu.

— Que Dieu ait pitié de votre âme, coquins, puisque vous n'en avez pas eu pitié vous-mêmes ! ne put-il s'empêcher de dire lorsqu'il les vit pendiller au gibet.

Ce ne fut qu'à l'issue de ce combat qu'arrivèrent les deux mille lances du duc Anseaume et du vaillant Milon, qui s'empressèrent d'aller délivrer Arnault. Après quoi on remercia le bon Robastre.

Mais le bon Robastre n'avait pas fini encore. Il conseilla à ses amis le départ pour Beaulande, à seule fin d'aller chrétienniser ou occire le roi Floran.

Dès le lendemain donc, l'armée du duc Anseaume se remit en marche, et, avec elle, Arnault, Frégonde et Robastre.

Frégonde était inquiète, et, tout le long du chemin, elle fit des vœux ardents pour la conversion de son père.

Ses vœux furent exaucés. Le soudan de Beaulande voulut résister d'abord. Mais, lorsque ses troupes revirent la farouche Robastre et son formidable levier, qui ressemblait tant au glaive exterminateur de l'archange, ils se débandèrent et demandèrent grâce.

Floran, quoique païen, n'était point un méchant homme. En outre, il aimait sa fille, la gente Frégonde. En outre aussi, le levier terrible du vaillant Robastre lui produisait un effet analogue à celui produit par le même outil sur ses icoglans, eunuques, archers et janissaires.

Ces diverses raisons réunies contribuèrent puissamment à la conversion qu'on exigeait de lui. Il céda à ces éloquences multipliées et consentit enfin à se laisser baptiser par ce saint Jean-le-Précurseur d'une espèce si particulière. Il s'agenouilla donc, moitié figue et moitié raisin, et Robastre l'ondoya avec la dextérité qu'il mettait en toutes choses.

— Soudan, lui dit-il d'une voix qu'il essaya de rendre moins rauque, mais sans pouvoir y parvenir, soudan, je suis heureux de te voir arrivé à des sentiments plus conformes au bon sens et à la vérité, et je rends grâce au ciel de n'avoir pas été forcé de t'assommer. Cela m'aurait affligé, je te jure.

Floran se croyait quitte ; mais il comptait sans son hôte.

— Ami Floran, reprit le terrible ermite, il te reste un devoir à accomplir. Le beau gars que tu vois là et qui a nom Arnault, fils aîné du noble duc Guérin de Montglave, aime cette belle demoiselle qui est là et qui a nom Frégonde... Demoiselle Frégonde, de son côté, aime le sire Arnault... Je les ai déjà mariés, et, au besoin, cela suffirait, puisque j'ai le caractère sacré nécessaire pour ces sortes de cérémonies... Mais, comme je lis dans le cœur de ces deux beaux enfants un restant de scrupule sur la validité de cet acte solennel, je veux l'enlever, et c'est pour cela faire que je m'adresse à toi...

Ton consentement nous manquait : donne-le !

Floran n'avait rien à refuser au bon Robastre. Il consentit à tout ce qu'il lui demandait, et le mariage d'Arnault et de Frégonde fut célébré une seconde fois, mais plus solennellement que la première. Les témoins ne leur manquèrent pas.

Il est superflu d'ajouter que la nuit qui suivit cette seconde célébration fut aussi plus longue et moins troublée que la première, qui n'avait eu qu'une heure.

Et la meilleure preuve que nous en pouvons donner, c'est que le vaillant Aymeri, qui devait devenir illustre, dut sa naissance au commencement, au milieu ou à la fin de cette nuit fortunée.

CHAPITRE XXIV

Comment Arnault et Milon, tous les deux mariés et heureux, écrivirent à leurs frères puinés pour savoir s'ils l'étaient aussi ; et de la mauvaise humeur qu'éprouva Girard contre le roi Charlemagne, au reçu de ces deux lettres.

Par son mariage avec Frégonde, Arnault se trouvait le plus puissant prince de la Gaule narbonnaise.

Par son mariage avec la fille du duc Auseaume, sa cousine, Milon était devenu souverain de la Pouille et du duché de Pavie.

De son mariage avec Frégonde, Arnault avait un fils, Aymeri.

De son mariage avec sa cousine, Milon avait eu un fils qu'il avait appelé Guérin, par respect et par amour pour son aïeul, qui avait rendu ce nom si célèbre.

Ces deux frères, les aînés des quatre fils de Mabillette et du noble duc Guérin de Montglave, avaient déjà rempli les espérances de leur père; ils étaient heureux.

Mais, à leur bonheur présent manquait quelque chose : ils ne savaient pas ce qu'étaient devenus leurs deux frères cadets. Pour s'en éclaircir, ils leur écrivirent, chacun de son côté, à seule fin de leur faire part de leurs grands établissements et de leur demander ce que le roi Charlemagne avait fait pour eux.

Régnier et Girard furent très émus en recevant ces deux lettres qui leur prouvaient la bonne amitié de leurs aînés.

Leur position mutuelle n'était pas précisément celle de Milon et d'Arnault.

Certes, jusque-là, Charlemagne les avait traités fort honorablement et n'avait pas un seul instant oublié qu'ils étaient de la lignée du valeureux duc Guérin de Montglave, un preux dont il avait plus d'une fois éprouvé le courage et l'habileté.

Malheureusement Charlemagne réchauffait depuis longtemps un serpent dans son sein : Ganelon était son nom.

Le comte Ganelon, celui des pairs qui se rendait le moins célèbre par ses vertus et par ses actes, avait une influence notable et fâcheuse sur l'esprit et sur les décisions du roi de France. Or, c'était un ancien ennemi de Guérin de Montglave, et, ne pouvant rendre ce chevalier victime immédiate de sa rancune, il avait trouvé tout simple de la faire rejaillir sur ses deux fils Régnier et Girard. Charlemagne, sans ce mauvais donneur de conseils, eût fait justice à ces deux jeunes gens et leur eût assuré un sort permanent et glorieux. Mais le comte Ganelon était là pour empêcher le bon effet des bonnes inspirations de Charlemagne.

— Vous n'en serez bien servi, Sire, lui avait-il dit en plusieurs occurrences, que tant que vous les tiendrez dans la dépendance... Mais vous ne leur aurez pas plutôt donné des apanages, que ces deux frères, nés d'un père arrogant et superbe, se rendront indépendants comme lui...

— Tu dis peut-être vrai, avait chaque fois répondu Charlemagne qui, peut-être, n'était pas fâché au fond d'être débarrassé de la dette de cœur contractée envers le duc Guérin de Montglave et son lignage.

A plusieurs reprises, Girard s'était plaint amèrement à Régnier que Charlemagne ne faisait rien pour eux. Régnier, plus patient, avait essayé de le calmer. Mais, à la lecture des lettres d'Arnault et de Milon, cela lui devint impossible.

— Charlemagne nous prend-il donc pour des bâtards ? s'écria le pétulant Girard. Prétend-il que, comme prélats et chanoines, bombances, jeunes bachelettes, fêtes, tournois et carrousels nous suffisent ? Ce n'est pas, j'imagine, pour ces mièvres occupations que nous avons quitté le giron maternel. Autant alors vaudrait y retourner !... Allons trouver Charlemagne, mon frère, et nous verrons s'il persiste dans cet oubli à notre égard !...

Cela dit, Girard entraîna Régnier vers l'appartement du roi Charlemagne.

Régnier se laissa entraîner, habitué qu'il était à suivre les inspirations bonnes ou mauvaises de son frère.

CHAPITRE XXV

Comment Charlemagne, pour répondre aux justes reproches que lui faisaient Girard et Régnier, les envoya, l'un en Bretagne, l'autre en Bourgogne.

Charlemagne reçut les deux frères avec les caresses dont il les accablait d'ordinaire. Mais cette fois, ces amitiés-là, loin de réjouir Girard, l'indisposèrent contre le roi, qu'il ne supposa pas sincère.

Pour compléter sa mauvaise humeur, Charlemagne lui proposa de jouer une partie d'échecs avec lui.

C'était la goutte d'eau qui fait déborder un vase trop plein. Girard se ressouvint malgré lui de la fameuse partie d'échecs que jadis ce monarque avait proposée au duc Guérin de Montglave, et que celui-ci avait si inutilement gagnée.

— Pardieu, Sire, répondit-il, bien fou serait le fils du duc Guérin qui jouerait contre vous ! Que pourrait-il espérer, après la façon dont vous vous êtes soustrait à payer le père ?... Sire, voyez-vous, nous ne sommes point nés, mon frère et moi, pour vous servir comme de simples écuyers... Nous n'avons ni châteaux, ni villes : aussi est-il plus que temps que nous partions de votre cour pour en aller conquêter...

Ce reproche, librement exprimé, fut très sensible à Charlemagne. Mais il le trouva trop légitime et trop mérité pour s'en scandaliser.

— Beaux cousins, dit-il aux deux frères, nul ne demeure en son tort lorsqu'il l'amende! Je sens le mien, et bientôt je le réparerai.

— Promesse de roi, murmura Girard.

— Vous, Régnier, continua Charlemagne, ne vous sentez-vous pas le courage d'entreprendre la guerre la plus juste pour délivrer la charmante Olive, souveraine de Rennes et de la Bretagne, qu'un roi sarrasin, nommé Sorbrin, tient présentement assiégée?... Vous connaissez mes droits de suzeraineté sur cette belle province... Eh bien! mon cher Régnier, je vous les cède : partez, introduisez-vous dans Rennes, tâchez de plaire à la belle Olive, défiez Sorbrin, qu'on dit être brave au combat, et je vais tout préparer pour marcher à votre secours. Vous, Girard, prenez encore patience pendant quelque mois : le vieux duc de Bourgogne touche à sa dernière heure; la crainte de perdre les soins de sa fille, qu'on dit être parfaite par ses vertus et sa beauté, l'empêche de lui donner un époux, et je vous destine pour être le sien. Je suis persuadé, continua-t-il, beaux cousins, que vous serez contents de ce partage, et que, maîtres de deux des plus belles et riches provinces de mon empire, vous vous comporterez toujours avec moi comme bons parents et fidèles vassaux.

Les deux frères, touchés de reconnaissance, baisèrent les mains de Charles :

— Sire, lui dit Régnier, votre grand cœur paraît dans tous vos actes, et vous mériteriez de n'avoir pour amis que des gens vertueux. J'espère, Sire, que vous me trouverez digne du sang dont je sors. Guérin partit seul pour conquérir Montglave et Mabillette; c'est à son fils à l'imiter. Dès demain je partirai seul, pour aller à la conquête d'Olive et de la cité de Rennes. Je combattrai Sorbrin; j'espère le vaincre; et si la belle Olive me trouve digne de sa main, je reviendrai son époux, vous rendre hommage pour ses Etats.

— Sire, dit Girard, l'espérance que vous me donnez remplit mon cœur; mais puisque vous me destinez la fille du duc de Bourgogne, je voudrais bien pouvoir prévenir la protection que vous m'accordez après la mort de son père. Permettez-moi de partir sous un travestissement; car je croirais faire acte déloyal, de forcer la noble pucelle de me donner sa main, sans être sûr que cette main ne fera que suivre le don de son cœur. Chevaliers, tant fiers soient-ils, ne doivent être tyrans, ni présomptueux; bien leur convient-il de s'humilier devant jeunes et nobles demoiselles, et je désire plus avoir celle-ci par amour que par contrainte.

Charles admira le grand cœur et le bon sens des deux frères :

— Partez, leur dit-il, mes chers enfants, j'approuve vos projets; mais si, dans leur exécution, vous avez besoin de mon aide, soyez sûrs que mon bras et toute ma puissance sont à votre service.

CHAPITRE XXVI

Comment les deux frères partirent, et comment Régnier vint à Rennes où une indiscrétion de son hôte apprit à la belle Olive pourquoi il y était venu.

es deux frères partirent le lendemain matin; mais, après s'être embrassés, ils se séparèrent dès le second jour.

Girard couvert d'armes simples, sans livrée à son panache, sans devise à son bouclier, et monté sur un cheval plus vigoureux qu'il n'était beau, prit le chemin de Dijon.

Régnier armé plus richement, mais aussi sans aucune marque qui pût annoncer sa naissance, prit celui de Rennes.

Il n'était plus qu'à six lieues de cette ville, lorsqu'il fit rencontre d'un écuyer qui paraissait en venir : l'ayant questionné, l'écuyer lui dit qu'il était de la maison d'Olive, et qu'il allait vers un de ses parents, pour requérir son secours, la cité de Rennes commençant à se trouver pressée par Sorbrin.

Régnier lui demanda si la princesse Olive n'avait pas quelque penchant pour un autre que Sorbrin : car, dit-il, j'entends dire que c'est un des meilleurs chevaliers d'Europe.

— Ah! grand Dieu! s'écria l'écuyer, on ne vous a donc pas dit que Sorbrin a quinze pieds de haut?

Il continua de peindre son horrible figure :

— Hélas! continua-t-il, que deviendrait ma belle maîtresse, blanche et fraîche comme rosée de mai, douce et délicate comme fleur d'églantier au matin? Elle aime mieux périr de toute autre espèce de mort. Savez-vous bien, beau sire, que ce terrible Sorbrin a déjà proposé dix fois aux habitants de Rennes, de se battre contre vingt d'entre eux, aux conditions d'avoir la belle Olive s'il les terrasse, ou de lever le siège de Rennes s'ils peuvent le faire reculer seulement de quatre pas? Quant à la princesse Olive, à sa peur près, je crois son âme bien tranquille; nous ne l'avons jamais vue s'occuper (comme jeune fille qu'elle est) que de menues prières, innocents ébats, et d'aumôner avec attendrissement et simplesse les malheureux, qu'elle cherche et ne rebute jamais.

— Bien, dit Régnier à part lui, c'est ainsi que je la désirais! Plaise à l'amour que je lui fasse moins de peur que Sorbrin; et de par l'âme et l'épée de mon père, j'espère bien faire reculer de plus de dix pas ce vilain géant, s'il ne tombe pas mort sous mes premiers coups.

Alors Régnier tira de son aumônière trente florins d'or.

— Retourne, ami, lui dit-il, et promets, de la part de Charlemagne, un prompt secours à ta maîtresse.

L'écuyer, surpris de la magnificence de ce don, et de l'assurance avec laquelle il était offert, retourna à Rennes, rentra par un souterrain qui donnait dans la campagne, et qu'une chapelle en ruines couvrait. C'est par ce même passage qu'il enseigna à Régnier, que ce prince, peu d'heures après, passa sans être aperçu des ennemis, et pénétra dans la ville assiégée.

Olive, ayant appris le retour de l'écuyer, l'avait envoyé chercher :

— Belle et puissante dame, lui disait-il, j'ai cru ne devoir pas finir mon message ; le grand Charles embrasse votre défense : j'ignore quand le secours qu'il vous destine arrivera ; mais de ma vie je ne vis si belle créature, si noble et courtois chevalier, que celui qui vient à l'avance de sa part.

Olive demeura pensive à cette nouvelle, comme si quelque pressentiment secret l'eût avertie que bientôt elle verrait le vainqueur de Sorbrin, et celui de son âme jusqu'alors indifférente.

Régnier fut très choqué du peu de courtoisie qu'eurent pour lui les habitants de Rennes : lorsqu'il parut au milieu d'eux, aucun ne voulait le recevoir chez lui.

Heureusement il aperçut l'écuyer auquel il avait donné les trente florins, qui, courant à lui, le conduisit à la meilleure hôtellerie de la ville, que tenait un de ses parents.

L'hôte le reçut avec tout le respect et tous les soins possibles ; et Régnier, touché de ses bons procédés, ne lui cacha ni sa puissance, ni les ordres de Charlemagne, ni même le don que ce prince lui faisait de la noble pucelle et du duché de Bretagne.

L'hôte, on le comprend, ne pouvait garder pour lui seul une si précieuse confession. Elle intéressait tout le monde, et surtout l'incomparable Olive. Il s'empressa donc de se rendre au palais, à seule fin de rendre compte à sa souveraine de l'arrivée de ce chevalier et de ses généreux projets.

CHAPITRE XXVII

Comment la princesse Olive, pour s'assurer de la véracité des rapports qu'on lui avait faits sur Régnier, se rendit à l'hôtellerie où il était descendu, et fut enchantée de s'y être rendue.

Olive, en sa qualité de femme et de princesse, était très curieuse. Il était d'ailleurs permis de l'être en recevant coup sur coup deux avis pareils, dans lesquels on lui promettait sa délivrance par la main d'un chevalier qui deviendrait son époux.

C'en était beaucoup pour Olive d'avoir l'espérance d'être délivrée de la terreur que lui causait le vilain Sorbrin. Mais il y avait bien des degrés à parcourir de l'idée qu'elle s'était faite d'un monstre formidable, à celle qu'elle commençait à se former d'un chevalier créé pour lui plaire.

Les femmes n'aiment pas, d'ordinaire, à rester sous l'obsession d'une préoccupation de ce genre. Elles sont toujours désireuses de savoir à quoi s'en tenir sur les choses et sur les gens, quitte à s'en mordre leurs jolis pouces roses lorsqu'elles s'aperçoivent qu'elles se sont trop hâtées ou qu'on les a trompées.

En conséquence de ce, la princesse Olive jeta sur son élégante taille une mante destinée à en atténuer les courbes provocatrices, non à les cacher entièrement ; puis elle eut le courage de dissimuler le haut de son charmant visage sous un masque de velours, qui faisait paraître plus éblouissante encore la blancheur de marbre du reste de la figure. Et, ainsi déguisée, elle s'en alla droit à l'hôtellerie où était descendu Régnier, dont l'arrivée excitait déjà quelque rumeur dans la cité.

Seulement, une fois sur le seuil, soit qu'elle étouffât, soit pour tout autre motif que nous n'avons pas mission de signaler, la belle Olive se débarrassa de sa mante, qui cachait trop sa taille, et de son masque de velours qui cachait trop son frais visage.

Il faut dire qu'elle était, en ce moment, plus attrayante que jamais.

Le premier mouvement de l'hôtelier, en apercevant sa souveraine, fut de se jeter à ses pieds avec une obséquiosité qui trahissait le rang de la belle visiteuse.

Régnier reconnut encore plus facilement l'incomparable Olive à ses charmes, que par cette marque exagérée de respect donnée par son hôte.

— Dame, dit-il en fléchissant un genou, Régnier, fils du noble duc Guérin de Montglave, vient céans de la part du roi Charlemagne pour mourir ou vous délivrer... Ce n'est, dame de beauté, qu'en mettant à vos pieds la tête ou l'épée de Sorbrin, que j'oserai vous entretenir des espérances audacieuses que Charlemagne m'a données...

La princesse Olive n'eut pas beaucoup de peine à deviner quelles étaient les espérances dont Régnier n'osait parler. Elle le regardait en souriant, mais avec une attention qui témoignait suffisamment du prix qu'elle attachait à cet examen. Et plus elle le regardait, plus elle le trouvait aimable. Et plus elle le trouvait aimable, plus elle disait à part soi que ces espérances étaient raisonnables et bien fondées.

— Mais, sire chevalier, lui dit-elle d'une voix qui ressemblait à un ramage d'oiseau, vous a-t-on prévenu de la terreur que Sorbrin est fait pour inspirer ?...

— Ah ! que puis-je redouter, divine princesse, s'écria Régnier avec enthousiasme, si vous daignez m'autoriser à combattre ce discourtois chevalier... et si... si...

Régnier n'osa achever. Mais cette réticence avait bien plus d'éloquence que des paroles.

Olive baissa les yeux, son adorable visage s'empourpra d'une aimable rougeur, et elle répondit d'une voix assez basse, mais cependant assez claire pour être entendue de celui à qui elle s'adressait :

— Oui, sire chevalier, ma main serait le prix de votre victoire...

— Ah ! princesse ! s'écria le jeune homme, énamouré. Princesse, permettez donc à l'heureux Régnier de se déclarer dès ce moment pour votre chevalier !...

— Tout me force à vous accorder ce titre, seigneur, répondit Olive. Les ordres du roi Charlemagne me sont sacrés, comme duchesse de ce pays... Mais une douce sympathie m'entraîne à vous dire que vous ne devez qu'à vous-même le choix que je fais de vous pour mon défenseur...

En entendant cela, Régnier fut aux anges. Il se précipita de nouveau aux genoux d'Olive, baisa ses belles mains, et quitta avec elle l'hôtellerie pour la reconduire à son palais.

Les anciens de la ville, en voyant ainsi la princesse Olive traverser les rues, escortée de Régnier, hochaient leurs têtes chenues, et murmuraient :

— Notre jeune duchesse a eu fait bientôt connaissance avec ce chevalier !...

Les jeunes gens, au contraire, s'écriaient :

— Ah! qu'ils sont beaux tous les deux! Que notre cité serait brillante, que nos fêtes seraient splendides, si nous les avions l'un et l'autre pour souverains !...

CHAPITRE XVIII

Comment Régnier combattit contre le redoutable Sorbrin et le vainquit ; et comment, par suite, il devint duc de Bretagne.

Le reste de ce jour que Régnier passa près d'Olive, fut plus que suffisant pour unir leurs cœurs dans les chaînes les plus douces et les plus durables.

Régnier passa toute la nuit à penser à son bonheur ; et le combat qu'il devait livrer à Sorbrin lui parut mille fois moins dangereux que la crainte qu'il avait eue, dans le premier moment, d'être refusé pour être le défenseur d'Olive.

Cette princesse, pour la première fois, ne put de même goûter la douceur du repos. Sorbrin prêt à combattre Régnier, lui paraissait encore plus redoutable que lorsqu'elle craignait de l'avoir pour époux.

Dès le lendemain un héraut d'armes, envoyé par Guérin, sortit de Rennes au lever du soleil, et fut trouver Sorbrin dans sa tente, pour lui dire que Régnier, fils du duc Guérin de Montglave, était avoué par la princesse Olive pour être son chevalier, et que ce prince lui demandait sûreté pour venir régler avec lui les conditions et le jour du combat.

Sorbrin, qui se piquait de courtoisie et de générosité, reçut très bien le héraut de Guérin, et lui dit qu'il pouvait venir le trouver en toute sûreté.

Régnier, couvert d'armes brillantes, se rendit seul près de Sorbrin, qui fut surpris de sa jeunesse et de sa beauté.

Le jeune prince, sans être ému par l'air terrible de ce géant, et par l'étalage qu'il avait fait faire autour de sa tente des armes énormes dont il se servait dans les combats, régla les conditions de celui du lendemain avec Sorbrin, qui fit jurer aux chefs de ses troupes de se retirer avec son armée, s'il était vaincu ; mais qui fit promettre à Guérin de faire conduire, par quatre vieux chevaliers désarmés la belle Olive au lieu du combat ; et des deux parts la plus parfaite loyauté fut jurée.

Dès la seconde heure du jour, la belle Olive partit sur une haquenée, entre quatre anciens chevaliers revêtus de leurs robes fourrées d'hermines, de leurs chaperons, et ne portant qu'une baguette d'ivoire à la main.

Régnier, monté sur un puissant destrier qu'il faisait caracoler à la droite d'Olive, portait sur sa cotte d'armes une riche écharpe qu'elle avait brodée, et le cimier de son casque paraissait être couronné par un de ses bracelets.

Lorsque le terrible Sorbrin parut, Olive pâlit, et pensa s'évanouir en songeant au péril que Régnier courait pour elle, et craignant plus que la mort celui dont elle-même était menacée.

Nous ne rapportons point les détails de ce combat, qui fut long et terrible, et pendant lequel Olive trembla bien des fois pour les jours de Régnier.

Mais la force et l'agilité de ce prince se renouvelant à chaque fois qu'il portait ses regards sur la belle Olive, Sorbrin, dont le sang coulait en abondance de plusieurs larges blessures, tomba sur ses genoux, et fit un vain effort pour entraîner Régnier dans sa chute : ce prince s'esquiva légèrement ; et d'un coup terrible, fit rouler la tête de Sorbrin sur la poussière ; il la releva promptement, et alla la porter aux pieds de la belle Olive.

Cette princesse alors, avec une force au-dessus de son âge, s'écria :

— Je prends le ciel à témoin que je suis libre, et que je reçois le duc Régnier pour mon époux. Vous, Sarrasins, selon la foi jurée, faites retirer vos troupes ; et vous, mes fidèles sujets, venez rendre hommage à votre nouveau souverain.

Les Sarrasins relevèrent le corps de Sorbrin et se retirèrent.

Le nouveau duc de Bretagne et la belle Olive, sa mie, rentrèrent triomphants dans leur capitale, au milieu d'acclamations passionnées, et dépêchèrent aussitôt des courriers au noble duc Guérin de Montglave.

— Eh bien! dame, dit ce dernier à Mabillette qui regrettait toujours ses quatre beaux gars, vous voyez que nos enfants prennent le vol des aigles, depuis qu'ils sont sortis du nid, dont vous ne vouliez pas qu'ils sortissent... Aigles superbes !.... Oiseaux niais seraient-ils restés, si vous vous fussiez obstinée à les garder en votre giron !...

— Sans doute, répondit mélancoliquement Mabillette, mais je ne les ai plus, et, s'ils sont loin de moi, moi je suis malheureuse loin d'eux...

CHAPITRE XXIX

Comment Charlemagne, après avoir appris de Girard le peu d'effet que lui avait produit la princesse de Bourgogne, se décida à aller à Dijon avec lui pour conclure le mariage.

Charlemagne apprit un des premiers les succès de Régnier, et ils lui causèrent un contentement véritable.

Girard avait été moins heureux que son frère, et il s'en revenait à la cour du roi de France, très peu satisfait du voyage qu'il avait fait en Bourgogne.

La fille du duc, que Charlemagne lui destinait, n'avait pas fait sur lui cette douce impression qu'un amant regarde toujours, avec raison, comme une première faveur de l'amour. Son cœur était demeuré tranquille et ses sens étaient restés rassis, ce qui lui avait permis de faire un examen impartial de cette jeune princesse.

Impartial signifie, en pareil cas, sévère, quand il ne veut pas dire injuste. La femme, quelque parfaite qu'elle soit, perd toujours à être regardée par des yeux indifférents, de même que la plus imparfaite gagne toujours à être contemplée par des yeux amoureux. L'amoureux ne voit pas même une tare quand il y en a cent ; l'indifférent est disposé à en voir cent quand il n'y en a qu'une.

Les femmes sont faites pour être adorées ou

haïes, adorées surtout. Nul n'a le droit d'être indifférent à leur égard. Pour ou contre elles, il faut toujours se passionner.

Cela était arrivé à Girard.

— La princesse est belle, certes, s'était-il dit; mais elle a l'air fier et dédaigneux... Cela lui enlève tout le côté plaisant et tendre à mes yeux... Je ne pourrais jamais l'aimer !...

Girard qui se livrait volontiers à ses premiers mouvements, s'était contenté de deux rencontres avec cette princesse, toutes deux à l'église. Et le hasard avait voulu précisément que chaque fois il la vît gronder avec aigreur les gens de sa suite.

Il n'en avait pas fallu davantage. Il était reparti sans se faire connaître.

Ce n'avait été qu'après son départ que la belle princesse de Bourgogne avait appris qu'un jeune chevalier, d'une figure charmante, qu'on croyait être de la cour du roi Charlemagne, avait passé deux jours à Dijon sans vouloir se laisser connaître.

Les femmes pardonnent rarement ces impertinences-là, à moins que cela ne les affole complétement, ainsi que cela s'est vu çà et là de par le monde : la princesse de Bourgogne en avait conçu un dépit secret, et elle avait fait toutes les inquisitions possibles pour savoir le nom de ce chevalier, qu'elle n'avait pu parvenir à savoir.

Girard venait donc d'arriver à la cour de Charlemagne, au moment même où arrivait la nouvelle des succès de son frère Régnier.

Le rapport qu'il fit à Charles de la princesse de Bourgogne ne fut point celui d'un amant; il ne fut pas non plus celui d'un homme prévenu contre elle; il se contenta de rendre justice à sa beauté.

Peu de temps après, Charles reçut la nouvelle du mariage de Régnier, et apprit en même temps la mort du vieux duc de Bourgogne. Il fit appeler sur-le-champ Girard :

— Beau cousin, lui dit-il, quoique vous ne m'ayez pas paru bien épris de la princesse, devenue duchesse de Bourgogne par la mort de son père, je crois cependant que vous auriez grand tort de refuser un si haut mariage; jamais cadet de bonne maison n'en fit un meilleur; et mieux vous aimerais-je que tout autre pour prendre rang avec mes pairs.

Girard, quoiqu'il se rappelât l'ancienne idée qu'il avait eue d'être duc de Vienne, ne put trouver de bonnes raisons pour refuser de suivre celle de Charlemagne. Et ce grand prince, occupé de l'établissement du quatrième fils du duc Guérin de Montglave, partit avec lui pour aller à Dijon, espérant que sa présence contribuerait à hâter la conclusion de cette alliance.

CHAPITRE XXX

Comment Régnier et Charlemagne, une fois à Dijon, se présentèrent à la fière duchesse de Bourgogne, et comment il se fit que ce fut le roi et non le fils du duc Guérin qui épousa cette princesse.

Régnier et Charlemagne se rendirent donc à Dijon, et, à peine furent-ils entrés dans cette cité, que le même hôte chez lequel Girard avait logé, le reconnut et s'empressa d'aller avertir la duchesse de Bourgogne, que ce beau chevalier, qu'il avait pris chez lui pour être un des plus pauvres de la France, venait d'arriver avec le roi Charlemagne, qui paraissait le traiter comme son fils.

L'hôte ajouta même que quelques propos des gens de la suite de Charles lui faisaient croire que ce prince lui destinait ce beau chevalier pour époux.

La jeune duchesse fut vivement émue; elle ne négligea rien de tout ce qui pouvait relever l'éclat de ses charmes, et se hâta de tout préparer pour recevoir l'empereur, son seigneur suzerain, avec la plus grande magnificence.

La première entrevue entre la jeune duchesse, Charles et Girard, eut des effets bien opposés. La duchesse trouva Girard charmant, et désira vivement que Charles le lui proposât pour époux; mais Girard la vit toujours avec la même indifférence.

Charles cependant avait des yeux bien différents pour elle : frappé, comme d'un coup de foudre, de la beauté de la jeune duchesse, il en devint dès l'instant même passionnément amoureux. Le grand cœur de Charles gémit en secret de l'empire que l'amour prenait sur lui; bientôt la décence, la justice, sa parole donnée, firent sur lui tout l'effet qu'elles font toujours sur un grand homme : il eut donc le courage de faire taire cette passion naissante, et de proposer à la jeune duchesse de lui donner le fils de Guérin pour époux.

Charlemagne ne lut que trop dans ses yeux, à quel point cette proposition répondait à l'impression que le jeune et charmant Girard faisait sur elle, et il vit bien que la soumission qu'elle lui dit avoir pour ses ordres, n'était déjà qu'une suite du penchant qui l'entraînait.

Charles et Girard en soupirèrent, mais par des sentiments bien opposés : l'un regrettait de donner lui-même une princesse qu'il adorait malgré lui; l'autre était près de se voir lié pour toujours par une chaîne qui ne lui paraissait que pesante.

Girard eut l'air très peu galant, et ne répondit qu'avec froideur à plusieurs propos assez tendres que la duchesse crut pouvoir se permettre, dans la position où tous les deux se trouvaient.

Elle eut la douleur et l'humiliation de ne trouver que la même indifférence dans Girard pendant les fêtes qui suivirent l'arrivée de Charlemagne : au contraire, la liberté, la gaîté qui furent l'âme de ces fêtes, le désir de plaire à Girard par son chant, par la danse et par tous les talents qu'elle possédait, redoublèrent la passion de Charlemagne, au point que dans un bal il fut forcé d'en faire l'aveu.

La jeune duchesse, née haute et impérieuse, ne put voir, sans en être touchée, que le plus grand prince de l'univers mettait son sceptre à ses pieds : l'ambition combattit dans son cœur la passion qu'elle avait pour Girard, et enfin le froid offensant de ce prince, et le dépit cruel qu'elle sentit contre lui, la déterminèrent à recevoir les hommages et les vœux du grand Charles, lequel aimait trop, pour ne pas connaître que Girard n'aimait pas.

— Mon cher Girard, lui dit-il en particulier, je voulais et je croyais faire ton bonheur en te faisant épouser la duchesse de Bourgogne; mais je connais assez l'amour pour être sûr que tu ne vois qu'avec indifférence celle qui ferait le bonheur du reste de ma vie. Je t'aurais fait le sacrifice de l'amour que j'ai pour elle si ses charmes t'avaient touché ; mais, puisque ce ne serait que le désir d'avoir un grand état qui pourrait te forcer à faire ce mariage, je peux aisément le réparer. La jeune comtesse de Toulouse, de Narbonne et de Montpellier, vient de perdre son vieil époux, avec lequel elle a passé deux ans à le voir toujours expirant auprès d'elle : tous les peuples de la langue d'Oc l'adorent, et tous les trouvères célèbrent son esprit et ses charmes dans leurs chants royaux et dans leurs tensons ; je te l'offre avec ses États auxquels je veux joindre encore le duché de Vienne, et les beaux pays arrosés par le Rhône.

Girard baisa mille fois les mains de Charlemagne :
— Ah ! grand prince, qu'il est heureux et honorable de vous servir ! lui dit-il. Vous avez lu dans mon cœur ; qu'il m'est cher de pouvoir lire aussi dans le vôtre ! Oui, Sire, suivez les tendres mouvements de votre âme ; épousez la belle duchesse de Bourgogne, et protégez le plus fidèle de vos vassaux, pour obtenir la comtesse de Toulouse.

Charlemagne sentit la joie la plus vive de pouvoir, sans manquer à cette loyauté si chère à son âme, se livrer à l'amour prêt à le rendre heureux. Il obtint facilement de l'ambitieuse duchesse de Bourgogne de lui donner la main, et, de la jeune comtesse de Toulouse, de venir sur-le-champ pour assister à son mariage. Cette princesse se rendit à l'invitation.

Girard, enchanté d'elle, devint encore mille fois plus charmant et plus beau dès qu'il aima. La comtesse de Toulouse, plus heureuse que la duchesse de Bourgogne, jouit bientôt des charmes d'une passion mutuelle.

Mais, prête à donner la main à Charlemagne, combien de fois la duchesse de Bourgogne ne soupira-t-elle pas en secret ! Tous les charmes, tous les dons, toutes les grâces de Girard, s'étaient développés depuis qu'il aimait ; il lui paraissait presque un homme nouveau : l'excès de la passion qu'elle avait pour lui ne put lui laisser voir sans une rage mortelle Girard, éperdu d'amour, donnant sa main à la comtesse de Toulouse, dans la même cérémonie qui l'unissait à Charlemagne ; et l'amour, dans son âme violente et passionnée, ne put être remplacé que par la haine.

Dès le lendemain du mariage de Charles et de Girard, Charlemagne déclara dans l'assemblée générale de ses pairs qu'il leur donnait le fils de Guérin pour compagnon, l'investissant du duché de Vienne et du comté de Toulouse.

De là, montant avec la nouvelle reine sur un trône élevé, Girard, tête nue, vint lui prêter hommage pour ces provinces.

Après les cérémonies usitées, Girard voulut embrasser les genoux de Charlemagne ; et baissant sa tête jusqu'à ses pieds, la nouvelle reine, pour l'humilier, tendit son pied, et le lui fit baiser assez rudement.

Girard, occupé de sa reconnaissance pour Charles, méprisa dans son âme un acte qu'il ne regarda que comme indifférent, et n'eut pas même l'air de s'en apercevoir. Hélas ! cet acte-là, quoique peu important en apparence, devait avoir bientôt des conséquences terribles.

CHAPITRE XXXI.

Comment Girard, heureux comme prince, comme amant et comme père, résolut d'aller trouver ses frères pour les engager à se rendre tous quatre ensemble à Montglave.

Heureux à double titre, comme mari de la belle comtesse de Toulouse, et comme duc de Vienne, Girard prit congé de Charlemagne quelques jours après les cérémonies nuptiales.

Duc de Vienne et mari d'une princesse aimable, il était tout naturel qu'il tînt à montrer celle-ci à ses sujets et qu'il tînt à montrer ses sujets à cette princesse, et à se les montrer aussi à lui-même, car enfin il ne les connaissait pas.

La comtesse de Toulouse et Girard partirent donc, avec une suite digne de leur rang.

Le premier soin du nouveau duc, en arrivant à Vienne, fut de faire appeler le gouverneur du château où son frère et lui avaient reçu l'hospitalité.

— Sire commandant, lui dit-il en l'embrassant, reconnaissez-vous le jeune cadet que vous avez si généreusement accueilli et qui, en retour, vous a promis de vous en marquer sa reconnaissance quand il serait duc de Vienne ?...

— Par saint André ! répondit le vieux commandant, attendri, vos traits, sire, sont trop nobles et trop beaux pour n'être pas restés entiers dans ma mémoire !... Cadet, dites-vous ? Ah ! sire, des cadets de votre étoffe doivent être bien traités par la fortune et par l'amour...

— Belle duchesse, dit tendrement Girard, donnez, je vous prie, votre main à baiser au vice-duc de ce pays... car je constitue pour tel ce loyal homme dans Vienne et dans le Dauphiné...

— Ah ! cher sire, vous me comblez ! murmura le vieux gentilhomme, ému jusqu'aux larmes.

Tout paraissait donc sourire aux vœux de l'heureux Girard. Heureux prince, heureux amant, il devait encore être heureux père. Arnault avait un fils qui avait nom Aymeri ; Milon en avait un qui avait nom Guérin ; Girard en eut un qui eut nom Olivier, et qui crût vîtement en grâce, en force et en beauté.

Il est dans l'homme d'aimer à prouver qu'il doit son élévation à son courage personnel, à ses mérites propres : Girard voulut aller voir le noble duc Guérin de Montglave, son père, et la tendre Mabillette, sa mère.

— Comme cadet, dit-il, c'est à moi d'aller chercher mes frères dans les États qu'ils ont acquis et conquis. Je les rassemblerai, et nous irons embrasser les genoux de Guérin et de Mabillette... Fasse le ciel que l'âge ne les ait pas entamés l'un et l'autre

au delà de l'ordinaire... Est-ce aussi votre sentiment, duchesse ?
— Vous pensez bien, cher sire, répondit la duchesse, heureuse femme autant qu'heureuse mère.

CHAPITRE XXXII.

Comment Girard alla d'abord quérir Régnier, puis Milon, et comment, Arnault les ayant rejoints, ils se mirent en chemin pour Montglave.

irard, une fois ce départ résolu, ne s'occupa plus que de le hâter.
Au bout de quelques jours, il était prêt. La duchesse et lui, le petit Olivier en leur giron, prirent le chemin de la Bretagne, escortés d'une troupe nombreuse et richement appareillée.
En Bretagne, à Rennes, gouvernait le duc Régnier. C'était celui de ses frères avec lequel Girard avait si longtemps vécu dans la plus complète union à la cour de Charlemagne. Il aimait beaucoup les deux autres, certes ; mais il avait pour Régnier une tendresse particulière, qui venait sans doute de la conformité de leurs goûts, et aussi de leur âge, puisqu'ils étaient les puînés d'Arnault et de Milon.
La petite troupe arriva sans encombre à Rennes. Régnier sentit les transports de joie les plus vifs en embrassant son cher Girard.
Girard, de son côté, n'éprouva pas moins de plaisir à embrasser Régnier.
— Cher petiot, dit-il en prenant le petit Olivier dans ses bras, ton oncle t'adopte... N'est-ce pas, Régnier ?
— Oui, cher frère, ton Olivier sera mon fils, et le cœur me dit qu'il fera un jour l'honneur de sa race, répondit Régnier.
— Je le crois aussi, dit naïvement Girard, qui se mirait dans ce beau gars qui promettait déjà tant de choses, fier et membru comme il était.
Après un repos d'une semaine environ, Girard et Régnier repartirent ensemble. Ils se trouvaient à portée de Milon, qui résidait à Pavie : ils se rendirent à cette cour.
Ils étaient à peine réunis, qu'Arnault, duc d'Aquitaine, ayant appris leur arrivée, pria la belle Frégonde de lui permettre de la quitter quelque temps pour aller au-devant de ses frères.
Les quatre fils du noble duc Guérin se trouvèrent enfin tous les quatre ensemble, pour la première fois depuis leur séparation au sortir du nid paternel. Cette entrevue fut pleine de charmes pour eux.
— Ah ! s'écrièrent-ils d'un commun accord, heureux ceux qui suivent la voie que leur a tracée la volonté paternelle !... Que serions-nous tous les quatre, à cette heure, si la tendresse aveugle de notre mère Mabillette l'eût emporté ?... Que de grâces n'avons-nous pas à rendre au ciel et à notre vaillant et sage père, le duc Guérin, de nous avoir animés à

l'imiter ?... Hâtons-nous, hâtons-nous d'aller consoler et réconforter sa vieillesse en lui faisant embrasser des fils dignes de lui !...
Puis ils partirent pour Montglave, pleins de joie et d'ardeur.

CHAPITRE XXXIII

Comment les quatre frères arrivèrent à Montglave, et de la réception que leur firent le duc Guérin et Mabillette. Comment, ensuite, ils prirent congé les uns des autres.

Quelques vieux serviteurs que leur père leur avait donnés, et qui par leur fidélité s'étaient rendus dignes de ce choix, précédèrent les quatre frères à Montglave.
Mabillette dit à Guérin :
— Sire, n'irons-nous pas au-devant de nos enfants ? Vous ne direz plus : Ce sont oiseaux que nous chassons hors du nid, pour qu'ils s'en forment un bon et beau ; ce sont aigles qui quittent leur propre repaire, pour revenir au nôtre ! ce sont ducs, comtes et hauts barons qui plus n'ont besoin de nous, et qui viennent nous faire hommage de leurs couronnes et de leur bonheur...
— Dame, dit Guérin, bien font leur devoir nos braves enfants ; mon cœur vole au-devant d'eux, mais leur voudrais-je ravir le bonheur de nous rendre un hommage qu'ils doivent un jour attendre de leurs enfants ? Laissez, laissez ! le ciel et l'honneur les conduisent dans nos bras, je les attends ; venez seulement à cette fenêtre, nous les verrons venir de plus loin.
Girard fut le premier qui reconnut Mabillette en la voyant étendre ses bras vers eux, il reconnut de même Guérin, à sa longue barbe blanche.
— Voyez-vous notre père, dit Girard ? comme il se tient là fièrement, sans daigner descendre !
— Vraiment, lui répondit Régnier, ne doit-il pas attendre l'hommage de ses enfants ? n'est-il pas pour nous l'image de la divinité ?
L'entrevue de Guérin avec eux fut aussi noble que tendre et touchante.
Les quatre fils se jetèrent à ses genoux ; chacun d'eux avait apporté la couronne qui marquait sa dignité, et la déposa à ses pieds.
— Mes enfants, s'écria Guérin en étendant les bras sur eux, que l'Éternel vous bénisse par la main de votre heureux père !
Il couvrit leurs joues de ses larmes.
— O mon père, mon père, s'écraient-ils, êtes-vous content de nous ?
Mabillette s'était emparée du jeune Olivier pendant cette scène si touchante ; elle le porta dans les bras de Guérin.
Dès qu'il eut relevé ses fils, Guérin prit son petit-fils, le baisa doucement, et, passant sa main sur ses reins, et tournant son visage au soleil :
— L'enfant est fort et membru, dit-il, son regard est assuré ; Régnier, prends soin de lui, donne-lui bonne et louable nourriture ; il te donnera dans tes vieux jours la liesse et la récompense que je reçois de toi.
— Ah ! père, s'écria le duc Arnault, que j'ai de regret de ne vous avoir pas amené mon fils Aimery ! Le damoisel est déjà grand, il sera raide jouteur ! Sa

mère ne le gâte point, les plus grands clercs de Ligurie et les meilleurs de mes chevaliers l'exercent à toutes sciences et actes de chevalerie.

— Bien, dit Guérin, j'aime mieux ne pas le voir que de l'en distraire : bon document vaut mieux que caresse de père. Mais écoute, mon fils, quelque bien nourri qu'il soit chez toi, je pense que pour agrandir, améliorer même ses idées, tu ferais bien de l'envoyer à la cour du grand Charles : pain de l'hôtel de ce prince lui profitera mieux encore que celui du tien : riches et nobles damoiseaux ne trouvent que roses et miel dans leurs entours... quand ces poussins-là prennent leurs grandes plumes, oh ! qu'il leur est utile alors de goûter quelque amertume et d'avoir épines à briser !

— Certes, noble père, dit Arnault, je me l'étais bien proposé, et l'enfant doit partir à Noël prochain pour s'y rendre.

Les quatre fils de Guérin restèrent un mois près de lui. Mabillette eût bien désiré les retenir plus longtemps, mais le vieux duc leur dit lui-même :

— La Providence, mes enfants, en vous donnant hautes seigneuries et vassaux, vous impose la loi de les gouverner. Retournez dans vos Etats; soyez toujours unis; nul n'osera vous grever, si concorde unit toujours vos forces. Donnez-moi quelquefois le plaisir de vous embrasser; et, par saint André, quoique déjà vieillard chenu, j'endosserais bien vîte le harnois pour vous secourir, si besoin aviez de mon secours !

En disant ces mots, il tira l'épée de Girard, et fendit en deux un gros bloc de chêne.

— Par Dieu ! père, s'écrièrent-ils, bien fort serait le bouclier et le haubert qui résisteraient à vos coups !

CHAPITRE XXXIV

Comment, une fois revenu en Aquitaine, Arnault envoya son fils Aymeri à la cour de Charlemagne, et comment ce jeune homme s'arrêta d'abord à la cour de son oncle Girard, qui voulut l'éprouver.

Les quatre fils de Guérin étant retournés dans leurs Etats, Arnault, selon la promesse qu'il avait faite à son père, dit au jeune Aymeri qu'il était temps qu'il se fît connaître, et qu'il se rendît à la cour de Charles pour le prier de l'armer chevalier. Sa mère Frégonde eût bien désiré lui donner un cortège digne de sa naissance, mais Arnault le refusa.

— Le damoisel, dit-il, fera comme père et aïeul : nous partîmes tous deux de la maison paternelle comme simples chevaliers ; je veux qu'Aymeri fasse de même et gagne ses éperons. D'ailleurs, notre fils est haut à la main, il ne faut pas que l'esprit de superbe le gâte. Rien n'apprend mieux à vivre avec les hommes, que de commencer par avoir besoin d'eux.

Aymeri partit donc, suivi d'un seul écuyer ; et, selon l'ordre d'Arnault, il alla droit à Vienne pour y voir son oncle le duc Girard.

Celui-ci, prévenu que son neveu devait arriver, voulut éprouver s'il tenait de leur race pour n'endurer jamais un affront; il ordonna que, lorsque Aymeri se présenterait à la porte de son palais, on lui refusât l'entrée, et qu'on l'avertît promptement du parti qu'il prendrait.

Aymeri s'étant présenté le lendemain, et trouvant la porte fermée, frappa vigoureusement avec le pommeau de son épée :

— Arrière, lui dit un guichetier par un petit treillis de fer; jongleurs et ménestrels n'entrent point en cette cour sans y être appelés.

— Pour qui me prends-tu, manant ? dit Aymeri.

— Pour un vagabond, dit le portier, et tu pourrais bien t'attirer quelque correction.

Il n'en fallait pas tant pour mettre en fureur le pétulant Aymeri. Voyant un levier de fer très pesant et à sa portée, il s'en saisit, brisa la porte qui tomba fracassée, et s'élança sur le guichetier. Mais il fut arrêté par son oncle Girard, qui le reçut dans ses bras.

— Je me reconnais en toi, beau neveu, lui dit-il; viens, mon enfant, et sois toujours le même !

Cette exhortation plut beaucoup à l'homme du monde auquel elle était le plus inutile.

CHAPITRE XXXV

Comment le jeune Aymeri arriva à Paris, et de la façon dont il s'y prit pour se faire connaître de Charlemagne.

Aymeri passa quelques jours avec son oncle, et remonta sur son unique cheval pour aller à Paris, où Charlemagne tenait sa cour.

Cette ville n'était pas fort grande alors. Elle était si pleine d'étrangers qu'Aymeri ne put trouver aucun hôte qui voulût le recevoir ; il écouta la réponse des premiers auxquels il s'adressa sans se fâcher; mais le dernier, tout glorieux d'avoir l'évêque de Laon dans sa maison, le rebuta durement.

Aymeri prit l'hôte par les oreilles, le conduisit à l'écurie, et voulut le forcer à mettre dehors les chevaux de l'évêque, pour faire place aux siens.

Une troupe de valets et de clercs voulut faire résistance ; Aymeri les rossa : l'évêque eut beau lui crier de sa fenêtre qu'il l'excommuniait, Aymeri frappait toujours en leur criant :

— Allez chanter vêpres, et ne disputez plus étables à damoiseaux et chevaliers qui vous défendent.

L'évêque voyant un jeune homme grand et vigoureux, l'épée d'une main et le bâton de l'autre, prit le parti de filer doux ; et, laissant déplacer ses chevaux, il sortit par une porte de derrière et alla incontinent porter ses plaintes à Charles.

Ce prince envoya chercher Aymeri; et l'huissier chargé de ses ordres parlant d'un air courtois, Aymeri se rendit à cette invitation.

— Vassal, lui dit Charles en le voyant entrer, de quel droit avez-vous osé frapper les gens de mon cousin le duc de Laon ?

— Par le droit, dit Aymeri, que tous chevaliers, utiles à l'État, doivent avoir sur ceux qui vivent à ses dépens. Et vous, Sire, vous me feriez accueil plus gracieux, si vous saviez que les miens et moi sommes gens à vous donner une dure besogne à faire, si vous nous mettiez en courroux.

— Par le chef de la reine! dit Charles, il n'y a qu'un issu de la race de Guérin de Montglave assez hardi pour me faire une telle réponse.

— Aussi le suis-je, dit Aymeri ; et c'est le fils d'Arnault de Beaulande qui vous offre, ou de vous servir, ou de vous combattre, selon la façon dont vous le traiterez.

— Oh! vraiment, dit Charles, mon choix n'est pas douteux; j'aime trop le duc Guérin, et je prise trop sa brave race, pour ne te pas retenir dans ma cour.

Ce seul mot d'amitié fit tomber le fils d'Arnault aux genoux de Charles, qui le releva, lui demanda des nouvelles de ses proches avec un vif intérêt, et qui lui promit de remplir les désirs de son père, en l'armant chevalier.

CHAPITRE XXXVI

Comment Charlemagne, en partant pour guerroyer contre les Sarrasins, confia Aymeri à la reine, et comment ce jeune chevalier fut amené à couper le pied à cette princesse.

Sur le point de partir une troisième fois contre les Sarrasins, Charlemagne donna la colée au jeune Aymeri et le recommanda tout spécialement à la reine, qui lui promit de le traiter comme il convenait de le fût un garçonnet de si haut lignage.

Charlemagne partit.

La reine n'eut qu'à se louer d'abord de l'esprit et de la gaîté du jeune chevalier que lui avait laissé son royal époux. Elle ne dédaigna pas de l'entretenir familièrement seule à seule avec lui, de choses et d'autres, plus ou moins intéressantes pour lui.

Un jour, elle faisait son éloge et lui disait qu'il était digne de marcher sur les traces des plus illustres preux.

— Je gage, ajouta-t-elle tout-à-coup, en sentant se réveiller un souvenir amer, je gage, Aymeri, que vous ne vous seriez pas comporté comme jadis se comporta votre oncle Girard, si vous aviez été en sa place.

— Ma foi, dame, je n'en sais rien, répondit Aymeri, que ce propos choqua. On trouve que je ressemble beaucoup à mon oncle, et j'ai pris, depuis mon enfance, la résolution de l'imiter, car c'est un vaillant homme.

Sans s'arrêter à cette fière réponse, pourtant suffisamment significative, la reine raconta à Aymeri tout ce qui s'était passé au temps de son mariage avec le roi Charlemagne. Et son ancienne rancœur contre Girard la portant à peu ménager ses termes en parlant de lui, le bouillant Aymeri sentit allumer en lui par degrés le désir de la mortifier.

Il ne fut plus maître de lui, lorsqu'elle eut l'imprudence de lui dire :

— Girard m'avait dédaignée, sans que je méritasse ce dédain. Une femme ne pardonne jamais ces sortes d'insultes, même lorsque cette femme est devenue reine... Je cherchais une occasion de me venger de cette humiliation par une autre... Cette occasion se présenta... Lorsque Girard vint rendre l'hommage qu'il nous devait au roi et à moi, j'étais assise... je lui fis baiser mon pied!...

Et, en même temps, joignant le geste à la parole, la reine avança ce même pied pour montrer au neveu de Girard comment elle avait accompli cet acte de mépris.

Aymeri, furieux, et n'écoutant plus qu'une aveugle colère, saisit ce pied téméraire d'une main et culbuta la reine ; puis de l'autre main, tirant son poignard, il fit tous ses efforts pour lui couper le pied.

La reine cria, on accourut, on se jeta sur le jeune chevalier, et on l'empêcha de commettre cette cruauté.

Lors, se démêlant de la foule accourue aux cris de la reine, Aymeri se dirigea vers les écuries, sauta sur le premier cheval venu, et s'éloigna vitement de Paris, en jurant qu'il vengerait son oncle Girard.

CHAPITRE XXXVII

Comment le jeune Aymeri, en quittant Paris, se dirigea sur Vienne pour instruire Girard de ce qui s'était passé ; et comment, à son tour, Girard en instruisit son père et ses frères.

En s'éloignant de Paris, le jeune Aymeri se dirigea droit sur Vienne pour rendre compte à Girard de ce qui venait de se passer.

On croira aisément que ce dernier reçut avec la plus vive tendresse un neveu qui lui ressemblait en tout si parfaitement, et qui venait de le venger avec tant d'audace d'un affront qu'il avait eu la sagesse de tenir caché.

— Bon sang ne peut mentir! s'écria-t-il joyeusement. Beau neveu, tu es bien le petit-fils du vaillant duc Guérin de Montglave, mon noble père!...

Girard connaissait trop l'humeur vindicative de la reine, pour ne pas prévoir les suites de cette affaire. Mais il n'en eut cure, comme un vaillant chevalier qu'il était.

Tout au contraire, il dépêcha incontinent des courriers à chacun de ses frères, ainsi qu'au noble duc Guérin de Montglave, en leur représentant que c'était une querelle de famille, et que, partant, cela les intéressait tous à un égal titre.

Régnier partit aussitôt pour Vienne, accompagné du bel Olivier, son fils, de la belle Belleaude, sa fille, et de la princesse Olive, sa femme.

Quant aux deux autres frères, ils se tinrent prêts à secourir leur fils et neveu.

Pour le vieux Guérin de Montglave, que l'âge avait rendu prudent dans la conduite des affaires humaines, il dit à ceux qui lui remirent la lettre de son fils :

— Ce sont là querelles de jeunes gens ! A l'âge de Girard, j'eusse baisé de bon cœur le pied de la reine, au lieu d'essayer de le meurtrir, ainsi que l'a voulu faire ce fol Aymeri... Car on dit que ce pied est fort joli et qu'il soutient bien le plus gentil corsage qui soit au monde... Mais, par la tête de Mabillette ! si Charlemagne veut se mêler de cette malencontreuse affaire, il pourra bien lui en cuire... On lui fera voir que l'épée du vieux Guérin de Montglave et le levier de son vieil ami Robastre sont de taille à se mesurer avec sa Joyeuse et avec la Durandal de son neveu Roland !... Répétez cela à Girard, messagers, et dites-lui qu'il me mande le résultat de cette aventure, afin que je sache quel parti je dois prendre. Jeunes gens contre jeunes gens, d'abord ; vieillards contre vieillards ensuite. Nous nous sommes vus autrefois, Charlemagne et moi ; s'il m'y force, nous nous reverrons encore, mais ce sera pour la dernière fois !... Allez, messagers, et que Dieu vous garde !

CHAPITRE XXXVIII

Comment Charlemagne vint mettre le siége devant Vienne, pour venger l'injure faite à la reine, et comment ce siége dura deux années.

Bon prophète avait été le vieux duc Guérin de Montglave.

Charlemagne, en effet, eût mieux fait d'assoupir et d'accommoder cette querelle ; mais, fier de la victoire qu'il venait de remporter sur les bords de l'Elbe, ému par les pleurs de la reine, déterminé par les barons que cette reine avait fait jurer de venger son offense, il partit à la tête d'une puissante armée, ravagea la frontière du Dauphiné, forma le siége de Vienne, et jura de n'en point partir qu'il n'eût pris cette ville, et tiré la vengeance la plus éclatante de Girard et d'Aymeri.

Malgré la valeur et la force de Roland, et des dix autres pairs qui suivirent Charles dans cette expédition, l'arrivée de Milon, d'Anseaume et d'Arnault de Beaulande, qui forcèrent les lignes de Charles et se jetèrent dans Vienne avec un puissant secours, rendit ce siége aussi long que meurtrier.

Pendant près de deux ans l'avantage fut égal des deux côtés, dans les sorties fréquentes que les quatre frères et leurs fils Olivier et Aymeri faisaient presque tous les jours pour ruiner les travaux.

Roland en vint souvent aux mains dans ces sorties avec les neveux de Girard, qui cherchaient à se distinguer sous les yeux de leurs pères et de leurs oncles ; et le jeune Olivier surtout apprit à Roland, qu'il existait enfin un chevalier qui pouvait lui résister.

Lorsque Régnier accourut le premier au secours de Girard, la belle Olive avait obtenu de le suivre ; et la jeune et charmante Belleaude, sa fille, l'avait accompagnée. Olivier aimait tendrement cette sœur ; ils se ressemblaient beaucoup, et l'amour et les grâces paraissaient avoir pris soin de les embellir tous les deux.

Belleaude armait souvent son frère de sa main ; et cette jeune princesse, au-dessus de la timidité de son sexe, montait quelquefois à cheval pour le suivre de loin lorsqu'il faisait des sorties, et pour le secourir s'il eût été blessé.

L'une de ces sorties ayant engagé pendant plusieurs heures un long et sanglant combat, on convint de part et d'autre d'une trêve de quatre jours, pour retirer les morts et prendre soin des blessés.

Rien n'était alors plus religieusement observé que ces sortes de trêves ; toute animosité paraissait suspendue ; et les chevaliers des deux partis, passant librement d'un camp à l'autre, ne combattaient ensemble que de courtoisie lorsque le hasard les rassemblait.

Le récit qu'Olivier avait fait à sa sœur de la valeur de Roland, donna le désir à Belleaude de voir ce célèbre paladin ; et, pendant le second jour de cette trêve, elle pria son frère de la mener voir le camp de Charlemagne.

Olivier et son cousin obtinrent d'Olive, sa mère, de lui procurer ce plaisir ; ils montèrent à cheval tous les trois ; et, s'éloignant assez loin de la cité de Vienne, ils parvinrent jusqu'aux gardes-avancées, dont Ogier-le-Danois et Roland faisaient alors la visite.

CHAPITRE XXXIX

Comment Roland, en apercevant Belleaude, sœur d'Olivier, en tomba amoureux et ne put s'empêcher de lui exprimer hautement son admiration, en la priant de l'accepter pour chevalier.

Ogier-le-Danois et Roland furent frappés de la beauté de la jeune sœur d'Olivier, et ils s'avancèrent tous deux vers elle avec un égal empressement, pour mieux savourer les perfections infinies de sa gracieuse petite personne.

Roland, surtout, resta ébloui.

Il avait aimé Angélique, qui lui avait été infidèle, ce dont il avait eu grand'peine à guérir. Belleaude lui fit oublier qu'il avait été malheureux, et son cœur s'épanouit aux enivrantes émotions que sa vue lui procura.

Un coup de foudre n'est pas plus vif que le trait qui frappa Roland, le vaillant chevalier. L'air noble, la démarche onduleuse, la taille divine, la modestie, l'enjouement de Belleaude, lui parurent mille fois préférables à la coquetterie adroite et au manége artificieux qu'Angélique avait employés pour le séduire.

N'osant pas encore s'adresser directement à cette gente pucelle, qui ressemblait si bien à un bouton de rose près de s'épanouir, il débuta par dire les choses les plus aimables à Olivier.

C'est toujours ainsi que les amoureux procèdent, naturellement ou par calcul. Ils savent très bien qu'un frère jeune est aimé de sa sœur, jeune comme lui, et qu'ils se font mutuellement des confidences qui ne peuvent tourner qu'au profit du tiers intéressé à faire le sujet de ces causeries-là.

— Sire chevalier, lui dit-il, vous n'étiez déjà que trop redoutable pour moi dans les combats ; que je vais craindre désormais de vous y rencontrer ! Pourrai-je vous y reconnaître aux coups terribles que vous y portez, sans me rappeler en même temps des traits qui seront à jamais gravés dans mon âme ?

Olivier sourit, en lui disant :

— Je désirerais, seigneur, que ceux de ma sœur fissent assez d'impression sur vous pour vous engager à ne plus regarder un frère qui lui ressemble, et qui vous admire, comme un ennemi. Pourquoi la funeste querelle de nos oncles me force-t-elle à me trouver les armes à la main contre un héros dont je ferais l'honneur et le bonheur de ma vie d'être le frère et le compagnon ?

— Souvent ces sortes de guerres entre parents qui s'estiment, dit à son tour Ogier, se terminent par quelque heureux mariage entre les familles, qui resserrent leurs anciens nœuds. Si Charles n'était pas obsédé par sa vindicative dame, j'imagine une union charmante, bien propre à faire cesser ces guerres cruelles, comme à donner de nouveaux héros à la France.

En disant ces mots, il regardait Belleaude, qui rougit ; et Roland, qui, se jetant à son cou, s'écria :

— Mon cher Ogier, puissent le brave frère et la divine sœur approuver dans leur âme ce que ton amitié pour moi te fait imaginer ! Si quelqu'un doit avoir du pouvoir sur l'esprit de Charles, c'est le brave Ogier ; je te conjure de lui rappeler ses véritables intérêts, et de lui représenter combien la guerre présente est nuisible à la religion comme à la France, les Sarrasins étant encore les maîtres de plusieurs de ses provinces méridionales, et le roi Marsille, maître de l'Espagne, se préparant à passer les Pyrénées pour nous attaquer. Tandis que, si nous étions unis, nous serions assez forts pour le chasser de l'Europe, lui faire repasser les Pyrénées, et le forcer de se retirer même au delà du détroit.

Ogier promit à Roland d'employer ses bons offices auprès de Charles.

Roland, s'avançant avec l'air le plus respectueux vers Belleaude :

— Ce jour-ci, lui dit-il, demoiselle, décide du reste de ma vie : je n'ose encore vous supplier de me recevoir pour votre chevalier ; mais j'espère que désormais tous les actes de ma vie vous prouveront que vous n'en pouvez avoir un plus soumis et plus fidèle.

Belleaude ne put être insensible à l'hommage que lui rendait le neveu de Charles ; et, désirant serrer les nœuds d'une amitié durable entre ce célèbre paladin et son frère Olivier :

— Seigneur, lui dit-elle, il n'est aucune reine dans l'univers qui ne dût s'honorer de vous avoir pour son chevalier, et mon frère Olivier me paraît désirer trop votre amitié, pour qu'il n'obtienne pas du duc Régnier, mon père, que j'accepte l'offre que vous venez de me faire.

A ces mots, ils se séparèrent avec de nouvelles marques d'estime.

CHAPITRE XL

Comment, à l'expiration de la trêve, le siège de Vienne fut repris, et comment le vieux Guérin, pour faire cesser cette guerre, proposa à Charlemagne de choisir deux champions de l'une et l'autre armée.

Ogier-le-Danois et Roland retournaient près de Charlemagne, avec le dessein de le porter à la paix ; mais ils perdirent bientôt l'espérance de l'y déterminer, lorsqu'ils apprirent que la reine venait d'arriver près de lui ; et que cette reine vindicative avait conduit elle-même une armée de quarante mille hommes, pour la joindre à celle de Charles, presser le siège de Vienne, et donner un assaut général à cette cité.

D'un autre côté, Guérin de Montglave ayant appris que la reine s'avançait avec ce renfort, avait jugé qu'il était temps de voler au secours de ses enfants ; et ce vieillard, très verdelet encore, parti de Montglave avec son ami Robastre à la tête de quatre mille lances, avait forcé le quartier de Salomon de Bretagne, et s'était jeté dans Vienne le même jour que la reine de France était arrivée au camp de Charlemagne.

Dès le lendemain, la trêve étant expirée, Charles, pour porter la terreur dans la ville de Vienne, parut à la vue des remparts et fit déployer la nouvelle armée qu'il venait de recevoir.

Impatient de voir ces troupes nouvelles caracoller autour de la place et ayant l'air de défier ceux qui la défendaient, Robastre prit un détachement de mille lances, fondit sur elles et les mit en désordre à coups de levier.

De nouveaux corps soutinrent celui que Robastre faisait plier ; Guérin, de son côté, le secourut : le combat devint opiniâtre et cruel ; la nuit seule sépara les combattants, et la campagne resta couverte de morts et de blessés.

Les deux partis furent forcés de renouveler encore la trêve pour trois autres jours ; et ce fut ce temps qu'Ogier saisit pour porter Charlemagne à la paix, en lui reprochant avec force qu'il faisait répandre le sang chrétien, au lieu d'employer ses grands vassaux et ses sujets à combattre les infidèles.

Charles se refusa longtemps à se rendre aux représentations d'Ogier, et finit par lui dire qu'il ne ferait jamais la première démarche, et que ce serait beaucoup s'il écoutait les propositions que Guérin et ses enfants feraient pour obtenir la paix.

Ogier fit avertir secrètement le duc Guérin des dispositions de Charles, et Guérin, prenant tout-à-coup son parti, fit partir un héraut, porteur de la lettre suivante, que Charles lut en présence de sa cour :

« Sire,

« Vous êtes plus grand seigneur que Guérin, mais Guérin ne vous cède point en courage.

« Vous êtes devenu son égal le jour où, jouant aux échecs avec lui, vous avez perdu votre royaume, qu'il vous a laissé. Il serait votre égal encore si, dans la mêlée, votre lance se croisait avec la sienne.

« Sire, je me souviens que mes mains ont été dans les vôtres : cela seul m'empêche de vous démander le combat de votre personne à la mienne pour terminer nos débats. Mais, plus sensible que vous à la douleur de voir couler le sang chrétien, je viens vous demander de terminer cette guerre, sans cause sérieuse, en en remettant la décision au jugement de Dieu.

« Nommez donc un de vos chevaliers, le plus preux d'entre vos preux, pour combattre celui des miens que je présenterai. Si votre champion est vainqueur, la cité de Vienne vous sera remise. Si le mien remporte la victoire, vous vous retirerez avec votre armée.

« J'ai dit, Sire. Que Dieu nous juge ! »

Le premier mouvement de Charlemagne, à la lecture de ce message, fut de défier le vieux duc Guérin au combat, seul à seul ; mais les fortes représentations des pairs, et surtout du duc Naymes et de l'archevêque Turpin, l'en empêchèrent.

Ogier-le-Danois, Richard, duc de Normandie, Salomon de Bretagne et Roland, s'offrirent à Charlemagne pour ses champions.

L'embarras du roi était grand. Comment choisir entre ces valeureux hommes ? Il n'en fallait qu'un, et quatre se présentaient !

Pour couper court à son indécision, Charlemagne fit mettre les noms dans un morion et chargea le sort du soin de désigner le champion qu'il fallait.

Ce fut le nom de Roland qui sortit.

Guérin de Montglave, de son côté, en avait fait autant, précisément pour les mêmes raisons. C'est-à-dire que, pour un combattant qu'on demandait, dix s'étaient sur-le-champ prononcés, Aymeri en tête.

— C'est moi que cela regarde, mon père, puisque c'est moi qui ai amené cette querelle ! dit ce jeune homme, plein d'une ardeur sans pareille, je vous supplie donc de m'accorder l'honneur de combattre avec le champion qu'aura choisi Charlemagne !... Je ne saurais mieux débuter !

— Taisez-vous, jeune gars ! répondit le vieux duc. Les anciens savent mieux que vous ce qu'il convient de faire en ces graves occurrences... Votre rôle, à vous, est d'obéir, non de commander... Ne dépensez donc pas votre ardeur aussi follement... Réservez-la précieusement pour l'heure où il y sera fait appel...

Le duc Guérin de Montglave prit un morion, comme avait fait Charlemagne, mit dedans les noms de ses quatre fils, de ses petits-fils et le sien propre, et appela un garçonnet pour tirer un bulletin.

Ce fut le nom d'Olivier qui sortit.

— Ah ! je remercie le ciel de cette faveur insigne ! s'écria-t-il joyeux. Ni le duc Guérin, ni mon père, ni mes oncles, ni mes cousins n'exposeront leurs jours, et je me trouve heureux de combattre pour eux !...

En ce moment arriva un héraut d'armes, envoyé par Charlemagne à Guérin de Montglave, qui manda à ce dernier d'avoir à présenter son champion le lendemain matin, dans une petite île du Rhône, également distante du camp du roi de France et de la cité défendue par Guérin de Montglave.

CHAPITRE XLI

Comment Roland combattit contre Olivier pendant un temps assez long, et comment le casque de ce dernier étant tombé, il le reconnut, et à cause de sa grande ressemblance avec Belleaude, ne voulut pas continuer plus longtemps le combat.

Un détachement de mille chevaliers sortit de Vienne, dès les premières lueurs du jour, et conduisit Olivier au bord du Rhône ; une barque le passa dans l'île avec son cheval, et la même chose fut observée du côté de Charles pour y conduire Roland.

Les deux chevaliers, la visière baissée, occupèrent de chaque côté l'extrémité de la lice qu'on avait formée pour eux, et s'élancèrent l'un contre l'autre au premier signal que donna le son des trompettes : leurs lances se brisèrent jusque dans leurs gantelets : leurs chevaux s'étant choqués pareillement, se renversèrent et roulèrent morts sur la poussière.

Les deux chevaliers, également ébranlés par cette atteinte et leur chute, se relevèrent en chancelant ; et, s'étant à la fin remis, ils tirèrent leurs épées, et se chargèrent avec une égale fureur.

Quelque force, quelque adresse que l'un et l'autre employassent dans ce combat, il dura deux heures, sans que les spectateurs pussent leur voir un avantage marqué l'un sur l'autre.

Olivier et Roland, également étonnés de la résistance que chacun d'eux trouvait dans son ennemi, redoublèrent la violence et la rapidité de leurs coups, sans la même précaution à les parer qu'ils avaient eue pendant ces deux premières heures. Saisissant leurs épées à deux mains, et se frappant en même temps, celle d'Olivier se brisa sur le bouclier de Roland ; et la fameuse Durandal ayant fendu celui d'Olivier, il fut impossible à Roland de l'en retirer.

Olivier jetant au loin son bouclier et l'épée de Roland, l'un et l'autre se saisirent avec leurs bras nerveux, et firent les plus grands efforts pour se terrasser. Plusieurs fois ils roulèrent ensemble sur la poussière, sans pouvoir se vaincre ; et dans ces différents mouvements, leurs casques, qu'ils cherchaient à s'arracher, se délacèrent ; et dans un moment où Roland faisait un peu perdre terre à son ennemi, le casque d'Olivier tomba, et Roland reconnut les traits de celle qu'il adorait, dans le brave frère de Belleaude.

A cette vue, Roland n'étant plus le maître de ses premiers mouvements, acheva de faire tomber son casque, serra, et ne serra plus qu'avec tendresse Olivier dans ses bras : l'un et l'autre se donnèrent la main, se jurèrent fraternité d'armes jusqu'à la mort, et se promirent de défier au combat mortel quiconque oserait leur reprocher de n'avoir pas achevé celui-ci.

Charles, qui voyait les combattants du haut d'un tertre, avait si souvent tremblé pour les jours de son neveu Roland pendant le fort du combat, qu'il le vit se terminer sans peine par cet accord apparent.

Mais qui pourrait exprimer tous les sentiments de la charmante Belleaude, lorsque du haut d'une tour de Vienne elle reconnut Roland embrassant son frère, et lui donnant la main ?

— Ah! s'écria-t-elle dans son premier mouvement, en présence même de Guérin, et de son père et de sa mère. Ah ! Roland, ce que tu viens de faire t'assure à jamais mon âme ; et je jure de la consacrer à Dieu dans un cloître, si ma main n'est pas à toi.

— Fille, dit le vieux duc Guérin, ainsi soit-il, je t'approuve, et le paladin est digne de ma race et de toi.

Belleaude, éperdue en revenant de ce transport, voulut se jeter aux pieds de Régnier et d'Olive, pour leur demander pardon ; mais ce père et cette mère, qui frémissaient depuis le commencement du combat pour les jours d'Olivier, serrèrent Belleaude dans leurs bras, en lui promettant qu'elle n'aurait jamais d'autre époux que celui qui venait de traiter Olivier comme un frère.

Les deux combattants s'étant réciproquement lacé leur casque, revinrent sur le bord du Rhône, qu'ils traversèrent à la vue des deux armées en se tenant par la main, et s'embrassèrent encore en se quittant sur l'autre rive.

Les paladins français allèrent au devant de Roland :

— J'en eusse fait autant que toi, mon ami, lui dit Ogier ; et quiconque osera dire que tu n'as pas fait ce qu'un cœur loyal et ton courage te prescrivaient, en aura menti par la gorge.

Ogier avait une telle réputation dans la chevalerie, que tous les paladins français acquiescèrent à son opinion.

Mais la reine ne voulut point voir Roland, et lui fit dire qu'elle était malade.

Charles le reçut d'abord assez froidement.

Roland, incapable de pouvoir souffrir un dégoût, lui dit avec fierté :

— Donnez-moi, Sire, d'autres ennemis à combattre; et sachez que tous vos chevaliers sont las de cette querelle, qui donne le temps à vos vrais ennemis de se préparer à vous attaquer.

Ogier et le duc Naymes appuyant ce que Roland venait de dire, Charlemagne, qui sentait que ses paladins avaient raison, embrassa Roland, et permit même au duc Naymes d'envoyer à Vienne, et de proposer une trêve de quinze jours, pendant laquelle on entamerait des négociations pour la paix.

CHAPITRE XLII

Comment, sur ces entrefaites, un des amiraux du roi sarrasin Marsille, ayant enlevé Charlemagne pendant une partie de chasse, Guérin et ses enfants allèrent le délivrer ; et comment le roi de France se réconcilia avec ces vaillants chevaliers.

Il n'était que trop vrai que le roi Marsille se préparait à faire la guerre à Charlemagne.

Le roi sarrasin, maître des gorges des Pyrénées et d'une partie du Roussillon, avait formé plusieurs camps retranchés sous Perpignan et sous Bayonne.

Un de ses amiraux, homme entreprenant, les commandait, et faisait souvent des courses très éloignées à la faveur des bois ; et lorsqu'il était chargé de butin, sa vigueur, et la légèreté des chevaux arabes et andaloux, assurait presque toujours sa retraite.

Cet amiral, sachant que le duc Guérin et ses fils étaient occupés par une guerre cruelle contre Charles, en devint encore plus audacieux ; et prenant l'élite des troupes qu'il commandait, il parvint jusque dans une grande forêt à portée de la cité de Vienne, à la tête de six cents chevaliers arabes, et s'embusqua, dans l'espérance d'enlever quelques princes de l'armée de Charles ou de la famille de Guérin de Montglave, pour en tirer une grosse rançon.

L'amiral avait en avant des espions déguisés, qui journellement lui venaient rendre compte de ce qui se passait entre les deux armées.

Lorsqu'il apprit que les deux partis avaient juré pour quinze jours une nouvelle trêve, ses espérances redoublèrent ; et connaissant la passion que Charles avait pour la chasse, il sépara sa troupe en quatre, les plaça dans les lieux les moins fréquentés, leur donna des signaux pour se rejoindre, et enjoignit à ses espions de redoubler d'activité.

Tout lui réussit bientôt ; et les espions l'ayant averti, pendant une nuit, que Charles devait le lendemain chasser dans la forêt, il disposa tout pour enlever ce prince, ou du moins quelques-uns de ses pairs.

Charles, plein d'une juste confiance dans la loyauté de Guérin et de ses enfants, étant venu chasser en effet le lendemain avec la plus grande partie de ses pairs, sans être armé, et n'étant suivi que d'un petit nombre de gardes, une des quatre troupes de l'amiral l'attaqua tout-à-coup ; et les Sarrasins s'attachant à tuer les chevaux, plusieurs pairs furent démontés dans cette première attaque.

Un jeune page de Charles, reconnaissant aux turbans que son souverain était attaqué par les Sarrasins, s'enfuit à toute bride pour appeler des troupes à son secours ; mais se trompant de chemin, et presque aveuglé par la peur, au lieu d'aller au camp de Charles, il suivit une route qui le conduisit aux portes de Vienne.

Ayant rendu compte en frémissant de l'état où Charlemagne se trouvait, toute la généreuse famille de Guérin de Montglave, étouffant son ressentiment, ne balança pas à voler à son secours.

Aussitôt ils s'armèrent, et montèrent à cheval avec ce qu'ils purent rassembler de chevaliers ; et le duc Guérin, faisant atteler quatre puissants chevaux à son char, prit avec lui le géant Robastre et son levier.

Le petit page, revenu de sa frayeur, conduisit ces chevaliers viennois à l'endroit où Charles avait d'abord combattu : ils virent son cheval mort parmi ceux qu'ils trouvèrent dans le même état ; ils virent plusieurs gens de sa suite massacrés ; et l'un d'eux, qui respirait encore, leur montra la route que les Sarrasins avaient prise, en emmenant Charlemagne et ses pairs prisonniers.

Cette petite troupe de héros n'avait pu faire qu'une faible résistance, étant désarmée ; et les quatre troupes de l'amiral s'étant réunies, Charles et les pairs, enveloppés et démontés, avaient été pris.

Les Viennois se mirent à leur poursuite; Robastre priant avec ferveur, et jurant quelquefois, anima si bien les chevaux à grands coups de son long rosaire, qu'ils joignirent les Sarrasins sur le bord d'un ravin très profond qu'ils n'avaient pu traverser.

Se jeter à bas du chariot, faucher les Sarrasins à grands coups de levier, ce fut pour Robastre l'affaire d'un moment.

Guérin, de son côté, courut avec le jeune Olivier à la troupe des Sarrasins qui faisait le plus de résistance. L'aïeul et son petit-fils mirent en pièces tout ce qui leur résista. Guérin fendit la tête de l'amiral qui tenait les cordes dont les bras de Charles étaient attachés; l'amiral entraîna Charles dans sa chute. Olivier se jeta alors à terre, coupa les cordes, présenta le cimeterre de l'amiral à Charles, le fit monter sur son cheval; et, le suivant à pied, il porta la mort dans le dernier rang des ennemis.

Charles, délivré, reconnut Guérin, Régnier et Girard. Il descendit, les embrassa les larmes aux yeux, et se jetant à genoux :

— Seigneur qui m'avez délivré, dit-il, je jure de regarder désormais Guérin comme mon frère, et ses enfants comme les miens, et d'accomplir le vœu que j'ai fait de visiter votre Saint-Sépulcre, avant que trois ans se soient écoulés.

Tandis que Charles prononçait ce serment dicté par la reconnaissance qu'il devait à l'Eternel, et à la famille de Guérin que la puissance divine avait amenée à son secours, le géant Robastre était à genoux de son côté, couvert du sang des Sarrasins.

— Ah! s'écria-t-il, du moins si je les avais baptisés! Hélas!... que d'âmes j'envoie aux enfers, avec de bonnes intentions dans la mienne!

En disant ces mots, il jeta son levier ensanglanté, se passa son rosaire autour du cou, et voulut retourner sur-le-champ dans son ermitage.

Charles et Guérin firent de vains efforts pour l'arrêter.

— Non, dit-il, Dieu m'appelle dans ma retraite; la fin funeste de Perdigon me fait frémir. Adieu, mes amis, vivez en paix. Vous ne me reverrez plus qu'au jour du grand jugement. Je n'ai plus rien à faire ici-bas, que de prier et de mourir en paix...

Il partit en effet, et Charles, au lieu de retourner à son camp, voulut achever de donner à Guérin des preuves de sa reconnaissance et de son estime.

— Conduisez à Vienne, lui dit-il, le prisonnier que vous venez de délivrer; c'est comme le vôtre que je veux vous demander la paix au milieu de la ville que la valeur de vos enfants a défendue si longtemps contre moi.

Alors, se faisant entourer des enfants de Guérin, et plaçant l'illustre vieillard à sa droite, il entra dans Vienne, et fut tout droit à la cathédrale jurer une alliance éternelle avec Guérin et ses enfants.

Lorsque cette nouvelle parvint à la reine, son cœur fut absolument changé; elle accourut et demanda Girard.

— Venez, noble duc, lui dit-elle en entrant, je vous apporte mon pied moi-même; vous et le jeune Aymeri, faites-en à votre volonté.

— Ah madame! s'écrièrent-ils tous deux en se jetant à ses genoux, et baisant ce joli pied qu'ils avaient voulu couper, oubliez l'orgueil de notre race et comptez-nous désormais au nombre de vos sujets les plus attachés et les plus soumis.

La reine fit à la duchesse Olive et à la jeune Belleaude les mêmes caresses que Guérin et ses enfants recevaient de Charles. On approuva l'alliance de Roland et de Belleaude, que Charles fit fiancer dans son cabinet, et dont le mariage fut arrêté pour le temps de son retour du Saint-Sépulcre.

Les fêtes les plus brillantes suivirent ce grand événement. Bientôt Charles, accompagné de toute cette illustre famille, à laquelle la duchesse Mabillette accourut se rejoindre, reprit le chemin de Paris pour donner ordre à ses Etats, et se préparer à son voyage de la Palestine.

Roland et son frère Olivier, plus amis, plus inséparables que jamais, jurèrent de ne se plus quitter, et n'habitèrent plus que le même palais.

CHAPITRE XLIII

Comment le roi Charlemagne partit pour la Terre-Sainte, et, à son retour, s'arrêta en Mésopotamie, où régnait le roi Hugon.

Après sa délivrance des mains des Sarrasins, Charlemagne avait fait vœu de se rendre en pèlerinage au Saint-Sépulcre. Mais, ce ne fut qu'au bout de deux années seulement qu'il put tenir cette solennelle promesse.

Il partit enfin pour la Palestine, et le pèlerin le plus obscur de ses Etats n'eût pu visiter les Saints-Lieux avec plus d'humilité.

A son retour, Charlemagne, toujours accompagné de ses pairs, crut devoir aller voir le roi Hugon, prince d'une haute sapience, qui régnait alors en Mésopotamie, et dont le seul défaut était de n'être pas chrétien.

Mais il y a de nobles vertus sous tous les habits, et le cœur d'un idolâtre peut bien avoir les mêmes battements généreux que celui d'un fervent serviteur du Christ. Hugon était bon, doux, et hospitalier. Jérusalem était sous sa domination, et il en laissait l'accès libre aux pèlerins, pratiquant en cela la première des vertus de ce monde, à savoir la tolérance.

Depuis qu'il était dans les Etats de ce prince, Charlemagne avait reçu les marques les plus attentives de sa courtoisie et de sa générosité, et cela l'avait retenu en Mésopotamie plus longtemps qu'il n'y comptait séjourner tout d'abord.

En approchant un matin du lieu qu'habitait le roi Hugon, il arriva dans un hameau où des haras nombreux et des troupeaux immenses lui rappelèrent l'idée des anciens patriarches.

Celui qui commandait dans cette immense métairie, digne des anciens rois nomades, le reçut sous un riche pavillon, et le fit servir en vaisselle d'or.

Charles s'informant s'il trouverait bientôt le roi Hugon :

— Sire, nous sommes dans le temps, lui dit le chef de ces pasteurs, où notre maître s'occupe du labourage. Il a pour principe que la vraie richesse d'un Etat est dans sa population et dans son sol; c'est dans ce temps-ci qu'il s'occupe d'ensemencer les terres labourables, de faire défoncer et améliorer celles qui sont en friche, et de faire assembler la jeunesse nubile de ses nombreux villages, pour l'établir et la doter. Le tribut léger que chaque famille lui paie, suffit pour le rendre puissant. Ce tribut n'est jamais imposé que sur le produit annuel; et cette espèce de taille réelle se lève sans frais, et se trouve presque toujours n'être que le superflu de l'abondance dans laquelle il entretient des familles heureuses, dont chaque année il voit augmenter le nombre.

Charles admirait secrètement une administration aussi sage, tandis que les jeunes chevaliers de sa cour se moquaient un peu de la simplicité de cet imitateur d'Abraham, et du vil emploi que, selon leur façon de penser, Hugon faisait de sa puissance et de son temps.

Bientôt des champs immenses, sillonnés par mille charrues, frappèrent les yeux de la cour de Charles. Une de ces charrues, couverte de lames d'or, et traînée par des bœufs plus blancs que la neige, leur fit connaître le roi Hugon qui la conduisait depuis le lever du soleil.

Ce prince sarrasin, voyant approcher Charles, remit le soin de continuer son ouvrage à l'un de ses enfants.

— Tout doit céder, dit-il à Charles, aux devoirs de l'hospitalité. Venez, seigneur, vous reposer dans mon palais; puissé-je vous en rendre le séjour agréable!

Charles, en arrivant dans la ville que Hugon habitait, fut surpris de ne voir que des femmes, des enfants et des vieillards.

— J'ai soin, lui dit Hugon, que nul de mes sujets en état de servir la société, ne lui soit inutile; ni moi, ni mes fils nous ne nous croyons dispensés de ce devoir, et l'emploi des forces et du temps nous paraît devoir être le premier de tous. Ce soir ces lieux seront plus habités; et chaque famille rassemblée recevra, comme ses bienfaiteurs, ceux qui s'occupent, pendant le cours du soleil, de la culture de ses champs.

Tout respirait chez Hugon la magnificence avec l'air de la simplicité.

Après un grand festin, où les vins les plus précieux de l'Archipel furent prodigués, Hugon, sur la fin du repas, fit appeler sa femme et ses enfants, pour faire honneur à ses hôtes; et la jeune et belle Jacqueline sa fille, vint, une cassolette à la main, remplir l'air de la salle des parfums les plus exquis.

— Qu'elle est belle! disait tout bas Olivier à son ami Roland; ah! qu'elle serait digne de parer le palais de Charles!

L'heure du repos étant arrivée, Hugon conduisit Charles et ses pairs dans une grande salle voûtée, soutenue par un seul pilier. Des lits magnifiques, rangés avec symétrie autour de cette salle, étaient préparés pour Charlemagne et pour ses pairs.

CHAPITRE XLIV

Comment, après avoir reçu l'hospitalité du roi Hugon, les pairs de Charlemagne se mirent à gaber joyeusement; et comment un espion les ayant entendus, alla tout raconter au roi de Mésopotamie.

Hugon avait fait verser de fréquentes rasades à ses hôtes, pour mieux les fêter, et cela les avait mis en gaîté pour la plupart, Charlemagne tout le premier.

Les preux étaient seuls, Hugon s'étant retiré, et il leur était bien permis de rire à cœur joie de tout ce qu'ils avaient vu et entendu durant cette journée. Ces mœurs patriarchales, ce prince laboureur, ses sujets heureux, tout cela, en effet, prêtait beaucoup à la risée de nobles hommes habitués au métier des cours et au métier des armes. Les peuples pasteurs ne comprennent pas les peuples guerriers. Les peuples guerriers ne comprennent pas les peuples pasteurs.

Les compagnons du roi Charlemagne se mirent donc à gaber à leur aise, et quand les gentilshommes des provinces d'Oc étaient une fois en train de gaber, ils ne s'arrêtaient plus.

Les généreux vins de l'Archipel fouettaient plus que de coutume, et aussi plus que de raison, toutes ces imaginations déjà disposées naturellement à la gouaillerie. Ce fut à qui gaberait le mieux et le plus!

Charles et ses pairs ne soupçonnaient point qu'ils pussent être écoutés. Ils l'étaient cependant; le gros pilier qui joignait et soutenait les arceaux de la voûte était creux; et, soit défiance, soit curiosité, Hugon avait fait cacher dans ce pilier un interprète grec, qui savait toutes les langues de l'Europe.

Charles, entrant dans la plaisanterie de ses pairs, fut le premier à dire :

— Par saint Denis! quoique l'acier de Syrie soit le meilleur de tous, que le roi Hugon me présente un de ses hommes couvert d'une triple cotte de mailles, je prétends le couper en deux d'un seul revers de ma Joyeuse.

Roland suivant les gabs :

— Pour moi, dit-il, si je veux sonner de ce cor de toute ma puissance, je suis sûr d'ébranler tous les bâtiments de la cité, de façon à les faire tous tomber en un monceau.

Olivier, dont le cœur et l'imagination étaient enflammés par l'idée qu'il conservait de la charmante Jaqueline, se releva vivement sur son séant.

— Ma foi, mes compagnons, dit-il, je n'ai pas besoin de gaber pour proposer ce qu'aucun de vous ne pourrait terminer à son honneur. O Jacqueline! belle Jacqueline! Ah! si je vous tenais entre mes bras, quoique les nuits à présent soient les plus longues de l'année, et que le soleil, avant cinq heures du soir sous l'horizon, ne reparaisse qu'à sept du matin à l'orient; oui, charmante Jacqueline, vous compteriez bien doucement ces heures; aucune ne vous paraîtrait mal employée ni trop longue!...

Quoique l'espion grec caché dans le pilier, fût moins effrayé de ce nouveau gab que des deux premiers, il y fit plus d'attention, et le trouva plus téméraire encore.

— Par sainte Sophie! dit-il, il faut que ce paladin qui revient de Jérusalem, ait une foi bien vive dans le secours de la grâce. Je serais moins surpris, s'il eût parié de transporter une montagne.

Ogier prenant la parole :

— Par l'âme de mon aïeul Doolin, dit-il, dès que demain matin nous serons levés, j'attacherai mon baudrier à l'énorme pilier qui soutient cette salle; et, le tirant à moi d'une seule main, je parie de le mettre en poudre, et de faire abîmer la voûte. Si même vous voulez sortir du lit, ajouta-t-il, je vais dès tout à l'heure vous en donner l'amusement.

L'espion eut une peur effroyable, et déjà il pensait à se sauver, lorsqu'il entendit les pairs se mettre à rire et dire au Danois que cela serait aussi bon pour le lendemain matin.

Le duc Naymes gaba, pour sauter tout armé quinze toises de haut, malgré son âge.

Aymeri dit, que d'une seule croquignole il briserait le cou du roi Hugon.

Turpin, qu'il boirait tout le vin de sa cave en disant sa messe.

Richard, duc de Normandie, qu'il arrêterait l'eau de la rivière, de façon à submerger les plus hauts clochers.

En un mot, les treize gabs furent des paris d'accomplir les faits les plus incroyables; et comme, hors ceux du jeune Olivier et du duc Naymes de Bavière, il n'y en avait pas un qui ne fût très nuisible au roi Hugon comme à ses sujets, l'espion se retira du pilier dès que Charles et les pairs furent endormis, avec l'âme pénétrée de frayeur, et courut en tremblant rendre compte au roi Hugon de tout ce qu'il venait d'entendre.

CHAPITRE XLV

Comment le roi Hugon, pour punir les preux de Charlemagne de leurs gabs intempestifs, les fit cerner par ses troupes ; et comment les preux ayant fait un terrible massacre des gens envoyés contre eux, Hugon demanda la paix.

Gaber est une excellente chose, certes; mais cela peut avoir parfois ses inconvénients. Tout le monde n'aime pas les gaberies, surtout ceux qui en sont l'objet. Et ce qui serait accepté ici est condamné là-bas. Affaire de climat et d'habitude !

Charlemagne et ses preux avaient eu le tort de prendre la Mésopotamie pour la France, et Hugon se chargea de le leur prouver.

Hugon était scandalisé et outragé de l'audace des paladins français, et de la façon désagréable dont ils entendaient acquitter envers lui l'hospitalité généreuse qu'il leur avait offerte.

— Puisqu'ils me bravent jusque dans ma cour, s'écria-t-il, du moins ils ne m'auront pas bravé en vain !.... Tout roi pasteur que je suis, je sais défendre mes Etats et mon honneur... Ils se sont vantés de choses dont je les ferai repentir...

En conséquence de ce, le roi de Mésopotamie fit prendre secrètement les armes à tous les habitants de la ville. Il sortit de son palais, qu'il fit envelopper pour que personne ne s'échappât, et distribua ses troupes en différentes colonnes, avec mission d'attaquer Charlemagne et ses pairs au signal qu'il en donnerait.

Heureusement, un de ses pages, d'origine française, entendit ce complot. Il aimait et servait fidèlement Hugon. Mais il aimait aussi sa première patrie, et, comme il s'agissait de la vie du roi Charlemagne, il résolut de prévenir ce prince et de l'engager à fuir.

Prenant une route détournée, il accourut au milieu des paladins, et leur raconta tout.

— Peste soit du vieux fol ! s'écria le jeune Olivier. Voilà comme sont la plupart des étrangers; ils sont de mauvaise compagnie, et n'entendent pas la plaisanterie.

— Es-tu fou, lui dit son ami Roland, de traiter d'étrangers des gens qui sont chez eux ? Vive Dieu ! je ne suis point surpris que, si nos gabs ont été entendus, ils nous regardent, nous, comme des gens fort peu courtois et fort étranges.

— Eh bien ! repartit Olivier, n'était-il pas beaucoup plus simple qu'ils nous missent au pis ? Tout ce qu'ils pouvaient honnêtement exiger, c'est que chacun de nous exécutât le gab qu'il avait fait : j'aimerais mieux entreprendre le mien, que de me battre !

— Ma foi, mon cher Olivier, dit Roland, tu présumes trop de toi : je suis sûr que tu te bats fort bien ; et je pense qu'il te sera beaucoup plus facile de terrasser à tes pieds quatorze de nos ennemis que d'égaler une clepsydre, en marquant toutes les heures d'une aussi longue nuit.

Pendant cette légère dispute entre le très sensé Roland et l'avantageux Olivier, Charles et ses braves pairs s'armaient de toutes pièces, et lorsque les troupes de Hugon osèrent paraître, ils en firent une si cruelle déconfiture, que le bon roi de Mésopotamie, désespéré de voir périr tant de bons et honnêtes laboureurs, fit promptement sonner la retraite, et demanda de parlementer avec Charles.

— Roi français, lui dit-il, pourquoi viens-tu m'insulter dans mon cour par des gabs injurieux ? C'est violer les droits de l'hospitalité.

— Roi d'Orient, répondit Charles, ne l'as-tu pas violée toi-même par ta défiance injurieuse qui t'a fait espionner tes hôtes ?

— Mais, dit Hugon, les chrétiens se font-ils donc un jeu du mensonge ? La loi que je suis le punit par la mort; et quand même je te ferais grâce, quand je remettrais tes compagnons en liberté, ne seriez-vous pas à jamais tachés par l'opprobre d'avoir mérité d'être punis pour le plus lâche de tous les crimes ?

Le reproche de Hugon était sanglant ; Charles en sentit toute la force. Mais ce prince, innocent dans son cœur, espéra l'être assez devant Dieu pour en obtenir des grâces surnaturelles, qui pussent frapper Hugon et l'amener à un culte. Plein de confiance dans le pouvoir suprême, il osa attester devant Hugon que, loin de mentir, ni lui ni ses compagnons n'avaient rien dit qu'ils ne pussent exécuter.

— Reviens dans une heure, dit-il, roi Hugon, et puisque tu connais les gabs, choisis celui que tu veux voir exécuter.

Hugon y consentit; il laissa Charles pour une heure avec ses compagnons; mais il ne fit point retirer ses troupes, et fit barricader toutes les issues de son palais.

CHAPITRE XLVI

Comment Charlemagne, après avoir promis au roi Hugon que ses pairs accompliraient les gabs qu'ils avaient faits, se repentit, en songeant combien leur accomplissement était difficile. Comment, ensuite, un ange lui apparut pour le rassurer à ce sujet.

Bientôt Charlemagne se repentit de son imprudence. Il convenait intérieurement que ses pairs et lui n'auraient point dû hasarder, au milieu des Orientaux, des plaisanteries à peine admises à Paris.

L'archevêque Turpin anima sa confiance dans le secours du Très-Haut; et Charles, se prosternant, frappa sa poitrine, et sa prière fut écoutée.

Un envoyé de la cour céleste fendit l'immensité de l'espace, et vint le rassurer :

— Charles, lui dit-il, ne tente plus le Dieu vivant; il accorde à ta prière de renouveler les miracles qu'il fit pour les Hébreux; il va manifester sa gloire et son pouvoir au milieu des infidèles. Hugon reconnaîtra la protection qu'il accorde à ses enfants, et pour cette fois les gabs seront exécutés, mais pour cette fois seulement.

Charles s'humilia et ne douta point de l'exécution des promesses de l'ange. Aussi, de pied ferme, il attendit le retour du roi Hugon.

Ce prince, empressé de confondre Charles, revint au bout d'une heure; et la barbe blanche et l'air caduc du duc Naymes l'ayant frappé :

— Bonhomme, lui dit-il, tu t'es vanté de sauter, tout armé, quinze toises de haut; je suis bien aise que tu sois le premier dont j'aie à punir la démence. Naymes n'hésita pas : il se présenta au pied d'un mur de cette hauteur. Aussitôt le mur s'entr'ouvrit, Naymes le traversa au petit pas, et dans le même instant, un fantôme qui lui ressemblait parut, aux yeux de tous les musulmans, avoir franchi d'un seul saut cette grande élévation.

Hugon admira et dit à part soi :

— Ce vieillard, sans doute, est aimé du Très-Haut.

Turpin leva les mains au ciel pour le remercier.

Hugon remarqua alors son teint fleuri, et le triple ventre de chanoine, dont vingt ans d'archiépiscopat l'avaient décoré.

— Eh bien, dis-moi donc, derviche de Reims, lui dit Hugon, prétends-tu toujours boire tout le vin de ma cave d'un seul trait?

— Et toi, roi Hugon, dit Turpin, crois-tu que rien puisse être impossible à la puissance de Dieu? Fais apporter ici cet immense tonneau, reste du paganisme et des triomphes de Bacchus, qui fait l'ornement de l'hippodrome de ta ville; fais-le remplir, et je veux qu'il me serve de burette, en célébrant des mystères que tu devrais adorer.

Cinq cents hommes, conduisant mille chameaux, purent à peine ébranler cet énorme tonneau de quelques toises, et les sommeliers de Hugon lui certifièrent que toute la provision de vin en remplirait à peine les deux tiers. Ils essayèrent vainement d'exécuter les ordres de Hugon; et Turpin, échauffé par l'ardeur de son zèle pour confondre les mécréants, but d'un seul trait les six premiers muids que les sommeliers apportèrent.

Les vignes avaient été gelées cette année-là, et le bon Hugon, prévoyant que l'archevêque de Reims accomplirait son gab, crut devoir faire semblant d'être satisfait de cet essai. Mais Turpin, en pointe de vin, cria que c'était une superchérie, et qu'on ne pouvait pas défier impunément l'archevêque à boire des meilleurs vins de la chrétienté.

— Par Mahom! sire archevêque, lui dit Hugon, j'aime mieux vous donner le tonneau vide que plein! vous le remplirez à loisir du vin de vos côteaux; prenez-le, et je vous quitte de votre gab.

Turpin, acceptant cette proposition, fit transporter ce monstrueux tonneau sur les vaisseaux de Charlemagne, qui le fit porter, en mémoire de ce miracle, à Heidelberg.

CHAPITRE XLVII

Comment, après que le duc Naymes et l'archevêque Turpin eurent accompli leurs gabs, jugés d'abord impossibles, le roi Hugon voulut faire accomplir les autres.

Hugon avait une liste exacte des gabs, et il était presque épouvanté d'avoir vu l'exécution si facile des deux premiers. Après avoir lu et relu le détail de ceux qui restaient, et les avoir trouvés tous trop dangereux pour risquer de les voir s'accomplir, il se mit à sourire.

— Oh! par les cent mille millions de houris du paradis, j'en tiens un qui va vous confondre, dit-il à Charles. Quel est le fou d'entre vous autres, qui s'est vanté de surpasser Mahomet, Omar et Caleb, dans une nuit qu'il passera près de ma fille Jacqueline?

L'amour seul eût peut-être suffi pour engager

Olivier à se présenter. Comment donc aurait-il pu balancer à se déclarer, lorsqu'il se sentait rassuré par les promesses de l'ange?

Hugon, dans l'espoir de confondre Charles et ses paladins, ne balança pas non plus; et prenant Olivier d'une main et Jacqueline de l'autre:

— O Mahomet! s'écria-t-il, depuis cinquante ans je suis fidèle à ta loi; mais les grâces que j'ai reçues de ta main ont toujours été courtes et passagères. Si le Dieu des chrétiens fait triompher ce paladin, je renonce à ton culte, et j'embrasse la loi consacrée par des miracles si fort au-dessus de l'ordre ordinaire de la nature.

A ces mots, s'apercevant que le soleil cessait d'éclairer le sommet d'une montagne qui réfléchissait le soir ses derniers rayons, il enferma le jeune paladin et la belle Jacqueline sous un riche pavillon.

Olivier était né galant. Son début fut de se jeter aux genoux de Jacqueline:

— Gente pucelle, ma vie est entre vos mains, lui dit-il; j'aime mieux la perdre que de vous déplaire. Ah! belle Jacqueline, je vous la consacre à jamais... si vous me la conservez. Hugon a cru ne vous livrer qu'une victime, et c'est l'époux le plus tendre et le plus fidèle que le ciel vous envoie, et qui vous offre et sa main et son cœur.

La princesse d'Orient, accoutumée dès l'enfance à l'obéissance la plus aveugle, ne put s'empêcher d'être vivement touchée de la déférence et des sentiments qu'Olivier lui marquait dans ce moment. Elle ne répondit rien, un non l'eût rendue coupable envers son père, un oui lui paraissait trop précipité.

Jacqueline n'avait jamais vu d'objet aussi séduisant que le jeune et charmant Olivier: dans l'embarras extrême de sa position, elle crut ne devoir ni lui répondre ni se défendre.

Qu'elle fut délicieuse la première heure de cette nuit! La seconde fut attendue avec impatience, et ce fut encore Olivier qui se plaignit de la longue attente de la troisième.

Tous deux se regardèrent tendrement, lorsque l'iman annonça la quatrième heure du haut des minarets.

Jacqueline écoutait Olivier avec un plaisir jusqu'alors inconnu pour elle.

— Non, non, je ne me séparerai jamais de vous, lui disait-elle. Qu'elle est sage, qu'elle est divine cette loi qui prescrit la constance! Heureuses Françaises, vous n'avez donc point à craindre de rivales?...

Olivier l'assura qu'elle n'en aurait jamais.

L'iman interrompit cette conversation par ses cris aigus, qui marquaient la cinquième heure.

Jacqueline, tendrement occupée du bonheur d'éclairer son esprit en écoutant Olivier, osait déjà lui faire des questions; et lorsque l'iman cria pour la sixième fois, elles commençaient à devenir embarrassantes.

Olivier, qu'un zèle ardent animait, continua de lui parler avec le même feu. Mais il eut besoin de rappeler toute sa présence d'esprit, pour continuer à mettre la même chaleur dans ses propos, pendant la septième heure qui lui parut bien courte en comparaison des premières. Cependant, encouragé par les progrès de ses instructions, et Jacqueline prévenant déjà ce qu'il avait à lui dire, la huitième et la neuvième heures de cette charmante et longue nuit achevèrent de la confirmer dans la douce idée qu'Olivier était le plus éloquent, le plus éclairé de tous les hommes, et qu'elle était trop heureuse que cet aimable paladin se fût lié par les serments les plus sacrés avec elle.

L'iman n'avait pas encore averti les dévots musulmans de la dixième heure, lorsqu'Olivier s'aperçut que la belle Jacqueline se recueillant en elle-même, méditait sur tout ce qu'il venait de lui dire.

Il se mit à méditer aussi sur ce qu'il devait expliquer encore à sa charmante prosélyte.

Il est bien naturel, qu'après neuf heures d'une conversation aussi suivie, la méditation le soit d'un doux sommeil. Ils y furent plongés tous les deux pendant les trois heures suivantes: mais la docilité de la douce Jacqueline pour les instructions du paladin français, méritèrent les soins que prit l'ange dont la promesse avait rassuré Charles. Cet ange, quoique invisible sous le pavillon, avait souvent inspiré le paladin et redoublé sa ferveur; il veilla sur ces nouveaux époux; ce fut à lui que Jacqueline dut le songe le plus vif et le plus charmant: l'illusion de ce songe devint une réalité pour elle.

Enchantée des instructions d'Olivier, Jacqueline, quoique ce fussent toujours les mêmes, les trouva toujours nouvelles, plus fortes et si convaincantes, que passant ses bras autour du cou d'Olivier, lorsque le cri de la treizième heure le réveilla:

— Je me rends! s'écria-t-elle, mon cher Olivier. Oui, j'abjure, je déteste une loi cruelle, injurieuse pour mon sexe: elle l'exclut du paradis des vrais croyants, et la tienne m'en fait goûter déjà les délices. Oui, mon cœur et mon âme sont à toi pour toujours! Achève de confirmer en moi la grâce dont tes instructions me pénètrent.

Olivier, réveillé d'une façon si douce, sentit en même temps tout son zèle se ranimer. Jamais on ne parla, jamais on n'employa mieux les deux heures qui lui restaient.

— Croyez, chère Jacqueline, lui disait-il encore (lorsqu'un bruit importun l'avertit qu'on allait les séparer), croyez à tout ce que vous vient d'apprendre l'époux que le ciel vous destinait sans doute, puisque c'est son pouvoir qui l'a conduit près de vous.

— Ah! dit Jacqueline, il faudrait que je fusse bien incrédule: je ne veux désormais voir et penser que d'après toi. Quel charme pour moi, de devoir un bonheur éternel à l'amant que j'adore, et de répéter sans cesse avec lui les leçons qui m'ont su convaincre!

CHAPITRE XLVIII

Comment l'arrivée du roi Hugon interrompit le gab qu'Olivier était en train d'accomplir avec Jacqueline; et des conversions qui en furent la suite.

Le pavillon qui s'ouvrit dans le même temps et l'arrivée de Hugon, interrompirent ces tendres époux. Charles, l'archevêque Turpin et le muphti le suivaient : ce dernier voulut exiger de Jacqueline un serment terrible, avant de répondre à son père.

— Non, je ne te reconnais plus, lui dit-elle ; j'abjure les erreurs qui m'ont caché jusqu'ici les vérités sublimes et consolantes dont Olivier vient de me convaincre. C'est entre vos mains, monseigneur, dit-elle à Turpin, que j'atteste le Dieu vivant, que les grâces qu'il répandit dans le sein d'Olivier sont passées dans le mien, et que pas une heure de cette nuit ne s'est écoulée sans que je n'en aie reçu de nouvelles. O mon père, dit-elle au roi Hugon, mon ignorance ne me permet point encore de décider si la nouvelle servante du Dieu des chrétiens est honorée par l'accomplissement d'un miracle : je ne vous dis rien que de véritable ; c'est à vous de l'apprécier...

Dans ce moment, une grâce efficace remplit le cœur du bon roi Hugon.

— Oui, c'en est un, ma fille ! s'écria-t-il ; n'en attends jamais un semblable de la part des hommes. O Charles ! ô Turpin ! je me rends : je vous quitte des autres gabs, et je vous demande avec ardeur d'achever de m'éclairer, et de me mettre au nombre des enfants du Dieu que vous servez.

Le muphti, soit politique, soit qu'il fût véritablement touché, leur fit la même demande.

Turpin, pleurant de joie, disait en regardant Olivier, dont les yeux brillaient d'amour et de gloire :

— Mon ami, n'oublie jamais la reconnaissance que tu dois à l'Etre suprême, de t'avoir choisi pour convertir les infidèles ; mais oublie cependant les moyens dont tu t'es servi ; il ne faut point abuser de la grâce...

Hugon et le muphti publièrent eux-mêmes ce miracle éclatant ; et les Mésopotamiens, gens doux, honnêtes et tendrement attachés à leurs familles, s'empressèrent à recevoir l'eau salutaire de la main de Turpin, et méritèrent de participer aux grâces dont Olivier venait d'être comblé.

De ce moment, Hugon jura l'alliance la plus étroite avec Charles ; ils retournèrent ensemble à Jérusalem, où Charlemagne reçut de sa main les reliques les plus précieuses ; et les deux rois ayant arrêté que Hugon se rendrait à Paris avec Jacqueline, pour y célébrer son mariage avec Olivier, en même temps que celui de Roland avec Belleaude, Charles repartit avec ses pairs et le fils aîné du roi Hugon, pour retourner en ses États.

Il serait assez difficile de préciser l'heure fortunée de cette longue nuit à laquelle le fils de Jacqueline dut le jour. Ce sont là mystères que nous n'avons pas à sonder. Tout ce qu'on peut dire, c'est qu'un fils en fut l'heureuse issue. Il eut nom Galien, et devait un jour devenir aussi célèbre que son vaillant père.

—

CHAPITRE XLIX

Comment Charlemagne apprit l'invasion de son territoire par une armée de deux cent mille Sarrasins commandés par le roi Marsille, et comment, après différentes attaques, il se résolut à livrer une bataille décisive.

Il était écrit sans doute là-haut que le roi Charlemagne ne pourrait goûter longtemps les douceurs du repos.

Chaque année lui amenait de nouvelles affaires, et chaque fois, sa guerroyante ardeur se réveillant de plus belle, il partait pour conquérir et pour soumettre, quelquefois vaincu, souvent victorieux. Expéditions contre les Saxons, guerres contre les Lombards, guerres contre les Espagnols, luttes à l'intérieur, luttes partout.

Charlemagne apprit que le roi Marsille, son ennemi acharné, venait de recommencer la guerre, et qu'à la tête d'une armée de deux cent mille hommes, il avait franchi les Pyrénées et était venu ravager de nouveau la France.

Charles fit alors un appel suprême à l'élite de la chevalerie, appel auquel s'empressèrent de répondre tous ses grands vassaux. Il lui en vint du nord et du midi, de l'est et de l'ouest, de partout.

Guérin de Montglave et sa vaillante lignée, fils et petits-fils, furent les premiers à lever leurs bannières pour accourir à l'appel de leur souverain.

Charlemagne eut ainsi, au bout de quelque temps, une armée digne de lui, à opposer à l'armée formidable du roi Marsille ; mais, avant qu'il eût pu la réunir, ce chef sarrasin lui avait pris plusieurs fortes cités.

Si, avec Charlemagne, marchaient les plus illustres et les plus vaillants hommes qu'il fût au monde, avec Marsille marchaient des rois qui disposaient de troupes nombreuses, Balligant, Sanseron, Langallie, Pinard et vingt autres chefs de païens.

La lutte devenait ainsi plus sérieuse et plus terrible que jamais.

En vain Charlemagne et ses pairs firent-ils les efforts les plus héroïques pour chasser Marsille et les nuées de Sarrasins qui l'accompagnaient partout, et les contraindre à repasser les monts.

Les cités et les forteresses dont Marsille s'était emparé, lui servaient de point d'appui. Difficile était de le déloger !

Cette guerre de postes, d'embuscades et de siéges fut d'une longueur extrême, le roi sarrasin évitant toujours avec un art extrême d'en venir à livrer une bataille décisive ; et ce ne fut que de proche en proche et d'années en années, que Charlemagne put réussir à le repousser du cœur du royaume, en le forçant à reculer vers les Pyrénées.

Ce fut ainsi qu'arriva l'année 778, année néfaste pour la France!

Charlemagne voulut en finir et il fit marcher son armée, dont Roland, Olivier, l'archevêque Turpin, et quelques autres de ses pairs, formaient l'avant-garde.

CHAPITRE L

Comment, par la trahison de Ganelon, le roi sarrasin Marsille espéra détruire l'avant-garde de Charlemagne; et, comment, au point du jour, son espion vint l'avertir que Roland et ses gens étaient à Roncevaux.

Ganelon, le perfide Mayençais, livra aux Sarrasins le secret des marches et contremarches de l'armée de Charlemagne. C'est ainsi que le roi Marsille apprit que l'avant-garde du roi de France, commandée par le vaillant Roland, venait de s'engager dans les défilés de Roncevaux.

Lors, ce roi païen s'en vint à la rencontre de Roland, à la tête de deux cent mille Sarrasins, décidé à jouer cette dernière partie et à écraser le meilleur de l'armée de Charlemagne, avant que ce prince fût seulement averti de sa présence.

— Charlemagne sera vaincu cette fois, sans retour possible! s'écria-t-il avec joie, en apprenant par le traître Ganelon que le roi de France était assez loin de Roland avec le gros de son armée. Roland mort, l'avant-garde écrasée, je marcherai alors sans obstacle à travers le beau royaume de France comme en pays conquis!... Je jure bien que je ne laisserai debout ni moustier, ni chapelle, que je mettrai mes idoles à Saint-Denis et que je ferai de Paris ma demeure!...

Puis, appelant les rois et les princes qui l'accompagnaient dans cette formidable expédition, Marsille leur dit:

— Or ça, seigneurs et amis, chevauchons, chevauchons!... Car Charlemagne a laissé Roland et Olivier, et son avant-garde composée de vingt mille hommes au plus.... Nous sommes deux cent mille, nous; nous avons le nombre, la force et le courage!... Chevauchons! chevauchons! Vous, Langallie, vous irez de devers le soleil couchant; et Pinard de Brunefeuille ira vers le soleil levant... Vous, Margallant, vous irez de l'autre quartier, avec quarante mille hommes... Les autres quarante mille nous suivront trestous, en faisant le plus grand bruit qu'ils pourront. Ainsi détruirons-nous aisément Roland et Olivier et les vingt mille hommes qui composent leur avant-garde!... Chevauchons! chevauchons!...

Marsille ayant ainsi parlé, sa formidable armée prit cet ordre de bataille qu'il avait indiqué, et elle marcha pendant toute la nuit à travers les gorges et les défilés de ces monts pyrénéens.

Puis Marsille envoya en avant son espion pour savoir exactement quelles positions occupait ou allait occuper l'avant-garde commandée par Roland.

Cet espion avait été espion chrétien, avant d'être espion païen. Mais il avait été obligé de se sauver de France pour éviter la hart, ayant tué et volé une trentaine de petits marchands. Il connaissait donc à merveille la langue des pays voisins et ces pays eux-mêmes.

Au point du jour, il revint vers le roi Marsille et lui dit:

— Sire, ne vous arrêtez point. Vous êtes à près d'une lieue des Français, qui sont à Roncevaux, où ils campent à cette heure. Hier au soir j'ai vu Roland: il chevauchait fièrement à bannière déployée, comme un homme sûr du succès... C'est à vous de le détromper, Sire... Si vous le voulez, vous écraserez comme fourmis cette poignée de Français: ils ne peuvent vous échapper maintenant, cernés qu'ils sont par votre nombreuse et irrésistible armée...

Marsille, tout joyeux de cette bonne nouvelle, alla l'annoncer aux princes de sa compagnie, qui, tous, furent aussi joyeux que lui.

Lors, les Sarrasins sonnèrent leurs trompettes, tant et tant que la terre en tremblait et que les échos des vallées leur renvoyaient leurs fanfares plus éclatantes encore.

Devant eux, marchait, déployée, l'enseigne de Mahomet, qui était de fin or et ouvrée fort richement.

— Mort à Roland! cria Marsille.

— Mort à Roland! répétèrent les quatre cent mille hommes de son armée.

CHAPITRE LI

Comment Marsille et les autres Sarrasins frappèrent sur Roland et Olivier, et sur les chrétiens; et comment, à leur tour, Roland, Olivier et leurs gens frappèrent sur les Sarrasins.

Or, chevauchèrent ainsi les païens, en menant grand bruit. Les compagnons de Roland vinrent à lui et lui dirent:

— Sire, avisons bien à ce que nous ferons, car voici l'armée des Sarrasins qui s'avance vers nous comme armée de sauterelles. La terre retentit du bruit de leurs pas et des fanfares joyeuses de leurs trompettes: ils sonnent déjà not.e hallali, les païens! Armons-nous trestous! Armons-nous! Ganelon nous a trahis.

Roland, en entendant cela, pleura comme un enfant, non par peur, certes, mais par douleur de la trahison et de la fausseté de Ganelon.

— Ah! traître et vilain! s'écria-t-il. Vous voilà dès aujourd'hui maudit dans votre postérité! On dira Ganelon comme on dit Judas!... Traître! traître! traître! Compagnons, les païens demandent la bataille: il ne faut pas la leur refuser, quoiqu'ils soient supérieurs en nombre à nous. Mettons-nous en position de les combattre et de les vaincre, avec l'aide de Dieu, en qui nous devons avoir fiance comme en nous-mêmes!... Oubliez tous que vous avez quelque part des parents et des amis qui ont besoin de vos bras et de vos cœurs : n'écoutez que votre courage! Olivier, mon beau compagnon, ne vous éloignez pas de moi, je vous prie... Ne pensez pas à Jacqueline, votre mie, ou, si vous y songez, tirez-en un nouveau courage pour combattre les Sarrasins. Ce que vous ferez pour l'amour d'elle, je le ferai, moi, par amour pour notre roi !...

— Beau compagnon, répondit Olivier en laçant vitement son heaume, vous ne doutez pas de moi, j'espère!... Vous verrez aujourd'hui que je sais frapper sur Sarrasins comme marteau sur enclume !...

— Gondrebœuf, reprit Roland, allez, je vous prie, vers Charlemage et informez-le de la passe où nous sommes...

— Sire, dit Gondrebœuf, avec votre permission je resterai avec vous pour rompre le premier ma lance sur les Sarrasins... Charlemagne apprendra par d'autres, plus tard, le péril où nous sommes...

Roland demanda à Bézard de Montdidier ce qu'il venait de demander à Gondrebœuf. Bézard lui fit la même réponse.

— Thierry d'Ardennes ne laissa jamais son seigneur en bataille, dit-il à Roland ; son fils l'imitera, quoique lui en doive coûter... Je vous requiers donc le premier assaut, cher sire!...

Par ainsi, Roland dut renoncer à envoyer vers Charlemagne. Il monta sur un tertre qui dominait les environs et aperçut les Sarrasins qui arrivaient à bannière déployée.

Dévalant aussitôt de cette éminence, il revint vers ses compagnons.

— Mes amis, leur cria-t-il, il ne faut plus que frapper à présent... Les Sarrasins sont en marche sur nous... il en vient tant qu'on ne les saurait nombrer!...

Lors, les nobles français s'avancèrent à la rencontre des Sarrasins, et la mêlée commença. Mêlée terrible! Fière et sanglante bataille! Horrible tuerie!

Langallie et Pinard coururent contre Roland.

Le premier était très fort ; le second avait un crâne inentamable et une chair plus dure qu'acier. On reculait devant eux comme devant un bataillon : Roland, courroucé, leva sa Durandal qui retomba sur l'oncle de Pinard, qu'elle étendit mort sans plus de façons. Un mouvement des combattants sépara Pinard et Langallie du chef des preux français.

Olivier, de son côté, travaillait très vaillamment sur les païens. Et autant en faisaient d'autres chevaliers de haute renommée, comme Yvon et Yvoire, le duc Béranger, Bézard de Montdidier, l'archevêque Turpin, qui tous criaient : « Montjoie-Saint-Denis » avec enthousiasme et faisaient sur les armes des Sarrasins un si grand bruit d'épées qu'on n'aurait pas entendu Dieu tonner.

Mais le plus fort massacre, la tuerie la plus sanglante était due à Roland et à Olivier, les deux inséparables compagnons. Si bien même, qu'à plusieurs reprises, en les voyant tous deux emporter têtes et bras à chaque coup d'épée, le roi Marsille maudit le comte Ganelon et l'heure où il lui avait vendu chevaliers de tel nom et de telles prouesses.

Roland et Olivier se battaient de fière façon. Mais, par malheur, les Sarrasins étaient nombreux : aussitôt fauchés, aussitôt repoussés, comme mauvaises herbes. Les Français en tuaient beaucoup ; mais ils tuaient beaucoup de Français avec leurs flèches et les pierres de leurs frondes. Que peut le courage contre le nombre?...

— Ah! Dieu, s'écria Olivier, que tu es traître, comte Ganelon!... Ah! Charlemagne, noble empereur, combien d'amis et de serviteurs vous aurez perdus aujourd'hui !...

La bataille fut longue, aussi longue qu'horrible. Les vingt mille hommes de Roland s'en allaient un à un ; il en restait à peine une poignée pour lutter encore contre ce qu'il restait des cent mille Sarrasins.

— Sire, sire, criaient à Roland ses valeureux compagnons d'armes, sonnez de votre cor, afin que vous entende et vienne le roi Charlemagne, votre oncle ! Pour Dieu! sire, sonnez de votre cor!...

— Seigneurs, répondit Roland, Charlemagne est trop loin : il ne m'entendrait pas! Il nous faut mourir ici, compagnons!...

Roland et Olivier continuèrent leurs massacres, et leur exemple donna de nouvelles forces à la poignée de vaillants hommes qui combattaient à leurs côtés. La Durandal de Roland, surtout, faisait un hideux abattis de têtes, de jambes et de bras, qu'on voyait là par monceaux. Mais les Sarrasins étaient nombreux comme les sables de mer, comme les brins d'herbe d'une plaine, et la poignée de chevaliers français diminuait d'instant en instant !...

— Ah! sire, s'écrièrent des blessés et des mourants, en tournant vers Roland des regards de reproche, vous nous faites bien durement mourir !... Vous n'avez pas voulu sonner de votre cor : le roi Charlemagne serait venu et nous aurait secourus !... Adieu, Roland !

— Seigneurs, répond mélancoliquement Roland, Charlemagne est trop loin... Aucun de vous n'a voulu aller vers lui, lorsqu'il en était temps encore; il s'agit de mourir debout comme de vaillants preux que nous sommes... Mourons donc, compagnons, puisque c'est le bon plaisir de Dieu! L'ange qui doit recevoir nos âmes plane au-dessus de nous en ce moment !...

Cependant, au bout de quelque temps, en face de ce sinistre champ de bataille où étaient couchés, endormis pour l'éternité, dix-huit à dix-neuf mille de ses compagnons, le brave Roland se résolut à faire ce à quoi il s'était si obstinément refusé jusque-là : il sonna du cor.

Le cor disait :

— Charles, roi Charles, empereur Charles, venez, venez, venez vitement, car aujourd'hui celui que vous aimez le mieux au monde sera mort !...

Roland sonna par trois fois du cor ; il en sonna avec une telle force qu'une de ses veines se rompit et que le sang vint écumer en une mousse rosée sur ses lèvres.

— Compagnon, cria en ricanant le roi Marsille, vous avez corné pour néant !...

— Je ne le fais point pour être secouru par Charlemagne, mais pour être vengé par lui, répondit Roland. Archevêque Turpin, ajouta-t-il, venez plus près de moi, que je vous parle une dernière fois... Si Dieu vous garde de mort, faites chanter des messes pour nous, car il n'y a point de remède : il nous faut aujourd'hui mourir.

— Sire, répondit Turpin, je le vois bien comme vous le voyez. Nos meilleurs amis et nos plus braves compagnons sont partis : il nous faut partir comme eux. Mais il n'y a pas de messes à me demander : je vivrai et mourrai avec vous, s'il plaît à Dieu !... Embrassons-nous donc!

En ce moment, le roi Langallie se rua sur Olivier, qui était à quelques pas de Turpin, et le frappa rudement de sa lance, armée d'un bon fer aigu et tranchant. Le haubert et l'écu d'Olivier furent percés d'outre en outre, tant et tant que le sang lui sortit de tous côtés.

— Au diable sois-tu ! cria joyeusement le roi païen. Tu n'es pas Roland, mais tu es son ami, c'est presque lui que j'ai tué !...

— Roland, dit Olivier d'une voix languissante, je suis venu à ma fin... Beau compagnon, vengez-moi !

— Un mourant ne peut pas venger un mourant, répondit Roland, frappé de toutes parts par des Sarrasins accourus pour le châtier du meurtre qu'il venait de faire de leur roi Marsille. Allons mourir ailleurs qu'en face de ces païens, ajouta Roland en voyant qu'il perdait tout son sang. Turpin, venez-vous ?....

— Oui, car, ainsi que vous et Olivier, je suis blessé à mort, et ces mécréants chagrinent ma vue. Il ne fait pas sain ni gai de s'en aller en l'autre vie en compagnie de ces mécréants maudits !...

Un bouquet d'arbres se trouvait à quelques pas de là ; les trois héroïques hommes s'y traînèrent comme ils purent, en laissant un large sillon de sang derrière eux ; là, du moins, ils pouvaient mourir tranquilles !

CHAPITRE LII

Comment Galien se mit à la recherche d'Olivier son père, et comment, après avoir fait une assez grande déconfiture de Sarrasins, il arriva auprès du buisson d'arbres où agonisaient les trois preux de Charlemagne.

Jacqueline avait élevé le fils d'Olivier, le beau Galien, né d'un gab fait imprudemment en Mésopotamie.

Galien avait cru en force, en adresse et en vertu, sous cette aile maternelle qui l'avait sans cesse réchauffé.

Il avait été armé chevalier, et c'était un des plus dignes de cet honneur.

Comme Olivier était parti depuis longtemps avec Roland pour aller combattre les Sarrasins du roi Marsille, et que la tendre Jacqueline n'en avait pas eu la moindre nouvelle, elle s'était enfin décidée à envoyer Galien à sa quête.

Galien partit donc, suivi d'un petit nombre de chevaliers, pour se rendre à l'armée de Charlemagne.

Hélas ! il arriva à Roncevaux comme la bataille finissait.

Il s'engagea résolûment dans le défilé où la mêlée avait été si ardente, où elle était si terrible encore. Une fois là, Galien se mit à rechercher inquiètement parmi les morts pour découvrir Olivier. Mais il ne vit rien qu'une mer de cadavres sur laquelle couraient des nuées de Sarrasins comme autant de diables d'enfer.

Désespéré de ne pouvoir retrouver son père, Galien se précipita à la rencontre d'une vingtaine de ces mécréants qui avaient fauché si en plein les rangs des chrétiens.

— Chiens ! corbeaux ! s'écria-t-il avec rage en décollant les têtes à droite et à gauche à chaque coup de Flamberge, sa bonne épée. Vous périrez tous ici, en l'honneur d'Olivier que vous avez lâchement assassiné, en vous mettant cent contre lui ! Nul de vous n'échappera, j'en jure Dieu !

Galien frappait, frappait toujours ; mais, à chaque Sarrasin qu'il abattait, il semblait qu'il en sortît cinquante autres de terre. Ils entouraient le vaillant jeune homme qui luttait avec le sublime courage du désespoir.

— Ah ! doux Dieu ! murmura-t-il, ne permettez pas que je meure avant d'avoir embrassé mon père Olivier, mort ou vif ! Après, doux Dieu de justice, je serai content de mourir, si tel est votre bon plaisir...

Puis, apercevant Girard de Cécille, qui lui venait à la rescousse, il lui cria :

— Girard, Girard, allez-moi quérir un bâton de néflier, afin que j'abatte ce Sarrasin qui me barre sans cesse le passage !... Voilà bien des coups que je lui porte sans pouvoir entamer sa chair...

Pendant que Galien s'escrimait vaillamment contre ses assaillants, Girard alla couper un fort bâton de néflier et le lui apporta en faisant une trouée sanglante parmi les Sarrasins.

— Je ne vous frapperai plus de mon épée, car ce serait peine perdue ! cria Olivier au païen, en faisant le moulinet avec son bâton. Mon épée s'ébrécherait : ce bâton ne rompra pas !

En effet, au premier coup que le Sarrasin reçut, son heaume en fut enfoncé, tellement même, que sa cervelle en jaillit çà et là dans toutes les directions.

Galien l'acheva avec quatre autres coups, appliqués en différents endroits avec la même vigueur.

— Vous vous êtes vanté à moi de la mort d'Olivier ! s'écria-t-il avec colère ; puisqu'il est mort, je l'aurai vengé au moins !...

Comme les assaillants augmentaient en nombre d'instant en instant, Galien fit un effort désespéré pour leur échapper, et il réussit à gagner un étang qu'ombrageait un petit bois ; précisément le bois où

Roland et ses compagnons étaient en train d'expirer. Les Sarrasins l'y poursuivirent.

CHAPITRE LIII

Comment Galien reçut le dernier soupir et la dernière parole d'Olivier son père, de l'héroïque Roland et de l'archevêque Turpin.

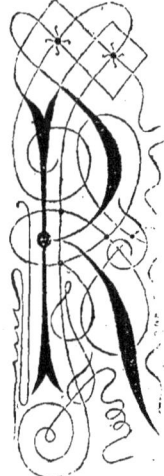

oland entendait bien ce qui se passait, et sans deviner de quoi il s'agissait, il appela Olivier, d'une voix qui n'était déjà plus qu'un souffle de moribond.

— Compagnon, lui dit-il, je vois un chevalier que trente Sarrasins ont assailli... Le pauvre gars est seul : il n'a avec lui qu'un écuyer... il va succomber... Le voilà qui se réfugie en ce buisson d'arbres... Les Sarrasins s'éparpillent... il en vient de tuer une douzaine... son écuyer en a tué quatre... C'est un valeureux homme que ce chevalier... Regardez-le, compagnon, cela réjouira votre dernière heure, comme cela réconforte la mienne !...

En effet, Galien arrivait à toute bride sous le taillis qui abritait les mourants.

Olivier releva sa tête décolorée et défaillante, sur laquelle coulaient des ruisselets de sang, et il parut tout surpris en apercevant ses armes que portait Galien.

— Voilà mon épée ! s'écria-t-il. C'était l'épée du roi Hugon de Mésopotamie... Et ce blason ! Comment se fait-il qu'il le porte ?... Sire, au nom de votre mère, répondez-moi : d'où tenez-vous cette épée que vous maniez si vaillamment ?... D'où portez-vous ce blason !... Répondez-moi ! répondez-moi !...

— Sire, répondit Galien, je le porte de mon légitime droit, de par mon père Olivier, qui jadis m'engendra dedans Constantinople en la fille du roi Hugon, laquelle avait nom Jacqueline-la-Belle.

Olivier tressauta, et les dernières larmes qu'il dût verser en ce monde lui vinrent aux yeux.

— Compagnon, cria-t-il à Roland, c'est mon fils que tu vois !... Le fils de Jacqueline et d'Olivier ! Maintenant je puis mourir, beau compagnon ! J'ai embrassé mon héritier !...

Olivier et Galien se tinrent étroitement accolés pendant quelques instants, cœur à cœur, main dans main.

— Sire, dit Galien à Roland qui contemplait cette scène déchirante avec la mélancolie d'un homme qui meurt loin de ceux qu'il aime ; sire, dame Belleaude vous salue plus de cent mille fois... Elle vous aime et vous aimera toujours.

— Bel ami, murmura Roland en embrassant le vaillant fils d'Olivier, vous qui vivrez, vous saluerez Bellearde de la part de ceux qui vont mourir... Mon dernier souffle aura été pour elle; vous lui transmettrez de votre fraîche bouche de vingt ans le dernier baiser de mes lèvres rouges de sang, le sang qui me monte du cœur...

— Vous saluerez pour moi le roi Charlemagne, murmura l'archevêque Turpin en se tournant sur le côté, pour mieux mourir et pour qu'on ne le vît pas mourir.

Galien s'aperçut alors qu'Olivier changeait affreusement de visage. De vermeil comme feu qu'il était d'abord, il devint tout-à-coup vert comme feuille, puis noir comme charbon.

— Père ! père ! s'écria-t-il, vous mourez donc ?... Ah ! cher père, il faut nous quitter ici-bas, je le vois bien... Je prie Jésus-Christ qu'il vous veuille recevoir en sa gloire de paradis, car vous en êtes plus dignes que nuls au monde, vous et vos vaillants compagnons...

Lors il lui prit la tête en son giron et le baisa plus de cent fois.

— Ah ! beau fils, souffla péniblement Olivier, il est trop tard maintenant pour épouser Jacqueline, ce dont je suis bien dolent, parce qu'on t'appellera toujours bâtard... Enfin, Dieu me pardonnera peut-être... si tu me pardonnes, toi, cher fils... Je t'en prie... Salue ta mère pour moi, et porte-lui ce bel anneau d'or...

Puis sa voix s'éteignit.

Beau fils, dit à son tour Roland d'une voix qu'on entendait à peine, n'oublie pas de saluer Belleaude en mon nom, et de lui dire que je l'ai aimée jusqu'à la dernière minute de ma vie mortelle... Prie-la de ne jamais se marier... Qu'elle entre dans une abbaye et y consacre ses jours au Seigneur... et à mon souvenir... De cette façon, peut-être pourrons-nous nous revoir encore quelque part... là où vont les créatures qui ont aimé et qui n'ont pas su haïr... Adieu !

— Sire, répondit Galien navré, ne vous inquiétez de rien... je ferai religieusement votre message auprès de votre mie... mais j'ai peur qu'elle ne meure de deuil en l'apprenant, car elle vous aime de bon cœur...

— Ainsi soit-il !... murmura Roland, en se raidissant dans une dernière convulsion.

Galien se pencha sur lui et le baisa au front : Roland était mort.

Galien se releva, baisa de nouveau Olivier : Olivier était mort aussi.

Galien alla vers l'archevêque Turpin.

— Beau fils, râla ce vaillant homme, n'oublie pas de saluer Charlemagne de ma part...

Et, cela dit, il expira.

—

CHAPITRE LIV

Comment Galien, après avoir embrassé Olivier, Roland et Turpin, sonna du cor; et comment Charlemagne accourut.

Navré, Galien embrassa une dernière fois ces héroïques morts, embaumés dans leur gloire.

Une troupe d'anges descendit en ce moment, plana au-dessus du champ de bataille où se croisaient les imprécations et les râles, les soupirs et les cris d'appel, les râles et les angoisses, et finit par s'approcher du lieu où étaient les preux de Charlemagne.

Galien les vit et s'agenouilla, admirant.

Les anges entourèrent d'une auréole lumineuse les trois corps d'Olivier, de Roland et de Turpin, reçurent leurs âmes valeureuses et s'envolèrent aussitôt en les emportant sur leurs ailes jusqu'au pied du trône de l'Eternel.

Galien, baigné de larmes, se releva, s'empara du cor de Roland et sonna avec désespoir.

Charlemagne entendit cette fanfare funèbre et il accourut avec son armée.

Il était trop tard!

— Sire, lui dit Galien en lui montrant d'un geste éloquent les trois preux étendus sur l'herbe rouge de leur sang généreux, voilà ce qui fut Roland, votre neveu; voilà ce qui fut Turpin, votre ami; voilà ce qui fut Olivier, mon père!... Ah! sire, quelle perte nous venons de faire là!..

Charlemagne resta pendant quelques instants triste et songeur devant ces trois cadavres blêmes et ensanglantés.

— Oh! quelle guerre! murmura-t-il. Quelle guerre! Elle aura coûté le plus pur sang de la France!...

Puis il se secoua, donna de l'éperon dans les flancs déjà rouges de son cheval, et le noble animal prit sa course ardente à travers le champ de bataille.

Galien et ses autres preux le suivirent et fondirent avec impétuosité sur les païens, qu'ils mirent bientôt en déroute. Le roi Marsille fuyait : Galien se précipita à sa poursuite, le dépassa, revint contre lui et le tua.

— Au nom de mon noble père Olivier! lui cria-t-il.

CHAPITRE LV

Comment Girard de Vienne arriva à Blaye, où il apprit la mort de Roland et de son neveu Olivier. De la douleur qu'il en ressentit, par rapport à Belleaude, la mie de Roland.

Quelque temps après le désastre de Roncevaux, Charlemagne se dirigea vers Blaye, où était déjà arrivé Girard de Vienne, le quatrième fils du noble duc Guérin de Montglave.

Girard s'informa auprès de tout le monde et apprit la cruelle vérité, sur Turpin, sur Roland et sur Olivier, son neveu.

Quand Girard eut appris cela, il en eut une grande douleur. Il revint à son hôtel, commanda qu'on ne laissât entrer personne dans sa chambre, et qu'on dît à Belleaude qu'il était malade, afin qu'elle n'insistât pas pour parvenir jusqu'à lui.

Puis, le lendemain, il partit à la rencontre du vieux roi Charlemagne.

Belleaude survint, sur ces entrefaites.

— Où est allé mon oncle? demanda-t-elle. Je suis toute ébahie qu'il n'ait pas pris congé de moi; ce n'est pas sa coutume d'agir ainsi...

Personne ne lui répondit.

Belleaude reprit :

— Je sais bien que le roi Charlemagne revient d'Espagne, où il a battu les païens. Mais je n'ai point de nouvelles de mon ami Roland, ni de mon frère Olivier. Comment cela se fait-il ?...

Les chevaliers qu'elle interrogeait répondirent qu'ils n'en savaient rien.

Pendant que Belleaude s'enquérait ainsi, Charlemagne chevauchait. Comme il approchait de Blaye, il vit venir à lui Girard.

— Mon neveu Roland est mort! lui dit Charlemagne, plein d'effroi.

— Mon neveu Olivier est mort! répondit Girard, en proie à la même tristesse.

— France est perdue! France est perdue! reprit Charlemagne à voix basse et dolente. Nous avons laissé périr Olivier et Roland, les deux meilleurs chevaliers du monde!

A cette parole du roi succéda un silence navrant. Ce fut Girard qui reprit :

— Sire, Belleaude est avec moi à Blaye, que ferons-nous d'elle? Elle ne sait encore rien ni de Roland ni d'Olivier... Elle apprendra leur mort et son âme en prendra un deuil éternel!...

— Girard, répondit Charlemagne, on ne peut céler cela, il faut qu'il en soit ainsi.

On arriva à Blaye.

L'entrée de Charlemagne fut triste. Il amenait avec lui, pour être enterrés là, les corps morts de Roland et d'Olivier !...

Charlemagne se rendit au palais, où il manda Belleaude, qui accourut.

Le vieux roi l'attira sur sa poitrine, la baisa au front et lui dit :

— Belle amie, savez-vous de quoi je vous prie ? C'est de ne point vous dolenter outre mesure de ce que je vais vous apprendre.

— Et qu'avez-vous donc à m'apprendre, Sire ?... demanda Belleaude, pâle et tremblante.

— Vous avez perdu Roland et Olivier traîtreusement occis à Roncevaux! répondit Charlemagne, en embrassant de nouveau Belleaude.

Quand elle eut entendu cette cruelle parole, tout le sang de son corps se changea et retourna, et elle tomba tout de son long à terre, morte.

— Quelle piteuse fin! murmura tristement Charlemagne en contemplant la pauvre Belleaude. Ah! Ganelon! Ganelon! Comme je te ferai mourir vilainement !

CHAPITRE LVI

Comment Belleaude, morte de douleur en apprenant la piteuse fin de son ami Roland, fut enterrée dans le même cercueil que lui. Comment, ensuite, Charlemagne voulut faire juger par ses pairs le traître Ganelon, qui prit aussitôt la fuite.

Belleaude fut enterrée à côté de son doux ami Roland, dans le même cercueil, afin que fussent réunies dans la mort, ces deux créatures du bon Dieu qui n'avaient pu être réunies dans la vie.

Ce douloureux devoir rempli, Charlemagne revint en France. Girard aussi.

Ganelon avait été arrêté et mis en prison, sous bonne garde.

Charlemagne manda ses barons et leur dit :

— Seigneurs, je vous prie de juger de quelle mort doit mourir le traître Ganelon, par qui la destruction de nos gens a été faite... Quant à moi, il me plaît qu'il meure d'une mort âpre et dure, car on ne saurait trop tourmenter un pareil criminel !

Le comte Ganelon avait été là amené.

— Le seigneur Charlemagne m'accuse à tort de trahison, s'écria-t-il. Je jure, par le Dieu qui souffrit mort et passion, que voici l'exacte vérité. Quand je quittai le roi Marsille, il me promit de renoncer à son faux culte et d'embrasser la religion chrétienne. Jamais il ne fut parlé entre nous de la trahison des Français, et s'il y a eu à Roncevaux mal venu, il n'est pas venu par moi...

Gondrebœuf-le-Frison interrompit Ganelon pour lui dire :

— Vous mentez, traître, vous mentez! Et si le roi Charlemagne le permet, je vous ferai voir, tous deux armés et montés à cheval !

— Je ne demande pas autre chose! répondit le Mayençais avec une joie contenue.

— Seigneurs, dit Charlemagne, ce champ-clos ne doit pas être accordé... Car d'une chose prouvée on ne doit pas combattre... Ganelon est un traître : il doit mourir de la mort des traîtres!

Lors, se levèrent tout-à-coup le sire d'Apremont et cinquante autres traîtres du lignage du traître Ganelon, qui dirent :

— Empereur Charlemagne, faites-nous raison et justice! Le champ-clos doit être accordé au comte Ganelon, de droit légitime, puisqu'il est faussement accusé. Vous ne trouverez personne au monde pour soutenir qu'il a jamais vendu au roi Marsille les douze pairs de France et vous-même... Ce n'est que par soupçons que vous le pourriez savoir... Ganelon est haï de beaucoup, c'est pour cela qu'on lui veut du mal et de la honte... Mais il y a une justice au ciel s'il n'y en a pas sur terre, et Dieu fera bien éclater malgré vous l'innocence de notre parent et ami!... Octroyez-nous donc le champ-clos, Sire : c'est le mieux que vous puissiez faire! Il vous en sera tenu compte par tous vos loyaux chevaliers...

Charlemagne, ébranlé dans sa conscience accéda à cette demande et accorda le champs-clos.

Tout aussitôt, les barons sortirent. On amena un bon destrier pour Gondrebœuf-le-Frison, un bon destrier pour le comte Ganelon. Mais, avant qu'on eût pu soupçonner ce qu'il voulait faire, ce dernier montait sur son cheval, lui enfonçait ses éperons dans le flanc et s'éloignait avec la rapidité de l'éclair.

Il alla ainsi droit à Soissons.

CHAPITRE LVII

Comment Ganelon, que poursuivaient les barons de Charlemagne, fut pris dans un bois par un écuyer nommé Thierry, et ramené pieds et poings liés. Comment Pinabel demanda le champ-clos pour prouver l'innocence de son oncle.

Mas qui fut émerveillé de cette fourberie diabolique ? Ce furent, certes, Charlemagne et ses barons.

On s'arma, on monta à cheval et l'on poursuivit à outrance le fugitif, mais sans espérance de l'atteindre, tellement il allait avec hâte.

Une fois à Soissons, le comte Ganelon s'était arrêté dans un bois pour laisser souffler son cheval, qui en avait grand besoin. Derrière lui, mais sans se douter qu'il était si près d'eux, arrivèrent les barons de Charlemagne.

— Ah! Dieu, s'écria le roi, tout dolent, Ganelon m'échappe!...

Un écuyer, en faisant une reconnaissance, aperçut le fugitif.

Cet écuyer se nommait Thierry.

— Larron, cria-t-il à Ganelon, qui en ce moment était descendu de cheval, vous demeurerez!

Ganelon eut peur. Il se jeta à genoux et dit d'une voix humble :

— Messire, ne me tuez pas! Au nom du ciel, ne me tuez pas!

On dit communément qu'il n'est rien si couard qu'un larron qui se sent coupable. Ganelon le prouvait bien.

Quand Thierry vit que le traître se rendait, il lui ôta son épée, ne lui laissa couteau ni armure, lui lia pieds et mains avec des sarments verts arrachés çà et là dans le bois, et le conduisit ainsi à Charlemagne.

— Merci, Thierry! s'écria joyeusement le roi en voyant revenir son écuyer et son prisonnier. Merci, Thierry! Tu m'as servi loyalement: je m'en souviendrai. Or ça, maintenant, compagnons; il faut juger ce traître, et sans perdre une minute!...

— Sire, dit Ganelon, si je me suis enfui, je vous dirai pourquoi, mais ce n'est pas pour ce que vous croyez, non!... Je vois bien que tout le monde, ici, est contre moi... Je n'ai là ni parents, ni amis pour me défendre...

— Ganelon, répondit Charlemagne, tout cela ne vous vaut rien. Vos paroles sont inutiles... Maintenant que je vous tiens, je ne vous lâche plus... Je vous ferai mourir à grand tourment, je vous le jure... Jamais vous n'aurez le champ clos : si je vous l'accordais encore, vous fuiriez encore.

— Sire, dit Pinabel, qui était parent du comte, vous faites tort à Ganelon puisque vous ne voulez pas qu'il fasse la bataille... Alors je combattrai pour lui et prouverai qu'il est innocent contre tel champion qu'on voudra... Et si je suis vaincu, je consens à être pendu haut et court au plus prochain gibet, et à ce que mon oncle meure aussi vilainement de la mort que vous choisirez...

— Je jure que vous aurez bataille avec moi, car vous êtes tous des traîtres dans votre famille! dit à son tour Thierry d'Anjou. Sire, ajouta-t-il en se tournant vers Charlemagne, octroyez-moi la bataille, afin que je prouve la trahison de cette lignée de vilaines gens...

— Thierry, répondit le roi, vous voulez là une grande folie!...

— Sire, dit Ogier, accomplissez le gré de ces mauvaises gens, afin qu'on ne dise point que vous avez fait mourir Ganelon à tort.

— Soit! répondit Charlemagne.

Le combat fut accordé et fixé au lendemain matin.

En attendant, le comte Ganelon fut enfermé dans une tour et gardé à vue, ce dont il enragea beaucoup.

CHAPITRE LVIII

Comment Pinabel et Thierry eurent ensemble bataille, et comment Thierry coupa la tête à Pinabel et la porta à Charlemagne.

ux premières lueurs du jour, la messe dite, Pinabel et Thierry se trouvèrent en présence, armés de toutes pièces.

On apporta les Saints et tous deux, en présence des barons, jurèrent dessus qu'ils avaient le bon droit et combattaient pour la cause juste.

— Je jure que Ganelon n'a pas fait trahison, dit Pinabel.

— Je jure que Ganelon est un traître, dit Thierry.

Charlemagne donna le signal : les chevaux partirent, les deux lances se rencontrèrent. Le choc fut si violent qu'elles en volèrent en éclats.

Lors, les deux champions tirèrent leurs épées et allèrent l'un contre l'autre, tous deux fiers et rugissants comme lions en rut.

Chaque coup faisait jaillir des heaumes des milliers d'étincelles. Aucun des deux adversaires ne faiblissait; tous deux restaient debout, plus acharnés que jamais.

La bataille fut longue et redoutable.

Bientôt, cependant, un coup d'épée bien dirigé par Thierry, glissa le long de la cuisse de Pinabel et lui fit blessure. Ce que voyant et sentant, Pinabel, de peur de pis, dit à Thierry :

— Si tu te veux accorder à moi, je te ferai donner à mariage la fille du duc Béranger, et, en outre, une bonne partie de l'avoir du comte Ganelon... Fais ma volonté, je te prie!...

— Tais-toi, répondit Thierry, tais-toi; je ne me veux point accointer de traître et méprisable lignage : j'y aurais trop peu d'honneur!...

Et, en disant cela, le vaillant Thierry porta à Pinabel un second coup, plus terrible que le premier, puisque le neveu de Ganelon en fut renversé.

Pinabel à terre, Thierry se pencha sur lui, lui coupa la tête et la porta au roi Charlemagne.

— Merci, Thierry, dit le roi. Maintenant, seigneurs, ajouta-t-il en se tournant vers ses barons, nous n'avons plus qu'à condamner Ganelon.

CHAPITRE LIX ET DERNIER

Comment Ganelon fut attelé à quatre chevaux et fut ainsi démembré et occis.

De quelle mort doit mourir ce trahisseur? demanda Charlemagne à ses barons.

— Qu'il soit noyé, dit l'un.

— Qu'il soit pendu, dit un autre.

— Je demande qu'il soit attelé à quatre chevaux et démembré, dit Gondrebœuf-le-Frison.

— Accordé, cela! répondit Charlemagne.

On amena Ganelon, blême et déconfit.

Charlemagne l'avertit de quelle mort il allait mourir.

— C'est bien, répondit le comte Ganelon, je l'ai méritée, pour cette trahison-là et pour d'autres encore que je vous ai célées jusqu'ici... Je vous demande seulement une grâce : c'est de me faire mourir vite!

— Accordé! dit encore Charlemagne.

Le jour même, en effet, Ganelon fut attelé à quatre chevaux qui tirèrent chacun de son côté.

Au bout d'un quart d'heure, le corps du trahisseur était partagé en quatre quartiers, que Charlemagne fit incontinent porter en quatre cités, où ils furent accrochés au gibet.

Cela fait, Charlemagne vint à Paris, après avoir donné congé à ses barons d'aller chacun chez soi.

— 1516 —

FIN DE GUÉRIN DE MONTGLAVE.

LA CHANSON DE ROLAND

La bataille de Roncevaux, — qui est comme une sorte de hors d'œuvre dans le Roman de *Guérin de Montglave*, mais un hors d'œuvre qui vaut mieux que tout le reste de l'ouvrage, — la bataille de Roncevaux a eu, dans son temps, un retentissement qui dure encore aujourd'hui à l'oreille des lettrés et des gourmets littéraires. Elle fut le défilé des Thermopyles de ce chevaleresque Léonidas qui avait nom Roland ; elle fut le Waterloo de ce premier Napoléon qui avait nom Charlemagne.

Cette glorieuse et navrante défaite, où vingt mille Français combattirent contre deux cent mille Sarrasins, fit battre le cœur du monde entier. Roland devint aussi populaire que le Christ, et Ganelon aussi exécré que Judas-Iscariote.

Le récit de cette défaite serait mieux venu à sa place dans le Roman spécial, ou plutôt dans les Romans spéciaux consacrés à Roland. Mais il se trouvait dans *Guérin de Montglave ;* nous n'avions ni la mission ni le vouloir de le supprimer : nous l'avons laissé là où d'autres écrivains l'avaient placé.

Comme la *Chanson de Roland* est devenue aussi populaire que Roland lui-même, quelques-uns de nos lecteurs pourraient s'attendre à la trouver ici, — sur la foi de M. le comte de Tressan, qui en parle comme d'une simple chanson. Pourquoi pas une romance ?

Or, cette fameuse *Chanson de Roland* est tout simplement un poëme de quatre mille cinq cents vers environ, — le poëme épique le plus grandiose et le plus merveilleux que nous ayons, n'en déplaise à Arouet de Voltaire et à sa docte cabale. Il n'y a pas de roman en prose qui vaille ce poëme-là, dans toute la collection des romans de chevalerie.

Quel est son auteur ? quelle est sa date ?

M. Francisque Michel — qui est un savant — l'attribue à Turold, et le dit du XIIe siècle.

M. François Génin — qui était aussi un savant — l'attribue à Théroulde, et le dit contemporain de la traduction du livre des *Rois*, c'est-à-dire du Xe siècle.

Lequel a raison ? Probablement tous les deux.

Quand le champ des hypothèses est ouvert, tout le monde a le droit d'y entrer et d'y faire sa cueillette. Je pencherais cependant à croire que le poëme de Théroulde ou de Turold, — c'est une affaire de latinité ! — est du Xe siècle, car son style, sa forme, sa langue en un mot, est de beaucoup antérieure à la langue de Robert Wace, de Chrestien de Troyes, de Jordan Fantosme, et autres écrivains authentiques du XIIe siècle. La preuve en est aisée à établir pour ceux de nos souscripteurs qui ont lu le court mais significatif extrait que nous avons donné d'un poëme de Robert Wace, à la fin d'un des romans de la *Bibliothèque Bleue*, — à propos de la *Comtesse de Ponthieu*. Autant la langue de Robert Wace est déjà faite, autant celle de Théroulde — ou de Turold — est à faire. L'une parle déjà fièrement, que l'autre bégaie encore !

Mais comme ce bégaiement est bien celui d'une langue géante !

Voici la fin de la bataille de Roncevaux. Ecoutez !

Roland vient d'être frappé d'un dernier coup ; Roland se meurt, l'héroïque chevalier :

> Ço sent Rollans la vue ad perdue ;
> Met sei sur piez, quanqu'il poet s'esvertuet ;
> En sun visage sa culur ad perdue.
> De devant lui ot une perre brune :
> .X. colps i fiert par doel e par rancune ;
> Cruist li acers ne freint ne n'esgruignet ;
> E dist li quens : « Sancte Marie, aiue !
> E, Durendal bone, si mare fustes !
> Quant jo n'ai prod de vos n'en ai mescure !
> Tantes batailles en camp en ai vencues,
> E tantes teres larges escumbatues,
> Que Carles tient, ki la barbe ad canue !
> Ne vos ait hume ki pur altre fuiet !
> Mult bon vassal vos ad lung tens tenue ;
> Jamais n'ert tel en France la solue !... »

Roland s'aperçoit qu'il n'y voit plus ; il se lève sur ses pieds et s'évertue tant qu'il peut ; mais son visage est blême et sans couleur. Devant lui se dresse une roche brune ; de grand dépit et fâcherie il y détache dix coups ; l'acier grince, mais sans rompre ni s'ébrécher. « Ah ! dit le preux, Sainte-Vierge, aidez-moi! Ah! ma Durandal, votre heur est inégal à votre bonté! Vous m'êtes inutile à cette heure; indifférente, jamais! J'ai par vous gagné tant de batailles, tant de pays, tant de terres conquises, qu'aujourd'hui possède Charles à la barbe chenue! Jamais homme ne soit votre maître à qui un autre homme fera peur. Longtemps vous fûtes aux mains d'un vaillant capitaine, dont jamais le pareil ne sera vu en France, la terre de la liberté!... »

> Ço sent Rollans que la mort le tresprent,
> De vers la teste sur le quer li descent;
> Desuz un pin i est alet curant,
> Sur l erbe verte si est culchet adenz;
> Desuz lui met s'espee et l'olifan;
> Turnat sa teste vers la paiene gent.
> Pur ço l'at fait que il voelt veirement
> Que Carles diet e trestute sa gent,
> Li gentilz quens, qu'il fut mort cunquerant!
> Cleimet sa culpe e menut e suvent,
> Pur ses pecchez en puroffrid lo guant...

Roland s'aperçoit que la mort l'entreprend, et, du haut du front, lui descend sur le cœur. Il s'en va courant dessous un pin, se couche sur l'herbe verte, la face en terre, le visage tourné vers les Sarrasins, ayant sous lui son épée et son cher cor d'ivoire. Il fait cela, le noble comte, parce qu'il veut absolument faire dire à Charlemagne et à tout son monde, qu'il est mort en conquérant! Puis, il recommande son âme à Dieu et lui tend son gant, en signe de repentance pour ses péchés passés!

Ainsi finit Roland, le preux des preux! Ainsi finit aussi le chant IV du poëme de Théroulde — ou de Turold, *ad libitum*.

Le chant V, ce sont les derniers chapitres de *Guérin de Montglave*, — en vers magnifiques. Il n'apprendrait rien de nouveau à nos lecteurs : je les engage seulement à le lire — ainsi que les quatre autres — dans l'édition Fr. Génin de la *Chanson de Roland* (Paris, imprimerie nationale, 1850, in-8°), ou dans l'édition Francisque Michel (Paris, chez Silvestre, 1837, in-8°).

J'allais clore ici ces courtes pages consacrées à la *Chanson de Roland* — qui prouverait si éloquemment à M. Arouet de Voltaire, s'il vivait encore, qu'un beau poëme épique est possible en France; — mais, puisqu'il me reste encore quelques lignes, je ne résiste pas au plaisir de citer les onze derniers vers du merveilleux poëme de Théroulde.

Charlemagne a fait écarteler Ganelon : Roland, Olivier, Turpin et ses braves chevaliers sont vengés. Charlemagne se retire pour méditer :

> Passet li jurz, la nuit est aserie;
> Culcez est li reis en sa cambre voltice.
> Seint Gabriel de part Deu li vint dire :
> « Carles, semun les oz de tun empire :
> Par force iras en la tere de Sirie,
> Reis Vivien si sucurras en Imphe :
> A la citet que paien unt asise,
> Li chrestien te reclaiment e crient. »
> Li emperere n'i volsist aler mie :
> « Deus! dist li reis, si penuse est ma vie! »
> Pluret des oilz, sa barbe blanche tiret...

Le jour s'en va, la nuit couvre la terre. Charlemagne est couché dans sa chambre voûtée. Gabriel vient lui dire de la part de Dieu : « Charlemagne, convoque toutes les armées de ton empire, marche en conquérant vers la Syrie, où les chrétiens te réclament à grands cris. » Mais l'empereur n'y voudrait pas aller : « Ah! Dieu, s'écrie-t-il, que lamentable et peineuse est ma vie !... » Puis il pleure et tire sa barbe blanche...

C'est tout. Mais comme ce drame national finit bien! C'est un Français qui l'a écrit : son patriotisme perce à chaque ligne.

Vive la France! la terre de la liberté, — comme le dit à plusieurs reprises ce vieux poëte.

Oui : Vive la France!

ALFRED DELVAU.

POÉSIES DU SEIZIÈME SIÈCLE

VILLANELLE

QUE LE DUC DE GUISE CHANTAIT A SA MAITRESSE AU CHATEAU DE BLOIS, PENDANT LA TERRIBLE NUIT DU **23 DÉCEMBRE 1588.**

Rozette, pour un peu d'absence
Votre cœur vous avez changé ;
Et moi, sachant cette inconstance,
Le mien autre part j'ai rangé.
Jamais plus beauté si légère
Sur moi tant de pouvoir n'aura.
Nous verrons, volage bergère,
Qui premier s'en repentira.

Tandis qu'en pleurs je me consume,
Maudissant cet éloignement,
Vous, qui n'aimez que par coutume,
Caressiez un nouvel amant.
Jamais légère girouette
Au vent sitôt ne se vira.
Nous verrons, bergère Rozette,
Qui premier s'en repentira.

Où sont tant de promesses saintes,
Tant de pleurs versés en partant?
Est-il vrai que ces tristes plaintes
Sortissent d'un cœur inconstant?
Dieux, que vous êtes mensongère,
Maudit soit qui plus vous croira!
Nous verrons, volage bergère,
Qui premier s'en repentira.

Celui qui a gagné ma place
Ne vous peut aimer tant que moi,
Et celle que j'aime vous passe
De beauté, d'amour et de foi.
Gardez bien votre amitié neuve;
La mienne plus ne variera;
Et puis nous verrons à l'épreuve
Qui premier s'en repentira.

ÉPIGRAMME

Je t'apporte, ô sommeil, du vin de quatre années,
Du lait, des pavots noirs aux têtes couronnées !
Veuille tes ailerons en ce lieu déployer;
Tant qu'Alizon la vieille, accroupie au foyer
(Qui d'un pouce retors et d'une dent mouillée,
Sa quenouille chargée a quasi dépouillée),
Laisse choir le fuseau, cesse de babiller,
Et de toute la nuit ne se puisse éveiller !
Afin qu'à mon désir j'embrasse ma rebelle,
L'amoureuse Isabeau qui soupire auprès d'elle!

STANCES

Si je ne loge en ces maisons dorées,
Au font superbe, aux voûtes peinturées
D'azur, d'émail et de mille couleurs,
Mon œil se palt des trésors de la plaine,
Riche d'œillets, de lis, de marjolaine,
Et du beau teint des printanières fleurs.

Ainsi vivant, rien n'est qui ne m'agrée,
J'oy des oiseaux la musique sacrée,
Quand au matin ils bénissent les cieux;
Et le doux son des bruyantes fontaines
Qui vont coulant de ces roches lointaines
Pour arroser nos prés délicieux.

Que de plaisir de voir deux colombelles,
Bec contre bec, en trémoussant des ailes,
Mille baisers se donner tour à tour;
Puis, tout ravi de leur grâce naïve,
Dormir au frais d'une source d'eau vive,
Dont le doux bruit semble parler d'amour.

PHILIPPE DESPORTES.

ÉLÉGIE

Celui qui mieux serait en tels baisers appris,
Sur tous les jouvenceaux emporterait le prix,
Serait dit le vainqueur des baisers de Cythère,
Et tout chargé de fleurs s'en irait à sa mère.
Au pied de mon autel, en ce temple nouveau,
Luirait le feu veillant d'un éternel flambeau,
Et seraient ces combats nommés après ma vie,
Les jeux que fit Ronsard pour sa belle Marie.
O ma belle maîtresse, hé! que je voudrais bien
Qu'Amour nous eût conjoints d'un semblable lien,
Et qu'après nos trépas dans nos fosses ombreuses
Nous fussions la chanson des bouches amoureuses :
Que ceux de Vendomois disent tous d'un accord
(Visitant le tombeau sous qui je serais mort) :
« Notre Ronsard, quittant son Loir et sa Gastine,
A Bourgueil fut épris d'une belle Angevine. »
Et que les Angevins disent tous d'une voix :
« Notre belle Marie aimait un Vendomois;
Les deux n'avaient qu'un cœur, et l'amour mutuelle,
Qu'on ne voit plus ici, leur fut perpétuelle. »
Siècle vraiment heureux, siècle d'or, estimé,
Où toujours l'amoureux se voyait contre-aimé !
Puisse arriver après l'espace d'un long âge,
Qu'un esprit vienne à bas, sous le mignard ombrage
Des myrtes, me conter que les âges n'ont peu
Effacer la clarté qui luit de notre feu;
Mais que, de voix en voix, de parole en parole,
Notre gentille ardeur par la jeunesse vole,
Et qu'on apprend par cœur les vers et les chansons
Qu'Amour chanta pour vous en diverses façons,
Et qu'on pense amoureux celui qui remémore
Votre nom et le mien, et nos tombes honore !
Or il en adviendra ce que le ciel voudra,
Si est-ce que ce livre immortel apprendra
Aux hommes et au temps et à la renommée,
Que je vous ai six ans plus que mon cœur aimée.

RONSARD.

MÉLUSINE

CHAPITRE PREMIER.

Comment Raimondin, convié à une chasse au sanglier dans la forêt de Colombiers par le comte de Poitiers, son oncle, tua celui-ci sans le vouloir, et du grand chagrin qu'il en eut.

Aimery, comte de Poitiers, était un des plus vaillants chasseurs de son temps. Il avait à foison chiens de toute race, brachets et chiens courants, danois et limiers braconniers, ainsi que force oiseaux de proie, tels que tiercelets, éperviers et faucons, de quoi dépeupler les forêts à quelques lieues à l'entour.

Un jour, un de ses forestiers vint lui dénoncer la présence d'un merveilleux sanglier dans les bois de Colombiers, et, tout aussitôt, le comte ordonna que ses veneurs et ses chiens fussent prêts pour le lendemain matin à l'aube.

Le lendemain, en effet, au point du jour, le comte quitta Poitiers, suivi d'une notable quantité de barons et de chevaliers, parmi lesquels Raimondin, son neveu, un garçonnet qui était très beau et très gracieux, très subtil et très intellectif en toutes choses.

Raimondin, monté sur un grand coursier, l'épée au côté et l'épieu au cou, allait grand'erre sur la piste de l'animal signalé. Mais le sanglier allait belle erre aussi, et ce ne fut qu'au bout de quelques heures qu'il put être acculé, après avoir décousu quelques lévriers qui le poursuivaient de trop près.

A cause de cela même, il paraissait redoutable aux autres chiens et aux veneurs, qui n'osaient s'approcher de lui pour l'enferrer. L'animal se mouvait de ci de là avec une mâle fierté, et semblait défier les plus hardis d'entre les chasseurs, du bout de ses crocs blancs et luisants comme acier.

Lors Aimery arriva fort échauffé par cette longue poursuite, et, en voyant l'effroi causé aux veneurs, par la défense désespérée du sanglier, il s'écria à haute voix :

— Comment! ce fils de truie nous épouvante tous tant que nous sommes?...

Raimondin, entendant ainsi parler son oncle, en eut grande vergogne. Il mit pied à terre, l'épée au poing et s'en alla vitement vers l'animal auquel il porta un violent coup dont il supposait qu'il devait mourir. Mais le sanglier, se secouant un peu, prit sa volée et renversa Raimondin qui lui barrait le passage. Il fallut recommencer à le poursuivre.

Il allait comme le vent, cet animal, cassant branches et ramures sur son passage, se retournant seulement de temps en temps, quand il se sentait poursuivi de trop près, pour découdre quelque brachet ou quelque lévrier. Si bien qu'au bout d'un quart d'heure de cette poursuite obstinée, chiens et veneurs perdirent complétement sa vue et sa trace.

Raimondin et son oncle, seuls, continuaient la poursuite et suivaient la voie prise par le sanglier. Raimondin avait à cœur de prouver au comte Aimery que ce qui effrayait les autres ne l'effrayait pas du tout, lui, et il allait, il allait, il allait au trot redoublé de son cheval. Le comte Aimery avait grand'peine à le suivre.

— Beau neveu, laisse-là cette chasse ! lui cria-t-il. Et que maudit soit celui qui nous dénonça la présence de ce fils de truie!

Mais Raimondin, sans tenir compte des transes de son oncle, poursuivait toujours aussi âprement l'animal dont il tenait toujours la trace. Il alla si bien et si longtemps, que la nuit était venue avant qu'il eût pu joindre le sanglier, une nuit obscure et sans étoiles.

— Beau neveu, dit le comte Aimery, nous demeurerons ici jusqu'à ce que la lune se soit levée. Aller plus loin est impossible et mal prudent.

— Sire, répondit Raimondin, comme il vous plaira.

Cela disant, le jeune chevalier descendit de cheval et alluma du feu. Bientôt après se leva luisante et claire la lune, luisantes et claires aussi les étoiles.

Le vieux comte Aimery, qui était fort expert aux choses astronomiques et qui lisait dans les astres aussi couramment que dans les parchemins, se mit lors à contempler le plafond céleste, et, pendant cette contemplation, à rêver et à soupirer.

— Ah! sire Dieu, mon seigneur et maître, murmura-t-il, comme tes créations sont infinies et tes œuvres merveilleuses! Et comme je te dois remercier de m'avoir permis de lire dans le mystérieux et divin grimoire écrit de ta main sur cette mer bleue sillonnée de millions de petites naufs d'or, que le vulgaire ignorant appelle des étoiles, sans se douter que ces petites naufs, les unes brillantes, les autres obscures, sont la reproduction des existences humaines. Une étoile qui tombe, c'est une nauf qui sombre dans l'Océan de l'infini!... Les destinées terrestres sont écrites sur cet incommensurable rouleau bleu-lapis qui plane sans cesse au-dessus de nos têtes!...

— Laissez là vos songeries, monseigneur, dit Raimondin qui peinait à entendre ainsi son oncle soupirer. Laissez là vos songeries! Il n'appartient pas à un si haut prince que vous êtes, loti de si nobles seigneuries et de si vastes possessions terriennes, de se lamenter le cœur dans des rêveries creuses comme celles des astrologues et des alchimistes. C'est simplesse à vous, vraiment, monseigneur!

— Ah! fol, répondit le comte, si tu voyais-là haut écrites les grandes richesses et les merveilleuses aventures que j'y vois, tu en serais tout ébahi !

Lors, Raimondin, qui ne pensait à nul mal, dit à son oncle :

— Mon très cher seigneur, s'il vous plaisait de m'instruire en cela, j'en serais très content; s'il y avait là-dedans chose que je pusse ou dusse savoir...

— Par Dieu ! répondit le comte, tu le sauras, car aussi bien vaut-il mieux que ce soit toi qui en profite, qu'un autre. Je suis un vieil homme maintenant, et j'ai assez d'amis pour tenir mes seigneuries... Puisque je t'aime et que je souhaite que grand honneur t'advienne, de préférence à tout autre, je te dirais que si, en ce moment, un sujet mettait à mort son seigneur, il deviendrait tout-à-coup le plus puissant et le plus honoré qui fût jamais, et que de lui sortirait noble lignée dont il serait mention et remembrance jusques en la fin du monde...

— Je le croirais difficilement, si autre que vous me le disait, répliqua Raimondin qui était pauvre, et à qui ces richesses imaginaires réluisaient dans le ventre ; mais de vous, cher seigneur, j'accepte toute parole comme vraie. Il n'est chose que vous ne me fissiez croire !

Comme Raimondin prononçait ces mots, il se fit un remuement de broussailles dans les fourrés avoisinants, comme si quelque fauve cherchait à se frayer une route.

Le comte de Poitiers et Raimondin prirent chacun son épée et se mirent au devant du feu du côté où ils entendaient les ramures craquer, et bien furent-ils avisés, car, tout aussitôt ils virent venir droit à eux, menant les crocs, un monstrueux sanglier qui paraissait furieux.

— Monseigneur, cria Raimondin au comte de Poitiers, montez vitement sur quelque arbre et laissez-moi me débattre avec cette hure. Cela sera bientôt fait !

— Beau neveu, répondit le comte, à Dieu ne plaise que je te laisse à telle aventure !

Tous deux, l'oncle et le neveu, étaient disposés à tenir tête à l'animal. Mais comme celui-ci tardait trop, au gré de l'impatient jeune homme, Raimondin alla à sa rencontre, l'épée au poing. Le sanglier, le dédaignant comme trop petit ennemi, passa à côté de lui et alla droit au comte Aimery qu'il renversa d'un coup de boutoir. Ce que voyant, Raimondin quitta son épée, saisit l'épieu et le bouta en plein corps.

L'épieu était manié par une main jeunette mais virile : il entra profondément dans le flanc de l'animal et le mit à mort sans rémission. Malheureusement, le comte de Poitiers se trouvait renversé sous lui, et le même coup d'épieu les transperça tous deux.

Lorsque Raimondin vit jaillir le sang de la plaie qu'il venait de faire sans le vouloir à son oncle, il cria et pleura comme un perdu.

— Ah! fausse et perverse fortune! s'écria-t-il, pourquoi m'as-tu fait meurtrier de celui qui m'aimait le plus parfaitement au monde? Où vais-je fuir? Ceux qui me verront, ceux qui entendront parler de moi, me mépriseront désormais et me jugeront digne de mourir de honteuse mort, comme un vil pécheur. Monseigneur qui gît là me disait que je serais le plus honoré de mon lignage; il se trompait et me trompait : c'est le plus déshonoré qu'il aurait dû dire !... Il faut fuir du pays et aller quérir aventure ailleurs, là où je pourrai amender mon péché, s'il plaît à Dieu...

Cela dit, Raimondin jeta un dernier regard sur le cadavre du comte Aimery, le baisa pieusement à la face, et monta sur son cheval, en se fiant à cet animal pour le conduire; car, pour lui, c'était impossible : il avait le cœur trop triste et la cervelle trop bouleversée de ce désastre pour songer à autre chose.

Il s'en alla donc au hasard, dans les sentiers de la forêt, dolent et déconforté; quant à parler, il n'aurait pu pour tout l'or du monde.

CHAPITRE II

Comment Raimondin, son oncle mort, chevaucha au hasard dans la forêt, et, chemin faisant, rencontra Mélusine qui s'ébattait sur l'herbe avec deux gentes dames. Comment Mélusine lui parla et lui donna de profitables conseils.

En chevauchant ainsi à travers la forêt, Raimondin approcha, vers la mi-nuit, d'une fontaine nommée la Fontaine de Soif, et que d'aucuns, dans le pays, appelaient la fontaine-fée, à cause des merveilleuses aventures qui y étaient arrivées.

C'était un admirable endroit. Au-dessus de la fontaine, une grande roche, et, en aval, une plantureuse prairie, verte aux clartés du soleil, blonde aux clartés de la lune. Puis, à droite et à gauche, la forêt, haute et profonde.

La lune luisait toujours toute claire et prêtait à ce lieu-là un aspect plus plaisant encore que de coutume. Mais Raimondin ne jouissait pas des splendeurs mystérieuses de cet étrange paysage : il rêvait et sommeillait sur son cheval qui, ayant compris cela, avait ralenti son allure pour ne pas trop le secouer.

Or, en ce moment, trois gentes dames blanches s'ébattaient sur l'herbe, au-devant de la Fontaine de Soif. L'une d'elles, plus gente que les deux autres s'ébattait plus gracieusement encore, et décrivait des courbes plus harmonieuses et plus délicates. Le cheval de Raimondin, en passant près d'elles, prit effroi et emporta son maître à grand'erre.

— Par moi foi, s'écria-t-elle, celui qui passe là est un très gentil homme; mais il ne le prouve pas, puisqu'il passe ainsi devant dames sans les saluer !

Elle disait cela par courtoisie, car elle savait bien qui était Raimondin, mais elle ne voulait pas laisser voir aux deux autres pucelles ce à quoi elle tendait.

— Puisqu'il n'a pas sonné mot en passant devant nous, ajouta-t-elle, je vais aller le faire parler.

En disant cela, elle quitta prestement ses deux compagnes, et courut après le cheval de Raimondin, qu'elle arrêta tout court en le prenant par le frein.

— Sire vassal, dit-elle d'une voix douce comme une chanson, d'où vous vient ce grand orgueil ou cette rudesse de passer ainsi devant dames sans les saluer, comme faire se doit?

Comme Raimondin, toujours rêveur, ne l'entendait pas, la dame, faisant la courroucée, continua :

— Comment, sire musard, vous êtes à ce point dépiteux de ne pas daigner me répondre?...

Raimondin n'entendit pas davantage. Lors, la pucelle lui prit la main, la lui secoua et lui dit :

— Sire vassal, dormez-vous vraiment?...

Raimondin tressaillit comme un homme réveillé en sursaut et mit aussitôt l'épée hors du fourreau, croyant avoir affaire aux gens du comte, son oncle, venus là pour s'emparer de lui.

— Sire vassal, dit alors la pucelle en riant d'un rire qui sonna comme argent, avec qui voulez-vous donc commencer la bataille?... Me prenez-vous pour une ennemie! Vous ne m'avez pas regardée, alors !.....

Raimondin, tout-à-fait réveillé par les accents mélodieux de cette voix de femme, ouvrit tout grands ses yeux ensablés et regarda la jeune et fraîche beauté qui était devant lui, blanche et sereine comme une apparition. Il en fut émerveillé.

— Chère dame, dit-il en sautant de cheval et en venant s'incliner devant elle, pardonnez-moi mon irrévérence involontaire. Je ne vous avais ni vue, ni entendue, préoccupé que j'étais d'une mienne affaire qui me touche cruellement au cœur.

— Je vous crois volontiers, beau sire, Mais, où allez-vous donc à cette heure? Dites-le moi sans nulle crainte; si vous ne savez pas votre chemin, je vous l'indiquerai, car il n'y a pas en cette forêt voie ou sentier que je ne connaisse.

— Je vous remercie, ma bien chère dame... J'ai perdu mon chemin en chevauchant dans la forêt tout le jour et toute cette partie de la nuit, et, à vrai dire, je ne sais guère où j'en suis à présent.

La dame blanche vit bien qu'il manquait de fiance en elle et qu'il n'était nullement disposé à lui conter cette affaire qui le préoccupait si fort. Lors, elle lui dit :

— Par Dieu! bel ami Raimondin, il est inutile de chercher à me céler l'objet de votre pensement : je le connais aussi bien que vous-même...

Raimondin, à ces mots, étonné que cette dame, qu'il ne connaissait pas, le connût si exactement, resta quelques instants sans pouvoir répondre et fut tout honteux de voir son secret décelé par elle.

— Raimondin, reprit-elle, je suis celle, après Dieu, qui peut le mieux te conseiller et te faire avancer en biens et honneurs en cette mortelle vie. Je sais que tu as tué par méprise le comte de Poitiers, ton oncle et seigneur, et qu'à cause de cela, te croyant criminel, tu fuyais lorsque je t'ai rencontré...

Le jeune chevalier, de plus en plus ébahi, regardait l'inconnue d'un air effaré et troublé.

— Ne t'ébahis point ainsi, continua-t-elle, de ce que je connais si bien tes affaires présentes... Et ne crois point que ce soit par maléfice et par œuvre diabolique que je suis arrivée à cette connaissance : je suis aussi bonne chrétienne que tu es bon chrétien. Mais, je te le répète, sans moi, sans mon conseil, tu ne pourras te tirer de cette mauvaise passe... Si, au contraire, tu veux écouter mes paroles, je te promets de te faire le plus grand seigneur qui fut jamais en ton lignage, et le plus riche terrien d'eux tous.

En entendant cela, Raimondin se souvint de ce que lui avait dit le comte de Poitiers, son oncle, et il réfléchit aux périls qu'il courait, exil et mort.

— Chère dame, répondit-il humblement, je vous remercie des bonnes promesses que vous me donnez, et je me soumets volontiers à exécuter ce que vous me recommanderez, si c'est chose possible à faire, et que chrétien puisse et doive faire avec honneur.

— C'est dit d'un franc cœur, bel ami Raimondin ; n'ayez crainte : je ne vous conseillerai rien de contraire à votre religion, qui est la mienne. Mais avant d'aller plus loin, Raimondin, il faut que vous vous engagiez à me prendre pour femme et à ne jamais douter que je ne me conduis honnêtement et chrétiennement, sans maléfice ni sortilége..

— Dame, je ferai loyalement tout ce que je pourrai faire. Je vous accepte pour femme, et nous nous marierons quand vous voudrez, devant Dieu, dans une chapelle.

— C'est bien, cher Raimondin, mais ce n'est pas tout encore. Je veux que vous juriez, par tous les serments et sacrements que peut faire bon chrétien, que jamais le samedi, tant que je serai en votre compagnie, vous ne chercherez en manière quelconque à me voir ni à vous enquérir du lieu où je serai.

— Par le péril de mon âme, je vous jure que jamais, en ce jour-là, je ne ferai chose qui soit en votre préjudice, et que je ne penserai de votre absence qu'en tout bien tout honneur.

— C'est bien : je vous crois. Or, je vais vous dire ce que vous devez faire présentement, relativement au meurtre du comte de Poitiers, votre oncle, et à l'attitude que vous devez avoir devant le jeune comte Bertrand, son fils, et devant la jeune Blanche, sa fille.

Et, en effet, la dame entra à ce sujet dans de longs détails et dans de longues recommandations que Raimondin lui promit de suivre religieusement. Puis, elle ajouta :

— Maintenant, mon doux ami, pour commencer ensemble nos amours, je vous donne ces deux verges, dont les pierres ont des vertus particulières. La première préserve de male mort par accident d'armes ; la seconde donne victoire en toute occurrence d'affaire ou de combat. Portez-les toujours avec vous, mon doux ami, et allez-y sûrement. Partez donc pour revenir plus vite ici m'informer de ce que vous aurez fait.

En disant ces mots, elle le prit par la main, l'attira tendrement à elle, et, pendant quelques instants ils se tinrent accolés amoureusement l'un et l'autre : ils s'aimaient.

CHAPITRE III

Comment Raimondin, fiancé à Mélusine, suivit de point en point les conseils qu'elle lui avait donné, et, après avoir rendu hommage au nouveau comte de Poitiers, requit de lui un don qu'il lui accorda volontiers.

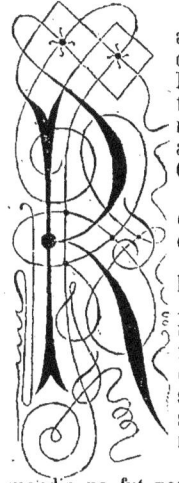

aimondin remonta vitement à cheval et s'en alla tout droit à Poitiers, où il arriva en même temps que le corps du comte Aimery et celui du sanglier qu'on avait trouvés dans la forêt de Colombiers.

On entendait dans l'air des cris et des gémissements à attendrir des rochers.

— Pleurez, pleurez! disaient les gens qui ramenaient le comte Aimery. Pleurez! Habillez-vous tous de noir, car ce fils de truie nous a tué notre bon seigneur le comte de Poitiers. Ah! maudit soit celui qui annonça cette chasse! Maudit celui qui la commença!

Le deuil fut général. Raimondin ne fut pas le dernier à revêtir la robe noire. Pour un peu même, tant sa douleur était grande, il eût avoué sa faute et en eût fait pénitence publique. Mais le souvenir de Mélusine l'en empêcha : il se contenta de mêler ses larmes sincères aux larmes de la comtesse, du jeune comte Bertrand et de la jeune Blanche, qu'il réconforta par de bonnes paroles sur les fatalités inévitables de la vie et sur les impénétrables décrets de la Providence.

Pendant qu'on appareillait richement et noblement l'église de Notre-Dame de Poitiers pour rendre au comte Aimery les honneurs funèbres qui lui étaient dûs, les bonnes gens du pays, pleins d'une chaude colère contre l'auteur de ce désastre, amenaient le sanglier sur la place de l'église et le brûlaient jusqu'à ce qu'il n'en restât rien. C'était là leur façon de le punir du méfait qu'il avait commis.

Mais on dit vrai lorsqu'on dit qu'il n'y a pas de douleur, si angoisseuse soit-elle, qui ne s'adoucisse au bout de trois jours. Trois jours après cette triste cérémonie des obsèques du comte Aimery, les barons du pays parvenaient, en effet, à consoler la comtesse et ses deux enfants. Au bout de trois autres jours, ils vinrent en nombre sur le palais pour faire hommage du relevage de leurs fiefs entre les mains de leur gracieux seigneur, le jeune comte Bertrand, fils du comte de jadis.

Raimondin aurait bien voulu n'assister point à tout cela, à cause de la vive douleur qu'il continuait à ressentir de la mort de son seigneur, le comte Aimery. Mais dame Mélusine lui avait donné des instructions qu'il lui fallait suivre : il était resté.

Après que chacun des barons du pays eut fait hommage au nouveau comte et que le service divin eut été célébré à ce sujet à Saint-Hilaire de Poitiers, Raimondin s'en vint humblement et dit :

— Messeigneurs, nobles barons de la comté de Poitiers, je vous prie de vouloir bien entendre la requête que j'entends faire à monseigneur le comte, et, si elle vous semble raisonnable, de vouloir bien vous joindre à moi pour qu'il me la daigne accorder.

— Très volontiers! répondirent les barons.

Lors, Raimondin, se tournant vers le jeune comte Bertrand, lui dit :

— Très cher sire, je vous requiers humblement que, en rémunération de tous les services que j'ai rendus à votre père, dont Dieu ait l'âme, il vous plaise de m'accorder un don, lequel ne vous coûtera guère, car je ne vous veux demander ni ville, ni château, ni forteresse...

— S'il plaît à mes barons, il me plaît bien, répondit le comte Bertrand.

— Sire, dirent alors les barons, puisque c'est une chose de si mince valeur, vous ne la lui devez pas refuser, attendu qu'il a bien et loyalement servi le comte de jadis, votre bien honoré père.

— Puisqu'il vous plaît de me conseiller cela, répliqua le jeune comte, je lui accorde son don. Demandez-le donc hardiment, Raimondin.

— Sire, grand merci, reprit le neveu du comte Aimery. Je ne vous requiers pas autre don, sire, que de m'octroyer, au-dessus de la Fontaine de Soif, autant de place que pourra en tenir un cuir de cerf étendu.

— Par Dieu! s'écria le comte, si c'est là tout ce que vous exigez, je vous l'accorde de grand cœur, et j'ajoute que vous ne me devez pour cela, ni à moi, ni à mes successeurs, foi ni hommage ni redevance quelconque!...

Lorsque ce don lui eût été octroyé, Raimondin s'agenouilla humblement devant le comte Bertrand et, après l'avoir remercié, lui demanda les lettres et chartres qui confirmassent ce don; lesquelles lui furent joyeusement accordées, après avoir été scellées du grand scel du comte et des sceaux des douze pairs du pays.

A l'issue de cette audience, il y eut fête grande où assistèrent seigneurs à foison, laquelle fête ne se termina que fort avant dans la nuit. Le lendemain matin, chacun se leva et alla entendre la messe en l'abbaye de Montiers, où Raimondin resta à prier dévotement Dieu jusqu'à l'heure de prime.

CHAPITRE IV

Comment Raimondin, une fois le don octroyé, acheta un cuir de cerf que débita un sellier, et qui arriva à enserrer deux lieues de tour.

Lorsque Raimondin eut suffisamment fait sa dévotion à l'abbaye de Montiers, il sortit et s'en alla dans la campagne, où il rencontra bientôt un homme qui portait un cuir de cerf pendu au cou.

Cet homme, en l'apercevant, vint droit à lui, et lui demanda :

— Sire, voulez-vous m'acheter ce cuir de cerf que j'ai en mon sac, pour faire de bonnes cordes chasseresses pour vos veneurs?

— Par ma foi, oui, dit Raimondin. Et que coûtera-t-il, ainsi qu'il est, ce cuir de cerf?

— Cent sols parisis, sire, répondit l'homme.

— Venez à mon hôtel, l'ami, je vous paierai.

Raimondin marcha vers Poitiers, et l'homme le suivit. Arrivé à son hôtel, il lui bailla les cent sols, et l'homme lui bailla le cuir de cerf.

Une heure après, un sellier survint.

— Mon ami, lui dit Raimondin, il faut, s'il vous plaît, me tailler ce cuir le plus menu, le plus délié que vous pourrez, en forme d'une courroie qui s'allonge autant et plus.

Le sellier obéit avec célérité et adresse. Une fois le cuir détaillé menu, menu, menu, Raimondin le plaça dans un sac qu'il chargea sur les épaules du sellier, et alla quérir les gens commis par le comte Bertrand à la délivrance du don en question.

Ces gens et lui quittèrent Poitiers et chevauchèrent jusqu'à ce qu'ils eussent atteint la montagne qui était au-dessus de Colombiers. Une fois arrivés là ils s'aperçurent qu'on avait fait une large tranchée et un grand abattis d'arbres autour de la roche de la Fontaine de Soif, ce dont ils furent émerveillés, excepté Raimondin qui comprit que Mélusine avait travaillé à son œuvre. Puis, lorsqu'ils furent en la prairie, ils descendirent de cheval et jetèrent le cuir hors du sac.

Quand les livreurs commis par le comte Bertrand virent le cuir taillé si menu, ils en furent tout ébahis et dirent à Raimondin qu'ils ne savaient vraiment que faire.

Sur ces entrefaites survinrent deux hommes vêtus d'un gros burel qui dirent :

— Nous sommes envoyés ici pour vous aider.

Tout aussitôt, ils dévidèrent le cuir de la masse où l'avait enroulé l'ouvrier qui l'avait taillé, et le portèrent au fond de la vallée, le plus près qu'ils purent du rocher. Là, ils plantèrent un gros pieu et y attachèrent l'un des bouts du cuir. Puis, prenant au fur et à mesure à même d'un faisceau de pieus moins gros, ils en plantèrent de distance en distance autour de la roche. Les autres les suivaient, attachant le cuir à chaque pieu. De cette façon, ils environnèrent la montagne, pendant deux lieues passées.

Les livreurs du comte Bertrand furent bien étonnés en voyant combien d'espace pouvait ensserrer un simple cuir de cerf. Bien plus encore le furent-ils en voyant sourdre soudainement un ruisseau qui, depuis ce moment, courut à travers la vallée et fit tourner plusieurs moulins. Mais il n'y avait pas à disputer là-dessus ; le texte de la chartre octroyée à Raimondin était précis : ils furent obligés de lui délivrer la terre que renfermait le circuit de la peau de cerf.

En même temps, ils se retournèrent pour examiner plus attentivement les deux hommes vêtus de burel, qui avaient procédé à cette opération : mais ils avaient disparu.

Lors, ils revinrent à Poitiers, suivis de Raimondin, et leur premier soin fut d'aller informer le comte Bertrand de ce qu'ils avaient vu à la Fontaine de Soif. Le comte se trouvait précisément avec sa mère, la veuve du défunt comte.

— Il faut, dit la comtesse, qu'il y ait là-dessous quelque sortilège! Cette forêt de Colombiers a été témoin déjà d'aventures merveilleuses, et ce qui vient d'arriver à Raimondin n'a rien de naturel, à ce que je crois.

— Madame ma mère, vous dites vrai, répondit le comte Bertrand; aventures merveilleuses sont maintes fois arrivées dans cette forêt, et ce qu'on nous raconte de Raimondin est bien extraordinaire, je l'avoue. Mais Raimondin est un loyal chevalier, et je prie Dieu qu'il le laisse jouir en paix et à son honneur de cette aubaine fortunée!...

Raimondin survint en ce moment. Il s'agenouilla devant le comte en le remerciant de l'honneur et de la courtoisie qu'il lui avait faits.

— Par ma foi, Raimondin, c'est peu de chose, répondit Bertrand, et, s'il plaît à Dieu, je ferai plus encore au temps à venir. A ce propos, mon ami, on m'a raconté tout-à-l'heure d'étranges choses touchant le coin de terre que je vous ai octroyé sur votre demande : je vous prie de me dire à ce sujet la pleine et entière vérité.

— Très cher seigneur, répondit Raimondin, si vos livreurs ne vous ont conté que ce qu'ils ont vu, ils ont bien fait, car ils vous ont conté l'exacte vérité, à savoir que le cuir de cerf que j'ai acheté a produit, développé, un entourage de plus de deux lieues. Quant à ce qui est des deux hommes vêtus de bureau, qui nous sont venus en aide pour le mesurage, ainsi que du ruissel qui s'est mis à sourdre soudainement, c'est la pure vérité, monseigneur. Pour le surplus, ne me demandez rien : j'en ignore comme vous.

Le comte Bertrand, qui aimait Raimondin, ne voulut pas pousser plus loin ses investigations : il le crut sur parole, pour ne pas l'affliger par des soupçons outrageux, et Raimondin, l'ayant de nouveau remercié, prit congé de lui ainsi que de la comtesse, pour retourner auprès de Mélusine.

CHAPITRE V

Comment Raimondin alla retrouver Mélusine pour lui rendre compte de ce qu'il avait fait; et comment elle le dépêcha de nouveau à Poitiers pour convier le comte Bertrand et ses amis à leurs noces.

Il tardait beaucoup à Raimondin de revoir sa dame. Il chevaucha en conséquence et poussa rapidement sa pointe vers la forêt de Colombiers.

Quand il fut à quelques pas de la Fontaine de Soif, il aperçut une manière d'hôtel, construit solidement et élégamment, dont jusque-là il n'avait pas soupçonné l'existence. En approchant de plus près, il vit sortir de cet hôtel plusieurs demoiselles, ainsi que plusieurs chevaliers et écuyers, qui vinrent à lui comme vers leur seigneur, et qui lui dirent fort civilement :

— Sire, descendez de cheval, et venez par devers notre dame, qui est la vôtre, et qui vous attend dans son pavillon.

— Volontiers, répondit Raimondin un peu émerveillé.

Il descendit de cheval et s'en alla avec ces chevaliers et ces demoiselles qui le conduisirent avec force révérences vers Mélusine qui, à son approche, se leva et vint le prendre par la main pour le faire asseoir à côté d'elle, sur un lit d'une richesse surprenante.

— Bel ami, dit-elle après l'avoir accolé, je sais que vous avez religieusement suivi les conseils que je vous avais donnés relativement à la conduite à tenir à propos du meurtre du comte Aimery, et relativement au don à requérir du comte Bertrand son fils : à cause de cela et de mon amitié pour vous, j'aurai désormais la plus grande fiance en vous.

— Bien chère dame, répliqua Raimondin, j'ai trouvé un si bon commencement en vos paroles, que je n'ai plus à hésiter à vous obéir, quoi que vous me commandiez de faire.

— Soyez sans nulle crainte, Raimondin, je ne vous commanderai rien que d'honorable et de profitable pour vous, rien surtout dont vous ne puissiez venir à bonne fin.

Comme ils devisaient ainsi, survint un chevalier qui, après s'être révérencieusement agenouillé devant Mélusine, lui dit :

— Dame, tout est prêt. Quand il vous plaira.

Mélusine se leva, Raimondin l'imita, et tous deux, après avoir fait les ablutions préalables, se placèrent devant une table d'une somptuosité rare, qui dominait une multitude d'autres tables, également bien servies, où étaient assis à foison dames et chevaliers.

— D'où vous vient tout ce peuple, chère dame? demanda Raimondin, étonné, à sa belle mie.

— Ces chevaliers et ces demoiselles, répondit Mélusine, sont là à votre commandement, pour vous servir, eux et beaucoup d'autres que vous ne voyez pas là, mais avec lesquels vous ferez connaissance quand vous voudrez, puisqu'ils vous appartiennent.

Raimondin, émerveillé, n'en pouvait croire ni ses yeux, ni ses oreilles. Il prit le parti de faire honneur aux mets abondants et délicats que l'on plaçait devant lui.

Le dîner fait, les nappes ôtées, les grâces dites, les mains lavées, chacun des convives se retira discrètement, et Mélusine attira tendrement Raimondin vers son lit tendu d'étoffes éblouissantes.

— Bel ami, lui dit-elle, il faut songer à nous épouser.

— J'y songe depuis l'heure fortunée où je vous ai rencontrée, chère dame, répondit Raimondin.

— Vous ne pouvez pas m'épouser ainsi purement et simplement, reprit Mélusine. Notre union ne doit pas s'accomplir mystérieusement, comme si nous en rougissions l'un ou l'autre. Il faut que notre amour s'avoue en face de tous, et, pour cela faire, bel ami Raimondin, il convient que vous alliez convier le comte Bertrand, sa mère, tous ses amis et les vôtres, pour le jour de lundi prochainement venant. Ils feront ainsi honneur à vos noces, qui leur feront un honneur égal, par les merveilles dont j'entends les rendre témoins à votre intention. Pour qu'ils ne s'imaginent pas que vous soyez petitement marié, je vous autorise à leur dire que vous prenez à femme une fille de roi... Allez maintenant, bel ami, et me revenez vitement!...

Cela dit, Mélusine et Raimondin s'entr'accolèrent et baisèrent, et le jeune chevalier s'en alla grande erre vers Poitiers.

CHAPITRE VI

Comment Raimondin, sur l'ordre de Mélusine, alla à Poitiers pour convier à ses noces le comte Bertrand et toute sa baronnie, qui y consentirent et vinrent à la Fontaine de Soif, où les attendait une surprise nouvelle.

Une fois à Poitiers, Raimondin s'empressa d'aller au palais et de voir le comte Bertrand, qui lui fit le même accueil bienveillant que précédemment.

— Très cher seigneur, lui dit Raimondin, au nom de tous les services que je serai appelé à vous rendre, je vous supplie humblement de venir lundi prochain à mes épousailles, à la Fontaine de Soif, et de vouloir bien amener avec vous votre mère et toute votre baronnie pour nous honorer et faire compagnie.

— Beau cousin, s'écria le comte ébaubi, vous croyez-vous déjà si étranger de nous, que vous ayez ainsi choisi femme sans nous en avertir? Bien étonné suis-je, pour ma part, d'être un des derniers à apprendre cela! Il me semble que nous étions les premiers, au contraire, dont vous dussiez prendre conseil en cette occurence!...

— Très cher seigneur, répondit Raimondin, ne vous courroucez point!... L'amour est mon unique excuse, et amour, voyez-vous, a si grande puissance, qu'il fait faire les choses qu'il lui plaît et non celles qu'il faut faire. En cette aventure de cœur, je suis allé si avant que je ne puis plus reculer à cette heure, et même je le pourrais que je n'en profiterais pas. Je vais où je suis attiré...

— Au moins, beau sire, reprit le comte, dites-moi qui est votre épousée et de quelle lignée elle descend.

— Vous me demandez là, cher seigneur, chose à laquelle je suis bien embarrassé de répondre, car je ne m'en suis pas enquis.

— Par ma foi! s'écria le comte, voici une étrange histoire! Raimondin se marie et ne sait quelle femme il prend, ni de quel lignage elle sort!...

— Monseigneur, repartit Raimondin, puisque cela me suffit, il doit bien vous suffire. Je ne prends pas femme pour vous, mais pour moi. J'en aurai le deuil ou la joie qu'il plaira à Dieu : cela ne regarde que moi.

— Vous répondez bien, beau cousin : je n'aurai pas le souci de cette folie, si folie est, pas plus que je n'en aurai l'avantage, si avantage il y a... Puisqu'il en est ainsi, je prie sincèrement Dieu qu'il vous donne paix et bonne aventure, et, pour vous montrer que je ne vous garde nulle rancœur en ceci, j'irai à vos noces et j'y mènerai madame ma mère, ainsi que plusieurs nobles dames, avec toute ma baronnie.

— Très grand merci, monseigneur... Je crois que lorsque vous serez là et que vous aurez vu ma dame, cela vous plaira bien.

— Je ne demande pas mieux, beau cousin!...

Après cela, Raimondin et le comte se mirent à parler de choses et d'autres jusqu'à l'heure du souper.

Le lendemain au matin, le comte Bertrand se leva, entendit la messe et fit mander ses barons pour aller avec lui aux noces de Raimondin. Il manda également le comte de Forest, son cousin et le frère de Raimondin.

Chacun s'empressa d'accourir, et, lorsque tout fut prêt pour le départ, on se mit en route, Raimondin avec son frère, le comte Bertrand avec sa mère, sa sœur et sa baronnie.

Le voyage dura un jour et une nuit.

A mesure qu'on approchait de la montagne, on apercevait de grandes tranchées récemment faites, ainsi que le ruisseau qui coulait clair et abondant, ce dont chacun s'émerveilla fort. Et puis, en aval, dans la prairie, il y avait de nombreux pavillons aux riches tentures où allait et venait tout un monde improvisé de dames aux nobles atours, de chevaliers aux riches armures, montés sur de magnifiques palefrois. En outre, çà et là, à foison, étaient des cuisines fumantes destinées à alimenter tous les conviés, en quelque nombre qu'ils fussent. Enfin, pour couronner le tout, il y avait au-dessus de la Fontaine de Soif la chapelle de Notre-Dame, luxueusement ornée.

L'étonnement allait croissant.

— Nous ne savons ce qu'il en adviendra du surplus, dirent entre eux les arrivants de la suite du comte Bertrand, mais voici un très agréable commencement!...

Comme le comte de Poitiers et sa suite touchaient au bas de la montagne, un vieux chevalier s'en vint à leur rencontre. Il était monté sur un palefroi liart, richement caparaçonné, et portait une ceinture faite de perles et de pierres précieuses. Deux hommes d'honneur l'escortaient.

Aussitôt que ce chevalier eut aperçu Raimondin, qu'il reconnut aisément entre les autres, il alla vers lui avec empressement, et le salua honorablement, ainsi que sa compagnie.

— Monseigneur, lui dit-il, faites-moi mener, je vous prie, vers le comte de Poitiers, car j'ai affaire à lui parler.

Raimondin mena le vieux chevalier vers le jeune comte Bertrand, qui lui dit :

— Soyez le bien trouvé. Vous voulez me parler?

— Sire, mademoiselle Mélusine d'Albanie se recommande à vous et vous remercie du haut honneur que vous consentez à lui faire, ainsi qu'à Raimondin, votre cousin, en venant assister à leurs épousailles.

— Il n'y a nul remercîment à me faire pour cela. Je fais ce que je dois, par amitié pour mon cousin. Mais je ne me doutais guère que j'avais si près de moi une si noble dame avec si nombreuse compagnie.

— Ah! Sire, quand il plaira à ma demoiselle, elle l'aura plus nombreuse encore, car elle n'a qu'à souhaiter pour avoir!...

En devisant ainsi, le comte de Poitiers arriva au pavillon qui lui était destiné, c'est-à-dire au plus riche logis qu'il eût jamais vu.

Après lui, chacun fut logé selon son état. Les chevaux eux-mêmes ne furent pas oubliés.

Un roi n'eût pas mieux fait les choses.

CHAPITRE VII

Comment Raimondin et Mélusine furent épousés et comment leur lit fut bénit par l'évêque.

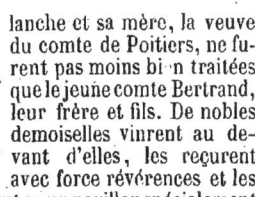

Blanche et sa mère, la veuve du comte de Poitiers, ne furent pas moins bien traitées que le jeune comte Bertrand, leur frère et fils. De nobles demoiselles vinrent au devant d'elles, les reçurent avec force révérences et les conduisirent en un pavillon spécialement édifié pour elles deux, et qui était en drap d'or, ourlé de perles et de pierres précieuses.

Bien qu'elles fussent habituées au luxe, étant fille et femme de prince, Blanche et sa mère furent ébahies de tant de somptuosité. Elles le furent davantage encore, en entrant dans la chambre de l'épousée pour la remercier de sa royale hospitalité : jamais elles n'avaient vu femme si cointe et si gente, si fraîche et si belle, jamais ! La comtesse ne pouvait assez s'extasier tant sur la beauté de Mélusine que sur la richesse de son accoutrement d'épousée, plus merveilleux que vêtements de reine ou d'impératrice, tant à cause de la façon que des ornements.

Ce furent le comte Bertrand et le comte de Forest qui conduisirent Mélusine à la chapelle, où l'attendait un évêque pour la marier avec Raimondin.

Après le service divin, chacun se reposa. Lorsque chacun se fut convenablement reposé, on se mit à table, au beau milieu de la prairie, et alors furent servis des mets plantureux et des vins exquis, dans des vaisseaux d'or et d'argent qui donnaient une nouvelle valeur aux choses servies. Les désirs des convives étaient aussitôt exaucés que formulés, tant était grand le nombre des serviteurs, et chacun ne savait ce qu'il devait le plus admirer, ou de l'abondance des plats, ou de l'excellence des vins, ou de la dextérité avec laquelle le service était fait.

Lorsque le dîner fut terminé et que les tables eurent été enlevées, les joutes commencèrent. Le comte de Poitiers en donna l'exemple avec le comte de Forest.

Puis vint Raimondin, monté sur un beau cheval liart tout caparaçonné de blanc. Il courut, la lance en arrêt, à l'encontre de son frère, et le renversa. Après le comte de Forest, ce fut le tour d'un autre chevalier, puis encore d'un autre, si bien que le comte Bertrand, qui ne savait pas qui il était, voulut combattre contre lui pour l'essayer. Mais Raimondin, qui l'avait parfaitement reconnu, l'évita et alla vers un chevalier poitevin qu'il désarçonna comme il avait désarçonné le comte de Forest et les autres chevaliers. L'honneur de la journée fut pour lui, comme pour lui aussi devait être le bonheur de la nuitée.

Après les joutes vint le souper, qui se prolongea fort avant dans la soirée. Après le souper, les dames allèrent dans leurs retraites, ôtèrent leurs grandes robes, se vêtirent de plus courts habits et revinrent prendre part aux fêtes qui avaient lieu.

Quand il fut temps, on mena coucher Mélusine en un pavillon appareillé à cet effet, et la comtesse de Poitiers, ainsi que plusieurs nobles dames, la déshabillèrent en devisant avec elle sur ses devoirs d'épousée, en attendant l'arrivée de Raimondin.

Raimondin brûlait de l'envie d'aller rejoindre sa mie, mais il n'osait, retenu qu'il était auprès du comte de Poitiers et du comte de Forest, qui s'amusaient fort.

Bientôt un chevalier vint le délivrer, envoyé à cet effet par les dames qui tenaient compagnie à Mélusine.

— Beaux seigneurs, dit-il, ne rigolez pas trop fort, et rappelez-vous que Raimondin a autre chose à penser en ce moment. Les dames le réclament : ma dame Mélusine est prête.

— C'est vrai, nous l'avions oublié, répondit le jeune comte de Poitiers. Quelque plaisante que soit notre conversation, elle ne peut valoir pour lui, à cette heure surtout, celle qui l'attend au lit nuptial.

Et, sans plus tarder, ils conduisirent Raimondin au pavillon, où il se coucha prestement aux côtés de sa chère Mélusine.

Lors vint l'évêque qui les avait unis, lequel bénit le lit et les épousés avec, puis se retira. Chacun l'imita discrètement, dames et demoiselles, barons et chevaliers, suivants et suivantes. Les courtines du lit furent tirées.

— Mon très cher seigneur et ami, dit alors Mélusine en accolant tendrement Raimondin, je vous remercie du grand honneur que m'ont fait aujourd'hui vos parents et amis, ainsi que de la discrétion que vous avez montrée selon notre première convenance. Si vous continuez ainsi, vous serez le plus puissant et le plus honoré qui jamais fût en votre lignée. Si vous faites le contraire, si vous décelez les secrets qui sont entre nous, vous et vos héritiers serez déchus peu à peu de votre état et de la terre que vous tenez à possession.

— Ma très chère dame, répondit Raimondin, rien de cela n'adviendra, croyez-m'en. Je vous aime trop pour vous manquer de foi.

Les deux jeunes amants devisèrent ainsi pendant quelque temps, se faisant mutuellement des promesses entrecoupées de baisers et de soupirs ; puis ils cessèrent de parler sans cesser de s'embrasser, et ce silence n'en devint que plus éloquent de minute en minute.

Cette nuit-là fut engendré d'eux le vaillant Urian, qui depuis fut roi de Chypre.

CHAPITRE VIII.

Comment se passa la nuit des noces de Mélusine et de Raimondin, et des fêtes qui s'ensuivirent. Comment, au bout de quinze jours, le comte de Poitiers et toute sa baronnie prirent congé des nouveaux épousés.

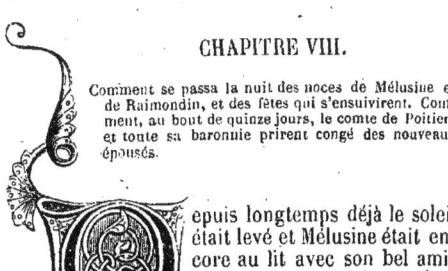

Depuis longtemps déjà le soleil était levé et Mélusine était encore au lit avec son bel ami. La nuit avait été longue, et cependant elle leur avait paru bien courte. Il fallut enfin se lever et s'habiller, ce que Raimondin fit le premier, malgré les tendres sollicitations de Mélusine, qui voulait le retenir encore auprès d'elle.

Raimondin sortit du pavillon et rejoignit le comte de Poitiers, le comte de Forest et les autres barons, qui étaient levés depuis l'aube et qui attendaient impatiemment sa venue. On alla à la chapelle, où l'on entendit fort dévotement la messe, puis, de là, on revint vers la prairie où recommencèrent les fêtes et les joies de la veille.

Que dire de ce festoiement où toutes les prodigalités furent épuisées pour satisfaire les conviés? Rien, sinon qu'il dura quinze jours entiers, et qu'au moment du départ, Mélusine fit une énorme quantité de dons précieux aux dames et aux demoiselles, aux chevaliers et aux écuyers, qui s'en allèrent émerveillés d'une si généreuse hospitalité. La comtesse de Poitiers et sa fille Blanche furent mieux traitées encore. Outre les caresses que Mélusine leur prodigua, comme aux parentes de son cher Raimondin, elle donna à l'une un riche fermail d'or et à l'autre un bonnet de perles, de saphirs, de rubis et de diamants.

Raimondin accompagna pendant un long chemin le comte de Poitiers, le comte de Forest et toute leur baronnie, et, tout en chevauchant, il devisa gaîment avec eux de choses et d'autres, si bien que le comte Bertrand se crut autorisé à être indiscret.

— Beau cousin, lui dit-il, je voudrais bien savoir de quel lignage est votre femme. Nous ne connaissons que son nom et sa générosité, ce qui est certes beaucoup, mais il nous reste encore quelque chose à connaître.

— Par ma foi, s'écria le comte de Forest, j'en dirai volontiers autant. Je suppose que dame Mélusine d'Albanie est issue de noble et puissant lieu; mais ce n'est qu'une conjecture et je serais heureux d'être fixé là-dessus.

Raimondin fut très courroucé au cœur quand il entendit cette double requête du comte de Poitiers, son cousin, et du comte de Forest, son frère. Aussi leur répondit-il froidement:

— Vous me demandez un secret qu'il ne m'appartient pas de vous divulguer, puisqu'il n'est pas le mien. Certes si je devais le dire à quelqu'un, ce serait à vous monseigneur, et à vous mon frère. Mais je le dois céler et je le célerai. Tout ce que je puis vous avouer est tout ce que vous avez deviné, à savoir que Mélusine n'a jamais été nourrie en mendicité ni rudesse, puisqu'elle est riche à ne pas connaître son avoir, et élevée à donner des leçons de dignité aux plus fières. Je vous requiers donc, comme à messeigneurs et amis, de ne plus insister là-dessus. Telle elle est, telle elle me plait. Elle est ma dame et ma mie; c'est par elle que je suis aujourd'hui quelque chose; c'est par elle que je deviendrai puissant et honoré: je ne puis empoisonner par mes soupçons et par les vôtres la source de mon bonheur et de ma richesse.

— Il suffit, Raimondin, reprit le comte de Poitiers, je n'insisterai pas. Puisque vous avez une si haute fiance en votre mie, nous ne pouvons manquer d'en avoir nous-mêmes. Nous l'honorons et la prisons comme notre cousine et comme dame de noble extraction.

— J'en dis autant, cher frère, repartit le comte de Forest. Ce que je sais me suffit et je ne chercherai jamais à en savoir davantage.

Après cela, Raimondin prit congé du comte de Poitiers, de son frère et des barons, et s'en retourna à la Fontaine de Soif.

CHAPITRE IX.

Comment fut bâti le château de Lusignan, et comment, après la naissance d'Urian, Mélusine engagea Raimondin à aller en Bretagne.

Quand Raimondin fut de retour à la Fontaine de Soif, il trouva la fête plus animée encore qu'auparavant, par suite de la présence à cette fête d'une notable quantité de nobles gens qui avaient remplacé ceux dont il venait de prendre congé.

— Monseigneur, dirent-ils à Raimondin étonné de retrouver tant de monde là où il ne comptait retrouver presque personne, vous êtes le bienvenu comme celui à qui nous sommes et à qui nous devons obéir.

— Ce sont vos barons, dit Mélusine qui arrivait sur ces entrefaites. Ils sont ici pour vous prêter serment et hommage.

Raimondin remercia, et, après avoir remercié, il s'éloigna avec sa mie pour lui raconter la réponse qu'il avait faite aux questions indiscrètes du comte de Poitiers et du comte de Forest.

— Je suis heureuse de vous voir agir ainsi, Raimondin, lui dit-elle. Tant que vous tiendrez cette voie, tous les biens abonderont chez vous. Demain, bel ami, je donnerai congé à la plus grande partie des gens qui sont venus à notre fête, et il nous faudra bientôt songer à autre chose que je vous dirai.

Comme il vous plaira, très chère dame, répondit Raimondin.

Le lendemain, en effet, Mélusine congédia une grande quantité de ses gens et en garda un certain nombre, parmi ceux qui lui avaient plu.

La fête était terminée. Mélusine fit venir foison ouvriers et pionniers et leur indiqua les tranchées qui étaient à ouvrir et les arbres qui étaient à arracher. Puis, après les pionniers, vinrent aussi à foison maçons et tailleurs de pierre qui commencèrent immédiatement à édifier les fondations d'une forteresse sur le rocher même de la Fontaine de Soif. La besogne avança rapidement, grâce à l'habilité de ces ouvriers et au soin que prit Mélusine de les bien payer et bien nourrir. En peu de temps la forteresse fut construite, et, au-devant d'elle, non seulement une place, mais trois places pour défendre l'approche du donjon. Et furent ces trois places environnées de fortes tours machicoulées, et les volées des tours tournées et élancées, et les murs bien hauts et bien crénelés. En somme, cette forteresse était imprenable.

Quand les travaux furent achevés et que les chambres furent logeables, Mélusine vint habiter la forteresse qui fut appelée Lusignan, c'est-à-dire, en langage grégeois, merveilleuse chose.

Ce fut là que Mélusine mit au monde un enfant mâle bien formé, sauf qu'il avait le visage court et large et que l'un de ses yeux était rouge et l'autre pers. Cet enfant fut baptisé et reçut le nom d'Urian. En grandissant, ses oreilles grandirent aussi d'une façon démesurée, si bien qu'elles ne tardèrent pas à ressembler aux mamilles d'un van.

A quelque temps de là, Mélusine dit à Raimondin :

— Mon très doux compagnon et ami, je ne veux pas que tu laisses déchoir l'héritage qui te revient, de part la mort de tes prédécesseurs, en Bretagne. Guérende et Pénicens sont à vous et à votre frère, ainsi que toutes les marches et places du pays. Allez-y et sommez le roi des Bretons de vous recevoir en droit. Votre père, je vous l'apprends, eut jadis querelle avec le neveu du roi et le tua. N'osant plus demeurer en Bretagne, il prit sa finance et s'en alla par monts et par vaux, à l'aventure, jusqu'au jour où il épousa la sœur du comte de Poitiers, votre oncle. Si le roi ne veut pas vous recevoir en droit, ne vous courroucez pas : il y viendra de lui-même après.

— Chère mie, répondit Raimondin, il n'est pas chose que je ne fasse pour vous satisfaire, car je vois bien que toutes vos œuvres ne tendent qu'à bien et honneur. J'irai trouver le roi des Bretons.

— Allez hardiment, mon doux ami, reprit Mélusine, et ne redoutez rien ni personne. Dieu vous aidera dans toutes les affaires que vous entreprendrez, tant qu'elles seront vraies et justes.

Puis, après cela, la noble dame donna à Raimondin les détails qu'il avait besoin de connaître pour se conduire et réussir en Bretagne, et ils se séparèrent en s'accolant le plus tendrement du monde.

CHAPITRE X

Comment Raimondin partit pour la Bretagne avec une suite nombreuse, afin d'aller réclamer l'héritage de son père.

Raimondin partit le lendemain avec une belle compagnie de chevaliers et d'écuyers, au nombre de deux cents gentilshommes garnis chacun de la cotte d'acier, du pan, de la pièce et de tous les harnois de jambes, et suivis de pages portant les lances et les bassines. C'est en cet équipage qu'ils arrivèrent en l'aride Bretagne, où ils produisirent une grande rumeur qui arriva promptement aux oreilles du roi des Bretons.

Quelques jours après, deux chevaliers de haut renom vinrent trouver Raimondin et lui demandèrent pourquoi il venait ainsi en Bretagne, avec une suite aussi nombreuse et aussi armée. Raimondin leur répondit :

— Beaux seigneurs, vous direz au roi des Bretons que je ne viens ici que pour demander justice.

— S'il en est ainsi, reprirent les envoyés, soyez le bien venu : le roi vous fera droit et raison, n'en doutez pas. Dites-nous donc, s'il vous plaît, en quel lieu vous vous dirigez présentement.

— Par ma foi, répondit Raimondin, je voudrais aller présentement à Quéménigant, où j'ai affaire.

— Vous êtes sur le chemin, cher sire ; il n'y a pas plus de cinq lieues d'ici à Quéménigant où vous trouverez Alain de Léon, qui vous fera très bon accueil, ainsi que deux chevaliers, qui sont l'un et l'autre gens de bien et d'honneur. Sur ce, cher sire, nous prenons congé de vous.

— Beaux seigneurs, que Dieu vous garde et vous protège ! Recommandez-moi, je vous prie, au roi votre maître, auprès de qui je me rendrai bientôt.

Les deux envoyés du roi des Bretons se retirèrent incontinent. Une fois à quelque distance de Raimondin, ils se dirent :

— Ce sont là, certainement, d'honorables gens, venus ici dans de loyales intentions. Aidons-les de notre pouvoir en prévenant Alain de leur passage.

Cette résolution prise, ils se dirigèrent à grande hâte vers Quéménigant, où ils annoncèrent la venue des gens de Raimondin.

Alain de Léon avait deux fils, tous deux chevaliers ; l'aîné s'appelait Alain comme lui, le plus jeune se nommait Henry.

— Mes enfants, leur dit-il, montez vitement à cheval, allez au-devant de ces nobles étrangers et recevez-les convenablement, comme faire vous le devez. Vous aurez peut-être de la peine à les loger tous, car on m'apprend qu'ils ont de six à sept cents chevaux ; mais enfin faites le possible et excusez-vous de ne pouvoir faire mieux.

Les deux fils d'Alain partirent pour obéir à leur père, et bientôt ils firent rencontre de Raimondin et de sa suite.

— Sire, lui dirent-ils, notre père nous envoie vers vous pour vous prier de vouloir bien accepter son hospitalité pour tout le temps que vous jugerez bon.

— Beaux seigneurs, répondit Raimondin, grand merci à votre père et à vous de cette courtoisie. Je vais aller, avec quelques gentilshommes de ma suite, auprès de votre père, que j'ai grand désir de voir et de connaître.

Cela dit, Raimondin et les deux fils d'Alain chevauchèrent ensemble tant et tant qu'ils approchèrent bientôt de la ville. Là, un vieux chevalier, chargé par Mélusine de veiller sur Raimondin, vint à lui et le prévint qu'il avait fait tendre son pavillon et ceux de sa suite dans la plaine qui enceignait Quéménigant, de façon à ce qu'il ne fût pas trop à charge au sire Alain, ce dont Raimondin lui sut un grand gré.

Alain de Léon parut alors. Raimondin courut à lui et s'inclina respectueusement ; puis tous deux, et leur suite, rentrèrent dans la ville où les attendait un plantureux souper.

Quand ils eurent soupé, le sire Alain prit Raimondin par la main, le fit asseoir auprès de lui et lui dit :

— Sire chevalier, j'ai grande joie de votre venue ; d'autant plus grande joie que vous ressemblez à un mien frère qui partit de Bretagne il y a tantôt quarante ans, à la suite d'une noise qu'il eut avec le neveu du roi de ce pays.

— Sire, répondit Raimondin, je vous remercie de ces bonnes paroles et j'espère vous apprendre bientôt la cause de la querelle survenue entre votre frère et le neveu du roi, car je ne suis pas venu céans à d'autre intention.

— Comment y parviendrez-vous? demanda Alain,

étonné, en regardant fort attentivement le mari de Mélusine. Vous n'avez pas encore trente ans, et la chose dont je parle arriva il y a quarante ans, et si soudainement que ni moi ni d'autres ne pûmes savoir le pourquoi de l'événement. Comment donc l'auriez-vous su, vous jouvenceau et, de plus, étranger à cette contrée ?

— Sire, dit Raimondin, n'y avait-il pas en ce temps-là, pendant que régnait votre frère, un homme qui jouissait à la cour d'une grande autorité, dont il était indigne de jouir ?

— Si fait! répondit Alain. C'est celui qui détient aujourd'hui à tort l'héritage de mon frère, de concert avec son fils, qui est chevalier.

— Ne s'appelle-t-il pas Josselin du Pont ? Et son fils n'a-t-il pas nom Olivier ?

— Précisément, répondit Alain, de plus en plus ébahi. Mais comment pouvez-vous savoir cela ?

— Sire, dit Raimondin, vous n'en tirerez pas davantage de moi, quant à présent du moins. Je vous prie seulement de vouloir bien m'accompagner, vous et vos fils, à la cour du roi. Là je déclarerai la querelle si clairement que vous serez satisfait, si jamais vous avez aimé votre frère Henry de Léon.

Le vieil Alain promit, tant en son nom qu'au nom de ses deux fils, et les préparatifs du départ pour la cour furent immédiatement ordonnés et le départ fixé pour le mardi d'avant la Pentecôte.

CHAPITRE XI

Comment Raimondin, Alain et ses deux fils allèrent à Nantes, où se trouvait le roi, et de la réception qui leur fut faite.

Au jour dit, Raimondin, Alain, ses deux fils, et une nombreuse suite, quittèrent la ville de Quéménigant et se dirigèrent vers Nantes, où se tenait le roi des Bretons.

Avant d'entrer en ville, les voyageurs se rendirent aux pavillons que la prévoyance du vieux chevalier de Mélusine avait préparés. Là, ils s'accoutrèrent richement et s'en allèrent vers le roi avec quarante chevaliers aussi richement parés qu'eux-mêmes.

— Alain, dit le roi, j'ai entendu monts et merveilles de ce chevalier avec lequel vous vous êtes accointé. Quel est-il ?

— Sire, répondit le vieil Alain, je suis tout aussi émerveillé que vous, à son sujet, à cause des paroles qu'il m'a dites. Mais nous saurons bientôt par lui-même quel il est et ce qu'il entend faire, puisqu'il est venu céans pour cela.

En cet instant, Raimondin s'approcha du fils aîné d'Alain et lui demanda :

— Sire chevalier, ayez la courtoisie de m'apprendre si Josselin du Pont n'est point en cette salle.

— Il est ici, en effet, répondit le jeune homme ; je le connais assez pour le haïr, car il détient à tort l'héritage d'un mien oncle, et je l'eusse provoqué, si ce n'avait été la crainte du courroux du roi.

— Où est-il ? Montrez-le-moi, je vous prie.

— C'est le plus vieux de ceux qui sont en ce moment auprès du roi. Le plus vieux et le plus docte en maléfices qui soit en dix royaumes... A côté de lui est son fils Olivier, qui ne pèse pas plus qu'une once.

— Je vous en vengerai bientôt, je vous le promets, dit Raimondin en quittant le fils aîné d'Alain pour se rendre auprès du roi.

Le roi l'attendait.

— Haut sire et puissant roi, dit Raimondin, votre cour a la réputation d'être une fontaine de justice et de raison. C'est pour cela que j'y suis venu.

— Cela est vrai, répondit le roi ; mais quels motifs avez-vous de venir faire appel à cette justice et à cette raison ?...

— Avant de vous répondre, Sire, reprit Raimondin, je vous demande de me promettre de reconnaître mon droit, quoi qu'il arrive. Ce que j'ai à vous annoncer est tout à votre profit et tout à votre honneur. Roi mal entouré est un pauvre roi.

— Je vous promets de vous faire justice, et pleinement, fût-ce contre mon propre frère.

— Sire, commença Raimondin, votre prédécesseur régna puissamment et vaillamment. Je parle d'un temps où étaient jeunes encore Josselin du Pont et Alain de Quéménigant, ici présents. Or, le roi que je vous dis avait pour neveu un très beau et très noble jouvenceau. Alors aussi vivait un baron de ce pays, nommé Henry de Léon, frère d'Alain de Quéménigant que voici.

— Cela est vrai, exclama Josselin du Pont en interrompant Raimondin. Le chevalier qui parle en ce moment aurait pu ajouter que cet Henry de Léon tua par trahison le neveu du roi votre prédécesseur, et s'enfuit de ce pays sans que depuis on ait jamais eu de ses nouvelles. C'est alors que le roi me donna sa terre, dont il n'était plus digne.

— Sire, reprit Raimondin, je demande à ce chevalier qu'il dise pleine et entière vérité au sujet de cette navrante histoire, sinon je l'y forcerai.

— Chevalier, s'écria Josselin courroucé, êtes-vous donc venu en ce pays pour calomnier les vivants au profit des morts ? Vos insinuations ne produiront pas l'effet que vous en attendez, je vous en avertis !...

— Sire, reprit Raimondin sans se préoccuper de ce que disait ou ne disait pas Josselin du Pont, Henry de Léon était un vaillant et courtois chevalier. A ces causes il était aimé du roi et de son neveu, ce qui chagrinait fort plusieurs tristes et félons qui, un jour, insinuèrent au neveu du roi que l'héritier du bon pays de Bretagne, ce ne serait pas lui, mais bien Henry de Léon. A les entendre, les lettres-patentes en étaient déjà passées et scellées du grand scel. Ce mensonge attrista et courrouça le neveu du roi qui, à l'instigation de Josselin et de plusieurs autres félons, consentit à faire partie d'une embuscade dressée contre Henry de Léon. Ils tombèrent à plusieurs sur lui, au moment où il se promenait dans le bois en disant ses Heures. Henry, ne sachant à qui il avait affaire, se défendit de son mieux contre ses agresseurs. Le neveu du roi, affolé de rage, le blessa à la cuisse d'un coup d'épée. Henry, à juste titre furieux, lui ôta violemment cette épée dont il se servait si mal et l'en frappa rudement à la tempe. Le casque du neveu du roi était faible en cet endroit : il céda sous le coup et le crâne en fut brisé... Quand Henry de Léon vit son agresseur à terre, il se pencha pour l'examiner de près et pour le reconnaître. C'est alors qu'il s'aperçut qu'il avait mortellement blessé son ami et seigneur, le neveu du roi. De douleur il s'exila et s'en alla à l'aventure loin, bien loin, pour essayer d'effacer de son esprit ce souvenir fâcheux. Lorsque Josselin du Pont apprit ce départ, il porta au roi le corps de son neveu, en accusant Henry de l'avoir tué par trahison. Voilà la vérité, Sire, la pleine et entière vérité. Si le félon qui a nom Josselin, et qui se tient là devant vous et devant moi, ose soutenir que j'ai menti, je présente mon gage et lui dis mon nom. Traître Josselin, je suis le fils d'Henry de Léon, et c'est au nom de mon père que je viens te sommer d'avouer ton crime !...

Et Raimondin, l'œil enflammé d'une noble colère, jeta son gage aux pieds de Josselin du Pont, interdit.

CHAPITRE XII.

Comment Raimondin, après avoir raconté au roi de Bretagne la trahison dont son père, Henry de Léon, avait été victime par le fait de Josselin du Pont, défia celui-ci, et ce qu'il en arriva.

Lorsqu'Alain et ses deux fils eurent entendu les paroles que venait de prononcer si fièrement Raimondin, ils coururent l'embrasser avec grande tendresse. Puis ils attendirent avec anxiété le résultat de son défi.

Nul ne sonna mot.

— Josselin, êtes-vous sourd? dit alors le roi. Je m'aperçois aujourd'hui que le proverbe est vrai qui dit : vieux péché fait neuve vergogne!... Quoi! ce chevalier vous apporte une nouvelle étrange, et, plus étrangement encore, vous accuse de félonie et de trahison, et vous restez coi!.. Répondez vitement : il en est besoin, pour votre honneur.

— Sire, répondit Josselin l'oreille basse et en riant de travers, comment voulez-vous que je fasse cas de semblables paroles? Ce chevalier aime la gaberie, et il a gabé. Je n'ai pas de créance à donner à son mensonge.

— La gaberie, discourtois et déloyal chevalier, retombera sur vous! s'écria Raimondin indigné. Je vous requiers de nouveau, Sire, de m'accorder le combat contre ce félon... Qu'il prenne, s'il le veut, son fils Olivier et un autre de ses plus proches amis : je les combattrai tous les trois sans faillir, à la face de votre noble cour! On verra alors de quel côté est le droit et la raison.

— Fils d'Henry de Léon, je ferai ainsi que vous voulez, répartit le roi. Josselin, il faut que vous répondiez à cette accusation.

— Sire, dit à son tour Olivier, ce chevalier croit prendre les grues au vol, à ce qu'il me semble, je lui ferai voir le contraire. Il n'a pas si facilement gagné qu'il le pense. Il accuse faussement mon père : je veux lui prouver qu'il en a menti par la gorge. Voici mon gage ! Je choisirai un autre de mon lignage pour le combattre.

— Tant que je vivrai, reprit le roi, je ne permettrai pas qu'un seul chevalier en combatte deux autres pour un seul vassal, dans une même querelle. C'est grande honte et grande lâcheté à vous d'y avoir pensé, et vous ne prouvez guère par là que votre père ait bonne querelle. Vous combattrez seul contre le fils de Henry de Léon, à qui je donne dès à présent, journée de la bataille.

— Par ma foi, Sire, s'écria Raimondin, le plus tôt sera le mieux, car j'ai mon harnois tout prêt. Que Dieu vous veuille rendre le mérite du loyal jugement que vous venez de prononcer.

Chacun s'extasiait du courage montré par ce chevalier que nul ne connaissait en la ville de Nantes, et qui, pourtant, méritait bien d'être connu. Le vieil Alain, lui, était tout dolent : il avait peur de perdre son vaillant neveu après l'avoir si inopinément retrouvé.

Alain et Henry, ses fils, tout joyeux au contraire, s'en vinrent dire à Raimondin :

— Beau cousin, prenez hardiment la bataille pour vous et pour nous deux, contre ce félon et sa lignée, car nous en viendrons à bout, avec l'aide de Dieu et de notre droit.

— Beaux seigneurs, répondit Raimondin, prenne qui voudra la bataille pour soi. Pour moi, j'en ai ma part et m'en acquitterai à la satisfaction de tous, je l'espère. En tout cas, je vous remercie de votre preuve d'amitié. Vous êtes les dignes fils du digne frère de mon noble père...

Il y eut en ce moment grand tumulte de part et d'autre. Le roi, qui était prudent et avisé, envoya soudainement fermer toutes les portes, afin que nul ne pût entrer ou sortir, et il les fit garder par des gens d'armes bien et ostensiblement armés. Puis il revint en la salle du conseil et ordonna que nul ne fût assez hardi pour sonner mot, sous peine de la hart.

— Cette querelle n'est pas petite, beaux seigneurs, dit-il gravement à sa cour, car il s'agit de la vie et du déshonneur éternel de l'une ou de l'autre partie. Je ne dois ni ne veux refuser la justice qu'on me demande. Olivier, voulez-vous défendre votre père de cette trahison?

— Oui, Sire, répondit Olivier.

— Les lices sont à cette heure prêtes et appareillées, reprit le roi; le combat aura lieu demain. Sachez que si vous êtes vaincu, vous serez pendu, ainsi que votre père. Ainsi en arrivera-t-il à votre adverse partie, si ce cas lui advient par hasard. Baillez donc dès à présent vos otages. Je prends d'abord votre père.

Lors, Josselin du Pont fut pris et emmené dehors par quatre chevaliers, avec charge par eux de le conduire en prison.

Josselin du Pont disparu, le roi s'adressa à Raimondin et lui dit :

— Sire chevalier, baillez otages à votre tour.

Lors se présentèrent Alain, ses deux fils et une quinzaine de chevaliers, qui tous, d'une commune voix, répondirent :

— Sire, nous sommes ses répondants.

— Il suffit, reprit le roi, je vous tiens quittes de la prison, à cause de la bonne opinion que j'ai de vous et du chevalier dont vous êtes les otages. Je devine bien que ce jeune homme n'eût pas fait cette entreprise s'il n'eût pas eu l'intention de la mener à bonne fin.

Cela dit, on se sépara. Raimondin s'en alla avec ses gens, son oncle et ses cousins vers ses pavillons; et comme ses harnois de bataille étaient en état, il passa une bonne partie de la nuit à deviser avec son lignage.

Le lendemain matin, le roi et les barons montèrent sur les hauts échafauds préparés autour des lices, et, quelques instants après, Raimondin parut, l'écu au cou, la lance sur la hanche, la cotte de mailles brodée d'argent et d'azur, et entra en lice monté sur un grand destrier liart armé jusqu'à l'ongle du pied. Une fois là il fit révérence au roi et à tous les barons, qui furent émerveillés de sa bonne contenance. Cette révérence faite, il descendit de cheval aussi adroitement que s'il n'eût point été armé, et s'assit en attendant son adversaire.

Olivier tarda à paraître, mais, enfin il parut, armé et monté sur un cheval très richement caparaçonné, ce qui lui donnait tout-à-fait l'apparence d'un homme de grande et noble lignée, comme il était en effet. Après lui venait Josselin son père, sur un cheval gris. Tous deux firent la révérence au roi et à ses barons, comme avait fait Raimondin.

Les Saints Evangiles furent apportés. Raimondin étendit la main dessus et jura que Josselin du Pont avait commis la trahison dont il l'avait accusé la veille; puis, après, il s'agenouilla et baisa les feuillets sacrés.

Quand ce fut le tour de Josselin du Pont de jurer, il le fit presque sans hésitation; mais quand il dut baiser les Evangiles, il se troubla et chancela comme dut chanceler et se troubler Judas Iscariote au moment de baiser le Christ son maître et son sauveur; il lui fut impossible d'accomplir cette action qu'avait accomplie si naturellement Raimondin.

Son fils Olivier, voyant cela, ne put que jurer faiblement et mollement. Sa conscience venait d'être ébranlée.

Lors, un héraut d'armes s'avança et ordonna que nul, sous peine de hart, n'osât faire un signe ou dire un mot que l'un des champions pût voir ou entendre. Chacun vida prestement la place, fors seulement Josselin du Pont et les gardes du champ-clos.

Raimondin remonta à cheval, prit sa lance, Olivier en fit autant, et le héraut cria par trois fois :

— Laissez aller vos chevaux et faites votre devoir !...

Tout aussitôt les deux champions s'élancèrent à l'encontre l'un de l'autre. Seulement, comme Raimondin était très religieux, il ne voulut pas entamer son adversaire avant d'avoir fait le signe de la croix, et, pour cela, il mit le bout de sa lance à terre et se coucha sur le cou de son cheval. Olivier, qui s'aperçut de cette position, la jugea favorable et voulut en profiter. Aussi piquant des éperons les flancs de sa monture, il précipita sa course et arriva sur Raimondin la lance en avant, de façon à le toucher en pleine poitrine.

Heureusement que l'amant de Mélusine était doué d'une force peu commune. Il n'en ploya pas tant seulement l'échine : sa lance seule fut froissée et lui échappa des mains.

— Ah! ah! félon, lui cria-t-il, tu prouves bien de quelle lignée tu es sorti! Tel père, tel fils!

Et, en disant cela, Raimondin saisit l'étrier qui pendait à l'arçon de sa selle, lequel avait trois pointes bien acérées de chacune sept pouces de long, et, au tourner, en asséna un violent coup à Olivier sur son bassinet qui, quoique dur et bien trempé, s'en rompit comme verre. L'une des pointes coula entre la visière et le bassinet, si bien, qu'en ramenant vivement son étrier vers lui Raimondin décloua la maisselle, fit éclater la visière et mit à découvert le visage d'Olivier.

Le fils de Josselin, quoique aussi marri qu'étonné de cette action imprévue, n'en fut pas démonté pour cela. Il quitta sa lance, tira son épée et fit contenance de chevalier qui ne redoutait que petitement son ennemi.

Le combat recommença alors avec plus de furie; de grands coups résonnèrent sur les armures; mais sans amener d'autre résultat que de légères blessures de part et d'autres. A la fin, Raimondin se jeta à bas de son cheval, ramassa sa lance et s'en vint fièrement sus à son ennemi mortel, qui le fit courir çà et là après lui, au gré de son cheval, pour le lasser et en avoir ensuite meilleur marché.

La journée s'avançait sans profit pour personne. Il fallait cependant en finir. Raimondin le comprit : il remonta à cheval, abandonna sa lance qui ne causait pas assez de dégâts et reprit son redoutable étrier, en s'avançant à la rencontre d'Olivier.

Au premier coup, le cheval du fils de Josselin fut atteint au front, si bien que le chanfrein d'acier de cet animal en fut effondré et lui en rentra dans la tête. Le cheval s'abattit sur ses jarrets de derrière. Raimondin profita de cet avantage. Il reprit sa lance et en toucha durement Olivier en travers du corps : le fer entra dans les chairs à un demi-pied environ. Ce n'était pas encore assez. Pendant qu'Olivier était ainsi cloué sur son cheval abattu, il le chargea d'autres coups tout aussi rudes, lui arracha le bassinet de la tête et, finalement, lui mit le genou sur la gorge, de façon à ce qu'il ne pût se mouvoir en aucune sorte.

Tirant alors un couteau qu'il avait à sa droite, il le suspendit au-dessus de la tête d'Olivier et lui cria :

— Rends-toi, félon, ou je te tue !

— J'aime mieux mourir de la main d'un vaillant chevalier comme vous que de la main d'un autre, répondit Olivier, épuisé et perdant son sang, qui ruisselait avec sa sueur sur son jeune visage.

Raimondin se sentit un instant remué par la pitié.

— Sur le péril de ton âme, lui demanda-t-il, savais-tu quelque chose de la trahison de ton père?

— Je n'étais pas né encore lorsque cette aventure arriva, répondit Olivier; mais, quoique la fortune me soit aujourd'hui contraire, je ne persiste pas moins à croire mon père innocent de la trahison dont vous l'accusez.

Raimondin rencogna sa pitié au fond de son cœur en entendant Olivier parler ainsi, et la colère lui revint avec abondance. Lors, il lui asséna quelques coups de son gantelet sur les tempes, de façon à l'étourdir tout-à-fait, et quand il supposa qu'il ne pouvait plus lui opposer la moindre résistance, il le prit par les deux pieds, le traîna hors des lices, et, cela fait, s'approcha, la visière levée, de l'échafaud où se trouvait le roi.

— Sire, lui demanda-t-il, ai-je fait mon devoir ?
— Par ma foi, sire chevalier, vous vous en êtes acquitté à merveille.

Cela dit, le roi ordonna qu'on pendît haut et court, sans plus tarder, le vieux Josselin et son fils Olivier. Le vieux félon cria piteusement merci.

— Je vous ferai peut-être grâce, dit le roi, si vous voulez avouer la vérité de la querelle.

— Sire, répondit Josselin, je ne veux rien céler, d'autant plus qu'en ce moment la vérité m'étrangle et me force à parler. L'affaire se passa comme le chevalier vous l'a racontée... Seulement, prenez pitié de moi, Sire, mon fils Olivier n'était pas encore né. Il est innocent !...

— Par ma foi, reprit le roi irrité, il y a eu là dedans grande mauvaiseté de votre part, Josselin, et s'il n'eût plu à Dieu de vous laisser châtier comme vous allez l'être, il ne vous eût pas permis de vivre si longtemps. Mais vous ne devez pas échapper à cette juste punition de votre double crime, car non-seulement vous avez provoqué la mort du neveu de mon prédécesseur, mais encore vous avez calomnié le vaillant chevalier qui l'a tué sans le vouloir et l'avez forcé à s'exiler de son pays comme un larronneur qu'il n'était pas. Cette double vilenie mérite un double châtiment : vous serez puni deux fois, une fois dans votre personne, et une autre fois dans la personne de votre fils, dans votre corps et dans votre cœur... Qu'on pende ces deux félons, et sans délai !... ajouta le roi d'une voix tonnante.

— Sire, dit alors Raimondin en venant ployer le genou devant le roi, je vous remercie comme je dois de votre bonne justice et du droit que vous avez fait à ma légitime requête. Mais, si j'ai mérité quelque chose, Sire, je vous supplie de m'accorder la vie d'Olivier !... J'ai été témoin de sa rare vaillance, digne d'une plus juste cause. Il n'a pas trempé dans la trahison de son père, et sa mort serait un dommage pour moi. Quant à son père, il est vieux et faible : j'oublie sa félonie pour ne voir en lui qu'un repentant qui n'a plus que quelques années devant lui pour pleurer sa faute et qui n'a même plus assez de cheveux blancs pour cacher les larmes de regret qui tombent de ses yeux... Faites-lui donc grâce aussi, Sire, je vous en supplie ! L'argent qu'il me restituera de mon héritage, fruits et profits, je l'emploierai à fonder un prieuré et à renter des moines qui chanteront à perpétuité pour le repos de l'âme des coupables... Grâce pour Olivier, Sire ! Grâce pour Josselin !...

Mais le roi, relevant Raimondin, lui répondit :

— Cette pitié vous honore, sire chevalier, mais je n'y peux accéder. Par la foi que je dois à l'âme de mon père, jamais Josselin ni Olivier ne feront plus trahison à qui que ce soit au monde, et, pour les en empêcher plus sûrement, je les livre au gibet qui les réclame !

CHAPITRE XIV

Comment Raimondin, après avoir vaincu Olivier, fils de Josselin, prit enfin congé du roi et vint à Quéménégant, où Henry son cousin fut prévenu de la trahison qui se tramait contre lui.

Olivier et Josselin du Pont furent incontinent pendus. Leur terre fut remise à Raimondin, ainsi que ce qui lui revenait de l'héritance de Henry de Léon, son père, et le bel ami de Mélusine fit hommage au roi, en le remerciant de bon cœur de sa bienveillance à son endroit.

Dès le soir même commencèrent des fêtes qui durèrent pendant quelques jours. Le roi était enchanté de Raimondin et Raimondin était heureux de plaire au roi, qui se réjouissait fort d'avoir retrouvé, d'avoir reconquis un si vaillant homme, et qui se berçait de l'espoir de le retenir à jamais en son pays.

— Sire, dit un jour Raimondin, je vous prie de me permettre de faire don à Henry mon cousin, fils d'Alain, mon oncle, de la baronnie de Léon qui fut à Henry mon noble père. De cette façon la terre portera toujours le même nom, celui de son droiturier seigneur.

— S'il vous plaît ainsi il me plaît aussi, répondit le roi en envoyant quérir Henry, fils d'Alain.

Henry, fils d'Alain, arriva.

— Beau cousin, dit Raimondin, le roi permet que je vous donne la terre qui fut à Josselin du Pont, et qu'il m'avait donnée l'autre jour, à l'issue du combat dont je suis sorti vainqueur par la grâce de Dieu et de mon droit : faites-lui en l'hommage.

Ce que voyant et entendant, les barons se dirent entre eux, avec ébahissement :

— Voilà un chevalier qui n'est venu en ce pays ni par avarice ni par convoitise, et qui a risqué sa vie pour reconquérir une héritance dont, tout aussitôt, il s'est défait ! Il faut qu'il ait ailleurs de grands biens terriens pour faire de pareils actes de générosité !

Leur ébahissement redoubla lorsqu'ils virent les présents destinés par Raimondin au roi et aux personnages de sa cour, au roi une coupe d'or du travail le plus précieux, à ses barons quantité de riches joyaux.

— Décidément, dirent-ils, c'est un riche et puissant homme !...

La joie fut générale, fors parmi les gens du lignage de Josselin du Pont, qui n'avaient vu qu'avec peine et avec honte la façon dont leur parent avait été traité et qui avaient résolu de s'en venger.

En conséquence, lorsqu'ils apprirent que Raimondin allait quitter Nantes, ils se rendirent en grand nombre, dans la forêt de Guérande, où devait passer Raimondin et qui appartenait à l'un d'eux, le châtelain d'Arval, neveu de Josselin. Des espions, gagés par eux, les mirent exactement au courant des faits et gestes de l'amant de Mélusine.

Raimondin prit congé du roi des Bretons, qui fut bien marri de ce départ, sur lequel il ne comptait pas; puis, de Nantes, il alla avec sa suite, son oncle Alain et ses cousins Alain et Henry, investir ce dernier de sa terre de Léon; puis de là il se rendit à Quéménigant, où des fêtes furent données en son honneur huit jours durant.

Il allait repartir pour le château de Lusignan, où il avait laissé Mélusine, et où il avait hâte de la retrouver, lorsqu'un homme vint trouver Henry, fils aîné d'Alain, et lui demanda un entretien secret pour lui communiquer chose d'importance.

— Qu'y a-t-il, bonhomme? demanda Henry.

— Sire chevalier, répondit l'homme, je passais il y a quatre jours dans la forêt de Guérende, près d'un endroit où se tenait le châtelain d'Arval, avec deux cents hommes d'armes. J'entendis l'un des varlets de ce seigneur raconter à un sien camarade comme quoi son maître et ses gens attendaient, embusqués là, un personnage qui devait y passer, sans me dire quel était ce personnage.

Henry réfléchit un instant, puis, incontinent, il envoya un messager vers le lieu indiqué pour s'assurer du fait. Le messager fit diligence, et il revint bientôt confirmer ce qu'on avait dit, en ajoutant que les gens armés embusqués dans un coin de la forêt de Guérende, étaient au nombre de six cents environ.

Henry défendit au messager de rien divulguer de cette affaire, et il s'empressa de prévenir son frère Alain, ainsi que les autres de leur lignage, de sorte que le jour où Raimondin voulut partir, il avait une escorte invisible de quatre cents hommes d'armes.

CHAPITRE XV

Comment les gens de Raimondin et les gens du châtelain d'Arval, parent de Josselin, se livrèrent bataille en la forêt de Guérende, et du massacre qui fut fait de ces derniers par les premiers.

Quoi que fît le vieil Alain pour retenir son vaillant neveu, Raimondin partit, accompagné des gens de son lignage, et surtout d'Alain et de Henry, ses deux cousins, qui ne le quittèrent pas d'un seul instant, de peur de mal, et qui recommandèrent la même vigilance aux hommes d'armes qu'ils avaient placés sur les côtés et sur l'arrière de la petite troupe.

On chevaucha ainsi pendant un jour, en se rapprochant de plus en plus du lieu où se tenait l'embuscade du châtelain d'Arval, lequel eut vent, par ses espions, de l'arrivée prochaine du vainqueur d'Olivier.

— Beaux seigneurs et amis, réjouissons-nous! dit-il à ses complices. Réjouissons-nous et apprêtons-nous à agir! Que ceux qui aimèrent Josselin du Pont et son fils Olivier, montrent la plus grande énergie à venger leur mort sur celui qui leur a fait à tous deux, ainsi qu'à nous, si grande honte et si grand dommage.

— N'ayez crainte! répondirent-ils. Nul de ceux qui accompagnent aujourd'hui le chevalier que nous haïssons, ne nous échappera! Nous les tuerons tous jusqu'au dernier.

Hélas! le proverbe a raison : tel pense venger sa honte, qui l'accroît! Ainsi en advint-il du châtelain d'Arval et de ses parents.

En même temps que ces derniers se réjouissaient d'avance de la curée qu'ils comptaient faire, le vieux chevalier commis par Mélusine à la garde de son amant, vint trouver Raimondin et lui dit :

— Sire, il est bon que vous chevauchiez par cette forêt de Guérende tout armés, vous et vos gens, car le lignage de Josselin ne vous aime pas et il pourrait porter dommage à vous et à votre compagnie s'il vous rencontrait dégarnis de tout moyen de défense. Le cœur me dit qu'il nous arrivera malheur de ce côté-là, si nous n'y prenons garde.

— Je vous remercie, répondit Raimondin; nous allons aviser.

Lors, il fit armer ses gens et mettre le pennon au vent, et s'aperçut, à ce moment seulement, que les gens de son lignage étaient déjà prêts. Comme il en témoignait son étonnement, on le mit au courant de ce qu'on savait, c'est-à-dire de la trahison du châtelain d'Arval et de l'embuscade qu'il avait préparée à son intention.

— Cette courtoisie me touche, répondit Raimondin, et je vous remercie d'avoir songé à vous armer contre cette attaque. Je n'oublierai pas ce service, si, au temps à venir, vous avez besoin de moi.

Au bout de quelques heures de marche, l'avant-garde de la petite troupe de Raimondin fit rencontre des six cents hommes du châtelain d'Arval, qui furent bien étonnés de voir que les gens qu'ils voulaient surprendre étaient avertis et armés.

— A mort! A mort celui qui a causé la honte de Josselin du Pont, notre cousin! crièrent les varlets du châtelain.

Et, incontinent, les trompettes sonnant, ils coururent sus aux gens de Raimondin, un peu confusionnés d'abord de ce brusque assaut.

Mais Raimondin n'était pas là. Au bruit des trompettes, son cheval s'était cabré, comme un noble animal qui sentait la bataille, et n'avait pas eu besoin de l'éperon de son maître pour l'entraîner au plus fort du danger. Raimondin, une fois là, tira son épée et en frappa vigoureusement à tort et à travers, à droite et à gauche, devant et derrière, de façon à causer le plus de dommage possible à ses ennemis.

Le châtelain d'Arval l'aperçut, et, le montrant à trois de ses cousins germains :

— Voilà le chevalier qui a porté la honte et le dommage dans notre lignage! Si nous étions délivrés de lui, le reste de ses gens ne pourrait guère durer contre nous.

Lors, ils se précipitèrent tous quatre sur Raimondin, la lance baissée, au triple galop de leurs chevaux; deux s'acharnèrent sur son écu, et les deux autres sur son bassinet. Leurs coups furent rudes, si bien même que le cheval de Raimondin s'abattit.

C'en était fait de lui, car ses quatre ennemis revenaient sur lui, plus acharnés que jamais, dans l'espérance de l'achever; mais Raimondin pressa de sa cuisse nerveuse les flancs de son cheval, qui se releva aussitôt, prêt à courir. Une fois relevé, l'amant de Mélusine se porta impétueusement sur le châtelain d'Arval et lui donna un si rude coup sur le bassinet, que, tout étourdi, il vida les étriers et tomba par terre, son épée hors des mains.

A ce moment arrivèrent le vieux chevalier, Henry et Alain, et puis d'autres encore, en bon nombre, et la bataille commença grande et fière. La presse était forte de part et d'autre; forte aussi était l'envie que chacun avait de s'entretuer. La mêlée fut âpre et sanglante; il y eut beaucoup de morts du côté du châtelain d'Arval, beaucoup de morts aussi du côté de Raimondin. Peut-être même que les gens du châtelain, supérieurs en nombre, eussent fini par massacrer jusqu'au dernier, comme ils l'avaient juré, les gens de Raimondin, si Henry n'était parvenu à les prendre par le flanc et en arrière, à l'aide d'une poignée de vaillants hommes d'armes qu'il avait dissimulés jusque-là dans un coin du bois, pour ne donner qu'à un moment opportun.

Cette manœuvre habile décida en effet du succès. Les gens du châtelain, surpris par cette avalanche humaine, impétueuse, furieuse, se débandèrent et cherchèrent à fuir. Mais toute retraite leur fut coupée; ils furent enveloppés et massacrés jusqu'au dernier, à l'exception d'un petit nombre qui furent faits prisonniers, parmi lesquels le châtelain d'Arval et ceux de son lignage, dont la garde fut confiée au vieux chevalier de Mélusine et à quarante de ses hommes d'armes.

CHAPITRE XVI

Comment, après la bataille, Raimondin fit pendre tous les gens du lignage de Josselin et envoya le châtelain d Arval au roi des Bretons pour qu'il en fît la justice qu'il lui plairait. Comment, après cela, il revint vers Mélusine.

Raimondin remercia chaudement ses cousins et ses amis du secours qu'ils lui avaient apporté et leur demanda ce qu'il était convenable de faire, maintenant que le châtelain d'Arval et son lignage étaient prisonniers.

— Faites-en votre volonté, beau cousin, répondit Henry, l'aîné des deux Alain. Ce que vous ferez sera bien fait.

— Voici ce que je propose, reprit Raimondin. Faisons pendre tous ceux qui sont du lignage de Josselin, et envoyons le châtelain d'Arval et les autres au roi des Bretons pour témoigner de la trahison qui nous a été faite : il leur appliquera telle punition qui lui conviendra.

— Vous dites très bien, sire, répondirent les parents de Raimondin et de Henry de Léon.

En conséquence de ce, on alla chercher les prisonniers et on les conduisit au château d'Arval, où ils furent pendus aux fenêtres et aux arbres. Quant à ceux du lignage de Josselin, le châtelain d'Arval en tête, ils furent liés et conduits par Alain, avec trois cents hommes, à Vannes où était en ce moment le roi.

Alain arriva au bout de deux jours et présenta le châtelain d'Arval et les autres prisonniers au roi, en lui racontant ce qui s'était passé.

— Sire, ajouta Alain, le vaillant chevalier mon cousin, que vous connaissez maintenant, se recommande à votre bonne grâce et vous prie de ne pas trouver mauvais qu'il ait tiré vengeance de ses ennemis qui voulaient se débarrasser de lui par trahison. Après avoir fait pendre le menu frétin des gens du châtelain d'Arval, il a épargné les gens du lignage de Josselin, pour vous les envoyer afin qu'ils pussent vous témoigner de la vérité du fait. Vous en tirerez la punition qu'il vous plaira d'en tirer.

— Comment, châtelain, dit le roi, avez-vous eu l'audace de nous faire un tel outrage, puisque nous avions fait de votre parent Josselin la justice qu'il méritait? C'était de l'outrecuidance de votre part, c'est à bon droit qu'il vous en est mal venu.

— Ah! noble roi, répondit le châtelain, ayez pitié de moi : c'est le seul chagrin que j'avais du déshonneur que Raimondin avait fait à notre lignage qui m'a poussé à en agir ainsi contre lui...

— Par ma foi, reprit le roi, c'est mauvaise compagnie que celle des traîtres : allez-vous en de céans, que je ne vous voie plus. Votre oncle Josselin et votre cousin Olivier ont été pendus à Nantes : vous allez aller à Nantes, sous bonne escorte, vous et les vôtres, et je ne mangerai pas avant que la hart n'ait terminé le cours de vos jours et de vos félonies... Hors d'ici, traîtres, couvée de traîtres! Vous ne trahirez plus personnes désormais!...

Ainsi fut-il fait comme l'avait dit le roi.

Lors Alain et les hommes d'armes qui lui avaient fait compagnie, quittèrent Vannes et s'en revinrent au château d'Arval, en la forêt de Guérende, où ils racontèrent à Raimondin ce que le roi avait fait et dit.

— Le roi est un vaillant et loyal justicier, répondit Raimondin. Maintenant, beaux cousins, écoutez-moi. Vous allez fonder un prieuré, qu'on appellera prieuré de la Trinité, où seront rentés à perpétuité huit moines qui chanteront pour l'âme de mon père et pour celle de mon neveu le roi, ainsi que pour les âmes de ceux qui sont trépassés dans cette folle entreprise. Vous irez trouver le roi des Bretons pour me recommander à lui et le prier de fixer lui-même l'emplacement où doit être édifié ce prieuré. Lorsqu'il l'aura fixé, vous appellerez maçons et charpentiers et ferez construire la chapelle; lorsque la chapelle sera construite, vous y appellerez huit moines blancs qui y vivront sous l'œil de Dieu.

Henry et Alain promirent, et Raimondin, confiant en eux, songea à regagner au plus vite Lusignan, où l'attendait Mélusine. Il partit donc de Guérende, ce dont le peuple et les barons furent très dolents, à cause des vaillantes qualités qu'ils avaient découvertes en lui.

Après avoir longtemps chevauché, il arriva en la terre de Poitou, où il trouva à foison de hautes forêts non habitées, à foison de grands bois peuplés de cerfs, de biches, de daims et de sangliers, à foison aussi de verdoyantes plaines et de claires rivières.

— C'est grand dommage, s'écria-t-il, de ne voir aucun peuple en ce plantureux pays! Que de coins du monde qui attendent des habitants! Que d'habitants qui n'ont pas la terre nécessaire pour y vivre!...

Raimondin fit une halte en une ancienne abbaye, l'abbaye de Maillières, qui avait une centaine de moines, sans les frères convers, et où il reçut l'hospitalité la plus généreuse pendant trois jours et trois nuits. Au matin du quatrième jour, il remonta à cheval, et vers le milieu de la journée il approcha du bourg de Lusignan, qui s'était bâti en son absence, et qu'il ne reconnut pas.

— Qu'est ceci, chevalier? demanda-t-il étonné au vieux chevalier de Mélusine. Je vois et je reconnais la tour de Lusignan ; mais je vois aussi un bourg fortifié que je ne reconnais pas. Qu'est-ce que tout cela peut être?... Je croyais être venu à Lusignan, et je m'aperçois que je me suis trompé.

Le vieux chevalier se contenta de rire, pour toute réponse.

— Vous truffez-vous de moi, chevalier? reprit Raimondin. Pourquoi riez-vous ainsi quand je vous dis que je crois reconnaître le château de Lusignan, et que ces fortifications m'empêchent de le reconnaître? Suis-je ou ne suis-je pas à Lusignan?

— Sire, vous y serez tantôt, et joyeux d'y être, s'il plaît à Dieu! répondit le vieux chevalier.

CHAPITRE XVII

Comment, aussitôt après le retour de Raimondin, Mélusine accoucha d'un second fils, puis d'un troisième, puis d'un quatrième, et ainsi de suite jusqu'à huit.

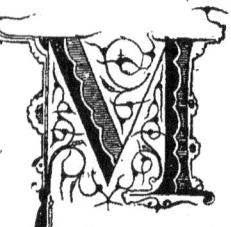

aîtres queux, varlets et sommiers avaient pris les devants et annoncé à Mélusine la venue de Raimondin. Quoiqu'elle y crût bien, Mélusine fit semblant de n'y pas croire, et elle alla à sa rencontre avec un nombreux concours de populaire, et avec une escorte de dames et de demoiselles richement accoutrées, et de chevaliers et d'écuyers montés et arroyés très honorablement.

Raimondin vit venir à lui cette foule qui, aussitôt qu'elle fut près de lui, s'écria tout d'une voix :

— Soyez le bienvenu, monseigneur!...
Monseigneur, soyez le bienvenu!...

Raimondin était au comble de l'étonnement. Il ne se savait pas le seigneur et le maître d'une si grosse foule. Apparemment il rêvait; du moins il croyait rêver.

— Beaux seigneurs, d'où venez-vous donc ainsi? demanda-t-il à quelques chevaliers qu'il reconnut dans cette foule?

— Nous venons de Lusignan, monseigneur, répondirent-ils.

— Y a-t-il loin d'ici?

— Mais vous avez Lusignan devant les yeux, monseigneur!... Nous voyons bien, à votre ébahissement, que vous n'êtes pas au courant des agrandissements faits à la forteresse pendant votre absence. Madame Mélusine, que voici, vous instruira mieux que nous là-dessus, d'ailleurs.

Mélusine arrivait, en effet, souriante et heureuse.

— Monseigneur, dit-elle à Raimondin, je suis toute joyeuse de ce que vous avez si bien et si honorablement besogné en votre voyage, qu'on m'a déjà raconté.

— Madame, répondit courtoisement Raimondin, c'est grâce à vous et grâce à Dieu que je suis sorti sain et sauf de toutes ces bagarres : c'est vous et Dieu que je remercie!...

En parlant de ces choses, Mélusine et Raimondin revinrent à Lusignan, où leur présence fut le signal de fêtes splendides qui durèrent huit jours ; fêtes auxquelles assistèrent le comte de Poitiers et le comte de Forest, frère de Raimondin.

Mélusine devint enceinte une seconde fois. Elle avait déjà un garçon, qui s'appelait Urian ; elle eut un second garçon qui s'appela Odon, beau et bien formé, à l'exception d'une oreille, qu'il avait plus grande que l'autre.

Un an après celui-là, elle en eut un troisième, qu'on nomma Guion ; un très bel enfant, sauf qu'il avait un œil plus haut que l'autre.

Après Guion, vint un quatrième garçonnet, qui eut nom Antoine. Celui-là portait sur la joue une griffe de lion.

Après Antoine, vint Regnault. Comme ses quatre aînés, il était très beau, mais il n'avait qu'un œil, très bon à la vérité.

Le sixième garçon fut Geoffroy, qui apporta en naissant une grande dent qui lui sortait d'au moins un pouce de la bouche.

Après Geoffroy, vint Froimond, qui fut assez beau, à part une petite tache sur le nez, velue comme la peau d'une taupe.

Après Froimond, Mélusine fut environ deux ans sans porter. Au bout de deux ans elle devint enceinte et accoucha à terme d'un huitième garçon. Celui-là avait trois yeux, dont l'un au front. Il fut très cruel, et tua deux nourrices en quatre ans.

Pendant tout ce temps, Mélusine, qui songeait à tenir les promesses qu'elle avait faites à Raimondin accroissait peu à peu ses possessions. Après Lusignan, ce furent le château et le bourg de Parthenay ; puis les tours et le château de la Rochelle ; puis Pons, Saintes, Tellemont, Tallemondois, et grand nombre d'autres villes et forteresses. Si bien que tant en eut Raimondin en Bretagne, en Guienne et en Gascogne, qu'il n'en savait plus le compte.

CHAPITRE XVIII

Comment Urian et Guion, fils de Raimondin et de Mélusine, voulurent aller au secours du roi de Chypre ; et des conseils que leur donna leur mère le jour de leur départ.

Quand Urian, le premier né de Mélusine et de Raimondin, eut atteint l'âge de dix-huit ans, il songea à aller de par le monde guerroyer et courir les aventures comme avait fait son noble père.

Urian n'était pas très laid, malgré qu'il eût un visage étrange, c'est-à-dire court et large, les yeux de couleur différente, c'est-à-dire l'un rouge et l'autre tout pers, et les oreilles d'une grandeur disproportionnée. Il rachetait ces imperfections-là par une ardeur et un bon vouloir remarquables.

Guion, son troisième frère, avait seize ans d'âge.

Tous deux s'aimaient beaucoup et étaient beaucoup aimés de tous les nobles du pays.

Ayant appris un jour que le soudan de Damas avait assiégé le roi de Chypre en sa cité de Famagosse, et qu'il le tenait en grande détresse, ces deux jeunes gars songèrent tout naturellement à porter secours à ce prince chrétien, d'autant plus qu'il avait une très gente pucelle pour unique héritière, ce qui était à considérer.

Après s'être consultés l'un et l'autre, Urian et Guion allèrent trouver leur mère Mélusine et lui demandèrent son consentement à cette entreprise. Mélusine ne put le leur refuser, et elle pria Raimondin de leur donner aussi le sien, ce qu'il fit de grand cœur, heureux de l'éclosion de ces sentiments chevaleresques.

Lors donc, Mélusine, voulant veiller jusqu'au bout sur ses deux aînés, fit arriver au port de la Rochelle un grand navire pouvant contenir quatre mille hommes d'armes. On y aménagea à foison vivres, artillerie, harnois et chevaux, et, pour compagnie aux deux fils de Mélusine, il y eut cinq cents arbalétriers et cinq cents hommes d'armes. Le reste était composé de chevaliers, d'écuyers et de gentilshommes, dévoués au lignage de Raimondin. Les bannières et les étendards flottèrent au vent, les trompettes sonnèrent de joyeuses fanfares, les chevaux hennirent de joyeux hennissements, on se prépara à lever l'ancre.

Mélusine et Raimondin, ainsi que leurs autres enfants, avaient accompagné Guion et Urian jusqu'à la mer. Leurs adieux se firent au milieu de l'attendrissement général.

Au moment où ils allaient quitter terre pour monter sur le navire qu'ils devaient commander, Mélusine prit à part ses deux garçons, les contempla tendrement pendant quelques instants, et, finalement, leur dit d'une voix grave et douce tout à la fois :

— Mes enfants, voici deux anneaux dont les pierres ont la même vertu. Je vous les donne. Tant que vous userez de loyauté, sans penser à faire mal ni tricherie, et que vous les porterez sur vous, vous ne serez jamais déconfits ni vaincus. Ayez seulement querelle honorable, ni poison, ni enchantements, ni maléfices, ne vous pourront jamais nuire ni grever ; il vous suffira de regarder ces deux anneaux.

Cela dit, Mélusine en donna un à Urian l'aîné, et un autre à Guion le puîné, et tous deux s'agenouillèrent humblement pour la remercier.

Elle reprit :

— Mes chers enfants, je vous prie de ne jamais oublier, en quelque lieu que vous vous trouviez, d'entendre le service divin avant de rien entreprendre. La prière reconforte, et le ciel protége volontiers les âmes qui songent à lui. En outre, mes doux amis, aidez et conseillez les mères et les veuves ; défendez les orphelins ; honorez les dames ; réconfortez et protégez les pucelles opprimées ; soyez humbles, doux et courtois envers tout le monde, surtout envers les petits... Soulagez de votre aumône délicate les pauvres en mal de misère ; soulagez de votre tendresse les pauvres en mal de tristesse.... Soyez larges aux bons, et quand vous donnerez, ne soyez pas longs à le faire : le bien ne doit pas se faire attendre ni désirer... Défendez-vous des largesses inutiles et folles : le ciel ne vous a pas mis en main des richesses pour les semer là où elles ne poussent pas. Tenez toujours loyalement vos promesses, et, pour les tenir volontiers, ne les faites pas trop à la légère... Ne vous laissez pas gouverner par vos passions de jeunes hommes, et si vous faillissez, que ce ne soit pas irréparablement. Ne convoitez jamais la femme d'autrui, afin qu'un jour on ne soit pas autorisé à convoiter les vôtres. Aimez qui vous aimera, chastement et affectueusement, et ne haïssez jamais que le vice, l'hypocrisie et la lâcheté, les seules choses haïssables de ce monde... Par ainsi, mes chers enfants, vous vivrez toujours honorablement, et, si vous devez périr, ce qu'à Dieu ne plaise, vous périrez avec la conscience à l'aise et le cœur en joie : vous aurez fait votre devoir...

Urian et Guion remercièrent tendrement leur mère de ces conseils, dictés par la prudence et par l'amour, par la raison et par le cœur.

Mélusine ajouta :

— Il y a dans votre navire assez d'or et assez d'argent pour tenir votre état et bien payer vos gens durant quatre années. Bons vins et bonnes viandes, pain et biscuit, eau douce et vinaigre, rien ne vous manquera ! Allez-vous-en donc à la grâce de Dieu, qui vous ramènera heureux dans mes bras, chers enfants !

CHAPITRE XIX

Comment Urian et Guion s'embarquèrent, et des aventures de mer qu'ils eurent.

Guion et Urian s'embarquèrent et leur navire gagna la pleine mer, sur laquelle il erra pendant un long temps.

Un jour ils aperçurent à l'horizon plusieurs vaisseaux qui donnaient la chasse à deux galères. Le patron se consulta à ce sujet avec les deux frères, et il envoya une de leurs galères au devant des deux galères poursuivies, afin de savoir quelles gens les montaient.

Les trois petits navires s'abordèrent.

— Qui êtes-vous là ? demandèrent les gens d'Urian aux gens des deux galères.

— Nous sommes galères de Rhodes, que poursuivent des Sarrasins montés sur les vaisseaux que vous voyez là-bas. Vous êtes chrétiens, sans doute... Protégez-nous !

— Volontiers, répondirent les gens d'Urian.

— Si vous êtes prêts à la défense, ou plutôt à l'attaque, dit le patron des deux galères de Rhodes, c'est là une excellente occasion... Car ces Sarrasins sont des gens du soudan de Damas qui s'en vont au siège de Famagosse, et à les défaire il y aurait double profit, d'abord parce que cela causerait grand dommage au soudan, ensuite parce que cela porterait grand secours au roi de Chypre...

On vint raconter cela aux deux fils de Mélusine et à leurs gens, et, tout aussitôt, naufs et galères furent pavoisées, les canons furent mis en état de jouer, les trompettes sonnèrent, et l'on courut sus aux Sarrasins.

Ceux-ci furent bien étonnés de se voir entourés d'un si grand nombre de chrétiens, qui menaient un si grand bruit. Lors ils firent emplir une galère, prise par eux sur les Rhodiens, de bois, d'huile, de graisse et de soufre, et, lorsque les gens d'Urian et de Guion vinrent pour aborder, ils mirent le feu à cette nauf.

Mais les chrétiens évitèrent ce piège qui tourna à la déconvenue de ceux qui l'avaient préparé. Au lieu d'incendier les navires d'Urian, le brûlot incendia la flotte du soudan de Damas. Les gens qui la montaient furent ou pris, ou noyés, ou brûlés, et leurs naufs ramenées en l'île de Rhodes, où Urian et Guion furent remerciés et fêtés comme ils devaient l'être.

Au bout de quatre jours, ils voulaient s'en retourner avec leurs gens pour aller secourir le roi de Chypre ; mais, en apprenant qui ils étaient et quelles étaient leurs intentions, le maître de l'île de Rhodes s'opposa à leur départ, en leur disant qu'il se joindrait à eux pour cette expédition.

Et, en effet, au bout de quelques jours, six galères bien approvisionnées prirent la mer avec le navire des deux frères, et se mirent à naviguer de conserve.

Bientôt on leur signala l'île de Caule, d'où s'échappaient des tourbillons de fumée. Ils voulurent en savoir la cause et envoyèrent quelques-uns de leurs gens, qui y abordèrent et constatèrent qu'il pouvait bien y avoir eu là trente mille hommes d'armes, tant à cause des feux encore allumés et des logis abandonnés, que des débris d'animaux morts. On jugea que ce devaient être des Sarrasins allant vers le soudan, et que ceux qui avaient été déconfits par les gens d'Urian devaient être attendus dans cette île par leurs compagnons.

On quitta ces parages et les navires continuèrent à nager dans la direction du royaume de Chypre, but de leur expédition.

En chemin ils rencontrèrent une montagne, au sommet de laquelle se trouvait une abbaye consacrée à monseigneur Saint-André. C'est là, suivant la tradition, qu'était la potence à laquelle avait été attaché Dimar le bon larron, dans le voisinage du Christ, martyrisé aussi.

On entra dans le port naturel creusé par les flots au pied de cette montagne, et, pendant que des émissaires étaient envoyés çà et là pour avoir des nouvelles sur la marche des Sarrasins, Urian et Guion, avec le maître de Rhodes, descendirent à terre et se rendirent à l'abbaye où ils furent reçus comme des sauveurs.

CHAPITRE XX

Comment Urian et Guion, arrivés en l'abbaye de Saint-André, apprirent d'un capitaine pourquoi le soudan faisait la guerre au roi de Chypre, et comment ils prirent part au combat.

Pendant que les envoyés d'Urian allaient d'un côté et d'autre quérir des nouvelles touchant la marche des Sarrasins, les gens de ses navires débarquaient les chevaux et les armes, et, on se mettait en route pour la ville assiégée, guidé par un vaillant chevalier qui avait une admiration profonde pour les fils de Mélusine.

Urian avait fait armer quatre cents gentilshommes des plus hauts barons, chevaliers et écuyers. Il marchait à leur tête, ayant son frère à côté de lui, avec une bannière déployée, brodée d'argent et d'azur à l'ombre d'un lion de gueule, le tout en très belle ordonnance.

En chemin, Urian demanda au maître de Rhodes et à un capitaine qui chevauchait à côté de lui :

— Beaux seigneurs, qu'est le soudan, dites-moi ? Est-ce un jeune homme ? Est-il de grand courage et de haute entreprise ?

— Oui, certes, répondit le capitaine.

— Pourquoi fait-il la guerre au roi de Chypre ? demanda encore Urian.

— Sire, répondit le capitaine, notre roi a pour fille une très belle pucelle de quinze ans que le soudan a voulu avoir. Le roi de Chypre la lui aurait accordée volontiers s'il avait consenti à se faire baptiser. Mais le soudan tient autant à sa religion qu'à son amour, et, pour concilier l'une et l'autre il a mis le siège devant Famagosse, à la tête de cent mille Sarrasins, où notre roi a été un peu étonné de le voir arriver dans de telles dispositions. Voilà où en sont les affaires. Aussi le secours que vous apportez au roi notre sire sera-t-il le bien venu et le bien accepté.

Le lendemain, à l'aube, Urian fit sonner les trompettes, et ordonna que ceux qui voudraient boire un coup avant la bataille se dépêchassent de le boire ; puis chacun alla se placer au rang qu'il avait désigné.

On lui apporta alors une lettre du roi au capitaine, par laquelle il était enjoint à ce dernier de mettre la ville au commandement des deux frères, et d'ordonner, en son nom, à toutes villes, forteresses, châteaux, ports et passages du royaume de Chypre, d'obéir comme à lui-même à ces deux vaillants chevaliers.

— Nous remercions le roi de l'honneur qu'il nous fait, dit Urian ; nous userons de la permission qu'il nous octroie, mais sans en abuser. Nous n'entrerons dans les villes et châteaux de son royaume qu'autant que cela sera nécessaire. Maintenant, beaux seigneurs, songeons à tenir les champs et à faire au soudan une guerre à outrance. Dites-moi, je vous prie, quel nombre d'hommes vous pourrez opposer aux cent mille païens de ce soudan...

— Cent mille et plus, fit observer le capitaine.

— Ne vous en inquiétez pas, reprit Urian, nous avons le bon droit pour nous, et le bon droit vaut une armée. Alexandre, le roi de Macédoine, qui conquit tant de pays, n'avait jamais plus de dix mille combattants avec lui, et il ne s'occupait pas des centaines de mille qu'il avait contre lui...

Quand le capitaine entendit Urian parler si vaillamment, il en augura bien pour le succès de la bataille, et lui dit :

— Sire, je vous trouverai quatre mille hommes combattants, deux mille brigandiniers, arbalétriers et autres.

— Par ma foi, s'écria Urian, c'est assez ! Faites seulement que nous les ayons bientôt, et tout ira bien.

En cet instant arriva vers Urian et Guion le messager porteur de la lettre du roi de Chypre, que le capitaine avait communiquée au fils aîné de Mélusine. Il s'agenouilla devant les deux jeunes hommes et leur dit :

— Nobles damoiseaux; la plus noble et la plus belle pucelle du monde, que je sache, vous salue nombre de fois et vous prie d'accepter de ses propres joyaux. Sire, ajouta-t-il en se tournant vers Urian, recevez ce fermail d'or de la part de demoiselle Hermine, la fille de notre seigneur le roi, qui vous prie de le porter pour l'amour d'elle. Sire, ajouta-t-il en se tournant vers Guion, voici un anneau qu'elle vous supplie de porter en son honneur...

— Grand merci, répondit Urian en attachant le fermail à sa cotte d'armes.

— Grand merci, répondit Guion en boutant l'anneau à son doigt.

Puis tous deux, ayant comblé de dons fort riches le messager, le congédièrent pour se mettre en route à la tête de leurs gentilshommes.

En chemin, ils recrutèrent nombre d'hommes d'armes dans plusieurs châteaux et forteresses dépendant du roi de Chypre, de sorte qu'outre le nombre promis par le capitaine, il y en eut bien cinq cents qu'il n'avait pas comptés et qui grossirent d'autant les rangs de la petite armée.

On arriva au bord d'une rivière où l'on campa, à environ sept lieues de Famagosse.

Le lendemain, une troupe d'avant-garde, composée d'environ six cents païens, vinrent pousser une reconnaissance jusqu'à l'endroit où campaient les chrétiens commandés par les deux fils de Mélusine.

Lors Urian prit avec lui une moitié de ses gens, et, laissant l'autre sous la garde de son frère et du maître de Rhodes, il marcha à la rencontre des Sarrasins, qui débouchaient précisément de l'autre côté d'un pont jeté sur la rivière au bord de laquelle il avait campé.

Aussitôt qu'il les eut aperçus, il mit pied à terre, la lance au poing, et fit déployer sa bannière au cri de *Lusignan* ! Puis il s'avança résolûment au milieu du pont, suivi de ses gens, et alors commença un sanglant margouillis. Les Sarrasins furent forcés de reculer, et ils se débandèrent devant la furie de cette attaque inattendue. Ils avaient beau fuir grande erre, les chrétiens en atteignirent un nombre considérable, et, pendant cinq heures, ce fut une épouvantable tuerie. Ceux qui échappèrent se retirèrent vers une haute montagne, du côté de Famagosse, où les gens d'Urian les poursuivirent la lance dans les reins.

Mais ce n'était pas tout que d'avoir défait et déconfit ces païens-là. Il en restait d'autres qui avaient mis le siège devant Famagosse et qui étaient en plus grand nombre que ceux que venaient d'occire les gens d'Urian.

Il s'agissait d'aller au secours du roi.

Lors, Urian fit sonner les trompettes et divisa son armée en quatre bataillons, dont il eut le premier, son frère le second, le maître de Rhodes le troisième, et le capitaine le quatrième ; la chose ainsi arrangée, on escalada la montagne.

Quand le soudan, qui commandait en personne l'armée des assiégeants, vit venir à lui cette troupe de gens d'armes, pennons et bannières au vent, il commanda qu'on les repoussât, croyant qu'il lui suffisait d'ordonner pour que cela fût fait.

Tout au contraire ; après avoir essayé de se défendre, les Sarrasins furent forcés de lâcher pied ; et beaucoup de ceux qui ne furent pas tués cherchèrent leur salut dans la retraite.

Le soudan, homme de grand courage, rallia ses gens autour de lui et se jeta sur les gens d'Urian avec impétuosité, maniant d'une façon terrible la hache dont il frappait à droite et à gauche, en abattant à chaque coup une poignée de chrétiens, comme le moissonneur une poignée d'épis sous le tranchant de sa faucille.

En le voyant ainsi besogner, Urian se dit :

— Par ma foi ! c'est grand dommage vraiment que ce Turc soit un Turc, car il est vaillant comme un chrétien ! Mais malgré l'estime particulière que je fais de sa bravoure, je suis forcé d'en arrêter la fougue qui est si préjudiciable à mes gens. S'il frappait de cette vigoureuse manière sur mécréants, je l'admirerais plus volontiers ; c'est sur chrétiens qu'il frappe ainsi : mon devoir est de m'y opposer...

Urian, donc, mit fièrement son épée au poing, piqua des éperons les flancs de son cheval et vint grande erre à la rencontre du soudan, qui, d'abord, pensa en avoir facilement raison en lui assénant en pleine tête un coup de sa redoutable hache.

Mais Urian se détourna habilement, et la hache, pesamment lancée, s'échappa des mains qui la retenaient tout à l'heure. Le soudan, désarmé, se trouva alors à la merci du fils de Mélusine qui ne perdit pas cette occasion et lui planta son épée entre les deux épaules, à l'endroit où le heaume était un peu tendre. Les deux maîtresses veines et les tendons du gorgeron en furent traversés d'outre en outre et le sang jaillit à flots de la plaie comme d'une source.

Ce que voyant, les païens, privés de chef, n'hésitèrent plus un seul instant à fuir dans toutes les directions, abandonnant volontiers le siége de Famagosse.

CHAPITRE XXI

Comment, après la victoire remportée sur les Sarrasins par Urian et son frère, le roi de Chypre leur fit fête, ainsi que tous les barons de la ville.

Dans une précédente sortie contre les Sarrasins, le roi de Chypre avait reçu un dard empoisonné de la main même du soudan, et il se mourait de cette blessure inguérissable.

Sa fille, la belle Hermine, menait une telle douleur de cet événement, que c'était grande pitié à voir, et, depuis deux jours, elle se refusait à boire et à manger, voulant mourir quand et quand son père.

Le roi ressuscita en apprenant la victoire remportée par des chrétiens sur des mécréants, grâce au généreux et vaillant concours des deux fils de Mélusine.

— Capitaine, dit-il, je vous remercie de la bonne diligence que vous avez faite en accompagnant ces deux nobles hommes par qui ma terre est hors de la sujétion des Sarrasins. Allez, je vous prie, leur demander de me venir voir avant que je ne meure... J'ai grand désir de récompenser, selon mon pouvoir, la courtoisie qu'ils m'ont faite...

— Monseigneur, répondit le capitaine, je les vais quérir à votre congé. Demain, à la première heure, ils seront auprès de vous.

Pendant que le capitaine s'en retournait vers le camp d'Urian pour lui annoncer la volonté du roi, celui-ci ordonnait que l'on encourtinât la grand'rue de la ville, de la porte par où les deux frères devaient entrer jusqu'au palais où ils devaient s'arrêter. Il ordonna, en outre, que tous les nobles et non nobles fissent parer les rues pour faire fête et honneur aux deux frères et à leurs gens, et que, à chaque carrefour, il y eût force ménétriers et trompetteurs, avec tous leurs instruments, pour les festoyer et honorer également.

Lorsque tout fût prêt et disposé comme l'avait voulu le roi, les deux frères firent leur entrée dans la ville, tous deux montés sur de hauts destriers.

Urian avait conservé son armure de combat, avec la marque des horions et des ébréchures qu'y avaient faits les traits des païens, l'épée au poing, nue et flamboyante.

Guion, lui, était vêtu d'un long drap de Damas, bien fourré, ce qui n'ôtait rien à sa vaillante prestance.

Devant eux chevauchaient trente des plus nobles barons, en riche arroi, et, à côté d'eux, le maître de Rhodes et le capitaine, richement accoutrés aussi.

Trompetteurs et ménétriers commencèrent leur métier, et, à leur musique, se mêlèrent les acclamations enthousiastes de la foule et des bourgeois.

— Soyez le bienvenu et le bien remercié ! criaient ces derniers, en admirant la fière mine d'Urian. Soyez le bienvenu, prince de victoire, par qui nous sommes ressuscités du long servage des ennemis de notre Seigneur Jésus-Christ. Béni soyez-vous, ainsi que les entrailles dont vous êtes sorti !...

Dames et demoiselles étaient aux fenêtres, admirant et acclamant comme la foule.

— Ce chevalier, disaient-elles, est fait pour soumettre le monde à son obéissance. Il est entré en cette cité comme s'il l'eût conquise. Il est de la forte race des dominateurs !...

— Son frère vaut aussi qu'on l'admire, disaient les gentilshommes qui faisaient compagnie aux dames. Bien qu'il n'ait pas une aussi fière mine, on voit bien qu'il est homme de haute entreprise.

C'est ainsi que les deux frères arrivèrent au palais, où les attendait si impatiemment le roi, couché sur son lit de douleur.

Ils entrèrent et lui firent révérence.

— Nobles damoiseaux, dit le roi, soyez remerciés, et de grand cœur, pour la grande vaillance que vous avez montrée, et pour le grand service que vous m'avez rendu. Je suis petit prince, mais, ce que j'ai, je le mets volontiers à votre disposition pour vous récompenser de ce que vous avez fait.

— Sire roi, répondit Urian, point n'est besoin de récompense. Nous ne sommes pas venus ici pour avoir votre or et votre argent, vos terres ou vos châteaux, mais bien pour acquérir honneur et détruire les ennemis de notre religion, qui est la vôtre... Si vous croyez nous devoir quelque chose, faites-nous chevaliers de votre main, mon frère et moi, et nous serons largement et généreusement récompensés.

— Par ma foi, reprit le roi, bien que je ne sois pas digne de faire droit à votre requête, car ce n'est pas au moins preux à accorder brevet de vaillance au plus preux, j'y ferai droit volontiers.

Lors, Urian tira son épée du fourreau, s'agenouilla devant le lit où gisait le roi et lui dit :

— Sire roi, je vous requiers de nouveau, pour tout salaire, de vouloir bien nous armer chevaliers, mon frère et moi, avec cette épée qui a châtié les païens. Nous ne pouvions recevoir l'ordre de chevalerie de main plus loyale et plus vaillante que la vôtre propre.

— Sire damoiseau, répondit le roi, vous me témoignez plus d'honneur que vous ne m'en devez et vous m'en dites cent fois plus que je ne vaux... Ce que vous me demandez est trop peu de chose, en vérité, et vous me permettrez bien, après cela, de vous accorder un don de valeur plus grande et plus profitable.

— Sire, dit Urian, je suis tout prêt à accomplir votre volonté.

Ces paroles réconfortèrent le roi, qui, tout joyeux, se dressa sur son séant, prit par le pommeau l'épée qu'Urian lui tendait, lui donna la colée et lui dit :

— Au nom de Dieu, soyez chevalier.

Puis il lui rebailla l'épée, et, tout aussitôt, par suite de l'effort qu'il venait de faire et de la joie qu'il venait d'avoir, sa plaie se rouvrit, et le sang lui partit à grand randon parmi les bandeaux qui la couvraient.

Chacun des assistants fut affligé de cet accident qui pouvait faire passer le roi de vie à trépas. Mais il se bouta arrière dans son lit, tout soudainement, et assura qu'il ne ressentait nul mal.

Quelques instants après, il priait deux de ses chevaliers d'aller quérir sa fille.

CHAPITRE XXII.

Comment, après avoir armé chevalier Urian, le roi de Chypre lui donna sa fille, et comment, après lui avoir donné sa fille, il lui donna sa couronne.

Hermine accourut au mandement de son père, qui dit :

— Ma fille, remerciez ces deux nobles hommes du secours qu'ils m'ont apporté, ainsi qu'à vous et à notre royaume, car, si ce n'eût été la grâce de Dieu et leur vaillance, nous étions tous détruits ou exilés de notre pays, et forcés de nous convertir à la loi de ces mécréants maudits, ce qui eût été pire que la mort.

Hermine salua les deux frères et les remercia du regard, de la bouche et du cœur, tant pour le compte de son père que pour son compte personnel. Elle était si émue en les remerciant, si émue et si ravie qu'elle ne savait comment faire proprement contenance. Urian, surtout, l'impressionnait agréablement et fortement.

Urian s'aperçut de son trouble, et, pour le dissiper, il alla doucement à elle, lui prit respectueusement les mains dans les siennes et l'entretint de choses et d'autres pendant quelques instants. Le trouble d'Hermine, au lieu d'en diminuer, en augmenta.

— Ma fille, dit le roi, venez ici, près de moi, plus près encore; serrez-vous bien contre mon cœur, car je crois que vous ne me tiendrez plus guère compagnie maintenant...

Hermine obéit, et, en entendant son père faire ainsi allusion à sa mort prochaine, elle se mit à sangloter, et chacun des assistants l'imita, mais moins bruyamment.

— Chère fille, reprit le roi, laissez là cette grande douleur et ce grand deuil que vous menez, je vous en prie.... Il faut savoir se résigner dans la vie... Il est dans l'ordre naturel des choses que nous ayons toujours à regretter quelqu'un ou quelque chose... Chaque créature humaine est exposée à ces douleurs-là... Quand ce n'est pas un père ou une mère, c'est un ami... Ne vous dolentez donc pas outre mesure, comme vous le faites... Si à Dieu plaît, je vous pourvoirai de façon à ce que vous soyez contente de moi avant que je ne parte définitivement de cette mortelle vie...

A ces mots, la douleur d'Hermine recommença de plus belle. Et recommencèrent aussi à pleurer les barons qui assistaient à cette scène.

— Belle fille, et vous tous autres, reprit le roi, cette douleur ne vous est pas nécessaire à mener, je vous le répète. Ni nécessaire, ni raisonnable, car vous accroissez mon chagrin du vôtre, comme si je n'en avais pas assez comme cela pour moi seul... C'est pourquoi je vous commande à tous de cesser de vous lamenter, si vous voulez que je demeure encore en vie une pièce de temps avec vous... Sire chevalier, ajouta-t-il en s'adressant à Urian, vous m'avez demandé un don, à savoir de vous armer chevalier... J'ai grand désir, à mon tour, de vous demander quelque chose.

— Demandez tout ce qu'il vous plaira, sire roi, répondit Urian, je l'accomplirai volontiers sans faillir.

— Grand merci, chevalier!... Mais sachez que je ne puis vous demander que noble chose, digne de vous et digne de moi... Or, sire chevalier, je vous prie qu'il vous plaise de prendre ma fille à femme et mon royaume à gouvernement. Je vous confie l'une et l'autre de même plaisir que l'autre, assuré que je suis que vous serez aussi bon mari que bon roi... Tenez, Urian, ne refusez pas la requête que je vous fais, ajouta le roi de Chypre en présentant sa couronne au fils aîné de Mélusine.

Lors furent les barons du pays si joyeux de cette nouvelle, qu'ils larmoyaient de pitié et de joie qu'ils en avaient.

Ils croyaient tous qu'Urian allait s'empresser d'accepter, tant était grand et enviable le double bonheur qu'on lui offrait. Mais Urian réfléchissait; il songeait aux aventures et aux honneurs qu'il s'é-tait promis de conquérir, au départ de la maison paternelle, et, après avoir résolu d'aller jusqu'au bout du monde, il trouvait que c'était bien mesquin d'aboutir au mariage et au repos.

Toutefois, comme il avait promis au roi de lui obéir, il ne put songer plus longtemps à lui manquer de parole. Et puis, Hermine était là, qui rendait l'obéissance facile et douce !

Urian s'avança vers le lit du roi, prit la couronne et la posa sur le giron d'Hermine en lui disant :

— Demoiselle, elle est vôtre : je vous la restitue après l'avoir reçue de la bonté de votre vaillant père. Si vous y consentez, je vous aiderai à la garder contre tous ceux qui pourraient la convoiter mal à propos.

— Sire chevalier, répondit Hermine en rougissant et en tremblant comme une feuille au contact du fils de Mélusine, je m'en rapporte aux ordres et à la volonté de mon père... Mais, avant de parler plus convenablement, je vous demanderai la permission d'attendre la guérison de mon père...

— A votre souhait, demoiselle, dit Urian. Ce qui vous plaît me plaît aussi...

— Hermine, belle fille, reprit le roi, vous montrez bien que vous ne m'aimez guère, puisque vous ne voulez pas accomplir la seule chose que je désirais le plus voir accomplir avant ma fin... Attendre ma guérison, c'est attendre ma mort, puisque ma blessure est inguérissable... Il serait bien plus simple à vous d'avouer que vous désirez ma mort !

Quand la pucelle entendit cela, elle en ressentit une peine extrême. Lors, se jetant toute éplorée à genoux, elle s'écria :

— O mon père ! mon vénéré père ! Il n'est aucune chose au monde que je vous refusasse, fallût-il en mourir ! Commandez-moi à votre plaisir : j'obéirai sans tarder...

Or donc, s'écria le roi, je vous commande à vous tous et à vous toutes de laisser là ce deuil qui m'offusque et de mener, au contraire, grande joie !... Qu'on tende et appareille cette salle ! Qu'on dresse les tables ! Qu'on organise la fête et la messe !... Je veux voir des gens heureux avant d'aller rendre mes comptes au grand roi du ciel ! La joie des autres allégera d'autant mon mal, et je m'en irai sans m'en apercevoir...

Ce qui fut dit fut fait. On appareilla richement, en tentures de couleurs gaies, la salle où le roi était en train d'expirer, et l'on y dîna devant lui, pour le distraire.

Il en ressentit un léger réconfortement, et, quoiqu'il souffrît beaucoup, par suite de l'infiltration du poison par tout son corps, il n'en laissa rien paraître sur son visage qui eut un continuel sourire.

Après dîner commença la fête, qui dura jusqu'au milieu de la soirée.

Au moment où Urian s'approchait pour prendre congé, le roi le retint par la main, et lui dit :

— Beau fils, je veux que vous épousiez ma fille dès demain, et que, dès demain aussi, tous les barons du royaume vous fassent hommage comme à leur roi, car je sens bien que je n'ai plus guère de temps à vivre ; il me reste à peine une journée...

— Sire, répondit Urian, puisqu'il vous plaît ainsi, votre volonté est la mienne.

CHAPITRE XXIII

Comment l'archevêque de Famagosse bénit les deux époux, et comment, au lendemain de leur nuit de noces, le roi de Chypre trépassa.

e lendemain, à l'heure de tierce, Hermine, richement vêtue de satin blanc, et Urian, richement vêtu de damas de soie rouge, se rendirent à la chapelle du palais où les attendait, pour les marier, l'archevêque de Famagosse.

Au retour de la chapelle, les nouveaux épousés allèrent trouver le roi de Chypre et s'agenouiller devant son lit, afin qu'il les bénît à son tour.

Le roi, en les voyant tous deux si jeunes et si heureux d'être épousés, quoique leur bonheur fût assombri par sa maladie et les approches de sa mort, leur sourit avec bonté et mélancolie, et, après avoir embrassé sa fille au front, il prit sa couronne et la posa sur la tête d'Urian.

Urian le remercia.

Puis, cela fait, le roi commanda qu'on laissât entrer tous les barons du pays, afin qu'ils prêtassent hommage au nouveau prince son fils.

Tout aussitôt recommencèrent la fête et le festin de la veille, qui se prolongèrent fort avant dans la nuit. On essaya de s'amuser, sans pouvoir y réussir, à cause de l'état pitoyable dans lequel on savait le roi, qui, cependant, faisait contre mauvaise fortune bon cœur, et donnait du mieux qu'il pouvait l'exemple de la gaîté.

Vers la mi-nuit, on mena l'épousée en la chambre nuptiale, en très solennel appareil, l'archevêque en tête. Le lit fut béni, Hermine fut déshabillée, et chacun s'en alla pour la laisser seule avec son amant.

Quand tout le monde se fut éloigné, et qu'il n'y eut plus d'indiscrets dans la chambre nuptiale ni aux alentours, Urian et Hermine s'entr'accointèrent doucement et voluptueusement, et s'apprirent en quelques heures, trop courtes, des choses qu'ils ignoraient mutuellement. Chastes et enivrants secrets des âmes qui s'épanouissent pour la première fois à l'amour.

Le lendemain, à l'issue de la messe, les nouveaux époux se rendirent auprès du roi, Urian accompagné de la baronnie de Chypre et de Poitou, Hermine accompagnée de dames et demoiselles nobles.

— Beau fils, dit le roi à Urian, soyez le bien accueilli! Je suis heureux de votre venue, ainsi que de celle de votre femme. Hermine, ajouta-t-il en se tournant vers sa fille, je remercie Dieu d'avoir permis que de mon vivant je puisse assister au commencement de votre félicité. Maintenant que vous voilà mariée à un loyal et chevaleresque prince, je puis mourir en paix : vous êtes heureuse, et ma couronne repose sur une tête digne d'elle.,... Approchez-vous plus près de moi encore, mes bons enfants, que je vous parle pour la dernière fois, car je sens que l'haleine me manque... Pensez à vous bien aimer tous deux, à vous honorer et à vous garder mutuellement votre foi,.. Maintenant que je ne serai plus là, je n'ai d'autre ressource que de vous recommander au roi de gloire, afin qu'il vous octroie longue paix et long amour, et vous rende victorieux contre tous vos ennemis, surtout contre les ennemis de la religion dans laquelle vous êtes nés et dans laquelle je vais mourir...

Tout-à-coup, comme si l'ange de la mort n'eût attendu que ces mots, le roi ferma les yeux et s'en alla à Dieu, mais si doucement, qu'il sembla à tous les assistants qu'il venait de s'endormir.

Le roi venait de s'endormir, en effet, mais du sommeil dont on ne se réveille pas.

CHAPITRE XXIV

Comment, après le mariage de son frère, Guion de Lusignan s'en alla sur mer avec le grand-prieur de Rhodes, et des rencontres qu'ils firent en chemin.

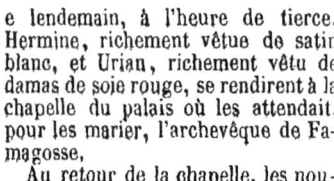

n pleura beaucoup le roi, père d'Hermine, et on le regretta beaucoup, à cause de ses qualités et de sa vaillance. Mais, comme il n'est si grande douleur que le temps n'efface, on finit par se faire une raison et l'on se consola en pensant qu'il avait laissé un successeur digne de lui. C'est ainsi que les nouveaux font oublier les anciens.

Pendant qu'Urian et Hermine allaient par leur royaume visiter les villes, bourgs et châteaux qui relevaient d'eux, et que, partout, sur leur passage, les populations leur faisaient fête et leur rendaient hommage, Guion, le grand-prieur de Rhodes et le capitaine s'en allaient par mer, avec trois mille hommes d'armes, à la quête des Sarrasins; car il ne suffisait pas au nouveau roi de Chypre d'avoir vaincu ces païens devant Famagosse et de les avoir mis en déroute, il voulait encore les poursuivre jusque chez eux, pour les exterminer, et c'était cette tâche qu'il avait confiée à son frère Guion, au grand-prieur de Rhodes et au capitaine.

Ces derniers, après avoir vogué çà et là sur les côtes de Damas, de Damiette et de Syrie, à la recherche des Sarrasins, aperçurent un jour à l'horizon une certaine quantité de vaisseaux sur la provenance desquels ils ne furent pas d'abord fixés. Mais, bientôt, une galère qu'ils avaient envoyée en avant revint leur dire qu'il s'agissait de navires sarrasins qui s'avançaient avec rapidité, voiles sous le vent, dans la direction des galères chrétiennes.

Un abordage ne tarda pas à avoir lieu, et les païens ne tardèrent pas à être déconfits, à leur grand ébahissement. Le prophète leur avait promis la victoire, et ils étaient vaincues! Et vaincus par des ennemis inférieurs en nombre! C'était humiliant pour le prophète et désastreux pour eux.

Ils n'eurent pas beaucoup le temps de réfléchir à tout cela, du reste, car aussitôt leurs navires agrafés bord à bord avec ceux de Guion, on avait tué la moitié de l'équipage, et l'autre moitié avait été jetée à la mer.

Cette affaire faite, la petite flotte chrétienne avait repris la mer, avec les dépouilles opulentes des Sarrasins vaincus, et au bout de quelques jours, elle abordait à Truli, en Arménie, au lieu d'aborder à Famagosse, en Chypre. Les vents ne l'avaient pas permis!

Quand le roi d'Arménie, qui était frère au roi de Chypre, apprit l'arrivée de la flottille chrétienne, il envoya incontinent pour savoir quels gens la montaient.

— Seigneurs, répondit le grand-prieur de Rhodes aux envoyés arméniens, dites au roi que le frère d'Urian de Lusignan, roi de Chypre, vient d'aborder sans le savoir sur les côtes de ses Etats, après avoir tenu la mer pour conqréter des galères sarrasines et les empêcher de débarquer de nouveaux ennemis dans le royaume de Chypre.

— Comment, s'écrièrent les envoyés d'Arménie, y a-t-il donc en Chypre un autre roi que celui qui était frère à notre propre roi?

— Oui, répondit le grand-prieur. Celui dont vous parlez est mort des suites d'une blessure que lui avait faite la flèche empoisonnée d'un mécréant, au siège de Famagosse. Celui qui le remplace a été nommé roi par lui-même, de son vivant, et, de plus, il a épousé sa fille, la belle Hermine. Le nouveau prince s'appelle Urian de Lusignan, ainsi que je viens de vous le dire. C'est lui qui tua de sa main le soudan qui faisait le siège, et déconfit l'armée de ce mécréant. Il est digne, plus qu'autre au monde, de la couronne qui lui est échue et de la compagne qui lui a été donnée.

Les envoyés du roi d'Arménie revinrent vers lui et lui rapportèrent ce qu'ils avaient vu et entendu. Après quelques larmes données à la mémoire de son frère, il se décida à aller voir par ses yeux ce qu'on lui avait dénoncé, et, en conséquence, se rendit avec sa suite, sur le vaisseau que montait le grand-prieur de Rhodes et Guion de Lusignan.

— Maître, dit le roi d'Arménie au grand-prieur, puisque ce damoiseau est frère du mari de ma nièce, je serais mal courtois de ne pas l'accueillir comme il convient. Dites-lui de ma part, je vous prie, que s'il lui plaît de recevoir mon hospitalité, nous la lui ferons la meilleure possible.

Le prieur transmit à Guion la proposition du roi, et le fils de Mélusine accepta.

Lors donc, il débarqua avec un certain nombre de chevaliers poitevins pour cortége, lesquels, par précaution, avaient revêtu la cotte de mailles, et l'on suivit le roi d'Arménie et les seigneurs qui l'avaient accompagné.

CHAPITRE XXV

Comment Guion reçut l'hospitalité du roi d'Arménie, frère du feu roi de Chypre, et comment une fâcheuse nouvelle lui arriva pendant qu'il contemplait amoureusement la jeune Florie.

Tout comme son frère, le roi d'Arménie avait une très belle fille qui lui venait de sa femme, laquelle était allée de vie à trépassement presque aussitôt après l'avoir faite. Comme il ne s'était pas remarié depuis lors, Florie était sa seule enfant, comme Hermine était la seule enfant du roi de Chypre, et toutes deux étaient cousines de très près, les deux frères ayant épousé les deux sœurs, filles du roi de Mallègres.

Florie se tenait pour lors à Cruli, à très peu de distance de l'endroit où venaient de débarquer Guion de Lusignan et ses chevaliers poitevins. Elle fut très joyeuse de cette distraction qui lui arrivait là, ayant de rares occasions de voir des étrangers, et elle courut se faire attifer somptueusement par ses demoiselles d'atours. Lorsqu'elle revint, parée et radieuse comme une matinée de printemps, son père entrait dans la grand'salle du château avec ses hôtes.

— Ma fille, dit-il en lui montrant Guion et ses gentilshommes, faites fête à ces nobles gens, je vous prie ; ce sont plus que des hôtes, plus que des amis, ce sont des parents, car voici le frère du mari de ma nièce de Chypre, votre cousine.

— Sire damoiseau, dit Florie en allant vers Guion et en lui prenant doucement la main, vous êtes le bienvenu au royaume de monseigneur mon père, comme chrétien, comme chevalier et comme parent, c'est-à-dire comme hôte.

Guion remercia, et, quelques instants après, un plantureux dîner commença, auquel chacun fit honneur, excepté le frère d'Urian, qui n'était occupé qu'à regarder Florie, qui, de son côté, se laissait très volontiers regarder. Et, de temps à autre, pour varier ce plaisir silencieux, ils échangeaient de gracieuses paroles qui les faisaient mutuellement rougir. Le son de leurs voix leur causait à l'un et à l'autre autant d'émotion que leurs regards, et l'on sait la fascination du regard !

Malheureusement, Guion fut interrompu dans cette agréable occupation par une nouvelle que lui apporta, à table même, un des chevaliers qu'il avait laissés sur les navires à l'ancre dans le port. Une flottille de galères sarrasines avait été signalée se dirigeant vers les côtes de Chypre. On prétendait que le calife de Bandas était à la tête de cette armée de païens.

Devant une pareille menace, il n'y avait pas à hésiter. Le royaume de son frère pouvait être envahi de nouveau! De nouveau, le siège pouvait être mis devant Famagosse! Guion n'hésita pas non plus. Il se leva sur-le-champ, prit la main de la gente pucelle, sa mie, et lui dit bien doucement et bien tendrement :

— Demoiselle, je vous supplie de garder souvenance de moi, qui ne peux plus vous oublier désormais. Le devoir me force à m'éloigner de vous. Mais je suis votre vassal et votre serviteur. Ce qu'il vous plaira de me commander, je le ferai avec joie et avec reconnaissance.

— Beau sire, répondit Florie, je n'ai rien à vous commander, je n'ai qu'une prière à vous faire : c'est de revenir à Truli, voir mon père...

Le roi d'Arménie était au courant de ce qui se passait. Le grand-prieur de Rhodes lui avait fait part de la nouvelle apportée par un des gens de Guion de Lusignan. Il ne s'opposa donc pas au départ de ses hôtes, tout en leur témoignant ses regrets sincères ; tout au contraire, il les convoya jusqu'au port, avec sa suite.

Pendant que Guion et ses gentilshommes sortaient du château et chevauchaient vers leurs galères, Florie montait en grande hâte sur une très haute tour d'où l'on découvrait une vaste étendue de pays, et ses regards mélancoliques suivaient avec beaucoup d'attention les voyageurs qui venaient de quitter le château.

Etait-ce son père que Florie suivait ainsi des yeux et du cœur ?

CHAPITRE XXVI

Comment Guion et ses gens déconfirent les Sarrasins sur terre et sur mer, et comment, personnellement, Guion tua le calife de Bandas et le roi Brandimont.

raie était la nouvelle qu'on avait apportée à Guion au moment où il songeait si peu aux infidèles. Le calife de Bandas et le roi Brandimont de Tarche, oncle du soudan de Damas, s'étaient mis en route, à la tête d'une formidable armée, pour aller ravager le royaume de Chypre, qu'ils croyaient sans roi, et venger ainsi l'un son neveu et l'autre son prophète.

Mais, pour premier contretemps, une tempête enleva huit de leurs navires, précisément ceux qui portaient toute leur artillerie, tant de canon que de trait, ainsi que les échelles, pavars et autres engins fort utiles. Pour second contretemps, les Sarrasins firent rencontre de Guion et de ses gens, qui s'en allaient au secours de Chypre et d'Urian, son jeune roi.

Païens et chrétiens en vinrent aux mains. Les premiers avaient encore quelques munitions ; ils s'en servirent au plus tôt contre les seconds, et leurs arbalètes se mirent à lancer leurs flèches si dru, qu'on aurait dit une grêle de viretons. Cela ne les empêcha pas d'être déconfits. Les chrétiens, quoique moins nombreux, n'en étaient pas moins âpres au combat, et leurs coups faisaient des ravages irréparables dans les rangs de leurs ennemis.

Les païens qui ne furent pas tués en cette mémorable rencontre furent faits prisonniers. Guion en donna une centaine au grand-prieur de Rhodes, pour faire échange avec des captifs chrétiens, et il en remit cent autres à un chevalier, avec deux belles naufs richement appareillées, en lui disant :

— Chevalier, menez-moi ces deux naufs et ces cent païens au Truli, et me recommandez au roi d'Arménie et à l'incomparable Florie, sa fille. Les deux naufs sont pour la pucelle, les prisonniers pour le roi.

Le chevalier partit, et Guion reprit la mer pour continuer à donner la chasse au calife de Bandas et au roi Brandimont qui s'étaient trouvés séparés par la tempête du reste de leurs navires. Il arriva quand et quand eux, pour ainsi dire, au port de Lymesson. Ils venaient de débarquer : Guion débarqua aussi avec ses gens.

Après avoir fait mettre le feu aux navires sarrasins rangés dans le port, Guion s'élança rapidement sur leurs traces, pour leur ôter le temps de la réflexion.

Grand désarroi parmi les païens, en entendant les trompettes chrétiennes ! Ils se retournèrent pour faire face à cet importun ennemi qui venait les harceler si désagréablement ; mais, malgré leur défense désespérée, il leur fallut songer à la retraite vers leurs navires.

C'était bien ce qu'attendait Guion. Les païens ne purent s'embarquer, et, en dépit de leurs invocations au puissant Mahom, il leur fut impossible de sauver aucune de leurs galères et de se sauver, par conséquent, sur aucune d'elles.

Le roi Brandimont et le calife de Bandas furent les derniers à crier merci.

— Mahom ! Mahom ! criaient-ils en frappant çà et là comme des perdus.

— Lusignan ! Lusignan ! cria Guion en se dirigeant droit à eux.

— Calife, repens-toi, ajouta-t-il en tirant un long couteau qui pendait à son côté et en frappant à la gorge le chef des mécréants.

— Mahom ! Mahom ! cria le roi Brandimont en s'élançant vers Guion pour venger sur lui et la mort du soudan de Damas et la mort du calife de Bandas.

— Lusignan ! Lusignan ! cria Guion en le frappant du même coup et en l'étendant raide mort, comme un bœuf.

CHAPITRE XXVII

Comment, après sa victoire, Guion retrouva son frère Urian, et comment ils apprirent par ambassadeurs la mort du roi d'Arménie et ses volontés dernières.

ette victoire fit grand bruit dans le pays. Précisément le roi Urian arrivait, à la tête de son armée, pour porter secours à son frère, dont on lui avait appris la présence sur les côtes de son royaume.

Les deux frères ne s'étaient pas vus depuis longtemps : ils furent très aises de se revoir, surtout en cette occurence-là.

Ils retournèrent ensemble à Famagosse, où se trouvait la reine Hermine, et, avec eux, le grand-prieur de Rhodes et les plus considérables des seigneurs de leur suite.

La réception d'Hermine fut ce qu'elle devait être, c'est-à-dire affectueuse et très courtoise. Elle se fit raconter par Guion ses dernières aventures, et, quand il eut fini, elle rendit dévotement grâce au ciel de la victoire qu'il lui avait donnée.

La reine était enceinte, et Urian en était très joyeux. Les quinze jours qui précédèrent sa délivrance, ce ne furent que fêtes, bombances, joutes et amusements de toutes sortes entre les barons ; et, parmi le peuple, ce fut fête aussi, car Urian fit de nombreuses libéralités, et, entre autres choses, il défendit, sous les peines les plus sévères, que l'on renchérît les vivres pendant tout ce temps-là, ce qui était d'une importance énorme.

Hermine accoucha d'un beau garçon qu'on baptisa sous le nom d'Henry, et cette délivrance fut l'occasion de fêtes plus somptueuses, plus animées encore que les précédentes. Des grâces furent accordées à certains coupables, des générosités furent faites à certaines familles : la joie fut pour ainsi dire générale. Chacun sembla prendre part au bonheur du roi.

Les fêtes des relevailles n'étaient pas encore finies, lorsque l'on vit arriver à Famagosse une vingtaine de hauts barons du royaume d'Arménie, tous vêtus de noir, comme des porteurs de tristes nouvelles.

— Sire, dirent-ils à Urian, le roi d'Arménie, votre oncle, est allé de vie à trépassement, et il nous est demeuré de lui une très belle et très bonne pucelle, laquelle est sa fille ; il n'y a point d'autre héritier de sa chair que cette gente princesse. Or, veuillez savoir, noble roi, qu'en sa pleine vie et son plein jugement, il fit faire cette lettre et nous commanda de vous la porter, avec requête à vous de vous y conformer ; d'autant plus facilement que la chose est à votre profit et honneur.

— Par ma foi, beaux seigneurs, répondit Urian, si c'est chose que je puisse faire bonnement, je la ferai volontiers.

Lors il prit la lettre du roi d'Arménie et la lut. Voici ce qu'elle contenait :

« Très cher et très aimé seigneur, je me recommande à vous autant que je le puis, à vous et à ma très chère et très aimée nièce, votre femme. Et, par cette lettre, je vous fais à tous deux la première requête que je vous fis jamais, et la dernière aussi, car en vous écrivant je sens la vie se retirer peu à peu de moi.

« Je n'ai point d'autre héritier de mon corps qu'une seule fille, laquelle votre frère Guion a bien vue. Je vous supplie humblement de lui conseiller de prendre Florie à femme, et le royaume d'Arménie avec elle. Si, par impossible, il vous semblait qu'il ne fût digne ni de l'une ni de l'autre, prenez sur vous de chercher un autre ami pour ma fille et un autre roi pour mon royaume.

« Pour l'amour de Dieu, cher neveu, ayez pitié de ma pauvre enfant, maintenant orpheline et privée de tout conseil. Je vous la lègue comme à un loyal prince et à un vaillant cœur. »

— Seigneurs barons, dit le roi Urian aux ambassadeurs arméniens, j'accepte la mission dont a bien voulu m'honorer le roi d'Arménie. Je vous donnerai en cette occurrence toute l'aide que je pourrai.

— Dieu vous le rende, sire roi ! répondirent les ambassadeurs.

— Guion, demanda Urian à son frère, vous serait-il plaisant d'avoir le royaume d'Arménie et d'épouser la plus belle pucelle qui soit en ce pays, à savoir ma cousine Florie ?

— Je vous remercie très humblement, cher frère, répondit Guion, et je m'empresse d'accepter, moins à cause du royaume qu'à cause de la fille du feu roi d'Arménie.

Les barons arméniens furent très heureux de voir que Guion acceptait, et, s'agenouillant devant lui, ils lui baisèrent les mains, comme le voulaient les mœurs d'alors.

CHAPITRE XXIX

Comment Guion prit congé de son frère pour aller en Arménie épouser Florie et se faire reconnaître roi de ce pays.

Urian fit alors appareiller plusieurs navires que l'on garnit de richesses considérables, et, lorsque tout fut prêt, Guion prit congé de lui, ainsi que d'Hermine sa femme. Les voiles furent dressées, les ancres levées, et les vaisseaux gagnèrent la pleine mer, pour, de là, se rendre à la plus prochaine ville d'Arménie, où ils arrivèrent après quelques jours et quelques nuits de navigation.

Guion et ses barons poitevins débarquèrent, et, comme l'on était prévenu partout de leur arrivée, ils trouvèrent partout un accueil chaleureux et sympathique.

Florie les attendait aussi. Mais le deuil qu'elle portait ne lui permettait pas de sortir du palais du feu roi son père. Elle se contentait de rester des heures entières sur le haut de la tour d'où elle avait vu Guion s'éloigner et d'où elle espérait bien le voir revenir. Elle savait parfaitement ce que son père avait écrit au roi Urian, et, malgré les grâces irrésistibles de sa jeunesse et les séductions infaillibles de sa beauté, elle avait grand'peur que Guion ne voulût pas accepter le double legs dont elle faisait partie. Ces craintes-là, pour mal fondées qu'elles fussent, n'en augmentaient pas moins son angoisse, et elle pleurait son père avec des larmes plus abondantes.

Heureusement que, bientôt, une de ses demoiselles d'honneur vint la trouver à sa vigie pour lui dire.

— Demoiselle, demoiselle, le frère du roi de Chypre vient de prendre terre, avec ses barons !... Il sera ici dans très peu de temps.

Cette nouvelle fit battre le cœur de Florie, qui sauta au cou de sa demoiselle d'honneur, et qui ne put s'empêcher de lui témoigner toute sa joie, bien qu'elle ne fût guère en harmonie avec le deuil qu'elle portait sur ses vêtements.

Guion venait vers elle : elle alla vers lui, tous

deux avec le même empressement et les mêmes battements de cœur.

— Demoiselle, lui dit-il en la saluant avec respect et en la contemplant à la dérobée pour se repaître de sa vue, qui lui manquait depuis si longtemps, demoiselle, comment en a-t-il été de votre personne depuis que je suis parti ?...

— Sire, répondit amoureusement Florie, il n'a pu en être bien, puisque monseigneur mon père a quitté ce mortel monde et m'a laissée orpheline. Mais j'ai eu de vos nouvelles, et je ne dois pas oublier de vous remercier des deux riches naufs que vous m'avez envoyées. C'était là un présent de roi!

— Je l'adressais à une reine, repartit courtoisement Guion.

En ce moment, un baron prit la parole pour dire à Guion :

— Sire, nous vous avons été quérir pour être notre seigneur et notre roi, Il est bon que nous vous délivrions tout ce que nous vous devons bailler. Voici donc mademoiselle, qui est toute prête à tenir la parole que nous avons donnée au roi Urian votre frère.

— Est-il vrai, demoiselle, que vous consentez à m'accepter pour protecteur et pour ami ? demanda Guyon à Florie, qui baissait les yeux.

— Mon père a décidé cela, seigneur, répondit Florie, et s'il ne vous en coûte pas trop d'accepter le legs qu'il vous a destiné, il ne m'en coûtera pas trop non plus d'obéir aux prescriptions de son testament.

Devant ce mutuel acquiescement, il n'y avait qu'une chose à faire : c'était de marier ces deux jeunes gens. Ils furent donc fiancés sur l'heure, et épousés dès le lendemain matin.

Je ne parlerai pas des fêtes splendides données à cette occasion ; on les devine.

CHAPITRE XXX

Comment des messagers apportèrent à Raimondin et à Mélusine des lettres de leurs deux enfants qui étaient rois.

Guion et Urian, chacun de son côté, n'eurent rien de plus pressé que d'envoyer des messagers à Mélusine leur mère et à Raimondin leur père pour les mettre au courant des aventures dont ils profitaient, et les réjouir par le récit de leur bonheur.

Les messagers arrivèrent au port de la Rochelle sains et saufs, à leur grande joie, et là, ils s'informèrent du chemin à prendre pour gagner Lusignan.

On le leur indiqua, et, trois jours après, ils étaient admis à présenter les lettres d'Urian et de Guion à Raimondin et à Mélusine, qui en éprouvèrent un contentement sans pareil et qui, à ce propos, ordonnèrent des réjouissances publiques.

Ces fêtes durèrent pendant huit jours pleins, après quoi les messagers prirent congé de Raimondin et de Mélusine qui les comblèrent de riches présents.

Antoine et Regnault, le quatrième et le cinquième fils de Mélusine, ne furent pas en reste pour se réjouir des bonnes nouvelles qu'avaient apportées les messagers d'Urian et de Guion. Le récit des hautes prouesses accomplies par eux enflamma leur jeune imagination, et, à leur tour, ils voulurent partir pour conquêter des royaumes et déconfire des armées sarrasines.

Lors donc, ils s'en vinrent trouver un matin leur père et leur mère, et leur dirent très humblement :

— Monseigneur, et vous Madame, il serait bien temps, à ce qu'il nous semble, que nous allassions courir le monde, en quête d'aventures et de prouesses glorieuses, si toutefois vous ne voyez pas d'empêchement à cela. L'exemple de nos frères Guion et Urian nous fait rougir de l'oisiveté dans laquelle nous vivons ici ; nous voulons revenir à Lusignan plus dignes de vous qu'au départ. Repos n'est pas gloire, et nous désirons acquérir beaucoup de gloire pour obtenir meilleure estime de vous.

— Beaux enfants, répondit Mélusine, s'il plaît à monseigneur votre père, il me plaît bien. Sire, ajouta-t-elle en s'adressant à Raimondin, il est bon en effet qu'ils commencent leur apprentissage de la vie. Ils en sauront plus en voyageant qu'en restant en notre giron, les plumes leur sont poussées : qu'ils volent à leur fantaisie! Quant aux frais du voyage, avec l'aide de Dieu j'y pourvoirai si bien qu'ils auront toujours de quoi payer leur dépense.

— Dame, dit Raimondin, faites-en à votre volonté. Ce qui vous plaît me plaît.

La chose ainsi résolue, Mélusine fit faire à ses deux fils de riches habits, et leur donna une grande quantité de pierres précieuses destinées à les défrayer le long de leur route.

Antoine et Regnault partirent avec une escorte de sages hommes et de preux chevaliers.

Quelque temps après, ils entraient dans le duché de Luxembourg que le roi d'Anssay mettait à feu et à sang, repoussaient ce prince et secouraient la fille du feu duc, que l'un d'eux épousait. Une fois Antoine loti du duché du Luxembourg, son frère Regnault alla guerroyer à son tour un peu plus loin et fut assez heureux pour plaire à Aiglentine, fille du roi de Béhaigne, ce qui lui valut un royaume.

C'est ainsi que, peu à peu, pour tenir les promesses que Mélusine avait faites à Raimondin, toute leur lignée grandit en honneur et en renommée. Jamais pareille famille n'avait réuni pareille fortune. Au nord et au midi, à l'est et à l'ouest, les Lusignan croissaient et multipliaient comme l'herbe du bon Dieu.

Mais, hélas ! l'heure arrivait où Raimondin devait ébranler de ses propres mains le monument inouï de sa félicité, et tomber écrasé sous ses débris.

—

CHAPITRE XXXI

Comment Raimondin vit sa paix troublée un samedi, en dînant, par une révélation méchante du comte de Forest, son frère.

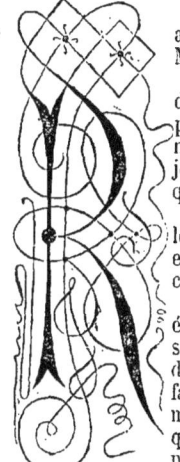

aimondin et Mélusine étaient à Marmende depuis quelque temps.

Un samedi, à dîner, le comte de Forest entra dans le palais pour faire visite à son frère Raimondin, ce dont celui-ci fut bien joyeux, car il y avait longtemps qu'ils ne s'étaient vus.

— Où est ma sœur? demanda le comte de Forest, après avoir embrassé son frère, et en s'apercevant qu'il dînait seul ce jour-là.

Ce jour-là, je viens de le dire, était un samedi, et, si l'on s'en souvient, aux premières heures de leur amour, Mélusine avait fait promettre à Raimondin de ne jamais chercher à savoir ce qu'elle devenait le samedi, sous peine de voir s'écrouler l'édifice de bonheur édifié par elle à son intention.

Jusque-là Raimondin avait tenu fidèlement sa promesse, non certes par crainte de voir s'évanouir ses richesses et disparaître sa félicité, mais seulement parce qu'il aimait Mélusine et qu'il avait en elle la plus grande confiance. Si elle s'absentait le samedi, c'est qu'elle avait ses raisons pour cela, honnêtes raisons sans aucun doute, et Raimondin n'avait rien à voir là-dedans. Pourquoi soupçonner de mal ceux qui vous font du bien? Quel intérêt Mélusine eût-elle eu à tromper son mari, d'une façon si régulière surtout? L'infidélité est ordinairement doublée de caprice, et le caprice n'admet pas la régularité. D'ailleurs Mélusine disparaissait si à propos et reparaissait si fort à point que Raimondin avait à peine le temps de s'apercevoir de son absence.

Cependant, cette question du comte de Forest le troubla.

— Mon frère, où est ma sœur? répéta ce dernier. Faites-la venir, je vous prie, car j'ai grand désir de la voir et de l'embrasser.

— Beau-frère, répondit Raimondin, elle est embesognée pour aujourd'hui, et elle s'est célée à tout le monde... Mais demain, vous vous verrez, et son accueil vous récompensera de cette attente.

Cette réponse fit sourire le comte de Forest, qui, depuis longtemps, jalousait l'étrange fortune de son frère et qui lui supposait des origines suspectes. Aussi, au lieu de se contenter de ce que lui disait Raimondin, il lui dit, en prenant un air solennel :

— Raimondin, vous êtes mon frère, et, à ce titre, je dois vous éclairer sur des choses qui sont, paraît-il, ténèbres pour vous. Avant de venir céans, j'ai interrogé çà et là, comme c'était mon devoir, afin de m'assurer, par les rumeurs publiques et particulières, que vous étiez bien toujours l'homme heureux d'autrefois. Or, mon beau frère, le commun langage court que tous les samedis, pendant que vous la croyez bénévolement et benoîtement occupée, votre femme est avec un autre homme en fait et en péché de fornication. Vous êtes trop aveuglé et trop ensorcelé pour vous enquérir des lieux où elle va ainsi seulette. Mais les autres, qui n'ont pas le même sable que vous dans les yeux, et qui, par conséquent, voient parfaitement ce qui se passe, les autres disent et maintiennent qu'elle s'occupe à vous orner la tête d'andouillers. Ce n'est pas votre honneur qu'elle chôme, c'est votre déshonneur...

Cette révélation fit pâlir et tressaillir Raimondin. Il se leva, renversa la table devant laquelle son frère et lui étaient assis, et courut à sa chambre, en proie à la colère la plus noire et à la jalousie la plus poignante.

CHAPITRE XXXII

Où il est question de l'origine de Mélusine, et où l'on fait comprendre pourquoi elle devenait invisible tous les samedis.

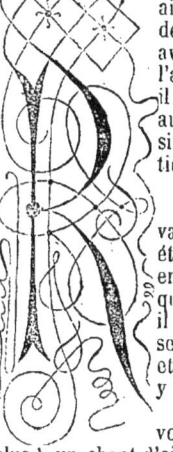

aimondin ne savait rien du passé de Mélusine, parce qu'il ne lui avait jamais rien demandé. S'il l'avait interrogée, peut-être eût il appris quelque chose; peut-être aussi n'eût-il rien appris, Mélusine ayant intérêt, comme chrétienne, à taire son origine.

Cette origine, la voici :

Il y avait jadis en Albanie un vaillant roi nommé Elinas, qui était veuf. Un jour qu'il chassait en une forêt, au milieu de laquelle coulait une claire fontaine, il lui prit une si grande soif qu'il se hâta de descendre de cheval et s'approcha de la fontaine pour y puiser de l'eau.

En cet instant il entendit une voix mélodieuse qui ressemblait plus à un chant d'oiseau qu'à un chant de femme, et, malgré sa soif, il s'arrêta pour écouter. La voix semblait l'appeler, il alla vers elle, et se trouva bientôt en présence de la plus belle dame qu'il eût jamais vue.

Ebloui de ce qu'il voyait autant qu'ébahi de ce qu'il entendait, il s'arrêta de nouveau devant la fontaine, et pour contempler la gente pucelle et pour écouter sa voix, toutes deux admirables.

La dame ne l'avait pas aperçu. Il se dissimula du mieux qu'il put derrière un buisson, afin de la contempler et de l'écouter à son aise, et la chasse et la soif furent vitement oubliées pour ce spectacle inattendu qui le tenait en suspens.

Bientôt, à force de rêver, bercé par la splendeur de cette beauté et l'harmonie de cette voix, le roi Elinas ne savait plus s'il dormait ou veillait. Il resta sous le coup de cet enchantement pendant un long temps. Ce furent deux de ses chiens courants qui le réveillèrent en lui léchant les mains et en lui faisant fête du bout de leur queue.

Lors, il tressaillit comme un homme qui vient de dormir, et, se souvenant tout-à-coup de sa chasse et de sa soif, il se dirigea vers la fontaine, prit le bassin d'argent qui y pendait et but avidement le plus d'eau qu'il put.

La dame était toujours là ; mais elle avait cessé de chanter, et son influence sur Elinas était d'autant moins grande, quoique irrésistible encore.

— Dame, lui dit-il en la saluant courtoisement, permettez-moi de m'étonner de vous rencontrer ici seule, gente et cointe comme vous êtes, dans une forêt si profonde, où il y a périls de toutes sortes. Permettez-moi, en outre, de m'étonner encore de ne pas vous connaître, moi qui connais toutes les nobles dames et demoiselles qui demeurent en ce pays à cinq ou six lieues à l'entour... Pardonnez-moi mon indiscrétion et mon outrage, si c'en est un que de vous avoir admirée trop longtemps.

— Sire chevalier, répondit la dame, il n'y a point d'outrage et d'indiscrétion à cela... Je suis seule, en effet ; mais croyez que c'est parce que la chose me plaît ainsi, et que j'aurai compagnie quand je le voudrai.

Comme elle parlait ainsi, survint un varlet bien habillé, monté sur un grand coursier, et menant un riche palefroi dont fut émerveillé le roi Elinas, qui ne croyait pas qu'il fût possible à une dame, autre qu'une reine, d'en avoir un semblable.

— Madame, dit le varlet, quand il vous plaira.

— Sire chevalier, que Dieu vous garde ! dit la dame en saluant Elinas et en se disposant à monter sur son palefroi.

Elinas s'avança avec empressement, lui tendit une main pour qu'elle y posât le pied et s'aidât ainsi à monter, et, de l'autre main, il tint la bride de soie du cheval qui avait l'honneur de la porter.

— Grand merci de votre courtoisie, sire chevalier, dit la dame en souriant et en s'installant sur la selle dorée et gaufrée de sa monture.

Et bientôt elle eut disparu aux yeux fascinés du roi, qui resta tout songeur, sans oser la suivre.

— Vous plaît-il de forcer le cerf, Sire ? lui demandèrent ses veneurs, qui venaient d'arriver, mis sur sa trace pour les aboiements de ses chiens.

— Oui, certes, répondit le roi en se secouant un peu, comme pour chasser de ses yeux et de son esprit la riante apparition de tout à l'heure.

Mais il était sous le charme, et quoi qu'il fît pour ne plus penser à la gente pucelle, tout à l'heure entrevue, il ne pouvait se lasser d'y songer, et d'y songer avec plaisir.

— Allez-vous-en devant ; je vous suivrai tantôt, dit-il à ses gens dont la présence gênait sa rêverie.

On lui obéit. Lorsqu'il se vit seul, Elinas fit tourner bride à son cheval, lui enfonça l'éperon dans le flanc, et en un clin-d'œil, il fut sur les traces de la belle fugitive.

Il la rejoignit en un endroit de la forêt plus vert et plus touffu que les autres ; endroit charmant, plein de silence et de parfums.

— Arrêtons-nous ici et attendons ce chevalier, dit la dame à son varlet, car je crois qu'il a quelque chose à nous dire.

Elinas arriva, tout essoufflé et aussi tout décontenancé par la présence d'une si belle pucelle.

— Roi Elinas, lui dit-elle, pourquoi me suis-tu si obstinément ? Est-ce que je t'ai pris quelque chose ?

Quand Elinas s'entendit ainsi nommer, il fut très étonné, car il ne connaissait pas celle qui le nommait si bien. Néanmoins, il lui répondit :

— Chère dame, vous ne m'emportez rien, certes.

— Alors, roi Elinas, je vous tiens pour excusé et vous prie, si vous ne voulez pas autre chose, de vouloir bien vous en retourner d'où vous venez.

— C'est que, précisément, chère dame, je veux autre chose.

— Eh quoi ? Dites-le moi hardiment.

— Puisque vous me le demandez, chère dame, je vous le dirai : Je désire vos bonnes grâces et souhaite votre amour.

— Vous n'y pensez pas, roi Elinas, à moins que vous n'y pensiez en tout bien tout honneur, car jamais homme vivant ne pourra se vanter de mon amour s'il n'a des visées courtoises, dignes de lui et de moi...

— Ce sont là mes visées, chère dame, et je me garderai bien d'en avoir d'autres à votre égard.

Lorsque la dame le vit ainsi énamouré, elle lui dit :

— Si vous me voulez prendre pour femme, par la foi du mariage, je vous obéirai comme femme doit obéir à son mari ; mais à la condition expresse que lorsque je serai en gésine, vous ne chercherez pas à me voir.

— Ainsi ferai-je, dit Elinas.

Sans plus long parlement, lui et elle s'épousèrent et menèrent bonne vie ensemble.

Tout allait bien. Le peuple du roi d'Albanie était heureux d'être si bien gouverné par Elinas et par sa compagne ; tout le monde était content, fors Nathas, fils du premier lit, qui haïssait profondément sa belle-mère.

Celle-ci fut bientôt en gésine de trois filles, qu'elle porta bien et gracieusement son temps, et dont elle fut délivrée au jour qu'il appartenait. La première eut nom Mélusine, la seconde Melior, et la troisième Palatine.

Elinas n'était pas là au moment de la délivrance de sa femme. Son fils Nathas alla le quérir, en lui disant :

— Sire, madame la reine Pressine, votre femme, vient de mettre au monde les trois plus belles filles qui jamais existèrent ; venez les voir.

Elinas, qui ne se souvenait plus de la promesse qu'il avait faite à Pressine, le jour où il l'avait rencontrée, accourut en la chambre où la nouvelle accouchée baignait ses trois filles.

— Que Dieu bénisse la mère et les filles ! dit-il tout joyeux.

Il s'attendait à des tendresses : il n'eut que des reproches amers.

— Faux roi ! s'écria Pressine, tu as failli à ta parole, il t'en adviendra grand mal, je te le dis !..... C'est votre fils Nathas qui vous a soufflé ce conseil ; tant pis pour vous et pour lui. Pour vous, je me venge en vous quittant sur-le-champ. Pour lui, je serai vengée par ma sœur et compagne de l'Ile-Perdue.

Cela dit, Pressine s'empara de ses trois filles et disparut avant que le roi Elinas eût eu le temps de s'opposer à sa fuite.

Elle s'en alla droit à Avallon, au lieu nommé l'Ile-Perdue, où nul homme, jusque-là, n'avait pu entrer, et là, elle se mit à nourrir et à élever ses trois filles, Mélusine, Melior et Palatine.

Cela dura quinze ans. Pendant tout ce temps, elle les mena chaque matin sans y manquer sur une haute montagne appelée par elle Elinéos, c'est-à-dire, en français, montagne fleurie. De là, on voyait à l'horizon beaucoup de pays, beaucoup de terres, entre autres la terre d'Hybernie.

— Mes filles, disait Pressine en pleurant et en montrant l'horizon, voilà le pays où vous êtes née! C'est là que vous auriez dû vivre honorées, respectées, heureuses, grandissant en bien et en honneur, sans une faute irréparable de votre père!... Vous êtes condamnées maintenant à vivre de misère, jusqu'au jour du jugement dernier.

Mélusine, la première fille, prit la parole après sa mère et lui demanda :

— Madame notre mère, quelle fausseté vous a donc faite notre père pour que nous soyons en cette pitoyable extrémité ?

Pressine commença alors à leur raconter les événements qui avaient précédé et suivi leur naissance. Et Mélusine, qui suivait son récit avec beaucoup d'attention, ne manqua pas de s'informer exactement du pays, des villes et châteaux d'Albanie, où toutes ces choses s'étaient passées.

Puis, tout en devisant ainsi, la mère et ses filles redescendirent en l'île d'Avallon.

Arrivées là, Mélusine tira à part ses deux sœurs, Mélior et Palatine, et leur dit :

— Mes chères sœurs, considérez la misère où nous a mises notre père, et dites-moi votre avis sur ce que nous devons faire! Quant à moi, j'ai résolu de m'en venger.

Les deux sœurs répondirent :

— Vous êtes notre sœur aînée ; nous vous obéirons donc, et vous suivrons dans tout ce que vous voudrez faire et ordonner.

— Vous témoignez bonne amour et loyauté de filles à notre mère, reprit Mélusine, et j'en suis fort aise. Je suis donc d'avis que nous prenions notre père et que nous l'enfermions à tout jamais dans la haute montagne du Northumberland appelée Brumbeloys, où il restera souffrant d'éternelles misères !

Cette proposition fut agréée et le roi d'Albanie fut enlevé et transporté au pays indiqué.

L'expédition faite, les trois sœurs revinrent vers leur mère et lui dirent :

— Mère, ne vous inquiétez plus maintenant de la déloyauté que notre père vous a faite, car il en a reçu son paiement. Nous l'avons enlevé et conduit dans une montagne du Northumberland d'où il ne pourra plus jamais sortir : c'est là qu'il usera sa vie et son temps en douleur.

— Ah! s'écria Pressine, comment avez-vous osé faire cela, mauvaises filles au cœur dur? Qui vous avait donné le droit d'en agir ainsi envers celui qui vous avait engendrées, et à qui je devais la seule plaisance que j'eusse jamais eue ce monde? Ah! je vous punirai de votre orgueilleux courage, soyez-en sûres? Toi, Mélusine, qui es la plus aînée et qui, à cette raison, eusses dû être la plus connaissante, comme tout est venu par toi, conseil et exécution, je veux t'en punir la première... Si ce parricide n'avait pas été commis, vous échappiez toutes trois aux mains des fées, sans y retourner jamais. Vous l'avez commis, soyez-en châtiées... Toi donc, Mélusine, désormais tu seras, tous les samedis, une serpente depuis le nombril jusques en bas, et cela durera tant que tu n'auras pas trouvé mari assez discret, assez confiant, pour ne jamais songer à te voir ce jour-là... Si tu le trouves, alors seulement le charme cessera, tu vivras le cours ordinaire de la vie et mourras comme femme naturelle, après avoir donné le jour à une nombreuse lignée qui te fera honneur et gloire... Si, au contraire, tu prends à mari un homme discourtois, faible, incrédule, qui surprenne ton secret, tu retourneras au tourment d'auparavant, à savoir la vie de fée, et cela durera sans trêve ni fin jusqu'au jour du jugement dernier!...

Mélusine, devant cette menace, tressaillit et courba la tête, épouvantée.

— Quant à toi, Mélior, ajouta Pressine en se tournant vers la seconde de ses filles, je te donne, en la grande Arménie, un riche et merveilleux château, où tu devras garder soigneusement un épervier jusqu'à la consommation des siècles. Et tous les chevaliers et gens de noble extraction qui auront la hardiesse de s'introduire dans ton château et qui pourront y rester sans sommeiller la surveille, la veille et le vingtième jour de juin, obtiendront de toi un don des choses qu'on peut avoir corporellement, à savoir des choses terriennes, mais sans pouvoir jamais obtenir jouissance de ton corps, soit par mariage, soit autrement...

Mélior tressaillit plus encore que ne l'avait fait sa sœur Mélusine, et il y avait plus de quoi tressaillir, en effet, devant cette sinistre prophétie de sa mère. Car enfin si Mélusine devenait serpente tous les samedis, elle était femme les six autres jours, et pouvait savourer à son aise les voluptés licites et illicites du mariage. Mais elle, Mélior, ne pouvait jamais livrer son corps ni son cœur, c'est-à-dire n'être jamais femme!

— Quant à toi, Palatine, ajouta finalement Pressine en s'adressant à la dernière de ses trois filles, tu seras enclose en la montagne de Guigo, où tu garderas comme un dragon le trésor de ton père, jusqu'au jour très éloigné où viendra te visiter un chevalier de votre lignée, lequel s'emparera de ce trésor et s'en servira pour conquérir la terre de promission, après toutefois t'avoir délivrée... J'ai dit ; allez votre destinée, mes filles !...

Sur ce, la mère et ses enfants se séparèrent pour ne plus se revoir en ce monde mortel. Mélusine s'en alla à travers forêts et bocages; Mélior s'en alla au château de l'épervier en la grande Arménie, et Palatine s'en alla en la montagne de Guigo.

Voilà ce qu'ignorait Raimondin.

S'il l'avait su, il n'aurait pas été ému plus que de raison de l'insinuation malveillante du comte de Forest, son frère, et, sans lui rien avouer, il se fût contenté de sourire.

Tout au contraire, il sentit en ce moment que son bonheur était brisé, et que brisée aussi était sa vie par ce soupçon amer comme fiel, ardent comme braise, aigu comme acier.

CHAPITRE XXXIII.

Comment Raimondin, sur l'excitation du comte de Forest, regarda Mélusine pendant qu'elle était au bain, et de ce qui s'ensuivit.

Raimondin alla donc comme un furieux à sa chambre, décrocha son épée qui pendait au chevet de son lit et la mit à son côté. Puis, comme il connaissait le lieu où Mélusine se rendait tous les samedis, il y courut tout haletant.

C'était la première fois qu'il s'en approchait. Aussi, malgré sa folle colère, eut-il comme un remords de la déloyale action qu'il allait commettre. Pour un peu même, tant il avait d'estime pour le caractère droit et la chasteté immaculée, jusques-là de sa femme, il eût reculé. Mais les maudites paroles de son frère lui sonnaient dans les oreilles comme un glas ironique. Il lui semblait que toute la terre le regardait en lui riant au nez à cause de sa simplicité et de sa bénévolence.

Il s'avança.

Un huis très épais, et bardé de ferrures énormes, lui faisait obstacle pour aller plus avant. Il avait encore le temps de reculer et de se dédire de ses mauvais soupçons. Mais il se sentit poussé par la main invisible du génie du mal qui conduit tant de créatures humaines à leur perte : il voulut s'assurer, il voulut voir de ses yeux !

Tirant alors son épée, il en bouta la pointe, qui était très dure, sur la paroi de l'huis, et tourna et vira tant et si bien qu'il parvint à faire un pertuis, d'abord imperceptible, puis qui alla en s'élargissant, de façon que bientôt il y put passer une partie de son visage.

Heureusement que cette porte se trouvait encadrée à l'intérieur d'un bouquet de plantes grimpantes, cela lui permit de voir sans être vu.

Raimondin, pâle et tout en sueur, regarda devant lui et aperçut Mélusine toute nue, blonde et merveilleuse de beauté, qui s'ébattait au soleil dans une large cuve de marbre blanc bordée d'arbres épais, sur les ramures desquels chantait un peuple d'oiseaux rares.

A un mouvement plein de grâce que fit Mélusine et qui découvrit la partie de son corps qui baignait dans l'eau de la piscine, Raimondin remarqua avec étonnement que cette partie du corps se terminait en queue de serpent...

Il ouvrit les yeux plus grands encore qu'il ne les avait ouverts jusque-là, afin de mieux voir et de s'assurer qu'il ne rêvait pas et que c'était bien sa femme qui s'ébattait et frétillait ainsi joyeusement devant lui. Il acquit bientôt la conviction que c'était elle.

— Pauvre serpente ! s'écria-t-il avec un accent de tendre pitié. Ah ! ma douce amour, je me suis parjuré envers vous, et cela sur les mauvaises exhortations du comte de Forest, mon frère !... J'en ai le cœur plein de regrets, ô ma pauvre serpente ! Ce que j'ai vu n'est pas ce qu'on m'avait dit que je verrais, et, bien loin d'être rassasié de vous, cela rehausse encore votre beauté d'un attrait nouveau ! Me pardonnerez-vous jamais, serpente aimée ?...

Cela dit, Raimondin s'arracha à cette contemplation qui lui causait des impressions étranges et charmantes, afin de n'être pas aperçu de Mélusine et de ne pas troubler la pénitence qu'elle accomplissait, de par la volonté de dame Pressine, sa mère-fée, à cause de son père, le roi Elinas.

Il retira avec précaution sa tête du pertuis où il l'avait introduite, et courut chercher les engins nécessaires pour boucher adroitement le trou qu'il avait fait. Puis, le pertuis étoupé de manière à tromper l'œil le plus clairvoyant, Raimondin s'en revint dans la salle où l'attendait impatiemment le comte de Forest, son frère.

Celui-ci, en le voyant revenir le visage tout marmiteux, les yeux tout tristes, s'imagina qu'il avait trouvé quelque mauvaiseté en sa femme, ainsi qu'il le lui avait annoncé.

— Raimondin, lui dit-il, vous ne vouliez pas me croire : me croirez-vous maintenant ? Etes-vous suffisamment renseigné sur la vertu de votre chaste femme ? Les andouillers sont-ils un mythe, une plaisanterie de mon esprit !

Mais Raimondin n'était pas d'humeur à rire. Il avait le cœur trop gros, trop débordant de tristesse, pour songer aux plaisanteries cruelles de son frère. Il se contenta de lui répondre, avec une voix où la colère et la tristesse dominaient :

— Ah ! fuyez de céans, faux et déloyal parent, car vous m'avez fait commettre un irréparable crime !... Par vos suggestions perfides, vous avez allumé mal à propos mes soupçons, et m'avez fait parjurer contre la plus loyale et la meilleure des femmes qui fut jamais, après celle qui conçut et porta notre Seigneur Jésus-Christ !... Fuyez de céans, vous dis-je, où vous avez apporté la douleur et dont vous avez chassé le repos !... Si j'en croyais mon ressentiment, je vous ferais sur l'heure mourir de malemort... Mais la raison naturelle me défend de faire cela, parce que vous êtes mon frère... A cette cause, je ne toucherai pas à un cheveu de votre tête ; mais, au nom du ciel, fuyez !... Allez-vous-en ! Otez-vous d'ici et de devant mes yeux, et que tous les maîtres d'enfer vous accompagnent !...

Quand le comte vit que Raimondin était dans une si violente douleur, il sortit de la salle sans sonner mot, monta à cheval et, suivi de ses gens, s'en alla grand erre vers sa comté de Forest, très dolent, très marri et très repentant de sa folle entreprise.

CHAPITRE XXXIV

Comment Raimondin passa la nuit et le jour qui suivirent la découverte qu'il avait faite touchant Mélusine sa femme.

Le comte de Forest parti, Raimondin s'abandonna tout entier à son amère douleur et à sa poignante tristesse, la plus poignante que cœur humain pût endurer.

— Ah! Mélusine! Mélusine! murmura-t-il. Vous de qui tout le monde disait bien et honneur, vous ai-je donc perdue sans retour?... Ai-je donc à tout jamais perdu ma joie?... Ai-je donc perdu le repos de mes jours et la félicité de mes nuits?... Oui, j'ai tout perdu : beauté, bonté, douceur, amitié, charité, humilité, ma joie, mon confort, mon espérance, mon cœur, mon bien, ma vaillance, mon tout! Car tout cela me venait de vous, ma douce amour! Ah! fausse borgne, aveugle fortune, amère, dure et cruelle fortune, tu m'as précipité brutalement, tout d'un coup, du haut de ta roue au plus bas lieu de misère! Sois maudite de Dieu, fortune! Après m'avoir donné la plus belle des plus belles, la plus sage des plus sages, la meilleure des meilleures, tu me la reprends, fausse borgne, mauvaise aveugle, triste envieuse, dure ennemie de la félicité humaine! Ah! bien fol est qui se fie en toi, qui compte sur tes promesses, qui se réjouit de tes sourires, qui se gaudit de tes caresses! Tu trompes, tu trahis, tu égares, tu écrases, tu broies, tu flétris! Ah! trompeuse et perfide fortune! Je ne le vois que trop à présent, en face de mon repos troublé à jamais, de mon bonheur envolé, de mon cœur brisé, il n'y a en toi ni sûreté ni stabilité, pas plus qu'il n'y en a au cochet fiché au sommet d'une maison, humble serviteur du moindre vent qui souffle! Hélas! Mélusine, ma douce femme, me gente compagne, je vous ai tachée par ma trahison, tachée et perdue! Il ne me reste plus maintenant qu'à fuir loin de vous, en exil, dans un lieu perdu, où l'on ne puisse jamais me retrouver!

Raimondin se lamenta ainsi jusqu'au jour. Quand l'aube vint, Mélusine vint aussi, souriante et heureuse de retrouver le compagnon assidu de sa vie.

Mais Raimondin, que le remords poignait de plus en plus, fit semblant de dormir pour n'avoir pas à répondre aux paroles et aux caresses de sa femme, qui, ce voyant, se dépouilla de ses attifets et se coucha toute nue à côté de lui.

Raimondin, au contact de ce beau corps tout frissonnant de plaisir, se sentit frissonner de peur et transir de chagrin.

— Qu'avez-vous, doux ami? lui demanda Mélusine en l'entendant soupirer sous les baisers ardents dont elle couvrait son visage. Qu'avez-vous, mon seigneur? Etes-vous malade? Voulez-vous que j'appelle?...

En l'entendant ainsi parler, Raimondin eut une lueur d'espoir. Il crut qu'elle ne savait rien de sa trahison, tandis qu'au contraire elle savait tout; mais sans en rien témoigner, dissimulant ainsi sa douleur sous ses caresses.

— Dame, répondit-il alors réconforté par cette pensée, j'ai eu un peu de fièvre en votre absence; mais maintenant que vous voilà, je me sens mieux.

Mélusine le remercia de cette courtoisie, et, après l'avoir tendrement accolé, elle s'endormit, pour ne se réveiller qu'au bout de quelques heures.

Raimondin, qui ne pouvait dormir, obsédé qu'il était par sa trahison, se pencha sur elle et la regarda pendant tout le temps de son sommeil.

— Pauvre chère serpente! murmurait-il. Si je n'étais pas si sûr d'avoir vu, je croirais avoir rêvé. Jamais Mélusine n'a été plus femme qu'à cette heure!...

Quand Mélusine se réveilla, Raimondin remarqua qu'elle était plus pâle que de coutume, et, lorsqu'elle lui parla, il lui sembla que sa voix vibrait plus mélancoliquement que les autres jours.

Mais un sourire de Mélusine vint chasser les vilaines pensées qui lui revenaient au galop comme de sinistres messagères, et il se leva, rassuré.

Tout aussitôt après le dîner, Mélusine embrassa son mari et prit congé de lui pour aller à Niort, où elle appela des ouvriers à foison pour y élever une forteresse et deux tours jumelles qu'on y voit encore.

CHAPITRE XXXV

Comment Geoffroy à la Grant Dent combattit le géant Guédon, en Guérende.

Tandis que ces choses se passaient, Geoffroy à la Grant Dent, le sixième enfant de Raimondin et de Mélusine, s'en allait en Guérende, avec dix chevaliers, à la recherche du géant Guédon, qui était la terreur de la contrée. Aux premiers qu'il rencontra, il demanda qu'ils lui indiquassent d'une façon certaine où se tenait ce géant redouté.

— Pourquoi le cherchez-vous ainsi? lui demanda-t-on.

— Je veux bien vous le dire, répondit Geoffroy. Je lui apporte au bout de ma lance le châtiment que lui doivent les gens de monseigneur mon père, le sire de Raimondin.

— Comment! vous pensez à l'aller combattre?

— Je ne suis pas venu céans pour autre chose.

— C'est là une folle entreprise, sire chevalier, où d'autres, des plus vaillants, ont succombé. Ce n'est pas un qui a combattu contre lui, c'est dix, c'est cent, c'est mille, et tous ont été vaincus!

— C'est pour cela que je tiens à le vaincre. Par ainsi, bonnes gens, ne m'en parlez plus, et indiquez-moi de loin ou de près, selon votre courage, le repaire de ce terrible géant qui fait trembler les hommes comme des femmes, et les femmes comme des feuilles.

Les gens qu'interrogeait Geoffroy virent bien qu'il n'y avait rien à répliquer à cela, et ils le conduisirent vers une grosse tour, en une montagne presque inaccessible, où il y avait bons murs, bons fossés et bons ponts-levis.

— Voici la tour de Montjoie, où se tient Guédon le géant, dirent-ils à Geoffroy. C'est d'un aspect formidable et horrifique, n'est-ce pas? Aussi, si vous nous en croyez, vous vous contenterez de voir cette tour, et, après l'avoir vue à souhait, vous vous en reviendrez avec nous... Cela sera prudent! Quant à nous, nous n'irons pas plus avant, quand même vous nous donneriez votre pesant de bon or ou fin!...

— Je vous remercie de m'avoir conduit jusqu'ici, bonnes gens, répondit Geoffroy; et, puisque la couardise vous serre le ventre à ce point, vous pouvez vous retirer... J'irai seul vers le géant, sans autre compagnie que moi-même : c'est suffisant.

Les gens qui avaient amené Geoffroy ne se le firent pas dire deux fois, et ils s'éloignèrent vitement, de peur qu'il ne prît fantaisie de les rappeler au fils de Mélusine.

Lors, Geoffroy descendit de cheval, s'arma, ceignit son épée, à laquelle il se fiait beaucoup, à son cou son écu et son cor d'ivoire, et, à l'arçon de sa selle, une forte masse d'acier, prit sa lance en main et remonta sur son cheval.

— Beaux seigneurs, dit-il à ses dix chevaliers, attendez-moi au fond de cette vallée. Vous êtes aussi vaillants que ces bourgeois de tout à l'heure étaient couards; mais j'ai résolu de me risquer seul dans cette aventure, et j'y vais seul. Attendez-moi donc ici... Si Dieu me donne victoire sur le géant, vous le saurez aussitôt, car je sonnerai de mon cor d'ivoire. Alors vous viendrez à moi.

Les dix chevaliers furent bien chagrins de cet ordre qui les forçait à l'immobilité, et, une dernière fois, ils supplièrent Geoffroy de leur permettre de l'accompagner. Mais Geoffroy ne le voulut pas : il partit même aussitôt.

Après avoir chevauché pendant quelque temps, Geoffroy arriva à une porte qui donnait sur une cour intérieure, et qui, précisément, se trouvait ouverte en ce moment-là. Il entra et s'avança tranquillement au milieu du silence le plus profond.

Il s'avança encore et trouva la fameuse tour dont le pont-levis était levé, ce qui le chagrina. Sans doute le géant dormait à l'abri de ses murailles, car il ne paraissait pas, et l'on n'entendait toujours rien que le bruit que faisaient les armes du chevalier en s'entrechoquant.

— Fils de pute et faux géant, cria Geoffroy d'une voix sonore, viens donc me parler, car je t'apporte ce que te doivent les gens de monseigneur Raimondin, mon père !...

Cette voix troubla le sommeil du géant, qui, alors, vint à une fenêtre pour savoir de quoi il s'agissait. Quand il aperçut Geoffroy, fièrement planté au milieu de la cour, sur un grand diable de cheval qui n'en finissait pas, il se secoua un peu et s'écria :

— Que veux-tu, chevalier, pour me venir si hardiment réveiller lorsque je dors ?

— Si tu veux descendre, je te l'apprendrai ! répondit Geoffroy, qui ne put s'empêcher de remarquer la forte musculature et la fière contenance du féroce Guédon.

En entendant cet appel, Guédon s'arma à la hâte, prit un fléau de plomb à trois chaînes, et une énorme faux d'acier, et vint au pont-levis, qu'il abaissa.

— Qui es-tu ? demanda-t-il pour la seconde fois au jeune chevalier.

— Je te l'ai dit : je suis Geoffroy à la Grant Dent, fils de Raimondin de Lusignan, et je viens acquitter la dette contractée envers toi par les gens de monseigneur mon père.

— J'ai pitié de toi, follet, dit Guédon en riant bruyamment; j'ai pitié de toi à cause de ta vaillance et de la hardiesse de ton cœur. Tu peux t'en retourner, mon enfant! Car, sache-le bien, tu aurais avec toi cinq cents hommes, même aussi courageux que toi, que je les disperserais, et toi avec, comme le vent disperse la poussière !... Mais j'ai vraiment pitié de mettre à mort un si vaillant chevalier : retire-toi donc, je te le répète, et va consoler ton père Raimondin, qui a peut-être besoin de toi.

— Méchante créature ! répondit Geoffroy, tu as grand'peur de moi, c'est pour cela que tu fais le généreux à mon égard... Garde ta pitié pour toi-même !... Quant à moi, je te déclare que je ne partirai pas de cette place que je ne t'aie ôté la vie du corps... Je te tiens dès cet instant pour mort. Fais donc ta paix avec Dieu, si tu crois en lui toutefois. Je te défie, et je te tiens pour lâche autant que cruel si tu recules !...

Ici le géant fit semblant de rire, quoiqu'au fond il n'en eût pas la moindre envie, à cause de la fière assurance de son ennemi, et il lui dit :

— Geoffroy, petit fol, tu vas rouler par terre du premier coup, je t'en avertis !...

Et, malgré cette fanfaronnade, Guédon s'avança à la rencontre de Geoffroy, qui ne resta pas en arrière non plus et courut sur le géant de toute la vitesse de son cheval, et la lance sous le bras, solide comme si elle y eût été vissée.

Le géant en eut le sein entamé, et la panse endommagée. Mais se redressant aussitôt avec rage, il fit manœuvrer sa redoutable faux et abattit les quatre jambes du cheval de Geoffroy, à l'endroit du jarret.

Le fils de Mélusine, forcé de prendre terre, tira aussitôt son épée et s'en escrima avec énergie contre son adversaire qui tenait toujours son horrible faux.

Bientôt un coup d'épée tronçonna cet instrument de mort et en rendit le maniement si difficile, que le géant préféra se servir de son fléau dont il frappa le bassinet de Geoffroy.

Mais ce dernier se remit bientôt, et alors la lutte devint plus vive, plus acharnée, plus meurtrière. Le fils de Mélusine profita d'un moment où son ennemi se relevait pour lui abattre une main d'abord, puis une jambe.

Le géant était hors de combat. Il poussa un hurlement de douleur dont retentit toute la vallée et qu'entendirent les dix chevaliers, sans savoir d'où venait cet horrible son, et il tomba sur ses moignons sanglants pour ne plus se relever, car, incontinent, Geoffroy lui trancha la tête.

Cette œuvre faite, le fils de Mélusine sonna de son cor d'ivoire, qui fit accourir tout le pays, heureux d'être délivré de cet épouvantail.

— Il ne vous tyrannisera plus, bonnes gens, ce féroce ! dit Geoffroy à tous ceux qui accouraient.

— Louons Dieu ! louons Dieu ! crièrent les nouveaux arrivants, en s'approchant curieusement du cadavre qui gisait à leurs pieds dans une mare de sang.

On mesura le corps de Guédon en en rapprochant la tête, et l'on fut ébahi en constatant qu'il avait bien quinze pieds de longueur !...

— Il faut avoir outrage de soi, dit-on à Geoffroy, pour se mettre en un tel péril en osant assaillir un si grand diable d'enfer.

— Le péril est passé, il n'y faut plus songer ! répondit Geoffroy.

CHAPITRE XXXVI

Comment Geoffroy à la Grant Dent, après avoir occis le géant Guédon, alla brûler l'abbaye de Maillières, l'abbé et les moines de cette abbaye.

Quelque temps après cette aventure, Geoffroy reçut une lettre de Raimondin son père, qui lui annonçait que Froimond, son frère puîné, s'était fait moine à l'abbaye de Maillières.

Geoffroy fut très courroucé et très dolent de cette nouvelle.

— Comment ! s'écria-t-il, monseigneur mon père et madame ma mère n'avaient-ils pas de quoi faire riche et richement marier mon frère Froimond, sans le faire moine ?... Par la dent Dieu ! ces moines flatteurs l'auront enjôlé à qui mieux mieux, et jamais plus maintenant il ne sortira de son abbaye !... Jamais chose ne me déplut autant que celle-là !... Si bien et si fort me déplaît-elle que je m'en vais payer cette moinaillerie en telle monnaie que plus jamais elle ne s'avisera de faire des moines ! S'il plaît à Dieu, j'en détruirai la graine, afin qu'il n'en repousse nulle part, de cette diabolique engeance qui s'engraisse du pain que ne mangent pas les autres !

Les messagers de Raimondin se disposaient à prendre congé de Geoffroy, leur commission étant faite : il les retint en leur disant :

— Seigneurs, attendez-moi ici, je vous prie, jusqu'à ce que je m'en revienne, car il me faut aller incontinent à une mienne affaire qui me touche beaucoup, et je veux, à mon retour, vous charger d'un message pour monseigneur notre père.

Lors, ayant dit cela, il fit monter à cheval ses dix chevaliers, s'arma comme eux, comme eux monta à cheval, et tous quittèrent la tour de Montjoye pour se rendre à l'abbaye de Maillières, où ils arrivèrent au bout de quelques jours.

L'abbé et ses moines étaient pour lors en chapitre. Cela n'arrêta nullement Geoffroy, qui entra d'un air farouche, l'épée au côté, et alla droit à la moinerie, étonnée et effarouchée.

— Moines ribauds ! leur cria-t-il d'une voix de tonnerre, qui donc vous a donné cette hardiesse d'ensorceler mon frère Froimond par vos paroles cauteleuses et de le faire moine moinant de moinerie comme vous ? Par la dent Dieu ! vous avez fait là une vilaine affaire, et vous en boirez un mauvais coup dans un mauvais hanap, c'est moi qui vous le dis !...

— Ah ! sire chevalier, répondit l'abbé, par notre créateur, je vous jure que ni moi ni moine de céans n'avons ensorcelé personne, et que c'est librement que votre frère est venu à nous !...

— C'est la vérité, cher frère, dit Froimond en se détachant du chapitre pour venir apaiser la colère de Geoffroy. Jamais céans personne ne m'a conseillé, et si vous avez à vous en prendre à quelqu'un, c'est à moi, non à nul autre. Ma droite dévotion a plus fait que conseils d'autrui, je vous le jure aussi !

— Par la dent Dieu ! tu paieras alors comme les autres ! repartit Geoffroy. Je ne veux pas qu'il me soit reproché d'avoir un frère moine moinant, comme tous ces paresseux qui mènent si grassement leur inutile vie !...

Ce disant, Geoffroy sortit, ferma solidement la porte du lieu dans lequel se trouvaient les moines, son frère compris, et fit apporter tout autour force fagots et broussailles à foison.

— Je veux qu'ils grillent tous là-dedans comme renards en leur terrier, dit-il avec colère.

Les dix chevaliers voulurent s'interposer en faveur du jeune Froimond, qui, selon eux, n'était pas coupable, en supposant que les autres eux-mêmes le fussent. Mais Geoffroy ne voulut pas entendre de cette oreille-là.

— Par la dent Dieu ! s'écria-t-il, ni lui, ni moine de céans ne chanteront plus laudes ni matines. Je l'ai résolu ainsi !

Les dix chevaliers, devant une pareille résolution, ne pouvaient que se retirer. Ils s'empressèrent de le faire pour n'être pas accusés d'avoir pris part à la brûlaison, sans nulle cause, de la maison de Dieu et des serviteurs d'icelui.

Cette désertion n'arrêta pas Geoffroy. Il arracha une lampe placée dans une niche et mit incontinent le feu à la paille amoncelée autour de l'église.

La flamme gagna, gagna, gagna, et bientôt on entendit de l'intérieur les cris et les gémissements des moines qui se sentaient rôtir tout vifs.

Mais leurs lamentations ne leur valurent de rien aux yeux de Geoffroy qui croyait faire œuvre pie en enfumant ainsi ces pauvres moines dont la graisse fondait à la chaleur ardente de l'incendie.

Quand les murs de l'abbaye se furent écroulés, que l'on n'entendit plus ni pleurs, ni cris, ni gémissements, et qu'il jugea sa besogne complètement faite, Geoffroy monta à cheval et s'éloigna.

Cependant, malgré lui, au bout d'un peu de chemin il s'arrêta pour juger du résultat de son entreprise, et, en voyant les ruines qu'il avait faites, et en songeant aux cadavres qui étaient amoncelés dessous, Geoffroy ne put s'empêcher de s'apitoyer et de regretter. Pour un peu, en présence de ce désastre, il se fût volontiers passé son épée au travers du corps.

Heureusement que ses chevaliers ne s'étaient pas trop éloignés et qu'ils erraient aux alentours : ils s'opposèrent à ce qu'il se fît justice sur lui-même du malheur qu'il venait de commettre.

— Ah ! sire, lui dirent-ils, c'est trop tard se repentir quand la folie est faite !... Ce qui est irréparable est irréparable ! Venez-vous-en avec nous. Le temps passera avec son oubli sur cette aventure, et nul ne saura, votre conscience exceptée, ce que vous avez fait aujourd'hui !...

Geoffroy ne sonna mot et suivit ses chevaliers jusqu'à la tour de Montjoye, sans se retourner une seule fois.

CHAPITRE XXXVII.

Comment Raimondin apprit par un messager ce qu'avait fait Geoffroy la Grant Dent, et comme l'apprit aussi Mélusine sa femme.

Pendant que Geoffroy chevauchait ainsi vers la tour de Montjoye, un messager accourait en grande hâte à Marmande, où se trouvait Raimondin.

— Sire, lui dit-il, j'ai des nouvelles à vous donner ; il me poigne qu'elles soient piteuses au lieu de bonnes ; mais, quelles qu'elles soient, je vous les donne, parce que, avant tout, je vous dois la vérité.

— Quelle vérité triste avez-vous donc à m'apprendre ? demanda Raimondin, qui faisait peu à peu l'apprentissage du malheur.

— Sire, répondit le messager, votre fils Geoffroy à la Grant Dent a pris une telle mélancolie de la nouvelle que vous lui avez envoyée de l'entrée en religion de votre fils Froimond, qu'il est venu à Maillières et a brûlé cette abbaye avec tous les moines qui y chapitraient, votre fils Froimond compris...

— Que dis-tu là ? s'écria Raimondin, cela ne peut être ! Cela serait trop horrible !...

— Il en est ainsi que je vous dis, monseigneur, reprit le messager. Faites-moi mettre en prison, si cela vous plaît, jusqu'à découverte de l'exacte vérité ; j'y consens. Faites-moi, même, mourir de malemort, si j'ai menti : j'y consens encore !...

Raimondin ne voulut pas attendre davantage pour s'assurer par lui-même de l'épouvantable vérité. Il monta à cheval et courut, sans s'arrêter, à l'abbaye de Maillières, dont les débris fumaient encore.

— Ah ! s'écria-t-il ; ah ! Geoffroy, mon fils, qu'as-tu fait là ?... Tu avais le meilleur commencement de chevalerie qui pût exister ! Tu avais fait déjà de merveilleuses prouesses, dont une seule, la mort du géant Guédon, eût suffi à illustrer un homme, et tu changes de voie droite et loyale pour entrer dans le chemin de la cruauté !... Ce dernier coup m'achève ! Je suis plongé à cette heure dans un océan de ténèbres où je m'égare et dont je ne sortirai pas sans y laisser ma raison !... Quel fantôme est-ce donc que cette femme qui a été mienne et qui ne m'a donné que des enfants étranges, marqués, pour ainsi dire, d'un sceau fatal ?... Le dernier né, qui a aujourd'hui huit ans, a déjà tué deux de ses nourrices en leur mordant les mamelles ! Celui-ci a trois yeux ! Celui-là a les oreilles énormes ! Cet autre a des taches velues comme un animal !... Que sais-je encore ?... Et elle, Mélusine, je la vois encore, comme au dernier samedi où je l'ai surprise en sa piscine, avec un buste de femme et une queue de serpente !... Ai-je rêvé ? Sont-ce là mes enfants ?... Est-ce là ma femme ?... N'ai-je pas été abusé par des fantômes ?... Est-ce que j'existe, même ?... Je me tâte ! Je suis bien le fils d'une créature humaine ; je suis bien sorti d'entrailles de femme, et cependant tout ce qui m'arrive est du domaine de l'étrange, de l'extraordinaire et de l'impossible !...

Raimondin revint tout consterné à Marmande, où il se coucha pour être seul et se lamenter tout à son aise, loin des oreilles et des yeux des indiscrets.

Ce pitoyable état dura plusieurs jours, au bout desquels les barons de la suite de Raimondin jugèrent à propos de prévenir Mélusine dont ils supposaient que l'influence réconforterait leur maître et seigneur.

Aussitôt résolu, aussitôt fait. Un messager partit pour Niort, où était la dame.

Mélusine fut très attristée de cette nouvelle, tant à cause de son mari que de Geoffroy, son fils. Elle aussi comprenait que son bonheur se brisait avec son cœur !

Quelques jours après elle était à Marmande, avec son cortège de dames et de demoiselles.

CHAPITRE XXXVIII

Comment Mélusine vint à Marmande, et de l'explication douloureuse qu'elle eut avec Raimondin, son mari.

Mélusine, la bonne dame, entra dans la chambre où était Raimondin, laquelle chambre donnait sur des vergers en fleurs, au moment même où Raimondin regardait tout rêveur dans la direction de Lusignan.

Elle le salua et l'accola, mais il s'obstina à ne sonner mot, en proie qu'il était à la colère et au chagrin.

— Monseigneur, dit-elle en insistant, c'est véritablement grande folie à vous, que l'on tient pour le plus sage prince qui soit vivant, de vous affliger ainsi d'une chose sur laquelle il n'y a pas à revenir !... Ce qui est fait est fait, et rien au monde ne le défera. Si Geoffroy, votre fils, a commis l'outrage qu'on m'a dit, c'est à cause de son merveilleux courage que rien ne peut arrêter... Il a péché par trop de zèle pour le service et la gloire de notre lignée... Il n'a pu voir sans courroux un de ses frères jeté vivant au milieu de moines débauchés, dont il avait peur qu'il ne prît exemple de mauvaise vie... D'autre part, monseigneur, nous avons assez de quoi, Dieu merci, pour relever l'abbaye qu'il a détruite et la repeupler de moines moins licencieux que ceux qu'il a si cruellement condamnés au feu... Geoffroy, s'il plaît au ciel, s'amendera par devers Dieu et les hommes et fera oublier, par la sagesse de son âge mûr, les emportements de sa jeunesse... Par ainsi, monseigneur, laissez-là le deuil dont vous vous couvrez à tort, et revenez à des sentiments plus conformes à votre état de prince, c'est-à-dire de pasteur d'hommes...

Ces paroles sensées ne produisirent pas sur Raimondin l'effet que Mélusine était en droit d'en attendre.

Il répondit avec âpreté :

— Fausse serpente, tu n'es que fantôme, ainsi que ton fruit! Aucun de ceux qui sont sortis de tes entrailles maudites n'arrivera à bonne fin, à cause du signe de réprobation dont tu les as marqués par ton péché!... Il n'était sorti de toi qu'un bon fruit, qui pouvait te faire pardonner les autres : c'était Froimond! Or, il a été brûlé vif je ne sais par quelle inspiration diabolique, et c'est un autre de tes fils, c'est le cruel Geoffroy qui l'a si méchamment mis à mort, ainsi que les moines de son abbaye!... Ah! l'enfer se mêle de nos affaires, je suis perdu!...

Mélusine ne put en entendre davantage. Le vase trop plein déborda. Ces reproches cruels achevèrent ce qu'avait commencé le parjure de Raimondin. Tout était décidément fini entre eux. Elle se laissa choir tout de son long par terre!...

On se précipita à son aide ; on la releva ; on lui jeta au visage de l'eau bien fraîche ; elle revint à elle.

Pourquoi ne l'avait-on pas laissé mourir? C'eût été plus charitable, car la réalité était plus navrante que le rêve!

— Ah! Raimondin, murmura-t-elle en le regardant piteusement, le jour où je t'ai vu pour la première fois a été bien douloureux!... J'ai été trompée par où les femmes le sont et seront toujours, à savoir par ton gent corps, ta belle figure, ta douce apparence... Je ne te supposais pas alors capable d'une trahison quelconque, si légère qu'elle pût être!... Tu as été parjure envers moi, tu as faussé le serment solennel que tu m'avais fait... Eh bien! cette trahison, ce manque de foi, je te l'eusse encore pardonné de bon cœur, si tu n'avais rien dit à personne... Je m'étais tue : pourquoi n'as-tu pas imité mon silence? Pourquoi as-tu révélé tout haut le secret de la pénitence qui m'avait été imposée par madame ma mère?... Hélas! mon doux ami, maintenant nos amours sont tournés en haines, en douleurs, en duretés, en larmes, en tristesses! Si tu n'avais pas faussé ton serment, Raimondin, j'étais sauvée en ce monde et dans l'autre! J'étais exempte de tourments et de misères! J'eusse vécu toute ma vie comme femme naturelle; je fusse morte aussi tout naturellement, munie des sacrements religieux, et peut-être que le bon Dieu m'eût reçue dans son cher paradis où nous nous serions rejoints tous, l'un après l'autre, le mari après la femme, les enfants après le père!... Tout au contaire, me voilà condamnée à continuer ma pénitence amère jusqu'au grand jour du jugement dernier; me voilà condamnée à souffrir sans repos ni trêve jusqu'à la consommation des siècles, sans espérance d'un répit provisoire dans le tombeau!... Ah! la cruelle chose! Et plus cruelle encore, puisqu'elle me vient de toi qui me devais amour et loyauté, et non fausseté et parjure!...

Cette immense douleur, si résignée en soi, si modérée d'expressions, si peu reprochante, toucha Raimondin plus qu'on ne saurait dire, et il eut en ce moment au cœur une de ces poignantes angoisses comme en ressentent seuls les gens qui passent les articles de la mort.

Lors, s'agenouilla Raimondin pieusement et en joignant les mains vers sa femme.

— Chère dame, ma mie, mon bien, mon espérance, mon honneur, lui dit-il d'une voix brisée par l'émotion, au nom des glorieuses souffrances de Notre-Seigneur Jésus-Christ, au nom du glorieux pardon que le vrai fils de Dieu fit à Marie-Madeleine, je vous supplie de me pardonner ce méfait navrant et de vouloir bien continuer à demeurer avec moi!... Il me reste encore assez de jours à vivre et de tendresse à dépenser pour vous faire oublier les vilaines angoisses dont vous souffrez en ce moment!...

Mélusine contempla Raimondin pendant quelques minutes, et en voyant sourdre de ses yeux rougis des filets de larmes qui lui arrosaient la poitrine, elle se sentit défaillir.

— Mon doux ami, lui dit-elle avec une mélancolique tendresse, Dieu vous veuille pardonner cette faute que vous avez commise au préjudice de notre mutuel repos et de notre mutuel bonheur... Il le peut, lui qui est omnipotent, lui qui est le vrai juge et le vrai pardonneur, lui la légitime fontaine de pitié et de miséricorde..... Quant à moi, vous savez bien que je vous ai pardonné de bon cœur, puisque je suis votre femme et votre amie... Mais, pour ce qui est de ma demeurance avec vous, c'est tout néant : Dieu ne le permet!...

CHAPITRE XXXIX

Comment Mélusine et Raimondin tombèrent pâmés, et comment après cela, Mélusine fit son testament.

Après avoir ainsi partie, Mélusine se leva, se jeta dans les bras de Raimondin, et ils s'entre-baisèrent tous les deux en sanglottant. Puis, à mesure qu'ils se tenaient ainsi accolés, leur émotion devint plus vive, si bien que, à leur insu, leurs bras se décroisèrent, et tous deux tombèrent pâmés sur les dalles de la chambre.

Lors, dames et demoiselles, chevaliers et écuyers, témoins de ce navrant spectacle, commencèrent à pleurer et à mener grande douleur, en disant en commun :

— Ah! fortune, comment es-tu assez fausse et assez perverse pour séparer ainsi de si loyaux amants!..... Nous perdons aujourd'hui la plus sage, la plus juste et la meilleure des femmes! Le ciel n'en fait pas beaucoup sur ce merveilleux patron, et il faut courir dans bien des pays, pendant bien des années, pour en retrouver une semblable!...

Dames et demoiselles, écuyers et chevaliers se lamentèrent tant et si bien, qu'ils finirent par oublier l'objet de leur douleur pour ne songer qu'à leur propre douleur. Ils pleuraient entre eux sans songer davantage aux deux amants qui gisaient si piteusement à leurs pieds!

Cependant Mélusine reprit ses sens la première. Elle se releva, vint à Raimondin, qui gisait encore tout pâmé par terre, et lui dit d'une voix éplorée :

— Mon doux ami, je ne puis plus demeurer avec

vous, par suite de la faute que vous avez commise si malheureusement et que je vous ai pardonnée de si grand cœur : Dieu ne le veut pas, je vous le répète !... Mais écoutez bien ce que je vais vous dire devant vos gens : c'est une dure vérité, mais il est nécessaire que vous l'appreniez, mon doux et regretté mari !... Après vous, Raimondin, jamais homme ne saura tenir ce pays en aussi bonne paix que vous l'avez tenu jusqu'ici. Après vous, vos héritiers auront beaucoup de soucis et d'affaires pénibles, et d'aucuns viendront à déchoir de leur héritage et de leur honneur, par folie et par crime... Mais tant que vous vivrez, vous, ô mon doux ami, je vous aiderai de tout mon pouvoir en toutes vos nécessités et en toutes vos passes difficiles... Ne chassez pas Geoffroy hors de vous : ce sera un vaillant homme... Nous avons d'autre part deux enfants encore, Raimonnet, l'aîné, qui n'a pas encore trois ans, et Thierry, le plus jeune, qui a à peine deux ans... Faites-les bien élever, et veillez sur eux comme j'y veillerai moi-même, sans que vous vous en doutiez, car jamais plus ne me reverrez sous forme de femme. Il faut qu'il en soit ainsi pour que l'expiation soit complète...

Puis, tirant à part Raimondin et les plus hauts barons du pays, Mélusine ajouta :

— Beaux seigneurs, si vous tenez à l'honneur de notre nom et de notre pays, promettez-moi, aussitôt après mon départ, de faire mettre à mort Horrible, celui de nos fils qui a trois yeux, dont l'un est au front. Et ne tardez pas à exécuter cette volonté suprême, car sachez que si vous ne le faites, il en adviendra mal et misère, mort et dommage...

— Ma douce amour, dit Raimondin, il sera fait ainsi que vous le désirez. La vie est remplie, paraît-il, de nécessités douloureuses du genre de celle-ci : il faut s'y soumettre !... Mais, pour Dieu et pitié, ne me veuillez pas tant déshonorer, mais veuillez demeurer, ou jamais plus je n'aurai joie au cœur !

— Mon doux ami, répondit Mélusine, vous me navrez ! Si c'était chose que je pusse faire, je la ferais volontiers... Mais cela ne peut être, hélas ! Croyez bien que je me sens en l'âme cent fois plus de douleur de notre séparation que vous n'en pouvez ressentir vous-même...

En disant ces mots, Mélusine se pencha vers Raimondin, l'accola et le baisa doucement.

— Adieu ! adieu ! adieu ! murmura-t-elle. Adieu ! mon ami, mon bien, mon cœur, ma joie !... Tant que tu vivras, j'aurai, quoique absente de toi, bonheur à te voir et à te rendre heureux... Mais jamais, au grand jamais tu ne me verras en forme de femme !... Adieu ! moitié de mon âme ! Adieu, moitié de mon cœur ! Adieu, moitié de ma vie !...

Et, tout aussitôt, la pauvre Mélusine s'élança sur la fenêtre qui avait le regard sur les champs et sur les jardins, du côté de Lusignan ; et, cela, aussi légèrement que si elle eût eu des ailes !

CHAPITRE XL

Comment Mélusine s'envola sous forme d'une serpente, aux su et vu de tout le monde.

Une fois sur la fenêtre, Mélusine prit congé de tout le monde en pleurant. Puis, se tournant une dernière fois vers Raimondin, elle lui dit, à travers ses larmes :

— Mon doux ami, voici deux anneaux d'or qui ont même vertu ; conservez-les précieusement pour l'amour de moi. Tant que vous les aurez, ni vous ni vos hoirs ne serez déconfits en aucune bataille, pourvu toutefois que vous combattiez pour une juste et légitime cause... Ni vous ni eux ne pourrez mourir par armes quelconques, sinon de votre belle mort.

Raimondin les prit et les baisa.

Puis Mélusine ajouta, en regardant çà et là dans les plaines verdoyantes qui se trouvaient devant elle :

— Hélas ! douce et belle contrée, il me faut te quitter aussi, avec le reste ! J'espérais bien pourtant vivre jusqu'au bout en t'aimant et t'admirant, aimée et admirée de tous moi-même... Tandis qu'à présent, ceux qui me verront auront effroi de moi comme de bête venimeuse !... La destinée le veut ainsi ! Adieu donc, tout ce que j'ai contemplé et aimé jusqu'à ce jour !... Adieu tous et toutes ! Priez dévotement notre Seigneur, pour qu'il allège mes souffrances et raccourcisse le temps de mes douloureuses épreuves !... Adieu, Raimondin, mon doux mari, mon tendre ami, adieu !...

Tout le monde fondait en larmes en entendant Mélusine parler ainsi.

Lors, elle, jugeant qu'il était heure de partir, malgré que tout la retint là, s'élança incontinent hors de la fenêtre sous forme d'une serpente ailée, longue d'environ quinze pieds, au grand ébahissement de la compagnie.

Rien ne restait plus d'elle, désormais, que la forme de son pied, qui s'était moulée en creux sur l'appui de la fenêtre d'où elle avait pris son vol.

CHAPITRE XLI

Comment, une fois Mélusine envolée, Raimondin exécuta ses dernières volontés.

Grande fut la douleur du pauvre peuple à la nouvelle de la dispariton merveilleuse de Mélusine, qui était aimée et honorée de tout un chacun. Le deuil fut général, et cet événement fut considéré comme une calamité publique.

Aussi on ne manqua pas, dans toutes les abbayes et églises fondées par elle, à dire psaumes, vigiles, messes et anniversaires pour le repos de son âme et de son corps.

Et, pendant longtemps, dans tout le pays, il ne fut question que d'elle, de ses bienfaits et de ses malheurs.

— Pauvre serpente! disait-on partout d'un ton pitoyable.

Quant à Raimoudin, il n'est pas besoin de dire quel fut son désespoir. Il n'y en avait pas eu jusque-là de pareil sur terre!

Aussitôt qu'il le put, il songea à exécuter les commandements de sa chère serpente, et n'y eût-il pas songé, d'ailleurs, que ses barons seraient venus lui rappeler sa promesse.

— Monseigneur, lui dirent-ils un jour, vous vous rappelez sans nul doute ce que dame Mélusine vous a commandé relativement à votre fils Horrible, à cause du mal que son existence peut causer à vos hoirs et à vos amis.

— Je ne l'ai pas oublié, répondit Raimondin. Quoique ce soit une atroce nécessité de consentir à la mort d'un sien enfant, né de votre sang et nourri de votre chair, je dois obéir. De même que dans un incendie on fait la part du feu, je dois la faire dans ma lignée, afin que tous ne soient pas dévorés à cause d'un seul... Faites donc d'Horrible ce que Mélusine vous a commandé d'en faire!...

Les barons n'hésitèrent pas. Ils entraînèrent Horrible, sous un prétexte quelconque, dans un endroit isolé, une sorte de souterrain dont les issues furent soigneusement bouchées; puis on alluma une masse énorme de foin mouillé dont la fumée ne tarda pas à étouffer la victime expiatoire dont la mort avait été résolue.

Après quoi le corps d'Horrible fut enseveli dans une bière et porté à Poitiers en l'abbaye du Moustier-Neuf, où il fut sépulturé comme il convenait.

CHAPITRE XLII

Comment Mélusine venait tous les soirs visiter ses deux enfants Raimonnet et Thierry.

Horrible une fois sépulturé, Raimondin quitta Poitiers et s'en vint à Lusignan avec ses deux enfants, Raimonnet et Thierry, jurant de ne plus entrer jamais en la place où il avait perdu sa chère Mélusine.

Celle-ci était morte pour tous, excepté pour ses deux enfants Raimonnet et Thierry qui, jeunes, avaient besoin, plus que les autres, d'être soutenus et caressés par un souffle maternel, afin de pouvoir convenablement grandir.

Ils avaient bien des nourrices : mais quelle nourrice valut jamais une mère?

Lors donc, pour souffler à ces deux chers enfantelets la vie et la santé, Mélusine venait chaque soir, à l'insu de tout le monde, leur donner ces soins délicats, tendres, ingénieux, que rien ne peut remplacer.

Elle les enlevait doucement des mains des nourrices, les approchait du feu pour réchauffer leurs petits membres, les lavait, les choyait, les baisait, les berçait en leur murmurant des chansons dolentes pour leur procurer au plus tôt le sommeil. Et quand le sommeil était venu, et que ces deux petits êtres frais, roses et souriants, reposaient dans les bras l'un de l'autre en songeant peut-être à cette dame si douce qui les avait caressés, Mélusine les baisait une dernière fois sur leurs lèvres rouges et appétissantes, et elle s'envolait, au grand ébahissement des nourrices.

Aussi, chaque jour, Raimonnet et Thierry croissaient en force et en beauté, et leurs progrès de santé étaient plus sensibles en une semaine que chez les autres en un mois, si sensibles même que chacun en était émerveillé, Raimondin tout le premier.

— Ah! Mélusine! Mélusine! s'écriait-il parfois en soupirant, si vous étiez là, comme vous seriez heureuse de voir les plumes pousser ainsi, longues et drues, à ces deux beaux oiseaux sortis de votre sein!

Que devint-il, lorsqu'il apprit, par les chuchottements et les racontages mystérieux des nourrices, qu'une apparition sous forme de femme, venait chaque soir visiter ses deux jeunes gens, les choyer, les caresser et les endormir au son d'une voix mélancolique, la voix d'une âme plus que celle d'un corps humain?... Que devint-il, le pauvre veuf!...

— C'est Mélusine! murmura-t-il avec des tressaillements d'aise : Mélusine seule est capable de ce merveilleux dévoûment de mère à enfants!... Elle aime toujours!... Ah! je la reverrai, puisqu'elle revient!...

Raimondin se trompait. Mélusine ne revint plus! Il ne la revit jamais!

Quand il comprit qu'elle était perdue sans retour pour lui, son désespoir fut immense, et jamais, depuis ce moment, homme vivant ne le vit rire et mener joie.

Le bonheur de sa vie s'était envolé avec la pauvre serpente.

Sa douleur fut telle, même, qu'elle s'en doubla de colère à l'endroit de Geoffroy à la Grant Dent, qu'il eût mis à mort volontiers s'il l'eût rencontré sous sa main.

CHAPITRE XLIII

Comment Geoffroy à la Grant Dent fit mourir le comte de Forest, son oncle, et, après cela, s'en alla devers son père pour lui crier merci.

Geoffroy la Grant Dent chevauchait à l'aventure, en quête du comte de Forest, son oncle, sur lequel il avait juré de se venger, de par la benoîte Trinité.

Tout en chevauchant ainsi, il apprit que le comte de Forest séjournait en une forteresse assise sur un rocher, appelée Chalencey. Il alla vers ce château.

Quand il entra, le comte était à deviser joyeusement au milieu de ses barons.

— Que nous veut ce fâcheux? demanda-t-il en voyant s'avancer son neveu, qu'il ne reconnut pas, et dont la contenance n'annonçait rien de bon.

— Ce fâcheux veut ta mort, traître par qui notre mère est perdue!... répondit Geoffroy d'une voix terrible, en tirant incontinent son épée.

Le comte Forest, qui avait souvent entendu parler de l'indomptable et irrésistible courage de son neveu, ne jugea pas à propos de l'attendre de pied ferme, de peur de mal. Tout au contraire, il s'esquiva prestement et gagna la maîtresse tour de son château, où il espérait pouvoir échapper à la colère de Geoffroy.

Mais Geoffroy courut après lui, l'épée à la main, la menace à la bouche.

— Traître! Déloyal! Félon!... Mauvais frère! Mauvais ami!... lui criait-il, sans cesser un seul instant de le poursuivre.

Le comte de Forest, transi d'effroi, se réfugia d'étage en étage jusqu'au comble de la tourelle, où arriva son neveu presque en même temps que lui. Voyant qu'il ne pouvait fuir d'un autre côté, il monta sur une fenêtre pour, de là, gagner une petite guérite où il aurait été à l'abri des coups et d'où il aurait pu se sauver. Malheureusement, le pied lui faillit, et il tomba en bas de la tour, moulu, brisé, mort.

Geoffroy le vit tomber et il s'arrêta dans son ascension, maintenant inutile.

— Félon! cria-t-il en le contemplant du haut de la tour, c'est par tes pernicieux conseils que monseigneur mon père a perdu notre mère; ta mort est méritée!... Maudit sois-tu, félon!...

Lors il redescendit et alla fièrement vers les barons du comte de Forest, lesquels étaient tout émus de l'événement, mais sans oser lever les yeux sur lui pour lui faire reproche.

— Seigneurs, dit-il d'une voix claire et ferme, le comte de Forest est mort; enterrez-le. Quand il sera enseveli, vous le remplacerez dans le gouvernement de sa comté, par mon bien-aimé frère Raimonnet, son neveu. Cela ne sera que justice!...

Cela fait, Geoffroy à la Grant Dent s'en alla à Lusignan, par devers son père, et, d'aussi loin qu'il l'aperçut, il se jeta à genoux et lui cria merci, en lui disant:

— Mon très cher père, je vous supplie de me pardonner, et le brûlement de mon frère Froimond, et la chute de mon oncle le comte de Forest!... Je n'ai agi que pour le bien et l'honneur de notre maison; si je me suis trompé, c'est loyalement, et, à cause de ce, je vous adjure de m'octroyer mon pardon... Si vous me pardonnez, mon très cher père, je vous promets de faire rebâtir une abbaye plus belle et mieux rentée que celle que j'ai brûlée par horreur des moines fainéants qui l'habitaient!...

— Cela ne rendra pas la vie aux morts, répondit Raimondin, mais Dieu est plein de miséricorde, et je n'ai pas le droit d'être plus sévère que lui. Je vous pardonne donc, Geoffroy, et, pour preuve de mon pardon, je vous confie le gouvernement de ma terre pendant tout le temps que durera mon pèlerinage à Rome, auprès du Saint-Père... Si la mort me prend en route, ma terre sera vôtre, Geoffroy, à l'exception de certains lopins qui reviennent à votre jeune frère Thierry par testament de ma chère dame Mélusine, votre bien-aimée mère...

Raimondin, alors, bénit son fils, le recommanda à ses barons, et partit pour son pèlerinage, d'où, en effet, il ne devait revenir que mort, comme le voulait la volonté de Dieu.

—

Et fut l'abbaye de Maillières refaite plus grande et plus puissante qu'elle n'avait été auparavant.

Geoffroy y mit six-vingts moines et les renta grassement, afin qu'ils pussent servir convenablement Dieu et dévotement prier pour les âmes de Raimondin, de Mélusine et de tous les hoirs.

CHAPITRE XLIV

Comment Geoffroy à la Grant Dent se fit rendre des comptes par ses serviteurs, et comment il se refusa à payer une rente imposée comme pénitence à son père.

Six ans après la mort de Raimondin, Geoffroy son fils gouvernait encore sa terre, mais sans jamais demander de comptes à ceux qui étaient chargés de lui en rendre.

Quand on lui disait, par exemple:

— Monseigneur, vérifiez un peu vos comptes, nous vous en prions, afin de savoir comment vous vivez!

Il répondait invariablement:

— Quels comptes voulez-vous donc que je me fasse rendre? Ne sommes-nous pas aises, vous et moi, de la façon dont se passent les choses? Est-ce que cela ne va pas comme vous le souhaitez? Mes forteresses ne sont elles pas bien tenues? Mes besognes ne sont-elles pas en bon point? Est-ce que vous ne me baillez pas argent, lorsque j'en ai besoin et que je vous en demande? Quels comptes voulez-vous donc que j'exige de vous? Dites-le-moi afin que je le sache; car pour moi je suis content, et, à moins que vous ne le soyez pas vous-mêmes, tout va pour le mieux, à ce qu'il me semble... Croyez-vous, par hasard, que je me veuille faire une maison d'or? La maison de pierre que m'ont laissée monseigneur mon père et madame ma mère me suffit amplement.... Que souhaitez-vous? Dites-le vitement, afin que je sois débarrassé de ce souci!...

— Monseigneur, répondaient alors ses receveurs, un prince ne peut pas faire moins que d'entendre ses comptes au moins une fois l'an, ne fut-ce que pour en donner quittance et acquit de conscience à ses receveurs et gouverneurs, qui ont la responsabilité de ses finances pour ses hoirs à venir...

Devant cette insistance, Geoffroy dut céder et fixer un jour pour le rendement de ces comptes-là.

Au jour assigné, gouverneurs et receveurs de toutes les terres que Raimondin avaient laissées, vinrent au lieu où se trouvait Geoffroy, et chacun d'eux exposa ses chiffres d'une façon parfaitement lucide.

Jusque-là, Geoffroy les avait laissés dire et faire, ne trouvant pas la moindre objection à leur adresser. Mais, lorsqu'ils vinrent à un article concernant le faîte de la tourelle de Lusignan, il releva la tête d'un air étonné. On estimait à dix sous d'or par an la dépense nécessitée par les réparations à faire à cette tourelle.

— De quelle tour parlez-vous là? demanda-t-il. Dix sous d'or par an pour les réparations à faire au faîte de cette tour? Pourquoi ne vous arrangez-vous pas de façon à ce que les réparations soient moins fréquentes et, par conséquent, moins coûteuses?...

— Monseigneur, répondirent incontinent les receveurs, c'est rente que nous payons tous les ans.

— Comment! s'écria Geoffroy, je ne tiens Lusignan que de Dieu, créateur tout-puissant, et vous voulez que j'en sois redevable, pour une partie, à quelqu'un autre à qui vous payez dix sous d'or chaque année!... Mais, à qui donc les payez-vous?..

— Sire, nous ne savons, vraiment.

— Comment! vous voulez que je vous donne quittance de cette dépense folle, et vous ne l'avez pas de celui à qui vous la payez? Par la dent Dieu! vous ne l'aurez pas de moi; et je ferai rendre gorge à celui qui a perçu si indûment jusqu'ici cette somme de votre crédulité!

— Monseigneur, depuis le départ de dame Mélusine, votre mère, et cela pendant cinq ou six ans, il venait au dernier jour d'août une grande main qui secouait violemment la couverture de la tourelle et la jetait à bas, ce qui coûtait tous les ans, à refaire, vingt ou trente livres. Au bout de ce temps parut un homme, que votre père n'avait jamais vu, et qui lui conseilla de mettre en une bourse, à la même époque, trente pièces d'argent de chacune quatre deniers, et de la porter entre none et vêpres, au dernier étage de la tour... La bourse contenant ces dix sous devait être faite de cuir de cerf et placée sur la pièce de bois soutenant la couverture de la tourelle. Notre seigneur Raimondin exécuta ces prescriptions, et, depuis ce moment, le faîte de la tour ne bougea pas.

Geoffroy devint tout pensif en entendant cela. Puis, au bout de quelques instants, il répondit à ses receveurs:

— Comment admettre de pareilles choses? Comment tiendrais-je à servitude un héritage franc? Le comte de Poitiers a fait don de cette terre à monseigneur mon père, et les lettres écrites à ce sujet déclarent qu'elle ne devait rien à personne, excepté à Dieu... Quant à moi, je le déclare, je n'en paierai jamais une croix à âme qui vive, parce que je ne dois rien à personne là-dessus. Vous ne paierez désormais plus rien, je vous l'ordonne... et, puisque nous voici arrivés au dernier jour d'août, je veux aller voir par mes yeux ce que tout cela signifie!...

On voulut s'opposer à ce projet de Geoffroy, qu'on considérait comme fol. Mais tant plus on s'y opposait et tant plus Geoffroy persistait.

Il entendit en conséquence la messe, ceignit son épée, pendit son écu à son cou, et, ainsi armé de toutes pièces, il monta à la tour, entre none et vêpres, heure à laquelle se payait mystérieusement la rente qu'il se refusait à devoir.

Lorsqu'il fut arrivé au dernier étage de la tour, il s'arrêta pour souffler un peu, puis il entra.

Il n'y avait personne. Il attendit.

Au moment où sonnaient vêpres, la tour tout entière tressaillit sur sa base comme si elle eût été brin de paille agité par le vent, et, au même instant, parut un gigantesque chevalier tout bardé de fer qui cria d'une voix formidable:

— Qu'est-ce donc, Geoffroy, et que prétends-tu faire? Tu te refuses à me payer la rente qui m'est due sur cette tour?...

— Oui, répondit Geoffroy d'une voix ferme.

— Oublies-tu que je suis en saisine et possession de céans dès le vivant même de ton père?

— Où sont les lettres que tu en as?... reprit Geoffroy.

— Les voilà! répondit incontinent le géant en courant l'épée haute sur Geoffroy.

Lors les armes s'entrechoquèrent avec un bruit infernal qui mit l'effroi dans l'âme des gens de Lusignan, qui attendaient en bas l'issue de cette mystérieuse aventure.

Les épées se brisèrent. Avec les tronçons qui en restaient, les deux combattants se frappèrent sans trêve ni merci.

Bientôt, ces tronçons eux-mêmes leur tombèrent des mains. Ils n'eurent d'autre ressource que de se prendre à bras le corps et de chercher à s'étouffer l'un contre l'autre.

La lutte se prolongeait, quoique inégale. Ils y mettaient l'un et l'autre une égale furie, et ils s'en allaient hurtebillant l'un l'autre avec une telle énergie qu'on entendait le bruit de leurs respirations retentir comme celui de marteaux sur enclume.

Le soleil allait disparaître, et ses lueurs sanglantes n'éclairaient plus que faiblement cette scène étrange. Geoffroy tenait bon toujours, comme s'il ne faisait que commencer.

Son adversaire s'arrêta et lui dit :

— En voilà assez ! Je t'ai suffisamment essayé... Tu es un vaillant homme... Je t'épargne !... Quant aux dix sous d'or, je t'en tiens quitte... Apprends cependant, avant que nous ne nous séparions, pourquoi je les percevais du vivant de ton père... C'était une pénitence à lui imposée à cause du parjurement qu'il avait fait à ta mère... Cette pénitence n'était pas encore terminée ; cette rente était encore due... Tu ne veux plus la payer : ne la paie plus... Mais si tu veux fonder un hôpital et élever une chapelle pour le repos de l'âme de ton père, je crois que tu feras bien, dans son intérêt et dans le tien... Avise donc ! Quant à moi, je t'ai prévenu... Adieu !...

Et, en disant cela, le chevalier mystérieux s'évanouit comme fumée par la fenêtre de la tourelle, avant même que Geoffroy eût eu le temps de s'informer exactement auprès de lui au nom de qui il venait ainsi.

Geoffroy descendit tout pensif. On l'entoura, on l'interrogea : il ne sut que répondre, et, n'avait été ses armes disjointes, sa cotte de mailles en lambeaux, on eût pu croire qu'il n'avait eu affaire à personne.

Il rêva longtemps à cette aventure, et n'oublia pas, suivant sa promesse, de fonder un hôpital et une chapelle pour le repos de l'âme de son père.

Ici finit l'histoire des hoirs de Lusignan.

CHAPITRE XLV.

Comment un jeune roi d'Arménie, successeur du roi Guion, vint veiller au château de l'Epervier.

Longtemps après les événements que nous venons de raconter, longtemps après la mort de Raimondin et du roi Guion, l'un de ses fils, il y eut en Arménie un très beau jeune homme, plein de force, de courage et de vouloir, qui entendit parler, par des voyageurs, d'un certain château mystérieux sur le compte duquel on racontait mille choses.

Ce château s'appelait le château de l'Epervier. Il appartenait à une dame d'une beauté remarquable que beaucoup de chevaliers convoitaient.

Mais difficile était son approche. Tous ceux qui voulaient lui plaire allaient au château, et consentaient à veiller pendant trois jours et trois nuits, sans fermer l'œil un instant, au bout desquels jours et nuits la dame du lieu devait leur apparaître et leur accorder tel don qu'il leur plairait de lui demander, pourvu qu'il n'y eût pas péché de corps et commerce charnel.

Aucun de ceux qui s'étaient présentés jusque-là n'avait pu réussir, tant il est dur de rester trois jours et trois nuits sans sommeil.

Le successeur du roi Guion ayant donc entendu parler de cette épreuve difficile, voulut la tenter à son tour, d'autant plus qu'il était alors en sa fleur de beauté, de jeunesse et de vigueur.

On ne pouvait être admis au château de l'Epervier qu'une fois l'an, la surveille de la Saint-Jean, la veille et le jour.

Le jeune roi apprêta en conséquence son arroi et se mit en route, avec bonne escorte, de façon à arriver au jour dit au château de l'Epervier.

Une fois là, il fit tendre un riche pavillon, soupa à son aise, s'alla coucher et dormit jusqu'au lendemain matin. Il entendit la messe, mangea une forte soupe au vin, pour se réconforter l'estomac après s'être réconforté l'esprit, et, s'étant armé, prit congé de ses gens, qui furent bien chagrins de son départ, à cause des périls qu'il allait courir.

Quand il fut à l'entrée du château de l'Epervier, un vieil homme tout vêtu de blanc s'en vint vers lui et lui demanda ce qui l'amenait.

— Je demande l'aventure et la coutume de ce château, répondit le roi.

— Soyez le bienvenu, dit le vieillard ; suivez-moi donc ; je vous mènerai là où vous trouverez l'aventure.

Le roi était prêt : il suivit le prud'homme, qui lui fit passer le pont et la porte du château.

Le roi, à chaque instant, s'émerveillait de la richesse du lieu où on le conduisait. Ce n'était partout qu'or et pierreries, marbres rares de toutes couleurs, ornements singuliers de toutes sortes.

Le vieil homme monta un escalier et entra dans une salle où se tenait un épervier, sur un perchoir de velours, avec un gant auprès.

— Ami, dit-il au jeune roi, puisque vous êtes si fort avancé, il vous est impossible de reculer. Je vais donc vous initier à ce que vous devez faire. Vous voyez cet épervier : il faut le veiller sans dormir pendant trois jours et trois nuits... Si la fortune permet que vous réussissiez, la dame de ce château consentira à vous apparaître et à vous accorder tel don qu'il vous plaira de requérir, au sujet de choses terriennes seulement. Gardez-vous bien de lui demander son corps : il vous en arriverait malheur. Réfléchissez donc avant de vous engager définitivement dans cette entreprise ; sondez-vous les reins pour savoir si vous les avez assez forts, et prenez bien garde de vous endormir.

— C'est tout réfléchi, dit le roi, je me suis sondé les reins, la conscience et le cœur : rien ne peut m'arrêter. Je veillerai trois jours et trois nuits, sans dormir un seul instant, je vous le promets.

— Dieu vous soit en aide, jeune homme ! répondit le vieillard en s'éloignant à pas lents, comme pour donner encore au roi le temps de revenir sur sa téméraire résolution.

CHAPITRE XLVI

Comment le roi d'Arménie, après avoir veillé pendant trois jours et trois nuits, voulut prendre la dame du château et fut battu, sans savoir pourquoi.

ne fois le vieillard parti, le jeune roi examina l'endroit où il se trouvait. De tous côtés des tapisseries de haute lice, des vases précieux, des orfèvreries, des richesses sans nombre. Au milieu de la pièce il y avait une table mise comme pour un roi, avec belle et blanche nappe dessus, et aussi mets délicieux à foison.

Le roi d'Arménie n'était pas jeune pour rien. Il avait faim : il mangea ; il avait soif : il but. Mais comme il avait trois longs jours et trois longues nuits à passer, il se garda bien de faire le moindre excès qui pût appesantir son cerveau et provoquer son sommeil.

Ce léger repas pris, il se leva et se mit à marcher de long en large, puis de large en long dans la chambre, regardant avec plus d'attention encore les tapisseries qui ornaient les murs, et sur lesquelles était peinte l'histoire du roi Elinas d'Albanie, de Pressine, sa femme, et de leurs trois filles Mélusine, Mélior et Palatine. Tout y était, jusqu'à l'emprisonnement d'Elinas dans une montagne du Northumberland.

Le roi prit grand plaisir à lire cette histoire, et plusieurs autres qui y étaient peintes et devisées, et il musa ainsi pendant trois jours.

Lors il entra dans une chambre voisine, où se trouvaient à foison des chevaliers armés, également peints comme les précédentes histoires, et au-dessous desquels il y avait écrit leurs noms, leur lignage, leur pays.

Le soleil était déjà bien bas à l'horizon, et le sommeil commençait à faire battre les cils et abaisser les paupières du vaillant roi, qui, alors, se secoua pour ne pas succomber à la fatigue.

Bien lui en prit. L'énergie lui revint et le sommeil s'en alla.

L'aube apparut, puis le jour, puis le soleil.

C'était le moment attendu avec impatience par le jeune homme, qui croyait ainsi avoir mérité par sa constance et son vouloir une bien douce récompense.

Aussi son cœur battit à se rompre lorsque survint la dame du château, blanche, rose et souriante comme un rêve, vêtue de riches habits, vêtue surtout de son étonnante beauté.

— Sire roi, dit-elle en le saluant courtoisement, vous avez fait loyalement et vaillamment votre devoir, je suis heureuse de vous l'annoncer. Puisque vous avez gagné le prix accordé à tant de constance, demandez-le : il est à vous. Seulement, n'oubliez pas que vous ne pouvez exiger rien que d'honorable, parmi les choses terriennes. Ce que vous demanderez vous l'aurez, je vous le promets.

Le roi, émerveillé, séduit, enamouré, affolé, lui répondit courtoisement :

— Par ma foi, dame, je ne souhaite ni or ni argent, ni terre ni héritage, ni ville ni château, puisque j'ai tout cela, étant roi ; et même, je vous l'avoue, n'eussé-je rien de tout cela, qu'en face des attraits incomparables de votre non-pareille personne, je ne songerais nullement à demander quoi que ce soit des biens terriens... Une seule chose me fait envie en vous, c'est vous !

— Sire fol et musard, s'écria la dame courroucée, vous manquez aux conventions prescrites !... Vous aurez tout, fors cela !...

— Je ne demande rien que cela, précisément, noble et gente dame !... Peu me chaut la richesse ! Ce que je veux, je vous le répète, c'est votre corps, un trésor sans prix !... Et je crois avoir assez fait mon devoir pour vous demander cela...

— Vous avez fait votre devoir, sans doute, reprit la dame, un peu radoucie. Vous êtes le premier qui l'ayez fait, je n'en disconviens pas : aussi serais-je très heureuse de vous accorder toute chose raisonnable, quelle qu'elle fût... Mais, quant à moi, cela est impossible !..

— Chère dame, encore une fois, je ne suis pas venu ici pour autre chose que pour vous... C'est vous que je veux avoir... C'est vous que j'aurai !...

— Fol ! fol ! fol ! répondit alors avec énergie la dame, que cette insistance du jeune roi irritait.

Il la regarda, étonné de son emportement.

— Fol ! reprit-elle. Tu as failli à ton don et à ta convention ! Tu t'es mis en tête de demeurer céans et de me prendre à femme, imprudent ! Tu es de la lignée du roi Guion, lequel était fils de Mélusine, ma sœur aînée...

— Quoi !... Vous seriez...

— Je suis ta tante !... Penses-tu, à présent, que l'Eglise consentirait à nous unir l'un à l'autre, sous peine de damnation !...

Lors, Mélior, car c'était elle, la seconde sœur de Mélusine, la seconde fille du roi Elinas et de la fée Pressine, raconta au jeune roi les tenants et les aboutissants de son lignage, si bien qu'il en resta confondu et tout vergogneux.

Puis, elle ajouta :

— Par ainsi, fol roi, il t'adviendra mal et peine à cause de cette vilaine pensée que tu as eu là !... Toi et les tiens, vous serez déchus de terre, d'avoir, d'honneur et d'héritage jusqu'à la neuvième génération... Le royaume que tu tiens à gouvernement à cette heure t'échappera des mains comme eau d'un vase fêlé... Et maintenant, va-t-en ! Ne demeure plus céans, ou tu n'es que trop resté !...

Mais ces paroles outrageuses ne produisirent pas sur le roi l'effet qu'en attendait Mélior. Il était jeune, hardi, entreprenant, et il se refusait à croire que cette dame si gente, si cointe, si attrayante, si jeune elle-même, fût sa bisaïeule, sa grand'tante... Il s'imagina qu'elle voulait se truffer de lui, et, peu à peu, en reprenant ses esprits, il reprit ses projets. Il était venu au château de l'Epervier pour commercer charnellement avec la dame mystérieuse qui en était la souveraine. Cette dame était là, devant lui, à la portée de ses bras et de ses lèvres. L'appétit lui revint, doublé par les trois jours et les trois nuits d'attente qu'il avait passés à regarder les tapisseries. Il s'élança sur elle, et, ne pouvant l'avoir de gré, il voulut du moins l'avoir de force.

Mais, au premier pas, au premier geste qu'il fit, Mélior s'évanouit comme une nuée.

C'était l'histoire d'Ixion et de Junon.

Incontinent le roi sentit descendre sur lui, aussi drue que pluie qui tombe du ciel, une grêle de coups et de horions venant de côté et d'autre ; puis, ainsi mené, il se trouva bientôt hors du château, à deux pas de son pavillon, où l'attendaient les seigneurs de sa suite.

Et cela sans voir pied ou poing de celui ou de ceux qui le battaient. De même qu'on ne voit pas la main qui lâche les écluses célestes, de même il n'avait pu voir celle qui avait laissé tomber sur son corps cet orage de coups et de horions.

Le roi était tout moulu et tout honteux, si moulu et si honteux même qu'il se prit à maudire amèrement les chevaliers qui, les premiers, lui avaient parlé du château de l'Epervier et de la dame qui y demeurait.

Après vinrent ses gens qui, s'apercevant bien qu'il ne revenait pas de son expédition aussi fraîchement et gaillardement qu'il y était allé, lui demandèrent :

— Monseigneur, êtes-vous blessé ? Avez-vous eu bataille là où vous avez été ?...

Le roi répondit :

— Je suis un peu blessé, en effet, mais ce n'est pas d'avoir eu bataille, car je n'ai vu devant moi aucun ennemi... Je sais seulement que j'ai été battu et bien battu par une main invisible, qui ne marchandait pas les coups... J'aurais voulu me revenger : cela n'a pas été possible... Ce dont je suis marri, je vous jure !...

Ces paroles dites, le jeune roi fit lever sa tente et s'en alla sur son vaisseau pour regagner au plus vite son pays.

Il ne pouvait s'empêcher de songer en chemin à cette étrange aventure et de repasser en son triste cœur les paroles de Mélior, la dame du château de l'Epervier, et sa prétendue tante. Et, en y réfléchissant à loisir, il comprit qu'il venait de perdre là son repos et son honneur. Mais il se garda bien de faire part de cette navrante découverte aux gentilshommes de sa suite.

Jamais, depuis ce temps, il n'en parla à âme qui vive, et ce ne fut qu'à l'article de la mort qu'il s'en ouvrit à un sien frère qui devait avoir son royaume après lui.

Ce frère, ainsi averti, fit tout ce qu'il put pour bien gouverner son royaume. Mais il lui arriva malheur sur malheur, calamité sur calamité. Il eut des révoltes, des pestes, des guerres, des fléaux de toutes sortes.

Mélior ne s'était pas trompée !...

CHAPITRE XLVII ET DERNIER.

Comment la pauvre serpente cessa enfin d'apparaître au château de Lusignan.

On parla longtemps en Poitou du château de Lusignan et des malheurs de Mélusine.

Quant à l'apparition de la pauvre serpente, elle eut lieu souventes fois, et toujours aux mêmes époques. Puis, peu à peu, ses apparitions furent moins fréquentes, et si l'on en parla toujours, on cessa du moins de la voir.

La dernière fois qu'elle se montra, ce fut au temps où les Anglais avaient envahi le Poitou. Le seigneur de Sersuelle occupait alors la forteresse de Lusignan.

Un jour qu'il était au lit avec une femme d'Auxerre, qu'il tenait en concubinage, il vit présentement apparaître devant lui une serpente merveilleuse, grande et grosse, qui avait une queue longue d'environ huit pieds, et qui était bordée d'argent et d'azur.

Le seigneur de Sersuelle fut très étonné, et, comme tout était clos, à cause de la demoiselle Alix, il ne comprenait guère comment cette serpente s'était introduite dans sa chambre.

Enfin, quelque chemin qu'elle eût pris pour s'introduire là, elle y était, et, sans plus se soucier du seigneur et de sa concubine, elle allait et venait, sautait et gambadait comme en un lieu connu d'elle depuis longtemps.

Alix eut peur, quoique la pauvre serpente ne songeât pas à lui faire mal et à lui causer effroi.

Lors le seigneur de Sersuelle, en courtois chevalier, s'empara vitement de son épée et s'élança hors du lit pour terrasser le monstre qui effrayait sa mie.

Tout aussitôt la serpente perdit sa forme et se mua en femme haute et droite, vêtue de bure, la tête coiffée à la mode du vieux temps, et la taille ceinte au-dessous des mamelles.

— Pourquoi cette alarme, sire ! dit-elle au seigneur de Sersuelle. Avez-vous donc peur d'une pauvre femme qui vient rêver céans à son passé ?... Rassurez-vous, je vous prie, et si vous croyez en Dieu le Père pitoyable et tendre, priez pour l'âme de Mélusine, dame de Lusignan...

Le sire de Sersuelle ne savait que répondre et la demoiselle Alix tremblait plus fort que jamais.

Mélusine devina ce qui se passait dans l'âme de ces deux créatures. Elle s'approcha un instant du feu, qui flambait joyeusement dans la cheminée, s'assit sur un escabeau, se réchauffa et devint toute songeuse. Puis, après cela, elle se leva lentement, s'approcha de la fenêtre, et, reprenant la forme sous laquelle elle était venue, elle s'envola en poussant un long cri de douleur qui effraya ceux qui l'entendirent.

Depuis ce moment, on ne revit plus la pauvre serpente.

FIN DE MÉLUSINE.

DE QUELQUES EMPRUNTS

FAITS

PAR LES MODERNES AUX ANCIENS

XIIe SIÈCLE — XVIIe SIÈCLE

Salomon — le sage homme aux cent femmes — a dit un jour d'ennui : « Il n'y a rien de nouveau sous le soleil. » Et la meilleure preuve qu'il en donnait en disant cela, c'est que cette exclamation peu consolante était sortie d'autres lèvres que les siennes, bien longtemps avant lui.

Je n'ai pas, à mon tour, en écrivant ceci, l'intention de refaire ce qui a été fait si magistralement et si spirituellement par d'autres, — par Charles Nodier, par exemple. Je veux seulement, pour l'édification de nos lecteurs, mettre en regard deux styles et deux époques — à propos d'une seule et même chose.

Il s'agit de *Fables*.

Jean La Fontaine était le *fablier* par excellence. Il portait des fables comme un prunier porte des prunes : il suffisait de le secouer un peu pour qu'il en tombât quelques-unes. Mais il fallait le secouer, — cet aimable paresseux.

Il a avoué lui-même qu'il avait imité Esope, — quant au fond. Cela veut dire, en bon français, qu'il n'avait imité personne — quant à la forme.

Hélas ! j'en suis bien marri pour la mémoire du Bonhomme, mais sa forme, — c'est-à-dire sa naïveté spirituelle, — il l'avait empruntée aussi.

Prouvons.

Enfants, nous avons tous lu ses fables, et beaucoup nous sont restées dans la cervelle, la *Cigale et la Fourmi*, le *Loup et l'Agneau*, l'*Ecrevisse et sa Fille*, le *Renard et la Cigogne*, et cinquante autres aussi intéressantes.

Eh bien ! voici une fable écrite au XIVe siècle, sous Philippe de Valois ou sous Jean-le-Bon, son successeur. Elle porte pour titre :

DU REGNART ET DE LA SEGOGNE

qu'on n'a pas de peine à traduire par

LE RENARD ET LA CIGOGNE.

Voici ce que dit cette fable du XIVe siècle :

Regnart à qui rien n'abeli
Semont de mengier avec li
La segogne sa bonne amie ;
Elle ne li refusa mie
Qui cuid a bien être péeuc
Et festoyée et bien reçue,
Ne a nulz barat n'entendi.
Regnart sus la table espandi
Plain pot de miel que il avoit
Qu'à mangier donner li devoit.
Cil vit le miel et laiche et suce
Et prie celle qu'elle manjusse ;
Mais n'en puet à soy riens traire :
Car elle n'a bec à ce faire.
Si se porpense par quel art
Elle conchiera le renart,
Renart semont : si appareille
Trop bonne viande à merveille
La meillieur qu'appareiller pot ;
Puis si la mist dedens un pot,
Qui a le col lonc et estroit ;
Comme ampolle de voirre estoit.
Renart ni pout le col bouter ;
Ne de la viande manger ;
Mais la cigouingne bien en goûte
Qui jusqu'au fond le bec y boute.
Renart vousist à ce besoing,
Qu'il eut bec au lieu de groing.
La viande qui bon fleuroit
Et par la voire paroissoit,
Fait à renart sa faim doubler,

Et de lecherie troubler ;
Bien reçoit il le conchiement
Que il trouva premierement
Si du miel l'oisel ne manja
Assés de lui se revenja.

Qui fait que à soi ne voudroit
S'il s'en repent, c'est à bon droit,
L'en trouve en droit, qui bien le quiert :
L'une bonté, l'autre requiert.
Si comme seras agréable,
Je te serai sans nulle fable :
Mais au tricheur qui sa foy ment
Faire doit-on semblablement ;
Sus celi qui fait tricherie
Reviengne barat et bordie.

Je me trompe peut-être, mais il me semble que cela ressemble furieusement à la fable de J. de La Fontaine qui porte le même titre. Que vous en semble à vous, amis lecteurs ?

Une preuve peut ne pas suffire. Passons incontinent à une autre.

Celle-là porte pour titre :

LE LEU ET L'AIGNIEL

autrement dit, en français du XVIIe siècle :

LE LOUP ET L'AGNEAU.

Un leu et un aignel
Buvoient du ruissel
Qui descendoit du munt,
Le leu vit l'aignelet
Qui li sembla tendret ;
Si le desira moult.

Un aschoison quera
De quoy il le mettra
Et à mort et à sang ;
Et puis le mangera
Ainsi com il vouldra
Et fera son talent.

Il a dit à l'aignel :
Tu me lairas ta pel,
Couart et desloyal,
Tu troubles le ruissel
Dont ne m'est mie bel :
Autrefois m'as fait mal.

L'aignelet li a dit :
Entendez un petit
Raison bonne et vraie,
Vous estes par dessus,
Et je suis de ça jus,
Troubler ne la pourraie.

Dit le leu : autrefois,
Passé à jà neuf mois
M'en as tu fait despit ?
Dit l'aignel : ne puet estre,
J'etois encor à nestre
Si com ma mere a dit.

Tu dis que j'ai menti
Trop sui ore amenti,

Quant si parles à moy ;
J'ay esté trop souffrable :
Ce soit par le diable
Quant plus te souffreroy.

L'aignelet a mengié,
Ainsi s'en est vengié
Le leu par son outrage.
Oncques ne li meffist
L'aignelet, ni li dist
Ne forfait ne outrage.

Chascuns se doibt garder
De mauvais encontrer,
Se dame Dieu me voie.
Qui ne peut l'estriver,
A li ne doibt jungler,
Mais aler en sa voie.

Cette seconde preuve vaut-elle la première ? Je dois vous avertir qu'il y en a beaucoup d'autres, afin que vous m'arrêtiez à temps si vous ne voulez pas être accablés sous le poids de ces preuves-là !

Cette fable du *Leu et de l'Aigniel* est charmante de naïveté et de bonhomie. Il n'y a rien que ce qui doit y être : rien de trop, rien de moins. L'agneau est résigné comme la nature lui a commandé de l'être, — attendu sa destination. On sent bien, à son langage, qu'il comprend parfaitement qu'il est dans son rôle de servir de déjeuner aux loups et de dîner aux hommes. C'est à peine s'il ose hasarder une simple observation touchant l'absurdité de son féroce ennemi qui prétend que l'eau qu'il boit, à cent pas au-dessus, est troublée par lui qui boit à cent pas au-dessous. Voyez-vous d'ici un pêcheur à la ligne, perché sur l'écluse de la Monnaie, qui, pour la même raison que le loup, chercherait querelle à un pêcheur à la ligne juché sur un bateau à charbon du Pont-Royal ?...

Mais, hélas ! le fort a toujours raison contre le faible, — même lorsque le faible a cent fois raison. Il ne fait pas sain d'avoir trop raison en ce bas-monde, décidément !

Je sais que La Fontaine a imité cette fable-là d'une délicieuse façon, et que son

Comment l'aurais-je fait si je n'étais pas né

vaut son prix.

Mais, est-ce que le

..... ne peut estre :
J'étois encore à nestre,

de la fable du XIVe siècle, n'a pas son prix aussi.

Ces deux citations que je viens de donner en regard des fables de J. de La Fontaine, sont extraites des collections généralement connues sous le nom d'Isopet, et qui contiennent une foule de fables traduites au XIVe siècle du grec d'Esope et du latin d'Arianus et de Nekman. Il y a plusieurs Isopet : Isopet Avionnet, Isopet Ier et Isopet II, — le dernier de très peu postérieur aux premiers. Le *Renard et la Cigogne* est une fable tirée d'Isopet Ier ; le *Loup et l'Agneau* est tirée d'Isopet II.

Ce n'est pas tout. Avant ces Isopet-là, — Avionnet ou non Avionnet, — il y avait eu cette femme-poète appelée Marie de France, qui florissait vers la fin du XIIe siècle, deux siècles environ avant les Isopet, sous le règne de Richard-Cœur-de-Lion, roi d'Angleterre.

Car cette Marie de France ne vivait pas en France, — quoique Française d'origine.

« Marie ai nom, si sui de France, »

dit-elle quelque part. Marie tout court. Son nom patronymique, on l'ignore. Réfugiée en Angleterre, elle y composait un recueil de lieds et y translatait, en français d'alors, les fables des auteurs anciens. Ses lieds, elle les écrivait pour le roi d'Angleterre ; ses fables, elle les écrivait par

    Amour du quens Willaume
    Ki flour est de chevalerie,
    Et de sens e de courteisie.

Les femmes sont toujours femmes, — même lorsqu'elles sont poètes, comme Marie de France. L'amour les pousse !

En regard du *Leu et de l'Aigniel* d'Isopet II, — et du *Loup et de l'Agneau* de J. de La Fontaine, — il est curieux de placer le *Lox et l'Engniel* de Marie de France :

    Ce dist dou leu e dou aignel
    Qui béveient à un rossel,
    Li lox à la sorce béveit
    Et li aigniaus à vaul esteit.

    Irséement parla le luz
    Ki mult estait contraliuz ;
    Par mautalent palla à lui :
    Tu m'as, dist-il, fet grant anui.
    Li aignez, li ad respondu :
    Sire ! Eh quoi donc ! ne veis-tu,
    Tu m'as çi ceste aigue tourblée,
    N'en puis boivre ma saolée,
    Autresi m'en irai, ce crei
    Cum jeo vingt tut murant de sei.
    Li aignelès adhunc respunt :
    Sire, jà bévez vus a munt,
    De vus me vient kankes j'ai beu.
    — Qoi, fist li lox, maldis me tu ?
    L'aigneau respunt : N'en ai voloir.
    Li loux li dit : Jeo sai devoir
    Ce méisme me fist tes père
    A ceste surce u od li ère,
    Or, ad ses mois, si cum jeo crei
    Qu'en retraiez, fut-il, sur mei ?
    — N'ière pas neiz, si cum jeo cuit.
    — I coi purce, li luz a dit,
    Jà me fuz tu ore contraire
    E chose ke tu ne deiz faire.
    Dunc prist li lox l'engniel petit
    As denz, l'estrangle, si l'ocist.

    Ci funt li riche robeur,
    Li viscunte e li jugeur
    De cux k'il unt en leur justise.
    Fauxe aquoison, per cuveitise,
    Truevent assez pur ax cunfundre,
    Suvent les funt as plais semundre
    La char lur tolent e la pel ;
    Si cum li lox fist à l'aigniel.

Voilà pour le style de Marie de France. Il est sobre, — mais, à cause de cela précisément, d'une éloquence incontestable. Plus sobre encore que celui de La Fontaine et des Isopet.

« N'ière pas neiz ! »

c'est tout ce que répond l'innocent *aignel* au féroce *lox*.

Et la morale de la fable, donc ! Comme elle est plus directe encore ici que là !

    Ainsi font les riches robeurs,
    Les vicomtes et les jugeurs,
    De ceux qu'ils ont en leur justice :
    Chicanes pleines d'injustice
    Trouvent souvent pour les confondre ;
    Souvent les font aux plaids semondre
    Pour leur manger et chair et peau
    Comme le loup fit à l'agneau !...

Hélas ! le règne des robeurs est éternel ! Les petits seront croqués par les gros jusqu'à la consommation des siècles.

« Pauvres moutons, toujours on vous tondra ! »

Heureusement qu'il reste une consolation aux humbles et aux petits — comme moi, par exemple, — avant d'être croqués par les loups et les robeurs qui tiennent le haut du pavé social : c'est de pouvoir regarder verdoyer la Poésie et la Nature, ces deux grandes consolatrices, toujours verdoyantes, — *semper virens !*...

Citons encore, en terminant, la *Cigale et la Fourmi*, due à Marie de France.

    Un saives hom dist à son filz :
    Filz, esgarde com li formiz
    Porchace son vivre en esté
    Que en hyver en ait plenté :
    Soies sages et garnis tei
    Si com li formiz garnit sei ;
    Que il ce t'avienge autre si
    Com au crequet qui au formi
    Par besoing en hyver ala
    Et de son blé li demanda.
    Dist li formiz : ce est abet ;
    Or me dites, sire crequet
    Dont vous serviez en esté
    Quant je porchacie le blé ?
    Ce dist le crequet, je chantoue
    Sur ma fosse, et me delitoue ;
    N'avoie garde ne porpens
    Que jamés fausit ce bel tens.
    Sire crequet, dist li formiz
    Vos entendies a deduiz,
    Au chantier, à l'esbanoier,

> Et je au froment porchacier
> Dont je vivrai or ça dedenz,
> Et vous en auriez fain as denz,
> Gart or chascun ce qu'il a.
> Bien sai que qui me loera
> Que me dégarnisse por vos
> N'est pas de mon bien trop gelos.

C'est là le fameux

> Vous chantiez? j'en suis fort aise
> Eh bien! dansez maintenant!

du bonhomme La Fontaine. Mais combien la fable de la maîtresse du comte Guillaume est supérieure à la fable de l'ami de madame de la Sablière! Comme le style est ici plus souple, plus pittoresque, plus imagé! Et comme la leçon donnée par la fourmi au crequet est plus cruelle, — c'est-à-dire plus vraie! Comme la fourmi, c'est-à-dire le travail des bras, se venge plantureusement de la cigale, c'est-à-dire du travail de l'intelligence! Comme la lutte éternelle de la belle et de la bête, de l'âme et de la matière, du poète et du bourgeois, est plus brutalement et plus éloquemment représentée ici!

La brièveté — surtout dans les fables — est une qualité, je le sais, et La Fontaine a été plus sobre de phrases que Marie de France. Mais il y a des cas où il ne faut pas craindre d'être long, — pour dire davantage.

C'était ici l'occasion, afin de faire ressortir la nullité d'esprit et la sécheresse de cœur de la fourmi, toute fière — parce qu'elle travaille, l'imbécile! — d'avoir à morigéner et à donner sur les doigts à un pauvre diable de crequet qui chantait dans les sillons, en plein soleil et en pleins parfums, pendant qu'elle suait d'ahan à rapporter au logis des provisions à n'en plus finir pour les jours de froidure et de disette!

Sotte et méchante bête.

Eh! fourmi, ma mie, tu ignores, je le vois bien, que chaque créature a sa fonction ici-bas, et que tel, qui est si fier d'être attelé à l'arroi et de manier l'aiguillon, ne pourra jamais, jamais, jamais, jamais, être attelé à une œuvre d'imagination quelconque et manier la plume, le crayon ou le burin! Le bon Dieu sait bien ce qu'il fait. Il t'a créée, pécore, pour le travail et pour l'activité des pattes : Travaille! travaille! travaille! Va, viens, de ci, de là, par monts, par vaux, à la quête de l'épi, du grain, de la fortune qu'il est dans tes rapaces instincts d'amasser! Thésaurise, accapareuse, thésaurise! C'est dans ton rôle, c'est ta fonction! Mais n'injurie jamais les pauvres chanteurs ambulants qui viennent te demander un morceau de pain, lorsqu'ils ont trop « *fain as denz :* » tu as le droit de leur refuser, purement et simplement, comme une bête sans cœur que tu es, — mais tu n'as pas le droit de les injurier et de les gouailler, comme tu le fais, bête sans esprit!...

Car il ne faut pas craindre de répondre à cette lâche et misérable leçon de la fourmi, — qu'elle ait des pattes ou des souliers ferrés, c'est tout un! — par une autre leçon qu'elle ne comprendra probablement jamais, hélas! Il ne faut pas craindre de dire aux ouvriers des champs et des villes — qui font si peu de cas de l'art et de la poésie — cette vérité élémentaire, à savoir : que le fonctionnement du cerveau est tout aussi sacré que le fonctionnement des bras, tout aussi méritoire, tout aussi héroïque, tout aussi pénible, — quand il ne l'est pas davantage, — puisqu'il produit des œuvres qui souvent ont la durée de l'airain! Ne vous moquez donc pas si niaisement, rustres en sarreau et en sabots, de cet homme maigre et pâle, en habit et en souliers, qui passe tranquillement devant votre ferme : c'est un poète qui fait des livres qui consoleront vos femmes; c'est un artiste qui fait des tableaux qu'admireront vos fils; c'est un savant qui cherche — et qui trouvera — le moyen de vous rendre la vie plus légère à porter, bêtes de somme que vous êtes! Ne vous moquez pas de lui, paysans, et ne lui refusez pas le verre d'eau, le morceau de pain bis qu'il vous demande parce qu'il a soif et faim, et qu'il a oublié d'économiser les sous nécessaires à ses besoins d'aujourd'hui et de demain. Pourquoi la pelle se moquerait-elle du fourgon, — l'âne, du cheval, — la grenouille, de l'abeille, — le brin d'herbe, de l'étoile, — la fourmi, du crequet, — l'ouvrier, du poète, — le paysan, du chanteur? Toutes les créatures sont égales devant le créateur, qui les aime toutes d'un égal amour et qui les regarde toutes d'un égal regard. S'il n'avait pas pitié de vous, comme il vous haïrait, fourmis besogneuses, de haïr ainsi que vous le faites les cigales insoucieuses de l'avenir!

De l'avenir? Elles ont, ma foi, bien raison, les cigales, de ne pas se préoccuper du lendemain. Il n'y a pas de lendemain dans la vie : il n'y a qu'un jour. Le matin de ce jour-là on vous met un béguin sur vos cheveux blonds; le soir, on vous met un suaire sur vos cheveux blancs : tout est dit, vous avez vécu!

Chante, chante, chante, insouciante cigale! Chante, chante, chante, paresseux crequet! Danse même, — comme t'y convie si ironiquement la fourmi. Tu vivras bien autant qu'elle — que le pied du passant écrasera tout-à-l'heure. Tu vivras bien autant qu'elle — et tu auras chanté, dansé et ri, au moins, durant les courtes heures de ta courte existence. Elle, la fourmi, elle aura amassé — pour les autres!...

Mais voilà bien des paroles dépensées en pure

perte. Je me fais là l'avocat d'une cause jugée — et perdue. Le monde va son chemin depuis longtemps de la même façon et du même pas : il n'y a pas de raison pour qu'il n'aille pas du même train jusqu'à la fin.

Ce qui me console, je le répète, c'est qu'il nous est permis, à nous autres rêveurs tant méprisés, de regarder jusqu'au bout verdoyer la Poësie et la Nature, ces deux grandes consolatrices toujours verdoyantes, — *semper virens*.

Fleury, juin 1859.

ALFRED DELVAU.

POÉSIE DU SEIZIÈME SIÈCLE
STANCES

Quand sur moi je jette les yeux,
A trente ans me voyant tout vieux,
Mon cœur de frayeur diminue :
Étant vieilli dans un moment,
Je ne puis dire seulement
Que ma jeunesse est devenue.

Du berceau courant au cercueil,
Le jour se dérobe à mon œil,
Mes sens troublés s'évanouissent.
Les hommes sont comme des fleurs,
Qui naissent et vivent en pleurs,
Et d'heure en heure se fanissent.

Leur âge, à l'instant écoulé
Comme un trait qui s'est envolé,
Ne laisse après soi nulle marque ;
Et leur nom, si fameux ici,
Sitôt qu'ils sont morts meurt aussi,
Du pauvre autant que du monarque.

Naguère, vert, sain et puissant
Comme un aubépin florissant,
Mon printemps était délectable.
Les plaisirs logeaient en mon sein ;
Et lors était tout mon dessein
Du jeu d'amour et de la table.

Mais, las ! mon sort est bien tourné ;
Mon âge en un rien s'est borné ;
Faible languit mon espérance.
En une nuit, à mon malheur,
De la joie et de la douleur
J'ai bien appris la différence !

La douleur aux traits vénéneux,
Comme d'un habit épineux,
Me ceint d'une horrible torture.
Mes beaux jours sont changés en nuits ;
Et mon cœur, tout flétri d'ennuis,
N'attend plus que la sépulture.

Enivré de cent maux divers,
Je chancelle et vais de travers,
Tant mon âme en regorge pleine :
J'en ai l'esprit tout hébété ;
Et si peu qui m'en est resté,
Encor me fait-il de la peine.

La mémoire du temps passé,
Que j'ai follement dépensé,
Épand du fiel en mes ulcères ;
Si peu que j'ai de jugement,
Semble animer mon sentiment,
Me rendant plus vif aux misères.

Ha ! pitoyable souvenir !
Enfin, que dois-je devenir ?
Où se réduira ma constance ?
Etant jà défailli de cœur,

Qui me don'ra de la vigueur
Pour durer en la pénitence ?

Qu'est-ce de moi ? Faible est ma main ;
Mon courage, hélas ! est humain ;
Je ne suis de fer, ni de pierre.
En mes maux montre-toi plus doux,
Seigneur ; aux traits de ton courroux
Je suis plus fragile que verre.

Je ne suis à tes yeux, sinon
Qu'un fœtus sans force et sans nom,
Qu'un hibou qui n'ose paraître,
Qu'un fantôme ici-bas errant,
Qu'une orde écume de torrent,
Qui semble fondre avant que naître :

Où toi, tu peux faire trembler
L'univers, et désassembler
Du firmament le riche ouvrage ;
Tarir les flots audacieux,
Ou, les élevant jusqu'aux cieux,
Faire de la terre un naufrage.

Le soleil fléchit devant toi ;
De toi les astres prennent loi ;
Tout fait joug dessous ta parole :
Et cependant tu vas dardant
Dessus moi ton courroux ardent,
Qui ne suis qu'un bourrier qui vole.

Mais quoi ! si je suis imparfait,
Pour me défaire m'as-tu fait ?
Ne sois aux pécheurs si sévère.
Je suis homme, et toi Dieu clément
Sois donc plus doux au châtiment,
Et punis les tiens comme père.

J'ai l'œil scellé d'un sceau de fer ;
Et déjà les portes d'enfer
Semblent s'entr'ouvrir pour me prendre ;
Mais encore ; par ta bonté,
Si tu m'as ôté la santé,
O Seigneur ! tu me la peux rendre.

Le tronc de branches dévêtu,
Par une secrète vertu
Se rendant fertile en sa perte,
De rejetons espère un jour
Ombrager les lieux d'alentour,
Reprenant sa perruque verte.

Où, l'homme en la fosse couché,
Après que la mort l'a touché,
Le cœur est mort comme l'écorce :
Encor l'eau reverdit le bois ;
Mais l'homme étant mort une fois,
Les pleurs pour lui n'ont plus de force.

MATHURIN RÉGNIER.

ARTUS DE BRETAGNE

CHAPITRE PREMIER

Comment naquit et fut élevé le jeune Artus, fils du noble duc Jean et de la noble duchesse, issue de Lancastre, sa femme.

Après la mort du roi Artus, qui exhaussa toute noblesse et chevalerie, comme firent messeigneurs Gauvain, Tristan de Léonois, et maints autres preux chevaliers, la Bretagne eut un duc extrait du noble lignage de Lancelot du Lac.

Ce duc, nommé Jean, fort d'avoir et d'amis, fort de vaillance et de vertu, prit à femme une haute et notable dame, de bonne et sainte vie, fille du comte de Lancastre, en Angleterre.

Tous deux, le noble duc et la noble duchesse, s'aimèrent toute leur vie de bonne amour, en accomplissant l'œuvre de mariage ainsi que Dieu l'a ordonné ; si bien qu'un jour il plut au ciel de leur envoyer un bel enfant mâle, lequel, en la remembrance du grand roi Artus, le mari de la dame Genièvre, fut nommé de ce nom.

Cet enfant, l'un des plus beaux qui fût en chrétienté, fut aimé beaucoup du noble duc et de la noble duchesse, qui firent tous leurs efforts pour accroître son honneur et sa chevance.

Quand il eut dix ans, on lui donna un maître intelligent et dévoué, sage et hardi, vigoureux de corps et d'esprit, appelé Gouvernau. Il apprit au jeune Artus le jeu des échecs et le jeu des tables, puis, plus tard, le jeu d'escrime et autres jeux propres à développer en lui toutes les forces corporelles et intellectuelles ; si bien que, de jour en jour, l'enfant devenu adolescent, devint le garçonnet le plus hardi, le plus doux, le plus gracieux, le plus adroit qui fût au monde ; si bien aussi qu'à plusieurs reprises le roi de France le voulut avoir pour le faire commercer avec ses enfants, ce qui chagrinait la duchesse, sa mère, qui le voyait avec peine s'éloigner de son giron.

Mais les enfants ne raisonnent pas comme les mères. Le jeune Artus se sentait né pour aller et venir, et non pour rester en place, sous l'œil maternel. Il aimait à se rendre à la cour du roi de France, et ce n'était qu'avec le plus profond regret qu'il en revenait. Aussi, à la longue, le séjour quotidien auprès de la duchesse lui pesa. Il devint tout pensif et tout mélancolieux, à ce point qu'un jour le sage Gouvernau lui demanda ce qu'il avait sur le cœur pour être en ce pitoyable état.

— Pardieu ! maître, répondit le jeune Artus, le repos me fatigue et l'immobilité m'ennuie... Je me sentirais mieux d'aller en la forêt la plus voisine pour courre le cerf et chasser le sanglier !

— Certes, sire, répondit Gouvernau, il me plairait assez de vous voir chasser les fauves en pleine forêt, et il plaira sans doute aussi au noble duc votre père... Demandez-lui donc congé d'aller chasser et il vous l'accordera sans doute aucun.

Gouvernau ne se trompait pas. Le duc, interrogé, donna son acquiescement à son fils. Par ainsi, dès le lendemain, veneurs, chiens, rets et chevaux, furent prêts, et le jeune Artus put partir, monté sur un grand coursier, habillé de soie et d'or, et suivi du fidèle Gouvernau.

CHAPITRE II

Comment Artus trouva en la forêt une noble dame égarée avec une belle fille nommée Jeannette, dont il devint amoureux.

En chevauchant à travers la forêt, où il était venu pour chasser, Artus ne tarda pas à voir passer devant lui, à travers les halliers, un merveilleux cerf garni d'andouillers superbes, que venaient de faire lever les lévriers de monseigneur Olivier. Lors, Artus, piquant son cheval, se lança à la poursuite de l'animal, suivi seulement de Gouvernau qui ne voulait pas le laisser seul s'égarer en cette forêt profonde.

La poursuite fut longue et acharnée. Artus et Gouvernau cessèrent bientôt d'entendre le son des cors et les aboiements des chiens. Ils en prirent volontiers leur parti et continuèrent à chevaucher à l'aventure, tout en s'orientant, cependant, de manière à retrouver d'un moment à l'autre la droite voie.

Au bout d'une heure, ils arrivèrent près d'une logette faite de ramures d'arbres entrelacées, à la porte de laquelle se tenaient deux femmes, l'une âgée d'environ quatorze printemps, l'autre âgée de trente-trois hivers. Artus les salua courtoisement, bien qu'elles fussent chichement vêtues, et son salut fit rougir la plus jeune.

— Ma demoiselle, dit-il en prenant cette dernière par la main et en la faisant asseoir à côté de lui sur la mousse, dites-moi, je vous prie, votre nom ?

— Monseigneur, on m'appelle Jeannette, répondit la pucelle en continuant à rougir et en devenant ainsi plus belle.

— Jeannette, ma mie, en quel pays êtes-vous donc née pour être aussi jolie ?...

— Monseigneur, je ne suis pas née en ce pays...

— Ma fille dit vrai, reprit à son tour la plus âgée des deux étrangères : elle n'est pas née en ce pays, mais bien au royaume de la terre déserte, dans un château qu'on appelait La Tour...

— Et de qui est-elle fille ? demanda Artus qui devinait une infortune à plaindre dans ces deux femmes.

— Elle est fille d'un chevalier noble et puissant, monseigneur, lequel aimait son prochain et en était fort aimé. A soulager les malades, à secourir les pauvres, à protéger les faibles, il dissipa tout son avoir et tout le mien, à moi sa femme... Quand il mourut, ses créanciers me coururent sus, et me prirent tout ce qui me restait encore, si bien que je fus forcée de m'enfuir avec ma fille que voilà, et de me réfugier au fond de cette forêt, redoutant moins les bêtes féroces que les hommes, qui sont plus féroces encore et plus bêtes... J'aimais mieux être pauvre femme mendiante en étrangère terre, que là où j'avais été haute dame, et où je ne pouvais plus rien être, ainsi ruinée...

Lors, la dame commença à pleurer, et, tout en pleurant, elle dit à Artus :

— Je partis de nuit comme une larronneuse, et j'amenai céans cette enfant que voici, laquelle était faite pour demeurer dans de hautes et riches salles, et pour coucher en de beaux lits bien encourtinés, et non pour séjourner sur la terre humide, dans une logette couverte de ramures, ainsi que séjournent les bêtes fauves de cette forêt... Si je regrette la chevance d'autrefois, ce n'est pas pour moi, résignée, c'est pour ma pauvre mignonne...

— Eh ! dame, reprit Artus, pourquoi ne vous êtes-vous pas adressée à vos amis, en ce besoin extrême ?

— Sire, répondit amèrement la dame, les pauvres gens n'ont pas d'amis, surtout parmi les riches gens... La parenté manque et manquera toujours entre les riches et les pauvres...

La dame, ayant dit cela, recommença à pleurer plus fort cette fois, et la belle Jeannette se mit à pleurer, en voyant la douleur de sa mère, devant laquelle, en effet, elle ne pouvait pas rester insensible.

Artus fut attendri. Il alla alors vers la jeune éplorée, la prit doucement dans ses bras, et lui dit, pour essayer de tarir la source des larmes qui tombaient de ses chers yeux, comme autant de perles :

— Ma mie, mettez votre cœur en paix !... S'il plaît à Dieu, votre mauvais sort changera, et je vous ferai plus de bien que vous n'en avez eu depuis que vous êtes au monde... Je veux être désormais votre bon ami, et vous ôter pour toujours de votre pauvreté... Je m'engage à cela comme pourrait s'y engager votre propre frère... Acceptez sans crainte, ma mie !

Sur ces entrefaites survint Pierre, maître forestier, sergent et bon prud'homme, chargé de recevoir les revenus du bois. Il était en peine de son maître, qui s'était éloigné de la chasse, et bien qu'il le sût accompagné de Gouvernau, il avait eu peur qu'il ne lui arrivât malencontre, et, pour cela, s'était mis à sa poursuite, inquiet comme un loyal serviteur qu'il était.

— Pierre, lui demanda Artus en l'apercevant, n'as-tu pas reçu d'argent, à la dernière Madeleine, pour le revenu de la forêt?..

— Oui, sire, répondit le forestier, j'ai reçu cinq cents livres.

— Je t'ordonne alors de bailler à cette dame et à cette gente pucelle, sa fille, l'étang où tu as fait ta demeurance jusqu'à l'heure présente, là où viennent boire les daims et les cerfs. Tu les y conduiras et les y honoreras comme ma mère et ma sœur, et tu leur donneras robes et vivres qu'elles te réclameront pour leur nécessité. Tu veilleras sur elles et sur les chevances dont je viens de leur faire don avec tout le dévoûment que tu nous a montré jusqu'ici à mon noble père et à moi... Si j'apprenais à quelque jour trahison ou fausseté de ta part à leur endroit, je te ferais pendre par le cou à la plus haute ramure de cette forêt, pour servir de leçon aux malavisés...

— Monseigneur, répondit Pierre, il sera fait ainsi que vous l'ordonnez, et j'espère que vous m'en saurez gré, par la façon dont je m'y prendrai.

Sur ces paroles, Artus prit congé des deux dames, et s'en alla avec Gouvernau retrouver la chasse qui venait précisément de finir. Ils arrivèrent l'un et autre à une petite vallée où monseigneur Olivier était avec ses veneurs, lesquels appareillaient trois cerfs abattus dans la journée.

Artus, tout joyeux, commanda qu'on portât l'un de ces animaux à l'étang où était la demeurance de Pierre le forestier. Il envoya ensuite le second à un abbé voisin. Quant au troisième cerf, il le fit porter au duc, son père, qui en eut grande joie.

CHAPITRE III

Comment Artus, au bout de huit jours, revint avec Gouvernau à l'étang de la forêt, pour revoir sa mie Jeannette, et de l'heureuse matinée qu'ils passèrent là.

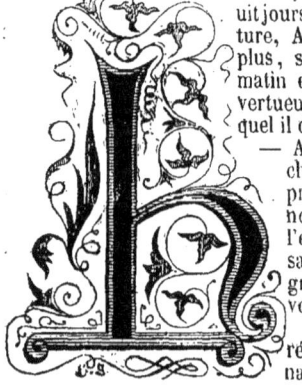

Huit jours après cette aventure, Artus, n'y tenant plus, se leva de grand matin et alla trouver le vertueux Gouvernau, auquel il dit :

— Ami, montons à cheval, je vous prie, et allons voir notre demoiselle à l'étang de Pierre, sans autre compagnie, moi que vous, vous que moi...

— Volontiers, répondit Gouvernau en souriant.

Lors, Artus prit un épervier et Gouvernau un gerfaut, et tous deux partirent. Deux heures après, ils étaient en pleine forêt, et gagnaient vitement l'étang où demeuraient maintenant les deux dames, qu'ils trouvèrent vêtues et appareillées noblement, car Pierre le forestier les avait largement pourvues, l'une et l'autre, de tout ce qui devait appartenir à de telles dames. Non-seulement elles avaient eu robes à foison pour orner leur corps, mais encore, aussi à foison, bons vins et bonnes viandes pour se réconforter.

Jeannette, surtout, fleur délicate que la misère commençait à pâlir, Jeannette avait reçu de ce réconfort un attrait nouveau. Sa santé lui était vite revenue, et, avec la santé, la joie sur les joues et sur le cœur. Elle était déjà bien belle; mais, cette fois, Artus fut émerveillé de la trouver plus belle encore.

Il la prit alors par la main, doucement, bien doucement, en la regardant de ses yeux les plus tendres, et tous deux allèrent s'asseoir sur le gazon voisin, à quelques pas de Gouvernau et de la dame de La Tour.

La matinée était belle, claire et souriante. La rosée scintillait en diamants à la pointe de toutes les herbes. Les oiselets chantaient par la forêt leurs plus douces chansons. L'aubépine et l'églantier embaumaient l'air, déjà chargé des âpres et fortifiantes senteurs des chênes. C'était, en un mot, comme une fête donnée par la nature en l'honneur de ces deux beaux jeunes adolescents, qui ne connaissaient de la vie que son aurore et son printemps, c'est-à-dire les jeux et les rires, les caresses et les chansons.

Artus et Jeannette s'entr'aimaient à leur insu, et de la façon la plus innocente et la plus chaste, de bon cœur et de loyal cœur, sans penser à mal ni l'un ni l'autre, comme s'entr'aiment les oiseaux et les fleurs.

— Demoiselle Jeannette, demanda en riant Artus, n'avez-vous point d'ami?...

Jeannette fut quelques instants sans répondre, en ayant l'air de réfléchir un peu. Puis, regardant tendrement son jeune camarade, elle lui répondit en souriant :

— Par la foi que je vous dois, monseigneur, oui, j'ai un ami, qui est bel et gracieux comme pas un...

— Ah! fit Artus, étonné et dépiteux. Et, où est-il? Comment est-il appelé? lui demanda-t-il vivement.

— Oh! pour cette fois, répondit Jeannette toujours souriante, vous souffririez de le savoir, et je ne vous le dirai pas, à moins que vous n'insistiez beaucoup...

Artus insista.

— Je veux bien vous apprendre alors, reprit Jeannette, que si le roi Artus fut bon chevalier, et prud'homme de grande vertu, mon ami deviendra meilleur encore, et tout aussi célèbre, à cause de sa vaillance et de son grand cœur qui le pousse à protéger les faibles et à réparer envers les pauvres les injustices du sort...

— Demoiselle, demanda Artus, par la foi que vous me devez, je vous serais reconnaissant de me montrer cet heureux que vous avez distingué entre tous... Je vous promets qu'il me sera cher et que je l'aimerai pour l'amour de vous...

— Monseigneur, répondit la pucelle, je vous remercie de vos bonnes paroles à son endroit... Quant à vous le montrer, je ne puis, bien que vous le connaissiez fort, mais je vous le montrerai plus tard, quand il en sera temps... Qu'il vous suffise de savoir, pour l'instant, que c'est le plus accompli, le plus vaillant et le meilleur des gentilshommes, et que je l'aime de *toute la puissance de mon cœur*....

C'est ainsi que ces deux beaux enfants s'entreparlèrent pendant quelques heures, qui passèrent comme un éclair. Artus trouvait un grand charme à parler à Jeannette, et Jeannette un grand plaisir à l'écouter. Mais les bonheurs humains durent peu : il fallut se séparer.

Artus prit congé de la dame étrangère et de sa fille, et s'en alla, tout rêveur, suivi de Gouvernau.

— Maître, lui dit-il, tout en chevauchant à travers la forêt, vous avez vu quelle était la douceur de notre demoiselle, la franchise de son cœur et la vivacité de son esprit!... Quelles gentilles manières!... Quelle noble contenance!... Quelles réparties malicieuses!... Vous avez vu ses yeux souriants, ses lèvres roses sur lesquelles les paroles coulent comme miel parfumé, son corsage plein de trésors que chacun de ses mouvements trahissait si agréablement... Ah! maître, comment ne l'aimerais-je pas grandement!...

— Monseigneur, répondit Gouvernau d'un ton très sérieux, tout ce que vous me dites y est; mais, pour Dieu! gardez votre honneur... Vous êtes homme noble, riche d'avoir et d'amis, et Jeannette n'est qu'une pauvre demoiselle, très gentille assurément, mais très pauvre aussi... Ne lui demandez donc jamais rien autre qu'une douce et loyale amitié... Exiger d'elle davantage, ce serait exiger trop... ce serait lui ravir ce que vous ne pourriez jamais lui rendre... et, à cause de cela, vous seriez plus blâmé qu'un autre, de naissance inférieure à la vôtre...

— Maître, reprit Artus, à Dieu ne plaise que j'aille exiger d'elle ce qu'elle ne peut me donner sans déshonneur!... Mais je veux et j'entends l'aimer et la servir loyalement, tout ainsi qu'une mienne sœur, sans lui faire la moindre vilenie...

Tout en devisant ainsi, Artus et Gouvernau arrivèrent à la cour du duc de Bretagne, au moment même où l'on se mettait à table.

CHAPITRE IV

Comment la duchesse de Bretagne, s'étant aperçue de l'amour d'Artus pour une inconnue, envoya le sénéchal Olivier demander la main de Péronne d'Autriche.

Artus était amoureux pour tout de bon. Il ne put résister à l'envie de retourner chaque jour avec empressement et régularité vers l'étang de la forêt, à l'endroit où vivaient les deux dames, Jeannette et sa mère. Si bien même, qu'un jour, il oublia de rentrer à la cour du duc à l'heure accoutumée, ce qui donna fort à penser à son père, et surtout à sa mère. La duchesse était femme : elle devina que ces absences réitérées avaient pour unique cause une amourette quelconque, et, de peur de voir le cœur de son enfant pris dans quelque traquenard féminin, elle jugea prudent de donner l'éveil au duc Jean, son mari.

— Sire, lui dit-elle un matin, il faut prendre garde! Chaque jour notre fils va s'ébattre nous ne savons où, et j'ai peur qu'il ne donne son cœur à quelque personne dont nous ayons vilenie... Il est grand et fort, maintenant, c'est-à-dire en âge d'être marié, à ce qu'il me paraît...

— Dame, répondit le duc, vous avez bien dit, et, ce que vous voulez, je le veux comme vous... Mais, dites-moi, quelle fille pourrons-nous lui donner?...

— Monseigneur, nous demanderons pour lui la belle Péronne d'Autriche, dont la mère sera très fière et très heureuse de cette alliance.

— Mais, dame, j'ai ouï dire que la belle Péronne ne s'est pas toujours sagement comportée et a eu compagnie avec un chevalier, ce dont elle a été très blâmée et vitupérée... Je ne voudrais pas, dans ma famille, admettre une personne à ce point tarée, quelque avantage d'argent qui m'en dût revenir...

— Hé! sire, ne croyez point cela!... Péronne est une excellente pucelle, et c'est péché que d'en dire du mal...

— Du moment que vous vous faites ainsi sa répondante, chère dame, je n'ai plus rien à objecter... Artus épousera Péronne, si toutefois Péronne consent à épouser Artus...

Incontinent, le duc Jean fit appeler le sénéchal Olivier et lui commanda de se rendre en Autriche, avec dix chevaliers, pour aller demander la main de demoiselle Péronne pour son fils Artus.

Olivier n'hésita point un seul instant. Il prit avec lui dix chevaliers, et il s'en alla avec eux à la cour de madame de Lucques, où ils arrivèrent le mardi après la Madeleine.

Madame de Lucques les reçut très bien, entourée de ses barons, et leur demanda pourquoi ils étaient venus vers elle.

— Dame, répondit le sénéchal, monseigneur et madame de Bretagne nous ont envoyés céans pour vous dire qu'ils avaient appris monts et merveilles de demoiselle Péronne, votre fille, et qu'ils seraient très heureux de la voir pour femme à leur fils Artus...

— Grand merci au duc de Bretagne, dit la dame de Lucques; puisqu'il lui plaît de s'accointer à nous, il nous plaît aussi, et c'est avec grande joie que je donne ma fille Péronne à son fils Artus, si toutefois Péronne y consent...

— Dame, dit Olivier, je vous remercie à mon tour au nom du noble duc Jean, mon maître, et de la noble duchesse, sa femme... Mais il ne suffit pas que vous consentiez, il faut encore que demoiselle Péronne y consente, ainsi que vous venez de le dire vous-même...

— Interrogez-la donc, alors...

— Demoiselle, vous accordez-vous à ce mariage? demanda le sénéchal en s'adressant directement à Péronne.

— Sire, répondit Péronne, je ferai volontiers la volonté de ma mère...

C'était un acquiescement formel. Le sénéchal et ses chevaliers prirent congé de la dame de Lucques et de ses barons, et il fut convenu qu'on se retrouverait à Nantes aux huitaines de la mi-août.

CHAPITRE V.

Comment Artus apprit le résultat de la démarche d'Olivier auprès de la dame de Lucques, mère de Péronne, et comment il alla s'en consoler auprès de Jeannette.

Olivier revint en Bretagne, à la cour du duc Jean, et entra dans la salle de réception au moment où Artus et Gouvernau jouaient aux échecs.

Le duc et la duchesse, qui se trouvaient aussi là, s'empressèrent auprès du sénéchal pour savoir de lui les détails de son entrevue avec la dame de Lucques, comtesse de Flandres, et la demoiselle Péronne, sa fille. Olivier les leur donna, en ajoutant que toutes deux, la mère et la fille, seraient à Nantes à la mi-août, la mère prête à donner sa fille à Artus, et la fille prête à se donner également.

A ce récit, Artus, étonné qu'on eût ainsi disposé de lui sans son consentement, quitta le jeu, et se leva.

— Qu'est-ce donc, monseigneur, dit-il au duc son père, vous voulez me marier?...

— Certes, oui, répondit le duc Jean. Je vous veux marier à la gente pucelle qui a nom Péronne, et qui est fille à la dame de Lucques, comtesse de Flandres.

— Quoi! cette pucelle mal faite, qui s'est méfaite avec un chevalier?... Me tenez-vous donc pour un porcher que vous me voulez donner à femme cette Péronne-là... Ah! sur mon honneur, je ne la prendrai jamais!... On raconte trop de vilaines choses sur elle!...

— Beau fils, reprit la duchesse, ne croyez nul mal de la demoiselle... C'est péché de dire ce qu'on ne doit pas dire, de croire ce qu'on ne doit pas croire... Péronne est une honnête pucelle, nous vous le garantissons, et vous l'épouserez, à moins que vous ne teniez à nous courroucer.

— Madame ma mère, répondit Artus, puisque vous voulez que j'épouse, j'épouserai; seulement, si demoiselle Péronne est telle qu'on l'a fait, je ne l'aimerai jamais, je vous en réponds.

Lors, saluant respectueusement son père et sa mère, Artus monta à cheval, et s'en alla, suivi de Gouvernau, droit à l'étang de la forêt, où les attendait la belle Jeannette.

— Qu'avez-vous donc, mon ami? demanda cette gente fille, en remarquant la pâleur de colère dont était encore revêtu le visage du jeune Artus. Qui vous a si fort courroucé, vous si bon d'ordinaire?... Dites-moi cela, bien vite...

— Ma mie, répondit Artus, mon courroux ne peut venir et ne vient en effet que d'une chose : monseigneur mon père veut me marier. Comprenez-vous mon chagrin? Comprenez-vous combien cela me navre, surtout lorsque je songe à vous, que j'aime si fraternellement... Que diriez-vous, Jeannette, si on voulait vous marier avec quelqu'un que vous ne sauriez aimer?...

— Ne vous courroucez pas ainsi, mon ami, reprit Jeannette de sa plus douce voix... Certes, je serais marrie et navrée de n'épouser point l'homme que j'ai choisi pour amant... Mais je n'ai pas cela à redouter, puisqu'il m'aime et ne veut épouser que moi...

— Qui est-il, cet heureux dont vous me parlez sans cesse et que vous ne me montrez jamais?...

— Sire, le moment n'est pas venu encore de vous le dire... Mais, pour vous faire patienter, je puis bien vous avouer que mon ami portera, le jour de ses noces avec moi, la robe que vous porterez, vous, le jour de vos noces avec votre épousée...

— Mon Dieu! s'écria Artus, chagriné, je crois deviner, et je m'en afflige... Vous m'avez dit que votre ami était aussi gentilhomme que moi, qu'il avait même avoir et mêmes amis... Cette ressemblance ne peut s'appliquer qu'au comte de Blois, le frère puîné de madame ma mère... Jeannette, c'est mon oncle que vous aimez!... Mon oncle, ou son fils Hector, mon cousin...

— Je n'ai pas à vous en dire davantage, sire Artus, répondit doucement Jeannette. Ne vous hâtez pas de croire, mais bien plutôt d'espérer... Et devisons, s'il vous plaît, d'autre chose...

CHAPITRE VI.

Comment Artus et Hector son cousin, avec plusieurs autres, furent faits chevaliers, et comment le duc Jean fiança son fils à Péronne, la fille de la dame de Lucques.

Quelque temps après, madame de Lucques et sa fille Péronne arrivèrent à Nantes, où elles étaient si impatiemment attendues, non par Artus, mais par le duc Jean et par la duchesse, ses père et mère.

— Soyez la bienvenue, ma fille! s'écria la duchesse en allant avec empressement vers Péronne et en l'embrassant à plusieurs reprises, tant elle la trouvait belle et avenante.

Puis, appelant Artus, qui se tenait éloigné de cette cérémonie et qui souffrait de voir sa mère baiser avec tant de plaisir apparent cette pucelle qui n'était plus pucelle, du moins à ce qu'on prétendait.

— Beau fils, lui dit-elle, regardez et admirez cette enfant comme elle mérite d'être regardée et admirée : elle est vôtre, désormais!

Artus s'inclina sans répondre : ce n'était ni le lieu, ni le moment. Il attendit pour cela que Péronne se fût éloignée. Lors, il dit :

— Monseigneur, et vous madame, vous me faites prendre cette demoiselle, et je ne sais vraiment quelle renommée elle a eue!... Je vous demande pardon de vous dire cela, à vous, mon père, et à vous, dame de Lucques, qui est la mère à demoiselle Péronne... Mais des bruits mauvais ont couru sur son compte, et je ne me soucie guère de prendre une femme soupçonnée à tort ou à raison... Vous êtes donc témoins que je la prends contre mon cœur, à cause de ces soupçons-là; mais, toutefois, je la prends pour m'éviter le courroux du noble duc mon père et de la noble duchesse, ma mère...

Cette déclaration n'arrêta pas le duc Jean dans sa résolution, pas plus que la duchesse, sa femme. Les fiançailles furent faites incontinent par l'archevêque de Nantes, appelé à cet effet, et il fut décidé que le mariage aurait lieu le lendemain.

Les fêtes commencèrent aussitôt. Au palais, des danses de toutes sortes; dans les rues, des joutes, des lances brisées.

Artus alla vers Hector, son cousin, et lui dit :

— Hector, mon cousin, votre père est pauvre et je suis riche du mien. Si vous voulez bien être armé chevalier avec moi, aujourd'hui même, et être désormais mon compagnon, je vous donnerai plus de terre que ne pourrait jamais vous en donner monseigneur votre père...

Hector accepta et fut fait chevalier, avec Artus, ainsi que plusieurs gentilshommes, le tout en grand triomphe. A l'issue de la cérémonie, il y eut un tournoi auquel assista toute la noblesse de la Bretagne, par amitié pour les nouveaux chevaliers.

Aussitôt qu'il put s'échapper sans éveiller l'attention, Artus le fit avec empressement. Lui, Gouvernau et Hector s'en allèrent à la forêt, vers l'étang où vivait la gente pucelle Jeannette, laquelle leur fit grand'fête, ainsi qu'on pense bien.

— Sire, quel est ce gentilhomme? demanda-t-elle à Artus en lui désignant Hector.

— Ma mie, répondit Artus, c'est le fils du comte de Blois, mon cousin germain Hector.

— Qu'il soit le bienvenu ! dit Jeannette. Mais qu'avez-vous donc, cher sire? ajouta-t-elle en remarquant l'air marmiteux de son ami.

— Par Dieu ! ma mie, j'ai fait aujourd'hui une douloureuse journée, car on m'a fiancé malgré moi à une femme que je ne voudrais pas épouser, et je me repens beaucoup d'avoir consenti...

— Pourquoi vous courroucer ainsi, cher sire?... Vous vous êtes, cejourd'hui, fiancé à femme que vous n'aimez pas... Moi, tout au contraire, je me suis fiancée à homme que j'aime beaucoup...

— Eh! ma douce sœur, dites-moi, je vous en prie encore, quel est l'heureux chevalier que vous avez jugé digne de votre amour?... Montrez-le-moi, montrez-le-moi... que je le connaisse et que je l'aime...

— Je ne puis le faire encore, cher sire... Vous ne le saurez que d'ici trois jours... Soyez certain, en tous cas, qu'il vous ressemble singulièrement en tout, de corps et de façon, de gentillesse et d'avoir, de courage et d'amis...

— Vous m'étonnez et me confondez, Jeannette... Nul homme ne peut ressembler à ce point à un autre homme... J'ai cru d'abord que vous disiez cela pour moi ; mais aujourd'hui que vous venez de m'avouer que vous vous êtes fiancée à un autre, je suis forcé d'abandonner cette espérance qui me flattait si doucement et me réjouissait le cœur... Comment, en effet, cela pourrait-il être moi, puisque vous épouserez demain celui que vous aimez en même temps que j'épouserai celle que je n'aime pas?...

Les deux jeunes gens devisèrent ainsi l'un et l'autre pendant quelque temps encore. Puis enfin, il fallut se séparer, parce qu'en ce monde les plus douces heures sont les plus vite écoulées. Artus prit congé de Jeannette et s'en revint avec Hector et Gouvernau.

Tout en chevauchant, Hector dit à son cousin :

— Par ma foi, cousin Artus, nous venons de voir là une bien belle fille, gracieuse au possible, et d'un maintien dont nul autre n'approche!... J'en suis encore comme ébloui!...

— Ce sentiment est aussi le mien, répondit Artus. Mais c'est par malheur une pauvre pucelle, qui n'a rien que ce que je lui ai donné... Hélas! toute pauvre qu'elle est, je l'aimerais encore mieux toute nue que celle que j'ai aujourd'hui après tant d'autres... J'aime cette enfant plus que je n'aimerais ma sœur, et tout aussi chastement : je l'aime en mon cœur... Quant à l'autre, il n'en faut pas parler... Aussitôt que je serai marié avec elle, je demanderai à monseigneur mon père et à madame ma mère la permission de m'éloigner, d'aller en quête d'aventures qui me feront oublier cette passe désagréable où je ne m'engage qu'à regret...

— Je vous accompagnerai, dit Gouvernau.

— Je vous accompagnerai aussi, dit Hector. Là où vous irez, j'irai, et je ne vous ferai jamais défaut qu'à l'heure de ma mort.

— J'accepte, Hector, j'accepte avec grand bonheur, reprit Artus... Mais, jusqu'au moment de notre départ, gardez tous deux, je vous prie, le plus profond secret sur cette affaire...

Hector et Gouvernau promirent, et tous trois se mirent à chevaucher dans la direction de Nantes, où les attendaient de nouvelles fêtes.

CHAPITRE VII

Comment Péronne raconta au sénéchal Ancel la façon dont elle avait cessé d'être pucelle et l'impossibilité où elle était, conséquemment, d'épouser Artus ; et comment, après l'avoir rassurée, Ancel décida la dame de Lucques à faire les préparatifs du voyage à Nantes.

C'est ici l'occasion de raconter l'histoire de Péronne, et de dire si les soupçons mauvais conçus à propos de sa conduite étaient ou n'étaient pas fondés.

Madame de Lucques, comtesse de Flandres, ancienne amie de la duchesse de Bretagne, avait vu se développer en grâce et en beauté, en force et en vaillance, le jeune fils du duc Jean. Elle savait en outre combien il devait être un jour riche d'avoir, et, à toutes ces causes, elle avait résolu de marier Péronne à Artus. En conséquence de ce, elle avait donné des instructions particulières et secrètes à Ancel, son grand-sénéchal, pour se rendre à la cour de Nantes sans s'y découvrir à personne, et pour y faire insinuer à la duchesse, mère d'Artus, de demander sa fille Péronne, qu'elle désirait vivement voir mariée.

Ancel était un fourbe adroit, un intrigant habile, une langue dorée. Il partit pour la Bretagne, vit la duchesse, parla d'or, si bien que cette dernière envoya bientôt dix gentilshommes à la cour de la dame de Lucques, pour lui demander la main de Péronne, ainsi que nous l'avons dit plus haut.

La dame de Lucques fut bien heureuse, d'abord, de ce résultat. Mais bientôt elle eut lieu d'être embarrassée et chagrine.

Voici comme.

Ancel n'avait pas gagné seulement la confiance de la mère ; il avait encore gagné celle de la fille. Pressée par les circonstances, Péronne lui ouvrit son cœur, avec des tressaillements et des rougeurs sans nombre.

— Ah! messire Ancel, je suis perdue! Je suis perdue!... lui dit-elle.

— Perdue? Pourquoi cela, noble pucelle?

— Pucelle! Hélas! je ne le suis plus..... et vous connaissez bien l'auteur de mon désespoir... puisque c'est votre neveu, le gentil varlet Aymar... Jamais nul ne fut plus adroit à la lutte, à la course, à l'exercice des armes... Jamais nul ne fut plus accort avec les dames, plus coint avec les demoiselles, pour baller, pincer de la harpe, et les amuser dans tous leurs jeux généralement quelconques... Aymar, nourri dans le palais, page de madame ma mère, se distingua toujours sur tous ses compagnons pour accomplir mes ordres... Il me disait souvent en soupirant : « Si j'acquiers un jour illustre renommée, mon seul bonheur, ma seule récompense sera d'oser me dire votre chevalier... »

— Et vous, demoiselle Péronne, que lui répondiez-vous? demanda le sénéchal, qui savait d'avance la réponse de la jeune fille, mais qui était bien aise de prolonger sa honte et son supplice. Que lui répondiez-vous?

— Moi, je lui disais bonnement : Aymar, bonne éducation vous avez reçue, prouesse est dans votre sang, force et honneur vous mèneront à haut renom... Il était bien respectueux dans sa tendresse, Aymar, bien respectueux, et jamais sans doute je n'aurais eu à me courroucer contre lui, si le sort ne s'en était mêlé... Hélas! sénéchal, vous vous rappelez cet horrible incendie qui faillit ravager tout le palais...

— Je m'en souviens à merveille, demoiselle Péronne...

— C'était pendant la nuit... Les flammes s'élançaient avec violence sur l'appartement de ma mère et le mien... Des cris redoublés s'élèvent de toutes parts ; déjà des tourbillons de fumée et d'étincelles pénètrent dans ma chambre ; ma porte s'embrase ; je m'éveille éperdue, et de toutes parts je ne vois que des flammes et la mort... Un homme en chemise brave le péril, achève de briser les ais embrasés, s'élance vers mon lit, me prend entre ses bras et m'enlève aux flammes qui m'entouraient... Il franchit comme un épervier la porte en feu ; en un instant il m'éloigne de tout danger..... Déjà je n'aperçois plus que de loin la sombre lueur du feu qui dévore le faîte du palais, et je me sens porter avec rapidité vers l'autre aile, par un souterrain... La crainte de tomber me faisait serrer le cou de mon libérateur. C'était Aymar... « Ah! ma princesse, s'écria-t-il d'une voix entrecoupée, les Dieux sont trop justes pour vous entrecouper périr!... » Partagée entre la crainte du péril et celle de me trouver entre ses bras : « Ah! généreux Aymar, m'écriai-je, je te dois la vie!... » Il poursuit sa route en me serrant plus étroitement que jamais : l'obscurité redouble dans le souterrain ; il heurte contre des caparaçons de peaux de tigres et des panaches destinés pour des traîneaux ; il chancelle, nous tombons tous deux, et je reste dans ses bras sans connaissance... L'instant d'après, je me sens blessée, et je pousse un cri ; je crois sentir une rose brûlante qui me ferme les lèvres, je m'évanouis de nouveau... Aymar veut me relever ; les tresses de soie, les plumes entrelacées nous font retomber encore, et ce n'est qu'après de longs efforts qu'Aymar parvient enfin à nous dégager... Il me soulève.... Ah! messire Ancel, comme son cœur palpitait!..... Nous arrivons enfin à la sortie du souterrain ; Aymar me porte dans un salon, me pose sur un lit, et se dérobe promptement à la vue de quelques dames du palais, qui accouraient en ce même salon après s'être sauvées de l'incendie. Elles n'avaient fait qu'entrevoir Aymar ; sa beauté, ses longs cheveux blonds, son vêtement blanc, quelques plumes dont les agrafes s'étaient prises dans sa chemise, tout leur fit croire que c'était un ange du ciel qui m'avait sauvée et portée sur ce lit. Ces femmes m'entourent : que leur aurais-je pu dire? Aymar me paraissait à moi-même être un ange... je n'eus pas le courage de les dissuader. On crie miracle ; ma mère arrive, bénit le secours céleste qui me rend à sa tendresse ; l'archevêque ordonne bien vite un *Te Deum*... Le lendemain, Aymar parut devant moi. Il avait les yeux baissés, et je ne pus le voir sans rougir et sans le trouver digne du nom qu'on lui donnait. J'avoue même que je ne pus m'empêcher de le revoir encore plusieurs fois sous la même forme ; j'en cherchai moi-même les occasions ; je les trouvai..... Ah! messire Ancel, vous connaissez maintenant la cause de mes larmes... Vous jugez combien il m'est difficile d'épouser la fille du duc Jean...

Ancel consola la pauvrette, en l'assurant que le mal n'était pas aussi grand qu'elle se l'imaginait, et que, d'ailleurs, fût-il plus grand encore, il le réparerait. Ancel, on le voit, ne doutait de rien, sinon de l'honnêteté et de la vertu à l'existence desquelles il ne croyait guère.

Les paroles ont leur charme. Péronne avait beau n'être plus pucelle, elle n'en était pas moins naïve, et, en entendant le sénéchal l'assurer que tout irait pour le mieux, elle ne demanda pas mieux de le croire, et ses larmes coulèrent moins abondantes.

Mais ce n'était là que la moitié du rôle d'Ancel. Après avoir prévenu la dame de Lucques, qui fut bien chagrine en son cœur pour sa chère et belle Péronne, il la décida à faire ses préparatifs de départ comme si rien n'était.

CHAPITRE VIII

Comment Ancel, une fois à Nantes avec la dame de Lucques et Péronne, chercha une jeune fille à substituer à cette dernière dans le lit d'Artus, et comment il réussit auprès de Jeannette.

Voilà où en étaient les choses le lendemain des fiançailles d'Artus et de Péronne, fiançailles que nous avons racontées dans un précédent chapitre.

Ancel s'était mis en quête d'une pucelle gente et bien faite, destinée à remplacer Péronne pendant la nuit de ses noces avec Artus, qu'il fallait tromper sur la qualité de la marchandise amoureuse qu'on lui livrait. Mais jusque-là Ancel n'avait pas trouvé.

Le matin du jour fixé pour le mariage, il s'était aventuré jusqu'au milieu de la forêt, sans trop savoir où il allait ni ce qu'il ferait. Il supposait seulement que le phénix qu'il cherchait si vainement dans la cité de Nantes, il le trouverait plus facilement dans les bourgs environnants, dans la forêt, par exemple.

Il ne s'était pas trompé. Après avoir chevauché pendant longtemps au hasard, il était arrivé à l'étang au bord duquel était l'asile de Pierre le forestier, habité, comme on sait, par la dame de La Tour et la belle pucelle Jeannette.

Ancel avait vieilli sous le harnois. Il connaissait la vie et les hommes : c'est dire qu'il connaissait aussi les femmes. Il reconnaissait aisément celles qui avaient bronché, malgré qu'elles fussent confites en vertu et emmitouflées dans leur fierté. De même aussi reconnaissait-il celles dont le corps et l'âme étaient purs comme l'eau des sources.

Jeannette était de ce nombre. C'était Jeannette qu'il lui fallait.

Incontinent il tourna bride, alla à Nantes, fit atteler un chariot, monta dedans et revint en grande hâte vers l'étang où se trouvaient toujours Jeannette et sa mère.

Lors il descendit, alla droit à la dame de La Tour, et, la tirant à part, il lui dit :

— Madame, je suis venu vers vous de la part de madame de Lucques, qui vous salue comme votre amie et votre protectrice... En signe d'amitié, elle m'a chargé de vous remettre ces cinq cents livres que voici, et de vous promettre autant de terre qu'il vous plaira raisonnablement d'en posséder. En outre, pour vous complaire, elle entend marier votre fille Jeannette en bon lignage ; tout cela à une condition...

— Laquelle ? demanda la mère.

— Vous aurez la bonté d'envoyer aujourd'hui votre fille à Nantes, au palais du duc, où elle couchera avec le jeune Artus jusqu'à minuit, parce que Péronne, sa femme, n'est pas en point suffisant pour accomplir avec lui le devoir amoureux, et qu'il est indispensable que quelqu'une l'accomplisse pour elle... Madame la duchesse de Lucques a jeté les yeux sur votre fille pour ce délicat office, et elle espère beaucoup en votre amitié, qu'elle est disposée, du reste, à récompenser largement, comme vous venez d'en avoir la preuve...

— Je remercie madame de Lucques de ses bontés, répondit la mère de Jeannette, mais elle me les fait payer trop cher pour que je les accepte... Quelque façon qu'elle emploie pour me demander cet office, c'est mon déshonneur qu'elle demande, puisqu'elle veut que je lui vende ma chère Jeannette... Reportez-lui donc ses deniers, je vous prie, et que Dieu la garde !...

— Madame ma mère, dit Jeannette en intervenant, vous vous courroucez à tort, à ce qu'il me semble, car la dame de Lucques est trop haute dame pour exiger de vous une vilaine action... Elle a, paraît-il, une fille qui a aimé, qui aime encore ailleurs, et qui, à cette cause, ne peut accomplir convenablement le devoir conjugal. Elle vous demande à vous, qu'elle sait en possession de fille sage, vierge de corps et d'esprit, de vouloir bien lui prêter cette fille... Il s'agit de sauver l'honneur d'un noble nom : à cause de cela, madame ma mère, il n'y a pas à hésiter... Je ferai la volonté de madame de Lucques. Sire chevalier, remportez vos deniers, car en les acceptant ce serait vendre mon corps, et je le veux donner pour l'amour de madame de Lucques... Elle m'en récompensera d'une autre façon, et quand il lui plaira.

— Fais ce que tu voudras, ma fille, répondit la mère. Mais ce que tu fais la est folie, à mon avis. Mieux vaut sage fille pauvre, que folle fille riche... C'est contre ma volonté que tu vas là, contre ma volonté et contre mon honneur...

Tout était dit entre la mère et la fille. L'une voulait, l'autre ne voulait pas. Mais elles étaient femmes toutes deux : ce fut celle qui voulait qui l'emporta sur l'autre. Jeannette monta sur le chariot d'Ancel, et tous deux revinrent à Nantes d'une façon discrète.

CHAPITRE IX

Comment Jeannette fut substituée à Péronne dans le lit nuptial, et comment elle s'acquitta de son devoir de pucelle avec Artus, qui fut agréablement étonné.

Quand madame de Lucques vit Jeannette, elle fut ravie : elle était sauvée, et sa fille Péronne aussi.

Elle embrassa l'innocente pucelle, la combla de caresses et de promesses, et, quand l'heure du coucher eut sonné, elle la fit déshabiller et coucher dans le lit nuptial, aux lieu et place de la pauvre Péronne.

Les courtines étaient tirées au droit de la clarté des cierges, et l'on n'y voyait goutte dans le lit ; on devinait seulement qu'il y avait une femme là, et une jolie femme, mais c'était tout.

Artus vint, suivi de son père, le duc Jean.

— Mon fils, dit ce dernier, vous donnerez aujourd'hui, selon la coutume, la terre et la cité de Xaintes en douaire à la femme avec laquelle vous allez coucher... Vous l'en mettrez en saisine par cette charte et cet anneau fait d'une émeraude précieuse.

— Je n'y manquerai pas, mon père, répondit Artus.

Le duc Jean se retira. La dame de Lucques, qui veillait avec anxiété à toute cette scène, s'approcha alors vitement de son gendre, et lui dit :

— Mon ami, je vous supplie de parler le moins possible à ma fille Péronne ; car elle est toute honteuse de l'honneur que vous lui faites, et vous n'obtiendrez rien d'elle, que des caresses.

— Bien volontiers, dame, répondit Artus ; je ne lui sonnerai mot.

La dame de Lucques se retira comme s'était retiré le duc Jean, et Artus resta seul avec celle qu'il croyait être Péronne.

Il s'approcha d'elle et voulut l'accoler, selon ses droits de mari, et pour obéir à son devoir.

— Monseigneur, dit Jeannette en déguisant sa voix et en le repoussant, avant toute chose, je veux savoir quel douaire vous me donnerez et assignerez... Après cela, je ferai tout à votre commandement...

Artus avait sous la main la charte et l'anneau que venait de lui bailler son père : il les bailla à son tour à sa compagne, en lui disant :

— Péronne, ma mie, vous avez là un douaire de dix mille livres, et un anneau de cent livres... Conservez-les en souvenir de mon père et de moi...

Jeannette passa à son doigt l'émeraude que lui tendait Artus, mit sous son chevet la charte qui lui constituait un douaire, et, pour toute réponse, baisa tendrement son amant sur la bouche.

Lors, Artus oublia qu'il avait dans ses bras une fille qui avait été dans les bras d'un autre ; il ne voulut savoir qu'une chose, c'est que cette fille était admirablement faite, et il s'en convainquit à son aise. Jamais caresses plus ardentes ne furent échangées, jamais déduit plus amoureux ne fut pris. Artus fut étonné, et très agréablement étonné des plaisirs qu'il rencontra en cette nuit charmante.

— On m'avait trompé ! murmura-t-il, enivré. Cette rose a tous ses parfums et toutes ses épines... Nulle main profane n'a essayé de la cueillir...

Les caresses furent longues et savoureuses, si longues et si savoureuses même, que fatigué, non rassasié, l'heureux Artus s'endormit en songeant au Paradis.

Ce déduit amoureux, loin de produire le même effet sur Jeannette, l'avait au contraire tenue en éveil. Elle n'était ni fatiguée ni rassasiée : elle attendait toujours. Quand elle vit qu'Artus était sérieusement endormi, elle le baisa sur la bouche et se leva doucement pour remplir jusqu'au bout la mission qu'elle s'était imposée.

Péronne et sa mère l'attendaient dans une chambre voisine.

— Je vous remercie, ma fille, dit la dame de Lucques en l'embrassant.

— Je vous remercie, ma sœur, dit Péronne en l'embrassant aussi.

— Pourquoi donc me remercier ainsi ? demanda Jeannette, qui sentait encore sur ses lèvres roses la trace brûlante des baisers de son amant. C'est moi qui vous remercie, au contraire, pour le bonheur que vous m'avez procuré...

Les trois femmes s'embrassèrent de nouveau, et Ancel, qui était prévenu, reconduisit Jeannette à l'étang de la forêt pour que rien ne fût soupçonné.

Quant à Péronne, elle entra à pas de biche dans la chambre nuptiale, se glissa plus doucement encore auprès d'Artus, toujours endormi, et, à son tour, elle s'endormit jusqu'au jour.

Elle dormait de si bon cœur, même, que son jeune mari, un peu revenu de l'amour qu'il avait eu pour elle durant la nuit, ne jugea pas à propos de la réveiller, et, tout au contraire, se retira sans bruit pour aller trouver Gouvernau et quelques amis.

CHAPITRE X

Comment Artus, réveillé de bon matin, ayant Péronne à ses côtés, alla à l'étang de la forêt pour saluer Jeannette, qu'il trouva endormie ; et comment celle-ci lui montra l'anneau et la charte qu'il croyait avoir donnés à Péronne.

Il n'étonna de voir Artus debout si matin.

— Bonjour, seigneurs, leur dit-il ; je veux aller voir ma mie Jeannette... Vous plaît-il de m'accompagner ?...

— Certes, oui, répondit Gouvernau.

— Certes, oui, répondit Hector.

— Certes, oui, répondirent deux ou trois autres chevaliers.

On partit, et au bout de deux heures on était à l'étang, dans le logis de Pierre le forestier.

Jeannette s'était jetée sur son lit, toute vêtue, et sommeillait, recouverte seulement d'un manteau vert. Quand elle entendit la voix d'Artus, qui l'appelait, elle tressaillit et se réveilla, toute rougissante.

— Qu'est-ce donc ? lui demanda son ami. Quelle chère menez-vous, pour être couchée si matin non dévêtue ?...

— C'est que je reviens de chez mon seigneur et amant, répondit Jeannette en baissant les yeux.

— Pourquoi donc ne vous a-t-il pas retenue de ses bras et de ses baisers ? reprit Artus, que le dépit commençait sérieusement à poindre.

— Il dormait, sire, répondit Jeannette en souriant.

— Et pourquoi ne l'avez-vous pas réveillé, ma mie ?...

— Parce qu'il était fatigué, cher sire, et que je ne voulais pas qu'il gâtât son bonheur et le mien par une complaisance forcée...

— Vous l'aimez beaucoup, à ce que je vois, Jeannette ?...

— Certes, oui, et plus que tout au monde...

— C'est celui que vous deviez épouser ?...

— Lui-même, cher sire, a couché cette nuit avec moi...
— Quel avantage en avez-vous retiré, Jeannette?..
— Un douaire magnifique, cher sire!... Car il m'a bel et bien donné vingt mille livres de rente...
— Vingt mille livres!... C'est une somme, oui-dà!.., Il faut qu'il soit homme de riche avoir pour douairer ainsi sa mie... Ma femme Péronne n'en a pas davantage...
— Sire, je ne sais laquelle l'emporte, de votre femme Péronne ou de moi, mais je suis en saisine d'une charte en bonne forme et d'un anneau en belle émeraude...
— Pouvez-vous me montrer cette charte et cet anneau? demanda Artus, de plus en plus surpris.
— Bien volontiers, répondit Jeannette.
Lors elle prit un coffret qui était à son chevet, l'ouvrit et en tira la charte et l'anneau, qu'elle bailla incontinent à Artus.
— Mais c'est la charte et l'anneau que j'ai donnés cette nuit à Péronne, avant le déduit amoureux! s'écria-t-il, stupéfait. Par la foi que vous me devez, ma douce amie, dites-moi où vous avez pris cet anneau...
— C'est vous-même, cher sire, qui me l'avez baillé de votre main en la mienne...
— Où?... Quand?... demanda Artus, abasourdi.
— Ce fut en votre propre lit, sire, répondit Jeannette, avant de faire votre volonté et plaisir de mon corps... Je l'avais exigé ainsi...
— Cela est vrai!... Cela est vrai!... Mais, dites-moi, comment êtes-vous donc arrivée en mon lit, dans mes bras?...
— Je vais vous l'expliquer, cher sire..., Péronne, votre femme, n'était pas pucelle : elle avait forfait à l'honneur, avec un chevalier de la cour de sa mère... Il s'agissait de vous tromper là-dessus... C'était assez difficile... On vint me trouver; on me proposa de l'argent si je voulais consentir à passer la nuit, couchée avec vous, jusqu'à l'aube... Je refusai l'argent et j'acceptai la nuit. Les bonheurs payés sont de mauvais bonheurs. La comtesse de Lucques et son complice Ancel arrangèrent tout... Je fus introduite dans votre lit en place de Péronne, qui en était indigne, et, à l'aube, quand je vous jugeai endormi, je me retirai pour lui céder ma place, qu'elle pouvait remplir désormais... Puis je revins ici, et je me jetai tout éveillée sur mon lit, en rêvant aux délices qu'il m'avait été donné de goûter durant les courtes heures de cette courte nuit...
Artus, émerveillé, attira Jeannette sur son sein et l'accola tendrement.
— Jeannette, ma mie, lui dit-il, je suis tout joyeux de cette affaire, car vous me resterez, et celle qui m'a trahi s'en ira avec ses complices. Tenez-vous prêtes, votre mère et vous, à venir à la cour, bien appareillées toutes deux, à ma réquisition...
— Bien volontiers, cher sire, répondit modestement Jeannette.
— Adieu, ma mie, reprit Artus en prenant congé. A cette heure que je sais que c'était vous, je regrette bien de m'être endormi si vite... C'est une injure que je réparerai, je vous le promets....
— Je ne me plains pas, monseigneur...

CHAPITRE XI

Comment la trahison d'Ancel fut dénoncée au duc Jean par son fils Artus, et comment elle fut punie.

Au moment où Artus se retirait, suivi d'Hector et de ses amis, Ancel, le sénéchal, survint avec deux mules chargées de présents qu'il avait l'intention d'offrir à Jeannette et à sa mère, en échange de l'anneau et de la charte donnés dans la nuit par Artus, lequel anneau et laquelle charte étaient des témoins accusateurs contre Péronne.
Mais en apercevant le fils du duc de Bretagne, Ancel comprit qu'il avait fait un pas de clerc, et il s'empressa de retourner d'où il était venu, afin de prévenir la comtesse de Flandres et sa fille Péronne.
Artus et ses compagnons se mirent à sa poursuite et ne purent le joindre qu'à Nantes, dans le palais même du duc.
— Monseigneur mon père, dit Artus, je viens vous dénoncer une trahison commise à l'endroit de notre honneur commun par ce fourbe qui a nom Ancel et qui est le sénéchal de madame de Lucques.
— Ancel est un traître et un félon, dit à son tour Gouvernau, et je vous supplie, monseigneur le duc, de vouloir bien m'autoriser à combattre à outrance contre lui... Voici mon gage! J'attends celui du sénéchal...
— Voilà bien des rumeurs et bien des colères, répondit le duc Jean; et jusqu'à présent je n'en connais pas la cause...
— Faites venir Péronne, monseigneur mon père; faites venir Péronne et sa mère : vous comprendrez mieux lorsque l'explication de cette félonie tombera de leurs lèvres.
Le duc Jean envoya quérir sur-le-champ les deux dames, qui se rendirent à son appel, Péronne un peu troublée, sa mère pleine d'assurance.
— Madame, dit Artus en s'adressant à sa femme, pourriez-vous représenter à monseigneur mon père, qui les demande, l'anneau et la charte que je vous ai remis cette nuit, et me dire à quel moment de la nuit je vous les ai remis?
Devant une question aussi nettement formulée, il n'y avait pour Péronne, coupable, qu'un parti à prendre, qui était de s'évanouir : elle s'évanouit, et ses femmes l'emportèrent pour lui donner leurs soins.
— Cette réponse est suffisamment éloquente, à ce qu'il me semble, reprit Artus. Aussi monseigneur mon père, comme j'ai grand'honte d'avoir uni mon nom et ma vie au nom et à la vie de la dame Péronne, qui, avant de me connaître, avait déjà connu homme vivant, je vous requiers d'invalider ce mariage... L'archevêque de Bretagne l'a consacré, c'est par lui qu'il sera dissous...
— Ce mariage a été fait en bonne forme, dit alors la dame de Lucques, et je soutiendrai jusqu'au bout sa validité... La trahison ne vient point

de nous ; elle vient, au contraire, de sire Artus, qui ment ainsi aux traditions de courtoisie de ses pères...

— Madame de Lucques dit vrai ! s'écria Ancel avec une indignation simulée. Le mariage est valable... S'il y a là-dessous quelque chose qui cloche, cela doit être attribué à d'autres qu'à nous... L'anneau et la charte que monseigneur Artus avait donnés à sa femme Péronne lui ont été enlevés pendant qu'elle dormait sans défiance à ses côtés, et celle qui a commis cette trahison s'appelle Jeannette... Je m'offre de le prouver et de la soutenir en champ-clos... Gouvernau m'a provoqué : j'accepte son gage et lui envoie le mien... Car c'est lui qui a introduit Jeannette dans la chambre nuptiale ; c'est lui qui a poussé cette enfant à mal faire... Par ainsi, je soutiendrai envers et contre tous l'honneur de Péronne et la validité de son mariage...

Artus et Hector, indignés d'un tel langage, demandèrent aussitôt leurs armes et supplièrent le duc Jean de leur faire ouvrir le champ.

Mais Gouvernau les arrêta pour leur dire :

— Il ne convient pas à de si hauts hommes et à de si nobles princes comme vous êtes tous deux, de se commettre avec un traître comme le sénéchal Ancel... Je réclame le droit de mon défi en prime instance, et du gage jeté et relevé...

Le duc Jean accorda ce que demandait si justement le vaillant Gouvernau. La lice fut aussitôt préparée, et, sur-le-champ aussi, les tenants se disposèrent pour le combat...

Ancel espérait beaucoup en sa force, en son adresse, en son désespoir ; mais il avait affaire à forte partie. Le brave Gouvernau ne fut pas long à le terrasser. Le genou sur sa poitrine, la pointe de l'épée sur sa gorge, il le força d'avouer sa trahison. Quand Ancel eut avoué, Gouvernau lui enfonça son épée et lui fit rendre l'âme.

L'archevêque de Bretagne prononça alors la nullité du mariage d'Artus et de Péronne. Le corps du sénéchal, qui venait d'expirer, fut attaché à la potence élevée au bout de la lice. Justice était faite, au contentement général !

A l'issue du combat de Gouvernau et de messire Ancel, la dame de Lucques ne jugea pas à propos de faire un plus long séjour à la cour du duc Jean : elle partit, emmenant avec elle sa fille Péronne.

Quand elles se furent éloignées un bon bout de chemin, la mère dit à la fille :

— Nous ne pourrons jamais nous laver de la honte que tu nous a faite !... jamais !... Nous n'avons plus désormais à espérer le moindre honneur, le moindre... Petits et gros, riches et pauvres auront le droit de nous montrer du doigt et de nous conspuer comme créatures viles !...

— C'est vrai, ma mère, répondit mélancoliquement Péronne, qui n'y pouvait mais.

Lors, commença la dame de Lucques si fort à pleurer, à se lamenter, à se plaindre, que sa fille en conçut plus avant encore dans son cœur un chagrin mortel ; si bien, qu'à peine arrivée, elle rendait sa pauvre âme à Dieu, qui, moins cruel que les hommes, pardonnait à cette infortunée pécheresse.

Quant à Jeannette, la duchesse de Bretagne la retint auprès d'elle avec bonté, et le duc Jean lui conserva son douaire, afin qu'elle pût vivre honorablement à la cour de Nantes, où elle ne tarda pas à se faire aimer de tout le monde, à cause de son maintien modeste et de son esprit enjoué.

CHAPITRE XII.

Comment, au bout de quelque temps, Artus prit congé de son père, de sa mère et de Jeannette, pour courir les aventures avec Hector, Gouvernau et Jacquet, son écuyer.

Quelque temps après, Hector rappela à Artus qu'il avait déjà projeté d'aller en étranger pays, à la recherche d'aventures, et Artus, remerciant Hector, s'empressa d'aller trouver le duc Jean et la duchesse sa mère.

— Monseigneur, lui dit-il respectueusement, en entrant dans sa chambre, et en mettant genou en terre et chaperon au poing, je viens vous demander congé d'aller hors du pays, en quête d'aventures et de fortune..... J'en demande autant à madame ma mère, et je serai très heureux d'obtenir votre consentement à tous deux.

Le duc et la duchesse refusèrent d'abord. Artus insista. Il fallut lui céder.

— Partez donc, cher fils, puisque les ailes vous sont poussées et que vous avez soif de voir et de connaître... Et qui voulez-vous mener avec vous, cher fils ?...

— Monseigneur, je n'emmènerai qu'Hector, Gouvernau, et Jacquet, mon écuyer.

— Bien... Prenez aussi avec vous, cher fils, tout l'or et tout l'argent qui vous sera nécessaire. Madame la duchesse et moi, nous vous y autorisons de grand cœur, en regrettant de ne pouvoir vous retenir plus longtemps auprès de nous, qui sommes vieux, et qui n'avons que vous d'héritier de notre nom et de notre duché... Allez donc, et que Dieu vous garde !...

Artus baisa la main de sa mère et se jeta dans les bras de son père, en les remerciant l'un et l'autre de leurs bontés. Puis il se retira, suivi de Gouvernau qui lui demanda alors à voix basse :

— Combien de temps resterons-nous hors du duché de Bretagne, cher sire ?...

— Cinq années pleines, répondit Artus. C'est le moins qu'il nous faut pour voir et avoir...

Gouvernau sortit, et bientôt la nouvelle du départ d'Artus se répandit de tous les côtés. Jeannette l'apprit une des premières ; une des premières, elle accourut auprès du duc pour s'assurer de ce malheur.

Le duc et la duchesse pleuraient silencieusement, navrés par ce départ qui leur enlevait pour cinq ans, pour toujours peut-être, leur fils bien-aimé.

Devant un tel spectacle, qui lui en apprenait plus long que toutes les paroles du monde, tout son sang tressaillit et elle chut toute pâmée entre les bras de la duchesse. Quand elle revint à elle, elle se mit à pleurer, ce qui la soulagea un peu, et ensuite elle murmura :

— Artus ! Artus ! doux ami, me laisseras-tu ? Me laisseras-tu donc, Artus, mon doux ami ?...

En cet instant Artus entra pour prendre un congé définitif de son père et de sa mère.

En le voyant, Jeannette lui courut sus, les bras étendus, et lui dit, toute haletante :

— Artus ! Artus ! doux ami, auras-tu bien le cœur de délaisser ainsi ceux qui t'aiment ! Et monseigneur le duc, ton père ? Et madame la duchesse, ta mère ? Et moi aussi, moi, une orpheline désormais ?...

Cette douleur vraie toucha Artus plus encore que ne l'avait touché le deuil de son père et celui de sa mère.

— Dame, lui dit-il en se détournant d'elle pour lui dérober la vue de son émotion, dame, que Dieu vous protége !... Je ne vous oublierai pas, croyez-m'en bien, et, à mon retour, je vous ferai plus riche et plus honorée que vous ne l'avez jamais été... Adieu, Jeannette ; priez Dieu pour votre ami !...

Puis, pour ne pas céder à cette émotion qui lui montait comme un flot et menaçait de le submerger, il s'inclina et alla rejoindre Hector, Gouvernau et Jacquet, qui l'attendaient, avec les sommiers, lesquels étaient chargés et prêts à voyager...

CHAPITRE XIII

Comment Artus et ses compagnons, après avoir chevauché longtemps, arrivèrent en la terre de Danemarck ; comment ils défirent douze chevaliers discourtois qui voulaient mettre à mal une pucelle et sa mère.

Tant chevauchèrent Artus, Hector, Gouvernau et Jacquet, de ci, de là, par monts, par vaux, par bois, par plaines, qu'ils arrivèrent enfin en la terre de Danemarck, et entrèrent dans une longue bruyère au bout de laquelle ils trouvèrent un étang et une grande chaussée.

Cette chaussée avait une lieue et demie de longueur. Elle était commode à suivre pour les chevaux : ils la suivirent. Elle aboutissait à une vallée : ils descendirent dans cette vallée, au fond de laquelle ils aperçurent une maison close de murs fort élevés et dont les portes étaient ouvertes. Ils entrèrent et appelèrent : il n'y avait personne, ni homme, ni femme, ni varlet. Étonnés, ils appelèrent plus fort : rien ne leur répondit. Seulement, ils crurent entendre une voix gémissante, une voix de femme qui se réclamait de la vierge Marie.

Lors, pressentant un danger pour quelque créature humaine, Artus se dirigea vitement du côté où s'entendaient ces gémissements, et il arriva dans une chambre où un spectacle étrange l'attendait. Une femme, les cheveux coupés, les vêtement souillés, le corps meurtri de coups, gisait tout de son long par terre. Et, à quelques pas d'elle, il y avait une table mise, sur laquelle se voyaient force vins et force venaisons.

— Dame, qu'avez-vous ? demanda Artus, en relevant courtoisement cette infortunée. Qui vous a mise en ce piteux état ?...

— Ah ! gentil sire ! s'écria-t-elle avec une sorte d'épouvante, ne me faites pas plus de mal que je n'en ai déjà, je vous en supplie... Car j'en ai trop, en vérité, beaucoup trop !...

— Rassurez-vous ! je ne viens pas pour vous malfaire, mais, au contraire, pour vous secourir. Dites-moi donc, encore une fois, qui vous a mise en ce pitoyable état ?...

— Gentil sire, ce sont douze chevaliers qui m'ont ainsi atournée et mesfaite... J'ai peur qu'ils n'aient tué monseigneur et emmené ma fille pour la honnir... Secourez ma fille ! secourez monseigneur, cela vaut mieux que de me secourir...

Artus obéit, se promettant de revenir, et il alla çà et là dans la maison, fouillant, explorant, si bien qu'il trouva le seigneur en question, attaché à une poutre, et blessé assez grièvement à la tête et à l'épaule. Il le délia, appela Hector et Gouvernau pour qu'ils l'aidassent à soigner cet homme, et en attendant, il l'interrogea avec intérêt.

— Je ne sais rien autre chose, répondit-il, sinon qu'ils ont tué mon écuyer, qu'ils ont emmené ma fille et ma femme pour les honnir, et que, quant à moi, ils m'ont battu comme enclume et ne se sont retirés qu'en me laissant pour mort...

— Par Dieu ! dit Artus, l'outrage est grand, et nous le vengerons du mieux que nous pourrons... J'ignore, comme vous, ce qu'est devenue votre fille... Mais, quant à votre femme, elle vit encore... quoique dans un bien misérable état... Maintenant que vous voilà délié, et remis sur vos jambes, vous allez aller la rejoindre dans le retrait où je l'ai découverte... Réconfortez-vous l'un et l'autre... Je vais aller à la quête de votre demoiselle et, s'il plaît à Dieu, je vous la ramènerai en bonne santé de corps et d'âme.

— Dieu vous entende, cher sire !... soupira le seigneur en allant rejoindre sa dame.

Pendant ce temps, Artus et ses compagnons remontèrent à cheval et gagnèrent la forêt prochaine, où il leur semblait que devaient s'être réfugiés les discourtois chevaliers de la matinée.

Ils ne se trompaient pas. Les ravisseurs étaient réunis dans un épais fourré, et ils s'apprêtaient à honnir une demoiselle qui se débattait dans leurs bras comme un oiseau dans les rets de l'oiseleur, et qui criait de toutes ses forces, en invoquant tous les saints et toutes les saintes du paradis pour la conservation de son pucelage.

— Mauvais chevaliers ! cria Artus, en se précipitant l'épée à la main au milieu de ses discourtois ravisseurs. Mauvais chevaliers, ne touchez pas à cette enfant, ou il vous en cuira durement !... Je veux vous ramener, la corde au cou, à la maison de son père, afin qu'il tire de votre méfait la justice qu'il mérite.

Les ravisseurs ne tinrent aucun compte de cette défense. Seulement, comme ils voulaient sans doute outrager à leur aise cette gente pucelle, et que la présence d'Artus et de ses compagnons les gênait, ils se mirent en mesure de se débarrasser au plus tôt de cette présence. Celui qui paraissait être leur chef s'avança roidement, la lance en avant, à la rencontre d'Artus, si roidement même que sa lance vint se briser sur le haubert du fils du duc Jean. Sa lance rompue, il voulut se servir de son épée; mais Artus ne lui en donna pas le temps, et, d'un coup violent, l'envoya rendre ses comptes au grand Juge. Puis, après celui-là, un autre, puis un autre, puis un autre encore; de sorte qu'au bout d'un quart d'heure, aidé naturellement d'Hector, de Gouvernau et de Jacquet, il avait mis hors de combat neuf de ces déloyaux et discourtois chevaliers; quant aux trois autres, ils avaient jugé prudent d'enfiler la venelle, pour échapper à ces rudes compagnons qui leur faisaient l'effet de diables d'enfer.

Artus ne les poursuivit pas. Il lui importait peu en effet qu'ils allassent se faire pendre ailleurs. Ce qui lui importait beaucoup plus, c'était de porter immédiatement aide à la gente pucelle si heureusement délivrée. Il alla vers elle, la délia, la rassura par de bonnes paroles, la fit monter sur le cheval de l'un des chevaliers morts, et la ramena à son père et à sa mère, qui, tous deux, en la revoyant saine et sauve, s'agenouillèrent dévotement devant le vaillant prince breton, et le remercièrent avec l'effusion de leurs cœurs reconnaissants. Artus voulait repartir incontinent, avec ses compagnons; mais il fut supplié de rester au moins jusqu'au lendemain, et il resta. Le lendemain, vers le milieu du jour, il prit congé de son hôte et de son hôtesse, qui pleuraient à chaudes larmes; il embrassa la jeune fille qu'il avait sauvée d'un outrage pire que la mort, et qui, en son cœur, lui en avait une reconnaissance infinie; puis, il partit.

— Que Dieu vous bénisse, monseigneur! dirent l'hôte et l'hôtesse, sur le seuil de leur maison.

— Que Dieu vous accorde le bonheur que vous méritez si bien, monseigneur! murmura la jeune fille avec un soupir, et en le regardant partir avec regret.

CHAPITRE XIV

Comment, en se rendant à un tournoi, Artus et ses compagnons eurent affaire à trente larrons, et de l'hospitalité qu'ils reçurent d'un vieil homme et d'une jeune dame.

Les quatre compagnons chevauchèrent ainsi pendant toute la journée, et pendant les journées suivantes; bientôt ils entrèrent dans le pays de Vienne, où ils rencontrèrent un messager, porteur d'une javeline et d'un écu.

Cet homme hâtait le pas. Artus le salua.

— Monseigneur, dit le varlet, Dieu vous donne bonne aventure!...

— A qui êtes-vous, mon ami?...

— Sire, je suis à monseigneur de Beaujeu.

— Quelles nouvelles pourriez-vous me donner, mon ami?...

— Sire, vous ne savez rien si vous ne savez pas qu'un tournoi doit avoir lieu, le jeudi après la Sainte-Croix, entre monseigneur de Beaujeu et le maréchal de Mirepoix...

— Je l'ignorais, en effet... Et, dites-moi, quel homme est-ce que le sire de Beaujeu?...

— Sire, c'est un noble homme... Le comte de Forest est son oncle... Le comte de Montbéliard est son cousin... Voilà pour sa parenté... Quant à son caractère, on n'en peut trouver de plus doux et de plus débonnaire...

— Et le maréchal de Mirepoix?...

— C'est le contraire de monseigneur de Beaujeu, car il est cruel et ondoyant, fier et fantasque... Mais, malgré cela, bon et hardi chevalier, si fort et si courageux même qu'il ne redoute pas contre lui quatre vaillants chevaliers... Aussi monseigneur de Beaujeu m'envoie-t-il quérir monseigneur de la Lande, vaillant parmi les vaillants...

— A combien d'ici loge ce seigneur?

— Sire, monseigneur de la Lande ne loge pas à plus de deux lieues d'ici... Comme la nuit approche, permettez-moi de faire diligence; si maintenant vous voulez passer la nuitée à l'abri, il y a tout près d'ici un château, appelé le château de la Rochebise, où vous recevrez certainement l'hospitalité la plus grande de la part du seigneur qui l'habite, un riche homme, fort âgé. Tâchez de ne pas vous fourvoyer dans la forêt que vous avez à traverser pour arriver à ce château... Que Dieu vous garde, sire!...

— Allez votre chemin, mon ami, et bonne aventure!...

Le messager de monseigneur de Beaujeu prit congé d'Artus et de ses compagnons, qui, sans plus tarder, se mirent à chevaucher vers la forêt qu'il leur fallait traverser pour arriver au château de la Rochebise.

Malheureusement la forêt était vaste, profonde et obscure. Ils avancèrent et s'égarèrent.

Jacquet, l'écuyer d'Artus, chevauchait en avant avec les sommiers. Au détour d'un sentier, une trentaine de larronneurs, les hôtes habituels de cette forêt, se précipitèrent sur les sommiers, qui contenaient toute la richesse présente de nos quatre voyageurs. Jacquet était un brave garçon, fort attaché à son maître. Il se défendit rudement et, pour commencer, il mit deux de ces robeurs complétement hors de combat. Puis, survinrent Artus, Hector et Gouvernau, qui frappèrent à qui mieux mieux, faisant voler les bras et les têtes du revers de leurs épées. Ils firent tant et si bien, à eux quatre, que des trente ribauds, il n'en resta pas un seul.

Artus, alors, jugeant qu'ils pouvaient avoir un repaire dans les environs, ordonna une battue qui n'amena d'autre découverte que celle d'un homme que ces robeurs avaient dépouillé et attaché à un chêne. Artus le délia, et, comme il avait perdu tout son avoir, de par la subtilité malfaisante des larronneurs, il lui fit donner tout le butin qu'il venait de conquérir, aidé d'Hector, de Gouvernau et de Jacquet.

Cela fait, les quatre vaillants compagnons reprirent leur chemin, et, au bout de quelque temps, ils arrivèrent à la porte d'une maison isolée. Ils frappèrent: un varlet tout déchaux vint savoir ce qu'on voulait.

— Mon ami, répondit Gouvernau, c'est un chevalier qui veut céans héberger...

— Sire, reprit le varlet, prenez patience... Je vais aller parler au seigneur qui est là, couché, car il est vieux et mal portant, et jamais, à cette heure, il n'est debout, ni personne après lui dans sa maison...

— Allez, mon ami, nous attendrons, répondit Gouvernau. Seulement faites le plus vitement qu'il vous sera possible.

Le varlet disparut et alla trouver son vieux seigneur en sa chambre haute :

— Sire, lui dit-il, les gens qui viennent de heurter ainsi sont trois chevaliers et l'écuyer de l'un d'eux; ils vont au tournoi et désirent loger céans... Dois-je leur ouvrir la porte ?

— Ouvre-leur vitement, répondit le vieil homme, et quand tu leur auras ouvert et qu'ils seront installés céans, tu viendras me dire quels gens ils sont.

Le varlet alla en grande hâte déverrouiller et déferrer la porte, et donna accès à chacun des nouveaux arrivants, en les examinant avec la plus grande attention, afin de rendre un compte exact de leurs physionomies à son maître.

Artus fut le premier introduit. Le varlet le dévisagea du mieux qu'il put, et il resta émerveillé de son fier maintien et de la beauté de ses traits.

Hector lui causa la même admiration.

Gouvernau, quoique plus âgé, n'en était pas moins un fort bel homme, grand, fort et hardi, comme il convenait à un chevalier.

Quant à Jacquet, c'était un écuyer, il n'y avait pas, par conséquent, à s'en occuper.

Une fois Artus et sa suite entrés, le varlet reverrouilla la porte, et remonta en la chambre haute, rendre ses comptes à son seigneur.

— Sire, lui dit-il, ce sont gens de grand lieu, par leur air et bonne mine... Ils ont riches sommiers et somptueux harnais !...

— Tôt, tôt, répondit alors le vieil homme, appareillez l'hôtel, et veillez à ce qu'ils soient servis richement, comme il convient à des seigneurs de leur rang.

CHAPITRE XV

Comment Hector tomba amoureux de la jeune hôtesse et des reproches qui lui furent faits à cet égard par Gouvernau. Comment à ce sujet, il y eut dispute, que termina l'intervention d'Artus.

Comme le varlet sortait de la chambre pour aller exécuter les ordres de son maître, celui-ci se tourna vers la dame qui était couchée à ses côtés, et il lui dit :

— Dame, levez-vous, je vous prie, par raison de votre honneur et gentillesse... Levez-vous et allez tenir compagnie à ces chevaliers qui viennent d'arriver... Ce sont nobles gens, paraît-il, et comme l'âge me retient au lit, dont votre beauté vous chasse au contraire, il faut leur montrer clair visage et non visage marmiteux... Le vôtre fera merveille, j'en suis certain, chère dame... Allez donc, et ne revenez auprès de moi que lorsque les devoirs de l'hospitalité auront été observés à leur égard !...

La dame obéit sans murmurer. Elle se leva, s'habilla de plus riches habits, mais sans perdre un temps trop long à son arrangement, et, lorsqu'elle fut prête, elle se rendit dans la salle où attendaient, à la lueur des torches, les trois chevaliers.

— Soyez les bienvenus céans ! leur dit-elle de sa plus douce voix et de son plus doux sourire.

— Dame, répondit Artus en allant avec empressement vers elle et en l'amenant s'asseoir entre Hector et lui; dame, nous vous remercions de tout notre cœur d'avoir consenti à nous recevoir en votre logis... Mais nous sommes chagrins de penser que nous avons troublé vos songes et dérangé votre sommeil... Et nous vous demandons humblement pardon de vous avoir enlevée ainsi, vous si jeune et si aimable, à la compagnie de votre seigneur...

— Sire, reprit la dame, cela a plu ainsi à monseigneur, et je suis venue bien volontiers à sa place, afin de vous honorer et tenir compagnie le plus honnêtement qu'il sera possible; car, quant à lui, vieil homme, la chose n'est pas possible. Son intention seule y est : les forces lui manquent. Aussi m'a-t-il priée de l'excuser auprès de vous.

— Nous le remercions de nouveau, et doublement, répondit Hector, devenu tout d'un coup sensible à la beauté de la dame, à sa grâce, à sa douceur, à son sourire.

Pendant qu'ils devisaient ainsi, le temps de souper était arrivé. Aussitôt, les tables furent dressées, les nappes furent mises, les mains furent lavées, et chacun s'assit, Artus et la dame ensemble, et Hector en face.

Artus était jeune, il avait grand'faim, surtout après les aventures de la journée, et il mangea avec l'appétit d'une conscience sans peur et sans reproche.

Gouvernau n'était plus jeune; mais il était encore vert, et son appétit égalait son courage : il mangea avec le même appétit qu'Artus.

Quant à Hector, il ne but ni ne mangea. Il ne regardait qu'une chose, son hôtesse. Il ne pouvait détacher d'elle ses yeux ni son appétit. C'était un morceau friand, et, à chaque instant, l'eau de la concupiscence lui venait à la bouche.

Cette attention persistante ne tarda pas à être remarquée, de la dame d'abord, qui en fut troublée, puis d'Artus et de Gouvernau, qui en furent courroucés contre Hector.

— Artus, dit Gouvernau à son élève, trouvez-vous bon et digne d'amitié, ce que vous voyez en ce moment ?...

— Non, certes ! répondit Artus. J'ai vu ce soir beaucoup de choses que je voudrais bien n'avoir pas vues.

— Hector ! Hector ! dit Gouvernau.

Les choses n'en allèrent pas plus loin pour l'instant. On soupa, et, le souper fini, on alla se coucher dans les lits préparés. Artus et Gouvernau souhaitèrent une bonne nuit à leur hôtesse, et Hector ne se décida qu'à grand'peine à la laisser aller.

Le lendemain, les trois chevaliers remercièrent leur hôtesse de son hospitalité cordiale, et, après l'avoir recommandée à Dieu, ils prirent congé d'elle, et s'en allèrent leur chemin par la forêt.

La matinée était claire et belle, douce et chaude comme mois de mai. Nos chevaliers chevauchèrent pendant quelque temps assez joyeusement, mis en cette gaîté par la bonne senteur de la forêt qu'ils traversaient.

Cependant, au bout d'un peu de chemin, les joyeux devis s'arrêtèrent et Gouvernau dit d'une voix grave à Hector, qui songeait toujours à sa belle hôtesse :

— Sire Hector, votre volonté fut-elle accomplie hier au soir, au souper, et après le souper, touchant notre charmante hôtesse ?...

— Hélas ! non, répondit étourdiment Hector, et je le regrette fort... car j'aurais eu grande joie, certes, à la tenir entre mes bras, bouche à bouche et cœur à cœur... Tandis que je l'ai laissée regagner son lit où l'attendait un vieux mari...

— Vous le regrettez ?... répéta Gouvernau. Vous avouez cela !... Vous osez dire que vous auriez eu grande joie à tenir entre vos bras notre belle hôtesse ! Mais vous oubliez donc, sire chevalier, que cette hôtesse était en possession d'un mari qui, de son lit, avait ordonné d'appareiller dignement et richement sa maison pour mieux nous faire fête !... Vous oubliez, vous qui avez été armé chevalier en même temps que mon cher Artus, que le premier commandement du code de chevalerie est la courtoisie et l'honnêteté !... Voilà un langage bien étrange, en vérité, et c'est la première fois que j'entends un compagnon de preux hommes regretter de n'avoir pas manqué aux lois de l'hospitalité...

— Voilà bien du bruit pour rien, messire Gouvernau, répondit Hector. A vous entendre, les jeunes hommes comme nous ne pourraient plus essayer de plaire aux dames et de s'en faire aimer, sous prétexte qu'elles sont en possession de mari... Votre langage est bien plus étrange encore que le mien, et il me semble que vous vous échauffez là à contre-temps et à contre-poil... Notre hôtesse était jeune, belle, avenante, et, rien que d'en parler en ce moment, l'eau m'en vient à la bouche avec les baisers !... Pour un peu, je retournerais sur mes pas, afin de lui dire avec mes lèvres ce que j'ai essayé hier au soir de lui dire avec mes yeux... Quel déduit charmant je prendrais avec elle !... Ah ! Gouvernau ! Ah ! Hector ! que je vous en veux d'avoir sitôt pris congé d'elle !...

Le caractère droit et loyal, jusqu'à l'excès, du bon Gouvernau, ne put lui permettre d'en entendre davantage. Son blâme, jusque-là, avait été bénignement manifesté, à cause de la jeunesse de celui auquel il s'adressait, à cause aussi des amicales relations qui existaient entre ces trois compagnons de route et qu'il ne voulait pas voir rompre, même durant un instant. Et puis, il avait espéré qu'Hector viendrait de lui-même à résipiscence, et reconnaîtrait de lui-même l'étourderie de sa conduite de la veille. Voyant qu'il n'en était rien, tout au contraire, Gouvernau ne fut pas maître d'un mouvement d'indignation, et, s'adressant de nouveau à Hector, il dit :

— Sire chevalier, qu'étaient, à votre sens, les douze chevaliers qui avaient mis à mal un prud'homme et sa femme, et qui s'apprêtaient à honnir la fille, après avoir honni la mère ?... Croyez-vous que nous ayons bien fait de les châtier ainsi que nous l'avons fait ?...

— Certes, oui, répondit Hector. C'étaient de misérables larrons d'honneur, et le châtiment que nous leur avons infligé n'était que mérité...

— Eh bien, sire, ce que ces discourtois chevaliers ont fait, vous vouliez le faire, vous. Tout autant qu'eux, sire, vous êtes coupable, puisque vous avez projeté de mettre à mal la femme de notre hôte !...

— Sire Gouvernau, reprit Hector courroucé, vous allez loin dans l'application de votre blâme, et il ne me plaît guères de me laisser ainsi morigéner par mon égal en chevalerie.

— Qu'il vous plaise ou non, jeune fol, c'est ainsi !... Pourquoi donc ne vous dirais-je pas, à vous mon compagnon dont la conduite peut colorer vilainement la nôtre, pourquoi donc ne vous dirais-je pas que vous avez fauté ?... Si vous voyagiez à votre part, cela me regarderait moins... Mais, encore un coup, vous êtes avec nous, au même titre, au même rang, et vous n'avez pas le droit d'en déchoir, parce qu'alors vous nous éclaboussez de votre faute et nous rendez responsables de votre crime...

— Vous aimez à discourir dans le désert et à vous battre contre des moulins, vaillant Gouvernau !... Puisque vous me morigénez, je vous morigénerai à mon tour...

— Et de quelle façon, sire Hector ?

— De la façon la plus naturelle du monde, sire Gouvernau.

— Montrez, que nous jugions !

— Voilà ma réponse.

Et, tout en disant cela, Hector tira son épée, prit un peu champ avec son cheval, et revint après sur Gouvernau.

Cette démonstration n'étonna pas ce vaillant et prud'homme. Il tenait son épée aussi fièrement que sa tête, et n'était jamais le dernier à la tirer, quand une occasion se présentait de le faire.

Hector le trouva donc prêt. Leurs deux épées se heurtèrent.

Avant qu'Artus, qui jusque-là avait marché en avant, eût pu revenir sur ses pas et s'opposer à ce combat, une blessure avait été faite par Gouvernau à Hector.

— Gouvernau ! Gouvernau ! s'écria Artus avec un chagrin doublé de colère. Gouvernau ! Que faites-vous là ? Vous me tuez mon ami, mon compagnon, mon cousin !... Ah ! Gouvernau, quelle malerage vous travaille donc !... Pourquoi ne vous servez-vous pas aussi de votre épée contre moi ?...

En entendant ces reproches immérités, Gouvernau devint triste et déconcentancé. Il crut qu'il avait eu tort, bien qu'il sentît au fond de sa conscience qu'il avait raison, et, pour échapper au trouble qui l'envahissait et à la douleur qui le poignait, il donna de l'éperon dans le ventre de son cheval, et disparut bientôt dans les profondeurs de la forêt.

— Me voilà bien loti à présent, s'écria Artus, partagé entre le désir de courir après Gouvernau pour le ramener, et le désir de rester auprès d'Hector pour le soigner. Me voilà bien loti à présent ! Gouvernau parti ! Hector blessé !...

— Ma blessure n'est rien, cousin, répondit Hector, et d'ailleurs, eût-elle été plus grave, que j'eusse mérité de la recevoir. J'ai été un peu fol avec messire Gouvernau, de même que j'avais été un peu hardi hier au soir avec notre belle hôtesse...

— Voilà de bons et loyaux sentiments, cousin Hector, reprit Artus, et je regrette bien que vous ne les ayez pas manifestés plus tôt... Cela nous aurait évité, à vous une blessure, à moi le chagrin d'être séparé de mon bon Gouvernau !...

— Ah ! cousin Artus, répliqua Hector en riant, s'il n'y avait jamais d'erreurs, jamais de fautes, jamais de crimes, à quoi servirait le pardon céleste, cette merveilleuse chose ?... Mais, cousin, pendant que nous devisons ainsi, perdant notre temps et nos paroles, sire Gouvernau prend de l'avance sur nous et, si nous tardons encore, nous ne le rejoindrons jamais...

— Bien pensé, cousin Hector ! En avant alors !...

Artus et Hector fit prendre le galop à leurs chevaux, qui ne demandaient pas mieux eux-mêmes de retrouver le cheval monté par Gouvernau. Quelque temps après, un hennissement se fit entendre; auquel répondirent les hennissements des chevaux d'Hector et d'Artus. Gouvernau était retrouvé !

— Ah ! cruel Gouvernau ! vous nous fuyiez ! s'écria Artus d'un ton de reproche. Nous nous étions pourtant bien juré de ne nous laisser jamais séparer que par la mort... Venez çà, je vous prie !... Venez !... Hector s'amende !... Il a reconnu de lui-même sa faute, et il vient vous en renouveler l'aveu qu'il m'en a fait.

— Artus dit vrai, messire Gouvernau, répliqua Hector. Mon repentir est sincère : je m'humilie volontiers !...

— Bien ! bien ! ne parlons plus de ces misères ! répondit le bon Gouvernau. Embrassons-nous, et continuons notre route !...

Les deux adversaires s'embrassèrent en effet, à la grande joie d'Artus ; et bientôt tous trois reprirent leur chemin, toujours accompagnés de Jacquet et des sommiers.

CHAPITRE XVI

Comment Artus, Hector et Gouvernau arrivèrent au château du sire de la Lande, lequel leur donna l'hospitalité et leur raconta l'histoire de ses amours avec la dame de Roussillon, ainsi que la cause du tournoi qui devait avoir lieu à Vienne.

Le messager de monseigneur de Beaujeu ne les avait pas trompés de beaucoup sur la distance où ils étaient du château de monseigneur de la Lande, et ce n'était pas de sa faute, vraiment, s'ils s'étaient égarés et attardés dans cette forêt.

Ils l'aperçurent bientôt, au sortir du bois, à quelques pas devant eux. Ils y allèrent délibérément, assurés de rencontrer là l'accueil qu'ils avaient rencontré partout sur leur chemin.

Monseigneur de la Lande, en effet, reçut très courtoisement Artus et ses compagnons. Il donna immédiatement les ordres nécessaires pour qu'ils fussent convenablement hébergés, eux et leur suite.

Puis il demanda à Artus où il comptait aller.

— Je compte aller à Vienne où l'on m'a dit qu'avait lieu une fête, un tournoi, et où doivent se rendre de nobles et hautes personnes, répondit Artus.

— Il y aura là, en effet un grand tournoi, reprit le sire de la Lande, et la chose vaut la peine que des chevaliers de votre apparence s'y rendent. Ces fêtes-là instruisent en vaillance, même les plus vaillants.

— Et à quelle occasion, sire, cette fête ?

— Je puis vous en dire ce que j'en sais, répondit le sire de la Lande, après avoir dévisagé le fils du duc Jean et s'être assuré qu'il avait affaire à un gentilhomme de race. Monseigneur de Beaujeu m'a toujours affectionné, et c'est à lui que je dois d'avoir eu une enfance heureuse et protégée. J'eus occasion d'aller en ma jeunesse hors de mon pays... je vins en la terre de Mirepoix, autour de laquelle vivaient deux nobles barons, amis de monseigneur de Beaujeu, lesquels me firent fête et honneur... L'un d'eux avait une femme aussi belle que noble... la dame de Roussillon. Un jour, à sa fête, célébrée en grand appareil, elle se para d'atours si riches et si avenants que je fus plus émerveillé que jamais de sa beauté... Jamais elle ne m'avait paru plus désirable... A partir de ce jour-là, je la plaçai si avant dans mon cœur, dont elle occupait depuis longtemps la plus grande et la meilleure place, que j'en perdis le boire et le manger... Je maigris, je me décolorai, je m'affaiblis au point de faire mal et pitié à ceux qui me voyaient... J'aurais voulu cacher cet état à tous les yeux ; mais cela ne fut pas possible... Chacun me vit diminuer et m'en aller en dépérissement, et la dame de Roussillon le vit comme tout le monde... Un matin, levé de bonne heure, je vins en une chambre où je croyais ne rencontrer personne, et où j'aperçus la dame de Roussillon, occupée à coudre auprès de la fenêtre... Je m'approchai d'elle en frémissant ; elle me donna le bonjour d'un air amical et me souhaita une meilleure santé... A quelques mots mélancoliques que je lui répondis en la remerciant de ses bons souhaits, elle cessa tout-à-coup de coudre, se leva vivement et vint m'accoler avec cette tendresse et cette douceur que toutes les femmes savent si bien montrer quand elles veulent faire venir sur la bouche des hommes les pensées qu'ils ont dans le cœur...

Il y eut ici une suspension de récit de quelques minutes. Le sire de la Lande était ému en racontant cette histoire amoureuse à laquelle étaient attachés ses plus doux souvenirs.

— Sire, reprit-il en s'adressant à Artus, si je vous raconte ainsi mes faiblesses, ne les tenez pas en mépris ; car jeunesse fait faire beaucoup de choses !...

— Je n'ai de mépris que pour les vilenies et les méchancetés, répondit Artus... Ainsi, notre hôte, continuez donc, je vous en prie, ce récit qui m'intéresse si fort.

Le sire de la Lande reprit :

— Ainsi accolée à moi, sa poitrine contre ma poitrine, son haleine dans mon haleine, la dame de Roussillon semblait attendre une confession... Je la lui fis. « Il est bien vrai, lui dis-je, que j'ai mis mon cœur en vous plus qu'en tout le monde... Je vous aime d'une si profonde et si entière amour, qu'il n'y a plus en moi nulle place pour d'autres affections... Je n'aime que vous..., je ne cherche à aimer que vous... je n'aimerai jamais que vous... » Ce disant, je me sentis défaillir, et je fus forcé de m'asseoir... Elle vint s'asseoir auprès de moi pour m'accoler de nouveau, et mêler de nouveau sa fraîche haleine à mon souffle ardent... « Ayez pitié de moi ! » murmurai-je en joignant les mains. « Et monseigneur ? » dit-elle en me regardant entre les deux yeux. « Oui, oui, repris-je ; je sais bien, je vois bien que je vais à la trahison envers lui, qui m'aime et m'honore sur tous autres!... Oui, je sens bien que mon amour pour vous me mène à mal et à misère... Aussi aimerais-je mieux mourir que vivre comme je vis !... » La dame de Roussillon réfléchit pendant quelques instants qui me parurent longs comme des heures ; puis, me prenant la main et me conduisant à la fenêtre, laquelle donnait sur un grand bois, elle me dit : « Voyez-vous ce chêne, là-bas, éloigné des autres?... Trouvez-vous là d'ici un an, à pareil jour, et je vous promets qu'alors vous me posséderez toute et ferez de moi à votre complète volonté... » Je tressaillis d'aise et lui répondit : « Oh ! bien chère dame, merci !... J'y serai, j'y serai à ce rendez-vous qui doit sonner l'heure de ma félicité !... Mais, jusqu'à ce moment ineffable, dont je vais compter les minutes, je veux m'éloigner de vous... Vivre près de vous jusqu'à ce moment-là me semblerait malaisé ; ce serait un supplice de Tantale, plein de charmes et plein de misères... J'ai soif de votre amour, j'ai faim de votre cœur, mais si je consens à ne me désaltérer, à ne me repaître que dans un an, il ne faut pas que je reste chaque jour exposé aux tentations de la soif et de la faim : j'en mourrais devant vos yeux !... » Elle consentit à mon départ... Quant à monseigneur, il voulut me retenir, et, comme j'insistais vivement pour partir, il fut sur le point de laisser là sa terre pour venir avec moi là où je comptais aller... Mais je parvins à lui échapper et à m'éloigner du pays où m'attendait tant de bonheur à mon retour...

Ici encore, le sire de la Lande fit un temps d'arrêt, pour se reposer et reposer aussi ses hôtes qu'il ne voulait pas trop fatiguer.

Bientôt il reprit :

— Au bout d'un an je revins... C'était le jour, c'était l'heure qu'elle m'avait désignés... J'allai me placer sous le gros chêne qu'elle m'avait montré, et j'attendis... Elle parut à la fenêtre où nous avions si tendrement devisé ensemble, une année auparavant, et où elle était en cet instant en train de deviser avec son mari... En m'apercevant sous mon chêne, elle se mit à rire aux éclats, ce dont son seigneur, étonné, lui demanda la cause. « Ce n'est rien ! » répondit-elle. « On ne rit ce sans raison comme une corneille, » répliqua le mari, dont la curiosité était éveillée. « Eh bien ! répondit la dame, dites-moi, je vous prie, où vous croyez qu'est en ce moment messire Guy de la Lande?... » Monseigneur dit : « Je n'en sais rien, et j'en suis bien marri... car si je savais où il est, j'irais volontiers le voir... » « Sire, il n'est pas loin d'ici, repartit la dame. Mais avant de vous dire où il est, je dois vous dire pourquoi il y est. Apprenez donc que Guy de la Lande m'aimait d'amour et avait osé me le dire... Pour échapper à sa poursuite et me délivrer de ses ardeurs, je l'ai remis à un an, comptant bien qu'au bout de ce temps il serait guéri, et lui promettant de m'abandonner alors à lui complètement... L'année expire aujourd'hui... il est revenu de ses pérégrinations, mal guéri, à ce qu'il paraît, puisque le voilà sous le chêne où il a été convenu qu'il m'attendrait... Ainsi sont punis les faux et les musards qui convoitent l'honneur d'autrui sans en avoir le droit... » « Dame, dit alors monseigneur, par la foi que vous me devez, je vous prie d'aller vous vêtir le plus richement et le plus accortement qu'il vous sera possible, comme si vous aviez à vous présenter au roi... Quand vous serez prête, vous reviendrez céans... » La dame de Roussillon s'inclina et disparut pendant une demi-heure environ... J'étais toujours sous mon chêne, attendant, plein de fièvre et d'espoir...

— Cette dame de Roussillon ne savait pas aimer !... murmura Hector à l'oreille de Gouvernau. Refuser l'amour d'un homme, bien ! Mais dénoncer son amant à son mari, c'est une faute de cœur !...

— Et le devoir?... se contenta de répondre Gouvernau.

Guy de la Lande continuait :

— La dame de Roussillon revint auprès de son mari, parée comme le jour de sa fête. « Dame, lui dit-il, au nom de ce que vous me devez, je vous commande d'aller à l'instant même au rendez-vous que vous avez donné à Guy, et de faire tout ce qu'il exigera de vous : il en a le droit, puisque vous le lui avez promis. Quand il aura fait de vous tout ce qui lui aura plu, vous reviendrez, mais seulement alors. » « Ah ! sire, s'écria la dame de Roussillon, pour rien au monde je ne ferai cela !... Il ne convenait pas déjà que vous sussiez les paroles d'amour que Guy de la Lande m'avait dites ; il conviendrait encore moins que je m'abandonnasse à lui... Ce serait vilaine chose devant Dieu et devant les hommes... » « Dame, je prends le péché sur moi, répondit le sire, et je vous jure, sur ma loyauté, que, loin que votre mérite en soit diminué, vous m'en deviendrez plus chère et mieux aimée... J'ai résolu que cela se ferait, et cela se fera... » « J'obéis, sire, dit la dame ; là où vous voyez honneur, je ne vois que honte ; mais, cette honte, c'est vous qui l'aurez voulue : elle retombera sur votre tête !... » Lors, saluant son mari, elle le quitta pour venir vers moi, dans le bois où je l'attendais.... Si je fus joyeux, si mon cœur déborda de contentement, il ne faut point le demander... J'allai vers elle, je l'embrassai à plusieurs reprises avec une tendresse accumulée depuis un an en moi-même. Puis je lui dis : « Chère dame aimée, vous étiez là bien attendue, vous êtes à cette heure bien arrivée... » Je voulus l'entraîner dans le plus épais du bois : elle s'y opposa, en me disant : « Sire Guy de la Lande, que Dieu vous garde de toute mauvaise pensée!... Monseigneur vous salue doucement comme son bon ami.... » « Comment, madame; où est donc monseigneur? Comment sait-il que vous êtes venue céans à mon intention ? » « Je ne sais qu'une chose, sire, c'est que c'est lui qui m'a commandé de m'appareiller ainsi que vous voyez, et de venir au rendez-vous que je vous ai donné il y a un an, pour que vous fassiez de moi tout ce qu'il vous plaira de faire... Aucun ennui ne pourra vous advenir de ceci d'autre que de vous-même, puisque son amitié pour vous vous autorise

2

à agir comme vous voudrez... » Cette confession me toucha au plus haut point et je sentis toute la délicatesse et toute l'excellence des sentiments de monseigneur pour moi. Je rougis de ma folie et, prenant la main de la dame de Roussillon, je la conduisis aussitôt vers son mari, en la priant de m'aider à faire ma paix avec lui... J'étais guéri de cet amour ardent qui s'était alimenté de tant de choses pendant six années !... Monseigneur m'embrassa. Je me jetai à ses genoux en criant merci : il me releva aussitôt et m'embrassa de nouveau comme eût fait mon père... Voilà, sires chevaliers, la première partie de mon histoire...

— Nous ne voyons pas poindre encore le tournoi et la cause de ce tournoi ! fit observer Hector, toujours en s'adressant à Gourvernau.

— Cette aventure fit du bruit, reprit Guy de la Lande. Elle était, en somme, à l'avantage de trois personnes... Madame de Roussillon, elle surtout, était sortie blanche comme un lis de cette affaire amoureuse où j'avais été sur le point de jouer un rôle déloyal. Tout le monde la respecte et l'aime, excepté les gens qui ne respectent rien et n'aiment personne. L'autre jour, dans une fête, monseigneur de Beaujeu menait danser madame de Roussillon... Le maréchal de Mirepoix était là... Il ricana et dit très haut que monseigneur de Beaujeu tenait à succéder, comme amant aimé, à Guy de la Lande... La dispute s'échauffa, comme bien vous pensez, et, à la suite de mauvaises paroles dites brutalement à monseigneur de Beaujeu par le maréchal de Mirepoix, il fut convenu qu'un tournoi aurait lieu à Vienne mardi prochain. Monseigneur m'a envoyé quérir... je vais m'y rendre et je serais aise que vous pussiez y venir avec moi, afin de faire partie des tenants de monseigneur de Beaujeu.

— Bien volontiers, répondit Artus. Et, ajouta-t-il aussitôt, la dame de Roussillon sera-t-elle en ce tournoi ?...

— Oui, par ma foi, et, avec elle, un grand nombre de comtesses et de hautes dames.

Le départ fut à l'instant même résolu et effectué.

CHAPITRE XVII

Comment Artus, Hector et Gouvernau partirent avec le sire de la Lande pour le tournoi qui devait avoir lieu en Viennois entre le sire de Beaujeu et le maréchal de Mirepoix.

Guy de la Lande, Artus, Hector, Gouvernau, Jacquet et les sommiers cheminèrent de ci, de là, le plus vitement qu'il leur fut possible.

En chemin, et tout en chevauchant les uns à côté des autres, on parla des chances probables des unes et des autres parties engagées dans ce tournoi.

— Le maréchal de Mirepoix espère être le roi de la compagnie ! dit Guy de la Lande. Mais quoiqu'il soit bon chevalier de sa main, il a affaire à des vaillants qui lui feront changer d'avis.

— Convenons, répondit Artus, que celui d'entre nous qui fera le mieux sera déclaré roi des chevaliers, des comtes et des barons présents, qu'il les pourra conduire où bon lui semblera...

— C'est convenu ! dit le sire de la Lande.

Les quatre chevaliers chevauchèrent ainsi jusqu'à Lyon sur le Rhône. Ils traversèrent le pont et la ville et aperçurent force pavillons tendus de tous côtés.

Quand monseigneur de Beaujeu, les comtes de Forest et de Nevers apprirent par un messager l'arrivée de Guy de la Lande avec plusieurs chevaliers de haute vaillance et de haut lignage, ils allèrent à leur rencontre.

Le sire de Beaujeu, séduit par la grande beauté et la fière façon d'Artus, le salua courtoisement, lui prit la main et se mit à sa disposition.

— Soyez le bienvenu en la terre de Viennois, lui dit-il, et considérez mon hôtel comme vôtre.

— Je vous remercie, sire, répondit Artus.

Cela dit, et les présentations faites, les nouveaux arrivants allèrent se désarmer et se reposer sous les tentes.

Tout en se désarmant, Artus regardait de temps en temps au dehors du pavillon qu'il occupait avec Hector. Les pannonceaux et les bannières ventelaient et ondulaient dans la plaine. Des chevaliers s'exerçaient sur leurs destriers, et essayaient ensemble leurs lances, leurs hauberts et leurs écus qui reluisaient gaîment au soleil.

Ce spectacle intéressait beaucoup le courageux fils du duc Jean. Le cœur lui riait.

— Ami, dit-il à Hector, ne vaut-il pas mieux être ici que de croupir auprès de nos mères ?..,

— Par ma foi, oui, cousin ! répondit Hector.

Ils continuèrent à deviser ainsi jusqu'à l'heure du souper, qui les réunit avec leurs autres compagnons.

Le comte de Nevers s'assit le premier. Artus se plaça à côté du comte de Forest, qui avait Hector de l'autre côté, et le souper fut incontinent servi. Les hôtes étaient illustres : les mets furent choisis.

Après le souper, on joua à divers jeux pendant une heure ou deux, et, après, on alla se coucher.

Le lendemain, à l'aube, un chevalier demanda à parler au seigneur de Beaujeu, à qui il dit :

— Sire, monseigneur le maréchal de Mirepoix m'envoie vous demander à quelle heure il vous plaira de commencer le tournoi ?... Monseigneur de Mirepoix est prêt.

— Nous sommes prêts aussi, répondit le sire de Beaujeu. Puisqu'il nous laisse le choix de l'heure, nous demandons à ce que cela ait lieu à l'instant même... Mais, chevalier, vous ne m'avez pas dit combien de gens fournit à ce tournoi votre maître ?...

— Le maréchal de Mirepoix, mon maître, sire, amène avec lui neuf cents combattants...

— Neuf cents ! s'écria le comte de Forest. Nous n'en avons pas même cinq cents de notre côté !...

— Ne vous mettez pas en peine de cela, dit Artus. Dieu et moi nous vous viendrons en aide... Moi, et mes deux compagnons aussi...

Le messager du maréchal de Mirepoix se retira alors, émerveillé de la beauté et de la fierté des trois chevaliers amenés au sire de la Lande, et il alla rendre compte de sa mission à ceux qui l'avaient envoyé.

CHAPITRE XVIII

Comment Artus et ses compagnons prirent part au tournoi, et comment le fils du duc Jean mit à mal le maréchal de Mirepoix, au grand ébahissement des dames.

Une heure après les trompettes sonnèrent clairement de part et d'autre, et le tournoi commença, en présence du roi de Malogres, des comtesses et des hautes dames du Viennois.

Le sire de Beaujeu et ses tenants, au nombre de cinq cents chevaliers, s'avancèrent, la lance en avant, à la rencontre du maréchal de Mirepoix et de ses tenants, au nombre de neuf cents chevaliers. Cela fit bientôt une fière mêlée, d'où sortit grande poussière et d'où s'éleva grande clameur. Les lances se brisèrent, les heaumes se bossuèrent, les hauberts se démaillèrent, à grande foison.

C'était un spectacle plein d'intérêt pour ceux qui le regardaient. Les chevaliers qui combattaient là étaient des chevaliers d'élite, et, en outre, il y avait une différence de nombre assez grande entre les deux partis pour que cela fût plus intéressant encore à contempler.

En outre aussi, tous les regards étaient attirés vers ce chevalier inconnu et ses deux compagnons, amenés par le sire de la Lande, dont le messager du maréchal de Mirepoix avait rapporté tant de merveilles, et qui, en effet, se conduisait en cette occurrence de manière à justifier toutes les espérances du sire de Beaujeu.

Artus avait déjà renversé trois ou quatre chevaliers du bout de sa lance, sans être touché une seule fois par aucun. Puis, sa lance s'étant brisée, il avait tiré son épée de son fourreau et, poignant son cheval de ses éperons, il s'était élancé à la rencontre du maréchal de Mirepoix, qui, de son côté, mettait à mal beaucoup de chevaliers du parti du sire de Beaujeu.

Artus savait quelles étaient les prétentions du maréchal, prétentions orgueilleuses, manifestées arrogamment. Le maréchal de Mirepoix avait dit qu'il serait couronné roi de chevalerie à l'issue du tournoi, à la grand'honte du sire de Beaujeu et de ses chevaliers. Et Artus voulait donner tort à la confiance que le maréchal avait en lui. Il voyait les rangs des tenants du sire de Beaujeu s'éclaircir, grâce à l'incontestable vaillance de ce rude homme : il voulut s'opposer à ce qu'il allât plus loin et décidât le succès de la journée en sa faveur.

Lors donc, poussant son cheval du côté où le maréchal de Mirepoix faisait ses ravages, Artus s'attaqua à lui avec une impétuosité sans égale.

Tous les regards, d'abord éparpillés çà et là, sur les groupes les plus remuants, se concentrèrent alors sur Artus et sur le maréchal de Mirepoix. Celui-ci fit quelques voltes gracieuses, calmes, dédaigneuses, qui semblaient montrer au chevalier inconnu le peu de cas qu'il faisait de lui. Mais bientôt, devant la furie des attaques d'Artus, il comprit qu'il avait affaire à un rude homme et il se défendit sérieusement.

Artus, à son tour, jugea quel vaillant homme il avait pour adversaire et cela lui réjouit le cœur. Il manœuvra son épée tant et si bien qu'il finit par en asséner un coup décisif à son adversaire. Le coup fut si violent même, que ni la targe ni le jacerain ne purent garantir le maréchal de Mirepoix, qui tomba sur l'arène, blessé, vaincu.

La victoire appartenait au parti du sire de Beaujeu.

Dames et demoiselles étaient ébahies de la courageuse façon dont Artus était resté maître du champ-clos. Le roi le complimenta ; le dauphin lui offrit son amitié ; les dames lui offrirent toutes leurs plus irrésistibles sourires.

— Quel chevalier pourrait faire ce qu'il a fait?... disait la comtesse de Forest.

— Vous dites vrai ! ajoutait la comtesse de Foix. Je l'ai vu désarçonner le maréchal avec une dextérité incroyable. Quelle vaillance ! C'est décidément le meilleur chevalier du monde... Le meilleur et le plus beau !... On le dit doux comme un agneau..... cela donne envie de le conduire en laisse... Qui veut s'en charger?...

— Madame de Foix, disait la dame de Roussillon, je voudrais qu'il fût votre chevalier !

— Madame de Roussillon, disait la sœur du maréchal de Mirepoix, dont elle avait la médisance, vous faites ce vœu afin de pouvoir parler à ce beau chevalier tout à votre aise, pendant que dormirait madame de Foix... Il serait à elle et à vous!...

— Ah ! madame!... Honnie soit celle qui se souhaite et convoite ce qui est à autrui !... Je ne suis pas de celles qui enferment des chevaliers dans leur chambre de nuit sans la permission de leur seigneur... Je n'en cache aucun sous ma couverture... Si vous l'avez fait, ce n'est pas une raison pour que d'autres vous imitent... Je suis certaine que vous êtes parfois dans l'ombre quand je suis en plein soleil, et que vous avez compagnie lorsque je suis seule...

Lors vinrent Artus, Hector, Gouvernau, et le sire de la Lande.

— Artus, dit ce dernier en prenant la main de la dame de Roussillon et en la présentant au fils du duc Jean, je vous avais promis que je vous montrerais madame de Roussillon, la voici.

— Je demande l'honneur d'être votre chevalier, madame ! s'écria Artus en s'inclinant respectueusement devant cette beauté.

— J'accepte volontiers, sire, répondit la dame en rougissant, et l'honneur sera bien certainement pour moi...

Toutes les dames et demoiselles s'approchèrent avec curiosité du héros de ce tournoi, et chacune d'elles, de sa voix la plus mellifue, le pria de vouloir bien se désarmer devant elles.

Artus fit quelques façons. Elles insistèrent avec

cette félinerie d'accent que savent prendre les femmes, et Artus céda.

Quand il fut désarmé, et qu'il apparut dans son costume de dessous, gracieux quoique membré, élégant quoique fort, ce fut un cri général d'admiration. Le lion s'était changé en mouton !

— Heureuse celle dont il est le chevalier ! se dirent entre elles toutes les dames. Plût à Dieu qu'il fût le chevalier de monseigneur ; il serait le mien aussi... Ah ! je n'imiterais pas la dame de Roussillon : je ne dénoncerais pas cet amant-là à mon mari !... Ah ! le beau, le vaillant, l'intrépide, l'infatigable chevalier !...

Ainsi parlaient-elles.

On apporta une aiguière d'eau tiède et un bassin d'argent afin qu'Artus pût laver son cou et son visage couverts de sueur.

Quand il eut fini, la dame de Roussillon lui mit au cou un manteau d'écarlate vermeille, lequel venait de la comtesse de Nevers. Les autres dames essayèrent de le retenir, mais sans pouvoir y parvenir. Artus remonta sur son cheval, et ses compagnons sur les leurs, et ensemble ils rejoignirent la chevalerie des deux côtés.

— Soyez le bienvenu, sire, dit le roi en saluant Artus. Vous êtes la fleur de la chevalerie française, le meilleur et le plus vaillant homme du monde... Je vous prie de vouloir bien demeurer avec moi : nous serons une paire de loyaux compagnons, je vous le promets...

Artus s'excusa de son mieux et refusa net. Il avait à courir d'autres aventures.

CHAPITRE XIX

Comment Artus fut couronné roi de chevalerie, sur la demande même du maréchal de Mirepoix, et comment, malgré les offres bienveillantes du roi de Malogres, il prit congé et s'en alla courir les aventures.

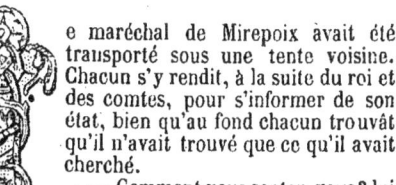

e maréchal de Mirepoix avait été transporté sous une tente voisine. Chacun s'y rendit, à la suite du roi et des comtes, pour s'informer de son état, bien qu'au fond chacun trouvât qu'il n'avait trouvé que ce qu'il avait cherché.

— Comment vous sentez-vous ? lui demanda le roi avec bonté.

— Mauvaisement, mauvaisement, répondit le blessé en geignant et en essayant de se relever sur le coude pour saluer ses visiteurs. Mauvaisement, bien mauvaisement, Sire, répéta-t-il ; j'ai un bras brisé et deux côtes rompues... Hélas ! ce matin, je croyais être le meilleur chevalier du monde... et j'ai trouvé mon maître. Ce rude homme dont personne ne sait le nom, où est-il ?... Je le voudrais voir pour le fêter de mes compliments et de mon admiration...

Le sire de Beaujeu prit la main d'Artus, qui se tenait modestement à l'écart, et l'amena vers le maréchal.

— Sire, murmura ce dernier, soyez le bienvenu céans !... Je vous remercie d'avoir abattu ma superbe... Où avais-je donc les yeux, ce matin, de vouloir jouter avec un chevalier tel que vous ?... J'en ai été cruellement puni... Pardonnez-moi donc, vaillant sire, la folie que j'ai eue d'oser me mesurer avec vous...

— Ah ! sire, répondit Artus, saisi de pitié, c'est à moi au contraire de vous crier merci, puisque vous êtes blessé par ma main... Sur mon âme et ma place de paradis, je suis bien marri de votre souffrance, et je vous adjure de me la pardonner...

— Oh ! certes, et de grand cœur, vaillant sire ! s'écria le maréchal de Mirepoix. Je m'humilie devant vous comme devant le meilleur chevalier du tournoi...

Le roi alors, prenant la parole, dit au blessé :

— Consentez-vous à ce que votre adversaire que voici soit couronné comme le meilleur chevalier du tournoi, ainsi que vous venez de l'avouer vous-même ?...

— Certes, oui, et de grand cœur, répondit le maréchal de Mirepoix.

— Ainsi fais-je ! dit le sire de Beaujeu.

— Ainsi faisons-nous ! dirent tous les barons présents. Car ce chevalier est le plus digne de cet honneur que quiconque soit au monde...

Lors vinrent les comtesses et les autres nobles dames qui toutes furent d'accord pour qu'Artus fût couronné roi de chevalerie.

La couronne fut apportée et le roi de Malogres la plaça solennellement sur la tête d'Artus, et, tout aussitôt, les seigneurs présents jurèrent foi et hommage au fils du duc Jean, en lui promettant de le secourir de leur avoir et de leurs personnes en tous lieux et contre tous ennemis quelconques.

Puis, à l'issue de ce couronnement, il y eut fête en l'honneur du roi des chevaliers dont toutes les dames se disputaient les regards et les sourires. Ah ! à ce moment, la dame de Roussillon, songeant à son histoire amoureuse avec le sire de la Lande, se disait en soupirant que si, au lieu de Guy, son amant eût été ce chevalier inconnu si plein de vaillance, d'esprit et de beauté, elle n'eût certes pas prévenu son mari, et se fût bien gardée de le renvoyer à un an pour s'abandonner à lui !...

Malgré cette fête, malgré les attentions enthousiastes dont il était l'objet, Artus de Bretagne songea à prendre congé du roi de Malogres, des comtes, des barons, et des dames qui composaient la noblesse du Viennois. Chacun essaya de le retenir de nouveau, les dames surtout, qui étaient bien dolentes de ce départ ; mais ce fut en vain.

— Cher sire et ami, lui dit le roi, je vous supplie, une fois encore, de vous en venir avec moi... Je vous promets, comme roi, d'être avec vous bon compagnon et loyal ami... Je vous aimerai et assisterai de tout mon pouvoir... Je vous donnerai terre aussi grande que vous la voudrez posséder... Nous vivrons ensemble et nous mourrons ensemble, puisque nous sommes de la même jeunesse l'un et l'autre...

Artus sourit et répondit :

— Grand merci, mon cher seigneur ! Plût à Dieu

tout puissant que je pusse rester avec vous! J'y aurais certes joie et profits de toute sorte... Mais il faut que je m'en aille en mes aventures... Je n'ai déjà que trop demeuré : il convient que je parte, sans retard aucun!...

Quand on vit que la résolution d'Artus était irrévocablement prise, on n'insista plus pour le faire rester. Seulement il y eut un chagrin général de ce départ, et quelques dames ne purent retenir leurs larmes en songeant à l'appétissante proie amoureuse qui leur échappait...

Les barons proposèrent alors au roi de s'en aller courir les aventures avec ce vaillant chevalier et de l'accompagner partout où il lui plairait d'aller. Artus s'opposa à ce projet, tout en remerciant vivement les barons de l'avoir proposé.

— Puisque vous ne voulez pas de moi, dit le roi à Artus, vous voudrez peut-être bien de mon écuyer Beaudoin... C'est un homme loyal et dévoué, qui mourrait pour éviter une égratignure à son maître... Il est, en outre, très précieux, car il connaît la vertu de toutes les herbes et leur emploi dans toutes les maladies...

— Sire, répondit Artus, j'accepte volontiers votre écuyer, et ce don vaut mieux pour moi que deux mille livres. Vous ne pouviez me faire un présent qui me fût plus agréable... Je vous remercie donc, Sire, et prie Dieu qu'il vous rende en félicités ce que vous me donnez en bienveillance!...

— Dieu vous garde! dit le roi en accolant amicalement Artus.

— Dieu vous garde, Sire! dit Artus en s'inclinant et en prenant définitivement congé de toutes les personnes présentes.

CHAPITRE XX

Comment, après avoir chevauché pendant quelques semaines, Artus et ses compagnons rencontrèrent un varlet qui leur parla du château de la Porte-Noire et des périls qu'il y avait là.

Tout aussitôt Artus, Hector, Gouvernau, Beaudoin et Jacquet s'éloignèrent au trot de leurs chevaux. Beaudoin et Jacquet cheminaient devant; Artus, Hector et Gouvernau cheminaient derrière, devisant de choses et d'autres, de la valeur du sire de Beaujeu, des blessures du maréchal de Mirepoix, des sourires des dames, des grands honneurs qu'on leur avait faits, des grands déduits qu'ils auraient eus en restant plus longtemps.

Ils chevauchèrent de cette manière durant trois semaines, sans trouver aventure dont il faille parler.

Un jour, ils arrivèrent en un lieu assez sauvage, où ils rencontrèrent un varlet qui s'arrêta pour leur demander où ils allaient ainsi.

— Je vais droit devant moi, selon mon habitude, répondit Artus. Mais pourquoi nous faites-vous cette question, l'ami?...

— Parce qu'il y a des routes qu'il faut prendre et des routes qu'il ne faut pas prendre, sire chevalier, dit le varlet. Ainsi, en prenant à gauche, vous suivez le bon chemin, tandis qu'en prenant à droite vous suivez un sentier mortel...

— Pourquoi mortel?

— Nul n'y va qu'il n'y meure.

— Pourquoi n'en revient-on pas?

— Je ne sais, sire chevalier. On prétend seulement qu'il y a, au bout de ce chemin, un château périlleux d'où nul ne peut sortir vivant une fois qu'il a eu l'imprudence d'y entrer. Aussi l'appelle-t-on le château de la Porte-Noire... Nombre de chevaliers y ont péri déjà... Mais on présume qu'il en viendra un qui entrera et sortira vivant de ce château, après plusieurs épreuves et aventures merveilleuses.

— Mon ami, demanda Artus, peut-on aller à ce château par ailleurs que par ici?...

— Oui, sire, répondit le varlet, par ce grand chemin que vous voyez à gauche et qui conduit en Inde. Lorsque vous vous serez engagé dedans, vous apercevrez la Blanche-Tour... Vous tournerez un peu et vous vous trouverez en la cité Dargence... C'est là!... Seulement, je vous en préviens une dernière fois, sire chevalier, nul n'y va sans y rencontrer la mort... N'y allez donc pas si vous voulez vivre!...

— Je vous remercie, l'ami, dit Artus :

Se tournant alors vers Hector et Gouvernau, il ajouta :

— Il faut nous séparer ici, mes amis. Hector et vous, Gouvernau, vous allez prendre ce dernier chemin qui conduit en Inde, et vous essaierez de vous approcher par là de la Porte-Noire... Quant à moi, je vais prendre le sentier de droite que voici, et j'irai avec Beaudoin tenter l'entrée de ce château mystérieux. Jacquet vous accompagnera.... Séparons-nous céans...

— A Dieu ne plaise que je vous abandonne ainsi! s'écria Gouvernau. Si vous devez succomber dans cette entreprise, je succomberai avec vous... J'ai partagé la gloire de votre triomphe, je veux partager le péril de cette aventure. Nous mourrons ensemble, puisque nous avons vécu ensemble.

— Ah! sire, sire, exclama le varlet, n'allez pas là; pour Dieu, n'allez pas là!... Ce serait une grande folie!... Il y a un griffon terrible et un aigle d'or qui gardent la Porte-Noire, et qui, certainement vous dévoreront!... N'allez pas là, sire, n'allez pas là!...

Quand Artus entendit parler de griffon et d'aigle d'or, il se rappela une vision qu'il avait eue quelque temps auparavant et dont il n'avait rien dit à personne, la trouvant trop étrange. Cette coïncidence le frappa, et, plus que jamais, il voulut tenter l'aventure de la Porte-Noire.

— J'irai, j'y veux aller, répondit-il, et rien ne m'arrêtera dans l'exécution de ma volonté!...

— Monseigneur, dit Gouvernau avec tristesse, je vous ai élevé, j'ai dressé votre enfance, j'ai fait épanouir votre adolescence, je vous ai servi loyalement jusqu'ici, et voilà que vous me délaissez, moi qui ai quitté mon pays et mes amis pour vous suivre!... C'est dureté et injustice que vous me faites là, monseigneur!... Comment retournerai-je vers votre père, si vous mourez en cette besogne épineuse? .

Quel visage lui porterai-je?... Ah! pour tout l'or du monde, je n'y retournerai jamais!... Jamais, je vous le dis!...

— N'en parlons plus, répliqua Artus d'un ton ferme, car je veux qu'il en soit fait ainsi que je viens de dire.

Gourvernau se tut, résigné, et Artus s'en alla, suivi de Beaudoin.

CHAPITRE XXI

Comment Artus alla, avec son écuyer Beaudoin, vers le château périlleux, et comment il se débarrassa des obstacles qui lui interdisaient l'entrée.

Pendant trois jours, Artus chevaucha dans le sentier que le varlet lui avait recommandé de ne pas prendre, parce qu'il conduisait à la Porte-Noire, et pendant trois jours il ne rencontra pas âme vivante.

Heureusement qu'il avait emporté avec lui des provisions à son usage et à l'usage des chevaux, car, sans cela, il eût été fort en peine. Nulle créature humaine, nulle maison! Une lande déserte, des montagnes arides!

Le quatrième jour, il aperçut devant lui une rivière hideuse, tant à cause de la vermine puante qui grouillait dans ses eaux, que du fracas qu'elle faisait en se brisant contre les rochers qui la bordaient. A force de chercher, il découvrit, à sa gauche, une voie, puis un pont qui conduisait précisément à la Porte-Noire. Il s'avança courageusement, suivant sa coutume, et se trouva en présence de douze chevaliers armés jusqu'aux dents, qui défendaient ce pont, six à un bout et six à l'autre. Puis, derrière eux, à l'entrée du château, venaient douze hommes d'armes portant haches et massues, arcs et arbalètes.

— Ami, dit Artus à Beaudoin, il est à cette heure métier de bien faire... Attendez-moi à quelques pas d'ici.

Les six premiers, en apercevant Artus et ses intentions d'avancer, lui coururent sus avec impétuosité, s'imaginant sans doute en avoir facilement raison. Ils se trompaient. Artus reçut leur choc avec sangfroid, et, du bout de sa lance, il en désarçonna deux, qui s'en allèrent choir dans la rivière. Puis, après ces deux-là, deux autres. Sa lance ne besognait pas assez vite: il se servit de son épée, qu'il maniait si redoutablement, et alors, les épaules furent fendues, les crânes entamés, les bras détachés, les lames brisées, les hauberts démaillés. Ceux qui, une fois à terre, pantelants, haletants, essayaient de se relever sur leurs tronçons pour arrêter le cheval d'Artus et le faire choir comme eux, étaient repris en sous-œuvre par l'écuyer Beaudouin, qui les jetait dans la rivière pour servir de pâture à la vermine hideuse qui y grouillait.

Après les douze hommes d'armes chargés de défendre le pont, ce fut le tour des douze hommes d'armes chargés de défendre l'entrée du château de la Porte-Noire. Ils eurent le même sort, pour la même raison : Artus voulait entrer, et ils ne voulaient pas le laisser entrer!

La lutte échauffait le vaillant fils du duc Jean. Plus il besognait, plus il voulait besogner. Plus il rencontrait d'obstacles, et plus il prenait goût à les renverser. Son audace et sa valeur croissaient avec le danger. C'est ainsi qu'il put entrer dans la première cour du château.

Mais tout n'était pas fait : il restait encore beaucoup à faire. Tous les hommes d'armes n'étaient pas morts. Il en restait encore quelques-uns, qui, à vrai dire, n'osaient plus bouger, émerveillés du fier courage d'Artus.

L'un d'eux, un sergent, aussi grand et aussi fort qu'un géant, furieux de voir ses gens ainsi débandés et mis à mal, s'avança alors vers Artus, le prit à deux mains par les flancs, l'enleva comme une paille de dessus son cheval et voulut le jeter par terre. Mais il s'y prit si mal, en s'y prenant violemment, qu'il tomba avec lui. Ce que voyant, un archer jugea le moment opportun pour se débarrasser du redoutable chevalier. En conséquence de ce, il prit une hache, et en asséna un coup formidable sur les deux ennemis renversés, croyant tuer Artus et épargner le géant.

Ce fut le contraire qui arriva. Artus se trouvait dessous, le géant se trouvait dessus : ce fut le géant qui reçut le coup de hache, lequel lui décolla proprement la tête.

— L'ami, dit alors Artus à l'homme d'armes qui venait de faire cette heureuse besogne, tu m'as délivré de trop grande peine en me délivrant d'entre les mains de ce grand diable de géant, pour que je n'essaye pas de t'en récompenser!...

Et, en disant cela, le fils du duc Jean lui enleva la hache avec laquelle il venait de décoller la tête de son sergent, et s'en servit incontinent contre lui avec un tel bonheur, qu'il lui en déchira l'épaule jusqu'à l'échine.

L'homme d'armes tomba mort sans avoir eu le temps de s'y reconnaître.

La hache était une bonne arme : Artus continua à s'en servir, toujours avec le même bonheur, sur les gens qui formaient encore obstacle à son entrée dans l'intérieur du château de la Porte-Noire. Si bien qu'au bout d'une heure il n'en restait plus un seul, ni vivant ni mort, Beaudoin ayant eu le soin de les jeter à l'eau à mesure qu'ils étaient abattus par son maître.

Avant d'aller plus loin, Artus dit à son écuyer, qui s'apprêtait à le suivre :

— Ami, demeurez ici, et gardez bien notre harnois et mon destrier jusqu'à mon retour... Vous ne viendrez à moi que si je vous appelle...

Beaudoin s'inclina respectueusement, sans sonner mot, quoiqu'au fond il fût navré des périls auxquels son maître allait s'exposer avec tant de gaîté de cœur.

Artus s'avança à pied vers le château.

—

CHAPITRE XXII

Comment Artus entra dans le palais de la fée Proserpine, et des choses merveilleuses dont il y fut témoin.

Il y avait des degrés : Artus les monta, et, au bout de quelques instants, il se trouva devant un immense palais d'un aspect merveilleux et d'une richesse incomparable. Les fenêtres étaient hautes et garnies de verrières claires et de couleurs gaies.

Il entra dans une salle, au hasard; une salle où tout était prodigué, l'or, les peintures, les parfums, les tentures. Toutes les histoires humaines y étaient figurées ingénieusement; toutes, depuis la première heure de la création jusqu'au moment présent. Des escarboucles, et plusieurs autres pierres précieuses, jetaient là, jour et nuit, la plus vive clarté qui eût jamais éclairé. Le plafond était teinté d'azur, et l'on y voyait reluire en argent la lune, et, en or, le soleil et les étoiles. On y respirait un air chargé de douces et odorantes vapeurs. C'était, en un mot, la plus riche et la plus belle salle du monde : la chambre à coucher de Proserpine la fée !...

Autour de cette chambre étaient quatre lits fort riches, formés de bois odoriférants et encourtinés d'étoffes fort belles.

Au milieu se trouvait un autre lit, plus riche et plus beau cent fois que les précédents. Le jaspe, les pierreries, l'or, l'argent, la soie, le velours, y étaient à foison. Les draps étaient de soie et les couvertures d'hermine. Le tout encourtiné de santal vert, gironné d'or et d'argent. Tout autour de cette couche régnait une série de marchepieds en broguerain orné de broderies et de festons; aux quatre coins, il y avait quatre vases élégants dans lesquels brûlaient des parfums exquis; au chevet, enfin, était une image peinte, haute d'environ huit pieds, en or fin, sur laquelle était représentée la fée Proserpine, un arc d'ivoire d'une main et une sagette d'argent de l'autre.

Artus examina avec attention cette image, et il lut les lettres suivantes qui y étaient écrites visiblement :

« Celui qui se couchera dans ce lit mourra,
s'il n'est pas le chevalier à qui ce lit est destiné. »

Artus se délecta à regarder cette image et surtout le lit au chevet duquel elle était placée. Il lui semblait que ce ne pouvait être là que celui d'une fée ou d'une princesse, et il se prit à désirer d'y être couché, non pour y mourir, non pour y dormir, mais pour y rêver d'amoureuses aventures.

La velléité qu'il en eut fut même si forte, que, sans trop se préoccuper de l'inscription et des menaces qu'elle renfermait, il s'approcha du lit.

Au même moment le palais trembla jusque dans ses fondements. Des voix mystérieuses retentirent aux quatre coins de la salle et le vent fit crier les portes et les fenêtres d'une formidable façon. On eût dit que s'avançait vers Artus une armée de dix mille hommes, avec des cliquetis d'armes et des clameurs de colère. C'était le bruit sinistre, indéfinissable, mystérieux, de la mer qui monte sur les grèves.

Artus ne se sentit pas un seul instant atteint par la peur; mais, malgré lui, à son insu, ses jambes gambillèrent, il défaillit et chercha à s'appuyer sur le lit de la fée Proserpine.

Lors une voix cria : « Voilà la fin! »

Et un lion parut, qui vint droit sur Artus, en battant ses flancs nerveux de sa puissante queue, et en passant sur ses lèvres noires sa large langue rouge de sang et en appétit de viande fraîche. Artus se mit en défense, l'écu en avant. Mais, au moment où il s'y attendait le moins, le lion se redressa sur ses pattes de derrière, et, de celles de devant, tomba lourdement sur les épaules du prince breton, qui, fort heureusement, eut le temps de lui bouter son épée à travers le corps.

Artus, fatigué et blessé à l'épaule, se rapprochait de nouveau du lit pour s'y reposer, lorsqu'un bruit de cor se fit entendre, et un second lion parut.

Cette fois, le vaillant chevalier mit un peu plus de temps et eut un peu plus de mal. Il eut beau se préserver de son écu et manier vigoureusement son épée, il ne parvint pas tout d'abord à tuer ce second lion. Tout au contraire, cet animal bondit sur lui, brisa son haubert, son écu, son heaume, de quelques revers de sa griffe puissante, et, finalement, mit à nu la chair jusqu'à l'os. Pour un peu, il lui eût arraché l'âme du corps.

Mais ce vaillant chevalier ne pouvait être ainsi vaincu par une bête fauve, lui qui s'était tiré de périls plus grands encore que celui-là. Au moment où l'animal ouvrait sa gueule énorme, dans l'intention bien évidente d'assouvir enfin sa férocité, Artus lui bouta son épée dedans, et le lion se rejeta en arrière en poussant un rugissement formidable.

— Voici la fin ! cria la voix.

Artus était de plus en plus fatigué, et son sang commençait à jaillir çà et là, par petits jets roides, des plaies que lui avaient faites les griffes d'acier des deux lions abattus par lui. Pour la troisième fois, il voulut se rapprocher du lit de Proserpine.

Il enjambait, heureux d'avance de toucher enfin au port, c'est-à-dire au repos, lorsque le bruit du cor se fit entendre de nouveau, et un géant prodigieux parut, l'œil en feu, la bouche écumante, le geste féroce. Il avait à venger sur Artus la mort de ses deux lions.

Ce géant, avec son air farouche et sa hache terrible, qu'il brandissait comme une plume, semblait ne devoir faire qu'une bouchée du vaillant Artus. Mais Artus ne voulait pas se laisser avaler ainsi, sans protester énergiquement. Il protesta donc, mais cela lui coûta cher.

Le géant lui avait déjà entamé le corps à plusieurs endroits, du tranchant de sa formidable hache. Furieux de voir que le chevalier, malgré les blessures qu'il lui faisait, restait toujours fièrement campé, l'épée à la main, il résolut alors de lui porter [un coup décisif. En conséquence, il fit tournoyer deux ou trois fois sa hache, comme pour lui donner plus d'élan, plus de vol, et la lança...

Artus, qui ne perdait pas de vue un seul des mouvements de son ennemi, esquiva ce coup mortel en abaissant la tête.

La hache alla se ficher dans le bois de cèdre qui formait le plancher, en sifflant et en brandillant d'une façon significative.

Lors le géant courut et se baissa vivement pour la ramasser. Mais plus vitement encore Artus, profitant de cet avantage, lui bailla un rude coup d'épée entre la nuque et l'épaule, lequel envoya la tête du géant rouler à quelques pas de là, dans la salle.

Quant au colosse ainsi privé de son chef, il chancela, essayant de se retenir dans le vide; mais, ne trouvant sous ses mains tremblantes, aucun point d'appui solide, il tomba tout de son long par terre, avec le bruit que fait un vieux chêne abattu par la cognée vigoureuse d'un jeune bûcheron.

— Voici la fin! cria pour la troisième fois la voix mystérieuse.

Il était temps que la lutte cessât. Artus n'en pouvait décidément plus. Le sang lui partait avec abondance des blessures terribles qu'il avait reçues. Plus que jamais, le lit savoureux de la fée Proserpine l'appelait : il s'y traîna pour s'y reposer, dût-il y mourir.

Au moment où sa main tremblante y touchait, l'image qui était au chevet du lit se remua : la sagette d'argent partit de l'arc d'or et alla se loger sur le milieu d'une fenêtre avec un bruit horrible.

Tout aussitôt une fumée épaisse envahit la salle ; des crevasses béantes se firent çà et là dans le plancher et sur les murs ; il y eut des craquements sinistres, des éclairs, du tonnerre, un vacarme tel, qu'on eût dit que tous les diables d'enfer étaient déchaînés et qu'ils avaient choisi ce château pour y mener leur danse satanique. Puis le palais se mit à tourner avec rapidité, comme une roue mise en mouvement par une main invisible.

Beaudoin, qui, du dehors, assistait à ce spectacle, en fut navré. Il comprit qu'Artus s'était aventuré dans une besogne au-dessus des forces humaines, et que le varlet qu'ils avaient rencontré quatre jours auparavant avait dit vrai en parlant des périls de mort qu'on rencontrait dans le château de la Porte-Noire.

— Ah! monseigneur Artus! murmura-t-il, le cœur sautant de chagrin. Ah ! monseigneur Artus, le plus beau, le plus vaillant des chevaliers, vous voilà mort !... Vous n'avez pas voulu me laisser vous accompagner dans ce château maudit, et me voilà seul, vivant, moi pauvre écuyer inutile, tandis que vous êtes mort, le preux sans peur et sans reproche !... Ah ! monseigneur Artus ! monseigneur Artus ! vous avez été bien cruel d'aventurer ainsi follement votre glorieuse vie !...

CHAPITRE XXIII

Comment Artus se coucha, le tumulte apaisé, dans le lit qui le tentait si fort, et y dormit jusqu'à minuit, et comment, à cette heure-là, lui apparut la fée Proserpine.

ientôt le palais enchanté cessa de tourner, les éclairs cessèrent de briller, le tonnerre cessa de gronder : tout reprit son calme dans la salle où se trouvait Artus.

Malgré le tumulte effroyable dont il avait été le témoin et le provocateur, le fils du duc Jean ne s'était pas un seul instant éloigné du lit merveilleux qui le tentait si fort et dont l'accès était si bien défendu par des puissances inconnues. Une fois le silence rétabli, il fit un suprême effort et se traîna, à demi-mort par suite de ses nombreuses blessures, vers cette couche si appétissante, sur laquelle il s'étendit tout de son long, avec la volupté d'un homme fatigué.

Cette fois, aucune manifestation n'eut lieu. Aucun géant, aucune bête féroce ne parut. Seule, la voix mystérieuse cria encore :

— Voici la fin ! voici la fin ! voici la fin !

C'était bien la fin, en effet. D'ailleurs, rien n'eût pu réveiller Artus du sommeil qui venait de s'emparer violemment de lui. Un sommeil réparateur et souverain, pendant lequel se fermaient une à une toutes ses plaies, et se réparaient une à une toutes les avaries amenées par les luttes successives et acharnées qu'il avait si courageusement soutenues. Ce lit merveilleux guérissait le mal qu'il avait fait, et ce n'était que justice.

Une musique douce comme un murmure d'oiseaux amoureux, résonnait dans la salle et voltigeait autour d'Artus endormi, comme pour mieux le bercer. Des parfums exquis venait ajouter encore au charme que le chevalier devait éprouver à se sentir ainsi étendu sur un lit si délicat après tant de violents assauts. Aussi tout un cortège de rêves heureux menait une ronde voluptueuse devant ses yeux ouverts en dedans, et sa poitrine se soulevait de temps en temps sous une impression de plaisir que trahissait encore le sourire de sa bouche mi-close.

Artus dormit ainsi jusqu'à minuit.

A minuit, il se réveilla. Les cierges brûlaient plus vifs, les parfums odoraient plus exquis, la musique sonnait plus harmonieuse. Artus ouvrit grands ses yeux et il aperçut devant lui la plus belle figure de femme qui fût jamais, laquelle ressemblait beaucoup à l'image qui était au chevet du lit sur lequel il était en ce moment couché.

C'était en effet Proserpine la fée.

— Artus, lui dit-elle, tu as rompu le charme et vaincu le mystère. Les plus hautes destinées et les plus hauts bonheurs t'attendent... Mais tu auras à traverser encore mainte aventure périlleuse, et, pour en sortir avec gloire, il faut des armes infaillibles. Prends cet écu, blanc comme neige, qui aveuglera tous ceux qui le regarderont... Prends aussi cette épée-fée qui s'appelle Clérence, et à laquelle aucune armure ne saurait résister. Adieu, gentil chevalier, vaillant homme si digne d'être aimé !...

Cela dit, Proserpine s'en alla sans qu'Artus eût eu le temps de lui répondre pour la remercier, sans qu'il eût pu voir par quel endroit de la salle elle était sortie.

Lors, il se rendormit tout aussitôt, en rêvant à cette gracieuse apparition, et jusqu'au matin, cela fut ainsi sans désemparer. Quoique absente, la fée Proserpine était toujours devant les yeux du vaillant fils du duc Jean.

CHAPITRE XXIV

Comment, au point du jour, Artus fut mené dans un verger où il rencontra la belle Florence, et comment ils se promirent de s'aimer toujours l'un l'autre.

Artus fut réveillé, quand vint le jour, par un noble étranger qui était le serviteur visible de la reine-fée invisible.

— Sire chevalier, dit cet étranger d'un ton de bonté et de grâce auquel Artus se laissa facilement prendre, vous plaît-il de venir entendre la messe avec moi ?...

— Volontiers, répondit Artus en se levant et en suivant l'inconnu.

Ils se rendirent tous deux à une chapelle dépendante du château, où la messe fut dite par des prêtres invisibles, ce qui étonna beaucoup Artus, qui commença à croire qu'il avait rêvé.

— Maître, demanda-t-il à l'inconnu qui le conduisait en un verger plein d'arbres rares et d'allées ombreuses ; maître, j'ai peur d'avoir rêvé... Tirez-moi de souci, je vous prie... J'ai vu cette nuit, à l'heure de minuit, une noble et belle dame, portant couronne en tête et sceptre en main, qui m'a parlé d'un écu blanc et d'une épée-fée... L'ai-je rêvé ?...

— Sire, répondit l'inconnu en souriant, vous êtes bien le chevalier prédit et annoncé ! Vous avez réussi là où tant de chevaliers ont échoué... C'est affaire à vous ! De brillantes destinées vous attendent...

— Qui me remettra l'épée ? Qui me remettra l'écu ?... demanda Artus.

— Madame Florence, une reine amie de madame Proserpine, à laquelle elle ne le cède pas en beauté...

— Où la rencontrerai-je ?...

— Dans ce pavillon que vous voyez là-bas, au bout du verger. Allez-y.

Artus prit incontinent congé du maître et se dirigea en toute hâte vers ce pavillon mystérieux dont l'aspect le fit tressaillir, à cause du griffon et de l'aigle d'or qui le surmontaient.

Il s'avança, monta quelques degrés de marbre rose qui semblait frissonner sous son pied, comme aurait fait une chair humaine, et, soulevant une courtine de soie, filigranée d'or, qui fermait ce pavillon, il entra résolûment et se trouva en présence d'une gente pucelle ayant couronne et sceptre, tout comme la fée Proserpine.

C'était la reine Florence, fille du roi Emendus et filleule de Proserpine.

— Je vous attendais, beau chevalier, dit-elle à Artus de son plus irrésistible sourire.

Artus se sentit alors le cœur tout remué, et il y avait bien de quoi.

Front blanc et uni ; cheveux couleur d'or fin retroussés capricieusement sur le sommet et sur les côtés de la tête ; sourcils menus et tirant sur le brun ; joues roses et pleines ; nez longuet à narines transparentes ; bouche vermeille et souriante ; taille souple comme un osier ; tétins blancs comme des colombes au bec rose ; bras potelés ; mains mignardes ; pieds imperceptibles ; telle était Florence.

Elle était vêtue d'une chlamydule verte, si étroitement serrée à la hauteur de la gorge, que celle-ci en saillissait agréablement de quelques doigts en avant. Elle avait une chape fourrée, de sandal violet, semée de fleurettes d'or et d'azur, et ses petits pieds, nus et roses comme les degrés du pavillon, étaient emprisonnés dans des cothurnes de soie blanche, du meilleur effet.

— Je vous ai vue déjà, n'est-ce pas, noble dame ?... murmura Artus enthousiasmé et étonné de la ressemblance de cette gente pucelle avec d'autres visages connus.

— Oui, beau chevalier, répondit Florence, toujours en souriant. Vous m'avez vue deux fois...

— La première fois ?...

— Il y a longtemps.

— La seconde fois ?...

— Cette nuit même...

— Vous êtes donc la fée Proserpine, dans le lit de laquelle je me suis couché cette nuit ?...

— Je suis sa filleule... Ma mère, la femme du roi Emendus, est venue me mettre au monde dans le palais même de la fée Proserpine, qui protégeait depuis longtemps ma famille... Madame Proserpine a voulu me douer et me servir de marraine... C'est pour cela que je lui ressemble tant... J'étais condamnée à rester ici jusqu'au jour où me viendrait délivrer le plus vaillant chevalier du monde... Beaucoup de chevaliers ont tenté l'aventure : tous ont péri, sans pouvoir même dépasser le pont qui conduit au château de la Porte-Noire... C'était à vous, beau sire, qu'était réservé ce périlleux honneur... Cher sire, prenez donc cet écu qui doit vous préserver et cette épée qui doit vous rendre sans cesse vainqueur... Vous les avez bien gagnés l'un et l'autre...

Artus regarda dans la direction indiquée par la main de Florence, et il aperçut, en effet, un merveilleux écu d'une blancheur éclatante et une non moins merveilleuse épée qui reluisait si claire, si claire, que l'œil en était ébloui, à cause de quoi on la nommait Clérence. Il s'en saisit joyeusement et remercia la filleule de Proserpine d'avoir été la première à lui causer cette joie.

— Maintenant, cher sire, reprit Florence, ne voulez-vous pas me dire de quel pays vous êtes ?...

— Bien volontiers, noble pucelle!... Apprenez donc que je suis du royaume de France, et l'unique fils du duc de Bretagne. Artus est mon nom.

— C'est bien, cher sire... Ne pourriez-vous aussi me dire, par la foi que vous me devez, quelle est la personne du monde que vous aimez le mieux!... Est-elle en votre pays, ou ailleurs, celle dont vous voudriez avoir l'amour et l'accointance?... Dites-moi la vérité sur ce point, je vous en prie, vaillant sire!..

— Madame, répondit Artus, pardonnez-moi si, au contraire, je vous la cèle à ce sujet... Car si je vous nommais la personne que j'aime le plus au monde, celle de qui je serais le plus joyeux d'avoir l'amour, vous me tiendriez pour fol et musard... Elle ne daignerait descendre où je suis... Je me tairai donc, s'il vous plaît... Mieux vaut souffrir en silence que de dire folie malséante...

— Il faut tout dire et tout oser, cher sire, reprit la reine. Ce qui vient au cœur doit venir aux lèvres. Aimez-vous dame ou demoiselle, répondez-moi?...

— Oui, madame, et bien chèrement! plus que cœur d'homme ne peut aimer!...

— Sait-elle que vous l'aimez?

— Nenni...

— Pourquoi ne lui en avez-vous jamais parlé?...

— Non, vraiment; jamais!...

— Vous ne l'aimez pas, alors! Quand on aime dame ou demoiselle, il faut qu'elle le sache, et, pour qu'elle le sache, il faut le lui dire... Vous ne l'aimez point, vous dis-je! car la bouche a grand'peine à céler les angoisses du cœur. Le désir du cœur boute la parole hors de la bouche, comme fait le vent de la fumée... Et si elle, de son côté, vous aimait, sans vous le dire, comment feriez-vous l'un et l'autre pour accointer voluptueusement vos lèvres et vos cœurs? Autant vaudraient deux souches en un foyer, se consumant en silence, que deux amoureux qui meurent sans oser se parler de l'amour qui les ferait vivre!... Artus, avez-vous amour en moi, répondez?...

— Par ma foi, dame, oui, plus qu'en tout le monde!...

— Et voudriez-vous bien que je vous aimasse?...

— Ah! ma douce dame, jamais je n'aurai eu une si grande joie!...

— Nous disons là l'un et l'autre la même folie, mon doux ami!... Voyez comme je suis inconséquente!... Je suis heureuse d'être aimée de vous, comme vous êtes heureux d'être aimé de moi... et cependant, cela me déconforte au lieu de me réconforter... parce que je songe aux périls que cet amour mutuel va vous créer... Il faudra que vous me protégiez contre ce danger et contre cet autre... L'empereur de l'Inde me veut pour femme, et il m'a déjà demandée à mon père, le roi Emendus, sans m'avoir vue autrement qu'en image. Tous deux vous courront sus, et vous mettront en danger de mort, malgré votre épée-fée!...

— Ma douce dame, si je suis vraiment aimé de vous, il n'est ni empereur, ni roi que je ne vainque...

— Auriez-vous donc tant de cœur et de hardiesse d'oser vous mesurer avec l'empereur, le roi et leurs gens?

— Pour l'amour de vous, Florence, je ferai tout! J'irai jusqu'à la mort pour mériter le bonheur de vous posséder...

— Tenez, cher sire, laissez là cette folie... Nous ne devons pas nous aimer... Mais à cause de ce que vous avez fait, à cause aussi de ce que vous voulez faire, je vous veux récompenser. En conséquence, je vous donne ce château de la Porte-Noire, au nom de ma marraine, et au mien propre, avec jouissance des vingt mille livres de rente qui en dépendent...

— Dame, je n'ai nulle cure de vos richesses et n'ai d'autre souci que de votre amour. Avec votre amour, je serai plus riche que tous les rois du monde, plus heureux que tous les empereurs de la terre...

— En est-il vraiment ainsi, Artus!...

— Oui, madame, sans mentir.

— Par la foi que je vous dois, ami cher, soyez donc riche à votre souhait... car je vous donne mon amour de grand cœur, comme vous me donnez le vôtre... Aimons-nous d'abord... Advienne après qui pourra!...

— Je vous remercie de cette bonne parole, ma douce dame : ayez fiance en moi comme j'ai fiance en vous. Je vous serai loyal et fidèle jusques au mourir!...

— Mon doux ami, j'en suis assurée et bien assurée : aussi pouvez-vous compter sur la pareille de ma part... Maintenant, avant de vous quitter, laissez-moi vous faire quelques recommandations relativement au tournoi qui aura lieu demain. Le roi d'Hircanie y sera... C'est mon cousin germain... Je désire qu'il soit désormais votre compagnon, et que vous l'aimiez comme votre frère... D'ici là, je l'aurai prévenu en votre honneur et profit. Mon sénéchal et mes chevaliers vous accompagneront...

Au moment où Florence disait ces paroles, la fée Proserpine survint sans qu'on l'eût entendue venir. Elle ressemblait si bien à sa filleule, qu'Artus croyait que c'était celle-ci qui avait changé de place. Mais Proserpine parla, et il fut bien forcé de convenir avec lui-même que c'était une autre personne, le moule de la première, pour ainsi dire.

— Ami Artus, dit la fée en souriant, vous avez maintenant ce que vous voulez, n'est-ce pas? Vous êtes en paix et en joie? Ma belle filleule vous aime : aimez-la loyalement et de bon cœur. Allez où le devoir vous appelle, ami Artus... Florence sera là, et sa présence vous réconfortera, si vous avez besoin d'être réconforté...

Lors, ayant dit cela, Proserpine disparut comme elle était venue, laissant seulement, comme témoignage de son passage, une traînée de parfums exquis.

Une fois seuls, Florence et Artus s'accolèrent tendrement, et ne se séparèrent qu'à l'arrivée de maître Etienne, l'inconnu qui avait introduit Artus dans le verger et qui lui avait indiqué le pavillon de la reine Florence.

— Maître, lui dit cette dernière, voici Artus de Bretagne, le loyal et vaillant chevalier. Je vous le baille à garder. Vous le conduirez au roi d'Hircanie, mon cousin germain, et le lui recommanderez de ma part. Je le lui envoie pour qu'il lui fasse honneur.

— Il sera fait ainsi, madame, répondit maître Etienne en s'inclinant.

— Ami, reprit Florence en s'adressant de nouveau à Artus, n'oubliez pas, demain, que vous êtes à une noble et riche dame... Donnez, donnez largement aux chevaliers, soit destriers, soit armures; donnez! Faites-vous aimer de tous! Il n'est rien si doux que de donner; c'est ainsi qu'on se fait pardonner ses méfaits... C'est ainsi qu'on se pourvoit d'amis dévoués!... Adieu et à demain, Artus!...

CHAPITRE XXV

Comment Artus eut l'honneur du tournoi que faisait faire l'empereur de l'Inde et le roi Emendus pour l'amour de la belle Florence, que l'empereur voulait avoir à femme.

tienne conduisit Artus hors du château de la Porte-Noire, et dès les premiers pas qu'ils firent dans la forêt avoisinante, ils rencontrèrent Beaudoin, Jacquet, Hector et Gouvernau qui attendaient avec angoisse, les deux premiers leur maître, les deux derniers leur compagnon.

Lors, ils se mirent en route à travers la forêt, au bout de laquelle ils aperçurent des tentes et des pavillons. La tente du roi Emendus était la première. Puis venait celle du roi de Valfondée, d'où sortit fort à propos le roi d'Hircanie.

— Sire, dit maître Etienne en allant vers ce prince et en le tirant à part, madame Florence se fie fort en vous, et elle vous envoie Artus, son chevalier, que voici, afin que vous l'aidiez de tout votre pouvoir au tournoi de demain.

—Volontiers, répondit le roi d'Hircanie en allant, avec la plus grande courtoisie, prendre les mains d'Artus. Sire chevalier, ajouta-t-il, par la foi que je dois à Dieu, je vous promets bonne compagnie et loyale amitié!

Artus et le roi d'Hircanie se mirent à deviser de choses et d'autres, tant et si bien que la nuit vint et qu'il fallut songer à aller se coucher.

Lors, chacun rentra dans sa tente, et maître Etienne délivra à Gouvernau quarante destriers, à seule fin de les remettre, de la part d'Artus, aux chevaliers qui n'en avaient point.

La nuit se passa ainsi. Quand l'aube vint, chacun se leva pour aller ouïr la messe. La messe dite, on mangea la soupe au vin, pour se donner du réconfort au ventre, et l'on songea à s'armer pour le tournoi.

La distribution de destriers faite au nom d'Artus par Hector, Beaudoin et Gouvernau, avait produit le meilleur effet. Les chevaliers qui avaient été l'objet de cette libéralité l'avaient clamée partout, et déjà le bruit se faisait autour du nom d'Artus, le vaillant preux.

Ce dernier vint se placer, tout armé, là où le tournoi devait avoir lieu. Quand il aperçut le roi d'Hircanie, qui arrivait à la tête de cinq cents de ses gens, à bannière déployée, il alla vers lui pour le saluer.

Lors, ce prince, lui rendant courtoisement son salut, lui dit d'une voix claire qui alla jusqu'à la reine Florence, laquelle assistait, avec son père, au tournoi :

— Sire, votre prouesse est connue de tous, je suis heureux de le dire... Le tournoi n'aura pas chevalier de votre vaillance et de votre vertu... Aussi je me mets, ainsi que vos gens, sous votre garde et protection...

D'autre part, les chevaliers à qui Gouvernau et Beaudoin avaient remis en son nom des armes et des destriers, vinrent le remercier et lui dire :

— Sire, nous sommes en votre route cette journée-ci et les autres, si vous voulez... Disposez de nous!...

Puis vinrent, à bannière déployée, cinq cents chevaliers de la maison de la reine Florence, à la tête desquels se trouvaient messire Ancel et messire Milles de Valfondée. Tous s'en vinrent, comme les précédents, s'incliner devant Artus et le prendre à seigneur en ce tournoi.

Quand le fils du duc Jean se vit l'objet de tant de déférence et de tant d'honneur, quand il entendit les murmures flatteurs qui l'accueillaient de tous côtés, le cœur lui en crût de moitié. Il se sentit de force, en ce moment-là, à sortir vainqueur des plus grands périls.

Bientôt aussi vint le comte de l'Ile-Perdue, avec quinze cents chevaliers, et l'empereur d'Inde, avec le même nombre de barons.

Les deux parties étaient en présence. Le signal de la bataille commença.

— En avant, seigneurs barons! cria le roi Emendus.

La matinée était belle et claire; le soleil resplendissait merveilleusement sur les bassines, et faisait reluire d'autant l'or, l'argent, l'azur, et les couleurs des bannières et des pennons.

La mêlée devint de plus en plus grande, de plus en plus formidable. Beaucoup de chevaliers, et des meilleurs, furent renversés sur l'arène, et l'on vit leurs destriers, tout brandissants, qui s'en allaient par les champs, traînant avec soi leurs rênes.

Malgré le bruit des lances et des épées, malgré les cris des abattus et des navrés, la belle Florence trouvait encore moyen de sourire.

Pour elle, en effet, il n'y avait dans toute cette foule qu'un seul chevalier dont la mort ou la vie l'intéressaient : c'était le vaillant Artus de Bretagne.

Or, jusque-là, Artus n'avait pas reçu la moindre égratignure. On le distinguait entre tous, à cause de sa fière prestance et de son écu blanc qui aveuglait tous ceux qui le regardaient de trop près et pendant trop longtemps. On le distinguait surtout à cause de l'impétuosité de son choc et la grâce suprême de son attaque. Il semblait qu'il fût né pour la bataille, comme d'autres sont nés pour le repos; c'était son élément naturel : il se trouvait aussi joyeusement là-dedans que le poisson dans l'eau.

Florence était ravie.

— Monseigneur mon père, dit-elle au roi Emendus, voyez, voyez la fleur de chevalerie, de prouesse et de hardiesse! Voyez l'honneur en son siège royal et en sa majesté! Voyez le dieu d'armes en sa propre figure!... N'est-ce pas qu'il est vaillant? N'est-ce pas qu'il est beau?... Oh! ma marraine, protégez mon ami!...

— Florence, qu'est-ce que vous me dites ? demanda le roi Emendus. De qui me parlez-vous donc avec cet enthousiasme ?

— Je vous dis, monseigneur mon père, répéta Florence, de regarder et d'admirer comme moi la fleur de chevalerie, de noblesse et de courtoisie, qui, de lointain pays, est venu ici pour combattre vos ennemis, pour garder votre honneur, votre pays et vos gens !...

— Encore une fois, ma fille, de qui me parlez-vous là?... Est-ce du roi d'Hircanie, votre cousin germain. Est-ce du comte de l'Ile-Perdue ? Est-ce...

— Je ne puis vous parler que du seul vaillant homme qui soit au monde, monseigneur mon père ! dit vivement Florence en interrompant le roi Emendus dans son énumération. Il n'y a qu'Artus de Bretagne qui m'intéresse dans cette foule de nobles seigneurs, comtes, barons, empereurs et rois !...

— Qu'est-ce donc que cet Artus de Bretagne, dont vous m'entretenez avec cette chaleur et dont le nom soulève si vitement votre gorgerette ?...

— C'est le plus vaillant prince de la terre, mon ami, mon seigneur, mon maître, le seul qui soit digne de m'avoir à femme...

— Mais vous oubliez, ma fille, que l'empereur d'Inde est venu céans avec l'intention de vous épouser, et que nul autre que lui ne le peut faire ?...

— Je n'oublie rien, monseigneur mon père. Je sais dans quelle intention ce prince est venu... Sur la vue de mon image, il s'est affolé l'entendement de ma personne, et il vous a demandé ma main, que vous n'avez pas su lui refuser... Mais moi, je la lui ai refusée... Je ne pouvais appartenir qu'au chevalier assez vaillant pour tenter l'entreprise périlleuse du château de la Porte-Noire. Artus l'a tentée, après cinquante autres... Mais lui seul a réussi !... Lui seul m'a délivrée ! Lui seule est accepté par moi et par ma marraine, la fée Proserpine, qui lui a fait don de l'écu merveilleux et de l'épée merveilleuse, à l'aide desquels il est désormais invincible... Voyez, voyez comme il s'acquitte vaillamment de son devoir de chevalier ! Tout tombe sous ses coups, et, quand il est menacé, cent chevaliers se précipitent au devant pour lui faire un rempart de leurs corps... Il sortira victorieux de ce tournoi, c'est moi qui vous le promets, monseigneur mon père... Il vous aura délivré des ennemis qui vous menaçaient, et vous n'aurez aucune raison pour l'empêcher de me prendre à femme et de m'emmener avec lui dans son pays...

L'enthousiasme est contagieux. Le roi Emendus ne pouvait rester froid à côté de ce brasier ardent d'amour : il admira bientôt sans réserve le valeureux chevalier qu'admirait sa fille, et, comme elle, il battit des mains et du cœur à son triomphe.

L'empereur d'Inde, irrité des ravages que faisait le vaillant Artus parmi ses gens, dont les rangs s'éclaircissaient de minute en minute, choisit un moment où l'amant de Florence était un peu à l'écart pour fondre impétueusement sur lui. Mais Artus, qui n'attendait lui-même que le moment de lutter seul à seul avec l'empereur, enfonça ses éperons dans les flancs de son cheval et courut sus à son rival, l'épée au poing. Il lui en asséna un coup sur le bassinet avec une telle force, qu'il le fit embrancher et incliner sur le cou de son cheval, si étourdi qu'il ne sut s'il était nuit ou jour. Ce que voyant, Artus, pour l'achever, reboutant son épée au fourreau, le prit par le milieu du corps, et le jeta si roidement contre terre que peu s'en fallut qu'il ne lui crevât le cœur ou le ventre.

— Eh bien ! monseigneur mon père, s'écria Florence, suis-je enfin délivrée de l'empereur, et le vaillant Artus ne m'a-t-il pas bien gagnée ?...

— Sans doute, répondit le roi Emendus ; mais comment avez-vous fait, dites-moi, pour reconnaître que c'était Artus et non autre que vous aimiez ?

— Monseigneur mon père, je suis comme cette rose que je tiens présentement en main, à seule fin d'en faire hommage à mon bel ami... Elle est close d'abord, et sauvegardée par une cuirasse verte comme l'espérance. Elle s'ignore encore ; mais, peu à peu, son parfum lui apprend sa valeur et son rôle ; elle élargit sa prison, où elle commence à se sentir trop à l'étroit ; elle cherche l'air au dehors ; elle a besoin de s'étendre, elle a besoin de s'épanouir ; elle s'épanouit enfin. Ainsi de l'amour, monseigneur mon père : d'abord en bouton, ensuite rose ouverte, répandant ses parfums, trahissant ses ardeurs... C'est la rosée, c'est le soleil qui fait éclore les roses ; c'est l'amour qui fait épanouir les cœurs. Artus a été mon soleil, ma rosée, mon dieu !...

— C'est bien, ma fille, vous épouserez Artus aussitôt qu'il sera clairement prouvé que l'empereur, son rival, est mort.

— C'est tout comme, allez, monseigneur ! Je l'ai vu tomber sous les coups de Clérence, la redoutable épée d'Artus... il ne s'en relèvera pas !...

CHAPITRE XXVI

Comment Artus et Florence furent fiancés et épousés, à leur grand contentement et au contentement de tout le monde.

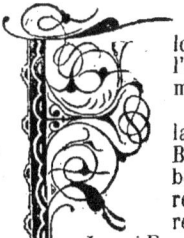

Florence ne s'était pas trompée : l'empereur d'Inde était blessé à mort. Il ne put se relever.

Lors les trompettes sonnèrent la victoire, et le nom d'Artus de Bretagne vola de bouche en bouche et de cœur en cœur. Florence n'avait jamais été si heureuse !

Le roi Emendus, qui, à tout prendre, préférait ce gendre-là à l'autre, fit assembler immédiatement ses barons, et, en leur présence, il dit à Artus, à haute et intelligible voix :

— Artus, venez çà, que je vous parle !

Le fils du duc Jean s'approcha.

— Florence, ajouta le roi, venez aussi, ma belle fille !...

Florence fit comme Artus, mais avec une rougeur que son amant n'avait pas, en sa qualité de hardi gars.

— Ma belle fille, reprit Emendus, je vous donne en mariage au vaillant sire Artus de Bretagne..... S'il vous plaît, il me plaît aussi... Dites-en donc votre pleine et entière volonté : elle sera religieusement exécutée comme prière d'évangile.

— Monseigneur, répondit Florence, Artus me plaît mieux et plus avant au cœur que tous les empereurs de la terre. Non-seulement je ne le refuse point pour amant et pour mari, mais encore je vous supplie de me l'accorder comme tel.

— Sire, dit Emendus à Artus, en tirant un anneau de son doigt et en le lui présentant ; sire chevalier, je vous octroye ma fille Florence, avec tous les honneurs et avantages attachés à ce don précieux... Je ne me réserve seulement qu'une chose, à savoir de rester roi du Sorolois toute ma vie durant... Moi mort, vous me succéderez tout naturellement, mais pas avant..... Cependant, dès cette heure, considérez mon royaume comme vôtre, et entremettez-vous dans toutes les besognes qui concernent sa régie, afin qu'au jour dit vous soyez, par votre travail et votre bonne vie, un prud'homme aussi remarquable que vous êtes aujourd'hui vaillant homme...

Quand Emendus eut dit, Artus s'inclina, prit l'anneau qu'on lui présentait, et, après cela, s'agenouilla en signe de remercîment.

Puis, se relevant aussitôt, il alla vers la belle Florence, qui le regardait faire avec des yeux humides de tendresse, et la baisa doucement, comme pour consacrer devant tous leur union.

Cette cérémonie accomplie, la fête commença grande et gaie, et l'on fit savoir partout, à tous ceux à qui il appartenait, le mariage de la belle Florence, fille du roi Emendus, avec le vaillant Artus, fils du duc de Bretagne.

Puis on appareilla les tables pour dîner plantureusement, ce qui ne contribua pas peu à mettre les esprits en joie. Artus était la cause de ces prandions agréables, on en sut un gré infini à Artus. On fit plus, on voulut le voir pour le remercier de sa vaillance, de sa noblesse, de sa beauté, de sa bonté, de sa courtoisie.

Le roi Emendus, alors, réjoui d'avoir un pareil gendre, commanda qu'on le vêtit de robes royales, ce qui fut exécuté aussitôt. On lui mit une cotte d'écarlate et un surcot doublé de menu-vair, et par-dessus, un autre surcot de paille rayée, fourré de gamites, avec un manteau de samil violet. Ainsi vêtu, Artus paraissait plus bel encore, et ce fut un cri d'admiration générale, de la part des hommes aussi bien que de la part des femmes, lorsqu'il parut et salua le roi son beau-père.

— Florence, dit dame Marguerite Dargence, vous êtes la plus heureuse créature de la terre !...

— Oui, je suis bien heureuse, en effet, murmura langoureusement la fille d'Emendus en regardant tendrement son amant, qui souriait du plus attrayant sourire.

— Sire, voici Clérence, votre fidèle épée ! dit un baron à Artus, en la lui présentant toute nue, comme au valeureux champion du royaume.

CHAPITRE XXVII

Comment Artus demanda congé au roi Emendus d'aller en Bretagne voir le duc Jean son père, et du chagrin que la belle Florence éprouva de ce départ.

Huit jours après les fêtes données par le roi Emendus à l'occasion de sa fille Florence avec Artus, celui-ci songea à aller en Bretagne pour donner de ses nouvelles à son père et à sa mère, qu'il n'avait pas vus depuis si longtemps.

— Monseigneur, dit-il à Emendus, en partant de Nantes, en Bretagne, où sont monseigneur mon père et madame ma mère, je leur ai promis qu'au bout de cinq ans, à la Toussaint, si je n'étais ni mort ni pris, je serais devers eux pour les embrasser et leur donner le récit de mes aventures... Ils m'aiment assez pour n'avoir plus joie ni repos si je dépasse cette époque sans leur être apparu... J'avais d'abord songé à leur envoyer un messager ; mais j'ai renoncé à le faire : ils n'auraient pas cru un mot du message, et auraient supposé de navrantes aventures... Il est donc de toute nécessité que je parte... J'attends de votre bonté mon congé... Si vous me l'accordez, monseigneur, je m'engage à revenir hâtivement auprès de vous...

— Je n'ai rien à répondre à cela, dit Emendus, sinon que désormais je ne chausserai plus éperon pour la besogne du royaume, laquelle est vôtre, ainsi qu'il a été convenu entre nous deux. Faites-en votre profit...

— Monseigneur, reprit Artus, tenez pour certain que je demeurerai en Bretagne le moins de temps que je pourrai, car je voudrais déjà être revenu céans... En attendant mon retour, permettez-moi de vous indiquer le roi d'Hircanie, que je mets en mon lieu et place, et qui est très digne de veiller aux besognes du royaume, dont, à cette heure, vous ne voulez plus avoir nulle cure... J'emmènerai seulement avec moi mon cousin Hector, Philippe duc de Sabarie, maître Etienne et Brisebarre.

— Menez-en autant qu'il le faut pour la dignité de votre état et du mien, répondit Emendus, je ne m'oppose à rien. Les gens vaillants comme vous sont sages d'ordinaire. Vous savez ce que vous faites : allez donc, et que Dieu vous garde !...

Prendre congé du roi Emendus n'était pas malaisé, comme on voit. Ce qui l'était davantage, c'était de prendre congé de Florence.

Artus vint en la chambre où se tenait sa mie, et il la trouva pleurant toutes ses larmes, parce qu'elle savait déjà la nouvelle navrante du départ de son amant. Elle était assise sur son lit, et Marguerite

Dargence lui essuyait de temps en temps les yeux pour qu'elle ne mouillât pas ces riches attifets de reine.

— Ma mie, ne pleurez plus ainsi, vous me grevez le cœur! lui dit Artus en l'embrassant. Pourquoi vous dolenter ainsi ?

— Pourquoi ? Parce qu'il n'y a qu'un tout petit temps que je vous possède et que vous me possédez, et que vous voulez déjà me laisser sans compagnie! Voilà pourquoi je suis si dolente... N'y a-t-il donc pas là vraiment de quoi?...

— Vous m'affligez en vain, ma douce amie... Il faut que je parte, et je vais partir, mais pour revenir au plus tôt à vos pieds... Il me tarde même d'être parti, afin d'être revenu plus vite,... Ce voyage m'afflige autant que vous, mon cher cœur! C'est une absence aussi bien pour moi que pour vous !... Si je consens à m'y condamner, ainsi que vous, c'est pour l'amour que je dois à monseigneur mon père et à madame ma mère, que je n'ai pas vus depuis cinq ans... S'ils ne me voyaient pas revenir auprès d'eux à la Toussaint prochaine, ainsi que je m'y suis engagé d'honneur envers eux, ils me croiraient mort ou prisonnier, et leur douleur en serait trop grande, car je suis leur fils unique, et, avant de descendre au tombeau, il leur sera doux de me jeter un dernier regard et une dernière caresse... Par ainsi, ma mie, mon âme, mon amour, octroyez-moi le congé que je sollicite de vous : il m'est indispensable pour la sûreté de ma conscience...

— Partez donc, Artus, puisque vous voulez partir !... Partez, mon doux ami, et me revenez au plus vite... j'ai soif de votre vue... j'ai faim de votre amour... Je vais mourir si vous tardez trop... Si votre sire de père et votre dame de mère voulaient trop vous retenir, amenez-les avec vous... dites-leur de venir en Sorolois voir leur fille Florence.

— Je leur dirai cela, ma douce amie, et ils seront réjouis de l'entendre! répliqua Artus en accolant et en baisant tendrement sa femme, qui, pendant quelques instants, cessa de pleurer, pour reprendre de plus belle après son départ.

Il fallut se séparer! Artus prit une dernière fois congé du roi Emendus et de la belle Florence, et il monta à cheval, suivi d'Hector, de Gouvernau, de Philippe, de Brisebarre et de quarante chevaliers richement armés.

CHAPITRE XXVIII

Comment Artus et ses compagnons arrivèrent en une prairie, près de Lyon, où se trouvaient le roi de Malogres et plusieurs comtes qui avaient tenu là un grand tournoi ; et de la réception qui leur fut faite.

Artus et ses compagnons chevauchèrent silencieusement pendant un quart d'heure. Mais, quand ils furent hors de la ville, le temps était si gai, quoiqu'on fût à la fin de l'automne, les oiseaux chantaient si joyeusement sur les ramures des arbres défeuillés, qu'invinciblement chacun se laissa gagner par cet exemple. On aurait dit une fraîche matinée du mois d'août.

Lors, maître Etienne, qui était jeune et avait le cœur sain, commença une chanson douce et amoureuse que chacun répéta après lui. Artus lui-même, quoique mélancolisé par son absence de sa mie Florence, ne put s'empêcher de mêler sa voix à celles de ses compagnons.

Ce fut ainsi que se passa la première et la seconde journée.

Bientôt à force de chevaucher de ci, de là, par plaines et monts, par forêts et par vallées, ils arrivèrent à quatre lieues environ de Lyon, sur le Rhône.

Artus envoya Beaudoin en avant, pour prendre les logis.

Comme ce brave écuyer approchait de la prairie qui se trouve entre Lyon et Vienne, il aperçut une grande quantité de pavillons, parmi lesquels celui du roi de Malogres, son maître, qui l'avait jadis donné à Artus.

Précisément, ce jour-là, le jeune roi de Malogres avait dîné avec toute la chevalerie des environs, le comte de Foix, le comte de Forest, le comte de Nevers, le maréchal de Mirepoix, le sire de Beaujeu et le Dauphin, et il devait repartir dès le lendemain.

Beaudoin s'avança vers le pavillon du roi de Malogres, devant lequel devisaient le sire de la Lande et dix autres chevaliers.

A mesure qu'il approchait, les chevaliers le considéraient avec plus d'attention, et, pour quelques-uns, il semblait avoir un visage déjà connu, à ce point que le sire de la Lande s'écria :

— Vraiment, il m'est avis que c'est là Beaudoin, l'ancien écuyer de monseigneur le roi de Malogres!...

— Vous ne vous trompez pas, monseigneur, c'est lui-même! répondit Beaudouin en riant et en s'avançant pour serrer les mains qui se tendaient cordialement vers lui.

On fit fête au fidèle écuyer, on lui demanda cent nouvelles à la fois, et, finalement, on le conduisit auprès du roi, devant lequel il s'agenouilla humblement.

— Beaudoin, mon ami, dit le roi, je suis heureux de te revoir, très heureux; mais je t'avais donné à un vaillant chevalier, à ce qu'il me semble. Où est-il donc, que te voilà là ?...

— Monseigneur, il me précède d'une heure ou deux seulement... Il m'a envoyé vers Lyon pour prendre les logis nécessaires à ses compagnons et à sa suite...

— Ces logis sont tout trouvés, dit le roi Alexandre, ami du roi de Malogres, lequel aimait déjà Artus, sur le récit qu'on lui avait fait de ses merveilleuses prouesses. Ces logis sont tout trouvés!... Nos pavillons seront les leurs... Ils seront nos hôtes... Or tôt, tôt! faites monter les comtes et me baillez mon cheval... Je veux aller au-devant de ce glorieux preux et de ses vaillants compagnons!...

Quand le sire de la Lande entendit les bonnes nouvelles que Baudoin donnait d'Artus, il courut tout joyeux les annoncer à la dame de la Lande, à la dame de Roussillon et à toutes les autres dames qui l'avaient couronné roi de chevalerie, lors du tournoi du sire de Beaujeu et du maréchal de Mirepoix. Lesquelles dames, fières de leur chevalier qui s'était ainsi illustré, voulurent à leur tour se rendre au devant de lui, pour le féliciter.

Qui fut heureux de ces marques nombreuses d'estime et d'amitié? Ce fut Artus, certes!

— Sire, lui vint dire en toute hâte Beaudoin, voici le roi Alexandre, le roi de Malogres, le comte de Foix, le comte de Forest, le comte de Nevers, le sire de Beaujeu, le sire de la Lande, le maréchal de Mirepoix, le Dauphin, et toutes leurs dames. Ils ont voulu venir au devant de vous, avec mille chevaux... Et veut, le roi Alexandre, que vous preniez son hôtel comme vôtre, ainsi que vos vaillants compagnons...

— Ah! Dieu! je te rends grâce! murmura Artus attendri..

Puis il pressa l'allure de son cheval dans la direction où venaient les personnes annoncées par Beaudoin, et, aussitôt qu'il aperçut les comteses et les autres nobles dames, il mit pied à terre. Le roi Alexandre, le roi de Malogres et les comtes en firent autant, et chacun vint l'accoler avec force démonstrations d'amitié et d'admiration.

Jamais homme n'avait reçu un aussi éclatant témoignage d'honneur.

Les dames voulaient aussi descendre de leurs palefrois ; mais Artus ne le souffrit pas. La dame de Roussillon, seule, sauta avec vivacité, et accourut vers lui les bras étendus.

Lors le roi Alexandre, prenant la main d'Artus dans les siennes, lui demanda quels étaient ses compagnons et comment ils se nommaient.

— Celui-ci, répondit Artus, est souverain clerc et chevalier très précieux : il se nomme maître Etienne. Celui-ci est Philippe, duc de Sabarie, très redouté chevalier. Cet autre est Hector, fils du comte de Blois, et mon cousin. Cet autre est Gouvernau, mon ami, mon maître en chevalerie...

Le roi Alexandre, entendant cela, quitta la main d'Artus pour aller prendre, à tour de rôle, celles de chacun des chevaliers nommés par le fils du duc Jean.

— Messeigneurs, leur dit-il courtoisement, soyez les bienvenus en ce pays! Nous vous fêterons comme il convient de faire envers de si nobles chevaliers que vous êtes. Vous augmentez la joie que nous éprouvions déjà à la vue du valeureux Artus de Bretagne.

On se mit en marche pour retourner vers les tentes de la prairie. Le roi Alexandre, par honneur pour eux, voulut que les seigneurs auxquels il venait de parler, passassent les premiers, en avant de tous les autres. Mais ils s'y opposèrent en lui disant :

— Ah! sire, pardonnez-nous de vous refuser, mais nous sommes à notre seigneur Artus, et nous ne pouvons aller que derrière lui, non devant.

Il fallut en passer par-là. On regagna les tentes à pied. Le roi Alexandre marchait à côté du duc Philippe; Artus à côté du comte de Nevers; Hector à côté du comte de Foix; Gouvernau à côté du comte de Forest, et les autres seigneurs marchaient à la suite, devisant entre eux, avec enthousiasme, de la réception qu'on leur faisait à cause du valeureux Artus.

C'est ainsi qu'ils arrivèrent en l'endroit de la prairie du Rhône où étaient les tentes et les pavillons, et où l'on avait dressé les tables chargées de venaison et de vins généreux.

—

CHAPITRE XXIX

Comment Artus et ses compagnons, après le dîner, jouèrent à différents jeux avec les dames, sur l'herbe de la prairie.

n dîna avec appétit. Les mets et les vins étaient délicieux, et nos voyageurs avaient pris beaucoup d'exercice en chemin.

Après ce plantureux repas, on se leva, les tables furent ôtées, et les dames remirent à Artus un grand nombre de chapeaux de fines étoffes et de riches fleurs pour être données par lui à qui bon lui semblerait. Artus en fit présent au roi Alexandre, au duc Philippe, aux comtes et aux barons ses voisins.

Quand sa distribution fut terminée, les dames revinrent vers lui, avec le sire de la Lande, et le prièrent, comme roi des chevaliers, de s'en venir jouer sur l'herbe avec elles, lui et ceux qu'il voudrait choisir.

La proposition était trop plaisante pour qu'Artus la repoussât. C'était un honneur de plus qu'on lui faisait-là.

— Ah! ma douce Florence, murmura-t-il, si vous étiez là, quelle joie vous auriez !...

Lors, il prit avec lui le roi Alexandre, maître Etienne, le duc Philippe, et tous les comtes et hauts barons, et tous allèrent s'asseoir, en compagnie des dames, sur les endroits les plus verdoyants encore de la prairie.

Pendant que les devis s'entamaient çà et là, dans la plupart des groupes, le roi Alexandre dit à maître Etienne :

— Gentil maître, pourquoi ne jouez-vous donc pas avec ces dames?... Ne sont-elles donc pas bien avenantes, bien gentilles et bien nobles?...

— Sur mon âme, oui certes, monseigneur, répondit Etienne, elles sont très avenantes et très plaisantes. Mais des jeux qu'elles jouent je n'en sais aucun...

— De quel jeu voudriez-vous donc jouer, mon maître, dites-moi?... reprit Alexandre.

— Vraiment, il vous trompe, dit à son tour le duc Philippe, car il sait de beaux jeux pour lesquels il n'a pas son pareil au monde... Demandez-lui d'en user...

— Ah! gentil maître! je vous y prends ! reprit le roi. Vous savez maint et maint jeu, des plus beaux et des plus merveilleux, et vous n'en voulez pas user devant nous?... C'est manque de courtoisie, à ce qu'il me semble !... Par la foi que vous devez à Artus, votre valeureux seigneur, montrez-nous votre science en ces amusements...

— Maître Etienne, dit Artus, je vous en prie à mon tour, par la foi que vous devez aux dames !...

— Puisque cela vous plaît, monseigneur, répondit Etienne, j'y consens volontiers.

Etienne se retira alors un instant, pour se recueillir; puis, tout aussitôt, à son commandement, surgit une fontaine d'une beauté merveilleuse, autour de laquelle se placèrent une foule de buissonnets émaillés de violettes et de roses odorantes au possible, et dans lesquels chantaient des nichées d'oiseaux de toute forme et de tout plumage.

Les dames accoururent, émerveillées; elles trempèrent leurs belles mains dans l'onde transparente de cette fontaine enchantée; elles cueillirent des fleurs pour les respirer de plus près; elles écoutèrent la suave mélodie des oiselets, et chacune de ces choses leur tira des cris d'admiration et d'enthousiasme.

Les chevaliers présents n'en étaient pas moins ébahis qu'elles. Ils le furent bien davantage encore quand maître Etienne fit surgir tout-à-coup, devant le roi Alexandre, deux cents valets en corps, vêtus de cottes d'écarlate vermeille, mi-partie de vert, lesquels se mirent à sonner le plus harmonieusement du monde dans leurs deux cents trompes de cristal.

Ce fut au tour des dames d'être ébahies de ce qu'elles voyaient faire pour les chevaliers, comme ceux-ci l'avaient été de ce qu'ils avaient vu faire pour les dames. Elles s'approchèrent toutes, pour mieux voir. Quand elles eurent formé un cercle suffisant autour de maître Etienne, ce savant clerc fit apparaître à leurs regards un jouvenceau de la plus belle venue, vêtu de camelin fourré de sandal vert. Auprès de lui était une aubépine en fleurs, flairant bon, et sur la dernière branche de cette aubépine, la plus verte et la plus fleurie, chantait de sa voix la plus claire un rossignolet du plus admirable plumage. Si doux, si gracieux, si menu, si délicat était-il, cet oiseau couleur du temps, qu'il ne paraissait pas appartenir aux forêts terrestres, mais bien plutôt aux bois du Paradis. Il chantait des chansons qui tombaient dans les oreilles de ceux qui écoutaient, comme seraient tombées, dans un bassin de cristal, les perles égrenées d'un chapelet; et, pour chanter plus suavement encore, il relevait fièrement sa petite tête emplumée et emplissait sa gorge de la musique qu'il semblait avoir bue avec l'air et respirée avec les parfums de l'aubépin.

Les dames battirent des mains devant cette plaisante merveille, et chacune d'elles eût bien souhaité de posséder ce rossignol miraculeux dans une cage formée de fils d'or et de soie.

Alexandre et Artus se levèrent et s'approchèrent, comme tout le monde, pour voir de plus près. La maréchale de Mirepoix les suivit, et, aussitôt qu'elle fut devant l'aubépin et qu'elle eût aperçu le rossignolet chanteur, elle jeta vitement la main dessus pour le prendre...

Mais elle n'y put parvenir.

— Gente dame, lui dit le jouvenceau qui était le gardien de l'aubépin et du rossignol, vous ne pouvez avoir mon oiseau, qu'à la condition de ne vous être jamais méfaite en état de mariage, vous et les dames qui sont ici... Autrement vous étendriez en vain vos belles mains vers lui : il s'envolerait et vous vous piqueriez aux épines de l'aubépin...

En entendant cette parole, le roi Alexandre sourit, et il demanda, ainsi que tous les comtes et hauts barons présents, que la maréchale tentât l'aventure, et, qu'avec elle, la tentassent aussi les autres dames présentes.

Mais l'aventure ne plaisait pas, paraît-il, à madame la maréchale, car elle essaya de s'esquiver tout doucement sans être aperçue. Par malheur, sa velléité de fuite fut devinée et empêchée.

— Dame, lui cria le beau jouvenceau vêtu de camelin, vous avez été la première à vouloir mettre la main sur mon oiseau... Revenez, et approchez-vous, s'il vous plaît...

Le roi Alexandre s'empara courtoisement des mains de la maréchale et l'amena vers l'aubépin afin qu'elle les étendît dessus, ce qu'elle fit, mais à une distance de plus d'une toise.

— Madame la maréchale, lui dit la dame de Roussillon, vous ne devez pas craindre plus que nous de vous approcher de cet aubépin qui flaire si bon, et de ce rossignolet qui chante si bien.

Il fallait se résigner. La maréchale s'approcha, et se piqua aux épines du buisson fleuri, sans pouvoir atteindre l'oiseau.

— Ah! le vilain rossignol! murmura-t-elle en se retirant incontinent, toute rouge de dépit.

Après elle vinrent les autres dames comtesses et baronnes; toutes se piquèrent comme s'était piquée la maréchale, sans pouvoir mettre la main sur le rossignol.

— Ah! le vilain aubépin! murmurèrent-elles, en rougissant aussi.

La dame de Roussillon s'approcha à son tour, étendit la main, et l'oiseau merveilleux vint en voletant se poser sur son poing, comme eût fait un faucon bien dressé.

Ses compagnes étaient furieuses, et plus elles montraient de dépit d'avoir échoué là où avait réussi la dame de Roussillon, plus les comtes et les barons, leurs maris, riaient et s'ébaudissaient.

Maître Etienne mit fin au courroux de ces dames, en faisant aussitôt disparaître et le jouvenceau, et le buisson, et le rossignolet.

Chacun était émerveillé; chacun s'extasiait sur ces miraculeuses choses qui étaient venues là, sans qu'on sût d'où ni comment, au simple commandement de maître Etienne.

— Sur ma foi, vaillant Artus, s'écria le roi Alexandre, je voudrais qu'il m'en coûtât la moitié de ma terre, et que maître Etienne fût mon compagnon comme il est le vôtre, et qu'il m'aimât autant qu'il vous aime!

— Maître Etienne m'aime, en effet, répondit Artus, et j'en suis heureux. C'est à lui que je dois d'avoir vaincu des princes et un empereur... C'est à lui que je dois d'avoir été fiancé à la femme que j'épouserai à mon retour de Bretagne...

— Par saint Jean! reprit le roi, je me trouverai au jour des épousailles, sire Artus.

— Oui, oui, trouvons nous-y! s'écria joyeusement le Dauphin.

— Y viendrez-vous, sire? demanda le roi Alexandre.

— Par mon serment, oui, j'irai! répondit le dauphin.

— Eh bien, sire, je vous promets que j'irai avec cinq cents hommes...

— Moi avec cent de mes gens...

— Moi avec deux cents! dit le comte de Forest!

— Moi avec le même nombre! dit le comte de Nevers.

— Moi aussi! dit le sire de Beaujeu.

— Moi aussi! dit le maréchal de Mirepoix.

— Moi aussi! dit le comte de Foix.

Rendez-vous fut pris pour la mi-carême.

— Moi, seigneurs, dit à son tour Artus en remerciant, je vais quérir monseigneur mon père et madame ma mère, pour qu'ils assistent à mes épousailles; ce sera un honneur et une joie pour eux de se rencontrer ce jour-là avec vous!...

Quand les dames entendirent cela, elles demandèrent à être aussi de la fête.

— Puisque madame la duchesse de Bretagne y va, nous pouvons bien y aller aussi!...

Cette aimable demande fut octroyée, comme elle devait l'être, et Artus remercia beaucoup les dames, et beaucoup les seigneurs leurs maris, des bonnes et plaisantes dispositions où ils étaient envers lui.

Puis la fête continua jusqu'à la nuit, pour reprendre le lendemain et le surlendemain encore. On voulait à toute force retenir le bel ami de la belle Florence.

Mais le devoir ordonnait à Artus de partir : il partit dès le matin du quatrième jour, au grand chagrin des comtesses et des seigneurs.

Maître Etienne aussi fut regretté, à cause de ses ressources en magie.

CHAPITRE XXX

Comment Artus et ses compagnons arrivèrent à Blois, où ils furent reçus avec force démonstrations de joie par le comte, père d'Hector.

Non-seulement le roi Alexandre, mais encore tous les barons convoyèrent Artus et ses compagnons pendant un assez long temps; ils ne consentirent à s'en retourner que sur les instances réitérées du vaillant fils du duc Jean, et qu'après avoir reçu de lui l'assurance qu'il reviendrait au plus tôt avec monseigneur son père et madame sa mère.

Cette assurance donnée, ils se décidèrent à rebrousser chemin, ainsi que les y invitait Artus.

Une fois quitté par eux, Artus reprit sa marche vers la Bretagne, dont il était encore assez éloigné et où il voulait arriver à l'époque fixée, c'est-à-dire à la Toussaint.

Aucune aventure ne signala ce voyage. Tous les chevaliers qui accompagnaient Artus, et Artus lui-même, étaient joyeux et bien portants, et ils chevauchaient très allègrement par monts et par vaux, par plaines et par bois, devisant entre eux de choses et d'autres, de la vaillance du fils du duc Jean et de la beauté des dames.

Vers la fin du deuxième jour, comme ils approchaient du pays blaisois, ils aperçurent à l'horizon un nuage de poussière qui de minute en minute se rapprocha d'eux et devint même bientôt assez distinct pour leur permettre de compter les chevaliers et les dames montées sur palefrois, qui soulevaient ce nuage.

— Qu'est ceci? demanda Artus, étonné.

— Beau cousin, répondit Hector en riant, ces chevaliers sont de la suite du comte de Blois...

— Mon oncle?

— Oui, beau cousin, puisqu'il est mon père...

— Comment se fait-il que ces chevaliers et ces dames se dirigent de ce côté... On vous sait donc de retour, Hector?

— J'ai envoyé un messager, mon beau cousin, afin d'annoncer votre arrivée dans le pays blaisois, comme il était de mon devoir de le faire... Monseigneur mon père et madame ma mère se sont empressés de venir à votre rencontre, pour vous honorer et embrasser, et, avec eux, sont venus aussi, dans la même intention, les barons et les dames nobles de leur cour et de leur comté.

— J'en ressens au cœur un grand contentement, reprit Artus.

Lors, piquant plus vivement de ses éperons les flancs de son cheval, il se lança au devant des nobles gens qui venaient à sa rencontre et qu'il eut bientôt atteints.

— Madame ma tante, dit-il courtoisement, en saluant la comtesse de Blois et les dames de sa suite, je suis joyeux de cette rencontre... Vous avez ainsi hâté le bonheur que je comptais m'octroyer en m'arrêtant quelques heures à Blois auprès de vous et de monseigneur mon oncle.

— Beau neveu, répondit la comtesse, comme ce bonheur dont vous parlez était nôtre aussi, il est tout naturel que nous ayons songé à le hâter en accourant au devant de vous. Certes, beau neveu, nous n'éprouverons pas, en embrassant Hector notre bien-aimé fils, le plaisir que nous éprouvons en cet instant en vous embrassant.

— Madame parle d'or, dit à son tour le comte de Blois. Vous avez donné un tel lustre, un tel éclat, un si glorieux relief à votre nom, qu'on se trouve fier d'être de votre lignage. Si je n'avais Hector, je vous souhaiterais pour fils, mon beau neveu!...

Après le comte et la comtesse de Blois, ce fut à qui ferait fête à ce chevalereux homme si doux, si bel et si fier dans le péril. Les barons s'empressaient, à l'envi les uns des autres, de lui serrer la main et de lui adresser des paroles flatteuses; les dames le regardaient avec des yeux pleins de tendresse et d'admiration, et chacune d'elle faisait des vœux secrets pour l'avoir à chevalier...

Ce fut en devisant ainsi que les deux troupes, celle d'Artus et celle du comte, firent leur entrée dans Blois, dont on avait appareillé à la hâte les maisons pour les rendre plus dignes de l'honneur qu'elles allaient recevoir du passage du vaillant Artus de Bretagne.

Un souper plantureux attendait les nouveaux arrivants, que cette longue chevauchée avait mis en appétit et en soif. Artus se plaça à la gauche de la comtesse de Blois et en face du comte son oncle. Hector se plaça à côté de lui. Gouvernau se plaça à la droite du comte de Blois et le duc Philippe à sa gauche. Quant à maître Etienne, il se mit où il put, à l'une des extrémités de la table, où d'abord nul ne fit attention à lui.

Bientôt le vin, jusque-là servi avec une profusion royale, manqua tout-à-coup. Les hanaps, qui en conservaient encore quelques restes, se séchèrent comme se sèche la terre à la fin d'août, et, comme

3

pour rendre cette absence de tout liquide plus frappante et plus amère, toutes les langues se collèrent au palais des convives, et chacun d'eux éprouva une horrible soif...

Le comte de Blois manda son sénéchal qui accourut tout alarmé, et qui jeta sa langue aux chiens quand son seigneur, tout courroucé, lui expliqua la pénurie de vin, si inquiétante, dans laquelle ses hôtes se trouvaient.

— Les celliers sont pleins, cependant, monseigneur, et je ne comprends rien à cette étrangeté, répondit-il en tremblant.

— Cela est d'autant plus fâcheux et navrant, reprit le comte de Blois, que les quartiers de venaison que vous nous avez servis, sont violemment épicés, comme de véritables compulsoires de buvettes qu'ils sont !...

Pendant que le comte rabrouait ainsi le pauvre sénéchal, qui n'y pouvait mais, maître Etienne, auquel nul n'avait fait grande attention, tous les regards et toutes les admirations se portant sur Artus de Bretagne, maître Etienne buvait tranquillement et en souriant.

— Grand-sénéchal, dit-il au malheureux intendant tout ahuri, voulez-vous passer ce hanap à monseigneur Artus qui se meurt là-bas de la pépie...

Le grand-sénéchal, émerveillé, prit d'une main tremblante le hanap rempli jusqu'au bord que lui tendait maître Etienne, et le porta où il lui commandait de le porter. Mais, dans son trouble, le hanap lui échappa des mains, et tout son contenu se répandit sur le gorgerin de la comtesse de Blois, vêtue d'habits magnifiques.

Un long cri accueillit cette maladresse. Le sénéchal, d'abord pourpre de honte, devint blanc comme neige et il se crut perdu à jamais.

Mais quel fut son étonnement et celui de tous les convives, en voyant le gorgerin de la comtesse, que l'on croyait souillé par le vin, couvert de roses épanouies qui répandaient dans l'air de la salle de suaves odeurs.

— Ce sont les roses avec lesquelles se fait le vin de Chiras, dit maître Etienne toujours en souriant. C'est le seul vin qui soit digne d'être bu par une aussi noble compagnie. Remplissez-en les hanaps, grand-sénéchal...

Le sénéchal, ébahi, ne savait comment obéir. Il avait la bouche grande ouverte, et les yeux démesurément agrandis. Comme il tardait trop, au gré des convives, à faire ce que lui disait maître Etienne, Artus cueillit une rose sur la gorge de la comtesse émerveillée, et la mit dans son hanap niellé qui, tout aussitôt, s'emplit d'un vin couleur de rose.

— Daignez boire, madame ma tante, dit-il en souriant.

Malgré sa soif, la comtesse de Blois hésitait à tremper ses lèvres dans son hanap si étrangement et si subitement rempli. Pour l'y encourager, Artus prit une seconde rose, la jeta dans son hanap, et but tout d'un trait.

— A la belle marraine de ma belle Florence ! s'écria-t-il. A madame Proserpine !...

Cet exemple encouragea tout le monde. Les roses du gorgerin de la comtesse de Blois passèrent incontinent dans tous les hanaps vides, qui se remplirent comme venaient de se remplir ceux d'Artus et de sa tante. Chacun but avec plaisir et avec admiration; avec d'autant plus de plaisir et d'admiration que les hanaps, une fois vidés, se remplirent d'eux-mêmes du même vin parfumé. Il en fut ainsi pendant tout le reste du repas.

Alors on se mit à regarder avec curiosité l'auteur premier de cet agréable prodige, et chacun tint à honneur de lui adresser la parole, comme pour le récompenser du silence qu'on avait gardé jusque-là vis-à-vis de lui.

Mais Etienne n'aimait pas à parler. Il se contenta de répondre par des sourires à toutes les questions qui lui furent faites, et force fut bien aux indiscrets et aux indiscrètes de les cesser, par courtoisie.

— Vous avez là un compagnon de voyage bien précieux, mon beau neveu, dit le comte de Blois.

— C'est mon ami, et j'en suis heureux, répondit Artus ; il m'a tiré de mauvais pas, et je lui dois d'avoir connu la reine Florence, ma femme.

— Mais vous n'avez rien vu là, monseigneur mon père ! s'écria Hector qui se ressouvint de la fontaine et du jouvenceau de la prairie du Rhône... Vous n'avez rien vu là ! Maître Etienne est un grand clerc, plein de science et de modestie. Les prodiges naissent sous sa main avec une simplicité qui est elle-même un autre prodige. C'est un homme précieux, très précieux, vous l'avez dit, monseigneur, mais bien plus encore par son dévoûment que par les jeux de son savoir...

— Je le voudrais avoir toujours avec moi ! reprit le comte de Blois, de plus en plus surpris de ce qu'il voyait et entendait. Artus, voulez-vous me le donner?...

— Monseigneur mon oncle, répondit Artus, demandez-le à lui-même.

— Maître Etienne, demanda le comte en s'adressant à l'ami de dame Proserpine, voulez-vous rester à ma cour?.. Je vous donnerai tout ce que vous me demanderez...

— Je n'ai besoin de rien, monseigneur, répondit Etienne, je vous remercie de vos bonnes offres. Pour ce qui est de rester ici et d'être attaché à votre personne, je ne le peux... On ne se donne pas deux fois dans sa vie. Je suis à monseigneur Artus : je ne serai jamais à nul autre...

Le comte de Blois n'insista pas.

Après le souper, la fête commença pour ne cesser que fort avant dans la soirée, et pour reprendre avec plus de vivacité le lendemain et les jours suivants.

Le comte de Blois aurait bien voulu conserver longtemps à sa cour Artus et ses compagnons. Leur présence y apportait une animation, un charme, une gaîté qu'elle n'avait pas auparavant. Aussi fut-il marri quand son neveu lui annonça que, la Toussaint approchant, il lui fallait reprendre sa route vers Nantes, où l'attendaient son père et sa mère.

— Partez donc, beau neveu, lui dit-il, partez donc, puisqu'ainsi le veut la destinée. Mais, au moins, promettez-moi que vous reviendrez à Blois et que vous y séjournerez plus longtemps, avec mon frère Jean et la duchesse, sa femme et votre mère.

— Je ne puis vous faire cette promesse, monseigneur mon oncle, répondit Artus, parce que j'en ai fait une, en partant, à la reine Florence, ma mie. Je ne l'ai quittée qu'à la condition de revenir au plus vite auprès d'elle, et je tiendrais mal cette promesse si j'obéissais à celle que vous vous voulez que je vous fasse. J'aime la reine Florence, fille du roi Emendus et filleule de madame Proserpine : j'ai hâte d'aller la retrouver pour consommer avec elle l'acte solennel du mariage.

— Alors, beau neveu, puisque tu ne peux venir vers nous, c'est nous qui irons vers toi. Les fêtes de ton mariage seront intéressantes, et, d'ailleurs, il sera bon que tous tes parents et amis se trouvent là pour en être témoins. C'est un devoir et ce sera un plaisir.

— Je vous remercie de cette bonne parole, monseigneur mon oncle, dit Artus. Mon bonheur sera complet ainsi.

Artus prit rendez-vous avec le comte de Blois, pour la mi-carême, comme il avait fait avec le roi Alexandre et ses nobles compagnons ; puis, l'ayant de nouveau remercié, il lui demanda la permission de continuer sa route.

— Va, beau neveu, dit le comte de Blois, et que le ciel te garde de malencontre.

Artus embrassa la comtesse, bien chagrin de son départ, et, prenant congé des seigneurs et des hautes dames qui lui avaient fait une si gracieuse hospitalité, il monta à cheval, et ses compagnons de voyage l'imitèrent.

CHAPITRE XXXI

Comment Artus, après avoir pris congé du comte de Blois, son oncle, alla droit à Nantes, où l'attendaient son père et sa mère.

Ne voulant plus s'arrêter désormais qu'il ne fût enfin arrivé à Nantes, Artus recommanda à ses compagnons de ne pas s'arrêter plus que lui, prévenant que, du reste, il ne pouvait attendre personne.

On ne lui répondit qu'en pressant le pas plus allègrement encore.

Ce fut ainsi qu'on arriva, au bout de quelques jours, dans le duché de Bretagne, et bientôt à Nantes même.

A mesure qu'il approchait de l'endroit où il était né, Artus sentait son cœur battre d'une émotion qui jusque-là lui avait été inconnue.

Là avait été son berceau. Là peut-être était la tombe de son père ou celle de sa mère, peut-être même de tous les deux.

Cinq ans d'absence sont longs à passer, non pour ceux qui partent, mais pour ceux qui restent. Ceux qui partent oublient forcément, parce qu'à chaque instant leurs sentiments se déplacent avec les horizons qu'ils rencontrent sur leur route. Ceux qui restent se souviennent toujours, au contraire, parce que toujours devant leurs yeux se trouve le même horizon, et dans leur cœur toujours la même image. C'est un enfant, c'est une maîc'est un ami qui vous quitte ; on a peur que l'un ne se tue, que l'autre ne vous trompe, que celui-ci ne se ruine, que celui-là ne se perde, que tous ne vous oublient ; on ne vit plus que dans l'attente, dans l'inquiétude, dans les angoisses ; on vieillit ainsi à attendre et à espérer, et l'on meurt souvent sans avoir revu, sans avoir embrassé les êtres chers qui vous avaient quitté en vous promettant de revenir tout de suite. Heureux ceux qui partent ! Malheureux ceux qui restent !

Artus allait-il retrouver son père ? Allait-il retrouver sa mère ? Les grandes aventures, les grands événements, les grands périls de sa vie lui avaient fait perdre de vue et de souvenir le petit coin du monde où il avait grandi, où il s'était développé, où il s'était épanoui au souffle salutaire de l'amour maternel. Maintenant qu'il revenait vers son point de départ, tous ces détails de son enfance et de son adolescence lui revenaient durs comme grêle et chauds comme braise : il se rappelait tout, depuis la plus insignifiante des choses jusqu'à la plus importante, depuis ses premiers jeux jusqu'à son premier amour. Jeannette, qu'était-elle devenue ? Il l'avait oubliée aussi, surtout depuis qu'il avait vu et aimé la belle Florence. Maintenant il se rappelait la première nuit de ses noces qu'il avait passée avec cette gente et cointe pucelle, croyant la passer avec cette fausse pucelle appelée Péronne.

Aussi le cœur lui battait avec plus d'impétuosité que jamais, et il lui tardait d'être arrivé.

Dans son impatience, dans sa fièvre de retour, il n'avait pas songé à envoyer un messager au duc Jean et à la duchesse, et comme ce devoir le regardait exclusivement, nul n'avait osé prendre sur lui d'envoyer à Nantes prévenir de son arrivée. Par ainsi, quand il fit son entrée dans la cité, ce fut une rumeur de joie à n'en plus finir.

— Artus ! Artus ! Artus ! criaient les bourgeois en saluant, les larmes aux yeux, le jeune fils de leurs vieux seigneurs.

La nouvelle en vint plus rapidement que lui dans le palais. Le vieux duc Jean se leva de son vieux fauteuil, les mains tremblantes et les jambes défaillantes, surpris et heureux ; puis il retomba, ne pouvant aller plus loin et succombant à l'excès de sa joie.

Sa femme, la bonne duchesse, qui lui tenait compagnie dans la solitude où il s'était confiné depuis le départ de leur fils bien-aimé, reçut avec moins de calme encore l'annonce de cette nouvelle : elle essaya de se lever, comme son mari, et retomba pâmée en murmurant le nom d'Artus.

Il entra en ce moment, ce fils tant aimé, ému d'une émotion pleine de charmes.

— Monseigneur mon père ! dit-il en se précipitant aux genoux du vieux duc.

— Ta mère ! ta mère, mon enfant !... lui répondit le duc en lui montrant la duchesse évanouie.

Artus se releva et alla prendre dans ses bras la

tête vénérée de sa mère, que ses caresses firent revenir.

— O mon Artus bien-aimé ! je ne mourrai donc pas avant de t'avoir revu et embrassé ! murmura-t-elle à travers ses larmes, des larmes de joie.

— Le ciel nous bénit, mon fils, reprit le duc Jean, et notre cœur déborde de gratitude pour ses bienfaits... Allons prier, madame, allons lui rendre grâces ! Il couronne bien notre vie et ce suprême bonheur qu'il nous octroie sur les confins de notre terrestre existence, nous dédommage largement des tourments dont il a plu à châtier parfois nos erreurs... Allons prier, duchesse !...

La présence d'Artus venait de rendre à ces deux vieillards la force et la santé qu'ils n'avaient plus depuis son départ. Ils furent tout réconfortés l'un et l'autre à l'aspect de ce fier et beau jeune homme, issu d'eux, dans lequel ils se retrouvaient avec orgueil.

La duchesse prit le bras de son fils, non pour s'aider à marcher, mais pour le garder plus près de son cœur.

Le duc, se redressant, se secoua comme au sortir d'un long rêve, et se mit à marcher devant, pour ouvrir le chemin.

C'est ainsi qu'ils arrivèrent à la chapelle du palais, au milieu d'une double rangée de serviteurs aussi émus qu'eux.

Le duc Jean s'agenouilla humblement, et chacun l'imita.

— Mon Dieu, murmura-t-il d'une voix mouillée, vous m'avez comblé de tous vos dons... Vous m'avez fait le chef d'un peuple sage, l'époux d'une vertueuse dame, le père d'un vaillant fils. J'arrive sans remords aux confins suprêmes de mon existence, que j'ai essayée de noblement remplir à l'aide de votre miséricordieuse protection. Je n'ai plus rien à souhaiter ici-bas, ayant eu tous les bonheurs qu'homme mortel peut avoir. Je n'avais qu'une douleur, celle de m'en aller de vie à trépassement sans avoir embrassé une dernière fois l'héritier de mon nom et de ma couronne : mon fils bien-aimé est revenu. Je vous remercie, ô mon Dieu, la mesure de ma félicité est comble : maintenant, comme Siméon le pieux vieillard, maintenant, Seigneur, je peux mourir !...

A l'issue de la messe, on se rendit dans la salle où étaient dressées les tables, et alors commença le festin du retour, où tout fut servi avec une abondance et une richesse rares.

C'était comme le festoiement de l'enfant prodigue.

Cette réception toucha profondément Artus, et lui attendrit tout le cœur, et il se mit involontairement à pleurer de chaudes larmes de reconnaissance, ce qu'il n'avait jamais fait depuis qu'il était au monde.

Ce que voyant, le duc Philippe, Hector, Gouvernau, maître Etienne et les plus proches amis d'Artus ne purent s'empêcher de pleurer aussi, et ces larmes-là étaient si douces, que, pour tout l'or du monde, ils n'eussent pas voulu ne pas pleurer.

Sur la fin de la journée, Jeannette, qui jusque-là ne s'était pas montrée, vint tout-à-coup, et, allant droit à son ami Artus, lui lança les bras autour du cou et l'étreignit sans pouvoir sonner mot, tant la joie de le revoir lui serrait le cœur et l'étouffait.

— Chère Jeannette, tendre amie ! s'écria Artus, en se laissant aller à cet accolement si plaisant.

— Mon ami, soyez le bienvenu ! dit Jeannette, recouvrant enfin la parole. A votre départ, j'étais dolente et pleine de larmes... Je croyais que j'en mourrais... Je l'espérais même... Mais votre bonne dame de mère m'a réconfortée par de sages paroles et par de douces caresses, pour l'amour de vous, son cher enfant... C'est elle qui m'a sauvée de moi-même... C'est elle que je dois le bonheur de vous revoir, mon ami, et d'être serrée dans vos bras... Bénie soit-elle, la sainte femme dont les nobles entrailles vous ont porté ! Bénie et remerciée soit-elle !... Nous avons pleuré ensemble sur vous... Ensemble nous avons parlé de vous..... Ensemble nous avons espéré de vos chères nouvelles... Ensemble nous avons eu peur... Ensemble nous nous réjouirons désormais, puisque vous êtes revenu et que vous n'allez plus nous quitter.

— Je vous quitterai, ma belle amie Jeannette, reprit Artus, parce que la vie est faite ainsi d'arrivées et de départs... Je vous quitterai...

— Hélas ! je m'en doutais ! soupira Jeannette. Nos joies sont de courte durée, à nous autres pauvres femmes ! Ce que Dieu nous donne d'une main, il nous le retire de l'autre... Sans doute, il sait ce qu'il fait, mais ce qu'il fait est bien cruel !... Quittez-nous donc, sire Artus... puisque aussi bien il faudra qu'un jour ou l'autre vous preniez à femme, si déjà cela n'est fait, quelque dame meilleure et plus gentille que je ne suis..... Quittez-nous, quittez-moi, Artus !... Ou plutôt, non... laissez-moi vous suivre... Je serai votre amie, votre sœur, votre fille, votre servante... Je vous aimerai, sans rendre votre femme jalouse, en vous aimant plus qu'elle, mais autrement qu'elle... Permettez-moi, sire Artus, d'aller où vous irez, de vivre où vous vivrez, de mourir où vous mourrez... car enfin, vous êtes mon seigneur et je suis votre fille... et vous n'avez pas le droit de m'abandonner à ma solitude et au veuvage de mon âme... parce qu'alors vous seriez plus sévère et plus cruel que Dieu...

Tout en disant cela, Jeannette se mit à pleurer toutes les larmes de sa tête et de son cœur ; si bien qu'Artus, attendri, l'attira à lui, la coucha en son giron, et la baisa sur les yeux en pleurant lui-même comme un enfant.

En ce moment-là où il sentait le cœur de Jeannette battre sur son cœur, où son haleine se confondait avec la sienne, où il se rappelait les enivrantes délices de la nuit qu'ils avaient passée ensemble, Artus regretta presque de s'être fiancé avec Florence.

—

CHAPITRE XXXII

Comment Artus, au bout de quinze jours, prit le chemin du royaume de Sorolois, accompagné de son père, de sa mère, de Jeannette et de ses autres compagnons et amis.

Artus, quinze jours après son arrivée, dut songer à repartir, à regagner le royaume de Sorolois, à rejoindre le roi Emendus, son beau-père, et la reine Florence, sa femme.

Jusque-là il n'avait rien dit au vieux duc Jean, son père, ni à la duchesse sa mère. Le matin du quinzième jour, il les réunit et leur dit :

— Monseigneur mon père, je retourne en Sorolois, où demeure la reine Florence, ma fiancée, avec le roi Emendus, son père. Je leur ai promis, à l'une et à l'autre, que vous, monseigneur mon père, et vous, madame ma mère, vous seriez les témoins de nos épousailles... Mon bonheur serait incomplet, en effet, si vous n'étiez pas là l'un et l'autre... Vous en serez la consécration vivante...

— J'irai volontiers, répondit le vieux duc; j'irai avec partie de mes chevaliers pour honorer ta vaillance, comme faire se doit... Qui m'aime me suive!...

— Nous vous suivrons! nous vous suivrons tous! s'écrièrent les barons présents.

— Je vous suivrai, madame la duchesse, dit tout bas Jeannette à la mère d'Artus.

— Pourquoi cela, ma fille?... lui dit cette dernière d'une voix pleine de compassion. Tu seras malheureuse du bonheur d'une autre femme... Il vaut mieux rester ici et te résigner à l'oubli... ce sera moins douloureux encore...

— Madame ma mère, répondit Jeannette avec un clair et mélancolique sourire qui trahissait l'angélique pureté de son âme; madame ma mère, j'aime votre fils Artus pour lui, non pour moi... Je serai heureuse de le voir heureux, que ce bonheur lui vienne de moi ou d'une autre... Si je l'aimais autrement, je serais jalouse et je ne sourirais pas... Regardez-moi bien, madame ma mère, et mettez votre main sur mon cœur... Je n'ai jamais menti, et je ne veux pas commencer aujourd'hui à mentir... Vous pouvez m'emmener avec vous sans crainte... J'aimerai la femme d'Artus avec le même désintéressement que je l'aime lui-même. C'est mon seigneur et mon ami ; ce n'est ni mon amant, ni mon mari... Emmenez-moi donc, je vous en supplie... je veux vivre où vivra Artus, et mourir où il mourra...

La duchesse de Bretagne, vaincue par l'air de parfaite bonne foi de la belle Jeannette, consentit à l'emmener.

Les préparatifs de départ se firent à la hâte, et, deux jours après, Artus reprenait le chemin par lequel il était venu, et s'en allait d'abord à Vienne, puis en Sorolois, accompagné d'un millier de chevaliers.

CHAPITRE XXXIII

Comment aussitôt l'arrivée d'Artus et de sa compagnie en Sorolois, il y eut de nombreuses fêtes en vue de ses épousailles avec Florence.

Ce voyage d'Artus fut un triomphe continuel. Là où il passait, il suffisait de prononcer son nom pour exciter aussitôt une ardente curiosité. Selon l'habitude du populaire, qui éprouve le besoin d'exagérer tout, les aventures merveilleuses du fis du duc Jean étaient rendues plus merveilleuses encore par les récits qui en étaient faits. On enflait outre mesure les actions valeureuses accomplies par lui, et peu s'en fallait même qu'on ne le prît pour un demi Dieu, comme Bacchus ou Alexandre-le-Grand traversant les Indes.

Son cortége, déjà nombreux à son départ de Nantes, se grossit davantage encore à mesure qu'il approcha du terme de son voyage. Il n'avait d'abord que des compagnons; il eut alors une armée.

Ce fut ainsi qu'il arriva dans la capitale du Sorolois.

Le roi Emendus fut ébahi de voir tant d'amis, tant de parents, tant de compagnons à son gendre. Il le savait vaillant, mais non si puissant.

Longue en effet était la liste des nobles hôtes qu'Artus lui amenait pour être témoins de ses épousailles avec la belle reine Florence.

Le roi Alexandre, le roi de Malogres, le duc de Bretagne, le comte de Blois, le sire de Beaujeu, le maréchal de Mirepoix, le sire de la Lande, le comte de Forest, le comte de Nevers, le comte de Foix, le duc Philippe, maître Etienne, et cent autres de même vaillance et de même renommée.

Et puis des comtesses, des hautes dames, les plus riches et les plus belles, la duchesse de Bretagne, la comtesse de Nevers, la dame de Roussillon, la comtesse de Foix, la comtesse de Forest, la maréchale de Mirepoix, la comtesse de Blois, et cent autres d'aussi noble lignage et d'aussi grand avoir.

La belle Florence fut très fière de cette noble compagnie qui faisait cortége à son bel ami Artus. Aussi, après les premiers moments de fâcherie et de reproche, l'accola-t-elle de grand cœur en le remerciant d'avoir bien voulu revenir assez à temps pour l'empêcher de mourir de douleur.

Il était revenu : n'était-ce pas l'essentiel?

— Ma douce et belle Florence, lui dit Artus, je vous remercie, moi aussi, de ne pas m'avoir oublié, et d'avoir eu pour moi, à l'arrivée, le même visage qu'au départ... Il me tarde à présent d'entendre sonner l'heure fortunée où vous serez toute à moi comme je serai tout à vous...

— S'il ne dépendait que de moi, Artus, de l'avancer ou de la reculer, croyez que, bien loin de la reculer, je l'avancerais de tout mon pouvoir..... Pourquoi donc ne vous l'avouerais-je pas? Je vous aime ardemment, plus que vous m'aimez peut-être, car nous autres femmes, nous n'avons d'autre occupation que l'amour durant toute notre vie, tandis que vous, les gentilshommes, les vaillants hommes, ce n'est qu'une occupation d'un moment... Je vous aime ardemment, Artus, et j'ai la permission de vous le dire, puisque nous sommes fiancés l'un à l'autre, et que nous devons nous épouser bientôt... Mes ardeurs n'ont donc rien que de légitime, et je puis les avouer à la face de toute la terre... Je suis fière d'être votre compagne..... je suis heureuse d'être votre femme... Artus, aimez-moi longtemps... aimez-moi toujours...

— Je vous aimerai toujours, ma douce amie, mon lis, mon âme, mon tout !... Vous êtes née pour moi, et je suis né pour vous... Ma mère, qui va venir, ratifiera le choix que j'ai fait et applaudira comme moi à notre providentielle rencontre...

La duchesse de Bretagne entra sur ces entrefaites et vint baiser sa belle-fille au front.

— Nous avons à deviser ensemble, mignonne, lui dit-elle ; il faut chasser votre bel ami... Les hommes ne doivent pas entendre ce que se disent entre elles les femmes, à moins qu'il ne leur plaise d'écouter aux portes...

— Madame, je me retire, répondit Artus en souriant et en s'inclinant.

La duchesse de Bretagne et la reine Florence restèrent seules.

CHAPITRE XXXIV

Comment la duchesse de Bretagne s'entretint d'Artus et de Jeanne avec Florence, et de la jalousie qu'en conçut aussitôt cette dernière.

Florence se tenait immobile et respectueuse devant la duchesse de Bretagne, qu'elle aimait déjà plus que sa propre mère, parce qu'elle était la mère de son bien-aimé Artus. Elle eût voulu pouvoir lui sauter au cou et l'embrasser à son aise, pour la remercier d'avoir mis au monde un si bel et si vaillant chevalier.

La duchesse de Bretagne sembla deviner ce qui se passait dans l'âme naïve de cette gente pucelle. Elle lui ouvrit ses bras et Florence s'y précipita avec une impétuosité qui fit sourire la bonne vieille dame.

— Je suis heureuse de vous voir la préférée d'Artus, lui dit-elle en l'embrassant à plusieurs reprises. Il ne pouvait pas choisir mieux, et c'est avec orgueil que je vous nomme ma fille...

— Ma mère !... murmura Florence en levant vers la duchesse ses beaux yeux humides de reconnaissance.

— C'est bien à vous, en effet, reprit la duchesse, qu'il appartenait de perpétuer la race illustre des ducs de Bretagne, et en particulier du duc Jean, extrait du noble lignage de Lancelot du Lac... Les enfants qui naîtront de vous porteront dignement le nom de leurs aïeux, et transmettront aux générations à venir les nobles exemples de courage et de courtoisie qu'Artus a puisés dans la vie de ses pairs. Le duc Jean et moi nous applaudissons de grand cœur à ce choix précieux à tous les titres... Bonté, grâce et beauté, vous réunissez tout, ma mignonne, et cela doit être ainsi, car Dieu n'a pas permis qu'une vilaine âme se logeât dans un noble corps... Je vous devine secourable et douce, hospitalière et courtoise aux humbles et aux malheureux... Aussi je n'hésite pas à vous recommander une jeune dame du nom de Jeannette, qui m'a demandé à vous être présentée... C'est une honnête et vaillante personne, aimante et douce, qui a été élevée avec Artus, notre fils bien-aimé, et qui a voulu assister aux fêtes de ses épousailles, par amitié pour lui et par reconnaissance pour nous.

— Elle est jeune ?... demanda vivement Florence en rougissant.

— Presque aussi jeune que vous, ma mignonne.

— Elle est belle ?...

— Presque aussi belle que vous, mon enfant. Elle vous ressemble même à ce point que tout-à-l'heure, après l'avoir quittée et en entrant ici, j'ai cru la retrouver en vous. Vous jugerez vous-même de cette ressemblance quand vous voudrez...

— Oh ! le plus tôt possible, madame la duchesse ! le plus tôt possible ! répondit Florence que la jalousie poignait.

— Ce soir, au souper... vous la verrez... Surtout, ma belle Florence, n'oubliez pas que c'est ma protégée et l'amie de jeunesse de mon fils Artus... Je vous le répète : elle est digne de votre loyale amitié, comme elle l'est de la nôtre. A ce soir donc !...

La vieille duchesse embrassa une dernière fois la belle fiancée d'Artus et prit ensuite congé d'elle.

CHAPITRE XXXV

Comment la belle Florence, en apercevant Jeannette, devint de plus en plus jalouse, et du moyen que celle-ci dut employer pour lui rendre le repos.

Jalousie ! vilain mal ! mal des plus nobles comme des plus vulgaires créatures ! Nul ne peut s'en défendre, fors les indifférents. Mais comme l'amour est une folie, les enamourés se laissent aller à toutes les folies qui naissent forcément de celle-là. La jalousie est le ver qui ronge et gâte les plus beaux fruits, les meilleures natures, les plus droites, les plus loyales.

Florence était en proie à cette affreuse maladie-là. Jusque-là, en voyant Artus à ses pieds, et paraissant heureux d'y être, elle n'avait pas songé un seul instant qu'il eût pu aimer et être aimé une ou plusieurs fois avant de l'aimer et d'être aimé par elle.

Mais depuis cette parole de la duchesse de Bretagne, elle avait compris qu'en effet, beau, jeune, vaillant, irrésistible, il avait dû au contraire troubler bien des cœurs et faire rêver bien des pucelles.

— Cette Jeannette, murmura-t-elle, elle l'a aimé et il l'a aimée!... Qui sait jusqu'où leur amour a été! qui sait jusqu'à quel point ils se sont engagés l'un envers l'autre!... Ah! j'étais trop heureuse!... Voilà ma misère qui commence!...

La pauvre Florence sentit son cœur se fendre à ces noires pensées... Elle passa alors d'un extrême à l'autre, et devint aussi facilement injuste qu'elle avait été jusque-là crédule. Elle s'en prit de son malheur présent à Artus, à la duchesse, à tout le monde.

— Ah! marraine! marraine! murmura-t-elle en songeant à la fée Proserpine. Ah! marraine! quels pauvres dons vous avez octroyés à votre filleule! A quoi lui sert-il donc d'être jeune, d'être sage, d'être bonne, d'être belle, si elle ne peut arriver à être heureuse à la façon des plus misérables filandières... Ah! marraine, marraine, comme vous m'avez trompée en me promettant le bonheur!...

Cela dit, Florence se laissa aller, toute dolente, à une rêverie sans but dans laquelle dansaient des figures connues et aimées, qui, en ce moment-là, lui paraissaient odieuses.

Elle fut tirée de cet état par ses chambrières qui vinrent l'appareiller pour la fête qui se donnait après le souper pour l'arrivée des nobles hôtes amenés par le mariage d'Artus.

Quoique navrée, Florence se laissa machinalement habiller, et, malgré elle, lorsque ses chambrières eurent fini, elle ne put s'empêcher de se trouver très plaisante et très irrésistible avec ses attifets, et surtout avec sa beauté si merveilleuse.

Cela la réconforta un peu, de déconfortée qu'elle était, et les roses de la santé refleurirent sur son jeune visage, tout à l'heure pâli par le dépit et le souci.

Aussi quand elle entra dans la salle du festin, où se trouvait une très noble et très nombreuse compagnie, ce fut un concert de louanges et d'exclamations enthousiastes.

— Florence! Florence! lui murmura à l'oreille son amant Artus, qui venait d'accourir avec empressement vers elle. Florence! vous n'avez pas le droit d'être aussi rayonnante, aussi irrésistiblement belle avant l'heure de notre bonheur... Nous avons encore deux longs jours à attendre, deux jours longs comme deux années!... Que voulez-vous donc que je devienne en face de votre merveilleuse beauté? Je vais m'enfuir, pour vous fuir, Florence...

Florence sourit, heureuse d'avoir produit cet effet, et ne songeant déjà plus à sa rivale Jeannette.

Mais celle-ci survint au même moment et Florence sentit se réveiller toutes ses douleurs en sentant se réveiller toute sa jalousie.

— Comme il a dû l'aimer! murmura-t-elle, en pâlissant comme un lis.

— Comme il doit l'aimer! murmura Jeannette avec un sourire mélancolique.

Florence fit un mouvement comme pour s'éloigner de sa rivale.

Celle-ci la retint doucement.

— Madame, lui dit-elle d'une voix harmonieuse et sonore comme du cristal.

— Que me voulez-vous? demanda Florence avec hauteur.

— Je veux, madame, reprit Jeannette, vous féliciter de votre beauté, d'abord, et, ensuite, vous remercier d'avoir choisi pour mari notre ami Artus, qui mérite si bien d'être aimé de vous et d'être heureux par vous...

Florence ne savait pas si elle devait se courroucer ou prendre en bonne part ce que lui disait Jeannette. Elle eut envie de la rabrouer, d'abord; puis, en voyant combien elle était douce, simple et bonne d'aspect, elle eut regret de son dépit.

— Comme elle me ressemble! murmura-t-elle en l'examinant à la dérobée. Si elle était ma sœur!... Si ma marraine l'avait douée comme moi!...

Elle n'osa pas aller plus loin dans ses suppositions, de peur de rencontrer un abîme où elle eût sombré.

On vint heureusement la tirer d'embarras en la prenant pour la conduire à la place qu'elle devait occuper à table..

Précisément, en face d'elle, se trouvait Jeannette, et, à côté de Jeannette, Artus.

Le vieux duc de Bretagne occupait la place d'honneur, et, à côté de lui, se tenait la duchesse, sa femme.

Puis venaient, à des places choisies exprès, le roi Emendus, le roi d'Hircanie, le roi de Malogres, le roi Alexandre, le comte de Blois, le comte de Forest, le sire de la Lande, le sire de Beaujeu, le comte de Nevers, le maréchal de Mirepoix, le comte de Foix, le duc Philippe, Gouvernau, Hector, maître Etienne, et les autres hôtes.

Et, mêlées à ces nobles seigneurs et à ces vaillants chevaliers, on remarquait la comtesse de Blois, la dame de Roussillon, la comtesse de Nevers, la comtesse de Forest, la maréchale de Mirepoix, et autres nobles dames, toutes plus richement appareillées les unes que les autres.

Le dîner commença, et, après le dîner, la fête annoncée.

Les groupes se formèrent çà et là, et les devis tendres et gais allèrent leur train.

— Seigneurs, et vous mesdames, dit le roi Alexandre, je demande que le savant maître qui a nom maître Etienne, consente à nous montrer les jeux merveilleux qu'ils nous a montrés une fois déjà, le long de la prairie que borde le Rhône.

— Je demande également, dit le comte de Blois, qu'il nous montre ce qu'il nous a montré à Blois, et ce qui nous a si fort émerveillés tous...

— Que vous a-t-il montré?... demanda le roi Alexandre.

— Le vin manquait : il le remplaça par des roses qui, à un moment donné, se changèrent en une liqueur sans pareille... Cela tenait du prodige,.. Et, pour ma part, j'en ai été si ébahi que j'ai prié Artus, mon beau neveu, de me laisser son maître Etienne, lequel a déclaré ne vouloir être à personne qu'à Artus.

— Maître Etienne, dit la dame de Roussillon, votre jouvenceau et son rossignolet !...

— C'est exiger beaucoup ! répondit Etienne en souriant.

— Le jouvenceau ! le jouvenceau ! cria-t-on de tous côtés, les seigneurs surtout.

— Vous le voulez ? demanda Etienne.

— Oui ! oui ! cria-t-on de tous côtés.

Maître Etienne, devant cet acquiescement général, ne crut pas devoir se refuser à faire le jeu qu'on lui demandait.

Il se recueillit un instant. Puis il fit un signe et le beau jouvenceau, vêtu de camelin fourré de sandal vert, parut avec son buisson d'aubépine et son rossignol chanteur.

— Ah ! les bonnes odeurs ! Oh ! le doux chant ! s'écria chacune et chacun.

— Le rossignol est indiscret, prenez garde ! dit le roi Alexandre aux dames ses voisines.

— Nous ne redoutons pas ses indiscrétions, sire, lui fut-il répondu par les plus belles lèvres de la chrétienté.

— Que va-t-il faire, votre jouvenceau ? demanda la dame de Roussillon à maître Etienne.

— Il va désigner la plus amoureuse de céans, répondit le clerc en souriant.

Tout aussitôt, comme pour obéir à cette parole, le jouvenceau vêtu de camelin fourré de sandal vert prit le rossignol sur son doigt et le présenta, à tour de rôle, à toutes les nobles dames qui composaient la compagnie présente.

— C'est un hiver ! chanta l'oiseau en s'arrêtant un instant à l'une d'elles.

— C'est un automne ! chanta-t-il en s'arrêtant devant une autre.

— C'est un printemps ! chanta-t-il en s'arrêtant devant la maréchale de Mirepoix.

— C'est un été ! chanta-t-il en s'arrêtant devant Jeanne, interdite.

— C'est un été ! chanta-t-il aussi, en s'arrêtant devant Florence, interdite aussi.

— Tu es l'amour même ! dit le jouvenceau à Jeanne, complétant ainsi la parole du rossignol.

Ici la belle Florence se sentit défaillir.

— Elle l'aime ! elle l'aime ! elle l'aime ! murmurat-elle, le cœur gonflé de dépit, et en se levant en grande hâte de la table, pour cacher à tous les yeux la jalousie qui la poignait si vivement.

Jeannette, qui ne perdait de vue aucun de ses mouvements, se leva comme elle et alla la rejoindre dans l'embrasure de la fenêtre où elle s'était réfugiée.

— Que me voulez-vous ? demanda Florence d'un air farouche en voyant sa rivale s'approcher d'elle tout doucement.

— Je veux vous faire une confession, ma sœur, répondit mélancoliquement Jeannette.

— Une confession, à moi, de votre part ? demanda Florence avec un peu de dédain.

— Oui, ma sœur...

— Pourquoi m'appelez-vous votre sœur ?...

— Parce que toutes les femmes qui aiment et qui souffrent de l'amour sont sœurs !...

— Vous souffrez donc de l'amour ? demanda Florence avec amertume.

— Je souffre de l'amour, ma sœur.

— Et comment puis-je vous guérir ?... Pourquoi vous adressez-vous à moi ?...

— Parce que vous souffrez du même mal, et qu'en cherchant ensemble nous découvrirons peut-être un remède...

— Croyez-vous ?...

— Je le crois.

— En êtes-vous sûre ?...

— J'en suis sûre...

— Eh bien ! cherchons !...

— Cherchons, ma sœur.

— Ainsi, vous aimez ?

— J'aime.

— Et l'homme que vous aimez ne vous aime pas ?

— Il ne m'aime pas.

— Et... comment... se nomme-t-il ?

— Il se nomme Gouvernau, ma sœur.

— Gouvernau ! l'ami d'Artus ?... demanda Florence, toute joyeuse.

— Gouvernau, l'ami d'Artus, répondit Jeannette, résignée.

— Et... pourquoi... ne vous aime-t-il pas ? demanda Florence, qui se sentait renaître.

— N'avez-vous pas deviné que j'étais trop pauvre et d'une trop obscure condition pour lui, ma sœur ?.. murmura Jeannette, qui se sentait mourir.

— Si je le faisais roi, tu serais reine, Jeannette !.. s'écria Florence, rayonnante de bonheur.

— Roi ? Il mérite, en effet, de l'être. Mais moi, reine ? y pensez-vous.

— J'y pense et je veux te le prouver à l'instant même !...

Ramenant alors Jeannette par la main au milieu de la salle, la filleule de Proserpine alla vers le roi Emendus, son père, et lui dit :

— Sire, n'avez-vous pas quelque royaume à donner à un de mes amis, c'est-à-dire à un ami d'Artus ?

— Un royaume, ma fille ?

— Un royaume, mon père, oui... Qu'a donc cette demande de si étonnant ?... Vous avez des voisins qui vous gênent... vous leur ferez la guerre, comme ils vous l'ont faite à vous-même autrefois... Et vous prendrez à l'un d'eux son royaume pour en faire don, en mon nom, à messire Gouvernau.

— Il s'agit donc de messire Gouvernau, le compagnon d'Artus ?

— Oui sire.

— Alors, le royaume de Valfondée lui appartient dès aujourd'hui...

— Je vous remercie pour lui et pour moi, mon père.

— Mais, chère fille, tout roi suppose une reine. Quelle est donc la reine de Gouvernau ?...

— La voici, mon père ! répondit triomphalement Florence en présentant Jeannette, toute rougissante.

— C'est là deux bonheurs pour un ! s'écria

Emendus, enthousiasmé de la beauté de Jeannette. Gouvernau sera trop heureux!

— Puisse-t-il penser comme vous, Sire! murmura Jeannette en allant se jeter dans les bras de la vieille duchesse de Bretagne qui avait suivi cette scène avec beaucoup d'intérêt.

Quant à Artus, il n'était occupé que de la beauté nonpareille de Florence. Le reste ne l'intéressait plus.

On fit approcher Gouvernau, et on lui demanda ce qu'il pensait de tout ce qui venait de se passer.

Gouvernau, qui était honnête homme autant que vaillant homme, fut d'abord un peu interloqué de ce qu'on lui annonçait. Puis, à un regard suppliant que lui lança Jeannette; à un autre regard, non moins éloquent, que lui lança la vieille duchesse de Bretagne, il comprit tout.

Son parti fut bientôt pris.

Il alla avec empressement vers Jeannette, lui prit les mains, les baisa avec émotion et avec respect, et il lui dit tout bas, de façon à n'être entendu que d'elle seule :

— Jeannette! Jeannette! Le ciel vous devait un autre mari, plus beau et de plus noble race que moi... Je vous remercie de m'avoir accepté...

—

CHAPITRE XXXVI ET DERNIER.

Comment Artus épousa Florence, Gouvernau Jeannette, et Etienne Marguerite d'Argenson, le tout en un même jour et en une même heure.

Deux jours après avait lieu un triple mariage, à la même heure et dans le même lieu.

Artus de Bretagne épousait la belle reine Florence, fille du roi Emendus.

Gouvernau épousait la belle Jeannette, fille de la dame de la Tour.

Et maître Etienne épousait Marguerite d'Argenson, qu'il aimait depuis longtemps et qui s'était décidée enfin à se laisser posséder par lui.

Les fêtes nuptiales surpassèrent en éclat et en gaîté toutes celles qui avaient eu lieu jusque-là.

Vers la minuit, les nouveaux mariés furent conduits en leur chambre et couchés avec l'assistance des parents et des amis.

Puis chacun se retira et les laissa seuls, ainsi qu'il convenait.

Ce fut cette nuit-là que fut engendré, d'Artus et de Florence, un fils que le roi Alexandre tint sur les fonts, et qui fut depuis empereur de Constantinople.

— 1493 —

FIN D'ARTUS DE BRETAGNE.

RECHERCHES

SUR L'ORIGINE DES ROMANS INVENTÉS AVANT L'ÈRE CHRÉTIENNE

ET AVANT QUE L'EUROPE FUT POLICÉE

L'Europe, dans les derniers siècles qui ont précédé la fondation de Rome, était plongée dans la plus affreuse barbarie; il n'y avait que les provinces méridionales qui fussent peuplées; celles du nord n'étaient encore habitées que par quelques peuples sauvages peu nombreux : des forêts immenses occupaient les pays élevés, des marais et des rivières sans digues inondaient les plaines; nul culte extérieur de religion ne les réunissait; la loi du plus fort était la seule qu'ils connussent. On pourrait dire que dans ces pays barbares et malheureux, l'homme attendait l'homme pour l'instruire, et que la terre l'attendait aussi pour la rendre féconde.

Les Européens méridionaux n'étaient point assez nombreux pour refluer vers le nord; nul attrait d'ailleurs ne pouvait les y porter, et le cinquante-cinquième degré de latitude leur paraissait être la borne des pays habitables.

L'Asie plus heureuse, plus anciennement habitée, nourrissait des peuples immenses dans son sein : non-seulement c'est de l'Asie que sont sortis les grands législateurs et les premiers conquérants; mais cette belle et fertile partie du monde, de même qu'une ruche immense, envoya des essaims de tous les côtés, dont plusieurs allèrent s'établir jusqu'au soixantième degré nord. C'est là que, s'emparant des pays les plus voisins de la mer, ils fondèrent un empire assez considérable pour qu'il portât de nouvelles colonies jusque dans la Grèce. Maîtres de la Scandinavie, et des pays connus aujourd'hui sous le nom de Danemark, Gothie, Jutland, Norwége et pays adjacents, ces nouveaux peuples, sous le nom de Cimbres, devinrent assez puissants pour subjuguer la Saxe, la grande Westphalie, les Gaules, pénétrer jusqu'en Italie, et faire trembler la république romaine, dont les armes avaient déjà subjugué de vastes empires. Ce fut par l'alliance que les Cimbres firent avec des peuples qu'ils n'auraient pu vaincre, et qui les égalaient en force comme en valeur, ce fut suivis des anciens Helvétiens connus alors sous le nom d'Ambrons, des Saxons et des peuples des bords de la Vistule, sous le nom de Teutons, qu'ils pénétrèrent de l'Elbe jusqu'aux provinces méridionales des Gaules; qu'ils vainquirent les légions romaines; que le seul corps des Ambrons battit le consul Cassius-Longinus vers l'embouchure du Rhône; et que, réunis avec les Cimbres, ils taillèrent en pièces l'armée romaine commandée par Scaurus, et détruisirent les deux corps que Manlius et Cépion amenaient à son secours.

La république romaine ne s'était point vue jusqu'alors dans un si grand danger : les Cimbres, les Teutons et les Ambrons commençaient à traverser les Alpes, et à descendre en Italie en deçà du Pô, lorsque des dissensions s'élevaient déjà dans le sein de la république, entre Marius et Sylla. L'intérêt commun, l'amour de la patrie réunirent pour quelque temps ces deux fiers ennemis; et tous les deux, suivis du jeune Marcellus, qui commençait à mériter la grande renommée où le vainqueur de Syracuse devait parvenir, marchèrent pour défendre la république en danger. Une cinquième armée romaine, sous les ordres de ces généraux, s'avança pour s'opposer à l'inondation des peuples redoutables du nord, réunis au nombre de trois cent cinquante mille combattants, et suivis de leurs familles qu'ils avaient amenées, en croyant marcher à des conquêtes certaines.

Le courage et l'habileté de Marius arrêtèrent leurs efforts; il sut, en temporisant, accoutumer les Romains à voir de près ces peuples plus grands, plus forts qu'eux, et dont l'aspect était hideux et terrible; il les vainquit en trois grandes batailles, dont la dernière se donna dans la plaine de Verceil, qui peut être regardée comme le tombeau des premiers Cimbres, Teutons et Helvétiens réunis. Leurs bataillons cédant à la tactique et au courage des Romains, furent entr'ouverts, taillés en pièces; ceux qui crurent s'échapper par la fuite, furent massacrés par leurs femmes, qui les attendaient la hache levée sur leurs chariots, qui poignardèrent leurs enfants à leurs yeux, et qui, se jetant avec fureur au milieu des Romains, ne voulurent pas survivre à la défaite de leurs époux.

Cette destruction entière de l'armée des Cimbres, laissa leur pays sans défense. Les vieillards et les enfants assez faibles qui n'eussent pas marché dans cette expédition; et la consternation se répandit dans ces provinces du nord, qui restèrent plusieurs années hors d'état de prendre les armes. Ce fut environ quarante ans après la destruction des Cimbres que les armées romaines pénétrèrent jusque dans la Scythie, en poursuivant Mithridate. Ce prince, l'un des plus grands hommes qui soient nés pour étonner la terre et pour subjuguer les esprits, forma l'entreprise la plus digne d'un esprit supérieur et propre à commander aux autres hommes.

Entre l'embouchure du Tanaïs, qui porte ses eaux dans les Palus-Méotides et la mer Caspienne, il existait plusieurs peuples belliqueux et jaloux de leur liberté : les chroniques islandaises, au rapport de M. Mallet (1), nomment deux peuples principaux qui se réunirent sous les ordres d'un Scythe, chef de la religion régnante dans le cœur de l'Asie. Les Ases, habitants de riches pays au pied du mont Taurus, étaient voisins d'autres Asiatiques connus déjà sous le nom de Turcs : tous les deux suivaient le même culte, et ce culte s'éloignait peu de celui des patriarches (2). Les Ases s'honoraient du titre d'enfants du Dieu qu'ils adoraient sous le nom d'Odin : leur principale ville était Asgard (3), c'est-à-dire la ville du Dieu suprême. Sigge était le grand-prêtre du culte simple que ces peuples lui rendaient : douze Drottars, choisis parmi les gens les plus éclairés et dans les familles les plus illustres, offraient avec lui les vœux de la nation au Dieu suprême, et rendaient la justice.

Sigge eut le courage d'essayer de dérober ses compatriotes au joug dont les armées victorieuses de Pompée les menaçaient; il leur fit croire qu'il était animé par l'esprit de la divinité; il fit plus, il osa prendre le nom d'Odin. Sa femme Friga, spirituelle, audacieuse comme lui, sut leur persuader de même qu'elle était inspirée : elle devint pour son époux ce que la nymphe Egérie avait été pour Numa; et les deux peuples réunis crurent que la divinité parlait par leur voix, et jurèrent de les suivre jusqu'aux extrémités de la terre.

Odin ayant passé le Tanaïs à la tête des Ases et des Turcs confondus ensemble, et ne formant qu'un même peuple qui croyait fermement qu'il était conduit par la divité même, Odin remonta vers le nord; quelquefois il combattit, et ses armes furent toujours victorieuses; plus souvent encore il parla : son éloquence et celle de son épouse égalaient leur courage, et l'un et l'autre avait presque également le don de s'exprimer en vers avec facilité.

C'est de tous les temps que la poésie est nommée le langage des dieux; son harmonie semble être une suite de celle qu'on admire dans l'univers : ils enchantèrent et persuadèrent presque tous les peuples des pays qu'ils traversèrent; ils s'en firent des sectateurs zélés et soumis. L'armée d'Odin grossissait de jour en jour : elle traversa presque sans résistance la grande Westphalie, la Saxe; mais, déjà trop nombreuse pour s'établir dans ces vastes contrées, habitées par des peuples également nombreux et belliqueux, Odin eut la sagesse de ne leur imposer d'autre joug que celui de la religion; et remontant toujours vers le nord, il s'empara facilement des grandes îles et des bords de la mer Baltique, devenus presque déserts par la destruction totale de la formidable armée des Cimbres, tombée sous l'épée de Marius. C'est dans la Jutlande, la Zélande, la Fionie, la Scanie qu'Odin fonda son empire : bientôt il fut assez puissant pour s'étendre dans la Norwége, et dans tous les vastes pays qui bordent le grand golfe de Bothnie. C'est là que, maître absolu, regardé comme un dieu par ses innombrables sujets, il altéra le culte de ses pères; il crut même devoir adopter une partie des fables, chères encore à ces sauvages habitants du nord; il sentit que, pour se proportionner à leur faiblesse et les retenir pour toujours, il avait besoin d'une mythologie. Avec le secours de Friga, Odin composa celle dont les chroniques islandaises nous ont conservé la plus grande partie dans l'écrit nommé l'*Edda*, et dans le poëme nommé la *Voluspa*. Lorsqu'il composait ces deux ouvrages, et lorsqu'il annonçait de nouvelles lois, on lui voyait toujours à la main la tête de Mimmer, renommé par sa sagesse; il l'avait conservée; il avait l'air de la consulter, d'en recevoir des réponses, et de ne répéter que les oracles et les avis qu'il en recevait. C'est dans ces deux monuments de la religion d'Odin qu'on reconnaît une partie des anciennes fables nationales qu'il avait adoptées par politique, et celles qu'il avait crues nécessaires pour captiver l'esprit de ses anciens comme de ses nouveaux sujets : on voit qu'Odin a l'adresse d'y rappeler sans cesse aux Asiatiques qui l'avaient suivi, les charmes de leur ancienne patrie; qu'il leur peint la ville d'Asgard comme un séjour céleste, où les âmes de ses disciples, et surtout de ceux qui seront morts les armes à la main, seront reçues dans un palais superbe, nommé le *Vaxhalla*. C'est dans l'Edda et la Voluspa même, traduits par M. Mallet, qu'il faut lire quelle est l'espèce de félicité qu'il promet à ce peuple féroce, qui ne connaissait presque que deux espèces de plaisirs, celui de se baigner dans le sang, ou de s'enivrer à longs traits à table avec une bière forte bue dans le crâne de ses ennemis.

Odin, après avoir bien affermi l'esprit de ses sujets dans la foi de cette religion sanguinaire, crut devoir leur donner quelques principes de morale. Il composa en cent vingt strophes le *Havamaal*, ce qui veut dire, discours sublime. Plusieurs strophes en effet renferment des préceptes dignes de ce titre ; mais, nous les Français, quoiqu'ils descendent de ceux qui se soumirent aveuglément à la religion d'Odin, n'admettront jamais plusieurs strophes où ce législateur, ainsi que Mahomet (sorti de la même contrée de l'Asie) a l'injustice d'inspirer un peu trop de défiance contre un sexe enchanteur, dont la fidélité, la candeur égalent presque toujours les charmes. Odin finit son discours sublime, par répandre de nouveaux prestiges dans l'esprit de ses sectateurs. Il n'y parle plus au nom de la divinité, il en usurpe tous les attributs; c'est en son propre nom qu'il leur promet des peines et des récompenses après leur mort. Il parle des lettres Runiques (1) qu'il a su former pour se soumettre

---

(1) Je ne peux trop exhorter les lecteurs à recourir à l'Introduction à l'Histoire du Nord, par M. Mallet; cet ouvrage doit être regardé comme un des plus instructifs et des meilleurs du XVIIIᵉ siècle.

(2) Il est à remarquer que toutes les religions qui se sont étendues sont sorties de l'Asie; que toutes ont eu la même simplicité dans leur origine ; que toutes ont eu pour base la religion révélée aux patriarches ; que Fo-Hy, Hermès, Confucius, Moïse, Zoroastre, Odin, Mahomet, ont adoré un Dieu créateur, immuable, éternel ; et que, quoique l'intérêt personnel des législateurs ait varié, défiguré, surchargé le culte simple du Dieu suprême, ils l'ont toujours adoré comme le principe créateur et moteur de tout ce qui existe dans la nature.

(3) On croit que la ville d'Azof est la même que celle qui portait le nom d'Asgard.

(1) Les lettres Runiques, dont il reste encore quelques fi-

les éléments, pour vaincre les démons, les mauvais génies, et les empêcher de traverser les airs, pour transformer ses ennemis, pour aplanir les montagnes. Il ose dire plus encore du pouvoir de ses lettres Runiques, en assurant qu'il ne perdra jamais un secret qu'il possède seul, celui de se faire aimer constamment de sa maîtresse. Il annonce qu'il en connaît un autre, mais que ce dernier est d'un si grand prix, qu'il ne le déposera jamais que dans le sein de sa sœur, ou dans les bras de celle qu'il aime. Dans la dernière strophe du Havamaal, le prévoyant Odin parle à ses sujets, comme s'il les avait déjà quittés pour retourner dans la céleste ville d'Asgard. J'ai chanté (dit-il) mes sublimes vers dans mon auguste demeure. Béni soit celui qui chante, béni soit celui qui me comprend, bénis soient ceux qui ont prêté l'oreille à ma voix!

Odin, après avoir assuré son empire par les deux pouvoirs qui soumettent l'univers, la religion et les armes, après avoir fondé dans l'île de Fionie la superbe ville d'Odensée, après avoir fait le partage de ses vastes états, entre les fils nombreux qu'il avait eus de Friga; Odin, se sentant près de la fin de sa carrière, ne voulut point finir par une mort ordinaire, et voulut rendre la sienne digne d'un dieu. Il se retira en Suède; il rassembla près de lui les douze drottars, ses enfants, ses amis; il saisit le fer de sa lance, et s'en fit neuf blessures en rond sur la poitrine; il se fit plusieurs autres blessures avec la pointe de son épée, et dit à ceux qui l'entouraient, qu'il retournait en Scythie, et qu'il allait préparer dans sa ville d'Asgard le palais et le festin où il les attendrait pour les recevoir.

Odin, avant sa mort, avait partagé ses conquêtes immenses entre ses fils. Sciold eut le Danemark, Baldeg eut la Westphalie, Segdeg ent la Saxe orientale; et c'est de lui que descendait le célèbre Hengist, prince des Saxons et des Angles, qui fit la conquête de presque toute la Grande-Bretagne dans le cinquième siècle. La Franconie fut le partage d'un fils d'Odin, qui lui fut assez cher pour qu'il lui donnât le même nom de Sigge qu'avait toujours porté pendant qu'il habitait encore la Scythie; et c'est de ce Sigge que descendirent les princes qui régnèrent dans la Franconie pendant les premiers siècles de l'ère chrétienne. On peut donc présumer que nos rois de la première race en descendaient, ou par le côté paternel, ou par le maternel. A l'égard des Francs qui firent la conquête des Gaules, il n'est pas douteux qu'ils ne soient issus des anciens sujets de Sigge, et de son père Odin.

On prétend avec bien de la vraisemblance, que si la crainte de tomber sous le joug des Romains fut assez forte pour lui faire abandonner le climat heureux de l'Asie, et s'enfoncer dans les glaces et dans les longues nuits du Nord, il en conserva contre les Romains un ressentiment égal aux regrets qu'il donnait à sa patrie. Ce fut, dit-on, sa haine implacable contre une république assez injuste pour vouloir que nul autre peuple que le sien ne jouît de la liberté, qui lui fit enseigner une doctrine meurtrière, et qui lui fit préparer l'esprit et les forces de ses sujets à porter avec succès le fer et la flamme dans tous les pays soumis à l'aigle romaine.

Peu de temps après la mort d'Odin, on vit en effet un déluge de peuples du nord inonder de tous côtés les possessions d'une république qui n'en avait plus que le nom, et qui, s'étant détruite elle-même par ses guerres civiles, avait été forcée d'obéir au pouvoir d'un seul.

La grande bataille de Tolbiac ayant enfin affermi l'empire des Francs dans la Gaule, et ce vaste et fertile pays ayant perdu son ancien nom pour prendre celui de ses vainqueurs, les Francs y portèrent leurs lois, leurs mœurs et leurs coutumes. Mais un climat plus doux, cet air qu'on respire sur les bords de la Seine, de la Marne et de la Loire, adoucit un peu la férocité de leur caractère. Ils cessèrent bientôt de boire l'hydromel et la bière dans le crâne de leurs ennemis. Une coupe pleine de vin d'Aï ou de Pommard, présentée par une jeune et jolie Gauloise, fit tomber la hache de leur main; et les délices de la France, ainsi qu'une religion nouvelle qui leur prescrivait l'humanité, changèrent dans leurs mœurs ce qu'elles avaient de trop barbare. Mais rien ne put détruire le fond des principes qu'ils avaient apportés de leur pays, et le caractère altier qui leur conserva leur supériorité dans les armes. Ils restèrent toujours implacables contre les ennemis qui les avaient offensés; leurs différends continuèrent à se terminer dans Paris, comme dans Odensée, par le sort des armes. Ils firent plier à cette coutume chérie, jusqu'à la religion qu'ils avaient embrassée. Les combats seul à seul continuèrent à s'appeler le jugement de Dieu, et les juges du camp s'y conformaient aux anciennes lois que Frothon avait établies dans le nord. Les grandes églises, les grands monastères furent même forcés, pour les seigneuries qu'ils possédaient, à tenir des lices ouvertes à ces espèces de combats. La loi cruelle et illusoire de ces épreuves subsista toujours: l'honneur, ce sentiment si pur, si sacré, ce mot qui retentit sans cesse dans le cœur d'un vrai Français, fut souvent profané par les fausses interprétations qu'on lui donna; l'esprit d'Odin sembla longtemps planer sur les descendants de ses disciples, et paraît même y planer encore quelquefois.

L'émigration de la Scythie du temps d'Odin, la nécessité de n'avoir pour sujets que des combat-

gures dans le Nord, où MM. de Maupertuis, Clairaut et le Monier les ont vues gravées sur des roches : ces lettres, non-seulement ne sont point celles d'un alphabet ordinaire, et ne sont que des espèces de hiéroglyphes. Elles ressemblent aux Kova de Fo-Hy, dont les Chinois avaient perdu l'intelligence. Ces Kova, monuments si célèbre pour les lettrés chinois, leur furent expliqués par le Père Bouvet, d'après un Mémoire que Leibnitz avait fait en 1703 sur l'arithmétique binaire, et il se savant envoya au missionnaire : ces Kova n'étant que les signes de cette même arithmétique binaire, inventée par Fo-Hy, ce que le mémoire de Leibnitz démontrait. Les lettres Runiques ressemblent beaucoup à ces Kova. Il est bien simple qu'Odin étant grand-prêtre dans la ville d'Asgard, ait eu connaissance de cet ouvrage de Fo-Hy, et qu'il s'en soit servi comme d'un nouveau moyen d'en imposer au peuple le plus ignorant. Les signes de l'algèbre eussent peut-être fait le même effet sur les insulaires d'Otahiti, si Cook, où M. de Bougainville, eussent voulu les leur présenter comme des figures magiques. La science des nombres a en celle quelque chose de divin, comme la musique, la poésie, pour les peuples sauvages, lorsqu'ils en reçoivent la première notion.

tants, qui regardaient la mort comme un premier moment de félicité; des chefs qui, frappés à mort, riaient en rendant le dernier soupir; les prestiges, l'ignorance, les idées extravagantes que les peuples du nord s'étaient faites des dieux et des démons, et qui bientôt se communiquèrent aux Scythes, le merveilleux étant toujours reçu par une multitude avide de tout ce qui lui paraît surnaturel; la mythologie de l'Edda et de Voluspa, qui faisait plus d'impression que la morale du discours sublime; les lettres Runiques, dont l'habile Odin fut obligé d'exagérer le pouvoir pour se prêter à la folle croyance des habitants du nord, et leur faire craindre la supériorité que ces lettres magiques lui donnaient sur leurs enchantements : voilà quelle est en grande partie l'origine des premiers romans européens; et les émigrations des Scythes jusqu'aux extrémités de l'Asie, ont été bien vraisemblablement aussi l'origine des contes et des fables orientales.

Mais tout ce que je viens de dire ne suffirait pas pour donner une idée juste de l'origine des romans, dont l'amour est presque toujours le mobile, et qui seul peut y porter les charmes et l'intérêt qui nous attache et nous les fait aimer, si je ne peignais aussi le fond des mœurs des Scythes dans le nord, et si je ne parlais pas de la façon dont ils vivaient avec un sexe qui, sans égaler sa force, partageait son caractère altier et son courage. Le plus grand respect, l'amour le plus fidèle et le plus soumis, enchaînaient le Scythe du nord aux pieds de l'objet aimé. Les poésies danoises, les poésies islandaises, celles des Scaldes, respirent le pur amour : mais ce n'était point un amour efféminé ni coupable; la fière habitante du nord en eût été révoltée, et l'eût méprisé : l'amant qui désirait plaire, devait être le plus courageux et le plus irréprochable des guerriers.

Le seul présent qui fût digne de paraître aux pieds d'une maîtresse adorée, c'était les dépouilles sanglantes d'un monstre des forêts, ou d'un ennemi terrassé. Si dans leurs chansons ces héros du nord se plaignaient de la cruauté de leur maîtresse, s'ils essayaient de la rendre plus sensible, ce n'était point ses charmes qu'ils célébraient; ce n'était point de leur amour, de leurs désirs qu'ils osaient parler; ils n'élevaient leurs voix que pour rapporter les actions qu'ils avaient faites, dans l'espérance de se rendre dignes d'elle. « Je sais
« faire huit exercices (chantait Harald le Vaillant),
« je combats avec courage; nul cheval ne peut
« m'ébranler; je sais fendre les flots de mes bras
« nerveux; je vole en patins sur la glace; je puis
« et je sais ramer avec vigueur; je lance au loin
« d'une main sûre un javelot; et cependant, hélas!
« une fille de Russie me méprise. »

La noblesse, la candeur, la simplicité régnaient dans l'amour, l'hymen et la vie privée de ces Norvégiens; et l'enfant recevait de sa mère des leçons aussi fortes, aussi rigides que de la bouche du père. Prête à répandre son sang avec son époux, la femme demandait, obtenait comme la plus grande grâce, de suivre son mari dans les combats ou dans les navigations périlleuses qu'ils faisaient sans cesse. Un des premiers talents que la jeune fille destinée au mariage devait acquérir, c'était la connaissance des simples et l'art de guérir les blessures; c'était toujours par une main aimée que le père, l'époux, le fils et le frère étaient secourus; et lorsqu'une famille nombreuse et dans l'enfance n'exigeait pas de la jeune épouse de se livrer à ce soin, rien ne pouvait l'empêcher de suivre son mari sur ses vaisseaux.

Telles furent les mœurs que les descendants d'Odin portèrent dans la Grande-Bretagne, dans la Gaule, dans la Lombardie, dans l'Exarchat et dans l'Espagne.

Ceux qui connaissent les anciens romans, et qui peuvent avoir lu les extraits trop abrégés que j'ai faits d'une très petite partie de ceux qui nous sont restés des nations que je viens de citer, reconnaîtront sans peine que le fond de ces romans et l'esprit de l'ancienne chevalerie est dû presque en entier aux coutumes, aux mœurs, au caractère des habitants du nord.

En passant dans les provinces méridionales de l'Europe, ils ont fait ce qu'ont fait depuis les Tartares en Asie. Ces autres Scythes, en conquérant la Chine, se sont confondus avec les habitants indigènes : après avoir ou chassé ou réduit à l'esclavage ceux qui leur ont résisté, ils ont peu à peu fraternisé avec les autres; et, si l'on ose se servir de cette expression, les mœurs nationales des vainqueurs et des vaincus se sont *amalgamées* les unes avec les autres, en conservant toujours quelque principe fondamental des mœurs de la nation conquérante.

L'origine des douze jurés qui s'assemblent pour juger criminellement leur égal en Angleterre, n'est-elle pas venue des douze Drottars qui rendaient la justice dans le nord? nos douze pairs français qui représentent au sacre de nos rois, n'en sont-ils pas une image? Le champion qui paraît au couronnement des rois d'Angleterre, les vidames, le parquet ouvert à deux célèbres avocats, tout ne ressemble-t-il pas à la lice ouverte, aux champions qui combattaient pour de grands différends? Et ce point d'honneur, cet ancien préjugé, ce reste de barbarie qu'un sentiment intérieur nous force à tolérer, et dont un gentilhomme ni un militaire n'ose approuver ni blâmer les abus, tout ne nous rappelle-t-il pas notre ancienne origine; tout ne nous prouve-t-il pas que notre imagination est toujours vivement excitée par tout ce qui fut cher à nos pères, et que les mêmes passions qui les agitaient sont encore prêtes à germer et à s'exalter dans notre âme?

Que de traits de ressemblance ne nous trouverions-nous pas avec les sujets d'Odin? notre amour pour la table, la pêche, la chasse, la guerre, l'indépendance. Mais ces réflexions me mèneraient trop loin; c'est aux philosophes moralistes à les approfondir.

Le Comte de TRESSAN.

FIN DE L'ORIGINE DES ROMANS.

NOEI BORGUIGNON

DE

GUI BAROZAI

Je les ai connus, — ces Noëls fameux de Bernard de La Monnoye, — dans le pays même où ils ont poussé, avec les vignes bourguignonnes : au Clos-Chenôve.

Le Clos-Chenôve est la première étape de cette Côte-d'Or — vraiment d'or — qui a quinze lieues de vignes plantureuses qui s'appellent Marsannay, Couchey, Fixey, Fixin, Brochon, Gevrey-Chambertin, Morey, Chambolle, Vougeot, Vosne, Nuits, Beaune, Meursault, Pommard, Volnay, etc., etc.

On était aux derniers jours de septembre et aux premiers jours de la vendange. Nous étions assis, à cinq ou six, sous une verdoyante tonnelle qui donnait sur la campagne, et nous mangions la *potée* traditionnelle, — la bouillabaisse de la Bourgogne, — que nous arrosions d'un vin rouge suffisamment âgé pour des jeunes gens que nous étions tous, le père excepté.

La journée s'avançait. Devant nous passaient et repassaient les vendangeurs et les vendangeuses, — celles-ci vêtues de leur *goudô* de toile écrue, ceux-là vêtus de leur *biaude* de chanvre, — les unes et les autres portant benatons chargés de grappes noires comme des taupes, destinées aux pressoirs voisins.

Le père chanta, son fils l'imita, — et les amis écoutèrent. Les amis étaient des Parisiens, cela va sans dire.

N'allez pas croire qu'ils chantaient des chansons de Désaugiers, de Béranger ou même de Piron. Ils étaient trop Bourguignons pour cela ! Le père avait appris « lai feigne fleur » des Noëls de Bernard de la Monnoye, et il les avait appris à son fils. Ces Noëls suffisaient à leur appétit de chansons : ils n'en voulaient pas chanter d'autres, — comme de braves barôzais qu'ils étaient.

J'écoutais de toutes mes oreilles, non pas à cause de l'air, mais à cause des paroles. Les airs de ces noëls sont connus ; mais les paroles ne le sont guère et elles gagneraient à l'être davantage.

Un de ces *noei* — entre autres — me frappa, à cause de son analogie avec une chanson de Béranger : « *Un jour le bon Dieu s'éveillant.* »

Vous pouvez juger si la rencontre est étrange, en comparant :

Ein jor lai hau Dei le Fi,
Ansin que po lai lucane
De tôte par ai luzane,
Su Nazarai s'éréti.
Ai vi lai Vierge Mairie,
Fillôte de quatorze an,
Froche comé an lai prairie
Lai viôlaite au printam.

Lai Pucelle n'éto pas
De cé vivre qui vo beüille,
Elle boisso lé deuz eüille,
Et ne marcho qu'au compa.
Prié, c'éto sai besogne,
Elle en fezo son plaizi,
Et bailloo ai sai quelogne
Le reste de son loizi...

Il y avait encore douze couplets. Je regrette d'avoir à les supprimer ici, faute d'espace, et parce que j'en ai d'autres à citer.

Ceux-ci, par exemple :

Sôverain moître du tonarre,
Gran Dei, que vos ain fai d'un mô
Le Cier, lai Leûgne, le Sôlô,
L'euvre san dôte à rare.

Que vos ain de male et femelle
Peuplai l'ar, lai tarre, lai mar,
An si jor bâti l'univar,
L'euvre sans dôte a belle.

Ma po rebôtre l'homme an gloire,
Que vo-moime vos ain velu
Vo faire homme tô comme lu,
Ç'a bén éne autre histoire.

On ne sero dan vos annale
Trôvai de prôdige aussi gran,
Bé qu'on y trôve dé sarpan,
Dés anesse qui pale.

Au prei d'une maire pucelle,
Don vos éte ici ba soti,
Adam de pousseire preti
N'a qu'éne bagatelle.

Quei paciance! un Dei qui teusse,
Un Varbe qui ne pale pa,
Ai qui l'on baille du papa,
Qu'on rechainge, qu'on breusse.

Haila, combé de chansenôte
Lai pôvre Vierge vos é di,
Por au maillô vos andormi
Aipré vote papôte.

Aivô lé petite marmaille
Ai siz an vo sôvenez-vo,
Queman vo juein au bouchau,
Vou ai lai cote-paille?

Anfan vo prinre no foiblesse
An croi pu gran vos é fôsar :
Ancor po qui? po dé cafar,
Dé narquoi, dé drôlaisse,

Po dé gripe, dé brelandeire,
Po dé machedru, dé truan,
Po des hôquelle, dé vauran,
Dé raice de vipeire.

Compté no tretô, je vo prie,
Je gaige qu'an cin million
Vo n'an trôvé pas troi de bon.
Lai belle lôterie !

Ç'à pei qu'enlan, le cœur m'an saigne,
Le monde au vice at échaiti.
Devein-vo po lu tan pati ?
Ai n'an éto pas daigne.

Ai sanne, ai le voi si maussaige,
Que vo n'y seid venu jaimoi.
Vos y revarrein bé çan foi
Sans gaigné daivantaige...

Ne trouvez-vous dans ces vers-là le souffle qui traversera plus tard la prose philosophique de Voltaire ?

Souverain maître du tonnerre,
Grand Dieu, qui d'un mot avez fait
Le ciel, la lune et le soleil,
L'œuvre sans doute est rare.

Que de mâles et de femelles
Vous ayez peuplé l'air, la terre et la mer,
Et, en six jours, bâti l'univers,
L'œuvre sans doute est belle.

Mais pour remettre l'homme en gloire,
Que vous-même ayez voulu
Vous faire homme tout comme lui,
C'est bien une autre histoire !

Quelle patience ! Un Dieu qui tette,
Un Verbe qui ne parle pas,
A qui l'on donne de la bouillie...
Qu'on rechange, qu'on berce...

. . . .

Vous êtes mort pour des cafards,
Des rusés, des drôlesses,

Pour des filous, des brelandiers,
Pour des mâche-dru, des truands,
Pour des chicaneurs, des vauriens,
Des races de vipères.

Comptez-nous tous, je vous prie,
Je gage qu'en un million

Vous n'en trouverez pas trois de bon.
La belle loterie ....

Si peu de bons ! Le cœur m'en saigne !
Le monde, au vice a pris goût.
Deviez-vous pour lui tant souffrir !
Il n'en était pas digne.

Il semble, à le voir si pervers,
Que vous n'y soyez jamais venu...
Vous y reviendriez bien cent fois,
Sans gagner davantage !...

Il connaissait la vie, le vieux Barôzai — une bien vilaine connaissance, par parenthèse.

Ces *chansenôtes* m'intéressaient au plus haut point. Je me les serais fait chanter toutes, si j'avais osé !

Je me contentai de demander la source généreuse d'où elles coulaient comme des flots de vin vieux, — et on m'apporta un vieux volume grignotté par les rats et par le temps. C'était la cinquième édition des NOEI BORGUIGNON DE GUI BARÔZAI, — c'est-à-dire de Bernard de la Monnoye, — *composés en l'an 1700, en la rue du Tillot, et en l'an 1701, en la rue de la Roulotte, à Dijon.*

Le Clos-Chenôve fut oublié le soir de ce jour-là. Je fis comme les rats : je dévorai le volume.

Je voudrais donner ici tous ces noëls, charmants de bonhomie, de malice, d'esprit et de poésie aussi. Mais je n'ai le droit d'en citer que quelques-uns, comme échantillon de ce crû bourguignon, qui chauffe le cœur et la tête.

Citons :

Lor que po no révigôtai
Jésu prin naissance su tarre,
Dite me voai, anfan gâtai,
An quei leû ç'a qu'ai lai vin parre ?
Ce ne fut pas dezô ein suparbe lambri,
Ce fu dans ein taudi.

Le pôvre geite que c'éto,
Deu bête y éborgein ai pone.
L'ène de longue oraille aivo
Et l'autre aivo de longue conc.
Velai le bel androi voû s'à venun plantai
Saï daigne Majestai.

Ene piarre fu son coussin,
Ein bôtea de foin son oüaite ;
To dogne que sé mambre étein,
Ene creiche fu sai couchaite.
Aivo-t-i come vô, quieitiste nôvea,
Tan de soin de sai pea ?

Né po lai croi, né po sôfri,
El y meur an poyan no daite ;
Vos autre meuré san meuri,
Antre lé brai de vo parfaite.
Lu por se ranfraichi n'é que du chicôtin,
Vo que du Cham-Batin !...

C'est de la malice, c'est de l'ironie, ce noël ! Il y en a d'autres aussi d'un autre genre, — témoin le neuvième noël :

> L'étai io couvar de l'or de sé jaivelle
> S'estime lai pu belle
> Antre lé quatre saison :
> L'étai n'é pas raizon :
> Le Printam var et gai
> Cueùde an vatu dé fleur du moi de mai,
> Etre pu bea que l'Etai.
>
> L'Autonne s'imageigne
> Que ran n'a tei que sé veigne ;
> Ma l'Hyvar
> Sôten, maugrai sai noge et sé broüillar,
> Qu'étan lai saizon de lai Nativitai,
> Su lu, po lai beatai,
> Le Printam, l'Etai, ni l'Autonne,
> Mazén ne porron l'ampotai.

Et celui-ci, avec lequel on berce encore les petits Bourguignons, n'a-t-il pas sa gaîté spéciale :

> Le curé de Pleumeire
> Dizo lai fleûte en main :
> Chanton Borgei, Borgeire,
> J'airon Noei demain ;
>   Rôbeigne,
>   Lubeigne,
>   Bereigne,
>   Ligei,
> Chanton tô Noei, Noei.
>
> Jésu ven, camarade,
> Jésu de Nazarai,
> Faite po lu gambade,
> Pendant que je dirai :
>   Rôbeigne,
>   Lubeigne,
>   Bereigne,
>   Ligei,
> Chanton tô Noei, Noei.

Ce n'est pas sans raison, on le pense bien, que j'ai donné place ici aux Noëls de La Monnoye. Ce n'est pas qu'ils aient trait le moins du monde aux romans de chevalerie : ils ont trait seulement aux origines de la langue française, — et ce prétexte suffit, à ce qu'il me semble.

Ce n'est pas du *patois* — comme on le dit avec mépris — que ces *noëi borguignon* : c'est un dialecte, une nuance de la langue d'Oïl, une des trois branches de la langue romane du Nord. Le dialecte picard, le dialecte normand et le dialecte bourguignon, — trois fils de la même mère.

Le roman de Géran de Viane, qui est de la fin du XIIe siècle, est en bourguignon. Les sermons de saint Bernard, qui sont de la même époque, sont en bourguignon — quand ils ne sont pas en latin. Le latin ne s'entendait plus alors ; il fallait bien parler la langue qui était comprise de tout le monde.

Ce n'est pas du patois, du patois grossier, inintelligible, — même pour ceux qui le prononcent, — qu'un dialecte où l'on rencontre à chaque pas des mots à racine grecque et à racine latine, par exemple : *fau*, qui vient de *falsus* ; *evaulai*, mettre à val, qui vient de *vallis* ; *écharre*, vigneron pauvre, qui vient de *scardus*, avare ; *croi*, croix, qui vient de *crux* ; *marle*, merle, qui vient de *merula* ; *lôquance*, loquacité, qui vient de *loquentia* ; *peute*, laide, qui vient de *putis* ou de *putidus* ; *trebi*, sabot, qui vient du latin *turbo* ; *varô*, verrou, qui vient de *veru* ou de *varus*, etc., etc.

Patois, si l'on veut, après tout ; je ne m'y oppose pas. Mais, en tout cas, patois pittoresque.

Je quittai le Clos-Chenôve à mon grand regret, — non sans avoir assisté aux fêtes du pressoir, non sans avoir bu la *meire-gôte*, avec les joyeux barôzais d'alentour.

Je comprends que Bernard de la Monnoye ait vécu plus vieux encore que le *patriarche* Voltaire. L'air de la Bourgogne est imprégné de « pourée septembrale » — le vin conserve l'homme !

On meurt très peu dans ce plantureux pays-là. Les hommes et la vigne n'y connaissent pas le moindre oïdium. C'est là que je voudrais aller mourir.

ALFRED DELVAU.

FIN DES NOEI BORGUIGNON.

OGIER LE DANOIS

CHAPITRE PREMIER

Comme le duc Geoffroy manda ses parents et ses amis pour les obsèques de sa femme et le baptême de son fils qui fut nommé Ogier; des prétentions de Charlemagne à la suzraincté sur les terres du duc; comme celui-ci renvoya un messager qui venait lui parler à ce sujet; de la guerre qui s'en suivit; de la captivité d'Ogier et des périls qu'il y courut; comme Charlemagne envoya de nouveaux messagers au duc.

A l'époque où le roi Charlemagne exerçait sa puissance en Occident, le duc Geoffroy régnait sur le Danemark. C'était un vaillant homme, qui, aidé de ses frères, avait conquis cette contrée à la pointe de l'épée.

Non moins heureux comme époux que comme prince, le duc était chéri de sa femme qui l'aimait fort, quand tout-à-coup leur union fortunée fut rompue par la mort de la duchesse. Mais comme si Dieu eût voulu adoucir ce amlheur par une compensation immédiate, un fils naissait au duc dans le même moment.

Tous les parents furent mandés pour l'enterrement de la défunte et pour le baptême du nouveau né, et les deux cérémonies se firent avec un grand éclat. L'enfant fut nommé Ogier. Les barons, les chevaliers, les dames, les demoiselles furent retenus à une fête qui dura huit jours, après quoi ils prirent congé du duc et se retirèrent chacun chez soi.

Le petit Ogier fut confié à deux nourrices attentives à le soigner; il se développa rapidement entre leurs mains; on s'émerveilla bientôt de sa force et de sa beauté : la nature n'avait rien épargné en lui.

Le duc, après dix ans de veuvage, se remaria sur le conseil de ses barons; il eut de sa seconde épouse un autre fils nommé Guyon. Celui-ci, bien que vaillant, n'eut jamais la valeur d'Ogier.

Cependant le duc continuait à gouverner ses terres sans en rendre foi ni hommage à personne. Des chevaliers envieux de sa prospérité en donnèrent avis à Charlemagne.

— Vous êtes le plus puissant des rois, le prince le plus obéi sur une immense surface d'Etats, Sire, lui dirent-ils : il n'est qu'un prince, un seul de vos sujets qui ne tienne aucun compte de vous.

— Qui est celui-là? demanda le roi ému.

— Sire, répondit l'un des malveillants, c'est Geoffroy de Danemark; dans son arrogance, il ne craint pas de dire qu'il ne tient ses terres que de Dieu et de son épée.

A ces mots, Charlemagne appela un messager :

— Tu iras en Danemark, lui dit-il, et tu sommeras le duc Geoffroy de venir me servir et me rendre hommage, en l'avertissant que s'il s'y refuse, au retour de l'été il me verra paraître dans ses terres avec telle escorte, qu'il ne pourra songer ni à se défendre ni à m'empêcher de les mettre à feu et à sang. Va !

Le messager s'acquitta diligemment de sa mission et, s'étant trouvé sur le passage du duc et de la duchesse de Danemark, comme ils sortaient de table, il salua le duc et lui transmit les paroles de son maître, ajoutant :

— Après tant d'autres ravages, si vous n'obéissez, le roi vous emmènera prisonnier à Paris, vous, votre femme et vos enfants.

— Allez dire au roi que, s'il vient ici, il trouvera à qui parler, répondit le duc, outré du message qu'il entendait : il me reste Dieu, une épée et des amis avec l'aide desquels je suis résolu à braver ses menaces et à repousser ses prétentions.

Le messager entendant le duc signifier ainsi sa résolution, reprit le chemin de France. A son retour, il dit en achevant de rendre compte de sa mission :

— Je ne crois pas que le jeune Ogier ait approuvé la folle réponse de son père et les termes injurieux dans lesquels elle est conçue. C'est déjà un jeune prince sensé qui connaît toute la distance du bien au mal.

Le roi et son armée se mirent en mer, et une heureuse navigation les conduisit aux côtes de Danemark.

A la nouvelle de leur arrivée, le duc convoqua ses onze frères et sa noblesse; il entreprit de faire une opiniâtre résistance, mais sans succès : il lui fallut se rendre à composition, lui et les siens.

Le roi, dans sa merci, lui dicta la condition de se rendre en personne à Paris, avant Pâques, pour rendre hommage à son vainqueur, le servir et se reconnaître son homme-lige et vassal. Charlemagne exigea en outre un otage; Ogier fut offert pour en servir et il fut accepté avec grand empressement; car il y avait déjà honneur pour une cour à posséder ce gentilhomme qui réunissait les dons si précieux de la beauté, d'un grand sens et d'une humilité touchante. Le roi le lui exprima à lui-même avec bonté.

— Je vous ferai chevalier, lui dit-il, et l'un des plus hauts de ma cour. Puis il le confia à garder à Naymes de Bavière, parent du jeune homme.

Grâce à cet appointement, la paix ayant été conclue, le roi retira son armée du pays, la ramena par l'Allemagne contre les Sarrasins. Dans ces marches on atteignit la fin de l'hiver, puis après le printemps.

Le roi se retrouvant en France vers la mi-carême, il y eut voyage à Saint-Omer avec la reine, grandes dévotions de Pâques, joutes et tournois préparés et annoncés solennellement par le châtelain, comte Garnier. Toute la cour se trouva aussitôt réunie autour de Charlemagne, radieux et loué de tous au milieu des fêtes et des triomphes; puis il y eut tenue de parlement avec l'assemblée de tous les barons.

Dans ces occupations si diverses, la date à laquelle le duc Geoffroy aurait dû venir s'acquitter de sa promesse avait été dépassée depuis longtemps : la mémoire en revint au cours des affaires et le conseil en fut rompu par le dépit du roi. Le soir, ses yeux tombèrent sur Ogier.

— Triste courage, dit-il, que celui d'un père qui étouffe sa pitié pour son fils et qui le sacrifie à sa désobéissance! Châtelain, saisissez-vous de ce jeune homme : placez-le au donjon en lieu sûr pour me le représenter quand il sera besoin. Vous m'en répondez.

Le gouverneur adoucit à Ogier la captivité qu'il devait lui faire subir en commandant pour lui les égards de sa famille et de tous ses gens. Mais c'était un remède impuissant contre la douleur du jeune prince.

— Moi vendu comme un serf! mon père aurait eu cette barbarie! Non, je ne l'en accuse pas, mais bien ma belle-mère que sa jalousie porterait jusqu'à attenter à ma vie.

Une abondance de larmes accompagnaient ces paroles : les dames et particulièrement la fille du châtelain lui en marquaient une grande compassion; le roi lui-même, à qui cela revint, en fut touché; mais il tint ferme à cause de son irritation contre le père; la cour en fut attristée. Peu après, le désir de vengeance du roi contre le duc rebelle ne faisait qu'augmenter.

— Puisque je n'ai point de nouvelles de Geoffroy, dit-il, je suis décidé à faire mourir son fils, et tôt!

L'un des plus nobles et des plus sages personnages de la cour, Augustin Lenormant, prit subitement la parole en entendant ce propos.

— Eh! Sire, que savez-vous si ce n'est pas empêchement, force majeure, danger qui retient le duc? N'y sommes-nous pas tous exposés chaque jour? Avant de sévir sur un innocent, ne conviendrait-il pas mieux d'envoyer quatre de vos gentilshommes s'enquérir de ses motifs? Un roi ne doit punir qu'en connaissance de cause. Eclairez-vous, vous n'en déciderez ensuite que plus royalement.

— Bien dit, répliqua le roi, la recherche de la vérité garantit du reproche d'injustice. J'adopte l'avis en entier.

Aussitôt Alexandre Daugler, Milon de Navarre, Régnier de Mongler, tous trois personnages importants, furent, avec l'évêque d'Amiens, commissionnés pour aller demander compte à Geoffroy de Danemark de l'inexécution de sa promesse. A leur départ, le roi leur dit :

— Avertissez-le que, s'il ne se hâte de réparer sa faute, la mort attend son fils, et les bêtes féroces l'attendent lui-même dans la fosse où je le ferai jeter après l'avoir fait prisonnier et avoir détruit tout ce qui a tenu à lui.

CHAPITRE II

Comment le duc traita les nouveaux messagers de Charlemagne ; de ce qu'il faillit en advenir pour son fils Ogier ; et comme il arriva un héraut à la cour de l'Empereur qui conta les grandes abominations des païens à Rome.

Tandis qu'Ogier dans sa prison se partageait entre la pensée d'éviter la mort et l'amour qui naissait en lui pour la fille du châtelain, les messagers de Charlemagne arrivaient au palais de son père.

Tout d'abord ils furent mal accueillis par les gens du duc qui, les voyant arriver à l'heure du repas de leur maître, les laissèrent dehors, encore qu'ils eussent décliné leur titre et le nom de leur maître. Cela se fit avec l'approbation de Geoffroy. L'évêque d'Amiens, principalement, en maugréait et se promettait de le lui faire payer plus tard.

Enfin, après que la table eut été tenue longuement, et quand les grâces furent dites, on les introduisit : ils saluèrent ainsi que le comportait le rang du prince et la noblesse de l'assistance, puis l'évêque d'Amiens prit la parole. Ce qu'il avait à dire était ferme, précis et tout tracé d'avance : il ne s'en écarta pas d'un point, ni par timidité ni par arrogance.

La mort d'Ogier le Danois, ce fils qui lui devait être cher, la menace d'une nouvelle guerre, sa propre fin honteuse et assurée sous la dent des animaux, l'avis paternel de l'évêque de conjurer tant d'effroyables malheurs en accompagnant les messagers à Saint-Omer et en demeurant quelque temps près du roi, qui ne manquerait pas de le bien traiter ! rien ne fit d'autre impression sur le duc, que d'exciter son rire et sa moquerie.

— Ah ! ribauds ! messagers impudents ! me venir tenir ce langage sous le couvert de votre roi ! Je vous ferai maudire l'heure où vous vous êtes mis en route pour un tel message.

Sur l'ordre qu'il en donna, des bourreaux se saisirent de ces malheureux, leur arrachèrent les lèvres, leur mutilèrent le nez en le renversant sens dessus dessous ; leur arrachèrent une lanière de peau autour de la tête, comme en dérision de couronne ; ce fut en cet état qu'on les laissa libres de retourner d'où ils venaient, et qu'ils reparurent devant Charlemagne, à Saint-Omer, ayant fait diligence malgré leurs atroces douleurs. Qu'on juge de la surprise et de la pitié qui s'élevèrent dans tous les cœurs à leur aspect ! Ils vinrent tomber aux pieds du roi pendant la célébration d'un tournoi :

— Vengeance ! Sire, vengeance !

— Qu'est ceci ? s'écria le roi à cette vue et à ces cris. — Quelle aventure vous est-elle survenue, quel monstre des forêts vous a attaqué dans votre voyage ?

— Sire, vengeance ! non d'un monstre des forêts, mais d'un monstre humain, de Geoffroy de Danemark : c'est de lui que nous avons reçu ce traitement.

Dans la confusion indignée qui se produisit parmi la foule de seigneurs, Charlemagne ordonna au châtelain d'amener Ogier en sa présence. Ses yeux laissaient déjà lire la sentence de mort du prisonnier.

Le courroux du châtelain contre l'infâme cruauté de Geoffroy ne le détournait pas de vouloir donner un bon conseil à son fils innocent. Il vint le tirer de la compagnie des demoiselles, dans laquelle celui-ci trouvait une agréable distraction, et l'emmena vers le roi. Ogier, dès qu'il avait entendu où il était mandé, avait pressé le châtelain de questions : Avait-on nouvelle de sa délivrance, son père était-il venu ?

— Gentil écuyer, répondit le père de celle qu'Ogier ne pouvait déjà plus quitter sans regret, il vous faut à cette heure être humble et doux, pour tout ce que votre père a d'orgueil. Le Psalmiste a dit que les superbes seront rabaissés et les humbles relevés. Suivez mon conseil et Dieu vous aidera.

En conséquence, le premier mot d'Ogier devant Charlemagne fut de requérir pardon. Le roi en fut touché, mais en même temps s'élevèrent les voix des messagers pour réclamer vengeance. En même temps, Naymes de Bavière parla en faveur de son malheureux parent ; mais l'outrage irréparable fait à ses envoyés plaidait plus haut que toute autre considération dans le cœur du roi. Il condamna Ogier à avoir la tête tranchée en présence de tous les barons.

— Sire, dit alors Ogier, je suis innocent de tout ceci, et mon père n'a pu vouloir ma mort. — Il n'est que ma marâtre qui l'ait pu pousser à agir ainsi, afin d'accroître la prospérité de son fils. Si mon père vous refuse service et hommage, je me reconnais votre vassal, moi qui suis son légitime héritier. Que votre majesté me conserve pour le bien de ses affaires, et je m'y emploierai à son royal contentement. En ce qui est des nobles messagers blessés, je me soumets à la réparation que décidera l'assemblée des barons, et j'y satisferai de tout ce que j'aurai de terres et de seigneuries un jour.

— Cela ne sert à rien, répondit le roi ; il n'est de réparation que par la perte de votre vie. Sus ! prévôt, qu'il meure.

— Mère de Dieu, souffriras-tu cela ? s'écria Ogier.

Ses yeux rencontrèrent ceux de Naymes de Bavière, qui se remuait dans l'assemblée des barons et pairs de France pour faire révoquer la sentence. Il réussit à se faire assister d'eux, et tous ensemble ils vinrent remontrer au roi qu'après qu'Ogier aurait été mis à mort, il ne serait baron qui restât de cœur à la cour ; que le jeune homme comptait onze oncles parmi les plus grands seigneurs présents, que c'était se les aliéner tous que de le faire périr, et qu'enfin il méritait personnellement qu'on le laissât vivre par les espérances que faisaient concevoir ses brillantes qualités. Au moment où le roi allait répondre, un messager entra, et presqu'immédiatement les terribles nouvelles qu'il apportait circulèrent de tous côtés :

Rome au pouvoir des païens; le Soudan, le Grand-Turc et Caraheu, le roi des Indes, maîtres de la capitale de la chrétienté; le pape et tous les membres de l'Eglise dispersés, les temples détruits, toutes les précieuses reliques perdues, sauf le corps de saint Pierre ; les chrétiens passés au fil de l'épée; l'amiral Corsuble, Dennemont son fils et le roi Caraheu menaçant déjà la Lombardie et bientôt la France pour y implanter, jusqu'à Saint-Denis, la religion de Mahomet, telles étaient ces nouvelles.

Le roi, étourdi de ces complications inopinées, ramena par hasard ses regards sur Ogier :

— Que l'on fasse tomber sa tête ! dit-il avec fureur.

— Non, Sire, répondit courageusement Naymes, vous ne le ferez pas tuer ou vous me donnerez mon congé, à moi, votre conseiller, qui ne veux pas participer à une semblable folie, — et s'apercevant que sa vivacité n'avait pas été mal prise du roi, — veuillez donc considérer, Sire, continuat-il, qu'en présence de ces nouvelles complications de Rome, mettre Ogier à mort, c'est, tandis que vous irez en avant, soulever volontairement derrière vous toute sa parenté, dont l'orgueil vous est connu. Au contraire, ce jeune champion demande à vous servir, acceptez-le, Sire ; si vous voulez vous venger, il en sera toujours temps.

— Duc Naymes, ne vous courroucez plus, répondit le roi, j'apprécie votre franc et loyal langage, je vous confie Ogier.

— Je vous remercie, Sire, il sera bien gardé.

Sans perdre de temps, le duc Naymes, heureux de cette issue, confia le jeune écuyer aux deux frères de sa femme, Geoffroy et Gauthier.

— Roi chrétien, pilier de l'Eglise romaine, le pape vous appelle à son secours ! s'écriait le messager.

— A Rome ! à Rome ! répondaient les barons.

— Si saviez de quelle mie la plus belle et la plus mignonne me suis enamouré étant prisonnier du châtelain ! disait Ogier à ses deux gardiens en s'éloignant avec eux. Ni nuit ni jour ne puis reposer tant suis atteint d'amour ! Allons pour passetemps à son castel, retournons voir ma tant désirée dame.

CHAPITRE III

Comme l'Empereur fit diligence pour se porter au secours du pape avec son armée; comme il arriva dans Suze proche Rome ; du grand accueil que lui fit le saint-père; du combat qui fut livré ; de la lâcheté du Lombard Allory, porte-enseigne des chrétiens ; de ce qu'Ogier fit à ce propos, et comme les Sarrasins furent déconfits par sa vaillance.

Deux discours étaient prononcés ensemble peu après les événements que nous venons de rapporter. C'était celui que Charlemagne adressa à ses troupes, pairs de France, princes, capitaines, barons, chevaliers, hommes d'armes de tous rangs, étant venu se mettre à leur tête à Paris ; et celui qu'Ogier tint à la belle Belicenne, fille du châtelain, au moment de quitter Saint-Omer pour suivre l'Empereur. — Le monarque n'eut pas de peine à enflammer une armée qui allait marcher contre des mécréants, sous les plis de l'oriflamme, et pour la sainte foi du Christ. L'écuyer n'eut pas de peine à ramener le sourire dans les yeux baignés de larmes de son amie, en lui promettant de n'accomplir que pour l'amour d'elle tous les beaux faits d'armes qu'il se promettait dans la guerre prochaine, et en l'assurant de la prendre pour femme à son retour, en telle manière que leur bonheur durât autant que leur vie, et qu'elle ne fût exposée ni à honte ni à reproche au sujet de l'enfant qu'elle portait dans son sein.

— Effectivement, telle était sa tendresse pour Ogier, l'homme le plus beau et le plus honnête à son gré qu'eût produit la nature, qu'elle était déjà en chemin de devenir mère.

Sur cet engagement les deux amants se séparèrent, et bientôt après Ogier ayant rejoint le camp de Charlemagne, assista à un spectacle tel qu'il n'en avait encore vu de sa vie. C'était le déploiement des forces imposantes commandées par des chefs comme Quentin-le-Normand, Sansse, Savary, le duc Hoyaux, messire Allory, haut personnage de la Lombardie ; messire Thierry de Dordonne, Naymes de Bavière et tant d'autres. Il y avait en tout deux cent mille hommes. Le son des trompettes formait dans l'air un bruit d'orage ; les bannières semblaient une forêt ; la terre tremblait sous les pas des hommes et des chevaux. Sitôt après la revue on entra en campagne, et en peu de jours on atteignit Suze, ville à peine distante de Rome de dix lieues.

Quand le pape et le clergé, réfugiés à Suze, aperçurent les rangs libérateurs qui avançaient, ils se portèrent en procession à leur rencontre. Ce fut en pleurant que le saint-père et l'Empereur s'embrassèrent. Ils songeaient l'un et l'autre aux dévastations et aux profanations de toutes sortes des païens dans la ville éternelle.

— Consolez-vous, mon père, dit l'Empereur. Je jure sur mon sceptre de ne pas m'en retourner que je n'aie détruit vos ennemis, et que je ne vous aie rétabli sur votre siège ; de votre côté, attirez par vos oraisons la bénédiction de Dieu sur nos armes.

Il fit entrer ensuite ses troupes dans la ville, où le pape avait fait préparer d'avance ce qu'il leur fallait pour se reposer et se rafraîchir.

Mais déjà les rapports des espions avaient instruit les païens de la venue des Français. Dennemont voulait leur courir sus sans prendre conseil de personne ; ses amis le retinrent jusqu'à ce que son père eût prononcé. A vrai dire, Corsuble ne faisait pas grand cas de Charlemagne ; il accorda cinq mille hommes, puis par réflexion vingt mille pour qu'on allât le traquer dans Suze. L'Empereur, de son côté, avait mis à profit la nuit pour envoyer occuper différentes positions. Naymes de Bavières, l'un de ceux à qui il l'avait commandé, rencontra au point du jour l'ennemi posté sur une montagne, — c'était le corps de Dennemont.

— Attaquons, cousin, dit-il à l'un de ses parents

nommé César. Tout le monde applaudit; mais après tout, Naymes qui se savait trop inférieur en nombre, voulait envoyer prévenir l'Empereur de l'appuyer: personne ne consentit à échanger l'emploi de combattant contre celui de messager. Déjà l'on en est aux mains, les lances volent en éclat. Eudes de Langres tue le neveu de Dennemont, mais Dennemont lui-même l'enveloppe d'un gros des siens, lui, le duc de Bretagne, d'autres vaillants hommes, et les fait prisonniers. Naymes voulant les délivrer, part à fond sur Dennemont, bouscule l'homme et le cheval; les païens reviennent en masse, on plie autour du chef français, il faut reculer.

Charlemagne avait entendu le bruit du combat: observant la retraite qui s'effectuait, il se porta en avant avec les troupes fraîches. De leur côté, les Sarrasins n'avaient pas continué leur poursuite; on se rencontra sur le précédent champ de bataille: un premier corps de gendarmes français n'eut pas l'avantage. Charlemagne se lança en personne, suivi de la fleur de sa chevalerie: il eut son destrier tué sous lui. Au même moment, Allory, qui portait l'oriflamme, s'enfuit lâchement à travers la campagne: il fallut une seconde fois reculer.

On délibérait de rentrer au camp en abandonnant les prisonniers, quand Ogier, témoin impatient du combat auquel sa position d'otage l'empêchait de prendre part, n'y tenant plus à la vue d'Allory qui s'échappait, saisit une hache d'armes qui lui tomba sous la main, se précipita d'une course enragée sur le couard, l'atteignit, le fit rouler à terre d'un coup, le dépouilla de son armure, la revêtit à l'aide de ses gardiens qui l'avaient suivi, enfourcha la monture et piqua des deux vers la mêlée. De son côté, le Lombard s'était relevé et tout d'un trait avait couru s'enfermer dans son bon logis à Suze.

Ogier s'était élancé vers le point où les prisonniers restaient sous la garde de Braimont. — Couper d'abord la retraite à celui-ci, puis le forer à prendre la fuite et à tout abandonner fut l'affaire d'un instant. Autour d'Ogier mordit la poussière, et les Français, trompés par l'armure, criaient: « Brave Allory! l'on t'avait cru traître! » Maintenant Ogier s'est porté du côté de Charlemagne, il était temps: l'Empereur ayant un second cheval tué sous lui, attendait le coup fatal; du sang et des morts sous la hache d'Ogier le délivrent.

— Ah! dit l'Empereur d'un ton jovial, je n'ai pas encore dit adieu au bonheur de revoir la France et de punir Geoffroy de Danemark et sa race.

— Courage! brave Allory, cria-t-on de toute part.

Un nouveau flot de Sarrasins arrivent conduits par Dennemont.

— Au glouton! hurle le païen en désignant Charlemagne, ruez-vous tous. A moi la couronne de France! à moi la ville de Paris pour y marier ma sœur au roi Caraheu!

— Monjoie! crie l'Empereur en rabattant la tête d'un amiral.

Bientôt, cependant, il se trouve si pressé qu'il ne peut même plus lever son épée; son écu d'azur aux fleurs de lys d'or est rompu en pièces, son heaume est enfoncé: Ogier reparaît, l'oriflamme d'une main et la hache de l'autre. Une boucherie horrible commence sous ses coups. Dennemont trébuche, ses partisans l'entraînent, ils reculent, ils fuient, ils finissent enfin par offrir le tableau d'un complet désordre.

Ce fut ainsi que Dieu suscita le vaillant champion Ogier pour sauver l'honneur de la France.

CHAPITRE IV

Comme Ogier fut armé chevalier, et du défi qu'il fit porter à Caraheu, roi de l'Inde-Supérieure.

C'était sur le champ de bataille même que devait survenir à Ogier l'honneur le plus insigne auquel il pût aspirer: l'Empereur ayant reporté ses regards de l'immense lit de morts et de mourants qui l'entouraient au héros de la journée, lui dit:

— Vaillant Allory, que puis-je vous offrir dans mon royaume qui ne soit au-dessous de votre mérite? Vous convient-il d'être le lieutenant de ma couronne?

Et en parlant ainsi de grosses larmes d'attendrissement lui roulaient sur les joues et la barbe.

Un écuyer, à qui ce propos semblait étrange, osa en relever l'erreur.

— Sire, à qui croyez-vous donc parler? à Allory? C'est un lâche qui s'est enfui dès le commencement de la bataille; pour celui auquel vous vous adressez, il l'a châtié et s'est substitué à lui pour se couvrir de gloire: il n'est autre qu'Ogier le Danois.

En même temps le jeune homme haussait son heaume en silence, montrait ses traits à découvert et pliait le genou devant l'Empereur.

— Sire, merci pour Geoffroy de Danemark! puisse son fils être agréé à réparer son offense en se dévouant à votre service.

— Ah! gentil Ogier, c'est en vous que se trouvent tant de preuves de sens, de bonté, de force et de vaillance! comment ne désarmeraient-elles pas mon courroux; mais ne vous relevez pas encore, Joyeuse, ma bonne épée, toute dentelée des coups qu'elle a frappés aujourd'hui, désire toucher l'épaule d'un brave... Relevez-vous, à cette heure, et embrassez-moi, chevalier!

Ce nouveau titre, cette précieuse admission dans l'ordre de la chevalerie, électrisèrent Ogier. Il fut à cheval d'un bond et fendit l'air comme une flèche, cherchant en vain l'ennemi qui ne se distinguait même plus à l'horizon. Il revint au petit pas vers le noble groupe de l'Empereur et des pairs de France; d'un autre côté y arrivaient les chevaliers capturés au commencement de l'action; ils venaient rendre grâce à Allory de leur délivrance.

— Allory, seigneurs! leur répondit l'Empereur; non, non, ne frustrez pas votre parenté des avantages de la gloire pour en doter un lâche qui ne vous est rien. Votre libérateur est un de vos proches, c'est Ogier le Danois; c'est lui que revient l'honneur de cette journée.

Cependant il restait encore du jour pour combattre, et Dennemont se reformait derrière les collines. — Le clairon sonne de nouveau, les bannières et les gonfanons s'agitent; entre tous flamboie l'oriflamme qui reste aux mains d'Ogier. On s'ébranle, on retrouve l'ennemi, ; le nouveau choc est défavorable aux Sarrasins. Pour la seconde fois Dennemont prend la fuite. Tandis qu'il s'échappait, il vit accourir à lui Sadonne, le cousin de Corsuble, qui venait lui annoncer l'approche de Caraheu à la tête de trente rois païens. C'était l'exécution de la promesse qu'avait faite ce grand monarque. Corsuble lui avait promis en échange de le mener couronner à Paris et de l'y unir à Gloriande, sa fille, la première beauté de tout l'Orient.

— Mais que vois-je, Dennemont? s'écria Sadonne. Vous êtes en déroute! Oh! ça, retournons en avant!

Et le voilà, aidé de sa suite, qui se jette sur les chrétiens, les pousse furieusement, et leur cause de grands dommages. Mais tout-à-coup quelqu'un à ses côtés lui crie :

— Sauvez-vous ou vous êtes mort!

C'était l'apparition d'Ogier qui inspirait cette terreur.

— Arrête, poltron! ou je te tue!

A ce commandement, Sadonne, qui avait déjà tourné bride, revient tout tremblant et demande la vie.

— Qui es-tu, pour que je te l'accorde?

Ogier s'adoucit en découvrant que c'était au favori du roi Caraheu qu'il allait faire grâce.

— La vie, soit, dit-il, mais j'attends qu'en échange vous preniez l'engagement de me faire rencontrer quelque part seul à seul avec votre maître.

— Mon maître est le roi de l'Inde supérieure, répondit Sadonne.

— Mon aïeul était Doon de Mayence, répliqua Ogier, et l'un de ses douze fils, Geoffroy de Danemark, est mon père. Cette noblesse vous paraît-elle suffisante?

— Oui, répondit Sadonne, je prends l'engagement que vous me demandez. Si cependant je n'y puis satisfaire, je reviendrai me reconstituer votre prisonnier.

— Allez! dit Ogier, et puissé-je bientôt fermer la route de la France à qui veut y pénétrer par violence!

L'ennemi ne tenait plus d'aucun côté, on le pourchassait dans toutes les directions; Charlemagne se retira avec ses douze pairs, et ceux-ci, en chevauchant, lui racontèrent l'entrevue d'Ogier et d'un Sarrasin renvoyé sauf. Sur l'heure Charlemagne voulut en être éclairci, il fit appeler le nouveau chevalier.

— Sire, répondit celui-ci à la question qui lui fut faite, celui que, contre les coutumes de guerre, j'ai renvoyé au lieu de le mettre à mort, doit me faire trouver en champ-clos avec le roi Caraheu, notre adversaire capital; j'espère, par ce moyen, amener la fin de la guerre, sans qu'il en coûte à votre royaume tant de désastres et tant de sang répandu.

— Gentil compagnon, répondit l'Empereur admirant cette résolution en dépit qu'il voulût paraître la blâmer, je crains que cette hardiesse ne nous expose à vous perdre, ce qui serait pis que de perdre un corps d'armée.

Sur cet entretien, l'on rentra dans Suze. Nous laissons à penser la joie que le pape et le clergé témoignèrent de la victoire. Dans Rome, les païens ne se réjouissaient pas autant, ils conservaient particulièrement un souvenir épouvanté de ce formidable combattant qui, par trois fois, était venu leur arracher l'Empereur des mains. Dennemont parlait de se donner la mort; il n'était un peu soutenu que par l'espérance de prendre sa revanche avec toutes les forces alliées réunies. Son père, l'amiral, homme de plus de constance et de sang-froid, blâmait tout ce bruit et toute cette douleur à propos d'un premier échec, il ne voulait pas qu'on s'émût de ce qui n'était de la faute de personne que de la fortune. La mère de Dennemont, elle-même, trouvait ce désespoir moins conforme aux habitudes d'un preux qu'à celles des femmes, qui essaient de se faire accorder ce qu'elles désirent à l'aide de lamentations. Sous ce double reproche l'orgueil de Dennemont se redressa enfin; toute la cour ne songea plus qu'à se porter au devant du roi Caraheu qui arrivait; chacun s'y rendit dans la plus belle ordonnance qu'il put et, entre tous, la belle Gloriande apparut sous des atours de déesse. Elle était vêtue d'une magnifique robe de damas blanc, qui avait demandé neuf ans de travail à faire; cette robe était semée de perles et de pierreries. Par-dessus s'étalait un camail d'un merveilleux tissu et d'une inappréciable valeur. Les cheveux de la jeune princesse avaient un éclat d'or bruni, ruisselaient jusqu'à terre, et étaient entourés d'une couronne d'or d'un travail exquis. Elle portait une escarboucle sur la poitrine; au poing elle avait un épervier. Les deux cortéges se rencontrèrent : on échangea force témoignages d'honneur et d'amitié; puis, tous ensemble, on retourna au palais, où l'on s'assit autour d'un somptueux festin. Au milieu de l'éclat joyeux de la fête, à la vue des forces écrasantes que le roi Caraheu amenait, la déroute de Dennemont ne sembla plus qu'un fait sans importance, tout le monde l'envisagea légèrement.

Sadonne transmit à son maître le défi d'Ogier, et le monarque indien promit, sans nulle faute, de combattre ainsi qu'il lui était proposé. Sur la fin du repas, un espion étant arrivé de Suze et ayant annoncé que l'armée française s'apprêtait à marcher sur Rome, la joie redoubla; on cria que, dans leur folie, les chrétiens étaient une proie qui venait s'offrir d'elle-même, et que l'on n'aurait même pas la peine de se déranger pour les saisir tous.

CHAPITRE V

Comment Charlot, envieux d'Ogier, entreprit de s'embusquer en avant de l'armée, avec peu de gens, et du danger qu'il fit courir aux Français. Et comment la valeur d'Ogier vint à bout de tout réparer. Comme Caraheu vint en héraut près de Charlemagne, et du combat singulier qui fut arrêté entre lui et Ogier, et entre Sadonne et Charlot.

La jalousie que les exploits et la renommée sitôt acquise d'Ogier excitèrent dans le cœur d'un fils de Charlemagne, nommé Charlot, faillit causer la perte de ce dernier, par la témérité qu'elle lui inspira dans la circonstance suivante :

Charlemagne avait fait annoncer que chacun se

tînt prêt à se porter sur Rome au premier signal; Charlot, prenant à part quatre de ses compagnons, leur proposa de devancer l'armée pour accomplir quelque acte éclatant en attendant sa venue.

— Excellent! s'écrièrent les seigneurs; prévenons Ogier, il sera des nôtres.

— Ne le prévenez pas, au contraire; je ne le veux voir mêlé en rien à notre entreprise.

La nuit suivante, Charlot, à l'insu de Charlemagne et du reste de l'armée, fit prendre les armes à cinq cents hommes, et les mena secrètement à peu de distance de Rome. A peine était-il embusqué que Dennemont en était déjà averti par ses espions.

— Ogier le Danois est-il parmi eux? demanda-t-il.

Les espions lui répondirent qu'ils ne le pensaient pas.

L'occasion était trop belle pour ne pas la saisir au plus vite.

Il envoie prévenir Caraheu et l'Amiral; en un instant tout le monde est en selle; vingt mille hommes sont réunis pour aller cerner les Français et que pas un n'échappe.

Or, la sollicitude paternelle de Charlemagne, alarmée jusque dans son sommeil, lui avait fait pressentir sous la forme d'un songe le danger que courait son fils; il avait vu un oiseau monstrueux lui déchirant les entrailles du bec et des ongles. Troublé jusqu'après son réveil, il n'avait pu songer à autre chose pendant le conseil et pendant la messe, célébrée comme à l'habitude par l'archevêque Turpin. Personne, d'ailleurs, ne savait rien de ce qu'il lui importait de savoir: ni où était Charlot, ni ce qu'il faisait.

Ce ne fut qu'un peu plus tard qu'un chevalier, accourant de la périlleuse embuscade, vint l'avertir de se hâter s'il voulait revoir son fils vivant. Charlemagne, comme on le pense, n'y mit pas de retard; tout ce qui se trouva d'hommes prêts autour de lui le suivit immédiatement, et, s'il ne put arriver que déjà bon nombre des compagnons de Charlot ne fussent massacrés, c'est que dès le commencement de l'engagement, chaque Français avait eu quarante ennemis sur les bras. Le fils de l'Empereur avait fendu un prince païen, homme et cheval, abattu l'épaule d'un autre; mais Caraheu avait décapité son cheval, et, sans l'arrivée d'Ogier, c'en était fait de lui. En moins de temps qu'il n'en faut pour le raconter, le Danois avait changé la face des choses; partout où se promenait son blason d'argent à un aigle de sable, il y avait jonchée de cadavres à arrêter les chevaux de fuyards ou ennemis, c'était maintenant tout un. Caraheu lui-même ne tint pas plus que les autres; à l'appel d'Ogier qui voulait le joindre, il se contenta de répondre que le jour de leur rencontre n'était que différé. Mais en parlant ainsi, il fuyait toujours, les plus braves n'avaient plus honte de montrer leur crainte. Il y eut cependant un peu plus tard un retour offensif des plus hardis, mais de si peu d'effet et de si peu de durée, que ce ne fut qu'un temps d'arrêt dans la déroute, qui finit par emporter tous les païens. Charlemagne les ayant poursuivis jusqu'à leurs tentes, n'eut plus autre chose à faire que de rentrer au camp. Il y eût peut-être puni son fils, si ses reproches n'eussent été arrêtés par l'intercession de ses conseillers et par le repentir de l'imprudent. Celui-ci témoigna particulièrement sa reconnaissance à Ogier de lui avoir sauvé la vie.

Cette alerte, dégénérée en action générale, avait eu l'important résultat de faire acquérir à l'armée française des positions nouvelles qui la rapprochaient de Rome, entre autres la rivière de Coivre, qu'on avait franchie en pourchassant l'ennemi, et que l'armée tout entière traversa dans la soirée. Les tentes furent plantées sur l'autre rive, près d'une île abondamment pourvue de vivres. Tout fut joie encore ce soir-là dans le camp des chrétiens, tout désappointement dans le camp opposé; les chefs sarrasins n'avaient pas trop de quoi se louer les uns les autres et ne s'y essayaient guère. Ils se fiaient pourtant encore à leur nombre en bataille rangée. Caraheu décida de se rendre en héraut près de Charlemagne, tant pour prendre jour à en livrer une qui décidât entre eux que pour arrêter son combat singulier avec Ogier.

Après un court débat, ses alliés l'approuvèrent; nul ne mettait en doute l'attention scrupuleuse de l'Empereur à bien traiter loyalement un héraut. Le lendemain, le monarque indien arrivait devant le pavillon du monarque chrétien. Au premier moment, l'on crut qu'il apportait les clés de Rome; mais l'on comprit bientôt qu'il s'agissait d'autre chose, quand, ayant salué Charlemagne et ayant obtenu de lui l'autorisation de parler à tout ce qu'il y avait de barons rassemblés, il demanda où était Ogier le Danois. Celui-ci se présenta courtoisement.

— J'ai nom Caraheu, dit alors l'envoyé des païens; vous m'avez fait demander le combat, je viens vous l'offrir avec mon amie la belle Glorionde pour gage de la victoire, si vous deviez la remporter sur moi.

— Le combat est désirable et le prix de la victoire encore plus, répondit Ogier.

— Sire, votre consentement à ce qu'Ogier combatte est tout ce qui reste à attendre sur ce point, dit Caraheu en se tournant vers Charlemagne.

— Qu'il fasse selon son vouloir! répondit l'Empereur.

— Selon son vouloir! interrompit Charlot, que la jalousie ressaisissait; le bon vouloir d'un serf racheté! Ce combat ne me convient-il pas mieux qu'à lui.

— Je ne suis pas serf, répondit Ogier, quels qu'aient été les efforts de ma marâtre pour que je le devienne.

— Orgueilleux chevalier, interrompit Caraheu, je combattrai avec Ogier et non avec vous. A défaut de moi, vous ne manquerez pas de trouver qui vous tienne tête.

— Noble cœur! s'écria Ogier; oh! merci de l'honneur que vous me faites! Que n'êtes-vous chrétien, ou que ne pouvez-vous le devenir! nous serions frères d'armes; pas un exploit que nous n'entreprissions en commun sous la sauvegarde de Dieu! Mais, sachez-le, Charlot est le fils de notre puissant Empereur, et il est digne de jouter avec le plus hardi chevalier qu'on lui voudra opposer.

— Eh bien! je lui oppose l'amiral Sadonne, celui de mes chevaliers que j'estime le plus.

— Portez-lui mon gage! riposta aussitôt Charlot.

Et le combat fut ainsi arrêté des deux parts.

Il restait bien encore à faire à Charlemagne, en style de héraut, la sommation d'avoir ou à venir à Rome abjurer la foi de Jésus-Christ, en présence des rois païens, ou à accepter la bataille. Mais comment penser qu'une telle démarche pût exciter au delà du sourire chez celui qui commandait à tout l'Occident ! C'est ce qui arriva en effet.

— Je fais cas de leur sommation comme de celle d'un berger, répondit doucement Charlemagne.

Ce qu'il restait de sérieux était la joute du lendemain. On arrêta qu'elle se passerait dans l'île voisine, où personne n'entrerait que les quatre combattants. Caraheu retourna s'y préparer parmi les siens, et refusa poliment les civilités d'Ogier, qui voulait le garder la journée au camp. Lui et Sadonne, quand ce dernier fut prévenu qu'il en était, étaient tout joyeux. Le belle Gloriande vint, par ses embrassements, exalter le courage de son chevalier. Il fut convenu qu'elle s'exposerait à la vue le lendemain dans le champ-clos pour l'animer au dernier point de la vaillance. Enfin elle accepta d'un visage ferme, sinon d'un cœur calme, de subir, au cas échéant, les conditions arrêtées pour l'issue du combat.

Du côté des chrétiens, chacun s'empressa autour de Charlot; personne dont il ne reçût un conseil. Pour Ogier, il n'en eut pas un; en avait-il besoin? Le roi passa la nuit en oraisons; la messe fut dite devant les champions. Le pape les bénit l'un et l'autre. Ils prirent tranquillement un repas réconfortant. Cela fait, ils montèrent à cheval et se rendirent sur le terrain.

CHAPITRE VI

Comment les quatre champions combattirent vaillamment dans l'île de Coivre ; comment le roi Dennemont, qui était embusqué, quand il vit qu'Ogier avait le dessus, vint traîtreusement s'emparer de sa personne, et comment Caraheu s'alla rendre prisonnier à l'empereur Charlemagne.

Les Sarrasins, de leur côté, n'avaient pas surveillé d'un œil moins attentif les apprêts de leurs champions. Le roi Caraheu avait dû endosser une sorte de cuirasse qu'on nommait Jasseran; celle-ci était magique; c'était l'ouvrage d'une fée. Gloriande la lui avait apportée elle-même dans la prairie où il s'armait. Il avait ceint Courtain sa bonne épée. Sadonne était arrivé non moins bien équipé. Tous deux, en compagnie de Gloriande, qui ne voulait pas quitter son ami, se rendirent dans l'île. Les Français y étaient déjà. Ni les uns ni les autres ne se doutèrent que Dennemont, feignant de redouter quelque traîtreuse entreprise des chrétiens contre sa sœur, avait lui-même commis la trahison d'y faire passer, précédemment et sans qu'il y parût, trois cents gens d'armes cachés dans les broussailles. Les chevaux caracolaient; les combattants paradaient de leurs armes; Caraheu se recommandait aux prières de son amie, et Gloriande, plus belle encore de son émotion, invoquait pour lui ses dieux Mahomet, Jupiter, Baraton et Pluton. Voici le blason d'argent à un aigle de sable, et le blason d'argent à quatre bandes d'azur avec un faux écusson de gueule portant la figure de Mahomet ; voici celui celui de Charlot et celui de Sadonne. Tous les quatre sont touchés ; on prend du recul, on va fondre homme contre homme. Ogier, que la vue de Gloriande a ébloui, jure de vaincre et de la conquérir. Les coups sont portés, les lances rompues, le feu jaillit des cuirasses; Charlot est renversé sur l'arçon de sa selle, sans toutefois vider les étriers. Il met l'épée à la main ; il brave Sadonne, qui le lui rend bien. Ogier abat l'oreille du destrier de Caraheu, et le renverse presque à terre. Mais il ne veut pas profiter de l'avantage jusqu'au bout et tuer son adversaire; il préfère courir vers Gloriande, et il lui dit :

— A la tournure que prend l'affaire, vous allez être à moi !

— La journée n'est point achevée, chevalier, répond la pucelle.

Ogier veut de force lui prendre un baiser.

— Prends d'abord ceci ! lui crie Caraheu.

Il lui lance un javelot avec tant de précision et de raideur, que la cuirasse d'Ogier en est percée et que, sans le hoqueton qui se trouve en dessous, il serait tué du coup.

— Bon, ceci ! dit Ogier; et cela de même !

D'un grand coup d'épée il rompt le cercle du heaume de Caraheu, et coupe la courroie de son blason, qui tombe à terre. Gloriande change de couleur.

Sadonne décolle le cheval de Charlot; mais celui-ci sauté à terre sans le moindre mal.

— Païen, je rendrai la pareille à ton coursier !

— Chrétien, toi et ton père, vous resterez dans nos mains !

Sadonne, qui, jusqu'au bout, veut combattre loyalement, descend de sa monture : encore des coups retentissants, des coups encore entre Ogier et Caraheu. Courtain la bonne épée donne à ce dernier un grand avantage sur Ogier, dont l'épée est de trempe inférieure.

— Elle fut forgée pour ta perte ! lui dit-il en abattant un quartier de son écu.

Ogier lui répond par un coup qui entaille sa cuirasse à l'épaule ; sans le hoqueton, il ne s'arrêtait qu'à la ceinture

Une telle ardeur entretient l'émulation de Charlot, qui met en pièces l'écu de Sadonne. L'attaque et la défense font merveille. Enfin Ogier se jette sur Caraheu, le ploie en arrière sur sa selle et lui fait perdre le souffle en l'étreignant de ses deux bras.

Tout-à-coup, Dennemont, embusqué dans le bois, accourt avec ses trois cents hommes et vient frapper Ogier, qui avait achevé de vaincre Caraheu, et qui, suivant son droit, allait emmener Gloriande.

— Ah ! traître, s'écrie le preux en lâchant le Sarrasin avec mépris : tes précautions étaient prises! Ta félonie me réserve la mort! A ton aise! Mieux vaut cette mort que la honte qui t'attend!

Cependant il tourne ses efforts contre la troupe. Charlot, dès le premier moment, a sauté sur le cheval vacant de Sadonne; il vient porter aide à son frère d'armes. Tentative superflue! En vain les premiers assaillants sont tombés; en vain Caraheu, indigné, crie aux autres de se retirer : le piége prévaut, et sur la valeur d'Ogier et sur la loyauté de Caraheu. Charlot s'évade à grand'peine, et le noble Ogier est couvert de liens. Il n'échappe à la mort que par les prières de Gloriande.

La nouvelle de ce dénoûment, portée par Charlot au camp chrétien, y fut un coup terrible.

Charlemagne, au désespoir, se repentit bien de n'avoir pas suivi son inspiration, en faisant pendre Caraheu lorsqu'il l'avait eu sous la main. La perte de son noble vassal, de celui qu'il regardait comme le plus parfait chevalier de la terre, était plus regrettable à ses yeux que celle de la moitié de son armée. Sa seule consolation était que Charlot eût échappé. Pour Caraheu, en voyant emmener son adversaire couvert de chaînes au camp des païens, il lui semblait que ce fût son propre honneur qu'on y traînait, à jamais terni, le prestige de son sceptre et de sa couronne à jamais détruit; il demeurait devant cette audacieuse trahison, non courroucé, stupide! il n'entendait pas même Gloriande qui lui disait d'espérer. Quant à Corsuble, il n'apporta aucune retenue dans sa joie : au premier mot qui lui fut dit, il saisit un gros bâton, courut sur Ogier sans défense, et l'en frappa impitoyablement; mais ce n'était pas là de quoi faire prendre au patient une posture plus humble, ni de quoi diminuer sa fermeté.

— Tu me traiterais encore plus mal, si c'était toi qui me tînt, vociférait le furieux.

— Il est vrai, répondait Ogier, je te ferais pendre sans remise.

— Souviens-toi de tous mes désastres dont tu es l'auteur, reprenait Corsuble.

Et il les énumérait tous sans cesser de frapper.

— Je regrette bien de ne pas avoir fait pis, mais c'est à quoi je m'essaierai si je t'échappe, ripostait Ogier.

Sur ces réparties, Caraheu entra; il réclama le prisonnier avec une extrême chaleur, alléguant qu'il était plus grave de s'être porté à l'acte qui l'en avait rendu maître, que si on lui avait enlevé à lui-même le tiers de son royaume; que l'île de Coivre devait être un terrain inviolable pour les deux armées, que lui-même en avait répondu devant Charlemagne et ses barons. A cette réclamation, Corsuble se contenta de répondre que la délivrance du chevalier était chose à laquelle il ne fallait pas songer, qu'il allait être immolé en l'honneur de Mahomet et pour le bien de l'armée.

Caraheu se retourna vers Dennemont et le conjura de réparer sa trahison; mais celui-ci, non moins formel que son père, répondit qu'une parole de plus en faveur d'Ogier allait faire tomber sa tête. C'était trop de refus : l'Indien, hors de sens et ne se souciant plus de Gloriande, s'enfuit vers son camp, pour y faire prendre les armes à tout le monde et revenir égorger les deux traîtres, père et fils. Dans le trajet, il fut rejoint par un roi allié, du nom de Soliman, qui lui remontra qu'il allait tout gâter sans profit.

— Laissez-moi plutôt obtenir quelque concession en insistant, dit-il, et, pour le surplus, consolez-vous en réfléchissant que si votre adversaire a été saisi à votre insu tandis que vous vous mesuriez avec lui, vous n'y pouvez rien.

— Mauvaise raison! répondit Caraheu : c'est de mon honneur, du mien, entendez-vous! qu'il s'agit, et ce sera le souci de mon âme, tant qu'elle restera chevillée à mon corps. S'il n'y a d'autre remède, j'irai plutôt me livrer à Charlemagne.

— Cherchons, avant cela, quelque chose de moins funeste, répondit Soliman.

Et de propos en propos il ramena son allié au palais de Corsuble.

Comme ils y entraient, Sadonne y arrivait d'un autre côté.

Il dit à voix basse en passant devant Ogier, que l'on considérait déjà comme condamné :

— Service pour service : je me souviens de la bataille de Suze.

Puis, s'adressant tout haut à Corsuble :

— Que prétend-on ? continua-t-il; vous voulez faire périr ce prisonnier? Et que ferez-vous, si d'aventure, vous ou votre fils avez à être pris à votre tour? Contre qui aurez-vous à offrir de vous échanger. Au bout de la guerre, tuez Ogier si cela vous convient, mais jusque-là n'en faites rien.

C'était là ce qu'il fallait dire pour sauver Ogier, aussi Sadonne eut-il plein succès. Gloriande vint après réclamer la garde du captif et l'obtint : elle l'emmena dans sa résidence et l'y fit soigner de sa blessure. Il y soupa en compagnie de Sadonne à qui il témoigna sa reconnaissance. Fort avant dans la soirée, les deux guerriers et Gloriande s'entretinrent aussi de Caraheu qui ne parut pas.

Il s'était retiré dans son camp et avait chargé le roi Soliman de prévenir Corsuble et son fils que s'ils ne lui faisaient réparation, ils n'eussent plus à compter sur lui ni pour leur porter secours ni pour épouser Gloriande.

La colère du père et du fils avait été telle en s'entendant signifier cette résolution, que Soliman, de peur qu'il ne lui arrivât mal à lui-même, avait dû se retirer au plus vite et venir annoncer à celui dont il s'était fait le messager, qu'il n'avait rien obtenu.

Caraheu ne balança pas ; il fit seller son cheval, sortit de Rome, traversa la rivière; quelques moments plus tard, il était devant Charlemagne et sa chevalerie, bien étonnés de le revoir.

CHAPITRE VII

De l'arrivée de Brunamont, roi d'Egypte, près de l'amiral Corsuble ; et comme il calomnia la belle Gloriande.

La première question qui lui arriva de toutes parts eut Ogier pour sujet; quand on sut qu'il vivait, la joie fut générale; Charlemagne, emmenant Caraheu dîner avec lui, se fit expliquer la cause de sa venue et donna de hauts éloges au sentiment de loyauté admirable qui l'avait provoquée.

Corsuble jugeait différemment ce même sentiment ; car, tandis que de son côté l'otage volontaire affirmait à l'Empereur qu'on ne le laisserait pas longtemps sans venir l'échanger, le vieux païen, au mépris de toute probité, jurait de ne jamais se dessaisir de son prisonnier, et signifiait en même temps à sa fille qu'elle eût à ne jamais se souvenir qu'elle avait été promise en mariage au monarque indien.

Le deuil que cet avertissement jeta dans l'âme de Gloriande est aisé à concevoir. Elle vint en confier l'amertume à Ogier.

— Quoi de plus simple que de mettre un terme à vos douleurs ? répondit le preux Danois. Fuyons ensemble vers les tentes de Charlemagne. Consentez à y recevoir le baptême, vous et votre fiancé, et je vous garantis que vous devenez princes chrétiens par la munificence de l'Empereur, sans compter les conquêtes que nous ferons, dont je ne veux toucher un denier que vous ne le partagiez avec moi.

Gloriande, sans accepter (car elle n'eût su oublier sa loi), remercia néanmoins Ogier avec effusion, puis elle pleura de nouveau en songeant à son bonheur envolé, et elle finit en priant Mahomet de veiller sur le cher absent.

Mais c'était peu que Caraheu fût séparé de sa douce amie, il fallait encore que, pour éprouver le cœur de la pauvre affligée, sa beauté attirât à la cour de son père, Brunamont, le puissant roi d'Égypte, dont un héraut vint annoncer l'approche. Dès les premières paroles échangées entre ce nouveau prétendant, l'amiral et son fils qui se portèrent à sa rencontre, le malheur de Gloriande fut certain : Brunamont venait dans l'intention de la mériter en prêtant son concours à Corsuble dans ses entreprises contre les chrétiens.

En vain Dennemont objecta-t-il qu'on était engagé de parole avec Caraheu et que l'on ne pouvait se considérer libre d'agréer une nouvelle alliance qu'autant qu'on eût mis le monarque indien en demeure de déclarer ce qu'il prétendait faire ; Corsuble n'en voulut pas attendre si long, il prétendit que tout était rompu par la fuite de son ancien allié chez son adversaire. Et Brunamont s'étant fait mettre au courant des événements de l'île de Coivre et de leur suite, confirma dans son opinion celui dont il voulait épouser la fille. Caraheu, à son avis, avait de longue date prémédité de trahir et d'abandonner les païens comme il l'avait fait ; on ne lui devait aucun égard.

Dans la journée même, il y eut une assemblée de toute la noblesse sarrasine ; Gloriande y fut mandée ; son père lui présenta Brunamont, et, à son grand désespoir, elle l'entendit le lui désigner comme celui qu'elle épouserait prochainement. Pâle, mais ferme, la jeune fille répliqua distinctement que, chez elle, le souvenir des engagements passés était ineffaçable, et que la crainte même de la mort ne la ferait pas changer envers Caraheu, tant qu'il serait vivant. L'amiral lui jeta une coupe à la tête, et si elle n'eût paré le coup avec sa main, elle eût eu le visage brisé.

De retour dans son appartement, elle s'apprêtait à confier ses nouveaux chagrins à son ami Ogier, quand Brunamont qui marchait sur ses pas, brûlant de luxure, voulut s'emparer d'elle et user de privauté ; mais elle le repoussa énergiquement.

— Vous n'en êtes pas où vous pensez, dit-elle, jamais je ne vous saurais aimer.

Au bout de quelques minutes d'efforts infructueux pour se la rendre favorable, Brunamont sortit brusquement, et, pour donner un cours à sa fureur, fit armer ses gens et courut sus aux Français. Il en résulta un court engagement dans lequel un chevalier, du nom de Geoffroy Mainaut, fut désarçonné. Brunamont se saisit de son destrier, et vint l'offrir à Corsuble en lui disant qu'il n'avait renoncé à joindre le maître au cheval que par égard pour le secret qui venait de lui être communiqué. Corsuble, intrigué, lui demanda ce qu'on lui avait appris.

— Simplement, répondit Brunamont, que Caraheu est déjà baptisé, que Gloriande doit l'être, et qu'elle doit l'épouser après qu'elle aura ouvert les portes de Rome aux chrétiens, une de ces nuits prochaines, et que vous aurez été mis à mort.

Gloriande dut aussitôt reparaître devant son père, qui l'accusa de cette horrible trahison.

— Sire, dit-elle, mes accusateurs sont des lâches, et n'aiment ni vous ni moi.

— Silence, paillarde! répliqua brusquement l'amiral.

D'un coup violent il l'étendit à ses pieds, il la traîna par les cheveux, et, sans l'intervention de dix ou douze rois présents, c'en était fait d'elle.

— Monseigneur mon père, dit-elle en se relevant avec dignité, vous ajoutez bien légèrement foi aux accusations. Ce doit être Brunamont qui m'a calomniée ; je n'avais pas voulu me prêter à ses infâmes désirs. Mais je veux que la lumière se fasse, et pour ce, je requiers qu'il soit pris bataille contre Brunamont par un champion que je choisirai.

Corsuble accueillit cette demande ; la jeune princesse fut confiée à la garde de deux rois, et aussitôt elle se fit conduire près d'Ogier. Elle le pria d'entrer en champ-clos pour elle. Aux yeux d'Ogier, ce n'était pas un service qu'il eût à délibérer d'accorder, c'était une obligation dont il allait de son honneur de s'acquitter. Gloriande se représenta donc avec lui devant son père.

— Je suis le chevalier de la dame Gloriande, cria-t-il : où est le blasphémateur qui a dit qu'elle n'était pas bonne, loyale, honnête et sans vice ? Qu'il montre sa barbe, voici mon gage.

— Oui, dit Corsuble, mais tout ceci n'est rien, vous êtes prisonnier, fournissez caution.

— De l'encre et du papier, répondit Ogier, Caraheu va revenir à ma place.

L'amiral, tout en riant de la confiance du chevalier, lui laissa écrire une lettre à l'otage de Charlemagne. Un messager la porta au camp des Français et elle y mit tout en joie, par l'assurance qu'on en tira que le Danois était vivant. Sa teneur ayant expliqué la nécessité que Caraheu reçût le congé qu'il bouillait d'obtenir, Charlemagne le lui octroya gracieusement, après en avoir reçu serment de revenir se constituer en pareil état que précédemment, jusqu'à la délivrance d'Ogier. Déjà la rivière était derrière l'amant de Gloriande ; il franchissait Rome ; il était dans le palais ; il aperçoit Brunamont, la colère l'aveugle, il veut le percer de son épée ; toutefois on lui fait entendre qu'il aurait tort. L'amiral lui demande s'il veut pleiger le champion de Gloriande. Sur sa réponse affirmative, Sadonne vient s'offrir pour le pleiger en second. Les choses ainsi entendues, on n'avait plus qu'à attendre le lendemain, chacun se retira. Cependant, comme on avait négligé de décider où il serait bon de faire le champ, et que dans la soirée les adversaires tombèrent d'accord de l'île de Coivre, Sadonne alla demander à Corsuble s'il voyait quelque inconvénient à ce qu'on la choisît.

— Pas d'autre que la possibilité pour Ogier de s'échapper.

— Caraheu et moi, nous en répondons jusqu'à mourir.

— Alors, soit! Demain matin les champions comparaîtront devant moi pour s'entendre notifier par avance ma sentence que le vaincu, quel qu'il soit, sera pendu.

CHAPITRE VIII

Du combat pour la belle Gloriande; comment Charlemagne s'empara de Rome, détruisit les païens et rétablit le saint-père dans toute son autorité.

Dans la matinée, toutes les cérémonies préliminaires s'accomplirent; les pleiges furent gardés d'un côté, Gloriande de l'autre, dans de fortes tours; Ogier reçut la bonne épée Courtain des mains de Caraheu, avant de se séparer de lui. En montant à cheval, il fit le signe de la croix et se recommanda à Dieu.

Au moment où il entra dans l'île, une voix lui cria du côté des Français qui étaient accourus :

— Ah! chevalier Ogier, laissez les païens débrouiller leurs querelles, et revenez-nous.

— Oh non pas! répondit-il, Caraheu est trop noble; quelle que soit sa religion, il m'a trop chaudement servi pour que je manque à le servir à mon tour. Rappelez-moi au souvenir de l'Empereur et de toute l'armée.

Brunamont arrivait; d'un seul bond il fit franchir trente pieds à son excellent coursier Broiffort. Les deux champions prirent du champ et couchèrent leurs lances; ils revinrent l'un sur l'autre, se heurtèrent, et les lances volèrent en éclat. Ogier, en tournoyant, avisa le côté par où Brunamont se découvrait, il lui fit sauter le cercle de son heaume, endommagea force mailles de l'épaule de son haubergeon. Brunamont riposta par un tel coup d'épée, que l'écu qui le para en eut un quartier d'abattu.

Il n'y avait là à attendre de secours de personne : Corsuble et Dennemont, en prenant place, avaient fait crier que nul, sous peine de mort, n'approchât des champions à une portée d'arbalète. Brunamont se remémorait combien de fois son bras avait fait triompher le mauvais droit : il le ferait bien triompher une fois de plus. Ogier lui porta un second coup sur le heaume, lui entama la chair et fit jaillir le sang. Seconde riposte de Brunamont qui fit voler le reste de l'écu. Ogier se sentant découvert, haussa le bras pour écarter le péril et porter un terrible coup; mais un engourdissement lui survint d'avoir trop fort frappé, et Courtain lui chut de la main.

Les pleiges et la prisonnière, qui suivaient le combat dans le lointain, se crurent tous perdus. Charlemagne et son entourage de l'autre côté, n'en auguraient pas mieux. Il ne restait plus qu'une courte dague au champion de Gloriande pour repousser l'incessante attaque de Brunamont. Tout-à-coup, repliant tout son corps et prenant son élan avec une précision anmirable, il le saisit à revers, lui étreint le bras et lui fait à son tour lâcher son épée. Les voilà dague contre dague; la supériorité du cheval de Brunamont lui conserve seul un reste d'avantage. Ogier s'élance à terre, s'empare de l'épée de son adversaire et l'envoie disparaître au loin dans les flots de la Coivre. De sa propre épée qu'il a en même temps ramassée, il menace le poitrail de Broiffort, si le maître n'en descend. En un instant ils sont pied contre pied; le heaume de l'Egyptien cède sous un nouveau coup d'épée : la lutte devient corps à corps. Ogier glisse sur l'herbe et tombe, Brunamont s'apprête à l'égorger, mais le bras qui retient Courtain redevient libre. Brunamont a beau vouloir le maîtriser, toute la personne du chevalier se retrouve debout; Montjoie et saint Denis! l'épée siffle, brille; s'abat sur le païen et lui fend la tête jusqu'aux épaules. Les trompettes éclatent de l'estrade de l'amiral, elles répondent du point où se trouve Charlemagne, et, ce qui ne se pouvait pas prévoir, les chrétiens électrisés franchissent la rivière et volent à l'assaut de Rome. Ogier, cependant, joignant à la bravoure d'un lion la candeur d'un enfant, retournait se soumettre à sa captivité. D'un ordre irrésistible, l'Empereur l'arrêta et le força de le suivre aux fossés que l'on comblait déjà.

Au dedans de Rome la confusion favorisait le hardi coup de main des chrétiens : les gens de Brunamont s'égorgeaient entre eux; en quelques heures la situation fut sans remède, et les chefs, le reconnaissant, songeaient à se donner la mort, lorsque Charlemagne, faisant irruption dans le palais, épargna à Corsuble, à Dennemont et aux autres la peine d'aller chercher le trépas plus loin. Tout fut détruit de l'immense armée des barbares, et un festin fut dressé au milieu de cette destruction. Caraheu, Gloriande et Sadonne comparurent devant le grand Empereur : assistés d'Ogier ils étaient sûrs d'un accueil bienveillant. Rien ne retenait les vainqueurs de les traiter entièrement en amis que la différence de foi; car, de se reconnaître volontairement les sujets de Charlemagne et d'être tout disposés à le servir à plaisir et honneur, c'était le penchant de tous trois; mais ni prières ni offres ne purent les détourner de repousser bien loin la simple idée d'une abjuration.

En vain Charlemagne eût-il consenti à indemniser Caraheu de l'abandon de ses Etats de l'Inde, auquel l'entraînait un changement de religion, en lui constituant un territoire équivalent dans l'Occident; en vain, désespérant de ce premier côté, eût-il pris l'engagement de faire faire une grande foi une à Gloriande et de la marier à Ogier, il lui fallut renoncer à la satisfaction de voir l'un ou l'autre recevoir le baptême. Indépendamment qu'au mépris de tout avantage et nonobstant la plus haute estime pour Ogier, Gloriande n'eût jamais pu d'avantage abjurer son premier amour que la loi de Mahomet. Ogier ne prétendait pas à une autre part que celle qui lui était dévolue dans le cœur de Gloriande. Il intercéda si bien pour les deux amants que, sans condition quelconque, il leur fut accordé de s'unir l'un à l'autre et de retourner régner dans leurs États de l'Inde supérieure.

Leur départ et celui de Sadonne ne tarda guère; et l'on doit penser qu'ils ne l'effectuèrent pas sans des adieux pleins de larmes à l'ami si généreux et si vaillant qu'ils avaient rencontré parmi les chrétiens. D'autres faits d'une grande importance vinrent promptement détourner l'attention de cette séparation : à la sollicitation de l'archevêque Turpin, le pape venait d'être prévenu qu'il était libre de rentrer en possession de la ville éternelle; Charlemagne, laissant au Saint-Siége à reconnaître dans l'avenir le service qu'il recevait de la nation française, décidait que rien ne serait changé de ce qui avait été établi avant l'invasion sarrasine. Le pape rentra dans Rome à la tête de son clergé et avec un grand appareil; remonté sur son siége, où l'Empereur le ramena s'asseoir au nom de Jésus-Christ, il donna sa bénédiction à l'armée et au peuple. Quelques jours plus tard, le monarque chrétien, le pieux libérateur du père des fidèles, reprenait en main les affaires de son gouvernement qui depuis long-temps souffraient de son absence.

CHAPITRE IX

Comment Ogier reçut des nouvelles de Bélicenne et de son père, le duc Geoffroy; comment il partit en Danemark et y resta cinq ans; de son retour à la cour de France; de l'arrivée de son fils Baudouin près de lui, et de la mort de ce dernier.

En France, des affaires de nature bien opposée attendaient Ogier : les unes venaient de Bélicenne et lui annonçaient la naissance d'un bel enfant, fruit de leurs amours, qui avait été baptisé du nom de Baudouin; les autres, qu'il ne connut pas de suite, concernaient sa famille. Les païens s'étaient emparés de tout le Danemark, sauf de Mayence, où le duc Geoffroy s'était retiré. Il y subissait les horreurs d'une famine épouvantable. Sa femme, accablée de cette misère, lui avait dit que le Seigneur la leur envoyait, sans doute, en punition de leurs iniquités, et parce qu'ils avaient abandonné leur fils. Ne trouvant, autour d'elle et de son époux, aucun parent qui voulût les aider de corps ou de bien, elle lui avait conseillé d'écrire à Charlemagne, pour le conjurer de prendre pitié de leur horrible situation, sinon à leur propre considération, du moins à celle du nom de chrétien. Le duc avait traité cette idée de sottise. La duchesse n'avait pas laissé pour cela d'y donner suite : elle avait expédié à la cour de France une lettre de sa main, en contrefaisant l'écriture du duc, et en la scellant, à son insu, de son sceau, qu'elle lui avait dérobé. Elle n'eut aucun succès. L'Empereur, non content de montrer une joie violente des événements de Danemark, et de jurer qu'il ne bougerait contre les païens que ceux-ci n'eussent au préalable égorgé tout ce qui était dans Mayence, défendit, sous peine de mort, qu'aucun chevalier allât porter aide de ce côté.

Ogier n'avait pas été présent à cette terrible injonction : Charlemagne le voyant entrer un peu plus tard, et ne doutant pas de lui voir partager son ressentiment, lui dit par plaisanterie :

— Il m'est venu l'idée de vous envoyer au secours de votre père, dont les affaires ne sont pas au mieux : cela vous plaît-il ?

— Oui, Sire, répondit Ogier; j'obéirai à votre commandement.

— Iriez-vous, vraiment, repartit l'Empereur, après les outrages que vous avez subis ?

— Sire, encore que mon père me battît tous les jours, il faudrait que je le prisse en patience. C'est ne se rendre digne d'être aimé ni de Dieu ni des hommes, que de ne pas placer un père au-dessus de tous les intérêts, et même de l'honneur. Sire, j'irai.

— Et moi, dit Charlemagne surpris, je ne m'en dédirai pas; mais vous irez seul, à moins que vous ne trouviez à vous faire accompagner de vos sujets. Je n'entends pas qu'un seul des miens soit employé au service d'un rebelle.

Ogier n'en demandait pas plus. Suivi seulement de trente hommes, il vola à Mayence, trop tardif encore, malgré cette célérité. A son entrée dans la ville, il croisa le cortége funèbre de son père. La veille, le duc Geoffroy avait trouvé la mort dans une sortie contre les païens; mais ceux-ci étaient en pleine déroute. Le mouvement avait été poussé avec une telle impétuosité contre eux que, nulle part, ils n'avaient pu se rallier. Il revenait à Ogier d'achever de les disperser. C'est à quoi il ne tarda guère : il eut bientôt vidé le pays de tout ce qu'il ne tua pas. Dès lors, héritier paisible du Danemark, il en saisit régulièrement le gouvernement, recueillit les hommages, visita les hommes, distribua les offices, promulgua les édits pour les branches diverses de l'administration, releva les édifices et ouvrages de défense qui avaient souffert. En cinq ans il eut terminé, et il s'apprêta à reparaître en France avec un nouvel éclat.

Grande était l'impatience de Charlemagne de le revoir; il la manifestait une dernière fois un jour de la Pentecôte, quand tout-à-coup le nouveau duc parut. Aussitôt l'hilarité qu'excita cette rencontre apaisée, Ogier vint humblement s'agenouiller devant l'Empereur, et lui rendit spontanément hommage de tout ce qu'il possédait. Plus en faveur que jamais, il fit le voyage de Laon, où les Etats s'assemblaient, et ce fut là que le rejoignit son petit Baudouin déjà grandelet; l'enfant, dès qu'il parut, fit l'admiration de la cour : d'une charmante tournure et d'une éducation excellente, il était exercé aux nobles amusements, et, entre autres connaissances, il s'entendait bien en fauconnerie. Il reçut des dons et des caresses de tout le monde; l'Empereur s'attacha et jura de s'occuper de sa fortune; il n'était si grand personnage dont il ne partageât les divertissements.

Ce fut ainsi que Charlot, rentrant un jour de la chasse, et voyant l'enfant accourir pour le débarrasser de son épervier, mettre l'oiseau en perche et lui enlever ses housses, lui proposa une partie d'échecs. Baudouin fut promptement de retour avec l'échiquier et disposa le jeu.

Voici la partie entamée : Charlot avance un fou et prend un cavalier. L'enfant, plus subtil, avance un fou à son tour, prend deux cavaliers sur la même ligne et crie : « Echec ! » Charlot avance sa tour et prend un fou. Baudouin retire le cavalier qui lui reste, et le place près de sa tour.

— Monseigneur, dit-il, vous allez être mat.

— Trêve de raillerie, petit, ou je te promets que tu t'en repentiras.

— Trêve de raillerie ! reprend l'enfant ; pourquoi donc ? la raillerie vaut mieux que le jeu, ou, plutôt, le jeu ne vaut que par la raillerie.

— Fils de pute ! cesseras-tu de te moquer de moi ?

— Respectez ma mère, monseigneur ; elle n'est pas ce que vous dites : à preuve l'amour de mon père pour elle. Si tout autre en eût dit autant que vous, je l'eusse châtié.

— Bâtard, tu parles trop !

Le prince furieux saisit l'échiquier d'or à deux mains, et d'un coup forcené fait jaillir la cervelle de l'enfant et sortir les deux yeux de la tête.

Ce meurtre produisit une rumeur immense dans toute la cour. Charlot prit la fuite ; l'Empereur fut au désespoir ; pour Ogier, il était à la chasse. Qu'on juge de ce que dut être son retour et de quels sentiments violents il dut se sentir agité en pressant dans ses bras le corps inanimé de son petit Baudouin.

— Ah ! Charlot ! s'écria-t-il, tu n'en es pas à ton coup d'essai pour me nuire ; mais cette fois tu as réussi comme il ne l'était jamais encore arrivé !

Et il couvrait de baisers désespérés les restes du doux mignon que chacun fêtait naguère.

— Charlot ! brute féroce ! ah ! je jure que, si je te rencontre, il n'est pied de terre appartenant à ton père sur lequel tu marcheras désormais.

Le duc de Naymes voulut lui faire entendre des paroles de conciliation.

— Apaisez-vous, Ogier, lui dit-il. Certes, votre affliction n'est que bien légitime ; mais l'Empereur est bon et sage, il ne vous laissera pas sans consolation.

Survint l'Empereur lui-même qui lui dit d'un ton pénétré :

— Ogier, j'eusse donné la moitié de ma couronne pour que le malheur ne fût pas arrivé ; mais puisque la chose est sans remède, acceptez une réparation, je n'y épargnerai rien.

— Sire, répondit Ogier d'un ton résolu, je n'en accepterai pas d'autre qu'une bonne rencontre avec le glouton qui m'a ravi mon fils.

Charlemagne, le voyant décidé à ne pas sortir de ces dispositions farouches, lui commanda à regret de quitter le royaume.

Cet ordre fut chez Ogier le signal d'une exaspération qui en quelques moments causa un grand désastre. Il avait tiré l'épée ; Charlemagne ne dut la vie qu'à un écuyer qui se jeta au devant du coup mortel et le reçut pour lui. Tous les seigneurs étaient accourus pour terrasser le furieux et ne servirent que de pâture à sa rage ; mais cependant le nombre l'eût à la fin emporté, si quelques-uns des plus considérables ne se fussent avisés qu'Ogier étant leur parent, ils devaient le faire esquiver. Grâce à cette préoccupation, les ordres de Charlemagne pour le faire rattraper quand il fut dehors, la part même qu'il prit à sa poursuite, n'aboutirent à rien ; sa trace fut abandonnée à quelques lieues de Laon, sur la lisière d'un bois où il s'était enfoncé.

— J'ai les côtes moulues, disait l'Empereur au retour. Le diable lui a forgé le bras !...

CHAPITRE X

Comment Ogier, contraint de sortir de France, se retira à la cour du roi Didier, en Lombardie ; de ce qu'il y fit et du messager que Charlemagne y envoya.

Ogier avait tiré droit à Beaumont, près Beauvais. L'Empereur, dans sa munificence, lui avait fait don précédemment de cette place. Il comptait y être rejoint par des adhérents, mais on le laissa seul. Force lui fut de se résoudre à soudoyer des mercenaires, et n'ayant pas, devers lui, de l'argent pour le faire, il s'en procura en détroussant les bourgeois et marchands de Paris, qu'il se mit à épier sur les grandes routes. Il eut ses gens au nombre de trois cents, bien choisis, bien résolus ; mais ce qu'il eut aussi, ce qui lui vint en même temps, ce fut une tache à sa réputation jusque-là si pure, ce fut le surnom de brigand. Son projet était de faire retraite sur le Danemark, mais Charlemagne lui en coupa tous les chemins, et se précipitant lui-même dans cette contrée, il y réduisit tout en sa puissance. Conséquemment tout espoir d'asile y fut perdu pour Ogier. Traqué par des corps formidables qui, à la vérité, composés de ses anciens compagnons d'armes, marchaient à contre-cœur sur lui, mais qui malgré tout devaient obéir, il passa de château en château, de place en place. Un beau jour il fut acculé à la frontière ; il dut évacuer le territoire de la France et se sauva en Lombardie.

Il était égaré dans une grande forêt, en peine de savoir de quel côté tourner, quand il rencontra un chevalier qui prenait le plaisir de la chasse ; ses gens l'avaient perdu et il pressait seul un énorme sanglier. Les deux personnages s'abordèrent après que la bête fut tombée. Ogier déclina son nom et fut sur le point de ne pas être cru. Ogier chevauchant seul ! Ogier qu'on avait vu naguère escorté de vingt mille hommes, à la cour de Charlemagne ! Ogier, qui avait commandé en chef l'armée française en Allemagne !... Il ne fallut pas moins que le récit circonstancié des malheurs récents qui avaient fondu sur lui, pour qu'il obtînt de voir ajouter foi à sa transformation.

— Eh bien ! noble sire, dit le veneur ne doutant plus enfin qu'il se trouve en face du plus illustre chevalier du monde, je me nomme Béron ; s'il est quelque compensation à vos malheurs que puisse vous offrir ma profonde admiration pour vous, parlez, je m'y emploierai de toutes mes forces, et pour commencer, je mets ce qui me reste de jeunesse à votre service. Heureux si vous consentez à me la laisser couler près de vous, si je puis me fortifier de vos nobles exemples, prendre part à vos héroïques travaux... Présentement, si vous le voulez, je vais vous conduire ici près à Pavie; je vous présenterai au roi Didier; il est en guerre contre les Milanais; une trêve qu'il avait signée avec eux expire demain; il m'a fait appeler moi-même à son aide; jugez de sa joie s'il vous voit disposé à embrasser sa cause.

Ogier remercia chaleureusement Béron de ses avances empressées, et accepta ce qu'il lui offrait.

Le veneur avait été rejoint de ses gens; il les fit le précéder près de Didier, en les envoyant lui offrir le présent de l'animal qu'il avait abattu. Bientôt les deux chevaliers entrèrent eux-mêmes à Pavie.

Il est aisé de comprendre que le monarque lombard, lorsqu'il fut instruit des circonstances qui avaient rompu si grâvement les rapports de Charlemagne et de son ancien chevalier bien-aimé, ne put en rien perdre l'estime qu'il avait dès longtemps conçue pour celui-ci sur sa renommée, et qu'au contraire il s'appliqua à lui faire un accueil qui l'attachât à lui dans les conjonctures où il se trouvait placé; honneurs, fêtes, festins, il n'épargna rien de ce qui pouvait le gagner, non plus que l'assurance solennelle de le défendre à tout prix contre Charlemagne, si ce souverain tentait jamais de renouveler contre lui ses persécutions.

En attendant la réalisation de cette promesse, ce fut Ogier qui défendit le roi Didier contre les ennemis qui le menaçaient. Deux jours après sa venue, le duc de Milan avait paru devant Pavie. Ogier, répondant à ceux qui voulaient lui faire connaître le nombre des assaillants : « Autant il en est venu, autant il en restera, » prit en main la bannière lombarde; le premier partout, il la promena tout un jour au milieu d'un carnage effroyable, et le soir, en venant la remettre à Didier, il vint lui offrir en même temps le duc de Milan en personne, et trente-deux chevaliers prisonniers.

Le roi reconnut généreusement l'avantage éclatant qu'il devait à son auxiliaire inopiné. Il lui fit présent de deux places importantes de son royaume, dont l'une était Châteaufort. Il lui abandonna en outre la rançon des trente-deux chevaliers, qui produisit deux chariots d'or monnayé. Tout fut au mieux, sauf que la haine de Charlemagne se raviva à la nouvelle de la splendeur recouvrée par le Danois.

A dire vrai, ce point n'était pas de mince importance. Tout de suite le monarque rancunier avait assemblé son conseil pour trouver le meilleur moyen d'assouvir sa vengeance. L'archevêque Turpin et tous les pairs étaient d'avis qu'il ne faut point réveiller le *chien* qui dort; que Dieu merci on était en paix avec Ogier; qu'il ne demandait rien à personne; qu'il fallait le laisser vivre là où il était. Charlemagne ne voulut point l'entendre ainsi. Il demanda qui voulait se charger d'aller porter un message à la cour de Lombardie. Le duc de Naymes s'offrit aussitôt, espérant que son esprit conciliateur lui fournirait encore les ressources d'un accommodement; mais, par la même raison, l'Empereur ne pouvait vouloir de lui; il choisit à sa place le fils du sage et digne conseiller lui-même.

Bertrand (c'était le nom de ce jeune homme), n'était point fait sur le modèle de son père; la mission qu'on lui confiait était pleine d'irritation et d'aigreur. Incapable de comprendre qu'elle n'était pas inspirée par la sagesse habituelle du souverain, il ne saisit que ce qu'il y avait d'inespéré pour lui à en avoir été chargé. Son orgueil en crut démesurément, et il le prouva avant d'avoir été bien loin. En arrivant à Dijon, s'étant vu barrer le passage par une sentinelle à laquelle il avait refusé de décliner son nom, il commit un premier meurtre sur elle, puis un second, puis un troisième, sur l'hôtelier et sa femme chez lesquels il entra, et qui ne purent dissimuler l'horreur qu'il leur inspirait. La population voulait l'écharper, lui et son écuyer Poncet; mais elle les laissa aller par respect pour le titre de messager de Charlemagne.

CHAPITRE XI.

Comment Charlemagne vint en Lombardie, et de la grande bataille qui fut livrée sous Pavie.

Bertrand, en sa qualité de messager de Charlemagne, obtint un prompt accès près de la personne du roi Didier. Il y continua d'user d'arrogance, et ne souffrit pas d'être interrogé par Ogier. Le proscrit, dès qu'il l'avait aperçu, avait cependant couru à lui comme à un parent. Bertrand remplit son message avec raideur; il réclama, au nom de son maître, celui qu'il n'eût garde d'oublier de qualifier de *larron*, et il n'oublia pas non plus de mentionner, pour plus d'ignominie, qu'il lui fût livré étroitement garrotté sur un cheval; le tout sous peine des menaces auxquelles il était autorisé. L'entrevue fut presque aussitôt rompue par l'indignation de tous ceux qui y assistaient. Peut-être même, en outre du refus qu'il essuya, il eût été reconduit plus vertement que ne le souffre le droit des ambassadeurs; le chevalier Béron, en particulier, s'y montrait fort disposé; mais Ogier, plus rassis, se chargea de le renvoyer en laissant tous les torts de son côté.

Bertrand ne s'en tint pas à la seule insolence : après qu'on l'eut perdu de vue, il trouva moyen encore d'ajouter à sa déconsidération, et mérita justement, lui, qu'on le qualifiât de larron; il vola le plus beau cheval du roi dans les prés qu'il traversa en s'en retournant, et faillit tuer l'écuyer à la garde duquel il le trouva; il se fit poursuivre, atteindre et châtier par Ogier; il n'eut pas de recours plus honorable que la fuite. Etait-ce assez de dérision dans la façon dont le grand Empereur était représenté ? Autant par cette considération que par l'enivrement des fêtes perpétuelles qui régnaient en Lombardie, fêtes au sein desquelles les deux chevaliers, Ogier et Béron, brillaient au premier rang; autant aussi par l'assurance quotidienne que le héros recevait du roi de n'en jamais être abandonné, l'événement précédent laissa si peu d'impression dans son esprit, qu'il ne s'enquit en rien de ce que faisait Charlemagne. Sans cela il eût appris par quelque voie indirecte que le ban et l'arrière-ban des guerriers avait été crié dans toutes les parties du royaume de France; qu'au mois de mai toute l'armée s'était trouvée réunie, et que de journées en journées elle approchait de la Lombardie. Le moyen de craindre, quand Didier traitait de chimère la supposition qu'un des premiers souverains de la terre se dérangeât pour venir réclamer un homme! Le moyen de craindre, quand l'amitié royale du Lombard promettait de ne jamais cesser de veiller au salut de cet homme! Un mot de Béron vint réveiller Ogier de sa sécurité, quand le danger était déjà presque à sa porte.

— Mon frère, lui dit un soir ce compagnon d'élection, je connais la complexion des Lombards, ils sont à deux envers. Ne vous fiez pas trop à ce que vous dit Didier. J'ai les ressources nécessaires pour soudoyer dix ou douze mille hommes, et je n'aurai l'esprit en repos à votre égard que lorsque je les aurai levés et qu'ils vous entoureront.

Le lendemain on apprenant que Charlemagne était à quelques vingtaines de lieues de Pavie, Béron partit immédiatement pour recruter par villes et par châteaux le contingent d'hommes qu'il voulait avoir. Il pria un de ses frères, du nom de Guérin, de le suppléer pendant son absence dans la surveillance dévouée qu'il exerçait autour d'Ogier. En même temps l'appel de tous les hommes valides fut fait par la ville par l'ordre de Didier. Il suivait le conseil d'Ogier, qui était de se porter au devant de Charlemagne, plutôt que d'attendre qu'il vînt présenter la bataille à sa convenance. Ce ne fut pas sans murmurer d'une guerre entreprise seulement pour protéger un infortuné, que la population mâle s'assembla. Béron n'avait eu que trop raison. Quoi qu'il en fût, le jour même de la convocation en armes, on se porta à la rencontre de l'ennemi, et les deux fronts de bataille s'arrêtèrent en face l'un de l'autre. Charlemagne et Ogier étaient tous deux en avant des lignes; au signal des trompettes ils se rejoignirent les lances couchées, et l'Empereur fut renversé en plus grand danger de mort qu'il n'eut jamais été.

Le duc de Naymes, Girard de Vienne, le comte de Villiers, Baudouin de Flandres, Thierry d'Ardennes, Richard de Normandie accoururent lui faire un rempart. Ogier avait déjà poussé plus loin à la recherche de Charlot, abattant de l'épée tout ce qui s'opposait à sa course; c'est dans cette percée que Gauthier d'Orléans, Gilles de Poitiers, Antoine de Bordeaux périrent sous ses coups, et que Guérin de Toulouse eut le bras emporté. Les Français se lamentaient de voir tant des leurs écrasés par leur ancien champion. Didier et le comte Guérin se ruèrent dans la trouée qu'Ogier avait faite, mais Charlemagne faillit faire payer cher au roi sa témérité; il le renversa sur le cou de son cheval, et il lui eût abattu la tête sans la diversion du comte Guérin, qui mit l'Empereur en demeure d'avoir bien assez de se défendre lui-même. Cependant Didier, pour avoir été délivré, n'en ressentait pas moins de terreur, et les conseils de la lâcheté prirent ce temps de l'assiéger au dedans de lui-même. Il lui semblait une grande sottise de s'être exposé à tous ces risques pour un réfugié. Ogier, par des exploits surhumains, ne put réveiller en lui qu'une courte ardeur, et, dix fois préservé par ce bras puissant, il ne finit pas moins par l'abandonner, et par aller s'enfermer dans Pavie avec deux mille gens de pied.

— Ah! roi Didier, lui cria Béron en le voyant se retirer, Ogier vous a mieux servi que vous ne le servez.

Quand il laissa échapper ce reproche, il arrivait sur le champ de bataille avec les douze mille hommes qu'il avait recrutés; ces troupes fraîches s'élancèrent au cri de : Vive Danemark! Cette clameur avertissant Ogier du renfort qui venait compenser la retraite de Didier, il se jeta avec une nouvelle furie sur les Français. Courtain entaille au cou Richard de Normandie, fend le casque du duc Nemon, étend raide mort Girard Crochon, détache un bras du comte de Soissons, laisse l'archevêque de Noyon sans vie. Charlemagne était au comble de la fureur. Montjoie! saint Denis! il commande un nouvel assaut contre l'invincible, et c'en serait fait à la fin de l'auteur de tant de prodiges, si les douze mille hommes de Béron, se sentant communiquer une partie de son feu, ne se surpassaient pour la défendre. Ils étaient douze contre un dans cette mêlée. Guérin, frère de Béron, tomba percé par Régnault de Flandres; mais Régnault, avant qu'il eût pu se réjouir de son exploit, fut fendu jusqu'à la ceinture. Quelques moments plus tard, deux terribles coups de lance jetaient Ogier à bas de sa monture, et l'impétueux Broiffort, que nulle main ne pouvait saisir, s'enfuyait dans la campagne. Enfin, Béron lui-même ne devait guère survivre à son frère; tandis qu'il considérait son cadavre en pleurant, une main indigne, celle de Bertrand, le méprisable envoyé de Charlemagne, le frappa mortellement par derrière. Cette perte fut le signal d'une suprême exaspération d'Ogier : il remonta sur un cheval qu'un de ses fidèles put lui procurer, et, en quelques coups, dont le premier fut fatal à Bertrand lui-même, il laissa de nouveau à regretter aux Français Baudouin d'Avignon, le comte de Brie et Régnault d'Alençon.

Mais il n'était plus temps de tenir; tant d'actes de vaillance ne pouvaient pas éternellement triompher d'un nombre disproportionné. Ogier se retira à regret, et, ayant retrouvé Broiffort à quelque distance de la mêlée, il remonta dessus et piqua dans la direction de Pavie.

Un seul des chevaliers de Charlemagne, excité par les promesses brillantes de son souverain, par le désespoir du duc de Naymes qui venait de découvrir le corps de son fils, osa poursuivre l'héroïque fuyard. Mais Ogier, passé maître en toutes manœuvres, se sachant une lance couchée qui le visait derrière lui, fit faire subitement à son cheval un saut de côté : le Français passa, emporté par un galop qu'il ne pouvait interrompre; Ogier lui courut sus, et d'un grand coup sur le heaume lui fendit la tête jusqu'aux dents. Quand l'Empereur et son escorte qui suivaient par derrière arrivèrent à la même place, Ogier achevait de disparaître à l'horizon.

— Ah! Sire, dit alors Naymes à Charlemagne, que de mères maudiront l'heure où vous et lui devîntes divisés!

CHAPITRE XII

Comment Ogier faillit être livré par la trahison de Didier, et comme il échappa, grâce à l'amour que la reine conçut pour lui.

gier redoutait de ne pas être reçu dans Pavie. C'est que son honnête nature n'allait pas à supposer une félonie plus noire que d'abandonner un ami dans le malheur. A sa surprise et à la honte de Didier il put entrer. Le Lombard lui fit même un bon accueil, lui parla avec effusion de la situation où il le voyait, parut prendre part à ses pertes cruelles de la journée; il alla jusqu'à supporter avec douceur les reproches de lâcheté que sa conduite avait trop mérités. A tout ce qu'Ogier se laissa emporter à lui dire, il se contenta de branler la tête. Tout cela voilait le dessein arrêté de le livrer à Charlemagne et, par ce moyen, de faire la paix avec le redoutable conquérant.

Fort avant dans la nuit et après la retraite de leur hôte, la reine, qui avait observé tous les détails de cette réception, voulant sonder le roi sur ses sentiments secrets, feignit des dispositions hostiles à Ogier et un vif déplaisir à voir son époux compromettre plus longtemps sa sécurité pour lui donner refuge.

Le roi, induit par cette ruse à ne pas se défier d'elle, fit appeler un abbé qui lui servait de secrétaire et lui dicta sur-le-champ une lettre pour Charlemagne, l'avertissant qu'Ogier était tenu sans défense à sa disposition. La lettre, signée et scellée, fut remise à un valet d'écurie pour la porter aux tentes des Français. Mais dans l'intérieur même du palais, et tandis que le roi allait se reposer, ne s'inquiétant plus de rien, deux écuyers affidés de la reine se saisissaient secrètement du valet et le jetaient dans un cachot. De son côté, la reine, armée de la lettre, montait hardiment chez Ogier, le tirait brusquement de son sommeil, et lui jetant les bras autour du cou :

— Ogier, je vous sauve des embûches de mon traître époux! En retour, m'aimerez-vous?

Afin que le chevalier, effaré de cette tendresse soudaine, ne doutât pas de sa véracité et qu'il ne repoussât pas ses avances par un respect loyal pour l'honneur de son mari, elle cessa un moment de le couvrir de baiser et lui laissa parcourir le parchemin accusateur.

— Ah! le félon! dit-il. Quel ménagement ai-je à garder avec lui!

Il saisit alors la dame, l'aida sans scrupule à se débarrasser entre ses bras des derniers voiles qui la couvraient, et, dans une étreinte amoureuse, la porta sur sa couche, où leurs transports n'eurent de terme qu'avec la nuit.

Au jour, la reine fit revêtir un déguisement à son amant, et le conduisit elle-même dans un réduit sûr du voisinage, appartenant à un de ses parents. Le roi, survenant plus tard, fut bien étonné de ne pas le trouver pour s'en saisir, comme ç'avait été la première pensée de son réveil. Charlemagne apparut devant les fossés : nouvelle cause d'étonnement pour Didier; que signifiait donc tout ceci? Il courut aux murailles :

— N'approchez davantage! cria-t-il au premier des chevaliers de l'Empereur qu'il aperçut. J'ai mandé hier au soir à Charlemagne que je venais de recueillir son ennemi Ogier pour le lui livrer, et je le ferais immédiatement si je ne venais de m'apercevoir qu'il s'est échappé.

Quelque obligés que fussent les Français de guerroyer contre Ogier pour se conformer aux ordres de leur souverain, ils conservaient une secrète inclination pour le preux Danois.

— Oh! lâche! répondit le chevalier interpellé; je jure par mon Créateur que si Charlemagne pense comme moi, il te fera pendre au milieu de ta capitale de Pavie, pour te punir d'avoir entrepris de trahir le plus noble chevalier du monde entier.

Charlemagne partagea cette indignation quand il sut de quoi il s'agissait, et fit presser les préparatifs de l'assaut. Didier, voyant qu'il ne gagnait rien à parlementer, disposa une sortie par une poterne que les assiégeants n'apercevaient pas, et, par la soudaineté de cette action, leur fit beaucoup de mal.

Au bruit de ce combat, Ogier ne put plus se tenir en repos, malgré les caresses de la reine Aigremonde qui était revenue le retrouver dans sa retraite. Il exigea qu'elle l'aidât à se recouvrir de son armure, lui jura d'être toujours son serviteur, lui donna le baiser d'adieu avec une grande tendresse, et s'en alla la lance sur la cuisse à la grâce de Dieu. Il sortit de Pavie sans rencontrer d'empêchement, et galoppa au loin pour embrasser le coup d'œil de la bataille.

Didier était aux abois : dards, épées, demi-lances pleuvaient sur lui; Ogier accourut s'interposer là et ce fut dès lors le tour des Français de se sentir rudement menés. Thierry d'Ardennes, Richard de Montdidier, l'archevêque Turpin furent des plus atteints. L'apparition d'Ogier faisait aussi bien penser à la diablerie le parti lombard que le parti rival.

— Didier, je te défie à mort, cria-t-il aussssitôt qu'il fut parvenu à dégager celui qu'il provoquait.

Mais du moment qu'on l'avait aperçu, tout l'intérêt de la lutte s'était tourné contre lui, et l'on avait laissé Didier s'enfuir sans s'occuper de lui. Ogier ne dut plus songer qu'à gagner du pays. Il s'enfonça dans la campagne et ne tarda pas à s'y perdre. Enfin un passant le mit sur la route de Châteaufort, résidence dépendante de Béron, qui l'avait tant aimé et qui était mort pour lui. Béron, à une époque antérieure, avait tenu sept ans dans cette place contre le roi de Pavie et plusieurs autres princes. Ogier, avant d'y atteindre, eut encore la satisfaction de molester deux pèlerins, parents de Charlemagne, qui revenaient de Saint-Jacques. En arrivant au pont-levis, il avait l'ennemi sur les talons. Il se fit en hâte reconnaître par Benoît qu'il avait armé chevalier, et par Gelin, fils du comte Guérin. Avant qu'on pût lui ouvrir, un chevalier français, devançant les autres, vint sur lui, s'étant cru de taille à le pourfendre, mais sa tête vola sous le tranchant de Courtain. Trois cents hommes arrivèrent aussitôt pour recueillir Ogier, et se relancèrent dans le château. L'obstination de Charlemagne à ravoir celui qu'il appelait son paillard glouton, ne faiblit pas plus devant cette nouvelle résistance que devant l'avis de ses conseillers qui l'engageaient à se départir, enfin, de cette chevauchée sans profit et sans honneur.

Pour Didier, qui était rentré dans Pavie, il n'eut pas de peine à se convaincre que c'était sa femme qui l'avait desservi. Il retrouva le messager dans son cachot, et obtint l'aveu d'un des écuyers qui l'y avaient jeté par ordre de la reine. Toutefois, Aigremonde nia résolûment sa participation à cet acte.

— Moi! dit-elle, que ce soit moi qui aie commandé d'intercepter le message, quand la première j'ai ouvert l'avis de livrer Ogier pour préserver vos Etats de la dévastation!

— Par ma foi, répliqua l'écuyer, si elle a joué ce double jeu, c'est qu'elle était amoureuse du chevalier à en perdre les pieds. J'en ai bonne connaissance.

Sur cette révélation, la reine et l'écuyer furent enfermés séparément, encore que celle-ci protestât d'une telle violence sur sa personne, et de l'injure de ne pas se voir accorder plus de créance qu'un simple écuyer. Elle s'emporta jusqu'aux menaces, mais elle n'en fut pas moins livrée en garde à six chevaliers qui en répondirent sur leur tête.

CHAPITRE XIII

Comment Ogier commença à se défendre contre Charlemagne dans Châteaufort, et de ses deux compagnons, Benoît et Gélin, qu'il envoya au secours de la reine de Pavie.

Nonobstant qu'Ogier fût fort las, il ne voulait pas même laisser à Charlemagne la fin de la journée de repos, pour établir ses tentes devant Châteaufort; sa pensée ne supportait aucun retard à une sortie. Benoît lui amena Gelin, le fils du comte Guérin; il venait lui demander pour ce jeune homme, l'ordre de la chevalerie, afin d'accroître en lui le cœur et la vaillance qu'il pourrait déployer à la suite du héros. Ogier le lui accorda bien volontiers au nom de la Trinité, et en lui recommandant de tirer vengeance de la mort de son père et de ses amis. Puis, lançant l'élite des combattants au dehors, il sortit le dernier, ce qui ne l'empêcha pas d'arriver le premier en face de l'ennemi. Gelin, pour débuter, abattit Girard et Huon de Menechet, et le grand bouteillier du roi. Ce triple exploit fit augurer à Ogier que la vie du nouveau chevalier, si elle était longue, serait fournie de beaux faits d'armes. Il y eut un rude abattis d'hommes, sans autre résultat que de faire dire à Charlemagne, en voyant rentrer les assaillants et leur chef, lorsque leur ardeur eut eu son cours :

— Il y a maléfice de la part de cet homme pour se jouer ainsi du danger.

Le duc Naymes ne penchait point à contester qu'il fût terrible, et quand il entendait l'Empereur ajouter qu'il le ferait pendre, il ne pouvait s'empêcher de corriger le mot, supposant que c'était prendre, chose malaisée à laquelle Charlemagne pensait sans doute d'abord.

Le Danois, après sa rentrée joyeuse, sentant une douleur physique des fatigues essuyées et des blessures passées, qu'il n'avait, nulle part encore, trouvé le temps de panser, se fit chaudement envelopper dans du fumier de cheval et y passa la nuit; le lendemain matin, il était frais et dispos. Du rempart, il put observer la confusion des Français qui cherchaient le moyen de s'emparer de la place sans parvenir à le découvrir; mais un maître charpentier étant venu trouver l'Empereur, lui offrit de construire une machine de guerre capable d'enfermer mille hommes ; on pourrait assez l'approcher des murs pour permettre d'en combattre corps à corps les défenseurs, et une pluie de pierres en serait projetée dans l'intérieur du château, sans qu'il y eût moyen d'y mettre obstacle.

Le lendemain, il y eut une nouvelle sortie d'Ogier et des siens. Ils atteignirent jusqu'aux campements, dont à cette heure la plus grande partie de l'armée était absente. Ils mirent le feu partout et se retirèrent sans que Charlemagne pût réunir son monde à temps pour les inquiéter. L'unique préoccupation d'Ogier fut néanmoins vaine pendant ce ravage : il cherchait partout Charlot; il l'aurait rencontré qu'il eût poussé l'aventure à fin, et se fût replongé dans la vie errante sans rentrer à Châteaufort; mais il ne le trouva nulle part.

La machine se dressa bientôt, jetant du feu, incendiant maisons, greniers, blés, chambres et étables; il fallut se blottir dans les salles basses, tout était menacé; il fallut une nouvelle sortie.

— Mieux il vaut, me semble, aventurer son corps de vie que de vivre dans de telles angoisses, dit Ogier. Allons, mes amis, prenez les uns vos scies et vos haches, les autres vos armes, et allons mettre la machine en pièces.

Il communiqua son ardeur à ses gens, et en dépit de Geoffroy d'Anjou, qui du reste périt avec six chevaliers en voulant leur résister, ils vinrent à bout de faire tomber l'échafaudage meurtrier.

Ce succès, à vrai dire, se fit acheter et coûta trois cents hommes à la garnison. Il eût coûté plus, si la fermeté d'Ogier eût été en défaut, ou l'animosité de Charlemagne mieux servie. Ils s'étaient aperçus de loin et avaient cherché à se joindre :

— Ah! brigand! avait proféré l'un, je ne partirai d'ici sans que t'aie mort ou vif!

— Allez! avait répondu l'autre, vous ne sauriez me faire pis que vous ne m'avez fait!

L'affaire de la reine, à Pavie, avait pris une meilleure tournure pour elle; l'écuyer s'était coupé dans les interrogatoires qu'il avait subis; il avait demandé à prouver ses dires par le combat judiciaire, et Didier avait envoyé soumettre le cas à Charlemagne, pour qu'il décidât si cette épreuve devait ou non être accordée.

2

Il lui avait fait savoir aussi que, retenu personnellement par cette affaire dans sa capitale, il était prêt à contribuer d'hommes et de vivres pour la campagne dirigée contre Ogier.

L'avis de Charlemagne fut que le gage de l'écuyer devait être accepté, et que si la reine était convaincue du cas dont il l'accusait, elle devait être brûlée sans pitié.

Cette sentence n'eut pas plutôt été rendue, qu'Ogier en fut instruit par un des espions qu'il entretenait dans le camp français. Grande fut sa peine, on le suppose. Comment venir en aide à sa libératrice?... Benoît et Gelin vinrent se proposer pour y pourvoir ; et, Ogier ayant accepté, ils partirent, emportant un anneau d'or du chevalier, à l'aide duquel ils se feraient reconnaître de la dame.

Didier, en les apercevant, ne s'expliqua pas leur venue; mais ils dissipèrent adroitement ses soupçons en venant lui crier assistance comme à un puissant suzerain chez lequel ils pouvaient braver la fureur d'Ogier :

— Nous croyions si bien le tenir et pouvoir le livrer à Charlemagne, quand il est venu de lui-même s'enferrer dans notre château, que nous lui tenions ouverts comme un piège! Et puis, rien de tout cela ! Voilà un parjure qui lui coûte toute l'entreprise ; il devient forcené. Ce n'est plus nous qui le tenons à discrétion dans nos bonnes murailles ; c'est lui qui met notre vie en danger dans notre résidence. Nous considérons comme un bonheur d'échapper à celui que nous supposions dans nos mains! Adieu tout espoir de faveur près de Charlemagne! Adieu jusqu'à notre propre patrimoine, dont nous sommes déshérités par ce brigand ! Heureux encore si nous obtenons près de vous un refuge et un appui !

La sympathie est le lien des âmes, encore que ce soient des âmes de traîtres. Didier ne pouvait s'entendre raconter la répétition de sa déconvenue sans se sentir porté à y accorder des paroles de condoléance.

Quoi ! deux fois ce mal appris d'Ogier avait démasqué la même trahison si bien ourdie !

— Mais moi, mes amis, je suis dans le même cas que vous ! Et, ce qu'il y a de pis, c'est la luxure de ma femme qui l'a fait échapper !..... Maudite luxure !...

— Heu ! sire, fit Benoît, paraissant tirer prudemment un souvenir du coin le plus reculé de son cerveau : voici qu'il me revient un propos que nous tint cet enragé avant qu'il nous démasquât : « Je m'étais ouvert de mes craintes sur Didier à un écuyer lombard, dit-il ; je lui avais promis, si le péril survenait et qu'il m'en avertît, de l'emmener avec moi en Danemark, et de l'y placer en haute fortune. Je m'en suis bien trouvé : c'est lui qui a intercepté un message à Charlemagne qui, s'il fût parvenu à son adresse, m'eût mis dans l'impossibilité de fuir. »

Naturellement, cette déclaration, en apparence fortuite, de Benoît, provoqua un nouvel interrogatoire de l'écuyer.

— Ce sont deux traîtres envoyés par Ogier pour défendre la reine ! s'écria tout de suite celui-ci ; ne le voyez-vous pas ?

— Traîtres? repartit Didier abusé ; je n'eus jamais de féaux plus fidèles que parmi leur lignée.

— Traîtres ! s'exclama Benoît. Roi Didier, voici mon gage : je le jette à cet homme pour la bonté de la reine votre femme.

CHAPITRE XIV.

Du combat de Benoît contre l'écuyer lombard, et comment la reine, étant déchargée de l'accusation de trahison, Benoît et Gelin vinrent retrouver Ogier à Châteaufort; des expédients d'Ogier pour se maintenir en défense, quand il n'eut plus d'hommes ni de vivres, et des terribles sorties qu'il fit contre les gens de Charlemagne.

A la suite de la provocation de Benoît, la bataille fut fixée au lendemain.

Alors, la reine ayant eu connaissance du champion qui, de son propre mouvement, s'était prononcé pour elle, demanda d'être relâchée de quelque rigueur, afin de pouvoir le festoyer, comme la reconnaissance le lui commandait.

Didier y consentit.

Dire le festin est chose superflue : les viandes étaient-elles bien ou mal cuites ? C'est ce qu'on n'a guère loisir d'apercevoir quand elles sont doucement servies, en compagnie plaisante, bonne et joyeuse. Tout à la fin, quand la confiance était déjà toute formée entre la dame et ses deux protecteurs, Benoît lui dit tout bas :

— Connaissez-vous cet anneau ?

— Oh ! à cette heure, dit-elle vivement, je sais qui vous fait mouvoir : c'est mon doux ami Ogier. Je ne vous dissimulerai donc plus qu'il ne s'agit ici que de sauver ma vie. La vérité n'est point de ce côté, mais Dieu ne veut point la mort du pécheur.

— Laissez-nous faire, dit Benoît, tout ira bien.

Les deux jeunes gens restèrent tard, tant avec la reine qu'avec ses femmes ; puis ils allèrent prendre quelques heures de sommeil, et le lendemain, de bon matin, les dames étaient de nouveau dans leur chambre, exhortant Benoît à bien faire.

— Vous allez exposer votre corps pour l'amour de moi, pour l'amour d'Ogier, dit la reine ; pensez à lui qui est si brave ! Plût à Jésus que je susse, en échange, comment exposer le mien pour lui !

Le jeune chevalier était armé ; on vint lui dire que l'évêque l'avait précédé avec un reliquaire sur le champ-clos. Il s'y rendit, et la reine y fut conduite séparément.

La cérémonie du serment fut pénible.

Le Lombard n'avait pas fait difficulté de jurer; la reine et son champion s'en excusèrent sous des prétextes différents. Il fallait sauver une chère vie, c'était l'affaire des armes ; mais que le parjure s'en mêlât, ni l'un ni l'autre n'y étaient disposés.

Les trompettes sonnèrent.

Au premier choc les lances volèrent en éclats.

Après des avantages balancés à l'épée, Benoît parut un moment avoir le dessous.

— Ah ! s'écria le Lombard, la trahison va être prouvée !

— Tu n'en es pas où tu crois ! répliqua Benoît.

Et d'un coup heureux, qui suivit plusieurs feintes

et tentatives sans effet, il fit tomber le bras droit et l'écu de son adversaire.

— Ah! je vois bien à cette heure que j'avais grand tort d'accuser la reine! commença à s'écrier Didier, en apercevant l'écuyer mutilé.

— Dieu punit donc aussi bien les justes que les autres! hurlait celui-ci navré.

Et, à chaque blessure, c'était une nouvelle exclamation indignée :

— Maudite vie, qui dure tant!

Benoît, pour empêcher qu'il ajoutât plus rien, lui fit voler la tête d'un dernier coup d'épée.

— Accordez-moi merci, vint dire Didier à la reine en l'embrassant.

— La merci, c'est à Dieu qu'il faut la demander! répondit-elle tristement.

La besogne était achevée. Les deux compagnons d'Ogier avaient hâte de partir; ils ignoraient s'il n'était pas, depuis leur départ, en grand besoin d'eux. La reine, avant qu'ils la quittassent, leur fit accepter une récompense magnifique qu'elle alla prendre pour eux dans son trésor secret : c'était la charge de deux chevaux en or et en argent. Le roi, pour sa part, leur donna un superbe destrier et plusieurs joyaux. De leur chef, ils se procurèrent par la ville cinq cents hommes pour escorter ces richesses.

Plût à Dieu que c'eût été là tout l'usage qu'ils en devaient faire! Mais être jeune, bouillant; sortir d'une arène où l'on vient d'être vainqueur; se sentir cinq cents hommes à ses côtés et passer près de l'ennemi, n'est-ce pas assez pour donner la tentation de quelque imprudence?

Le camp de Charlemagne dormait. Nos deux jeunes fous, qui voyageaient de nuit, tombèrent sur les Français à l'improviste, au cri de : « Vive Danemark! »

Qu'on résulta-t-il? A vrai dire, ils commencèrent à faire bien du mal; mais, après, on le leur rendit bien. Détroussés, ayant perdu la totalité de leurs hommes, exténués, heureux d'avoir échappé à la mort eux-mêmes en courant se réfugier dans des marais, ils parvinrent à grand'peine à regagner la porte du solide château où Ogier les attendait. Quand il eut appris que l'important de l'expédition, le salut de la reine, avait été obtenu, il les railla un peu du reste, leur disant :

— Je ne blâme pas la fantaisie qui vous a pris; seulement, quand il vous viendra des idées comme celle-là, mettez avant tout vos trésors en sûreté; ensuite, venez me chercher, et tout en ira mieux.

— Or ça, interrompit Benoît, ce qui me chagrine, c'est l'opiniâtreté de Charlemagne devant ce château : il nous y cloue, au détriment de nos corps et de nos biens.

— Je ne pense pas, répondit Ogier, qu'il se passe beaucoup de temps avant que l'ennui le prenne et qu'il aille faire un tour en France. Je l'aurai belle alors pour m'en aller en Danemark, où je ne le crains plus. C'est moi qui ensuite ne lui laisserai la paix que je ne me sois vengé sur son fils Charlot.

Tandis qu'ils devisaient ainsi, ils virent se former sous leurs yeux, dans la prairie, un groupe de chevaliers qui bientôt se mirent à exécuter un brillant tournoi. C'était en l'honneur d'un jeune prince de France nommé Louis, qui arrivait au camp pour obtenir de son oncle Charlemagne ses éperons de chevalier. Ogier à ce spectacle demeura tout pensif.

— Vous laissez aller votre âme aux doux regrets, lui dit Benoît, le voyant triste.

— Hélas! Benoît, répondit doucement Ogier, je pense seulement au plaisir qu'il y aurait à tomber à bras raccourci sur ce tournoi, et à mettre tous ces paradeurs et jouteurs sans dessus dessous.

Benoît et Gelin étaient incapables de repousser une si séduisante idée : en un moment les trois compagnons furent au milieu de la fête. Justement on commençait à y apporter les tables pour le festin; ils bousculèrent tout; Ogier arriva à la tente de Charlot, faillit l'atteindre d'un grand coup de Courtain qui, tombant sur un bloc de bois, s'y enfonça de la profondeur d'une paume et demie de main. Pendant qu'Ogier l'en retirait avec précaution pour ne pas la rompre, un écuyer fendit la tente en long du côté opposé, ce qui permit au fils de Charlemagne de s'échapper. Benoît, pour sa part, se comportait avec une rare vaillance, faisant grand massacre de Français, et Gelin, aux prises avec Rambaut de Frise, recevait un coup de lance qui perçait son haubert et lui laissait le fer dans la plaie. A la vue de cet accident, Benoît et Ogier ne s'occupèrent plus que de s'emparer du corps de leur compagnon et le ramenèrent dans le château, malgré la résistance des Français. Ces prouesses, n'amélioraient pas la situation d'Ogier : Gelin était mort, c'était une perte des plus grandes; il ne restait que trente hommes en tout de la garnison. Charlemagne, tant bravé, ne pouvait plus sans déshonneur quitter la place avant de l'avoir prise; une nouvelle machine de guerre était en construction; elle battit bientôt le château de pierres; il n'y eut plus de sûreté nulle part; les tours, les galeries s'écroulèrent. On résolut comme la première fois de venir à bout de ce fléau par un coup de main désespéré; tout le monde fit irruption sur la machine, sauf un écuyer qui resta pour rouvrir les portes. L'entreprise réussit encore, mais à quel prix! Benoît tomba sous les coups de Huon de Nantes, auquel Ogier ne tarda pas à faire expier cette mort par une mort semblable. Le survivant désolé de Béron, de Guérin, de Benoît et de Gelin, rentra encore au château avec quelques hommes, en dépit de tous les obstacles. Mais que faire? Dans cette solitude causée par la mort autour de lui, il repassait les cinq années d'épreuves et d'amertume qui avaient suivi la mort de son cher Baudouin. Dans un avenir prochain, il entrevoyait qu'il ne lui resterait ni lit ni couche pour reposer, qu'il lui faudrait rester perpétuellement dans son haubert tout armé, prêt à toute heure contre ses ennemis. Ses gens n'étaient pas dans un moindre abattement que lui. Un soir qu'il était endormi, un mauvais paillard, traître larron, nommé Archambaut, se leva et dit :

— Nous sommes ici prisonniers pour le moment; dans quelques jours nous serons tués; il me semble qu'on peut oser beaucoup quand il s'agit de se sauver d'un tel pas : qu'en dites vous? Livrons le château et Ogier à Charlemagne, nous rentrerons en grâce, et de plus nous serons récompensés.

Tous consentirent à la perte d'Ogier. Archambaut alla trouver furtivement un capitaine du guet de Charlemagne, nommé Hardré, qui ne tarda pas à le mener à l'Empereur. Tandis que la trahison se concluait par là, Ogier se relevant et réfléchissant à la misérable vie de ceux qui restaient près de lui, alla leur dire :

— Mes enfants, vous devez être las de cette guerre : eh bien ! que ceux qui le voudront se retirent en emportant du château ce qui leur semblera bon.

Personne ne dit mot et Ogier retourna se coucher.

On était déjà en marche pour venir le saisir ; mais dans son second sommeil il était obsédé d'un songe terrible. Il se releva de nouveau, prit un cierge d'une main, son épée de l'autre, et arriva dans la salle où il croyait trouver ses gens ; il n'y en avait pas un : à sa vue ils s'étaient tous cachés. Au premier qu'il finit par découvrir :

— Ah ! ribaudaille ! s'écria-t-il, quelqu'un de vous est allé chercher les Français : hier soir ne vous avais-je pas laissés libres de vous en aller en emportant les biens du château ?

Aucun ne put échapper à ses recherches, aucun n'évita la mort. Archambaut était à la porte, précédant Hardre de quelque peu, afin de s'assurer que tout était en parfaite disposition pour son dessein. Il trouva closes par Ogier les portes qui avaient été ouvertes. Archambaut heurta doucement, et Ogier, contrefaisant sa voix, demanda qui était là ; puis, lorsqu'on se fut fait connaître, il ouvrit, en disant que le bon tour avait été fait à Ogier de lui dérober son épée.

— Bien besogné, répondit Archambaut ; ne la perdez pas, il ne sera rien que Charlemagne ne donne pour l'avoir.

— Or, allez ! dit Ogier, mes compagnons sont en bas qui veulent vous parler.

Incontinent qu'il le vit descendre, il l'atteignit si lourdement, qu'il lui fit jaillir la cervelle. Puis, revenant aux Français qui arrivaient à la porte :

— Messeigneurs, leur dit-il, s'il vous convient d'acheter le château, c'est à moi qu'il faut vous adresser : je le vends à grands coups de tranchant d'épée.

Ceux auxquels il s'adressait commencèrent à s'enfuir, en se renversant les uns sur les autres. Il passa le reste de la nuit à pendre les traîtres qui avaient pensé le livrer : il y en avait un par créneau.

Le lendemain, Charlemagne, plus dépité que jamais à la vue de cette exécution de justice, se raffermit cependant quelque peu en songeant qu'Ogier, n'ayant plus guère de vivres et encore moins de gens, allait bien être obligé de se rendre.

— Je voudrais qu'il eût commencé, dit Naymes ; mais je le crois encore loin de l'avoir résolu.

Charlemagne fit faire de longues échelles pour escalader les murailles. Ogier, lui, taillait du merrain en façon de gens d'armes, les revêtait de bons hauberts et heaumes, et en garnissait les remparts. A l'apparition de cette nouvelle garnison, tous les assiégeants demeurèrent dans l'ébahissement.

— Où diable, disait-on, a-t-il pris autant de soldats ? C'est à perdre le sens ! Avec lui, quand on croit avoir fini, c'est à recommencer !

Et les gendarmes en planche haussaient les bras, tournaient le corps, menaçaient le camp et ne sourcillaient pas aux traits d'arbalètes qui leur étaient lancés. Le découragement arriva à un tel point, que Charlot vint trouver son père, et lui dit que, reconnaissant avoir eu tort envers Ogier, il était résolu d'aller le prier de faire paix et accord avec lui, et que, pour la rémission de son crime, il irait passer six ou sept ans outre-mer, vers Jérusalem. Charlemagne n'y voulut rien entendre ; il était plus altéré de vengeance que jamais.

Le jour même, à l'heure du repas, Ogier, poussé d'une audace inouïe, se lança sur Broiffort jusqu'à la tente de l'Empereur, se rua sur Charlot, qui ne dut son salut qu'à une table qui se renversa. Le furieux eût pu tuer Charlemagne, mais il n'y toucha pas ; il se contenta de percer de sa lance l'écuyer qui le servait, et il se retira comme il était venu, pareil à la foudre. Autour de l'Empereur, tous les seigneurs étaient éperdus, anéantis. Nul ne l'empêcha de retourner tranquillement au milieu de sa garnison de bois.

CHAPITRE XV

Comment Charlot tenta vainement de se réconcilier avec Ogier, et comment celui-ci, après s'être échappé de Châteaufort, finit par être pris et fut condamné à périr dans la prison de l'archevêque Turpin.

Tant d'audace était capable de déconcerter le jugement le plus sûr ; mais si, autour de Charlemagne, pendant qu'Ogier laissait une telle impression sur son passage, on avait su que, rentré dans sa forteresse, il sentait lui-même les terreurs de la solitude et de l'abandon, qu'il lui fallait écorcher un cheval pour son souper, et qu'enfin il arrivait à la conviction qu'il ne lui était pas possible de demeurer là davantage, assurément on eût cessé de faire entendre des murmures sur le temps vainement passé devant Châteaufort pour s'emparer de sa personne. Cependant on ne tarda pas beaucoup à être instruit de l'extrémité où il se trouvait, par le propre monologue qu'il tint dans la soirée, en manière d'interpellation, à Broiffort. Après l'avoir bien époussété, robe, selle et bride, il l'avait mené au pont-levis prêt à être monté. Deux poursuivants de guerre qui étaient venus faire de l'orge pour leurs chevaux, jusqu'au bord des fossés, et qui, entendant sa voix, s'étaient tapis, cois et plus morts que vifs, ne perdirent pas une de ses paroles.

— Ah ! mon bon cheval, qui m'as tiré de tant d'escarmouches, disait-il, que vais-je faire à cette heure que me voici sans pain et sans ressource ? Vaut-il mieux, dans un dernier coup de désespoir, courir à la mort sur le camp ? Vaut-il mieux fuir et allonger ma vie ?... Décidément, voici ce que je ferai : j'attendrai encore ici jusqu'à minuit, et, par la foi de mon corps ! bien endormi sera Charlot si je ne le réveille alors.

Les poursuivants eurent bientôt transmis cette menace à Charlot ; mais lui, persévérant toujours dans son projet de réparation d'injure, monta aussitôt à cheval et s'en alla devers le château :

— Oh! Ogier! cria-t-il, quand il fut à portée de voix, que faites-vous? Parlez-moi!

Ogier vint, et, voyant le fils de Charlemagne, se demanda ce qu'il pouvait lui vouloir.

— Ogier, reprit Charlot, je viens à vous, parce que je sais qu'il y a six jours que vous n'avez mangé de pain. Vous n'avez plus d'hommes; ceux dont vous faites montre aux créneaux sont des simulacres de bois. Eh bien! Ogier, à l'heure présente, je viens vous confesser le crime que j'ai commis sur votre fils. En signe d'humilité, je me dépouillerai en chemise devant vous, nu-tête et à genoux ; j'irai vous demander le baiser de paix et vous crier : Merci ! Je vous ferai rendre vos terres et seigneuries, et, en outre, telle valable rançon que vous fixerez ; à la mort de mon père, je partagerai mon royaume avec vous. D'ici là, je partirai et j'irai faire pénitence au Saint-Sépulcre. Ogier, voulez-vous me pardonner?

— Plutôt, moi et les miens, mendier notre pain toute notre vie, de porte en porte et de pays en pays. Dieu me pardonne le sang que je suis obligé de verser pour arriver jusqu'à toi, Charlot! Mais ne compte jamais t'acquitter envers moi autrement que par ta mort. Sang pour sang, enfant pour enfant !

— Noble duc, répondit Charlot avec douceur, j'ai grande tristesse de ne pouvoir vous apaiser. Or, puisqu'il en est ainsi, quand vous sortirez de ce château, je prie Jésus-Christ qu'il veuille vous conduire.

— Va au diable qui puisse te rompre le cou !

Charlot se retira sur cette dernière rebuffade, et, peu rassuré pour la nuit suivante, il fit dresser deux couches dans sa tente par son chambellan : l'une parée, dans laquelle il fit coucher un tronçon de bois, coiffé comme l'eût été un prince, et il se coucha dans l'autre.

A minuit, après avoir donné des soupirs à tous les souvenirs qu'il laissait dans son château : dévoués amis, glorieux exploits, défense héroïque ; après avoir jeté un dernier regard sur ces murailles qu'indubitablement le lendemain Charlemagne, mu par la haine, ferait abattre, Ogier fit le signe de la croix, se recommanda à Dieu, à la Vierge et aux saints, sauta sur Broiffort, piqua des deux, une forte et ferme lance à la main, et parvint secrètement à la tente de Charlot qu'il reconnut au dragon qui flottait dessus. Alors, voyant le lit de parade, il y porta rapidement tous ses coups ; puis, reconnaissant au bruit qu'on s'éveillait et qu'on apportait du secours, il renversa la tente entière et disparut en enfonçant les éperons dans les flancs de Broiffort.

En vain lui donna-t-on la chasse, une petite bruine qui tombait dans l'obscurité déroutait tout le monde.

Au jour, seulement, on connut avec quelque certitude de quel côté il fallait le poursuivre ; longuement on s'attacha à ses traces sans autre effet que des espoirs déçus, de nouveaux méchefs pour l'Empereur lui-même et un résultat complètement nul; Ogier atteignit un port de mer et se sauva dans un navire juste comme les Français arrivaient pour le voir leur échapper.

On comprend de reste quelle fureur salua son départ ; tant d'efforts dépensés pour le saisir étaient perdus ; Charlemagne n'avait plus d'autre recours que de faire menacer au loin quiconque lui donnerait asile. Quant à l'armée, elle n'avait plus que faire dans la contrée; l'Empereur la ramena en France ; Charlot et Louis effectuèrent leur retour par un chemin différent et l'archevêque Turpin, assisté de l'abbé de Saint-Faron-de-Meaux, partit en ambassade pour Rome. Toutefois, avant que chacun partît pour sa destination spéciale, l'Empereur usa d'une précaution qui ne fut pas sans fruit, comme on ne le verra que trop, plus loin : ce fut de faire jurer à tout ce qui était réuni autour de sa personne, sur la foi et damnation de l'âme, de dénoncer dorénavant Ogier partout où il pourrait être découvert, et de contribuer de tout pouvoir à le faire tomber entre ses mains. Celui-ci, à dire vrai, n'avait pas fait autant de chemin qu'il avait espéré en faire : la peur d'être suivi l'avait fait relâcher à trois ou quatre journées de Rome, entre la rivière et la fontaine d'Yvoire. La beauté et la fraîcheur du pays l'y avaient retenu. Broiffort, qui n'avait mangé de tout le jour, s'était mis à pâturer dans la verdure, l'ombrage d'un arbre avait invité le chevalier au sommeil.

Non loin, passait l'archevêque Turpin se rendant à son ambassade. Son écuyer s'étant un peu écarté de la route pour se rafraîchir à la fontaine, découvrit Ogier et son sang se glaça dans ses veines. Il retourna aussi vite qu'il put vers son maître et lui dit quelle prise se rencontrait sur leur passage. Hélas! si l'écuyer croyait ainsi se rendre agréable à son maître, il se trompait du tout au tout. L'archevêque n'était pas, il s'en fallait, l'ennemi d'Ogier; mais le dernier serment à l'Empereur!... comment songer à l'éluder? Quoi qu'il en eût, l'homme de Dieu dut donc se transporter près du fugitif endormi : il le trouva étendu, son heaume d'un côté, son écu de l'autre.

Cependant, la terreur qu'il inspirait encore dans cet état, à cause du terrible réveil qu'on pouvait craindre de lui, l'eût sauvé si l'abbé de Saint-Faron eût été écouté ; mais un moine de sa suite ayant proposé que tous se missent ensemble pour lui ravir, l'un son heaume, l'autre son écu, celui-là son cheval, cet autre son épée, il fut ainsi fait, et de la sorte, le pauvre Ogier fut réduit à l'impuissance. Ce ne fut pas toutefois sans résister, qu'ouvrant les yeux et se voyant cerné, il se résigna à être pris. S'escrimant avec la selle de Broiffort qu'on n'avait pas eu le temps de lui enlever, il étendit un moine raide mort ; puis encore il se défendit seulement avec les étriers. A la fin quelqu'un lui tourna la jambe, il fut renversé à terre, garrotté et conduit à Reims. La nouvelle de sa capture vola devant lui jusqu'à Paris, où Charlemagne tenait ses Etats. L'Empereur brûlait déjà de le voir, de lui faire tomber la tête et de faire accrocher ses restes sanglants au gibet de Montfaucon. Charlot intercéda chaleureusement ; il renouvela l'acte de contrition profonde par lequel il s'accusait du meurtre injusticiable du jeune Baudouin, et il ajoutait :

— Ecoutez ce que votre cœur vous eût dicté, si c'était moi qu'un autre eût fait périr dans des circonstances semblables : ah ! vous l'eussiez imité! Derechef je vous prie de vous réconcilier avec lui; il est le miroir et l'exemple de la chevalerie, l'honneur des preux, la louange des nobles, le plus digne de mémoire qui soit au monde. J'ai lu Artus de Bretagne, Judas Machabée, Hector de Troie, Lancelot du Lac : nul d'eux n'a approché de sa vaillance. Or, considérez qu'il est encore en âge de croître et qu'on le verra atteindre plus haut.

Cette allocution ne servit à rien, la mort d'Ogier était résolue ; Charlemagne défendit à son fils de lui en reparler.

Arriva l'archevêque quelques jours après. Il avait laissé le prisonnier dans sa ville et avait abandonné Broiffort à ceux qui construisaient l'église pour l'employer à charrier de la pierre : le noble animal y demeura sept ans. Ce n'était point le compte de l'Empereur de ne pas voir arriver en même temps celui qui l'avait tenu sept ans devant une place, ainsi que chacun le répétait à sa grande mortification. Il n'était point trop tôt, pour couper court à ces bruits, que la tête du Danois tombât enfin devant la cité de Paris assemblée.

— Sire, pardonnez-moi, dit l'archevêque Turpin, ce serait une vilaine mort pour un homme qui est mon parent : plutôt que de ne pas tirer vengeance de celui qui la lui ferait subir, je vendrais jusqu'au reliquaire de mon église. Je suis de grande lignée, qu'on ne peut déshonorer de la sorte à tout jamais. Ah ! qu'il meure, sans bruit, d'indigence dans une prison, c'est différent ; mais en place publique ! Sire, il y a à votre cour cent bons chevaliers qui, au péril de leur vie, ne le souffriraient pas.

Thierry trouva que l'archevêque avait bien parlé. Naymes opina d'ailleurs que, si la mort d'Ogier devenait jamais une nouvelle publique, elle suffirait à attirer chaque jour aux portes du royaume une foule d'ennemis que son renom retenait au loin. Il était même surprenant, à son sens, que les dernières et déplorables divisions qui avaient fait trop de bruit n'eussent pas suffi à les faire accourir.

Naymes parlait dégagé du ressentiment dont le meurtre de son fils pouvait bien l'animer. Il se rangea à l'avis de faire périr Ogier d'inanition ; ce fut aussi le sentiment de tous les autres barons.

Charlemagne, pressé par une telle unanimité, donna son assentiment à la mesure proposée. D'autant mieux que ce glouton, qu'on connaissait pour manger ordinairement plus que ne l'auraient su faire quatre des limiers les plus affamés de la cour, à deux de leurs repas, ne devait guère languir à la pitance que l'archevêque arrêta de lui faire servir : un quartier de pain, une tasse de vin et une pièce de chair par jour. Les choses ainsi convenues, il y eut grande chère et réjouissance pour tout le conseil, et l'archevêque partit pour aller mettre l'arrêt à exécution. Rentré chez lui, il fit premièrement entourer la chambre d'Ogier de hautes et fortes murailles, puis il le fit venir devant lui.

— Cousin, lui dit-il, vous devez à mes instances et à celles de nos bons amis, de voir la condamnation à une mort ignominieuse que l'Empereur avait portée contre vous, changée en un traitement confié à mes soins. Je dois vous alimenter d'un quartier de pain, d'une tasse de vin et d'une pièce de chair par jour : c'est l'arrêt !... Attendez, ajouta-t-il, en voyant la consternation se peindre sur les traits du chevalier. J'ai résolu, à part moi, que le pain dont on vous coupera un quartier sera fait d'un setier de blé ; d'un setier aussi sera la tasse de vin ; quant à la pièce de chair, elle sera d'un mouton entier. Cela vous paraît-il suffisant ?

— A coup sûr, répondit Ogier en souriant ; qu'il soit fait à votre plaisir !

Prisonnier, d'ailleurs, sur parole, il eut une détention fort douce ; il alla fréquemment à la messe avec l'archevêque, fit plus d'une bonne partie d'échecs avec lui, et plus d'une fois s'assit à sa table. Seulement, à ces adoucissements se borna toute la clémence dont il fut l'objet. Un de ses neveux, Gérard de Roussillon ayant, longtemps après, sollicité l'Empereur de lui rendre la liberté, Charlemagne, non content de refuser cette fois, fit publier un édit par lequel il était interdit à qui que ce fût, sous peine d'avoir la tête tranchée, de jamais plus parler du prisonnier Ogier le Danois en aucune manière.

CHAPITRE XVI

De l'expédition des Sarrasins contre la chrétienté, sous le commandement de Bruhier ; comme ils firent de grands ravages jusque sous la ville de Laon, et comme Caraheu, qui se trouvait parmi eux, fut trahi par son neveu Rubion et fait prisonnier par Charlemagne.

n temps vint où Bruhier, soudan de Babylone, délibéra de faire une expédition contre Charlemagne pour le détrôner et le soumettre au martyre. Bruhier avait quinze pieds de haut ; il était fort à l'avenant, et comptait de nombreux rois et amiraux sarrasins sous ses ordres. Ce qui le décidait à cette entreprise, longtemps rêvée, longtemps ajournée, était la nouvelle de la mort d'Ogier, qui avait fini par s'accréditer en tous pays.

Or, une prédiction nécromancienne avait instruit Bruhier qu'il n'avait à craindre de périr en combattant, que de la seule main d'Ogier.

Résolu à marcher, il consulta cependant ses parents et ses alliés, Justamont son frère, Ysoré son fils, et tant d'autres qui tous, ayant d'anciennes pertes à venger sur les chrétiens, ne demandaient pas mieux d'aller les écraser.

Quand ce fut au tour de Caraheu de parler, il dit que si Charlemagne avait fait mourir Ogier, il était digne de tous les tourments. Il ajouta qu'en son particulier, il voulait venger la mort du chevalier vaillant qu'il n'avait pu secourir.

L'armée sarrasine partit le jour de la Saint-Jean-Baptiste, forte de trois cent mille combattants ; elle était précédée des trois idoles d'or de Mahom, de Mercure et de Baraton ; la flotte sur laquelle elle fut embarquée atteignit les côtes d'Allemagne après une courte et heureuse navigation, et le débarquement s'y opéra sans difficulté.

Les villes, les villages, les châteaux, commencèrent à brûler jusqu'à Cologne ; ce fut sous les murs de cette ville que les Français, accourus en hâte, les arrêtèrent enfin et les battirent, non sans que les infidèles, pourtant, s'emparassent du prince de Cologne, qu'ils crucifièrent, par dérision, comme Jésus-Christ. L'invasion, détournée de sa ligne directe, passa le Rhin en le remontant, arriva à Liége et saccagea tout le duché des Ardennes. Le duc de ce pays accourut trouver Charlemagne pour l'inviter à venir le secourir; avant que l'Empereur eût réuni ses troupes, les barbares étaient déjà aux portes de Laon. On répara et fortifia la ville en grande hâte et l'on parvint à grand'peine à y grouper cinquante mille hommes.

C'était peu, devant le nombre effrayant des païens, mais c'était au moins tous gens d'élite, déterminés à tout faire pour la défense de la loi chrétienne.

Bruhier, installé sous le couvert de feuilles qu'il s'était fait construire, ordonna à l'un de ses gens d'aller dire à Charlemagne de lui envoyer dix de ses chevaliers pour lutter contre lui. S'il était vaincu, il se retirerait avec son armée, sans plus faire de dommage; dans le cas contraire, l'Empereur devrait s'apprêter à périr et la religion du Sauveur serait abolie.

Le héraut que Bruhier envoyait, avait autrefois vécu en France; en arrivant devant Charlemagne, il prétendit avoir besoin d'un truchement pour s'expliquer; mais sa fourbe fut d'abord découverte, et il fut contraint de s'expliquer directement, sans pouvoir entraîner personne à d'imprudentes paroles, comme il avait espéré d'y parvenir en feignant d'ignorer le français.

— Quel est donc ce soudan, votre maître? demanda Charlemagne.

— C'est le plus merveilleux homme que vous vîtes jamais, répondit l'envoyé; il a bien quinze grands pieds de long, et un grand pied d'espace entre ses deux yeux qui sont rouges comme des charbons.

— Cela lui doit faire la tête grosse, s'il l'a proportionnée! répondit l'Empereur.

— Oh! reprit le messager, augmentant son emphase pour répliquer à la remarque, prenez pour certain qu'avec son bras si dur et si massif que d'un seul coup de poing il assomme un cheval, avec ses dents qui lui sortent de deux doigts hors de la bouche, avec sa barbe qui lui tombe jusqu'à la ceinture, il n'est homme au monde qu'il ait pu redouter, excepté Ogier le Danois que vous avez fait mourir dans vos prisons.

Au nom d'Ogier, qu'il était interdit d'entendre prononcer, l'Empereur dit froidement :

— Ce ribaud a rompu mon édit; qu'on le mette en pièces et qu'on en rejette les morceaux par la machine au nez des païens.

Dans la même journée, les portes de la ville s'ouvrirent, les clairons sonnèrent, Charlemagne parut dans un cortège formidable, et dans le camp de Bruhier éclatèrent les cris : Aux armes! voici les Français!

Les rangs se formèrent, les chefs se placèrent à leur tête, et, entre autres, Caraheu, auquel la belle Gloriande dit en l'embrassant avant qu'il ne montât à cheval :

— Ami, ramenez-moi le faux et perfide Charlemagne, le cruel qui a osé ordonner la mort d'Ogier; promettez-moi de le remettre en mes mains et que vous me laisserez tirer vengeance sur lui des traitements qu'il a infligés à notre libérateur.

Caraheu le lui promit et se hâta de partir avec Rubion, son neveu et son porte-étendard, pour aller faire flotter devant tous les autres l'enseigne où étaient peints les quatre dieux païens. Il avait de son chef cent mille hommes en ligne. Justamont descendait d'un autre côté avec cinquante mille Turcs, cinquante mille autres étaient sous les ordres de Bruhier, et ceux-ci composèrent l'avant-garde. A ce déploiement inattendu de l'ennemi, Charlemagne s'arrêta interdit et dit à Naymes qu'il serait impossible de tenir contre un tel nombre de ces maudits.

— Ramenons le plat de notre côté, ajouta-t-il; arrangeons-nous pour pouvoir fuir jusqu'à Soissons en cas que nous soyons les plus faibles.

Ils commencèrent alors à reculer vers les montagnes, poursuivis par les cris des païens qui répétaient : Les chrétiens sont à nous ! Les voici vaincus sans avoir tiré l'épée!

Rubion, dans ce moment, eût bien voulu voir son oncle à tous les diables.

Aussi faux que Caraheu était loyal, Rubion n'avait eu d'autre raison de se mettre de l'expédition que l'amour qu'il nourrissait en secret pour Gloriande; il brûlait de voir arriver malheur à celui dont il portait l'étendard, car il en était héritier. Il n'avait pas tardé, d'ailleurs, à pénétrer un embarras dont Caraheu avait fait mystère à tous les siens, et qui était l'observation exacte de la promesse faite autrefois à Rome, de ne jamais tirer l'épée contre les chrétiens. On juge ce qu'il devait se résigner à recevoir de coups, en s'exposant néanmoins au fort de la mêlée sans vouloir y participer lui-même. Il ne voulait pas fausser son serment; toutefois Charlemagne en était exclu comme meurtrier d'Ogier. C'était lui qu'il cherchait, dédaignant toute autre rencontre. Rubion, tout en courant à ses côtés, entreprit de lui faire avouer ce qui se passait dans son âme, et il y réussit; sa joie en fut vive, car il comptait en profiter en le dénonçant comme traître à la cause sarrasine.

— Où donc est ce félon Empereur, le bourreau d'Ogier? continuait à crier Caraheu, sans se douter de ce qui se machinait si près de sa personne.

— Ici, païen! répondit Charlemagne qui, se trouvant enfin sur sa route, se précipita sur lui, et, d'un choc terrible, le culbuta ainsi que son cheval. Au même instant cinquante chevaliers accourus sur la place le saisirent, sans lui laisser une possibilité de résistance, et l'emmenèrent à Laon. Rubion, dès qu'il avait vu le moment propice, avait jeté l'étendard de son oncle dans un buisson et avait couru raconter à Bruhier ce qu'il avait appris. Il le trouva disposé à souhait, et pestant contre tout son monde qu'il voyait si mollement agir contre les chrétiens.

— Mollement! s'écria Rubion, dites traîtreusement, au moins en ce qui concerne mon oncle, et vous m'en voyez indigné. Il est parti à Laon pour recevoir le baptême.

— Parti! interrompit Justamont avec un accent de doute. Comment cela se pourrait-il? il a laissé ici Gloriande, sa femme, l'être qu'il aime le plus au monde. Je l'ai vu prendre, et dans une mêlée si chaude que, tandis qu'il tombait au pouvoir des chrétiens, le duc Thierry et trente chevaliers français tombaient au nôtre.

Nonobstant cette protestation, qui d'ailleurs ne fut pas renouvelée, attendu que Rubion, pour en venir à ses fins, suborna Justamont et tous ceux qui auraient pu lui être contraire, le conseil qui s'était assemblé pour juger l'affaire de Caraheu prononça sa déchéance, et Bruhier transmit sa couronne à son délateur.

CHAPITRE XVII

Du danger que courut Caraheu d'être mis à mort ; comme il fut rendu à la liberté, et de la vengeance qu'il tira de son neveu Rubion.

Pendant que l'époux de Gloriande était l'objet de ces rigueurs injustes parmi les siens, il ne lui arrivait pas mieux auprès de Charlemagne. Le sévère monarque lui avait dit :

— Venez çà, glouton ! traître à votre serment ! Vous ne deviez plus vous armer contre les chrétiens ! Je vous retrouve encore parmi nos ennemis. Sachez que je vous ferai mourir honteusement !

— Non, roi, vous ne le ferez pas ! répondit Caraheu, car il n'est pas de souverain, le moins hardi de ceux de ma religion, qui ne vous en fît repentir mille fois, et les petits enfants de ce pays auraient encore des raisons pour pleurer quand ils seraient devenus des vieillards, à cause de la vengeance qu'on tirerait de ma mort. D'ailleurs, ce n'est pas aux chrétiens que j'en ai voulu, sachez-le, c'est à vous seul, meurtrier d'Ogier !

— Ah ! bon gré en ait Dieu ! s'écria Charlemagne ; celui-ci, par-dessus le marché, rompt encore mon édit ! En pièces le glouton ! et sur l'heure !

— Sire, intervint Bérard, le fils du duc Thierry, mon père est prisonnier ; au nom de la passion de Jésus-Christ, ayez merci de lui, et laissez-nous une ressource pour l'échanger !

— Ne me parlez plus de cela ! ce maudit est condamné, il périra.

Le duc Naymes obtint pourtant, à force d'instances, qu'il fût sursis à son exécution. Conquérir du temps, c'était conquérir le salut. Rubion, lui, qui ne connaissait pas moins que le duc Naymes la valeur précieuse du temps, n'avait pas mis de retard à entrer en possession de l'héritage de son oncle : ses titres, sa puissance, ses dignités, il avait tout saisi ; mais, non content de cela, il était venu s'installer dans son pavillon, se coucher dans son lit, et, ne bornant pas encore là le soin de se substituer en tout et partout à sa personne, il fit amener Gloriande au pied même de ce lit, et là, sans déguisement, lui déclara qu'il ne voulait rien changer à son état ni à son train, et que telle elle avait été pendant son union avec Caraheu, telle elle devait s'attendre à demeurer avec lui, honorée de la même façon, astreinte aux mêmes devoirs. Là-dessus, il voulut la prendre dans ses bras, malgré qu'elle l'avertît de la laisser en paix et de ne pas se forger de telles idées, parce qu'il n'y trouverait pas son compte. Il s'obstina, et, pour tout profit, reçut un vigoureux coup de poing qui lui cassa deux dents.

— Bah ! se dit Rubion en la laissant aller, si ce n'est maintenant ce sera dans huit jours !

Gloriande, en peine de donner des nouvelles de ce qui lui arrivait à son bien-aimé, était sortie du camp avec quelques-unes de ses femmes pour aller errer au plus près des murailles de la ville, et elle y était restée toute la nuit ; au jour naissant, Rubion, en ayant été informé, courut avec quelques-uns de ses gens s'emparer d'elle, la mena à Bruhier, l'accusa devant lui de complicité dans la trahison de Caraheu et d'être allée attendre le baptême à la porte de Laon. En dépit de ses répliques, et bien qu'elle voulût mettre au jour la conduite odieuse du neveu de son époux dans la nuit précédente, et démontrer qu'il poursuivait encore le même but par un moyen détourné, la pauvre femme fut jugée coupable sur l'un et l'autre point.

— Ah ! Gloriande, tu as fait cette grande folie ! s'écria Bruhier. Par Mahom ! vous serez brûlée, ma mie ! Ah ! j'y pense, ajouta-t-il, qu'on pende en même temps les prisonniers chrétiens !

Voici que pour obéir à Bruhier les gibets se dressent, et que les espions (il en était toujours d'un camp dans l'autre) viennent dire à Charlemagne que, s'il voulait sauver le duc Thierry et les trente chevaliers, il n'avait pas de temps à perdre, attendu que l'exécution se ferait dans l'après-dînée. L'Empereur fit aussitôt crier l'assaut, mais le fidèle conseiller Naymes vint cette fois de nouveau barrer la sagesse au premier mouvement de son maître. Il lui démontra que, sans sacrifice d'hommes dans un moment où il se sentait le plus faible, ses gens lui seraient rendus ; qu'il lui suffisait pour cela de laisser aller Caraheu. Charlemagne résistait ; il lui tenait au cœur d'avoir vu mépriser son édit concernant Ogier.

— Mais voyons, objecta Naymes, remarquez donc, d'abord, qu'il n'a pu l'enfreindre, puisqu'il ne le connaissait pas, et qu'ensuite, pour y manquer valablement de respect, il fallait avoir qualité d'homme ou tout au moins de créature raisonnable ; or, c'est ce qui ne peut appartenir à un être qui n'est pas baptisé.

Charlemagne trouva cet argument sans réplique, il y céda. Caraheu fut délivré sous serment de revenir en captivité si, chez les païens, on ne consentait pas à son échange contre le duc Thierry et ses compagnons.

— Je le jure ! dit Caraheu. Et je vous dis aussi, roi Charlemagne, gardez-vous de moi, car, dans la bataille, ce n'est jamais que vous que je chercherai !

Quand il arriva à son camp, il trouva les chevaliers chrétiens à genoux et en prière, et, à côté d'eux, sa chère Gloriande en chemise, près du feu qui l'allait dévorer. Avant toute information, avant que d'y rien comprendre, il fit rhabiller les uns et les autres, et alla demander à Bruhier ce que signifiait l'état où il avait retrouvé sa dame. Celui-ci le lui expliqua sans marchander, ajoutant que son neveu tenait à présent tout ce qui lui avait appartenu.

Caraheu protesta de son innocence, invoquant des preuves qui faisaient tomber tout l'échafaudage de mensonges dressé contre lui. Bruhier les admit, ces preuves, pourvu qu'elles fussent soutenues par le combat, tant en ce qui concernait personnellement le roi indien que son épouse.

Ordinairement ces sortes d'épreuves n'étaient guère différées. Rubion fut averti d'avoir à s'armer sur l'heure ; son oncle était prêt. Il y allait de la vie du noble calomnié, de celle des prisonniers, de celle de sa femme, qu'il triomphât : la corde les attendait tous, dans un cas ; dans l'autre, Rubion seul en ferait l'essai. Le début ne fut pas heureux pour la bonne cause : à la première passe, Caraheu eut tout le heaume emporté par la lance de son adversaire, et lui-même rompit la sienne. Il restait tête nue, sans autre préservation que sa cotte de mailles, et, de plus, n'était plus qu'épée contre lance.

— Fils de pute ! hurlait-il, non, jamais mon frère ne t'a engendré, ta mère te trompa ! Je te renie pour mon neveu, sache-le bien !

En même temps, Rubion vit sa lance tomber par tronçons, et sa main, au moment où il la portait à son épée, fit un tronçon de plus qui tomba sanglant après les autres. Un cri d'espérance partit de toutes les poitrines qui étaient liées au sort de Caraheu. Encore un terrible coup de revers dont il amputa presque la cuisse du traître Rubion, et celui-ci fut à terre en triste posture, l'épée dans la main qui lui restait. De cette épée il eut encore l'astuce de couper la jambe du cheval de Caraheu qui lui cria :

— Lâche ! ne saurais-tu asséner tes coups sur le maître, sans t'en prendre au cheval !

Il saisit son heaume, parvint à son tour à le lui arracher de la tête, et lui entama profondément l'épaule d'un coup qui avait été dirigé pour le décapiter.

— Ah ! pour Dieu ! mon oncle, veuillez avoir compassion de moi ! cria le misérable. Pitié ! Si je vous ai desservi, c'est par l'aveuglement où m'a plongé le fol amour que j'avais conçu pour Gloriande. Je vous en supplie ! mon oncle, mon seigneur, pardonnez-moi, au moins, avant que je meure ! Consentez à me donner le baiser d'adieu !

Le cœur généreux du vaillant roi entendit cet appel *in extremis ;* il faillit lui en coûter. Ce n'était qu'une dernière ruse : un coup de poing qui lui abattit deux dents et une petite dague qui cherchait sa gorge accueillirent le baiser qu'il apportait. Il se préserva heureusement, et dans sa défense fit sauter les deux yeux au monstre de perfidie qui rampait sous lui.

— Ah ! maintenant, dit celui-ci, que mon corps soit livré à tous les diables d'enfer !

Incontinent le vainqueur et le vaincu furent ramenés devant Bruhier ; de la part de Rubion toute fausseté fut avouée sans difficulté. Quelques minutes après, il se balançait en l'air, pendu et étranglé devant tous.

CHAPITRE XVIII

Comment, par les grands massacres que commettait Bruhier, Charlemagne fut forcé d'aller quérir Ogier le Danois dans sa prison.

Bruhier, congédiant les chrétiens après cet acte de justice, les chargea de transmettre son défi pour le lendemain, disant qu'il attendrait seul, dans la vallée, dix des meilleurs chevaliers qui se réuniraient contre lui. Mais le duc Thierry releva le défi pour lui seul au lieu de dix.

Le reste de la journée fut donné par Caraheu à remettre Gloriande des terribles émotions qu'elle avait ressenties, et, par tout le camp, à la joie de voir sauvé un homme aussi universellement aimé que Caraheu.

Si téméraire qu'eût été la parole du duc Thierry, à l'occasion du défi de Bruhier, il n'était pas homme à y manquer, encore que Charlemagne lui défendît d'y donner effet, et que son fils Bérard lui fît entendre des supplications dans le même sens. Il arriva le lendemain à la rencontre de Bruhier en faisant le signe de la croix ; il l'apostropha avec assurance, mais ce fut l'affaire d'un instant. Bruhier lui dit : Approche ! et, quand il le vit à sa portée, il tua son cheval d'un coup de poing, le chargea lui-même sur son cou et l'emporta au camp. Charlemagne et ses gens, témoins au loin de l'aventure, s'en retournèrent dans Laon confus et sans idées.

— Ah ! Olivier ! Ah ! Roland ! que ne vous ai-je à cette heure ! murmurait l'Empereur dans sa barbe ; maudit soit Ganelon qui vous a fait périr !

De son côté, Bérard pleurait la mort de son père ; le duc cependant ne courait aucun danger. Aucune résistance n'avait irrité Bruhier, et la prudence lui conseillait d'ailleurs de conserver sa capture pour un cas de besoin. Il le confia à Caraheu, qui le confia à Gloriande ; c'est dire qu'il n'était pas en mains cruelles.

Bruhier était revenu à son poste et attendait de nouveau les dix chevaliers qu'il avait demandés. Achar, roi d'Angleterre, parut : il n'avait pu supporter l'humiliation de voir emporter un frère d'armes, comme il l'avait vu, sans faire vœu à Dieu de combattre ou de mourir pour le ravoir.

— Tu viens seul ! dit Bruhier en le voyant paraître : va-t-en en quérir cinq ou six autres !

Achar, tout en refusant, fondit la lance en arrêt sur l'écu du barbare, qui ne s'ébranla pas plus qu'un gros arbre. A cet effet inattendu, Achar, si ce n'eût été par vergogne, s'en serait bien retourné.

— Non ! s'écria-t-il, tu n'es pas un humain, tu ne le fus jamais !

— Si, vraiment, j'en suis un, et dans ma famille nous sommes quinze fils de père et de mère, tous pareils et de même stature. Mais toi, dis-moi ton nom et qui tu es :

— Je suis Achar, roi d'Angleterre.

— Eh bien ! retourne-t-en au plus vite chez toi ; laisse-là Charlemagne que je ferai écorcher vif. Retire-toi de suite, sinon tu ne reverrais jamais les terres de ton royaume. Va-t-en !

Achar, pour toute réponse, jeta sa lance et tira son épée ; mais Bruhier, presque sans y penser, le transperça de sa lance. Quatre chevaliers, Doon de Nanteuil, Girard de Roussillon, Morault et Naymes des Ardennes ne purent rester spectateurs placides de ce nouveau malheur ; mais c'est à peine si le géant daigna faire attention à leur venue. Doon ayant cependant voulu le serrer de plus près, il le blessa à la jambe ; puis, comme il ne lui plaisait plus de s'amuser à ce passe-temps, il s'en retourna. Justamont venait d'ailleurs le rejoindre ; ils rentrèrent ensemble au camp. Quand les quatre chevaliers revinrent de leur côté dire à Charlemagne ce qui leur était advenu, il insista pour que la dépouille mortelle de son royal allié fût recouvrée, afin de lui rendre au moins les honneurs fenèbres, et c'est ce qui fut exécuté.

Dans cette affliction, une question revenait toujours aux lèvres de l'Empereur : quel remède à tout cela? On lui eût bientôt répondu, on eût osé lui parler d'Ogier. Il lui revint aussi en mémoire qu'Achar laissait une fille en âge d'être mariée; il l'envoya quérir à Londres, la voulant avoir sous la main, et se réservant de lui donner un époux de son choix. Le parlement s'agitait en secret pour trouver le moyen de faire entendre à Charlemagne de mettre Ogier en liberté; nul n'osait s'aventurer à en ouvrir la bouche le premier; mais un chevalier nommé Gérard, sur la promesse de dix écus d'or et d'un cheval de prix sellé et bridé, consentit à le faire. Les douze pairs lui donnaient en outre solidairement l'assurance de lui réparer tout mal et dommage s'il lui en arrivait à cette occasion. On se transporta aussitôt devant l'Empereur où l'entretien débuta par des propos d'un intérêt secondaire. Il y fut mention de secours qui arrivaient de Paris; Gérard, ayant pris ses sûretés pour l'exécution des promesses qui lui étaient faites, entra ensuite et dit :

— Sire, au nom de Dieu, je vous salue. Je ne sais ce que vous avez l'intention de faire, mais vous perdrez votre royaume si vous ne vous hâtez d'opposer à Bruhier le seul homme par qui il lui est prédit qu'il sera vaincu. Qui je veux désigner, vous le devinez, sire : c'est Ogier!

— Bonne justice de ce paillard! s'écria l'Empereur dès qu'il eût entendu le nom.

Le chevalier, tout d'un trait, était allé à la descente du palais, avait enfourché le cheval qu'on lui avait promis, et prit le large tout incontinent.

— Mais n'est-ce pas le comble de l'outrage? dit l'Empereur aux seigneurs qui revenaient après avoir fait semblant de poursuivre Gérard : venir me parler encore d'un ennemi de qui je n'accepterais pas un royaume s'il me l'offrait!

Ce premier expédient n'ayant pas réussi, on s'avisa d'un second : ce fut d'engager les enfants des princes de la parenté d'Ogier qui étaient à la cour, de venir tous au réveil de Charlemagne lui crier : Ogier! Ogier! Ogier! délivrez-le pour sauver votre couronne! Les petits innocents ne demandèrent pas mieu, et voici l'Empereur, assailli de ces cris, qui reste stupéfait sans pouvoir dire mot.

— Ah! çà, dit-il enfin, voici les enfants qui me viennent à leur tour corner le nom d'Ogier! qui diable peut les y pousser!...

— Sire, répondit le duc Naymes, si la fantaisie vous venait d'en entendre parler, vous en recueilleriez peut-être des choses intéressantes.

— Eh bien! voyons donc! dit l'Empereur.

— Sire, commença Naymes, profitant de l'issue, Dieu et le diable se mêlent des affaires de ce monde. Le diable, auteur du mal, vous fait à cette heure manquer des vaillantes gens dont vous auriez le plus grand besoin : Roland, Olivier, et tous les chevaliers de la Table-Ronde. Dieu, par aventure, permet que, par la bouche des enfants, vous soyez averti qu'il vous reste Ogier.

— Mais il doit être mort! interrompit Charlemagne ; sa pitance avait été réglée pour l'exténuer en peu de temps.

— Oui, répondit Naymes, mais l'archevêque avait trouvé un biais subtil pour ne pas vous désobéir, et en même temps ne pas laisser succomber son parent. Ogier est vivant.

— Sûrement, mon bon conseiller? Ah! je suis sauvé alors! je me raccommode avec lui et il me délivre de Bruhier, c'est certain. Les astres l'ont dit.

Aussitôt il fit appeler toute sa cour et déclara publiquement sa décision soudaine. Elle fut accueillie par des hurrahs et des battements de mains.

Au bout de quelques heures, Charlemagne partit pour Reims avec le duc Naymes et deux cents gendarmes, dans le dessein de composer avec Ogier le Danois.

Le vénérable Turpin, à l'arrivée du cortège impérial dans sa bonne ville, accourut apporter sa bénédiction et la nouvelle qu'on allait retrouver son prisonnier faisant bonne chère, aussi fort et aussi délibéré de prendre les armes que jamais.

— Allez le mettre en liberté, dit l'Empereur, et demandez-lui quelle composition il attend pour se réconcilier avec moi.

CHAPITRE XIX

Comment Ogier exigea pour combattre Bruhier, que Charlot lui fût livré pour en faire à sa fantaisie, et comme il en usa par la volonté de Dieu.

L'archevêque étant retourné s'acquitter de sa commission :

— Or çà, dit-il à Ogier, si l'Empereur vous prenait à merci et pardon de vos injures, ne seriez-vous pas disposé à le servir comme auparavant?

— De quoi lui requerrais-je merci? demanda le prisonnier : du mal qu'il m'a fait?

— Cependant, comment voulez-vous qu'il se fasse un accommodement entre lui et vous, si vous n'aidez de votre côté à ce que font les pairs de France du leur, en l'assourdissant de votre affaire?

— Jamais, dit Ogier, je ne redeviendrai son ami, qu'il n'ait d'abord livré son fils Charlot à ma discrétion.

— Laissez cette soif de vengeance, dit l'archevêque, et demandez autre chose.

— Rien; j'userai plutôt ma vie en prison.

Force fut à l'archevêque, bien contristé, d'aller faire connaître à Charlemagne l'obstination du héros à Charlemagne. Celui-ci détacha le duc Naymes pour obtenir par persuasion des conditions plus douces, une première fois en pure perte, puis une seconde de même, bien qu'interrogé à fond, il eût cette seconde fois avoué le mortel ennui qu'il ressentait de sa captivité.

— Voyons, Ogier, disait le conseiller de l'Empereur, ne sauriez-vous m'imiter? Pour venir vous voir, force m'a été d'oublier la mort de mon fils.

— De votre fils!... mais sa mort fut un fait de guerre : il m'en coûta; mais au moment, j'étais mort si je ne le tuais : fait assez qui sauve sa vie.

L'argument ne tenait pas devant la réplique; Naymes donna un autre tour à l'entretien.

— Sortons un peu, Ogier, dit-il, faisons un tour dans les champs.

Sans faire semblant, il l'amena devant l'Empereur, qui le salua et lui demanda s'il voulait se réconcilier.

— Oui, dit Ogier, aux conditions que j'ai dites à messeigneurs.

— Ah! s'écria Charlemagne, qui serait celui qui me donnerait le conseil de vous livrer mon fils!

— C'est bien, dit Ogier, je sais d'où je suis parti, j'y retourne.

Après son départ, les chevaliers demandèrent timidement à leur maître, ce qu'il était résolu de faire.

— Retournez vers lui, dit-il le cœur en deuil; demandez-lui s'il serait décidé à affronter Bruhier.

— Volontiers, dit Ogier, quand la question lui fut transmise ; aux conditions que j'ai dites je le ferai.

— Mais êtes-vous encore de force à en venir à bout, lui demanda-t-on.

— Je le crois, dit-il, en bâillant et en se détirant les bras; dans ce mouvement, il rencontra deux parois de sa prison et en fit reculer les pierres de deux doigts.

— Dieu, que t'ai-je fait? disait Charlemagne en se lamentant, après avoir entendu le rapport des chevaliers émerveillés. Maudite rigueur! je suis le sujet de mon serf, et il faut que je lui livre mon fils.

— Hélas! sire, dit Naymes, mieux vaut perdre une personne que cinq mille.

— Dites à Ogier que je ferai sa volonté, et que je lui livrerai Charlot, se résolut enfin à promettre Charlemagne.

— Est-ce conclu? dit Ogier en les voyant reparaître.

— Beau neveu, lui dit Naymes, vous êtes homme à vous acquitter d'une fois, mais vraiment vous donnez beaucoup de mal.

— Oh! répondit-il, si l'on n'eût eu besoin de moi, il se fût passé du temps avant qu'on me revînt visiter.

— Allons, vous avez votre demande, revenez devant l'Empereur.

— Mon cheval! mon épée! s'écria Ogier. Il me faut l'une et l'autre, à cette heure, puisque je vais marcher.

Un cheval lui fut amené, mais l'animal ploya dès qu'il fut monté dessus; il en descendit avec mépris.

— Où est Broiffort, mon bon cheval? c'est celui-là que je veux.

L'archevêque fut forcé de lui avouer que depuis sept ans le précieux coursier traînait le tombereau dans les chantiers de l'église de Reims.

Tel qu'il devait être réduit par ce long et ignoble métier, Ogier préféra le ravoir, plutôt que d'enfourcher quelque autre nouvelle monture.

Le vieux destrier reparut dès qu'on eut eu le temps de le ramener. Il était pelé et poussif.

N'importe; Ogier ne douta pas qu'il n'eût conservé à un degré supérieur, malgré cette décadence, les qualités qui en faisaient un serviteur unique. Du reste, il en fut reconnu tout d'abord, ce qui fut visible à ses sauts et à ses hennissements.

Quant à Courtain, elle avait été toujours précieusement gardée; on n'eut donc pas de peine à la restituer à son légitime propriétaire.

Le retour à Laon s'exécuta en toute célérité.

Le jour même où on y fut revenu, Ogier exigea l'exécution des promesses. Il n'y avait pas à tergiverser; Charlot lui fut remis, Dieu sait avec quelles larmes.

Les lamentations de la victime étaient plus navrantes que celles de son père.

— Las! mon Dieu! mon père! mon créateur! murmurait celui-ci avec égarement, toi qui créas les anges, les archanges, les plaça dans le paradis, et qui dut ensuite, pour les punir de leur désobéissance, les reléguer en enfer; toi qui créas notre premier père, qui tiras d'une de ses côtes la substance de sa compagne, et qui les plaças aussi dans le paradis, d'où ils sortirent par le péché, condamnés à une vie de peine; toi qui, pour réparer leur offense, envoyas ton fils, la seconde personne de la Trinité, pour prendre chair dans le sein de la vierge Marie; toi qui as accepté les mérites et les souffrances du Sauveur pour racheter nos maux; sa prédication de la sainte foi pendant trente-deux ans, la trahison de Judas pour trente deniers, la condamnation par Pilate, la flagellation, la crucifixion, le fiel et le vinaigre, le coup de lance de Longis, l'ensevelissement, la résurrection, la délivrance des âmes de l'enfer, l'ascension, la descente du Saint-Esprit; ô mon Dieu! comme je crois à toutes ces souffrances, à tous ces mérites, je te supplie d'amollir le cœur d'Ogier.

— Ah! duc Ogier, s'écriait de son côté Charlot, les regards troublés par les larmes et par les approches de la mort, au nom de Dieu qui pardonna sa mort sur l'arbre de la croix, pitié de mon offense! acceptez mon exil en place de ma mort! Je partirai si loin qu'on ne me reverra jamais en France sans votre congé.

— De mon chef, tu ne mangeras plus! répondit Ogier en le saisissant par les cheveux et en tirant son épée.

Il leva le bras et allait lui abattre la tête, malgré les supplications de tous les seigneurs présents; mais Dieu, qui ne voulait pas oublier Charlemagne, lui envoya un ange qui retint le coup d'Ogier et lui dit :

— Dieu te mande d'épargner le fils de Charlemagne, et d'aller combattre Bruhier. Il te sera en aide dans toutes tes entreprises.

Puis il s'envola en jetant une grande clarté dans la salle et disparut.

Ogier, obéissant aux volontés de l'Eternel, rengaîna son épée et embrassa Charlot.

On releva Charlemagne qui s'était évanoui; et quand on lui eut appris l'événement, il pleura de reconnaissance envers Dieu, et prit les mains d'Ogier en lui disant :

— Sire duc, je vous remercie.

— Remerciez le ciel, Sire, c'est lui qui a reconnu que tant de vertus qui se trouvent en vous ne permettaient pas que vous subissiez une si grande infortune.

A ces paroles tout le monde s'embrassa, en passant de la terreur à la joie la plus vive.

CHAPITRE XX

Comment Ogier défit et tua Bruhier en combat singulier, et par suite débarrassa la chrétienté des Sarrasins. Comment il épousa la princesse Clarisse et devint roi d'Angleterre.

ruhier était toujours aux portes de la ville, réclamant avec mépris les dix chevaliers qui se faisaient tant attendre, et avec lesquels il avait offert de se mesurer.

Ogier, de son côté, était prêt à l'aller rencontrer. L'archevêque Turpin revêtit ses habits pontificaux et célébra la messe pour appeler la victoire sur les armes du champion de la chrétienté.

Celui-ci, après avoir déjeuné, sortit de la ville, armé et monté sur Broiffort. Bruhier, en le voyant venir, demanda à son écuyer :
— Quelles sont ses armoiries?
— Sire, il porte d'argent à un aigle de gueule et un écu de sable.

Bruhier n'en entendit pas davantage. A l'annonce de ce blason qu'il avait gravé dans le cerveau, car c'était celui que son horoscope lui avait désigné comme lui devant être fatal, il tourna bride et alla se réfugier dans sa tente.

Là, il se ressouvint d'un onguent merveilleux dont habituellement il n'avait que faire (il y avait tant de disproportion entre sa colossale vigueur et celle du commun des chevaliers!), mais qui cette fois n'allait pas être de trop pour le préserver. Il le sortit du coffre où il le tenait enfermé, et l'emportant, il retourna sur le champ-clos, tandis que Justamont et Ysoré gagnaient les montagnes avec mille combattants, pour prendre Ogier si l'aventure tournait mal pour Bruhier.

Celui-ci reprenant son arrogance dit à Ogier qui l'avait attendu :
— Chevalier, tu es venu seul? tu n'as pas amené tes compagnons?
— Pourquoi faire? dit Ogier.
— Parce qu'il y a forte besogne à combattre un adversaire duquel tous les membres, sauf la tête, les abattît-on, se recolleraient à l'instant et sans difficulté.
— Allons, l'homme invulnérable, mets toujours ton heaume, parce qu'Ogier le Danois ne frappa jamais chevalier qui ne fût armé.
— Ne vas-tu pas te régler sur ce qu'eût fait Ogier le Danois, mon pauvre camarade? Cela te sied si peu que je ne daignerais pas reculer d'un pas à cause de toi.

Un échange de coups de lances suivit ce défi; les lances volèrent en éclats.

Ogier avait eu le temps d'examiner le cheval de Bruhier, nommé Bouchant; le sien étant déjà un peu cassé, non sans cause, il s'était dit : Bouchant sera mien.

Coup d'épée de Bruhier qui fendit d'un pied et demi l'écu d'Ogier; coup d'épée d'Ogier qui trancha à moitié l'épaule de Bruhier.
— Bruhier, as-tu senti quelle mouche t'a effleuré?
— Cela! Ah! si tu ne fais pas plus fort, ce n'est rien.

Bruhier, en disant cela, mit la main à l'arçon de sa selle où pendait l'onguent, en prit un peu, en frotta sa plaie et guérit.

A ce raccommodement magique Ogier devint furieux, Courtain ne cessa plus de battre sur l'armure du Sarrasin; le feu en jaillit.
— Ah! par Mahom! s'écria Bruhier, c'est Ogier! c'est Ogier lui-même; je n'en doute plus!
— Attends! attends! ce n'est que le commencement. Je te dirai mon nom plus tard; mais tout de suite, je te laisse la vie si tu veux abjurer tes faux dieux!
— Pour prendre le tien, n'est-ce pas? Ce méchant larron qui se laissa pendre! Assez de folie! Abjure toi-même; je te donne la vie et te marie à ma sœur.
— Trêve de divagations à ton tour, répondit Ogier se donnant comme son antagoniste un instant de répit. — Dis-moi plutôt d'où te vient ton onguent?
— C'est du baume dont Jésus-Christ fut oint quand on le mit au sépulcre; il faisait partie du trésor des Juifs, après la prise de Jérusalem par Vespasien et son fils Titus. Tous les Juifs furent mis à mort, sauf un nommé Joseph d'Abarimathie qui obtint sa grâce en échange de la révélation qu'il fournit des propriétés merveilleuses de ce baume, et de l'endroit où il était caché. Des mains de ces conquérants il passa dans celles du soudan de Babylone, et d'héritiers en héritiers c'est de lui que je le tiens par succession.
— Vois un peu, s'écria Ogier, ton baume procède de mon Dieu Jésus-Christ, et tu t'en aides contre lui pour effacer son saint nom!
— Allons, reprenons cette besogne, reprit Bruhier; si ton Dieu était le véritable, il ne me laisserait pas l'outrager; il entr'ouvrirait plutôt la terre sous mes pas.
— Le Seigneur est patient, Bruhier; il attend l'heure du repentir.

Mais les coups recommençaient : c'était le haubert et le hoqueton d'Ogier qui étaient fendus dans le dos, et laissaient une grande plaie s'ouvrir dans les chairs; c'était la joue de Bruhier qui tombait au tranchant de Courtain, et que son propriétaire rejoignait instantanément à l'aide de l'onguent.

Bruhier demanda un nouveau répit d'une heure; Ogier le lui accorda, et, dans cet intervalle, les deux champions se firent assaut de courtoisie.

Déjà, aux indications recueillies, Caraheu ne doutait plus que l'adversaire de son allié fût Ogier le Danois. Lui et Gloriande étaient grandement joyeux de savoir leur ami vivant. Pour Charlemagne, qui assistait à la lutte du haut d'une montagne, il était ravi que Bruhier eût enfin trouvé son pareil.

Justamont et Ysoré, de leur côté, en se rendant à leur embuscade, avaient rencontré le messager qui ramenait à Charlemagne la fille du roi d'Angleterre.

L'heure passée, les champions remontèrent en selle. Le premier coup de Bruhier tua Broiffort. Ogier, à terre, faillit être enlevé par son ennemi; mais il lui enfonça à point un couteau dans le flanc, le fit tomber à son tour, et, passant par-dessus, lui enleva son onguent sans mot dire, et en guérit ses blessures à l'instant.

Bruhier, furieux du rapt dont il ne tarda pas à s'apercevoir, s'emporta en reproches inconsidérés de trahison, et vint décharger un grand coup sur le côté gauche du Danois, dont c'était alors le tour de se toucher de la précieuse substance, pour qu'aussitôt il n'y parût plus. Et il hachait, et le colosse ripostait, en poussant des cris horribles à chaque entaille qu'il ne réparait plus dans sa chair.

Justamont, embusqué pour le venir secourir, eût facilement entendu ces cris, car ils allaient sans cesse en augmentant ; mais qu'avait-il à faire d'y prêter l'oreille ? Il était tout à l'occupation de chercher comment satisfaire sa concupiscence sur la jolie fille du roi d'Angleterre.

— Hélas ! Caraheu me l'avait bien dit, articula bientôt Bruhier, à bout d'efforts personnels et d'espoir de voir accourir à son aide ; il me l'avait bien dit, qu'une fois en France, je rencontrerais le vaillant des vaillants. Je me repens d'être venu, et je reconnais que force m'est de me rendre. Consentez, Ogier, que je reçoive le baptême, et, après cela, nous serons frères d'armes.

Ogier accueillit cette déclaration avec une joie loyale, et, croyant le combat terminé, rendit l'onguent à son adversaire vaincu. Mais celui-ci ne l'eut pas plutôt dans les doigts, qu'il s'écria :

— Je te ferai voir si tu es homme à me forcer de me rendre !

Et, d'un coup d'épée, il fit voler la moitié du heaume d'Ogier avec une telle force, que le débris fit vingt tours sur lui-même avant de tomber à terre. Quant au chevalier lui-même, il l'avait chargé sur ses épaules, et il l'eût emporté sur son cheval Bouchant sans une pierre contre laquelle il se heurta par hasard. Ils churent l'un et l'autre.

Ogier, le plus leste, fut le premier relevé : d'un grand coup de Courtain il détacha au félon la tête des épaules, et, le laissant étendu sur l'herbe, attrapa Bouchant et sauta dessus.

Mille païens se mirent à le poursuivre, et il tourna du côté du bois où étaient embusqués les gens de Justamont. Il rencontra Bérard, qui, s'étant laissé enlever la charmante Clarisse, l'héritière de l'infortuné Achar, courait demander du secours à Charlemagne pour la reprendre.

— Ne te mets pas en peine de la dame, lui dit Ogier : avec la grâce de Notre-Seigneur, je la garantirai bien tout seul.

L'autre n'en discontinua pas de courir à la ville, d'où il revint avec Thierry de Nanteuil et dix mille combattants.

Ogier survint sur Justamont comme il était en train, ivre d'une passion brutale, de lacérer les vêtements de sa prisonnière. La courageuse fille l'égratignait à beaux ongles. D'un coup de poing en plein visage, le Danois fit reculer Justamont à dix pas.

— Hélas ! sire, lui criaient de leur côté ses gens, prenez garde à votre vie : c'est le champion qui a occis Bruhier.

Le Sarrasin lâcha pied au plus vite avec toute sa suite.

La dame, confuse et s'étant raffublée tant bien que mal des lambeaux qui lui restaient sur le corps, suivit Ogier en le comblant de remerciments et en bénissant le Ciel, qui lui avait épargné le déshonneur.

Le duc Thierry de Nanteuil, qu'ils rencontrèrent, n'étant plus nécessaire à la délivrance de la jeune princesse, poussait pour rejoindre les païens. Charlemagne, qu'ils rencontrèrent un peu plus loin, se portait dans la même direction. Ogier rendit à Bérard la garde de Clarisse, et suivit ses compagnons d'armes.

Ce mouvement fut d'un effet décisif sur l'ennemi. Justamont abandonna ses gens ; Ysoré prit le commandement à sa place pendant quelques instants ; puis, sur l'avis même de Caraheu, ne trouva rien de plus sage que d'imiter son oncle en mettant du pays entre les chrétiens et lui.

Pour Caraheu, Ogier et lui se reconnurent dans la bagarre. Ils s'embrassèrent, et se sollicitèrent réciproquement de rester l'un près de l'autre, mais sans résultat : la différence de foi rendait cette réunion impossible des deux côtés.

Les deux vaillants amis se quittèrent donc de nouveau. Rentré à son camp, Caraheu eut la générosité de renvoyer à Charlemagne deux prisonniers considérables, sans exiger d'eux denier ni maille de rançon. Il le fit à la considération de son cher Danois, et, en les congédiant, lui et sa dame Gloriande les chargèrent de mille nouvelles paroles du cœur pour cet objet commun de leur affection.

Le lendemain, les païens avaient disparu. Toute la contrée chantait sa délivrance.

Charlemagne, trouvant enfin le temps de s'occuper d'intérêts plus doux que la terrible défense de son royaume et la dispersion des barbares, maria la princesse Clarisse au noble Ogier.

Les deux époux quittèrent la France, allèrent prendre possession de leur royaume d'Angleterre, et emmenèrent avec eux Bérard, à qui ils avaient l'obligation de ce qu'il avait fait tout son possible pour écarter les outrages auxquels est trop souvent en butte la faiblesse jointe à la beauté.

CHAPITRE XXI

Comment Ogier faillit périr par la trahison de Bérard ; comment il fut sauvé par son neveu Gautier, lequel ensuite défit et tua ledit Bérard en combat juridique.

Arrivé en Angleterre, Ogier songea au voyage au Danemark. Effectivement, il s'apprêta à le faire, aussitôt qu'il eut nommé un régent pour le premier pays. Ce régent n'était autre que Bérard lui-même, lequel n'eut pas plutôt été investi de cette dignité éminente, qu'il en rêva traîtreusement une plus éminente encore par la mort de son protecteur.

Ogier, ayant pris congé de sa femme, était parti de Londres, par grande simplesse, à huit chevaux seulement. Méry, neveu de Bérard, servait de guide. Au coin d'un bois, cent hommes apostés, et sûrs qu'on leur amènerait leur roi comme à la boucherie, fondirent sur lui, et, malgré sa défense, qui ne pouvait être bien sérieuse, à cause d'abord du nombre à repousser, et ensuite de l'ajustement qu'il portait et qui n'était rien moins qu'un ajustement de guerre, ils le jetèrent à terre, le blessèrent à plusieurs endroits, et l'eussent tué sans la permission de notre Sauveur, qui jamais ne fait défaut à ses serviteurs et qui voulut qu'en ce moment arrivât un secours inopiné. Voici ce que c'était.

Guyon, frère d'Ogier, résidait en Danemark ; il avait un fils nommé Gautier. Ayant appris qu'Ogier s'était appointé avec Charlemagne, et qu'il était devenu roi d'Angleterre par son mariage avec Clarisse, il avait jugé à propos d'envoyer son fils à la cour de son frère pour le servir gentiment, assuré qu'Ogier n'aurait point faute de le faire devenir un des bons chevaliers de par delà la mer. Le jeune homme était parti, accompagné de quatre fermes écuyers, et c'était lui qui, près du terme de son voyage et longeant la lisière d'un bois, survenait à l'endroit et au moment où l'on allait égorger son oncle.

— Faux chiens enragés, que faites-vous ? s'écria-t-il.

Et de ses coups, et de ceux de ses quatre écuyers, il fit jonchée des assassins ; Méry seul se sauva.

— Comment allez-vous, chevalier ? Dieu vous donne bonne vie ! dit-il aussitôt après et courant au blessé.

— Je vais bien, chevalier ; je vous remercie, répondit Ogier. Je reconnaîtrai le service que vous venez de me rendre ; j'ai pouvoir pour cela, étant Ogier, roi d'Angleterre et duc de Danemark.

— Ah ! mon oncle ! fit, à cette révélation inattendue, le jeune homme surpris.

Il sauta à terre et ouvrit les bras :

— Dieu m'a tant fait heureux que de me donner cette rencontre !

— Beau neveu, soyez le bienvenu, vous et vos quatre écuyers ! Vous n'auriez su venir mieux à point. Or çà ! prenez cet onguent (c'était celui de Bruhier, et oignez-en mes plaies.

Le jeune homme obéit, et incontinent Ogier fut guéri.

Puis, voyant l'ébahissement où un si prodigieux résultat plongeait son neveu, il lui fit cadeau du reste du médicament magique.

Tous ensemble prirent le chemin du port de mer le plus voisin, et une heureuse traversée les conduisit en Danemark, où ils furent reçus triomphalement. Ogier, déjà possesseur de l'Angleterre, abandonna ses États héréditaires à son frère Guyon, qui lui en eut une gratitude infinie.

Durant ce séjour en Danemark, l'auteur d'exploits déjà si nombreux eut une apparition céleste : un ange lui apparut durant son sommeil, et, au nom de Dieu, lui ordonna de partir seul pour la cité d'Acre, où le roi Jean était assiégé par Justamont ; il lui enjoignit de prendre bataille contre ledit Justamont, de le vaincre et de se faire couronner roi du pays. Ogier se disposa à obéir.

Pour Bérard, qui avait machiné la mort de son roi pour lui prendre sa femme et sa couronne, instruit par Méry de la mauvaise issue de l'entreprise, il lui commanda le secret et n'en alla pas moins trouver la reine et lui conta qu'Ogier était mort.

Clarisse le savait déjà sujet à caution.

— Ah ! Bérard, lui dit-elle, ce n'est ni le premier mensonge ni la première trahison dont je vous soupçonne, mais je vous avertis que je saurai la vérité.

— Quoi qu'il en soit, madame, l'empereur Charlemagne vous mande pour vous donner un nouveau mari.

Pour s'assurer de l'appui de ce côté, il avait tiré du trésor d'Angleterre la charge de huit chevaux, et l'avait fait parvenir à la cour de France.

La reine elle-même dut bientôt se résoudre à le suivre à Paris, et de là en Allemagne, où une nouvelle expédition forçait Charlemagne de se rendre. Mais elle avait secrètement envoyé un messager en Danemark, pour vérifier l'exactitude des dires du régent. Ce messager, nommé Girard, trouva Ogier, que l'ordre de Dieu empêchait de se détourner d'Acre, mais qui envoya son neveu Gautier vers la reine.

Le jeune homme arriva à la cour de Charlemagne, un certain jeudi où, après maintes résistances et délais provenant de la dame Clarisse, il avait été décrété par l'Empereur qu'elle épousât Bérard sur-le-champ. Les préparatifs en étaient commencés.

Plein d'impatience, et s'ouvrant le chemin à travers les valets, en menaçant de son épée quiconque lui barrait le passage, il arriva dans la salle du festin, comme tout le monde était assis.

Il demanda à un écuyer quelle était cette dame si belle qu'il apercevait. On lui répondit que c'était la reine d'Angleterre. Il resta un moment à admirer son beau maintien, sa contenance, où rivalisaient la grâce et l'honnêteté. Puis, pour avoir lieu d'approcher de la personne de Charlemagne, il prit un entremets de paon qu'on lui apportait, et lui faisant très honorablement la révérence, il le posa devant son assiette.

— Qui est ce jeune chevalier ? demanda l'Empereur : par ma foi, je n'en ai point encore connu de plus beau et de plus avenant.

— Sire, répondit le jeune homme, je suis Gautier et vais me faire connaître d'ici un moment.

Et, se tournant vers Clarisse :

— Madame, dit-il, je vous salue de la part de votre ami Ogier, qui vous envoie cette pierre enchâssée dans un anneau, afin que vous sachiez bien que je viens envoyé par lui.

Bérard, à ce contre-temps, tira un couteau et faillit le plonger dans le ventre du jeune chevalier. Mais celui-ci, fort et adroit, esquiva le coup et se retira aussitôt pour revenir armé et escorté de ses gens qu'il avait laissés dans une hôtellerie.

Comme, à son retour, il rencontra une énergique résistance, fomentée par Bérard, il eut l'imprudence de frapper de droite et de gauche, ce qui le mit dans un vilain cas et faillit l'envoyer à la potence, sans qu'il eût eu le temps de s'expliquer. A la fin, grâce à son lignage, qui, en tout ce qu'il comptait de représentants à la cour, s'interposa ; grâce à sa propre fermeté, grâce aussi à la pâleur livide de Bérard, qui décela le mauvais état de sa conscience, dès qu'il prévit que tout allait s'éclaircir, le bouillant Gautier put raconter toutes les traîtreuses machinations du régent d'Angleterre. L'épreuve des armes fut prononcée, et le jour pris pour le combat en champ-clos de Gautier de Danemark contre Bérard, accusé d'imposture et d'assassinat.

La passe fut courte et brillante : Naymes, en voyant s'escrimer son jeune parent, dit avec orgueil :

— Bon sang ne peut mentir ; voyez déjà la prouesse de cet enfant !

D'un formidable coup, dans le fort de l'engagement, il atteignit si gravement Bérard, et lui fit pousser un tel cri, que ce fut horreur de l'ouïr.

— Or çà, maître ! lui cria-t-il, que dit le cœur ?

— Ah ! mon ami, je me rends à vous ; et, je l'avoue, votre oncle n'est pas mort ; mais, par pitié ! ne souffrez pas que mon corps soit pendu, intercédez afin que plutôt on me fasse mourir en prison.

Mais malgré le jeune homme, qui accorda et fournit son intercession, afin d'obtenir cette commutation de la peine du coupable, Charlemagne s'écria :

— Ah ! par ma foi ! tout l'avoir du royaume ne vous en garantirait pas.

Et, effectivement, il fut conduit aux fourches, attaché à la queue de son cheval, pendu et étranglé.

La faveur de Gautier à la cour de France et près de la reine Clarisse fut la conséquence de l'exploit par lequel il avait signalé sa venue.

CHAPITRE XXII

Comme Ogier, parti au delà des mers par le commandement de Dieu, devint roi de la ville d'Acre, après en avoir chassé les Sarrasins ; de la haine des Templiers contre lui et de leurs machinations pour se défaire de sa personne.

Il y avait longtemps qu'Ogier était arrivé à Acre, au delà des mers. L'accueil qu'il y avait reçu n'avait guère été proportionné à ses mérites : à la première porte où il s'était arrêté, monté sur Bouchant, on la lui avait fermée au nez ; à la seconde, un valet lui avait dit :

— Holà ho ! n'entrez pas céans ; nous n'avons que faire en notre maison de baffreurs de votre espèce, il ne nous en vient que trop tous les jours. Allez chez les Templiers : c'est leur affaire de vous recevoir.

Chez les Templiers, il avait dit :

— Logez-moi, je vous prie !

— Par ma foi ! lui avait-on répondu, vous n'êtes pas l'homme qu'il nous faut. Vous dépenseriez plus en un jour que vous ne sauriez gagner en quinze.

Ce ne fut qu'à la porte d'une vieille femme qu'il rencontra enfin l'hospitalité.

— Regardez, monseigneur, lui dit-elle, s'il y a rien céans qui vous plaise, et ne l'épargnez pas.

La bonne femme avait quatre enfants qui, tous les jours, allaient quérir leur vie et la sienne à la porte des riches. Tout de suite elle se mit à cuire trois lardons pour donner à manger au chevalier.

Le soir, quand ses enfants rentrèrent, le premier lui dit :

— Ma foi, ma mère, nous n'avons pu trouver en ville ni pain ni viande. Justamont a tout détruit, et l'on n'ose plus apporter de vivres.

— Ah ! dit la mère, qu'allons-nous faire de notre hôte le soldat qui n'a ni croix ni pile ?

— Il a des objets de valeur dans son équipement, dit le fils, qui se nommait Garnier ; dites-lui de m'en confier quelques-uns que je porterai en gage ; s'il nous vient quelque chose, demain nous le dégagerons.

— Tu es un bon garçon, lui dit Ogier ; prends ces deux boucles d'argent doré de mon écu, porte-les au tavernier et dis-lui qu'il en ait bien soin.

— N'en prenez souci, lui dit Garnier.

En échange des boucles, ils eurent bonne provision de pain, chair et vin, dont Ogier fit manger la meilleure part à la bonne femme et à ses enfants. Quand ils furent bien repus, ils s'endormirent. Ogier lui-même, après avoir été visiter Bouchant, qui avait de la bonne herbe fraîche jusqu'au ventre, s'étendit sur la paille bien nette, le long d'un feu clair, et s'endormit.

Le lendemain, le saccage des païens avait atteint une abbaye, dont un moine passa du côté où demeurait la vieille femme, et dit à Ogier en l'apercevant :

— Devriez-vous être ici, vous qui êtes si fort !

La bonne femme, voyant le chevalier embarrassé de ravoir toutes les pièces de son armure pour partir au plus vite, courut chez l'hôtelier demander les boucles de l'écu, en laissant son fils en place pour nantissement ; et il fut convenu que, si le chevalier mourait sans s'acquitter, Garnier resterait en service un an pour indemniser de la somme dépensée la veille.

Ogier partit le cœur rempli de reconnaissance pour le dévouement de ces humbles gens.

Sa première rencontre fut avec le roi Cormorant, qui emmenait quinze moines enchaînés, lesquels avaient été capturés tandis qu'ils essayaient de sauver le trésor de l'abbaye. De sa vaillante lance il manœuvra si bien, qu'il perça d'outre en outre le roi Cormorant, fit chair à pâté de cent hommes de sa suite, délivra les moines, les ramena dans Acre chez sa vieille hôtesse, leur y fit payer sa dépense de la veille, et de plus, pour le jour même, un festin où furent convoqués à cri et à ban tous ceux qui avaient faim dans la ville.

Le roi Jean d'Acre, averti de cette merveille, se transporta tout de suite dans la pauvre demeure pour admirer l'homme surprenant que le Ciel envoyait.

— Soyez le bienvenu, sire, lui dit simplement Ogier. Votre noble seigneurie daignerait-elle prendre un peu de récréation céans ?

— Oui da ! lui dit le roi, mais je voudrais bien savoir, s'il vous convenait de me le dire, d'où vous venez et quel est votre nom ?

Ogier satisfit à cette demande, et, sûr que ses invités ne manqueraient de rien, consentit à aller lui-même dîner au palais avec son royal visiteur. Toutefois, il voulut emmener avec lui son hôtesse, et Garnier, le fils de la digne femme.

Celle-ci, en recevant un tel honneur, disait à son fils :

— O mon enfant, continuons à nous tenir simplement, comme devant, doux et obéissants envers chacun.

Mais Garnier répondit :

— Eh quoi ! puisque tel bien nous advient, j'entends ne plus me régler dorénavant que sur la manière d'être des grands.

Vers le soir, quand la fête du palais et l'intime connaissance du roi et d'Ogier eurent suivi amplement leur cours, eux et les principaux personnages d'Acre allèrent contempler la fin de la fête populaire due à la volonté d'Ogier : le peuple dormait sur la verdure, plus satisfait, plus en liesse qu'il n'avait jamais été depuis la fondation d'Acre. Les moines payèrent les frais de ces réjouissances, mais Ogier ne leur garda pas une obole de leur butin, car il tenait à rendre à l'Eglise ce qui était à Dieu.

Déjà, chez Justamont, la nouvelle était parvenue, par quelque échappé du carnage du matin, qu'un effroyable dépêcheur d'hommes était survenu parmi les chrétiens :

— Par Mahom ! dit-il, ne serait-ce pas Ogier qui nous tomberait sur les bras ?

— Y pensez-vous ! dit Ysoré : Ogier venir de si loin pour chercher aventure ! Je crois plutôt que nos gens vous ont fait ce conte pour s'excuser d'avoir manqué de cœur.

— Si ce n'est lui, dit Justamont, c'est le diable !

Pour en avoir le cœur net, il se présentait le lendemain aux portes d'Acre, menaçant de livrer l'assaut immédiat de la ville, si l'on ne préférait lui envoyer de suite quinze ou vingt combattants pour vider la querelle avec lui :

— Messager, dit Ogier à celui qui venait en prévenir le roi Jean, va dire à Justamont qu'il ne s'en présentera pas vingt, mais un seul, et que ce seul-là lui donnera assez à faire.

Il ne prit que le temps de s'armer, et, en faisant le signe de la croix, il fit ouvrir les portes et rejoignit son adversaire, qui le reconnut ; la chose était aisée : il montait Bouchant, trophée de sa victoire sur Bruhier, et toujours il portait son terrible blason d'argent à un aigle de gueule avec un écu de sable, qui avait été déjà si souvent de sinistre présage aux sectaires de Mahom. Le combat fut acharné entre les deux champions, surtout à partir du moment où, après la rupture des lances et l'échange de coups d'épée formidables, il se transforma en lutte corps à corps où le chrétien et le barbare, s'entrelaçant comme deux serpents, cherchèrent mutuellement à s'insinuer la dague meurtrière dans les flancs. Ogier y mit terme en se dégageant, en refaisant usage de son épée, dont il abattit le bras et l'épaule de Justamont. La rage était passée, d'ailleurs, des hommes aux chevaux : Bouchant à grandes ruades creva le cœur et le ventre de l'autre cheval, dont, presque au même moment, le maître tombait décapité.

Mais il n'était pas encore l'heure de se reposer ; les trois rois païens survivants, Ysoré, Murgalant et Moysant, s'avançaient pour venger la mort de leur premier chef suivis de toutes leurs forces. Ogier et le roi Jean ne prirent que le temps de s'embrasser et de se féliciter de la première victoire, et coururent ordonner une bataille générale. Les deux armées ne tardèrent point à être aux prises.

Ce fut au fort de cette bataille que le roi Jean trouva la mort sous les coups de Murgalant. Ce fut une perte qu'Ogier vengea d'une manière éclatante en capturant le soudan Moradin, en enlevant l'enseigne des païens, en tuant celui qui la portait et en contraignant l'ennemi à une retraite désordonnée.

Les deux armées consacrèrent le jour suivant, chacune de leur côté, à rendre les devoirs à Justamont et à Jean d'Acre.

L'opinion unanime parmi les chrétiens, fut en peu d'instants que, la royauté, qui était élective, devenant vacante par la mort de ce dernier, il fallait la déférer à Ogier ; ce qui fut fait.

Et quand on la lui remit, un chevalier lui dit :

— Ah ! Sire, ce n'est pas un royaume, c'est le monde que vous devriez gouverner.

— Merci, mes amis, répondit Ogier, et puisque vous me remettez la puissance royale, j'en vais faire usage sur-le-champ en nommant mes officiers. Je nomme au poste de chambellan, Garnier, le fils de ma vieille hôtesse.

A partir de ce premier moment, les Templiers conspirèrent contre Ogier pour deux causes :

La première, qu'à leur détriment il appelait aux premières charges, de pauvres paysans ;

L'autre, qu'ils le soupçonnaient de vouloir vider les coffres de l'Etat pour en envoyer le contenu en France.

Le sultan Moradin comparut ensuite devant le nouveau roi qui, d'abord sous les menaces de la mort, voulut le décider à recevoir le baptême. Mais le Sarrasin demeurant intrépide dans sa foi et n'offrant qu'une rançon en échange de sa délivrance, Ogier jugea plus à propos de ne pas l'accepter et de lui offrir ou plutôt de lui rendre la liberté contre l'engagement de faire retirer les forces païennes qui étaient devant Acre.

Cette précieuse transaction, qui rendait la paix au pays déchiré depuis longtemps par l'invasion, fut acceptée et exécutée : le roi Moysant de Musque se retira à Babylone, et Murgalant et Ysoré retournèrent à Jérusalem. Le royaume ainsi pacifié, Ogier put prendre un loisir que nombre de ses ingrats sujets étaient tentés de tourner à reproche ; les Templiers surtout qui épiaient toutes ses actions et le surprirent un soir dans un verger, assis parmi les douces herbes, les fleurs, les fruits, et, dans cette solitude, déchargeant son cœur à haute voix, des regrets de la patrie, de la noble lignée de Danemark, de dame Clarisse, sa femme, de Charlemagne et de tous les intérêts d'affection ou de vengeance (Bérard entre autres), qu'il avait laissés par delà les mers.

— Mais ce ribaud, dit un Templier, j'en suis certain aux paroles qui lui échappent ; c'est lui qui tua mon cousin devant Châteaufort !...

— Moi le mien !

— Moi mon oncle !

— Ecoutez, messeigneurs, voici mon opinion : qu'elle soit tenue secrète et elle nous mènera à nous partager la régence de ce royaume. Décidons-le à faire un pèlerinage au Saint-Sépulcre, sans appareil, sans pompe, secrètement, comme un humble chrétien ; dans cet état, il nous sera aisé de le faire attendre à un point de sa navigation, où il sera saisi et vendu comme esclave sur la côte d'Afrique, et ensuite, au besoin, livré à Ysoré qui se vengera sur lui de la mort de ses parents Bruhier et Justamont. Quoi qu'il en soit, il mourra sans jamais revenir par deçà. Nous renverserons Garnier, prendrons ses trésors et demeurerons seigneurs et gouverneurs de tout ce qui est ici.

— Il n'est pas possible en ce monde de dire mieux ! convinrent tous les autres.

Le point à mettre Ogier pour faire réussir ce dessein ne fut que trop bien atteint.

CHAPITRE XXIII

Comment Ogier, après avoir rétabli la paix dans son royaume, partit en pèlerinage au Saint-Sépulcre ; comment il eut connaissance de la trahison des Templiers ; des aventures qui en furent la suite.

Le pauvre chevalier prit volontiers la résolution de ne pas remettre un pèlerinage qu'il avait toujours eu l'intention de faire, et, les agents de la trahison apostés où il fallait, il partit un matin à petit bruit pour aller tomber dans leurs mains.

Il est bien vrai que quelque mesure que prennent les méchants, toutes choses sont dans la main de Dieu et n'en sortent qu'à sa volonté. De l'entreprise des Templiers, voici ce qu'il arriva :

A peine après une journée de navigation, Ogier eut une mer effroyable ; après une violente tempête semée de terribles incidents, son vaisseau alla se broyer contre de grands rochers, les gens qu'il avait avec lui se noyèrent et seul il surnagea et put sauter dans un brigantin qui se trouvait de ce côté et qu'il put atteindre. Non moins empêché qu'avant, car, sur sa nouvelle embarcation, il ne savait de quel côté gouverner, il attendit le jour et enfin aperçut au loin des pêcheurs qu'il appela et dont il fut recueilli. Ces braves gens, l'ayant ramené parmi eux, découvrirent, parmi différents objets qui flottaient sur les flots, des lettres qu'ils repêchèrent et remirent à Ogier : ces lettres étaient précisément des instructions des Templiers pour l'accomplissement de la trahison, pendant la traversée. Un des gens de l'équipage qui en était porteur venait de les perdre en se noyant.

— Hélas ! s'écria Ogier, en reconnaissant toute la perfidie, j'ai bien failli tomber, sans m'en douter, entre les mains d'Ysoré !... A cette heure suis-je plus en sûreté ?...

Il demanda qui était souverain du pays où le jetait la tempête, on lui répondit que c'était le sultan Moradin.

Il demanda encore s'il n'avait point de guerre qui l'occupât en ce moment.

— Point de guerre ! répliqua l'un des pêcheurs : mais la plus cruelle, au contraire, la plus forte que nous ayons eue depuis bien longtemps. C'est contre le roi Moysant de Musque qui a refusé sa fille à notre sultan.

Ogier, entendant cela, s'avisa d'un subterfuge, qui était de se noircir les bras et le visage, et de dire, quand il serait arrivé à Babylone, qu'il venait de Maurienne.

Rien qu'à sa voix, quand il fut parvenu dans cette grande ville, on le reconnut pour un puissant chevalier, et il eut accès auprès du sultan Moradin près duquel il retrouva son cher Caraheu. Il débita sa petite fable avec assurance, ajoutant qu'il avait fait naufrage en venant au secours du noble sultan.

— Or çà, demanda Moradin, comment vous appelle-t-on en Maurienne ?

— Par la foi que je dois à Mahom, on me nomme le vieux chevalier Morian.

— Chevalier, je suis fort affligé que ce soit à cause de moi que vous soit arrivé ce dommage ; pour le réparer, j'entends vous donner à ma cour l'office que vous voudrez.

— Eh bien ! dit Ogier, donnez-moi la garde de vos prisonniers, c'est l'office que je vous demande.

Il l'obtint, et, tout de suite, les clefs lui furent remises et il courut aux prisons où il trouva des gens qu'il connaissait bien, c'étaient des chrétiens : l'un Girard de Roussillon, son oncle, les autres plus ou moins de sa parenté ; il s'en fit tout bas reconnaître, malgré sa couleur, et leur raconta ses aventures. On pense qu'il en fit garde fort douce ; il les fit souper de mets recherchés et veilla à ce qu'ils eussent un bon repos la nuit, puis il les quitta en leur recommandant la discrétion.

Ogier allait avoir de plus rudes travaux que d'adoucir la captivité de ses proches : la guerre, après avoir été portée par Moradin sur le territoire de Moysant, allait implacable venir relancer l'agresseur jusque sous les murs de sa capitale. Vingt-cinq rois païens se préparaient à marcher sur Babylone. Trois cent mille hommes s'embarquaient sous leurs ordres. Quand Moradin apprit ces nouvelles, il décréta que Caraheu, comme l'allié qui lui inspirait le plus de confiance, porterait sa bannière. Quant à Ogier, il demanda à genoux un bon cheval, promettant que si on le lui accordait, il se chargeait de ramener prisonnier, ou de mettre à mort l'homme qu'on lui désignerait comme le plus vaillant de l'armée de Moysant.

Cette séduisante promesse fit ouvrir l'oreille au sultan qui dit :

— Quel cheval lui donnerais-je bien ? J'en ai un qui fut nourri au désert de Béliant et tua trente hommes avant de se laisser prendre...

Toutefois, l'offre s'arrêtait en chemin ; Moradin réfléchissait qu'il n'était pas sage d'abandonner une merveille chevaline à un inconnu, encore qu'il fût d'excellente apparence.

— Toute réflexion faite, ajouta-t-il, cherchez-en quelqu'autre par toutes les écuries de la ville, le meilleur qui se puisse rencontrer.

Mais on sait ce qu'était pour Ogier le choix d'un nouveau cheval ; autant il en essayait, autant il en ployait sous lui, les reins rompus.

Le soir, après une journée consacrée en recherches infructueuses, il se trouvait seul, ou du moins le croyait être, il comptait pour rien un esclave qui simulait un profond sommeil. — Il maudissait Bruhier d'avoir tué Broiffort et les Templiers de lui avoir volé Bouchant. — Ces imprécations, accompagnées de plaintes caractéristiques, ne laissèrent point de doute à l'esclave qu'elles ne fussent prononcées par un chrétien, et quel chrétien ! Ogier le Danois ! le fléau de la race sarrasine ! Il alla prévenir le sultan de sa découverte : Moradin lui défendit bien d'en parler à personne, et ne balança plus à prêter au faux Maurien son cheval sans pareil nommé Marchevalée.

— Vous aurez aussi mes armures, lui dit-il quand il le revit ; ce sont les meilleures qu'ouvrier forgea jamais, et je veux qu'il en soit ainsi parce que vous me semblez un fort et puissant chevalier.

Il était de la destinée d'Ogier de prendre le premier rang partout où il se trouvait. Les troupes de Moysant ayant débarqué dans la nuit, prêtes à mettre le siège devant Babylone, après le refus tremblant des principaux officiers de Moradin de se rendre chez l'ennemi pour porter le cartel d'usage au début d'une campagne, ce fut Ogier qui se chargea de cette périlleuse mission.

Il partit sur Marchevalée, et ce fut un spectacle curieux de voir l'animal regimber, sauter si haut que personne ne pouvait le tenir, puis, subitement pris court par le chevalier, se laisser enfourcher bon gré malgré, et prendre forcément une allure paisible.

En le voyant faire, Caraheu laissa échapper :

— Je n'aurais cru qu'Ogier le Danois capable de ce tour de force, et n'était la différence de couleur, je jurerais que c'est lui.

Il s'en tint là d'une supposition faite en l'air et qui lui faisait toucher la vérité du doigt.

On supposerait à tort, cependant, que ce qu'Ogier montrait déjà et promettait de vaillance lui assurât une bienveillance sincère de l'entourage dans lequel il se trouvait tombé. Moradin voulait bien se servir de lui pour mener ses affaires à heureuse conclusion, mais si l'on veut savoir quelle récompense il lui réservait en secret, c'était une bonne détention parmi les bêtes venimeuses pour le punir d'être venu, lui chrétien, se mêler aux affaires des enfants de Mahomet, et l'alternative, à la Saint-Jean-Baptiste prochaine, d'avoir à changer de religion ou bien de mourir percé de traits.

Ogier, qui ne s'en doutait guère, alla s'acquitter de son message près de Moysant, qu'il trouva entouré de plusieurs seigneurs, et entre autres de l'Angoulaffre et de Babillant, tous deux frères du défunt Bruhier, et géants comme lui.

Le défi fut fait et accepté dans les règles, mais quand Ogier voulut partir, il ne se trouva plus maître d'emmener Marchevalée, que Moysant savait à Moradin, et qu'il ne voulait pas lui rendre.

Ogier, pour tenir en bride les diverses convoitises qui s'éveillaient en présence de la monture sans pareille, proposa qu'elle fût le prix du combat que livrerait contre lui le champion qui voudrait s'y risquer. L'Angoulaffre s'offrit et fut accepté. Moyennant cet arrangement, et Marchevalée restant en gage de sa parole, Ogier put retourner à Babylone pour s'équiper et revenir ensuite tenir contre le prétendant à l'incomparable coursier.

Les choses s'accomplirent comme il avait été convenu, et le combat eut lieu en face de la tour de Babel, dans laquelle les spectateurs s'étaient renfermés pour bien voir. Personne du reste ne devait approcher des champions à une portée de trait d'arbalète.

Le combat fut terrible, plein d'emportement, mais si rapide que ce serait peine inutile de le vouloir décrire.

Qu'il suffise de dire qu'après des efforts désespérés de l'Angoulaffre pour se défendre, et en dépit de la mauvaise foi des gens de Moysant qui voulurent le délivrer, Ogier le chargea sur son dos et l'emporta au galop ailé de Marchevalée.

— Ne vous l'avais-je point dit, Sire, dit-il en s'adressant à Moradin et en lui offrant sa capture ; il n'y avait qu'à me confier un bon cheval pour que sûrement je ramenasse mort ou vif le plus redoutable de vos adversaires.

Le soudan le remercia.

— Vieux chevalier Maurien, accordez-moi de venir dîner aujourd'hui avec moi, lui dit Caraheu en continuant toujours à étudier son visage avec curiosité.

Ogier accepta ; puis, n'ayant plus autre chose à faire, il alla passer le reste de la journée avec ses prisonniers, ou mieux ses amis, leur raconta sa dernière prouesse et fit avec eux des projets d'une délivrance commune qui devait avoir pour point de départ une large et soudaine déconfiture des païens.

Tandis que les chrétiens traitaient cette matière entre eux, Moradin en traitait une non moins intéressante avec l'Angoulaffre qu'il avait fait monter près de lui pour l'entretenir à part.

— Or çà, lui dit-il, qui supposez-vous que soit le chevalier qui vous a vaincu.

— Je ne sais, répondit l'Angoulaffre, je n'en ai jamais vu de pareil. Il est dommage qu'un tel homme n'ait pas de royaume à gouverner.

— Ah ! vous ne sauriez penser qui c'est, allez ! Je vous le dirai si vous voulez me promettre de m'en garder le secret.

— Par Dieu Jupiter, je vous le promets !

— Eh bien ! par nos dieux, ce n'est pas un Sarrasin. Vous souvient-il qui a tué votre frère Bruhier devant Laon ? Qui a tué votre frère Justamont devant Acre ?...

— C'est Ogier le Danois ! s'écria l'Angoulaffre en changeant de couleur. Ogier ! la désolation de ma famille !... Ah ! soudan ! au nom de notre commune religion, vous faites mal de ne l'avoir pas déjà fait pendre plutôt que de vous en servir comme d'auxiliaire.

— Eh ! noble roi, vous ne seriez pas ici sans lui, répondit finement Moradin. Je ne vous redoutais pas moins qu'un grand diable, et je vous tiens. Patience ! notre homme me sert. Vienne la prochaine Saint-Jean, je n'en aurai plus que faire, je le plante à un pilori et le livre au bon plaisir de nos gens. Quant à vous, quittez le roi Moysant ; je vous laisse aller dans votre pays.

— Ah ! plutôt mourir que de manquer à ma promesse envers Moysant ; seulement, gardez-moi prisonnier jusqu'à la fin de la guerre, je ne pourrai rien faire contre vous, et, je le présume, Moysant resté seul ne poussera pas bien loin sa campagne.

Moradin fut satisfait de cette conclusion.

Ogier était assis à la table de Caraheu qui en était si occupé qu'il ne pouvait détacher les yeux de dessus lui. N'y pouvant plus tenir :

— Vieux chevalier, lui dit-il, je ne suis pas maître d'une fantaisie qui me passe par l'esprit toutes les fois que je vous regarde ; malgré la couleur différente, malgré de nombreuses impossibilités que je ne me dissimule pas, il me semble reconnaître en vous un chevalier chrétien que j'ai connu autrefois en France et nommé Ogier le Danois.

Ogier se prit à sourire et lui dit :

— Roi Caraheu, vous n'avez pas mal deviné, c'est moi-même.

Surprise douloureuse de Caraheu, car il entrevoyait bien des peines; embrassements, confidences, on comprend qu'il y eut de tout cela et largement. Il faudrait, pour rapporter tout ce qu'ils se dirent seul à seul dans une longue soirée, remonter haut dans ce récit et reprendre un à un le grand nombre des événements qui y sont consignés.

CHAPITRE XXIV

Comment Ogier vainquit Moysant et défit son armée; comment il fut récompensé par la trahison et enfermé dans la tour de Babel; comment Caraheu, prenant sa défense, eut à prendre garde pour lui-même, et comment Guyon de Danemark tomba dans une grande infortune en voulant également s'occuper du salut d'Ogier.

Quand vint le jour, les deux armées des soudans rivaux étaient en présence; les cors, les tambours, les trompettes, les buccines déchiraient l'air à qui mieux mieux. Il y eut bientôt un formidable gâchis d'hommes de toutes sortes, gens de trait, gens de pied et nobles gens. Une des plus sensibles et des premières pertes fut celle d'un jeune homme, neveu du soudan de Babylone et ayant nom Soradin.

Les chevaux commencèrent à avoir des morts jusqu'au poitrail.

A l'égard de la contenance d'Ogier, un mot de l'Angoulaffre, qui suivait la bataille du haut d'une tour, la peint exactement.

— Regardez ce chevalier, il a plus l'air d'un diable que d'un homme ; il a passé les mers, je crois, pour détruire le dernier d'entre nous.

Tout faiblissait dans le parti de Moysant, jusqu'à lui-même. Il songea à la retraite, mais il avait compté sans Ogier, qui ne voulait pas souffrir qu'il l'effectuât. Le Danois lui cassa son heaume, lui fit jaillir le sang, le précipita à terre tout étourdi et l'eût tué, si le malheureux, vaincu et défaillant, n'eût crié :

— Sarrasin, cesse à cette heure ; je me rends.

Ogier revint devant Moradin et lui présenta sa nouvelle conquête.

Cet incident fit tourner peu à peu la fin de l'engagement général en véritable déroute pour les envahisseurs; il fuyaient, mais ce n'était pas vers leur camp : ils fuyaient vers la mer et se disputaient les barques pour gagner le large, avec la rage du désespoir.

Au soir, Ogier s'étant allé désarmer et étant venu conter aux détenus chrétiens tout ce qui s'était passé :

— Da ! beaux frères, dit-il, puisque la guerre est terminée, il est temps de penser à notre délivrance.

— Da ! disait de son côté Moradin en un conseil où malheureusement n'assistait pas Caraheu, puisque la guerre est terminée, il est temps d'immoler le chrétien.

On vint avertir Ogier que le soudan le demandait :

— Chevalier, lui dit-il, à présent que, grâce à vous, mon adversaire est dans mes mains, il faut le conduire en lieu sûr : vous allez partir l'enfermer dans la tour de Babel.

Ogier, se conformant à cet ordre, conduisit le prisonnier dans l'endroit désigné ; mais comme il avait ouvert la porte, et était passé en dedans pour le faire entrer dans son cachot, la porte se referma poussée par Moradin, et il ne put pas plus sortir que Moysant lorsqu'il le voulut.

La trahison était consommée; le preux Ogier avait des fers pour prix de ses exploits.

Caraheu ayant voulu plaider sa cause :

— Ce n'est pas d'aujourd'hui, lui répondit-on, qu'on vous a reproché d'être tiède pour les intérêts de la cause sarrazine; Rubion, votre neveu, vous accusait de n'être passé en France que pour Ogier.

— Ecoutez-moi, interrompit Caraheu avec force, les intérêts de ma religion me sont chers, et a menti quiconque a prétendu le contraire. En dehors de cela, j'aime Ogier le Danois. Quiconque à qui cela déplaît et m'accuse de trahison, trouvera mon gage de bataille prêt à lui être tendu.

— Je l'accepte, dit l'Angoulaffre.

— Très bien, messeigneurs, interjecta le soudan Moradin pour terminer l'affaire. La bataille vous est octroyée et je la fixe à la fête de la Saint-Jean-Baptiste, la grande fête de notre religion. Les populations entières réunies à cette occasion seront témoins de vos faits et gestes.

Il y avait du temps jusqu'à cette date; du temps qu'Ogier passerait dans une injurieuse et cruelle captivité ; Caraheu voulut l'utiliser pour son malheureux ami en allant lui chercher des secours jusqu'en France, et si extraordinaire que fût cette résolution si hérissée de difficultés, d'impossibilités, faudrait-il dire, il trouva son neveu Marcisus pour l'accompagner et l'assister dans ce dessein généreux. Ils partirent en effet, et l'objet de leur sollicitude en fut averti par un ange du paradis qui descendit dans la prison et y répandit les rayons de l'espérance. L'ange fit plus, il fit entrevoir au captif consolé, dans l'ordre des faits à venir, la conversion de Caraheu au christianisme.

— O mon Dieu ! s'écria Ogier, oubliant toutes ses souffrances, à ce présage béni : mon Dieu, bienheureux sont ceux qui espèrent dans ta miséricorde ! Que ton nom soit sanctifié en gloire perdurable !

Moysant, témoin dans son coin de la pieuse exaltation du chevalier, fut touché de grâce subite ; et, se levant :

— Ogier, dit-il, à haute voix, laissez-moi approcher de votre face bénigne et la baiser par amour pour votre Dieu. Je reconnais, à cette heure, qu'il est doux et charitable ; par lui je me sens disposé à préférer votre compagnie à tout : Ogier, je requiers de vous le saint baptême !

A dater de ce moment, la joie, une joie pure et céleste, celle des fidèles et des martyrs ne cessa plus de régner entre les deux détenus et de transformer leur geôle à leurs yeux en lieu de délices.

Une autre prison que la leur n'acquérait pas le

même charme, c'était celle dont, trop peu de temps, Ogier avait eu la direction.

Ceux qu'elle renfermait n'avaient pas tardé à apprendre à leurs dépens que la protection de leur bon parent leur était enlevée :

Son successeur, Sarrasin farouche, était arrivé parmi eux, le fouet à la main.

— Ah! chienaille! il vous tenait en joie, n'est-ce pas, votre chrétien de malheur ? mais il est maintenant à la tour de Babel; et vienne la Saint-Jean prochaine, il sera encore en plus joli endroit. Allons! des fers à tous ces brigands.

Et il était sorti après avoir vu accomplir son ordre.

Une autre intervention que celle de Caraheu survint pour opérer la délivrance d'Ogier, et tout permettait de prévoir qu'elle aurait un plein succès. Ce fut le voyage qu'un beau matin Guyon de Danemark, ne recevant pas de nouvelles de son frère, décida de faire à Acre et exécuta incontinent.

Guyon était arrivé rapidement dans la capitale des nouveaux Etats d'Ogier; il y avait reçu du peuple et de la bourgeoisie un accueil assez chaleureux pour lui faire oublier un instant l'absence de celui qu'il venait visiter. Les Templiers lui avaient dissimulé leur haine assez pour lui faire croire que c'était à regret qu'ils avaient vu leur grand libérateur entreprendre son pèlerinage, à regret aussi que par vacance d'une autorité plus haute que la leur, ils exerçaient temporairement leur souveraineté sur le pays.

— Mes amis, leur dit Guyon, je n'aurai de joie au cœur que je n'aie des nouvelles de mon frère. Puisqu'il est à Jérusalem, eh bien! il faut que j'aille jusque-là.

C'était bien le compte des Templiers; ils complotèrent avec les matelots qui devaient l'emmener, de le livrer à Murgalant, chef actuel du gouvernement à Jérusalem, et c'est ce qui ne réussit que trop bien. Il eût même péri sur-le-champ, si la nièce de ce personnage, fille de Moysant, émue de pitié de la grande infortune du prince danois, ne se fût avisée de prolonger ses jours en disant à son père :

— Mandez au roi Ysoré d'Afrique et à son oncle, qui haïssent tant Ogier, que vous tenez son frère, et proposez-le-leur pour qu'ils s'en vengent. En échange, vous obtiendrez facilement que mon père nous soit renvoyé.

CHAPITRE XXV

De l'ambassade de Caraheu à la cour de Charlemagne, et des débats qui s'élevèrent entre Charlot et Gautier.

Mais le dessein de Caraheu recevait une exécution moins regrettable; il était arrivé à Reims où Charlemagne s'était retenu précisément pour juger d'un débat qui s'était élevé entre Charlot et Gautier. Voici à quels propos.

La défaite et la mort de Bérard lui avait occasionné nombre d'ennemis à la cour, entre autres le fils de l'Empereur lui-même et le duc de Normandie. C'était ce dernier qui avait poussé Charlot en avant.

— Remarquez-vous, lui avait-il dit, que depuis la faveur de ce Gautier, votre père ne tient plus compte de vous. Vous êtes déjà moins dans ses secrets ; il finira par vous éloigner de sa personne. Et à quoi attribuer tout cela ? à la langue de cette vipère qui a fait périr mon cousin Bérard.

— Monseigneur, répondit Charlot, si pour remédier à cela je portais plainte à mon père, d'avoir été plusieurs fois outragé par Gautier ?

— A merveille, nous appuierons.

A l'heure du dîner, Charlot choisit pour entrer dans la grande salle le moment où Gautier apportait un paon à l'Empereur; du paon même il lui donna au travers du visage.

La Providence permit que Gautier se retînt assez pour ne pas repousser cet outrage par la violence.

Charlemagne, témoin du fait, releva vertement l'insolence de son fils.

— Souvenez-vous-en bien, Charlot, je vous rendrai dolent toute votre vie de recommencer cette insulte gratuite.

— Gratuite, mon père ! Croyez-vous qu'elle soit une punition bien sévère pour l'homme qui voulait m'assassiner ce matin. J'étais en chemise, je sortais de mon lit ; dans cet état, il fût sans peine à bout de moi, si je n'eusse crié et que nos seigneurs le duc de Normandie, Emery de Valence, Guillaume Maugin, Antoine de Savoie, Othon de Bourgogne ne fussent accourus. Le lâche se voyant pris, s'est jeté à leurs genoux et je lui ai pardonné. Mais quoi ! j'entre ici tout à l'heure et il me dit qu'il aura assez de crédit sur votre esprit pour me perdre ou que vous mourrez empoisonné ! Voilà pourquoi je lui ai jeté ce mets au visage.

— Ah! beau fils! fais attention à ce que tu dis! s'écria Charlemagne, rien moins que convaincu. Je n'ai jamais trouvé de déloyauté en Gautier.

— Sire, dit ce dernier avec candeur, sur ma foi, je ne sais ce que peut être ce qu'on vient de vous rapporter ; je n'y ai jamais pensé.

Tous les conseillers de Charlemagne étaient convaincus que l'accusation était controuvée, mais quand ils virent les faux témoins préparés pour la soutenir, apporter effrontément leur déposition, ils restèrent en suspens, et c'était là qu'en étaient les choses à l'arrivée de Caraheu.

L'Empereur entendit toute la substance des nouvelles qu'apportait l'Indien sans proférer un mot, ni pour y répondre, ni pour répliquer aux adjurations de Gautier, lequel oubliant immédiatement sa propre affaire ne suppliait plus Charlemagne que d'accorder secours à son oncle.

— Sire, dit Caraheu, un peu après avoir terminé, vous ne dites rien et me semblez fort troublé.

— Je le suis, en effet, répondit l'Empereur, parce que j'ai ici à porter un jugement précisément entre ce chevalier Gautier et mon fils, qui l'accuse de choses honteuses et prétend prouver ses assertions par des témoignages dignes de foi.

A ces paroles avança un certain Rohard de Pavie qui dit :

— Je suis l'un des témoins de Charlot et je soutiens que Gautier l'eût assassiné si je ne l'eusse secouru.

— Vous en avez menti! riposta Gautier et je le prouverai en champ-clos.

— J'accepte, fit Rohard.

Le temps de s'armer et les champions furent sur

le terrain. De coups de lance et d'épée, il y en eut à suffisance jusqu'à ce que Gautier, d'un coup porté à deux mains, fît choir en même temps le bras et l'écu de son adversaire. Il l'eût achevé de tous points si Charlemagne ne lui eût crié de le laisser jusqu'à ce qu'il l'eût interrogé.

Ce disant, l'Empereur ouvrait les barrières du champ-clos, et, s'approchant du vaincu qui roulait sur la poussière :

— Rohard, dit-il, apprends-moi la vérité : qui est l'auteur de l'imposture dont tu viens d'être puni? Est-ce toi? est-ce mon fils?

— Par ma foi, Sire, répondit le misérable, ni lui, ni moi, mais le duc de Normandie qui l'a imaginée pour venger la mort de son cousin Bérard et aussi celle de son père le duc Richard qu'Ogier a tué devant Châteaufort. Il a en haine tous ceux de ce sang.

Gautier, usant de son droit de guerre et entraîné à l'exaspération par cet aveu qui lui montrait sa personne en butte à la haine de hauts personnages de la cour auxquels il n'avait jamais rien fait, d'un grand coup d'épée fit rouler la tête de Rohard d'un côté et le corps de l'autre.

Charlemagne et tous les barons abandonnèrent le champ et rendirent grâce et louange à Dieu de ce que le bon Gautier s'en retournait sain et allègre, et de ce qu'il avait pu prouver son innocence.

Naymes de Bavière se tournant vers Caraheu, lui dit :

— Mon ami, vous êtes arrivé à temps pour assister à une bataille qui me comble de joie. C'est un chevalier délibéré, allez, que notre Gautier; avec le temps il deviendra, je l'espère, l'un des plus illustres.

— Ah! dit Caraheu, il ne sera jamais de la taille de son oncle Ogier. Cependant, si je l'emmenais avec moi, j'espère qu'à nous deux nous traiterions si raidement l'ennemi que nous parviendrions à délivrer notre cher captif. Ah! duc Naymes, vous parlez de Gautier : dans sa jeunesse il est déjà grand, j'en suis joyeux pour vous tous; mais Ogier! si vous saviez quelles prouesses il a faites, depuis qu'il vous a quittés pour venir de nos côtés.

— Ah ! je sais bien, dit le duc Naymes : c'est la vertu et la prouesse en personne. Mais, tenez, roi Caraheu, savez-vous d'où viennent ses nobles vertus? de Jésus-Christ, mon cher sire. Voulez-vous me croire : quittez vos croyances folles et rangez-vous sous la bannière de ce divin Sauveur.

— Pour le moment, ne parlons pas de ceci, dit Caraheu ; mais quand je reviendrai avec Ogier, je vous promets de faire à cet égard ce que vous voudrez. Toutefois, à propos de votre religion, expliquez-moi donc un usage qui me semble ridicule : tout à l'heure je viens de voir Gautier faire ses dévotions, il s'agenouillait devant une image.

— Il est vrai, dit le duc Naymes, nous nous agenouillons devant des images qui représentent un saint ou une sainte, mais c'est aux saints ou aux saintes même que nous nous adressons ainsi et non à leur simulacre. Et si vous me demandez ce qu'est un saint ou une sainte, je vous dirai que c'est quiconque pendant sa vie a aimé Dieu de tout son cœur, son prochain comme soi-même, n'a fait de dommage à personne et n'a causé de scandale à qui que ce soit. Si de plus il a souffert le martyre pour la sainte foi, Dieu lui donne la couronne et la palme; dans tous les cas, il est reçu dans le paradis, et là il prie pour les pauvres pécheurs restés dans ce bas monde. Nous plaçons nos temples sous la dédicace des saints. Dans ces temples, nous enfermons leurs images, afin qu'ils se souviennent de nous, et parce que, lorsque nos prières s'élèvent vers le ciel, incontinent ce sont eux qui les portent aux pieds de l'Éternel.

— Cette réponse m'éclaire, répondit Caraheu, et dissipe mon objection. Je vous promets, duc Naymes, que si votre Dieu veut me secourir dans le combat que je dois soutenir à la Saint-Jean-Baptiste, je me ferai chrétien.

— Voulez-vous m'en croire, répondit Naymes, ne donnez pas à votre conversion cette tournure de marché.

— Hélas ! je ne le puis pour le moment, ne me pressez pas!

Gautier survint et les fit changer de propos.

Tous trois ils rejoignirent Charlemagne qui disait à Charlot :

— Fils, Gautier n'a ni médité ni accompli la trahison dont on l'a accusé. Tu as failli m'entraîner à une injustice telle que j'eusse préféré mourir que de la commettre.

— Non, Sire, interrompit Gautier, ce n'est pas lui, mais des ennemis qui ne professent en aucune façon le respect que nous portons à l'honneur de la couronne de France.

— Gautier, mon ami, répondit Charlemagne, je suis heureux de ce que vous dites. Les choses étant ainsi, qu'on ne songe plus qu'à faire bonne chère pour fêter notre hôte le roi Caraheu.

A la fin du dîner qui suivit tôt ces entretiens, Charlemagne rendant réponse à Caraheu sur l'affaire qui l'amenait à la cour, lui dit :

— Roi, je suis résolu d'aider largement mon féal Ogier : voici son neveu Gautier qui vous suivra, avec cela je vous donnerai vingt mille bons gendarmes soudoyés pour quinze mois.

— Ah! ceci est généreux ! s'écria Gautier, merci, Sire!

Cette promesse fut suivie d'autres promesses successives des parents du captif. Naymes s'engagea pour un nombre considérable de combattants, le duc de Dordonne pour vingt mille qu'il conduirait en personne; Doon de Nanteuil prit le même engagement.

A l'énumération de tous ces contingents, Caraheu se prit à dire en souriant :

— Les Indiens et les Syriens devront m'être bien reconnaissants de mon ambassade, je leur machine la destruction de leur pays.

Quoi qu'il en fût, huit jours plus tard, les promesses étaient réalisées, et, avec le congé de Charlemagne, tous ceux qui devaient faire partie de l'expédition s'embarquaient armés et équipés pour les côtes de l'Asie.

CHAPITRE XXVI

Comment Gautier, venu au secours de son oncle, tira vengeance de la trahison des Templiers; de son départ pour Jérusalem avec son armée.

En peu de temps les libérateurs d'Ogier arrivèrent devant Acre. Ils rencontrèrent une galiote de pèlerins auxquels ils demandèrent d'où ils venaient. Le maître de l'équipage leur répondit qu'il venait de mener un beau convoi de pieux voyageurs au Saint-Sépulcre.

— N'avez-vous pas entendu parler de Guyon de Danemark ? interrogea Gautier :

— Quand nous avons quitté Acre, repartit le maître, les bourgeois murmuraient contre les Templiers en leur reprochant qu'ils avaient vendu leur roi et son frère Guyon ; mais on ne savait à qui.

Gautier, prêt de défaillir dans le premier instant, à ces funestes nouvelles, supplia ensuite ses compagnons d'armes de l'aider à tirer vengeance de ces Templiers et de punir leur forfaiture.

Les Français, partageant son indignation, débarquèrent et vinrent placer leur camp devant la ville.

D'un avis qui fut unanime, ils firent crier à son de trompe, que le neveu du roi, se trouvant présent, il faisait convier à un grand banquet, tous les chefs de maisons nobles, chevaliers et bourgeois.

Tous les conviés se rendirent à l'invitation et entre autres Garnier, le fils de la bonne femme à qui Ogier avait tant eu d'obligation.

Gautier l'aperçut et il voulut savoir qui lui avait donné commission de servir à table.

Ce lui fut une occasion d'apprendre les premiers faits et gestes de son oncle sur la terre qu'il foulait à son tour en volant à sa recherche. Garnier, d'ailleurs, en achevant sa narration, dit au neveu de son bienfaiteur :

— Hélas ! tant qu'il fut parmi nous, il fit grand bien à tout le monde, notamment à moi et à ma mère ; mais depuis que les Templiers l'ont mis sur mer, ils nous ont ôté tout ce que nous tenions de sa munificence ; c'est pourquoi, monseigneur, nous vous supplions de nous le faire rendre, et, en ce faisant, nous prions Dieu qu'il vous donne protection et réussite complète pendant votre voyage.

Gautier dissimula sur ce qu'il apprenait jusqu'à la fin du repas, mais quand les tables eurent été enlevées, il fit venir les Templiers et les interrogea l'un après l'autre pour savoir en quel lieu ils l'avaient envoyé.

L'épouvante commença à gagner les coupables. Ils ne savaient que répondre.

Voyant cela, Gautier les fit lier pour les emmener à Jérusalem ; mais, avant tout, il exigea qu'ils dissent ce qu'ils avaient fait des biens qu'ils avaient enlevés à Garnier ; deux d'entre eux furent provisoirement relâchés pour faire la restitution, puis ils furent réenchaînés et mis comme les autres au fond des navires.

Pour les bourgeois, ils furent renvoyés avec honneur à la garde de Dieu.

Garnier fut retenu un peu plus que les autres congédiés, pour désigner celui des Templiers qu'il soupçonnait d'être le plus coupable : celui qu'indiqua le doigt de Gautier, et qui se nommait Godebœuf, mis en chemise et sommé d'avouer son crime et celui de ses complices, dit :

— Ce fut de sa volonté que votre oncle partit pour Jérusalem, ce fut par son ordre que nous lui procurâmes des vaisseaux et que nous lui fournîmes un guide ; s'il lui est arrivé malheur en mer, nous n'en savons rien.

— Vous mentez ! s'écria Caraheu en se levant. Vos lettres de trahison ont été retrouvées.

Gautier, voyant l'obstination du Templier dans sa perversité, le fit attacher à un poteau et enduire de miel, puis on lâcha à ses côtés deux essaims d'abeilles qui commencèrent à le larder horriblement. Sous l'effet de cette torture, Godebœuf promit de dire la pure vérité et, effectivement, il avoua tout.

Après cette confession, Gautier fit venir les gouverneurs de la ville et leur dit :

— Ces misérables sont maintenant avérés les auteurs des désastres de mon père et de mon oncle. Je vous les donne en garde jusqu'à mon retour où votre roi, mon oncle, en fera la justice qu'il lui plaira.

Préalablement, il dépouilla les Templiers de tous leurs biens, et les fit distribuer aux pauvres.

Il trouva dans leurs écuries le cheval de son oncle, et le prit en pleurant.

— Ah ! bon cheval Bouchant ! dit-il, plaise à Dieu que je te puisse encore voir monté par ton valeureux maître !

L'armée s'apprêtait à repartir ; Garnier, reconnaissant de la justice qui lui avait été rendue, vint s'offrir à être de l'expédition avec cent hommes bien équipés ; on l'accepta avec joie. En outre, avant le départ, il pourvut abondamment les navires de vivres et autres provisions.

Mais la nouvelle de leur arrivée les avait devancés à Jérusalem : Murgalant et sa nièce Clarisse en avaient été avertis par des espions. L'un d'eux, qui causait plus librement à la jeune princesse, lui tint même ce propos quasi prophétique :

— Gautier le Danois qui commande les chrétiens est le plus beau chevalier du monde ; et, par ma foi ! quand je l'ai vu si beau, j'ai souhaité, madame, que vous et lui fussiez un jour unis par le mariage. Je crois que plus beau couple ne se rencontrerait nulle part.

A ce propos, Clarisse sentit les atteintes de l'amour.

Celui dont il était ainsi parlé ne tarda pas à paraître aux pieds des murs.

Murgalant l'accueillit par une sortie qu'il commanda en personne ; son fils Horian portait son enseigne.

Gautier, en se portant à sa rencontre, disait à Caraheu qui était à ses côtés :

— Beau sire, je voudrais bien savoir si mon père, Guyon de Danemark, est en vie ; mais je ne ne sais comment m'en informer.

Caraheu lui dit :

— Ne vous inquiétez pas de cela, laissez-moi faire.

Il avisa son neveu Marcisus et lui dit :

— Beau neveu, incontinent que la mêlée commencera, prenez votre chemin tout droit sur Jérusalem, montez sans vous détourner à la chambre de ma nièce Clarisse, et enquérez-vous doucement près d'elle de ce qu'est devenu Guyon de Danemark.

Marcisus répondit qu'il était tout prêt à accomplir ce commandement. Et, en effet, il commença à s'y conformer dès que le moment fut venu.

Les coups avaient commencé à pleuvoir : Gautier cherchait Murgalant; il finit par le rencontrer, et le mena si rudement de la lance qu'il le vit rouler à terre avec son coursier; il l'eût tué sans le secours de Florion, lieutenant du vaincu, qui survint et fit diversion. Autant en fit Horian, et Gautier, pressé entre ces deux adversaires, eut fort à faire à son tour. Il s'en tira en décapitant le cheval de Horian d'un hardi coup d'épée. L'enseigne que portait ce dernier traîna dans la poussière; de toutes parts on accourut pour le relever, mais comme, de leur côté, le reste des chrétiens ne demeuraient pas inactifs, force fut à Murgalant de rétrograder avec son monde vers Jérusalem, en déplorant la perte de l'élite de ses guerriers qu'il laissait étendus sur le terrain.

Marcisus se trouva sur son passage quand il rentra dans son palais.

— D'où venez-vous? demanda-t-il.

— De Damas, Sire, d'où j'amenais cent combattants, lorsqu'à l'approche de votre cité les chrétiens m'ont assailli si vivement qu'il m'a fallu abandonner mes gens et m'enfuir par ici.

— Eh bien, dit Murgalant, nous n'avons pas été mieux traités l'un que l'autre. Soyez le très bien venu, Marcisus !

Quand le repas fut prêt, il le fit asseoir à côté de lui, puis lui laissa ensuite la liberté de monter à la chambre de Clarisse qui l'accueillit très bien, attendu qu'il était son parent.

— Or çà, lui dit-il après avoir causé avec elle de choses diverses, avez-vous beaucoup de prisonniers chrétiens?

— Oui, dit-elle, je n'en sais pas au juste le nombre, mais il y en a beaucoup.

— Votre oncle n'a-t-il pas voulu en faire mourir quelques-uns dernièrement?

— Il voulait faire périr le duc Guyon de Danemark, mais il y a renoncé... Dites donc, mon cousin, fit-elle en changeant de sujet et en venant se placer sur le terrain qui l'intéressait le plus, n'avez-vous aucune connaissance du chevalier chrétien qui commande l'armée ennemie? Savez-vous son nom?

— Oui, dame, j'en ai entendu parler; mais en quoi cela vous intéresse-t-il?

— Un espion m'en a parlé, et m'a dit que c'était merveilleuse chose de le voir.

— Dame, répondit tout bas Marcisus, nous sommes ici seuls et en secret, je vous dirai mon sentiment : c'est le plus noble des chevaliers, et le neveu d'Ogier le Danois. Qui voudrait énumérer ce qu'il a d'honneur, de sens, de force, de prouesse, ne pourrait pas aller jusqu'à moitié.

— Beau cousin, je suis bien joyeuse de ce que vous me dites, vous m'avez répondu selon mon cœur. Plût à notre dieu Mahom qu'il consentît à abjurer sa croyance pour la nôtre ! et je l'épouserais avec grande joie.

— Ma cousine, lui dit Marcisus, voyant quel amour la jeune princesse nourrissait pour Gautier, si je pouvais vous l'amener cette nuit, seriez-vous contente?

— Ne vous moquez pas de moi, Marcisus, répondit la jeune fille.

— Je ne m'en moque pas, ma cousine, et toutes les fois qu'il vous plaira de lui parler, je l'amènerai.

Clarisse se hâta d'accepter cette offre inespérée, et le jeune homme, continuant à jouir de l'hospitalité de Murgalant jusqu'au soir, feignit le lendemain de prendre par les prairies, comme s'il s'en retournait vers Damas, mais effectivement il s'en retourna au camp des chrétiens.

CHAPITRE XXVII

Comment Gautier fut amoureux de Clarisse, fille du roi Moysant, et comme il fut favorisé près de la dame par Marcisus, et de ce qu'il en advint.

Gautier était dans son pavillon lorsque Marcisus vint, le salua, et lui dit :

— Ma foi ! les nouvelles sont bonnes. Votre père, Guyon de Danemark, est en vie dans les prisons de Murgalant. Quant à la nièce de celui-ci, la belle Clarisse, elle m'a dit être si fort embrasée d'amour pour vous, qu'elle n'y voyait pas de remède; par quoi, si vous voulez procurer la délivrance de votre père, il vous sera aisé d'y parvenir sans recourir à des moyens bien extraordinaires. La première parole qu'elle m'ait dite en me voyant entrer chez elle a été pour me demander si je vous connaissais, et nous sommes restés jusqu'à minuit à parler en secret du même sujet, et je crois que j'eusse continué dix ans sur le même thème sans l'ennuyer.

— Et elle est véritablement belle? demanda Gautier.

— Ne me le demandez pas; demandez-le à Caraheu. A mon sens, nulle femme n'est plus parfaite; elle réunit tous les agréments à toutes les vertus.

Caraheu, à qui Gautier se hâta d'aller s'en référer, confirma toutes les allégations de son neveu Marcisus.

A ces assurances, que la qualité et les mérites de la personne dont il était distingué valaient qu'on attachât du prix à cette distinction, ce fut le tour de Gautier de sentir poindre l'amour en lui et de demander à Marcisus s'il était au monde un moyen pour qu'il se rapprochât de cet objet charmant :

— Oui, vraiment, répondit Marcisus, et sans nul danger; je vous rapprocherai l'un de l'autre et vous pourrez longuement vous parler. Je ferai semblant de m'en être allé vers Damas, mais d'avoir eu le chemin coupé par les chrétiens qui gardent les passages; quant à Gautier, que je ramènerai avec moi, je le ferai entrer de nuit dans la cité, Murgalant ne se doutera de rien et je ne m'inquiète pas du reste.

Avant de partir, Gautier assembla son conseil pour en avoir l'avis, bien qu'il fût déterminé. Les chevaliers redoutaient tant un piège où il trouverait la mort, que, malgré de belles apparences, ils ne voulaient pas le laisser partir. Cependant Caraheu venant à la réplique, fit remarquer combien serait avantageuse l'alliance qui pouvait se prévoir entre les deux jeunes gens; quelles sûretés et quelles facilités de conquêtes il en résulterait.

— Messeigneurs, n'ayez point peur, dit Gautier pour conclure : Dieu n'oublie jamais ses serviteurs; je n'ai rien à craindre sous sa protection, et dans peu je serai de retour.

Le conseil, à peu près convaincu, donna son assentiment au départ de son chef en le recommandant à la garde du divin maître.

Les deux aventuriers, suivant de point en point ce qu'ils avaient résolu de faire et dire, descendirent à Jérusalem dans une hôtellerie connue de Marcisus, sans qu'il leur fût rien arrivé de fâcheux.

Le cousin de la belle Clarisse dit au jeune chrétien de l'attendre là jusqu'à ce qu'il eût été savoir des nouvelles. Puis, le quittant, il monta au palais, salua le roi et lui fit le petit conte qu'il avait prémédité.

— Or bien, lui dit Murgalant, puisqu'il en est ainsi, restez à côté de nous, vous serez bien traité.

Il passa ensuite chez sa cousine.

— Da! Marcisus, lui dit-elle, on m'avait affirmé que vous étiez parti.

Et devant ses femmes il lui renouvela la réponse qu'il avait faite à son oncle du passage intercepté de Damas et le reste.

Puis, la tirant à part, il lui dit :

— Voyons, petite rusée, je veux savoir de qui vous avez tenu les renseignements que vous possédiez déjà hier sur Gautier, quand vous m'en avez parlé.

— De qui? mais d'un espion, comme je vous l'ai dit.

— Or çà, le voulez-vous voir en personne, maintenant?

— Oh! oui, cousin, ne fût-ce que pour m'assurer que ce qu'on m'en a dit est vrai.

— Voulez-vous me jurer sur notre loi que vous ne dénoncerez pas ce que je vais vous confier.

— Je le jure, dit-elle, par tout ce que je tiens de nos dieux.

— Eh bien! pour l'amour de vous, je me suis aventuré à l'amener jusqu'ici. Renvoyez toutes vos demoiselles, arrangez-vous pour que nous soyons absolument seuls, et, dans une heure, il est à vos genoux.

Clarisse feignit aussitôt d'être indisposée et de vouloir se reposer; de la sorte, elle obtint que son monde se retirât. Marcisus retourna vers Gautier et l'amena jusqu'aux appartements de la jeune princesse, et lorsque les deux amants furent en présence :

— Mes amis, leur dit-il, je vous ai rapprochés suivant votre désir; si vous savez parler, faites-le voir en vous entretenant ensemble.

Gautier trouva le premier la faculté d'exprimer ses pensées tumultueuses :

— Dame, en qui la nature a placé la réalisation de tout honneur et de toute beauté, dit-il, que Dieu vous donne l'accomplissement de tous vos désirs !

— Noble chevalier, répondit la jeune fille, en considération de votre renommée et de votre mérite, soyez le bienvenu. Venez prendre du repos; nous deviserons de guerre et d'amour pour passer le temps, si vous voulez bien.

— Volontiers, madame, répliqua Gautier, car il y a longtemps que je n'ai eu l'occasion de deviser en si bonne compagnie.

Clarisse sortit un moment pour donner des ordres pour le goûter.

Dès qu'elle fut rentrée, elle alla s'asseoir près du chevalier Gautier et lui prit les mains, les lui pressa et accompagna ce témoignage d'affection de regards à percer le cœur d'outre en outre.

— Plût à Mahom! lui dit-elle, que vous fussiez homme à renoncer à votre baptême, nous ne tarderions guère à être époux.

— Dame, répondit Gautier, je vous assure que sans qu'il soit besoin de me faire baptiser, je vous épouserai bien si vous y consentez. Il n'est pas homme sur terre pour m'en empêcher.

— Quoi! s'écria la noble pucelle avec transport, êtes-vous assez aventureux, assez hardi, pour accomplir ce que vous dites au sujet d'une dame que vous aimeriez ?

— Oui certes, et sans balancer.

— Chevalier, reprit la jeune princesse d'une voix insinuante, avouez-moi quelle a été jusqu'à présent votre dame par amour.

— Ah! madame, répondit le jeune chevalier en rougissant, je suis encore trop jeune pour avoir jamais eu de dame par amour. Je ne fais que débuter dans les aventures qui sont le chemin par lequel on arrive à ce magnifique bonheur ; je crois que j'y arriverai, mais je n'y suis pas encore.

— Croyez-vous? interrogea malicieusement Clarisse.

— Je n'en sais rien, riposta faiblement le chevalier, hormis que mon cœur me presse d'approcher de votre beauté.

CHAPITRE XXVIII

Comment Gautier, heureux en amour près de dame Clarisse, échappa à tous les périls de son audacieuse aventure.

ces paroles, la dame donna à Gautier deux baisers sur la bouche et lui remit en même temps un beau signet d'or dont Gautier la remercia avec effusion.

Le goûter était prêt, ils se mirent à table et en mangeant ils causèrent des motifs qui avaient amené le jeune homme dans la contrée, et ainsi elle apprit les malheurs d'Ogier le Danois et de Guyon, père de son amant.

Cet entretien n'alla pas sans de profonds regards qui s'attachaient de l'un à l'autre, et sans des baisers qu'ils échangèrent en grande abondance.

Et comme Marcisus s'était retiré pendant ce temps, pour ne point gêner leurs transports, la belle Clarisse accorda à son amant les dernières preuves de tendresse.

Quelques moments après, elle alla ouvrir un coffre richement travaillé, en sortit un haubert le plus riche et le mieux fait qu'on pût voir; c'était le haubert que Saint-Georges avait porté de son vivant, et elle le donna à Gautier. Elle lui donna également un heaume qui avait la vertu magique de rendre invincible celui qui le portait.

Gautier en acceptant le heaume et le haubert avec de chaleureux remerciements, manifesta cependant le doute qu'ils pussent lui aller; et pour savoir au juste ce qu'il en était, il les essaya et les trouva d'aussi parfaite mesure que s'il les eût commandés pour lui.

Comme il en était revêtu et qu'il donnait un nouveau baiser à son amie, Horian, cousin de Murgalant entra.

— Ah! paillarde, s'écria-t-il, puissiez-vous être brûlée au feu de l'enfer!

Marcisus survint et dit à l'intrus :

— Vous avez tort de crier : Clarisse vient de me donner un heaume, et un haubert, et pour savoir comme ils font, je les fais essayer à mon écuyer, il n'y a point de mal à cela.

— Écuyer! vous avez là un singulier écuyer! Je l'ai rencontré tantôt dans la bataille, votre écuyer, et je sais ce qu'il y peut faire... Je ne sais ce qui me retient de vous tuer, traître!

— Me tuer! et pourquoi? demanda Marcisus.

Pour toute réponse à cette question, le pauvre Marcisus reçut un si furieux coup de couteau dans le ventre qu'il en tomba mort.

Il n'eut pas le temps d'expirer, que l'assassin à son tour tomba en même état sous l'épée de Gautier.

— Ah! pauvre chétive, que vais-je faire? s'écria Clarisse à cette vue : mon oncle va tout savoir, et je serai pendue ou brûlée.

— Ni l'un ni l'autre, lui dit Gautier avec sang-froid. Avant que l'esclandre soit plus grande, vous allez me cacher quelque part; puis, vous allez crier au secours de tous vos poumons jusqu'à ce qu'on vienne, et lorsqu'on sera accouru, vous direz : Ces deux chevaliers étaient rivaux; la jalousie les a armés l'un contre l'autre, ils se sont frappés et tués réciproquement.

Clarisse alla diligemment chercher une de ses demoiselles, lui confia tout et la pria de l'aider à cacher, puis à faire échapper Gautier.

— Dame, lui répondit la demoiselle, le cas est grave et dangereux, mais je vous aiderai à en sortir au risque de la mort. Je vais conduire votre chevalier chez mon frère Gloriand; il sera là autant en sûreté que s'il était dans son camp et sous sa tente.

Clarisse, toute joyeuse, confia son cher Gautier à cette bonne confidente, et commença à exécuter ponctuellement le reste de ce qu'il lui avait prescrit.

Les seigneurs, les dames, les demoiselles, nul ne douta de la véracité de ses explications. Murgalant, outré qu'elle eût été mêlée à de si affreuses violences, la reconduisit à sa chambre avec les plus grandes attentions, et la quitta pour qu'en repos et dans la solitude elle trouvât moyen de se remettre.

La demoiselle rentra de son côté, annonçant que tout allait bien. Clarisse, libre d'elle-même, lui commanda qu'elles retournassent ensemble près de son cher Gautier.

Elles y retournèrent en effet, et l'aimable princesse passa la nuit sous le toit de Gloriand : une longue nuit entièrement occupée par l'amour, et qui ne sembla pas durer une heure au couple for-

C'était bien de la hardiesse à Gautier de prolonger autant une telle aventure ; mais il était sous la protection du Créateur : c'est ce qui le rendait si fort contre le danger.

Quand, au matin, les chrétiens ne virent pas rentrer leur chef et son compagnon, ils commencèrent à concevoir des craintes sérieuses. Caraheu proposa d'aller s'embusquer près de la ville, et en même temps de mettre le feu au campement, comme si on voulait se retirer.

Son conseil fut suivi, et quand les assiégés commencèrent à apercevoir la fumée de l'incendie, ils coururent à Murgalant et lui dirent que, s'il le permettait, ils allaient pourchasser et piller les chrétiens qui prenaient la fuite. Murgalant consentit.

— D'où vient donc ce grand bruit qu'on entend dans la cité? demanda Gautier à Clarisse dans sa cachette.

Clarisse étant allée aux informations, vint lui dire :

— Ce sont les chrétiens qui fuient; les gens de mon père s'apprêtent à les poursuivre.

Quand il entendit cela, Gautier dit à son amie, en s'équipant au plus vite :

— Madame, je vous remercie de l'honneur qu'il vous a plu de me faire ; dans peu, je serai dans votre cité, et là, avec la grâce de Dieu, je vous épouserai pour vous marquer ma reconnaissance.

Là dessus, sans tenir compte des pleurs de la jeune fille, il partit.

CHAPITRE XXIX

Comment Gautier fit la conquête de Jérusalem et de Babylone, et de la façon dont se passa la Saint-Jean-Baptiste dans cette dernière ville.

Un excellent effet fut produit par la ruse qu'avait suggérée Caraheu aux chrétiens ; pas tel, cependant, qu'il donnât ville gagnée. Murgalant, rudement assailli et perdant beaucoup de monde, avait encore pu rentrer dans Jérusalem.

Quelques jours après cette affaire, des créneaux il fit signe aux chrétiens qu'il voulait parlementer.

Gautier, qui était retourné sain et sauf parmi les siens, à travers tous les périls, s'approcha et dit :

— Or çà ! roi, vous vous décidez donc à me rendre votre cité.

— Non, lui dit Murgalant; mais si vous voulez prendre bataille contre un chevalier que je vous présenterai, le résultat de la guerre en sera décidé. En cas de défaite de votre part, vous vous retirerez; en cas que ce soit mon champion qui soit vaincu, ce sera nous qui nous en irons, nos bagages saufs.

— Accepté ! dit Gautier.

La convention qu'on lui offrait était le résultat d'une machination inventée par les conseillers de Murgalant pour terminer la guerre sans effusion de sang païen. Le champion qu'on devait opposer à

Gautier était un chrétien tiré des prisons de la ville, auquel on avait fait accepter cette tâche, sous promesse de cent marcs d'or et de la liberté de ses compagnons. Et quel chrétien !... Qui la perfidie de Murgalant se proposait-elle de mettre aux prises avec le jeune chef de l'invasion ?... Guyon ! Guyon de Danemark, son propre père !

Le vieux chevalier ignorait, de son côté, que ce fût contre son fils qu'il allait avoir à se mesurer.

Le lendemain de la convention faite pour décider de l'issue de la campagne, eut lieu la douloureuse bataille du père et du fils qui s'entr'aimaient tendrement.

Ils se heurtèrent avec la vaillance qu'on devait attendre de si hardis champions, et en gens qui ne se reconnaissaient pas et ne croyaient pas avoir à se ménager l'un l'autre.

Guyon finit par jeter Gautier sur une roche, d'une telle raideur qu'il le laissa pâmé et sans souffle.

Prêt à recevoir le coup de mort, le jeune homme se souleva un peu.

Les chrétiens, témoins de loin de cette défaite de leur champion, restaient interdits, et Caraheu disait :

— Si ce désastre s'achève, je ne recevrai jamais le baptême.

Or, au moment où Guyon allait abattre son épée pour frapper le coup mortel, le cœur revint au jeune homme. En rien de temps il fut sur pied ; il se jeta sur son père et voulut le renverser ; mais il avait affaire à un colosse, et, bien qu'il réussît à lui faire mesurer le sol, il n'en fut pas encore à bout : le vieux guerrier se releva de dessous son antagoniste, prit son épée à deux mains et lui en déchargea un coup terrible sur le heaume. C'était le heaume enchanté dont Clarisse avait fait présent à son amant ; il ne fut pas seulement ébréché.

—Maudit soit le fils de pute qui a forgé le heaume, et aussi celui qui le porte ! hurla Guyon.

A cette voix, Gautier reconnut son père ; il haussa sa visière : il avait le visage en sang.

— Ah ! mon redouté père ! s'écria-t-il, maudit soient les païens qui méditent et arrangent des combats aussi sacriléges que ceux d'un père et d'un fils ! Mon père, je viens de vous faire grand outrage en vous assaillant à armes meurtrières ; je vous en demande pardon.

—Mon cher fils, je te pardonne ! répondit Guyon, revenu de sa surprise.

— Eh bien ! mon père, dit Gautier, avons-nous autre chose à songer qu'à nous venger de ces misérables païens qui espéraient nous voir nous entr'égorger ? Si vous le trouvez bon, voici ce que nous allons faire : je vais me rendre à vous, et vous m'emmènerez à la cité comme votre prisonnier. Arrivés aux portes, nous les défendrons en telle manière que personne n'en puisse approcher ; je sonnerai du cor, et, incontinent, toute notre armée nous rejoindra.

Les deux chevaliers exécutèrent effectivement ce plan. Les cris de trahison poussés partout dans la ville y jetèrent un trouble inexprimable ; Murgalant trouva la mort en voulant tuer Guyon et Gautier, avant l'arrivée des chrétiens. Ceux-ci entrèrent dans Jérusalem et y mirent tout à sac.

Clarisse reçut les vainqueurs en amie, et Gautier en amante ; elle promit de se faire baptiser dans un bref délai. Caraheu renouvela la même promesse qu'il avait déjà faite au duc Naymes. Le mariage de Gautier avec sa tant aimée fut une chose arrêtée et seulement ajournée à la délivrance de l'oncle Ogier. Puis tous ces illustres personnages, dans une concorde et une harmonie parfaite, tirèrent chacun d'un côté différent pour satisfaire aux besognes respectives qui les appelaient.

Caraheu avait à aller chercher son épouse Gloriande dans son royaume d'Inde Majeure, et à la ramener à Babylone pour la Saint-Jean-Baptiste, où il avait à vider en champ-clos sa querelle avec l'Angoulaffre.

Gautier partit pour la Mecque, où était Florion, frère de Clarisse, prince aimable qui secrètement, depuis longtemps, penchait pour se faire baptiser. La venue de Gautier, porteur de lettres de sa sœur et d'un anneau de reconnaissance ; les nouvelles étonnantes qu'il apportait ; la révolution qu'il prévoyait dans les destinées de sa famille, comme une conséquence fatale des faits qui venaient de s'accomplir, le déterminèrent tout-à-fait à l'acte le plus solennel qu'un homme puisse accomplir dans ce monde : il devint chrétien en présence de tout son peuple, et un nombre infini de gens le devinrent après lui dans la même journée.

La Saint-Jean-Baptiste approchait ; les deux futurs beaux-frères partirent conjointement pour Babylone, afin d'y retrouver tous ceux qui leur étaient chers.

De son côté, Moradin venait de rendre l'édit de mort d'Ogier le Danois. L'illustre preux devait mourir en compagnie de cent autres chevaliers chrétiens, et sous les coups d'Ysoré, l'Angoulaffre, Colère, Hérode, Esclamars, Valegrappe, toute la hideuse cohorte des frères de Bruhier.

Mais qu'importait l'édit ? Florion et Gautier d'un côté, Caraheu et Gloriande de l'autre, approchaient à grand renfort de voiles. Ils se rencontrèrent même à une certaine hauteur en mer, et firent ensemble leur entrée à Babylone.

Au matin de la Saint-Jean-Baptiste, au milieu du concours de toutes les nations, Moradin fit ouvrir hors des murs le champ-clos à Caraheu et à l'Angoulaffre, ainsi qu'il avait été arrêté.

La bataille commença, âpre, terrible, retentissante, et comme une foule innombrable de curieux y assistait, on ne fit pas attention à une multitude de gens qui, traînant la lance en manière pacifique, se rapprochaient peu à peu les uns des autres, ceux-ci près de Florion, ceux-là près de Gautier ; vingt-quatre mille environ en tout, et avec l'air de prendre du bon temps, de ne songer qu'aux distractions et aux amusements de la fête.

Tout-à-coup ils dressèrent leurs lances, poussèrent avec furie devant eux, tuant en un moment plus de mille hommes de la garde de Moradin, et poursuivant le soudan lui-même, qui espéra vainement échapper à cette embûche et rentrer dans la ville. Il fut renversé de cheval par Florion, et Gautier l'eût tué si son ami ne l'eût prié de le lui abandonner.

—Hélas ! Florion, s'écria Moradin, vous êtes bien généreux pour moi qui détiens depuis si longtemps votre père Moysant dans mes prisons !

— Il est temps qu'il en sorte ! répondit impétueusement Florion.

Quant à Caraheu et à l'Angoulaffre, leur combat avait été interrompu par cette soudaine crise.

— Ah ! Caraheu ! disait ce dernier à son adversaire, c'est par vous que nous est advenu ce méchef !

— Non, par nos Dieux !

— Eh bien ! prouvez-le en vous unissant à moi contre ces gens.

— Je servirai mieux vos intérêts en vous engageant à vous rendre avec moi à leur merci ! répondit l'Indien.

Il n'avait pas achevé de parler, que Gautier, pénétrant dans le champ, les somma de se rendre s'ils tenaient à leur vie.

Ils rendirent leur épée l'un et l'autre, et furent conduits à la tente où était déjà gardé le sultan Moradin.

On s'occupa alors de régler les conditions de la rançon de ce dernier. Voici quelles elles furent :

Moradin délivrerait Ogier et Moysant, qu'il détenait captifs dans la tour de Babel.

Il délivrerait, en outre, cent autres chevaliers qui languissaient dans ses cachots.

Et, en l'échange de Marchevallée, qu'il demanda instamment l'autorisation de garder, il livrerait dix pucelles de bonne famille, dix faucons, dix éperviers, dix jeunes Sarrasins pour recevoir le baptême, dix coursiers de prix, dix haubert doubles et dix épées.

Il accepta ces conditions.

Comme elles demandaient quelques jours pour être toutes accomplies, il pria que, contre serment de les observer dans leur entier, et, en outre, exécution des premières qui concernaient la délivrance des captifs, il lui fût permis de rentrer dans Babylone, ce qu'on lui accorda.

Mais il s'en fallait que sa pensée fût de montrer sa bonne foi jusqu'au bout dans cette affaire : car, en même temps qu'il donnait apparemment des ordres conformes au traité, il faisait prévenir sous main son frère Branquemont d'accourir pour le délivrer. Telle hâte, cependant, que fit celui-ci, il ne put rejoindre Babylone avant que, par la diligence des chrétiens, tout eût été accompli, depuis la relaxation d'Ogier jusqu'à la livraison du dernier haubert.

Encore avait-on trouvé le temps de rouvrir le champ-clos à Caraheu et à l'Angoulaffre pour vider leur querelle suspendue.

A tous ceux qui de religion ou d'affection tenaient aux chrétiens, ce combat procura la joie de voir Caraheu triompher, et recevoir enfin avec humilité et onction le sacrement précieux du baptême. Gloriande le reçut également après son mari.

Branquemont arriva donc après que ces choses eurent été faites ; il ne perdit pas de temps à aider son frère dans tout ce qui pouvait leur faire obtenir une revanche des humiliations subies, et ce fut au moment où le concours des nations réunies pour la Saint-Jean-Baptiste s'apprêtait à se disperser, croyant toutes choses réglées et accomplies, que soudainement les hostilités commencèrent.

A vrai dire, Moradin et Branquemont avaient compté sans Ogier, qui à présent était libre ; sans Moysant, libre aussi, et chrétien ; sans la masse innombrable de forces et de cœurs unis qui devaient se lever tous à la fois pour réprimer son audace folle.

L'entreprise qu'elle lui fit commettre eut encore moins de durée qu'on ne pouvait attendre.

Gautier eut fait d'un tour de main de vaincre Branquemont, ce frère sur lequel le pauvre Moradin avait trop étourdiment compté.

Ogier se rendit maître, sans coup férir, des portes de Babylone, et le soudan, vaincu pour la seconde fois, n'eut d'autre consolation que de décider une partie de son peuple à quitter avec lui une ville où il n'était plus le maître.

L'émigration partit par mer, emportant d'incalculables richesses ; mais la ville, telle qu'elle était et ce qui y était resté de la population, tomba aux mains des chrétiens, qui en firent présent au valeureux Gautier, lequel se vit en même temps salué des titres de roi de Babylone et de Jérusalem, et d'époux de l'incomparable Clarisse.

Tous ceux qui lui devaient leur délivrance, son oncle et son père entre autres, se séparèrent de lui en appelant sur sa tête la bénédiction de Dieu et toutes les prospérités imaginables.

Les Templiers d'Acre ne furent pas oubliés non plus ; ils furent amenés à Babylone avant le départ des alliés, et, là, diligemment et traînés à la queue de leurs chevaux, étranglés et pendus. Encore ne trouva-t-on pas que ce fût assez pour ce qu'ils méritaient.

CHAPITRE XXX

Comment, après avoir pris congé de Charlemagne, Ogier s'embarqua avec Caraheu ; comment une tempête les sépara, et des aventures extraordinaires qui en furent la suite.

Gloriande avec Caraheu, Ogier, Moysant, qui avait renoncé à exercer aucune souveraineté, et toute la compagnie des chevaliers chrétiens, étaient partis pour la France et y avaient abordé après une navigation heureuse.

Charlemagne leur avait fait le plus magnifique accueil qui se pût imaginer, et avait désiré qu'après tant d'aventures et de si longues absences Ogier restât près de lui, mais Caraheu avait répondu :

— Sire, je l'emmène dans mon royaume de l'Inde où je retourne moi-même, dans le dessein de faire baptiser tout ce que je compte de sujets. Cette tâche terminée, nous reviendrons ensemble, et vous jouirez à longtemps ou à toujours de la plus précieuse merveille qu'ait enfanté la chevalerie de notre âge.

L'Empereur avait donné congé à Ogier et au monarque indien d'aller accomplir une si noble tâche, et ceux-ci avaient repris la mer, naviguant de conserve, mais chacun sur son vaisseau.

A moitié de la traversée, il s'éleva une si furieuse tempête, qu'il n'y eut plus autre chose à faire que s'abandonner à Dieu.

Ogier vit se rompre le mât de son vaisseau, et il fut obligé de se réfugier avec peu de gens, au commencement de la nuit, sur un petit esquif que le vent emporta avec une effrayante rapidité. En moins de rien il perdit de vue Caraheu qui, de son côté, croyait sa dernière heure venue.

C'était cependant, de la part du nouveau chrétien, une appréhension vaine; en dépit du tumulte des flots, il ne laissa pas d'aborder quelque temps après dans ses Etats, et d'y réaliser glorieusement avec sa femme le dessein qui les y ramenait.

A l'égard d'Ogier, le mal avait été plus grand.

Le lendemain matin, comme il s'était endormi de fatigue, les matelots vinrent le réveiller et lui dirent:

— Ah! monseigneur, recommandez-vous à Dieu! nous avons touché à la roche d'aimant, et le navire y est à cette heure soudé comme si tous les ciments de la terre y avaient passé. Nous voici demeurés ici sans remède, ménageons bien nos vivres, c'est notre seule chance de salut.

Ogier commença aussitôt à en faire la distribution, n'en gardant que deux parts pour lui, comme porte le règlement de mer, et bien que six ne lui eussent pas fait peur.

En faisant cette distribution, il dit à l'équipage:

— Mes enfants, administrez chacun ce qui vous revient comme vous l'entendrez! Je dois simplement vous prévenir qu'à chaque fois que l'un de vous aura épuisé sa provision, je le jetterai à la mer.

Il n'y faillit pas; tous, les uns après les autres, se trouvèrent dans le cas qu'il avait prévu; tous allèrent au fond de l'océan.

Ogier se retrouva seul.

Il croyait que c'était sa dernière infortune et que tout allait être bientôt fini pour lui, quand il entendit une voix:

— Ogier, pars à la nuit! lui fut-il crié; aventure-toi parmi les rochers auxquels est venu s'échouer ton vaisseau, va devant toi; tu trouveras un château et, quoi que tu observes, ne t'épouvante de rien!

Obéissant à cet ordre mystérieux, il partit en effet à l'heure qui lui était marquée, et ne tarda pas à découvrir un château qui reluisait dans l'obscurité. Il en atteignit rapidement la porte, mais il la trouva gardée par deux lions qui le terrassèrent du premier saut.

Ogier, sans s'émouvoir, se releva, atteignit le premier au milieu des reins d'un coup de Courtain qui le divisa en deux, et l'autre, lui ayant ressauté au cou, il prit bien son temps, se recula et lui abattit la tête.

Il pénétra ensuite dans une salle où se trouvait une table dressée avec profusion de mets délicats et de rafraîchissements; d'ailleurs, personne... personne, sauf un cheval qui était assis devant cette table comme l'eût pu être un humain.

Ogier avait pris d'avance le parti de ne point s'étonner.

Il alla tranquillement dans un endroit où il avisa ce qu'il lui fallait pour se laver les mains, mais aussitôt le cheval se leva, vint s'agenouiller devant lui et lui présenta l'aiguière.

Après quoi, s'aidant de ses pieds de devant pour une pantomime expressive, il invita le chevalier à s'asseoir à table.

— Cheval, dit Ogier cédant à l'invitation, je ne sais qui tu es, mais, quoi que tu te proposes de faire, tu ne m'empêcheras pas de souper à mon aise.

Dès qu'il voulut boire, nouvel empressement du cheval à lui apporter un vase d'or fin, qui contenait le meilleur vin qu'Ogier eût jamais bu.

Après le souper, malgré l'étrangeté de son aventure, malgré la restauration qu'il avait prise, le pauvre naufragé se sentit envahi d'une immense tristesse qui lui provenait de se sentir seul.

A la fin, la lassitude prit le dessus, il eut envie de dormir, et se prit alors à remarquer que l'endroit extraordinaire où il se trouvait contenait bien une table, somptueuse même, mais qu'il ne s'y trouvait pas de lit, et il prit le parti de s'étendre sur le sol.

Au moment où il s'y étendait, le cheval revint à lui, fléchissant les genoux, lui montrant son dos, prenant toutes les attitudes les plus significatives pour lui faire comprendre qu'il eût à le monter.

Ogier, après un peu d'hésitation, s'y décida.

A peine l'avait-il enfourché que l'animal sauta, caracola joyeusement, et partit comme une flèche de la salle.

Il arriva avec la rapidité de la pensée à une chambre richement parée, où Ogier vit un lit d'ivoire sculpté. Les couvertures étaient de drap d'or fourrées de martes. Sur les quatre pommeaux du lit étaient placés quatre cierges pour brûler toute la nuit.

Ogier se coucha, et avant de s'endormir, il se demanda qui pouvait être ce cheval extraordinaire; il se rappela enfin qu'Artus avait vaincu autrefois un certain prince nommé Luyton, et qu'il lui avait infligé la punition de rester trois cents ans sous la forme d'un cheval. Il se dit que ce pourrait être lui. Il remit au lendemain à le vérifier, et s'endormit.

Le soleil était déjà haut lorsqu'il s'éveilla.

Nul être vivant ne s'offrait à sa vue; il voulut sortir, mais quand il fut à la porte de la chambre où il avait reposé, et qu'il voulut la franchir en faisant le signe de la croix, un serpent énorme, hideux, lui barra le passage.

Ogier tira Courtain et l'attaqua; le reptile n'était pas craintif, il chercha à s'enlacer au chevalier; mais celui-ci, se dégageant du mieux qu'il put, frappa en désespéré, et réussit à le diviser en deux tronçons; puis il sauta par-dessus, et prit par un long couloir qui le conduisit à un jardin si beau qu'on eût dit un petit paradis. Là étaient tous beaux arbres portant des fruits de toutes sortes. L'air était embaumé, et l'on n'y pouvait rien porter à ses lèvres, sans découvrir quelque délicieuse saveur.

Mais de l'effet qu'on ressentait après avoir mangé de quoi que ce fût qu'il y avait à prendre, c'était différent; Ogier, pour une pomme d'or qu'il dégusta, se sentit plongé dans un abattement maladif où toutes ses forces étaient évanouies.

Dans cet état le désespoir le prit, il fit un acte de contrition de tout ce qu'il avait pu commettre de mal dans le cours de sa vie, donna des regrets à tous ceux qu'il laissait dans le monde, ses parents, la reine sa femme, ses amis, et s'apprêta à mourir.

En se retournant, il trouva debout devant lui une belle dame vêtue de blanc, et si richement parée qu'il crut que c'était la Sainte Vierge : *Ave, Maria !* fit-il en s'inclinant.

— Ogier, répondit la dame, je ne suis pas celle que vous supposez ; je suis simplement la fée Morgane. Je veille sur vous depuis votre naissance, je vous ai procuré triomphes de guerre et triomphes d'amour ; aujourd'hui que vous êtes près de moi, je vais vous emmener à mon château d'Avallon, et vous y garder dans la société de dames qui toutes seront dévouéss à vous servir et à vous charmer.

— Ah ! s'écria Ogier, ce n'est pas viande de malade d'entretenir de dames ; depuis que j'ai mangé ce maudit fruit, je suis tombé dans une débilité bien affligeante.

— Cela se passera, lui répondit la fée ; venez avec moi que je vous mène dans la société que je vous ai annoncée.

— Hélas ! madame, reprit Ogier, ayez pitié de moi. Je vous assure, par ma foi la plus sacrée, que je ne suis pas à mon aise.

La fée Morgane, prenant le pauvre chevalier en commisération, lui tendit un anneau enchanté, et de cent ans qu'il paraissait avoir naguère, il parut passer subitement à l'âge de trente ans.

— Ah ! madame ! s'exclama-t-il avec une grande joie, me voici changé du tout au tout ; je ne me suis jamais senti plus léger et plus dispos.

Et l'humeur gaillarde lui revenant effectivement avec la jeunesse :

— Comment, ma mignonne, ajouta-t-il, pourrais-je reconnaître le bien que vous venez de me faire ?

Morgane le prit gentiment par la main et lui dit :

— Ô mon très loyal ami ! ô source de tous mes plaisirs ! venez dans mon palais ; outre moi, vous y verrez les plus belles demoiselles qu'on puisse rencontrer au monde, et tout ce que l'élite de la chevalerie peut fournir.

Ogier la suivit et ils arrivèrent dans la demeure de la fée.

Là était le roi Artus, Obéron et Malambrun qui avait été un luron de mer ; il vit des fées accourir au devant de lui, en chantant les mélodies les plus merveilleuses ; d'autres dansaient ; toutes menaient joyeuse vie, et n'avaient d'autre préoccupation que de prendre leurs plaisirs mondains. Morgane, tenant toujours Ogier par la main, le conduisit vers Artus auquel elle dit :

— Approchez, mon frère, venez saluer la fleur de la chevalerie, l'honneur de la noblesse de France, celui où toute bonté, loyauté et vertu sont incluses. Venez, voici Ogier le Danois, mon ami ; c'est sur lui que je fonde tout l'espoir de ma liesse et de mes plaisirs.

Artus vint embrasser cordialement l'illustre arrivant, et lui dit :

— Très noble chevalier, soyez le bienvenu ; je remercie Notre-Seigneur de ce qu'il lui a plu de nous accorder votre venue !

Il le fit asseoir au siège d'honneur, puis la fée Morgane plaça une couronne sur la tête du Danois, et c'était une couronne si riche qu'il n'est mortel qui eût pu en dire la valeur. Mais ce qui était plus précieux encore, dans ce joyau, était une vertu secrète qu'il possédait : il suffisait de le porter pour que, aussi longtemps qu'on l'avait sur la tête, le deuil, la mélancolie, la tristesse, toute pensée funèbre, tout souvenir affligeant s'envolassent à tire d'aile ; il n'était pas même possible de conserver mémoire des parents et du pays qu'on avait abandonnés.

Du reste, les passe-temps dont on entoura Ogier se renouvelèrent et se multiplièrent avec une telle variété, en chants, en danses, caresses, prévenances de toutes sortes, gracieusetés de toute nature, qu'un an commença à lui paraître moins long qu'il n'avait précédemment trouvé les mois ordinaires. La richesse d'imagination de toutes les jeunes et belles fées qui formaient son entourage était inépuisable à inventer sans cesse des agréments nouveaux.

— Or çà, disait parfois Artus à l'heureux chevalier, que dites-vous de notre logis ? Trouvez-vous qu'on y soit aussi bien que chez votre Charlemagne ?

— Sire, lui répondait Ogier, d'ici ou du paradis je ne fais pas la différence. Il ne me sera jamais possible de reconnaître le bien que je reçois de madame votre sœur ! Quant à vous, Sire, je n'ai à vous offrir que mon corps et ma valeur pour m'acquitter : demandez-moi tout ce qu'il vous plaira, je l'accomplirai !

Artus le remercia, mais à l'exception de quelques faméliques envieux qu'exaspéraient les joies du séjour enchanté d'Avallon, et encore ces envieux n'étaient guère redoutables, que pouvait avoir à repousser ou à combattre l'immortel doyen de la Table-Ronde ?

Une attaque, cependant, eut lieu au château de la part de quelques malveillants qui s'étaient ligués pour essayer d'y porter la crainte ; mais ce fut si peu de chose de les dissiper et de les détruire, qu'Ogier fut presque honteux d'être chargé d'une mission si facile. Ce fut tout ce qu'il eut occasion de faire pour prouver sa reconnaissance à ses hôtes.

Les sentiments de Morgane pour lui, loin de perdre avec le temps de leur vivacité, n'avaient fait que devenir plus profonds et plus irrésistibles. Elle n'avait pu lui refuser, dès qu'il les avait demandées, les preuves dernières d'une tendresse absolue, les marques les plus intimes d'un attachement sans bornes. Un fils était né de leur amour. Ils le nommèrent Meurvin ; ce fut par la suite un vaillant homme de l'époque de Hugues Capet.

Un jour qu'Ogier et sa bien-aimée devisaient ensemble à côté l'un de l'autre, comme c'était l'habitude, Morgane, toujours amoureuse, mais écoutant sa conscience, lui dit :

— Mon doux ami ! devinez-vous à peu près ce qu'il y a de temps d'écoulé depuis que vous êtes près de moi ?

— Une vingtaine d'années environ, répondit-il avec nonchalance.

— Et plus, mon ami, je vous assure.

— Combien donc ?

— Il y a deux cents ans. Il n'existe plus en France personne de votre connaissance. Depuis plus de cinquante ans votre mémoire et celle du roi Charlemagne y sont presque évanouies ; pourtant, s'il vous prend fantaisie d'y aller faire un tour, je vous y laisserai aller.

En même temps elle lui enleva sa couronne.

La mémoire revint subitement au preux Ogier.

— J'y veux aller, dit-il; j'y veux aller tout de suite. Charlemagne! mon vieil empereur!... Guyon, mon bon frère!... mon neveu Gautier! si dévoué, si chevaleresque!... ma femme, la reine Clarisse!... Caraheu!... Gloriande!...

— Morts! tous morts! répondit la fée, tous réduits en poussière depuis plus d'un siècle. A peine retrouverait-on leurs ossements sous les dalles des églises où ils sont inhumés.

— N'importe, je veux partir, s'écria Ogier, à moitié fou de ce réveil. Je veux revoir la France où j'ai mené si bonne guerre, où je recommencerai encore s'il plaît à Dieu! Un cheval! mes armes! ma lance! Morgane l'aida elle-même à s'équiper, et au moment du départ lui dit :

— Ogier, un homme seul n'est rien, emmenez avec vous Benoît, qui vous servit si bien jusqu'au jour où il tomba à vos côtés devant Châteaufort.

Et comme elle parlait, Benoît apparut semblable à ce qu'Ogier l'avait connu dans sa jeunesse.

Le cheval qui avait servi le Danois à son arrivée dans le séjour féerique fut amené pour lui servir de monture : il se nommait Papillon.

Il parut joyeux du rôle qu'on lui destinait. Ogier l'enfourcha lestement. Les adieux commencèrent.

Toutes les fées arrivèrent, sonnant de la voix et des instruments l'aubade la plus délicieuse. Morgane tendit à son bien-aimé un tison éteint et lui dit :

— Prenez ceci ; tant que vous le conserverez sans l'allumer, vous vivrez en bonne santé. Si vous le mettez au feu, votre existence finira avec sa dernière étincelle.

Indépendamment de ce tison, il conservait toujours au doigt l'anneau que Morgane lui avait donné à leur première entrevue pour le rétablir. Il partit enfin sur une nuée accompagné de Benoît, et après un court trajet dans les airs, ils furent déposés dans un beau carrefour près d'une fontaine.

Ils avaient pied en France.

CHAPITRE XXXI

Comment, après le séjour infiniment prolongé que fit Ogier dans le château de la fée Morgane, il revint en France; de ses derniers exploits, et de sa disparition.

Le pauvre Ogier ne devait pas tarder à apprendre que c'est un triste métier que celui de revenant.

Chevauchant avec Benoît, il avisa un écuyer et l'appela.

— Mon ami, lui dit-il, quelle ville est-ce là, dont nous voyons les tours?

— Montpellier, seigneur, répondit l'écuyer.

— Ah! j'en suis bien aise; un mien parent en est gouverneur.

Et il nomma celui qu'il pensait occuper ce poste. Au nom qu'il dit, l'écuyer pensa pâmer de rire et dit :

— Allons, seigneur, vous aimez à plaisanter et vous vous êtes truffé de moi. Le personnage que vous dites était gouverneur de la ville il y a deux cents ans. Celui qui y est à présent se nomme Régnier. Quant au personnage que vous avez si facétieusement mis en avant, c'est lui qui fit composer, croit-on, le célèbre roman de son parent Ogier le Danois. Il vint naguère, dans la ville, un homme qui le savait tout entier et le chantait publiquement; et pour l'entendre on lui donnait force pièces d'argent.

Un peu après, comme l'écuyer s'était mis à chevaucher à côté de Benoît, derrière l'illustre héros auquel il venait de parler ainsi de lui-même :

— Comment se nomme votre maître? demanda-t-il.

— Ogier le Danois.

L'écuyer, sans rire cette fois, dit :

— Si vous aviez à vous acquitter d'une bourde, vous avez soldé. Ogier est mort depuis plus de deux cents ans, perdu dans un naufrage. Si ce n'était par considération pour celui qui chevauche devant nous, je vous ferais repentir de vouloir me mystifier.

Quelques jours plus tard, à Meaux, les deux compagnons s'en allèrent loger dans une hôtellerie qu'Ogier se souvenait d'avoir fait construire, d'avoir longuement habitée dans sa jeunesse.

Il vit à la porte un homme qu'il ne connaissait pas.

— Serons-nous bien logés ici? demanda-t-il.

— Oui, lui répondit l'homme, vous serez traités honnêtement.

— Où est l'hôtelier?

— Quel hôtelier? fit l'homme qui se savait l'être lui-même.

— Eh! qui? répliqua Ogier, si ce n'est Hubert de Néopolin, celui qui me doit encore l'argent dont la maison a été construite.

— Ah! c'est là ce que vous demandez! dit l'hôte croyant avoir affaire à un fou.

Et il lui jeta la porte au nez.

Ogier, partagé entre l'étonnement et la colère, allait enfoncer cette porte, lorsqu'une fenêtre s'ouvrit et l'homme y reparut.

— Ah çà! dit-il, qu'est-ce qu'il vous prend de parler d'Hubert? c'était l'aïeul de mon grand-père; il est mort il y a passé deux cents ans.

— Mon ami, excusez-moi, dit Ogier en se radoucissant : je suis Ogier le Danois, je reviens du paradis, c'est ce qui m'a fait tomber dans cette confusion.

Et il s'en alla attristé.

Le bruit se répandit de cette apparition surnaturelle; l'abbé de Saint-Faron-de-Meaux fut appelé pour conjurer le diable, et des archers qui poursuivirent les deux compagnons tuèrent le bon Benoît. Ogier s'éloigna tout seul.

Mais l'abbé de Saint-Faron vint à la traverse. Ogier l'apercevant lui dit :

— N'est-ce pas vous qui avez nom Simon? vous êtes abbé de Saint-Faron-de-Meaux; nous sommes parents, vous et moi, et ce fut moi qui vous fis donner cette abbaye.

— Excusez-moi, chevalier, dit l'abbé en goguenardant, je ne conserve nul souvenance du temps où je n'étais pas né. Mais dites votre nom, s'il vous plaît.

— Ogier le Danois.

L'abbé réfléchit longtemps, disant entre ses dents :

— Il m'appelle Simon et je me nomme Geoffroy, et, par les lettres et chartres de l'abbaye, il est prouvé que l'abbé qui vivait du temps d'Ogier se nommait Simon!...

— Chevalier, reprit-il, vous plaît-il de m'accompagner à l'abbaye? nous éclaircirons ce qu'il y a d'étonnant dans ce que vous dites.

— Volontiers, dit Ogier.

Et il suivit ce nouveau guide sous les arceaux du cloître où il commandait.

On peut croire l'étonnement qu'il y causa en déclarant la vérité de ce qui le concernait, sauf le secret de féerie qu'il garda bien exactement.

L'abbé s'apprivoisa cependant peu à peu avec son hôte extraordinaire, et celui-ci lui dit un jour en lui montrant le tison enchanté qu'il tenait de Morgane.

— Je vous serais bien obligé de me garder ceci plus précieusement que toutes les choses du monde, car j'y tiens beaucoup.

— Soit! dit l'abbé, nous ferons faire une armoire pour le renfermer dans le trésor de l'église et vous en garderez la clef.

Ce qui fut exécuté.

Ogier, au temps ancien, avait toujours été le vaillant champion de la chrétienté. Sa réapparition était tenue à continuer la tradition ; c'est ce que le supérieur de Saint-Faron ne tarda pas à faire entendre à son hôte.

La France était une fois de plus déchirée par les barbares; leurs hordes sanguinaires couvraient tous les environs de Chartres. Le roi qui gouvernait alors, n'avait à leur opposer qu'une armée affaiblie. On redoutait de terribles malheurs.

Ogier, instruit de ces nouvelles, jura de s'employer à chasser les descendants de ceux qu'il avait si maltraités autrefois, et en jurant, il étendit la main qui portait à un doigt l'anneau de la fée Morgane.

L'abbé y fixa les yeux, il demanda à Ogier la permission de le regarder de plus près et finit, en l'admirant, par le lui ôter du doigt.

Il n'eut pas plus tôt fait, qu'Ogier tomba dans un état désespérant de faiblesse et de caducité : la tête lui pendait inerte et ses paupières ne pouvaient plus se soulever.

L'abbé, mu de pitié, se hâta de repasser l'anneau au doigt du pauvre vieillard, et incontinent il lui vit reprendre l'air de jeunesse, la tournure martiale et la vigueur qu'il lui avait reconnus précédemment.

Dès lors, tout le mystère incompréhensible de la durée indéfinie du preux chevalier lui devint clair et saisissable; il fallait l'attribuer à la vertu extraordinaire de son anneau.

Il se hâta de lui faire reprendre son voyage et de l'adresser à Paris, au roi, qui en avait grand besoin pour se délivrer de ses ennemis.

Ogier, après quelques jours de chevauchée, arriva dans la grande ville où chacun est badaud, comme on sait. Du reste, depuis son premier temps, depuis le règne de Charlemagne, les hommes avaient bien décru : ils s'étaient rapetissés de génération en génération. Quand donc les Parisiens l'aperçurent, dès qu'ils purent contempler sa stature immense, ils vinrent s'attrouper à l'entour de lui, et encombrèrent la porte de l'hôtellerie où il s'arrêta.

L'hôte finit par lui dire :

— Seigneur, si vous m'en croyez, vous entrerez, car ces gens ne se départiront pas d'ici tant qu'il pourront vous examiner.

Ogier suivit le conseil, et, montant au grenier, mit la tête à la lucarne et ouvrit une si grande gueule à la foule qu'elle en fut épouvantée et se dissipa.

Le lendemain, il s'enrôla sous un capitaine qui assemblait son monde pour rejoindre le roi à Chartres, et il fut aperçu de la reine et d'une de ses dames d'honneur qui se nommait la dame de Senlis. Sur l'une et sur l'autre, il produisit une impression extraordinaire, à tel point qu'elles ne purent résister au désir de le faire venir et de l'interroger.

Quand on le leur eut amené, leur curiosité redoubla et fut mal satisfaite par ses réponses où il était mention de Charlemagne et de faits anciens de deux siècles.

Cependant il fallut qu'elles s'y accoutumassent, car il n'avait pas à se dédire, comme on le pense bien; son apparence plaidait d'ailleurs si favorablement pour lui! Elle fut jugée par les deux dames une compensation suffisante... Ce n'est point assez dire : au bout de quelques moments, sans s'embarrasser qu'il fût du temps de Charlemagne ou du temps de Salomon, la reine lui dit net :

— Ecoutez, chevalier, nonobstant toutes choses, et comme vous me semblez le non-pareil du monde entier en beauté, force, maintien, honnêteté, je vous offre de rester avec moi, de vous faire le plus grand seigneur du royaume, maître de mon avoir et de ma personne.

— Il vous plaît à dire, madame, répondit Ogier, mais votre mari est un noble prince.

— Vous ne prétendrez pas le meux connaître que moi, je suppose? C'est parce que je le connais que je vous trouve préférable et incomparable. Ainsi, encore une fois, restez avec moi, je le veux, je l'ai décidé.

— Eh! madame, il n'est chose si secrète qui ne se découvre tôt ou tard. Quand votre mari apprendrait que j'ai cédé à votre désir, il me haïrait à jamais.

La reine emmena le chevalier dîner avec elle, et elle le retint encore après à passer joyeusement le temps au milieu de ses dames.

A une heure avancée de la soirée, les amusements duraient encore; Ogier s'endormit. La reine et la dame de Senlis s'approchant de lui, découvrirent son anneau et renouvelèrent à leur grand étonnement l'expérience qu'avait faite l'abbé de Saint-Faron. La dame de Senlis voulait dérober l'anneau, la reine ne le permit pas.

Quand Ogier fut réveillé, cette dernière se contenta de lui dire :

— Chevalier, j'ai acquis pendant votre sommeil la connaissance que vous n'aviez pas perdu votre temps à courir les aventures; je veux vous parler de votre anneau. Mais une autre fois, donnez-vous de garde que l'on puisse vous le ravir.

Ogier se sépara de ces dames, non sans être encore sollicité d'amour, mais il résista avec fermeté.

Il ne s'écoula pas un grand temps avant qu'il eût rejoint le roi de France, et, ainsi qu'il était aisé de le prévoir, il attira, comme jadis, la victoire sur les armes qu'il secondait.

Ce fut une courte et brillante campagne, décisive, pleine de hauts faits, et qui fit bénir de nouveau le nom d'Ogier par les populations arrachées une fois de plus, par les efforts de son bras, à la barbarie des envahisseurs.

Mais si la campagne avait été brève, elle avait été semée de fatigues; le roi, déjà âgé, en prit une maladie au milieu de son triomphe et passa promptement de vie à trépas.

Cet événement remit Ogier et la reine en présence.

— Chevalier, lui dit-elle, du premier moment que je vous ai vu, jamais mon cœur n'a pu se séparer de vous; je ne sache pas homme, si grand qu'il soit, qui mérite autant que vous de posséder un royaume. C'est pourquoi je vous offre ma main et le gouvernement des États que la mort de mon mari a laissés vacants.

Ogier tomba dans le plus grand étonnement d'une fortune si inouïe et si soudaine de se voir en possibilité de s'asseoir à son tour sur le trône où avait si longtemps siégé Charlemagne. Appelant toute sa sagesse à son aide pour faire une réponse où tout fût pesé, empreint de modération et d'à-propos :

— Madame, dit-il, je remercie votre bienveillance d'être descendue jusqu'à un simple chevalier comme moi, sans biens et sans puissance pour reconnaître une si magnifique générosité. Cependant, telle est l'étrangeté de ma destinée, qu'avant de vous dire que j'accepte, pour le respect que je vous dois et votre bien particulier, il est nécessaire que vous sachiez tout ce qui me concerne, et que nous prenions l'avis d'un parent que j'ai, l'abbé de Saint-Faron, homme discret et bon conseiller.

La reine approuva ces paroles, et ils partirent ensemble à Meaux pour aller trouver l'abbé.

Pendant le voyage, Ogier compta à sa royale compagne toute l'histoire de sa vie.

L'abbé, consulté, fut d'avis que le mariage devait se faire, et la reine, que tout retardement affligeait, ayant entendu cette bonne réponse, décida qu'il fallait le célébrer au plus tôt.

Le lendemain donc, toutes choses étaient prêtes pour la cérémonie, et il n'y avait plus qu'à conduire les époux à l'église, quand survint la fée Morgane, qui avait été plaider devant Dieu même pour qu'il reconnût qu'Ogier avait assez fait pour la foi catholique, que le temps était venu qu'il se reposât, et qu'un nouveau mariage n'était chose aucunement convenable pour lui.

Forte de ce décret de l'Eternel, elle ravit subitement le chevalier, et l'on n'en entendit plus jamais parler. Mais le tison miraculeux existe toujours dans l'abbaye de Saint-Faron-de-Meaux. On en doit présumer qu'Ogier le Danois vit toujours.

Sans doute il est au séjour de gloire avec les bienheureux, en la société desquels puissions-nous nous trouver tous nous-mêmes perdurablement et à toute éternité !

Amen !

— 1315 —

FIN D'OGIER LE DANOIS

HISTOIRE AMOUREUSE
DE
FLORES ET BLANCHEFLEUR

CHAPITRE PREMIER.

Comment le prince Persius, neveu de l'empereur d'Occident, après avoir fait le bonheur de ses sujets, songea un jour qu'il n'avait pas encore fait le sien ; et du discours que lui tint un courtisan à ce propos.

Rome était encore le siége de l'empire d'Occident, et le pape n'y jouissait que de l'autorité spirituelle. Mais la plupart des villes d'Italie s'étaient déjà soustraites à la domination impériale. Ferrare et Milan avaient chacune son souverain particulier ; Gênes et Venise s'étaient constituées en républiques et se gouvernaient par leurs propres lois.

Persius, neveu de l'empereur d'Occident, possédait pour sa part quelques-uns des Etats les plus considérables de l'Italie du Nord.

Ce prince était jeune, bon, équitable, généreux, pitoyable à ses sujets, dont il avait l'amour, et qui, en songeant combien la vie des bons princes est courte, contrairement à celle des mauvais rois, qui semble s'allonger d'autant, souhaitaient de tout leur cœur un héritier à Persius.

En lui souhaitant un héritier, ils lui souhaitaient

naturellement une compagne digne de lui et digne d'eux, capable de lui donner un fils élevé par lui dans les mêmes principes de bienfaisance, de justice et de vertu.

Mais il est délicat de conseiller en pareille matière. L'esprit se laisse volontiers guider, non le cœur, qui aime à choisir sans influence.

Cependant, ce que d'autres n'osaient pas tenter, un jeune courtisan de Persius le tenta.

— Monseigneur, lui dit-il un jour qu'il le voyait tout mélancolieux, je sais un médecin charmant qui guérirait à merveille la maladie dont vous êtes atteint en ce moment...

— Suis-je donc malade? demanda Persius en souriant.

— Oui, monseigneur... Vous pensez à l'amour vrai que vous portent vos nombreux sujets, et vous vous dites, le cœur navré, que ce vaste troupeau d'hommes heureux dont vous êtes le doux pasteur peut, à une heure donnée, échoir à la merci de quelque sinistre tyranneau qui le mènera mal et lui fera regretter, à force de coups de houlette, le sceptre d'or dont vous vous servez pour lui indiquer sa route vers le bien-être... Vous vous dites, monseigneur, que la vie des princes les plus hauts ne dure guère plus que celle des sujets les plus bas, et qu'un jour il vous faudra aller rendre, au Dieu qui vous a créé, les comptes de votre gestion terrestre... Vous vous dites qu'alors vous partirez le cœur navré, la conscience troublée, parce qu'après vous, pour gouverner vos peuples, vous ne laisserez nul héritier de votre nom, de votre sang, de votre cœur, de votre justice, de votre vertu. N'est-ce pas, monseigneur, que c'est bien là la maladie dont vous êtes atteint en ce moment?

— Tu dis vrai, mon ami, répondit mélancoliquement Persius. Ta parole est l'écho de ma pensée. Je voudrais revivre tout entier dans quelque fils sorti de mes entrailles!

— Monseigneur, reprit le courtisan, cette maladie-là n'est pas sans remède, tant s'en faut!... Vous n'avez que l'embarras du choix, au contraire. Les médecins charmants dont je vous parlais tout à l'heure abondent autour de vous... Les princesses les plus riches en avoir et en beauté n'attendent qu'un signe de vous pour accourir avec joie unir leur sort au vôtre... L'une d'elles, entre autres, la plus gente, la plus cointe, la plus douce, la plus aimable et la plus digne d'être aimée, c'est la princesse Topaze...

— La fille du duc de Ferrare?

— Oui, monseigneur... La fille du duc de Ferrare et la nièce du duc de Milan, qui l'a élevée comme il eût fait de sa fille propre. On la célèbre peu, parce qu'elle est modeste comme la violette, et que, comme la violette, elle ne se révèle que par son parfum, c'est-à-dire par sa grâce, par son esprit, par sa bonté... Mais, quand elle s'est révélée! comme elle efface la plus orgueilleuse! comme elle fait oublier les plus riches!... J'ai eu le suprême honneur d'être admis à la voir, c'est-à-dire à l'admirer, dans la dernière mission que vous m'aviez confiée pour son oncle, monseigneur le duc de Milan. Je suis revenu émerveillé, ébloui!..... Ah! monseigneur! monseigneur!... Le Ciel ne fait pas deux fois en un siècle une aussi belle, une aussi bonne princesse!...

— Ton enthousiasme me gagne!...

— Je veux vous guérir, monseigneur, et, en vous rendant la santé, rendre le repos à vos sujets qui ne songent pas sans effroi à l'avenir... Ils ont peur de ne pas retrouver un second Persius!..... D'ailleurs, monseigneur, songez-y : en dehors des convenances du cœur, cette union a toutes les convenances de la raison. La princesse Topaze a des droits à l'empire d'Occident, mais elle ne peut espérer les faire valoir qu'en épousant un prince ayant des droits encore plus prochains que les siens... et ce prince, monseigneur, n'est-ce pas vous-même?...

CHAPITRE II

Comment Persius, enamouré se mit en route pour Milan, où il vit la belle Topaze, et comment ils furent fiancés l'un à l'autre.

Ce récit que venait d'entendre Persius le décida sur-le-champ. Le veuvage de son âme lui pesait: il voulut échapper à cette oppression en se réfugiant dans le mariage. Les raisons politiques qu'on venait de lui donner pour l'amener à cette conclusion naturelle avaient certes de la valeur : les raisons amoureuses en eurent davantage encore. On lui avait vanté les charmes non-pareils de la princesse Topaze : il voulut prendre à femme la princesse Topaze.

Persius était sage ; mais il était jeune aussi. Son imagination s'enflamma, l'amour lui ravagea le cœur comme un incendie. Sans plus tarder, il envoya un messager à l'empereur son oncle, et un autre au duc de Milan, tuteur de la belle Topaze, afin de leur demander leur autorisation au mariage qu'il projetait de consommer.

L'empereur d'Occident avait eu d'abord d'autres visées ; mais il les oublia pour ne songer qu'au bonheur de Persius, qu'il affectionnait beaucoup, et il répondit au messager par un acquiescement en bonne forme au mariage projeté.

Le duc de Milan, dont l'unique préoccupation était aussi le bonheur de sa nièce Topaze, et qui désirait, plus que personne, une alliance intime avec la famille impériale, accepta avec empressement, au nom de cette belle princesse, le mari qui s'offrait à elle. Le messager que lui avait dépêché Persius revint donc avec son consentement.

Persius, tout enamouré, fit tout appareiller le plus richement du monde, afin de se présenter à la belle Topaze dans tout l'éclat de son rang et de sa puissance, et, au bout de quelques jours, il quitta Civita-Vecchia, avec une suite nombreuse, et partit pour Milan sur une galère capitane qui ressemblait, pour la beauté, à celle de la reine Cléopâtre fuyant après la bataille d'Actium.

Le vent était doux, la traversée fut heureuse, et Persius aborda sans encombre à Gênes, dont le sénat lui fit un accueil magnifique.

De Gênes, au bout de quelques jours, il repartit pour Milan, où son arrivée avait été annoncée, et où il trouva tout le monde en liesse dans l'espérance de cette union si bien proportionnée et si avantageuse de part et d'autre.

Le duc de Milan et les gentilshommes de sa cour vinrent au devant du prince Persius, dont la bonne mine et la fière prestance les enchanta.

— Soyez le bien arrivé, monseigneur! dit courtoisement le duc. Nous vous aimions déjà sur le bruit de votre réputation de loyauté, de vaillance et de sagesse; nous vous aimons davantage encore, aujourd'hui que nous nous assurons par nos yeux que votre renommée n'était point menteuse.

— Sire duc, grand merci pour cette bonne parole! répondit Persius, heureux de cet accueil. Tout cela est d'un merveilleux augure pour la réussite de ma requête auprès de la belle princesse votre nièce.

— Ma nièce Topaze vous a accepté la première, reprit le duc de Milan, et c'est sa réponse, plus encore que la mienne, que vous a transmise votre messager. Sa bouche vous dira mieux que la mienne, tout à l'heure, avec quelle impatience vous étiez attendu à Milan...

Persius était dans le ravissement. Que devint-il lorsqu'il fut en présence de la gente pucelle pour laquelle son cœur tressautait si fort?

Topaze était, en effet, une merveilleuse fleur de candeur et de beauté. Noblesse et douceur apparaissaient en ses yeux comme en ses dits et en son maintien. Nul ne la pouvait voir sans lui rendre tribut libre et franc d'admiration, de respect, de fine et vive amitié. Sa voix avait la mélodie d'un chant d'oiseau; ses yeux avaient la sérénité d'une matinée de printemps; ses lèvres avaient la pourpre des fruits d'automne; ses dents avaient l'éclat et la blancheur des perles; sa chair avait la fermeté et la transparence rosée du marbre.

— Ah! princesse, lui dit Persius le cœur battant et la voix tremblante, heureux celui qui aura le suprême bonheur d'être aimé de vous et d'en recevoir l'aveu de vos beaux yeux et de vos belles lèvres!... Pour moi, que votre présence trouble et que vos charmes éblouissent, je ne sens qu'aujourd'hui combien je suis peu de chose et combien grand il me faudrait être pour oser aspirer à votre main et à votre cœur!... Je ne suis qu'un humble prince et je voudrais être un puissant empereur!... Je voudrais tenir le monde dans ma main pour le déposer à vos pieds et vous payer ainsi dignement le tribut d'admiration qui vous est dû!...

— Sire, répondit Topaze en baissant ses beaux yeux et en rougissant d'une pudique rougeur, point n'est besoin d'être tant de choses pour obtenir si peu que moi-même... D'ailleurs, quoi que je pense à ce sujet, je ne dois point oublier et je n'oublie point que je suis la fille orpheline du duc de Ferrare et la nièce protégée du duc de Milan... Il vous a agréé et je n'ai point à défaire ce qu'il a fait... je n'ai point à refuser un si noble chevalier et un si sage prince que vous êtes... Ce m'est d'un très grand honneur et cela me sera d'un très grand profit d'avoir été distinguée par vous pour être votre compagne et votre mie... Il y avait à foison princesses plus gentes et hautes dames plus riches...

Lors, Persius, tout joyeux, s'agenouilla devant la belle Topaze qui lui parlait d'or, et baisa dévotement un pan de son habit de soie, en signe d'amour et de vasselage de cœur.

— Par ainsi, gente princesse, lui demanda-t-il, c'est de votre propre consentement que je vous tiens, et non pas seulement de celui du noble duc de Milan, votre oncle et le représentant du noble duc de Ferrare, votre père défunt?...

— Sur ma foi, sire, répondit Topaze de sa voix mellifluë, je suis toute prête et toute appareillée à accomplir votre volonté à votre plaisir, heureuse d'obéir, en agissant ainsi, à monseigneur le duc de Milan, mon bien-aimé oncle...

Pendant que la princesse Topaze et le prince Persius devisaient de cette tendre façon, les seigneurs présents se dirent entre eux:

— Tout ira bien si ce noble homme prend notre demoiselle à femme, car ils sont dignes l'un de l'autre, et le ciel bénira cet union si fortunée...

Le duc de Milan, qui s'était habitué à regarder sa nièce comme sa fille et qui l'aimait comme l'eût aimée son défunt père, le duc de Milan ne put se défendre d'un mouvement de mélancolie en voyant avec quel bonheur Topaze quittait ses bras pour se jeter dans ceux de Persius, comme si ce n'était pas là l'histoire éternelle des filles et des pères!

— Topaze, lui dit-il avec une douceur mêlée de tristesse, seyez-vous là près de moi, ma fille, car je crois que vous ne me tiendrez plus guère compagnie maintenant, et j'ai besoin de réchauffer une dernière fois mes vieux yeux au soleil de votre présence...

Lors, Topaze, qui sembla deviner ce qui se passait dans l'âme de son oncle, vint l'accoler et s'asseoir ensuite à ses côtés comme il le demandait, sans sonner mot, sans faire un geste autre.

CHAPITRE III

Comment, une fois fiancés, le prince Persius et la princesse Topaze s'en allèrent à Rome pour être mariés; et des fêtes qui signalèrent leurs noces.

Topaze et Persius étaient désormais fiancés l'un à l'autre, à leur grand contentement et à celui de tout le monde.

Fiancés, mais non mariés. Persius avait demandé que le mariage se fît à Rome même, afin qu'il eût lieu en présence de l'empereur son oncle, et aussi afin qu'il fût béni par le saint-père, l'empereur spirituel de toute la chrétienté.

Le duc de Milan avait consenti, et les préparatifs de ce voyage avaient été faits en toute hâte, par ses soins et par ceux du prince son neveu.

Quand ces préparatifs furent terminés, les jeunes fiancés partirent, sous la conduite du vieux duc de Milan et suivis d'une suite nombreuse composée des gens de Persius et de ceux du duc.

En chemin on s'arrêta à Ferrare, qui appartenait à la princesse Topaze et dont elle prit possession comme héritière de son père, duc de ce duché; et, à propos de cet investissement, des fêtes furent ordonnées, auxquelles les deux fiancés prirent volontiers part, comme il convenait, bien qu'ils fussent l'un et l'autre pressés d'arriver à Rome, c'est-à-dire pressés d'être mariés.

Quelques jours après, le cortége reprit sa route et se rendit le plus promptement possible à Rome, où l'avait devancé un messager du duc de Milan.

L'empereur d'Occident reçut la belle princesse Topaze et son oncle le duc de Milan, avec toute la cordialité désirable.

— Ma gente nièce, dit-il à la mie de Persius, je suis heureux de vous voir unie à mon neveu qui est un noble homme autant que vous êtes une noble pucelle, et qui est aussi vaillant prince que vous êtes belle princesse. Votre union ne peut manquer d'être bénie par le ciel, et les enfants qui naîtront de vous ne peuvent manquer de vous ressembler en vaillance et en beauté, ce qui promet une glorieuse lignée dans l'avenir.

Le lendemain le pape maria solennellement les deux fiancés et leur distribua de nombreuses indulgences et de précieuses reliques pour les préserver de tous maléfices généralement quelconques.

— Allez, mes enfants, leur dit-il en leur imposant les mains sur leurs jeunes têtes, allez en joie et en paix! Dieu vous a faits bons et beaux, justes et sages pour perpétuer à travers le monde la race des forts, des justes et des sages. Vous êtes ses élus, les protégés de sa grâce, les missionnaires de sa loi d'amour et de charité. Allez droit chemin, blondes têtes que blanchiront toujours assez tôt les neiges de l'expérience et de la douleur! Croissez et multipliez, je vous le dis, je vous l'ordonne, au nom du Père omnipotent, source inépuisable de lumière et de justice, qui met en branle les mondes d'un seul geste de sa droite et veille sur l'atôme perdu sous l'herbe avec la même tendresse que sur le monarque le plus orgueilleux et le plus enfoui dans les voluptés de sa pourpre! Croissez et multipliez! C'est le devoir des beaux arbres de donner de beaux fruits pour nourrir de leurs sucs les faibles, les pauvres et les petits de cette terre! Croissez et multipliez, c'est la loi suprême!...

Après cette bénédiction, les nouveaux épousés allèrent se mêler à la fête qu'on avait préparée en leur honneur, et, lorsque sonna l'heure où devait s'accomplir le doux mystère de la conjonction, les dames d'honneur de la belle Topaze la conduisirent en grand appareil dans sa chambre et l'aidèrent à se dévêtir de ses habits d'apparat, étoffes et joyaux. Puis quand elle fut couchée dans le lit béni par le pape, on alla quérir Persius, qui attendait ce moment avec impatience dans les alentours de la chambre nuptiale, et qui accourut avec un empressement amoureux facile à comprendre. Une fois entré, Persius détacha les courtines qui encadraient le lit; elles retombèrent de façon à former un épais rideau et à clore ce nid si flairant bon où deux oiseaux humains allaient chanter le Cantique des cantiques qui se chante depuis la première heure du monde; puis l'amoureux prince accola tendrement et chastement l'amoureuse princesse, et à partir de ce moment tant attendu le silence se fit, un silence charmant pendant lequel on n'entendit plus voler que des soupirs et des baisers ailés.

Le lendemain, de bon matin, on vint réveiller ces deux beaux enfants gracieusement endormis dans les bras l'un de l'autre, et des musiciens leur jouèrent les plus doux airs pour les inviter à descendre prendre leur part de la fête splendide apprêtée pour faire suite à celle de la veille.

CHAPITRE IV

Comment le prince Persius s'aperçut, au bout d'un certain temps, qu'il manquait quelque chose à son bonheur, ainsi qu'à celui de la belle princesse Topaze, et comment ils s'y prirent pour l'obtenir.

Nos deux amants passèrent le plus agréablement du monde cette lune de miel qui dure d'ordinaire si peu et à laquelle ils trouvèrent moyen d'ajouter quelques quartiers en guise de rallonges.

Mais malgré ces quartiers-là, malgré la bénédiction du pape, malgré leur amour, malgré leur jeunesse, malgré leur envie, aucun fruit ne remua dans les entrailles de la belle Topaze au bout du temps consacré pour ces sortes d'épanouissement.

Persius et Topaze ne pouvaient s'en prendre à personne, pas plus à eux-mêmes qu'aux autres. Ils furent étonnés et chagrins, comme bien on pense, en voyant tant de prières, tant d'efforts, tant de soins si mal couronnés.

Ils avaient eu beau visiter les sept églises de Rome, faire brûler de l'encens sur tous les autels, se prosterner devant toutes les saintes reliques, répandre à foison des aumônes, aucun enfant, aucun héritier n'était venu.

Un jour, dans l'une de leurs dévotions, ils rencontrèrent un pèlerin espagnol en visite à Rome, lequel, en les voyant si beaux et en même temps si mélancolieux, ne put s'empêcher de s'intéresser à eux et de leur demander la cause de leur chagrin.

— Ah! bon pèlerin, répondit Persius en soupirant, nous ne pouvons nous consoler, car il semble que nous ayons l'un et l'autre commis à notre insu quelque méchante action, puisque nous subissons en ce moment une si dure punition!...

— De quelle faute, même légère, pouvez-vous donc être coupables, mes enfants? dit le pèlerin dont la tête chenue était pleine d'expérience et dont le cœur était plein de mansuétude. Vous avez l'honnêteté peinte sur vos jeunes et beaux visages, et nulle mauvaise pensée ne saurait trouver accès en votre âme loyale. Vous vous accusez à tort. Cherchez ailleurs la cause de votre mélancolie. Cherchez ensemble, si vous voulez.

— Bon pèlerin, reprit Persius, tout œuf produit un oiseau, toute graine produit sa plante, toute fleur produit son fruit, tout germe, tout s'épanouit, tout fructifie, tout se renouvelle dans la nature, tout! et seul, moi qui suis jeune, ardent, courageux, je reste stérile comme un germe brûlé, comme une graine pourrie, comme une fleur fanée, comme un œuf couvi!... Qu'ai-je donc fait pour mériter cette réprobation?...

— Rien, mon enfant, répondit le pèlerin. Vous n'avez mérité, certes, que la protection du ciel, et elle ne vous fera pas défaut, si vous l'implorez ardemment dans la personne de monseigneur saint Jacques-de-Compostelle... C'est le saint que concerne spécialement cette besogne, le seul dont le crédit soit efficace, le seul qui n'ait jamais éprouvé de refus auprès de Dieu le père... Réclamez son intercession souveraine, et votre compagne sentira bientôt remuer dans son sein une petite créature faite à son image et à la vôtre, et destinée à continuer votre nom et votre race... Adressez-vous à monseigneur saint Jacques-de-Compostelle, mes enfants, adressez-vous à monseigneur saint Jacques!...

Cela dit, le pèlerin s'inclina et prit congé.

— Que dites-vous de ce conseil, ma douce amie? demanda Persius à sa femme lorsqu'il fut seul avec elle.

— Peut-être est-il bon!... Peut-être est-il mauvais!... Je suis aussi irrésolue que vous, mon doux ami, et j'aime mieux m'en rapporter à votre sagesse qu'à ma folie, répondit Topaze, que sa stérilité pâlissait et fanait comme un mauvais souffle fane une belle fleur.

Persius, qui ne savait réellement plus à quel saint, grand ou petit, se vouer pour obtenir ce qui lui manquait, se décida sur-le-champ à suivre le conseil que venait de lui donner le pèlerin espagnol.

— Entrons dans cette église, dit-il à sa compagne.

Ils entrèrent, pleins de confiance, et Persius, s'agenouillant dévotement, fit une longue prière à monseigneur saint Jacques, par laquelle il promit à ce grand saint, si Topaze devenait mère, d'aller avec elle en pèlerinage à Compostelle pour le remercier d'avoir ainsi comblé le plus cher de leurs vœux.

Cette prière faite, Persius et Topaze sortirent de l'église tout réconfortés, et Persius, pour sa part, tout regaillardi.

Vers le milieu de la nuit qui suivit, ils dormaient tranquillement l'un et l'autre en faisant les plus beaux projets du monde à propos de l'enfant dont ils espéraient maintenant la venue, lorsque tout-à-coup leur apparut en songe un ange qui leur dit d'une voix menaçante:

— Pourquoi avez-vous fait ce vœu téméraire d'aller en pèlerinage à Compostelle en Galice, si monseigneur saint Jacques, par son intercession, obtenait pour vous un enfant! Pourquoi vous adresser ainsi à un apôtre de Dieu, quand Dieu lui-même est là?... Monseigneur saint Jacques est en effet un grand saint, et le Très-Haut n'a jamais rien su lui refuser... Mais pourquoi vous adresser à monseigneur saint Jacques, je vous le demande encore? Pourquoi même vous adresser au Très-Haut?... Ne sait-il pas mieux que vous-même ce qui vous convient et ce dont vous est besoin? Vous ne deviez pas forcer ainsi sa volonté! Or sus, prenez garde qu'à cause de cela il ne vous arrive malencombre à vous et aux vôtres!...

Puis la vision disparut, et Persius et Topaze se réveillèrent en sursaut, très émus des reproches et des menaces de l'ange, qu'ils se communiquèrent.

— Avez-vous entendu? demanda la princesse un peu tremblante.

— J'ai entendu! répondit Persius en soupirant.

Le soupir du jeune prince eut un écho. Topaze soupira aussi.

Ainsi réveillés tous deux, il se regardèrent à la lueur de la lampe qui brûlait d'une lumière blonde sur l'attique où elle était placée.

Le désordre de toilette dans lequel se trouvait en ce moment la jeune princesse, ses cheveux dénoués, son sein décelé, lui donnaient plus de charmes encore que lorsqu'elle s'attintait et s'attifait pour les grandes cérémonies.

C'était Psyché regardant dormir l'Amour, son amant...

Cette fois l'Amour, qui ne dormait que faiblement, se réveilla tout-à-coup dans son cœur comme elle venait de se réveiller elle-même, et de ce double réveil résulta une émotion agréable et dangereuse.

Persius, en regardant sa femme, s'aperçut que quelques larmes tremblaient au bout de ses longs cils comme des gouttes de rosée au bout de brins d'herbe. Il approcha sa tête de celle de sa mie. Les larmes glissèrent le long des belles joues de Topaze.

Persius s'approcha plus près encore, pour boire de ses lèvres ces larmes charmantes. Elles glissèrent plus bas, le long du cou, comme des perles sur un lis. Persius se pencha vitement, et effaça les larmes.

La belle Topaze tressaillit, mais d'un tressaillement qui ne participait plus cette fois de la crainte, comme celui qu'elle avait éprouvé en entendant les menaces de l'ange.

Lors, tous deux, enamourés, attendris, oublièrent ces menaces, et monseigneur saint Jacques n'eut plus rien à demander au Très-Haut.

—

CHAPITRE V

Comment Persius et Topaze, quoique leur vœu le plus cher fût exaucé, songèrent au voyage qu'ils avaient promis de faire, et prirent en conséquence congé de l'empereur et de leurs sujets.

Persius et Topaze avaient pu oublier un instant les menaces de l'ange qui s'était donné la peine de leur apparaître tout exprès pour les avertir de la colère du ciel, et cet instant avait suffi pour leur prouver combien le voyage en Galice était superflu. Mais, malgré cela, ils n'en persistèrent pas moins à entreprendre ce pèlerinage, qui n'avait plus le même objet. Puisque monseigneur saint Jacques était si influent auprès du Très-Haut, il daignerait peut-être se servir de cette influence pour éviter à ces deux innocents coupables le châtiment dont les avait menacés l'ange de la vision.

D'ailleurs, ils avaient fait vœu d'aller à Compostelle, et ils voulaient être fidèles à leur parole, pour obéir à la loyauté de leur caractère.

En conséquence, ils s'habillèrent l'un et l'autre en pèlerins, avec bourdon et coquilles, et, ainsi vêtus, ils allèrent prendre congé de l'empereur leur oncle.

— Mon beau neveu, dit ce dernier à Persius, vous entreprenez là un bien périlleux voyage, à cause de votre compagne, ma belle nièce Topaze. Il est bon d'être fidèle à la foi jurée, certes, mais il est bon aussi de ne pas commettre d'imprudences trop fortes et de ne pas faire de folies trop grandes... Voilà que vous partez, seuls, sans suite, sans hommes d'armes, sans gentilshommes, laissant ainsi vos États sans chef, vos sujets sans maître, votre troupeau sans pasteur.

— Je compte sur la bonté de Dieu et sur la vôtre, sire, répondit le prince Persius.

— Allez, alors, et que le ciel vous garde !...

L'empereur, attendri, embrassa le prince et la princesse du meilleur de son cœur, et, après, il les laissa aller.

C'était beaucoup pour eux d'avoir la bénédiction de leur oncle. Ce n'était pas encore assez : il leur fallait celle du saint-père, comme viatique tout puissant.

Ils se rendirent donc auprès du pape, qui ne leur fit aucun reproche, et, bien loin de les dissuader d'accomplir le voyage de Galice, les félicita de leur fidélité à leur promesse. Pèlerinage promis, pèlerinage dû !

Une fois munis de la recommandation de ce roi spirituel de la chrétienté, Persius et Topaze se mirent incontinent en route, allègres et bien portants.

Ce pèlerinage n'était-il pas, en effet, un voyage plaisant et agréable, entrepris ainsi par deux amoureux jeunes, vaillants et pleins d'espérances ? La route était longue, périlleuse peut-être, c'était vrai ; mais ils avaient en eux les ressources nécessaires pour oublier ces fatigues et braver ces périls.

Persius et Topaze s'acheminèrent donc vers le royaume de Galice, au grand regret de l'empereur d'Occident, et au grand chagrin de leurs nombreux sujets qu'ils laissaient ainsi orphelins.

CHAPITRE VI

Comment Persius et Topaze arrivèrent mal à propos en Galice, et comment le premier fut poignardé sous les yeux même de sa mie par des hommes d'armes du roi de Murcie.

Mal choisi était le moment. Les rois de Galice et de Portugal, tous deux tributaires du roi de Murcie Félix, lequel était Maure, s'étaient ligués contre lui quelque temps auparavant pour échapper à sa domination ruineuse, et Félix, à son tour, exaspéré de voir braver sa puissance, venait précisément d'assembler une armée formidable.

Persius et Topaze entrèrent en Galice en même temps qu'y entrait l'avant-garde de l'armée du roi de Murcie, sous le commandement d'un de ses plus vaillants capitaines auquel il avait ordonné de mettre tout à feu et à sang sur son passage.

Excédés de chaleur et de fatigue, nos deux jeunes pèlerins se reposaient à l'ombre d'un petit bois de lentisques et de grenadiers, en faisant des rêves couleur d'enfant. Ils avaient rejeté à côté d'eux la lourde robe de burat sous laquelle ils avaient un costume plus léger, et ils s'étaient endormis dans les bras l'un de l'autre, comme toujours.

L'avant-garde maure passa. Les premiers hommes d'armes, qui déjà venaient de brûler quelques villages et de pendre aux arbres de la route quelques douzaines de malheureux paysans, aperçurent alors ce couple charmant qui se souriait à travers le sommeil, et, trop fidèles aux ordres cruels qu'ils avaient reçus, ils massacrèrent Persius dans les bras mêmes de sa belle compagne.

Topaze, réveillée brusquement par des flots de sang, le sang généreux de son amant, se mit à pousser des cris lamentables, à s'arracher les cheveux, à meurtrir son beau corps.

— Ah ! barbares ! cria-t-elle d'une voix déchirante aux hommes d'armes du roi de Murcie. Ah ! barbares ! Vous m'avez pris mon amant, mon compagnon, mon mari, mon cœur, ma vie !... Pourquoi m'avez-vous épargnée ?... Que voulez-vous donc que je fasse désormais ici-bas ?... Tuez-moi puisque vous l'avez tué ! Tuez-moi, au nom de vos mères, tuez-moi !...

Le capitaine maure, attiré là par les cris désespérés de la princesse Topaze, ne put s'empêcher d'être touché de pitié à la vue de cette infortunée qui se tordait en appelant la mort comme d'autres appellent la vie, c'est-à-dire comme un bienfait. Il l'arracha au cadavre de son mari, et profita d'un moment d'évanouissement pour la conduire au roi de Murcie.

Félix, à son tour, fut touché des larmes et de la beauté de la princesse Topaze. Il regretta, à cause d'elle, qu'on eût exécuté ses ordres cruels avec autant de fidélité. Il la fit placer, toute pâmée et toute pâlie, dans une litière, et l'envoya à la reine de Murcie avec cette lettre :

« Ma mieux aimée et vertueuse dame,

« Bien assuré que je suis que votre seigneurie prendra plaisir à recevoir quelque présent de moi, je vous envoie cette demoiselle chrétienne, prise par ceux qui ont charge de conduire l'avant-garde de mon armée, lesquels ont occis son mari par excès d'obéissance à des ordres que je leur avais donnés dans un excès de courroux. L'esclave que je vous annonce me paraît si belle, si bien élevée, si douce, que son service vous sera, je l'espère, très agréable. »

Un serviteur dévoué fut chargé de porter cette lettre et d'accompagner l'infortunée Topaze, et il s'acquitta de cette commission avec courtoisie et diligence.

CHAPITRE VII

Comment la reine de Murcie accueillit l'infortunée Topaze, qui lui fit le récit de ses malheurs, et comment elle la consola en lui parlant de l'enfant qu'elle portait dans son sein.

Il y a des âmes pitoyables et tendres, sous tous les costumes et dans tous les pays. La reine de Murcie, qui était une Abencerrage, une fille de cette glorieuse tribu maure, à laquelle les Zégris avaient fait une si redoutable guerre, se sentit le cœur remué à l'aspect de cette belle éplorée que lui envoyait son mari Félix.

— Madame, lui dit-elle de sa voix la plus douce, mon mari vous envoie vers moi en me disant l'irréparable malheur qui vient de vous atteindre. Je le remercie de la mission qu'il me donne de vous consoler et de vous aimer. Vous aimer me sera doux et facile. Vous consoler sera plus malaisé, parce qu'il y a de ces désastres dont l'âme ne peut jamais se guérir. J'essaierai cependant, et je vous prie de m'aider dans cette œuvre autant qu'il sera en vous de le faire, car vous êtes jeune, belle et bien vivante, et vous devez regarder désormais en avant de vous, non en arrière.

— Oh ! madame, répondit Topaze d'une voix triste, ma vie est finie... On ne guérit pas du mal qui vient de m'atteindre. Je ne vivais que par mon ami : maintenant qu'il est mort, je n'ai plus qu'à mourir pour aller le rejoindre là où il s'est retiré...

— Il sera temps, un jour, d'aller le rejoindre, ma pauvre dame... L'affaire des vivants n'est pas de penser éternellement aux morts. Cela chagrine inutilement... Je ne vous dis pas d'oublier, cela n'est pas possible ; je vous demande seulement de penser moins à ce cher défunt que vous aimiez tant...

— Vous me demandez l'impossible, madame ! mon doux ami qui n'est plus était la moitié de moi-même ; à deux, nous ne faisions qu'un. Comment voulez-vous donc que je ne passe pas les derniers jours qui me restent à vivre, à pleurer sur cette partie morte de ma vie ?

— Pleurez donc, si cela vous soulage ; mais ne pleurez pas trop, de peur d'abîmer vos beaux yeux, et d'enlaidir votre belle charnure. Vous voyez l'intérêt que je vous porte : il est sincère comme votre douleur. Ne craignez donc pas de vous ouvrir à moi, et de me dire par quelle lamontable aventure une dame de si noble lignée et de si haut parage, comme vous paraissez être, soit tombée en tel encombre et en telle maleforlune...

La reine de Murcie, en parlant ainsi, avait un tel accent de tendresse et de pitié, il était si visible qu'elle compatissait aux malheurs de sa belle esclave, qu'elle traitait d'ailleurs comme une égale, que Topaze se sentit vaincue, et qu'après avoir versé un torrent de larmes, elle raconta toute sa vie, sa naissance, son état, et le motif de son pèlerinage à Saint-Jacques de Compostelle.

— Ah ! je l'avais bien deviné ! s'écria la reine de Murcie en serrant la belle veuve dans ses bras. Malgré vos humbles vêtements, votre haute naissance m'avait été révélée. On ne naît pas pour rien sur le pourpre : il vous en reste toujours quelque chose au front!... Ah ! ma chère Topaze, mon amie, ma sœur, je vous consolerai, je vous le promets !...

Tout aussitôt elle commanda qu'on apportât les habits les plus magnifiques pour en parer Topaze. Mais celle-ci, fidèle à sa douleur et à la mémoire de son cher Persius, la pria de lui faire donner, au contraire, des vêtements plus humbles, en harmonie avec sa tristesse et avec son pitoyable état. On lui apporta alors des voiles noirs qui couvrirent ses charmes, mais sans parvenir à en affaiblir l'éclat. Peut-être n'en était-elle que plus belle encore sous ces vêtements funèbres qui faisaient ressortir davantage l'éblouissante blancheur de son teint et l'éclat marmoréen de sa chair merveilleuse.

La reine de Murcie avait maintenant d'autres raisons de s'intéresser à cette veuve infortunée, qui venait de lui apprendre comment était superflu son pèlerinage à Saint-Jacques. Toutes deux étaient enceintes ; toutes deux allaient être bientôt mères ! C'est ainsi que Topaze devint plus chère encore à la reine.

Un jour que la veuve de Persius était occupée à broder un lit pour les couches de la reine, celle-ci, la voyant s'arrêter de temps en temps pour essuyer de grosses larmes qui lui tombaient le long des joues, l'appela vers elle et lui dit :

— Ma chère Topaze, écoutez-moi... Je vous ai dit que vous étiez mon amie, ma compagne, ma sœur, et non mon esclave, et je crois vous avoir prouvé que je vous considérais ainsi par les soins et la tendresse dont je vous ai entourée...

— Oui, certes, madame, répondit Topaze, les yeux humides, le sein gonflé; oui, certes, vous avez été bonne et charitable envers moi, et mon cœur vous en a une gratitude profonde... Si je pleure ainsi, il ne faut pas vous en courroucer : les larmes me montent à flots aux yeux malgré moi. La source ne s'en pourra tarir qu'avec ma vie... Ma douleur durera autant que moi, madame.

— C'est précisément de cela que je me plains, chère Topaze, reprit doucement la reine. Vous n'êtes plus seule, vous n'êtes plus veuve, puisque vous allez être mère... Votre devoir est de vous conserver la santé et la vie pour les donner à l'enfant qui se remue à cette heure dans vos entrailles. Songez donc aux ardentes prières que vous avez adressées au ciel pour obtenir cet enfant! C'est bien assez qu'il vous ait coûté votre cher Persius, sans qu'il vous coûte encore autre chose. Veuve, vous aviez le droit de pleurer et de mourir; mère, vous avez le devoir d'espérer et de vivre... A partir d'aujourd'hui, ma chère Topaze, vous ne travaillerez plus ainsi que vous le faites avec tant d'acharnement par amitié pour moi : il faut ménager vos forces pour le moment où vous en aurez le plus grand besoin. Vous êtes mon amie, vous devez vivre de la même vie que moi. Mon état veut que je me repose; comme le vôtre est le même, j'entends que vous vous reposiez aussi... N'ayez aucune inquiétude désormais... L'enfant que vous mettrez au monde me sera aussi précieux que le mien propre, je vous le jure... Je vous jure que nos deux enfants, élevés ensemble, partageront sous mes yeux et les vôtres les mêmes soins et la même éducation... Vivez donc en paix, ma mignonne!...

CHAPITRE VIII

Comment la reine de Murcie et la princesse Topaze accouchèrent ensemble, le même jour, à la même heure, la première d'un joli garçonnet, la seconde d'une gente fillette.

Le jour de Pâques-Fleuries arriva, et, en même temps, la délivrance de la reine Murcie et celle de la princesse Topaze.

Les Mosarabes, c'est-à-dire les chrétiens soumis au roi de Murcie, avaient conservé la liberté de célébrer leurs fêtes, et ils se gardaient bien d'en oublier une seule. Ils célébrèrent donc Pâques-Fleuries en grand appareil, c'est-à-dire avec une profusion inouïe de fleurs flairant bon. Il y avait des bouquets partout, sur les murs, dans les rues, et jusque dans les cours du palais de Félix. C'était plus qu'une fête religieuse, c'était une fête charmante pour les yeux et pour le cœur!

La reine de Murcie accoucha d'un mignon garçonnet, et, quelques instants après, dans la même chambre, Topaze accoucha d'une gente fillette.

— Ah! ma chère Topaze! dit la femme de Félix, le visage rayonnant de joie, ah! comme je suis heureuse de ce double événement! Nous sommes plus que jamais sœurs, à présent, n'est-ce pas?... Mais n'est-ce pas aujourd'hui fête chrétienne ?

— Pâques-Fleuries, oui, madame.

— La plus belle de vos fêtes, à vous autres chrétiens... Il y a des fleurs partout, et j'adore les fleurs, qui sont de toutes les religions... Si vous y consentez, ma chère Topaze, nous appellerons votre fille Blanchefleur... C'est un nom de printemps, qui portera bonheur à celle à qui nous le donnons. La fleur de l'aubépine est blanche, le lis est blanc, l'âme des vierges est blanche!... Le blanc est un symbole de candeur et de pureté... Votre fille s'appellera Blanchefleur, n'est-ce pas, ma chère princesse?...

— J'y consens volontiers, répondit Topaze en souriant mélancoliquement. Ce n'est pas le nom qui lui portera bonheur, c'est vous, madame, qui protégerez de votre amitié les jours de cette pauvre créature issue de mes entrailles.

— Ce sera le nom, vous dis-je, ma chère Topaze! J'ai la superstition des femmes : il ne faut pas me l'ôter. Je crois à l'influence des noms! Et maintenant que je viens de servir de marraine à votre fille, voulez-vous, à votre tour, servir de marraine à mon fils?...

— Bien volontiers, madame... Vous avez appelé mon enfant Blanchefleur : permettez-moi d'appeler le vôtre Florès.

— Je vous remercie, ma chère Topaze, je n'aurais pas choisi un autre nom. Mais qu'avez-vous donc? ajouta la reine en s'apercevant que son amie pâlissait de minute en minute d'une effroyable façon.

— Rien, madame, répondit Topaze avec un triste sourire qui alarma la reine. Seulement, maintenant que j'ai rempli mon devoir de mère et que je suis rassurée sur le sort de mon enfant, j'ai le droit d'aller rejoindre mon doux ami dans le coin du paradis que Dieu lui a réservé sans doute... Je n'ai consenti à vivre jusqu'à présent qu'à cause de cet enfant si chèrement acheté... Il est venu, je m'en vais...

— Que me dites-vous là? s'écria la reine alarmée.

— Rien, noble et douce dame, sinon que je me meurs, répondit Topaze, qui sentait bien que les sources de la vie étaient épuisées en elle.

La reine appela. Des chambrières accoururent.

— Les deux enfants! dit-elle. Les deux enfants!... vite!... vite!...

On apporta les deux petites créatures, nées depuis quelques heures à peine, et gazouillant déjà le langage des enfants, et la reine ordonna qu'on les portât sur le lit de son amie.

Un instant, la belle et malheureuse Topaze se ranima à l'aspect de ces deux chers petits êtres dont les mignonnes mains se cherchaient pour s'étreindre et jouer. Un instant la vie sembla lui revenir, avec l'espérance du bonheur, sur ses lèvres décolorées. Elle essaya de leur sourire comme ils lui souriaient eux-mêmes, dans leur innocence. Elle voulut les embrasser, Blanchefleur surtout, Blanchefleur dans laquelle elle reconnaissait les traits de son cher Persius. Mais bientôt, ses bras tendus vers eux retombèrent, ses lèvres ouvertes pour une caresse se refermèrent, ses yeux ouverts pour un sourire se remplirent de larmes.

— Ah! grand Mahomet! s'écria la reine de Murcie épouvantée du visage livide de son amie, puissant Mahomet, sauvez-la! sauvez-la!...

A ce nom du prophète d'un Dieu qui n'était pas le sien, Topaze fit un effort suprême, se redressa sur son séant, prit Blanchefleur dans ses bras tremblants, l'approcha de son sein, lui découvrit la tête et murmura :

— O ma fille! seul bien qui me reste de ma félicité passée, reçois de moi le seul service que je puisse te rendre aujourd'hui... Sois chrétienne! ô ma douce enfant! et que les larmes de ta mère servent à t'en imprimer le saint caractère!...

Cela dit, l'infortunée princesse poussa un long soupir, éleva les yeux au ciel, comme pour lui recommander une dernière fois son enfant, et, quelques instants après, elle était morte.

CHAPITRE IX

Comment, après la mort de Topaze, Flores et Blanchefleur furent élevés ensemble, et comment, pour empêcher le développement de leur mutuelle amitié, on résolut de les séparer.

Quelques années s'écoulèrent. La reine de Murcie qui malgré le peu de temps qu'elle avait eu pour connaître Topaze, l'avait réellement aimée comme une sœur, la reine de Murcie avait tenu à honneur de respecter les dernières volontés de la défunte, ou plutôt ses derniers vœux.

En conséquence, Blanchefleur, quoique chrétienne par son origine et par le baptême de larmes que lui avait fait subir sa mère, avait été élevée avec Flores, et avait reçu les mêmes soins et les mêmes caresses de la part de la reine de Murcie, qui aimait ces deux enfant d'un égal amour, comme s'ils fussent sortis tous les deux de son sein.

Elevés ainsi ensemble dans la cour du roi maure, où la galanterie grenadine et l'esprit chevaleresque concouraient à perfectionner les vrais moyens de plaire et à préparer l'âme aux actions éclatantes et généreuses, Flores et Blanchefleur avaient grandi comme deux arbrisseaux sortis du même sol et nourris des mêmes sucs. Leurs feuillages s'étaient confondus, leurs ramures s'étaient entrelacées : le beau garçonnet et la gente fillette s'étaient aimés, au point de ne pouvoir plus se passer l'un de l'autre.

De même que Blanchefleur avait acquis sans peine tous les talents propres à son sexe, Flores, de son côté, s'était développé, en force et en courage, en grâce et en adresse, de façon à faire pressentir bientôt en lui un redoutable chevalier. Quand Blanchefleur brodait, c'était un vêtement à l'usage de son bel ami Flores; quand elle chantait, c'était pour son bel ami Flores; quand elle rêvait, c'était à son bel ami Flores. Et Flores, de son côté, ne s'arrachait jamais qu'à regret d'auprès de Blanchefleur; s'il domptait un fier genet, c'était pour mériter les éloges de Blanchefleur; s'il emportait dans la carrière une tête ou une bague, c'était pour les déposer aux pieds de Blanchefleur; s'il tenait à être le premier en tous les exercices du corps, c'était pour que sa mie Blanchefleur fût fière de lui.

Cet attachement mutuel, dont la reine de Murcie ne prenait nul ombrage, et qu'elle se plaisait même parfois à encourager, finit par causer quelque inquiétude au sage Mohady, docteur de la loi mahométane, lequel avait été choisi par le roi Félix pour diriger l'éducation du prince Flores. Il craignit que l'attachement de ce jeune prince pour une esclave chrétienne ne mît obstacle au zèle qu'il voulait lui inspirer pour la religion de Mahomet.

Un matin que ce prudent docteur devisait avec son élève dans les jardins du palais, il essaya de lui faire renoncer à sa noble compagne en lui laissant entrevoir le bonheur réservé par Mahomet aux vrais croyants, en lui parlant des houris que tout bon musulman peut espérer de posséder dans le paradis inventé par ce prophète.

— O Mohady! répondit Flores avec enthousiasme, ô Mohady! ces filles immortelles dont tu m'entretiens ne peuvent surpasser ni l'éclat, ni la douceur, ni la beauté de cette fille mortelle qui a nom Blanchefleur! O Mohady! écoute les sons de cristal de sa voix charmante! regarde la bouche divine qui semble les porter à notre âme! Vois l'accord de ses yeux pleins de flamme avec la légèreté de sa belle main pinçant les cordes de sa harpe! Non, les concerts célestes ne sont pas plus touchants! On a assez vécu sur la terre quand on l'a vue et entendue, et le bonheur d'en être aimé est au-dessus de tout ce que Mahomet peut nous promettre dans l'autre vie!...

Le vieux mollah, très scandalisé, se retira aussitôt et alla trouver la reine de Murcie.

— Vertueuse dame, lui dit-il, encore ému de ce qu'il venait d'entendre, votre glorieux fils, le prince Flores, est perdu sans retour si vous n'y mettez ordre...

— Qu'est-ce donc? demanda la reine de Murcie, étonnée.

— Il est enamouré de cette petite esclave chrétienne, qui l'a ensorcelée plus que je n'ose dire...

— Flores aime Blanchefleur, et Blanchefleur aime Flores, je le sais et ne vois là rien qui doive vous alarmer, puisque je ne m'en alarme pas moi-même...

— Ah! madame, s'il l'aimait purement et simplement, je ne m'en scandaliserais pas autant, certes, et je ne viendrais pas troubler votre repos par mes craintes vaines...

— Mais comment l'aime-t-il donc, prudent mollah?...

Ah! madame, il a jeté l'Alcoran au feu, et j'ai grand'peur qu'il ne lise d'autres prières dans quelqu'autre évangile...

— Il a brûlé l'Alcoran!

— C'est-à-dire, madame, qu'il a renié le paradis du grand Mahomet, et m'a formellement déclaré que toutes les houris que tout bon musulman a le droit d'espérer dans ce précieux paradis-là ne valaient pas pour lui cette esclave chrétienne qui a nom Blanchefleur.

— C'est grave, en effet, vertueux mollah ; cependant, comme Flores est très jeune, ces folles idées lui passeront, et avec les années, il deviendra de plus en plus sage. Laissons faire l'amour, d'abord, prudent mollah ; nous laisserons faire le temps, après !

Mohady s'inclina devant la reine et sortit à reculons pour aller trouver le roi Félix et l'avertir de ce qui se passait.

Cette fois, le zélé mollah fut plus heureux, car Félix l'écouta plus docilement que n'avait fait la reine, et sa conclusion fut conforme à ce qu'il en attendait.

— Vous avez raison, Mohady, lui dit-il. Cet attachement de Flores pour Blanchefleur peut le détourner de toute application à ce qu'on doit lui enseigner. Il faut l'éloigner pour un temps plus ou moins long, sous les prétextes les plus honnêtes et les plus plausibles, pour ne pas trop heurter sa nature ardente et difficile à manier...

— Si on l'envoyait voyager sous le semblant de le rendre plus expert en tous actes de bon chevalier ? proposa Mohady.

— L'idée est bonne et je l'admets, répondit le roi. Je vais l'envoyer à Montorio, chez le roi des Algarves, mon allié.

— Sire, vous êtes un grand prince ! dit le mollah en s'inclinant le plus bas possible, et en se retirant tout joyeux de la victoire qu'il venait de remporter.

CHAPITRE X

Comment le prince Flores fut forcé de se séparer de Blanchefleur, et du chagrin qu'ils en ressentirent l'un et l'autre.

Sans méfiance de la nouvelle qu'on allait lui apprendre, le jeune fils de la reine de Murcie et du roi Félix s'empressa de venir aussitôt qu'on l'eut envoyé quérir.

— Flores, mon fils, lui dit son père, voilà que vous êtes grand et fort ; il serait indigne de vous et de nous de rester plus longtemps dans une oisiveté de damoiseau. L'homme oisif est un homme mort. Vous êtes appelé à vivre glorieusement : il faut donc vous préparer à cette gloire par un apprentissage de chevalier. Je veux qu'avant peu vous ayez gagné vos éperons. En conséquence, vous allez partir pour Montorio, où se tient à cette heure la cour du roi des Algarves, mon allié.

— Ah ! malheureux Flores ! s'écria le jeune prince, au désespoir de quitter sa mignonne compagne d'enfance. Ah ! malheureux Flores ! que feras-tu loin de ta mie, de celle qui te meut et exhausse en toutes forces et prud'hommie ?... Et toi, Blanchefleur, ma mie, ma sœur, ma douce compagne, que feras-tu loin de moi et sans moi ?...

— Mon enfant, répondit la reine en caressant de sa main blanche les longs cheveux de son cher fils, tout jeune damoiseau doit quitter la maison paternelle pour aller chercher les aventures et la gloire ! C'est ainsi ! Lorsque les plumes leur sont poussées, il faut que les aiglons prennent leur vol pour devenir des aigles ! Ce n'est pas moi qui te chasse, mon cher enfant, puisque, au contraire, je voudrais te garder toute ma vie auprès de moi, dans mon giron... ce n'est pas moi qui te chasse, c'est la coutume établie par les hommes, qui n'ont pas les mêmes entrailles que les femmes... Il faut te résigner à nous quitter, mon doux ami, comme nous nous résignons à te laisser partir...

— Sachez, mon fils, reprit à son tour le roi, sachez que vous n'imprimerez jamais respect, amour et franche obéissance à un vassal qu'autant que vous lui prouverez que vous valez mieux que lui en pensées et en actes de bravoure et de chevalerie... Allez donc, beau fils ! allez donc quérir la gloire et faire reluire votre nom en renommée !...

— Va donc illustrer et mériter ta dame ! ajouta la reine de Murcie.

Cette dernière parole de sa mère éclaira le jeune prince sur le parti qu'il avait à prendre.

— En effet, se dit-il, Blanchefleur est trop belle pour avoir d'autre amant qu'un chevalier de grand renom... Ce renom, je veux l'acquérir pour la mieux mériter ! Je veux gagner mes éperons par d'éclatants exploits ! Je partirai, mon père ! ajouta-t-il tout haut.

— Bien, mon fils ! répondit le roi.

— Bien, mon cher enfant ! répondit la reine en embrassant tendrement le jeune prince, comme pour le remercier d'avoir obéi.

Flores comptait avoir le temps de faire ses préparatifs de voyage et ses adieux à sa mie adorée. Il n'en fut rien. Pour qu'il ne pût revenir sur sa promesse, son père avait ordonné qu'on procédât au plus vite à ces préparatifs-là pendant qu'il allait le sermonner et lui parler de la nécessité de son départ.

Son père avait fait plus encore. Pour éviter le péril des adieux avec Blanchefleur, il éloigna momentanément les deux amants, de façon à ce qu'ils ne pussent pas se rencontrer : il fit enlever le prince Flores au moment même où celui-ci se disposait à se rendre auprès de sa compagne d'enfance.

Mais si les pères sont ingénieux dans leurs sévérités, les fils ne le sont pas moins pour s'y soustraire. C'est ce que fit le prince Flores, qui était trop énamouré pour se laisser ainsi enlever à l'unique objet de ses affections sans lui témoigner ses regrets et son désespoir.

Flores trouva donc moyen de s'échapper et d'aller rejoindre Blanchefleur dans la chambre qu'elle occupait dans le palais du roi de Murcie.

— Blanchefleur, lui dit-il en courant se jeter à son cou, on nous sépare !

— Qui donc a cette cruauté ? demanda la gente

pucelle. Ce n'est pas ta mère, certes! Elle nous aime trop pour cela!...

— Ce n'est pas ma mère, en effet, répondit Flores. Elle est femme et ne sait guère qu'obéir à son seigneur et mari, sans oser protester... Monseigneur mon père lui a ordonné de ne pas s'opposer à mon départ, qu'il avait résolu probablement avec le vieux Mohady, et elle ne s'y est pas opposée. J'ai dû obéir, moi aussi; d'autant plus, ma tant aimée, que, quoique cruelle et poignante, cette séparation est nécessaire... Il faut, puisque je t'aime et t'ai prise pour la dame de mes pensées, il faut que j'aille acquérir de la gloire et des triomphes pour te rendre fière de moi...

— Qu'ai-je besoin de ta gloire? s'écria Blanchefleur éplorée. Tu es jeune, vaillant et beau, cela me suffit, et je ne pourrai jamais t'aimer plus que je ne t'aime... Reste donc auprès de moi, mon bien-aimé; tu es tout mon univers, et je ne sais pas si, au delà de toi, il y a autre chose de plus et de mieux... Tel que tu es, tu vaux mieux à mes yeux que les plus illustres et les plus famés... Reste donc auprès de moi, mon bien-aimé!...

— Blanchefleur, reprit le prince Flores, mon père a raison, et ma mère aussi: je dois leur obéir. « Va donc illustrer et mériter ta dame! » m'a dit ma mère en m'embrassant. Ma mère est une sage et bonne dame, qui nous aime l'un et l'autre comme ne nous aime pas monseigneur mon père... Je dois partir... je vais partir, ma douce amie! Je veux te revenir plus digne encore de toi que je ne le suis aujourd'hui. L'oisiveté n'est pas faite pour un gentilhomme de mon sang et de mon âge. Je veux faire reluire mon nom d'un éclat qui t'éblouisse toi-même et te rende fière de m'avoir aimé!...

— Quand tu as parlé, mon bel ami, dit Blanchefleur en soupirant, je n'ai plus à sonner mot..... Tu es la sagesse et la force, et je n'ai d'esprit, moi, que pour t'aimer... Pars donc, puisqu'il le faut!... Mais, auparavant, laisse-moi te faire un don, ajouta-t-elle en lui présentant un anneau dans le chaton duquel il y avait une pierre précieuse. Tiens, cher Flores, reçois ce gage de l'union de nos âmes... Regardes-en tous les jours la pierre, qui, à cette heure, brille d'un si vif éclat... Lorsque tu la verras se ternir, ce sera un signe que la vie ou la liberté de ta Blanchefleur seront en péril... Maintenant, doux ami, obéis à ton père... Je t'estime trop pour n'être pas sûre de ton cœur et de ton secours...

A peine Flores avait-il reçu le précieux anneau, que le roi de Murcie, qui cherchait son fils, accourut et sépara les deux amants, en jetant un regard sévère sur la pauvre Blanchefleur, qui s'évanouit aussitôt.

Pendant que les chambrières se hâtaient d'arriver pour porter secours à la fille de Topaze et de Persius, Félix entraînait Flores et le voyait monter à cheval et s'éloigner avec l'inévitable Mohady.

CHAPITRE XI

Comment le prince Flores et le vieux mollah arrivèrent à la cour du roi des Algarves, et comment, un jour que le jeune homme chantait un lai en l'honneur de sa maîtresse, le trop sévère Mohady intervint mal à propos.

lores et Mohady furent reçus par le roi des Algarves comme il convenait, c'est-à-dire avec la plus grande magnificence. Des fêtes brillantes, des tournois, des joûtes, des pas d'armes, signalèrent les premiers jours de l'arrivée du jeune prince et du mollah, qui le suivait partout comme son ombre.

Mais le souvenir de la belle Blanchefleur et l'amertume de l'absence ne permirent pas à Flores de profiter des plaisirs et déduits de toutes sortes qui lui furent alors offerts. Sa bonne mine, sa fière prestance, et aussi son titre d'héritier du roi de Murcie, lui attirèrent l'attention et les œillades de toutes les nobles dames de Montorio, et il n'eût tenu qu'à lui de rendre jaloux tous les maris de la cour. Ces agaceries furent prodiguées en pure perte, ou, du moins, si quelqu'un en eut le bénéfice et le plaisir, ce ne fut pas lui.

— Si beau, si jeune et si froid! murmuraient les nobles dames en dévorant Flores du regard.

— Et, cependant, il soupire pour quelqu'une d'entre nous, j'en suis sûre: je l'ai surpris! disaient d'autres dames plus sages et tout aussi amoureuses. Un jouvenceau aime toujours quelqu'une... S'il est de glace pour toutes, il doit être de feu pour l'une de nous... Laquelle est-ce? Quelque mijaurée, sans doute! quelque dame de petite extraction!

Ainsi devisaient les nobles dames de la cour mauresque, à Montorio.

Elles avaient deviné juste, comme devinent presque toujours les femmes lorsqu'il s'agit d'amourettes. Si le prince Flores était de glace pour elles, il était, en effet, de feu pour une autre, et cette autre était la gente pucelle qui avait nom Blanchefleur.

Il n'avait que son souvenir dans le cœur, que son nom sur ses lèvres. La nuit, il en rêvait. Le jour, il se plaisait à cultiver un petit carré de fleurs blanches dont la disposition retraçait le chiffre de sa maîtresse entrelacé avec le sien.

C'était dans ce jardinet qu'il précédait souvent l'aurore et qu'il chantait son amour en s'accompagnant d'une guitare. Souvent aussi le vieux mollah le surprenait en pleine songerie, sans qu'il s'aperçût de sa présence importune et inopportune.

Un matin, Mohady, en venant le réveiller pour lui faire faire la prière ordinaire, prescrite à tout fidèle sectateur de Mahomet, le trouva déjà déniché. Se doutant bien alors que cet affolé jouvenceau négligeait tous les devoirs de sa religion pour ne s'occuper que de la chrétienne Blanchefleur, le vieux mollah ôta ses babouches pour faire moins de bruit, et s'en vint à petits pas vers l'endroit où il comptait bien rencontrer son indocile élève.

Flores, en effet, était comme de coutume devant son carré de fleurs blanches, qui lui rappelaient toutes sa bien-aimée par leur couleur, leur grâce, leur parfum, et, tout en les arrosant, il chantait un lai qu'il avait composé lui-même :

> Toi pour qui seule je respire,
> Objet du plus fidèle amour,
> Flores, pour chanter son martyre,
> Vient ici pour devancer le jour.
>
> Le soleil qui va reparaître,
> Peut-il m'annoncer un plaisir ?
> Puis-je en sentir à voir renaître
> Des fleurs que je ne puis t'offrir ?
>
> Ah ! que du moins dans ces retraites
> Tout peigne aujourd'hui mon ardeur !
> Tracez, peignez, blanches fleurettes,
> Le nom charmant de Blanchefleur.
>
> Ton anneau calme mes alarmes,
> Il me rassure sur tes jours ;
> Il n'est terni que par mes larmes :
> Ah ! puisse-t-il briller toujours !
>
> Crois-moi, la seule sympathie
> M'éclairerait sur ton malheur ;
> Pour savoir le sort de ma mie,
> Mon talisman est dans mon cœur.
>
> Ah ! puisse entre ses bras, ma mère
> Te serrer toujours tendrement,
> Et t'être toujours assez chère
> Pour te rappeler ton amant !
>
> Dieu de Blanchefleur, je t'implore !
> Je jure de suivre ta loi,
> Si par toi celle que j'adore
> Peut un jour me donner sa foi...

Le prince Flores allait probablement continuer sur ce ton, lorsqu'il fut interrompu par le cri terrible que jeta le vieux mollah scandalisé.

— O sublime prophète ! s'écria-t-il, quel horrible blasphème je viens d'entendre ! Le petit fils d'Omar, le prince Flores, renie la religion de ses pères pour celle d'une esclave qu'il aime plus que l'honneur !... O amour ! méprisable amour ! quels crimes ne fais-tu pas commettre !...

CHAPITRE XII

Comment le trop vertueux Mohady devint la cause première des misères de la belle et innocente Blanchefleur.

Trop de zèle en tout nuit, soit aux zélés, soit à ceux qui sont l'objet et le prétexte de ce zèle.

Le zèle était le vice principal du vertueux Mohady. Ce vieillard, qui ne se rappelait plus qu'il avait été jeune, fut outré de la chanson chantée par l'amoureux Flores. Aussi, sans perdre un instant, il envoya un messager au roi de Murcie, en recommandant à cet homme de ne remettre son message qu'en secret. Et, en même temps, il le chargea d'une lettre pour Ajoub, premier iman de la grande mosquée.

Dans son message au roi, le vieux mollah lui représentait que l'absence, loin de diminuer l'amour du prince Flores pour la jeune esclave chrétienne, n'avait fait que l'augmenter, au point d'affoler complètement ce prince, dont la foi religieuse commençait à chanceler d'une manière inquiétante. Il ajoutait, qu'à son estime, pour que le mal ne devînt pas plus grand qu'il n'était déjà, il fallait éloigner au plus vite Blanchefleur et faire comprendre au prince Flores qu'il ne la reverrait jamais.

Dans son message particulier à l'iman de la grande mosquée, Mohady lui recommandait, au nom du grand prophète Mahomet, d'employer tout son talent pour éloigner et même, au besoin, pour perdre Blanchefleur qui était sur le point d'enlever un élu au paradis musulman pour l'accaparer au profit de son propre paradis.

Ces deux messages produisirent l'effet que le vieux mollah en attendait.

Le roi de Murcie avait été élevé dans la stricte observance de la loi de Mahomet, et il avait toujours vécu dans la société des imans, des derviches et des santons, dont les enseignements sévères lui avaient appris à croire au grand prophète comme au seul envoyé de Dieu sur terre.

Ce prince maure se faisait, en outre, une gloire et une vanité d'être un descendant d'Omar, et, à ces causes, il se croyait obligé plus qu'un autre souverain, à soutenir la religion de ses pères et à sévir avec rigueur contre la religion à laquelle appartenait la fille de la princesse Topaze.

Toutefois, et quoiqu'il sentît mieux que personne la conséquence de l'avis que lui donnait le vieux Mohady, il était assez embarrassé sur les moyens d'en profiter. Ajoub se chargea de les lui fournir.

Cet iman était né avec des instincts féroces qui ne demandaient qu'une occasion de se révéler. Cette occasion se présentait : Ajoub remercia Mahomet et s'apprêta à lui immoler une victime.

La gente Blanchefleur, à laquelle la reine de Murcie laissait la plus grande liberté, à cause de la tendresse que lui portait son fils Flores, et aussi à cause de la tendresse qu'elle lui portait personnellement en souvenir de la pauvre Topaze, la gente Blanchefleur avait établi sous les fenêtres de sa chambre une sorte de petite ménagerie où elle se plaisait à élever des poulets. Quand ces volatiles étaient suffisamment engraissés, Blanchefleur en faisait le sacrifice, et les offrait à la reine, qui s'en montrait friande, et même au roi, qui ne dédaignait pas ce manger.

Ajoub imagina d'empoisonner le corps d'un de ces poulets, et de le faire présenter au roi, de la part de Blanchefleur par un esclave qui eut soin de disparaître après cette belle action.

— Sire, dit l'iman en arrêtant le bras du roi de Murcie au moment où il s'apprêtait à manger le poulet, je vous supplie de vous arrêter !...

— Pourquoi cela, fidèle Ajoub ? demanda Félix, étonné.

— Cette bestiole me paraît suspecte, Sire, répondit l'iman en montrant au roi plusieurs taches qui apparaissaient çà et là sur le corps rebondi du volatile.

— En effet, reprit Félix, qui commençait à partager les craintes d'Ajoub. Ces taches n'annoncent rien de bon...

— Pour nous en assurer, Sire, proposa l'iman, si nous en donnions à goûter à Mirza...

— A Mirza, la chienne de Blanchefleur?

— Oui, Sire, à la chienne de cette esclave que je commence à soupçonner d'une horrible trahison. Le poulet vient d'elle, puisqu'elle seule en élève ; s'il est sain, il ne causera aucun mal à Mirza ; s'il est malsain, au contraire, comme j'ai tout lieu de le supposer maintenant, ce sera là un juste châtiment...

Cette proposition du perfide iman eut tout le succès désirable. Malgré la vive opposition de la reine, qui devinait là quelque conspiration contre sa jeune protégée, le roi de Murcie ordonna qu'on allât incontinent quérir la petite chienne de Blanchefleur.

Mirza fut amenée ; on lui jeta un morceau du poulet suspecté, et, tout aussitôt, elle se rejeta en arrière dans de violentes convulsions qui se terminèrent par sa mort.

Tous les assistants frémirent en songeant à ce qui serait arrivé, si le premier iman de la grande mosquée n'avait pas eu la bonne précaution d'arrêter le bras du roi au moment où il se disposait à porter à sa bouche la chair empoisonnée du poulet.

— Je ne m'étais pas trompé, comme vous voyez, Sire, s'écria Ajoub, tout triomphant.

— Vous ne vous étiez pas trompé, fidèle Ajoub, répondit Félix, encore ébahi du danger qu'il venait de courir.

— Voilà ce qu'il en coûte de laisser à une esclave chrétienne la liberté qu'on a laissée à Blanchefleur, reprit l'iman. Les chrétiens sont nos ennemis, et tous les moyens leur sont bons pour arriver à nous nuire dans notre religion et dans nos personnes... Cette pucelle que protégeait si imprudemment madame la reine, a été soudoyée par quelque chrétien influent que nous connaîtrons sans doute plus tard... Quant à elle, il est clair qu'elle a agi en toute connaissance de cause... C'est à bon escient qu'elle élevait des poulets dans sa ménagerie. Elle espérait arriver insensiblement là où elle a failli en arriver. Vous partagiez, Sire, la confiance qu'avait en elle madame la reine, et voilà de quelle façon cette misérable esclave a payé vos bontés...

Ces paroles du premier iman furent vivement applaudies par les autres imans et par les santons qui étaient présents. Tous détestaient, sans savoir pourquoi, cette innocente enfant qui avait nom Blanchefleur et dont le seul crime était d'être chrétienne. En outre, l'évidence était là. Nulle autre personne qu'elle n'alimentait de poulets la table royale. Or, puisqu'un poulet, venu d'elle, avait été empoisonné à l'effet d'amener la mort du roi de Murcie, il ne pouvait l'avoir été que de ses propres mains !

— Sire, dit un santon, puisque cette esclave chrétienne a voulu vous empoisonner, elle mérite la mort, et la mort prompte : il faut que le châtiment suive de près la faute !... Nous vous demandons donc qu'il vous plaise de prononcer contre Blanchefleur la peine des homicides ; nous vous le demandons, au nom de vous-même, dont elle a osé menacer la précieuse vie, et au nom de notre sainte religion qu'elle a osé outrager dans la personne de son plus auguste représentant, le glorieux descendant du glorieux Omar !...

— Vous parlez d'or, saintes gens, répondit le roi de Murcie, et après votre décision je n'ai plus rien à faire, sinon à m'incliner. Blanchefleur a mérité de mourir : elle mourra...

— Ah ! Sire, s'écria la reine, pleine d'un douloureux étonnement, vous venez de condamner là une innocente !... Car Blanchefleur est innocente, je vous l'assure, innocente comme l'agneau qui tette encore sa mère brebis, innocente comme l'oiselet qui n'a pas encore quitté le nid et qui ne sait rien des pièges et des misères de la vie !...

— Madame la reine est trop douce pour cette misérable esclave, répliqua le farouche Ajoub, qui ne voulait pas que sa proie lui échappât et qui était décidé à la défendre pied à pied, même à la reine.

— Blanchefleur est innocente ! répéta la mère du prince Flores.

— Blanchefleur est coupable, répéta froidement le premier iman de la grande mosquée.

— Ah ! si le prince Flores était là, vous n'auriez pas osé accuser Blanchefleur ! reprit la reine de Murcie, qui se sentait poussée à défendre sa jeune captive en souvenir de l'amitié qu'elle avait eue pour l'infortunée Topaze.

— Madame, répondit sévèrement Félix, à qui la mémoire de l'avis de Mohady revint subitement, madame, vous condamnez vous-même cette esclave en voulant l'innocenter devant nous ! Vous la condamnez vous-même, en évoquant le nom du prince Flores, notre fils... Il faut alors qu'on vous apprenne que le crime d'aujourd'hui est le frère d'un autre crime tout aussi grave...

— Lequel, grand Dieu ? demanda la reine de Murcie, éperdue.

— Madame, cette esclave chrétienne que vous avez recueillie et réchauffée dans votre sein comme un serpent venimeux, a usé de sorcellerie et de magie pour nous aliéner le cœur et la raison de notre fils bien-aimé... A cette heure, grâce à l'imprudente liberté dont vous l'avez laissée jouir, elle a si bien endoctriné le prince Flores, qu'il est sur le point de renier la religion de ses pères pour embrasser la religion chrétienne...

— Est-il possible ! s'écria la reine en se cachant le visage de ses deux belles mains, pour céler à tous les yeux les larmes que cette nouvelle lui arrachait.

— Par Mahomet ! par Omar ! s'écria le roi, ce double crime mérite un exemplaire châtiment, et il l'obtiendra...

En voyant ses courageux efforts en faveur de l'innocente Blanchefleur couronnés de si maigre succès, la reine de Murcie ne put résister plus longtemps à la douleur qui la dévorait, et elle chut pâmée entre les bras des dames d'honneur.

Félix profita de cet évanouissement pour réunir, sans plus tarder, un conseil d'imans, de derviches et de santons, dont les barbes de neige ne connaissaient pas plus la tolérance que l'amour.

Ce tribunal improvisé prononça, sur l'instigation du farouche Ajoub, un arrêt terrible qui condamnait la charmante pucelle Blanchefleur à être brûlée vive si, dans les neuf jours, quelque chevalier ne se présentait pour la défendre, et ne remportait la victoire pour prouver son innocence.

CHAPITRE XIII

Comment, pendant que ces choses se passaient à la cour du roi de Murcie, d'autres choses se passaient à la cour du roi des Algarves, et comment le prince Flores fut armé chevalier par ce monarque.

En ce temps, où, sans qu'il le sût, sa chère Blanchefleur courait de si grands dangers, grâce au trop vertueux Mohady, le prince Flores sortait peu à peu des tristesses noires où l'avait d'abord plongé son exil.

Un jour, deux chevaliers maures, partis des déserts de l'Irak, étaient arrivés dans les états du roi des Algarves, à quelque distance de Montorio, et, de là, avaient envoyé à ce soudan un héraut d'armes chargé de lui reprocher sa mollesse et son oisiveté.

— Sire, avait dit le héraut, ces deux vaillants hommes qui m'envoient vers vous, rougissent de vous voir, ainsi que vous l'êtes, dégénéré de la valeur des anciens Arabes, vos ancêtres ou les. Ils prétendent, en outre, que les bras de vos chevaliers, chargés de bracelets et des chiffres de leurs maîtresses, sont désormais trop énervés pour pouvoir soutenir leurs armes et lancer adroitement une zaguaie.

Le roi des Algarves, à juste titre indigné d'une pareille audace, regrettait que le poids des ans l'empêchât de la punir lui-même, comme elle méritait de l'être.

Mais, par bonheur, il était le chef de vaillants chevaliers. Il n'eut pas besoin d'exciter leur colère et leur courage : il n'y en eut pas un seul qui ne voulût venger sa querelle.

Dès le lendemain matin, il en partit deux, qu'on ne vit pas revenir, et l'on apprit que, vaincus par les deux Arabes du désert de l'Irak, ils étaient demeurés leurs prisonniers.

Deux autres chevaliers volèrent pour les délivrer. Ils éprouvèrent le même sort. Et, pendant quelques jours, tous ceux qui se présentèrent demeurèrent au pouvoir des deux chevaliers de l'Irak.

Le cinquième jour, il ne s'en présenta plus.

Lors, les deux vainqueurs, rendus plus outrageux encore par ces succès, envoyèrent porter le même défi, c'est-à-dire la même insulte, jusque dans la chambre même du soudan de Montorio, où se trouvait précisément en ce moment le prince Flores.

L'amant de Blanchefleur s'émut en entendant les bravades du héraut d'armes. Il était né vaillant et hardi. Et puis, il était jeune, et la jeunesse donne un plus puissant relief à la vaillance et à la hardiesse.

— Retire-toi ! cria-t-il au héraut, l'œil brillant de colère. Retire-toi ! Et va dire à tes maîtres qu'ils se sont grossièrement trompés en s'adressant au courageux soudan de Montorio, en croyant s'adresser à un chef de femmes. Les Algarves sont des hommes, et s'ils sont courtois et galants, ils sont aussi valeureux et forts... Je le leur prouverai, au nom de mes frères d'armes... Dis leur donc que moi seul, je serai demain, au lever de l'aurore, devant leurs tentes, et que je les combattrai tous les deux ensemble, pour les punir de leur forfanterie et de leur grossièreté !...

Le héraut s'inclina et prit congé.

Quand il eut disparu, Flores courut se jeter aux genoux du soudan de Montorio.

— Mon oncle, lui dit-il humblement, je vous supplie de m'armer chevalier, et, ensuite, de me permettre d'aller prouver à ces farouches Arabes de l'Irak ce que vaut mon épée fourbie d'acier, et de leur faire reconnaître que nous sommes dignes de descendre du glorieux Kaled !

— Beau neveu, répondit le vieux roi des Algarves en donnant à Flores le baiser d'honneur entre les deux yeux, je t'aime et te prise trop haut, comme fils du vaillant roi de Murcie, pour te refuser le périlleux honneur que tu sollicites de moi en ce moment. Je vais t'armer chevalier, afin que demain, à l'aube, tu puisses être devant les tentes de ces audacieux Arabes de l'Irak qui sont venus me défier deux fois si grossièrement...

Flores remercia chaleureusement son oncle et le quitta pour aller se préparer à recevoir l'ordre de chevalerie, c'est-à-dire pour aller faire ses dévotions et ses ablutions.

Quand il sortit du maix, son oncle était là, avec plusieurs chevaliers. Il fut revêtu d'abord d'une chemise de lin, blanche comme un lis, et, comme le lis, symbole de la pureté dans laquelle il devait toujours tenir son corps et son âme. Ensuite on lui mit une cotte tissue de fil d'or et de soie rouge, pour lui faire souvenir qu'il devait toujours être prêt à répandre son sang pour le Dieu de ses pères. Puis, on lui donna une casaque de guerre, écarlate, brodée d'or, à peu près semblable à la cotte précédente. Les hauts-de-chausses étaient de pareille étoffe, les bas de soie et les souliers ornés de lionceaux d'or.

Lorsque le prince Flores fut ainsi vêtu, on lui amena des chevaux et on apporta ses armes.

On le revêtit d'abord d'un haubert à doubles mailles, à l'épreuve des lances et des sagettes. On lui mit des grèves de fer, à bonnes doubles mailles, et des éperons d'or. On lui passa au cou un bouclier sur lequel étaient peints des lionceaux. Son heaume était orné de pierres précieuses et de si bonne trempe, que nulle épée n'eût pu le fausser. On lui mit en main une lance de frêne avec un fer aigu et barbelé, et on lui apporta une riche épée tirée du trésor du soudan, laquelle était à deux tranchées, comme tous les brancs des chevaliers, pour signifier qu'il devait s'en servir d'abord pour se défendre contre plus puissant que lui, et ensuite pour soutenir les faibles et les opprimés.

Avant de lui remettre ce branc, le soudan de Montorio le prit et en souffleta légèrement son neveu, agenouillé respectueusement devant lui.

Puis, la cérémonie de la colée une fois terminée, il lui dit :

— Maintenant, beau neveu, relève-toi et va droit ton chemin. Fais ce que tu dois, arrive que pourra !

Le prince Flores se releva alors, sauta sur son destrier, la fine fleur de l'Arabie, et, saluant de la main son oncle et les chevaliers présents à la cérémonie, il piqua des deux et disparut, rapide comme l'éclair.

CHAPITRE XIV

Comment le prince Flores, une fois armé chevalier par son oncle, s'en alla combattre les Arabes des déserts de l'Irak, et comment il les vainquit.

lores avait un cheval digne de lui. Ce noble animal ne courait pas, il volait. Il franchissait ravins, ruisseaux et torrents avec une adresse et une vélocité merveilleuses. Il semblait qu'il connût l'eau mieux qu'une anguille à la façon dont il nageait, en évitant les accidents de terrain qui pouvaient compromettre la vie de son maître, surtout pendant les ténèbres de la nuit,

Aux premières lueurs de l'aube, le prince Flores était arrivé devant les tentes des deux chevaliers de l'Irak, sans que son cheval eût l'air d'avoir même marché, tant il était fier et dispos.

— Je suis celui qui aime Blanchefleur ! cria le prince en manière d'appel, pour réveiller les deux chevaliers.

Ceux-ci sortirent aussitôt de leurs tentes.

— Je viens, au nom du soudan de Montorio, que vous avez défié, reprit Flores, pour vous défier à mon tour tous deux ensemble, et vous faire sentir ce que vaut la redoutable épée fourbie d'acier du glorieux Kaled !...

Les deux Arabes de l'Irak, en face de ce courage, se sentirent pris de générosité, et ils refusèrent de combattre ensemble contre un seul chevalier.

L'un d'eux s'avança donc à la rencontre du prince Flores, qui prit du champ et s'élança sur son adversaire avec la rapidité d'un émerillon.

Ce fut un adversaire de moins. Le prince Flores redressa sa lance, reprit du champ et revint avec la même impétuosité sur son second ennemi.

Celui-ci, qui paraissait plus vigoureux que le précédent, brisa sa lance sur l'écu de l'amant de la belle Blanchefleur, et reçut un coup terrible de la sienne, sans que ni l'un ni l'autre en fussent ébranlés.

Lors, ils reprirent carrière tous deux, saisirent tous deux leurs zaguaies, firent une demi-volte et revinrent l'un sur l'autre avec rage.

Flores lança la sienne et fit voler du casque de son adversaire le croissant d'or dont il était orné.

Il ne fut point atteint par la sagette de son ennemi, mais le sifflement aigu qu'elle rendit en passant près de son oreille lui fit connaître toute la vigueur de l'Arabe.

Tous deux revinrent l'un sur l'autre, le chevalier de l'Irak, armé d'un large cimeterre, Flores, armé de la redoutable épée du glorieux Kaled. Ils se portèrent des coups redoublés ; les étincelles jaillirent de leurs armes, dont les débris couvrirent bientôt le sol.

Le chevalier de l'Irak, comptant sur sa force extrême, voulut saisir le prince Flores, qui laissa aussitôt pendre son épée, embrassa son ennemi de ses bras nerveux et souples, l'enleva des arçons et le força ainsi à lui céder la victoire.

Trop généreux pour en abuser, Flores s'écria :

— O mon frère, soyons amis ! Délivre les prisonniers du soudan de Montorio, mon oncle, et viens honorer sa cour de ta présence !...

A ces mots, l'amant de Blanchefleur aida l'Arabe du désert à délacer son heaume, et enleva aussi le sien, ce qui permit d'admirer son visage rayonnant de jeunesse, de douceur et de beauté.

— Ah ! mon frère ! répondit le chevalier de l'Irak, confus et ému, à la vaillance de votre glorieux aïeul Kaled, vous joignez la grâce et la beauté des enfants d'Ali !... Je suis vaincu, mais qui ne l'eût été ?..... Vous êtes le chevalier invincible, et, à ces causes, je jure d'être à jamais votre homme et votre ami le plus fidèle !

Cela dit, les deux adversaires, devenus frères d'armes, allèrent à la tente de l'autre chevalier, que ses écuyers venaient de relever, et qui se sentit pénétré des mêmes sentiments d'admiration pour le prince Flores.

Ils s'empressèrent alors tous trois d'aller délivrer les chevaliers prisonniers et de leur faire rendre leurs chevaux et leurs armes.

— Allez, et félicitez-vous d'avoir un tel compagnon ! dirent les deux chevaliers de l'Irak aux autres chevaliers vaincus par eux. Nul ne peut lui résister ! Ce sera un jour l'honneur de la chevalerie maure, et l'on répétera son nom dans des chansons composées pour célébrer ses exploits !... Allez à la cour du roi des Algarves... nous nous y rendrons nous-mêmes demain, et nous conviendrons là de bon cœur, en présence des dames de cette cour, que les charmes qu'un vrai chevalier trouve sans cesse à les servir, ne peuvent qu'augmenter sa générosité, son honneur et son audace !...

CHAPITRE XV

Comment le prince Flores combattit à toute outrance pour sa dame et la sauva du bûcher.

Flores, tout en s'abandonnant à la juste satisfaction d'avoir été victorieux, attribua cette gloire à son amour pour Blanchefleur; il couvrit de baisers le précieux anneau qu'il tenait d'elle et le considéra avec l'émotion de la reconnaissance.

Tout-à-coup il pâlit, la pierre de cet anneau était ternie, et des tourbillons de fumée s'y trouvaient représentés; poussant un horrible cri, et sans répondre aux questions de ses nouveaux amis, Flores disparaît à leurs yeux emporté par son vigoureux coursier.

Accoutumé à franchir les rochers et les torrents de l'Atlas, le noble animal, répondant à l'inquiétude de son maître, s'élança à travers l'espace; la nuit, le jour, il vole, et, au bout d'une course effrénée, arrive en vue des minarets de Murcie.

A l'abri de quelques ruines abandonnées, Flores attendit l'occasion d'entrer dans la ville sans être reconnu : mais bientôt les portes s'ouvrirent et sous ses yeux défila un cortège d'une troupe armée de torches funèbres précédant un chariot rempli de bûches et surmontées d'un poteau lugubre.

Puis venait une charrette occupée par une jeune femme voilée de noir et chargée de chaînes.

Plus loin un cadi portant un écriteau d'infamie.

Ce convoi était entouré d'une escorte d'hommes d'armes et suivait le chemin qui menait au lieu des exécutions.

En proie à d'affreux pressentiments, le malheureux Flores regarde son anneau qu'il trouve tout-à-fait obscurci. Plus de doutes, la femme voilée, la victime, la pâture de ce bûcher, c'est son amour, c'est Blanchefleur.

Baissant la visière de son casque, il franchit l'espace qui le sépare du chariot de la malheureuse, et d'une voix frémissante :

— Qui êtes-vous? lui dit-il, pour Dieu! répondez à mon désespoir...

— Je prends Dieu à témoin que Blanchefleur n'est pas coupable, dit l'infortunée.

A ce moment, le valeureux Flores se mit en travers du convoi, brandissant sa redoutable épée :

— Arrêtez! leur cria-t-il, un pas de plus et vous mordez la poussière... Cadi, quel crime a commis cette femme?

— Elle est accusée, répondit le vénérable fonctionnaire, de félonie au premier chef; les chevaliers de Murcie ont abandonné sa défense contre Ajoub, son accusateur, et son innocence n'a pas été soutenue par les armes.

— Ordonne alors, répliqua Flores, de suspendre cette horrible exécution, va dire à Félix qu'un chevalier inconnu se présente pour la défense de Blanchefleur, et appelle au combat le traître Ajoub, ou à son défaut un champion de son parti ; ajoute que ce chevalier désire se mesurer à fer émoulu et à toute outrance, pour soutenir l'innocence opprimée.

Les lois de la chevalerie, dont les Maures d'Espagne étaient fidèles observateurs, imposaient à Félix la nécessité de permettre au chevalier inconnu le combat avec sûreté dans ses Etats. Il fit donc appeler Ajoub, et lui demanda s'il se décidait à soutenir son accusation.

Le traître n'osa s'en excuser autrement, qu'en offrant l'aîné de ses fils pour combattre pour lui.

C'était un jeune homme grand, fort et adroit, et à qui la considération qu'on avait pour son père avait déjà procuré un rang distingué dans les troupes de Murcie. On alla faire au chevalier inconnu la proposition de combattre ce vigoureux athlète.

— Peu m'importe, répond-il en fureur et en déguisant sa voix, contre qui je combatte, pourvu que le prix de ma victoire soit le supplice du traître accusateur.

On prépare donc tout pour le combat : le fils d'Ajoub jette son gage au milieu de la carrière, et ne croit pas pouvoir se dispenser de renouveler et de soutenir l'accusation faite par son père.

Flores, d'une voix forte et qu'il déguise, relève le gage en s'écriant :

— Traître, tu mens par ta gorge; me voici pour le prouver.

On allume aussitôt un bûcher à l'une des extrémités de la carrière : au milieu de la lice, en dehors, sont placés, d'un côté le chariot qui portait Blanchefleur, de l'autre Ajoub.

Les troupes entourent l'espace destiné pour les combattants.

Flores et le fils d'Ajoub s'avancent, conduits chacun par leurs parrains. Celui du prince était un jeune chevalier maure, nommé Sélim, qui l'avait reconnu, et qui, sans le découvrir, avait demandé au roi de l'assister.

On baisse la barrière, et le juge du camp s'écrie à haute voix :

— Laissez aller les bons combattants!

L'un et l'autre s'élancent avec la rapidité de l'éclair; ils se rencontrent, brisent leurs lances sans s'ébranler, et bientôt ils se chargent à coups de cimeterre.

La taille presque monstrueuse et la force du fils d'Ajoub paraissent, dans les premiers temps du combat, lui donner quelque supériorité sur Flores ; ce prince même semble être moins ardent à porter des coups, qu'attentif à parer ceux de son ennemi ; la pointe du cimeterre de celui-ci blesse légèrement à la tête le cheval de Flores; le sang qui couvre ses yeux l'aveugle et le met en fureur; il emporte son maître du côté du chariot.

Le fils d'Ajoub croit achever facilement de remporter la victoire ; il redouble ses coups avec impétuosité, lorsque Blanchefleur entr'ouvre ses voiles et s'écrie :

— Ah! cher Flores, que n'es-tu présent pour me défendre!

Le son de cette voix si chère, ces yeux couverts de larmes, que Flores ne fait qu'entrevoir, raniment ses forces et sa fureur; il contraint enfin son cheval à lui obéir, et le combat redevient plus égal : il ne l'est bientôt plus.

L'épée redoutable de Kaled s'est déjà rougie plusieurs fois du sang du fils d'Ajoub; celui-ci tente un dernier effort, et s'abandonne sur Flores, qui lui oppose son bouclier.

Ce prince invoque, en cet instant, le Dieu que Blanchefleur adore; il s'élance, à son tour, sur son adversaire encore ébranlé du vain effort qu'il vient de faire, et d'un revers terrible il lui abat la tête, qui tombe et roule jusqu'auprès de Blanchefleur.

Ajoub, voyant son fils tué, s'élança aussitôt sans qu'on pût le retenir, et Sélim s'avança de son côté; mais ce ne put être avec assez de promptitude pour qu'il empêchât Flores de faire tomber, d'un revers de sa redoutable épée, la tête du père comme il venait de trancher celle du fils.

On s'écrie, on s'empresse de délivrer Blanchefleur, on la mène en triomphe à la reine.

Pendant ce temps, un jeune domestique d'Ajoub vient se jeter aux pieds du roi, et avoue que c'est lui qui, par l'ordre de son maître, et sous le nom de Blanchefleur, a présenté le poulet empoisonné.

La vérité est donc découverte par toutes les voies possibles; toute la cour de Félix en est indignée, et le juge du camp fait enlever le corps du traître et le fait jeter dans les flammes.

Flores, voyant le triomphe de Blanchefleur complet, mais concevant combien il lui ferait courir de risques s'il se faisait connaître pour son vengeur, résiste aux instances de tous les chevaliers du roi son père, refuse de lever la visière de son casque, se contente de baiser la main du roi, de la reine, et celle de Blanchefleur, en jetant un profond soupir; il serre affectueusement la main du chevalier qui avait été son parrain, remonte à cheval, s'éloigne rapidement, et s'enfonce dans la forêt.

CHAPITRE XVI

Comment le mal d'amour faillit tuer Flores, pendant que sa mie lui était enlevée et vendue à des marchands grecs.

Blanchefleur n'osait se persuader que ce fût Flores qui fût son libérateur; et cependant elle ne pouvait croire qu'un autre eût osé prendre son parti : mais Sélim, le même chevalier qui avait reconnu le prince auquel il avait servi de parrain, et qui lui avait serré la main, saisit un instant favorable pour achever de l'éclairer sur le service essentiel que Flores lui avait rendu.

Il l'assura en même temps que c'était par une prudence très sage qu'il n'avait pas voulu se découvrir, sachant bien que si l'on voyait à quel point il était toujours occcupé de Blanchefleur, ce serait le plus sûr moyen de la perdre.

Cet éclaircissement finit par une assurance de Sélim à la belle esclave, qu'il donnerait de ses nouvelles à Flores, qu'il irait le joindre pour concerter avec lui les moyens de les rapprocher, de les rendre heureux; et qu'il n'abandonnerait jamais son prince, dans quelques conjonctures fâcheuses qu'il pût se trouver.

Cependant Flores était retourné à Montorio, avec la même promptitude et le même secret qu'il avait observés en venant jusqu'à Murcie, pour délivrer sa maîtresse.

Le roi des Algarves, son oncle, commençait à en être inquiet; on le reçut avec empressement, et l'on reconnut à ses armes ensanglantées et à la blessure de son cheval, qu'il avait eu quelque occasion de signaler sa valeur; mais jamais il ne voulut dire quelle avait été cette occasion; il assura seulement à son oncle qu'il était fort loin d'avoir quelques reproches à se faire.

Le roi et toute la cour en furent convaincus, et on respecta son secret.

Cependant le chagrin d'être éloigné de Blanchefleur, l'inquiétude qui restait à Flores sur son sort, altérèrent bientôt sa santé. Une fièvre ardente enflamma son sang. Le sultan des Algarves, inquiet pour son neveu, eut recours au plus célèbre médecin et au plus parfait philosophe qu'ait produit l'école arabe, qui était alors la plus renommée.

C'était Averrhoès, premier médecin du roi, mahométan de Cordoue.

C'est à lui que nous sommes redevables de la connaissance des livres d'Aristote.

Possesseur de tous les secrets de cet ancien philosophe, sur lesquels il avait même enchéri, s'il connaissait parfaitement le corps humain, il avait encore une plus grande connaissance des esprits et des cœurs; et ses lumières en ce genre étaient celles dont il faisait le plus utile usage.

Le roi de Montorio obtint du roi de Cordoue et de lui qu'il viendrait visiter son neveu, et qu'il lui prescrirait le régime convenable à son mal, après en avoir découvert la cause.

Averrhoès, après avoir adouci par des remèdes physiques l'ardeur et la violence de la fièvre, vint à bout de découvrir quelle était la source morale du mal.

Il étudia le tempérament et les dispositions de Flores, s'entretint avec lui sur diverses matières, chercha à l'amuser et à l'intéresser; enfin, il vint à bout de découvrir qu'une passion vive et une tendre inquiétude l'agitaient fortement.

Il fit part de ses découvertes au soudan de Montorio; et quelques mots qui étaient échappés au prince, soit en dormant, soit dans un de ces moments où l'on croit être seul, ne laissèrent plus lieu de douter que Flores ne fût uniquement occupé de Blanchefleur.

Le roi des Algarves ne fut pas plutôt instruit de ce secret, que, s'intéressant sincèrement à son neveu, il songea à lui procurer la seule satisfaction qui pût assurer son repos et sa santé.

2

Il écrivit au roi de Murcie, qu'il le priait avec instance d'envoyer à sa cour la jeune Blanchefleur. Mais, hélas! loin que cette invitation procurât l'effet désiré, elle acheva de tout perdre. Félix se douta des motifs qui faisaient agir le sultan son cousin; et, craignant les suites que pouvait avoir cette démarche, et préférant à la satisfaction de son fils l'attention qu'il croyait devoir aux soupçons de Mohady, il prit la résolution d'écarter pour jamais la charmante Blanchefleur.

Il la fit enlever secrètement de l'appartement de la reine et la fit conduire jusqu'au port de Carthagène, où il la fit vendre comme esclave à des marchands grecs qui devaient faire voile vers le port d'Alexandrie.

Ceux-ci se crurent trop heureux d'avoir en leur possession une si belle proie, et firent voile vers l'Egypte.

Ce ne fut pas sans un véritable désespoir que la reine de Murcie fut avertie de cet enlèvement; elle accabla en vain de reproches le roi son époux, le coup était frappé.

Sélim, qui en fut bientôt instruit, courut en porter la triste nouvelle à Flores, qui était déjà prévenu, par son anneau, que Blanchefleur était exposée à un nouveau danger : aussitôt il monte de grand matin sur son cheval, armé de l'épée de Kaled et accompagné de Sélim.

Il traversa encore une fois l'espace qui sépare la capitale des Algarves de Murcie; ils y arrivent tous deux à l'entrée de la nuit, et pénètrent, sous l'ombre du plus grand mystère, dans le palais.

Sélim procura au prince une audience secrète de sa tendre mère; la reine le consola, toute affligée qu'elle fût elle-même; elle consentit à ce qu'il cherchât les moyens de revoir Blanchefleur, lui indiqua la route qu'il devait suivre pour la retrouver, et lui fit présent d'un second anneau qu'il porterait toujours avec celui de Blanchefleur, et dont la vertu était de préserver ceux qui le porteraient ou le tiendraient dans leurs mains, de périr par l'eau ou par le feu.

Flores reçut ce présent avec reconnaissance, embrassa sa mère avec tendresse, et partit pour Carthagène, afin de suivre le même chemin qu'avaient pris les marchands d'esclaves auxquels avait été livrée Blanchefleur.

S'embarquer sur un vaisseau génois et voguer sur leurs traces vers l'Egypte, fut un parti promptement pris et heureusement exécuté.

Un vent favorable les porta, pendant quelques jours, du côté d'Alexandrie; mais lorsqu'ils apercevaient déjà les côtes de l'Afrique, une brume épaisse obscurcit l'air; un vent furieux et contraire se déchaîna; le vaisseau en fut longtemps le jouet; enfin il échoua sur une côte inconnue, et sur un fond de sable mêlé de quelques rochers.

Le navire fut fracassé; mais le capitaine et l'équipage, le prince et Sélim se sauvèrent heureusement, partie dans une chaloupe, partie à la nage.

Après avoir marché pendant quelque temps à pied, ils se trouvèrent dans un vallon fertile; et, le temps s'étant éclairci, ils reconnurent que cette contrée était couverte de maisons rustiques, mais dans lesquelles ce qui présente les apparences du luxe et de la misère était également banni.

Aussitôt qu'ils y arrivèrent, de bons et honnêtes paysans s'empressèrent autour d'eux, se doutant que ce sont des étrangers que la tempête de la nuit précédente a jetés sur le rivage prochain; ils leur annoncent qu'ils sont dans un pays où l'hospitalité est heureusement et fidèlement exercée; que ce canton reconnaît pour son chef un homme auquel le souverain être a accordé en même temps tous les talents et toutes les vertus.

On était allé l'avertir; il arrive bientôt lui-même, et donne des ordres prompts pour pourvoir aux besoins de tout l'équipage, se réservant pour lui-même le soin de traiter Flores, Sélim et le capitaine, qu'il reconnaît pour les plus considérables de la troupe.

Après leur avoir, selon l'usage, fait laver les pieds, boire une liqueur propre à les ranimer et les soutenir jusqu'à l'heure du repas, il les invite à se reposer sur les sofas de son salon, qui tenait à sa bibliothèque et à son cabinet, de plain pied avec un jardin qu'il cultivait lui-même : tout paraissait également destiné à l'étude de tous les arts, des sciences et des lettres dans cette maison.

Tandis qu'on préparait le souper, Saady (car c'était le nom de leur hôte) les entretint du bonheur et de la tranquillité dont il jouissait dans ce séjour.

— Je suis né Persan, leur dit-il, dans cette religion ancienne, même primitive, qui, n'adorant qu'un être simple, unique, et étant forcée de le reconnaître dans quelque emblème, a choisi, pour se le représenter, le feu, cet élément vivifiant, dont la chaleur donne la vie à tout ce qui compose la nature, qui absorbe aussi et dévore à la fin tout ce qui est imparfait et matériel, mais qui laisse les esprits jouir de l'immortalité.

Tous les hommes, de quelque pays et de quelque religion qu'ils soient, sont mes frères; je cherche à leur rendre service, de quelque nation, de quelque état, de quelque opinion qu'ils soient.

J'ai passé, de la Perse mon pays, à la cour des califes; j'y ai vécu quelque temps sans ambition et sans désirs, sans rechercher les honneurs et sans les refuser, sans me tourmenter pour avoir des richesses, mais sans être fâché de posséder, par des voies honnêtes, les moyens de faire du bien aux autres.

Les successeurs de Mahomet ont fait assez longtemps quelque cas des talents naturels que j'ai pour la poésie et pour les arts agréables, et j'avoue que j'ai été fort aise de contribuer à leur amusement, et, oserai-je le dire, à leur instruction.

Il fait bon, me disais-je à moi-même, s'employer pour les souverains; les services que l'on rend à ces maîtres du monde sont rendus en même temps à des peuples entiers.

Il y a quelques années que mon faible mérite, qui ne nuisait à personne, déplut à beaucoup de gens; je m'en aperçus, je leur abandonnai la place, et je me suis réfugié dans ce canton écarté, et je fais du bien que personne n'envie. Voilà mon histoire en peu de mots.

O vous, hommes qui m'êtes chers! qui que vous soyez, si vous voulez dès aujourd'hui me faire part de vos aventures et de vos malheurs, je n'aurai rien de plus pressé que de les soulager.

S'il vous convient mieux d'attendre à demain, j'y consens; gardez même votre secret tout-à-fait, si vous voulez, mais soyez sûrs que quand vous voudrez me le confier, vous le déposerez dans un cœur sensible.

Le capitaine du vaisseau, encouragé par Saady, lui conta volontiers toutes ses aventures, la perte du vaisseau, et Saady lui promit de nouveaux secours.

Quant à Flores et à Sélim, ils lui promirent de lui ouvrir leur cœur le lendemain.

Le souper s'étant trouvé prêt, Saady engagea ses hôtes à se délasser avec gaîté des fatigues de la mer et de la tempête. A la fin du repas, Saady, voulant leur donner un léger essai de ses talents, prit son luth et chanta des vers dans cette langue persane qui est renommée dans tout l'Orient comme la seule propre aux grâces de la poésie, dans laquelle Saady était un grand maître (1).

Le lendemain matin, lorsque Saady jugea que ses hôtes devaient être assez reposés, il se rendit auprès d'eux; mais Flores le devançant, lui proposa de se promener dans ses jardins et ses vergers, lui promettant qu'en même temps qu'il en admirerait les beautés, il ne lui cacherait rien de son état et de ses aventures.

En effet, le prince lui fit alors confidence de son amour et de l'objet de son voyage. Le sage Saady l'embrassa tendrement et l'assura qu'il s'intéressait à sa situation; il ajouta qu'il ne doutait pas que Blanchefleur n'eût été vendue par les marchands qui l'avaient enlevée, au soudan d'Egypte et qu'elle ne fût renfermée dans le château de ce soudan où il tenait son sérail et qui était situé sur le bord du Nil, entre la ville d'Alexandrie et le grand Caire.

— C'est de ce côté, prince, que vous devez tourner vos pas, lui dit-il, et, quoiqu'il soit difficile de savoir précisément si votre amante est enfermée dans cette tour, encore plus difficile d'y pénétrer, je peux du moins mieux que personne vous en indiquer les moyens.

Heureusement le soudan d'Egypte est engagé, vers l'Ethiopie, dans une guerre assez vive pour vous donner lieu d'espérer qu'il ne reviendra pas de sitôt.

Le gardien sévère des femmes destinées à ses plaisirs s'appelle Mozab : il fut autrefois mon esclave, et il prit auprès de moi le goût le plus décidé pour ce jeu qui doit vous être bien connu, celui des échecs. Il s'imagine y être devenu fort habile; vous pourrez tirer parti de ce que je viens de vous apprendre; et, pour achever de vous mettre en état d'en profiter, je vais vous détailler quelques autres circonstances concernant le château du soudan et mon ancien esclave noir Mozab.

Alors Saady acheva de mettre Flores au fait de tout ce qui pouvait faciliter la réussite de son projet; et, le jeune prince ayant la plus vive impatience de tenter son aventure, son départ fut résolu pour le lendemain.

CHAPITRE XVII

Comment le noble jeu des échecs et beaucoup d'argent peuvent servir d'échelles pour escalader les murs d'un harem.

Heureusement Sélim avait sauvé du naufrage une somme considérable, que nos deux voyageurs transportèrent avec eux à Alexandrie; au reste, ils n'y voulurent entrer que sur le pied de deux marchands ou voyageurs Maures.

Flores n'y séjourna pas longtemps, mais, y ayant laissé Sélim, il s'achemina bientôt du côté du fatal château, n'étant armé que d'une zagaie et ayant sur le poing un faucon. A quelque distance il le lâche, et l'oiseau prenant son vol du côté du château même, le prétendu voyageur s'approche de la barrière et paraît vouloir la franchir pour suivre son faucon.

Une troupe armée sort d'une caverne, l'entoure, l'arrête et le conduit dans une maison bâtie près de la porte de la citadelle. Un noir, richement vêtu, qui paraît commander à cette troupe, s'avance et s'écrie :

— Malheureux! quel dessein, quelle témérité te fait chercher ici la mort?

— Seigneur, lui répondit avec douceur Flores, je suis un étranger qui n'ai vu qu'une fois encore lever le soleil dans Alexandrie ; ce matin, je m'amusais à faire voler un faucon que je voulais essayer, son vol m'a conduit dans cette plaine ; la douceur des mœurs qui règnent, dit-on, sous le gouvernement des ministres du soudan Mirzabey m'ôte toute crainte, et vous êtes trop juste pour punir un crime involontaire, si mon ignorance m'a fait transgresser les ordres que vous avez pu donner.

Mozab (car c'était en effet l'ancien esclave de Saady), Mozab s'adoucit à ces mots :

— Jeune étranger, dit-il, je veux bien te croire, et même je reconnais à ton accent que tu n'es pas né sujet de Mirzabey ; mais je veux savoir quel dessein te conduit dans ses Etats...

— Vous serez peut-être surpris, lui répond Flores, qu'un motif en apparence aussi frivole que celui que je vais avouer m'ait fait franchir les mers et conduit à Alexandrie.

Je suis né dans le royaume de Murcie, où le célèbre jeu des échecs est dans le plus grand honneur;

---

(1) Nous n'en disons point trop ici, en assurant que le Persan Saady était un grand poète et un grand philosophe ; nous avons des traductions françaises de ses ouvrages, partie imprimées, partie manuscrites.

mon père passe pour être l'adversaire le plus redoutable à ce jeu. En effet, depuis qu'il m'a communiqué son savoir, je ne trouve plus dans les Espagnes de joueur qui puisse me résister. La renommée, ou vraie ou fausse, m'ayant appris que je trouverais à Alexandrie des gens assez habiles pour s'éprouver contre moi, j'ai pris beaucoup d'or et de pierreries, et je brûle d'impatience de me trouver aux mains avec le plus savant d'entre eux.....

— Vous n'irez pas plus loin, s'écria Mozab en laissant paraître une joie vive dans ses yeux.

— A ces mots, il dit au commandant de la garde :

— Cet étranger n'est point coupable, il n'a pu, dans si peu de temps, connaître la loi des limites; retirez-vous, je le prends sous ma garde et j'en réponds.

Alors il tend la main à Flores d'un air affable et le conduit dans sa maison ; il fait apporter du sorbet et des fruits, et tandis que Flores prend un léger rafraîchissement, il prépare lui-même la table et l'échiquier.

Flores tire une longue bourse qui contenait cinq cents besans d'or; Mozab les regarde d'un œil avide, il apporte sur-le-champ une somme égale, il tire le trait, Mozab le gagne et la partie commence.

Flores, en effet, avait acquis au jeu la plus grande supériorité pendant son séjour à Montorio. Ce jeu plaît souvent aux âmes sensibles qu'une grande passion occupe ; il ne les tire point d'une douce mélancolie; il plaît également aux esprit justes qui préfèrent s'occuper aux combinaisons si nécessaires à ce jeu, plutôt que de s'endormir dans des conversations si souvent futiles où la société les entraîne.

La partie se soutient quelque temps avec égalité; mais au moment où Mozab se croit sûr de la victoire, Flores sacrifie deux pièces, et fait échec et mat avec une troisième.

Mozab est aussi surpris qu'affligé, mais son amour-propre le ranime, il court à son bureau, il tire une bourse de mille besans d'or et la propose à Flores contre les deux sommes dont il le voit possesseur.

Mozab éprouve le même sort dans cette partie et s'écrie avec une espèce de désespoir :

— Ah ! Saady, Saady, vous ne m'en avez pas assez appris !

Ce nom si cher à Flores lui rappelle les avis de ce sage.

— Seigneur, dit-il à Mozab, mon arrivée imprévue, la chaleur du jour, le jeu nouveau d'un étranger, tout a pu vous distraire ; ah ! seigneur, que le bonheur que j'ai de me trouver près de vous ne soit point troublé par des regrets. Permettez-moi de me conformer à l'ancien usage de l'Orient, quand on paraît pour la première fois devant un personnage respectable : daignez accepter ces deux mille besans d'or que j'ose aujourd'hui vous offrir, je ne vous demande d'autre prix que d'être admis dans votre société et de recevoir de vous les nouvelles leçons que je vous juge en état de me donner.

Par Mahomet et les vingt-quatre mille prophètes ! s'écria Mozab, vous êtes le plus généreux et le plus aimable des mortels; soyons amis. Le jour s'avance, il faut que je me retire dans le sérail ; mais de grâce revenez demain dîner avec moi.

Flores n'insiste pas; il voit qu'il en a fait assez pour une première fois, et qu'il peut compter assez sur l'avarice et l'amour-propre de Mozab, pour ne pas se promettre encore un plus grand succès. Il remonte à cheval; et ce n'est pas sans soupirer et sans verser des larmes, qu'il contemple les tours et les murs élevés qui dérobent Blanchefleur à ses regards.

Il revient à Alexandrie, où Sélim était agité par la plus cruelle inquiétude. Il lui raconte son aventure avec Mozab.

— Ah ! j'espère voir Blanchefleur par son secours, s'écria-t-il ; puissé-je jouir de ce bonheur, quand ce ne serait que pour un instant, et quand je devrais mourir à ses pieds !

Sélim commence à entrevoir quelque espérance pour Flores ; et, croyant bien qu'il ne réussirait pas à le détourner de ses desseins, il l'exhorte seulement à se conduire avec prudence.

Flores repart le lendemain matin ; il vole à la maison de Mozab qui le reçoit dans ses bras. Bientôt la table pour les échecs est préparée. Cependant Mozab, qui sent la supériorité que Flores a sur lui, craint de perdre les besans d'or qu'il a gagnés la veille. Il ne lui propose d'en jouer que cinquante; et cette fois-ci Flores se contente de le mettre quelquefois en danger, et finit par le laisser gagner.

Flores perd ainsi cinq cents nouveaux besans ; il tire une bourse tissue d'or et de soie, dont un beau diamant serre le nœud; il l'attache lui-même à la ceinture de Mozab, et convient que son père, quoique le plus habile joueur de toutes les Espagnes, ne pourrait lui résister. Mozab, enchanté de Flores, le comble de caresses, et lui jure un attachement à toute épreuve.

Les esclaves couvrent bientôt la table de mets excellents, de pilau rempli de poulets et cuit au jus de racines, et de pâtes fines saupoudrées de fromage et de safran. Flores se livre de si bonne grâce aux plaisirs de la table, que Mozab redouble d'amitié pour lui. Un des esclaves reçoit un signe de son maître; on ôte les plats; on couvre de nouveau la table de confitures sèches, de pâtes épicées et de tablettes ambrées. Un nouveau signe fait retirer les esclaves.

Mozab se lève, ferme la porte, ouvre une armoire; il y prend des flacons remplis des vins délicieux de Schiras et d'Alexandrie ; il les apporte lui-même avec des coupes de cristal.

— Cher étranger, dit-il à Flores, nous sommes en liberté, jouissons sans crainte du seul plaisir que je puisse goûter; votre présence l'augmente, et me fait oublier les malheurs de mon état.

Flores se prête à ses désirs; et bientôt les vapeurs agréables du vin augmentent la gaîté.

Flores se ménage, et dispose par degrés son hôte à n'avoir plus rien à lui refuser. Mozab chante une chanson dans la langue de Nubie, sa patrie, et contrefait les sorciers de son pays, en faisant des grimaces affreuses. Son turban tombe et se salit ; il veut l'entourer d'une nouvelle mousseline, et s'y prend avec maladresse. Flores enlève le turban de ses mains, il le noue ; et, tirant de sa bourse une riche agrafe de diamant, il en arrête le nœud avec ce bijou, et présente ainsi le turban à Mozab.

Ébloui, surpris par l'éclat et la richesse de ce nouveau présent, Mozab se lève :

— Par Allah! dit-il à Flores, qui pouvez-vous être, pour faire des présents dignes de l'empereur des croyants?

Flores, qui voit qu'il a conduit Mozab au point qu'il désire, n'hésite plus à se découvrir; il lui avoue sa naissance, son amour pour Blanchefleur, et lui demande de lui conserver la vie en lui procurant l'occasion de la voir.

Mozab est d'abord effrayé de cette proposition ; mais l'amoureux Flores tire une chaîne de diamant, la jette à son cou, l'embrasse : Ah! mon cher Mozab, s'écrie-t-il, soyez désormais tout entier à Flores, ou je vais me percer le cœur à vos yeux.

CHAPITRE XVIII

Comment dans une corbeille on peut prendre son mal en patience si l'on obtient au débotté une honnête récompense.

Attendri par le vin de Schiras, et séduit par l'or et les diamants, Mozab ne peut résister plus longtemps. Je me rends, lui dit-il ; je consens à remettre mon sort en vos mains: mais comment puis-je, au milieu de cent jeunes beautés, connaître celle qui vous est chère?

On s'imagine sans peine avec quel feu Flores peint sa chère Blanchefleur ; rien n'échappe à la mémoire et à l'imagination éclairées par l'amour.

Que de perfections ne se plut-il pas à peindre! Les plus petits détails ne furent pas négligés. Il n'oublie pas même l'empreinte d'une fleur de violette qui relevait la blancheur du bras de Blanchefleur. Mozab la reconnaît à ce signe, et lui dit :

— Espérez tout de mon zèle à vous servir. Celle que vous venez de me peindre est en effet la plus belle des cent odalisques ; c'est une esclave chrétienne amenée depuis un mois : non-seulement elle efface ses compagnes par sa beauté ; mais, ayant paru parmi celles que je soumets à l'épreuve de la fontaine, à peine la fleur qu'elle avait cueillie en eut-elle touché l'eau, que cette eau, devenue plus brillante, parut répandre la lumière dans le bassin.

C'est elle qui jouit maintenant des honneurs de la corbeille, et tous les matins je la fais porter chez elle pleine de fruits et de fleurs, qu'elle distribue comme il lui plaît à ses compagnes. Je consens à tout risquer pour vous ; je ne vous demande point si vous avez le courage de vous exposer aux plus grands périls.

Tous les matins, au lever du soleil, on m'apporte les fruits et les fleurs dont la corbeille doit être remplie; je ne m'en rapporte à personne du soin de les préparer ; je peux vous cacher dans cette corbeille, vous couvrir de fleurs, et vous faire porter jusque dans la chambre de Blanchefleur par des esclaves noirs, qui, par leur état, hélas! sont sous mes ordres, et qui, tous les jours, sont chargés de ce soin.

Flores le serre dans ses bras, les larmes aux yeux. Il feint de retourner à Alexandrie, se cache dans un bois voisin, renvoie son cheval à Sélim, en lui écrivant de n'être point inquiet de son absence; et vers la nuit il retourne à la maison de Mozab.

Ce chef des noirs était rentré dans l'enceinte du sérail; mais un esclave sûr et fidèle attendait Flores : il le reçoit, le cache, et vers la pointe du jour il le fait revêtir d'une étoffe légère, tissue de différentes soies assorties à la verdure, au coloris des fruits et des fleurs qui doivent remplir la corbeille.

Mozab devance l'aurore pour revenir dans sa maison; il instruit Flores de tout ce qu'il doit faire pour n'être pas découvert. Les Bostangis apportent tout ce qu'ils ont cueilli pour remplir la corbeille : Mozab loue leur zèle, les renvoie; il fait coucher Flores au fond de la corbeille ; il arrange les fruits de façon à ne le pas trop charger, et les fleurs avec tout l'art nécessaire pour qu'il en soit exactement couvert.

Quatre forts esclaves sont appelés; Mozab les charge de la corbeille : ils entrent dans l'enceinte redoutable du sérail; ils vont la déposer dans la chambre de Blanchefleur; et, après avoir frappé trois fois la terre de leur front devant elle, en s'écriant autant de fois en arabe : « Fleur de pudeur et de beauté, » ils lui laissent la corbeille, et se retirent.

Qui pourrait exprimer l'état de Flores en se trouvant si près de celle qu'il adore, en écoutant cette voix dont tous les accents pénétrèrent toujours son cœur? Mais cette voix lui fait connaître que Blanchefleur n'est pas seule, et le force au silence et à rester comme immobile dans la corbeille.

Blanchefleur, en effet, était alors avec une de ses compagnes nommée Colonna. La conformité de leur religion, de leur âge, de leurs malheurs et de leur beauté, les avait d'abord rapprochées. Les charmes et la sûreté du caractère de Colonna, l'avaient bientôt rendue l'amie et la compagne de Blanchefleur ; et l'une et l'autre ne s'étaient caché ni leur naissance, ni le secret de leur âme.

Colonna, fille du plus grand seigneur du royaume de Naples, avait été enlevée par des pirates, au moment où son père l'envoyait dans l'Étrurie pour la marier avec un prince descendu de la famille des Scipions, qui s'était soumis à ce beau pays, et qui régnait alors dans la belle ville de Florence.

Colonna, élevée par des vierges consacrées à la retraite, n'avait vu que pendant peu de jours le palais de son père : son cœur n'avait encore rien aimé; mais ce cœur sensible était bien vivement ému lorsque Blanchefleur lui peignait les charmes de l'amour, et le bonheur dont elle avait joui dans son enfance près de l'aimable Flores.

Colonna n'aimait donc point encore ; mais le vide de son âme était, pour ainsi dire, rempli par les aveux et les sentiments de son amie. Elle croyait connaître Flores dans le portrait sous lequel Blanchefleur aimait à lui représenter ses traits ; peut-être même regrettait-elle en secret que personne n'eût encore fait sur elle une impression si douce.

Le jour où Flores fut introduit au sérail dans la corbeille, Blanchefleur et Colonna s'étaient réunies avant l'aurore ; l'une ne se lassait point de parler de son amant, l'autre se plaisait à parler sans cesse de l'amour.

Cependant Blanchefleur ne regardait la corbeille qu'avec indifférence ; elle aimait trop Flores pour ne pas désirer quelquefois de ne plus mériter ces vains et stériles honneurs.

Colonna, dont le cœur n'était pas fixé, aimait à se parer des fleurs qu'elle contenait, et se plaisait à choisir les plus beaux fruits pour les offrir à son amie.

Elle s'approche de la corbeille, elle écarte les fleurs ; elle voit un bel ananas, elle plonge son bras pour le saisir : dieux ! quelle est sa surprise ! elle touche une main ! elle entend un profond soupir ! Son premier mouvement fut de faire un grand cri : des esclaves accourent ; mais Colonna qui, sur-le-champ, ne doute plus que cette corbeille ne cache quelque grand mystère, les arrête.

— Un taon, leur dit-elle, s'est élancé de ces fleurs jusqu'à mon sein sans me piquer ; ce n'est rien, retirez-vous.

Elle ferme la porte avec soin, et fait part de sa découverte à Blanchefleur qui frémit, mais qu'un attrait puissant entraîne à cette corbeille.

Flores se débarrasse aussitôt des fleurs qui le couvrent, se jette à ses genoux : c'est aux amants fortunés à se peindre leurs transports mutuels.

Colonna apprit alors que son imagination ne l'avait point trompée, et que le bonheur le plus pur est celui d'aimer et d'être aimé.

Cependant la position des deux aimables esclaves était bien périlleuses ; et même à peine osaient-elles concevoir quelque espérance de faire sortir Flores d'un lieu redoutable, où l'inflexible dureté des noirs et leur vigilance ne pouvaient être ni séduites ni trompées.

Flores ne se dissimule point le péril et les obstacles qui l'environnent ; il se jette une seconde fois aux genoux de Blanchefleur :

— O maîtresse de ma vie ! s'écrie-t-il, je suis prêt à te perdre pour toujours ; et quand Mozab pourrait me faire sortir du sérail comme il m'y a fait entrer, je n'en sortirais que pour me donner la mort. Cède à ma prière, saisis le seul moyen de me sauver la vie ; accepte sur-le-champ ma main et ma foi. Si je meurs, ô ma Blanchefleur ! que ce soit du moins avec le titre cher et sacré de ton époux. Mais non, j'ose assez espérer de la justice et de la bonté paternelle du Dieu dont je t'ai promis de suivre la loi, pour croire qu'il bénira notre union, et que son bras nous tirera du péril affreux où nous sommes.

Blanchefleur, interdite et pénétrée par tout ce qui peut agiter le plus vivement une âme, lève les yeux au ciel, reste quelque temps en silence ; à la fin elle s'écrie :

— O Flores ! commence donc à mériter les bienfaits de ce Dieu dont tu réclames le pouvoir ; qu'une eau salutaire te mette au nombre de ses enfants, et je te reçois pour époux...

— Imprime-moi de ta main cet auguste caractère, ô ma chère Blanchefleur ! répond Flores avec un enthousiasme surnaturel ; que Flores te doive une nouvelle vie, comme il te devra son bonheur.

Blanchefleur, comme entraînée par une puissance supérieure, prend de l'eau, en verse sur la tête de son amant ; et dès que les paroles sacrées sont prononcées, elle lui donne la main, et tous deux attestent le ciel, en présence de Colonna, qu'ils se reçoivent mutuellement comme époux.

Ces tendres amants réunis enfin par l'heureuse entremise de Mozab, lequel jouait quelque peu sa tête en compagnie de celles de ses protégés, ouvrirent à deux battants les portes du paradis terrestre.

Ils entrèrent dans la vie d'amour tous deux armés pour de grands exploits : Flores, du reste, ne pouvait déchoir ; sa vigueur, son impétuosité n'étaient que les brillantes oriflammes d'une nature profondément passionnée, organisée merveilleusement pour les enivrants transports de la volupté ; aussi, le bonheur de Blanchefleur, inénarrable par elle-même, n'aurait-il pas trouvé d'interprète plus fidèle que ce qui se passait dans le cerveau frais et candide de la jeune Colonna.

Cette vierge d'amour, ignorante de ce beau langage du cœur, ne pouvait, absolument passive, assister à d'aussi émouvantes scènes se succédant à ses côtés.

Son âme palpitante s'accrochait aux lambeaux de soupirs dont le sens lui apparaissait obscur mais attirant ; une impression nerveuse glissait sur la chair nacrée de son torse édénique, et, les bras ouverts, tendus par une contraction nerveuse, elle saisissait l'image fantastique que son imagination dérobait à Blanchefleur.

Elle pleurait sur son isolement à elle pendant la nuit et s'endormait bercée par les modulations d'une musique embaumée de baisers et de pressions paradisiaques.

Les circonstances donnaient à la rencontre des deux élus un attrait âcre et éperonnant, aussi lune de miel ne fut-elle jamais témoin d'un culte plus fervent, plus sincère que celui célébré dans le harem de Mirzabey.

CHAPITRE XIX

Comment la lune de miel devint pour Flores une lune rousse, et où le saint patron des Espagnes tira les deux amants d'un bien mauvais pas.

Mozab était convenu que Flores, à la fin de la lune, se remettrait au fond de la corbeille, et que, selon un autre usage du sérail, Blanchefleur le couvrirait de cafetans, de ceintures et de turbans, pour être portés dans sa maison et distribués en présent aux gardiens du sérail.

Flores, par le moyen de Mozab, fit porter une lettre à Sélim, dans laquelle il lui raconta tout ce qui s'était passé; la lettre pour Sélim en renfermait une autre pour la reine de Murcie; Sélim la fit partir sur-le-champ par exprès.

L'heureux prince passa donc le cours de cette lune caché et nourri avec le plus grand secret dans l'appartement de sa nouvelle épouse. Pendant ce temps, Sélim prenait des mesures pour qu'après que Flores serait sorti du sérail, il pût faciliter aussi la délivrance de Blanchefleur et de Colonua.

Mais, hélas! la princesse n'avait pas encore épuisé tous les malheurs auxquels les vœux indiscrets de son père et de sa mère l'avaient destinée dès sa naissance.

Mirzabey, après avoir battu plusieurs fois les Ethiopiens, et les avoir poussés presque jusqu'aux extrémités de la mer Rouge, avait formé le siége d'Ormuz; prévoyant que la place coûterait trop de sang en l'attaquant de vive force, il se contenta de la bloquer.

Le soudan, ennemi du repos, laisse le commandement de son armée à ses généraux; il part avec une suite très peu nombreuse, à laquelle il ordonne même de s'arrêter dans la ville du Caire; et la nuit suivante, accompagné d'un seul domestique fidèle, il part sur un cheval très vite, et se rend à Alexandrie couvert de l'habit d'un Tartare kalmouk, et s'étant peint le visage de manière à le rendre aussi hideux que ceux de ces barbares.

Il voulait, à l'imitation de plusieurs célèbres califes, connaître sous ce déguisement si la justice était observée, et ce que ses sujets pensaient de son administration et de ses ministres. Le bon ordre que Mirzabey vit régner dans Alexandrie le satisfit.

Quoique aucun sentiment, ni même la simple volupté ne l'attirassent à son sérail, la curiosité de savoir si la loi de l'épreuve des eaux de la fontaine était observée, lui fit prendre la résolution de s'en assurer par lui-même.

Il envoie l'esclave qui le suivait aux premiers poteaux des limites. Cet esclave demande à parler à l'un des chefs de quartier du sérail, qu'il connaît pour être d'une discrétion impénétrable. Ce noir arrive; l'esclave l'entretient en secret, et l'amène au soudan qui lui déclare la volonté qu'il a d'entrer dans le sérail, sans que personne puisse le reconnaître.

Le noir fait faire promptement un habit pareil au sien pour le sultan; il lui teint la peau en noir, et le présente à Mozab, en disant qu'il lui amène un de ses compatriotes pour en remplacer un autre qui est mort pendant la dernière lune. Il est agréé sans trop d'examen; le soudan passe la nuit dans la chambre de son prétendu camarade, et le lendemain matin ils se rendent tous deux à la fontaine de l'épreuve.

Il était d'usage que l'odalisque qui avait joui des honneurs de la corbeille pendant le cours de la lune, fût la première à répéter la même épreuve. Mirzabey voit arriver Blanchefleur à la tête de ses compagnes, il est surpris et presque ému par sa beauté.

Ces jeunes personnes se répandent dans les parterres, elles cueillent chacune une fleur, que plusieurs d'entre elles portent, en rougissant, et d'une main mal assurée : Blanchefleur choisit une rose d'une blancheur éclatante; elle la jette dans la fontaine dont l'eau reste claire et pure; mais la rose, de blanche qu'elle était, devient de l'incarnat le plus vif; et une seconde rose semblable paraît à côté d'elle, et comme sortant de la même tige.

Ce prodige répand la terreur parmi les gardiens du sérail du soudan. O Mahomet! s'écrièrent-ils, le sérail est profané. Sur-le-champ chaque odalisque est saisie par deux noirs qui l'entraînent dans sa chambre. Mirzabey et celui qui l'accompagne se saisissent de Blanchefleur; une troupe de noirs armés s'empare des avenues de son appartement; ils le visitent, et Flores est découvert.

Mirzabey, irrité de l'audace du jeune téméraire qui ose violer un lieu si redoutable, se livre tout entier à la vengeance; il se fait connaître, et tout le sérail, tremblant et consterné, tombe aux pieds de son maître.

Le soudan, furieux, ordonne qu'à l'instant on allume un bûcher, et condamne Flores et Blanchefleur à mourir ensemble dans les flammes. Flores se ressouvient alors de l'anneau qu'il tient de sa mère; et, se servant de la langue espagnole qui n'est point entendue en Egypte, il presse vainement Blanchefleur de le recevoir. La langue dont ces époux infortunés se servent, fait croire qu'ils sont chrétiens, et ce soupçon ne fait qu'accélérer leur supplice.

Flores, qui, étant d'origine Maure, parle également bien arabe, conçoit quel est le soupçon du soudan :

— Oui, nous sommes chrétiens, lui dit-il; et nous sommes unis par des liens sacrés. Satisfais ta vengeance; mais sois assez généreux pour ne pas nous humilier par les chaînes que tes esclaves préparent. Sois témoin du courage qu'inspirent la religion que nous professons, le sang qui coule dans nos veines, et la patrie qui nous donna le jour.

Mirzabey, qui veut voir jusqu'où ces deux époux porteront la constance, ordonne qu'on les laisse libres; alors ils se prennent par la main, ils lèvent les yeux au ciel, ils invoquent le Dieu des chrétiens qui connaît leur innocence; ils entrent dans l'enceinte du bûcher : chacun des deux tient une moitié de l'anneau.

Le sultan donne l'affreux signal de leur supplice; vingt torches à la fois allument le bûcher : la flamme s'élève de toutes parts, enveloppe les deux époux, et les dérobe presque en entier aux regards de ces hommes cruels.

Mais ce moment était le dernier de ceux où Blanchefleur devait être infortunée. Sans doute que le saint patron de l'Espagne intercéda pour celle dont il avait procuré la naissance; sans doute qu'il représenta que l'amour le plus vif n'avait jamais altéré la foi dans l'âme de la princesse de Ferrare, et que cet amour avait converti à la foi chrétienne le prince de Murcie. Les flammes s'abaissent peu à peu et laissent voir à Mirzabey les deux jeunes époux sains et vermeils au milieu des flammes; tous deux levaient les yeux vers le ciel, tour à tour se regardaient avec tendresse.

CHAPITRE XX

Comment les anneaux magiques s'en vont quand la besogne est faite, et conclusion souhaitable à tous les amoureux du monde.

Non-seulement le soudan est surpris de ce nouveau prodige, mais son cœur fut attendri.

—Venez, leur dit-il, en leur tendant la main, venez, heureux amants que le ciel protége; vous êtes libres, et Mirzabey veut être votre ami.

Flores et Blanchefleur sortent du bûcher et s'approchent du sultan avec un air noble et modeste. Mirzabey les embrasse, les prend par la main, et les conduit dans son propre appartement.

Des bains sont préparés; le sultan, en sortant du sien, reprend les marques de sa dignité, et les jeunes époux, couverts des habits somptueux qu'il leur a fait porter, viennent le joindre dans son cabinet.

Tous deux lui racontent l'histoire de leur vie, et Flores ne lui cache plus sa naissance.

— Ah ciel ! s'écria Mirzabey, pourquoi ne me pas faire connaître plutôt que celui dont je croyais punir l'audace était le fils du roi de Murcie et le descendant du grand et victorieux Kaled? Quelles grâces ne te dois-je pas rendre, ô saint Prophète! d'avoir sauvé leurs jours!

Mirzabey les embrasse de nouveau, leur offre ses secours, et de les conduire à la tête de cent mille combattants partout où leur volonté les appellera.

La première faveur que Blanchefleur lui demande, c'est la grâce de la jeune Colonna, et Flores le supplie d'envoyer chercher son ami Sélim. Mozab court chercher Colonna, l'amène dans les bras de son amie; des courriers volent à Alexandrie, et bientôt Sélim et le visir du soudan arrivent.

— Sage visir, dit Mirzabey, faites écrire en lettres d'or l'histoire de ces malheureux époux, dans les archives de l'empire; rendez la liberté à toutes les esclaves de ce sérail, donnez-leur tous les secours nécessaires, comblez-les de mes bienfaits, et que désormais ce lieu redouté ne soit plus habité par l'innocence malheureuse; que tout partage, en ce moment, la joie que je sens à briser les chaînes de toutes ces jeunes beautés.

A ces mots, toutes les portes du sérail sont ouvertes; on amène des chariots superbes : Mirzabey fait placer dans le sien Flores, Blanchefleur et Colonna, et les conduit en triomphe dans son palais d'Alexandrie.

Au moment où les époux se lèvent pour le suivre, Flores voit les deux anneaux qu'il tenait de sa mère et de Blanchefleur, se réduire en poussière; un bruit extraordinaire, qui semble partir de la fontaine, les engage à l'observer de plus près. Ils voient l'eau du bassin trouble et sanglante; un nuage noir s'en élève en tourbillon : ce nuage disparaît, et la fontaine reprend toute sa pureté; mais elle avait perdu sa vertu.

La destruction de ces deux espèces d'enchantements était attachée à la fin des malheurs que Blanchefleur devait éprouver.

Mirzabey donne chaque jour des fêtes aux deux époux, et leur offre sans cesse et ses armées et ses trésors; mais Flores et Blanchefleur n'acceptèrent que deux vaisseaux, sur l'un desquels ils repassèrent en Italie, par le conseil de Colonna, qui ne doutait pas que l'empereur d'Occident ne reçût à bras ouverts cette princesse, fille de l'infortunée Topaze. Sélim s'embarque sur l'autre et retourne à Murcie, informer le souverain de ce pays et la reine, des aventures singulières, mais heureuses, de leur fils.

Ils débarquèrent tous à Civita-Vecchia; il apprennent, en y abordant, que l'empereur vient de mourir et que le clergé, les grands, les sénateurs et le peuple sont divisés pour l'élection du prince qui doit lui succéder.

Ils prennent le parti de déguiser leurs noms et de se rendre à Rome en diligence; ils y arrivent dès le lendemain; le pape leur accorde une audience particulière; Flores et Blanchefleur se jettent à ses genoux, lui déclarent leur naissance, et lui font verser des larmes par le récit des malheurs qu'ils ont éprouvés.

Le saint vieillard admire les décrets du Très-Haut; il leur fait joindre les mains, en bénissant leur union; il implore les grâces du ciel pour ces deux époux.

Parmi le grand nombre de ceux que la mort de l'empereur avait appelés à Rome, Colonne, le plus puissant prince du royaume de Naples, et l'ami particulier du saint-père, était accouru des premiers auprès de lui; il entre dans la salle au moment où Flores et Blanchefleur reçoivent sa bénédiction; soudain il entend un cri perçant, et Colonna sa fille se jette à ses genoux : le saint-père ému raconte à son ami tout ce qu'il vient d'entendre; Blanchefleur se déclare pour l'amie la plus tendre de la jeune Italienne.

Colonne ne perd pas un instant à faire assembler le sénat et tous ceux qui peuvent concourir à l'élection d'un empereur. Le saint-père et lui se présentent à cette assemblée; ils lui font part de la naissance de Blanchefleur, des malheurs de sa mère, et des droits que Topaze avait à l'empire; ils parlent de l'alliance que Blanchefleur a faite, des vertus et de la puissance du prince Flores son époux.

Un murmure favorable s'éleva par degrés pendant le récit du saint-père; ses derniers mots furent interrompus par une acclamation générale, et les Romains proclamèrent Flores empereur d'une seule voix.

De rapides courriers volent en Espagne pour y répandre cette grande nouvelle; Flores en reçut presqu'au même moment un de Sélim, annonçant que Félix n'avait plus que quelques jours à vivre, et qu'une maladie incurable terminait son existence consumée par les remords. Félix lui-même écrivait à son fils :

« Viens, cher Flores, oublie, ainsi que Blanchefleur, toutes mes injustices, et tous les deux daignez fermer les yeux à votre père repentant ! »

Mais avant de pouvoir préparer son départ, Flores reçut la nouvelle de la fin du roi de Murcie, son père.

Le fidèle Sélim assura son prince que le peuple de Murcie était prêt à le reconnaître pour maître, malgré son changement de religion. Mais Flores, bornant son ambition au trône impérial d'occident, renonça à ceux d'Espagne, et les offrit à Sélim, son confident et son ami, comme une juste marque de sa munificence.

La mère de Flores, fière de son titre, puisque toutes ses affections désormais étaient réunies dans le bonheur des deux époux, se mit en marche pour rejoindre en Italie ses enfants.

L'empereur Flores lui fit une réception grandiose, ayant à ses côtés Blanchefleur l'impératrice.

La jeune Colonna choisit pour époux l'élégant et brave Scipion, chef du royaume de Toscane, et ils furent ainsi que les autres héros de cette histoire, pendant de longs et heureux jours, fidèles à leurs serments et à leurs amours.

— 1534 —

FIN DE L'HISTOIRE DE FLORES ET DE BLANCHEFLEUR.

WITIKIND

ou

LA CHANSON DES SAXONS

I

Après le désastre de Roncevaux dans lequel Charlemagne, outre les vingt mille hommes qui composaient son arrière-garde, avait perdu la fleur de ses chevaliers, son neveu Roland et Olivier son compagnon, ne put pas se reposer longtemps; à cet immense revers d'autres revers s'ajoutèrent entrecoupés de quelques triomphes.

Ses ennemis du nord et ses ennemis du midi s'étaient remués et avaient voulu profiter du désarroi résultant de la perte de ses plus vaillants chevaliers.

Witikind, roi des Saxons, fut un de ceux-là. Après avoir fait un traité avec le roi de Danemark, il rassembla une armée, s'approcha du Rhin, assiégea et prit Cologne.

A cette époque le duc Milon gouvernait l'Allemagne au nom de Charles; il fut tué un des premiers les armes à la main; sa femme, ses deux fils, Amaury et Hugon, furent faits prisonniers ainsi que sa fille, laquelle avait nom Hélissan et était la fiancée de Bérard de Montdidier.

Aussitôt la nouvelle de cette invasion de l'Allemagne par les Saxons, Charlemagne quitta les Pyrénées, revint précipitamment en France et s'empressa de réunir l'argent et les hommes nécessaires pour courir sus à Witikind et à ses païens.

Ce ne fut pas sans peine qu'il put obtenir ce qui lui était nécessaire. La taxe de quatre deniers qu'il avait voulu prélever sur chacun de ses vassaux avait fait murmurer le plus grand nombre. Il avait éprouvé la même difficulté au sujet des gens d'armes qu'ils étaient tenus de lui fournir pour la guerre.

Les habitants du Hurepoix surtout furent mécontents et se montrèrent à cette occasion les plus récalcitrants, à ce point qu'ils ne se rendirent à l'armée que lorsque la campagne était déjà fort avancée.

Cependant malgré ces mécontentements, ces mauvaises volontés, ces discussions, ces refus, l'empereur parvint à réduire les prétentions de ses vassaux et à rassembler sa formidable armée, qui prit bientôt position sur la rive gauche du Rhin, en face de l'armée de Witikind, l'un des six rois de la Saxe.

L'endroit choisi pour l'établissement de son camp par le chef des saxons, était situé entre le Rhin et la ville de Trémoigne; et là les différents princes venus de tous les pays et parlant divers langages, déployaient, en attendant le combat, un luxe d'armes et de chevaux tout-à-fait oriental.

L'armée de Charlemagne n'était pas moins brillante et, à son luxe, elle joignait l'élégance et la fanfaronnade des manières. Il n'était pas de jour où les plus jeunes et les plus beaux chevaliers de cette armée ne vinssent faire caracoler leurs destriers sur les rives du fleuve, au grand courroux des chevaliers saxons, et à la grande joie des dames saxonnes.

II

Witikind, parmi les tentes de l'armée saxonne, en avait fait dresser une pour sa femme Sébile, belle entre toutes les belles, laquelle s'occupait beaucoup plus de ce qui se passait de l'autre côté du Rhin que de ce qui se passait dans le camp de son mari.

Il est vrai qu'elle était poussée à cette préoccupation de tous les instants par la belle Hélissan, dont on lui avait confié la garde depuis qu'elle avait été faite prisonnière à Cologne. Celle-ci, toute préoccupée de son fiancé Bérard de Montdidier, n'avait pas manqué de parler de lui à la reine. Sébile, ainsi que des principaux chevaliers de l'armée de Charlemagne, et entre autres du duc Baudoin, neveu du roi et frère de Roland. Sébile regardait donc l'armée ennemie avec une curiosité très vive.

— Lequel de tous ces chevaliers est le neveu de Charles, dont nous avons tant parlé hier? demanda Sébile. Tu m'en as fait de telles louanges, que je désire vivement le connaître.

— Madame, répondit Hélissan, je ne saurais vous le cacher, je connais très bien son écu et son cheval; et s'il vous occupe, vous ne devez pas vous en vouloir, car vous ne pourriez vous attacher à un plus haut amour.

Sébile la regarda et se mit à rire de bon cœur.

Pour Witikind, loin d'être aussi enchanté que sa femme à la vue des Francs, il éprouvait une sourde colère. L'un de ses acolytes, Elcorfaux, s'en aperçut et l'engagea à se mettre sur ses gardes. On assembla un conseil, et Witikind consulta ses généraux.

— Sire, par Mahomet, dit Anfarz le Danois, ce serait folie de combattre à force ouverte les Français. Leur armée est nombreuse, ses besoins seront grands, laissons-la épuiser ses ressources. Après l'été viendra le froid. On les trouvera morts dans les champs; et quelque riche que puisse être Charlemagne, il ne tiendra pas ainsi dix mois sur le bord du Rhin.

Ce conseil parut bon. Witikind devint pensif, et Adanz d'Alénie prit la parole pour s'opposer à la temporisation et proposer au contraire de passer tout-à-coup le Rhin et de combattre.

La belle Sébile était présente au conseil :

— Sire, dit-elle à son époux, je crois pouvoir vous donner un meilleur avis. Si vous voulez tendre des embûches aux Français, et surprendre les Français, vous pourriez faire élever mon pavillon près de la rive du Rhin, et j'y conduirais autant de mes compagnes que vous le jugeriez à propos. Regards de belles dames font entreprendre bien des folies ! or, quand les Français vous verront nous éloigner, il leur arrivera souvent de descendre à notre bord, pour nous faire la cour. Alors vous reviendrez à toute bride, et les marchés qu'ils viendraient faire pourraient leur coûter cher.

Witikind trouve ce stratagème excellent; et sa femme, toute joyeuse, fait aussitôt dresser son pavillon avec sept tentes autour, qu'elle garnit des plus belles femmes et filles nobles de sa cour, sans oublier sa chère et fidèle Hélissan.

— Mesdames, dit alors la reine, dès que ce petit camp féminin est posé, nous voilà bien placées maintenant pour voir les Français; si quelqu'un d'eux s'approche, que celle qui a un ami ne le trompe pas, mais qu'au contraire elle l'introduise souvent dans sa tente pour causer et faire la cour. Que vaut la beauté des femmes si elles ne l'emploient pas quand elles sont jeunes?

— Madame, dit la belle Marsebile à la reine, c'est bien vous qui êtes la maîtresse, vous qui nous enseignez si bien.

Charlemagne, dès qu'il sait et a vu que la reine et ses dames peuvent et désirent voir ses guerriers, ordonne à ceux-ci de se mettre sous les armes, de se couvrir de ce qu'ils ont de plus éclatant et de plus précieux, pour faire une cavalcade, en portant des faucons et des éperviers sur le poing. Quinze mille cavaliers se mettent donc en marche pour suivre le courant du fleuve, et Baudoin chevauche le dernier, caracolant sur son cheval et faisant aller au vent son gonfalon de soie.

Alors la reine Sébile, Hélissan de Cologne, et Marsebile au regard fier, s'avancent sur la grève opposée pour voir défiler l'armée française. Plus elles regardent, plus elles prennent de plaisir.

— Madame, dit Hélissan à Sébile, voyez-vous ce beau chevalier?

— Je vous puis assurer que je n'en ai jamais vu de plus beau; qui est-il? Hélissan, vous devez le savoir?

— Je ne saurais vous le céler, dit la demoiselle, c'est le neveu de Charlemagne, le fils de la sœur germaine du roi. Ses frères d'armes furent Roland et Olivier; il n'y a pas de meilleur chevalier que lui en France.

— Hélas! dit la reine, quel souhait ne puis-je faire en ce moment! l'eau est si basse qu'on peut voir le gravier; il pourrait s'approcher et venir nous parler.

III

Quoique Baudoin portât avec grâce son écu et son enseigne, et bien qu'il eût aperçu le camp des dames, il ignorait encore que la reine l'aimât. Pour Sébile, elle le regardait avec tant d'amour, qu'au fond de son cœur elle maudissait son seigneur Mahomet et reniait déjà sa foi. Enfin elle s'adressa à sa confidente Hélissan :

— Belle, lui dit-elle, vous que j'aime tant, faites signe au neveu de Charles, afin qu'il entreprenne avant tout autre, et pour l'amour de moi, de traverser le Rhin; il n'aura aucune raison de se plaindre à vous de ce qu'il aura fait pour moi.

— Alors Hélissan s'écrie à haute voix :

— Baudoin, neveu de Charles, ne craignez aucune embûche; la reine Sébile vous engage de passer le Rhin le premier; elle sera à vous, à perte et à gain !

— Madame, répondit Baudoin, la voie n'est pas facile; je ne puis trouver un épieu assez long qui touche jusqu'au fond, et personne n'y passera sans qu'il se mouille jusqu'au fond.

Sans être arrêté par l'idée du danger, Baudoin passe le Rhin avec son cheval, et les dames viennent à sa rencontre. Sébile l'accueille la première et lui fait, ainsi qu'à elle-même, le plus étrange des compliments :

— Jamais, lui dit-elle, vous n'avez péché pour une si noble Vaudoise.

Cependant Baudoin, tout mouillé, s'avance sur le

gazon. La reine, qui ne le quitte plus, s'empresse de lui dire qu'elle lui doit une grande récompense.

— Mais madame, répond Baudoin, il n'y a pas encore de quoi; je ferai désormais tout ce que je pourrai pour vous servir, et vous pouvez compter sur mon âme et mon corps.

— Certes, je ne dois pas vous refuser, reprit la reine, mais je suis vraiment peinée de vous voir ainsi couvert de vos armes.

— Madame, dit Baudoin, les gens de votre loi sont si près de nous qu'il pourrait m'en arriver malheur. Toutefois il me plaît bien de faire quelque imprudence à cause de vous.

Ce disant, il se désarme. Lors la reine et Baudoin commencèrent à deviser d'amour avec autant de confiance que s'ils eussent été fiancés de même patrie. Leur conversation les entraîna un peu au-delà des limites de la prudence, car Baudoin ne la laissait point s'interrompre. Tout-à-coup la fidèle Hélissan entre dans le réduit des amants, en prévenant Baudoin du retour des Saxons.

— C'est Adanz d'Alénie, dit-elle, qui s'approche monté sur un cheval blanc.

Baudoin se lève, reprend ses armes que la reine lui aide à rajuster. Il tue Adanz dont il donne le coursier à Sébile, puis après avoir abattu plusieurs des soldats qui venaient pour venger la mort de leur maître, Baudoin se jette à la nage avec son cheval, traverse le Rhin, et arrive gai et dispos à l'autre bord.

En apprenant cette équipée, Charlemagne, tout en louant son neveu de sa hardiesse et de son courage, lui signifia cependant qu'il ne voulait plus que ni lui ni d'autres de son armée passassent ainsi le Rhin, sous quelque prétexte que ce fût. Baudoin se propose bien de ne pas obéir à son oncle, et de son côté Charles ne se sent pas de joie de ce que son neveu a tué plusieurs Saxons, et obtenu les bonnes grâces de la reine Sébile.

IV

Quelques jours après, Charlemagne arma chevalier le jeune Bérard de Montdidier, qui n'eut pas plutôt reçu cet honneur qu'il s'élança à cheval dans le Rhin, pour aller se mesurer avec les Saxons.

Inquiet de son sort, Charlemagne et tous les barons, y compris son neveu Baudoin, s'arment, montent à cheval et traversent aussi le fleuve à la nage, au nombre de mille. Tous les chefs de l'armée saxonne étaient sous leurs tentes avec leurs femmes, mais armés.

Witikind, attentif à ce qui se passe, monte à cheval et s'élance sur Bérard. Les deux chevaliers brisent leurs lances en s'atteignant, et les soldats saxons se préparent à faire un mauvais parti au jeune et brave chevalier.

Mais les Français, qui ont passé le Rhin, arrivent pour le secourir. Dans le combat qui s'engage, Bérard fait des prodiges de valeur, et Witikind reçoit une blessure de la main de Charlemagne.

Malgré ces exploits brillants, les opérations de la guerre n'avancent pas; et les chefs des Français, des Frisons, des Flamands, des Bretons et des nations diverses qui composent l'armée, portent à ce sujet des plaintes à Charlemagne.

On lui expose le défaut de vivres, les maladies et toutes les privations que l'on supporte en vain depuis trois ans.

— Pourquoi, demande-t-on au roi, les Hurepoix, les Manceaux, les Normands, les Blésois, etc., ne fournissent-ils ni hommes, ni argent pour cette guerre? Qu'ils viennent nous aider, et nous combattrons les Saxons!

Le roi envoya des messagers en France pour solliciter les différentes provinces qui viennent d'être nommées; et il en reçut des réponses favorables, ce qui ranima le courage des chefs et rendit la joie à toute l'armée.

Mais cette joie est troublée tout-à-coup par un avis secret que reçoit Charlemagne. On introduisit près de lui un enfant, que la reine Sébile avait nourri sept ou huit ans.

— Empereur de Rome, dit l'envoyé secret, la reine, dont le cœur n'est pas indifférent, vous fait savoir par moi que, si vous ne voulez pas tous périr, vous devez veiller sur les bords du Rhin, cette nuit. Car hier soir, pendant que les Saxons faisaient la conversation avec les dames, il a été dit et arrêté qu'ils passeront le Rhin, après minuit, pour vous surprendre pendant le sommeil. Mais les dames ne veulent pas que ce projet réussisse.

Une lettre de Sébile confirmait ce que disait l'envoyé; en sorte que l'on pensa à se mettre sur ses gardes. On fit mettre sur pied neuf mille hommes pour veiller près du Rhin, et on en plaça vingt mille en réserve, afin de se défendre vigoureusement en cas d'attaque.

Lorsque Charles se fut entendu avec le duc Naymes de Bavière, au sujet de ces préparatifs, il appela son neveu Baudoin :

— Beau neveu, lui dit-il, je veux te faire plaisir; tu iras cette nuit faire le guet vers la tente de Sébile, et tu commanderas vingt mille chevaliers. Je sais que c'est le poste qui t'est le plus cher.

— Ah! sire, dit Baudoin, je n'ai garde de refuser.

— Et vous, Bérard de Montdidier, continue l'empereur, je vous charge de veiller avec vingt mille Ardennois au gué du Moustier; c'est le lieu où les Saxons ont coutume de passer.

— Sire, répond Bérard, avec l'aide de Dieu, il n'y passera pas un Saxon, qu'il ne le paie cher.

Le soir, après souper, chacun s'apprêta à occuper sa place, et Charlemagne, accompagné de Naymes, visita les postes, parcourut les rangs, encouragea les troupes, et recommanda le plus rigoureux silence.

Pendant la nuit, Charlemagne eût une conversation avec un Saxon, auquel il parla comme s'il n'eût été qu'un simple combattant; et le rusé empereur trouva moyen de lui faire entendre que, loin d'être dans la détresse, comme on le disait parmi les Saxons, Charlemagne et son armée avaient au contraire abondance de tout, et qu'enfin il lui arrivait de nombreux renforts de France, et en particulier les hommes du Hurepoix que l'on attendait cette nuit même.

Les Saxons, conduits par Witikind, passèrent en effet le Rhin au gué du Moustier; mais ils furent reçus par Bérard et sa troupe qui en culbuta et fit noyer cinq cents. Toutefois les deux chevaliers ennemis se rencontrèrent, et le roi saxon fit une blessure au jeune Bérard de Montdidier.

Cependant Witikind est forcé de se jeter à la nage ainsi que ses gens pour échapper aux Français.

Bérard revint avec vingt beaux chevaux d'Orcanie qu'il avait pris à la suite du combat. Sur une louange que Charlemagne lui adressa au sujet de cette prise, Baudoin qui l'entendait et qui était contrarié de n'avoir pas eu l'occasion d'exercer son courage et de faire un si riche butin, dit en parlant de ces chevaux :

— Oh ! je ne les envie pas; les Saxons d'ailleurs en ont encore de plus beaux dans leurs écuries, et qui n'a pas gagné aujourd'hui gagnera demain !

En effet, Baudoin appelle ses écuyers Pincenet et Hélye qui lui apportent ses armes brillantes. Il les revêt, monte son coursier, s'élance dans le Rhin, et vient aborder non loin du pavillon de la reine Sébile.

Tout le monde dans le camp saxon était dans l'abattement. Pensif et le menton appuyé sur sa main, Witikind était sombre, et depuis ce fatal passage nocturne du Rhin, plus d'une demoiselle saxonne pleurait son ami.

Quant à Sébile, tout en faisant triste figure, au fond du cœur elle était pleine de joie. Mais à peine Witikind a-t-il aperçu Baudoin, qu'il appelle son neveu Baudamas.

— Baudamas, lui dit-il, courez sur ce Français qui vient chercher la mort, et tranchez-lui la tête !

Le neveu s'élance en effet sur Baudoin. Un combat furieux s'engage alors entre eux sous les yeux du roi et de la reine; mais Baudamas est blessé, terrassé. Il tombe mort, et le vainqueur passe la bride du cheval à son bras.

Alors, Witikind reste muet et honteux, tandis que Sébile feint de soupirer et de se plaindre.

Cependant, en présence de la reine et d'Hélissan, Baudoin repassa le Rhin avec ses deux chevaux, et vint retrouver Charlemagne.

Dans sa joie de revoir son neveu, le roi lui fit, en souriant, ce reproche :

— Vous êtes trop amoureux de passer le Rhin, lui dit-il.

— Ah ! Sire, répondit le chevalier, tout mon trésor est de l'autre côté; et ce qui paraît si désagréable à tant d'autres, fait mon plaisir et mon bonheur.

—

V

Chacun admira la beauté du cheval qu'il venait de conquérir. Mais, de l'autre côté du Rhin, Sébile et Hélissan s'entretenaient de Baudoin et de Bérard, en vantant leurs prouesses. Elles n'étaient occupées que d'eux.

— Le fils du duc Thierry de Montdidier doit aimer la fille du duc Milon, dit Sébile à Hélissan; et l'amour que vous vous portez est tout naturel. De même Baudoin et moi sommes à peu près dans le même cas. Les deux chevaliers sont compagnons, nous sommes compagnes, et l'une à l'autre nous nous disons l'objet de nos désirs et ce qui ferait notre bonheur.

— Ah ! dit Hélissan, Bérard est de trop haut rang, et mon nom a été rabaissé par la mort de mon père, lorsque je fus emmenée captive de Cologne. Mais vous m'avez rendu ma prison si douce, madame, que je vous en saurai gré le reste de ma vie.

— Laissez ce discours, Hélissan. J'ai mon idée. Bientôt vont arriver les Hurepoix, les Angevins et les Bretons, pour secourir Charlemagne. Les Saxons ne pourront résister à leur nombre et ils seront vaincus. Charles se rendra maître de la Saxe et en fera un royaume; puis il donnera Cologne à Bérard et à vous, et me mènera en France, à Reims ou à Laon, où, après avoir abandonné Mahomet, je recevrai le baptême.

— Madame, dit Hélissan, dans vos distributions, vous retenez pour vous la plus riche part.

Enfin les Hurepoix, les Angevins et les Bretons arrivèrent, et contribuèrent à faire gagner à Charlemagne une victoire importante sur les Saxons; victoire à la suite de laquelle on décida de jeter un pont sur le Rhin, afin de commander le pays ennemi.

En attendant que le pont fût construit, les jeunes chevaliers voulurent toujours traverser le Rhin à leur manière.

Sans rien dire au roi, Bérard de Montdidier, monté sur son beau cheval, se lança dans le fleuve et y fut porté par son coursier, qui semblait connaître l'eau mieux qu'une anguille. Il toucha à l'autre bord, et Hélissan, plus blanche qu'une fleur de lis, et qui ne le cédait en beauté qu'à Sébile, vint au devant de son amant. Le chevalier lui donna un baiser, ce qui fit dire à la reine :

— Bérard de Montdidier, vous savez prendre pays par devant l'Évangile.

Alors Hélissan prit Bérard par la main. Ils allèrent s'asseoir sur l'herbe et parmi les joncs, où ils se donnèrent des témoignages de leur tendresse. Ce spectacle réjouit la reine, qui, en plaisantant, dit :

— Mais, croyez-vous, Bérard, qu'il me paraisse convenable que vous embrassiez ainsi cette demoiselle ?

— Madame, répondit le chevalier, j'y ai quelque droit. Si ma mémoire est bonne, mon père avait coutume de me dire que l'empereur Charlemagne me l'avait promise; Hélissan le sait bien : si elle veut, elle peut le dire; et elle a le cœur trop bien placé pour se faire tort en le niant.

Sébile, curieuse de savoir la vérité, pressa Hélissan qui avoua en effet qu'elle se souvenait de cette promesse.

Témoin du bonheur des deux amants, la reine Sébile fit de vains efforts pour chasser de son esprit le souvenir de son cher Baudoin, et quelque peu de jalousie se glissa dans son cœur. Sous prétexte de s'intéresser à la sûreté de Montdidier, elle l'engagea à se retirer, dans la crainte que les Saxons ne le surprissent, et comme témoignage de la bonne idée qu'elle avait de sa hardiesse et de sa valeur, elle lui fit présent d'un épervier excellent chasseur, qui lui avait été donné la veille, par la femme du roi Aufarz de Danemark.

Bérard reçut ce présent, donna un baiser à son amie, monta à cheval, et partit. Mais, à quelque distance du pavillon de la reine, il se vit barrer le chemin tout-à-coup par le roi de Danemark à la tête de quinze cents Saxons.

A la vue de l'épervier possédé par le chevalier français, le Danois, entrant en fureur, jure par son oiseau qu'il le reprendra, et que celui qui le porte va mourir. Bérard, commençant par donner la liberté à l'animal qui va se percher sur un arbre, après un combat acharné, donne la mort au roi Aufarz, malgré les quinze cents hommes qui se mettent à pleurer leur chef.

Le chevalier français, monté sur son cheval, tenant par la bride celui du vaincu et après avoir rattrappé l'épervier, s'élance dans le Rhin pour rentrer au camp.

Mais, pendant la durée du combat, les deux dames sorties de leur pavillon, avaient été témoins de tout ce qui s'était passé, de l'oiseau mis en liberté, de la mort du roi de Danemark et de la retraite glorieuse de Bérard.

De loin Hélissan fait des signes à son amant pour lui exprimer sa joie et son admiration, et la tendre Sébile, de son côté, recommande au chevalier vainqueur de ne pas oublier de dire à Baudoin de venir la voir.

Bien mouillé, sans écuyer, tenant sur son poing l'épervier revenu à lui, et ayant deux chevaux à conduire, Bérard atteignit enfin l'autre rive. Les principaux barons français, et Charlemagne lui-même, s'empressèrent de venir à sa rencontre et ils écoutèrent avec curiosité et plaisir le succès d'une aventure que le héros était loin de raconter avec modestie. Dans la vivacité de sa joie orgueilleuse, il alla jusqu'à offrir à Baudoin le cheval qu'il avait pris à Aufarz; mais l'amant de Sébile, tout en conservant la mesure, reprocha assez vivement à Bérard de faire un peu trop de bruit de sa chevalerie, et l'engagea à attendre qu'il vînt aux autres l'idée d'en faire l'éloge. Une légère altercation s'éleva entre les deux jeunes rivaux de gloire, mais Charlemagne leur imposa silence.

Bérard, après avoir été mettre ordre à sa toilette, alla porter son épervier à Charlemagne qui avait témoigné le désir de l'avoir.

— Bérard, dit le roi en acceptant ce don, je vous aime et prise singulièrement; mais j'ai un mot à vous dire qu'il vous faut écouter sérieusement : je vous défends, ainsi qu'à mon neveu Baudoin et à tous les autres Français, de passer le Rhin de nouveau.

Baudoin était présent; il ne dit pas un mot et alla dans sa tente pour se mettre au lit, sans faire part à qui que ce fût du projet qu'il méditait. Mais à l'aube du jour, il s'arma, monta son espagnol, et, armé de son écu et de sa lance, il se jeta à la nage dans le Rhin.

Plein d'audace et animé par sa colère et son amour, il se soumit à mille précautions indispensables pour éviter les nombreuses védettes que le jaloux Witikind avait fait placer aux environs de la tente de la reine, et où il se tenait lui-même pour saisir l'occasion de se défaire de Baudoin et de Bérard.

VI

Witikind et son écuyer étaient donc aux aguets, lorsque, à la pointe du jour, le roi envoya en reconnaissance un Saxon de ses parents, nommé Caanin, chevalier d'une bravoure éprouvée. Caanin rencontra en effet Baudoin qui le tua, lui ôta ses armes dont il se revêtit, monta le cheval du mort, abandonna le sien, et circula alors en sûreté entre tous les postes et les sentinelles que Witikind avait placés.

Il poussa la témérité jusqu'à passer devant le roi saxon, qui, trompé par son costume, et le prenant pour un des nombreux chevaliers à son service, fit l'éloge de Baudoin, qui s'avança sans mot dire et s'achemina vers la tente de la reine.

Sébile, les pieds nus, en chemise, et couverte seulement de son hoqueton, regardait lever le soleil à l'entrée de son pavillon, lorsqu'elle aperçut le chevalier que son blason et ses armes lui firent prendre pour un Saxon. Elle le salua à la façon des mahométans; mais Baudoin, sans dire ni oui ni non, descendit de son cheval, l'attacha à un poteau, et délaça son heaume.

A peine la reine eut-elle reconnu le chevalier que, hors d'elle-même et tout éperdue, elle se jeta à son col, et les deux amants s'embrassèrent sans penser même aux dangers qu'ils couraient.

On entra dans la tente, et la fidèle, la complaisante Hélissan faisait le guet, tandis que les deux amants se disaient des douceurs. Mais, tout-à-coup, la demoiselle de Cologne vint les avertir que Witikind, lui treizième, s'avançait pour les surprendre. Baudoin, sans s'émouvoir, fit ses adieux, relaça son heaume, prit son écu et sa lance, monta à cheval et se posta à l'entrée de la tente.

Witikind arriva alors avec ses chevaliers; mais trompé de nouveau par le blason de Caanin :

— Beau neveu, dit-il à Baudoin, ta valeur me fait

envie, et parmi les chevaliers de ton âge, je n'en connais pas de plus brave que toi. Fils de ma sœur Aiglante, je te donne cinq cités royales, pour augmenter tes revenus.

— Sire Witikind, répond le Français, je ne sais point mentir ; celui pour qui tu montres tant de bon vouloir a tué Caanin, le fils de ta sœur, et tu n'as que quelques pas à faire pour trouver son corps étendu et sanglant.

A ces mots, le cerveau de Witikind s'enflamma, sa raison se perdit, il lâcha la bride à son cheval tout en le piquant de l'éperon, et s'élança avec ses Saxons qui le suivirent.

Mais, toujours calme et sans crainte, Baudoin se retourne pour leur faire face, et, à force de porter des coups sur ceux qui s'opposent à son passage, il se fraye un chemin vers le Rhin. Pendant le combat, Sébile ne quitta pas son amant des yeux, et, au fond de son cœur, elle priait le Seigneur par qui il grêle et vente (Dieu), que, victorieux, son amant pût repasser le fleuve.

Cependant un grand nombre de Saxons se noyèrent en voulant l'y poursuivre, et peu s'en fallut que Witikind n'éprouvât le même sort que ses soldats, en s'avançant dans l'eau pour lancer des traits plus sûrs à son heureux rival.

Le soleil s'était levé, et, de l'autre côté du Rhin, les chapelains de Charlemagne lui chantèrent la messe. Au sortir du service, l'empereur, s'étonnant de ne pas voir son neveu Baudoin :

— Sire, lui dit le duc de Naymes qui faisait les fonctions de *major de l'armée,* hier soir, Baudoin a pris de l'humeur à l'occasion de ce que lui a dit Bérard, et il est parti sans prendre congé de personne.

On fit venir Pincenet, l'écuyer de Baudoin, qui dit qu'en effet son maître était parti en armes, et que, depuis, il n'en avait pas eu de nouvelles. On craignit alors que le chevalier n'eût été tué par les Saxons.

Charlemagne exprima même, à ce sujet, une inquiétude qui devint plus vive encore, lorsque l'on vit arriver seul Vairon, le cheval de Baudoin, qu'il avait abandonné à lui-même pour monter sur celui du Saxon Caanin.

On ne doutait plus de la mort du chevalier ; Charlemagne le pleurait déjà, tous les Français coururent aux armes pour aller à sa recherche ou le venger, et Bérard fut des premiers à s'élancer vers le fleuve. Tout-à-coup il aperçut Baudoin revêtu de l'habit saxon. Ne doutant pas que ce ne fût un ennemi :

— Seigneur saint Denis ! s'écria-t-il, aidez-moi, et que la mort de Baudoin soit vengée par celle de ce premier Sarrasin qui se présente à moi.

La colère que Baudoin avait ressentie la veille n'était point encore apaisée ; aussi, en entendant la voix de Bérard, fut-il désagréablement ému, et tout aussitôt les deux chevaliers, entraînés par l'inattendu de leur rencontre, fondent avec impétuosité l'un contre l'autre.

Tous deux vident les arçons. Mais à peine se sont-ils remis en pied, qu'ils tirent leurs épées et combattent de nouveau. Baudoin était le plus maltraité, et, moins prompt à parer, il reçoit un coup sur son heaume qui le lui fait voler loin de la tête.

Aussitôt que Bérard l'a reconnu, se retirant en arrière de quelques pas :

— Hé quoi ! Baudoin, lui dit-il, avez-vous renié votre foi ? Hier, vous étiez des nôtres, et aujourd'hui vous nous combattez !

Au moment où cette reconnaissance se faisait, Charlemagne et ses barons arrivèrent, et l'empereur se jeta au col de son cher neveu qu'il croyait avoir perdu.

Aux inquiétudes succéda la joie la plus vive ; Baudoin reçut les félicitations et les embrassements de tous les barons et seigneurs. Mais à peine Charlemagne eut-il exprimé sa tendresse d'oncle, qu'il reprit le rôle grave de chef d'armée :

— Baudoin, dit-il, tous ont observé mes ordres, vous seul les avez transgressés ; je juge par là du peu de cas que vous faites de moi.

— Sire, dit le duc Naymes en s'adressant au roi, Baudoin est jeune et impatient de montrer ce dont il est capable. Veuillez lui pardonner, et consentez à ce qu'il vous raconte comment il a pris ce beau destrier.

En effet, Baudoin, après avoir remercié le duc Naymes de la générosité avec laquelle il l'avait tiré d'embarras, raconta son aventure à l'empereur.

Depuis ce moment, il n'y eut plus de Français, si osé qu'il fût, qui se hasardât à passer le Rhin. Cet ordre fut dur au cœur de la tendre Sébile qui trouvait le temps long, et exprima plus d'une fois la crainte d'avoir été oubliée par Baudoin. Mais la belle Hélissan, plus avisée ou mieux instruite, rassurait la reine saxonne.

VII

Le roi conserve une certaine humeur de ces dissentiments tant que Baudoin n'aura pas de nouveau franchi les bords du Rhin, et ne se sera pas montré aux Saxons.

— Baudoin, dit le roi à son neveu en le prenant à part, ce fut grande folie à vous de vouloir passer le fleuve. Par le corps de saint Denis qui me protège, je commencerai par le passer moi-même, et vous le passerez après moi ; si les Saxons viennent vous assaillir, vous vous défendrez contre eux, mais comme il convient que cela se fasse, à l'égard des sept rois couronnés auxquels je fais la guerre. Vous êtes jeune, fort ; moi, je suis affaibli par l'âge, et si je me tiens bien, vous devez vous tenir encore mieux. Je n'ai pas mes amours au delà du Rhin ; vous, vous les avez. Je puis vous donner cent hommes armés, avec lesquels vous en ferez plus que vous ne pouvez croire. Bien que Witikind fasse la garde autour de la reine, vous trouverez bien moyen de jouter devant elle. Vous êtes brave, fort, bon chevalier; la femme que vous aimez est à l'autre bord, allez, vous ne pouvez manquer d'imprimer la terreur parmi les Saxons.

— En vérité, répond Baudouin, vous présentez la chose sous son beau côté; si je vous ai irrité, il est certain que vous voulez en tirer vengeance. Je traverserai le Rhin puisque vous le commandez, et ce ne sera pas la première fois que je serai environné de périls et d'embûches. Plaise à Dieu que j'en puisse revenir! Si les Saxons me tuent, il ne vous en reviendra pas grand'chose; et, selon toute apparence, vous aurez même à vous en repentir; car tels qui vous aidaient, moi vivant, s'éloigneront de vous, après ma mort, et iront chercher l'honneur dans des royaumes étrangers. Que si je reviens, jamais je n'aurai vos bonnes grâces.

— Baudoin, dit le roi, vous ferez de votre mieux, je me suis trouvé dans de semblables difficultés, et Dieu aidant, je les ai surmontées.

— Sire, reprit Baudoin en partant pour aller à sa tente, vous vous moquez de moi.

Persuadé que son oncle veut l'exposer à une mort certaine, Baudoin, dans sa colère, le traita de lâche, et fut s'armer. A peine monté à cheval, il se jeta à la nage dans le fleuve et aborda à l'autre rive.

Les Saxons, de leur côté, surveillaient leurs ennemis. Un espion déguisé sous des habits français, était parvenu jusque dans la tente de Charlemagne, où il avait pris connaissance de l'état de l'armée française et du nombre des chevaliers que leur valeur rendait le plus redoutables.

Il rapporta ce qu'il avait vu et avertit Witikind des combats particuliers qui avaient eu lieu, ainsi que des pertes importantes que les Saxons avaient déjà faites; enfin il apprit au roi qu'à la suite d'une petite altercation qui avait eu lieu entre Baudoin et Charlemagne, ce dernier avait chargé son neveu de passer le fleuve, d'entrer dans le pavillon de la reine, de manière à ce que sa visite fût connue de tout le monde, et que là, après avoir témoigné sa tendresse à Sébile, il s'y prît de manière à obtenir d'elle, en don, l'anneau qu'elle portait au doigt; ajoutant que si Baudoin ne remplissait pas cette condition, il ne lui rendrait jamais son amitié ni sa faveur.

A ces mots, Witikind reste confondu, et baisse la tête, tandis que les Saxons qui l'entourent s'écrient :

— Mais Charles est donc un homme de fer et d'acier, il n'aime donc pas son neveu, qu'il le soumet à une pareille épreuve? Beaudoin ne pourra pas passer sans être vu, et nous allons le mettre en pièces, avec nos épées!

— C'est en effet ce qui va arriver, dit l'espion, n'en dites pas davantage, car le voilà qui chevauche à toute bride.

Witikind devint furieux de jalousie et fait mettre tout son monde sur pied.

Cependant Baudoin, à la vue des pavillons des dames et surtout de celui de *son amie*, méprise tout danger et se promet de donner haute preuve de courage et de chevalerie.

Dans le trouble où sont jetés tout à coup les braves de l'armée saxonne, Witikind est abordé par le roi de Perse, Justamont, qui lui fait observer que ce serait donner preuve de grande pauvreté de cœur, si toute une armée se mettait ainsi en émoi, pour un seul homme; qu'il lui demande le don de se présenter seul, pour combattre le chevalier français, ajoutant dans sa naïveté mahométane que si avant l'heure des Complies, il ne force pas Baudoin de se soumettre au roi de Saxe, il s'engage à renoncer à tous ses Etats. En disant ces mots, Justamont s'avance vers Witikind, qui reçoit son gant plié, et octroie la bataille.

Le roi de Perse se dirigea aussitôt vers la tente de la reine, de l'intérieur de laquelle Sébile était sortie avec Hélissan pour se distraire. A la vue de Justamont, elle lui demande où il va.

— Pour ne vous point mentir, répond le Persien, je vais à la recherche d'un pauvre soldat, qui a traversé le Rhin dans l'intention de ravir des chevaux; un vrai drôle qui s'avise, à ce que l'on prétend, de s'approcher des dames. On le nomme Baudoin. Mais par mon Dieu Mahomet, si vous voulez me donner un baiser de fin amour, je lui ferai sentir ce que vaut mon épée fourbie d'acier.

— Volontiers, dit la reine, mais ce sera au retour. Prenez garde, cependant; et s'il est aussi pauvre en effet que vous le dites, vous devriez lui laisser faire quelque gain. Il n'a peut-être pas d'autre métier pour vivre. Quant au goût qu'il a d'aimer en haut lieu, c'est une raison pour vous tous, chevaliers, de le priser davantage, puisque pauvre il cherche à s'élever : en tout cas, et quel qu'il puisse être, je ne saurais le mépriser, puisqu'il vient pour se mesurer et combattre avec vous tous.

Je n'ai qu'une prière à vous adresser, Justamont, c'est de ne pas le ménager : prenez-le, mettez-le entre les mains de Witikind qui le fera juger selon les lois des Sarrasins.

Puis elle ajoute entre ses dents :

— Allez le combattre, et vous ne reviendrez pas m'annoncer votre victoire; j'en gagerais cent livres d'or!

Certain d'avoir le baiser de la reine au retour, Justamont pique son cheval et s'avançant près d'une forêt :

— Baudoin, s'écrie-t-il, si tu es dans la sapine, sors, et viens à moi afin que tu apprennes ce que je puis faire. Je sais que tu as le cœur malade d'amour pour Sébile, et je viens t'apporter le remède; la noble Sarrasine m'a chargé de te donner son salut.

Baudoin apparaissant tout-à-coup s'incline respectueusement, et devine bien, par ces mots, qu'avant la fin du jour il aura un baiser de la reine.

Mais les deux chevaliers se disposent au combat, et préalablement se font des menaces au milieu desquelles Justamont ne manque pas de se vanter du baiser qui lui a été promis. Ils se battent, et le roi de Perse est tué.

Cette première expédition faite, Baudoin met pied à terre, attache son cheval Vairon à un arbre, désarme le cadavre de Justamont, se revêt de son armure, prend son gonfalon, monte son cheval, se recommande à Jésus et se met en marche, certain, sous ce déguisement, d'échapper à tous les espions.

VIII

Un peu après, Baudoin rencontra un gros de Saxons. L'un d'eux, en le voyant, lui saute au col pour l'embrasser en lui demandant :

— Eh bien, d'où venez-vous, Justamont? Dites-moi, comment les choses se sont passées et si vous avez tué Baudoin.

Baudoin savait un peu d'allemand :

— Oui, dit-il, je l'ai vu il y a quelques heures, et l'on peut s'en apercevoir à mon écu qui est tant soit peu percé. S'il eût voulu se rendre, je l'aurais amené à Witikind mon seigneur, mais je ne connais encore personne qui soit en état de le jeter à bas de son cheval. Il s'est vanté à moi qu'il lui donnerait un baiser aujourd'hui à Sébile, dans sa tente, et qu'il lui prendrait l'anneau qu'elle porte à son doigt; gage qu'il doit livrer à Charlemagne, faute de quoi il ne pourra pas se raccommoder avec son oncle. Chevauchez donc de tous côtés, surveillez-le avec grande attention; pour moi, je ne puis vous aider en ce moment, ma présence est nécessaire ailleurs.

Disant ainsi, il pique son cheval, va droit à la tente de la reine, et se débarrasse ainsi des Saxons qui se mettent à chevaucher aveuglément de côté et d'autre.

Sébile était toujours en dehors de son pavillon. En apercevant Baudoin :

— Justamont, dit-elle, vous voilà de retour? Contez-nous donc vos nouvelles, nous les entendrons avec plaisir. Vous avez trouvé Baudoin? car dans l'état où est votre écu, vous ne sauriez le nier. Si vous l'aviez amené mort, ou même blessé, vous auriez eu le baiser promis; on n'aurait pu vous le refuser.

— Dame, lui dit le neveu de Charles, vous me traitez durement. Sachez qu'il arrive souvent que l'on promet une chose et qu'il en arrive une autre. Néanmoins, je suis heureux et content de ce don.

— Pourquoi?

— Parce qu'il n'y en a pas que l'on puisse obtenir plus facilement, au point où je me sens pris d'amour pour toi.

En entendant ce langage, la reine éprouva de la peur et de la pitié, s'imaginant que Baudoin avait reçu une blessure ou était retenu prisonnier. Elle pencha son visage et demeura pensive.

Baudoin n'avait pas sujet d'être fâché de la voir dans cet état; il mit sans tarder pied à terre, ôta son heaume et délaça sa ventaille.

A peine Sébile l'a-t-elle reconnu, qu'elle ne se sent plus la même, et elle reste muette de joie. Baudoin la prend par le doigt, l'emmène dans la tente, et là ils se donnent cent baisers.

— Ah! Beaudoin, dit la reine: vous venez bien, je dois vous aimer beaucoup pour tout ce que vous avez fait à cause de moi.

— Madame, répondit Baudoin, sachez que je n'ai rien de plus cher que votre amour; sachez que je suis exilé d'auprès des Français à cause de vous; le roi Charles, mon oncle, m'a chassé de sa cour; et jamais, dit-il, il ne s'apaisera jusqu'à ce que je lui apporte cet anneau que vous portez au doigt; tant, dit-il, il prend intérêt à la grande amitié qui nous unit, tant il désire en avoir la preuve.

— Eh quoi! dit la reine, le roi ne peut être apaisé que par ce moyen? Ainsi vous n'êtes pas venu seulement ici pour mon amour? Allez, retirez-vous, et garantissez-vous des Saxons; car ils ne vous aiment guère et s'ils pouvaient vous tenir, ils vous écorcheraient. Si vous êtes chassé de France par Charles, allez dans un autre pays; un homme vaillant est toujours sûr d'être bien reçu partout.

A ces mots Baudoin éprouva une colère intérieure. Il poussa des soupirs, tint la tête baissée, et des larmes roulèrent sur sa poitrine, tant il éprouvait de douleur et de honte.

— Dieu! dit-il, voilà donc ce qu'elle est! En fin de compte, la femme est toujours changeante, ce qu'elle promet le matin loyalement, se réduit bientôt à rien, ou elle le destine à d'autres. C'est ce que me fait éprouver aujourd'hui cette Sarrasine sur l'amour de laquelle je comptais.

Avec de la persévérance et de l'empressement, il n'est rien que n'en pût obtenir un valet de cuisine; et pour un misérable anneau qui ne vaut pas une poitevine elle m'éconduit et me plonge dans le désespoir. Ce qu'il y a dans la femme ne vaut pas grand'chose; et c'est perdre son temps que de l'employer à l'enseigner.

Quand elle s'est emparée d'un homme, elle devient un mauvais voisinage pour lui. Certes il vaut mieux mourir, plutôt que celle-ci, ou toute autre, ait mon amour!

Après cette sortie contre le beau sexe, Baudoin revint sur ses démêlés avec son oncle et se promit de faire payer cher aux Saxons tous les ennuis qu'il éprouvait.

Cependant que Baudoin s'affligeait ainsi dans le pavillon de soie, la reine le regardait en souriant, et lui montrait toute sa joie. S'agenouillant devant lui elle passe son bras autour de son col et lui donne *quatorze* baisers de suite, puis elle lui dit :

— Beau doux ami, je voulais vous mettre à l'épreuve. Tels sont les jeux d'amour, pour ceux qui le connaissent. Il ne vit que de querelles vives. C'est une dure chose que la guerre entre les amants, et le rire se prolonge jusqu'à ce que la courroie se rompe. Mais l'amour ne tarde pas à renaître, à moins qu'un cœur félon ne s'écarte de la véritable voie.

— Baudoin, ajouta Sébile, croyez-vous que je sois à un autre qu'à vous? Ah! soyez-en certain, mon cœur vous est acquis, et je n'ai pas la volonté de pouvoir faire autrement. Puisque mon cœur est à vous, il renonce à tout autre; prenez le reste, j'abandonne l'autre proie. »

A ces mots, ils se donnent force baisers et mènent grande joie.

Mais, par malheur, un Saxon qui les espionnait, a vu tout ce qui se passait et va raconter le fait à Witikind qui était là avec cinq cents hommes.

— Sire roi, lui dit l'espion, j'ai laissé Baudoin donnant des baisers à la reine. Il en fait plus à sa volonté que vous n'en feriez vous-même; et il faut que vous sachiez que la reine consent à tout.

La colère et la jalousie de Witikind devinrent plus violentes que jamais à ce récit, et le malheureux roi se prépara à surprendre Baudoin.

Baudoin passait si bien son temps sous le pavillon, qu'il y demeura plus longtemps qu'il n'eût fallu; et sans les attentions de mademoiselle Hélissan de Cologne, toujours à son poste pour protéger les amours de la reine, les choses auraient pu très mal tourner. Mais Baudoin, averti par elle de l'arrivée de Witikind, remit ses armes, monta à cheval et vit bientôt Witikind et ses cavaliers s'approcher.

A la vue du danger auquel il était exposé, le chevalier français ne put retenir le dépit que faisait naître en lui la conduite de Charlemagne qui le mettait à de si rudes épreuves :

— Ah! vieillard Charles, s'écria-t-il avec amertume, que Dieu te perde! Qu'espères-tu gagner si je meurs au milieu des Saxons? Va! tu n'aimas jamais que ceux qui t'ont flatté, ou que tu pouvais faire agir à ta fantaisie.

C'est par ta faute que Roland et Olivier sont morts; je vois bien que ton désir est que j'aille les rejoindre, et c'est une vraie folie que d'employer son courage à ton service. Mais par l'apôtre de Rome, si je puis combattre les Saxons, sauver ma vie et retourner sain et sauf de ce mauvais pas, ni pour aucune prière, ni pour cent livres d'or pur, je ne renoncerais à tirer vengeance de toi.

Plein de ces terribles pensées, Baudoin chevauchait avec les armes et le gonfalon déployé de Justamont, de telle sorte que Witikind, aveuglé par la jalousie et trompé d'ailleurs par le costume persan que portait le chevalier français, prit complètement le change.

Non loin de là, quelques Saxons rencontrèrent le cadavre du véritable Justamont, avec Vairon, le cheval de Baudoin, attaché à un arbre. Ces soldats s'imaginant trouver de l'or dans les arçons de la selle, voulurent s'en emparer, ce qui effraya Vairon, lequel rompit sa bride, s'enfuit vers le fleuve, qu'il traversa selon l'habitude que lui en avait fait prendre son maître.

Alors les Saxons reportèrent leur attention sur Baudoin dont ils cherchèrent à s'emparer; mais celui-ci s'étant enfoncé dans une vallée, évita les traits qui lui étaient lancés, et près de quitter la rive saxonne, il jeta un dernier regard sur les lieux et la contrée où était celle qu'il aimait.

Toutefois, pendant sa retraite, il fit encore la rencontre de Witikind, et les deux héros se lancèrent chacun une bordée d'injures mêlées à des bravades chevaleresques.

Enfin Baudoin rompit l'écu du roi, en lui portant plusieurs coups, et après lui avoir adressé encore quelques sarcasmes, il alla se jeter à la nage et traversa le Rhin.

—

IX

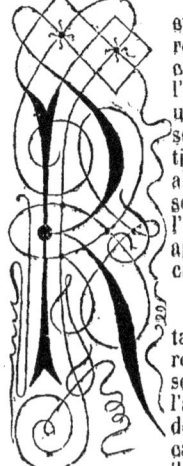

etiré dans son camp, Witikind resta triste et confus. Pour le chevalier français, arrivé sur l'autre rive, il alla se jeter sous une aubépine et vit bientôt passer Vairon, son cheval, qui, fatigué d'avoir été poursuivi, s'en alla droit au camp français pour se reposer. A peine Pincenet, l'écuyer de Baudoin, l'a-t-il aperçu revenant seul, qu'il s'écrie :

— Ah! mon maître est mort!

Chacun répéta cette nouvelle, tant qu'enfin elle arriva jusqu'au roi, qui, plein de colère, piqua son cheval et s'avança jusqu'à l'aubépinier où reposait Baudoin, qu'il ne reconnut pas à cause des armes païennes dont il était revêtu.

Pour Baudoin, à peine eut-il aperçu son oncle, qu'une joie cruelle se fit sentir au fond de son cœur. Il monta à cheval et se disposa à recevoir Charlemagne qui mourait d'envie de combattre et de frapper.

L'empereur pique des deux et s'élance vers Baudoin.

— Glorieux roi céleste, dit son neveu en l'attendant, je porte la plus mauvaise intention dans mon cœur. Voici venir mon oncle qui, chagrin de ma mort, croit qu'il en va tirer vengeance sur un Saxon; et cependant, tant je suis criminel et félon, je m'apprête à reconnaître son bon sentiment par une horrible récompense. Non, malgré tous mes efforts, je ne pourrai lui pardonner sa colère et ses querelles, tant que je n'aurai pas frappé son blason.

Glorieux sire, qui as souffert la passion, qui as pardonné à Marie Madeleine et as ressuscité Lazare, consens à ce que, dans cette circonstance, Charles ne soit pas humilié, et que je ne m'avilisse pas trop.

Disant ces mots, il met la main sur l'arçon et monte sur le cheval saxon encore tout mouillé, puis il s'élance dans le pré, comme un émerillon.

Impatient de se mesurer avec son oncle, Baudoin ne pouvait sentir son orgueil désenflé qu'après avoir fait éprouver son pouvoir et sa force à Charlemagne. Le combat s'engagea, les armures furent endommagées de part et d'autre, et Baudoin alla jusqu'à être prêt de désarçonner Charlemagne. Mais le neveu s'écria alors :

— Oncle! est-ce que vous ne me reconnaissez pas? Sachez que vous avez retrouvé votre neveu Baudoin. Mais si vous vous êtes moqué de moi, je me suis vengé. Je suis enchanté que nous nous soyons mesurés, maintenant me voilà purgé de toute la mauvaise humeur que je conservais.

Sachez que j'ai donné plus d'un baiser à la reine Sébile, que je suis possesseur de son anneau, que j'ai jeté Witikind à bas de son cheval devant ses vassaux, et qu'il ne s'en est pas fallu de beaucoup que je ne vous fisse vider les arçons.

Ayant ainsi parlé, Baudoin met pied à terre, délace son heaume, découvre son visage, embrasse la jambe de l'empereur et lui demande merci. Le bon roi Charlemagne aime tant son neveu qu'il se console facilement d'avoir été presque vaincu par lui, et qu'il lui pardonne.

Les chevaliers de l'armée viennent bientôt les joindre, et Baudoin, après avoir raconté tout ce qu'il a fait chez les Saxons, donne la bague de la reine à Charlemagne. Alors tout le monde remercie Dieu de l'heureuse issue de ces événements.

Tout près de l'endroit où ils se trouvaient, un cerf passa le Rhin à la nage, et l'idée vint à Charlemagne de faire jeter un pont sur le fleuve, en suivant la ligne du trajet de l'animal. L'empereur ordonne aussitôt que l'on se mette à l'ouvrage et prétend que, selon l'usage des anciennes légions romaines, tous les soldats de son armée concourront à cette construction. Mais les chevaliers se trouvèrent fort offensés d'un pareil ordre, et ils se dirent entre eux :

— Que ce n'était pas leur métier; que, s'ils étaient venus de leur pays pour aider Charlemagne à défendre ou à conquérir ses terres, ce n'était pas une raison pour qu'il les chargeât de travaux avilissants que n'avaient jamais fait leurs ancêtres.

Un chevalier allemand s'adresse à l'empereur lui-même :

— Sire, lui dit-il, nos barons allemands vous font savoir qu'au temps de votre père, ils n'avaient pas pour habitude d'abattre les forêts; ils ne sont pas charpentiers! Que les Français fassent le pont, eux à qui vous donnez de l'or, que vous nourrissez et à qui vous fournissez des chevaux quand ils en manquent. C'est à eux de commencer.

Charlemagne fut fort courroucé de cette prétention; mais les Allemands, les Bavarois, les Bourguignons et les Lombards, formèrent une espèce de conspiration et se mirent en marche pour quitter l'armée.

Toutefois, l'empereur qui trouvait fort mauvais que l'on voulût faire exécuter aux Français seulement un ouvrage que l'on regardait comme avilissant, fit valoir devant les étrangers leurs titres de noblesse.

Puis, envoyant le duc Naymes, son conseiller, vers les déserteurs qui persistaient dans leur résolution de se retirer, cet officier les menaça, au nom du roi, de les priver des avantages qu'ils tenaient de lui et des récompenses qui leur étaient promises après la conquête de la Saxe. Cet argument détermina les Allemands, Bavarois et autres, à rentrer dans l'obéissance et à concourir à la construction du pont, dont on s'occupa effectivement aussitôt.

On annonça cette nouvelle à Witikind, et la bâtisse du pont se fit au milieu de combats continuels. De l'autre côté du fleuve, les Saxons élevèrent une espèce de tour ou forteresse, d'où ils inquiétèrent les Français. Mais après une résistance opiniâtre de part et d'autre, l'armée de Charlemagne passa enfin le Rhin, et il se livra une bataille.

Les Saxons commencèrent à plier, et Baudoin et Bérard ne furent pas les derniers à montrer leur valeur, comme on le pense bien.

La mort de Garin d'Ansaume, chevalier français, anima de nouveau Charlemagne qui jura de le venger.

A cette nouvelle, son neveu Baudoin piqua des deux et s'élança sur Murgalon qui avait tué Garin; le chef saxon eut le cœur percé et tomba mort. Cependant les Saxons ne cessèrent pas de se défendre avec courage, et ils firent éprouver des pertes cruelles à l'armée française. Witikind, à cette apparence de succès, sentit ranimer encore son courage, et défia Charlemagne lui-même.

Les deux armées s'arrêtèrent alors pour voir combattre leurs chefs; et après une lutte longue et acharnée, Charlemagne qui avait reçu plus d'une blessure, tua Witikind. Alors les Saxons s'enfuirent, et les Français les poursuivirent et les dispersèrent.

X

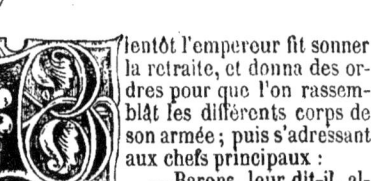

Bientôt l'empereur fit sonner la retraite, et donna des ordres pour que l'on rassemblât les différents corps de son armée; puis s'adressant aux chefs principaux :

— Barons, leur dit-il, allez sans tarder un seul instant, pour vous emparer de la reine Sébile et d'Hélissan de Cologne, ainsi que des autres, et amenez-les moi, afin que je confirme le don que j'ai fait à Baudoin et à Bérard.

Les chevaliers de Charlemagne allèrent en effet aux pavillons des dames demeurées seules après la retraite des Saxons dans la ville de Trémoigne. Sébile se voyant prisonnière, se mit à faire des plaintes sur la mort de son mari Witikind, qu'elle avait toujours aimé et auquel elle n'avait jamais fait aucun tort, disait-elle.

Mais Hélissan la rassura, et, pour dissiper ses inquiétudes sur l'avenir, elle lui dit que :

— Si Baudoin n'a pas trouvé la mort dans le combat, il l'épousera certainement dans le mois. Que l'empereur l'a promise à Baudoin à la fin de la guerre; et que si elle consent à quitter Mahomet pour embrasser la foi du fils de Marie, après avoir été bénie sur les fonds de baptême, les noces se célébreront au milieu de la joie.

Sébile fut en effet conduite devant Charlemagne dont elle embrassa les genoux en implorant sa générosité.

L'entrevue de Sébile prisonnière avec Charlemagne victorieux fut attendrissante. La reine se confia à lui et lui avoua que, son époux étant mort, elle demeurait seule, sans ami, sans protecteur, si personne n'avait pitié de son infortune.

Alors Charles la presse dans ses bras, fait appeler son neveu Baudoin, et dit à Sébile :

— Dame, voici un brave guerrier; c'est le fils de ma sœur, il est noble. Si vous voulez l'épouser, je vous ferai baptiser selon la loi de notre

Créateur. Il sera roi, et vous partagerez ses honneurs.

Si vous préférez conserver la loi païenne, plutôt que d'épouser le comte, je n'y vois d'autre inconvénient que de ne pouvoir faire les choses pour votre bien, comme c'était mon intention.

Sébile déclara que, dans sa position, elle ne voyait rien de plus raisonnable que de se confier aux Français :

— Car, ajouta-t-elle, si je refusais le comte, je ferais une folie, et jamais Dieu ne m'octroiera un meilleur mariage. Je désire seulement qu'il soit aussi du gré de Baudoin.

La reine promit donc de laisser le Mahomet de la Mecque ; mais, avant, elle demanda une grâce : ce fut de faire chercher les restes de Witikind sur le champ de bataille, pour lui rendre les honneurs de la sépulture.

On satisfit à son désir, et le corps de Witikind lui fut apporté en grande pompe. Quand elle revit son époux mort, le visage de la reine se baigna de larmes, et elle s'écria :

— Hé ! Witikind, qui étiez de si haute noblesse, si Mahomet a quelque puissance au ciel et sur la terre, et pour ne pas invoquer encore celui qui ressuscita Lazare, je le prie et requiers de vous accorder le pardon de vos fautes !

— Ne vous tourmentez pas, madame, lui dit le comte Salemon, là présent, lorsqu'on a l'espérance de posséder un amant tel que le meilleur chevalier du monde qui vous est offert par Charles, c'est un bel échange à faire contre un mort.

Ce à quoi la reine répondit :

— Sire, que Dieu soit béni ! Mes plaintes ne monteraient pas à la valeur d'un bouton ; aussi convient-il que je me résigne comme une femme en prison et entourée de tant d'hommes, si on ne lui fait pas grâce.

Charlemagne, impatient de décider Sébile à se convertir, lui accorda tout ce qui put la flatter. Il fit bâtir un tombeau splendide à Witikind, à qui on rendit les derniers honneurs, selon les usages de son pays.

Après avoir fait promettre mariage à Sébile et à Baudoin, et avoir fiancé de nouveau Bérard et Hélissan, le roi s'avança vers la ville capitale, Trémoigne, abandonnée par les Saxons ; il s'en empara, et, de ce point important, se proposa de pousser vivement la conquête de la Saxe.

Préalablement, en présence de tous les barons de sa cour, Charlemagne fit baptiser Sébile par l'archevêque de Reims ; il la fit marier ensuite avec Baudoin, et mit sur la tête de celui-ci la couronne de Saxe, qui avait appartenu à Witikind.

La joie régnait dans l'armée ; mais la lune ne fournira pas deux fois son cours sans que cette joie ne se soit changée en douleur.

Cependant, le roi profita de ces fêtes pour faire *chrestienner*, baptiser toutes les dames et demoiselles saxonnes prisonnières, auxquelles il donna de ses francs-hommes pour époux ; puis il se décida à faire un voyage en France.

Mais les deux fils de Witikind, Fieramor et Dyalas, qui se tenaient dans une ville nommée Trape, formèrent le projet de venger leur père. Baudoin leur envoya un message pour les engager à se soumettre. Outre la résistance que les deux jeunes gens voulaient naturellement opposer, ils y étaient encore entraînés par un certain Fierabras de Russie, du lignage des Jeanz. Il avait six pieds de haut ; ses cheveux étaient blonds et entrelacés, sa barbe rousse et son visage couleur chamois.

Ce personnage, dont la stature, sans être surnaturelle, faisait pressentir, cependant, le géant, gourmanda les deux fils de Witikind sur leur indolence et les anima à combattre. On rassembla des troupes, on se proposa d'attaquer Charles, et l'on se flatta de l'envoyer régner à Aix-la-Chapelle.

XI

Charlemagne, croyant avoir établi son neveu assez solidement pour qu'il pût résister seul aux Saxons, se proposa de faire un voyage en France et se mit en route. Mais les deux fils de Witikind, animés par l'esprit de vengeance, voulurent saisir cette occasion pour attaquer celui qu'ils regardaient comme l'usurpateur de leurs droits. On se battit.

Baudoin, n'écoutant que sa fougue naturelle, montra plus de valeur que de prudence ; tant qu'enfin, après un rude combat qu'il eut avec Fieramor, les Français furent repoussés et forcés de se retirer dans la ville de Trémoigne, où lui et les siens furent assiégés par l'armée saxonne, commandée par les fils de Witikind.

Charlemagne, qui était déjà à Cologne avec sa cour, ne tarda pas à recevoir un messager qui lui apprit les tristes nouvelles de la Saxe. Il appela près de lui le duc de Naymes, Bérard de Montdidier et Lohot le Frison, à qui il fit part du péril où se trouvaient son neveu Baudoin et Sébile. Aussitôt les barons envoient en Anjou, en Frise, en Lorraine et dans le Hurepoix, pour lever des troupes et se porter en toute hâte sur le Rhin. Charlemagne marche à leur tête.

Cependant Baudoin, enfermé dans Trémoigne, passait des jours et des nuits dans l'anxiété la plus vive. Un lundi matin, qu'il s'était levé plus tôt que de coutume, il était avec Sébile appuyée près d'une fenêtre. Tous deux considéraient, de là, les tentes qui formaient le camp des païens, par qui ils étaient tenus assiégés, et, à la vue de tant d'ennemis qu'ils n'espéraient plus vaincre, Baudoin se laissa aller au découragement.

— Beau doux ami, lui dit alors la reine, ne vous effrayez pas ainsi, Charles vous secourra.

A peine avait-elle dit ces mots, que, mettant la tête hors de la fenêtre et apercevant l'armée française, elle s'écria :

— Sire, voici votre oncle qui s'avance fièrement avec ses troupes ; voyez-vous l'oriflamme que vous avez portée tant de fois ?

— Dieu créateur ! dit aussitôt Baudoin, je pourrai donc me venger encore de la gent païenne !

Puis, descendant avec précipitation les marches de son palais :

— Armez-vous, chevaliers ! s'écrie-t-il à ses gens, Charles est de retour !

Les deux armées ennemies se mirent en présence sous les murs de Trémoigne, et il se donna bientôt une terrible bataille à laquelle Charlemagne prit part.

Entre tous les Français qui montrèrent le plus d'ardeur, Bérard de Montdidier se fit remarquer encore. Voyant Charles dangereusement engagé avec les ennemis, il vint dans la mêlée et abattit, d'un seul coup, un Saxon prêt de donner la mort à l'empereur.

A ce moment, avec Fieramor, vint Fierabras, le seigneur de Russie, se dirigeant contre Bérard, à qui il porta un coup de lance qui lui traversa la poitrine près du cœur. Malgré son horrible blessure, Bérard se maintint sur son cheval et trouva encore la force d'adresser ces mots à son ennemi :

— Saxon orgueilleux, que Dieu te maudisse ! tant je sais maintenant à quel point tu es plein de méchanceté et de fraude. Je ne me défiais pas de toi, c'est par trahison que tu m'as donné la mort ; que Dieu tout-puissant protége les autres, car je ne pourrai plus désormais leur être en aide.

— Ha ! Hélissan, ajoute-t-il, ce lâche païen est cause que notre amour est détruit, cet amour que naguère je vous avais juré ! Maintenant, je vous manque de foi. Ah ! si j'eusse vécu, que je l'aurais bien tenue ; et si je vous avais eue pour amie, je vous aurais priée de m'aimer encore davantage : mon âme en eût éprouvé tant de joie !

Malgré sa blessure, Bérard se tint encore sur son coursier, faisant les derniers efforts pour éloigner ses ennemis. Mais les Saxons, épouvantés en quelque sorte par la force de la vitalité de Bérard, qui, malgré les flots de sang qu'il perdait, leur opposait encore de la résistance, se jetèrent sur lui en grand nombre e et parvinrent à tuer son cheval.

Démonté et perdant son sang, Bérard regarde autour de lui et se traîne sous un laurier qu'il aperçoit à sa droite. Se sentant près de mourir :

— Dieu, père tout-puissant ! dit-il, reçois, s'il te plaît, aujourd'hui, l'âme de ton chevalier, et protége Charlemagne et son neveu Baudoin contre la mort et contre tout dommage ! Protége aussi Hélissan, afin que, si elle se marie, elle le fasse dignement pour elle !

En prononçant ces mots, Bérard se sentit faiblir. Il délaça péniblement son heaume, se débarrassa de son écu, ne conservant à la main que son épée, et dit à laquelle il dit :

— Ah ! mon épée, vous qui m'étiez si chère, quelle douleur pour moi de penser que vous allez tomber entre les mains des Saxons !

Près de lui était une grosse pierre. Rassemblant ce qui lui restait de force, Bérard s'en approcha et se mit à la frapper avec son épée, dans l'espérance de briser son arme ; mais la force lui manqua, et il eut le désespoir de ne pouvoir la détruire.

Bérard perdait toute force avec le reste de son sang, et déjà il avait éprouvé plusieurs défaillances. La mort le pressait. A défaut de prêtre, il s'était communié avec trois herbes fraîches, au nom de la Trinité, après s'être tourné vers l'Orient. Mais bientôt sa bouche se noircit, ses dents se serrèrent, son visage devint pâle et son œil s'obscurcit. Les deux bras placés en croix sur sa poitrine, il voulut se recommander à Jésus, le roi de majesté ; mais la parole lui manqua, et il s'évanouit pour jamais.

La mort de Bérard porta au plus haut degré la douleur et la colère dans l'armée de Charlemagne, et lui, ainsi que tous ses barons, brûlèrent de venger la perte de leur digne compagnon d'armes. Le neveu de Charles, Baudoin, se montra encore plus impatient que tous les autres ; dans sa fureur, il cherchait des yeux quelque ennemi, et choisit, pour l'aller trouver, Fieramor, qui caracolait encore fièrement devant les Saxons. Il l'apostrophe, l'injurie, lui reprochant la mort de Bérard, et enfin s'élance à toute bride sur lui. Mais Fieramor attendait son ennemi sans s'émouvoir.

Alors commença un affreux combat entre eux. Les armures des deux rivaux furent également fracassées, leurs épieux teints d'autant de sang, mais tous deux restèrent fermes sur leurs arçons.

Dans ce combat furieux, Baudoin, ainsi que le Saxon, s'étaient fait une blessure à la poitrine, au-dessous de la mamelle ; mais ils cessèrent pas de combattre. Les deux guerriers semblaient même redoubler de fureur, et ils ne laissèrent ni un clou ni une clavette à leurs armures.

— Païen ! s'écrie enfin Baudoin, crois au Dieu qui est né d'une vierge, et nous laisserons le combat. Notre accord serait beau ; je te mènerai au roi d'Aix-la-Chapelle, et nous te ferons baptiser toi et tes gens !

— Vassal, répond Fieramor, cesse de parler ainsi, je ne te céderais pas une prunelle de haie. Le sort de ce pays sera décidé par le tranchant de l'épée. Notre sang coule, et tous deux nous sommes blessés à la poitrine. Nous sommes à deux de jeu, et, si je ne me trompe, ce n'est pas Charlemagne qui aura l'honneur de la partie.

XII

Fieramor continuant de parler, et reprochant aux Français d'avoir causé la mort de cinq cent mille hommes en Saxe, d'avoir tué Witikind, finit par dire ironiquement à Baudoin qu'il ne fera plus la cour à la reine Sébile.

Après ces mots, les deux combattants tirent leur épée, la seule arme qui leur reste, et se portent de nouveau des coups terribles. Enfin Baudoin frappe Fieramor entre le col et l'épaule, et l'étend mort à terre.

— Outre, fils de..., lui dit-il alors, vous ne ferez plus la guerre à l'empereur Charles !

Et il se tourne aussitôt en lançant son cheval au milieu d'un gros de Saxons qui faisait mine de l'entourer. Le corps tout sanglant, mais menaçant encore du regard, Baudoin vit s'écarter les Saxons, qui le suivirent lentement pour le prendre par derrière.

Alors le chevalier français cria : *Montjoie !* dans l'espérance d'être secouru par Charlemagne. Mais c'était en vain qu'il criait ; entouré d'une foule de Saxons qui le harcelaient, il en poursuivit plusieurs jusqu'à ce que, accablé par le nombre, on lui tua son cheval, en le laissant lui-même gisant à terre, sans que personne osât l'approcher.

Blessé à mort, seul, n'ayant plus de cheval, Baudoin commença à verser des larmes ; puis il adressa une prière à Dieu, dans laquelle, après lui avoir offert ses douleurs en échange de celles que Jésus a éprouvées sur la terre, il termina par dire :

— Ah ! reine Sébile, qui mérites tant d'être prisée, tu vas perdre à jamais, aujourd'hui, celui qui t'aimait tant. Nous avons eu peu de temps à jouir de notre bonheur ; mais c'est par amour pour moi que vous avez reçu le baptême.

Alors le cœur lui manqua, et son épée s'échappa de sa main.

Il sentait sa fin venir ; il se mit en prière. En ce moment, un Saxon, qui l'avait aperçu, s'approcha de lui avec précaution, et le lâche lui dit tout-à-coup :

— Est-ce toi, Baudoin, que je vois là gisant ? toi qui viens nous enlever nos fiefs et nos terres ? Ah ! tu m'as enlevé plus d'un ami, plus d'un parent ! A moi la vengeance, maintenant ! Je vais te couper la tête, et je pourrai me vanter auprès de mes pairs de t'avoir vaincu en bataille.

A peine Baudoin eut-il entendu ces mots, que la colère lui fit oublier ses douleurs. Il rassembla ce qui lui restait de force, prit son épée, qui était sur l'herbe, et, d'un seul coup, abattit le Saxon. Mais l'effort qu'il fit fut le dernier, et il retomba mort.

La consternation se répandit dans le camp français, lorsque l'on apprit cette nouvelle, et Charlemagne se laissa aller à une telle douleur, que le duc Naymes, l'homme sage et prudent par excellence, représenta au roi qu'il ne lui convenait pas de se livrer ainsi au chagrin, mais que son devoir était de s'occuper du salut de son armée et de la réussite de son entreprise.

— Naymes, lui répondit l'empereur, cette douleur est trop grande pour que je puisse la calmer ni l'oublier. Ah ! traître Ganelon, qui m'as privé de Roland, mon bras droit ! je commençais cependant à m'accoutumer à cette perte ; et je ne craignais plus aucun revers, tant que mon autre neveu Baudoin vivait !

— Par mon chef, répond le duc de Naymes, qu'on le veuille ou non, il faut bien supporter ce malheur, et nous devons aller combattre ces Sarrasins félons que Dieu confonde !

Enflammé par ces paroles, l'empereur piqua aussitôt son cheval et donna la mort à un chevalier saxon qui le défiait en se moquant de lui et de la mort de Baudoin.

Mais le sage Naymes, qui redoutait également les actes de faiblesse et de témérité, engagea le roi à se retirer dans sa ville, pour se mettre en sûreté jusqu'à ce que les braves Hurepoix fussent arrivés et vinssent lui prêter secours.

— D'après leur promesse, ils ne peuvent tarder, ajoute Naymes, et, adjoints à vos troupes, ils trancheront la tête à tous les Saxons.

Toutefois, l'empereur eut des scrupules. Il craignit qu'on ne l'accusât de lâcheté en laissant ainsi son armée. Mais Naymes, poursuivant son idée, représenta au roi, qu'après avoir perdu successivement Roland, Gérard et Baudoin, sans parler de tant d'autres braves chevaliers, si le malheur voulait qu'il succombât lui-même les armes à la main, la France serait perdue.

Quoiqu'à regret, et non sans peine, Charlemagne consentit à se retirer. Mais, avant de suivre ce conseil, on chargea plusieurs chevaliers d'aller chercher le corps de Baudoin, afin qu'il ne demeurât pas au pouvoir des Saxons, et, pendant que l'on en faisait la recherche, la reine Sébile vint près de Charlemagne pour savoir des nouvelles de son époux.

La malheureuse reine crut d'abord qu'on voulait se jouer d'elle, lorsqu'on lui annonça la mort de Baudoin ; mais bientôt le corps du chevalier ne lui laissa plus aucun doute sur son infortune, et elle se livra à tout son désespoir.

Le duc de Naymes arracha Sébile du cadavre de Baudoin, qu'elle couvrit de larmes et de baisers, et, pendant toute la nuit suivante, Charlemagne fut en proie au plus vif chagrin.

XIII

Enfin, sur le matin, un Saxon, le roi Dyalas, s'approcha des portes de la ville où était Charlemagne, et le défia en criant à haute voix :

— Où es-tu, vieux guerrier, que je te vainque et que je te fasse renier ta foi ? Pourquoi te caches-tu ainsi dans cette ville ? Je te le dis, tu ne retourneras jamais en France, à moins qu'on ne t'y porte en l'air et par enchantement. Moi, au contraire, avant la fin de l'année, je serai à Paris, portant une couronne d'or, et tout le pays sera sous mon commandement. J'y enrichirai ceux qui m'auront servi, et l'on y rendra hommage à Mahomet et à Tervagant, dans Saint-Denis. Fais ce que je te commande : sors armé et sur ton cheval, pour combattre corps à corps avec moi, et mesurons-nous sans l'aide d'aucun chevalier d'une part et d'autre. Si tu peux me vaincre, je te le dis, tu en retireras une grande gloire.

Charlemagne accepta le défi, combattit avec Dyalas, et, après l'avoir vaincu, lui imposa la condition de recevoir le baptême, ce à quoi le prisonnier se refusa.

Cependant le roi donnait des ordres pour que les corps de Bérard et de Baudoin fussent embaumés, et il ne cessait d'avoir les soins les plus touchants pour Sébile, à qui il offrait, si elle désirait se remarier, les plus brillants partis de son royaume.

Mais rien ne pouvait adoucir la douleur de la reine, et Charlemagne lui-même montra encore tant de chagrin en cette occasion, que le duc Naymes fut obligé de le reprendre de nouveau de ces excès de faiblesse.

Quant à la reine :

— Ah ! malheureuse que je suis ! dit-elle dans le désordre de son âme, que je maudis l'heure et le jour où je suis née ! J'ai perdu Witikind, j'ai perdu Baudoin, et l'un et l'autre ne m'ont donné que des peines ? Vrai Dieu ! que doit-il arriver ? Vivrai-je longuement ? Mahomet m'a trahie, et Dieu n'a pas voulu que celui que j'aimais tant me restât. Que serait-ce si j'en prenais un troisième ? Non, je ne me marierai plus, qu'à Dieu seul. Jour et nuit, je prierai de tout cœur Jésus-Christ pour le salut de mon âme.

Charlemagne demanda à laver, se mit à table et fit placer Sébile à sa droite. Puis faisant venir le guerrier Dyalas, il le plaça à sa gauche, ne voulant pas le quitter afin de le décider à recevoir le baptême.

Il employa tous les moyens pour engager Sébile à prendre quelque nourriture; mais celle-ci :

— Baudoin, dit-elle, ô noble chevalier, non, je ne pourrais jamais trouver qui que ce soit qui t'égalât. Hélas! tout cet appareil qui m'environne me perce le cœur; et si comme dame Alde au visage fier, qui mourut pour le comte Roland et son frère Olivier, je pouvais tout-à-coup cesser de vivre, je serais au comble de mes souhaits!

La prudence du duc Naymes ne l'empêchait pas d'être un des plus braves chevaliers de l'armée, et il en vint aux prises avec un certain Salorez qu'il finit par vaincre et mettre à mort.

Cependant les nobles et vaillants hommes du Hurepoix étant arrivés ainsi que des Bourguignons, des Lombards et même des Apuliens, l'armée ainsi recrutée par ces nouveaux combattants, tenta un dernier effort pour soumettre la Saxe.

Ces préparatifs imposants firent réfléchir le prisonnier Dyalas sur les suites de la guerre, et changeant tout-à-coup de sentiments, il s'offrit pour aller avec l'armée française se présenter devant ses compatriotes, et les décider à se soumettre à Charlemagne.

— Eh bien, j'accepte, dit le prudent empereur, vous porterez même mon oriflamme. Si vous réussissez, je vous ferai don d'un fief en Saxe. Mais, et croyez-en ma parole, dans le cas de trahison, vous serez pendu.

On arma de la manière la plus brillante et à la française, Dyalas, qui eût été le plus beau chevalier que l'on eût jamais vu, s'il eût cru au Seigneur qui est né d'une vierge.

Lorsque Charles voulut le charger de porter l'oriflamme, Dyalas, avec l'intention de donner un gage de sa sincérité, renonça pour cette première fois à cet honneur, disant :

— Qu'il faut qu'on l'ait éprouvé avant de le lui concéder; et qu'il espère bien qu'avant peu, sa conduite dans les combats sera la preuve de la part non équivoque qu'il prend aux intérêts des Français.

En effet, Dyalas, à la première bataille, déclara aux Saxons que lui, Dyalas, fils de Witikind, renonçait à Mahomet, qu'il croyait en Jésus-Christ, qu'il était lié d'amitié avec Charlemagne et qu'il combattait pour lui.

A cette déclaration, les Saxons, furieux, se précipitèrent tous vers Dyalas qu'ils défièrent. Mais les chevaliers français l'entourèrent, le défendirent; une bataille sanglante se donna, et les Saxons, battus sur tous les points, prirent la fuite.

Pour consacrer cette victoire, Charles fit bâtir, sur le champ de bataille, une abbaye, dans laquelle il mit des nonnes, afin que la reine Sébile pût y demeurer et y pleurer son ami. Quant à Dyalas, après qu'il eut été baptisé par un archevêque, et qu'il eut reçu le nom de *Witikind le converti*, l'empereur de Rome lui donna le royaume de Saxe à gouverner, et fit élever un monument dans la ville de Trémoigne pour consacrer le succès de son entreprise en Saxe.

L'empereur, après avoir conquis tant de terres, donna toutefois une grande preuve de sa sagesse; car il fut redouté et craint jusqu'aux grandes Indes, et les soudans lui payaient des tributs.

RUSTEM
ROMAN DE CHEVALERIE PERSAN, DU POËTE FIRDOUSI
— 1032 —

I

Rustem était fils de Zal, petit-fils de Sam et arrière-petit-fils de Nériman, lesquels avaient été eux-mêmes des guerriers fameux dans le royaume de Perse.

Dès son enfance il annonça ce qu'il serait un jour. Dix nourrices furent employées à l'allaiter. A trois ans, il montait à cheval; à cinq ans, il se nourrissait déjà comme un homme en l'âge viril, et à huit ans, il pouvait être comparé aux héros de son temps.

A cette époque régnait Kei-Kaus, une sorte de fou couronné qui passait sa vie dans les plaisirs et dans les extravagances. Un jour qu'il avait entendu faire par un poète, qui s'accompagnait de la harpe, les louanges du royaume de Mazindéran, il se mit en tête d'en faire la conquête, afin de respirer ses forêts de roses et d'aimer ses troupeaux de belles filles éternellement jeunes. Kei-Kaus, en sa qualité de fou et de roi, ne pouvait deviner le piège qui se cachait sous le récit de ce poète, lequel était un magicien déguisé, envoyé par le roi de Mazindéran pour tenter le roi de Perse et le perdre.

Lorsque Kei-Kaus eut signifié qu'il voulait faire la conquête de Mazindéran, tous ses guerriers prirent l'alarme, et conjurèrent le père de Rustem, Zal, d'user de l'autorité qu'il avait acquise sur l'esprit du roi, pour le faire renoncer à un projet dont les suites pouvaient amener la ruine de la Perse.

Mais toutes les observations de ce sage guerrier furent inutiles; Kei-Kaus tenta l'entreprise et fut fait prisonnier, ainsi que ses guerriers, par le roi de Mazindéran, qui, ainsi que ses sujets, était une espèce de démon, de magicien sous forme de dragon.

Kei-Kaus était en prison; au moment où il regrettait amèrement de ne pas avoir suivi les conseils de Zal, le dragon blanc lui apparut, lui reprocha sa folie ambitieuse et l'avertit qu'aucun pouvoir humain ne pourrait le tirer, lui et les siens, des prisons où ils étaient enfermés.

Cependant Zal, en fidèle serviteur de la couronne de Perse, s'indigna de savoir le roi ainsi retenu; et s'adressant à son fils Rustem, il lui dit que le moment était venu de tirer son épée, pour délivrer Kei-Kaus.

— Pour moi, lui dit-il, qui ai vécu deux cents ans, je suis vieux et ne pourrais supporter les travaux d'une pareille entreprise. C'est à toi, mon fils, qu'elle convient; et si tu délivres le roi, ton nom sera exalté par toute la terre. Arme-toi!

Rustem fit observer à son père qu'il y avait bien loin jusqu'au royaume de Mazindéran, puisque le roi et son armée avaient mis six mois pour s'y rendre.

Zal répondit à son fils :

— Il y a un autre chemin bien plus court, mais hérissé d'obstacles et de dangers, où l'on rencontre à chaque pas des lions, des démons et de la sorcellerie. Par cette route, quand on peut la parcourir, on atteint au royaume de Mazindéran en sept jours.

Rustem ne balança pas pour suivre ce chemin. Il demanda à Dieu la victoire, s'arma et partit pour aller délivrer le roi.

II

Voilà donc l'intrépide Rustem parti! il est monté sur son coursier Rakush, et fait, en un seul jour, le trajet qui en eût exigé deux.

Affamé, il saisit un âne sauvage, le fait rôtir à un feu qu'il a obtenu en faisant jaillir de son épée des étincelles sur des feuilles sèches. Après s'être rassasié, il laisse Rakush libre de paître l'herbe, et ne tarde pas à céder au sommeil.

Bientôt un lion attaque Rakush. Avec ses dents et à force de ruades, le coursier tue l'animal assaillant. Rustem se réveille enfin, et voyant un lion étendu mort, il dit à son cher compagnon :

— Ah! Rakush! quelle extravagance à toi de combattre seul un lion! Pourquoi ne m'as-tu pas averti en hennissant avec force? je sais que ton cœur est inaccessible à la crainte, cependant garde-toi de recommencer un pareil exploit, et ne te mesure plus seul avec un lion!

Rustem se remit à dormir, et le lendemain, à l'aube du jour, il monta sur Rakush et reprit sa route vers le Mazindéran.

Le second jour, il arrive dans une contrée si aride qu'il est impossible d'y trouver le moindre filet d'eau pour se désaltérer. Rustem fait une ardente prière à Dieu, et bientôt il apparaît un brebis qui le mène à une fontaine. Après s'être désaltéré et avoir encore fait un repas avec de l'âne sauvage, il adresse la parole à son coursier :

— Fais bien attention aux dangers qui pourraient se présenter encore, et ne risque plus ta vie. Ne t'engage ni avec un lion ni avec un démon. Mais s'il apparaît quelque ennemi, avertis-moi par ton hennissement.

Rustem alla dormir et Rakush se mit à brouter.

Vers minuit, un monstrueux dragon-serpent, long de huit arpents, paraît tout-à-coup. Rakush se retire aussitôt vers son maître, hennissant et frappant de ses pieds sur la terre de toutes ses forces.

Rustem se réveille, mais le monstre s'évanouit et le héros se rendort.

Bientôt le dragon reparaît et le fidèle Rakush avertit de nouveau son maître; mais celui-ci, contrarié des avertissements inutiles de son coursier, lui reproche d'avoir de fausses peurs, des visions et de le priver d'un sommeil qui lui est indispensable; il le menace même de le laisser en route et d'aller seul à Mazindéran, chargé de ses armes, s'il ne respecte pas son repos.

Rakush, sensible aux reproches que vient de lui adresser son maître, se résout à rester immobile auprès de lui.

Le dragon ne tarde pas à reparaître; alors Rakush se met à frapper vivement la terre de ses pieds et réveille Rustem. Cette fois, une lumière, quoique douteuse, ayant permis au héros d'entrevoir le monstre, il le combat et lui tranche la tête.

Rustem, après avoir achevé ses dévotions, met à Rakush ses caparaçons, monte à cheval, reprend son chemin et entre dans le pays des magiciens. Il fit avec rapidité une longue marche, et au moment où la lumière du soleil disparaissait, il découvrit des arbres, de l'herbe et de l'eau vive, enfin un lieu digne d'un jeune héros; il vit une source semblable à l'œil du faisan, puis dans une coupe, du vin rouge comme le sang du pigeon, et enfin un argali rôti, avec du pain placé dessus, une salière et des confitures disposées autour.

Il descendit de cheval, ôta la selle à Rakush et s'approcha, tout étonné de trouver là de l'argali et du pain : c'était le repas des magiciens qui avaient disparu à l'arrivée de Rustem et au son de sa voix.

Cependant Rustem s'assit à côté de la fontaine, sur un tas de roseaux et remplit de vin une coupe de rubis. A côté du vin il trouve une lyre aux sons harmonieux, et le désert entier était comme une salle de banquet. Appuyant sa lyre contre sa poitrine, Rustem en tire des sons mélodieux et chante ce qui suit :

— Rustem est le fléau des méchants, aussi les jours de joie sont-ils rares pour lui. Chaque champ de bataille est son champ de tournois, le désert et la montagne sont ses jardins. Tous ses combats sont contre des divs et des dragons courageux, et il ne pourra jamais se débarrasser des divs et des déserts. Le vin et la coupe, la rose parfumée et le jardin ne sont pas la part que la fortune m'a faite; je suis toujours occupé à combattre les crocodiles ou à me défendre contre les tigres.

Ce chant, accompagné des soupirs de Rustem et du son que rendait l'instrument sous ses doigts, frappa l'oreille d'une magicienne. Elle arrangea son visage comme le printemps, quoique tous ces charmes ne lui convinssent pas; puis, toute belle de couleurs et de parfums, en s'approchant de Rustem, elle lui demanda de ses nouvelles et s'assit à son côté.

Le héros adressa alors une prière à Dieu, invoqua sa protection et lui rendit des actions de grâces de ce qu'il trouvait dans le désert du Mazindéran, du vin, de la musique et une jeune fille pour boire avec lui.

Il ne savait pas que c'était une vile magicienne,

un Ahriman caché sous de belles couleurs. Il lui mit en main une coupe de vin et prononça le nom de Dieu, le juste, le dispensateur de tout bien.

A peine eut-il fait entendre le nom du maître de l'amour, que les traits de la magicienne changèrent, car son esprit ne connaissait pas le sens de l'adoration, et sa langue ne savait pas dire une prière. Elle devint noire lorsqu'elle entendit le nom de Dieu; et Rustem, aussitôt qu'il l'eut regardée, lança, plus rapide que le vent, le nœud de son lacet, et enchaîna soudain la tête de la magicienne.

Il lui adressa des questions et lui dit :
— Avoue qui tu es, montre-toi sous ta véritable forme.

Alors elle se changea dans son lacet en vieille femme décrépite, pleine de rides et de sortiléges, de magie et de méchanceté. Il la coupa en deux et remplit de terreur le cœur des magiciens.

Du pays des magiciens, Rustem passe dans une autre contrée où règne une obscurité complète, et il se fie à l'instinct de son cheval qui le conduit.

Bientôt la scène change, et tout est environné de la plus riche lumière; Rustem et Rakush se trouvent au milieu de champs couverts de blés. Le héros se jette à terre et dort, le cheval se met à paître.

Le garde de la forêt, voyant l'animal au milieu des champs, vient près de Rustem qu'il éveille en sursaut, en donnant un grand coup de sa baguette sur la terre. C'était encore un démon déguisé.

— Pourquoi, lui dit ce garde, laissez vous manger le blé à votre cheval?

Pour toute réponse, Rustem irrité se lève, prend le garde par les deux oreilles et, d'un seul effort, les lui arrache.

Tout sanglant, le démon garde-forêt va trouver son maître Aulad, à qui il raconte et fait voir ce qui lui est arrivé. A ce spectacle, Aulad, plein de colère, fait assembler ses guerriers et se rend en toute hâte au lieu où était encore Rustem.

Mais notre héros armé, et monté sur son cheval, attendait son ennemi qui lui demanda son nom, afin, dit-il, de ne pas prendre la peine de tuer un antagoniste indigne de lui, et il le somme de lui dire pourquoi il a arraché les oreilles de son garde-forêt.

Rustem lui répond seulement que, pour son nom, s'il le lui prononçait, il le ferait trembler de terreur.

Aussitôt un combat terrible s'engage. La plupart des guerriers sont mis à mort, et, avec son adresse ordinaire, Rustem enlace Aulad avec son kamond, le prend vivant, le garrotte, se met à l'interroger et le force de lui apprendre où est la caverne du Démon blanc et de ses guerriers; de lui dire enfin en quel endroit le roi Kei-Kaus est retenu prisonnier, lui promettant, s'il dit la vérité, de lui donner le royaume de Mazinderan, mais le menaçant, s'il le trompe, de le tuer.

Rustem, après avoir reçu d'Aulad tous les renseignements qui lui sont indispensables, prend la précaution de le garrotter à un arbre dont il ne doit le détacher qu'après sa mort ou sa fin à son entreprise.

En effet, monté sur Rakush, son heaume de fer en tête, et la poitrine couverte d'une peau de tigre, il s'avance vers le chef des démons Arzang, auquel, après l'avoir combattu, il tranche la tête.

Cette première expédition achevée, Rustem revient à l'arbre auquel Aulad est attaché, délivre son prisonnier, et lui dit de le conduire au lieu où le roi Kei-Kaus est enfermé.

Ils entrent dans la ville de Mazinderan, et tout aussitôt, du fond de sa prison, le roi de Perse entendant le hennissement de Rakush, le reconnaît et ne doute plus que son maître Rustem ne vienne le sauver ainsi que ses guerriers.

Rustem trouve, en effet, le roi et les siens, et, dans les premiers moments, tous expriment leur joie et leur reconnaissance à leur libérateur. Mais, par l'effet des enchantements des démons, le roi et ses guerriers avaient été privés de la vue, et Kei-Kaus, à ce sujet, recommande à Rustem de garantir soigneusement Rakush des charmes des sorciers.

— Car, ajoute-t-il, si le Démon blanc apprenait le meurtre de d'Arzang, et que vous êtes à Mazinderan en conquérant, il assemblerait aussitôt une puissante armée de démons dont l'influence deviendrait funeste.

Accompagné d'Aulad, Rustem se met bientôt en route pour vaincre les sorciers. Il passe les sept montagnes, tue ou met en fuite plusieurs groupes de démons qui se présentent pour lui barrer le passage; puis, après s'être fait donner de nouvelles instructions par Aulad, qu'il attache de nouveau à un arbre pour s'assurer de sa bonne foi, il part seul pour aller attaquer le Démon blanc.

Profitant des avis qu'il a reçus, Rustem attend l'heure de midi, à laquelle le monstre avait coutume de dormir, pour l'attaquer. Après lui avoir fait plusieurs blessures et l'avoir fatigué par un long combat, le héros l'étouffe dans ses bras vigoureux et lui arrache le cœur.

Cet exploit achevé, Rustem lave son propre corps, couvert de sueur et de sang, et adresse une prière à Dieu, sans la volonté de qui l'homme n'est rien. A la suite de cet acte de dévotion, il remet ses habits et ses armes, va délivrer Aulad, à qui il donne le cœur sanglant du monstre à porter, et c'est avec le sang de ce cœur que Kei-Kaus et ses guerriers doivent être et sont guéris de leur cécité.

Le roi et les guerriers persans ayant recouvré la vue, on se livre à la joie pendant plusieurs jours; puis on se met en mesure, après avoir brûlé la ville de Mazindéran, d'aller dicter des conditions au chef de ce royaume, et de le soumettre à la Perse.

III

De retour dans ses Etats, le roi Kei-Kaus, avec son imprudence accoutumée, fait plusieurs tournées dans les provinces de la Perse, dans l'une desquelles il soumet, en passant, un prince rebelle, dont la fille lui plaît et qu'il épouse. Mais le père de Sudaveh, c'est le nom de la princesse, profite du délire amoureux de Kei-Kaus pour le faire son prisonnier.

Par suite de cet événement, Afrasyeb, qui prétend toujours remonter sur le trône de Perse dont on l'avait chassé, prend possession de l'Iran, et se remet plus que jamais sur le pied de défense et de guerre.

Mais Rustem, toujours attentif à protéger le roi

Kei-Kaus, lève une armée, défait le roi rebelle, père de Sudaveh, et remet en liberté le souverain de la Perse ; en sorte qu'Afrasyeb se trouve forcé de se replier dans le Turan, où il va régner.

Cependant le roi Kei-Kaus était loin de s'être corrigé de ses folies. Après avoir payé si cher son envie de connaître et de posséder le royaume enchanté de Mazindéran, il lui prit la fantaisie, d'après les séductions d'un démon déguisé en valet d'explorer le ciel en se faisant porter dans une espèce de nacelle faite de bois d'aloès, et soutenue par des aigles.

Aux quatre coins de ce char aérien étaient fixées quatre javelines, au sommet de chacune desquelles on avait attaché un morceau de chair de bouc. Les aigles fixés plus bas, et poussés par la faim, volaient à tire d'aile pour atteindre la nourriture, fuyant d'autant plus vite que les oiseaux battaient des ailes avec plus de force et de rapidité.

L'extravagant Kei-Kaus fut emporté à une prodigieuse hauteur dans les airs, jusqu'à ce que ses aigles, fatigués et mourant de faim, s'abattirent vers la terre et déposèrent le roi Kei-Kaus dans une affreuse solitude du royaume de Chin.

Là, le prince demeuré seul, mourant de faim et livré au désespoir, fut fait prisonnier par une bande de démons prévenus de son ascension et de sa chute.

Rustem ainsi que les principaux officiers de Kei-Kaus, inquiets de l'absence du roi, se mirent à sa recherche et le retrouvèrent enfin.

On lui fit voir toute l'étendue de sa folie ; on lui rappela les trois grandes extravagances qu'il avait commises : le projet de conquête du Mazindéran, son mariage avec Sudaveh et ses conséquences, et enfin la punition qu'il avait reçue pour avoir voulu pénétrer les secrets du ciel. On lui dit franchement qu'il était plutôt propre à habiter une maison de fous qu'à occuper un trône ; on l'exhorta à se soumettre humblement aux volontés du Créateur ; et le bon roi, touché de ces avertissements, reconnut sa folie, rentra en lui-même, s'enferma pendant quarante jours dans son palais, où il se repentit et se mortifia ; puis, bientôt après, revenu de ses erreurs, il reprit l'administration des affaires de son royaume et se montra libéral, clément et juste.

IV

Revenons à Rustem.

Un jour, il donnait une fête splendide, à laquelle assistaient ses sept compagnons : Thous, Guderz, Gùrgin, Giw, Bahràm, Berzin et Ferhàd.

Dans la chaleur du repas et en sablant le vin, on convint de faire une grande partie de chasse sur les terres de l'ex-roi de Perse, Afrasyeb, qui conservait toujours son attitude de prétendant et guerroyait sans cesse.

Ce prince, instruit du projet de Rustem et de ses compagnons, non-seulement se tint sur ses gardes, mais prit ses mesures avec les principaux chefs de ses guerriers, pour surprendre les huit chasseurs et les faire prisonniers, dans la persuasion où il était que, dès l'instant que ces héros seraient en sa puissance, Kei-Kaus cesserait aussitôt de régner sur la Perse.

Au lieu d'une partie de chasse, il y eut donc une espèce de guerre. Afrasyeb se présenta avec ses guerriers à la tête de trente mille hommes. Mais Rustem, monté sur Rakush, et aidé de ses sept compagnons, mit l'armée du prétendant en déroute et fit un immense butin en armes, en trésors et équipements de guerre.

Après cet exploit, Rustem et ses compagnons prirent le plaisir de la chasse, et retournèrent enfin auprès du roi Kei-Kaus, pour lui faire hommage de leur victoire.

Depuis cette expédition, Rustem prenait un malin plaisir à aller chasser sur les terres du Turan, occupées par Afrasyeb.

Un jour qu'il s'était livré à cet exercice, et après avoir fait rôtir un âne sauvage avec lequel il avait satisfait sa faim, le sommeil le prit. Laissant donc son coursier Rakush en liberté pour paître, il s'endormit sur le gazon.

Bientôt une bande de Tartares errants voyant un si beau cheval seul, lui lancèrent un kamond et l'emmenèrent avec eux.

A son réveil, Rustem, ne voyant plus son coursier, cherche avec attention la trace de ses pas sur le sol, et est bientôt convaincu qu'on le lui a dérobé. Il se dirige donc vers Samengan, petite principauté des frontières du Turan.

A son approche, et lorsqu'il eut été annoncé au roi, le prince vint à pied au devant du héros. Mais Rustem, sans faire attention à ces honneurs, ne put dissimuler sa colère et dit hautement au roi que c'était des gens de son pays qui lui avaient volé son cheval ; qu'il en était certain.

Le roi cherchant à apaiser la fureur du guerrier, l'invite à recevoir de lui l'hospitalité, en l'assurant qu'il va donner immédiatement des ordres pour que l'on cherche le coursier qui lui a été pris.

Calmé par cette assurance, Rustem accepte l'offre que lui fait son hôte royal, et il prit part à une fête brillante qui est donnée pendant que l'on court après Rakush. Après avoir assisté à des danses, accompagnées de musique, et s'être livré au plaisir de boire du vin, le héros est conduit au lieu où il doit coucher.

A peine a-t-il cédé au sommeil, qu'il est visité par une jeune beauté qu'il prend d'abord pour une vision. Mais cette beauté même le tire d'erreur en lui apprenant qui elle est, et l'objet de sa venue. C'est Tamineh, la propre fille du roi, laquelle, enchantée des récits qu'on lui a faits de la valeur de Rustem, a voulu le connaître et s'offre à lui pour épouse. C'est elle qui a aposté des Tartares pour enlever Rakush, afin d'avoir de la race de ce coursier, et forcer son maître à venir pour se le faire rendre.

La jeune princesse, dans toute l'effusion du sentiment qui la domine, prie Rustem de la demander en mariage à son père, ce que le héros fait le lendemain.

La jeune fille lui est accordée, le mariage s'accomplit, et Rustem, forcé de quitter Tamineh après quelques jours de repos dans le palais de son père, dit à sa compagne, en la quittant :

— Si le Tout-Puissant bénit notre union et qu'il te rende mère d'une fille, place cette amulette sur ses cheveux ; mais si tu mets au jour un fils, attache-la à son bras, et elle lui inspirera la vaillance qui distinguait mon bisaïeul Nériman.

Rustem part, s'occupe avec une nouvelle ardeur des intérêts du roi de Perse, et laisse à son beau-père et à sa femme le soin de lui faire savoir quel sera le fruit de son mariage.

V

Tamineh, cependant, met au monde un fils auquel le roi de Samengan donne le nom de Sohrab. Cet enfant devient l'idole de sa mère, qui, tout en lui apprenant le nom de son père, lorsqu'il est en âge de le comprendre, fait entendre au roi que, si on fait connaître le sexe de son enfant à Rustem, il en sera bientôt privée. En conséquence, Tamineh, d'accord avec son père, fait dire à Rustem qu'elle a mis une fille au monde.

Mais le sang de Nériman, de Zal et de Rustem, bout déjà dans les veines du jeune Sohrab. Attaché, par la famille de sa mère, aux intérêts d'Afrasyeb, il est impatient d'aller combattre les armées du roi Kei-Kaus et de vaincre même ce roi dans un combat.

Il demande un cheval et choisit un jeune rejeton de Rakush. Il s'arme, il ne rêve que bataille et exploits; mais, par-dessus toutes choses, il veut chercher et voir son père, dont Tamineh lui a raconté les vertus et la vaillance. Malgré tous les efforts que sa mère fait pour le retenir, le fils de Rustem part tout équipé en guerre et va offrir ses services à Afrasyeb.

Ce prince, en voyant le jeune héros, fonde sur lui tout son espoir de se venger de Rustem, et de détruire la puissance du roi Kei-Kaus.

— J'ai des raisons, dit-il à ses principaux officiers, pour empêcher que Rustem et Sohrab ne se connaissent. Il faut qu'inconnus l'un à l'autre, ils se rencontrent et se mesurent dans le combat. Sohrab est jeune, il n'y a aucun doute qu'il ne soit vainqueur de Rustem; dans tous les cas, nous nous débarrasserons facilement par la ruse de celui qui aura eu la victoire; en sorte que quand tous deux seront morts, je rentrerai facilement dans la possession de la Perse.

D'après ces instructions, deux officiers tartares, Human et Barman, accompagnés de Sohrab, se mettent en marche avec une armée, pour aller vers la Perse.

Sur leur chemin, ils rencontrent une citadelle devant laquelle se présente un fameux guerrier qui s'oppose au passage des Persans.

— Qui es-tu? s'écrie ce brave en s'adressant à Sohrab; quant à moi, je suis Hedjir, le vaillant, venu ici pour te vaincre et faire tomber ta tête orgueilleuse!

A ces mots, le fils de Rustem souriant, avec mépris, se précipite sur son provocateur, qu'il désarme et fait prisonnier.

La fille de Guzdehem était dans la citadelle. Quand elle apprit que le chef de l'armée, Hedjir, avait disparu, elle fut saisie de douleur, poussa un cri d'angoisse, et un soupir sortit de sa poitrine.

C'était une femme qui ressemblait à un brave cavalier; elle avait toujours été célèbre à la guerre; son nom était Gurdaferid, et personne n'avait jamais vu d'homme combattre comme elle. Le sort de Hedjir l'humilia tellement, que les tulipes de ses joues devinrent noires comme de la suie.

Sans hésiter un instant, elle se couvrit d'une armure de guerrier, cacha les tresses de ses cheveux sous sa cotte de mailles, et ferma les boutons de son casque de Roum; puis elle descendit du château semblable à une lionne, ceinte au milieu du corps et montée sur un cheval aux pieds de vent, et se présentant devant l'armée comme un homme de guerre, elle poussa un cri pareil au tonnerre qui éclate, disant :

— Qui d'entre les braves, les guerriers, les hommes de cœur et les chefs pleins d'expérience, veut, comme un crocodile courageux, s'essayer à combattre avec moi?

Aucun des guerriers de cette armée orgueilleuse des Persans ne sortit des rangs pour la combattre; mais lorsque Sohrab, le vainqueur des lions, la vit, il sourit, se mordit les lèvres et dit :

— Voici encore un onagre dans le filet du maître de l'épée et de la force.

Il se revêtit de sa cuirasse, mit à la hâte sur sa tête un casque de Roum et s'élança vers Gurdaferid.

La jeune fille, exercée à lancer le kamund, l'aperçut. Tendant son arc, elle écarta les bras pour tirer, et aucun oiseau n'aurait pu échapper à ses flèches. Alors elle fit pleuvoir sur Sohrab une grêle de traits, et l'assaillit à droite et à gauche, comme font les cavaliers.

Sohrab la regarde et devient honteux; il s'irrite et court pour l'attaquer, et couvrant sa tête de son bouclier, il fond sur cette jeune fille qui cherche impatiemment le combat.

A la vue de son ennemi, qui s'approche comme une flamme qui s'élance, elle suspend son arc par la corde à son bras, et son cheval bondit jusqu'aux nues; puis, tournant la pointe de sa lance vers Sohrab, elle secoue violemment les rênes de son cheval et brandit son arme.

Sohrab s'étonna et devint furieux comme un léopard, quand il vit que son ennemi usait de ruse dans le combat. Saisissant les rênes, il s'élance de toute vitesse et arrive sur la guerrière, tenant dans sa main la lance et reculant le bras jusqu'à ce que la pointe se trouve en arrière de son corps; alors il frappe Gurdaferid à la ceinture et, déchirant entièrement sur son corps sa cotte de mailles, il la soulève de dessus les arçons comme une balle qu'atteint la raquette.

Gurdaferid se tord sur son cheval, et tirant de sa ceinture une épée tranchante, elle en frappe la lance de Sohrab et la coupe en deux; puis elle se remet en selle et fait lever la poussière sous les pieds de son cheval. Ce combat contre Sohrab ne lui plaisait pas; elle se détourna de lui et s'enfuit en toute hâte.

Mais le jeune guerrier, furieux et abandonnant les rênes de son cheval, gagne Gurdaferid de vitesse, en poussant des cris, la secoue et lui arrache son casque de la tête.

Les cheveux de Gurdaferid n'étaient plus retenus

par sa cotte de mailles ; son visage brillait comme le soleil, et Sohrab reconnut que c'était une fille dont la chevelure valait un diadème. Il en fut étonné et se dit :

— Si les filles des braves de l'Iran vont ainsi sur le champ de bataille, les cavaliers de ce pays doivent, au jour du combat, faire voler la poussière jusqu'au-dessus du ciel qui tourne.

Puis, détachant du pommeau de sa selle son lacet roulé, il le lança et prit Gurdaferid par le milieu du corps, en lui disant :

— N'espère pas m'échapper ; pourquoi as-tu provoqué le combat, ô belle au visage de lune ? jamais semblable proie n'est tombée dans mes filets, et tu ne m'échapperas pas de force.

Gurdaferid lui montra son visage découvert, car elle ne vit plus d'autre moyen de salut ; elle lui montra son visage et lui dit :

— O brave, qui ressembles au lion parmi les baves ! les deux armées ont eu les yeux sur notre combat à la massue et à l'épée ; elles ont été témoins de notre lutte ; maintenant que mon visage et mes cheveux sont découverts, toute l'armée rira de toi ; ils diront : c'est donc pour combattre une femme qu'il s'est ainsi couvert de poussière sur le champ de bataille ! Il ne fallait pas y mettre tant de temps pour déshonorer son nom. Crois-moi, il vaut mieux que nous cachions cette aventure, car un homme puissant doit agir avec prudence ; ne t'expose donc pas, au milieu de deux armées rangées en bataille, à rougir à cause de moi. Maintenant, nos troupes et le château sont à toi, et il ne faut pas vouloir la guerre au moment de la paix. Le château, le trésor et le châtelain sont à toi, aussitôt qu'il te plaira d'y venir.

En montrant ainsi ses joues à Sohrab, en lui laissant voir les perles de ses dents sous ses lèvres de jujubier, elle était comme un jardin du paradis. Ses yeux ressemblaient à ceux de la gazelle, ses sourcils formaient un arc sous lequel on eût dit que s'épanouissait le ciel.

Sohrab lui dit :

— Ne déments jamais les paroles que tu viens de prononcer, car tu m'as vu au jour du combat ; ne mets pas l'espoir de ton cœur dans les murs de ce château, car ils ne sont pas plus hauts que la voûte du ciel ; les coups de ma massue les feraient écrouler, ma lance et mon bras renverseraient ces bastions.

Gurdaferid saisit les rênes pour conduire son cheval ; et, accompagnée par Sohrab, elle se dirigea vers sa forteresse, tandis que Guzdehem de son côté, venait à la porte du château. On l'ouvrit, et Gurdaferid se traîna, blessée et enchaînée, jusques dans la citadelle, dont on referma aussitôt la porte.

Gurdaferid trouva tous les siens dans la douleur, car le danger qu'elle avait couru et le sort de Hedjir, avaient attristé les jeunes et les vieux. Guzdehem entouré des grands et des guerriers, s'approcha de sa fille, et lui dit :

— O ma courageuse fille ! ô lionne ! nos cœurs étaient pleins d'anxiété à cause de toi ; tu t'es jetée dans le combat, dans les ruses et dans les stratagèmes, mais notre famille n'a pas à rougir de ta conduite. Grâces soient rendues au maître du ciel sublime de ce que ton ennemi ne t'a pas privée de la vie !

Gurdaferid se mit à rire aux éclats ; puis, étant montée sur le rempart et regardant l'armée des Iraniens, elle aperçut Sohrab assis sur son cheval, et lui cria :

— O maître des Turcs et de la Chine ! pourquoi te fatigues-tu ? retourne par où tu es venu, et abandonne le champ de bataille.

Sohrab lui répondit :

— O fille au beau visage ! je jure par le trône et la couronne, par la lune et le soleil, que je renverserai ces remparts dans la poussière, et que je te saisirai, ô femme perfide ! Et alors, quand tu seras sans royaume, quand tu te tordras en vain, tu te repentiras de ces paroles légères ; mais le repentir ne te servira plus quand la voûte du ciel qui tourne aura broyé ton casque. Qu'est devenu le traité que tu as fait avec moi ?

Gurdaferid l'écouta en souriant et lui dit, pour se moquer de lui :

— Les Turcs ne trouveront pas de femmes dans l'Iran. Il est vrai que tu n'as pas eu de bonheur avec moi ; mais ne t'afflige pas de cette mésaventure, d'autant plus que tu n'es pas un Turc ; tu es du nombre des héros illustres, et avec cette force, ces bras, ces épaules et cette stature, tu ne trouveras jamais ton égal parmi les Pehlwans. Mais quand le roi aura appris qu'un brave a amené une armée de Turcs, Rustem et lui se mettront en marche et vous ne pourrez tenir devant Tehemten. Pas un homme de ton armée ne restera en vie, et je ne sais quel malheur t'arrivera. Hélas ! faut-il que de tels bras et une telle poitrine servent de pâture aux tigres ! Ne te fie pas trop à ta force, car la vache stupide mangera l'herbe qui croîtra sur ton corps : tu ferais mieux de suivre mon conseil et de t'en retourner dans le Touran.

A ces mots, Sohrab demeura confus, car peu s'en était fallu qu'il ne se rendît maître du château. Cependant, celui qui le commandait, Guzdehem, le père de Gurdaferid, redoutant la colère de Sohrab, qui se disposait à prendre la citadelle de force, envoya aussitôt un message au roi Kei-Kaus, pour le prévenir qu'un jeune guerrier redoutable, quoique âgé de quatorze ans seulement, étant sur le point de forcer le château, il l'engage à envoyer en toute hâte Rustem à son secours.

VI

Le messager part à la tombée de la nuit ; mais le lendemain au point du jour, Sohrab, fidèle au serment qu'il a fait, attaque le château, y pénètre, et en enfonçant les portes, se figure déjà le nombre de prisonniers qu'il va faire et la beauté guerrière qu'il va ressaisir.

Mais son espoir est trompé ; la forteresse est vide, et toutes ses illusions s'évanouissent. Gurdaferid, son père et la garnison avaient évacué la place pendant la nuit, en s'évadant par les souterrains, et la guerrière ainsi que son père étaient allés à la cour de Kei-Kaus pour l'instruire des exploits de Sohrab, et le presser de nouveau de faire avancer Rustem pour tenir tête à l'ennemi.

En effet le guerrier Giw est aussi envoyé par le roi, dans le Zabulistan, avec une lettre adressée à Rustem.

Il y était dit : « Un jeune guerrier, nommé

Sohrab, venu de Touran, a fait invasion dans la Perse, toi seul es capable de l'arrêter dans ses progrès. »

A la réception de cette lettre, Rustem s'informe avec anxiété de l'apparence et du caractère de Sohrab; et lorsque Giw lui dit qu'il y a quelque conformité entre ce jeune homme et Nériman et Sam, ces remarques lui donnent à penser.

Mais se souvenant que Tamineh lui avait assuré que son enfant est une fille, il rejette bientôt ses soupçons et ses espérances.

Giw cependant le presse de se rendre aux ordres du roi. Peu soucieux de ce commandement, Rustem passe huit jours au milieu des fêtes, buvant des vins et écoutant la musique. Ce ne fut qu'au neuvième qu'il ordonna que l'on sellât Rakush pour son voyage, et qu'il se mit en route avec ses troupes pour se rendre à la cour du roi Kei-Kaus.

Mais à l'arrivée de Rustem et de Giw, le monarque enflammé de colère, à cause du retard de ces deux guerriers, ordonne qu'ils soient empalés vivants, pour les punir de ne pas avoir exécuté ponctuellement ses ordres.

Thous est chargé de l'exécution de cette sentence; quand il voulut porter sa main sur Rustem, celui-ci frappa de sa main la main de Thous; on aurait dit un éléphant furieux qui l'assaillait. Thous tomba par terre sur la tête, et Rustem dans sa colère lui passa sur le corps pour sortir.

Rustem sortit, monta sur Rakush et dit:

— Je suis le vainqueur des lions, le distributeur des couronnes. Quand je suis en colère, que devient le roi Kei-Kaus? qui est donc Thous, pour qu'il porte la main sur moi? C'est Dieu qui m'a donné la force et la victoire, et non pas le roi ni son armée. Le monde est mon esclave, et Rakush mon trône. Mon épée est mon sceau et mon casque est mon diadème; le fer de ma lance et ma massue sont mes amies, mes deux bras et mon cœur me tiennent lieu de roi. Je rends brillante la nuit sombre, avec mon épée je fais voler les têtes sur le champ de champ de bataille. Je suis né libre et ne suis pas esclave, je ne suis le serviteur que de Dieu!

Rustem se retire et laisse les chefs de l'armée fort inquiets sur le sort de l'empire menacé. A force de soins, ils parviennent cependant à faire rentrer Kei-Kaus dans son bon sens, et à calmer la colère de Rustem en faisant appel à sa générosité naturelle. Enfin le prince et le héros se reconcilient, et, après une fête célébrée pour cimenter cet accord, Kaï-Kaus confie à Rustem le commandement de son armée et l'on se met immédiatement en marche pour arrêter les progrès de Sohrab.

VII

Mais tandis que ces événements ont lieu à la cour de Kei-Kaus, le jeune Sohrab, malgré les perfidies de l'astucieuse Gurdaferid, a conservé au fond de son cœur un amour indomptable pour la belle guerrière. Ce héros terrible soupire et pleure à l'écart.

Toutefois c'est en vain qu'il cherche à dérober cette faiblesse aux yeux de ses compagnons d'armes. Le chef des Touraniens, homme grave, observe attentivement toutes les démarches du jeune héros, et, sans deviner que Gurdaferid est celle qui l'occupe, il juge cependant que Sohrab est dominé par un violent amour. Il représente donc au guerrier tout ce qu'il y a d'inconvenant et de honteux pour un jeune homme destiné à faire de grands exploits, à se laisser aller à une pareille faiblesse:

— Pour une passsion d'efféminé, lui dit-il, risqueras-tu de perdre la gloire réservée à un noble guerrier? Quand bien même un héros enchaînerait le cœur de cent demoiselles, l'âme du héros ne doit-elle pas rester libre? Tu es notre chef, ta place est sur le champ de bataille, et qu'as-tu à faire avec les sourires et les pleurs? N'oublie pas que nous tous devons rendre nos noms célèbres, en combattant à travers une mer de sang. Poursuis donc virilement le cours de tes triomphes, et lorsque tu es à la veille de renverser un empire, va, et sois certain que tu ne manqueras pas de femmes inconstantes et légères, qui se présenteront en foule pour être serrées dans tes bras!

Ce discours âpre du vieux Touranien Human, fait impression sur l'esprit de Sohrab, qui, reprenant tout-à-coup les sentiments d'un guerrier, s'écrie :

— Afrasyeb seul règnera! lui seul possédera le brillant trône de Perse!

C'est alors que le roi Kei-Kaus, accompagné de Rustem et suivi de son armée, vient poser son camp autour de la citadelle dans laquelle Sohrab s'est retranché.

Lorsque, du haut du fort, le fils de Rustem aperçoit la nombreuse armée des Persans:

— Vois-tu, dit-il à Human, toutes ces légions qui s'avancent? (ce qui fit pâlir le vieux chef tartare.) Va, ne crains rien, poursuit le jeune héros, avec la faveur et l'aide du ciel, je les disperserai bientôt.

Et, ayant demandé un gobelet de vin, confiant dans son courage et dans ses forces, il le but, en attendant avec calme le résultat de la bataille.

De son côté, Rustem est impatient de connaître ce formidable héros qu'il doit combattre. Avec la permission du roi Kei-Kaus, il prend un déguisement à la faveur duquel il pénètre jusque dans le lieu où le jeune Rustem, environné de ses guerriers, était assis et buvait gaîment du vin.

L'un de ces guerriers, nommé Zindeh, s'étant écarté pour quelques instants de la salle du banquet, aperçoit dans l'ombre un homme qui était en embuscade. A peine avait-il eu le temps de lui dire : Qui es-tu? que Rustem, car c'était lui, lui décharge un coup sur le col qui l'étend mort à terre.

Quelques instants après, un autre convive, passant là avec une lumière, voit un cadavre, reconnaît Zindeh, et va donner connaissance de cet accident à Sohrab, qui, ne doutant pas que ce ne soit l'œuvre d'un ennemi parvenu furtivement jusqu'à sa tente, fait le serment solennel qu'il se vengera le jour suivant, et que sa vengeance portera principalement sur le roi Kei-Kaus.

De retour au camp, Rustem, en rendant compte de son expédition au roi, lui fait un portrait remarquable de Sohrab:

— Parfait dans sa stature, dit-il à Kei-Kaus, il est élégant comme un cyprès, et aucun Tartare ne peut lui être comparé. Le Touran ni même la Perse ne pourrait fournir en ce moment un héros qui portât, imprimé sur son front, plus de noblesse et de courage. Si tu le voyais, ô roi! tu jurerais que c'est Sam lui-même, ce guerrier si grand par sa stature et par ses actions.

Mais le jour commence à poindre. Dans son impatience de se venger, Sohrab prend avec lui Hedjir, celui qu'il avait fait prisonnier avant son combat avec Gurdaférid, et le conduisant au sommet de la forteresse, il lui promet la liberté s'il répond sincèrement aux questions qu'il veut lui adresser. Le prisonnier promet de le satisfaire; et alors Sohrab commence à le questionner.

— Dis-moi quels sont les héros qui conduisent l'armée ennemie, où ils se tiennent, et quelles sont leurs dignités. Où sont Thous, Gudartz, Giw, Gusthem et Barahm, qui te sont tous connus? et Rustem, où est-il? Regarde, observe avec attention, dis-moi leurs noms, fais-moi connaître leur valeur relative, ou tu mourras sur l'heure.

— Là, répond Hedjir, où de splendides tapisseries entourent ces brillants pavillons surmontés de bannières ornées de soleils d'or, un trône triomphal brille de saphirs; c'est le centre des armées; et autour de la tente principale tu vois cent éléphants attachés, comme si le roi, dans sa pompe, se moquait du destin! C'est là que Kei-Kaus tient son siége royal. Cet autre pavillon, protégé par une garde nombreuse, autour duquel sont rassemblés les plus illustres chefs et des cavaliers caracolant comme s'ils se préparaient au combat et faisant briller leur armure d'or, c'est là que Thous, avec un orgueil royal, élève ses bannières; Thous, l'effroi des braves, le guide et l'ami du soldat. Quant à cette tente écarlate, près de laquelle se tiennent ces lanciers sombres et terribles, et ce bataillon de vétérans couverts d'acier, c'est celle du puissant Gudarz, renommé pour son ardeur guerrière; il est le père de quatre-vingts guerriers. Cependant, terrible maintenant dans le combat, il fuit un repos sans gloire, et fait flotter sa bannière ornée de lions.

— Mais fais attention, interrompit tout-à-coup Sohrab, à ce pavillon vert; un chef renommé y parle sans doute aux plus nobles Persans qui l'entourent? Son étendart a quelque chose de terrible, et l'on y a brodé avec art un hideux dragon replié sur lui-même et prêt à s'élancer : ce guerrier semble surpasser tous les autres en force et en importance; devant lui est un généreux coursier qui piaffe et hennit : jamais je n'ai vu un pareil guerrier, ni un cheval dont la forme fût plus majestueuse. Quel peut être le chef illustre dont l'attitude est si imposante? Tiens, regarde comme sa bannière s'agite vivement sur le ciel!

Sohrab questionnait ainsi avec ardeur.

Pour Hedjir, frappé de terreur, il s'arrêta avant de répondre une dangereuse vérité mal dissimulée. Tremblant pour les jours de Rustem, le prisonnier soupira et se prépara à désavouer celui qui faisait l'orgueil de son pays. En balbutiant donc, il dit que ce guerrier était venu du fond de la Chine pour secourir Kei-Kaus.

— Quel est son nom?
— Je l'ignore.
— Eh bien, où est la tente de Rustem?
— Je n'en sais rien, dit Hedjir, et sans doute, ajouta-t-il, ce héros n'est pas encore arrivé du Zabulistan.

Le cœur du jeune Sohrab était dévoré d'inquiétude, et repassant dans son esprit tous les indices qu'il avait reçus de sa mère sur Rustem, il lui semble le reconnaître dans le personnage majestueux qu'il voit au milieu du camp ennemi. Alors, il tente un nouvel effort pour s'assurer de la vérité à ce sujet, et s'adresse avec douceur à Hedjir en l'interrogeant de nouveau :

— Essaye donc, lui dit-il, de trouver la tente de Rustem, et tu seras largement récompensé de ta recherche.

— En voilà une qui ressemble à la sienne, répond Hedjir; mais ce n'est pas elle.

Et dans son embarras de répondre, le prisonnier se met à faire l'éloge de Rustem dans les combats.

Mais toujours entraîné par l'impatience de connaître son père, le jeune héros marque son étonnement à Hedjir, de ce qu'il parle de Rustem comme s'il l'avait vu souvent combattre. Il le presse de nouvelles questions, jusqu'à ce que le prisonnier soit réduit au silence. Celui-ci réfléchit que s'il indique Rustem, Sohrab courra immédiatement sur lui pour lui donner la mort, et qu'il n'y aura plus de rempart pour la Perse. Malgré les prières et les menaces même du jeune héros, Hedjir persiste donc à ne plus rien dire.

Poussé à bout par l'incertitude toujours croissante où il est entretenu par la circonspection d'Hedjir, Sohrab descend avec rapidité de la forteresse, et court se revêtir de ses armes. Ne respirant plus que la vengeance qu'il a juré de prendre au sujet de la mort de Zindeh, il sort seul, et s'avance terrible dans la plaine, sans qu'aucun guerrier ennemi ose s'opposer à son passage.

Arrivé près de la tente du roi Kei-Kaus, il défie le monarque en l'injuriant, et va jusqu'à lui reprocher la lâcheté avec laquelle il évite le combat qu'il lui propose.

Kei-Kaus ainsi que les guerriers sont terrifiés par cette apparition soudaine, et l'on va implorer le secours de Rustem qui déclare qu'il ne veut pas combattre en ce jour.

— Qu'un autre chef se présente d'abord, dit-il, et s'il succombe je me présenterai à mon tour.

Mais dans ce pressant danger, le roi Kei-Kaus envoie Thous auprès de Rustem, pour lui faire sentir le besoin indispensable de son bras; et le héros se décide enfin à aller combattre Sohrab.

Tout en se couvrant de ses armes.

— Cet ennemi, se dit-il à lui même, doit être de la famille des démons, sans quoi il n'imprimerait pas tant de terreur aux guerriers.

Puis mettant toute sa confiance en Dieu, il s'avance vers Sohrab par qui il est invité à se retirer un peu à l'écart, afin de combattre à quelque distance des spectateurs.

Rustem ayant acquiescé à cette demande, dit à Sohrab :

— Il n'y a personne qui puisse résister à mon bras.

— Tu périras infailliblement, répliqua Sohrab.

— Pourquoi tant de jactance, reprend Rustem? tu n'es qu'un enfant et n'as pas assisté encore aux combats des vaillants, tandis que mon expérience est longue; j'ai tué le Démon blanc et toute son armée de démons.

— Ah! répond Sohrab avec emportement, il n'y

a pas d'être, si fort et si terrible qu'il soit, qui puisse m'échapper.

— J'ai compassion de ton âge, répète Rustem, et je ne puis te tuer. Séparons-nous.

— Tu es peut être Rustem? s'écrie alors le jeune Sohrab, entraîné par un mélange de curiosité et de fureur.

— Non, répond Rustem, je ne suis que son serviteur.

A peine ces derniers mots ont-ils été prononcés, que les deux guerriers fondent l'un sur l'autre avec leurs lances qui volent aussitôt en éclats. Ils se battent successivement avec l'épée, avec la masse, en sorte qu'après quelques instants de lutte, leurs armures sont hachées et leurs chevaux épuisés de fatigue. Couverts de sang et de poussière, le gosier aride et ne pouvant plus respirer, tous deux sont forcés de rester un moment immobiles, et de reprendre haleine.

Pendant ce court repos, Rustem fit en lui-même cette réflexion :

— Jamais je n'ai rencontré un homme ou un démon pourvu d'une telle activité et de tant de force.

— Quand tu seras prêt, interrompit gaîment Sohrab, tu pourras essayer les effets de mon arc et de ma flèche.

Et ils engagent de nouveau le combat avec ces armes, sans résultat décisif.

Alors n'usant plus que de leurs bras et de leurs mains, mais toujours montés sur leurs chevaux, ils se livrent à la lutte. C'est en vain que Rustem, pour enlever Sohrab de sa selle, emploie la force avec laquelle il eût soulevé une montagne; il ne peut y parvenir. Son antagoniste n'est pas plus heureux, et tous deux, certains de l'égalité de leur puissance, cessent de s'étreindre.

A cet instant, Sohrab saisit sa masse et en porte un coup furieux sur la tête de Rustem qui chancelle de la douleur qu'il ressent.

— Ta puissance est domptée, s'écrie alors Sohrab en souriant avec mépris; toi et ton cheval vous êtes épuisés de fatigue, et sanglant comme tu es, tu me fais pitié; va, ne cherche plus à te mesurer avec le vaillant!

Confus de ce reproche, Rustem reste silencieux. Mais tout-à-coup les deux armées s'ébranlent. Un combat sans ordre s'ensuit et donne à Sohrab l'occasion de faire mordre la poussière à plus d'un ennemi. Rustem et Sohrab, également fatigués d'une journée si laborieuse, se promettent de recommencer leur combat singulier le lendemain matin.

Retiré dans sa tente, Rustem, après avoir adressé ses prières au Tout-Puissant, dit à l'un des chefs qui étaient près de lui :

— Que jamais il n'a éprouvé de résistance, dans les combats, aussi prodigieuse que celle que lui oppose le jeune guerrier. Quelle que soit l'issue du combat de demain, il est indispensable d'aller prévenir Zal des succès extraordinaires de ce jeune Tartare, car il est hors de doute que toute la Perse tombera en son pouvoir.

De son côté, Sohrab rentré soucieux sous son pavillon, avec le vieux Human, dit à ce guerrier :

— Ce vieux héros me paraît avoir le port et la puissance de Rustem. Dieu veuille, si les renseignements que m'a donnés ma mère sont vrais, qu'il ne soit pas effectivement mon père!

— J'ai vu souvent Rustem, dit l'officieux Human, et je le connais bien; or celui avec qui vous avez combattu n'est pas le héros de la Perse; et bien que son cheval ressemble à Rakush, ce n'est pas non plus cet animal; tranquillisez-vous.

Rassuré par ces paroles, le jeune guerrier rend hommage à Dieu, et se repose.

Mais, dès l'aube du jour, les deux antagonistes sont en présence. Sohrab, apercevant Rustem, ne peut se défendre d'une tendresse instinctive qu'il sentit naître au fond de son cœur. Tranquillisé par son succès de la veille, il ne craint pas de témoigner à son ennemi le désir qu'il a de cesser de l'être :

— Ne combattons plus, lui dit-il, et ne cherchons plus à détruire deux existences qui ont une grande valeur. Laissons les autres se mesurer entre eux et rapprochons-nous. Mon cœur est tout à la fois plein d'espérances et de craintes; je ne sais pourquoi mes joues sont humectées de pleurs en te voyant, et je ne cesse pas de désirer de savoir ton nom qui doit être fameux. Ah! fais-le moi connaître!

— Les arrangements que nous avons pris hier soir, ne s'accordent pas avec ce que tu dis, répond Rustem avec rudesse; je n'ai point de détour et ne suis pas un enfant comme toi. Nous sommes convenus que nous lutterions à pied aujourd'hui; me voilà prêt.

Tous deux descendent de leurs chevaux qu'ils vont attacher à une roche, et ils se rejoignent bientôt pour combattre. Ils se saisissent, et, comme des lions acharnés l'un contre l'autre, ils entrelacent et serrent leurs membres d'où découlent des flots de sueur et de sang.

Fort comme un éléphant, Sohrab enlève Rustem et le jette violemment par terre sur le dos. Alors, s'asseyant sur sa poitrine avec la fureur d'un tigre qui tient un élan, il se dispose à couper la tête du vaincu.

Mais saisissant l'instant pour l'arrêter, Rustem lui dit :

— D'après les usages de mon pays, ce n'est qu'à la seconde chute d'un lutteur, que l'on a le droit de lui trancher la tête.

Aussitôt Sohrab, remettant son épée dans le fourreau, laisse à Rustem la faculté de se relever, et le combat est remis encore une fois.

En rentrant dans sa tente, Sohrab raconta tout ce qui venait de se passer à Human. Mais le vieux chef touranien témoigna au jeune guerrier le plus vif chagrin de l'étourderie d'une pareille conduite.

— Enlacer le lion, s'écria-t-il, et lui rendre la liberté pour qu'il te dévore, est certainement une grande folie.

— Il est encore en mon pouvoir, répondit le jeune homme, car il m'est inférieur en force et en adresse, et demain je reprendrai sur lui le même avantage.

— L'homme sage, répondit Human, ne doit jamais dire d'un ennemi qu'il est faible et qu'il le méprise.

En quittant le champ de bataille, Rustem, de son côté, après s'être purifié dans l'eau, était resté une partie de la nuit prosterné, faisant ses dévotions au Tout-Puissant, et le priant surtout de lui rendre toute son ancienne puissance. Il formait ce vœu parce que, dans sa première jeunesse, il avait été doué d'un tel excès de vigueur, qu'ayant placé par mégarde son pied sur un roc, il l'enfonça jusqu'au centre, ce qui lui fit une blessure qui l'empêcha quelque temps de marcher. A la suite de ce singulier accident, Rustem avait donc obtenu de Dieu une diminution de force; mais il en réclamait toute l'intensité à la veille du combat décisif qui devait avoir lieu.

Dieu exauça sa prière, et le lendemain, depuis le matin jusqu'au soir, chacun des lutteurs se consuma en efforts égaux, sans pouvoir faire pencher la victoire en sa faveur.

Enfin Rustem, rassemblant tout ce qu'il avait encore de vigueur, fait un dernier effort, et met Sohrab sous lui; et, dans la crainte de ne pouvoir maintenir longtemps dans cette position un ennemi si fort, impatient de s'assurer la supériorité qu'il vient d'obtenir, il lui plonge tout-à-coup son épée dans le flanc, en lui adressant des paroles de mépris.

Sohrab, se roulant dans la poussière, laisse échapper ces mots à travers les soupirs que lui arrache la douleur :

— Va, ne te vante pas de ce que tu as fait; c'est moi seul qui ai amassé tous les malheurs qui m'accablent, et tu n'as été que l'instrument de la destinée qui amène ma fin. Non, tu n'es point coupable de ce qui arrive! Ah! si j'avais vu mon père dans les combats! Mais la vie m'abandonne, et je ne pourrai jamais être témoin de ses grandes actions. Ma mère m'avait donné des indices pour le reconnaître; mais je meurs. Mon seul désir au monde était de le voir, et je meurs. Mais toi qui me prives de ce bonheur, ne te flatte pas d'échapper à son œil perçant ni à sa vengeance. Quand tu pourrais, comme un petit poisson, te cacher dans l'Océan, ou te perdre dans l'immensité des cieux, comme une étoile, Rustem saura bien te trouver!

A ces mots, Rustem se sent glacé d'horreur; ses idées se brouillent, et, hors de lui, il tombe accablé sous le poids de son malheur. Cependant, il revient peu à peu à lui, et dans le transport qui l'agite bientôt après :

— Dissipe mes doutes, s'écrie-t-il; prouve-moi que tu es mon fils! Je suis Rustem!

Son accent est déchirant; et, en prononçant ces mots, ses yeux étaient invariablement fixés sur Sohrab.

Un étonnement douloureux pénètre alors l'âme du jeune mourant qui laisse échapper ces paroles amères :

— Si tu es effectivement Rustem, je te plains, car aucune étincelle d'amour paternel ne semble échauffer ton cœur. Que ne m'as-tu connu lorsque, avec tant d'ardeur, je te réclamais pour mon père! Maintenant, tu n'as plus qu'à soulever la cotte de mailles de dessus mon corps et à dénouer les bandes avant que la vie ne m'abandonne, et tu trouveras à mon bras la fatale preuve que tu exiges : c'est ton bracelet sacré, celui que m'a donné ma mère lorsque, les larmes aux yeux, elle me le remit en m'assurant que ce don mystique de ta part, me garantissait une gloire future qui te paierait de tes soins envers moi. Cette heure est venue, mais accompagnée des malheurs les plus affreux, car nous nous retrouvons au milieu du sang et pour pleurer ensemble le coup qui nous sépare.

L'infortuné Rustem dénoue en effet le vêtement de Sohrab et reconnaît l'amulette attachée à son bras.

A cette vue, Rustem, en proie à la plus affreuse douleur, se roule dans la poussière, en criant :

— J'ai tué mon fils! j'ai tué mon fils! Rien ne pourra jamais me débarrasser du poids d'un crime si horrible, et il vaut mieux pour moi que je mette fin à mon existence!

Mais Sohrab emploie ce qui lui reste de force pour détourner son père de cette fatale résolution.

VIII

Au même temps que cette horrible scène se passait, Rakush, le cheval de Rustem, était retourné seul au camp.

En voyant l'animal sans son maître, tous les guerriers de Kei-Kaus, et le roi lui-même, ne doutent pas que le héros n'ait été tué. Au milieu du trouble douloureux que cette crainte fait naître, un messager envoyé pour aller battre la campagne trouve enfin Rustem dans le plus violent désespoir, près de Sohrab sur le point de rendre le dernier soupir.

— Voilà ce que j'ai fait, lui dit le malheureux père, j'ai tué mon fils!

Quelques guerriers, et entre autres Gudarz, ne tardent point à arriver sur le lieu de cette scène de douleur.

Plus le jeune mourant montre de résignation pour supporter son sort, et plus ceux qui l'entourent se sentent vivement émus.

Tout-à-coup Rustem a une lueur d'espérance.

— Allez en toute hâte, dit-il à Gudarz, auprès du roi Kei-Kaus, et dites-lui l'affreux malheur qui m'est arrivé; je sais qu'il possède un baume dont la vertu est merveilleuse pour guérir les blessures; demandez-le-lui pour rendre la vie à Sohrab.

Gudarz s'empresse d'aller trouver le roi, à qui il raconte tout ce qui s'est passé, dans l'espoir d'en obtenir le baume si vivement désiré.

Mais le monarque répond avec aigreur qu'en effet ce puissant remède soulagerait infailliblement le blessé, mais qu'il ne peut oublier les insolences que Sohrab a commises envers lui, en présence de son armée, lorsqu'il l'a menacé de lui enlever sa couronne et de la donner à Rustem.

Sur ce refus, Gudarz, indigné, retourne à bride abattue vers Rustem, à qui il conseille, après lui avoir rapporté le mauvais succès de son message, d'aller trouver lui-même le roi pour tâcher de le fléchir.

L'infortuné Rustem partit comme l'éclair et vint jusqu'à la tente de Kei-Kaus; mais il y était à peine arrivé, qu'un guerrier, venant lui-même à toute bride, lui annonça que tout était fini. Le jeune et vaillant Sohrab était mort!

— Ah! s'écria Rustem, tout est fini pour moi aussi! Je vais mourir!...

FIN DE RUSTEM.

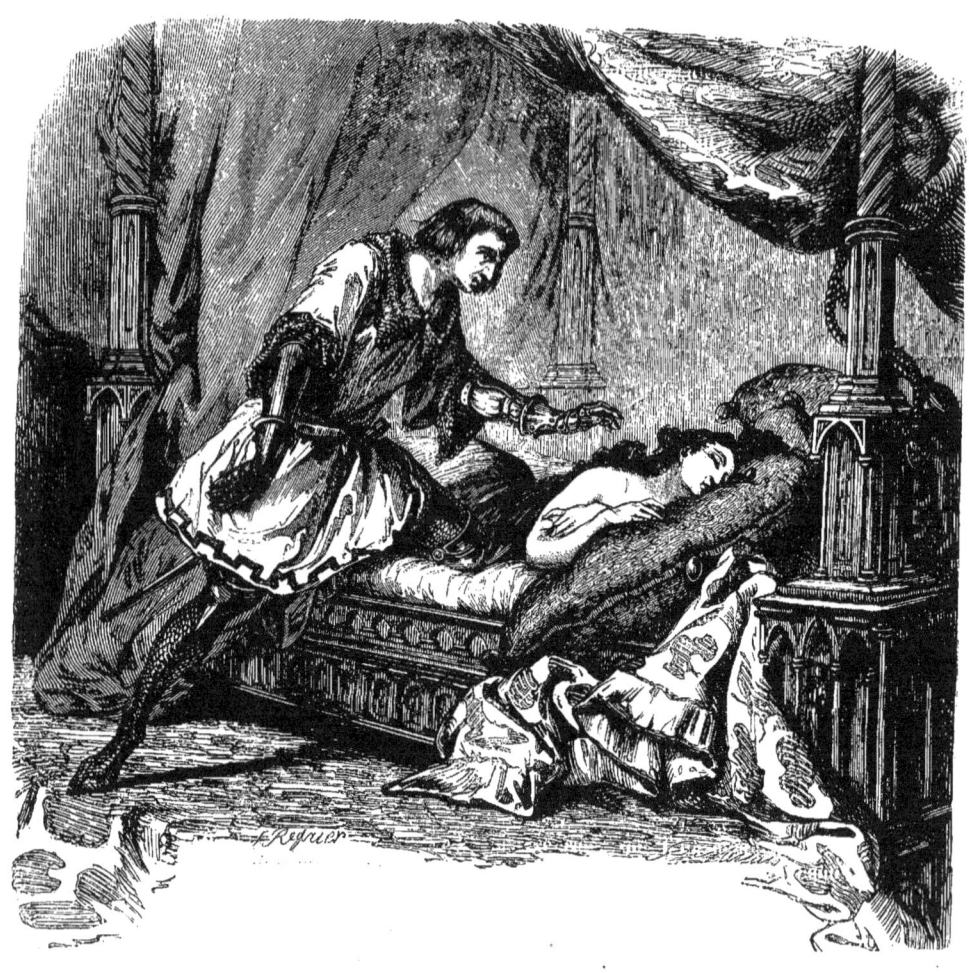

LANCELOT DU LAC

CHAPITRE PREMIER

Comment, après la mort d'Aramon, roi de la Petite-Bretagne, le roi Claudas, de la Terre-Déserte, mena guerre contre le roi Ban de Benoic et contre le roi Boort de Gauves, qu'il déshérita de leurs terres.

En la marche de Gaule et de la Petite-Bretagne, il y avait anciennement deux rois, frères germains, qui avaient à femmes deux sœurs germaines. L'un avait nom le roi Ban de Benoic, et l'autre le roi Boort de Gauves.

Le roi Ban était vieil homme, et sa femme, bonne dame, belle à merveille et aimée de tous et de toutes, n'avait jamais eu enfants de lui, fors un seul que l'on nommait communément Lancelot, bien que par son droit il se nommât Galaad.

Le roi Ban avait un sien voisin qui confinait à lui par le Berry, alors appelé Terre-Déserte.

Ce voisin avait nom Claudas, sire de Bourges et du pays environnant. C'était un très-bon chevalier, mais traître en diable. Homme lige du roi de la Gaule, qui fut depuis la France, il régnait sur une terre qui avait été dépeuplée par Uter Pandragon et par Aramon, dit Hoel, roi de la Petite-Bretagne.

Voici comment cette terre avait été dépeuplée.

Aramon avait, comme suzerain, les États de Gauves, de Benoic et d'Aquitaine, et toute la terre jusqu'à la marche d'Auvergne, d'Allemagne et d'Écosse, ainsi que le royaume de Bourges.

Claudas ne l'avait point reconnu comme tel et avait préféré reconnaître pour seigneur le roi de Gaule, qui, en ce temps-là, payait tribut à Rome.

Quand Aramon avait vu que Claudas lui ôtait la suzeraineté pour la transporter aux Romains, il lui avait déclaré la guerre, et, pour être mieux aidé en cette occurrence, il avait appelé à lui Uter Pandragon, sire de la Grande-Bretagne, lequel avait passé incontinent la mer.

Claudas, de son côté, avait appelé à son aide le roi de Gaule qui, malheureusement pour lui, était mort avant tout engagement d'hostilités. Lors, Pandragon et Aramon lui avaient couru sus, l'avaient déconfit, lui avaient ravi sa terre et l'avaient chassé hors du pays.

Mieux encore : Pandragon et Hoel avaient fait des ravages tels, qu'il n'était pas resté pierre sur pierre de toutes les forteresses qu'il y pouvait avoir. La cité de Bourges seule avait été gardée du feu, de par le commandement d'Uter Pandragon qui se remembra à temps qu'il y avait été nourri et élevé.

Puis, Uter Pandragon et Aramon étant morts à leur tour, le roi Artus était devenu seigneur direct de la Petite-Bretagne et du pays de Bourges qu'il avait conquis pour Aramon.

Ce fut alors que Claudas reprit les armes pour recouvrer ses États, aidé qu'il fut à propos par Iraconse, Romain de très-grand renom, qu'on appelait plus volontiers Pouce Antoine. Iraconse lui donna tout le royaume de Gaule et des contrées au-dessous. Puis ils s'avancèrent sur le roi Ban, à qui ils prirent Benoic, sa cité et toute sa terre, fors un sien châtel qui avait nom Trible, lequel était chef de sa terre et ne redoutait rien, sinon la famine ou la trahison.

CHAPITRE II

Comment le roi Claudas assiégea le château de Trible, où s'était réfugié le roi Ban de Benoic, et comment ils parlementèrent ensemble.

Claudas mit le siège devant le château de Trible, pensant en avoir aisément raison d'une façon ou d'une autre, par le fer ou par le feu, par la famine ou par la trahison ; ce qui obligea le roi Ban à envoyer vers le roi Artus pour demander aide et protection. Mais le roi Artus avait déjà suffisamment à faire de son côté, et il ne put venir au secours du roi Ban, pas plus que le frère de celui-ci, Boort de Gauves, malade et empêché.

Le siége du château dura un assez longtemps. Claudas ne pouvait arriver à son but, qui était d'entrer dans la place et d'y mettre tout à saccagement. Lors, il résolut d'avoir un entretien avec le roi Ban, qu'il fit prévenir à cet effet.

Ban se rendit à son camp, en compagnie de son sénéchal, et quand il fut arrivé, l'autre lui dit :

— Je n'ai pas de haine contre vous, seigneur ; je vous demande seulement de me saisir de ce château et ensuite d'être mon homme ; je vous laisserai tranquille possesseur du reste.

— Je ne puis vous accorder cela, répondit le roi Ban, car je me parjurerais envers monseigneur Artus, de qui je suis l'homme lige.

— Cela n'empêche rien. Envoyez prier le roi Artus de vous secourir d'ici à quarante jours. S'il ne l'a pas fait à l'époque fixée, vous serez dégagé envers lui et pourrez devenir mien. Je vous laisserai votre terre et l'accroîtrai même de plusieurs fiefs...

— Je vous remercie de cette proposition, et j'y veux réfléchir, dit le roi Ban. Demain matin, je vous dirai ce que j'entends faire.

Ban s'éloigna, laissant là son sénéchal, que Claudas s'empressa de prendre à part.

— Sénéchal, lui dit-il, je sais bien que le roi Ban est chétif et malheureux, et qu'il n'aura jamais du roi Artus ni secours ni rien... Il sera perdu par folle attente, et, à cause de cela, il me poigne de vous voir entraîné dans sa perte, vous dont j'ai ouï dire un si grand bien... Venez-vous-en avec moi : je vous aimerai loyalement et vous donnerai cette terre aussitôt que je l'aurai conquise. Tandis que si vous vous y refusez, il vous en reviendra mal, j'ai juré sur les saints que nul ne sortira de ce château que pour aller à la mort ou à la prison...

Claudas parla encore. Il parla tant et si bien que le sénéchal lui promit son concours, sans pour cela s'engager à trahir et vendre le corps de son seigneur légitime.

En effet, aussitôt que le sénéchal fut revenu à Trible, derrière le roi Ban, il raconta à celui-ci la conversation qu'il venait d'avoir avec Claudas, et il l'engagea vivement à se rendre lui-même auprès du roi Artus pour lui demander son aide, lui assurant qu'en son absence le château de Trible serait bien gardé.

Ban remercia son sénéchal et alla incontinent trouver la reine sa femme.

— Dame ! lui dit-il, je vais aller vers monseigneur Artus pour lui crier merci et lui demander secours. Appareillez-vous donc, ma mie, car vous viendrez avec moi, ainsi que mon fils et un écuyer pour nous servir...

— Quand dois-je être prête, Sire ?, demanda la reine.

— Nous partirons cette nuit même... N'oubliez pas, dame, de prendre avec vous tout le trésor que vous pourrez avoir céans, tant de joyaux que de vaisselle, attendu que je ne suis pas le moins du monde rassuré sur le sort de ce château et sur les intentions du roi Claudas.

La reine promit d'être prête à l'heure dite, et, de fait, elle était appareillée avant lui-même, tant elle avait mis de diligence à obéir à son mari.

Ban choisit alors de tous ses varlets celui en qui il avait le plus de fiance et lui demanda de ne laisser chômer de rien son roussin, ce que ce fidèle serviteur lui promit. Puis il manda son sénéchal et lui dit :

— Je vais vers monseigneur Artus : c'est vous qui garderez en mon absence le château de Trible. Demain, vous direz au roi Claudas que j'ai envoyé, mais vous lui cacherez que je suis parti... Vous m'entendez bien, n'est-ce pas ?

— Sire, n'ayez nulle crainte là-dessus, répondit le traître sénéchal.

Cela fait, et les selles mises, le roi Ban sortit de Trible par un petit pont jeté sur une rivière que ne surveillaient pas précisément les assiégeants, et qui aboutissait à une petite chaussée de deux lieues de longueur, bordée de marais profonds.

CHAPITRE III

Comment le roi Ban de Benoic, accompagné de sa femme et de Lancelot son fils, chemina vers le roi Artus pour lui demander secours.

ar cette chaussée, donc, s'en alla le roi Ban, emmenant avec lui sa femme et son enfant ; la première montée sur un palefroi, le second contenu en un berceau, sur un roussin que surveillait l'écuyer.

Un garçon marchait devant, portant son heaume et sa lance et conduisant un sommier, bien chargé de joyaux, de vaisselle et de deniers. Son écuyer portait son écu.

Quant à lui, monté sur un palefroi maintes fois éprouvé, il avait des chausses de fer, son haubert, son épée, sa chappe à pluie et le reste du vêtement.

Cette petite troupe quitta bientôt la chaussée et les marais et entra dans la forêt prochaine. Au bout d'une demi-lieue, ils se trouvèrent dans une belle et grande lande fleurie, où, pour sa part, le roi Ban avait été maintes fois. Au bout de cette lande, et au pied d'une éminence du haut de laquelle on pouvait voir tout le pays, était un lac clair et luisant dans les ténèbres, car il faisait encore un peu nuit.

Ban s'arrêta là, déclarant qu'il n'irait pas plus loin avant que le jour ne fût tout à fait venu, et, en attendant, pour jeter un regard d'adieu sur son château, qu'il préférait à tous les châteaux du monde, il monta sur l'éminence dont nous venons de parler, laissant la reine et sa compagnie devant le lac.

Ce lac, qui était grand, s'appelait le lac Diane, du temps des païens, c'est-à-dire du temps de Virgile, le bon philosophe, qui tenait cette folle et mécréante dame pour une déesse. Diane aimait le déduit des bois ; tous les jours elle allait chasser en cette île dont elle était autrefois la reine, et, à cause de cela, les mécréants l'appelaient la déesse des Bois.

Cette forêt, où se trouvait en ce moment le roi Ban de Benoic, surpassait en beauté toutes les forêts de Gaule et de la Petite-Bretagne, quoiqu'elle fût petite forêt, puisqu'elle n'avait que dix lieues anglaises de long sur six ou sept de large. Elle avait nom Boisenval.

Nous laisserons le roi rêver à son aise dans la direction du châtel qu'il aimait tant, pour revenir à son sénéchal, qui était en passe de le trahir.

CHAPITRE IV

Comment, après que le roi Ban fut parti de son château de Trible, le sénéchal à qui il en avait baillé la garde le livra aux mains du roi Claudas.

uand le roi Ban eut quitté son château de Trible, le sénéchal s'occupa de ses affaires avec Claudas.

Il le rejoignit hors de la ville et lui dit :

— Je vous apporte bonnes nouvelles, et personne n'a plus de bonheur si vous tenez votre promesse. Vous pouvez prendre le château sans défense.

— Comment ! fit Claudas, où est donc le roi Ban ?

— Il a déguerpi avec madame la reine et un seul écuyer, répondit le sénéchal.

— Rendez-moi donc le château, reprit Claudas, et dimanche prochain, jour de mi-août, devant tous mes barons, je vous revêtirai de cette terre et vous serez mon seigneur.

Le sénéchal fut très-joyeux et ajouta :

— Sire, je m'en irai et laisserai les portes ouvertes. Je dirai que nous avons bonnes trêves, et ils se reposeront volontiers, car ils ont eu grande fatigue. Quand vous et vos gens serez dedans, tenez-vous tous cois jusqu'après la prise du maître château.

Ainsi parla le traître, et il laissa Claudas pour rentrer au châtel.

A l'intérieur, il rencontra un chevalier très-preux, nommé Banin, filleul du roi Ban, qui faisait le guet toutes les nuits, armé de toutes armes.

Ce dernier, en voyant venir le sénéchal du dehors, lui demanda quel besoin l'avait éloigné à pareille heure.

— Je viens, fit le traître, de conclure une trêve acceptée par monseigneur le roi et le vôtre.

Banin pâlit affreusement, car il avait grand'peur de trahison ; il répondit :

— Ce n'est pas à cette heure qu'on va prendre trêve avec un ennemi mortel, si l'on veut agir loyalement.

— Comment ! repartit le sénéchal, me tenez-vous pour déloyal ?

— Dieu vous garde de déloyauté, dit Banin.

Il se tut à temps, et en eût dit davantage s'il eût osé. Mais le sénéchal était tout-puissant et l'eût fait occire sur l'heure.

Le sénéchal dit aux gardes qu'ils avaient, Dieu merci, trêve ; il les envoya coucher, ce qu'ils firent volontiers.

Quant à Banin, il alla faire le guet dans une tourelle pour observer les étrangers.

Là il vit venir jusqu'à vingt chevaliers, les heaumes lacés, et après eux, vingt autres, et puis encore, jusqu'à deux cents hommes.

Il soupçonna bien que la ville était trahie, il dévala des murs en criant : Trahi ! trahi ! par le château.

Il ignorait encore que la porte fût ouverte. A son cri, le château s'éveilla, on courut aux armes.

Claudas et ses chevaliers gardaient la première porte. Banin les voyant, se précipita sur le premier, le traversa de son glaive et le rua mort.

Les gens de Claudas le poursuivirent ; Banin s'enfuit à un autre château ; mais avant d'arriver, on l'a abattu deux ou trois fois.

Il passa enfin sur les murs par des marches secrètes jusqu'à l'huis de la grande tour, et leva après lui un petit pont tournant. Trois sergents gardaient la tour, d'autres étaient endormis !

Les gens de Claudas, qui le croyaient prendre, s'en retournèrent au petit château après l'avoir en vain cherché. Les gens de garde avaient été pris sans armes ; aussi jamais on n'entendit de pareils cris, le tonnerre lui-même n'eût pas été plus tonnant.

Le sénéchal sortit hors, feignant de se défendre ; Banin, qui était en haut, commença à l'interpeller :

— Holà ! fils de pute cria-t-il, c'est ainsi que vous nous avez pourchassés et avez trahi notre seigneur lige qui, de néant, vous avait élevé bien haut, vous lui avez ôté tout espoir de reprendre sa terre : puissiez-vous arriver au même châtiment que Judas, qui trahit celui qui était venu sur terre pour le sauver avec les autres pêcheurs ! Car, bien avez fait les mêmes œuvres que Judas.

Banin vit prendre le petit château et les autres forteresses, sauf la tour où il était.

Claudas fut hors de lui de ne pas savoir lequel de ses hommes avait mis le feu à la ville, dont les maisons et les richesses furent détruites.

Banin et ses trois sergents se défendirent bien dans leur tour et tuèrent une masse de gens à Claudas.

Le cinquième jour, Claudas fit dresser un pierrier devant cette tour, qu'ils eussent défendue encore s'ils eussent eu à manger. Banin montra un tel courage, que Claudas, qui l'avait vu et entendu nommer, lui affirma qu'il le tiendrait pour plus cher que lui-même s'il voulait être son chevalier.

Après la privation de viandes, les gens de la tour tinrent encore trois jours, pressés par une faim noire. La troisième nuit, ils prirent un chat-huant, seul oiseau qui restât, les coups du pierrier ayant effrayé les autres. Cette capture les combla de joie.

Un jour, Claudas appela Banin et lui dit :

— Rends-toi, tu ne peux tenir ainsi longtemps. Je te donnerai armes, chevaux et argent jusqu'à l'endroit où tu voudras aller. Si tu voulais demeurer avec moi, je t'aimerais plus que chevalier qui soit au monde, à cause de la vaillance dont tu as fait montre...

Claudas le pria tantet tant que, finalement, il lui dit un jour :

— Sire Claudas ! sire Claudas ! sachez que si je me rends jamais, ce ne sera ni à vous ni à autre comme traître !

Le siége continua et la faim aussi. Chaque jour Banin et ses compagnons étaient de plus en plus affaiblis, et chaque jour Claudas lui faisait faire des offres qu'il refusait obstinément.

Cependant, Banin finit par comprendre qu'une plus longue résistance était impossible ; non pas à cause de lui, qui aurait résisté jusqu'à la mort, mais à cause de ses compagnons, qui en avaient assez et qui déclaraient vouloir se rendre.

Claudas le trouva donc plus favorablement disposé.

— Sire, dit Banin, j'ai pris conseil de mes compagnons... Nous ne pouvons pas garder plus longtemps cette tour et nous vous la rendons, convaincus que nous ne la pourrions rendre à un plus digne...

Claudas avait vaincu ! Il fit apporter les saints Evangiles et jura dessus tout ce qu'on voulut. Puis, quand il eut juré, il fit entrer sa garnison.

Mais Banin n'avait pas dit son dernier mot à l'endroit du sénéchal, qu'il tuait le jour même en combat singulier. Cela fait, il prenait congé de ses compagnons et du roi Claudas, très-fâché de ce départ.

CHAPITRE V

Comment le roi Ban mourut de douleur quand il vit son château de Trible en proie aux flammes.

Nous reviendrons au roi Ban, qui regardait toujours, appuyé sur le tertre, dans la direction de son bon château de Trible, que tant il aimait.

Le jour commençait à blanchir. Il regarda avec plus d'attention encore et aperçut bientôt une grande fumée qui sortait des murs, et, peu après, d'épaisses et ardentes flammes qui envahissaient tout. C'était un incendie complet. En peu d'heures, églises et clochers, maisons et palais furent dévorés. Le feu volait d'un lieu à l'autre. L'air était rouge et embrasé. La terre en reluisait comme un miroir. Quand le roi Ban vit ainsi brûler et s'abîmer son château tant aimé, toute son espérance! il demeura d'abord anéanti, comme si l'incendie l'avait atteint et brûlé lui-même. Il songea à sa femme, jeune et bonne dame; à son fils, doux enfantelet, et à lui-même, pauvre vieillard, à cette heure déshérité.

La douleur qu'il en ressentit fut si grande, que le cœur lui serra au ventre et que les larmes lui coulèrent épaisses et âpres le long des joues. Il se pâma et tomba de cheval par terre si durement, que pour un peu il se fût brisé le cou. Le sang lui sortit de la bouche, du nez et des oreilles.

Il revint cependant de sa pamoison. Lors, regardant piteusement le ciel, il dit :

— Ah! cher Dieu, je vous rends grâce de ce que vous me permettez de finir ma vie en pauvreté comme vous avez fini la vôtre, vous pauvre et souffreteux entre tous. Je vous crie merci, cher Dieu, beau père des hommes, car je me sens à ma fin! Pardonnez-moi donc mes péchés, ô mon Dieu! et faites que mon âme s'en aille en la compagnie de celles qui sont en la perdurable clarté de votre joyeuse maison! Bon père pitoyable et tendre aux affligés et aux abattus, prenez pitié de ma femme Hélène, femme pieuse et chrétienne! Gardez de mal et de chagrin mon pauvre petit fils, qui va être ainsi orphelin!

Quand le roi Ban eut dit ces paroles, il regarda vers le ciel, se frappa la poitrine, pleura ses péchés devant le regard de Notre-Seigneur, et, arrachant trois brins d'herbe au nom de la Sainte Trinité, il les porta dévotement sur ses lèvres tremblantes. Peu à peu, ses yeux se voilèrent, ses lèvres se contractèrent, et les veines de sa poitrine se rompant, le cœur lui partit du ventre.

Au bruit de la chute de son corps sur la terre sèche, son cheval se cabra, hennit, et, finalement, s'en alla au galop rejoindre en contre-bas les autres chevaux de la compagnie du roi Ban de Benoic.

CHAPITRE VI

Comment, après la mort du roi Ban de Benoic, la Dame du Lac emporta son fils Lancelot.

Quand la reine Hélène aperçut le cheval du roi, son seigneur et maître, qui lui revenait ainsi à vide, elle cria au varlet de l'arrêter; puis, elle monta au haut du tertre, où elle trouva le roi gisant, mort.

Sa douleur fut immense et lamentable. Elle arracha ses cheveux, si longs et si beaux, déchira ses habits, égratigna son visage, tellement que le sang lui en coulait à contre-val des joues.

Quant à ses cris, ils furent entendus de partout, de la montagne et du val.

Tout à coup, au milieu de son désespoir, elle se rappela qu'elle avait laissé son enfantelet au milieu des chevaux, autour du lac. Elle redouta un malheur plus grand encore, s'il était possible, que celui auquel elle était déjà condamnée. Après avoir perdu son mari, elle eut peur de perdre son fils!

Lors, comme une forcenée, elle courut là où elle avait laissé le jeune Lancelot.

A mesure qu'elle approchait, sa peur redoublait. Elle arriva enfin. Son fils était déjà hors de son berceau : une demoiselle le tenait tout nu, tout rose et tout souriant en son giron, et elle le pressait tout doucement entre ses deux mamelles, en lui baisant les yeux et la bouche, car c'était le plus bel enfant du monde.

— Madame, dit la reine à la demoiselle inconnue, laissez là cet enfant, car il aura toujours assez de deuil et de misère!... Il a perdu aujourd'hui son père et sa fortune... Peut-être perdra-t-il demain sa mère, qui est moi...

La demoiselle, entendant parler ainsi la reine, à distance, ne répondit pas un seul mot. Mais, voyant qu'Hélène approchait insensiblement et qu'elle tendait les bras vers elle, comme pour lui reprendre l'enfant qu'elle tenait en son giron, elle se leva, le tenant toujours, s'en alla droit au lac, joignit les pieds et se lança dedans.

A ce spectacle, la reine Hélène poussa un cri étouffé et tomba pâmée sur le sol. Quand elle revint à elle, Lancelot et la demoiselle inconnue avaient disparu.

— Mon enfant est perdu! murmura-t-elle avec

une angoisse profonde. Je n'ai plus qu'à mourir !...

Et, en effet, elle se dirigea incontinent vers le lac, et elle se disposait à s'y précipiter, lorsque son varlet s'y opposa énergiquement, en la retenant par ses vêtements.

Au même moment, une abbesse passa, suivie de trois nonnains, d'un chapelain et de deux écuyers. Elle s'approcha charitablement de la reine éplorée, la réconforta par sa parole et lui conseilla de la suivre au moustier voisin.

— J'y consens, répondit mélancoliquement Hélène. Étant plus près de Dieu, je serai ainsi plus près de mon enfant et de mon époux !...

Et la reine Hélène suivit l'abbesse au moustier voisin où était déjà la veuve du roi Boort, frère du roi Ban de Benoic, qui s'y était retirée après avoir confié ses enfants au chevalier Farien.

CHAPITRE VII

Ce qu'était la Dame du Lac et comment Merlin, engendré d'un diable, devint amoureux d'elle.

En la marche d'Ecosse et d'Irlande, il y eut jadis une demoiselle fille d'un vavasseur qui n'était pas de grande richesse. Après la mort de son père, la demoiselle, qui était en âge de se marier, en fut pressée par sa mère, à qui elle répondit que jamais elle n'aurait homme qu'elle vît, et que, aussitôt qu'elle le verrait, si on l'y forçait, elle mourrait ou deviendrait folle. Sa mère, alors, lui demanda si elle entendait toujours s'abstenir d'homme et de commerce charnel. Elle répondit que non et que, tout au contraire, elle aurait volontiers compagnie d'un homme qu'elle aimerait beaucoup, pourvu qu'elle ne le vît point. Alors vint un diable qui se présenta au lit de la demoiselle par une nuit obscure, et la pria doucement d'amour, lui promettant de ne pas se faire voir à elle. Elle lui demanda qui il était ; il lui répondit qu'il était étranger et qu'il était venu vers elle parce qu'il savait qu'elle ne se souciait pas de voir l'homme à qui elle s'accorderait. La demoiselle le tâta et sentit qu'il avait le corps bien fait, car les diables se forment parfois un corps de l'air, et si bien qu'il semble formé de chair et d'os. Quand elle eut compris en le tâtant de corps, de bras et de mains qu'il était à sa convenance, elle se prit à l'aimer, et, se donnant toute à lui, elle fit entièrement à sa volonté.

Quand elle eut mené cette vie l'espace de cinq mois, elle engraissa et, finalement, accoucha d'un enfant, ce qui émerveilla tout le monde, parce qu'on ne savait rien du père et parce qu'elle ne voulait rien dire là-dessus.

Cet enfant fut un fils qui eut nom Merlin, selon la recommandation expresse et formelle du diable à la demoiselle. Aussi ne fut-il jamais baptisé, comme bien on pense.

Quand cet enfant eut atteint douze ans, il fut mené à Uter Pandragon ; puis, après la mort du duc de Tintaguel, il s'en alla par les forêts profondes rêver et agir à sa guise.

Ce Merlin ressemblait à son père ; comme lui, il était décevant et déloyal, et savait tout ce qu'un cœur humain peut savoir de perversité.

Or, il y avait en la marche de la Petite-Bretagne une demoiselle de très-grande beauté qui avait nom Viviane. Merlin l'aima et s'en fit aimer. Non tout de suite, car elle était sage et courtoise, mais au bout d'un certain temps, après de nombreuses allées et venues de jour et de nuit. Après s'être bien défendue, elle céda et lui promit qu'elle ferait tout ce qui lui plairait, à la condition qu'il lui enseignerait auparavant une partie de la science mystérieuse et cabalistique qu'il tenait de son père.

Merlin, qui l'aimait tant, que mortel cœur ne saurait aimer davantage, lui promit de lui apprendre tout ce qu'elle lui demanderait.

— Je veux, dit-elle, que vous m'enseigniez le moyen à employer pour fermer, par paroles magiques, un lieu quelconque, et si bien, que nul n'y pût entrer ou sortir sans ma volonté... Je voudrais également connaître le moyen d'endormir qui je voudrais, sans qu'il pût s'éveiller sans ma permission...

— Pourquoi voulez-vous savoir cela ? demanda Merlin.

— Parce que, répondit Viviane, si mon père savait que vous êtes en ma compagnie amoureuse, il me tuerait, et que, de cette façon, je le pourrais endormir à mon aise pour prendre avec vous tout le déduit que je voudrais...

Merlin y consentit, et lui apprit les conjurations à faire pour cela. Si bien que lorsqu'il voulut venir au fait et au prendre avec elle, elle prononça les paroles qu'il lui avait indiquées lui-même, et l'endormit de façon à l'empêcher d'avoir tout commerce charnel avec elle.

Cela dura assez longtemps. Merlin venait toujours vers elle, l'eau du désir à la bouche, et toujours il s'en retournait sans avoir obtenu rien d'elle. Elle ne le décevait ainsi que parce qu'il était mortel. S'il eût été diable, elle ne l'eût pu décevoir, car un diable ne peut dormir.

Enfin, un jour, après avoir tiré de lui tous les secrets qu'elle pouvait, elle le laissa tout endormi en un caveau, au milieu de la périlleuse forêt d'Arnantes, qui marchait à la mer de Cornouailles et à la mer de Soreloys.

Merlin demeura là, et le lieu où il gisait fut si bien scellé en dedans et en dehors à force de grands conjurements, que jamais depuis il ne fut vu par homme vivant qui nouvelles en pût dire.

Cette Viviane, c'était la demoiselle qui venait d'emporter le jeune Lancelot, fils du roi Ban de Benoic et de la reine Hélène.

—

CHAPITRE VIII

Comment la Dame du Lac bailla à Lancelot un maître pour l'instruire comme il appartient à un fils de roi.

Quand Lancelot eut ainsi passé trois années en la garde de la Demoiselle du Lac, il devint si beau, que c'était merveille véritable de le voir et contempler. Il était sage, habile et entendu plus que tout autre enfant de son âge, ce qui décida la Demoiselle du Lac à lui bailler un maître qui l'enseignât et lui montrât comment il devait se tenir en manières de gentilhomme, quoique personne ne sût, à vrai dire, qui il était, hormis la bonne Dame et une sienne pucelle.

Son maître, donc, lui donna un arc et lui indiqua le moyen de s'en servir contre les petits oiseaux de la forêt. L'arc était d'humble taille, comme lui ; mais, à mesure que l'âge et les forces lui poussèrent, on lui mit en main un arc plus fort et des sagettes plus lourdes, afin qu'il pût tirer les lièvres et autres menues bêtes de la forêt.

Aussitôt qu'il put monter à cheval, on lui en confia un bien attourné de frein, de selle et d'autres choses, avec lequel il chevaucha aux environs du lac, toujours escorté d'une nombreuse et belle compagnie de varlets grands et petits.

Il apprit, aussi facilement que le reste, à jouer aux échecs, aux tables et aux autres jeux dont il voyait jouer ; si bien que lorsqu'il fut en âge de bachelerie, on n'avait plus rien à lui enseigner : il savait tout ce qu'on pouvait savoir pour être un gentilhomme accompli.

C'était donc le plus bel enfant du monde, le mieux taillé de corps et de membres. Il avait une admirable charnure, ni brune ni blanche, mais entremêlée de l'une et de l'autre couleurs, ce qu'on pourrait appeler claire-brune.

Son visage était enluminé d'une couleur vermeille naturelle, qui faisait le meilleur effet au milieu de la blondeur fauve de sa peau. Il avait la bouche bien fendue et les dents petites, serrées et blanches. Le menton, très-heureusement découpé, était orné d'une fossette fort agréable. Le nez était un peu long, avec une légère éminence au milieu, de façon à l'accentuer comme le doit être cette partie du visage. Les yeux étaient verts et riants, que la joie rendait doux comme velours et que la colère rendait étincelants comme des charbons allumés. Il semblait, en outre, que sur les pommettes des joues fissent saillie, pour ainsi dire, quelques gouttelettes de sang, par surabondance de santé. En outre aussi, le souffle qui lui sortait d'entre les lèvres et d'entre les dents était chaud et parfumé comme un fruit.

Quant à ses cheveux, ils avaient d'abord été blonds, déliés et luisants comme des blés. Mais, en avançant en âge et en force, ils finirent par abandonner leur blondeur naturelle et par devenir tout saurets.

C'est ainsi que ce fils de la reine Hélène et du bon roi Ban de Benoïc atteignit sa dix-huitième année.

CHAPITRE IX

Comment Farien, sa femme et son neveu Lambègues partirent pour aller voir Lyonnel et Boort, qui étaient au Lac, et comment Farien mourut.

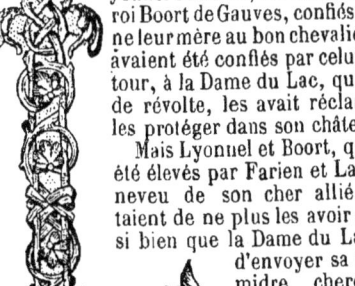

Lyonnel et Boort, les deux enfants du roi Boort de Gauves, confiés par la reine leur mère au bon chevalier Farien, avaient été confiés par celui-ci, à son tour, à la Dame du Lac, qui, un jour de révolte, les avait réclamés pour les protéger dans son château.

Mais Lyonnel et Boort, qui avaient été élevés par Farien et Lambègues, neveu de son cher allié, regrettaient de ne plus les avoir avec eux ; si bien que la Dame du Lac résolut d'envoyer sa fidèle Samidre chercher ces deux gouverneurs, qui étaient eux-mêmes inquiets sur le sort de ces deux jouvenceaux.

Farien, sa femme, Lambègues et leur suite partirent donc. Le troisième jour après leur départ, ils arrivèrent au Lac, où ils apportèrent la joie.

Mais la joie de Boort, qui voyait son maître Lambègues, dépassa celle que reçut Lyonnel à la vue de Farien.

Car il était courroucé contre lui d'avoir tant retardé son voyage.

— Je ne vous sais pas grand gré d'être venu ici, Farien, lui dit-il. Boort, au contraire, reçoit de son maître les consolations à ses ennuis. Si vous n'eussiez pas été plus désiré par ma dame que par moi, vous seriez ailleurs, et je me passerais bien désormais de votre égide.

Farien fut très-fâché de ces paroles. Néanmoins, il répondit courtoisement :

— Sire, je ne dois pas m'étonner de ce que vous me dites, car vous êtes jeune. Si vous aviez l'âge de Lambègues mon neveu, il ne vous tarderait pas de vous repentir. Maintes gens savent la peine que j'ai eue à sauver votre terre ; sans Dieu et moi, que de gentilshommes eussent été sacrifiés pour vous !...

— Vous l'avez bien sauvée en laissant la vie à Claudas, répondit Lyonnel.

— Je l'ai garanti, reprit Farien, comme je le devais, et comme je le ferais encore aujourd'hui en pareil cas.

Le chevalier qui les avait suivis dit à Lyonnel, en se mettant entre eux deux :

— Ne dites pas telles paroles de votre maître, Lyonnel, car, par la sainte croix, je l'ai pour le plus loyal chevalier qui ait porté écu !...

L'écuyer de Farien et de Lambègues en dit tant, que la demoiselle l'admira.

Lancelot revint bientôt et fit grande fête aux deux maîtres et à leurs compagnons.

Lambègues raconta à Farien l'opinion qu'il avait sur Lancelot, qu'il pensait fils du roi de Benoic, bien que personne ne le lui eût dit ; ce qui fit que Farien examina beaucoup Lancelot et le prisa à son gré.

Les trois cousins demeurèrent longuement ensemble. Et tant et tant, que le bon Farien mourut, ce dont il fut fait grand deuil, car on l'estimait de très-haute prud'homie.

Sa femme demeura depuis avec la Dame du Lac, gardant ses deux fils, qui furent faits chevaliers de la main de Lyonnel.

L'un avait nom Agius et l'autre Tarquin, et tous deux firent depuis de grandes prouesses.

CHAPITRE X

Comment les deux reines menèrent sainte vie au moustier royal ; et comment celle de Gauves vit en songe ses deux enfants et Lancelot, et comment elle trépassa de ce siècle.

Hélène, veuve du roi Ban, et sa sœur, veuve du roi Boort de Gauves, séjournèrent si longtemps au moustier royal, qu'elles furent très-débilitées, tant par vieillesse que par jeûnes et larmes.

La reine de Gauves avait appris la perte de ses deux enfants sauvés par une demoiselle de la fureur de Claudas, qui les voulait occire.

Mais comme elle ne savait où ils étaient, elle vivait pleine de tristesse.

Et sa sœur aussi en avait grande douleur en son cœur.

Bientôt, la veuve du roi Boort s'affaiblit et diminua, sans pourtant négliger de se lever aux matines ; car elle était de bonne vie et de sainte religion.

Et pourtant, sa vie n'atteignit pas celle que la reine de Benoic menait.

Car elle avait sous sa chemise la haire toujours hérissée.

Dès son entrée en religion, elle avait cessé de manger de la chair. Deux fois par nuit elle se levait ; avant matines et après, sans lumière, car elle ne voulait pas être aperçue.

Elle ne mangeait jamais qu'au réfectoire et ne dormait qu'au dortoir, et elle ne fut jamais si bien chaussée qu'elle ne sentît toujours la dure terre.

Elle tenait ordre et silence dans le cloître et dehors.

Elle ne parlait pas sans le congé de son abbesse, si ce n'était quand elle se complaignait à Notre-Seigneur.

Maints jours, elle ne mangeait que des herbes. Quelquefois même ne mangeait pas du tout.

Souvent, quand elle était étourdie de chanter, de veiller et de jeûner, elle se reposait, mais c'était à genoux.

Une telle vie mena la dame de Benoic jusqu'au trépas.

Dieu, notre créateur, lui montra bien que ses services lui plaisaient ; car elle était en bon point, bien colorée et de si grande beauté, que tout homme étranger n'eût pas supposé qu'elle eût supporté la septième partie de ses pratiques de religion.

Sa sœur, la reine de Gauves, était de pauvre complexion et sujette à maladies.

Tantôt on la croyait en danger de mort ; tantôt elle ne pouvait aller à matines.

Quand elle sut que ses enfants étaient perdus et qu'on n'en pouvait savoir la trace, elle empira de jour en jour. Elle ne se levait jamais sans prier Notre-Seigneur de lui donner des nouvelles de ses deux enfants avant qu'elle ne trépassât de ce siècle.

Un jour qu'elle était en ses oraisons, il advint qu'elle se trouva tout endormie.

Et lors, son esprit lui fut ravi, et s'en alla fort loin en peu de temps.

Elle se vit dans un bel endroit, au-devant d'un jardin entouré de maisons grandes et belles.

Elle regarda, et vit sortir de ces maisons plusieurs enfants, parmi lesquels trois semblaient être seigneurs sur tous les autres.

L'un des trois, le plus beau et le plus grand, se tenait au milieu.

Les deux autres étaient accompagnés de deux hommes. Elle les voyait, et les reconnaissait bien pour Farien et Lambègues.

Farien était encore vivant à ce moment.

Elle pensa que ses deux enfants étaient ceux-là. Mais elle ne comprit pas qui pouvait être le troisième et les autres.

Un autre homme, qu'elle ne connaissait pas, la vint prendre par la main et la reconduisit en son abbaye, très-désolée de n'avoir pas reconnu au vrai les trois enfants.

A son réveil, elle se plaignit de ce chagrin qu'elle avait eu en vision.

Et elle regarda en sa main droite et y vit trois noms écrits, Lyonnel, Boort et Lancelot, ce dont elle fut si joyeuse, qu'elle se mit à pleurer d'aise.

Elle envoya quérir sa sœur et lui raconta sa vision.

— Sachez, belle sœur, lui dit-elle, que votre fils est trop beau.

Lors, elle détailla tout ce qu'elle avait vu, à la grande satisfaction de la reine de Benoïc.

La reine de Gauves dit alors à sa sœur :

— Or, je vois bien que Notre-Seigneur veut que je parte de cette vie, car tous mes désirs sont accomplis !

A cette cause, elle se disposa et confessa, et, peu après, son âme fut séparée de son corps.

Et on lui rendit les honneurs qui appartiennent aux reines.

CHAPITRE XI

Comment le roi Artus, le jour de Pâques, assembla tous ses barons, et tint grande cour en la cité de Karaheu ; et comment Banin, filleul du roi Ban, gagna le prix des bagues ce jour-là.

A l'entrée d'avril, le jour de Pâques, le roi Artus se trouvait à Karaheu, une sienne bonne ville ; il avait coutume de mener ce jour-là plus grande vie que les autres jours.

Cinq fois l'an il tenait cour plénière, la couronne en tête.

C'était à Pâques ;
A l'Ascension ;
A la Pentecôte ;
A la fête de la Toussaint ;
Et à Noël.

La fête de Pâques était de toutes la plus honorée, parce que ce jour-là Notre-Seigneur nous racheta des prisons de l'enfer, et répara notre vie par sa résurrection. Pour cette cause, la solennité de Pâques était la plus grande de l'an, en la maison du roi Artus.

La Pentecôte était la plus gaie, parce que, lorsque Notre-Seigneur fut monté au ciel, après la Pâque, au jour de l'Ascension, les disciples demeurèrent affligés, comme s'ils eussent perdu leur maître et Seigneur ; ils attendirent la promesse qu'il avait faite. Le jour de la Pentecôte, il leur envoya le Saint-Esprit, qui les réconforta et remplaça spirituellement celui qu'ils avaient eu en chair, et ainsi leur joie fut augmentée.

Donc, ce jour de Pâques, le roi Artus avait dîné avec une société nombreuse de ses barons, et de jeunes écuyers et bacheliers eurent l'idée de se divertir.

Ils commencèrent à jouer, les uns aux tables et aux échecs ; les autres dansaient, chantaient ou regardaient les dames et demoiselles.

Une partie des autres, tant étrangers que de la maison du roi, prirent leurs écus à leur col et allèrent dehors jouer aux bagues.

Après ce jeu, on dressa le but, comme c'était la coutume en ce temps.

On vit là maints chevaliers de grande prouesse. Aucun de ceux de la maison du roi Artus ne l'atteignit, parce qu'ils n'en avaient pas l'usage.

Un chevalier gagna tous les prix. Il s'appelait Banin, et était filleul du roi Ban de Benoïc.

Ce Banin était de petite taille, et fort et léger à merveilles.

Il avait longtemps guerroyé le roi Claudas, et l'avait souvent endommagé dans ses biens.

Il était parti, lui quatrième, de son pays, avec des bacheliers, jeunes comme lui, pour voir la cour du roi Artus, où tout arrivait, pauvres comme riches.

En ce temps, aucun homme n'était tenu pour preux, qu'il n'eût été en la maison du roi Artus.

Quand Banin eut ainsi vaincu partout à la bague, il fut très-envié par les chevaliers, car, à cette époque, plus qu'à aucune autre, les prouesses étaient en faveur.

Celui qui, parmi les étrangers, avait eu le prix, servait le roi à la Table Ronde, et, comme Banin le devait, il alla s'asseoir au souper près du roi, de façon à être vu et reconnu de tout le monde.

Lorsqu'il eut servi à la Table Ronde, messire Gauvain et Keux le sénéchal le menèrent devant le roi, et le firent seoir.

Le roi le regarda complaisamment, car il adorait les bons chevaliers, et il commença à lui adresser la parole.

Mais Banin était si confus d'être si près du roi, qui n'admettait auprès de lui aucun gentilhomme quand il avait couronne en tête, qu'il avait les yeux fichés en terre sans répondre.

Le roi, qui voulait le distraire de son état, lui dit courtoisement :

— Sire chevalier, ne soyez pas si timide à table, car aux armes vous ne l'avez pas été. Sachez que maint chevalier vous estime pour votre valeur et prouesse.

Banin leva un peu la tête, et prit un peu de vergogne et de pourpre au visage, ce qui lui alla bien.

Le roi lui demanda son nom et de quelle terre il était.

— Sire, je suis du royaume de Benoïc.

— De Benoïc ! fit le roi.

Il réfléchit sur ce nom et continua :

— Est-ce du Benoïc que tenait le roi Ban ? Le connaissez-vous ?

— Certes, oui, répondit Banin : il était mon parrain.

Le roi aperçut le visage de Banin, baigné de larmes, et, partageant son émotion, il se mit aussi à pleurer abondamment.

Monseigneur Gauvain et Keux le sénéchal, à qui on fit observer ce spectacle, vinrent prier le roi de quitter cette pensée.

Mais le roi n'écouta pas, et Gauvain et le sénéchal restèrent longtemps sans oser le distraire de la mélancolie où il s'abandonnait.

Keux enfin trouva un moyen : il alla quérir un cor, et, sans avertir personne, donna un fort coup de trompe dans la salle. Tout le monde, avec le roi, fit un bond de surprise.

Lors, monseigneur Gauvain s'adressant au roi :
— Sire, lui dit-il, on commence à s'étonner de votre tristesse et de votre préoccupation, le jour où vous devez festoyer tous ceux qui viennent à votre cour. On blâmerait un enfant d'agir ainsi, et d'autant plus un homme aussi sage que l'on vous sait.

— Beau doux neveu, répondit le roi, j'ai eu tort et raison : tort, pour mes barons, à qui je dois faire bon accueil ; raison, en songeant au roi Ban de Benoic, qui mourut en venant à mon aide ; ce dont j'ai honte pour ma couronne, car je ne l'ai pas vengé...

— Il convient d'y penser en temps et lieu, Sire, repartit Gauvain, mais pas constamment. Au moment donné, joignez au souvenir l'action et le travail.

Le roi comprit fort bien ce bon conseil ; il se tut, s'essuya les yeux, et s'efforça de donner le branle au repas et à la gaité.

Mais le cœur n'y était plus ; après souper, il appela Banin, et lui demanda des nouvelles de la femme du roi Ban de Benoic et de son fils.

Banin répondit :
— Sa femme est nonne voilée ; quant à son fils, on le croit mort.

A la suite de cette accointance, le roi Artus donna à Banin des joyaux et des richesses, car il le pouvait.

Quant à la reine, elle le retint cette nuit-là parmi ses chevaliers à cause de sa prouesse, ce qu'elle faisait pour ceux qui gagnaient les bagues aux grandes fêtes.

Banin fit, cette année-là, tant de prouesses, qu'il fut des cinquante chevaliers de l'aventure dont nous parlerons lorsque l'occasion s'en présentera.

CHAPITRE XII

Comment la Dame du Lac mena Lancelot au roi Artus pour le faire chevalier, après lui avoir donné des armes blanches, et comment, escorté de quarante chevaliers, il rejoignit le roi Artus, deux jours avant la Saint-Jean.

a Dame du Lac avait pris un tel soin de Lancelot, qu'arrivé à l'âge de dix-huit ans, il n'avait son pareil dans aucun pays du monde. Elle vit bien qu'il était temps qu'il reçût l'ordre de chevalerie ; un plus long retard eût été un crime.

Lancelot, arrivé à cet âge, aperçut, quelques jours après la Pentecôte, un cerf dans la forêt. Le trouvant merveilleusement fort pour la saison, il le tua, et, en effet, ce cerf avait l'embonpoint qu'il atteint au mois d'août seulement.

Il l'envoya à sa dame, qui le reçut avec admiration.

Lancelot resta dans la forêt pendant l'ardeur du soleil et revint le soir dans son costume de chasse : habit court, de couleur verte, la tête ornée de feuilles et le carquois à la ceinture.

Quand sa dame l'aperçut, l'émotion lui monta du cœur aux yeux ; elle se leva, entra dans une grande salle et resta pensive, appuyée sur le dos d'un siège.

Lancelot la rejoignit. Elle s'enfuit dans une chambre, au grand étonnement de tout le monde. Lancelot continua à la poursuivre, et, finalement, il la retrouva étendue sur un lit et poussant de tendres soupirs sans lever les yeux sur lui.

Cet abord le surprit, car elle avait coutume de le baiser chaque fois qu'il revenait de n'importe où.

— Qu'avez-vous, madame ? et quelle offense vous a-t-on faite ? lui demanda-t-il. Ne me le cachez pas, car, moi vivant, personne n'osera vous fâcher !

Ces mots la firent pleurer davantage encore ; elle ne put articuler une parole.

Pourtant, à la fin :
— Pour Dieu ! fils de roi, dit-elle, quittez ce lieu, ou le cœur va me faillir.

— Dame, répondit-il, je sors, puisque je vous ennuie.

Et il reprit son arc et alla seller son roussin au milieu de la cour.

Mais, s'imaginant bien l'avoir courroucé, la Dame accourut au moment où Lancelot se préparait à monter à cheval en homme très-en colère.

Lors, elle prit la bride du cheval et dit :

— Sire, où voulez-vous aller?
— Ma Dame, jusqu'à la forêt.
— Descendez; vous n'irez pas.

Lancelot se laissa emmener dans une chambre, et la Dame, lui prenant la main, le conjura, par la foi qu'il lui devait, de dire où il voulait aller.

— Dame, répondit Lancelot, je vous ai vue si fâchée, sans deviner pourquoi et en quoi vous l'étiez... Comme il m'était pénible de rester dans cette situation, j'allais poursuivre ma carrière. Je serais peut-être allé jusque chez le roi Artus, où quelque gentilhomme, après m'avoir éprouvé, m'eût fait chevalier; car on dit que tous les gentilshommes sont à la cour du roi Artus.

— Vous vouliez donc être chevalier, fils de roi? demanda la Dame.

— Certes, la chose du monde que je désire le plus est l'ordre de chevalerie.

— Vous êtes bien résolu, reprit-elle; mais vous ne seriez pas tant pressé, si vous connaissiez les devoirs pesants de la chevalerie.

— Celui qui tarde à devenir chevalier a peur et n'est qu'un misérable, répondit Lancelot, car chacun doit toujours élever son rang et ses vertus... Dites-moi néanmoins, en passant, quel est ce fardeau qui vous apparaît dans la chevalerie.

— Je vais, fit la Dame, vous dire ce que j'en pense, et retenez bien ces paroles en votre cœur.

— Je les retiendrai, ma Dame.

— Si vous voulez être chevalier, dit alors la Dame, il faut d'abord soumettre votre volonté tout entière à la raison et à la droiture. Les chevaliers n'ont pas été créés pour rien. Les premiers étaient tous de même lignage, puisque nous descendons tous d'un père et d'une mère. Mais, lorsque la convoitise des forts et la faiblesse des petits donna lieu à établir des garants et défenseurs d'outrages, on choisit les beaux, les grands, les forts, les preux et les hardis, ceux qui débordaient de bonté, de cœur et de force. La chevalerie leur fut donnée pour en user, et ce fut pour eux un lourd fardeau, comme vous allez entendre.

Ici Lancelot fit un mouvement d'attention plus soutenue. La Dame du Lac reprit :

— Au commencement de la chevalerie, il fut ordonné à celui qui voulait être chevalier et le pouvait par droit d'élection d'être courtois sans dureté, débonnaire sans faiblesse, secourable envers les souffrants, généreux et toujours prêt à faire l'aumône; de châtier voleurs et meurtriers, de juger dret sans amour et sans haine. Un chevalier doit préférer la mort à la honte. Il est surtout destiné à défendre la sainte Eglise, car elle ne doit pas rendre le mal pour le mal. L'histoire dit qu'au commencement, personne, sauf les chevaliers, n'avait le droit de monter à cheval. Ils furent ainsi nommés chevaliers, et leurs armes leur furent aussi données dans un but raisonnable. Sachez que l'écu pendu au col du chevalier et le protège par devant représente le rôle que doit prendre le chevalier vis-à-vis de l'Eglise contre les mécréants, et, si la sainte Eglise est assaillie, le chevalier doit la soutenir comme un fils soutient sa mère injuriée.

Le haubert que revêt le chevalier signifie la défense dont l'Eglise doit être entourée à toute heure, de façon à n'en laisser approcher aucun malfaiteur.

Le heaume qui surmonte le chef du chevalier, et paraît avant toutes les autres pièces d'armures, indique que le chevalier doit ainsi se montrer le premier contre les fauteurs de la sainte Eglise.

Le glaive qui atteint avant qu'on puisse le détourner signifie peur de mort, car le chevalier doit répandre sa renommée si loin, que les malfaiteurs sont tenus à l'écart de la sainte Eglise.

L'épée qui est ceinte n'est pas sans raison tranchante des deux côtés; l'épée est de toutes les armes la plus honorée et la plus noble; elle a aussi le plus de dignité. On peut s'en servir de deux façons : de la pointe et des deux côtés.

Le cheval veut dire le peuple, au-dessus duquel est placé le chevalier.

Le chevalier est seigneur du peuple et sergent de Dieu. Le chevalier doit avoir en soi deux cœurs : l'un dur et serré, et l'autre mou comme la cire; le premier pour les félons et l'autre pour les bonnes gens.

Dieu enseigne dans l'Evangile que ce que l'on fait aux souffreteux on le fait à lui-même.

Celui qui reçoit l'ordre de chevalerie doit posséder toutes ces qualités; s'il ne les a, il est indigne d'élection; car il jure à Dieu d'être tel que lui a ordonné de demeurer toujours celui qui l'a fait chevalier; et s'il est parjure, il perd tout ce qui l'attendait d'honneur en ce monde et dans l'autre.

Voici une partie des points nécessaires en brave chevalerie; il y en a d'autres; mais, sans pousser plus loin, dites-moi ce qu'il vous en plaît, ou d'y aller ou de rester.

— Dame, demanda le jouvenceau, depuis l'établissement de la chevalerie, fut-il jamais chevalier qui eût en soi toutes ces bontés?

— Certainement, répondit la Dame, et la sainte Ecriture nous en est témoin, bien avant que Notre-Seigneur Jésus-Christ souffrit la mort. Tels furent Josué, Judas Machabée, et Simon son frère, et le roi David, et maints autres célèbres en prud'homie. Depuis ceux-là, il y en eut d'autres qui furent vaillants de toutes braves vaillances. L'un fut Joseph d'Arimathie, le gentil chevalier qui dépendit Jésus-Christ de la sainte croix et le coucha au sépulcre. Le roi Perlès de Listernoys, qui était d'un plus haut lignage, et son frère Alain-le-Gros, furent de même les soutiens de l'honneur de chevalerie devant leur siècle et devant Dieu.

— Dame, répondit Lancelot, puisque tant de chevaliers furent pleins de toutes les prouesses que vous avez dites, celui qui reculerait à les imiter ferait preuve de couardise, quoique je ne blâme aucunement ceux qui n'osent se présenter : cela dépend de ce que l'on a au cœur. J'ai bonne envie de le devenir, et Dieu me permettra sans doute de rencontrer un preux pour me conférer ce haut ordre. De Dieu je tiendrai les bonnes vertus, et de moi le cœur, la peine et le travail!

— En vérité, répliqua la Dame, votre volonté sera accomplie : vous serez chevalier, et sans aucun retard; c'est à cause de cela que je pleurais tout à l'heure, car j'ai mis en vous l'amour d'une mère pour son enfant, et je ne sais pas me fatiguer de vous voir. Mais j'aime mieux souffrir que perdre votre amitié... Si vous saviez de quelles gens vous sortez, vous ne douteriez pas de votre prud'homie. Par ainsi, mon doux ami, vous serez armé chevalier de la main du plus brave qui soit, le roi Artus. Nous partirons cette semaine et arriverons à lui le vendredi avant la Saint-Jean ou d'aujourd'hui en huit jours. Dieu, qui naquit de la Vierge pour racheter son peuple, Dieu et monseigneur saint Jean vous donneront la grâce de dépasser en bonté de chevalerie tous les chevaliers connus.

La Dame du Lac lui ayant ainsi fait cette promesse, Lancelot en bondit de joie.

— Gardez ce secret, ajouta-t-elle, et je vous équiperai si bien, que tout le monde vous enviera!...

La Dame du Lac avait déjà préparé tout ce qu'il fallait, à savoir :

Un haubert blanc, fort et léger ;

Un heaume argenté et un écu blanc comme neige, à boucles d'argent très-riches, car elle voulait qu'il fût tout en blanc ;

Une épée longue, forte, légère et bien tranchante, qui fut essayée depuis en maint endroit ;

Une lance dont la hampe était blanchie, grosse et raide, à fer tranchant et aigu ;

Un cheval grand et fort, bien dressé et d'une entière blancheur ;

De plus, un surtout et un manteau de satin blanc fourré d'hermine.

On le voit, rien ne fut oublié par la Dame du Lac, et Lancelot monta à cheval le mardi matin, huit jours avant la Saint-Jean.

De son côté, la Dame prit le chemin de la cour du roi Artus, escortée de quarante cavaliers en robes blanches sur des chevaux blancs.

Cinq chevaliers et l'ami de la dame, un preux et beau gentilhomme, conduisaient les trois enfants, Lyonnel, Boort et Lancelot.

Ils arrivèrent promptement à la mer, où un vaisseau les prit et les débarqua en Grande-Bretagne, un dimanche soir, au port de Flondehueg, d'où ils atteignirent l'hôtel du roi Artus.

On leur dit là qu'il était à Kamalot. Ils reprirent leur chemin et arrivèrent le jeudi soir à un château nommé La Noenort, à vingt-deux lieues anglaises de Kamalot.

La Dame du Lac se mit en marche de grand matin, pour éviter la grande chaleur, et elle traversa la forêt, qui s'étendait jusqu'à deux lieues avant Kamalot.

Elle allait pensive et triste, car son cœur souffrait de ce que Lancelot allait la quitter, et tour à tour elle soupirait et pleurait tendrement.

CHAPITRE XIII

Comment un chevalier blessé, lequel avait une épée fichée en la tête et deux tronçons de lance passés à travers le corps, s'en vint à la cour du roi Artus.

Le roi Artus séjournait donc à Kamalot précisément à ce moment-là, et il y devait tenir sa cour ledit jour de la Saint-Jean.

Le vendredi, aussitôt qu'il put voir le jour, le roi se leva, car il voulait aller au bois pour chasser. Après avoir entendu la messe, il monta à cheval et sortit de la ville par la porte Gallèche, ayant avec lui une partie de ses compagnons.

Parmi ces derniers étaient :

Messire Gauvain, qui avait le visage bandé par suite d'une blessure qu'il avait reçue trois semaines auparavant, en présence d'Artus, de la main de Gassenin d'Estrangor ;

Messire Yvain, le fils du roi Urien ;

Keux, le sénéchal ;

Hector, fils de Des Mares ;

Lucan, le bouteiller ;

Bedoires, le connétable ;

Et autres chevaliers de la maison du roi Artus.

Comme cette noble compagnie approchait de la forêt, il en sortit une litière portée par deux palefrois, qui vint droit à Artus, et dans laquelle se trouvait un chevalier armé de toutes armes, fors de l'écu et du heaume.

Ce gentilhomme était horriblement blessé, car il avait en plein corps deux tronçons de lance dont les fers lui ressortaient au joint de l'épaule, et, en outre, sa tête était traversée d'un tronçon d'épée qui devait le faire grandement souffrir.

— Où est le roi ? demanda-t-il d'une voix dolente.

On le lui montra et il fit arrêter sa litière pour le saluer. Artus lui-même s'arrêta pour le contempler et l'entendre.

— Sire, dit le chevalier blessé, je vous salue comme le meilleur roi du monde et comme le meilleur conseilleur des déconseillés.

— Beau sire, répondit Artus, soyez le bien venu, et que Dieu vous donne aide et santé ; car il me paraît que vous en avez besoin.

— Je viens précisément vers vous, Sire, pour que vous me donniez l'aide et le secours dont j'ai besoin.

— De quelle chose me demandez-vous secours ?

— Je vous requiers, Sire, de me débarrasser de cette épée et de ces tronçons de lances qui me navrent le corps et la tête.
— Bien volontiers ! dit Artus.
Et tout aussitôt il se mit en devoir de lui rendre lui-même ce service. Mais l'autre l'en empêcha en lui criant :
— Ah ! Sire, ce n'est pas ainsi que vous me déferrerez !
— Comment donc ?
— Il convient que celui qui me déferrera me jure les saints qu'il me vengera, de tout son pouvoir, sur tous ceux qui diront qu'ils aiment mieux celui qui m'a fait ce mal que moi-même...
Le roi, à ce mot, fit un pas en arrière et répondit au chevalier :
— Vous me demandez là chose trop grave, car celui qui vous a blessé peut avoir tant d'amis au monde que ni un, ni deux, ni trois chevaliers ne pourraient suffire à cette tâche... Tout ce qu'il m'est permis de faire pour vous obliger, c'est de vous venger de celui qui vous a mis en ce mauvais état...
— Pas n'est besoin de votre aide pour cela, Sire, car je me suis moi-même vengé de lui en lui coupant la tête.
— Mais alors vous vous êtes suffisamment vengé, à ce qui me semble !...
— Il ne me suffit pas, à moi, Sire...
— Que puis-je alors faire pour vous ?
— Donnez-moi asile en votre maison, Sire, jusqu'à ce que j'aie rencontré le preux qui me doit déferrer..... Dieu me regardera sans doute en pitié...
— Volontiers ! dit le roi.
Et, en effet, il donna incontinent des ordres pour que ce chevalier blessé fût conduit à Kamalot, en la maîtresse salle.
Puis, la chasse continua.

CHAPITRE XIV

Comment la Dame du Lac amena Lancelot devant le roi Artus et le pria de l'armer chevalier.

ers la vesprée, comme le roi et sa compagnie sortaient de la forêt, la Dame du Lac leur apparut avec sa suite ordinaire, en belles robes blanches sur de beaux chevaux blancs.
Jamais Artus n'avait vu gens de si bonne apparence.
— Demoiselle ! dit-il, soyez la bienvenue !
— Grand merci, Sire, comme au meilleur roi de tous les terriens, répondit la Dame du Lac, tenant toujours auprès d'elle le jeune Lancelot. Roi Artus, ajouta-t-elle, je suis venue vers vous pour vous requérir d'un don qui ne vous coûtera ni dommage, ni honte, ni mal.
— Dites seulement, répliqua le roi.
— Sire, je vous requiers donc de vouloir bien faire ce mien varlet chevalier de telles armes et de tels harnois qu'il vous demandera...
— Demoiselle, répondit Artus, vous me requérez là ma honte, car je ne fais un homme chevalier que de mes armes et je donne harnois à chacun. Si vous me le laissez, je le ferai chevalier et l'habillerai très-richement.
— Sire, je ne veux pas qu'il ait d'autres armes que celles qu'il a, ou alors je le mènerais ailleurs...
Le roi hésitait. Messire Yvain le pria de consentir : il consentit.
La Dame du Lac le remercia vivement, et, après avoir baillé à Lancelot son harnois et quatre écuyers pour le servir, elle prit congé.
— Dame, dit Artus, restez avec nous, je vous prie.
— Je ne peux, Sire.
— Puisque vous ne pouvez demeurer, dites-moi au moins qui vous êtes.
— A un si prud'homme que vous, Sire, on ne doit rien céler... Par ainsi, je vous donnerai mon nom, qui est celui de Dame du Lac. Et maintenant, Sire, adieu !
Elle partit et Lancelot la convoya pendant un peu de temps, ce dont elle profita pour lui dire :
— Beau-fils de roi, séparons-nous maintenant... Vous n'êtes pas l'enfant de ma chair, mais de la chair d'une autre plus heureuse que moi... Votre père est un des meilleurs chevaliers et votre mère une des meilleures dames du monde... Vous saurez leurs noms plus tard, quand il le faudra. En attendant, conduisez-vous comme je vous ai toujours indiqué. Soyez toujours aussi vertueux de cœur comme vous l'êtes de corps, car vous avez plus de beauté que Dieu en a jamais mise à enfant vivant, et il serait dommage vraiment que votre vaillance n'égalât pas votre grâce, et que vous ne fussiez pas aussi preux que vous êtes beau... Vous requerrez demain le roi de vous faire chevalier... Quand vous le serez, ne couchez pas plus d'une nuit en sa maison, mais allez aussitôt courir les aventures. Si le roi vous demande qui vous êtes et qui je suis, répondez pleinement que vous ne savez rien, sinon que je vous ai nourri et élevé... Pour vous prouver de quel lignage vous êtes, je vous ai fait servir par ces deux fils de roi qui ont été avec vous : ils sont vos cousins germains. Je les ai aimés et élevés pour l'amour de vous, et toujours, à cette cause, je les aimerai et protégerai...
Lancelot fut tout joyeux d'apprendre que Lyonnel et Boort étaient ses cousins.
La Dame du Lac le baisa tendrement, et lui dit adieu avec des sanglots qui lui crevaient le cœur, car elle aimait beaucoup ce jouvenceau.
Celui-ci, à son tour, la baisa tendrement, le cœur ému, et baisa aussi Lyonnel et Boort. Puis il s'arracha à leurs embrassements et rejoignit le roi Artus, qui le confia aussitôt à la garde de messire Yvain.

CHAPITRE XV

Comment messire Yvain, à qui le roi Artus avait recommandé Lancelot, alla demander au roi de le faire chevalier, et comment Lancelot aperçut le chevalier blessé.

Dès que messire Yvain fut arrivé en son hôtel, il fit habiller Lancelot le plus richement qu'il put et l'emmena sur son cheval harnaché de blanc.

Lors, hommes et femmes saillirent aux fenêtres, disant que jamais on n'avait vu un si beau chevalier.

A la cour, quand il descendit de son destrier, le bruit de son arrivée se répandit dans les appartements.

Dames et demoiselles vinrent à sa rencontre et messire Yvain, lui prenant la main, le mena dans la grande salle.

Là, le roi et la reine le reçurent, et, lui prenant les mains, le firent asseoir.

Le roi le regarda beaucoup ; son aspect lui avait semblé agréable : de près, il était encore plus beau.

Quand la reine lui demanda son nom et celui de ses parents, tout son cœur s'enfuit vers elle ; il ne put lui répondre et elle dut lui renouveler sa question.

— Je ne sais, madame, répondit Lancelot en soupirant.

La reine s'aperçut de son trouble, mais elle ne songea pas à s'en croire la cause, quoiqu'elle en soupçonnât quelque chose, car elle se tut, ne voulant pas l'augmenter.

Elle se tut et se retira, et, en se retirant, elle dit à Yvain en secret :

— En vérité, ce jeune varlet a été bien mal enseigné... Savez-vous, messire Yvain, qui il est ?..

— Du tout, répond Yvain, si ce n'est qu'il est de Gaule... Il en a l'accent... Il faut croire qu'il lui a été défendu de dire son origine...

— Cela peut bien être, fit la reine en se retirant, non sans jeter un dernier coup d'œil sur Lancelot, qui n'avait rien entendu de ce dialogue.

Plus tard, Yvain le conduisit aux vespres, et de là aux jardins où le roi, la reine et grand nombre de chevaliers faisaient la promenade.

Au retour, ils traversèrent une salle où gisait le chevalier enferré de deux tronçons et d'une épée ; et dont les plaies infectes forçaient les chevaliers à boucher leur nez.

Lancelot demanda à Yvain pourquoi les chevaliers faisaient ce geste de dégoût, et Yvain le lui expliqua.

— Il attend le secours de Dieu, ajouta-t-il, s'il lui plaît de lui en envoyer. Il reste là jusqu'à ce qu'on le déferre en lui jurant qu'il vaut mieux que celui qui l'a mis en pareil état.

— Sire, dit Lancelot, je le verrais bien volontiers.

— Allons-y donc, répondit Yvain.

Lors, tous deux allèrent vers le chevalier, à qui Lancelot demanda comment il se trouvait et qui l'avait blessé.

— Celui qui m'a blessé est mort, dit le chevalier.

— Et pourquoi ne faites-vous pas retirer ces tronçons ? reprit Lancelot.

— Parce que, répondit le chevalier, personne ici n'est assez hardi pour l'entreprendre...

— Je vous assure, dit Lancelot, que je vous déferrerai bien. Il ne faut pas tant de force pour jeter hors ces tronçons.

Le blessé répliqua :

— Je voudrais vous voir employer toutes les formes à cette opération.

— Quelles formes ? demanda Lancelot.

— Ce ne sont pas, fit messire Yvain, ni deux, ni trois chevaliers, même vingt, qui pourront les remplir...

Et il expliqua à Lancelot ce dont il s'agissait.

Ce dernier comprit peu à peu, et Yvain l'emmena en lui disant :

— Venez, vous ne devez pas encore penser à si grandes choses.

— Pourquoi ? répondit Lancelot.

— Parce qu'il y a céans assez de gentilshommes qui ne veulent pas s'en mêler. Comment le feriez-vous, vous qui n'êtes pas encore chevalier.

— Comment ! s'écria alors le chevalier blessé, il n'est pas encore chevalier ?

— Non, répliqua Yvain, mais demain matin il le sera ; il en a déjà vêtu la robe, comme vous pouvez voir.

CHAPITRE XVI

Comment Lancelot du Lac, après avoir été armé chevalier, songea à aller déferrer le chevalier blessé.

Lancelot n'avait rien ajouté à ce qu'Yvain avait répondu au chevalier blessé, et il s'était retiré pensif après l'avoir recommandé à Dieu.

Tous deux, Yvain et lui, avaient rejoint la noble compagnie au moment où elle se mettait à table.

Après souper, Lancelot se rendit au moustier, et passa la nuit à veiller. Il dormit après, jusqu'à la grand'messe, où messire Yvain le mena avec le roi, car aux jours de grandes fêtes, le roi entendait la messe.

Alors on apporta les armes de tous ceux qui devaient être chevaliers, et le roi leur donna l'accolade ; mais il ne leur ceignit l'épée qu'au retour du moustier.

Tous s'y rendirent et après la messe en revinrent.

Alors, Lancelot quitta Yvain et s'en alla à la salle dire au chevalier blessé qu'il venait le déferrer.

— Cela me plaît, répondit ce chevalier, puisque les formes sont remplies.

Et il les rappela à Lancelot, qui, se dirigeant vers la fenêtre et étendant les bras vers le moustier, jura au chevalier qu'il châtierait de son pouvoir tous ceux qui préféreraient à lui-même celui qui l'avait blessé.

Le chevalier, satisfait, dit à Lancelot.

— Beau sire, maintenant vous me pouvez déferrer.

Lancelot tira lestement l'épée engagée, puis les tronçons, sans faire souffrir le chevalier.

Pendant ce temps, un écuyer qui avait été témoin de cette action courut l'annoncer au roi, qui ceignait les épées aux chevaliers nouveaux.

Messire Yvain rejoignit Lancelot, à qui le chevalier disait :

— Beau chevalier, Dieu te fasse prud'homme! Je serais hors de danger si j'avais céans un médecin... Messire, ajouta-t-il en apercevant Yvain, je vous prie de quérir un médecin, afin que je guérisse complétement.

Yvain y consentit, et emmena Lancelot, qu'il conduisit au roi, instruit déjà de tout ce qui s'était passé.

— Comment, dit le roi à Yvain, votre pupille a déferré le chevalier blessé?... pourquoi avez-vous souffert cela, puisqu'il y va de la vie de Lancelot?...

— Sire, répondit Yvain, je n'étais pas là, et je le regrette, car j'aimerais mieux perdre un bras, et qu'il ne l'eût pas fait.

— Certes, reprit le roi, vous avez bien raison. Mais ce qui est fait est fait !

Le bruit de cette action hardie arriva jusqu'aux oreilles et jusqu'au cœur de la reine, qui crut comprendre que Lancelot ne l'avait entreprise que pour lui plaire, ce dont elle fut marrie et contente tout à la fois ; marrie parce qu'elle prévoyait des dangers pour ce fier et beau jouvenceau, et parce qu'elle supposait que le roi en aurait déplaisir, ayant oublié de lui ceindre l'épée ; contente, parce que cette hardiesse prouvait la folie de son amour pour elle, et que, quoique reine, elle était femme.

Elle ne laissa rien paraître, néanmoins, de sa double émotion, et rejoignit le roi Artus dans la grande salle où les tables étaient dressées, et où bientôt vinrent s'asseoir, dépouillés de leurs armes, les nouveaux chevaliers en l'honneur de qui se donnait cette fête.

CHAPITRE XVII

Comment la dame de Noehault envoya demander au roi Artus un secours contre le roi de Northumberland, qui lui faisait la guerre ; et comment Lancelot reçut du roi Artus congé d'y aller.

Artus était encore à table quand la porte du salon donna passage à un chevalier armé de toutes pièces, sauf le heaume, la ventaille abattue sur les épaules.

Ce chevalier alla droit au roi, le salua et lui dit :

— Roi Artus, je te salue, toi et toute ta compagnie, de par ma dame de Noehault à qui je suis. Ma dame m'envoie à toi, parce que le roi de Northumberland la guerroie, et tient assiégé son château déjà fort abîmé. Ma dame est prête à succomber, car on lui a demandé de mettre un chevalier ou plusieurs contre pareil nombre pour défendre sa querelle. Donc ma dame te mande, comme à son sire lige, que tu la secoures comme ta femme et sujette, et que tu lui envoies un chevalier qui puisse soutenir son droit.

Le roi répondit qu'il le ferait très-volontiers.

Comme on commençait à enlever les nappes, Lancelot, qui était assis près de messire Yvain, s'en vint devant le roi, s'agenouilla et lui dit simplement :

— Sire, vous m'avez fait chevalier, merci à vous ; je vous demande pour don de m'octroyer porter le secours que ce chevalier vous demande.

— Bel ami, répondit le roi Artus, vous ne savez ce que vous demandez... Vous êtes trop jeune et vous ignorez le poids de chevalerie. Le roi de Northumberland a à foison de bons chevaliers, et il choisira le meilleur pour combattre... Votre âge est trop tendre pour pareille entreprise...

— Sire, reprit Lancelot, c'est ma première demande, et derechef je vous prie de m'envoyer à son secours ; si vous m'éconduisez, je pourrai en valoir moins...

Lors, messire Gauvain et messire Yvain dirent au roi :

— Sire, octroyez-lui ce qu'il demande, car nous croyons qu'il s'en tirera, et vous ne pouvez honnêtement l'éconduire.

— Je lui accorde donc cela, dit le roi. Sire Lancelot, faites secours à madame de Noehault, et que Dieu vous conduise de façon que vous en ayez la récompense et moi l'honneur!...

— Sire, grand merci, répondit Lancelot en s'inclinant et en se laissant incontinent emmener par messire Yvain pour travailler à son équipement.

Le chevalier qui était venu demander le secours prit congé du roi en disant :

— Sire, je pars ; puisque vous avez confié la bataille à votre nouveau chevalier, tâchez qu'il soit à la hauteur de sa mission.

— Il me l'a demandé, répondit le roi ; j'y eusse

bien envoyé un des meilleurs chevaliers de ma maison, mais il fera la besogne, néanmoins.

— Sire, Dieu vous garde! fit le chevalier.

— Allez, reprit le roi, que Dieu vous conduise! Saluez pour moi votre dame et dites-lui que si elle craint qu'un seul chevalier ne lui suffise pas, je lui enverrai celui qu'elle voudra.

— Grand merci, fit le chevalier.

Et il se rendit chez messire Yvain où Lancelot finissait de s'armer pour partir.

— Par Dieu! disait Lancelot, je crois que j'oublie d'aller dire adieu à madame la reine...

Messire Yvain reconnut ce congé nécessaire et s'en alla avec Lancelot jusqu'à la chambre de la reine.

En apercevant cette gente princesse, le jeune homme s'agenouilla et la regarda avec adoration pendant quelques instants, sans sonner mot.

Lors Yvain dit à la reine :

— Dame, voici le damoisel que le roi a fait chevalier hier; il vient prendre congé de vous.

— Comment! fit la reine, pourquoi ce départ?

— Pour aller secourir la dame de Nochault, répondit Yvain.

— N'avait-il pas assez de soins auprès du chevalier qu'il a déferré? reprit la reine.

— Le roi l'a voulu ainsi, sur les instances de ce jeune varlet, fit Yvain; voyez comme il est hardi et entreprenant!

— Mon Dieu, pensèrent les dames et demoiselles de la cour, comme il est beau et bien taillé! Quel dommage, s'il lui arrivait malheur!...

La reine prit Lancelot par la main et lui dit :

— Beau doux ami, relevez-vous, car je ne sais pas qui vous êtes, et il se peut que vous soyez plus noble que moi.

— Hélas! fit Lancelot en soupirant, pardonnez-moi la folle chose que j'ai faite... J'ai failli partir de céans sans prendre congé de vous, madame!...

— Doux ami, répondit la reine, vous êtes un jeune homme et vous méritez tous les pardons...

— Merci, dame, reprit Lancelot. Ah! que je serais aise d'être votre chevalier partout où je me rendrai!...

— Soyez-le, je le veux, fit la reine; adieu, mon doux et bel ami!

Lancelot répondit en son cœur :

— Je le serai quand il vous plaira.

La reine le prit alors par la main, et son adorable contact le transporta de bonheur. Il donna adieu aux dames et demoiselles avant de se retirer.

Yvain termina l'armement des gantelets et du heaume. Au moment de ceindre l'épée de Lancelot, il se souvint que le roi ne la lui avait pas ceinte.

— Par mon chef, dit-il, vous n'êtes pas chevalier!

— Et pourquoi? répondit Lancelot.

— Parce que monseigneur le roi ne vous l'a pas ceinte. Allons à lui, et il vous la ceindra.

— Mes écuyers, fit Lancelot, emportent déjà mon épée; je vais courir la chercher, car je tiens à ce que ce soit celle-là!...

— Allez et revenez, reprit Yvain, je vous accompagnerai chez le roi.

— Non, non, ajouta Lancelot, je reviens à l'instant.

Et il partit sans revenir chez Yvain, parce qu'il n'avait pas envie d'être armé chevalier par le roi, mais bien par un autre dont il attendait meilleure destinée.

Yvain, voyant qu'il ne revenait pas, s'en alla trouver le roi et lui raconta sa déception.

— Vous m'ébahissez grandement, fit Artus.

— Je crois, reprit messire Gauvain, que ce jouvenceau est de haute noblesse et de grand courage; il aura été offensé de n'avoir pas eu l'épée ceinte par le roi avant tous les autres...

— C'est mon opinion aussi, fit la reine.

CHAPITRE XVIII

Comment le nouveau chevalier aux blanches armes gagna la bataille pour la dame de Nochault.

C'est ainsi que Lancelot courut après le chevalier qui était venu demander des secours, et dont l'équipage marchait en tête. Il l'atteignit à l'entrée d'une forêt, à l'heure de nones, par une chaleur excessive.

Lors, ôtant son heaume qu'il donna à l'un de ses écuyers, il tomba dans une rêverie profonde.

Le chevalier qui le précédait prit un sentier étroit, à droite de la route. Une branche entraînée par sa marche revint frapper Lancelot au visage et le blessa.

Cet incident interrompit le cours de ses pensées, et il s'aperçut qu'on changeait de route.

— Pourquoi donc nous menez-vous par ici? dit-il au chevalier. Est-ce que la route est dangereuse? Répondez, ou, par mon chef, je vais combattre avec vous!

Et il apprêta son épée; mais le chevalier se mit à rire et lui répondit :

— Il est bien inutile de nous disputer, car ce serait mal faire la besogne de ma dame; j'ai voulu seulement éviter un des plus cruels chevaliers du monde, qui garde une demoiselle et combat avec tous ceux qui la veulent voir.

— Eh bien! fit Lancelot, je veux précisément la contempler.

— Vous ne le ferez pas, reprit le chevalier, car ce serait une folie.

Lancelot descendit de cheval, sans répondre, et s'en fut droit au pavillon, où il avisa un chevalier assis dans une chaire.

Et comme il voulait entrer, le chevalier lui dit :

— Arrêtez-vous!

— Ne voulez-vous donc pas, répondit Lancelot, que j'entre; je désire voir une demoiselle qui habite céans.

— Elle n'est pas abandonnée, fit le chevalier, aux regards de tous ceux qui la veulent voir; patientez jusqu'à son réveil, et je vous la montrerai, car je n'aurais guère d'honneur à vous contredire.

— Et pourquoi, reprit Lancelot, auriez-vous si peu d'honneur à cela?

— Parce que vous êtes trop jeune, et que je suis plus grand et plus fort que vous, répondit le chevalier.

— Peu m'importe la raison, fit Lancelot ; mais puisque vous me promettez sa vue, je reviendrai.

Au retour, Lancelot trouva le pavillon vide ; il alla vers l'écuyer qui avait ses armes et jura de ne pas aller plus loin avant d'avoir vu la demoiselle.

— Sire, lui dit le chevalier, ne devez-vous pas secourir ma dame?

— C'est vrai, répondit Lancelot, allez devant et dites-lui que j'arrive.

Le chevalier, le recommandant à Dieu, continua son chemin avec ses écuyers.

Vers l'heure de vêpres, Lancelot vit arriver un chevalier désarmé à qui il demanda ce qu'il faisait et où il allait.

— Je vais à mes affaires, dit ce chevalier, mais je sais que vous cherchez un grand chevalier qui garde une demoiselle. J'ai appris cela d'un chevalier qui va à la dame de Noehault. Je puis vous mener au grand chevalier ; mais avant, je sais auprès d'ici une demoiselle que deux chevaliers tiennent en prison sur le lac. Elle ne peut être délivrée que par deux chevaliers, et si vous voulez être l'un je serai l'autre.

— Volontiers, répondit Lancelot, mais sur votre promesse de me mener demain là où est le grand chevalier.

— Je vous le promets, fit le chevalier, à condition que vous me laisserez la demoiselle si vous l'enlevez.

Lancelot accepta et commença à s'armer. Tous deux arrivèrent près de la rivière, où ils aperçurent deux chevaliers et une demoiselle.

En les voyant, Lancelot oublia écu et épée, et se jeta comme un fou sur l'un des chevaliers qui lui traversa l'épaule de son glaive.

Mais il se reprit et coucha par terre son ennemi ; son compagnon en fit autant de l'autre, et ils emmenèrent la demoiselle dans un pavillon voisin. Lancelot la céda à son compagnon, et ils s'acheminèrent du côté où était le grand chevalier.

Lancelot l'aborda comme il avait fait déjà et lui demanda de voir la demoiselle.

— Vous ne la verrez pas sans combattre, répondit le chevalier.

— Je combattrai donc, fit Lancelot, pour la voir, et dépêchez-vous de vous armer, car j'ai affaire ailleurs.

Le grand chevalier se mit à rire et lui dit :

— Je ne veux point m'armer, dans votre intérêt.

Et il sauta sur un cheval, une lance à la main et prit carrière ; Lancelot en fit autant.

Ils vinrent alors l'un contre l'autre, et la lance du chevalier se brisa en morceaux sur l'écu de Lancelot. Ce dernier profita de l'occasion et le piqua au côté gauche en le faisant rouler à terre.

— Verrai-je la dame? dit-il au chevalier.

— Je vous la laisse, répondit ce dernier, en toute propriété.

Lancelot prit la demoiselle, et, la remettant au chevalier qui l'avait amené :

— Tenez, lui dit-il, cela vous fera deux demoiselles. Je vous prie de les mener à la cour du roi Artus et de les présenter à la reine, de la part du nouveau chevalier qui va au secours de la dame de Noehault. Dites à la reine de me faire chevalier et de m'envoyer une épée, afin que je sois toujours son chevalier, quoique le roi ne m'ait point ceint hier.

— Où vous retrouverai-je? dit le chevalier.

— A Noehault, répondit Lancelot.

Le chevalier partit et trouva la reine, qui lui remit une fort brillante épée. Sans s'arrêter, il prit congé et rejoignit Lancelot avant son arrivée à Noehault. Il lui remit l'épée, que Lancelot ceignit lui-même, offrant l'autre au chevalier.

La dame de Noehault, avertie par le récit élogieux de son chevalier, vint au-devant de Lancelot, accompagnée de plusieurs chevaliers, et lui fit grand accueil.

A sa vue, Lancelot n'admira pas sa grande beauté, bien qu'elle fût l'une des plus belles dames du monde ; mais toutes les beautés ne pouvaient tenir en son cœur à la fois. Il la salua et dit :

— Le roi Artus m'envoie vers vous, madame, pour donner un combat, et je suis prêt quand il vous plaira.

— Sire, répondit la dame, béni soit le roi Artus et bienvenu soyez-vous ! Je vous reçois avec reconnaissance.

Elle regarda Lancelot, dont le haubert était crevé à l'endroit de l'épaule. La blessure même n'était pas fermée, par sa négligence.

— Vous êtes blessé? lui dit-elle.

— Je ne sens aucune plaie, répondit-il, qui m'empêche de vous servir quand il vous sera agréable.

La dame le fit désarmer et trouva la plaie profonde.

— En vérité, dit-elle, vous ne pouvez combattre avant d'être guéri. J'aurai bien encore un délai pour cette rencontre.

— J'ai besoin d'être ailleurs, répondit-il, et il me faut hâter.

Cependant elle le fit coucher dans sa chambre et l'y retint quinze jours jusqu'à parfaite guérison.

CHAPITRE XIX

Comment le sénéchal du roi Artus, apprenant que la dame de Noehault n'était pas encore délivrée, s'en alla auprès d'elle pour savoir à quoi s'en tenir.

On apprit à la cour d'Artus que la dame de Noehault n'était pas encore délivrée.

Lors, le sénéchal, messire Keux, dit au roi :

— Pensez-vous, Sire, qu'un si jeune homme que celui que vous savez puisse mener à bonne fin une telle besogne?...

— J'ai grand'crainte, en effet, répondit Artus, qu'il n'ait entrepris chose au-dessus de ses forces...

— Envoyez-moi donc, Sire, car il faut un homme de poids en telles affaires.

Le roi y consentit, et messire Keux, après avoir mené bonne route, arriva à Noehault et fit signifier à la dame sa venue. On lui fit grande réception ; il se présenta en disant :

— Dame, le roi m'envoie pour donner votre combat ; il m'eût déjà fait partir, moi ou quelqu'autre gentilhomme, si le chevalier nouveau ne l'eût réclamé. Mais, en apprenant que rien encore n'était résolu, il m'a envoyé.

— Sire, fit la dame, grand merci au roi et à son envoyé. Il n'a pas tenu au chevalier de ne pas faire sa besogne. Mais à son arrivée, il était blessé, et quoiqu'il le voulût, je l'ai forcé à se guérir avant. Maintenant, il la fera.

— Il faut, répondit Keux, que ce soit moi, car la honte m'atteindrait ainsi que mon roi.

La dame était désappointée ; car elle voulait être délivrée par le nouveau chevalier. Elle ne savait que répondre au sénéchal, qui avait grand pouvoir sur le roi et pouvait l'aider ou lui nuire.

Lancelot n'était pas loin ; il s'approcha et dit :

— Sire, j'eusse donné déjà la bataille, sans la volonté de madame ; je suis prêt à combattre et je l'adjure de ne confier qu'à moi sa défense.

— Ce ne peut être, beau sire, répondit Keux, puisque je suis arrivé.

— Certes, fit Lancelot, ce serait fâcheux que madame fût sans défense et qu'elle n'appartînt au meilleur de nous deux.

— Je veux bien, répliqua Keux : le vainqueur de nous deux fera ladite bataille.

— Je m'y refuse, fit la dame ; je veux satisfaire chacun de vous, car je puis prendre autant de chevaliers qu'il me plaira. Je demanderai donc au roi de Northumberland de combattre avec deux chevaliers.

Et elle les apaisa ainsi :

Le lendemain, le roi, ses gens, la dame de Noehault et ses chevaliers, se rendirent dans une plaine pour voir donner le combat.

Après les saluts, les quatre chevaliers se retirèrent en arrière deux par deux et s'élancèrent à la rencontre.

Messire Keux et son adversaire se prirent si rudement, qu'il ne leur resta rien de leur lance ; mais ils restèrent à cheval.

Le chevalier de Northumberland lui releva ensuite l'écu si fortement, que Keux fut blessé à la tempe.

Lancelot pressa son ennemi, lui fit lâcher les rênes et l'envoya dans la poussière tout étourdi, et ayant brisé son glaive, il alla à Keux et le pria de lui céder son combattant. Mais Keux n'entendit pas et continua à ferrailler.

Lancelot donc descendit de cheval et commença un combat corps à corps avec son adversaire ; tous deux se criblèrent de coups sur les écus, les heaumes et les bras. Enfin, ce dernier rompit au point que les assistants le crurent vaincu.

De leur côté, Keux et son chevalier eurent leurs chevaux tués. Lancelot dit alors à Keux.

— Prenez ma place et me cédez la vôtre ; car je ne puis rester ici toute la journée.

— Laissez-moi mon adversaire, répondit Keux en colère, et combattez le vôtre.

Lancelot retourna à sa partie et finit par affaiblir son homme, qui ne put tenir sa défense.

Keux y mit tant de fureur, qu'il réduisit aussi le sien.

Alors le roi de Northumberland, voyant qu'il ne pouvait plus compter sur la défense de ses chevaliers, dit à la dame qu'il lui demandait la paix, et la lui jura, lui donnant des otages pour gage.

La dame alla aux chevaliers de sa cause et leur dit de cesser le combat, que la paix était faite, qu'elle les remerciait.

Keux retourna chez Artus, et conta ce qui s'était passé, avec force remercîments de la part de la dame de Noehault.

Lancelot resta avec la dame, qui le retint autant qu'elle put. Il partit enfin un lundi de grand matin ; la dame l'accompagna avec une troupe de chevaliers, et en route elle lui offrit toutes ses terres.

Après avoir fait une lieue, Lancelot la laissa retourner. Il resta avec le chevalier qui lui avait apporté l'épée. Celui-ci lui raconta qu'il avait été chargé de l'éprouver avec les deux chevaliers et la Dame du Lac.

— Et le grand chevalier, dit Lancelot, qui était-il?

— Sire, répondit le gentilhomme, c'était un chevalier de grande prouesse, nommé Estrangors, qui s'était offert à ma dame pour faire la susdite bataille. Celle-ci lui avait dit que s'il était meilleur chevalier que l'envoyé d'Artus, elle lui donnerait son amour et le mènerait à sa bataille. Il désirait l'amour de ma dame par-dessus tout, et pour ce, dédaignait de jouter avec vous en armes. S'il

vous eût vaincu, il eût fait la bataille. Voilà la vérité. Pardonnez-moi ces feintes.
— Je n'y vois aucune fourberie, fit Lancelot.
— Sire, reprit le chevalier, je vous remercie et reste votre serviteur en tous lieux.
Et tous deux se recommandant mutuellement à Dieu, se séparèrent l'un de l'autre.

CHAPITRE XX

Comment Lancelot, après avoir quitté la dame de Noehault, combattit avec un chevalier qui l'avait mouillé.

Bientôt Lancelot quitta ses écuyers, voulant aller seul et conquérir, sans être connu, honneur et gloire.

Il entra dans une grande forêt qu'il arpenta tout le jour sans rencontrer aventure sérieuse.

Il se réfugia, pendant la nuit, dans une maison de religion où on lui fit grand honneur.

Cette maison avait nom le Sépulcre-de-Lucan.

Ce Lucan était fils de Joseph d'Arimathie, duquel partit le grand lignage qui illustra depuis la Grande-Bretagne.

Car cette famille y apporta le Graal et convertit les mécréants à la foi de Notre-Seigneur.

Le corps de ce Lucan reposait dans cette maison de religion.

Lancelot, en la quittant, chevaucha longtemps jusqu'à la vue d'une rivière, où il but, car il avait grand'soif; puis il s'assit et se mit à penser.

Et, ainsi qu'il pensait, vint un chevalier armé de toutes armes, qui se mit à l'eau et mouilla Lancelot, dont la rêverie s'arrêta. Ce dernier interpella ainsi l'inconnu :

— Vous m'avez mouillé et causé plus grand ennui encore, car vous avez interrompu ma rêverie.

— En vérité, répondit l'autre, cela m'est égal; bien plus, vous allez laisser ce cheval, car madame la reine m'a donné ce gué à garder, afin qu'on ne le traverse.

— De quelle reine parlez-vous? fit Lancelot.

— Je dis la femme du roi Artus, reprit le chevalier.

Lancelot remonta alors la rivière en s'éloignant. Mais le chevalier le rejoint, et, prenant la bride du destrier, dit :

— Arrêtez-vous, et laissez ce cheval!

— Et pourquoi? répondit Lancelot.

— Parce que vous êtes entré au gué!

Lancelot ôta alors un pied hors de l'étrier, et dit :

— Ceci est-il loyal et véritable?

— Cela est ma volonté et mon ordre! répondit le chevalier.

— Par mon chef, fit Lancelot, vous ne l'emmènerez pas.

Et il mit la main à l'épée et la tira à demi du fourreau.

Le chevalier alors se retira en disant :

— Certes, vous tirez à tort votre épée!

Et prenant champ, il mit la lance sous l'aisselle, pointe en arrêt, et laissa courir sur Lancelot, couvert de son écu.

Le chevalier du gué se rua si fort, qu'il brisa sa lance en éclats, et Lancelot le reçut si vigoureusement, qu'il fut jeté à terre.

— Tenez, lui dit Lancelot en lui menant son cheval, excusez-moi de vous avoir jeté à terre ; je l'ai fait en me défendant.

Le chevalier resta très-contristé de sa situation et se demanda quel était son adversaire.

Il fit à Lancelot la demande de son nom; mais celui-ci refusa de le donner et remonta la rivière en amont.

Mais le chevalier lui prit la bride et dit :

— Je veux savoir qui vous êtes, avant que vous ne m'échappiez !

— Certes, vous ne le saurez pas aujourd'hui! répondit Lancelot.

— Vous combattrez donc avec moi! fit l'autre.

— Pas davantage, reprit Lancelot, car vous avez trop bonne sauvegarde, puisque ma dame vous garantit. Un chevalier ne doit pas ainsi causer ennui ou honte aux chevaliers errants pour l'honneur de si haute dame.

— Je ne combats point pour elle, continua le chevalier, car je ne lui appartiens pas ; c'est raison de combattre avec moi ou me dire votre nom.

— Si vous me jurez, dit Lancelot, que vous n'êtes pas à elle, je ferai l'une des deux choses.

Le chevalier jura.

— Maintenant, dit Lancelot, vous aurez la bataille, si vous voulez, car vous ne saurez pas qui je suis.

— Je ne demande pas mieux, répondit le chevalier.

Et ils commencèrent la mêlée entre eux et se blessèrent; mais, à la fin, le chevalier ne put continuer, et demanda de cesser le combat.

Lancelot lui répondit qu'il ne pouvait pas encore se retirer.

— Et pourquoi? fit le chevalier. Nous n'avons pas querelle ensemble; s'il y en a, je vous l'abandonne.

— Il y a si bien querelle, répondit Lancelot, que vous me mouillâtes.

— Je réparerai cette offense à votre vouloir, repartit le chevalier.

— Je vous en tiens quitte, reprit Lancelot.

— Grand merci, dit l'autre chevalier, qui s'appelait Alibon.

Ils se séparèrent alors; Alibon s'en vint à la cour du roi Artus, où il était bien connu, et dit à la reine :

— Dame, je viens de loin pour savoir de vous quel est un chevalier aux blanches armes, au cheval blanc et à l'écu blanc.

— Pourquoi cette question? répondit la reine.

Le chevalier lui raconta ce qui s'était passé et ajouta :

— Je suis sûr qu'il m'eût laissé son cheval si je lui eusse dit que tel était votre ordre.

— Il eût fait folie, répondit la reine, de vous donner son cheval contre un mensonge, car je ne vous ai point baillé le gué à garder.

— Il fit plus encore, reprit le chevalier: après m'avoir battu, il me rendit mon cheval. C'est, pour ne pas mentir, un chevalier de merveilleux courage. Mais, je vous prie, dites-moi qui il est?

— Par Dieu! fit la reine, je ne sais ni son nom ni d'où il est. Monseigneur le roi l'a fait chevalier à la Saint-Jean ; il a déjà surpassé en faits d'armes tous les chevaliers d'ici et d'ailleurs : mais, pour Dieu! dites-moi s'il est sain et sauf.

— Oui, madame, repartit le chevalier.

Toute la cour sut en un instant ces nouvelles, et le roi s'en réjouit avec ceux qui les entendirent.

CHAPITRE XXI

Comment Lancelot du Lac conquit vaillamment, par force et prouesse, le château de la Douloureuse Garde, que nul autre ne pouvait conquérir.

Après avoir quitté Alibon, lequel était fils d'un nommé Vavasseur, Lancelot erra quelques jours sans trouver aventure de quelque intérêt.

Un matin, dès son lever, il chevaucha, et, vers tierce, il rencontra une très-belle demoiselle sur un beau palefroi blanc, laquelle faisait un merveilleux deuil.

Et il lui demanda ce qu'elle avait.

— J'ai, dit-elle, un mien ami, mort en un château ci-derrière nous, et il était un des plus beaux chevaliers du monde.

— Demoiselle, dit Lancelot, pourquoi est-il mort?

— Ce sont les mauvais sorts qui y sont, et maudit soit qui les y a jetés, car jamais chevalier errant n'y est entré sans y mourir, répondit-elle.

— Dites-moi, demanda Lancelot, quelle est l'aventure?

— Pour la savoir, il faut y aller, répondit-elle, et voici la route.

La demoiselle continua son chemin et ses pleurs, et Lancelot s'avança jusqu'à la porte du castel.

Il vit un château très-fort, assis sur un rocher plus élevé que le trait d'une arbalète ; d'un côté, sortait un grand ruisseau gonflé de quarante fontaines.

La porte du château ne s'ouvrait jamais ; le château avait nom la Douloureuse Garde.

Car tout chevalier errant y mourait de blessures ou de poison.

Il y avait double muraille, et, à chacune, une porte gardée par dix chevaliers.

Il fallait lutter contre vingt chevaliers se remplaçant un à un pour le combat.

On ne pouvait donc passer outre sans les occire l'un après l'autre jusqu'au dernier.

Au-dessus de la seconde porte, il y avait un chevalier de cuivre sur un cheval armé pour le combat; il avait en main une grande hache : il était arrivé là par enchantements.

Tant qu'il serait là, le château était imprenable ; mais il devait tomber sitôt que celui qui pouvait prendre le château aurait passé le premier mur.

Alors les enchantements du château seraient clairement dévoilés.

Le vainqueur ne pouvait en venir à bout sans rester quarante jours enfermé pour détruire tous les enchantements.

Quand le blanc chevalier arriva devant la porte, il vit venir à lui une demoiselle, si bien enveloppée, qu'il ne distingua pas son visage.

Il la salua, et elle lui rendit son salut.

— Demoiselle, lui dit-il, ne me sauriez-vous enseigner les ordonnances de céans?

Elle les lui dénombra toutes et s'en alla. Un homme parut incontinent, qui lui demanda ce qu'il cherchait.

— Je voudrais entrer là, répondit Lancelot.

— Vous avez là mauvaise intention, fit le garde.

— Non pas, répliqua Lancelot, mais, pour Dieu, hâtez-vous! car il est déjà nuit.

Le garde sonna du cor, et vint un chevalier armé qui dit à Lancelot :

— Allons un peu plus loin, car il n'y a pas de place ici où nous puissions combattre aisément.

Lancelot répondit que cela le contentait.

Ils firent quelques pas, et, laissant courir leurs chevaux, ils se rencontrèrent si rudement, que le chevalier du dedans brisa sa lance.

Le blanc chevalier le rejeta à terre tout enferré et le tua incontinent.

Un second vint, qui reçut pareil accueil et se brisa le bras gauche en tombant.

Le troisième et les suivants, jusqu'au sixième, furent occis ou promirent de se rendre en prison.

Il était alors si tard, que ceux du château pouvaient à peine voir. Toutefois, ils louèrent le chevalier blanc et tinrent le guichet fermé.

La demoiselle qui avait parlé à Lancelot revint à lui et lui dit :

— Sire, venez-vous-en; car, pour aujourd'hui, ne combattez plus.

— Demoiselle, répondit-il, il y en a encore assez à vaincre.

— Il est vrai, fit-elle, mais il n'en viendra plus aujourd'hui, car le guichet est fermé. Le matin, vous y pourrez venir à votre aise.

— Cela m'ennuie, répliqua Lancelot, qu'il n'en vienne plus, car j'eusse eu cela de moins à faire demain.

— Venez-vous-en avec moi, reprit la demoiselle, là où je vous hébergerai très-bien.

Lancelot dit à ceux qu'il avait conquis de le suivre ; il leur rendit leurs chevaux.

La demoiselle emmena le chevalier blanc dans un très-bon gîte, au milieu du bois, ce dont il avait grand besoin.

Elle le laissa admirer trois écus richement ornés, et reparut bientôt le visage nu et découvert.

Lancelot la reconnut et lui dit qu'elle était la bienvenue.

Elle lui raconta que la Dame du Lac l'envoyait vers lui.

— Demain, vous saurez votre nom, ajouta-t-elle, et celui de votre père, dans ce château dont vous serez maître avant vêpres sonnées. Pendez à votre col ces trois écus, qui vous donneront la force de trois chevaliers ; vous verrez là d'étranges choses.

Après avoir dîné ensemble, ils passèrent la nuit.

Et, quand le matin arriva, après la messe, la demoiselle le fit armer, le mena devant la porte, puis lui dit :

— Il faut d'abord vaincre dix chevaliers à cette porte et dix à l'autre ; ce que vous avez fait hier ne compte pas, car il faut tout terminer avant la nuit. Et, ne restât-il qu'un seul chevalier à vaincre, vous n'auriez rien fait.

Le chevalier blanc vit, incontinent, venir à lui un chevalier qui lui présenta le combat.

Successivement, il démonta les gardes du château, à la grande admiration de ceux qui regardaient et à la grande rage du seigneur, qui vit ce spectacle du haut des murailles et ne put prendre part à la mêlée que le dernier, suivant l'usage.

Lancelot les mena honteusement, et après qu'il en eut tué ou grièvement blessé plusieurs, les autres se rendirent à merci et promirent d'aller en prison.

Il arriva sur le tertre, et il vit les six chevaliers de l'autre porte tous embusqués au guichet.

Là, il s'arrêta ; la damoiselle vint lui délacer son heaume, qu'elle remplaça par un neuf, et lui donna le troisième écu.

Un écuyer lui présenta une épée à bonne garde et tranchante à merveille.

Lancelot traversa la porte en brandissant son épée, et la demoiselle lui dit de regarder en haut.

Il vit alors le chevalier de cuivre, grand et merveilleux.

Aussitôt qu'il l'eut regardé, il s'écroula et atteignit en le tuant un des chevaliers de la porte.

Mais le blanc chevalier, ne s'étonnant de rien, courut aux gardiens, les dérouta par des coups précipités et les dispersa comme des moutons.

La porte fut ouverte par une demoiselle ; les gonds jetèrent un cri effroyable. Alors, Lancelot demanda à ceux qui l'entouraient s'il y avait encore quelque chose à faire.

Et les bourgeois lui dirent qu'il devait combattre encore le seigneur de céans, mais en ôtant son heaume.

— Eh ! mais, fit Lancelot, je suis tout appareillé, où pourrai-je le rencontrer ?

— Sire, répondirent-ils, il vous manquera de trouver le seigneur, car il court faisant grand deuil, au point de s'occire avant peu.

Ceux du château menèrent Lancelot dans un cimetière dont les créneaux étaient ornés des têtes de chevaliers de la maison d'Artus.

Au milieu du cimetière, il y avait une tombe richement ornée avec cette inscription :

« Cette tombe ne sera jamais soulevée par main d'homme, sinon par celui qui conquerra le château, et son nom est écrit ci-dessous. »

Maintes gens, voire le seigneur du château, avaient essayé de savoir ce nom pour faire occire le chevalier.

Lorsque Lancelot vit la tombe, qui était de cuivre et que quatre chevaliers ordinaires n'eussent pas remuée, il la prit par un bout, la renversa et put lire son nom.

La demoiselle, qui avait vu le nom aussi bien que lui, lui demanda s'il l'avait lu.

— Je l'ai lu comme vous, peut-être ?

Elle le lui répéta à l'oreille. Lancelot la pria de ne le dire à personne.

On le mena à un riche palais où on lui fit une fête splendide.

Le chevalier avait conquis la Douloureuse Garde.

La demoiselle le soigna. On respecta la fuite du seigneur qui devait enseigner le secret du dedans. Et on craignit de ne pouvoir garder quarante jours le chevalier, pour détruire les enchantements de jour et de nuit.

De sorte que la ville fut à la fois joyeuse et triste.

Le nouveau seigneur reçut des bourgeois les honneurs qui lui étaient dus.

CHAPITRE XXII

Comment le roi Artus, apprenant que la Douloureuse Garde était conquise par le chevalier aux blanches armes, envoya messire Gauvain pour en savoir la vérité.

Quand le chevalier blanc eut conquis la Douloureuse Garde et levé la tombe, un varlet gentilhomme, frère d'un chevalier de la maison du roi Artus, ayant nom Ayglius-des-Vaulx, pensa que si ces nouvelles étaient portées à la cour, elles seraient volontiers apprises.

Il monta donc à cheval et arriva bientôt à Kallion, où le roi était.

Le varlet s'adressa au roi et lui dit :

— Roi Artus, je t'apporte les nouvelles les plus surprenantes qu'on ait entendues en ton palais.

— Dis-les donc, répondit le roi, car étant si étranges, elles sont bonnes à savoir.

— Je vous dis que la Douloureuse Garde est conquise, fit le varlet, et un chevalier y a traversé les deux portes par force d'armes.

— Ce ne peut être, reprit le roi.

— Pardon, répondit le varlet, je l'ai vu entrer et occire les chevaliers.

— Varlet, ne me le dis pas si cela est faux.

— Si je mens, Sire, pendez-moi.

Ayglius entra à ce moment, et voyant aux genoux du roi son frère, il lui dit :
— Beau frère, quel besoin t'amène ici à la cour.
Le varlet se leva et lui raconta les nouvelles.
— Comment ! dit le roi à Ayglius, c'est votre frère ?
— Oui, Sire, c'est mon frère.
Artus demanda au varlet quelles armes avait le chevalier. Celui-ci répondit qu'il avait blanches armes et blanc cheval.
Messire Gauvain annonça que c'était le chevalier nouveau et qu'il fallait y aller à dix chevaliers pour le voir.
Le roi choisit les dix élus :
Le premier, messire Gauvain ;
Le second, messire Yvain ;
Le troisième, Gallegantin-le-Gallois ;
Le quatrième, Gallesconde ;
Le cinquième, Hector ;
Le sixième, Karados-Court-Bras ;
Le septième, Yvain-le-Bâtard ;
Le huitième, Gassouin-d'Estrangos ;
Le neuvième, Gallantin-le-Gai ;
Et le dixième, Ayglius-des-Vaulx.
Messire Gauvain partit de Kallion en cette compagnie et coucha le soir même chez un ermite qui avait été de la maison du roi Artus.
L'ermite leur fit bon accueil, et après manger demanda à Gauvain :
— Sire, où allez-vous ?
— Nous allons, répondit Gauvain, à la Douloureuse Garde.
— Hélas ! qu'y chercher ? fit l'ermite.
— On nous a dit qu'un chevalier y était entré à force d'armes.
— Cela ne peut être, reprit l'ermite.
— Cela est si bien, répondit le varlet, que je l'ai vu entrer.
— Sachez bien, dit l'ermite, que, du monde entier, il ne doit y entrer que le fils d'un roi qui mourut de chagrin.
Le lendemain matin, après la messe, ils partirent et errèrent trois jours ; le quatrième, ils trouvèrent un homme qui chevauchait sur un mulet couvert d'une chape bleue.
Messire Gauvain le salua et lui demanda qui il était.
— Je suis, dit-il, un clerc ; pourquoi le demandez-vous ?
— Savez-vous, fit Gauvain, le chemin de la Douloureuse Garde ?
— Fort bien, répondit le clerc.
— Prenez-nous donc en votre compagnie, reprit Gauvain.
Et, après s'être fait connaître, ils cheminèrent ensemble jusqu'à la première porte du château.
Ils entrèrent, et, près de la seconde, qui était fermée, un homme gardait ; Gauvain lui demanda le passage, s'annonçant comme neveu du roi Artus, et ses compagnons comme chevaliers de la Table Ronde.
Le garde les pria de revenir le matin et d'aller loger au bourg.
Le chevalier blanc, ayant su cette arrivée, défendit de les laisser entrer le lendemain et jours suivants.

Un autre matin, messire Gauvain se présenta, et sur la foi qu'il savait lire et ses compagnons aussi, le garde leur ouvrit la porte du cimetière.
Les dix chevaliers virent alors sur chaque tombe un nom de chevalier de la maison du roi Artus.
Parmi eux, une tombe portait :
« Ci-gît le corps et la tête du chevalier blanc. »
Tous eurent grand deuil de ces pertes, et une demoiselle leur confirma ces nouvelles muettes en disant que le chevalier portait de blanches armes.
Ayglius-des-Vaulx voulut avertir le roi Artus de toutes ces choses ; il envoya son frère, et le roi, en entendant son récit, résolut d'aller à la Douloureuse Garde avec sa femme et ses demoiselles.
En route, le roi Artus s'arrêta à une rivière, où il se reposa, abrité par un pavillon de soie tenu par quatre chevaliers.
Un chevalier étranger se présenta dans l'eau et demanda au roi qui il était.
— Je suis le roi Artus, sire chevalier.
Le cavalier poussa sa monture pour frapper le roi, en disant :
— Je vous cherchais !
L'eau était si profonde, que le cheval dut nager. Les quatre chevaliers se jetèrent sur le cavalier, le désarmèrent et l'eussent noyé sans les prières du roi.
C'était le sire de la Douloureuse Garde, dont le chagrin était tel qu'il avait résolu d'occire le roi Artus, cause de sa ruine.
Il avoua son crime et reconnut ce qu'on lui avait dit comme vrai, à savoir que le roi Artus ne serait pas occis par autre homme ayant tant de vertus et fait tant de bien en sa vie.
Le roi passa la nuit au bord de l'eau, et le lendemain s'avança vers le château, dont toutes les portes étaient closes.
Un guetteur lui répondit d'attendre après qu'il se fut nommé, ainsi que la reine, et revint lui dire qu'il allât se reposer en attendant.
Le roi demeura trois jours auprès des fontaines du château sans pouvoir y entrer.

CHAPITRE XXIII

Comment messire Gauvain fut mis en prison et comment le roi et la reine, ayant passé la première porte, virent les tombes où les noms de Gauvain et autres chevaliers étaient écrits.

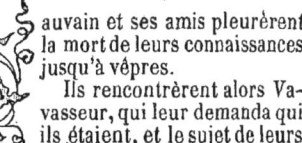

auvain et ses amis pleurèrent la mort de leurs connaissances jusqu'à vêpres.
Ils rencontrèrent alors Vavasseur, qui leur demanda qui ils étaient, et le sujet de leurs larmes.
Et ils le lui dirent.
Alors Vavasseur leur apprit que la place était mauvaise tant que le sire du château était en grande colère ; que les inscriptions étaient autant de mensonges, et qu'en le sui-

vant à un château fort près de là, ils verraient vivants ceux qu'on avait indiqués comme morts.

Messire Gauvain jura qu'il n'y avait pas d'endroit si éloigné qu'il ne voulût connaître pour rencontrer des gens de si haute prud'homie.

Vavasseur prit les devants avec un écuyer, et, environ à une portée d'arbalète de la Douloureuse Garde, envoya celui-ci au galop en avant.

On aperçut alors un château entouré d'eau et bâti sur une roche fort élevée.

Un grand bateau les reçut, et, après avoir ramé quelque temps, ils abordèrent.

Leur guide les mena dans une pièce pour se désarmer, et ensuite ils visitèrent la forteresse, qui était très-en état.

Ils furent alors assaillis par plus de quarante chevaliers; les portes étaient fermées, et ils ne pouvaient fuir.

Gauvain leur défendit de résister; mais Gallegantin-le-Gallois en prit un et le terrassa, lui arrachant l'épée des mains. Gauvain le fit entourer et lui lia les mains derrière le dos.

Gassouin-d'Estrangos trouvait que Gallegantin se défendait avec raison, voulant mieux mourir que d'être pris par une si vilaine trahison.

On les emmena plus loin; Yvain-le-Bâtard voulut occire Vavasseur, qui les avait amenés; il l'apostropha ainsi :

— Ah! ah! fils de pute, traître, vous nous deviez héberger, sur votre parole, et vous nous avez trahis!

— Je ne vous ai rien promis, répondit Vavasseur, que l'on ne vous tienne, car vous serez hébergés dans l'une des plus fortes maisons qui soit en Bretagne. Vous serez mis avec vos compagnons, comme je l'ai dit.

Gallegantin, ne voulant pas mourir en prison, réfléchit qu'il pouvait se défendre pendant qu'il était encore en vie.

Il avisa Vavasseur près de la cheminée, et il lui détacha un tel coup de pied, qu'il l'envoya nager dans les brasiers. L'eût achevé, si ses mains n'eussent pas été liées.

Les autres chevaliers se lancèrent sur Gallegantin la hache levée, et, n'eût été le sire du lieu, il y passait.

On les jeta en prison, dans un souterrain aux portes de fer et aux murs revêtus de carreaux joints avec plomb et fer.

Il y avait dans cette prison :
Le roi de Ydre,
Guyvre de Lamballe,
Yvain de Leonnel,
Kadouin de Kabernoutin,
Kachedin-le-Petit,
Keux d'Estraus,
Griflet le fils,
Dodiniau-le-Sauvage,
Agloux,
Le duc Gaulas,
Mados de La Porte,
Et Lohols, le fils du roi Artus, issu de la demoiselle Lysannos avant le mariage du roi et de la reine. Ce dernier mourut dans la prison.

Gauvain et ses amis furent contents de trouver là ceux qu'on croyait morts depuis longtemps, et ceux-ci, n'espérant jamais revoir leurs amis, étaient heureux de cette rencontre, mais malheureux de ce qu'ils venaient en prisonniers.

CHAPITRE XXIV

Comment une demoiselle de l'hôtel de la Dame du Lac fit savoir au blanc chevalier que messire Gauvain et ses compagnons étaient emprisonnés par l'ancien seigneur de la Douloureuse Garde.

Ce ne fut que longtemps après la prise de la Douloureuse Garde que le chevalier blanc apprit le sort de Gauvain et de ses compagnons.

Un jour, après dîner, un varlet entra en pleurant. La demoiselle qui partageait le repas du chevalier lui demanda la cause, et il répondit qu'une demoiselle tout en larmes se dirigeait vers les plus hautes roches.

— Elle regrette, dit-il, les frères Gauvain et son ami, monseigneur Yvain.

Le chevalier, se rappelant ce qu'il devait à ces preux, se leva de table et jura qu'avant tout repos il saurait où ils étaient.

Armé, il rejoignit avec peine la demoiselle en pleurs à l'entrée de la forêt.

Il en apprit que Gauvain, dixième de ses compagnons, avait été pris par le seigneur de la Douloureuse Garde; qu'elle était à la Dame du Lac, et n'osait entrer au château lui parler, parce qu'on le lui avait dit mort.

— Ma Dame du Lac m'a prié de vous dire que ne soyez pas amoureux, pour ne pas devenir paresseux.

— C'est bien, fit le chevalier blanc; dites-moi, belle et douce amie, où est le sire Gauvain.

Lors, retournant tous deux, elle le conduisit au petit bocage, sur l'île où était la prison.

— Nous nous embarquerons ici, dit-elle.

Quelques instants après, ils virent arriver dans un bateau quinze chevaliers armés, prenant le chemin de la Douloureuse Garde.

Lancelot prit l'écu à trois bandes et laissa courir sur eux.

A sa vue, ils prirent la fuite, précédés du sire du château, et Lancelot les pressa tant, qu'avant d'être embarqués il en tua quatre.

Le reste s'échappa en l'île à la nage.

Le sire de la Douloureuse Garde se sauva; il avait nom Brandus.

Lancelot revint triste au château qu'il avait conquis. On l'attendait pour ouvrir au roi Artus, qui, depuis quatre jours, insistait pour entrer.

En le voyant arriver, le portier du château et les autres gens appelèrent par la vallée le roi Artus, qui était entré de longues rêveries au bord d'un ruisseau.

Lancelot s'avança vers le cortége, et dit à la reine :

— Désirez-vous entrer, madame?... suivez-moi.

— Volontiers, répondit la reine.

Elle marcha derrière Lancelot, qui se fit ouvrir; mais derrière lui, la porte se referma sur la reine, qui se plaignit à Keux, le sénéchal, de cette déception.

La porte, en se fermant, rendit un si grand cri, que le roi sortit de sa préoccupation.

La reine, fort courroucée, revint au roi. Keux interpella Lancelot, qui prévit quelque enchantement et fit ouvrir de force. Puis il partit seul au dehors.

Artus, la reine et sa suite entrèrent dans la première enceinte, et, voyant close la seconde, furent au cimetière, où le clerc commença à lire les inscriptions jusqu'à la tombe de Gauvain, où on voyait inscrit :

« Ci-gît messire Gauvain. Voyez ici sa tête. Celle « de messire Yvain est dans une autre tombe, de « même que celles des dix chevaliers venus ici en-« semble. »

Le roi, la reine et les autres firent un merveilleux deuil en lisant ces mots ; personne ne voulut prendre de nourriture le reste de la journée.

CHAPITRE XXV

Comment le blanc chevalier battit l'ex-seigneur de la Douloureuse Garde, qui tenait en prison messire Gauvain et ses compagnons.

alade et pensif pour l'amour qu'il avait de la reine, le chevalier blanc chevaucha. Il jura de venger Gauvain et ses amis pour recouvrer les bonnes grâces de sa dame.

Il se mit au bocage et y resta jusqu'à vêpres, où apparut un vieil ermite sur un grand âne. Ce saint homme avait pris l'habit, après la perte de douze fils en un an.

Lancelot lui demanda d'où il venait, et il répondit qu'il sortait du château de l'île, où il avait été appelé pour deux chevaliers malades. Il avait son calice à la main.

— L'un est Gallegantin-le-Gallois, et l'autre Lohols, le fils du roi Artus; tous deux bordent la mort, l'un par blessures graves, l'autre par douloureuse prison; les autres se portent bien... Mais qui donc êtes-vous?

— Je suis chevalier errant, fit Lancelot, et voudrais bien les délivrer.

— Je peux vous donner un avis, reprit l'ermite. Deux écuyers causaient, quand je sortis du château, d'une surprise que doit faire au roi Artus le sire de la Douloureuse Garde, son mortel ennemi. A minuit, il doit partir pour cette expédition.

— Je vous quitte, fit Lancelot, afin d'avertir le roi Artus.

Mais Lancelot se cacha aux environs, et, après l'heure arrivée, il vit les chevaliers passer l'eau.

Il se laissa en arrière et les suivit de loin. Lorsqu'ils quittèrent le château de la Douloureuse Garde, il laissa courir sur eux, et, d'estoc, de taille, à gauche, à droite, porta de tels coups, qu'ils se crurent trahis.

Les gens du roi Artus ne tardèrent pas à arriver. A ce moment, Lancelot avisa le plus richement équipé des chevaliers, et lui donna sur le heaume un tel coup, que ce dernier fut renversé et se reprit aux crins de son cheval.

Lancelot acheva de le faire tomber, et, lui mettant l'épée au col, il le força à se rendre.

— Je vous promets de tenir prison où il vous plaira, dit le vaincu, excepté en ce château, car je ne puis y entrer que mort, et vos compagnons seront perdus pour ce.

Et il rendit son épée à Lancelot.

— Sire, continua-t-il, où me mettrez-vous en prison?

— Je vous mettrai, répondit Lancelot, chez un ermite qui demeure en cette forêt, et vous-même m'y mènerez tout droit.

Le blanc chevalier le fit monter derrière lui, et il monta avec difficulté, car il était fortement blessé.

CHAPITRE XXVI

Comment le chevalier blanc emmena son prisonnier à l'ermitage, et comment ce dernier rendit Gauvain et ses compagnons, qui retrouvèrent le roi Artus et la reine.

yant en croupe son prisonnier, Lancelot se dirigea vers l'ermitage.

Il fut suivi de Keux le sénéchal, qui présumait assister à l'enlèvement d'une proie appartenant au roi Artus.

Lorsqu'il fut assez près pour être entendu, Keux ordonna à Lancelot de s'arrêter, et l'interrogea sur lui et son prisonnier.

Lancelot lui répondit d'une façon évasive, jusqu'à exciter la colère du brave sénéchal; il fut même obligé de le menacer de lui couper une main assez téméraire pour oser vouloir s'emparer de la victoire vivante qu'il portait en croupe.

Des injures et des menaces, on en arriva à disputer le prisonnier par le sort des armes, et maître Keux fut débouté de sa demande.

Survinrent alors le roi Artus et ses gens, qui relevèrent le sénéchal tout affolé et pâmé, et l'emportèrent.

Le blanc chevalier poursuivit sa route et arriva à l'ermitage.

Là, après avoir fait jurer dans la chapelle à son prisonnier d'exécuter fidèlement ses ordres, Lancelot fit quérir le sénéchal du château de l'île par l'ermite; il fit délivrer Gauvain et les autres, comme s'ils changeaient de maître seulement, et, baissant son heaume, il se fit suivre par eux sans qu'ils le connussent.

Ayant laissé ses compagnons à l'ermitage, le blanc chevalier se rendit vitement à la Douloureuse Garde, où le roi et la reine n'avaient pu pénétrer encore, et où il les fit entrer. Il revint aussitôt retrouver Gauvain et les autres, leur annonçant qu'ils devaient la liberté à la reine et au roi, dont ils auraient la compagnie le lendemain seulement.

Le roi Artus et la reine vivaient de la meilleure chère à la Douloureuse Garde. Ils avaient découvert dans la tourelle les deux pucelles envoyées par la Dame du Lac, et dont l'une avait apporté les écus au chevalier blanc.

La jalousie de la reine s'éveilla bien un peu, et la conversation et les questions qu'elle leur tint en donna la preuve.

Au milieu de ces distractions, on vit arriver au château une troupe de chevaliers, messire Gauvain en tête.

Le roi Artus donna l'accolade à son neveu et le félicita de son inespérée délivrance; puis il lui demanda le nom de son libérateur.

— Je ne le sais pas, répondit Gauvain; ce chevalier porte un écu à trois bandes; il nous a dit de vous remercier vous et madame, comme vous devant notre sauvegarde :

— C'est bien, dit la reine, je ne doute pas que ce ne soit notre chevalier.

CHAPITRE XXVII

Comment Lancelot, après avoir occis un gentilhomme qui disait moins aimer le chevalier blessé que celui qui l'avait blessé, fut assailli par quarante chevaliers et mis en la prison de la dame de Mallehault.

ant chevaucha le chevalier blanc à travers la forêt, que le jour commença à s'en aller. Il rencontra un vavasseur, accompagné d'un sien écuyer qui portait un chevreau pris dans la forêt.

— Sire, lui dit ce vavasseur en le saluant, il est temps de songer à vous héberger... Si cela vous plaît, je vous logerai bien.

— Volontiers, répondit Lancelot en le remerciant.

Ils allèrent donc. En chemin, les rejoignit une demoiselle connue de monseigneur Yvain. De trois qu'ils étaient, cela fit quatre. Ils arrivèrent ainsi à la maison du vavasseur, où ils furent soigneusement hébergés.

Au matin, Lancelot reprit son chemin avec la demoiselle, et vers la troisième heure, ils étaient à l'entrée d'une chaussée qui avait bien une lieue de long, et qui était bordée de marais profonds. A l'entrée de cette chaussée se tenait un chevalier armé de toutes armes, qui demanda à Lancelot d'où il était.

— Je suis chevalier de la maison du roi Artus, répondit-il.

— Alors, vous ne passerez pas céans.

— Pourquoi donc cela?

— Parce que ceux de la maison du roi Artus m'ont fait dommage dans ma parenté...

— Quel dommage?

— N'avez-vous pas ouï parler d'un chevalier blessé de deux tronçons de lance qui ne voulait être déferré que dans certaines formes?

— Si vraiment!

— Eh bien! ce chevalier a occis un mien cousin germain que j'aimais beaucoup... Comme j'ai appris qu'il avait été déferré par quelqu'un de la maison du roi Artus, lequel avait promis de faire sa volonté, je me suis placé en ce lieu pour venger la mort de mon cousin. Celui que j'attends ainsi apprendra qu'il s'est engagé à beaucoup en s'engageant à parfaire cette entreprise.

— Je suis celui que vous cherchez, dit Lancelot en se reculant un peu pour prendre du champ.

L'inconnu en fit autant et revint briser sa lance sur le chevalier blanc, qui le jeta raidement à terre. Mais, jeune et léger, il ne tarda pas à se relever et à mettre l'épée à la main. Ce que voyant, Lancelot descendit de cheval, ôta son écu de son cou, tira son épée, et tous deux se coururent sus.

Ils s'entre-donnèrent l'un et l'autre de grands coups sur les heaumes, les firent enfoncer sur leurs têtes, et faussèrent leurs hauberts en plusieurs endroits. Tellement, qu'on ne savait guère lequel des deux resterait en place.

Ce fut le chevalier inconnu. Lancelot lui rompit une des attaches de son heaume, le lui arracha violemment de la tête, et le jetant le plus loin qu'il put, lui dit :

— Il vous convient à présent, ce me semble, d'avouer que vous aimez mieux le chevalier que j'ai déferré que celui qui l'avait blessé?...

— Il ne me convient guère, répondit l'autre, qui ne s'avouait pas encore pour vaincu.

— Il vous convient beaucoup, au contraire, ou vous mourrez! reprit Lancelot en levant son épée et en le frappant au bras gauche, qui tenait l'écu; puis sur la tête, qui était nue.

Le bras fut coupé et la tête fendue jusqu'aux dents.

Lancelot, fâché de ce résultat auquel il ne pouvait rien, rejoignit son cheval que tenait la pucelle, monta dessus, et tous deux se remirent en route.

Ils approchaient d'une grande cité nommée le Pin-de-Mallehault, où entrèrent bientôt les deux écuyers du chevalier précédemment défait par Lancelot, l'un portant son heaume et l'autre son écu.

Le chevalier blanc et sa compagne chevauchaient,

sans prendre garde, lorsqu'ils entendirent une grande clameur, et incontinent, vinrent sur eux chevaliers et sergents, au nombre d'environ quarante, ayant tous la lance en arrêt.

Lancelot étonné, mais résigné à tout, joua de son épée le mieux qu'il put. Quelques hommes furent blessés et quelques chevaux tués. Toutefois, le nombre des assaillants était trop grand : Lancelot jugea prudent de se réfugier sous le perron d'une forte maison qui se trouvait tout près, et où il se défendit avec plus d'avantage qu'auparavant.

Il en était là, lorsque parut la dame de la ville, qui lui cria de se rendre à elle.

— Dame, lui demanda-t-il, pourquoi me rendre ? A quoi ai-je donc forfait ?...

— Ce que vous avez fait ? Vous avez occis le fils de mon sénéchal.

— Dame, je n'en puis mais !

— Rendez-vous à moi, je vous le conseille...

Il n'y avait guère moyen de faire autrement. Lancelot tendit son épée à la dame de Mallehault, qui le mena aussitôt dans la prison de son château. C'était une geôle de pierre tuilée, laquelle avait deux toises en carrure, et était haute jusqu'à la couverture de la salle. Chaque carrure avait deux verrières si claires que celui qui était dedans pouvait voir tous ceux qui entraient en cette geôle.

La pucelle qui avait vu emmener le chevalier blanc s'en alla de son côté, triste et dolente, le croyant mort, et, n'osant retourner vers la Dame du Lac, entra dans la première maison de religion qu'elle rencontra sur son chemin.

Ici se tait un instant l'histoire de cette pucelle et du chevalier blanc, pour reparler du roi Artus.

CHAPITRE XXVIII

Comment les gens du roi Artus et ceux de Gallehault se rencontrèrent, et comment ces derniers finirent par avoir avantage sur les premiers, au grand chagrin et dommage de monseigneur Gauvain.

r, il advint un jour que le roi Artus séjournait à Kamalot, que la dame des Marches de Sélices l'envoya prévenir que Gallehault, le fils du géant, était entré en sa terre et la ravageait, avec une armée de deux cent mille hommes.

Lors, Artus se dépêcha de réunir des gens pour aller châtier Gallehault, et se rendit au château de la dame des Marches de Sélices, à la tête d'environ sept mille chevaliers, sans plus.

Gallehault, apprenant cela, manda ses hommes, à savoir les trente rois qu'il avait conquis et les autres.

— Seigneurs, leur dit-il, le roi Artus est venu pour secourir la dame de Sélices, dont nous tenons le château assiégé. Son armée est d'un nombre inférieur à la mienne; à cette cause, je voudrais que mes hommes seulement s'assemblassent contre les siens.

— Sire, répondit le roi des cent chevaliers, si cela vous plait, j'irai demain au matin vers lui et verrai son armée.

— C'est bien dit, répliqua Gallehault.

Au matin du lendemain, en effet, le roi des cent chevaliers s'en vint voir l'armée du roi Artus, laquelle campait à sept lieues anglaises du Pin-de-Mallehault. Quand il eut bien examiné cette armée, et jugé qu'elle se composait tout au plus de sept mille combattants, il s'en revint vers Gallehault, auquel il dit :

— Sire, j'ai nombré cette armée : elle se compose d'environ dix mille hommes.

— Prenez donc dix mille chevaliers, répondit Gallehault, et allez !

Le roi des cent chevaliers obéit, et lorsque ses dix mille hommes furent harnachés, il les emmena à la rencontre de l'armée du roi Artus.

Ce dernier avait été prévenu à temps de cette arrivée, et il avait envoyé son neveu Gauvain avec ses chevaliers pour couper le passage aux ennemis. La bataille eut lieu sur les bords d'une rivière. Les gens du roi Artus firent merveille, comme de preux chevaliers qu'ils étaient. Et semblablement les gens de Gallehault, ce qui ne les empêcha pas d'être déconfits et mis en déroute.

Quant le roi des cent chevaliers vit ses gens en déconfiture, il en fut très-chagrin, car c'était un rude et vaillant homme qui n'aimait pas les défaites et n'y était pas habitué. Il pria Gallehault de lui envoyer d'autres chevaliers pour remplacer ceux qui venaient d'être déconfits, et Gallehault lui en envoya trente mille.

Cela changea la face des choses. Les hommes de monseigneur Gauvain ne purent longtemps résister, eux qui étaient travaillés et blessés, à ces recrues fraîches et vigoureuses. Ils rompirent en désordre, ralliés de temps en temps par le bon chevalier Gauvain qui, quoique brisé d'angoisse et de douleur, luttait vaillamment jusqu'au bout, pour l'honneur du roi Artus et pour le sien propre. Mais, finalement, lui-même dut renoncer à la bataille, qui cessa avec le jour, et il tomba pâmé de dessus son cheval; tellement qu'on le crut mort, ou à peu près, et qu'on le transporta à son hôtel, où le roi et la reine le vinrent visiter, effrayés de son état.

CHAPITRE XXIX

Comment le chevalier blanc, toujours en prison, apprenant par la rumeur l'état du roi Artus, s'engagea sur sa parole, envers la dame de Mallehault, à revenir en sa geôle après les affaires.

Cette bataille avait eu lieu à quelques pas d'un

château qui appartenait à une noble et sage dame veuve, laquelle avait enfant et était beaucoup aimée de tous ceux qui la connaissaient ; si bien que les gens de sa terre avaient pris l'habitude de répondre à ceux qui lui demandaient qui elle était, qu'elle était la reine des autres dames.

Cette dame avait, dans une geôle grande et claire, un prisonnier qui entendit les gens du château s'entretenir des affaires de la journée en allant et venant autour de lui.

Lors, ce prisonnier fit appeler le principal chevalier de la dame qui le retenait en prison, lequel s'empressa de venir.

— Vous m'avez fait quérir, sire, me voici, dit-il.

— Grand merci, seigneur, de cet empressement auquel je n'avais pas le moindre droit...

— Tous ceux qui souffrent ont droit à l'intérêt et à la pitié, même de la part de leurs ennemis... Je vous ai cru malade des suites de vos blessures ; c'est pour cela que je suis accouru.

— Les blessures que j'ai reçues se sont refermées aisément, seigneur ; ce n'est donc pas d'elles que je vous veux entretenir, mais d'une autre plus récente et plus douloureuse.

— Qu'entendez-vous par là, sire chevalier ?

— Vous le saurez plus tard... Présentement, j'ai une grâce à vous demander...

— Quelle est-elle, sire chevalier ?

— Il s'agirait pour moi de parler à la dame de céans.

— Je vais lui faire part de votre désir, sire chevalier, et je reviendrai vitement vous transmettre sa réponse.

— Je vous en saurai grand gré, seigneur...

Le vieux chevalier sortit de la geôle et se rendit incontinent auprès de sa dame et maîtresse.

— Dame, lui dit-il en s'inclinant respectueusement devant elle pour lui baiser la main, j'ai à vous prier de m'octroyer un don.

— Vous me demandez si rarement, que j'aurais mauvaise grâce à vous refuser ; ce don vous est octroyé. De quoi s'agit-il ?

— Votre prisonnier demande à vous entretenir sans retard.

— Amenez-le-moi, répondit la dame.

Le vieux chevalier alla chercher le prisonnier en sa geôle, l'introduisit auprès de sa dame et se retira discrètement, pour ne pas troubler cette confidence par sa présence.

— Madame, dit le prisonnier de sa voix la plus douce, est-il vrai qu'il y ait eu bataille entre les gens de Gallehault et ceux du roi Artus.

— Très-vrai, chevalier.

— Est-il vrai que monseigneur Gauvain, neveu du roi, ait été gravement blessé ?

— On le dit, chevalier.

— Alors, madame, au nom de Dieu, permettez-moi d'aller combattre et venger ceux de mes compagnons qui sont morts !...

— Vous oubliez que vous êtes mon prisonnier.

— Je ne l'oublie pas, madame... Je l'oublie si peu, que je m'engage, sur ma foi et ma loyale parole, à revenir céans à la fin de la bataille qui recommencera sans doute demain.

— Sur votre foi, chevalier ?

— Oui, dame.

— Mais j'ignore qui vous êtes, et il m'est difficile de laisser ainsi aller un homme qui a tué le fils de mon sénéchal.

— Vous le saurez plus tard, madame... Présentement, je vous supplie d'avoir fiance en moi.

— J'ai fiance, répondit la dame.

CHAPITRE XXX

Comment le chevalier à l'écu vermeil sortit de la geôle, monté sur un cheval, et vainquit les gens de Gallehault.

Dès l'aube, le prisonnier sortit de la geôle et de la cité, monté sur son cheval, avec son écu vermeil et les armes qu'il avait lorsqu'il avait été pris par la reine des autres dames, et se dirigea vers l'armée du roi Artus, campée sur l'un des bords de la rivière.

Là était une loge, tendue richement, où se tenaient le roi et la reine, ainsi que d'autres dames et demoiselles, pour assister aux diverses phases de la journée. Là aussi, à côté d'Artus, se tenait messire Gauvain, qui s'y était fait porter, quoique malade et n'en pouvant plus.

Bientôt le chevalier à l'écu vermeil s'arrêta sur la rive du gué et s'appuya tout songeur sur sa lance.

Un garçon de l'armée de Gallehault poussa l'audace jusqu'à lui ôter du cou son écu vermeil et le passer au sien. Il ne sortit pas de sa rêverie.

Lors, un second garçon, enhardi par cette impunité, et s'imaginant avoir affaire à un fol ou à un couard, prit un peu de boue et la lui jeta à travers la lumière du heaume, sur le nez, en lui disant :

— A quoi pensez-vous donc, chevalier failli ?

L'humidité de cette motte de boue entra dans les yeux du chevalier à l'écu vermeil, qui alors, plein de colère, poussa son cheval en avant, à la rencontre des gens de Gallehault, qui recommencèrent la bataille de la veille. Ceux du roi Artus ne restèrent pas en arrière ; tout au contraire, excités qu'ils étaient par l'exemple de ce chevalier à l'écu vermeil, ils firent des prodiges et culbutèrent leurs ennemis.

Le garçon qui avait eu l'audace d'enlever du cou du chevalier cet écu vermeil qui le faisait si bien reconnaître revint en grande hâte le lui rapporter, en lui disant :

— Tenez, sire, il est plus digne de vous appartenir que je ne croyais... Je vous supplie de me pardonner...

Le chevalier reprit son écu, sans répondre autre chose, et s'escrima de son mieux, d'estoc et de taille, contre les gens de Gallehault, qui, finalement, furent contraints de lâcher pied devant ceux du roi Artus.

La bataille dura longtemps et fut longtemps âpre et sanglante; à ce point que, pour s'en tirer avec plus d'honneur que de honte, Gallehault fit entendre au roi Artus, par un messager, qu'il lui accorderait volontiers une trêve d'un an.

Artus consentit, car, malgré la vaillance de ses hommes, il avait peur de perdre sa terre et son honneur.

En conséquence, les deux armées cessèrent la boucherie et se retirèrent chacune de son côté.

Quand on chercha le chevalier aux armes vermeilles pour le remercier du précieux concours qu'il avait donné, on ne le trouva pas.

CHAPITRE XXXI

Comment, après que Lancelot eut vaincu les chevaliers de Gallehault, il s'en retourna en la prison de la dame de Mallehault.

Il faisait nuit lorsque Lancelot quitta le lieu de la bataille pour revenir en la geôle de la dame de Mallehault, ainsi qu'il s'y était précédemment engagé.

Il se désarma sans être aperçu, entra dans la geôle et se coucha sans manger.

Peu de temps après, lui vinrent les chevaliers que la dame de Mallehault avait envoyés à l'assemblée, pour aider les gens du roi Artus. Lors, elle leur demanda des nouvelles sur ce qui s'était passé de part et d'autre, et ils lui répondirent que le chevalier à l'écu vermeil avait tout vaincu.

En entendant ce récit, la dame de Mallehault se mit à regarder du coin de l'œil une pucelle qui était sa cousine germaine et dame principale de sa maison. Ce regard voulait dire qu'elle souhaitait d'être seule avec elle et qu'il lui tardait grandement que les chevaliers s'en allassent de céans.

Enfin, ces chevaliers s'en allèrent, et aussitôt qu'ils eurent montré les talons, la dame de Mallehault alla vers sa cousine et lui dit :

— Ce pourrait bien être notre chevalier, n'est-ce pas ?

— Peut-être est-ce lui, en effet, répondit la pucelle. Mais le meilleur, pour nous en assurer, est d'aller vers lui.

— J'y songeais, reprit la dame. Allons-y ; mais que nul ne le sache, hormis nous deux...

— Volontiers, dit la pucelle.

Et, tout aussitôt, elle éloigna de la maison tous les indiscrets qui pouvaient y être encore à cette heure-là, de façon à ce qu'elles fussent toutes deux bien seules. Puis, prenant une poignée de chandelles, elle se dirigea avec sa cousine vers l'écurie.

Là, leurs soupçons commencèrent à se confirmer, car le cheval était blessé en plusieurs places et il gisait devant la mangeoire, sans pouvoir y manger.

— Par ma foi ! s'écria la dame de Mallehault, voilà bien le cheval d'un vaillant homme ! Qu'en dites-vous, cousine ?

— Ma dame, répondit la pucelle, il m'est avis qu'il a eu, en effet, plus de peine que de repos, cet animal... Il me semble aussi que ce n'est pas celui-là qu'il emmena de céans en partant pour l'assemblée..

— Sachez, mignonne, qu'il en a usé de plus d'un. Allons voir ses armes, maintenant.

— Allons, dit la pucelle; nous verrons, en effet, comment elles se trouvent du voyage de leur maître.

Elles sortirent de l'écurie et se dirigèrent vers la salle où Lancelot s'était désarmé. Le haubert était faussé et plein de trous. L'écu était fendu et écartelé par suite de coups d'épées. Le heaume était embarré et le nazel, tout détranché, pendait contre val.

Lors, la dame de Mallehault dit à sa cousine :

— Que vous semble de ces armes, ma mie ?

— Il me semble, ma dame, répondit la pucelle, que celui qui les a portées n'est pas toujours oisif...

— Vous pouvez bien dire, ma mie, qu'elles ont été portées par le plus prud'homme qui soit au monde !...

— Dame, cela peut bien être.

— Or, maintenant, reprit la dame de Mallehault, nous allons aller voir le chevalier lui-même, pour nous confirmer tout à fait dans nos conjectures...

— Allons, fit la pucelle.

Elles s'en vinrent donc à la porte de la geôle, qu'elles trouvèrent ouverte. La dame de Mallehault prit les chandelles des mains de sa cousine, et, passant la tête par l'entre-bâillement de la porte, elle regarda dans l'intérieur de la geôle avec une avide curiosité.

Lancelot gisait tout nu en son lit, ou presque nu, car la couverture lui cachait seulement la poitrine, et ses bras étaient rejetés çà et là, à cause de la fatigue et de la chaleur. Il dormait péniblement. Sa belle figure était égratignée en plusieurs endroits, notamment au front. Il avait, en outre, les épaules détranchées et les poings enflés et sanglants.

Les deux dames entrèrent dans la geôle sur la pointe du pied, comme deux mouches, de peur de réveiller le dormeur, qui était si agréable à voir ainsi.

La dame de Mallehault rendit les chandelles à sa cousine en la priant de l'éclairer, et elle s'avança jusque vers le front de Lancelot.

— Que voulez-vous faire, madame ? demanda la jeune pucelle.

— Quoi ? Je ne serai jamais si à point que maintenant pour le baiser, répondit la dame de Mallehault.

— Assez, dame, assez! Ne faites pas telle folie!... reprit la pucelle effarouchée.
— Ce n'est pas là folie, c'est plaisir, ma mie...
— S'il savait ce que vous faites là, il vous en priserait moins... Et chacun vous ferait honte!...
— Quelle honte peut-il donc y avoir à baiser un si vaillant homme?
— Si cela lui plaisait, bien; mais il dort et ne sait rien de ce que vous voulez tenter à son endroit... Et puis, le connaissez-vous bien? Il peut être très-preux de corps et ne l'être pas du tout du cœur...

Tant dit la jeune pucelle à sa dame, qu'elle la décida à partir sans plus en faire.

Quand elles furent en leur chambre, la dame de Mallehault commença à pleurer et à parler du chevalier aux armes vermeilles.

La pucelle, s'apercevant, à ne s'y pas méprendre, de l'amour de sa cousine pour ce gentilhomme, essaya de l'en détourner par paroles.

— Chère dame, lui dit-elle, je crois que le chevalier pense à autre chose que ce que vous supposez...

— Je suppose bien, mignonne, répondit la dame, car Dieu ne l'a pas fait si vaillant et si beau pour rien : il doit être en dedans ce qu'il est en dehors et avoir des pensées dignes de son tendre et pitoyable visage.

Les deux dames se couchèrent là-dessus, la dame de Mallehault rêvant au jeune chevalier blessé, et sa cousine rêvant à toute autre chose.

CHAPITRE XXXII

Comment la dame de Mallehault mit à rançon le chevalier qu'elle tenait en prison et le laissa aller quand elle vit qu'elle ne pouvait savoir son nom.

Un jour, la dame de Mallehault fit sortir le jeune chevalier de sa geôle, pour s'entretenir avec lui. Quand il fut devant elle, il alla s'asseoir à ses pieds, et elle, qui le voulait honorer, le releva et le fit placer à ses côtés.

— Sire chevalier, lui dit-elle, je vous ai tenu en prison sans trop vous faire sentir la tristesse d'un tel lieu, contrairement au vouloir de mon sénéchal et de toute ma parenté, qui demandait votre mort... Vous devez m'en savoir bon gré...

— Dame, répondit le jeune jouvenceau, je vous en sais un tel gré, que je me déclare présentement votre chevalier en tous besoins...

— Grand merci, sire chevalier... Maintenant, je vous prierai de vouloir bien me dire qui vous êtes et à quoi vous prétendez.

— Je suis fâché d'avoir à vous refuser cela, ma Dame, mais il n'est personne à qui je doive le dire...

— Vous me le direz, cependant!

— Dame, faites de moi ce que vous jugerez bon de faire... Mais vous me couperiez la tête que je ne vous en sonnerais mot...

— J'en suis fâchée à mon tour pour vous, sire chevalier, mais puisque vous vous obstinez si fort à me céler précisément ce que je vous demande, je vous déclare que vous ne sortirez pas de ma prison avant un an d'ici... Quant à votre nom, je le saurai, car j'irai en tel lieu où je l'apprendrai, malgré vous...

— Où cela, dame? demanda le chevalier.

— A la cour du roi Artus.

— Dame, je n'en puis mais!

Sur ce, la dame de Mallehault le renvoya en sa prison d'un air courroucé. Et de fait, elle ne l'était pas autant qu'elle voulait le paraître, car elle sentait croître de jour en jour son amour pour lui.

Au bout de quelque temps, elle le fit revenir devant elle.

— Chevalier, lui dit-elle, vous avez refusé l'autre jour de me dire votre nom... Mais j'en ai assez appris sur vous pour vous déclarer que je vous rendrai volontiers à la liberté, si vous me voulez payer rançon...

— Grand merci, ma Dame... Dites-moi donc, s'il vous plaît, quelle peut être cette rançon?...

— Je vous en nommerai trois, et si vous n'en acceptez pas une des trois, vous ne sortirez pas de céans...

— Dame, daignez me dire votre vouloir...

— Premièrement, si vous dites votre nom, vous serez quitte... Secondement, à défaut de cela, dites-moi qui vous aimez d'amour... Troisièmement enfin, si vous ne me voulez dire ni l'une ni l'autre, dites-moi si vous croyez jamais faire autant d'armes que vous en fîtes l'autre jour dans la bataille entre les gens du roi Artus et ceux de Gallehault, le fils du géant...

En entendant cela, le jeune chevalier commença à soupirer durement, et il répondit :

— Dame, vous me haïssez bien, je le vois, car vous ne me voulez faire rançon que honteusement.

— Je vous assure qu'aussitôt l'une de ces trois rançons acquittées, vous vous en pourrez aller.

Le chevalier commença à pleurer tendrement et dit :

— Puisque je vois bien que je ne puis sortir de céans que par honte, je préfère encore la mienne à celle d'autrui... Pourtant, sachez bien que je compte encore plus faire d'armes que je n'en fis jamais, s'il m'est commandé... Maintenant, **dame**, que je vous ai dit ce que vous vouliez, souffrez que je m'en aille...

— Vous vous en irez quand il vous plaira, répondit la dame de Mallehault... Toutefois, par gratitude des soins que vous avez reçus céans, je vous prierai de m'accorder une grâce...

— Laquelle, dame?...

— C'est de demeurer avec moi jusqu'à l'expiration des trêves entre le roi Artus et Gallehault... Je vous appareillerai alors d'un bon cheval et d'armes telles que vous les voudrez porter.

— Dame, je ferai votre vouloir.

— Je vais vous dire ce que vous ferez jusque-là... Vous resterez en votre geôle où vous serez fourni de tout ce que vous désirerez, et où j'irai souventes fois vous tenir compagnie... Maintenant, pour en finir, dites-moi quelles armes vous choisissez, afin que je les fasse préparer ?

— Dame, je les souhaiterais toutes noires.

— Vous les aurez.

Le jeune chevalier s'en retourna en sa geôle, et la dame de Mallehault s'empressa de lui faire appareiller un écu tout noir, un cheval de même couleur, ainsi qu'une cotte d'armes et des couvertures.

CHAPITRE XXXIII

Comment, les trêves étant expirées, le chevalier aux armes noires apprit l'engagement et les blessures graves de messire Gauvain, et comment il alla se mêler à l'armée du roi Artus.

r, les trêves étaient expirées. La bataille venait de reprendre entre les gens de Gallehault et les gens du roi Artus. Bataille âpre et sanglante, qui laissa bien des chevaliers sur l'herbe. Les uns et les autres montrèrent une vaillance extrême, et, parmi ceux-là, messire Gauvain, le neveu du roi Artus, lequel, quoique blessé, combattit vaillamment jusqu'au bout, au grand émerveillement de ses compagnons et même des gens de Gallehault. Par trois fois, messire Yvain le remonta sur son cheval, d'où il était tombé, non de peur, mais de fatigue et de douleur.

Messire Yvain lui-même fit des prodiges, aidé de Gahus de Karaheu. Il en eût fait davantage s'il n'eût eu à veiller sur le neveu du roi, le pauvre Gauvain, à qui le sang sortait par la bouche comme d'une fontaine. On le ramena à sa tente, où il chut pâmé et dans un état désespéré.

Ce fut la nouvelle qu'on se passa de bouche en bouche, et qui arriva ainsi aux oreilles de la dame de Mallehault et de Lancelot, son prisonnier.

— Ah! Gauvain! Gauvain! s'écria la première d'une voix dolente. Jamais plus vaillant homme n'a vécu! Jamais plus gentilhomme ne mourra!...

— Si cette nouvelle est vraie, se dit Lancelot dans sa geôle, si monseigneur Gauvain est blessé à mort, jamais on ne réparera sa perte!

Lors il demanda à parler à la dame de Mallehault, qui consentit à le voir et à l'entendre.

— Dame, lui demanda-t-il, est-il vrai que messire Gauvain soit mort?...

— Non, répondit-elle, mais il ne vaut guère mieux, paraît-il, puisqu'il est blessé mortellement, ayant trois côtes brisées... S'il meurt, hélas! ce sera un deuil général, et toute joie particulière devra cesser...

— Dame, dit Lancelot, pourquoi m'avez-vous trahi?... Vous deviez me faire savoir exactement le jour où les trêves expireraient... Vous ne l'avez pas fait, je n'ai pu prendre part à la bataille, comme je le souhaitais tant...

— Nous avons déjà perdu assez de chevaliers; point n'était besoin d'en perdre un encore tel que vous semblez être... Toutefois, si vous tenez si fort à prendre part à l'assemblée, vous le pouvez encore, car elle reprend dans trois jours... Votre cheval et vos armes sont appareillés ainsi qu'il a été convenu...

Lancelot remercia la dame de Mallehault et retourna en sa geôle, pour n'en partir que le troisième jour.

CHAPITRE XXXIV

Comment la dame de Mallehault alla à la cour du roi Artus et attira l'attention de la reine sur le chevalier aux armes noires.

urant ce temps, la dame de Mallehault se hâtait d'aller rejoindre la cour du roi Artus, voulant y être avant que son chevalier prisonnier n'y vînt. La reine lui fit grand accueil, ce qui lui fit plaisir, et elle y trouva messire Gauvain en moins mauvais état qu'on ne l'eût cru d'abord, ce qui ne lui fit pas un plaisir moindre.

Le troisième jour, au matin, au moment où les gens du roi Artus allaient en venir de nouveau aux mains avec les gens de Gallehault, Lancelot s'en vint en la place même où, un an auparavant, un garçon lui avait ôté l'écu du cou.

Il commença par regarder vers la Bretèche pour tâcher d'y apercevoir les dames qui y étaient. Là, précisément, se trouvaient la reine, la dame de Mallehault et messire Gauvain, toujours blessé.

— Quel est donc ce chevalier? demanda la reine en désignant Lancelot, mélancoliquement appuyé sur sa lance, immobile le long de la rivière.

Les dames qui étaient là, dans la compagnie de la reine, suivirent la direction de son doigt et aperçurent, comme elle, le chevalier aux armes noires.

— Vous souvient-il, madame, dit à la reine messire Gauvain, qui avait aperçu Lancelot immobile à sa place, vous souvient-il qu'il y a un an, comme je venais d'être blessé, un chevalier passa sur cette rivière, isolé des autres, et reconnaissable à ses armes vermeilles?... Celui-ci a des armes noires, et cependant, je ne sais pourquoi, j'ai pressentiment que c'est lui...

— Beau neveu, répondit la reine, cela pourrait bien être ; mais, pourquoi le dites-vous ?

— Je le dis, madame, parce que je voudrais de tout mon cœur que ce fût le même, car je n'ai jamais vu de plus preux chevalier que celui-là...

Ils continuèrent à deviser, la reine et lui, du chevalier aux armes vermeilles de l'année précédente, et, pendant ce temps, les gens du roi Artus et ceux de Gallehault se rapprochèrent pour entamer le conflit.

Quant à Lancelot, il était resté tout pensif, à la même place, sur le bord de la rivière, regardant toujours dans la direction de la Bretèche.

— Dame, dit la dame de Mallehault à la reine en lui désignant Lancelot, mandez donc à ce chevalier qu'il combatte pour l'amour de vous et qu'il vous montre ce qu'il sait faire...

— Belle dame, répondit la reine, j'ai autre chose à faire, vraiment, que de m'occuper de ce chevalier...

— Et quoi donc, madame ?

— Monseigneur Artus est sur le point de perdre terre et honneur, dit la reine, et, en outre, mon beau neveu Gauvain est mortellement blessé, à ce que m'ont dit les mires que nous avons consultés... Vous comprenez que je n'ai pas le cœur à la joie... Par ainsi, vous et les autres dames, faites donc ce que vous me conseillez de faire à l'endroit de ce chevalier...

Lors, la dame de Mallehault appela une demoiselle et lui dit, en lui montrant Lancelot :

— Vous voyez ce chevalier qui est là-bas? Vous irez vers lui et lui direz que toutes les dames et demoiselles de la cour le saluent, fors madame la reine; qu'en outre, elles le prient, par courtoisie et amour de chevalerie, qu'il fasse devant elles de merveilleuses prouesses d'armes... Et vous lui remettrez ces deux lances de la part de monseigneur Gauvain...

La demoiselle partit incontinent, suivie de l'écuyer qui portait les deux lances.

CHAPITRE XXXV

Comment Lancelot, étant sous les yeux de la reine, sent croître son courage et sa taille, et fait de merveilleuses prouesses.

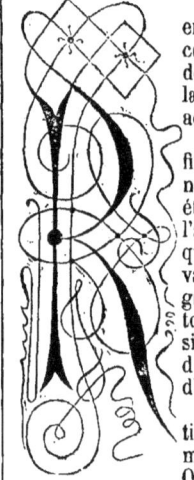

empli le message auprès de Lancelot, la messagère de la dame de Mallehault prit congé de lui, laissant là l'écuyer qui l'avait accompagnée.

Presque tous les yeux étaient fixés sur le chevalier aux armes noires, qui, en comprenant qu'il était ainsi le point de mire de l'attention de si belles dames que celles de la reine et de si vaillants chevaliers que monseigneur Gauvain, se redressa de toute sa hauteur sur ses étriers ; si bien qu'il sembla au neveu d'Artus qu'il venait de croître d'un demi-pied.

— Dame, dit-il avec admiration à la reine, voilà bien le meilleur chevalier du monde !... On serait longtemps à lui trouver son pareil...

Lancelot s'était lancé avec impétuosité à la rencontre d'un groupe de chevaliers, suivi du varlet porteur des deux lances de messire Gauvain, lesquelles il eut bientôt l'occasion de rompre sur les hauberts de ses adversaires.

Lorsque ces lances furent brisées, il s'en revint à son point de départ, à l'endroit même où il s'était d'abord placé, et il tourna son visage du côté de la Bretèche, c'est-à-dire du côté de la reine.

— C'est décidément le meilleur chevalier du monde ! dit Gauvain à la reine. Et je crois, madame, que vous avez eu tort de le mépriser tout à l'heure, en refusant d'envoyer vers lui en votre nom propre...

— D'autant plus, ajouta la dame de Mallehault, qu'il nous prouve bien, présentement, qu'il ne fera plus rien pour nous...

— Vous voyez si j'avais raison, dit messire Gauvain.

— Beau neveu, que voulez-vous donc que je fasse?... demanda la reine.

— Dame, répondit Gauvain, c'est un grand et précieux trésor qu'un tel chevalier... Un seul prud'homme fait plus, souvent, par sa vaillance, que toute une armée... Et celui-ci pourra donner un fier appui à monseigneur Artus... Par ainsi, dame, je vous conseille fort de lui mander, en votre nom propre, ce que lui ont mandé tout à l'heure les dames de votre compagnie... Et vous verrez alors les belles joutes qu'il fera en votre honneur!...

— Faites ce qu'il vous plaira, beau neveu, dit la reine, cela me plaît ainsi...

Peu après, Lancelot vit venir à lui trois écuyers menant trois chevaux aux armes de messire Gauvain et portant trois lances.

— De la part de monseigneur Gauvain et de madame la reine, dirent ces hommes au chevalier, en lui rapportant leur message.

— Vous direz à madame la reine et à monseigneur Gauvain, répondit Lancelot, que je leur donne grand merci, et que je vais faire à leur plaisir...

Et, cela dit, il se rua en pleine mêlée, semant l'épouvante et la mort sur son passage.

Quand vint le soir, son bras était lassé, et les écuyers qui lui avaient été donnés étaient hors de combat. Et les gens du roi Gallehault étaient dix fois plus nombreux que ceux du roi Artus.

Lors, il se retira discrètement du champ de bataille, et s'en alla par un petit chemin, entre les prés, croyant n'être pas vu.

CHAPITRE XXXVI

Comment Lancelot, par sa prouesse, fit que le roi Gallehault cria merci au roi Artus, au moment où celui-ci s'y attendait le moins.

Tout est perdu pour le roi Artus, pensait Lancelot en se retirant tristement par ce sentier solitaire.

Il se croyait bien seul. Mais Gallehault l'avait suivi à distance, et il piqua si bien son cheval qu'il arriva vers lui au moment où il s'y attendait le moins.

— Que Dieu vous conduise, chevalier! lui cria-t-il en le saluant courtoisement.

Lancelot le regarda de travers et lui rendit à grand'peine son salut.

— Bel ami, lui demanda Gallehault, qui êtes-vous ?

— Un chevalier, comme vous pouvez voir, répondit Lancelot.

— Certes, reprit Gallehault, et le meilleur chevalier du monde, que je voudrais honorer comme il convient... C'est même pour cela que je vous ai suivi, afin de vous prier de vous laisser héberger cette nuit par moi...

— Qui êtes-vous donc, vous qui me voulez héberger ? demanda Lancelot.

— J'ai nom Gallehault et suis le sire des gens contre lesquels vous avez aujourd'hui si bien garanti le royaume de Logres que j'eusse conquis sans vous...

— Comment! s'écria Lancelot, vous êtes ennemi de monseigneur le roi Artus et vous me priez d'accepter votre hospitalité?

— Ah! sire chevalier, je ferai volontiers pour vous ce que je ne ferais pas pour lui... Car vous êtes le plus chevalereux homme que j'aie jamais rencontré, et je suis tant émerveillé que je ne puis m'en taire... Revenez donc avec moi, et, demain au jour, nous irons faire notre paix avec le roi Artus, mais seulement à cause de vous...

— A cette condition, oui, répondit Lancelot. Mais, pour mieux agir, agissons sur-le-champ... Ne remettons pas à demain ce qui peut être fait immédiatement.

— Volontiers! répondit Gallehault.

Et ils revinrent ensemble par le même chemin.

Le roi Artus ne se doutait guère de cette heureuse issue à cette assemblée. Il était triste, parce qu'il croyait sa terre perdue, et perdu aussi son honneur. Messire Gauvain n'était pas moins triste que lui.

Quant à la reine, elle ne comprenait pas pourquoi le chevalier aux armes noires avait disparu.

Gallehault chevaucha jusqu'au premier garde-étendard et demanda à parler au roi Artus.

Le roi se rendit auprès de lui, et Gallehault, se jetant à ses pieds, lui fit une entière soumission.

— Retournez, dit le roi, à vos troupes et les renvoyez en arrière!...

Ce que fit à l'instant Gallehault.

Au moment où il venait de donner ces ordres-là, Lancelot s'approcha de lui, le pria, au cas où il retournerait à la cour, de ne dire à personne où il se trouvait :

— Je vous le promets, compagnon! répondit Gallehault, dont l'intention, en effet, était de rejoindre la cour du roi Artus, avec qui il avait de graves conseils à tenir.

Après avoir licencié ses troupes, donc, sauf ses gens particuliers, il appela deux des principaux rois de sa compagnie et leur confia Lancelot pour qu'ils en usassent avec lui comme s'il était lui-même. Puis, montant à cheval, il se dirigea vers le roi Artus et la reine, qui s'avancèrent à sa rencontre et l'emmenèrent à la Bretèche, où Gauvain gisait fort malade.

Dès que ce dernier aperçut Gallehault, il lui fit mille amitiés et compliments sur sa vaillance et sa prud'homie connues et admirées de tous.

Gallehault l'interrogea sur sa position...

— J'ai été près de la mort, répondit Gauvain ; mais en voyant l'amitié que la reine et le roi vous portent, je sens la guérison prochaine.

Toute la journée se passa à deviser d'amitié et de sympathie ; mais on ne dit pas un mot du chevalier noir.

Prétextant des affaires très-pressées, Gallehault demanda au roi son congé, et il retourna auprès de Lancelot, auquel il raconta ce qui s'était passé à la cour.

Lors, Lancelot le pria de lui accorder un don.

— Lequel ? demanda Gallehault.

—L'accointance du roi Artus, répondit Lancelot, qui n'osait nommer la reine.

— Le roi, fit Gallehault, est un vrai gentilhomme, et je regrette de ne l'avoir pas connu plus tôt... Quant à madame la reine elle est si vaillante et si belle que je ne vis jamais femme plus adorable.....

Le chevalier soupira fortement en entendant parler ainsi de la reine, et Gallehault détourna la conversation en voyant les larmes inonder les yeux du bel amoureux.

Après s'être fortement embrassés, Gallehault et le chevalier se souhaitèrent bon repos. Le chevalier, conduit par les deux rois, reposa dans une chambre où ils couchaient aussi.

Mais le sommeil du chevalier fut bien troublé; il passa la nuit à soupirer, à se retourner tant et tant, que ceux de la chambre, dès le matin, en avertirent Gallehault.

Celui-ci prit le chevalier à part et lui dit :
— Beau doux compagnon, pourquoi vous détruire ainsi ? D'où vient ce deuil ? Confiez-le-moi, je vous aiderai autant que le pourra un mortel.

Et le bon Gallehault commença à pleurer. Mais le chevalier noir lui jura qu'il n'avait pas de cause sérieuse à son chagrin.

Après cela, tous deux entendirent la messe. Au moment où le prêtre sépara en trois le corps de Notre-Seigneur, Gallehault prit la main du chevalier Noir et lui dit :

— Ne croyez-vous pas que ceci est le corps de notre Sauveur ?

— Vraiment si, je le crois sur mon âme, répondit le chevalier.

— Eh bien! fit Gallehault, aussi bien ces choses sont saintes et vraies, aussi je mets ma volonté et mon pouvoir à faire toutes choses qui vous pourront aider et plaire.

— Je vous comprends et vous remercie, répondit le chevalier noir. J'en userai à l'occasion.

— — J'y compte, reprit Gallehault. Et maintenant, au revoir, mon doux ami.

CHAPITRE XXXVII

Comment Gallehault, en causant du chevalier noir devant la reine, donna à celle-ci une furieuse démangeaison de le voir.

Gallehault reprit sa route vers la cour du roi Artus.

Une après-dînée, comme il devisait avec la reine et le roi au chevet du bon Gauvain, celui-ci lui demanda quel était le chevalier qui avait décidé la paix.

— Je ne sais vraiment pas, répondit Gallehault, et ne puis rien en dire.

— Par Dieu ! dit la reine, ce fut le chevalier noir... Et vous devriez bien nous le présenter...

— Je ne puis, répondit Gallehault, vous montrer ce que j'ignore.

— Taisez-vous ! répliqua la reine, il a demeuré avec vous, et il portait, l'autre jour, vos armes...

Le roi se mit aussi avec la reine pour extraire du cerveau de Gallehault le nom du chevalier inconnu ; mais on cessa de le pousser, sur l'observation de Gauvain que Gallehault était trop prud'homme pour refuser une chose qu'il pourrait faire.

— Il a dû vous paraître bien brave, ce chevalier au noir écu ? dit Gallehault au roi.

— Certes, il est plus fort que je n'aurais imaginé, et je désire beaucoup avoir avec lui accointance de chevalerie. Je donnerais bien la moitié de mon bien, sauf celle de madame la reine.

— Pour moi, s'écria le malade Gauvain, je voudrais être la plus belle dame du monde pour qu'il m'aimât tous les jours de sa vie.

— Et vous, madame, demanda Gallehault à la reine, comment récompenseriez-vous un pareil chevalier, s'il était vôtre à toujours ?...

— Par Dieu ! répliqua la reine, messire Gauvain vient d'indiquer ce que dame peut octroyer...

Messire Gauvain et tous les assistants se mirent à rire.

Quelques instants après, la reine émit le dessein de visiter les prés de la Bretèche, et, prenant le bras de Gallehault, elle lui dit, sans avoir l'air de rien :

— Gallehault, je vous aime beaucoup, et, si vous voulez reconnaître mon amitié, il vous faut me faire voir le chevalier...

— Je ne l'ai plus revu, répondit Gallehault, depuis ma paix avec le roi; mais je vais tout mettre en œuvre pour que vous lui parliez.

— Faites, je vous en prie, que je le voie le plus tôt possible, fit la reine. S'il est chez vous, envoyez-le chercher de suite.

Gallehault obéit et retourna à sa tente, où le chevalier noir était demeuré pensif.

— Je suis, lui dit Gallehault, encore tout ému de ce qu'on m'a dit à la cour. Le roi n'a d'amitié que pour vous, et la reine brûle du désir de vous voir, bien qu'on m'ait prié de faire approcher mes troupes, qui sont trop éloignées de celles du roi... Que répondre aux avances du roi et de la reine? Dites, beau doux ami...

— Je ne sais, répondit Lancelot; ce sera ce que vous voudrez, puisque je suis à votre garde désormais.

— Certes, fit Gallehault, il me semble que voir la reine ne peut empirer votre chagrin.

— Eh bien! repartit Lancelot, allons ! Mais que vous et moi, seuls, sachions cette rencontre; dites que vous m'avez envoyé chercher.

— Laissez-moi arranger le reste, répliqua Gallehault.

Et il partit, laissant à son sénéchal le soin de remplir ses ordres.

CHAPITRE XXXVIII

Comment Gallehault amena le beau Lancelot devant la reine et éloigna d'eux les indiscrets.

Gallehault se rendait au pavillon du roi, lorsque la reine l'aperçut et courut à sa rencontre.
— Comment avez-vous exploité la besogne? lui demanda-t-elle.
— Dame, répondit-il, j'en ai tant fait, que je crains que l'amour de votre prière ne me ravisse la chose que j'aime le mieux.
— Seigneur, vous ne perdrez rien pour moi, que je ne vous le rende au double. Mais que pouvez-vous donc y perdre ?
— Celui-là même que vous demandez.
— Certes, je ne pourrais pas vous le rendre; mais, grâce à Dieu et à moi, vous ne le perdrez pas. Toutefois, dites-moi quand il viendra.
— Bientôt, je pense, car je l'ai envoyé quérir.
La reine fut joyeuse de cette nouvelle; joyeuse surtout d'apprendre qu'elle allait bientôt parler à celui vers lequel volaient toutes ses pensées et tous ses désirs.
Gallehault reprit :
— Si vous voulez, madame, nous irons après souper en ce verger qui est là, en aval, et nous y deviserons comme il convient...
— Volontiers, répondit la reine.
Après souper, en effet, elle appela la dame de Mallehault et la dame de Cardueil, une sienne pucelle, et toutes trois s'en allèrent droit au verger indiqué par Gallehault.
Quand ce dernier les aperçut, il ordonna à un de ses écuyers d'aller quérir son sénéchal, lequel, prévenu par lui, amena le chevalier qui avait été son compagnon.
Tous deux étaient de grande beauté. A mesure qu'ils s'approchaient, la dame de Mallehault reconnaissait dans le chevalier celui qu'elle avait eu maint jour en sa possession comme prisonnier. Comme elle ne voulait pas qu'il la reconnût, elle passa outre très-rapidement.
Le sénéchal et son compagnon saluèrent les dames.
— Lequel vous semble-t-il que ce soit, madame? demanda Gallehault à la reine d'une voix basse.
— Certes, ils sont beaux chevaliers tous deux, répondit-elle. Mais je ne vois corps où il puisse y avoir autant de prouesse que le chevalier noir en avait...
— Sachez, madame, que l'un d'eux est précisément ce chevalier noir...
La reine tressaillit, le sachant si près d'elle. Il tressaillit lui-même beaucoup et trembla de tous ses membres, tellement, qu'il ne la put saluer une seconde fois.
— Qui est-ce donc? murmura la reine.
Gallehault, se tournant vers son sénéchal, lui dit :
— Sénéchal, faites compagnie à ces dames, s'il vous plaît.

CHAPITRE XXXIX

Comment Lancelot et la reine Genièvre devisèrent de choses et d'autres, et surtout de choses amoureuses.

Quand le sénéchal se fut éloigné avec les dames, la reine prit le beau chevalier par la main et le fit asseoir tout contre elle. Puis, après lui avoir fait beaucoup de beaux semblants, elle lui dit en riant :
— Savez-vous, sire, que Gallehault et moi nous avons ardemment désiré de vous voir, et que cependant je ne sais pas encore si je vois réellement celui que je voulais connaître?... Gallehault m'a bien dit que c'est vous; mais enfin, je désirerais le savoir de votre propre bouche, si c'était votre plaisir.
Le chevalier, sans oser lever les yeux sur la reine, lui dit :
— Je ne sais pas.
Tout en s'émerveillant de ce que pouvait éprouver le chevalier, la reine cependant se douta d'une partie de ce qu'il avait.
Pour Gallehault, qui le vit si timide et si honteux, supposant qu'il devait être seul à seul pour s'expliquer, il alla trouver le sire Gauvain, invita les dames qui s'étaient levées à son approche à se rasseoir, et engagea une conversation générale.
Alors la reine dit au chevalier :
— Pourquoi donc vous célez-vous ainsi de moi? A coup sûr, il n'y a aucune raison pour que vous agissiez ainsi. N'êtes-vous pas celui qui, au tournoi, portait des armes noires et qui est demeuré vainqueur de l'assemblée?
— Non, madame.
— N'êtes-vous pas celui qui, le lendemain, porta les armes à Gallehault?
— Oui, madame.
— Par conséquent, c'est vous qui avez vaincu l'assemblée.
— Je ne suis pas celui-là, madame.
En entendant ces réponses contradictoires, la reine s'aperçut bien que, par modestie, le cheva-

lier ne voulait pas se faire connaître pour le vainqueur, et elle l'en estima d'autant plus.
— Or çà, reprit-elle, dites-moi qui vous a fait chevalier.
— Vous-même, madame.
— Moi?
— Oui.
— Et quand?
— Ne vous souvenez-vous pas, madame, d'un varlet qui vint un vendredi à Kamalot pour annoncer l'arrivée d'un chevalier blessé de deux coups de lance, et que l'on apporta dans la ville le dimanche suivant?
— Je m'en souviens parfaitement..... Grand Dieu! est-ce que ce serait vous que la Dame du Lac amena à la cour? Vous étiez vêtu d'une robe blanche?
— Oui, madame.
— Et pourquoi dites-vous donc que je vous ai fait chevalier?
— Je dis vrai, parce que la coutume est telle, que nul ne peut être chevalier sans ceindre l'épée, et que la personne de qui on tient l'épée vous fait chevalier. Or, je la tiens de vous, car le roi ne me la donna jamais, et c'est à cause de cela que je dis que vous me fîtes chevalier.
— Et, en partant de la cour, demanda la reine toute joyeuse de ces paroles, où êtes-vous allé?
— Je partis pour secourir la dame de Noehault.
— Et, durant cette expédition, ne m'avez-vous rien envoyé?
— Si, deux jeunes demoiselles.
— C'est vrai. Et, quand vous avez quitté Noehault, n'avez-vous pas rencontré quelque chevalier qui se réclamât de moi?
— Oui, madame; il y en eut un qui me dit de descendre de mon cheval, le voulant avoir, parce que, me dit-il, il était à vous. Mais, quand je lui demandai de quelle part il me donnait cet ordre, et qu'il m'eut répondu que l'ordre ne venait que de lui, alors je remontai sur mon cheval que je lui refusai, et je le combattis avec force. Je n'ignore pas qu'en cette occasion, je vous ai fait outrage; mais je vous en demande pardon.
— Vous ne m'avez fait aucun outrage en agissant ainsi, et, au contraire, j'ai su fort mauvais gré à ce chevalier de s'être autorisé de mon nom... Ah! ajouta-t-elle, je sais bien qui vous êtes : vous vous nommez Lancelot du Lac!
Le chevalier ne dit rien.
— Pour Dieu! continua Genièvre, ce serait en vain que vous le nieriez, car il y a longtemps que sire Gauvain a apporté de vos nouvelles à la cour. Mais, dites-moi, pourquoi, avant-hier, avez-vous fait tant de prouesses?
A ces mots, Lancelot commença à soupirer.
— Parlez sincèrement, ajouta Genièvre, car je ne puis douter que vous n'ayez combattu ainsi pour quelque dame ou quelque demoiselle; qui est-elle? Par la foi que vous me devez, dites-le-moi.
— Ah! madame, je vois bien qu'il faut vous le dire : c'est... vous!
— Moi?
— Oui, madame.
— Mais c'est pour la demoiselle qui vous porta les trois lances que vous avez combattu, car je m'étais mise hors de cause.
— Madame, j'ai fait pour elle ce que je devais, et pour vous tout ce qu'il m'a été possible de faire...
— Combien de temps y a-t-il que vous m'aimez ainsi? reprit bientôt la reine.
— Depuis le jour que je fus tenu pour chevalier, quoique cependant je ne l'étais pas.
— Parlez sincèrement : d'où vous est venu cet amour que vous avez mis en moi?
— Si votre bouche n'a point menti, madame, c'est vous-même qui m'avez fait votre ami.
— Mon ami? et comment?
— Souvenez-vous que, quand je pris congé du roi, je vins devant vous pour vous recommander à Dieu et vous assurer que je serais votre chevalier en tous lieux; qu'alors vous me dîtes que vous vouliez que je fusse votre chevalier et votre ami, et qu'après ces paroles je vous fis mes adieux, et que vous me dîtes : *Adieu, mon doux et bel ami!* Ce mot est ce qui me rendra brave et célèbre, si je dois le devenir; et, depuis que je l'ai entendu, il s'est réveillé dans ma mémoire, à tous les grands dangers auxquels j'ai été exposé. Ce mot m'a rendu fort contre mes ennemis! ce mot m'a servi de soulagement dans toutes mes détresses; ce mot m'a fait riche au milieu de ma pauvreté...
— Par ma foi, interrompit la reine, ce mot a produit bien de l'effet, et Dieu en soit loué. Quant à moi, j'étais loin d'y attacher le sens que vous lui prêtez; je l'ai dit souvent à maint prud'homme sans savoir même ce que je disais. Mais la coutume des chevaliers est de faire de pareils faux semblants aux dames, quoiqu'au fond, ils n'attachent aucune importance à ce qu'ils disent.
La reine, en parlant ainsi, voulait se donner le plaisir de mettre le chevalier mal à l'aise, car, en fait, elle voyait bien qu'il n'en aimait pas d'autre qu'elle. Mais elle se délectait à voir l'angoisse où elle l'avait mis.
Cependant l'émotion du chevalier devint telle, que la reine, craignant qu'il ne se trouvât mal et ne tombât, appela le roi Gallehault, qui accourut aussitôt.
— Ah! madame, dit celui-ci en voyant l'état où était son compagnon, mais il n'en peut plus, et vous pourriez bien nous l'enlever, si cela continue; ce qui serait pour nous un grand dommage.
— Et pour moi également, ajouta la reine.
— Eh bien! reprit Gallehault, savez-vous pour qui il a accompli tant de faits d'armes?
— Oh! mon Dieu non, répondit la reine; à moins qu'il ne soit vrai, comme il vient de me le dire, que c'est pour moi.
Et alors elle lui raconta tout l'entretien qu'elle venait d'avoir avec Lancelot.
— Ayez donc pitié de lui, madame, dit alors Gallehault. Vous savez maintenant qu'il a fait pour vous plus qu'aucun chevalier ait jamais fait pour une dame; apprenez, en outre, que la paix qui a été conclue entre votre époux et moi n'aurait pu se faire sans son entremise.
— Certes, dit la reine, il a fait plus que ce ne mérite; mais que voulez-vous que je lui accorde?

il ne me demande rien; voyez comme il est triste et mélancolique.

— Hélas! madame, il n'ose pas demander ; quand on aime vraiment, on est toujours timide. Je vous en prie, dans votre intérêt propre, attachez-le à vous, car vous ne pourrez jamais faire la conquête d'un plus riche trésor.

— Je le sais bien, dit la reine ; aussi ferai-je tout ce que vous me commandez.

— Grand merci, dit Gallehault, je vous prie donc de lui donner votre amour, de le retenir pour jamais comme votre chevalier, et de devenir sa loyale dame, pendant toute votre vie ; par ce don, vous le ferez plus riche que si vous lui donniez tous les biens du monde. Par ainsi, baisez-le donc devant moi pour commencement de vos vraies amours.

— Du baiser, répondit-elle, je ne vois guère ni lieu ni temps... Mais ne doutez pas que je ne voulusse faire aussi volontiers que lui... Ah! si ces dames n'étaient pas là, présentes et pouvant nous remarquer, je n'hésiterais pas une minute... Pourtant, s'il l'exige, je le baiserai volontiers.

Le chevalier, joyeux d'entendre une si agréable parole, ne put répondre rien, sinon :

— Ah! dame, grand merci!...

Gallehault reprit :

— Dame, vous ne pouvez douter de son vouloir, car il est tout vôtre, sachez-le bien... Baisez-le donc à votre aise et plaisir : nul ne s'en apercevra... Nous ferons tous trois comme si nous prenions conseil et devisions de choses sérieuses.

— Ah! dit la reine, pourquoi me ferais-je tant prier de chose que je désire plus que lui!...

Lors, ils se retirèrent à part et firent semblant de prendre conseil l'un de l'autre. Le chevalier était ému au possible ; ses jambes tremblaient et se dérobaient sous lui ; son cœur battait à se rompre.

La reine, voyant qu'il n'osait plus rien faire ni dire, le prit par le menton et le baisa assez longuement, en présence de Gallehault.

Lequel baiser fut saisi au vol par la dame de Mallehault, qui peut-être en aurait voulu sa part.

— Beau doux ami, dit Genièvre, vous avez tant fait que je suis vôtre, ce dont j'ai grande joie... Gardez célée cette chose, car je suis une des dames du monde dont on dit le plus grand bien et pour laquelle on a le plus grand respect... Or, si ma renommée empirait, ce ne pourrait être que par vous, et nous n'aurions alors qu'amours laides et que vilenies... Gallehault, ajouta la reine, je vous ferai la même prière à l'endroit de mon honneur et de ma bonne renommée... Je vous sais un gré infini de la joie que vous m'avez procurée : tâchez donc de ne la pas gâter.

— Dame, répondit Gallehault, n'ayez nulle crainte... Et, puisque j'ai fait votre volonté, je vous prierai maintenant de faire la mienne...

— Dites hardiment tout ce qu'il vous plaira, répliqua la reine ; vous ne sauriez me commander chose que je ne fasse volontiers.

— Eh bien! dame, je vous prie de consentir à ce que je sois son compagnon à toujours...

— De grand cœur, Gallehault, de grand cœur. Vous êtes à lui et il est à vous... Et savez-vous maintenant, Gallehault, à qui je viens de vous donner là en vous donnant à lui?... Je vous ai donné à Lancelot du Lac, le fils du roi Ban de Benoic!...

Si Gallehault fut joyeux de cette découverte, il ne faut pas le demander, car Lancelot du Lac, quoique jouvenceau, avait déjà la plus grande et la plus belle renommée de vaillance.

Ainsi fut faite la première accointance de la reine et de Lancelot.

CHAPITRE XL

Comment la dame de Mallehault, ayant deviné l'amour de la reine et du beau Lancelot, voulut être de la partie avec Gallehault, et en fut en effet.

allehault et Lancelot s'étant retirés, la reine s'en alla dans l'embrasure d'une fenêtre pour rêver à son aise à la chose qui lui plaisait le plus pour le moment, c'est-à-dire aux célestes béatitudes qu'elle retirerait infailliblement de son amoureux commerce avec le beau Lancelot du Lac.

Elle y était à peine depuis quelques minutes, lorsqu'elle y fut rejointe et troublée par la dame de Mallehault, qui lui dit à voix basse mais significative :

— Pourquoi la compagnie de quatre ne serait-elle pas la meilleure?...

La reine comprit parfaitement ces paroles, mais feignit de n'avoir rien entendu. Cependant, après quelques instants de silence, elle appela la dame et lui dit :

— Pourquoi m'avez-vous parlé ainsi tout à l'heure ?

— Pardonnez-moi, répondit la dame, je n'en dirai pas davantage, à présent ; car je me suis sans doute plus avancée qu'il ne convient, et lorsqu'on se rend trop familière avec sa dame, on risque d'encourir sa haine.

— Ma haine? ah! vous ne pourriez jamais rien dire qui puisse la faire naître. Je vous sais si sage et si courtoise, que je vous prie de parler. Dites hardiment, car je le veux... Je vous écoute.

— Je parlerai donc, madame : je voulais vous dire combien la compagnie de quatre est bonne. Je me suis aperçue de la connaissance que vous avez faite du chevalier qui vous a parlé, et je n'ignore pas que c'est la personne qui vous aime le plus au monde, et que vous n'avez pas tort de l'aimer, car vous ne pourriez mieux employer votre tendresse.

— Comment le connaissez-vous? demanda la reine.

— Il y a eu un temps, madame, où j'aurais pu

vous le refuser comme vous pourriez me le refuser présentement, car je l'ai tenu un an et demi en prison. C'est lui qui a vaincu successivement les assemblées, une fois avec des armes rouges et hier avec des armes noires, armes que je lui avais données...

— Mais, dites-moi, interrompit la reine, quelle compagnie vaut mieux de quatre ou de trois? car une chose est mieux célée par trois que par quatre personnes.

— Oh! je crois que vous êtes dans l'erreur. Il est vrai que le chevalier vous aime; mais il n'est pas moins certain que lui et Gallehault sont étroitement unis, qu'ils seront forcés, pour s'aider l'un l'autre, de s'éloigner d'ici, et qu'enfin vous demeurerez toute seule. Si vous vouliez m'accepter pour la quatrième personne, au moins vous ne porteriez pas seule tout le poids de l'absence; nous nous assisterions, nous nous consolerions ensemble, comme les deux chevaliers, de leur côté, pourront se consoler entre eux, et vous en seriez plus tranquille et plus à l'aise.

Cet arrangement sourit à la reine, qui, à son tour, mit tout en œuvre pour faire une autre paire d'amants de Gallehault et de madame de Mallehault, projet dans lequel elle obtint un prompt succès.

CHAPITRE XLI

Comment messire Gauvain se mit en quête pour trouver le bon chevalier qui portait les armes noires en la dernière assemblée, et rencontra un ermite qui lui donna l'hospitalité.

Gallehault et Lancelot étaient certes très-bien à la cour du roi Artus, à cause de la belle dame Mallehault et de la belle reine Genièvre. Mais Gallehault avait trop affaire en son pays, et il dut prendre congé, accompagné de son ami Lancelot. Nous les laisserons aller pour suivre le bon chevalier Gauvain, lequel, une fois guéri de ses blessures, résolut d'aller en quête du chevalier aux armes noires.

Il partit, et, pendant quelque temps, chevaucha sans rencontrer d'aventures, et encore moins sans rencontrer le vaillant chevalier qu'il cherchait.

Un jour, il avisa un ermite auquel il demanda son chemin.

— Où allez-vous d'abord? demanda l'ermite.

— Je vais en quête du vaillant chevalier aux armes noires, lequel a nom Lancelot du Lac, répondit messire Gauvain.

— Et comment vous nommez-vous?

— Je ne cèle jamais mon nom, ni à vous ni à personne... Je m'appelle Gauvain et suis le neveu du roi Artus.

— Alors, soyez le bienvenu. Le chevalier que vous cherchez doit être en Soreloys avec Gallehault.

— Où est cette terre?

— Elle est à la fin du royaume de Norgalles, devers le soleil couchant.

— Je vous remercie.

Lors, après cela, ils commencèrent à parler de la guerre du duc de Lambenic et du roi de Norgalles, qui devait précisément, le lendemain matin, assiéger avec toute son armée le château de Boezerp.

Messire Gauvain s'en alla coucher, car il était tard, et sa nuit faite, il se disposa à partir. Mais auparavant, l'ermite le pria d'entendre la messe.

La messe dite, Gauvain prit congé de son hôte, qui le reconduisit le plus loin qu'il put, en lui donnant un clerc pour le mener au delà.

Le clerc marchait devant. Il mena messire Gauvain par la forêt de Bréquelande, et bientôt après ils aperçurent le château de Boezerp.

— Allez-vous-en maintenant, dit le bon chevalier au clerc de l'ermite, vous m'avez assez convoyé. Je vous remercie et vous prie de remercier de nouveau votre maître pour moi.

Le clerc partit, non sans se retourner plusieurs fois pour voir ce que deviendrait son compagnon.

Messire Gauvain s'en alla droit au château, et regardant devant lui, en aval de la prairie, il aperçut une assemblée de chevaliers qui s'escrimaient contre les gens du roi de Norgalles, et qui n'avaient pas du meilleur.

Là, au milieu du pré, était un chevalier regardant la mêlée, sans bouger de place.

Messire Gauvain s'avança, assez irrésolu sur ce qu'il devait faire.

CHAPITRE XLII

Comment messire Gauvain et Girflet vainquirent en la bataille du roi de Norgalles, en donnant secours au duc de Lambenic devant le château de Boezerp.

Pendant que messire Gauvain se tâtait pour savoir quel parti il devait prendre, le clerc qui l'avait accompagné, au lieu de s'en retourner à l'ermitage, s'était empressé de gagner le château par un chemin de traverse, où il rencontrait précisément le fils du duc, lequel s'en revenait pour changer de heaume.

— Ah! sire, retournez, retournez, lui dit-il; je vous dirai comment vos ennemis seront déconfits.

— Comment cela?

— Voyez-vous là-bas ce chevalier? C'est le meilleur du monde... Si vous le pouvez avoir, vous gagnerez tout.

— Comment se nomme-t-il?

— C'est messire Gauvain, le neveu du roi Artus.

— Lequel est-ce? demanda le fils du duc; car j'en vois deux.
— C'est celui au blanc écu.
— Très-bien !... J'en vais faire mon profit..... Tenez seulement ceci caché pour tout le monde.

Le clerc promit, et le fils du duc s'en alla vers messire Gauvain, qu'il salua et qui lui rendit son salut.

— Chevalier, dit le fils du duc, je vous prie de nous aider en cette occurrence, car nous avons le droit pour nous et nous combattons contre le roi de Norgalles, qui nous veut enlever notre héritage.

— Volontiers, répondit messire Gauvain. Mais si vous voulez que je m'en mêle, allez prier ce chevalier que je vois seul, là-bas, de s'en mêler aussi...

Le fils du duc alla vers le second chevalier que lui désignait messire Gauvain et le pria comme il venait de prier ce dernier.

— Avez-vous prié l'autre? demanda cet inconnu.
— Oui.
— Et savez-vous quel il est?
— Je ne le sais que par ouï-dire, car je ne l'ai jamais vu. Il se nomme, paraît-il, messire Gauvain; mais il ne faut le dire à personne.
— Messire Gauvain ? s'écria l'autre en riant. Ce n'est pas possible, dit-il; c'est quelqu'autre qui se fait appeler ainsi ! Si c'est messire Gauvain que vous avez vraiment là pour appui, vous n'en avez pas besoin d'autre; celui-là suffira.
— C'est la réponse qu'il faut lui porter?
— Oui, si cela vous plaît.
— Lui dirai-je votre nom?
— Si c'est messire Gauvain lui-même, il le connaît... Si ce n'est pas lui, comme je le crois, il est inutile que je lui donne ainsi mon nom...
— Mais si c'est lui?
— Alors, dites-lui que j'ai nom Girflet, et que je combattrai volontiers à ses côtés...

Le fils du duc rapporta cette réponse à Gauvain, qui, tout joyeux, s'en vint embrasser Girflet, qui le reconnut avec non moins de joie, et alors tous deux se jetèrent en pleine mêlée.

Cela décida du succès de la bataille en faveur du duc de Lambenic. Les gens du roi de Norgalles furent déconfits.

— Partons, maintenant, dit Gauvain à Girflet.

CHAPITRE XLIII

Comment, après la mêlée, Gauvain et Girflet s'en allèrent secrètement, et comment, chemin faisant, ils rencontrèrent d'aimables pucelles.

Messire Gauvain et Girflet partirent donc le plus vite qu'ils purent et chevauchèrent tant qu'ils arrivèrent à l'entrée d'une forêt, au moment où la lune commençait à luire.

Girflet regarda devant lui, puis ayant aperçu des demoiselles, dit à messire Gauvain :
— Ne voyez-vous point ce que je vois?
— Je vois, dit messire Gauvain, des demoiselles assises sous un arbre.
— Sire, dit Girflet, voici une bonne rencontre !..

Alors, ils s'avancèrent vers les demoiselles, dont la plus jeune se leva et leur dit :
— Soyez les bienvenus et demeurez longtemps ici, chevaliers.

Ce à quoi messire Gauvain et Girflet répondirent :
— Dieu nous envoie une bonne fortune !
— C'est à nous, au contraire, qu'il l'envoie ! répliqua la pucelle.
— Et comment saviez-vous que nous devions venir en cet endroit ? demanda Gauvain.
— Nous le savions dès hier au soir, répondit-elle.

Ces paroles échangées, ils descendirent près d'elle, après avoir retiré leurs heaumes. Monseigneur Gauvain prit la plus belle ; Girflet, celle qui restait ; puis, délivrés de leurs armes, assis sur la terre, tous deux se mirent à prier d'amour ces aimables pucelles.

Celle de monseigneur Gauvain lui répondit :
— Ah ! sire, votre amour serait bien mal employé avec moi, car vous êtes trop prud'homme, et moi je suis pucelle trop peu belle... Daignez attendre, et je vous en donnerai une cent fois plus gente que moi, et la plus belle que vous ayez jamais vue !...

Messire Gauvain lui répondit qu'il n'en pouvait exister de plus belle qu'elle-même.
— Ah ! je vous jure, fit-elle, que celle-là est cent fois plus belle que moi, et quand vous la verrez, vous regretterez de m'avoir désirée un instant...
— Et qui est-elle? demanda messire Gauvain.
— En vérité, répondit la pucelle, vous n'en saurez rien tant que vous ne la tiendrez pas entre vos bras... Je promets de vous la faire obtenir avant trois jours, si vous m'osez suivre ; mais, si vous ne me laissez pas tranquille, il ne se passera pas de jour que vous ne vous en repentiez.

Messire Gauvain, en vue du bonheur promis, se résigna à ne pas toucher au bonheur présent.

Tout au contraire, Girflet fit tant et tant auprès de son aimable compagne, qu'elle lui donna son amour, ce dont elle n'eut pas lieu de s'en repentir, car Girflet y répondit d'une telle manière, que jamais on n'avait vu de pareils amoureux.

La demoiselle de messire Gauvain l'ayant prié de la suivre, il répondit qu'il était tout prêt, et, appelant Girflet, il lui demanda s'il s'en venait avec lui.

Girflet répondit :
— J'irai où cette demoiselle me voudra mener...
— Sire, ajouta celle-ci, allez-vous-en, car Girflet ne vous suivra pas.
— En serait-il ainsi, Girflet ?
— Oui, j'irai où la demoiselle me voudra mener, non ailleurs !...
— Allez donc ! s'écria messire Gauvain, et adieu !

Moi, je suivrai celle-ci où il lui plaira de me conduire.

CHAPITRE XLIV

Comment messire Gauvain et sa conductrice couchèrent dans un pavillon merveilleusement beau et agréable.

Donc, messire Gauvain et sa conductrice quittèrent Girflet et sa mie, et chevauchèrent toute la nuit, tant et tant, qu'ils aperçurent dans la forêt un grand feu vers lequel ils se dirigèrent.

Là étaient une dame et deux écuyers armés en sergents.

Les écuyers, en apercevant la demoiselle, la saluèrent, et après lui avoir souhaité la bienvenue, lui demandèrent quel était ce chevalier qui l'accompagnait.

Elle, ayant répondu que ce chevalier était celui du monde qu'elle aimait le mieux, ils firent une grande révérence à messire Gauvain, l'aidèrent à descendre, prirent son cheval pour le mettre à l'écurie, délacèrent son heaume et lui retirèrent son écu, qu'ils pendirent à un arbre.

Ensuite ils le désarmèrent, car la demoiselle l'avait commandé.

Une autre demoiselle, qui se trouvait là, lui mit au col un riche et grand manteau, et fit porter ses armes dans un pavillon où messire Gauvain et celle qu'il avait d'abord rencontrée la suivirent.

Dans ce pavillon, un des plus beaux lits qui se soient jamais vus attira les yeux de messire Gauvain.

Une table était dressée.

Quand messire Gauvain et sa demoiselle eurent mangé à leur souhait, ils s'allèrent promener dans le bois, où ils ne demeurèrent pas longtemps.

Au retour, Gauvain demanda à sa compagne pour qui un si beau lieu avait été fait.

— Pour vous, répondit-elle, et nul de céans ne sait qui vous êtes, excepté moi et celle qui vous aime plus que tout au monde, et qui m'a envoyée pour vous faire cet honneur... Sachez qu'elle vous croit plus difficile à prendre que vous ne l'êtes. Elle pense qu'il n'est dame ou demoiselle sur terre dont vous désiriez faire votre amie, à moins qu'elle ne soit de haute lignée et de grande beauté. Et, si je lui racontais ce que vous m'avez voulu faire, elle ne me le pardonnerait pas. Par ainsi, gardez-vous bien de le lui dire, tant par courtoisie que pour éviter qu'il ne nous en arrive quelque dommage.

— Ne craignez rien, fit messire Gauvain ; mais dites-moi où s'en vont Girflet et sa demoiselle.

— Volontiers, dit-elle. Cette demoiselle a longtemps aimé un chevalier qui maintenant en aime une autre. Il lui a enlevé tous ses joyaux, et principalement un chapeau d'une grande valeur, qu'il a donnés à sa nouvelle maîtresse. La pauvre demoiselle est allée trouver le chevalier pour lui demander ses joyaux, qu'il a refusé de lui rendre. La mie du chevalier avait le chapeau sur la tête, et la dépouillée a dit qu'au premier lieu où elle la rencontrerait, elle le lui ferait bien rendre, ainsi que ses autres joyaux. Le chevalier lui ayant demandé qui l'aiderait dans cette entreprise : « Un meilleur chevalier que vous, a-t-elle répondu, qui me conduira là où vous serez, et de vous et de votre mie, fera ce qu'il me plaira. Ah ! pute ! dit le chevalier, d'ici à un mois vous me trouverez ici. » Et voilà pourquoi la demoiselle emmène Girflet... Comme nous traversions cette forêt, hier, nous rencontrâmes une demoiselle qui nous demanda ce que nous cherchions, à quoi nous répondîmes que l'une de nous cherchait messire Gauvain, et l'autre un chevalier de la maison du roi Artus. Elle nous apprit que sur la lisière de la forêt de Lombes, nous trouverions messire Gauvain et Girflet, venant par le chemin de Maneselles ; ajoutant, pour enseignes, que monseigneur Gauvain portait un écu blanc, et Girflet un écu de sinople à fesse d'or très-large.

Ainsi devisant, ils arrivèrent au pavillon où le beau lit était préparé.

La demoiselle fit déchausser messire Gauvain, le fit coucher dans le grand lit, se tint près de lui jusqu'à ce qu'il fût endormi ; puis, avec l'autre pucelle, s'alla coucher dans un lit voisin.

Au matin, messire Gauvain se leva et revêtit ses armes.

La première demoiselle appela les écuyers, et leur dit d'apprêter leurs harnois et de se préparer à partir ; puis, appelant l'autre demoiselle, elle lui adressa ces paroles :

— Allez dire à ma dame que je me suis acquittée de la mission dont elle m'avait chargée, et que, d'ici à trois jours, je lui amènerai qui elle sait ; mais n'en parlez à personne qu'à elle.

CHAPITRE XLV

Comment messire Gauvain, se trouvant chez une pauvre dame dont le mari était accusé de trahison, prit fait et cause pour ce bonhomme.

Et Gauvain et sa conductrice reprirent leur route, celle-ci disant à celui-là :

— Sire, je vous conduirai le plus secrètement qu'il me sera possible, et nous coucherons aujourd'hui dans l'hôtel d'une mienne tante, qui nous recevra de son mieux. Demain, je pense vous mener en l'un des plus merveilleux endroits qu'il vous ait été donné de voir jusques à ce jour.

Ils marchèrent, et de telle sorte qu'ils arrivèrent à la vesprée chez la bonne dame, qui les reçut avec une grande joie et les fit manger du meilleur qui était chez elle.

Vers la fin du repas, entrèrent deux varlets, dont l'un était le fils et l'autre le neveu de la dame, chez laquelle se trouvait messire Gauvain.
— Eh bien! quelles nouvelles? demanda-t-elle.
— Mauvaises, mère, répondit l'un.
— Mauvaises, tante, répondit l'autre.
— Comment cela? s'écria la bonne dame.
— Madame, dit le fils, mon père vous mande que vous ne le verrez plus et que vous ayez à prier pour son âme, car le duc a ordonné sa mort pour demain.

La pauvre dame, à ces fâcheuses paroles, sortit de table toute déconfortée.

Messire Gauvain la suivit pour lui demander ce que cela voulait dire. Elle lui répondit :
— Sire, mon seigneur a été pendant longtemps aimé et estimé du duc de Lambenic, dont il gouvernait la terre... Le malheur a voulu que, pendant la dernière guerre qui vient d'avoir lieu entre le duc et le roi de Norgalles, à l'entrée de cette forêt, le fils du premier fût tué par les gens du second... Mon seigneur et mari, qui se trouvait céans, en fut très-chagrin, comme il devait être; ce qui n'empêcha pas le sénéchal de l'accuser de trahison. Le duc a fait arrêter mon seigneur et mari; il veut qu'il en soit fait justice, à moins qu'il ne se défende contre cette accusation... Hélas! le pauvre seigneur est bien vieux; il n'a plus la force de porter les armes!... S'il ne se trouve quelqu'un qui se veuille battre en son lieu et place contre le sénéchal, il est perdu!... Oui, sire chevalier, les choses en sont à ce point que, si demain, mon seigneur et mari n'a pas trouvé un homme pour prendre sa défense, il sera pendu comme traître!...

Messire Gauvain regarda la demoiselle qui l'avait amené céans : elle pleurait amèrement.

Alors il dit au varlet :
— Retourne vers ton père, et, pour le rassurer, dis-lui qu'un chevalier consent à prendre sa partie...

CHAPITRE XLVI

Comment la dame Manassès, après avoir donné un vieil écu à messire Gauvain, alla prévenir le duc de Lambenic que son mari avait trouvé un chevalier pour combattre le sénéchal.

Comme on le devine aisément, le fils et le neveu, qui étaient venus là tout éplorés, s'en retournèrent grandement heureux vers le brave homme, qu'on avait chambré jusqu'au moment indiqué pour sa pendaison. Ils étaient venus lentement : ils s'en retournèrent vitement, car ils avaient du réconfort à donner à leur oncle et père; lequel, en effet, apprit avec joie que quelqu'un se chargeait de le défendre.

Quelques instants après leur départ, messire Gauvain dit à la dame :
— Dame, je partirai quand il en sera temps... En attendant, procurez-moi, je vous prie, un autre écu que celui qui est mien, parce que je ne veux pas être reconnu...
— Je vais chercher et faire chercher, répondit la dame.

Mais ses recherches ne furent pas heureuses. Tout ce qu'elle put trouver fut un très-vieil écu que messire Gauvain prit, néanmoins, et essaya.
— Il est solide, dit-il, et c'est l'important. Je n'en veux point d'autre...

Lors, la bonne dame lui dit :
— Maintenant, sire, si tel était votre bon plaisir, j'irais vers le duc pour lui faire savoir que mon cher seigneur et mari a trouvé un généreux et vaillant chevalier qui consent à combattre en son lieu et place, et à prouver son innocence?...
— J'y consens volontiers, répondit messire Gauvain, pourvu que vous céliez mon nom et mon état à tout le monde...
— Il sera fait selon votre désir, sire chevalier, répliqua la dame.

Et, tout aussitôt, prenant congé, elle partit, emmenant avec elle trois de ses sergents.

Quand elle arriva au château où était chambré son seigneur et mari, elle eut froid au cœur, dans l'appréhension que son sort n'eût déjà été accompli. Par bonheur, on lui apprit le contraire, et on lui permit de voir le vieux Manassès, qui s'écria :
— Mon Dieu! soyez-nous en aide, car je ne suis pas coupable, ainsi que vous devez le savoir, vous qui lisez dans les consciences!...
— Dieu vous entendra, lui répliqua sa femme, et il ne permettra pas que je sois veuve!...

Puis elle alla trouver le duc, et, une fois devant lui, elle se prosterna et dit :
— Monseigneur, Manassès est innocent du crime de trahison dont l'accuse le sénéchal... Et, comme son grand âge ne lui permet pas de prouver lui-

même par les armes cette innocence dont je me porte volontiers garant, ce sera un chevalier étranger qui la prouvera de cette façon pour lui...

— Je suis aise d'apprendre que Manassès n'est pas abandonné de ses amis, répondit le duc de Lambenic. Mais ce chevalier est-il prêt?...

— Tout prêt, monseigneur; quand vous l'exigerez, il paraîtra devant vous.

— C'est bien, dit le duc.

Et il envoya aussitôt quérir le sénéchal pour savoir si, lui aussi, il était prêt.

— Tout prêt, monseigneur, répondit le traître avec assurance. Et, ajouta-t-il, pourrais-je savoir où sera livrée la bataille?

— Hors la ville, répondit le duc, dans une grande plaine nouvellement enclose et destinée à renforcer le château.

— Et, demanda encore le sénéchal, où est présentement le chevalier contre lequel je dois combattre?...

— Au château même, lui répondit-on.

Cette réponse était prudente, car si le sénéchal eût su que son adversaire était dans la maison de la dame Manassès, il ne se fût fait aucun scrupule de l'envoyer tuer.

CHAPITRE XLVII

Comment messire Gauvain, en arrivant pour combattre le sénéchal, eut son cheval blessé d'un coup de flèche, et comment le frère dudit sénéchal fut pendu à cause de cela.

Messire Gauvain, prévenu par la dame, se mit en route dès le lendemain matin et chevaucha jusqu'à Lanteverne, où l'attendait le sénéchal.

Là, il demanda à ouïr la messe, et il entra dans le moustier dans ce dessein.

En sortant, et au moment où il remettait le pied dans l'étrier, une flèche, partie on ne sait d'où, et très-certainement dirigée contre lui, glissa sur son haubert et vint percer le flanc de son cheval.

Quoique irrité et chagrin à bon droit de cette lâche agression, il n'en continua pas moins sa route jusqu'auprès du duc, qui, en remarquant combien son cheval saignait, lui demanda qui l'avait ainsi maltraité.

— Sire, répondit Gauvain en mettant pied à terre, je croyais pouvoir venir ici sans crainte, car il est de coutume en mon pays que le chevalier qui va se battre doit être sûr de tout le monde, excepté de son adversaire... Or, on a tué mon cheval sous votre conduite, puisque je venais me battre devant vous... Eh! sachez, Sire, qu'il en sera parlé ailleurs comme faire se doit, et que si quelqu'un est blâmé, ce sera vous, et non personne autre, puisque je venais ici sur votre parole et votre sauvegarde!...

— J'ignore qui a fait le coup, répondit le duc, très-honteux; je l'ignore présentement, mais je l'apprendrai, et alors je le punirai et le ferai pendre par la gorge comme un vil traïtsseur!... Je vous jure, sire chevalier, ajouta-t-il, que tout cela me pèse lourdement sur le cœur et que, pour beaucoup, je voudrais que cela ne fût pas arrivé...

Comme le duc finissait de parler d'un air courroucé, plusieurs de ses gens lui vinrent assurer que c'était le frère du sénéchal, lequel était varlet, qui avait fait le coup.

— Eh bien! dit-il, il ne le fera pas deux fois!...

Et, incontinent, il le fit prendre et pendre sans autre forme de procès.

Ensuite il fit apporter les Saints Livres, jura le premier, la main étendue dessus, et fit prêter serment au sénéchal ainsi qu'à tous ceux qui étaient avec lui.

Puis il commanda qu'on amenât le meilleur cheval qu'il y eût en son hôtel, et le donna à messire Gauvain en remplacement de celui qui venait d'être si traîtreusement blessé.

Messire Gauvain remercia, monta sur ce nouveau destrier, l'essaya, le trouva assez bon, et, cela fait, il vint prêter le serment exigé.

— Je jure, dit le sénéchal en étendant la main sur les Saints Livres, je jure que le vavasseur a été traître envers son seigneur, qui est le mien!...

Messire Gauvain étendit également la main sur les Saintes Ecritures et dit d'une voix haute et ferme :

— Je jure devant Dieu, mon créateur, que le sénéchal est un méchant homme et que son serment est faux!...

Cela fait, messire Gauvain et son adversaire, tous deux à cheval et armés, allèrent se placer à l'endroit désigné pour le combat. On les fit entrer par une grande porte qui se referma sur eux, de façon à ce qu'ils fussent bien seuls dans la plaine, et tout le monde se rangea, pour les voir, sur les talus des fossés profonds qui la bordaient.

CHAPITRE XLVIII

Comment le combat eut lieu entre messire Gauvain et le sénéchal du duc, et comment le neveu du roi Artus eut l'avantage.

Pendant que la foule se massait sur les fossés, pour mieux voir ce qui allait se passer, la femme du vavasseur et sa nièce priaient Dieu dans la chapelle pour le succès de monseigneur Gauvain.

Une fois en présence, les deux chevaliers laissèrent courir leurs chevaux l'un contre l'autre et s'entre-donnèrent de si grands coups sur leurs écus, que les gardes de leurs lances volèrent en éclats. Mais ni l'un ni l'autre ne tombèrent. Au contraire, tous deux passant outre et mettant la main à l'épée, ils se donnèrent des coups plus furieux encore que les précédents, afin de se mutuellement endommager.

Bientôt, messire Gauvain, étonné de trouver une si grande résistance chez le sénéchal, lui cria d'une voix forte :

— Sénéchal ! sénéchal ! vois quel dommage ce sera pour toi de mourir entaché du vil péché de trahison !... Renonce à ton accusation, afin de ne perdre ni ton âme ni ton corps ; je prierai le seigneur du château de te les accorder tous les deux, et, de la sorte, tu ne perdras ni la vie ni l'honneur.

L'envie fait commettre bien des méchantes actions. Le sénéchal était trop coupable pour ne pas être arrogant. Il répliqua aussitôt :

— Proclame-toi vaincu vitement, je te le conseille à mon tour, beau donneur de conseils !... car il n'est si bon ni si hardi chevalier, se trouvant en ta place, que je ne tienne pour défunt ou mécréant !... Sache que tu combats contre moi pour la plus déloyale chose que jamais femme ait enfantée !...

— Certes, repartit messire Gauvain, la trahison dont tu as fait preuve envers moi me donne le droit de te combattre et de te dire parjure... Dieu ait pitié de ton âme, alors !...

Le sénéchal ne sonna plus mot ; mais perçant son cheval de ses éperons, il s'en vint sur messire Gauvain, l'épée haute, et il lui porta sur le heaume un si rude coup, que le neveu du roi Artus en tressaillit...

Lors, voyant cela, ce dernier courut hardiment sur le sénéchal et lui porta, avec âpreté, tant de coups d'épée, que tous ceux qui regardaient s'en ébahirent.

La bataille continua ainsi pendant un long temps ; les deux adversaires frappant d'estoc et de taille, en amont et en aval sur leurs heaumes et sur leurs hauberts, qu'ils dépecèrent en tant d'endroits, que leur sang coula comme rivière.

Monseigneur Gauvain et le sénéchal, las et travaillés outre mesure, commencèrent à penser que la bataille avait duré trop longtemps à cheval. Ils perdaient tant de sang, qu'ils pouvaient à peine se défendre, et que la force de l'un et de l'autre décroissait grandement.

La plupart des spectateurs désiraient ardemment que messire Gauvain fût victorieux, car ils tenaient le vavasseur pour un prud'homme, et le sénéchal pour un perfide.

Le bruit que le chevalier pourrait bien, malgré le bon droit du vavasseur, n'avoir pas l'avantage dans ce combat à mort, parvint jusqu'à la demoiselle qui l'avait amené et qui était restée avec sa tante dans la chapelle à prier Dieu pour lui. Lors, elle en conçut une grande douleur et monta en un lieu élevé, pour voir par ses yeux comment le chevalier se maintenait.

Là, elle s'aperçut, comme tout le monde, qu'il avait beaucoup perdu de sang, et n'y pouvant tenir, elle tomba à terre, roide et pâmée :

A cet aspect, messire Gauvain reprit cœur, et, levant le bras, asséna un violent coup d'épée qui entr'ouvrit le heaume, puis la tête du sénéchal, dont le sang jaillit incontinent, avec la vie, par cette horrible blessure.

Le sénéchal tomba naturellement du haut de son cheval, et messire Gauvain descendit du sien pour parfaire son œuvre, c'est-à-dire pour couper la tête de son ennemi mort et la déposer aux pieds du duc.

— Sire, lui dit-il, j'ai fait mon devoir ; faites maintenant le vôtre, en faisant du corps de ce traître ce qu'il convient de faire...

Le duc le remercia. Quant au vavasseur et à sa famille, il les trouva tous agenouillés devant lui et s'offrant à faire désormais tout ce qu'il lui plairait de leur commander.

Puis il songea à faire panser ses plaies, dont quelques-unes étaient assez graves, et, quand elles furent pansées suffisamment, il songea à repartir pour atteindre l'agréable but de son voyage

CHAPITRE XLIX

Comment, après avoir vaincu le sénéchal qui avait injustement accusé le vieux vavasseur, messire Gauvain reprit sa route avec sa demoiselle, et comment, dans la forêt de Blaves, ils rencontrèrent le vaillant Sagremor, chevalier de la Table Ronde.

ien conjoui et honoré de tous et de toutes, messire Gauvain se remit donc en route le surlendemain au matin, ayant avec lui la noble demoiselle qui l'avait jusques-là conduit et qui le devait mener à sa béatitude. Le duc de Lambenic le convoya pendant un assez long temps avec ses gentilshommes et ses médecins, en le priant de les conserver avec lui s'il en avait besoin.

Mais Gauvain lui répondit en le remerciant :

— Je n'en ferai rien, Sire, car si j'ai bon nombre de plaies sur le corps, je ne pense pas en avoir une seule qui soit mortelle. Telle est mon opinion et celle de vos propres médecins.

Les mires du duc de Lambernic, consultés par lui, répondirent qu'en effet, messire Gauvain n'avait sur lui aucune blessure dangereuse.

— Alors, prenons congé l'un de l'autre, reprit le duc, et que Dieu vous garde, chevalier !...

— Que Dieu vous garde pareillement, Sire, répondit Gauvain.

Et il s'éloigna avec sa demoiselle.

Vers le midi, ils entrèrent dans la forêt de Blaves, la plus sauvage forêt du monde, laquelle appartenait au roi de Norgalles. Il n'y avait dans toute cette forêt qu'une seule maison, et la prochaine en était à environ dix lieues dans tous les sens.

Quand ils eurent chevauché là-dedans pendant un certain temps, ils vinrent en une lande où ils aperçurent un chevalier qui se défendait contre huit autres.

— Oh ! oh ! dit-il, voilà un gentilhomme bien vaillant !... Un peu d'aide ne lui ferait nul mal, je pense...

— Vous dites bien, répondit la pucelle ; mais comme ce sont là des chevaliers au roi de Norgalles, et que je ne veux pas être reconnue d'eux, je vais me dissimuler sous cet ombrage, de façon à assister à cette joute qui m'intéresse...

— Elle ne m'intéresse pas moins que vous, demoiselle : un seul homme contre huit !

— Il est vrai que celui-là en vaut plusieurs par les coups qu'il porte ! s'écria la pucelle avec admiration en ne quittant pas des yeux le combat qui avait lieu dans la lande.

Lors, messire Gauvain heurta de ses éperons les flancs de son cheval et s'en vint prendre part à la fête. Lorsqu'il fut au milieu, il reconnut Sagremor dans le chevalier assailli, et n'en fut que plus aise de l'avoir secouru.

Sagremor, de son côté, se voyant soutenu, reprit aussitôt courage, et, lâchant la lance, prit l'épée pour en avoir plus tôt fini. Si bien que, sur les huit assaillants, trois furent tués à n'en pouvoir revenir, deux autres blessés assez gravement, et les trois autres, pris de peur, s'enfuirent au plus vite.

Lors, messire Gauvain prenant Sagremor par la main, lui dit :

— Allons-nous-en, chevalier, car nous en avons assez fait l'un et l'autre, vous surtout, Sagremor.

Sagremor, étonné d'être reconnu, s'écria :

— Quel nom avez-vous donc, vous qui savez si bien le mien ?

— Gauvain je suis, répondit le neveu du roi Artus.

— Ah ! vous êtes le bienvenu, alors ! s'écria Sagremor, joyeux.

Ils s'embrassèrent l'un et l'autre avec tendresse.

— Depuis quand êtes-vous en ce pays ? demanda Gauvain.

— J'y suis venu pour vous y rencontrer, sur des enseignes que j'avais eues de vous çà et là...

— Eh bien ! vous m'avez trouvé...

Tout en devisant ainsi, ils arrivèrent à l'endroit où se tenait la pucelle, compagne de voyage de messire Gauvain.

— Qu'est-elle donc ? demanda Sagremor en l'apercevant.

— C'est, répondit Gauvain, une pucelle qui vous a donné son amour pour vous avoir vu si bien vous défendre !... Et sachez qu'elle est belle à merveille...

— Bien soit-elle venue alors ! répliqua Sagremor, en saluant la demoiselle.

— Demoiselle, dit Gauvain, n'est-ce pas que vous avez donné votre amour à ce vaillant homme ?

— Certes oui, et le cœur, répondit la pucelle en riant.

— Désenveloppez-vous, je vous prie, demoiselle, dit Sagremor, car je vous veux voir à mon aise...

— Pourquoi me voir ainsi ? Ne m'avez-vous pas aussi donné votre amour comme je vous ai donné le mien ?...

— Pas encore, en effet, répliqua Sagremor ; pas avant que je vous aie vue... Car chevalier ne donne jamais son amour avant de savoir à qui et en quel lieu...

— Chevalier, repartit la demoiselle sans se fâcher, je vous tiens pour plus vaillant que vous ne me tenez pour belle... Je vous ai donné mon amour de très-loin ; vous ne voulez me donner le vôtre que de très-près : à votre aise... Je vais donc me désenvelopper, à la condition que si vous me trouvez à votre goût vous me le direz, et que, d'un autre côté, lorsque vous aurez ôté votre heaume, je vous dirai si vous me plaisez... quittes à quittes!..

Sagremor se mit à rire, et la pucelle se désenveloppa.

— Ah ! s'écria-t-il, je veux bien être votre ami !...
— Chevalier, répliqua la pucelle, il n'y a pas huit jours, un aussi prud'homme que vous m'a priée d'amour. Mais il aura mieux bientôt, ajouta-t-elle en regardant finement messire Gauvain.
— Si j'étais laid et camus, par hasard ?... dit Sagremor.
— Otez votre heaume, et nous verrons bien...

Sagremor ôta son heaume, et la pucelle s'aperçut que, loin d'être camus et laid, il était très-bien fait de membres et de visage.

— Que vous en semble, demoiselle ? lui demanda messire Gauvain.
— Il est encore mieux et plus désirable qu'auparavant, répondit la pucelle toute joyeuse d'être si bien tombée.

Sagremor, qui n'était pas moins joyeux, l'accola et baisa tendrement devant messire Gauvain, et elle, de son côté, lui rendit doucement ses caresses.

— Demoiselle, dit Gauvain à la pucelle, vous avez fait là un heureux choix d'amour, car l'ami que vous baisez si tendrement à l'heure présente n'est autre que Sagremor, chevalier de la maison du roi Artus et compagnon de la Table Ronde !...

Sur ce, Sagremor et sa mie s'entre-regardèrent et s'entr'accolèrent de nouveau avec grand plaisir.

C'est ainsi qu'ils s'en allèrent chevauchant à travers la forêt.

CHAPITRE L

Comment la pucelle qui conduisait messire Gauvain, et qui s'était enamourée de Sagremor, les conduisit l'un et l'autre au château où était le roi de Norgalles.

Tous trois, après avoir chevauché dans la forêt à la clarté de la lune, arrivèrent finalement devant une petite rivière sur laquelle était jetée une planche.

La demoiselle passa d'abord, puis elle convia ses deux compagnons à la suivre ; ce qu'ils firent incontinent, et monseigneur Gauvain se trouva devant une belle maison de grand pourpris et de joyeuse ornementation.

— Quelle maison est-ce là ? demanda-t-il à la mie de Sagremor.
— Je vous le dirai quand nous serons dedans, répondit la pucelle.

Ils arrivèrent plus près encore de cette belle maison, qu'ils contournèrent, cherchant une brèche pour s'y introduire. Cette brèche trouvée, la pucelle descendit de cheval, entra par-dessus le mur et revint ouvrir une poterne par laquelle entrèrent les deux chevaliers. Là, ils quittèrent leurs chevaux, et elle les mena en la grande salle d'en haut, où il n'y avait rien ni personne.

Or, le pauvre Sagremor n'avait pas mangé depuis deux jours, et ce jeûne, joint à la fatigue du précédent combat, commençait à lui peser sur le cœur. Il se sentait défaillir à chaque pas.

— Comment Sagremor aura-t-il à manger ? demanda messire Gauvain à la pucelle.
— Au nom de Dieu, répondit-il, qu'il patiente encore un peu : il en aura assez tout à l'heure.....

Et, le prenant par la main, elle le conduisit doucement dans une chambre où étaient des plats abondants qui avaient l'air d'attendre des mangeurs. Sagremor se réconforta du mieux qu'il put.

Pendant qu'il mangeait, la pucelle revint vers messire Gauvain, à qui elle dit :

— Sire, laissez-moi Sagremor; j'en aurai soin, je vous le promets... Et vous, venez voir votre amie, qui est la plus merveilleuse pucelle que vous ayez vue et admirée de votre vie...

— Vous m'avez promis de me dire à qui était cette maison et vers qui vous me conduisiez ?... dit messire Gauvain. Je crois que le moment est venu de tenir cette promesse, n'est-il pas vrai ?...

— Il est vrai, et je vais la tenir, reprit la pucelle. Cette maison est au roi de Norgalles, et la merveilleuse demoiselle qui vous attend est sa fille... Sachez que, de tous les hommes vivants au monde, elle ne désire et n'appelle que vous... Allez donc ! Seulement, songez qu'un pareil trésor ne se trouve pas à la portée de la main du premier larron venu : cette belle princesse est bien gardée.

— Je m'en doute, répondit tranquillement messire Gauvain.

Lors, prenant plein son poing de chandelles ardentes, la mie de Sagremor mena messire Gauvain en une écurie, où il avisa dix des plus beaux palefrois du monde.

De cette écurie, il entra dans une chambre où étaient une vingtaine des plus rares oiseaux.

De cette chambre, la demoiselle le mena dans une autre, où il avisa vingt des plus beaux destriers qu'il eût jamais vus.

— A qui sont ces chevaux ? demanda-t-il.

— Ils sont, répondit la pucelle, à vingt chevaliers qui dorment dans la chambre voisine, avec leurs armes, et tout prêts à se lever, à cause des affaires qui ont lieu entre le roi de Norgalles et le duc de Lambenic... Or, venez, et je vous les montrerai tous les vingt...

— Allons, dit messire Gauvain, qui avait déjà l'eau à la bouche.

La pucelle éteignit les chandelles qu'elle tenait en main et poussa Gauvain sur le seuil d'une autre chambre fortement éclairée.

— Là sont les chevaliers, lui dit-elle, et après est la chambre où repose, dans l'attente de votre vaillante personne, la plus merveilleuse princesse qui ait jamais attendu homme vivant...

— Je vous remercie, demoiselle, répliqua messire Gauvain, qui ne tenait plus en place.

— Je vous laisse donc et retourne vers Sagremor. Il n'est pas juste que vous soyez seuls à cueillir les appétissantes fleurs de l'amour et de la béatitude...

CHAPITRE LI

Comment messire Gauvain, par le conseil de l'amie de Sagremor, s'en alla trouver en son lit la fille du roi de Norgalles, et comment il fut reçu de cette gente pucelle.

Une fois la noble pucelle partie, Gauvain pénétra dans la chambre, l'épée au poing, le heaume en tête et l'oreille au guet, pour s'assurer si quelqu'un parlait ou remuait.

Tout était silencieux. Au milieu de cette chambre brûlait un cierge énorme, qui éclairait cinq lits occupés par cinq chevaliers en chausses et en hauberts, dont les heaumes et les écus pendaient à la tête de chaque lit.

Gauvain ne recula point. Tout au contraire, il s'avança, mais avec la plus grande précaution, passa derrière le cierge et atteignit ainsi une chambre ouverte où il entra sans plus de façon, en ayant soin d'en fermer la porte derrière lui.

Il avait bien fait d'avancer, et il fut tout d'abord récompensé de sa hardiesse par la vue d'une merveilleuse pucelle qui dormait d'un profond sommeil sur un lit somptueux éclairé par les reflets de quatre flambeaux placés au milieu de la chambre.

Le corps presque nu de cette divine personne s'étalait souple et rebondi sur une peau d'hermine, cent fois moins blanche et moins douce que la sienne. Quoique à peu près prévenu, messire Gauvain fut ébloui et faillit en perdre la vue et l'esprit.

Toutefois, retrouvant vitement l'une et l'autre, il ôta plus vitement encore son heaume, et, se penchant sur la belle dormeuse comme sur une fleur épanouie qui se fait parfumée pour être mieux cueillie, il couvrit son divin corps de baisers aussi nombreux que brûlants.

— Sainte Vierge! Qui est là? demanda la gente pucelle avec un cri de colombe effarouchée.

— Silence, ma douce amie, silence! C'est la chose que vous aimez le mieux au monde!...

— Mais qui donc, encore une fois, qui donc? reprit la belle princesse en tremblant comme une feuille au souffle du zéphir. Quel est votre nom? De grâce, dites-le moi et ne me causez pas plus longtemps une telle frayeur, car je suis pucelle!...

— Douce et belle amie, je suis Gauvain, neveu du roi Artus.

— Allumez, dit-elle, et ce verrai-je bien...

Monseigneur Gauvain alluma un des cierges, et, à sa lueur, elle lui regarda le visage, puis un anneau qu'il avait à son doigt, et commença alors à se rassurer et à sourire.

— Soyez le bienvenu, mon doux ami! lui dit-elle en se redressant tout d'une pièce sur son séant, et en le baisant et en l'accolant tendrement.

Je n'ai pas besoin d'ajouter que messire Gauvain l'accola et la baisa tout aussi doucement, ne voulant pas être en reste avec une si gente et si aimable personne.

— Otez cette robe, qui est trop froide, reprit la divine pucelle, et allumez deux cierges, car maintenant j'ai ce que j'ai toujours désiré.

Ainsi fit Gauvain. Il se désarma de tout en tout et se glissa vitement aux côtés de sa mie, qui le reçut avec la plus grande joie, et tous deux aussitôt, sans contredit, firent leur mutuelle volonté à leur mutuelle satisfaction.

Peu après, monseigneur Gauvain raconta à sa compagne comment il était venu céans et sans que les chevaliers se réveillassent; et, une fois ce racontage terminé, il en recommença un autre, qui ne lui fut pas moins agréable et qui ne se termina pas aussi tôt, car il ne put s'endormir qu'à minuit, et encore à grand'peine.

Quand messire Gauvain fut endormi, la gente demoiselle, quoique jeune et tendre aussi, ne tarda pas elle-même à s'endormir à la douceur de son ami couché bouche à bouche entre ses bras.

CHAPITRE LII

Comment, pendant que messire Gauvain était tendrement endormi entre les bras de la gente pucelle sa mie, le roi de Norgalles survint avec ses deux chambellans, auxquels il commanda de le tuer.

Dans la chambre voisine de celle où s'était passé cet amoureux déduit, se tenaient le père et la mère de la gente pucelle si tendrement accolée en ce moment par monseigneur Gauvain, lesquels père et mère n'étaient autres que le roi et la reine de Norgalles.

Comme ils traversaient la chambre de leur fille, il prit fantaisie au roi de regarder dans le lit de cette dernière.

— Ah! s'écria-t-il en apercevant l'aimable tableau que vous savez, elle que j'avais toujours si précieusement gardée!...

Ses chambellans lui demandèrent à qui il en avait.

— Cela ne vous importe pas, leur répondit le roi de Norgalles, allez vous coucher.

Ils y allèrent incontinent.

Lors, le roi alla à la reine, qui n'avait rien vu, et lui raconta la chose; ce qui chagrina violemment cette princesse.

Comme elle se disposait à pleurer et à sangloter tout haut, son mari l'arrêta court en lui disant :

— Çà, taisez-vous, ma dame... Point n'est besoin de prévenir les curieux et les indifférents... Taisez-vous et regardez-moi faire... Je vais châtier ce larron d'honneur de façon à ce qu'il ne recommence jamais plus...

La pauvre reine se tut et le roi rappela ses deux chambellans, qui revinrent aussitôt.

— Je vous ai élevés tous deux, leur dit-il, et vous me devez bien quelque chose...

— Certes, oui, répondirent-ils avec louable empressement; notre vie est à vous, Sire, disposez-en !...

— Si vous consentez à faire ce que je vais vous commander, vous deviendrez mes seigneurs...

— Encore une fois, Sire, commandez : il n'est rien que nous ne fassions pour vous...

Lors, le roi leur raconta ce qu'il venait de voir. Puis il ajouta :

— J'ai pensé à la manière dont je me déferais de ce traître larronneur, de manière à ce que nul autre que nous trois ne le sache... L'un va prendre un maillet gros et pesant, et l'autre une épée tranchante que vous lui appuierez avec force sur le cœur, par-dessous la couverture, afin qu'il n'ait pas le temps de la sentir. Quand il sera touché de l'épée, vous le frapperez du maillet, et de la sorte il mourra sans même s'en apercevoir, et ma honte avec lui...

Ainsi dit, ainsi fait. L'un des chambellans prit l'épée du roi, l'autre un gros maillet de fer pesant, et tous deux s'en vinrent vers le lit où reposaient les deux amoureux dans le gracieux abandon de la jeunesse.

— Ils sont bien beaux tous deux, c'est dommage ! murmura le premier chambellan en introduisant son épée sous la couverture.

— Elle est bien belle et il a été bien heureux ! murmura le second chambellan en levant le bras droit armé du formidable maillet, prêt à frapper.

Messire Gauvain, durant son sommeil, avait jeté son bras dehors, de sorte que l'acier de l'épée, en touchant la chair, y occasionna une impression de froid qui le réveilla.

— Oh! oh! dit-il en saisissant l'épée du chambellan et en en frappant adroitement celui qui allait le frapper du maillet de fer, lequel reçut le coup en pleine poitrine. — Un de mort! dit-il en se ruant sur l'autre, dont il fracassa incontinent la cervelle.

Puis, cette double opération faite, il poussa les deux cadavres dehors, ferma la porte de la chambre et revint vers sa mie, qui l'aida à se r'habiller et à s'armer.

CHAPITRE LIII

Comment, après avoir occis les deux chambellans du roi de Norgalles qui le voulaient tuer, messire Gauvain, aidé de sa mie, regagna la cour où il monta à cheval.

Bien on s'en doute, les vingt chevaliers avaient été réveillés par le bruit de la lutte et par le cri poussé par les chambellans en recevant le coup mortel de la main de celui-là même qu'ils devaient occire.

— Demoiselle ! crièrent-ils en venant frapper à la porte close, demoiselle, ouvrez cette porte !..

— Vous n'y mettrez jamais les pieds ! répondit sévèrement la gente princesse, tout en continuant à harnacher son doux ami.

— Nous allons entrer tout à l'heure malgré vous, reprirent les chevaliers, et alors nous dépècerons sous vos yeux le traitre qui vous a outragée...

— Personne ne m'a outragée que vous-mêmes, répliqua la princesse en collant ses lèvres amoureuses sur les lèvres ardentes de son amant, armé maintenant.

Il se fit une minute de silence, mais d'un silence plus inquiétant que le bruit.

— Mon beau doux ami, dit la princesse en s'arrachant à regret des bras de son amant, il faut nous séparer pour pouvoir nous réunir plus tard... Les chevaliers de mon père viennent d'abandonner cette porte pour revenir nous surprendre par une autre issue... Mais cette issue sera leur perte et leur tombeau. Ils ne peuvent entrer par là que un à un... Engagez-vous donc dans ce passage avant qu'ils ne s'y engagent eux-mêmes... Et vous en aurez facilement raison !... Mais, au nom du ciel que vous m'avez fait connaître, au nom de notre mutuel et sincère amour, mon beau doux ami, partez vitement, si vous ne voulez pas me voir mourir d'angoisses et de douleur...

Le vaillant Gauvain, non moins amoureux que vaillant, prit un suprême et dernier baiser sur les belles lèvres rouges et parfumées comme miel qui lui disaient de partir, et s'élança, l'épée en avant, dans le passage que lui avait indiqué la fille du roi de Norgalles.

Il n'y avait pas fait deux pas qu'il rencontrait sous la pointe de son fer une poitrine humaine, puis deux, puis trois, puis quatre, puis dix... Les autres chevaliers, en voyant tomber ainsi leurs compagnons, reculèrent prudemment et laissèrent passer messire Gauvain, qui les traversa comme un éclair...

Une fois dans cette salle, le neveu de roi Artus s'orienta rapidement et regagna la tour où il pensait retrouver Sagremor.

Sagremor y était en effet, avec sa mie, tous deux montés sur deux excellents chevaux, et tenant en laisse un troisième destrier, à lui destiné.

On entendait les cris des gens du roi de Norgalles qui se rapprochaient de plus en plus...

— Fuyons ! fuyons ! dit la mie de Sagremor.

— Pourquoi fuir si vitement ? répliqua messire Gauvain, qui, une fois à cheval, n'eût pas été fâché de s'escrimer encore un peu contre ses ennemis.

— Si nous n'étions que nous deux, messire, à la bonne heure, je vous aiderais volontiers ! fit observer Sagremor en montrant sa mie.

— C'est juste ! dit Gauvain.

Et tous trois partirent au galop de leurs chevaux, comme trois ombres.

Quand les trois voyageurs furent à une bonne distance du château du roi de Norgalles, ils s'arrêtèrent pour laisser souffler leurs chevaux et pour souffler eux-mêmes.

Puis la demoiselle dit à Sagremor :

— Vous me conduirez, s'il vous plaît, là où je veux aller, et monseigneur Gauvain ira à son affaire.

— Belle douce amie, dit messire Gauvain, nous vous conduirons tous deux, car je ne voudrais en aucune manière qu'il vous arrivât mal ou ennui sans moi.

— Sire, grand merci, reprit la demoiselle, mais j'ai assez de Sagremor pour me conduire là où je veux aller pour éviter les poursuites de ceux qui nous cherchent.

— Et où irez-vous donc ?

— Sire, droit chez mon père, et, de là, chez votre frère Agravain...

— Que Dieu vous conduise alors !

— Et vous, sire, où allez-vous ?

— En la terre de Soreloys, rejoindre le vaillant Lancelot du Lac, qui doit y être en compagnie du roi Gallehault.

— Que Dieu vous garde à votre tour, sire !..

Sagremor et Gauvain s'embrassèrent comme de bons et loyaux chevaliers qu'ils étaient.

Puis, le neveu du roi Artus, au moment de prendre congé, dit à l'oreille de Sagremor, en lui désignant de l'œil la gente demoiselle qui l'accompagnait :

— Elle vous permettra, j'espère, de nous rejoindre bientôt en la cour du roi Artus ?

Sagremor sourit, regarda tendrement sa mie, et ne répondit pas.

Monseigneur Gauvain poussa un soupir et murmura :

— Les longues amours font les courtes gloires, quelquefois, ami Sagremor!...

Et les trois compagnons se séparèrent incontinent.

Sagremor et sa mie s'en allèrent d'une part, et, de l'autre, s'en alla monseigneur Gauvain, suivi d'un seul varlet.

LA
REINE GENIÈVRE

CHAPITRE PREMIER

Comment messire Gauvain, en chevauchant, fit rencontre d'un chevalier et de dix sergents qui ne voulaient pas le laisser passer outre, et comment il leur répondit.

Messire Gauvain, neveu du roi Artus, chemina tant et tant, qu'il arriva dans un lieu nommé la Rouge Montagne, chez un bon ermite qui lui fit grand honneur une fois qu'il se fut fait connaître, et l'hébergea une nuit durant.

Au lendemain matin, il s'en alla, la messe ouïe, et se remit à chevaucher jusqu'à l'heure de tierce, heure où il arriva au pont Norgallois.

Messire Gauvain avisa une tour haute et forte donnant devers Soreloys, et s'avança vers elle, après avoir congédié son varlet.

Lors il aperçut un chevalier tout armé qui lui demanda s'il entendait passer outre.

— Oui, répondit messire Gauvain.

— Alors, il vous faudra me combattre.

— Je vous combattrai.

— Et, après moi, dix sergents...

— Les dix sergents aussi, car combattre me convient grandement à cette heure.

— Vous aurez donc la bataille que vous désirez.

Aussitôt, les sergents annoncés vinrent se ranger autour des deux chevaliers, qui commencèrent une joute âpre et douloureuse, dans laquelle le chevalier inconnu eut vitement le dessous.

— Rendez-vous comme vaincu ! lui cria messire Gauvain.

— Sire, répondit le chevalier, je me mets entier à votre merci...

Et il lui tendit son épée, que messire Gauvain prit.

Lors vinrent les sergents, armés de haches et de masses, qui lui coururent sus, à droite et à gauche, en tête et en queue. Son cheval fut tué en peu d'instants, et lui-même eût fini probablement par succomber, si son varlet, qu'il avait congédié et qui n'avait pas voulu s'éloigner tout de suite, n'eût intervenu dans le chamaillis en criant :

— Ribauds, larrons, fils de putes ! ne touchez pas au meilleur chevalier du monde, car c'est monseigneur Gauvain, le neveu du roi Artus, et, si vous le blessez, vous serez tous pendus haut et court !...

Et, pour donner plus de poids encore à ses paroles, le varlet frappa çà et là au hasard sur ces ribauds, qui ne tardèrent pas à prendre la fuite, effrayés d'avoir affaire au vaillant Gauvain.

En apprenant qu'il avait eu affaire au neveu du roi Artus, le chevalier vaincu en ressentit grand plaisir. Au même instant, l'un des sergents mis en déroute s'en revint, disant à messire Gauvain, en lui rendant les clefs de la tour :

— Soyez le bienvenu, puisque vous êtes monseigneur Gauvain.

Tous les autres vilains vinrent, qui en dirent autant en ôtant leurs chapeaux et leurs armes. Puis, cela fait, ils enlevèrent trois des leurs qui étaient restés blessés sur le sol et les emportèrent, ainsi que le chevalier vaincu, dans la maison où entra après eux messire Gauvain, après toutefois avoir pris congé définitif de son varlet.

CHAPITRE II

Comment messire Gauvain, après avoir conquis par force la chaussée et la tour de Sornehault, combattit avec Hector des Mares sans le connaître.

Quelques jours après, comme Gauvain était en cette tour de Sornehault, qu'il avait conquise sur Agavers, le meilleur chevalier que l'on connût en la terre de Gallehault, on vint lui dire qu'un gentilhomme voulait passer outre, comme il avait fait lui-même quelques jours auparavant.

Gauvain alla vers lui, tout armé, et lui demanda qui il était.

— Un chevalier étranger, lui fut-il répondu.

— Êtes-vous un des compagnons du roi Artus ? demanda encore Gauvain.

Le chevalier étranger hésita un instant, puis il répondit :

— Non, je n'en suis pas un.

— Alors, vous ne passerez pas céans sans avoir rempli les obligations ordinaires...

— Quelles sont-elles ?

— Les mêmes que celles qui m'ont été imposées à moi-même...

— C'est-à-dire ?...

— Que vous ne pourrez passer outre sans avoir jouté avec moi.

— Volontiers, dit l'inconnu.

Lors, ils s'éloignèrent l'un et l'autre d'une bonne longueur, et revinrent aussitôt avec impétuosité et avec de si grandes allures, que leurs lances se rompirent incontinent et qu'ils furent obligés de mettre l'épée à la main.

Il y avait trois heures qu'ils luttaient ainsi, et ils n'étaient arrivés à aucun autre résultat, sinon à découper leurs écus et à bossuer leurs heaumes.

Une des mailles principales du haubert du chevalier inconnu étant venue à se rompre, il se retira un peu en arrière pour la rattacher, et, pendant ce temps, Gauvain en profita pour reprendre haleine, appuyé au pilier de la chaussée et sur sa bonne épée Escalibor, laquelle était tout ensanglantée. Ce que voyant, le chevalier inconnu, une fois sa maille rattachée, imita Gauvain et s'appuya comme lui sur son épée, qui n'était pas moins humide et ternie de rouille et de sang.

Comme ils prenaient ce repos, messire Gauvain laissa errer ses regards sur le pommeau de l'épée de son adversaire, où il vit gravés certains caractères qu'il lui sembla reconnaître.

— Votre nom, s'il vous plaît ? demanda-t-il vivement en allant vers lui.

— Qu'avez-vous donc à en faire ?

— Je l'apprendrais avec plaisir...

— Eh bien, alors, sachez donc que j'ai nom Hector des Mares.

— Je m'en doutais, répliqua Gauvain... Hector, ajouta-t-il, soyez le bienvenu !

Et, en disant cela, il remit son épée au fourreau et ôta son heaume.

— Ah ! sire, s'écria Hector en le reconnaissant à son tour, soyez le bien trouvé, vous que je cherche tant !... Et pardonnez-moi, en outre, ce que j'ai fait !...

— Certes, vous aviez grand droit, et c'est moi qui ai eu le tort, répondit courtoisement messire Gauvain.

Lors, il prit Hector par la main, et ils s'en allèrent tous deux jusque vers les sergents, qui s'émerveillaient beaucoup de ce qui venait de se passer.

— Sire, dirent-ils à messire Gauvain, vous lui avez fait grand honneur, car c'est vous qui, le premier, avez ôté votre heaume...

Il ne faut pas demander si le neveu du roi Artus fit fête et bon accueil à Hector des Mares. Il fit plus encore pour l'honorer : il le força à mettre son nom parmi ceux des vainqueurs de la chaussée et de la tour de Sornehault.

CHAPITRE III

Comment Hector et Gauvain, à la recherche de Lancelot et de Gallehault, combattirent contre deux chevaliers que ces derniers leur envoyèrent de l'Ile Perdue, ne les connaissant pas.

Après avoir envoyé, comme prisonnier, à la reine Genièvre le chevalier qu'il avait vaincu en la chaussée de Sornehault, messire Gauvain se remit en quête, en compagnie d'Hector des Mares.

Ils chevauchaient donc ensemble depuis quelques heures, se demandant de quel côté diriger leurs pas pour avoir nouvelles de ceux qu'ils voulaient rencontrer, lorsqu'ils avisèrent une demoiselle montée sur un palefroi.

Messire Gauvain la salua très-courtoisement, ainsi que Hector des Mares, et la pucelle, leur rendant gracieusement leur salut, leur demanda où ils allaient ainsi.

— Nous ne savons guère où trouver ce que nous cherchons, répondit Gauvain.

— Que cherchez-vous donc ? demanda la demoiselle.

— Nous cherchons Gallehault, seigneur de ce pays, mais sans pouvoir le joindre.

— Je vous en enseignerai volontiers le moyen à tous deux, dit la demoiselle, si vous voulez m'accorder un don.

Tous deux consentirent, et la demoiselle reprit :

— Venez avec moi, je vous prie.

Ils allèrent, et elle les mena sur une haute montagne d'où l'on pouvait apercevoir l'Ile Perdue.

— Gallehault est dans cette île, leur dit-elle en la leur désignant.

Les deux chevaliers remercièrent, et la demoiselle, les saluant, prit congé d'eux, en les recommandant à la garde de Dieu.

— Je vous rappellerai, quand il en sera temps, le don que vous m'avez octroyé, ajouta-t-elle en s'en allant.

Lors, messire Gauvain et Hector des Mares s'en allèrent eux-mêmes vers l'Ile Perdue, laquelle était couverte d'une épaisse forêt et où l'on n'y apercevait rien, fors les créneaux et le pignon de la tour. Tout à l'entour, une eau roide et profonde; aucune entrée visible, aucune issue possible, car le pont était levé.

Néanmoins, ils approchèrent de la tête du pont, cherchant un moyen pour arriver dans l'île.

Pendant qu'ils en étaient là, Lancelot les aperçut, et il appela Gallehault pour les lui montrer.

— Il faut, dit Gallehault, leur envoyer un écuyer pour savoir quels y sont...

L'écuyer vint.

— Allez vers ces chevaliers, leur dit-il, et sachez d'eux ce qu'ils valent... Surtout, gardez-vous bien de leur apprendre que je suis céans.

L'écuyer obéit et vint auprès d'Hector et de Gauvain, auxquels il demanda :

— Sires chevaliers, dites-moi, je vous prie, ce que vous cherchez ?

— Ce que nous cherchons ? répéta messire Gauvain.

— Oui, sires chevaliers.

— Mais vous pourrez probablement nous le faire trouver !

— Dites vitement, s'il vous plaît ?

— Eh bien ! nous cherchons monseigneur Gallehault.

— Monseigneur Gallehault ?

— Oui... Et il n'est pas loin d'ici, je suppose...

— Loin ou près, je l'ignore, sire chevalier... En tout cas, il n'est pas céans...

— Si vous voulez nous donner les moyens d'entrer dans l'Ile Perdue, nous chercherons et trouverons nous-mêmes...

— Cela n'est pas possible...

— Pourquoi cela ?

— Parce que ce n'est pas possible... Et maintenant, sires chevaliers, permettez-moi de prendre congé de vous.

Et ce disant, l'écuyer salua et disparut pour aller rendre compte de sa mission à Gallehault, qui, incontinent, envoya deux chevaliers chargés de faire à Gauvain et à Hector la même question que celle que leur avait faite l'écuyer.

Les deux chevaliers arrivèrent bientôt, en effet, armés des pieds à la tête, et demandèrent aux deux compagnons ce qu'ils prétendaient faire.

— Entrer dans l'Ile Perdue, répondit messire Gauvain.

— Cela n'est pas possible, répliquèrent les chevaliers.

— Pourquoi cela ? demanda Hector des Mares.

— Parce que nous nous y opposons, répondirent les chevaliers.

Tout aussitôt cette réponse lâchée, messire Gauvain et Hector des Mares enfoncèrent leurs éperons dans les flancs de leurs destriers, qui coururent, furieux, à la rencontre des deux chevaliers de Gallehault.

Au bout d'une demi-heure de joute, ces derniers roulaient dans la poussière, eux et leurs chevaux.

CHAPITRE IV

Comment, après avoir combattu contre les deux chevaliers envoyés par Gallehault, messire Gauvain et Hector des Mares luttèrent, sans le savoir, contre Lancelot du Lac et le roi des cent chevaliers.

Lancelot et Gallehault, du haut des créneaux du château de l'Ile Perdue, avaient assisté au combat qui venait d'avoir lieu entre les deux chevaliers qu'ils avaient envoyés et les deux chevaliers contre lesquels ils les avaient envoyés.

En les voyant tomber, vaincus, sur le sol, le dépit et la colère s'emparèrent d'eux.

— J'y veux aller! s'écria Lancelot, en se préparant à s'armer.

— Seul contre deux? Je ne le permets pas! répliqua Gallehault, qui avait une grande amitié pour son compagnon et qui ne voulait pas qu'il s'exposât inutilement. Je ne le permets pas, répéta-t-il, et, pour plus de sûreté, je vous adjoins le roi des cent chevaliers, qui est d'une vaillance éprouvée et qui vous aidera à vaincre...

Lancelot, malgré son ardeur, dut accepter le compagnon que lui imposait Gallehault, et il partit, revêtu des armes de ce dernier, c'est-à-dire portant son écu d'or aux cornes d'azur.

Lyonnel, son cousin, le suivait comme écuyer.

Quant au roi des cent chevaliers, il avait un écu au lion de sinople.

Ce fut dans cet appareil qu'ils se présentèrent devant monseigneur Gauvain et devant Hector des Mares.

— Hector, dit Gauvain à son compagnon, chargez-vous du chevalier qui porte un écu au lion de sinople... Je me charge, moi, de celui qui porte un écu d'or aux cornes d'azur.

— Volontiers, répondit Hector.

Et le combat s'engagea âpre et sanglant.

Il dura deux heures, au bout desquelles le sol se trouva jonché de pièces d'armure sans nombre, cercles de heaumes, fragments de haubergeons et de cottes de mailles, débris de lances, tronçons d'épée, sans compter le sang qui tachait la terre en maints endroits.

Gauvain, il faut l'avouer, avait rencontré en Lancelot un adversaire digne de lui; si bien qu'il perdait de minute en minute ses forces avec son sang, et que, finalement, il tomba de cheval, tout défaillant.

Lancelot avait levé son épée pour l'achever, lorsque Lyonnel, s'approchant vitement de lui, cria, mais de manière à n'être entendu que de lui :

— Sire, sire, c'est monseigneur Gauvain que vous allez tuer là!... Monseigneur Gauvain que la belle reine Genièvre aime tant à cause de sa prud'homie!...

— Monseigneur Gauvain?... répéta Lancelot du Lac, effaré.

— Lui-même, sire chevalier! répondit Lyonnel.

Lancelot, épouvanté, jeta son épée loin de lui et songea à se retirer.

— Chevalier, lui cria Gauvain, vous qui venez de combattre si vaillamment, dites-moi, je vous prie, votre nom, afin que je sache au moins avant de mourir par qui j'ai été vaincu...

Lancelot, au lieu de répondre, se mit à pleurer.

Etonné, messire Gauvain répéta sa question, qui ne reçut pas plus de réponse que la première fois.

Lors, il voulut se lever pour arrêter un instant son adversaire ; mais il était trop blessé pour avoir assez de vigueur : Lancelot du Lac s'éloigna, toujours en pleurant, avec le roi des cent chevaliers, qui avait vaincu Hector des Mares.

CHAPITRE V

Comment Gallehault, Lancelot, Gauvain et Hector des Mares s'entre-reconnurent et en furent grandement heureux.

Une fois Lancelot du Lac de retour auprès de Gallehault, celui-ci, tout naturellement, lui demanda s'il avait appris le nom de son adversaire. Mais Lancelot, qui pleurait toujours, ne répondit rien.

Gallehault interrogea le roi des cent chevaliers, qui lui répondit :

— J'ignore et le nom de mon adversaire et celui de l'adversaire de Lancelot... Ce que je sais, c'est que le mien a crié merci, et qu'à cause de cela je lui ai fait grâce de la vie... Par ainsi, ne m'en demandez pas davantage, je vous prie...

Mais Lyonnel, qui avait reconnu les armes du neveu d'Artus, dit à Gallehault, pendant que le roi des cent chevaliers allait se désarmer :

— Sire, ce nom que nul ne peut vous dire, je le sais, moi...

— Ah! Et quel est-il?...

— C'est monseigneur Gauvain, neveu du vaillant roi Artus...

— Véritablement?...

— Véritablement.

Lors, Gallehault monta à cheval, et, suivi de quelques varlets, il se rendit au lieu où gisaient blessés Gauvain et Hector.

— Chevalier, dit-il en s'adressant d'abord à ce dernier, qui êtes-vous, je vous prie ?...

— Sire, répondit Hector, je suis du royaume de Logres...

— Et vous vous nommez?...

— J'ai nom Hector des Mares et suis chevalier de la belle reine Genièvre, la femme du roi Artus.

— Et votre compagnon, quel est-il ?

— C'est monseigneur Gauvain, neveu du roi Artus.

— Je m'en doutais bien, répondit Gallehault en souriant.

Et, sans plus tarder, il fit transporter les deux blessés dans l'Ile Perdue, afin de leur donner là les soins et le réconfort dont ils pouvaient avoir besoin, car ils étaient bien travaillés, messire Gauvain surtout.

Quand ils furent dans la grande salle du château de l'Ile Perdue, Gallehault embrassa messire Gauvain en lui disant :

— Nous vous demandons pardon de ne pas vous avoir reconnu sur-le-champ, comme nous aurions dû le faire, certes, en présence de votre prouesse merveilleuse... Je comprends maintenant pourquoi Lancelot, en revenant céans, avait le visage si convulsé et si noyé de larmes!... Ah! messire

Gauvain, à cause de l'estime que je fais de vous, oubliez l'ennui que nous vous avons causé et qui est moindre que notre chagrin...

Messire Gauvain se contenta de sourire pour toute réponse.

Lors, Gallehault le quitta un instant pour aller rejoindre Lancelot du Lac dans la chambre où il s'était retiré pour se désarmer et pour cacher sa confusion.

— Lancelot, lui dit-il, pourquoi donc pleurez-vous ainsi ?

— Hélas ! j'ai perdu l'amour de ma dame la reine, car j'ai combattu contre monseigneur Gauvain son ami !...

— Vous êtes un grand enfant, mon cher Lancelot !... Ne pleurez donc plus ainsi et venez avec moi faire votre paix avec votre adversaire...

Gallehault, l'ayant ainsi rassuré, lui fit laver le visage et les mains, et l'emmena de vive force en la chambre où gisait messire Gauvain.

— Messire, demanda en entrant Gallehault à Gauvain, qui croyez-vous avoir combattu tout à l'heure !

Gallehault disait cela exprès, pour que la réponse, qu'il connaissait, fût plus douce à ses compagnons.

Messire Gauvain répondit donc en souriant :

— Lancelot du Lac, fils du roi Ban de Benoïc, qui fit la paix du roi Artus avec vous, sire Gallehault...

Lancelot, alors, s'avança tout honteux au milieu de la chambre et s'agenouilla devant le vaillant Gauvain en lui criant merci.

— Je vous pardonne de grand cœur, répondit le neveu d'Artus en embrassant tendrement Lancelot.

CHAPITRE VI

Comment, quelques jours après cette aventure, une demoiselle étant venue à l'Ile Perdue, prévenir messire Gauvain de la guerre que le roi Artus venait d'entreprendre contre les Sesnes, les quatre compagnons se mirent aussitôt en route.

eureusement que, quoique nombreuses, les blessures reçues par Gauvain, Hector et Lancelot, ne furent pas longues à guérir.

Ils en étaient là, lorsque vint à l'Ile Perdue une demoiselle qui demanda à parler à messire Gauvain.

On l'introduisit dans la grande salle du château, où étaient précisément réunis les quatre compagnons.

— Messire, dit-elle au neveu du roi Artus, je viens de la part de votre frère Agravain, lequel vous mande que le roi Artus s'est mis en marche avec son armée pour entrer en la terre d'Ecosse, contre les Sesnes...

— Nous irons tous ! répondit messire Gauvain.

— Oui, répéta Gallehault.

— Oui, répéta Lancelot.

— Oui, répéta Hector des Mares.

On remercia grandement la demoiselle qui venait d'apporter cette nouvelle, et on essaya, mais en vain, de la retenir pour la fêter. Elle prit congé tout aussitôt, disant qu'elle avait à rendre compte à Agravain du résultat de sa mission.

Le départ des quatre compagnons fut donc résolu. Il fut convenu aussi que, pour n'être pas reconnus tout de suite des chevaliers de la cour du roi Artus, ils se couvriraient d'armes étrangères.

Quelques jours après, ils se mettaient en route, suivis de leurs écuyers.

En chevauchant ainsi vers la terre d'Ecosse, ils finirent par y arriver, mais sans trop savoir en quelle partie de cette contrée se trouvait l'armée du roi Artus.

Sur ces entrefaites survint une demoiselle que messire Gauvain et Hector des Mares avaient précédemment rencontrée et qu'ils saluèrent de nouveau fort courtoisement.

— Seigneurs, leur demanda cette pucelle, où allez-vous ainsi, s'il vous plaît ?

— A la recherche de l'armée du roi Artus, notre sire, répondit monseigneur Gauvain.

— Vous ne savez pas où elle campe présentement ?

— Non, et cela nous chagrine...

— Si je vous le disais, m'octroyeriez-vous un don ?

— Certes, oui.

— Eh bien ! je vous le rappellerai en temps et lieu ; pour l'heure présente, je vais vous dire où campe l'armée du roi Artus...

— Dites vitement, s'il vous plaît.

— L'armée du roi Artus est à Restweil, à deux journées d'ici, et elle se tient à l'entrée d'une forêt, devant un château-fort qui a nom le château de la Roche...

— Grand merci, dit messire Gauvain.

Sur ce, la demoiselle salua et prit congé, laissant les quatre compagnons poursuivre leur chemin.

Deux jours après, en effet, ils étaient arrivés à Restweil.

CHAPITRE VII

Comment messire Gauvain, Lancelot, Gallehault et Hector des Mares, arrivèrent en l'armée du roi Artus, et de la part qu'ils prirent à la bataille contre les Sesnes.

Estweil était un pays complètement ruiné par suite des incursions des Sesnes. Le seul château-fort qui restât debout était le château de la Roche, qu'habitait une dame d'une merveilleuse beauté, laquelle était du lignage des Sesnes, ce qui ne l'empêchait pas d'aimer le roi Artus, du moins de se laisser aimer par lui. Cette gente dame avait nom Commille.

Les quatre chevaliers, une fois arrivés, s'introduisirent dans le camp du roi Artus, où ils retrouvèrent tous leurs compagnons, hormis Sagremor, toujours retenu par sa mie.

Lorsque leur pavillon fut tendu, l'un d'eux, messire Gauvain, alla voir où était la tente du roi Artus. Il la découvrit à l'entrée d'une forêt, en un beau lieu bien clos de hauts pâlis, où l'on n'entrait que par un pont, et qui était le courtil d'un bourgeois. Quand il se fut bien assuré de cela, il revint vers ses compagnons pour leur en faire part.

Le lendemain, la bataille s'engagea entre les Sesnes et les gens du roi Artus, bataille à laquelle prirent naturellement part les quatre chevaliers qui s'en étaient revenus de l'Ile Perdue. Lancelot portait l'écu blanc d'azur à la noire bande ; Gallehault portait celui du roi des cent chevaliers ; Gauvain portait l'écu d'azur, qui était celui du meilleur chevalier de la maison de Gallehault, lequel avait nom Gallaïus ; quant à Hector, il portait un écu blanc à bande de sinople, qui appartenait à Gumer, un des compagnons de Gallehault.

Pendant que Gauvain et quelques-uns de ses chevaliers s'en allaient d'un côté, emportés par leur ardeur, Gallehault et Lancelot s'en allaient d'un autre côté emportés par leur amour. Nous voulons dire qu'ils allaient vers la maison aux créneaux de laquelle étaient la reine Genièvre et la dame de Mallehault.

— Dame, connaissez-vous ceux-là qui viennent ? demanda la belle princesse à sa compagne.

Celle-ci se mit à rire et répondit :

— Je crois qu'en effet, je les connais...

La dame de Mallehault disait cela, parce qu'elle avait aperçu et reconnu le panonceau que Lancelot avait toujours sur son heaume.

Comme les deux gentes dames devisaient ainsi, Lancelot et Gallehault, à leur tour, aperçurent leurs mies aux créneaux de la maison, ce qui causa une telle émotion au bel ami de la Dame du Lac qu'il faillit en tomber de cheval.

Lyonnel, son cousin et son écuyer, marchait à ses côtés. La reine le reconnut et lui envoya une demoiselle pour l'amener vers elle.

Lyonnel s'approcha.

— Que la joute ait lieu ici et non ailleurs, lui dit Genièvre, qui espérait ainsi qu'à cause d'elle, Lancelot aurait plus de gloire encore à cueillir en cette journée.

Lyonnel revint et répéta à son cousin ce que lui avait dit la reine.

— Comme il plaira à ma dame, répondit Lancelot.

Et il se mêla à la bataille, ainsi que Gallehault. Tous deux firent rage et merveille, si bien que le bruit de leur prouesse vint aux oreilles de messire Gauvain, qui combattait d'un autre côté et qui vint aussitôt se joindre à Gallehault et à Lancelot.

Ce fut alors que l'action fut âpre et horrible de part et d'autre, surtout du côté des Sesnes, qui avaient cru un instant à la victoire et qui furent vitement déçus à ce propos par les gens du roi Artus, c'est-à-dire par Lancelot, par Gauvain et par les autres, qui les repoussèrent tous pêle-mêle dans la rivière. Tellement que l'eau en fut toute troublée en cet endroit pendant longtemps, et que pendant longtemps aussi, on appela ce gué le Gué du Sang.

CHAPITRE VIII

Comment la reine Genièvre envoya un heaume à Lancelot, en le priant d'en finir avec cette tuerie, et comment, après la bataille, elle le fit venir un instant pour s'assurer qu'il n'avait pas plaie mortelle.

Ce n'était pas impunément que Lancelot s'était ainsi mêlé à cette grande bataille. Son heaume fut fendu et rembarré, entre autres dégâts.

Ce que voyant, la reine lui dépêcha incontinent une de ses demoiselles avec un fort riche et fort beau heaume, et avec ces paroles :

— Dites-lui que je ne peux plus voir une telle tuerie, et qu'il s'arrange pour qu'elle cesse !...

La demoiselle s'acquitta de son message, en donnant le heaume et en répétant la prière. Lancelot remercia, ôta son heaume déchiqueté, mit celui que lui envoyait la reine Genièvre, et, cela fait, aidé des siens, il repoussa les Sesnes qui étaient revenus à la charge.

Le roi des Sesnes, Augremont, fut pris, et avec lui une centaine de ses meilleurs chevaliers. Quant à ceux qui furent noyés, il n'en faut pas parler : ce serait trop long.

Gallehault et Lancelot, après avoir fait leur besogne, s'en revinrent devant la tour où était la reine, qu'ils saluèrent courtoisement.

Lors, cette belle princesse, s'apercevant que Lancelot avait les bras sanglants jusqu'aux aisselles, craignit qu'il ne fût mortellement blessé, et, pour s'en assurer, elle demanda aux deux compagnons comment ils se trouvaient.

— Bien, Dieu merci! madame, répondirent-ils.

— Je voudrais vous entendre dire cela de plus près, reprit la reine.

— Nous venons, madame, répondirent les compagnons, qui s'empressèrent d'aller joindre la reine.

Lorsqu'ils furent tous deux là, Genièvre embrassa tendrement Lancelot, et la dame de Mallehault en fit autant à Gallehault.

Ensuite, tirant un peu à part son doux ami, la reine lui demanda en l'oreille s'il avait plaie mortelle.

Lancelot répondit en regardant sa belle maîtresse avec des yeux d'amour ;

— Je ne mourrai, ma dame, que lorsque vous le voudrez vous-même ; pas avant !...

La reine ne demanda plus rien, de peur d'avoir des réponses trop embarrassantes à entendre, pour le moment, et elle n'osa plus retenir Lancelot. Elle retint seulement Lyonnel, son écuyer, à qui elle voulait parler.

Par ainsi, Lancelot et Gallehault s'en retournèrent vers leurs tentes, et la nuit commença à venir.

CHAPITRE IX

Comme la belle Commille, d'un côté, donna rendez-vous au roi Artus, et comment, de l'autre, la reine Genièvre et la dame de Mallehault donnèrent rendez-vous à Lancelot et à Gallehault.

Le roi Artus était venu, après la mêlée, aux alentours du château de la Roche, et la belle Commille, l'apercevant, l'envoya prier de se rendre auprès d'elle.

Artus, qui s'était enamouré de cette belle personne, ne se fit pas répéter deux fois invitation.

— Sire, dit Commille, vous êtes le plus vaillant homme du monde, je le sais ; je sais, en outre, que vous êtes pris d'amour pour moi et que vous m'aimez plus que femme vivante...

— Certes, ma dame, répondit tendrement Artus, tout cela est vrai !

— Eh bien ! Sire, reprit Commille, je vous veux éprouver...

— Eprouvez-moi, ma dame, j'y suis tout disposé : il n'est nulle chose que je ne voulusse faire pour vous. De quoi s'agit-il ?

— Je vous prie de venir cette nuit dormir avec moi en cette roche...

— Bien volontiers, ma dame, pourvu que ce soit à cette condition que vous ferez de moi ce que je voudrai moi-même faire de vous, c'est-à-dire à ma volonté...

— Je vous l'octroye, répondit Commille. Eloignez-vous donc pour revenir bientôt... Quand vous reviendrez, vous trouverez mon messager à la porte...

Artus s'en alla donc et se dirigea vers l'endroit où étaient ses chevaliers, à qui il fit faire bonne chère. Puis il manda à la reine qu'elle n'eût pas à compter sur lui pour cette nuit, à cause des tracas que lui donnaient les suites de la bataille du jour ; et, ces diverses précautions prises, il fit ses préparatifs pour son expédition amoureuse.

De son côté, la reine, prévenue par le message du roi, avait envoyé chercher Lyonnel, l'écuyer de Lancelot, lequel s'était empressé d'accourir, par obéissance pour la reine et par amitié pour son cousin.

— Dis à tes amis de venir par le jardin, cette nuit, lui dit Genièvre. Par tes amis, j'entends Lancelot du Lac et Gallehault...

— J'entends aussi, madame, répondit Lyonnel ; mais je dois vous prévenir qu'ils ne sont pas seuls et que, par conséquent, il leur sera assez difficile de quitter les chevaliers avec lesquels ils sont...

— Quels sont-ils ?

— Hector et Gauvain...

— Eh bien ! ils se coucheront devant monseigneur Gauvain et devant Hector des Mares, et, quand ils les supposeront suffisamment endormis, ils se lèveront et toi aussi... Une fois levés, tu les amèneras par la fausse poterne de cet hôtel, qui donne dans le jardin, et ils nous trouveront prêtes à les recevoir,.. Tu m'as comprise, Lyonnel ?

— Parfaitement, madame... Est-ce tout ?

— Oui. Recommande-leur seulement de venir à cheval et bien armés. On ne sait ni qui vit ni qui meurt en ces temps troublés...

— Je le leur recommanderai, madame, dit Lyonnel en se retirant, et en allant en grande hâte prévenir Lancelot et Gallehault du bonheur qui les attendait.

CHAPITRE X

Comment le roi Artus fut pris avec la dame du château de la Roche et mis en prison, et comment, pendant ce temps, Lancelot du Lac et Gallehault devisèrent agréablement d'amour.

Quand il supposa tout le monde couché et endormi, le roi Artus se leva, s'arma et fit armer son autre neveu Guéresche, à qui il avait dit sa pensée au sujet de la gente Commille ; et tous deux se dirigèrent vers le château de la Roche.

Le messager annoncé était en effet à la porte, attendant. Il conduisit le roi et son neveu en une chambre où se tenait l'enchanteresse Commille, laquelle fit de beaux semblants d'amitié à Artus, sans lui permettre pour le moment autre chose. Quant à Guéresche, comme il pouvait les gêner dans leur déduit par sa présence, elle le confia à une de ses demoiselles qui était pourvue d'autant d'attraits que de désirs.

Guéresche et la pucelle se retirèrent donc immédiatement dans une chambre à cet usage, et Commille et Artus s'en allèrent coucher dans une chambre voisine de la leur.

Je ne parlerai pas de la félicité que put goûter Guéresche; je parlerai seulement de celle que goûta le roi Artus, son oncle, entre les bras de la merveilleuse beauté qui avait nom Commille.

Quand sa mie eut fait sa volonté avec la plus grande docilité, et aussi avec le plus grand plaisir, quarante chevaliers entrèrent dans la chambre, tenant en main leurs épées nues, et s'avancèrent vers le lit où le roi Artus prenait son déduit amoureux.

Artus, désagréablement surpris et dérangé, se leva en sursaut et prit son épée pour s'en défendre comme le peut faire un homme qui n'a que les braves au corps.

Il est inutile de dire qu'il ne put se servir longtemps de son épée, et qu'il dut céder au nombre. Il fut désarmé et fait prisonnier, ainsi que son neveu, qui avait été troublé désagréablement dans les mêmes occupations agréables que lui.

Pendant qu'Artus et Guéresche étaient ainsi conduits en prison, par suite de la trahison de la belle Commille, Gallehault et Lancelot se levaient tranquillement de leurs lits et se rendaient à la beille de l'hôtel où les attendaient leurs mies.

Après avoir mis leurs chevaux sous un appentis qui attenait à la beille, ils entrèrent et saluèrent Genièvre et la dame de Mallehault, toutes joyeuses de leur arrivée. Après cela, ils se désarmèrent et se rendirent sans plus tarder, la reine et Lancelot dans une chambre, Gallehault et la dame de Mallehault dans une autre, où, comme tous les gens qui s'entr'aiment beaucoup, ils eurent mutuellement toutes les félicités du ciel et de la terre.

Au matin, un peu avant le jour, les deux chevaliers se levèrent, s'armèrent et prirent congé de leurs mies, en s'engageant à revenir bientôt, c'est-à-dire la nuit prochaine, si rien ne s'y opposait en dehors d'eux, bien entendu.

CHAPITRE XI

Comment Lancelot, Gallehault, messire Gauvain et Hector des Mares furent trahis et mis en prison.

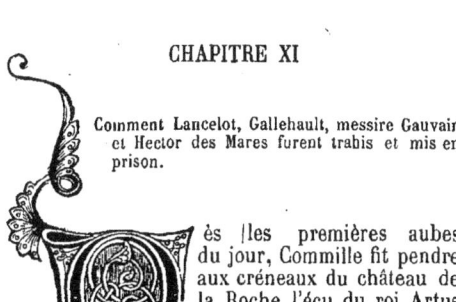

ès les premières aubes du jour, Commille fit pendre aux créneaux du château de la Roche l'écu du roi Artus et celui de son neveu Guéresche, ce qui causa un ébahissement général.

Pour sa part, la reine Genièvre commença à pleurer, et il lui tarda de voir son ami Lancelot, afin d'aviser avec lui aux moyens de recouvrer son seigneur et roi. Mais Lancelot ne pouvait songer pour l'instant à aller réconforter la reine, sa mie;

il avait trop à faire déjà à réconforter messire Gauvain, son vaillant compagnon, lequel en était très-angoisseux.

— Nous les aurons, ne vous attristez pas, lui dit-il, nous les aurons ou nous serons tous pris !...

Sur ces entrefaites survint la demoiselle que les quatre compagnons avaient rencontrée en quittant l'Ile Perdue, et qui leur avait exactement indiqué Restweil comme l'endroit où se devait trouver le roi Artus.

— Je viens, seigneurs, leur dit-elle en entrant dans leur tente, vous sommer de tenir la parole que vous m'avez donnée...

— Demoiselle, répondit Gauvain, où voulez-vous aller ? Répondez, pourvu que ce ne soit pas trop loin, car nous sommes bien travaillés et excédés d'ennui...

— Ce ne sera pas loin, en effet, répliqua la demoiselle, car je sais qu'on doit faire sortir le roi Artus de ce château, qui vous l'a pris, et le conduire en Irlande... Vous le pouvez recouvrer si vous voulez.

— Nous voulons beaucoup, répliqua messire Gauvain.

Lors, ils se mirent en marche tous quatre, Lancelot, Gauvain, Hector et Gallehault, précédés de la demoiselle, qui les mena vers le château et les isola adroitement en en plaçant un à chaque poterne.

— Attendez un peu, dit-elle.

Elle disparut, et, quelque temps après, on l'entendit crier à l'aide.

Lancelot, l'entendant crier, s'avança à son secours, et se trouva en face de deux chevaliers qui étaient armés des armes du roi et de Guéresche. Croyant avoir affaire à ces derniers, il s'avança vers eux pour les embrasser, ce dont ils profitèrent pour le ruer à terre, pour lui enlever son épée et pour lui arracher son heaume de la tête. Puis, l'ayant lié avec des courroies, ils le menèrent en prison, où ils ne tardèrent pas non plus à mener Gauvain, Hector et Gallehault, pris dans la même trahison comme oiseaux dans la même glu.

CHAPITRE XII

Comment, en l'absence du roi Artus, prisonnier de la belle Commille, le vaillant roi Ydiers, son allié, repoussa encore une fois les Sesnes.

enièvre passa cette nuit-là bien angoisseuse, car elle avait appris, comme tout le monde, la trahison dont avait été victime son bel ami Lancelot, ainsi que Gallehault, Hector et messire Gauvain.

Ce fut bien pis quand, au matin, l'enchanteresse Commille fit pendre aux créneaux du château les quatre écus de ces nouveaux prisonniers.

Genièvre crut à la mort de son mari, et surtout à celle

de son doux ami Lancelot du Lac, qu'elle aimait plus que chose au monde. Aussi, pleurant toutes les larmes de ses beaux yeux, se souhaita-t-elle morte elle-même, pour aller plus tôt rejoindre l'âme de son amant dans le paradis des amoureux.

Monseigneur Yvain, quoique furieux de cette insigne trahison, qui privait ainsi une armée de son chef, un royaume de son roi, ne put s'empêcher d'accourir auprès de la reine pour lui donner un réconfort dont il avait besoin lui-même.

Puis, après avoir essayé de la consoler, il lui demanda si elle avait nouvelles de monseigneur Gauvain.

— Aucune, répondit la reine Genièvre.

— Eh bien ! répliqua Yvain, j'en ai, moi : Monseigneur Gauvain est enfermé au château de la Roche avec les trois chevaliers étrangers qui se sont si vaillamment battus avant-hier.

Quand Yvain eut dit cela, Genièvre le supplia de garder l'honneur de son seigneur Artus, et comme, en lui parlant, elle continuait à pleurer, monseigneur Yvain se mit à pleurer avec elle.

Finalement, il prit congé pour aller aviser aux moyens de délivrer le roi, et aussi monseigneur Gauvain.

Le même jour, ou moment où les gens du roi s'y attendaient le moins, les Sesnes reparurent, plus âpres que jamais, et, plus que jamais, sûrs de la victoire.

Heureusement que le roi Ydiers, allié du roi Artus, était là, si Artus n'y était pas. Il monta sur le meilleur cheval qu'il put trouver, et, suivi de monseigneur Yvain, de Keux et des autres, il fit de merveilleuses prouesses dont chacun fut ébahi, amis et ennemis.

Ces derniers éprouvèrent les fâcheux effets de la redoutable vaillance du roi Ydiers, qui abattit tant d'entre eux en cette journée, qu'il en devint bientôt tout vermeil des pieds à la tête, à cause des éclaboussures de sang qu'il reçut en cette horrible tuerie.

Jamais les gens du roi Artus ne firent si bien leur devoir ; jamais bataille ne fut si bien fournie ! Les Sesnes, épouvantés, s'enfuirent jusques au val de Laugunes.

Ydiers était radieux d'avoir si bien vengé son noble allié. Il en remercia le ciel, et aussi la noble bête qui l'avait conduit à travers tant de dangers sans résultat fâcheux. Il était même si heureux qu'il pria Dieu de lui donner la mort immédiatement, n'osant espérer jamais une seconde journée comme celle-là !...

Son vœu fut sur le point d'être exaucé.

Comme il chassait les dernières cohortes de Sesnes, sur la foi de son bon cheval, il arriva qu'un de ces derniers, qui gisait à terre, l'épée nue et droite, décousit sans le vouloir les entrailles de la noble bête qui s'étala incontinent, morte, entraînant avec elle son cavalier.

Cela n'eût rien été encore, parce que le roi Ydiers eût pu se relever et monter sur un autre destrier. Malheureusement, il n'en eut pas le temps, et toute la chasse, lancée à fond de train, lui passa sur le corps. Il demeura pâmé à terre, parmi les mourants et les morts.

La reine Genièvre, ayant appris cela, s'en vint, avec ses dames, relever le brave roi Ydiers et le transporter en lieu sûr.

CHAPITRE XIII

Comment Lancelot entra en frénésie, dans sa prison ; comment il en sortit, et comment il délivra le roi Artus et ses trois compagnons, Gauvain, Gallehault et Hector des Mares.

r, en cet endroit, le conte dit que Lancelot, pris d'une telle mélancolie, ne voulut plus ni boire ni manger, afin de n'être réconforté en rien ni par rien dans sa douleur.

Lors, il eut bientôt la tête vide, l'esprit halluciné, avec des étourdissements et des accès de rage tels qu'il n'était pas de jour où il ne blessât de ses ongles un ou deux de ses compagnons.

Quand le geôlier, qui avait mission de les veiller tous quatre, s'aperçut qu'il était ainsi hors de son droit sens, il le mit dans une autre chambre, afin que là, du moins, il ne fît de mal à personne.

Gallehault s'y opposa en priant le geôlier de le mettre avec Lancelot, aimant mieux cent fois être tué par lui dans un de ses accès de folie que de savoir qu'il pouvait mourir sans lui.

Le geôlier en référa à la belle et cruelle Commille, qui lui demanda lequel des quatre c'était.

— C'est le plus beau, répondit-il ; le plus fou, car jamais folie ne fut plus grande. De l'aveu même de ses compagnons, il n'a pas plain-pied de terre...

— Ah ! ce serait péché mortel de le retenir ! s'écria la dame. Par ainsi, ouvrez-lui la porte de céans et laissez-le aller en liberté...

Le geôlier s'inclina et se retira pour aller exécuter l'ordre qu'il venait de recevoir.

Lancelot fut conduit jusqu'à la poterne principale du château, devant laquelle veillaient jour et nuit deux cents chevaliers, messire Yvain en tête.

Quand ces derniers aperçurent Lancelot, pâle, maigre, hagard, ils hésitèrent d'abord à le reconnaître. Peu à peu, cependant, la mémoire leur revint à eux comme à lui. Sa frénésie cessa, et, montant aussitôt à cheval et saisissant une épée, il commanda aussitôt l'assaut du château, dont il venait de sortir si fort à propos.

L'attaque fut si prompte, si passionnée, qu'elle fut une surprise pour les défenseurs de la Roche, lesquels furent massacrés avant d'avoir eu seulement le temps d'y songer.

Le château pris, les Sesnes qui le gardaient tués, on n'eut rien de plus pressé, comme on le devine bien, que d'aller délivrer le roi Artus, ainsi que Gallehault, Gauvain et Hector des Mares.

CHAPITRE XIV

Quel fut, après la délivrance du roi Artus, l'accueil que la belle reine Genièvre fit au vaillant Lancelot du Lac, son doux ami.

Prise la Roche et les prisonniers dehors, messire Gauvain s'en vint au roi et lui dit :
— Sire, vous allez perdre Lancelot, si vous n'y prenez garde !
— Comment cela, beau neveu ? demanda Artus.
— Parce que Gallehault l'emmènera au plus tôt qu'il pourra, car il est plus jaloux de l'avoir qu'un chevalier n'est jaloux d'avoir une belle dame.
— Le moyen de le retenir, alors ?
— Le voici, Sire ; vous commanderez que la porte du château de la Roche, où nous sommes présentement, soit fermée et que nulle personne n'en sorte sans votre ordre ou le mien...
— Volontiers, dit Artus.
— Lors, lui et messire Gauvain s'en vinrent en la grand'salle, et là, Artus prit Gallehault d'une main, Lancelot de l'autre, et les fit asseoir à côté de lui sur une couche.
Gallehault, voyant cela, comprit bien la chose que le roi Artus voulait faire, et il en soupira angoisseusement.
— Hélas ! beau compagnon, murmura-t-il à l'oreille de Lancelot, je vais vous perdre, mon cœur m'en avertit !...
— Comment, beau sire ?
— Je sais de vrai que le roi Artus vous priera aujourd'hui de demeurer en sa maison et de faire partie de ses chevaliers... Et alors, que ferai-je, moi qui ai mis tout mon cœur en vous ?...
— Certes, beau sire, répondit Lancelot, il est bien vrai que je vous dois plus aimer que tous les gentilshommes du monde, et ainsi fais-je... Par ainsi, vous ne devez avoir nulle crainte à ce propos, car je ne demeurerai que par force en la maison du roi Artus.
A ce moment, le roi prit la parole pour envoyer chercher la reine, qui accourut aussitôt, joyeuse au possible.
A son aspect, chacun se leva et vint à sa rencontre. Mais, elle, laissant là tous les autres, alla droit à Lancelot, lui jeta ses bras autour du cou et le baisa le plus tendrement du monde.
Personne ne fut étonné de cette haute marque d'estime et d'amitié donnée publiquement par la belle reine Genièvre au beau Lancelot, parce que chacun savait que c'était à lui qu'elle devait la vie de son mari le roi Artus. Mais Lancelot, quoique très-heureux de cette faveur insigne, n'en fut pas moins honteux d'en jouir ainsi devant tant d'yeux indiscrets.

Genièvre lui dit alors :
— Chevalier, je ne sais vraiment quoi vous offrir pour vous remercier de ce que vous avez fait pour monseigneur le roi et pour moi, et je crois qu'il y a peu, en effet, de récompenses dignes de si vaillante action... Recevez donc tout ce que je puis vous donner en son nom et au mien ; laissez-moi me donner entièrement à vous, mon amour et moi, comme loyale dame le doit à loyal chevalier.
— Dame, grand merci ! répondit Lancelot rougissant.
Le roi Artus, entendant et voyant cela, fut très-satisfait, parce qu'il comprenait que la reine récompensait comme il fallait la haute prouesse du chevalier auquel il devait la vie et l'honneur.
— Par ma foi ! dit-il, vous avez conquis un château que je jugeais imprenable plus que tout autre château du monde, et à cette cause, je vous dois aimer sur tous les gentilshommes de ma cour, car vous avez plus fait pour moi que nul qui soit vivant à cette heure !...
Lancelot s'inclina humblement pour remercier le roi des compliments qu'il lui faisait ; puis on passa dans la salle voisine, où les tables étaient dressées et où s'assirent les barons pour manger.

CHAPITRE XV

Comment Lancelot du Lac, Gallehault et Hector des Mares furent reçus compagnons de la Table Ronde, et comment messire Gauvain raconta quelques-unes de ses aventures.

Quand les barons eurent mangé à leur aise, le roi Artus appela la reine Genièvre pour tenir conseil avec elle, et il lui dit :
— Dame, je veux prier Lancelot de demeurer avec moi et d'être compagnon de la Table Ronde, car ses prouesses sont aujourd'hui connues et elles suffisent amplement pour lui mériter cet honneur. S'il résiste à ma prière, il ne résistera pas certainement à la vôtre...
— Sire, répondit Genièvre, il est à Gallehault et ne peut être à vous. Ce n'est donc pas lui qu'il faut prier, mais Gallehault lui-même...
Lors, Artus appela Gallehault et lui demanda de lui octroyer Lancelot, qui était son compagnon.
— Sire, répondit Gallehault, vous me navrez en me demandant précisément la seule chose que je vous doive refuser, car je ne saurais vivre sans Lancelot et vous me demandez de me séparer de lui...
Le roi Artus regarda incontinent la reine Genièvre et lui dit :
— Dame, priez-le !...

La belle princesse obéit et s'agenouilla devant Gallehault.

Lancelot, la voyant ainsi agenouillée, eut le cœur tout retourné, et, sans attendre la réponse de Gallehault, il se précipita pour relever sa dame tant aimée.

— Ah! ma dame, s'écria-t-il, je demeurerai au plaisir du roi et au vôtre!

— Sire, grand merci, répondit la belle Genièvre en lui adressant le plus divin des sourires.

— Sire, dit alors Gallehault en se tournant vers le roi Artus, vous ne l'aurez pas seul, car j'aime mieux cent fois vivre à mon aise pauvre que riche à malaise... Par ainsi, retenez-moi avec lui, si j'ai jamais fait chose qui vous plût... Retenez-moi, retenez-moi, Sire, vous le devez pour lui et pour moi, pour lui surtout, attendu que toute l'amitié qui est en mon cœur pour vous y a été mise par lui...

— Je vous remercie, répondit le roi. Mais par la Sainte-Croix, c'est moins comme chevaliers que comme compagnons, que je vous retiens avec moi.

Puis il annonça à Hector des Mares que, pour l'amour de Lancelot et de Gallehault, il le recevait aussi compagnon de la Table Ronde.

Aussitôt furent mandés les clercs qui mettaient en écrit les prouesses des chevaliers qui avaient l'honneur de s'asseoir à cette glorieuse Table; lesquels clercs, au nombre de quatre, avaient nom Arrodiam de Cologne, Traudanides de Venians, Thomas de Tollette et Sopians de Baudas.

Ils commencèrent par les prouesses de messire Gauvain, tout le premier, qui raconta l'aventure de Saint-Graal, en demandant la permission de passer rapidement sur les aventures du cimetière et de la chapelle en ruines.

Ce récit fera le sujet du chapitre suivant.

CHAPITRE XVI

En quoi consistaient les aventures arrivées à messire Gauvain, et principalement l'aventure du Saint-Graal.

Messire Gauvain, traversant un jour une forêt, rencontra une forteresse dans laquelle il entra sans plus de cérémonies, comme un chevalier curieux qu'il était. Là, après avoir erré au hasard dans les cours et dans les salles, il finit par découvrir, dans une cuve de marbre remplie d'eau bouillante, une demoiselle qui le supplia de l'en tirer. Mais le brave Gauvain, après de vains efforts, ne put lui rendre ce service:

— Ah! sire chevalier, lui dit alors la demoiselle, c'est bien malheureux pour vous, mais vous ne sortirez pas de ce château sans honte!

Condamnée à un supplice temporaire pour des fautes dont elle ne lui fit pas l'aveu, cette demoiselle prévint Gauvain que, dans l'année, il devait se présenter un chevalier que ses vertus et sa sagesse rendraient digne d'aborder le Saint-Graal, et qui la tirerait de son bain bouillant, mais qu'elle voyait avec peine que cette gloire n'était pas réservée à Gauvain.

Celui-ci quitta alors la jeune pécheresse, et s'avança dans l'intérieur du château pour en trouver le maître. Il fut entouré bientôt d'une foule de chevaliers qui le désarmèrent et le reçurent avec politesse, jusqu'à ce que le chevalier roi vînt lui-même accueillir l'étranger.

On passa silencieusement dans une autre salle; on dressa des tables, toute la compagnie s'assit, se mit en oraison, lorsqu'une colombe tenant un encensoir à son bec apparut et remplit l'air des plus doux parfums.

Bientôt après sortit d'une chambre voisine une demoiselle d'une beauté merveilleuse, portant en ses mains et au-dessus de sa tête un magnifique vase en forme de calice, dont il était impossible de reconnaître la matière.

Gauvain le regarda avec surprise; toutefois il admira par-dessus tout l'ineffable beauté de la jeune demoiselle qui le tenait.

A mesure que la demoiselle passa devant les assistants, chacun d'eux s'agenouilla, et, tout à coup, les tables se trouvèrent couvertes de mets aussi précieux que variés. Les assistants prirent leur repas, excepté Gauvain, qui, tout occupé du spectacle qui l'entourait, chercha trop tard et vainement des mets qui avaient disparu dès l'instant que la demoiselle, ayant fait sa tournée, était rentrée dans la chambre.

Peu à peu tous les chevaliers se levèrent et allèrent dans diverses parties du château.

Pour Gauvain, resté seul, il voulut enfin se mettre en marche et reprendre sa route; mais toutes les issues du palais étaient fermées, et il finit par rencontrer un nain qui lui répéta brutalement ce qui lui avait déjà été dit par la demoiselle dans la cuve bouillante: « qu'il ne sortirait pas de ce château sans honte! »

Gauvain prit alors le parti de passer dans une autre chambre où il trouva un lit dans lequel il se proposait de se coucher, lorsqu'il entendit la voix d'une demoiselle qui lui cria:

— Ah! chevalier, tu mourras si tu te couches désarmé, car c'est le lit aventureux. Voici des armes, prends-les et couche-toi alors si tu veux.

Gauvain prit les armes et se mit au lit.

Mais à peine allait-il céder au sommeil, qu'un javelot dont le fer était flamboyant se dirigea sur lui, le frappa à l'épaule et lui fit une blessure très-grave.

Pendant le reste de la nuit, le blessé eut encore deux ou trois visions qui se terminèrent par un combat que Gauvain eut à soutenir avec un chevalier qui le mena fort rudement.

Après ce combat, un vent terrible souffla, des éclairs brillèrent, des coups de tonnerre se firent entendre dans le château jusqu'à ce qu'enfin le calme succéda à cet orage.

Alors un air doux, tranquille et embaumé régna

partout; deux cents voix firent entendre le plus agréable concert, en célébrant la gloire du roi des cieux.

Gauvain, étonné, ouvrit les yeux, mais il ne vit rien.

Bientôt il s'aperçut qu'en tout cela il n'y avait rien de terrestre; et après avoir fait des efforts pour se lever, il retomba épuisé par la perte du sang de sa blessure.

De la place où il était étendu, il vit la même demoiselle, qui, la veille, avait apporté le saint vaisseau devant les tables; elle était précédée de deux cierges et de deux encensoirs. Lorsqu'elle eut posé le saint vaisseau sur la table d'argent, dix cassolettes ne cessèrent pas d'encenser, et un grand nombre de voix se mirent à chanter avec une suavité ineffable : *Béni soit le père des cieux.*

Mais, à peine la demoiselle, portant le vase, se fut-elle retirée, que les chants cessèrent et que Gauvain se retrouva dans l'obscurité.

Ce fut alors seulement qu'il s'aperçut du divin effet qu'avait produit sur lui la vue du saint vaisseau. Cette terrible blessure à l'épaule que lui avait faite la lance enflammée était guérie.

Joyeux, il se leva et partit pour chercher le chevalier par qui il avait été si cruellement maltraité, lorsque tout à coup une grande quantité de gens s'emparèrent de lui, l'emportèrent hors de la salle, et le lièrent dans une charrette stationnée dans la cour.

Placé sur ce tombereau ignominieux au timon duquel était attaché son écu, on le conduisit jusqu'à la ville voisine, où il fut livré à l'insolence des ménétriers et du populaire.

Enfin, une vieille femme eut pitié de lui; elle le délia dès qu'il fut sorti de la ville, et le pauvre Gauvain, honteux, confus, marcha dans la campagne jusqu'à ce qu'il rencontra un ermite à qui il fit le récit et demanda l'explication de toutes les merveilles dont il avait été témoin.

— Certes, c'est le Saint-Graal ou le saint sang de Notre-Seigneur! lui répondit le solitaire, qui, après avoir satisfait sa curiosité sur tout ce qu'il avait vu, lui recommanda de garder ce secret, et de faire en sorte, à l'avenir, de se conduire plus saintement, afin de jouir et de profiter pleinement des vertus divines du saint vase.

CHAPITRE XVII

Comment, après le récit de messire Gauvain, la reine Genièvre devint songeuse et attira le beau Lancelot dans une embrasure de fenêtre, pour expliquer la cause de sa mélancolie.

Tout le monde était resté sous l'impression du récit fait par monseigneur Gauvain devant la compagnie, et enregistré par les quatre clercs de la Table Ronde.

L'imagination de la belle reine Genièvre surtout fut frappée et attristée plus qu'elle n'eût voulu l'être. Aussi, à un moment, comme elle se trouvait presque isolée avec Lancelot dans une embrasure de fenêtre, elle profita de cette occasion pour lui ouvrir son cœur.

— Ah! Lancelot, mon doux ami, lui dit-elle tout bas à l'oreille comme un murmure de source, comme un chant de rossignol, avez-vous fait attention au récit que messire Gauvain vient de faire de l'aventure de la Chapelle Ruinée, et à ce qu'il affirmait que jamais un chevalier qui se serait laissé aller aux faiblesses de la chair ne pourrait mettre à fin les aventures du Saint-Graal?

— Oui, ma dame, répondit Lancelot, j'ai parfaitement entendu et parfaitement compris le récit de monseigneur Gauvain.

La reine Geniève reprit :

— Que j'ai de regret, ô mon doux ami! de ce que, par cette disposition où vous vous trouvez vous-même, vous ayez perdu le mérite de tous vos exploits et prouesses terrestres!... Aussi pouvez-vous dire que vous avez acheté mon amour bien cher, puisque pour moi vous avez perdu ce que vous ne pourrez jamais recouvrer!... Sachez que je n'en suis pas moins affligée que vous... Je le suis même peut-être davantage, car c'est une grande faute que j'ai commise en vous aimant et en me laissant aimer de vous... Dieu vous avait créé le plus beau et le plus gracieux des hommes; il vous avait accordé la grâce de pouvoir prétendre en l'accomplissement des aventures du Saint-Graal... Cependant, vous l'avez perdue par le fait de notre union. Mieux vaudrait que je ne fusse jamais née, car je n'eusse pas empêché l'accomplissement de si nobles faits!

— Ma dame, dit Lancelot, vous avez tort de parler ainsi; soyez certaine que je ne serais jamais parvenu à l'élévation où je suis, si vous n'aviez pas existé. De moi seul, en commençant, je n'aurais jamais eu le courage d'entreprendre aucune chevalerie, ni de tenter des choses auxquelles tous les autres ont renoncé par défaut de puissance. Mais ce que je vis en vous de si haute beauté éleva tellement mon courage en orgueil, qu'il n'y avait pas d'aventure si périlleuse, que je ne fusse certain de la mettre à fin; car je savais bien que, si les aventures ne se terminaient pas par des prouesses, jamais je n'arriverais jusqu'à vous...

— Aussi vous avouerai-je sincèrement, interrompit la reine, que, comme ce motif était ce qui accroissait vos vertus, je ne m'en veux pas de ce que vous m'avez aimée, puisque j'ai été cause de vos prouesses; mais ce qui me chagrine de cet amour, c'est qu'il vous a fait perdre le droit d'achever les hautes aventures du Saint-Graal, en l'honneur duquel la Table Ronde a été instituée.

— Ces aventures, je les tenterai cependant, reprit Lancelot, je les tenterai pour l'amour de vous, ma dame et ma reine!

La conversation en resta là, empêchée qu'elle fut par l'arrivée de deux ou trois dames qui étaient inquiètes et jalouses de voir la belle Genièvre deviser un si long temps et si secrètement avec le beau Lancelot.

Le lendemain, le roi Artus partit pour regagner à petites journées la Petite-Bretagne, après toutefois avoir laissé au château de la Roche une garnison suffisante pour le préserver de toute invasion et de tout maléfice de la part des Sesnes ou de la belle Commille.

Quand il fut arrivé en Karaheu, sa cité, Gallehault le pria de lui donner congé pour un temps quelconque, et de le laisser emmener Lancelot en son pays. Artus ne le voulut pas tout d'abord, mais la reine l'y décida en lui disant :

— Laissez-le aller, Sire, puisqu'il veut l'emmener avec lui... Ce n'est pas pour toujours... Par ainsi, Lancelot nous reviendra, croyez-le.

Gallehault et Lancelot partirent.

CHAPITRE XVIII

Comment une demoiselle de Camelide apporta au roi Artus une lettre envoyée par une fausse reine Genièvre.

Bientôt après le départ des deux bons compagnons dont nous venons de parler, le roi Artus, tenant sa cour à Kamalot, en eut précisément nouvelles par un messager par eux envoyé.

Le roi reçut ces nouvelles avec une grande joie, moins grande cependant que celle de la reine Genièvre et de la dame de Mallehault, lesquelles furent heureuses d'apprendre que leurs amis étaient encore en vie.

Mais, hélas! les joies humaines sont de courte durée. Celle de la belle reine Genièvre fut bien vite troublée, car, après le messager de Gallehault, arriva une demoiselle montée sur un palefroi richement caparaçonné.

Cette inconnue descendit et s'avança fièrement devant le roi, siégeant au milieu de ses barons, elle-même escortée d'une trentaine d'hommes, tant chevaliers que sergents. Elle était de la plus grande beauté, portant une riche cotte de soie et un non moins riche manteau de drap noir à pennes d'hermine.

— Sire, dit-elle en jetant à terre, avec un geste superbe, la guimpe de soie qui dérobait une partie de ses attraits, Dieu vous garde!...

— Demoiselle, répondit Artus, ébloui de tant de charmes, Dieu vous donne bonne aventure!... Que souhaitez-vous de moi ?

— Sire, reprit la demoiselle interrogée, vous passez généralement pour le plus sage, le plus prudent, le plus vaillant, le plus loyal prince de la terre, et cependant vous manquez de loyauté, de prudence et de sagesse...

Ce discours étonna tout le monde, depuis les barons, qui murmurèrent, jusqu'au roi Artus, qui pâlit de dépit d'être ainsi jugé.

— A propos de quoi, demoiselle, me jetez-vous ce reproche au visage? s'écria-t-il.

— C'est à propos d'une félonie commise par vous, Sire, répondit-elle fièrement, sans plus se laisser intimider par les regards courroucés du roi.

— Et pourriez-vous me dire en quoi consiste cette félonie ? demanda Artus.

— Volontiers, Sire, répliqua-t-elle.

Lors, s'avançant vers un chevalier de grand âge et de barbe fleurie blanche qui était de sa compagnie et qui portait entre ses bras une boîte d'or ornée de pierreries, la demoiselle inconnue lui dit :

— Sire Bertellac, veuillez ouvrir ce coffret.

Le vieux chevalier obéit. Lorsque le coffret fut ouvert, la demoiselle en tira une lettre scellée d'un sceau de cire noire, et la présenta ensuite au roi Artus.

— Qu'est-ce que cela? demanda ce dernier, violemment ébahi de ce qu'il voyait et entendait.

— C'est une lettre de ma dame et maîtresse à vous destinée, répondit la demoiselle.

— Et quel nom a votre maîtresse?

— Ma dame a nom la reine Genièvre, fille du roi Léodagan de Camelide...

A cette réponse, chacun se regarda, étonné, et regarda la demoiselle inconnue, la supposant hors de sens et de raison.

— De quelle reine Genièvre me parlez-vous? reprit le roi. Je n'en connais qu'une pour ma part, laquelle était céans tout à l'heure et n'a pu, conséquemment, vous envoyer comme messagère.

— Faites venir celle que vous dites là, Sire, car c'est devant elle que doit être lue cette lettre de ma dame et maîtresse...

L'étonnement du roi Artus et de ses barons était à son comble. Chacun croyait rêver, et pourtant chacun était parfaitement éveillé, et celle qui parlait en ce moment n'était une folle en aucune façon.

— Faites venir celle que vous appelez la reine Genièvre! répéta pour la seconde fois la demoiselle inconnue.

Le roi Artus envoya chercher sa femme, qui vint aussitôt, car elle était dans une chambre voisine, en train de deviser avec la dame de Mallehault au sujet du beau Lancelot et de son ami Gallehault.

CHAPITRE XIX

Comment la demoiselle de Camelide ayant remis au roi Artus la lettre de sa dame et maîtresse, et ce prince l'ayant donnée à lire à deux de ses clercs, ceux-ci s'y refusèrent successivement en pleurant.

Donc, Genièvre s'en vint à l'appel du roi, son seigneur et mari, et, aussitôt qu'elle fut là, ce dernier bailla la lettre mystérieuse à celui de ses clercs qui était le mieux parlant.

— Lisez, sire clerc, lui dit-il.

Le clerc prit la lettre, rompit le sceau, et lut rapidement, mais à voix basse.

— Lisez tout haut, lui dit le roi Artus.

Le clerc, au lieu de lire, se mit à pleurer et à regarder la belle reine Genièvre, qui, en ce moment, ignorante de ce qui se préparait contre elle, regardait curieusement la demoiselle inconnue, en s'appuyant sur l'épaule de messire Gauvain.

— M'avez-vous entendu, sire clerc? s'écria le roi, étonné au dernier point de l'attitude de cet homme.

Mais celui-ci, n'en pouvant plus, se laissa choir, pâmé, dans les bras de monseigneur Yvain, accouru en le voyant défaillir.

— Qu'est-ce que cela signifie? murmura Artus.

Et, pendant qu'on emportait ce clerc hors de la salle, il ordonna qu'on en allât quérir un second.

Quand ce second clerc fut arrivé, le roi lui tendit la lettre qu'avait laissé échapper de ses mains le premier et qui avait été ramassée par messire Yvain.

— Veuillez prendre cette lettre, lui dit-il, et nous dire ce qu'elle contient...

L'attention devenait de plus en plus vive. On devinait là-dessous quelque trame perfide, et on tremblait d'avance qu'elle ne fût divulguée.

Mais, aussitôt que ce second clerc eut parcouru des yeux la lettre fatale, il fit comme le premier : il pleura à chaudes larmes en regardant la reine Genièvre.

— Lirez-vous cette lettre, et nous direz-vous ce qu'elle contient, sire clerc? lui demanda le roi Artus, impatienté.

— Je ne puis, Sire, répondit le clerc en lui rendant la lettre et en se retirant, le visage pâle et les yeux humides.

— Qu'on aille chercher le chapelain! s'écria Artus.

CHAPITRE XX

Comment les deux clercs du roi Artus n'ayant pas voulu lire la lettre fatale, ce prince fit appeler son chapelain qu'il força de la lire.

vain revint bientôt, et avec lui entra le chapelain du roi Artus.

— Vous m'avez fait demander, Sire, dit ce saint homme en saluant humblement la noble compagnie.

— Oui, sire chapelain, répondit Artus; je vous ai appelé pour me lire cette lettre... Sur la messe que vous avez aujourd'hui chantée, je vous somme de me dire ce que contient ce parchemin!...

Le bonhomme prit la lettre, l'ouvrit et lut. Mais à mesure qu'il lisait, ses yeux se voilaient de larmes et ses vieux genoux tremblaient.

— Ah! Sire, murmura-t-il d'un ton suppliant, épargnez-moi la douleur de lire plus avant...

— Vous vous êtes engagé à la lire jusqu'au bout, sur la messe que vous avez chantée ce matin : sire chapelain, lisez donc !...

Le bonhomme dut obéir; mais jamais chose ne lui coûta tant.

Voici ce que contenait cette lettre :

« Roi Artus,

« Tu me délaisses et dédaignes trop longtemps. Je viens réclamer de toi mon devoir et mon dû.

« Tu oublies qu'il y a de par le monde une femme à laquelle tu as été conjoint solennellement au moustier de Saint-Étienne-le-Martyr, en la cité de Logres, et que cette femme, c'est moi, Genièvre, fille du roi Léodagan de Camelide. Tu oublies que de rien je t'ai fait tout, et d'écuyer roi, en me donnant à toi et en te donnant avec moi la Table Ronde, qui fait actuellement ta gloire et ta renommée.

« Mais, encore une fois, il est temps que cette iniquité cesse et que les traîtres soient punis. Je te somme donc, roi Artus, de me livrer la fausse femme qui a usurpé mon nom, mon rang et ma place à ta cour, sur ton trône et dans ta couche royale, et de me réintégrer en son lieu dans tous mes droits et privilèges, ainsi que faire se doit.

« Je t'envoie, pour te confirmer de vive voix cette lettre, Hélye, ma cousine germaine, en qui j'ai toute confiance, et le preux et sage chevalier Bertellac, qui est chargé d'appuyer son dire et le mien, si besoin est.

« Sur ce, roi Artus, je prie Dieu qu'il vous éclaire et vous fasse venir à résipiscence.

« La reine Genièvre. »

Le roi Artus resta accablé sous le poids des révélations que contenait cette lettre; et ses barons, confondus comme lui, imitèrent son silence, outrageant pour la vraie reine Genièvre, qui n'avait pas tressailli une seule fois, pourtant, durant la lecture que venait de faire le chapelain.

— Ah! si Lancelot était là! se contenta-t-elle de murmurer.

— Tout ceci est un tissu de mensonges! s'écria généreusement monseigneur Gauvain, en s'avançant comme pour protéger la reine.

— Des mensonges qu'il nous est facile de prouver, répliqua dédaigneusement la demoiselle que la lettre désignait sous le nom d'Hélye; car, ce que ne dit pas cette lettre de ma dame et maîtresse, la reine Genièvre, fille du roi Léodagan de Camelide, je vais vous le dire, moi, sa cousine germaine.

Lors, se tournant vers le roi Artus, Hélye lui dit :

— Sire, faut-il donc vous rappeler comment vous avez épousé, non pas cette fausse reine que voici, et qui mérite la prison et le bûcher, mais l'autre, la véritable, celle qui été si longtemps victime d'une abominable trahison ? Faut-il donc vous rappeler dans quelles circonstances vous êtes venu en Camelide, à la cour du roi Léodagan. Vous n'étiez pas roi alors, mais bien simple chevalier... Le roi Léodagan vous fit le meilleur et vous hébergea de Noël à la Pentecôte... Or, un jour, comme vous étiez assis à la Table Ronde de ce prince, et que vous découpiez un paon, il vous arriva d'en distribuer si également à chacun des cent cinquante chevaliers qui étaient à cette table avec vous, que le roi Léodagan, émerveillé, vous donna sa fille bien-aimée, la belle reine Genièvre, et, avec sa fille, la fameuse Table Ronde qui a depuis tant illustré votre cour et votre nom... Cela, vous ne l'ignoriez pas, mais ce que vous ignoriez peut-être, c'est que la nuit même de vos noces, la belle reine Genièvre, ma dame et maîtresse, vous était enlevée, et qu'on lui substituait, par une indigne félonie, cette fausse reine que voici, laquelle a eu jusqu'ici, contre toute justice, le bénéfice de votre amour et de votre rang... Voilà la vérité, Sire, et je demande à vous la prouver par la prouesse du chevalier Bertellac, qui m'a accompagnée céans pour défendre les droits de sa reine...

CHAPITRE XXI

Comment, après la lecture de la lettre de la fausse reine Genièvre et après le récit de la demoiselle Hélye, le roi Artus, grandement embarrassé, assigna un rendez-vous pour la Chandeleur suivante.

Si la lettre de la fausse reine Genièvre avait ébahi le roi Artus et ses barons, ce récit de la demoiselle Hélye les étonna davantage encore. D'autant plus que, pour le roi Artus, il y avait des apparences de vérité dans ce qui venait de lui être dit.

Aussi resta-t-il tout pensif, sans oser regarder la reine Genièvre, que tant d'impostures avaient fini par troubler elle-même.

Messire Gauvain s'avança de nouveau, pour protester.

— Les mensonges s'accumulent! s'écria-t-il avec colère. Je maintiens que tout ceci n'est que fausseté et trahison et je le soutiendrai contre qui le voudra!...

— Vous le soutiendrez donc contre moi, répliqua le vieux chevalier Bertellac en s'avançant à la rencontre du neveu d'Artus.

Chacun tressaillit en voyant ce vieil homme, tout blanc, tout ridé, tout voûté, qui semblait, à cause de cela, incapable de soutenir une trahison et de venir en aide à des traîtres.

Dodineaux-le-Sauvage, qui était aux pieds du roi, se leva alors et dit en ricanant :

— C'est une risée! Monseigneur Gauvain ne peut combattre contre ce vieil homme qui tombe en enfance et qui n'aurait pas même la force de tenir son épée... Il faut lui choisir un autre adversaire que le neveu du roi Artus, s'il persiste à défendre les prétentions de sa dame...

— Certes, oui, je persiste! répondit Bertellac, sans plus s'émouvoir.

— Vous persistez, vraiment? reprit Dodineaux.

— Vraiment, oui, je persiste!

— Alors, dit Dodineaux, je propose qu'on vous donne pour adversaire Karras de Quimer!...

Karras de Quimer était un vieux chevalier de la cour du roi Artus, qu'on respectait à cause de son grand âge, mais qui ne pouvait vraiment plus prétendre à cueillir les palmes des tournois.

Aussi, en entendant la proposition de Dodineaux, l'assemblée des barons ne put-elle s'empêcher de rire, malgré la gravité du cas.

— Rira bien qui rira le dernier, dit Hélye en regardant fièrement la noble compagnie, et surtout la pauvre reine Genièvre, plus morte que vive.

Le roi Artus, de plus en plus perplexe, fit taire la rumeur pour parler à la demoiselle de Camelide.

— Demoiselle, lui dit-il, tout ce que je viens d'apprendre est d'une telle gravité, que je ne puis prendre sur moi la responsabilité d'une décision... Je vais assembler d'ici à peu toute ma baronnie, et lorsqu'elle aura prononcé, je vous en informerai... Par ainsi, veuillez retourner auprès de votre dame et maîtresse et lui donner rendez-vous, en mon nom, pour la Chandeleur prochaine, en un château qui est en la marche d'Irlande de Camelide, le château de Bedingan...

— J'accepte au nom de ma dame et maîtresse, répondit Hélye en se retirant.

— Ah! si Lancelot était là! murmura la pauvre Genièvre en sentant son cœur défaillir sous une angoisse suprême.

— Madame, dit respectueusement messire Gauvain en venant s'agenouiller devant la reine, je vous supplie de vous souvenir, en tout temps, que ce que j'ai été pour vous, je le serai jusqu'à la dernière heure de ma vie...

— Merci, mon beau neveu, répondit la belle princesse avec un sourire qui était une récompense.

CHAPITRE XXII

Comment la dame de Mallehault envoya dix clercs en Soreloys pour prévenir Gallehault et Lancelot de ce qui se passait à la cour du roi Artus.

En même temps que partait la demoiselle de la fausse reine Genièvre, partaient aussi de Kamalot une dizaine de clercs chargés par la dame de Mallehault d'aller trouver en Soreloys le vaillant Gallehault, et de le mettre au courant des événements qui venaient de se passer à la cour du roi Artus.

Les dix clercs cheminèrent le plus vitement qu'ils purent, et, finalement, ils arrivèrent en la cité où se tenait d'ordinaire le preux Gallehault, auprès duquel ils furent admis sans désemparer, car ils venaient au nom de sa mie.

— Sire, lui dirent-ils, il se passe d'étranges choses en la cour du roi Artus !.. De bien étranges choses, en vérité !

— Et quelles sont-elles donc ? demanda Gallehault.

— Il est venu, il y a peu de temps, à Kamalot, une demoiselle richement appareillée, qui a déclaré au roi Artus venir au nom de sa légitime femme, la reine Genièvre, non point celle que vous connaissez comme nous, mais une autre dont nous n'avions jamais ouï parler... Et pourtant, il paraît que c'est précisément celle-là qui est la bonne.

— Cela n'est pas possible ! Je rêve ou vous rêvez vous-même ! s'écria Gallehault.

— Sire, nous ne rêvons pas : nous sommes envoyés vers vous par très-haute et très vertueuse dame Mallehault, à seule fin de vous mettre au courant de ce qui se passe, vous et monseigneur Lancelot du Lac.

— Lancelot ! Ah ! gardez-vous bien au contraire de tout ceci, lorsque vous le verrez, car il est absent présentement... Ne l'avertissez de rien, à moins que je ne vous y autorise... Voilà quelque temps qu'il me manque, mais j'espère le revoir bientôt, et vous comprenez bien que lorsque je l'aurai revu, je me donnerai bien de garde de le laisser repartir... Or, s'il apprenait en quel danger est sa dame la reine, il quitterait tout pour l'aller défendre !... Par ainsi, restez muets sur ce sujet lorsque vous le verrez céans !...

Les clercs promirent, et après avoir donné à Gallehault certains autres détails qui l'intéressaient spécialement, lesquels avaient trait à la dame de Mallehault, ils s'allèrent reposer dans la chambre que leur avait fait préparer leur hôte.

CHAPITRE XXIII

Comment Lancelot du Lac se mit en quête de l'aventure du Saint-Graal et fut repu, et comment la vieille Brisanne résolut de l'accointer avec la fille du roi Perlès.

Au milieu des distractions que lui procurait chaque jour Gallehault, Lancelot pensait souvent à ce que lui avait dit sa dame bien-aimée, la belle reine Genièvre, touchant l'aventure du Saint-Graal.

Or, un jour, n'y tenant plus, il partit seul le jour, à l'insu de son compagnon Gallehault et arriva dans la forêt que messire Gauvain avait traversée quelque temps auparavant. Puis, à l'issue de cette forêt, il avisa la forteresse précédemment avisée par Gauvain, et il y entra.

Quand il fut entré, une voix cria :

— Lancelot du Lac ! Lancelot du Lac ! Lancelot du Lac !

Et aussitôt, le maître de céans apparut, escorté de chevaliers qui se mirent en devoir de désarmer Lancelot, avec la plus grande courtoisie.

— Vous êtes le vaillant Lancelot du Lac ? dit-il à l'amant de la reine Genièvre.

— Oui, Sire, répondit Lancelot, étonné. Et, puisque vous savez si bien mon nom, ne pourrais-je pas savoir aussi le vôtre ?

— Je suis Perlès, roi de la Terre Etrangère.

Lancelot, tout en devisant ainsi, suivit celui qui venait de le nommer par son nom, dans l'intérieur du château.

C'est ainsi qu'ils arrivèrent en une salle où les tables étaient dressées, comme les attendant.

Tout à coup, comme le roi Perlès et Lancelot reprenaient leurs propos, ce dernier vit entrer par une fenêtre la colombe que messire Gauvain avait vue autrefois.

Elle portait en son bec un encensoir d'or, et à peine eut-elle pénétré dans le palais, qu'il se remplit de toutes les bonnes odeurs qu'il est possible d'imaginer.

Alors tout le monde se tut et s'agenouilla. Les nappes furent mises sur les tables ; et chacun, sans dire un mot, et sans être invité, prit place.

Tout émerveillé que fût Lancelot, à la vue de ce qui se passait, il fit comme les autres, s'assit devant le roi et se mit en oraison ainsi que tout le monde. Mais il ne se passa que peu de temps, sans qu'ils vissent sortir d'une chambre la demoiselle que monseigneur Gauvain avait trouvée si belle, et que Lancelot prisa tellement, qu'il s'avoua n'avoir jamais vu une femme d'une si grande beauté, excepté la reine, sa dame, et que les promesses de la demoiselle qui l'avait amené étaient réalisées.

Alors il regarda le riche vaisseau que la demoiselle tenait entre ses deux mains. La forme de ce vase était celle d'un calice, ce qui lui donnait l'apparence d'une chose sacrée. Aussi Lancelot commença-t-il à joindre les mains et à s'incliner humblement ainsi que tous les assistants.

Cela fait, les tables furent tout à coup chargées des mets les plus beaux, et le palais se remplit de tous les différents parfums qui se recueillent dans le monde.

Mais, quand la demoiselle eut fait un tour devant la compagnie, elle s'en retourna droit dans la chambre d'où elle était venue.

Le roi Perlès dit alors à Lancelot :

— Certes, j'ai eu grand'peur que la grâce de Notre-Seigneur ne vous faillît, comme elle a manqué l'autre fois quand monseigneur Gauvain se présenta ici.

— Beau sire, répondit Lancelot, il n'est pas besoin que Notre-Seigneur, qui est si bon, soit toujours courroucé contre les pauvres pécheurs.

Après avoir ainsi devisé et lorsqu'ils furent restaurés, on se leva de table, et le roi demanda à Lancelot ce qui lui semblait de la demoiselle qui portait le riche vaisseau ?

— Je n'ai jamais vu de si belle dame, dit-il.

Quand le roi eut ouï ces paroles, lui, qui avait entendu parler de la beauté de la reine Genièvre, il jugea que les paroles de Lancelot étaient vraies.

Alors il alla trouver Brisanne, la gouvernante de

sa fille, et lui rapporta tout ce que Lancelot en pensait et en avait dit.

— Je vous l'avais bien assuré, Sire, observa Brisanne; mais attendez un peu ici, et je vais aller parler au chevalier.

En effet, elle alla vers Lancelot, à qui elle demanda des nouvelles d'Artus sur le compte duquel Lancelot dit ce qu'il en savait.

— Quant à la reine, ajouta Brisanne, je ne vous demande pas comment elle se porte, car il n'y a pas longtemps que je l'ai vue en bonne santé et joyeuse.

A ces mots, le cœur du chevalier tressaillit de joie, et Lancelot demanda à Brisanne où elle avait rencontré Genièvre.

— Sire, dit-elle, tout près d'ici, à deux lieues, où elle compte passer la nuit.

— Dame, vous voulez vous jouer de moi?

— Grand Dieu, je suis bien loin de cette pensée; mais, afin de vous donner toute confiance en ce que je dis, venez avec moi, et je vous la ferai voir.

— Volontiers, dit Lancelot, qui se mit aussitôt en devoir d'aller chercher ses armes.

Quant à Brisanne, elle retourna aussitôt auprès du roi Perlès, qui l'attendait dans sa chambre.

— Q'avez-vous arrangé, Brisanne? lui demanda-t-il.

— Faites monter à l'instant votre fille à cheval, répondit la gouvernante, et envoyez-la incontinent au château le plus proche d'ici que vous ayez. Là vous la ferez mettre au plus riche lit qui soit. Pour moi, je me charge d'y conduire le beau Lancelot, à qui je ferai entendre facilement que votre fille n'est autre que la reine Genièvre... Et, après lui avoir donné un breuvage qui lui montera au cerveau, je ne doute point qu'il ne fasse ce que je voudrai et que nous ne réalisions ainsi toutes nos intentions...

CHAPITRE XXIV

Comment Lancelot du Lac fut déçu par Brisanne, et posséda sans le savoir la gente fille du roi Perlès.

Sans plus tarder, le roi Perlès fit partir sa fille à cheval, avec une escorte de vingt chevaliers qui la conduisirent au château de Duale, où on lui fit préparer, dans une des salles, un lit magnifique où la demoiselle fut mise par l'ordre des chevaliers.

De son côté, Lancelot avait revêtu ses armes, était monté à cheval, et, accompagné de Brisanne, il ne tarda pas d'arriver aussi au château de Duale.

La nuit était venue, mais la lune n'était point levée, en sorte que Brisanne mena Lancelot dans une salle bien éclairée où se trouvaient les chevaliers qui, le voyant, le saluèrent, lui dirent qu'il était le bienvenu, et le débarrassèrent de ses armes.

Cependant Brisanne, toujours occupée d'achever ce qu'elle avait entrepris, confia à une jeune fille du château l'élixir qu'elle avait préparé, en lui recommandant d'en donner à pleine coupe, et non d'autre boisson, à Lancelot, lorsqu'il demanderait à boire, ce que promit de faire exactement la jeune fille.

En effet, quand Lancelot fut désarmé, il demanda à boire à cause du grand chaud qu'il avait eu en venant. Toutefois, il s'enquit d'abord où était sa dame, la reine.

— Sire chevalier, répondit Brisanne, elle est dans cette chambre où elle est déjà endormie, à ce que je crois.

Alors, la jeune fille apporta dans une coupe la boisson, qui était plus claire que de l'eau de fontaine, mais couleur de vin, et l'offrit à Lancelot, qui but avec avidité, comme quelqu'un qui est très-altéré.

Buvez, buvez tout hardiment, lui dit Brisanne, cela ne peut pas faire mal.

Le chevalier en redemanda et but de nouveau. La boisson le rendit gai, et, devenant parleur, il interrogea encore Brisanne pour savoir comment il pourrait voir sa dame, la reine.

Mais la gouvernante attendit quelque peu, jusqu'à ce qu'elle crut s'apercevoir que le chevalier ne savait plus où il était ni comment il était venu. Quand elle se reconnut qu'il se croyait dans la cité de Kamalot et assisté par une dame du service de la reine Genièvre; lorsqu'enfin elle fut certaine que l'on pouvait facilement le tromper, elle lui dit :

— Sire, madame peut bien être déjà endormie, pourquoi tardez-vous tant d'aller lui parler ?

— Parce qu'elle ne me demande pas; mais si elle me faisait avertir, j'irais.

— Eh bien ! dit Brisanne, vous ne tarderez pas à en avoir des nouvelles.

Alors, la gouvernante entra dans la chambre voisine, fit semblant de parler à la reine, puis revint vers Lancelot, à qui elle lui dit :

— Sire chevalier, madame vous attend, et me charge de vous dire que vous alliez lui parler.

— Le chevalier ne fut pas long à se défaire de ses habits. Il entra en chemise dans la chambre, alla se coucher avec la demoiselle dans la persuasion où il était que c'était la reine, et la fille du roi Perlès qui n'avait pas de plus ardent désir que de posséder celui qui était enluminé de chrétienne chevalerie, le reçut en toute joie et en lui faisant un accueil tout semblable à celui qu'avait coutume de lui faire madame la reine.

Ainsi furent réunis le meilleur et le plus beau chevalier qui fut alors et la plus belle fille de ce temps; mais chacun avec une intention bien différente, car la fille ne se livrait pas à son amour à cause de la beauté du chevalier, ou par ardeur charnelle, mais dans l'espoir du fruit qu'elle devait concevoir, et dont il devait résulter un grand bien.

Quant à Lancelot, il aimait la fille du roi Perlès d'une manière tout autre, car il n'avait point l'idée de sa beauté, mais ne pensait qu'à sa dame la reine. Ce fut cette idée qui l'anima tellement, qu'il connut la fille de Perlès comme Adam connut sa femme, mais non pas dans la même intention, car Adam connut sa femme loyalement et par le commandement de Notre-Seigneur, tandis que Lancelot connut cette fille en péché, en luxure, contre Dieu et contre la sainte Église.

Mais le Maitre en qui toute bonté est réunie, et

qui ne juge pas à la rigueur, selon le crime des pécheurs, ne voulut pas qu'ils fussent à tout jamais perdus, et il leur donna à tous deux tel fruit à engendrer et concevoir de telle sorte, que par la fleur de virginité qui fut flétrie et corrompue en cette occasion, il fut conçu une autre fleur de la douceur de laquelle maintes terres furent alimentées. Car, ainsi que l'histoire du Saint-Graal nous l'apprend : de cette fleur perdue fut procréé Galaad le vierge, le très-souverain, qui mit à fin les aventures du Saint-Graal, et s'assit au périlleux siége de la Table Ronde, où jamais chevalier n'avait pu prendre place sans qu'il ne fût frappé de mort.

CHAPITRE XXV

Comment, après avoir reconnu qu'il avait été déçu, Lancelot du Lac voulut tuer la fille du roi Perlès, et comment, lui ayant pardonné, il reprit son chemin.

Retournons à Lancelot. Il avait passé toute la nuit avec la fille du roi Perlès. Quand le jour fut venu, le fils du roi Ban s'éveilla tout à coup, regarda autour de lui, et n'aperçut rien que les ténèbres, car les fenêtres de la chambre étaient si bien fermées que les rayons du soleil n'y pouvaient pénétrer.

La force du breuvage que Lancelot avait bu était déjà faillie, et il commençait à reprendre ses esprits. Etonné, il chercha où il pouvait être, et, en cherchant, il rencontra la gente pucelle, à qui il demanda qui elle était.

— Sire, lui répondit-elle d'une voix douce, je suis la fille du roi Perlès, de la Terre Foraine.

En entendant cela, Lancelot comprit qu'il avait été déçu. Lors, il sauta à bas du lit, prit sa chemise, se chaussa, s'habilla, revêtit ses armes, et, ainsi appareillé, rentra dans la chambre, maintenant éclairée.

En apercevant la gente pucelle qui l'avait si agréablement trompé, il devint si triste et si colère que, tirant son épée, il s'en vint vers elle et lui dit :

— Demoiselle, vous vous êtes trop durement moquée de moi, vous mourrez, n'avez-vous pas que vous trompiez ainsi d'autres chevaliers...

Il levait déjà l'épée sur la tête de la pauvrette, qui, ayant déjà grand'peur de mourir, lui cria merci, à mains jointes, en lui disant :

— Ah! franc chevalier, ne me tuez pas, au nom de la pitié que Dieu eut de Marie-Madeleine!...

Lancelot, tout pensif, s'arrêta et vit la plus belle personne qu'il eût jamais rencontrée.

La colère le faisait tellement trembler, qu'à peine s'il pouvait porter son épée. Incertain, il se consultait pour savoir s'il la tuerait ou s'il lui laisserait la vie, tandis que la demoiselle ne cessait pas de lui crier merci.

Nue en chemise, et à genoux, Lancelot la regardait; il contemplait son visage, sa bouche et tous ses traits, où il aperçut tant de beauté, qu'il dit :

— Demoiselle, je m'en irai tout vaincu, et en homme qui n'ose se venger de vous, car je serais trop déloyal et trop cruel si je détruisais de telles beautés. Pardonnez-moi donc si j'ai tiré mon épée contre vous; n'en accusez que mon dépit et ma colère.

— Sire, dit-elle, je vous pardonne comme j'espère que vous me pardonnerez de vous avoir causé du courroux.

Lancelot lui octroya le pardon qu'elle lui demandait. Puis, remettant son épée dans le fourreau, il recommanda la demoiselle à Dieu et partit sans regarder derrière lui.

Peu de temps après il avait rejoint son compagnon Gallehault en sa terre de Soreloys, et comme, en chemin, il avait appris la trahison dont la reine Genièvre était sur le point d'être victime, il força Gallehault à se rendre avec lui à Kamalot.

CHAPITRE XXVI

Comment le roi Artus se trouva avec sa cour à Bedingan le jour de la Chandeleur, et, comment le vieux Bertellac conseilla à la fausse reine Genièvre, pour en finir, d'attirer ce prince en un guet-apens.

Quand le jour de la Chandeleur fut venu, le roi Artus se trouva à Bedingan comme il l'avait promis. Après avoir ouï la messe, il alla au-devant de la demoiselle, qui était appareillée fort richement et avec elle trente pucelles vêtues aussi richement qu'elle.

— Dieu garde Genièvre, la fille du roi Léodagan de Camelide, dit-elle, et maudisse tous les ennemis du roi Artus!... Roi, ajouta-t-elle, j'ai voulu paraître devant vous pour vous prouver la trahison qui a été commise à mon dommage et au vôtre. Je vous ai envoyé ma cousine germaine Hélye pour vous avertir : je viens pour vous confirmer ce qu'elle vous a dit, à savoir que je suis votre loyale épouse, étant la fille du loyal homme qui de son vivant était le roi Léodagan de Camelide.

A cette parole se dressa Gallehault, qui dit :

— Sire, nous demandons que cette demoiselle répète de sa bouche qu'elle est bien la vraie reine Genièvre et qu'elle a été victime de cette trahison dont elle parle.

— Ah! sire chevalier, répondit la demoiselle, je suis bien celle contre laquelle a été faite cette trahison, j'en accuse cette Genièvre que le roi a tenue jusqu'ici, à tort, pour sa légitime compagne et pour la légitime reine de Bretagne...

A ces mots, la reine Genièvre se leva droite, fière et digne.

— Sire, dit-elle, tout ceci n'est que fausseté et mensonge! Jamais je n'ai ourdi de trahison contre personne, et j'ignore de tout point ce que cette demoiselle veut dire!... Par ainsi, Sire, je vous supplie de m'accorder l'autorisation de me défendre au regard de votre cour, et par tel chevalier qu'il me plaira!...

Lors, le roi Baudemagus, allié du roi Artus, lui dit :

— Sire, cette chose est si grande et de si grande affaire, qu'elle ne doit pas être résolue sans jugement ni sans conseil... Avant donc que n'ait lieu la bataille demandée, consultez encore votre cour, afin d'être sûr et certain de ne pas prononcer trop au préjudice ni trop à l'avantage de cette demoiselle...

A Baudemagus succéda Bertellac, chevalier de la demoiselle.

— Sire, dit-il à Artus, ma dame attendra l'issue de votre jugement.

Puis il alla vers la demoiselle, s'entretint avec elle pendant un temps assez long, et, cela fait, revint vers le roi, auquel dit :

— Sire, ma dame vous demande répit de cette chose jusqu'à demain.

— J'y consens, dit le roi.

— Le roi a tort, murmura Gallehault. Quand on a affaire à des traîtres, il faut les étrangler dans leur propre trahison...

La demoiselle se retira là-dessus, avec son cortège, et chevaucha tout le long du jour le plus loin qu'elle put. Quand la nuit fut venue, elle assembla ses barons pour leur demander ce qu'elle avait à faire, et le vieux Bertellac lui dit :

— Dame, si vous attendez le jugement du roi Artus, vous pourriez bien avoir dommage, car si demain la reine veut preuves sérieuses, vous ne pourrez les lui prouver autrement que par la prouesse d'un chevalier, ce qui ne suffira pas en cette grave occurrence... Lors, elle sera sauvée et vous perdue... Et nous avec tous!... Je vous enseignerai donc un moyen de mener à bonne fin cette entreprise, si toutefois vous y voulez consentir...

— Quel est ce moyen, chevalier? demanda la demoiselle, toute pensive.

— Vous verrez demain matin un messager au roi pour lui faire savoir que vous n'êtes pas encore suffisamment conseillée par vos barons et que vous le priez de vous accorder un jour de répit de plus, ce qu'il fera certes bien volontiers!... Après cela, vous suivrez les instructions que je vous donnerai, et ce sera bien le diable si, avant vingt-quatre heures, vous ne le tenez en chartre privée, pour en faire à votre plaisir.

— En quoi consistent ces instructions? demanda la demoiselle.

— Vous lui ferez savoir qu'il y a en la forêt de ce pays le plus monstrueux sanglier qui jamais ait existé... Celui qui lui apprendra cette nouvelle ne lui dira pas qu'il vous appartient; il sera censé venir d'ailleurs et annoncera la chose comme par hasard... Cela ne peut manquer de réussir, car le roi Artus est un grand chasseur, et cette nouvelle le rendra très-joyeux... Lors donc, qu'il sera en la forêt, vous aurez eu soin d'y embusquer vos chevaliers qui s'empareront de lui et le mèneront en Camélide, dans une prison dont il sera heureux de sortir pour devenir votre mari...

— Je suivrai ce conseil, dit la demoiselle.

Et, sans perdre un seul instant, elle dépêcha au roi Artus quatre chevaliers chargés de lui demander le répit, et, en même temps, elle confia à l'un d'eux le soin délicat de décider le roi Artus à la chasse au sanglier.

CHAPITRE XXVII

Comment la fausse reine Genièvre attira le roi Artus dans la forêt de Bedingan, et, là, le fit cerner par ses chevaliers et emmener prisonnier par eux.

Dès l'aube, donc, les quatre chevaliers de la fausse reine Genièvre se mirent en route pour aller trouver le roi Artus à Bedingan.

Trois d'entre eux entrèrent les premiers et demandèrent le répit, qui leur fut aussitôt accordé; après quoi ils remercièrent et prirent congé.

Ils venaient à peine de partir, lorsque leur camarade resté en arrière accourut devant le roi, en criant :

— Dieu sauve le roi et toute sa compagnie! Roi, ajouta-t-il, je t'apporte d'étranges nouvelles sur chose que j'ai vue de mes propres yeux!

— De quoi s'agit-il donc? demanda Artus.

— Il y a dans cette forêt de Bedingan, Sire, un sanglier énorme, épouvantable, que nul, jusqu'ici, n'a osé approcher qu'à distance, comme j'ai fait... Il t'appartient à toi, vaillant prince, de délivrer le pays d'une si monstrueuse bête... L'entreprise est périlleuse; mais à cause de cela elle est tentante... Si tu y réussis, je te tiendrai pour ma part pour un vrai roi!...

Ainsi parla le messager de la fausse reine Genièvre.

— Ah! Sire, allons-y tous! s'écria Gallehault enthousiasmé.

— J'irais bien volontiers aussi, dit Lancelot.

L'entreprise n'avait pas séduit seulement Lancelot et Gallehault; mais, ainsi que l'avait bien prévu la fausse reine Genièvre, le roi Artus bondit d'aise, et commanda sur-le-champ qu'on tint prêt son palefroi. Peu de temps après, il montait à cheval et suivait le messager de la fausse reine Genièvre, ayant pour compagnons Gallehault, Lancelot, messire Gauvain, messire Yvain et quelques autres de sa cour.

Le messager allait devant et ils le suivaient.

C'est ainsi qu'ils arrivèrent dans la forêt, près de

l'endroit où étaient embusqués les chevaliers de la fausse reine Genièvre.

— Sire, dit le messager, c'est ici près la bauge du sanglier... Je crains que le grand nombre de chasseurs ne le dérange mal à propos... Par ainsi, je serais d'avis que vous y allassiez tout seul...

— En effet, dit le roi, nous sommes trop nombreux pour une telle entreprise... J'y vais aller sans vous, chevaliers. Demeurez céans, je vous prie...

Lors, il quitta la compagnie et suivit le messager, emmenant deux de ses veneurs seulement.

— Attention, Sire! dit le messager, quand ils furent arrivés à un endroit isolé.

Artus regarda tout autour de lui, et il aperçut un grand nombre de chevaliers ayant leurs heaumes lacés. L'un d'eux s'avança rapidement vers lui, le prit au frein et lui cria :

— Ne criez pas, ne vous défendez pas, ou vous êtes un homme mort!

Artus comprit vite qu'il n'était pas de force à lutter contre tant d'hommes armés. Toutefois, l'indignation qu'il ressentait de se voir ainsi trahi le poussa à tirer son épée et à se défendre. Un quart d'heure après, son cheval était éventré et il tombait vivant entre les mains des traîtres, sans que ceux-ci eussent songé à lui faire la moindre égratignure. Ses deux veneurs aussi furent pris.

— Daignez monter, Sire, dirent les chevaliers en présentant un cheval frais à Artus.

Il monta, dévorant sa rage, et le cheval prit une grande allure, toujours soigneusement escorté des chevaliers de la fausse reine Genièvre.

Quand il supposa le roi hors d'atteinte, le messager qui l'avait amené dans cette embûche prit son cor et commença à corner, en ayant soin de marcher à contre-poil de l'endroit par où avait disparu le roi Artus.

Gallehault, inquiet, dit à monseigneur Gauvain :
— En vérité, là est monseigneur le roi, et je crois que c'est lui qui nous appelle ainsi.

Tous, alors, jouèrent des éperons et se dirigèrent du côté du cor.

Quand le messager de la fausse reine les entendit venir à lui, il alla rapidement vers un autre point de la forêt et se mit à corner d'importance, afin de mieux dévoyer ceux qui faisaient la quête du roi.

Cela dura jusqu'à la nuit. Lancelot, Gallehault et les autres, désespérés de n'avoir pu trouver trace du roi et désespérant d'en trouver en cherchant plus longtemps, s'en revinrent à Bedingan.

La reine était aux fenêtres, avec une grande compagnie de gens nobles, attendant le retour du roi. Aussi furent-ils tous violemment étonnés quand ils apprirent ce qu'il en était.

Pour la reine, elle eut peur, parce qu'elle comprit que le roi Artus avait été victime d'une trahison.

— Dame, lui dit la mie de Gallehault pour la réconforter, ne vous laissez pas aller ainsi à de sinistres conjectures... Le roi notre sire n'a pas d'ennemis... Il nous reviendra sans malencontre... Seulement, vous le connaissez grand chasseur : il aura voulu suivre la piste du sanglier jusqu'au bout, afin de le tuer et de le rapporter céans, et il se sera égaré, voilà tout!... Nous le reverrons demain, je vous le promets...

CHAPITRE XXVIII

Comment la demoiselle de Camelide vint derechef à la cour du roi Artus pendant que ce dernier était en prison, et comment toute sa cour fut troublée parce qu'on ne savait où il était.

Aussitôt que les barons eurent soupé, ils s'en allèrent dans leurs hôtels respectifs, tandis que Gallehault demeurait avec la reine, Lancelot et la dame de Mallehault.

La reine, seule avec eux, leur dit :
— Beaux doux amis, comment pourrai-je venir à bout de cette vilaine aventure? Le blâme a été mis sur moi par le fait seul de cette méchante accusation de la dame de Camelide.... Le blâme restera, car il en reste toujours quelque chose sur les noms auxquels on l'a jeté, même à tort... Le monde croit cette accusation fondée, et monseigneur le roi lui-même m'en prise moins depuis qu'on l'a proférée devant lui!...

— Dame, répondit Gallehault, je vais peut-être vous dire là une grande folie, mais je la dirai tout de même, parce qu'elle m'est dictée par le grand respect et la grande amitié que je vous porte... Voici donc ce que c'est... Vous avez autant de pouvoir et d'autorité que le roi lui-même... Par ainsi, à votre place, je n'aurais ni repos ni cesse que je n'eusse fait prendre cette fausse demoiselle et que je ne l'eusse mise en état de ne plus faire, céans ni ailleurs, clameur semblable à celle qui tant vous chagrine présentement!

— Je ne ferai pas cela, reprit la reine, parce que je ne veux être défendue que par mon seul droit!... J'attendrai donc le jugement du roi, mon sire, quel qu'il soit... Par ainsi, je vous supplie, pour Dieu et pour l'amour que vous avez en moi, que vous ne fassiez rien qui soit contraire à cette résolution que je prends d'attendre et de me résigner...

Ainsi se passa cette nuit.

Le lendemain, vint à la cour la demoiselle de Camelide pour faire sa clameur ainsi qu'elle avait fait déjà. Mais elle ne trouva ni le roi Artus, ni homme qui lui répondît, excepté le roi Baudemagus, que Gallehault avait laissé là pour représenter le roi.

Elle s'en vint donc devant les barons et demanda le roi Artus, comme si elle n'en avait pas eu la moindre nouvelle.

— Demoiselle, répondit Baudemagus, le roi Artus n'est point céans... Mais il nous a commis pour le représenter... Nous sommes appareillés pour vous faire autant droit qu'il vous ferait lui-même.

— Je n'accepterai nul droit, nul jugement d'autre que de la propre bouche du roi Artus, reprit la demoiselle, qui savait parfaitement qu'il était impossible au roi Artus de se trouver là pour rendre son jugement. Il m'a ajournée devant lui, c'est à lui que je dois répondre... Par ainsi, permettez-moi de prendre congé jusqu'à ce qu'il plaise à monseigneur le roi de paraître et de se prononcer en personne...

Et, ce disant, la demoiselle de Camelide disparut, heureuse d'en être quitte à si bon compte.

Les compagnons du roi Artus la regardèrent partir, affligés, parce qu'ils sentaient bien que c'était là une mauvaise affaire.

Ils furent d'autant plus malaises que, malgré toutes les battues et toutes les recherches dans toutes les forêts de Bretagne, ils ne purent avoir traces ni nouvelles de leur seigneur. La seule chose qu'ils trouvèrent dans la forêt de Bedingan, ce fut le cadavre du cheval que montait le roi Artus le jour de cette malheureuse chasse au sanglier. Cela leur donna fortement à réfléchir, et ils pensèrent que leur seigneur avait été occis et qu'ils n'avaient pas à le revoir, ce dont ils menèrent un grand deuil.

CHAPITRE XXIX

Comment le roi Artus, étant en la prison de la dame de Camelide, fut amené à la prendre en maîtresse d'abord, puis à femme.

r, le conte dit que, lorsque la fausse reine Genièvre revint trouver Artus en sa prison, elle l'épouvanta en lui disant :

— Roi Artus, j'ai tant fait par ma ruse, que je vous ai possédé enfin !... Je vous ai !... Maintenant, sachez que jamais jour de votre vie ne sortirez de céans avant que je n'aie tous ceux de la Table Ronde, tels que mon père vous les donna le jour de notre mariage... Et, puisque je ne peux avoir le droit de votre bonne volonté et libre consentement, il est juste que je cherche à l'obtenir par force, ce que je ferai de telle façon qu'il en sera fait mention longtemps après ma mort...

Ainsi demeura le roi Artus en prison.

La demoiselle de Camelide le vint voir si souventes fois, elle lui dit, si à propos, de si gracieuses paroles, que, finalement, elle lui sembla plus appétissante qu'il n'avait cru d'abord et qu'il en oublia le grand amour que la vraie reine Genièvre avait en lui. A ce point que bientôt, qu'il le voulût ou non, il se réveilla chaque matin entre les bras de cette belle charmeresse, qui avait probablement hérité de son aïeule Circé. Il était étonné, mais si agréablement, qu'il en prit vitement son parti.

Quand vint la Pâque, le roi Artus dit à sa maîtresse :

— Mes gens ne savent pas ce que je suis devenu et ils doivent me supposer mort... Ne sortirai-je donc jamais de cette prison qui, pour agréable qu'elle soit, embellie par votre présence, n'en est pas moins une prison ?...

— Sire, répondit la demoiselle, je ne vous jetterai pas de prison pour vous perdre... Car vous comprenez bien que, vous dehors, je vous perdrais à toujours... Il n'y a pour vous qu'un seul moyen de sortir de céans, et je m'étonne que vous ne l'ayez pas trouvé le premier... Vous oubliez, seigneur, que le roi mon père m'a donnée à vous et vous a donné à moi en légitime mariage... Je vous veux donc avoir pour compagnon et seigneur, ainsi que la Sainte Église le permet et l'établit... Je vous ai pris céans par force, quand je pouvais vous prendre ailleurs de bonne volonté... Mais, à votre aise! ne sortez pas de céans, j'y consens, car vous m'appartenez toujours, et faites mon plaisir quotidien... Je vous aime assez pour vous préférer ainsi, pauvre, au plus riche roi du monde...

— Et moi, belle douce amie ! s'écria le roi, je vous aime plus que je n'ai jamais aimé femme vivante...

— Vous avez aimé votre fausse reine, avouez-le, traître?

— Oui, je l'ai beaucoup aimée, je le confesse ; mais depuis qu'elle ne m'est plus rien, je n'aime plus que vous, qui me l'avez fait oublier... Je vous aime tant et si bien, ma belle douce amie, que je suis prêt à faire toute votre volonté... Commandez donc, j'obéirai...

— Je veux, dit la fausse reine, que vous me receviez à femme devant tous vos barons, et que vous me teniez désormais pour épouse et pour reine... Mais, avant que je ne vous laisse aller, vous me jurerez sur les Saints Livres que vous me tiendrez cette promesse et ferez comme je viens de vous dire...

Le roi acquiesça à ce qu'elle demandait, mais en faisant cette réserve :

— Dame, pour n'être point blâmé de mes barons et de mes clercs, il conviendra que vous fassiez une chose que je vous dirai...

— Laquelle, Sire ?...

— Vous ferez venir, pardevant moi, les plus hauts hommes que vous ayez, afin qu'ils témoignent que vous êtes bien la fille du feu roi Léodagan de Camelide, et ma compagne par loyal mariage... Alors, je manderai mes barons pour entendre ce que les vôtres auront dit...

— Volontiers, répondit Genièvre... Prenons donc jour dès maintenant... Ce sera, si vous voulez, pour le jour de l'Ascension... Et, avant de faire cette assemblée, faites-moi, je vous prie, le serment que je vous ai demandé...

Lors, elle fit apporter les Saints Livres, et le roi Artus jura. Après cela, elle écrivit maints brefs destinés à être envoyés dans tout le royaume de Camelide, pour inviter tous ses barons à se trouver devant elle, le jour de l'Ascension, en une sienne cité nommée Colorèbre.

D'autre part, le roi Artus envoya quérir messire Gauvain, son neveu, et ses autres amis, et leur manda qu'étant sain, sauf, et aise, ils eussent à se trouver le même jour en cette cité de Colorèbre.

Ici se tait le conte, à propos du roi Artus et de la fausse Genièvre, et il parle des barons de Bretagne, qui croyaient bien l'avoir perdu à tout jamais.

CHAPITRE XXX

Comment les barons du royaume de Logres voulurent élire monseigneur Gauvain pour leur roi, et comment ils surent que le roi Artus était en Camelide, et qu'il convenait qu'ils fussent tous à Colorèbre le jour de l'Ascension.

oyant l'absence du roi Artus qui se prolongeait outre mesure, les barons de Bretagne, je viens de le dire, commencèrent à douter qu'il revînt jamais.

Or, qu'est-ce donc qu'un pays sans roi, qu'un peuple sans chef? C'est un corps sans âme. Aussi le désarroi se mit-il parmi toute la baronnie du roi de Bretagne, et chacun se mit à guerroyer pour son propre compte, dans le but d'arriver, un jour ou l'autre, à créer plusieurs royaumes dans celui qu'Artus laissait veuf par son absence ou par sa mort.

La belle et malheureuse reine Genièvre, en attendant qu'on eût nouvelles de son seigneur, s'était retirée à Cardueil, où l'avaient suivie messire Gauvain, messire Yvain, Keux le sénéchal, Gallehault et Lancelot, avec quelques autres chevaliers et quelques autres dames et demoiselles, parmi lesquelles la dame de Mallehault.

Un matin, Gallehault, de concert à messire Yvain, fit assembler le plus de barons qu'il put et il leur dit :

— Seigneurs, le roi Artus notre sire est absent depuis un assez long temps sans que nous ayons eu de lui la moindre nouvelle... Ce silence est celui de la tombe... Il n'y a plus à en douter, notre seigneur est défunt... Il a péri victime d'un accident ou d'une trahison, et plutôt d'un accident que d'une trahison, puisque le cheval qu'il montait le jour de la fameuse chasse au sanglier a été retrouvé mort... Qu'était devenu le vaillant seigneur qui le montait ?...

— En effet, répondit messire Yvain, le roi notre sire est mort, bien mort, car s'il était vivant, il est impossible d'admettre qu'il ne nous l'eût pas fait savoir d'une façon ou d'une autre...

— Mais, s'il est en chartre privée quelque part, loin d'ici ? objecta Keux le sénéchal.

— On ne détient pas impunément un roi comme on ferait d'un simple écuyer, répliqua Gallehault : le roi Artus, dans cette hypothèse qu'il vécût et fût prisonnier quelque part, aurait trouvé moyen de nous avertir, ou la rumeur publique nous aurait averti pour lui. D'ailleurs, seigneurs, le temps s'écoule et les charges de ce royaume s'aggravent d'autant... Par ainsi, et pour ne pas noyer plus longtemps ma pensée dans un racontage inutile, je conclus à ce qu'il soit procédé au remplacement du roi Artus, et je n'hésite pas à déclarer que le seul successeur digne de lui, qu'on puisse élire, c'est monseigneur Gauvain, expert en prud'homie et en sapience...

— Monseigneur Gauvain est en effet l'homme qu'il nous faut, dit messire Yvain ; outre qu'il est vaillant homme de guerre et homme de bon conseil, il est le neveu du roi Artus, et cela ne fait que m'encourager à le choisir parmi les autres, s'il y en a d'autres.

— Le roi est mort, vive le roi ! dit Lancelot. Le roi Artus fut un vaillant prince : monseigneur Gauvain sera vaillant prince aussi, et le royaume de Logres n'aura qu'à s'applaudir d'avoir un pareil chef !...

Les barons présents applaudirent et acclamèrent messire Gauvain comme le plus digne successeur du roi Artus. Mais lui, se levant, répondit d'une voix grave et émue :

— Seigneurs et chevaliers, bien que ce choix que vous voulez bien faire de ma personne pour remplacer le roi Artus soit la plus glorieuse et la plus douce des récompenses du peu que j'ai su faire dans ma vie en prouesses de chevalerie, je ne m'en considère pas moins comme obligé à le repousser, par cette raison que je n'entends pas succéder à un vivant... Or, à l'heure où nous parlons, le roi Artus vit peut-être encore... Que dirait-il donc si, à son retour, il trouvait son trône occupé ?... Abstenons-nous donc, seigneurs, patientons encore, et vous verrez que le temps donnera raison...

— Messire Gauvain, s'écria Gallehault, voilà, certes, de bonnes et loyales paroles, et elles n'ont rien qui nous étonne, tous tant que nous sommes ici, qui vous connaissons et aimons... Par malheur, l'attente n'est pas plus possible que le doute : le roi Artus n'est plus du monde des vivants, et le royaume de Logres a besoin d'un chef... Le roi Artus avait des ennemis, malgré sa loyauté et sa prud'homie ; ces ennemis-là peuvent se remuer, déjà peut-être le font-ils, et, en se remuant, susciter à ce pays d'inextricables embarras... A ces causes, il est urgent de pourvoir à sa succession et de lui choisir un successeur... Nous n'en avons pas trouvé de plus digne que vous : acceptez donc sans plus tarder, car il y a péril en la demeure...

— Sire Gallehault, et vous, seigneurs et chevaliers, répondit Gauvain, j'accepte donc, puisque vous le voulez si fortement, mais à une condition...

— Laquelle ? demanda-t-on de toutes parts.

— C'est que nous ajournerons à la Pâque prochaine cette décision solennelle. Permettez-moi d'assigner ce terme à votre impatience que je m'explique en l'état où sont les affaires de ce royaume...

— A la Pâque prochaine, soit ! dit messire Yvain. Mais songez que ce jour-là, il n'y aura plus pour vous à reculer...

— A la Pâque prochaine ! dirent les barons.

Messire Gauvain, dans sa loyauté, avait proposé cet atermoiement parce qu'il espérait toujours que le roi Artus n'était pas mort, et que, d'ici là, il aurait donné de ses nouvelles.

Ce court délai accepté, chacun se retira, pour se retrouver bientôt, car la Pâque arriva ; mais le roi Artus n'arriva pas.

Lors, les barons se réunirent de nouveau, et sommèrent messire Gauvain de tenir sa parole et de se déclarer.

Messire Gauvain, embarrassé, allait proposer un délai nouveau, il s'en entretenait à voix basse avec messire Yvain et Gallehault, lorsque celui-ci lui dit :

— Sire, acceptez, soyez roi de fait... Nous remettrons le couronnement à un an d'ici, de façon à donner au roi Artus le temps de nous faire savoir s'il est vivant ou mort.

Gauvain n'avait rien à répliquer à cela, et il ne répliqua rien.

Le soir de ce jour-là, vinrent à Cardueil les messagers qui apprirent que le roi Artus vivait encore, qu'il était en Camélide et qu'il conviait tous les barons de son royaume à se trouver, le jour de l'Ascension à Colorèbre, pour s'y prononcer avec lui sur la validité du mariage de la fausse Genièvre.

— Vous voyez, seigneurs, que nous avons bien fait d'attendre ! dit messire Gauvain à sa compagnie.

CHAPITRE XXXI

Comment les barons du pays de Logres se mirent en route pour se rendre à Colorèbre, où les attendait le roi Artus, et comment la pauvre Genièvre voulut d'abord n'y pas aller, pressentant pour elle de nouveaux malheurs.

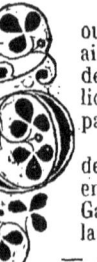

Tous les barons du roi Artus, ainsi prévenus, comme l'étaient de leur côté les barons de Camélide, on fit des préparatifs de départ.

Le matin du jour où les hôtes de Cardueil devaient se mettre en route, Gallehault et messire Gauvain se présentèrent devant la belle reine Genièvre.

— C'est aujourd'hui le départ, madame, dit Gallehault tristement.

— Partez, si cela vous plaît, seigneurs, répondit Genièvre ; quant à moi, je m'y refuse formellement.

— Pourquoi cela, madame ?

— C'est vous qui me le demandez, sire Gallehault ? Ah ! ne devinez-vous donc pas que ce sera pour moi le coup de grâce, et qu'à la honte dont on m'a couverte déjà, on ajoutera cette honte suprême de la répudiation et de quelque chose de pis encore peut-être !...

— Vous vous forgez inutilement des terreurs et des maux, madame, reprit Gauvain. Le roi Artus, mon oncle bien-aimé, veut convoquer ses barons pour les faire prononcer solennellement au sujet de ce que vous savez, ce qui ne veut point dire que vous ayez quoi que ce soit à redouter...

— Ah ! Gallehault, murmura la reine, ce n'est pas pour rien que j'ai ces angoisses... Vous savez bien que j'ai méfait et péché envers le plus prud'homme du monde, lequel est monseigneur Artus... Ah ! voilà ce qui me poigne et pèse !... Mais qu'y pouvais-je faire ? J'ai été vaincue par trop grande force d'amour, et mon cœur n'a pu se défendre d'aller vers celui qui a déjà dépassé tous les preux de ce monde par ses glorieuses prouesses de chevalerie... Je suis donc coupable, ami Gallehault, non pas de ce dont m'accuse cette fausse reine Genièvre, mais de ce dont je m'accuse moi-même... Et si j'ai si grande peur, ce n'est pas tant seulement de la répudiation que de la mort, car alors je perdrais mon âme après avoir perdu mon corps, n'ayant point eu le temps de me mortifier...

— Dame, répliqua Gallehault, n'ayez point souci de la mort, je vous le répète avec monseigneur Gauvain, car nous vous protégerons jusqu'au bout, croyez-le bien, et nul n'osera toucher à un cheveu de votre tête, nous vivants, et nous, c'est monseigneur Gauvain, Lancelot et moi, ainsi que nos compagnons de la Table Ronde... Si, par aventure, le roi était assez mal conseillé pour vous répudier, je vous donnerais, moi, le meilleur et le plus beau de mes deux royaumes, dont vous seriez ainsi dame et souveraine tous les jours de votre vie !...

Ainsi Gallehault et Gauvain réconfortèrent la belle reine Genièvre. Si bien qu'elle consentit à les suivre, et que, le même jour, tous trois partirent de Cardueil avec le reste de la baronnie.

CHAPITRE XXXII

Comment le roi Artus et les barons de Camélide firent jugement de la reine Genièvre, et la condamnèrent outrageusement.

Barons du pays de Logres et barons de Camélide se trouvèrent donc réunis à Colorèbre au jour fixé par le roi Artus et par la fausse reine Genièvre.

Lors, le roi parla en ces termes devant la baronnie des deux pays et devant les deux reines, la fausse et la vraie :

— Vous êtes tous mes hommes et vous me devez assistance en tout, comme sages et comme vaillants... Vous avez donc à prononcer aujourd'hui entre ces deux dames... Celle qui est de ce pays de Camélide affirme qu'elle est mon épouse et fille du roi Léodagan, à cette heure défunt... L'autre, que j'ai tenue jusqu'ici pour dame et reine, en dit autant que la première... La vérité ne peut être bien connue que par vous : par ainsi, je vous prie de vous prononcer en cette délicate occurrence. Vous allez jurer tous, sur les Livres Saints, que vous ne prononcerez ni par haine ni par amour, mais seulement par justice, et vous ferez reine celle qui le doit être...

Le vieux Bertellac s'avança, étendit la main vers les Livres Saints que le roi avait fait apporter et dit, en montrant la demoiselle de Camelide :

— Je jure, sur Dieu et sur les saints, que cette reine Genièvre fut femme du roi Artus, et conjointe à lui comme fille du roi et de la reine de Camelide.

Après Bertellac vinrent, à tour de rôle, jurer tous les hauts hommes, tous les barons, tous les chevaliers dévoués à la fausse reine et gagnés par elle et par le vieux Bertellac.

En conséquence, la vraie reine Genièvre fut rejetée comme indigne, et la fausse fut acclamée comme vraie, à la grande joie de tous les gens du pays de Camelide et à la grande tristesse des gens du royaume de Logres.

Puis le roi Artus demanda à ces derniers ce qu'ils entendaient décider à l'égard de celle qui, pendant un si long temps, s'était fait tenir pour reine sans en avoir le moindre droit.

Gallehault, qui connaissait la pensée du roi, lui répondit :

— Sire, daignez attendre jusques à la Pentecôte prochaine, avant de prendre une décision à ce sujet, car si étrange chose ne doit subsister sans que vengeance n'en soit tirée...

— J'en référerai à mon conseil, dit le roi.

Puis, appelant messire Gauvain, il lui commanda de garder la reine jusques à la Pentecôte.

— Gardez-la soigneusement, ajouta-t-il, car si, ce jour-là, vous ne me la rendiez pas, je vous retirerais mon amitié et vous tiendrais pour déloyal et trahisseur...

Messire Gauvain promit et garda la reine jusques à la Pentecôte, époque où elle fut ramenée devant les barons assemblés de nouveau.

Lors, prenant la parole, le roi Artus dit :

— Seigneurs et chevaliers, quel jugement pensez-vous devoir faire à l'égard de celle qui m'a fait demeurer si longtemps eu état de péché mortel, se substituant par artifice à ma véritable épouse?...

Le roi demandait l'opinion des autres. Quant à la sienne, on la devine aisément, car la veille, la fausse reine s'était jetée à ses pieds, puis dans ses bras, en lui disant qu'il n'aurait jamais joie d'elle s'il ne faisait point mourir sa fausse femme, laquelle, bien entendu, était la vraie. Et le roi Artus tenait beaucoup à avoir joie et béatitude de cette femme qui l'avait ensorcelée.

— Sire, répondit monseigneur Gauvain, j'ai tant aimé et respecté jusqu'ici ma dame la reine, que vous avez présentement répudiée, qu'il m'est impossible de me prononcer autrement que dans le sens le plus favorable pour elle...

Gallehault dit à son tour :

— Sire, il convient de mener cette affaire avec grande débonnaireté ; pour mieux nous décider, nous vous prions d'accorder un répit de quarante jours...

— Je n'accorde aucun répit, répondit le roi. Prononcez-vous présentement, ou je m'adresserai à d'autres qu'à vous !...

Les barons de Logres répliquèrent qu'ils n'en feraient rien, et le roi, alors, appela les barons de Camelide et leur commanda de prononcer le jugement auquel se refusaient les premiers.

Les barons de Camelide se consultèrent, et bientôt le vieux Bertellac s'avança, disant :

— Ecoutez, seigneurs barons de Bretagne, le jugement qui a été fait par le commandement du roi Artus. Ce jugement est que celle qui a été en sa compagnie contre Dieu et contre raison soit condamnée outrageusement, et de la façon qui suit : Toutes les choses qu'elle portait au sacrement seront défaites en elle ; ses cheveux seront rasés pour avoir indûment porté la couronne ; la peau de ses mains sera enlevée, pour avoir indûment touché à la personne du roi ; la peau des joues sera également enlevée, afin qu'elle soit mieux reconnue désormais et signalée au mépris et à l'animadversion du monde... Voilà ce qui a été résolu !

— Jamais le roi Artus n'a fait plus inique jugement ! dit monseigneur Gauvain.

Autant en dit messire Yvain. Autant en dirent Gallehault et les autres barons, attristés de cette affaire.

Quant à Lancelot, il s'avança au milieu de l'assemblée.

CHAPITRE XXXIII

Comment, le jugement outrageux une fois prononcé, Lancelot du Lac s'avança et défia trois barons de Camelide, lesquels acceptèrent le combat.

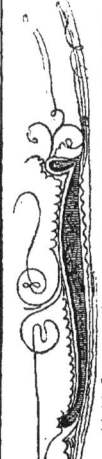

Il s'avança tranquillement, quoiqu'il souffrît au fond du cœur, et retira de son cou son manteau, qui était de riche drap et bordé d'hermine.

Chacun le regarda avec curiosité et avec intérêt, car il était ainsi d'une grande beauté. Il avait la chair d'un brun clair et doux. Sa barbe était à peine fournie de poils, ce qui ajoutait encore à la grâce de son visage qu'éclairaient si bien déjà les rayons de ses beaux yeux et les sourires de sa belle bouche rouge.

Après avoir jeté son manteau, il se tourna vers le roi Artus et lui dit :

— Sire, je vous demande en mon nom, et en celui des autres vaillants hommes mes compagnons qui sont céans, si vous avez réellement fait le jugement qui vient de nous être dit ?

— Oui, répondit Artus, mais je ne l'ai pas fait seul : j'ai été aidé en cela par les sages hommes que voici.

Et il lui montra les barons de Camelide, parmi lesquels le vieux Bertellac.

— Sire, reprit Lancelot, j'ai été de votre maison : je n'en veux plus être ! J'ai été compagnon de la Table Ronde : je n'en serai plus !

— Pourquoi cela, beau doux ami? demanda le roi.

— Parce que ce jugement que vous avez fait sur ma dame est mauvais et déloyal, ce que je suis tout prêt à montrer à l'encontre de vous ou d'un autre... Plus encore, je suis tout prêt à faire bataille contre trois chevaliers, me croyant suffisant pour une si facile tâche, puisqu'il s'agit de défendre le droit contre la trahison...

— Lancelot, reprit le roi, il est vrai que vous êtes un preux chevalier et que vos prouesses sont connues en maintes terres... Mais vous avez trop entrepris en entreprenant de fausser mon jugement, et en osant ce que nul jusqu'ici n'a osé faire. Je vous aime assez pour vous pardonner cette folie et pour vous demander de continuer à être mon compagnon et mon ami comme par le passé.

— Je demande, Sire, répondit Lancelot avec fermeté, à combattre contre vous ou contre trois autres chevaliers pour prouver la déloyauté et l'injustice du jugement prononcé contre ma dame.

— Je ne permettrai jamais que vous joutiez seul contre trois! s'écria le roi.

— Trois chevaliers qui ont prononcé contre leur conscience, comme ont fait les barons de Camelide, ne sont pas bien à redouter, Sire; c'est à peine s'ils en valent un à eux trois!...

Le roi persistait à ne pas vouloir autoriser cette bataille; mais les barons de Camelide, outrés du dédain que semblait faire d'eux Lancelot, déclarèrent accepter le défi pour trois d'entre eux, qui vinrent offrir leurs gages.

CHAPITRE XXXIV

Comment Lancelot du Lac vainquit les trois chevaliers de Camelide et délivra ainsi la reine Genièvre du blâme qu'on lui avait voulu jeter.

Le lundi suivant, dès le matin, les trois chevaliers de Camelide apparurent, armés à la guise de leur pays, et, après eux, parut Lancelot du Lac. Ce dernier avait avec lui Gallehault et tous les barons de la maison du roi Artus. Monseigneur Gauvain lui laça les courroies et les attaches de son haubert, aidé en cela par Gallehault, car ils n'auraient pas souffert que d'autres qu'eux y missent les mains. Quand il fut armé, Gallehault lui mit l'écu au cou, lui ceignit sa propre épée, en le priant, pour l'amour de lui, de la porter et de s'en bien servir, ce que lui promit Lancelot.

Puis il monta sur un excellent cheval qui, ainsi que l'épée, appartenait à Gallehault, et s'en vint en la lice, devant la maison du roi Artus, à l'une des fenêtres de laquelle se tenait orgueilleusement la nouvelle reine. Quant à la pauvre Genièvre, elle était au haut d'une tour voisine, sous la garde de Keux le sénéchal et de trois autres.

Lancelot vint donc et se plaça précisément de manière à avoir le visage tourné vers cette tour qui renfermait sa mie.

— Gallehault! cria-t-il à son compagnon.

Gallehault s'approcha de lui, triste de le voir engagé en cette bataille.

— Sonnerez-vous bientôt du cor? lui demanda l'amant de Genièvre.

— Beau doux ami, répondit Gallehault, je vois bien qu'il faut vous obéir et qu'il vous tarde d'en venir aux coups..

— Pour Dieu, sonnez, Gallehault!

Gallehault donna le signal, et, tout aussitôt, mettant sa lance sous l'aisselle, Lancelot lança son cheval en avant à la rencontre du premier chevalier de Camelide.

Les écus résonnèrent sous l'entre-choquement des glaives. Mais la joute ne dura pas un long temps; car, au passer, Lancelot s'y prit si bien qu'il entra sa lance dans le corps de son adversaire, qui tomba mort sur le pré.

Le cor sonna de nouveau, et Lancelot, retirant sa lance du cadavre, se remit en place pour entamer le second chevalier, qui lui arriva sus avec grand train et grande furie. Ce dernier rompit sa lance, et Lancelot son écu; mais le haubert demeura entier, et, faisant volter habilement son cheval, il désarçonna son ennemi et arriva aussitôt sur lui, l'épée haute.

En se voyant à terre et voyant Lancelot à cheval, l'épée levée sur sa tête, le chevalier de Camelide commença à trembler.

— Sire chevalier, vous avez peur, lui dit Lancelot. Mais on ne me fera jamais le reproche de combattre à cheval quand mon adversaire est à pied!...

Et, ce disant, il descendit, attacha son cheval à un arbre et s'en revint à son ennemi, l'épée haute. Il est inutile d'ajouter qu'il le malmena fort; à ce point que l'autre, tout meurtri, en plus de dix endroits du corps, devint de plus en plus troublé, ne sachant pas s'il devait avouer la félonie de la dame pour laquelle il combattait.

Or, le pré où avait lieu la bataille était bordé d'un côté par une rivière profonde, et de l'autre par une rangée épaisse de dames et demoiselles, de seigneurs et de chevaliers. Lancelot dirigea vers la rivière son ennemi épuisé, pour l'y faire choir et noyer, ce que celui-ci, devinant bien et ayant grand'peur de mourir, lui cria:

— Ah! Lancelot, gentil chevalier, ne me tuez pas! ne me tuez pas, par pitié!

— J'y consens, répondit Lancelot, mais c'est à la condition que ta bouche reconnaîtra que ceux qui ont fait le jugement outrageous contre madame la reine sont traîtres et déloyaux.

— Mais si j'avoue cela, je serai perdu!

— Tu le seras bien davantage en ne l'avouant pas, et, puisque tu hésites, sois châtié!

Et il leva son épée sur le chevalier de Camelide, lequel se sauva prudemment au milieu du pré, en criant merci!

— Ah ! mauvais chevalier couard ! lui cria Lancelot, tu vas mourir, atteint par cette bonne épée, car il vaut mieux cent fois mourir ainsi que de mener une vie honteuse !

Et il lui fendit le heaume et la tête d'un seul coup rudement asséné.

— Ah ! bonne épée ! s'écria Lancelot en regardant sa lance que venait de rougir le sang du chevalier de Camelide, quiconque vous tient en sa main se sent le cœur large et agrandi !...

Et, la remettant au fourreau, il alla où était son cheval, monta dessus, reprit sa lance et revint se placer en face du troisième chevalier.

Le cor sonna pour la troisième fois et les deux adversaires se coururent sus avec une grande roideur ; si bien qu'au bout d'un quart d'heure, tous deux se retrouvaient à pied, l'épée à la main. Ils s'entre-coupèrent leurs heaumes et leurs hauberts, et se détranchèrent mutuellement les épaules ; tellement qu'un sang vermeil en sortit et s'en alla marbrer de taches l'herbe verte du pré.

Bientôt le chevalier de Camelide commença à gauchir et à comprendre que sa fin était proche, car Lancelot lui arracha le heaume de la tête et s'apprêta à lui donner le coup de grâce, mais l'autre, se jetant à ses pieds, lui cria :

— Sire chevalier, je vous crie merci ! Ne me tuez pas !

— Tu n'auras pas plus de merci que les autres ! répondit Lancelot avec colère en le frappant en pleine poitrine, du pommeau même de son épée, si bien que le sang en jaillit à travers les mailles du haubert.

C'en était fait de ce chevalier ; encore un coup et il allait rejoindre ses deux compagnons dans l'éternité. Heureusement pour lui, Gallehault, saisi de pitié, car cet homme avait bien combattu ; Gallehault alla crier grâce au roi Artus.

— Je ne le puis, répondit le roi ; et je le voudrais bien comme vous... Mais maintenant, Lancelot ne voudra pas m'accorder cela, car j'ai perdu tout crédit sur son esprit, ce qui me poigne douloureusement.

— Il y a un moyen d'obtenir cela de lui, Sire, reprit Gallehault. C'est de prier la dame pour qui il combat de l'en prier elle-même : il lui obéira bien certainement, et cet homme aura la vie sauve...

Lors, Artus s'en alla vers la reine, et celle-ci, le voyant venir, descendit à sa rencontre.

— Dame, lui dit-il, vous êtes quitte, puisque voilà que Lancelot a vaincu les trois chevaliers de Camelide... Mais ce troisième, qu'il combat encore, il va l'achever si vous n'intervenez vous-même pour le prier de l'épargner...

— Sire, répondit Genièvre, je le ferai puisque tel est votre plaisir.

Et elle s'en alla vers Lancelot, tomba à ses pieds et lui dit :

— Bel ami, je vous crie merci en faveur de ce chevalier ! Faites-lui grâce pour l'amour de moi...

Genièvre pleurait en disant cela.

— Dame, ne pleurez point, lui dit Lancelot, je vous octroie volontiers ce que vous me demandez,

parce que je ne puis rien refuser à celle qui a eu pour moi tant de maternelle bonté.

— Je vous remercie, loyal ami, de vous souvenir ainsi, quand tant d'autres ont oublié ! répliqua Genièvre, joyeuse et mélancolique tout à la fois.

Par ainsi, les barons de Camelide étaient convaincus de faux jugement, ce qui les irritait fort.

CHAPITRE XXXV

Comment Gallehault donna à la reine Genièvre la terre de Soreloys, par le congé du roi Artus, et comment elle y alla et reçut la foi de ses hommes.

Lancelot délivra la reine Genièvre de toute honte et tout blâme, ce qui causa grande joie à tous ceux qui l'aimaient, et ils étaient nombreux.

La nuit, Gallehault et Lancelot s'en vinrent en la maison de messire Gauvain, où était la reine Genièvre, et, là, Gallehault dit à cette princesse :

— Dame, malgré la triple victoire de notre bel ami Lancelot, vous êtes dès aujourd'hui démariée d'avec monseigneur Artus pour tout le temps qu'il plaira à Dieu que cela soit ainsi... Jusques-là, et comme par le passé, tous les barons vous doivent aimer et respecter comme leur dame et reine, car vous les avez toujours honorés et chers tenus, et je m'en loue personnellement sur tous autres..... A cette cause, ma dame je viens vous offrir la plus belle terre qui soit au monde, c'est-à-dire un royaume digne de vous qui êtes si digne d'être reine, lequel vous permettra de vivre à l'abri des tentatives de cette nouvelle et fausse reine avec laquelle le roi veut continuer à vivre.

— De cette chose je vous remercie grandement, mon loyal ami, répondit Genièvre ; mais je ne pourrai accepter ce que vous m'offrez là sans le congé exprès de monseigneur le roi...

Ils continuèrent à parler ainsi de choses et d'autres jusques au matin, où la reine Genièvre s'en alla trouver le roi Artus au moment où il sortait de sa chambre.

— Sire, dit-elle en s'agenouillant devant lui, je m'en vais par votre commandement, je ne sais en quel lieu ; par ainsi, dites-moi, je vous prie, votre bon plaisir à ce propos... Mettez-moi, s'il vous plaît, en tel lieu que je puisse sauver ma vie et où mon corps n'ait rien à craindre de ses ennemis... Non que je veuille prendre terre qui soit vôtre, car j'en ai trouvé une qui ne vous appartient pas...

— Où est cette terre, et qui vous la veut donner ? demanda le roi.

Gallehault, qui était là, parmi la foule des seigneurs qui faisaient compagnie au roi, Gallehault sortit des rangs et dit :

— Sire, je veux lui donner la plus belle terre qui soit, laquelle n'est pas vôtre et ne sera plus mienne à l'heure où madame Genièvre aura accepté : je veux parler du royaume de Soreloys...

— J'en veux parler avec mes barons, répondit le roi.

Gallehault se retira discrètement à quelque distance, et Artus s'entoura de ses compagnons ordinaires, monseigneur Gauvain, monseigneur Yvain, Keux le sénéchal et les autres.

— Seigneurs, leur dit-il, madame Genièvre et moi nous ne vivrons plus ensemble... Mais comme, en somme, je n'ai pas le droit de faire mépris d'elle et de la laisser aller à l'aventure, il convient que je lui assigne une demeurance digne d'elle et de moi. Or, le roi Gallehault, mon fidèle allié comme vous savez, et de plus, notre fidèle compagnon de la Table Ronde, vient de m'offrir, pour ma dame, la plus belle et la plus riche terre de son royaume de Soreloys... J'ai une telle fiance en lui, en sa loyauté et en sa sagesse, et d'ailleurs cette offre est en soi si honorable et si flatteuse, que je suis tenté d'accepter... Mais vous êtes hommes de conseil autant que de vaillance. A ces causes, je vous consulte. Dois-je accepter ou refuser l'offre de Gallehault ?.....

— Je pense comme vous, Sire, répondit messire Gauvain, et fais, comme je dis, grand cas de monseigneur Gallehault... Par ainsi, m'est avis que vous devez accepter son offre et laisser aller madame Genièvre, ma tante, en Soreloys.

— Est-ce aussi votre avis, messire Yvain?

— Oui, sire.

— Et vous, sénéchal?

— C'est aussi le mien, Sire...

Les autres barons, qui aimaient et respectaient la reine Genièvre, en dirent autant au roi Artus, devinant bien qu'en Soreloys elle serait plus en sûreté que partout ailleurs.

En conséquence, Gallehault fut rappelé.

— Sire Gallehault, dit Artus, nous vous remercions et nous acceptons... Vous pourrez partir comme vous voudrez et quand vous voudrez...

— Dieu vous garde, Sire! répondit Gallehault en s'inclinant.

— Dieu garde ma dame Genièvre! dit le roi Artus.

CHAPITRE XXXVI

Comment la reine Genièvre s'en alla en Soreloys, sous la garde de Gallehault, et comment Lancelot et la dame de Mallehault la suivirent.

Une fois résolu, le départ de la reine Genièvre ne tarda pas à s'effectuer. Elle s'en alla deux jours après le combat de Lancelot contre les trois chevaliers de Camelide, et il va sans dire que ce vaillant gentilhomme l'accompagnait, avec Gallehault et la dame de Mallehault, ne voulant pas remettre en d'autres mains le soin de veiller sur une si précieuse existence.

On partit donc, et, au bout d'une huitaine de jours, on arriva dans la cité capitale du pays Soreloys.

Le lendemain, Gallehault donna une grande fête à laquelle il convia toute la baronnie des environs, et, à l'issue de cette fête, il fit prêter serment de fidélité à tous ses barons entre les mains de la belle reine Genièvre, reconnue souveraine.

— Maintenant, ma dame, dit-il à cette intéressante princesse, lorsque, le soir, il se retrouva avec elle, Lancelot et la dame de Mallehault, maintenant je ne suis plus ici, comme dans votre royaume de Logres, que votre chevalier et votre respectueux sujet... Il ne tiendra qu'à vous d'oublier les ennuis passés que, de notre côté, nous essayerons de dissiper, si vous y consentez.

— Je ne veux rien oublier, Sire, répondit Genièvre, parce qu'il tiens à me souvenir et de ma faute et de votre bonté...

— Votre faute, ma dame?

— Ah! vous savez bien de quoi je veux parler... Et Lancelot le sait bien aussi... Approchez, mon doux ami, ajouta Genièvre en faisant signe à Lancelot, qui se tenait debout, respectueux et mélancolique, à quelque distance d'elle...

Lancelot s'approcha, et, par discrétion, Gallehault s'éloigna.

— Lancelot !... commença Genièvre.

Elle ne put achever. Les larmes lui coupèrent la voix.

Lancelot tomba à ses genoux, lui prit tendrement la main droite et la porta à ses lèvres.

— Vous pleurez, ma dame?

— Je pleure sur vous, mon doux ami...

— Sur moi?...

— Oui vous, que je condamne à l'isolement et à l'inaction..... car vous ne m'abandonnerez point, n'est-ce pas?...

— Vous abandonner!... Avez-vous pu le penser jamais?...

— Oui, j'y ai pensé un instant, mon doux ami...

j'y ai pensé, parce qu'un instant j'ai jugé cette séparation nécessaire, à cause de la faute que nous avons commise l'un et l'autre et qu'il ne faut pas aggraver... J'ai songé à nous séparer, parce que j'ai douté un instant de votre courage et du mien; mais à présent je ne doute plus ni de vous ni de moi... Nous vivrons ensemble, mon doux ami, mais il faudra renoncer l'un et l'autre aux précieux bonheurs que nous avons goûtés ensemble si souvent l'un par l'autre...

Lancelot tressaillit à cette menace, et Geniévre, qui surprit ce tressaillement, se hâta d'ajouter :

— Notre amour ne s'éteindra pas pour cela, mon doux ami, non certes! une si belle flamme ne peut mourir ainsi, car alors nous serions sans excuse de nous avoir aimés... Non, non, mon doux ami, notre amour nous survivra, bien loin de mourir avant nous!... Seulement, à cause de la position que les événements m'ont faite, je suis tenue à la plus grande pureté de conduite... et ici plus que là-bas je dois être à l'abri du plus léger soupçon... Que monseigneur Artus fasse à sa guise; cette infidélité lui est permise et elle m'est défendue... Je ne cesserai donc pas de vous aimer, car vous êtes et serez toujours pour moi le plus beau, le plus vaillant et le plus loyal des hommes... Mais nous nous en tiendrons l'un envers l'autre aux manifestations pures de l'affection... C'est ainsi que nous passerons ce temps d'exil... Est-ce une tâche au-dessus de vos forces, mon doux ami?...

— J'essayerai de vous obéir, ma dame, répondit Lancelot avec accablement.

CHAPITRE XXXVII

Comment, quatre mois après, la fausse reine Geniévre et le vieux chevalier Bertellac tombèrent malades, et comment Artus fut mandé en grande hâte pour recevoir l'aveu de la trahison dont sa femme avait été victime.

Épris toujours de la fausse reine Geniévre, le roi Artus continuait à vivre avec elle et à oublier, par conséquent, celle qu'il avait reléguée en Soreloys.

L'apostole qui tenait le siège de Rome sut tous les détails de cette affaire, et il mit en interdit la terre du roi Artus, lui enjoignant de reprendre sa première femme, tant qu'il n'en serait pas séparé par congé spécial de la sainte Église.

Mais le roi Artus avait été si bien ensorcelé par les charmes de cette fausse reine Geniévre, qu'il ne tint nul compte de cette interdiction de l'apostole de Rome et qu'il continua, comme par le passé, à vivre très-amoureusement avec la demoiselle de Camelide, au préjudice de la véritable reine Geniévre, sa première compagne.

Cela dura quatre grands mois, au bout desquels la fausse reine Geniévre, étant allée en Camelide avec le vieux chevalier Bertellac pour un voyage de quelques années seulement, tomba tout à coup malade, et lui après elle.

Les méchants se sentent lâches en face de l'éternité. Ils comprennent vaguement, mais enfin ils comprennent, que, pour faire ce grand voyage que nous faisons tous, il ne faut pas partir avec la conscience chargée, de peur de trébucher en route. Le remords vint donc à la fausse reine Geniévre et à son vieux complice, le chevalier Bertellac. Et ce remords se mit à grandir à mesure qu'ils sentirent l'un et l'autre approcher le moment du départ suprême.

Alors, quand elle fut bien sûre que l'arrêt du Destin était irrévocable et qu'il ne lui restait que juste le temps pour décharger sa conscience du faix qui l'oppressait si violemment, la dame de Camelide envoya un messager au roi Artus pour le prier d'accourir auprès d'elle afin de recevoir son dernier soupir, et, avec son dernier soupir, son dernier aveu.

Le messager partit et fit diligence. Quelques jours après, le roi Artus était au chevet de la moribonde.

— Sire, dit-elle en le repoussant avec terreur quand il voulut s'avancer pour l'approcher, Sire, éloignez-vous de moi, car je suis une lépreuse...

Artus s'éloigna involontairement, sans savoir pourquoi, et seulement pour obéir à cette injonction qui lui était faite d'un ton si impérieux.

— Qu'avez-vous donc, ma douce amie? lui demanda-t-il, lorsque le premier moment d'ébahissement fut passé.

— J'ai, Sire, que je vais paraître bientôt devant le Grand Juge, et qu'avant de me trouver face à face avec lui, j'ai besoin de décharger mon cœur d'un poids horrible qui m'étouffe à cette heure... Sire, ajouta la demoiselle de Camelide avec effort, je vous ai trompé !...

Le roi Artus fit un saut en arrière comme s'il eût marché sur un serpent, et il regarda la mourante avec des yeux épouvantés.

— Je vous ai trompé, Sire, répéta-t-elle; je vous ai trompé par amour et par ambition. Maudissez-moi à cause de mon ambition; pardonnez-moi à cause de mon amour... Et surtout, Sire, obtenez pour moi le pardon de votre légitime compagne, la reine Geniévre, que j'ai failli faire mourir, et sur laquelle j'ai laissé peser jusqu'ici la plus outrageante et la plus infâme des calomnies !...

Lors, la moribonde raconta au roi, dans tous ses détails, l'intrigue perfide dans laquelle elle l'avait enveloppé. Elle lui dit que, fille du sénéchal du roi Léodagan, elle avait conçu pour lui, du jour où elle l'avait vu, une passion qui n'avait pu s'éteindre, tout au contraire, puisqu'elle avait tout mis en œuvre pour la satisfaire, ce à quoi elle était arrivée à l'aide du vieux chevalier Bertellac, et en corrompant la plupart des barons influents du pays de Camelide.

— Mais vous avez juré sur les Saints Livres, et eux aussi! s'écria le roi Artus, confondu de tant d'audace et de perfidie.

— Oui, Sire, j'ai fait cela, répondit la moribonde

en se voilant le visage pour ne pas laisser voir l'épouvante horrible qui y était déposée ; oui, Sire, j'ai fait cela, et si vous me pardonnez, ce que je n'ose espérer, Dieu ne me pardonnera pas, lui, car j'ai blasphémé son saint nom !...

— Dieu pardonne toujours aux plus grands pécheurs comme aux plus humbles, reprit Artus. Il vous pardonnera ; mais les hommes, qui sont plus inexorables que lui, ne vous pardonneront jamais, ni à moi non plus, à moi, votre complice involontaire !...

— Ah ! cher Sire, ne vous accusez pas ainsi : vous me torturez trop !... Ne vous accusez pas, je vous en supplie !... Et puisque j'ai fait le mal, je vais essayer de le réparer...

— Comment cela, malheureuse pécheresse ? demanda Artus.

— Le mal a été fait publiquement, la réparation sera publique aussi... Il est trop tard aujourd'hui, et je me sens bien épuisée... Mais demain, car j'espère que Notre-Seigneur sera assez miséricordieux pour me faire vivre jusque-là, demain, vous réunirez en cette salle le plus de barons de ce pays que vous pourrez... Et là, devant eux, à haute voix, je m'accuserai et vous demanderai pardon de l'outrage que j'ai attaché à votre nom et à celui de madame la reine Genièvre... Retirez-vous présentement, Sire, et laissez-moi me préparer à l'acte solennel de demain.

Le roi voulut parler ; mais à un geste désespéré que fit la mourante, il comprit qu'insister ce serait la tuer, et se ravit ainsi le bénéfice de sa confession.

Il se retira donc, tout remué par ce qu'il venait d'entendre.

CHAPITRE XXXVIII

Comment, en présence des barons de Camelide, la fausse reine Genièvre fit l'aveu de son crime et en demanda pardon à Dieu et aux hommes.

Si le roi Artus dormit, on en peut douter. Ce qu'il venait d'apprendre était un tel tissu de trahisons et de félonies, qu'il en était comme hors de son sens et se refusait par moments à croire à la réalité de ce qu'il avait entendu.

Cependant, l'évidence était là ; les paroles de la moribonde résonnaient encore sinistrement à son oreille : il fallait croire!

— Avoir été si longtemps aveuglé par cette magicienne! murmurait-elle en se promenant à grands pas. Et madame Genièvre, que j'ai répudiée !... Et mes barons qui ont été témoins de ma folie!... Ah ! j'ai la moitié de ce crime à me reprocher... Je suis coupable, moi aussi, et j'ai un pardon à demander et à obtenir!... L'obtiendrai-je ?...

Dans cette soirée, dont les heures eurent un vol de plomb pour lui, le roi Artus envoya des messagers aux plus influents barons de la cité, leur enjoignant de se trouver le lendemain à midi dans la grand'salle de son hôtel pour y entendre une communication importante.

Puis, ces messagers partis, il alla à plusieurs reprises s'informer de l'état de santé de la fausse reine Genièvre et du vieux chevalier Bertellac. Tous deux vivaient encore, mais ils n'en valaient pas mieux pour cela. Au point du jour, même, le vieux chevalier expira sans avoir pu voir le roi, prévenu trop tard, et sans avoir pu lui demander pardon de la participation qu'il avait prise au crime dont il avait été la victime.

— Pourvu qu'elle vive jusqu'à midi ! murmura le roi, en apprenant la mort de Bertellac et en songeant à l'état dans lequel devait se trouver la dame de Camelide.

Le lendemain donc, à l'heure de midi, arrivèrent les barons du pays qu'il avait envoyé chercher. Ils furent introduits dans la chambre de la mourante, qui s'était fait appareiller pour cette imposante cérémonie, et ceux qui ne purent entrer, faute d'espace, restèrent sur le seuil.

— Seigneurs, leur dit le roi Artus, je vous ai mandés pour vous rendre témoins de la déclaration la plus importante du monde, laquelle va vous être faite par madame que vous voyez là étendue... Dites, madame, ajouta-t-il, dites tout ce que vous avez à dire, maintenant...

La moribonde fit un hoquet violent qui fit craindre un instant qu'elle ne passât de vie à trépas. Mais, tout à coup, se redressant sur son séant, les yeux brillants, la face livide et convulsée par les approches de la mort, elle murmura :

— Je déclare ici que je ne suis qu'une malheureuse pécheresse indigne de pardon, quoique repentante... Je ne suis pas la reine Genièvre... Je ne suis pas la fille du roi Léodagan de Camelide... Je ne suis que la fille de son sénéchal, comme quelques-uns d'entre vous le savent bien... Je n'accuse personne que moi... Moi seule ai machiné ce diabolique complot contre l'honneur du roi Artus et de la reine Genièvre, à qui je demande bien humblement pardon... J'ai fait outrage à qui ne le méritait pas... Je m'en repens... Si je devais vivre, j'aurais mérité le dernier supplice... Mais le Grand Juge m'appelle à lui... Il me pardonnera peut-être... Pardonnez-moi, Sire...

La fausse reine voulut parler encore ; mais ses lèvres seules remuèrent, aucun son n'en sortit.

— Que Dieu ait votre âme ! murmura le roi Artus.

Alors, comme si cette pauvre pécheresse n'eût attendu que ce viatique pour partir, ses bras tendus se détendirent, ses yeux se fermèrent, une écume rosée vint flotter sur ses lèvres, et elle retomba expirée sur sa couche.

— Sire, dirent les barons pour arracher le roi Artus à l'émotion qui venait de s'emparer de lui, permettez-nous d'aller en Soreloys pour crier merci à la reine Genièvre et la ramener dans vos bras...

— Faites, répondit le roi Artus pensif.

CHAPITRE XXXIX

Comment les barons de Camelide allèrent crier merci à la reine Genièvre et la ramenèrent à Kamalot avec Gallehault, Lancelot et la dame de Mallehault.

Les barons de Camelide avaient, eux aussi, un outrage à se faire pardonner, et ils avaient hâte d'arriver en Soreloys.

Enfin, ils arrivèrent, et, sans désemparer, allèrent droit au palais qu'habitait la reine Genièvre.

Ils demandèrent à l'entretenir, au nom du roi Artus, et furent introduits aussitôt.

— Dame, lui dirent-ils en pliant le genou, nous venons céans vous faire amende honorable et vous crier merci...

— Qu'est-ce donc ? demanda Genièvre étonnée.

— Nous vous avons laissée outrager, madame, sans songer un instant à prendre votre défense, ce qui nous poigne à cette heure, car nous vous aurions ainsi épargné des ennuis et nous nous serions épargné à nous-mêmes un remords...

— Mais, encore un coup, de quoi s'agit-il donc, seigneurs ?

— Ne le devinez-vous pas, madame, et voulez-vous donc nous forcer à de pénibles aveux ?...

— En vérité, je ne devine pas... Instruisez-moi vitement, je vous prie, puisque vous dites venir céans au nom de monseigneur Artus...

— Eh bien ! madame, celle qui se disait fille du roi Léodagan et femme légitime du roi Artus, à votre grand dommage, vient de mourir, confessant publiquement son indignité...

La reine Genièvre, à ces paroles, jeta un regard plein d'éloquence à Lancelot, comme pour lui dire :

— Je savais bien que mon épreuve finirait !

Les barons de Camelide reprirent :

— La confession a été complète, madame ; rien n'y a manqué, pour la plus grande gloire de votre vertueuse personne et pour la plus grande humiliation de la coupable... Le roi Artus, alors, a senti ses yeux se dessiller, et il nous a dépêchés vers vous pour vous crier merci et vous supplier de revenir auprès de lui, en sa bonne cité de Kamalot, où il espère vous faire oublier le passé...

— Tout est oublié ! s'écria la reine. J'ai hâte d'aller retrouver mon seigneur le roi, qui doit être bien angoisseux...

— Nous partirons quand il vous plaira, madame !...

— Que me conseillez-vous, beau sire ? demanda Genièvre à Lancelot.

Lancelot était devenu sombre et soucieux depuis quelques instants. Il songeait à part lui que sa mie allait lui échapper pour retomber en possession de son seigneur et roi. Cet exil de quatre mois, malgré l'absence de toutes privautés de part et d'autre, avait eu pour lui des charmes âpres dans lesquels il s'était complu. Il avait pu jouir librement de la vue et de la parole de sa belle maîtresse, et voilà que maintenant il fallait renoncer à ce bonheur particulier, qui valait bien l'autre bonheur !

Aussi, quand la reine l'interrogea, ne répondit-il pas tout de suite, troublé qu'il était dans son rêve. Quand il fut réveillé, il dit :

— Je n'ai rien à conseiller à personne, ma dame... Le devoir ne se conseille pas... Le roi vous a éloignée, vous avez obéi sans vous plaindre ; il vous rappelle, c'est à vous de savoir si vous devez obéir encore...

— Mais... demanda Genièvre avec inquiétude, ne viendrez-vous pas avec nous ?

— Je vous accompagnerai, ma dame, comme il convient que je le fasse ; mais, une fois que vous aurez repris le rang que vous n'auriez jamais dû quitter, je vous supplierai de m'octroyer la permission de m'éloigner pour courir les aventures...

La reine pâlit à cette menace si terrible pour son cœur, et une larme coula de ses yeux sur ses belles joues.

— Ah ! mon doux ami, murmura-t-elle, vous allez me rendre malaisé l'accomplissement de mon devoir !...

Gallehault, à ce moment, jugea à propos d'intervenir.

— Compagnon, dit-il à Lancelot, notre fortune est commune, et je veux courir les mêmes hasards que vous... Mais c'est à la condition que vous ferez quelque chose pour moi, qui suis disposé à tout faire pour vous... Vous n'étiez plus compagnon de la Table Ronde, parce que vous aviez cru devoir renoncer à cet honneur, à cause de l'outrage qui était fait à votre dame au profit d'une autre... Mais aujourd'hui que votre dame rentre honorablement dans tous ses droits de femme et de reine, vos griefs contre monseigneur Artus, son époux, doivent disparaître, et vous devez rentrer vous-même dans tous vos droits et priviléges de compagnon de la Table Ronde... Je vous adjure, au nom de notre mutuelle amitié, de ne pas persister plus longtemps dans une colère désormais sans motif, vous promettant, en retour, de vous accompagner partout où il vous plaira d'aller en quête d'aventures et de prouesses de chevalerie...

Lancelot ne put résister à ces amicales paroles. Il s'en vint accoler tendrement le bon Gallehault, et puis après, il alla s'agenouiller devant sa dame la reine et baiser le bord de sa robe de drap.

Le lendemain, tout étant prêt, la reine Genièvre se mit en route avec ses amis et les barons de Camelide.

CHAPITRE XL

Comment la reine Genièvre revint à Kamalot à la cour du roi Artus, et comment Lancelot du Lac, après avoir été rétabli compagnon de la Table Ronde, s'en alla avec son ami Gallehault en quête d'aventures.

Kamalot était dans l'attente de l'arrivée de la reine Genièvre, et tous ses habitants, à cet effet, avaient pavoisé leurs maisons et jonché leurs rues de fleurs.

La reine Genièvre arriva.

Des acclamations enthousiastes l'accueillirent partout sur son passage, et lui prouvèrent ainsi qu'elle n'avait pas été oubliée, et que chacun l'avait regrettée comme il convenait qu'elle le fût.

Cette joie universelle la toucha plus qu'on ne saurait dire, et elle crut ses misères largement payées de cette façon.

Quant au roi Artus, il ne montra ni moins d'empressement ni moins de joie. Il avait tant de choses à se faire pardonner!

— Dame, dit-il à la reine Genièvre, je vous remercie du fond du cœur...

Artus ne voulut pas dire autre chose, par délicatesse, car, en demandant à sa femme pardon de l'outrage qu'il lui avait fait, c'eût été l'outrager une seconde fois. Puisqu'elle devait oublier, il était inutile qu'il lui rappelât rien.

L'accueil qu'il fit à Gallehault ne fut pas moindre. Seulement, au bout de quelques instants, son visage se rembrunit, il sembla chercher dans la foule quelqu'un qui n'y était pas.

— J'aurais voulu pouvoir remercier tout le monde aujourd'hui, dit-il à Gallehault... Mais il paraît que tout le monde ne veut pas être remercié...

— Sire, répondit Gallehault, vous voulez parler de mon loyal ami Lancelot du Lac?...

— Vous l'avez deviné, Gallehault... Sa haine persiste donc?... Il ne pardonnera donc jamais?...

— Sire, mon vaillant compagnon Lancelot n'a rien à pardonner à personne, car personne ne l'a offensé...

— Je l'ai offensé, moi, Gallehault, et mortellement, je le comprends bien, puisqu'il n'est pas céans avec vous...

— Vous vous trompez, Sire, car le voilà, dit Gallehault en allant prendre Lancelot par la main et en l'amenant devant le roi Artus. La foule vous le cachait, mais il ne se cachait pas...

— Beau sire, dit Artus à Lancelot, je n'ai jamais eu de meilleur chevalier que vous... Vos prouesses sont nombreuses et elles ont puissamment servi à illustrer la Table Ronde dont vous êtes le plus glorieux compagnon...

Lancelot mit un genou en terre en signe de soumission.

— A présent, Sire, que j'ai fait ce que je devais en accompagnant ma dame la reine jusqu'en cette cité, dit-il, je vous demanderai la permission de reprendre le cours de mes aventures...

— Vous nous quittez, déjà?...

— L'inaction me pèse, Sire...

— Partez donc, puisque tel est votre plaisir; mais souvenez-vous que vous êtes notre plus fidèle compagnon, et n'exposez pas inutilement une vie précieuse...

— Je me joins à monseigneur le roi pour vous faire cette recommandation, chevalier, dit la reine en jetant à Lancelot un regard que seul il comprit.

— Ami Lancelot, dit son tour Gallehault, ne m'attendrez-vous pas céans quelques jours?...

— Je pars incontinent, répondit Lancelot.

— Eh bien! donc, à un mois d'ici, en mon château de Soreloys?...

— J'y serai, répondit Lancelot.

Et, après avoir salué la reine et le roi, il prit congé.

CHAPITRE XLI

Comment Lancelot de Lac, ayant quitté Kamalot, eut bataille avec plusieurs chevaliers, dont l'un était fils du roi Baudemagus, et comment, après deux mois, il apprit plusieurs nouvelles navrantes.

Tant dolent et mélancolieux, Lancelot s'en alla au hasard, comme une âme dépareillée.

Après avoir chevauché pendant plusieurs jours, il entra dans une épaisse forêt, bien faite pour la rêverie, et, en effet, il se mit à rêver à sa dame absente, se fiant pour le reste à son cheval.

Il rêvait ainsi depuis un peu de temps, lorsque, en relevant la tête, il aperçut, planté devant lui sur un roussin et lui barrant le passage, un chevalier armé de toutes pièces. Préoccupé comme il l'était en ce moment, il ne fit nulle attention à ce chevalier inconnu et chercha à passer outre, sans plus disputer.

— Qui es-tu, beau chevalier? lui demanda l'inconnu avec arrogance.

Lancelot, toujours affolé, ne répondit pas.

— Serais-tu, d'aventure, sourd ou muet? demanda de nouveau l'inconnu en lui barrant résolûment le passage.

— Ni sourd, ni muet, ni manchot, répondit enfin Lancelot en prenant du champ et en revenant sur l'inconnu, la lance sous l'aisselle.

Le chevalier avait été bien imprudent d'engager cette partie avec un si rude adversaire, car, dès cette première atteinte, il fut honteusement désarçonné et s'en alla donner de la tête contre un arbre...

Lancelot, ainsi débarrassé, allait continuer sa voie, lorsque débouchèrent d'un taillis voisin cinq ou six chevaliers et autant de sergents, qui l'entourèrent avant qu'il eût eu le temps de s'y reconnaître.

Néanmoins, comme il n'était pas homme à se laisser effrayer aisément, il joua de sa lance du mieux qu'il put, et parvint à faire lâcher prise à deux des plus acharnés. Mais ils étaient nombreux et il était seul. En outre, pour mieux l'accabler, le chevalier qu'il avait désarçonné se releva, remonta à cheval et s'en vint l'épée haute sur lui.

— Puisque c'est toi qui me vaut cela, lui cria Lancelot, il est juste que ce soit toi que j'en récompense !...

Et il lui entra sa lance dans la gorge.

— Notre sire Maléagant est mort ! s'écrièrent les chevaliers en redoublant de coups sur Lancelot.

Lancelot fut désarmé, lié, et conduit dans la prison d'un château voisin, où on le laissa sans nourriture pendant quelques jours.

Peu à peu, cependant, on se relâcha de cette cruauté, et on lui fit passer quelques aliments grossiers qu'il mangea, faute d'autres.

Il resta ainsi deux mois, sans savoir quel sort on lui préparait et sans trouver aucun moyen d'évasion possible, jusqu'au jour où plusieurs sergents s'en vinrent lui ordonner de les suivre.

Il les suivit.

Quand ils furent arrivés dans une grande salle, où se trouvaient réunis plusieurs chevaliers, les sergents qui avaient amené Lancelot dirent à voix haute :

— Sire, voilà celui qui a osé porter la main sur le prince Maléagant, votre digne fils !... Ce n'est pas de sa faute si mon seigneur Maléagant n'est pas mort à cette heure; pas de sa faute, assurément.

Lancelot regarda celui auquel parlaient ainsi les sergents et reconnut en lui le roi Baudemagus, qui, de son côté, le reconnut parfaitement.

— Dans mes bras, vaillant Lancelot, dans mes bras ! s'écria Baudemagus, au grand ébahissement de ceux qui venaient d'amener Lancelot. Quoi ! ajouta-t-il en riant, c'est vous qui avez donné à mon fils Maléagant sa première leçon de chevarie ?... Croyez bien, mon vaillant compagnon, que si j'avais su plus tôt à quel honorable prisonnier j'avais affaire, ce n'est pas dans un cachot, mais dans ma propre chambre que vous eussiez été renfermé... Cela vous aurait évité beaucoup d'ennuis, et à quelques-uns de vos ennuis de mortelles angoisses...

Comme le roi Baudemagus disait ces mots, son visage se rembrunit, et peu s'en fallut même qu'il ne pleurât.

— Qu'avez-vous donc, Sire ? lui demanda Lancelot, étonné.

Le roi Baudemagus fit un geste pour éloigner tous ceux qui étaient présents, son fils Maléagant excepté, et, quand ils furent seuls, Baudemagus reprit avec tristesse :

— J'ai de fâcheuses nouvelles à vous donner, mon grand ami !

— Qu'est-il donc arrivé ? demanda Lancelot avec inquiétude.

— Hélas ! voilà bientôt trois mois que vous avez quitté Kamalot pour vous rendre en Soreloys... Que de choses peuvent arriver en trois mois, mon ami !... D'abord, votre vaillant compagnon Gallehault ne vous a pas trouvé au rendez-vous qu'il vous avait donné... Le bruit de votre mort a couru, bruit entretenu par votre absence inexpliquée... Le vaillant Gallehault, qui vous aimait comme nul ne vous aimera plus peut-être, le vaillant Gallehault est mort de chagrin de vous avoir perdu...

Lancelot, à cette nouvelle, pâlit et chancela. Puis, au bout d'une minute, se remettant, il répondit :

— Maintenant, Sire, vous pouvez me dire le reste... Ce que vous venez de m'apprendre là m'a préparé à tout... Qui est mort encore, de ceux que j'aimais ? Monseigneur Gauvain, peut-être ?...

— Personne, heureusement, mon grand ami... N'était-ce donc pas assez du brave Gallehault ?... Seulement, comme je vous le répète, le bruit de votre mort a couru partout, dans le pays de Logres aussi bien qu'en Soreloys ; la belle reine Genièvre a failli en mourir de douleur...

Cette fois encore, Lancelot tressaillit et pâlit. Puis il se mit à pleurer.

— Réconfortez-vous, mon grand ami, lui dit le roi Baudemagus, elle n'est pas morte... Mais, pour mieux la rassurer vous-même, il me paraît que vous feriez bien d'aller sur-le-champ à Kamalot...

— Ah ! je pars ! je pars !...

— Et je vous accompagnerai, si vous y consentez, sire Lancelot ? dit le prince Maléagant, qui n'avait encore sonné mot et s'était contenté de voir et d'écouter.

— Volontiers, répondit Lancelot, qui ne comprit pas le sourire perfide que venait d'avoir le fils du bon roi Baudemagus.

CHAPITRE XLII

Comment Lancelot du Lac revint à la cour du roi Artus, en compagnie du prince Maléagant, et quel accueil lui fit la reine Genièvre.

Maléagant et Lancelot partirent, l'un et l'autre pressés d'arriver à Kamalot, le premier pour aviser aux moyens de nuire à son ennemi, le second pour consoler la belle reine Genièvre par sa présence.

Ils arrivèrent enfin.

Quand le roi Artus revit Lancelot, il l'embrassa du meilleur cœur et lui dit avec mélancolie :

— Mon grand ami, le roi Baudemagus a dû vous apprendre une poignante nouvelle ?

— Oui, Sire : mon loyal compagnon est mort...

— Pauvre Gallehault !... Il nous aimait bien tous ; mais il vous aimait davantage encore... Il n'a pu vous survivre, vous croyant mort... Nous l'avons cru tous comme lui... la reine elle-même...

— La reine a été malade! interrompit vivement Lancelot.

— Oui, nous avons eu crainte de la perdre, elle aussi... Mais enfin, vous voilà, mon grand ami... Nous espérons, cette fois, que vous nous resterez plus longtemps, pour nous dédommager de votre absence?...

— Oui, Sire, répondit Lancelot, qui ne songeait qu'à la reine et qui était inquiet de ne pas la voir paraître...

— Mon grand ami, reprit Artus, comme s'il eût deviné la pensée du chevalier, voulez-vous que nous allions rendre visite à madame la reine?

— Bien volontiers, Sire, répondit Lancelot tout joyeux.

Artus, Maléagant et Lancelot se rendirent donc dans la chambre de la reine, qui, en voyant entrer son amant, faillit se pâmer d'émotion.

— Madame, dit le roi, voici notre compagnon de retour!...

— Ah! mon grand ami, s'écria la reine en venant l'embrasser, comme nous vous avons pleuré!

— Madame, je ne méritais pas ces regrets... J'essayerai de les justifier, plus tard, par de glorieuses prouesses!...

On se mit à deviser d'une chose et d'une autre, toujours en présence du roi Artus et du prince Maléagant, qui épiait beaucoup, sans faire semblant, l'attitude mutuelle des deux amants.

Ceux-ci étaient gênés, certes, par cette double présence. Mais cela n'empêcha pas la reine Genièvre de montrer du regard à Lancelot la fenêtre par laquelle il devrait monter le soir chez elle.

On finit par se retirer, et, quand la nuit fut bien noire et qu'il supposa tout le monde endormi, Lancelot grimpa le long du mur jusqu'à la fenêtre de la reine, qui le reçut sur ses lèvres et dans ses bras.

Grande, on le devine, fut la joie qu'ils s'entrefirent la nuit, car longuement ils avaient souffert l'un et l'autre. Quand le jour approcha, ils se séparèrent, sans s'apercevoir que Lancelot s'était blessé aux mains en montant à la fenêtre, et que le sang qui en coulait avait tout ensanglanté le lit de la reine.

CHAPITRE XLIII

Comment Maléagant, qui haïssait Lancelot, découvrit son fol amour pour la reine Genièvre, et comment il en prévint messire Gauvain, qui résolut d'en avoir le cœur net.

Maléagant, le lendemain matin, entra dans la chambre de la reine pour la saluer, et, en voyant le lit teint du sang de Lancelot, et en rapprochant ce signe d'une égratignure qu'il avait remarquée, un quart d'heure auparavant, à sa main, il conçut des soupçons qui se changèrent vite en certitude dans son esprit.

Maléagant se réjouit à cette pensée : il allait enfin pouvoir se venger de Lancelot, contre lequel il avait conçu une haine mortelle, sans autre cause que la défaite honteuse qu'il lui avait fait subir.

Il attendit cependant, pour mieux perdre son ennemi ; et, au lieu de prévenir le roi Artus, qui probablement ne l'eût pas cru, car il n'en était pas aimé, il en parla à monseigneur Gauvain et à Agravain, frère de celui-ci.

Monseigneur Gauvain s'était déjà entr'aperçu du fol amour de Lancelot pour la reine, mais il s'en était tû, ne le croyant pas partagé, par respect pour l'honneur de son oncle. Cette fois, un autre que lui s'apercevant de la chose, il comprit qu'il fallait en avoir le cœur net. En conséquence, un jour que le roi Artus devait aller à la chasse, il prévint son frère Agravain, qui promit de faire bonne garde et de tuer Lancelot dans la chambre même de la reine, s'il osait y pénétrer dans le but coupable qu'on lui supposait à n'en pas douter.

Donc, le matin du jour de cette chasse du roi Artus, il s'en alla trouver Lancelot, à qui il dit :

— Sire, Gaheriet et moi, nous allons à la forêt avec les autres chevaliers : n'y viendrez-vous point?

— Sire, nenni, répondit Lancelot ; je demeurerai, car je ne suis pas maintenant bien disposé pour y aller.

Messire Gauvain se contenta de cette réponse et s'en alla, suivi de Gaheriet.

Aussitôt donc que le roi fut parti de Kamalot, la reine envoya son messager vers Lancelot, qui était encore au lit, et lui manda qu'en toute manière il s'arrangeât pour lui venir parler.

En apercevant ce messager, Lancelot fut bien joyeux. Aussi lui dit-il qu'il allait s'habiller et le suivre incontinent.

Et de fait, il se vêtit, s'appareilla, et tout en s'appareillant, il songea aux moyens de se rendre auprès de la reine sans être aperçu. Personne n'était là pour qu'il prît conseil : il s'ouvrit seulement à Lyonnel.

— Pour Dieu! lui dit Lyonnel, n'y allez point : vous vous en repentiriez, pour sûr!.. Croyez-moi, cousin, car mon cœur m'avertit en cet instant que vous auriez tort d'aller voir madame la reine...

— Je dois y aller, et j'irai, répondit Lancelot.

— Sire, puisque vous voulez y aller, reprit Lyonnel, je vais vous enseigner un moyen... Vous voyez ce jardin qui continue jusqu'à la chambre de la reine... Entrez-y : vous y trouverez la plus secrète voie que je sache... Et surtout, n'oubliez pas votre épée...

Lancelot fit comme Lyonnel lui avait enseigné et prit le chemin pour aller droit à la chambre de la reine.

Quand il approcha de la tour, il fut aperçu d'un des espions qu'Agravain avait mis là, lequel s'en alla vitement le prévenir, afin qu'il pût s'en assurer par lui-même. Agravain vint en effet, se mit à une fenêtre avec quelques chevaliers auxquels il dit en leur montrant Lancelot :

— Le voici! Il ne va pas tarder à entrer dans la chambre de la reine : gardez qu'il ne nous échappe!

— Soyez tranquille! lui répondit-on. Nous le surprendrons tout nu!...

Lancelot, qui ne soupçonnait pas cet aguet, s'en vint tranquillement à la porte de la chambre qui ouvrait sur le jardin, l'ouvrit, entra et alla vers la reine, qui l'attendait toute pensive.

CHAPITRE XLIV

Comment Lancelot du Lac, étant avec la reine Genièvre, il fut surpris par ses ennemis et obligé de se défendre pour leur échapper.

Quand Lancelot fut dans la chambre avec sa belle reine, il alla fermer la porte, pour plus de précautions. Puis il se déchaussa, se dépouilla de ses vêtements, et se glissa tout joyeux aux côtés de sa mie.

Il y était à peine depuis un quart d'heure, lorsque ceux qui étaient aux aguets s'en vinrent à pas de loups, croyant trouver la pie au nid. Mais ils se cassèrent le nez contre la porte, qui était close.

Lors ils s'en retournèrent vers Agravain et lui demandèrent ce qu'il fallait faire.

— Enfoncez la porte ! répondit Agravain.

Les gens revinrent, et cette fois, la reine les entendit.

— Bel ami, murmura-t-elle à l'oreille de Lancelot, nous sommes trahis !

— Comment cela, dame ? demanda Lancelot.

Ils écoutèrent et entendirent un bruit confus de voix, puis le bruit d'instruments contre la porte de la chambre, afin de la faire tomber, mais sans pouvoir y réussir.

— Ah ! beau doux ami, s'écria Genièvre, nous sommes morts, car monseigneur le roi saura notre honte, à vous et à moi !...

— Qui a pu nous trahir ainsi ?

— C'est Agravain, le frère de monseigneur Gauvain, qui a machiné tout ce déshonneur.

— Ne vous effrayez pas outre mesure, ma douce amie, car bien imprudents seront ceux qui entreront tout à l'heure céans... Premier vu, premier tué !...

Immédiatement, ils sortirent tous deux du lit, et s'appareillèrent du mieux qu'ils purent.

— Dame, demanda Lancelot, avez-vous céans haubert ou toute autre armure ?...

— Non, très-cher ami ! La fortune nous accable et veut que nous mourions, ce qui me poigne plus pour vous que pour moi...

— Nous mourrons ensemble, ou ensemble nous serons sauvés, ma dame !... répondit Lancelot.

Alors, il s'en alla vers la porte et cria à ceux qui étaient dehors :

— Mauvais et couards chevaliers, attendez-moi un peu ! Je vais ouvrir pour voir de plus près vos visages et vous châtier l'échine, comme il convient quand on s'adresse à des traîtres de votre sorte !...

Ayant dit cela, Lancelot tira l'épée hors du fourreau, ouvrit la porte et reprit :

— Que le plus hardi s'avance !

Et un chevalier s'avança. C'était un des ennemis les plus acharnés de Lancelot ; il avait nom Tamagius. Il entra l'épée en avant, mais il n'eut pas le temps de s'en servir : celle que tenait à la main Lancelot lui tomba au joint du heaume et du haubert, et lui fendit l'épaule.

Tamagius tomba mort.

Quand les autres le virent ainsi habillé, ils n'osèrent pas l'imiter, et tous se retirèrent en arrière, même le plus hardi d'entre eux, de telle manière que le seuil se trouva débarrassé.

— Dame, cette guerre est finie, dit Lancelot à la reine ; quand il vous plaira, je m'en irai...

— Je voudrais, mon doux ami, je voudrais que vous fussiez en sûreté !...

Lancelot regarda le corps de Tamagius, qui, de son vivant, le haïssait d'une haine si mortelle, et, après l'avoir tiré en dedans, il ferma la porte. Une idée lui était venue.

Voici quelle était cette idée.

Le vaillant Tamagius n'avait plus besoin de son harnois, et lui, au contraire, pouvait en avoir besoin. Donc, il se mit en devoir de lui ôter son heaume et toutes ses armes, et, après les lui avoir ôtées, il s'en couvrit.

Cela fait, il dit à la reine :

— Maintenant que je suis armé, je peux bien m'en aller, n'est-ce pas ?

Genièvre ne répondit pas. Il la salua, ouvrit la porte et se trouva là en présence de ceux qui l'avaient précédemment guetté.

— Oh ! oh ! vilains ! leur cria-t-il, vous voulez donc avoir le sort de Tamagius !

Et en disant cela, il s'escrima d'estoc et de taille contre eux, qui ne s'attendaient pas à le revoir ainsi appareillé ; de telle façon, qu'après en avoir tué un et blessé plusieurs autres, ceux qui n'avaient rien reçu comprirent que, pour ne rien recevoir, il fallait prudemment battre en retraite.

Ce qu'ils firent incontinent. D'ailleurs, le but qu'ils voulaient atteindre ne se trouvait-il pas atteint, à peu de chose près ?

Donc, ils laissèrent passer Lancelot, ne pouvant l'arrêter pour le prendre vivant, afin que le roi Artus pût en faire ce qu'il voudrait.

Lancelot arriva hors d'haleine chez lui, où l'attendait le fidèle Lyonnel.

— Vite, vite, partons de céans ! lui cria-t-il. Tout est perdu, ou à peu près perdu, sauf que je suis encore vivant, par je ne sais quel miracle du ciel !...

Le fidèle Lyonnel ne se fit pas répéter l'avertissement. Ils montèrent tous deux à cheval, Lancelot toujours couvert de l'armure de Tamagius, et gagnèrent en toute hâte la forêt prochaine.

CHAPITRE XLV

Comment Lancelot recouvra la reine que l'on voulait brûler, et l'emmena en la Joyeuse Garde.

Une fois dans la forêt de Kamalot, il ne s'agissait pas d'y rester oisif. Lancelot le comprit à merveille, et, dès le soir même, il envoya Lyonnel auprès de quelques barons du pays de Logres dont il connaissait le dévouement, avec prière de se tenir prêts à marcher sous ses ordres pour une expédition qu'il leur indiquerait en temps et lieu.

Une trentaine de barons répondirent ainsi à l'appel de Lancelot du Lac.

— C'est bien ! dit-il. Cela me suffira pour ce que je veux faire !

Ce que Lancelot voulait faire, c'était de délivrer la reine Genièvre, qui, aussitôt après son départ, avait été mise en prison au nom du roi Artus.

Celui-ci, en revenant de la chasse, avait tout appris, et incontinent il avait assemblé son conseil, qui avait, sans plus de façons, condamné la belle reine Genièvre à être brûlée vive pour crime d'adultère.

Cette condamnation mit le deuil dans la ville de Kamalot, qui s'était si fort réjouie, quelques mois auparavant, à l'arrivée de la reine. Plus de bouquets dans les rues, plus de draps d'or aux fenêtres, plus d'acclamations : plus rien que le silence et que les larmes.

Coupable, certes, la reine Genièvre l'était. Mais tout plaidait en sa faveur : sa beauté, sa bonté et le mépris qu'avait fait d'elle, quelque temps auparavant, monseigneur le roi. Et puis, brûler vive une femme pour crime d'amour !

Mais ainsi l'avait voulu le roi Artus, offensé dans son honneur d'homme, d'époux et de roi, et ainsi l'avaient décidé les hauts seigneurs composant son conseil.

Au jour assigné pour cette funèbre cérémonie, un bûcher énorme était préparé sur la place du martroi de Kamalot.

Bientôt un bruit sourd courut dans la cité :

— La voilà ! la voilà ! la voilà !...

C'était de la reine qu'on parlait ainsi irrespectueusement. La reine, en effet, venait de sortir du palais du roi Artus, les pieds nus, en chemise, et tenant en main un cierge allumé pesant une livre.

Tout autour d'elle marchaient des gens d'armes, destinés à protéger la pauvre dame contre les insultes du populaire, s'il y avait lieu, ou contre les tentatives de ses amis et complices, s'il y avait lieu aussi.

La première chose n'était pas à redouter, car le silence le plus profond régnait dans les rues de Kamalot, et la pitié la plus sincère se lisait sur les visages de ses habitants.

Restait donc la deuxième crainte. Pour celle-là, les précautions n'étaient pas inutiles ; mais elles furent insuffisantes.

Au moment où le cortége approchait du lieu du supplice, il se fit une grande clameur et l'on vit apparaître une trentaine de chevaliers armés de pied en cap, qui frappèrent dru comme grêle sur les sergents de l'escorte, lesquels se dissipèrent de peur de mal, et permirent ainsi à Lancelot et à ses amis de délivrer la reine Genièvre.

Cela s'était fait en un clin d'œil ; si bien que, lorsque l'on songea à recouvrer la reine pour la restituer au bûcher auquel elle avait droit, il n'était plus temps. La reine était trop loin pour cela ; et puis, on ne savait, à vrai dire, quelle direction ses ravisseurs avaient prise.

Lancelot et ses compagnons marchèrent ainsi jusqu'à la nuit noire, et ils ne s'arrêtèrent que lorsqu'ils furent certains d'avoir complétement dépisté ceux qui leur faisaient la chasse.

À la pointe du jour, ils reprirent leur voie, jusqu'au moment où ils entrèrent dans le château de la Joyeuse Garde, lequel était une forteresse imprenable au dehors et un lieu de délices au dedans.

CHAPITRE XLVI

Comment, quand le roi Artus sut que Lancelot avait délivré la reine, il manda par tous les ports de mer qu'on ne les laissât pas passer l'un et l'autre, et comment, après cela, il alla mettre le siége devant la Joyeuse Garde.

On avait couru après les fugitifs, cela va sans dire. Mais on avait fini par perdre tout à fait leurs traces, et on avait renoncé à la poursuite.

Le bûcher ne pouvait plus servir, pour ce jour-là, du moins. On le dispersa.

Quand le roi Artus, qui s'était à dessein éloigné de Kamalot, ce jour-là, pour ne pas se laisser aller à la pitié, revint en son palais, et qu'on lui raconta ce qui était arrivé, sa colère ne connut plus de bornes.

Il envoya partout des espions chargés de retrouver les traces de la reine Genièvre. En outre, il envoya à tous les ports de mer l'ordre de ne pas laisser embarquer la reine et son amant Lancelot.

Car, cela ne faisait doute pour personne, Lancelot seul était capable d'avoir conçu et exécuté une entreprise aussi hardie. Lui seul, en effet, pouvait risquer tant.

Les espions envoyés dans toutes les directions par le roi Artus lui rapportèrent la nouvelle que les deux coupables étaient à l'abri derrière les hautes murailles et les tours crénelées de la Joyeuse Garde.

Lors, Artus, n'écoutant que son ressentiment réunit le plus grand nombre de chevaliers qu'il put et s'en alla mettre le siége devant la forteresse où s'étaient réfugiés Génièvre et Lancelot.

La campagne fut longue et âpre. Les succès et les défaites y furent longtemps partagés. Enfin, un jour, il y eut une bataille plus décisive que les autres. Artus, d'une part, et Lancelot de l'autre, combattirent comme des lions, et beaucoup des leurs ne revirent pas l'aurore du lendemain.

Au plus fort de la mêlée, Artus, emporté par sa fougue, arriva à quelques pas de Lancelot, et, au moment où il s'apprêtait à le frapper, son cheval se cabra violemment, et, d'une secousse, l'envoya rouler dans la poussière.

Lors, Lancelot se précipita à bas de son destrier, courut au roi, et, sans mot dire, l'aida à remonter sur le sien.

La bataille cessa là, par une sorte de consentement tacite des deux partis.

CHAPITRE XLVII

Comment le pape interdit la terre du roi Artus s'il ne reprenait la reine sa femme, et comment Lancelot résolut de rendre Génièvre à son mari.

Touché qu'il avait été par la courtoisie précédente de Lancelot du Lac, Artus commençait à regretter d'avoir entrepris le siége de la Joyeuse Garde, quoiqu'il ne l'eût pas encore levé.

Le saint-père avait eu nouvelles de ces divers événements. Il savait que le roi Artus avait voulu brûler la reine Génièvre sa femme, et qu'il avait juré, s'il la reprenait, de la brûler tout à fait. Lors, il manda aux archevêques et aux évêques du pays que toute la terre du roi Artus était interdite et en excommunication, et qu'il ne lèverait cet interdit qu'au cas où ce prince reprendrait sa femme et la tiendrait comme on doit tenir sa prude femme et son épouse.

Quand le roi Artus eut connaissance de ce mandement, il en fut extrêmement courroucé.

Non pas qu'il n'aimât pas sa femme ; tout au contraire, il l'aimait de si bonne amour qu'il se fût volontiers rapaisé ; mais il ne savait pas comment sortir de l'embarras où il était relativement à elle et à la guerre qui en était la conséquence entre lui et Lancelot du Lac.

Sur ces entrefaites, l'évêque de Glocester vint trouver la reine et lui dit :

— Dame, il convient que vous alliez au roi votre seigneur et votre mari, car ainsi le commande le pape. Il vous promet que dorénavant il vous tiendra comme roi doit tenir reine, et qu'il ne se rappellera rien de ce qui a pu être dit sur vous et sur monseigneur Lancelot...

— Sire, répondit Génièvre, je vais prendre conseil et vous dirai tantôt ce qu'on m'aura conseillé.

L'évêque se retira et la reine appela aussitôt son ami Lancelot, ainsi que Hector des Mares, Lyonnel et Boort.

Lorsqu'ils furent tous quatre devant elle, Génièvre leur dit :

— Seigneurs, vous êtes les hommes du monde en qui j'ai la plus grande fiance... Or, je viens vous prier de me donner conseil en la présente occurrence sur ce qui doit être le plus profitable à mon honneur de femme et à ma dignité de reine... On m'apprend une nouvelle qui doit me plaire et qui vous plaira certainement aussi.

— Laquelle, dame ? demanda Lancelot.

— Le roi, qui est le plus prud'homme du monde, m'a requise de revenir vers lui, me promettant de me tenir aussi honnêtement que par le passé, ce qui me touche grandement, car, s'il l'oublie, je n'oublie pas, moi, que je me suis méfaite envers lui... Quant à ce qui vous concerne tous quatre, je jure ôté que je ne partirai pas d'ici avant qu'il ne vous ait sa malveillance, et qu'il ne vous ait laissés aller de ce pays au vôtre, emmenant avec vous votre compagnie. Or donc, mes amis, que voulez-vous que je fasse ? Dites hardiment votre pensée ; si vous voulez que je demeure ici avec vous, j'y demeurerai très-volontiers...

— Dame, répondit Lancelot, si je n'en écoutais que ce que désire mon cœur, vous demeureriez céans... Mais comme, en cette délicate occurrence, je dois consulter davantage votre honneur de femme et de reine, je vous conseille, pour ma part, d'écouter la proposition de votre mari et de retourner vers lui ainsi qu'il vous y convie... Car, si vous n'y allez pas présentement, si vous repoussez l'offre qu'il vous fait, il n'est ni homme ni femme qui, le sachant, ne vous en couvre d'un blâme éternel et n'éternise ainsi votre honte et ma déloyauté... Par ainsi, je vous prie de mander incontinent au roi Artus que vous vous en irez dès demain de céans, et qu'en en partant vous serez convoyée aussi richement que jamais le fut la dame la plus honorée... Et cette chose ne vous dis pas, dame, parce que je ne vous aime pas, car, au contraire, je vous aime plus que jamais chevalier n'aima dame au monde !...

En finissant ces mots, Lancelot ne put s'empêcher de pleurer ; ce que voyant, la reine Génièvre pleura aussi.

Quand Boort entendit que monseigneur Lancelot octroyait à la reine la permission de s'en retourner vers le roi Artus, il lui dit :

— Vous avez fait cela, sire Lancelot : que Dieu vous en tienne compte ! Mais, hélas ! j'ai grande peur que vous ne vous en repentiez bientôt, comme on se repent la plupart du temps des bonnes actions qu'on accomplit, car vous vous en irez en Gaule et madame la reine restera en ce pays en tel lieu que vous ne pourrez plus jamais la revoir... Je vous connais assez pour savoir que lorsque vous aurez été un mois sans elle, vous regretterez âprement de l'avoir ainsi quittée et vous donnerez tout au monde pour la reprendre... Si vous vous refusiez, au contraire, à la rendre au roi Artus, je doute qu'il vous en arrivât pis que ce qui pourrait vous arriver alors...

Quand Boort eut dit cela, son frère Lyonnel et Hector des Mares furent de son avis et s'accordèrent pour blâmer Lancelot de la résolution qu'il prenait là.

— Sire, lui demandèrent-ils, quelle peur avez-vous donc du roi, que vous lui rendez madame la reine qu'il a voulu faire si honteusement mourir?...

Lancelot répondit, toujours navré :

— Je la lui rendrai, dussé-je en mourir!...

Genièvre, sur cette parole qui lui montrait toute la débonnaireté du cœur de son amant, s'en alla dans la salle voisine où l'attendait l'évêque de Glocester.

— Sire, lui dit-elle, vous pouvez aller vers monseigneur le roi pour lui dire que je consens à partir de céans pour retourner vers lui, mais à la condition expresse qu'il laissera partir Lancelot du Lac, de telle manière qu'il n'en perde ni la valeur d'un éperon ni âme de sa compagnie.

L'évêque, entendant cela, loua Dieu dans son cœur et se rendit le plus vitement qu'il put au pavillon du roi Artus.

CHAPITRE XLVIII

Comment Lancelot du Lac remit la reine Genièvre, sa mie, entre les mains du roi Artus, et des propos qu'ils échangèrent ensemble à ce sujet.

— Sire, dit l'évêque de Glocester lorsqu'il fut devant le roi Artus, voici ce que vous mande madame la reine...

Et il lui raconta ce qu'il avait entendu de la bouche même de la reine Genièvre.

Lors, Artus, ayant réfléchi, répondit :

— On a calomnié la reine et Lancelot, car si Lancelot eût aimé madame Genièvre aussi follement qu'on l'a dit, il ne l'eût pas rendue aussi facilement, n'étant pas homme à finir ainsi une guerre où les avantages étaient pour lui... Par ainsi, puisqu'il a fait à ma volonté par pure débonnaireté, je ferai, moi, ce que la reine me demande pour lui... Retournez donc vers eux, à la Joyeuse Garde, et dites à Lancelot qu'il peut s'en aller librement tout de suite, si cela lui plaît, et que je lui trouverai moi-même des navires pour retourner en Gaule avec sa compagnie!

L'évêque, de plus en plus heureux, car la guerre était finie, remercia Dieu de nouveau et retourna à la Joyeuse Garde pour y faire connaître la réponse du roi Artus, et il fut convenu que la reine Genièvre serait rendue dès le lendemain.

Si l'évêque de Glocester avait été joyeux de cette issue de la guerre, l'armée du roi Artus ne fut pas moins joyeuse, les précédentes rencontres ne lui ayant rien promis de bon.

Quant à ceux du château, ils ne se réjouirent pas, parce qu'ils virent le deuil que faisaient Lancelot, Hector des Mares, Lyonnel et Boort, et toute la nuit fut employée par eux à s'attrister.

Le lendemain, Lancelot dit à la reine :

— Dame, aujourd'hui est le jour où nous nous séparerons, vous et moi, et où il faudra que je quitte ce pays... Tenez, voici un anneau que vous m'avez donné le jour où nous nous sommes accointés ensemble pour la première fois. Reprenez-le, et portez-le, je vous prie, tant que vous vivrez, pour l'amour de moi... En échange, donnez-moi, s'il vous plaît, celui que vous portez à votre doigt et que je porterai au mien jusqu'à la dernière heure de ma vie mortelle.

L'échange des deux anneaux se fit. Puis les deux amants, qui ne devaient plus l'être, s'en allèrent s'appareiller de leur mieux, et, après cela, quittèrent la Joyeuse Garde avec leur compagnie.

Le roi, prévenu de leur arrivée, accourut au-devant d'eux, et quand Lancelot l'aperçut, il descendit de cheval, prit celui de la reine par la bride et dit à Artus :

— Sire, voici la reine que je vous rends et qui fut morte par suite de la déloyauté des gens de votre maison, si je ne me fusse mis en aventure de la secourir... Et si je la secourus ainsi, ce ne fut pas à cause des bontés qu'elle avait eues pour moi, mais seulement parce que je la connaissais pour la plus vaillante dame du monde, et qu'il eût été grand dommage que les traîtres de votre cour eussent fait leur désir...

Comme Artus demeurait pensif et dolent, Lancelot reprit :

— Sire, si je l'avais aimée de folle amour, comme on a voulu vous le faire entendre, je ne vous l'aurais jamais rendue que par force, et vous ne l'auriez eue vivante qu'après ma mort!...

— Lancelot, répondit alors le roi, vous avez tant fait que je dois vous en savoir bon gré... Je vous remercie et j'espère vous remercier mieux encore à quelque jour...

Le roi ayant dit cela, se retira un peu en arrière, et messire Gauvain, s'approchant de Lancelot, lui dit à son tour :

— Je vous requiers d'une chose, seigneur, c'est que vous vidiez promptement cette terre, de façon que vous n'y soyez jamais rencontré du vivant de monseigneur le roi...

— Sire demanda Lancelot en se tournant vers Artus, vous plaît-il que je fasse ainsi ?

— Puisque Gauvain le veut, je le veux aussi, répondit le roi.

— Beau sire, reprit Lancelot, lorsque je serai en ma terre, serai-je assuré d'avoir la paix ou la guerre de votre part?

— Tant qu'il y aura de preux hommes en ce royaume, répondit Gauvain, vous êtes assuré que vous aurez la guerre, et non pas une guerre comme celle dont nous venons de sortir, mais une guerre âpre et sanglante, qui ne finira que lorsque vous y aurez laissé votre tête, car j'ai à me venger sur vous de la mort de mes trois frères Agravain, Gaheriet et Guéresches...

— Messire Gauvain, dit Boort, laissez donc la menace, qui est inutile, puisque monseigneur

Lancelot ne vous craint guère. Si vous étiez assez fou pour venir un jour au royaume de Gaule et au royaume de Benoïc, soyez assuré, à votre tour, que vous risqueriez bien plus votre tête que monseigneur Lancelot n'y risquerait la sienne... Et, ajouta Boort avec chaleur, puisque vous avez avancé que monseigneur Lancelot avait agi traîtreusement envers vos frères, je viens maintenir, moi, comme loyal chevalier, qu'il a agi loyalement aussi, et je vous offre mon gage !...

Messire Gauvain tendit aussi le sien, et la bataille eût eu lieu si le roi Artus eût voulu. Mais le roi Artus ne le voulut pas.

Lors, Lancelot, pour terminer cette affaire, dit :
— Sire, je m'en irai demain au matin de votre terre.

CHAPITRE XLIX

Comment Lancelot quitta, avec ses hommes, le royaume de Logres, et quels regrets il éprouva en perdant cette terre de vue.

Quand Lancelot eut dit cette parole, il s'en alla de son côté et le roi retourna en sa tente, emmenant la reine.

Lors commença en l'armée une joie aussi grande que si le bon Dieu eût descendu, visible, au milieu d'elle, et les chevaliers et les sergents firent une fête bruyante.

Les chevaliers du château, seuls, menèrent leur deuil, car il y avait de quoi, la belle reine Genièvre n'étant plus là. Lancelot, surtout, ne pouvait se consoler, ainsi que l'avait bien prévu son cousin Boort. Il commanda à ses gens d'appareiller au plus vite leurs armes, parce qu'il voulait s'embarquer et passer en Gaule.

Puis, il appela un écuyer nommé Gaudin, et lui dit :
— Tu porteras cet écu à Kamalot et tu le mettras en la maîtresse église de Saint-Étienne, de façon que tout le monde puisse le voir et ait remembrance des prouesses que j'ai accomplies en ce pays. C'est là que j'ai été armé chevalier, c'est le lieu que j'aime le plus au monde : à cause de cela, je lui consacre l'écu qui m'a accompagné dans toutes mes aventures.

Gaudin prit l'écu de Lancelot, qui lui donna en outre quatre sommiers chargés d'argent pour que les seigneurs de Kamalot en amendassent l'église de Saint-Étienne.

— Va, maintenant ! lui dit-il.
— Que Dieu vous garde, monseigneur ! répondit l'écuyer.

Lancelot le regarda partir avec mélancolie, puis il songea à partir aussi. La Joyeuse Garde lui appartenait : il en fit don à un sien chevalier qui l'avait bien servi. Cela fait, il quitta ce château avec quatre cents chevaliers, sans compter ceux qui suivaient sa route.

Quand Lancelot fut arrivé à la mer et entré dans son navire, il se prit à regarder la terre qu'il quittait et où il avait eu tant de biens, tant d'honneurs, tant de félicités. Et, en songeant à tout ce passé, qui cependant n'était pas bien éloigné de lui, son cœur se gonfla ; les soupirs lui vinrent, et, avec les soupirs, les larmes.

— Ah ! murmura-t-il, terre de bonheurs, en qui mon cœur demeurera à jamais, bénie sois-tu de la main de celui qu'on appelle Jésus-Christ ! Et bénis soient ceux qui demeureront en toi, amis ou ennemis ! Que Dieu leur envoie paix, honneur et gloire ! Ah ! pays de douceur, de belle vie et de belles amours, adieu !...

Ainsi parla Lancelot tant qu'il eut devant les yeux le royaume de Logres. Quand il ne vit plus rien que le ciel et l'eau, les ténèbres descendirent dans son cœur, la nuit se fit dans sa vie : la reine Genièvre n'était plus là !...

CHAPITRE L

Comment Lancelot du Lac et ses compagnons abordèrent, et comment Lyonnel et Boort furent couronnés rois.

On aborda. Quand Lancelot fut à terre avec ses compagnons, ils montèrent à cheval et allèrent devant eux, tant et tant qu'ils approchèrent d'un bois.

Lors, Lancelot descendit de cheval et commanda qu'on tendît les pavillons, parce qu'il voulait passer la nuit là, et on lui obéit.

Le lendemain, il se remit en route et chevaucha jusqu'à ce qu'il fût arrivé à sa terre. Là, accoururent bientôt tous les gens du pays avec une grande joie, le fêtant comme celui qui était leur seigneur.

Après avoir ouï la messe, il fit venir ses deux cousins, Lyonnel et Boort, et, lorsqu'ils furent venus, il leur dit :
— Mes amis, octroyez-moi un don, je vous prie...
— Sire, répondirent-ils, il ne convient pas que vous nous en priiez, quand vous devez nous commander, car, quoi que ce soit que vous ayez à nous demander, nous sommes prêts à vous obéir.
— Boort, reprit Lancelot, je vous requiers d'accepter l'honneur et la couronne de Benoïc, et vous, Lyonnel, l'honneur et la couronne de Gannes. Quant au royaume de Gaule, le roi Artus me l'a donné, je le garderai.
— Puisque telle est votre volonté, Sire, répondit Boort, je me ferai couronner roi de Benoïc.
— Et moi, Sire, dit Lyonnel, je me ferai couronner roi de Gannes.
— Très-bien, mes grands amis, reprit Lancelot ; j'ajouterai encore une prière, cependant...
— Laquelle, Sire ?
— Je désire que vous soyez couronnés à la Toussaint...
— Il sera fait ainsi, nous vous le promettons, Sire...

— J'y compte, mes grands amis, dit-il.

Lyonnel et Boort furent en effet couronnés au jour dit, à la grande joie de leurs sujets.

Le même jour, Lancelot apprit que le roi Artus, poussé par messire Gauvain, venait de débarquer avec une armée formidable pour venir l'assiéger dans la ville de Gannes.

— Qu'il soit le bienvenu! dit-il avec ironie. Nous le recevrons honorablement.

Et les apprêts de la défense furent ordonnés.

Mais bientôt vinrent d'autres nouvelles, qui apprenaient que le roi Artus avait repassé la mer pour venir châtier Mordrec, lequel, profitant de l'absence d'Artus, avait voulu faire violence à la reine Genièvre et soulevé une partie de ses vassaux contre elle.

CHAPITRE LI

Comment, revenant à la hâte, le roi Artus engagea une bataille sanglante avec Mordrec-le-Traître, et succomba, blessé mortellement, avec tant d'autres.

Mordrec, au départ du roi Artus, lui avait demandé de lui confier, et la garde de la reine Genièvre et celle du pays de Logres, et, aussitôt Artus parti avec son armée, il n'avait eu rien de plus pressé que d'essayer de la violence sur la reine et de la rébellion sur les sujets du roi. La reine avait résisté, mais les sujets avaient été plus faibles.

Aussi, quand Artus revint sur ses pas pour châtier le traître, il se trouva en face d'une armée de rebelles commandée par Mordrec.

La bataille eut lieu sans plus tarder, comme bien on pense, et elle dura la journée entière.

L'armée d'Artus était bien inférieure en nombre à celle du traître Mordrec, mais elle avait pour elle la supériorité du droit et de la justice. Aussi chacun des chevaliers du mari de la reine Genièvre fit-il bravement et loyalement son devoir; si bien qu'au bout de cette sombre journée il y eut un abattis formidable de rebelles. De même, grâce au nombre de ces derniers, il y eut un abattis effroyable des loyaux serviteurs du roi Artus.

Ce prince sentit la partie perdue pour lui. Il comprit que tout sombrait, sa fortune, son royaume et son honneur, parce qu'au bout de cette sanglante bataille il y avait une défaite, c'est-à-dire une honte.

Il comprit cela, et voulut mourir l'épée à la main.

Pendant deux heures, il chercha à joindre le traître Mordrec, qui, de son côté, cherchait à l'éviter, comprenant bien qu'une rencontre avec le prince qu'il avait trahi serait incontinent suivie de mort.

Toutefois, les recherches de l'un furent de succès, malgré l'obstination de l'autre à les dépister.

Artus et Mordrec se rencontrèrent.

— Ah! couard! Ah! félon! Ah! traîtresse! s'écria le roi de Bretagne en levant son épée Escalibor sur son ennemi.

Escalibor était une lame enchantée, qui avait été donnée au roi Artus par la fée Morgane, sa sœur : rien ne lui pouvait résister. Les haubergs qu'elle touchait étaient brisés, les crânes qu'elle entamait étaient ouverts jusqu'aux épaules.

Mordrec fut touché par Escalibor.

— Que le diable ait pitié de ton âme, si tu en as une! lui cria le roi Artus avec rage, en le frappant une seconde fois, bien que la première eût amplement suffi.

Quand Mordrec se sentit blessé, il comprit qu'il était blessé à mort, et, pour ne pas mourir seul, il frappa sur le heaume du roi Artus de telle sorte que rien ne le put garantir et qu'il tomba, blessé mortellement, lui aussi.

Mordrec tomba à côté de lui, épuisé par ce dernier effort.

Lorsque les gens du roi Artus virent leur seigneur à terre, ils furent plus courroucés que cœur d'homme ne pourrait penser.

— Ah! dirent-ils, Dieu, pourquoi souffrez-vous cette bataille?...

Lors, ils coururent sus aux hommes de Mordrec, et la tuerie recommença plus âpre, plus sanglante qu'auparavant; tellement que bientôt il ne resta plus, de part et d'autre, que trois hommes : le roi Artus, Lucans-le-Bouteiller et Girflet, et encore, de ces trois hommes, le premier pouvait-il être considéré comme mort.

— Ah! Dieu! s'écria Girflet en contemplant ce désastre épouvantable, combien cette bataille a fait de veuves et d'orphelins!

— Oh! Dieu, comme je souffre! murmura Lucans-le-Bouteiller, en perdant son sang par ses plaies entr'ouvertes.

CHAPITRE LII

Comment le roi Artus étouffa Lucans-le-Bouteiller, et comment, après cela, il disparut, après avoir fait jeter Escalibor, sa bonne épée, dans la mer.

Girflet venait d'apercevoir Lucans-le-Bouteiller, et, à quelques pas de lui, le roi Artus, qui, tous deux, rampaient comme ver sur le sol rouge de sang.

Il alla d'abord vers Artus.

— Sire, lui demanda-t-il, comment êtes-vous?...

— Mauvaisement, répondit le roi.

— Et vous, Lucans? demanda Girflet au bouteiller.

— Je me sens mourir, répondit Lucans.

— Quoi! Lucans aussi? mon fidèle et loyal Lucans ! s'écria Artus en se traînant vers le bouteiller.

— Oui, Sire, répondit Lucans, les bons s'en vont et les mauvais demeurent... Votre traître est-il mort, au moins ?...

— Oui, je l'ai tué, sois tranquille... Je ne partirai pas seul aujourd'hui...

— Ah ! je compte bien qu'il ne fera pas route avec nous, ce couard, car nous n'allons pas au même endroit...

— Dieu seul le sait, mon pauvre Lucans ! nous avons nos péchés, nous aussi !...

Et, en disant cela, le roi Artus se traîna vers Lucans-le-Bouteiller. Quand il fut arrivé près de lui, il le prit dans ses bras et l'embrassa avec énergie.

— Loyal Lucans, ton roi t'embrasse pour la dernière fois !...

Lucans-le-Bouteiller poussa un cri de douleur, se crispa une dernière fois, se tordit désespérément, puis retomba sur le ventre en vomissant des torrents de sang.

— Sire, dit Girflet, vous l'avez étouffé !...

— Ah ! je suis donc maudit ! s'écria Artus.

Puis il ajouta, en tendant son épée Escalibor à Girflet :

— Girflet, prends cette vaillante épée, qui m'a si glorieusement servi dans maintes batailles... Nul, après moi, ne doit la ceindre... Lancelot du Lac, seul, en était digne... Mais celui-là encore, je l'ai méconnu et calomnié, puisqu'au moment où Mordrec me prenait mon royaume, j'allais lui ravir le sien... Il n'y faut plus songer. Girflet, prends Escalibor et va la jeter dans la mer... Puis après, tu reviendras me dire ce que tu auras vu... Va !...

Girflet, qui n'était pas mortellement blessé, put se relever pour obéir au roi. Il prit Escalibor, avec son fourreau, et s'en alla vers un tertre derrière lequel était la mer.

Au moment où il se disposait à jeter Escalibor, il lui prit fantaisie de regarder cette vaillante épée qui avait donc occis tant de traîtres et de païens. Il tira donc la lame hors du fourreau.

En la voyant si reluisante, si belle et si riche, car elle n'avait pas sa pareille au monde, il conçut l'idée de se l'approprier ; car, outre qu'elle était d'une merveilleuse beauté, son fourreau était orné de pierreries éblouissantes.

— Nul ne le saura ! murmura-t-il.

Lors, il déceignit sa propre épée, la jeta dans la mer, cacha sous un arbre celle du roi Artus, et s'en revint vers lui.

— Eh bien ? lui demanda Artus, as-tu jeté l'épée ?...

— Oui, Sire...

— Qu'as-tu remarqué, après l'avoir jetée ?...

— Rien, Sire...

— Rien ?... C'est impossible ! Tu ne l'as pas jetée, alors !... Retournes-y, au nom du ciel, retournes-y !...

Girflet, que le remords poignait, regagna le tertre, déterra l'épée du roi et se prépara à la jeter.

Mais, tout à coup, se ravisant :

— Pourquoi jeter la lame, qui est si bonne ? Si je ne jetais que le fourreau ? C'est dommage, car il a des joyaux d'un prix inestimable... Mais il faut obéir...

En conséquence, il tira l'épée, la plaça sous les feuilles, au pied, et en jeta le fourreau dans la mer.

Puis il revint.

— Eh bien ! lui demanda de nouveau le roi, qu'as-tu vu ?...

— J'ai bien regardé, Sire : je n'ai rien vu.

— Tu n'as pas jeté Escalibor, alors !

Girflet se troubla. Cette persistance du roi à s'informer si quelque chose avait paru à la surface des flots après la disparition d'Escalibor prouvait que quelque chose devait paraître, quelque chose d'important et de solennel pour le roi Artus.

Girflet tenait à hériter de la bonne épée de son maître et seigneur, certes. Mais il tenait surtout à ne pas lui faire tort.

Donc, malgré ses regards, il repartit sans sonner mot, déterra Escalibor, et l'envoya rejoindre son fourreau dans la mer.

Puis il regarda.

L'épée s'abima un instant dans l'eau, et, quelques instants après, elle ressortit, droite et flamboyante, tenue par une main dont on n'apercevait ni le bras ni le reste.

Ayant vu cela, il s'en revint vers le roi Artus, auquel il conta l'aventure.

— Ah ! je le savais bien ! s'écria le roi, tout joyeux. Et maintenant, mon grand ami, ajouta-t-il, soutiens-moi et conduis-moi vers l'endroit où tu as jeté Escalibor...

Girflet se pencha, releva le roi, le soutint du mieux qu'il put, et le conduisit jusqu'au tertre qui dominait la mer, et au bas duquel il y avait une grève étroite.

— Merci, mon grand ami, dit Artus en repoussant doucement Girflet, ébahi.

Et, tout aussitôt, il se mit à dévaler le tertre et à gagner la grève.

A mesure qu'il descendait, sortait du sein des flots une belle nauf garnie d'or, avec des voiles de pourpre, et sur laquelle se tenait une belle dame, en compagnie d'un troupeau de belles pucelles.

C'était la fée Morgane, qui venait chercher son frère Artus.

La nauf aborda, le roi monta dedans ; puis les voiles de pourpre s'enflèrent, et cette merveilleuse compagnie ne tarda pas à disparaître aux yeux du bon Girflet, de plus en plus ébahi.

— Est-ce que je suis mort ou endormi ?... se demanda ce chevalier, en se laissant tomber sur le sol, accablé de fatigue.

CHAPITRE LIII ET DERNIER.

Comment Girflet alla en la Noire Chapelle, où il trouva les tombes du roi Artus et de Lucans-le-Bouteiller.

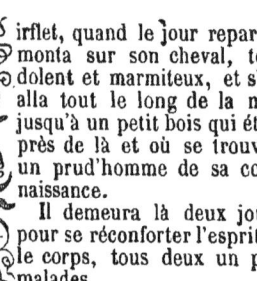

Girflet, quand le jour reparut, monta sur son cheval, tout dolent et marmiteux, et s'en alla tout le long de la mer jusqu'à un petit bois qui était près de là et où se trouvait un prud'homme de sa connaissance.

Il demeura là deux jours pour se réconforter l'esprit et le corps, tous deux un peu malades.

Au troisième jour, il repartit pour aller à la Noire Chapelle et savoir si Lucans-le-Bouteiller était encore à mettre en terre. A midi, il arriva, attacha son cheval à un arbre, et entra dans la chapelle.

Là, devant l'autel, étaient deux tombes très-riches et très-belles, mais l'une encore plus belle et plus riche que l'autre.

Par-dessus la moins belle, étaient écrites des lettres qui disaient :

« *Ci-gît* LUCANS-LE-BOUTEILLER, *que le roi Artus étouffa sous lui.* »

Sur la plus riche tombe étaient écrits ces mots :

« *Ci-gît* LE ROI ARTUS, *qui, par sa valeur, conquit douze royaumes.* »

Girflet se pâma, et, quand il revint un peu à lui, il baisa doucement et respectueusement cette tombe et demeura là, tout pensif, jusques au soir.

Quand l'ermite vint pour servir l'autel, Girflet lui demanda :

— Beau père, est-il vrai que c'est là que gît le roi Artus ?

— Oui, bel ami, répondit le prud'homme, il gît vraiment ici où l'apportèrent, l'autre jour, je ne sais quelles demoiselles...

Girflet resta songeur sur cette réponse, et, quelques instants après, il pria l'ermite de le recevoir en sa compagnie.

— Mon seigneur est parti de ce siècle, dit-il, je n'y saurais demeurer davantage... Par ainsi, je dois me préparer les voies du ciel : aidez-moi, mon beau père...

— Bien volontiers, mon fils, répondit le prud'homme.

Huit jours après, Girflet mourut.

La reine Genièvre se fit couper les cheveux et prit l'habit de religion pour finir ses jours dans la mortification et dans la prière.

Quant à Lancelot du Lac, ayant appris ces divers événements, il avait quitté la Gaule et était venu, lui aussi, se faire ermite à quelques pas du château de la Joyeuse Garde.

Quatre ans après, jour pour jour, heure pour heure, Genièvre et Lancelot rendaient leur âme au Créateur.

FIN.

KHALED ET DJAIDA

ROMAN TRADUIT DE L'ARABE

I

Moharib et Zahir étaient frères du même père et de la même mère; les Arabes les appelaient les frères utérins.

Tous deux étaient devenus célèbres par leur bravoure et leur courage. Mais Moharib était chef de tribu, et Zahir, soumis à ses décisions, n'était que son ministre ; il lui donnait ses avis et ses conseils.

Cependant il arriva qu'une violente dispute s'éleva entre eux. Zahir se retira alors vers ses tentes, profondément affligé et ne sachant que faire.

— Qu'avez-vous? lui demanda sa femme; pourquoi paraissez-vous ainsi troublé? que vous est-il arrivé? quelqu'un vous aurait-il fait déplaisir ou insulte, à vous le plus grand des chefs arabes?

— Que dois-je faire? répliqua Zahir; celui qui m'a fait injure est un homme sur lequel je ne puis porter la main, auquel je ne puis faire tort ; mon compagnon dans le sein maternel, mon frère dans le monde. Ah! si ce n'eût pas été lui, je lui aurais fait voir quel homme il aurait eu à combattre, et ce qu'il aurait éprouvé eût été un exemple terrible parmi les chefs des tribus!

— Abandonne-le ; laisse-le dans ses possessions, s'écria sa femme ; et pour l'engager à prendre ce parti, elle lui récita des vers d'un poëte du temps, qui recommandent de ne point souffrir d'insulte de la part de ses parents.

Zahir se rendit aux conseils de sa femme. Il prépara tout pour partir, enleva ses tentes, chargea ses chameaux, et se mit en route vers la tribu de Saad à laquelle il était allié.

Toutefois il ressentit une vive peine en se séparant de son frère, et parla ainsi :

— En voyageant pour m'éloigner de toi, je serai mille ans en route, et le chemin de chaque année aura mille lieues... Quand les faveurs qui me viennent de toi équivaudraient à mille Égyptes, et que dans chaque Égypte il y aurait des milliers de Nils, toutes ces faveurs me seraient indifférentes. Je me contenterai de peu de choses, pourvu que je sois loin de toi. En ton absence, je réciterai ce distique, qui a plus de valeur qu'un collier de perles fines : « Quand un homme est maltraité sur la terre de sa tribu, il ne lui reste rien à faire que d'en sortir. » O toi! qui m'as si méchamment offensé, tu ne tarderas pas à sentir ce que peut la bienfaisante Divinité; car elle est ton juge et le mien, elle qui est immuable et impérissable.

Zahir continua de voyager, jusqu'à ce qu'il eût atteint la tribu de Saad, où il descendit. Il y fut reçu amicalement, et on l'engagea à s'y établir.

Sa femme alors était enceinte, et il lui dit :

— Si c'est un fils qui nous vient, il sera le bienvenu; mais si c'est une fille, cache son sexe et fais croire à tout le monde que nous avons un enfant mâle, afin que mon frère n'ait point une occasion de se réjouir à nos dépens.

Lorsque le temps de la délivrance fut venu, la femme de Zahir mit au monde une fille.

Entre eux, ils convinrent de lui donner le nom de Djaida, et publiquement celui de Djouder, afin que l'on crût que c'était un garçon. Pour mieux donner le change, ils firent des réjouissances et donnèrent des fêtes soir et matin, pendant plusieurs jours.

II

Vers le même temps, l'autre frère, Moharib, eut aussi un fils auquel il donna le nom de Khaled, c'est-à-dire l'Eternel. Il choisit ce nom parce que ses affaires n'avaient pas cessé de bien réussir depuis le départ de son frère.

Bientôt les deux enfants grandirent, et leur renommée se répandit parmi les Arabes.

Zahir avait appris à sa fille à monter à cheval et lui avait enseigné à pratiquer tous les exercices qui conviennent à un guerrier brave et courageux. Il la familiarisa avec les travaux les plus durs, avec les plus grands périls. Lorsqu'il allait au combat, il la mettait avec les autres Arabes de la tribu, et ainsi confondue avec les cavaliers, elle ne tarda pas à se faire distinguer parmi les plus vaillants.

Ce fut de cette manière qu'elle parvint à surpasser tous ceux qui l'entouraient, et qu'elle alla jusqu'à attaquer les lions dans leurs cavernes. Enfin son nom devint un sujet d'épouvante, et quand elle avait vaincu un héros, elle ne manquait pas de s'écrier :

— Je suis Djouder, fils de Zahir, le cavalier des tribus.

De son côté, son cousin Khaled ne se produisait pas avec moins de bravoure et d'éclat.

Son père Moharib, chef sage et habile, avait établi des habitations pour recevoir convenablement les hôtes qui se présentaient. Tous les cavaliers y trouvaient une retraite. Khaled était élevé au milieu de tous ces guerriers. Ce fut à cette école qu'il fortifia son cœur, qu'il apprit l'art de conduire et de monter les chevaux, jusqu'à ce qu'il devint un intrépide guerrier et enfin un vaillant héros.

Bientôt tous les cavaliers reconnurent que son âme et son courage étaient indomptables.

Il entendit enfin parler de son cousin Djouder. Le désir qu'il eut de le voir, de le connaître, d'être témoin de son habileté sur les armes, devint extrême.

Toutefois, il ne put le satisfaire à cause de l'éloignement que son père montrait pour ce fils de son frère. Khaled vécut donc avec cette curiosité jusqu'à la mort de Moharib, qui le mit en possession de son rang, de ses biens et de ses terres.

Il suivit l'exemple de son père en entretenant tous les établissements hospitaliers, en protégeant le faible et le malheureux, en donnant des vêtements à celui qui était nu. Il continua aussi à parcourir les plaines à cheval avec ses guerriers, et, de cette manière, il entretint et augmenta la force de son corps et sa vaillance.

Au bout de quelque temps, il rassembla de riches présents; et prenant sa mère avec lui, il partit pour aller voir son oncle.

III

Il ne s'arrêta nulle part qu'il ne fût arrivé chez Zahir, qui, charmé de le voir, lui fit préparer une demeure magnifique, car l'oncle avait entendu parler plus d'une fois avec avantage du mérite et de la bravoure de son neveu.

Khaled alla aussi voir *son cousin*. Il *la* salua, *la* pressa contre son sein et lui donna un baiser entre les deux yeux, croyant que c'était un jeune homme. Il prit le plus grand plaisir à être avec elle et resta dix jours chez son oncle, pendant lesquel il eut régulièrement des engagements et jouta de la lance avec les cavaliers et les guerriers.

Quant à sa cousine, dès qu'elle eut vu combien Khaled était beau et vaillant, elle devint passionnément amoureuse de lui.

Le sommeil l'abandonna; elle ne put plus prendre de nourriture, et son amour alla en croissant à tel point que, sentant qu'il s'était complètement emparé de son cœur, elle en parla à sa mère et lui dit :

— Oh! ma mère! si mon cousin part et que je ne puisse l'accompagner, son absence me fera mourir de chagrin.

Sa mère eut pitié d'elle et ne lui fit aucun reproche, tant elle sentit qu'ils seraient superflus.

— Djaida, lui dit-elle, cachez ce que vous sentez et ne vous laissez pas aller au chagrin. Vous n'avez rien fait contre les convenances, au contraire, car votre cousin est de votre choix et de votre sang. Comme lui, vous êtes belle et gracieuse; comme lui, vous êtes brave et habile à manier les chevaux. Demain matin, lorsque sa mère viendra vers nous, je lui exposerai toute cette affaire; nous vous marierons avec lui aussitôt, et de plus nous retournerons tous dans notre pays.

La femme de Zahir attendit patiemment jusqu'au jour suivant, que la mère de Khaled vint. Alors elle lui présenta sa fille, et découvrant la tête de celle-ci elle laissa tomber ses cheveux sur ses épaules.

A la vue de tant de beautés, la mère de Khaled fut singulièrement étonnée et s'écria :

— Eh! n'est-ce pas là votre fils Djouder?

— Non, c'est Djaida; la lune est levée!

Puis elle raconta tout ce qui s'était passé entre elle et son époux, comment et pourquoi elle avait caché le sexe de son enfant.

— Belle sœur, continua la mère de Khaled, encore toute surprise : parmi toutes les filles de l'Arabie, qui sont devenues célèbres pour leur beauté, je n'en ai jamais vu de plus gracieuse que celle-ci. Quel est son nom ?

— Je vous l'ai dit : Djaida, et mon intention particulière en vous faisant part de ce secret est de vous offrir tous ces charmes, car je désire ardemment marier ma fille avec votre fils, et que nous puissions retourner tous dans notre terre natale.

Sur cette proposition, la mère de Khaled donna à l'instant même son consentement, en disant :

— La possession de Djaida rendra sans doute mon fils très-heureux.

Elle se leva aussitôt et sortit pour aller trouver Khaled, auquel elle fit part de tout ce qu'elle avait appris et vu, ne manquant pas de lui parler avec éloge des charmes de Djaida.

— Par la foi d'une Arabe, dit-elle, jamais, ô mon fils ! je n'ai vu ni dans le désert, ni dans aucune ville, une fille qui ressemble à votre cousine ; je n'en excepte pas les plus belles. Rien n'est plus parfait qu'elle, rien n'est plus gracieux et plus aimable. Hâtez-vous, mon fils, d'aller trouver votre oncle et de lui demander sa fille en mariage. Heureux, en effet, s'il l'accorde à vos vœux : allez, mon fils, ne perdez pas de temps et qu'elle vous appartienne !

Lorsque Khaled entendit ces mots, il laissa retomber ses regards vers la terre, et après être demeuré quelque temps pensif et sombre :

— Mère, dit-il, je ne puis rester plus longtemps ici. Il faut que je retourne chez moi au milieu de mes cavaliers et de mes troupes. Je n'ai pas l'intention de dire un mot de plus à ma cousine, maintenant que je suis certain que c'est une personne dont l'âme et les idées sont chancelantes, dont le caractère et les discours manquent de solidité et de convenance ; car j'ai toujours été accoutumé à vivre au milieu des guerriers où je dépense mon argent et où j'acquiers du renom en combattant. Quant à son amour pour moi, c'est une faiblesse de femme, de jeune fille.

Puis il revêtit ses armes, monta à cheval, dit adieu à son oncle et témoigna l'intention de partir sur-le-champ.

— Que signifie cet empressement ? s'écria Zahir.

— Je ne puis rester plus longtemps ici, répondit Khaled.

Et mettant son cheval au galop, il s'enfonça dans les vastes solitudes.

Sa mère, après avoir raconté à Djaida l'entretien qu'elle avait eu avec son fils, monta sur sa chamelle et se dirigea vers son pays.

IV

L'âme de Djaida ressentit vivement cette indignité. Elle en perdit le sommeil et l'appétit.

Quelques jours après, comme son père se préparait avec ses cavaliers à aller chercher du butin et à combattre les guerriers, il regarda Djaida, et voyant à quel point ses traits étaient altérés et ses esprits abattus, il ne fit point d'observations, pensant et espérant surtout qu'elle se remettrait bientôt.

A peine Zahir était-il à quelque distance de ses tentes que Djaida, qui se sentait en danger de perdre la vie et dont la disposition d'esprit, d'ailleurs, était insupportable, dit à sa mère :

— Mère, je me sens mourir, et ce misérable Khaled vit encore ! Je veux, si Dieu m'en accorde le pouvoir, lui faire goûter de l'ivresse de la mort, de l'amertume de la punition et de la torture.

Parlant ainsi, elle se leva comme une lionne, mit son armure, monta son cheval en ajoutant à sa mère qu'elle partait pour la chasse.

Rapide, elle parcourut sans s'arrêter les rochers et les montagnes, son anxiété augmentant toujours jusqu'au moment où elle fut proche des habitations de son cousin.

Déguisée, elle entra dans la tente où l'on recevait les étrangers ; seulement, sa visière était baissée comme un cavalier du Hijaz. Les esclaves et les serviteurs l'accueillirent, lui offrirent l'hospitalité, ne manquant pas de se conduire à son égard comme ils avaient coutume de le faire avec leurs hôtes et les plus nobles personnages.

La nuit, Djaida se reposa ; mais le jour suivant, elle se présenta aux exercices du combat, défia plusieurs cavaliers et montra une telle adresse et tant de bravoure, qu'elle produisit un grand étonnement sur tous les spectateurs.

Il n'était pas encore midi que tous les cavaliers de son cousin avaient été forcés de reconnaître sa supériorité sur eux.

Khaled voulut être témoin de ses prouesses, et surpris de lui voir tant d'adresse, il se présenta pour se mesurer avec elle. Djaida alla à lui, et tous deux alors, commençant à s'approcher, déployèrent toutes les ressources de l'attaque et de la défense jusqu'au moment où les ténèbres de la nuit survinrent.

Lorsqu'ils se séparèrent, ni l'un ni l'autre n'avait été blessé, et l'on ne savait qui des deux était vainqueur. Ainsi Djaida, en excitant l'admiration des spectateurs, diminua le chagrin qu'ils avaient de voir leur chef égalé par un si habile adversaire.

Khaled ordonna de traiter ce grand chevalier avec tous les soins et les honneurs imaginables ; puis il se retira dans sa tente, le cœur gros du combat.

Djaida demeura trois jours chez son cousin.

Chaque matin elle se présentait devant lui et ne cessait de le tenir sous les armes jusqu'à la nuit.

Sa joie fut grande ; toutefois elle ne se fit pas connaître, de même que son côté Khaled ne fit point de recherche ni ne lui adressa aucune question pour savoir qui elle était et à quelle tribu elle pouvait appartenir.

Le matin du quatrième jour, comme Khaled, selon son usage, courait la plaine à cheval et passait près des tentes réservées aux hôtes, il vit Djaida montant à cheval.

Il la salua ; elle lui rendit sa politesse.

— Noble Arabe, dit Khaled, je désirerais vous adresser une question. Jusqu'ici j'ai manqué à l'honnêteté avec vous, mais, je vous en prie, au nom de Dieu, qui vous a doué de tant d'avantages et d'une si grande dextérité dans le maniement des armes, dites-moi qui vous êtes et à quels nobles princes vous êtes allié ? car je n'ai jamais rencontré votre égal parmi les plus braves chevaliers. Dites-le-moi, s'il vous plaît, je meurs d'envie de le savoir.

Djaida sourit, et levant sa visière :

— Khaled, répondit-elle, je suis une femme et non pas un guerrier. Je suis votre cousine Djaida qui s'est offerte à vous, qui voulait se donner à vous ; mais vous l'avez refusée en vous enorgueillissant de votre passion pour les armes.

Elle dit, et tournant bride tout à coup, elle piqua son cheval et courut à plein galop vers son pays.

V

Khaled tout confus se retira, ne sachant que faire ni ce qu'il deviendrait avec l'amour passionné qui s'était tout à coup développé en lui.

Il se sentit de l'horreur pour toutes ses habitudes et ses goûts guerriers qui l'avaient réduit à la triste situation où il se trouvait ; enfin son éloignement pour les femmes s'était converti en amour.

Il envoya chercher sa mère, à qui il raconta tout ce qui s'était passé.

— Mon fils, dit-elle, toutes ces circonstances doivent nous rendre Djaida encore plus chère : attendez avec un peu de patience jusqu'à ce que j'aie pu aller la demander à sa mère.

Aussitôt elle monta sur sa chamelle et partit pour le désert sur les traces de Djaida, qui aussitôt son arrivée chez sa mère l'avait instruite de tout ce qui était arrivé.

Sitôt que la mère de Khaled fut arrivée, elle se jeta dans les bras de sa parente, et lui demanda Djaida en mariage pour son fils, car Zahir n'était point encore de retour de son excursion.

Quand Djaida apprit de sa mère la requête de Khaled :

— Cela, dit-elle, ne sera jamais, dussé-je boire la coupe de la mort. Ce qui a eu lieu chez lui, je l'ai fait en la présence de plusieurs héros pour éteindre le feu de mon chagrin et de mon malheur, pour adoucir les angoisses de mon cœur.

D'après ces paroles, la mère de Khaled, trompée dans son attente, alla retrouver son fils, qui était plongé dans la plus cruelle anxiété.

Il se leva brusquement, car son amour s'était encore accru, et s'informa avec inquiétude de tout ce qui concernait sa cousine.

Mais, dès qu'il sut ce que Djaida avait répondu, son chagrin devint encore plus violent, car ce refus ne fit qu'augmenter sa passion.

— Que faut-il faire, ô ma mère ? s'écria-t-il.

— Je ne vois aucun moyen d'éviter ce malheur, répondit-elle, si ce n'est de rassembler tous vos cavaliers parmi les sheiks arabes et parmi ceux avec lesquels vous avez des relations d'amitié. Attendez que votre oncle soit de retour de son expédition, et alors, accompagné de vos camarades, allez vers lui et demandez-lui sa fille en mariage, en présence des guerriers assemblés. S'il nie qu'il a une fille, racontez-lui ce qui s'est passé, et pressez-le jusqu'à ce qu'il fasse droit à votre demande.

Ce conseil, et surtout ce projet, modérèrent la douleur de Khaled.

Sitôt qu'il eut appris que son oncle était rentré chez lui, il convoqua tous les chefs de sa famille, auxquels il raconta ses aventures.

Tous furent très-étonnés, et Maadi Kereb, l'un des plus braves compagnons de Khaled, ne put s'empêcher de dire :

— Ceci est une singulière affaire. Nous avons toujours entendu dire que votre oncle avait un fils nommé Djouder, mais maintenant la vérité est connue. Vous êtes donc celui qui avez le plus de droit à la fille de votre oncle. Il nous convient à tous de nous présenter et de nous prosterner devant lui, pour le prier de revenir au milieu de sa famille et de ne pas donner sa fille à un étranger.

Khaled, sans attendre davantage, prit avec lui cent des plus braves cavaliers qui avaient été élevés avec Moharib et Zahir depuis leur enfance, et après s'être muni de présents plus précieux encore que ceux qu'il avait offerts la première fois, il partit et marcha jusqu'à ce qu'il fût arrivé à la tribu de Saad.

Khaled complimenta d'abord son oncle sur son heureux retour, mais Zahir fut on ne peut plus étonné de cette seconde visite, surtout en voyant son neveu accompagné de tous les chefs de sa famille.

L'idée de sa fille Djaida ne lui vint même pas à l'esprit, et il supposa seulement que l'on se présentait à lui pour l'engager à rentrer dans son pays natal.

Il leur offrit à tous l'hospitalité, leur donna des tentes et les traita avec le plus de magnificence qu'il put. Il fit égorger des chameaux et des moutons, donna une fête, et fournit ses hôtes de tout ce qui était nécessaire et convenable pendant trois jours.

Le quatrième jour, Khaled se leva, et après avoir remercié son oncle de ses soins, il lui fit la demande en mariage de sa fille, et le pria de rentrer dans son pays.

Zahir nia qu'il eût d'autre enfant que son fils Djouder, mais Khaled lui dit tout ce qu'il savait et lui apprit même tout ce qui s'était passé entre lui et Djaida.

A ces mots, Zahir se sentit honteux, pencha la tête vers la terre.

Il resta ainsi quelques moments plongé dans ses réflexions, jusqu'à ce que, pensant que cette affaire ne pouvait aller que de mal en pis, il s'adressa à tous ceux qui étaient présents, et leur dit :

— Parents, je ne tarderai pas plus longtemps à vous avouer ce secret ; ainsi, pour terminer cette affaire, marions-la à son cousin le plutôt possible, car de tous les hommes que je connais il est le plus digne d'elle.

Il offrit sa main à Khaled, qui aussitôt donna la sienne en présence des chefs, qui furent les témoins du contrat. On fixa le douaire à cinq cents chamelles rousses, à l'œil noir, et à mille chameaux, chargés de ce que l'Yémen produit de plus rare et de plus précieux.

La tribu de Saad, au milieu de laquelle Zahir avait vécu, resta tout interdite à la vue de cet événement.

Mais quand Zahir vint à demander à sa fille de consentir à cet arrangement, Djaida fut couverte de confusion en apprenant le parti que son père venait de prendre.

Cependant celui-ci fit si clairement entendre à sa fille qu'il ne voulait pas qu'elle restât sans mari, que Djaida dit enfin :

— Mon père, si mon cousin désire de m'obtenir en mariage, je n'entrerai pas dans sa tente jusqu'à ce qu'il soit en mesure d'égorger, à la fête de mes noces, un millier de chameaux, de ceux qui appartiennent à Gheshm, fils de Malik, surnommé le Brandisseur de lances.

Khaled se soumit à cette condition; mais les sheiks et les guerriers ne quittèrent point Zahir qu'il n'eût rassemblé tout ce qu'il possédait de richesses pour l'emmener avec eux dans leur pays.

VII

Ces arrangements ne furent pas plutôt faits que Khaled marcha suivi d'un millier de cavaliers, avec lesquels il vainquit la tribu d'Aamir.

Après avoir blessé en trois endroits le brandisseur de lances et tué un grand nombre de ses héros, il pilla leurs biens, et rapporta de leur pays plus de richesses encore que Djaida n'en avait demandé.

Chargé de ce butin, il revint tout fier de ses succès.

Mais quand il demanda que l'on déterminât le jour de ses noces, Djaida le fit venir près d'elle et lui dit :

— Si vous désirez que je devienne votre femme, accomplissez d'abord tous mes souhaits, et exécutez le contrat que je ferai avec vous. Ce que je vous demande, le voici : Je veux que le jour de mon mariage, la fille d'un noble, femme née libre, tienne la bride de mon chameau; ce doit être la fille d'un prince et d'une haute distinction, de manière enfin que je sois honorée au-dessus de toutes les filles d'Arabie.

Khaled consentit et obéit. Le jour même, il partit avec ses cavaliers, traversa les plaines et les vallées, cherchant la terre d'Yémen, jusqu'à ce qu'il parvînt au pays de Hijar et aux collines de sable.

En ce lieu, il attaqua la tribu-famille de Moawich, fils de Mizal. Il se jeta sur eux comme un torrent de pluie, et, se faisant jour avec son épée au mileu des cavaliers, il fit prisonnière Amima, fille de Moawich, au moment où elle fuyait.

Après avoir accompli des faits que les plus anciens héros n'avaient pu mettre à fin; après avoir dispersé toutes les tribus; après avoir enlevé les richesses de tous les Arabes de cette contrée, il rentra dans son pays.

Mais il ne voulut pas aller jusque dans ses tentes sans avoir rassemblé les richesses qui étaient éparses dans les déserts et dans les habitations.

Les jeunes filles allèrent au-devant de lui en faisant résonner leurs cymbales et les instruments de musique.

Toute la tribu était dans la joie; et lorsque Khaled approcha de ses foyers, il donna des habits aux veuves, aux orphelins, invita ses amis et ses compagnons à la fête qui se préparait pour ses noces.

Tous les Arabes de la contrée vinrent en foule à son mariage. Il leur fit distribuer de la nourriture et du vin en grande abondance.

Mais, tandis que tous ses hôtes se livraient aux divertissements et aux festins, Khaled, accompagné de dix esclaves, se mit à parcourir les lieux sauvages et marécageux, pour aller attaquer les lions à lui tout seul dans leurs cavernes, pour surprendre les lions et lionnes avec leurs petits et les rapporter à ses tentes, afin d'en distribuer la chair préparée à tous ceux qui assistaient à la fête.

VIII

Djaida eut connaissance de ce projet. Elle se déguisa sous une armure, monta à cheval, quitta les tentes.

Comme il restait encore trois jours de divertissements, elle courut après Khaled dans le désert et le rencontra dans une caverne. Elle se jeta sur lui avec l'impétuosité d'une bête sauvage, et l'attaqua en lui criant avec force :

— Arabe! descends de ton cheval; dépouille-toi de ta cotte de mailles et de ton armure, ou si tu tardes à le faire, je te passe cette lance au travers de la poitrine.

Khaled était déterminé à lui résister.

Ce fut alors qu'ils se livrèrent le plus furieux combat. Il dura plus d'une heure, après quoi le guerrier aperçut dans les yeux de son adversaire quelque chose qui l'effraya.

Il retint son cheval, et l'ayant détourné de la place du combat :

— Par la foi d'un Arabe, s'écria-t-il, j'exige de vous que vous me disiez quel cavalier du désert vous êtes; car je sens que votre attaque et vos coups sont irrésistibles. En vérité, vous m'avez empêché d'accomplir ce que j'avais entrepris, et ce que je désirais vivement de faire. A ces mots, Djaida leva sa visière, et laissa voir sa figure.

— Khaled, s'écria-t-elle alors, est-il permis à

celle qui vous aime d'attaquer les bêtes sauvages, afin que l'on puisse dire aux filles d'Arabie que cette action n'est pas le privilége exclusif d'un guerrier ?

A ce reproche piquant, Khaled devint tout honteux.

— Par la foi d'un Arabe, répliqua-t-il bientôt, personne que vous ne peut me résister ; mais est-il quelqu'un dans cette contrée qui vous ait défiée, ou êtes-vous venue seulement ici pour me faire voir jusqu'où va votre bravoure ?

— Par la foi d'une Arabe, ajouta Djaida, je ne suis venue dans ce désert que pour vous aider à chasser les bêtes sauvages, et afin que vos guerriers n'aient aucun reproche à vous faire si vous m'avez pris pour votre femme.

A ces mots, Khaled se sentit pénétré d'étonnement et d'admiration, tant Djaida avait montré d'esprit et de résolution dans sa conduite.

Alors tous deux descendirent de cheval et entrèrent dans une caverne.

Là, Khaled saisit deux bêtes féroces, et Djaida s'empara d'un lion et de deux lionnes.

Cette expédition faite, ils s'adressèrent des louanges mutuelles, et Djaida se sentit heureuse d'être auprès de Khaled.

— Maintenant, dit-elle, je ne vous permettrai de quitter nos tentes qu'après notre mariage.

Et aussitôt elle partit en toute hâte pour se rendre à son habitation particulière.

Khaled alla reprendre les esclaves qu'il avait laissés à quelque distance, en leur ordonnant de transporter aux tentes les animaux qu'il avait pris.

Ces gens tremblèrent d'épouvante à la vue de ce que Khaled avait fait, et dans leur admiration ils l'élevèrent au-dessus de tous les héros.

IX

Cependant les fêtes se continuèrent et tous les assistants reçurent un accueil magnifique.

Les filles faisaient retentir les cymbales, les esclaves brandissaient leurs épées en l'air, et les filles, ainsi que les demoiselles, chantaient jusqu'au soir.

Ce fut au milieu de ces réjouissances que Djaida et Khaled furent mariés.

Amima, la fille de Moawich, tint la bride du chameau de la jeune épouse, dont la gloire fut également célébrée par les femmes et par les hommes.

FIN DE KHALED ET DJAIDA.

POÉSIES DU XVIe SIÈCLE

ÉLÉGIE (1528)

Fils de Vénus, vos deux yeux débandez,
Et mes écrits lisez et entendez
   Pour voir comment
D'un déloyal service me rendez :
Las! punissez-le, ou bien lui commandez
   Vivre autrement.

Je l'ai reçu de grâce honnêtement,
De moi médit partout injustement
   Et me blasonne.
Hélas! faut-il qu'après bon traitement
Un serviteur blâme indiscrètement
   Sa dame bonne ?

Que feront ceux qu'on chasse et abandonne,
Si ceux, à qui le bon recueil on donne,
   Vivent ainsi ?

Il faut, Amour, que peine on leur ordonne :
Car plus à vous, qu'à nulle autre personne,
   Touche ceci.

Si à tels gens faites grâce et merci,
Noir deviendra votre règne éclairci,
   Et sans police :
Et n'y aura femme, ni fille aussi,
Qui ose aimer craignant d'avoir souci
   Par leur malice.

La mauvaise herbe, il faut qu'elle périsse,
Et la brebis malsaine, il faut qu'elle isse
   Hors des troupeaux.
Jetez donc hors de l'amoureux service
Ce médisant, qu'il n'apprenne son vice
   A vos féaux.

Certes, on voit aux champs les pastoureaux
Leur foi garder, mieux que leurs gras taureaux,
    Sans nul mal dire.
Mais en palais, grand'villes et châteaux
Foi n'y est rien, langues y sont coûteaux
    Par trop médire.

Las! qu'ai-je dit? Pardonnez à mon ire :
Tous ne sont tels : j'en ai bien su élire
    Un très-loyal
A qui mon cœur se lamente et soupire
Des maux que j'ai par l'autre, qui est pire
    Que déloyal.

A l'un (pour vrai) l'autre n'est pas égal :
L'un est bon fruit et l'autre reagal,
    Poison mortelle;
L'un est d'esprit, l'autre est gros animal;
L'un parle en bien, l'autre toujours dit mal :
    Sa langue est telle.

De l'un reçois tourment dur et rebelle,
De l'autre j'ai consolation belle,
    Dieu sait combien,
Bref, amitié n'a point peine éternelle :
Après le mal j'ai rencontré en elle
    Singulier bien.

O toi, mon cœur! bienheureux je le tien
D'avoir trouvé un tel serviteur tien,
    Qui te conforte.
Et à bon droit je me complains très-bien
Que je ne l'ai plus tôt retenu mien,
    Connu sa sorte.

Las! de mon cœur lui ai fermé la porte
Pour à celui, qui mal de moi rapporte,
    Mon cœur unir.
Grand mal je fis, aussi peine j'en porte,
Et crois que Dieu me l'envoie ainsi forte
    Pour m'en punir.

Par ses faux tours me suis vu advenir
Un grand vouloir de ne me souvenir
    D'homme qui vive.
Mais pour les faux les bons ne faut bannir;
Et puis d'aimer on ne se peut tenir
    Quoiqu'on estrive.

Tel veut fuir, qui plus près en arrive;
Si loue Amour, qui plus qu'à femme vive,
    M'a fait cet heur
De me montrer la malice excessive
D'un faux amant, et la bonté naïve
    D'un serviteur.

Clément MAROT.

BERTHE
AUX GRANDS PIEDS.

CHAPITRE PREMIER

Comment, un jour de printemps, Pépin, fils du roi Charles, vainquit un effroyable lion, au grand ébahissement et à la grande joie de tout un chacun.

A l'issue du mois d'avril, à ce moment doux et joli où pointent les herbelettes, où les prés sont reverdis, où les arbres n'attendent plus que l'heure de fleurir, le roi Charles Martel tint assemblée en la salle d'honneur de son palais à Paris, la cité de la grande chevalerie.

Charles n'avait que deux enfants, deux fils : l'un, qui avait nom Carloman, homme de bonne vie, s'était retiré moine en une abbaye après trois ans d'exercice de chevalier ; l'autre, qui avait nom Pépin, était resté auprès de son père, comme le rejeton près de l'arbre auquel il doit succéder.

Pépin était aimé de tout le monde, à cause de sa courtoisie et de son courage. Il était beau, bien fait, et d'une taille de cinq pieds et demi.

Après l'assemblée tenue par Charles Martel en sa grande salle voûtée, il fit dresser en son jardin des tables auxquelles vinrent s'asseoir les diverses personnes de sa cour, dames et chevaliers. Là, pendant qu'on y devisait de choses et d'autres, on entendit les sourds rugissements d'un lion, qui, depuis un long temps, était enfermé en une cage dans ce jardin, pour l'ébaudissement des gens de la cour du roi.

Ces rugissements épouvantables arrivant aux oreilles des convives, chacun d'eux prit peur et se leva pour s'enfuir, d'autant plus que l'animal venait, en effet, de rompre les barreaux de sa cage et d'étrangler en passant, comme pour se mettre en appétit, son propre maître, natif de Picardie, et deux jouvenceaux qui s'étaient approchés de trop près.

Charles Martel, voyant cela, ne mit aucun retard à imiter ses convives : il prit sa femme dans ses bras et l'emmena en lieu sûr.

Le roi parti, et tout le monde avec lui, il ne restait personne au jardin que le seul Pépin, furieux contre cette bête furieuse qui avait aux dents des lambeaux de chair humaine. Lors, empoignant un épieu qui se trouvait là, d'aventure, il s'en alla droit vers le lion, qui s'arrêta, étonné de tant d'audace.

Mais Pépin ne s'arrêta pas. Il arriva près de lui, leva le bras et lui enfonça l'épieu en pleine gorge et en plein corps jusqu'à la croix. L'animal, en sentant ainsi le froid acier lui glisser le long des entrailles, essaya de regimber et de crisper ses pattes aiguës sur la poitrine de son ennemi ; mais il n'y put parvenir : la mort le saisit aussitôt et le jeta bas sur le sol, expiré.

Quand on eut compris que le lion ne se relèverait pas, on accourut en foule pour le considérer et pour admirer le vaillant homme qui l'avait occis. Le roi fut un des premiers à venir accoler son fils, étonné d'un tel empressement. La reine le suivit, et ses caresses ne furent pas moins tendres.

— Beau doux fils, dit-elle à Pépin, comment donc as-tu pu un seul instant songer à t'adresser à cette hideuse bête, qui, morte, me cause encore presque autant d'effroi que lorsqu'elle était en vie ?

Pépin n'avait rien à répondre, sinon à montrer son épieu et le lion mort : il ne répondit rien autre chose non plus, et chacun comprit que le vaillant roi Charles Martel aurait là un digne successeur et la France un digne roi.

Or, Pépin n'avait pas plus de vingt ans !

CHAPITRE II

Comment, après la mort de ses père et mère, le roi Pépin se maria, puis devint veuf, puis, finalement, envoya des ambassadeurs au roi de Hongrie pour lui demander sa fille Berthe-la-Débonnaire.

Rien ne dure que Dieu. Quelque temps après l'aventure du lion, le roi Charles Martel mourut, et, après lui, mourut également sa femme, la reine au clair visage, qui ne pouvait vivre seule désormais et qui préférait rejoindre dans la tombe son compagnon de lit et de cœur.

Charles mort, son fils et unique héritier Pépin fut couronné roi de France, et, sans plus tarder, ses barons le marièrent pour honorer son corps.

Cette première femme, extraite de Guérin de Malvoisin, ne fit pas long ménage avec le nouveau roi, qui n'avait pas un grand amour pour elle, et à qui, d'ailleurs, elle ne put donner d'héritier, étant, à ce qu'il paraît, dans l'impossibilité d'engendrer. Elle mourut, que Dieu garde son âme !

Pépin songea à se remarier, et, pour cela faire, il assembla un jour tous ses barons, ceux du moins en lesquels il pouvait se fier.

Chacun d'eux parla pour nommer les pucelles qui méritaient d'être destinées au lit royal. Mais aucun ne fut heureux dans son choix.

Lors, Enguerrand de Moncler dit :

— Par le corps de saint Omer, Sire, j'en sais une que j'ai entendu maintes fois louer et qui ferait à merveille votre affaire...

— Quelle est-elle ? demanda le roi.

— C'est la fille du roi de Hongrie. Il n'y a plus belle pucelle ni en deçà ni au delà de la mer, Sire.

— Et comment a nom cette merveille ?

— On l'appelle Berthe-la-Débonnaire, Sire, à cause de sa grande mansuétude qui n'a d'égale que sa beauté...

— Ne cherchons pas plus longtemps, dit le roi, c'est bien la femme qu'il me faut. Il ne s'agit plus que de l'envoyer quérir.

Et, sans plus tarder, Pépin désigna un certain nombre de chevaliers pour lui servir d'ambassadeurs auprès du roi de Hongrie et auprès de la belle princesse sa fille.

Je ne vous entretiendrai pas du nom de ceux qui firent partie de cette expédition. Outre que cela ne vous intéresserait pas, ce serait vraiment trop long. Qu'il vous suffise de savoir que les ambassadeurs du roi Pépin partirent, qu'ils traversèrent l'Allemagne et arrivèrent sans malencombre à Strigon, grande cité, où se tenait d'ordinaire le roi Florès, lequel les reçut très-bien, ainsi que la reine Blanchefleur, père et mère de la gente Berthe.

CHAPITRE III

Comment les ambassadeurs du roi Pépin exposèrent leur demande au roi de Hongrie, qui les laissa emmener sa fille Berthe-la-Débonnaire.

Strigon, la grande cité, fêta, comme elle le devait, les ambassadeurs du haut et puissant prince Pépin, roi de France, imitant en cela le roi Florès et la reine Blanchefleur, qui leur avaient fait le meilleur accueil.

La demande de mariage était trop honorable pour être repoussée. Huit jours après leur arrivée, les ambassadeurs du roi de France repartirent avec la gente princesse dont ils avaient requis la main au nom de leur maître et seigneur.

Le moment arrivé où Berthe-la-Débonnaire, la douce et belle fille du roi de Hongrie, dut quitter sa famille pour aller en adopter une nouvelle à Paris, son père l'embrassa tendrement, et, la tenant ainsi dans son giron, il lui dit :

— Chère fille, que nous avons tant aimée et qui de nos bras allez passer dans ceux d'un prince qui vous aimera à son tour, ainsi que nous avons fait, daignez songer à nous que vous laissez ainsi veufs de votre douce présence !... Daignez surtout vous ramentevoir les conseils et les exemples de votre honorée mère... Faites tous vos efforts pour lui ressembler... Soyez grande et fière sans arrogance, bonne sans faiblesse, décente sans hypocrisie ; et surtout, chère fille, ne soyez ni dure ni amère aux pauvres, car les pauvres sont les membres de Jésus-Christ, et nous devons être les serviteurs de Dieu... Il nous prête la puissance et la fortune, et, quand cela lui plaît, il nous les retire, afin de nous prouver leur inanité et notre misère... Les biens de ce monde, chère fille, ne sont que des planches pourries sur lesquelles il ne faut pas s'appuyer si l'on ne veut choir et se casser rudement le nez. Il ne faut chercher son appui que dans l'exercice de la bonté qui nous sert de sauf-conduit pour entrer dans la cité céleste, où sont déjà, comme habitants, nos ancêtres vénérés...

Le roi Flores ayant ainsi parlé, se tut et embrassa de nouveau sa fille. Celle-ci, essuyant les larmes qui coulaient lentement, comme autant de perles, le long de ses belles joues en fleur, répondit :

— Je me souviendrai de vos paroles, mon père, comme je me souviendrai, j'ose le croire, des exhortations et des saints exemples de ma bien-aimée mère, votre bien-aimée compagne... Et maintenant, mon père, ajouta Berthe, en s'agenouillant humblement devant le roi, donnez-moi, je vous prie, votre bénédiction, afin que cela me porte bonheur.

Le roi de Hongrie étendit les mains sur la tête de Berthe agenouillée et lui dit :

— Au nom du Dieu mort sur la croix pour le rachat de nos péchés, je te bénis, chère et digne fille, et te souhaite longue et heureuse vie !...

— Que Dieu vous rende ce souhait, mon père, ainsi qu'à vous, ma mère, répondit la gente princesse en se relevant et en allant embrasser sa mère.

Celle-ci était appareillée et prête à partir pour accompagner sa fille jusqu'aux confins du pays des Saxons.

— Partez donc, et que le ciel vous garde ! dit le roi de Hongrie.

Les adieux faits, les deux princesses montèrent sur des haquenées magnifiquement caparaçonnées, et s'en allèrent ainsi avec les ambassadeurs du roi Pépin, suivies d'une escorte nombreuse de chevaliers et de dames de la cour.

CHAPITRE IV

Comment la reine de Hongrie prit congé de sa fille Berthe et la confia aux soins de Margiste et d'Alise, fille de Margiste.

ant chevauchèrent les deux princesses et leur nombreux cortége que, finalement, elles gagnèrent l'extrémité du pays des Saxons.

La reine Blanchefleur aurait bien souhaité d'aller plus loin, jusqu'à Paris par exemple, pour remettre sa fille entre les mains de son futur époux le roi Pépin, afin de lui recommander d'avoir le plus grand soin et d'avoir le plus grand amour pour ce trésor qu'elle lui envoyait là. Mais elle devait s'arrêter : elle s'arrêta.

Si les adieux de Berthe avec son père avaient été mélancolieux, ceux de sa mère avec elle furent plus âpres et plus poignants encore, car les femmes savent bien plus ce qu'elles perdent en se quittant, surtout lorsqu'il s'agit de la séparation d'une mère d'avec sa fille. Ce n'est pas une séparation seulement, c'est un déchirement.

La reine de Hongrie attira donc la gente Berthe sur son sein et l'y tint pendant quelques instants étroitement embrassée sans plus sonner mot que si elle eût été morte. Puis, se réveillant enfin du rêve douloureux qu'elle semblait faire, elle la baisa doucement au front, aux joues, au cou, aux mains, comme si elle ne devait plus jamais la revoir, et elle lui dit entre deux gros soupirs :

— Chère mignonne, adieu ! Je t'ai conçue dans la joie et tu m'es venue comme une espérance... Je t'ai vue grandir en grâce et en beauté, sans songer un seul instant que tu ne croissais ainsi que pour réjouir les yeux et le cœur d'un autre... Car c'est ainsi, paraît-il, dans la vie... Les filles ne doivent rester avec les mères, pas plus que les fruits ne doivent rester avec l'arbre qui les a nourris de son suc le plus précieux... Les filles doivent être femmes pour devenir mères à leur tour... Tu cesses aujourd'hui d'être fille, chère Berthe tant aimée, pour devenir l'épouse du vaillant roi Pépin, fils du vaillant Charles Martel... Ma joie aussi cesse aujourd'hui...

— Chère mère !... fit Berthe avec un regard suppliant.

— Oui, reprit la reine, ma joie cesse aujourd'hui... Toi absente de mes yeux, je rentre dans les ténèbres, dans la solitude et dans la mélancolie... Toi absente, jamais plus je ne trouverai de douceurs à la vie ni à rien, car, en nul pays il n'y a rien de plus doux pour une mère que la présence de sa fille...

— Mère, répondit Berthe en embrassant la bonne

et vertueuse dame, absente je serai de vos yeux, mais non de votre cœur..... Et, ajouta-t-elle en tirant de son doigt un anneau d'or qu'elle portait depuis son enfance et en le donnant à sa mère, et si jamais vous deviez m'oublier, voici qui me ferait revivre en votre souvenir...

— Je ne puis t'oublier, ma douce et bonne fille, reprit la reine ne pouvant se lasser d'embrasser la gente Berthe... Mais j'accepte cet anneau qui t'a touchée et qui gardera ainsi pour moi quelque chose de toi... Je l'accepte pour me ramentevoir chaque jour la douleur de ton absence, et chaque jour je le baiserai comme un regret...

Puis, comme il fallait se quitter, la reine Blanchefleur ajouta quelques instructions à sa fille sur la manière dont elle devait vivre en France, et la confia aux soins de deux dames de sa cour, dont l'une s'appelait Margiste et dont l'autre, fille de celle-ci, avait nom Aliste, laquelle ressemblait beaucoup à la belle princesse Berthe. Elle joignit à ces deux dames deux autres dames d'honneur et un chevalier nommé Tybert, leur cousin.

Et, finalement, elle prit congé de la princesse sa fille et des ambassadeurs du roi Pépin, auxquels elle la recommanda mille et mille fois.

La compagnie de Berthe avait disparu à l'horizon que la reine était encore à la même place, regardant toujours dans la direction qu'avait prise sa fille tant aimée.

— Adieu ! adieu ! soupira-t-elle.

Et elle se remit en marche pour retourner vers le roi de Hongrie, son seigneur et maître, tandis que Berthe s'en allait, elle, vers le roi de France, son futur mari.

CHAPITRE V

Comment Berthe se mit en route pour Paris, et de la réception qui lui fut faite en cette ville par le roi Pépin, son époux.

Berthe, après avoir une dernière fois embrassé la reine sa mère, était remontée sur son palefroi, aidée de ses gens, et avait repris mélancoliquement sa route, le cœur remué par des pensements bien divers.

C'est ainsi qu'elle traversa l'Allemagne, où elle ne séjourna pas autrement... Elle passa le Rhin à Saint-Héribert, à quelques lieues de Cologne, et entra dans les Ardennes, où elle chevaucha sans malencombre jusqu'à Rostemont-sur-Meuse, où elle prit hébergement.

Puis, le lendemain, la noble troupe se remit en route. Elle traversa le Hainault, le Vermandois, et d'autres villes et provinces que je tais forcément, de peur d'ennui, et arriva un beau dimanche matin en la cité de Paris.

Le roi Pépin, prévenu, s'en alla très-joyeusement à l'encontre de sa belle fiancée, ayant en sa compagnie, pour la mieux honorer, plus de mille sept cents gentilshommes qui tenaient de lui leurs seigneuries.

Tous saluèrent très-courtoisement cette nouvelle reine qui leur arrivait et qui, courtoise aussi, rendit à chacun son salut de la meilleure grâce du monde.

— Par le corps de saint Clément! disait un baron, nous avons là belle dame et plaisante jouvencelle !

— Elle a l'air aussi sensé que le visage beau! dit un autre.

Les cloches sonnèrent à toute volée, et Berthe-la-Débonnaire s'avança avec son cortége au milieu d'un populaire qui s'écrasait pour la mieux voir et la voir de plus près. Les rues étaient jonchées d'herbes odoriférantes. Les maisons étaient tapissées du haut en bas de draps plus ou moins riches, et, aux fenêtres, de belles dames parées à cause de cette solennité chantaient et se réjouissaient hautement ; le tout pour mieux réjouir les yeux et les oreilles de la nouvelle reine, qui descendit au perron de la salle voûtée du palais, conduite par maint haut baron.

Deux jours après, le roi Pépin épousa Berthe la gente, laquelle fut vêtue d'un riche drap d'Otrante, et reçut sur la tête la couronne d'or de cent mille marcs.

Et quand la messe fut dite, et le mariage prononcé, on alla au jardin pour manger.

Les nappes ôtées, le repas fait, trois ménestrels s'en vinrent devant le roi pour chanter leurs plus doux airs et dire leurs plus douces chansons d'amour, afin de mieux préparer l'événement qui devait suivre dans la nuit, entre ce prince et la belle princesse sa femme.

Le premier de ces ménestrels, lequel jouait de la vielle, avait nom Gautier ; le second, qui jouait de la harpe, s'appelait Garnier ; quant au troisième, qui jouait merveilleusement de la flûte, je ne sais, à vrai dire, quel nom il avait ; il faudra que vous vous passiez de le savoir. Tous trois mirent en branle les esprits et les cœurs, si bien que les dames et les demoiselles s'en allèrent festoyer avec les seigneurs et les chevaliers, dansant force danses joyeuses.

CHAPITRE VI

Comment la vieille Margiste, le jour des noces du roi Pépin et de la princesse Berthe, prit cette dernière à part pour l'effrayer et l'amener à consentir à une substitution.

Pendant que chacun et chacune se trémoussait de belle sorte, la vieille Margiste, cette auxiliaire du diable, avait guetté le moment de se trouver seule à seule avec l'innocente Berthe, et elle y était parvenue, non sans peine, car la reine était l'objet de l'attention et de l'admiration générales.

— Dame, lui dit-elle en l'oreille en s'agenouillant humblement devant elle, par le corps de saint Richer! je suis dolente au possible !...

— Et pourquoi cela, ma bonne? demanda la gente princesse, qui ne se doutait de rien et qui avait l'innocence de l'agnelle qui vient de naître.

— Je n'ose vous le dire, vraiment... Et cependant il y aurait crime à me taire, puisqu'il s'agit ici de votre repos et de votre bonheur...

— Dites-moi vitement de quoi il s'agit, mère Margiste ! demanda Berthe d'un ton suppliant.

— Voici donc le cas, reprit Margiste. Un mien ami est venu me trouver hier au soir pour me dire, au nom du Dieu crucifié, que vous avez tout à craindre cette nuit du roi Pépin, votre seigneur et mari, lorsqu'il vous voudra connaître connubialement...

— Que me dites-vous donc là, ma mie? s'écria Berthe en larmoyant et prenant peur.

— Il ne vous sert à rien d'être en émoi, reprit la vieille Margiste, parce que ce mal qui vous menace peut être détourné de votre chère tête au préjudice d'une autre.

— Dites-moi vite en quelle façon, ma bonne? s'écria la craintive princesse, qui ne craignait ainsi que parce qu'elle n'avait aucune idée de l'acte qu'elle avait à accomplir en compagnie avec le roi Pépin, et qu'elle était ainsi disposée à tout croire, même l'incroyable.

— Eh bien ! répondit l'astucieuse vieille, quand l'évêque et l'abbé auront fait le signe de la croix sur le lit nuptial, je ferai vider votre chambre de tous ceux qui pourront s'y trouver.

— Et puis?

— Et puis je ferai déshabiller Aliste, ma fille et votre fidèle servante...

— Et quand elle sera déshabillée ?

— Je la forcerai à se glisser dans le lit du roi en votre lieu et place...

— Mais, ma bonne, croyez-vous qu'elle voudra le faire?..

— Sans nul doute, car j'ai déjà son consentement... Vous comprenez bien, dame, que malgré mon amour de mère pour elle, j'aime encore mieux que ce soit elle qui meure... Votre vie est mille fois plus précieuse que la sienne...

Malgré qu'elle ne comprit pas bien de quelle nature était le danger qu'elle pouvait courir en cette nuit-là, dans la compagnie connubiale du roi Pépin, Berthe n'en avait pas moins été effrayée des menaces mystérieuses auxquelles la Margiste avait fait allusion. Aussi, lorsqu'elle lui eut annoncé qu'Aliste la remplacerait dans cette fonction solennelle, ne trouva-t-elle rien de plus simple à faire que de l'embrasser tendrement et de la remercier avec effusion, car, pour tout l'or de Montpellier, elle n'eût pas été aussi heureuse qu'elle l'était en ce moment par le fait de cette substitution.

CHAPITRE VII

Comment, après avoir eu le consentement de la reine Berthe, la vieille Margiste alla trouver sa fille et son cousin Tybert pour convenir à eux trois de leurs faits et gestes.

Heureuse aussi était la vieille et diabolique Margiste !

Elle quitta vitement l'innocente princesse et s'en alla à la recherche de sa fille pour lui faire part de ce qui avait été résolu et lui tracer son petit rôlet.

Aliste était en ce moment-là à prendre le frais dans le jardin du palais, lequel était proche rivière de Seine.

J'ai déjà dit, je crois, combien cette pucelle ressemblait à la reine Berthe, car ainsi se plait la nature à faire naître des fleurs semblables d'aspect dans des terrains complètement différents, en des pays complètement dissemblables.

Margiste, la vieille sorcière, courut embrasser sa fille et lui raconter, dans les plus grands détails, de quelle façon elle devait s'y prendre pour mieux trahir le roi Pépin et la princesse Berthe.

— Chère fille, lui dit-elle, ayez bon courage et grande fiance en moi ! Par saint Pierre, vous serez reine de France ! C'est moi qui vous le dis.

— Dieu vous entende, ma mère ! répondit Aliste.

— Il m'entendra, ma fille ; il m'a déjà entendue, puisque tout semble marcher à souhait...

— Maintenant, ma mère, reprit Aliste, ayez la bonté d'envoyer chercher, ou même d'aller quérir vous-même mon doux ami Tybert...

— Tybert?..

— Oui, ma mère, c'est un homme de bon conseil, et, en cette circonstance surtout, j'ai besoin de son aide... Allez donc le quérir, je vous prie... Mandez-lui qu'il vienne céans me trouver sous prétexte qu'hier au soir je lui ai confié ma bourse pour distribuer des aumônes aux misérables...

— Volontiers, dit la vieille Margiste.

Et, sans plus tarder, elle courut parachever sa trahison en allant quérir Tybert, le doux ami de sa fille, et son cousin.

Elle n'eut pas de peine à le trouver, et Tybert n'eut pas de peine à se rendre à l'invitation de sa belle cousine.

Lors, tous trois, ainsi réunis, se mirent à comploter de nouveau et avec plus de détails encore, à l'effet d'enlever le trône de France à la princesse

Berthe et de le faire passer aux mains de demoiselle Aliste.

— Fille, dit la vieille, tout s'achète en ce monde, et peut-être aurez-vous à souffrir un peu en cette affaire... Mais on risque tout quand on veut parvenir, et il n'y aurait rien que je ne fisse pour ma part, par exemple, si j'avais l'inappréciable bonheur d'avoir votre merveilleuse beauté...

— Vous avez raison, ma mère, et je suis prête à tout, répondit Aliste.

— J'emmènerai cette nuit Berthe coucher avec moi, pendant que vous vous coucherez en son lieu et place dans le lit nuptial, reprit la vieille Margiste. Puis, quand il en sera temps, je la réveillerai et vous l'amènerai en votre chambre... Là, en l'apercevant, vous vous ferez une blessure légère, avec un couteau que je vous glisserai dans la main, et tout aussitôt vous crierez : Harou ! harou ! harou ! disant que cette pucelle vous veut tuer... Quant au reste, il ira de soi-même...

— Dame, répondit l'obéissante Aliste, à votre plaisir !

Là-dessus, les trois complices se séparèrent pour mieux laisser aller l'événement.

CHAPITRE VIII

Comment la vieille Margiste, après avoir couché sa fille dans le lit du roi, s'en alla dévêtir et coucher l'innocente reine Berthe et lui faire sa leçon pour le lendemain matin.

'heure attendue sonna enfin. L'évêque et l'abbé s'en vinrent bénir le lit qu'allaient bientôt occuper les deux nobles époux, et, une fois le lit béni, se retirèrent. Avec eux s'en allèrent aussi les dames et demoiselles qui avaient assisté à cette bénédiction, et qui seraient bien volontiers restées là si la vieille Margiste n'y avait pris garde. Mais, comme on le comprend bien, elle avait intérêt à ce que personne ne restât là, et elle fit bellement sortir tous ceux et toutes celles dont les regards et les oreilles pouvaient contre-carrer ses projets.

Elle fit mieux encore, la sorcière : lorsque sa fille se fut glissée dans les draps de soie du lit connubial, elle éteignit toutes les lumières, afin que le roi Pépin lui-même ne vît rien de ce qu'il devait voir.

Cela fait, Margiste s'en alla, riant du bon tour, dans la chambre où l'attendait l'innocente princesse Berthe.

— Eh bien ! ma bonne ? demanda cette dernière en apercevant l'odieuse vieille.

— Eh bien ! ma dame, tout est préparé ainsi qu'il convenait, répondit Margiste.

— Et ma pauvre Aliste ?

— Hélas ! je l'ai laissée bien dolente et bien courroucée contre moi et contre vous...

— Pauvre mignonne !

— Ah ! dame, nous avons fait pour vous, elle et moi, plus que nous ne saurions vous dire...

— Aussi, je vous en sais le plus grand gré du monde, ma bonne Margiste ! que Dieu vous le rende !...

— Dieu me le rendra, certes, répondit Margiste. Mais, ma dame, ne me le rendît-il pas, que je me trouverais déjà suffisamment récompensée par la joie que j'éprouve à vous mettre hors de peine...

— Bonne et chère Margiste ! murmura l'innocente princesse attendrie.

Lors, Margiste reprit :

— Et maintenant, ma dame, il convient que vous vous couchiez et que vous vous reposiez jusqu'à l'heure où il vous faudra lever...

Berthe, toujours obéissante, se laissa déshabiller par la vieille Margiste, et, une fois dévêtue, mettre dans son lit de vierge.

— Que Dieu vous envoie de bons rêves, ma dame ! dit l'hypocrite vieille.

— Grand merci, Margiste ! répondit Berthe-la-Débonnaire.

— Je viendrai vous quérir demain à la pique du jour, reprit la vieille.

— Si tôt ? s'écria Berthe, déjà effrayée.

— Oui, certes, car il ne faut pas que le roi notre sire s'aperçoive de rien ; autrement, nous serions perdues, ma fille, vous et moi... Donc, ne l'oubliez pas, au point du jour, vous vous appareillerez et vous irez tire-à-tire droit à la chambre de monseigneur Pépin...

— J'irai, répondit Berthe résignée.

Tout étant ainsi convenu, la fausse Margiste salua humblement sa dame et prit congé d'elle, heureuse de penser que le roi était en train de faire une reine de France de sa chère fille Aliste.

Et l'innocente et pudique Berthe, une fois Margiste disparue, se mit à dire dévotement ses Heures, et s'endormit en rêvant à sa mère.

CHAPITRE IX

Comment, après la nuit des noces, la reine Berthe s'en vint, comme il était convenu, en la chambre du roi, et comment elle fut alors accusée de meurtre sur la personne d'Aliste, fille de la perfide Margiste.

Monseigneur Pépin s'était couché auprès de la fausse serve, si pleine de mauvaisetés, et il l'avait accolée et mignonnée avec autant d'aise que si elle eût été la gente reine Berthe elle-même. Aliste, qui savait son rôle de pucelle sur le bout du doigt, ayant eu occasion de le jouer déjà au bénéfice de son cousin Tybert, Aliste fit d'abord quelques difficultés et ne répondit que par des caresses timides aux vigoureux embrassements du roi, que cette résistance irritait agréablement. Puis, comprenant, en fille expérimentée, qu'il ne fallait pas lasser la patience et le désir du prince qui la tenait si tendrement accolée, elle se résigna à lui laisser cueillir la rose aux épines de laquelle il s'était jusques-là piqué, et, finalement, faire sa volonté d'époux et de roi.

Ce fut cette nuit-là que fut engendré l'héritier du roi Pépin, lequel eut nom Rainfroi, et ne fut guère doué de bontés, ressemblant ainsi à la dame sa mère.

L'aube allait paraître. C'était le moment choisi par la vieille Margiste et par le jeune Tybert pour l'accomplissement de la trahison. Berthe, fidèle à la parole qu'elle avait donnée la veille, s'en vint doucement en la chambre nuptiale, après toutefois s'être recommandée à Dieu et à tous les saints du Paradis.

Le roi Pépin, un peu lassé par l'amoureux déduit de la nuit, dormait tranquillement, revoyant encore en songe l'aimable princesse à laquelle il s'était conjoint.

Le roi dormait, mais Aliste n'avait garde de dormir, bien qu'elle eût partagé la lassitude du roi. Elle attendait, le cœur battant, la venue de la princesse Berthe, afin de précipiter le dénoûment de cette aventure, qui devait lui tant rapporter d'honneur et de profit.

Berthe s'avança donc sur la pointe des pieds jusqu'au lit royal, pour se substituer à Aliste, ainsi que la vieille le lui avait commandé.

En l'apercevant, Aliste prit le couteau que sa mère avait eu soin de placer à la portée de sa main, et, après s'être fait à la cuisse gauche une longue estafilade, elle tendit rapidement l'arme accusatrice à la reine Berthe, qui, sans réfléchir, l'accepta, ne sachant quoi en faire.

Aliste ne perdit point de temps.

— Harou! harou! harou! s'écria-t-elle.

Le roi Pépin s'éveilla et vit une femme plantée droit devant son lit, un couteau à la main.

— Ah! roi Pépin! s'écria Aliste avec douleur, en lui montrant la trace rouge laissée par le couteau sur sa belle cuisse rose, je vous ai vu pour mon malheur! Car on me veut assassiner à vos côtés et vous ne me défendez pas!...

Le roi se leva sur son séant, effaré, ne comprenant rien à ce qui se passait.

La vieille Margiste arriva sur ses entrefaites, comme par aventure et comme attirée par le cri de douleur poussé par la fausse reine Berthe. Elle se précipita vers la fausse Aliste, lui arracha le couteau sanglant des mains et lui cria :

— Ah! maudite enfant, si mal à propos sortie de mes entrailles, qu'avez-vous fait là ?

— Je jure Dieu, s'écria le roi Pépin, qu'elle sera brûlée vive, comme il convient à si grande criminelle!...

— Ah! roi, répondit la mauvaise vieille en sanglotant, faites-la détruire le plus tôt possible, par charité! Car, jamais, au grand jamais, je ne pourrai plus l'aimer!...

Cela dit, la vieille Margiste frappa rudement la pauvre reine Berthe, ébahie, hors de son sens, et la chassa de la chambre royale où venait de se passer cette navrante comédie.

Elles arrivèrent ainsi toutes deux dans une chambre où les attendait Tybert, qui, tout aussitôt, courut sur l'innocente princesse et l'empoigna brutalement par son manteau.

— Ah! Dieu! murmura Berthe, qu'ai-je donc fait à ces gens ?... Qu'est-il arrivé pour qu'on me traite ainsi ?... Oh! madame ma mère! Oh! monseigneur mon père! ne m'aviez-vous donc envoyée en cette cour que pour y subir cet outrage et y souffrir ces angoisses ?...

Pendant que la pauvre princesse se lamentait ainsi, Tybert et la vieille Margiste ne perdaient pas leur temps, tout au contraire.

Tous deux s'acharnèrent sur Berthe, comme guêpes sur bête morte, la terrassèrent, lui passèrent une corde derrière la nuque du cou et la nouèrent si fortement que, pour cent mille marcs d'or, la malheureuse reine n'eût pu sonner mot. Puis, ainsi liée, ils l'abattirent sur un lit et lui jetèrent un drap par-dessus la tête.

CHAPITRE X

Comment le roi Pépin, sur la prière d'Aliste, condamna la reine Berthe à être emmenée en étranger pays, et là, mise à mort et enterrée.

Margiste et Tybert ayant ainsi mis la reine Berthe dans l'impossibilité de se mouvoir et de crier, la mauvaise vieille se pencha sur elle et lui dit bas et en secret :

— Par la vierge honorée! si vous criez, si vous faites un geste qui nous trahisse, on vous coupera la tête!... Par ainsi, ne bougez pas, pour peu que vous teniez à vivre...

Berthe n'avait pas besoin de cette dernière menace pour comprendre qu'elle avait été abominablement trahie. Elle n'en fut que plus épouvantée.

— Tybert, ajouta la mauvaise fille, veillez sur elle, pendant que je vais aller plaider sa cause auprès de monseigneur le roi...

— N'ayez cure, répondit l'amant d'Aliste, j'ai intérêt, tout comme vous, à ce qu'elle soit muette comme poisson sur le sable.

La vieille, rassurée de ce côté, s'en alla vîtement en la chambre du roi, en s'apprêtant, pour mieux leurrer son monde, un visage tout marmiteux et tout dolent.

— Dame, dit-elle en s'agenouillant vers sa propre fille, par le Dieu qui fit le ciel et la rosée;

si vous voyiez comment j'ai arrangé ma coupable fille, vous m'accorderiez merci, en déclarant que je n'ai nullement trempé en cette fâcheuse affaire...

— Taisez-vous, vieille ensorcelée ! répondit le roi avec colère. Vous vouliez assassiner ma chère femme Berthe, cela est évident, et ce n'est que par un miracle du ciel que le crime a échoué en route... Mais l'intention est plus que suffisante pour vous faire pendre et pour faire brûler votre fille, que l'enfer confonde !...

— Sire, dit alors Aliste, ne nous hâtons pas d'accuser Margiste et de la condamner, car il n'y a pas de plus honnête femme d'ici en la mer salée... Quant à sa fille, c'est bien autre chose... Elle a toujours été connue pour une sotte et pour une folle... Elle seule a pu avoir cette pensée de ne malfaire...

— Un si gros crime ne pousse pas dans une seule terre, répondit Pépin : il a ses racines dans d'autres cœurs que dans celui d'Aliste... Il faudra voir quels compagnons de bûcher je dois lui donner !...

— Sire, reprit vivement Aliste, permettez-moi de requérir un don, le premier de cette matinée et de mon règne... Puisque vous m'avez pris à femme, Sire, et couronnée d'une couronne d'or, je vous prie sur la foi que vous m'avez jurée, de ne pas ébruiter cette affaire... Tout au contraire, la devez-vous céler à tout le monde ; que nul ne la sache qui soit né de mère chrétienne...

— Pourquoi voulez-vous, ma mie, qu'un monstrueux crime soit si fort célé ?... Il lui faudrait, me semble-t-il, la honte publique pour châtiment...

— Non, Sire, car c'est moi qui ai amené de Hongrie cette malheureuse Aliste, et je serais vraiment trop dolente si vous faisiez bruit de son crime... Le mieux, à ce que j'imagine, est de la faire enlever par trois sergents et conduire promptement en un lointain pays, où elle sera étranglée et enterrée... Morte la bête, morte le venin !...

— Dame, dit la fausse et cruelle Margiste, vous êtes bien avisée... Par mon âme ! je n'ai nulle pitié de créature aussi malfaisante et dévergondée... Qu'on en fasse donc ce qu'on voudra ! Qu'on l'étrangle ! Qu'on la noie ! et qu'elle aille au diable, son père !

Le roi parut se consulter un instant. Puis il dit à la fausse reine Berthe :

— Je vous accorde volontiers ce don, ma mie, ne voulant pas commencer nos amours par un refus... Cette vilaine fille sera emmenée par trois sergents en étranger pays, le plus loin possible du nôtre, et là ils lui octroyeront, à coups de dague, le juste loyer de son crime...

— Grand merci, monseigneur le roi ! répondit Aliste toute joyeuse, mais sans rien laisser paraître de sa joie.

Pépin manda aussitôt trois sergents, car il lui tardait fortement d'achever la chose.

Les trois sergents vinrent.

— Suivez cette dame, leur dit-il en leur montrant l'odieuse Margiste, et faites ce qu'elle vous dira.

— Sire, dit Margiste, votre volonté sera suivie de point en point... Recouchez-vous maintenant... Je puis vous donner ma foi que vous n'entendrez plus parler de cette mauvaise fille que je répudie comme mienne, puisqu'elle a voulu tuer ma dame et reine !...

Sur ce, Margiste se retira, suivie des trois sergents.

Quand elle fut partie, Aliste se prit à pleurer et à soupirer. Et le roi chercha à la réconforter du mieux qu'il put.

— Belle, lui dit-il courtoisement, laissez là ce deuil qui me gâte votre merveilleux visage ! Est-ce donc sur le sort de cette vilaine fille que vous vous apitoyez ?... Mais songez donc que, de même elle vous a meurtri la cuisse d'un couteau, de même vous eût-elle empoisonnée à l'aide d'herbes vénéneuses !... Voyons votre plaie, ma mie..... Etes-vous gravement blessée ?... Dites-le-moi, je vous en prie ; vous ne me devez rien céler...

— Nenni, Sire, répondit Aliste, cela ne sera très-probablement rien... J'ai été si fort effrayée parce que j'ai vu mon sang couler...

— Montrez-moi votre plaie, mignonne, encore une fois, montrez-la-moi, afin que je m'assure que vous ne me trompez pas...

— Allez fermer les portes, Sire, je vous montrerai cette petite blessure...

Aliste disait tout cela pour forcer le roi à muser et, par conséquent, pour donner à sa mère et à son cousin le temps de parachever leur trahison.

Le roi Pépin se leva, alla clore la porte et s'en revint vers Aliste, qui, avec force mines de pudeur, découvrit sa cuisse de marbre sur laquelle son couteau avait habilement tracé un cordonnet rouge, qui déjà ne saignait plus.

— Ah ! la cruelle ! murmura le roi en appliquant dévotement ses lèvres amoureuses sur cette belle raie rouge.

CHAPITRE XI

Comment la reine Berthe fut emmenée secrètement de la cour du roi Pépin, et conduite en pleine forêt du Mans, où elle devait être mise à mort par les sergents.

Escortée des trois sergents, Margiste s'était hâtée de rejoindre Tybert.

— Exécutez les ordres de monseigneur Pépin ! dit-elle à ces derniers.

— Les ordres du roi sont les vôtres, dame, répondirent les sergents, puisque monseigneur Pépin nous a commandé de vous obéir.

Margiste fit un signe à Tybert, qui prit la reine Berthe et la porta sur un roussin préparé à cet effet dans la cour.

— Vous ferez ce que vous demandera ce seigneur, reprit Margiste en désignant Tybert aux trois sergents.

Ceux-ci s'inclinèrent, et, pendant qu'ils faisaient leurs préparatifs de départ, la sordide vieille tira

Tybert à part pour lui dire ce qu'il y avait à faire pour couronner cette trahison.

— Qu'elle périsse! ajouta-t-elle, et surtout qu'elle ne puisse sonner mot avant de périr, afin que nul de nous ne soit compromis...

— Dame, répondit l'amant d'Aliste, je ferai pour le mieux cette besogne, n'en doutez pas!...

Lors, prenant congé de Margiste, il se mit en route, accompagné des trois sergents et de la reine Berthe, montée sur son roussin.

— Ah! sire Dieu! murmurait celle-ci, souverain père des pauvres, des humbles et des souffrants! quelle faute est-ce donc que j'expie? Que ma misère est âpre et angoisseuse!... Il y en a-t-il une seconde au monde qui lui soit comparable?... Hélas! je ne reverrai plus ma tant douce et tant chère mère! ni mon père, le roi Flores! ni ma sœur! ni mon frère! ni rien ni personne!... Oh! la cruelle et dure fortune! Gardez mon corps et mon âme, sire Dieu!...

On marcha ainsi toute la journée, la reine Berthe célée à tous les regards. On s'arrêta dans une hôtellerie, où Tybert prit les plus grandes précautions pour que personne n'approchât de sa prisonnière. Nul autre que lui ne lui parla; lui seul lui donna à boire et à manger, et, en la servant, debout et courtois, il avait son épée nue pendue au poing, pour l'occire au premier cri, à la première plainte. Puis, quand elle eut maugé et qu'elle se fut reposée, il lui remit la corde et le bâillon qu'il lui avait ôtés au préalable, et lui lia de nouveau les mains comme on fait à un félon pautonnier ou à tout autre criminel robeur.

Ce voyage dura cinq jours, et, pendant cinq jours, les mêmes précautions furent employées à l'égard de la malheureuse princesse, sans que personne intervînt pour lui porter aide et secours.

On arriva dans la forêt du Mans, et l'on s'arrêta d'un commun accord sous un olivier.

— Seigneurs! s'écria Tybert, par le corps de saint Richer, nous n'avons pas besoin d'aller plus loin!...

— N'allons pas plus loin, soit! répondirent les trois sergents en descendant de cheval.

L'un de ces sergents avait nom Morand, le second avait nom Godefroy, et le troisième avait nom Régnier.

Ils s'approchèrent de la reine Berthe pour la descendre de son cheval, et aussi pour la considérer avec plus d'attention, car jusque-là ils n'avaient pu le faire, Tybert ne l'ayant pas permis.

Ils lui retirèrent son manteau de dessus les épaules, puis sa biaude blanche et sa cotte de soie, et, en la voyant si belle, ils ne purent s'empêcher de l'admirer et de la plaindre.

— Allons, finissons-en de cette affaire! leur commanda le traître Tybert.

Les trois sergents ne bougèrent pas.

— Ne m'avez-vous pas entendu? leur cria-t-il, pâle de colère, en tirant son épée du fourreau.

Les trois sergents ne s'émurent pas plus que tout à l'heure.

— C'est bien! reprit Tybert, c'est moi qui ferai trébucher sa tête, alors!...

Quand la reine Berthe vit étinceler l'épée nue, l'épouvante la prit au cœur; elle se laissa tomber sur la terre, où elle se coucha comme un chien qui a peur d'être fouaillé. Puis, les dents claquantes, elle baisa doucement l'herbe, sans pouvoir prononcer un seul mot, car elle avait en la bouche un bâillon qui l'en empêchait.

— Tybert! cria Morand au moment où l'amant d'Aliste allait frapper, garde-toi bien de toucher à un cheveu de sa tête, car, par l'âme de mon père! je te trancherai la tienne, quand même je serais sûr de ne plus revoir la France!

— Voulez-vous m'obéir et obéir à monseigneur le roi?... répondit Tybert furieux.

— Il y aurait vraiment cruauté à malmener si gente pucelle! dit à son tour Godefroy.

— Il nous convient d'obéir au roi et à dame Margiste! hurla Tybert, qui voyait sa victime près de lui échapper.

— Tybert, reprit Morand, tu as le cœur plus dur qu'un rocher... Mais, je te le déclare de nouveau, par l'apôtre saint Pierre! si tu fais le moindre mal à cette demoiselle, tout l'or de Bavière ne pourrait te préserver de ma vengeance, et tu trouverais vitement ton tombeau en cette forêt!

CHAPITRE XII

Comment, au moment d'être tuée, la reine Berthe fut sauvée par l'un des trois sergents chargés précisément de l'occire, et comment elle s'enfuit à travers la forêt pendant que Tybert était terrassé.

Berthe gisait toujours sur la bruyère, en proie aux angoisses les plus âpres et les plus poignantes, car, en somme, il s'agissait là de sa vie ou de sa mort.

Tybert le larronneur ne voulait pas renoncer à son entreprise. Aussi, sans tenir compte des menaces des sergents, abaissa-t-il rapidement son épée sur la reine Berthe. Mais, plus rapides que l'éclair, Régnier et Godefroy s'étaient précipités.

Quant à Morand, il se pencha sur l'infortunée princesse, lui délia les mains, lui ôta son bâillon et la corde qui lui meurtrissait le cou, et, cela fait, il lui dit:

— Maintenant, ma belle enfant, fuyez sans perdre une minute!... fuyez loin, à l'abri de ce méchant homme qui voulait votre mort, et que Dieu vous conduise!...

Berthe eût bien voulu embrasser ces généreux hommes qui la sauvaient ainsi de péril et de mort; mais cela n'était pas prudent: elle le comprit et s'enfuit, le cœur battant d'émotion.

Ainsi échappa-t-elle à Tybert, sans son congé.

Il écumait de rage.

— Ah! cria-t-il, je vous ferai pendre tous les trois!

Les trois sergents ne lui répondirent pas tout de suite. Ils suivaient des yeux la fuite de la princesse à travers les clairières de la forêt. Quand ils l'eurent perdue de vue, ils respirèrent, joyeux, la croyant sauvée.

— Seigneur, répondit alors Morand, j'ignorais dans quel but vous nous aviez amenés dans cette forêt du Mans... Si j'avais su que ce fût pour commettre ce meurtre sur la personne de si gente et si douce créature, j'aurais refusé mon concours, et mes compagnons eussent pareillement refusé le leur... Qu'a-t-elle donc fait, cette pauvre pucelle, pour que vous vous acharniez ainsi après elle?... Ah! que Dieu la protège et la conduise! car cette forêt est pleine de fauves qui la pourront dévorer avant qu'il soit tard... Ainsi serez-vous vengé, puisque vous souhaitez tant de l'être!...

Et, là-dessus, les trois sergents lâchèrent Tybert et remontèrent à cheval.

Tybert réfléchit à ce qui arrivait, et il ne tarda pas à comprendre qu'en effet les ours et les loups pourraient bien faire son œuvre, et qu'il n'était pas besoin qu'il se fâchât avec ses trois compagnons, de peur de mal.

— Que dira ma dame Margiste? murmura-t-il cependant.

— Seigneur, répondit Morand, savez-vous ce que nous ferons?... Nous emporterons avec nous le cœur d'un pourceau, et nous le lui présenterons comme celui de la pucelle que nous avions mission d'occire... Elle nous croira, et, par cela même, nous l'aurons satisfaite, ainsi que notre conscience...

— Le conseil est bon, dit Tybert. Il sera meilleur encore si vous jurez de ne jamais dire que cette garcelette nous a échappé...

— Nous le jurons volontiers, dirent les sergents.

Et ils prirent la route de Paris.

Quand ils furent arrivés en cette ville, ils s'en allèrent trouver la vieille Margiste.

— Dame, lui dit Tybert en lui présentant le cœur de pourceau, voici le cœur de votre fille, que nous avons tuée et enterrée en lieu sûr...

— Grand merci, seigneurs, répondit la vieille sorcière joyeuse, grand merci! car c'était une mauvaise garcelette que cette fille-là...

Les trois sergents, ainsi remerciés, s'en allèrent à leur hôtel, et Margiste mena Tybert à sa fille Aliste, qui fut très-heureuse du retour de son amant, parce que ce retour lui annonçait la mort de sa rivale exécrée.

— Dame, lui dit Tybert, grand bien vous est venu... Berthe est morte!...

— Bien morte?...

— Nous l'avons coupée avec notre acier frais émoulu... A preuve que ma dame Margiste a son cœur que nous lui avons rapporté...

— Loué soit Jésus de tout ceci! s'écria Aliste, comprenant qu'elle était désormais reine de France. Tybert, ajouta-t-elle, vous serez toujours mon ami et féal serviteur!...

CHAPITRE XIII

Comment, étant abandonnée dans une forêt sauvage, la pauvre Berthe eut à pâtir, surtout à propos de deux robeurs qui la voulurent forcer.

bandonnée à elle-même par ses assassins et sauvée, grâce à la compassion de l'un d'eux, Berthe erra longtemps au hasard dans la forêt où elle avait failli payer de son innocente vie la trahison criminelle d'une autre.

Une princesse a des habitudes qui ne sont pas celles d'une fille de peu. Aussi Berthe se trouva-t-elle grandement embarrassée d'elle-même, et eut-elle les plus grandes peines pour arriver à se procurer la victuaille la plus humble. Aussi se recommanda-t-elle, dans sa détresse, à toutes les puissances célestes, à Jésus-Christ, à sainte Marie, à tous les saints, et, plus particulièrement, aux trois Rois et aux onze mille vierges dont les reliques sont si fort en honneur à Cologne.

Le ciel voulait sans doute l'éprouver, comme on éprouve les métaux précieux, car il la laissa pâtir pendant un temps assez long, et il l'obligea, elle, fille de roi et femme de roi, à se contenter de racines, d'herbes et de fruits sauvages. Quant à se procurer d'autres mets plus réconfortants, il n'y fallait pas songer : rien à se mettre sous la dent, morceau cuit ou cru, ni pain ni vin, ni chair ni poisson, ni biscuit ni gâteaux. Les oiseaux étaient mieux nourris qu'elle, et ils chômaient moins de nourriture.

Ce n'était pas tant l'absence de toutes ces choses qui poignait la gente Berthe que le danger qu'elle courait à se trouver ainsi seule et sans défense en une forêt pleine de bêtes féroces, et peut-être d'hommes plus féroces encore que les bêtes.

— Sainte mère de Dieu! disait-elle sans cesse, prenez-moi sous votre divine protection! Préservez mon honneur, afin que je sois digne d'entrer après ma mort en votre céleste maison!...

Précisément, un matin, comme elle était en dévote oraison au pied d'un chêne, deux robeurs passèrent, cherchant aventure.

La jeunesse et la beauté de la reine Berthe les frappèrent. Ils accoururent vers elle dans des intentions qu'il n'eut pas de peine à deviner, malgré sa cuirasse d'innocence, et voulurent, sans plus de façon, les mettre à exécution.

Berthe, en ce péril extrême, adressa une fervente prière à tous les saints et à toutes les saintes du Paradis, qui eurent pitié de son embarras, car ils suscitèrent incontinent une querelle entre les deux robeurs.

— Cette pucelle est à moi! dit l'un en regardant l'autre.

— Cette pucelle m'appartient ! je l'ai aperçue le premier !... répondit l'autre.
— Je te dis que c'est à moi qu'elle doit échoir !
— Non, c'est à moi !...
— Alors, nous allons jouer du couteau ; de cette façon elle restera au plus fort et n'y pourra qu'y gagner !...
— Volontiers !...

En effet, les couteaux furent tirés de leurs étuis, et les deux robeurs s'escrimèrent vaillamment l'un contre l'autre.

Berthe était restée d'abord pétrifiée d'étonnement et de peur. Mais, en voyant ses deux ennemis se prendre ainsi à la gorge et se faire de sanglantes plaies çà et là, sur le visage et sur la poitrine, elle comprit que leur attention était momentanément détournée d'elle, et elle prit vitement la clef des champs, comme une oiselle effarouchée par l'oiseleur.

Quand elle eut couru ainsi pendant un long chemin, elle dut s'arrêter un peu pour respirer, car elle était grandement essoufflée, et alors, regardant en arrière, elle ne vit plus rien.

Elle avait dépisté les robeurs.

D'ailleurs, maintenant, elle se trouvait sous la protection humaine. C'était un ermitage, habité par un saint homme qui, à son aspect, devina ses angoisses avant qu'elle eût seulement ouvert la bouche.

— Entrez, ma fille, lui dit-il avec la voix tendre des gens qui ont beaucoup souffert et qui se sont consolés dans la prière comme on se retrempe dans le repos.

Berthe entra, partagea le frugal repas de l'ermite, qui l'hébergea sur un lit de feuilles où elle goûta le plus pur sommeil.

Le lendemain, aux premières lueurs de l'aube, ce digne homme l'accompagna jusqu'à un chemin au bout duquel était la maison d'un honnête paysan nommé Simon.

— Vous y trouverez la plus cordiale hospitalité, ma fille, lui dit-il.

Et, lui donnant sa bénédiction, il retourna à son ermitage.

CHAPITRE XIV

Comment la reine Berthe fut recueillie par un pauvre homme nommé Simon, qui avait deux filles, et des occupations nouvelles auxquelles elle dut s'astreindre pour n'être à charge à personne.

Après avoir cheminé pendant une heure environ, la reine Berthe, qui n'était pas rompue aux fatigues et aux privations, se sentit défaillir de malaise, en dépit du réconfort qu'elle avait reçu du bon ermite. Bientôt même elle se laissa choir le long d'un fossé qui bordait la route.

Un paysan passait. En l'avisant dans ce pitoyable état, il eut le cœur serré et alla vitement vers elle.

— Mon enfant, lui dit-il d'une voix pleine de compassion, que faites-vous là, seule ?

— J'attends que les forces me reviennent, répondit mélancoliquement la reine Berthe.

— Et quand elles seront revenues ?

— Alors, je me remettrai en route pour aller frapper à la porte d'une charitable demeure que m'a indiquée un saint ermite de ce pays... Peut-être connaissez-vous l'honnête homme vers lequel on m'envoie...

— Comment a-t-il nom ? demanda le paysan.

— Il a nom Simon.

Le paysan sourit.

— Je le connais, en effet, répondit-il, et je vous mènerai bien volontiers chez lui. Prenez mon bras, ma gente enfant, et ne craignez pas de vous appuyer dessus : c'est celui d'un homme qui gagne chaque jour le pain de sa femme et de ses deux filles.

La reine Berthe était trop fatiguée pour refuser l'aide qu'on lui offrait. D'ailleurs, l'homme qui lui parlait avait une si loyale figure, qu'il y eût eu outrage à douter de lui.

La reine Berthe accepta.

Au bout d'un quart d'heure, ils s'arrêtèrent à la porte d'une maisonnette de modeste apparence, où l'homme entra comme quelqu'un qui en connaît les êtres.

— Tiens, femme, voilà une pauvre demoiselle qui a froid et qui a faim, et qui vient nous demander de la réchauffer et de la réconforter.

La femme à laquelle cet homme parlait avait un visage qui prévenait en sa faveur. Elle était aussi bonne qu'il était bon.

— Tu as bien fait, Simon, répondit-elle simplement en allant prendre les mains de la princesse, un peu confuse, et en la conduisant devant l'âtre où brûlait un feu clair.

— Simon?... C'est vous qui êtes Simon? demanda-t-elle à son conducteur.
— Ne l'aviez-vous pas deviné? répondit le bonhomme en souriant.
— Il y a beaucoup de braves gens dans notre pays du Maine, dit la femme, mais il n'y a qu'un Simon, voyez-vous, mon enfant!
Il n'y avait pas que la femme de cet honnête homme dans la maisonnette. Il y avait encore deux belles pucelles industrieuses comme des abeilles qui, à l'aspect de la princesse, quittèrent leur besogne pour venir l'embrasser.
— Je m'appelle Isabeau, dit l'une.
— Je m'appelle Eglantine, dit l'autre.
— Et vous, mon enfant, qui êtes-vous? demanda avec intérêt Constance, la femme de Simon, après avoir sur une table rustique quelques vivres servis avec une rare propreté.
— Je suis, répondit la reine, fille d'un vavasseur de cette contrée, et je fuis les persécutions injustes d'une belle-mère.
— Et vous avez nom?
— Je m'appelle Berthe...
— C'est le nom de notre reine, la femme de monseigneur Pépin, fit remarquer Constance.
Berthe tressaillit et fut sur le point de se trahir. Heureusement que la question en resta là.
— Eh bien! reprit Simon, puisque vous avez rencontré de vilaines gens pour vous persécuter, vous rencontrerez céans d'honnêtes gens pour vous aimer. Vous n'êtes pas fille d'un vavasseur pour rien, et j'imagine que vous ne devez pas être très-habile dans les besognes ordinaires des femmes... Eh bien! si notre existence ne vous paraît pas trop, vous n'avez qu'à rester parmi nous : nous vous adoptons pour nôtre; tellement que nous ferons comme les pastoures qui boulent leurs ouailles quand ils ne veulent pas qu'on les reconnaisse, et que nous ne saurons plus laquelle de vous trois, d'Isabeau, d'Eglantine et de vous, n'est pas notre fille. Est-ce convenu, Berthe?
La reine Berthe, touchée jusqu'aux larmes de ce franc langage, se précipita dans les bras du bonhomme Simon, qui l'embrassa le plus cordialement du monde. Puis, après Simon, ce fut le tour de Constance, et, après Constance, celui d'Eglantine et d'Isabeau.
— Et maintenant, ajouta Simon, rappelez-vous, Berthe, que si pour nous vous êtes bien notre troisième fille, pour tout le monde vous êtes notre nièce...
— Oui, mon bon oncle! répondit la reine, à qui la joie était revenue au cœur.
Sur ce, le bonhomme Simon, pour échapper à son attendrissement, jeta une bourraille dans le foyer, qui flamba plus clair encore qu'auparavant.

CHAPITRE XV

Comment la reine Berthe passa neuf ans et demi de sa vie, cousant et filant, dans les regrets et dans la prière.

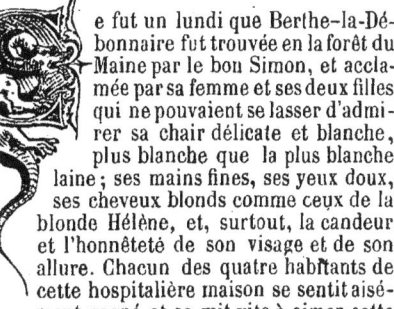

Ce fut un lundi que Berthe-la-Débonnaire fut trouvée en la forêt du Maine par le bon Simon, et acclamée par sa femme et ses deux filles qui ne pouvaient se lasser d'admirer sa chair délicate et blanche, plus blanche que la plus blanche laine; ses mains fines, ses yeux doux, ses cheveux blonds comme ceux de la blonde Hélène, et, surtout, la candeur et l'honnêteté de son visage et de son allure. Chacun des quatre habitants de cette hospitalière maison se sentit aisément gagné et se mit vite à aimer cette pauvre fille persécutée, si bonne, si sage et si douce. Les semblables s'attirent.
Isabelle et Eglantine, à ne vous point mentir, étaient d'adroites ouvrières dans les travaux d'aiguilles. Elles brodaient, cousaient et filaient à merveille.
Berthe leur dit :
— Chères sœurs, je ne resterai pas oisive devant votre labeur, je vous le promets. Vous ouvrez l'or et la soie, je vous montrerai, moi, ce que ma mère m'a appris, et ma mère était née en Alsace, le pays des bonnes toiles.
— Nous vous en saurons bon gré, chère Berthe, répondit Isabeau en l'embrassant.
Eglantine alla vers Constance :
— Mère, lui dit-elle, Berthe nous montrera ce que sa mère lui a appris... Quel bonheur! Comme vous avez bien fait de la retenir céans... Retenez-la toujours, chère mère!...
— Je la retiendrai aussi longtemps qu'elle le voudra, répondit Constance. Je la marierai si elle le désire, et toutes deux désormais vous coucherez dans ma chambre. Votre sœur Isabeau couchera dans une autre...
— Ah! chère mère, s'écria Eglantine en battant des mains, comme je vous remercie de me la donner ainsi pour compagne spéciale! Jamais je n'ai vu plus douce chose que cette Berthe... Elle est plus fraîche, plus gracieuse, plus suave que la rose de mai!...
Quelques jours après, en effet, Berthe avait déjà travaillé et fait la meilleure besogne qui fût au monde. Constance et ses filles étaient ébahies de tant d'adresse et de talent.
— Berthe, lui dit la femme Simon, vous faites là des chefs-d'œuvre bien au-dessus de tous ceux que j'ai vus jusqu'à présent, et j'affirme qu'il n'y a pas de meilleure ouvrière que vous de Tours jusqu'à Cambrai... Aussi me garderai-je bien de vous laisser ignorer tout le profit que vous pourriez

tirer de cette besogne-ci... Et, à partir d'aujourd'hui, je vous veux rémunérer de votre peine par une monnaie avec laquelle vous pourrez vous enrichir petit à petit.

— Dame, répondit Berthe en souriant, que Dieu vous récompense des bonnes pensées que vous avez à mon endroit... Mais je vous prie de ne pas songer plus longtemps à me donner monnaie pour cette besogne que je suis heureuse de faire... Je veux vous servir ; quelque peine que j'aie jamais, ne vous y opposez point, je vous en conjure...

— Bénie soit l'heure où vous êtes venue frapper à notre porte! dit Constance attendrie.

— Bénie soit l'heure où vous me l'avez ouverte! répondit Berthe.

Ainsi vécut-elle durant neuf années et demie, aimant et se faisant aimer, vivant sobrement et chichement, surtout le samedi, où elle se nourrissait exclusivement de pain et d'eau. Quant au vendredi, elle jeûnait et se revêtait de la haire en l'honneur de Jésus-Christ et de sa douce mère Marie.

Ainsi vécut-elle, nièce de Simon, amie de Constance, sœur d'Isabelle et d'Eglantine, qui tous lui portaient honneur, douceur et compagnie.

Ainsi vécut-elle, regrettant de temps à autre le roi Pépin en priant Dieu de le garder de mal et d'angoisse. Quant à son père, le roi Flores, et à sa mère, la reine Blanchefleur, qui l'avait nourrie, élevée et adorée, elle y pensait sans cesse et les regrettait toujours, malgré l'amour qu'elle avait rencontré dans la famille Simon...

— Ah ! ma chère mère, murmurait-elle parfois quand elle était seule, comme vous auriez le cœur marri si vous saviez comment j'ai été trahie par Aliste et par Margiste!... Ah ! chère mère, vous m'aviez donnée à femme à un riche époux, qui m'a chassée, me prenant pour une autre, et je me suis mariée alors à Dieu, ce loyal époux qui ne trompe personne et n'a jamais menti !...

CHAPITRE XVI

Comment, pendant que Berthe-la-Débonnaire menait saintement sa vie, Aliste, Tybert et Margiste se rendaient odieux aux gens du royaume.

Pendant que, dans un coin perdu du Maine, la belle et vertueuse reine Berthe passait si chastement sa vie en œuvres pieuses et en labeurs incessants, ne quittant le travail que pour la prière et la prière que pour le travail, sa rivale, la fausse reine, la félone Aliste obéissait à sa nature perverse en faisant et en laissant faire par Margiste mille et un vilains tours.

Le roi Pépin, dont aucun avertissement n'était venu troubler la quiétude, et qui continuait à croire qu'il était en légitime possession de la vertueuse Berthe, fille du roi Flores et de la reine Blanchefleur, le roi Pépin aimait Aliste de tout son cœur, à ce point qu'il ne voyait rien des odieuses menées de cette mégère, en cela si bien aidée par Margiste et par Tybert.

Il l'aimait, et, heureux de cet amour, il ne s'occupait pas d'autre chose ; d'où lui était né un second héritier. Le premier gars s'appelait Rainfroy, le second avait nom Heudriet. Les deux faisaient la paire, on peut le dire, car si l'un, Rainfroy, était plein de tricherie et de mauvaiseté, le second, Heudriet, était plein d'envie et de sournoiserie. A eux deux, malgré le meilleur vouloir qu'on eût pu y mettre, ils n'eussent pu former, en grandissant, un honnête homme. Heureusement qu'ils n'étaient pas destinés à grandir !

Mais le roi Pépin, qui les croyait destinés à lui succéder comme il avait succédé lui-même au roi Charles Martel, les couvait d'un amour énorme, ne se doutant point qu'il réchauffait dans son sein des petits d'une vipère. Il les regardait pousser avec joie, comme s'ils eussent été arbrisseaux salutaires, et il les arrosait chaque jour de ses caresses, comme s'ils eussent été destinés à produire autre chose que des fruits malsains, croquant comme cendre sous la dent.

Quant à Aliste, il était impossible qu'avec un esprit aussi gâté que le sien elle trouvât en elle l'ombre d'un sentiment de tendresse maternelle. Elle avait pour ses deux fils des semblants d'amour, et non l'amour qu'une vraie femelle a pour ses petits, et cependant elle eût dû les adorer, car ils étaient faits à son image l'un et l'autre.

Donc, au fond, ces deux jeunes princes, nés d'un crime, issus de flancs criminels, occupaient peu le cœur hypocrite de cette fausse reine Berthe. Ce qui l'occupait toute, c'étaient des intrigues sans cesse renaissantes comme les têtes de l'hydre. Soumises aux pernicieux conseils de Margiste et de Tybert, elle abusait monstrueusement de son pouvoir comme reine et commettait avec une impudence rare toutes les exactions les plus cruelles et les plus faibles pour la déconsidérer ainsi que son royal époux.

Les marchands étaient rançonnés sans pitié ; les campagnes étaient mises à contributions forcées, comme les cités, qui voyaient fleurir chaque jour de nouveaux impôts plus vexatoires et plus odieux les uns que les autres. Et, si d'aventure, quelques-uns d'entre les rançonnés, se trouvant écorchés de trop près, criaient trop fort, Tybert les faisait taire en les jetant en prison. De plus, pour mieux couronner encore ces vilenies et ces abominations, ni Aliste, ni Margiste, ni Tybert n'accomplissait ses devoirs religieux ; ils n'allaient au moustier qu'en rechignant, et jamais, quand ils y allaient, ils ne pouvaient entendre une messe jusqu'au bout.

Et, de fait, qu'eussent été faire ces coupables endurcis au pied des autels ? Le repentir leur fût sans nul doute venu dans l'âme, et ils ne voulaient pas se repentir !...

CHAPITRE XVII

Comment le roi et la reine de Hongrie, se voyant désormais sans héritiers, envoyèrent un messager au roi Pépin pour lui demander de leur confier le petit Heudriet, et comment le messager échoua dans son entreprise.

lores, le bon roi Flores, avait perdu coup sur coup, quatorze mois après le mariage de sa chère fille Berthe, deux enfants qui lui restaient et sur lesquels il comptait, à savoir sa fille la duchesse et son fils Godefroy. De telle sorte, qu'il n'avait plus d'autre héritier de son corps que Berthe la courtoise.

Cela mélancolisait beaucoup le vieux roi de Hongrie, qui sentait bien sa fin approcher de jour en jour, et qui voyait son trône passer en des mains étrangères, faute d'héritiers de sa part.

Involontairement, il songea aux deux petits-fils que lui avait faits sa chère fille Berthe et dont la naissance lui avait été solennellement notifiée par ambassadeurs, et il supposa que le roi Pépin n'hésiterait pas à lui confier soit Rainfroy, soit Heudriet.

Cette pensée lui trotta même dans la cervelle pendant un long temps, et, finalement, il s'en ouvrit à sa vertueuse compagne, la bonne reine Blanchefleur.

— Dame, lui dit-il, je me courbe chaque jour de plus en plus, si bien que je finirai par toucher mon cercueil où je m'étendrai pour dormir mon somme éternel... Avant cette heure solennelle, je veux léguer à mon peuple un successeur qui l'aime comme je l'ai aimé et le protège comme je l'ai protégé, puisque présentement la Hongrie est calme et heureuse...

— Ah! soupira la reine, si notre bien-aimé Godefroy vivait encore!...

— Oui, répondit le roi, mais Dieu a voulu nous éprouver, et il nous l'a enlevé quelques jours après sa sœur la duchesse... Dieu a ses vues, madame, et nous devons nous incliner, respectueux, lorsqu'il nous frappe ainsi... Peut-être est-ce un châtiment de fautes que nous avons commises et dont nous avons perdu souvenance...

— Hélas! murmura Blanchefleur.

— Donc, je m'éteindrai sans héritier de mon nom, reprit le roi Flores. C'est cruel, mais le mal est peut-être réparable... Notre bien-aimée fille Berthe a eu du roi Pépin, son seigneur et son mari, deux enfants...

— Rainfroy et Heudriet.

— Oui. Eh bien! dame, que diriez-vous si j'avais songé à nommer l'un d'eux mon successeur.

— Vous agissez toujours sagement, Sire... Et en cette occurrence comme en cent autres, je ferai votre vouloir, parce que vous êtes un loyal prince et que vous ne pouvez rien faire que de juste et d'utile.

Flores reprit :

— Je ne parle pas de Rainfroy; c'est l'aîné, et il me semble tout naturel que le roi Pépin, notre gendre, le réserve pour lui succéder à lui-même quand le moment en sera venu... Mais le plus jeune prince, Heudriet, j'ai grande envie de l'envoyer quérir pour en faire un roi de Hongrie en mon lieu et place...

— Bien volontiers, répondit la reine.

Cela arrêté, on fit incontinent choix d'un messager intelligent pour prévenir le roi Pépin des intentions du roi Flores.

Le messager partit, monté sur une mule noire, et s'en alla trouver le roi de France à Tours, où il faisait sa demeurance pour l'heure présente.

Il alla d'abord au moustier Saint-Martin, où il entendit la messe; puis, la messe entendue, il se rendit à l'hôtel de monseigneur le roi et de madame la reine.

— Dame, dit-il à Aliste, le roi et la reine de Hongrie, que Dieu garde! vous saluent ainsi que monseigneur Pépin! Ils m'envoient en outre vers vous pour vous demander de vous confier Heudriet, le plus jeune de vos deux enfants, pour en faire un jour l'héritier de la couronne de Hongrie...

Aliste eût bien voulu répondre qu'elle acceptait, car c'était un honneur pour elle de savoir un de ses fils sur un trône. Mais le roi Pépin ne lui en donna pas le temps : il refusa net.

— Remerciez pour moi, répondit-il, et pour ma dame la reine, ceux qui vous envoient vers nous, et dites-leur que nous leur saurons un gré infini de leur bonne pensée, mais que j'entends garder mes deux héritiers près de moi. Le trône de Hongrie est, certes, un trône glorieux, mais le trône de France ne l'est pas moins et je le réserve pour celui de mes fils qui me survivra.

Ainsi parla le roi Pépin.

Le messager du roi Flores savait tout ce qu'il voulait savoir. Il salua monseigneur Pépin et la fausse reine Berthe, et prit incontinent congé d'eux. Puis, remontant sur sa mule noire, il s'en revint rapporter la réponse qu'on lui avait faite, laquelle réponse chagrina plus qu'on ne saurait dire le bon roi Flores et la bonne reine Blanchefleur.

CHAPITRE XVIII

Comment, quelque temps après le retour du messager que le roi Florès avait envoyé à la cour de Pépin, la bonne reine Blanchefleur eut un vilain songe, et comment elle demanda congé d'aller embrasser sa fille Berthe.

Une nuit que la reine Blanchefleur était couchée et endormie, elle fit un rêve. Il lui sembla qu'une ourse sauvage lui mangeait le bras droit et lui labourait les flancs qui avaient porté la gracieuse Berthe. En outre, et comme si ce n'était pas déjà bien suffisant, un aigle venait s'asseoir sur son visage. Effrayée, elle s'éveilla, le cœur battant d'angoisse, et raconta immédiatement son rêve au roi Florès.

— Sire, lui dit-elle, accorde-moi un don, je vous en prie !...
— Un don, madame ?
— Oui, Sire...
— En quoi consiste-t-il ?...
— Je vous prie, Sire, de me laisser aller en France...
— En France ? Mais, puisque le roi Pépin nous vient de refuser son fils Heudriet une première fois déjà, il n'est guère probable qu'il nous l'accorde d'avantage, même demandé par vous, à qui on ne devrait rien refuser cependant...
— Sire, il ne s'agit pas d'Heudriet... Il s'agit de sa mère, notre bien-aimée fille...
— De la reine Berthe ?
— Oui, Sire... Le songe de cette nuit la menace... Je veux la voir... Je veux l'entendre... Je veux m'assurer qu'il ne lui est rien arrivé... Tant que je ne l'aurai pas vue, je tremblerai... Le songe de cette nuit est sans doute un avertissement : je n'ai pas le droit de le mépriser... Par ainsi, mon doux Sire, laissez-moi aller à Paris pour cette Pâque-ci, afin que j'embrasse ma Berthe tant aimée... Je vous jure que si je tarde et n'y vais point, le cœur m'en partira du ventre !...
— Par le corps de saint Rémi ! répondit le roi, il y a bientôt neuf ans que nous n'avons vu Berthe et qu'elle ne nous a vus, vous avez raison... Neuf années ! avec quelle rapidité cela passe !...
— Ainsi, mon doux Sire, vous m'octroyez ce don, n'est-ce pas ? reprit la reine Blanchefleur.
— Je vous l'octroie, madame, répondit le roi de Hongrie, à la condition que vous ramènerez avec vous, si possible est, Rainfroy ou Heudriet...
— Sire, je ferai tous mes efforts pour réussir, et je vous ramènerai, je pense, Heudriet ou Rainfroy, s'écria la reine, heureuse à cette pensée qu'elle allait enfin pouvoir embrasser sa tant aimée fille, la reine Berthe...
— Dame, reprit le roi, je veux que vous alliez en France avec une noble et nombreuse compagnie, aussi digne de vous que du roi Pépin, votre fils... Cent chevaliers vous feront cortège, j'entends des plus vaillants qui soient dans toute la Hongrie... Les gens de France aiment l'apparat et les grandes bombances : il faut leur faire plaisir, puisque ce sont gens sur lesquels règne notre bien-aimée fille Berthe...

Blanchefleur remercia le roi son mari de ces bonnes paroles et de ces bonnes attentions, et se mit en devoir de préparer tout pour son départ.

CHAPITRE XIX

Comment la reine de Hongrie se mit en chemin pour venir à Paris, et comment elle entendit avec étonnement des clameurs de malédiction contre sa Berthe bien-aimée.

Blanchefleur, la sage et courtoise femme du roi Florès, ne tarda pas à partir avec sa compagnie de cent chevaliers merveilleusement appareillés.

Ils traversèrent montagnes et rivières, bois et plaines, et arrivèrent en la terre de France.

Quand toute la gent de ce royaume apprit la venue de la mère de la reine Berthe, c'est-à-dire d'Aliste, ce fut une clameur unique de malédiction.

— Ah ! maudite soit-elle, criait-on de toutes parts, celle qui a conçu et porté en ses flancs une si méchante fille, qui mène une si laide vie et ruine si cruellement le beau royaume de France !...

Quand on rapporta cette clameur à la bonne reine de Hongrie, elle tomba de son haut et se refusa à croire Berthe coupable des vilenies dont on l'accusait de toutes parts.

— Est-ce possible, ô Dieu ! s'écria-t-elle. Est-il croyable que ma fille Berthe ait oublié si vite et à ce point les bons exemples qu'elle a sucés dans son enfance ?... Elle si gente, si douce, si charitable au pauvre monde, changée en furie, en sangsue, en bourrelle ?... Ce n'est pas là ma fille Berthe : on la calomnie !... D'où peuvent donc lui être venues ces mauvaises dispositions, qui l'ont poussée à ravir à autrui ce qui n'est pas à elle ?... Ah ! si monseigneur le roi Florès apprenait cela !... comme il lui ferait reproche, lui qui est si hospitalier, lui que son peuple aime et respecte... Ah ! j'ai hâte de la revoir pour la châtier de ma parole et la faire rougir de sa mauvaiseté !...

Plus la reine Blanchefleur allait, plus elle rencontrait de gens qui maudissaient sa fille, la reine Berthe.

Un jour même, comme elle approchait de Paris, un vilain s'approcha brusquement d'elle, et, arrêtant son cheval par le frein, sans plus de façons, il lui dit :

— Dame, vous êtes la reine de Hongrie, mère de la reine Berthe de France?

— Oui, répondit la bonne dame.

— Eh bien! je me plains de votre fille, madame... Je n'avais qu'un cheval qui me trouvait mon pain quotidien, ainsi que celui de ma femme Marguerite et de mes petits enfants... Il m'avait coûté soixante sols, mais il les gagnait bien, la rude bête, car il transportait à Paris les bûches, la paille et autres choses que j'y vendais à profit... Eh bien! votre fille Berthe m'a pris mon cheval et m'a ruiné... Grâce à elle, ma femme et mes petits enfants vont mourir de faim, car je n'ai présentement nulle autre ressource... Mais, par le Dieu qui fit Adam et Eve! je la maudirai tant et tant, du soir au matin et du matin au soir, que je finirai bien par en avoir vengeance!...

— Pauvre homme! murmura la bonne reine attendrie, en lui donnant cent sols. Ne maudissez personne et achetez un autre cheval...

Le vilain, tout joyeux, prit la somme d'une main et la regarda, n'en pouvant trop croire ses yeux, tout d'abord. Puis, baisant follement l'étrier et les rênes, il cria :

— Ah! dame, que Dieu vous garde!

CHAPITRE XX

Comment Margiste, pour préparer la reine Blanchefleur, s'en alla au-devant d'elle à Montmartre, et lui fit un accueil hypocrite.

oudroyante avait été pour Aliste et pour sa mère la nouvelle de l'arrivée de la reine Blanchefleur. C'était là le châtiment que leur réservait la Providence, et, dans leur niaise incurie, elles n'avaient pas songé un seul instant à la possibilité de cet événement, si simple en soi pourtant. Jusque-là, Berthe étant morte, elles se croyaient bien sûres de l'impunité, et voilà que justement le châtiment arrivait vers elles, terrible!

Dans le premier moment, la vieille Margiste, qui tremblait de peur sous sa chemise, remua dans sa tête le projet d'un nouveau crime pour empêcher que le premier ne fût découvert. Elle voulut d'abord aller au-devant de la bonne reine de Hongrie, et, dans une collation servie et préparée par elle, l'empoisonner et l'enherber en poires ou en cerises. Puis elle résolut de passer, en compagnie d'Aliste et de Tybert, avec tous leurs trésors lingotés, en Calabre, en Pouille ou en Sicile, et se dérober ainsi à la légitime fureur du roi Pépin. Puis, elles songèrent à prendre d'autres partis encore, tous plus impraticables les uns que les autres.

— Ah! ma mère, vous m'avez perdue! murmurait Aliste en se tordant les mains. Quand monseigneur Pépin saura tout, il nous enverra au gibet Tybert, vous et moi!... Ah! ma mère, vous m'avez perdue!

— Vous êtes une folle, ma mie, répondait Margiste. Tout ira mieux que vous ne vous l'imaginez... Il y a neuf ans que la reine Blanchefleur n'a vu sa fille, et neuf ans changent bien une femme, surtout une femme qui a eu deux enfants... Il vous sera donc aisé de passer à ses yeux pour cette maudite Berthe, à laquelle vous ressembliez déjà beaucoup, s'il vous souvient...

— C'est bien pour l'apparence, reprenait Aliste, mais au fait et au prendre ce sera une toute autre histoire...

— Comment cela?...

— Avez-vous donc oublié, ma mère, que Berthe avait des pieds très-grands, et même que l'un d'eux dépassait l'autre d'une manière sensible?...

— C'est vrai... Je n'en avais plus souvenance...

— Ah! ma mère, mes faits et les vôtres seront connus par mes pieds, je vous le dis!...

Margiste avait rassuré de son mieux sa fille Aliste et s'était chargée d'arranger les choses de façon à ce que la bonne reine Blanchefleur ne s'aperçût de rien.

— Couchez-vous, ma fille, et contrefaites la malade, lui dit-elle; nous empêcherons madame de Hongrie d'arriver jusqu'à vous!...

CHAPITRE XXI

Comment le roi Pépin alla au-devant de la bonne reine de Hongrie, et lui annonça que sa fille était malade.

Blanchefleur, la bonne reine de Hongrie était arrivée sur les hauteurs de Montmartre. Là, elle plongea son regard sur Paris et ses environs, et elle admira de grand cœur les merveilles qu'elle découvrit.

Elle vit la cité de Paris, si longue et si large, avec maintes tours, maints pignons, maints clochers, maintes cheminées; puis la grande tour crénelée de Montlhéry; puis la serpentante rivière de Seine courant à travers de verdoyantes prairies; puis Poissy, Pontoise, Meulan, Marly, Montmorency, Conflans, et mainte autre cité que je ne nomme pas.

Tout ce beau pays lui plut, surtout en songeant que sa fille Berthe en était la reine.

— Ah! s'écria-t-elle, Sire Dieu qui fis le ciel et la rosée, et te remercie d'avoir permis que ma bien-aimée fille Berthe fût unie au roi d'un si plaisant pays!...

Puis, se remémorant les malédictions qu'elle avait recueillies en sa route à l'encontre de sa fille, elle ajouta :

— Ah! Sire Dieu, Vierge Marie, dites-moi donc d'où vient que ma fille, plus belle qu'Hélène, s'est fait ainsi haïr de tout un chacun, des petits et des grands, des vilains et des vavasseurs?... D'où vient que sa claire fontaine de pureté et de bénévolence est ainsi changée en bourbier de méchanceté et de félonie?...

Ce fut en ce moment qu'arriva au-devant d'elle, avec nombreuse compagnie, monseigneur Pépin, triste et dolent, parce qu'il avait appris par Margiste que sa femme était au lit, mourante.

On se salua de part et d'autre, Pépin embrassa Blanchefleur, et celle-ci, sans plus attendre, lui demanda comment allait Berthe, sa fille.

— Dame, répondit le roi, à ne vous point mentir, elle va mauvaisement... La joie qu'elle a éprouvée en apprenant votre arrivée lui a causé révolution telle qu'elle s'est mise aussitôt au lit et ne s'en est point relevée... Votre présence la réconfortera sans doute...

Blanchefleur, le cœur tout éperdu, se laissa choir entre les bras de son gendre, qui lui prit doucement la main et lui dit :

— Dame, ne vous laissez pas aller ainsi à la douleur... Votre fille n'est pas morte, Dieu merci ! Votre vue opérera sur elle mieux que tous les onguents du monde... Venez donc au plus tôt l'embrasser et la guérir...

Rainfroy et Heudriet, qui accompagnaient leur père avec d'autres gentilshommes, descendirent de cheval et s'en vinrent courtoisement saluer la reine de Hongrie.

— Dame, dit le roi Pépin, ce sont les deux enfants que m'a donnés votre bien-aimée fille, ma bien-aimée compagne...

Blanchefleur, en voyant ces deux jeunes princes, ne fut pas entraînée par son cœur à se réjouir de leur présence et à les embrasser. Tout au contraire, elle les salua maigrement, et tout son corps tressaillit d'effroi.

— Ce ne sont pas là les fils de Berthe! murmurat-elle.

On s'aperçut aisément de cette répugnance de la reine de Hongrie pour les petits d'Aliste, et, à part le roi Pépin, qui n'eut pas l'air d'y prendre garde, chacun lui en sut mauvais gré.

— Elle n'a guère d'amitié pour les enfants de sa fille! disait-on. Elles sont bien dignes l'une de l'autre... Madame Berthe est au lit, malade : que cent mille diables lui tordent le cou, cette nuit, et nous nous en réjouirons demain !...

CHAPITRE XXII

Comment la reine de Hongrie fit son entrée à Paris et voulut tout d'abord aller embrasser sa fille, ce qu'elle ne put faire, à son grand chagrin.

Quittant Montmartre, Pépin et Blanchefleur entrèrent dans la bonne ville de Paris, dont la grand'rue était encourtinée pour faire honneur à la nouvelle venue, bien qu'au fond du cœur chacun la maudît, pour l'amour de sa fille, c'est-à-dire de la fausse reine Berthe.

Blanchefleur descendit devant le perron de la grande salle, escortée du roi et de ses barons.

Bientôt elle vit venir à elle, toute marmiteuse et éplorée, avec quelques égratignures habiles au visage, la vieille Margiste, qui se jeta à ses pieds, comme pâmée de douleur.

La bonne reine de Hongrie, la reconnaissant pour celle à qui elle avait confié sa fille Berthe, la releva et l'embrassa en pleurant.

— Margiste, lui cria-t-elle, où est ma fille?... Je veux qu'elle me soit montrée.

— Dame, répondit la fausse et vilaine vieille en continuant à se tordre et à larmoyer comme une fontaine d'eau trouble, depuis qu'elle a appris votre arrivée, ma dame Berthe en a été si saisie, qu'elle a été forcée de s'en mettre au lit... Monseigneur le roi a dû vous le dire déjà?...

— Où est ma fille? je veux voir ma fille! répéta la reine de Hongrie.

— Dame, lui répliqua Margiste, je vous en conjure, laissez-la reposer jusqu'à la vesprée... Alors, mais alors seulement, vous pourrez la voir sans danger...

Blanchefleur, entendant cela, sortit de la grande salle du palais pour se réfugier dans une autre chambre, où la suivit le roi Pépin, pendant que l'horrible vieille s'en allait trouver la fausse reine Berthe et s'assurer que rien ne clochait dans la mise en scène qu'elle avait préparée.

— Dame, dit le roi à Blanchefleur, ne vous déconfortez pas ainsi, je vous en prie...

— Sire, répondit la bonne reine, j'attendrai jusqu'à la vesprée pour savoir si je dois continuer mon angoisse ou l'atténuer... Mais auparavant, puisque vous êtes céans et que je ne puis voir ma fille bien-aimée, je dois m'acquitter d'un message dont m'a chargé auprès de vous le roi Flores, mon glorieux époux...

— Dame, lequel ?

— Donnez-nous un de vos deux enfants, et nous en ferons un roi de Hongrie...

— Je ferai à votre commandement, ma dame.

— Sire, grand merci !...

Bientôt les tables furent mises, et quatre cents chevaliers s'assirent autour pour fêter la présence de madame Blanchefleur.

Le dîner se prolongeait trop : cette princesse, à qui il tardait de voir sa chère Berthe, ne voulut pas attendre davantage. Elle se leva et s'en alla droit à la chambre où elle savait qu'était Aliste. Mais, sur le seuil, elle rencontra la vieille Margiste, qui la prit entre ses bras pour l'empêcher d'entrer.

— A cette heure, me laisserez-vous la voir? demanda Blanchefleur, pleine d'angoisse.

— Dame, répondit la vieille, par le corps de saint Clément! n'entrez pas encore...

— Pourquoi ?

— J'ai dit à ma dame Berthe que vous ne viendriez qu'après la vesprée, et, sur cette espérance, elle s'est endormie un peu... Il y aurait cruauté à la réveiller... Pour Dieu! allez-vous-en !...

— Volontiers, répondit Blanchefleur, qui n'y entendait pas malice. Mais, ajouta-t-elle, souvenez-vous, Margiste, que je ne partirai pas de céans avant que je n'aie vu ma Berthe tant aimée, avant

2

que je n'aie baisé sa bouche rose et son corps si gent!...

Cela dit, elle se laissa entraîner au jardin par Margiste, qui tremblait de plus en plus.

CHAPITRE XXIII

Comment, après avoir essayé par tous les moyens d'empêcher la reine de Hongrie de voir sa fille, Margiste finit par la laisser entrer en sa chambre, mais dans l'obscurité.

Toutes deux, la mauvaise vieille et la bonne reine, assises à l'ombre d'un arbre feuillu, se mirent à deviser de choses et d'autres.

— Margiste, dit Blanchefleur, dites-moi donc qui a pu préparer à ma fille un si vilain bouillon?... Vieux ou jeunes, tous se plaignent d'elle... Comment cela?... pourquoi cela?... Savez-vous, Margiste, que c'est là une triste parure pour une femme, et surtout pour une reine?... Au lieu de l'amour de son peuple, elle a sa haine!...

— Dame, répondit la vieille Margiste, ils ont tort de se plaindre d'elle; par le Dieu qui forma Daniel! ils ont grandement tort, car jamais femme ne fut plus débonnaire, jamais reine ne fut plus charitable au pauvre monde... Ce n'est pas pour rien, dame, que madame Berthe est votre fille... Elle sait de qui tenir...

Blanchefleur se remémorait bien cependant les choses qu'elle avait entendues en son chemin, lesquelles n'avaient certes rien d'honorable pour sa fille Berthe.

Toutefois, elle ne jugea pas à propos de continuer ce dire plus longtemps. Elle parla d'autre chose à la vieille mégère.

— Margiste, lui demanda-t-elle tout à coup, où donc est la fille à toi, la belle Aliste?... Pourquoi ne l'ai-je pas vue céans?...

Margiste était préparée à tout, excepté à cette question, à ce qu'il paraît, puisqu'elle ne put s'empêcher de pâlir et de trembler encore plus qu'elle ne l'avait fait jusque-là.

Finalement, elle balbutia:

— Dame, je vous dirai que ma pauvre Aliste est morte subitement, hélas!

— Morte subitement?...

— Oui, dame, sur sa chaise, un jour que je m'entretenais avec elle...

— Et de quel mal?...

— Je l'ignore et l'ignorerai toujours... Je crois cependant, aux taches dont son corps était couvert, qu'elle est morte de mésellerie...

— De mésellerie?...

— Oui, dame; c'est la lèpre des pauvres gens, et je ne sais vraiment pas pourquoi ma pauvre fille a gagné celle-là plutôt que l'autre... Enfin, sans doute, Notre-Seigneur Dieu avait besoin d'anges dans son paradis, et il m'a emprunté mon Aliste!...

— Et il nous la rendra, bonne Margiste!

— Dame, je n'ose l'espérer!...

— Maintenant, reprit la reine de Hongrie, nous avons suffisamment devisé de propos inutiles: si nous allions voir comment va ma chère Berthe?...

Il faisait nuit en ce moment.

— Allons-y, dame, répondit la vieille Margiste, qui continuait à trembler de peur, quoiqu'elle sût Aliste couchée, et Tybert chargé de veiller sur les allées et venues.

Elles allèrent; mais, au moment d'arriver, Margiste quitta rapidement Blanchefleur, sous prétexte d'aller quérir de quoi lui faire clarté.

Le temps se passa, et elle ne revint pas.

Impatientée, inquiète surtout, la reine de Hongrie appela à elle une gente pucelle qui passait dans le corridor avec une chandelle.

— Éclairez-moi, s'il vous plaît, ma mie, lui dit-elle, que j'entre dans la chambre de la reine Berthe, ma fille.

— Bien volontiers, ma dame, répondit la pucelle en marchant devant.

Mais cette jeune femme avait à peine fait deux pas dans la direction de la porte de cette chambre, qu'elle recevait sur la main un violent coup de bâton qui fit tomber la lumière et l'éteignit.

— Eh! maudite garcelette! lui cria une voix qui était celle de Margiste. Ma dame veut dormir, et ta lumière l'aurait importunée... Va-t-en au diable!

— Mais, répondit Blanchefleur, c'était pour moi qu'elle faisait cela...

La demoiselle n'avait pas osé crier, de peur d'effrayer madame Blanchefleur; et cependant le sang lui coulait de la main si brutalement atteinte par le bâton de la vieille Margiste. Elle se retira toute triste, sans sonner mot, laissant la reine de Hongrie dans l'obscurité, à la porte de la chambre de sa fille...

CHAPITRE XXIV

Comment la reine Blanchefleur vit la fausse reine Berthe en son lit, malade, et comment elle comprit qu'on lui avait enlevé sa fille bien-aimée.

Margiste aurait bien voulu s'opposer éternellement à l'entrée de Blanchefleur dans la chambre de la fausse reine Berthe; mais cela devenait de plus en plus impossible.

Malgré qu'il fît nuit et qu'il n'y eût nulle lumière, la courageuse reine de Hongrie repoussa la vieille Margiste, qui bouchait le passage, et elle entra.

— Ma fille! ma chère fille! cria-t-elle dans les ténèbres, en se dirigeant à tâtons vers le lit où reposait Aliste.

— Ma chère mère, soyez la bienvenue! répondit Aliste d'une voix si faible qu'à peine l'entendit la bonne reine de Hongrie. Comment se porte mon père, je vous prie?

— Fille, il allait bien lors de mon départ.

— Jésus en soit loué! s'écria l'hypocrite Aliste.

Puis elle ajouta :

— Dame, je regrette bien de ne pas vous festoyer comme je le voudrais et devrais... mais je n'en ai guère le loisir, comme vous voyez...

Aliste n'avait pas envie de rire, ainsi qu'on le pense bien, car le danger approchait plus menaçant de minute en minute : un mot, un geste, un rien, et tout se découvrait.

— Fille, reprit la reine de Hongrie, je ne serai contente que lorsque je vous aurai vue et embrassée...

Les transes d'Aliste redoublèrent.

— Mère, répondit-elle, vous me demandez là une chose qui ne peut être que douloureuse pour vous et pour moi...

— Pourquoi cela, chère fille ?...

— Parce que je suis devenue jaune comme cire, et que je vous ferai peur quand vous m'aurez regardée... Les médecins ont dit que cet état pouvait s'aggraver encore par la lumière, et, à cette cause, je suis privée du plaisir de vous embrasser... Par ainsi, ma mère, allez-vous-en de céans, pour que je puisse reposer à mon aise...

Blanchefleur, entendant cela, comprit sans peine qu'on voulait la chasser de là.

— Ah ! s'écria-t-elle, ce n'est pas ma fille que j'ai trouvée ici !... Non !... car ma Berthe tant aimée n'eût pas fait tant de façon pour m'accoler et me baiser doucement, comme fait une vraie fille envers sa mère, lorsqu'elles ne se sont pas vues depuis dix ans !...

Lors, allant résolûment vers la porte de la chambre, elle l'entr'ouvrit et cria de toutes ses forces :

— Au nom du roi et de Dieu, apportez des chandelles céans ! Car ce n'est pas ma fille que j'ai trouvée là ! Non, ce n'est pas ma fille !...

Tybert, qui gardait cette porte, tressaillit de rage en entendant ce cri, auquel on accourut de toutes parts.

Quand la chambre se fut suffisamment remplie de lumières et de témoins, la reine Blanchefleur s'en vint rapidement vers le lit dans lequel Aliste était couchée, et abattit les tapis et les draps d'or qui la couvraient.

— Dame, s'écria Margiste épouvantée, vous voulez donc tuer votre fille, qui n'a pas dormi depuis trois jours ?...

— Tais-toi, vieille ! répondit la reine de Hongrie, qui venait de saisir Aliste par les pieds et qui avait reconnu que ce n'était pas sa fille Berthe.

Aliste, grelottante de honte et d'effroi, prit une draperie, s'en couvrit les épaules et se réfugia dans la chambre voisine.

— Ah ! les traîtres ! les lâches !... Ils ont tué ma Berthe tant aimée ! s'écria la pauvre reine Blanchefleur en sanglotant. C'est toi, vieille et impudique Margiste ! C'est toi qui m'a tué mon enfant !...

CHAPITRE XXV

Comment la vilaine intrigue de Margiste, d'Aliste et de Tybert fut enfin découverte et punie, et comment la bonne reine Blanchefleur dut s'en retourner en Hongrie sans avoir retrouvé sa fille bien-aimée.

Aux cris poussés par la reine de Hongrie, Pépin était accouru.

— Sire, lui dit la bonne dame toute en larmes, qu'a-t-on fait de Berthe, ma fille tant aimée ?

— Mais, n'est-elle pas dans son lit ? demanda le roi, inquiet à son tour.

— Hélas ! Sire, vous avez donc été trompé comme les autres ?...

— Dame, que voulez-vous dire ? Au nom du ciel, expliquez-vous !...

— Sire, reprit Blanchefleur, celle que vous avez tenue jusqu'ici pour votre légitime épouse n'était autre qu'Aliste, la fille de cette abominable Margiste !... Toutes deux ont comploté la mort de ma chère Berthe... Et, si vous n'avez plus de femme, moi je n'ai plus de fille !...

Le roi Pépin n'y comprenait plus rien. Mais Blanchefleur insista tant, qu'il finit par comprendre, et, à son tour, il lui raconta ce qui était arrivé au lendemain de ses noces.

— O rare duplicité ! s'écria la reine de Hongrie. Berthe ressemblait à Aliste, mais comme le jour ressemble à la nuit, comme l'innocence ressemble à l'hypocrisie... Ah ! Sire, si vous n'en croyez pas ma douleur, vous en croirez peut-être l'évidence.. Faites venir devant vous Margiste et sa fille... Berthe avait un signe auquel il était facile de la reconnaître, puisque, dans son enfance, nous ne l'appelions que Berthe aux grands pieds, pour mieux la distinguer de sa sœur la duchesse, qui lui ressemblait de visage... Faites venir Aliste et sa mère, Sire, interrogez-les, afin de savoir ce qu'elles ont fait de ma bien-aimée Berthe.

Le roi n'osa pas avouer à Blanchefleur que Berthe avait été condamnée par lui-même à mourir. Il la réconforta du mieux qu'il put, et, sans perdre de temps, il alla dans la chambre voisine où s'était réfugiée Aliste. Quant à Margiste et à Tybert, il ordonna qu'ils fussent arrêtés sur l'heure.

Aliste pleura d'abord pour toute réponse aux questions pressantes du roi Pépin. Puis, comme il n'y avait plus moyen de nier, elle avoua tout.

— Vous mériteriez le bûcher, madame, lui dit sérieusement le roi. Mais, à cause de l'honneur que vous avez eu par votre accointance avec moi, je vous fais grâce de la vie... Ne m'en remerciez pas : ce n'est pas à cause de vous, c'est à cause de moi que je vous pardonne... Le lit royal est lieu d'asile comme une église : vous serez sauvée...

— Sauvée! murmura Aliste, qui ne s'attendait pas à tant de mansuétude.

— Mais, reprit Pépin, il ne faut plus que le monde entende parler de vous... Vous vous retirerez en l'abbaye de Montmartre, pour y passer vos jours dans la pénitence... On ne peut plus être que l'épouse de Dieu quand on a eu l'honneur d'être l'épouse d'un roi de France...

— Et ma mère, Sire? demanda Aliste, qui ne comprenait pas que seule elle pouvait être sauvée.

Le roi lui tourna le dos sans lui répondre, et alla s'assurer que ses ordres avaient été exécutés quant à l'infâme Margiste et au traître Tybert.

Tous deux firent les aveux les plus complets, en ayant soin d'ajouter, pour adoucir leur juge, que l'infortunée reine Berthe n'avait pas été mise à mort, mais qu'elle avait été seulement abandonnée dans la forêt du Maine.

— Et vous croyez, leur dit le roi Pépin avec colère, que les loups ont été moins cruels que vous?... Vous ne l'avez pas tuée, c'est vrai, du moins vous me le dites; mais les bêtes fauves de la forêt du Mans se sont chargées de votre besogne. Votre crime à tous deux mérite un loyer exemplaire... Tybert, vous serez pendu... Vous, Margiste, vous serez brûlée vive... Maintenant, arrangez-vous pour le reste avec Dieu !... J'ai dit.

La vieille Margiste fut, en effet, brûlée vive deux jours après, et Tybert fut branché proprement aux fourches patibulaires de Montfaucon.

Le même jour, la fausse reine Berthe entrait, pour n'en plus sortir, en l'abbaye de Montmartre, où elle transportait avec elle ses trésors, qui étaient considérables.

Il ne manquait plus à la satisfaction de la bonne reine de Hongrie que de retrouver son innocente fille. Malheureusement, ni les coupables ni personne autre n'avaient pu donner à cet égard aucun éclaircissement. Après avoir constaté l'inutilité de ses recherches, la dolente princesse repartit pour son royaume de Hongrie.

Il est inutile d'ajouter qu'elle n'emmena avec elle ni Rainfroy ni Heudriet. L'aversion qu'elle avait ressentie tout d'abord pour eux n'avait fait que croître par suite de ce qu'elle avait appris sur leur mère. Elle s'en retourna donc seule, dans une merveilleuse litière portée par deux riches palefrois que lui avait donnés le roi Pépin.

CHAPITRE XXVI

Comment, au bout de quelques années, le roi Pépin, étant à la chasse, rencontra une gente pucelle à laquelle il voulut conter fleurette, et ce qui en résulta.

Quelques années se passèrent ainsi.

Le roi Pépin, devenu veuf sans que sa femme fût morte, s'ennuyait grandement de ce veuvage, et il essayait de s'en distraire par tous les moyens possibles, par des tournois, par des carrousels, par des chasses, par maint et maint autre amusement.

Un jour, en parcourant ses provinces, il se trouva dans le pays du Maine. Comme il chassait dans une forêt giboyeuse, proche du Mans, il s'égara, et, après avoir cherché inutilement pendant toute la nuit à se remettre dans son chemin, il se trouva de grand matin à quelques pas d'un humble moustier où les gens du voisinage venaient faire leurs oraisons.

Tout à coup il avisa une gente demoiselle au maintien courtois, qui en sortait.

— Demoiselle, lui dit il en l'abordant, je suis un officier du roi Pépin, égaré dans ce pays... J'ai perdu la chasse et voudrais la retrouver... Mais, en attendant, je serais fort aise de me reposer... Ne connaissez-vous pas ici près l'endroit qui me conviendrait?...

Au nom du roi Pépin, la jeune femme avait tressailli et pâli. Puis, se remettant aussitôt, elle répondit :

— Seigneur, si vous voulez me suivre, je vous mènerai en la maison de mon oncle où vous trouverez le réconfort que vous souhaitez.

La voix de cette gente demoiselle était si douce qu'elle réjouit grandement le cœur du roi et qu'il se mit à regarder avec attention celle qui lui parlait ainsi avec cette grâce et cette débonnaireté.

C'était une belle grande fille d'environ vingt-six ans, dont la démarche avait une noblesse singulière, quoiqu'elle fût tempérée par une simplicité du meilleur goût. Elle ressemblait à un diamant de la plus belle eau grossièrement serti, c'est-à-dire que ses vêtements rustiques ne répondaient pas à la beauté merveilleuse de son visage.

Le roi fut joyeux de cette rencontre matinale, et comme, en sa qualité de prince, il se croyait autorisé à badiner avec ses sujettes, il pria la jeune forestière de monter avec lui sur son cheval, afin d'être plus tôt arrivé, disait-il, mais en réalité pour mieux s'en amuser.

Elle y consentit ingénûment et monta en croupe derrière le roi, qui profita de ce moment pour l'embrasser.

Lors, toute rougissante et presque indignée, la jeune femme supplia le roi d'arrêter son cheval et de lui permettre de descendre.

Pépin arrêta son cheval, dominé malgré lui par l'accent de cette jeune fille effarouchée, qui, dès lors, trottina sur l'herbe à ses côtés.

Bientôt, vaincu de plus en plus par l'attrait de cette merveilleuse beauté cachée sous de si pauvres habits, il mit lui-même pied à terre et s'en vint lui tenir compagnie, en conduisant son destrier par la bride. Il voulait rester sage et ne plus renouveler sa première tentative, si énergiquement repoussée ; mais le diable le tentait : il passa ses deux bras autour de la taille de sa compagne de route et voulut l'accoler. L'herbe était si verte et la forêt si épaisse ! Et puis les oiseaux et les oiselles chantaient de si douces chansons d'amour !

— Ah ! seigneur ! s'écria la jeune femme courroucée. Vous vous dites officier du roi Pépin, et vous osez méfaire ainsi une pauvre fille qui n'a que son honneur pour toute fortune !... Si le roi savait cela ?...

— Le roi ne le saura pas, ma belle enfant, et nous y gagnerons tous les deux : moi, un plaisir charmant, et vous tout l'or que vous souhaiterez, car je suis riche et je puis vous emmener à la cour où vous éclipserez les plus belles, comme le soleil éteint les étoiles !...

— Pas un mot de plus ! s'écria la jeune femme avec un geste d'une dignité souveraine. Vous frémiriez si vous saviez avec qui vous voulez prendre d'outrageantes privautés... Oui, vous frémiriez !... Respectez une princesse, fille et femme de rois !...

Ces paroles dites, Berthe, car c'était elle, eût bien voulu les reprendre... Mais comme cela n'était pas possible, elle chercha son salut dans la fuite.

CHAPITRE XXVII

Comment le roi Pépin, étant entré dans la maison de Simon, apprit que la jeune fille qu'il avait outragée par ses propos dans la forêt n'était autre que la reine Berthe, sa propre femme.

Le roi, interdit par ce qu'il venait d'entendre, resta d'abord immobile et coi, ne bougeant non plus qu'un terme. Puis, comme il avait à savoir ce que ces paroles étranges voulaient dire, sorties de la bouche d'une forestière, il remonta vitement à cheval et courut sur les traces de Berthe.

Mais il eut beau chercher, quêter partout, dans toutes les directions, il ne la revit pas. Seulement, plantée devant lui, ouverte et hospitalière, il avisa la maison de Simon, où il entra et où il fut reçu avec toute la courtoisie qu'on devine, non parce qu'il était officier de la maison du roi, mais parce qu'il était égaré et avait besoin de réconfort.

Pépin entra donc, tout troublé.

— Bonhomme, dit-il à Simon, j'ai rencontré tout à l'heure dans cette forêt une jeunesse que j'ai effarouchée sans le vouloir... Elle a les cheveux blonds comme les blés et le visage d'une merveilleuse beauté... Il est impossible que vous ne la connaissiez pas, car il est impossible qu'il y ait en ce pays deux créatures aussi belles...

— Nous la connaissons, en effet, répondit gravement Simon.

— Ah ! Et...

— C'est notre nièce.

— Votre nièce ?

— La propre fille de mon propre frère... N'est-ce pas Constance ?...

— C'est extraordinaire ! murmura le roi, devenu rêveur.

— Pourquoi cela, seigneur ?

— C'est que cette jeune femme ressemble, comme une goutte d'eau à une autre goutte d'eau, à la reine Berthe...

Constance jeta un cri.

— Berthe ? dit étourdiment Eglantine, c'est aussi le nom de notre bonne cousine !...

Le roi Pépin, que le cri de Constance et l'exclamation d'Eglantine venaient de mettre sur la voie, pressa tant et si bien de questions la famille Simon, qu'il n'eut pas de peine à tirer d'elle l'aveu du peu qu'elle savait sur le sort de Berthe. Cet aveu et les diverses circonstances de l'arrivée de cette princesse en cette hospitalière maison cadraient trop avec les dépositions de Tybert et des sergents qui avaient été chargés de la faire périr pour que le roi hésita plus longtemps.

— Ah ! mes amis, s'écria-t-il avec joie, ce jour est un jour béni, car j'ai enfin retrouvé ma fidèle compagne, la reine Berthe !...

— Quoi ! Sire... Vous seriez ?... balbutia Simon, ébahi.

— Mais, reprit Pépin inquiet, pourquoi ne revient-elle pas ?...

— Elle reviendra bientôt, Sire, n'ayez peur, répondit Simon. Vous avez effarouché cette blanche oiselle ; mais elle connait son nid et elle y reviendra, je vous le répète.

— Comment m'accueillera-t-elle ? murmura Pépin.

— Sire, dit Simon, savez-vous ce que je ferais à votre place ?

— Dites, bonhomme.

— Je me cacherais derrière cette courtine, et j'écouterais.

— C'est une bonne idée et je la veux suivre, répondit le roi.

Deux minutes après, Berthe entrait, le cœur encore battant de l'émotion qu'elle avait éprouvée une heure auparavant.

CHAPITRE XXVIII

Comment le roi Pépin, caché derrière une draperie, entendit, de la bouche même de la reine Berthe, l'aveu qu'il lui tardait tant de connaître, et comment il quitta le logis du bon Simon, en promettant de revenir bientôt.

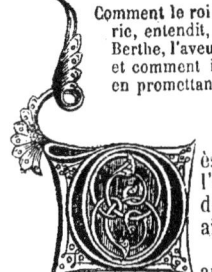

Dès lors, Simon alla vers elle, l'embrassa tendrement et lui demanda pourquoi elle était ainsi émue.

Sa femme Constance en fit autant.

— N'avez-vous pas vu céans, répondit-elle, quelque officier de monseigneur Pépin, qui me causa tant d'ennui comme je sortais du moustier?...

— Il est venu, en effet, et reparti.

— Ah! Dieu et la Vierge en soient loués!

— Savez-vous, Berthe, ce qu'il nous a appris?...

— Non, répondit la reine en rougissant.

— Il nous a dit que vous étiez, ou deviez être la reine Berthe, femme de monseigneur le roi Pépin, ce dont nous avons eu grande joie, et lui aussi...

Berthe, sans répondre, baissa la tête.

— Par le corps de saint Remy, reprit Simon, je vous supplie, Berthe, de nous dire si cet homme a menti et si vous êtes ou n'êtes pas celle qu'il a annoncée?... Etes-vous bien vraiment la femme du puissant roi Pépin?

— Belle, dit à son tour Constance, je vous supplie de nous dire la vérité.

— Eh bien! répondit Berthe en rougissant jusqu'aux oreilles, je suis en effet la femme du roi Pépin-le-Hardi, et la fille du roi Flores et de la reine Blanchefleur...

— Nous nous en étions toujours douté, s'écria Simon tout joyeux de cette découverte. Ah! dame, ajouta-t-il en s'inclinant respectueusement, pourquoi ne nous avoir point prévenus plus tôt?...

— Mes bons amis, répondit doucement Berthe-la-Débonnaire, il y avait danger à le faire, non pour moi seulement, mais pour vous... Car si je suis vraiment la fille du roi Flores et de la reine Blanchefleur, il y a une mauvaise femme qui s'est fait passer pour moi aux yeux du roi Pépin, et, à cause de cela, j'ai dû fuir pour échapper à une mort ignominieuse...

— Ah! noble dame, reprit Simon, vous aviez donc compté sans la Providence?...

— La Providence? Elle ne m'a pas fait faute, puisque j'ai eu le bonheur de vous rencontrer...

— Vous nous payez trop généreusement le peu que nous avons fait pour vous, dame Berthe... Mais nous avons autre chose à vous apprendre...

— Et quoi donc, mon bon oncle?

— La fausse reine Berthe a été justement punie... Sa mère Margiste a été brûlée vive, et le traître Tybert a été pendu haut et court...

— D'où tenez-vous ces nouvelles?

— De l'officier du roi qui vous a rencontrée...

— Il est parti? demanda vivement la reine Berthe.

— Il est reparti, mais pour revenir bientôt vous demander pardon de la frayeur qu'il vous a si mal à propos causée...

Berthe devint toute mélancolique et rentra dans sa chambre pour songer à son aise.

Le roi Pépin, qui n'avait pas perdu un seul mot de son discours, sortit de dessous la courtine où il s'était tenu celé, et mit un doigt sur sa bouche pour recommander le silence à ses hôtes.

— Je reviendrai bientôt, leur dit-il; veillez sur elle comme sur un trésor.

Et il s'éloigna à la hâte, de peur d'être surpris par Berthe-la-Débonnaire.

CHAPITRE XXIX

Comment la reine Blanchefleur, mandée par un messager du roi Pépin, accourut avec son vieil époux pour embrasser sa Berthe bien-aimée, et comment ils allèrent tous la trouver dans la maison du bonhomme Simon.

On le devine, le premier soin du roi Pépin, en regagnant sa compagnie, fut d'envoyer un messager en Hongrie, à la bonne reine Blanchefleur, pour lui mander les heureuses nouvelles qu'il avait apprises et pour la prier de venir embrasser sa fille bien-aimée.

Le messager partit et arriva sans encombre à Strigon.

Quand la reine de Hongrie eut entendu son récit, elle voulut partir incontinent.

Le bon roi Flores, tout chenu qu'il était, voulut l'accompagner, car il lui tardait autant qu'à elle d'embrasser cette Berthe tant aimée qu'ils avaient crue perdue et qu'ils avaient pleurée morte.

— Je ne m'arrêterai pas, dit la bonne reine, tremblante de joie, avant que je n'aie baisé la bouche de ma chère Berthain! Quand je l'aurai vue et embrassée, il sera temps de me reposer et de mourir!...

Elle et le roi Flores partirent donc avec une compagnie nombreuse, et chevauchèrent à grandes journées, sans s'arrêter plus qu'il ne le fallait, jusqu'au moment où ils arrivèrent à Paris.

Le roi Pépin les reçut à merveille l'un et l'autre, comme bien on pense. Mais cet accueil n'était pas ce que venait chercher la reine Blanchefleur.

— Roi Pépin, dit-elle, hâtons-nous d'aller là où

est notre Berthe tant aimée! Par Jésus-Christ! allons sans plus tarder!...

— Dame, répondit le roi, nous y serons avant trois jours, je vous le promets.

— Partons tout de suite, Sire, je vous en conjure!...

Le dîner était servi. Mais la bonne reine de Hongrie n'y prit point garde. Elle ne mangea ni ne but. Son cœur et son esprit étaient là où était sa fille!

On dut obéir à cette tant légitime impatience de la reine Blanchefleur. On se mit en route et on arriva bientôt au logis de l'honnête Simon.

— Où est Berthe? demanda Blanchefleur en entrant dans cette loyale maison.

— Dame, répondit Simon, daignez venir avec moi, je vais vous conduire vers elle.

Et il les mena dans une chambre où était assise la reine Berthe, en train de filer.

— Berthe! s'écria Blanchefleur en se jetant sur sa fille et en l'attirant avec une tendresse folle dans son giron.

— Ma mère! murmura Berthe, quasi pâmée de joie.

Puis elle s'arracha des bras de la reine de Hongrie pour se précipiter dans ceux du vénérable roi Flores, son père, qui tremblait d'aise en la contemplant.

— O Dieu puissant! murmura ce vieil homme, toi qui fis le ciel et la rosée, soit béni pour l'heure ineffable que tu me donnes!...

— Douce amie, dit à son tour Pépin, je suis le roi Pépin, votre époux. Me pardonnez-vous?...

— Ah! Dieu soit loué et remercié! répondit Berthe, heureuse enfin.

Jamais il n'y avait eu si grande et si bruyante joie chez le bonhomme Simon, l'auteur premier de cette félicité générale.

Lors, Pépin appela son chambellan Thierry, Gautier son sénéchal et un sien sergent, nommé Henriet, auxquels il dit:

— Allez vitement au Mans annoncer au duc Naymès que j'ai retrouvé ma dame Berthe, ma femme, et que j'entends qu'il vienne la chercher céans en grande pompe...

Comme Blanchefleur accolait et baisait sa Berthe adorée, elle lui dit, en lui amenant la bonne Constance, ainsi qu'Isabeau et Eglantine :

— Mère, voici la douce dame qui m'a nourrie... Voici les douces sœurs qui m'ont aimée... Sans elles, je serais mort de faim, de froid et de douleur!... Après vous, ma mère, c'est à elles que je dois la vie!...

La bonne reine Blanchefleur embrassa Constance, Eglantine et Isabeau, qui étaient toutes confuses de tant d'honneur.

CHAPITRE XXX

Comment le roi Pépin arma chevalier le bonhomme Simon, et comment il passa la nuit qui suivit avec la reine Berthe, sa femme.

La maison du bon Simon n'étant pas assez grande pour contenir tout ce monde, on dressa tentes et pavillons tout à l'entour, dans la forêt, et chacun mena bruyante joie en l'honneur de madame Berthe et de madame Blanchefleur, sa mère.

Le même jour, Pépin appela Simon et lui dit :

— Simon, vous et Constance, je vous tiens pour chers et bien-aimés, car vous avez gardé ma femme Berthe de mal encombre. On ne récompense pas de pareils services : c'est Dieu qui s'en charge... Tout ce je puis faire, moi, votre roi, c'est de vous armer chevalier et de vous prier de ne plus nous quitter, ainsi que Constance, votre femme, et Isabeau et Eglantine, vos deux filles, que nous marierons comme il convient que le soient deux pucelles si gentes et si sages.

— J'accepte volontiers, Sire, répondit Simon, au nom de ma femme, de mes filles et de moi.

Et il se baissait pour embrasser les pieds du roi, en signe de reconnaissance. Mais Pépin le releva en lui disant :

— C'est dans mes bras qu'est votre place, bon Simon!...

Et ils s'embrassèrent tous deux du meilleur cœur.

La nuit qui suivit cette journée-là, le roi Pépin la passa avec sa chère femme Berthe-la-Débonnaire, qui, neuf mois après, accoucha du grand roi Charlemagne.

FIN DE BERTHE AUX GRANDS PIEDS.

A PROPOS

DU ROMAN DE

BERTHE AUX GRANDS PIEDS

Le Petit Poucet marquait son chemin de cailloux, blancs et roses, pour le mieux reconnaître. Toutes les étapes de notre prime-jeunesse ont été ainsi marquées, et à cause de cela, nous les reconnaîtrons toujours.

Ces cailloux, ce sont ces romans que nous persistons à rééditer pour l'amusement de ces grands enfants qui s'appellent des hommes. Nous vous avons déjà entretenus des autres : aujourd'hui, voici qu'il s'agit de cette bonne *reine Pédauque*, — si populaire dans toute la France.

« Du temps que Berthe filait, »

disons-nous et chantons-nous quand nous voulons parler d'un temps évanoui, d'un temps regretté.

Cette Berthe, — ce modèle des filles, des femmes et des reines, — c'est la *Berthe-aux-Grands-Pieds* du ménestrel Adenès, dont nous donnons ici la traduction en prose vulgaire.

Ne croyez pas que ce soit là une reine pour rire, la fille de l'imagination d'un poëte ? Non, bien au contraire, car cette Berthe-là a eu l'honneur d'être la mère du grand Charlemagne, — ainsi que le rapportent des historiens sérieux, et ainsi que le constatait cette inscription mise sur son tombeau :

« *Berta Mater Caroli Magni.* »

A ce titre — et aux autres mentionnés plus haut — ne devait-elle pas avoir sa mémoire sauvée de l'oubli, cette honnête et douce princesse « qui filait » comme la dernière femme de son royaume, montrant ainsi éloquemment que les vertus sont de tous les états et à tous les échelons de l'échelle sociale ?

Peut-être que ceux de nos lecteurs qui nous ont accompagné jusqu'ici, et qui ont lu, par conséquent, tous les romans que nous avons publiés, trouveront une certaine parenté de situation entre celui-ci et deux autres, qui sont *Artus de Bretagne* et *la Reine Geniève*.

Nos lecteurs auront raison. Il y a, en effet, analogie frappante, — dans une situation seulement. Nous voulons parler de la substitution d'une femme à une autre dans le lit nuptial, qui forme un épisode unique dans *Artus* et dans *la reine Genièvre*, et qui est la fable même de *Berthe-aux-Grands-Pieds*.

Mais, outre que nous n'y pouvions rien, — à moins de ne donner qu'un de ces romans au lieu de les donner tous trois, — nous ne voyons pas en quoi cette parenté offusque quelqu'un ou quelque chose. Dans *Artus de Bretagne*, cela arrive au commencement ; dans *la reine Genièvre*, cela arrive à la fin ; mais, encore une fois, cela forme un épisode unique, si bien qu'on peut l'oublier pour ne s'occuper que des autres — qui ne sont pas moins intéressants.

Tandis que dans *Li Romans de Berte aus grans piés*, c'est tout le roman que cet épisode. Otez la substitution de la fille de Margiste à la fille de la reine de Hongrie, et il n'y a plus rien. Il ne reste plus, à ceux qui veulent savoir quelque chose sur la mère de Charlemagne, d'autre ressource que de lire Eginhard. Eginhard écrit bien, certes, mais le poëte Adenès écrit mieux.

Nous avons donc eu recours au poëme de ce ménestrel, lequel a été publié, pour la première fois, en 1832, par M. Paulin-Pâris, — avec une imitation de la miniature représentant Pépin tuant le lion.

Adenès lui-même avait eu recours à quelque manuscrit latin, ainsi qu'il appert par les vers suivants, placés en tête de son poëme :

> « A l'issue d'avril, un temps dous et joli,
> Que erbelete poignent et pré sont raverdi
> Et arbrissel désirent qu'il fussent parfleuri,
> Tout droit en ce termine que je ici vous di,
> A Paris la cité estoie un venredi.
> Pour ce qu'il ert divenres, en mon cœur m'assenti
> Qu'à Saint Denis iroie pour prier Dieu merci.
> A un moine courtois qu'on nommoit Savari
> M'acointai telement, Dame-dieu en graci,
> Que le livre as ystoires me montra, où je vi
> L'ystoire de Bertain et de Pépin aussi ;
> Comment, n'en quel manière le lyon assailli.
>
> Apprentif jugléor et escrivain mari
> Qui l'ont de lieus en lieus çà et là conqueilli,
> Ont l'ystoire faussée, onques mès ne vi si.
> Iluecques demorai delors jusque mardi ;
> Tant que la vraie ystoire emportai avec mi,
> Si come Berte fu en la forest par li,
> Où mainte grosse paine endura et soufri.
> L'ystoire est si rimée, parfoy le vous pléri,
> Que li mésentendant en seront esbaubi,
> Et li bien entendant en seront esjoï. »

Si Adenès avait écrit en français du xixe siècle, au lieu d'écrire en français du xiiie, nous n'aurions pas eu l'audace de le traduire à l'usage des lecteurs de la BIBLIOTHÈQUE BLEUE. Malheureusement, ses vers charmants ne sont pas intelligibles pour tout le monde. Leur lecture serait un travail au lieu d'être un plaisir. Un poëme qu'on ne peut comprendre qu'en s'aidant du Glossaire de Roquefort n'est pas un poëme, — c'est un *pensum*.

ALFRED DELVAU.

AUCASSIN ET NICOLETTE

CONTE DU XIIIe SIÈCLE

Traduit sur un Manuscrit de la Bibliothèque Impériale

Par ALFRED DELVAU

Qui vent entendre aujourd'hui (1)
Le vieux récit des amours,
Fraîches et jeunes toujours,
De deux beaux et chers enfants,
Aucassin et Nicolette,
Rossignolet et fauvette ?
Nous allons chanter ici
Les misères qu'il souffrit
Et les prouesses qu'il fit
Pour sa mie au clair visage.
Il n'est homme si chagrin,
Si marmiteux, si malade,
Qui ne soit regaillardi
Par cette histoire amoureuse
Tant douce elle est.

Ici l'on dit, l'on conte et l'on fabloie.

Le comte Bougars de Valence faisait une si rude et si âpre guerre au comte Garin de Beaucaire, qu'il ne se passait pas un seul jour nébuleux (2) sans qu'il en profitât pour se porter aux murs et aux barrières de la ville, avec cent chevaliers et dix mille serviteurs (3) à pied et à cheval, lesquels brûlaient les maisons, gâtaient les moissons et massacraient le plus d'habitants qu'ils pouvaient.

Le comte Garin de Beaucaire, qui était vieux et cassé (1) et qui avait trespassé son temps de beaucoup, n'avait nul héritier, nul fils, nulle fille, fors un seul jouvenceau qui avait nom Aucassin.

Aucassin était bel et gent, grand et bien taillé de jambes et de pieds, de corps et de bras. Il avait les cheveux blonds et crespelés menus, les yeux vairets (2) et riants, le nez haut et bien assis, la face claire et attrayante (3), et il était doué de nombreuses qualités, parmi lesquelles il eût été difficile d'en rencontrer une mauvaise. Mais il était si bien pris par l'amour, ce grand vainqueur, qu'il se refusait à s'occuper d'autre chose, comme, par exemple, à être chevalier, à prendre les armes, à assister aux tournois, à faire enfin aucune des choses qu'il dût faire.

Son père, que cela chagrinait, lui dit un matin :

— Fils, prends tes armes, monte à cheval, défends ta terre, aide tes hommes. Quand ils te verront au milieu d'eux, cela leur donnera plus de courage au ventre, ils en défendront mieux et leurs corps et leur avoir, et ta terre et la mienne (4).

---

(1) Sur le manuscrit, la musique de ces vers est notée. C'est, bien entendu, du plain-chant sur la clef d'ut, — parce que cela se chantait autrefois comme la séquence se chante encore à l'église entre l'épître et l'évangile. Le trouvère commençait, à voix haute et sonore, et le chœur suivait, avec accompagnement d'instruments de toute sorte, jusqu'au dernier vers, qui ne rimait pas avec les précédents, afin de servir de réplique au déclamateur chargé de la prose. C'était une mélopée comme une autre, n'est-ce pas ?
(2) « *Un seux jors mornes.* »
(3) « Sergens; » de *serviens*, *servientes*. Lacurne de Sainte-Palaye trouve plus court de traduire par « sergents. »

(1) « *Vix et frales;* » de *fragilis*, frêle, faible, cassé.
(2) « *Vairs;* » qui imite le *vair*, argent et azur.
(3) Lacurne Sainte-Palaye passe ces détails charmants. Il est vrai que ce n'est rien auprès de ce qu'il supprimera tout à l'heure !
(4) L. de Sainte-Palaye met : « ils défendront mieux leurs biens, leurs terres et leurs murailles. » Or, il y a : « lor cors et lor avoirs et te terre et le miue. » *Te*, *tuus*, — *ti*, *tui*. *Miue*, *mive*, mienne; de *mea*.

— Père, répondit Aucassin, de quoi me parlez-vous là ?... Que Dieu ne me donne jamais rien de ce que je lui demanderai, si je monte à cheval, si je vais à tournoi ou à bataille avant que vous ne m'ayez donné vous-même Nicolette, ma douce amie que j'aime tant.

— Fils, reprit le père, cela ne peut être. Il ne faut plus songer à cette captive, amenée d'étranger pays par les Sarrasins et achetée par le vicomte de cette ville. Il l'a élevée, baptisée et faite sa filleule. Il la donnera un de ces jours à quelque brave gars qui lui gagnera du pain par honneur. De cela, toi, tu n'as que faire, et quand tu voudras prendre femme, je te donnerai la fille d'un roi, ou tout au moins celle d'un comte. Il n'y a si riche homme en France dont tu ne pusses avoir la fille, si tu la souhaitais.

— Hélas ! (1) père, dit Aucassin, il n'est au monde si belle seigneurie qui ne fût convenablement occupée, si Nicolette, ma très-douce amie, la possédait !... Elle serait impératrice de Constantinople ou d'Allemagne, reine de France ou d'Angleterre, qu'elle ne pourrait pas être plus courtoise et plus débonnaire, avec de meilleures habitudes et de plus grandes vertus.

Ici l'on chante.

Aucassin n'a pas de cesse
Que son père ne lui laisse
Nicolette la bien faite.
Lors, sa mère le menace :
— Ah! faible, que veux-tu faire !
— Nicolette est cointe et gaie...
— Nicolette est une esclave !...
— Puisque femme (2) tu veux prendre,
Prends femme de haut lignage...
— Mère, je ne puis le faire...
Nicolette est débonnaire (3) ;
Son corps gent, son clair visage (4)
Sont les maîtres de mon cœur,
Il faut que son amour j'aie,
Car trop est douce !

Ici l'on dit, l'on conte et l'on fabloie.

Quand le comte Garin de Beaucaire vit qu'il ne pourrait déloger Nicolette du cœur d'Aucassin, il alla trouver le vicomte de la ville, son vassal, et il lui dit :

— Sire vicomte, il faut au plus tôt nous débarrasser de Nicolette, votre filleule... Maudit soit le pays d'où elle a été amenée, car c'est à cause d'elle que je perds Aucassin, qui ne veut pas être chevalier et se refuse à faire ce qu'il doit faire !... Sachez que lorsque je la pourrai tenir, je la ferai brûler, et vous-même avec elle !...

— Sire, fit le vicomte, je suis bien marri de ce qui arrive, mais je n'en suis pas fautif au point d'exciter personnellement votre courroux. J'ai acheté Nicolette de mes deniers ; je l'ai élevée, baptisée et faite ma filleule. Je voulais la donner à femme à un jeune gars qui se fût fait orgueil de lui gagner du pain, ce que n'eût pas su faire Aucassin, votre fils. Mais puisque votre volonté et votre plaisir sont autres, je vais envoyer cette fillette en telle terre et en tel pays, que jamais Aucassin ne la pourra rencontrer de ses yeux.

— Gardez-vous-en bien ! s'écria le comte Garin, car il vous en adviendrait de grands maux.

Là-dessus, ils se quittèrent.

Le vicomte avait un riche palais clos de murailles élevées et bordé de jardins épais. Il fit mettre Nicolette dans une des chambres de ce palais, au plus inaccessible étage, avec une vieille pour toute compagne, et aussi avec une provision suffisante de pain, de viande, de vin, et généralement de tout ce dont il pouvait être métier. Puis il fit céler la porte, afin que nul n'y pût entrer, et ne laissa d'autre ouverture que celle de la fenêtre, laquelle était très-étroite et prenait vue sur le jardin.

Ici l'on chante.

Nicole est en prison mise
Dans une chambre voûtée
Faite par grande industrie,
Et merveilleusement peinte.
A la fenêtre de marbre
S'appuya la jeune fille (1) ;
Blonde était sa chevelure (2),
Bien faits étaient ses sourcils,
Face claire et attrayante (3) ;
Jamais plus belle ne fut !
Son regard, dans le jardin,
Vit la rose épanouie,
Et les oiseaux qui jouaient...
Lors, se plaignit l'orpheline :
« Las ! Pourquoi suis-je captive ?
Pourquoi suis-je en prison mise ?
Aucassin, damoiseau sire (4),
Depuis un long temps déjà
Je suis votre douce amie,
C'est pour vous que l'on m'a mise
En cette chambre voûtée (5)
Où passe ma triste vie ;
Mais, par Dieu, fils de Marie,
Longuement n'y resterai
Si je le puis faire (6). »

---

(1) « Avoi. » Hélas ! — Plus loin, nous trouverons une exclamation de ce genre : « Aimi. » C'est le *Hoime* des Italiens.

(2) « Puis qu'à moullié te vix traire. »
« Moullié, » « mouillié, » « mouillier ; » autant de formes diverses d'un seul mot : *mulier*.

(3) « Débonnaire, » — douce, bonne, — de *bonus*. C'est un qualificatif fréquemment employé, et avec raison, dans ce vieux roman. La bonté est, en effet, l'*excelsior* de la beauté humaine.

(4) « Viaire ; » visage. On dit aussi, et même plus fréquemment, *vis*.

(1) « Là s'apoia la mescine. »
L. de Sainte-Palaye traduit « mescine » par *mesquine*. C'est très-commode ; mais peut-être n'est-ce pas suffisant. « Mescine » signifie jeune fille. On dit aussi *mescinete*.

(2) « Ele avoit blonde la crigne, »
que L. de Sainte-Palaye traduit par
« Chevelure blonde et poupine. »
Pourquoi *poupine* ?

(3) « La face clere et traitice, »
que L. de Sainte-Palaye traduit par ;
« .....La rose au matin
N'était si fraîche que son teint. »
Pourquoi tant de mots ? « *Traitice*, » douce, jolie, attrayante.

(4) « *Aucassins, damoisiax sire.* » C'est le titre qu'on donnait au fils héritier d'un seigneur.

(5) On n'avait pas mis Nicolette dans une chambre spéciale. Celle-ci était voûtée — parce qu'on n'en faisait pas d'autres à cette époque, qui est celle du style ogival.

(6) « Mais par Diu le fix Marie,

Ici l'on dit, l'on conte et l'on fabloie.

Nicolette fut donc mise en prison, ainsi que vous venez de l'entendre, et bientôt le bruit (1) courut dans le pays qu'elle était perdue. Les uns disaient qu'elle s'était enfuie ; les autres, que le comte Garin de Beaucaire l'avait fait mourir.

Tout désolé de la joie que cette nouvelle semblait causer à quelques-uns, Aucassin alla trouver le vicomte de la ville.

— Sire vicomte, lui demanda-t-il, qu'avez-vous fait de Nicolette, ma très-douce amie, la chose que j'aimais le mieux et le plus au monde (2) ? Vous me l'avez enlevée !... Sachez, vicomte, que si j'en meurs, la faute en retombera sur vous... Pour le sûr, ce sera vous qui m'aurez arraché la vie en m'arrachant ma tant aimée Nicolette...

— Beau sire, répondit le vicomte, laissez là cette Nicolette indigne de vous, cette esclave que j'ai achetée de mes deniers et qui est destinée à servir de femme à un jeune gars de sa condition, à un gagneur de pain, et non à un gentilhomme comme vous, qui ne pouvez prendre à femme qu'une fille de roi, ou tout au moins qu'une fille de comte !... Que croiriez-vous donc avoir gagné si vous aviez fait une dame de cette chétive créature et l'aviez mise en votre lit ?... Vous seriez là bien avancé, certes, bien avancé, car vous auriez tous les jours votre âme en Enfer, et jamais vous n'entreriez en Paradis...

— En Paradis ?... répéta Aucassin avec colère. Eh ! qu'ai-je donc à y faire ?... Je n'ai que faire d'y aller si je n'y vais avec Nicolette, ma très-douce amie que j'aime tant !... En Paradis ! Savez-vous donc quels sont ceux qui y vont, pour m'en parler ainsi comme d'un lieu où je doive songer à aller ? Ce sont les vieux prêtres, les vieux boiteux, les vieux manchots, les vieux borgnes, qui crachent jour et nuit devant les autels, malingres, souffreteux, grelottants, à moitié nus, à moitié nourris, morts par anticipation ! Voilà ceux qui vont en Paradis, et ce sont là de trop marmiteux compagnons pour que je songe à aller en Paradis avec eux (3)...

— Cessez, dit le vicomte. Tout ce que vous pourrez dire et rien ce sera exactement la même chose : jamais vous ne reverrez Nicolette... Ce que nous pourrons y gagner, vous et moi, si vous continuez à réclamer ainsi, n'a rien qui doive nous tenter... Nous serions brûlés par l'ordre de votre père, Nicolette, vous, et moi par-dessus le marché...

— Je suis au désespoir ! murmura Aucassin en prenant congé du vicomte, non moins fâché que lui.

Longement n'i serai mie
Se jel' puis far. »

Que Sainte-Palaye traduit par :

« Sans que jamais mon cœur varie,
Car toujours serai-je sa mie. »

(1) « Li cris et le noise. »
(2) « Le riens en tot le mont que je plus amoie. » Riens venant de *res*.
(3) Cette sortie d'Aucassin est certes un peu vive, mais c'est la passion qui le fait blasphémer et, à ce titre, il est excusable. Jean-Baptiste de Lacurne de Sainte-Palaye, qui, en sa qualité d'académicien, ne comprenait pas la passion, a cru devoir remplacer ce passage par quelques points suspensifs.

Ici l'on chante.

Lors, Aucassin s'en retourne,
L'âme de douleur navrée
Par l'absence de sa mie,
De sa mie au clair visage
Qu'il ne pouvait retrouver.
Rien ne le peut conforter.
Il s'en va vers le palais
Dont il franchit les degrés,
Puis il entre en une chambre
Où ses yeux fondent en eau.
— Ah ! dit-il, ma Nicolette,
De si belle contenance (1)
Si belle en tout et partout,
A parler comme à se taire,
A rire comme à bouder,
A jouer comme à baiser,
Ah ! ma Nicolette aimée,
Où donc êtes-vous, ma mie,
Quand je suis près de mourir
Du chagrin que j'ai par vous,
Ma douce amie (2) ?...

Ici l'on dit, l'on conte et l'on fabloie.

Pendant qu'Aucassin se lamentait ainsi dans sa chambre, regrettant âprement Nicolette sa mie, le comte Bougars de Valence menait sa guerre contre le comte Garin de Beaucaire.

Il avait mandé ses hommes de pied et de cheval pour assaillir le château, dont les défenseurs s'étaient aussitôt armés pour lui répondre, courant aux portes et murs par où ils supposaient que les assiégeants pouvaient attaquer. Les bourgeois imitèrent les chevaliers et les sergents : ils montèrent aux créneaux, d'où ils lancèrent à foison javelots et pieux aigus (3).

Au plus fort de l'assaut, le comte Garin de Beaucaire s'en vint en la chambre où Aucassin faisait deuil, regrettant sa douce et tant aimée Nicolette :

— Ah ! fils, lui dit-il, que fais-tu donc là pendant qu'on assiège ton château, le meilleur et le plus fort qui soit ?... Sache que si tu le perds, tu es déshérité de tout (4)... Fils, prends tes armes, monte à cheval, défends ta terre, et mène tes hommes au combat !... Il suffira qu'ils te voient au milieu d'eux pour qu'ils défendent vaillamment leur avoir et leurs corps, ta terre et la mienne... Tu es grand et fort : il est de ton devoir d'agir ainsi...

— Père, répondit Aucassin, de quoi me parlez-vous là ?... Que Dieu me refuse tout ce que je pourrai jamais lui demander, si je consens à être chevalier, à monter à cheval et à combattre avant que vous ne m'ayez donné Nicolette, ma tant douce amie !...

(1) « *Biax esters,* » belle contenance.
(2) Je demande la permission de citer ce couplet dont on ne peut donner, quoi qu'on fasse, qu'une pâle traduction :

« Nicolete biax esters,
Biax venir et biax alers,
Biax déduis et dous parlers,
Biax borders et biax jouers,
Biax baisiers, biax acolers,
Por vos sui si adolés
Et si malement menés,
Que je n'en cuit vis aler,
Suer douce amie. »

(3) « *Quariax et peus aguisiés.* »
(4) « *Et saces se tu le pers, que tu es desiretés.* »

— Fils, reprit le père, cela ne peut être... Je consentirais plutôt à être dépouillé de mon bien, à perdre tout ce que j'ai, qu'à te la donner pour femme et pour épouse (1).

Là-dessus, le comte Garin de Beaucaire s'en alla. Mais Aucassin, le rappelant, lui dit :

— Père, venez, je vous prie, j'ai une condition à vous proposer.

— Laquelle, beau fils ?

— Voici : je prendrai les armes, je monterai à cheval, j'irai au combat, et je ferai vaillamment mon devoir, à la condition que si Dieu me ramène sain et sauf, vous me laisserez voir et embrasser ma douce amie Nicolette?... Le temps de lui dire deux ou trois paroles et de la baiser une seule fois (2) ?

— Je l'octroie volontiers, dit le père en s'en allant.

Ici l'on chante.

A cause de ce baiser
Qui l'attend au retourner,
Aucassin est plus heureux
Qu'un autre avec beaucoup d'or.
Belles armures d'acier
Lui sont bientôt apportées ;
Il met un double haubert,
Lace son heaume en son chef,
Ceint l'épée et prend l'écu,
Monte sur son destrier,
Et, regardant à ses pieds,
Voit qu'il est fait à merveille.
De sa mie il se souvient,
Eperonne son cheval,
Et, droit devant lui, s'en va
A la bataille.

Ici l'on dit, l'on conte et l'on fabloie.

Aucassin fut donc armé, ainsi que vous venez de l'entendre.

Dieu! comme l'écu lui allait bien au cou, le heaume à la tête, et l'épée sur la hanche gauche (3) !

Le jeune homme était grand, fort, bel et bien fourni, et son cheval était rapide : il fut bientôt à la porte du château.

N'allez pas croire qu'il songea le moins du monde à prendre bœufs, vaches ou chèvres, ni à porter coups mortels aux chevaliers et autres gens d'armes du comte Bougars de Valence! Oh ! que nenni! Il avait bien autre chose en tête et en cœur, car il songeait à Nicolette, sa douce amie ! A ce point qu'il oublia de tenir les rênes, et que son cheval, qui avait d'abord senti les éperons, et qui ne pouvait obéir qu'à cela, l'emporta en pleine mêlée, au beau milieu de ses ennemis.

Ces derniers, joyeux de l'aubaine, l'entourèrent, s'emparèrent de sa lance et de son écu, et l'emmenèrent prisonnier en se demandant de quelle mort ils allaient le faire mourir.

— Ah ! Dieu, murmura Aucassin en entendant cela, ce sont là mes ennemis mortels qui m'emmènent pour me couper la tête... Mais quand j'aurai la tête coupée, je ne pourrai plus jamais parler à Nicolette, ma tant douce amie (1)!

Puis il ajouta, à part soi :

— J'ai encore ma bonne épée... Je suis monté sur un vigoureux cheval... S'il ne me sauve pas de la mêlée, c'est qu'il ne m'a jamais aimé, et, alors, que jamais Dieu ne l'aide !...

Lors, mettant l'épée à la main et piquant de l'éperon les flancs de son destrier, il frappa à droite et à gauche, d'estoc et de taille, abattant à chaque coup têtes et bras, et fit autour de lui la place vide et sanglante comme fait le sanglier assailli par les chiens au coin d'une forêt (2). Dix chevaliers furent ainsi décousus; sept autres furent blessés. Alors, il se retira incontinent de la mêlée, au galop de son cheval, et toujours l'épée à la main.

Le comte Bougars de Valence, qui avait entendu dire qu'on avait pris Aucassin son ennemi, et qu'on l'allait pendre, accourait précisément de ce côté. Aucassin, le reconnaissant, lui donna un rude coup d'épée en plein heaume, si bien qu'il lui en entama la tête, et qu'il l'en fit choir à terre tout étonné (3). Le comte une fois abattu, le jouvenceau lui tendit la main pour qu'il se relevât, et, lorsqu'il se fut relevé, il le prit par le nazel du heaume et le conduisit sans plus tarder vers son père, le comte Garin de Beaucaire, à qui il dit :

— Père, voici votre ennemi qui tant a guerroyé contre vous et tant vous a causé dommage. Voilà vingt (4) ans que dure cette guerre qu'il vous faisait, sans que personne jusqu'ici ait pu la mener à bonne fin. J'espère qu'elle sera terminée dès aujourd'hui.

— Beau fils, répondit le vieux comte, ce sont là des tours de jeunesse qui valent mieux que vos folles amours.

— Père, reprit Aucassin, ne m'allez pas sermonner, je vous prie... Songez plutôt à tenir la parole que vous m'avez donnée...

— Ah ! quelle parole, beau fils ?

— Quoi ! père, l'auriez-vous déjà oubliée? Par mon chef! l'oublie qui voudra, mais moi je veux m'en souvenir!... Comment, père, vous ne vous rappelez pas que lorsque je consentis à partir en guerre pour combattre les gens du comte Bougars, ce fut à la condition que, si Dieu me ramenait sain et sauf, je pourrais voir Nicolette, ma tant douce

---

(1) « *Fix, ce ne puet estre : ançois sofferoie-je que je feusse tout desiretés, et que je perdisse quanques g'ai, que tu ja l'euses a mollier ni a espouse.* » Décidément, les pères ont été les mêmes à toutes les époques!

(2) « *Vos me lairés Nicolete ma douce amie tant veir que j'aie deus paroles ou trois à li parlées et que je l'aie une seule fois baisié.* » Les fils aussi seront éternellement les mêmes, et toujours les Esaü vendront leur droit d'aînesse pour un plat de lentilles.

(3) « *Dix! con li sist li escus au col, et li hiaumes à cief, et li renge de s'espée sor le senestre hance!* » On ne connaît pas l'auteur de ce charmant petit conte, — ce qui permet de croire que c'est une Clotilde de Surville quelconque. Une femme seule, en effet, peut s'extasier ainsi sur la prestance d'un militaire.

(1) « *Puis que j'arai la teste caupée, jamais ne parlerai à Nicolete me douce amie que je tant aime.* »

(2) « *Et vas seus et puins et bras et fait un caple entor lui autresi con li senglers quant li cien l'asalent en li forest.* » La phrase fait image, belle et énergique image.

(3) Il y avait de quoi, avouons-le !

(4) Le manuscrit dit vingt : « *vingt ans a ja duré ceste gerre;* » mais La Curne de Sainte-Palaye, académicien, dit « dix, » — probablement en ressouvenir de la guerre de Troie. Ces académiciens ne sortent pas de là !

amie, lui dire deux ou trois paroles et la baiser une seule fois?... Ainsi m'avez-vous promis, mon père : ainsi me devez-vous tenir...

— J'entends, répondit le comte, mais je ne comprends pas. Il est impossible que j'aie promis chose si folle... Et la preuve, c'est que si votre Nicolette était là, je la brûlerais sans pitié, et vous-même pourriez bien avoir peur!...

— Est-ce tout, mon père? demanda Aucassin.

— Oui, répondit le comte.

— Certes, reprit le jouvenceau, je souffre gros de voir mentir un homme de votre âge!

Lors, se tournant vers le comte Bougars de Valence, il lui dit :

— Comte de Valence, vous êtes mon prisonnier, n'est-ce pas?

— Oui, certes.

— Baillez-moi donc votre main, je vous prie.

— Bien volontiers, répondit le comte, en mettant sa main dans celle d'Aucassin.

Celui-ci reprit :

— Comte de Valence, donnez-moi votre foi que, lorsqu'il vous prendra envie ou que vous serez en pouvoir de faire honte ou dommage à mon père, soit dans sa personne, soit dans ses biens, vous le ferez?...

— Par Dieu, sire, ne vous moquez pas de moi, mais mettez-moi à rançon; vous ne sauriez me demander ni or ni argent, ni chevaux ni palefrois, ni vair ni gris, ni chiens ni oiseaux, que je ne fusse disposé à vous les donner... Cela, c'est autre chose.

— Comment, s'écria Aucassin, ne reconnaissez-vous donc pas que vous êtes mon prisonnier?

— Sire, oui, répondit le comte de Bougars.

— Eh bien! si vous ne me jurez pas la foi que je vous demande, je vous ferai voler la tête (1)...

— Énondu (2)! Je vous jure la foi que vous voulez, se hâta de dire le comte.

Aucassin, alors, le fit monter sur un cheval, monta lui-même sur un autre, et le conduisit jusqu'à ce qu'il fût en sûreté.

Ici l'on chante.

Lorsque le comte Garin
Comprend que son Aucassin
Ne pourra se détacher
De sa mie au clair visage,
Lors, en prison il le met
Dans un cellier souterrain
Qui fut fait de marbre bis.
Jamais le pauvre Aucassin
Si dolent n'eût été :
— « O ma douce Nicolette, »
(Disait-il en son chagrin),
Douce amie au clair visage,
Nicolette fleur de lys!
Toi, plus douce que raisin,
Ecoute-moi, je t'en prie...
L'autre jour, un pèlerin,
Né natif du Limousin,
Gisait en son lit, malade
Du mal nommé le vertige (3).

(1) « *Se vos ne le m'afiés, se je ne vos fas jà cele teste voler.* » Que Lacurne de Sainte-Palaye traduit par : « Je vous fais sauter la cervelle. » D'un coup de pistolet, probablement?

(2) Sorte de jurement. Il était là, je l'ai laissé.

(3) Il y a dans le manuscrit : « *Malades de l'esvertin.* »

Tu passas devant son lit,
En relevant ton manteau
Et ton pelisson d'hermine,
Et ta chemise de lin,
Tant, que la jambette il vit (1):
Guéri fut le pèlerin,
Et tout sain et tout joyeux
Il se leva de son lit
Et regagna son pays...
Ah! douce amie! Fleur de lys!
Belle à l'aller, au venir,
Belle au jouer, au parler,
Belle au baiser, au sentir,
Nul ne vous pourrait haïr!...
Pour vous, suis en prison mis
En ce cellier souterrain,
Où l'on me verra mourir
Pour vous, ma mie! »

Ici l'on dit, l'on conte et l'on fabloie.

Aucassin fut donc mis en prison comme vous venez de l'entendre; et, d'autre part, Nicolette était toujours dans la chambre voûtée, prisonnière comme il était prisonnier.

Ce fut au temps d'été, au mois de mai, lorsque les jours sont si chauds (2), si longs, si étincelants, et les nuits si douces et si sereines. Nicolette était couchée en son lit, regardant la lune luire claire par la fenêtre, et écoutant chanter le rossignol (3) perché sur les arbres du jardin. Elle se souvint d'Aucassin, son ami que tant elle aimait, et se prit à soupirer tendrement. Puis elle songea à la haine mortelle du comte Garin de Beaucaire, et comprit qu'elle était perdue si elle demeurait en cette chambre, et que son ami Aucassin serait pareillement perdu s'il demeurait en son caveau.

Lors, jetant un rapide coup d'œil sur la vieille qui la gardait, et, s'apercevant qu'elle dormait, Nicolette se leva, jeta sur ses épaules un très-bon manteau de soie qu'elle avait conservé, prit les draps et les touailles de son lit, en fit une corde aussi longue qu'elle put et la noua au pilier de sa fenêtre. Cela fait, elle releva sa robe de chaque main, une devant, l'autre derrière, et se laissa glisser jusques sur le gazon, alors couvert de rosée.

Ce fut ainsi qu'elle descendit dans le jardin.

Nicolette avait les cheveux blonds, fins et crespelés (4), les yeux vairets et riants, le visage at-

Lacurne de Sainte-Palaye, qui n'a peut-être pas le temps de dire à ses lecteurs ce que c'est que l'*esvertin*, glisse rapidement dessus. Au fait, il a raison, car il s'agit ici du mal horrible appelé l'épilepsie!

(1) Par une pudeur d'académicien, qu'il importe de signaler, Lacurne de Sainte-Palaye passe ces quatre vers-là, qui sont charmants et très-décents. Mais alors, si le malade n'avait vu ni « le traïn, » ni le « peliçon ermin, » ni « la cemisse de blanc lin, » ni « la gambete » de la gente Nicolette, il n'eût pu être « garis, » — à ce qu'il me semble du moins!

(2) L. de Sainte-Palaye oublie de dire qu'ils sont « *caus* » ce qui est un détail important.

(3) « *Oï le torseilnol canter en garding.* » Les Anglais ont *garden* et les Allemands ont *garten*, jardin. Les Italiens ont *cantare*, chanter. Quant à *torseilnol*, je ne sais pas d'où il peut venir. Et vous?

(4) « *Les caviaus blons et menus recercelés, et les ex vairs et rians, et le face traitice et le nés haut et bien assis, et les levretes vermelletes plus que n'est cerisse ne rose el tans d'esté, et les dens blans et menus, et avoit les mameletes dures qui li souslevoient sa vesteure ausi come fuissent deus nois gauges, et estoit graille parmi les flans, qu'en vos dex mains le peuscés enclorre;*

trayant, le nez droit et bien assis, les lèvres plus vermeilles que ne sont cerises ou roses au temps d'été, les dents blanches et menues. Quant à ses mamelettes fermes et appétissantes, elles pointaient sous sa robe comme deux noix vertes. En outre, elle était si grêle de la taille, qu'on l'eût pu facilement enclore des deux mains, et si légère, que les fleurs des marguerites qu'elle rompait en les foulant et qui lui revenaient sur le cou-de-pied, paraissaient noires auprès de ses jambes et de ses pieds, tant blanche était la jouvencelle.

Elle s'en vint à la porte, l'ouvrit, s'en alla par les rues de Beaucaire, à la clarté de la lune, et erra tant, qu'elle découvrit enfin la tour où était son ami Aucassin, laquelle était fendillée d'endroit en endroit.

Nicolette se blottit derrière l'un des piliers, se serra dans son manteau et mit sa blonde tête dans l'une des crevasses, de façon qu'elle ne tarda pas à entendre la voix de son Aucassin, qui pleurait là-dedans et y menait grand deuil, regrettant âprement sa tant douce amie absente de ses yeux. Quand elle l'eut bien écouté, elle résolut à son tour de parler.

Ici l'on chante.

>Nicolette au clair visage
>S'appuya contre un pilier.
>Elle entendit son ami
>Qui pleurait, la regrettant.
>Lors, à son tour elle lui dit :
>« — Aucassin, gentil baron,
>Franc damoisel honoré,
>Pourquoi donc vous lamenter,
>Pourquoi vous plaindre et pleurer,
>Quand de moi point ne jouirez (1)?
>Car votre père me hait,
>Aussi votre parenté!
>Je m'en vais passer les mers,
>Aller vers d'autres contrées
>Et vous fuir, mon tant aimé!... »
>Puis, ayant dit, la pauvrette
>Coupa de ses blonds cheveux
>Et les jeta dans la tour.
>Aucassin s'en empara,
>Les accola, les baisa
>Et dans son sein les plaça,
>Tout en pleurant âprement
>   Pour son amie...

Ici l'on dit, l'on conte et l'on fabloie.

Quand Aucassin entendit dire à Nicolette qu'elle s'en voulait aller en un autre pays, il fut bien courroucé.

— Belle douce amie, lui dit-il, vous ne vous en irez pas, car vous en aller ce serait me donner le coup de la mort, et le plus cruel qui se puisse imaginer. Le premier venu qui vous verrait, et qui le pourrait, vous prendrait vitement, vous mettrait en son lit et commercerait charnellement avec vous (1). Et sitôt que vous auriez couché en autre lit d'homme que dans le mien, ne croyez pas que j'attendisse jusqu'à ce que je trouvasse couteau pour m'ouvrir le cœur? Non, je n'attendrais point! Je prendrais ma course (2) d'aussi loin que j'aviserais une muraille ou une pierre, et je m'y heurterais si durement la tête, que je m'en ferais sauter les yeux et que je m'écervellerais tout. J'aimerais cent fois mieux mourir de telle mort que de savoir que vous avez couché dans un autre lit d'homme que le mien!...

— Aucassin, répondit Nicolette, je ne crois pas que vous m'aimiez autant que vous le dites, mais à coup sûr je vous aime plus que vous ne m'aimez vous-même...

— Hélas (3)! reprit Aucassin, belle douce amie, il ne se peut pas que vous m'aimiez plus que je ne vous aime!... Femme ne peut autant aimer l'homme que l'homme aime la femme; car l'amour de la femme est en son œil, dans le bout (4) de son sein, dans l'orteil de son pied, tandis que l'amour de l'homme est dans son cœur, et si fortement planté, que rien ne l'en peut déraciner (5)!...

Comme Aucassin et Nicolette devisaient ainsi ensemble, survinrent par une rue voisine les gardes de nuit (6), lesquels avaient leurs épées dissimulées sous leurs capes (7).

Le comte Garin avait recommandé à ces gens de ne pas manquer de tuer Nicolette, s'ils la pouvaient prendre ; et, comme ils venaient de l'apercevoir, ils projetèrent de la mettre à mort, ce qu'entendit le guetteur qui était sur la tour.

— Ah Dieu! s'écria-t-il, quel dommage de tuer une si gente pucelle!... Et comme il y aurait charité à l'avertir du danger, sans que ces cruelles gens s'en aperçussent!... Car, ils ne l'auront pas plutôt tuée, qu'Aucassin mon damoiseau en mourra, ce qui serait grand dommage, vraiment!...

Ici l'on chante.

>Le guetteur fut très-vaillant,
>Très-courtois et bien appris,
>Car il commença ce chant
>Que Nicolette entendit :
>« — Ah! jouvencelle au cœur franc,
>Au corps gentil et plaisant,
>Aux cheveux blonds crespelés,
>Aux yeux vairets et charmants,
>On voit bien à ton semblant
>Que tu parles à l'amant
>Qui pour toi s'en va mourant...
>Je te le dis, tu m'entends...
>Garde-toi bien des soudards
>Qui s'en viennent par ici,
>L'épée nue sous leurs manteaux,
>   Garde-toi!... »

Ici l'on dit, l'on conte et l'on fabloie.

— Ah! répondit Nicolette au guetteur, que

---

et les flors des margerites qu'ele ronpoit as ortex de ses piés, qui li gissoient sor le menuisse du pié par deseure, estoient droites noires avers ses piés et sans ganbes, tant par estoit blanche la mescinete. —
On remarquera sans doute que ce portrait de Nicolette, — à part, bien entendu, ce trait aux « levretes vermelletes » et aux « deus nois gauges, » — est celui du bel Aucassin. Ce qui prouve que la Nature les avait créés l'un pour l'autre.

(1) « *Quant ja de moi ne gorés.* »

(1) « *Si vos asoignenteroit.* »
(2) « *Je m'esquelderoie de si lonc.* »
(3) « *Avoi!* »
(4) « *Le lecateron de sa mamele.* »
(5) « *Mais li amors de l'oume est venist ens el cur planté dont ele ne puet iscir.* » J'en suis vraiment fâché pour le « beau sexe, » mais je crois qu'Aucassin a raison.
(6) « *Les escar gaites.* »
(7) « Il y a *capes;* Lacurne de Sainte-Palaye éprouve le besoin de mettre « *capotes,* » je ne sais pas pourquoi, car elles n'étaient pas plus inventées alors que les bonnets à poils. »

Dieu donne repos éternel à l'âme de ton père et de ta mère, toi qui m'as si bellement et si courtoisement avertie !... Je me garderai des méchants, quels qu'ils soient, et le ciel m'aidera.

En disant cela, Nicolette s'était dissimulée de son mieux dans son manteau, protégée par l'ombre du pilier. Elle attendit que les gardes de nuit eussent passé, et, quand elle les jugea assez loin, elle prit congé d'Aucassin et s'en alla.

Elle arriva ainsi aux murs du château, lesquels étaient lézardés en maints endroits, ce qui permit à la jouvencelle de monter dessus en s'aidant de ses pieds comme une chevrette. Mais, quand elle fut entre le mur et le fossé, et qu'elle regarda à ses pieds, elle resta effrayée en voyant combien il était roide et escarpé.

— Dieu ! murmura-t-elle, doux créateur ! Si je me laisse tomber (1), je me briserai le cou... Si je reste ici, on me prendra et on me brûlera... Eh ! mourir pour mourir, mieux vaut encore risquer de me tuer en me sauvant que de rester pour servir demain de spectacle au populaire (2)...

Lors, faisant le signe de la croix, Nicolette se laissa glisser en aval du fossé jusques au fond. Là, elle regarda ses beaux pieds et ses belles mains, qui jamais n'avaient appris à être blessés (3) : ils étaient meurtris et écorchés, et le sang en ruisselait bien en douze endroits. Toutefois elle n'en ressentit ni mal ni douleur, par suite de la grande peur qu'elle avait eue et qu'elle avait encore, car ce n'était pas tout que d'être entrée, il fallait encore sortir de ce fossé.

La courageuse pucelle chercha vitement çà et là, comprenant bien qu'il n'y faisait pas bon demeurer, et elle avisa un des pieux aiguisés que les gens du château avaient précédemment jetés aux assaillants. Elle s'en empara, et s'en aida pour gravir le revers du fossé, en avançant un pas devant l'autre. Bientôt elle fut hors, non sans grande peine.

La forêt n'était qu'à deux traits d'arbalète (4) de là ; forêt de trente (5) lieues de long et de large, hantée à foison par bêtes fauves et par serpents venimeux. Cette pensée fit reculer d'effroi la pauvre Nicolette, qui ne se souciait guère d'être mangée vivante ; puis elle s'avança, parce qu'elle ne se souciait pas non plus d'être brûlée toute vive.

Ici l'on chante.

Nicolette au clair visage
Ayant gravi le fossé
Se mit à se lamenter
Et Jésus-Christ implorer :
« — Père, roi de majesté,
Je ne sais plus où aller !...
Si je vais dans la forêt,

---

(1) « *Se je me lais caïr.* » *Caïr* vient de *cadere*, tomber.
(2) « *Tos li pules.* » Peuple, ou populaire : de *populus*.
(3) « *Qui n'avoient mie apris c'on les blecast.* »
(4) « *Or estoit li forès près à deus arbalestrées.* » C'est notre « à deux portées de fusil. » Les hommes passent, les expressions restent.
(5) « *Qui bien duroit trente lieues de lonc.* » L. de Sainte-Palaye ne lui en accorde que « vingt et une. » Cela l'offusquait donc bien une forêt de trente lieues !

Les lions et les sangliers
Me mangeront, sans nul doute !...
Mais si j'attends le jour clair,
Et qu'on me retrouve ici,
On allumera le feu
Dont mon corps sera brûlé.
Mais, par le grand Dieu du ciel !
J'aimerais encore mieux
Par les loups être mangée,
Que d'aller en la cité !
Je n'irai pas.

Ici l'on dit, l'on conte et l'on fabloie.

Nicolette se lamenta, comme vous venez de l'entendre ; puis, se recommandant à Dieu, elle entra dans la forêt, sans oser cependant s'y enfoncer trop avant, par peur des fauves et des serpents.

Elle marcha pendant quelque temps sur la lisière du bois, craintive, inquiète, s'arrêtant au moindre bruit, et se remettant aussitôt en route avec les plus minutieuses précautions. Elle erra tant et tant ainsi, que la fatigue la prit, et que, se blottissant sous un épais buisson, elle s'y laissa aller au sommeil jusques au lendemain matin.

A la première heure du jour, des pasteurs s'en vinrent de la ville conduisant leurs bêtes qu'ils mirent paître entre le bois et la rivière. Cela fait, ils s'approchèrent de l'endroit où dormait Nicolette, parce que là sourdait une claire fontaine, et, étendant une cape sur le gazon, ils placèrent leur pain dessus et commencèrent leur frugal repas du matin.

Pendant qu'ils mangeaient entre eux, Nicolette s'éveilla, tant au bruit de leurs voix qu'au chant des oiseaux et des oiselles juchés sur les ramures.

Elle alla vers eux, et, s'adressant au plus jeune, elle lui dit :

— Bel enfant, Notre-Dame Marie vous soit en aide !

— Que Dieu vous bénisse ! répondit ce jeune pasteur, qui avait la langue mieux pendue que les autres (1).

— Bel enfant, reprit Nicolette, connaissez-vous Aucassin, le fils du comte Garin de Beaucaire ?

— Oui bien, nous le connaissons.

— Si Dieu vous aide, bel enfant, dites-lui qu'il y a en cette forêt une bête singulière (2), qu'il la vienne chasser, et que, s'il la peut prendre, il ne donnerait pas un de ses membres pour cent marcs d'or, ni pour cinq cents, ni pour nulle autre avoir...

Les pasteurs, à cette parole, regardèrent Nicolette, et ils la trouvèrent si belle, qu'ils en furent émerveillés (3).

— C'est faussement que vous nous dites cela, reprit celui qui avait la parole à la main plus que les autres, car il n'y a pas dans toute cette forêt un seul lion, ou sanglier, ou cerf, ou autre bête, si rare qu'elle soit, dont un des membres vaille plus de deux deniers ou de trois au plus. Et vous parlez là d'une si grosse somme, que nul ne voudra vous croire !..... Vous êtes une fée, et non une

---

(1) « *Qui plus fu enparlés des autres.* »
(2) Lacurne de Sainte-Palaye traduit « beste » par « biche. » Une biche est une bête, mais une bête n'est pas toujours une biche.
(3) « *Il en furent tot esmari.* »

créature humaine; nous n'avons cure de votre compagnie : par ainsi, tenez votre voie !...

— Ah ! bel enfant, reprit Nicolette, faites ce que je vous demande, au nom de Dieu ! car la bête dont je parle a une telle vertu, qu'elle peut guérir Aucassin de la peine où il est... J'ai là cinq sols dans ma bourse : prenez-les, et dites-lui que dans trois jours il vienne chasser la bête en cette forêt, dans trois jours au plus, et que, s'il ne la trouve pas d'ici ce temps, jamais il ne sera guéri de sa peine.

— Par ma foi, répondit le jeune pasteur, nous allons prendre les deniers !... Si Aucassin vient par ici, nous lui dirons; mais nous ne l'irons point chercher.

— Que Dieu vous aide ! dit doucement Nicolette en prenant congé des pasteurs.

Ici l'on chante.

> Nicolette au clair visage
> Prit donc congé des pasteurs,
> Et s'en alla par le bois,
> Jusqu'au carrefour (1) prochain,
> D'où partaient deux vieilles routes.
> Là, toute seule et pensive,
> Elle voulut éprouver
> L'amour de son Aucassin.
> Elle cueillit fleurs de lys,
> Fleurs de thym et de fougère,
> Et force feuilles aussi;
> Elle s'en fit une loge,
> La plus belle que l'on vit,
> Et jura par Jésus-Christ
> Que, si son cher Aucassin
> Ne venait s'y reposer
> Pour l'amour d'elle un instant,
> Plus ne serait son ami
> Ni plus sa mie.

Ici l'on dit, l'on conte et l'on fabloie.

Nicolette, ayant construit sa loge et l'ayant bien fourrée, au dehors et au dedans, de feuilles vertes et de fleurs odorantes, se retira à l'écart, sous un buisson, pour observer ce qu'Aucassin ferait.

Or, le bruit s'était répandu par tout le pays que Nicolette était perdue. Les uns disaient qu'elle s'était enfuie, et les autres, que le comte Garin l'avait fait mourir.

Si d'aucuns en étaient aises, Aucassin ne l'avait point été du tout; mais il n'en avait rien laissé paraître, et son père, débarrassé du souci que lui causait Nicolette, lui avait ouvert la porte de sa prison, et avait mandé tous les chevaliers et toutes les demoiselles de sa terre pour donner des fêtes et le distraire.

Le jour de la disparition de Nicolette, pendant que la cour du comte Garin était la plus nombreuse, Aucassin se tenait appuyé à un pilier, morne, dolent, hors de son sens, et ne voyant rien autre chose au monde que celle qu'il aimait.

Un chevalier, l'ayant avisé ainsi mélancolieux, s'en vint vers lui et lui dit :

— Aucassin, j'ai été malade du même mal que vous, et, à cause de cela, je puis vous donner un excellent conseil, si vous me voulez croire...

(1) « A forkeut. »

— Sire, grand merci, répondit Aucassin, car j'ai besoin, en effet, de bon conseil et de bon remède.

Le chevalier reprit :

— Montez sur un cheval, allez dans la forêt prochaine. La vue des fleurs, la bonne odeur des plantes, le chant des oisillons, tout vous réconfortera, croyez-moi.

— Sire, grand merci, je le ferai bien volontiers, répondit Aucassin.

Et incontinent il sortit de la salle, descendit le perron, alla à l'écurie, fit placer la selle et le frein à l'un des chevaux qui y étaient, mit le pied dans l'étrier, monta sur le noble animal et sortit du château. Une fois dehors, il se souvint du conseil que lui avait donné le chevalier, et il alla droit vers la forêt, où il ne tarda pas à rencontrer les pastoureaux, assis sur l'herbe, autour de la fontaine, mangeant leur pain et menant grande joie, car il était midi.

Ici l'on chante.

> Les pasteurs sont assemblés,
> Esméret et Martinet,
> Johannot et Fruclinet,
> Aubryet et Robecon.
> L'un dit : « O ! beaux compagnons,
> Que Dieu conserve Aucassin !
> Qu'il conserve également
> La gente et blonde pucelle,
> Aux yeux vairets, aux dents blanches,
> Qui nous donna ses deniers,
> Dont nous avons acheté
> Bons gâteaux et beaux couteaux,
> Beaux cornets et belles flûtes,
> Beaux pipeaux et beaux maillets.
> Dieu le guérisse !... »

Ici l'on dit, l'on conte et l'on fabloie.

Quand Aucassin entendit parler ainsi les pastoureaux, il pensa aussitôt que Nicolette, sa tant douce amie, était venue par là, et, pour s'en assurer, il s'avança vitement.

— Dieu vous aide, mes beaux enfants ! cria-t-il aux pasteurs.

— Que Dieu vous bénisse ! répondit celui qui avait la langue mieux pendue que les autres.

— Beaux enfants, reprit Aucassin, redites-moi la chanson que vous chantiez tout à l'heure.

— Nous ne la répéterons pas, beau sire, et maudit soit celui qui vous la redira !...

— Beaux enfants, ne me connaissez-vous pas ?

— Oui bien, sire ; nous savons que vous êtes Aucassin, notre damoiseau ; mais nous ne sommes pas à vous, nous sommes au comte.

— Faites ce que je vous demande, mes enfants, je vous prie !

— Pourquoi chanterais-je pour vous, s'il ne me plaît pas de chanter ? Il n'y a pas en ce pays de si riche homme que le comte Garin, il est vrai ; mais qu'importe ? s'il trouvait mes bœufs, ou mes vaches, ou mes brebis (1) en ses prés ou en ses blés, il n'oserait pas les saisir et leur faire crever les

(1) « *Berbis.* » On dit aujourd'hui *brebis*, mais le premier mot se rapproche davantage de l'étymologie, puisqu'en changeant le *b* en *v* ou fera *verveix*, *vervicis*.

yeux. Pourquoi donc chanterais-je pour vous, s'il ne me plaît pas de le faire?...

— Que Dieu vous ait en aide, mes enfants? répliqua Aucassin. Voilà dix sols que j'ai en ma bourse : prenez-les et chantez-moi la chanson que vous chantiez tout à l'heure...

— Sire, répondit le pasteur, nous prendrons les deniers, mais je ne vous chanterai rien, car je l'ai juré. Tout ce que je puis, c'est de raconter, si vous voulez (1).

— Par Dieu! s'écria Aucassin, j'aime encore mieux ce récit que rien.

— Sire, reprit le pasteur, nous étions par ici, entre la première et la troisième heure, et nous mangions notre pain à cette fontaine, tout comme nous faisons présentement, lorsque survint une pucelle, la plus belle chose du monde, et telle, que nous crûmes voir une fée et que toute la forêt en fut illuminée (2)!...

Elle nous donna tant de ses deniers, que nous lui promîmes, si vous veniez par ici, de vous engager à aller chasser dans ce bois, et de vous dire qu'il y avait une bête telle que, si vous la pouviez prendre, vous ne donneriez pas un seul de ses membres pour cinq cents marcs d'argent, et que vous seriez ensuite guéri de votre peine... Elle ajouta que, si vous n'aviez pas pris cette bête avant trois jours, jamais plus vous ne la reverriez. Allez donc la chasser, s'il vous plaît; ne la chassez pas, si vous ne le voulez pas, cela vous regarde : mon message est fait (3).

— Vous m'en avez dit assez, mes enfants, répondit Aucassin. Dieu permettra que je la rencontre!...

Ici l'on chante.

Aucassin comprit les mots
De sa mie au clair visage,
Qui lui entrèrent au cœur.
Il quitta les pastoureaux
Et entra au parfond du bois,
Où son cheval l'emporta.
— Ah! Nicolette, ma mie,
Soupira-t-il tendrement,
C'est pour vous qu'ici je viens!
Je ne chasse dans ce bois
Ni biche ni sanglier;
Mais je m'en vais sur vos traces,
Afin de vous retrouver,
Vous et votre doux sourire,
Vous et vos beaux yeux vairets,
Vous et votre gentil corps...
Ah! s'il plaît au Seigneur-Dieu,
Au Père fort et puissant,
Nous nous reverrons encore,
Ma douce amie!

Ici l'on dit, l'on conte et l'on fabloie.

Toujours emporté grande erre par son destrier, Aucassin s'en allait par la forêt.

Ne croyez pas que les ronces et les épines l'é-

---

(1) Toujours l'argument irrésistible!
(2) « *Tos cis bos en esclarci.* »
(3) Lacurne de Sainte-Palaye dit : « Ma commission est faite. » Cet académicien écrivait au temps où les petits Savoyards avaient la vogue comme commissionnaires.

pargnassent (1) en rien. Tout au contraire, elles lui déchirèrent ses vêtements et les mirent dans un tel état, qu'à peine s'il lui restait un morceau entier. En outre, le sang lui coulait des bras, des flancs et des jambes, en trente ou quarante endroits différents, si bien qu'on eût pu le suivre, à la trace rouge qu'il laissait sur l'herbe partout où il passait. Mais Aucassin pensait tant à Nicolette, sa douce amie, qu'il ne sentait ni mal ni douleur.

Il alla ainsi toute la journée à travers la forêt sans avoir aucune nouvelle de sa belle mie; et, lorsqu'il vit que la vesprée approchait, il commença à pleurer âprement.

Comme il chevauchait dans une vieille voie où l'herbe croissait drue et haute, il avisa devant lui, au beau milieu de cette route, un homme tel que je vais vous le dépeindre.

Il était grand, laid et hideux à merveille. Il avait une face plus noire que viande fumée (2), et si large, que l'entre-deux de ses yeux avait une pleine paume de travers. Ses joues étaient énormes, ses narines aussi, avec un grandissime nez plat; de grosses lèvres plus rouges que braise (3), et de longues dents jaunes et affreuses. Chaussé de souliers et de guêtres de cuir maintenues jusqu'au genou par des ficelles (4), et affublé d'une cape à deux envers, il s'appuyait sur une grande massue.

Aucassin, pris d'effroi, lui dit :

— Beau frère, Dieu t'assiste !

— Dieu vous bénisse! répondit l'autre.

— Que fais-tu là? reprit Aucassin,

— Que vous importe?

— Je ne vous le demande qu'à bonne intention.

— Mais vous-même, pourquoi pleurez-vous et menez-vous si grand deuil? Certes, si j'étais aussi riche homme que vous êtes, rien au monde ne me ferait pleurer.

— D'où me connaissez-vous donc ?

— Je sais que vous êtes Aucassin, le fils du comte, et si vous me dites pourquoi vous pleurez, je vous dirai à mon tour ce que je fais ici.

— Je vous le dirai bien volontiers. Je suis venu ce matin chasser en cette forêt; j'avais un lévrier blanc, le plus beau de la terre; je l'ai perdu : voilà pourquoi je pleure.

— Quoi! C'est à pleurer un chien puant que vous employez les larmes que vous avez dans les yeux et le cœur que vous avez dans le ventre?

---

(1) « *Ne quidiés mie que les ronces et les espines l'esparnoiscent.* »
(2) « *Il avoit une grant hure plus noire q'une carbouclée.* »
Lacurne de Sainte-Palaye a lu probablement « carbounée, » comme il y a plus bas, et il a mis *charbon* au lieu de *viande fumée.* On fait de la viande fumée avec du charbon, mais on ne fait pas de charbon avec de la viande fumée.
(3) « *Plus rouges q'une carbounée.* » *Carbounée,* charbon ardent.
(4) « *Et estoit cauciés d'uns housiax et d'uns sollers de buef fetes de tille.* » Lacurne de Sainte-Palaye traduit par : « Il avait des bottes de bois de tilleul. » Je sais bien que tilleul vient de *tilia*. Mais outre que l'auteur d'AUCASSIN dit positivement que cet affreux homme porte des housiaux *et* des souliers de cuir, et non « en bois de tilleul » ou de sapin, Lacurne de Sainte-Palaye aurait pu, ce me semble, se rappeler l'action de tiller, qui consiste à détacher avec la main les filaments du chanvre, *cannabim decorticare.*

Malheur à qui vous plaindra, vous le plus riche homme de ce pays! Si votre père voulait quinze ou vingt lévriers blancs, il les aurait volontiers. Moi, je pleure et fais douleur (1) pour chose plus sérieuse.

— Et laquelle?

— Je vais vous la dire, frère sire. J'étais loué (2) à un riche vilain pour mener sa charrue attelée de quatre bœufs. Il y a trois jours, j'ai perdu un bœuf rouge, le meilleur des quatre. J'ai quitté ma charrue, et je m'en suis allé çà et là, quérant le bon animal, mais sans le retrouver. Voilà trois jours que je n'ai ni mangé ni bu et que j'erre ainsi, n'osant aller à la ville, où l'on me mettrait en prison, car je n'ai pas de quoi le payer. Ma seule richesse consiste en tout ce que vous me voyez sur le corps. J'ai une mère. La pauvre femme n'avait rien de plus vaillant que moi, puisqu'elle avait pour toute richesse une vieille cotte (3) pour cacher ses vieux membres : on la lui a arrachée du dos, et maintenant elle est sur la paille (4). Son état me poigne encore plus que le mien, car l'argent va et vient (5); si j'ai perdu aujourd'hui, je gagnerai une autre fois, et payerai mon bœuf quand je pourrai, mais jamais je ne pleurerai pour si peu. Et vous, vous pleurez pour un chien crevé (6)! Ah! malheur à qui vous plaindra!...

— Certes, beau frère, tu es d'un bon réconfort, répondit Aucassin; béni sois-tu!... Et dis-moi, ajouta-t-il, combien valait ton bœuf rouge?

— On m'en demande vingt sols, sire, et je n'en puis faire rabattre une seule maille.

— Tiens, dit Aucassin, voilà vingt sols que j'ai en ma bourse : paye (7) ton bœuf.

— Sire, grand merci, répondit l'homme, et que Dieu vous fasse trouver ce que vous cherchez!

Cela dit, il prit congé, et Aucassin continua sa route.

La nuit était belle et sereine. Aucassin chevaucha pendant un long temps, et, après avoir chevauché ainsi de voie en voie, de sentier en sentier, il arriva enfin à la logette de Nicolette (8).

Dehors et dedans, devant et derrière il y avait des fleurs odorantes à merveille et réjouissantes pour les yeux. Grâce à un rayon (9) de la lune qui l'éclairait à souhait, Aucassin aperçut cette plaisante retraite et il s'arrêta tout à coup.

— Ah! Dieu, s'écria-t-il, ce ne peut être que Nicolette, ma douce amie, qui a fait cela de ses belles mains. A cause d'elle et en souvenir d'elle,

je vais descendre et m'y reposer toute la nuit.

En disant cela, Aucassin mit le pied hors de l'étrier pour descendre. Malheureusement il était tout entier à Nicolette, et ne s'occupait guère de lui-même. En outre, son cheval était très-grand et très-haut : il tomba sur une pierre, et si durement, qu'il s'en déboîta l'épaule.

Tout blessé qu'il était, il se servit de son autre bras pour attacher son cheval à un arbre voisin. Puis, il revint sur ses pas, entra dans la logette, se coucha sur le dos (1), et se mit à regarder le ciel bleu et les étoiles d'or à travers un trou ménagé au plafond de cette odorante retraite.

Comme il regardait, ainsi couché, il vit une étoile plus brillante que les autres. Lors, soupirant, il commença à dire :

Ici l'on chante.

Claire étoile que je vois
Briller autour de la lune,
Nicolette aux cheveux blonds
Est sans nul doute avec toi.
. . . . (2)
Si là j'étais avec elle,
Combien je la baiserais,
Accolerais, mignonnerais,
Ma douce amie!

Ici l'on dit, l'on conte et l'on fabloie.

Quand Nicolette entendit Aucassin, elle accourut vers lui, car elle n'était pas loin, et, entrant dans la logette, elle lui jeta ses beaux bras au cou, le baisa et l'accola le plus tendrement du monde.

— Beau doux ami, lui dit-elle, soyez le bien retrouvé (3)!

— Et vous, belle douce amie, soyez la bien retrouvée!

Ils s'entre-baisèrent et entr'accolèrent de nouveau, et leur joie fut infinie.

— Ah! douce amie, reprit Aucassin, j'étais gravement blessé à l'épaule; mais, maintenant que je vous ai, je ne ressens plus ni mal ni douleur.

Nicolette, à cette parole, le tâta et s'aperçut qu'en effet il avait l'épaule déboîtée. Alors, déchirant un pan de sa chemise (4) et plaçant dedans une touffe de fleurs et d'herbes fraîches, elle l'appliqua sur la partie malade; puis, de ses blanches mains, elle le mania tant et tant, qu'avec l'aide de Dieu, qui toujours aime les amants (5), elle le guérit.

— Aucassin, beau doux ami, dit-elle, qu'allez-vous faire maintenant?... Si votre père fait battre cette forêt demain, il nous trouvera, et, quoi qu'il advienne de vous, moi je serai pour sûr tuée.

— Certes, belle douce amie, répondit Aucassin, et j'en serais grandement marri; mais tant que je le pourrai, je vous défendrai et préserverai.

Cela dit, il monta sur son cheval, prit sa mie

---

(1) « *Je doi plorer et dol faire.* » *Dol*, abréviat. de *dolor, doloris*, ou du verbe *doleo, dolere.*
(2) De *locatus*. La louée des domestiques se fait toujours en France, à deux époques de l'année, et ce sont là des assemblées très-pittoresques.
(3) « *Une keutisele.* » Cette expression est encore employée en Flandre.
(4) « *Si li a en sacié de desgu le dos, si gist à pur l'estrain.* »
(5) « *Avoirs va et vient.* »
(6) « *Un cien de longaigne.* » L'expression est injurieuse, mais énergique. *Longaigne* signifie *voierie.*
(7) « *Sol ten buef.* » *Sol*, abrév. de *solve.*
(8) En cet endroit, le manuscrit est déchiré, et deux ou trois lignes manquent. Mais elles sont facilement remplaçables.
(9) « *Li rais de le lune.* » *Rais*, rayon; de *radius.*

(1) « *Tos souvins.* »
(2) Il y a ici une lacune.
(3) « *Biax dous amis, bien soiiex-vos trovés.* »
(4) « *Au pan de sa cemisse.* »
(5) « *Dix qui les amans aime.* »

devant lui en la baisant et accolant, et ils s'en allèrent ainsi à travers champs (1).

Ici l'on chante.

Aucassin le beau, le blond,
Le damoisel amoureux,
Est sorti du bois profond ;
Entre ses bras, sur son cœur,
Palpite sa Nicolette.
Il la baise aux yeux, au front,
Sur la bouche et le menton.
Mais bientôt vient la raison.
— « Aucassin, bel ami doux,
En quelle terre irons-nous ? »
— « Douce amie, eh ! que sais-je où ?
Peu m'importe où nous allions,
En ce bois, où bien ailleurs,
Si toujours nous nous restons ?...
Ils s'en vont à travers monts,
Passent les bourgs et les villes,
Tant qu'à la mer ils arrivent
Et descendent sur le sable,
Près (2) du rivage.

Ici l'on dit, l'on conte et l'on fabloie.

Aucassin et sa mie mirent donc pied à terre ; cela fait, il prit son cheval par la bride et sa mie par la main, et tous deux s'en allèrent ainsi le long du rivage (3). Tant et tant, qu'ils aperçurent des mariniers auxquels ils firent signe et qui, ayant abordé, consentirent à les prendre avec eux dans leur nauf (4).

Une fois en pleine mer, une tourmente s'éleva, si grande et si merveilleuse, qu'elle les mena de terre en terre jusqu'au port du château de Torelore (5).

Ils demandèrent quelle terre c'était : on leur répondit que c'était la terre du roi de Torelore. Puis, Aucassin demanda s'il était en guerre ; on lui répondit que oui, et que, même, il était en cruelle guerre. Lors, il remercia les mariniers, prit congé d'eux, remonta sur son cheval, ayant toujours sa mie devant lui, et s'en alla ainsi vers le château.
— Où est le roi ? demanda-t-il.
— Il est en mal d'enfant (1), lui répondit-on.
— Et où donc est sa femme ? reprit Aucassin.
— Sa femme est à l'armée, où elle a mené tous les gens du pays.

Aucassin, entendant cela, fut très-étonné. Il alla au palais, descendit avec sa mie, la pria de tenir son cheval, et, l'épée au côté, monta vers la chambre (2) où gisait le roi.

Ici l'on chante.

En la chambre entre Aucassin,
Le tant courtois damoiseau ;
Puis il s'en vient jusqu'au lit
Où le roi gisait vraiment,
Et s'arrête tout surpris.
— « Que fais-tu là dans ce lit,
Fausse dame? » lui dit-il.
— « Je suis en couche d'un fils, » (3)
Répondit alors le roi.
« Quand mon terme enfin viendra,
Et que je serai guéri,
J'irai entendre la messe,
Tout comme ont fait mes ancêtres (4),
Et puis j'irai guerroyer
Contre tous mes ennemis,
    Sans y manquer.

Ici l'on dit, l'on conte et l'on fabloie.

En entendant cela, Aucassin releva tous les draps qui couvraient le roi et les jeta (5) au milieu de la chambre. Puis, apercevant un bâton, il s'en empara et l'en battit avec une énergie telle, qu'il dut le tenir pour mort.
— Ah! beau sire, s'écria le roi, que me demandez-vous ? Avez-vous le sens dérangé pour me venir battre ainsi dans ma propre maison ?
— Par le cœur de Dieu! répondit Aucassin, je vous tuerai, mauvais fils de pute, si vous ne me jurez que jamais homme de votre terre ne sera plus en couche d'enfant!...

Le roi promit, et, quand il eut promis, Aucassin reprit :

---

(1) « *Si se metent as plains cans.* » On écrivait aussi *cams*, de *campus*.
(2) « *Lès le rivage.* » On écrit aussi *lez*; vient de *latus*.
(3) Ici manque quelque chose dans le manuscrit ; mais la lacune peut être comblée, car il ne s'agit que de deux ou trois lignes au plus.
(4) « *Nef.* » On dit aussi *nes*; de *navis*, vaisseau.
(5) Ici, je trouve dans la traduction de Lacurne de Sainte-Palaye une note que je m'empresse de copier, parce qu'elle peut intéresser mes lecteurs : « On s'imaginerait peut-être que le pays de Torelore serait à l'extrémité du monde, bien éloigné de la patrie d'Aucassin ; mais d'habiles gens, très-versés dans la connaissance de ce pays, ont conjecturé avec raison que Torelore était Aiguemortes, port de mer du temps de saint Louis, qui encore aujourd'hui est appelé vulgairement le pays de Turelure, à cause des singularités qui se regardent le pays et ses habitants ; ceux-ci, presque tous pêcheurs, gagnent leur vie à reculons, marche ordinaire de ceux qui pêchent en retirant leurs filets. C'est un pays d'ailleurs où, plus il pleut, plus la terre est dure, parce que le sable qui fait le sol s'endurcit par la pluie. Les montagnes de ce pays-là, qui ne sont que de sable, sont souvent transportées par les vents. C'est enfin un pays où plus il fait chaud, plus il gèle, le sel des salines de Pecaïs, voisin d'Aiguemortes, ne se cristallisant (ce qui est une espèce de congélation) que par la force de la chaleur. »

A ces détails intéressants, ajoutons, pour les compléter, qu'Aigues-Mortes — la *Torelore* du roman que nous traduisons et la *Turelure* de Lacurne de Sainte-Palaye — est une petite ville du département du Gard, fondée par Marius, le vainqueur des Cimbres et le rival malheureux de Sylla. C'était autrefois un port sur la Méditerranée, et Louis IX s'y embarqua, en effet, en 1248 et en 1270. Aujourd'hui, saint Louis, ni personne, ne pourrait s'y embarquer, — par l'excellente raison que cette ville se trouve à huit kilomètres de la mer, assez avant dans les terres, comme on voit. Aigues-Mortes n'est pas un séjour aussi désagréable que pourrait le faire supposer son nom, — *Aquæ mortuæ;* c'est, au contraire, un endroit charmant que visitent avec plaisir les touristes.

(1) « *On li dist qu'il gissoit d'enfent.* »
(2) Il y a « *canbre* » et Lacurne de Sainte-Palaye traduit par « appartements. » Ce mot du XVIIIe siècle choque dans la traduction littérale et littéraire d'un roman du XIIIe. Pourquoi ne pas mettre tout de suite *Furnished-Apartment*, comme font les hôtels de Paris? *Appartement* se trouve dans Féraud, dans Richelet, dans Nicod, — mais il ne se trouve pas dans *Aucassin* et *Nicolette*. C'est là, me semble-t-il, de la part de Lacurne de Sainte-Palaye, un anachronisme de langage que, moins qu'un autre écrivain, il eût dû se permettre.
(3) « *Je gis d'un fil.* » Je donne la traduction littérale. Du verbe *gésir*. Ne dit-on pas d'une femme qu'elle est *en gésine*?
(4) « *Com mes ancissor fist.* » Vient d'*antecessor*, ancêtre, prédécesseur.
(5) « *Si les housa aval la canbre.* »

— Maintenant, Sire, menez-moi à l'armée où est votre femme.
— Volontiers, répondit le roi.
Tous deux descendirent. Le roi monta sur un cheval, Aucassin sur le sien, et, pendant que Nicolette se réfugiait en la chambre de la reine, tous deux s'en allèrent à l'armée. Au moment où ils arrivèrent, la bataille était dans toute sa rage ; une bataille à coups de pommes sauvages, d'œufs et de fromages mous (1).
Aucassin, voyant cela, fut grandement émerveillé.

Ici l'on chante.

> Aucassin est donc resté.
> Il commence à regarder
> Ce combat d'un genre étrange,
> Où les combattants se servent
> De fromages et de pommes,
> Et d'œufs, pour s'entre-tuer.
> Quiconque avait mieux troublé
> L'eau du ruisselet voisin
> Pour meilleur était tenu.
> Aucassin le gentilhomme,
> En les voyant faire ainsi,
> Se prit à rire.

Ici l'on dit, l'on conte et l'on fabloie.

Aucassin s'en alla vers le roi et lui dit :
— Sire, sont-ce là vos ennemis ?
— Oui, répondit le roi.
— Et voudriez-vous que je vous en vengeasse ?
— Volontiers.
Lors, Aucassin mit l'épée à la main, et, se lançant en pleine mêlée, il frappa d'estoc et de taille, à gauche et à droite, si bien qu'en moins de rien il en tua un assez bon nombre.
— Ah! beau sire, s'écria le roi en allant arrêter Aucassin par le frein de son cheval, ne les tuez pas ainsi !
— Mais comment voulez-vous que je vous venge autrement ?... demanda Aucassin.
— Sire, vous en avez trop fait. Nous n'avons pas l'habitude de nous entre-tuer ainsi les uns et les autres : nous nous mettons seulement en fuite.
On s'en revint au château de Torelore, où les gens du pays conseillèrent au roi de chasser Aucassin de sa terre et de garder Nicolette pour son fils, cette belle pucelle leur semblant femme de haut lignage (2).
Nicolette, entendant ces propos, s'en chagrina et dit :

Ici l'on chante.

> — « Sire, roi de Torelore,
> Dit la belle Nicolette,
> Vos gens me tiennent pour folle,
> Quand mon doux ami m'accole...
> Plaise à Dieu, qui fit l'amour,
> Que je reste à cette école !
> Il n'est danses ni chansons,
> De harpes ou de violes,
> Valant cela.

(1) « *Bataille de pomes de bos waumonnés, et d'ueus, et de frès fromages.* »
(2) « *Femme de haut lignage.* » Lacurne de Sainte-Palaye met de « haut parage. » Qu'est-ce que le mot *linea* lui a fait?

Ici l'on dit, l'on conte et l'on fabloie.

Aucassin et Nicolette sa mie eurent grande aise et grand déduit (1) au château de Torelore.
Comme ils en étaient là, survinrent par mer des Sarrasins qui donnèrent l'assaut au château et le prirent de force. Une fois le château pris, ils emmenèrent captifs et captives. Ils jetèrent Nicolette dans une nauf, et Aucassin dans une autre, pieds et poings liés. Puis ils s'embarquèrent.
En route, une violente tempête s'éleva et les navires furent séparés les uns des autres. La nauf où était Aucassin erra tant et tant à la merci des vagues, qu'elle finit par arriver au château de Beaucaire.
Les gens du pays accoururent sur le port, et, reconnaissant Aucassin, ils en firent grande joie, car il était resté absent durant trois années, et ses père et mère étaient morts. Ils le reconduisirent en triomphe au château de Beaucaire et le reconnurent pour leur maître et seigneur, au lieu et place du comte Garin.
Aucassin tint sa terre en paix.

Ici l'on chante.

> Aucassin s'en est allé
> A Beaucaire sa cité ;
> Le pays et le royaume
> Sont bien gouvernés par lui.
> Aucassin serait heureux
> S'il avait seulement avec lui
> Sa Nicolette aux doux yeux.
> « Gente amie au clair visage,
> Je ne sais où vous chercher.
> Et pourtant il n'est pays,
> Soit de terre, soit de mer,
> Par le Dieu du ciel créé,
> Où je ne voulusse aller
> Pour te chercher!... »

Ici l'on dit, l'on conte et l'on fabloie.

Nous laisserons là Aucassin pour parler de Nicolette.
La nauf sur laquelle elle avait été enlevée était celle du roi de Carthage et de ses douze frères, princes et rois comme lui. Quand ils virent Nicolette si belle, ils lui firent honneur et fête, et lui demandèrent qui elle était, car elle leur semblait gentille femme de haut lignage. Mais elle ne sut quoi leur répondre, ayant été prise lorsqu'elle était encore garcelette.
On arriva bientôt à Carthage. A l'aspect des murs du château et de tout le pays avoisinant, Nicolette reconnut que c'était là qu'elle avait été nourrie, élevée et prise. Et elle n'avait pas été enlevée si jeune qu'elle ne se rappelât parfaitement avoir été fille du roi de Carthage.

Ici l'on chante.

> Nicolette, bonne et sage,
> Descend, aborde la plage,
> Aperçoit murs et créneaux,
> Les salles et les palais,
> Et grandement s'extasie.

(1)« *A grand déduit.* »Voilà encore un mot charmant qui est hors d'usage, malheureusement : il vient de *deductio*, plaisir.

— « Ah ! dit-elle en soupirant,
Etre ainsi menée, hélas !
Moi, fille au roi de Carthage...
Aucassin, mon doux ami,
Honorable damoiseau,
Vos douces amours me poignent (1),
Et grandement me travaillent.
Que Dieu veuille bien permettre
Que je vous revoie encore
Et vous tienne entre mes bras,
Et que vous baisiez ma face,
Et ma bouche et mon visage,
Damoiseau sire !... »

Ici l'on dit, l'on conte et l'on fabloie.

Comme Nicolette parlait ainsi, le roi de Carthage l'entendit.
— Belle douce amie, cria-t-il en lui jetant ses bras au cou, dites-moi, je vous prie, qui vous êtes ?... N'ayez pas peur de moi...
— Sire, répondit Nicolette, je suis fille du roi de Carthage, et je fus enlevée il y a bien quinze ans...
Il ne fut pas difficile au roi et à ses frères de s'apercevoir que Nicolette disait vrai. Aussi la menèrent-ils en grande fête à leur palais, comme il convenait à une fille de roi.
On voulut lui donner pour époux un roi de païens, mais elle refusa, disant que, pour l'instant, elle n'avait cure de se marier.
Au bout de trois ou quatre jours, elle songea au moyen qu'elle pourrait employer pour avoir nouvelles d'Aucassin. Le seul qu'elle trouva fut d'apprendre à vieller (2), et, un jour qu'on la voulait marier à un riche prince païen, elle s'enfuit et gagna le port où elle s'hébergea chez une pauvre femme qui y avait sa demeurance. Là, elle prit une certaine herbe, en exprima le jus et s'en barbouilla de haut en bas son blanc visage, qui, du coup, en devint tout noir. Ayant ensuite fait faire une cotte, un manteau, une chemise et des braies, elle s'habilla en guise de jongleur, emporta sa vielle et s'en vint vers un marinier qui, après quelques difficultés, consentit à l'admettre en sa nauf.
Les voiles furent dressées et la nauf nagea tant et tant par la haute mer, qu'elle arriva en la terre de Provence, où elle aborda et où Nicolette descendit avec sa vielle. Une fois à terre, la gente pucelle se mit à errer par le pays, toujours en viellant, tant et tant, qu'elle arriva au château de Beaucaire, où était Aucassin.

Ici l'on chante.

A Beaucaire, sur la tour,
Aucassin était un jour
Entouré de ses barons.
Les fleurs jetaient leurs parfums,
Et les oiseaux leurs chansons :
Il songea à ses amours,
A Nicolette la belle,
Qu'il avait si fort aimée...
Alors, comme il soupirait,

(1) « *Vos douces amors me hastent.* » Lacurne de Sainte-Palaye traduit par « votre amour m'encourage. » C'est presque la même chose, — sauf que c'est le contraire.
(2) « *S'aprist à vieler.* » Lacurne de Sainte-Palaye traduit « vielle » par violon. » Est-ce que ce serait la même chose ?

Nicolle au perron parut,
Tira sa vielle et puis dit :
— « Ecoutez-moi, je vous prie,
Sages et loyaux barons,
Ecoutez cette chanson,
Sur les amours d'Aucassin
Et de la gente Nicolle...
Ils s'aimaient plus qu'on ne s'aime
Assez ordinairement...
Nicolette un jour fut prise
Au donjon de Torelore
Par des païens... Aucassin,
Lui, qu'est-il donc devenu ?
Je n'en sais rien... Nicolette
Est au donjon de Carthage
Dont le seigneur est son père...
On veut la donner à femme
A quelque prince félon...
Nicolette ne veut pas,
Car elle aime un damoiseau (1)
De trop noble qualité,
Lequel, Aucassin a nom.
A lui seul elle sera,
Non à d'autre, car c'est lui
Qu'elle désire.

Ici l'on dit, l'on conte et l'on fabloie.

En entendant ainsi parler Nicolette, Aucassin fut très-joyeux. Il la tira à part et lui dit :
— Beau doux ami, ne savez-vous rien autre chose de cette Nicolette dont vous venez de nous chanter l'histoire ?
— Oui, Sire, je sais que c'est la plus loyale, la plus sage comme la plus belle créature qui fût jamais née. Elle est la fille du roi de Carthage, à qui elle avait été enlevée dans son enfance, et qui l'a précisément lui-même enlevée avec Aucassin au donjon de Torelore... Il a été très-heureux de la retrouver, et maintenant il la veut marier à un des plus puissants rois de l'Espagne. Mais Nicolette se laisserait plutôt pendre et brûler (2) que de consentir à devenir la femme d'un autre qu'Aucassin, cet autre fût-il le plus puissant et le plus riche prince de la terre.
— Ah ! beau doux ami, s'écria Aucassin, si vous vouliez retourner ce pays où vit présentement Nicolette, et lui dire que je la supplie de venir ici me parler, je vous donnerais de bon cœur autant de mon avoir que vous en oseriez demander ou prendre... Sachez que, pour l'amour d'elle, je ne veux point prendre femme, de si haut parage que ce soit ; que je n'aime qu'elle, que je n'aurai jamais d'autre compagne qu'elle, que je l'attends, que je l'eusse vitement été quérir, si j'eusse su où.
— Sire, puisque vous êtes décidé à cela, je vais aller quérir Nicolette, à cause de vous et à cause d'elle, que j'aime beaucoup.
Aucassin jura que telle était sa pensée la plus chère ; puis il lui donna vingt livres.
Comme elle allait s'éloigner, elle s'aperçut qu'il pleurait, tant son émotion était forte.
— Sire, dit-elle en revenant sur ses pas, ne vous inquiétez pas (3) : avant qu'il soit peu, je vous l'aurai amenée, je vous le promets...

(1) « *Car ele aime un dansellon.* » On appelle encore ainsi, en Provence, les jeunes gens de famille.
(2) « *Ele se lairoit pendre u ardoir.* » Lacurne de Sainte-Palaye met : « Elle se laisserait plutôt brûler toute vive. » Pourquoi retire-t-il à cette courageuse Nicolette un de ses mérites ?
(3) « *Ne vos esmaiiés pas.* »

Aucassin la remercia, et Nicolette se retira aussitôt et s'en alla en la maison de la vicomtesse de la ville, car le vicomte son parrain était mort. Elle s'y logea (1), et, en causant avec cette bonne dame, elle finit par lui confesser (2) son affaire.

La vicomtesse la reconnut bien, en effet, pour la Nicolette qu'elle avait élevée. Elle la fit laver, baigner et reposer pendant huit jours. Puis elle lui frotta le visage d'une herbe particulière, l'en oignit avec soin, tant et si bien, que Nicolette redevint aussi belle qu'autrefois.

Quand tout cela fut fait, Nicolette se vêtit de riches draps de soie dont la dame avait ample provision, s'assit en la chambre sur une courte-pointe(3) de semblable étoffe, et envoya son hôtesse quérir son ami.

La vicomtesse s'en vint au palais et trouva Aucassin, qui pleurait et regrettait Nicolette sa mie, qui tardait trop à venir, à son gré.

— Aucassin, lui dit la dame, ne vous lamentez plus et venez avec moi : je vous montrerai la chose que vous aimez le plus au monde (4), c'est-à-dire Nicolette, votre douce amie, qui vous est venue rejoindre de lointains pays.

(1) « *Ele s'i hergala.* »
(2) « *Ele li gehi son afaire.* »
(3) « *Une cueute-pointe.* »
(4) « *Je vos mostrerai la riens el mont que vos amés plus.* »

Aucassin fut bien heureux.

Ici l'on chante.

Quand Aucassin entendit
Que sa mie au clair visage
Était venue au pays,
Il accompagna la dame
Le plus vitement du monde
Jusqu'à l'hôtel où Nicole
Les attendait tous les deux.
Il entra dedans la chambre
Où sa mie était assise.
Lorsqu'elle vit Aucassin,
Elle lui tendit ses bras,
Et doucement l'accueillit (1),
Lui baisant la lèvre et l'œil.
Toute la nuit fut ainsi
Jusqu'au lendemain matin
Que l'épousa Aucassin :
Dame de Beaucaire en fit.
Ils vécurent de longs jours (2),
Menant le même plaisir (3);
Heureuse était Nicolette,
Et bien heureux Aucassin...
Ici ma chanson prend fin.
Ne sais plus dire.

(1) « Andex ses bras li tendi,
    Doucement le recaulli. »
(2) « *Puis vesquirent-il mains dis.* » *Dis*, de *dies*.
(3) « *Delis.* » De *delectamentum*, plaisir.

FIN D'AUCASSIN ET NICOLETTE.

ALBOUFARIS

PÈRE DES CAVALIERS

I

Cais, roi des tribus d'Abs, d'Adnan, de Fazarah et Dibyan, entendit un jour un de ses esclaves vanter la beauté d'un poulain qui appartenait à un homme nommé Jabir, fils d'Awef.

En effet, ce jeune animal était le miracle de ce temps, et nul, parmi les Arabes, ne pouvait dire qu'il en avait élevé de plus beau. Il était d'ailleurs généreux et illustre par sa naissance et par sa race, car son père était Ocab et sa mère Helweh, deux animaux qui passaient pour être aussi prompts que l'éclair. Toutes les tribus les admiraient pour leurs formes, et celle de Ryah était devenue célèbre parmi toutes les autres, à cause de la jument et de l'étalon qu'elle possédait.

Mais, pour en revenir au beau poulain, un jour que son père Ocab était ramené aux demeures, conduit par la fille de Jabir (c'était le long d'un lac, et il était midi), il vit la jument Helweh, qui se tenait près de la tente de son maître. Il se mit à hennir et se débarrassa de sa longe. La jeune fille, tout interdite, laissa aller le cheval et se hâta, par modestie, de chercher un refuge dans l'une des tentes. L'étalon resta là jusqu'à ce que la demoiselle revint. Elle reprit sa longe et le ramena à l'écurie.

Mais le père s'aperçut du trouble que sa fille ne pouvait cacher. Il la questionna, et elle dit ce qui s'était passé. A ce récit, le père devint furieux de colère, car il était naturellement violent ; il courut aussitôt au milieu des tentes, et levant son turban :

— Tribu de Ryah ! tribu de Ryah ! cria-t-il de toute sa force.

Et aussitôt les Arabes accoururent autour de lui.

— Parents, leur dit-il, après avoir raconté ce qui avait eu lieu, je ne laisserai pas le sang de mon cheval dans les flancs d'Helweh ; je ne suis nullement disposé à le vendre même au prix des moutons et des chameaux les plus précieux ; et si l'on ne me permet pas d'enlever l'embryon du corps d'Helweh, je chargerai quelqu'un de tuer cette jument.

— Allons, dirent tous les Arabes, faites comme il vous plaira, car nous ne pouvons nous y opposer.

On amena la jument et on la lia à terre devant le plaignant, qui, après avoir relevé ses manches jusqu'aux épaules, mouilla ses mains dans un vase d'eau, en y mêlant de l'argile, puis se mit à frapper les flancs de la jument dans l'intention de détruire ce dont Dieu avait ordonné l'existence. Cela fait, il retourna plus calme chez lui.

Malgré cela, la jument Helweh conçut heureusement, et au bout d'un an moins quelques jours, elle mit au monde un poulain parfait. En le voyant, le maître de la jument ressentit une grande joie, et lui donna le nom de Dahis, pour faire allusion à ce que Jabir avait fait.

Le poulain, en grandissant, devint encore plus beau que son père Ocab. Il avait la poitrine large, le cou long, les sabots durs, les narines bien ouvertes ; sa queue balayait la terre, et son caractère était doux ; enfin, c'était l'animal le plus parfait que l'on eût jamais vu. On l'éleva avec grand soin, et sa taille fut telle, qu'il devint comme l'arc d'un palais.

Enfin, un jour que la jument Helweh, suivie de son poulain, allait du côté du lac, Jabir, le possesseur d'Ocab, les aperçut par hasard. Il s'empara du jeune cheval et l'emmena, laissant sa mère regretter sa perte. Pour Jabir, il se disait :

— Ce poulain m'appartient, et j'ai sur lui un droit mieux établi que celui de qui que ce soit.

La nouvelle de cet enlèvement parvint bientôt au maître du jeune cheval. Il convoqua les chefs de la tribu et leur dit ce qui était arrivé. On alla trouver Jabir, auquel on fit des reproches.

— Jabir, vous avez fait à la jument de votre allié tout ce qu'il vous a convenu de faire ; c'est un point que nous vous avons accordé, et maintenant vous voulez vous emparer de ce qui appartient à cet homme et lui faire une injustice.

— N'en dites pas plus long, interrompit Jabir, et ne m'injuriez pas, car, par la foi d'un Arabe, je ne rendrai pas ce poulain, à moins que vous ne me le preniez de force ; mais alors je vous ferai la guerre.

En ce moment, la tribu n'était pas disposée à se laisser aller aux dissensions ; aussi plusieurs dirent-ils à Jabir :

— Nous vous aimons trop pour pousser les choses si loin ; nous sommes alliés et parents, nous ne combattrons pas pour ce différend, quand même il s'agirait d'une idole d'or.

Alors Kerim, fils de Wahhab (c'était le nom du maître de la jument et du poulain, homme renommé par sa générosité parmi les Arabes), Kerim, voyant l'obstination de Jabir, lui dit :

— O mon cousin ! pour le poulain, il est à vous, il vous appartient ; quant à la jument que voilà, acceptez-la en présent de ma main, afin que le poulain et sa mère ne soient pas séparés, et ne laissez croire à personne que je puisse être capable de faire tort à mon parent.

La tribu applaudit hautement à ce procédé, et Jabir fut si humilié de la générosité qui lui était faite, qu'il rendit le poulain et la jument à Kerim, en y joignant encore une paire de chameaux et de chamelles.

Dahis devint bientôt un cheval parfait à tous égards, et lorsque son maître, Kerim, voulait lui faire disputer la course avec un autre, il le montait lui-même et avait coutume de dire à son antagoniste :

— Quand vous partiriez devant moi comme un trait de flèche, je vous rattraperais, je vous dépasserais.

Ce qui arrivait effectivement.

II

Dès que le roi Cais eut entendu parler de ce cheval, il devint comme hors de lui-même et le sommeil l'abandonna. Il envoya quelqu'un à Kerim pour l'engager à lui vendre ce poulain pour autant d'or et d'argent qu'il en désirerait, ajoutant que ces richesses lui seraient envoyées sans délai.

Ce message enflamma Kerim de colère.

— Cais n'est-il donc qu'un sot et un homme mal élevé? s'écria-t-il. Pense-t-il que je suis un marchand qui vend ses chevaux, et supposerait-il que je suis incapable de les monter moi-même? Oui, j'en jure par la foi d'un Arabe, s'il m'eût demandé Dahis en présent, je le lui aurais envoyé tout aussitôt avec un assortiment de chameaux et de chamelles; mais si c'est par la voie du trafic qu'il compte l'avoir, cela ne sera jamais, dussé-je boire dans la coupe de la mort.

Le messager retourna vers Cais, et lui rapporta la réponse de Kerim, ce qui fâcha beaucoup le roi.

— Suis-je le roi des tribus d'Abs, d'Adnan, de Fazarah et de Dibyan, s'écria-t-il, et un vil Arabe sera-t-il assez hardi pour me contredire?

Il fit avertir aussitôt son monde et ses guerriers. A l'instant, les armures, les cottes de mailles, les épées et les casques brillèrent; les héros montèrent leurs coursiers, agitèrent leurs lances, et l'on se mit en marche vers la tribu de Ryah.

A peine y furent-ils arrivés dès le matin, qu'ils se jetèrent à travers les pâturages où ils firent un immense butin en troupeaux, que Cais abandonna à tous ses alliés. De là ils se portèrent vers les tentes et y surprirent les habitants, qui n'étaient nullement préparés à cette attaque, Kerim étant absent et engagé avec tous ses guerriers dans quelque expédition du même genre. Cais, à la tête des Absiens, pénétra donc dans les habitations, où l'on s'empara des épouses et des filles.

Pour Dahis, il était attaché entre les cordes qui maintiennent les tentes, car Kerim ne s'en servait jamais pour combattre, dans la crainte qu'il ne lui arrivât quelque accident, ou qu'il ne fût tué. Un des esclaves resté dans les demeures, et qui s'était aperçu des premiers de l'invasion des Absiens, alla vers Dahis avec l'intention de rompre la corde qui lui liait les pieds; mais il ne put jamais y parvenir. Toutefois il monta dessus, le poussa de ses talons, et le cheval, bien que ses pieds fussent liés, se mit à fuir en sautant et en cabriolant comme un faon, jusqu'à ce qu'il eût atteint le désert. Ce fut en vain que les cavaliers absiens coururent après lui; ils ne purent même atteindre la trace de poussière qu'il laissait derrière lui.

Aussitôt que Cais eut aperçu Dahis, il le reconnut, et le désir de le posséder s'augmenta encore. Il s'avança du côté de celui qui le montait, jusqu'à ce que son regret devint extrêmement vif, parce qu'il s'aperçut qu'il avait beau le suivre, il ne pourrait jamais l'atteindre. Enfin, lorsque l'esclave se vit à une grande distance des Absiens, il mit pied à terre, délia le pied de Dahis, remonta et partit. Cais, qui le suivait toujours, avait gagné du terrain pendant la halte; lorsqu'il fut assez près de l'esclave pour se faire entendre :

— Arrête, ô Arabe! cria-t-il, ne crains rien, je te donne ma protection, par la foi d'un noble Arabe!

A ces paroles, l'esclave s'arrêta.

— As-tu l'intention de vendre ce cheval? dit le roi Cais; dans ce cas, tu as rencontré le plus curieux des acheteurs de tous les guerriers arabes.

— Je ne veux point le vendre, monseigneur, répondit l'Arabe, à moins que son prix ne soit la restitution de tout le butin.

— Je vous l'achète, dit aussitôt Cais.

Et il tendit la main à l'Arabe pour confirmer le marché.

L'esclave consentit, et étant descendu de dessus le jeune cheval, il le livra au roi Cais, qui, plein de joie de voir ses souhaits accomplis, sauta dessus et alla retrouver les Absiens, auxquels il ordonna de restituer tout le butin qu'ils avaient fait; ce qui fut exécuté strictement.

Le roi Cais, enchanté du succès de son entreprise et d'être devenu possesseur de Dahis, retourna chez lui. La passion qu'il avait pour ce cheval était telle, qu'il le pansait et lui donnait la nourriture de ses propres mains.

III

Sitôt qu'Hadifah, chef de la tribu de Fazarah, sut que Cais possédait Dahis, la jalousie entra dans son cœur. De concert avec d'autres chefs, il médita la mort de ce beau cheval...

Il arriva dans ce temps que Hadifah donna une grande fête. Carwash, parent du roi Cais, y assistait.

A la fin du repas, et quand le vin circulait abondamment autour de la table, la conversation tomba sur les plus fameux chefs de ce temps. Ce sujet épuisé, les convives commencèrent à parler de ceux de leurs chevaux qui avaient le plus de célébrité, puis des courses qui se font dans le désert.

— Parents, dit Carwash, on n'a jamais vu un cheval comme Dahis, celui de mon allié Cais. On chercherait en vain son égal, il effraie par sa rapidité ceux qui le voient courir. Il chasse le chagrin de l'esprit de celui qui le regarde, et il protége comme une tour celui qui le monte.

Carwash ne s'en tint pas là, et il continua à louer le cheval Dahis, en employant des termes si pompeux et si brillants, que tous ceux de la tribu de

Fazarah et de la famille de Ziad sentirent leur cœur se gonfler de colère.

— L'entendez-vous, mon frère? dit Haml à Hadifah. Allons, en voilà bien assez, ajouta-t-il en se tournant du côté de Carwash. Tout ce que vous venez de dire là au sujet de Dahis n'a pas le sens commun, car en ce moment il n'y a ni de meilleurs ni de plus beaux chevaux que les miens ou ceux de mon frère.

Après ces mots, il ordonna à ses esclaves de faire passer ses chevaux devant Carwash, ce qui fut fait.

— Allons, Carwash, regarde ici ce cheval.
— Il ne vaut pas les herbes sèches qu'on lui donne, dit l'autre.

Alors on fit passer ceux de Hadifah, parmi lesquels était une jument nommée Ghabra et un étalon appelé Marik.

— Eh bien! reprit alors Hadifah, regarde donc ceux-ci.
— Ils ne valent pas les herbes sèches dont on les nourrit, répéta Carwash.

Hadifah, outré de dépit en entendant ces paroles, s'écria :
— Quoi! pas même Ghabra?
— Pas même Ghabra, ni tous les chevaux de la terre, répéta Carwash.
— Voulez-vous faire un pari pour le roi Cais?
— Oui, dit Carwash; que Dahis battra tous les chevaux de la tribu de Fazarah, quand on lui mettrait même un quintal de pierres sur le dos.

Ils se disputèrent longtemps à ce sujet, l'un disant oui, l'autre non, jusqu'à ce que Hadifah mit fin à cette altercation en disant :
— Eh bien, soit; que le vainqueur prenne du vaincu autant de chameaux et de chamelles qu'il lui plaira.
— Vous me jouerez un mauvais tour, dit Carwash, et moi, je ne veux pas vous tromper. Je ne gagerai pas avec vous plus de vingt chameaux : ce sera le prix que donnera celui dont le cheval sera vaincu.

Et l'affaire fut ainsi réglée. Ils achevèrent la journée à table jusqu'à la nuit, pendant laquelle ils se reposèrent.

IV

Le lendemain, Carwash sortit de ses tentes de bon matin, se rendit à la tribu d'Abs, alla trouver Cais et lui part de tout ce qui avait eu lieu à l'occasion du pari.

— Vous avez eu tort, dit Cais; vous auriez pu faire un pari avec qui que ce soit, excepté Hadifah, qui est l'homme aux prétextes et aux ruses; et si vous avez arrêté cette gageure, il faut la rompre.

Cais attendit que quelques personnes qui étaient auprès de lui se fussent retirées, puis il monta aussitôt après à cheval et se rendit à la tribu de Fazarah où il trouva tout le monde prenant le repas dans les tentes. Cais descendit de cheval, se débarrassa de ses armes, s'assit auprès d'eux et se mit à manger comme un généreux Arabe.

— Cousin, lui dit Hadifah, désirant le plaisanter, quelles grosses bouchées vous prenez! que le ciel nous préserve d'avoir un appétit semblable au vôtre.

— Il est vrai que je meurs de faim, dit Cais; mais par Celui qui a toujours duré et qui durera toujours, je ne suis pas venu ici seulement pour manger votre repas. Mon intention est d'annuler la gageure qui a été faite hier entre vous et mon parent Carwash. Je vous prie de rompre cet arrangement, car tout ce qui se fait et se dit au milieu des flacons ne compte pas et doit être oublié.

— Sachez, Cais, que je ne renoncerai pas à ce défi, à moins que l'on ne me remette les chameaux et les chamelles. Lorsque cette condition sera remplie, le reste me sera parfaitement indifférent. Cependant, si vous le voulez, je m'en emparerai de force, ou, si cela vous fait plaisir, j'y renoncerai, mais à titre de grâce.

Malgré tout ce que Cais put dire et redire, Hadifah resta inébranlable dans sa proposition, et comme le frère de celui-ci se mit à rire en regardant Cais, Cais devint furieux, et, le visage rouge de colère, il demanda à Hadifah :
— Qu'avez-vous parié avec mon cousin?
— Vingt chamelles, dit Hadifah.
— Pour cette première gageure, continua Cais, je l'annule, et je vous en proposerai une autre : je parie trente chamelles.
— Quarante, reprit Hadifah.
— Cinquante, dit Cais.
— Soixante, dit Hadifah.

Ils continuèrent ainsi en élevant toujours le nombre des chamelles jusqu'à cent. Le contrat fut passé entre les mains d'un homme nommé Sabic, fils de Wahhab, et en présence d'une foule de vieillards et de jeunes gens rassemblés autour d'eux.
— Quel sera l'espace à parcourir? fit observer Hadifah à Cais.
— Cent portées de trait, répondit Cais, et nous avons un archer, Ayas, fils de Mansour, qui mesurera le terrain.

Ayas était en effet le plus vigoureux, le plus habile et le plus célèbre archer qu'il y eût alors parmi les Arabes.

Le roi Cais, par le fait, désirait que la course fût longue, à cause de la force qu'il connaissait à son cheval, car plus Dahis avait une longue distance à parcourir, plus il gagnait de vivacité dans ses mouvements par l'accroissement de son ardeur.

— Eh bien! déterminez maintenant, dit Cais à Hadifah, quand la course aura lieu.
— Quarante jours sont nécessaires, répondit Hadifah, à ce que je pense, pour dresser les chevaux.
— C'est bien, dit Cais.

Et tous deux convinrent que les chevaux seraient dressés pendant quarante jours, que la course aurait lieu près du lac Zatalirsad, et que le cheval qui arriverait le premier au but gagnerait. Toutes les conditions étant réglées, Cais retourna à ses tentes.

V

Cependant un des cavaliers de la tribu de Fazarah dit à ses voisins :
— Parents, soyez assurés que des dissensions s'élèveront entre la tribu d'Abs et celle de Fazarah, à propos de la course de Dahis et de Ghabra. Les

deux tribus, soyez-en certains, seront désunies, car le roi Caïs a été là en personne : or il est prince et fils de prince. Il a fait tous ses efforts pour annuler le pari, ce à quoi Hadifah n'a pas voulu consentir. Tout cela est une affaire dont il suivra une guerre qui peut durer cinquante ans, et il y en aura plus d'un qui périra dans les combats.

Hadifah, ayant entendu ces prédictions, dit :

— Je m'embarrasse fort peu de tout cela et je méprise cet avis.

— O Hadifah ! s'écria Ayas, je vais vous apprendre quel sera le résultat de tout ceci et de votre obstination envers Caïs. Et il lui parla ainsi en vers :

« En toi, ô Hadifah ! il n'y a pas de beauté, et dans la pureté de Caïs il n'y a point de tache. Combien son avis était sincère et honnête ! aussi a-t-il en partage l'à-propos et les convenances. Parie avec un homme qui n'ait pas même un âne en sa possession, et dont le père n'ait jamais acheté un cheval; mais laisse là Caïs ; il a des richesses, des terres, des chevaux, un caractère fier et ce Dahis enfin qui est toujours le premier le jour de la course, soit qu'il s'élance ou qu'il soit en repos, ce Dahis, animal dont les pieds même, quand la nuit répand son obscurité, se font apercevoir comme des tisons ardents. »

— Ayas, répliqua Hadifah, penserais-tu que je ne tiendrai pas ma parole? Je recevrai les chameaux de Caïs, et je ne souffrirai pas que mon nom soit mis au nombre de ceux qui ont été vaincus. Laisse aller les choses selon leur cours.

Aussitôt que le roi Caïs eut rejoint ses tentes, il s'empressa d'ordonner à ses esclaves de dresser les chevaux, mais de donner particulièrement leurs soins à Dahis; puis il raconta à ses parents tout ce qui avait eu lieu entre lui et Hadifah. Alboufaris, surnommé le Père des Cavaliers, était présent à ce récit, et comme il prenait un intérêt très-vif à tout ce qui touchait ce roi :

— Caïs, lui dit-il, calmez votre cœur, tenez vos yeux bien ouverts, faites la course, et n'ayez aucune crainte. Car, par la foi d'un Arabe, si Hadifah fait naître quelque trouble et quelque mésintelligence, je le tuerai ainsi que toute la tribu de Fazarah.

La conversation dura sur ce sujet jusqu'à ce que l'on arrivât près des tentes, dans lesquelles Alboufaris ne voulut pas entrer d'avoir vu Dahis. Il tourna plusieurs fois autour de cet animal et reconnut qu'en effet il rassemblait en lui des qualités faites pour étonner tous ceux qui le voyaient.

Hadifah ne tarda pas à apprendre le retour d'Alboufaris et sut que ce héros encourageait le roi Caïs à faire la course. Haml, le frère d'Hadifah, était aussi au courant de ces nouvelles, et dans le trouble qu'elles lui causaient :

— Je crains, dit-il à Hadifah, qu'Alboufaris ne tombe sur moi ou sur quelqu'un de la famille de Beder, qu'il ne nous tue et que nous ne soyons déshonorés. Renoncez à la course, ou nous sommes perdus. Laissez-moi aller vers le roi Caïs, et je ne le quitterai pas que je ne l'aie engagée à venir vers vous pour rompre le contrat.

— Faites comme il vous plaira, répondit Hadifah.

VI

D'après cela, Haml monta à cheval, et alla à l'instant même chez le roi Caïs. Il le trouva avec son oncle Asyed, homme sage et prudent.

Haml s'avança vers Caïs, lui donna le salut en lui baisant la main, et après lui avoir fait entendre qu'il lui portait un grand intérêt :

— O mon parent, dit-il, sachez que mon frère Hadifah est un pauvre sujet dont l'esprit est plein d'intrigues. J'ai passé ces trois derniers jours à lui faire mille représentations pour l'engager à abandonner la gageure. Oui, c'est bien, m'a-t-il dit enfin ; si Caïs revient vers moi, s'il désire d'être débarrassé du contrat, je l'annulerai, mais qu'aucun Arabe ne sache que j'ai abandonné le pari par crainte d'Alboufaris. Maintenant, Caïs, vous savez qu'entre parents, la plus grande preuve d'attachement que l'on puisse se donner, est de céder. Aussi me suis-je rendu ici pour vous prier de venir avec moi chez mon frère Hadifah, afin de lui demander de renoncer à la course avant qu'il ne s'élève aucun trouble et que la tribu ne soit exterminée de ses terres.

A ce discours de Haml, Caïs devint rouge de honte, car il était confiant et généreux. Il se leva aussitôt, et laissant à son oncle Asyed le soin de ses affaires domestiques, il accompagna Haml au pays de Fazarah.

Lorsqu'ils furent à moitié chemin, Haml se mit devant Caïs, auquel il prodigua des louanges tout en blâmant la conduite de son frère, par ces mots :

— O Caïs, ne vous laissez pas aller à la colère contre Hadifah, car ce n'est qu'un homme obstiné et injuste dans ses actions ! O Caïs, si vous persistez dans le maintien de la gageure, de grands malheurs s'ensuivront! Vous et lui, vous êtes vifs et également emportés, ce qui me donne de l'inquiétude sur vous, Caïs. Mettez de côté, je vous prie, vos intérêts privés ; soyez bon et généreux avant que l'oppresseur ne devienne l'opprimé.

Haml continua d'injurier son frère, en flattant Caïs par son admiration, jusque vers le soir où ils arrivèrent à la tribu de Fazarah.

Hadifah, qui en ce moment était entouré de plusieurs chefs puissants sur le secours desquels il comptait au besoin, avait changé d'avis depuis le départ de son frère Haml, et au lieu d'entrer en accommodement et de faire la paix avec Caïs, il avait au contraire pris la résolution de ne céder en rien et de maintenir rigoureusement toutes les conditions de la course. Il parlait même de cette affaire avec l'un des chefs au moment où Caïs et Haml se présentèrent devant lui.

Sitôt qu'Hadifah vit Caïs, il résolut de l'accabler de honte. Se tournant donc vers son frère :

— Qui t'a ordonné d'aller vers cet homme? lui demanda-t-il ; par la foi d'un noble Arabe ! quand tous les hommes qui couvrent la surface de la terre viendraient m'importuner et me dire : « O Hadifah, abandonne un poil de ces chameaux ! » je ne l'abandonnerais pas, à moins que la lance n'eût percé ma poitrine et que l'épée eût fait sauter ma tête.

Caïs devint rouge et remonta aussitôt à cheval, en reprochant à Haml sa conduite. Il revint en toute hâte chez lui, où il trouva ses oncles et ses frères, qui l'attendaient avec une anxiété extrême.

— O mon fils, lui dit son oncle Asyed sitôt qu'il l'aperçut, tu viens de faire une triste démarche, car elle t'a déshonoré.

— Si ce n'eût été quelques chefs qui entourent Hadifah et lui donnent de perfides conseils, j'aurais accommodé toute l'affaire, dit Cais; mais maintenant il ne reste plus qu'à s'occuper du pari et de la course.

Le roi Cais se reposa toute la nuit. Le lendemain, il ne pensa plus qu'à dresser son cheval pendant les quarante jours déterminés.

VII

Tous les Arabes du pays s'étaient promis entre eux de venir aux pâturages pour voir la course, et lorsque les quarante jours furent expirés, les cavaliers des deux tribus vinrent en foule près du lac de Zatarlirsad.

Puis arriva l'archer Ayas, qui, tournant le dos au lac, point d'où les chevaux devaient partir, tira, en marchant vers le nord, cent coups de flèches jusqu'à l'endroit qui devint le but.

Bientôt arrivèrent les cavaliers du Ghitfan et du Dibyan, car ils étaient du même pays, et à cause de leurs relations d'amitié et de parenté, on les comprenait sous le nom de tribu d'Adnan.

Le roi Cais avait prié Alboufaris de ne pas se montrer en cette occasion, dans la crainte que sa présence ne donnât lieu à quelque dissension. Alboufaris écouta cet avis, mais ne put rester tranquille dans les tentes. L'intérêt qu'il prenait à Cais et la défiance que lui inspirait la lâcheté des Fazaréens, toujours prêts à user de trahison, l'engagea à se montrer. Ayant donc ceint son épée Dhami, et étant monté sur son fameux cheval Abjer, il se fit accompagner de son frère Shiboub, et se rendit à l'endroit désigné pour la course, afin de veiller à la sûreté des fils du roi Zoheir.

En arrivant, il apparut à toute cette multitude comme un lion couvert d'une armure. Il tenait son épée nue à la main et ses yeux lançaient des flammes comme des charbons ardents. Dès qu'il eut pénétré au milieu de la foule :

— Holà ! nobles chefs arabes et hommes fameux rassemblés ici, cria-t-il d'une voix terrible, vous savez tous que je suis celui qui a été soutenu, favorisé par le roi Zoheir, père du roi Cais; que je suis l'esclave de sa bonté et de sa munificence ; que c'est lui qui m'a fait reconnaître par mes parents, qui m'a donné un rang, et qui enfin m'a fait compter au nombre des chefs arabes. Bien qu'il ne vive plus, je veux lui témoigner ma reconnaissance et faire que les rois de la terre, même après sa mort, lui soient soumis. Il a laissé un fils que ses autres frères ont reconnu et qu'ils ont placé sur le siége de son père. Cais, qu'ils ont distingué à cause de sa raison, de sa droiture et de ses sentiments élevés. Je suis l'esclave de Cais, je lui appartiens. Je serai l'appui de celui qui l'aime, l'ennemi de celui qui lui résiste. Il ne sera jamais dit, tant que je vivrai, que j'aie pu supporter qu'un ennemi lui fit un affront. Quant au contrat et à la gageure, il est de notre devoir d'en aider l'exécution. Ainsi,

il n'y a rien de mieux à faire que de laisser courir librement les chevaux, car la victoire vient du créateur du jour et de la nuit. Je jure donc, par la maison sacrée, par le temple, par le Dieu éternel, qui n'oublie jamais ses serviteurs et qui ne dort jamais, que si Hadifah commet quelque acte de violence, je le ferai boire dans la coupe de la vengeance et de la mort, et que je rendrai toute la tribu de Fazarah la fable du monde entier. Et vous, ô chefs arabes! si vous désirez vraiment que la course se fasse, assistez-y avec justice et impartialité; autrement, par les yeux de ma chère Ibla ! je ferai marcher les chevaux dans le sang !

— Alboufaris a raison ! s'écrièrent de tous côtés les cavaliers.

Hadifah choisit alors, pour monter sa jument Ghabra, un écuyer de la tribu de Dibyan. Cet homme avait passé tous les jours et une partie des nuits de sa vie à élever et à soigner ses chevaux. Mais Cais choisit, pour monter son cheval Dahis, un écuyer de la tribu d'Abs, bien plus instruit et bien plus exercé dans son art que le Dibyanien, et quand les deux antagonistes furent montés chacun sur son cheval, le roi Cais donna cette instruction à son écuyer :

— Ne lâche pas trop les rênes à Dahis ; si tu t'aperçois qu'il sue, tiens-toi sur l'étrier et presse-lui doucement les flancs avec tes jambes; mais si tu le pousses trop, tu lui ôteras tout son courage.

Hadifah entendit ce que venait de dire Cais, et voulant l'imiter, il répéta :

— Ne lâche pas trop les rênes à Ghabra ; si tu t'aperçois qu'elle sue, tiens-toi sur l'étrier et presse-lui doucement les flancs avec tes jambes ; mais si tu la pousses trop, tu lui ôteras tout son courage.

Alboufaris se mit à rire.

— Par la foi d'un Arabe, dit-il à Hadifah, vous serez vaincu. Eh! les expressions sont-elles si rares que vous soyez forcé d'employer précisément celles de Cais? Mais, au fait, Cais est un roi, et le fils d'un roi doit toujours être imité ; et puisque vous l'avez suivi mot à mot dans ce qu'il a dit, c'est la preuve que votre cheval suivra le sien dans le désert.

A ces mots, Hadifah, le cœur gonflé de colère et d'indignation, jura par serment qu'il ne laisserait pas courir son cheval en ce jour, et qu'il voulait que la course n'eût lieu que le lendemain au lever du soleil. Ce délai lui paraissait indispensable pour préparer la perfidie qu'il méditait, car il n'eut pas plutôt aperçu Dahis, qu'il resta interdit de l'étonnement que lui causèrent la beauté et les perfections de ce cheval.

VIII

Les juges étaient donc déjà descendus de cheval et les cavaliers des différentes tribus se préparaient à retourner chez eux, quand Shiboub se mit à crier d'une voix retentissante :

— Tribus d'As, d'Adnan, de Fazarah et de Dibyan, et vous tous qui êtes ici présents, attendez un instant pour moi, et écoutez des paroles qui seront répétées de génération en génération !

Tous les guerriers s'arrêtèrent :

— Parle, dirent-ils, que veux-tu? Peut-être y aura-t-il quelque chose de bon dans tes paroles.

— O illustres Arabes, dit alors Shiboub, vous savez ce qui s'est passé à propos du défi entre Dahis et Ghabra? eh bien! je vous assure sur ma vie, que je les vaincrai tous deux à la course, quand bien même ils iraient plus vite que le vent. Mais voici ma condition : si je suis vainqueur, je prendrai les cent chameaux mis en gage ; que si, au contraire, je suis vaincu, je n'en donnerai que cinquante.

Sur cela, un des scheiks de Fazarah se récria en disant :

— Qu'est-ce que tu dis là, vil esclave? Pourquoi prendrais-tu cent chameaux si tu gagnes et n'en donnerais-tu que cinquante si tu perds?

— Pourquoi? vieux bouc né sur le fumier, pourquoi? dit Shiboub, parce que je ne cours que sur deux jambes et qu'un cheval court sur quatre, sans compter qu'il a une queue.

Tous les Arabes se mirent à rire; cependant, comme ils furent très-étonnés des conditions que Shiboub avaient faites et qu'ils étaient extrêmement curieux de le voir courir, ils consentirent à ce qu'il tentât cette chanceuse entreprise.

Mais quand on fut rentré dans les tentes, Aboufaris dit à Shiboub :

— Eh bien! toi, fils d'une mère maudite, comment as-tu osé dire que tu vaincrais ces deux chevaux, pour lesquels tous les cavaliers des tribus se sont rassemblés, et qui, au dire de tout le monde, n'ont point d'égaux à la course, pas même les oiseaux!

— Par celui qui produit les sources dans les rochers et qui sait tout, répondit Shiboub, je dépasserai les deux chevaux, fussent-ils aussi prompts que les vents. Oui, et il en résultera un grand avantage : car, lorsque les Arabes auront entendu parler de cet événement, ils n'auront plus l'idée de me suivre quand je courrai à travers le désert.

Alboufaris sourit, car il se douta du projet de Shiboub.

Pour celui-ci, il alla trouver le roi Gais, ses frères et tous les spectateurs de la course, et devant eux tous, jura sur sa vie qu'il dépasserait les deux chevaux. Tous ceux qui étaient présents se portèrent témoins de ce qu'il venait de dire, et se séparèrent fort étonnés d'une semblable proposition.

Pour le perfide Hadifah, dès le soir même il fit venir un de ses esclaves, nommé Damès, fanfaron s'il en fut.

— O Damès! lui dit-il, tu te vantes souvent de ton adresse, mais jusqu'à présent je n'ai pas eu l'occasion de la mettre à l'épreuve.

— Mon seigneur, répondit l'esclave, dites-moi en quoi je pourrais vous être utile.

— Je désire, dit Hadifah, que tu ailles te poster au grand défilé. Demeure en cet endroit, et va t'y cacher demain dès le matin. Observe bien les chevaux et vois si Dahis est devant. Dans ce dernier cas, présente-toi subitement à lui, frappe-le à la tête, et fais en sorte qu'il s'arrête, afin que Ghabra passe devant et que nous n'encourions pas la disgrâce d'être vaincus. Car, je l'avoue, dès que j'ai vu Dahis, sa conformation m'a fait naître des doutes sur l'excellence de Ghabra, et j'ai peur que ma jument ne soit vaincue et que nous ne devenions un sujet de dérision parmi les Arabes.

— Mais, seigneur, comment distinguerai-je Dahis de Ghabra quand ils s'avanceront tous deux environnés d'un nuage de poussière?

Hadifah répondit :

— Je vais te donner un signe et t'expliquer l'affaire de manière à ne te laisser aucune difficulté.

En disant ces mots, il ramassa quelques pierres à terre, et ajouta :

— Prends ces pierres avec toi. Quand tu verras le soleil se lever, tu te mettras à les compter et tu les jetteras à terre quatre à quatre. Tu répéteras cette opération cinq fois, c'est à la dernière que doit arriver Ghabra. Tel est le calcul que j'ai fait, que s'il se présentait à toi un nuage de poussière et qu'il te restât encore quelques pierres dans la main, par exemple, un tiers ou la moitié, ce serait la preuve que Dahis aurait gagné du terrain et qu'il serait devant tes yeux. Alors jette-lui une pierre à la tête comme je t'ai dit, arrête-le dans sa course, afin que ma jument puisse le dépasser.

L'esclave consentit à tout. S'étant muni de pierres, il alla se cacher au grand défilé, et Hadifah se regarda comme certain de gagner le pari.

IX

Dès l'aube du jour, les Arabes, venus de tous côtés, étaient rassemblés au lieu de la course. Les juges donnèrent le signal pour le départ des chevaux, et les deux écuyers poussèrent un grand cri. Les coursiers partirent comme les éclairs qui éblouissent les yeux, et ils ressemblaient au vent, lorsqu'à mesure qu'il court il devient plus furieux.

Ghabra passa devant Dahis et le laissa derrière.

— Te voilà perdu, mon frère de la tribu d'Abs! cria l'écuyer fazaréen à l'Absien ; ainsi, arrange-toi pour te consoler de ton malheur.

— Tu mens, répliqua l'Absien, et dans quelques instants tu verras jusqu'à quel point tu fais mal ton compte. Attends seulement que nous ayons dépassé ce terrain inégal. Les juments vont toujours mieux dans les chemins difficiles qu'en rase campagne.

En effet, quand ils arrivèrent à la plaine, Dahis se lança comme un géant, laissant un sillon de poussière derrière lui. On eût dit qu'il n'avait point de jambes, on n'apercevait que son corps, et, en un clin d'œil, il fut devant Ghabra.

— Holà! cria alors l'écuyer absien au Fazaréen, envoie un courrier de ma part à la famille de Beder, et toi, goûte un peu de l'amertume de la patience derrière moi.

Cependant Shiboub, rapide comme le vent du nord, gardait son avance sur Dahis, en sautant comme un faon et courant avec la persévérance d'une autruche mâle, jusqu'à ce qu'il arriva au grand défilé où Damès était caché.

Celui-ci n'avait encore jeté qu'un peu moins du quart de ses cailloux, lorsqu'il regarda et vit Dahis qui venait. Il attendit que le cheval passât près de lui, et se présentant inopinément à lui en criant, il lui jeta avec force une pierre dans les yeux. Le cheval se cabra, s'arrêta un instant et l'écuyer fut sur le point d'être démonté.

Shiboub fut témoin de tout, et ayant regardé l'esclave attentivement, il reconnut qu'il appartenait au lâche Hadifah. Dans l'excès de sa rage, il se jeta en passant sur Damès, le tua d'un coup d'épée, puis il alla à Dahis dans l'intention de lui parler pour le flatter et le remettre en carrière, quand, hélas! la jument Ghabra s'avança, rasant la terre comme le vent.

Alors Shiboub, craignant d'être vaincu, pensant aux chameaux qu'il aurait à donner, se mit à courir de toute sa force vers le lac, où il arriva en avance de deux portées de traits. Ghabra vint ensuite, puis enfin Dahis, portant sur son front la marque du coup qu'il avait reçu; ses joues étaient couvertes de sang et de pleurs.

X

Tous les assistants furent stupéfaits à la vue de l'activité et de la force de Shiboub; mais sitôt que Ghabra eut atteint le but, les Fazaréens jetèrent tous de grands cris de joie. Dahis fut ramené tout sanglant, et son écuyer apprit à ceux de la tribu d'Abs ce que l'esclave avait fait.

Cais regarda la blessure de son cheval et se fit expliquer en détail comment l'accident avait eu lieu.

Alboufaris rugissait de colère, portait la main sur son invincible épée Dhami, impatient d'anéantir la tribu de Fazarah. Mais les scheiks le retinrent, bien qu'avec peine; après quoi ils allèrent vers Hadifah pour le couvrir de honte et lui reprocher l'infâme action qu'il avait faite.

Hadifah nia, en faisant de faux serments, qu'il sût rien touchant le coup qu'aurait reçu Dahis, puis ajouta :

— Je demande les chameaux qui me sont dus, et je n'admettrai pas la lâche excuse que l'on allègue.

— Ce coup ne peut être que d'un sinistre augure pour la tribu de Fazarah, dit Cais; Dieu, certainement, nous rendra triomphants et victorieux, et les détruira tous. Car Hadifah n'a désiré faire cette course que dans l'idée de faire naître des troubles et des dissensions; et la commotion que va donner cette guerre peut exciter les tribus les unes contre les autres, en sorte qu'il y aura beaucoup d'hommes et d'enfants orphelins.

Les conversations s'animèrent peu à peu, devinrent violentes, les cris confus se firent entendre de tous côtés et enfin les épées nues brillèrent.

On était sur le point de faire usage des armes, quand les scheiks et les sages descendirent de leurs chevaux, découvrirent leurs têtes, pénétrèrent au milieu de la foule, s'humilièrent et parvinrent à arranger cette affaire aussi convenablement qu'il fût possible. Ils décidèrent que Shiboub recevrait les cent chameaux de la tribu de Fazarah, montant du pari, et qu'Hadifah mettrait fin à toute prétention et à toute dispute.

Tels furent les efforts qu'ils firent pour éteindre les animosités et les désordres prêts à se déclarer au milieu des tribus.

Alors les différentes familles se retirèrent dans leurs demeures, mais leurs cœurs étaient remplis d'une haine profonde.

L'un de ceux dont le ressentiment parut le plus violent était Hadifah, surtout lorsqu'il reçut la nouvelle de la mort de son esclave Damès.

Pour Cais, il était aussi rempli d'une colère sourde et d'une haine enracinée. Cependant, Alboufaris cherchait à le remettre :

— O roi! lui disait-il, n'abandonnez pas votre cœur au chagrin; car, j'en jure par la tombe du roi Zoheir votre père, je ferai tomber la disgrâce et l'infamie sur Hadifah, et ce n'est que par égard pour vous que je l'ai ménagé jusqu'à ce moment.

Bientôt chacun alla retrouver ses tentes.

Dès le matin suivant, Shiboub tua vingt des chameaux qu'il avait gagnés la veille et en fit la distribution aux veuves et aux blessés. Il en égorgea vingt autres avec lesquels il donna des festins à la tribu d'Abs, y compris les esclaves hommes et femmes. Enfin, le jour d'après, il tua le reste des chameaux et donna un grand repas près du lac de Zatalirsad, auquel il invita les fils du roi Zoheir et ses plus nobles chefs. A la fin de cette fête et lorsque le vin circula parmi les assistants, tous louèrent la conduite de Shiboub.

XI

Mais la nouvelle des chameaux égorgés et de toutes ces fêtes fut bientôt sue de la tribu de Fazarah. Tous les insensés de cette tribu s'empressèrent d'aller trouver Hadifah.

— Eh quoi! dirent-ils, c'est nous qui avons été les premiers à la course et les esclaves de ces traîtres d'Absiens ont mangé nos chameaux! Envoyez quelqu'un vers Cais, et demandez ce qui vous est dû. S'il envoie les chameaux, c'est bien; mais s'il les refuse, suscitons une guerre terrible aux Absiens.

Hadifah leva les yeux sur son fils Abou-Firacah.

— Monte à cheval sur-le-champ, lui dit-il, et vas dire à Cais : « Mon père dit que vous devez lui payer à l'instant la gageure; qu'autrement, il viendra vous en arracher le prix de vive force et vous précipitera dans l'affliction. »

Il y avait alors là présent un chef d'entre les scheiks qui, entendant l'ordre qu'Hadifah venait de donner à son fils, lui dit :

— O! Hadifah, n'es-tu pas honteux d'envoyer un tel message à la tribu des Absiens? Ne sont-ils pas nos parents et nos alliés? Ce projet s'accorde-t-il avec la raison et le désir d'apaiser les dissensions? l'homme véritable se reconnaît à la générosité et à la bienfaisance. Je pense qu'il serait à propos que tu renonçasses à ton obstination, qui n'aboutira qu'à nous faire exterminer. Cais a montré de l'impartialité, il n'a fait d'outrage à personne; ainsi, entretiens la paix avec les cavaliers de la tribu d'Abs. Fais attention à ce qui est arrivé à ton esclave Damès : il a frappé Dahis, le cheval du roi Cais, et Dieu l'en a puni sur-le-champ, il est resté baigné dans son sang noir. Je t'ai conseillé de ne prêter l'oreille qu'aux bons conseils : agis noblement, et renonce à toute vile pratique. Maintenant que te voilà prévenu sur ta situation, jette un regard prudent sur tes affaires.

Ce discours rendit Hadifah furieux.

— Méprisable scheik! chien de traître! s'écria-t-il. Eh quoi ! j'aurais peur de Caïs et de toute la tribu des Absiens ! Par la foi d'un Arabe ! que tous les hommes d'honneur sachent que si Caïs ne m'envoie pas les chameaux, je ne laisserai pas une de ses tentes debout.

Le scheik fut choqué, et pour jeter encore plus de crainte dans l'âme d'Hadifah, il lui parla ainsi en vers :

« L'outrage est une lâcheté, car il surprend celui qui ne s'y attend pas, comme la nuit enveloppe ceux qui errent dans le désert. Quand l'épée sera une fois tirée, prends garde à ses coups ! Sois juste et ne te revêts pas de déshonneur. Interroge ceux qui connaissent le destin de Themoud et de sa tribu, lorsqu'ils commirent des actes de rébellion et de tyrannie ; on te dira comment un ordre du Dieu d'en haut les a détruits en une nuit ! oui, en une nuit. Et le lendemain, ils étaient tous gisant sur la terre, les yeux tournés vers le ciel. »

Hadifah, non-seulement montra du mépris pour ces vers et le scheik qui les avait prononcés, mais il ordonna aussitôt à son fils de retourner vers Caïs au moment même.

XII

Abou-Firacah retourna donc à la tribu d'Abs, et sitôt qu'il fut arrivé, il se rendit à la demeure de Caïs, qui était absent. L'envoyé demanda alors sa femme Modelilah, fille de Rebia.

— Que voulez-vous de mon mari ? lui dit-elle.
— Je demande ce qui nous est dû, le prix de la course.
— Malheur sur toi et sur ce que tu demandes ! répliqua-t-elle, fils d'Hadifah ! ne crains-tu pas les suites d'une telle perfidie ? Si Caïs était ici, il t'enverrait à l'instant même dans la tombe !

Abou-Firacah revint vers son père, auquel il rapporta ce que la femme de Caïs lui avait dit.

— Eh quoi ! lâche, s'écria Hadifah, tu reviens sans avoir fini cette affaire ? est-ce que tu as eu peur de la fille de Rebia ? Retourne,

Cependant Abou-Firacah ayant fait observer à son père qu'il était presque nuit déjà, le message fut remis au lendemain.

Pour Caïs, lorsqu'il rentra chez lui, il apprit de sa femme qu'Abou-Firacah était venu pour lui demander les chameaux.

— Par la foi d'un Arabe, dit-il, si j'avais été là, je l'aurais tué. Mais c'est une affaire finie, laissons aller cela ainsi.

Cependant le roi Caïs passa la nuit dans le chagrin et la tristesse jusqu'au lever du soleil, heure à laquelle il se rendait à sa tente.

Alboufaris vint le voir ; Caïs se leva, puis l'ayant fait asseoir auprès de lui, il lui parla d'Hadifah.

— Croiriez-vous, lui dit-il, qu'il a eu l'impudence d'envoyer son fils me demander les chameaux ! Ah ! si j'eusse été présent, j'aurais tué ce messager.

Il finissait à peine de prononcer ces mots quand Abou-Firacah se présenta à cheval devant lui.

Sans descendre, sans faire ni salut ni avertissement, il dit :

— Caïs, mon père désire que vous lui envoyiez ce qui lui est dû ; en agissant ainsi, votre conduite sera celle d'un homme généreux ; mais dans le cas contraire, mon père s'élèvera contre vous, reprendra son bien par la force, et vous plongera dans l'affliction.

En entendant ces mots, Caïs sentit la lumière se changer en obscurité dans ses yeux.

— O toi, fils d'un vil cornard, cria-t-il, comment se fait-il que tu ne sois pas plus respectueux en m'adressant la parole ?

Il saisit une javeline et la lança dans la poitrine d'Abou-Firacah. Percé de part en part, le jeune messager se laissa aller sur son coursier, d'où Alboufaris le prit et le jeta à terre. Puis, ayant tourné la tête du cheval du côté de Fazarah, il lui donna un coup de houssine dans le flanc. Le cheval prit le chemin de ses pâturages, et rentra enfin dans son étable tout couvert de sang. Aussitôt les bergers le conduisirent aux tentes, criant : Malheur ! malheur !

Hadifah devint furieux. Il se frappait la poitrine en répétant :

— Tribu de Fazarah ! aux armes ! aux armes ! aux armes !

Et tous les insensés de s'approcher de nouveau d'Halifah et de l'engager à déclarer la guerre aux Absiens et à se venger d'eux.

— O ! mes parents, reprit bientôt Hadifah, qu'aucun de nous ne repose cette nuit, que tout armé !

Ce qui eut lieu.

XIII

A la pointe du jour, Hadifah était à cheval, les guerriers étaient prêts, et on ne laissa dans les tentes que les enfants et ceux qui n'étaient point en état de combattre.

De son côté, Caïs, après avoir tué Abou-Firacah, pensa bien que les Fazaréens viendraient l'attaquer, lui et ses guerriers ; il se prépara donc au combat.

Ce fut Alboufaris qui se chargea de toutes les précautions à prendre en ce cas. Il ne laissa donc dans les tentes que les femmes, les enfants et tous ceux qui ne pouvaient porter l'épée, puis il se mit à la tête des héros de Carad.

Rien n'était plus resplendissant que tous ces Absiens couverts de leurs cottes de mailles et de leurs armures luisantes. Ces apprêts furent un terrible moment pour les deux partis. Ils marchaient l'un contre l'autre, et le soleil paraissait à peine, que les cimeterres étincelaient et que toute la contrée était en émoi.

Alboufaris était impatient de se jeter en avant et de soulager son cœur en combattant ; mais voilà qu'Hadifah s'avance, vêtu d'une robe noire, le cœur brisé de la mort de son fils.

— Fils de Zoheir, cria-t-il à Caïs, c'est une vilaine action que d'avoir tué un enfant ; mais il est bien de se présenter au combat pour décider, par ses lances, qui mérite le commandement de vous ou de moi.

Ces paroles blessèrent Caïs. Entraîné par le ressentiment, il s'échappa de dessous ses étendards et se rua sur Hadifah.

Ce fut alors que ces deux chefs, animés par une

haine mutuelle, combattirent ensemble de dessus leurs nobles coursiers jusqu'à la nuit. Cais était monté sur Dahis et Hadifah sur Ghabra.

Dans le cours de ce combat, il se passa des faits d'armes qui n'avaient jamais été vus avant. Chaque tribu désespérait de son chef, et elles voulaient faire une attaque générale afin de suspendre leurs efforts et diminuer la fureur qu'ils mettaient à se combattre. Alors les cris commencèrent à se faire entendre dans les airs. Les cimeterres furent tirés et les lances s'avançaient entre les oreilles des chevaux arabes.

Alboufaris s'approcha de quelques chefs absiens et leur dit :

— Attaquons ces lâches.

Ils allaient partir, quand les anciens des deux tribus s'avancèrent au milieu de la plaine, la tête découverte, les pieds nus et les idoles suspendues à leurs épaules.

Placés entre les deux armées, ils parlèrent ainsi :

— Parents et alliés, au nom de l'union qui a régné jusqu'ici entre nous, ne faisons rien qui nous rende la fable de nos esclaves. Ne fournissons pas à nos ennemis et à nos envieux une occasion de nous faire de justes reproches. Oublions tout sujet de dispute et de dissension. Des femmes ne faisons point des veuves, ni des enfants des orphelins. Satisfaites votre ardeur pour les combats en attaquant ceux d'entre les Arabes qui sont vraiment nos ennemis; et vous, parents de Fazarah, montrez-vous plus humbles envers vos frères les Absiens. Surtout n'oubliez pas que l'outrage a souvent causé la perte de maintes tribus, qu'il se sont repenties de leur action impie; qu'il a privé bien des hommes de leurs propriétés, et qu'il en a plongé un grand nombre dans le puits du désespoir et du regret. Attendez donc l'heure fatale de la mort, le jour de la dissolution, car il est là. Alors vous serez déchirés par les aigles menaçants de la destruction, et vous serez enfermés dans les réduits ténébreux du tombeau. Faites donc en sorte que quand vos corps seront inanimés on ne conserve, en pensant à vous, que le souvenir de vos vertus.

Les scheiks parlèrent longtemps et jusqu'à ce que la flamme des passions qui s'était allumée dans l'âme des héros fût éteinte.

Hadifah se retira du combat, et il fut convenu que Cais paierait le prix du sang d'Abou-Firacah avec une grande quantité de troupeaux et une file de chameaux. Les scheiks ne voulurent pas même quitter le champ de bataille avant que Cais et Hadifah ne se fussent embrassés et n'eussent consenti à tous les arrangements.

XIII

Alboufaris rugissait de fureur :

— O roi Cais, que faites-vous là? s'écria-t-il. Quoi! nos épées nues brillent dans nos mains, et la tribu de Fazarah exigera de nous le prix du sang de son mort! Et nos prisonniers, nous ne pourrons les racheter qu'avec la pointe de nos lances! Le sang de notre mort aura été versé, et nous ne le vengerons pas?

Hadifah était hors de lui en entendant ces paroles.

— Et toi, vil bâtard, lui dit Alboufaris en l'apostrophant, toi, fils d'une vile mère, est-ce qu'il y a quelque chose qui puisse t'honorer, et nous, nous flétrir? Si ce n'était la présence de ces nobles scheiks, je t'anéantirais, toi et ton monde, sur-le-champ.

Alors l'indignation et la colère d'Hadifah furent portées à leur comble.

— Par la foi d'un Arabe, dit-il aux scheiks, je ne veux plus entendre parler de paix, quand même l'ennemi devrait me percer de ses lances.

— Ne parlez pas de la sorte, fils de ma mère, dit Haml à son frère. Ne vous élancez pas sur la route de l'imprudence; abandonnez ces tristes résolutions. Restez en paix avec nos alliés les Absiens, car ils sont les étoiles brillantes, le soleil resplendissant qui conduit tous les Arabes qui aiment la gloire. Ce n'est que l'autre jour, lorsque vous les avez outragés en faisant frapper leur cheval Dahis, que vous avez commencé à vous éloigner de la voie de la justice. Quant à votre fils, il a été tué justement, car vous l'avez envoyé demander une chose qui ne vous était pas due. D'après tout cela, il n'y a rien de plus convenable que de faire la paix, car celui qui cherche et provoque la guerre est un tyran, un oppresseur. Acceptez donc les compensations qui vous sont offertes, ou vous allez faire naître encore autour de nous une flamme qui nous brûlera des feux de l'enfer.

Haml continua en récitant ces vers :

« Par la vérité de Celui qui a fortement enraciné les montagnes sans fondation, si vous n'acceptez pas les compensations des Absiens, vous êtes dans l'erreur. Ils reconnaissent Hadifah pour un chef; sois donc véritablement un chef, et contente-toi des richesses et des troupeaux qui te sont offerts. Descends de dessus le cheval de l'outrage et ne le monte plus, car il te conduirait à la mer des chagrins et de l'affliction. Hadifah, renonce en homme généreux à toute violence, mais particulièrement à l'idée de combattre les Absiens. Fais d'eux et de leur supériorité, au contraire, un puissant rempart pour nous contre les ennemis qui pourraient nous attaquer. Fais d'eux des amis qui nous restent fidèles, car ce sont des hommes qui ont les plus nobles intentions; ce sont des Absiens enfin, et si Cais a agi avec toi d'une manière injuste, c'est toi qui le premier lui as donné cet exemple, il y a quelques jours. »

Dès qu'Haml eut achevé de réciter ces vers, les chefs des différentes tribus lui adressèrent des remerciments, et Hadifah ayant consenti à accepter la compensation offerte, les Arabes renoncèrent à la violence et à la guerre. Tous ceux qui portaient les armes rentrèrent chez eux. Cais envoya à Hadifah deux cents chamelles, dix esclaves mâles, dix femelles et dix têtes de chevaux. Alors la paix fut rétablie, et tout resta tranquille dans le pays.

FIN D'ALBOUFARIS.

MILLES ET AMYS

CHAPITRE PREMIER

Comment la comtesse de Clermont en Auvergne conçut et enfanta un fils qui fut appelé Milles, et comment la femme du comte Henry, sénéchal, accoucha le même jour d'un fils qui fut appelé Amys.

Au temps du roi Pépin, il y avait en la cité de Clermont en Auvergne un comte nommé Anseaulme, lequel était très-dévot envers Dieu. Ce fut le père de Milles. Il eut à épouse une très-noble dame, la plus belle qui fût sur terre et aussi la plus dévote envers Dieu et les saints qu'on sût trouver en place.

Anseaulme et sa dame restèrent mariés durant l'espace de dix ans entiers sans avoir lignée, quoiqu'ils fussent tous deux de même amour et de même vouloir à ce sujet. Au bout de ce temps, ils adressèrent de ferventes prières au Seigneur, afin qu'il lui plût de leur envoyer un enfant mâle, lequel, après leur vie et trépas, pût tenir leur terre et seigneurie. Et, pour mieux rendre efficaces leurs oraisons, ils promirent à Dieu, s'il leur accordait cette grâce, de faire tous deux le saint voyage de Jérusalem.

Leurs oraisons eurent plein succès auprès de Jésus, qui n'oublie jamais ses bons serviteurs, car la dame de Clermont conçut et engendra bientôt, du fait de son seigneur, un enfant mâle, lequel fut le plus doux en parler et le plus gracieux qui naquit jamais.

Après qu'elle eut porté l'enfant en ses flancs durant l'espace de neuf mois, elle l'enfanta enfin en grande joie. Et le père, apprenant qu'elle venait de mettre au monde un beau fils, loua et remercia Dieu de tout son cœur, disant :

— Vrai Dieu, qui fûtes cloué en croix, que votre nom soit béni ! Jamais ceux qui vous servent de bon cœur ne sont déconfortés !... Et, puisque vous m'avez donné un enfant mâle, nous irons, ma femme et moi, présenter nos corps au Saint-Sépulcre.

En même temps que la femme du comte Anseaulme accouchait ainsi d'un fils, la femme de son sénéchal accouchait pareillement. Et l'enfant du sénéchal ressemblait en toutes choses au fils du comte de Clermont, de bouche, de nez, de visage, de corps, qu'on eût dit qu'Anseaulme l'avait engendré en la femme de son sénéchal.

Le jour de cette double naissance fut un beau jour, et il y eut belle compagnie pour fêter les deux enfants, princes et chevaliers, cardinaux et légats, archevêques et évêques, dames et demoiselles, tant d'un côté que de l'autre.

L'Apostole de Rome était pour lors en la dite cité : il baptisa les deux enfants et fut leur parrain. Le fils du comte de Clermont fut nommé Milles ; le fils du comte Henry, le sénéchal, fut nommé Amys, de par la volonté de son père, et le pape y consentit.

Puis il leur fut donné à chacun d'eux un hanap d'or, de même forme et de même valeur, pour signifier qu'ils se ressemblaient et qu'ils seraient compagnons d'armes ensemble. Ils se ressemblaient même à ce point qu'on n'eût pu les reconnaître une fois séparés, si l'enfant du comte de Clermont n'eût eu sur lui une merveilleuse enseigne propre à le distinguer d'Amys, laquelle était un fer d'épée aigu dessiné sur la main droite.

CHAPITRE II

Comment un clerc nécromancien fit assavoir au comte Anseaulme la signification de l'enseigne que l'enfant Milles avait en la main droite.

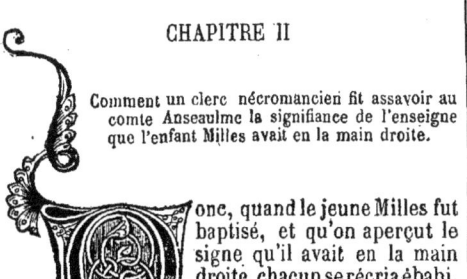

Donc, quand le jeune Milles fut baptisé, et qu'on aperçut le signe qu'il avait en la main droite, chacun se récria ébahi, principalement le pape, qui le tenait sur les fonts.

— Sainte Marie, mère de Dieu ! s'écria-t-il épouvanté, je n'ai jamais vu ni entendu parler de chose si apparente !

Monseigneur Anseaulme fit incontinent venir les mires, les médecins et les chirurgiens pour juger de la signifiance de cette enseigne, et pour savoir quel remède il fallait employer pour l'enlever de dessus la main du jeune Milles, car il était lui-même fort troublé de cette aventure, et il ne comprenait pas comment cela avait pu venir à son fils.

Les chirurgiens, médecins et barbiers s'en vinrent donc à l'appel du comte de Clermont. Mais quand ils eurent vu de quoi il s'agissait, ils déclarèrent ne pouvoir y remédier, ne sachant ce que c'était, ce dont chacun fut de plus en plus ébahi.

Alors le père envoya quérir les plus suffisants clercs de tout son pays, pour qu'ils vinssent examiner cette merveille et qu'ils lui exposassent la signifiance réelle de ce fer d'épée.

Beaucoup se rendirent à son appel : un seul put s'avouer compétent en cette occurrence. C'était un grand astrologue et un bon nécromancien. Il fit tant par son art qu'il conjura l'ennemi d'enfer, lequel accourut à lui.

— Ennemi, lui dit le nécroman, je te conjure de me dire sans mentir la signifiance de ce signe qui est sur la main de l'enfant de monseigneur Anseaulme !

L'ennemi répondit :

— Puisque tu m'as conjuré, je te dirai la vérité selon mon escient. Cet enfant qui vient de naître est destiné à régner en grande prospérité, en grande joie et grande hautesse d'honneur... Il acquerra et conquêtera beaucoup de terres et d'héritages ; il surmontera du tranchant de son épée tous ses ennemis et voisins ; il défendra et décorera la Sainte Eglise, et jamais homme en ce monde n'aura fait ce qu'il fera. Maintenant, je ne t'en dirai pas plus long, car je m'en vais...

Et, de fait, l'ennemi disparut.

Le nécroman, satisfait de cette réponse, se rendit incontinent au palais, où se trouvait le comte Anseaulme avec sa baronnie.

— Comte de Clermont et d'Auvergne, lui dit-il, je consens à ce que ma tête soit tranchée et séparée de mon corps si Milles, votre fils, n'a pas plus de renommée et de biens que n'en a jamais eus homme vivant de ce monde, car il est dans les desseins de Dieu qu'il ait plus d'honneur et de vertus que n'en eut jamais personne de deçà la mer salée. Je ne vous en dirai pas davantage, car c'est chose prouvée...

Le comte Anseaulme, entendant ainsi parler le clerc, fut aise plus qu'il n'est possible de le dire. On lui eût donné tout l'or de la terre qu'il n'eût pas été aussi heureux. Aussi remercia-t-il de bon cœur Dieu et la Vierge honorée.

Cette nouvelle se répandit promptement par tout le pays et arriva jusqu'aux oreilles du comte de Limoges, lequel en fut dolent et marri à ce point que la couleur de son visage changea subitement, et qu'il machina en son esprit quelque mauvaise affaire contre l'enfant du comte de Clermont.

Justement, ce dernier résolut d'accomplir le voyage dont il avait fait vœu ; et sa femme étant relevée de gésine, il fit tout apprêter pour le départ. Mais auparavant il manda ses princes et barons afin de leur dire sa pensée.

Quand ils furent réunis, il leur dit :

— Seigneurs, j'ai voué le saint voyage d'outremer, en reconnaissance de la digne portée que ma femme a faite, comme vous savez. Je vais aller voir le lieu où Notre-Seigneur Jésus-Christ a été délivré de mort et d'embarras, ce qui est un noble miracle. Or, pendant mon absence, voici le comte Henry, mon sénéchal, à qui j'ai donné mon amitié et en qui j'ai la plus grande fiance. Je lui laisse la charge de mon fils Milles et le gouvernement de toute ma terre et de toute la contrée, pour le cas où quelque chose surviendrait. Je vous prie, seigneurs, de lui obéir comme à moi, et de lui prêter le même concours loyal, s'il en était besoin, car vous me devez tous foi et loyauté, et je serais très-courroucé d'apprendre que vous avez eu débat et chamaillis.

Les barons du comte Anseaulme lui répondirent que sa terre serait bien gardée, ainsi que tout le pays, jusques à son retour.

La nourrice vint, apportant l'enfant qui avait la couleur vermeille et fraîche comme roses, et elle le présenta à son père, qui le baisa avec grand amour, et ensuite à la comtesse, qui devint blanche comme une fée en comprenant qu'il fallait s'en séparer. Toutefois, elle le prit dans ses bras, le baisa avec passion, tout en faisant grands pleurs et lamentations, le bailla ensuite au sénéchal, qui était l'homme à qui elle se fiait le plus au monde.

Le comte Henry prit donc l'enfant, à son tour, et lui fit faire la révérence devant les princes et les barons, qui ne purent s'empêcher de pleurer de la pitié qu'ils ressentaient.

Lors, Anseaulme et Marie sa femme prirent congé. Deux jours après, ils s'embarquaient.

CHAPITRE III

Comment le comte de Clermont et sa femme entrèrent en mer et des embarras qu'ils eurent.

Anseaulme s'en alla donc par mer avec sa femme et ses barons, lesquels priaient dévotement Dieu qu'il les menât jusques au port sans encombre.

Quand ils furent ainsi en pleine mer, voguant comme de bons pèlerins qu'ils étaient, une tempête s'en vint à sourdre, avec un vent tel, que, malgré eux, il les conduisit droit au port d'Acre. Là, le comte Anseaulme envoya payer le passage au soudan afin qu'il n'empêchât pas leur voyage; mais le gouverneur de la cité, nommé Lucion, voulut voir par lui-même à quels gens il avait affaire, et il s'en vint au navire, avec de nombreux gens d'armes. Lorsqu'il avisa la comtesse, qui était blanche comme cristal, et d'un maintien si humble et si honnête que c'était merveille de la regarder, il se sentit épris d'amour et il se dit en son cœur :

— Par Mahom! voici une bien belle dame! Je ne pourrai durer si je ne l'ai aujourd'hui à mon coucher pour faire ma plaisance avec elle!...

Lors, il commanda à ses gens d'entrer en la nauf où était la comtesse de Clermont, afin de s'emparer d'elle. Puis, s'adressant à Anseaulme, il lui dit :

— Dis-moi, vassal, à qui est cette dame qui a le visage si clair?

— Certes, répondit Anseaulme, c'est ma propre femme épousée. Elle et moi allons en pèlerinage au Saint-Sépulcre, et si nous sommes ici, c'est que le vent nous y a poussés, et non notre volonté. Par ainsi, je vous prie de recevoir le truage que nous vous devons pour notre passage, et de nous donner congé de nous en aller.

— Par Mahom! s'écria Lucion, il vous convient de faire un autre voyage et de chanter un autre martyr.

— Que me dites-vous? demanda Anseaulme étonné.

— Je dis qu'il me faut laisser cette dame que vous menez avec vous, car je la veux aimer à mon aise, à cause de sa beauté, qui est fort plaisante...

Anseaulme, entendant cela, changea subitement de couleur, et la colère le prit tellement à la gorge qu'à peine put-il parler. Il tira son épée, qui brillait comme le soleil, et il dit au Sarrasin :

— Lucion, je jure Dieu que le premier qui mettra un pied devant l'autre pour aller vers ma dame recevra un tel coup de ma tranchante épée, que je lui en ferai voler la cervelle hors de la tête!...

La colère du comte de Clermont provoqua celle de Lucion, qui ordonna incontinent à ses gens de prendre Anseaulme et de le pendre à deux fourches. En conséquence, un Sarrasin s'approcha pour obéir au commandement de son maître; mais au deuxième pas qu'il avait fait vers le comte de Clermont, celui-ci lui donnait un coup d'épée qui lui fendait la tête jusques aux dents et le jetait mort aux pieds de Lucion. Un second et un troisième Sarrasin eurent le même sort.

Pendant qu'Anseaulme les abattait, d'autres essayèrent d'emmener la comtesse sa femme. Il courut à eux pour les en empêcher, la tirant à lui tandis qu'ils la tiraient à eux. Finalement, cependant, il la leur arracha, et elle se réfugia au plus sûr du navire.

Alors commença, entre les barons du comte de Clermont et les gens d'armes de Lucion, une âpre bataille. Un certain nombre de Sarrasins fut tué. Mais, pour un qui tombait, il en revenait dix, tellement que les trente barons qu'Anseaulme avaient emmenés avec lui passèrent tous de vie à trépas en moins de rien.

Anseaulme, voyant cela, fut tout hors de sens, et se mit à crier et à se lamenter.

— Ah! comtesse, dit-il à sa femme, sauvez-vous! Votre amour et le mien sont désormais séparés, car je vais finir ma vie ici!... O mon beau fils Milles, que je ne reverrai plus jamais, Dieu te veuille garder!

La comtesse de Clermont, entendant ainsi son seigneur se lamenter et faire deuil, se pâma, pendant qu'il continuait à batailler sur le bord du navire contre les maudits Sarrasins pour sauver sa vie et sa femme.

CHAPITRE IV

Comment le comte sauta de sa nauf sur le sable, et mit à mort Lucion et son frère, et comment il fut pris et conduit devant le soudan.

En cet endroit, l'histoire dit que le comte Anseaulme, preux et hardi, abandonna la nef et sauta sur le sable de la grève, pour batailler plus à son aise et abattre encore plus de Sarrasins.

Il fut environné de toutes parts; mais il combattit si vaillamment à l'aide de sa tranchante épée, qu'il fit un sanglant abattis de païens autour de lui.

Lucion, le maréchal du soudan d'Acre, était plein de rage de voir que la belle comtesse de Clermont allait lui échapper, d'une part, et de l'autre que le comte Anseaulme faisait de si nombreux vides dans les rangs de ses gens d'armes. Il s'approcha en conséquence de lui, pour en finir, et son frère le suivit.

Mal leur en prit à tous deux, car le vaillant Anseaulme les abattit l'un après l'autre, et leur décolla proprement la tête des épaules. Puis, après eux, ce fut le tour des Sarrasins les plus rapprochés de lui.

Mais, hélas! les forces du comte de Clermont commençaient à s'épuiser, et ses ennemis renaissaient sans cesse, comme nuée de sauterelles. Il comprit qu'il était perdu, et sa femme aussi. Lors, il cria hautement, de telle sorte qu'on l'entendit de loin :

— Pour Dieu! dame, mettez votre corps en sauveté! Nagez par la mer autant que vous le pourrez, et me laissez là, car je suis mort... Adieu, ma douce compagne! Adieu, ma loyale amie! Jamais plus ne vous reverrez, ce qui me poigne!...

La comtesse de Clermont, entendant et voyant cela, fut aussi désespérée que le pouvait être son mari, et, dans sa douleur, elle voulut se jeter dans les flots. Les mariniers de la nauf s'y opposèrent avec énergie, et la contraignirent à vivre en la rejetant dans le fond du navire et en la réconfortant de leur mieux. De plus, comprenant qu'ils n'avaient rien à gagner à rester plus longtemps dans le voisinage de mécréants, ils levèrent l'ancre, dressèrent les voiles et partirent au plus vite.

Quand le comte Anseaulme vit la nauf s'éloigner, il recommanda sa femme à Dieu en faisant de grands regrets en son cœur, avec une telle violence, qu'il en perdit quasi l'haleine.

— Adieu, ma mie, murmura-t-il. Ma mort est jurée, mais vous vivrez... Que Dieu vous conduise à bon port!

Les Sarrasins, comprenant que l'une des deux proies leur échappait, voulurent s'en venger sur l'autre, et ils entourèrent si bien le comte Anseaulme, qu'il fut pris et désarmé en un clin d'œil. Et, après lui avoir donné assez de coups pour le tuer sur place, sans cependant y parvenir, ils le lièrent et menèrent au soudan de la cité d'Acre, lequel était le plus fier et le plus cruel Sarrasin de toute la Turquie.

On raconta à ce chef de mécréants comment Anseaulme, le plus hardi chrétien qu'on eût jamais vu, avait défait Lucion, son frère, et plus de trente Sarrasins. Le soudan aimait beaucoup Lucion, son maréchal; il jura par Mahom, son grand dieu, que le comte de Clermont aurait la tête tranchée.

— Ah! chien de chrétien! lui cria-t-il, tu as tué celui que j'aimais le plus au monde!... Je ne voudrais pas, pour une carraque pleine d'or fin, que tu ne fusses pas pris... Aussi te ferai-je mourir honteusement et vilainement!...

Le comte de Clermont répondit fièrement :

— Que le Dieu en qui je crois me garde et me défende!

Là-dessus, le soudan manda tous ses barons, pour tenir conseil avec eux au sujet de son prisonnier.

CHAPITRE V

Comment la comtesse de Clermont, pendant qu'on conduisait son seigneur Anseaulme devant le soudan d'Acre, était conduite à Constantinople, et ce qui arriva d'elle.

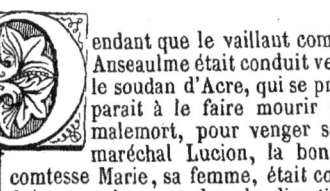

Pendant que le vaillant comte Anseaulme était conduit vers le soudan d'Acre, qui se préparait à le faire mourir de malemort, pour venger son maréchal Lucion, la bonne comtesse Marie, sa femme, était conduite par le vent dans la direction de Constantinople.

La nauf qu'elle montait aborda dans le port de cette grande cité dont l'empereur venait de mourir et qui, à cause de cela, menait grand deuil.

Chacun fut bien étonné de voir une si gente et si noble dame dans une nauf, avec quelques mariniers, et l'impératrice ne tarda pas à en être informée. En conséquence, la comtesse Marie fut conduite devant cette princesse, qui lui trouva bonne physionomie et l'interrogea avec bonté, en lui demandant qui elle était.

La comtesse de Clermont était loyale et franche. Toutefois, elle crut devoir répondre au plus loin de sa pensée, et elle fit bien, car d'aucunes fois, en disant la vérité crue, on s'expose à s'en repentir.

Ce qu'elle répondit plut à l'impératrice, qui résolut de la retenir auprès d'elle, afin de lui confier une pucelette de sept ans, nommée Sadoine, afin qu'elle lui apprît sa contenance et qu'elle l'endoctrinât comme elle paraissait capable de le faire.

La comtesse de Clermont remercia l'impératrice de Constantinople de son bon accueil et de son bon vouloir, et elle adopta la jeune Sadoine pour sa fille et son élève. La comtesse était une sage et douce dame, qui trouvait du bonheur à aimer, et, puisqu'elle n'était plus en Auvergne, auprès des créatures qu'elle affectionnait, elle n'était pas fâchée de s'organiser une autre famille, non pour remplacer l'autre, mais l'empêcher de la regretter avec trop d'amertume.

Sadoine, la pucelette, était un bon terrain dans lequel il n'y avait qu'à planter et semer pour que tout y poussât à souhait et à merveille. Aussi ne pouvait-elle pas trouver une meilleure dame que la comtesse Anseaulme, laquelle, de son côté, ne pouvait rencontrer une plus docile écolière.

C'est ainsi que cette loyale dame demeura en la maison de l'impératrice de Constantinople, pleurant souvent son loyal seigneur et ami, le comte Anseaulme, car elle le croyait mort, et demandant à Dieu de la réunir bientôt à lui.

Nous laisserons là la comtesse Marie, pour revenir au comte Anseaulme, que nous avons momentanément abandonné et qui était sur le point d'être honteusement mis à mort.

CHAPITRE VI

Comment le comte Anseaulme fut condamné par le soudan à être dévoré par un griffon et autres bêtes sauvages d'une île voisine, et comment il rencontra en cette île le roi d'Antioche.

Une fois assemblés en conseil, les barons demandèrent au soudan d'Acre de quoi il s'agissait.

— Seigneurs, répondit le soudan, voici un mauvais et félon chrétien qui a tué de sa main Lucion, mon maréchal, pour lequel j'avais l'amitié la plus grande. En outre, il a tué le frère de Lucion et une trentaine de leurs gens, que nous devons venger. C'est sur le moyen à employer pour mettre à mort cet infidèle, que j'entends vous consulter. Mourir serait trop peu pour un crime comme le sien ; il faut qu'il ait une fin lamentable... Cherchez et dites !

— Sire, dit un baron, il y a au milieu de la mer une île hantée par des bêtes sauvages et surtout par un formidable griffon. Il y a quarante ans que ce cruel monstre règne en cette île et à vingt lieues à la ronde, tant sur eau que sur terre, où il a tout dévasté... Il a mangé bêtes et gens, et, dans toute l'étendue de son royaume, il ne croît ni blé ni grain de froment... Je propose donc qu'on envoie ce chrétien à ce griffon, qui s'en arrangera et nous vengera...

Le soudan trouva l'avis bon : on n'en chercha pas d'autres. Anseaulme fut dépouillé de son armure et laissé sans cotte ni haubergeon ; puis on le jeta dans un bateau et on nagea vers l'île où régnait le griffon redouté. Lorsqu'on fut près d'aborder, on força le comte de Clermont à descendre dans un batelet qui attenait au bateau, et que l'on poussa vers l'île.

Anseaulme, se voyant seul, s'écria :

— Dieu me veuille sauver de mort ! car je suis vraiment en grand danger d'être dévoré par serpents et par autres bêtes malfaisantes !...

Cela dit, il entra dans l'île, qui lui parut sinistre et ténébreuse.

— Ah ! murmura-t-il, Jésus, vous qui avez fait le ciel, la terre et le firmament, ne souffrez pas qu'aucune bête sauvage fasse aucune lésion sur mon corps !...

Puis, songeant à Marie, sa femme, il ajouta :

— Marie ! ma souveraine joie, où êtes-vous à cette heure ?... Dieu vous a sauvée sans doute !... Jamais plus je ne vous reverrai... Adieu ! ma loyale et douce amie !... Adieu, Milles, mon doux enfantelet ! Adieu mon pays et mes serviteurs ! Jamais plus je ne vous reverrai ! Jamais plus vous n'entendrez parler de moi !...

Le comte Anseaulme était tant travaillé de douleur et de fatigue, qu'il s'endormit malgré lui sur la lande stérile de cette île dangereuse.

Au beau milieu de son sommeil, il entendit une voix qui lui dit :

— Anseaulme, comte de Clermont et d'Auvergne, ne crains rien, car tu es des amis de Jésus-Christ, et il n'oublie jamais ses serviteurs... Tu reverras encore Marie, ta femme au clair visage, et Milles, ton doux fils que tant tu aimes !... Mais, avant de les revoir, tu auras à souffrir maint et maint mal, parce qu'aucun bien ne s'achète en ce monde qu'à ce prix... Présentement, tu vaincras le monstre par lequel on t'a condamné à être dévoré... Cet odieux griffon, qui a causé jusqu'ici tant d'épouvantements, a un diable dans le corps... Lorsque tu l'auras tué, tu verras sortir le malin esprit sous forme de fumée noire... Lève-toi donc et ne redoute rien !...

Anseaulme se réveilla, se leva et se mit résolûment en marche pour obéir à l'ordre qui lui avait été transmis pendant son sommeil.

C'est ainsi qu'il arriva en un hallier obstrué d'épines de bois aiguës et nombreuses, et formant un tel treillis, qu'il était impossible d'aller outre. Et, de fait, depuis quarante-trois ans, personne n'avait passé là, ni Sarrasin, ni Grec, ni chrétien, ni chevalier, ni vassal, ni bourgeois.

Le comte de Clermont en était là, lorsqu'à quelques pas de lui, il entendit une voix dolente qui se rapprochait de minute en minute et qui, bientôt, fut tout à fait à la portée de son oreille.

Un chevalier parut armé de pied en cap.
— Qui êtes-vous, sire chevalier? demanda Anseaulme au nouveau-venu.
— Je suis le roi d'Antioche et je pleure les gens de ma suite que le griffon a dévorés. Et vous, damoiseau?
— J'ai nom Anseaulme, et suis comte de Clermont et d'Auvergne... Je suis ici pour être dévoré par le monstre qui a déjà mangé les gens de votre suite... Mais je jure que si, au lieu d'avoir une simple robe comme j'ai présentement, j'avais cotte et haubergeon, je me défendrais vaillamment contre toutes les bêtes sauvages de cette île... Avec l'aide de mon Dieu, on peut tout, Sire...

Le roi d'Antioche parut hésiter un instant; puis, se décidant, il se débarrassa vitement de son riche haubert, de son riche heaume et de son riche blason, et les donna au comte de Clermont, qui les revêtit sans plus tarder.

CHAPITRE VII

Comment le comte Anseaulme, avec l'aide de Dieu et de monseigneur saint Georges, vainquit le griffon, au grand ébahissement du roi d'Antioche.

Anseaulme ayant revêtu le harnois du roi d'Antioche, tomba à genoux et dit :
— Glorieux Dieu qui avez été envoyé sur terre pour en sauver l'humaine engeance; vous dont la digne Mère a conçu sans péché ni corruption; vous qui avez été présenté au Temple; vous qui, à l'âge de trente-deux ans ou environ, avez souffert mort et passion; vous qui, au troisième jour, êtes ressuscité de mort à vie, et maint et maint miracle avez fait, je vous requiers aide et merci !

Cette oraison faite, Anseaulme se releva et marcha droit au monstre, qui courut sur lui en sifflant.

Le combat fut âpre et sanglant. Le comte de Clermont était brave et il avait foi en Dieu; mais son adversaire était pourvu de griffes aiguës, et d'une queue formidable avec laquelle il renversa deux fois Anseaulme.

Le roi d'Antioche faisait piteuse mine pendant cette bataille, et il comprenait à merveille que le griffon n'allait faire qu'une bouchée du comte de Clermont et de lui-même.

Et de fait, la situation d'Anseaulme était délicate et périlleuse. Bien qu'il eût cassé d'un coup d'épée une des ailes du monstre, il se sentait vaincu et perdait tout son sang par les blessures qu'il avait reçues.

Heureusement que Dieu n'oublie jamais ses serviteurs. Il vit le danger du comte de Clermont et lui envoya monseigneur saint Georges, qui apparut, monté sur un fougueux cheval, et terrassa le griffon, qui s'en alla rouler dans la mer en vomissant des torrents de fumée.

Le roi d'Antioche, devant ce merveilleux spectacle, fut plus ébahi qu'il ne l'avait jamais été de sa vie.

— Ah! murmura-t-il, comte de Clermont, je crois au Dieu qui fait de pareilles choses !... Je me fais chrétien!

Anseaulme était heureux, non pas seulement d'avoir vaincu le monstre et d'en avoir délivré la contrée qu'il désolait, mais d'avoir conquis une âme de plus au ciel.

Une pensée vint cependant troubler sa joie. Il songea à sa loyale femme, la comtesse Marie, et ce souvenir lui tira les larmes du cœur et des yeux.

CHAPITRE VIII

Comment le roi d'Antioche fut baptisé; comment la reine d'Antioche pria d'amour le comte de Clermont, et comment celui-ci fut renvoyé au soudan d'Acre.

Quand le bon roi d'Antioche vit ainsi pleurer le vaillant comte Anseaulme, il le réconforta de son mieux, puis, le prenant par la main, il le mena en la cité d'Antioche, où ils trouvèrent le peuple, qui se lamentait, croyant avoir perdu son seigneur.

La reine ne se démenait pas moins, et ses barons avec elle, car chacun s'imaginait bien que le griffon avait dévoré le roi après l'avoir emporté. Mais quand il entra avec Anseaulme, les Sarrasins laissèrent leur deuil et coururent joyeusement au château annoncer l'arrivée de son mari à la reine, qui s'en vint vitement à sa rencontre, en menant grande joie.

— Ah! Sire, s'écria-t-elle en l'accolant et le baisant, comment vous êtes-vous échappé de ce péril?...

— Dame, répondit le roi, voici un chevalier courtois qui m'a garanti.

Alors il lui conta l'aventure, et comment il lui avait promis de croire en Jésus-Christ et de se faire baptiser, ainsi que ses gens.

— Quant à moi, ajouta-t-il, c'est chose résolue depuis que j'ai été témoin de ce miracle, et j'espère bien que mes barons et mon peuple se feront baptiser comme moi. D'ailleurs, ceux qui s'y refuseront seront punis de mort...

— Je ferai ce que vous ferez, Sire, dit la reine, et les barons m'imiteront, tant grands que petits.

C'est en devisant ainsi qu'ils arrivèrent au palais, où le roi manda aussitôt les gentilshommes de sa cour, auxquels il raconta l'aventure qu'il avait déjà racontée à sa femme, leur demandant conseil. Ses barons furent de son avis, et il s'empressa de mander le pape, les cardinaux, les archevêques et les évêques, qui s'empressèrent eux-mêmes de venir, heureux d'avoir ainsi à gagner de nouvelles âmes au ciel.

Le baptême du roi d'Antioche eut lieu en grande pompe, ainsi que celui de la reine. Il fut nommé Abilant, et sa femme Ydorie. Après eux furent pareillement baptisés barons, princes, et le commun peuple.

Ce jour-là, le comte Anseaulme reçut grand honneur du pape et des cardinaux, à cause du bien qu'il avait fait à la religion.

Quelque temps après, la reine d'Antioche devint grosse d'enfant; puis elle accoucha, et, après son accouchement, elle s'enamoura du comte Anseaulme.

Or, un jour que le roi d'Antioche était allé quelque part en ébat et qu'il restait fort peu de monde au château, elle envoya quérir secrètement le comte de Clermont pour qu'il eût à venir lui parler. Quand il fut arrivé, elle le fit asseoir près d'elle, et lui, qui ne pensait nullement à mal, s'assit et attendit courtoisement qu'elle lui dit pourquoi elle l'avait fait venir.

Cela ne tarda guère.

— Damoiseau, lui dit-elle, daignez m'entendre et me comprendre... Je vous vois si beau, si gracieux, si vaillant, que, pour l'amour de vous, je veux oublier l'amour de monseigneur le roi... Par ainsi, assurez-moi que vous ferez ce qui me plaira...

Anseaulme, marri de ce qu'il entendait là, répondit :

— Reine, daignez à votre tour entendre et comprendre ce que j'ai à vous dire... J'ai eu à femme une loyale dame qui a péri certainement en mer... Mais, à cause de cela, je lui veux garder ma foi... En outre, votre seigneur est honnête et bon : le tromper pour moi serait pour vous un grand déshonneur et une grande vilenie... C'est du moins mon sentiment, et, plutôt que de consentir à ce que vous me proposez, j'aimerais mieux être traîné à quatre chevaux... Il y a un long temps déjà que j'ai demandé au roi congé d'aller à la recherche de ma femme... Aussitôt qu'il me l'aura accordé, je partirai et ne me reposerai que lorsque je l'aurai trouvée...

La reine d'Antioche dissimula la colère et le dépit que lui causait cette réponse, et, comme elle était grandement enamourée du comte Anseaulme, elle essaya par tous les moyens en son pouvoir de l'amener à ses fins, mais sans pouvoir y réussir. Ce fut en vain qu'elle le tint une demi-journée à ses côtés, dans sa chambre : Anseaulme, préservé de mal par sa loyauté et par son amour pour la comtesse Marie, ne se laissa nullement aller aux désirs de la reine d'Antioche, de quelque séduction qu'elle ornât ses paroles et ses gestes.

Aussi, le soir, quand elle fut couchée avec le roi, elle ne tarda pas à dire :

— Ah! cher Sire, je suis bien courroucée!

— Et de quoi? demanda le roi.

— Votre cœur se fie trop au comte Anseaulme, reprit la reine, et le comte Anseaulme a la chair hardie, car il a songé à faire grande vilenie contre vous, en me requérant de déshonneur...

— Vous, dame ? s'écria le roi ébahi.

— Oui, certes, moi et non nulle autre... Il m'a voulu prendre outre mon gré et faire de moi à sa volonté... Par ainsi, cher Sire, je vous supplie de m'en venger et de condamner le comte à périr...

Le roi d'Antioche, entendant cela, sentit la sueur lui perler sur le front et la jalousie le mordre au cœur...

— Ah! s'écria-t-il, je n'eusse jamais cru le comte capable de concevoir si laide et si déloyale pensée contre moi!... Mais aussi, c'est être bien fou que de se fier ainsi à un étranger!...

Le roi d'Antioche passa une fort mauvaise nuit. Aussitôt le jour venu, il envoya arrêter Anseaulme, et, lorsqu'il fut arrêté, il alla vers lui et lui dit :

— Ah! sire comte de Clermont, vous avez mérité la mort, et vous l'aurez!...

— Pour Dieu! Sire, qu'ai-je fait?...

— Vassal, je vous dois bien haïr, car vous avez voulu honnir ma femme... Vous faisiez donc bien peu de cas de moi, que vous avez songé à me couvrir de ce déshonneur?...

Le comte Anseaulme, tout éperdu, voulut parler et se blanchir; mais il ne le put; le roi ne le voulut pas écouter et fit assembler ses barons pour le juger. Les barons, reconnaissants envers Anseaulme, qui avait tué le griffon, se contentèrent de demander à ce qu'il fût banni d'Antioche et renvoyé au soudan d'Acre, ce qui eut lieu.

Le soudan, en le voyant revenir, fut ébahi; mais, comme le roi d'Antioche, il lui pardonna en faveur du monstre dont il avait purgé la contrée, et il se contenta de le faire jeter dans une obscure prison, comme meurtrier et larron.

— Hélas! murmura Anseaulme, j'avais mal, et il me faut maintenant souffrir pis... Que Dieu me donne patience suffisante!

CHAPITRE IX

Comment le comte de Limoges, ayant assemblé une armée, vint mettre le feu au château de Clermont, et comment le jeune Milles fut préservé de mort par sa nourrice.

Nous avons précédemment dit que le comte de Limoges, jaloux du destin prédit au fils du comte de Clermont, avait conçu à son sujet de mauvaises pensées. Aussi, quelque temps après le départ d'Anseaulme et de ses barons, se présenta-t-il aux portes de Clermont avec son armée, par une nuit obscure, et comme chacun reposait en cette cité. L'assaut fut donné, et l'armée du comte de Limoges entra sans peine, se dirigeant vers le château, où elle mit le feu.

Il y eut grande rumeur, on le comprend. La nourrice du jeune Milles entendit ce bruit, se leva et aperçut les flammes qui dévoraient le château. Lors elle courut vers l'enfantelet confié à sa garde, le prit dans ses bras, et s'enfuit tout bellement par la chaussée, jurant qu'elle ne reviendrait pas à Clermont avant que son seigneur Anseaulme n'y fût revenu lui-même. Elle ne voulut pas se retourner, parce qu'elle avait entendu, en fuyant, les gens du comte de Limoges, qui criaient : « Mort à Milles ! » Galleraux avait en effet promis trente bezans d'or à qui lui rapporterait cet enfant, mort ou vif.

Elle alla ainsi jusqu'à Besançon, à pied, demandant l'aumône tout le long du chemin, ce qu'elle n'avait jamais fait de sa vie. Mais on s'habitue à tout pour les êtres qu'on aime.

A Besançon, la nourrice s'arrêta et fit sa demeurance en cette cité, en y louant une petite chambre. Chaque matin, elle sortait de chez elle, prenait son enfant entre ses bras et s'en allait de maison en maison, et d'église en église, truander et demander l'aumône. Et, comme tout le monde prenait plaisir à la grande beauté de l'enfant, on faisait largesse à la mère.

Elle truanda et quémanda tant et tant, qu'au bout d'un long temps elle finit par avoir grosse somme d'or et d'argent. Ne croyez pas qu'elle la dépensât ? Tout au contraire : plus son trésor s'arrondissait, plus elle regardait à sacrifier une seule maille. C'était la plus chiche de toutes les chiches, à ce point qu'elle n'achetait rien, et se nourrissait seulement du pain et de la viande qu'on lui donnait par charité. Son premier trésor s'arrondit bientôt ainsi davantage, et elle amassa assez d'argent pour en emplir un petit sac qu'elle cacha dans la paille de son lit, de peur qu'on ne le lui dérobât.

Je cesserai pour l'instant de parler de la nourrice et de l'enfant Milles, et je parlerai du bon comte Henry le sénéchal et de son fils Amys.

CHAPITRE X

Comment Henry le sénéchal emporta son fils Amys à Langres, et le confia à son oncle Richier.

Henry, le bon sénéchal, avait été éveillé par les mêmes rumeurs qui avaient fait fuir la nourrice du jeune Milles. En entendant crier : « Au feu ! au feu ! Trahis ! trahis ! » il sauta du lit, sans songer à se vêtir convenablement, prit son fils, descendit dans le jardin du château, et suivit un petit chemin aboutissant à une poterne qui donnait sur les champs. Il avait les clefs de cette poterne :

il ouvrit et s'en alla, tenant toujours Amys entre ses bras.

Là, il rencontra un certain nombre d'habitants qui fuyaient devant l'incendie et devant les gens d'armes du comte Galleraux. C'est ainsi qu'il apprit ce qu'il ne savait pas jusque-là, c'est-à-dire la trahison du comte de Limoges.

Le pauvre sénéchal, à qui Anseaulme avait confié la garde de son fils Milles, fut bien marri d'apprendre cela. Il pleura et se démena à faire pitié. Il maudit le comte Galleraux, auteur de tout ce mal.

— Hélas ! cruel ! s'écria-t-il, quel mal a donc pu te faire cet innocent enfantelet qui a quatre mois à peine ?... Quel déplaisir a-t-il pu te causer ?..... Sois maudit de Dieu, traître comte !..... Lorsque monseigneur Anseaulme apprendra cela, il s'en vengera terriblement...

Tout en disant ces paroles, le bon sénéchal continuait à cheminer, tenant toujours son fils entre ses bras. C'est ainsi qu'il arriva en la cité de Langres où demeurait un sien oncle, sénéchal de Boulogne, lequel avait nom Richier. Le comte Henry comptait lui bailler son fils à nourrir, chausser et vêtir, et, ainsi débarrassé de ce cher fardeau, il espérait pouvoir se remettre en route pour retrouver le comte Anseaulme.

Il alla donc à l'hôtel de son oncle, lequel était un homme gros et grand, bien membru, fort et puissant.

— O cher oncle ! lui dit-il en lui faisant la révérence, que Dieu vous donne honneur et bonne vie !

Quand messire Richier vit son neveu ainsi accoutré, avec un enfant sur les bras, il se refusa à le reconnaître pour sien.

— Vous n'êtes pas mon neveu répondit-il; je n'ai pas d'aussi pauvres parents, ni d'aussi pauvres amis... Vous avez couché en mauvais herbage, allez-vous-en de céans !...

Henry reprit :

— Pour Dieu, mon oncle, ayez pitié de moi et de ce beau petit enfant que j'ai engendré et dont la mère, votre nièce, est morte présentement, hélas ! Le comte de Limoges, un envieux, a mis le feu à la ville et au château de Clermont, en l'absence du comte Anseaulme, mon cher seigneur, et j'ai dû fuir pour sauver ce pauvre enfantelet...

Le sénéchal raconta encore quelques détails de la trahison de Galleraux; mais, au lieu d'apitoyer son oncle, il le fit rire.

— Par la Sainte-Croix ! mon gars, vous avez la langue bien longue et vous ne tenez guère à votre tête... Vous êtes en ce pays de Bourgogne dont le duc est proche parent du comte de Limoges; s'il a vent de ces paroles que vous dites là, il vous fera prendre et envoyer à monseigneur Galleraux, car ils s'entr'aiment de grande amitié, et bon sang ne peut mentir...

— Mais, mon oncle...

—. Allons, Henry, soyez raisonnable et délogez de céans de peur des dangers... Pour ma part, je n'oserais ni vous aider ni vous retenir... Vous avez perdu votre état : il s'agit d'en chercher un autre... Aujourd'hui, il n'y a ni parent ni ami qui tienne : on les fuit lorsqu'ils peuvent vous nuire...

— Ah! bon oncle, reprit le sénéchal Henry, vous ne devez pas me faire faute ainsi, ce serait trop cruel.. Vous avez dit vous-même que bon sang ne pouvait et ne devait pas mentir... Personne ne sait son malheur à venir... On voit en l'œil d'un autre l'ordure qui lui fait mal, mais celui qui l'a ne la voit pas... Par ainsi, mon bon oncle, je vous supplie d'avoir pitié de mon enfant et de moi..

Henry eut beau dire et faire : l'oncle Richier fut inflexible, et non-seulement il ne voulut pas l'aider d'une maille, mais encore il ne daigna pas s'approcher pour voir et baiser le petit enfant qu'il tenait en son giron, ce dont Henry fut péniblement affecté.

La femme de Richier venait d'arriver sur les dernières paroles de son mari et de son neveu.

— Vous êtes bien méprisable, dit-elle, de ne pas tenir plus que cela compte de votre chair et de votre sang !... Si vous refusez le père, ne refusez pas l'enfant au moins... Prenez-le et faites-le allaiter, car il en a besoin... Vous savez bien, en outre, que nous avons richesse suffisante pour le nourrir, chausser et vêtir sans en être ruinés...

— Puisqu'il en est ainsi, soit! répondit l'oncle. Henry, vous me laisserez votre fils... Mais, pour le reste, néant !... Je n'ai point à vous aider d'or ni d'argent, beau neveu !...

— Mon oncle, dit le pauvre Henry, me voulez-vous donc renier pour votre parent ?... Ne savez-vous donc pas bien que je suis le propre fils de votre propre frère Régnier...

— Je n'en sais rien, répondit durement Richier; je ne reconnais pour parents que ceux qui ont de quoi vivre et qui se savent aider...

Le comte Henry n'insista plus. Il lui suffisait, en somme, que son enfant fût recueilli et soigné, et il le fut. Il prit donc congé tellement quellement de son oncle Richier et de sa tante, et il s'en retourna à Clermont. Mais, ayant appris en chemin que Galleraux en avait pris possession et en recevait les profits, il s'en alla à Montferrand, où il fut bien festoyé par les chevaliers et barons du pays.

On voulait qu'il restât. Il répondit :

— Messeigneurs, jamais plus je ne m'arrêterai que je n'aie retrouvé le comte et la comtesse Anseaulme... Si vous avez eu de leurs nouvelles, dites-le-moi... Dites-moi pareillement où est le jeune Milles, leur fils.

— Nous n'en savons rien, répondit-on.

Alors, le comte Henry prit congé des barons et des bourgeois de Montferrand, prit grosse somme d'or et d'argent, se fit armer et monta à cheval, avec une suite de gens armés comme lui.

— Ah! mon oncle Richier, dit-il, ne me gabera plus, lui qui m'appelait chétif... car j'ai de l'or et de l'argent assez maintenant, Dieu merci !... Le proverbe a raison : Qui peut se gouverner sans rien coûter à ses amis, doit être tenu pour sage en dires et en faits !...

CHAPITRE XI

Comment la nourrice menait l'enfant Milles truander et demander l'aumône, et comment l'enfant ne voulait pas être de ce métier.

Milles, l'enfant du comte Anseaulme, était devenu grand et bien formé. Sa mère nourrice le menait truander deçà et delà, ce qui ne lui plaisait guères.

— Mère, lui disait-il souvent, ce métier-là n'est pas beau... J'en voudrais bien apprendre un autre...

La nourrice ne répondait et l'emmenait comme à l'ordinaire dans les rues de Besançon, ce dont il avait honte plus que jamais.

Milles, en effet, était né pour autre chose que pour demander l'aumône. Il était grand, fort, adroit, autant que gracieux et beau, et il se sentait déjà d'âge et de taille à gagner sa vie d'une autre manière. Quand sa mère nourrice l'emmenait pour truander et qu'il rencontrait par les rues quelque belle femme ou quelque gente pucelle, la couleur lui muait au visage, et, à ce moment, il n'eût pas demandé l'aumône pour tout l'or du monde.

Il n'était pas seulement honteux de faire ce métier de paresseux devant des femmes; il l'était encore de le faire avec l'humble jaquette qu'il avait pour unique vêtement. Il ignorait qu'il était mieux vêtu ainsi, plus beau garçon, plus désirable pour les dames et les pucelles, que les jeunes gens de son âge qui étaient vêtus de plusieurs couleurs de draps.

Les jours où il ne sortait pas avec sa nourrice, il en était très-heureux ; aussi s'empressait-il de monter à cheval pour aller se promener et chevaucher le plus loin qu'il pouvait, et cela avec une telle grâce et un si noble maintien, qu'on eût cru qu'il avait été page toute sa vie. De plus, quand il en trouvait l'occasion, il sollicitait les varlets pour qu'ils le laissassent conduire les chevaux à l'abreuvoir ou au pré.

A toutes ces causes, Milles ne put se tenir de dire un jour à sa nourrice :

— Mère, il y a longtemps que je désire être bien joli... Je vous aimerais bien si vous m'achetiez de belles chausses, une bonne robe et un bon pourpoint, car je ne veux plus aller truander, mais servir quelque homme de bien...

— Mon fils, répondit la nourrice, il n'appartient pas à bélîtres qui vont coquiner comme nous faisons d'être habillés comme vous le voulez être... Jamais on ne nous donnerait rien...

— Cela m'importe peu ! reprit Milles, qui avait l'air très-décidé. Fi de la truandise ! Je tiens pour plus honorable de servir un bon prud'homme qui aura cinq ou six chevaux à panser, que de truander et coquiner comme je fais... Au moins, je chevaucherai à loisir derrière lui quand il ira dehors, et là sera mon gibier...

— Par Dieu ! répliqua la nourrice, tu auras grandement tort, mon enfant, car c'est là un rude métier, tandis que tu n'as nulle peine dans celui que nous faisons : on n'a qu'à aller d'un lieu à l'autre... Et tu as si bonne mine, que les deniers pleuvent dans mes mains, comme grêlons au mois de mars...

La nourrice parla encore longtemps ; mais Milles ne l'écoutait plus. Son parti était pris et bien pris : à partir de ce jour il ne voulut plus l'accompagner dans ses tournées. Et il lui arriva plus d'une fois, à cause de cela, de n'avoir pas déjeuné le soir en se couchant.

CHAPITRE XII

Comment Milles déroba l'argent de sa mère nourrice, et s'en alla à l'aventure où Dieu le mena.

Quand Milles eut l'âge de vingt et un ans, il paraissait en avoir trente, tant il était grand, fort et membru. Et tant plus il se voyait ainsi et tant plus il était honteux de demander l'aumône.

— Faut-il donc que je sois toujours truand ! se dit-il à lui-même. Ma mère a amassé beaucoup d'argent sans en dépenser maille ni denier ; le plus souvent même elle s'en va coucher sans boire ni manger... Cela n'est pas raisonnable... Mais, par Dieu ! si je trouve jamais son trésor, elle peut être sûre que je ne lui en laisserai pas un morceau valant seulement un petit blanc... Je m'en achèterai robes et chevaux et m'en irai de céans... Pour l'heure présente, il s'agit de l'épier et de savoir où elle a pu cacher ce trésor...

Milles songea un instant ; puis il se dit :

— Je ne l'ai jamais vu, mais je tiens pour assuré qu'elle a un trésor, et un très-gros... Car, qui ne dépense rien et qui gagne beaucoup doit amasser une forte provision d'or et d'argent... Ah ! si je le pouvais découvrir, ce trésor !.. Je m'achèterai robe de fin drap, haubert, hoqueton, noble harnois, et serai un capitaine de guerre... Oui, tel sera mon état... Puis, si je trouve quelque belle pucelle qui soit riche et qui me veuille aimer, je ne lui manquerai pas... Je lui dirai tout bas que je suis fils d'un prince, d'un grand seigneur ou d'un avocat, et non d'autre... Car, par Dieu ! si j'étais comte de Flandres, ou grand prince, je ferais trancher la tête à tous ces truands bélîtres qui demandent l'aumône et se font briser les bras afin de mieux émouvoir, ainsi que ces autres truands, gros et gras, qui couchent sur de beaux coussins de plume molle...

Voilà ce que se disait Milles.

Un jour, il advint qu'il se trouva seul en la maison de sa mère, qui était allée truander. Il ferma la porte et se mit à chercher partout pour trouver le trésor qui devait être caché dans quelque endroit. Il n'y eut trou, lieu ou cornet généralement quelconque où il ne cherchât, jurant Dieu qu'aussitôt qu'il l'aurait trouvé, cet argent gagné en ordure, il ne se ferait nul scrupule de le dépenser.

Il avait regardé et fouillé dans beaucoup d'endroits sans aucun succès. Il s'en vint au lit de sa nourrice.

— Ci-gît le trésor ! dit-il.

Et il commença par jeter la paille et à chercher avec ardeur comme un limier qui est sur une piste. Il fit tant qu'il trouva un sac où il y avait force florins et gros tournois.

— Je le savais bien ! s'écria-t-il tout joyeux de sa découverte.

Il prit donc le sac et refit le lit de façon à ce que sa mère ne s'aperçût de rien ; puis il s'en alla grande allure, de peur d'être poursuivi.

CHAPITRE XIII

Comment le jeune Milles, avec l'argent qu'il avait emporté de chez sa nourrice, se fit équiper des pieds à la tête.

Milles s'en alla tout droit à Langres, sans se retourner, sans presque s'arrêter, et, quand il fut arrivé dans cette cité, il alla loger chez un honnête bourgeois nommé Artus.

Le duc de Bourgogne, Gombaux, était à Langres en ce moment-là. Il y faisait grande assemblée des nobles et barons de ce pays. Aussi en venait-il chaque jour en grand nombre.

— Est-ce qu'il y a guerre ? demanda Milles à son hôte.

— Nenni, cher sire, répondit Artus.

— Mais, alors, pourquoi ce remue-ménage en cette cité ?... Pourquoi ces allées et venues de chevaliers et de gens d'armes ?...

— Je vais vous le dire... Monseigneur le comte de Limoges mène guerre contre ceux d'Auvergne, qui se sont ligués contre lui en l'absence de leur seigneur, le comte de Clermont... Or, monseigneur Gombaux, notre glorieux duc, est le propre cousin germain du comte de Limoges, et, à cette cause, il tient à lui envoyer secours...

— Le comte de Limoges a donc reçu échec des barons d'Auvergne ?

— Oui et non... Ils ont repris possession de la cité de Clermont, où le comte de Limoges s'était installé... Mais ce dernier tient les champs et peut leur causer dommage... Les secours que monseigneur le duc de Bourgogne veut lui envoyer ont pour but de le mettre à même de terminer vitement et honorablement cette guerre.

— Messire Artus, dit alors Milles en remettant à son hôte le sac de florins et de tournois qu'il avait découvert dans le lit de sa nourrice, voici une somme d'argent avec laquelle j'entends me vêtir et équiper des pieds à la tête... Vous m'achèterez s'il vous plaît un cheval, une armure complète, écu, heaume, haubert et généralement toutes les choses nécessaires à un homme de guerre... Je demande à être bien chaussé et bien vêtu aussi...

— Cher damoiseau, répondit Artus ébloui par la quantité de gros tournois et de gros florins qui se trouvaient dans le sac de la nourrice, vous serez vêtu et harnaché comme un prince avec la moitié seulement de cette somme.

— Croyez-vous, messire Artus ?
— Certes, oui !
— N'épargnez rien, je vous prie...
— Je n'épargnerai rien, puisque vous me le commandez, mais il vous restera la moitié au moins de cette somme que vous me confiez là...

— Messire Artus, j'ai fiance entière en vous... Ce qui restera, vous le garderez en dépôt entre vos mains jusqu'à ce que je vous le réclame...

— Mais, vous connaissez les chances de la guerre ; s'il vous arrivait malheur ?...

— Si je meurs, messire Artus, vous prierez pour moi et vous garderez la somme dont vous ferez l'emploi qu'il vous plaira. Présentement, je vous prie de m'acheter l'équipement dont j'ai besoin...

— Bien volontiers ! répondit Artus.

Et, sans plus tarder, il se mit en devoir d'obéir à son jeune commensal.

D'abord il alla au marché et acheta un très-beau cheval de Carthage, qu'il fit harnacher par les selliers, les chapuiseurs, les cuireurs et les bourreliers les mieux faisants. Il acheta également bon écu, bon heaume, bon haubert, et le reste. Puis, en revenant au logis, il y ramena le taillandier, qui habilla le jeune Milles tout de neuf, et lui donna robes et pourpoints de bon drap et de belle apparence.

Quand Milles fut ainsi vêtu, il sembla transformé aux yeux d'Artus,

— Ah ! bachelier, s'écria ce bonhomme, il y a en cette ville un damoisean qui vous ressemble de corps, de visage, de parler et de condition, d'une merveilleuse façon, tellement qu'on vous croirait engendrés tous deux par le même père...

— Quel nom a-t-il, ce damoiseau qui me ressemble ?

— Il a nom Amys et il est de très-haut lignage, comme vous sans nul doute...

Milles était trop occupé de lui-même en ce moment-là pour s'occuper beaucoup d'un autre. Il sourit au bonhomme Artus et monta sur son beau cheval de Carthage pour aller se promener dans les rues de Langres.

CHAPITRE XIV

Comment Milles et Amys firent connaissance et se lièrent d'une mutuelle et forte amitié destinée à durer jusqu'à la mort.

Équipé comme il l'était, rendu plus beau encore par les riches habits dont il était vêtu, Milles s'en alla donc chevaucher par la cité.

Je n'étonnerai personne en disant qu'il recueillit sur sa route des sourires et des admirations, car il avait vraiment belle et fière mine sur son coursier, qu'il montait comme un écuyer qui en a depuis longtemps l'habitude.

C'est ainsi qu'il arriva devant la maison du sénéchal Richier, qui, en le voyant, lui cria :

— Eh ! beau neveu, vous avez là un merveilleux coursier... Combien vous a-t-il coûté ? Je vous en prie, ne me célez pas... je vous donnerai l'or et l'argent nécessaire pour le payer...

Milles crut que le sénéchal se voulait gaber de lui, et cela le fâcha.

— Beau sire, lui répondit-il, vous avez grand tort de vous moquer de moi... Mais, par Dieu ! si je vous tenais hors de Langres et que vous m'en dissiez autant, je vous prouverais qu'il n'y a entre nous ni amitié ni lignage !...

— Eh ! beau neveu, reprit Richier, qu'avez-vous donc à vous courroucer ainsi ? Ce que j'ai fait, c'est parce que c'est mon droit et mon devoir d'oncle...

Milles, voyant que le sénéchal persistait dans sa gaberie, allait persister dans sa colère, et je ne sais pas ce qui serait arrivé, lorsque survint précisément le jeune Amys. Le sénéchal, ébahi, regardait les deux bacheliers, ne sachant plus vraiment lequel ou n'était pas son neveu.

— Regardez-moi ce chevalier, dit-il à ceux qui l'entouraient et en leur montrant Milles ; voyez comme il ressemble à Amys !... Si mon neveu était perdu, je prendrais celui-ci pour lui et lui donnerais à boire, à manger, à se vêtir, à se chausser, en son lieu et place...

— C'est vrai, lui répondit-on ; ils se ressemblent tous deux comme deux gouttelettes de lait.

Lors, Richier appelant son neveu, lui dit :

— Amys, voulez-vous voir un jouvenceau pareil à vous ?... Regardez celui-ci devant et derrière... Vous vous ressemblez tous deux comme si vous étiez fils du même père et de la même mère...

Amys fit ce que son oncle lui commandait, et, après avoir bien regardé Milles de côté et d'autre, il alla vers lui, et tous deux firent aussitôt connaissance.

Ils s'en allèrent ensemble en la maison du sénéchal, où ils burent et mangèrent joyeusement. Après le manger, ils eurent plusieurs paroles ensemble, par lesquelles ils cimentèrent leur mutuelle amitié, qui devait se continuer jusqu'à la mort. A partir de ce moment, ils n'eurent à eux deux qu'un cœur et qu'une volonté, et s'entr'aimèrent plus que ne le font d'ordinaire les hommes.

Ils se firent vêtir et chausser tous deux de la même livrée, de sorte qu'il eût été impossible de dire au juste lequel des deux était le neveu du sénéchal, et lequel était Milles. Compagnons inséparables désormais, ils allèrent ensemble à la guerre du comte de Limoges, où ils firent de grandes prouesses, où ils gâtèrent et pillèrent le comté de Clermont, sans se douter qu'ils ravageaient là un pays ami au profit d'un de leurs ennemis. Si ce n'eût été l'hiver, tout le pays d'Auvergne eût été ruiné. Mais il y eut trêves entre les barons de Clermont et le comte de Limoges, et les gens d'armes se retirèrent chacun en son pays.

Milles et Amys s'en revinrent donc à Langres, où se tenait le duc de Bourgogne.

CHAPITRE XV

Comment Amys envoya son compagnon Milles parler à la belle Flore en son lieu et place et avec ses vêtements.

ombaux, le duc de Bourgogne, avait pour fille une pucelle d'une merveilleuse beauté, nommée Flore, et la plus riche héritière qui fût pour lors en la contrée.

Flore était amoureux d'Amys, et Amys était amoureux de Flore. Mais aucun d'eux n'osait s'en ouvrir à l'autre, bien que la fille du duc fît tous ses efforts pour laisser lire sa pensée secrète à son ami. Il la servait à table, et ils échangeaient de doux et tendres regards qui les transperçaient d'outre en outre l'un et l'autre.

Milles s'aperçut de l'amour de son compagnon pour Flore, et en même temps du chagrin qu'il éprouvait de ne pas pouvoir aller plus loin que le regard avec elle.

— Beau compagnon, lui dit-il, vous êtes amoureux de Flore la Belle, et elle est amoureuse de vous, j'en suis assuré... Par Dieu! si elle m'aimait ainsi, moi, je ne serais pas long à lui parler bouche à bouche et non pas œil à œil, comme vous faites... Par ainsi, Amys, si vous m'en voulez croire, vous irez parler à votre mie, afin qu'un autre ne lui parle pas avant vous... Soyez hardi en amour comme vous l'êtes en guerre!... Le proverbe a raison : Jamais couard n'eut belle amie...

Amys ne voulut pas suivre ce conseil; il préféra suivre une autre voie.

— Doux et loyal compagnon, répondit-il à Milles, je songe à autre chose qu'à ce que vous me conseillez... Prenez mes vêtements, allez-vous-en parler à Flore, et sachez ainsi sa volonté à mon endroit, car, à vrai dire, je ne sais comment me conduire, et si c'est à mon profit, ou à mon dommage, qu'elle me regarde comme elle fait souvent lorsque je la sers à table... Je vous supplie, cher compagnon, de faire cela pour moi, et de m'en rapporter bonnes nouvelles.

— Volontiers, dit Milles.

Et, de fait, il se rendit sans plus tarder à la chambre de la pucelle, où il entra aussi hardiment que s'il eût eu l'habitude d'y entrer. Mais cette hardiesse même lui fut fatale, car il fit un faux pas et tomba tout de son long à terre devant Flore, qui aussitôt courut à lui en disant :

— Amys, vous êtes blessé?

— Nenni, ma dame, répondit Milles en riant. C'est le grand amour que j'ai pour vous qui m'a aveuglé et fait tomber... Quand il vous plaira, je verrai clair et ne tomberai plus...

La belle Flore se mit à rire, prit la main du jouvenceau et le fit asseoir près d'elle. Lors, Milles l'enceignit de son bras droit, de façon à toucher son beau sein de vierge, en ce moment tout palpitant de plaisir, et lui murmura à l'oreille :

— Dame, je souffre pour vous en mon cœur telle rage d'amour que nuit et jour je ne puis durer ni reposer... Pardonnez-moi de m'être enhardi jusqu'à vous le dire; mais sachez que ce n'est pas moi, c'est l'amour qui m'y a poussé!... Je vous requiers merci si je vous ai offensée... et, dans ce cas, je m'en irai de céans pour vous débarrasser de moi, et m'en irai si loin, si loin, par delà la mer, que jamais vous n'entendrez nouvelles de moi...

La belle Flore, entendant cela, eut le cœur tout joyeux, et la chose lui vint bien à gré.

— Gentil damoiseau, répondit-elle à Milles d'une amoureuse façon, je ne vous défends pas cette chambre ; tout au contraire, vous y pouvez venir à toutes les heures de jour et de nuit que bon vous semblera, car la vie des amants est honnête quand l'honneur est gardé loyalement de part et d'autre, de bon cœur et sans mal penser... Il convient seulement que nous nous gardions des médisants, de peur d'acquérir blâme et mauvaise renommée. Amants qui s'entr'aiment ont le paradis en ce monde!...

— Belle, répliqua Milles, puisqu'il vous plaît ainsi, comme à moi, que notre amour se parachève et que nous ne soyons, vous et moi, qu'un cœur, je vous supplie de m'assigner l'heure où je devrai revenir céans... Je ne vous ai pas tout dit, et je veux vous dire plus sûrement encore combien je vous aime...

Flore, à cette demande, rougit jusqu'au blanc des yeux, un peu ébahie de la hardiesse que lui témoignait celui qu'elle croyait être Amys, et elle ne put s'empêcher de le lui dire en manière de doux reproche.

— Belle amie, répondit Milles, c'est la force de mon amour qui cause cela... J'ai le cœur si blessé de votre divine personne, que je n'en peux plus...

— Puisque vous m'aimez ainsi, dit la pucelle, j'aurais bien mauvais cœur de vous haïr... Revenez demain en cette chambre, après midi, et d'ici là, je penserai à ce que vous venez de me dire...

CHAPITRE XVI

Comment Milles retourna vers son compagnon Amys pour lui dire la réponse de la belle Flore.

lore ayant tendrement renvoyé Milles, en lui donnant rendez-vous pour le lendemain, il s'en alla retrouver son compagnon, qui l'attendait dans des transes inexprimables.
— Compagnon, lui dit-il, vous pouvez aller hardiment voir votre dame... Car aussitôt que j'ai été entré dans sa chambre, elle m'a pris par la main et m'a fait asseoir à côté d'elle... Je vous avouerai même que, n'eût été ma grande amitié pour vous, je n'eusse pas résisté à la douceur de sa personne et je l'eusse baisée plusieurs fois sur ses belles lèvres rouges qui semblaient deux cerises mûres... Sachez, mon compagnon, que vous avez pour mie la plus gracieuse et la plus amoureuse pucelle qui soit au monde... Je prie Dieu que vous ne lui causiez point de préjudice d'honneur, car elle ne pense nullement à mal, la pauvrette... Allez donc vers elle, mon loyal ami.
— Je n'oserai jamais...
— Il faut oser... En tout cas, je vous supplie de ne plus me renvoyer vers elle, moi, pour cause de tentation... Sa grande beauté m'a fait mainte et mainte fois soupirer, et quiconque a l'insigne bonheur de se trouver seul à seul avec une si séduisante pucelle est bien sot de ne pas en exiger tant seulement un baiser, car au matin avec du pain on prend bien du fromage...
— Doux compagnon, répondit Amys, je vous tiens pour bon et loyal, et je vois bien que vous n'avez pas fait la pâte de mon tourteau comme n'eût sans doute pas manqué de le faire tout autre que vous en semblable occurrence... Maintenant, doux et bon compagnon, dites-moi à quelle heure je pourrai aller voir ma dame?...
— Demain, après midi.

Amys eut le cœur tout joyeux de ces nouvelles-là, et il remercia grandement son compagnon Milles. Aussi, le lendemain, à l'heure dite, le gentil damoiseau s'en alla heurter, en tremblant beaucoup, à la porte de la chambre de la princesse, qui vint ouvrir elle-même.

Amys lui fit la révérence, elle le prit par la main et le fit asseoir à ses côtés, comme elle avait fait la veille avec Milles, croyant que c'était Amys. Ainsi furent-ils l'un à l'autre. Ainsi se virent-ils longtemps, de jour comme de nuit, s'entr'aimant d'une si parfaite et si naturelle amour, qu'il m'est impossible de le réciter.

CHAPITRE XVII

Comment la nourrice de Milles, arrivée à Langres, rencontra Amys, et, croyant que c'était Milles, le prit par sa robe et la tira si rudement qu'elle la déchira.

r, la mère nourrice de Milles s'était mise en route pour le chercher et recouvrer l'or et l'argent qu'il lui avait dérobés. Elle s'en allait ainsi par monts et par vaux, par villes et par châteaux, faisant regrets et disant :
— Hélas! si je tenais mes cent vieux gros d'argent et mes cent florins d'or, et toute ma monnaie que ce faux truand de Milles m'a dérobée, je ne serais pas en cette peine et en ce dénûment!... Moi, qui, de ma vie, n'avais jamais osé en distraire un denier pour boire ou manger un bon morceau, ou pour chausser de bons souliers, ou pour me couvrir le dos d'une bonne chemise !...

Tout en murmurant ces paroles et d'autres que je ne rapporte pas, la nourrice arriva à Langres demi-folle, par suite de la perte de son argent.

Elle s'hébergea dans une hôtellerie, où elle ne put fermer l'œil de toute la nuit, à cause des soucis qui la poignaient plus douloureusement que jamais.
— Hélas! disait-elle, hélas! Milles, ce que j'avais épargné avec tant de soin après avoir payé toute ma vie à truander, vous l'avez emporté tout d'un coup !... Vous méprisiez la coquinerie, et vous ne vouliez pas aller mendier ; mais vous n'avez pas dédaigné de prendre pour vous ce que nous avions gagné à nous deux dans ce métier !...

Le lendemain, au matin, la nourrice commença sa quête par les rues de la cité. Dans l'après-dîner, comme elle passait sur une chaussée devant le palais du duc de Bourgogne, elle se croisa avec le jeune Amys, qu'elle arrêta incontinent, croyant arrêter Milles, son fils. Elle l'arrêta en le prenant par sa robe, et elle la tira avec une telle violence, qu'elle la déchira jusqu'à la poitrine.

Le sénéchal Richier était aux fenêtres du palais avec toute la baronnie du duc.
— Ah! traître larron! cria la nourrice à Amys, fort ébahi. Ah! tu m'as emporté et dérobé mon argent! C'était pour t'en acheter cette robe de drap, n'est-ce pas?... Par l'image de Dieu! tu me la laisseras ou tu me rendras mon argent, et je te ferai pendre et étrangler comme tu mérites de l'être !...

Amys crut que cette femme était folle et enragée ; mais sa robe n'en était pas moins déchirée, et il était honteux d'être mis en cet état devant le monde, qui commençait à s'amasser en riant autour d'eux.

Plus le populaire venait, plus Amys se sentait rougir de honte, et plus la nourrice criait et se lamentait haut.

— Hélas! bonnes gens, disait-elle, ce paillard glouton m'a volé et emporté tout mon argent!...

Le duc et les barons, qui étaient aux fenêtres du palais, descendirent aussitôt pour faire cesser cette scène scandaleuse.

— Ma mie, tu es folle! dit le duc à la nourrice, qui continuait à vociférer et à retenir Amys. Nous connaissons bien ce jouvenceau, et tu ne dois pas le connaître... Avise donc mieux à qui tu parles.

— Sire, répondit-elle, j'ai nourri et élevé ce jouvencel pendant mainte et mainte journée, et, pour cela faire, quêté pain et argent... Le pain, il le mangeait; l'argent, je l'épargnais... Eh bien! il y a un an environ, il s'est enfui de chez moi, emportant plus de cent livres de bonne monnaie, avec quoi il a acheté cette robe fourrée... Faites que mon argent me soit restitué, ou je me fais partie contre lui comme larron.

— Femme, reprit le duc, je connais bien ce jouvenceau, te dis-je, car il a été nourri en cette contrée et non en nulle autre... Va-t'en; tu es folle ou tu le prends pour un autre...

La nourrice, au lieu de se calmer, recommença à braire plus fort que devant, disant que cela n'était pas vrai, et que ce jouvencel était bien celui qu'elle avait nourri et qui lui avait emporté son argent. Elle y gagna que le duc de Bourgogne, la tenant pour folle et démoniaque, commanda qu'on la liât et qu'on la menât au moustier, pour voir si Dieu lui voudrait aider.

Sur ces entrefaites survint Milles, le noble écuyer. En reconnaissant sa nourrice et en remarquant la violence qu'on lui faisait, il entra dans la presse et dit d'une voix forte :

— Seigneurs, je vous prie de laisser là cette femme et de n'y pas toucher davantage, car c'est ma propre mère, et cela me fait souffrir de la voir ainsi malmenée...

Quand la nourrice entendit cette voix et reconnut Milles, elle se redressa suppliante vers le duc de Bourgogne.

— Sire duc, lui cria-t-elle, faites-moi mon droit, car voici le vrai larron!... Ce n'est pas mon fils, je suis seulement sa nourrice... Je jure, par notre Dieu! que c'est lui qui m'a dérobé mon argent!...

Le duc de Bourgogne, qui s'était éloigné, revint sur ses pas, et, tout étonné, il dit à la nourrice :

— Femme, quel est ce damoiseau que tu dis avoir nourri? Il semble, à proprement parler, qu'il soit prince ou fils de grand seigneur... Dis-moi la vérité, et je te ferai justice...

— Sire, répondit la dame, il est né à Clermont en Auvergne, du comte Anseaulme et de la comtesse Marie, qui le baptisèrent Milles. C'est pour le nourrir et l'élever que j'ai truandé. Voici toute la vérité, sire duc...

Le duc de Bourgogne ne voulut pas perdre cette occasion de faire plaisir à son cousin le comte de Limoges, en lui annonçant la découverte qu'il venait de faire. Il commanda donc au sénéchal Richier de faire conduire Milles en une grosse tour bien fermée, et il bailla trente marcs d'argent à la nourrice, qui, si elle fut contente de recevoir cette somme, fut prise de remords quand elle vit les gens d'armes emmener celui qu'elle avait nommé son enfant pendant un si long temps. Hélas! ce remords venait trop tard! On ne blute pas une pâte qui est déjà pétrie!...

CHAPITRE XVIII

Comment Milles fut mis hors de prison par le moyen d'Amys et de la belle Flore, à laquelle mal en prit.

Comme on le croit bien, Amys n'avait pas vu emmener d'un œil sec son cher et loyal compagnon Milles. Tout au contraire, il mena grand deuil, et, tout en pleurant, il chercha dans son esprit les moyens à employer pour le mettre hors de prison.

Il s'avisa d'en aller parler à sa mie, la belle Flore.

— J'y consens, répondit la pucelle, qui ne savait rien refuser à son amant; je vous aiderai de tout mon pouvoir à mettre votre compagnon hors de prison... Seulement, il faudra que je m'en aille hors de cette contrée après l'affaire, pour éviter la fureur du duc mon père; car, lorsqu'il apprendra que j'ai aidé à l'élargissement de Milles, il me fera certainement mourir, si je ne m'y oppose pas en fuyant...

— Dame, répondit Amys, nous vous emmènerons avec nous, et nous fuirons si loin d'ici, que jamais le duc n'aura nouvelles de nous...

— Bel Amys, dit la pucelle, venez donc devers moi à minuit; nous ferons la chose convenue.

A minuit, en effet, Amys étant venu, elle et lui s'en allèrent trouver le gardien de la tour où était renfermé Milles.

— Monseigneur, mon père vous mande par moi que vous livriez Milles, dit la belle Flore, prenant la parole la première. Il veut l'envoyer secrètement cette nuit au comte de Limoges pour le faire mourir, afin que ses parents et amis n'en sachent rien.

— C'est sagement parler et faire, répondit le gardien en leur donnant les clefs.

Milles fut délivré aussitôt, à la grande joie de son compagnon et de lui-même.

— Allez faire vos apprêts, dit Amys à sa dame; pendant ce temps, je vais mener Milles jusqu'à la porte... Puis je vous reviendrai quérir.

— Bien, dit Flore, allez, et que Dieu vous conduise!...

Lors, Milles et Amys s'en vinrent à l'écurie, prirent chacun un bon coursier, montèrent hâtivement dessus et s'en vinrent à la porte de la ville, que le neveu de Richier fit incontinent ouvrir, car on l'honorait beaucoup et on le redoutait un peu à cause de l'influence dont il jouissait auprès du duc de Bourgogne.

Quand la porte de la cité fut ouverte, les deux compagnons sortirent dans la campagne, et Milles s'étant mis momentanément à l'abri, Amys revint pour chercher sa mie, ainsi qu'il le lui avait promis. Mais en chemin il rencontra un garçon qui l'arrêta en lui disant :

— Amys, allez-vous-en, car si le duc vous trouve, il vous fera pendre !...

— Comment cela ?... demanda Amys inquiet.

— Oui... le duc a appris que son prisonnier venait de sortir avec vous et avec sa fille... Il a interrogé sa fille et l'a fait mettre en prison... On vous cherche; on vous trouvera si vous restez céans... Par ainsi, fuyez au plus vite !... fuyez !...

Amys, tout dolent de cette nouvelle, dut se résigner à fuir, comprenant que, pour l'instant, ses efforts pour la sauver seraient inutiles. Il rejoignit donc Milles, qui l'attendait.

— Et votre dame ?... demanda Milles.

— Ah ! répondit Amys, ah ! franc compagnon, nous sommes déçus ! Ma mie Flore a été mise en prison à cause de vous !...

— A cause de moi ?... Mais alors, il nous faut revenir en la cité pour la délivrer...

— Non, compagnon... tout au contraire... il faut jouer des éperons sur les flancs de nos bêtes, car, si nous restons plus longtemps dans ce maudit voisinage, nous serons pris, et, une fois pris, nous ne pourrons nous échapper...

Ils avaient de bons coursiers; ils chevauchèrent donc toute la nuit et tout le jour suivant sans s'arrêter autrement que pour laisser souffler leurs bêtes. Tant et tant ils allèrent, que, finalement, ils arrivèrent en Lombardie, où ils s'embarquèrent.

CHAPITRE XIX

Comment Milles et Amys arrivèrent à Constantinople, où était la comtesse de Clermont, et comment Milles s'enamoura de la fille de l'impératrice.

Donc, Milles et Amys s'embarquèrent, et les mariniers les menèrent droit à Constantinople.

Milles ne savait pas que la comtesse de Clermont, sa loyale et vertueuse mère, était en cette cité. Seulement, lorsque la nauf entra dans le port, il se sentit tout angoisseux, et, sans attendre qu'on eût abordé, il sauta à terre, au grand ébahissement des mariniers, car il venait ainsi de courir un grand danger.

Amys le suivit, et tira dehors leurs coursiers, sur lesquels ils s'empressèrent de monter l'un l'autre pour faire leur entrée dans la ville, qui était dans la désolation, par suite de la menace qu'avait faite le soudan d'Acre.

Le soudan d'Acre, le même qui tenait en ses prisons le comte de Clermont et le comte Henry son sénéchal, qui était venu se prendre en ses filets en cherchant son seigneur Anseaulme ; le soudan d'Acre voulait avoir à femme Sadoine, la fille de l'impératrice de Constantinople, parce que c'était la plus belle chrétienne de tout l'empire grec, et, comme on ne voulait pas la lui donner, il avait fait appel à tous les rois ses vassaux, et avait réuni une armée de cent mille combattants. Pour l'instant, grâce à lui, il n'y avait plus en Grèce ni ville ni village, ni église ni moustier où les païens n'eussent mis le feu, et le même sort menaçait Constantinople.

Milles et Amys apprirent cela comme tout le monde. Ils surent que l'armée du soudan approchait, bannières déployées, et ils résolurent alors, comme l'argent leur manquait, d'aller se louer à Othon, cousin de l'impératrice, qui faisait appel à tous les gens d'armes disposés à combattre les Sarrasins.

Othon, pour réconforter l'impératrice, et lui prouver que si son armée n'était pas aussi forte que celle de son ennemi, elle valait cependant quelque chose, fit défiler ses hommes d'armes, deux par deux, en bonne ordonnance, devant le palais.

L'impératrice était aux fenêtres, et, à côté d'elle, était Sadoine sa fille, dont le visage resplendissait comme un soleil de beauté...

Véritablement, il n'y avait nulle plus belle pucelle en toute la Grèce et dans tous les pays environnants. Le ciel l'avait faite haute et droite, de façon à rendre tous les cœurs amoureux d'elle. Elle avait les yeux plus verts que ceux d'un faucon, les seins ronds, durs et pointants sous le vêtement, la bouche vermeille, les dents blanches ; elle était enfin avenante au possible de corps et de visage, de cœur et d'esprit.

A côté d'elle était la comtesse Marie, la bonne dame qui l'avait instruite et enseignée et que l'impératrice honorait à l'égal de sa propre sœur.

Donc, les gens d'armes s'en vinrent défiler devant le palais à bannières déployées. Il faisait beau voir les pennonceaux voleter en l'air, et reluire au soleil les harnois et les heaumes.

Milles et Amys défilèrent avec les autres, et, comme les autres, ils ne purent s'empêcher de lever les yeux jusqu'aux fenêtres où étaient les dames. Milles aperçut d'abord sa mère, la comtesse Marie, vers laquelle il eût couru avec joie s'il eût su qui elle était ; puis, il aperçut Sadoine, et alors il n'eut plus d'yeux que pour l'admirer.

— Amys, dit-il à son compagnon, voyez cette pucelle à cette fenêtre... Dieux ! qu'elle est belle ! Je n'ai jamais vu sa pareille au monde !... Mère-Dieu ! je comprends seulement maintenant combien je suis pauvre et combien ma pauvreté me défend d'espérer ! Quelle distance de cette merveille à moi ! Ah ! pourquoi, au lieu d'avoir seigneurie et richesse, suis-je pauvre au point de n'avoir pas même de quoi dîner ?... Il me tarde de me trouver en bataille, afin que cette pucelle entende parler de moi...

Pendant que Milles s'extasiait ainsi devant la beauté de l'incomparable Sadoine, celle-ci, à son tour, le regardait ainsi que son compagnon.

— Dame, dit Sadoine à la comtesse Marie, voyez donc ces deux jouvenceaux, là-bas... Par Jésus-Christ, on n'en forma jamais de plus beaux !... Ils se ressemblent de visage et d'allure comme frères germains, et l'on dirait volontiers qu'ils ont tous deux tourné dans le même ventre...

La comtesse de Clermont, entendant cela, regarda du côté où regardait Sadoine, et, apercevant les deux compagnons qui étaient vêtus à la mode de France, tout son cœur tressaillit.

— Ah! murmura-t-elle, ils me rappellent le plaisant pays de France où j'ai vécu comtesse de Clermont, heureuse et honorée !... Pourquoi n'y suis-je plus ? Pourquoi n'ai-je plus mon bon seigneur Anseaulme et mon cher Milles ?...

Comme la comtesse Marie pleurait en regrettant son pays, Sadoine imagina, pour la réconforter, d'envoyer un écuyer vers les deux jeunes compagnons.

CHAPITRE XX

Comment Milles et Amys furent appelés auprès de la belle Sadoine, et comment celle-ci s'enamoura de Milles, qui s'était énamouré d'elle.

oyant la belle Sadoine le désigner à l'écuyer, Milles se sentit fort aise et il ne put s'empêcher de dire à Amys :

— Compagnon, je crois vraiment que Jésus-Christ m'aidera ! Mon cœur me dit que je serai un jour empereur de Grèce et que j'aurai en mariage cette belle fille qui est là-haut aux fenêtres du palais !...

En ce moment, l'écuyer de Sadoine s'approcha, et, le saluant, lui dit :

— Gentil damoiseau, une dame vous mande par moi que vous veniez au plus tôt lui parler en ce palais, et que vous ameniez avec vous votre compagnon...

— Volontiers, répondit Milles tout joyeux, entraînant Amys avec lui.

Ils suivirent tous deux l'écuyer, et quand ils furent arrivés au perron du palais, ils baillèrent leurs chevaux à garder à un serviteur ; puis, montant les degrés, ils se trouvèrent bientôt en présence de la belle Sadoine et de la bonne comtesse Marie, assises toutes deux sur un banc, et devant lesquelles ils s'agenouillèrent respectueusement.

— Enfants, leur dit la comtesse de Clermont, dites-moi, je vous prie, quels sont vos père et mère, et si vous êtes tous deux frères ou non...

— Dame, répondit hardiment Milles, nous sommes frères, en effet, et tous deux natifs de Bourgogne, pays riche et puissant dont le duc est notre oncle...

La pauvre dame soupira. Ces deux jouvenceaux n'étaient pas ce qu'elle croyait ; cependant, comme son sang ne peut mentir et qu'elle se sentait attirée d'amitié vers eux, elle détacha un annelet de son doigt et l'offrit à Milles en disant :

— Damoiseaux, j'aime beaucoup ceux qui sont du pays d'où vous venez, et, à cause de cet amour, je suis à leur commandement... Par ainsi, comme vous me semblez tous deux forts et puissants, je vous engage à aller et venir céans comme en votre demeurance... Vous servirez ma dame Sadoine et sa mère, et, si vous vous montrez honnêtes à les bien servir, vous en aurez bonne récompense, je vous le promets...

— Dame, répondit Milles, je ne désirais pas, pour ma part, d'autre sort que celui que vous daignez nous proposer, à mon compagnon et à moi... Servir ma dame Sadoine, faire sa volonté, c'est la meilleure récompense que vous me puissiez donner, et je n'en veux point d'autre...

La comtesse Marie, entendant sortir de si bonnes paroles de la bouche de son fils, qu'elle ne savait pas si proche d'elle, ne put s'empêcher de sourire et de dire à Sadoine :

— Ma dame, voici deux enfants bien appris, bien faits, beaux, avenants, gracieux, et en tout dignes de gouverner un royaume... Plût à Dieu, le roi de gloire, que je fusse encore au pays d'Auvergne : je les voudrais de tout mon pouvoir enrichir, car ils méritent grand avoir et grande gloire, j'en suis assurée...

Sadoine avait regardé Milles et il avait fait sur son cœur l'impression qu'elle avait faite elle-même sur le sien.

— Mère-Dieu, reine du Paradis, murmura-t-elle toute énamourée, il n'y a qu'en France que naissent d'aussi beaux jouvenceaux !... On n'en trouverait pas de pareil à celui-ci dans toute la Grèce... Mon cœur va vers lui, je le sens... Mère-Dieu ! faites qu'il m'aime !... car un tel vassal vaut bien l'avoir de tout un pays... Maintenant, je ne vêtirai point de robe verte ou rouge... Je ne m'occuperai plus de sort des villes ou des châteaux qui m'appartiennent : je ne veux plus m'occuper désormais que de ce mignon-ci... Mon cœur lui agrée... Il est tout à fait à mon plaisir... Il est noble et beau : j'en veux faire mon amour, et prendre en lui seul mon déduit et mon réconfort... Le posséder et être possédée par lui, ce sera mon paradis en ce monde !... Je le préfère à tout et à tous... Eh ! que m'importerait donc d'avoir terres et châteaux, avec un baron vieil et chenu, blanc et gris, malade et décrépit ? Je serais toute ma vie en péché avec lui, car je souhaiterais toujours sa mort... Tandis qu'avec celui-ci, fût-il pauvre, je serais assurée de passer une douce et joyeuse existence...

En murmurant ces tendres paroles, Sadoine la pucelle regardait doucement Milles, et, comme il lui semblait merveilleusement beau, elle ne pouvait détacher ses yeux amoureux de son visage et du reste de son corps.

— Damoiseau, reprit la comtesse Marie en s'adressant de nouveau à Milles, dites-moi, je vous prie, comment on vous nomme?...

— Dame, répondit Milles, je vous le dirai. J'ai nom Beaudoin, et mon frère que voici a nom Richier.

Milles disait cela par peur du duc de Bourgogne. S'il eût su à qui il parlait ainsi, il se fût bien gardé de changer de nom ; mais il ne savait et ne pouvait pas savoir que c'était celle qui l'avait porté neuf mois en ses côtés.

— Beaux fils, dit alors la comtesse Marie, soyez les bienvenus.

CHAPITRE XXI

Comment le soudan d'Acre assiégea la ville de Constantinople et comment les chrétiens firent une sortie contre les païens ; et comment Milles, aidé d'Amys, enleva un étendard et fit prisonniers deux rois.

Le maréchal de l'impératrice de Constantinople, Othon, ordonna à tous ses chevaliers et gens d'armes de sortir de la ville à la rencontre des païens qui l'assiégeaient.

Les Grecs étaient au nombre de quarante mille, bien armés et bien embastonnés. Le soudan d'Acre n'avait pas une armée moins nombreuse ; il était en outre accompagné du roi de Jérusalem, du soudan de Perse, du soudan de Damiette, du roi d'Inde et de plusieurs autres princes païens.

Quand les deux armées furent en présence, les Turcs se mirent à tirer de leurs arcs des flèches acérées qui volèrent plus dru parmi les Grecs que ne vole la neige en hiver. Les Grecs, on le pense bien, ne furent pas en reste, et leurs coups de lances et d'épées firent des vides dans les rangs de leurs ennemis.

Sadoine-la-Belle et la comtesse Marie d'Auvergne étaient sur les murailles de la ville, regardant le combat et essayant de reconnaître leurs amis, ce qui était impossible à cause de l'horrible mêlée qui avait lieu.

L'herbe était rouge de sang. Les morts et les mourants s'entassaient devant les murs de la cité : le soudan d'Acre, alors, songea à décider le succès pour lui en s'avançant, monté sur un éléphant et tenant en main un étendard d'or fin, avec son escorte de rois et de soudans. Mais Milles et Amys, qui ne se quittaient pas plus que deux doigts de la main, avaient résolu de s'illustrer ce jour-là par une éclatante prouesse, et cet étendard que portait le soudan d'Acre était ce qui leur fallait justement. En conséquence, ils coururent sur les païens de l'escorte comme loups après brebis, décidés à vaincre ou à mourir ensemble.

— Compagnon, cria Milles à Amys, à nous cet étendard qui reluit au soleil!...

— Allons, répondit Amys.

— Et tous deux s'en allèrent, rapides comme l'épervier qui a aperçu une alouette.

Un des rois de l'escorte du soudan d'Acre eut la tête séparée en deux par Milles ; un second roi, Danebron, ne fut pas mieux traité par la hache d'Amys.

— Que Mahom vous emporte! cria le soudan irrité, en s'apercevant des ravages que faisaient autour de lui les deux vaillants compagnons. Si je vous puis tenir, je vous ferai pendre et traîner à la queue de mes chevaux!...

— Maudit soudan, lui répondit Milles, tu ne nous auras pas... Tu as commencé la guerre à cause de la belle Sadoine que tu croyais avoir ; mais tu regretteras bientôt ce que tu as fait.

Lors, Milles et Amys se remirent à frapper à droite et à gauche, coupant bras et jambes, brisant têtes et heaumes, tuant hommes et chevaux.

Le roi Danebron s'était relevé du coup que lui avait porté la hache d'Amys ; Milles alla vers lui pour l'achever : Danebron cria merci, jurant qu'il se ferait baptiser. Milles lui octroya sa grâce et le bailla à garder à quatre soudards qui le menèrent en la cité.

Pendant qu'on emmenait Danebron, Milles s'emparait de l'étendard du soudan d'Acre, qui venait de choir et que venait de ramasser le roi Alzarius. Celui-ci ne voulait pas lâcher prise, et il bataillait énergiquement contre le vaillant fils d'Anseaulme, qui finit par prendre possession de l'étendard en abattant d'un dernier coup de hache le roi Alzarius.

— Sus! sus! cria le sénéchal de Constantinople, voyant le danger où était Milles, environné de toutes parts. Sus! Aide à ce chevalier, le meilleur que j'aie jamais vu!...

On alla vers Milles pour le dégager. Avant qu'on n'eût eu le temps d'arriver jusqu'à lui, il avait trouvé moyen de blesser mortellement Malaquin, roi d'Afrique et cousin du roi Danebron. Malaquin, de peur de pis, cria merci à son adversaire, qui le reçut à rançon et l'envoya rejoindre Danebron dans la cité.

La victoire se fût décidée en faveur des Grecs, car ils combattaient vaillamment, entraînés qu'ils étaient par l'exemple de Milles et d'Amys. Les païens avaient pris peur et ils fuyaient comme corbeaux devant les flèches des chasseurs, lorsque le soudan d'Acre, qui s'était échappé un instant, revint tout à coup, amenant avec lui cent mille Sarrasins frais et nouveaux, hurlant et criant, comme foudre qui tombe du ciel.

Lors, Othon fit sonner la retraite. Les chances n'étaient plus égales.

CHAPITRE XXII

Comment Milles et Amys firent leur entrée dans Constantinople, au bruit des trompettes et des tambours, et comment Milles, particulièrement, fut accueilli par l'impératrice.

Othon ayant donc rallié ses gens, on s'en revint vers Constantinople, pendant que Milles et Amys chassaient les prisonniers devant eux.

L'entrée des Grecs en leur cité fut un triomphe. Trompes et tambours allèrent leur train, sonnant joyeusement leurs fanfares. Le maréchal Othon tenait Milles par la main, et Milles tenait Amys de la même façon.

— Dame, dit la comtesse Marie à Sadoine, voyez ce jouvenceau que tient par la main le maréchal Othon : c'est lui qui aujourd'hui a gagné le prix et remporté l'honneur de la victoire !... Regardez comme il a belle et fière mine à porter son blason d'armes ! Je me sens le cœur tout remué par ce vaillant jouvenceau... Je veux l'emmener avec moi en Auvergne, où je le ferai honorer de toute ma gent comme mon fils charnel... Je le ferai seigneur de Clermont, car nul mieux que lui ne saurait gouverner un pays. Quand je l'aurai avoué hautement pour mon fils, nul n'osera m'en blâmer ; tout au contraire, chacun lui rendra, comme moi, l'hommage qui lui est dû, et le trouvera de bonnes mœurs et de bon visage, de grande beauté et de grand cœur, haut et droit, doux et gracieux.

Quand Sadoine entendit ainsi parler de son bel ami, elle changea de couleur et ne voulut pas avouer à la comtesse Marie ce que son cœur pensait.

— Par Dieu ! folle maîtresse, murmura-t-elle bien bas, vous pouvez bien vous vanter !... Mais, si je le puis, je vous devancerai dans vos projets et je montrerai à ce jouvenceau de tels semblants d'amour, qu'il vous laissera bientôt de côté ; car je suis jeune et belle, et, de plus, j'ai tout le pays de Grèce en gouvernement jusque par delà la mer...

L'impératrice attendait au bas de son perron avec les dames de sa cour. Othon arriva auprès d'elle et lui dit à haute voix :

— Dame, honorez ce jouvenceau et donnez-lui un beau don... Je ne crois pas qu'il y ait sous le firmament homme qui soit aussi hardi, aussi chevaleureux que lui... Par son effort, il a pris l'étendard du soudan d'Acre, tué un grand nombre de païens et fait prisonniers deux rois puissants... Il est digne de tenir en possession un grand royaume, car il est roi de beauté, fleur de prouesse et de vaillance : C'est le Dieu des batailles lui-même !...

L'impératrice sourit de ces paroles de son maréchal, et, tout aussitôt, elle plaça sur la tête de Milles un noble chapeau d'or, ce qui réjouit grandement le cœur de son compagnon, le bon Amys.

CHAPITRE XXIII

Comment l'impératrice de Constantinople aima Milles si ardemment, qu'elle devint jalouse de sa fille Sadoine, qu'il lui préférait.

Milles fut mené dans le palais, dans la salle où les tables étaient dressées pour le manger. Il fut placé à côté du maréchal, et son compagnon Amys fut placé à côté de lui.

En face de Milles était l'impératrice, laquelle avait les cheveux tous gris, car elle n'était plus de la première jeunesse, à dire vrai. Durant tout le manger, elle ne put détacher un seul instant ses yeux du visage de Milles, si gent, si doux et si gracieux.

— Vrai Dieu ! murmura-t-elle, troublée jusqu'au fond de l'âme par la beauté merveilleuse de ce jouvenceau. Vrai Dieu de paradis ! comment donc pourrais-je faire pour qu'il fût mon seigneur et mari ?...

L'impératrice pensait à Milles ; mais Milles ne pensait nullement à l'impératrice. Il avait son cœur ailleurs, et vous savez où.

Quand on se leva de table, l'impératrice, qui, à force de regarder Milles, en avait perdu le boire et le manger, l'impératrice s'en alla en sa chambre avec la belle Sadoine au clair visage. Là, après avoir ensemble devisé de choses et d'autres, la mère dit à sa fille :

— Ma fille, je vois bien que mon royaume n'est ainsi assailli de païens que parce que je n'ai ni seigneur, ni mari, ni parent, ni ami qui le défende !... Si j'étais mariée, il en irait tout autrement, surtout si j'étais mariée à quelque prince vaillant en armes, courageux et hardi, un épouvantail à païens, enfin !...

— Mère, répondit Sadoine, vous dites vrai, certes... Mariez-vous à votre plaisance ; choisissez un prince qui vous agrée et par lequel vous ne puissiez avoir ni honte ni blâme...

— Fille, reprit l'impératrice, ce jouvenceau qui a eu le prix de la bataille vous viendrait-il à goût ?... Dites-m'en votre avis, je vous prie.

— Mère, répondit la pucelle, si c'est à moi que vous le voulez donner, je ne l'éconduirai point, le trouvant fort à mon goût... Et que Dieu vous récompense de cette bonne pensée !...

— Fille, dit l'impératrice, ce n'est pas pour vous que je le choisirais : vous êtes de trop grande jeunesse et de trop peu d'avoir... Ce jouvenceau est digne de tenir un puissant royaume, et n'a pas à s'occuper d'aussi petite pucelle que vous êtes...

— Mère, répliqua Sadoine, croyez-vous donc qu'un jeune damoiseau comme lui vous voudrait prendre à femme ?... Lui, si vaillant, si preux, si droit, si beau, ne peut pas commercer avec vous qui êtes maintenant une vieille... Compteriez-vous jouir de lui parce qu'il vous aurait bouté les anneaux aux doigts? Nenni point! Il vous laisserait là pour aller s'ébattre avec plus gente pucelle....... En le prenant, je vous le dis, vous feriez un mauvais marché et vous auriez à vous en repentir à quelque jour d'ici, car c'est un bien mauvais mal que la jalousie...

En entendant ainsi parler sa fille, l'impératrice sentit le sang et la couleur lui muer.

— Par Dieu! dit-elle, vous le pouvez bien aimer, ma fille; mais sachez pour vrai que je ne veux pas que vous lui parliez en quoi que ce soit... Si je m'en aperçois, je vous jure, par celui qui vous a faite et formée! que je vous ferai mettre en prison si noire que, de l'année, vous ne verrez ni lune ni soleil...

Sadoine pâlit à cette menace, et, comme elle ne pouvait retenir ses larmes, elle sortit vitement de la chambre de sa mère et s'en alla dans une autre où elle trouva la comtesse Marie, qui lui demanda ce qu'elle avait.

— Je ne vous le célerai point, répondit Sadoine, car le mal qui me tient est lourd à porter, et merveilleuse serait l'herbe qui m'en pourrait guérir... Mais, hélas! je vois bien que chacun ici veut avoir de cet herbe...

— Holà! s'écria la comtesse Marie, Holà, ma belle! Je sais où le mal vous tient et ce qu'il vous faut pour vous rapaiser : c'est Baudouin qui vous fait ainsi suer le corps, n'est-ce pas?... Je veux vous aider de tout mon pouvoir, et je mettrai une telle peine à vous réconforter, que vous vous en apercevrez bien...

— Dame, demanda la pucelle, puis-je avoir fiance entière en vous?

— Oui, et je le jure sur les saints.

— Eh bien! alors, ma mie, mandez-le en votre chambre, et, quand il sera là, j'irai lui parler.

— Volontiers, ma belle, répondit la comtesse Marie. Et, ajouta-t-elle, tandis que vous lui parlerez, j'irai réconforter ma dame votre mère...

— Ma mère? s'écria Sadoine, elle se veut marier et prendre à seigneur ce hardi damoiseau que j'aime tant!... Je vous en prie, Marie, blâmez-le très-fort devant elle...

— Je le louerai, au contraire, ma belle, car plus je le blâmerai devant elle, et moins elle s'en cessera : c'est la manière des femmes...

La comtesse ne perdit point de temps; elle s'en alla en la salle pavée, où elle trouva Milles, qui se promenait pour savoir où Sadoine était.

— Seigneur, lui dit-elle, allez en ma chambre... Vous y trouverez Sadoine la pucelle qui veut vous parler. Je vous supplie de garder son honneur comme le vôtre, et de ne pas me faire regretter de vous avoir servi dans vos amours, ce que j'ai fait parce que vous êtes de mon pays et que je me sens au cœur de l'amitié pour vous...

— Dame, répondit Milles, je vous rends grâce... Bénie soit l'heure où vous êtes née!... Si la fortune me vient, vous vous en ressentirez, je vous le promets...

Milles n'en voulut point dire davantage, de peur de perdre un temps précieux. Il s'en alla donc en la chambre de la comtesse d'Auvergne, où il trouva la belle Sadoine qu'il salua et qui lui rendit doucement son salut. Il s'assit près d'elle, et, après avoir poussé quelques soupirs, il lui dit à voix basse :

— Dame, qui vient en lieu secret doit dire sa pensée... Je suis venu céans pour m'ébattre, et je vais vous dire pourquoi j'y suis venu... Je ne suis pas issu d'assez haut lieu pour qu'il m'appartienne de me trouver ainsi seul à seul avec vous.... Toutefois, j'ai aussi grand cœur que si j'étais roi, et je n'ai ce grand cœur qu'à cause du grand amour qui s'y est logé... Si je vous dis la chose qui vous déplaise, arrêtez-moi : je n'irai pas plus loin... Je vous fais outrage en ce moment... je le vois bien... mais c'est la force de mon amour qui m'y pousse... Je vous requiers merci, noble dame, et me rends à vous à jamais!...

Ce fut tout ce que Milles put dire de plus clair. Heureusement que sa bonne mine parlait pour lui. Sadoine eut le sang tout éperdu de ce discours, et elle répondit :

— Damoiseau, je vous retiens volontiers pour mon ami, en tout bien et tout honneur...

Et elle lui donna une bourse, une ceinture et un anneau d'or, le plus riche et le plus précieux qui se fût vu jusques-là. Milles accepta cet anneau avec une grande joie, et certes il ne l'eût pas donné pour toute la terre du roi Artus.

CHAPITRE XXIV

Comment l'impératrice fit mettre sa fille en prison et comment, à cause de cela, Milles devint gravement malade.

Tout joyeux d'avoir obtenu de sa mie le don d'amoureuse merci, Milles n'eut pas de cesse qu'il n'en eût obtenu autre chose, et, chaque fois qu'il la voyait dans la chambre de la comtesse Marie, il l'embrassait de grand appétit.

Cela ne put durer un long temps, car deux jours après, une chambrière ayant surpris leur parlement amoureux, s'en alla vers l'impératrice et lui dit :

— Dame, votre fille est bien hardie avec le Bourguignon... Et lui, est bien hardi aussi de l'accoler si tendrement!...

L'impératrice, entendant cela, enragea grandement, et, tout aussitôt, manda à ses sergents d'emprisonner Sadoine dans la plus forte tour qu'il y eût dans la cité, ce qui fut fait dans la même journée, au moment même où cette belle princesse venait de prendre congé de son doux ami et de lui donner rendez-vous pour le lendemain.

— Dame, lui dirent les sergents, votre mère nous a commandé de vous prendre et mettre en prison : nous obéissons, obéissez comme nous...

Sadoine se mit à pleurer tendrement.

— Ah! murmura-t-elle, doux ami de mon cœur, maudit soit qui mal nous en veut, à vous et à moi!... Mais je vous aimerai quand même, en endurerai pour vous jusqu'au martyre...

Nonobstant sa douleur et sa lamentation, la belle Sadoine fut mise en la tour, avec quelques-unes des demoiselles de sa compagnie, lesquelles étaient chargées de lui dire à toute heure du jour :

— Madame, laissez là le jouvenceau du diable et chassez-le de votre cœur, où il ne mérite peut-être pas d'être logé, car vous ne savez pas s'il est noble ou vilain... Ce n'est en somme qu'un aventurier... On ne lui connaît ni parents ni amis...

A quoi la belle Sadoine, indignée et irritée, répondait par de laides injures.

Quand Milles apprit qu'elle était en prison à cause de lui, par amour pour lui, il en devint triste et malade, tellement qu'il en perdit le boire et le manger et qu'il fut forcé de se mettre au lit.

Amys, son cher compagnon, était navré.

— Mon frère, lui dit-il, l'amour a jeté votre cœur en un grand danger!... Vous souffrez et me faites souffrir, moi votre compagnon, votre moitié d'âme...

— Certes, mon doux frère, et j'en suis autant marri que vous, mais je n'y puis rien... Contez-moi, pour me distraire, ce qui se fait par la ville...

— Volontiers, mon frère, puisque cela vous plaît... On a baptisé le roi Danebron en la maîtresse église de Constantinople... Quant à Malaquin, le second roi fait prisonnier par vous, il s'est refusé à cette cérémonie, s'est moqué du saint baptême et, finalement, a jeté des ordures dans les fonts, ce qui a déplu au maréchal Othon, qui lui a fait trancher la tête par le bourreau...

Amys s'arrêta et regarda Milles.

— Vous ne m'écoutez pas, cher compagnon? lui dit-il.

— Je songe à cette belle Sadoine si injustement mise en chartre privée! répondit Milles.

Amys s'en alla de la chambre de son compagnon, et en sortant, il rencontra l'impératrice, qui lui demanda comment se portait son frère.

— Hélas! ma dame, répondit Amys, il est plus près du mourir que du vivre!... Bientôt, je crois, ni vous ni moi ne le verrons plus...

L'impératrice resta songeuse, et, à son tour, elle entra dans la chambre du pauvre malade.

— Comment vous portez-vous, Beaudouin? lui demanda-t-elle.

— Mal, ma dame, répondit Milles.

— Guérissez-vous, reprit l'impératrice, et je vous promets qu'avant qu'il soit trois jours je vous ferai seigneur de toute la Grèce...

— Dame, répliqua Milles, je vous remercie, mais j'aimerais mieux voir ma mie que de posséder tous les royaumes de la terre... Le bonheur qu'elle seule peut me donner vaut toutes les richesses de Grèce, d'Afrique et d'Inde... Puisque je ne la puis posséder et tenir entre mes bras, je ne désire plus qu'une chose, qui est de mourir...

L'impératrice ne voulut pas en entendre davantage et quitta sur-le-champ la chambre du malade en s'écriant :

— Ah! maudite soit l'heure où ma fille a été engendrée par moi! Elle avait été jusqu'ici ma joie et mon bonheur; elle m'ôte aujourd'hui ma plaisance et mon bien!... Ah! doux ami Baudouin, tu me délaisses pour une garcelette qui ne sait rien de rien de la vie et de l'amour!... Ah! mauvaise fille! je reconnais bien à présent que ce sont les oisons qui mènent paître les oies!...

CHAPITRE XXV

Comment, pendant la maladie de Milles, le maréchal Othon fit contre les païens une sortie dans laquelle il périt, et avec lui vingt mille Grecs.

Othon, le maréchal de Constantinople, ayant résolu d'en finir avec l'armée du soudan d'Acre, fit dès le lendemain une sortie qui surprit les païens.

Amys était de la partie, cela va sans dire, quoiqu'il lui coûtât beaucoup de combattre sans son vaillant compagnon Milles. Il joua fort et ferme de son branc d'acier, et faucha comme blé mûr de nombreuses têtes de Sarrasins.

— Ah! si Milles était là, murmurait-il en frappant toujours, quelles merveilleuses prouesses nous ferions ensemble!... Milles! Milles! mon bon compagnon, pourquoi l'amour vous tient-il malade au lit, vous dont la place est si bien marquée à mes côtés sur ce champ de bataille!...

Ainsi disait Amys, et, tout en disant cela, il faisait voler têtes et bras de chaque coup de sa vaillante épée. Si bien que les païens commencèrent à reculer.

Le soudan d'Acre, furieux de voir que l'on fauchait ses gens autour de lui, poussa son cheval en pleine mêlée et réveilla ainsi le courage des Sarrasins, qui, à leur tour, firent reculer les Grecs. Mais Amys ne voulait pas lâcher prise, et, sans s'inquiéter s'il était suivi ou non, il continua de mettre à mort tout ce qui était à sa portée.

— Compagnons! cria alors le maréchal Othon, laisserons-nous ce vaillant homme aller seul en pleine mêlée? le laisserons-nous périr, lui qui nous donne l'exemple du courage?...

— Allons! répondirent les Grecs.

Et ils coururent sus de nouveau aux païens, qui reculèrent à trois jets d'arbalètes, tout en désarroi.

Le succès allait sans doute se décider en faveur des chrétiens, lorsque le soudan d'Acre, faisant sonner trompettes et buccines, rallia autour de lui dix mille Sarrasins et fondit sur les Grecs comme épervier sur oiselets. La bataille fut sanglante plus qu'elle ne l'avait été jusques-là, à ce point que vingt mille Grecs sur trente mille restèrent morts dans la plaine, tout autour de la cité. Le maréchal

Othon fut du nombre. Aussi, lorsque ses gens le virent tombé, ils ne demandèrent pas leur reste et se replièrent en désordre vers la cité en poussant des cris de détresse et de désespoir.

Amys abandonna le champ de bataille un des derniers. Il fit plus, il rentra dans Constantinople pour protéger les traînards, puis ressortit pour empêcher les Sarrasins d'entrer dans la cité assiégée. Peu s'en fallut même que le soudan d'Acre, qui était sur ses talons, ne s'introduisît avec lui dans Constantinople. Heureusement que les portes en furent fermées à temps. Le soudan dut reculer, après s'être cassé le nez, ce qui le rendit plus furieux que jamais.

Il était alors nuit noire. Les Sarrasins se retirèrent sous leurs tentes, à quelques jets d'arbalète de la ville.

Je ne vous dirai pas quelle douleur était celle des Grecs, ce serait impossible; mais vous pouvez vous en faire une idée par le chiffre des morts que j'ai cité plus haut. La fleur de la Grèce était demeurée sur le champ de bataille, chevaliers, barons, ducs, comtes, bourgeois et marchands, les plus riches et les plus vaillants. Chacun avait perdu un ami, un parent, un frère, chacune un père, un mari, un voisin. Aussi les cris que cette foule en deuil poussait étaient-ils navrants à entendre. Aussi faisait-il pitié de voir ces habitants pleurer et se lamenter, accusant le ciel, l'impératrice, Othon, tout le monde, et maudissant surtout le soudan d'Acre.

Quand l'impératrice entendit les lamentations de son peuple, elle ne sut plus que faire et que devenir. Elle ne trouva rien de mieux que de pleurer, de larmoyer, de se détordre les bras et les mains, de s'arracher les cheveux par grosses poignées, et, finalement, de tomber pâmée par terre.

La bonne comtesse Marie, qui se trouvait là, la releva et la réconforta par de bonnes paroles; mais elle avait l'âme navrée.

CHAPITRE XXVI

Comment l'impératrice mit sa fille hors de prison, et comment elle promit à Milles de la lui donner en mariage.

e ce grand désastre, Constantinople eut un tel courroux, qu'il serait mal aisé de le raconter. Les habitants s'en vinrent au palais où l'impératrice se lamentait comme eux, et pour les mêmes raisons qu'eux, et ils lui crièrent :

— Dame, baillez-nous un autre maréchal pour nous conduire vers ces maudits païens qui nous ont fait tant de mal, ou alors votre pays tout entier sera détruit !... Prenez quelque chevalier courageux et hardi, le vaillant Bourguignon, par exemple ! Avec lui et son compagnon, qui vaut presque autant, nous irons partout et nous sauverons votre empire !...

L'impératrice ne répondait pas. Les habitants reprirent :

— Pour décider le Bourguignon, donnez-lui votre fille en mariage, dame, nous vous en prions... Lui seul peut sauver votre pays et votre cité... Sinon, tout est perdu... Car les païens renaissent d'eux-mêmes, à ce qu'on peut croire. Cent mille ont été tués, cent mille sont revenus... Si nous n'avons pas le Bourguignon pour nous conduire contre eux, nous ne pourrons les vaincre... Le Bourguignon ! le Bourguignon !...

— Seigneurs, répondit l'impératrice, j'y consens volontiers s'il y consent lui-même.

Lors, on se rendit à la chambre de Milles, lequel, oubliant son propre chagrin, menait en ce moment grand deuil à cause de son compagnon Amys, blessé en maint endroit.

— Seigneur, lui dirent les principaux habitants de Constantinople, vous êtes aimé et admiré de tout un chacun en cette cité... L'impératrice vous aime, Sadoine sa fille aussi et tout le monde... Nous n'irons jamais en bataille contre les Sarrasins si vous n'êtes avec nous...

— Seigneurs, répondit Milles, je n'ai nulle puissance d'aller en bataille avant d'être guéri... Dites à ma dame l'impératrice qu'elle tient en sa prison ma douce médecine...

On alla reporter ces paroles à l'impératrice, qui se trouvait alors avec la comtesse Marie d'Auvergne.

— Dame, conseillez-moi, dit-elle à la femme du bon Anseaulme. Vous connaissez ce damoiseau que mes gens ont pris en amitié et que ma fille a pris en amour... Sadoine et lui s'entr'aiment... Moi aussi, je lui ai donné mon affection et je l'aimerais beaucoup mieux pour moi que pour elle... Mais il prétend qu'il ne guérira jamais si je ne lui accorde Sadoine... Que faire en telle occurrence ?

— Dame, répondit la comtesse d'Auvergne, vous savez combien de vos gens ont péri, surtout dans la dernière rencontre, car ils étaient partis trente mille, et c'est à peine si dix mille sont revenus... Vous n'avez plus personne qui vous puisse aider en cette affaire... Par ainsi, je vous conseille donc de lui promettre votre fille en mariage aussitôt que les païens s'en seront allés... Alors vous le ferez empereur et roi de toute la Grèce... Mettez Sadoine hors de prison et il guérira... Sinon votre pays sera détruit et gâté...

— Dame, je vous veux croire, dit l'impératrice.

Et, incontinent, elle fit sortir Sadoine de prison et lui rendit son amitié; ce que venant à apprendre le vaillant Milles, il se leva de son lit, sain comme poisson et ne se sentant plus aucun mal. D'abord il alla saluer l'impératrice et ses barons; puis il courut voir la belle Sadoine en sa chambre.

Tous deux poussèrent le même cri de joie en se revoyant. Milles l'accola à deux bras, et elle le festoya à deux lèvres. Mais à peine était-il en possession de cette gente pucelle, que l'impératrice l'envoya prier de venir lui parler sans plus tarder.

— Je vais me rendre où ma dame l'impératrice

m'appelle, répondit Milles; allez, je suis sur vos talons.

Lors, Sadoine embrassa son bel ami en lui disant :

— Beau doux ami, je vous prie de ne pas courroucer ma mère, qui m'a délivrée de prison. Allez vers elle et sachez ce qu'elle vous veut...

Milles s'en vint en la chambre de l'impératrice et s'agenouilla respectueusement devant elle. Mais elle, le prenant par la main, le releva et lui dit :

— Damoiseau, entendez-moi et comprenez-moi... Aidez-moi contre les païens, et je vous promets de vous donner ma fille en mariage, et, après ma mort, mon royaume de Grèce... Présentement, je vous fais mon maréchal et le souverain de mon armée, qui vous obéira comme à son seigneur et maître...

— Dame, répondit Milles, je vous remercie et vous promets à mon tour de me montrer digne de l'honneur que vous me voulez faire... Je déconfirai les païens, je vous le jure; et si je n'y puis parvenir, contre mon vouloir et mon désir, je vous tiendrai quitte de votre fille que vous venez de me promettre pour femme... Mais il y a un Dieu au ciel, et je réussirai, ou je mourrai à la peine.

CHAPITRE XXVII

Comment Milles sortit de Constantinople avec une armée et alla assaillir les païens, et comment il fut fait prisonnier.

Milles était guéri, mais son fidèle compagnon ne l'était pas encore. Il attendit quelques jours, ne voulant pas entamer bataille avec les païens sans avoir à ses côtés celui qui avait la moitié de son cœur.

Amys ne tarda pas à être sur pied et prêt à combattre. Lors, Milles, en sa qualité de maréchal, rassembla une petite armée et se mit à sa tête.

Chacun était plein de confiance en lui, car, pour tous c'était un Dieu de bataille, le preux des preux, la fleur de chevalerie et de vaillance. Aussi n'eut-il pas grand'chose à faire pour leur communiquer l'enthousiasme qui le possédait. Ils s'en allèrent bravement au devant des païens, qui, en les voyant, se lancèrent contre eux comme chiens enragés, au nombre de deux cent mille environ, bien armés et embastonnés.

Milles et Amys firent merveille avec leurs épées. Milles surtout était beau à voir, levant son branc d'acier au-dessus de son heaume, et faisant venteler à l'air la manche de drap d'or que lui avait donnée Sadoine et qui était cousue à son blason. Il frappait à droite et à gauche, et tuait sans merci ni pitié tous les païens qui étaient assez hardis pour trop s'approcher de lui. C'était comme un lion déchaîné sur un vil troupeau.

Le soudan d'Acre, courroucé à bon droit du massacre que Milles faisait de ses gens, le désigna du geste et de la voix à ceux qui l'entouraient.

— Frappez ce glouton qui porte l'écu à une croix de gueules ! criait-il. C'est celui-là même qui a conquis Danebron mon frère, et fait trancher la tête à Malaquin, mon cousin germain !... Frappez ! frappez ! Ce mécréant une fois mort, les autres n'oseront plus nous résister, car sa présence seule les anime et les rend redoutables !...

A peine le soudan d'Acre eut-il prononcé cette parole que quatre rois païens, baissant leurs lances et éperonnant leurs chevaux, volèrent à la rencontre de Milles, qu'ils renversèrent sur l'herbe de la prairie.

Milles essaya de se relever et de se défendre ; mais il n'en eut pas le temps. Amys lui-même ne put le secourir à propos, car bientôt dix mille païens entourèrent le fils du comte Anseaulme, que l'on ramena prisonnier devant le soudan d'Acre.

— Ah ! s'écria ce dernier tout joyeux en apercevant son ennemi enchaîné. Maintenant que voilà le lion pris, les chiens ne sauront plus se défendre !... Que diront-ils, surtout, lorsqu'ils verront ce lion au gibet ?...

Sur ces entrefaites, un chevalier s'en vint devers la pucelle Sadoine et lui raconta comment le chevaleureux Milles avait été fait prisonnier par les païens.

Sadoine pleura fort en apprenant cela, et, pour pleurer plus à son aise, elle s'en alla dans sa chambre; où elle se pâma du mal qu'elle sentait. Quand elle fut revenue de sa pâmoison, elle se battit les mains l'une contre l'autre, se tira les cheveux en criant :

— Hélas ! hélas ! doux ami, je puis bien dire qu'en vous perdant j'ai perdu le plus beau joyau qui fût jamais trouvé, car j'ai perdu le plus hardi, le plus preux, le plus vaillant chevalier du monde !.. Ah ! Mort, prends-moi ! Je ne veux plus vivre, puisque j'ai perdu mon ami !...

Ainsi disait Sadoine, qui ne pouvait résister à ses maux.

Amys entra en ce moment.

— Ah ! Richier, lui dit-elle, je suis perdue ! Je sens que je vais devenir folle ou enragée par le trop de douleur que j'éprouve de la perte de votre compagnon, qui était celui de mon cœur.

— Hélas ! murmura Amys, la larme à l'œil. Hélas ! belle, je ne sais que penser et faire, moi... Il s'en faut de bien peu que je ne me tue... J'ai perdu mon frère, le plus doux, le plus preux, le plus vaillant, le plus honnête et le plus noble... C'était le fils du comte de Clermont d'Auvergne, lequel était de lignée illustre, puisque son grand-père était Guérin de Montglave... Belle, vous avez perdu celui qui tant savait, qui tant vous aimait, qui tant faisait pour vous que sa mort s'ensuivra... Dieu l'avait doué à merveille de toute bonté : il devait porter couronne ! Hélas ! hélas ! que va-t-il devenir ?... Que deviendrai-je moi-même ? Où pourrai-je aller, maintenant que j'ai perdu ma joie et mon réconfort ?...

CHAPITRE XXVIII

Comment Amys et Danebron résolurent de délivrer le chevaleureux Milles de la honte du gibet, et comment ils sortirent de Constantinople pour cela faire.

Petits et grands firent grand deuil de la perte du chevaleureux Milles, surtout lorsqu'ils virent les fourches dressées sur les fossés de la ville par ordre du soudan d'Acre, qui avait juré de ne pas manger de pain avant que son cruel ennemi fût pendu.

Les habitants de Constantinople s'en allèrent, en hurlant, porter cette sinistre nouvelle à l'impératrice, qui se pâma aussitôt de douleur, car elle aimait plus que jamais le vaillant Milles, et il lui en coûtait beaucoup au cœur de penser qu'on allait pendre un si beau jouvenceau et un si courageux homme.

Danebron, roi d'Orient, qui avait reçu le baptême comme on se le rappelle sans doute, s'en alla sur-le-champ trouver Amys et lui dit :

— Vassal, veux-tu avoir fiance en moi ? Si tu veux te fier à moi, je te rendrai ton compagnon...

— Tu me rendrais mon compagnon ? s'écria Amys en secouant mélancoliquement la tête d'un air de doute.

Danebron reprit :

— Tu vas faire assembler dix mille combattants... Nous les mènerons, par la fausse poterne, hors de Constantinople, à l'endroit même où sont dressées les fourches que le soudan mon frère destine à ton compagnon...

Nous irons, côtoyant les prés, tuant tout ce qui se trouvera sur notre chemin... Les païens croiront qu'il y a une grande multitude dans la ville, ils prendront peur et s'enfuiront sans nul doute, et nous pourrons en défaire beaucoup... Peut-être même arriverons-nous à faire prisonniers quelque roi ou quelque grand seigneur, le soudan mon frère, ou le roi de Damas, ou le roi Margant, ou n'importe quel autre contre lequel nous échangerons ton compagnon...

— Hâtons-nous ! répondit Amys.

Dix mille Grecs furent en un clin d'œil rassemblés, et, quand ils furent prêts, ils sortirent de la ville par la fausse poterne. Puis, par surcroît de précaution, Danebron et Amys firent sortir aussi par la porte de devant maint bon arbalétrier et tous les soudoyés de Constantinople. Quant aux bourgeois, ils furent chargés de garder les portes et de ne les ouvrir que lorsque besoin en serait.

Une fois que le roi d'Orient et Amys furent hors de la cité, le compagnon de Milles se tourna vers Danebron et lui dit :

— Vassal, vous m'avez demandé d'avoir fiance en vous, n'est-ce pas ?...

— Certes, et vous me prouvez que vous l'avez eue, puisque vous avez suivi mon avis, répondit Danebron.

— J'aurais tout tenté pour sauver mon compagnon, reprit Amys, et votre moyen en vaut un autre... D'ailleurs j'ai résolu de ne pas rentrer vivant à Constantinople si je n'ai pu parvenir à le délivrer... Lui mort, je n'ai plus qu'à mourir... Il manque à ma vie comme l'âme manque au corps... J'ai donc confiance en votre loyauté, quoique vous ne soyez chrétien que depuis peu de temps... Mais j'exige que vous ne me quittiez pas d'un seul instant et que vous combattiez à mes côtés, afin que s'il vous arrivait par malheur de nous trahir je puisse vous trancher la tête...

— Si je perds ma tête aujourd'hui, répondit Danebron avec assurance, ce ne sera pas par votre fait, car je n'ai nulle envie de vous trahir... Tout au contraire, je veux vous servir de tout mon pouvoir, à cause de l'amitié que je ressens pour vous et de l'admiration que j'ai pour votre compagnon.

— Allons ! dit Amys.

Danebron et Amys chevauchèrent donc tout le long d'un marécage, dans un sentier si mou que leurs chevaux entraient dedans jusqu'aux genoux, ce qui leur fut d'un grand empêchement. Quand ils eurent passé outre, ils envoyèrent leurs espions sur les champs pour savoir si les païens s'apprêtaient à venir pendre Milles.

CHAPITRE XXIX

Comment le chevaleuraux Milles, sur le point d'être pendu, fut délivré par son compagnon Amys.

Les fourches étaient dressées : les païens ne tardèrent pas à amener Milles, qui marchait pieds nus, en chemise.

Quand le brave fils du comte Anseaulme aperçut le gibet auquel il était destiné, il ne put s'empêcher de tressaillir et d'avoir peur.

— Ah ! Sadoine, ma mie, murmura-t-il en pleurant, voilà un grand empêchement à notre félicité !... Hélas ! je croyais vous avoir à femme et je m'en réjouissais... Mais je vois bien que c'est avec ces vilaines fourches que je me marierai vraiment... Qui l'aurait jamais supposé ?... O belle et divine Sadoine ! adieu je vous dis du cœur et de la bouche, car je ne vous verrai plus jamais !...

Le soudan d'Acre voyant pleurer son ennemi, lui cria :

— Fils de pute ! que Mahom te maudisse ! Tu as, par ta hardiesse et ta folie, fait mettre à mort mon frère Danebron et mon cousin Malaquin, ainsi que plusieurs de mon lignage... Mais je vais les venger tous en te faisant pendre au plus haut de ces fourches !...

Milles, au lieu de répondre au soudan, s'agenouilla sur l'herbe de la prairie et fit l'oraison suivante :

— Glorieux Dieu, fils de Marie, vous avez été vendu par Judas, cloué sur une croix de bois, percé de la lance de Longis, et enseveli par Nicodème et Joseph d'Arimathie dans un tombeau d'où vous êtes ressuscité au bout de trois jours ; glorieux Dieu, je vous requiers aujourd'hui assistance !... Veuillez prendre mon âme quand elle partira de mon corps ! Veuillez garder de mal et de douleur mon doux compagnon Amys, et de vilenie ma belle mie Sadoine !... Veuillez garder également de peine mon père et ma mère, quelque part qu'ils soient, s'ils sont en vie !... S'ils sont morts, ayez pitié de leurs âmes ! Et que votre volonté soit en toutes choses : vous m'avez fait, vous me pouvez maintenant défaire !...

Cette oraison terminée, les Sarrasins s'approchèrent de Milles, lui bandèrent les yeux, lui mirent une corde au cou, et ils s'apprêtaient à l'attacher au gibet, quand Danebron et Amys survinrent, menant grand bruit.

En un instant, les païens qui entouraient le gibet furent dispersés ou tués, et Amys put arriver jusqu'à Milles, joyeux de son arrivée.

— Compagnon, lui dit-il en le débarrassant de la corde avec laquelle on devait le pendre, nous n'avons pas de temps à perdre en embrassades... Endossez vitement le premier harnois venu et combattez avec nous !...

Milles était trop avisé pour ne pas comprendre l'importance de ce conseil et pour ne pas voir que son salut était dans sa prompte exécution. Aussi, sans qu'il fût besoin qu'on le lui répétât, s'empressa-t-il de dépouiller un mort de son armure et de la revêtir ; puis, une fois couvert d'un heaume et d'un haubert, il monta sur un cheval que venait de lui amener un chevalier grec, et se lança en pleine mêlée, suivi de son fidèle compagnon et du roi Danebron, frère du soudan d'Acre.

— Vive le comte d'Auvergne ! s'écria-t-il joyeusement en brandissant son épée au-dessus de sa tête. Vive le comte sans terre ni château !...

CHAPITRE XXX

Comment, après que Milles eut été délivré, le courage des Grecs crût tellement, qu'ils déconfirent et mirent en fuite toute l'armée des païens.

Quand les Grecs entendirent la voix de Milles, et qu'ils comprirent qu'il était délivré, leur joie fut grande. Grand aussi fut leur courage, qui avait besoin de ce réconfort. Aussi, pleins d'une nouvelle ardeur, se mirent-ils à pousser les païens devant eux en criant :

— Le Dieu de bataille est avec nous ! Nous vaincrons !... Vive le Bourguignon ! Mort au soudan !...

Leurs clameurs, aidées de leurs lances et de leurs épées, jetèrent la terreur parmi les Sarrasins, qui crurent à quelque miracle et s'enfuirent comme brebis devant les loups. En vain le soudan d'Acre, aidé des rois qui lui restaient encore, essaya-t-il de les rallier en leur disant leur nombre, si supérieur à celui de celui de leurs ennemis. En vain se jeta-t-il désespérément en pleine bataille pour leur donner par son exemple plus de cœur au ventre. Tous se débandèrent, heureux d'échapper à la mort qui courait comme le vent sur leurs talons. Les plus vaillants comme les plus couards cherchèrent leur salut dans la fuite, et le soudan dut les imiter, sous peine de rester parmi les païens qui jonchaient la prairie, rouge de leur sang.

Cependant quelques-uns d'entre eux restaient encore à l'une des portes de la ville, essayant de s'y introduire et croyant y être suivis par leurs compagnons. Milles s'en aperçut, et il courut les déloger au triple galop de son cheval.

Lorsqu'il passa devant les créneaux de la cité où se tenait l'impératrice avec sa fille Sadoine et la comtesse Marie, il s'arrêta, salua de son épée et souleva la visière de son heaume afin d'être mieux reconnu.

— C'est mon doux ami ! murmura Sadoine en pâlissant de plaisir.

— C'est Baudouin ! murmura l'impératrice, tressaillant d'aise.

— C'est le Bourguignon ! dit la comtesse Marie, heureuse de savoir Milles échappé au gibet. Ah ! Dieu du paradis, merci !...

Après avoir salué l'impératrice, la princesse Sadoine et la comtesse Marie, Milles s'éloigna, et, en s'éloignant, il lui prit fantaisie de pousser de nouveau le cri qu'il avait involontairement poussé lorsqu'Amys l'avait délivré :

— Vive le comte d'Auvergne ! Vive le seigneur sans terre ni château !...

Ce qui fit tressaillir étrangement la bonne comtesse Marie.

Puis il continua à donner la chasse aux Sarrasins, qui abandonnèrent à la hâte leurs tentes et leurs pavillons pour se rembarquer en désordre dans leurs navires.

CHAPITRE XXXI

Comment l'impératrice demanda à Milles de choisir entre elle et Sadoine pour le mariage, et comment sa mère et lui s'entre-connurent.

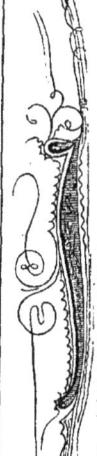

l est inutile de raconter l'universelle joie qui succéda au deuil dans la cité de Constantinople, quand on apprit la déroute complète des Sarrasins et leur embarquement précipité sur leurs navires. On remercia le ciel d'abord, ainsi qu'il convenait à de bons chrétiens de le faire ; puis on songea à remercier l'auteur visible de cette victoire inespérée, c'est-à-dire le chevaleureux Milles.

Aussi l'entrée de ce preux, escorté d'Amys et du roi Danebron, fut-elle saluée par des clameurs d'admiration et de reconnaissance. Les trompettes sonnèrent plus joyeusement que jamais, et l'on oublia les morts des précédentes journées pour ne se souvenir que du repos assuré désormais aux survivants par le mise en déroute des Sarrasins.

— Vive le Bourguignon ! criait-on partout sur le passage de Milles et d'Amys. Vive le Dieu de bataille !...

Milles fut conduit en triomphe au palais, où le reçut l'impératrice, en compagnie de sa fille Sadoine et de la comtesse Marie, qui ne pouvaient se rassasier l'une et l'autre de la regarder, mais pour des raisons bien différentes.

— Ma dame, dit Milles en s'agenouillant devant l'impératrice, j'ai vaincu les païens et les ai chassés hors de votre pays, où, je l'espère, ils ne seront pas tentés de revenir de sitôt...

— C'est affaire à vous, Baudouin, répondit l'impératrice, et je vous en sais pour ma part une gratitude profonde.

— Ce n'est pas moi qu'il faut remercier, ma dame, reprit Milles. Sans l'aide de Dieu et de mon compagnon, je n'eusse pu réussir.

— Dieu soit loué, alors, dit l'impératrice, puisqu'il a permis que cette éclatante victoire fût remportée par vous et par nul autre ; car, vous le devinez bien, je n'eusse pas eu un bonheur si grand à récompenser un autre que vous, cet autre eût-il été le loyal Danebron, et même votre courageux compagnon... Baudouin, ajouta l'impératrice, aujourd'hui je vous fais seigneur et roi de toute la Grèce, qui m'appartient, comme vous savez...

— Dame, répondit Milles en s'inclinant courtoisement, je vous remercie de l'honneur que vous me voulez faire, mais, en conscience, je ne le puis accepter. Vous vous repentiriez trop vite de m'avoir pris pour mari, et je me repentirais peut-être moi-même de vous avoir prise pour femme. Le ciel veut des unions qui jurent moins que celle que vous me proposez, et ce sont les plus raisonnables qu'il bénit... Vous m'avez promis de me donner en mariage la princesse Sadoine, je vous prie de vouloir bien tenir votre parole... Je suis jeune comme elle, je l'aime ; mon bonheur sera d'être son compagnon jusqu'au jour où la mort nous viendra séparer, pour nous réunir ailleurs...

— Réfléchissez donc, reprit l'impératrice, et ne vous hâtez pas ainsi de vous prononcer en faveur de ma fille... Songez que je suis impératrice et reine, que j'ai de grandes richesses et de grands royaumes, et qu'il me sera doux de vous en nommer le légitime possesseur ; tandis que ma fille Sadoine n'a absolument rien que son corps, et que le seul avoir auquel elle puisse prétendre ne lui reviendra qu'après ma mort... Or, je suis grasse et alerte encore, j'ai bonne charnure et bon appétit, et je ne compte pas m'en aller de ce monde avant de longues années d'ici...

— Ma dame, répondit Milles, si peu que vous estimiez l'avoir de la princesse Sadoine, il vaut plus pour moi que tous les royaumes de la terre. Beauté passe richesse, ou plutôt c'est la seule richesse enviable... Ma dame Sadoine est belle et jeune : si elle me veut, je la veux.

En ce moment la comtesse Marie, qui ne quittait pas Milles des yeux, s'approcha de lui et lui demanda d'une voix tremblante :

— Damoiseau, dites-moi pourquoi, je vous supplie, vous avez crié tantôt en passant devant les murs de la cité : « Vive le comte d'Auvergne ! Vive le seigneur sans terre ni château ! »

— Attachez-vous donc une telle importance aux paroles d'un homme qui se sentait heureux d'avoir échappé au licou ? répondit Milles.

— Une grande importance, en effet, sire, et, lorsque vous m'aurez répondu, peut-être aurai-je à vous dire pourquoi je vous ai demandé cela... N'êtes-vous pas Bourguignon ?...

— Oui et non, dame, répondit Milles, et, à vrai dire, je ne sais pas trop de quel pays je suis, bien qu'on m'ait dit que j'étais le fils du comte de Clermont, mort en allant à Jérusalem, paraît-il...

A cette parole, la bonne comtesse Marie poussa un cri.

— Vous êtes le fils du comte Anseaulme, seigneur de Clermont et d'Auvergne ? demanda-t-elle, tremblante d'émotion, en regardant avidement le visage de Milles.

— On me l'a dit, répondit Milles, qui ne comprenait pas encore.

— Vous vous appelez Milles ?

— Je m'appelle Milles, en effet...

— Ah ! votre main, mon doux fils, votre main droite, je vous en supplie !...

Milles, de plus en plus étonné, ôta son gantelet et tendit sa main nue à la comtesse Marie, qui la baisa à plusieurs reprises avec énergie, car elle venait d'y reconnaître la pointe d'épée qui y était représentée, on s'en souvient.

— Mon fils ! Mon doux fils ! s'écria-t-elle en attirant Milles sur sa poitrine.

Lors, tous deux, bras à bras, se pâmèrent contre terre, et bien peu s'en fallut qu'ils ne mourussent de joie.

Sadoine et Amys n'étaient pas moins heureux, la première parce que son amant allait devenir son mari, le second parce que son compagnon avait enfin trouvé ce qu'il cherchait.

CHAPITRE XXXII

Comment Milles ayant été reconnu par sa mère, épousa la belle Sadoine que tant il aimait, au grand chagrin de l'impératrice.

e fils et la mère se tenaient toujours embrassés. La comtesse de Clermont ne pouvait parler, tant son émotion était forte, et tout ce qu'elle pouvait faire était de baiser et accoler mainte et mainte fois son cher fils que le ciel venait de lui rendre. Milles en faisait autant qu'elle, car la plus vraie amour de ce monde, c'est celle de père et de mère.

— Mère, lui dit-il enfin, j'ai le cœur joyeux de ce que je vous vois saine, sauve et vivante. Hélas ! si je pouvais voir mon père aussi bien que je vous vois, je serais le plus heureux de la terre... Mais il y a tout lieu de craindre que les Sarrasins et les Persans ne l'aient fait mourir.

— Beau doux enfant, répondit la comtesse, j'ai vu, il y a bien longtemps, le comte Henri, père d'Amys, qui s'en allait à la recherche de son seigneur, le comte Anseaulme... Il m'a promis de ne pas revenir avant d'avoir nouvelles de lui... Il n'est pas encore revenu et j'en ai le cœur tout dolent...

Amys, entendant ainsi la comtesse Marie, qui parlait du sénéchal son père, eut à son tour le cœur plein de tristesse. Mais il n'en laissa rien paraître pour ne pas attrister la joie que chacun ressentit, dans le palais et dans la cité, d'apprendre que Milles était fils du comte de Clermont et qu'il épousait la princesse Sadoine.

L'impératrice s'était enfin résignée, surtout depuis qu'elle savait que Milles était de haute lignée. Elle manda aux hauts barons de l'empire de venir aux épousailles de sa fille, pour laquelle elle fit faire robes et ornements convenables.

Aussi jamais on ne vit noces où il fut fait une plus grande joie. C'était beau à entendre, la sonnerie de ménestriers et des jongleurs, et cela réjouissait fort agréablement les convives !

Après le souper, les nappes furent enlevées, et l'on commença force danses et joyeusetés. Après les danses, Milles et Sadoine s'en allèrent en leur chambre et se couchèrent dans le lit appareillé à cet effet; mais certes, ils ne dormirent pas toute la nuit.

Le lendemain, on recommença la fête plus grande et plus animée encore que la veille, au grand chagrin de l'impératrice, qui n'avait pas vu sans dépit Sadoine et Milles entrer dans la chambre connubiale où ils avaient fait jusqu'à l'aurore leur déduit amoureux. La joie des autres l'attristait : elle eût voulu, pour tous ses royaumes, être à la place de sa fille. Mais, pour tout l'or de la terre, Milles n'eût voulu d'une autre femme à la place de la belle Sadoine.

Hélas ! en ce bas monde, il y a nuit pour l'un quand il y a soleil pour l'autre, et le bonheur de celui-ci offusque toujours un peu le chagrin de celui-là.

CHAPITRE XXXIII

Comment l'impératrice de Constantinople mourut, et comment Milles et Amys s'en allèrent faire la guerre au comte de Limoges et au duc de Bourgogne.

L'impératrice de Grèce, après ce mariage, ne put pas demeurer longtemps en vie; elle mourut de langueur, à cause de la déplaisance que lui avait faite l'amour de Milles pour Sadoine, déplaisance amère qu'elle portait secrètement en son cœur et qui l'étouffa.

Elle mourut donc, et, après ses obsèques, Milles fut élu empereur de Constantinople par le consentement de tous les barons du pays, qui, très-volontairement, lui firent hommage et lui promirent de le servir et secourir en toutes ses affaires.

Quand Milles eut reçu les hommages de ses hommes, il les fit tous assembler en la cité de Constantinople, dans son propre palais, et il leur dit :

— Seigneurs, je vous prie de m'écouter. Il m'a pris volonté d'aller en Auvergne pour recouvrer la comté de Clermont que m'a ravie Galleraux, comte de Limoges. Je supplie un chacun d'entre vous de m'accompagner en armes, vous assurant que nul n'aura perdu sa peine une fois l'affaire terminée.

Tous les barons lui répondirent qu'ils consentaient volontiers à le suivre; car, depuis qu'ils l'avaient vu à l'œuvre, ils n'avaient plus nulle peur et se croyaient assurés de vaincre tant qu'ils l'auraient avec eux.

Les préparatifs du départ furent bientôt faits. Les navires reçurent de bonnes et nombreuses provisions d'armes et de Grecs robustes et hardis.

Lorsqu'il fallut partir, Milles ne prit qu'en pleurant congé de la belle Sadoine, et il la baisa de grand amour, comme s'il ne devait jamais la revoir.

On leva l'ancre, et, en très-peu de temps on arriva à Rome, où Milles et Amys ne restèrent que juste le temps de recevoir la bénédiction du pape Innocent, leur parrain, et d'emmener avec eux les cardinaux nécessaires pour excommunier le comte de Limoges. Puis on traversa rapidement les Italies et on arriva en Auvergne, où Milles et sa mère furent reçus avec joie par le peuple, qui n'aimait point Galleraux, lequel était, en effet, un mauvais tyran, un traître et un déloyal.

Les habitants de Montferrand, apprenant l'arrivée de la comtesse Marie et de son fils, lui envoyèrent des messagers pour le prier de venir en leur ville, la seule qui eût vertueusement résisté à Galleraux, la seule qui fût disposée à se rendre à elle comme à la légitime femme du comte Anseaulme.

Quant aux habitants de Clermont, ville où se trouvait Galleraux, ils ne pouvaient reconnaître la comtesse Marie et Milles, son fils, parce que les Limousins pesaient trop sur eux.

Les bourgeois de Montferrand firent donc venir leur dame dans ladite cité, où elle fut festoyée des grands et des petits, ainsi que Milles et Amys et leurs gens d'armes.

Milles, alors, leur dit :

— Seigneurs, si j'avais Clermont, dont je suis seigneur, j'aurais bientôt toute ma terre et tout mon pays. Mais Galleraux y a mis ses gens dedans, et il empêche que je n'y sois honoré comme je devrais l'être...

Au moment où Milles se disposait à continuer, survint un messager qui salua et dit au fils du comte Anseaulme :

— Sire, entendez-moi... J'ai vu le comte de Limoges, qui amène avec soi la fleur de ses amis... Ils sont bien en tout cinquante mille, vêtus de hauberts blancs... Le duc de Bourgogne est avec lui, et ils prétendent tous deux vous forcer à batailler avant qu'il soit huit jours... C'est pour vous en prévenir, Sire, que je suis venu céans en grande hâte.

— Que Dieu veuille t'en récompenser, ami, répondit Milles. Mais, par Dieu ! j'irai au devant d'eux !... Je ne veux pas attendre que les huit jours soient écoulés...

Et, incontinent, il donna l'ordre du départ. Il quitta Montferrand, toujours accompagné d'Amys, et avec son armée de Grecs, de Romains et d'Auvergnats, qui chevauchèrent hardiment derrière lui, comme gens sans peur.

Ils n'étaient plus qu'à deux lieues de Clermont, lorsque l'armée de leurs ennemis leur fut signalée.

Lors, Milles fit arrêter ses gens et les disposa par les champs comme il fallait qu'ils le fussent pour le plus grand succès de la bataille.

— Que Dieu sauve Milles et le garde à l'encontre du mauvais comte de Limoges!...

Telle fut la prière générale, que Dieu ne devait pas tarder à exaucer.

CHAPITRE XXXIV

Comment Milles et Amys défirent le comte de Limoges et le duc de Bourgogne, et comment, à un dîner qui eut lieu le soir de la bataille, la clef de la prison de la belle Flore fut retrouvée dans le ventre d'un poisson.

Milles, à la tête de sa vaillante armée composée de Grecs, de Romains et d'Auvergnats, n'attendit pas que son ennemi livrât bataille, et c'est toujours ce qu'il y a de plus sage à faire en pareil cas. Il tomba sur l'armée du comte de Limoges comme une avalanche.

Tout fut bouleversé, défait, détruit, dispersé. Le sang coula à flots, la plaine fut jonchée de morts et de mourants. Les habitants de Clermont eurent alors à se repentir de s'être livrés si complètement au comte de Limoges, homme déloyal et félon, qui reçut en cette journée le juste loyer de sa trahison; car, malgré l'âpre résistance qu'il opposa, il fut pris et tué de la main même d'un habitant de Montferrand, avant que Milles eût eu le temps de s'y opposer.

— Vive le comte de Clermont!

Tel était le cri que poussait joyeusement la petite armée du fils d'Anseaulme en chassant devant elle les débris de l'armée du comte de Limoges.

— Compagnon, dit alors Amys à Milles, nos coqs chantent peut-être un peu trop tôt, car si nous avons vaincu votre vilain ennemi, le traître comte de Limoges, il nous reste encore à vaincre le duc de Bourgogne, qui s'avance présentement à notre rencontre.

Le duc de Bourgogne s'avançait en effet à la rescousse de son allié qu'il ne savait pas à ce point déconfit.

— Pour celui-là, compagnon, ajouta Amys, je vous le recommande particulièrement, au nom de notre amitié... Le duc de Bourgogne, vous ne l'avez sans doute pas oublié, est le père de la princesse Flore, et la princesse Flore est la chose que j'aime le mieux au monde, après vous toutefois, compagnon... Par ainsi, cher Milles, si nous pouvons obtenir du duc une trêve et une promesse de finir cette guerre injuste, je vous supplie de vous en contenter...

— Vous avez dit ma pensée en exprimant la vôtre, Amys, répondit Milles en souriant.

Cette parole prononcée, le fils du comte Anseaulme se porta en avant de son armée pour mieux juger de la position.

Les gens du duc de Bourgogne, en se trouvant en présence de l'armée de Milles, avaient d'abord éprouvé un moment d'hésitation. Puis bientôt ils s'étaient mis en route pour engager l'action, et les gens d'Auvergne en avaient fait autant.

Le ciel était décidément ce jour-là pour le descendant du vaillant Guérin de Montglave. Malgré la supériorité de leur nombre, les Bourguignons durent rompre pied devant l'ardeur sans égale des gens de Montferrand, ainsi que des Grecs et des Romains. La retraite fut sonnée, mais un peu trop tard, car le duc de Bourgogne lui-même fut entouré et fait prisonnier au milieu des siens, sans avoir pu parvenir à rallier les fuyards, déconcertés par l'attaque imprévue des hommes du comte de Clermont.

— Sire, dit ce dernier en allant courtoisement vers le duc en compagnie d'Amys, qui s'était battu comme un lion enragé toute la journée; Sire, le ciel s'est déclaré en faveur du droit contre la trahison... Je veux dire que le comte de Limoges, qui avait profité de l'absence de mon bien-aimé père et seigneur, le comte Anseaulme, pour envahir la comté de Clermont, ma terre, a reçu aujourd'hui le légitime loyer de sa félonie. Que Dieu reçoive son âme, s'il en a une!...

— Le comte de Limoges est mort? demanda le duc de Bourgogne.

— Sire, il a été tué par un des loyaux habitants de Montferrand, la fidèle cité, la seule qui n'ait pas voulu reconnaître Galleraux pour son seigneur. Son armée a été défaite... Ce qu'il en reste ne vaut pas l'honneur d'être compté... Je vais reprendre paisible possession de mon bien et de ma terre... Il ne me manque plus que trois choses pour me réjouir tout à fait de cette glorieuse issue à la guerre que j'avais entreprise. Il me manque d'abord la présence de mon bien-aimé père, le comte Anseaulme. Ensuite, il me manque votre bon accord avec moi et avec les gens de ma contrée... Enfin, il me manque votre consentement au mariage de mon compagnon Amys, fils du comte Henri, sénéchal du comte Anseaulme, avec la gente princesse Flore, votre propre fille...

— Quant à ce qui est de mon bon accord avec vous, répondit le duc, outre que je suis quasiment votre prisonnier, je n'ai nulle répugnance à entrer en ligue avec vous et avec les gens de votre terre. Galleraux était mon parent et mon allié, il est vrai; mais je reconnais qu'il avait traîtreusement agi envers le comte Anseaulme, votre père, en profitant de son absence pour le déposséder de son bien... Quant à la seconde chose, il m'est impossible d'y consentir...

— Impossible? demanda Milles.

— Impossible! murmura Amys, qui assistait à cette entrevue.

— Oui, reprit le duc de Bourgogne, j'ai enfermé la princesse Flore en une tour obscure dont j'ai jeté la clef à l'eau, et j'ai juré qu'elle n'en sortirait pas tant que cette clef ne me serait pas rapportée... Or, voilà bien du temps déjà depuis cette affaire, et l'eau a soigneusement gardé le dépôt que je lui ai confié... Par ainsi, qu'il n'en soit plus question entre nous....

Le duc de Bourgogne se tut et Milles ne répliqua rien, parce qu'il n'y avait rien à répliquer. Flore était perdue pour Amys, car quelle espérance de retrouver jamais cette clef jetée dans les flots?

On s'en revint à Langres, où les tables furent promptement dressées dans le palais même du duc.

Le maître-queux, ce jour-là, s'était surpassé, pour mieux faire honneur au chevaleureux fils du comte Anseaulme et à ses compagnons. Il avait surtout préparé certain poisson rare et délicat avec un soin merveilleux.

Ce poisson fut servi, et, au moment d'en faire le partage, on découvrit dans ses entrailles une clef qui fit pousser un cri d'étonnement à chacun des convives, et principalement au duc de Bourgogne.

C'était la clef de la tour où était renfermée la malheureuse princesse Flore.

— Mes yeux s'ouvrent devant ce miracle du ciel! s'écria le duc. Il se plaît à vous favoriser dans votre personne et dans celle de vos compagnons... Puisque voici la clef de la tour retrouvée, je vais envoyer délivrer la princesse Flore et tenir ma parole... Franc baron, ajouta le duc en s'adressant à Amys, je crois bien que Dieu veut que vous épousiez ma fille... Je vous l'octroye donc, et, avec elle, tout mon duché dont je ne veux rien retenir, pas même un denier de rente.

— Sire, répondit Amys, vous parlez en prud'homie et par bonne intention.... Je vous demande votre fille, et, certes, je serai très-heureux de la posséder; mais je n'entends pas vous déshériter, car ce ne serait pas raison et ce serait un grand mal...

CHAPITRE XXXV

Comment le duc de Bourgogne ayant fait sortir de prison sa fille Flore, celle-ci lui déclara, ainsi qu'à Amys, qu'elle avait fait vœu d'être nonne en quelque abbaye et de n'épouser aucun homme vivant.

Donc, après que le duc eut dîné et que les nappes eurent été enlevées, il prit la clef si miraculeusement retrouvée, s'en alla à la tour, fit défermer la porte, et sa fille parut devant lui.

Flore, en revoyant son père, ne put s'empêcher de pleurer. Elle se jeta à genoux devant lui, la noble et belle pucelle, et lui cria merci en disant:

— O mon père charnel! je sais bien que j'ai courroucé votre cœur en méconnaissant votre autorité... Aussi je vous en demande bien humblement pardon, je vous prie également de me pardonner ce que je m'en vais vous dire... O mon très-cher père! j'ai voué ma chasteté au Seigneur-Dieu... Je veux désormais user ma vie en une abbaye, ayant juré de ne jamais épouser homme qui vive, car par homme j'ai eu tant de mal que nul qui soit vivant ne peut plus désormais me plaire ni avoir plaisir à me posséder, puisque j'appartiens au Seigneur-Dieu... Et, à tout considérer au vrai, nul homme ne me pourrait jamais faire autant de bien.

— Fille, dit le duc, qui était homme que sa fille devait beaucoup craindre et redouter, je vous pardonne ce que vous m'avez fait, et Dieu vous le veuille aussi pardonner.

Cela dit, le duc de Bourgogne amena sa fille devant tous les barons.

Flore, quoique toujours belle, était bien pâle et bien décolorée par la déplaisance qu'elle avait ressentie durant son séjour en la prison.

— Fille, lui dit son père en lui montrant le compagnon de Milles, voici Amys, le plus hardi vassal qui soit deçà les monts, à qui je vous ai donnée et octroyée... Vous le prendrez à mari, car telle est ma volonté de père...

— Père, répondit la pucelle, j'ai juré à Jésus-Christ et à sa benoîte mère que jamais je ne servirais à aucun homme vivant et que je n'épouserais personne en ce monde... J'ai fait ce vœu étant dans la prison où vous m'aviez mise; j'ai promis d'être nonne en une abbaye, si jamais je pouvais être délivrée... Enfreindre ce vœu que j'ai fait à Dieu, ce serait me gaber et moquer de lui... Or, mon père, vous savez que la Sainte-Écriture témoigne que c'est un grand péché de corrompre le vœu de religion, et que nul ne peut vous en absoudre, fors le pape... Par ainsi, je vous prie de ne m'en plus parler, car jamais, tant que je vivrai, nul homme ne me sera rien...

Lorsque Amys eut bien écouté les paroles de la pucelle, tout le sang lui frémit, tout le cœur lui tressauta dans la poitrine...

— Dame, lui dit-il d'une voix douce et tremblante, soyez mieux conseillée par vous-même, je vous en supplie... Je suis venu céans pour vous faire honneur et pour votre amour avoir par mariage...

— Gentil damoiseau, se hâta de répondre Flore-la-Belle, par tous les saints qui furent et seront jamais! je dois à la vérité de dire que je ne connais pas un homme, noble ou riche, qui me plût autant que vous si je devais prendre un seigneur et mari... Je dois ajouter, pour que ma pénitence soit plus âpre et mon renoncement plus méritoire, que je vous ai autrefois beaucoup aimé et désiré... Mais j'ai fait un vœu, et, quoiqu'il me coûte, je le dois accomplir... Je serai donc nonne en quelque abbaye, et, par ainsi, je n'aurai jamais nulle compagnie d'homme, et je ne prendrai en mariage nul autre seigneur que le Seigneur-Dieu...

— Belle, répliqua alors Amys, je ne veux pas que vous rompiez votre vœu... Agissez à votre guise et non à la mienne, car épouser femme malgré elle est grande folie!... C'est déjà folie, même quand on la prend de son bon vouloir, vu que souventes fois elle s'efforce très-peu de bien faire...

Puis, se tournant vers le duc de Bourgogne, Amys ajouta:

— Sire, votre fille est entrée en bonne œuvre... Que Dieu la veuille entretenir en ces pensées-là... Je n'ai pas de femme: Dieu l'a épousée, qu'il la garde, je n'ai pas le droit d'entreprendre sur lui...

Le duc de Bourgogne soupira; mais comme la

résolution de sa fille était bien arrêtée, il ne put s'y opposer, et, dès le lendemain, il la fit entrer nonne en une abbaye qu'il dota richement à cause d'elle.

CHAPITRE XXXVI

Comment, à leur retour en Auvergne, Milles et Amys apprirent que Sadoine était cernée dans Constantinople par les païens; comment ils partirent aussitôt pour cette ville, et comment, l'ayant trouvée brûlée, ainsi que Sadoine, ils allèrent vers la cité d'Acre.

Après toutes ces choses, Milles et Amys prirent congé du duc et s'en retournèrent vers Clermont en Auvergne, où ils furent reçus avec grande joie et bon accueil par tous ceux de la cité.

Pendant que la comtesse Marie et les barons festoyaient les deux compagnons, il arriva un messager qui se vint jeter à genoux devant Milles, et, lui présentant une lettre bien close et bien scellée, lui dit :

— Pour Dieu! sire, lisez tôt cette lettre... Votre femme est fort empêchée et cernée par les païens dans Constantinople.

Milles prit vitement la lettre et l'ouvrit. Quand il l'eut lue d'un bout à l'autre, il appela son compagnon et lui dit :

— Amys, sans plus nous arrêter céans, montons sur nos chevaux et allons secourir ma femme, car elle mande qu'elle est enfermée en Constantinople par les Sarrasins et les mécréants... Il paraît que lorsque ce maudit soudan d'Acre a su que j'étais hors du pays, il est venu assiéger la cité... Je vous prie donc de venir m'aider à délivrer ma dame du tranchant de notre épée et à la venger de ces maudits Sarrasins.

— Allons, répondit Amys, toujours disposé à suivre son compagnon.

Milles fit aussitôt apprêter son armée, et, quand elle fut prête, elle se mit en route, pennonceaux et bannières en avant.

Deux mois après, Milles et Amys arrivèrent devant Constantinople : il y en avait un déjà que cette ville était détruite et la belle Sadoine brûlée. Ainsi le déclara un chevalier chrétien qu'ils rencontrèrent.

Quand Milles eut entendu cela, peu s'en fallut qu'il ne mourût, par suite du trop grand deuil et de la trop grande déplaisance qu'il en ressentit. Il se fût transpercé d'outre en outre de son glaive si son fidèle compagnon n'eût été là pour l'en empêcher.

— Compagnon, lui dit Amys, laissez là cet argument qui ne vous rendrait ni votre cité ni votre femme. L'une est détruite, l'autre est brûlée : puisqu'il a plu à Dieu qu'il en fût ainsi, cela doit vous plaire également. Ne vous désespérez pas d'avoir perdu votre belle amie : c'est que Dieu a voulu l'avoir pour lui... Il vous en donnera une autre avant qu'il soit peu, soyez-en sûr.

— Compagnon, répondit Milles, vous parlez pour néant... Jamais je n'aurai d'autre femme désormais, je vous le dis pour vrai... Jamais je ne remplacerai Sadoine!...

— Pour l'instant, reprit Amys, qui songeait à réconforter son compagnon, il s'agit de nous venger de ces maudits païens qui nous ont fait tout ce mal... Avant qu'il soit longtemps, je veux les exterminer tous jusqu'au dernier, ou je mourrai à la peine !...

Mais le bon Milles avait le cœur trop gros de la perte de Sadoine. Il n'écoutait pas Amys et ne cessait pas de pleurer, regrettant toujours ce qu'il aimait tant.

Ce fut surtout quand il entra à Constantinople que sa douleur fut grande et que ses regrets furent poignants. Toutes les maisons étaient brûlées et son propre palais était abattu.

— Ah! chère Sadoine! murmura-t-il. J'ai tant perdu en vous perdant!...

Lors, il manda à tous les barons de son empire, grands et petits, d'avoir à le venir immédiatement servir comme seigneur et élu du pays, sous peine d'être décapités. En moins de trois semaines, plus de cent mille combattants furent ainsi réunis à son appel, sans compter ceux qu'il avait amenés d'Auvergne avec lui.

C'était une armée digne de la bataille que Milles voulait livrer au soudan. Aussi, dès qu'elle fut assemblée, se mit-il en route vers Acre.

— Ah! dit-il à Amys, par le glorieux Jésus-Christ! je n'aurai jamais joie au cœur que je n'aie vaincu le maudit soudan d'Acre, et je lui ferai de tel pain soupe, qu'il aura remords de sa vilaine action, car je lui brûlerai toute sa cité!...

Tant cinglèrent les vaisseaux de Milles et Amys, qu'ils finirent par apercevoir les murs et les créneaux de la cité d'Acre.

— Ah! s'écria alors Milles, ah! maudit soudan d'Acre! Puisse ton âme brûler en enfer! Jamais je ne dormirai de bon somme, tant que je ne t'aurai pas confondu, vaincu et détruit, toi et ta cité! Qu'il plaise à ce Dieu qui souffrit mort et passion pour nous, que cette cité maudite et tous ceux qu'elle renferme périssent et s'abîment!...

CHAPITRE XXXVII

Comment l'arrivée de Milles et Amys déconcerta le soudan d'Acre, et comment, sur la proposition du Sarrasin Bandus, il résolut de faire combattre ses deux prisonniers chrétiens.

Bientôt l'arrivée de Milles et Amys fut connue du soudan, d'autant plus que Milles avait fait débarquer au préalable tous ses fourrageurs en leur ordonnant de mettre tout à feu et à sang.

Lors, appelant ses barons, il leur dit :

— Seigneurs, j'ai grand'peur, en vérité... Nous manquons déjà de vivres... Que sera-ce dans quelques jours?... L'empereur de Constantinople n'est pas venu céans pour rien : il ne s'en ira pas qu'il ne se soit vengé, c'est-à-dire avant qu'il ne nous ait défaits et qu'il n'ait tout brûlé... Nous sommes perdus si aucun secours ne nous arrive !...

Incontinent le soudan demanda un messager pour l'envoyer vers le soudan de Damas requérir assistance et secours.

En entendant donner cet ordre, un Sarrasin se leva et dit :

— Sire, croyez-en mon conseil et bien vous en prendra... Vous avez en vos prisons deux hardis chrétiens, deux preux et vaillants chevaliers ; faites-les mettre dehors, faites-les panser et nourrir de bonnes viandes, car ils sont affamés ; et, quand ils seront bien repus et réconfortés, donnez-leur chevaux et harnois, et promettez-leur de leur donner la liberté, ainsi que beaucoup d'or et beaucoup d'argent, s'ils veulent vous aider à combattre les chrétiens qui vous assiègent présentement. Suivez cet avis, je vous y engage, et surtout ne leur épargnez nulle viande, car la geline pond par le bec...

Le soudan répondit à ce Sarrasin, qui avait nom Bandus :

— Certes, Bandus, tu parles sagement. Je vais envoyer quérir mes deux prisonniers et nous allons entendre la réponse qu'ils vont faire à cette proposition...

— Et, incontinent fut mandé le geôlier.

— Amène-moi tôt et sans délai les deux chevaliers que tu as gardés si longuement en mes prisons ! lui cria à haute voix le soudan d'Acre.

— Bien, Sire, je les vais quérir, répondit le geôlier.

Cet homme s'en alla en conséquence vers la prison, ouvrit trois portes épaisses et arriva dans un cachot dont les murs étaient de ciment, et où la lumière du soleil pouvait à peine entrer.

C'était là que se trouvaient les deux nobles barons.

— Gloutons ! leur cria le geôlier. Que Mahomet vous maudisse ! Avancez et venez parler au soudan... Votre jugement est fait... Vous serez probablement pendus et mis à martyre avant qu'il soit passé demain...

Quand le bon comte Anseaulme, père de Milles, entendit ces paroles, tout le cœur lui trembla, et il dit au comte Henry son sénéchal, père d'Amys :

— Maintenant, je m'aperçois bien qu'il en est fait de nos vies et qu'il nous convient de mourir... Henry, voici nos derniers jours : rien ne nous sauvera plus...

Lors, à son tour, le bon Henry commença à pleurer et à regretter son beau fils Amys, qu'il n'avait pas vu depuis si longues années.

— Hélas ! beau fils, murmura-t-il, je ne te verrai plus !...

— Mon ami, lui dit le comte Anseaulme pour le réconforter, ne pleure plus ainsi, je t'en prie... Notre-Seigneur nous aidera... Pense à sauver ton âme et crie merci à Dieu, le père omnipotent, car on dit communément que l'âme de celui qui a bonne fin est toujours sauvée.

— Certes, répondit le comte Henry ; mais je suis bien marri de finir sitôt mes jours ; car lorsque l'homme est mort il perd corps et avoir, or et argent, et tout son héritage...

CHAPITRE XXXVIII

Comment le comte Anseaulme et Henry, son sénéchal, pour n'être pas tués, tuèrent leur geôlier, et comment le soudan les sauva de la colère du peuple de la cité.

Seigneurs barons, répéta le geôlier, en avant, en avant ! Monseigneur vous attend pour vous livrer à martyre, comme vous êtes jugés l'un et l'autre !

Le geôlier disait cela, parce qu'il le croyait. Il ne pouvait pas supposer que le soudan mandait ses prisonniers pour autre chose ; et cette erreur où il était à ce propos lui coûta cher, car Anseaulme, l'entendant ainsi confirmer la menace qu'il leur avait faite en entrant, s'approcha rapidement de lui et lui bailla sur la tête un si rude coup de poing qu'il lui en fit voler la cervelle...

Le geôlier tomba mort à leurs pieds sans dire autre chose.

— Or sus ! Henry ! pensons à nous venger de notre mieux ! cria le comte Anseaulme à son sénéchal. Vengeons-nous bien, Henry, vengeons-nous bien... Cela ne nous coûtera rien, car on ne meurt qu'une fois... Tuons donc force Sarrasins avant d'être pendus : cela nous sera d'une bonne recommandation dans le ciel !...

Et, sans plus perdre de temps, Anseaulme et Henry sortirent de la prison, renversant sur leur chemin tout ce qui leur faisait obstacle, écuyers, varlets ou serviteurs, qu'ils faisaient trébucher devant eux comme feuilles devant l'orage. Ils allèrent ainsi dans la cité, combattant et toujours renversant toujours, et toujours courant comme lévriers.

Une fois dans les rues de la cité, ils firent un tel abattis de femmes et d'enfants, que les Sarrasins, épouvantés, s'enfuirent devant eux comme devant deux diables d'enfer, et s'en allèrent se cacher, les uns au cellier et les autres au grenier, d'où ils jetèrent force pierres sur la tête d'Anseaulme et d'Henry, croyant les assommer.

La rumeur que cette apparition avait occasionnée arriva aux oreilles du soudan, qui attendait toujours que le geôlier lui amenât les deux prisonniers chrétiens.

— Sire, lui vint dire en grande hâte un Sarrasin, par le dieu Mahom qui nous doit tous juger ! les deux prisonniers sont sortis de leur prison après avoir occis votre geôlier, et ils s'en vont ainsi par la ville, tuant et massacrant tous ceux qu'ils rencontrent... Je les crois enragés, Mahomet me pardonne !...

Incontinent, le soudan dévala de son palais, demanda son coursier, monta dessus et s'en alla chevauchant parmi la cité, qu'il trouva dans la plus grande agitation.

Plus de dix mille païens couraient après les deux barons chrétiens.

— Ne touchez pas à ces deux hommes ! cria le soudan d'une voix haute et forte. Celui qui seulement les blessera sera pendu ou aura la tête coupée !... Ne leur faites donc aucun mal, si vous tenez à votre tête et à votre cou..

Les deux barons se défendaient toujours fort âprement, lançant pierres et cailloux avec une roideur telle qu'ils tuaient ou blessaient tous ceux qu'ils atteignaient et que nul n'osait s'approcher d'eux.

Le soudan lança son cheval à leur rencontre et leur cria :

— Seigneurs, laissez toute cette rage, et ne redoutez plus rien ! car, par la foi que je dois à Mahomet ! il ne vous sera fait aucun mal...

Lors, Anseaulme lui répondit :

— Si vous voulez que je vous croie, faites retirer vos gens... Et alors je vous dirai ma volonté...

Le soudan commanda à tout un chacun de se retirer en arrière, et chacun obéit.

— Seigneur, reprit alors le comte d'Auvergne, voici quelle est notre volonté... Nous aimons mieux mourir présentement en nous défendant que d'être pendus, puisque tu nous as condamnés à l'être... Oui ! nous aimons mieux mourir honnêtement en défendant nos corps, que de souffrir le martyre de la main de tes vilains bourreaux... Et apprends que, du train dont nous y avons été jusqu'ici, nous comptons bien abattre une centaine de païens avant d'être abattus nous-mêmes...

— Chrétiens, leur répondit le soudan, par Mahom ! Ecoutez donc ce que je vais vous dire.

— Nous écoutons, répondirent les deux barons en se rapprochant quelque peu du soudan, mais en se tenant toujours prudemment à distance de la foule.

CHAPITRE XXXIX

Comment le soudan proposa au comte Anseaulme et à son sénéchal de leur donner la liberté, à condition qu'ils l'aideraient contre l'armée de l'empereur de Grèce, et comment ils acceptèrent volontiers.

Le soudan reprit :

— Je suis assiégé par l'empereur de Grèce... Si vous me voulez aider contre lui, tant et si longuement que j'en sois délivré, je vous ferai conduire jusques en votre pays, et je vous baillerai or et argent en quantité convenable pour vous récompenser... Je vous jure, par la foi que je dois à Mahom, que vous n'aurez rien à craindre de moi ou de mes gens, et que, tout au contraire, je vous ferai servir aussi honnêtement que si vous étiez mes pères ou mes propres frères. Par ainsi, conseillez-vous mutuellement, et me faites réponse. Je vous donne tout le répit nécessaire...

— Sire, vous parlez sagement, répondit Anseaulme, et lui demanda :

Lors, saluant, il prit à part le comte Henry, son sénéchal, et lui demanda :

— Compagnon, que dites-vous de cela ? Pour Dieu ! ne me célez pas votre vouloir.

Henry répondit :

— Compagnon, faites-le heurter à sa dent pour plus d'assurance... S'il y consent, nous pourrons avoir fiance en lui... Et, puisque vous me demandez ce que je pense de tout ceci, je dois vous dire qu'il n'est aucun bon chrétien qui ne vive en bon espoir... Accordons au soudan tout ce qu'il nous demande et Dieu nous aidera ; car, qui perd sa vie perd son corps et son avoir... Et le corps est un digne joyau qu'il faut conserver avec soin le plus longtemps possible... Nul homme vivant, à dire le vrai, ne sait quelle chose devient le corps mort, ni où il va... Quand l'homme est défunt, on ne parle plus de lui, et ce n'est pas la peine alors d'avoir vécu... Par ainsi, compagnon, conservons le nôtre et accordons au soudan tout ce qu'il nous demande... Mais, pour plus de sûreté, faites-le heurter à sa dent...

— Par ma foi, compagnon, vous dites vrai ! répliqua Anseaulme en se dirigeant vers le soudan.

Celui-ci, le voyant revenir, lui demanda :

— Eh bien ! seigneurs, qu'avez-vous résolu l'un et l'autre ?

— Nous consentons à tout ce que vous nous avez demandé, Sire, répondit Anseaulme, et nous comptons que vous tiendrez les promesses que vous nous avez faites...

— J'ai juré par Mahom, et ce serment-là, on le tient toujours. Je n'y faillirais pas, pour ma part, pour tout mon royaume.

— Toutefois, Sire, reprit Anseaulme, nous désirons que vous vous heurtiez la dent en signe d'acquiescement...

— Volontiers, répondit le soudan en faisant ce qu'on lui demandait.

Cela dit et fait, il donna à ses gens l'ordre de se retirer, ce qui les contraria, car ils eussent bien voulu se venger sur les deux chrétiens des dégâts qu'ils avaient l'un et l'autre commis parmi eux.

Puis il prit Anseaulme et Henry par les mains et les ramena en son palais. Là, ils lui promirent de nouveau, ainsi qu'à tous ses barons, de demeurer avec eux jusqu'au départ de l'armée de l'empereur de Grèce, départ qui devait être amené par leurs efforts à eux d'eux, qui n'avaient point le cœur failli et le bras manchot. On comptait surtout sur Anseaulme, qui, au dire de l'histoire, avait bien neuf pieds de hauteur et le corps, gros à l'avenant, était sain, léger et âpre à la défense. La seule chose qui fit tort à sa belle apparence, c'est qu'il était maigre à force de jeûner, car en la prison il n'avait pas eu son saoûl de pain ni de vin, puisque mainte et mainte fois son compagnon et lui étaient restés trois ou quatre jours sans manger.

Après qu'ils eurent fait les serments que leur demandait le soudan, celui-ci ordonna qu'on les traitât de boire et de manger aussi bien que lui-même. En conséquence, Anseaulme et son sénéchal furent étuvés et baignés ; puis ils eurent à manger de bonnes viandes et à boire de bon vin, de façon à se réconforter des pieds à la tête et à être mieux disposés à la bataille contre l'armée de l'empereur de Constantinople.

CHAPITRE XL

Comment Anseaulme et son sénéchal réfléchirent avant d'entamer la bataille contre les chrétiens, et comment le comte Henry proposa au soudan de faire combattre l'un d'eux contre un champion de l'empereur de Grèce.

Aussitôt que le soudan eut eu l'assurance du concours efficace d'Anseaulme et de son sénéchal, il appela Bandus et un nommé Clarion, et les dépêcha secrètement au soudan de Damas.

Aussitôt que ses deux messagers furent partis, il fit sortir de la cité d'Acre grande multitude de Sarrasins pour aller assaillir les Grégeois. Anseaulme et Henry portaient bannière et étendard.

Lorsque Milles et Amys aperçurent les païens, ils ordonnèrent leurs batailles et firent armer tout un chacun; puis, incontinent ils approchèrent, et de si près que le combat pouvait s'engager main à main.

— Franc chevalier, dit le bon Anseaulme à son sénéchal, n'allons-nous pas commettre là un grand crime, en tuant des gens qui croient en Jésus comme nous?

— Certes, répondit Henry, vous dites vrai. Je vais parler au soudan et le raisonner là-dessus...

Sans faire plus de séjour, le sénéchal du comte Anseaulme s'en vint droit au soudan et lui dit :

— Sire, daignez m'écouter et comprendre mon intention. Voici chrétiens qui viennent en grand nombre... Il y aura donc aujourd'hui grande destruction ou d'eux ou de vous... Si vous me voulez croire, je vous conseillerai bien et sans nulle trahison.

— Dites, répondit le soudan; si cela me semble bon, je l'accorderai. Celui-là doit être honni et avoir marrisson, qui conseil ne veut pas croire...

Henry reprit :

— Sire, vous enverrez vers l'empereur de Grèce et lui ferez demander qu'il vous livre un champion pour combattre un des vôtres, qui sera mon compagnon. Si votre champion vainc celui des chrétiens, ils s'en iront et lèveront incontinent le siège; si, au contraire, le vôtre est vaincu, je demeurerai prisonnier pour lui et l'on me pendra. Je suis sûr et certain qu'il vaincra l'autre ; mais, si par hasard je me leurrais d'un faux espoir, ne m'épargnez pas...

— Par Mahom! vous venez de parler raison. Si les chrétiens veulent ce que vous proposez là, je le veux aussi.

Le sénéchal, alors, prit son bassinet et s'en alla tout d'un trait vers Milles et Amys, avec un rameau d'olivier en main, pour signifier qu'il voulait parlementer.

Milles, avisant Henry, s'en vint au devant de lui, et Henry, le saluant courtoisement, s'empressa de lui dire :

— Sire, écoutez ce que le soudan vous mande.

— J'écoute, dit Milles.

— Il vous livrera un champion de bataille qui combattra contre vous ou contre tel qu'il vous plaira de lui bailler. Si vous le vainquez, il vous rendra la cité ; si vous êtes vaincu, vous lèverez le siége et vous en irez incontinent, sans faire plus longue demeure en ce pays-ci.

— J'y consens volontiers, répondit Milles.

CHAPITRE XLI

Comment le comte Anseaulme de Clermont et son fils Milles combattirent l'un contre l'autre d'une périlleuse et terrible façon, et comment ils s'entre-reconnurent à une parole que dit l'empereur de Grèce.

Or, dès le lendemain, le champ de bataille fut préparé. Le soudan d'Acre s'en vint, accompagné de trente de ses gens. Milles s'y rendit pareillement avec trente de ses barons. Là, ils fiancèrent leur foi l'un à l'autre au sujet de ce qui avait été dit la veille.

Le soudan, qui avait amené Anseaulme pour voir le hardi et tant redouté chevalier Milles, jura par Mahomet qu'il rendrait la ville d'Acre, si son champion était vaincu.

Milles, de son côté, jura son Dieu du paradis que, s'il était vaincu, il s'en retournerait aussitôt chez lui, avec son armée.

Lors, Anseaulme s'approcha de lui et lui dit :

— Vassal, je suis celui qui doit combattre contre toi... Garde-toi de moi, car je te défie.

En apercevant son père, le comte de Clermont, qui était si grand et si bien fourni, Milles sentit tout le sang lui frémir.

— Sainte Marie, mère de Dieu! murmura-t-il, jamais de ma vie je n'ai vu si grand larron! Aide-moi à le vaincre, Jésus! aide-moi comme je m'aiderai moi-même... Si ce larron était plus grand d'un pied et demi qu'il n'est, je combattrais encore contre lui : me garantira Dieu, s'il lui plait... Et il lui plaira... Il y a profit et honneur à servir Dieu, car c'est un bon maître, fort et puissant ; je le tiens pour mon ami, et toujours je le servirai et honorerai...

Bientôt après, on se retira en arrière. Le soudan retourna à sa tente, et Milles resta sur le champ de bataille, près d'une rivière, avec ses barons.

Le soudan fit mettre Henry en une grosse tour de pierre, en lui disant que si son compagnon était vaincu il le ferait pendre devant ses barons; mais Anseaulme jura à son sénéchal qu'il n'avait pas à redouter ce dénoûment, car il avait la ferme intention de ne pas faire grâce à l'empereur de Grèce et de lui arracher la tête avec le heaume.

Le lendemain, comme le jour commençait à poindre, les deux champions, armés comme il convenait, se trouvèrent sur la prairie, déterminés tous les deux à ne se faire nulle grâce et à se manger mutuellement le cœur du ventre.

Le soudan d'Acre, qui était aux fenêtres de son palais avec plusieurs nobles Sarrasins, regardait la bonne contenance d'Anseaulme, monté sur un bon cheval de prix et fièrement appuyé sur le fer de sa lance.

— Par Mahom ! ce chrétien paraît bien hardi et courageux. Je crois que s'il n'y a pas trahison, il aura facilement l'avantage sur l'empereur de Grèce.

En ce moment, Milles, la lance au poing, l'écu au cou, s'avança vers Anseaulme et lui cria :

— Or sus, en avant ! faux traître et déloyal ! La vesprée n'arrivera pas avant que je ne t'aie occis !.. Mieux te vaudrait n'avoir jamais entrepris cette bataille contre moi, je te le dis !...

Sur cette parole, les deux adversaires s'élancèrent l'un contre l'autre, et de si grande force, que leurs lances se brisèrent, et que chacun dut avoir recours à l'épée.

Le combat fut âpre et sanglant. Anseaulme frappa son fils sur la visagère avec tant de violence, que Milles en fut tout étourdi, et n'eût été l'épée qui lui échappa des mains, Milles n'eût plus jamais mangé de pain.

Anseaulme descendit et reprit son branc d'acier.

Pendant ce temps, le cheval de Milles, ne se sentant plus dirigé par la main défaillante de son maître, ne savait plus où il allait et il fuyait en tournoyant, tellement qu'il s'en fallut de peu que Milles ne tombât à terre. Jamais, en effet, il n'avait reçu un coup pareil depuis qu'il était au monde, car jamais son père ne l'avait battu quand il était petit enfant.

Le soudan d'Acre riait déjà de joie, lorsque Milles se remit sur ses étriers et revint avec colère vers son père qui le reçut tranquillement, et, d'un coup brusque, l'envoya rouler à quelques pas de là sur l'herbe, avec sa monture...

Milles, se relevant légèrement, courut sur le cheval de son père et lui coupa les deux jambes de devant, ce qui obligea naturellement le comte Anseaulme à choir à son tour.

Lors, une fois Anseaulme à terre, Milles monta sur lui, et avec ses gantelets garnis de broches aiguës, il le frappa à coups redoublés d'un côté et d'autre, si bien que le sang sortait tout vermeil de son corps.

Le soudan d'Acre fut très-marri, car il crut son champion mort et sa cité perdue.

Mais Anseaulme se releva d'un mouvement d'épaules et de reins, et, se redressant terrible, il joua du couteau fort et ferme, rendant la pareille avec usure.

Leurs hauberts étaient dérompus, ainsi que leurs hoquetons ; leurs heaumes étaient bossués en maint endroit, et le sang coulait raide de leurs plaies. Tous deux commençaient à avoir les membres las et la cervelle étourdie, à ce point que la sueur leur coulait à grosses gouttes du front, comme si on leur eût jeté un muids d'eau sur eux.

Aussi, d'un commun accord, se reposèrent-ils sur le gazon, tous deux si mâtés et si peinés qu'ils ne demandaient plus qu'à être confessés.

Anseaulme se leva de terre le premier. Milles, voyant cela, sauta légèrement sur ses pieds, empoigna son épée et courut sur le comte de Clermont, qui se couvrit de sa targe et se préserva ainsi. Plus Milles frappait, plus Anseaulme parait, l'un en se lassant et l'autre sans se fatiguer le moins du monde.

Quand le comte comprit que Milles était suffisamment épuisé et qu'il n'irait plus bien loin, il le prit à bras le corps, le jeta par terre et lui ôta l'épée des mains.

Milles, alors, ainsi désarmé, s'aperçut que bien vraiment il était mort, et que cette heure était bien la dernière de sa vie.

— Ah ! s'écria-t-il piteusement. Ah ! terre d'Auvergne, vous n'avez plus de seigneur ! Terre d'Auvergne, votre seigneur sera mort honteusement.

— Honni sois-tu ! répondit le comte Anseaulme, car le comte de Clermont et d'Auvergne vit encore, et il te le prouvera avant qu'il soit peu... J'ai été longtemps en prison, c'est vrai ; mais, Dieu merci ! je ne suis pas encore mort !... Tu penses et dis cela trop follement, vassal !...

Milles, entendant cela, sentit le cœur lui manquer quasiment.

— Vassal, demanda-t-il à Anseaulme, es-tu chrétien ou Sarrasin ? Je t'en prie, ne me le cèle point...

Anseaulme lui répondit :

— Je crois en Jésus. Et vous, comment vous appelez-vous, vous qui déprisez ainsi le comte d'Auvergne ?

— Sire, répondit Milles, vous parlez mal... Je suis le comte et le seigneur de toute l'Auvergne... Milles est le nom que j'ai reçu sur les fonts de mon père, qui est le comte Anseaulme et qui est mort en allant voir les Saints Lieux.

Anseaulme, surpris et joyeux de ces paroles, commença à pleurer tendrement, sans pouvoir dire tant seulement un mot.

Il n'osait pas faire fête à son fils, à cause des païens. Mais la nature fut plus forte en lui que la prudence ; il accola doucement Milles et lui dit :

— Ah ! beau fils ! Baise ton père, que tu vois ici en ta présence... Oui, je suis le comte Anseaulme, qui pendant vingt ans a été en prison et qu'on a cru mort... Beau cher fils, laisse-moi t'accoler et te baiser en la bouche !... Voilà vingt ans que cela ne m'est arrivé !...

CHAPITRE XLII

Comment Milles et Anseaulme, s'étant entre-reconnus, le comte de Clermont retourna vers le soudan d'Acre pour délivrer son compagnon le sénéchal.

Quand Milles entendit cela, il tomba tout de son long par terre, et se pâma de joie aux pieds de son père.

— Père, murmura-t-il, je vous crie merci et vous supplie de me vouloir bien pardonner le sang précieux que j'ai fait sortir de votre corps!...

— Que le Seigneur-Dieu vous juge! répondit Anseaulme. Pour moi je vous pardonne de bon cœur... Or, beau doux fils, votre mère est-elle encore en vie? Ne me le célez point, je vous prie...

— Ma mère est saine et sauve en votre cité de Clermont, répliqua Milles.

Et, après cela, il se mit à raconter à son père, de point en point, tous les événements importants de sa vie. A mesure qu'il parlait, le visage du bon comte Anseaulme se couvrait de larmes. Quand il eut fini, tous deux s'assirent l'un à côté de l'autre en pleurant et se bandèrent mutuellement leurs plaies, afin d'en arrêter le sang.

— Beau fils, demanda tout à coup Anseaulme, que vais-je dire au soudan? Si ce n'était pour un mien vassal que j'ai laissé en la cité comme otage de moi, jamais je n'y retournerais : c'est mon sénéchal Henry....

— Le père d'Amys?

— Lui-même.

— Est-il encore vivant, mon père, dites-le moi!...

— Oui, il est sain et sauf, plus que je ne le suis en ce moment, à coup sûr...

— Père, dites-lui alors que son fils Amys est avec moi, aussi sain et sauf et vivant que lui-même.

— Beau fils, reprit Anseaulme, tout cela est fort bien, en vérité, et j'en remercie bien grandement le ciel. Mais enfin il faut sortir de cette impasse... Comment le faire sans que le soudan ne nous accuse de trahison?

— Père, répondit Milles, puisqu'il vous en faut retourner dans la cité d'Acre, vous direz s'il vous plait au soudan que je me rends vaincu, et que demain je délogerai avec mon armée. Quand le soudan vous aura accordé votre congé, au comte Henry et à vous, vous me rejoindrez à Constantinople, d'où nous embarquerons pour aller en Auvergne, où vous trouverez ma mère, votre femme.

— Beau fils, dit Anseaulme, voilà qui est bien parlé... C'est le meilleur conseil qui soit... Je le veux suivre et m'en vais de ce pas rejoindre le soudan.

En effet, après avoir de nouveau accolé et baisé son fils, le bon Anseaulme s'en retourna vers la cité.

— Comment vous portez-vous et qu'est-il arrivé? lui demanda le soudan aussitôt qu'il l'aperçut. Ne me célez rien, je vous prie, car je vous ai vu finir cette affaire par des caresses et je ne comprends pas bien.

— Sachez, répondit le comte de Clermont, que l'empereur de Grèce s'est rendu vaincu parce qu'il ne pouvait plus durer contre moi... Demain au matin, vous le verrez déloger avec son armée, et plus jamais ne les reverrez,..

Le soudan, joyeux d'apprendre cela, se prit à louer Mahomet, fit délivrer de prison le bon Henry, sénéchal du bon comte Anseaulme, et les récompensa richement tous les deux, ainsi qu'il s'y était engagé.

CHAPITRE XLIII

Comment les Grecs partirent d'Acre; et comment Milles et Amys s'en allèrent en Auvergne avec le comte Anseaulme.

Bientôt après avoir quitté le comte Anseaulme, Milles s'en retourna en sa tente, où il trouva son fidèle Amys, à qui il dit :

— Compagnon, je viens de combattre contre celui qui est mon seigneur et mon père, que nous avions perdu pendant un si long nombre d'années... Il était en la prison de ces maudits mécréants, et avec lui était quelqu'un qui vous touche de près, c'est assavoir votre père le comte Henry... J'eusse succombé dans cette bataille, si Dieu ne m'avait soufflé de crier : « Terre d'Auvergne, tu es sans seigneur! » C'est à cela que mon père et moi nous nous sommes entre-reconnus...

Amys, grandement ébahi et plus grandement encore joyeux de ce qu'il apprenait là, joignit les mains, et, les élevant vers le ciel avec onction, il murmura :

— Ah! père des cieux! voici une belle œuvre de miracle!...

— Maintenant, ajouta Milles, il faut songer à tenir nos conventions... Et puisque nous avons promis de déloger de céans au cas où je serais vaincu, délogeons.

Le lendemain, au matin, quand l'aube fut levée, l'armée des Grégeois se leva vitement aussi et se mit en route vers Constantinople avec toutes ses bannières et ses pennonceaux.

Anseaulme et Henry, chargés des présents du

soudan d'Acre, arrivèrent en la cité chrétienne quelques jours après Milles et Amys, qui leur firent l'accueil que vous pouvez penser.

A Constantinople, on ne fit pas long séjour. Milles et Amys, Anseaulme et Henry se rembarquèrent, et, après un voyage heureux, arrivèrent enfin en Auvergne.

La comtesse Marie et ses barons, prévenus par des messagers, s'en vinrent au devant du comte Anseaulme et de Milles avec un cortége nombreux. Partout, sur leur passage, les habitants manifestaient hautement la joie qu'ils ressentaient de retrouver leur seigneur après vingt années d'absence. Beaucoup de ceux qui avaient appris à l'aimer quand il gouvernait l'Auvergne, avant son départ pour Jérusalem, étaient morts, parce que vingt ans amènent bien des changements dans la vie d'un peuple; mais ils avaient légué leur amour à leur famille qui en avait précieusement conservé la tradition, d'autant plus que la tyrannie de Galleraux avait servi à entretenir cet amour et ces regrets.

C'est au milieu de cet enthousiasme général que le bon comte Anseaulme entra dans sa bonne ville de Clermont, dont les rues étaient jonchées de fleurs et dont les maisons étaient habillées de draps de couleur, de la base au faîte.

CHAPITRE XLIV

Comment le comte Anseaulme et la comtesse Marie sa femme se retrouvèrent, et comment, peu de temps après, ils moururent l'un et l'autre, au grand chagrin de leur fils Milles.

n imagine aisément la joie que le bon comte Anseaulme et la bonne comtesse Marie éprouvèrent à se retrouver après une si longue et si douloureuse absence. Tous deux, accolés tendrement, pleuraient et sanglotaient sans pouvoir dire un seul mot, tant ils avaient le cœur gros d'émotion et de bonheur.

— O mon cher seigneur! murmura enfin la comtesse.

— O ma chère femme! murmura le comte. O loyale amie que j'ai tant souhaité de revoir! je vous revois enfin!... Le ciel me devait bien ce dédommagement à mes angoisses... Vingt fois j'ai cru mourir, et toujours votre souvenir m'a donné la force d'espérer et de vivre... Un autre eût succombé là où j'ai triomphé grâce à vous, ma loyale amie! Si vous saviez les épreuves périlleuses par lesquelles j'ai passé! Si vous saviez aussi de quelle protection m'a couvert le Seigneur-Dieu!... Vous me croyiez mort et je vous croyais morte, mais quelque chose devait vous dire, comme à moi, que nous étions vivants l'un et l'autre... Car enfin, par quelle moquerie du ciel serions-nous restés l'un ou l'autre sur terre, si l'un de nous avait été dessous? Nous nous aimions tellement, ô ma loyale femme! que nous ne devions pas nous survivre. « Puisque je vis, me disais-je souvent, ma chère comtesse Marie vit aussi. » Et cette pensée me réconfortait et me soutenait...

— Je pensais comme vous, mon cher seigneur, répondit la comtesse, et cette pensée m'aidait à vivre... Seulement, à ne vous rien céler, une autre pensée, qui me poignait douloureusement, venait détruire parfois le bon effet de celle-là... Je songeais à notre cher fils Milles et je me demandais ce qu'il pouvait être devenu... Cet enfant que nous avions si ardemment désiré mon seigneur et moi, et qui était venu dans la joie et dans les fêtes, cet enfant était un sujet de larmes âcres pour moi... Si j'avais su où il vivait et ce qu'il faisait, j'aurais volontiers supporté mon exil... Mais rien! aucune nouvelle de lui ni de vous! Ah! le ciel m'aime bien, car il m'a bien châtié, et il me récompense bien à cette heure, puisqu'il me rend et mon enfant et mon mari, c'est-à-dire mes deux seuls bonheurs de ce monde...

Puis, en se tenant toujours accolés, le bon Anseaulme et sa femme se racontèrent mutuellement leurs aventures. Elles n'étaient pas nombreuses, comme on a pu le voir, mais elles étaient intéressantes, et d'ailleurs quand on parle de soi on ne tarit pas.

Un merveilleux dîner eut lieu pour fêter le retour du comte Anseaulme et de son fils; dîner auquel assistèrent les principaux barons de la ville, ainsi que douze pauvres pour représenter les douze apôtres de Jésus-Christ, qui avait veillé sur cette loyale famille.

Des fêtes, non moins merveilleuses, eurent pareillement lieu et durèrent pendant huit jours, à la grande joie de la cité de Clermont, qui voyait le beau temps succéder à l'orage, la loyauté succéder à la trahison, Anseaulme à Galleraux.

Mais, par malheur, les joies humaines sont de courte durée. Ce que Dieu donne d'une main, il semble qu'il s'empresse de la retirer de l'autre. Peu de temps après son arrivée au milieu de son peuple, le bon comte Anseaulme mourut des suites de la trop vive émotion qu'il avait ressentie en embrassant sa femme et son fils, après vingt ans d'absence. Et, le lendemain du jour où il avait rendu l'âme, sa loyale épouse, la comtesse Marie, le suivait dans le tombeau, comme s'il lui eût été impossible de vivre désormais sans lui.

Le deuil succéda donc à la joie, sans transition aucune.

Milles, surtout, fut chagrin de cette double perte.

— Ah! Seigneur-Dieu! s'écria-t-il. Vous êtes cruel! vous me faites retrouver ma mère et mon père, et vous me les retirez brusquement... C'est à peine si j'ai eu le temps de les voir et de les embrasser... C'est à peine si eux-mêmes ont eu ce temps!... Ah! Seigneur-Dieu! vous êtes cruel, en vérité! Vous m'aviez déjà pris ma mie Sadoine; vous aviez déjà permis qu'elle fût méchamment et vilainement brûlée par les païens, en mon absence; aujourd'hui, vous me prenez mon bien-aimé père et ma bien-aimée mère, vous permettez qu'ils s'en aillent d'au milieu de nous... Ah! Seigneur-Dieu! vous êtes cruel; je vous le dis, bien cruel!...

— Compagnon! lui dit Amys, ne murmurons pas contre les décrets de la Providence... Elle sait mieux que nous, humbles pécheurs, ce qui doit être fait. Nous n'avons pas le droit de protester : nous avons le devoir de nous résigner...

CHAPITRE XLV

Comment Milles alla à Paris, par devers le roi Charlemagne, pour relever sa terre de lui, et comment il fut amoureux de Bellissande, la fille du roi.

Une fois Anseaulme et sa femme dignement sépulturés, Milles songea à se mettre en légitime possession de sa comté d'Auvergne et il se fit, en conséquence, prêter foi et hommage par ses barons. Puis il vérifia le trésor de son père, dans lequel il trouva les deux coupes d'or que le pape avait données à Anseaulme lors du baptême de Milles et d'Amys. Milles en donna une à son compagnon et garda l'autre pour lui.

Sur ces entrefaites, le roi Charlemagne lui envoya un messager pour le requérir de lui venir faire hommage et relever la terre de son pays. Milles se décida à se rendre à cette invitation, avec son compagnon Amys, et tous deux partirent très-noblement appareillés. Chacun d'eux avait un vêtement mi-partie et semblable à l'autre, et leurs robes étaient bordées de perles du plus bel effet; tellement qu'à mille lieues à la ronde on n'eût pu voir deux jouvenceaux de meilleure mine et plus fière prestance.

Tous deux cheminèrent tant et tant, qu'ils arrivèrent en la ville de Paris, où ils entrèrent en se tenant par les mains.

Milles n'était jamais venu à la cour, et cependant ce fut sans embarras qu'il se présenta devant le roi Charlemagne et qu'il le salua.

— Comte de Clermont, lui dit le roi en lui rendant son salut, soyez le bienvenu parmi nous... hommage me devez de votre pays d'Auvergne...

— Sire, répondit Milles, celui et ceux qui en tiennent les jardins en doivent payer les rentes. Je vous ferai volontiers hommage devant tous vos barons : c'est pour cela que je suis venu céans.

Et, incontinent, il lui fit hommage comme il convenait, et tout aussitôt commença au palais une solennelle fête pour l'amour de lui, car le roi prenait grand plaisir à le voir et à l'entendre.

Après que Charlemagne et ses convives eurent pris la réfection du manger, arriva dans la salle une pucelle fort belle, fort courtoise et fort bien agencée. Elle avait la chair plus blanche que neige, colorée comme la rose qui fleurit en mai; les yeux noirs comme ceux d'un faucon; la bouche bien polie; le menton fourchu et les joues à fossettes. Elle était en outre, droite et haute à l'avenant.

C'était la fille du roi Charlemagne, laquelle avait nom Bellissande. Elle venait là pour assister à la fête de chevalerie et prendre sa part du déduit déjà commencé.

Comtes, ducs et nobles barons, chacun tenait sa femme, sa fille ou sa mie par la main et menait la danse avec elle. Milles, qui n'avait là nulle mie, nulle fille, nulle femme, prit la main de la belle Bellissande, et elle lui fit révérence, sans penser à nulle vilenie. Mais Milles, pour qui tout avait grande signification, se sentit subitement amoureux de cette gente pucelle, et il lui étreignit les doigts si fort et si ferme, qu'elle ne put s'empêcher de crier.

— Ah! sire, lui dit-elle, tenez-vous coi, vous me blessez!...

Quand Milles l'entendit ainsi crier, il en devint plus amoureux encore, et dans son trouble, il lui marcha sur le pied, ce qui signifiait que le feu s'allumait en lui.

Bellissande étonnée leva sur lui ses doux yeux, et, à son tour, le même mal qui s'était emparé du cœur de Milles s'en vint s'emparer du sien. Elle était aimée, elle voulut aimer.

Lors, s'éloignant lentement et à regret de lui, elle alla demander à une sienne parente quel était ce jouvenceau qui l'avait menée danser.

— C'est le prince d'Auvergne, un riche baron, répondit la parente.

Bellissande, à cette réponse, devint toute songeuse.

CHAPITRE XLVI

Comment Bellissande, fâchée d'apprendre le départ de Milles pour la Frise, l'envoya quérir pour lui venir parler.

Bellissande rêva toute la nuit à ce beau jouvenceau avec lequel elle avait dansé, et, le lendemain, elle chercha toutes les occasions de le voir et de se repaître de sa présence. Au dîner, elle regarda Milles et Milles la regarda, et ils se comprirent à merveille : il ne leur restait plus qu'à être en un lieu secret où ils se pussent dire l'un à l'autre leur volonté, car tous deux étaient également pourvus d'amour.

Les tables enlevées, Charlemagne dit à ses barons :

— Seigneurs, je suis très-joyeux de cette belle compagnie que je vois céans, très-joyeux, certes...

Mais, d'un autre côté, j'ai le cœur dolent de ce qu'un duc, qui aujourd'hui me devait venir faire hommage, n'est point venu comme convenait qu'il vînt.

— Quel est ce duc? demanda-t-on de toutes parts.

— Seigneurs, dit l'empereur, c'est Gombaux de Frise... Je l'ai mandé de cœur et de fait, mais il est si orgueilleux qu'il n'a pas daigné venir... Aussi jamais je n'aurai joie sincère avant d'en être vengé.

Lors, Milles, qui était tout enflambé d'amour pour la belle Bellissande, dit à Charlemagne :

— Sire, si vous me voulez bailler quelques-uns de vos gens, je m'en irai en Frise et vous amènerai le duc en vos prisons... Si je ne le fais, je vous octroie Auvergne et toute la comté.

Charlemagne, entendant cela, alla vers Milles, l'accola doucement et lui dit qu'il lui donnerait tous les gens qu'il voudrait pour cette entreprise, ce qui fit murmurer les Français, lesquels envoyèrent Milles au diable.

— Que celui-ci qui nous l'a amené le remporte! se dirent-ils l'un à l'autre. Allez en Frise avec lui, c'est aller à la mort : nous n'en reviendrons certainement pas. Les Frisons sont de mauvaises gens, et, en outre, le chemin est dangereux à passer!...

— Sire franc chevalier, ajouta Charlemagne après avoir embrassé Milles, j'ai entendu maintes et maintes fois parler de votre chevalerie et de vos prouesses... J'ai su que vous aviez été clamé empereur de Grèce et que votre femme était morte dans l'incendie de votre cité.... Je vous prie donc d'aller en Frise, et, dès cette présente heure, je vous fais connétable de France... Ramenez-moi Gombaux mort ou vif... Emmenez avec vous ceux qu'il vous faudra pour cette affaire, et particulièrement Hardres et Fromont, qui sont deux chevaliers hardis, natifs de Gascogne.

— Sire, répondit Milles, je ferai tout ainsi que vous l'avez commandé.

Quand Bellissande sut que Milles devait aller en Frise, elle en fut bien navrée en son cœur. Elle gémit et soupira tant et plus, et, finalement, l'amour qui la possédait lui conseilla d'envoyer vers lui une de ses chambrières.

— Ma mie, lui dit-elle, allez en la cour du roi mon père, demandez le comte de Clermont, et, de par moi, vous lui mettrez cet anneau au doigt en lui disant de me venir parler, si c'est sa volonté toutefois... Quand il y aura consenti, comme je le désire, vous l'amènerez ici en ma chambre...

— Dame, répondit la chambrière, je ferai à votre commandement et vous amènerai céans le comte de Clermont.

— Allez vitement, ma mie, et revenez plus vitement encore !

CHAPITRE XLVII

Comment Milles s'empressa d'obéir à l'ordre de Bellissande et quel fut l'entretien qu'ils eurent ensemble.

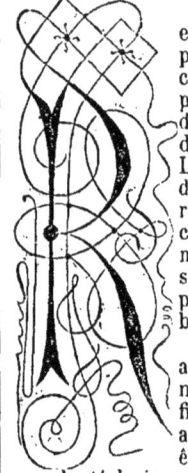

ecommandation ayant été faite par Bellissande à sa chambrière, celle-ci fit diligence et ne tarda pas à arriver en la grande salle du palais, où elle demanda Milles de Clermont, qu'on lui montra. Lors, elle s'approcha à la hâte de lui et lui dit tout bas à l'oreille tout ce que sa dame l'avait chargée de lui dire; puis elle lui mit au doigt l'anneau que Bellissande lui envoyait et qu'il n'eût pas rendu pour tout l'or de deux bonnes cités.

Milles suivit la chambrière avec un empressement qui témoignait de son amour pour la fille du roi. D'ailleurs, il pensait avec raison que celui-là doit être tenu pour fol qui ne fait pas sa volonté le jour et à l'heure où il le peut, car nul homme n'est sûr de son lendemain, nul ne sait s'il vivra jusqu'au prochain lever du soleil. Quand un vrai amant est bien aimé d'une dame, et qu'il s'en aperçoit, il doit aller vers elle d'un pas hardi sous peine d'être moqué et gabé, car une dame dit aujourd'hui blanc et demain noir; elle vous appelle ce matin, elle vous repoussera ce soir, et qui mieux et plus vite la sert en est le plus loué.

Milles ne fit donc nul arrêt et s'en alla d'un pas leste dans une très-riche chambre peinte, toute d'or et d'argent, où il trouva Bellissande toute éplorée. Lors, s'agenouillant devant elle et la saluant fort humble, il lui dit :

— Belle, le doux Jésus vous garde!

— Sire, répondit Bellissande, soyez le bienvenu! Je pleure en ce moment, parce que vous avez courroucé mon cœur.

— Belle, reprit Milles, ce n'est pas dans mon intention de vous causer cet ennui, tout au contraire! Par le Dieu de paradis! lorsque j'ai vu votre beauté et votre merveilleuse contenance, j'ai eu le cœur ravi et les yeux éblouis, et je me suis mis à vous aimer... Si vous n'avez merci de moi, si vous jugez que j'aie trop follement pensé, il ne me restera plus qu'à mourir... Dites-moi, je vous prie, quel est votre bon plaisir là-dessus.

La pucelle ne répondit mot, ce qui fit supposer à Milles qu'elle aurait bientôt merci de lui, et qu'elle ne lui donnerait point congé.

Il la regarda plus amoureusement qu'il n'avait fait jusques-là, et comme à mesure qu'il la regardait, il s'apercevait qu'elle changeait de couleur, il la prit doucement, l'accola, la baisa et lui dit sans retour :

— Demoiselle, veuillez prier Notre-Seigneur pour moi... Faites, par votre intercession, qu'il me garde de malencombre, car j'ai promis à votre père d'aller en Frise, et c'est pour mériter votre noble corps...

— Sire, répondit la pucelle, ce voyage me poigne beaucoup, et il est entrepris contre ma volonté et contre mon bonheur... Si vous étiez resté céans, vous auriez eu plaisance et joie, je vous assure, car jamais je n'ai mis en aucun prince comme en vous l'amour de mon cœur... Votre départ va changer ma plaisance en tristesse; mais si vous voulez jurer sur le corps de Notre-Seigneur Jésus-Christ que vous me prendrez à femme par honneur, je vous jurerai de mon côté, que jamais je n'aurai d'autre mari que vous et je vous garderai loyalement mon amour.

— Belle, dit Milles, je ferais grande et insigne folie si je vous refusais, car jamais je ne pourrais aimer de plus belle ni de meilleure femme que vous...

Ainsi se consentirent mutuellement Milles et Bellissande; ainsi s'entre-donnèrent-ils mutuellement l'amour qu'ils ressentaient, engageant leur foi sans mal penser et sans mal faire; et jamais moments ne leur parurent aussi doux et aussi plaisants.

Quand le comte de Clermont quitta la chambre, Bellissande resta toute en larmes et toute songeuse comme femme malade de la douce maladie d'amour.

CHAPITRE XLVIII

Comment Hardres, par envie, avertit le roi Charlemagne que le comte Milles était amoureux de sa fille, et de la réponse qu'il en reçut.

Tandis que Milles était à Paris, attendant les gens que le roi avait mandés çà et là dans son royaume pour aller en Frise, il repaira souventes fois en la chambre de Bellissande, où tous deux devisaient ensemble par paroles amoureuses.

Ils mettaient à ces rencontres le plus de secret qu'ils pouvaient l'un et l'autre; mais, malgré leurs précautions et leur mystère, quelqu'un les surprit, et ce quelqu'un ce fut Hardres le traître, lequel n'aimait point le comte de Clermont.

Hardres, donc, ayant eu connaissance du déduit amoureux que se donnaient mutuellement Milles et Bellissande, s'en alla incontinent trouver le roi Charlemagne, auquel il dit :

— Sire empereur, j'ai à vous révéler chose d'importance...

— De quoi s'agit-il ? demanda le roi.

— Par le corps de Jésus-Christ ! Sire, je me suis aperçu et je viens vous prévenir, comme me le commande mon devoir, que le comte Milles de Clermont aime la princesse Bellissande, votre fille. La princesse Bellissande l'aime pareillement d'amour, et leur mariage est arrêté et convenu... Mais, à ce que je crois, le comte Milles se contentera, et puis après il laissera votre fille déçue... Je vous dis cela, Sire empereur, pour que vous y preniez garde, car je mange de votre pain et suis vêtu de votre drap, ce qui m'oblige à veiller sur votre honneur avec plus de soin encore que sur le mien propre...

— Par Dieu ! Hardres, répondit le roi Charlemagne, ce que vous me racontez là n'est que visions pures, et je n'en crois pas un seul mot... D'ailleurs, le comte Milles est si bien mon ami qu'il n'oserait jamais faire ou dire chose qui me portât déshonneur ou honte. D'ailleurs aussi, il n'est pas de fille au monde qui, lorsqu'elle veut penser aux amoureux, en puisse être empêchée par qui que ce soit ou par quoi que ce soit; quand elle aime un homme, il faut qu'elle fasse sa volonté à cet endroit, fût-elle nonne ; et tant plus on l'empêche et tant plus elle résiste... Le meilleur est donc de laisser agir la Nature, qui sait mieux que nous ce qui se fait et ce qui ne se fait pas...

Hardres, entendant parler le roi, comprit qu'il serait malhabile d'en dire plus long qu'il n'en avait dit, et il s'apaisa.

CHAPITRE XLIX

Comment Milles partit de Paris avec son armée et s'en alla au pays de Frise; comment il combattit en bataille rangée contre le duc Gombaux, à qui il trancha la tête.

Une fois que toute l'armée qu'il devait emmener avec lui fut prête, Milles prit congé du roi, qui le recommanda à Dieu.

Il quitta Paris, emmenant avec lui son fidèle compagnon Amys, le comte Hardres, Fromont de Bordeaux et un vassal que Charlemagne aimait et qui avait nom Naymes de Dourdonne.

Ainsi chevauchèrent les nobles barons. Ils allèrent tant et tant qu'ils arrivèrent dans le Hainault, puis dans le Brabant, puis en Hollande, où ils prirent la mer pour gagner le pays de Frise.

Aussitôt que l'armée des Français eut débarqué, elle se répandit en plusieurs lieux à la fois et mit le feu partout où elle put.

Gombaux, apprenant cela, rassembla à la hâte

ses hommes, et s'en vint à la rencontre du jeune comte de Clermont, qui le reçut de pied ferme.

— Compagnon, dit Milles à Amys, ne nous quittons pas, s'il vous plaît... Il faut, en cette journée, comme en celle où nous avons combattu pour l'impératrice de Constantinople, que nous vainquions ensemble... Il y a gloire et profit au bout pour tous les deux.

— Allons ! répondit Milles. Sarrasins ou Frisons, vos ennemis sont les miens, et j'aurai toujours grand plaisir à les défaire, puisque je travaillerai pour vous !... En avant !

— En avant ! cria le comte de Clermont.

La bataille s'engagea avec âpreté de part et d'autre. Le duc Gombaux avait avec lui l'élite de ses barons, et il comptait bien avoir bon marché de la petite armée du comte de Clermont. Mais celui-ci, outré sa vaillance personnelle, avait pour compagnons de rudes hommes aussi chevaleureux que lui, Amys, Naymes de Dourdonne, Hardres, Fromont et les autres. Hardres était un envieux, mais il avait le courage et la force, et il savait se battre à merveille.

Le sang coula abondamment de l'un et de l'autre côté. La plaine fut en quelques heures jonchée de débris d'armes, de corps d'hommes et de cadavres de chevaux, comme un immense cimetière. Commencé à l'aube, le combat durait encore à quatre heures de l'après-midi, sans qu'on sût au juste de quel côté était l'avantage.

Amys, qui ne s'était pas épargné, comme on le suppose bien, avait reçu quelques blessures qui commençaient à l'épuiser. Toutefois, fidèle à son devoir et à son amitié, il luttait encore, ne perdant pas de vue un seul instant son compagnon, le comte Milles, qui faisait rage et traçait tout autour de lui des cercles rouges avec le tranchant aigu de sa bonne épée.

— Compagnon, cria le fils du comte Anseaulme au fils du comte Henri, nous ne devons pas finir ainsi cette journée... J'ai promis au roi Charlemagne de lui ramener le duc Gombaux mort ou vif : il faut que je tienne ma parole, ou que je me couche sur ce champ de bataille parmi les braves gens de notre pays qui y sont déjà couchés pour l'éternité... Voilà précisément le duc qui s'en vient vers nous : ne laissons pas fuir une si belle occasion !... Sus ! sus ! compagnon !

— Allons ! répondit Amys en sentant renaître son ardeur.

Et tous les deux, enfonçant leurs éperons dans le ventre de leurs chevaux, se lancèrent avec colère à la rencontre du duc de Frise.

— Ce sont là les gens que le roi Charlemagne entend m'opposer ! cria ce dernier avec mépris. Des enfants ! Quelle pitié !

— Traître ! répondit Milles en faisant tournoyer son épée devant Gombaux.

— Traître ! dit Amys en lui envoyant sa lance en pleine poitrine...

Gombaux, rudement atteint, pencha un peu le corps en arrière, et le comte de Clermont profita habilement de ce moment pour lui décoller la tête de dessus les épaules.

Gombaux abandonna les rênes de son cheval, qui l'emporta alors, corps sans chef, à travers la mêlée.

Amys prit la tête sanglante du duc, la plaça au bout de sa lance, et se mit à poursuivre les Frisons épouvantés.

— Notre journée est faite, compagnon ! lui cria Milles en se lançant sur ses traces.

Milles avait raison. Leur journée était faite et la victoire leur était acquise. Les gens de Gombaux fuyaient en désordre, regrettant bien d'être venus là et jurant de n'y plus revenir.

CHAPITRE L

Comment Milles et Amys revinrent à Paris avec la tête du duc Gombaux, et comment Hardres et Fromont, pour se venger, marièrent leur sœur Lubias au vaillant Amys.

Hardres et Fromont, tous deux frères, n'avaient pu voir sans jalousie l'avantage remporté par le comte de Clermont sur le duc Gombaux. Ils s'étaient bravement battus l'un et l'autre, mais ils n'avaient pas été assez favorisés du hasard pour prendre le duc de Frise mort ou vif, et ils devinaient bien que cette tête que Milles rapportait au roi Charlemagne, au bout de sa lance, allait lui être payée un gros prix.

— Mon frère, dit Hardres à Fromont, voilà deux compagnons qui mangeront sans nous le gâteau que leur a apprêté Charlemagne... Il faut nous en venger en leur en faisant manger un autre plus amer... Nous avons laissé à Blavès notre sœur Lubias : mandons-la au plus tôt à Paris, et donnons-la en légitime mariage à l'un ou à l'autre de ces deux compagnons si affamés de gloire... Lubias est jeune et belle, elle ne sera pas refusée ; sa méchanceté ne sera connue de son mari qu'après les épousailles, et, de cette façon, nous aurons servi notre haine contre le comte de Clermont ou son compagnon....

— Mais le comte Milles n'aime-t-il pas déjà la fille du roi Charlemagne ?...

— Oui ; mais son compagnon n'aime encore personne, que je sache, et notre sœur Lubias est pourvue d'assez nombreux attraits pour que nous espérions l'avoir pour beau-frère... Lui ou l'autre, c'est la même chose... En nous vengeant de l'un, c'est aussi de l'autre que nous nous vengeons...

— Qu'il soit fait ainsi que vous le désirez, mon frère, dit Fromont.

Fromont et Hardres complotaient cela le jour du départ de l'armée des Français. Avant de s'embarquer avec Milles, ils chargèrent un serviteur dévoué d'aller quérir leur sœur Lubias au château de Blaves, de telle sorte que, lorsqu'ils arrivèrent à Paris, elle ne tarda pas à les y joindre.

Charlemagne fêta comme il convenait le retour du comte de Clermont et de ses barons. Il accueillit avec joie la tête du duc Gombaux, et, en récompense, il combla d'honneurs Milles et Amys.

Lubias une fois arrivée, fut reçue avec grand appareil par le roi et sa cour, car elle était de haut lignage, et en outre sœur de ses meilleurs barons. Amys ne tarda pas à s'en énamourer, pour son malheur, car, malgré sa beauté, c'était bien la plus méchante femme qui fût pour lors au monde. Il l'aima et la voulut prendre à femme : Hardres et Fromont la lui accordèrent et Charlemagne manda l'archevêque de Reims pour bénir cette union.

— En voilà un de châtié ! dit Hardres à Fromont le soir du mariage de Lubias avec le pauvre Amys. Quant à l'autre, nous trouverons bien à nous venger pareillement de lui un jour ou l'autre...

— Que le ciel vous entende, mon frère ! répondit Fromont.

CHAPITRE LI

Comment Bellissande coucha mainte nuitée en la chambre de Milles ; et comment Hardres l'épia et le dénonça au roi Charlemagne, qui manda Milles devant lui.

Lubias et Amys une fois épousés ne demeurèrent pas longtemps à Paris. Amys s'en alla prendre possession de la comté de Blaves et recevoir les hommages des seigneurs du pays.

Milles demeura à Paris avec Charlemagne et Bellissande sa fille. Cette gente princesse et lui prenaient souvent ensemble leur déduit, car s'il l'aimait grandement, elle ne l'aimait pas moins, et ils se désiraient sans cesse l'un et l'autre.

Il advint qu'une nuit, comme Milles dormait en sa chambre, il prit à Bellissande, couchée dans la sienne, une convoitise d'amour. Toutes ses filles et chambrières dormaient, elle se leva secrètement de son lit, revêtit à la hâte une simple pelisse et alla tout droit à la chambre de Milles, où elle n'était jamais venue.

Quand elle fut là, elle se dépouilla, sans mot dire, de sa pelisse et se glissa comme une anguille frétillante auprès du jouvenceau dont tout le corps tressaillit à ce contact plaisant.

— Sainte Marie ! s'écria-t-il. Qu'est ceci ?...

— Taisez-vous, Milles, lui dit la belle et amoureuse princesse, c'est votre douce amie Bellissande : ne la voulez-vous donc pas aimer ?... Amour me maîtrise en ce moment, et je lui obéis en venant auprès de vous, à qui je songe nuit et jour... Puisque je suis votre fiancée, je ne puis faire avec vous ni vilenie ni déshonneur... D'ailleurs, je vous l'avoue, je n'ai pu tenir plus longtemps seule dans mon lit ; je n'y eusse pu dormir pour tout l'or du monde...

Milles, alors, l'embrassa et l'accola le plus tendrement et le plus amoureusement qu'il put. Quant au surplus, je m'en tairai, n'en sachant que dire.

Un peu avant le jour, Bellissande se leva d'auprès de Milles et s'en retourna coucher en son lit sans avoir été surprise par aucune de ses chambrières. La plaisance et le déduit qu'elle avait goûtés en cette nuitée-là, et le mystère qui l'avait protégée, l'engagea à en tâter de nouveau le lendemain et les jours suivants, au grand contentement du comte Milles.

Malheureusement elle y alla trop souvent, car Hardres, le traître que vous savez, l'épia, et l'ayant vue sortir un matin de la chambre de Milles, il s'en alla vers le roi et lui raconta comment sa fille Bellissande allait chaque nuit coucher avec le comte de Clermont.

— Roi de France, lui dit-il, permettras-tu donc que Milles honnisse ainsi ta fille ?... Je t'assure que je l'ai vue toute la nuit couchée avec lui, et qu'ils s'entretenaient bras à bras comme s'ils eussent été épousés...

A cette parole, le roi Charlemagne changea de couleur.

— Cela n'est pas possible ! s'écria-t-il.

— Je suis prêt à soutenir mon dire par les armes, répondit froidement Hardres. Faites venir le comte Milles, et je lui répéterai la chose...

Charlemagne, fort courroucé, manda aussitôt le comte de Clermont, qui s'empressa de paraître.

— Comte Milles, lui dit-il, on m'apprend de belles choses sur vous !

— Quelles choses, Sire ? demanda Milles.

— Vous honnissez chaque nuit la princesse Bellissande, ma fille...

Le comte de Clermont, qui croyait que le secret était assuré à ses amours avec sa mie, ne put s'empêcher de tressaillir en entendant cette accusation, trop fondée. Toutefois, comme il s'agissait de sauvegarder l'honneur de Bellissande, il reprit son assurance et il répliqua :

— Sire, quiconque vous a dit cela en a menti par la gorge !

— J'en ai donc menti ? s'écria Hardres en s'avançant vers Milles.

— Si c'est vous, oui certes, répondit l'amant de Bellissande.

— Oserez-vous bien répéter cela les armes à la main ? dit Hardres.

— Les armes à la main, oui certes, répondit Milles.

— Contre moi ?

— Contre vous et contre tout autre qui répandra ou aura répandu ce bruit de honte contre la princesse Bellissande, la très-honorée fille du très-honoré roi Charlemagne...

Hardres, que la colère étranglait, retira son gantelet et le jeta aux pieds du comte de Clermont en disant :

— Voilà mon gage, donnez le vôtre !

Milles donna le sien.

— Maintenant, ajouta Hardres, il faudra qu'avant de combattre contre moi vous juriez sur les

Saintes Ecritures que vous n'avez pas honni la princesse Bellissande et qu'il n'est pas vrai que ce soit vous que j'ai surpris bras à bras avec elle comme deux épousés... Vous ne pourrez jurer cela, car j'ai dit la vérité, ou si vous le jurez, comme ce sera un péché contre notre Seigneur-Dieu, il vous retirera son appui et vous serez vaincu en champ clos, à votre grand dommage et à votre grande honte...

— Je jurerai cela sur les Saintes Ecritures, répondit Milles, et je prie le roi notre Sire de vouloir bien fixer lui-même le jour du combat...

— Nous sommes en temps de jeûne et de mortification, dit Charlemagne; la bataille ne peut pas avoir lieu avant quinze jours d'ici... Dans quinze jours donc, seigneurs...

— Dans quinze jours, soit! répondit Hardres, à qui ce retard importait peu, sûr qu'il était de la confusion de son ennemi... Mais je vous en supplie, Sire, ajouta-t-il, faites de nouveau promettre au comte de Clermont qu'il jurera sur les Saintes Ecritures qu'il n'a pas honni la princesse Bellissande, ainsi que je l'en accuse...

— Je le jurerai, répondit hardiment Milles, qui voulait à tout prix sauver l'honneur de sa mie.

— Alors, vous serez vaincu! s'écria Hardres joyeux.

— Dieu jugera entre nous, dit le comte de Clermont.

CHAPITRE LII

Comment, pour ne pas se parjurer, Milles alla à Blaves trouver son compagnon Amys, à qui il conta son cas et qui s'engagea à aller combattre Hardres en son lieu et place.

Dans les premiers moments, Milles, pour ne pas compromettre l'honneur de Bellissande, s'était engagé à jurer sur les Saintes Ecritures qu'il n'avait pas eu commerce charnel avec elle. Mais en y réfléchissant, il comprit qu'il était perdu s'il ne trouvait pas un moyen de sortir de ce mauvais pas, car il ne pouvait se parjurer sous peine de mentir à Dieu, et alors d'être vaincu par Hardres comme châtiment.

C'était une délicate et périlleuse position que la sienne, et il ne savait vraiment pas à quel saint se vouer, lorsque le souvenir de son loyal compagnon Amys lui revint au cœur, et, avec ce souvenir, l'espoir.

Lors, sans perdre du temps à réfléchir aux moyens d'échapper aux périls de sa situation, il manda auprès de lui un sien serviteur dévoué, lui donna l'ordre d'apprêter deux bons chevaux, et, quand la nuit fut venue, il sortit avec lui de Paris.

Tous deux chevauchèrent ainsi pendant quelques jours sans se retourner et sans presque se reposer, tant Milles avait peur de trouver son compagnon.

Ils arrivèrent enfin dans le pays où régnait Amys.

En apercevant le château de Blaves, Milles demanda quel en était le maître.

— C'est le sire Amys, lui répondit-on.

— Ah! tant mieux, s'écria Milles joyeux de voir que son compagnon était pourvu si richement. Et croyez-vous qu'il soit présentement là? demanda-t-il à l'homme qu'il avait déjà interrogé.

— Non, répondit l'homme, il n'est pas présentement au château de Blaves; mais vous le trouverez dans ce petit bois que voici, à votre droite... Il y fait sa promenade habituelle chaque jour...

Milles remercia l'homme et se dirigea rapidement vers le bois qu'il lui indiquait, et où il ne tarda pas, en effet, à joindre son compagnon, qui par bonheur était seul.

— Milles! s'écria joyeusement Amys.

— Amys! s'écria non moins joyeusement Milles.

Et ils s'embrassèrent tous deux comme deux braves et loyaux chevaliers qu'ils étaient.

Ce fut le comte de Clermont qui s'arracha le premier à cette étreinte d'amitié pour s'occuper de la chose pressante qui l'amenait en cette contrée.

— Loyal compagnon, dit-il, profitons du temps que nous avons devant nous, car il est précieux, et je désire n'être pas surpris avec vous, vous allez savoir pourquoi...

Milles et Amys s'enfoncèrent au plus profond du bois, et quand ils furent seuls et assurés qu'on ne les pouvait surprendre, le premier dit au second :

— Compagnon, je viens vous demander de me sauver la vie et l'honneur... J'aime la princesse Bellissande, fille du roi Charlemagne, et j'en suis aimé... Nous prenions ensemble chaque nuit notre amoureux déduit, et je croyais bien que la chose était un mystère pour tout le monde... Je me trompais; quelqu'un nous épiait et ce quelqu'un c'est votre frère Hardres, je ne sais dans quel but...

— Je ne sais pas plus que vous, compagnon, dit Amys, mais je le devine aisément, car le frère doit ressembler à la sœur, et Lubias est bien la plus méchante femme qu'il soit possible d'imaginer... J'en suis au regret de l'avoir épousée, et certes, si c'était à refaire, je ne le referais pas, parce que ce serait une folie insigne... Mais ne nous occupons pas plus longtemps d'elle : occupons-nous de vous seulement... Hardres vous épiait et il a surpris vos rendez-vous avec la gente Bellissande?...

— Oui, compagnon... Et, les ayant surpris, il en a donné avis au roi Charlemagne, qui en a été courroucé... J'ai été mandé, Hardres a renouvelé son accusation, demandant le combat pour mieux trouver son dire, et le combat a été accordé...

— Ceci ne doit pas vous effrayer beaucoup, compagnon; le traître sera vaincu par vous...

— Hélas! c'est moi, au contraire, qui serai vaincu par lui, parce qu'il m'a fait promettre que le jour du combat, je jurerais sur les Saintes Ecritures que je n'ai pas commercé avec Bellissande.. Or, si je jure cela, ce sera me parjurer, puisque la vérité est que je prends chaque nuit avec elle mon déduit amoureux; et, si je me parjure, Dieu me refusera son appui et je serai honteusement défait... D'un autre côté, si je refuse le serment qu'on exige de moi, ce sera tout avouer, et ma dame Bellissande sera honnie à jamais...

— C'est vrai, la position est délicate et périlleuse.

— Dans mon embarras, j'ai songé à vous, compagnon... Le ciel qui a fait nos cœurs jumeaux a fait aussi nos visages frères... Nous nous ressemblons tous deux comme deux gouttes d'eau... Je viens donc vous demander de consentir à me représenter à Paris, dans le combat accordé par Charlemagne... Vous pourrez jurer sans mensonge que vous n'avez entretenu nul amoureux commerce avec la princesse Bellissande, et, comme vous êtes un vaillant et loyal chevalier, vous vaincrez aisément votre beau-frère Hardrés, qui est un traître...

— Vous dites bien et j'accepte volontiers, compagnon, répondit Amys avec simplicité. Endossez ma robe pendant que je vais revêtir votre harnois... J'irai remplir votre rôle à Paris, pendant que vous remplirez le mien ici... Milles, je vous confie l'honneur de ma femme, assuré que je suis que vous le garderez comme le vôtre propre...

— Vous jugez bien, compagnon; et je vous remercie du meilleur de mon cœur de ce que vous faites là pour moi... Le Seigneur-Dieu permettra sans doute que je vous rende la pareille un jour ou l'autre.

— Avant de nous quitter, dit Amys, laissez-moi vous faire une dernière recommandation... Comme il m'importe que vous ne soyez pas plus reconnu ici que je ne le serai moi-même à Paris, n'oubliez pas de vous conduire avec ma femme comme j'ai l'habitude de me conduire avec elle... Lubias est une méchante femme, je vous l'ai dit, et si je n'étais pas aussi bon chrétien que je le suis, elle m'exposerait à me damner vingt fois le jour et la nuit... Je n'ai qu'un seul moyen d'en avoir raison, et ce moyen me réussit trop bien pour que je ne vous engage pas à l'employer...

— Quel est-il? demanda le comte de Clermont.

— Je la frappe quand elle fait montre d'une trop grande mauvaiseté, et je rencogne ainsi ses vilains penchants à la colère... La douceur ne peut rien sur elle : j'emploie la violence, et elle se tait... Faites-en autant, je vous prie, pour qu'elle ne soupçonne pas le mystère de notre substitution ; à chaque fois qu'elle s'emportera en méchantes paroles, appliquez-lui fortement la paume de votre main sur le visage, et, de furieuse comme une louve, vous la verrez devenir douce comme une agnelle...

— Puisqu'il le faut, compagnon, je ferai ce que vous me recommandez là.

— Et maintenant embrassons-nous et allons à nos affaires, ajouta Amys, qui s'était dévêtu et avait endossé le harnois du comte de Clermont.

Les deux loyaux compagnons s'accolèrent avec amitié ; puis, pendant que Milles s'en allait d'un côté, c'est-à-dire vers le château de Blaves, Amys s'en allait de l'autre côté, c'est-à-dire vers Paris, en compagnie du serviteur que le comte de Clermont avait amené avec lui.

—

CHAPITRE LIII

Comment le comte Milles de Clermont coucha avec Lubias et la respecta comme il devait, pendant que son compagnon Amys s'en allait à Paris pour se battre avec Hardrés.

Vêtu des draps de son compagnon, Milles s'en alla donc vers le château de Blaves pendant que le vaillant Amys, revêtu de son riche haubert et monté sur son bon cheval, s'en allait vers Paris pour faire le champ contre Hardres.

Quand il entra au palais, il trouva la comtesse Lubias à table.

— Bonjour, dame, dit-il en la saluant courtoisement.

— Bonjour, seigneur Amys, répondit-elle croyant répondre à son mari.

Lors, Milles s'assit auprès d'elle et lui trancha ses morceaux ainsi qu'Amys avait coutume de le faire. Mais cela contrariait apparemment la dame, qui voulait maintenir son état ordinaire et ne voulait pas manger, tant elle était dépitée et maugréante.

— Il ne vous plaît donc point de manger, dame? lui demanda le comte de Clermont.

— Non certes, il ne me plaît point, répondit-elle sèchement.

Milles, se rappelant les recommandations de son compagnon, haussa la main et asséna un coup de paume sur le visage de Lubias, qui en chancela, car le coup était encore plus rude que ceux dont elle avait coutume d'être régalée pour son mari.

La nuit vint, et, avec la nuit, l'heure de la coucherie. Milles, qui savait à quoi l'obligeaient ses nouveaux devoirs, entra dans chambre où dormaient chaque jour le comte et la comtesse, et se coucha sans faire plus longue demeure.

Lubias vint à son tour, se déshabilla et se coucha dans le lit où Milles était déjà couché.

Il était certes fâcheux qu'elle fût si méchante femme, car elle était fort belle et fort blanche, plus blanche que cristal.

Elle se glissa donc sous les draps et s'approchant aussitôt du comte de Clermont, elle lui dit de sa voix la plus douce :

— Sire, par la Vierge honorée! vous levez bien facilement la main sur moi... Vous vous mettez en colère de peu, vraiment... Je n'ai pas plutôt fait ou dit chose qui vous déplaît, que vous me frappez et me donnez la buffe en la joue... Si je ne vous aimais pas comme je vous aime, je ne demeurerais pas une journée avec vous..... Mais l'amour m'est entré si avant dans le cœur pour vous, que quelque chose que vous me fassiez, je ne pourrai jamais l'en retirer... Frappez-moi donc, si cela vous plaît, mais aimez-moi, je vous en supplie...

Et, disant cela, Lubias mit ses mains sur Milles et le voulut accoler tendrement comme c'était son droit de femme légitime, car en ce moment elle oubliait sa méchanceté et ne songeait qu'à son amour.

Mais le comte de Clermont, qui songeait à son devoir et à sa mie Bellissande, sauta vitement hors du lit, prit son épée et la vint placer au milieu, entre Lubias et lui.

L'ardeur d'amour de Lubias tomba tout d'un coup, par peur de cette épée nue, et Milles put dormir tranquille jusqu'au lendemain matin.

Mais laissons là le comte de Clermont avec la méchante Lubias, et revenons à Paris auprès du bon compagnon Amys, qui, malgré sa diligence, faillit arriver trop tard à la journée choisie pour la bataille entre Hardrés et Milles.

Il arriva cependant.

CHAPITRE LIV

Comment Amys jura le contraire de ce que Hardrés disait, au grand ébahissement du dernier, et aussi de la princesse Bellissande.

Comme deux heures sonnaient, Amys entra dans Paris.

Le lieu du combat était une verte prairie en dehors de la cité, où déjà avaient été dressés tentes et pavillons, et où chacun attendait avec impatience l'arrivée des combattants.

Hardrés se réjouissait grandement de l'absence de Milles, qu'on disait enfui en Auvergne. Quant à lui, il était tout prêt; il avait l'écu au cou, la lance au poing, attendant comme tout le monde la venue de son ennemi.

Bellissande était bien chagrine de cette absence de son amant. Elle avait été amenée sur le champ où devait avoir lieu la lutte, et on l'y avait dépouillée de tous ses vêtements, excepté de son pelisson, car Charlemagne avait juré que si le comte de Clermont ne venait pas faire la bataille contre Hardrés, sa fille serait brûlée vive.

— Ah! Milles! murmurait-elle toute dolente, jamais je n'eusse cru à cette trahison de votre part... Après avoir reçu de mon corps toute joie et toute liesse, vous m'abandonnez déshonorée, souillée, perdue!... Ah! chétive que je suis! Comme j'ai été mal conseillée par mon cœur!... Mais, hélas! il est trop tard: j'ai brassé de mauvaise bouillie, il faut que je la boive!...

Pendant que Bellissande était ainsi agenouillée, demi-nue, sur le pré verdoyant, priant la Vierge Marie de lui venir en aide, Hardrés, qui s'impatientait, cria au roi Charlemagne:

— Sire, faites venir Milles le couard, afin que je lui tranche la tête!...

— Hardrés, répondit Charlemagne, chacun me dit qu'il s'est enfui en Auvergne... Si cela est vrai, si, avant la fin du jour, il n'est pas ici, sur ce pré, je le bannis à tout jamais de France, sans lui laisser la valeur d'un denier, et, de plus, je fais brûler ma fille Bellissande, qu'il a honnie si traîtreusement...

Tout à coup, on entendit une grande rumeur.

— Voici Milles, le bon comte de Clermont! criait le populaire de tous côtés, car Amys venait d'être aperçu, accourant. Voici Milles, le vaillant comte qui abattra le grand caquet du sire Hardrés!

A cette nouvelle, la pauvre Bellissande se sentit toute réconfortée. Elle releva la tête du côté où venait Amys, l'aperçut et tomba sur le sol, pâmée de joie.

Amys descendit de cheval, alla vers elle et l'accola doucement.

— Ah! sire, lui dit-elle, que d'angoisses amères je vous dois! Vous venez bien tard... None est déjà sonnée...

— Belle, lui répondit Amys, ne vous effrayez point encore... D'ici la vesprée, j'ai le temps d'en tuer trois ou quatre...

Hardrés, sachant par la rumeur que Milles était enfin arrivé, fut plus penaud que n'est l'oiseau en cage. Il commença à prendre peur quand il vit en face de lui Amys, monté sur un bon destrier, vêtu d'un riche haubert fait de menues mailles, chaussé de grèves de fer, ceint d'une épée fraîchement émoulue, et ayant par-dessus son haubert une riche tunique en or battu.

— Par le Dieu tout-puissant, je vous défie! lui cria Amys.

— Il y a longtemps que je t'attends! répondit Hardrés. Enfin, quoiqu'il soit tard, nous allons commencer. Mais, auparavant, il convient de faire serment...

Lors, vint un évêque qui reçut les serments de l'un et de l'autre, sur les saints sacrements et sur les saintes reliques de monseigneur saint Denis et de monseigneur saint Laurent, enchâssées en or et en argent.

Amys dit à Hardrés:

— Vous jurerez le premier.

Hardrés étendit les mains sur les reliques et dit:

— Je jure, par le Dieu tout-puissant, que j'ai vu entrer et sortir le présent seigneur de la chambre de sa mie Bellissande, fille de notre Sire, le roi Charlemagne, avec laquelle il avait compagnie charnelle...

Ce serment prononcé, Hardrés se baissa pour baiser les saintes reliques; mais tout à coup, involontairement, il recula en chancelant comme un homme ivre, au grand ébahissement de tout un chacun.

Vint le tour d'Amys. Il s'approcha, étendit les mains sur les reliques, et dit d'une voix haute et claire:

— Par tous les saints, par le Dieu tout-puissant, par les sacrements qui sont là, par le baptême que j'ai reçu, par les dignes reliques, par les clous avec lesquels Jésus fut cloué, par la lance dont son flanc fut traversé! je jure que jamais de ma vie je n'ai requis d'amour charnel la princesse Bellissande, fille de Charlemagne, et que jamais mon corps n'attoucha au sien par déshonneur, non plus que j'ai fait à la mère qui m'a porté !...

En entendant cela, Bellissande fut bien ébahie et elle ne put s'empêcher de se signer, en murmurant :

— Ah ! Sainte Vierge Marie, ne soyez pas trop courroucée !... Hélas ! Milles se parjure en disant ce qu'il dit là... Je sais bien qu'il ne fait cela que pour me porter honneur... Mais c'est un grand péché qu'il commet là... O douce mère de Dieu, ne lui en veuillez point !... Pardonnez-lui, Sainte Vierge Marie ! Priez votre glorieux fils pour lui... Sinon il est mort et perdu !...

Après avoir fait son serment, Amys se leva sur ses pieds et baisa les saintes reliques.

— Ah ! murmura Hardres avec effroi ; me voilà bien accoutré, vraiment !... Milles a baisé les saints et fait un faux serment, et moi qui ai fait bon serment, je n'ai pu les attoucher !... Jésus-Christ veut donc qu'on se parjure ?... Car enfin, je sais de vrai que j'ai vu Milles en la chambre de Bellissande, se tenant tous deux bras à bras et nu à nu !... Que va-t-il m'advenir, mon Dieu !...

CHAPITRE LV

Comment le comte Hardres combattit contre Amys, croyant combattre contre Milles, et comment Amys tua le comte Hardres.

endras-tu enfin, traître ?... cria Amys qui avait remis son heaume et ses gantelets et qui était remonté sur son cheval.

Hardres ne répondit mot. Il se contenta de monter à son tour sur son cheval et de se lancer, la lance au poing, à la rencontre de son ennemi.

Le choc fut violent et les lances se brisèrent. Force fut à l'un et à l'autre de recourir aux épées et de s'entre-frapper rude et ferme, tellement qu'on ne savait guère lequel devait avoir la meilleure chance.

— Sainte Vierge Marie ! murmurait la princesse Bellissande, oubliez le parjure qu'il vient de faire et venez-lui en aide !...

Le combat continuait âprement. Amys, quoique fatigué du voyage hâté qu'il avait fait, portait à son ennemi de rudes coups d'épée. A un moment même, il lui en appliqua un avec une si grande raideur, que son arme glissa tout le long de la jambe et dévala sur le talon, qu'elle trancha.

Le sang raya la terre en rouge à cet endroit.

Lors, Amys dit à Hardres :

— Je crois que vous clocherez, quand on vous mènera pendre...

Hardres, furieux de douleur, leva son épée et en donna un si grand coup sur le bras d'Amys que celui-ci en laissant choir son arme à terre.

On crut Amys perdu, ne supposant pas qu'il aurait le temps de se baisser pour ramasser son épée. On le crut perdu et l'on fit grand deuil de sa perte.

— Ah ! dame, criait-on de tous côtés à Bellissande, c'est pour vous que va mourir ce chevalier, le meilleur du monde !...

Bellissande, épouvantée, se jeta à genoux, joignit dévotement les mains, et dit :

— Sire Dieu ! Aussi vrai que tu fis Adam le premier homme et que tu tiras une femme de sa côte droite, je te prie et requiers de sauver Milles que je vois là combattre contre ce maudit félon Hardres !...

Puis, faisant une croix sur la terre, Bellissande la baisa, tout en continuant son oraison.

Amys était bien dolent d'avoir laissé choir son épée, qu'il n'osait relever. Il s'était immédiatement couvert de son écu, sur lequel Hardres frappait avec rage ; mais cela ne suffisait pas pour le protéger. Alors il s'avisa de jouer des éperons et de courir parmi le champ.

Hardres le suivit, comptant déjà le prendre.

Amys mit un pied hors de l'étrier, sauta à terre et s'empara de son épée.

Malheureusement, Hardres le suivait de trop près : il n'eut pas le temps de remonter sur son cheval ; ce que voyant, il piqua celui de son adversaire, lequel regimba et lui envoya une ruade qui l'eût tué sans le blason dont il était couvert. La ruade envoyée, le cheval de Hardres s'enfuit, malgré les efforts que faisait son maître pour le ramener, et, finalement, le renversa sur l'herbe, étourdi.

Amys accourut alors, l'épée haute.

Fromont de Bordeaux, frère de Hardres, le jugeant perdu, se leva aussitôt et alla trouver Charlemagne.

— Sire, lui dit-il, écoutez-moi, je vous en supplie !... Faites cesser le combat de ces deux barons et je vous promets que je ferai dédire Hardres de tout ce qu'il a dit, et convenir que jamais Milles n'a pensé aucune vilenie sur votre fille Bellissande...

— Fromont, répondit le roi, laissez les choses suivre leur cours, car, par la foi que je dois à Jésus-Christ ! il faut que l'un des deux meure... Si Milles se peut excuser, en le tuant, de ce dont l'accuse Hardres, je lui ferai demain épouser ma fille.

Fromont, à cette réponse, se retira très-courroucé de devant le roi et s'en alla trouver tous ses amis qu'il fit armer. Mais Charlemagne, s'apercevant de ces mauvaises intentions, fit emprisonner incontinent tout le lignage de Fromont, et, pour plus de sûreté, s'en alla garder lui-même le champ.

Amys, le gentil preux, tenait Hardres dessous lui, et, sans qu'il pût remuer, le frappait de ses gantelets de fer, armés de broches d'acier fort aiguës.

— Ah ! dit Hardres. Laisse-moi aller, je me rends à toi... Je te crie merci... Laissez-moi aller vers Charlemagne... Je lui dirai que c'est par trahison et par envie que je vous ai imposé ce déshonneur... Franc chevalier, ne me tuez pas, je vous en prie !... Vous savez que j'ai fait épouser ma sœur Lubias à votre compagnon... A cause de lui, pardonnez-moi !... Si le roi Charlemagne est trop courroucé contre moi, je lui présenterai deux sommiers d'or et d'argent... Franc chevalier, faites-moi grâce !...

Amys, entendant Hardres lui requérir pardon, eut souvenance que c'était son frère, puisqu'il avait épousé sa sœur.

— Vous allez, dit-il hautement, répéter au roi Charlemagne tout ce que vous venez de me dire là, assavoir que ça été par envie et par trahison que vous m'avez accusé de honnir sa fille Bellissande..,

— Certes, répondit Hardres, je me condamnerai volontiers devant lui...

Amys reprit :

— A cette condition, vous aurez votre pardon.

— Aidez-moi à me lever, sire comte, lui dit le traître Hardres.

Amys, qui ne pensait à rien et qui croyait son beau-frère sincère, lui tendit la main qu'il demandait. Hardres s'en saisit brusquement et la lui tira si rudement, qu'il l'en envoya choir à terre, qu'il le voulût ou non ; puis, lui montant à son tour sur le ventre, il lui cria de façon que chacun l'entendit :

— Milles, je vous ai joué un tour de maître !...

— Sire Dieu ! s'écria Charlemagne, qui avait tout vu et tout compris. Ce Hardres est un félon, et il vient de jouer là un tour indigne d'un chevalier, car il s'était rendu vaincu à Milles, et maintenant il est sur lui !... Il sera pendu, je le lui promets, comme loyer de cette félonie !...

Amys était navré de cette trahison ; et, pendant que Hardres le pelotait beau de ses gantelets pointus, il murmurait :

— Ah ! Dieu, vous qui fûtes trahi par Judas comme je le suis aujourd'hui par le comte Hardres, ayez pitié de moi !... Ah ! traître, ajouta-t-il en s'adressant à son beau-frère, tu as fait comme Judas : sois maudit comme lui !...

— Tu ne me maudiras pas longtemps, répondit Hardres.

Et tirant un couteau de son côté, il chercha à relever les pans du harnois qui protégeait Amys, pour le lui ficher au ventre. Mais Amys, comprenant son projet, lui bailla un violent coup de son gantelet sur le visage et autour du heaume dont les courroies, en se brisant, mirent la tête à nu. Alors, de son gantelet, plus aigu qu'épines, Amys continua à frapper sur le nez, sur les yeux, sur les joues, partout enfin où il y avait chair et où il pouvait blesser. Tellement que le sang jaillit de tous côtés de la face, qui devint rouge et horrible.

— Traître ! cria Amys en se relevant, je viens de te rendre ton tour !...

Hardres était aveuglé par le sang qui lui sortait du front et des yeux, et il cherchait son épée sans la trouver. Amys se disposait à lui trancher la tête et à en finir de cette façon avec lui, lorsqu'il entendit Charlemagne qui disait :

— Une fois, je vis deux champions combattre comme ceux-ci font. Celui qui avait tort, avait perdu son heaume ; l'autre le prit à bras le corps, le jeta par terre, puis, tirant son couteau pointu,

il le lui ficha en pleine face, tellement que jamais depuis il ne s'en releva...

Amys comprit, par ces paroles, que le roi était pour lui. Lors, jetant à terre son épée et son blason, il s'en vint vers Hardres, l'embrassa, le fit tomber, lui monta sur le ventre et lui piétina dessus comme un griffon sur sa proie ; puis tirant son couteau pointu, il en donna un grand coup sur la joue gauche de son ennemi, qui commença à braire et à crier ; et finalement, après lui avoir tranché l'oreille, il lui trancha le cou, pour l'empêcher de crier plus longtemps.

CHAPITRE LVI

Comment, une fois Hardres mort, Charlemagne fit épouser Bellissande par Amys, croyant que c'était le comte Milles.

Hardres mort, ses parents et amis furent dolents au possible. Alors Charlemagne fit crier haut, partout, que quiconque toucherait à un seul cheveu du comte Milles serait pendu immédiatement.

Quand le roi eut fait crier cela, Amys prit Hardres par les pieds et le traîna hors du champ, jusqu'à l'endroit où étaient trois chevaux tout prêts pour le conduire au gibet, où Hardres fut en effet pendu.

Lors, Amys s'en vint vers Bellissande, qui était fort éplorée, et lui dit :

— Dame, j'ai enduré aujourd'hui grande peine pour vous, car c'est sans raison que Hardres vous accusait....

— Taisez-vous, Milles ! dit Charlemagne en interrompant Amys. La chose est bien... Vous avez jeté ma fille hors de blâme... Je veux que vous l'épousiez, si toutefois cela vous plaît...

— Certes oui, Sire, cela me plaît bien, répondit Amys.

En conséquence, dès le lendemain, Bellissande fut amenée, en grand appareil, en la sainte chapelle du palais, où l'évêque de Paris la maria solennellement à Amys.

Pendant que l'évêque de Paris chantait la messe, une voix du ciel descendit, s'adressant à Amys, qui l'écouta des deux oreilles.

— Amys, dit cette voix, tu as grandement offensé Dieu, ton créateur !... Tu en porteras la pénitence en ce monde ou dans l'autre... Regarde lequel des deux tu préfères, de ce monde ou de l'autre... A moins que tu ne t'amendes, et que monseigneur saint Jacques ne te relève de cette faute!...

Amys demeura tout pensif. Puis s'agenouillant comme chevalier courtois devant le crucifix, il murmura :

— Beau Sire Dieu! veuillez me pardonner ce que j'ai fait... Je sais de vrai que j'ai tué Hardres à tort et sans raison, et qu'en outre je n'avais pas le droit d'épouser cette fille, puisque je suis marié... Mais, Seigneur-Dieu, c'est au nom de Milles que je l'ai épousée, quoiqu'il ne m'en ait point chargé... Ah! Bellissande, vous croyez que vous tiendrez ce soir votre habituel ami entre vos beaux bras blancs et sous vos belles lèvres rouges... Que nenni! Ce ne sera pas lui... Vous n'aurez pas de moi tout ce que vous en attendez... Un baiser, et ce sera tout, car si j'en faisais davantage, je me mettrais certainement hors de droit, parce que embrasser souvent une femme vous remue le sang!...

Après la messe, les nouveaux époussés montèrent au palais, et chacun mena grande joie.

Quand vint la nuit et que Bellissande et Amys furent tous deux en leur chambre connubiale, il lui dit :

— Belle, je suis blessé en maint et maint endroit. Par ainsi, quoique cela me prive fort, je vous supplie de ne me pas considérer cette nuit comme votre mari ; autrement il m'en cuirait...

— Mon doux ami, répondit la belle, faites à votre volonté.

Ainsi se passa cette nuit-là.

CHAPITRE LVII

Comment Amys, après avoir épousé la princesse Bellissande, s'en alla retrouver son compagnon pour lui faire reprendre son rôle.

Amys n'eût pu jouer ce rôle-là toutes les nuits : il en eût trop coûté à l'amoureuse Bellissande. Il prétexta, dès le lendemain, que les barons de sa terre avaient besoin de lui, et il obtint congé du roi Charlemagne et de sa fille.

Amys partit donc. Lorsqu'il fut à deux petites lieues de Blaves, il envoya un écuyer au château pour prévenir son compagnon.

— Sire, dit cet écuyer à Milles au moment où celui-ci était avec Lubias, le comte de Clermont, votre compagnon, vient d'arriver dans ce pays... Il n'ose venir céans, à cause de madame votre femme, qui est sœur de Hardres, à moins qu'elle ne lui octroye pardon de la mort dudit Hardres qu'il a loyalement tué en se défendant... Milles vous supplie de le vouloir héberger cette nuit...

Lors, Lubias s'écria :

— Ah! traître Milles! tu as tué mon frère... Je m'en vengerai sur toi, si Fromont ne le fait pas comme il le doit... Je n'aurai paix et bonheur que lorsque je te saurai mort, vilain comte de Clermont!

Milles, entendant ainsi mal parler de lui, haussa le poing sur Lubias et lui en donna un grand coup. Après cela, il commanda à son écuyer de lui amener son cheval pour aller au-devant de son compagnon. Le cheval amené, il monta dessus, sortit du château et rejoignit Amys.

Tous deux s'embrassèrent.

— Ah! compagnon! s'écria Milles, combien je vous dois aimer! Vous avez plus fait pour moi que je ne saurais dire ni penser... Jamais je ne pourrai vous le rendre!...

— Compagnon, répondit Amys, il est vrai que pour vous j'ai enduré grande peine, car j'ai trouvé Hardres félon et amer... J'ai sué sang et eau avant de m'en débarrasser... Et puis, j'ai épousé Bellissande en votre lieu et place, parce qu'il le fallait... Maintenant que me voilà de retour ici, allez-vous-en là-bas auprès d'elle, remplir vos fonctions de mari...

— Compagnon, reprit Milles, vous êtes à blâmer de m'avoir ainsi marié malgré ma volonté... J'aurai sans doute de grandes peines en mariage, ainsi que j'ai pu en juger par votre femme Lubias... Mieux vaudrait se pendre que d'épouser !

— Compagnon, répondit Amys, toutes les femmes ne ressemblent pas à Lubias, fort heureusement... Puisque je l'ai, nul autre que moi ne l'aura... Je la subirai pour ma pénitence...

— C'est une pénitence, en effet, car jamais je ne l'ai vue rire...

— Aussi, dit Amys, je propose de la laisser reposer pendant quelque temps, et digérer les horions que vous lui avez octroyés sur mon conseil... Quand vous serez à Paris, ne m'oubliez pas et revenez le plus tôt que vous pourrez par devers moi ; nous irons ensemble en pèlerinage Saint-Jacques, si cela vous plaît toutefois...

— Cela me plaît beaucoup, certes, répondit Milles, et vous me verrez revenir avant peu pour vous chercher...

Ces paroles dites, l'échange des vêtements se fit, les deux compagnons s'embrassèrent, et, pendant que Milles prenait la route de Paris, Amys prenait le chemin de son château de Blaves.

CHAPITRE LVIII

Comment Amys s'assura que son compagnon avait été loyal envers lui, et comment, peu de temps après, tous deux partirent pour aller en pèlerinage à Saint-Jacques.

Amys fut toute la journée sans dire un mot à sa femme Lubias. Mais, la nuit, quand il fut couché avec elle, il la voulut accoler comme son devoir de mari le lui ordonnait.

— Tenez-vous en paix, s'il vous plaît! lui dit aigrement Lubias.

— Pourquoi cela, ma mie? demanda-t-il.

— Parce que je ne suis pas tentée de vous aimer, après ce que vous avez fait...

— Et qu'ai-je donc fait? demanda Amys, curieux.

— Quoi! vous n'avez souvenance de rien?...

— Non... j'oublie volontiers le lendemain ce que j'ai fait la veille...

— Ce que vous avez fait pendant dix-huit jours prouve cependant que vous avez de la mémoire... Eh! quoi! ne vous souvenez-vous donc plus d'avoir mis entre nous deux, pendant ces dix-huit nuits, votre épée nue?... Est-ce là de l'amour?... Et puisque vous êtes resté dix-huit jours sans m'en témoigner, je puis bien m'opposer à ce que vous m'en témoigniez le dix-neuvième...

Amys ne répondit rien à sa femme. Il se contenta de murmurer entre ses dents :

— Ah! Milles, beau compagnon, vous avez été plus sage et plus loyal que je ne l'aurais cru... Je suis certain que sur ce point, du moins, je vous aurai bien éprouvé...

Puis ce fut tout.

Deux mois après, Milles le fit demander à quelques lieues de Blaves, ainsi qu'il avait été convenu à leur dernière entrevue. Il avait conduit sa femme Bellissande à Clermont; maintenant il venait chercher son compagnon pour faire le pèlerinage de Saint-Jacques, afin d'obtenir du ciel le pardon de leurs mutuelles fautes.

Tous deux partirent. Peut-être que Milles était chagrin de laisser là sa femme Bellissande; mais tenez pour vrai qu'Amys n'était pas fâché de quitter la sienne pour quelque temps.

CHAPITRE LIX ET DERNIER

Comment Milles et Amys, en revenant de Rome et en passant par la Lombardie, furent tués l'un et l'autre par Ogier-le-Danois.

Après avoir été à Saint-Jacques, puis à Rome, où le pape leur avait donné l'absolution de leurs péchés, Milles et Amys s'en revinrent par la Lombardie et s'arrêtèrent en une cité appelée Mortiera.

Ils rencontrèrent là Ogier, duc de Danemarck, lequel avait guerre contre Charlemagne, et s'était enfui en Lombardie pour avoir secours du roi de Mélant. Il menait avec lui son serviteur et quatorze chevaliers bien armés et embastonnés.

Quand Milles avisa le duc Ogier, il s'en vint à sa rencontre et lui demanda comment il se portait.

Ogier-le-Danois lui répondit fièrement :

— Ah! je te cherchais, ainsi que ton compagnon... Puisque je vous ai trouvés, je vais vous payer ce que je vous dois, en dépit de Charlemagne.

Milles, ébahi, ne sut que répondre.

Ogier reprit :

— N'êtes-vous donc pas tous deux au roi Charlemagne?

— Certes, oui, nous sommes ses sujets et nous le reconnaissons pour notre seigneur, puisque nous tenons de lui nos terres et tout notre pays...

— Eh bien! c'est mon ennemi!... Et, puisque vous êtes ses hommes, je vais vous montrer comment je vais vous servir pour l'amour de lui...

Ayant dit cela, Ogier-le-Danois tira son épée et leur cria de se défendre.

— Hélas! Sire, répondit Milles, par le corps de Jésus-Christ, je croyais que vous vouliez vous gausser de nous... Mais, puisque vous parlez sérieusement, nous allons maintenant vous répondre de même... Par saint Martin! puisque vous nous attaquez, nous nous défendrons...

Et tout aussitôt, Milles leva son bourdon grand et pesant et l'abaissa sur le visage du duc Ogier. Celui-ci fit un mouvement de recul, et le coup fut asséné sur le frontal du cheval, qui tournoya et renversa par terre celui qui le montait.

Ogier, furieux d'être ainsi démonté, se leva sur ses pieds, brandissant en sa main sa glorieuse épée, la bonne Courtin, qui reluisait et flambait comme le soleil, et l'abaissa de toute sa force sur la tête de Milles, qu'il sépara en deux.

Quand Amys vit que son compagnon était mort, il maudit Ogier en lui disant :

— Ah! traître! tu as tué le plus loyal et le plus vaillant homme qui fût au monde!... Mais, par la foi que je dois à Dieu! je vengerai sa mort si je le puis!...

Et, levant à son tour son bourdon, il en asséna un si rude coup sur la tête d'un chevalier lombard qu'Ogier aimait beaucoup, que cet homme tomba raide mort.

— Ah! dieux! s'écria le duc de Danemarck.

Lors, courroucé, il leva son branc d'acier sur le noble Amys et lui fendit le visage jusqu'aux épaules, tellement, qu'il tomba par terre, mort, à côté de son compagnon Milles.

Quand Ogier-le-Danois vit ces deux vaillants barons ainsi défaits à ses pieds, il devint tout chagrin et maudit l'heure où il les avait rencontrés.

— Hélas! murmura-t-il tout dolent, hélas! pécheur, pourquoi as-tu détruit ces deux vaillants pèlerins?... Que t'avaient-ils fait pour les défaire ainsi vilainement?...

Puis, les ayant pleurés, il commanda à ses gens de les dépouiller, afin de les faire ensevelir et mettre en terre sainte, et l'on s'aperçut alors qu'ils avaient chacun une haire sous leur chemise.

— Hélas! murmura Ogier en les contemplant d'un œil pitoyable, pauvres martyrs! j'ai été trop en rage de vous mal faire!... Ah! j'ai tué là deux bien vaillants hommes!... J'en demande bien humblement pardon à Dieu!...

Milles et Amys furent enterrés solennellement à Mortiera, et Notre-Seigneur voulut faire en leur honneur plusieurs miracles qui attirèrent grande foule en cette cité sur le tombeau de ces deux bons princes.

Aussi, peu de temps après, les notables de la cité firent faire une chasse dans laquelle ils déposèrent les restes mortels de ces deux martyrs de l'amitié.

Un monastère fut fondé sur le lieu même où ils étaient morts, un monastère desservi par trente religieux.

Cela s'appelait, et s'appelle encore aujourd'hui, l'abbaye de Saint-Amylles.

FIN DE MILLES ET AMYS.

BAUDOUIN-LE-DIABLE

CHAPITRE PREMIER

Comment le roi de France Philippe reçut un messager du marquis de Milan, lui demandant secours contre les Sarrasins, et comment le comte de Flandres résolut d'aller combattre Caquedent.

En l'an 1180 il y avait en Flandres un comte nommé Philippe, lequel avait à fiefs quatorze comtés, assavoir : Hollande, Zélande, Alos, Hainault, Tarache, Cambrésis, Vermandois, Noyon, Aumarle, Boulogne, Amiens, Corbie, Artois et Guienne. En outre, il était pair de France et filleul du roi Philippe, prince loyal et prud'homme.

Au temps où ce roi de France régnait, un païen d'outre-mer, nommé Caquedent, s'en vint mettre le siége devant Rome avec ses fils et une armée de trois cent mille hommes, qui prirent la cité, tuèrent le pape et les cardinaux, pillèrent les trésors publics et privés, et mirent le feu aux quatre

1

coins pour brûler les femmes et les enfants dont ils avaient occis les maris et les pères. Cela fait, ils s'en allèrent plus loin, en Lombardie, où ils pillèrent et brûlèrent de la même façon, jusqu'à Milan, qu'ils assiégèrent, comme ils en avaient assiégé tant d'autres.

Le marquis de Milan eut grand'peur; car, outre que Caquedent le païen était un redoutable géant, portant peint un lion rampant sur son écu de fin or, la cité de Milan n'avait qu'une petite provision de vivres et de victuaille. Aussi, tout dolent et marmiteux, le marquis jugea qu'il fallait envoyer au plus tôt un messager vers le roi de France, pour le supplier de venir à son secours contre les païens commandés par Caquedent.

Le messager vint à Paris, où il trouva le roi Philippe en compagnie d'un grand nombre de nobles gens, sur lesquels trois ducs et une dizaine de comtes.

— Sire, dit-il en saluant humblement et en lui baillant les lettres de son maître, voici ce que m'a chargé de vous remettre monseigneur le marquis de Milan, présentement assiégé par les païens. Le péril est extrême, certes, et si vous ne venez à son secours, Sire, la noble cité de Milan subira le pitoyable sort de la noble cité de Rome et de tant d'autres encore qu'ont dévastées et brûlées le Sarrasin Caquedent et ses gens.

Le bon roi Philippe lut les lettres et répondit :

— J'irai secourir le noble marquis de Milan, et l'aiderai à venger la loi de Notre-Seigneur Jésus-Christ...

Puis il se mit à deviser avec ses barons pour savoir d'eux les moyens à employer pour aller secourir le marquis de Milan.

Sur ces entrefaites vint un second messager qui, saluant le bon roi Philippe et sa compagnie, lui dit :

— Sire, que Dieu vous garde !... Je viens vous prévenir que Jehan-le-Mauvais, roi d'Angleterre, est venu au pays de Gascogne avec gens d'armes à foison, et qu'il détruit tout sur son passage... Pour Dieu, Sire ! daignez prendre en pitié ce beau pays de Gascogne, et le secourir ; autrement, il est en péril d'être perdu.

Philippe, étonné de cette nouvelle, s'écria :

— Par le Dieu de Paradis ! le roi d'Angleterre est un bien grand parjure, car il a brisé les trèves que nous avions faites et jurées ensemble !... Si je vis assez pour cela, il s'en repentira !... Oui, certes, il s'en repentira !... J'avais promis d'aller venger le pape de Rome et secourir le marquis de Milan ; mais il me semble que je dois bien plutôt aller châtier le roi d'Angleterre... Que vous en semble-t-il à vous, seigneurs ?...

Le comte de Flandres répondit :

— Sire, on doit tout risquer, avoir et corps, pour sauver son pays quand il est menacé... Je viens donc, mon très-cher Sire, vous requérir d'un don, vous qui êtes mon propre parrain, c'est de m'autoriser à aller secourir le marquis de Milan, chasser les Sarrasins et venger le saint-siège apostolique de Rome.

— Filleul, dit le roi Philippe, nous le voulons bien. Allez secourir le marquis de Milan et venger le pape de Rome... Nous, nous abandonnerons nos trésors pour songer à ce cher pays de Gascogne, où nous irons contre le roi anglais, Jehan-le-Mauvais, car nous en avons dévotion.

Le soir même, le comte Philippe prit congé du roi et partit pour aller en Flandres.

CHAPITRE II

Comment le comte de Flandres, ayant réuni tous ses gens, s'en alla à Milan et combattit contre Caquedent.

Philippe, filleul du roi de France, s'en alla donc chez lui, et son premier soin, aussitôt arrivé, fut de mander tous ses hommes, lesquels ne tardèrent pas à arriver en grand nombre.

Parmi ces barons, on remarquait :

Le comte Florent de Hollande ;
Gaultier de Saint-Omer ;
Le comte de Zélande ;
Le comte de Boulogne ;
Le comte de Valenciennes ;
Le comte de Noyon ;
L'abbé de Saint-Valery ;
Le comte de D'Aumarle ;
Le comte de Julliers ;
Le comte d'Eu ;
Le sire de Tournay ;
Le châtelain de Bergues ;
Guillaume, sire de Gaule ;

Et plusieurs autres grands seigneurs qui tenaient leurs terres du comte de Flandres.

Les sommiers furent chargés et l'on se mit en marche pour le pays assiégé. On traversa la France, puis les monts, et l'on arriva dans les plaines de la Lombardie, à une lieue de la cité de Milan où étaient campés les gens de Caquedent, le chef des Sarrasins qui avaient brûlé Rome et les autres villes de la chrétienté.

Au moment même où le comte de Flandres et ses gens arrivaient en vue de la ville assiégée, le marquis de Milan, qui n'avait pas encore revu son messager envoyé au roi Philippe, se désespérait.

— Ah ! murmurait-il, ma bonne cité de Milan va devenir la proie de ces païens, comme tant d'autres nobles cités !... Mon messager n'est pas revenu : les secours que je l'ai envoyé quérir ne viendront pas... Je suis perdu !... Cependant, on ne s'adresse jamais en vain aux Français, dans le malheur et dans la peine... Si le roi Philippe a reçu mon messager, il a dû le bien accueillir et lui promettre son concours : il n'en saurait être autrement... Pourquoi ne revient-il pas ?... Les païens envahissent la plaine comme une armée de sauterelles... Milan sera prise... Ses habitants périront... La faim les a déjà décimés... Nous sommes forcés de manger nos chevaux à défaut d'une autre nourriture... Qu'allons-nous devenir, grand Dieu du ciel !...

Comme le marquis de Milan murmurait ces mots, on entendit une longue clameur dans la plaine, du côté où se tenait l'armée des assiégeants. Le marquis releva la visière de son bassinet pour lui donner un peu d'air, et se mit à regarder devant lui, par-dessus les remparts de la ville.

Ce qu'il vit le combla de joie.

Les Sarrasins, commandés par le terrible Caquedent, étaient mis en désarroi par l'arrivée de l'armée des Français, commandés par le comte de Flandres, et la clameur qu'on entendait jusque dans la cité de Milan était une clameur de peur.

— Trahis ! trahis ! trahis ! s'écriaient-ils en fuyant.

Caquedent, quoique surpris par l'arrivée des Français, ne se laissa pas cependant décourager pour cela. Il rallia du mieux qu'il put son armée et se présenta vaillamment, aidé de ses fils, à la rencontre du comte de Flandres.

Le combat s'engagea âpre et sanglant. Beaucoup de païens et presque autant de chrétiens passèrent violemment de ce monde dans l'autre sans avoir eu le temps de confesser leurs péchés et d'en recevoir l'absolution. Les gens de Caquedent surtout tombaient comme les blés au mois d'août sous la faux des moissonneurs. L'abattis en fut même si considérable, que le chef des païens jugea à propos de proposer au comte de Flandres un combat à eux deux pour finir le différent.

— Chrétien, lui cria-t-il en se précipitant vers lui, écoute ma parole.

— Je t'écoute, dit le comte de Flandres.

— Nos gens s'égorgent de part et d'autre sans profit pour personne, reprit Caquedent. Cela me poigne et je veux en finir...

— Je le veux aussi, dit Philippe.

— Pour cela faire, je ne vois présentement qu'un moyen, et je te le propose...

— Quel est-il ?

— Nous sommes, à ce que j'ai pu juger, de valeur égale... Combattons seul à seul, moi contre toi, toi contre moi... Si je suis vaincu, je m'engage, par la foi que je dois à Mahom, à quitter sur-le-champ la Lombardie et à m'en retourner en Afrique... Si, au contraire, je suis vainqueur, tu me laisseras piller Milan à ma guise et tu t'en retourneras avec ton armée là d'où vous êtes partis, elle et toi... Cela te convient-il ?...

— Cela me convient à merveille, et j'accepte, répondit le comte de Flandres, assuré qu'il croyait être de l'aide de Dieu.

— Demain, au point du jour, alors ?...

— Demain, au point du jour, soit !

Le chef des Sarrasins, qui comptait sur l'aide de Mahom comme le comte de Flandres sur l'aide de Jésus-Christ, fut très-joyeux de voir que ce dernier acceptait si volontiers sa proposition, et, pour lui inspirer plus de confiance et lui témoigner de sa bonne foi, il heurta la dent devant lui.

— Je compte sur votre parole comme vous pouvez compter sur la mienne, lui dit-il en prenant congé de lui.

CHAPITRE III

Comment, après avoir échappé à la trahison des Sarrasins, grâce au courage du comte de Julliers, le comte de Flandres s'en alla avec son bernage à Rome pour la restaurer.

En effet, le lendemain, dès l'aube, Caquedent se présenta devant les murs de la ville de Milan, à l'endroit choisi pour le lieu du combat. Il était armé de pied en cap, et portait au cou son redoutable écu d'or sur lequel était figuré un lion rampant.

Presqu'en même temps que lui parut le comte de Flandres, également armé des pieds à la tête, et d'une allure tout aussi vaillante.

Le signal donné, ils s'élancèrent l'un contre l'autre avec l'impétuosité de deux béliers qui se disputent le passage d'un gué. Les lances volèrent en éclats, les heaumes furent bossués, les hauberts furent démaillés, et le sang commença à rougir leur harnais à chacun. Caquedent avait la taille et la force d'un géant; mais Philippe, comte de Flandres, n'était pas manchot, et il ne se faisait pas faute de frapper fort et dru sur son adversaire comme sur enclume. Si bien que, profitant d'une fausse manœuvre du chef des Sarrasins, il lui asséna un rude coup d'épée sur la main droite et la lui coupa; puis sur le pied droit, qu'il coupa également.

Caquedent tomba sur le sol comme une lourde masse, répandant le sang par ruisselets nombreux. Le comte de Flandres, alors, se pencha sur lui et lui enleva son écu d'or pour s'en parer comme d'un trophée.

Il ne l'eut pas longtemps en sa possession.

Au moment où il se relevait, tenant en main cet écu d'or, des Sarrasins qui, à tout événement, s'étaient mis en embûche à quelques pas de là, s'élancèrent sur lui et lui enlevèrent ce qu'il venait d'enlever lui-même. Parmi ces païens se trouvait Aquilant, l'un des fils de Caquedent : ce fut lui qui reprit l'écu au lion rampant des mains du comte de Flandres. Il s'apprêtait même à lui décoller la tête d'un revers de son épée, lorsque survinrent des chevaliers chrétiens, à la tête desquels se trouvait le comte de Julliers.

Il n'était que temps pour le comte de Flandres, qui, enveloppé de toutes parts, allait tomber victime d'une abominable trahison.

Mais le comte de Julliers fit tant et tant, aidé des autres chrétiens, que les païens furent promptement mis en déroute. Aquilant, qui avait repris l'écu de son père, fut tué par le comte de Julliers, qui, à son tour, s'empara de l'écu au lion rampant. Puis, après Aquilant, trois autres fils de Caquedent furent pareillement tués en essayant de venger leur père. Cela acheva le désarroi des païens, qui se mirent à fuir dans toutes les directions, en se promettant bien de revenir plus tard pour parachever l'entreprise si malencontreusement menée ce jour-là.

Il est inutile d'ajouter que les gens du marquis de Milan étaient sortis de la cité pour venir se mêler aux gens du comte de Flandres et qu'ils n'avaient pas peu contribué à refouler jusques à quelques lieues les païens amenés par le géant Caquedent.

Le soir, quand Philippe et le comte de Julliers furent entrés dans la cité de Milan, qui leur avait fait le meilleur accueil de la terre, le comte de Flandres voulut ravoir l'écu qu'il avait conquis sur le chef des Sarrasins, et que lui avait repris Aquilant, l'aîné des fils de ce païen.

— Comte de Julliers, dit-il à son compagnon, cet écu m'appartient, car je l'ai conquis au péril de mes jours, et c'est un insigne assez glorieux pour que je tienne à le conserver... Par ainsi, vous trouverez bon, je pense, que je vous le redemande comme chose mienne...

— Comte de Flandres, répondit le comte de Julliers, vous l'avez conquis en effet sur Caquedent, mais il doit vous souvenir que son fils Aquilant vous l'a repris, et, qu'à mon tour, je l'ai reconquis sur Aquilant, après avoir tué ce païen de ma propre main... Par ainsi, c'est à moi, non à vous, qu'il doit légitimement appartenir, à ce qu'il me semble du moins...

— Compagnon, reprit Philippe, je vous dois trop pour songer à vous mécontenter par d'amères paroles... Ce n'est ni vous ni moi qui devons prononcer là-dessus, et, si vous y consentez, ce sera mon parrain, le roi de France, qui jugera auquel de nous deux doit revenir cet écu que nous nous disputons présentement...

— Compagnon, répondit le comte de Julliers, vous parlez trop sagement pour que je ne vous écoute point volontiers... Il en sera donc fait ainsi que vous le désirez... Le roi Philippe prononcera là-dessus... N'en parlons plus pour l'heure présente, et dites-moi ce que nous allons faire maintenant que nous avons débarrassé la cité de Milan et ses alentours des maudits Sarrasins qui leur voulaient du mal...

— Comte de Julliers, répliqua Philippe, nous partirons de céans aussitôt que nos blessures seront pansées et nous nous en irons droit vers Rome pour y rétablir le pape et y réédifier les moustiers que les gens de Caquedent ont brûlés et dépeuplés...

Quelques jours après, en effet, le comte de Flandres et son bernage prirent le chemin de la cité de Rome.

CHAPITRE IV

Comment, ayant rencontré en Bourgogne un chevaucheur qui leur apprit nouvelles, le comte de Flandres et le comte de Julliers s'en allèrent en Gascogne secourir le roi de France.

A Rome, le comte de Flandres et le comte de Julliers furent reçus avec enthousiasme, car la nouvelle de la défaite des Sarrasins les y avait précédés. Aussi y restèrent-ils six mois durant, faisant servir les trésors qu'ils avaient repris aux païens à réédifier les moustiers précédemment ruinés par ces vilaines gens.

Ce fut pareillement à eux que le pape Innocent II dut son élévation au trône.

Quand ils songèrent à s'en retourner, après s'être confessés aux pieds du pontife, qui leur avait donné l'absolution, Innocent II voulut leur donner autre chose encore, pour reconnaître les services rendus.

— Cher fils, dit-il au comte de Flandres, vous m'avez fait pape au nom du roi de France votre parrain ; vous avez rebâti les moustiers dévastés par les Sarrasins ; vous avez rendu le calme et la sécurité à toutes les villes de la papalité ; à ces causes, je vous dois reconnaissance en mon nom et au nom de Jésus-Christ, dont je suis le serviteur et l'intermédiaire. Nous sommes riches : acceptez une partie des trésors que nous possédons...

— Très-saint-père, répondit le comte de Flandres, ce que nous avons fait ne mérite nulle reconnaissance : c'était notre devoir de chrétiens de mettre à mal les païens qui avaient dévasté la Romanie... Si, cependant, vous croyez vraiment que je mérite autre chose que la bénédiction que vous avez bien voulu m'octroyer, je vous demanderai alors un joyau des reliques de Rome...

— C'est là une demande digne de votre cœur et de votre foi, mon fils, répondit Innocent II : vous aurez le chef de saint Jacques-le-Mineur.

La tête de cet apôtre fut, en effet, remise au comte de Flandres, qui la confia à quelques-uns de ses barons pour en avoir grand soin jusqu'à Arram, en Flandres, où il comptait édifier une église spéciale pour cette relique.

Quelques jours après, l'armée qu'il avait amenée avec lui au secours du marquis de Milan, quitta Rome pour revenir en France. La Lombardie fut traversée, les monts furent passés, et bientôt le comte de Flandres et ses gens entrèrent en Bourgogne.

Ils y étaient à peine, qu'ils rencontrèrent un chevaucheur qui revenait de Bourgogne.

— Vassal, lui demanda le comte de Flandres,

me pouvez-vous donner nouvelles du bon roi notre seigneur?... Est-il toujours à Paris?...

— Non, sire, répondit le chevaucheur qui avait reconnu le comte Philippe.

— Et où est-il donc présentement?

— En Gascogne, où il doit combattre contre Jehan-le-Mauvais, roi d'Angleterre, qui a brisé les trêves jurées...

— En Gascogne! s'écria le comte de Flandres.

— Oui, sire.

Et le chevaucheur continua son chemin.

A cette nouvelle, le comte Philippe était devenu tout songeur.

— Compagnon, dit-il au comte de Julliers, si au lieu d'aller en Flandres, nous allions en Gascogne?...

— J'y consens volontiers pour ma part, répondit le comte de Julliers. Reste à savoir si toute notre armée nous y suivra et ne se débandera pas avant d'y arriver.

— Ceux qui voudront venir viendront, ceux qui ne voudront pas resteront ici, car je ne les conduirai pas plus loin, j'en jure Dieu!...

Les vilains de l'armée des Français, en entendant cela, murmurèrent et dirent :

— N'était-ce donc point assez déjà d'aller exposer notre chair et nos os dans les plaines de la Lombardie ? Faut-il les exposer de nouveau en Gascogne contre les soldats du roi d'Angleterre?... Ah! maudit soit le comte de Flandres ! Nous n'aurons jamais de repos tant qu'il sera vivant!...

Le comte Philippe entendit le murmurement, et il fit crier un ban par lequel il déclarait qu'il affranchirait communément tous ceux qui iraient avec lui en Gascogne.

Le ban crié, l'armée se sépara en deux parts inégales : la plus petite était celle qui consentait à suivre le comte de Flandres, la plus grosse était celle qui était excédée de la guerre et qui voulait rester tranquille.

— Qu'importe ! dit le comte de Flandres en comptant sa petite armée qui se montait à deux mille hommes environ.

Et confiant à quelques-uns de ses barons qui s'en retournaient chez eux, la tête de saint Jacques-le-Mineur, le comte Philippe, se mit aussitôt en route pour la Gascogne.

Quant à l'autre moitié de son armée, elle s'en retourna avec les sommiers, au nombre de cent, vers le nord de la France. Malheureusement, la nuit suivante il tomba tant et tant d'eau, et les chemins devinrent si mauvais, que quelques-uns des sommiers furent perdus, notamment celui qui portait la relique donnée par le pape au comte de Flandres.

CHAPITRE V

Comment, après avoir raconté au roi de France comme quoi ils avaient rétabli le pape et réédifié les églises détruites par les païens, le comte de Flandres et le comte de Julliers lui demandèrent ce qu'ils devaient faire au sujet de l'écu de Caquedent.

Le comte de Julliers et le comte de Flandres chevauchèrent donc pour aller en Gascogne secourir le roi de France. A mi-chemin ils le rencontrèrent qui revenait précisément, car le roi Philippe et le roi d'Angleterre avaient pris trêves pour deux ans.

L'accueil que reçurent les deux comtes se comprend de reste. Philippe leur demanda ce qu'ils avaient fait, et ils lui racontèrent comment ils avaient chassé les Sarrasins amenés par Caquedent, et comment, en outre, ils avaient ordonné un pape à Rome; ce dont le roi remercia sincèrement Dieu.

Ensuite, les deux comtes dirent :

— Sire, nous avons encore à vous parler d'une chose qui nous tient au cœur l'un et l'autre...

— Et laquelle donc, seigneurs ?

— Sire, reprit le comte de Flandres, j'ai conquis corps à corps du soudan Caquedent son écu au grand lion rampant, et je l'eusse certainement emporté avec moi si les Sarrasins ne m'avaient traîtreusement entouré et repris l'écu de leur chef. Je n'ai pu m'en tirer sain et sauf que grâce au comte de Julliers et à quelques autres barons qui ont tué ceux qui me voulaient tuer.

— C'est le comte de Julliers qui a reconquis l'écu? demanda le roi Philippe.

— Oui, Sire, répondit le comte de Flandres. Je demande cet écu parce que je l'avais conquis en premier ; le comte de Julliers le demande pareillement parce qu'il l'a conquis aussi, quoique en second lieu et de seconde main... A ces causes, Sire, nous avons résolu de nous en remettre à votre jugement... Jugez-en donc droitement, Sire, de façon à ce que nous n'ayons jamais colère ni envie l'un contre l'autre.

Le bon roi Philippe répondit fort gracieusement.

— Par ma foi, seigneurs, j'en jugerai bien et loyalement, je m'y engage.

Et aussitôt, il manda son conseil et lui exposa la chose. Quand ils eurent devisé ensemble pendant un certain temps, le roi se retourna vers les deux comtes rivaux et leur dit :

— Seigneurs, vous avez l'un et l'autre gagné bien loyalement l'écu du mécréant Caquedent. Par ainsi, vous le porterez tous deux... Seulement le comte de Flandres le portera entier, sans point de différence, parce qu'il l'a conquis le premier, et le comte de Julliers le portera ourlé d'un azur vif... Soyez donc bons amis ensemble, tout comme vous l'étiez auparavant, car jamais blason n'aura été si bien porté ni si bien mérité.

Les comtes ainsi mis d'accord, le roi Philippe continua sa route vers Paris.

CHAPITRE VI

Comment le comte Philippe retourna en son pays et y mourut, et comment son fils Baudouin s'en alla à Paris pour faire hommage au roi Philippe de dix de ses quatorze comtés.

Tandis que le roi de France s'en retournait vers Paris avec ses barons, le comte de Flandres retournait dans son pays où il avait laissé un sien fils nommé Baudouin, lequel était fort orgueilleux, comme vous en pourrez juger tout à l'heure.

Au bout de deux ans, le bon vieux comte Philippe trépassa de ce monde en l'autre, content d'avoir fait son devoir d'homme, de prince et de père, et sûr d'avance de l'accueil que lui ferait Notre-Seigneur Jésus-Christ.

Le comte Philippe mort, Baudouin son fils lui succéda tout naturellement dans le gouvernement de sa comté de Flandres. Puis, après avoir reçu l'hommage des quatorze comtés que nous avons précédemment nommés, il s'en alla à Paris pour faire son hommage au roi Philippe de dix de ces terres-là ; quant aux quatre autres, il les tenait du roi d'Allemagne.

Quand il fut arrivé dans le palais du bon roi Philippe et qu'il lui eut fait hommage de ses dix comtés, le roi lui dit doucement :

— Baudouin, il est temps que vous preniez femme, à ce qu'il me semble, étant riche comte et noble homme comme vous êtes... Vous pouvez prétendre à femme de haute lignée : il faut y aviser.

— Sire, répondit Baudouin, je n'ai nul souci de cela pour le moment... En tous cas, je ne prendrai jamais femme qui ne soit aussi riche de terres que je le suis d'argent et d'avoir.

Le duc de Bourgogne, qui était présent, prit la parole pour dire au jeune comte de Flandres :

— Baudouin, mon doux ami, il vous conviendra donc de chercher femme longtemps, car vous n'en trouverez jamais sous le firmament une qui soit aussi riche que vous..... Mais vous pourrez être marié aussi noblement que quiconque... Le roi notre sire a une fille jeune et belle : si vous la voulez, nous lui en parlerons.

Baudouin répondit fièrement :

— Par ma foi ! je ne vous en prie point... Je ne la veux point avoir, quoiqu'elle vaille mieux que moi !...

En entendant cette folle réponse, le bon roi Philippe fut très-courroucé. Nonobstant, il ne sonna mot.

Sur ces entrefaites, l'empereur de Constantinople entra dans le palais, avec sa suite.

— Sire, noble roi, dit-il au roi de France, je viens vous demander la main de la princesse Béatrix votre fille... Je l'épouserais bien volontiers, si tel était votre bon plaisir, et je la ferais impératrice et dame de toute ma terre... Je vous en prie, Sire, faites que je ne sois pas éconduit d'elle ni de vous...

— Sire, répondit le roi de France, n'ayez cette crainte... Vous me faites un grand plaisir en me demandant en mariage ma fille bien-aimée, la princesse Béatrix, je ne la pouvais octroyer à un plus digne...

— Grand merci, noble roi ! s'écria l'empereur de Constantinople d'un cœur joyeux, aussi joyeux que celui de Baudouin était triste, car il regrettait maintenant d'avoir dédaigné Béatrix.

Aussi, le soir même des accordailles, il résolut de quitter Paris.

CHAPITRE VII

Comment Baudouin, comte de Flandres, quitta Paris, et s'en alla à Noyon, avec ses barons, et comment il épousa le Diable.

Baudouin, comte de Flandres, prit donc congé du très-puissant et très-noble roi de France, et s'en alla avec ses barons en sa cité de Noyon, où il séjourna trois jours.

Au matin du quatrième jour, il eut désir d'aller chasser en la forêt voisine, et, en conséquence, il prit un épieu et alla chasser dans le bois, en compagnie de veneurs et de chiens. Il était à peine entré, qu'un sanglier énorme, noir comme un more, commença à prendre alarme du bruit qu'il entendait venir vers lui. On lui donna la chasse sans plus attendre, mais ce furieux animal, en fuyant, trouva moyen de découdre les quatre meilleurs chiens de la meute ; ce dont Baudouin, courroucé, jura de tirer vengeance, se promettant de ne pas sortir de la forêt tant que le sanglier ne serait pas occis comme il le méritait.

Le sanglier fuyait toujours, cassant les branches d'arbres dans sa course furibonde, et toujours le comte de Flandres le poursuivait, l'épieu à la main, sans se préoccuper de ses barons ni de ses veneurs. Finalement, le noble comte atteignit enfin l'animal sauvage, et, l'atteignant, il descendit de cheval, prit son épieu à deux mains et cria :

— Sanglier maudit, tournez-vous de mon côté, s'il vous plaît, et joutez avec le comte de Flandres !...

Le sanglier se retourna en effet, cliquetant des dents et écumant de la gueule, et se précipita fièrement contre Baudouin, qui lui enfonça alors son épieu en pleine échine.

Le sanglier abattu, Baudouin s'assit dessus et demeura tout pensif et ébahi de ce que nul de ses gens ne venait à lui. Quand il se fut ainsi reposé pendant un certain temps, il regarda tout autour de lui dans la forêt et vit venir une gente pucelle qui chevauchait sans escorte, montée sur un palefroi noir. Lors, Baudouin se leva, alla au devant d'elle, l'arrêta par le frein et lui dit :

— Dame, par Dieu ! soyez la bienvenue !...

La pucelle lui répondit en le saluant le plus doucement du monde.

Baudouin reprit :

— Dame, dites-moi pourquoi vous allez ainsi seule et sans compagnie...

— Sire, répondit gracieusement la pucelle, ainsi le veut le Dieu tout-puissant... Je suis la fille d'un roi d'Orient, qui me voulait marier contre mon gré ; mais je jurai que je n'épouserais jamais que le plus riche comte de la chrétienté, et je partis pour le chercher... En partant, j'avais une nombreuse escorte ; je l'ai quittée aussitôt que je l'ai pu, parce que j'avais peur qu'elle ne me ramenât vers mon père, et que je veux entendre prendre pour seigneur et mari le noble comte de Flandres, que l'on m'a tant loué...

A ces mots, le comte Baudouin regarda plus attentivement encore la pucelle qui lui parlait ainsi de lui-même, et, la trouvant merveilleusement belle, il devint aussitôt fou d'amour à son endroit.

— Belle, lui dit-il, je suis le comte de Flandres que vous cherchez par monts et par vaux : ne me cherchez pas plus longtemps, car vous m'avez trouvé... Je suis en effet le plus riche comte de la chrétienté, puisque j'ai quatorze comtés à mon commandement... Si vous voulez, je vous prendrai volontiers à femme, pour vous récompenser de m'avoir ainsi cherché...

— Je le veux certes bien, répondit joyeusement la pucelle, si vous êtes vraiment le comte de Flandres que tant je demande...

— N'en doutez pas, belle, dit Baudouin, de plus en plus affolé d'amour.

Cependant, ses gens n'arrivaient pas, ce qui l'ébahissait grandement. Pour faire prendre patience à la gente pucelle qu'il avait devant lui, il lui demanda de quel nom on la nommait, ainsi que son père.

— Sire, répondit-elle, j'ai reçu en baptême le nom d'Hélius... Quant à celui de mon père, vous ne le saurez pas avant que je n'en aie commandement de Dieu...

A ce moment, Baudouin porta son cor à sa bouche et sonna hautement pour avoir ses gens. Et premièrement vinrent à lui le sire de Valenciennes, Gaultier de Saint-Omer et beaucoup d'autres.

— Sire comte, demanda Henri de Valenciennes au comte de Flandres, n'avez-vous rien pris ?

— Au contraire, répondit Baudouin, car j'ai pris un énorme sanglier et une gente pucelle que voici, laquelle je veux avoir à femme, puisqu'elle y consent...

Le sire de Valenciennes, à cette parole, regarda la belle inconnue, toujours montée sur son palefroi.

— Elle est belle, certes, sire, lui dit-il ; mais il n'est pas prudent d'en faire choix aussi vitement que vous le faites... Savez-vous donc qui elle est ?... Si je ne me trompe, moi, ce n'est qu'une belle fille d'aventure qui, pour argent, se veut donner à vous... Si elle vous plaît, usez-en, et puis après, considérez-la sans plus de cérémonies, car un si noble homme que vous êtes ne doit travailler que sagement, ce que vous n'avez guère fait jusqu'ici, puisque vous avez refusé, par excès d'orgueil, la fille du noble roi de France...

Baudouin, mécontent de ces reproches, dit au sire de Valenciennes :

— Sire comte, parlez vous-même plus sagement, si vous ne voulez que j'y mette bon ordre... Mes yeux et mon cœur sont pris par la beauté merveilleuse de cette dame que je prendrai en légitime mariage, quoique vous en pensiez là-dessus...

Les gens de Baudouin durent se taire devant la défense qu'il leur faisait de parler, et ils reprirent tout dolents le sentier par lequel ils étaient venus.

Le comte de Flandres et la dame inconnue s'en allèrent aussi, sortirent de la forêt et se rendirent à Cambrai, où leurs noces se firent très-honorablement.

Quelque temps après, la dame fut grosse d'enfant qu'elle porta neuf mois. Ce fut une fille, qui reçut le nom de Jehanne en baptême.

Puis, après Jehanne, elle eut une autre fille qui eut nom Marguerite, et qu'elle éleva avec le même soin que la première pendant les quatorze années qu'elle régna avec Baudouin.

Pendant ces quatorze années-là, le pays eut à souffrir des maux nombreux par la faute de la comtesse de Flandres, ce dont le comte Baudouin fut grandement blâmé, quoique sa femme allât régulièrement à l'église. Il faut ajouter que, si elle entendait volontiers le service divin jusqu'au sacrement, jamais elle n'attendait que le sacrement fût levé : elle sortait aussitôt de l'église, ce qui faisait murmurer les gens du pays.

CHAPITRE VIII

Comment, un jour des grandes Pâques, le comte de Flandres étant à table avec Hélius, ses filles et son bernage, vint un ermite qui le pria de le laisser placer à sa table, et ce qui ensuite arriva lorsque cet ermite eut aperçu la comtesse de Flandres.

Un jour des grandes Pâques de l'année 1188, Baudouin se trouvait à table avec les principaux de ses barons, Hélius sa femme et ses deux filles, lorsqu'un ermite, à la barbe fleurie blanche et de cent ans d'âge, se présenta tout à coup dans la salle.

— Sire comte de Flandres, dit-il respectueusement, je suis un pauvre ermite qui passe et qui a soif et faim... Au nom du Christ, le roi des comtes et des ermites, des grands et des petits, des fiers et des humbles, je t'adjure de me donner la nourriture du corps !...

Baudouin, à cette parole, se leva avec empressement, et, allant vers le saint homme qui requérait ainsi son assistance, il lui dit :

— Bon ermite, vous êtes un membre de Jésus-Christ, notre seigneur à tous; vous êtes pauvre ; vous souffrez la soif et la faim : venez vous asseoir à notre table et boire et manger avec nous.

L'ermite fit un pas pour obéir à cette invitation; mais, en relevant sa tête blanche qu'il avait inclinée devant Baudouin en signe de remerciment, il aperçut Hélius, comtesse de Flandres.

Lors, se reculant vitement comme s'il eût marché sur une vipère, il s'écria :

— Non! non! je ne romprai pas le pain à cette table ! J'aimerais mieux ne jamais plus manger ni boire !...

Chacun regarda l'ermite avec étonnement, car ce qu'il faisait là témoignait qu'il était hors de sens. Seule, Hélius comprit le sujet de la répugnance de ce vieil homme, et elle s'en irrita.

— Pourquoi, s'écria-t-elle avec colère, laisse-t-on donc entrer céans des truandeurs qui viennent on ne sait d'où et qui font je ne sais quoi?... Qu'on chasse cet homme, entré ici comme un intrus !...

Les serviteurs de la comtesse de Flandres s'apprêtaient à obéir, lorsque Baudouin intervint; et, prenant la main du bonhomme, il lui dit :

— Je suis le maître et je veux qu'on m'obéisse!... Par ainsi, saint homme, ne craignez rien : votre titre de pauvre et d'humble vous rend sacré à mes yeux... Vous m'avez demandé l'hospitalité : je vous l'ai accordée... Venez donc à ma table rompre avec moi le pain et boire dans ma coupe le vin qui y est versé... Venez, vous dis-je !

— Je n'irai pas m'asseoir à cette table tant qu'elle y sera ! répondit l'ermite en se redressant et en fixant son honnête regard sur la comtesse de Flandres.

Hélius, se voyant ainsi désignée, commença à trembler. Puis, dissimulant sa peur sous une fausse audace, elle s'écria :

— Quoi ! me forcera-t-on à rester assise à la même table que ce truand ?... Ne suis-je donc plus la comtesse de Flandres ?...

— Non, tu n'es pas la comtesse de Flandres ! s'écria l'ermite en s'avançant vers elle et en la regardant entre les deux yeux.

— Que veut dire ceci? demanda Baudouin ébahi.

Tout son bernage, présent à cette scène, n'était pas moins ébahi que lui. Chacun pensait que l'âge avait affaibli la raison du bonhomme, et on allait murmurer contre ses paroles irrévérencieuses, lorsque l'ermite reprit, après avoir fait le signe de la croix :

— Diable, qui es au corps de cette femme, par le Dieu qui souffrit pour nous la mort et la passion en la croix, et qui te chassa de son saint paradis, avec tous les mauvais anges, pour péché d'orgueil, je te conjure de partir aussitôt, et, avant de partir, de reconnaître devant tous les gens que voici que tu as trompé Baudouin, comte de Flandres !... Je t'en conjure de par le Dieu de paradis ! va-t'en ! va-t'en ! va-t'en ! Et, avant de partir, confesse à haute voix la trahison que tu as commise au préjudice du comte de Flandres ici présent !...

A ces paroles, chacun resta plus ébahi que devant, et plus convaincu encore que l'ermite était hors de sens.

Mais Hélius, qui se voyait devinée, ne crut pas devoir céler plus longtemps qui elle était.

— Je ne le puis céler, dit-elle en pleurant, car ce serait mentir à Dieu, et comme, malgré mon péché, j'espère toujours en lui, je ne veux pas me fermer les portes de son ciel en persistant dans le mensonge, lorsque je suis conjurée en son nom de dire la vérité... L'ermite a raison : je ne suis pas ce que je parais être, et j'ai abusé le comte de Flandres... Je suis un ange précipité du saint Paradis par suite de révolte et d'orgueil... Le comte Baudouin avait péché, lui aussi, de la même façon, en dédaignant d'épouser la fille du roi de France : je résolus de l'en punir... A cet effet, j'entrai dans le corps de la fille d'un roi d'Orient qui venait de mourir, laquelle était la plus belle pucelle qui fut au monde.. Elle se releva du tombeau, guidée par mon esprit et non par son âme, qui s'était envolée au moment de la mort et était allée où elle devait aller... Sous cette physionomie, je me présentai au comte Baudouin dans la forêt de Noyon... Il m'épousa et me vergogna le corps, à ce point qu'il obtint deux enfants, deux filles qui m'échapperont parce qu'elles ont été baptisées... Maintenant que je vous ai dit tout ce que j'avais à vous dire, je me tais... Je retourne en Orient et vais porter là où je l'ai pris, le corps de femme qui sert d'enveloppe à mon esprit...

Et, ayant dit cela, elle disparut par la fenêtre de la salle, en emportant, comme preuve de son passage, une des colonnettes de cette fenêtre.

Baudouin resta pensif et chagrin, pendant que tout autour de lui chacun devisait de ce mystérieux événement qui fut bientôt connu de toute la comté.

CHAPITRE IX

Comment, après la disparition de sa femme, qui était le Diable, le comte Baudouin de Flandres résolut d'aller conquérir Jérusalem, et comment il alla d'abord secourir l'impératrice de Constantinople.

Baudouin resta plusieurs jours sous l'impression douloureuse de l'événement qui lui était arrivé, et, pour un peu, il eût douté de sa réalité; mais Jehanne et son autre fille étaient là pour lui prouver qu'il avait été vraiment marié, et marié avec le Diable!

Au bout de huit jours, il se décida, pour se distraire, à aller à Bruges.

A Bruges, on le gaba et montra du doigt en criant :

— Ah! voilà celui qui a épousé le Diable !

Baudouin s'empressa de quitter Bruges pour aller à Gand.

A Gand, on le gaba et montra au doigt plus encore qu'on n'avait fait à Bruges.

Baudouin quitta alors Gand plus vite qu'il n'avait quitté Bruges, et il alla à Arras.

A Arras, ce fut bien autre chose : on le hua sans respect pour son titre de comte de Flandres, on le poursuivit de cris et de malédictions.

— Mort à celui qui a épousé le Diable! Maudit soit le faux comte de Flandres!...

Baudouin, épouvanté, s'empressa de quitter Arras comme il avait quitté Bruges et Gand.

Où aller maintenant?

Après avoir mûrement songé à ce qu'il devait faire, le comte de Flandres comprit qu'il avait à demander pardon à Dieu d'avoir épousé le Diable, c'est-à-dire à aller conquérir Jérusalem, alors au pouvoir des Sarrasins.

Il réunit donc au plus tôt une armée de trente mille hommes et se mit en route pour la Terre-Sainte.

En passant à Paris, le bon roi Philippe lui donna encore dix mille hommes, ce qui fit une armée de quarante mille chrétiens disposés à conquérir le Saint-Sépulcre.

Cette armée traversa les monts et entra en Lombardie, puis en Romanie.

Baudouin, qui avait toujours la conscience inquiète, alla s'agenouiller aux pieds du pape, qui était toujours celui que le comte Philippe avait restauré.

Innocent II le reçut très-bien et lui donna l'absolution de ses fautes. Il voulut faire plus encore, il voulut lui donner une partie des trésors qu'avait refusé d'emporter son père.

Baudouin les refusa comme les avait refusés Philippe, en disant :

— Très-puissant père, je ne requiers rien des trésors de l'Eglise... Je ne voulais que votre absolution : vous me l'avez donnée, je ne demande plus rien.

— Pour seule pénitence, mon cher fils, reprit le pape, je vous charge de passer les bras de mer et d'aller à Constantinople secourir la noble impératrice, fille du roi de France, laquelle est assiégée par Aquilant, dernier fils du soudan Caquedent... Quand vous aurez défait ce païen, vous prendrez l'impératrice à femme et elle vous fera empereur, au lieu et place de son défunt mari, qui a été tué par ces mécréants.

— Très-puissant père, répondit Baudouin, je vous promets que je ferai ainsi que vous me le commandez...

Et le jour même, il partit avec toute son armée.

CHAPITRE X

Comment Baudouin, à une lieue de Constantinople, combattit seul à seul contre le soudan de Perse, l'un des fils de Caquedent, et comment, l'ayant vaincu, il entra à Constantinople.

Baudouin et son armée passèrent la mer et rencontrèrent des Sarrasins qui ne les attendaient guère, et qui s'empressèrent de rejoindre l'armée d'Aquilant, qui était à une lieue de là, pour prévenir de l'arrivée des Français.

Aquilant fut bien dolent et bien ébahi. Il appela un sien cousin et lui demanda si c'était le roi de France qui lui survenait là.

— Nenni, répondit le cousin, car la bannière que portent ces Français-là n'est pas peinte de fleurs-de-lis, et ressemble fort, au contraire, à celle que vous portez vous-même...

— Par Mahom ! s'écria le soudan, c'est le comte de Flandres, alors !

— Le comte Philippe?...

— Non, celui-là est défunt... C'est son fils Baudouin... S'il lui ressemble, c'est un homme bien hardi, et j'aurai grande joie à venger sur lui la mort de mon père Caquedent... Le blason qu'il porte était le sien : le comte Philippe le lui ravit, je le ravirai au comte Baudouin!...

Pendant que les Sarrasins devisaient ainsi entre eux, la veuve de l'empereur de Constantinople devisait avec ses gens, montés comme elle sur les créneaux de la ville. En apercevant le blason peint sur la bannière des chrétiens, lequel, comme on sait, ressemblait à celui des païens, la noble dame fut épouvantée : elle crut à l'arrivée de nouveaux ennemis, comme si ceux qui l'assiégeaient n'étaient pas déjà suffisants.

Heureusement qu'un sien serviteur la vint réconforter en lui disant :

— Dame, j'ai bien avisé l'enseigne au bon comte de Flandres; certainement, c'est le secours que Dieu et votre père vous envoient...

La noble impératrice rendit grâce au ciel, et, incontinent, elle donna des ordres pour que les vingt mille hommes dont elle pouvait disposer fussent prêts à venir en aide au comte de Flandres, s'il y avait bataille...

De son côté, Aquilant, appelant ses gens, leur dit :

— Voici venir le comte de Flandres dont le père a occis le mien : je le veux combattre en bataille particulière, corps à corps, comme mon père a combattu le sien... Je compte bien qu'il ne me refusera pas, car ce serait trop grande honte ; pour rien au monde, en tous cas, je ne voudrais pas qu'il pérît d'une autre main que la mienne...

— Faites à votre guise, répondirent ses hommes.

Lors, Aquilant se fit armer très-richement, et, quand il fut bien armé, il s'en alla droit en l'armée des chrétiens, en compagnie d'un grand nombre de ses gens.

Quand le comte de Flandres l'avisa en si grande compagnie, il se douta bien pourquoi, et il s'avança fièrement à sa rencontre, lui disant :

— Sarrasin, qui es-tu, toi qui oses venir jusqu'ici?...

— Vassal, répondit Aquilant, je suis le soudan de Perse qui veut combattre le comte de Flandres corps à corps, si toutefois il m'ose attendre... S'il craint de venir seul contre lui, dis-lui d'amener avec lui un second chevalier, le plus hardi qu'il pourra trouver : je les combattrai tous les deux corps à corps sans point de faute... Si je ne fais pas cela, que Mahomet me maudisse!... Et, après avoir fait cela, je donnerai l'assaut à son armée et je la détruirai tout entière, de façon à ce qu'il ne reste pas même un seul chrétien pour aller annoncer cette défaite aux autres...

— Païen, dit tranquillement Baudouin, je n'avais pas encore vu de vanteur aussi grand... Je vous prie de laisser quelques chrétiens en vie, quand ce ne serait que moi, qui suis celui que vous cherchez...

— Vassal, s'écria le soudan de Perse, ne me trompes pas : es-tu bien vraiment le comte de Flandres?...

— Certes oui, je le suis, répondit Baudouin.

— Comment es-tu assez hardi pour porter à ton cou le blason qui fut à mon père, le soudan Caquedent?... Ce ne peut être que par la trahison du comte Philippe?...

— Par Dieu! tu mens, païen! s'écria Baudouin, car ce fut au contraire très-loyalement que mon père conquit du tien ce blason...

— Par Mahom! répondit Aquilant, je veux te prouver que je ne ments pas et que c'est par trahison que ton père a ravi au mien ce blason que je veux reconquérir... Si tu acceptes ce combat corps à corps, je te promets, au cas où je serais vaincu, que mon armée quittera Constantinople et s'en ira au pays de Perse...

— Par ma foi! dit Baudouin, je l'octroye volontiers.

Cela dit, le comte de Flandres retourna vers les siens, auxquels il dit ce qu'il allait faire. Guillaume de Gavre voulut combattre à sa place : Baudouin l'en empêcha. Puis il ajouta :

— Mes amis, si Dieu, en punition de mes péchés, veut que je succombe en cette lutte contre le dernier fils de Caquedent, je vous supplie d'obéir à Guillaume de Gavre comme à moi-même... Guillaume de Gavre retournera en Flandres avec vous et il épousera ma fille puînée Marguerite, à qui je donne quatre de mes meilleures comtés; c'est assavoir Hainault, Cambrésis, Tarache et Vermandois, Si, au contraire, je puis vaincre ce païen, vous vous en viendrez avec moi conquérir le Saint-Sépulcre... Y consentez-vous?...

— Volontiers, sire comte! répondirent les Français.

Là-dessus, tout réconforté, Baudouin s'en alla sans plus tarder combattre le soudan de Perse.

Tous deux s'entre-coururent sus et brisèrent leurs lances du premier choc. Lors, ils mirent la main aux épées et s'entre-frappèrent tous deux avec violence.

Mais la partie n'était pas égale. Dieu était avec Baudouin, tandis que Mahomet seulement était avec Aquilant.

Aquilant fut vaincu.

Avant de le tuer cependant, Baudouin lui cria qu'il aurait la vie sauve s'il voulait se faire baptiser.

— Jamais! répondit fièrement le fils de Caquedent. Païen je suis né, païen je veux mourir...

— Meurs donc! lui cria Baudouin en le frappant de son couteau.

Aquilant tomba pour ne plus se relever.

Quand les Sarrasins virent leur seigneur mort, ils le voulurent venger et se précipitèrent. Mais les Flamands ne dormaient pas : ils le leur prouvèrent rudement en les repoussant et en les bousculant les uns sur les autres, pendant que Guillaume de Gavre emmenait Baudouin en sa tente pour faire panser ses plaies.

CHAPITRE XI

Comment Baudouin, pour obéir au pape, demanda à l'impératrice si elle le voulait pour mari, et comment, s'étant épousés, il s'en alla au bout de quatre mois pour conquérir le Saint-Sépulcre.

Certes, l'impératrice fut grandement joyeuse de ce résultat inespéré. Aussi fit-elle le plus gracieux accueil du monde au comte de Flandres et aux seigneurs de son bernage, lorsqu'ils entrèrent en la cité de Constantinople, sauvée par eux de la désolation, de la ruine, du feu et de la famine.

— Par le Dieu de Paradis, dame, dit Baudouin, ce voyage n'a été entrepris que pour l'amour de vous...

— Comment cela, sire comte?...

— En partant de Rome, le pape m'a tracé mon chemin... Il m'a ordonné de venir vous porter secours contre les Sarrasins qui assiégeaient votre cité, avant d'aller visiter le Saint-Sépulcre, comme j'en avais premièrement l'intention. Le pape m'a dit qu'après avoir garanti votre corps, votre avoir, votre pays, de tout mal et dommage, je vous prisse à femme, si toutefois tel était votre plaisir...

Quand la dame entendit cela, elle répondit en souriant :

— S'il vous en souvient, je vous ai été jadis présentée par mon père; mais le marché ne s'est point parachevé : je me suis mariée à un autre homme, et vous vous êtes marié à une autre femme... Aujourd'hui, nous sommes veufs l'un et l'autre...

Vous me demandez si je vous veux accepter : je mentirais en vous disant que je ne vous veux pas... Je vous remercie, ainsi que le pape, qui s'est entremis en cette affaire amoureuse... Attendez à tantôt : je vous ferai une réponse moins brève...

Quelques heures après, l'impératrice ayant pris conseil des plus entendus de sa cour, qui lui répondirent que jamais elle ne pouvait faire meilleur mariage, elle s'accorda au comte Baudouin.

Huit jours après, les noces se firent très-richement et très-noblement. Le comte de Flandres devint empereur de Constantinople.

Au bout de trois mois accomplis, l'impératrice fut enceinte d'enfant, puis elle mourut.

Baudouin la pleura et regretta fort, puis il songea à accomplir le vœu qu'il avait fait d'aller à Jérusalem. En conséquence, il s'embarqua avec quarante mille hommes, et s'en vint prendre terre devant Bethléem, qu'il prit sur les Sarrasins, qui occupaient cette cité.

Après un séjour de quinze jours, Baudouin se mit en route pour Jérusalem.

CHAPITRE XII

Comment Jehan de Hautefeuille, comte de Blois, alla vers Dalphorot, le soudan de Jérusalem, pour livrer le comte de Flandres.

Jehan de Hautefeuille, comte de Blois, qui faisait partie du bernage de Baudouin, et qui était offensé de ce qu'il ne l'appelait en aucun de ses conseils, résolut de s'en venger par une trahison.

— Par Dieu ! murmurait-il, je me repens bien d'être venu avec ce comte de Flandres... C'est un orgueilleux qui ne portera jamais honneur ni profit aux Flamands... Je suis plus haut gentilhomme qu'aucun de ceux qu'il a amenés avec lui et qui lui servent de conseilleurs dans les difficiles occurrences... J'ai avec moi bon nombre de gens que le roi de France m'a donnés, et qui lui ont été de grand secours jusqu'ici, à Constantinople et à Bethléem... Et cependant, il ne m'en a jamais remercié ni récompensé... Jamais de sa vie il ne m'a donné seulement un denier, ni à mes hommes non plus... Je suis son serf partout où il va, et il ne me sait nul gré de quelque chose que je fasse pour lui !... De comte de Flandres, il est devenu empereur de Constantinople ; s'il conquiert Jérusalem, il s'en fera nommer roi et deviendra si fier et si orgueilleux qu'on ne pourra plus lui parler ni l'approcher... Mais, par le Dieu qui m'a créé ! je ne veux pas que cela soit !... Je veux rabaisser son orgueil par une chose dont il sera parlé mille ans après ma mort !...

Ayant dit cela, Jehan de Hautefeuille monta sur son cheval et s'en vint à l'une des portes de Jérusalem, demandant à parler au soudan pour une chose d'importance.

L'un des païens auxquels il s'adressa alla trouver le soudan, lequel se nommait Dalphorot, et avait un fils nommé Saladin.

— Seigneur, lui dit-il, il y a à l'une des portes de la cité un chrétien qui prétend avoir à vous communiquer chose d'importance, pour votre plus grand profit...

Le soudan, qui pensait qu'assiégé par Baudouin, il n'avait rien à négliger, et que peut-être cet homme qui venait avait quelque chose d'avantageux à lui communiquer, le soudan alla incontinent trouver Jehan de Hautefeuille, qui lui dit :

— Sire, vous êtes assiégé en cette cité par l'empereur de Constantinople...

— Je le sais, puisque ses tentes et pavillons sont dressés à quelques portées d'arbalète d'ici...

— L'empereur de Constantinople, c'est Baudouin, comte de Flandres...

— Je le sais, mes espions me l'ont dit.

— Eh bien ! Sire, demain, si vous le voulez, vous aurez le comte de Flandres prisonnier... Et, lorsque vous l'aurez en votre possession, vous pourrez bien dire que vous avez le plus riche homme de la chrétienté, car il a quatorze comtés, outre Constantinople... Si vous ne profitez pas de ce que je viens vous offrir, et que vous préfériez livrer combat à Baudouin, il pourra vous en cuire, et vous y perdrez plus que vous n'y gagnerez...

— Pourquoi vous, chrétien et vassal du comte Baudouin, venez-vous me proposer de me le livrer ? demanda le soudan, qui avait écouté avec beaucoup d'attention.

— Parce que le comte Baudouin m'a fait honte et vilenie, et que je le hais, Sire, répondit Jehan de Hautefeuille.

— C'est bien, reprit le soudan. Or donc, comment voulez-vous que je fasse ?

— Sire, prenez avec vous quatre mille hommes et embusquez-vous près de la ville... J'amènerai par là le comte Baudouin et très-peu de gens avec lui, sous couleur de reconnaissance à faire des approches de la cité, et vous ferez ce qui doit être fait : Baudouin sera pris et je serai vengé de lui...

Les choses ainsi d'accord, le sire de Hautefeuille prit congé du soudan et s'en revint auprès du comte de Flandres.

— Comte Baudouin, lui dit-il, si nous allions visiter de près les fossés et les murailles de la ville, pour tâcher de découvrir les endroits les plus faibles, ceux par lesquels nous pourrons donner plus sûrement l'assaut ?...

— Volontiers, répondit le noble comte qui ne se doutait de rien.

CHAPITRE XIII

Comment, par suite de la trahison de Jehan de Hautefeuille, Baudouin et ses gens furent emmenés prisonniers à Jérusalem, et comment Saladin, fils du soudan, fit trancher la tête au traitisseur.

Jehan de Hautefeuille et le comte Baudouin s'avancèrent donc, avec quelques-uns de leurs hommes jusqu'à une portée d'arbalète des fossés de Jérusalem.

Baudouin voulait aller d'un côté; mais le sire de Hautefeuille voulait aller d'un autre, pour les raisons que vous devinez bien, c'est-à-dire, parce que du côté où il voulait aller se trouvait l'embuscade préparée pour surprendre le comte de Flandres.

En effet, comme Baudouin, qui continuait à ne se douter de rien, obéissait au conseil du traître et le suivait dans la direction indiquée, les gens du soudan de Jérusalem sortirent tout à coup et se ruèrent sur la petite troupe des chrétiens.

— Trahi ! trahi ! s'écria le comte de Flandres en tirant son épée et en essayant de se défendre.

Mais cela lui fut impossible. Les païens étaient nombreux, et d'ailleurs ils étaient tombés sur les chrétiens tellement à l'improviste, que ceux-ci, eussent-ils été en nombre suffisant, n'eussent pas eu le temps de faire face au péril.

Quelques-uns des gens de Baudouin furent tués; les autres furent emmenés prisonniers avec lui dans la ville de Jérusalem, où la nouvelle de leur capture porta la joie dans l'âme des Sarrasins, qui redoutaient grandement le chevaleureux comte de Flandres et ses barons.

Jehan de Hautefeuille fut emmené prisonnier avec ses compagnons, assuré qu'il était d'être bientôt mis en liberté pour prix de sa honteuse trahison, renouvelée de celle de Judas Iscariote envers notre divin Seigneur Jésus-Christ.

— Qui donc a pris le vaillant comte Baudouin de Flandres ? demanda Saladin, fils du soudan Dalphorot.

— C'est moi, mon fils, répondit Dalphorot.

— Par légitime combat, mon père ?

— Non, par surprise... Mais qu'importe ? Tous les moyens ne sont-ils pas bons pour se défaire d'un ennemi ?...

— Par Mahom ! non, mon père, tous les moyens ne sont pas bons à employer... Ainsi, vous n'avez eu le comte de Flandres que par trahison ?...

— Par trahison, comme vous le dites, oui, mon fils.

— Et quel est le nom du traître ?

— C'est Jehan, sire de Hautefeuille.

— Un compagnon, un vassal du comte de Flandres ?

— Oui.

— A merveille ! Et vous le récompenserez pour ce beau fait d'armes ?

— Sans nul doute.

— Je pense que vous le récompenserez alors comme il le mérite ?

— Quelle récompense mérite-t-il, à votre idée, mon cher fils ?

— La mort, mon père.

— La mort ?

— Oui. Et c'est dans votre intérêt et le nôtre que je vous conseille cela.

— Dans mon intérêt ?

— Dans votre intérêt et dans le nôtre, mon père, je vous le répète.

— Expliquez-vous alors plus clairement, car je vous avoue que je ne comprends pas bien.

— Qui a bu boira ; qui a trahi trahira... Ce que le sire de Hautefeuille a fait pour vous contre le comte de Flandres, il le fera volontiers un autre jour contre vous pour n'importe qui... Les traîtres sont gibier de potence : envoyez-y celui-ci, car il a bien gagné d'y aller.

Le soudan comprit et se rendit aux raisons de Saladin, à qui, sur l'heure, il remit le traître Jehan de Hautefeuille pour qu'il en fît à sa guise envers lui.

Saladin appela le bourreau et lui ordonna de trancher la tête au comte de Blois, ébahi du succès inattendu de sa trahison.

Quant au noble comte de Flandres, il fut mis en étroite prison avec ses compagnons, et, le lendemain, quand son armée apprit ce qui était arrivé, elle abandonna le siège de Jérusalem et se rembarqua sans plus attendre.

CHAPITRE XIV

Comment Baudouin-le-Diable, délivré de prison, revint en Flandres, et comment il fit rencontre de son prévôt, qui le croyait mort, et lui raconta ce qui était survenu en son absence.

Quinze ans après, Dalphorot, roi de Jérusalem, mourut. Saladin son fils, pour fêter son avènement au trône, ouvrit les prisons dans lesquelles gémissaient les captifs chrétiens depuis si longtemps. Il fit revêtir le comte Baudouin, et les autres chevaliers pris avec lui, de nobles vêtements ; il leur donna à boire et à manger tout à leur convenance, et, quand ils furent ainsi réconfortés, il leur bailla une nef toute appareillée, avec or, argent et victuaille, puis les laissa aller où ils voudraient.

Lors, Baudouin et ses compagnons, cinglant par la haute mer, nagèrent tant et tant qu'ils arrivèrent au port d'Atren ; malheureusement, au moment de prendre terre, la nef coula bas, et tout le monde fut englouti, fors le comte Baudouin.

Le lendemain, le comte trouva un marchand qui s'en voulait aller droit au port de Marseille; il le supplia, au nom de Dieu, de le vouloir bien prendre avec lui, ce que le marchand n'hésita pas à faire.

A Marseille, Baudouin et le marchand se quittèrent, après que ce dernier eut remis au comte dix sols pour l'amour de Dieu.

Baudouin partit, cheminant à petites journées, mendiant son pain là où il pouvait et cachant son visage sous son chaperon. Il n'était vêtu que d'une pauvre cotte par-dessus son pourpoint, et il portait en outre une corde autour des reins et un bourdon à la main.

C'est ainsi qu'il fit son entrée à Tournay, un dimanche matin de l'an de grâce 1209, dans les environs de l'Ascension.

— Quel est le prévôt actuel de cette cité? demanda-t-il au premier passant qu'il rencontra.

— C'est Richard du Parc, répondit le passant ; et voici sa maison, ajouta-t-il en la lui montrant du doigt.

— Je vous remercie, dit Baudouin.

Et, sans plus tarder, il se dirigea vers la maison désignée.

— Prévôt, dit-il en entrant, par la foi que je dois à Dieu, je n'ai présentement ni or ni argent... Fais-moi donner à manger, car voilà plusieurs jours que cela ne m'est arrivé qu'à demi...

— Vous aurez ce que vous demandez, répondit le prévôt; vous aurez largement à boire et à manger, premièrement pour l'amour de Dieu, secondement parce que vous ressemblez beaucoup à un homme qui m'a fait du bien en ma jeunesse et qui avait nom Baudouin... Hélas! j'ai grand'peur qu'il ne soit mort de chagrin ou de maladie à Jérusalem...

— Par ma foi! s'écria Baudouin, je crois que c'est moi-même.

Le prévôt le fit manger devant lui sur une petite table, et quand il eut bien bu et bien mangé, il s'en voulut aller; mais le prévôt le retint en lui disant :

— Ne vous hâtez pas ainsi, je vous prie, car j'ai à parler un peu avec vous, et nous allons le faire en une chambre où personne ne pourra nous entendre...

Ils allèrent en effet dans cette chambre, et quand ils furent bien seuls, le prévôt reprit :

— Prud'homme, je te conjure, au nom de Dieu et de la douce Vierge Marie, de me dire ton nom et le pays d'où tu es et d'où tu viens...

— Par ma foi! répondit Baudouin, vous en savez le vrai. Je suis le comte Baudouin de Flandres, qui partit pour aller à Jérusalem, et qui, en chemin, s'arrêta par ordre du pape à Constantinople... Là, je défis Aquilant, le dernier fils de Caquedent, et j'épousai l'impératrice, fille du bon roi de France Philippe... Puis, comme elle ne vécut guères, je m'en allai à Jérusalem, où je fus trahi par Jehan, sire de Hautefeuille. Je restai quinze ans dans les prisons de Dalphorot ; j'y serais probablement encore, s'il n'était pas mort, et si son fils Saladin, en lui succédant, n'avait pas ouvert les portes des prisons aux chrétiens... Voilà toute mon affaire, ami Richard; et, pour raison, je vous prie de céler mon retour à tout le monde...

— Je vous obéirai, cher seigneur, répondit le prévôt ému par ce qu'il venait d'apprendre.

— Que font présentement mes deux filles et comment pourrai-je ravoir ma seigneurie? demanda le comte Baudouin.

Le prévôt, à cette question, fondit en larmes et tomba aux pieds de son seigneur.

— Sire comte, dit-il, votre noble fille Jehanne est mariée à un noble vassal, nommé Ferrand, fils du roi de Portugal; c'est le roi de France qui les a donnés l'un à l'autre. Il est comte de Flandres et gouverne votre terre... Quant à Marguerite, votre autre fille, elle s'est mal comportée, car elle a aimé Bouchard d'Auvergne, à qui vous aviez donné votre terre à gouverner en votre absence ; elle a aimé Bouchard, qui ne l'a point épousée et lui a fait deux fils... A cette cause, je doute que la nouvelle de votre retour fît grand plaisir à vos deux gendres Ferrand et Bouchard... Ils pourraient faire quelque malice fâcheuse, à laquelle il faut nous opposer d'avance en agissant sagement...

— Que me conseillez-vous? demanda le comte Baudouin.

— Je vous conseille, mon cher seigneur, de demeurer céans avec moi jusqu'à la fête de la Saint-Jehan d'été... Le comte Ferrand, à cette époque, aura rassemblé à Lille sa noble baronnie... Ils doivent faire une grande solennité... Je vous y conduirai avec vingt ou trente hommes aussi fidèles que moi, et je tâcherai de raviser les princes et les barons en votre faveur, de façon que vous puissiez ravoir votre bonne seigneurie.

— Par Dieu! s'écria Baudouin, vous dites bien, compagnon, et je veux faire à votre volonté!... Pour le présent, gardez la chose secrète, et, à la Saint-Jehan, nous ferons la chose convenue...

CHAPITRE XV

Comment la comtesse de Flandres sut, par la rumeur publique, l'arrivée du comte Baudouin, et comment elle envoya quérir le prévôt, pour savoir l'exacte vérité.

Tout aurait pu marcher comme l'avait arrangé et souhaité Richard du Parc, si le malheur n'avait pas voulu que sa plus jeune fille, qui était couchée en un lit voisin, entendît tout et allât le répéter à sa mère.

— Madame, lui dit-elle, l'homme qui est venu céans aujourd'hui n'est autre que le comte de Flandres ; il se nomme Baudouin.

— Baudouin, notre sire, que tant aimait et regrettait votre père et mon mari?

— Oui, madame, lui-même, si j'ai bien entendu. Il dit qu'il vient d'outre-mer, où il a été emprisonné quinze ans... Il espère pouvoir recouvrer sa terre de Flandres...

— Beau sire Dieu, soyez remercié! s'écria la dame. C'est bien en effet le bon comte Baudouin dont mon mari fut tant aimé!...

Et, dans sa joie, la dame Richard du Parc ne se put tenir de conter à ses commères la nouvelle du retour de Baudouin. Si bien qu'à leur tour, les commères se la répétèrent de l'une à l'autre, et que la cité de Tournay, puis la cité de Lille, en furent bientôt instruites.

La comtesse de Flandres se trouvait en cette dernière ville. L'affaire lui fut contée, et elle en resta toute dolente et ébahie; puis, se ravisant, elle envoya bientôt un message au prévôt de Tournay, pour lui mander de venir sans plus tarder la rejoindre.

Richard du Parc obéit, il alla à Lille en Flandres, et, quand il fut introduit auprès de la comtesse, elle lui dit :

— Prévôt, j'ai grande et loyale amitié pour vous, et si je vis assez longuement je vous ferai le plus riche homme de ce pays.

— Dame, répondit le prévôt, je vous remercie de ce que vous voudrez bien faire comme de ce que vous avez fait, quoique je ne mérite peut-être pas tant de bienveillance...

— Prévôt, reprit la dame, je vous ai envoyé quérir pour vous demander la vérité sur une chose que l'on m'a dite...

— Laquelle, dame? demanda Richard du Parc, étonné.

— Prévôt, on m'a assuré que vous aviez avec vous présentement le comte Baudouin, mon père, qui est parti, il y a longues années, pour aller combattre la gent sarrasine... Dites-moi le vrai là-dessus, je vous en conjure...

Richard du Parc tressaillit.

— Dame, répondit-il, je ne sais rien, sinon que j'ai hébergé en mon hôtel un prud'homme qui vient d'outre-mer sans or ni argent... Je l'ai naturellement interrogé sur le comte Baudouin votre père, mais il m'a juré qu'il n'en savait mot...

— Prévôt, reprit la comtesse, vous me trompez et vous avez tort... Je vous en prie de nouveau, ne me célez rien... J'en sais plus long là-dessus que je ne feins d'en savoir, et si je vous demande si mon père est bien chez vous, c'est pour juger de votre loyauté envers moi... Le comte Baudouin, mon père, a été reçu et hébergé par vous; lui et nul autre, je vous le dis... Pourquoi se cache-t-il donc ainsi de nous?... Il raura sa terre quand il le voudra, et jamais ni Ferrand ni moi nous n'exigerons autre chose que ce qu'il voudra bien nous accorder...

Richard du Parc ne savait que résoudre.

La comtesse continua :

— Le comte Ferrand, mon seigneur, est en Hollande, où il châtie les Frisons qui lui avaient fait précédemment mépris... Puisqu'il n'est pas là, c'est à moi d'aller vers mon père... Je vous prie donc, prévôt, de me l'amener céans dans le plus bref délai possible...

— Dame, il sera fait ainsi que vous le souhaitez, répondit le prévôt.

— Attendez, je n'ai pas fini, reprit la comtesse.

— J'attends, dame, dit le prévôt.

— Il importe qu'il vienne ici sans être reconnu, poursuivit la comtesse, et sous un autre nom que le sien, car monseigneur Ferrand est tant aimé qu'on pourrait bien, pour l'amour de lui, tuer monseigneur mon père... Par ainsi, qu'il vienne secrètement ici, et sous un autre nom... par exemple, sous le nom de Bertrand de Ray...

— Je lui dirai cela bien volontiers, dame, répondit le prévôt en prenant congé de la comtesse.

CHAPITRE XVI

Comment, après le départ du prévôt de Tournay, la comtesse de Flandres organisa une trahison contre son père, le comte Baudouin, qui fut pris.

Jehanne-la-Comtesse savait bien ce qu'elle faisait en ordonnant au prévôt de Tournay de conseiller au comte Baudouin de changer de nom.

Ainsi, dès que Richard du Parc eut eu les talons tournés, elle appela à elle un sien serviteur bon à tout faire, auquel elle demanda vingt hommes résolus et bien armés.

Ce serviteur les lui procura, et quand ils furent réunis, elle leur dit :

— J'ai reçu message de notre saint-père le pape touchant une trahison qui a été commise à Rome contre la religion par un misérable ayant nom Bertrand de Ray... Le pape me donne à entendre qu'il faut que je l'aide à venger la religion trahie, et que ce Bertrand de Ray étant dans ma cité de Tournay, je le fasse saisir et pendre... Vous le reconnaîtrez facilement, car je suis avertie qu'il me doit venir voir demain, sous je ne sais plus quel prétexte... Il doit s'approcher de moi... Je vous le désignerai quand il en sera temps... Soyez armés et prêts...

Les vingt hommes promirent et se tinrent aux aguets dans le palais même de la comtesse, qui comptait les heures et qui les trouvait bien lentes à tomber dans le sablier.

Le bon prévôt de Tournay faisait cependant diligence, et il courait vers le comte Baudouin avec toute la célérité possible, se croyant porteur d'une bonne nouvelle.

Le comte de Flandres savait son voyage à Lille et il attendait son retour avec grande impatience.

— Vous avez vu ma fille Jehanne, prévôt? lui demanda-t-il.

— Oui, sire comte, je l'ai vue, et je suis heureux d'avoir à vous répéter ses propres paroles, répondit Richard du Parc.

Et, de fait, il répéta à Baudouin tout ce que lui avait dit la comtesse Jehanne.
— Bonne chère fille! murmura le comte Baudouin attendri.
— Elle vous attend donc au plus tôt, reprit Richard du Parc.
— Partons tout de suite! s'écria le comte Baudouin tout joyeux.
— Partons, répéta le prévôt. Seulement, sire comte, je n'ai qu'une observation à vous faire de la part de madame Jehanne votre fille.
— Laquelle, ami Richard?
— Il convient que pour l'heure vous dissimuliez votre véritable nom et que vous en preniez un autre...
— Ah! dit Baudouin étonné. Eh bien! ajouta-t-il après un moment d'hésitation, qu'à cela ne tienne!... Je prendrai un autre nom... Je m'appellerai Jehan ou Loys...
— Non... non... madame Jehanne désire que vous vous appeliez pour l'heure présente Bertrand de Ray.
— Bertrand de Ray?
— Oui.
— Va pour Bertrand de Ray! dit le bon comte Baudouin qui n'y entendait pas malice.
Et ils se mirent en route, dès le soir même, pour se rendre à Lille où ils arrivèrent le lendemain matin, avec dix hommes d'escorte.
Le premier soin de Baudouin, on le devine, fut de se rendre au palais où était la comtesse Jehanne sa fille, avec son bon compagnon le prévôt de Tournay.
Ils entrèrent dans une salle et demandèrent à être introduits auprès de la comtesse Ferrand, qui ne tarda pas à les recevoir l'un et l'autre dans une salle voisine où étaient les vingt hommes prévenus.
— Dame, dit le comte Baudouin en se précipitant vers sa fille et en baisant avec émotion le bas de sa robe.
— Comment avez-vous nom? demanda Jehanne.
— J'ai nom Bertrand de Ray, dame, répondit Baudouin.
— Faites ce que vous devez, dit froidement la comtesse en se tournant vers les vingt hommes prévenus et en se retirant dans une autre salle.

CHAPITRE XVII

Comment le comte Baudouin, pris par ordre de sa fille la comtesse Jehanne, fut pendu par le commandement de ladite.

Quand la comtesse Jehanne eut disparu, le chef des vingt hommes s'approcha du comte Baudouin et lui dit :
— Vous êtes bien le sire Bertrand de Ray, n'est-ce pas?
— Oui, répondit Baudouin.
— Eh bien! vous êtes mon prisonnier...

— Votre prisonnier!...
— Oui, mais rassurez-vous : je ne vous garderai pas longtemps, dit l'homme en souriant.
— Ah! à la bonne heure!
— Non... car la potence vous réclame...
— La potence? s'écria Baudouin, qui ne comprenait plus rien.
— Sans doute... Vous serez pendu et traîné, à cause de maints meurtres que vous avez commis...
— Beaux seigneurs, s'écria le prévôt, qui n'y comprenait pas plus que Baudouin, il y a quelque méprise sans nul doute... Menez-nous tous deux vers votre dame, car cet homme que vous emmenez là avec vous n'a forfait en rien ni à personne!...
— Çà, bonhomme, ne nous parlez plus de cela! je vous prie.
— Par Dieu! s'écria le prévôt, voyant que les gens de la comtesse emmenaient pour de vrai le comte Baudouin! Par Dieu! la méprise est trop forte!... Vous ne savez pas sur qui vous osez ainsi porter la main...
— Mais si, nous le savons, puisqu'il nous l'a dit lui-même... C'est le sire Bertrand de Ray...
— Eh non! non!... C'est le comte Baudouin de Flandres, le père de madame la comtesse, qui s'en est jadis allé vers les Sarrasins pour les combattre et qui a été plus de quinze ans prisonnier... Par ainsi, laissez-le et ne lui faites pas déplaisir plus longtemps, puisqu'il est votre seigneur...
— Pour le coup, prévôt, vous mentez! répondirent les hommes. Vous mentez! ce n'est pas là le comte Baudouin, mais bien le traître Bertrand de Ray par qui le pape de Rome a été trahi...
— Mais non! non! c'est le comte Baudouin! répéta vingt fois encore le bon prévôt.
Malgré tout ce qu'il put dire et faire, les hommes emmenèrent le comte Baudouin vers la halle de Lille, et fermèrent les portes de cette halle, sans permettre à Richard du Parc d'y entrer.
Le pauvre prévôt était désespéré.
— Ah! bonnes gens de Lille! s'écria-t-il avec des larmes et des gémissements, veuillez secourir votre bon comte Baudouin, qui est en péril de mort et qui est faussement accusé!...
A ces lamentations de Richard du Parc, la foule s'amassa tout autour de la halle et se mit à en faire le siège en criant:
— Ne faites pas de mal au comte Baudouin! Ne faites pas de mal au comte Baudouin!...
Mais tant plus la foule criait, hurlait et se démenait pour délivrer le prisonnier, et tant plus les gens qui l'avaient enfermé avec eux dans la halle se hâtaient de le pendre vilainement par le cou à l'une des poutres, sans autre jugement.
Quand le comte Baudouin fut bel et bien pendu, le sergent des vingt hommes se mit par une ouverture et s'écria à haute voix :
— Or oyez! oyez! De par monseigneur le comte Ferrand, et de par madame la comtesse Jehanne, sa femme, nous faisons assavoir à tout le peuple, petits et grands, manants et bourgeois, que l'homme qui a été pris et pendu par nous, est Bertrand de Ray, lequel avait trahi les Romains et le pape. Par ainsi, il vous est commandé d'aller en vos maisons sans plus tenir compte de la chose.
Et tout aussitôt, la foule obéissante s'écoula

comme l'eau de la mer se retire calme après être arrivée furieuse.

CHAPITRE XVIII

Comment après le meurtre de Baudouin et du bon prévôt de Tournay, la comtesse Jehanne fit élever un hôpital qui porta le nom de Saint-Pierre et de Saint-Nicolas.

Tout n'était pas fini encore, cependant.

Les vingt hommes soudoyés par la comtesse Jehanne pour accomplir le meurtre de son père, le comte Baudouin, avaient à se débarrasser du prévôt de Tournay : ils le pendirent donc comme ils avaient pendu le comte de Flandres. Puis, à la nuitée, ils dépendirent ce dernier et s'en allèrent porter son corps à quelques lieues de là, devant l'abbaye de Loos, où ils le pendirent de nouveau.

Le lendemain, quand l'abbé sortit et qu'il vit ainsi accroché le pauvre corps du comte Baudouin, qu'il reconnut, il entra dans un grand courroux et manda aussitôt la comtesse Ferrand.

Jehanne, qui redoutait quelque éclat, obéit à l'ordre qui lui était envoyé par le saint homme, et elle arriva dans l'après-dînée à l'abbaye de Loos.

— Dame, lui dit l'abbé, malheur est arrivé dans votre maison... Vos gens ont pendu votre père, le bon comte Baudouin... Vous le saviez et l'avez autorisé.

— Seigneur abbé, répondit Jehanne, vous vous trompez, ou l'on m'a grandement trompée moi-même... Celui que vous croyez être le noble comte Baudouin, mon père, n'était autre que Bertrand de Ray, un traîtisseur... Le pape de Rome m'avait prévenue que j'eusse à m'en saisir et à le faire pendre à cause de ses méfaits... J'ai dû obéir au pape, mon père spirituel... Quand cet homme s'est présenté à Lille, dans la grand'salle de mon palais, escorté du prévôt de Tournay, Richard du Parc, je lui ai demandé comment il avait nom, et il m'a répondu qu'il s'appelait Bertrand de Ray... Mes gens qui étaient présents vous en rendront compte quand cela vous plaira... Par ainsi, j'ai fait exécuter le commandement de notre seigneur le pape de Rome, et j'ai livré Bertrand de Ray, le traîtisseur, à la justice de mes hommes d'armes qui l'ont pendu dans la halle de ma cité de Lille, comme il convenait à un vilain comme lui...

— Dame, reprit l'abbé, ce Bertrand de Ray n'était autre que votre propre père, le bon comte Baudouin de Flandres ; je vous l'ai dit et je vous le répète, parce que j'en suis certain... Voilà le malheur qui s'est abattu sur votre maison... Dieu est offensé de ce meurtre : il faut apaiser sa colère par un repentir sincère... Autrement, il vous châtiera comme mauvaise fille...

— Seigneur abbé, répondit la comtesse en feignant quelques larmes, c'est un grand malheur en effet que vous m'annoncez là, et je me refuserais à y croire si tout autre que vous me l'annonçait...

Que dois-je faire en cette occurrence ?... Conseillez-moi, je vous en conjure, car j'ai la tête perdue et le cœur noyé...

— Dame, répliqua l'abbé, il faut d'abord donner au noble comte Baudouin une sépulture digne de lui... De cela, nous nous en chargeons... Le comte Baudouin sera enterré dans la chapelle de notre abbaye, comme il convient à si noble et si prud'homme chevalier... Puis, vous ferez en son nom quelque œuvre pie, capable de vous réconcilier avec le ciel...

— Je vous obéirai, dit humblement la comtesse Jehanne...

Et, en effet, le même jour, la comtesse Ferrand donna l'argent nécessaire pour élever un hôpital sous l'invocation de saint Pierre et de saint Nicolas. Puis elle ordonna un nombre suffisant de prêtres pour prier pour l'âme de son père.

CHAPITRE XIX

Comment, au retour du comte Ferrand, la comtesse Jehanne lui conta tout, et comment il voulut la tuer.

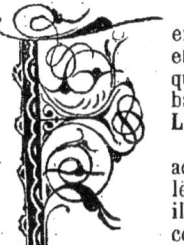

Ferrand, le comte de Flandres et le mari de madame Jehanne, qui était allé en Hollande combattre les Frisons, revint à Lille sur ces entrefaites.

La dame Jehanne lui fit un accueil des plus agréables, et le soir de son arrivée, quand ils se trouvèrent ensemble couchés, elle l'accola tendrement et lui dit :

— Ferrand, beau sire, vous me devez bien aimer...

— Je vous aime beaucoup, en effet, ma mie, répondit le comte Ferrand en rendant à sa femme les amoureux baisers qu'elle lui donnait.

— Je vous dis, beau sire, reprit Jehanne, que vous me devez aimer plus encore qu'avant votre départ pour la Hollande, car, pour l'amour de vous, j'ai fait chose dont vous me saurez gré, j'espère...

— Laquelle, dame ? demanda Ferrand.

— Eh bien ! répondit Jehanne, pendant que vous étiez dehors à guerroyer, j'ai fait mourir mon père, le comte Baudouin, qui était venu d'outre-mer pour vous ôter votre comté de Flandres et les autres terres que vous teniez...

— Vous avez fait mourir votre père, le comte Baudouin ? s'écria le comte Ferrand courroucé.

— Certes oui, mon beau doux sire, et cela pour l'amour de vous...

— Ah ! mauvaise femme ! s'écria le comte Ferrand en se levant. Ah ! mauvaise femme ! Mauvaise femme! Mauvaise femme! Es-tu donc à ce point hors de ton sens naturel, que tu croies me faire plaisir en m'annonçant une si vilaine nouvelle?... Mais, cruelle, tu as fait mourir ton père, tu pourras mourir de la même façon!

Disant cela, le comte de Flandres, tout en courroux, prit un couteau et voulut en frapper sa dame, qui s'enfuit aussitôt en criant. Les gens entrèrent, arrêtèrent le bras levé du comte Ferrand et l'empêchèrent ainsi de faire usage de son couteau.

Pendant ce temps, la comtesse Jehanne quitta Lille sans plus tarder, et se réfugia en la cité de Bruges.

A Bruges, elle entra en une abbaye, pour laisser passer l'orage qui la menaçait; et, en effet, quelque temps après, les barons de Ferrand firent sa paix avec sa femme, qui s'en revint à Lille.

CHAPITRE XX

Comment le comte Henri d'Arondel s'en vint, de la part du roi d'Angleterre, apporter un autour blanc au comte de Flandres.

A quelque temps de là, le roi d'Angleterre chassait avec la reine et quelques-uns de ses barons, lorsqu'il vint s'abattre à quelques pas de lui un autour blanc de la plus merveilleuse beauté. Seigneurs et fauconniers s'approchèrent et admirèrent le plumage éblouissant de cet oiseau de proie vraiment royal. L'un d'eux le prit sans peine, car il semblait épuisé par un long vol, et l'offrit au roi d'Angleterre, qui fut très-heureux de cette capture.

— C'est un des meilleurs oiseaux pour la chasse de bas vol, sire, dit le chef de l'autourserie, et il est d'autant plus remarquable qu'il n'a pas, comme ses pareils, d'étoiles sur le plumage. C'est le premier de cette espèce que je vois, et je suis sûr que nul prince au monde n'en a un qui soit aussi merveilleux...

— Je le crois comme vous, fauconnier, répondit le roi d'Angleterre; aussi je me réjouis de le posséder.

A partir de ce jour-là, en effet, le roi ne manqua pas un seul jour de chasser avec l'autour blanc, qui ne manquait pas lui-même une seule proie.

Cela divertit d'abord beaucoup la cour, dames et seigneurs; puis, comme tout lasse par l'usage, le roi d'Angleterre finit par ne plus prendre le même plaisir à voir chasser l'oiseau merveilleux, si bien qu'un jour, la reine, qui pensait à la guerre que son seigneur et mari avait avec le roi de France, dit :

— Sire, l'autour blanc ne semble plus vous faire le même plaisir qu'il y a un mois...

— C'est vrai, répondit le roi; je m'aperçois que, malgré la beauté de son plumage, il ne chasse pas mieux, quoiqu'il chasse bien, que les éperviers que nous avons employés jusqu'ici... C'est un oiseau merveilleux, surtout à cause de sa robe...

— Ne pourriez-vous alors, à cause de la beauté de son plumage, unique peut-être dans le monde, l'envoyer en présent à quelque prince de vos amis? reprit la reine.

— Vous dites bien, répondit le roi, et je veux suivre ce conseil... Comte d'Arondel! ajouta-t-il en appelant un de ses barons.

Le comte Henri d'Arondel s'approcha.

— Que souhaitez-vous, Sire? demanda-t-il.

— Comte d'Arondel, répondit le roi, vous allez aller de ma part porter l'autour blanc au comte de Flandres...

— Au comte de Flandres? s'écria le comte Henri. Mais c'est le vassal de votre ennemi le roi de France!...

— C'est vrai, répondit le roi d'Angleterre; mais, quoique son vassal, le comte Ferrand peut nous être d'une grande aide, parce que, héritier du comte Baudouin, le père de sa femme, il possède beaucoup de terres et beaucoup d'hommes... Allez donc vers lui, je vous prie, et dites-lui qu'en témoignage de ma loyale amitié pour lui, je lui donne cet autour blanc comme chose précieuse et rare que nul autre que lui ne peut avoir...

— J'irai, Sire, répondit Henri d'Arondel.

La chasse terminée, il fit ses préparatifs de départ, et, le surlendemain, il passait la mer et s'en venait aborder en Flandres.

CHAPITRE XXI

Comment, après s'être longtemps amusé de l'autour blanc, le comte de Flandres, sur l'invitation de sa femme, envoya cet oiseau rare au roi de France.

Henri d'Arondel arriva dans la ville de Lille, en Flandres, où se tenait le comte Ferrand avec toute sa cour.

— Sire comte, dit-il, en présentant à Ferrand l'autour blanc, je suis le comte Henri d'Arondel, et je viens au nom du roi d'Angleterre, mon noble seigneur, vous présenter cet oiseau merveilleux, le seul qui soit de son espèce.

— Je vous remercie, et je vous supplie de remercier, en mon nom, le roi d'Angleterre, répondit le comte de Flandres. J'accepte de grand cœur le présent qu'il m'envoie, et j'en veux faire usage devant vous dès demain matin...

Les tables étaient dressées : le comte d'Arondel fut festoyé comme il convenait, et il eut tous les honneurs du dîner.

Le lendemain, Ferrand et ses barons, et avec eux le messager du roi d'Angleterre, s'en allèrent chasser pour éprouver la vertu du merveilleux autour blanc.

L'oiseau, lancé sur la proie, fit son œuvre ordinaire, et chacun admira sa légèreté et son adresse. Le comte de Flandres, surtout, ne pouvait se lasser de le voir travailler.

On rentra dans la ville de Lille, au palais, où Henri d'Arondel fut traité plus somptueusement encore que la veille.

Quand il fut sur son départ, Ferrand lui remit quelques présents de prix, et lui dit :

— Remerciez bien le roi d'Angleterre pour l'attention dont j'ai été l'objet de sa part... Je lui suis très-reconnaissant de ce qu'il a fait, et assurez-le que, pour lui prouver ma reconnaissance, il n'est rien que je ne sois disposé à faire... S'il a besoin de mon concours, j'ai trente mille hommes à sa disposition.

Le comte Henri d'Arondel partit là-dessus.

Peu de temps après, la comtesse Jehanne jugeant que son mari s'était suffisamment amusé de l'autour blanc, lui dit :

— Sire, il me semble que vous oubliez trop longuement le noble roi de France, lequel vous a marié à moi et vous a fait ainsi comte de Flandres... Par ainsi vous le devriez honorer plus que nul autre de vos amis...

— Dame, vous avez raison, répondit Ferrand ; j'y aviserai.

— Pourquoi, reprit Jehanne, ne lui enverriez-vous pas cet oiseau rare que vous a envoyé le roi d'Angleterre et avec lequel vous avez pris suffisamment votre ébattement, à ce qu'il me paraît.

— Pardieu ! s'écria Ferrand, vous dites bien, dame, et je veux faire comme vous me le conseillez.

Et, incontinent, il appela six chevaliers de sa cour, qui étaient tous natifs de Flandres ou du pays d'alentour, afin de leur confier le soin de porter l'autour blanc au roi de France.

Le premier de ces barons était le sire de Tournay ;

Le second était Henri, sire d'Huc ;

Le troisième était Guillaume de Gaure ;

Le quatrième, le sire de Saint-Venant ;

Le cinquième, le châtelain de Bergues,

Et le sixième, Robert, seigneur de Roncy.

Ces six chevaliers furent donc chargés du message du comte Ferrand pour le roi de France, et ils partirent aussitôt, parce qu'il ne faut jamais différer ce qu'on a résolu d'entreprendre.

CHAPTRE XXII

Comment le roi de France, malgré les recommandations du comte de Saint-Pol, laissa aller l'autour blanc pour voir ce que l'aigle en ferait.

Guillaume de Gaure et ses cinq compagnons arrivèrent à Paris, où ils comptaient trouver le roi de France. Mais ils ne l'y trouvèrent pas, car il était pour le moment à Lagny-sur-Marne.

Guillaume de Gaure et ses compagnons allèrent donc à Lagny.

Là, ils rencontrèrent en effet le roi, qui chassait précisément à l'oiseau, avec plusieurs des gens de sa cour, parmi lesquels le comte d'Etampes, le comte de Saint-Pol, Guillaume de Montigny, Alphonse Du Chesne, Jehan Rousseau, Guillaume des Barres, Loys Pollay et quelques autres. Guillaume des Barres était son maître fauconnier.

Depuis le matin qu'ils chassaient en rivière, ils n'avaient encore rien pris, à cause d'un aigle énorme qui les suivait de près et qui chassait pour son propre compte, ce dont le roi était très-dolent.

A ce moment arrivèrent les chevaliers flamands, qui firent immédiatement présent au roi de l'autour blanc, de la part du comte de Flandres.

Le roi reçut volontiers ce bel oiseau, prit le gant et le mit sur son poing pour l'examiner tout à son aise.

— Je vous remercie grandement de ce présent, seigneurs, dit-il. Je vois avec plaisir que Ferrand ne m'a pas oublié. Vous lui direz, s'il vous plaît, que s'il a quelque besoin de moi, je suis tout à son commandement.

— Nous le lui dirons, certes, répondit Guillaume de Gaure.

— Cela vient à merveille, reprit le roi. Nos faucons n'ont pu rien prendre encore aujourd'hui, et j'en étais chagrin... Voici là-bas un héron qui se gausse de nous, parce que nos éperviers ne le peuvent atteindre... Nous allons laisser aller l'autour blanc sur lui...

Le noble comte de Saint-Pol, entendant cela, dit :

— Sire, le comte de Flandres vous envoie ce bel oiseau pour vous ébattre, et vous ne devez le laisser sitôt aller... Sire, remettez à un autre jour, je vous en supplie, l'envie que vous avez de faire voler cet autour... Vous voyez là-haut cet aigle qui ne fait que planer depuis ce matin au-dessus de nous, à seule fin d'affoler vos oiseaux ; si vous lâchez l'autour, qui est d'un fort courage, l'aigle et lui s'entre-déchireront, et comme l'aigle est réputé, par le Bestiaire, roi des oiseaux, il mettra à mort votre autour...

Le roi se contenta de répondre :

— J'ai ouï raconter plusieurs fois que l'aigle est roi par-dessus tous les autres oiselets du ciel... Cela est en effet prouvé par le livre du Bestiaire... On peut comparer l'aigle et l'autour, pour savoir lequel des deux a le plus de vaillantise et de force... A cause de ce, donc, je veux les laisser aller l'un contre l'autre... Jamais meilleure occasion ne se sera présentée...

— Sire, reprit le comte de Saint-Pol, je souhaite que, contre votre volonté, l'autour ne veuille point aller combattre l'aigle...

Le roi ne tint nul compte de ce que disait le comte de Saint-Pol; il ôta les giets à l'autour et on le laissa aller, pendant que les valets de la fauconnerie battaient l'eau pour faire partir le héron.

L'autour allait atteindre cette facile proie. Mais l'aigle, qui le guettait, fondit rapidement sur lui et l'attaqua avec violence du bec et des serres. L'autour, laissant le héron, se retourna contre ce redoutable ennemi, et le combat commença âprement. Les becs s'entre-choquaient, les griffes s'entre-croisaient, aiguës et acérées comme des épées, les plumes s'envolaient, le sang coulait.

Le roi et les seigneurs de sa suite semblaient prendre un grand intérêt à cette lutte, qui ne pouvait durer bien longtemps. L'autour, jouant vigoureusement des ailes, parvint à se dégager et à monter au-dessus de l'aigle; là, planant d'abord quelques instants, il redescendit avec impétuosité sur son ennemi qu'il renversa jusques à trois fois.

— Ah! s'écria le roi de France, courroucé; le livre du Bestiaire a menti lorsqu'il a dit que l'aigle était le roi des oiseaux!... En voilà un qui se laisse surmonter par un épervier de taille ordinaire... C'est honteux!...

Le roi venait à peine de prononcer cette parole, que l'aigle, revenant sur l'autour qui venait de fondre sur le héron, le frappa plus rudement que jamais et le tua raide d'un coup de bec.

L'autour, tout sanglant, s'en vint rouler aux pieds du roi, attristé par cette aventure, mais moins attristés encore que les six chevaliers flamands.

CHAPITRE XXIII

Comment le roi festoya les barons du comte Ferrand, et comment le comte de Saint-Pol ayant expliqué le combat de l'aigle et de l'autour blanc, chacun se retira chagrin.

On s'en revint de la chasse, et l'on retourna à Lagny-sur-Marne, où le roi de France festoya de son mieux les six chevaliers flamands. Il les fit asseoir auprès de lui à la seconde table, et, vers le milieu du repas, il leur dit :

— Beaux seigneurs, quand vous serez par delà en la terre de Flandres, vous pourrez bien dire à Ferrand toute l'aventure de l'autour blanc, et comment je suis dolent d'avoir ainsi perdu son présent... Je vous prie de m'en excuser auprès de lui...

— Sire, répondirent les Flamands, il n'y a chose dont vous soyez blâmé...

Le comte de Saint-Pol, entendant cela, dit au roi :

— Sire, j'ai eu mainte fois l'occasion de vous raconter, par l'exemple du Bestiaire, certains des faits des oiseaux et quelques-unes des pronostications que l'on en peut tirer...

— C'est vrai, répondit le roi. Et, en cette occurrence, de quoi vous avisez-vous ?

— Par ma foi, Sire, je n'avise rien de bien positif, à vrai dire, répliqua le comte de Saint-Pol. Toutefois, on peut augurer, par l'événement d'aujourd'hui, que le roi d'Angleterre ne nous aime pas, puisqu'il a envoyé cet autour blanc au comte Ferrand, à seule fin que ce dernier lui vienne en aide contre vous... Pour moi, puisque vous voulez bien me consulter sur ce point délicat, je vous dirai que l'aigle renversé trois fois, par l'autour, signifie que Ferrand, l'allié du roi d'Angleterre, voudra jouter avec vous et vous renversera trois fois, et qu'à la quatrième fois, vous devrez fuir comme a fui l'aigle, pour éviter d'être tué... Mais, après cela, il aura son échec comme l'autour a eu le sien et sera tué comme l'autour l'a été... Voilà, Sire, le signe et la figure que l'on peut juger de l'événement d'aujourd'hui...

— Comte de Saint-Pol, s'écria le roi courroucé, je vous prie de laisser là les sorts et les augures : je n'en veux plus entendre parler devant moi !... Vous oubliez que Ferrand est mon serf, comme le fut son père le roi Clément de Portugal... Par ainsi, jamais Ferrand n'aurait le courage de me manquer à ce point-là...

Les chevaliers flamands se sentirent offensés de ces paroles du roi, et, s'ils l'eussent osé, ils eussent protesté. Mais ils se contentèrent de faire semblant de manger, n'en ayant nulle envie.

Quand les tables furent ôtées, ils prirent congé du roi, qui leur dit :

— Beaux seigneurs, je vous prie de saluer en mon nom la comtesse Jehanne et Ferrand son mari, que vous remercierez plus de cent fois du blanc épervier qu'il m'a envoyé... Ajoutez aussi que je souhaite qu'il se souvienne toujours de ce qu'il m'a promis lorsque je lui ai fait épouser Jehanne, la fille du comte Baudouin de Flandres, c'est-à-dire qu'aucun jour de sa vie il ne serait nuisant au royaume de France... Ajoutez encore que je lui défends de faire la moindre alliance avec le roi d'Angleterre; autrement il lui en arriverait malheur, car il est mon serf et ne doit pas travailler contre moi...

Les messagers promirent au roi qu'ils feraient fidèlement ce message et rapporteraient au comte Ferrand les propres paroles qu'ils avaient entendues. Alors, le roi appela le comte d'Etampes et lui dit :

— Allez, s'il vous plaît, en nos écuries et donnez à ces vaillants seigneurs six des meilleurs chevaux qui y soient.

Le comte d'Etampes obéit. Il alla quérir les six meilleurs chevaux des écuries du roi, et s'en revint les offrir aux chevaliers flamands qui les refusèrent dédaigneusement, en disant qu'ils avaient assez des leurs et qu'ils n'en voulaient point d'autres.

CHAPITRE XXIV

Comment les six chevaliers flamands s'en revinrent à Vimendable, et ne voulurent d'abord pas voir le comte Ferrand, parce qu'il était serf du roi de France.

Ainsi s'en retournèrent chez eux les six chevaliers que le comte Ferrand avait envoyés en messagers auprès du roi Philippe de France, pour lui offrir le merveilleux autour blanc.

Ils arrivèrent à Vimendable, où séjournaient le comte et la comtesse de Flandres, mais ils se gardèrent bien d'aller voir personne, et se couchèrent ainsi sans sonner mot.

La comtesse Jehanne ayant appris leur arrivée, les alla trouver le lendemain, étonnée de ne les avoir point vus la veille, ainsi que leur devoir le leur ordonnait.

— Seigneurs, leur dit-elle, vous êtes revenus d'hier, et le comte Ferrand, votre sire, ne vous a pas vus?...

— Non, dame, répondit aigrement le sire de Tournay, et il ne nous verra pas davantage aujourd'hui, car nous n'avons nul plaisir à le voir.

— Que veut dire ceci? demanda la comtesse Jehanne étonnée.

— Cela veut dire, dame, que les barons flamands, à la tête desquels nous sommes tous les six, ne veulent pas reconnaître pour leur seigneur un homme qui est serf du roi de France, et qui s'est engagé à ne jamais rien faire contre lui... Les barons flamands sont de libres hommes qui ne veulent pas être commandés par un homme serf...

— Le roi de France a dit que le comte Ferrand était son serf? demanda la comtesse Jehanne.

— Oui, dame, répondit le sire de Tournay, et à cause de cela nous ne le voulons plus reconnaître pour notre seigneur... Quand on a les terres et les gens que le comte Ferrand a, on n'est le serf de personne... Nous n'irons donc pas vers lui... Mais vous, dame, qui l'allez retrouver, dites-lui, s'il vous plaît, que s'il n'a pas démenti cette vilenie d'ici à quinze jours, nous, ses barons, nous lui trancherons la tête...

La comtesse Jehanne sortit aussitôt et s'en alla rejoindre son mari, à qui elle dit :

— Seigneur, vos six chevaliers que vous aviez envoyés auprès du roi de France pour lui présenter l'autour blanc, sont revenus hier et ont dédaigné de se présenter devant vous pour vous rendre compte de leur message... Savez-vous pourquoi?...

— Par ma foi! non, répondit Ferrand.

— Vous en doutez-vous tant seulement un peu?

— En aucune façon.

— Eh bien! seigneur, ils sont irrités contre vous parce que le roi de France leur a dit que vous étiez son serf et que jamais vous ne prendriez parti pour d'autres princes sans son consentement.

— La chose est vraie, répondit Ferrand; j'ai juré loyauté, fidélité et servage au roi Philippe, lorsqu'il vous a donnée en mariage à moi, mais il me semble qu'il eût pu s'en taire devant mes barons...

— Il ne s'en est pas tû, répéta Jehanne, et vous savez maintenant le mauvais effet de cette parole sur l'esprit des six chevaliers messagers... Cet effet a été tel, même, qu'ils ont déclaré que si, d'ici quinze jours, vous n'aviez pas démenti ce vilain bruit, ils vous trancheraient la tête...

— Oh! oh! fit le comte de Flandres.

— Avisez donc, je vous en supplie, aux moyens de parer à cet événement malencontreux...

— Je n'en vois qu'un et je le vais employer... Envoyez-moi, je vous prie, mes six messagers...

— Volontiers.

La comtesse Jehanne retourna donc vers les chevaliers flamands, auxquels elle dit :

— Seigneurs, j'ai répété vos paroles au comte Ferrand, mon noble mari, et il en a paru aussi ébahi que moi... Il vous attend pour entendre de votre bouche le récit de votre visite au roi de France...

Les chevaliers flamands se rendirent aussitôt auprès du comte Ferrand, qui, en les voyant, s'écria :

— Que m'apprend-on, seigneurs? Vous êtes revenus hier et je ne vous ai pas vus?...

— Madame Jehanne a dû vous en dire la raison, comte Ferrand, répondit le sire de Tournay.

— Cette raison est fausse comme la parole que vous a dite le roi de France! s'écria le comte de Flandres, courroucé. Je ne suis, Dieu merci! le serf de personne! et je le prouverai bien... Mais, présentement, veuillez me raconter fidèlement, de point en point, l'accueil qui vous a été fait par Philippe, et les choses qui se sont passées et dites en votre présence.

— Très-volontiers, comte Ferrand, répondit le sire de Tournay.

Et il se mit incontinent à raconter leur arrivée à Lagny-sur-Marne, l'histoire de l'aigle et de l'autour blanc, les pronostications qu'en avait tirées le comte de Saint-Pol, et, finalement, les paroles que le roi de France avait dites à ce propos.

Quand le sire de Tournay eut terminé son récit, Ferrand s'écria :

— Tout cela est faux et mensonger! Je veux envoyer dès aujourd'hui au roi Philippe un messager pour le forcer à démentir ses propres paroles, et s'il n'y consent pas, j'irai l'y contraindre avec une armée... J'espère qu'alors vous me soutiendrez, seigneurs?...

— De tout notre cœur, comte Ferrand, répondirent les barons, heureux de voir la tournure que prenait l'affaire. Mais, ajoutèrent-ils, il est probable que le roi de France n'hésitera pas à revenir sur sa parole, puisque vous la dites fausse, et alors nous continuerons à être bons voisins avec lui...

— On ne revient jamais sur une parole fausse, par fausse honte, répondit Ferrand. Le roi Philippe, j'en suis assuré d'avance, maintiendra son dire...

— A la grâce de Dieu, alors !...

CHAPITRE XXV

Comment Ferrand, pour prouver à ses barons qu'il n'était pas serf du roi de France, envoya à celui-ci un messager avec lettres dans lesquelles il lui disait de se dédire.

errand s'était avancé : il ne pouvait reculer.

En conséquence, le même jour où il l'avait annoncé aux six chevaliers flamands, il envoya un messager au roi de France, avec une lettre dans laquelle il le pria de revenir sur les paroles qu'il avait dites touchant sa position de serf vis-à-vis de lui.

Le messager partit et fit diligence.

Quand il arriva à Paris, son premier soin fut de se rendre au palais pour demander à parler au roi Philippe.

Celui-ci, précisément, venait d'arriver de Lagny-sur-Marne avec toute sa cour et avec ses fauconniers.

— Sire, dit humblement le messager, je viens de la part du noble comte Ferrand, mon maître.

— De la part de Ferrand ?... Soyez le bienvenu, vous qui venez de la part d'un ami...

— Il m'a chargé de vous remettre ces lettres, Sire, reprit le messager.

— Très-bien, répondit le roi en prenant le message, mais sans l'ouvrir encore. Les tables sont dressées, ajoute-t-il, prenez place et mangez... Vous représentez mon loyal allié le comte Ferrand, et je dois vous traiter comme je le traiterais lui-même... Seyez-vous donc et imitez-nous.

Le roi, en effet, s'assit et mangea sans vouloir ouvrir la lettre du comte de Flandres.

Le messager dut donc obéir et manger comme tout le monde.

Lorsque le dîner fut terminé et que les tables furent ôtées, le roi Philippe se fit remettre la lettre de Ferrand qu'il avait donnée en garde au comte de Saint-Pol.

— Maintenant, dit-il d'un air de joyeuse humeur, nous allons savoir ce que me mande mon loyal allié le comte de Flandres.

Mais son visage changea d'expression lorsqu'il eut brisé le scel de la lettre et lu les premières lignes.

— Qu'est ceci ? s'écria-t-il. Le comte Ferrand devient-il fol et félon ?... Il me somme de déclarer solennellement que j'ai eu tort de le considérer comme mon serf et comme mon vassal !... Le croiriez-vous, seigneurs ? ajouta-t-il en se tournant vers ses barons.

— Le comte Ferrand est en effet votre serf, répondit le duc de Bourgogne. J'étais présent lors de son mariage avec la fille aînée du défunt comte Baudouin de Flandres... Il vous jura fidélité et vasselage et se reconnut bel et bien votre serf comme l'avait été le roi de Portugal son père...

— Eh bien ! reprit le roi courroucé, il veut aujourd'hui que je me démente et que je trahisse la vérité... Il me mande de me dédire... Il exige que je rétracte la parole que j'ai dite devant ses six messagers lors de la pronostication faite par le comte de Saint-Pol, à propos du combat de l'aigle et de l'autour blanc !... Jamais pareille prétention ne s'est vue !... Ah ! chétif vassal, je te ferai bien repentir de ta témérité !... Oui, je t'en ferai bien repentir !...

— Est-ce là ce que je dois rapporter comme réponse au noble comte de Flandres, mon maître ? demanda le messager.

— Oui certes, répliqua le roi, et tu lui diras que je me moque de ses menaces et que je n'en fais pas plus de cas que d'un fétu de paille... Il est mon serf et mon vassal, et je le lui prouverai quand il me plaira... Dis-lui encore que s'il bouge et fait seulement mine de s'allier avec le roi d'Angleterre, mon ennemi, je le châtierai d'importance !...

— Je le lui dirai, Sire, dit le messager en s'inclinant et en prenant aussitôt congé.

— Tu pourras ajouter, reprit le roi, que je châtierai également ses six messagers qui ont refusé outrageusement les six chevaux que le comte d'Étampes leur avait offerts de ma part.

— J'ajouterai cela encore, Sire, répondit le messager en saluant de nouveau.

CHAPITRE XXVI

Comment, au retour de son messager, Ferrand réunit une armée de trois cent mille hommes, à la tête de laquelle il s'avança, détruisant les villes sur son passage.

e messager ne fit pas long séjour à Paris. Il avait hâte de rapporter à son maître ce qu'il avait vu et entendu à la cour du roi Philippe, afin qu'il avisât à se défendre.

Quelques jours après, donc, il était de retour à Vimendable.

Le comte Ferrand le reçut au milieu de ses barons assemblés.

— Parlez haut, Jehan Rousseau, lui dit-il, et nous dites ce que vous avez entendu là-bas, à la cour du roi Philippe.

Jehan Rousseau, le messager, raconta de point en point la réception dont il avait été d'abord l'objet de la part du roi de France, puis il arriva à la colère de ce prince lorsqu'il avait lu la lettre de Ferrand, et aux paroles qu'il avait dites à ce propos.

Quand il eut fini son récit, Ferrand s'écria :
— Vous avez entendu, seigneurs?... Vous voyez que ce n'est pas moi qui aurai voulu la guerre? Mais vous jugez aussi, comme moi, qu'elle est devenue inévitable, n'est-ce pas? J'ai juré que si le roi Philippe refusait de se dédire à l'amiable, je l'irais contraindre par la force des armes... J'irai donc. Me suivrez-vous, seigneurs?...
— Oui, certes, répondirent les barons.
— Je veux vous prouver, reprit Ferrand, que je suis digne de vous commander et que je ne suis le serf de personne!...

Le gant était jeté, il fallait le relever.

Le comte de Flandres ne perdit point de temps. Il fit un appel immédiat à tous ses barons et à tous ses alliés, qui y répondirent avec empressement.

En moins d'un mois, il put ainsi réunir une armée de trois cent mille hommes. Cette armée réunie, il se mit à la tête et marcha sur Paris.

Hue de Saint-Venant portait la bannière de Flandres.

Le comte de Boulogne commandait une aile de l'armée.

Le sire de Tournay commandait l'autre.

C'est ainsi que Ferrand prit et brûla Arras. D'Arras, il entra dans l'Artois, où il mit tout à feu et à sang, pour servir d'avertissement au roi de France.

Il arriva jusqu'à Compiègne, qu'il assiégea pendant trois jours. Le quatrième jour, la cité se rendit ; il y entra en maître, y mit une garnison de Flamands, et s'en alla à Verberie qu'il assiégea également.

Verberie fit comme Compiègne, et comme les autres cités que Ferrand avait rencontrées sur sa route : elle se rendit, de peur d'être brûlée et saccagée.

De Verberie, le comte Ferrand s'en vint jusques à Senlis avec son armée, comptant bien la prendre d'assaut comme les autres.

Mais, contre son attente, Senlis résista courageusement, tenant pour le roi de France et non pour nul autre prince, ce qui étonna grandement le comte Ferrand.

Ce siège dura sept semaines, pendant lesquelles les trois cent mille hommes du comte de Flandres campèrent aux environs, dans les bois et dans les plaines, attendant que la famine contraignît les habitants de Senlis à se rendre.

La famine vint. Les habitants de Senlis ne se rendirent pas.

Heureusement pour eux que vint aussi le roi de France.

CHAPITRE XXVII

Comment le roi Philippe, apprenant la marche du comte Ferrand, après n'y avoir pas voulu croire d'abord, se décida à réunir une armée et à aller à Senlis, et comment il fut vaincu.

Philippe n'avait pas voulu croire d'abord à la flagrante rébellion du comte de Flandres. Il s'était imaginé que la menace contenue dans la lettre qu'il lui avait envoyée par le messager Jehan Rousseau n'était qu'une bravade qui s'éteindrait d'elle-même comme s'éteint un feu de paille.

Mais, maintenant, il fallait bien se rendre à l'évidence. La menace était réelle, et les nouvelles qui étaient arrivées à Paris touchant les dévastations commises par l'armée du comte de Flandres ne permettaient plus l'ombre même d'un doute.

Ferrand agissait, Philippe s'empressa d'agir aussi.

En conséquence, le roi de France fit ce qu'avait fait le comte de Flandres : il réunit une armée. Ferrand avait trois cent mille hommes : Philippe en eut bientôt deux cent mille, avec lesquels il marcha au secours de la cité de Senlis, toujours assiégée ; et doublement assiégée, puisqu'au dehors elle l'était par les Flamands et au dedans par la famine.

Le roi de France avait avec lui ses hauts barons et ses alliés, tout comme le comte de Flandres avait les siens.

Si Ferrand avait le comte de Boulogne, le sire de Tournay, le sire de Saint-Venant, et tant d'autres, Philippe avait avec lui le duc de Bourgogne, le comte de Clermont, le duc de Bretagne, et tant d'autres aussi.

C'était Guillaume des Barres qui portait l'oriflamme.

Ce fut un mercredi matin du mois de juillet que le roi de France arriva avec ses gens devant Senlis. Il se logea près du bois, à l'opposé du comte de Flandres.

La bataille s'engagea immédiatement, et, dès ce début, beaucoup d'hommes furent tués de part et d'autre.

Du frétin de l'armée, nous n'en voulons pas parler. Mais quelques-uns des barons du roi de France et du comte de France tombèrent sur le sol pour ne plus se jamais relever. Ainsi tomba le comte du Perche, tué par le comte de Boulogne ; ce qui fâcha grandement le roi de France, qui chercha à s'en venger sur le comte de Flandres.

Ferrand, lui aussi, cherchait à joindre Philippe, et il y parvint bientôt. Le roi de France et le comte de Flandres s'entre-coururent sus, l'un criant : Saint-Denis ! l'autre criant : Flandres !

Ce fut le roi Philippe qui fut renversé.

Ferrand allait lui faire un mauvais parti, lorsqu'il fut séparé de lui par un gros de l'armée des Français. Cela ne l'empêcha de lui crier :
— Sire, vos gens avaient raison en pronostiquant de vous par le sort de l'aigle combattu par l'autour blanc. L'aigle, c'est vous ; l'autour, c'est moi... Or, l'autour a abattu l'aigle, et le comte de Flandres a abattu le roi de France... Et cependant, le roi Philippe de France a été jadis appelé Philippe-le-Conquérant !...

En ce moment, le comte de Saint-Pol, qui avait aidé le roi à se relever, avisa le sire de Saint-Venant, qui portait la bannière de Flandres. Il alla à lui et lui donna un tel coup, qu'il le fit choir à terre avec sa bannière, qui fut foulée aux pieds et souillée.

En ce moment aussi, le comte de Flandres, qui s'était précipité à la rencontre du roi de France,

l'atteignit de nouveau et, de nouveau, le renversa.
— C'est la seconde fois que l'autour renverse l'aigle ! lui cria-t-il.

Le comte de Saint-Pol arriva encore à temps pour secourir son prince, et il parvint à l'arracher une seconde fois au comte de Flandres.

— Sire, lui dit-il, allons-nous-en, je vous en conjure... car la journée n'est vraiment pas bonne pour nous... La bataille est inégale... Vos hommes sont dispersés et difficiles à rallier... Je vous en conjure, Sire, allons-nous-en !...

Comme le comte de Saint-Pol parlait ainsi au roi de France, le comte de Boulogne survint avec ses hommes, et cria hautement :

— Boulogne ! Flandres au lion !...

Ses hommes, alors, se précipitèrent, et le roi fut renversé à terre pour la troisième fois. Il était même en péril de mort, plus encore que précédemment, si le comte de Saint-Pol, aidé de Guillaume des Barres et de Guillaume de Montigny, ne fût arrivé assez à temps pour le délivrer cette fois-là comme il avait fait les deux autres fois.

— Sire, s'écria-t-il, par la Vierge Marie, il ne fait pas bon ici !... Mieux vaut s'en retourner... Beaucoup de vos barons, et des meilleurs, sont morts ; beaucoup aussi, et des plus vaillants, ont fait retraite...

— Vous avez raison, comte de Saint-Pol, répondit tristement le roi ; la journée est décidément contre nous !...

Et, quoique à regret, il donna le signal de la retraite et s'en retourna à toute bride vers Paris.

Quant au comte de Flandres, heureux de cette victoire, il jura qu'il ne partirait pas de Senlis avant d'avoir pris cette cité, et, en commémoration de l'événement qui venait d'avoir lieu, il fonda là une abbaye qui fut appelée l'Abbaye de la Bataille.

CHAPITRE XXVIII

Comment le roi de France envoya Guillaume des Barres vers le comte de Flandres, et la réponse que celui-ci fit au messager du roi.

e roi de France, Philippe, s'en retourna donc à Paris, grandement et douloureusement affligé d'avoir été ainsi déconfit. Et, pour sortir d'affaire, il demanda à ses gens ce qu'ils en pensaient.

Lors, parla premièrement Guillaume des Barres.

— Sire, dit-il, vous ressemblez au chat qui se couche près du feu quand il s'y est déjà brûlé... Car, lorsqu'on vous disait que Compiègne et Verberie étaient prises par le comte de Flandres, vous n'en vouliez rien croire et n'en teniez nul compte, répétant sans cesse que Ferrand n'oserait rien faire de pareil, étant votre serf et votre vassal. Et, de cette façon, vous vous êtes laissé surprendre et déconfire... Je vous conseille présentement d'envoyer un messager vers Ferrand, qui tient toujours assiégée votre bonne ville de Senlis, lequel messager lui demandera, en votre nom, trèves loyales pour un an...

— Il ne me les accordera pas ! s'écria le roi, tout dolent.

— Il vous les accordera, Sire, répondit Guillaume des Barres, si vous déclarez que vous consentez à vous dédire au sujet de ce que ses six chevaliers lui ont rapporté de vous, quitte à ne pas vous en dédire en vous-même cependant, puisque telle est la vérité... Ces trèves obtenues, les Flamands s'en retourneront dans leurs pays, et vous, durant ce temps, vous ferez un nouvel appel à tous vos alliés et vous pourrez réunir une armée beaucoup plus considérable qui vous permettra d'écraser cet ennemi qui vous gêne et vous brave... Si vous ne réussissez pas à l'écraser, je vous abandonne ma vie comme gage...

— Vous dites bien, Guillaume, reprit le roi, et c'est vous que je veux envoyer comme messager au comte de Flandres.

— J'accepte volontiers, Sire, répondit Guillaume, et je partirai aussitôt qu'il vous plaira.

— Partez tout de suite, Guillaume, car le temps presse ; ma bonne cité de Senlis est toujours assiégée : elle souffre par chaque jour de retard, et je la veux délivrer de mal par le moyen que vous proposez, puisque je n'ai pu la délivrer par le moyen des armes...

Guillaume des Barres partit sans plus tarder, et dans la journée du lendemain il fut devant la tente de Ferrand, qu'il salua en disant :

— Que Dieu veuille confondre tous les ennemis du roi de France !...

Puis il ajouta :

— Sire, le Diable vous a bien enrichi et enorgueilli, puisque de guerrier que vous étiez il vous a soufflé d'être souverain et de vous soustraire à la vassalité de votre légitime seigneur le roi de France... Vous ne voulez plus être son serf !... Enfin, n'en parlons plus... Aussi bien, ne viens-je pas céans pour rappeler des griefs, mais pour toute autre chose...

— Laquelle, sire Guillaume ? demanda le comte de Flandres.

— Je veux bien que vous sachiez, répondit Guillaume des Barres, que si le roi de France mandait tous ses hommes, vous ne tarderiez pas à être écrasé... Mais il a pitié de son peuple, et, à cause de cela, il m'envoie vers vous pour vous donner trèves, si vous voulez, jusques à un an... Dans un an, il y aura bataille au gré de chacun, et si alors vous êtes vraiment vainqueur, le roi de France vous tiendra quitte de tout servage, et vous laissera possesseur de Compiègne, de Verberie et de tout le pays jusqu'à Senlis... S'il vous conquiert et vainc, au contraire, vous serez plus que jamais son serf et devrez faire à sa volonté...

— Vous parlez là bien fièrement, sire Guillaume ! dit le comte de Flandres. Mais il n'importe ! J'accepte, par amour de la paix, quoique si j'avais voulu, j'aurais pu être maintenant roi de France, aux lieu et place de Philippe, dont le pouvoir s'est amoindri d'autant... J'accepte et donne les trèves...

Cela dit, il les scella de son sceau, et les remit à Guillaume des Barres, qui s'en alla aussitôt vers Paris.

Quant à Ferrand, il leva aussitôt le siége de Senlis, et s'en retourna en Flandres avec son armée.

CHAPITRE XXIX

Comment le comte de Flandres, ayant appris que le roi de France renforçait son pays, redemanda ses barons et envoya vingt mille hommes pour détruire la comté de Saint-Pol.

Senlis ne tarda pas à voir arriver le roi de France, qui tenait à réconforter ses habitants par sa présence. De Senlis, Philippe s'en alla à Péronne attendre les gens qu'il avait mandés de toutes parts, et en les attendant, il combla de biens cette cité que Ferrand avait saccagée en passant.

Quand Ferrand apprit que le roi de France avait renforcé son pays et mandé partout renforts de gens d'armes, il redemanda à son tour les barons et les hommes qu'il avait renvoyés chez eux : Hollandais, Zélandais et autres ; et, quand ils furent réunis au nombre de trois cent mille, il les mena à Noyon, pour y attendre le jour où les trêves devaient expirer.

Pendant ce temps, le roi de France était venu à Compiègne et y avait délogé les gens que Ferrand y avaient laissés en garnison, ce qu'on répéta à ce dernier, qui alors marcha résolûment à la rencontre de son ennemi.

Tous deux se rapprochaient en même temps. Ils se rencontrèrent à Choisy, l'un sur une rive, l'autre sur l'autre, où ils restèrent à s'examiner pendant trois mois environ, sans que l'une ou l'autre armée songeât à franchir le pont.

Pendant ces trois mois, le comte de Flandres fit faire une tour près de la rivière, et le roi de France, sur le conseil de ses barons, en fit faire pareillement une en face de la première, et si proches, que les arbalétriers pouvaient tirer de l'une à l'autre.

Ferrand fit autre chose. Comme le comte de Saint-Pol était l'un des meilleurs alliés du roi de France, il envoya dix mille hommes d'armes et dix mille de pied en la comté de Saint-Pol, avec ordre formel d'y mettre tout à feu et à sang ; ce qui fut exécuté. Le château fut brûlé, et, avec le château, la comtesse de Saint-Pol et ses enfants ; et, avec la comtesse et ses enfants, les femmes, les vieillards, les enfants de la comté.

Quand on apprit ces douloureuses nouvelles au comte de Saint-Pol, il appela Ferrand traître et meurtrier, et demanda au roi de France l'autorisation de le combattre corps à corps et de se venger de lui.

— Sire, ajouta le comte, je vous demande cela au nom de ce que j'ai pu faire de loyal et d'honnête pour vous jusqu'ici... J'ai à venger la comtesse de Saint-Pol, mes enfants, mon peuple, mon château, mon pays et vous-même... Si le comte de Flandres était par hasard vainqueur, vous le tiendrez décidément pour quitte de tout servage, et vous lui rendrez toute la terre qu'il tenait jusqu'à Senlis... S'il est vaincu, vous en ferez, Sire, tout à votre volonté.

Le roi de France octroya volontiers au comte de Saint-Pol ce qu'il lui demandait, et on envoya vers le comte de Flandres pour lui dire ce qui en était.

CHAPITRE XXX

Comment le comte de Flandres et le comte de Saint-Pol combattirent corps à corps, et comment la paix fut faite avec le roi de France.

Ferrand accepta les conditions du combat qui lui était proposé, afin que le peuple de part et d'autre ne fût pas blessé ni tué. Et fit tant le comte de Saint-Pol, par force et avec l'aide de Dieu, qu'il conquit en champ clos le comte de Flandres. Il allait même l'achever de sa dague, car Ferrand était abattu sous lui, quand l'empereur d'Allemagne, parent du comte de Flandres, le voyant en ce péril, requit merci au roi de France.

— Sire, lui dit-il, faites que Ferrand vive et je vous promets tout ce que vous voudrez en son nom... Accordez-lui la vie et la paix, et il vous jurera, sur Dieu et sur tous les saints, que jamais il ne vous portera guerre ni dommage et qu'il vous servira fidèlement et loyalement.

— Laissez ces paroles, répondit le roi de France avec colère. Je n'ai pas confiance en Ferrand...

— Sire, reprit l'empereur d'Allemagne, vous pouvez tenir pendant cent ans, vous et vos héritiers, les comtés de Noyon, de Vermandois, de Tarache, d'Artois, de Ponthieu, de Cambrésis et d'Amiens... Quant à Regnault, comte de Boulogne, il tiendra de vous sa terre... Et après ces cent ans accomplis, les Flamands r'auront leur terre... Si, durant ces cent ans-là, Ferrand ou ses hommes faisaient la guerre au royaume de France, ils perdraient définitivement et sans retour leurs comtés, qui seraient à vous et à vos héritiers à perpétuité...

— A ces conditions, répondit le roi de France, nous octroyons ce que vous demandez.

Et, ce disant, il envoya ses fils pour commander au comte de Saint-Pol de lâcher le comte de Flandres. Le comte de Saint-Pol obéit, mais à regret, car il aurait bien voulu achever son ennemi.

Les quatre princes amenèrent Ferrand vers leur père, le roi Philippe, et le traité de paix fut signé entre eux. Le comte de Saint-Pol eut pour dédommagement quarante mille livres de gros d'argent que Ferrand lui paya sur l'heure. Puis les deux armées se séparèrent ; le roi de France retourna à Paris et le comte Ferrand retourna en Flandres.

CHAPITRE XXXI

Comment le comte de Flandres, ayant résolu de recommencer la guerre contre le roi de France, lui envoya un messager pour lui redemander ses huit comtés, et comment le roi de France refusa.

Il ne faut pas croire que le comte de Flandres s'en retourna chez lui résigné. Tout au contraire : il avait l'âme aussi bien blessée que la chair l'avait été dans son combat avec le comte de Saint-Pol.

Aussi, une fois de retour en sa terre, songea-t-il aux moyens de recommencer la guerre contre le roi de France, qui l'avait si profondément humilié par les conditions mises à la paix. Il songea aux moyens et attendit l'occasion.

L'occasion lui fut fournie par Regnault, comte de Boulogne.

Regnault avait eu un différend avec l'évêque de Beauvais, à propos de nous ne savons plus quelle terre sur laquelle ce dernier prétendait avoir des droits plus vrais que le comte de Boulogne. Tous deux, pour en terminer, avaient été mandés à Paris par le roi Philippe, et l'évêque de Beauvais avait été favorisé par ce prince aux dépens du comte de Boulogne. Aussi ce dernier, furieux, avait juré haine et guerre au roi de France, et s'était-il empressé d'aller demander aide à Jehan, roi d'Angleterre, et à Ferrand, comte de Flandres.

Ferrand avait accepté, comme bien on pense. C'était l'occasion qu'il cherchait et qu'il attendait si impatiemment. Il allait donc pouvoir enfin se venger des conditions outrageantes que le roi de France avait mises à la paix !

Dès le lendemain du jour où Regnault de Boulogne était venu le trouver à Louvain, pour lui demander son concours, il envoya aussitôt un messager à Paris pour requérir le roi Philippe de lui restituer ses huit comtés.

Le messager fut introduit devant le roi et lui dit :

— Sire, le noble comte de Flandres, mon maître, m'envoie vers vous pour vous dire que les conditions de la paix faite entre vous et lui sont trop outrageuses pour qu'il les puisse tolérer plus longtemps... Elles lui ont été imposées par la force, il ne les a pas consenties... Il était permis au comte de Saint-Pol de le tuer, lorsqu'il le tenait sous son couteau ; le comte de Saint-Pol ne l'a pas fait : tant pis pour lui et tant mieux pour le comte de Flandres... Mais c'est à l'insu de mon maître que le combat a cessé et que la paix s'est arrangée : il ne la veut pas reconnaître.

— Mais, s'écria le roi de France étonné, c'est au nom de l'empereur d'Allemagne, parent du comte de Flandres, que nous avons octroyé la paix !... C'est sur la parole de l'empereur d'Allemagne que nous avons prié le comte de Saint-Pol d'accorder la vie sauve à son ennemi, qu'il tenait sous son genou !...

— Certes, Sire, tout cela est vrai, reprit le messager ; mais ce qui est vrai aussi, c'est que le consentement du comte de Flandres n'y a été pour rien, et qu'on s'est passé de lui pour conclure cette paix onéreuse.

— Que veut-il donc, en vous envoyant vers moi ? demanda le roi, impatienté.

— Il veut, Sire, que vous lui rendiez ses huit comtés que vous n'avez obtenues que par surprise...

— Ses huit comtés ?

— Oui, Sire.

— Elles ne doivent lui revenir que dans cent ans, à lui ou à ses héritiers... Et encore, si, dans ces cent ans-là, il arrive au comte de Flandres ou à ses ayant-droit, de faire une nuisance quelconque au royaume de France, par guerre ou autrement, les huit comtés feront retour définitif à la couronne de France.

— Le noble comte de Flandres, mon maître, ne l'entend pas ainsi, Sire...

— Et comment l'entend-il donc, dites-moi ?

— Il redemande ses comtés.

— Aujourd'hui ?

— Aujourd'hui.

— Eh bien ! vous lui répondrez de ma part qu'il ne les aura que dans cent ans d'ici, et non avant !

— C'est votre dernier mot, Sire ?

— Mon dernier mot, assurément.

— Alors, Sire, ne vous en prenez qu'à vous des maux qui vont résulter de cette obstination de votre part à ne pas rendre au comte de Flandres les huit comtés qui lui appartiennent...

— Quels maux ? demanda le roi de France.

— Vous les devinez bien, Sire. Le comte de Flandres est puissant, il a des alliés et des parents un peu partout, il fera appel d'hommes et d'argent et marchera contre vous... Et cette fois, il n'y aura nulles trêves à espérer... Le comte de Flandres, il y a un an, lorsqu'il assiégeait Senlis, n'avait qu'un pas à faire pour venir jusqu'à Paris, il n'avait aussi à faire qu'un geste pour prendre la couronne de France et la placer sur sa tête... Ce qui a échoué la première fois peut ne pas échouer une seconde...

Le roi Philippe, à cette menace, se sentit atteint au cœur. Il comprit que le messager disait vrai quant à ce qui s'était passé l'année précédente, et que, par conséquent, il pouvait bien dire vrai aussi pour l'année qui venait. Il baissa la tête dans ses mains et réfléchit pendant quelques instants.

Le messager crut cette méditation favorable à son maître. Il demanda au roi, comme s'il ne lui avait encore rien demandé :

— Quelle réponse, Sire, rapporterai-je au noble comte de Flandres?...

— Que puisqu'il se déclare rebelle à l'autorité du roi de France, le roi de France le traitera en rebelle, répondit Philippe.

Le messager ne voulut pas en entendre davantage, d'autant plus qu'après ce qu'il avait osé dire au roi, de la part de Ferrand, il ne faisait pas bon de séjourner longtemps à Paris. En conséquence, il s'inclina respectueusement devant Philippe et sa cour, et prit incontinent congé pour retourner à Louvain.

CHAPITRE XXXII

Comment le comte de Flandres, au retour de son messager, envoya vers son frère, le roi de Portugal ; vers son oncle, le comte d'Avignon; vers son autre parent, l'empereur d'Allemagne, pour les exciter à combattre le roi de France.

Le messager du comte de Flandres revint donc à Louvain, où se tenait Ferrand.

— Eh bien ! lui demanda ce dernier en l'apercevant, qu'a répondu le roi de France ?

— Seigneur, dit le messager, faut-il vous dire l'exacte vérité ?

— La vérité tout entière, oui... Ne me cèle rien...

— Il refuse de vous rendre les huit comtés qui vous appartiennent, avant cent ans accomplis.

— Je m'y attendais !... Et lui as-tu déclaré mes intentions au cas où il ne consentirait pas à me restituer mes terres?...

— Je les lui ai déclarées, seigneur comte...

— Qu'a-t-il dit, alors ?...

— Voici quelles ont été ses propres paroles : « Puisque le comte de Flandres se fait rebelle à l'autorité du roi de France, le roi de France traitera le comte de Flandres en rebelle. »

— Ah ! vraiment, il a dit cela ?

— Oui, sire comte.

— Et il n'a rien ajouté ?

— Rien.

— C'est bien ! Nous allons agir, et, cette fois, nous verrons qui l'emportera, de lui ou de moi !...

Le comte de Flandres prouvera au roi de France qu'on ne l'outrage pas impunément !...

Ferrand ne perdit pas de temps. Il dépêcha d'abord un sien baron vers le roi de Portugal, qui était son frère, avec prière d'envahir le territoire du roi de France et de le saccager comme pays ennemi. Puis il en dépêcha un autre vers l'empereur d'Allemagne, vers le comte d'Avignon, vers le roi d'Angleterre, avec les mêmes recommandations.

Quant à lui, il rappela à lui tous ses hauts barons qui s'étaient retirés dans leurs terres, en leur enjoignant d'amener avec eux le plus d'hommes possible.

L'effet de ces mesures ne tarda pas à se faire sentir. En moins de rien, le royaume de France fut envahi aux quatre coins, et tout fut mis à sac et à pillage, tout fut brûlé, pillé sans miséricorde au nom du comte de Flandres : la Gascogne, le Cambrésis, le Poitou, le Maine, la Normandie, le Nord, le Midi, l'Est et l'Ouest. Ce fut une désolation générale !

Quand l'incendie fut ainsi mis aux quatre coins du royaume de France, le comte de Flandres se mit en marche vers Paris à la tête d'une armée de trois cent mille hommes, chargés de parachever l'œuvre commencée par le roi d'Angleterre, par le comte d'Avignon, par le roi de Portugal et par l'empereur d'Allemagne.

En apprenant la nouvelle de ces terribles désastres, qui menaçaient de se terminer par un désastre plus grand encore, c'est-à-dire par la perte de sa couronne, le roi de France comprit qu'il fallait agir aussi puissamment qu'agissaient ses ennemis et leur livrer une bataille décisive, avec une armée aussi considérable que la leur.

— Ah ! Jehan-sans-Terre ! murmura-t-il. Ah ! empereur Othon ! Ah ! comte Ferrand ! vous me menacez au cœur même de mon royaume ! Vous me croyez mort... Je vous ferai voir que je n'étais qu'endormi, confiant que j'étais en votre parole... Vous me réveillez : ce sera le réveil du lion !

Et, à son tour, Philippe réunit une armée égale en nombre à celle du comte de Flandres, et marcha vaillamment à sa rencontre.

Les deux armées se joignirent aux environs de Bouvines. On était au milieu du mois de juillet de l'année 1214.

CHAPITRE XXXIII

Comment, à la veille de la bataille entre le comte de Flandres et le roi de France, la mère de Ferrand lui envoya un saint homme pour le prier de faire sa paix avec Philippe, qui était son père.

Une terrible bataille allait donc se livrer, bataille décisive où devait tomber l'un ou l'autre ennemi.

Quelques jours avant qu'elle eût lieu, un saint homme entra sous la tente du comte de Flandres, au moment où celui-ci devisait avec quelques-uns de ses hauts barons sur les dispositions à prendre pour la bataille prochaine.

— Sire comte, dit le saint homme à Ferrand, je viens de la part de la reine de Portugal, votre mère.

— Soyez le bienvenu, répondit Ferrand.

— Sire comte, je voudrais, en son nom, vous dire quelques paroles sans témoins.

— Sans témoins ?

— Oui, sire comte.

Les barons, entendant cela, sortirent aussitôt de la tente du comte de Flandres, qui resta seul avec le saint homme.

— Sire comte, reprit ce dernier, vous allez livrer bataille au roi de France ?

— Oui, bon ermite, dans quelques jours.

— Ce sera une bataille terrible et navrante, sire comte !

— Je le crois aussi... Deux armées comme celles qui vont en venir aux mains ne se heurtent pas sans qu'il en résulte de grands malheurs.

— Sire comte, vous êtes en forces suffisantes pour résister victorieusement au roi Philippe ?...

— Oui, saint homme... Le roi Philippe succombera et je triompherai.

— Sire comte, il ne faut pas que vous triomphiez... Votre mère ne le veut pas...

— Qu'est-ce à dire ? s'écria Ferrand étonné.

— Il ne faut pas que vous triomphiez, parce qu'il ne faut pas que le roi Philippe succombe...

— Et pourquoi cela ?

— Parce que le roi Philippe est votre père.

— Le roi de France est mon père ?... s'écria Ferrand en pâlissant.

— Oui, sire comte, voilà l'aveu que votre mère m'a chargé de vous faire afin de vous détourner de cette guerre impie.

— Le roi de France est mon père ! répéta Ferrand, anéanti par cette révélation.

— Oui, sire comte... Vous comprenez maintenant quel est votre devoir... Votre mère a eu commerce d'amour avec le roi Philippe, lorsqu'il est venu secourir le roi de Portugal, son mari... Pour vous faire cette douloureuse confession, sire comte, il fallait une aussi douloureuse occasion que celle-ci... Votre mère ne veut pas que vous détrôniez votre père ou que vous soyez tué par lui... Elle attend votre réponse dans l'angoisse et dans les larmes... Je vais lui dire que vous consentez à vous humilier devant le roi de France, et à faire votre paix avec lui, n'est-ce pas ?...

Le comte de Flandres, accablé, avait baissé la tête et il pleurait. Un instant, il fut sur le point de consentir à ce qu'exigeait de lui sa mère. Mais l'orgueil reprenant aussitôt le dessus, il releva la tête et répondit :

— Il est trop tard ! Je combattrai le roi de France... Lui ou moi nous devons succomber... Le sort l'aura voulu ainsi...

Le saint homme voulut insister, mais un geste impérieux que lui fit Ferrand l'en empêcha ; il comprit que tout était résolu et arrêté dans ce cœur de fer, et il se retira en murmurant :

— Ferrand, votre orgueil vous détruira !...

CHAPITRE XXXIV

Comment la bataille eut définitivement lieu entre le roi de France et le comte de Flandres, et comment ce dernier fut déconfit.

Quelques jours après, c'était le vingt-cinquième de juillet, les Flamands s'avancèrent en bataille contre les Français.

Le comte de Hollande menait la première phalange ;

Le comte de Zélande menait la deuxième ;

Bouchard d'Auvergne menait la troisième ;

Le comte de Valenciennes, la quatrième ;

Gaulthier de Saint-Omer, la cinquième ;

Le comte de Tournay, la sixième ;

Le sire de Hue, la septième ;

Le châtelain de Bergues, la huitième ;

Galleran de Douay, la neuvième ;

Regnault de Boulogne, la dixième ;

Le prévôt de Loos, la onzième ;

Jehan, seigneur de Gaure, la douzième.

Chacune de ces phalanges était composée de trente mille hommes ; ce qui donnait un total de combattants assez considérable.

Le comte Ferrand avait avec lui Ypres, Bruges et Gand.

Quand les Français s'en aperçurent, ils furent un peu consternés, car c'était un bien grand nombre d'ennemis à combattre. D'autant plus que le chaud ayant enlevé la vigueur aux hommes et aux chevaux, on n'en devait pas espérer de bons effets. Quelques-uns même étaient d'avis qu'il valait mieux attendre cette grande armée que d'aller à elle.

— Si elle nous attaque, disaient-ils, nous aurons l'avantage du lieu ; et, si elle n'en a pas l'assurance, elle se dissipera bientôt à cause de sa grande multitude qui consommera en peu de jours tous les vivres de la contrée... Par ainsi, la France sera délivrée d'un grand péril...

Il n'y avait si hardi qui ne frémit d'angoisse.

Guillaume des Barres, ce noble chevalier, les réconfortait doucement, et ils l'écoutaient petit à petit, car ils se fiaient plus en lui qu'en nul des autres.

Du côté des Flamands, quand Regnault de Boulogne s'aperçut que Guillaume de Montigny portait la bannière royale, il dit à Ferrand :

— Sire, si vous m'en voulez croire, nous nous arrêterons ici... C'est Guillaume de Montigny qui porte la bannière du roi Philippe, et j'ai grand'peur à cause de cela. Le roi ne la pouvait bailler à meilleur chevalier ni à plus hardi... Si aujourd'hui nous perdons la bataille, assurément ce sera par sa faute... Par ainsi, je vous conseille fort, Sire, de demander trêves au roi... Mon cœur ne me dit aucun bien de cette besogne.

— Ho! ho! ho! s'écria Ferrand, je vois ce que c'est, Regnault!... Vous aimez mieux le roi que moi, aujourd'hui, et pourtant cette guerre a été entreprise pour l'amour de vous... Si vous avez peur, allez-vous-en vous cacher en quelque lieu bien sûr... Pour moi, je reste debout, en face de l'ennemi, décidé à vaincre ou à mourir...

— Ferrand, beau cousin, répondit le comte de Boulogne, vous avez tort de me ramponner ainsi... Avant qu'il soit vespres, je pousserai mon cheval si avant dans la mêlée, pour tout l'or du monde, vous ne voudriez pas vous trouver à sa queue!...

Et, ce disant, le comte de Boulogne, blessé au cœur des soupçons de Ferrand, piqua son cheval et le lança droit en la mêlée, en criant à voix haute :

— Boulogne! Boulogne! Boulogne!

La bataille commença alors, et merveilleusement, car les arbalétriers qui étaient devant tiraient si dru contre les Français, que ceux-ci n'eussent pu tenir bien longtemps s'ils n'avaient eu avec eux le bon Guillaume de Montigny, qui portait l'oriflamme.

Guillaume de Montigny voyait la détresse où étaient ses compagnons. Mais il avait ses projets, quand il enveloppa la bannière et fit tourner le dos aux Français, à l'encontre des Flamands.

En effet, les Flamands se laissèrent prendre à cette tactique. Ils crièrent :

— Sus! sus aux Français, qui se veulent enfuir!...

— Beaux seigneurs, dit Ferrand, faites en sorte que le roi Philippe ne nous échappe point, car j'ai projet de lui faire couper la tête!...

Les Flamands allèrent, courant tout droit aux pavillons des Français pour en avoir le gain. Mais les Français se tenaient toujours sur la droite, serrés entre eux, se défendant courageusement, tant qu'ils eurent le soleil contre le dos et les Flamands au visage. Lors, Guillaume de Montigny dressa l'oriflamme au vent en criant hautement :

— Montjoie-Saint-Denis!

Et, cela crié, il se mit en avant pour guider ses compagnons et les encourager à bien faire.

Les Flamands avaient passé le pont jeté sur la Meuse : les Français occupèrent le pont pour leur rendre le retour impossible. Ce fut sur ce point principalement que la tuerie fut la plus grande.

— Beaux amis, cria Ferrand, tenez-vous bien!... Je veux abattre aujourd'hui l'orgueil des Français!... Vous les verrez bientôt fuir et n'oser attendre les renforts que j'ai amenés avec moi!... Or, tôt! faites venir les cordes : nous allons les lier tous vilainement et honteusement... Quant au roi Philippe, il aura la tête coupée!

— Sire, lui répondit Jehan de Tournay, l'un de ses capitaines, par la Vierge Marie! les Français ont habilement travaillé!... Ils nous ont mis le soleil en pleine figure, et nos gens en souffrent beaucoup... Ils tombent comme des mouches!... Voyez! voyez! Sire! voyez!...

— Taisez-vous! dit le comte de Flandres. Je vous dis que vous les verrez bientôt fuir comme du sable devant le vent!...

En cet endroit, Guillaume des Barres et Guillaume de Montigny montrèrent bien toute leur vertu.

Guillaume des Barres tua le prévôt de Loos et l'un des cousins au comte de Flandres.

Guillaume de Montigny tua également deux autres hauts barons, alliés de Ferrand.

Ce qui n'empêcha pas les Flamands de continuer à faire dommage aux Français, à ce point même que le roi de France, affligé de voir ainsi tomber la fleur de son armée et le meilleur de son peuple, rappela Guillaume des Barres et lui dit :

— Bel ami, vous voyez qu'il est temps et besoin de nous retirer. Pour Dieu! allons-nous-en à Arras!

— Que dites-vous donc là, Sire? s'écria le bon Guillaume des Barres. Ne vous souvenez-vous donc plus des nobles armes que vous portez et de la noble bannière qui flotte devant vous?... Si vous abandonnez le champ de bataille, vous abandonnez à la mort vos amis, vos soldats, votre peuple qui a le regard sur vous!... Fuir devant l'ennemi! Ah! Sire, ce serait la première fois, mais ce serait encore de trop d'une!... Songez donc, Sire, que c'est pour l'amour de vous que tous ces hommes se sont rassemblés et qu'ils combattent à cette heure contre les conjurés flamands, anglais et autres!... Voyez combien peu ils songent à fuir, eux!... Voyez combien de Flamands ils ont abattus et combien ils en abattent encore!...

Le roi eut honte de la pensée qu'il avait eue, et il répondit au bon Guillaume des Barres :

— Ah! Guillaume, vous m'aimez bien, je le vois, puisque vous avez un tel soin de mon honneur!... Guillaume, regardez-moi faire!...

En disant cette parole, le roi poussa son cheval en avant, en pleine mêlée, frappant à droite et à gauche, d'estoc et de taille, tuant tout ce qui se présentait à ses coups. Ce fut ainsi qu'il tua le châtelain de Gand.

Guillaume, réjoui de le voir ainsi, dit à ses compagnons :

— Beaux seigneurs, c'est là le signal de la victoire que nous donne le roi notre Sire!... S'il peut rencontrer le comte de Flandres, Ferrand ne sera pas couronné roi de France, j'en réponds.

Le roi continuait toujours de frapper et d'abattre, suivi qu'il était par Guillaume des Barres, par le comte de Saint-Pol et par cinq cents chevaliers dévoués à Philippe.

La bataille dura ainsi jusqu'à l'heure des basses vespres. Les Flamands, malgré les cris de « Flandres! » et de « Boulogne! » poussés par Regnault et par Ferrand, n'en reculèrent pas moins, harassés, exténués, n'en pouvant plus.

Le comte de Boulogne, ne pouvant les rallier, voulut mourir au moins d'une belle fin et il s'aventura à la rencontre de Guillaume de Montigny, qui portait l'enseigne de France. Mais le coup qu'il lui lança n'atteignit que l'oriflamme, qui s'en trouva déchirée en deux; et Guillaume, furieux de voir la bannière de France ainsi arrangée, se précipita sur Regnault et le fit choir à terre.

Le comte de Flandres, alors, témoin de cette chute de son compagnon, courut à son secours. Mais lui et ses gens furent aussitôt enveloppés par les Français : ses gens furent tués sans nulle merci, et, quant à lui, il fut désarmé et mené en hoqueton devant le roi.

CHAPITRE XXXV

Comment Ferrand, comte de Flandres, fait prisonnier à Bouvines, fut mené à Paris, puis au Goulet-sur-Seine.

egnault pris, Ferrand pris, les principaux d'entre les Flamands tués, l'armée du comte de Flandres ne tarda pas à entrer en déroute complète. On les poursuivit l'épée dans les reins, et ceux qui ne furent pas tués furent liés avec les cordes qu'ils avaient apportées à l'intention des Français.

Le lendemain, le roi Philippe quitta le champ de Bouvines, car il avait hâte d'avoir des nouvelles de ses fils qu'il avait envoyés pour repousser les alliés du comte de Flandres.

Les prisonniers s'en venaient sur un chariot richement mené par des charretiers, joyeux de cette capture, parce qu'ils étaient bien payés de leurs gages, et escorté par un nombre suffisant de gens d'armes, à la tête desquels était Guillaume des Barres.

On s'arrêta à Péronne, où furent laissés les prisonniers flamands, toujours liés avec les cordes qu'ils avaient apportées pour les Français.

Le roi séjourna là trois jours, et, au moment où il allait repartir, toujours inquiet sur le sort de ses quatre fils, il en eut de bonnes nouvelles.

Loys avait combattu à Mâcon le duc de Brabant, le duc de Guerles et le comte de Julliers et les avait faits prisonniers.

Philippe, le second fils du roi, avait livré bataille en Normandie au roi d'Angleterre, au roi d'Ecosse et au prince de Galles, et il les avait déconfits et faits prisonniers.

Le comte de Poitiers, troisième fils du roi, avait combattu en Gascogne Thierry de Portugal, frère du comte de Flandres, et l'avait déconfit et fait prisonnier.

Enfin Jehan, le quatrième fils du roi, avait combattu le comte d'Avignon et l'avait vaincu et fait prisonnier.

Tous quatre étaient en route pour Paris avec leurs nobles prisonniers.

Ces nouvelles transportèrent d'aise le cœur du roi Philippe, qui se hâta alors de revenir à Paris, où il fit sa rentrée six jours après la bataille, un mardi du mois d'août. Ajoutons qu'avant son partement de Péronne, le roi avait ordonné au prévôt de cette ville de décoller Regnault, comte de Boulogne, lequel était un traître, ayant agi follement contre lui.

Une fois à Paris, le roi tint cour plénière, et le lendemain, après la messe, il vint en la chambre du conseil où l'attendaient déjà ses douze pairs de France, Ferrand excepté, puisqu'il était en prison. Philippe appela ses fils et leur dit :

— Beaux enfants, nous devons bien louer Dieu qui nous a ainsi noblement donné secours... Jamais la couronne de France ne fut si hautement honorée. Nous avons des prisonniers que nous pourrons faire mourir ou délivrer de prison, selon qu'il nous plaira. Pour moi, je leur ferai grâce en l'honneur de Dieu qui nous a donné cette victoire... Par ainsi, mes beaux fils, tous nos prisonniers seront mis hors de prison, excepté Ferrand, comte de Flandres, et son frère Thierry, roi de Portugal.

CHAPITRE XXXVI

Comment les nobles prisonniers du roi de France furent délivrés sans payer rançon, excepté Thierry de Portugal et Ferrand de Flandres, qui eurent la tête coupée.

ès qu'il eut dit cela, Philippe pria ses quatre fils de faire mettre hors de prison les prisonniers ayant nom :
Jehan, roi d'Angleterre ;
Le roi d'Ecosse ;
Le prince de Galles ;
Clément d'Avignon ;
Henri, duc de Brabant ;
Le comte de Julliers ;
Et le duc de Guerbes, qui tous étaient au Châtelet de Paris.

En conséquence, lesdits princes furent extraits de prison et amenés devers le roi, en plein palais, par le prévôt de Paris.

Tous les sept tremblaient intérieurement, car ils savaient le sort qu'avait eu à Péronne le comte Regnault, et ils s'attendaient à en avoir un semblable à Paris. Mais ils furent grandement et agréablement ébahis, quand ils s'aperçurent qu'il ne s'agissait pas de cela, au contraire.

— Vous voyez, leur dit fièrement Philippe, que vous voilà mes prisonniers, grâce à Dieu ! Vous voilà entre mes mains et je peux faire de vous à ma volonté !... Avant de me décider, je veux savoir de chacun de vous la vérité sur ce qu'il aurait fait au cas où chacun de mes quatre fils, au lieu d'être vainqueur, eût été vaincu...

— Premièrement, répondit Jehan d'Angleterre, je jure, moi, qu'ils n'eussent souffert ni mal ni déplaisir, mais que jamais aussi ils ne fussent sortis de ma prison avant que vous ne m'eussiez rendu mes terres de Normandie et de Gascogne, et aussi avant que vous n'eussiez rendu à Ferrand ses huit comtés !

Après avoir entendu cette réponse du roi Jehan d'Angleterre, le roi de France voulut avoir celle des autres prisonniers, qui répondirent dans le même sens que le roi d'Angleterre.

Lors, Philippe reprit :

— Seigneurs, nous vous promettons que vous échapperez tous sans mort ni tourment, fors Thierry et Ferrand, qui ont trop fait contre moi pour que je leur pardonne... Vous serez mis tous dehors, et eux seuls seront châtiés comme il convient qu'ils le soient.

Et tout aussitôt, le roi Philippe commanda qu'on lui amenât le roi Thierry de Portugal et le comte de Flandres, à qui il fit incontinent couper la tête, puis qu'on enterra après aux Saints-Innocents.

Quand cette double exécution eut été parachevée, le roi Philippe délivra les prisonniers sans exiger la moindre rançon d'eux, et leur donna congé de s'en aller en leurs contrées, après toutefois leur avoir fait jurer que jamais jour de leur vie ils ne guerroyeraient contre le roi de France.

CHAPITRE XXXVII

Comment la comtesse Jehanne, fille aînée de Baudouin-le-Diable et femme du comte Ferrand de Flandres, mourut subitement.

Quelque temps après les événements que nous venons de raconter et qui avaient fait la comtesse de Flandres veuve de son seigneur et mari, elle épousa un homme de grande lignée qui avait nom Ernoult, et était comte de Savoie.

Quelque temps après ce mariage, un matin qu'elle se trouvait encore dans son lit, couchée seule, Jehanne mourut soudainement.

Cy finist ce présent livre intitulé BAUDOYN-LE-DYABLE, *contenant aulcunes cronicques sur Ferrant filz au roy de Portugal et aussy sur le roy Phelippe de France et ses quatre filz. Imprimé à Paris par J. Bry aisné, l'an de grâce mil huit cent soixante, le XXVIIIe jour de Mars.*

GENEVIÈVE DE BRABANT

CHAPITRE PREMIER

n l'une des provinces de la Gaule-Belgique, qui fut autrefois le pays de Tongres, vers la fin du règne de Clovis, naquit une fille dans la très-illustre famille des princes de Brabant. A peine cette petite créature vit les premiers rayons de la lumière, que ses parents lui donnèrent une seconde naissance, qui la rendit fille du ciel, d'où elle reçut le beau nom de Geneviève.

Le père et la mère ne l'appelaient ordinairement que leur ange, en quoi certes ils ne se trompaient pas, puisqu'elle en avait la pureté et l'innocence.

Le plus doux plaisir dont elle fût tentée, c'était l'amour de la retraite et de la solitude. Cette inclination lui fit bâtir un ermitage au coin d'un jardin, où la nature semblait favoriser son dessein, y faisant croître quantité d'arbres, dont les agréables ombres ne permettaient pas même au soleil de voir les mystères de sa dévotion. C'était là qu'elle dressait de petits autels de mousse et de ramures; c'était là qu'elle passait la plus grande partie du jour, sans que les passe-temps de celles de son âge la pussent tirer d'un si doux entretien. Quand sa mère lui montrait qu'il était temps d'avoir de plus sérieuses pensées, elle répondait modestement que les siennes avaient le plus beau et le plus grand de tous les objets; néanmoins tous ses desseins étaient dans l'obéissance, qu'on ne savait sitôt lui demander quelque chose, qu'elle ne s'y portât tout entière; mais que si l'on permettait à ses inclinations de faire choix de sa condition, elle ne trouvait aucune sorte de vie plus désirable que celle qui avait attiré tant de grandes et illustres personnes dans la solitude, et qui, de la moitié du monde, en avait fait un désert.

A dix-sept ans, Geneviève était la plus accomplie des pucelles et la plus chaste des vierges. Aussi était-elle fort recherchée de tous les seigneurs de la contrée. Parmi ceux qui en firent la recherche, Sigifredus, que nous appelons Sifroy, ne fut pas des derniers ni des plus malheureux, puisqu'il emporta lui seul ce que les autres avaient désiré. Sans vous dire qu'il était un des plus puissants palatins de Trèves, c'est assez pour connaître sa qualité de savoir qu'il eut le cœur assez bon pour songer à l'assistance d'une maison souveraine. Ce jeune seigneur, ayant appris de la renommée une partie des perfections de cette belle princesse, voulut plutôt croire ses yeux que le bruit commun. Etant arrivé, il alla aussitôt faire sa révérence au prince et à la princesse sa femme, qui lui permirent de saluer Geneviève, à laquelle il fit toutes les offres de service qu'on pouvait attendre d'un amour sans artifice.

Ce fut après l'avoir vue, qu'il confessa que les poètes n'avaient pas donné assez de bouches à sa renommée; que, pour publier les perfections de Geneviève, il eût fallu plus d'une trompette.

Il ne l'eut pas entretenue deux fois, qu'il la trouva remplie de tant de douceur et de modestie, que sa passion, de libre, devint nécessaire. Il tâcha de l'exprimer par ses soupirs, ne l'osant déclarer par son discours, de crainte de faire passer ses véritables sentiments pour de folles rêveries. Aussi avait-il pris garde que le mot de mariage ne lui échappât jamais de la bouche, de peur qu'une honnête honte ne parût sur le visage de Geneviève et n'en augmentât la beauté; il craignait si fort quelque mauvaise parole, qu'il n'osait même lui en dire de bonnes.

Etant en cette appréhension, il alla trouver le prince et la princesse, auxquels il déclara le dessein de son voyage en ce peu de paroles :

— Seigneur, si vous êtes aussi favorable à mes desseins que votre douceur me le fait espérer, dans l'ignorance de ma bonne ou mauvaise fortune, je me tiens presque assuré de n'être point tout à fait malheureux. Je ne suis point, grâce à Dieu, sorti d'une maison dont le nom me puisse servir de reproche, et quand la gloire de mes ancêtres n'ajouterait rien à mon mérite, je ne suis pas si dépourvu, qu'il me fût aisé, s'il était bienséant, d'avancer des choses dont peut-être un autre que moi tirerait de la vanité. Ma noblesse n'est pas égale à la vôtre, je sais néanmoins qu'elle ne vous peut être honteuse, si vous me faites l'honneur d'en agréer l'alliance. La fortune ne m'a pas donné si peu de biens, que je ne puisse soutenir la dignité de votre illustre maison ; mais quand ils seraient beaucoup moindres, je ne pourrais, sans trahir mon honneur, vous céler l'ardente affection que j'ai, non pas tant pour la beauté de votre fille, qui est incomparable, que pour ses grandes vertus ; son mérite est si puissant sur mon esprit et ma volonté, que si la fortune m'avait fait empereur, je voudrais sans regret jeter à ses pieds la couronne impériale pour acquérir l'honneur de ses bonnes grâces.

Le prince pouvait prendre un peu de vanité dans ce compliment, et trouver mauvais qu'on lui demandât sa fille avec de telles raisons ; toutefois, n'ignorant pas combien ce parti était avantageux, il remercia Sifroy d'avoir jeté les yeux sur elle, et lui témoigna de tenir sa recherche à honneur ; néanmoins il ne voulait pas être injuste jusqu'à contraindre sa fille à une affaire où il n'y a que le choix de libre.

Il lui promit de bien porter, autant qu'il pourrait, sa volonté au consentement d'une alliance qui lui faisait espérer autant de satisfaction qu'il y voyait d'avantage. En même temps, la mère eut charge de traiter cette affaire et de ménager les affections de sa fille.

Après avoir hésité longtemps, Geneviève se décida à faire ce que voulait sa mère, c'est-à-dire à épouser Sifroy.

CHAPITRE II

Quand nos jeunes mariés eurent passé quelque temps à la cour du Brabant, il fallut partir pour aller à Trèves. Les parents de Sifroy la reçurent avec tous les respects que sa qualité et son mérite devaient attendre de leur affection. Saint Hidulphe, qui était alors pasteur de cette grande ville, fut fort aise de voir sa bergerie accrue d'une si innocente brebis ; pour témoigner sa joie, comme elle était sur le point de partir pour aller à une maison aux champs, il lui donna sa bénédiction.

Ce lieu de plaisir était en une campagne qui n'était terminée que par l'horizon ; le château était entouré d'un parc, où il semblait que le printemps se retirât avec ses zéphirs, quand les aquilons régnaient dans les plaines d'Allemagne. Quelque rigoureux que fût l'hiver, il ne touchait point aux orangers. Au pied de la muraille coulait une rivière, qui nourrissait en tout temps un grand nombre de cygnes. Ce fut dans ce lieu plein de délices, et tout semblable au palais enchanté des Romains, que Sifroy et Geneviève menaient la plus douce et la plus innocente vie de leur siècle. Rien ne troublait leur contentement et tout contribuait à leur plaisir ; pas un des domestiques n'était privé de ce bonheur ; la paix et la bonne intelligence gouvernaient absolument tous ceux qui étaient de leur suite ; on ne parlait point d'autre finesse que de celle qui pouvait tromper les oiseaux.

A peine deux ans s'étaient écoulés en cette vie innocente, que le tambour d'airain des Sarrasins en troubla le contentement. Abderam, roi des Maures, qui était passé de l'Afrique dans l'Espagne, ne promettait rien moins à son ambition que la conquête de l'Europe. La perfidie des traîtres, plutôt que son courage, l'avait déjà mis en possession de toutes les provinces qui sont au delà des Pyrénées.

La France lui était un friand morceau ; mais il craignait de trouver d'autres gens que les Goths.

Il n'ignorait pas qu'il y avait encore des anciens Gaulois, dont les ancêtres, au nombre de trente chevaliers, chassèrent autrefois deux mille chevaux maures, et les contraignirent de se retirer des Amdrumettes. Considérant donc qu'en chaque province il y avait des nations entières à vaincre, il dressa la plus effroyable armée que l'Occident ait jamais vu. Ce déluge de soldats s'étendait depuis les Pyrénées jusqu'en Touraine, où l'invincible Charles-Martel l'attendait avec douze mille chevaux et soixante mille hommes de pied.

La renommée d'une si fameuse bataille, jointe à l'intérêt de tout le Septentrion, amena une grande troupe de noblesse à Martel, d'autant que les plus braves guerriers trouvaient autant de gloire à combattre sous ce grand capitaine qu'à gagner des victoires par la conduite d'un autre.

Sifroy, qui était un des plus puissants seigneurs d'Allemagne, eût eu honte de s'endormir dans l'amour, pendant que tous les autres pensaient au salut public. Mais il trouva beaucoup de résistance dans la résolution de Geneviève, et plus de difficulté à surmonter, puisqu'il avait l'amour et la crainte d'un côté, et l'honneur le piquait vivement de l'autre, car il ne pouvait se résoudre à quitter un bien qu'il commençait seulement à connaître.

L'appareil de guerre étant préparé et le départ venu, le comte appela tous ses domestiques, et, après leur avoir recommandé l'obéissance envers sa chère femme, il prit son favori par la main, puis, adressant la parole à Geneviève, il dit :

— Ma fille, voici Golo à qui je laisse le soin de mes contentements ; l'expérience que j'ai de sa fidélité me fait espérer que l'ennui de mon absence sera en quelque sorte modéré par la confiance que vous prendrez de son service. Je ne vous dis autre chose en sa recommandation, sinon qu'après moi vous devez attendre plus de soulagement de lui que de personne au monde, et en partant je vous conjure de le chérir en ma considération.

A ces mots, la pauvre Geneviève se pâme, on la relève ; elle retombe par trois fois ; tous les serviteurs coururent aux remèdes pour appeler son âme, qui semblait fuir de peur de voir le départ de Sifroy, peut-être de crainte de demeurer sous la conduite de Golo. Le comte, qui avait remarqué un changement notable dans le visage de sa femme, lorsqu'il lui recommandait la fidélité de son favori, éleva les yeux et dit ces paroles :

— C'est à vous seule, reine du ciel, glorieuse mère du Sauveur, que je laisse le soin de ma chère Geneviève!

CHAPITRE III

Sifroy fut très-bien recueilli par le grand Charles-Martel. Ce vaillant héros attendait Abderam proche de Tours. Ayant appris que l'ennemi avait disposé son armée en ordre de bataille, Charles s'avança contre eux, les plaçant, par son habile disposition, entre le fleuve de la Loire et ses chevaliers, laissant derrière lui la ville de Tours ; comme il avait à combattre une armée composée de quatre cent mille hommes, et que les siens étaient bien inférieurs en nombre, il comprit qu'il n'y avait chance de succès pour lui que dans l'héroïque courage de ses chevaliers ; en conséquence, il fit publier dans les rangs que celui à qui il avait confié le commandement de la ville de Tours avait ordre de refuser l'entrée de la ville aux fuyards ; et, pour ôter toute espérance de fuite, il mit sur les ailes de son armée six cents de ses plus braves cavaliers, avec commandement de frapper sans pitié le premier qui abandonnerait son rang.

Et aussitôt tous ces braves, comme des lions lâchés dans l'arène, donnant l'essor à leur vive impatience, se précipitent sur les Maures et en font un effroyable carnage. Leur défaite fut complète.

Les chevaliers français n'eurent à regretter que cinq cents des leurs. Quant aux débris de l'armée des Sarrasins, ils se rallièrent sous Accupa, l'un de leurs rois, qui s'empara d'Avignon. Charles-Martel avait gagné la plus grande victoire dont on ait jamais ouï parler. Sous l'invocation de saint Martin, il fit aussitôt construire une chapelle. Ensuite il distribua à ses guerriers des marques de distinctions et des trésors saisis dans le camp des vaincus. Sifroy reçut un large collier d'or enrichi de diamants, ce collier lui conférait en même temps un haut grade dans l'ordre de chevalerie auquel il était attaché. Notre palatin envoya ce collier à Geneviève, avec une lettre.

CHAPITRE IV

Nous laisserons partir Sifroy pour la Provence, et nous irons trouver la comtesse avec Lanfroy, le messager, qui ne mit pas beaucoup de temps à se rendre auprès d'elle.

Quand on lui vint dire qu'il était arrivé un gentilhomme de la part de son mari, elle se promenait dans les détours d'un labyrinthe, pour y perdre ses ennuis, ou du moins pour en calmer l'importunité par cet honnête divertissement. Lanfroy était par malheur vêtu de noir ce jour-là, ce qui fit presque pâmer Geneviève aussitôt qu'il parut ; mais ayant remarqué à sa contenance et à sa mine des témoignages de joie, plutôt que des marques de tristesse, elle lui demanda, d'une voix toute tremblante, comme Sifroy se portait.

Après que le gentilhomme eut fait une humble révérence, il présenta son message :

— Madame, voilà des lettres qui vous le diront de meilleure grâce que moi.

Les ayant ouvertes, elle s'éloigna un peu dans une allée, et les lut deux ou trois fois, s'arrêtant fort longtemps à chaque mot ; néanmoins sa joie n'était pas entière, considérant que son palatin était absent.

La curiosité de mille demandes se présenta à son esprit. Elle appela Lanfroy, qui par son commandement lui dit que son maître était à Tours, sur le point d'aller à Avignon, pour assiéger le reste des Sarrasins qui s'y étaient retirés : de là à Narbonne contre Athime, qui tenait cette forte place. Tous ces discours ne plaisaient guère à la comtesse, qui jugeait bien que ces sièges de villes tiendraient longtemps son mari absent. Enfin, ayant appris que l'on craignait encore la venue d'un autre roi, nommé Améré, qui amenait du secours à sa nation, elle vit bien que le retour de Sifroy ne se devait espérer que l'année suivante, ce qui lui fit résoudre de dépêcher son gentilhomme quelque temps après, avec une réponse.

La douleur qui avait commencé cette lettre, la finit. Notre palatin était déjà au siège d'Avignon quand il la reçut.

CHAPITRE V

Golo, à qui Sifroy avait donné plus d'autorité que le sauveur de l'Egypte n'en reçut de son maître, avait toujours regardé Geneviève avec le respect qu'il devait à la vertu, pendant que le comte demeura avec elle.

Geneviève avait assez de beauté pour être aimée, mais elle avait trop d'honnêteté pour le permettre. Cela fit que le traître Golo cacha son feu pour quelque temps; mais enfin il ne peut brûler avec plus de discrétion que le laurier : il soupire, il se plaint, il voudrait bien déclarer le mal qu'il souffre ; toutefois, n'en osant espérer le remède, il croit perdre ses paroles, et hasarder sa fortune s'il dit ce qu'il doit taire. Ses pensées combattirent longtemps sa passion, et peut-être qu'elle eût été vaincue, si elle n'eût été aidée de la présence de son objet. Résolu de découvrir sa flamme à celle qui en était l'innocente cause, il va à la chambre de la comtesse; mais aussitôt qu'il en aperçoit la modestie, sa témérité en attend un refus et des reproches. Ce premier essai ne semblait pas être de saison, il en remet le dessein à une autre rencontre. Enfin, voici l'occasion qu'il prit pour découvrir ses désirs.

La comtesse avait arrêté un peintre pour travailler aux galeries de son palais; parmi les ouvrages qu'il fit, le tableau de Geneviève n'était pas des moindres; aussi ne pouvait-il être laid, étant le portrait d'une si belle personne.

Comme un jour la princesse le regardait, elle appela Golo, et lui demanda son jugement sur cette peinture. Lui qui cherchait les moyens de déclarer sa passion, fut bien aise d'avoir rencontré celui-ci; voyant que les serviteurs et demoiselles étaient trop éloignés pour l'entendre, il lui dit :

— Vraiment, madame, si jamais le pinceau a rencontré, c'est en sujet; il n'est point de beauté, quelque excellente qu'elle soit, qui approche de cette image ; pour moi j'estime assez d'avoir des yeux pour prendre son cœur. Si votre simple peinture donne de l'amour à ceux qui vous doivent du respect, ne pardonnerez-vous pas à une personne qui en voudrait adorer le prototype? sans doute votre beauté est trop parfaite pour être si cruelle et injuste que de vouloir condamner une passion à qui les dieux ont obéi.

— C'est parler en idolâtre, repartit la comtesse, ces divinités étant feintes, leur amour n'est qu'une fable.

— Au moins ne saurait-on nier, repartit l'intendant, que ces mensonges ne puissent exprimer mes véritables affections.

— Vous aimez donc, Golo?

— Oui, madame, et la plus aimable personne du monde.

— Vraiment, je voudrais bien connaître celle qui vous a donné cette innocente affection, j'avancerais de tout mon pouvoir votre contentement, et si votre dessein s'était arrêté sur quelqu'une de celles à qui je puis commander, je tâcherais de lui rendre votre recherche aussi agréable qu'elle est avantageuse.

Je vous laisse penser si Golo avait la tête dans les étoiles, prenant la sage dissimulation de sa maîtresse pour un contentement paisible. Ce fut alors qu'il montra son visage plus à découvert, et que les soupirs firent plus que la moitié de ce mauvais discours :

— Madame, je ne vois rien d'aimable que vous; ce sont vos attraits qui ont vaincu la constance que j'opposais à ma fidélité; mais puisque je connais que vos réponses favorisent mes desseins, je ne puis être malheureux, si je ne suis sot.

Un coup de tonnerre eût frappé Geneviève avec moins d'étonnement que ces mots ; néanmoins, étant revenue à la liberté de parler, sa colère et son indignation lui représentèrent la honte de son infidélité avec des reproches si aigres, que s'il n'eût eu beaucoup de passion, sans doute il n'eût jamais eu d'imprudence.

— Comment, misérable serviteur ! lui dit-elle, est-ce ainsi que vous vous acquittez de la fidélité que vous avez promise à votre maître? Avez-vous bien osé porter la vue sur une personne qui a autant d'horreur de votre crime, que d'envie de le châtier, si le repentir ne vous fait sage? La dissimulation dont je me suis servi n'était-elle pas un avertissement à votre témérité, que je ne voulais pas écouter? Gardez-vous de me tenir jamais de semblables discours, si vous êtes aussi soigneux de votre bien que vous l'êtes peu de votre devoir; j'ai des moyens de vous faire repentir de votre folie.

L'indignation empêcha le reste de son discours.

Que dira Golo? il n'est point temps de parler, et puis il voit que les serviteurs se sont aperçus de l'émotion de la comtesse; se persuadant qu'une autre occasion la rendrait plus favorable à ses poursuites, il les remet avec une réponse qui le tire hors de soupçon des serviteurs, et l'excuse auprès de sa maîtresse.

— Madame, repartit ce rusé, s'il y a de la faute en ce que vous me reprochez, elle est pardonnable, n'étant pas volontaire : j'espère faire une telle satisfaction à la personne que j'ai offensée, que si elle est raisonnable, elle ne sera pas fâchée.

Ceux qui ouïrent ces paroles, n'ayant pas conçu ce que la comtesse avait dit, crurent que l'intendant, homme colère et brutal, avait offensé quelqu'un de la maison, et qu'il promettait de satisfaire aux plaintes qu'on lui en avait faites.

Cette rencontre passa de la sorte ; mais Golo, qui n'eût pas brigué la conquête, si elle eût été facile, redoubla sa passion, et estima le bonheur de la posséder par la difficulté de l'acquérir. Il pense, il médite les moyens d'en venir à bout.

CHAPITRE VI

Voici la plus injuste, la plus honteuse et la plus criminelle pensée qui puisse tomber dans l'esprit d'un bon serviteur. Il y avait un cuisinier à la maison qui avait gagné les bonnes grâces de la comtesse par sa vertu; c'était là le seul artifice et la magie dont il fallait user pour posséder son cœur et son affection. L'intendant l'ayant assez reconnu avec les autres domestiques, résolut de faire encore une fois ses honteuses demandes; et en cas qu'il fût refusé, de rendre la chasteté de Geneviève suspecte à celui qui n'en devait pas douter. Sa grossesse servait de prétexte à la malice et à l'envie que les autres serviteurs portaient à ce pauvre cuisinier.

Un jour après souper, que la fraîcheur du temps convia la comtesse de sortir, comme elle se promenait dans un parterre, séparée de ses filles, Golo, feignant d'avoir quelque affaire à lui communiquer, s'en approche; après plusieurs feintises à dessein pour sonder le goût et être les espions du combat qu'il préparait à sa chasteté; après avoir allégué toutes les mauvaises raisons de sa passion, il finit ainsi :

— Ce discours, madame, n'est pas pour vous contraindre de m'aimer contre votre inclination, mais seulement pour vous prier d'avancer ma mort avec ce fer; puisque votre rigueur ne permet pas à ma constance d'espérer ce que mérite mon amour, ce serait m'obliger d'une faveur signalée de me faire mourir d'autre façon que lentement.

En même temps qu'il lui tenait ce discours, il lui présentait un poignard.

Si la comtesse n'interrompit point les importunités de ce perfide, ce fut le dépit qui l'empêcha, car aussitôt qu'elle put le faire, commandant à sa juste passion de ne le point échapper, elle lui repartit :

— Golo, je croyais que ma douceur aurait congédié votre présomption, et que c'était assez de vous avoir montré que votre poursuite était trop honteuse pour n'être pas vaine ; mais puisque ma bonté vous est inutile, je vous déclare que si jamais vous êtes si hardi que d'ouvrir la bouche à de semblables propos, mon mari en sera averti.

Notre intendant, piqué de ce refus, se retira plein de rage et de fureur.

A quelques jours de là, Golo fit appeler deux ou trois des plus affidés de la maison, puis ayant fait couler trois ou quatre larmes de ses traîtres yeux, il leur dit en soupirant :

— Mes amis, je ne saurais vous expliquer avec combien de déplaisir je suis contraint de vous découvrir une chose que je vous ai cachée le plus longtemps que j'ai pu ; et véritablement, si le péché particulier de notre infortunée maîtresse ne passait en un scandale public, et que la honte ne ternît point la gloire de son mari, je permettrais à mon silence de taire le crime de Geneviève, de peur de publier le déshonneur de Sifroy. Ceux qui n'ont point aperçu leurs sales actions les pourront estimer innocents; mais, hélas! qui peut le faire ? Pour moi, sur la fidélité duquel notre maître s'était reposé du soin de sa femme, comme j'avais plus d'obligation de veiller sur ses déportements, aussi ai-je vu des choses que je croyais bien être fausses, pour les mécroire. Je dis ceci, mes amis, sur ce qu'il est possible d'estimer que madame ait jeté les yeux sur ce coquin, s'ils n'ont été aveuglés par la force de quelque charme. J'ai cru devoir prendre votre avis sur une si mauvaise affaire, afin de cacher l'infamie de cette maison, autant qu'il est possible. Pour moi, je crois qu'il faut mettre ce misérable cuisinier dans un cachot, attendant le retour de notre maître ; et parce que madame le pourrait élargir, étant libre, il ne sera pas hors de propos de lui faire tenir la chambre avec le plus doux traitement que saurait espérer un criminel. Cependant je donnerai avis à monsieur de la diligence que nous avons apportée à cette affaire.

Toute cette belle harangue n'était pas pour persuader ceux qui étaient déjà prévenus de l'innocence de la comtesse, mais seulement pour gagner quelque apparence de fermeté dans une injustice si manifeste.

CHAPITRE VII

Voilà donc la résolution prise contre ces deux innocentes victimes. Un matin que Geneviève était encore au lit, Golo appela le cuisinier avec des paroles qui avaient cela de commun avec le tonnerre, qu'elles ne grondaient que pour lancer la foudre; lui reprocha qu'il avait mis un poison amoureux dans les viandes de la comtesse, par le moyen duquel il avait disposé de ses volontés et de sa personne.

Le pauvre Drogan eut beau protester qu'il était innocent, et appeler le ciel et la terre à témoins de son honnêteté et de celle de sa maîtresse, il fallut passer le guichet et faire une longue pénitence du péché de Golo, n'ayant d'autre consolation dans ses ennuis que les larmes qu'il répandait jour et nuit dans sa prison.

Ce fut une chose digne de compassion quand ce malheureux imposteur alla dans la chambre de Geneviève, pour lui faire le mauvais discours qui avait rendu Drogan coupable.

Véritablement la sainte dame eut besoin de toute sa vertu dans cette rencontre; encore sa patience échappa-t-elle un peu; mais comme il n'y avait personne qui ne fût à Golo, aussi il n'y eut aucun qui écoutât ses plaintes, qui fût ému de sa misère. On la mène dans une tour d'où elle pouvait assez entendre les pitoyables cris de Drogan, mais non pour en soulager les maux. Tant de regrets pouvaient faire mourir une femme grosse de huit mois, si Dieu n'en eût pris un soin particulier. Toute la consolation qu'elle avait parmi tant de tristesse, c'était que le ciel ne pouvait laisser cette injure impunie.

La comtesse ne dissimule plus, sa douceur s'est tournée en une juste indignation. Si Golo pense la flatter, elle lui dit des injures; s'il lui fait des promesses, elle les méprise; s'il la touche, elle s'écrie.

Quelquefois il lui disait que le moyen de couvrir sa honte, c'était de lui permettre ce qu'un misérable cuisinier avait obtenu avec facilité. A ces paroles, la comtesse ne pouvait non plus commander à sa colère, que satisfaire aux vengeances qu'elle lui inspirait.

— Traître, perfide! disait-elle, n'es-tu pas content de m'avoir rendue misérable, sans me vouloir faire adultère? Jusqu'ici, je ne t'ai regardé que comme un méchant homme, mais maintenant je te tiens comme un cruel tyran. Achève, perfide, achève tes cruautés; la chasteté a ses martyrs, je ne refuse pas d'en être, car d'attendre que je te permette autre chose que de me tuer, c'est perdre ton temps et tes peines.

Ce malheureux, considérant que sa maîtresse avait trop de vertu pour pécher, tâcha de couvrir son crime sous prétexte de mariage; il fit courir le bruit que le palatin s'étant embarqué sur mer pour son retour, y avait fait naufrage. Sur cette nouvelle, il disposa des lettres qu'il fit glisser dans les mains de Geneviève, afin de la disposer à ses recherches, par l'assurance de la mort de son mari.

Ce qui anima la comtesse d'un tel esprit, que l'intendant ne lui fit pas plus tôt l'ouverture de son mariage, qu'elle le renvoya avec un soufflet. Cet artifice ne lui ayant pas réussi, il eut recours à sa nourrice, qui ne fit jamais une si mauvaise action.

C'était de cette femme dont se servait Golo pour porter les aliments nécessaires à Geneviève. Il la conjura de gagner le cœur de la comtesse, et d'adoucir son esprit par tous les artifices dont elle pourra s'aviser. Il espère pouvoir aisément tromper une femme par le moyen dont le diable se servit contre un homme; mais certes il se trompe, car il trouve que Geneviève est un rocher.

Pendant toutes ces menées, le terme de Geneviève arriva. Hélas! pourrais-je dire comme, dans cette nécessité où les bêtes ont besoin d'assistance, la femme d'un puissant palatin fut abandonnée de tout secours?

Voilà donc notre sainte comtesse dans les douleurs de l'enfantement! voilà son fils dans ses propres mains! Qui pourrait ouïr sans pitié ce qu'elle lui dit? Certes il ne serait pas plus aisé de la voir sans larmes que sans yeux.

— Hélas! mon pauvre enfant, que ton innocence m'a causé de douleur! ah! que mes misères te feront souffrir de maux!

Craignant que la nécessité de toutes choses, et les incommodités du lieu ne le fissent mourir hors de la grâce de Dieu, elle le baptisa du nom de Benoni-Tristan.

Après que ce petit enfant fut ondoyé, elle l'enveloppa dans la vieille serviette qu'on lui avait laissée.

Quand la nourrice dit à l'intendant qu'il y avait deux prisonniers dans la prison, que la comtesse était extrêmement abattue de tristesse et de douleur, la compassion, qui n'avait point trouvé d'entrée dans l'âme de ce barbare, fit alors son dernier effort pour le toucher. Enfin, il se relâche jusqu'à lui donner un peu plus de pain qu'à l'ordinaire.

Une complexion forte et robuste se fût ruinée parmi tant de pauvreté et d'angoisses. Ce ne fut donc pas un petit miracle de voir Geneviève plus belle et plus fraîche après les douleurs de ses couches, dans les ressentiments de tant d'amertumes, qu'elle ne paraissait parmi l'aise et les délices de sa prospérité. Notre intendant étant allé dans son cachot, trouva de nouvelles lumières, dont il fut si ébloui, qu'il pensa mourir d'amour; mais trouvant cette sainte femme ferme dans sa résolution de vivre misérable, de mourir chaste plutôt que d'acheter les félicités par la perte de son honneur, il résolut de donner le dernier coup à sa mauvaise fortune.

Il estima donc qu'il devait prévenir l'esprit de son maître, et lui faire savoir le malheur de sa maison. Deux mois s'étaient écoulés depuis les couches de Geneviève, quand il instruisit un de ses serviteurs pour lui en porter les nouvelles; encore voulut-il faire paraître de la prudence dans sa malice; et, à cet effet, il écrivit ces trois mots au palatin :

« Sire comte, si je n'appréhendais de publier une infamie que je veux cacher, je confierais un grand secret au papier; mais tous vos domestiques, et particulièrement celui-ci, ayant vu la diligence dont j'ai usé, les artifices qui ont trompé ma prudence, je n'ai besoin que de leur témoignage pour mettre ma fidélité hors de soupçon, et mon service en estime. Croyez donc tout ce qu'il vous dira, et me donnez avis au plus tôt de votre volonté. »

CHAPITRE VIII

Le comte était au siége d'Avignon quand il reçut les premières nouvelles de sa femme. Depuis la prise de cette ville, Charles-Martel avait premièrement réduit Narbonne où Athime s'était enfermé. Le courage et la prudence de ce grand capitaine le firent remarquer dans la sanglante journée de Tours, au siège des deux villes; néanmoins, son génie ne parut jamais mieux qu'à la défaite d'Améré, roi sarrasin, lequel ayant appris le mauvais succès de sa nation dans la France, y voulut venir, pour n'en jamais sortir; car il fut tué avec tous ses gens.

Ce dernier combat fut aussi avantageux à la gloire de Martel que le premier, mais il lui coûta plus cher que les autres; car, outre un assez grand nombre de morts, il y eut quantité de seigneurs blessés, entre lesquels notre Sifroy reçut un coup qui le tint longtemps dans une ville de Languedoc, où les mauvaises nouvelles que l'artifice de Golo avait faites lui furent apportées.

On ne saurait peindre le trouble que ce rapport mit dans l'esprit du palatin. Il ne méditait que de hautes et cruelles vengeances; de l'admiration il tombait dans la fureur, et de celle-ci dans la rage.

— Ah! maudite femme, s'écriait-il, fallait-il souiller si honteusement la gloire que j'ai tâché d'acquérir dans les combats? Pouvais-tu apporter tant d'artifices? Eh bien! tu n'as pas fait compte de mon bonheur; je n'épargnerai pas ton sang, ni celui de cet enfant que tu as mis au monde, pour servir de bourreau à ton crime.

Et puis, faisant passer devant ses yeux la modestie et l'honnêteté de sa femme, comme s'il eût été délivré de quelque mauvais esprit, il disait d'un sang rassis :

— Non, il n'est pas possible que Geneviève m'ait si lâchement trahi; j'ai toujours reconnu ses actions pleines de vertus; son amour était si ardent; elle n'a pu être si longtemps dissimulée. Dis-moi, mon grand ami, combien y a-t-il que cette misérable est accouchée?...

Le messager répondit :

— Il n'y a qu'un mois.

C'est ici où la malice de Golo a travaillé; car, pour mettre la comtesse dans un violent soupçon de culpabilité, il fit dire au palatin qu'elle était accouchée le dixième jour après son départ.

Cela pouvait bien être véritable, et Geneviève innocente, puisque la philosophie et l'expérience enseignent que les femmes peuvent porter leur fruit dans le dixième mois, même qu'il s'en est trouvé qui sont allées jusqu'au quinzième et dix-septième.

Néanmoins, parce que cela est extraordinaire, Sifroy crut facilement qu'il était aussi contre l'honnêteté.

Après avoir pensé à la vengeance de ce crime, que la seule crédulité avait fait, il dépêcha le même messager vers Golo, avec commandement de tenir sa femme si étroitement enfermée, que personne ne l'abordât; pour ce malheureux esclave qui était en prison, qu'il cherchât dans l'horreur et l'extrémité de son péché quelque supplice proportionné à son attentat.

L'intendant reçut ce commandement avec plaisir. Pour l'exécuter avec prudence, il fit préparer un morceau à ce pauvre misérable qui lui ôta bientôt le goût de toutes choses.

CHAPITRE IX

Le sang de cette innocente victime ne rassasia pas la rage de Golo; au contraire, montant à son excès par les horribles visions de Drogan, qu'il croyait toujours voir devant ses yeux, et par l'appréhension que Sifroy ne vînt à découvrir l'innocence de Geneviève, il crut qu'il était temps de penser aux moyens de son entière ruine. Ayant appris que le comte devait arriver bientôt, il alla au-devant de lui jusqu'à Strasbourg.

Il y avait assez près de la ville une vieille sorcière, sœur de la nourrice de Golo, dont il crut pouvoir se servir à son dessein. Il va en sa maison, et lui dore les mains, afin de faire voir à Sifroy ce qui n'avait jamais été. Il alla au-devant du palatin, qui le reçut avec des témoignages de bienveillance; comme il l'eut tiré à l'écart, il lui demanda l'état pitoyable de sa maison.

Ce fut ici que les larmes et les sanglots de Golo se rendirent complices de sa trahison; à peine prononçait-il une parole sans soupirs. Enfin, après un long et ennuyeux discours, il lui déclara tout ce que nous avons déjà dit; et que, pour ne pas faire éclater la perfidie de Drogan, pour sa peine, il l'avait envoyé dans l'autre monde. Enfin, l'ayant interrogé fort souvent sur les particularités de son malheur, Golo, craignant d'être surpris dans ses réponses, lui dit :

— Sire comte, je ne crois pas que vous doutiez d'une fidélité que je voudrais vous témoigner au préjudice de ma vie; si vous voulez apprendre d'autres preuves de cette affaire, que de ma bouche, j'ai un moyen de vous faire voir comme le tout s'est passé. Il y a près d'ici une femme fort savante, qui vous fera voir toutes ces mauvaises pratiques.

A ces promesses, Sifroy est surpris d'une curiosité qui lui causa beaucoup de regrets. Il le prie de le conduire en sa maison, ce qu'il lui promit.

Sur le soir, le comte avec son confident se dérobèrent de la suite, et se coulèrent dans le logis de la sorcière. Le palatin lui met en bonne quantité d'écus dans la main, et la conjure de lui faire voir tout ce qui s'est passé pendant son absence.

La fausse vieille, qui voulait accroître son désir par son refus, feint d'y trouver de la difficulté, même de l'en détourner par beaucoup de raisons, lui représentant qu'il pourrait peut-être voir des choses dont l'ignorance lui serait plus utile que la connaissance n'en était désirable, et qu'un malheur n'est jamais entier quand il est caché.

Tout cela ne se disait que pour donner plus d'envie à Sifroy d'être trompé. Le voyant donc résolu, elle le prit par la main avec Golo, et les mena en une petite voûte qui était dans sa cave, où rien ne donnait de lumière que deux chandelles de suif vert. Après avoir marqué deux ronds d'une baguette, elle mit Sifroy dans l'un, et Golo dans l'autre; elle jeta un miroir dans un vase plein d'eau, sur lequel la sorcière murmura certains mots dont l'horreur faisait dresser les cheveux. Cela fait, elle tourna trois tours à reculons, approcha du vase, fouilla autant de fois dans le mouvement de l'eau, fit approcher le comte, qui s'inclina trois fois, en jetant les yeux sur le miroir. La première fois, il aperçut sa femme qui parlait au cuisinier avec un visage riant, un œil plein de douceur; la seconde fois, il vit Geneviève qui passait ses doigts entre ses cheveux, le flattant avec beaucoup de mignardise; mais la troisième fois, il vit des privautés qui ne se pouvaient accorder avec la modestie.

Imaginez-vous avec quelle fureur il sortit de ce petit enfer. Oh! quelles paroles ne dit-il point! que de funestes cruautés n'appelle-t-il point à la vengeance de sa fureur!

L'intendant, qui craignait le retour de cette colère, résolut, en éloignant Geneviève, de lui ôter un objet de douleur de devant les yeux. Il remontra au comte qu'il était à craindre que sa juste colère, voulant punir le crime de sa femme, ne le publiât; qu'il jugeait plus à propos de donner la commission à quelque autre, qui s'en déferait doucement, pendant qu'il se rendrait à petites journées dans sa maison.

Ce conseil fut bien accueilli du palatin, parce qu'il n'estimait personne si affidé que celui qui en était l'auteur; il lui donna charge de l'exécuter, bien que Golo témoignât du déplaisir en obéissant.

CHAPITRE X

L'intendant, de retour à la maison, ne manqua pas de révéler tout le mystère à la nourrice, avec défense de le communiquer à personne. Mais la Providence ne voulut pas que cette femme fût plus secrète que les autres, qui ne peuvent rien taire de ce qu'elles savent, et qui n'ont du silence que pour les choses qu'elles ignorent. A peine eut-elle appris ce dessein de la bouche de Golo, qu'elle le versa dans l'oreille de sa fille, qui, pour avoir une méchante mère, n'était pas sans quelque qualité louable, et surtout sans une tendre compassion des misères de Geneviève.

La comtesse, s'apercevant qu'elle pleurait, lui demanda la cause de ses larmes.

— Ah! madame, répondit cette fille, c'est fait de votre vie; Golo a reçu commandement de Monseigneur de vous faire mourir.

— Eh bien! ma fille, dit la comtesse, il y a longtemps que je demande cette faveur à Dieu; mais que deviendra mon pauvre enfant?

— Madame, il doit mourir avec vous.

A ces paroles, Geneviève demeura immobile; le premier mot que la douleur lui permit de former fut celui-ci :

— —Ah! mon Dieu! permettriez-vous que cette petite créature, qui ne sait pas encore pécher, fût affligée, et qu'un enfant fût coupable parce qu'il est malheureux?

En disant ainsi, elle trempait ses petites joues de ses larmes; puis, ayant donné à l'amour tous les baisers qu'il demandait, elle s'adressa à cette bonne fille :

— Ma mie, je ne sais pas si je te dois supplier de rendre un dernier service à la plus misérable de toutes les femmes; tu me peux obliger avec bien peu de peine et sans hasarder, puisque tout ce que je demande de ta courtoisie, c'est que tu m'apportes de l'encre et du papier : tu en trouveras dans le cabinet qui est proche de ma chambre; tiens, en voilà ma clef, prends-y tout ce que tu désireras de mes joyaux.

La fille ne manqua pas de faire ce dont elle l'avait priée, glissant après un billet dans le même cabinet d'où elle avait tiré le papier.

Sitôt que le lendemain commença de paraître, Golo appela deux serviteurs qu'il estimait les plus affidés, et leur commanda de conduire la mère et l'enfant dans un petit bois qui était à une demi-lieue du château, de les tuer sans bruit, puis jeter leurs corps dans la rivière. Et, pour avoir quelque marque de leur cruelle obéissance, il voulut qu'ils lui apportassent la langue de cette méchante mère : c'est ainsi qu'il appelait cette innocente comtesse. Quelle apparence de rien refuser à un barbare qui a le pouvoir de se faire obéir? On va dans la prison, on dépouille la pauvre dame de ses habits, on lui fait revêtir de vieux haillons, et, en ce pitoyable état, on la mène au supplice.

Nos deux innocentes victimes étaient arrivées au lieu où se devait faire le sacrifice; l'un des ministres de cette barbare exécution levait déjà le coutelas pour égorger le petit enfant, quand la mère demanda de mourir la première, afin de ne pas mourir deux fois.

Oh! qu'une beauté misérable a de pouvoir sur un cœur qui n'est pas de bronze!... Ceux que Golo avait choisis pour ôter la vie à la comtesse furent ceux qui la lui conservèrent.

— Camarade, dit l'un, pourquoi tremperions-nous nos mains dans un si beau sang que celui de notre maîtresse? Laissons vivre celle à qui nous n'avons rien vu faire digne d'une si cruelle mort; sa modestie et sa douceur sont des preuves infaillibles de son innocence; peut-être un jour viendra qui mettra sa vertu en évidence et notre condition en meilleure forme.

Le regret de voir égorger un innocent de cinq mois fit consentir Geneviève à être malheureuse, se persuadant que la nécessité la ferait finir avec moins d'horreur que par le fer et l'épée.

Cela ainsi résolu, les deux serviteurs commandèrent à leur maîtresse de s'écarter si avant dans la forêt, que Sifroy ne pût jamais en avoir nouvelle. Il était facile de se cacher dans un bois qui semblait n'avoir été fait que pour retirer les ours et les bêtes farouches; son étendue donnait de l'horreur aux plus hardis quand il le fallait traverser, et son obscurité était la demeure du silence; que si quelque chose l'interrompait parfois, ce ne pouvait être que les hurlements des loups, les cris des hiboux et les gémissements de l'orfraie. La douleur de la comtesse y tint bien sa partie, après qu'il lui fut permis de vivre parmi les bêtes.

Comme les serviteurs s'en retournaient au château, il survint un incident qui les fit repentir de leur pitié, se souvenant que Golo leur avait commandé de lui apporter la langue de Geneviève pour assurance de leur fidélité. Ils retournèrent sur leurs pas, afin d'exécuter ce que la compassion leur avait empêché de faire.

Dieu, qui conduisait cette affaire, permit qu'ils rencontrassent un petit chien, qui reçut la faveur de perdre la langue pour sa maîtresse.

Étant arrivés à la maison, l'intendant reçut la nouvelle de ce qu'ils devaient avoir fait par son commandement, dont il ressentit une joie fort sensible. Aussitôt il en donna avis au palatin, en la maison duquel il faisait le comte. Sifroy arrivé, on ne parle que de chasse, de débauche et de récréation, afin de divertir toutes les pensées qui pouvaient lui rappeler la mémoire de sa femme.

CHAPITRE XI

Aussitôt que les deux serviteurs eurent abandonné Geneviève, ses premiers pas la portèrent sur le bord de la rivière qui passait auprès du château. Ce fut là qu'elle prit la bague que Sifroy lui avait mise au doigt quand il partit pour la France, et puis la jeta dans le courant des flots, protestant qu'elle ne voulait point porter la marque d'une vertu qui lui avait causé tant de malheurs; et puis, rentrant dans la forêt, elle chercha quelque retraite pour se défendre de la rage des bêtes et pour mourir à couvert.

Comme elle était en cette retraite, et que les créatures insensibles avaient horreur de la secourir, elle ouït cette voix qui sortait de cette forêt :
— Geneviève, ne crains rien, j'aurai soin de toi et de ton fils!

Sur l'assurance de cette promesse, elle pénétra plus avant dans la forêt, sans apercevoir aucune chose qui pût lui promettre aucune consolation.

Deux jours s'écoulèrent dans cette extrémité, sans que chose du monde consolât sa douleur, que la liberté de se plaindre.

Si ses souffrances lui étaient sensibles, celles de son enfant lui étaient insupportables. Le jour ne semblait luire que pour montrer l'horreur du lieu où elle était; la nuit remplissait son esprit d'ombres, aussi bien que ses yeux de ténèbres. Rien ne se présentait à son imagination qui ne fût plein de terreur; le souffle d'un zéphir, le mouvement d'une feuille formaient des monstres plus terribles que ceux de la Lybie. Le soin de son Benoni augmentait beaucoup ses craintes, considérant qu'il avait couché deux nuits au pied d'un chêne, n'ayant que de l'herbe pour lit et qu'un peu de ramée pour défense.

Ce qui toucha plus sensiblement son âme, ce fut d'ouïr, le troisième jour, cette petite créature dont les gémissements demandaient le secours de ses mamelles; mais, hélas! elles étaient sèches : tout ce qu'il pouvait en tirer n'était qu'un sang corrompu. Ce fut pour lors qu'elle permit à sa douleur de dire :

— Mon Dieu! mon Sauveur, pourriez-vous souffrir que cet innocent meure faute d'avoir une goutte d'eau?

En disant ceci, elle reposait son Benoni à terre, retirant ses yeux de ce sujet de tant de misères; mais, quand elle eut marché quelques pas dans le bois, le doux murmure d'un ruisseau l'assura qu'il y avait une source assez près de là, ce qui l'obligea de prendre son fils pour le chercher; et, l'ayant trouvée, elle rafraîchit la bouche de son Benoni et retint son âme, qui était prête à quitter ce petit corps par faute de nourriture.

Il était encore besoin d'une retraite pour servir d'asile à ces pauvres bannis : Geneviève en trouva une très-belle assez proche de la fontaine. C'était un antre dont l'entrée se couvrait d'un buisson fort épais, où la mère et le fils marquèrent leur demeure pour sept ans : encore était-il nécessaire d'avoir quelque nourriture.

Pendant que notre pauvre comtesse travaillait son esprit de cette pensée, elle ouït un bruit comme si quelque cavalier eût poussé au travers des halliers, et elle vit paraître une biche qui, sans s'effrayer, s'approcha d'elle. Son étonnement s'accrut bien davantage quand elle vit que cette biche regardait l'enfant avec compassion, que, se joignant à la mère, elle le flattait, comme si elle eût voulu dire que Dieu l'avait envoyée là pour être sa nourrice. De fait, ayant aperçu que son pis était plein de lait, elle prit son fils, et, caressant la biche de sa main, le fit téter.

Geneviève reçut ce bienfait avec des sentiments de joie qui essuyèrent toutes ses tristesses. Le contentement de cette première faveur s'augmenta beaucoup quand elle connut que la biche venait deux fois par jour, sans recevoir d'autre salaire de ses bons offices que quelques poignées d'herbe et les caresses de la comtesse. Parfois elle lui parlait comme si elle eût été douée de raison, lui donnait des témoignages d'amitié comme si elle en eût été capable.

Ce fut la seule assistance que notre petit innocent tira des créatures l'espace de sept ans; pour la comtesse, la terre lui fournissait des herbes et des racines.

Si les maux de la comtesse touchaient sensiblement son cœur, on ne saurait dire quel tourment ceux de son fils lui causaient, particulièrement lorsque sa langue vint à se délier aux premières plaintes de sa douleur, et que ce petit innocent commença à sentir qu'il était malheureux. Cette pitoyable mère le serrait contre son sein pour échauffer ses petits membres tout glacés; puis, comme elle sentait les trémoussements de son Benoni, la pitié perçait si fort son cœur de douleur, qu'elle en tirait mille sanglots, et de ses yeux des larmes infinies.

— Ah! mon pauvre enfant, mon cher enfant,

que tu commences de bonne heure à être misérable !

A voir l'enfant, on eût dit qu'il avait l'usage de raison, car à ces trois paroles il poussa un cri si perçant, que le cœur de Geneviève en demeura sensiblement blessé. On ne saurait dire combien de fois la douleur et le froid ont failli la faire pâmer.

CHAPITRE XII

Après que notre comtesse eut souffert dans cette âpre solitude trois années d'hiver tout entières, puisque le soleil n'y faisait jamais d'été, ses maux se rendirent si familiers, qu'elle n'en avait plus d'horreur, sa patience se perfectionna. L'accoutumance rend toutes choses faciles ; ce qui semble au commencement plein d'effroi, s'apprivoise à la fin. Le poison tue, et néanmoins on a vu un grand roi qui s'en nourrissait. Geneviève, tous les jours, se recueillant elle-même, offre à Dieu un sacrifice si agréable à sa divine bonté, qu'elle la récompense autant de ses soupirs glacés, que si elle brûlait tout l'encens d'Arabie.

La première faveur qu'elle reçut du ciel, après trois années de noviciat, fut un jour qu'elle était à genoux au milieu de la petite cabane, les yeux tournés vers le ciel, dont l'admiration servait d'ordinaire de sujet à ses pensées. Comme son esprit se perdait heureusement dans les immensités de ces beaux ouvrages, elle aperçut un jeune homme étincelant de lumière, qui fendait l'air pour se rendre à son antre.

Si Geneviève eût été idolâtre, elle eût pu croire que c'était la lune qui descendait dans ce bois pour être la Diane, ou plutôt le soleil qui s'était détaché du ciel pour visiter un lieu qu'il n'avait jamais éclairé. Son esprit avait trop de lumière pour tomber dans une erreur si lourde ; elle prit plutôt cette beauté pour une intelligence du ciel, que pour un de ses astres, quoiqu'il fût entouré de rayons ; en quoi sa croyance ne la trompa point, car c'était son ange gardien qui venait de la part de Dieu dans cette caverne.

Celui duquel nous parlons avait un visage où la beauté et la modestie se mêlaient avec une majesté si divine, qu'il eût pu se faire adorer par une personne qui ne l'eût pas connu serviteur de Dieu. Outre les rayons qui s'étendaient autour de lui, son corps était couvert d'un crêpe blanc, couleur qui marquait le lieu d'où il venait : il tenait dans sa main droite une précieuse croix, sur laquelle le Sauveur du monde était si naïvement représenté d'un ivoire si luisant, qu'il était facile à voir que les hommes n'avaient pas travaillé à cet ouvrage. Ses cheveux pendaient nonchalamment sur ses épaules, que certaines boucles marquaient comme des gouttes de sang ; ses yeux semblaient nager dans la mort, et sa bouche se plaindre dans l'excès de son martyre. Ses membres étaient si délicatement polis, qu'on voyait toutes les veines et les nerfs de ce corps s'élever à fleur de peau.

Quand notre comtesse fut revenue de l'admiration de ces merveilles, l'ange lui présenta la croix, et lui dit :

— Geneviève, je suis ici de la part de Dieu, pour vous apporter cette croix qui désormais servira d'objet à toutes vos pensées, et de remède à vos maux ; si l'amertume des souffrances vous semble insupportable, mêlez ce sang parmi, et vous trouverez de la douleur dans vos déplaisirs ; si quelque pensée de désespoir attaque votre esprit, retirez-vous dans ces plaies où toutes les colombes du ciel ont leur refuge, je vous promets du repos. En un mot, Geneviève, c'est ici le bouclier qui fera tomber tous les ennemis et adversités à vos pieds ; c'est la clef qui ouvrira le ciel à votre patience. Recevez cette faveur.

Voici un prodige tout miraculeux ; ce crucifix suivait Geneviève partout ; quelque nécessité qui l'appelât dehors, il l'accompagnait ; et, si elle cherchait des racines pour se nourrir, c'était sa compagnie : étant dans sa pauvre retraite, il ne s'écartait jamais d'elle. Quelques mois après, il s'arrêta en un coin de la grotte, où il y avait un petit autel que la nature avait travaillé dans la roche, et que notre sainte parait de fleurs et de ramées. Aussitôt que le déplaisir assaillait son pauvre cœur, le Sauveur lui tendait les bras, et lui ouvrait son sein, afin d'y verser tous ses ressentiments. Il est bien aisé de découvrir ses pensées à celui qui ne peut les ignorer, et de mettre toutes ses peines aux pieds de celui qui en peut être le médecin.

Un jour, pendant que l'image de toutes ses misères se présenta à son esprit, faisant de ses yeux des sources de larmes, elle se jeta aux pieds de la croix, lui disant :

— Jusqu'à quand, mon Dieu, jusqu'à quand souffrirez-vous que la vertu soit si cruellement traitée ? n'est-ce pas assez de cinq ans de misère. N'est-il pas temps de faire paraître que vous êtes le protecteur de l'innocence, aussi bien que le vengeur du crime ? Il y a cinq ans que j'endure un martyre qui ne laisse pas d'être extrêmement cruel. Rien au monde n'a consolé ma douleur. La nuit cache de ses ombres la moitié de mes maux ; le soleil n'ose approcher de mes yeux, crainte d'y rencontrer des inquiétudes. La faim, le froid et la nudité sont la moindre partie de mes maux : l'infortune de ce petit innocent m'est plus insupportable que tout cela. Ah ! Seigneur, si vous voulez affliger la mère pour quelques fautes qui lui sont inconnues, que ne prenez-vous sous votre protection l'enfant.

En prononçant ces tristes paroles, elle baignait son crucifix du torrent de ses pleurs. Le petit Benoni mêlait ses larmes avec celles de sa mère.

Pendant que la comtesse parlait, elle entendit le crucifix qui répondit :

— Hé quoi ! ma fille, quel sujet avez-vous de vous plaindre ? vous demandez quel crime vous a mise ici ? Dites-moi quel péché m'a attaché à la croix ? êtes-vous plus innocente que moi ? vos maux sont-ils plus grands que les miens? Vous êtes sans crime, et moi suis-je coupable? vous ne recevez aucune consolation des créatures, n'est-ce pas assez de celles du Créateur? personne n'a compassion de vos maux, qui en a eu des miens? Les choses même insensibles ont horreur de votre affliction, le soleil ne refusa-t-il pas même de regarder la mienne? Ton fils augmente tes regrets; crois-tu que ma mère ait moins irrité mes tourments? Console-toi, ma fille, et me laisse le soin de tes affaires; pense quelquefois que celui qui a fait tous les biens de ce monde en a souffert tous les maux. Si tu compares ton calice au mien, tu le boiras avec plaisir, et tu m'en remercieras.

Ce discours donna tant de courage et de résolution à Geneviève, que toutes ses épines ne lui semblaient plus que des roses, ses amertumes que des douceurs, ses peines et tourments que d'agréables délices.

Dieu lui soumit entièrement la rage des bêtes farouches, et la liberté des oiseaux. C'était une chose ordinaire, dès son entrée dans la forêt, que la biche venait allaiter l'enfant, et se coucher toute la nuit dans la caverne avec la mère et le fils, afin d'échauffer ses membres glacés; mais depuis cette dernière faveur, les renards, les chèvres et les louveteaux venaient jouer avec le petit Benoni : les oiseaux se battaient à qui se laisseraient prendre les premiers. La caverne de Geneviève était un lieu où les sangliers n'avaient point de rage, ni les cerfs de crainte; au contraire, on eût dit que notre sainte princesse eût changé leur nature par la compassion de ses maux, et donné quelque sentiment de raison aux bêtes pour connaître ses nécessités.

Un jour, vêtant un vieux haillon à son fils en présence d'un loup, cet animal partit aussitôt de l'antre, et alla égorger une brebis dont il apporta la peau à Geneviève, comme s'il eût eu le jugement de discerner ce qui était propre à échauffer le corps de Benoni. La sainte reçut ce présent, mais après l'avoir aigrement réprimandé de ce qu'il faisait mal à un autre pour lui faire du bien.

CHAPITRE XIII

Dans le même temps que Geneviève se perdait dans les pures et innocentes joies de sa vertu, Sifroy n'avait ni joie, ni contentement dans les plaisirs de sa maison. La nuit ne lui représentait que de noires ombres et de tristes fantômes, le jour n'éclairait que pour lui faire remarquer l'absence de sa Geneviève, et son esprit n'avait que des pensées sombres et mélancoliques. Souvent on le voyait rêver tout seul sur le bord de la rivière, remarquant dans l'inconstance des flots l'agitation de son esprit; et comme si cette humeur l'eût rendu sauvage, il se dérobait à ses serviteurs, pour donner plus de liberté à ses soupirs dans l'obscurité d'un bois, se fâchant même de son ombre, si cette obscurité le forçait à la suivre. Qui pourrait se figurer le désespoir et la fureur où il entrait, quand sa mémoire lui disait :

— Tu as fait tuer Geneviève; tu as massacré ton fils; tu as ôté la vie à ton pauvre serviteur, de qui les pâles ombres te suivent constamment! Geneviève, où êtes-vous? où êtes-vous, ma chère fille, où êtes-vous?

S'il eût tenu Golo en cette humeur, il eût ramené la coutume de sacrifier aux mânes; mais ce perfide feignit fort à propos un voyage, quand il aperçut l'esprit de Sifroy changé.

Un soir que le palatin était couché, il entendit sur le minuit quelqu'un qui marchait à grands pas dans sa chambre; aussitôt il tira les rideaux de son lit, et n'ayant rien aperçu à la lueur d'un peu de lumière qui restait sous la cheminée, il tâcha de s'endormir; mais un quart d'heure après, le même bruit recommença, si bien qu'il aperçut, au milieu de sa chambre, un grand homme, pâle et défait, qui traînait un fardeau de chaînes, dont il paraissait être lié.

Cet horrible spectacle, paraissant dans l'obscurité de la nuit, était capable de faire pâmer un homme moins hardi que Sifroy; mais étant courageux et assuré, il lui demanda ce qu'il voulait, sans témoigner aucune frayeur, s'estimant indigne de trembler pour des ombres, lui qui n'avait pas appréhendé la mort même; néanmoins il ne put commander à une sueur froide qui se répandit sur son corps, principalement quand il vit que cet esprit lui faisait signe de venir à lui; ce qu'il fit aussitôt, le suivant au milieu d'une basse-cour, de là dans un petit jardin : il n'y fut pas plus tôt qu'il disparut, laissant le comte plus étonné de sa fuite, que s'il eût encore continué une compagnie si peu agréable. La lune favorisa beaucoup sa crainte, car lui ayant montré jusqu'alors où il était, elle retira sa lumière, le laissant chercher dans les ténèbres la porte de sa chambre.

S'étant remis dans le lit, il alla s'imaginer qu'il avait ce grand homme tout de glace à ses côtés, qui le pressait entre ses bras. Cela lui fit appeler ses serviteurs, qui le trouvèrent plus pâle qu'un homme mort; il dissimula sa peur jusqu'au matin.

A peine le jour commençait à paraître, qu'il commanda aux valets de creuser la terre à l'endroit où l'esprit s'était évanoui. On n'avait pas encore creusé plus de deux pieds, qu'on trouva les os d'un homme mort, tout chargé de chaînes et de menottes; il y eut un serviteur qui dit au comte que l'intendant avait fait jeter le corps du malheureux Drogan en ce même lieu où l'on avait trouvé la carcasse. Sifroy ordonna qu'on lui fît dire des messes pour le repos de son âme.

Depuis ce temps-là on n'entendit plus de bruit dans le château; mais l'esprit du palatin lui servit de spectacle, lui donnant des imaginations si épouvantables, que les hommes agités de furie ne peuvent se figurer. Ce fut alors qu'il connut que ses craintes et ses frayeurs étaient des effets de son crime. Rien ne pouvait lui ôter ses imaginations noires et profondes; il avait sans cesse devant les yeux les images de ces trois innocents qu'il croyait avoir tués. On entendit souvent ces paroles sortir de sa bouche :

— O Geneviève ! que tu me tourmentes !

CHAPITRE XIV

Benoni, cependant, commençait d'avoir, avec le sentiment de ses misères, l'usage plein et entier de sa raison. Sa mère n'oubliait rien de tout ce qui pouvait lui servir à son instruction. Le matin et le soir, avant de se reposer, elle le faisait mettre à genoux devant la croix, et jamais elle ne lui permettait de téter la bouche qu'après avoir prié Dieu.

Ce petit enfant montrait tant d'inclination au bien, que sa mère en était transportée de joie. Il lui faisait mille petites questions qui montraient assez la gentillesse de son naturel, et la bonté de son esprit. Cela faisait quelquefois pleurer sa pauvre mère, considérant que son fils méritait bien d'être élevé dans une autre école que parmi les bêtes. Elle n'accorda jamais à Benoni de lui dire la cause de ses larmes ; mais dissimulant avec prudence, elle crut ne devoir pas accroître ses maux, en lui en découvrant l'auteur.

Un jour que cet enfant jouait sur le sein de sa mère, et la flattait amoureusement de sa main, il lui demanda :

— Ma mère, vous me commandez souvent de dire : Notre père qui êtes aux cieux ; dites-moi qui est notre père ? Geneviève fut sur le point de se pâmer à ces paroles ; néanmoins, serrant son cher fils sur sa poitrine, et jetant ses bras à son cou, elle lui dit :

— Mon enfant, votre père c'est Dieu, ne vous l'ai-je déjà pas dit ? regardez ce beau palais, voilà sa maison ; le ciel est le lieu de sa demeure.

— Mais, ma mère, me connaît-il bien ?

— Ah ! mon fils, repartit Geneviève, il ne se peut autrement. Il vous connaît et il vous aime.

— D'où vient donc, repartit Benoni, qu'il ne nous fait point de bien, et qu'il permet tous les maux que nous souffrons ?

— Mon fils, c'est se tromper que de croire que les biens soient des preuves de son amour, tant s'en faut ; les nécessités que nous souffrons marquent un cœur de père en notre endroit, puisque les richesses ne sont autre chose que des moyens pour se perdre, dont Dieu punit quelquefois les méchants, se réservant de faire du bien à ses amis en l'autre monde.

Le petit Benoni écoutait tout ce discours avec beaucoup d'attention ; mais quand il ouït faire la différence des bons et des méchants d'un autre monde, il ne put s'empêcher d'interrompre ainsi Geneviève :

— Hé quoi ! mon père a-t-il d'autres enfants que moi ? Où est l'autre monde ?

— Mon fils, répondit la comtesse, Dieu est un grand et riche père qui a un grand nombre d'enfants ; il a des trésors infinis à leur donner. Encore que vous ne soyez jamais sorti de ce bois, il faut que vous sachiez qu'il y a des villes et des provinces qui sont pleines d'hommes et de femmes, dont les uns suivent la vertu, et les autres se laissent aller au vice. Ceux qui le respectent comme de vrais enfants iront au ciel pour jouir avec lui de mille contentements : au contraire, ceux qui l'offensent seront châtiés dans l'enfer, qui est un lieu sous terre, plein de feu et de tourments. Voyez desquels vous voulez être, nous avons droit d'être des premiers ; car ceux qui sont misérables comme nous, pourvu qu'ils le soient volontiers et parce que Dieu le veut, sont assurés d'aller en paradis, qui est ce que j'ai appelé l'autre monde.

Notre petit Benoni ne se put tenir de lui demander quand il irait en paradis.

— Ce sera après votre mort, répartit la mère.

Ce pauvre innocent était fort éloigné de comprendre tout ce que sa mère lui avait dit, si la bonté de Dieu ne lui eût servi de maître, éclairant son petit esprit intérieurement, lui mettant au jour ces belles connaissances, que nous n'apprenons que par une longue étude et beaucoup de travail. Il comprit ce que c'était que des villes et des provinces, aussi parfaitement que s'il eût connu le monde ; s'il eût entendu quelque philosophe sur l'immortalité de l'âme, il n'eût pas mieux compris son essence et ses qualités. Il avait même quelques connaissances dont son âge n'était pas capable. L'expérience ne lui avait jamais appris ce que c'était que la mort ; mais peu s'en fallut qu'il n'en eût un triste exemple en la personne de sa mère, quelques jours après, par de longues fatigues, les ennuis ordinaires, et la nécessité de toutes choses, qui avaient consumé un corps qui ne pouvait être que délicat, ayant été nourri dans les délices d'une cour ; elle avait soutenu six hivers entiers et autant d'étés, si bien qu'à peine pouvait-elle se connaître elle-même.

Voir Geneviève et un squelette, était la même chose. Les racines dont elle s'était nourrie lui avaient composé un corps tout de terre. Jugez si une petite maladie, accompagnée de toutes ses incommodités, ne pouvait pas ruiner un corps qui, peut-être usé par des douleurs extrêmes, exténué par des austérités insupportables, rongé de mille soins très-cuisants, n'avait besoin que d'un souffle pour tomber ; et toutefois, voilà une fièvre violente qui s'attache à ce peu de sang qui restait dans ses veines, et l'enflamme d'une brûlante ardeur : la pauvre Geneviève n'attend plus que la mort. Benoni voyant les yeux languissants de sa mère, son teint entièrement effacé, se prit à pleurer si fort, qu'il pouvait bien être entendu de cette âme qui fuyait déjà d'autre part.

Enfin, Geneviève étant revenue d'une longue pâmoison, arrêta quelque temps ses yeux sur l'aimable objet de ses douleurs ; et, après lui avoir appris qu'il était le fils d'un grand seigneur, et tout ce qu'elle lui avait célé jusqu'alors, elle ajouta :

— Mon fils, voici l'heureux jour qui va mettre fin à mes peines ; je n'ai point sujet de me plaindre de la mort, n'ayant aucune raison de souhaiter la vie. Je vais sortir du monde sans regrets, ainsi que j'y ai demeuré sans désirs. Si j'étais capable de quelque déplaisir, ce serait de vous laisser sans appui, dans les souffrances des maux que vous n'avez pas mérités. Je confie mes intérêts et les vôtres entre les mains de celui qui est le père des orphelins. C'est à lui à qui je laisse le soin de votre enfance, c'est de lui que vous devez attendre votre appui ; jetez-vous amoureusement entre ses bras, et mettez votre confiance en sa bonté ; je ne veux pas que vous ayez souvenance d'une pauvre mère qui ne vous a mis au monde que pour souffrir tous les maux ; néanmoins, si vous désirez rendre quelque chose à mes soins, voici ce que je veux de votre reconnaissance. Je vous conjure, mon cher fils, d'ensevelir avec mon corps les ressentiments des outrages et des maux que l'on m'a fait souffrir, puisqu'il n'y a que Dieu seul qui connaisse leur grandeur, il n'y a que lui qui puisse leur ordonner des supplices.

J'espère que la miséricorde de Dieu nous fera justice, et qu'elle donnera à connaître à tout le monde que vous êtes le fils d'une mère qui n'a été flétrie par la calomnie que pour avoir persisté à rester vertueuse. Au reste, mon fils, après avoir mis mon corps en terre, faites ce que Dieu vous inspirera. S'il veut que vous retourniez à votre père, n'en faites aucune difficulté. Vous avez des qualités qui feront avouer la ressemblance de votre visage au sien. Ne lui permettez pas de vous méconnaître, s'il se souvient encore de ce qu'il est pour moi, de qui vous ne devez attendre aucun bien que des désirs et des bénédictions ; il vous les donne aussi abondantes que le ciel vous peut les départir.

En disant ceci, elle fit mettre son Benoni à genoux, mouillant son petit visage du reste de ses larmes.

Tandis que notre Geneviève attendait la mort, deux anges, plus beaux que le soleil, entrèrent dans sa grotte, et la remplirent d'odeurs et de lumières ; s'étant approchés de sa petite couche de ramée, celui qui était tutélaire de la maladie, lui dit en la touchant :

— Vivez, Geneviève, Dieu le veut.

Alors, ouvrant ses mourantes paupières, elle aperçut ces deux anges, qui ne lui donnèrent pas le loisir d'être considérés ; ils lui laissent, avec la santé, l'étonnement de cette guérison miraculeuse.

CHAPITRE XV

Geneviève et Sifroy souffraient depuis sept ans : l'un dans les horreurs d'un crime qu'il n'avait commis que par ignorance, et l'autre dans les misères qu'elle ne supportait que par injustice.

Dieu, voulant faire voir l'innocence de celle-ci et l'erreur de celui-là, permit que cette méchante sorcière chez qui il avait vu le péché imaginaire de sa femme, fût prise ; accusée et convaincue de beaucoup de crimes qu'elle ne put nier, bien qu'ils fussent faux pour la plupart. Etant sur le point d'expier ses offenses par les flammes, étant attachée à l'infâme poteau du supplice, elle demanda la permission à la justice de dire quelques paroles, ce qu'on lui accorda. Après l'aveu de quelques crimes, elle confessa que de tous les maux qu'elle avait jamais faits, celui d'avoir rendu coupable une personne innocente lui pesait le plus. Les ministres de la justice recueillirent ces mots, et lui commandèrent de s'expliquer sur ce dernier point : ce qu'elle fit ; ajoutant un soupçon que les illusions de sa magie lui avaient donné. La sorcière mourut sur cette déclaration ; ce qui fut aussitôt rapporté au comte, qui ne fut pas moins triste de cette nouvelle, que consolé de voir que s'il avait perdu sa femme sans ressource, elle était au moins morte sans reproche.

Qui pourrait décrire les menaces de sa colère contre Golo ? Tantôt il disait :

— Ah ! cruel bourreau ! n'était-ce pas assez de ruiner ma maison, sans en hasarder l'honneur : si tu avais envie de massacrer l'innocent, que ne trouvais-tu des moyens plus honnêtes à tes cruautés ! Oh ! que n'as-tu cent vies pour expier tes crimes ! Traître perfide, tu en perdrais une dans les flammes, l'autre sous le coutelas, une autre entre les dents de mes chiens, et toutes en autant de sortes de morts que ta malice a eu de divers artifices en ses calomnies. Mais vous êtes toujours mortes, déplorables victimes : Tu es morte, ma chère Geneviève ! tu es mort, innocent agneau ! votre sang crie vengeance contre moi, et marque sur mon front la honte de ma lâcheté : oserai-je demander pardon d'une faute que ma seule crédulité a commise ? et pourquoi n'espérerai-je pas cette faveur de votre miséricorde, puisque vous êtes aussi bons qu'innocents ? Si un péché extrême se peut venger par un extrême châtiment, je vous promets de laver mes mains dans le malheureux sang de celui qui en est la cause!...

Néanmoins, il dissimula son mécontentement, de peur d'éventer son dessein.

Golo s'était retiré en sa maison depuis deux ans, et venait voir le comte seulement quand la bienséance le contraignait à ce devoir. Que fait Sifroy? il met ordre afin qu'il ne lui échappe ; il le prie par lettre de venir à une grande chasse. Le dessein était véritable ; mais on ne lui déclara pas qu'il était la bête qu'on voulait prendre. Le voilà donc dans la maison du palatin, et de là dans la même tour où il avait si longtemps retenu son innocente maîtresse.

Golo soupire de crainte, et Geneviève soupire d'amour ; il se perd dans les horreurs de son supplice, pendant qu'elle se perd dans les douces extases de sa solitude. Le palatin ayant ainsi donné la conduite du châtiment qu'il méritait à sa discrétion, il prit le dessein de convier ses parents à la fête des Rois, et après le festin, de leur mettre Golo entre les mains.

A cet effet, il fait provision de tout ce qu'il pouvait préparer pour un somptueux et magnifique banquet. Tous les éléments y fournirent leurs délices; le comte y voulant contribuer par quelque chose de sa peine, résolut d'aller à la chasse. Le jour qu'il avait choisi n'eût pas plutôt dissipé les ténèbres et réveillé les oiseaux, que Sifroy partit, afin de surprendre les bêtes aux gagnages.

A peine notre palatin s'était-il écarté de ses gens, qu'il aperçut une biche à l'entrée du bois ; il poussa aussitôt son cheval ; mais elle gagna la forêt, poussant au travers des halliers si lentement, qu'elle semblait désirer sa prise, ou au moins d'être chassée. Sifroy la poursuivit jusqu'à une caverne.

Comme il s'apprêtait à lancer un javelot sur cette pauvre bête, il entrevit au fond de cet antre quelque chose qui ressemblait assez à une femme, sinon que cela paraissait nu, n'ayant point d'autre vêtement qu'une longue et épaisse chevelure, qui couvrait en quelque façon son corps. Ce spectacle le fit approcher jusqu'à ce qu'il pût discerner que c'était une femme, dans le sein de qui la biche cherchait un asile.

Le comte et la comtesse furent alors saisis de deux différentes admirations : Sifroy s'étonnait de la privauté de cette bête, et de l'extrême nécessité de cette femme qu'il avait prise pour un ours. Geneviève, qui n'avait été visitée que par des anges depuis sept ans, ne pouvait assez admirer les effets de Dieu, de voir son mari quelle connut aussitôt, quoique inconnue.

Après que l'étonnement eut fait place aux pensées, le palatin la pria de s'approcher de lui ; mais Geneviève était trop modeste pour paraître ainsi nue ; elle demanda quelque chose pour se couvrir : ce qu'il fit, faisant tomber sa casaque, dont elle se couvrit. Quand elle se fut enveloppée de ce manteau, Sifroy s'avança vers elle et l'interrogea sur plusieurs choses.

CHAPITRE XVI

Pendant leurs discours, la bonté du ciel réveilla la souvenance de Geneviève en l'âme de Sifroy, qui lui demanda son nom, son pays, et d'où vient qu'elle se retirait dans un désert si affreux.

— Sire, repartit Geneviève, je suis une pauvre femme de Brabant, que la nécessité a contrainte de se retirer dans ce petit coin du monde, faute d'avoir aucun appui autre part. Il est vrai que j'étais mariée à un homme qui pouvait me faire du bien, s'il eût eu autant la volonté que la puissance. Le soupçon qu'il prit trop légèrement de ma fidélité le fit consentir à ma ruine et à celle d'un enfant qui n'avait pas été conçu avec le péché qui m'était imputé ; et si les serviteurs qui avaient le commandement de me faire mourir eussent eu autant de précipitation à exécuter la sentence, qu'on avait eu d'imprudence à me condamner, je n'aurais pas vieilli l'espace de sept ans dans une solitude où je n'ai aucun aide que l'air et l'eau, et quelques racines qui ont servi à prolonger mes misères et ma vie.

Pendant ce triste discours, l'amour de Sifroy et ses yeux cherchaient dans ce visage exténué des marques de sa chère femme ; ses soupirs lui disaient : Sans doute, voilà Geneviève ; la malice de Golo lui semblait trop pleine d'artifice pour avoir laissé vivre celle qui avait été le sujet de sa haine : toutefois elle dit qu'un soupçon est la cause de son malheur, qu'elle est de Brabant, que son mari était de qualité, qu'on avait eu dessein contre sa vie. Oh! que l'amour a de force! ce visage que tant d'austérités avaient effacé, lui donne des assurances certaines de ce qu'il cherche.

— Mais, ma grande amie, ajouta-t-il, dites-moi votre nom.

— Sire, je m'appelle Geneviève.

A ces mots, le comte se laisse glisser de son cheval, lui saute au cou, s'écriant :

— C'est toi, ma chère Geneviève! hélas! toi que j'ai si longtemps pensé morte! d'où me vient ce bonheur d'embrasser celle que je ne mérite pas de voir? comment puis-je demeurer en la présence de celle que j'ai tuée au moins de désir? Ah! ma chère fille, pardonnez à ce criminel, qui, confessant son péché, avoue votre innocence. S'il ne faut qu'une vie après vous avoir fait mourir tant de fois, je remets la mienne entre vos mains, je ne veux plus vivre qu'autant qu'il vous plaira!...

Sifroy et Geneviève demeurèrent immobiles comme des statues de marbre, sans pouvoir dire mot de longtemps. Geneviève pensait à l'admirable Providence de Dieu, qui lui rendait l'honneur par des voies qui étaient plutôt des miracles que des merveilles ; et Sifroy ne pouvait se rassasier de voir un visage qu'il respectait alors comme la partie la plus auguste d'une sainte. Les misères et les langueurs n'avaient pas tellement consumé son corps, qu'il n'y eût encore quelque reste de cette première beauté qui l'avait fait honorer, ce qui perça le cœur du palatin, d'avoir persécuté la vertu dans un si beau corps.

Sitôt que l'extase et le ravissement lui donnèrent la liberté de respirer, la première parole qu'il proféra fut celle-ci :

— Où est donc mon pauvre enfant, Geneviève? où est le fils d'un père qui a été plus malheureux que méchant?

La comtesse, qui voyait dans ses larmes l'image de son âme, voulant rendre la paix à son esprit, lui tint ce discours :

— Sire, oubliez de votre esprit le souvenir de mes misères et de votre erreur; puisque nous n'avons point d'autre pouvoir sur la pensée que l'oubli, n'ajoutons rien à nos maux, par l'impuissance de les guérir. Dieu ne nous a réservés jusqu'à maintenant, que pour jouir des fruits de sa miséricorde; ne refusons point ce qu'il nous présente. Pour moi, qui semble avoir plus d'intérêt en ceci, je pardonne de bon cœur à ceux qui ont voulu me procurer du mal, et plus volontiers à ceux qui ne m'en ont fait que par surprise. Vivez donc satisfait : Geneviève est digne de vous, et votre fils existe.

Certes, Sifroy eut besoin d'une grande force pour modérer sa joie; mais la vertu lui fut encore plus nécessaire, quand il vit son petit Benoni qui apportait plein ses deux mains de racines à sa mère.

Figurez-vous toutes les joies qu'un père peut avoir; dites seulement que Sifroy ressentit cela. Combien de douces larmes épanchées dans son sein! combien de baisers poussés sur sa bouche et sur ses joues! combien d'embrassements pensez-vous qu'il lui donna? L'amour ne perd rien; il ne faut pas douter qu'il ne lui rendit tout ce qu'il lui devait depuis sept ans.

CHAPITRE XVII

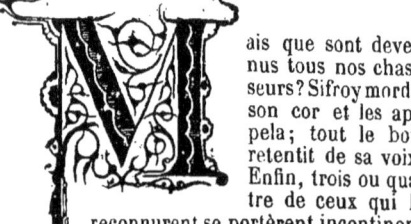

Mais que sont devenus tous nos chasseurs? Sifroy mordit son cor et les appela; tout le bois retentit de sa voix. Enfin, trois ou quatre de ceux qui la reconnurent se portèrent incontinent au lieu d'où elle venait. Quel étonnement ne saisit point leur esprit, de trouver leur maître en cette conjoncture, de voir un petit enfant pendu à son cou, une femme à ses côtés, une biche parmi les chiens, sans querelle! Quelle admiration, quand ils reconnurent que c'était une dame qu'ils avaient tant pleurée!

La palme séparée de son tronc se flétrit tellement, qu'on la prendrait pour un arbre sec; mais, sitôt qu'elle peut embrasser les rameaux de celui qu'elle semble aimer, ses branches prennent vigueur et les fait rajeunir. Geneviève qui, parmi les ennuis de la tristesse et les nécessités de la pauvreté, avait eu assez de loisir de perdre sa beauté, reprit tant de grâces à la vue de son cher Sifroy, qu'elle devint quasi-semblable à ce qu'elle avait été. Les serviteurs n'eurent pas beaucoup de peine à la reconnaître; ils ne purent s'empêcher de pleurer à cette première joie. Quelques-uns furent promptement envoyés au château pour chercher une litière et des habits; les autres donnèrent tout ce qu'ils purent des leurs pour vêtir la comtesse. Ce ne fut pas sans déplaisir que Geneviève quitta un si agréable séjour, et ses paroles le témoignèrent assez.

— Adieu, disait notre bonne princesse, adieu, grotte sacrée qui a célé si longtemps mes tristesses; adieu, arbres, qui m'avez défendue du soleil; adieu, aimable ruisseau, qui m'a si souvent servi de nectar; adieu, petits oiseaux, qui m'avez tenu si bonne compagnie; adieu, doux animaux, qui m'avez été autant de serviteurs! Que jamais ne puisses-tu servir de retraite aux voleurs, ma chère grotte! que l'ardeur du chaud ne flétrisse point ces rameaux; que le venin des serpents n'empoisonne jamais ces eaux; que la glue ni les lacets ne trompent point ces oisillons; que les chasseurs ne nuisent jamais à ces innocentes bêtes.

On pourrait dire, sans beaucoup de fiction, ce que toutes les créatures témoignèrent de déplaisir de cette sortie. La caverne en devint plus sombre; l'eau semblait murmurer plus haut et fuir plus vite qu'à l'ordinaire; les zéphirs en soupiraient, et les oiseaux l'accompagnèrent jusqu'à la sortie du bois, marquant, du battement de leurs ailes et du son de leurs languissantes chansons, le déplaisir de son départ. Il n'y eut que la biche qui fut sans regret, parce qu'elle suivit la comtesse sans jamais s'éloigner d'elle.

Ayant marché une lieue, ceux qui étaient allés au château revinrent accompagnés de tous les domestiques, qui ne purent dire un seul mot à leur bonne maîtresse, tant la joie les possédait.

Comme ils s'approchaient du château, deux pêcheurs s'avancèrent vers le palatin, et lui présentèrent un poisson d'une prodigieuse grosseur; mais l'étonnement fut plus grand, car, après l'avoir vidé, on trouva dans ses boyaux une bague que Sifroy reconnut être celle que Geneviève avait jetée dans la rivière. Ce nouveau miracle causa une nouvelle admiration à tous les assistants, et principalement dans l'esprit du comte, qui ne pouvait assez louer la bonté de Dieu, qui faisait parler les muets pour déclarer l'innocence de sa femme.

Tous les parents et amis de Sifroy ne manquèrent pas de se réunir en son palais, où ils trouvèrent un bien plus grand sujet de joie qu'ils n'espéraient, quand ils apprirent le moyen dont Dieu s'était servi pour déclarer son innocence. Il n'y eut personne qui ne rendit grâces à Dieu d'un si grand bienfait. Les uns saluaient la mère, les autres embrassaient l'enfant.

Rien ne fut oublié de tout ce qui pouvait accroître cette réjouissance. La fête dura une semaine tout entière, dont la joie ne fut troublée que du seul déplaisir de voir que la comtesse ne pouvait goûter ni chair ni poisson : tout ce qu'on put faire endurer à sa vertu et à son estomac fut des herbes et des racines un peu mieux accommodées qu'elle ne les mangeait dans sa solitude.

CHAPITRE XVIII

Quelques jours s'étant écoulés dans les plaisirs, le palatin ordonna qu'on tirât Golo de prison.

On l'amena dans la chambre où était la comtesse avec toute cette noblesse qui était venue visiter Sifroy. Ce fut là où toutes les frayeurs d'une mauvaise conscience saisirent ce méchant homme. Ses artifices ne servaient plus de rien ; il ne peut nier un crime duquel les hommes, les animaux et les poissons sont témoins. L'espérance du pardon lui semble un nouveau péché ; la crainte le gêne ; déjà l'image de la mort le fait transir ; la bonté de Geneviève lui donne une pensée de son salut, mais l'horreur de son crime lui représente qu'il est aussi peu raisonnable d'attendre de la miséricorde qu'il est indigne de pardon. La pitié lui fait espérer, mais sa propre cruauté lui ôte sa confiance. L'amitié du comte lui donne de la hardiesse, et sa juste indignation lui donne de la crainte. Il prend dans son cœur les assurances de pardon, mais ses yeux, sa voix et son visage ne lui parlent que de supplices.

Enfin, n'ayant pas même osé arrêter la vue sur celle qu'il avait si indignement traitée, il tomba de peur et de faiblesse. Sifroy, allumant tout son visage de colère et proférant d'épouvantables menaces, après lui avoir reproché son infidélité, le condamna à mourir.

— Seigneur, dit la princesse, encore que les résultats, lorsqu'ils sont heureux, ne justifient pas des actes coupables, j'ai toutefois quelque raison de bénir mon infortune ; pour moi, forte et heureuse des faveurs de Dieu au milieu de la détresse, je pardonne à Golo tous ses crimes envers moi ; ainsi, que votre justice ne prononce contre ce coupable aucun supplice en vue de satisfaire mon ressentiment ; je renonce à toute vengeance et verrais avec satisfaction votre miséricorde s'étendre sur un criminel qui trouvera son supplice dans son cœur ; car sa conscience ne lui pardonnera pas si vous épargnez sa vie ; voyez, mon cher Sifroy, les larmes que je répands et que je donne à sa misère vous disent assez que je veux qu'il vive.

Golo commença à espérer, et tous les assistants attendaient sa grâce, pensant que la prière du palatin fléchirait la colère du palatin ; le criminel alors s'écria aux pieds de Geneviève :

— Madame, c'est maintenant que je pénètre mieux que jamais la bonté de votre cœur et la perversité du mien. Hélas ! qui eût osé espérer que celle même qui fut victime de ma scélératesse pût désirer mon salut et solliciter pour obtenir ma grâce ; mais je suis indigne de vivre ; ho ! ma bonne maîtresse, laissez-moi mourir, mes remords ne sauraient expier mes calomnies et ma cruauté, le sang est nécessaire où les larmes sont inutiles ; ce que je demande en mourant, c'est que mon trépas efface mes crimes dans votre mémoire ; mon sang ne réparera pas le mal que je vous ai fait, mais il consacrera le souvenir de vos admirables vertus.

Cela dit, Golo répandit un torrent de larmes.

Si Geneviève éprouvait une vive pitié, Sifroy, de son côté, restait inexorable ; son cœur était pourtant assez généreux pour se laisser vaincre, et il aurait bien trouvé dans ses nobles sentiments des raisons saintes pour croire que le sang n'est jamais nécessaire quand un repentir sincère fait couler d'abondantes larmes ; mais Dieu, dont la miséricorde est inépuisable, mais dont la justice est grande, surtout quand il veut donner des exemples aux hommes, envoya au cœur de Sifroy une rigueur qui le rendit insensible aux sollicitations de celle qu'il aimait : il motiva sa sentence sur les dangers de l'impunité quand les forfaits ont effrayé les hommes.

Golo fut reconduit en prison, et, comme le supplice de Golo devait imprimer une terreur profonde aux méchants, ce malheureux fut tiré par les bras et les jambes par quatre taureaux, qui séparèrent son corps en quatre lambeaux que l'on exposa pour devenir la pâture des corbeaux.

Cet homme n'était pourtant devenu coupable que par trop de bonheur ; s'il avait étouffé de coupables désirs, de coupables espérances, que de malheurs il eût évités ; mais l'esprit et le cœur des autres hommes n'eussent pas reçu de salutaires leçons ; ainsi, la Providence, qui se réserve de disposer pour l'autre vie, envoie dans sa sagesse des leçons pour cette vie.

Ceux qui furent trouvés complices de Golo reçurent des châtiments proportionnés à leurs fautes, et ceux qui s'étaient montrés favorables à l'affliction de Geneviève ne reçurent pas moins de marques de gratitude que les autres ont de sévérité de la part du palatin. Cette pauvre fille qui avait eu pitié de la comtesse, qui lui avait apporté de l'encre, trouva son bienfait écrit autre part que sur du papier. L'un de ceux qui, chargés de faire périr Geneviève, lui avaient laissé la vie, étant mort, l'autre, seul, fut libéralement récompensé.

Benoni fut celui qui profita le plus de ce changement ; les malaises de la solitude lui firent goûter les délices de sa maison avec plus de douceur que s'il n'eût été misérable ; néanmoins, son esprit ne s'arrêta pas tellement à ces contentements qu'il ne prît la teinture de toutes les bonnes qualités dont la noblesse devra relever son mérite. On ne remarqua rien de bas dans ce petit courage pour avoir été élevé dans la pauvreté ; rien de farouche pour avoir été nourri parmi les ours. Le père et la mère prenaient un singulier plaisir aux bonnes inclinations de ce fils, l'aidant de bonnes instructions.

CHAPITRE XIX

De l'accord et de la bonne intelligence qui étaient dans cette maison, naissait une paix générale; chacun des serviteurs n'avait pas moins d'un siècle d'or, je veux dire qu'ils étaient pleinement satisfaits et contents. Il n'y avait personne qui ne s'estimât bien récompensé de ses tristesses passées; la seule Geneviève avait plus de mérite que de récompense; la terre lui ayant fait souffrir les maux, n'avait pas assez de ses biens pour lui rendre ce qui lui était dû, le ciel prit donc soin de penser au prix de sa patience. Dieu, qui ne voulait pas honorer le monde plus longtemps d'une si grande vertu, résolut de la retirer à son origine; mais ce fut après lui en avoir donné avis.

Un jour qu'elle était en oraison, il lui sembla voir une troupe de vierges et de saintes femmes, parmi lesquelles sa bonne maitresse tenait le premier rang, ayant toutes les autres pour dames d'honneur. Leur majesté ravit aussitôt notre sainte, mais leur douceur la charma bien plus sensiblement : il n'y en avait point qui ne lui tendît des palmes et des fleurs, et la Vierge, tenant en sa main une couronne tissue de toutes sortes de pierres précieuses, lui semblait parler ainsi :

— Ma fille, il est temps de commencer une éternité de plaisirs. Voilà la couronne d'or que je vous ai préparée après celle d'épines que vous avez portée, recevez-la de ma main.

Geneviève entendit fort bien ce que signifiait cette visite, qui lui causa une incroyable satisfaction, dont toutefois elle ne voulut pas dire le sujet à Sifroy, crainte de l'attrister. Sa prudence lui céla les causes; la maladie, qui avait moins de discrétion, les lui dit en peu de jours. Ce fut une petite fièvre qui saisit notre incomparable princesse, et lui donna une expression plus nette de révélation. De vous décrire le contentement de Geneviève, ce serait une chose non moins superflue qu'il serait possible d'exprimer le déplaisir de Sifroy.

— Il faut perdre, disait-il, un trésor que j'ai si peu possédé. Il est vrai que j'en suis indigne, mon Dieu! puis-je me plaindre d'injustice, puisque vous ne m'ôtez que ce que je tiens de votre pure miséricorde, et non pas de mon mérite? Mais, hélas! n'eût-il pas été plus souhaitable de ne l'avoir point du tout, que de ne l'avoir pour un moment?

— Tout beau, Sifroy, tout beau, il n'est pas temps de pleurer; gardez vos larmes pour tantôt, si vous en voulez donner à la plus juste douleur de la nature. Je me trompe, videz hardiment toute l'humeur de vos yeux; vous auriez honte d'en donner si peu à la perte que vous allez faire. Les petites douleurs se peuvent plaindre, mais les plus grands maux n'ont point de bouche; quand on sait bien dire son mal, le sentiment n'en est point extrême, ni le regret véritable.

— Hélas! Geneviève est déjà morte; je la vois déjà étendue sur son lit, sans vigueur et sans mouvement; ses yeux ne sont plus que des astres éclipsés, sa bouche n'a plus de roses, ses joues n'ont plus de lis.

« Ah! que ne m'est-il possible d'appeler toutes les beautés du monde autour de ce lit, je leur dirais : Voilà le reste de ce que vous cherchez avec tant de passion; voilà les cendres de ce feu qui brûle le monde; voilà un exemple de ce que vous serez, une image à qui vous aurez de la ressemblance. Faites maintenant des divinités de ce que la mort changera un jour en vers et en pourriture. »

La bonne princesse, cependant, n'a pas encore cessé de vivre, elle ouvre les yeux comme si elle revenait à la vie, elle appelle son cher Benoni qu'elle bénit, et son mari à qui elle dit cet adieu, ajoutant :

— Mon cher Sifroy, voici votre chère Geneviève qui va mourir; tout le déplaisir que j'ai de laisser cette vie me vient de vos larmes; ne pleurez plus, je m'en irai contente. Si la mort me donne du loisir, je vous ferai voir le peu de sujet que vous aurez de plaindre ma perte. Mais puisque le temps me presse, et qu'il ne me reste que trois soupirs, je n'ai que ce mot à vous dire : Pleurez, Sifroy, autant que je le mérite; néanmoins je vous conjure, ayant oublié ce peu de cendres que je laisse, que vous vous souveniez que Geneviève va au ciel pour y retenir votre place, et que l'homme et la femme faisant un tout, peut-être que Dieu m'appelle pour y attirer l'autre; ayez soin de Benoni.

Après ces languissantes paroles, tout ce que la faiblesse lui permit, fut de recevoir le corps de son bon maître, qui ne fut pas plus tôt entré dans sa bouche, qu'elle arrêta ses yeux au ciel, où était déjà son cœur, poussant sa belle âme hors de son corps par un dernier soupir d'amour.

Ce fut le 2 avril de la même année de sa reconnaissance qu'elle connut parfaitement le mérite de sa patience.

Benoni n'eut pas plus tôt vu les membres de sa mère morte, qu'il se jeta sur le lit, éclatant en des cris si aigus, qu'il perçait le cœur de tous les assistants. Il fut impossible de le retirer de là, quelques efforts que l'on fît; de l'autre côté, Sifroy était à genoux, tenant les mains de sa chère femme, qu'il arrosait de ses larmes.

Tous les domestiques étaient à l'entour comme autant de statues que la douleur avait transformées. Si faut-il donner à la terre ce que l'âme de Geneviève lui avait laissé. Quand on enleva le cercueil de la maison, ce fut alors que le comte fit éclater plus vivement sa douleur, que les flambeaux qui éclairaient la pompe funèbre. Partout on n'entendait que soupirs, partout on ne voyait que larmes.

Enfin, après que Sifroy et son fils eurent mis leurs cœurs dans le tombeau de Geneviève, on s'efforça de les retirer de l'église où ce saint corps demeura en dépôt. Le regret de cette perte ne fut pas si propre aux hommes, qu'il ne fut commun aux bêtes. Les oiseaux semblaient languir de douleur, et chantaient quelquefois autour du château, mais ce n'étaient plus que des plaintes. Je ne puis laisser passer une chose qui me semble être digne d'admiration. La pauvre biche, qui avait servi la comtesse si fidèlement en sa vie, ne lui témoigna pas moins d'amour à sa mort.

On tient que cette sorte d'animaux ne jetté qu'une larme à la mort; il faut donc avouer que cette biche mourut plus d'une fois au trépas de sa chère maîtresse. Ce fut une chose pitoyable de voir cette pauvre bête se jeter sur la bière de Geneviève, plus déplorable d'ouïr comme elle brayait pitoyablement, mais tout à fait étrange de voir qu'on ne la put conduire à la maison, demeurant tous les jours aux portes de l'église où était sa maîtresse; les serviteurs lui portaient du foin et des herbes, à quoi elle ne touchait point, se laissant ainsi mourir de faim.

On en porta le nouvelle au palatin, qui se prit à pleurer, comme si sa femme fût encore morte une fois; pour récompense de sa fidélité, il la fit tailler en marbre blanc et mettre aux pieds de Geneviève.

FIN DE GENEVIÈVE DE BRABANT.

www.ingramcontent.com/pod-product-compliance
Lightning Source LLC
Chambersburg PA
CBHW071704300426
44115CB00010B/1299